本书为国家哲学社会科学基金课题
"十二五"国家重点出版物出版规划项目

# 明 时 期 全 图(一)

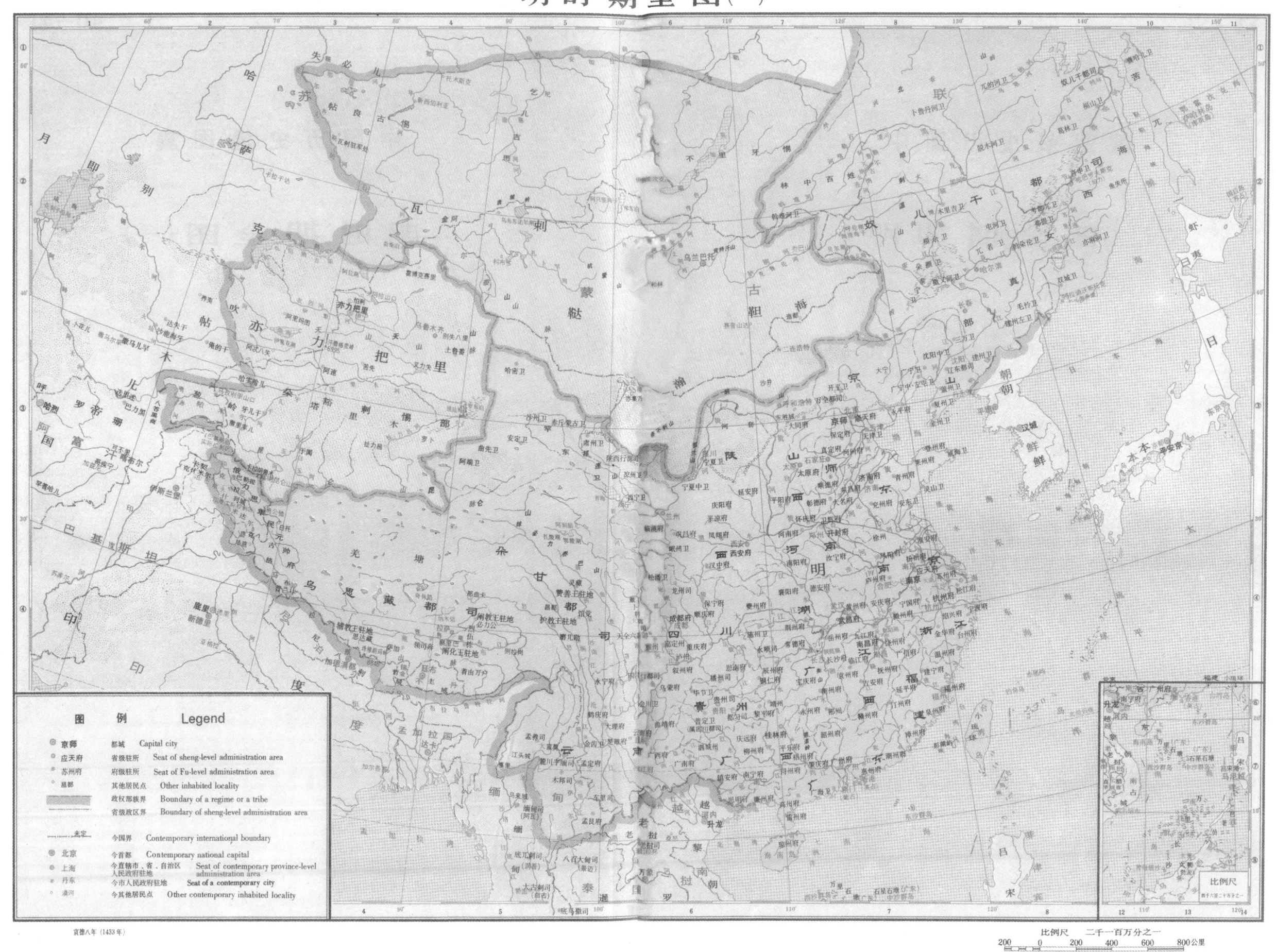

图 例　Legend

| | |
|---|---|
| 京师 | 都城　Capital city |
| 应天府 | 省级驻所　Seat of sheng-level administration area |
| 苏州府 | 府级驻所　Seat of Fu-level administration area |
| 昌都 | 其他居民点　Other inhabited locality |
| | 政权部族界　Boundary of a regime or a tribe |
| | 省级政区界　Boundary of a sheng-level administration area |

| | |
|---|---|
| 先宁 | 今国界　Contemporary international boundary |
| 北京 | 今首都　Contemporary national capital |
| 上海 | 今直辖市、省、自治区人民政府驻地　Seat of contemporary province-level administration area |
| 丹东 | 今市人民政府驻地　Seat of a contemporary city |
| 漠河 | 今其他居民点　Other contemporary inhabited locality |

宣德八年 (1433年)

比例尺　二千一百万分之一

200　0　200　400　600　800公里

(采自谭其骧《中国历史地图集》第七册)

# 明时期全图（二）

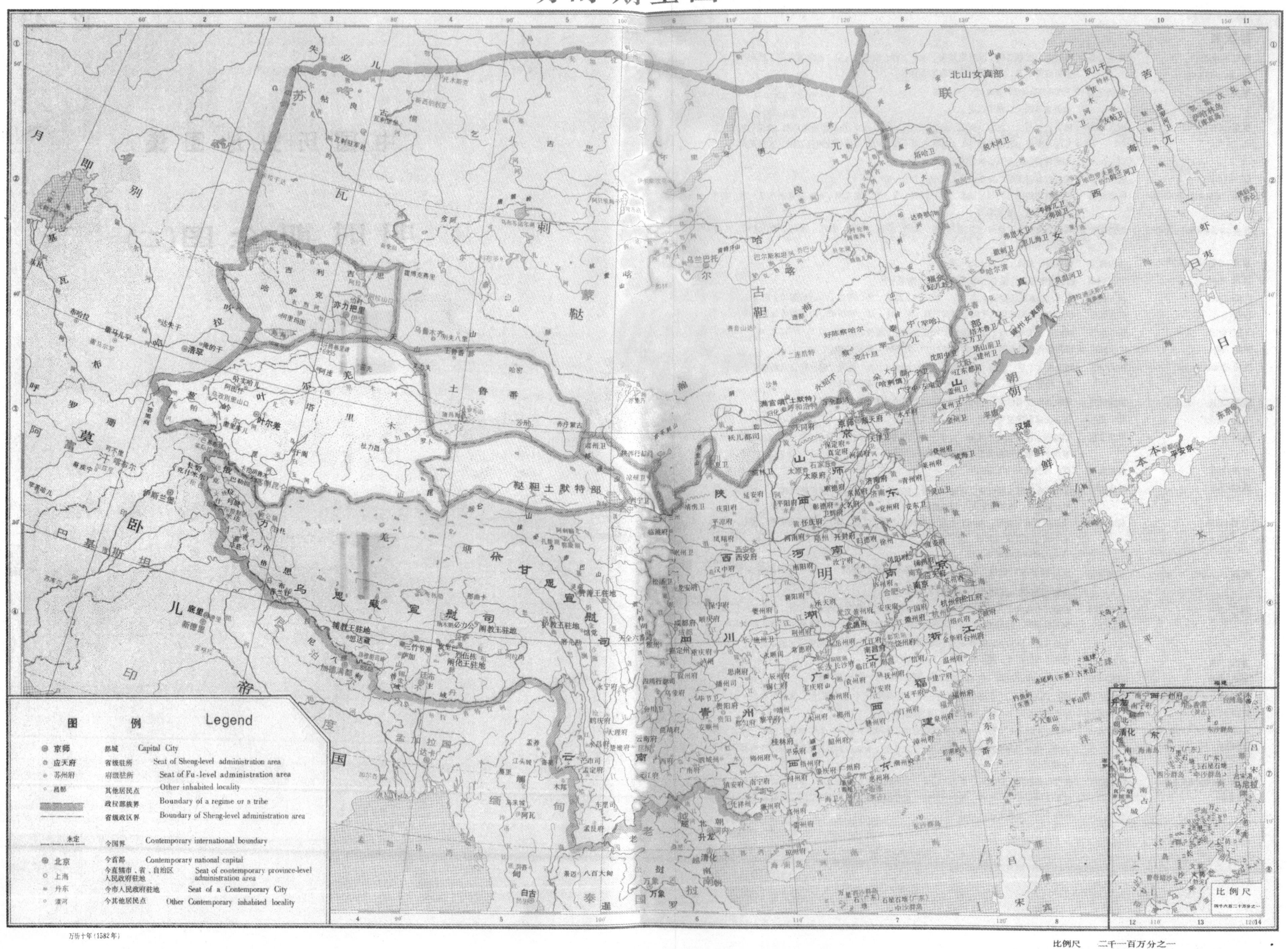

（采自谭其骧《中国历史地图集》第七册）

万历十年（1582年）

图　例　Legend

- 京师　都城　Capital City
- 应天府　省级驻所　Seat of Sheng-level administration area
- 苏州府　府级驻所　Seat of Fu-level administration area
- 昌都　其他居民点　Other inhabited locality
- ▬▬▬　政权部族界　Boundary of a regime or a tribe
- 　　　省级政区界　Boundary of Sheng-level administration area
- 未定　今国界　Contemporary international boundary
- 北京　今首都　Contemporary national capital
- 上海　今直辖市、省、自治区人民政府驻地　Seat of contemporary province-level administration area
- 丹东　今市人民政府驻地　Seat of a Contemporary City
- 濛河　今其他居民点　Other Contemporary inhabited locality

比例尺　二千一百万分之一
200　0　200　400　600　800公里

中国社会科学院文库
**历史考古研究系列**
The Selected Works of CASS
**History and Archaeology**

中国社会科学院创新工程学术出版资助项目

中国社会科学院文库 · **历史考古研究系列**
The Selected Works of CASS · **History and Archaeology**

# 明代《万历会计录》整理与研究

## COLLATION AND RESEARCH ON **ACCOUNTING RECORDS OF WANLI** IN THE MING DYNASTY

### （一）

万 明　徐英凯　著

中国社会科学出版社

**图书在版编目(CIP)数据**

明代《万历会计录》整理与研究/万明,徐英凯著. —北京:中国社会科学
出版社,2015.11
ISBN 978 - 7 - 5161 - 6595 - 9

Ⅰ.①明… Ⅱ.①万…②徐… Ⅲ.①经济史—中国—明代 Ⅳ.①F129.48

中国版本图书馆 CIP 数据核字(2015)第 160109 号

出 版 人 赵剑英
责任编辑 黄燕生 姜阿平 何又光
责任校对 王桂芳
责任印制 戴 宽

出　　版　中国社会科学出版社
社　　址　北京鼓楼西大街甲 158 号
邮　　编　100720
网　　址　http://www.csspw.cn
发 行 部　010 - 84083685
门 市 部　010 - 84029450
经　　销　新华书店及其他书店

印刷装订　北京君升印刷有限公司
版　　次　2015 年 11 月第 1 版
印　　次　2015 年 11 月第 1 次印刷

开　　本　880×1230　1/16
印　　张　146.5
字　　数　4018 千字
定　　价　598.00 元(全三册)

# 《中国社会科学院文库》出版说明

　　《中国社会科学院文库》（全称为《中国社会科学院重点研究课题成果文库》）是中国社会科学院组织出版的系列学术丛书。组织出版《中国社会科学院文库》，是我院进一步加强课题成果管理和学术成果出版的规范化、制度化建设的重要举措。

　　建院以来，我院广大科研人员坚持以马克思主义为指导，在中国特色社会主义理论和实践的双重探索中做出了重要贡献，在推进马克思主义理论创新、为建设中国特色社会主义提供智力支持和各学科基础建设方面，推出了大量的研究成果，其中每年完成的专著类成果就有三四百种之多。从现在起，我们经过一定的鉴定、结项、评审程序，逐年从中选出一批通过各类别课题研究工作而完成的具有较高学术水平和一定代表性的著作，编入《中国社会科学院文库》集中出版。我们希望这能够从一个侧面展示我院整体科研状况和学术成就，同时为优秀学术成果的面世创造更好的条件。

　　《中国社会科学院文库》分设马克思主义研究、文学语言研究、历史考古研究、哲学宗教研究、经济研究、法学社会学研究、国际问题研究七个系列，选收范围包括专著、研究报告集、学术资料、古籍整理、译著、工具书等。

中国社会科学院科研局

2006 年 11 月

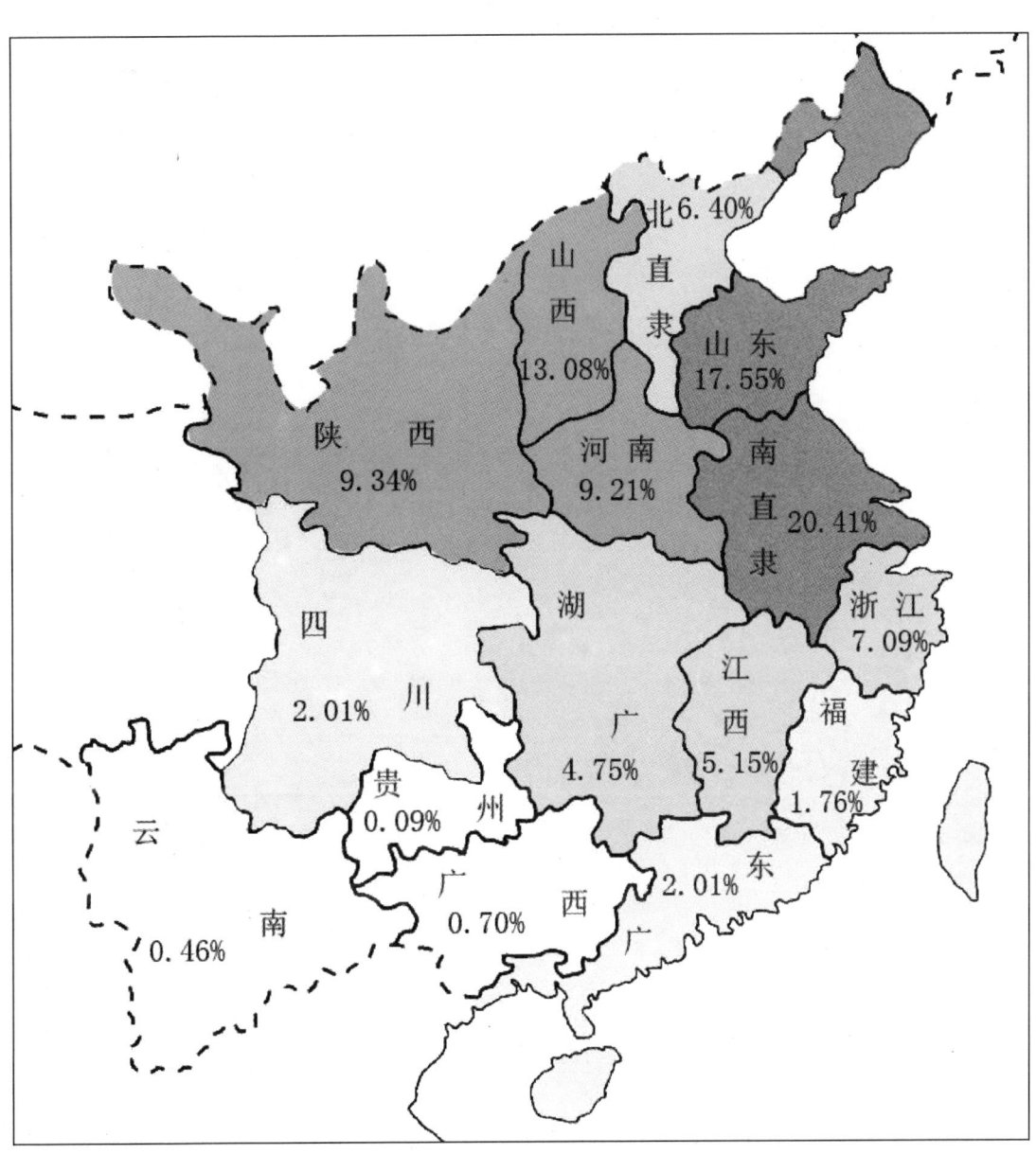

北 6.40%

山西 13.08%

直隶

山东 17.55%

陕　西 9.34%

河南 9.21%

南直隶 20.41%

四川 2.01%

湖

广 4.75%

浙江 7.09%

江西 5.15%

福建 1.76%

贵州 0.09%

云南 0.46%

广西 0.70%

东

广 2.01%

**全国田赋分布图**

（根据《万历会计录》各地田赋分布比例绘制）

為類

奉

旨修編輯已成之書

准奉

進刊行以肇隆盛事貴州等清吏司案呈查得先

任本部尚書王國光於萬曆肆年貳月內具奏

聖旨户部題前事奉

旨暶見具奏欽此欽遵

計開所編書冊著户部再加訂

証令所訂証書繕寫已完合欽遵

心國計訂証書繕寫已完合欽遵

進呈臣等因奏呈到部臣等竊惟

太祖開基創制

太宗繼統宏綱畢舉

已載入諸司職掌

列聖相承貳百餘載我

皇上登極以來

聖政修明

大明會典

輔臣忠勤詳閱創立考成之規

臣等恭遇尤為綢繆邊防

計務清通積逋盡完

創例清理馳驛員

命需臣纂輯以成法守

天下各項錢糧原額見徵歲入歲出總數

原額

洪武年間〔據司農寺藏〕

田土官民共捌百任拾　　　陸百貳拾叁頃

夏稅米麥共肆百柒拾壹萬貳千玖百石〇錢

鈔共叁萬玖千捌百錠〇絹共貳拾捌萬捌

秋糧米共貳千肆百柒拾貳萬玖千肆百伍拾

　　石〇錢　　鈔共伍千柒百叁拾錠〇絹伍拾叁

入戶共壹千陸拾伍萬貳千捌百柒拾陸戶入口

　　陸千伍拾肆萬伍千捌百壹拾貳口

弘治年間〔據會典數〕

田土官民共陸百貳拾貳萬捌千伍拾捌頃捌

夏稅米麥共肆百陸拾貳萬伍千伍百玖拾肆

　　石叁斗捌升貳合柒勺〇麥貳百伍拾伍石肆斗柒升伍

《万历会计录》书影之二

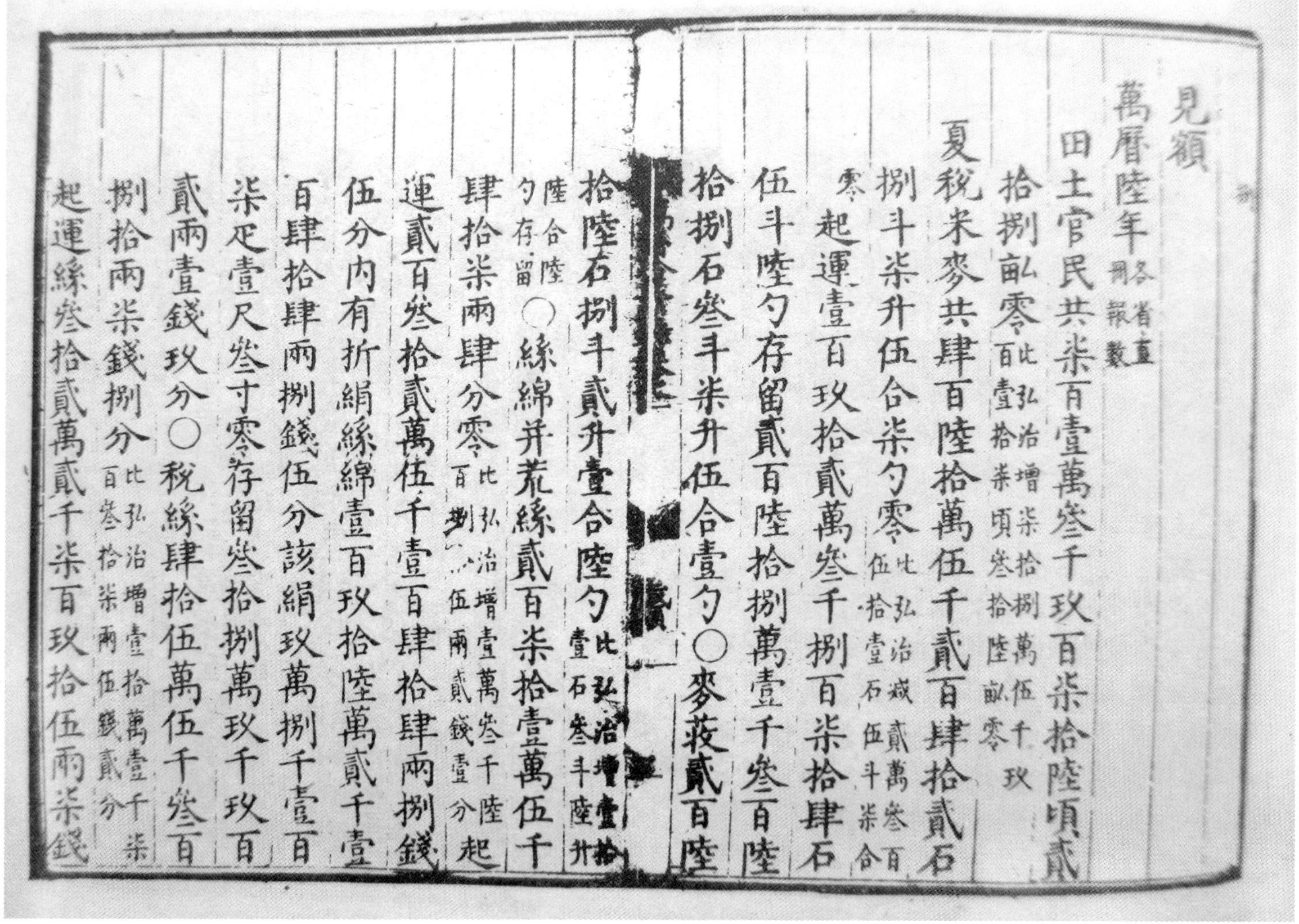
見額
萬曆陸年各省直冊報數
田土官民共柒百壹萬叁千玖百柒拾陸頃貳
拾捌畝零比弘治增柒拾捌萬伍千玖百壹拾柒頃叁拾陸畝零
夏稅米麥共肆百陸拾萬伍千貳百肆拾貳石
捌斗柒升伍合柒勺零比弘治減貳萬叁百伍拾壹石伍斗柒合
零起運壹百玖拾貳萬叁千捌百柒拾肆石
伍斗陸勺存留貳百陸拾捌萬壹千叁百陸
拾捌石叁斗柒升伍合壹勺○麥荍貳百陸
拾陸石捌斗貳升壹合陸勺比弘治增壹拾壹石叁斗陸升
陸合陸勺存留○絲綿并荒絲貳百柒拾壹萬伍千
肆拾柒兩肆分零比弘治增壹萬叁千陸百捌拾伍兩貳錢壹分起
運貳百叁拾貳萬伍千壹百肆拾肆兩捌錢
伍分內有折絹絲綿壹百玖拾陸萬貳千壹
百肆拾肆兩捌錢伍分該絹玖萬捌千壹百
柒疋壹尺叁寸零存留叁拾捌萬玖千玖百
貳兩壹錢玖分○稅絲肆拾伍萬伍千叁百
捌拾兩柒錢捌分比弘治增壹拾萬壹千柒百叁拾柒兩伍錢貳分
起運絲叁拾貳萬貳千柒百玖拾伍兩柒錢

《万历会计录》书影之三

# 总　目

## 第一篇　《万历会计录》整理篇

## 第二篇　《万历会计录》统计篇

## 第三篇　《万历会计录》研究篇

# 附　录

# 目　录

## 第一篇　《万历会计录》整理篇

4

# 《明代〈万历会计录〉整理与研究》书序

李 扬

　　《明代〈万历会计录〉整理与研究》（以下简称《会计录研究》）是中国社会科学院历史研究所研究员万明主持的国家社会科学基金项目成果，合作者是华北电力大学徐英凯教授。历史学家与数学家合作，推出 395 万字皇皇巨著，堪称跨学科合作的又一硕果。这项成果将由中国社会科学出版社出版，可喜可贺。

　　中国是一个历史悠久、文化传承有序的大国，先民给今人留下了浩如烟海的典籍。对古代灿烂文明的遗产加以整理、研究和发扬，是中华民族子孙不可推卸的天责。我们看到，在哲学、历史、诗歌、文学、艺术、音乐等"形而上"的领域，甚至在科学领域，已经产生了丰硕的研究成果；但是，在诸如货币、金融、财政、税收、经济等"形而下"的领域，有分量的成果还十分鲜见。如此，更显得《会计录研究》弥足珍贵。

　　国家财政随国家产生而产生。国家财政关系国计民生，是国家治理的基础和重要支柱，是确保国家机器正常运转、实现国家长治久安的基本保障。因此，在中国历史上，财政活动一向都是国家的头等大事；为保障国家正常运行而展开的征发、分配等经济活动，一直受到历朝历代统治者高度重视。由此产生的大量典籍文献，记载了中国经济史的发展变化，当然，也记载了王朝的兴衰更迭。

　　中国古代财政会计典籍的编纂，可以追溯到两汉的"上计簿"。唐代有《国计簿》、宋代有《会计录》，可惜都没有传世。清代没有国家编纂的《会计录》，官方沿袭编纂的是明代改革后形成的《赋役全书》。因此，明代《万历会计录》是中国古代迄今留存于世的唯一一部国家财政总册，其珍贵性不言而喻。更具重要意义的是，16 世纪是经济全球化的开端，全球贸易的规模日渐增大，世界开始形成一个整体。因开展对外贸易而发生的财政收支，在《会计录》中有所记载；研究这些记载，当能窥见全球化发端时的一些情形。

　　这部《会计录》是 16 世纪张居正改革的产物，是张居正改革迄今存世的两部重要历史文献之一。因此，研究中国古代财政，特别是古代财政改革的历史，这部《会计录》不可或缺。

　　整理并研究这部拥有 4.5 万条数据的《万历会计录》，是一项开拓性的学术工作。其规模之大，所涉问题之复杂，非有极大的理论勇气和深厚的研究基础，断难完成。

　　《会计录研究》整理录入《会计录》原书数以万计的财政数据，全部处理的数据多达 20 万个以上，是一部古代大型数据文献的创新性整理和研究成果。《会计录研究》首次以白银作为统一计量单位，将《会计录》中所有数据、资料统一折为货币标准加以估算。这克服了以往财政史以实物简单罗列相加的弊端，便于更清晰、准确、客观地展现 16 世纪末明代的财政面貌。全书采用现代统计表格的形式，总共编制统计表 555 个，附图 28 个，这无疑大大提高了《会计录研究》作为工具书的价值。将《会计录》中所有收支数据进行统一折算之后，作者得以对 16 世纪末户部掌握的全国财政数据进行统计分析，开创性地估算出当时全国财政的整体规模、结构与货币化比例，探究了晚明财政改革的实态及其发展趋势。另外，《会计录研究》还用统一的货币单位，系统全面地做出了16世纪末全国所有省府州县财政税收的统计表，使得全国每个省府州县的财政个案研究都可由此展开，其资料及对应的研究成果，都有相当的价值。

在明史中，张居正领导的改革历来是最有魅力且最具争议性的议题之一。万明以《会计录》为据，在估算出16世纪末中国国家财政的整体面貌，并刻画了其演变发展进程的基础上，明确指出：张居正改革的核心和基础部分是财政改革，而其财政改革的基本历史走向，是将延续两千年以实物征收和力役征发为主的古代财政，转向以货币（白银）收支为主的现代财政；是推动建立在自给自足自然经济基础上的以实物和力役为主的财政体系，向建立在商品货币经济基础之上的以货币为主的财政体系转型；是推动中国从古代赋役国家，向近代赋税国家转变。这是中国古代两千年未有之巨变。另外，万明认为，中国以白银为主币的货币化进程的完成在明一朝，这一制度一直延续到1935年，才以民国政府"废两改元"而寿终正寝。研究这段历史，有助于我们理解中国近代发展道路、特别是经济政治发展道路的独特性。

以上诸端，将以往的研究大大推进了一步，使得《会计录研究》有了很高的学术价值。

对于明代财政史，以往的研究很不充分。黄仁宇先生的明代财政史研究，固然让人耳目一新，但它以"欧洲中心"立论，难免偏颇；德国学者贡德·弗兰克的《白银资本：重视经济全球化中的东方》（中央编译出版社2000年版）横空出世，力图恢复1400—1800年世界体系的真貌及中国在其中的主导地位，但毕竟是外国人写中国的事，似嫌隔膜。本书的出版，在相当程度上弥补了这些缺憾。我相信，《会计录研究》的出版，将会成为中国财政、货币史研究的重要参考书之一；它将为我国明代财政、货币和经济史研究，乃至中国的国家和社会从古代向现代转型研究，提供新的史料和观点。

在中国经济大发展的今天，我们应大力提倡建立中国视角的财政、货币和经济的理论体系，据以深入发掘中国本土资源，研究中国自身发展的独特经历和经验，阐发中国为全球化进程做出的历史性贡献。因此，我切望看到更多类似《会计录研究》的好作品问世。

我认识万明是在2013年。当时，香港中文大学邀请我院3名学者去讲演，我任团长，万明是团员之一，我讲中国经济改革，她讲明代白银货币化。作为金融财政问题的研究者，我自然对她的研究项目有浓厚的兴趣，一路上多有请教，获益良多。同年6月，我在上海组织召开中国社会科学院2013上海论坛"黄金白银500年"，特邀她以"中国白银时代的开端：明代白银货币化研究"为题作了一个主旨讲演，意在给会议的黄白底色添一点学术的冷静。事实证明，她的演讲十分成功。

万明曾是黑龙江生产建设兵团的一名兵团战士，1978年考上大学，从北京大学历史系明清史专业硕士毕业后，二十多年来，她一直在中国社会科学院历史研究所从事明史与中外关系史研究工作，长期担任明史研究室主任，在明史和明清中外关系史等方面做出了不少成绩。

此次万明新作付梓，邀我作序。为本专业之外的著作作序，本是一件吃力不讨好的事，故推诿数次，不敢承应。无奈万明一再诚邀，盛情难却。念及与她同辈，经历相仿，且经济、财政、金融学系我本业，也算沾一点专业，故不揣冒昧，斗胆为历史学家的大作写上如上一些话，只望不是狗尾。

（本文作者为中国社会科学院学部委员、中国社会科学院副院长）

# 发掘式创新性整理与研究的硕果

林甘泉

历史研究所万明同志主持的国家社会科学基金项目，她与华北电力大学徐英凯教授合作的新著《明代〈万历会计录〉整理与研究》（下面简称《会计录》）一书，即将由中国社会科学出版社出版。这部 395 万字的专著，是跨学科学者合作 10 年，在理论与方法上推陈出新的重要成果。

长期以来，中国古代史研究学者广泛采用的是定性分析的研究方法，《会计录》这样重要的一部大型财政数据文献，一直没有得到应有的关注和利用。万明是在 20 世纪 80 年代进历史所工作的，她曾师从北京大学许大龄先生学习明史。从北京大学明清史专业硕士毕业后，入所 20 多年来，她先在中外关系史研究室，后转到明史研究室，从助理研究员到研究员，做了十多年明史研究室主任，工作中兢兢业业、扎扎实实，大处着眼，小处着手，在明史和明清中外关系史方面做出了成绩。这次她与数学教授实现文理跨学科合作 10 年，对《会计录》进行全面系统的整理和研究，客观复原了 16 世纪末明代财政的整体面貌，并前所未有地得出了晚明财政的整体规模、结构与货币化的比例，探究了晚明财政体系的演变实态及其发展趋势。这些整理和研究工作是有学术价值和意义的。特别是这种扎实的学风，值得大力提倡。

我认为此书有如下的贡献：

一、对《会计录》的性质与意义有了新解。《会计录》四十三卷，约百万字，共包含 4.5 万余数据，产生于明朝万历初年张居正改革期间，是一部在中国古代史上具有重要地位和意义的大型财政数据文献，是迄今存留于世的中国古代唯一一部国家财政会计总册。作为 16 世纪末国家财政会计总册，是明朝户部在各省直呈报文册和档案、条例、事例基础上编制而成的，内容备载全国十三布政司两直隶田赋旧额、见额、岁入、岁出总数等明代财政的方方面面，是国家财政会计现状报告及其分析，不是现代国家财政预算书。

二、整理篇是对于《会计录》进行了发掘式创新性整理。由于数据繁多，过于琐碎，数字达到小数点后七八位之多，长期以来，《会计录》这部大部头的数据文献，令人望而却步，利用严重不足。美国学者黄仁宇关于明代财政的专著——《十六世纪明代中国之财政与税收》，仅利用其中 6 个数据。而没有建立在当时国家户部编纂的财政第一手资料基础上的 16 世纪财政研究，无疑是缺乏根基的。因此整理大量历史数据和进行统计分析，应该说是摆在历史学者和数学学者面前富于挑战性的课题。整理篇以现代统计表格的方式，系统地整理原书数据，使得《会计录》这部大型数据文献，首次具备了现代统计表格的形式，解决了长期以来，由于原书内容繁杂、数字量巨大等特点，给学界利用带来的困惑与麻烦，方便作为工具书的利用，对推动明代财政史乃至中国古代史研究大有裨益。

三、研究篇是创新研究的重心所在。以往财政史以一般性描述为主，尤其缺乏货币与财政关系的整合研究，仅根据财政原生态的混杂的计量单位计算，缺乏统一标准，致使计算结果简单相加，无法做出完整的结构分析和收支总数，这一问题不能解决，就无法了解 16 世纪末明代财政的全貌，使明代财政研究缺乏可靠的基础，以致学界此前对晚明财政整体面貌的认识仍显得模糊不清，更不可能对 16 世纪末晚明财政给予恰当评价与历史定位。本书主要采用了现代统计列表的形式，总共编制统计表 555 个，附图 28 个。整理录入明代财政数据达 4.5 万个，全部处理的数据多达 20 万个以上，并以白银货币作为统一计量单位，将《会计录》中所有财政收支数据全部折算为白银，进行系统的整理与统计分析，通过应用系统聚类分析模型和随机数学中的线性回归模型，结合明代其他文献史料，对《会计录》卷六山东田赋的全部缺失进行了补遗，从而复原了 16 世纪末财政的整体面貌，统计出白银货币在明代财政中的货币化比例，对 16 世纪末明代国家财政总数、规模、结构和货币化的存在形态以及货币化程度形成了较为准确的认识。

四、理论上的创新追求。万明关于明代白银货币化的研究，已经开展十多年了。作者认为白银货币化过程就是中国经济货币化的历史进程，白银在中外变革历史上扮演了重要角色。以前关于白银货币化的研究，着重于与社会变迁的关系，运用马克思从人的依附关系向对物的依附关系转变的理论。本书以白银货币化为新视角，在全面系统整理和研究《会计录》的基础上，转换研究范式，着重探讨了明代财政体系的基本特征及其变革趋向，涉及16 世纪末晚明中国的历史走向。认为万历初年，白银货币化发展进入一个新阶段。《会计录》这部大型数据文献是张居正改革的直接产物，充分证明了马克思对于"簿记"的经典论断"过程的控制和观念的总结"的正确。《会计录》反映了财政在从实物财政向货币财政急剧变化之中的过渡形态，并已经展现出一个新的财政体系的雏形。明初建立了一个中国传统社会典型的以实物和力役为主的中央集权财政体系，200 多年以后，在万历初年的《会计录》中，可以看到国家财政已出现以白银为计量单位的会计收支总账，财政二元结构业已形成，并具有全面转向白银货币的明显趋势；计算所得的财政收支总额显示，当时财政状况收不抵支，有着 150 多万两白银的赤字。因此，认为财政危机也必将促使明朝改革提速，将白银货币的增收提上日程，是从以实物和力役为主的财政体系向以白银货币为主的财政体系转型，从而对晚明财政史乃至明代中国的历史性变革，有了一个整体性和连贯性的新认识。总之，依据《会计录》的整理与研究，万明提出了不同于传统观点的学术见解，认为晚明中国发生了国家财政体系的转型，是中国从古代赋役国家向近代赋税国家转型，这是中国二千年亘古未有的划时代巨变。

万明此前曾著文论述晚明社会的变迁和转型，对《会计录》的整理和研究，让她明确了一个观点：晚明中国不仅出现了社会的转型，而且出现了国家的转型。这是一个很重要的学术观点。我本来很希望能在本书中看到作者对这两种转型的关系能做出比较具体详尽的论证，因为这也许正是破解近二三十年来关于中国有没有资本主义萌芽争论的一个重要环节。但使我有些惋惜的是书中关于这个问题缺乏论述。希望作者今后不断努力，以丰硕的论著把中国经济史、社会史的研究进一步引向深入。

总之，这部书建立在中国本土扎实的实证研究基础之上，是具有开拓性和创新性，在研究视角、研究方法和理论上均有新的突破的优秀著作。西方学者有关中国经济史的研究著作对我们颇有启发，但由于在实证研究方面没有掌握第一手的资料，因而也就缺乏足够的说服力。在这方面最有发言权的还是我们中国学者，如何对中国传统经济发展水平做出合乎实际的估计，探讨近代中国历史独特的发展道路，需要我们扩大史学视野，更新知识结构，改进研究方法，这是我们这一代和年青一代史学工作者应当努力的研究方向。希望看到史学界和有关学科的学者合作，有更多的有价值的新研究成果问世。

（本文作者为中国社会科学院学部委员、中国社会科学院历史研究所原所长）

# 眼光深远、结论可靠的学术巨著

南炳文

　　摆在面前的这部长篇巨著，是一项创新性极高、工作量甚大、眼光深远、角度新颖、结论可靠的难得学术研究成果。本专著研究的对象是长达百万字、拥有 4.5 万个数据的大型明代财政数据文献《万历会计录》。这一文献虽早已为人所知，史料价值极高，但学界一直无人进行过详细深入的研究，本专著的作者万明先生和徐英凯先生不计艰辛，用 555 个表格、28 个附图、395 万字的篇幅，处理了 20 万个以上的数据，第一次对它进行了详尽的研究，实为可贵。本专著采用了定量和定性相结合的方法以及历史学和计量统计学相结合的方法，既对《万历会计录》登录的大量数据作了反映原貌的表格化处理，以求一目了然，又从便于应用的角度，依据基本的统计原则，根据上述反映原貌表格的数据，做出许多统计表格，而后再从货币化研究的角度，做出第三类表格。这些表格及专著的《绪论》等论述文字，除了反映了明代全国和各地的财政规模、结构及方方面面状况外，更清楚地说明，晚明已有以白银为统一计量标准的会计总账，其时白银货币在财政中的比重增加，这种实物与白银二元结构的出现，表明当时财政处于从实物财政向货币财政急剧变化的过渡状态，这是中国历史上从来没有的划时代变革，是中国从古代赋役国家向近代赋税国家的转型，是中国传统社会向近代社会转型的重要标志。这样的结论，不仅根据充分、符合实际、令人信服，而且发前人所未发，在学术上达到新高度，对于加深对明代社会发展程度和地位的认识，具有极为重要的学术价值。本专著除了其结论具有重大学术意义外，其所做表格皆内容丰富，设计合理，也为学界作进一步研究提供了方便，是不可忽视的工具书。本专著的两位作者，万明先生是历史学家，徐英凯先生是数学教授，两者发挥各自学科优势，互相协作，从而取得了如上成就。本专著之完成，还为学界提供了一个文理跨学科研究的成功范例。

　　万明先生论著甚丰，研究领域极广，举凡明代政治、经济、社会、文化、军事、民族、中外关系以及历史文献整理等无不涉及，都有卓越的贡献。而其治学的一个重要特点，就笔者个人的粗浅体会是，在深入研读有关原始文献、广泛调查文物资料和全面掌握古今中外学者有关研究成果的基础上，以明代中外关系的方方面面为研究的重要切入点和把手，以明代中国基本面貌、特色和本质以至当时整个世界发展走向为研究的核心目标，对诸如明代外交模式、中外交往状况、郑和下西洋、明代海陆丝绸之路变迁、明代青花瓷的兴盛与中外文化交融、明代的财政与赋役、明代诏令文书、明代国家与社会的互动关系、白银货币化与明代传统社会转型、明代中国与第一个全球贸易体系的出现等重大历史课题，进行高屋建瓴、视野宽阔的开创性研究。她的研究，使人耳目一新，深受启发，使人站得更高，看得更远，对明代的中国和世界达到全新的认识，大有豁然开朗、茅塞顿开之感。她的这一治学特点，也可称之为其研究明史的最主要贡献。本专著之写成，正是这一贡献的组成部分之一。读者阅读这部即将正式出版的专著，会在学术研究路径方面加深对万明先生治学特色的理解，并从而得到有益的启迪。

笔者因与万明先生都参加了中国明史学会，而分别工作的单位中国社会科学院历史所明史研究室和南开大学历史研究所明史研究室又有较多的协作交流关系，因而相互间有不少见面机会，笔者通过阅读万明先生的论著和当面互相讨论，获益良多。兹逢本专著即将正式出版，兴奋异常，特遵嘱草成这篇序言，以示祝贺，并向同行推荐。预祝万明先生继续写出新的大作，为推动明代中外关系、明代中国、明代时期的世界等研究的进一步发展，做出新贡献。

（本文作者为南开大学历史学院教授、中国明史学会原会长）

# 体大精深的重要成果

王天有

《十六世纪明代财政研究》的书稿体大精深，是近年明史研究中不多见的一项重要成果。

16世纪在中国历史上具有特殊意义，无论"文革"前关于资本主义萌芽问题的讨论，还是当下关于中国古代传统社会转型的探讨，都说明16世纪的中国确实发生了不同于以往社会的变化。商品经济的发展、国内外市场的繁荣、新兴市镇的兴起、商帮的形成、白银作为硬通货广泛的应用、新思想新观念向多元化的演绎，都改变着中国的社会。张居正改革正是在这一背景下出现的，而《万历会计录》是张居正改革的产物。作者把16世纪的中国、张居正改革、《万历会计录》三者有机结合起来，探讨财政问题，线索清晰，重点明确，成绩显著。

长期以来，学界对《万历会计录》研究不够，而这部书非常重要，它是中国古代仅存的一部国家财政会计总册。这部书说明到16世纪的明代已有了与近代相近的国家财政概念，书中大量数字记载，为研究明代国家财政结构和货币化程度提供了弥足珍贵的资料。作者对《万历会计录》做了大量工作，其中包括整理、统计与研究三个层面。《会计录》数据达4.5万个，而作者据此制作统计表格和分析表格的数据达20万个以上，这是一项了不起的工程。该书数据不仅为作者课题研究提供了可靠的资料保证，而且惠及学林，有益于整个明史的研究。

学界一向推崇黄仁宇的明代财政研究，其实黄的研究谬违之处甚多，近来有多位学者指出其错误，重要原因是黄先生没有重视也没有读过《万历会计录》。万明以《万历会计录》整理为中心，对16世纪明代财政的研究，做前人未做之工作，展现了深厚的理论基础、广博的学识，不拘泥于传统的研究方法，大胆探索求新。我对其研究成果的出版殷切期待。

（本文作者为北京大学历史系教授、原历史系主任。此文写于2012年7月）

# 绪 论

万 明

## 一 引言

16世纪，是世界历史发生重大转折的时期，同样，也是中国社会发生令人瞩目变化的时期，成为中国传统社会向近代社会转型和中国走向全球化的开端。以明代成化（1465—1487年）、弘治（1488—1505年）为界，明史可以分为前后期，前后期具有迥然不同的社会风貌。从20世纪二三十年代中国封建社会长期延续问题的讨论，到资本主义萌芽问题的探讨；从中国明清社会停滞论，到中国现代化问题，中外史学界始终对晚明社会倾注着极大关注，就是因为这一时期关系到中国古代社会形态的转型，中国早期现代化的启动和障碍。[1]财政是以国家为主体的经济活动、社会活动和分配活动，是一种国家或政府的经济行为，对经济、政治、军事、社会等方面均有深刻而复杂的重大影响与作用。一般认为，西方财政学理论及其体系形成，可以追溯到1663年英国经济学家威廉·配第出版的《赋税论》，为财政学的创立奠定了基础；被恩格斯誉为创建了财政学的英国著名经济学家亚当·斯密所著《国富论》一书1776年出版，标志着财政学理论的诞生，其中第五篇以"论君主或国家的收入"为题。[2]马克思曾指出："国家存在的经济体现就是捐税"。[3]熊彼特认为："从国家财政入手的这种研究方法，在用于研究社会转折点时，效果尤为显著。"[4]20世纪末，西方新财政史的兴起，将欧洲历史按照财政史进行了重新分期，论证了财政这种经济行为或经济现象的一个重要特点，就是与政治的关系最为紧密。[5]有西方学者甚至认为："每个社会问题，实际上还有每个经济问题，说到底都是财政问题。"[6]当前，关于中国经济改革、社会转型和全球化的研究已经形成社会科学研究的前沿热点，受到中外学者普遍关注。与之相联系，财政改革历来是惊心动魄的，财政部《中外财政史研究——惊心动魄的财政史（总报告）》称："翻开历史长卷，因财政危机引发的政治风波和经济巨变从来没有停止过，一个社会的发展、变革，往往是从财政改革起步的。每一次财政改革都是那样的波澜壮阔和惊心动魄，深深地影响着经济社会发展的格局和进程。"[7]在当前全面深化改革的社会现实下，处于社会转型、制度变迁、世界剧变关键时期的16世纪明代财政史，尤其值得我们特别关注。从全球化视野做出

---

[1] 笔者主编：《晚明社会变迁：问题与研究》，商务印书馆2005年版，第2页。

[2] [英] 亚当·斯密：《国富论》第2册，郭大力、王亚南译，生活·读书·新知三联书店2009年版，第213页。

[3] 《马克思恩格斯全集》第4卷，人民出版社1958年版，第342页。

[4] Schumpter Joseph Alois："The crisis of the tax state"，*International Economies*，No.4，1954.

[5] 陆连超：《新财政史：解读欧洲历史的新视角》，《天津师范大学学报》2008年第4期。

[6] [美] 丹尼尔·贝尔：《资本主义文化矛盾》，赵一凡、蒲隆、任晓晋译，生活·读书·新知三联书店1989年版，第287页。

[7] 财政部办公厅、财政部财政科学研究所课题组：《中外财政史研究——惊心动魄的财政史（总报告）》，《经济研究参考》2009年第40期。

理性的思考和诠释，进而探索中国历史发展进程独具的特色，无疑具有重要学术价值和现实意义。

自20世纪90年代以来，笔者对明代白银货币化的研究表明，在明王朝统治中国的277年间，白银经历了一个不同寻常的货币化过程。明初，白银并不是合法货币，明朝禁用金银交易。翻开《明会典》，典章制度的记录中只有"钞法"、"钱法"，没有"银法"，说明白银作为货币本身不是明朝制度。但是到了明后期，白银通行于全社会，占据了流通领域的主导地位。一直以来，对于白银所发生的这一巨大变化，一般是以《明史》中正统初年明英宗"弛用银之禁"、"朝野率皆用银"为根据，以为是朝廷法令推行的结果。然而，事实并非如此，通过对明初至成化年间徽州地区土地买卖交易中427件契约文书使用通货情况的分析，可以发现明代白银不寻常的货币化过程：明代白银货币化是自民间开始，自下而上发展，到成、弘以后才为官方认可，自上而下地展开。[1] 其中，最重要的展开方式是赋役折银。[2] 由此白银渗透到社会的每一个角落，深入到人们的日常生活中，市场前所未有地活跃起来。晚明商品经济的繁荣、商帮的形成、市镇的兴起，价值观念的演变，都可以从这里找到根据。由此带来了一系列制度的变迁，同时也引发了社会整体向多元化的变迁。

尝试白银货币化的开拓性研究，笔者认为白银作为贵金属，形成完全意义的货币，是在明代完成。明代白银货币化的概念，可以归纳为以下5点：其一，白银从贵重商品最终走向了完全的货币形态；其二，白银从非法货币到合法货币，再到整个社会流通领域的主币；其三，白银形成国家财政统一计量单位和征收形态；其四，白银形成主币，中国建立起实际上的白银本位制；[3] 其五，白银成为世界货币。

在论证了白银在明代经历了自下而上而又自上而下不同寻常的货币化过程之后，笔者提出了新的观点：作为中国社会转型的重要标志之一，是明代白银货币化；明代中国走向世界，具有内部的强大驱动力；晚明中国的社会变迁是内生的，而不是外铄的；白银货币化是社会内部自发产生的变革趋向，是市场经济萌发的结果，从此以中国社会自身发展的巨大需求为依托，市场扩大到世界范围，16世纪中国与全球化开端一个正在形成的世界市场连接起来，具体而言，白银货币化趋势迅速发展，整个社会对于白银货币的强劲需求，促使中国商品走向世界，拉动了外来白银的大量流入，在全球化的开端时期，中国由此走向了世界。中国是当时世界上最大的经济体，直接影响了白银作为国际通用结算方式用于世界贸易，积极参与了世界经济体系的初步建构。[4]

沿着明代白银货币化研究的学术理路，明代白银货币化—赋役改革—财政改革，探讨中外重大经济变革时期的16世纪明代财政史，白银货币化问题，是一个以往财政史研究所忽视的问题，却是一个明代财政史的关键问题。于是考察白银货币化与明代国家财政的关系，作为一个重要课题摆在了我们面前。

学术界一般认为，财政是一个古老的经济范畴，财政活动古已有之，但"财政"一词出

---

[1] 笔者：《明代白银货币化的初步考察》，《中国经济史研究》2003年第2期。

[2] 笔者：《明代白银货币化视角下的赋役改革》上下，《学术月刊》2007年第5、6期，提出明代赋役改革与历朝历代赋役改革的不同之处，是统一征银，是赋役的货币化。

[3] 如果按照现代定义，银本位制是以一定重量和成色的白银作为法定的价格标准和最后支付手段的一种货币制度。在此制度下，通货的基本单位限定为一固定量的白银，特征是常有银铸币及银的流通，其他货币可自由兑换为白银。笔者认为，明代白银从非法货币到合法货币，再到整个社会流通领域主币，不是国家法令的结果，而是由市场萌发，以至得到了国家认可推行全国，形成国家财政法定的计税单位和征收形态，举国用银。国家宝钞货币制度没有能够确立，而铜钱由于铜的匮乏而退居次要，可以认为当时建立的是一种实际上的白银本位制。经济史学家吴承明曾断言："我国确立贵金属本位，实在16世纪。"（《中国经济史研究》1998年第4期）

[4] 笔者：《明代白银货币化：中国与世界连接的新视角》，《河北学刊》2004年第2期。

现在中文词汇中至今只有百年的历史。[1] 然而，通过爬梳明代文献，事实上，在 16 世纪明朝人文集中，我们已见到了"财政"一词，并且在词义上可以说已具备了现代意义。[2] 因此"财政"一词，并非舶来品。这就提示我们，16 世纪的财政史首先应该深入发掘本土的资源进行研究。

明初，明太祖确立了"以文书御天下"的国家治理模式。洪武十三年（1380 年），明太祖下令废除中书省和中书省丞相，仿周官六卿执政之制，把中书省权力分为吏、户、礼、兵、刑、工六部，提高六部的品秩和地位，形成了一元多维的政治体制。由此，实际上扩大了中枢决策的参与面。[3] 明代国家财政运行天下，是以中央户部为中心来运行的。明太祖亲撰《户部尚书诰》云："于斯之职，古今慎选贤能以职掌之。天下户口之增减，尤当备知而册。朕于此职可不重乎……量入度出，毋复扰民，至公无私，永怀朕命。"[4] 其中明确说明"量入度出"，也就是以"量入为出"，作为明朝财政收入与财政支出的基本原则。

众所周知，16 世纪出现的张居正改革，是中国历史上著名的政治改革之一。张居正改革的核心问题是财政，因此，16 世纪财政史与张居正改革密不可分，这更增加了这一关键时期财政史研究的学术价值。关于张居正改革，中外学界的研究成果极为丰硕。但是长期以来，对于万历初年改革中产生的一部重要的大型财政数据文献——明朝财政总册《万历会计录》[5]（以下简称《会计录》），却一直没有给以特别关注。关于张居正改革，我们迄今未见在全国推行一条鞭法的诏令文书，所见存留于世的改革重要文献，仅有两部，一为《会计录》，一为《清丈条例》。

《会计录》四十三卷，约百万字。作为明代国家财政总册，主要是万历六年户部掌握的中央财政会计数字文册。《会计录》最初由户部尚书王国光与侍郎李幼滋等于隆庆六年（1572 年）七月编辑，万历四年（1576 年）二月进呈；万历六年（1578 年），由新任户部尚书张学颜主持再行订正，万历九年（1581 年）四月进呈，拟名《万历会计录》。其后重加磨算增订，计四十三卷，于万历十年（1582 年）二月进呈。经万历帝批准刊行，颁发全国，一体遵守。因此可以说万历初年产生的《会计录》，是张居正改革时代的直接产物。

这一大型数据文献之所以具有特别的价值，不仅在于是 16 世纪末明代张居正改革期间所颁布，而且这部《会计录》还具有更为重要的意义，那就是它是迄今存留于世的中国古代

---

[1] 根据陈共编著的《财政学》，我国最早使用"财政"一词是在清朝光绪二十四年（1898 年），光绪皇帝在戊戌变法"明定国是"诏书中有"改革财政，实行国家预算"的条文，是在政府文献中最初启用"财政"一词。"财政"一词的使用，是当时维新派在引进西洋文化思想指导下，间接从日本"进口"的，而日本则是译自英文 public finance 一词。参见《财政学》第 24 页，中国人民大学出版社 2009 年版。其他财政史教科书及论著也均用此说。

[2] 严嵩：《钤山堂集》卷二〇《赠李运司序》（嘉靖二十四年刻增修本）："易曰：何以聚人，曰财。夫财者，王者所恃以合天下之众也。《周礼》一书，理财居其半，圣人思理财之难，故制为法，纤悉备密，择吏而慎守之。故吏者，天子所恃以守天下之法也。吏不良则法废而莫守，法不守则财弊而莫理，财莫理，则天子不得。今之盐课，国之所需，财政之大者也，特置运司以领之。"

[3] 笔者曾尝试以诏令作为明代政治史新的研究视野，以明太祖亲撰诏令为主，结合其他文献史料，考察明初政治过程的实态，进而探讨明初政治体制的建构与重构，提出明初建立了一元多维政治体制的观点。见《明初政治新探——以诏令为中心》，《明史研究论丛》第九辑，紫禁城出版社 2011 年版。

[4] 《明太祖御制文集》卷四，《户部尚书诰》，明内府本，台湾学生书局 1965 年版，第 133 页。

[5] 张学颜等：《万历会计录》，万历十年刻本，《北京图书馆珍本丛刊》第 52—53 册，书目文献出版社 1989 年版。

唯一的一部国家财政总册。[1] 根据我们的估算，《会计录》中包括有 4.5 万余经济数据，[2] 这使我们有可能对张居正改革历史时期的明代财政发展状态进行量的分析，这一条件在研究中国古代历朝历代财政时难以具备。因此，《会计录》在对中国古代财政史的研究中，特别是对中国古代财政改革的研究具有十分重要的地位和意义。

毫无疑问，这样大规模的数据资料需要全面整理才能利用，长期以来，《会计录》这部大部头的数据文献，令人望而却步，以《会计录》整理为中心，进行 16 世纪明代财政整体的研究还有待开掘，迄今没有一部建立在《会计录》整理与研究基础上的专著问世。而没有建立在当时国家户部编纂的财政第一手资料基础上的 16 世纪财政研究，无疑是苍白而没有根基的。

16 世纪财政改革的历史意义不容忽视。从历史上看，16 世纪明代国家财政对后来产生了重大影响。作为中国古代仅存的一部国家财政会计总册，《会计录》是根据全国各地财政报告文册汇总编纂而成的，除了提供明代国家财政收支的种类、数目及其沿革状况，即户部掌控的明代财政的收储运支，使我们得以了解明代万历初年及此前的财政状况以外，特别值得注意的是，万历年间财政结构还为清朝所沿袭。清初顺治帝曾命户部右侍郎王宏祚令各直省"钱粮则例俱照万历年间"，"原额以明万历年刊书为准"，乃至"纲举目张，汇成一编，名曰《赋役全书》，颁布天下"。[3] 这说明清朝财政不仅承袭了明朝制度，编辑《赋役全书》，而且赋税款项也曾沿用明朝万历年间旧额。因此，16 世纪万历朝财政的变化影响作用于中国几百年，成为传统社会晚期财政的典型模式，直至民国，也就是现代以后才彻底改变，形成了中国国情的重要组成部分。此外就白银货币来说，从明代白银货币化以后，白银作为主币经历了近五百年，直至 1935 年才被废除，说中国出现一个白银时代，或者说存在一个白银经济时代也不为过，这是中国独特的发展道路，是中国古代历史发展进程的特征之一。

综上所述，对于《会计录》这一 16 世纪明代国家财政的大型数据文献，进行全面系统的整理与研究，既具有重要学术价值，又具有重要现实意义，而且是我们研究明代财政史绕不过去的必经途径。

## 二 研究史回顾

财政是国家的命脉，财政史内容包罗万象，涉及中外政治史、经济史、军事史、文化史、社会史等诸多领域，举凡王朝的兴亡更替，国家的盛与衰，社会的进与退等政治、经济、军事、文化、社会等各个方面，无不与财政有着千丝万缕的联系。长期以来，明代财政史研究相对薄弱，而相关领域研究成果极为丰硕。下面仅就研究史做一简要回顾。[4]

---

[1] 需要说明的是，除了这部明朝万历初年的《会计录》，在近三百年后的清代光绪元年（1875 年），才出现李希圣纂《光绪会计录》，仅有三卷；又光绪二十七年（1901 年）刘岳云编《光绪会计表》，也仅有四卷，二者均为个人所编，与《万历会计录》由户部编纂颁布全国一体遵行的国家财政总册，在性质和规模、内容上不能同日而语。

[2] 这里对于这部明代户部编纂的大型中央财政册籍，我们采用了财政总册的称谓，而没有采用预算书的说法。我们认为，财政学是现代国家财政活动的理论抽象，与古代国家财政具有相当的距离。运用财政学的理论方法，将明代财政置于"国家预算"架构中考察，是将现代财政学理论体系直接套用到古代财政史研究中，难免出现较大的偏差。

[3]《清世祖实录》卷一一二，顺治十四年十月丙子，清钞本，第 4 页 b—第 6 页 a。

[4] 此研究史回顾部分引述大量中外学者的学术论著，人名众多，故均未加尊称"先生"，敬请谅解。

### （一）明代财政史研究

财政问题在中国传统史学中一直受到重视，主要侧重于从政治视角按王朝更替分析历代财政兴衰。但长期以来，与其他断代财政史相比较，明代财政史研究相对薄弱，甚至可以说是滞后的。突出表现在各个断代财政史的整体研究，大多已有多部专著，而明代财政史的整体研究鲜少。

有关明代财政史的整体探讨，发端于20世纪20年代，中国学者初步尝试用西方理论阐释历史上的财政问题，主要见于财政史的通史类著作或教材。20世纪20年代出版了胡钧《中国财政史讲义》[1]、徐式庄《中国财政史略》[2]。胡钧的《中国财政史讲义》是中国第一部财政通史，具有开拓意义。第六章《元明之财政》有明代财政部分的论述，明确提出了明代财政在孝宗（即弘治）以前颇具条理的观点。[3]进入30年代，有常乃德《中国财政制度史》[4]、刘秉麟《中国财政小史》[5]、杨志濂《中国财政史辑要》[6]。由于田赋在财政中的重要地位，自中国财政史开创期起，对田赋制度的关注最多，产生了多部通史著作：万国鼎《中国田赋史》[7]、徐士圭《中国田赋史略》[8]、陈登原《中国田赋史》[9]、程滨遗等《田赋会要》第二篇《田赋史》上册、马大英等《田赋会要》第三篇《田赋史》下册[10]，还有吴兆莘《中国税制史》[11]等，均论及明代财政的田赋内容，但是这些通史性概述，缺乏断代专题研究的基础，大多内容简略。对于明代财政史的专门探讨，还是从论文开始的。20世纪30年代，从田赋研究开端，梁方仲先生进行了开创性的研究：1933年，发表《明代田赋初制定额之年代小考》一文[12]，1935年发表了《明代粮长制度》[13]、《近代田赋史中的一种奇异制度及其原因》[14]、《明代户口田地及田赋统计》[15]、《明代"两税"税目》[16]等系列论文，由此可见，举凡田赋制度、粮长制度、明代户口田地及田赋统计等研究，即梁先生对明代财政史研究的扛鼎之作，均于此时奠基。同年，还有赵其芳《明代之赋役制度》[17]、戴博荣《明代的田赋制度与垦荒政策》[18]论文发表，说明田赋与赋役制度自明代财政史开创期始，已是最主要的研究论题。1936年，梁方仲发表关于一条鞭法的系列论文《一条鞭法》[19]、《一条鞭的名称》[20]、《一

[1] 胡钧：《中国财政史讲义》，商务印书馆1920年版。

[2] 徐式庄：《中国财政史略》，商务印书馆1926年版。

[3] 胡钧：《中国财政史讲义》，第230页。

[4] 常乃德：《中国财政制度史》，世界书局1930年版。

[5] 刘秉麟：《中国财政小史》，商务印书馆1933年版。

[6] 杨志濂：《中国财政史辑要》，大公图书馆1936年版。

[7] 万国鼎：《中国田赋史》，正中书局1933年版。

[8] 徐士圭：《中国田赋史略》，商务印书馆1935年版。

[9] 陈登原：《中国田赋史》，商务印书馆1936年版。

[10] 程滨遗等：《田赋史》上册、马大英等：《田赋史》下册，正中书局1934年版。

[11] 吴兆莘：《中国税制史》，商务印书1937年版。

[12] 梁方仲：《明代田赋初制定额之年代小考》，《清华周刊》第40卷第3、4期，1933年。

[13] 梁方仲：《明代粮长制度》《益世报·史学》1935年5月28日；《中国社会经济史集刊》第7卷第2期，1944年。

[14] 梁方仲：《近代田赋史中的一种奇异制度及其原因》，《史地周刊》1935年第23期。

[15] 梁方仲：《明代户口田地及田赋统计》，《中国近代经济史研究集刊》第3卷第1期，1936年。

[16] 梁方仲：《明代"两税"税目》，《中国近代经济史研究集刊》第3卷第1期，1936年。

[17] 赵其芳：《明代之赋役制度》，《中国经济》第3卷第3期，1935年。

[18] 戴博荣：《明代的田赋制度与垦荒政策》，《现代史学》第2卷第3期，1935年。

[19] 梁方仲：《一条鞭法》，《中国近代经济史研究集刊》第4卷第1期，1936年。

[20] 梁方仲：《一条鞭法的名称》，《中央日报》1936年4月23日。

条鞭法的争论》[1]，表明了他的田赋研究集中投向明代重大赋役改革的学术取向，奠定了他在明代一条鞭法研究的首创地位。在他的倡导下，一条鞭法研究此后成为明代财政史研究中的重心。

新中国建立以后，特别是20世纪70年代末以后，出版的中国财政史通史类著作或教材渐多，主要有中央财政金融学院财政教研室编《中国财政简史》[2]、周伯棣编著《中国财政史》[3]、中国财政史编写组《中国财政史》[4]、孙翊刚主编《简明中国财政史》[5]、孙文学主编《中国财政史》[6]、黄天华编著《中国财政史纲》[7]、付志宇编著《中国财政史》[8]等。这些著作大多采用编年体的体例，以时间为顺序，对财政史按原始社会、奴隶社会、封建社会、半殖民地半封建社会、社会主义社会等社会形态进行分期，按历史朝代设立章节，每一朝代包括财政收入、支出、财政管理等各个方面。这些著作中均有明代部分，偏重于朝代的政治经济背景、财政典章制度、管理机构、财政收入与支出、财政思想的概况介绍，从内容到结构具有大致的相同性。保持连贯地进行制度的简要归纳与概述，似乎已经形成了一种套路，其中的专题研究或考证成果不多。同一时间段的通史类著作，还有台湾学者陈秀夔《中国财政史》、《中国财政制度史》。[9] 2006年，陈其焱《中国财政通史·明代卷》出版[10]，是第一部结构完整、内容丰富的明代财政史著作，可喜地推进了明代财政史研究的发展。其中特别注意总结明代财政的历史经验教训，为现实财政改革提供历史的启示。但是受限于通史类著作的性质，以较大篇幅论述了明王朝兴衰的政治经济背景与管理机构设置等制度层面，并面面俱到地对财政收入、财政支出、财政管理、财政思想各个方面分别叙述，显然缺乏专题研究的深度。这里还应提到的是，即使是在中国财政史研究专著中，明代财政史也显现薄弱，如李炜光《中国财政史述论稿》[11]，论及中国历代财政，唯独缺少明代财政史部分的内容。

财政史是经济史的重要组成部分，有关明代财政史研究，在社会经济史研究中也多有体现。如全汉升《中国经济史研究》上下，[12]其中涉及财政史的不少论文颇为深入，是我们研究明代财政史所必须参考的。又如吴缉华《明代社会经济史论丛》[13]、李剑农《宋元明经济史稿》[14]、李龙潜《明清经济史》[15]、田昌五、漆侠主编《中国封建社会经济史》（明清卷）[16]、王毓铨主编《中国经济通史·明代经济卷》[17]，等等，都有不少篇幅论述和讨论明代赋役制度、税收制度等财政史的相关内容。此外，凡中国经济通史类著作，也都有相关部分，但大多数是概述性的。财政史毕竟是一门专门史，与社会经济史的出发点有所不同。故在此对于经济史的相关部分研究恕不一一罗列。

[1] 梁方仲：《一条鞭法的争论》，《益世报·史学》1936年9月13日。

[2] 中央财政金融学院财政教研室编：《中国财政简史》，中国财政经济出版社1978年版。

[3] 周伯棣编著：《中国财政史》，上海人民出版社1981年版。

[4] 中国财政史编写组：《中国财政史》，中国财政经济出版社1987年版。

[5] 孙翊刚主编：《简明中国财政史》，中国财政经济出版社1988年版。

[6] 孙文学主编：《中国财政史》，东北财经大学出版社1997年版。

[7] 黄天华编著：《中国财政史纲》，上海财经大学出版社1999年版。

[8] 付志宇编著：《中国财政史》，对外经济贸易大学出版社2011年版。

[9] 陈秀夔：《中国财政史》，正中书局1968年版；《中国财政制度史》，正中书局1973年版。

[10] 陈其焱：《中国财政通史·明代卷》，中国财经出版社2006年版。

[11] 李炜光：《中国财政史述论稿》，中国财政经济出版社2000年版。

[12] 全汉升：《中国经济史研究》2册，台北稻乡出版社1991年版。

[13] 吴缉华：《明代社会经济史论丛：睿斋论史存稿》，台湾学生书局1970年版。

[14] 李剑农：《宋元明经济史稿》，生活·读书·新知三联书店1959年版。

[15] 李龙潜：《明清经济史》，广东高等教育出版社1988年版。

[16] 田昌五、漆侠主编：《中国封建社会经济史》（明清卷），齐鲁书社1994年版。

[17] 王毓铨主编：《中国经济通史·明代经济卷》，经济日报出版社2007年版。

张居正改革是明史乃至中国历史上的重大政治事件，这场改革包括财政改革的重要内容，再次印证了政治与经济的密不可分。明史研究中凡是论及张居正改革的，就必然述及他的财政改革，从朱东润《张居正大传》[1]起就是如此，迄今已有诸多部张居正传记出版，而论及张居正及其改革的论著更是多得不胜枚举。严格地说，在这些研究中，财政没有被看作一个独立的研究领域，而是作为张居正改革研究的附属出现，也就不能算作财政史的专门研究。故在此也从略。

尽管有关明代政治、经济方面的成果极为丰硕，但是关于明代财政史的专题研究，一直没有形成明史研究的热点。根据中国社会科学院历史研究所明史研究室编辑的《百年明史研究论著目录》不完全统计，自1900—2005年的百余年中，明代财政与赋役的论文409篇（包括港澳台地区），这个数字相对20世纪90年代末和21世纪初每年明史研究论文高达200—300篇来说，相对是不多的。其中"财政"见于篇名的只有17篇；冠以"田赋"、"赋役"、"赋税"的论文达53篇，实际论文内容涉及的会更多些。以"改革"为名的有32篇，其中以张居正改革之名出现为最多，有14篇；而以"一条鞭法"为名的专门研究论文达34篇之多，涉及"一条鞭法"相关内容的论文更是举不胜举。[2]这一初步统计，说明明代财政史研究自开创期以来一直延续的重心所在，始终是在一条鞭法和赋役制度及其改革方面。

在赋役制度方面，论文突出的有伍丹戈《明代中叶的赋税改革和社会矛盾》[3]，秦佩珩《明代赋役制度考释》[4]，将明代赋役制度分为六项，对明代的田赋与丁役进行了大致梳理。王毓铨的系列论文《明朝徭役编审与土地》[5]、《纳粮也是当差》[6]、《明朝的配户当差制》[7]、《明朝的田土赤契与赋役黄册》[8]、《户役田述略》[9]，对明代户役制、徭役编审、配户当差、户役田进行了详细论述，强调了明代土地国有制的观点。唐文基对于赋役制度有系列研究论文，汇总为专著出版，下面将专门述及。笔者《白银货币化视角下的明代赋役改革》（上下）则指出明代赋役改革由纳粮当差到纳银不当差的重大变迁及其社会影响与意义。[10]

专题研究除赋役制度史一枝独秀外，在盐法、钞关、商税、杂税及其他有关财政方面，均有不少突出的研究成果。如盐法方面，20世纪70年代已有台湾徐泓颇见功力的系列论文发表：《明代前期的食盐生产组织》[11]、《明代中期食盐运销制度的变迁》[12]、《明代后期盐业生产组织与生产形态的变迁》[13]，《明代后期的盐政改革与商专卖制度的建立》[14]等。

[1] 朱东润：《张居正大传》，湖北人民出版社1957年版。但此书并非第一部张居正传，1937年已有陈翊林著《张居正评传》，由中华书局出版；其后张居正传记出版诸多，恕在此不一一赘述。

[2] 根据中国社会科学院历史研究所明史研究室编：《百年明史论著目录》，时代传媒股份有限公司、安徽教育出版社2012年版，上册，第191—208页。需要说明的是，显然"财政与赋役"部分有些相关论文由于分类关系没有入列，而我们的收集也有不完全之处。

[3] 伍丹戈：《明代中叶的赋税改革和社会矛盾》，《社会科学战线》1979年第4期。

[4] 秦佩珩：《明代赋役制度考释》，《郑州大学学报》1983年第3期。

[5] 王毓铨：《明朝徭役编审与土地》，《历史研究》，1988年第1期。

[6] 王毓铨：《纳粮也是当差》，《史学史研究》1989年第1期。

[7] 王毓铨：《明朝的配户当差制》，《中国史研究》，1991年第1期。

[8] 王毓铨：《明朝的田土赤契与赋役黄册》，《中国经济史研究》，1991年第1期。

[9] 王毓铨：《户役田述略》，《历史研究》，1991年第1期。

[10] 笔者：《白银货币化视角下的明代赋役改革》（上下），《学术月刊》2007年第5—6期。

[11] 徐泓：《明代前期的食盐生产组织》，《台大文史哲学报》第24期，1975年。

[12] 徐泓：《明代中期食盐运销制度的变迁》，《台大历史学系学报》，1975年第2期。

[13] 徐泓：《明代后期盐业生产组织与生产形态的变迁》，《沈刚伯先生八秩荣庆论文集》，台北联经出版公司1976年版。

[14] 徐泓：《明代后期的盐政改革与商专卖制度的建立》，《台大历史学系学报》，1977年第4期。

商税方面，有姜晓萍《明代的商税与管理》[1]、李龙潜《明代钞关制度述评——明代商税研究之一》[2]、《明代税课司、局和商税的征收——明代商税研究之二》[3]、林枫关于万历商业税的研究，利用了《会计录》资料，下面还将谈到。

全汉升、李龙华《明中叶后太仓岁入银两的研究》和《明代中叶后太仓岁出银两的研究》两篇论文[4]，对太仓银的研究最为细致深入，主要依据《明实录》中的史料，整理出明中叶后太仓银库岁入岁出银两数目，提出太仓银库的岁入银两是以倍数来递增的，太仓银库的岁出银两数目有愈来愈上升的趋势。赵轶峰则指出其研究存在的问题是没有区分额收与实收数字。[5]而笔者指出其研究惜未见刘斯洁订正《太仓考》，并首次以《太仓考》一书为据，将万历八年（1580年）太仓货币收入和各地税目所占份额与数目列表说明。[6]苏新红《明代太仓库称谓考》[7]，《张居正当国时期的中央财政制度改革——以太仓库为核心》[8]是以明代太仓库演变为中心，对于明代财政制度改革进行的新研究。

20世纪80年代，徐健竹专文探讨了张居正的财政改革。[9]高王凌全面考察了明代实物田赋改征货币田赋的大致过程，指出经过大约两个世纪时间，明代把一个实物财政改变为以货币税收为主的财政，这一改变是巨大的，它奠定了清代进一步改征的基础，并最终导致了传统田赋几乎完全征收货币的演变。[10]这无疑是一篇具有开拓性意义的研究论文。吴承明论述财政货币化，断言："万历1581年全面推行一条鞭法，货币化成为不可逆趋势。这时的货币化已非如宋以前之纳钱钞，而是白银化，我国确立贵金属本位，实在16世纪"。[11]而着意于中央与地方关系，肖立军探讨了明代财政制度中的起运与存留，[12]吴琦、赵秀丽则认为明代财政的症结，是在中央与地方的政策执行差异。[13]黄阿明《明代赋税征银中的负面问题》[14]，专门论述了赋税征银所带来的弊病。而顾銮斋从中西赋税比较的角度，探讨了中西赋税结构的同源与分途，强调了西欧转以工商税为财政基础。[15]近年刘利平《明代户部财政决策权新探》[16]论证了明代户部拥有财政决策权的问题，《明代中后期太仆寺的财政管理初探》[17]、《赋役折银与明代中后期太仆寺的财政收入》则专门探讨了太仆寺的财政收入及其管理。[18]苏新红《明代洪武时期的内库制度》[19]、《明代洪武时期内库财政收支的特

[1] 姜晓萍：《明代的商税与管理》，《西南师范大学学报》1994年第4期。

[2] 李龙潜：《明代钞关制度述评——明代商税研究之一》，《明史研究》，黄山书社1994年版。

[3] 李龙潜：《明代税课司、局和商税的征收——明代商税研究之二》，《中国经济史研究》1997年第4期。

[4] 全汉升、李龙华：《明中叶后太仓岁入银两的研究》，香港中文大学《中国文化研究所学报》第5卷第1期，1972年；《明代中叶后太仓岁出银两的研究》《中国文化研究所学报》第6卷第1期，1973年。

[5] 赵轶峰：《明后期太仓收支数字考》，《明代的变迁》，生活·读书·新知三联书店2008年版，第278页。

[6] 笔者：《白银货币化与中外变革》，《晚明社会变迁：问题与研究》第175—177页。

[7] 苏新红：《明代"太仓库"称谓考》，《东北师范大学学报》2011年第1期。

[8] 苏新红：《张居正当国时期的中央财政制度改革——以太仓库为核心》，《古代文明》，2013年第1期。

[9] 徐健竹：《试论张居正的财政改革》，《明史研究论丛》第一辑，江苏古籍出版社1982年版。

[10] 高王凌：《明代的田赋改征——从实物税到货币税》，《中国史研究》1986年第3期。

[11] 吴承明：《现代化与中国十六、十七世纪的现代化因素》，《中国经济史研究》1998年第4期。

[12] 肖立军：《明代财政制度中的起运与存留》《南开学报》1997年第2期。

[13] 吴琦、赵秀丽：《明代财政的症结：中央与地方的政策执行差异》，《江西师范大学学报》2004年第1期。

[14] 黄阿明：《明代赋税征银中的负面问题》，《史林》2007年第6期。

[15] 顾銮斋：《中西中古社会赋税结构演变的比较研究》，《世界历史》2003年第4期。

[16] 刘利平：《明代户部决策权新探》，《史学月刊》2009年第7期。

[17] 刘利平：《明代中后期太仆寺的财政管理初探》，《历史教学》（下半月刊）2010年第8期。

[18] 刘利平：《赋役折银与明代中后期太仆寺的财政收入》，《故宫博物院院刊》2010年第3期。

[19] 苏新红：《明代洪武时期的内库制度》，《古代文明》2012年第1期。

点及影响》[1]，专门考察了明代开国时期的内库制度及其财政特点与影响。此外，其他还有不少有关论文，恕不在此一一赘述。

专著方面，伍丹戈《明代土地制度和赋役制度的发展》，探讨了明代土地制度与赋役制度的紧密关系，专门研究了均田、均粮运动的由来与发展。[2] 唐文基《明代赋役制度史》[3]是国内对于明代赋役制度进行系统研究的力作，指出明代赋役制度两大基本特征是明显的超经济强制和古老的原始性，同时提出三条演变轨迹：一是官田重赋问题解决，导致国有土地私有化；二是商品货币经济推动，导致实物税和力役之征向货币税转化；三是赋役改革导致里甲性质的变化。张海瀛《张居正改革与山西万历清丈》[4]，分上下两篇，上篇是张居正改革研究，下篇是对张居正主持的万历清丈在山西实行情况的研究，书末附有《山西丈地简明文册》影印件，资料珍贵，研究细致。刘志伟《在国家与社会之间：明清广东地区里甲赋役制度与乡村社会》[5]，是对广东赋役制度演变与乡村社会变迁相结合的深入考察，其中涉及赋役折银的作用，颇见功力。栾成显《明代黄册研究》[6]，是对明代田赋编派与征收的册籍黄册进行实证研究的力作。鲍彦邦《明代漕运研究》，是关于明代漕运全面系统的专门研究。[7] 李三谋《明清财经史新探》[8]一书有关明代财政史部分，首先是将研究重点放在赋役制的特点、发展状况及其作用上，并进一步探讨了明代财政性质及其演变，提出了明代财政具有中央集权和地方分权二重性的观点。

海外以日本学者为主的明代社会经济史研究，以细致而深入见称，重心也一直在赋役制度，特别是徭役制度的演变方面。有日本学者评价："日本以往的历史研究对象，集中于围绕着土地所有的地主和佃户的对抗关系上，以及被视为主佃关系在制度上的表现的赋役制度的研究"。[9] 早期奠基性研究，最著名的是清水泰次，1935 年，他已注意到租税的银纳问题，发表了《明代に於ける租税银纳の叕达》，[10]他的《明初田赋考》，在 1936 年已由张锡纶翻译到中国。[11] 1950 年他的主要论文结集，出版了《中国近世社会经济史》。[12] 有关一条鞭法研究，60 年代有栗林宣夫：《一条鞭法の形成について》，[13]日本学界聚焦于徭役的研究最多，出版了一系列颇见功力的研究成果，具有代表性的主要有：山根幸夫《明代徭役制度の展开》[14]，岩见宏《明代徭役制度の研究》[15]，谷口规矩雄《明代徭役制度史研究》[16]，等等。这些专著都是在研究论文基础上撰写而成，具有相当的研究深度；采用制度史研究的视角，对于徭役制度演变中的里甲、均徭、力差、银差、徭役的银纳化都有

[1] 苏新红：《明代洪武时期内库财政收支的特点及影响》，《贵州社会科学》2012 年第 2 期。

[2] 伍丹戈：《明代土地制度和赋役制度的发展》，福建人民出版社 1982 年版。

[3] 唐文基：《明代赋役制度史》，中国社会科学出版社 1991 年版。

[4] 张海瀛：《张居正改革与山西万历清丈》，山西人民出版社 1993 年版。

[5] 刘志伟：《在国家与社会之间：明清广东地区里甲赋役制度与乡村社会》，中山大学出版社 1997 年版。

[6] 栾成显：《明代黄册研究》，中国社会科学出版社 1998 年版。

[7] 鲍彦邦：《明代漕运研究》，暨南大学出版社 1995 年版。

[8] 李三谋：《明清财经史新探》，山西经济出版社 1990 年版。

[9] ［日］渡边信一郎、宫泽知之、足立启二：《日本关于前近代社会经济史的研究》，《中国经济史研究》1987 年第 2 期。

[10] ［日］清水泰次：《明代に於ける租税银纳の叕达》，《东洋学报》20 卷 3 期，1935 年。

[11] ［日］清水泰次：《明初田赋考》，张锡纶译，《食货》4 卷 2 期，1936 年。

[12] ［日］清水泰次：《中国近世社会经济史》，西野书店 1950 年版。

[13] ［日］栗林宣夫：《一条鞭法の形成について》，《清水博士追悼纪念明代史论丛》，东京大安株式会社 1962 年版。

[14] ［日］山根幸夫：《明代徭役制度の展开》，东京女大学会 1966 年版。

[15] ［日］岩见宏：《明代徭役制度の研究》，同朋舍 1986 年版。

[16] ［日］谷口规矩雄：《明代徭役制度史研究》，同朋舍 1998 年版。

细致的专门研究。岩井茂树《中国近世财政史の研究》一书，[1] 其中明代部分，也主要是从明代徭役制度入手，专门考察从均徭法看明代徭役问题、里甲制和徭役负担、一条鞭法后的徭役等问题；并探讨了明代财政的构造，指出国家财政的"原额主义"，造成了地方官府财政经费严重不足，导致了正额之外的附加性或追加性征收项目与数量的日益膨胀，缺乏弹性的正额部分与具有很强伸缩性的额外部分形成互补关系，一直延续到现代中国农村。可惜其中没有利用《会计录》的资料，而主要关注了地方资料。日本学者有关明代赋役改革的论文也相当多，如森正夫对苏州府徭役改革、租税征收制度改革的多篇论文，[2] 滨岛敦俊对均田均役改革的论文，[3] 都有细致的考证和深入的分析。关于赋税银纳以及金花银的研究，主要有上述清水泰次《明代に於ける租税银纳の发达》，还有堀井一雄《金花银の展开》，[4] 星斌夫：《金花银考》[5]。足立启二《初期银财政の岁出入构造》主要依据《明史》和《明实录》，将正统至嘉靖末数百年间向白银的转移，称之为初期银财政，并对银出入的规模与构成进行了研究。[6] 新宫学有《明代北京铺户徭役及其银纳化》一文，专门重点考察了北京铺户徭役的货币化问题[7]。而早在50年代，佐久间重男已有《明代における商税と财政上の关系》一文，专门探讨了财政中的商税。[8] 其他论文在此恕不一一罗列。特别应该提到的，是和田清《明史食货志译注》一书，[9] 是涉及明代财政史方方面面的重要研究参考书。

　　研究进入21世纪以后，明代赋役制度方面已经不是日本学界研究的热点。

　　西方学术界关注明代财政的主要有美国学者居蜜（Mi Chu Wiens），她独辟蹊径，很早就将财政研究的重点放在与社会变迁的关系上，发表了《十四、十五世纪财政与农村控制体系变迁》和《十五世纪社会变迁与财政》两篇论文[10]，是明代财政社会史研究的先驱，颇具启发意义。

　　毫无疑问，中外史学界对晚明社会经济的研究在20世纪已取得大量研究成果，主要围绕资本主义萌芽和一条鞭法等问题，有突出的学术成就。[11] 然而，除了财政或经济通史性著作中都设有明代财政史专章，进行概述以外，一直以来，对明代财政史缺乏系统、全面的研究和总体的把握，以致在20世纪末回顾与总结时，被学者称为"明代财政史研究的'世纪遗憾'"。[12] 而明代财政史研究的难度大，这在国际上早已闻名。早在20世纪50年代，英国著名中国财政史家崔瑞德（D. C. Twitchett）采用现代财政学的视角，完成了《唐代财

[1] ［日］岩井茂树：《中国近代财政史研究》，付勇译，社会科学文献出版社2011年版。

[2] ［日］森正夫：《十五世纪前半期苏州府的徭役制改革》，《名古屋大學文學部研究論集》41，1966年；《明中葉江南租税徵收制度的改革》，［日］小野和子编《明清時代の政治と社會》，京都大學人文科學研究所，1983年；《宣德—成化時期苏州府的徭役赋课》，《名古屋大學東洋史研究报告》13，1988年。

[3] ［日］滨岛敦俊：《圍繞均田均役法法の實施》，《東洋史研究》33卷3号，1974年。

[4] ［日］堀井一雄：《金花银の展开》，《東洋史研究》五卷二号，1940年。

[5] ［日］星斌夫：《金花银考》，《山形大学纪要〈人文科学〉》九の一，1975年。

[6] ［日］足立启二：《初期银财政の岁出入构造》，《山根幸夫教授退休紀念明代史論叢》下，东京汲古书院1990年版。

[7] ［日］新宫学：《明代北京铺户的徭役及其银纳化》《歴史》62，1984年。

[8] ［日］佐久间重男：《明代における商税と财政上の关系》，《史学杂志》65卷1—2期，1956年。

[9] ［日］和田清编：《明史食货志訳注》2册，东京汲古书院1996年版。

[10] Mi Chu Wiens：Changes in the fiscal and rural contral systems in the fourteenth and fifteenth centuries，*Ming Studies*，No. 3，Fall，1976；Social changes and fiscal reform in the fifteenth century，*Ming Studies*，No. 26，Fall，1988.

[11] 有关资本主义萌芽方面的研究极为丰硕，但是鲜少涉及明代财政的内容，故在此不再展开。

[12] 张建民、周荣：《明代财政史概要》，叶振鹏：《20世纪中国财政史研究概要》，湖南人民出版社2005年版，第296页。

政管理》（《Financial Administration under the T'ang Dynasty》）一书。是 20 世纪西方学者研究唐代财政史的第一部专著。其后，他着手收集明代资料，但终以研究复杂、资料繁多而却步。[1]

迄今为止，关于明代财政只有一部专著出版，即美国学者黄仁宇（Ray Huang）《十六世纪明代中国之财政与税收》（*Taxation and Governmental Finance in Sixteenth-Century Ming China*）。[2] 这部书可以说是关于 16 世纪明代财政史研究开拓性的学术论著。此书初版于 1974 年，系统论述了 16 世纪明代财政，试图对明代财政与税收做出全面的说明。但遗憾的是，作者明确以西方现代资本主义财政体制作为参照系，对 16 世纪明代财政体制进行了全面批评性的研究，认为明代财政既保守又落后，"明代统治的独特之处在于其农村经济观念，这是 16、17 世纪中国经济发展的情况所决定的，我们可以称之为保守型的，这是一个时代错误"[3]。特别应该提到的是，作者撰写这部专著时是"选择依靠描述性语言而非是数据表格"，[4] 更没有采纳费正清以及他推荐的专家提出的建议，"觉得没有必要去分析财政与货币政策，以了解两者对经济的影响"；[5] 因此，名为 16 世纪明代财政的研究专著，却极大地忽略了《会计录》这部 16 世纪明朝户部编纂且保存下来的国家财政总册（1582 年刊），其书仅引用《会计录》6 个具体数据，并特别将《会计录》置于参考文献的"其他的明代和清初的资料"中。这不能不构成了其书的最大缺陷。就此而言，其书论证不是建立在系统扎实的数据资料基础上，研究流于表象而不能客观深入，以致认识的偏颇在所不免。鉴于此书的影响很大，许多问题尚待澄清。下面将有专门述及。[6] 新近出版的边俊杰《明代财政制度变迁》[7]，是作者的博士论文，以现代财政学、经济学理论来阐释明代财政制度的演变，具有新的视角，可惜没有大力发掘和利用原始资料，疏于考证，显得论证不足。

综上所述，我们认为，全面系统整理与发掘《会计录》的大量数据资料，复原与重新探讨 16 世纪明代财政，实属必要。


### （二）《万历会计录》的研究

有关《会计录》的介绍，迄今主要有三篇论文。首先，1935 年著名经济史学家梁方仲发表《评介〈万历会计录〉》一文，对《会计录》的内容、编纂经过及其研究价值，做了全面详细的介绍。指出《会计录》之作，在唐宋时已很流行。至明代成化二十三年（1487 年），明孝宗初即位时，礼部右侍郎丘浚已上言仿唐人《国计录》，宋人《会计录》，每朝为一卷，通为一书，以备参考。并评价说："《会计录》的编纂成书亦无非一种时代的表现"。[8] 其次，1989 年徐蜀《明代重要经济文献〈万历会计录〉》一文，也属介绍性，当

---

[1] 崔瑞德《序》，见黄仁宇著，阿风等译：《十六世纪明代中国之财政与税收》，第 1 页，生活·读书·新知三联书店 2001 年版。

[2] Ray Huang：*Taxation and Governmental Finance in Sixteenth-Century Ming China*. New York，N. Y.，Cambridge Univ. Pr.，1974.

[3]《十六世纪明代中国之财政与税收》，第 1 页。

[4] 同上书，第 3 页。

[5] 黄仁宇：《黄河青山：黄仁宇回忆录》，生活·读书·新知三联书店 2001 年版，第 306 页。

[6] 李龙潜先生著有长文批评此书，没有与《会计录》相联系。其文《也评黄仁宇著〈十六世纪明代中国之财政与税收〉》，载《明清论丛》第九辑，紫禁城出版社 2009 年版。此文承陈梧桐先生复印赐与，在此谨致谢忱。

[7] 边俊杰：《明代财政制度变迁》，经济管理出版社 2011 年版。

[8] 梁方仲：《评介〈万历会计录〉》，《中国近代经济史研究集刊》3 卷 2 期，1935 年；收入《梁方仲经济史论文集补编》，中州古籍出版社 1984 年版。

时《会计录》即将影印出版，文中称《会计录》为"记载国家财政收支状况的专书"。[1]第三，是台湾经济学者赖建诚《〈万历会计录〉初探》一文[2]，指出"《会计录》除了详载各项收支的总数额，各行政层级（布政司、府、州、县）的相关数字也很详尽，甚至明细到小数点的程度。从中国经济史研究的观点来看，这是理解大帝国如何掌握与分配全国经济资源的绝佳史料"。并附表摘述了《会计录》的主要内容与结构，分主题、卷别、页数与占全书的百分比、残缺状况与特点说明等五项，是迄今对于《会计录》最为详尽的介绍。此外，还有从国家会计角度的探讨，如张民服等《明代国家会计运作方法》[3]，涉及《会计录》的编制和内容，认为明代会计已经达到了相当高的水平。郭道扬先生编著的《中国会计史稿》，是对会计史发展变化的全面系统研究。在"元明时代的会计"部分，专门论述了《会计录》。评价云："从《会计录》序文中可见，内容安排有程序，数据组合有章法，分析说明则有理有据。整个布局，聚而不乱，纫而不烦，章法齐整，井井有条"。[4]显然，评价是很高的。

赖建诚于 2002 年开始《会计录》边镇饷额方面的研究，2008 年出版了《边镇粮饷：明代中后期的边防经费与国家财政危机，1531—1602》一书。[5]虽然只限于边镇方面，却是利用《会计录》进行研究的首部专著。边镇粮饷是明代国家财政的一大负担，学术界一直有"明代亡于边防"之说，其书结论同意上述观点。但其中结合其他明代史籍，估算各项边饷数额及论述边饷各项问题，提出《会计录》的性质，是一部低估边镇实际需求之预算书，是规划性的收支项目与数额，而非执行之后的实际数额，从而避免将所有账面上的数据一律当作实际数据处理的错误。并认为，这不表示《会计录》完全不可信用，它还是一套有系统的财务数据，至少可以看到边防经费的规划结构。作者的这种性质认定，实际上是以现代西方的眼光来看待《会计录》，以西方预算书概念来套用，显然并不合适。由于没有采用统一的计算单位，所以最终其书不能给我们一个边镇粮饷整体的全面认识，也是遗憾之处。此外由于主要根据边镇粮饷的考察，对《会计录》缺乏系统的整体研究，得出万历六年银两收支国库有盈余的结论，也是欠妥当的。

日本学者岩井茂树考察了张居正站在中央朝廷、政府最高负责人的立场上，力图重建国家统治体制的财政政策，论述了在中央编纂《会计录》的财政规定和财政计划的册籍，以及在地方编纂《山东经会录》一类后来在全国范围内被制度化的《赋役全书》原型的簿册，与走向一条鞭法——赋役全书体制的过渡密切相关。[6]小野和子详细研究了王国光及其背后张居正的各项改革的内容与意图。专门论述了王国光整顿户部事务，首先是大力整理有关钱粮及其事例方面的簿册。[7]岩见宏《晚明财政的考察》一文，从学术史视角来看具有开拓意义。作者从万历《明会典》和《会计录》两书入手，尝试全面考察明中期以降实物税向银纳化的转变，并估算了明代财政岁入岁出的银纳总额。但作者本人

[1] 徐蜀：《明代重要经济文献〈万历会计录〉》，《文献》1989 年第 4 期。

[2] 赖建诚：《〈万历会计录〉初探》，台湾《汉学研究》第 12 卷第 2 期，1994 年 12 月。

[3] 张民服等：《明代国家会计运作方法》，《中州学刊》1998 年第 4 期。

[4] 郭道扬：《中国会计史稿》下，中国财经出版社 1988 年版。

[5] 赖建诚：《边镇粮饷：明代中后期的边防经费与国家财政危机，1531—1602》，浙江大学出版社 2010 年版。

[6] ［日］岩井茂樹：《張居正財政の課題と方法》，岩見宏、谷口規矩雄編：《明末清初期の研究》，京都大學人文科學研究所 1989 年版。

[7] ［日］小野和子：《東林黨と張居正——考成法を中心に—》，《明清時代の社會と文化》，京都大學人文社會科學研究所 1983 年版。

明言："准备的资料不充分，试着换算一下国家收入的规模和其中由户部掌握的大概比重"。[1] 其文没有清楚展现估算的过程，数据资料显然有待扩充与完备。林枫则利用《会计录》的数据资料，估算了万历商业税及其税额[2]，对于明代商业税收进行了开拓有益的探讨。

毋庸讳言，长期以来，明史研究学者广泛采用的是定性分析的研究方法，《会计录》这样重要的一部大型财政数据文献，一直没有得到应有的关注和利用。经济史家吴承明进行现代化因素和市场经济的开拓性研究，指出明代财政货币化是现代化因素之一，采用定性分析与定量分析方法研究，却也没有利用《会计录》的数据资料。[3] 我们认为，16 世纪明代财政史研究之所以薄弱，主要不在于没有认识到重要性，而在于这一研究的艰巨性。别的不说，仅万历初年大部头长达 43 卷《会计录》的存世，其中浩繁的数万数字就像摆在研究者面前的一座小山，令人有无法下手之感，不下决心进行发掘性整理，大量数据资料就不能得到利用，因此，首先系统的文献资料整理势在必行。

### （三）计量史学与数据资料的整理研究

由于大量的数量型历史资料需要得到处理与研究，因此系统的应用数学方法，特别是统计方法，对历史现象进行定量分析就是十分必要的。

由此而产生的计量史学萌芽于 19 世纪末，数学的一个重要分支——数理统计学的发展及其广泛应用于经济研究领域，是促使计量史学发展的主要因素。马克思的《资本论》就是一个典型的例子。1882 年，德国学者伊纳马·斯坦格发表的《历史与统计学》是最早的关于计量史学的论文。[4] 自此以后越来越多的历史学家开始进行历史计量研究的尝试。

20 世纪 50 年代，计量史学的研究重心从欧洲转向北美，应用范围也从经济史和人口史扩大到政治史、社会史和文化史等领域。1958 年，康拉德和迈耶合作出版的《内战前南部奴隶制经济学》[5]，被认为是美国计量史学的第一篇代表作。

计量史学研究的方法日趋复杂，从一般的描述性统计过渡到相关分析、回归方程、线性规划、动态数列、超几何分布、因子分析、马尔科夫链等数学模型、模糊数学，还有博弈论、对策论、曲线拓扑等。电子计算机技术的飞速发展，为计量史学的研究与应用提供了强有力的计算工具。在计量史学的基础上，形成一系列新的历史分支学科，如新经济史、新政治史、新人口史、新社会史、新财政史等等。著名经济学家约瑟夫·熊彼特这样谈到"统计"："我们坚决主张，对于经济学来说，统计数字是极为重要的。实际上，至少从 16 和 17 世纪以来，这一点就被人们认识了。例如当时西班牙政治家的大部分工作就是收集和解释统计数字——更不用说被称作政治算术家的英国计量经济学家以及他们在法国、德国与意大利的同行了。我们不仅需要统计数字来解释问题，而且也是为了弄清有什么问题需要解释"。[6] 英国史学家罗德里克·费拉德的《历史学家计量方法导论》[7]，

---

[1] ［日］岩见宏：《晚明财政の一考察》，岩见宏、谷口规矩雄编：《明末清初期の研究》，京都大學人文科學研究所 1989 年版。

[2] 林枫：《试析明万历前期的营业税》，《厦门大学学报》2000 年第 3 期。

[3] 吴承明：《16 与 17 世纪的中国市场》，《货殖：商业与市场研究》第 1 辑，1995 年。

[4] 项观奇：《历史计量研究法》，山东教育出版社 1987 年版，第 3 页。

[5] Alfred Conrad and John Meyer："The Economics of Slavery in the Antebellum South," *Journal of Political Economy*，vol. 66，no. 2（Apr. 1958），pp. 95—130.

[6] ［美］约瑟夫·熊彼特：《经济分析学》第一卷，商务印书馆 1991 年版，第 30—31 页。

[7] ［英］罗德里克·费拉德：《计量史学方法导论》，王小宽译，上海译文出版社 1991 年版。

被视为国际计量史学的经典性著作。

20 世纪 80 年代以后，计量史学的理论研究得到重视，人们已经不再探讨历史研究是否采用计量方法的问题，而是去探讨采用什么样的计量方法、怎样应用计量方法、计量方法导致什么样的结果，以及计量结果如何检验这一类问题。1983 年中国史学界第三次代表大会暨中国史学会首次年会决定出版的《当代外国史学理论丛书》中的《历史计量研究法》[1]一书，较全面地反映了国外计量史学的研究概况，对中国计量史学的发展起了重要的推动作用。自此中国的计量史学研究有了较快的发展。

正如有学者的评述："计量史学无疑是历史学领域里有着巨大的潜力和强大的新趋势中之一个重要部分。"[2]计量史学的发展反映了当代社会科学和自然科学融合的趋势，但计量史学的应用具有一定的适用范围，它只涉及历史现象中量的方面，只能从定量分析上帮助人们揭示事物的性质，并不能代替全部历史研究。因此只有将定量分析与定性分析有效地结合起来，才能够揭示所研究事物的本质，以及历史的全部面貌。

中国经济史数据资料的整理和研究，奠基于著名经济史学家梁方仲先生的《中国历代户口、田地、田赋统计》一书[3]。梁方仲先生是中国社会经济史研究的奠基者之一，最早开始收集历史统计资料，在历史研究方面运用统计方法，开创性地做出了统计资料和研究的典范。他在 1949 年以前已发表很多重要的经济史研究论著，并注重对各种文献和档案中数据资料的搜集。1935 年完成《明代户口田地及田赋统计》之后，在此基础上，系统整理了中国历代相关经济史材料，于 1962 年完成了《中国历代户口、田地、田赋统计》这部数量资料统计方面的经典名著，最终于 1980 年由上海人民出版社出版。全书 76 万字，上起西汉，下至清末，将广泛收集的历代户口、田地、田赋的大量数据，分门别类，综合编制成 242 个统计表格和 6 个统计图表，是统计学与历史学结合研究的奠基之作。此书运用数量统计方法研究中国历代户口、土地、田赋史，为研究提供了极大便利。明代 40 个表，主要根据《明实录》、《明会典》、《明史》、方志等大量资料编制而成，其中 6 个表利用了《会计录》的数据资料。但由于此书专门收集户口、田地、田赋方面数据，明代整体财政不在其资料总体整理范围之内，田赋表基本上以实物米麦为计量单位，没有特别关注到财政货币化的问题。

早在 20 世纪 30 年代，汤象龙先生就曾指出："经济史所运用的资料必求精确的量的记载"，他在《中国近代经济史研究集刊》发刊词中说：

> 可是我们要知道过去的经济最要紧的条件便是资料，而这类现成的系统的资料在我国向来是缺乏的，或者是以先的人对经济事实或经济现象不加注意，没有记载，或者有记载而人们不认识他的价值，未能保存。无论如何，凡是研究中国经济史的人都感觉到资料的不易搜寻。如私人或家庭的流水账，店铺的生态账，工料的清单，户口钱粮的清册，如这一类有经济意义的文件，以先为人所抛弃的，至少不理会的，现在都变成最有趣的，最可宝贵的经济史料了，可惜这些资料并不是俯拾即是的。[4]

进入 21 世纪，李伯重先生认为："传统的经济史学长于现象描述，而将过去的经济实践

---

[1] 项观奇：《历史计量研究法》，山东教育出版社 1987 年版。

[2] 王宇博、俞荣生：《计量史学研究评述》，《江苏教育学院学报》，1996 年第 1 期。

[3] 梁方仲：《中国历代户口、田地、田赋统计》，上海人民出版社 1980 年版。

[4] 汤象龙：《中国近代经济史研究集刊发刊词》，《中国近代经济史研究集刊》第 1 卷第 1 期，1932 年。

清楚地描绘出来并展示给世人，乃是经济史研究的主要目标之一"。[1] 他指出了传统经济史学的长处，但也隐喻了短处。

计量史学是史学研究方法之一，随着计算机运用的广泛，计量方法被引入史学研究领域，促进了历史研究的精确化，凸显了社会科学研究方法跨学科的重要性。从定性描述出发，以零散的历史事实佐证，对宏大复杂的明代财政体系进行探讨，往往会陷入"见木不见林"的状况。以往大多研究者采用定性描述加少量数据的传统方法，运用数量和计量方法进行研究的佳作不多。赖惠敏先生《明代南直隶赋役制度的研究》一书，[2] 利用计量方法处理方志中的数字资料，对于南直隶赋役制度进行了细致而深入的剖析，是历史学者利用计量方法研究的佳作。但往往即使有所运用，研究力度也不够。如吴慧先生《明清（前期）财政结构性变化的计量分析》一文，[3] 仅以明正统时数字与清乾隆时数字列表比较，统一折算为实物，以求人均负担，很明显，正统时的数字不能反映晚明财政结构的变化，得出的结论也就不可能准确。吴承明先生曾作《十六至十七世纪的中国市场》一文，论及"财政白银化和财政危机"，主要采用《明实录》，吸收梁方仲、唐文基等先生研究成果，简单估算了三饷加派前田赋白银化程度不会超过50％，也许不到40％。[4] 近年有学者评价："时至今日，计量史学的相关研究已基本趋于停滞。不仅具体结合我国史学实际探讨计量史学的工作程序与方法的著述付之阙如；即使从我国的史学实际出发，探讨计量史学现状的省思性研究也是凤毛麟角"。[5] 这种看法反映了计量史学的现状。计量史学的最大特征是运用自然科学中数学方法，对历史资料进行定量分析，涉及史学的科学化。目前，整理大量历史数据和进行统计分析，应该说仍是摆在历史学者和数学学者面前富于挑战性的课题。

### （四）小结：存在的问题

以上重点选取明代财政史、《会计录》研究和计量史学与数据资料的整理研究三方面，进行了简要回顾，学术创新是对于新知识的发展和对前贤知识的超越，我们必须首先对于前贤所做的工作、对于已有研究成果有一个总体的掌握，既在全面吸收传统学术研究基础上，以现有成果为工作的出发点，归纳研究存在的主要问题，又以已有成果作为超越的目标，从而明确学术独创主要表现在哪些方面，以及自己所做工作的价值和意义。

下面对研究主要存在的问题略做归纳：

首先，明代财政史的研究虽然已经取得了一些成果，但是与历朝历代的财政史研究相比较，明代财政史整体研究至今处于相当薄弱的状态，缺乏在系统整理明代大量数据资料、进行扎实的实证研究基础上的综合研究，迄今没有一部大部头的明代财政史。明代财政史本身过于复杂，无论是黄仁宇《十六世纪明代财政与税收》，还是《中国财政通史·明代卷》，均以一般性描述为主，尤其缺乏货币与财政关系的整合研究，更没有在客观的定性与定量相结合基础上对于财政体系的整体研究，以致我们至今对晚明财政整体面貌的认识仍显得模糊不清。而由于迄今缺少对于16世纪遗存的大型数据资料《会计录》的整理与统计分析，不能复原16世纪明代财政结构的整体面貌，也就无法对财政总数、规模、结构和货币化的存在

[1] 李伯重：《历史上的经济革命与经济史的研究方法》，《中国社会科学》2001年第6期。

[2] 赖惠敏：《明代南直隶赋役制度的研究》，台湾大学出版委员会1983年版。

[3] 吴慧：《明清（前期）财政结构性变化的计量分析》，《中国社会经济史研究》1990年第3期。

[4] 吴承明：《中国的现代化：市场与社会》，生活·读书·新知三联书店2001年版，第220页。

[5] 马金生、李宏：《中国大陆"计量史学"现状的本土化反思》，《广播电视大学学报》2009年第2期。

形态以及货币化程度形成较为准确的认识，更不能对 16 世纪晚明财政给予恰当评价与历史定位。这种情况直接影响了明史研究的推进，甚至影响了明史在中国古代史上的地位及其整体评价。

其次，在史料运用中发掘利用不够，大多只是利用了实录、会典、方志等方面资料。对《会计录》这一大型财政数据资料，一直未能充分发掘利用。究其原因，一是《会计录》部头大，长达四十三卷；二是数据多，依据我们初步统计约达 4.5 万个以上。《会计录》中包括 16 世纪末明代财政方方面面的细节，内容极为庞杂而数据又极为繁富，以往没有系统的整理与研究，也就很难全面地加以利用，并以之进行明代财政史的细化研究。

第三，历史研究需要定性研究与定量研究相结合，定性研究如果不以定量研究为基础，就会缺乏根据和说服力；同样，如果定量研究不上升到定性研究，就将只是些不能说明问题性质的枯燥数字，就将剪不断、理还乱。财政史需要多学科交叉方法的综合使用，系统地整理大型财政数据文献，以定性分析与定量分析相结合方法进行研究，这就需要史学与数学学者共同攻关，才能更好地弥补以往财政史研究的缺陷，进一步推动明代财政史、明史乃至中国古代史研究向纵深发展。

# 三　研究基本思路、内容和方法

鉴于迄今前人对于《会计录》没有做过系统的整理和研究，本课题选择中国古代保存至今唯一的一部国家财政会计总册——《会计录》这一珍贵的大型财政数据文献入手，由史学和数学工作者联合攻关，以史学与数学方法相结合，以定性分析与定量分析相结合，进行全面系统、并具有创新性的整理发掘与研究，以切实推动 16 世纪明代财政史乃至整个中国财政史研究的发展。

在吸取中外学界以往研究成果的基础上，转换研究范式，我们全面系统整理和研究《会计录》的第一步，是认识《会计录》究竟是一部什么性质的文献，这是首先需要通过系统整理回答的问题；《会计录》所反映的明代财政体系的基本特征是什么？这是要回答的第二个问题；《会计录》所反映的明代财政体系的变革趋向是什么？也即 16 世纪晚明中国的财政走向，乃至国家与社会的发展趋向，这是我们的研究最终要尝试回答的问题。

## （一）《会计录》的重新认识——研究的基本思路和过程

### 1. 关于《会计录》的编纂

中国国家图书馆藏《万历会计录》封面，见有"卷之一目录：旧额、见额、岁入、岁出，十三司分理"；下有墨笔书写："《会计录》四十三卷全，少六卷山东布政使司田赋"。

《会计录》系由明朝户部编纂的大型财政数据文献，共四十三卷（现存四十二卷），约百万字，是现存古代官方编纂的唯一一部大型国家财政总册，弥足珍贵。对于研究明代财政史、社会经济史乃至晚明中国史均有重要的史料价值。更重要的是，《会计录》是在张居正改革背景下产生的，是张居正改革的直接产物，也是张居正改革的重要组成部分。在《会计录》的大量数据中，主要是万历六年（1578）户部掌握的中央财政的会计数字，也有少量其他年代的数字，如万历八年（1580 年）的数字。这部大型财政数据文献，容纳了明代财政制度的演变轨迹，包括了财政的收支结构及其运行机制的实态，也涵盖了明代经济、政治、文化、社会等诸多领域的问题，特别是反映了明朝兴衰的症结所在。

明朝以户部为国家财政主体掌控机构，《会计录》就是户部编纂的国家财政总册。明朝户部始设于洪武元年（1368 年），又名计部、计曹、地曹、户曹，是职掌国家财政的中央机构。洪武五年（1372 年）六月，定六部职掌，"岁终考绩，以行黜陟"。其中户部职掌：

> 天下户口、田土、贡赋、经费、钱货之政。其属有四：一曰总部，掌天下户口、田土、贡赋、水旱灾伤；二曰度支部，掌考校、赏赐、禄秩；三曰金部，掌课程、市舶、库藏、钱帛、茶盐；四曰仓部，掌漕运、军储、出纳、料粮。[1]

从诏令出发的实证研究表明，洪武十三年（1380 年）废除丞相制，重构了政治体制的新模式，形成了一元多维的政治体制，[2] 即"革去中书省，升六部，仿古六卿之制，使之各司所事"。[3] 在一元多维的政治体制中，提升了六部职权地位，户部直接参与决策过程，更是财政决策的执行机构，掌管天下户口田土及其政令，尚书直接面对皇帝。当时明太祖给户部尚书徐铎《诰》曰："国家以户口、土田、赋役、税粮之事，与夫仓廪、府库、会计出入之方，一归户部，古之制也，非才识周遍、练达时务者，安能居此任乎？而铎在职公勤，处事通敏，今以尔为户部尚书，尔尚明生财之道，务培邦本，使食货充而国用足，以副朕节用爱人之意。"[4] 这里明确表达了将户部作为主管全国财政的机构，主要表现在"稽版籍、岁会、赋役实征之数，以下有司"[5]。

洪武年间，史载户部设官及其所属衙门：

> 户部：正官尚书一员，左右侍郎各一员。
> 属官浙江等十二部，郎中各一员，员外郎各一员。
> 首领官浙江等十二部主事各二员，内北平部四员。
> 照磨所照磨一员，检校一员。
> 司务四员。
> 所属衙门：宝钞提举司，提举一员，副提举一员，典史一员；
> 抄纸局，大使一员，副使一员；
> 印钞局，大使一员，副使一员；
> 宝钞广惠库，大使一员，副使一员；
> 广积库，大使一员，副使一员，典史一员；
> 赃罚库，大使一员，副使一员；
> 外承运库，大使一员，副使一员；
> 甲乙丙丁戊字库，大使各一员，副使六员，丙丁字库一员；

---

[1]《明太祖实录》卷七四，洪武五年六月癸巳，第 1361 页。

[2] 笔者认为：广泛的参政、议政的制度化，是明初政治的一大特点。明初权力集中于上的同时，权力又分散于下；是集权化的政治，却又体现了政治参与面扩大、集议性决策的特点。特别是官僚士大夫的权力不是由于废相而被剥夺，而是由于六部地位的提升，有更多士大夫的参政、议政权得到了提升，成为参政、议政的主体，在明代政治中发挥了重要作用。特别是明初从民间荐举的官员众多，再加上科举制的实行，朝为田野郎，暮登天子堂，以扩大的常朝、集议和建言为特征，明初更多的官民参与了议政。皇帝不仅扩大了接触面，也扩大了信息的资源，更扩大了政治决策的参与面，影响所及，是政治决策参与权力的分散，而不是集中。故称之为一元多维政治体制新模式。参见笔者《明初政治新探——以诏令为中心》，《明史研究论丛》第九辑，紫禁城出版社 2011 年版。

[3]《明太祖实录》卷一二九，洪武十三年正月己亥，第 2049 页。

[4]《明太祖实录》卷一二九，洪武十三年正月庚子，第 2050—2051 页。

[5] 张廷玉等：《明史》卷七二《职官志》一，中华书局 1974 年版，第 1740 页。

军储仓，大使一员，副使一员；

龙江盐仓检校批验所，大使一员，副使一员。[1]

这是洪武二十三年（1390 年），按照当时分省区划为十二子部以后之设置。二十九年（1396 年），改十二子部为十二清吏司。后随省区划分变化，定名为户部浙江、江西、湖广、陕西、广东、山东、福建、河南、山西、四川、广西、贵州、云南十三清吏司。十三清吏司分掌各省之事，兼领所分两京、直隶贡赋，诸司、卫所禄俸，边镇粮饷，仓场、盐课与钞关等事。根据万历《明会典》：户部正官在尚书一员，左右侍郎各一员外，宣德五年（1430 年）又增设尚书一员，督仓场，后也或用侍郎，间有裁革，至万历十一年（1582 年）复设。[2]

明代财政之权主要集中于户部，因此，国家财政会计总册的编纂，正是户部的职掌所在。这里需要说明的是，明朝户部不是唯一的财政管理机构，但是中央财政管理的主体。《会计录》卷三三后有编纂按语，可以说明户部的制度安排及其职能所在，特引如下：

臣等谨按：国初设户部，以尚书、侍郎总其纲，设金、仓、民、支四子部分理之。继罢子部，设十三司与司务、照检，互相稽核，其后又以出纳浩繁，不能兼摄，则又为差者三，铨部选授，谓之註差；疏名请命谓之题差；部堂檄委谓之部差。其限或三年、一年，按季而代，无非以共经国计而已。顾钱谷所出，掌之有司，道里既有远近，而条目繁琐，则弊孔易生焉，故其患难于周知；今四方民力竭矣，而岁费视国初增至数倍，故其患难于搏节；中外奏报与公私之所仰给，要在酌盈济虚，以求可继，然此故未易言者，故其患难于调停。尔时大小臣工，皆奉法守职，惟恐不称德意；矧部中所掌，皆民膏国脉，以佐仁俭之德，富庶之治。其职视诸曹独繁难焉，尚其夙夜而恪共乃事乎。[3]

### 2.《会计录》编纂的渊源

追寻《会计录》编纂的渊源，向远可以追溯到两汉的"上计簿"，唐代《国计簿》、宋代《会计录》。两宋时期，自宋真宗朝丁渭编制《景德会计录》之后，直至南宋末，据《玉海》第一百八十五卷记载，有《景德会计录》、《祥符会计录》、《皇祐会计录》、《绍兴会计录》等十几种。宋朝《会计录》的基本内容，是以年报资料为基础，对于财政收支项目进行归类整理，将当年全国财政收支总额和分类数字，如户口、赋税、经费、储运、禄食等项目加以编纂，并进行会计分析；目的在于使朝廷掌握财政收支盈亏情况，通过对比分析，找出存在问题及产生问题的症结，为解决问题和制定因时制宜的财政政策提供参考证据，达到稳定政权的最终目的。[4] 可惜的是，无论是唐代《国计簿》，还是宋代《会计录》都已佚失，没有留存下来。

明朝成化年间，已有人提出效仿前朝，编纂《会计录》的建议。成化二十三年（1487），孝宗初即位时，礼部右侍郎邱浚上言，现录于下：

---

[1] 明佚名《大明官制》，《明朝开国文献》（四），台湾学生书局 1966 年版，第 2225—2228 页。其文与《诸司职掌》所载相同。

[2]《明会典》卷二《吏部》一，第 4 页。

[3]《会计录》卷三三，下册，第 1058 页。

[4] 参见郭道扬《中国会计史稿》上册，自汉至宋的相关章节，中国财政经济出版社 1982 年版。

每岁户部先移文内外诸司及边方所在，预先会计嗣岁一年用度之数，某处合用钱谷若干，某事合费钱谷若干，用度之外，又当存积预备若干，其钱谷见在仓库者若干，该运未到者若干，造为帐籍，一一开报。又预行各处布政司，并直隶府，分每岁于冬十月百谷收成之后，总计一岁夏秋二税之数，其间有无灾伤逋欠，蠲免借贷，各具以知。至十二月终旬，本部通具内外新旧储积之数，约会执政大臣，通行计算嗣岁一年之间所用几何，所存几何，用之之余，尚有几年之蓄，具其总数，以达上知。不足则取之何所以补数，有余则储之何所以待用。岁或不足，何事可以减省，某事可以暂已。如此，则国家用度，有所稽考，得以预为之备，而亦俾上之人知岁用之多寡，国计之盈缩，蓄积之有无云。[1]

值得注意的是，丘浚又是在追溯自唐宋以来财政会计总册编纂渊源的基础上，提出了非常具体的建议的：

自唐李吉甫为《元和国计簿》，丁谓因之为《景德会计录》。其后，林特作于祥符，田况作于皇祐，蔡襄作于治平，韩绛作于熙宁，苏辙作于元祐。元祐所会计者，其别有五：一曰收支，二曰民赋，三曰课入，四曰储运，五曰经费，所以总括天下财赋出入之数，而周知其有无多寡．以为丰杀增减也。使今之知昔，而后日之知今，以岁计定国用．实有赖于斯焉。臣愿敕掌财计之臣，通将洪武、永乐以来，凡天下秋粮、夏税、户口、盐钞及商税、门摊、茶盐、抽分、坑冶之类，租额年课，每岁起运存留，及供给边方数目，一一开具。仍查历年以来，内府亲藩及文武官吏、卫所旗军，并内外在官食粮人数，与夫每岁祭祀、修造、供给等费。洪武、永乐、宣德、正统、天顺、成化，至于今日，每朝通以一年岁计出入最多者为准，要见彼时文官若干，武官若干，内官若干，凡支俸几何；京军若干，外军若干，边军若干，凡食粮几何。其年经常之费若干，杂泛之费若干，总计其数，凡有几何。运若干于两京，留若干于州郡，备若干于边方。一年之内所出之数比所入之数，或有余，或不足，或适均称，依唐人之国计，宋人之会计，每朝为一卷，通为一书，以备参考。万几余暇，时经御览，使国计大纲，了然在目。如或一岁之入，不足以支一岁之出，则推移有无，截补长短，省不急之用，量入为出，则国计不亏，而岁用有余矣。[2]

他的"依唐人之国计，宋人之会计，每朝为一卷，通为一书，以备参考"之议，当时并没有被采纳。

嘉靖中，户部尚书潘潢论编纂本朝《会计录》，云：

该本部议得国家财赋国计总于户部，营缮总于工部，太仆、光禄各有司存，谨于每岁终会计成录进览，一曰岁征，一曰岁收，一曰岁支，一曰岁储。总数会其略，散数注其详。大率一年以岁征为定额，如岁收少于岁征，则拖欠可查；岁支多于岁征，则撙节可计；岁收比岁征加多，则查交纳某年某项钱粮；岁支比岁征较少，则计本年余剩若

[1] 丘浚：《大学衍义补》卷二〇，《制国用·总论理财之道》上，京华出版社 1999 年版，上册，第 198—199 页。

[2] 《大学衍义补》卷二四《制国用·经制之义》下，上册，第 233—234 页。

干。收支既明，岁储虚实自见，即为次年岁派实征通融节缩之计。[1]

根据潘潢的记述，嘉靖二十九年（1550年）遵奉钦依，户部会计进呈，备行在京各衙门、并各督抚、巡按等官。[2]

隆庆年间，又有庞尚鹏上奏有关国家财政会计之议。鉴于朝廷经费增长无度，他提出编纂《会计录》以进呈皇帝崇尚节俭：

> 乞敕户、工二部，会查祖宗时郊庙之享祀，内府之供亿，监局之织造，岁时之赏赉，旧额几何，今增几何；王府之禄粮，百官之俸薪，卫寺校尉厨役，京边之兵马，城池经理、漕河供给匠作，旧额几何，今增几何；至若各省军民之赋税，天下山川之盐铁，凡有关国家经费者，各撮其总目，照款类开，贵在简明，不用烦琐。仍申言岁入几何，岁出几何，题曰隆庆某年《会计录》进呈御览，时或有所增减，各于项下改填，每季翻刻成书，照常封进。伏望皇上置之座右，就事深思……以祖宗节俭为法，以海内虚耗为忧。[3]

根据上述嘉、隆年间的奏疏，我们可以了解到，明朝至此已有一种统一格式和编制成法的财政会计总册编纂的完备基础，而万历初年张居正改革的需要，则催生了《会计录》的编纂。重要的是，这部《会计录》与上述一般的年度财政会计有所不同，不仅进呈御览，而且根据钦依，形成了国家财政会计总册，作为国家法令文书颁布全国一体遵行，成为今天所见中国古代唯一的一部留传下来的国家财政总册，为我们研究明代财政史提供了得天独厚的第一手资料。

### 3.《会计录》编纂的三个阶段

第一阶段。根据《明实录》记载，万历四年（1576年）二月户部尚书王国光进《会计录》，上嘉之，仍命户部再订缮写进览。[4] 这是《会计录》的首次进呈。《会计录》卷首户部尚书王国光的进呈奏本，述及编纂原委云：

> 始视事，阅诸司掌故，省府岁征，谓濬其源则可以永流，习其数则可以考实。乃簿牒错落，多寡混淆，间遭回禄，奸吏乘而舞文，去籍者有之，窃叹国家命脉在是，因循不整，弊将何极？因考前代，唐有《平赋书》、《国计录》，宋有《会计录》，逮祥符、皇祐、治平之间复辑之。我朝《会典》、《一统志》虽载有户事，然采撷大概而已，惜未有专书。辄不自量，会同侍郎李幼滋属各司诸郎，遍阅案牍，编辑踰年，而都给事中光懋复议请修明旧典，刊定章程进呈，赐名以垂永利。

王国光于二月二十四日上奏，二十六日得到圣旨："览奏，具见留心国计，所编书册著户部再加订证，缮写进览。钦此。"[5]

根据上述，《会计录》的初稿是由王国光主编。王国光于隆庆六年（1572年）七月任户

---

[1] 潘潢：《弘远虑责实效以济富强疏会计岁用》，陈子龙等：《明经世文编》卷一九九，中华书局1962年版，第三册，第2083页。

[2] 潘潢：《弘远虑责实效以济富强疏会计岁用》，《明经世文编》卷一九九，第三册，第2084页。

[3] 庞尚鹏：《百可亭摘稿》卷二《进呈会计录以便御览以崇节俭疏》，《四库全书存目丛书》据万历二十七年庞英山刻本影印，齐鲁书社1995年版，集129册，第148页。

[4]《明神宗实录》卷四七，万历四年二月庚寅，第1076页。

[5]《会计录》卷一，户部尚书王国光奏本，第6页。

部尚书，当时神宗已即位，王国光在户部尚书任上，与侍郎李幼滋等编辑部中前后条例，费时"逾年"，编纂成书。至万历四年（1576年）二月王国光再疏乞休，神宗许之，他临行时进呈所辑书册，圣旨着户部再加订正缮写进览。这是《会计录》编纂的第一个阶段。

第二阶段。至万历九年（1581年）四月，《明实录》载：

> 户部进《万历会计录》。先是，尚书王国光辑部中前后条例，编纂成书，濒行奏上，请刊布中外。上览之，嘉其留心国计，命户部再加订证。至是书成，凡四十三卷，名《万历会计录》。部臣缮写进呈，仍乞刊布。上命留览，依拟刊行，仍送史馆采录。[1]

此时距离首次进呈，已有5年之久，是《会计录》正式成书，再次进呈。

《会计录》卷首录有后任户部尚书张学颜的两次进呈题本，一为万历九年四月二十日上奏，上奏中云：

> 朝廷欲复旧制，计臣欲考旧额，而案牍纠纷，考核无据。查得吏部有《四司职掌》，礼部有《宗藩条例》，刑部有《问刑条例》，况本部职掌国储钱谷出入，视各部尤为繁重，是以尚书王国光任事四年，弹忠编辑，虽力疾遄归，恳请刊布。伏蒙皇上鉴其留心国计，命本部再加订证。臣等钦遵明旨，督率司属袁昌祚、钟昌等备将前集复行参校，首遵《大明会典》，次考历年条例，次查本部册籍，补其缺遗，厘其讹误，计期二年，编已成帙。[2]

这里清楚地说明了编纂的第二阶段由户部尚书张学颜主持再加订正，经历了两年，《会计录》成书进呈。

第三阶段。至万历十年（1582年）二月，《明实录》记：户部进《万历会计录》四十四册。[3]这是张学颜任为户部尚书以后的第二次进呈《会计录》。

《会计录》卷首录张学颜的另一进呈题本，时间在万历十年二月十五日，其奏云：

> 看得钱粮事体重大，出入条目浩繁，臣等于前书恭进之后，恐有遗缺差讹，复将本部新题事例、各省直续报文册，督率司属郎中等官曹楼等再行检阅，重加磨算。订其未确，增其未备，除清丈田粮候各省直奏报通完之日，另为一书续辑刊布外，所据刻完《万历会计录》共计四十四册，分为四套装订二部进呈御览。另将一部送史馆采录，再陆续印刷，颁行省直边镇，一体遵守。

两天以后，万历十年二月十七日，得到圣旨："知道了。钦此。"[4]

这是《会计录》编纂的第三个阶段。至此，今天所见《会计录》正式问世。如从万历三年（1575年）算起，到万历十年（1582年），已有八年之久，[5]经历了编辑、参校、增补、

---

[1]《明神宗实录》卷一一一，万历九年四月乙卯，第2132页。

[2]《会计录》卷一，户部尚书王张学颜题本，第4页。

[3]《明神宗实录》卷一一二，万历十年二月丙午，第2261页。

[4]《会计录》卷一，户部尚书张学颜题本，第7页。

[5]黄仁宇先生认为张居正时代是1572—1582年，而《会计录》这项工程始于1572年，止于1582年，恰好是在张居正任职期间。见《十六世纪明代财政与税收》第424页。查王国光于隆庆六年（1572年）七月任户部尚书，但他于万历四年（1576年）进呈的时候，明确讲费时"逾年"，是超过一年之意，故在此定为万历三年（1575年）始。

检阅、重加磨算等繁复的过程。最终，颁行省直边镇，一体遵守，成为国家法令文书性质的财政会计总册。

### 4.《会计录》的资料来源

作为国家财政会计总册，编纂《会计录》依据的资料，首先出自户部档案，主要是有关钱粮的条例及其簿册。实际上，王国光到任以后，就开始整顿户部所掌握的簿册。根据《会计录》卷首户部尚书王国光进呈上奏云：

> 先考本部册籍，未的者，移查边腹及求省旧诸臣家藏，参互考订。旧额新增，备述端委，类分款列，悉明数目。[1]

他说明《会计录》的编纂程序，首先根据户部案牍册籍，经过与各地档案以及官员家藏旧档相互考订；凡旧额新增，都详细述出由来，分门别类列出数目。

张学颜自万历六年（1578 年）七月继任户部尚书，掌管《会计录》的编纂，其进呈题本云：

> 首遵《大明会典》，次考历年条例，次查本部册籍，补其缺遗，厘其讹误。[2]

也就是说在重新参校中，首先是遵行《大明会典》，[3] 其次参考了历年的条例，[4] 再次调查了户部档案册籍，所做的主要工作是补充阙失遗漏，修订厘清正误。这一订正的过程长达两年的时间。

其后，在户部尚书张学颜的二次进呈题本中，述及"钱粮事体重大，出入条目浩繁"，恐有所"遗缺差讹"，于是率户部官员再行检阅了户部新题事例，以及各省直续报文册，重新加以磨算，"订其未确，增其未备"。[5] 并讲明在万历十年（1582 年）当时清丈田粮的各省直奏报还没有通完，留待另为一书续辑刊布，由此可知清丈条例颁布，推行全国，但至十年，全国各省直的清丈田粮奏报还没有通完，所以《会计录》没有编入。

### 5.《会计录》的编纂人员

在张学颜的进呈题本最后，罗列了一批参与编纂官员的名字。当时参与的人员有仓场总督左侍郎刘思问，右侍郎王之垣，贵州清吏司署郎中主事周希毕，员外郎袁昌祚，主事钟昌、程沂、刘庭芥、房守士、曹楼、朱期至、萧良、顾宪成、苗淳然、温显、李时芳、李三才、赵南星等。也就是说前后有两任户部尚书、三位户部侍郎、一位代理郎中、一位员外郎、十三位户部主事，共 20 位户部官员参与了编纂工作。现考其生平简况，列于下表。

---

[1]《会计录》卷一，户部尚书王国光奏本，第 6 页。

[2]《会计录》卷一，户部尚书张学颜题本，第 4 页。

[3] 根据最近的研究，笔者对于《明会典》与诏令的关系进行了梳理，突出了其综合法典的性质，见笔者《明令新探》，收入杨一凡主编《中国法律基本形式研究》，社会科学文献出版社 2011 年版。

[4] 条例是明朝重要的基本法律形式之一。关于明朝历代条例，杨一凡先生有专门研究，他指出："明代的条例与宋代的条例、断例和元代的条格、断例有类似之处，并在其基础上有所发展。重视制例，律例并行，于明太祖朱元璋执政的洪武朝已开其端。永乐及以后各朝沿相编例，从未中断。仁宗、宣宗、英宗、景帝即位时均曾颁诏，将前朝所定事例、条例革去，故这几朝颁行的定例已不多见。宪宗以后，新定的例辅律而行"。见《明代中后期重要条例版本略述》，收入《法学研究》1994 年第 3 期。

[5]《会计录》卷一，户部尚书张学颜题本，第 7 页。

## 参与编纂《会计录》人员简表

| 姓名 | 生卒年代 | 字号与籍贯 | 官职 | 主要资料来源 |
|---|---|---|---|---|
| 王国光 | 1512—1594 年 | 字汝观，号疏庵，山西沁水南阳人，一作山西阳城人；嘉靖二十三年（1544 年）三甲进士 | 隆庆六年（1572 年）七月（时神宗已即位）至万历四年（1576 年）二月任户部尚书 | 《会计录》卷一《王国光进呈奏本》；《明神宗实录》卷四七，万历四年二月庚寅；《明史》卷二二五《王国光传》；《明清进士题名碑录索引》[1] 上册 |
| 李幼滋 | 1514—1584 年 | 字义河，湖广荆州府应城人（今湖北荆州）；嘉靖二十六年（1547 年）三甲进士 | 时任户部侍郎 | 《会计录》卷一《张学颜进呈题本》；《明清进士题名碑录索引》中册 |
| 张学颜 | ？—1598 年 | 字子愚，号心斋，北直隶肥乡人（今河北肥乡）；嘉靖三十二年（1553 年）三甲进士 | 万历六年（1578）七月至十一年（1583 年）四月任户部尚书 | 《会计录》卷一《张学颜进呈题本》；《明神宗实录》卷一一一，万历九年四月乙卯；卷一二一，万历十年二月丙午；《明史》卷二二二《张学颜传》；《明清进士题名碑录索引》上册 |
| 刘思问 | 1519—1583 年 | 字汝知，号紫山，云南河阳人（今云南澄江）；一作河南孟县；嘉靖三十五年（1556 年）三甲进士 | 时任户部仓场总督、户部左侍郎 | 《会计录》卷一《张学颜进呈题本》；《明清进士题名碑录索引》下册 |
| 王之垣 | ？—1607 年 | 字尔式，号见峰，山东桓台人，一作山东新城人；嘉靖四十一年（1562 年）三甲进士 | 时任户部右侍郎 | 《会计录》卷一《张学颜进呈题本》；《明清进士题名碑录索引》上册 |
| 周希旦 |  | 四川重庆府忠州人，嘉靖四十四年（1565 年）三甲进士 | 时任贵州清吏司署郎中事主事 | 《会计录》卷一《张学颜进呈题本》；《明清历科进士题名碑录》[2] 第二册；《明清进士题名碑录索引》下册 |
| 袁昌祚 | 1536—1615 年 | 原名炳，字茂文，号莞沙，广州府东莞横冈人（今东莞茶山横江村）；隆庆五年（1571 年）二甲进士 | 时任户部员外郎 | 《会计录》卷一《张学颜进呈题本》；《明清历科进士题名碑录》第二册；《明清进士题名碑录索引》中册 |

---

[1] 朱保炯、谢沛霖：《明清进士题名碑录索引》上、中、下，上海古籍出版社 1980 年版。
[2]《明清历科进士题名碑录》，台北华文书局，1969 年据美国夏威夷大学藏清光绪三十年（1904 年）本《国朝历科题名碑录初集》影印。

| | | | |
|---|---|---|---|
| 钟昌 | | 字继文，广东广州府东莞人；隆庆五年（1571 年）三甲进士 | 时任户部主事 | 《会计录》卷一《张学颜进呈题本》；《明清历科进士题名碑录》第二册；《明清进士题名碑录索引》下册 |
| 程沂 | | 号春野，湖广武昌府咸宁人；隆庆二年（1568 年）三甲进士 | 时任户部主事 | 《会计录》卷一《张学颜进呈题本》；《明清历科进士题名碑录》第二册 |
| 刘庭芥 | | 福建漳州府漳浦人；万历五年（1577 年）二甲进士 | 时任户部主事 | 《会计录》卷一《张学颜进呈题本》；《明清历科进士题名碑录》第二册；《明清进士题名碑录索引》下册 |
| 房守士 | 1537—1606 年 | 字升甫，号备吾，山东济南府海河人，一作山东齐河；万历五年（1577 年）二甲进士 | 时任户部主事 | 《会计录》卷一《张学颜进呈题本》；《明清历科进士题名碑录》第二册；《明清进士题名碑录索引》中册 |
| 曹楼 | | 直隶徽州府歙县人；隆庆五年（1571 年）三甲进士 | 时任户部主事 | 《会计录》卷一《张学颜进呈题本》；《明清历科进士题名碑录》第二册；《明清进士题名碑录索引》中册 |
| 朱期至 | | 字子得，湖广黄州府蕲水人（今湖北浠水）；万历二年（1574 年）二甲进士 | 时任户部主事 | 《会计录》卷一《张学颜进呈题本》；《明清历科进士题名碑录》第二册；《明清进士题名碑录索引》上册 |
| 萧良幹[1] | | 直隶泾县人，隆庆五年（1571 年）二甲进士 | 时任户部主事 | 《会计录》卷一《张学颜进呈题本》；《明清进士题名碑录索引》中册 |
| 顾宪成 | 1550—1612 年 | 字叔时，号泾阳。直隶无锡泾里人（今江苏无锡县张泾）；万历八年（1580 年）二甲进士 | 时任户部主事 | 《会计录》卷一《张学颜进呈题本》；《明史》卷二三一《顾宪成传》；《明清进士题名碑录索引》中册 |
| 苗淳然 | | 直隶广平府曲周人；隆庆五年（1571 年）三甲进士 | 时任户部主事 | 《会计录》卷一《张学颜进呈题本》；《明清历科进士题名碑录》第二册《明清进士题名碑录索引》中册 |

---

[1]《会计录》原缺"幹"字，查《明清进士题名碑录索引》，并无"萧良"其人，知有脱漏，应为"萧良幹"。

| | | | |
|---|---|---|---|
| 温显 | | 字公宣，号纯庵，福建泉州府晋江人；万历八年（1580年）二甲进士 | 时任户部主事 | 《会计录》卷一《张学颜进呈题本》；《明清历科进士题名碑录》第二册；《明清进士题名碑录索引》中册 |
| 李时芳 | | 陕西西安府乾州武功县人，万历二年（1574年）二甲进士 | 时任户部主事 | 《会计录》卷一《张学颜进呈题本》；《明清历科进士题名碑录》第二册；《明清进士题名碑录索引》中册 |
| 李三才 | ？—1623年 | 字道甫，号修吾，顺天通州人（今北京通州）；一作武功右卫（陕西临潼）；万历二年（1574年）二甲进士 | 时任户部主事 | 《会计录》卷一《张学颜进呈题本》；《明史》卷二三二《李三才传》；《明清进士题名碑录索引》中册 |
| 赵南星 | 1550—1627年 | 字梦白，号侪鹤，别号清都散客。北直隶高邑人（今河北高邑县）；万历二年（1574年）三甲进士 | 时任户部主事 | 《会计录》卷一《张学颜进呈题本》；《明史》卷二四三《赵南星传》；《明清进士题名碑录索引》中册 |

### 6.《会计录》的内容

依据户部档案文册与各省直奏报文册的基础编纂而成的《会计录》，是户部的财政会计总册，包括了户部掌控的当时中央财政收支中的一切会计账目。根据《会计录》全书四十三卷的目录可见：

卷一，原额、见额、岁入、岁出总数，附十三司分理；备载洪武、弘治以及万历六年的全国各项钱粮原额、见额、岁入、岁出总数；十三司分理各省直田粮岁额、岁入、岁出总数，北直隶在福建清吏司项下，南直隶在四川清吏司的项下；山东省的数据，是书中唯一保存的关于山东省的总额数据。

卷二至卷十四，浙江、江西、湖广、福建、山东、山西、河南、陕西、四川、广东、广西、云南、贵州等十三布政司田赋，贵州附协济；洪武与弘治年间的田赋数据，只记录了省直一级的田赋数据，而万历六年的田赋数据是按省、府、县的顺序排列记载的。

卷十五至十六，北、南两直隶田赋，北直隶附庄田；两直隶的田赋数据较为详细，记载了弘治与万历六年的北直隶下辖各府的田赋数据，以及洪武、弘治与万历六年南直隶下辖各府的田赋数据。卷一五附记了庄田子粒的数据。

卷十七至二十九，辽东、蓟州、永平、密云、昌平、易州（附井陉）、宣府、大同、山西、延绥、宁夏、甘肃、固原等十四个边镇的饷额。

卷三十内库供应，依次为内库各子库收入及其来源的数据。首先是内承运库，包括所收入的麦米、年例金与朱砂及其来源地，所收各宫子粒银及其来源地；以下是承运库收入，承运库只收本色绢，其来源地为浙江、江西、湖广、山西以及南直隶的苏州府等五地；供用库的收入，来源地较多涵盖了浙江等九省与北、南两直隶所辖的十八个府，以及长芦都转运盐运使司；甲字库的收入，甲字库主要收入为颜料与棉布，其来源地为浙江等十省与北、南两直隶所辖的十八个府；丙字库收入，丙字库收贮丝与棉花绒，这些丝与棉花绒来自浙江、山东、河南三省与北直隶顺天等七府；丁字库收入，丁字库所收物料主要为漆、桐油、铜、锡与牛皮等物，其来源地广泛，几乎涵盖了全国各省直；广惠库与天财库的收入，此二库主要收贮宝钞与铜钱，来源地为各钞关与正阳门等九门，以及燕山右等四卫；内官监收入，主要是米、草与盐，来源地为北、南直隶所辖苏州府等九府与长芦盐运司；尚膳监的收入，尚膳监的收入简单，只有川椒、粟谷、蜀秫三项，来源地为四川、顺天府与河间府三地；酒醋面局收入，其收入除了米麦豆等外，有柚 108800 斤，是由张家湾宣课司供应；司苑局收入，只有黑豆与谷草两项，来自山东、河南与北直隶顺德等四府；惜薪司收入，只有白熟糯米与红枣两项，分别来自顺天府与永平府；宝钞司收入，只有稻草与香油两项，全部来自北直隶。

卷三十一光禄寺供应，对于弘治年间、嘉靖初年的数据记录简单，对万历六年数据记录详细。弘治、嘉靖、万历年间光禄寺供应的总数，只列了岁派米粮与果品厨料两项。万历六年光禄寺供应的详细数据，除了列出各种物料的数量外，还给出了其来源地，以及某来源地供应该项物料的数量。

卷三十二宗藩禄粮，宗藩禄米分为本折色，按顺序记录王、郡王，镇国、辅国、奉国将军与中尉，郡、县、乡主、君及仪宾禄粮。

卷三十三本部职官，首载圣谕、圣训、敕谕等文字，随后按照十三清吏司分别记载职掌所辖。

卷三十四文武官俸禄，首列在京文武官俸粮本折则例与各衙门吏典监生等役月粮则例，其次列各衙门官员吏典监生等役岁支俸禄的约数，按部门分本色米、折俸银与铜钱三项列出。公、侯、驸马、伯岁支本折禄米，除给出禄米的总数外，还给出了本色与折色的具体数值。

卷三十五漕运，额数共计岁额四百万石，分别为兑运粮三百三十万石与改兑粮七十万石。并且列出了漕粮的来源地，及各来源地的漕粮额数。同时兑运粮的本折数，兑运加耗米，两尖米，轻赍银等也均列出。还有各仓改兑粮，改兑加耗米，支运米与预备米的具体数据，以及运船官军的人数配备数据。

卷三十六仓场，附马房牧地，是京、通等仓，御马等仓场的数据；马房牧地的地亩数、征银数。

卷三十七营卫俸粮，给出了五军都督府并京卫武官俸粮、冬衣布花等则例，和万历六年各军都督府、锦衣、旗手等各卫及其他所、营等部门的营卫官军俸粮岁支约数。

卷三十八屯田，各都司卫所的屯田数据。北京锦衣等卫、后军都督府的屯田数据较为详细，其他卫所的屯田数据基本上只有三项，即原额屯田数，现额屯田数与粮数。

卷三十九盐法，依其目录应有十个统计单位，但由于陕西灵州盐课司、广东海北盐课二提举司、四川盐课提举司内容残缺，只保留了两淮盐运司等七个统计单位，列有该盐运司所辖的分司、盐课司等下属机构的名单、行盐地方，以及原额、现额、岁解、岁派等具体数据。

卷四十茶法，数据极少，只有课茶原额与见今两组数据，分为陕西与四川两地。

卷四十一钱法，只有文字记录，而没有数字。

卷四十二钞关船料商税，记河西务等七个钞关的数据，各类船只的征收则例，该钞关解太仓的银数、解广惠库的宝钞与铜钱数，每年船铺户牙税银，船料商税正余银，经纪牙税牙行银及条船贰税银的数量。

卷四十三杂课，附积谷，分别列出了在京九门等处所征的课钞数，但有的记录是只有额征课钞数，没有岁征课钞数；有的记录是岁征课钞数，没有额征课钞数。附有全国各地积谷数据。

以下略加归纳：

卷一：按四柱格式排列各项总额，包括旧额、见额的岁入、岁出总额；

卷二至卷二十六：按全国各布政司、两直隶列出各项田赋收入，包括田土状况、贡赋数额、夏税秋粮数额、人户数字等；

卷二十七至卷二十九：列出各屯兵边镇的粮饷开支数额；

卷三十至卷四十三：按支出专项，包括内库供应、光禄寺供应、宗藩禄粮、本部职官、文武官俸禄、漕运、仓场、营卫俸粮；按收入专项，包括屯田、盐法、茶法、钱法、钞关、船料、商税、杂课，分别列出各项财政收支。

《会计录》"分理则以司冠郡，以郡冠县；分款则以总冠撒，以撒合总"，全面而系统地记载了万历初年（16 世纪七八十年代）国家财政的整体实态，目前是中国古代唯一一部留存于世的大型国家财政会计总册。更重要的是，《会计录》是作为张居正改革的需要而编纂的，是张居正改革的产物。

关于此部文献存留于世的来历，梁方仲先生曾云：

> 明承唐宋之遗制，会计录之作，亦代有所闻。《明史·艺文志》载有汪鲸《大明会计录类要》十二卷，及张学颜《万历会计录》四十三卷。汪著今已不传，其事迹亦无可考。至张学颜的《万历会计录》，则于民国二十二年由国立北平图书馆以八百金自山东购入，此三百多年前的政府会计，至今犹留存天壤，得与吾人相见，真是对于研究公家财政史的人们的一件最大的幸事。[1]

梁先生谈及《会计录》这部珍本自山东购得，当初就是一部残本，其他一些残阙不说，卷六"山东布政司田赋"整卷遗失，凸显了《会计录》存在不完整的问题。如不补齐，则无法进行全面整理，换言之，对于全面整理和研究，这无疑存在一个现实的挑战。下面将述及我们如何应对此难点。

### 7. 《会计录》的系统整理

中国传统史学不重视统计数字，也不注意统计数字资料的搜集、整理和研究。以往在古代历史记载中，常见是虚数，缺乏具体数字，在一些经济史著作中对社会经济，特别是财政的变革，也很少运用数字说明问题。但是实际上无数字可作为依据，就会使得定性研究过于笼统与空泛，或者含混不清。这也是在许多重要经济问题上，长期以来观点歧出、争议纷纭的重要原因。因此，有必要打破学科限制，进行"跨学科"的合作，对《会计录》进行整理与研究。我们以史学与数学学者首次合作，尝试通过大型财政数据的整理和财政白银货币化的研究，将史学与数学研究方法进行整合，定性分析与定量分析相结合，希望对明代财政史乃至明史的深入做出绵薄贡献。

《会计录》是依据全国各地呈报的财政报告编制而成，是 16 世纪 70—80 年代明代国家财政的实态记录，有大规模的量的记载，对于我们研究明代财政提供了极其宝贵的、不可替代的数据资料。《会计录》卷一"天下各项钱粮原额见额岁入岁出总数"后，有一段极为关键的编纂者"按语"，现全文录于下：

---

[1]梁方仲：《评介〈万历会计录〉》，《中国近代经济史研究集刊》第 3 卷第 2 期，1935 年；收入《梁方仲经济史论文集补编》，中州古籍出版社 1984 年版。

臣等谨按：国家疆域尽四海，田赋户口踰于前代，载在会典者可考也。今额视先朝增者少，减者多，何哉？田没于兼并，赋诡于飞隐，户脱于投徒，承平既久，奸伪日滋，其势然也。顷荷明旨，清丈田粮，原额可冀渐复。但今每年所入本折各色通计壹千肆百陆拾壹万有奇，钱钞不与焉。所出除入内府者陆百万余，数莫可稽。他如俸禄、月粮、料草、商价、边饷等项，逾玖百叁拾壹万有奇，是一岁之入，不足供一岁之出。虽岁稔时康（廪）已称难继，况天灾流行，地方多虞，蠲赈逋欠，事出意外，又安能取盈也。怀已安已治之虑，清冗费冗食之源，去浮从约以复祖制，臣等深于朝廷有至望焉。[1]

至此，可见明代户部已经有以白银作为部分计量标准的会计总账，这一点从"但今每年所入本折各色通计壹千肆百陆拾壹万有奇，钱钞不与焉"表露无遗。根据《会计录》卷一记载，1461万数字由实物和白银相加得出，包括：内承运库1064200＋承运库148129＋供用库634973＋甲字库885636＋丁字库302687＋丙字库689165＋内官监297325＋尚膳监1217＋酒醋面局179200＋司苑局72222＋宝钞司245045＋惜薪司15585＋光禄寺1468071＋泾汝景三王府3500＋太常寺1400＋国子监500＋牺牲所250＋京通二仓并蓟密等镇4023184＋禄米仓40462＋各边镇842379＋太仓银库3676181＋万历八年新增银28100＝14619411。根据《会计录》分析，"本"是本色实物，"折"在当时已多折以白银，因此我们认为这里应该是指白银。当时流通领域以白银为主币已经发生，各地赋役改革都是以折银征银为手段，中央财政也越来越多地朝向以白银作为主要收入，当然也就会以白银作为计量标准。其下的"十三司分理各省直的田粮岁额岁入岁出总数"都是以实物为计量单位的账目，那么，需要对这种状态做出解释。我们认为，一是在户部已经采用白银为部分的计量标准来会计财政总数，这种类似于全面盘点的会计总数，说明明代财政已具有白银的计量单位；而《会计录》是以各省直册报为基础的，由于下面征收是以实物为计量单位的原额为基础，即使折银，也是要有田亩粮食石为基础依据，否则就会失去征收标准。因此，从《会计录》的整体记录来看，是既有实物，又有折银乃至征银的一种混杂实态，亟待全面加以整理。全面系统整理明代国家财政的第一手资料《会计录》，以白银货币化为主线索，以白银作为统一的计量单位，探讨16世纪明代财政收支总量、规模、结构及其货币化程度，是本课题整理与研究的基本思路。

由于包含数据庞大，这次我们对《会计录》的整理与研究，是以蚂蚁啃骨头的决心来实现的。关于整理与研究的基本过程，首先我们特别说明：我们的整理为了注意保存《会计录》的原貌，第一步是系统整理原书的原始数据，在保持原生态的状况下，整理形成现代表格形式，"揽万里于尺寸之内，罗百世于方册之间"，以统计表格特有的表达方式，使得原文献内容表述达到详尽、明白的效果，以便下一步提供学界利用研究。其次我们还要特别说明的是，为了还原明朝财政的本来面貌，我们在研究中，仅就《会计录》原始数据列表和依据《会计录》原始数据进行统计分析，一般不掺杂其他文献进行比较和考证。

### 8.《会计录》的定性

这里有一个不能回避的问题：《会计录》的定性问题，我们认为《会计录》是明代国家财政会计总册。[2] 而《会计录》是预算书吗？中国古代大一统帝国在唐代出现了中央财政账

---

[1]《会计录》卷一，上册，第21—22页。
[2] 起初，笔者将《会计录》称作"明代国家财政总账册"，感谢国家社会科学基金结项评审专家李晓先生指出会计上报称"表"，所谓"账"是不上报的。考虑称"明代国家财政会计总表"不太合适，故采用"明代国家财政会计总册"或简称"明代国家财政总册"。

册《国计簿》，宋代出现《会计录》，尽管已有学者以预算的视角来看待唐代与宋代财政史，但唐宋会计簿册并没有留存下来，从唯一存留于世的明代《会计录》来看，其本身内容说明，中国古代财政会计总册与现代西方预算书存在相当大的距离，这一点即使是认为《会计录》是预算书的赖建诚先生也无法否认。"预算"这个词在中国出现很早，原意是预先计算，与财政无关。中国古代财政会计和近代国家预算不同之处，主要表现在中国古代以编造年份的实际财政收入作为编造基础，而近代国家预算则是以预算年份的估计收入为编造基础。一般认为，中国第一次使用现代意义的"预算"一词，是黄遵宪 1895 年所刊的《日本国志》，是从日本舶来的。陈锋先生指出，清末才有近现代意义上的预算，传统的称为奏销制度，与具有现代色彩的预决算制度有别，预算的完成标示出传统奏销制度的终结和传统财政体制向现代财政体制的转折。[1]

我们认为，《会计录》的性质应该根据其本身内容来定性，不应以现代西方预算书的概念来简单套用。《会计录》的内容主要可分为两部分：一是国家财政会计、统计资料，主要是各省直万历六年（1578 年）呈给中央的册报，属于年度报告，参考了历年条例，还有事例，[2] 以及户部掌握的各种相关档案文册资料；二是对于这些国家财政基础资料的分析。因此，我们认为定义为明代国家财政总册，或国家财政会计总册更为合适。

我们的根据是《会计录》主要以编造年份的实际财政收入作为编造基础，与近代国家预算以预算年份的估计收入为编造基础是不同的。换言之，《会计录》与预算书面向的时间范围不同。会计是面向现在，以过去的年份事项为依据，是对现在的状况进行确认和记录。而预算是关注未来，是基于一定的假设条件，在对历史资料和现实状况进行分析以及对未来情况预测和判断的基础上，侧重对未来的预测和决策。

根据收入多少来定开支的限度，即量入为出，一直就是明朝财政的基本原则。正是因为如此，编纂《会计录》才有可能使得朝廷实际了解与掌握当时财政收支的详细数字。其编纂的目的，是在对当时财政现状进行全面了解和分析后，为改革的进一步深入奠定基础。

### 9.《会计录》中数据的可信度

在《明会典》的《户部·会计》项下，记录了洪武二十六年（1393 年）、弘治十五年（1502 年）、万历六年（1578 年）三个时间段的"各布政司并直隶府县实征夏税秋粮总数"，我们特别注意到，在万历六年项下，记录了"实征"一词。[3] 经将《明会典》与《会计录》夏税秋粮正赋加以比对，二者仅有极个别的数字差别，如粮米或有几十石之差，布匹或有几匹之差，等等。因此，《会计录》基于各省直册报的基础，又有《明会典》"实征"一词印证，可以认为《会计录》反映的是明代户部掌握的中央财政正赋主要在万历六年的实征数字。换言之，明代国家所掌握的全国财政收支的官方数字，就是这些各省直册报的数字，虽然在数额上会与地方实际征收有所差距，但却是明朝中央财政实际上能够掌控的主体部分。就此而言，我们认为这些官方数据是具有一定可信度的。

需要说明的是，当时十三布政司和两直隶依各自的不同情况，在国家财政中占有很不相同的比例与地位，不宜一概而论，但必须以全国一盘棋来看中央财政，户部是掌控当时中央

---

[1] 陈锋：《晚清财政预算的酝酿与实施》，《江汉论坛》2009 年第 1 期。

[2]《正德大明会典·凡例》云："事例出朝廷所降，则书曰诏，曰敕。臣下所奏，则书曰奏准，曰议准，曰奏定，曰议定。或总书曰令。"就此而言，在明朝人的观念中，"事例"的形成与诏敕有着直接的密不可分的关系，诏令作为广义的令，是明代的基本法律形式。条例、则例、榜例都是以皇帝名义发布的，其中不少内容来自诏敕和事例。见笔者《明令新探》，杨一凡主编《中国古代法律形式》，社会科学文献出版社 2011 年版。

[3]《明会典》卷二五，《户部·会计》一《税粮》二，第 168 页。

财政的主体，至于各省直的财政状况，《会计录》所掌握的是中央根据各省直上报文册上的数字，而各省直具体财政及其运行情况，还需要从省直及各级府州县文书得到更具体的资料来源，如《河南赋役总会文册》等，而地方文书不能替代中央文书，如《山东经会录》，是从省的角度编制而成，我们发现以之无法弥补中央财政的山东部分，就是一个最好的例子。这说明《会计录》作为明代中央财政会计总册，是明代中央掌握的全国财政数字，具有不可替代性，也具有相当的可信度。

关于《会计录》中的数字，可归纳以下 3 点认识：

第一，《会计录》中的数字，有一定的可信度，是在各省直册报基础上的档案册籍的汇编。

第二，《会计录》中的数字，是实征数字，并非完全估算而来。

第三，《会计录》中的数字，是明代国家财政的官方统计的数字，与地方实际收支的具体运作有所区别。

到此为止，这里仅是整理工作的一个起点。《会计录》是张居正改革进入攻坚阶段的产物，根据对于其中已经出现以白银货币通计财政收支总额的认识，我们认为《会计录》已经展现出一个新的财政体系的雏形，这个张居正改革重构的财政体系，是一个什么样的财政体系？无疑，这个新的财政体系是建立在白银货币基础上，也就是建立在货币经济的基础之上，与明初建立在自然经济或称一元经济基础上的财政体系迥然不同了。这一点前贤没有指出，而当我们以白银作为统一计量标准，将《会计录》中财政收支数据全部货币化，求得财政的总量与整体规模时，财政结构的变化极为明显，一个实物与货币二元结构的出现，凸显了白银货币的意义，反映出财政体系在急剧变化之中的过渡形态。

## （二）主要内容和方法

### 1. 以白银货币化为主线索，复原 16 世纪明代财政史

依据以往研究，明代白银货币化具有不同寻常的发展过程。明代白银从非法到合法的白银货币化过程，经历了从民间自下而上崛起，再到官方认可自上而下推行全国的历程。我们认为白银货币化乃至赋役白银化，是中国社会经济货币化的进程，与中国从传统社会向近代社会转型的开端和全球化的开端紧密联系，并认为白银货币是连接中国与世界的媒介，正是中国内部的大量白银货币需求，拉动了外银大规模流入中国。作为学术理路的延伸，现以白银货币化作为主要线索，对《会计录》这部珍贵的大型数据资料进行比较全面系统的整理，特别关注明代财政的整体结构规模及其白银货币的比例。在充分吸纳前人研究成果的基础上，突破以往财政史研究或以描述性为主，忽视大型数据文献存在的局限，探索新的研究模式，强调从量上来分析问题、研究问题，以一种新的研究取向，考察晚明财政实态，尝试重新构建 16 世纪财政史。在定性研究的基础上，我们力图应用现代数学方法进行较为深入的定量分析工作，将定性研究与定量分析相结合，以统计表简明扼要地用数字说明问题，旨在探讨明代中国从实物税向货币税的历史演变，即 16 世纪末明代中国财政的实态及其前景，进一步深化明代财政史、赋役史、货币史乃至中国社会经济史的研究。

重要的是，中国古代社会经济发展，至明代白银货币化，形成了以贵金属白银作为统一的计量单位，为我们进行定量分析提供了前此所不具备的有利条件。我们的研究建立在整理中国古代唯一一部传世的大型财政会计总册上，从世界历史连成一个整体、全球化开端的高度来看待晚明财政，全面吸收已有的研究成果，试图突破以往研究的框架，依据明代白银货币化的理论，以白银货币化为主线索，重新审视晚明财政史。以《会计录》原书作为资料来源，以统计分析为主要研究方法，以白银作为统一的计量标准，探索明代白银货币化与明代财政的关系，以统计表格形式复原 16 世纪明代财政结构和整体财政史。我们在全面系统整

理的基础上，根据《会计录》中的数据，对于 16 世纪明代财政体系及其发生的变化、国家财政收支从实物税向货币税的转变究竟达到了什么程度、国家财政的总量规模、结构、货币化比例等问题，进行了研究。整理《会计录》的大量数据进行统计分析，做出系列表格；并以白银作为主要的研究变量，应用数理统计多元分析与随机数学理论对《会计录》进行回归、相关、判别及聚类等定量分析；进一步将定量分析与定性分析相结合，采用白银为统一的计量单位，重点对财政中最重要的田赋部分，十三布政司、两直隶的田赋数据资料，进行统计分析与研究，对田赋白银化程度做出具体估算，最终将《会计录》中财政收支全部采用白银为统一的计量单位计算，求得明代财政收支的总额。在研究中，我们严格依据《会计录》记载，划分实物与白银货币两部分，在将财政中实物与货币部分分别以白银为计量单位计算，得出财政总货币数后，又在财政总货币数中除去实物换算的货币部分，求得财政收支的货币化比例，切实获得 16 世纪明代国家财政的总体结构规模与货币化比例数字，揭示晚明中国财政体系的变化实态，进而了解明代财政体系的发展趋向及其历史规律，探索中国社会发展特殊性及其与世界发展进程的趋同性。

### 2. 整理与研究的方法与步骤

在明代白银货币化研究的学术理路延伸下，以明代白银货币化为主线，我们的工作包括整理录入财政数据达 4.5 万个，采用统计列表方法，撰著本书处理的数据多达 20 万个以上。

我们将整理与研究分为三个部分，第一部分整理篇，编制表格 133 个，第二部分统计篇编制表格 134 个，第三部分研究篇，编制表格 288 个，共编制统计表 555 个，附图 28 个。关于表格的设置、形式、安排和一些表格中的具体问题，我们经过反复讨论。《会计录》显示，明代财政已经具有部分以白银货币为计量单位的财政总额，其中的赋税征收与支出，逐渐走向采用统一白银为计量单位的发展趋向极为明显，但是必须指出，这一财政总册中还保存有不少实物部分，计量单位没有完全统一。对此，我们认为，这正反映了财政在急剧变化之中的过渡形态。下面对于我们的整理与研究工作加以简单说明。

第一篇：整理篇

对《会计录》进行整理，是为第一篇"整理篇"。

我们对《会计录》所载数据的整理，是在明确目标的指导下进行的：保留《会计录》的原生态，以便于学者们研究使用。《会计录》数据资源是来自明代各省直的册报数字，主要是万历六年（1578 年）年度的财政册报及其分析，也有少量其他年度，如迟至万历八年（1580 年）的数字。关于当时明朝中央户部所掌握的全国财政的状况，总账册足资凭证。因此，我们在第一篇中首先撰写了整理凡例，编制了 133 个甲表，这些表格严格依据《会计录》原书的顺序，保留了原书的全部内容，使得《会计录》这部大型历史数据文献，首次具备了现代统计表格的形式；将原书中以汉文字表达的数字资料，改为以阿拉伯数字的形式表示，并将原书《沿革事例》的文字附于各卷之后。

《会计录》中的数字非常繁琐，包括小数点后七八位，为了便于整理与应用，在一般情况下，我们保留了数据小数点后两位。个别数值过小的数据，为了使其能够便于识别和比较，保留了小数点后三四位。原书中的注释，我们以脚注的形式给出。在本篇的最后，给出了原书的"残缺情况一览表"，并附录了卷三二中的一段衍文及其考源。

整理篇解决了长期以来，由于原书内容繁杂、数字量巨大等特点，给应用者带来的困惑与麻烦，希望将对明代财政史研究有所助益。

第二篇：统计篇

在整理《会计录》全书基础上，编制了统计表格，是为"统计篇"。

此篇分章节顺序编制排列表格，每章前附有说明。根据整理篇原始统计表所记录的数据，编制了 134 个初步统计表格，做了简单的统计分析。这样做的目的，是为了得到一些常用的统计结果，便于研究的使用。但是更重要的目的，是为了下一步以白银作为统一的计量单位，对晚明国家财政结构进行分析打下一个坚实的基础。这部分表格主要是对整理篇 133 个甲表分别进行比较、归类等简单的统计分析，以便为后一个目的实现做好前期的准备工作。需要特别说明的是，其中"全国田土、人户、人口"的统计，不是实际意义上的全国土地、人口、人户数字，只是明代户部掌握的财政册籍上的数字。下面所统计的田土、人口、人户的平均税负，也是明朝财政所掌握的税亩、税丁、税户的数字。[1]

第三篇：研究篇

对《会计录》进行货币化研究，是为第三篇"研究篇"。此篇分章节顺序编制排列表格，每章前附有说明。

研究统计表，是从明代白银货币化的理论出发，以统一的白银作为计量单位，将《会计录》中所有收支数据折算为白银，对全国财政规模与状况进行统计分析，编成一套系统的货币化统计表格 288 个，附图 28 个。由于《会计录》中所载的大量数据，大多是以实物记账的方式出现，因此将财政所有田赋等项全部折银，就成了解决问题达到预期目标的关键。

最后，为了给读者与研究者提供方便。附有附录 7 个，包括皇帝世系表、万历初年行政区划、户部十三司职掌、度量衡说明、主要参考文献、万历《明会典》户部数据、《明实录》户口、田地、田赋数据。

## （三）主要统计分析与结论

迄今对于古代数据资料的整理，采用的往往是粮食以"石"、绢布以"匹"，马草以"束"等不同的计量标准，因此，分门别类地简单加和，难以得知整体的真实面貌。致力于突破旧框架的创新整理与研究，在这里，我们不像既往诸多财政史论著那样，谈到"从实物税向货币税转变"就戛然而止。我们的研究明显不同于把财政机构及其职能置于核心地位的传统制度史研究，我们尝试以白银作为统一的计量标准，突破了旧框架，使得从整体上考察晚明国家财政结构、总收支数额、货币化比例和财政体系完整面貌成为可能，这是我们的首创。

首先在于对大型数据资料的辛勤整理。以整理明代户部编纂的大型财政总册《会计录》为中心，进行了大量艰苦的定量统计分析，开拓了研究范围，试图将国家财政的实态复原出来。就系统的充分整理归纳来看，作为明代财政史研究的一个新起点，构筑一个新的研究基础。

《会计录》数据达 4.5 万个，根据对这些数据资料的整理，我们制作了统计表格和分析表格，处理数据 20 万个以上，包括全国不同地区自省直至府州县的所有收支折银明细的统计列表，具有明代财政数据史料集成的意义，可以方便于学界作为工具书利用。需要说明的是，我们的本意不是停留在统计表格的编制，而是在《会计录》大量数据整理基础上，通过统计分析与研究，深化对于明代财政史的整体认识。

这次根据统一的白银作为计量标准，以《会计录》的数据计算万历六年财政总量与货币化比例，主要是依据《会计录》中已有的折银标准，一项一项折银计算的；《会计录》中没有给出折银标准的，我们就依据《会计录》中的商估标准，采取加权平均值来计算。

在第一篇整理篇，依据《会计录》原文整理编制的 133 个表格基础上，我们自第二篇统计篇起，共编制统计表格 134 个。在结构上采用章节排序。统计篇包括十三章，分别是：第

---

[1] 此点是非常重要的，经张研先生在结项评议中一再强调，故特出此注加以说明，并致以深切谢忱。

一章　全国田土、人户、人口统计；第二章　全国各项钱粮岁额统计；第三章　全国各省府州县田赋统计；第四章　价格分类汇总；第五章　内府与各宫庄田子粒；第六章　边镇原额、见额粮饷；第七章　各府库监局与光禄寺收入；第八章　漕粮；第九章　仓场、马房；第十章　俸禄岁支；第十一章　屯田；第十二章　盐钞；第十三章　积谷。我们在每章的开始列有其中统计表格的说明，详见各章表格，这里不再复述。

第三篇研究篇，以白银作为统一的计量单位，共编制统计表格288个。在结构上采用章节排序，包括十章，分别是：第一章　十五省直田赋折银；第二章　十五省直分府田赋折银；第三章　十五省直分县田赋折银（上）；第四章　十五省直分县田赋折银（中）；第五章　十五省直分县田赋折银（下）；第六章　边镇粮饷货币化统计；第七章　全国各省田赋货币化统计；第八章　田赋结构及其货币化分析；第九章　全国财政结构及其货币化统计分析；第十章　统计图。

根据建立数学模型及其分析结果，我们在研究篇前五章中对于各省直、府、县的田赋列出折银明细表，并给出山东省及所辖府、县田赋折银估计值；第六章给出了边镇折银明细以及边镇粮饷货币化统计；第七章做出全国各省直田赋货币化统计，并且给出了全国田赋征收额的排比，以及全国田赋的税率；第八章是讨论个别省的田赋结构及货币化分析的个案研究。例如我们2007年所做的河南田赋结构个案分析，以白银为统一计量标准，逐一计算各项实物和已折银项目的货币额。研究表明，晚明财政已呈现出一种二元结构，既有实物，又有白银货币。[1] 我们依据《会计录》的数据资料进行研究、分析，进而研究了晚明国家财政整体结构。作为结论的第九章是全国财政总量与结构的统计分析，分别就全国财政收入与全国财政支出、全国财政货币化比例方面进行了统计分析。

由此，我们最终求得了明代户部掌控的中央财政收支的白银货币总数，以及各个省直乃至府、州、县的白银货币财政总数，提升了《会计录》数据资料的利用价值，为今后研究工作提供方便；并取得了具有突破性的进展。

具体说来，展开基本数据的统计分析与研究，解决研究的难点与疑点，我们尝试将《会计录》的所有数据，无论是实物还是折银，都以白银作为统一的计量单位，进行了全面系统的统计，得出了以下的认识。

### 1. 财政收支结构及其分析

财政凭借政治权力强制参与社会产品的分配，将一部分社会产品集中到国家手中，表现为财政收入的过程。又通过政府的活动为社会提供包括国防行政管理在内的公共产品，以满足社会共同的需要，表现为财政支出的过程。财政收入与财政支出的结合形成了完整的财政分配。

一个完整的财政分配过程包括财政收入和财政支出两个方面。财政收入是国家为了保证实现国家职能的需要，通过税收等渠道集中的国家收入；财政支出则是为满足国家执行职能需要而做出的支出。财政收支结构是财政收入和支出的相互联系及其数量关系. 国家财政收支结构的现状及其变化，表明了国家重点职能以及变化趋势。

（1）财政收入方面

全国财政收入统计，主要分为田赋、盐课、钞关、杂课四项。财政收入结构，是指各类财政收入占总收入的比重。明朝以农立国，收入中占最大比重的是田赋，即田赋是国家最主

---

[1] 此部分以《明代白银货币化再探：以〈万历会计录〉河南田赋资料分析为中心》为题，作为提交2007年"基调与变奏：7—20世纪的中国"会议论文，曾得到台北中研院史语所何汉威先生的赐教，在此表示衷心感谢。发表于《基调与变奏：7—20世纪的中国》第二卷，台北国立政治大学历史学系、中国史学会（日本）、台北中研院史语所、新史学杂志社2008年版。

要的财政收入。根据以白银作为统一的计量单位统计，全国财政收入共计银 18100167.73 两，其中田赋 16197189.70 两，是最多的一项，占全部收入总数的 89.49%，接近总数的 90%。盐课其次，占 6.47%，钞关占 2.22%，杂课占 1.82%。

在十五个省直田赋中，四川、广东、广西、云南及贵州五省的项目全无折银标准，即使是在其他十省直中，也只有少部分田赋项目有折银标准，其中给出折银标准最多的河南、北直隶、江西三省直，有折银标准的田赋项目也不过 2/3 左右。为此在对《会计录》中田赋的数字材料进行开发性初级处理的基础上，我们首次将数理统计多元分析中的系统聚类分析模型应用于史学研究领域，将十五个省直作为样本，按照它们在田赋水平上的紧密程度进行分类，以同一类中已知省直的实物折银标准的加权平均值，作为未知省直的相同实物的折银标准，由此确定各省直田赋项目的折银标准。[1] 同时，我们也利用了《会计录》本身所记载的某些实物的价格，比如卷三十的《内库供应·商价会估备考》，卷三十六的《仓场·商价会估备考》等，对其他未折银实物的折银标准做了选择确定。然后以统一的白银为计量单位，将全国田赋折银，进而得到 16 世纪全国各省直田赋占全国田赋总数的百分比。

从十五省直田赋水平来看，以白银所表示的全国田赋总计，货币化比例占据 36.57%，而如果不含我们对于山东省的估算部分，也仅达到 37.42%，不到 40%。除宝钞外，田赋数量由多到少的排列顺序如下：南直隶 20.41%、山东 17.55%、山西 13.08%、陕西 9.34%、河南 9.21%、浙江 7.09%、北直隶 6.40%、江西 5.15%、湖广 4.75%、四川 2.01%、广东 2.01%、福建 1.76%、广西 0.70%、云南 0.46%、贵州 0.09%。

从省一级田赋水平来看，以白银所表示的田赋计，除宝钞外，田赋数量最多的前三位省直为南直隶、山东、山西，占了全国田赋的 51.04%。而排在最后的云南与贵州两省田赋仅占了全国田赋的 0.56%。

起运是田赋划归中央的部分。各省直田赋的起运总量占田赋总量的 68.55%，而存留总量占田赋总量的 31.45%。我们认为，存留部分是划归地方政府的部分，这部分在《会计录》中往往是实物，实际上，在地方的存留则往往因一条鞭法改革而大量折银征收，只不过在中央财政账面上不显示而已。

各省直起运量由多到少的排列顺序如下：陕西 98.71%、江西 85.75%、四川 84.28%、南直隶 79.37%、河南 75.18%、北直隶 70.48%、浙江 70.18%、山东 68.17%、湖广 43.87%、山西 39.13%、广东 36.47%、福建 33.81%、云南 26.46%、广西与贵州为零。

就单独的省直来看，田赋起运量最多的是陕西、江西和四川，其起运量分别占该省田赋总量的 98.71%、85.75%、84.28%。起运量占该省田赋总量一半以上的省直有八个，从多到少依次排列：陕西、江西、四川、南直隶、河南、北直隶、浙江和山东。只有广西、贵州的起运量是零。

田赋存留量最多的是山西、山东、南直隶三省直，其总存留量占了全国存留量的 56.46%。存留量最少的是四川、陕西和贵州，其存留量的总和是全国田赋存留量的 1.69%。

从各省直下辖的府州一级来看，每省田赋总量排在前三位的分别是：

浙江省：嘉兴、湖州、绍兴；江西省：南昌、吉安、抚州；湖广省：广信、承天、建昌；福建省：建宁、福州、泉州；山东省：济南、青州、兖州；山西省：平阳、太原、潞

[1] Xu Yingkai，Chen Qiuhua：Application of Cluster Analysis in National Land Tax Structure Analysis in the Sixteenth Century，*Comprehensive Evaluation of Economy and Society with Statistical Science*，Aussino Academic Publishing House Sydney Australia，2009.

安；河南省：开封、河南、怀庆；陕西省：西安、延安、凤翔；四川省：重庆、成都、叙州；广东省：广州、潮州、肇庆；广西省：桂林、梧州、柳州；云南省：云南、大理、临安；贵州省：贵州宣慰使司、贵阳、安顺州；北直隶：大名、真定、顺天；南直隶：苏州、松江、常州。

盐课，是次于田赋的第二项主要收入，占全部收入总数的6.47%。需要说明的是，全国盐课统计中，由于原书陕西灵州盐课司、广东、海北盐课二提举司以及四川盐课提举司的全部内容残缺，故我们仅以两淮等六盐运司及云南黑、白、安宁、五井盐课四提举司的数据进行统计。盐课共计银1168638.13两，遇闰共计银1171619.73两。以闰年计，其中起运太仓银库白银最多的盐运司依次为两淮、两浙和长芦盐运司，其起运数分别占总数的61.53%、14.36%、12.31%，合计占了总数的88.19%。但是征银最多的盐运司与起运太仓银库白银最多的盐运司并不完全一致，征银数排在前三位的盐运司分别为两淮、河东与两浙，而长芦盐运司排在第四位。而河东盐运司项下含有宣府镇银、大同代府禄粮银、山西布政司抵补民粮银合计194150.56两，这部分白银并不运往太仓银库。

钞关，收入占全部财政收入总数的2.22%。全国七个钞关共计征银402308.96两，其中实征银243186.00两，宝钞与铜钱折银159122.96两，白银货币化比例为60.45%。征银最多的前三个钞关为临清、浒墅、北新钞关。临清占39.72%，其他依次是浒墅钞关占16.16%、北新钞关占11.92%，淮安钞关占10.01%，河西务钞关占9.64%，九江钞关占6.89%，扬州钞关占5.67%。货币化程度由高到低分别为：河西务钞关81.44%，北新钞关76.76%，浒墅钞关61.66%，扬州钞关56.58%，淮安钞关56.36%，九江钞关55.23%，临清钞关52.45%。七钞关的货币化程度均超过了50%。

宝钞征收最多的钞关是临清、浒墅与淮安钞关，这三个钞关征收的宝钞占宝钞总数的73.57%。

铜钱征收最多的钞关是临清、浒墅与九江钞关，这三个钞关征收的铜钱占铜钱总数的73.35%。

杂课，根据统计，全国各省直的杂课，占全部收入总数的1.82%。《会计录》中所记录的各地杂课，有"额征"、也有"岁征"，均在表中标出。对于杂课，《会计录》中并没有给出折银标准，故此对于宝钞和铜钱两项，分别记录。其中浙江、河南、广西、贵州四省只征宝钞，没有征银的记录；北直隶银、钞、钱都征；其他各省直只征银。征银最多的前三个省直为北直隶、湖广与广东，这三地征银数占总数的60.35%，紧随其后的是南直隶，占总数的14.72%。至于其他省的征银数均低于总数13%。

（2）财政支出方面

全国财政支出统计，包含了边镇粮饷、宗藩禄粮、官员俸禄、营卫官军俸粮以及内府供用五项。财政支出结构是指财政支出总额中各类支出的组合以及各类支出在支出总额中所占的比重，也称"财政支出构成"。简单来说，财政支出结构是各类财政支出占总支出的比重。根据统计结果，就全国来看，总支出白银18544545.37两，其中边镇粮饷占了44.58%，宗藩禄粮占了29.76%，官员俸禄占了0.63%，营卫官军俸粮占了14.02%，内府供用占了11.01%。最大的支出是边镇粮饷，几乎占有半数的比重，如果加上营卫官军俸粮，军事开支高达58.6%。

边镇粮饷支出统计数字，这里将《会计录》中十三镇的军费支出全部用白银表示，共计8267512.78两，其中排在前三位的是宣府镇、大同镇与延绥镇，分别占总数的15.81%、15.36%与9.29%，三镇合计占总数的40.45%。其他依次为：山西镇占8.57%，辽东镇占8.38%，甘肃镇占7.61%，蓟州镇占7.14%，固原镇占6.68%，密云镇占6.52%，易州镇占4.65%，永平镇占3.92%，宁夏镇占3.71%，昌平镇占2.37%。

内府供用统计（仅为与户部职掌有关的收入），包含了内承运库等十四司、库、监、局以及光禄寺，将光禄寺的数据放在内府供用项目中，主要是考虑到光禄寺的收入也是服务于皇室的，放在一起可使表格的排列不至于太零散。这些司、库、监、局、寺均有实物与白银收入。按照白银收入多少，排在前三位的是内承运库、光禄寺、甲字库。其中内承运库一库就占了全部总数的 57.64%，光禄寺占 11.75%，甲字库占 9.29%，这三库合计占了总数的 78.68%。各库收入的货币化程度也大小不同，其中丁字库、内官监、司苑局和惜薪司的货币化程度是 100%，宝钞司、内承运库的货币化程度分别为 99.74% 与 99.05%，这十四司、库、监、局以及光禄寺平均的货币化程度为 78.51%。承运库、丙字库、尚膳监货币化率为零。广惠库与天财库则只有宝钞与铜钱。

财政支出结构中，军饷居首位。奢华的皇室费用为数巨大，却不尽在户部的管理之中。

## 2. 财政收支总量的认识

财政收入是反映一个国家综合经济实力的重要指标。衡量一国政府在一个财政年度内所拥有的财政收入的规模，是通过年度财政收入的总量，以货币形式表示。万历初年财政发展的历程极其复杂，内容也极其丰富。呈献在读者面前的这一成果，只是试图通过整理《会计录》，以统计表格形式将当时的财政实态勾勒出的一个大致轮廓。16 世纪末明代财政的基本特征在《会计录》中充分展现了出来，明代财政改革的货币化发展趋向是极为明显的。

根据《会计录》卷一按语所云，万历六年财政会计本折通计 1461 万，[1] 由此我们了解到，当时明代财政已经有以白银为部分计量单位的会计总账，这是一个值得注意的关键历史事实。而我们依据《会计录》全书记载的户部掌握的财政收支账目，包括各省直至府州县，以及其他杂税等的具体数据，以白银作为统一的计量单位，计算出明代财政收入总额共计白银 18100167.73 两，计算出的财政支出总额折合白银 18544545.37 两。

我们的计算工作会有误差出现，主要由以下原因造成：其一，原书所记录的收入有本折各色，其中本色的折银标准并未全部明言，我们至今无法知晓明朝人是如何计算的，我们将全部实物折银的标准会与之有不相符之处。其二，原书卷六全部遗失，我们是通过聚类分析推测计算出山东全省具体数据的，会产生误差；其三，《会计录》记载每年所入本折各色通计有"钱钞不与"，其他还有"数莫可稽"，我们则力图对其中部分钱钞和所有实物都进行了白银货币折算。其四，有些数据存在重复计算，而又无法将其剥离。例如《会计录》卷三二《宗藩禄粮》的数据，与各省田赋的"存留"数据存在着交集。其五，由于原书没有告知所有物品的折银标准，我们所使用的某些物品的折银标准，是加权平均值，折算本身会有一定的误差。

最终，根据统计，我们计算出晚明全国财政收入总额共计白银 18100167.73 两，全国财政支出总额共计白银 18544545.37 两的结果。这样一看，明显收不抵支，两者相差444377.60 两。其中，实银的收入为 7589182.91 两，实银的支出为 9163098.67 两，在实银收支上有高达 1573915.76 两的赤字。因此，我们的结论是：16 世纪七八十年代，当时明代国家财政明显处于危机之中。建立在细致地对《会计录》所载各项细目的货币化统计之上，这一结论与《会计录》编纂人所云万历六年收不抵支的结论是完全相同的。

财政收入规模是指财政收入的总体水平，它是衡量国家财力的重要指标。明代财政收入规模体现出两种发展倾向：一是呈不断扩大之势，二是由于财政支出的同时扩张，入不敷出的局面日益严重，其收入规模又相对显绌。将田赋征收定额化，这就决定了财政收入不可能

---

[1]《会计录》卷一，上册，第 22 页。

有快速发展，但是定额化只是制度化规范而已，实际上加派与加征在明末频繁出现，不断加重了税负，也是历史事实。总之，在整个明代，农业税一直是国家财政收入的重要来源，农业经济是财政收入的基础，但是我们不可以工商业税没有增长迅速，就贬低明代财政改革向全面货币化发展的事实及其意义。

### 3. 财政收支货币化比例的统计分析

根据列表统计结果，财政收支货币化比例如下：

全国田赋货币化比例统计。在宝钞数量极少，故不计的情况下，全国田赋货币化程度排在前三位的是河南71.32％、北直隶70.21％与江西62.58％三省直。其余各省直田赋的货币化程度均低于50％，最低的三个省份是陕西、广西和贵州。而由于山东省田赋数据缺失，根据本篇第八章《聚类分析方法在十六世纪全国田赋结构分析中的应用》所做的分析，山东与南直隶是为一类，故此将南直隶的货币化比例应用于山东省，并按此比例估算出山东的夏税、秋粮及田赋总数的货币化数据，得出全国十五省直田赋货币化程度平均为36.57％。

需要特别说明，由于山东省的田赋数据是估算出来的，为此我们又排除了山东省的数据，仅就其他十四省直做出丙表282。显示当不计山东省田赋数据时，其他十四省直货币化程度的平均值为37.42％。

对于田赋总数而言，丙表281中的货币化比例36.57％与丙表282中的货币化比例37.42％，非常接近，仅差0.85％。从夏税、秋粮两个分项看，其货币化比例也仅差2.01％与1.20％。由此可见，用南直隶的数据替代已经遗失的山东省的数据，是基本合理的。

杂课货币化比例。湖广为93.76％，北直隶为66.47％，而浙江、河南、广西、贵州四省杂课的货币化比例为零，其余九省直杂课的货币化比例为100％。全国十五省直合计为76.75％。

内库供用货币化比例。丁字库、内官监、司苑局和惜薪司的白银货币化程度为100％，宝钞司为99.74％，内承运库为99.05％，光禄寺为75.51％，供用库为68.80％，甲字库为37.47％，酒醋面局为33.62％，其余均为零。全部内库供用的货币化比例平均为78.51％。

全国财政收入货币化比例，分为五栏：田赋、盐课、钞关、杂课和总数，田赋的货币化比例为36.57％，盐课的货币化比例为100％，钞关的货币化比例为60.45％，杂课的货币化比例为76.53％。全国财政收入平均货币化比例为41.93％。

全国财政支出货币化比例，分为六栏：边镇粮饷、宗藩禄粮、官员俸禄、营卫官军俸粮、内府供用和总数。边镇粮饷的货币化比例为82.01％，宗藩禄粮的货币化比例为1.70％，官员俸禄的货币化比例为41.67％，内府供用的货币化比例为71.57％。全国财政支出平均货币化比例为49.41％。从这里我们看到，宗藩禄粮的货币化比例非常低，只有1.70％，而在我们的河南田赋个案研究中，说明藩王禄粮在地方田赋之中已经全部货币化了，由于《会计录》中的地方存留部分均体现为实物，故影响到总的货币化比例偏低。

财政收支平衡，是指年度财政收入与财政支出在总量上的平衡，平衡即收支时做到收支相抵。依据《会计录》所统计的全国财政货币化比例，可见全国财政支出货币化比例超过了全国财政收入的货币化比例，全国财政实银收入为7589182.91两，而实银支出为9163098.67两，在收支上有高达1573915.76两的赤字。

统一计算以后，我们得出16世纪末明朝财政总收入的货币化比例达到41.93％，财政总支出的货币化比例已达到49.41％。由此看来，朝廷增加白银货币收入迫在眉睫，改革必须加速进行。

还需要说明的是，《会计录》中关于万历六年皇帝大婚、潘季驯治河大工等巨大开销均不见记载。[1] 这里的原因是，一般而言，《会计录》仅载户部日常收支，大工主要由工部负责，故在户部账目之外。明朝宫廷财政收入主要有三个来源：其一取自掌握的大内库藏——内承运库，其中金花银为大项收入；其二取自宫廷的田庄、店铺——皇庄、皇店；其三直接取自地方州县，称上供、采造。此外宫中不时出现向户部掌管的财政部分要求调配的情形。而仅从户部掌握的国家主体财政资源来看，即使是日常的收支，当时也存在收不抵支的状况，这也正是张居正所忧虑之处，说明了明朝财政危机是一个毫无疑问的历史事实。因此说白银是当时明代财政中的第一要务也不过分。

### 4. 个案研究举例及其他

由于《会计录》中卷六山东省田赋整卷的缺失，我们为了完整地复原明代财政的本来面貌，首先就要解决山东省田赋部分数据的补缺问题，因此山东是首当其冲必须做的个案研究。关于这部分工作，我们放在后面处理补缺部分去谈。

以河南田赋结构及其货币化的个案研究为例。我们首先尝试的是对《会计录》中河南田赋的大量数据进行初步整理与研究，突破了以往由于计算单位不统一，不能得出财政田赋全貌的局限，采用白银作为统一计算单位，探讨了万历初年河南田赋中的夏税结构和秋粮结构，复原了河南全省田赋结构的完整面貌，并进而探求了其中的白银货币比例。

河南个案研究结果表明，根据《会计录》记载河南田赋数据的统计，在万历初年，也就是所谓的全国清丈田土、一条鞭法推行全国之前，在河南财政核心田赋中，不仅已包含了大量白银货币的内容，而且白银货币已代替实物占据了主要地位，其货币化比例已经占了全部田赋71.32%。从而揭示了16世纪70年代货币经济在中国财政史上取得了前所未有的支配地位的历史事实。我们认为，虽然河南仅为一例，但是河南为北方一农业大省，其发生的变化应该说具有一定的典型意义。

我们征引的嘉靖刻本《河南赋役总会文册》[2]，说明更早在嘉靖年间河南全省已经实行了一条鞭法改革。河南田赋的考察证明，万历初年明代财政已具有变革的基本特征，已改变了明初以来田赋征收以实物为主体的结构，形成了一种新的财政结构：实物与货币并存的二元结构。这种新的结构，是适应社会经济变动现实而出现的，具有明显的过渡阶段特点，表面上没有脱离明初额定的以实物经济为基础的田赋架构，而在实际上，却已暗度陈仓，发生了向货币经济转换的巨大变化。我们认为，这种表里不一的现象，正是明代国家与社会转型时期的典型例证。

山西省田赋结构及其货币化的个案研究。通过《会计录》卷七山西田赋资料的整理，结合其他史籍资料，统一以白银作为计算单位，对万历六年山西田赋结构和白银货币化程度进行了统计分析。初步得到如下结论：第一，田赋是传统社会国家财政的主要来源，田赋折银是我国从传统社会向现代社会过渡的重要标志之一。明代的田赋从明初征米麦丝绢等实物，到部分用白银折纳，最后到完全用白银折纳，是一个从实物税到货币税的发展过程。这个过程是漫长的，艰难的，但也是不可阻挡的。第二，万历六年山西布政司田赋起运、存留比例为31%与69%，有其特殊的原因，不可从一地财政的田赋结构想当然地认为中央集权的程度。第三，万历六年山西布政司田赋白银货币化程度为32%，尽管白银货币尚未占据主要地位，综合各种因素考量，这个比例是正常的。在北中国这个"近边苦寒"、地狭人稠的省

---

[1] 据《万历起居注》万历六年六月二十九日记载，潘季驯修治河工是将江南漕粮通行改折一年，"其正粮折银解部外，其折耗、轻赍及运军行粮等项，俱令接济河工"的结果。见南炳文、吴彦玲辑校《辑校万历起居注》，天津古籍出版社2010年版，第一册，第237页。

[2]《河南赋役总会文册》，书目文献出版社1988年版。

份，从宣德元年到万历六年，白银货币化因素在逐渐增多，程度在不断增强，虽然缓慢甚或停滞，却与整个国家的发展是同步的。

浙江田赋结构及其货币化的个案研究。根据我们对于《会计录》田赋货币化比例的统计分析，各省直不等，很不平衡。我们认为这与原来的实物财政体系中各地税负不平衡有很大关系，但是也有其他因素。我们发现，田赋货币化比例不高，并不能说明其省的商品货币经济不发达，所以应当进行综合考察。根据《会计录》统计，浙江田赋货币化比例只有35.83%，但我们认为，这并不能说明浙江白银货币化发展的实际程度。明朝水运京师之粮为漕粮，向江南征收的粳、糯，专供宫廷和百官用的白粮，以及本地特产丝绢等，均属于起运部分。一般而言，各省送缴中央的起运部分折银率较高，而存留在地方的部分，尽管在地方征收过程中往往已经历了市场交换，却在中央财政账上仍是实物，这直接影响到整体的货币化比例。因此，我们首先将存留除外，专门从起运部分探讨浙江田赋货币化比例不高的基本原因。

以白银为统一的计量单位，我们先看夏税，全部起运量115337.45两，其中，已折银22026.8两，占总数19.10%，未折银的93310.65两，占总数的80.90%。问题出现了，为何会有如此高的未折银比例？查未折银的起运物料，见有：起运京库丝绵折绢、合罗丝、串伍细丝、荒丝、上白棉、中白棉，起运南京库串伍丝、荒丝，农桑丝折绢，如果全部折银的话，可高达93310.65两；再看秋粮，全部起运量690573.69两，已折银388297.26两，占总数的56.23%，而未折银部分302276.42两，占总数的43.77%，所见未折银的起运物料，有兑军米、供用库白熟粳米、酒醋面局白熟糯米、光禄寺白熟粳米、光禄寺白熟糯米、南京供用库本色白熟粳米、南京定场草，总计302276.42两。由此可见，浙江除去运往北京的白粮、本色丝绵、本色绢，以及运往南京的白粮与本色草之外，浙江田赋起运的货币化率将是100%。

综上所述，浙江田赋货币化比例低，主要是由于朝廷的特殊需求所致，而不是因为浙江本身的货币化程度低的缘故。下面还有一个有力的佐证。

收藏于日本尊经阁文库的《钦依两浙均平录》（以下简称《均平录》）是浙江赋役全面转向货币征收的最好证明。《均平录》是嘉靖四十五年（1566年）庞尚鹏在浙江全省推行均平法改革的原始资料，是当时经皇帝批准，中央下颁的法令文书，也是对于浙江均平法改革最为完整的记录。[1] 均平法规定，统一派征均平银。均平银的征收，上供实物转换为白银货币，徭役与赋税合流，甲首悉放归农，解除了亲身应役，合并到赋税之中的走向，无疑是商品货币经济扩张的结果。同时地方政府征银雇役，收支开始实行以白银货币预算，并按预算额数总征，成为地方政府财政预算的前提。放宽对于赋役改革研究的视野，将赋役改革置于16世纪全球化开端的大背景下，从实物与力役为主的财政向白银货币为主的财政体系转变的轨迹清晰可见，同时伴随的是地方政府财政的制度化成型。在这《均平录》中，我们特别注意到上供物料的征收，也已转换为白银货币，是设银柜，投柜征收，反映了地方赋役—财政改革的具体地方运作方式，已全面向白银货币化推进。那么在中央财政总册上的货币化比例不高现象，可以解释为因朝廷特殊需要，故保存了相当比例的实物。

又例如广东，由于原来的资源分配基础，赋税征收量相对不多，而广东由于外贸的缘故，白银货币流通量大，财富存留地方多，这应该是广东在明代发展成为全国先进省份的原因之一。

总之，我们最终求得了明代户部掌控的中央财政中收支的白银货币总数，以及各个省直乃至府、州、县的白银货币财政总数，彰显了《会计录》数据资料的利用价值，为今后展开

---

[1] 参见笔者：《明代珍稀文书的回归：〈钦依两浙均平录〉》，《中国社会科学报》2012年4月25日；笔者：《明代浙江均平法考》，《中国史研究》2013年第2期。

进一步统计分析与研究做出铺垫。

下面简要归纳一下我们的认识：

第一，从人类社会发展过程来看，财政作为一种国家的经济活动，也是一种特殊的分配，具有悠久的历史。财政分配的主体是国家，参与分配的依据是国家政治权力，通过对明代财政会计总册的产生与内容的整理与研究，从整体上对16世纪末明代财政进行客观复原，从而揭示全球化开端时期明代中国的重要时代特征，我们可以明确16世纪明代财政的特点：从实物税为主向白银货币税为主转换。从整体财政体系来看，明代财政作为一种国家经济体系，正在发生史无前例从实物财政体系向货币财政体系的转型。这是中国古代向近代转型的开端。

第二，财政收入与财政支出之间的关系，首先表现为财政支出是财政收入的最终目的。财政支出不仅要满足皇室、贵族、官僚的需要，还要满足社会的公共需求。从这个意义上讲，财政支出是财政分配活动的目的，而财政收入则是满足财政支出需要的手段。从目的与手段的关系上看，财政支出是主导的，任何收入都必须满足财政支出的要求。而财政收入表现为提供资源的供给，这种资源的供给是有限的，支出需求之间存在着矛盾。财政的平衡就是要在社会经济运行中合理安排财政收入与财政支出在量上的对比关系，使财政收入与财政支出之间保持相对的均衡。《会计录》中的货币化记载，表明了明代财政的变化实态，即由单一实物结构向实物与货币二元结构转变的历程，我们计算出的财政支出货币化比例高于财政收入货币化比例的结果，彰显出当时财政收入与财政支出的矛盾，就此而言，为满足财政支出的需要，解决财政危机，明朝赋役——财政改革无法停留脚步，改革必须进一步深化，财政的白银货币化是当时财政发展的一种必然的趋势，即中国古代财政体系的全面转型——从实物财政体系向货币财政体系的转型。

第三，我们认为《会计录》真实反映了16世纪末明代财政史的面貌。财政的职能主要是资源的配置、收入的分配两个方面。资源配置是指有限的社会资源在不同经济领域、不同地区、不同部门以及不同行业间的分配比例。除了皇室贵族之外，从全国来说，由于历史上全国各地经济发展水平不平衡，因此明朝财政的资源配置是不平衡的，表现在中央向各地的税收也是极不平衡的，这直接影响了各地区经济的发展进程。我们认为当时户部档案出自各省册报，应是比较可信的，实际反映了当时国家户部掌握的全国赋税状况。我们注意到宁波天一阁现存一部万历五年（1577年）刊刻的《催征钱粮降罚事例》，在时间上接近于《会计录》。虽为福建布政司所刊，但明确说明了是户部奉圣旨刊布，并以万历四年（1576年）时任户部尚书殷正茂的"申明旧例严查催征怠玩官员以警人心以裨国储事"题本为开端，充分说明了明朝当时对于"钱粮"[1]即税收的异常重视。殷正茂是进呈《会计录》的张学颜的前任。户部事例明确规定："如见年应征拖欠过于一分，而完不及九分者，将司、府、州、县掌印管粮官通行分别住俸降罚，虽升任行取，不容假贷"，由各司、府造册，"逐名咨送到吏部，照例降黜"。《事例》提示我们关注万历初年张居正改革推行考成法的大背景。为保证赋税征收，明朝不仅把催征钱粮作为官员考成则例，而且把钱粮完纳情况作为对官吏升转、降罚的标准。而作为万历初年官员政务考核的重要法规之一，法规的基础就建立在各省册报数额之上。

第四，我们认为《会计录》具有局限性，主要表现在三个方面：

一是主要体现在《会计录》是16世纪末户部经管之国家财政会计总册，户部掌控的中央财政不是明朝国家财政的全部，在中央其他部门，各部院有一些各自独立的财政部分，如

---

[1]关于"钱粮"在此时已大多为白银所替代的论述，参看笔者主编《晚明社会变迁：问题与研究》第173—178页。

《会计录》中完全没有乙字库、戊字库的记载，因为乙字库归属兵部，戊字库归属工部，还有内府管理的内承运库、兵部管理的太仆寺等，都具有财政职能，另有单独账目管理。而地方财政的存留部分，实际也不归户部掌管，在中央仅存有数字。

二是《会计录》中没有包括徭役部分，乍看有些奇怪，其实经考察是完全不奇怪的。明初建立的财政体系，是一种建立在实物经济上的财政体系，徭役全部是力役形态，不可能进入国家财政赋税统计之中。众所周知，在自然经济占统治地位的古代社会，官府所需劳务，是以向百姓征派徭役的办法得到满足。明代徭役有里甲、均徭和杂泛，是唐文基先生称为明代赋役制度"明显的超经济强制"和"古老的原始性"[1]的重要组成部分。赋役改革以后，一条鞭法徭役以银替代，统一征银的实现，使得古代徭役制度走向消亡，赋役合一，部分徭役归属于田赋之中。

三是《会计录》中各省直的田赋存留部分，基本是以实物出现的，即户部《会计录》账面上的地方存留部分，记载大多是实物。这是因为地方存留在解送中央户部的起运之外，在地方财政实际运作中，由于一条鞭法统一征银原则的实施，事实上存留部分可能已全部或大部分征银了，而尽管地方赋役改革实物早已折银，从地方册报到户部的账目却仍大多是实物形态，在国家财政总册《会计录》中没有体现出货币化。根据研究个案，我们有理由说，发展到万历初年，也就是16世纪七八十年代，即使在《会计录》中注明的实物部分，在地方征收时也有很大部分早已是白银形态，田赋的实物征收，也往往是先收白银货币，再购买粮食等实物上缴，国家"钱粮"均已货币化。如河南布政司田赋情形，就是一个例证。[2]这直接影响到我们依据《会计录》统计得出的明代中央财政收支中的货币化比例的统计与认识，宗藩禄粮就是一个典型例子，其货币化的比例在中央财政中仅达1.7%，实际在地方早已折银至征银了。这直接影响到《会计录》中货币化比例统计的偏少，与当时财政的实际运作是不相符的。

总的说来，根据《会计录》，我们对16世纪明代财政的特征和变化及其整体实态作了复原考察，试图提供一部用表格数据搭建的晚明财政史。为了还原明朝财政会计的本来面貌，我们仅就《会计录》原始数据列表和依据《会计录》原始数据进行统计分析研究，一般不掺杂其他文献进行比较、考证和补充统计。同时除个别部分宝钞、铜钱单列外，其余均统一以白银计量。我们以白银为统一标准，计算出中央财政结构的各项比例，考察了各省田赋起运存留白银的数额，及其在各省整个税收中的比例，从而有力地说明了明代各省财政发展不平衡的事实。统计表清晰地呈现了16世纪七八十年代明代财政的整体结构、总体规模、财政结构的变化，特别是白银在结构中的比例。我们得出的16世纪末明代财政总收入的货币化比例达到41.93%，财政总支出的货币化比例已达到49.41%，个别省份如河南田赋货币化比例高达71.32%，表明财政体系向货币为主的财政体系的全面转型已经开始，而且具有不可逆转的发展趋势。货币化比例的探讨，也纠正了以往对于明代财政的一些误解，如认为北直隶由于国家铸造铜钱的需要，抑制白银货币的发展；又如认为宫廷宦官为便利贪污而在内库收入中大量征收实物的观点，等等。特别是黄仁宇先生将明代财政视为"洪武型财政"，是保守、僵化和落后的观点，这一点下面还将论及。

最后需要说明的是，由于《会计录》数据的浩繁，其中对于户部所掌握的经济资源，包括至府州县的记载，几乎达到了毫分缕析的地步；记载过于琐碎，数字达到小数点后七八位之多；仅田赋税目就已达几十种之多，统计工作有很大难度，因此使我们无法做更多的具体的考证辨析。我们主要采用统计分析方法，利用《会计录》丰富的数据资料，以编制统计表

---

[1] 唐文基：《明代赋役制度史》，《前言》第1页。

[2] 参见《河南赋役总会文册》。

格方式，统计归纳，力求获得对于 16 世纪末明代财政实态的认识，希望可供研究者进一步深入内部结构细部进行研究，也就是进行明代财政史的细节性研究。《会计录》虽然主要只有万历六年的年度财政收支数额，一般认为是原额，而非当年真实的收支数额，但是不能忽略的是，《会计录》的数据是当时各省府州县册报的，毕竟是明朝中央户部所掌握的全国财政会计数字，反映了明朝财政主体的真实面貌，是其他史料所不能提供的详细数字。这些数字对于明代经济资源规模与分布、地区税负分布等具有不可替代的史料价值。特别是由于田赋在财政中的重要地位，所以《会计录》中田赋数据尤为详备。其他盐、茶、钞关、杂课等不如田赋记录详细，而且有的部分还有缺失的问题，这些我们已经详细列出了《会计录》残缺情况一览表。

### （四）数据缺失及其处理

关于《会计录》的残缺问题，最主要的是山东田赋的全部缺失。

首先，我们面对的难题是山东省田赋的补遗。由于《会计录》卷六《山东布政司田赋》整卷缺失，[1] 如果不设法补充，将影响我们对于《会计录》整体的整理与研究。为了补《会计录》缺失的山东田赋数据，我们在对《会计录》中田赋的数字资料进行开发性初级处理的基础上，利用统计学中的系统聚类分析方法，依据田赋水平对十五个省直进行分类，得出了山东与南直隶为一类的结论；并在由系统聚类分析模型得到的山东与南直隶为一类的结论基础上，同时依据《会计录》、《明会典》、嘉靖《山东通志》的记载，应用统计学理论中系统聚类分析模型和线性回归方法，以白银作为统一的计量标准，对万历初年山东布政司的田赋数据进行复原整理与分析，由此对《会计录》所遗失的山东省及其所辖六府、十五州、八十九县的田赋数据进行了补遗与研究。并在白银为统一计量标准的基础上，复原了万历初年山东省省、府、县三级的田赋货币化结构。以田赋为因变量，积谷为预测变量，对于所分各类分别进行线性回归分析，在显著性水平 $\alpha=0.01$ 下，模型回归效果显著，误差百分比很小，模型的拟合度 $R^2$ 较高，回归效果理想。[2]

我们将相关研究成果用于整体研究，解决了原书最大的残缺问题。由此得以从事山东田赋结构及其货币化的个案研究，并从而得以统计出全国十五省直田赋的整体和分别的结构与数额、全国财政中田赋结构、数额及其货币化比例，乃至明代财政的总体结构、规模和货币化比例。

其次，对于原书散在的一些残缺，有些可以依据原书上下文或他处补充的，我们做了补充；其他未补之处，均在整理篇各残缺处的页下加注，也在统计篇、研究篇的章前表格说明中注出。

我们编制出《会计录》中全部残缺情况一览表，附在整理篇之后，以供全面参考利用。

---

[1] 李龙潜：《书不要只求一时之用》（《信息时报》2010 年 6 月 20 日），以梁方仲《崇祯中年山东拟加赋之经过》（《梁方仲读书札记》，中华书局 2008 年版，第 286—287 页）中引彭孙贻《茗斋杂记》记载济南左卫带管临邑粮务经历蔡金龙曾查万历六年《会计录》撰写山东田土条议事，据此，李先生认为"该书引了济南左卫蔡会龙的条议，蔡会龙查过万历十年刻本《万历会计录》卷六：山东田土六十一万七千四百九十八顷九十九亩零。原来，蔡会龙从《万历会计录》抽出卷六，写了条议后，并没有再放回去，后经明末兵火之灾而消失了，所以现存的《万历会计录》就缺了卷六"。笔者认为《会计录》为刻本，据卷首万历十年二月十五日户部尚书张学颜题奏，分为四套装订，两部进呈皇帝御览，一部送史馆采录，再陆续印刷，颁行省直、边镇，一体遵守，可知当时并非只有一部。虽然现存此书是"民国二十二年由国立北平图书馆以八百金自山东购入"，但并不能肯定就是蔡氏查阅后未归还，姑存待考。

[2] 徐英凯、朱勇华：《聚类分析和回归分析：明代万历初年山东田赋数据的补充》，*Applied Social Science*，Volume Ⅳ，Information Engineering Research Institute，USA，2011.

还有一个情况应该说明，《会计录》卷三二《宗藩禄粮·沿革事例》在正统二年后出现了一大段衍文，查系《尧山堂外纪》卷八十六《张弼》，在其书第十三、十四页。

查《尧山堂外纪》，作者为蒋一葵。蒋一葵字仲舒，号石原，明代江苏武进（今江苏常州）人。万历二十二年（1594 年）进士，历官灵川知县、京师西城指挥使、南京刑部主事。有书斋曰"尧山堂"。万历二十五年（1597 年）刻有王崇庆《山海经释义》，另有《尧山堂偶隽》、《长安客话》。我们认为，衍文的出现，有可能是由于影印中混入了其他文献所致，具体如何，姑存待考。

# 四 对 16 世纪财政史若干问题的思考与认识

## （一）"财政"一词的起源及其启示

迄今为止，中外学界几乎众口一词，认为中国古代并无"财政"一词，"财政"一词是一个舶来品。

一般认为，财政是一个古老的经济范畴，财政活动古已有之。在中国古代历史文献中，属于财政范畴或接近财政概念的术语，一般采用的是"国用"、"国计"、"邦计"、"度支"、"理财"等词语。古代文献对历朝历代的财政政策、财政措施虽然均有所记载，而且早已分别使用"财"和"政"二字的含义，但却找不到"财政"这个名词。迄今所见在中国财政史著作与教科书中，"财政"一词，一般以为是在清末由日本移植过来的外来词，也就是一个舶来品。依此说来，财政活动虽然是一个古老的经济范畴，但是"财政"一词出现在中文词汇中至今只有百年的历史。据学者考证，中国最早使用"财政"一词，是在清朝光绪二十四年（1898 年），光绪皇帝在戊戌变法"明定国是"诏书中有"改革财政，实行国家预算"的条文，是在政府文献中最初启用"财政"一词，是当时维新派在引进西洋文化思想指导下，间接从日本"进口"的。而日本则是来自英文 public finance 一词，可以说现代财政的解释是从英文 public finance 引入的概念。因此，"财政"一词最早起源于西欧。在 13—15 世纪，拉丁文 finis 是指结算支付期限的意思，后来演变为 finance，有支付款项、裁定款项或罚款支付的含义。到 16 世纪末，法国政治家波丹在其《共和国六讲》中，将法语 finances 作为"财政"一词使用，主张财政是"国家的神经"，随后逐步泛指国家及其他公共团体的理财。日本自 1868 年明治维新以后，从西欧各国引用 finance 一词，吸收中国早已分开存在使用的"财"和"政"二字的含义，创造了"财政"一词，并传入中国，1903 年（光绪二十九年）清代何良栋编印的《十一朝东华录分类辑要》中，使用了"财政"一词，同时中央设立了财政处，确立了"财政"的概念。[1] 然而，通过爬梳明代文献，事实上，在 16 世纪明朝人文集中，我们已见到了"财政"一词，并且在词义上可以说已具备了现代的意义。

在明代内阁权臣严嵩的文集中，有《赠李运司序》云：

> 《易》曰：何以聚人，曰财。夫财者，王者所恃以合天下之众也。《周礼》一书，理财居其半，圣人思理财之难，故制为法，纤悉备密，择吏而慎守之。故吏者，天子所恃以守天下之法也。吏不良则法废而莫守，法不守则财弊而莫理，财莫理，则天子不得。今之盐课，国用所需，财政之大者也，特置运司以领之。其长曰使，曰同知，皆秩高而位宠，常选诸吏有材谞劳绩者表用之。

[1] 参见陈共编著：《财政学》，中国人民大学出版社，2009 年版，第 24 页；王曙光主编：《财政学》，科学出版社 2010 年版，第 3 页；并查阅其他财政史教科书及论著，也均用此说。

又云：

> 户部郎中新城李君擢为两浙运司同知。君初为令、为州守、为扬州同知，以入户部，前后皆有财政，君皆优为之。[1]

由于重视盐课，明朝沿袭元朝，史称"国朝仍置都运司，专掌盐政"，[2]在两浙、两淮、福建等处设立都转运盐使司，简称"运司"。盐运使的佐官为同知。"李运司"之称，必是掌管盐运司之户部职掌相关之人。查万历《扬州府志》，有"扬州同知李镗"，山东新城人，举人，正德十一年任。康熙《新城县志》，见《宦绩传》有"李镗"一人，引嘉靖旧志文记为弘治五年（1492年）举人，任温县知县，升光州知州，历官扬州同知，官至南京户部员外郎。[3]此人与严嵩文集所述之人相符。

20世纪40年代中华书局出版的《辞海》对"财政"一词作如下解释："财政谓理财之政，即国家或公共团体以维持其生存发达之目的，而获得收入、支出经费之经济行为也。"对照上文所引之意："今之盐课，国用所需，财政之大者也"，可以说明二者的意义是符合的，也可以说明"财政"一词，并非是舶来品。

综上所述，我们发现在明人文集中已经出现了"财政"一词，至明代中国，"财政"不再是古代将"财"与"政"分别开来的用法，而正是现代"理财之政"之义。这一点证明，现代意义的"财政"一词在中文词汇中的应用，已不止有100多年的历史，我们应该回归文本的实证研究，追本溯源，全面掌握中国本土第一手资料，将论点建立在坚实的基础之上，重新认识古代财政史。

## （二）白银货币化与16世纪明代财政

### 1. 以白银货币化作为新的研究切入点

以往的古代财政史研究，一般说来是传统的制度史研究，都把财政机构及其职能放在研究的首要地位，致力于机构与制度的沿袭与演变。实际上，由于明代白银货币化是来自民间社会自下而上发展而来，明代货币与财政的关系应该作为一个新的切入点，由此考察可以填补以往对于财政体系整体研究的缺失。

以往笔者对于白银货币化的研究，论证了白银成为完全形态的货币，是在明代完成的。并首次以白银货币化为新的财政史研究切入点，以白银作为统一的计量标准，对于《会计录》财政数据进行统计分析和研究。

作为明代财政史研究的新视野，我们首先需要追溯明代乃至中国古代的货币制度。明朝的法定货币，首先是铜钱，继之是宝钞，而金银是在禁例之中。明朝建立之初，推出的法定货币是铜钱。洪武元年（公元1368年）三月，明太祖命户部与行省铸造"洪武通宝"钱，"其制凡五等"。[4]即洪武通宝有五种：小钱、当二、当三、当五、当十，自一钱以上，按比例增加重量，是足值铸币。这种铜钱，是明朝的第一种法定货币。自洪武元年至七年

---

[1] 严嵩：《钤山堂集》卷二〇《赠李运司序》，嘉靖二十四年刻增修本。

[2] 嘉靖《浙江通志》卷一八《贡赋志》三，台北成文出版社1983年版，第963—964页。

[3] 康熙《新城县志》卷七《宦绩传·李镗》，台北成文出版社1976年版，第272页。

[4] 《明太祖实录》卷三一，洪武元年三月辛未，台北中研院史语所1962年校勘本，第535页。以下《明实录》均出此本，不另注。

（1368—1374年），是明朝实行铜钱货币的时期。从洪武八年（1375年）起，明朝发行"大明通行宝钞"作为法定货币，由此开始了明朝的纸币时期。关于改行纸币的原因，在《明太祖实录》中讲得很明白，说明初实行铜钱有三不便：一是需要大量的铜来铸币，而铜的匮乏，使民间不得不以铜器上缴以铸币，造成"鼓铸甚劳"；二是民间有不少盗铸铜钱的现象；三是铜钱分量重，用于长距离交易携带不便。因此，明朝继承宋元以来的纸币制度，发行大明宝钞，通行天下。当大明宝钞发行之初，铜钱并没有退出舞台，宝钞与铜钱通行使用，但是金银是被禁止的："禁民间不得以金银物货交易"。但规定："每钞一贯，准铜钱一千，银一两"。[1] 此时的白银，在官方解释中，不能通行于交易中，只能给国家换取宝钞。并有违法者治罪，告捕者给赏的法律规定。[2] 明朝宝钞具有以下特性：一是统一性，明朝只发行一种纸币，即大明宝钞，终明之世均用洪武年号；二是宝钞自始就是一种不能兑换的纸币；三是明朝发行宝钞既无钞本，又无限额，发行量大，回笼量少，兑换新旧钞的秩序混乱且价格悬殊，加之宝钞制作简陋，伪造方便，纸币充斥市场，大大超过了社会的实际需求量，造成通货膨胀，日益贬值。正是由于这些特性，使宝钞在流通不久就产生了问题，导致明朝推行纸币的失败，国家宝钞货币制度没有能够确立。值得注意的是，在明朝，大规模行用白银是一个重要的社会现象。但是，翻开史籍，《明会典》有关典章制度的记载中，唯见"钞法"和"钱法"，不见"银法"。这说明白银不是明朝的法定货币，也就没有制度可言。由此可见，白银在明朝的货币化，在历史上是一个不同寻常的现象。那么，白银是如何在明朝货币化，又是怎样形成实际主币地位，在社会经济生活中起到重要作用的，是一个十分值得探讨的问题。明初白银并不是合法货币，朝廷禁用金银交易。明朝推行宝钞，禁用金银，但有金银与宝钞的比价，加之银在民间有广阔的市场，钞法却朝令夕改，缺乏连续性，加大了民间的不信任感，不能保证宝钞的信誉和价值。从洪武末年开始，已经显现出一种白银货币化的趋势，这是一个引人注目的社会经济现象。到了明后期，白银逐渐通行于全社会，在嘉靖初年以后占据了流通领域的主导地位。我们称之为白银货币化，这在中国历史上是史无前例的。

中国在汉代曾经盛行过黄金，此后在魏晋时期见到金银并提，是受到拜占庭和波斯的影响。中国的白银货币化趋势在唐宋以后开始显示了出来。对此，明末清初顾炎武曾有考证，现引述如下：

> 唐、宋以前上下通行之货，一皆以钱而已，未尝用银。《汉书·食货志》言秦并天下，币为二等，而珠、玉、龟、贝、银、锡之属为器饰宝藏，不为币。孝武始造白金三品，寻废不行。《旧唐书》宪宗元和三年六月诏曰：天下有银之山，必有铜矿。铜者可资于鼓铸，银者无益于生人。其天下自五岭以北，见采银坑，并宜禁断。然考之《通典》，谓梁初唯京师及三吴、荆、郢、江、湘、梁、益用钱，其余州郡则杂以谷帛交易，交广之域则全以金银为货。而唐韩愈奏状亦言：五岭买卖，一以银。元稹奏状言：自岭以南，以金银为货币；自巴以外，以盐帛为交易；黔巫溪峡，用水银、朱砂、缯彩、巾帽以相市。《宋史·仁宗纪》景祐二年诏：诸路岁输缗钱，福建、两广易以银，江东以帛，于是有以银当缗钱者矣。《金史·食货志》：旧例银每铤五十两，其直百贯。民间或有截凿之者，其价亦随低昂，遂改铸银，名承安宝货，一两至十两，分五等，每两折钱二贯，公私同见钱用。又云更造兴定宝泉，每贯当通宝五十，又以绫印制元光珍货，同银钞及余钞行之。行之未久，银价日贵，宝泉日贱，民但以银论价。至元光二年，宝泉

1 《明太祖实录》卷九八，洪武八年三月辛酉，第1669页。
2 申时行等：《明会典》卷三一《库藏》二《钞法》，中华书局1989年影印本，第224页。

几于不用。哀宗正大间，民间但以银市易，此今日上下用银之始。[1]

这里揭示了秦代银不为币；汉武帝始造"白金三品"，但寻废，时银贱而钱贵；唐宪宗诏中有"银者无益于生人"之语，但唐代已有岭南以金银为币的记载，宋代有以银当缗钱的现象。以银交易，从金代开始盛行，以银锭为形制。元代实行宝钞制度，曾以银为钞本，发行"至大银钞"，昙花一现，市场只用纸钞，在对外贸易中使用白银，使得中国白银大量外流。自金至元白银的流通，为明代白银货币化奠定了基础。[2] 明初，宝钞沿袭元末，"无本、无额、有出无入之不兑现钞乃复现于明代"[3]，这样实际上造成了一种货币的反弹现象，明代纸币制度遭遇阻遏，没有能够确立，而铜钱由于铜的匮乏也不得不退居次要，于是形成了白银货币化极为有利的发展趋势，成为明代社会经济中的一种引人注目的发展趋向。

追溯以往，在中国财政史上，赋税折征并非特例，是历朝常有的举措。除了实物折征以外，货币折征也有发生。明代以前有无财政货币化现象？应该说是有的，唐代两税法和宋代王安石变法都是由上及下的赋役改革，改革提出了征收钱币的要求。唐代宗大历元年（766年）有征青苗钱之诏，唐德宗建中元年（780年）杨炎为相，遂作两税法，出现所谓"按以钱输税而不以谷帛，以资力定税而不问身丁"。[4] 唐代建中年间杨炎施行两税法的时候，两税法户税部分的税额是以钱计算，"定税之数，皆计缗钱"，意味着中国古代财政传统的实物赋税正式转向货币赋税。史载"自建中定两税，物轻钱重，民以为患"。[5] 由于国家征钱，市面上钱币流通量不足，不久就产生钱重物轻的现象，无法维持下去。出于客观形势的需要和现实条件的限制，仅实行了40年，就改为征收实物了。[6] 唐代的金银作为支付手段也曾表现在赋税[7]，但不仅记载鲜少，而且如《通典》记四川盐课部分以银缴纳，王文成认为"白银不是课税的法定物质形式，它与粮食一样，均属盐课的折纳物。实际用银纳税时，需通过铜钱折价，用铜钱度量其价值"。[8] 宋代两税的征收，据《宋史·食货志》的统计可归纳为谷、帛、金、铁和物产四类。"凡岁赋，谷以石计，钱以缗计，金银丝绵以两计"。[9] 苏辙在《栾城集》里指出："右臣闻自古经制国用之术，以为谷帛，民之所生也，故敛而藏之于官。钱币，国之所为也，故发而散之于民。其意常以所有，易其所无。有无相交，而国用足焉。故自熙宁以前，民间两税皆用米、麦、布、帛，虽有沿纳诸色杂钱，然皆以谷帛折纳，盖未尝

[1]（清）顾炎武著，黄汝成辑：《日知录集释》卷十一《银》，花山文艺出版社1990年版，第496页。

[2]关于白银货币化，笔者认为明代是白银形成完全货币形态的时期。王文成先生提出宋代白银货币化，参见王著：《宋代白银货币化研究》，云南大学出版社2001年版。我们认为不妥，因为白银在宋代没有形成完全的货币形态，没有完成货币化，更未成为本位货币，宋代多种货币并存，铜钱是两宋流通领域的主币，宋代可以说主要是铜钱时代。王先生在近年研究中也认为："宋代300多年的历史上，'以银计价'的现象由微至显，逐步发展。北宋时期白银广泛用于与其他商品互换，但直接以银计价的记载，仍属于零星、偶然……两宋时期白银的价值尺度职能，经历了100多年的孕育、积累，在南宋得到了初步发挥"。见《两宋"以银计价"史料考释———宋代白银价值尺度职能补论之一》，《云南社会科学》，2009年第5期。再者，对于宋代是第一次白银货币化，明代是第二次白银货币化的观点，我们也认为是不妥的，如果这样，那么金代如何评价？金元在白银货币化进程中具有重要地位，为明代白银货币化起了奠基作用。

[3]吴晗：《记大明通行宝钞》，《吴晗选集》，天津人民出版社1988年版，第251—252页。

[4]（元）马端临：《文献通考》卷三《田赋考》三，浙江古籍出版社1988年版，第45页。

[5]（宋）欧阳修、宋祁：《新唐书》卷五二《食货志》二，中华书局1975年版，第1353页。

[6]李志贤：《杨炎及其两税法研究》，中国社会科学出版社2002年版，第358—359页、367页。

[7]彭信威：《中国货币史》，上海人民出版社2007年版，第236页。

[8]王文成：《宋代白银货币化研究》，云南大学出版社2001年版，第108页。

[9]（元）脱脱：《宋史》卷一七四《食货志》二《赋税》，第4202—4203页。

纳钱也。钱之入官者，惟有茶盐酒税杂利而已。"[1] 说明了在一定程度上宋代仍然存在唐代建中以来纳物折钱的事实。日本学者加藤繁对于宋代赋税征银的情况详加研究，得出还是稀有的结论。[2] 汪圣铎明确指出：宋代"田赋一般不以银立额征收"，个别产地除外。[3] 并总结说：宋代田赋征收银两的情况较少，征收银两主要有如下几种情况：一是本地出产白银，二是南宋时期折帛钱在不通水路的州军一般折征银（有时折征纸币），三是南宋前期广西地区曾将经总制钱折银摊征于民，但绍兴二十六年（1156 年）被禁止。四是南宋有时有些地区赋税折变折征银。日本学者宫泽知之认为，在宋代投入流通过程中的物资，绝大部分恐怕应看作是由国家使之商品化的。唐中叶实行两税法之后，虽然在法律上开始允许以货币缴纳赋税，但国家征收的大部分仍是实物。以两税及和买等形式由国家集中的物资中相当一部分，在城市和边境地区被投入市场。此外，茶、盐等以专卖形式销往边境，粮食则在国家的控制下流通等等。这些物资在当时的城市以及更广阔的范围的流通中，占了决定性的比重。即使从周围农村流入城市的消费品，在北宋时期也受到国家的直接控制。[4] 显然，赋税征银的现象南宋明显多于北宋。[5] 而宋代正税与附加税以钱为额的部分实际征收大部分不征现钱而折征实物，称为折科。[6] 王安石变法中的青苗法规定以铜钱缴纳，与免役法一律向百姓敛取现钱，敛钱加重了"钱荒"，妨碍了商业的发展和人民的正常经济生活，[7] 终因条件不成熟而未能将钱币税收持续下去。

由此看来，明代的折征是有历史连续性的，而明代的货币折征似乎也没有什么特别之处。但是，明代的折征却又有其特殊性，即折银。

关于明代税粮的折银征收，始自洪武七年（1374 年）。当时以徽州、饶州、宁国等府不通水道，税粮输纳艰难，有令"今后夏税令以金、银、钱、布代输，以宽民力"。[8]

洪武九年（1376 年），四月，在全国性税粮折征中，白银也在其内：

> 命户部天下郡县税粮，除诏免外，余处令民以银、钞、钱、绢代输今年租税。户部奏：每银一两、钱千文、钞一贯，折输米一石，小麦则减直十之二；绵苎布一疋折米六斗、麦七斗；麻布一疋折米四斗、麦五斗。以丝绢代输者，亦各以轻重为损益，愿入粟者听。上曰：折纳税粮，正欲便民，务减其价，勿泥时直可也。[9]

洪武十八年（1385 年），"令两浙及京畿官田凡折收税粮，钞每五贯准米一石，绢每匹准米一石二斗，金每两准米十石，银每两准米二石，绵布每匹准米一石，苎布每匹准米七斗，夏税农桑丝每十八两准绢一匹重十八两。三十年更定：钞三贯五百文折米一石，金每两准米二十石，银每两准米四石，绵花一斤准米二斗"。[10] 记载说明，洪武中期以后，田赋折钞、银、实物已有定例。虽然在明太祖洪武年间，缴纳实际负担较轻的折色，如布、银等轻

[1]（宋）苏辙：《栾城集》卷三八《乞借常平钱买上供及诸州军粮状》，上海古籍出版社 1987 年版，第 839 页。

[2]［日］加藤繁：《唐宋时代金银之研究》，中国联合主编银行 1944 年版，上册，第 155 页。

[3] 汪圣铎：《两宋货币史》下，社会科学文献出版社 2003 年版，第 849 页。

[4]［日］宫泽知之：《宋代の都市商业と国家—市易法新考—》，《中国近世の都市と文化》，京都大学人文科学研究所，1984 年版。

[5] 汪圣铎：《两宋货币史》下，第 853 页。

[6] 汪圣铎：《两宋财政史》上，中华书局 1995 年版，第 199 页。

[7] 同上书，第 64 页。

[8]《明太祖实录》卷八八，洪武七年四月甲申，台北中研院史语所校勘影印 1962 年版，第 1568—1569 页。

[9]《明太祖实录》卷一〇五，洪武九年四月己丑，第 1756—1757 页。

[10] 王圻：《续文献通考》卷四《田赋考》，现代出版社，1991 年影印本，第 63 页。

赉之类就已经存在了，往往是由于地处运输不便，为民便利而折为轻赉，而且银仅是折色种类之一。然而，之所以说明代的折征又是特别的，就在于有明一代赋役折征后来是以贵金属白银为主，而且最终统一以银作为计量单位，即以银计税，并统一征收白银，是以白银为主要计量单位和主要征收形态的财政货币化现象。这是明代以前历朝历代所从未有过的，形成了中国财政史上实物税转向货币税的一个重大的转折，这才是明朝赋役——财政改革有别于历朝历代的根本特征。

在历史上，白银成为完全形态的货币是在明代。长期以来，对于白银所发生的这一巨大变化，学界一般是以《明史》中正统初年明英宗"弛用银之禁"、"朝野率皆用银"为根据，普遍归结为朝廷法令推行的结果。然而，事实并非如此简单，清修《明史》的高度概括出了问题。[1]翻开《明英宗实录》，并无"弛用银之禁"的法令，更没有"朝野率皆用银"的社会经济现象出现，在国家货币政策的层面，可以看到的是国家力图维持宝钞的货币地位。英宗即位诏书中明确表示："一各处诸色课程，旧折收金银者，今后俱照例收钞"，下令："各处闸办金银、朱砂、铜铁等课，悉皆停罢，将坑冶封闭"。[2]据《明会典》记载，英宗关于钞法的举措还有：正统三年（1438年），令京城内外菜地、果园税钞；六年（1441年），定两京塌房、车辆纳钞数；七年（1442年）规定在京都税、宣课二司收钞例；十三年（1448年），禁京城各处街市交易行使铜钱，阻坏钞法，其在外按察司并巡按御史，一体禁约。等等。[3]事实上，正统时有不少实物交易存在，田赋折银只是一个方面，在《明实录》中，正统三年（1438年）八月、十月，以及四年（1439年）六月、八年（1443年）七月，都有当时钞法流通的记载。至十一年（1446年）六月，出现了各地钞价腾贵的现象。十三年（1448年）更为了维护宝钞，不惜再次下令禁止铜钱交易，由此也可见更不可能有"弛用银之禁"。[4]另一方面《明实录》中有大量各地折布、折绢的记载，如正统三年（1438年），有苏松常夏秋税粮折布的事例；五年（1440年），山东、江西、福建、河南、南北直隶各府州县解纳折银、绢、布，不堪者令补纳；七年（1442年），命江西、湖广、四川三布政司所属夏税内，折纳棉布三万匹赴云南，这些都说明了实物折征的大量存在。[5]因此，正统年间不过是向白银货币化的一个过渡阶段，而不能视为白银货币化的一个重要标志。

《明英宗实录》正统元年（1436年）有关折银的记载如下：

> 命江南租税折收金帛，先是，都察院右副都御史周铨奏："行在各卫官员俸粮在南京者，差官支给，本为便利。但差来者将各官俸米贸易物货，贵卖贱酬，十不及一。朝廷虚费廪禄，各官不得实惠。请令该部会计岁禄之数，于浙江、江西、湖广、南直隶不通舟楫之处，各随土产折收布、绢、白金，赴京充俸。"巡抚江西侍郎赵新亦言："江西属县有僻居深山不通舟楫者，岁赉金帛于通津之处易米上纳，南京设遇米贵，其费不赀。今行在官员俸禄于南京支给，往返劳费，不得实用。请令江西属县量收布绢或白金

[1]传统的说法，主要根据的是张廷玉等《明史》卷七八《食货志》，中华书局1974年版。其中为史界熟知的以正统初作为朝野广泛用银的说法不能成立，实际得到官方事实上的认可，是在成化、弘治以后。
[2]《皇明诏令》卷十《英宗睿皇帝》上，宣德十年正月初十日，明刻增修本。《明英宗实录》卷四五，正统三年八月戊午，第868页；卷四七，十月丁巳，第910页；卷五六，正统四年六月戊戌，第1075页；卷一〇六，正统八年七月壬午，第2164页；卷一四二，正统十一年六月癸丑。
[3]《明会典》卷三一，《户部》一八《库藏》二《钞法》，第225页。
[4]《明英宗实录》卷四五，正统三年八月戊午，第868页；卷四七，十月丁巳，第910页；卷五六，正统四年六月戊戌，第1075页；卷一〇六，正统八年七月壬午，第2164页；卷一四二，正统十一年六月癸丑，第2816页。
[5]《明英宗实录》卷四八，正统三年十一月乙巳，第934页；卷七四，正统五年十二月壬辰，第1445页；卷八九，正统七年二月癸巳，第1781页。

类销成锭，运赴京师，以准官员俸禄为便。"少保兼户部尚书黄福亦有是请，至是行在户部复申前议。上曰："祖宗尝行之否？"尚书胡濙等对曰："太祖皇帝尝行于陕西，每钞二贯五百文，折米一石；黄金一两，折二十石；白金一两，折四石；绢一匹，折一石二斗；布一匹，折一石，各随所产，民以为便。后又行于浙江，民亦便之。"上遂从所请，远近称便，然自是仓廪之积少矣。[1]

从上述记载可知，当时所谓江南折收，与明初的折征一脉相承，并无二致。表现在：一是征收对象不仅有白银，而且并不是以折银为主；二是折收地方，也仍是不通舟楫之处。只是折收目的，是专供行在官员俸禄。清修《明史》所谓："米麦一石，折银二钱五分。南畿、浙江、江西、湖广、福建、广东、广西米麦共四百余万石，折银百万余两，入内承运库，谓之金花银。其后概行于天下。自起运兑军外，粮四石收银一两解京，以为永例。诸方赋入折银，而仓廪之积渐少"[2]的状况，存在一个逐渐形成定制的过程。

正统年间赋税折银的趋向，无疑出于当时现实的需要，是民间用银趋势影响到统治层，是在民间白银流通的驱动下出现的。当时勋臣武官的薪俸要到南京领取，非常不便，于是出现了俸帖这种商品，以银计价。当米贱时，一两可买票米七八石。俸禄于是转换成白银货币，但却是曲折实现的。正是官员俸粮不得实惠，对于白银的需求，导致了正统时折粮银的扩大，而部分折粮银的解入内承运库，也正说明了皇室本身对白银的需求。总之，正统初年金花银名称尚未出现，只有折粮银，而且没有规范化。《明会典·内府库》云：

> 各库所掌最大者金花银，即国初所折粮者，俱解南京，供武臣俸禄。而各边或有缓急，间亦取足其中。正统元年，始自南京改解内库，岁以百万为额。嗣后除折放武俸之外，皆为御用。[3]

可见金花银的来历是明初折粮银，而且是供给武臣俸禄。在正统元年（1436年）自南京改解北京，"岁以百万为额"，应是后来才形成的制度。

正统初年没有"弛用银之禁"，也没有"朝野率皆用银"的发生，因此以正统初作为朝野广泛用银的标志不能成立。《明史·食货志》中以正统元年为标志，进行了高度概括，以致起了误导的作用，应予澄清。无论是在民间契约文书中，还是在文献记载中，都反映出在民间白银货币化趋势的冲击下，经历正统、景泰、天顺各朝，在成、弘以后，官方与民间的用银趋势相互吻合，自下而上的趋势与自上而下的展开并行，才出现"朝野率皆用银"的现象。[4]"金花银"一词在正统年间并没有产生，日本学者山根幸夫曾指出，金花银的名称在正统元年并没有使用，当时称折粮银，至于普遍称金花银，是在嘉靖末年以降的事。[5]我们认为"金花银"一词在成、弘之际产生，私人记载见彭韶《资政大夫工部尚书谥文襄周公忧传》：

> 又北京文武职官俸粮，皆领票于南京户部关支，当米贱时一两可买票米七八石，公

---

[1]《明英宗实录》卷二一，正统元年八月庚辰，第414—415页。

[2]《明史》卷七八《食货》二，第1905页。

[3]申时行等：《明会典》卷三〇《库藏》一，第220页。

[4]关于"弛用银之禁"的记载，不见于《明实录》，也不见于《明会典》。也有日本学者指出，《明史》的"弛用银之禁"，应是"弛用钱之禁"之误。见［日］和田清主编：《明史食货志译注》补订版，下卷，佐久间重男注，第722页。

[5]见［日］和田清编：《明史食货志译注》补订版，上卷，汲古书院1996年，第150页。

因会议奏准折收金花银两纳官，每两准米四石，解运京库交收，折支京官俸粮。[1]

史鉴《西村集》云：

> 成化十年，都御使毕公以为金花银一两，折米四石，时价米二石上下，剩利太多，将启粮长权豪侵牟之心，贫民不沾其惠。乃减为三石，以余利一石，充为起运之费，减其赠米，米价就平，富无侵牟，贫沾实惠。如米价丰贱，另行估计，务在均平，深得古人常平遗意，有非钱谷俗吏所能知也。又以三斗一则，有至三斗九升二合者，而混于一斗以上，计其赠米。反有多于四斗以上者，乃令立为则，通前为五则。[2]

这里有明确的时间"成化十年"，即 1474 年。都御使毕公，即毕亨。史鉴，吴江人，字明古，号西村，留心经世之务，成化十五年（1479 年）都御使王恕巡抚江南时，闻其名，曾延见之，访以时政。

在官方记载《明实录》中，最早则见于正德十二年（1517 年）。[3]

明代白银货币化不是朝廷法令的结果，而是市场萌发的结果。沿着傅衣凌先生的学术路径，通过对明初至成化年间徽州地区土地买卖交易中 427 件契约文书使用通货情况的梳理与分析，可以发现明代白银不同寻常的货币化过程：洪武—建文时期宝钞已显示迅速衰落，白银货币化趋势明显出现；永乐—宣德时期宝钞经历巅峰后衰落，向白银过渡的实物交易出现；正统—成化时期，宝钞逐渐绝迹于民间大宗土地交易，白银逐渐形成大宗交易的实际货币。由此可以得出的结论是：白银货币化并非国家法令的结果。在宝钞不行，国家货币制度不能确立；铜的资源匮乏，国家铸钱不足，私钱盛行，国家失控的情形下，明代白银货币化是自民间开始，自下而上发展，到成、弘以后才为官方认可，自上而下地展开。[4] 其中，最重要的展开方式是赋役折银。[5] 从折银到征银，明代不仅以银度量价值，而且形成了课税的法定形态。

从折银来看，明代起初一个很重要的原因，是当时的粮食生产和储备充足。在永乐、宣德时的许多文献记载中，都说明了当时仓库中的粮食堆积，以致腐烂不可食。由此可见，朝廷赋税开始征收白银货币，是有物质生产发展作为基础的，这证明了白银货币化是以社会生产力发展为前提的。在生产力发展基础上，货币经济得到了极大扩展。而货币经济发展与社会经济发展，包括社会生产力、商品经济发展密切相连，并不是孤立存在的。白银货币化的过程，先有"民以为便"，在民间白银流通基础上，后有统治者认为可得实惠，加入了这一过程，并因势利导，于是举国上下一致，推动白银货币化在明代得以实现。当然宝钞不行，私钱盛行，金量太少，也是白银货币化的重要原因。归根结底，这正是中国古代社会内部酝酿的变革趋向使然。

---

[1] 彭韶：《资政大夫工部尚书谥文襄周公忱传》，焦竑：《国朝献征录》卷六〇，台湾学生书局 1965 年影印本，第 2526 页。彭韶生于宣德五年（1430 年），卒于弘治八年（1495 年），字凤仪，号从吾，莆田人。天顺元年（1457 年）进士。成化初授刑部员外郎。成化六年（1470 年），迁四川按察副使。复迁广东左布政使。官终刑部尚书，卒，赠太子少保，著有《彭惠安集》，其中成化二十年（1484 年）在钦差巡抚南直隶右副都御使任上，曾上奏折收两京官员俸粮事，提出请将苏松常白粮大部分折银解两京交纳，并无金花银之说，见《彭惠安集》卷一《奏议》，上海古籍出版社 1991 年影印本。

[2] 史鉴：《西村集》卷五《论郡政利弊书·上太守孟公浚》，《文渊阁四库全书》，集部六，第 9 页。

[3] 《明武宗实录》卷一五五，正德十二年十一月丙戌，第 2979 页。

[4] 参见笔者：《明代白银货币化的初步考察》，《中国经济史研究》2003 年第 2 期。

[5] 参见笔者：《明代白银货币化视角下的赋役改革》上下，《学术月刊》2007 年第 5、6 期。提出明代赋役改革与历朝历代赋役改革的不同之处，是统一以白银货币作为计量单位，并统一征收白银。

如果说中唐两税法以钱代输开始了为适应社会和经济的需求的赋税征收货币化发展方向，那么，明代以银代替实物征收则可说是财政货币化发展过程的集大成者。至此之后，货币税在赋税制度中占据了主导地位。以银计税和征税是反映商品与货币经济发展趋势的一种赋税改革，具有促进商品货币经济进一步发展的积极意义。

明代赋役改革以民间的白银货币化作为前导，具有比较坚实的社会基础，通过地方一系列赋役改革，最终导致清丈田粮，"一条鞭法"推行全国，赋役白银货币化，顺理成章地确立了赋税和徭役的货币化趋向，这是中国社会经济货币化的重要进程。白银的抬头是来自从下到上的发展历程，应视为市场的萌发，而不是朝廷法令颁布的作用，随后才有官方的认可与推行，因此不是所谓的贡赋经济的作用。伴随商品流通与赋役改革，白银渗透到社会的每一个角落，深入到人们的日常生活之中，市场前所未有地活跃起来。晚明商品经济的繁荣、商帮的形成、市镇的兴起，价值观念的演变，都可以从这里找到根据。由此带来了一系列制度的变迁，同时也引发了社会整体由单一向多元的变迁。

发展至明后期，白银成为流通领域的主币，在社会经济与生活中占据了重要地位，以至于我们将晚明称为白银时代也不为过。白银的货币化，一方面促成了一系列改革的发生和发展，引发了明朝初年制定的各项制度的崩坏与演变；[1]另一方面，正如马克思所说"货币不是东西，是一种社会关系"。[2]伴随着贵金属白银成为社会上流通的主币，白银货币体系将社会各阶层无一例外地全部包容了进去，白银货币的极大发展，改变了人们的价值观念，推动了人们的社会关系从对人的依附关系向对物的依赖关系转变，中国传统社会从自然经济向货币经济转变，小农经济向市场经济转变，因此，明代前后期呈现出迥然不同的社会面貌，晚明社会出现了重要的变迁和转型迹象，与此同时，正是王朝统治的失控和解纽的过程。就此意义而言，经济繁荣与政治腐败有着直接的关联，新经济因素的崛起，推动旧的政治结构走向衰亡，这无疑是一条历史发展的规律。[3]

更重要的是，白银货币化标志着君主垄断货币一统天下的结束。中国古代货币起源于殷商，自春秋战国以后就开始了铸币的历史，秦统一中国，铸圆形方孔的半两钱颁行天下，统一了钱币的形制与重量，铸币权属归政府所有。汉武帝统一铸五铢钱，确定了中央铸造钱币的统一管理制度，此后一脉相传，由王朝代表的国家全面控制货币的铸造或发行，造币权一直掌握在君主手里，为此历朝历代都严禁民间私铸。到了明朝，白银货币化，白银成为主要的货币。由于白银是贵金属，取之于天然矿藏，在明朝处于称量阶段，银矿出产有限，[4]在白银货币化以后，国家再也不能像以往那样，为所欲为地垄断控制货币，也就是垄断和控制所有社会资源，与此同时，国家、市场与社会的作用也存在一种此消彼长的错综复杂的过程。因此，白银货币化这一重大改变，不仅具有货币史上的重要意义，意味着国家垄断货币权的丧失殆尽，更由此引发国家权力的削弱以及这种至关重要的削弱所导致的社会失控，[5]其主要表现形式，即国家财政危机，几乎伴随明朝始终。

白银货币自下而上崛起又自上而下在全国铺开，汇合发展成为社会流通领域主币，明代国家从此丧失了货币的垄断权，铸币不成，需要通过税收取得白银货币，国家财政的白银货币化形成了一种必然的不可逆转的发展趋势，这是中国古代财政史上未曾发生过的巨大变

[1]笔者：《明代白银货币化与制度变迁》，《暨南史学》第 2 辑，广西师范大学出版社 2003 年版。

[2]《马克思恩格斯全集》第 4 卷，人民出版社 1958 年版，第 119 页。

[3]参见笔者《白银货币化与中外变革》中"民生：白银货币化与社会变迁同步"部分，载笔者主编《晚明社会变迁：问题与研究》，商务印书馆 2005 年版，第 187—216 页。

[4]参见梁方仲《明代银矿考》，《梁方仲经济史论文集》，中华书局 1989 年版；全汉昇《明代的银课与银产额》，《中国经济史研究》下册，台北稻乡出版社 1991 年版。

[5]参见笔者：《明代白银货币化与明朝兴衰》，《明史研究论丛》第 6 辑，黄山书社 2004 年版。

化。在整理与研究中，我们把白银货币化视为一条主要线索，作为明代财政变化的契机所在，这一具有创见性的见解为继续深入研究提出了新课题：不能停留在以往从实物税向货币税转化的认识上，有必要继续推进，具体探讨万历初年财政的存在实态是怎样的？白银货币究竟已占有多大的比例？即明代财政的货币化程度如何？进而探讨明代财政改革的发展趋向是什么？这就需要我们首先要探讨当时财政的实态，对其面貌有一个比较切实的整体认识。《会计录》是依据全国各地呈报的财政报告编制而成，是16世纪70—80年代明代国家财政的实态记录，有大规模的量的记载，对于我们研究明代财政提供了极其宝贵的、不可替代的数据资料。我们力图全面系统整理明代国家财政的第一手资料《会计录》，以白银作为统一的计量单位，探讨16世纪明代财政收支总量、规模、结构及其货币化程度，16世纪万历初年财政实态的整体面貌。幸运的是，通过《会计录》的整理与研究，以白银货币化为主要线索，以白银为统一的计量标准，我们达到了了解16世纪末明代财政的整体面貌和发展趋向的目的，从而认识了在明代货币经济发展大势的影响下，货币财政趋向的出现，以及明代张居正财政改革在中国财政史上的地位及其划时代的意义。

关于白银货币化，我们认为明代是白银实现完全货币形态的时期，即中国进入了实际上的银本位制时期。此后中国形成了白银经济。重要的是，这一白银货币化不可逆的发展趋势，导致中国直至1935年才废除白银货币。有学者认为宋代已经白银货币化，[1]但是我们认为宋代多种货币并存，仍然是以铜钱为主要货币的时代，当时白银并没有形成完全形态的货币。对于提出宋代为第一次白银货币化，明代是第二次白银货币化的观点，我们也认为不妥。因为这涉及对金元，特别是金代应该如何评价的问题，金朝是中国首次大量使用白银为货币的朝代，所以我们不能同意宋代是第一次货币化，明代是第二次货币化的观点。

明帝国继承了1500多年的帝制传统，建立起中央集权财政体系，由户部综理全国财政，掌管中央的财政收支，设13个清吏司分理。户部虽不是全国所有财政收支来源的主管，但却是明代财政的主要参与决策和执行的机构，是掌控明代财政主体的机构。根据明初《诸司职掌·户部》的规定，户部主要管理户口、田土；经费、廪禄；库藏、权量；征收、仓庾。[2]王天有先生归纳为：管理人口和土田；征调赋役，管理税收；供给禄饷；总督仓场；管理库藏。[3]根据《会计录》内容，可以说户部是明代国家财政的主管部门，主要职掌是参与明代财政的决策，[4]主管全国财政收支和转运、储藏事务，负责明代中央财政会计和地方册报的审核和总调配。《会计录》反映出户部掌控的国家财政状况，是明代国家财政的主体部分，即明代国家财政的主要或大部分内容。

财政是国家的命脉，是国家为主体的经济活动、社会活动和分配活动，是一种国家或政府的经济行为。《会计录》包括规模庞大、内容丰富的数据资料，一开始看得人眼花缭乱，感到无从下手。"不识庐山真面目，只缘身在此山中"。明朝人究竟如何认识与应对的？

上文已经述及，《会计录》卷一"天下各项钱粮原额见额岁入岁出总数"后，有一段极为关键的编纂者"按语"，为了方便论述，再次全文录于下：

臣等谨按：国家疆域尽四海，田赋户口踰于前代，载在会典者可考也。今额视先朝增者少，减者多，何哉？田没于兼并，赋诡于飞隐，户脱于投徒，承平既久，奸伪日

---

[1]参见王文成：《宋代白银货币化研究》，云南大学出版社2001年版。
[2]翟善等编：《诸司职掌·户部》，《续修四库全书》第748册，上海古籍出版社2002年版。
[3]王天有：《明代国家机构研究》，北京大学出版社1992年版，第88—94页。
[4]《会计录》各卷后《沿革事例》可以证明。

滋，其势然也。顷荷明旨，清丈田粮，原额可冀渐复。但今每年所入本折各色通计壹千肆百陆拾壹万有奇，钱钞不与焉。所出除入内府者陆百万余，数莫可稽。他如俸禄、月粮、料草、商价、边饷等项，踰玖百叁拾壹万有奇，是一岁之入，不足供一岁之出。虽岁稔时康（廪）已称难继，况天灾流行，地方多虞，蠲赈逋欠，事出意外，又安能取盈也。怀已安已治之虑，清冗费冗食之源，去浮从约以复祖制，臣等深于朝廷有至望焉。[1]

引人注目的是，"今每年所入本折各色通计壹千肆百陆拾壹万有奇"表露无遗，发展到 16 世纪，明代户部已经有以白银作为部分计量标准的财政会计总数，由此可见，明朝人以白银作为财政计量标准的理念已经趋向形成。

### 2. 明朝人以白银作为财政计量标准理念的形成

以白银作为财政计量标准，明朝人的财政会计理念有一个转变过程。

中国古代会计的历史悠久，在西周时已设有专门核算官方财赋收支的官职——司会，并对财物收支采取了"月计岁会"的方法。西汉出现了名为"计簿"或"簿书"的账册。以后历朝历代都设有官吏管理赋税和财物的收支。宋代已编造"四柱清册"，通过"旧管、新收、开除、见在"四柱式结账，结算财产物资增减变化及其结果。这是中国传统财政会计发展的一个重要成就。宋代"赋税收入中有实物，有金银、钱币，这些，当时都有了固定的计量单位，实物量度单位与货币量度单位区别分明。宋代承袭了唐代官厅统计中的一种怪习惯，往往在大数的统计方面，把不同计量单位的东西混合在一起，后面依次摆列各自的计量单位，提供给人们一个大约内部明白，而外部难以分辨清楚的统计数额"。[2] 这是一种具有局限性的统计记录方法，只能笼统地说明各类收支多少，只有发展到以货币作为统一的计量标准，发挥货币的综合计算作用，才能全面系统地了解财政的整体面貌，进而达到分析社会经济和管理社会经济的目的。在 16 世纪 70—80 年代明朝户部编纂的财政会计总册中，开始采用以白银为部分计量标准会计财政收支的总数，这应该说是中国古代财政会计理念的一个重要发展。现代会计都是以货币为主要计量标准，进行经济管理活动。一般来说，会计的基本职能包括进行会计核算和实施会计监督两个方面，是商品经济的产物。14、15 世纪，由于欧洲资本主义商品货币经济的迅速发展，促进了会计的发展。其主要标志之一就是利用货币计量进行价值核算，从而形成了现代会计的基本特征和发展基石。16 世纪明代中国也已利用白银货币计量进行价值核算，开始走向货币财政，这是中国古代财政史和会计史上划时代的变化。

我们认为，在晚明时代，中国还没有严格的现代意义上的预算制度。《会计录》本身以数据为主，包含数据 4.5 万个，一个有着众多人口和广大国土的帝国，没有统筹财力的通盘计划，没有相应的制度进行管理，是不可能存在的。而我们不同意以现代国家预算来对明代财政进行简单类比，更质疑将西方概念套用于中国本土的历史经验。

古代以实物为主要计量单位，是自然经济占主导地位的产物，这是东西方共通的规律，延续了几千年之久。在中国古代的会计核算中，由以实物计量单位为主，发展到以货币作为主要计量单位，经历了一个十分漫长的历史发展过程。这一重大转折的发生，是在明代。商品货币经济的发展，是推进会计计量标准变化的推力，到明代，中国的会计核算逐步进展到以白银货币单位作为主要计量单位的阶段，说明了历史的进步。

---

[1] 《会计录》卷一，上册，第 22 页。
[2] 郭道扬：《中国会计史稿》上，中国财政经济出版社 1982 年版，第 406 页。

明代财政改革，其显著特征表现在以下两个层次：明代财政收支从以实物单位为计量标准到以白银货币单位为计量标准的变化，简言之，从"石"到"两"，这是一；明代财政税收以征收实物为主到以货币为主的征收形态的变化，这是二。二者有着密不可分的关系。基本财政单位的调整，说明当时明朝人的会计理念已经从实物转向了货币，以白银货币为计量标准的观念已经形成，这是一种理念的变迁。了解历史发展的来龙去脉是重要的，更重要的是当时人的理念"初始状态"以及"过程"是怎样的。仔细探究，出现的是一种以白银货币作为财政会计标准的观念，那么明代又是在何时，人们开始改用白银的"两"来进行财政会计的价值核算的呢？探寻明代财政会计单位从粮食"石"变换为白银"两"的过程，正是始自没有明确总目标的"折银"，白银货币化过程与赋役改革过程重合在一起，以折银为手段实现均平赋役的过程。在这一过程中，白银货币渗透到明代地方乃至中央财政之中，财政计量单位的货币化也就在所难免了。从明初的国家实物会计理念的全面实施，到晚明国家货币会计理念的趋向开端，走过了近二百年的历程。

众所周知，明初朱元璋建立起一个以实物为主的中央集权财政体系，近 200 年后，《会计录》中出现了以白银货币作为部分计量单位的财政会计理念，这无疑是一个财政会计观念发生重大变化的标识。这一历史事实，说明了马克思关于簿记的经典论断"过程的控制和观念的总结"的正确。[1] 簿记也就是会计，会计职能是一种管理职能，在财政管理方面具有重要而不可替代的作用。《会计录》本身是明代中央财政会计总册，附有财政报告与分析，反映了明朝统治者对于国家资源控制与分配的职能，印证了马克思"过程的控制"的论断；同时《会计录》也可视为"观念的总结"的绝好注脚。明代以农立国，农业实物税收是国家财政收入的主要来源，在以粮食实物为基准的情形下，出现了以白银货币为部分的财政计量单位，以银计税，白银成为完纳赋税的主角之一，这是白银已形成了全国流通领域本位货币的反映。

追寻明朝人的这一理念在何时形成？在这里让我们从语词谈起。明朝初年，在明朝人的财政会计理念中，主要是以实物粮食的"石"作为主导计量标准的，这种会计理念是如何演化为以银"两"为计量标准的呢？进一步说，几乎同步发生的是在财政收支上从实物征收逐渐向白银货币的实征过渡。翻检《会计录》各卷的《沿革事例》，统计所见与银相关的语词，出现以下结果："折银" 628 次，"征银" 154 次，"纳银" 39 次，"折纳银" 5 次，"折收银" 17 次，"金花银" 2 次，"该银" 177 次，而"银"的出现总数达 3950 次。如此众多的"银"在《会计录》中以文字为主的《沿革事例》中出现，留下了明代财政改革、制度变迁中白银货币化的清晰轨迹。在这里我们认识到：首先，是新会计理念的体现；其次，是提供了财政改革相关的聚焦点；第三，说明户部财政的运行实态与白银货币的密切关系。也可以这样说，明代财政改革实际上分为两步走：第一步，是实物折银→以银为计量单位，在这一层面，明朝人的财政会计理念发生了重大变化；第二步，是征银→以银为征收形态，在这一层面，明朝财政货币化，即明朝财政从实物财政向货币财政转型，也即明朝财政体系的全面转型。关键的是，新的计量标准，新的征收形态的出现，是当时明朝人财政观念转变的历史见证。

然而，卷一以下的"十三司分理各省直的田粮岁额岁入岁出总数"，虽不乏折银的记载，却又都是以实物为计量单位的详细账目。那么，这又是怎么回事呢？需要对于这种状况做出解释。我们认为，首先是户部已经采用白银为部分计量标准来会计财政总数，这种类似于全面盘点的会计总数，已是以白银为计量单位之一，这说明从明朝以粮食实物的"石"到白银货币的"两"，明朝财政的计量标准已经发生了重大变化，换言之，明朝人的会计理念发生

[1] 马克思：《资本论》第 2 卷，人民出版社 1975 年版，第 152 页。

了重大变迁；然而，《会计录》是以各省直册报为基础的，国家赋税以田赋为主，财政收入主要出自田亩，各地征收虽然经历了折银—征银的变革过程，而各省直册报不可能脱离田亩粮食石的实物作为基本单位与额度，否则就会失去征收的基准。从《会计录》整体记录来看，呈现既有实物，又有折银乃至征银的一种混杂形态，在从实物税向货币税的发展进程中，这种混杂形态，可以说是一种过渡形态。

完成财政从实物到货币的转型，需要有一个过渡。《会计录》则充分体现了这一过渡。

以白银货币化作为一条主线索，《会计录·沿革事例》再次印证了实物折银自成化、弘治以降向全国广泛铺开的过程。在这一过程中，折银的名称既繁，方法又异，其发生有着诸多的原因，比如：恤灾、逋赋、减负、均平、轻赍、贮粟、宽民、便民，等等，不一而足。具体来看，我们归纳出以下明代财政15种折银的原因或者说是以银为手段来解决财政出现的问题：

（1）不便输运地方的折银；

（2）远近有别，远者折银；

（3）灾伤减赋折银；

（4）粮储颇足折银；

（5）均平赋税折银；

（6）边储银籴需要折银；

（7）用于赈济折银；

（8）协济应用折银；

（9）粗重折纳折银；

（10）以苏民力折银；

（11）河水冲刷土地折银；

（12）银便调整折银；

（13）海运苦风折银；

（14）军饷不足折银；

（15）临时折纳折银。

初看之下，《会计录》中银子折来又折去，什么情况下折，什么情况下不折，让人摸不着头脑，也找不到规律。不仅折银存在多种情况，就是折银标准也是多元的，我们汇总《会计录》所见各地的折银标准，几乎没有一定的规律可循。根据统计：米的折银标准有13种之多，麦的折银标准也有12种之多；草的折银标准最多，让人眼花缭乱，高达26种之多；而马的折银标准也有6种。

这种庞杂多元的现象，起初深深迷惑了我们。继而，我们认识到《会计录》是16世纪国家财政的真实记录，凡此种种，都昭示了一点，即其是改革在进行中的历史见证，真实反映了改革的过渡形态。在改革之初，明朝中央并没有统一的，也没有完整的规划，就此而言，也再次印证了白银货币化不是明朝法令推行的结果，财政货币化是在改革中逐步形成，而白银货币化是财政货币化的一个起点，也是终点。应该承认，财政改革是顺应时势而变动的。从明前期的财政收支几乎全部为实物形态，到明后期的货币形态逐渐增多，反映了货币化发展的不可逆的大趋势，明代财政由此呈现出前后迥然不同的面貌。寻此踪迹，在《会计录·沿革事例》中，从关于"银"的使用上，也可以追寻到白银发展的历程：折色→折银→折纳银两→折收银→征银→实征银→该银若干。这一历程，真实展现了明代财政从实物税向货币税转变的基本特征以及发展演变的大势。

应该说明朝首先是在粮食生产充分，"粮储颇足"以后，折银才大行的，这一点说明改革建立在农业经济发展的基础上。折银的例子越来越多，折银即货币征收逐渐成了正宗，粮食等实物征收反而退居了其次。在明朝人的会计理念中，财政的实物计量单位"石"、"匹"、"束"逐渐转变为银两，与成、弘以后实物折银的增长是成正比的。白银货币化，白银在社会上大行其道，以白银货币作为计量单位的便利，使明朝人的观念中逐渐广泛接受了白银作为计量标准的既成事实。因此，《会计录》这部明代中央财政会计总册中，已有以银为计量单位的数字，即出现以白银来加入国家财政收入总额的现象应不足为奇，说明明朝财政以白银货币作为计量单位业付诸实施，明朝人财政会计观念的变迁也已蕴涵其中了。而《会计录》中以实物为计量单位的记录仍然存在，体现了明代财政体系正在转型之中。

值得注意的是，明代财政的折银，大多是直接折银，但是也有与折麦、折米、折绢、折布等等相混在一起，使得折变情况复杂，五花八门，白银与实物关系构成错综复杂，换算也极为庞杂多变。

由于《会计录》不能完整地体现长时段的过程，故我们按照时间顺序查阅了《明实录》，以考察与"会计"一词相联系事物的发展演变，了解明朝人对于货币量度的综合计算作用有了进一步的认识，运用范围比较以前越来越发展的过程。在正统年间，明朝人会计的是"粮数"、[1]"物料"、[2]"仓粮"；[3]到景泰年间，首见"米银"之称。[4]乃至成化十年（1474年），户部郎中李炯然奏："陕西顷有边事，日支粮草动以万数，皆出于民。有一家用银四五十两者，一县用银五六万两者"。[5]这是《明实录》所见户部官员在会计理念上以银为计量单位，即以银为会计单位的首例。其后，随着成化年间田赋、军饷等大量折银，会计与"折粮银"、"太仓银"、"年例银"均发生了联系。至成化二十一年（1485年），巡抚辽东左副都御史马文升应诏言十事，提及"计亩税银"、"量增商税"、钞关"船料俱收折银"、"折钞收银"、田税"量增折银分数"、"差官铸钱"、天下户口食盐钞"俱收折银"，"通计一年亦可得银百万余两"。[6]这是以银为计量单位观念的完整表现。但同年巡抚大同左副都御史余子俊"会计二年内给过银、粮、料草及存留之数"，[7]说明当时会计仍有多元计量的事实。弘治年间，刑科给事中吴世忠奏"臣尝会计两将领兵在外，凡二十余日费银二千八百余两"，[8]是明朝官员会计理念已出现完全货币化的典型例证。发展到正德元年（1506年），署内承运库事太监秦文奏内府财用不足，帝命集廷臣议处，户部臣言："财货之在天下，如水行地中，其源不浚，其流必竭。若不能节俭，用度无经，而欲讲求足国之道，良亦艰矣。今以岁入正数言之，夏税、秋粮、马草、盐课折银，及云南闸办各钞关船料银两，通计仅一百五十余万两；以岁出正数言之，宣、大等六镇年例三十四万两，进库给军官俸粮共三十三万五千余两，至于内府成造宝册之类，其数不得与知，大约并前折俸不下五十万余两，通计用百余万两。然入每亏于原额，而出乃过于常数"。[9]至此，在户部官员的会计理念中，以统一的白银作为计量标准已经成型。当然，此后的明朝会计中仍有大量实物额的存在，而以统一的白银货币为计量标准的事例趋向于越来越多，是一个历史事实，直至我们在《会计录》卷一发现了以白银作为部分计量单位的明朝中央会计的财政收支总数。

---

[1]《明英宗实录》卷八六，正统六年闰十一月丙子，第1724页；卷一〇九，正统八年十月癸巳，第2204—2205页。

[2]《明英宗实录》卷一一五，正统九年四月辛卯，第2321页。

[3]《明英宗实录》卷一七五，正统十四年二月乙巳，第3374页。

[4]《明英宗实录》卷二二〇，景泰三年九月丁酉，第4755页。

[5]《明宪宗实录》卷一二五，成化十年二月戊辰，第2387页。

[6]《明宪宗实录》卷二六二，成化二十一年二月壬申，第4442—4444页。

[7]《明宪宗实录》卷二七三，成化二十一年十二月乙酉，第4599—4600页。

[8]《明孝宗实录》卷一四五，弘治十一年十二月壬寅，第2535页。

[9]《明武宗实录》卷一八，正德元年十月甲寅，第539页。

需要说明的是，这种货币理念和实践的发展趋势在《会计录》中反映出来，却绝非是一个简单的直线发展，而是充分表现出了曲折与反复。事实证明，当明代实物改折之初，明显带有权宜的性质，《会计录》各卷后的《沿革事例》多次出现由折色改回本色的事例，印证了改革是曲折而时常有反复的，改革在初期并没有规划，是明朝官方根据实际需要而做出的不断调整。

16世纪初，伴随白银在整个社会流通领域占据主币地位，深刻地影响了明代财政的货币化进程。从《会计录》来看，晚明整个社会处于急剧变化与转型之中，在财政上表现突出，因此可以说财政变革是晚明社会转型最重要的标志之一。这一重大变化，是在中外互动变革大环境下出现的，是国家与市场、社会互动的产物。通过对万历初年财政税收和分配的统计分析研究，以白银货币化为主线索，可见货币经济对于自给自足的农业经济已经形成广泛而深刻的破坏现象。

从《会计录》的整理出发，我们认为明代财政的白银货币化，与中国经济货币化同步，在社会流通领域白银货币已取得了主币地位的现实下，财政的改革势在必行，与此相对应的，是明朝人思想观念的更新。这完全不是朝廷法令下颁的结果，也不是国家政令推行的结果。16世纪明代财政改革，是财政货币化的改革，主要包括两个层面：一是以白银为计量标准，二是以白银形态为征收形态，这两个层面，都是财政货币化的表现形式，也即货币财政开端的表现形式。

探寻明朝人逐步舍弃实物为计量单位，以白银为计量单位的观念趋向形成，是银本位制在明代确立的历史现实反映，直接促成了明代财政目标的变异，但这是有一个过程的。这一过程伴随着白银货币化的发展阶段同步发生。

### 3. 白银货币化发展阶段与财政体系转型

笔者认为，明代白银货币化的发展阶段，可以分为四个阶段：

首先，始自洪武末年（14世纪末）白银从民间自下而上崛起的起始阶段；

其次，以成化、弘治（15世纪下半叶）为标志，为国家官方所接受认可，随即自上而下全面铺开的迅速发展阶段；

第三，以嘉靖初年（16世纪初）为标志，白银逐渐形成社会流通领域主币，成为国家实际认可的主币的定型阶段，中国进入银本位制阶段；

第四，以万历初年（16世纪末）张居正改革为标志，白银货币全面渗透到国家财政结构之中，进入国家财政体系转型的新阶段，也即国家转型的新阶段。

万历初年，白银货币化发展进入一个新阶段。《会计录》这部大型数据文献是张居正改革的直接产物，也充分证明了马克思对于"簿记"的经典论断："过程的控制和观念的总结"的正确，清楚地反映出16世纪七八十年代明代财政改革进入了攻坚阶段，即上面所述的主要两个层面，具体地说，一是以白银为财政计量单位之一，二是以白银为赋税征收形态。根据我们对于其中数据的个案分析，《会计录》已经展现出一个新的财政体系的雏形，这个新的财政体系是建立在白银基础上的，也就是建立在货币经济基础上，与明初建立在自然经济或称一元经济基础上的财政体系已经迥然不同了。这一点前贤没有指出，而当我们以白银作为统一计量单位，将《会计录》中财政收支数据全部货币化，求得财政的整体结构时，财政结构的变化是极为明显的，一个实物与货币二元结构的出现，凸显了白银货币的意义，这是以往历朝不曾出现过的货币化现象，反映了财政在从实物财政向货币财政急剧变化之中的过渡形态。

晚明中国处于世界大变局与社会令人瞩目的变迁之中，财政作为一个特定的历史范畴，也随着社会的演进而赋予其自身以新的内涵。通过《会计录》的大量数据资料，清楚展现了货币与财政的紧密联系，白银货币化参与了新的财政体系的建构，以白银货币化为重要取向的财政改革，对社会发展的正面作用也是极为明显的，直接导向了现代货币财政的开端。在明代，白银一方面加速了传统社会的解体，另一方面也促进了向近代社会的转型。破与立，相辅相成，白银货币化的二重性凸显于此。晚明财政的改革与转型，是中国历史上二千年亘古未有的划时代变革，与晚明传统社会的转型和全球化的开端紧密联系，具有所谓唐宋变革所不具备的全新内涵。[1]

进一步说，受到欧洲新财政史的启示[2]，我们以为，过去的财政史研究没有把货币与财政问题很好的有机结合起来，以财政体系的脉络来解读中国历史上国家变迁和社会转型。我们沿着白银货币化的学术思路，将之作为解读历史的切入点，或者说问题意识，进入明代财政史大型数据文献资料——《会计录》的系统整理与研究，从万历初年明代财政视角来观察明代中国历史的变革，得以把握明代财政体系的演变进程及其发展趋向，从而对晚明财政史有了整体性和连贯性的新认识。依据《会计录》，16世纪白银货币在财政中比重增加，为财政结构变革和财政体系转型提供了有效的证明，我们认为，变革实质上是中国从古代赋役国家向近代赋税国家的转型。从明代中国历史发展进程的这一认识新线索，为晚明中国提供了一个新的解释体系：明代白银货币化→社会经济结构变迁→财政结构的变革→财政体系的转型→中国从古代赋役国家向近代赋税国家的转型。

晚明财政结构变化与财政体系的转型，正是中国传统国家与社会向近代国家与社会转型的重要标志之一，再次印证了笔者在此前晚明社会变迁研究中形成的观点：中国传统社会的转型是内生的，而不是外铄的，货币经济在明代中国迅速发展，晚明财政货币化，推动中国走向现代货币财政的开端，这也是全球化开端时期中外变革互动的结果。

### （三）明代财政体系的转型——对张居正改革的重新诠释

#### 1. 改革的先声：长达一个半世纪的前期准备

16世纪出现的张居正改革，是中国历史上最著名的改革之一。张居正改革的核心问题是财政。财政部《中外财政史研究——惊心动魄的财政史（总报告）》称："翻开历史长卷，因财政危机引发的政治风波和经济巨变从来没有停止过，一个社会的发展、变革，往往是从财政改革起步的。每一次财政改革都是那样的波澜壮阔和惊心动魄，深深地影响着经济社会发展的格局和进程"。实际上，张居正改革的意义尚不止于此，而是史无前例的中国古代国家与社会向近代的转型。

关于张居正改革，研究成果极为丰硕。迄今为止，肯定改革的是主流，然而，学界也一直存在质疑之声，有的学者认为张居正改革够不上改革的评价，更多的质疑来自认为他并没有提出新的改革方案，认为一条鞭法是早已在嘉靖年间出现了的改革，于是有学者提出了"隆万改革"，[3] 还有学者主要从政治革新角度提出的"嘉隆万改革"。[4] 那么，在16世纪全球

---

[1] 这是一个对以往的研究深化过程。在以往晚明社会变迁的研究中，笔者指出白银货币化开启了一个对传统社会解构的过程，是自然经济解体的催化剂，促使晚明社会变迁，走向货币经济化与市场化，这无疑是一种近代化的趋向，并提出晚明是中国传统社会向近代社会转型开端和全球化开端的观点。

[2] "新财政史以财政体系的脉络来解读历史变迁和社会转型，有助于国内学者参照西方历史特点，拓展对中国财政史问题乃至社会变革问题的研究思路"。陆连超《新财政史：解读欧洲历史的新视角》，《天津师范大学学报》2008年第4期。

[3] 韦庆远：《张居正和明代中后期政局》，广东高等教育出版社1999年版，第4页。

[4] 田澍认为："明朝中后期的改革不是始于传统所认为的万历初年，而是始于嘉靖时期，因为永乐之后的正德、嘉靖之际出现了由大礼议而引起的明朝最彻底的一次人事更迭"。《嘉靖革新视野下的张居正》，《学术月刊》2012年第6期。

经济化开端的时候，中国发生了什么？16 世纪末万历初年究竟有没有一场改革？这场改革的意义何在？仅是以往嘉靖改革的余脉，还是具有独特的作用？迄今都是有必要探讨的问题。历史事实说明，万历初年为了挽救明王朝面临的财政危机，张居正不遗余力地从行政到财政采取了一系列举措，试图重建明朝中央集权财政体系，那么，他要重建的是一个什么样的财政体系呢？这是以往没有探讨过的，却是一个关键问题，与关于张居正改革的评价紧密相连。

从更广阔的历史视角来看张居正改革，改革有一个世界连成一个整体的全球化开端的历史大背景。迄今我们在张居正本人的奏疏或文集中，没有看到任何直接关于 16 世纪全球市场与中国赋役——财政改革之间关联的记述，这类记述也从未出现在明代诏令文书中。但是事实上，晚明出现的经济变革，特别是张居正改革这一重大事件，却与经济全球化有着千丝万缕的联系，需要我们还原全球市场初建时期中国与世界的关联，仔细梳理这种不容忽视的内在关联，认识白银货币化是一个中国与世界之间关键的连接点，并以此作为重新认识张居正改革的全新的切入点。

张居正改革前，自嘉靖年间南倭北虏，朝廷已经出现财政危机。嘉靖初年以后，白银在流通领域越来越占据了主导地位，这种主导地位的取得，与改革的前导——赋役改革密切相关。明代赋役改革以一条鞭法最为著名，中外学者对于一条鞭法的研究，以梁方仲先生贡献最大。早在 20 世纪 30 年代，他就开始进行了系统而全面的探讨，形成了一个里程碑。其实，明代赋役改革并不始自一条鞭法，根据史料说明，在张居正改革之前，已发生了一系列赋役改革，经历了长达一个半世纪的时间。虽然名称不一，但经过笔者考察，无一例外地都把折银征收作为最主要的一项改革内容和改革手段。折银成为明代赋役改革的一条主线，从明宣宗宣德五年（1430 年）周忱改革算起，发展至明世宗嘉靖初年（1530 年前后）出现一条鞭法，到一般所认识的明神宗万历初年（1580 年前后）张居正改革，整整经历了一个半世纪的时间。张居正改革是此前明代一系列赋役改革的延伸与总结，换言之，张居正改革具有长达一个半世纪的前期准备。

在这一个半世纪中，发生了一系列赋役改革，虽然名称不一、实行时间不一，内容也不尽相同，但是明代的赋役改革，大多与折银相联系，这是值得特别关注的现象。白银货币化与赋役改革是同一过程，呈现出一个总的趋向，即朝着赋役合一和统一征银的趋向发展转变。这一发展转变过程具有更为广阔的社会意义，促进了中国历史发展的三个进程：

进程一：赋役折银→农民从纳粮当差到纳银不当差→从身份到契约→农民与土地分离→雇工人和商帮群体形成→市场化进程。

进程二：赋役折银→农业从单一到多元→经营权与所有权分离→农业产品商品化→商业化进程。

进程三：赋役折银→农村从封闭、半封闭到开放→市镇兴起→城市化进程。

以上三个进程，总括起来是一个农民、农业、农村的大分化、社会的大重组的过程，表明晚明社会所谓"天崩地坼"就由此始。

追溯以往，赋税折征并不特别，是历朝常有的举措。在唐代建中年间杨炎施行两税法的时候，已经开始采用折钱。由此看来，明代的折征似乎也没有什么特别之处。然而，之所以说明代的折征又是特别的，就在于明代赋役折征的是贵金属白银，而且最终导向统一征收白银，这是中国历史上从未有过的。正是明代赋役改革统一折银征银，才是明朝赋役改革有别于历朝历代的根本特征，[1] 在中国历史上是亘古未有的变化，具有划时代的意义。张居正改革的核心在财政，意义也即在于此，张居正改革是一个半世纪赋役改革的延续，也是一个半

---

[1] 参见笔者《白银货币化视角下的明代赋役改革》，《学术月刊》2007 年第 5—6 期。

世纪赋役改革由渐进到突进的拐点。张居正之前的改革从总体上说，是局部渐次推进的，张居正"勇于任事"，表现在他一步到位的改革思想：清丈田粮，全面推进赋役合一、统一计银征税，从而重构了新的财政体系。这一改革意义是前所未有的，至此发生了中国古代财政史上的重大变革。

### 2. 改革的进程：以迄今所见遗存于世的两部改革文献为中心

早在隆庆二年（1568年），张居正就向隆庆皇帝上了《陈六事疏》，提出了六项改革的主张：一为"省议论"，二为"振纪纲"，三为"重诏令"，四为"核名实"，五为"固邦本"，六为"饬武备"。[1] 这是一个全面的改革规划。其中的"重诏令"，值得我们特别注意。万历初年，张居正改革的核心是财政，而他首先是从诏令，即国家法令的贯彻执行的行政整顿开端的。考成法的实施，一般称为整肃吏治、提高官僚机构的行政效率，实际上可视为张居正财政改革的前奏。

考成法的具体内容，可从张居正《请稽查章奏随事考成以修实政疏》中得知，列举如下：

> 请自今伊始，申明旧章。凡六部、都察院遇各章奏，或题奉明旨，或覆奉钦依，转行各该衙门，俱先酌量道里远近，事情缓急，立定程期，置立文簿存照，每月终注销。除通行章奏不必查考者照常开具手本外，其有转行覆勘，提问议处，催督查核等项，另造文册二本，各注紧关略节及原立程限，一本送科注销，一本送内阁查考。该科照册内前件，逐一附簿候查，下月陆续完销，通行注簿。每于上下半年缴本，类查簿内事件，有无违限未销。如有停阁稽迟，即开列具题候旨下各衙门诘问，责令对状。次年春夏季终缴本，仍通查上年未完，如有规避重情，指实参奏。秋冬二季，亦照此行。又明年仍复挨查，必俟完销乃已。若各该抚按官奏行事理，有稽迟延阁者，该部举之。各部院注销文册有容隐欺蔽者，科臣举之；六科缴本具奏有容隐欺蔽者，臣等举之。如此，月有考，岁有稽，不惟使声必中实，事可责成，而参验综核之法严，即建言立法亦将虑其终之罔效，而不敢不慎其始矣。致理之要，无逾于此。[2]

他在疏前重提以前在隆庆帝时上疏论便宜六事的"重诏令"一款。从总体来看，考成法中最重要的，是建立一种簿册制度，严格考核，全面整顿吏治，为朝廷政令的雷厉风行下达与全面贯彻做好准备和提供保障。在中国历史上，以皇帝为中心建立的帝国体制运作中，皇帝的"王言"——诏令是古代国家立法治国的基本形式，王朝依靠诏令的传达，实施对国家与社会的全面治理。[3] 作为内阁首辅张居正深谙"以文书御天下"的治理模式，改革前行的是整顿国家治理的运行机制，提高行政效率。《会计录》的编纂，正是在考成法施行之后，认识到这一点特别重要。

关于张居正改革，长期以来有一个重大研究误区，就是清修《明史》所谓在全国推行一条鞭法。其实，普遍认为的张居正改革推行一条鞭法之说，并没有史料依据，日本学者清水泰次早就对万历初年张居正推行一条鞭法提出了质疑，[4] 而一条鞭法相关资料的零散、阙失、矛盾和不成系统，也已为梁方仲先生卓越的研究所证明。从张居正的文集中，我们也找不到

---

[1] 张居正：《陈六事疏》，《张太岳集》卷三六，上海古籍出版社1984年版，第454—459页。
[2] 张居正：《请稽查章奏随事考成以修实政疏》，《张太岳集》卷三八，第483页。
[3] 笔者曾以诏令为中心，考察明初政治过程实态，探讨明代政治体制的建构与重构，参见《明初政治新探——以诏令为中心》，《明史研究论丛》第九辑，故宫出版社2011年版。
[4] ［日］清水泰次：《中国近世社会经济史》，西野书店1950年版。

将一条鞭法推行全国的言论和举措，这都说明万历初年并没有全国推行一条鞭法的法令颁行。迄今为止，万历初年遗存于世的张居正改革的重要文献只有两部，一是《会计录》，一是《清丈条例》。张居正执政期间的改革，目的主要是为挽救明王朝当时面临的财政危机，最终维持和巩固明王朝的统治。在这里，让我们回到绪论开始时提出的问题。张居正不遗余力地试图重建中央集权财政体系。那么，他要重建或者说是重组的是一个什么样的财政体系呢？这是以往没有探讨过的，却是一个极为关键问题。

16世纪末，万历初年明代户部编纂的《会计录》，不仅是中国古代唯一一部存留于世的国家财政总册，而且是中国史上著名的改革之一——张居正改革的直接产物，是张居正改革的历史见证。在改革进入攻坚阶段，户部提供了一部详尽的财政会计总册，作为张居正治国理财的主计账簿，从而使决策者对当时财政的整体状况有所把握，为进一步改革提供重要参考。通过《会计录》的颁行，重新厘定全国上下各级行政区的收支，规范各边镇的粮饷数额，清点各库供应的数量，重订文武百官俸禄，以及盐、茶、钱，以及钞关船料、商税等项的征收额度，具有不可替代的重要作用。

下面我们主要从整理《会计录》的若干认识出发，重新审视和诠释张居正改革。

财政是了解古代帝国最基本特征的一把钥匙，是国家的经济基础。中国古代国家经费的主要来源是赋役。赋役指田赋力役而言。田赋是土地税，除田赋外，国家还要征调纳税人为国家无偿劳动，称为力役。在中国古代社会里，以农立国，田赋是帝国存在的基础，是国家财政收入最基本的来源。明初建立了一个基于自给自足自然经济基础上的以实物为主的中央集权财政体系。明初田赋几乎全部征收本色实物，实行两税法，夏税、秋粮分别以麦、米为主，其他农桑丝、绢、苎布、麻布、棉花绒、枣子等，税目繁多。根据梁方仲先生考察，洪武时田赋税目有14种，查弘治时夏税达到24种，秋粮达17种，到万历六年（1578年），夏税达到21种，秋粮已达31种之多。[1] 实物财政体系以实物作为计量单位，财政收入以实物为征收形态，财政支出也均采取相应的实物方式，可以说，明初财政是中国传统社会典型的以实物为主的中央集权财政体系。

200多年以后，万历初年，明朝户部编纂的《会计录》凸显出了巨大的变化。最重要的变化，就是白银在国家财政中的出现，并呈现越来越多的态势；田赋的原有税目，已不再都以实物为计量标准，也不是都以实物为征收形态了。更出现了部分以白银作为计量单位的总额数字。那么，探讨促成这个转变的契机何在？梁方仲先生的学术视野至今深刻影响着研究的趋向，中外学者长期以来集中探讨的是明代一条鞭法，一条鞭法的研究始终长盛不衰，对其作用早已形成了共识，主要是赋役合一，统一征银。[2] 早在嘉靖初年一条鞭法开始施行之时，御史傅汉臣就说明了一条鞭法无论是"粮"，还是"丁"，都以银审编的特征：

> 顷行一条编法，十甲丁粮，总于一里。各里丁粮，总于一州一县。各州县总于府，各府总于布政司。布政司通将一省丁粮，均派一省徭役，内量除优免之数，每粮一石，审银若干，每丁审银若干，斟酌繁简，通融科派，造定册籍，行令各府州县，永为遵守。[3]

---

[1]《明会典》卷二四《税粮》，第161—168页。

[2] 以往明代财政史的研究，几乎所有论著和教科书都集中于一条鞭法的研究与认识上，以为赋役合一，统一征银是一条鞭法的主要内容。笔者认为赋役合一的趋势早已有之，均平赋役是历史上数不清的赋役改革的共同特征，但是统一征银，是史无前例的，是明代赋役改革不同于历朝历代改革的主要特征。见笔者《白银货币化视角下的明代赋役改革》上下，《学术月刊》2007年第5—6期。

[3]《明世宗实录》卷一二三，嘉靖十年三月己酉，台北中研院史语所校勘影印本，第2971页。

《会计录》是为进一步深化改革而编纂的大型财政数据文献。为我们探讨财政的各种形态和实际数量，了解晚明国家与社会的全貌提供了绝佳例证。前文对于《会计录》的性质及其反映出的改革折银—征银的反复过渡形态，已经有较多表述，这里不拟重复论述。事实上，在16世纪明代财政史中，一条鞭法不可谓不重要，但是从《会计录》来看，一条鞭法却并非张居正改革时期中央财政向全国重点推行的一项改革。《会计录》中大量数据资料证明，白银越来越多地占据中央集权财政的份额，具有即将形成中央财政主导地位的发展趋势。这种发展趋势是与前此一个半世纪的赋役改革一脉相承的，并非是张居正改革的创新。[1]但是张居正改革自有其不可替代的重要作用，这就是《清丈条例》向全国的颁行。之所以首先清丈，从一条鞭法"每粮一石，审银若干，每丁审银若干"，可知其编审的全面推行，前提就是清丈均田。

伴随白银货币化的进程，《会计录》显现出明代财政从实物折银到征银的曲折反复过程，这无疑已将原有的财政结构破坏殆尽，显示出国家财政状况异常的混乱无序，也就表明了对于原有财政体系需要一个改革与重组，张居正改革正是应对这样的挑战与危机而出现的。张居正改革试图重组中央集权财政体系，以保证帝国的运行。《会计录》是反映改革情况最可靠、最详备的文献资料。《会计录》表明，财政改革正在进行中，福建的清丈试点改革已经完成，张居正改革在全国推行的不是明文一条鞭法，而是清丈田粮条例。

我们遍检史籍，关于张居正改革，迄今所见的作为国家法令颁布的文献，只有《会计录》和在全国推行清丈田粮的法令文书《清丈条例》。起初，我们对此不能理解，为什么始终不见向全国推行一条鞭法的法令？在《会计录》的全面系统整理与研究以后，我们开始对此有了新的认识。一条鞭法是一种赋役征收方式的改革，主要内容是赋役合一、统一征银。在先前探讨赋役改革时，我们已认识到赋役合一的内容在一条鞭法出现前后都存在着，[2]然而，只有统一征银才是明代赋役改革相对历朝历代改革独有的特征。

那么，联系到《会计录》中财政实态的披露，文献表明，实物折征银的过程曲折反复，新旧混杂，说明国家财政面临艰难转折。在《会计录》中，可见国家财政已出现部分以白银为计量单位的会计收支总账，财政二元结构业已形成，并具有全面转向白银货币的明显趋势；而我们计算所得的万历六年（1578年）为主的财政收支总额显示，当时财政状况收不抵支，有着150多万两白银的赤字，印证了万历六年确实存在财政危机。[3]而从明代财政中白银收支不抵这一关节点来看，张居正财政改革的症结再清楚不过，增加白银货币收入迫在眉睫。因此，财政危机也必将促使明朝改革提速，将白银货币的增收提上日程。何况户部没有掌握明代财政的全部收入，张居正在《请蠲积逋以安民生疏》中云：

> 昨查户部，自隆庆元年起，至万历七年止，各省直未完带征钱粮一百余万，兵工二部马价、料价等项不与焉。[4]

---

[1] 参见笔者《白银货币化视角下的明代赋役改革》上、下，《学术月刊》2007年第5—6期。

[2] 秦晖在《农民"减赋"要防止"黄宗羲定律"的陷阱》一文中指出："中国古代的赋役制度，总是将旧的苛捐杂税归并统一征收，以图减少加派之弊。但是改税后，随着统治者的需求，又生出新的加派名目，每次赋役改革，就成为加征加派事实上的承认，简化征收，成为此后加征的起点。随着加派日繁，又开始孕育下次的改革"。见《中国经济时报》2000年11月3日。

[3] 《会计录》中主要数字是万历六年（1578年）的。赖建诚先生对于1461万有奇之数，明确提出"也不知如何折算成此数"，并说："依《会计录》的书写方式，大概不易计算出确切的盈亏额"。而赖先生"所得的结果，与《会计录》的结语相反"。以为"万历六年的银两收支，在中央政府（国库）方面是有盈余的"。见赖建诚《边镇粮饷》第40—41页。笔者认为，当时已有以白银为计量标准的财政账目存在，赖先生与明朝人自己所说相反的结果，又如何是历史的事实？

[4] 张居正：《张太岳集》卷四六《请蠲积逋以安民生疏》，上海古籍出版社1984年版，第578页。

田赋是户部掌握的王朝财政最大宗收入。在全国推行清丈田粮，实际上是计亩征银的奠基之举，没有这样一个改革基础的整体奠定，赋役合并、统一征银都将无的放矢。质言之，如果没有全国清丈田粮的坚实铺垫，也就无法彻底通行统一征银。正是在全国清丈的基础上，不待法令推行，一条鞭法即可全面铺开。事实也正是如此。因此我们认为，以往由于梁方仲先生的卓越贡献，学界长期以来将张居正改革的认识集中在一条鞭法，是过分强调了一条鞭法的作用，与当时明朝人的认识有了差距。

张居正将清丈田粮推行全国，奠定了改革的根基，从此改革在地域范围上从局部向全国铺开，白银货币成为国家财政推行全国的赋税计税征收的法定货币，更重要的是，张居正清丈标志改革由渐进式向突进式变化发展，为白银货币最终成为财政主体奠定了基础。清丈以后，一条鞭法水到渠成，白银货币化——财政白银化，实物与力役为主的财政体系全面向白银货币为主的货币财政转型，中国的货币财政正式开端。

历史上不存在张居正向全国推行一条鞭法，清修《明史》的高度概括再次误导了后人。但是《明史·张居正传》最后赞曰：

张居正通识时变，勇于任事。神宗初政，起衰振隳，不可谓无干济才。[1]

这段评价一语中的，"通识时变，勇于任事"，张居正"通识"的"时变"，正是白银在社会流通领域已经占据主导地位的变化，前此一个半世纪改革量的积累已经达到一个临界点，他迈出了全面改革的关键一步——在清丈基础上推进国家财政全面货币化，从而为白银货币最终成为财政主体奠定了基础，也就在明代中国促成了现代货币财政开端。

张居正改革编纂《会计录》，并于万历八年（1580 年）向全国颁行《清丈条例》，下令在全国丈量土地，清查漏税的田产和追缴欠税，均平赋役的改革原则于全国，为白银货币最终成为财政主体奠定了基础。《会计录》中记载了试点福建布政司在万历八年（1580 年）的田粮数字。[2] 追寻起源，福建的清丈是从万历六年（1578 年）十一月，"以福建田粮不均，偏累小民，令抚按着实清丈明白具奏"开始，[3] 这一年福建巡抚耿定向到任不久，就上疏建议在福建清丈，张居正曾复信："丈田一事，揆之人情，必云不便，但此中未闻有阻议者，或有之，亦不敢闻于仆之耳。'苟利社稷，死生以之'，仆比来唯守此二言，虽以此蒙垢致怨，而于国家实为少裨，愿公之自信，而无畏于浮言也"。[4] 其后福建左布政使劳堪被任命为右副都御史巡抚福建，奉旨稽核，履亩丈量。万历八年（1580 年）九月，福建清丈田粮事竣，劳堪上闻，"部复谓宜刊定成书，并造入黄册，使奸豪者不得变乱。上可其奏"。[5] 同年十一月，户部根据诏令，拟定《清丈条例》，作为法令颁行天下。这一条例在改革中具有重要地位，现录内容如下：

　　—明清丈之例。谓额失者丈，全者免。
　　—议应委之官。以各布政使总领之，分守、兵备分领之，府、州、县官则专管本境。

[1] 张廷玉等：《明史》卷二一三《张居正传》，中华书局 1974 年版，第 5653 页。
[2] 《会计录》卷五，上册，第 195 页。
[3] 《明神宗实录》卷八一，万历六年十一月丙子，第 1732 页。
[4] 《张太岳集》卷三一《答福建巡抚耿楚侗谈王霸之辩》，第 383 页。
[5] 《明神宗实录》卷一〇四，万历八年九月庚辰，第 2031 页。

一复坐派之额。谓田有官、民、屯数等，粮有上、中、下数则，宜逐一查勘，使不得诡混。

一复本征之粮。如民种屯地者，即纳屯粮，军种民地者，即纳民粮。

一严欺隐之律。有自首历年诡占，及开垦未报者，免罪。首报不实者，连坐。豪右隐占者，发遣重处。

一定清丈之期。

一行清丈磨算之法。

一处纸札供应之费。

明神宗批准举行，"令各抚按官悉心查核，着实举行，毋得苟且了事，反滋劳扰"。[1]

由此，在全国各地揭开了清丈田粮的序幕。清丈之议，小民实被其惠，而不利豪宦之家。丈田的目的是清查隐田，不免触动勋贵、官宦、豪绅的利益，群起抵制。对此，张居正以坚定的信心开展清丈运动。他写信给山东巡抚，云："清丈事，实百年旷举，宜及仆在位，务为一了百当。若但草草了事，可惜此时徒为虚文耳。已嘱该部科，有违限者，俱不查参，使诸公得便宜从事。"[2] 朝廷敕各该抚按："丈田均粮，但有抗违阻挠，不分宗室、官宦、军民，据法奏来重处。"[3]《清丈条例》八款颁行天下，是整顿财政的重大举措，当时规定了各级官员的职责及其完成期限。万历九年（1581年）七月，河南获嘉知县张一心所报招垦人户田地俱抄写旧册，即以旧册数字报充清丈数字，被指为"虚文塞责，着降俸二级管事"。[4] 同年十二月，松江知府阎邦宁、池州知府郭四维、安庆知府叶梦雄、徽州掌印同知李好问"以清丈亩怠缓"，"各住俸戴罪管事"[5]。

清丈田粮是财政改革统一征银的基本前提条件，张居正对全国的土地清丈极为看重，不仅作为政令颁于全国推行，而且他本人对清丈意义有着明确阐释："此举实均天下大政。"[6] 在《答山东巡抚何来山言均田粮核吏治》中云："清丈事，极其妥当，粮不增加，而轻重适均，将来国赋既易办纳，小民如获更生。"[7] 乃至重复先秦郑国子产"苟利社稷，死生以之"的话，表达改革的决心。[8] 这是一个改革家在重大决策中的选择。无疑，他当时已经清醒地认识到：清丈田粮是一条鞭法或其他一系列名称的赋役—财政改革的基础，没有清丈，赋役合并与统一征银都将失去根基，均平赋役也就无法实现。因此，张居正改革的核心是财政，而他的财政改革最重要的内容之一，不是在全国推行一条鞭法，而是在全国推行清丈田粮，从而完成了中国古代历史上最具规模和实效的全国土地调查。这次土地清丈影响深远，王业键先生曾评价：清帝"将万历年间的税额，特别是此时期编制的《赋役全书》，作为确定田赋和劳役的依据。因此，当时参照的原额就是万历年间官方统计中的面积。"[9]

学界一般认为"清丈田粮"的目的，是制止土地兼并，堵塞偷漏，保证田粮额度的完纳，"原额可渐复"。这是表层的意义。我们不应将问题简单化，还应该看到明代财政的"钱

[1]《明神宗实录》卷一〇六，万历八年十一月丙子，第2050—2051页。

[2]《张太岳集》卷三三《答山东巡抚何来山》，第419页。

[3]《明神宗实录》卷一一二，万历九年五月庚午，第2141页。

[4]《明神宗实录》卷一一四，万历九年七月乙丑，第2164页。

[5]《明神宗实录》卷一一九。万历九年十二月乙未，第2224页。

[6]《张太岳集》卷三三《答江西巡抚王又池》，第422页。

[7]《张太岳集》卷三三《答山东巡抚何来山言均田粮核吏治》，第421页。

[8]《张太岳集》卷三一《答福建巡抚耿楚侗谈王霸之辩》，第383页。

[9][美]王业键：《清代田赋刍论》，人民出版社2010年版，第29页。

粮"主要出自田亩，但此时的"钱粮"实际已徒有其名，已经越来越多地经历了货币化，变成了白银。张居正对此是心知肚明的。重新认识张居正改革，我们应该看到在全国清丈土地的背后，不仅是保证税粮原额的不失，消除贵族地主的土地兼并，而且应该看到举行全国清丈的奥秘，还表现在透过清丈，其背后统一的计亩征银上。正是在清丈推行的前提下，一条鞭法在全国才能够水到渠成，这样才有可能彻底改革原有的统一的实物财政体系，也就是以白银货币作为财政计量标准和财政收支主体，建立一种全新的中央集权货币财政体系。这是实施标准化管理的根本大计。以往认为的所谓万历九年（1581 年）全国推行一条鞭法，既无朝廷法令可见，又无张居正文集及其奏疏可以佐证。揆诸历史事实，揭示历史上被遮蔽的真实，在当时人们的日常生活之中，白银已经是司空见惯的流通货币，白银货币在财政上也已被安之若素，视为当然。司空见惯的事物往往遮蔽人们的眼睛，使人熟视无睹，当时人不必明言，后人要探明真况，就要深入历史的细部，回到历史发生的当时语境。《清丈条例》的全国颁布，使一条鞭法随之遍行。在此，我们切实认识到张居正作为杰出改革家的高瞻远瞩。

万历十年（1582 年）京畿、保定、蓟辽、山西、大同、宣府、应天、浙江、广东、广西、凤阳、淮安、山东、河南、湖广、四川、陕西，陆续上报清丈完成。次年，宁夏、甘肃、云南也告完成，至此，中国古代一次重大的清丈运动告竣。通过清丈奠定了赋役—财政改革的基础，全国十三布政司和南北直隶，以及大同、蓟州、宣府、辽东等边镇，共增地亩1828542.73 顷，约占万历六年全国地亩总额 7013976 顷的 26%，说明万历清丈的结果是显著的。[1]

重要的是，通行丈量田亩这一全国性的国家决策，为财政进一步改革奠定了基础。如果我们只是看到清丈是为了均平赋役、充裕国家财政收入，那么显然是不够的。归根结底，张居正改革的目的是什么？学界一般认为是推行一条鞭法；而一条鞭法的意义，梁方仲先生称为"可以说是现代田赋制度的开始"。[2]林丽月先生认为："清丈田亩与推行一条鞭法，俱为江陵当国期间经济改革的荦荦大端，对万历初年财政之整顿，贡献极大。"[3]进一步说，对于财政整顿的贡献，比田赋制度更为深广的，是清丈以后达成的统一征银的结果，遂使实物税全面转向货币税，从而促成了中国古代财政体系的全面转型，就此而言，这是一次亘古未有的财政大改革。

还应该提到的是，迄今为止徽州文书中存在大量散在的万历以降的明代税票，笔者曾根据所见徽州文书中的税票，对于明代税票的历史、税票名称的出现过程、税票出现的背景、税票的主要分类、基本内容、基本特点、主要功能作了初步考察，[4]认为明代万历年间税票的出现及其多样性的特征，与明代张居正财政改革密不可分。税票首先是从杂税的契税发展而来，直至包括了财政赋税改革实行一条鞭法后赋役合一、统一征银的几乎所有税收征收与纳税的凭证，是明代赋税征收交纳白银货币的真实反映，也就是我们了解和研究明代财政赋税改革历史实态的第一手资料，值得进一步研究。

财政为庶政之母，就制度变革而言，在革故鼎新的过程中，财政变革显然是张居正改革的核心。而大力收集准确的财政数据可以视为改革的前提，如此看来，张居正的财政改革首先奠基于《会计录》，其次奠基于清丈田粮。重要的是，在全国清丈的基础上，旧有财政体系转轨，全面转向货币财政。白银货币在财政中的大量出现，突破了原有的框架，形成制度

---

[1] 参见张海瀛《张居正改革与山西清丈研究》，山西人民出版社 1993 年版，第 130 页。

[2] 梁方仲：《一条鞭法》，《梁方仲经济史论文集》，中华书局 1989 年版，第 36 页。

[3] 林丽月：《读〈明史纪事本末·江陵柄政〉——兼论明末清初几种张居正传的史论》，《台湾师范大学历史学报》第 24 期。

[4] 笔者：《明代税票探微——以所见徽州文书为中心》，《明史研究论丛》第十辑，故宫出版社 2012 年版。

更迭的一个重要面相，制度和理念的变迁均蕴含在其中，亦新亦旧的过渡状态表现明显，《会计录》恰可成为一个整体财政制度变迁的绝好见证。改革正在进行之中，我们注意到财政紊乱的状况，制度败坏的表现，以及收支体系的混乱无序，形成各地举措不一，标准各异，在实际运行中的多样性也是我们必须关注的，需要进一步研究。

**3. 改革的实效：《赋役全书》所见财政体系的转型**

通过系统整理《会计录》以窥测明代财政的全部结构，我们得以了解张居正力图摆脱财政困境、明朝人不得不如是之苦心孤诣。如果再来看清丈在全国推行的结果，便会更清楚张居正的目标与良苦用心所在。从而对于明代赋役——财政改革有一个整体性的认识。

考察现存明代《赋役全书》，最早为万历年间刊印[1]，是张居正改革后之产物。清丈之后，全国各地官方编纂的《赋役全书》定为制度，至明末遍及全国，完全制度化了。明代赋税征收秩序的全面整顿，通过重新编纂《赋役全书》来体现，是全国各地赋役税则和税收法规和具体征收数额之汇编。在万历年间《赋役全书》中，"司有各府之总，府有各县之总，县照册以派单，民照单以纳银，纲举目张，条分缕析。外如鱼油课钞、商税麻铁、屯粮子粒，悉附于内，至详至备，一览了然，诚全书也"。[2] 重要的是，其中已经全部规范为征银的序列，可以看到以实物为基准的标准不变，而在实物数后，一律是"该银"若干，也就是说，在全国各地官方财政册籍中，全部以白银作为财政的计量标准，也实际上全部是以白银作为财政征收形态了。《会计录》中所显示的计量标准的混杂现象，在《赋役全书》中一扫而光，成为清一色的白银计量和征收，形成了标准化的征收与管理。根据文献记载，到万历后期，即使一些地方仍不免有实物征收，但以白银作为统一的计量单位，是以排山倒海之势遍及全国的。

实际上，《赋役全书》是全国各级地方官吏汇总档案资料编纂而成的一种官修赋役册籍。天启五年（1625年）四月，户科给事中张士升题"请饬各省抚按与一二良有司，将《赋役全书》细加研核，何项为必不可已之需，何项为得已之派。即将可已者抵充派饷，而奸胥无所窦，钱谷亦得清楚矣"。[3]

崇祯元年（1628年）起毕自严任户部尚书，在任期间启动重新汇纂《赋役全书》之事。其《度支奏议》中有云："夫《赋役全书》，肇自条鞭法始，距今已四五十年矣。"崇祯二年（1629年）正月有给事中等朝臣题议"通造《赋役全书》"事，由户部议请行文"各省直、抚按、司府将原刻成书刷印三部，解进磨勘，以防脱落差讹之弊"。毕自严《清赋开列条款备陈划一之规疏》述编纂之详，是清丈后全国都已通行编纂《赋役全书》的明证。由于当时各省直送到户部的《赋役全书》"规划不一"、"碍难汇编"，所以兵部主事周梦尹上题本"为赋役册式，既呈，专官督造"。毕自严申饬各地有八，其中"钱粮之规宜明"云："某地系某则，应该粮米若干斗升，该科银几分几厘，须开载明白"；"新旧之粮额宜晰"云："省直钱粮既有则例，当以万历初年赋额为准，从前钱粮，每石纳银几钱几分，后于某年因某事每石增银几分；又于某年因某事又增银几分，合旧额共增若干"，都须明白记载。[4] 这充分证明了

---

[1] 赵镗《衢州府知府韩公邦宪墓志铭》，记韩邦宪在浙江衢州府知府任上的政绩："其大者则《两浙赋役全书》是也"。见焦竑《国朝献征录》卷八五，第3623页。查韩邦宪任衢州知府在任三年，于万历三年卒于任上，由此可见《赋役全书》在万历初已经出现，但是遍及全国应是清丈田粮以后。《明实录》关于《赋役全书》的最早记载，是在万历十三年（1585年）间，《明神宗实录》卷一六〇，万历十三年四月丁未，台北中研院史语所校勘影印1962年版，第2930页。

[2]《江西赋役全书》卷首《案照》，万历三十九年江西布政司刊本，台湾学生书局1970年影印本，第2页。

[3]《明熹宗哲皇帝实录》卷五三，天启五年四月丁酉，明抄本。

[4] 毕自严：《度支奏议》陕西司卷二《清赋开列条款备陈划一之规疏》。上海古籍出版社据崇祯刻本影印2008年版，第619—621页。

直至明末赋役以银计并征纳的制度化是一个历史事实。

从《会计录》到《赋役全书》，明代财政正在进行脱胎换骨的转型，不仅是财政会计主体的转型，更是整个财政体系的转型。万历后期《赋役全书》的大量出现，标志着明代以实物为主的中央集权财政体系已经历了从以实物为主的财政体系向以白银货币为主的财政体系的全面转型，这是中国古代两千年所未有的财政变革，具有划时代的意义。历史事实证明，这是在世间已无张居正以后不过几十年的事情，不由得我们不为张居正改革的实效及其深远影响而赞叹。我们认为，历史并非如既往所认识的，张居正改革人亡而政息了，相对王安石变法而言，张居正改革是成功的。

清承明制，保留了这种财政册籍的编纂，也是张居正改革没有人亡政息的见证。顺治初年，下令各省拟定《赋役全书》，订正旧籍。顺治十一年（1654年），下令自十二年"汇造全书"。至顺治十四年（1657年），户部裁定各直省《赋役全书》，顺治帝特下长篇谕旨，云：

> 兹特命尔部右侍郎王宏祚，将各直省每年额定征收起存总撒实数，编列成帙。详稽往牍，参酌时宜。凡有参差遗漏，悉行驳正。钱粮则例，俱照明万历年间。其天启、崇祯时加增，尽行蠲免。地丁则开原额若干，除荒若干，原额以明万历年刊书为准，除荒以覆奉俞旨为凭。地丁清核，次开实征，又次开起存。起运者，部寺仓口，种种分晰。存留者，款项细数，事事条明。至若九厘银，旧书未载者，今已增入。宗禄银，昔为存留者，今为起运。漕白二粮，确依旧额。运丁行月，必令均平。胖袄盔甲，昔解本色，今俱改折。南粮本折，昔留南用，今抵军需。官员经费，定有新规。会议裁冗，改归正项。本色绢布、颜料、银、硃、铜、锡、茶、蜡等项，已改折者，照督抚题定价值开列。解本色者，照刊定价值造入。每年督、抚再行确查，时值题明，填入易知单内，照数办解。更有昔未解而今宜增者，昔太冗而今宜裁者，俱细加清核，条贯井然。后有续增地亩钱粮，督、抚、按汇题造册报部，以凭稽核。纲举目张，汇成一编，名曰《赋役全书》。颁布天下，庶使小民遵兹令式，便于输将；官吏奉此章程，罔敢苛敛。为一代之良法，垂万世之成规。[1]

清朝对于"钱粮则例，俱照明万历年间"，即清初赋税征收额以明万历年间的赋役册籍所载内容为基本依据，以及沿袭明末《赋役全书》的编纂，均可视为张居正改革的继承与延续。清初折色银占赋役主要地位。到康熙二十四年（1685年），由于人口土田增长，若仍按旧规定征收，对国家财政收入不利。于是在康熙二十四年再次重修《赋役全书》，名曰：《简明赋役全书》。[2] 我们知道，此后康熙五十一年（1712年）清朝在赋役上实行"盛世滋丁，永不加赋"；雍正帝即位后，推行了"摊丁入亩"，还续有《赋役全书》重修之举。清修《赋役全书》具有特殊价值，标志明代改革的延续与完成，更是张居正改革没有人亡政息的典型例证。

### 4. 财政体系转型：国家的转型

国家与社会对于白银的需求，不是简单的贪欲可以解释的，国内外市场的扩大运作，国家与社会的双重启动，产生的巨大货币需求推动改革从渐进到突进。事实上，全国清丈土地完成，一条鞭法水到渠成。明朝新的财政体系出现端倪，标志的是明代中国从古代赋役国家向近代赋税国家的转型。

---

[1]《清世祖章皇帝实录》卷一一二，顺治十四年十月丙子，清抄本。
[2]《清圣祖仁皇帝实录》卷一二〇，康熙二十四年三月癸亥，清抄本。

以往研究过度集中在一条鞭法上，忽略了对于明代财政体系整体性的研究。明代中国，以农立国是基本国情。晚明中国经历了从实物为主的财政体系向货币为主的财政体系的转变，这一巨变对于晚明社会产生了巨大波动。明初建立在分散的小农经济基础上高度集中的中央财政管理体系，随着白银货币化而改变，白银的巨大需求，导致旧体系的瓦解和经济秩序的混乱。为了适应向货币税转变的改革要求，张居正所面临的问题是如何重建货币征收为主的新的中央集权财政体系，这是一种全方位的构建，包括社会基层组织里甲制的改革等。白银货币化发展进入全面推进阶段，张居正为了富国强兵，改革重建中央集权财政体系，解决了调控手段、目标等一系列问题。

16世纪明代张居正改革得益于三方面条件：一是顺乎民心，以民为便，具有社会基础；二是坚持贯彻了传统均平原则；三是顺应了历史发展大趋势。其财政改革及其意义，可以归纳为下面六点：

第一，改革明确了白银货币在国家财政中的重要而不可替代的地位，不仅形成了部分以白银为计量标准的国家财政总体估算，而且明显出现了实物与白银货币的二元结构。在财政中已经显示出以白银货币为财政收支主体，从实物税向货币税全面转变的财政发展总趋势，并印证了白银货币得到官方认可成为本位货币的历史事实。

第二，通过清丈田粮，一条鞭法统一征银的具体操作得以在全国实现，奠基并构成财政的整体性框架的重建——新的财政体系雏形已现。

第三，最终奠定了明代中国银本位的事实。白银经济对于中国历史进程影响深远，一直持续到1935年，才告结束。

第四，由此，明代中国在财政上开始清除历史上存留的原始性，古代徭役制度走向衰亡和变异。

第五，开启了现代的货币财政，也开启了现代货币财政的管理体制。

第六，财政体系的转型，标志着中国古代赋役国家向近代赋税国家的转型。

总之，在中外变革的大环境下，逐渐建立以货币为主的新的财政体系，这正是张居正改革的功绩。值得注意的是，在唐宋时代的财政中已有货币成分，计钱征税，征银也是存在的，但要全部以白银货币作为计量单位，并作为统一征收的形态，明代是史无前例的。何况铜钱在历史上从未成为统一的征收形态，元代纸钞也没有形成统一征收形态。直至明代中国出现了强劲的财政货币化趋势及其改革，因此明代财政改革具有财政体系的重大转型意义。就此而言，虽然世间已无张居正，但16世纪财政改革是成功的，明代财政体系从实物向货币的转型到明末已基本完成。也正因为如此，清初才能完整沿袭万历年间的改革成果。

实物与力役为主的财政全面转向货币为主的财政，意味着财政体系的转型，农业商品化、力役货币化都产生对货币的巨大需求。我们可以将明代经济改革按照货币化的渐进阶段和货币化的突进阶段两个阶段划分，张居正改革标志改革进入突进阶段，通过清丈在全国的推行，使白银成为统一的国家赋税征收标准，白银前所未有地取得了国家合法性的认证，换言之，改革使白银的法律地位明确，可视为白银货币化进程的基本结束，却是经济货币化进程的开端。白银是称量货币，作为赋税征收形态以后，国家由此可以弥补垄断铸币的缺失，以及货币供应的被动状态。然而，白银货币在财政领域的流动性加速，货币需求结构发生了很大的变动，生产要素的货币化进程早已开始，徽州文书中的交易，土地、房屋、商业资产等大规模变为可交易品，农产品以货币为媒介在市场上大量交易，导致中国白银货币需求不断提高。

财政是政治与经济的枢纽，财政改革既反映了张居正改革的成果，本身也是推动社会转型、国家转型的重要过程。《会计录》清楚表明，明代中国要走新路却难以摆脱对过去的路径依赖。财政过程反映了不同财政主体间，即农业经济与货币经济间的竞争与消长，进而对社会经济的长期发展产生激励或抑制作用。财政改革是对于财政主体进行调整的集中体现，财政职能随着经济发展阶段与社会经济结构的变化而变化。白银货币化崛起于民间社会，在国家与社会、市场的博弈中，明初建立的实物财政难以面面俱到地适应财政收支各方面需要，财政困境充分显露了出来。最终国家不得不妥协，于是有以折银为主要形式的白银货币化自上而下的全面铺开。这反映出实物财政已不能适应商品货币经济发展的势头，必须做出相应的调整。从古代赋役国家到赋税国家，是走向近代的发展趋向。明代税负本来不尽合理，均平的追求，也就是公平的追求，反映了民间社会的诉求，成为财政改革追求的重要目标。折银有利于均平赋役，有着"民以为便"的社会基础，白银货币化直接影响作用于明代财政体系的转型，应该说财政从属于国家和社会经济的发展而发展变化。但从另一角度看，财政改革也充分反映了国家与社会的互动影响，乃至折射出国家与社会的变迁与转型。至于改革带来巨大的正面效应之外，还存在很大的负面效应，也是应该重视和研究的。成败利弊相因而成，明末形成的综合性危机中，财政货币化——体系转型的步伐是否迈得过快了，形成了明末统治危机中的重要因素之一，直接影响到明朝灭亡，也需要进一步加以研究。

经济改革的最初动因是经济结构的不适应和管理体制的缺乏效率，因此，张居正改革从管理体制的行政效率抓起，考成法的实施是首先推行的行政改革。行政改革之后，便是改革的核心——财政改革，张居正改革与白银货币化重叠，改革首先体现在货币体系的变革，随后是财政体系的转型，这都可以纳入经济货币化的进程。鉴于16世纪是经济全球化开端，明代中国形成的经济转轨是全球经济趋同的过程。可以说在张居正改革之前，持续一个半世纪的赋役改革，是渐进式改革的过程，发展至张居正改革，是从渐进改变为突进，形成震荡式转轨，在全国清丈田粮的基础上，明代财政开始在全国统一以白银作为计量单位，也以白银作为统一的征收形态，这意味着明朝对于明初建立的以实物征收与力役征发为主的财政体系，朝向以白银为主的财政体系急剧转型。白银货币化对经济的影响巨大，在漫长转轨过程中出现的制度及政策，对于中国的经济发展具有正负两面的长期效应，由此建立了白银为主币的货币体系，中国的白银经济也自此开端，一直持续至1935年，长达近500年之久。以白银为主导的货币体系的建立和以货币为主导的财政体系的建立是紧密相连的，表明国家与社会的转型是同步的。

明代是一个大改革的时代，其中最重要的改革是张居正改革。到了16世纪七八十年代，从明朝财政来看，改革没有设立专门机构，户部的规模也没有明显扩大，但是，基本制度发生变更的基石已经奠定，这种基本制度的变迁瓦解了明朝前期的财政体系，也瓦解了明朝前期的社会基层组织结构。

归纳起来，对于张居正改革需要重新诠释，这一改革有一个半世纪赋役改革的前期准备，有坚实的社会基础，有理念变迁的先行，表明改革进入了突进阶段，标志古代财政体系向现代货币财政体系的转型。在一个半世纪的改革量积累达到一个临界点时，张居正迈出了全面改革的关键一步。《会计录》印证了国家财政体系转型的过渡形态；清丈田粮，是推行改革——财政体系转型的根基；从《会计录》到《赋役全书》，证明了财政体系转型的艰难与成功。历史发展到了16世纪七八十年代，从明朝财政来看，从折银到征银，即"纳银不当差"，以银代役，意味着劳役向赋税的归并，国家与编户齐民的关系发生了深刻变化，更触及了整个国家治理基本模式的深刻变化。研究至此，在理论上有了新的突破，白银货币化——中国经济货币化，深刻地影响了中国历史发展的进程。我们的认识也从以往晚明社会变迁向近代社会转型更推进了一步，认为这是中国古代赋役国家向近代赋税国家转型的开端。

## （四）16世纪明代财政史的重新检讨——评黄仁宇《十六世纪明代中国之财政与税收》

### 1.16世纪明代财政史有必要重新检讨

财政改革历来是惊心动魄的，处于社会转型、制度变迁、世界巨变关键时期的16世纪明代财政史，尤其值得我们特别关注。在研究史的回顾中，我们看到一个二律悖反的现象：一方面对于张居正改革和一条鞭法的高度评价基本上形成了学界共识，另一方面对于16世纪明代财政乃至整体明朝历史的评价却是颇低，后者可以黄仁宇先生为代表。

迄今为止，虽然明代财政史的研究已取得大量成果，但整体的研究成果很少，而对明代中国财政史最重要而且也是最流行的成说之一，是黄仁宇先生的"洪武型财政"说，由此将明代中国视为"不能在数目上管理的国家"的典型。有关明代财政研究最具影响力的黄先生的这一观点，成为史学界有关明代财政及其制度的一个定论。至今史学界、经济学界乃至社会各界，都在引用黄氏"洪武型财政"，作为明代中国财政保守、僵化、落后的象征。而追寻"洪武型财政"之说的由来，则是奠基于黄仁宇先生在20世纪60年代撰写、70年代以英文出版的《十六世纪明代中国之财政与税收》一书（*Taxation and Governmental Finance in Sixteenth-Century Ming China*，以下简称《财政》）。[1] 其中对明代财政史的基本评价框定在保守、僵化与倒退，这种评价有失公允，需要重新加以考量。

英国史家崔瑞德（Denis Twitchett）在《财政》一书《序》中指出：黄仁宇先生是"力图对明代财政政策做出全面说明的第一人"，[2] 这种评价是贴切的。《财政》一书是关于明代财政史的第一部专著，此英文版于1974年出版，30年后才有《中国财政通史》的明代卷出版。[3] 这是《财政》一书之所以在中外影响广泛的原因之一。而这部书虽然先于作者的《万历十五年》撰写，却不如《万历十五年》出名，在《万历十五年》广泛传播以后，黄先生声名大噪，也使得这部书的影响水涨船高。需要说明的是，《财政》一书书名虽然冠有"十六世纪"，然而在此书之前，确实还没有一部试图全面阐释明代财政史的专著，因此，黄先生的研究具有开拓性，视野开阔，自成体系，因此影响甚广。其书有不少值得我们学习和借鉴之处，但也有不少对于明代财政史的误读之处。有明一代始终受困于其错综复杂的财政问题，这是历史的事实，因此明代财政史研究的难度极大，其复杂性和资料之繁多曾使得英国史家崔瑞德的研究半途而废，[4] 在20世纪末，由于"对明代财政问题尚缺乏准确、系统的把握"，明代财政史研究甚至被史家评论为"世纪遗憾"，[5] 而且迄今没有一部大部头的明代财政史问世，这也使得黄氏之书至今对明代财政史的误读流传甚广，影响极大。

我们注意到，黄仁宇先生建立起"洪武型财政"的理论框架，其核心认识正是从《财政》这部书肇始，概言之，黄先生的史观与方法论，均已体现在《财政》一书中，并在后来不断地在作者的系列论著中发展与完善，并产生了广泛的社会影响。特别是作者从明朝的财政与税收论析明朝之衰亡，因此"洪武型财政"之说对于明史研究以及明朝整体评价也有重要的影响，后来作者甚至将这一论断延伸到明清，乃至20世纪初，涉及传统中国晚期的整

---

[1] Ray Huang：*Taxation and Governmental Finance in Sixteenth-Century Ming China*，Cambridge University Press，1974. 中译本《十六世纪明代之财政与税收》，阿风等译，生活·读书·新知三联书店2001年版。

[2]《十六世纪明代之财政与税收》，崔瑞德《序》，第2页。

[3] 陈其焱：《中国财政通史·明代卷》，中国财经出版社2006年版。

[4]《十六世纪明代之财政与税收》，崔瑞德《序》，第1页。

[5] 张建民、周荣：《明代财政史概要》，叶振鹏《20世纪中国财政史研究概要》，湖南人民出版社2005年版，第296页。

体评价。鉴于《财政》一书在明代财政史研究中一直占据重要地位,至今在社会上广为传播,为了更完整地而不是片面地理解明代财政史乃至明代历史,我们有必要重新检讨16世纪明代财政史,指出《财政》一书的偏颇之处,引以为戒,避免以西方经验为基础的理论预设带来的不良影响。更重要的是,摆脱以往盛行的西方中心论影响,从中国本土出发,切实推进明代财政史乃至明代历史研究,对于构建中国本土实证研究基础上的理论体系,也具有学术意义。

以下主要从明代白银货币化的学术理路出发,以财政体系转型的视角解读,结合近年笔者对于明代赋役与财政改革的实证研究,特别是对《会计录》整理与研究的结论,对《财政》一书的史观与方法论略加评论,并对一些基本史实与问题加以厘清。

### 2. "洪武型财政"说的滥觞及其检讨

黄仁宇先生以创立"大历史观"理论而闻名,他的有关"大历史"的系列论著,凡涉及明代历史时间段的,都有一个核心假设,就是"洪武型财政"。假设需要根据一定的事实提出,经过实践证明是正确的,就称为理论。追溯"洪武型财政"说的由来,应该说滥觞于《财政》一书,主要体现在两点上,其一,在书中第五章"盐的专卖"部分,我们可以找到"洪武型"的最早表述,作者于此提出了"洪武型模式":

> 因为盐的管理仅仅是一成不变的财政制度的一个组成部分,这一财政制度也就是梁方仲所称作的"洪武型"模式。有限的能力和缺乏适应性使得任何彻底的改革在实践中成为不可能。[1]

在这里,需要说明的是,黄仁宇先生所述与梁方仲先生所称完全是两回事,所谓"洪武型财政",只可视为黄先生个人对于明代财政制度、财政管理模式的整体评价。[2] 在归纳食盐专卖制度失败的根本原因时,作者进一步断言明朝财政管理为"洪武型"模式:

> 正如前文所述,明朝的财政管理在各个方面从未有跳出过"洪武型"模式,僵化不变。其中心的思路是抑制而不是发展。[3]

由此可知,黄仁宇先生对于明代财政制度、财政管理模式的整体评价是"洪武型模式"。

其二,"洪武型财政"这一概念,是从《财政》一书开始阐发的。值得注意的是,《财政》英文版出版以后,"洪武型财政"之观点在黄先生"大历史观"系列论著有持续不断的表述,包括《万历十五年》《放宽历史的视界》《赫逊河畔谈中国历史》《中国的大历史》《资本主义与二十一世纪》等等,其中对于明代财政的基本看法,可以说都是源自《财政》一书,因此我们可以认定《财政》一书是"洪武型财政"说的奠基之作。

---

[1]《十六世纪明代中国之财政与税收》第 275 页。英文原版 p. 189:"Its limited capacity and lack of adaptability made any general reform virtually impossible",似可译为"有限的能力和缺乏适应性使得任何一般的改革都几乎不可能"。

[2]《十六世纪明代中国之财政与税收》第 275 页,原文此处有一个注释:"这条论述参见《明代一条鞭法年表》,最初发表在《岭南学报》12 卷 1 期,我不曾亲见此文章,而是转引自人民大学《社会经济》页192"。注见书第 318 页。李龙潜先生已考察了梁方仲先生原说的是"洪武型的封建生产关系",并不是洪武型的财政制度模式,论证了所谓"洪武型财政"与梁方仲先生无涉,那只是黄仁宇先生个人的观点。见《也评黄仁宇著〈十六世纪明代中国之财政与税收〉》一文,《明清论丛》第九辑,紫禁城出版社 2009年版。

[3]《十六世纪明代中国之财政与税收》,第 315 页。

1988年他在台北出版的新著《放宽历史的视界》中进一步延伸，提出这种"洪武型财政"跨越明清两代，并将"洪武型的财政"明确表述了出来：

> 什么是洪武型的财政？简言之，为缺乏眼光，无想象力，一味节省，以农村内的经济为主，只注重原始式的生产，忽视供应行销间以及质量上的增进。[1]

在书后写于1988年2月的《卷尾琐语》中，他对发表上述一段话的《中国近百年历史为一元论》一文，作了如下阐释：

> 《中国近百年历史为一元论》，英文题为 Structural Approach to Modern Chinese History，将财政与国家社会一般的关系格外强调，文内说明"洪武型"的财政制度，不仅在世界史里特出，即在中国也是别开生面，因之它对以后几百年的法律观念、科举制度、军事行动、乡村组织等等，都有决定性的影响。而民国成立以来无法在财政与税收上找到出路，也仍是由于洪武型所创造的社会体制根深蒂固。[2]

这里黄仁宇先生将"洪武型的财政制度"与"洪武型所创造的社会体制"结合为一体，共同构成"洪武型财政"的核心观点。如果说20世纪80年代末《放宽历史的视界》的第一版是由台北允晨武汉实业股份公司出版，大陆学界还不易看到，那么黄先生1991年为他的新著《赫逊河畔谈中国历史》大陆版所作序言在《读书》发表，其中再次引用了上述"洪武型的财政"那段话，评价明朝一条鞭法改革虽使"洪武型财政"有所改进，但主要是各地会计制度的局部修正，与社会发展所要求的全面突破相去甚远，并断言"虽有明清之交替……'洪武型'之财政仍与第三帝国全始终"。[3]20世纪90年代中，金应熙《国外关于中国史的研究述评》的"明清经济史研究简介"中，对黄仁宇先生观点作了比较详细的介绍。[4]

《财政》一书中文版于2001年出版以后，使更多的史学界、经济学界乃至社会各界人士了解了"洪武型财政"，在学术界内外，特别是在明史以外的历史学者和非历史专业人士那里，得到广泛的响应和赞同，并多有引述。2002年有学者以《洪武型财政的历史剖面——介绍美籍华人黄仁宇的〈十六世纪明代中国之财政与税收〉》为题，全面介绍《财政》一书的主要内容，将之概括为：

> 一、明代财政税收管理是一种放大了的农业自然经济管理方式，它和现代管理不可同日而语，其内向、落伍到了让人看不懂的程度；
>
> 二、明代的平均税负和绝对税额并不算高，但民间百姓却感受不到税轻的好处，因为税外的费重、役重；
>
> 三、明代的财政税收政策设计是保守的、内向的，重农抑商，只能节流，不能开源，近代中国之落后，由此肇始；
>
> 四、明代财税政策设计的着眼点和归宿，都在于竭力巩固中央集权制的政权，如此

---

[1] 黄仁宇：《放宽历史的视界》，生活·读书·新知三联书店2001年版，第192—193页。

[2] 《放宽历史的视界》，第230页。

[3] 黄仁宇：《"持续"与"汇合"，〈赫逊河畔谈中国历史〉大陆版序》，《读书》1991年第12期。

[4] 金应熙：《国外关于中国古代史的研究述评》，内蒙古人民出版社1994年版，第507页。按，黄仁宇先生从技术层面（政体和财政税收）切入，把结构庞大的中国历代划分为三大帝国，秦汉为第一帝国，隋唐宋为第二帝国，明清为第三帝国。

它的设计就会与经济规律相悖，它的管理也就表现出志大才疏的力不从心的状态。[1]

此后，专门以"洪武型财政"为题的论文有佘轶峰《论明代"洪武型"财政》，[2] 而论著中涉及于此的则不胜枚举。仅根据中国知网所作不完全统计，21 世纪初报刊发表论文引述"洪武型财政"的有 30 多篇，博硕论文 7 篇，影响可谓广泛，范围达于史学界、经济学界乃至社会各界。

现在让我们回到《财政》一书，"洪武型财政"的具体内容，在书中有诸多表述，下面引述若干：

> 明代统治的独特之处在于农村经济观念，这是 16、17 世纪中国经济发展情况所决定的，我们可以称之为保守性的，这是一个时代错误。然而，这种保守性却是当时这个庞大帝国政治集中的必然结果。[3]

> 明代的税收制度一经确立，就僵化不变，矛盾重重，极大地阻碍了这一体系的运作。[4]

> 明朝力图在一个广大的帝国内强制推行其野心勃勃的中央集权的财政制度，这种做法超出达到这种程度的技术水平。这种技术水平包括实际的技术手段和专门的经济知识，表现为交通运输、信息交流以及其他服务性事业，货币和银行规则，会计统计和数据保存的技巧，甚至官员的心态。[5]

> 整个的税收水平和地方税额应当是有弹性的，但却变成铁板一块，不可更改。[6]

> 从一开始，财政管理就显示出简单、生硬的特点。[7]

> 很清楚，明朝与以前各个朝代制度相似其实是一种误解。唐、宋、元各代的财政结构从来没有像明代这样僵化，它们的高层政府部门也不像明代那样承担很少实施责任。明代的财政管理具有收敛性（self-denying），它将其运作能力降到最低限度，忽视了通过工商业发展来增加收入的策略，拒绝考虑民间私人方面的帮助。财政管理总的来说是倒退，而不是进步。[8]

---

[1] 曹钦白《洪武型财政的历史剖面——介绍美籍华人黄仁宇的〈十六世纪明代中国之财政与税收〉》，《税收与社会》2002 年第 4 期。在此之前，已有学者分析大历史观时引用"洪武型财政"："到了明朝，洪武型财政过于迁就农村经济的习惯，使各地区勉强地凑合一致，背世界潮流而行，它无力扶助村镇工业和地方上的商业作进一步的发展，而且政府的中层缺乏经理能力，财政的实施缺乏强制性的管制工具，它的账目也没有一个统一的标准，造成技术上的困难，在执行上愈到下端就愈加松懈，结果行政效率降低，各种水利工程年久失修，贪污行为无从抑制，灾荒不能适时救济，人民铤而走险为匪为盗，使一个朝代走向灭亡。"见张永理《黄仁宇大历史观析论》，《江西社会科学》2001 年第 10 期。上引论文可见"洪武型财政"影响之一斑。
[2]《金融经济》2006 年第 20 期。
[3]《十六世纪明代中国之财政与税收》，第 1 页。
[4]《十六世纪明代中国之财政与税收》，第 204 页。
[5]《十六世纪明代中国之财政与税收》，第 457 页。
[6]《十六世纪明代中国之财政与税收》，第 459 页。
[7]《十六世纪明代中国之财政与税收》，第 459 页。
[8]《十六世纪明代中国之财政与税收》，第 467 页。

尽管由明朝确立的财政制度有其独特性，但是在明清两代接近500年的时间没有大的变化，它的许多特征已经视为当然，其社会经济影响已经被接受，可以认为这就是传统中国的典型特点。很难认为明代制度在中国财政史中具有很大的突破性。从那时开始，政府财政的主要目标是维持政治的现状，再没有任何活力可言。[1]

很显然，这些论述构成了对建立在农业经济基础上的明朝财政制度或曰模式的全盘否定。归纳起来，黄仁宇先生对所谓"洪武型财政"有三个基本评价：第一是保守的，是时代的错误；第二是僵化的，在明清两代接近500年的时间没有大的变化；第三是倒退的，而不是进步的，再没有任何活力可言。他认为儒家经济思想的保守与落后决定了"洪武型财政"的基本特征，而"洪武型财政"的特征决定了明朝注定失败的结局。

综上所述，我们认为，黄先生对明代财政史的基本评价被框定在保守、僵化与倒退，这种评价是有失公允的。

历史事实果真是如此吗？通过实证研究，我们得出的结论并非如此。

众所周知，明代后期发生了张居正改革。学界一般认为改革的最大功绩是在全国推行一条鞭法，而这一点早已为中外学者所质疑，笔者也就此问题进行了原始文献的考索，无论是官方档案文书记载，还是张居正本人文集，都找不到在全国推行一条鞭法的法令踪迹。迄今所见张居正改革的两大历史文献是《万历会计录》和《清丈条例》。文献之一《会计录》四十三卷，约百万字，产生于明朝万历初年，即16世纪七八十年代，是张居正改革攻坚阶段的直接产物。这部《会计录》在中国古代史上具有重要的地位和意义，那就是，它是迄今存留于世的中国古代唯一一部国家财政会计总册。当时户部编纂的目的，主要是为了改革需要所做的国家财政会计现状报告及其分析，是在各省直呈报文册和档案、条例、事例基础上编制而成，真实可信。其内容备载明朝财政的方方面面，是一部大型数据文献，包含4.5万以上数据，主要是万历六年（1578年）户部掌握的明朝中央财政会计数据，也有少量其他年代数据。

我们对《会计录》的整理与研究，是首次由史学与数学学者联合攻关，也是国内外第一部对《会计录》进行全面系统整理与研究的成果。我们的出发点是努力发掘、全面系统整理16世纪明代财政的大型数据资料，尝试复原16世纪明代财政的整体面貌，试图重新审视与解读，乃至重新评价明代财政史。

黄先生对明初建立在自给自足农业经济基础上的财政体系，所谓"洪武型财政"备加诟病，将明代中国作为"不能在数目上管理的国家"的典型。实际上他不仅没有看到"洪武型财政"——他所认为"保守的"农村经济观念，其所依托的农业经济恢复发展在有明一代社会经济变迁中的奠基作用，也没有看到所谓"僵化"的"洪武型财政"在明后期发生的巨大变化，更没有认识到"倒退"的明代财政发生的重大结构改革、体系转型、近代趋向的划时代意义。认真整理《会计录》数据和进行实证研究，"洪武型财政"至少有"保守"与"僵化"两个方面的问题，需要进一步加以考量检讨。

（1）明朝财政是"保守"的吗？

《财政》开篇的一段话对于认识"洪武型财政"最为典型，让我们复述之并由此开始分析：

明代统治的独特之处在于农村经济观念，这是16、17世纪中国经济发展的情况所决定的，我们可以称之为保守性的，这是一个时代错误。[2]

---

[1]《十六世纪明代中国之财政与税收》，第470页。
[2]《十六世纪明代中国之财政与税收》第1页。

这段话中有两个重要的定性：一是明代统治的独特之处在于农村经济观念，二是为 16、17 世纪经济发展情况所决定，是保守性的，更是时代的错误。这里似乎有着逻辑的混乱，出现自相矛盾的问题：既然明代统治的独特之处农村经济观念是当时 16、17 世纪中国经济发展的情况所决定的，那么为什么还"称之为保守"，乃至"时代错误"呢？明代统治开始于 14 世纪末，而《会计录》诞生于 16 世纪末，那么就让我们回到 14 世纪末至 16 世纪末那个历史时期，还原历史的本来面目。

借助《会计录》的整理，对明代新的财政体系的构建进行深层次的思考，有助于我们对中国古代史重大理论问题的认识。《会计录》是张居正改革的重要文献之一，从总体上看，《会计录》卷一已经出现部分以白银货币为计量的财政总额，全书反映出的 16 世纪 80 年代的明代财政改革实态，主要具有两个层面：一是以白银为财政计量单位，二是以白银为赋税征收形态。从《会计录》每卷之后的《沿革事例》来看，明代财政的发展变化轨迹显然是复杂而动态的发展过程，不能从始至终一成不变地看待。以实物税向货币税的转换而言，《会计录》中已明显出现了实物与白银货币的二元结构，这一历史事实说明，明代财政不仅不是保守、僵化的，而且在明代中国发生了中国古代历史上变化最大、最剧烈的财政结构改革，以往唐、宋、金、元历朝历代财政结构从来没有像明代发生这样大的变化，我们认为这一结构性变化，证明了明代财政在向货币财政体系的转型之中。与之相联系，明代的财政管理也不可能是如黄仁宇先生所说是"收敛型"的，更不可能是一种倒退，而是标志着中国古代货币财政管理的开端。也正是因为明代中国处于中国古代财政体系具有颠覆性的转型时期，明代财政史才彰显出极为错综复杂的面貌，可以认定《会计录》本身反映的大量折银及其反复过程，正是体系转型进程中艰难曲折变化的写照。

中国传统社会大一统帝国以农立国，农业经济是国家的命脉，长期以来，传统中华帝国正赋都是采用实物税，这是古代社会经济发展基础所决定的。一千多年来的古代财政税收，国家都是规定以米麦、绢麻等实物形态为主来缴纳的。在自给自足的农业经济条件下，作为连接生产与消费的中间环节的分配，只能是实物形态的使用价值的分配，从而用于缴纳税收的形态也只能是以实物为主。货币起初只限于用来缴纳各种次要的杂税。古代实物税是商品货币经济不发达的产物，国家直接掌握实物形态的社会产品，在一定程度上方便社会供给，但却不便于税收的缴纳和征收管理。而实物形式的赋税建立在稳定的自给自足农业经济的基础上，反过来又维护着这种古老的生产方式，只有在商品货币经济发展达到一定水平和规模时，实物税才会逐渐被货币税所代替。这种转化的进程，取决于商品货币经济总的发展状况，如果不具备转化的客观条件，人为地以货币税取代实物税，则往往会归于失败。唐代两税法规定了以资产为宗、以铜钱为计量单位的纳税原则，但是事实上商品货币经济没有发展到相应水平，唐代两税实际上是一种定税计钱，折钱纳物的征课方式。[1] 宋代有征钱和征银的现象发生，但王安石变法的青苗法征钱仍不免失败，征银更不可能全面铺开，[2] 这是因为实行货币税的条件仍然不成熟的缘故，当时的社会经济发展尚未达到足以支持改革成功的条件。历史事实表明，在一定社会经济条件下，以实物形式缴纳赋税有着历史的必然性。

在中国财政史上，实物税大量为货币税所代替，自明朝始。明代白银货币化，白银在明

[1] 李志贤：《杨炎及其两税法研究》，中国社会科学出版社 2002 年版，第 358 页。

[2] 参见汪圣铎：《两宋货币史》下，社会科学文献出版社 2003 年版，第 849 页、第 853 页；《两宋财政史》上，中华书局 1995 年版，第 199 页。

代成为完全形态的货币，并逐步形成社会流通领域的主币，与世界市场接轨，[1]货币税的基础前提正式奠定了下来。财政上统一以银计税，并统一征银，这是中国古代历朝历代前所未有的重大变革，具有划时代的意义。具体来说，明代前期中央财政体系的基本特征，是以实物税收为主，是建立在农业经济基础上的财政体系，财政的岁出岁入，虽有数字可据，但因金、帛、银、钱、粮米、柴草等单位各不相同，既有数字无法汇总；或简单相加，既不合理，也不科学；加以各部分割，各有财源及支付项目，互不一致，无从统计。值得注意的是，这基本上是明代以前历朝历代的财政会计特征，明朝只是沿袭而已。伴随明代市场经济的萌发，白银货币化自下而上发展到自上而下地全面铺开，白银货币逐渐全面渗透到国家财政之中。明代后期中央财政体系的基本特征，相对明初已经迥然不同，出现了向货币经济基础上的货币税收为主的财政体系的转换，这无疑是中国古代财政史乃至中国史上划时代的变化。赋役征收的货币化，农民的赋税徭役负担，原则上转化为货币形态，意味着明代国家财政体系的根本性转变。重要的是，实物税是一定历史条件下的产物，它没有货币税所具备的有利于财政统一结算、方便缴纳和避免运途损耗等优点，所以，在商品货币经济发展基础上，在白银货币化进程之中，货币税代替实物税，促使明代财政体系全面转型，这是一种历史发展的进步趋势。

由于白银货币不是由国家以某种形式向农民直接提供的，所以征收货币本身就意味着农产品的商品化；更由于白银货币处于称量形态，不是由国家铸币，国家需要依靠从社会收取白银货币来购买所需要的各种物资，于是，国家从商品流通的创始者、管理者，转化为依赖于社会、市场的需求者。这正是明代国家与社会不同寻常的变迁过程，也即传统国家与社会向近代转型的开端。

传统向近代转型，二者不是截然二分的，从传统向近代的转型发生在传统之中，我们认为晚明国家财政体系的转型，是中国传统国家与社会向近代国家与社会转型的重大标志之一。

让我们回到14世纪下半叶的明初。明王朝开国以农立国，以农业经济为支柱在当时的历史条件下无可厚非。重要的是，当时明朝所代表的江南农业经济的崛起，可以视为中国第二次农业经济的崛起。

明王朝是农耕民族汉族建立的一个统一王朝，这个王朝的建立，有一个相当特殊的背景：中国自唐以后经济重心自北向南转移，南方农耕民族与北方游牧民族在经历3个多世纪的较量后，首次由北方游牧民族蒙古族建立了统一政权，同时，亚欧许多地区都被蒙元帝国征服，并一直被统治到14世纪后半叶明朝兴起的时候。细言之，中国在唐朝以后经历了五代十国、北宋与辽、夏，南宋与金、夏的长时期分裂割据，南北方由农耕民族和游牧民族政权分别统治长达300多年之久，随后建立起中国史上第一个由北方游牧民族建立的统一王朝——元朝，其统治不及百年，明王朝兴起于南部中国，进而建立了一个新的统一王朝。

---

[1]关于明代白银货币化，可参见笔者的系列论文：《明代白银货币化的初步考察》（《中国经济史研究》2003年第2期）；《明代白银货币化与制度变迁》（《暨南史学》第2辑，2003年）；《明代白银货币化与明朝兴衰》（《明史研究论丛》第6辑，2004年）；《明代白银货币化：中国与世界连接的新视角》（《河北学刊》2004年第2期）；《晚明社会变迁：研究视角的转换》（《中国文化研究》，2004年春之卷）；主编《晚明社会变迁：问题与研究》第三章《白银货币化与作中外变革》第143—246页，商务印书馆2005年版；《晚明史研究七十年之回眸与再认识》（《学术月刊》，2006年第10期）；《明代白银货币化视角下的赋役改革》上下（《学术月刊》2007年第5、6期）；与徐英凯合作《明代白银货币化再探：以〈万历会计录〉河南田赋资料分析为中心》（《基调与变奏：7—20世纪的中国》第二卷，台北国立政治大学历史学系、［日本］中国史学会、台北中研院史语所、新史学杂志社2008年版）；《明代财政体系的转型——张居正改革的重新诠释》（《中国社会科学报》2012年7月4日）；与侯官响合作《财政视角下的明代赋役折银征收——以万历会计录山西田赋资料为中心》（《文史哲》2013第1期）。

在这里，让我们进一步分析明朝的特性，这突出表现在两个唯一上：第一个唯一是：明朝是中国古代史上唯一的一个由汉族贫苦农民登上皇帝宝座，建立的大一统王朝；第二个唯一是：这一王朝又是中国古代史上唯一起家于南部中国，在江南建立政权根据地，然而却没有走历史上的偏安老路，而是成功地挥戈北向，囊括全国，实现了大一统的王朝。这两个唯一，一个是王朝统治者的特定属性，一个是王朝兴起地域的特定属性，这决定了明王朝不同于以往历朝的特性：一个起源汉族的、农民建立的、由江南起家统一北方乃至全国的王朝。无论是出自统治者的特定属性，还是出自王朝兴起地域的特定属性，都决定了明朝是一个以农为本的王朝，是一个典型的农耕民族建立的典型的农耕帝国。出身农民的皇帝朱元璋为了实现长治久安的统治大业，特别关注民生；这样的一个农耕帝国的财政，在农业经济基础上，建立起以实物为主的中央集权国家财政体系，是由当时的社会经济条件与王朝特定属性所决定的，是当时先进的农业大国的选择，不应视为保守与落后，更不是时代的错误。

这个新王朝代表着中国农业文明的再度崛起。从历史的长时段看，历史上东亚大陆地区，尤其是在黄河和长江中下游地区形成了以农耕为代表的高度发达的农业文明，并在此基础上形成了高度中央集权的专制体制。如果说汉唐是黄河流域农业文明孕育的统一帝国，那么明朝是长江流域农业文明孕育出的统一帝国，代表着农业文明在中国的再度崛起。如果没有洪武朝建国伊始大力恢复发展农业经济，作为奠定帝国发展的坚实基础的话，恐怕商品货币经济也不一定能够在有明一代破土而出，突破古代两千年以实物为主的财政体系，出现新的发展契机。

（2）明朝财政是"僵化"的吗？

货币经济，是相对实物经济而言的商品货币经济发展的产物，是新型经济模式的一种重要表现形式。在市场推力下出现的明代白银货币化，促使白银货币成为中国流通领域的最为活跃的货币，在明代社会经济生活中的地位越来越重要，对整个社会经济的影响也越来越广泛、深入。而白银货币不可能只在社会上流通，对于国家财政的全面渗透是早晚的事。事实上，成、弘以后，国家层面的赋役改革已经将白银货币化全面铺开，至嘉靖初年，白银已经成为社会流通领域的主币。货币经济的本质特征是：货币作为价值尺度和流通手段发挥作用。《会计录》表明，国家财政已出现部分以白银为计量单位的会计收支总账，财政二元结构业已形成，并具有全面转向白银货币的明显趋势。我们计算所得的万历六年（1578 年）财政收支总额显示，当时财政收不抵支，有着 150 多万两白银的赤字。因此，财政危机也必将促使明朝改革提速，将白银货币的增收提上日程。这就是明初财政体系全面转向货币财政的实际推力。由此看来，作为价值尺度和流通手段，白银进而成为明代财政计量标准，在国家财政中的逐渐占据主导地位，并最终成为国家税务主要征收形态，只是一个时间问题。事实上，全国清丈土地完成，一条鞭法水到渠成。万历后期《赋役全书》显示，以白银作为统一的计量单位，是以排山倒海之势遍及全国的。就此而言，白银为主的财政体系转型到明末已基本完成。[1]

"洪武型财政"是黄仁宇先生提出的一个称谓，他甚至认为洪武之后，全国性的税收大规模重新分配厘定迄至清亡都没有再发生。事实上，在交换过程中，所有商品的价值都通过人的头脑、文字或语言转化为计算货币。白银在明代中国成为完的货币形态，银本位制在中国的悠久历史，开端于明代白银货币化，明代中国出现了事实上以白银为本位币的货币体系。而以 16 世纪初白银基本奠定为流通领域主币时算起，经历了不到百年，白银逐渐成为国家财政体系中的主体。有学者考察认为，顺治八年（1651 年）是清朝第一次有全国赋税会计额的年份，其中开载了地丁总额为征银 2100 余万两，征粮 500 余万石，这个来自《清

---

[1] 参见笔者《明代财政体系的转型——张居正改革的重新诠释》，《中国社会科学报》2012 年 7 月 4 日。

世祖实录》的折银与实物的比价，被认为"大体上实行于有清一代，从而改变了明末中央会计仍以本色为准的传统习惯"。[1] 实际上，依据《会计录》，我们知道在万历初年明朝中央财政会计已经出现了以白银货币加入通计的全国赋税额，即财政以银加入计税的总额，明朝人已开始有以白银加入赋税的计量标准。[2] 而据《清实录》记载，顺治初年的全国赋税额，明确依据的正是万历年间的钱粮则例和赋税定额。清初顺治帝曾命户部右侍郎王宏祚令各直省"钱粮则例俱照万历年间"、"原额以明万历年刊书为准"，乃至"纲举目张，汇成一编，名曰《赋役全书》，颁布天下"[3]。明代白银作为完全形态的货币，不可逆转地在中国社会流通，直至1935年以后才废弃，在中国行用了长达近五百年之久，对于中国社会发展进程可谓既深且巨，值得我们深入研究。

财政曾经是成就古代中国强大繁荣的重要因素，中央集权的规模效应在一定时期可以提高经济效率和社会管理效率。重要的是，财政是国家的一项重要职能，财政收支结构综合反映国家活动的范围和方向。明代市场经济的萌发，促使白银货币化迅速扩展，迫使国家需要建立与市场流通相适应的财政体系，明朝人明确迈出了走向货币财政的关键一步，正在转型中的财政体系证明，财政货币化是变革的趋向。实行货币税有利于国家财政统一结算，也有利于中央集权财政提高效率。16世纪，白银成为国家财政会计核算中的主要计量标准，国家才有可能从数量上总体把握全国财政情况，使得财政规模、结构能够得到统一分析和认识，这理应使财政综合调控能力得到提高。张居正改革中财政所显示的管理效率提高就是一个证明，限于篇幅，这方面暂不展开论述。

那么黄仁宇先生是否认识到改革与白银问题呢？黄先生在提出张居正改革时，指出张居正将绝大部分时间致力于收集更加准确的财政数据，在实施现行税法和充实国库方面，"从来也没有能进行任何根本性的改革。尽管他的初步措施可能会导致一场真正的改革，但是这些措施本身不会导致任何制度性的变革"。[4] 这里又发生了思维逻辑的混乱和自相矛盾之处：可能导致"真正的改革"与不会导致"任何根本性的改革"、"任何制度性的变革"均出自张居正的财政税收措施。我们认为，如果说财政货币化的趋势已经存在于唐、宋，那么当时钱币占据货币的主导地位，财政货币化是以钱缴纳而展开的；到明代则形成一种前所未有的以白银为主流的货币化趋势，直接导致了一场真正的改革出现，而真正的改革不可能不包括"任何制度性的变革"，其本身就意味着制度变迁的实质性突破。

我们清醒地看到，如《会计录》所显示，明代财政体系的转型是艰难曲折、反复多变的过程，绝非黄仁宇先生所说的那样：

> 税收体系是一个整体，如果白银能正式宣布为国家财政标准，而余下的实物税收能够被通行改折为白银，那它就仍会有一些合理性……然而，没有采取任何措施，来消除以粮食石数作为基本财政单位的方式。[5]

他将一场重大经济变革看得过于简单化了，在他看来，只要有国家一纸法令就可以解决问题，历史事实却不是依凭想象的逻辑而可能轻而易举地发生的。"以粮食石数作为基本财政单位的方式"，是国家农业经济基础的现实使然，实物税向货币税的转换，即实物粮食的

---

[1] 郑学檬：《中国赋役制度史》，厦门大学出版社1994年版，第590页。

[2] 《会计录》卷一，万历六年（1578年）所入"本折各色"通计1461万多两，钱钞尚不在内，上册，第22页。

[3] 《清世祖实录》卷一一二，顺治十四年十月丙子，清钞本，第4页b—第6页a。

[4] 《十六世纪明代中国之财政与税收》，第428页。

[5] 《十六世纪明代中国之财政与税收》，第135页。

"石"向白银货币"两"的转换，必须建立在田亩征税的基点上，否则如何转换？

上文已经提到，从《会计录》中的《沿革事例》部分，可见改革的曲折发展历程。折银—征银并非一帆风顺，一开始改革显然并无规划，在发展进程中又多次出现曲折反复。《会计录》中财政税收的计量单位，如历朝一样呈现出复杂多样的特征，而折银—征银反反复复的财政实态，恰恰反映出明代财政处于急剧变化之中的现实，也充分说明改革绝不可能一蹴而就。如果以为明朝人不"保守"的话，就可以朝廷一纸诏令使"白银能正式宣布为国家财政标准"，这恐怕与黄先生对晚明财政转型中的艰难曲折历程缺乏一个全面系统考察，与对于财政转型整体认识不足是相关的。

根据张居正改革期间诞生的《会计录》这部大型财政数据文献，向我们昭示了明代财政体系转型的重要历史信息。《会计录》所提供的财政数据是明朝户部当时掌握的中央财政基本信息。以往明代财政史研究主要关注财政体系中的局部或具体问题，例如田赋征收、赋役改革、财政机构、财政危机等，而鲜见关注整体财政体系，包括财政总额、财政规模、财政结构、全国财政在不同地区的发展实态，以及财政体系与社会之间关系等宏观问题的全面系统而深入的探讨。黄先生的专著注意到了整体，可惜征引资料多根据习见的传世文献，舍弃了大型数据资料，囿于定性研究，加上先入为主的理论——"洪武型财政"，以致不能客观地对明代财政史的演变作整体的定量观察与规律性探讨。

以往中日学者虽然把赋役问题讨论得相当细致，包括赋役的分类、改革和执行过程，但是大多没有注意到财政体系整体的转型，也大多没有关注到晚明财政体系演变在收入、支出等方面的基本特点是白银货币化，也就不可能认定明代财政在中国财政史中的特殊定位。沿着白银货币化的学术理路，我们注意到明代财政发展的独特性，与货币化的发展趋向紧密相关，与16世纪世界发生大变革——全球化也紧密相连，可视为现代国家财政特征在传统社会财政中的浮现。我们注意到财政体系转型与国家与社会转型之间的密切关系，认为明代初年财政的基本特点，是建立在典型的农耕帝国以农业经济为基础、以实物赋役为主导的财政体系，在200年后，这一财政体系正在向以商品货币经济为基础、以货币赋税为主导的财政体系转型，这是一种划时代的变化。就此而言，认为明朝保守、僵化，始终维持"洪武型财政"之说，应该可以不攻自破。

实际上，黄先生的问题还出在没有弄清或者说区别两个重要的概念：明代与明朝。明朝，就是指明王朝，是一个王朝的概念；而明代则是指一个历史存续的时间段概念，是一个时代的概念，不同于明朝。如果模糊了这两个概念，就会出现问题。从不同的概念出发，则会导致完全不同的观点。对待晚明时代，出发点是王朝，黄仁宇先生看到的是一个大失败的记录，这在他著名的《万历十五年》一书里，表现得最为明显；我们的出发点是明代国家与社会，超越王朝的狭隘观念，则会发现一派生机，中国国家与社会正从单一向多元发展，中国从古代向近代演进。[1]

由此可见，同样是这样一个历史场景，由何处出发是有很大区别的。今天我们的研究，

---

[1] 参见笔者主编《晚明社会变迁：问题与研究》（商务印书馆 2005 年版），笔者在《绪论》说明：书中采取了整体世界——多元社会的研究取向，大力挖掘新资料，从更新思路开始，选取人口流动新趋向、商人定居化和店铺业发展、白银货币化过程与中外变革、乡村权力结构转换、政府与民间救荒能力分析、卑幼人的法律地位、军户与军制变化、党社兴起与近代政党萌芽出现，以及儒学平民化趋势九个方面，展开专题考察论述。结论是：晚明社会的基本特点是"变"，晚明社会发生了带有根本性的社会转型性质的变化，指出晚明是一个关键的历史转折时期，由此开始了中国传统社会向近代社会的转型，并提出晚明社会的变化是中国古代社会向近代社会转型的开端，与世界一体化、即全球化的开端相联系，这种变革是在自身社会生产力发展基础上出现的，是原生型的，中国不是被动地卷入世界，而是通过内部变革主动走向世界，与世界接轨，积极参与了世界历史形成一个整体的进程。

首先应该突破王朝思维的定式与框架，这是重要的研究视角的选择和转换。跳出王朝单一发展观，就会发现，明代国家与社会力量有一个此消彼长的博弈过程，国家与社会互动，其重要表现即白银货币化，传统王朝正是在这一过程中开始了衰落。因为白银货币化的背后，也就是市场经济的萌发，它的出现，说明中国传统社会已经走到了尽头，由此开始了时代的重大转折，即向近代社会的转型。历史事实表明，用银是加速商品货币经济发展的必要条件，而加速商品货币经济发展则是发展社会经济的前提。马克思说过：社会赋予货币的权力"成为私人的私有权力。因此，古代社会咒骂货币是换走了自己的经济秩序和道德秩序的辅币"[1]。白银货币化在明代中国完成，代表了市场经济的崛起或者说萌发，因此，晚明中国处于一个国家与社会转型的重要历史转折时期。在这一历史时期里，明王朝遭遇了亘古未有的内外严重挑战，不可避免地走向衰落。然而，明王朝统治的衰落和失败，并不等于明代中国社会的衰落和失败，相反的，恰恰说明了中国社会的进步与发展。重要的是，在政治上，明王朝倾覆了，而在经济上，明代白银货币化，白银成为流通领域的主币和赋税征收形态，建立起了实际上的银本位制，自此白银作为主币，在中国一直行使到1935年。也就是说，在近500年的时间段里，中国存在一个白银经济的事实。由此可见，明代白银货币化是一种不可逆的经济变革，白银货币对于中国历史发展进程的影响和作用极为深远。重要的是，我们还应该看到《会计录》中没有包括徭役部分，可是在货币化数字的背后，此前赋役改革已进行一个半世纪，赋役合一，统一征银，已经形成历史大趋势，[2]明代财政体系转型可以视为中国传统赋役国家向近代赋税国家发展转换的历史进程。这一认识，突破了以往只是认为晚明社会转型的局限，进而提出了国家也经历了从传统到近代的转型的新观点。这一新观点，基点就在于对明代财政体系转型的认识，我们认为如果仍以"洪武型财政"定格视之，显然是僵化和偏颇的，这不是"洪武型财政"的落伍，而是黄先生视野的偏差。

考察《会计录》中表现的白银货币的跌宕起伏与财政体系的深刻变化轨迹，发前人所未发，我们质疑黄仁宇《财政》一书影响下形成的"洪武型财政"的定论。首先，洪武朝财政并非如黄先生所谓的"洪武型财政"那样一无是处，如果说真如他所说的农业经济逆历史潮流而动，而且保守而僵化，那么明朝凭借什么建立起一个中国历史上统治时间仅次于唐朝的第二个持续最长的王朝？其次，他所谓的"洪武型财政"不能概括有明一代财政的特征。在洪武朝的财政产生以后至《会计录》出现的200年中，明代赋役—财政改革连绵不断，赋役改革持续了一个半世纪，才迎来了张居正以财政为核心的改革，换言之，张居正改革经历了一个半世纪的前期准备，历史事实证明了明代财政不是像黄先生认识的那样一成不变的保守、僵化和落后；第三，明代中国从古代财政以实物为主到以货币为主，是一个划时代的体系变化，二者在其主体结构、发展目标和原则、发展特点、规模格局等方面均有所不同，导致的结果不仅是社会变迁而且是国家转型，从传统赋役国家向近代赋税国家转型，由此明代财政开始清除历史上存留的原始性，古代徭役制度走向消亡和变异，更说明不是历史的倒退。总之，中国历史具有自身独特的发展道路，从《会计录》来看，明代中国正在向货币财政体系转型，也有着自身财政管理的独特的发展历程。

在这里提出传统国家与社会向近代国家与社会转型的观点，需要特别说明以下几点：

第一，国家与财政具有共生的特性，在理论上财政制度是国家根本性的制度安排，财政是以国家为主体的分配关系，传统国家利用赋役等形式占有农民和其他小生产者的劳动产品的分配关系，因此对国家的研究与对财政的研究必然紧密联系在一起。笔者提出明代国家转型与社会转型同步的观点，出发点是以财政体系的特点定义历史时期，以财政体系转型作为

---

[1]《马克思恩格斯全集》第23卷，人民出版社1972年版，第152页。

[2]参见笔者《明代白银货币化视角下的明代赋役改革》，《学术月刊》2007年第5、6期。

判断历史变革的标准，解读传统国家与社会向近代的转型。

第二，近代与现代，在英文中词出同源，即 Modern 一词。近代与现代二词是否可以通用，在中国史学界一直存在争议。吴承明先生认为："现代化"与"近代化"为同义语，"我国文献常两词并用，无碍原义"。[1] 尽管近年通用现象越来越多，但是我们认为现代化与工业化是同义词，而晚明最多可与早期工业化相联系，因此采用了"近代"来表述。[2]

第三，一般而言，传统社会与现代社会是一对相对的概念，传统社会是指农业社会，现代社会是指工业社会，这是学术界已取得的共识。而从传统农业社会向现代工业社会的转型，我们认为不是一蹴而就的，传统农业社会与现代工业社会之间存在一个过渡，可以称作近代商业社会。

第四，传统国家与现代国家也是一对相对的概念，社会从传统向近代转型，与之对应的是国家从传统赋役国家向近代赋税国家转型。这里所指的近代国家，不是现代西方民族国家的含义，而是特指从赋役向赋税，即实物税和力役向货币税的转型，财政体系的转型意味着国家的转型。我们认为，在自给自足农业经济条件下，传统国家财政分配主要采取力役和实物形式，而近代国家财政则建立在相对发达的商品货币经济的基础上，税收是近代国家主要的财政收入。具体说来，古代经济是农业经济，传统国家财政依靠田赋的征收与徭役的征发，形成以实物与力役为主的财政体系，发展到明代，发生了从实物与力役为主的财政体系向以白银货币为主的财政体系的转型，特别是古代徭役制度走向衰亡，可以判定是传统走向近代的历史趋势。因此，认为近代赋税国家是区别于传统中国建立在自给自足农业经济基础上，以实物征收和力役征发为主的国家形态，表现为建立在商品货币经济基础上以货币税收为主的国家形态。进一步说，晚明中国从赋役向赋税，从实物经济向白银经济的转换，是中国经济货币化的进程，也就是中国从传统国家走向近代国家的历史进程。

### 3. "洪武型财政"的史观

吴承明先生曾指出：

> 历史，原意是指过去事情的发生和演变的过程。但这种"原意的历史"已经消失，我们并不知道它。我们知道的乃是史学家（或我们自己）根据所接触到的历史资料（文献、文物、口碑）和自己的历史观，经过选择、解释、判断，写出来的历史。我们学习历史或"以史为鉴"，都是指这种"写出来的历史"，因为我们不知道原意的历史究竟如何。这种写出来的历史能否或在多大程度上代表原意的历史，一方面决定于历史资料的完整性，一方面决定于写作者的历史观。[3]

概括地说，世界观，是人们对世界的总体看法和根本观点，解决世界"是什么"的问题。具体来说，黄仁宇先生对世界的总体看法，就是他的"大历史观"，他曾解释为"亦即是从'技术上的角度看历史'"。[4] "洪武型财政"是黄仁宇先生"大历史观"的生发点，也是重要基础。那么这个基础是怎样形成的呢？了解一下很有必要。由于坚信西方经验，黄仁宇先生一直是将明代中国与资本主义的西方做比较的，这直接导致了他将明代"洪武型财政"

---

[1] 吴承明：《现代化与中国十六、十七世纪的现代化因素》，《中国经济史研究》1998 年第 4 期。

[2] 这一看法在《晚明社会变迁：问题与研究》的《绪论》中已有表述，见该书第 2 页注①。

[3] 吴承明：《经济史：历史观与方法论》，上海财经大学出版社 2006 年版，第 12 页。

[4] 黄仁宇：《〈万历十五年〉和我的"大"历史观》，《万历十五年》，中华书局 1982 年版，第 262 页。

视为"不能在数目上管理"的典型。正如邱澎生先生所指出的:"黄仁宇将明清的中国作为'不能在数目字上管理'的典型,其生发点在于他对明代财政制度的研究"。[1]"数目字管理"是一个黄氏独创的词汇,这一词汇只能使研究者迷惑,而他本人从来没有给出一个确定的概念,以致学者们各自依据理解而产生了歧义多见的认识。其实如何去界定并不那么重要,重要的是,黄先生认为"不能在数目上管理"典型的"洪武型财政",彰显出了西方数目字管理的先进。就此而言,"洪武型财政"与"数目字管理"又可以说是黄仁宇先生大历史观的两大支柱:两相对照,一是来自中国明朝财政的失败教训,一是来自英国资本主义的成功经验。明代中国的失败,乃是一种财政制度的失败,这是《财政》一书的核心主旨。他指责16世纪明代财政缺乏现代会计技术与银行手段,税收和财政管理均保守、落后,主要是指向缺乏有效的"数目字管理"内容,即资本主义高效的现代管理。由此可见,"洪武型财政"的史观,是典型的以西方为中心的史观,这种史观阻碍了他对明代中国财政真实情况的准确了解。

要证明明代财政的落后,一个参照系是中国古代的历朝历代,另一个参照系是西方。已有学者对于《财政》一书的明代历史"倒退论"观点对照前代进行了批评。[2]但黄先生运用西方理论和话语系统来诠释明代中国历史,还存在一个削足适履,是否符合中国实际的问题。他所运用的理论、视角和方法,提出的问题,得出的结论,都是建立在西方话语体系之上的,在西方话语体系中对于明代财政进行建构与评价,以西方经验为标准考察中国缺少了什么,难以准确反映明代财政的历史现实,牵强之处太多,甚至给人们这样一种错觉:明朝财政真的几乎是一无是处。这里的问题主要是出在史观上。

黄仁宇先生全面套用西方理念,评价西方先进—中国落后,是典型的西方中心论观点。他忽视了中国传统社会内生的变革力量,没有认识到明代财政改革的重大意义,对晚明国家与社会的误读在所难免。他认为明朝是一个停滞不前的、全面失败的记录,这同时也是对于明代历史的误读,实际上明代历史不是停滞的、静态的,而是变动不居、动态的发展进程。自明初至万历初年,200年后的历史大变局,其间经历了一个半世纪的赋役改革,是最好的证明。

关键的问题是,众所周知,"前近代"中国历史的研究,一直被置于一种从欧洲经验得出的分析框架之中。西方的东来被视为中国历史的转折点,实际上也就意味着西方对中国历史的变迁起了决定性的作用。但是,正如我们从明代白银货币化研究所得出的结论,中国是基于自身内部的发展与变革走向世界的,在全球化的开端时期,中国是主动而不是被动地走向世界的。[3]黄仁宇先生的西方中心史观误导了对中国历史真相的认识。因此,要更好地了解明代中国历史,必须从本土的实际出发进行研究。

黄仁宇先生一直强调中国应该实现金融管制与数目字管理,但对于何为金融管制,何为"数目字管理",却缺乏清晰的界定。他所谓的"数目字管理"是从技术的角度看,是完全出自欧洲经验的总结,而要求14世纪末至16世纪末的明朝财政与17世纪末英国资本主义管理处在同一水平,无异苛求古人。用近代西方的标准评判明代中国,而非真正了解和解释明

---

[1] 邱澎生先生有专文检讨黄仁宇先生的数目字管理的概念,见《"数目字管理"是洞见还是限制?黄仁宇"大历史观"下的明清市场与政府》,《台大历史学报》第26期,2000年12月。此文由邱先生专门惠赐,并给予拙文很有意义的建议,特此致谢。

[2] 李龙潜先生的《也评黄仁宇著〈十六世纪明代中国之财政与税收〉》一文,从明代历史"倒退论"的观点违反了客观史实,夸大了定额制度推行的力度及其对明代财政的负面影响,食盐专卖制度的失败与"洪武型"财政的关系质疑,引文及说明的错误原因四个方面,对《财政》一书给以批评。特别举例说明其中有许多条引文与主题无关,而引文及说明的错误原因,有常识性错误、曲解史料、妄下结论和妄加解说等多种。

[3] 参见笔者《明代白银货币化:中国与世界连接的新视角》,《河北学刊》2004年第2期。

代中国的实际历史。进一步说，明朝以农立国，是一个以农村人口为主的大国，早在14世纪末至16世纪末的中国明朝人，限于当时的认知水平，不可能产生17世纪末西方英国的经验，而西方的经验也很难准确地符合中国的国情。至于黄先生硬将明初传统农业经济为基础的财政与三个世纪后英国资本主义的管理进行比较，无疑是时间的错位，不具有可比性，是历史比较法的具有常识性的错误。

我们认为，《财政》一书的中外比较存在时空混乱，主要表现在时空的错位。应该指出，16世纪《会计录》产生的中国经验与同时代西方的经验，同样显示出多样性和差异性。当时英国光荣革命尚未成功，何谈18世纪工业革命以后建立的资本主义所谓"数目上的管理"？关于这一问题，黄仁宇先生自己也曾说过：

> 我极想向中国读者提及的，则是对中国的大历史而言，英国1689年的经验，深足借镜。这年代之前，英国为一个"不能在数目上管理的国家"（mathematically unmanageable）。[1]

由此我们知道，从时间上说，他本人也承认英国在1689年之前是一个"不能在数目上管理的国家"，也就是说，截至17世纪末以前的西方也没有产生他所谓的"在数目上管理的国家"，那么他又有什么道理要求早一个世纪以前的16世纪末，甚至更早的14世纪末至16世纪的明代中国就要出现像西方后来发展那样的"在数目上管理的国家"？明代中国没有出现，他就批评为保守、僵化与倒退，这是一种前提性的错误。

"洪武型财政"这一很不规范的却普遍流行的成说，其所涵盖的，是对明代财政保守的一种认定，是一种误读与误导，不能引导人们去正确认识16世纪全球化开端时期所出现的中国历史与世界历史的结构性变化。《财政》一书以先入为主，以论代史，立论虚而不实，带有很强的主观臆断性，没有能够对明代财政及其改革给以客观的评价。所谓的大历史、大视野，是西方中心论的历史视野，将西方经验普遍化，导致了对明代中国史的误读。

众所周知，国家与财政具有共生关系，进入现代社会，财政收支一般以货币形式进行的，财政与货币紧密结合。黄仁宇先生大谈"数目字管理"，但遗憾的是，他却没有注意到正是在他所认为保守、僵化乃至倒退的明朝，其财政改革具有超出他所认识的更宏大的背景、更深刻的原因以及更重大的影响，出现了梁方仲先生指出的"现代田赋制度的开端"；而依据《会计录》的整理与研究，我们认为晚明中国发生了国家财政体系的转型，并提出晚明是"现代货币财政的开端"，是"国家治理转型的开端"，进一步说，是"中国古代传统赋役国家向近代赋税国家转型开端"的观点。就此而言，中国具有自身数目字管理的独特的历史发展进程。

总之，《会计录》中财政改革的实态，反映出晚明万历初年张居正对中央集权财政体系的重构。黄仁宇先生的观点，是凭借西方经验模式反观中国本土的典型。范式是由其特有的观察角度、基本假设、概念体系和研究方式构成的，它表示学者看待和解释世界的基本方式。黄仁宇先生的研究范式，问题主要出自他看待和解释中国与世界的基本方式。

### 4. "洪武型财政"的方法论

方法论是人们认识世界、改造世界的一般方法，是人们用什么样的方式、方法来观察事物和处理问题，解决"怎么办"的问题。事实上，黄氏的全部理论观点，正是奠基在他的《财政》一书，而产生错误的根源之一是出自方法论，我们认为，建立在不扎实的史料基础上的理论观点，是没有切实根基的。

---

[1]《万历十五年》，第268页。

历史文献的描述，包括文字描述和数字描述两大类别，长期以来，史界重视前者，忽视后者，黄仁宇先生的研究尤其显著。《财政》一书完成于20世纪60年代，当时黄仁宇先生没有接受哈佛大学费正清等教授的意见："必须有数字资料，而且可以从数字中引出结论"[1]，也没有接受"分析财政与货币政策，以了解两者对经济的影响"的建议。[2] 正是由于这些原因，《财政》一书没有在哈佛大学丛书出版，而是后来在1974年才于英国出版。黄仁宇先生的《财政》一书，序言是由英国史家崔瑞德所作。值得注意的是，他在做了唐代财政管理研究之后，着手明代，但是不久就"灰心"了，认为"这项研究非常复杂"。当他讲到复杂的时候，举出的原因首先是"大量的原始资料让人气馁"，并指出"明代财政管理已证明要比唐代的更为复杂"，"在许多领域，已经不可能再简单化地对明帝国作出总体上的概括"。[3]

我们看到，在英国史家崔瑞德的序言中还有着这样一段话：

> 这部著作中有时讨论了大量的细节性问题，当然还远远不够彻底。现在是这个专题研究的初始阶段，也是细节性历史探讨时期，很有必要列出各个方面的证据，而不能急于作出轻率的概括。这个研究的目的是提出一般性的框架以便更进一步将各个细节联系起来，而不是去提供另一个更宏大的历史模型。[4]

可惜《财政》一书的作者没有理会这段话。我们认为，黄仁宇先生的"洪武型财政"的观点偏颇，很大程度上是因为他的研究没有建立在扎实数据资料的实证研究基础上，而"急于作出轻率的概括"，并急于"提供另一个更宏大的历史模型"。因此，《财政》一书在方法论上存在三个明显的缺陷。

首先，选择描述性，舍弃大型数据性资料。

《财政》一书的作者撰写这部专著时，是"选择依靠描述性语言而非是数据表格"。[5] 这部名为16世纪明代财政的研究专著，却极大地忽略了《会计录》这部16世纪明朝户部编纂且保存下来的当时国家财政会计总册（1582年刊），其书仅引用《会计录》4.5万个数据中的6个具体数据，并且将《会计录》这部重要的大型明代国家财政数据文献，置于参考文献的"其他的明代和清初的资料"中。尽管他知道"张居正力主严查财政账目，这在16世纪是空前的"。[6] 也提到过："为了收集财政资料，按照张居正的命令执行的最大的工程是编纂《万历会计录》"。[7] 而且当时他明知在"芝加哥大学和哥伦比亚大学可以通过缩微胶卷看到该书"，[8] 但是事实上，撰写16世纪财政史的黄先生从来没有下工夫对16世纪张居正改革时期产生并存留于世的大型财政数据文献《会计录》的大规模数据进行整理研究，更没有加以利用的打算，通计他的著作中所引用《会计录》的寥寥数据，就是最好的证明。按照黄仁宇先生自己的话说，他当时采取了"更现实的选择"，也就是在短期内完成研究成果。这样一来，形成了对于存留于世的《会计录》中大量数据文献资料极为忽视的结果。事实上，对于数据文献的舍弃是草率和片面的，主观的任意性影响了求得客观的结果。

我们认为，全面系统而扎实的综合研究，首先必须建立在扎实的史料基础上。《财政》

---

[1] 黄仁宇：《黄河青山》，张逸安译，生活·读书·新知三联书店2001年版，第255页。
[2] 《黄河青山》，第280页。
[3] 《十六世纪明代中国之财政与税收》，崔瑞德《序》，第1页。
[4] 《十六世纪明代中国之财政与税收》，崔瑞德《序》，第2页。
[5] 《十六世纪明代中国之财政与税收》，第3页。
[6] 《十六世纪明代中国之财政与税收》，第423页。
[7] 《十六世纪明代中国之财政与税收》，第424页。
[8] 《十六世纪明代中国之财政与税收》，第220页原注。

一书最主要的缺陷，首先就表现在资料的缺陷上。一部研究 16 世纪明代财政与税收的专著，却对 16 世纪明代国家财政会计总册极为忽视，对于包含 4.5 万个数据的这部大型财政数据文献，仅引用个别几个数据，并且不作为该书研究的主要参考文献，这不是一种严谨的科学的学术研究态度，而《财政》一书史料之缺陷莫大于此。

由于作者忽视了明朝当时中央财政的大型数据文献资料，导致《财政》一书的立论根据严重不足，无法为他所谓的"洪武型财政"提供重要的支撑。吴承明先生认为："经济现象多半可以计量，并常表现为连续的量。在经济史研究中，凡能计量的都应尽可能作计量的分析。定性分析只给人以概念，要经过计量分析才能具体化，有时并可改正定性分析的错误"。[1] 在对 16 世纪明朝中央财政的综合研究中，数据比文字更能准确地表达事实，以表格中的数据表达，既简单又明了，不用大段文字描述即可一目了然；而只有将定性研究与定量研究相结合，才能切实推进对于真实历史面貌的认识。基于这种认识，我们对于《会计录》的整理首先建立在转换当时的数据为现代表格的方式，就是这样考虑的。

其次，史料选择的任意性。

黄仁宇先生置明朝中央财政大型官方数据文献资料于不顾，选择从其他资料特别是地方零散资料做起。这种微观研究可以进行细致的剖析，使局部的探讨深入，但是不利于整体的把握。个体的总和不等于整体，换言之，整体不等于局部的简单加和，而地方经验不足以归纳概括为对国家中央财政整体的全面认识。黄仁宇先生的问题也正是出在这里。

舍弃了《会计录》，作者的资料选择除了《明实录》、《明会典》，主要是地方志。本来研究应该选取具有代表性（或普遍性）的方志例证作为分析的基础，但事实上他却往往不能做到这一点，由于时间和精力所限，作者引用了 39 种地方志，所引方志在地域上往往不具有系统性，一些方志反复利用说明。为着论题的确立，举例式地以个别取代一般，这种个案研究的缺陷，凸显出例证具有随意性的特点，不仅不能说明区域财政的整体面貌，也不可能成为中央财政普遍性的例证，甚至不能说明这一例证在明代整体财政中处于什么地位，在全国财政中具有独特性或普遍性？在整体财政面貌都在推测中形成的情形下，孤立的例证存在不可避免的局限。更重要的是，只考虑地区性的史料，和来自各个不同区域的个案，不要说选取的是个别地方的例证，就是将现存明代方志中一个地区的资料全部汇集起来，形成的地方性知识，也难以形成明代全国财政的一个总体面貌，即获得总体明代财政的认识。例如，在他的书中，广东顺德一县的例子被引述多次，而这一个案不能说明更大区域的问题，也不能体现出明代财政的整体特征。何况明代的县级区划本来就是不平衡的，各县税收情况具有很大的差异。问题的症结就在于：史料决定他所研究的实际上只是财政的一个侧面，或一个局部，但是他从中得出的结论却是全局性的。事实上，如果不能全面了解明代财政的历史实态，就只能是对于当时财政史事实的一知半解。换言之，多侧面只能形成一个平面，所以黄仁宇先生对 16 世纪明代财政状况的了解，是平面而非立体的，质言之，是将局部放大为整体，是以偏赅全的。

《万历十五年》英文版富路特《序》云：

> 历史学家检讨过去的错误，以作将来的警戒。但同时也要忠告读者，保全有价值的事物。据此猜想，今后中国极需采取东西两方的经验。因之作历史的人，务必将所有资料，全盘托出。[2]

---

[1]《经济史：历史观与方法论》，第 242 页。
[2]《万历十五年》，第 261 页。

准确的结论必须建立在全面系统的史料发掘、整理与研究基础上，黄仁宇先生不愿花工夫去发掘《会计录》这一庞大的明代财政数据文献，在史料运用上往往带有主观任意性。《财政》一书史料的任意性选择，使得研究主题 16 世纪明代财政与税收，不能全面系统地得到展现，这样的一个后果就是对于 16 世纪明代财政史的误读。所谓"洪武型财政"的说法，在很大程度上是想当然，而并非是建立在严谨的史料分析基础之上，这种想当然的结果，属于未经考订，妄下结论，是缺乏坚实史料基础之说。

综上所述，《财政》一书的综合归纳法，是由个别窥视整体，其主要错误在于将某一个或某些个案例所反映的具体的和特殊的现象加以普遍化。忽视明朝中央财政的大型数据文献存在，主要在地方选粹史料基础上去构建明代财政整体图景，是在不完全个案归纳形成的结论基础上，也即没有全面综合研究的情形下构建理论观点。由此出发，认为明朝保守、僵化，一直维持"洪武型财政"之说，就是如此构建起来的。

第三，研究估算与结论的随意性。

由于从来没有下工夫对 16 世纪产生并存留于世的大型数据文献《会计录》中的大规模数据进行整理研究，黄先生根本从未确知过他所研究的 16 世纪末这个时间段明代财政的收支数额，只能做出了一些不太确切的估算，而他的估算过程也是从来没有公开示人的。感性认识不能代替实际论证，在缺乏系统数据资料支持下进行推算，这样的例子在《财政》一书中非常多见。由于缺乏充足的数据资料的发掘和认真的定量研究，因此黄先生实际上难以确切判断财政的整体状况，做出的估算在可靠性方面往往存在疑问。例如最典型的是，他把 1600 年以前夏税秋粮的数字简单加和为粮食 2600 万石，实际上夏税秋粮的税目多达 30 种以上，把这些项目综合放在一起简单相加计算，恐怕难以对财政收入做出清晰的计算，无论怎么说也是不科学的；而他又说"其中有 80％的似乎已经折银"，[1]"似乎"二字说明他没有自信，这只能是没有凭据的随意推测出的数字比例。而这样的估算在其书中不在少数，如："整个帝国赋税的平均水平似乎也不超过农业产量的 10％"；[2]又云："如果无论本色和折色，推测每'石'的平均价值是 0.8 两白银，这样田赋正额总值将会略高于 2100 万两白银"。[3]明显的是，这种推测是没有根据的。

更严重的是，正是在这样的估算和想当然的强加于明代财政为"洪武型财政"的基础上，他做出了这样的结论：张居正"从来也没有能进行任何根本性的改革。尽管他的初步措施可能会导致一场真正的改革，但是这些措施本身不会导致任何制度性的变革"。[4]这种评论显然带有自身的矛盾，而正是在这样的定性基础上，他又下了一个定论："毫无疑问，明代的财政管理不如前朝"。[5]这样的理解，只能是充满了曲解和谬误，只能是说明他本人对张居正改革与明代财政发生的巨大变革缺乏真正的了解与认识。我们认为，估算不实，理论虚悬，这种研究方法是不可取的。

黄先生评价《会计录》说："虽然这部著作包括了一些有用的内容，但是编者本人都认为其中的土地数据并不充分"。[6]我们根据原书的这段页下注说明，核对其注引的《会计录》卷四第 99—100 页和卷九第 87 页内容，发现实际上不是《会计录》土地数据不充分的问题，而是关于清丈缘由的叙述，更不是"编者本人"认为土地数据并不充分。这里存在黄先生的误解。还应提到的是，他所注出的《会计录》上述两处引用原书页码均有错误，卷四没有

---

[1]《十六世纪明代中国之财政与税收》，第 246 页。
[2]《十六世纪明代中国之财政与税收》，第 246 页。
[3]《十六世纪明代中国之财政与税收》，第 247 页。
[4]《十六世纪明代中国之财政与税收》，第 428 页。
[5]《十六世纪明代中国之财政与税收》，第 462 页。
[6]《十六世纪明代中国之财政与税收》，第 220 页原注。

100页，而卷九只至78页，没有87页。更有甚者，他没有认真看过，却断言《会计录》缺失卷三和卷六，实际上仅缺卷六《山东布政司田赋》，而卷三《江西布政司田赋》是完整存在的。他将张居正的全国土地清丈置于1581年，即万历九年，并认为"没有以任何统一的标准为指导，也没有确切的结果"，也是经不起史料考验的轻率断言。《清丈条例》颁行于万历八年（1580年），而在《明实录》、《赋役全书》和地方志等文献中均有着清丈结果的明确记载。

值得注意的是，对于白银的改折问题，黄先生也曾述及。黄先生指出："没有采取以白银作为标准和完全改折，是有许多原因的。改革会损害掌管内府库太监的利益"。[1]并直接说明官员反对宦官贪得无厌的奢侈性要求，"这种斗争与掌管内库的宦官的既得利益混在一起，成为明代后期税收无法完全折成白银的一个原因"。还以此作为"明代一直缺乏彻底深入的税收改革"的一个例证。[2]而我们的整理统计与财政货币化研究结果说明，内库的货币化比例已经达到相当高的程度，其中内承运库已达99.05%，仅有0.95%没有折银；如将各监局及光禄寺的供用都进入统计以求得货币化的总额，也已达到78.51%。显然宦官的"既得利益"与白银紧密联系在一起，不可想当然地认为宦官的"既得利益"与折银是分离的，更不能以此作为"明代一直缺乏彻底深入的税收改革"的证明。

## 5. 余论

黄仁宇先生认为："虽然许多学者批评明朝税收过重，但是他们主要是从道德层面进行批评。他们主要关心的是揭露征收者的贪婪和民众的艰辛，而不是去探寻税收制度本身所固有的问题。他们的描述给人们造成这样的印象，那就是主要的问题都是税收过重造成的，而实际上这些困难的产生更可能是税收过低造成的"。[3]如他所云，明亡于财政，但是很难归咎于赋役沉重。那么由此出发，黄先生提出了对传统观点颇具挑战性的明亡于税低的观点，这一观点能够成立吗？我们认为，财政的崩溃无疑是明朝衰亡的重要因素之一。一般来说，绝大多数学者根据大量明代文献认为是税负沉重，才导致税收征收不力，导致了财政的崩溃、明朝的倾覆。而黄先生则标新立异，认为是由于明代财政体制保守、不能变化而导致崩溃与衰亡。问题是他的关于明代征收赋税过低的结论，不是建立在系统研究明代文献记载后得出的，并没有得到事实的确认，因此不具备可信度。我们认为，明初税低，是明太祖欲藏富于民，特意关注民生，但是自建国起，明朝财政并不是完全定额，固定不变的，明后期税负的问题，还应该经过发掘史料深入研究，才能得出结论。

从静态分析转向动态分析，以嘉靖年间马文昇与谢迁二者奏疏的一番对峙为例，可见问题的复杂性。史载："时虏犯大同，兵部尚书马文昇以国用不足，奏请于南方折粮银内更加银若干。迁执不可，上言曰：南方税额甚重，宣德、正统间因民不堪命，故立折银法以宽之。今更加则，反重于本色，民益疾矣"，结果是"其事竟寝"。[4]这里反映的一个明显事实是，折银本来具有宽民的作用，但是折银后来的加则，是反而增加了负担。黄仁宇先生缺乏动态的、发展的眼光来看明代财政，提出"洪武型财政"是一成不变的，仅仅因为洪武时的赋税低、有定额，就断言明朝亡于税低，这不符合历史真实。明末加征又加派，赋役合一，贡与役也走向货币税，税依然低？显然不合逻辑。在这里，对于为什么明末财政崩溃导致了国家衰亡的问题，我们与黄仁宇先生的认识恰恰相反，试图提出一个新的解释，实证研究与数据统计结果告诉我们，不是财政的保守与僵化导致了明朝衰亡，而恰恰是明代中国面临财

---

[1]《十六世纪明代中国之财政与税收》，第135页。

[2]《十六世纪明代中国之财政与税收》，第13页。

[3]《十六世纪明代中国之财政与税收》，第373页。

[4]嘉靖《浙江通志》卷四七《人物志·谢迁》，台北成文出版社1976年版，第2240—2241页。

政体系重大转折，明朝人做出了重大制度改革抉择：财政体系重组。我们在以白银为统一的计量单位，计算出财政的数额以后，得出16世纪末明朝财政总收入的货币化比例达到41.93%，财政总支出的货币化比例却已达到49.41%。由此看来，朝廷增加白银货币收入迫在眉睫，改革必须加速进行，明朝财政正在经历剧烈的动荡，走向货币财政的目标和趋势是极为明显的。这是中国古代史上亘古未有的重大转折，当时挑战与机遇并存，成也萧何，败也萧何，正是由于赋役—财政改革的变化巨大，明朝向货币财政转型的步伐迈得过快，国家与社会问题重重，矛盾丛集，激烈的冲突难以避免，最后结合多种因素的社会矛盾爆发，倾覆了明王朝。而清王朝的建立和政权巩固，与在云南铜矿和日本铜矿的大开发基础上，建立起银铜货币双本位制也有着直接的联系，这方面今后有待进一步深入研究。

总而言之，我们认为16世纪明代财政从实物向货币的全面转型，标志着中国古代建立在自给自足自然经济基础上的以实物和力役为主的财政体系，向商品货币经济发展基础上的以货币为主的财政体系转型，是现代货币财政的开端，进一步说，也即中国古代赋役国家向近代赋税国家转变的开端。这是中国古代二千年亘古未有的划时代巨变。正因为如此，明代财政史才彰显出极为错综复杂的状况，而明代财政史的研究也成为难度极大的学术研究领域之一，亟待开拓进行。

基于以上认识，我们认为：《财政》一书是对于明代财政史的开拓性研究，其功不可没。但"绝对尊重史料，言必有证，论从史出，这是我国史学的优良传统"[1]，真正的学术洞察力只能来自对真实历史的实证研究和理解，黄仁宇先生从个人的问题意识出发，从对西方经验的理解借题发挥，归纳出"洪武型财政"及其缺乏"数目字管理"的特征，对于明代财政史采取了全盘否定态度，显然属于误读；作者以僵化的眼光来看待明代财政史乃至明代历史，也是违反历史事实与历史发展规律的；还有采用较为随意的史料撷取与统计估测，时间错位的比较，加上先入为主的理论，以上诸种缺陷，导致了黄仁宇先生对明代财政史乃至明代历史的认识具有明显的问题，评价有失公允。总之，"洪武型财政"的主要问题所在，是西方中心论史观和几乎完全无视明朝中央大型财政数据文献的方法论，导致立论根据严重不足，对一些基本史实存在误解，也使《财政》一书的结论缺乏说服力。我们认为，明代财政史研究必须大力发掘基础文献数据资料，以定量分析和定性分析相结合，进行整体的综合研究。首先必须弄清其特点，既要看到其局限性，还必须承认传统的合理性，不应以西方经验为研究的出发点，一概否定传统的价值。重拾文化自信，在16世纪全球化开端的时候，明代中国自身的改革及其经验教训，尤应引起我们的特殊关注，这对于我们从中国本土实证研究出发，努力构建中国史研究的理论体系，具有重要的学术价值。

## （六）结束语

财政是国家治理的基础，16世纪末中国古代财政体系发生了什么变化？国家财政收支从实物税向货币税的转变达到了什么程度？乃至国家财政的整体规模和结构如何？在此我们试图给以回答。本书分为三大部分，第一部分是基础性文本整理以现代表格形式表现；第二部分依据原书基础整理编制统计表；第三部分则是从明代白银货币化的理论出发，对全国财政规模与结构进行统计分析，并专门致力于白银货币在明朝财政中的比例研究，计算出财政货币化比例。具体而言，我们以统一的白银作为计量单位，将《会计录》中所有财政收支数据折算为白银，即将《会计录》中所有实物和折银的4.5万数据进行了货币化处理，复原了16世纪末明朝财政的整体面貌，统计得出了财政收支规模、结构和货币化程度，并作了若

---

[1]《经济史：历史观与方法论》，第281页。

干个案分析。由于原书卷六山东省田赋全部遗失，我们是通过聚类分析与回归分析推算出山东全省具体数据的。我们最终求得了明代户部掌控的中央财政收支的白银货币总数，以及全国各个省直乃至府、州、县的白银货币财政的具体数额，提升了《会计录》数据资料的利用价值，在以往研究的基础上取得了突破性的进展，深化了对于明代财政史整体的全面认识。

《会计录》的整理与研究，把我们带入明代大改革时代，改革大潮中白银的作用非比寻常，明代中国不仅转换为新的白银称量货币体系，而且在财政上出现了传统财政体系的转型，这一结论，是对于明代财政史研究的深化。梳理财政转型的逻辑思路：明朝人以白银作为统一的计量标准和税收形态，这是明朝改革的结果，也使得我们从整体上探讨晚明国家财政结构和财政体系成为可能，更使我们得以复原16世纪末明代财政的整体面貌，加深对16世纪中国政治经济乃至综合国力的了解与认识。

以往学界就财政论财政的趋向，忽视了白银货币化与财政的密切关系，也忽视了是中国社会内部需求拉动外银流入这一事实，显然不能完整解释晚明财政变革的真正原因。而以往明史研究中计量史学方法的运用相当薄弱，数据资料的整理与研究不够系统全面，以致总体的明代财政史研究停留在描述和简单估计阶段，没有进行较全面精确的计量分析，乃至影响了对于明代财政史全貌的认识，形成了明代财政史相对其他断代财政史的滞后现状。在前人研究的基础上，我们从整理《会计录》中发现新问题，发掘出新的可资利用的大量数据资料，以创新理论指导，尝试以银为计量单位作计量分析的新探索，提出新的独到见解。我们尝试以统一的白银作为计量单位，发掘和利用中国古代国家会计总册数据进行财政的货币化研究，是以前史学界前贤没有做过的工作。我们采用统计方法整理了大型财政数据文献，以表格形式呈现出来，并对所作表格都做了简明扼要的说明，其中不乏我们在《会计录》整理统计基础上提出的新的创见。实证研究和统计分析显示，财政收支结构经历了由简单到复杂的变化过程，在这一过程中，实物在财政收支中的地位呈下降趋势，丧失主体地位仅是一个时间问题；白银货币则呈上升趋势，实物与货币的此消彼长的变化趋势表明，明朝财政体系正在逐渐由实物财政转变为货币财政，性质在发生根本的变化。

确定明代财政体系的转型相当关键，以往缺乏对于财政体系的整体研究，这一点在研究中被遮蔽了。明代白银货币化是一个牵动财政体系乃至国家整体变迁的关键枢纽。赋役的改革、财政收支的变革、里甲的瓦解、官田的兴废、徭役的走向消亡和变异等等，一系列晚明国家、市场与社会变迁均围绕着白银货币而展开，与白银有着直接或间接的关系。通过考察，《会计录》清楚记载了实物→折银→征银的历程，混杂多样的税目，以各种实物计量单位和白银货币并行的计量标准，实物与货币并行，二者的激烈博弈印证了改革正在进行之中。旧的财政体系解体的过程不是一举完成的，而是伴随出现形形色色的过渡形态。尤其是财政主体的变化，使得情况异常复杂，处于急剧转型中的明代财政凸显了变化多端。这正是因为明朝处于大改革时代，财政改革是划时代的。改革时代往往泥沙俱下，这也决定了明代财政史研究在历朝历代财政史研究中，是难度最大的，也是最有价值和意义的研究之一。

财政是了解帝国最基本特征的一把锁钥。在中国传统社会里，以农立国，田赋历来是国家财政的主要来源。明代改革的独特之处在于，在财政结构中形成实物与白银货币的二元结构，并且具有白银货币增多的明显趋向。晚明白银已形成社会流通领域主币，并已成为世界货币，在内外形成强烈冲击波的情形下，张居正改革试图重组中央集权财政体系，以保证帝国的正常运行。财政是国家治理的命脉，财政收支结构综合反映国家活动的范围和方向。市场促使白银货币化迅速扩展，国家需要建立与市场流通相适应的财政体系和管理体制。明朝人明确迈出了走向货币财政的关键一步。正在转型中的财政体系证明，财政货币化是变革的趋向。白银成为国家财政会计核算中的计量单位，明代财政才有可能从数量上总体把握全国情况，使得财政规模、结构以及收支总额能够得到统一分析和认识，这理应使财政综合调控能力得到提高。

我们认为，需要从一个全新视角来理解晚明中国的财政体系转型。全面转向货币财政，是中国社会经济货币化的进程。以往的研究主要运用基于西方国家财政经验总结出来的理论来理解中国，理论视角过于单一。借助财政社会学的最新理论成果，我们以明代白银货币化为主线索，重新审视晚明中国的财政演变过程，关注的问题是：晚明财政体系的整体面貌究竟是什么样？经过一个半世纪的赋役改革，16世纪明代财政货币化在多大程度上实现了？通过统计列表与分析的方式，我们还原了晚明财政体系的整体面貌，得出了万历初年财政中货币化的比例，从而对于晚明财政有了进一步的全面认识。我们以为，明代赋役—财政改革与历朝历代改革的最大的不同之处，就在于史无前例的统一以银计税，征收白银货币。货币税与实物税对称，是以货币为标准的纳税手段，指纳税人以货币形式缴纳税收。在现代社会中，世界各国均实行货币税，货币税是一种较为先进的税收形式，有利于国家组织财政收入，并发挥国家税收对社会和经济生活的调节职能和作用。我们知道，当商品生产和交换发展到一定程度时，货币作为支付手段的职能越出商品流通领域，赋税由原来的实物交纳转化为货币支付。由于生产者在交纳货币税时，只是货币单方面的转移，不发生商品和货币换位的情况，不表现商品的任何形态变化。因此纳税人要用货币交税，就须出卖自己的产品变为货币。这只有在商品交换发展的情况下才能做到。事实上，晚明财政改革是一个社会、政治、经济、文化诸多因素相互作用的结果。当然，白银货币的作用既有积极的，也有消极的甚至是破坏的作用，改革的复杂性还需要做更加细致的探究，以进一步深入推进研究。

在中国古代的历朝历代中，财政状况受到货币经济的影响，再没有比明朝更重要的了。晚明经济最具时代意义和历史意义的发展之一，是白银货币化。白银货币化经历了自下而上而又自上而下的发展历程，是市场萌发的结果，不是国家法令推行的结果，也不是官员贪欲、国家贡赋经济可以解释的，而西方资本主义冲击，西方中心论的解释也行不通，因为外银流入是有中国本土需求的拉动，中国不是由于外银流入才一条鞭，而是在一条鞭法推行全国前一个半世纪的赋役改革中已见白银手段的广泛应用。《会计录》是明代财政改革、制度变迁的重要见证，而制度变迁反映时代精神，正是时代意识使明朝人观念变迁，逐渐走向了财政货币化。从《会计录》中明确记载的清丈试点，到万历清丈以后各地编纂的《赋役全书》，万历后期赋役皆以银计税，以银征税。实物为主的财政收支结构，是物质形态的财政体系，而在明代，实物收支结构的财政体系在白银货币化的强劲发展趋势冲击下，出现了瓦解。明代财政以白银为媒介的收支活动日益频繁，白银在收支结构中所占比重有显著增长，反映出商品货币经济至关重要的影响下，经济货币化的发展迅速。晚明财政处于急剧变化之中，具有六个明显特征：一是折银比重增大，并制度化；二是以银代役范围日益扩大，并规范化；三是从"石"到"两"，财政税收的统一计量标准发生转换；[1]四是从征实到征银，税收形态发生重大转变；五是伴随白银货币化，明朝人的观念变迁，会计理念转向白银货币；六是晚明中国财政体系从实物为主向以白银货币为主转型。[2]这无疑是现代货币财政的开端，是与中国传统社会向近代社会转型和中国走向世界密切相关的重要转型，进一步说，这也是

---

[1] 在全国清丈田粮以后，各地编辑《赋役全书》，实际上作为最基本的农业税收依据，在账面上往往保留了"石"，但作为税收基准，只有账面意义，没有实征意义。

[2] 笔者最近的研究表明，徽州文书中存有大量万历初年赋役—财政改革的历史见证"税票"，均以白银为计量单位和征收形态，详见笔者《明代税票探微：以所见徽州文书为中心》，《明史研究论丛》第十辑，故宫出版社2012年版。

国家治理的转型，是中国从传统赋役国家演变为近代赋税国家的开端。可称为中国古代二千年亘古未有的划时代巨变。

从明代历史总体看，明代中国白银货币化的进程，就是中国经济货币化的进程。一般来说，经济货币化是指社会经济中实体经济向货币经济转化的过程。世界经济发展史表明，经济货币化是经济发展过程中必然伴生的客观经济现象，它在一定程度上反映一个国家乃至全球的经济发展历程。从经济货币化角度来看，货币化水平的高低是衡量一国经济发展水平的重要标志之一，国家财政中的货币化比例，是经济发展水平和进程的标志之一。实际上，货币化程度越高，意味着货币的作用范围越大，货币的渗透力、推动力和调节功能越强。明代中国改革发展最显著的成果就是经济货币化水平的迅速提升。从货币需求的角度来看，当时中国处于经济转型阶段，随着白银货币化进程的逐步深入，白银形成了完全形态的货币，具备了五种货币职能，并占据了流通领域的主币地位，白银货币化至此基本结束，此后财政的货币化仍在进行之中，导致国家财政收支的货币需求不断增长，在财政体系中的白银货币比例持续上升，趋向于货币财政。从货币供给的角度看，中国白银货币的本土资源不足，货币供应具有较强的被动性质，社会需求和国家需求快速增长，引起海外贸易获得外部白银货币供给量快速上升。货币供求相互作用，使得在白银货币快速增长的同时出现了财政体系的重要转型。在有明一代近三百年中，中国经济的一个显著特点是白银经济的崛起。重要的是，这一白银经济自此开始直至1935年，正是中国经济货币化的进程，经历了近五百年，对中国历史发展进程的影响极为深远。

赋役和财政的货币化，意味着国家的流通体制和财政体制，乃至国家治理机制发生了根本性转变。农民的赋税徭役负担，一般转化为货币形态。货币财政体系不是由于土地兼并而出现的，而是由于赋役的货币化改革使其最终得以正式开端。白银货币化改变了原来的以实物与力役为主的财政体系，从经济形态来说，由此产生了在性质上完全不同于过去的新型的白银经济形态。重要的是，白银货币处于称量形态，不是由国家以铸币形式向农民直接提供的，这就意味着农产品的商品化。国家、官僚、军队依靠从农民收取货币来购买所需要的各种物资。国家从商品流通的创始者、管理者，转化为依赖市场的需求者。这是近代市场发展的历史走向。

实际上这里还涉及一个关键问题，即明代白银是货币的进步，还是退步？笔者认为应该这样看待：在白银货币化历史潮流的推动下，晚明国家与社会转型，中国与全球连接互动，形成了晚明中国最为鲜明的时代特征。通过明代白银货币化过程的全面考察，白银货币化在明代形成，关于明代白银货币化的概念，笔者归纳为以下五点：其一，白银从贵重商品最终走向了完全的货币形态 。其二，白银从非法货币到合法货币，再到整个社会流通领域主币。其三，白银形成国家财政统一计量单位和征收形态。其四，白银形成主币，中国建立起实际上的白银本位制。其五，白银成为世界货币。进一步说，当16世纪全球化开端之时，明代白银形成社会流通领域的主币，并逐渐成为国家财政的主体，标志着明代中国白银经济或者说白银时代的形成，中国走向了一个整体世界的趋同。但是我们还应该注意到，白银作为称量货币，在国内矿产资源不足、外银大量流入的状况下，白银货币经济极大地扩展，遂使国家丧失了对货币的绝对控制和垄断权，从此中国进入一种自由银制度。[1]白银处于称量形态，本质上是一种自由银，不由国家垄断，晚明中国发生的国家、市场、社会的多元转型，是与中国自此建立起一种自由银制度密切相连的。而以自由银作为主币，这种自由货币制度，开启了中国的白银时代，或称白银经济时代，在中国持续了近五百年，直至1935年才退出中国历史舞台，才向纸币回归。中国的白银经济存在了近五百年，自由银制度存在了近五百

---

[1]关于自由银的概念，笔者深受周子衡先生启发，在此深致谢忱。

年，对中国历史进程产生过极为重大的影响和作用，无疑成为中国独特的发展道路、独特的国情的重要组成部分。自由银和国家与社会的互动关系，这一中国独特的发展道路，尤其值得我们加大力度进一步深入研究，这对我们构建具有中国本土特色的中国史理论，将大有裨益。

关于晚明财政改革的历史地位，以往有一种看法：明代一条鞭法是唐代两税法的延续，明代改革没有超出两税法的范围。另一种看法是：明朝人的改革不彻底，到清朝才彻底完成。这里存在一个标准的问题，以往极大地忽略了财政体系的整体研究。在《会计录》的整理与研究基础上，笔者认为明代是一个大变革的时代，从历史的长时段来看，16世纪明代财政改革具有独特的前所未有的划时代意义，主要表现在中国古代二千年来以实物为主的财政体系向以货币为主的财政体系的转型，是历史上从未有过的以白银货币作为统一的计量单位，又作为统一的税收形态的变革。这一货币财政开端，已远超出了两税法的范围，超出了唐宋变革的内涵，清初完整沿袭了万历年间的改革成果，是改革的延续而已，从这一意义上来看，清朝是明代改革的最大受惠者。

我们以为，过去的财政史研究没有把货币与财政问题有机地结合起来，16世纪白银货币在财政中比重的增加，为财政结构变革和财政体系转型提供了有效的证明，使我们得以把握明代财政体系的演变进程及其发展趋向，从而对晚明财政史乃至明代中国的历史性变革，有了整体性和连贯性的新认识。这成为我们理解明代中国历史发展进程的新线索。以财政体系的脉络来解读历史变迁和国家转型，不仅是现代田赋制度的开端，也是现代货币财政的开端，其在中国财政史上的重大意义和历史地位，归纳起来可以做如下阐述：标志着近代的开启，表现在6个方面的转型：第一，中国货币体系从贱金属铜钱向贵金属白银本位制，即自由银制转型；第二，中国财政体系从实物财政向货币财政转型；第三，中国传统经济向货币经济，即向经济货币化转型；第四，国家治理的转型；第五，中国社会从传统社会向近代社会转型；第六，中国从古代赋役国家向近代赋税国家转型。

重要的是，社会转型与国家转型是并行不悖的。财政是经济的重要组成部分，而明代财政体系的转型，却绝非只具有单一的经济结构变动的意义。必须关注的是，社会经济结构转换与国家治理体制转型的同步进行。从白银货币化到整体财政体系转型的研究，笔者认识到明代是一个大改革的时代，经过一系列赋役改革——渐进式改革，最终汇合为突进式的张居正改革，成功得益于三方面：一是顺乎民意，改革从根本上说反映了农民的实际诉求；二是坚持了古代均平的原则。三是顺应了历史潮流，调整政策，从赋役到赋税，超经济的强制力量逐步减少，显现出走向近代国家的明显趋向。在此我们可以对晚明中国历史进程提供一个新的解释模式：市场萌发→明代白银货币化→社会经济结构改变→赋役—财政改革→财政体系转型→国家治理机制转型→中国从古代赋役国家向近代赋税国家的转型。

在此前晚明社会变迁与转型认识的基础上，我们向前推进了一步，即认为晚明不仅出现了社会的转型，而且出现了国家的转型。从社会转型到国家转型，或者说国家与社会的转型，突破了以往的研究范式，开拓了新的研究领域和新的学术增长点。

明代白银货币化引发的货币财政体系，是明代财政改革发展的主流趋向。张居正改革是以财政为核心的改革，财政是国家治理的基础和重要支柱，因此张居正改革是明代最令人瞩目的重大历史事件之一。这场改革不仅实现了财政会计的货币转型，更影响到财政体系的重建，是中国古代实物税向货币税转变——古代财政体系转型，是导向国家治理模式转型的重大改革。张居正改革前，已有一个半世纪的系列赋役改革，形成张居正改革的前期准备，正是在渐进式改革的基础上，出现了万历初年的突进式改革。改革文献今存于世的，一是《会计录》，一是《清丈条例》。一条鞭法从来没有形成一个全国法令文书，清修《明史》的概括存在问题。沿着白银货币化的学术理路，带着问题意识进入财政史数据资料的系统整理与研究，将《会计录》作为解读历史的切入点，为重新诠释张居正改革，提供了新的思路。

从王毓铨先生提出国有土地所有制的"纳粮当差"系列研究，到笔者提出来自市场的白银货币化的"纳银不当差"，表明晚明社会结构已经发生了重大变化，连带整个国家基础构建也发生了变化，这就是社会基础组织里甲制发生了转变。我们知道，明初国家与社会结构以里甲制为基础，而里甲不仅仅是简单的社会基层组织，还应特别注意到"里甲"又称"里甲正役"，其本质特性是国家法定的徭役。赋役制度是中国历代王朝为巩固国家政权而向人民征课财物、调用劳动力的制度。赋役中的徭役，即国家征发劳役，是中国古代财政的重要组成部分，也是国家治理社会的基本方式之一。明初建立的徭役制度，最主要的就是里甲正役。随着白银货币化迅速推进，"纳银不当差"，政府以银雇役，意味着劳役向赋税的归并，国家与编户齐民的关系发生了深刻变化；同时也意味着国家权力运作机制、控制社会的方式及其中央政府与地方社会的关系模式、国家治理结构与地方行政模式也随之发生了深刻的变化。在转型时期，以往的国家治理与社会整合方式已不再适应现实的要求，而新的治理机制尚未完全建立起来，新旧两种治理机制、秩序规范并存交替局面，由此而产生的各种矛盾和冲突表现得异常激烈。而国家与社会均处于深刻变化之中，具有极大的过渡性和不稳定性，明朝就是在诸多综合因素的纠结作用下走向灭亡的。

通过《会计录》，对这段历史史实重新考察，揭示出在特定的历史背景下，国家财政改革源自货币经济长期的演变趋势，张居正在了解国家财政总体状况后，选择清丈田粮来实现财政的全面改革，这是在渐进的积累基础上进行的重大变革。历史经验告诉我们，开展清丈田粮是财政改革的根基，是一条鞭法全面推行的前提，清丈后一条鞭法水到渠成，计亩征银才能落到实处。在全球化开端的时候，明朝改革迈出了走向货币财政的关键一步。我们认为，《会计录》的问世与呈现出的过渡形态，反映了中国古代国家与社会转型时期内在的制度矛盾和深层次的制度变革，标志着中国古代财政体系的转型，它的出现与明代国家与社会转型的发生是分不开的，如果没有白银货币化，和随之展开的赋役—财政改革，《会计录》可能只是历代财政会计簿册中的一部，而不会是一部包括了错综复杂的改革历程的历史写照。但是，我们也应该看到，传统仍然顽强地存在着，《会计录》所呈现出的很多特点都可以从这样的特殊经济历史背景中求得解释。就此而言，《会计录》是中国农耕帝国财政的一次历史性总结，又是一个走向新阶段的开始。

明代中国如何被内在理路和外在理路构成的历史大势推至两千年历史之大变局？在这里，我们的研究建立在系统整理大型数据文献基础上，以 395 万字的篇幅，555 个表格，尝试复原了 16 世纪末明代中国国家财政的总体面貌，重拾文化自信，进行了理论思考与创新，论证了明代中国财政体系的转型，是现代货币财政的开端，是现代货币财政管理的开端，这一中国经济货币化的进程，与中国古代社会向近代社会转型的开端和全球化的开端紧密联系。本研究进一步提出明代是一个大变革的时代，中国历史从古代走向近代或称现代，不是断裂式的，而是具有连续性，更是内生元素与外生元素共同作用的结果；晚明中国无论是从社会层面，还是从国家层面，都预示着中国走向近代的历史走向；明代国家财政体系的转型，也是国家治理的转型，是中国传统赋役国家向近代赋税国家转型的开端。进一步说，明代中国国家与社会改革的历史进程与全球化开端的历史进程是重叠的，白银在中外变革历史上扮演了重要角色。我们力图重新审视明代财政在中国财政史乃至明史上的地位，丰富和深化对于明代财政史的全面认识，乃至对于明代中国历史的整体认知，推进中国传统国家与社会转型乃至中国与世界关系重大理论问题的深入探讨。

《万历会计录》的整理与研究，由笔者和徐英凯教授合作完成，从开始至今，我们为此花去了 12 年时间，此书包含着我们对新领域、新内容、新理论、新方法的辛勤探索与不倦追求。而《会计录》内容庞杂、数据浩繁，我们所进行的整理与研究，是史学与数学学者首次合作，是一种前人没有做过的探寻创新研究的尝试，在工作中，我们越来越感到明代财政与白银货币化问题的重要性，同时也越来越感到我们既有的功力和研究的不足，在此仅希望通过我们的整理，能够为学界提供一部参考工具书；并通过我们的研究，为今后明代财政史和明史研究深入推进起到铺垫作用，斯愿足矣。在力图做出全新的尝试和系统解释的同时，我们的整理与研究一定会有不少错误和不足之处，恳切希望今后得到学界同仁及广大读者的不吝赐正。

应该提到的是，陈秋华老师参与了聚类分析与九边统计个案的部分研究，朱勇华老师参与了山东田赋的个案研究，成一农先生帮助提供了地图，博士生侯官响参与了山西田赋部分的个案研究，并整理了附录《明实录》田赋数据，我们在此表示感谢；特别感谢中国社会科学院科研局国家社会科学基金处金朝霞处长为此课题结项专门组织召开评审会议，国家社会科学基金项目结项评审专家南炳文、王天有、张研、李晓、赵世瑜5位先生对此成果提出的宝贵意见；衷心感谢中国社会科学院副院长李扬，中国社会科学院历史研究所老所长林甘泉，中国明史学会老会长、南开大学教授南炳文特地为此书作序；北京大学王天有教授，也是笔者的师兄，这里将他为我们国家社会科学基金课题的结项鉴定意见作为代序，以志纪念；而中国社会科学院科研局出版处薛增朝处长、金叶女士、宋学立先生，中国社会科学出版社黄燕生编审、姜阿平编辑等为此书出版提供了大力帮助，在此我们深表谢忱。

# 第一篇

## 《万历会计录》整理篇

# 整理凡例

一、《万历会计录》是一部大型的数据资料文献。为了使其应用方便，表述更为清晰。我们将其整理为现代统计表格的形式。

二、为了保证内容上的完整性，尽可能保持原书的原貌，书前户部尚书张学颜、王国光进呈题本、奏本照录文字，置于书前。

三、以原书卷次编排顺序，自卷一"旧额、见额、岁入、岁出总数附十三司分理"开始，直至卷四十三"杂课附积谷"结束，尽可能将原书中的数据悉加收集，依据原书的分卷，编制表格。全部数据整理为甲表，共133个统计表格。

四、原书的文字注释，在表格中均采用页下注形式注出。

五、书中所载文字，全部照录，置于原书相应位置。原书小字注，置于括号内。

六、原书地名为万历初年地名，本书一般采用今简体地名。由于明代地名在历史沿革中有拆分和合并，不能与今地名完全对应，因此本书一律不标注今地名。最后附录二为万历初年行政区划，全部用当时地名（包括繁体或异体）写法，以便参考。

七、原书人名一般用简体字，有个别改简体易发生歧义的则用原字。

八、原书专用术语一般用简体字，改字体后易生歧义的用原体。

九、原书编纂体例不统一，卷一至卷十六、卷三十一至三十四、卷三十六至三十八、卷四十至四十一、卷四十三卷首无目录，卷十七至三十、卷三十五、卷三十九、卷四十二卷首有目录。凡卷首有目录的，均置于卷首原书位置；卷首无目录的，不再加以说明。

十、原书中各卷的《沿革事例》文字，为了保持原书的原貌，附在原卷表格之后。有小字解释的，置于括号中。有卷首目录的，仍置于卷首；并与该卷《沿革事例》内容对照，如有出入，加以注明。

十一、整理原书所用字体，依国家有关规定的标准使用规范字。对一些通假字、异体字、繁体字，包括明代地名，一般更换为现代汉语常用字。

十二、为方便读者，注明"原书此处注"中的数字也采用阿拉伯数字，不加引号。

十三、书中脱字衍字均有。凡缺字处，以□表示；若有脱字，清楚其来源的，在括号中直接标出，不另加注；为了保存原状，衍字未删。

十四、原书中卷六缺失，以及各卷中的缺失部分，均加以注明，并编辑"《万历会计录》残缺情况一览表"附在《整理篇》后。

十五、原书有一别书页错入，已在该处注明，并将错置文字在"《万历会计录》残缺情况一览表"全部录出。

# 说　　明

一、甲表1—甲表14，是根据原书卷之一整理而成，其中甲表1是洪武、弘治以及万历六年的全国各项钱粮原额、见额、岁入、岁出总数；而甲表2—甲表14是十三司分理各省直田粮岁额、岁入、岁出总数，依照原书的记载，北直隶的数据在福建清吏司的项下，南直隶的数据在四川清吏司的项下；甲表6是山东省的数据，这也是原书中唯一保存的关于山东省的总额数据。

二、卷二到卷一六分别为十三布政司与两直隶的田赋，原书对于洪武与弘治年间的田赋数据，只记录了省直一级的田赋数据，而对万历六年的田赋数据是按省、府、县的顺序排列记载的。

为了便于比较，在整理中对于洪武、弘治与万历六年省直一级的田赋数据，分别按各省直列入同一个表格中，甲表15为浙江，甲表17为江西，甲表19为湖广，甲表21为福建，甲表23为山西，甲表25为河南，甲表27为陕西，甲表29为四川，甲表31为广东，甲表33为广西，甲表35为云南，甲表37为贵州，甲表39为北直隶；由于南直隶的三朝田赋数据较多，甲表43、甲表45、甲表47分别为南直隶洪武、弘治与万历朝的数据。由于《会计录》卷六的遗失，使得山东省的田赋数据全部缺失。

南、北直隶的田赋数据较为详细，记载了弘治与万历六年的北直隶下辖各府的田赋数据，以及洪武、弘治与万历六年南直隶下辖各府的田赋数据。在整理时分别列表表示，甲表40为弘治年间北直隶分府数据，甲表41为万历六年北直隶分府数据；甲表44、甲表46与甲表48分别为南直隶在洪武、弘治、万历三朝的分府数据。

万历六年各省直下辖的府、县田赋数据，做成"××布政司分府县田赋"表格，分别放在所属省直田赋数据表格的后面，以便于对比、查找。

三、原书卷一五附记了庄田子粒的数据，由于其特殊性，故单独以甲表42表示。

四、卷一七到卷二九为边镇饷额，分别整理成甲表49至甲表61。这些表格分各边镇主兵与客兵，列出其原额饷额和见额饷额。

五、卷三十为内库供应，甲表62—1与甲表62—2是内承运库的数据，其中甲表62—1是对于内承运库所收入的麦米、年例金与朱砂，按照其来源地进行列表；而甲表62—2则是对内承运库所收各宫子粒银，按各宫及其子粒银的来源地列表。甲表63是承运库的收入，承运库只收本色绢，其来源地为浙江、江西、湖广、山西以及南直隶的苏州府等五地。甲表64是供用库的收入，分别按所收物料及其来源地列表。其来源地较多涵盖了浙江等九省与北、南两直隶所辖的十八个府，以及长芦都转运盐运使司。甲表65是甲字库的收入，甲字库主要收入为颜料与棉布，其来源地为浙江等十省与北、南两直隶所辖的十八个府。甲表66是丙字库收入，丙字库收贮丝与棉花绒，这些丝与棉花绒来自浙江、山东、河南三省与北直隶顺天等七府。甲表67是丁字库收入，丁字库所收物料主要为漆、桐油、铜、锡与牛皮等物，其来源地广泛，几乎涵盖了全国各省直。甲表68、甲表69分别为广惠库与天财库的收入，此二库主要收贮宝钞与铜钱，来源地为各钞关与正阳门等九门，以及燕山右等四卫。甲表70是内官监收入，主要是米、草与盐，来源地为北、南直隶所辖苏州府等九府与长芦盐运司。甲表71是尚膳监的收入，尚膳监的收入简单，只有川椒、粟谷、蓟秫三项，来源地为四川、顺天府与河间府三地。甲表72是酒醋面局收入，其收入除了米麦豆等外，有糆108800斤，是由张家湾宣课司供应。甲表73是司苑局收入，只有黑豆与谷草两项，来自山东、河南与北直隶顺德等四府。甲表74是惜薪司收入，只有白熟糯米与红枣两项，分别来自顺天府与永平府。甲表75是宝钞司收入，只有稻草与香油两项，全部来自北直隶。

六、甲表76是万历九年商价会估备考，列有万历八年秋估银与现估银两栏，并分别各库、局、司列出。

七、卷三一为光禄寺供应，原书中对于弘治年间、嘉靖初年的数据记录简单，对万历六年数据记录详细。甲表77为弘治、嘉靖、万历年间光禄寺供应的总数，只列了岁派米粮与果品厨料两项。而甲表78为万历六年光禄寺供应的详细数据，除了列出各种物料的数量外，还给出了其来源地，以及某来源地供应该项物料的数量。

八、卷三二为宗藩禄粮，原书是按顺序记录，为了便于应用，在整理中将王、郡王，镇国、辅国、奉国将军与中尉，郡、县、乡主、君及仪宾分三个表格表示，即甲表79、甲表80、甲表81。由于其禄粮的本折色比例各有不同，故在表中加注以说明。而甲表82为原书所载宗藩禄粮的岁用约数，宗藩禄米分为本折色，但是原书仅给出了部分本折比例，没有各类具体人员数目，故此在本表中无法区分本折色禄米的比例。

九、卷三三的本部职官，列表为甲表83。此卷所载圣谕、圣训、敕谕等文字，均录于表后。按照十三清吏司，分别记载了职掌所辖。

十、卷三四所载的在京文武官俸粮本折则例与各衙门吏典监生等役月粮则例，列表为甲表84，甲表85。而甲表86是各衙门官员吏典监生等役岁支俸禄的约数，是按部门分本色米、折俸银与铜钱三项列出的。甲表87是公、侯、驸马、伯岁支本折禄米，除给出禄米的总数外，还给出了本色与折色的具体数值。

十一、卷三五所载的漕运额数，列表为甲表88，共计岁额四百万石，分别为兑运粮三百三十万石与改兑粮七十万石。并且列出了漕粮的来源地，及各来源地的漕粮额数。同时兑运粮的本折数，兑运加耗米，两尖米，轻赍银等也均列出。甲表89至甲表92分别是各仓改兑粮，改兑加耗米，支运米与预备米的具体数据。甲表93是为运船官军的人数配别数据。

十二、卷三六所载的京、通等仓，御马等仓场的数据，分别列表为甲表94至甲表97。甲表98为商价会估备考。马房牧地的地亩数、征银数，分别各马房列在甲表99中。

十三、卷三七是营卫官军俸粮，甲表100至甲表105给出了五军都督府并京卫武官俸粮、冬衣布花等则例。甲表106给出万历六年各军都督府、锦衣、旗手等各卫及其他所、营等部门的营卫官军俸粮岁支约数。

十四、卷三八所载的各都司卫所的屯田数据，列表为甲表107至甲表111。北京锦衣等卫、后军都督府的屯田数据较为详细，其他卫所的屯田数据基本上只有三项，即原额屯田数，现额屯田数与粮数。

十五、卷三九为盐法，依其目录应有十个统计单位，但由于陕西灵州盐课司、广东海北盐课二提举司、四川盐课提举司内容残缺，只保留了两淮盐运司等七个统计单位，分别列为甲表112至甲表118。每个表中列有该盐运司所辖的分司、盐课司等下属机构的名单、行盐地方，以及原额、现额、岁解、岁派等具体数据。

十六、卷四十是茶法，这部分数据极少，只列甲表119。该表中只有课茶原额与见今两组数据，分为陕西与四川两地。

十七、卷四一为钱法，原书中只有文字记录，而没有数字。故此没有表格，仅将文字记录列出。

十八、卷四二是钞关船料商税，分别七个表格，甲表120至甲表126列出河西务等七个钞关的数据，这七个表中除了给出各类船只的征收则例，在表格的最后给出了该钞关解太仓的银数、解广惠库的宝钞与铜钱数，每年船铺户牙税银，船料商税正余银，经纪牙税牙行银及条船贰税银的数量。

十九、卷四三记载的全国各地的杂课并附积谷数据，甲表127至甲表131是杂课的记录，分别列出了在京九门等处所征的课钞数，但有的记录是只有额征课钞数，没有岁征课钞数；有的记录是岁征课钞数，没有额征课钞数。故在制表时，按原书实录。全国各地积谷数据，列表甲表132。分别按照各省直、各省直下辖的府州、各府州下辖的州县的顺序列出。

二十、《〈万历会计录〉残缺情况一览表》附在本篇最后。

# 进呈题本、奏本与圣旨

户部尚书臣张学颜等谨题：为奉旨修书编辑已成，乞准恭进刊行以罄愚忠事。贵州等清吏司案呈：查得先任本部尚书王国光于万历四年二月内，具奏前事。奉圣旨：览奏，具见留心国计，所编书册，著户部再加订正缮写进览。钦此。

今订正缮写已完，合钦遵进呈等因，案呈到部。臣等窃惟国家□财□，太祖开基创制已载入《诸司职掌》，孝宗继统又纂入《大明会典》，宏纲毕举，轻重协中。列圣相承二百余载，我皇上登极以来，嘉纳辅臣忠献，修复祖宗实政，至于司农计务，申儆尤详。创立考成之规，酌定降罚之例，清积逋、阅边饷、减徭役、浚河槽、汰冗官、禁驰驿。迄命儒臣重辑《会典》，又命臣等通行天下，清丈田粮，革豪右隐占，苏小户包赔，故吏皆奉法，民不加赋，正供所输太仓，有九年之积，自国初至今未有积贮如是充裕者。

顾岁月既久，时势渐殊，条格虽存，沿革稍易。司属异职，举其一而遗其全；省郡分疆，宜于此而滞于彼。田有增减，赋有盈缩，中外所需多约于前而浮于后。计其大者，内库如金花、蜡绢、颜料之类，俸禄如宗藩、勋戚、武职之类，边饷如修边、客兵、招募之类，视之《会典》，几愈一倍。自兹以往，年愈久而费愈增，费愈多而赋愈重，加以吏胥舞文、豪强去籍，朝廷欲复旧制，计臣欲考旧额，而案牍纠纷，考核无据。查得吏部有《四司职掌》，礼部有《宗藩条例》，刑部有《问刑条例》。况本部职掌国储钱谷出入，视各部尤为繁重，是以尚书王国光任事四年，殚忠编辑，虽力疾遄归，恳请刊布。

伏蒙皇上鉴其留心国计，命本部再加订证。臣等钦遵明旨，督率司属袁昌祚、钟昌等备将前集复行参校。首遵《大明会典》，次考历年条例，次查本部册籍，补其缺遗，厘其讹误，计期二年，编已成帙。分理则以司冠郡，以郡冠县；分款则以总冠撒，以撒合总。先田粮旧额、见额、岁入、岁出，次省郡，次边镇，次库监，次光禄，次宗藩，次职官，次俸禄，次漕运，次仓场，次营卫，次屯田，次盐法，次茶法、次钱法，次钞关，次杂课，共计四十三卷，谨拟名《万历会计录》，缮写已完，遵旨恭进上尘圣览。

伏望皇上按赋税则思稼穑之艰难，察经用则裁锡予之冗滥，敦俭朴于有终，保治平于可久。臣等不胜深愿，仍乞命下本部遵照原议刊布，以便遵守。

万历九年四月二十日

户部尚书　臣 张学颜
总督仓场左侍郎　臣 刘思问
右侍郎　臣 王文垣
贵州清吏司署郎中事主事　臣 周希毕

本月二十二日，奉圣旨：览奏，知道了。会计书册留览，依拟刊行，仍送史馆采录。钦此。

先后编辑官　员外郎　臣　袁昌祚
　　　　　　　主事　　臣　钟　昌
　　　　　　　　　　　臣　程　沂
　　　　　　　　　　　臣　刘庭芥
　　　　　　　　　　　臣　房守士
　　　　　　　　　　　臣　曹　楼
　　　　　　　　　　　臣　朱期至
　　　　　　　　　　　臣　萧良斡
　　　　　　　　　　　臣　顾宪成
　　　　　　　　　　　臣　苗浡然
　　　　　　　　　　　臣　温　显
　　　　　　　　　　　臣　李时芳
　　　　　　　　　　　臣　李三才
　　　　　　　　　　　臣　赵南星

　　户部尚书臣王国光谨奏：为奉旨修书编辑已成，乞准恭进刊行以罄愚忠事。臣窃惟自古帝王治天下，皆以理财为急，而《周礼》一书经画尤详，大都则壤成赋，什一为定制，缩此则病国，溢此则病民，不可为经。我朝嘉靖中年，国用大诎，司农隐忧，屡广鬻爵之令，不克佐费至闻。当宁诏九卿、言官博议之，乃争上计，其大者，折力役、裁邮站、搜赎金、增盐榷，又遣宪臣分部检括外藏，而天下元气索然矣。盖外费亦不可短，有司复渔取以足之，更焦苦流徙不可支。汉臣所谓三空之厄有焉，其弊何居？以浪出者几半，事不可问，亦不敢裁。固耗蠹之大端，而四方正供什一者，或亦有缩旧额矣。夫什一之税，中正之制也，上不为苛，下不为厉。后世事不师古，巧立名假别术，涂百姓之耳目而鱼肉之，不知根本已伤，反眩奇以自矜翊如桑、孔诸人是已。此外本内末聚敛之臣，君子所不道也。故生财之道，取诸什一而已，什一不亏，则帑庾充，常用足，宁非万世不易之法哉。

　　恭我皇上登极，躬行节俭，裁抑冗费，先自内供；辅臣精白承休，率先中外，海内熙然有康阜之望。臣愚滥柄大计，始视事，阅诸司掌故、省府岁征，谓浚其源则可以永流，习其数则可以考实，乃簿牒错落多寡混淆，间遭回禄，奸吏乘而舞文去籍者有之。窃叹国家命脉在是，因循不整，弊将何极。因考前代，唐有《平赋书》、《国计录》，宋有《会计录》，逮祥符、皇祐、治平之间复辑之。我朝《会典》、《一统志》虽载有户事，然采摭大概而已，惜未有专书。辄不自量，会同侍郎李幼滋属各司诸郎，遍阅案牍，编辑逾年，而都给事中光懋复议，请修明旧典，刊定章程进呈，赐名以垂永利。臣等具覆纂集，伏蒙俞允。奉命以来，矢心雠校，先考本部册籍，未的者，移查边、腹，及求耆旧诸臣家藏，参互考订旧额新增，备述端委，类分款列，悉明数目。虽未尽得，亦庶几七八云。

　　适今抱病，蒙恩赐归，即日就道，反复思惟，谋而不终，非所以敬事也，即今编集已有成绪，未及请刻，终恐散逸，有辜明命。此臣之不敢遽去而复有请也。伏乞敕下户部缮写进呈，仍动支太仓银两纂刻，颁示诸司。庶因地考额、因事考数、因委考源，舆图广轮之详，中外取与之实，丰凶多寡之故，帑藏盈诎之由，藩服百尔执事殿最之分，可按而理，其于国计不无少补。伏乞圣裁。

万历四年二月二十四日具奏

　　二十六日，奉圣旨：览奏，具见留心国计。所编书册，著户部再加订证，缮写进览。钦此。

户部尚书臣张学颜等谨题：为奉旨修书编辑已成，乞准恭进刊行以罄愚忠事。贵州清吏司案呈：案查先该本部奉旨纂集《万历会计录》，共计四十三卷，于万历九年四月内遵旨恭进。奉圣旨：览奏，知道了。会计书册留览，依拟刊行，仍送史馆采录。钦此。钦遵。迄今照前书刊刻已完，呈乞进呈。

案呈到部，看得钱粮事体重大，出入条目浩繁。臣等于前书恭进之后，恐有遗缺差讹，复将本部新题事例、各省直续报文册，督率司属郎中等官曹楼等再行检阅，重加磨算，订其未确，增其未备；除清丈田粮，候各省直奏报通完之日，另为一书，续辑刊布外，所据刻完《万历会计录》共计四十四册，分为四套装订，二部进呈御览，另将一部送史馆采录，再陆续印刷颁行省直、边镇，一体遵守。并将用过银两，细算明白，遵照原题支销外。

万历十年二月十五日具题

本月十七日，奉圣旨：知道了。钦此。

## 《万历会计录》卷一
### 旧额、见额、岁入、岁出总数　附十三
司分理
### 甲表1　天下各项钱粮原额、见额、岁入、岁出总数

| 原额 | |
|---|---|
| **洪武年间（诸司职掌数）** | |
| 田土官民（亩） | 850762368.00 |
| **夏税** | |
| 米麦（石） | 4712900.00 |
| 钱钞（锭） | 39800.00 |
| 绢（匹） | 288487.00 |
| **秋粮** | |
| 米（石） | 24729450.00 |
| 钱钞（锭） | 5730.00 |
| 绢（匹） | 59.00 |
| 人户（户） | 10652870.00 |
| 人口（口） | 60545812.00 |

| 弘治年间（会典数） | |
|---|---|
| 田土官民（亩） | 622805881.00[1] |
| **夏税** | |
| 米麦（石） | 4625594.38[2] |
| 麦荍（石） | 255.45 |
| 丝绵并荒丝（两） | 2701361.83 |
| 又（两） | 104627.65 |
| 税丝（两） | 353643.26 |
| 又（两） | 40773.04 |
| 丝绵折绢（匹） | 34962.00 |
| 税丝折绢（匹） | 4420.00 |
| 人丁丝折绢（匹） | 40576.00 |
| 农桑丝折绢（匹） | 99104.00 |
| 又绢（匹） | 22989.00 |
| 以上四项绢（匹） | 202051.00[3] |
| 本色丝（两） | 135170.55 |
| 折色丝（两） | 3114.45 |
| 农桑零丝（两） | 297.97 |
| 又丝（两） | 1761.72 |
| 原额小绢（匹） | 4.00 |
| 币帛绢（匹） | 1.00 |
| 改科绢（匹） | 25.00 |
| 本色绢（匹） | 2.00 |
| 苎布（匹） | 1341.00 |
| 麻布（匹） | 2077.00 |
| 棉花折布（匹） | 12.00 |
| 红花（斤） | 11.84 |
| 钞（锭） | 17795.00 |
| 租钞（锭） | 32553.00 |
| 税钞（锭） | 6534.00 |
| 以上三项钞（锭）[4] | 56382.00 |
| **秋粮** | |
| 米（石） | 22166665.90[5] |
| 鱼课米（石） | 31960.67 |
| 枣子易米（石） | 25584.16 |
| 枣株课米（石） | 2225.62 |
| 地亩棉花绒（斤） | 246569.73 |
| 棉布（匹） | 128770.00 |
| 课程棉布（匹） | 738.00 |
| 课程苎麻折米（石） | 57.01 |
| 改科丝折米（石） | 12.54 |
| 租丝（两） | 2216.75 |
| 租绢（匹） | 59.00[6] |
| 租粗麻布（匹） | 2.00 |
| 租苎布（匹） | 7.00 |
| 牛租米（石） | 19.00 |
| 牛租谷（石） | 201.18 |
| 租钞（锭） | 18806.00 |
| 又钞（锭） | 5204.00 |
| 山租钞（锭） | 3123.00 |
| 又钞（锭） | 244.00 |
| 赁钞（锭） | 175.00 |
| 以上三项钞（锭）[7] | 21929.00 |
| 马草（束/包） | 25948264.00 |
| 屯田（亩）（粮无考） | 89012448.00 |
| 人户（户） | 9113546.00 |
| 人口（口）[8] | 53381173.00 |

[1] 原书此处注：比洪武原额减 2279564 顷 87 亩。

[2] 原书此处注：比洪武原额减 87305.61 石。

[3] 原书此处注：比洪武原额减 86466 匹。

[4] 原书此处注：比洪武原额增 16582 锭 20 贯 838 文。

[5] 原书此处注：比洪武原额减 2562784.09 石。

[6] 原书此处注：比洪武原额增 2 丈 9 尺 8 寸。

[7] 原书此处注：比洪武原额增 16199 锭 5458 贯 672 文。

[8] 原书此处注：比洪武原额户减 1539324，口减 7164648。

| 见额 | |
|---|---|
| 万历六年（各省直册报数） | |
| 田土官民（亩） | 701397628.00[1] |
| 夏税 | |
| 米麦（石） | 4605242.87[2] |
| 起运（石） | 1923874.50 |
| 存留（石） | 2681368.37 |
| 麦莜（石）（存留） | 266.82[3] |
| 丝绵并荒丝（两） | 2715047.04[4] |
| 起运（两） | 2325144.85 |
| 内有折绢丝绵（两） | 1962144.85 |
| 该绢（匹） | 98107.00 |
| 存留（两） | 389902.19 |
| 税丝（两） | 455380.78[5] |
| 起运（两） | 322795.76 |
| 内有折绢丝（两） | 283176.57 |
| 该绢（匹） | 14158.00 |
| 存留（两） | 132585.02 |
| 又丝（两） | 7331.50 |
| 起运（两） | 1856.20 |
| 存留（两） | 5475.20 |
| 本色丝（两） | 137638.14[6] |
| 起运（两） | 3585.13 |
| 存留（两） | 134053.01 |
| 丝绵折绢（匹） | 34261.00 |
| 起运（匹） | 33564.00 |
| 存留（匹） | 697.00 |
| 税丝折绢（匹）（起运） | 39869.00 |
| 人丁丝折绢（匹） | 40734.00 |
| 起运（匹） | 39294.00 |
| 存留（匹） | 1440.00 |
| 农桑丝折绢（匹） | 91321.00 |
| 起运（匹） | 80600.00 |
| 存留（匹） | 10721.00 |
| 以上四项绢（匹） | 206185.00[7] |
| 农桑零丝（两） | 275.39[8] |

| 见额 | |
|---|---|
| 又丝（两） | 4864.13[9] |
| 原额小绢（匹）（存留） | 4.00[10] |
| 币帛绢（匹）（存留） | 1.00[11] |
| 麻布（匹）（起运） | 2077.00[12] |
| 苎布（匹）（起运） | 1341.00[13] |
| 棉花折布（匹）（存留） | 12.00[14] |
| 土苎（斤）（存留） | 65.82[15] |
| 洞蛮麻布（条）（存留） | 259.00[16] |
| 农桑并丝折米（石）（存留） | 810.05[17] |
| 钞（锭）（存留） | 17674.00[18] |
| 租钞（锭）（存留） | 32588.00[19] |
| 税钞（锭）（存留） | 7659.00[20] |
| 秋粮 | |
| 米（石） | 22033217.20[21] |
| 起运（石） | 13362862.94 |
| 存留（石） | 8670354.29 |
| 鱼课米（石）（存留） | 31966.91[22] |
| 枣子易米（石）（存留） | 26833.32[23] |
| 枣株课米（石）（存留） | 2178.32[24] |
| 地亩棉花绒（斤） | 244129.95[25] |
| 起运（斤） | 156532.74 |
| 存留（斤） | 87597.21 |
| 棉布（匹）（存留） | 128792.00[26] |
| 课程棉布（匹）（存留） | 533.00 |
| 瑶人粗布（匹）（存留） | 205.00 |
| 以上二项（匹） | 738.00[27] |

[1]原书此处注：比弘治增 785917 顷 36 亩零。
[2]原书此处注：比弘治减 20351.5 石。
[3]原书此处注：比弘治增 11.36 石，存留。
[4]原书此处注：比弘治增 13685.21 两。
[5]原书此处注：比弘治增 101737.52 两。
[6]原书此处注：比弘治增 163 斤 19 两 8 钱 5 分零。
[7]原书此处注：比弘治增 4134 匹。
[8]原书此处注：比弘治减 22.58 两。

[9]原书此处注：比弘治增 193 斤 14 两 4 钱 1 分。
[10]原书此处注："与弘治同。"
[11]原书此处注："与弘治同，以上二项俱存留。"
[12]原书此处注："与弘治同。"
[13]原书此处注："与弘治同，以上二项俱起运。"
[14]原书此处注："与弘治同，存留。"
[15]原书此处注："与弘治同，存留。"
[16]原书此处注："与弘治同，存留。"
[17]原书此处注："存留。"
[18]原书此处注：比弘治减 121 锭 430 文 6 分。
[19]原书此处注：比弘治增 35 锭 2 贯 782 文 7 分。
[20]原书此处注：比弘治增 1125 锭 1 贯 866 文 1 分，以上七项俱存留。
[21]原书此处注：比弘治减 133448.68 石。
[22]原书此处注：比弘治增 6.23 石，存留。
[23]原书此处注：比弘治增 1249.15 石，存留。
[24]原书此处注：比弘治减 47.3 石，存留。
[25]原书此处注：比弘治减 2439 斤 12 两 4 钱零。
[26]原书此处注：比弘治增 22 匹。
[27]原书此处注："与弘治同。"

| | | | | |
|---|---|---|---|---|
| 课程苎麻折米（石）（存留） | 551.23[1] | | 户口盐钞银（两） | 261755.76 |
| 棉花绒折米（石）（存留） | 143.94 | | 起运（两） | 88352.78 |
| 改科丝折米（石）（存留） | 0.94[2] | | 存留（两） | 173402.98 |
| 花利米（石）（存留） | 1888.25 | | 屯田地（亩） | 61094165.00[17] |
| 牛租米（石）（存留） | 19.00[3] | | 又（亩） | 4880410.00[18] |
| 牛租谷（石）（存留） | 4001.98[4] | | 花园仓基（所） | 1938.00[19] |
| 麻折米（石）（存留） | 3.63 | | 共征粮（石） | 4584844.84 |
| 租丝（两）（存留） | 2216.75[5] | | 地亩粮草折银（两） | 85694.23 |
| 租绢（匹）（存留） | 59.00[6] | | 粮折布（匹） | 57163.00 |
| 租粗麻布（匹）（存留） | 2.00[7] | | 草（束） | 2629722.00 |
| 租苎布（匹）（存留） | 7.00[8] | | 钞（贯） | 56940.00 |
| 租钞（锭）（存留） | 18827.00[9] | | 各运司并提举司额办大小引盐（引） | 2228526.00 |
| 又钞（贯）（存留） | 5408.00[10] | | 又盐（斤） | 24266685.00 |
| 山租钞（锭）（存留） | 3123.00[11] | | | |
| 又钞（贯）（存留） | 265.00[12] | | | |
| 赁钞（贯）（存留） | 175.00[13] | | | |
| 茶课钞（锭）（存留） | 1183.00 | | | |
| 鱼课钞（锭）（存留） | 347.00 | | | |
| 椒课钞（锭）（存留） | 42.00 | | | |
| 麻钞（锭）（存留） | 2.00 | | | |
| 税钞（锭）（存留） | 160.00 | | | |
| 苎麻（斤）（存留） | 1794.91 | | | |
| 桐油（斤）（存留） | 1063.00 | | | |
| 红花（斤）（存留） | 11.84 | | | |
| 差发马（匹）（存留） | 5.00[14] | | | |
| 马草（束/包） | 25813751.00[15] | | | |
| 起运（束） | 21798008.00 | | | |
| 存留（束） | 4015792.00 | | | |
| 人户（户） | 10621436.00 | | | |
| 人口（口） | 60692856.00[16] | | | |

[1]原书此处注：比弘治增 494.22 石。
[2]原书此处注：比弘治减 11.59 石。
[3]原书此处注："与弘治同。"
[4]原书此处注：比弘治增 3800.8 石。
[5]原书此处注："与弘治同。"
[6]原书此处注："与弘治同。"
[7]原书此处注："与弘治同。"
[8]原书此处注：与弘治增 9 尺。
[9]原书此处注：比弘治增 21 锭 21 贯 215 文。
[10]原书此处注：比弘治增 204 贯 645 文。
[11]原书此处注："与弘治同。"
[12]原书此处注：比弘治增 20 贯 831 文。
[13]原书此处注："与弘治同。"
[14]原书此处注：以上二十五项俱存留。
[15]原书此处注：比弘治减 134513 束包。
[16]原书此处注：比弘治户增 1507890，口增 7311683。

[17]原书此处注：比旧额减 28918279 亩，此系各省直数。
[18]原文为"肆萬捌千捌百肆分壹拾叁分"，疑为 48804 顷 10 亩 3 分之误，已经订正。
[19]原书此处注："此系四川都、行二司数。"

| 岁入[1] | |
|---|---|
| **内承运库** | |
| 慈宁、慈庆、乾清三宫 | |
| 子粒银（两） | 49425.01 |
| 金花银（两） | 1012729.77 |
| 金（两） | 2000.00 |
| 朱砂（斤） | 46.50 |
| **承运库** | |
| 本色绢（匹） | 148129.00 |
| **供用库** | |
| 白熟粳米（石） | 82452.04 |
| 芝麻（石） | 8223.01 |
| 黄绿黑豆（石） | 3697.13 |
| 黄白蜡（斤） | 147384.75 |
| 芽茶（斤） | 88081.74 |
| 灯草蒲杖（斤） | 5500.00 |
| 谷草（束） | 57970.00 |
| 盐（斤） | 241666.69 |
| **甲字库** | |
| 银朱乌梅等料（斤） | 412222.00 |
| 阔白三梭布（匹） | 33000.00 |
| 阔白棉布（匹） | 362411.00 |
| 苎布（匹） | 47774.00 |
| 红花（斤） | 30000.00 |
| 水银（斤） | 229.00 |
| **丁字库** | |
| 生漆桐油等料（斤） | 301704.50 |
| 黄牛皮（张） | 983.00 |
| **丙字库** | |
| 丝绵（两） | 314064.00 |
| 又（两） | 3585.10 |
| 地亩棉花绒（斤） | 156186.91 |
| 米折棉花绒（斤） | 218691.96 |
| **广惠库** | |
| 河西务等七钞关轮年约解 | |
| 本色钞（贯） | 29284400.00 |
| 折色铜钱（文） | 59777100.00 |
| 京卫屯钞（贯） | 56940.00 |
| **天财库** | |
| 正阳等九门 | |
| 本色钞（贯） | 665080.00 |

---

[1]岁入只计起运京边，其存留地方者见各省府项下。

| | |
|---|---|
| 折色铜钱（文） | 2432850.00 |
| **内官监** | |
| 白熟细粳米（石） | 1700.00 |
| 白熟粳米（石） | 11125.00 |
| 青白盐（斤） | 134500.00 |
| 藁荐稻草（斤） | 50000.00 |
| 草纸稻草（斤）（轮年派征） | 100000.00 |
| **尚膳监** | |
| 川椒（斤） | 1001.25 |
| 蜀秫粟谷（石）（解京粮厅收仓，坐拨放支） | 216.00 |
| **酒醋面局** | |
| 白熟糯米（石） | 11500.00 |
| 小麦（石） | 7300.00 |
| 黄绿黑豆（石） | 7100.00 |
| 谷草（束） | 44000.00 |
| 稻皮（石） | 500.00 |
| 曲（斤） | 108800.00 |
| **司苑局** | |
| 黑豆（石） | 1950.00 |
| 谷草（束） | 70272.00 |
| **宝钞司** | |
| 稻草（斤） | 245000.00 |
| 香油（斤） | 45.94 |
| **惜薪司** | |
| 白熟糯米（石） | 15.10 |
| 红枣（斤） | 15570.00 |
| **光禄寺** | |
| 白熟粳米（石） | 53000.00 |
| 白熟糯米（石） | 14000.00 |
| 细粟山黄米（石） | 57570.00 |
| 大小麦并莜麦（石） | 32650.00 |
| 芝麻（石） | 6700.00 |
| 黄绿赤黑豌豆（石） | 11896.00 |
| 蜀秫粟谷稻谷（石） | 11350.00 |
| 厨料果品（斤） | 1078040.00 |
| 折价银（两） | 35976.40 |
| 青白盐（斤） | 152000.00 |
| 盐卤（斤） | 2400.00 |
| 曲（斤） | 44000.00 |
| 折银（两） | 4400.00 |
| 上林苑监解子粒银（两） | 4465.70 |
| **泾汝景三王府** | |
| 养赡白粳米（石） | 3500.00 |

| 太常寺 | |
| --- | --- |
| 小麦折银（两） | 200.00 |
| 猪价银（两） | 1200.00 |
| 国子监 | |
| 小麦（石） | 200.00 |
| 绿豆（石） | 300.00 |
| 本色钞（贯） | 175290.00 |
| 折色铜钱（文） | 350580.00 |
| 牺牲所 | |
| 糯稻谷（石） | 250.00 |
| 京通二仓并蓟密等镇 | |
| 漕粮（石） | 4000000.00 |
| 京卫屯豆（石） | 23184.63 |
| 禄米仓 | |
| 府部等衙门并神乐观糙粳米（石）（每年派无定数） | 40462.40 |
| 太仓银库 | |
| 派剩麦米折银（两） | 257025.40 |
| 丝绵税丝农桑绢折银（两） | 90681.27 |
| 棉布苎布折银（两） | 38613.00 |
| 府部等衙门禄俸米折银（两）（每年派无定数） | 26850.60 |
| 马草折银（两） | 353240.22 |
| 京五草场草折银（两） | 63040.70 |
| 各马房仓麦豆草折银（两） | 200738.11 |
| 户口盐钞折银（两） | 46900.09 |
| 蓟密永昌易辽东六镇民运改解银（两）（解部转发） | 853819.54 |
| 各盐运司并各提举司余盐盐课盐税等银（两） | 1003876.37 |
| 神乐观麦米折银（两） | 1177.62 |
| 黄白蜡折银（两） | 68324.80 |
| 坝大等马房子粒银（两） | 23439.57 |
| 备边并新增地亩银（两） | 45135.83 |
| 京卫屯牧地增银（两） | 18355.49 |
| 崇文门宣课分司约解商税正余银（两） | 16662.00 |
| 铜钱（文） | 18877700.00 |
| 猪口牙税银（两） | 2429.00 |
| 张家湾宣课司约解商税正余银（两） | 2479.20 |
| 铜钱（文） | 2887700.00 |
| 河西务钞关轮年约解折色船料银（两）[1] | 8000.00 |
| 每年商税银（两） | 4000.00 |
| 万历八年新增银（两） | 28100.00 |
| 船铺户经济牙税银（两） | 4000.00 |
| 临清钞关轮年约解折色船料商税银（两） | 83800.00 |

---

[1] 原书此处注：万历八年新增银 28100 余两。

| | |
|---|---|
| 浒墅钞关轮年约解折色船料银（两） | 39900.00 |
| 九江钞关轮年约解折色船料银（两） | 15300.00 |
| 淮安钞关轮年约解折色船料银（两） | 22700.00 |
| 扬州钞关轮年约解折色船料银（两） | 12900.00 |
| 北新钞关轮年约解折色船料商税银（两） | 36800.00 |
| 泰山香税银（两） | 20000.00 |
| 赃罚银（两） | 171700.00 |
| 商税鱼课富户历日民壮弓兵并屯折改折月粮等项银（两） | 144292.79 |
| **各边镇** | |
| 山东河南并北直隶八府赴部转文送纳麦米豆草 | |
| 盐钞等项折银（除改解太仓转发外）（两）[1] | 842379.38 |

| 岁出 | |
|---|---|
| 公侯驸马伯每年约支禄米折银（两） | 16561.00 |
| 吏部等衙门官吏监生每年约支俸米（石） | 40385.39 |
| 官员每年约支折俸并折绢布银（两） | 44660.25 |
| 铜钱（文） | 3341650.00 |
| 光禄太常寺神乐观文思院司苑局皮作局宝钞司京卫武学等衙门厨役官匠 | |
| 武生乐舞生甲军并教坊司俳色长每年约支本色米（石） | 64728.85 |
| 折色银（两） | 10807.00 |
| 内光禄寺厨役约支冬衣布折银（两） | 1422.00 |
| 锦衣等七十八卫所官吏旗校军士匠役每年约支本色米（石） | 2018714.00 |
| 折色银（两） | 216884.39 |
| 官员每年约支折俸并折绢布银（两） | 268397.08 |
| 军士冬衣布折银（两） | 82121.00 |
| 本色棉花（斤） | 257080.50 |
| 各仓库草场官攒甲斗每年约支本色米（石） | 20441.51 |
| 折色银（两） | 2134.02 |
| 内府各监局库民匠每年约支本色米（石） | 1532.20 |
| 折色银（两） | 152.95 |
| 宛大两县孤老每年约支本色米（石） | 15117.70 |
| 冬衣本色布（匹） | 4164.00 |
| 五军神枢神机三大营将官并选锋军每年约支本色米（石） | 120996.00 |
| 冬衣布折银（两） | 2230.00 |
| 本色棉花（斤） | 6590.00 |
| 出征防守官军每年防秋三个月约支口粮米（石） | 43051.20 |
| 营操马匹每年约支本色料（石） | 24430.80 |
| 草（束） | 800628.00 |
| 折色料草银（两） | 79639.42 |
| 巡捕营官军家丁每年约支口粮米（石） | 7300.00 |
| 马匹料草折银（两） | 29810.40 |

---

[1]原书此处注："以上岁入，止计起运京边，其存留地方者，见各省府项下。"

| | |
|---|---|
| 锦衣旗手等卫上直宣官捕盗马匹每年约支料草折银（两） | 16818.97 |
| 腾骧四卫营马匹每年约支料草折银（两） | 14859.18 |
| 中都留守司并山东河南二都司班军每年约支行粮并做工盐粮折银（两） | |
| （今改本色三个月，折色三个月） | 50410.90 |
| 京五草场每年约支商价银（两）（每年给放本折不等） | 16271.00 |
| 御马三仓并象马等房仓每年约支商价银（两）（每年增减不一） | 148403.00 |
| 太常寺猪价银（两） | 570.00 |
| 内官监宝钞司召买稻草商价银（两） | 949.30 |
| 宣府镇年例银（两） | 296000.00 |
| 大同镇年例银（两） | 450638.00 |
| 山西镇年例银（两） | 206300.00 |
| 延绥镇年例银（两） | 377515.21 |
| 宁夏镇年例银（两） | 39294.87 |
| 固原镇年例银（两） | 63721.82 |
| 甘肃镇年例银（两） | 51497.80 |
| 辽东镇年例银（两） | 409984.36 |
| 蓟州镇年例银（两） | 424892.38 |
| 军门抚夷银（两） | 28800.00 |
| 密云镇年例银（两） | 394037.19 |
| 永平镇年例银（两） | 241858.60 |
| 昌平镇年例银（两） | 175540.81 |
| 内扣拨易州镇银（两） | 32101.23 |
| 实该银（两） | 143439.58 |
| 易州镇年例银（两） | 59000.00 |
| 井陉镇年例银（两）[1] | 3970.00 |

　　原书本处附有："臣等谨按，国家疆域尽四海，田赋户口踰于前代，载在会典者可考也。今额视前朝，增者少，减者多何哉。田没于兼并，赋诡于飞隐，户脱于投徙。承平既久，奸伪日滋，其势然也。顷荷明旨，清丈田粮，原额可冀渐复。但今每年所入本折各色，通计一千四百六十一万有奇，钱钞不与焉，所出除入内府者六百万，余数莫可稽，他如俸禄、月粮、料草、商价、边饷等项，岁踰九百三十一万有奇，是一岁之入，不足供一岁之出。虽岁稔时康，已称难继，况天灾流行，地方多虞，蠲赈逋欠事出意外，又安能取盈也，怀己安己治之虑，清冗费冗食之源，去浮从约，以复祖制，臣等深于朝廷有至望焉"。

---

[1] 原书此处注："以上各边镇年例银两内，除奏留、改解、赃罚、事例、商税等银扣抵外，余数太仓补发。其各省府存留支用，与各边镇民屯本色不在内。"

## 甲表2 浙江清吏司田粮岁额、岁入、岁出总数

| 浙江布政司 | |
|---|---|
| 岁额 | |
| 夏税 | |
| 小麦（石） | 152863.73 |
| 丝绵并荒丝（两） | 2715047.04 |
| 农桑丝折绢（匹） | 3509.00 |
| 零丝（两） | 691.89 |
| 小绢（匹） | 4.00 |
| 币帛绢（匹） | 1.00 |
| 租钞（锭） | 32588.00 |
| 秋粮 | |
| 米（石） | 2369764.04 |
| 租钞（锭） | 18779.00 |
| 租丝（两） | 2216.75 |
| 租绢（匹） | 59.00 |
| 租粗麻布（匹） | 2.00 |
| 租苎布（匹） | 7.00 |
| 马草（包） | 874491.00 |
| 户口盐钞银（两） | 2317.76 |
| 岁入 | |
| 内承运库 | |
| 麦米折银（两） | 169635.91 |
| 承运库 | |
| 绢（匹） | 97365.00 |
| 供用库 | |
| 黄蜡（斤） | 13500.00 |
| 芽叶茶（斤） | 12452.68 |
| 白熟粳米（石） | 32000.00 |
| 甲字库 | |
| 银朱乌梅等料（斤） | 11275.75 |
| 丁字库 | |
| 生漆桐油等料（斤） | 30289.50 |
| 丙字库 | |
| 合罗丝（两） | 8000.00 |
| 串伍细丝（两） | 40000.00 |
| 荒丝（两） | 170000.00 |
| 上白棉（斤） | 750.00 |
| 中白棉（斤） | 5254.00 |
| 酒醋面局 | |

| | |
|---|---|
| 白熟糯米（石） | 6250.00 |
| 光禄寺 | |
| 白熟粳米（石） | 19000.00 |
| 白熟糯米（石） | 8500.00 |
| 厨料果品折银（两） | 2908.80 |
| 太仓 | |
| 丝绵绢折银（两） | 704.90 |
| 漕运米（石） | 600000.00 |
| 徐州仓改兑米（石） | 30000.00 |
| 派剩米折银（两） | 25068.49 |
| 马草折银（两） | 18000.00 |
| 盐钞银（两） | 1153.17 |
| 黄白蜡折银（两） | 15000.00 |
| 赃罚银（两） | 14100.00[1] |
| 吏承纳班银（两） | 180.00 |
| 义勇右卫屯豆（石） | 554.32 |
| 屯地增银（两） | 214.17 |
| 留守左卫屯豆（石） | 38.04 |
| 屯地增银（两） | 6.12 |
| 龙骧卫屯豆（石） | 6.51 |
| 屯地增银（两） | 67.48 |
| 康陵卫屯豆（石） | 220.55 |
| 屯地增银（两） | 135.63 |
| 岁出 | |
| 本司官吏监生每年约支 | |
| 本色俸米（石） | 220.00 |
| 官员约支折俸并折绢布银（两） | 201.50 |
| 铜钱（文） | 15624.00 |
| 康陵、应天、羽林右、义勇右、龙虎、留守左、龙骧七卫官吏旗军每年约支 | |
| 本色米（石） | 129734.30 |
| 折色银（两） | 14269.28 |
| 官员约支折俸并 | |
| 折绢布银（两） | 17230.92 |
| 军士冬衣布折银（两） | 5480.50 |
| 本色棉花（斤） | 16485.00 |
| 康陵、义勇右、龙虎、龙骧四卫仓官攒甲斗每年约支本色米（石） | 1432.35 |
| 折色银（两） | 148.21 |
| 神机营将官并选锋每年约支口粮米（石） | 35484.00 |

[1]原书此处注：巡抚4000两，巡按8000两，司府州县2100两。万历九年题定为额，各省直同。

112

| | |
|---|---|
| 选锋冬衣布折银（两） | 741.00 |
| 本色棉花（斤） | 2223.00 |
| 官军防秋三个月支口粮米（石） | 15826.20 |
| 马匹每年约支本色料（石） | 6138.72 |
| 草（束） | 204624.00 |
| 折色料草银（两） | 21375.44 |

### 甲表3 江西清吏司田粮岁额、岁入、岁出总数

| 江西布政司 | |
|---|---|
| **岁额** | |
| **夏税** | |
| 麦米（石） | 88072.41 |
| 丝绵折绢（匹） | 8025.00 |
| 农桑丝折绢（匹） | 3486.00 |
| 本色丝（两） | 131347.71 |
| 苎布（匹） | 1341.00 |
| 钞（锭） | 6896.00 |
| **秋粮** | |
| 米（石） | 2528369.70 |
| 内除奏豁米（石） | 99.74 |
| 实征米（石） | 2528269.96 |
| 牛租谷（石） | 201.18 |
| 准米（石） | 100.59 |
| 山租钞（锭） | 3123.00 |
| 户口盐钞银（两） | 14919.09 |
| **岁入** | |
| **内承运库** | |
| 麦米折银（两） | 257500.00 |
| **承运库** | |
| 丝绵农桑丝折绢（匹） | 11512.00[1] |
| **供用库** | |
| 黄白蜡（斤） | 16000.00 |
| 芽叶茶（斤） | 9100.00 |
| **甲字库** | |
| 阔白苎布（匹） | 47774.00 |
| 银朱乌梅等料（斤） | 16862.75 |
| **丁字库** | |
| 生漆桐油等料（斤） | 30731.88 |
| **广惠库** | |
| 屯钞（贯） | 13620.00[2] |

| 光禄寺 | |
|---|---|
| 厨料果品折银（两） | 3088.20 |
| **太仓** | |
| 漕运米（石） | 400000.00 |
| 淮安仓改兑米（石） | 170000.00 |
| 派剩米折银（两） | 52475.57 |
| 苎布折银（两） | 445.20 |
| 黄白蜡折银（两） | 11396.00 |
| 商税银（两） | 3550.20 |
| 鱼课银（两） | 1480.53 |
| 赃罚银（两） | 13000.00[3] |
| 历日银（两） | 500.00 |
| 机兵扣解银（两） | 15000.00 |
| 蓟镇军饷银（两） | 20000.00 |
| 富户银（两） | 960.00 |
| 改折月粮银（两） | 11170.00 |
| 金吾左卫屯豆（石） | 541.90 |
| 屯地新增并还官地银（两） | 1876.74 |
| 牧地增银（两） | 43.79 |
| 金吾后卫屯豆（石） | 63.93 |
| 屯地增银（两） | 12.64 |
| 济阳卫屯豆（石） | 620.00 |
| 屯地增银（两） | 548.25 |
| 牧地增银（两） | 8.47 |
| **岁出** | |
| 本司官吏监生每年约支 | |
| 本色俸米（石） | 212.70 |
| 官员约支折俸并折绢布银（两） | 252.90 |
| 铜钱（文） | 19410.00 |
| 旗手、济阳、金吾左、前、后五卫官吏旗军每年约支本色米（石） | 123813.55 |
| 折色银（两） | 13388.29 |
| 官员约支折俸并折绢布银（两） | 33416.05 |
| 军士冬衣布折银（两） | 5255.75 |
| 本色棉花（斤） | 15859.5 |
| 旗手、济阳、金吾左等5卫仓官攒甲斗每年约支本色米（石） | 1894.69 |
| 折色银（两） | 196.91 |
| 旗手等卫上直马每年约支料草折银（两） | 335.60 |

---

[1] 原书此处注："万历七年题改本色六分，折色四分。分。"

[2] 原书此处注："系金吾左卫征解。"

[3] 原书此处注：巡抚5000两，巡按8000两。

## 甲表 4　湖广清吏司田粮岁额、岁入、岁出总数

| 湖广布政司 | |
| --- | --- |
| **岁额** | |
| **夏税** | |
| 大小麦米（石） | 132429.08 |
| 内除摘拨庄田等项并提豁沙压地麦（石） | 452.82 |
| 实征麦米(石) | 131976.26 |
| 税丝折绢（匹） | 22987.00 |
| 内除摘拨庄田并无征绢（匹） | 94.00 |
| 实征绢（匹） | 22893.00 |
| 农桑丝折绢（匹） | 4997.00 |
| 棉花折布（匹） | 12.00 |
| **秋粮** | |
| 米（石） | 2036711.66 |
| 内除园陵无征等项并题豁沙压地米（石） | 6534.39 |
| 新增米（石） | 30.43 |
| 实征米(石) | 2030207.70 |
| 课程苎麻折米（石） | 551.20[1] |
| **岁入** | |
| **广惠库** | |
| 屯钞（贯） | 38220.00[2] |
| **光禄寺** | |
| 厨料果品折银（两） | 6144.90 |
| **太仓** | |
| 漕运米（石） | 250000.00 |
| 派剩米折银（两） | 23379.00 |
| 黄白蜡折银（两） | 12637.60 |
| 商税银（两） | 1500.00 |
| 湖课干鱼银（两） | 2817.90 |
| 富户银（两） | 398.00 |
| 赃罚银（两）[3] | 15000.00 |
| 历日银（两） | 1091.60 |
| 羽林前卫屯豆（石） | 396.05 |
| 屯地增银（两） | 821.96 |
| 牧地增银（两） | 62.45 |
| 通州卫屯豆（石） | 1969.26 |
| 屯地增银（两） | 1090.09 |
| 昭陵卫屯豆（石） | 282.28 |
| 屯地增银（两） | 57.22 |
| 牧地增银（两） | 36.90 |
| 永陵卫屯豆（石） | 460.24 |
| 屯地增银（两） | 150.59 |
| 牧地增银（两） | 14.12 |
| **岁出** | |
| 本司官吏监生每年约支本色 | |
| 俸米（石） | 238.01 |
| 官员约支折俸并折绢布银（两） | 267.94 |
| 铜钱（文） | 20810.00 |
| 永陵、昭陵、羽林前、和阳、豹韬、通州六卫官吏旗军每年约支本色米（石） | 115428.00 |
| 折色银（两） | 12788.00 |
| 官员约支折俸并折绢布银（两） | 37864.19 |
| 军士冬衣布折银（两） | 4564.75 |
| 本色棉花（斤） | 13731.00 |
| 永陵、昭陵、羽林前、通州四卫仓官攒甲斗每年约支本色米（石） | 1699.84 |
| 折色银（两） | 193.01 |
| 教坊司俳色长乐工大约岁支本色米（石） | 2146.00 |
| 折色银（两） | 208.25 |

## 甲表 5　福建清吏司田粮岁额、岁入、岁出总数

| 福建布政司 | |
| --- | --- |
| **岁额** | |
| **夏税** | |
| 麦（石） | 706.94 |
| 丝绵折绢（匹） | 280.00 |
| 农桑丝折绢（匹） | 319.00 |
| 零丝绵（两） | 194.59 |
| 土苎（斤） | 65.81 |
| 钞（锭） | 10778.00 |
| **秋粮** | |
| 米（石） | 850447.77 |
| 鱼课米（石） | 31966.91 |
| 租钞（贯） | 2.00 |
| 户口盐钞银（两） | 26927.12 |
| **顺天府** | |
| **夏税** | |

[1]原书此处注："原书缺第二页。"

[2]原书此处注："系御林前卫征解。"

[3]原书此处注：巡抚 5000 两，巡按 10000 两。

114

| | |
|---|---|
| 小麦（石） | 18803.37 |
| 人丁丝折绢（匹） | 2175.00 |
| 农桑丝折绢（匹） | 1761.00 |
| 秋粮 | |
| 米（石） | 45204.80 |
| 地亩棉花绒(斤) | 9424.06 |
| 牛租谷（石） | 3800.80 |
| 马草(束) | 1958845.00 |
| 户口盐钞银（两） | 3919.93 |
| 永平府 | |
| 夏税 | |
| 大小麦（石） | 9996.19 |
| 人丁丝折绢（匹） | 2050.00 |
| 农桑丝折绢（匹） | 243.00 |
| 秋粮 | |
| 米（石） | 23353.11 |
| 地亩棉花绒(斤) | 345.81 |
| 马草(束) | 303742.00 |
| 户口盐钞银（两） | 925.01 |
| 保定府 | |
| 夏税 | |
| 小麦（石） | 18793.82 |
| 人丁丝折绢（匹） | 2796.00 |
| 农桑丝折绢（匹） | 1611.00 |
| 本色丝(两) | 3585.13 |
| 秋粮 | |
| 米（石） | 42980.30 |
| 地亩棉花绒（斤） | 9574.50 |
| 枣株课米（石） | 16.29 |
| 马草（束） | 1117520.00 |
| 户口盐钞银（两） | 1611.17 |
| 河间府 | |
| 夏税 | |
| 小麦（石） | 19718.23 |
| 人丁丝折绢（匹） | 5046.00 |
| 农桑丝折绢（匹） | 889.00 |
| 秋粮 | |
| 米（石） | 46087.07 |
| 地亩棉花绒（斤） | 4647.81 |
| 枣株课米（石） | 37.53 |
| 马草（束） | 670863.00 |
| 户口盐钞银（两） | 2361.35 |
| 真定府 | |

| | |
|---|---|
| 夏税 | |
| 小麦（石） | 34733.49[1] |
| 人丁丝折绢（匹） | 8548.00 |
| 农桑丝折绢（匹） | 7000.00 |
| 秋粮 | |
| 米（石） | 82349.27[2] |
| 地亩棉花绒（斤） | 35033.06 |
| 马草（束） | 1374157.00[3] |
| 户口盐钞银（两） | 2477.36 |
| 顺德府 | |
| 夏税 | |
| 小麦（石） | 12537.80 |
| 人丁丝折绢（匹） | 1548.00 |
| 农桑丝折绢（匹） | 351.00 |
| 秋粮 | |
| 米（石） | 30461.07 |
| 地亩棉花绒（斤） | 5005.25 |
| 枣株课米（石） | 12.98 |
| 马草（束） | 545481.00 |
| 户口盐钞银（两） | 722.82 |
| 广平府 | |
| 夏税 | |
| 小麦（石） | 17842.45 |
| 人丁丝折绢（匹） | 2899.00 |
| 农桑丝折绢（匹） | 654.00 |
| 秋粮 | |
| 米（石） | 41479.65 |
| 地亩棉花绒（斤） | 14584.94 |
| 马草（束） | 794093.00 |
| 户口盐钞银（两） | 1335.70 |
| 大名府 | |
| 夏税 | |
| 小麦（石） | 44096.35 |
| 人丁丝折绢（匹） | 6893.00 |
| 农桑丝折绢（匹） | 810.00 |
| 钞（贯） | 9.00 |
| 秋粮 | |
| 米（石） | 103080.72 |

[1] 原书此处注：外有深州饶阳安平三州县屯军麦 242.77 石。

[2] 原书此处注：外有深州饶阳安平三州县屯军米 524.58 石。

[3] 原书此处注：外有深州饶阳安平三州县屯军草 9817.00 束。

| | |
|---|---|
| 地亩棉花绒（斤） | 25125.37 |
| 枣株课米（石） | 2111.52 |
| 马草（束） | 1869838.00 |
| 户口盐钞银（两） | 3610.15 |
| 延庆州 | |
| 夏税 | |
| 小麦（石）（存留） | 1713.75 |
| 秋粮 | |
| 米（石）（存留） | 3937.04 |
| 马草（束）（存留） | 73441.00 |
| 户口盐钞银（两）（存留） | 60.87 |
| 保安州 | |
| 夏税 | |
| 小麦（石）（存留） | 408.29 |
| 秋粮 | |
| 米（石）（存留） | 1053.26 |
| 马草（束）（存留） | 18699.00[1] |
| 岁入 | |
| 内承运库 | |
| 米折银（两） | 78500.00 |
| 供用库 | |
| 黄白蜡（斤） | 17016.00 |
| 芽叶茶（斤） | 9100.00 |
| 甲字库 | |
| 银朱乌梅等料（斤） | 8055.75 |
| 丁字库 | |
| 生漆桐油等料（斤） | 19106.88 |
| 光禄寺 | |
| 厨料果品折银（两） | 5913.10 |
| 太仓 | |
| 黄白蜡折银（两） | 2393.60 |
| 屯粮折银（两） | 19920.00 |
| 脏罚银（两） | 9000.00[2] |
| 顺天府 | |
| 供用库 | |
| 芝麻（石） | 423.01 |
| 蒲杖（斤） | 3500.00 |
| 丙字库 | |
| 地亩棉花绒（斤） | 9424.06 |
| 棉花绒（斤） | 307.00 |
| 准米（石） | 30.70 |

| | |
|---|---|
| 酒醋面局 | |
| 小麦（石） | 650.00 |
| 宝钞司 | |
| 香油（斤） | 45.94 |
| 稻草（斤） | 15000.00 |
| 司苑局 | |
| 草（束） | 10272.00 |
| 光禄寺 | |
| 小麦（石） | 2280.00 |
| 大麦（石） | 300.00 |
| 赤豆（石） | 550.00 |
| 山黄米（石） | 70.00 |
| 白豆（石） | 6.00 |
| 莜麦（石） | 50.00 |
| 大青黄豆（石） | 40.00 |
| 厨料果品折银（两） | 537.10 |
| 太常寺 | |
| 小麦（石） | 50.00 |
| 太仓 | |
| 人丁农桑绢折银（两） | 2507.71 |
| 派剩麦米折银（两） | 3809.38[3] |
| 惜薪司糯米折银（两） | 21.59 |
| 外鹅房仓粟谷（石） | 100.00 |
| 安仁、北新、西城三场草折银（两） | 1242.50 |
| 银库草折银（两） | 10101.93[4] |
| 各马房仓麦豆草折银（两） | 8867.39[5] |
| 户口盐钞银（两） | 1959.96 |
| 脏罚银（两） | 10200.00[6] |
| 武骧左卫屯豆（石） | 75.29 |
| 屯地增银（两） | 104.47 |
| 武骧右卫屯豆（石） | 100.68 |
| 屯地增银（两） | 45.59 |
| 燕山左卫屯豆（石） | 1452.08 |
| 屯地增银（两） | 693.39 |
| 骁骑右卫屯地增银（两） | 14.91 |
| 留守后卫屯豆（石） | 2.48 |
| 屯地增银（两） | 17.23 |
| 茂陵卫屯豆（石） | 355.01 |

---

[3]原书此处注："每年派无定数。"
[4]原书此处注："每年派无定数。"
[5]原书此处注："每年派无定数。"
[6]原书此处注：巡按 8000 两，屯田 1600 两，巡仓 600 两。

---

[1]原书此处注："以上贰州税粮、马草、盐钞俱存留。"
[2]原书此处注：巡抚 3000 两，巡按 6000 两。

| | | | | |
|---|---|---|---|---|
| 屯地增银（两） | 183.63 | 内官监 | |
| 武成中卫屯豆（石） | 912.57 | 稻草（斤） | 28500.00[3] |
| 屯地增银（两） | 215.63 | 宝钞司 | |
| 通州右卫牧地增银（两） | 16.38 | 稻草（斤） | 45000.00 |
| **边镇** | | **太仓** | |
| 昌平镇麦豆草折银（两） | 5038.40 | 人丁农桑绢折银（两） | 1937.00 |
| 密云镇麦米豆折银（两） | 11142.22 | 各马房仓草折银（两） | 9662.94[4] |
| 易州镇麦绢豆草折银（两） | 1217.60[1] | 派剩麦折银（两） | 360.00[5] |
| 永平镇米豆绢折银（两） | 6787.79 | 京五草场草折银（两） | 3756.00 |
| 宣府镇草折银（两） | 5040.00 | 银库草折银（两） | 16518.12[6] |
| **永平府** | | 户口盐钞银（两） | 900.46 |
| **酒醋面局** | | 巡抚脏罚银（两） | 5000.00 |
| 稻皮（石） | 150.00 | **边镇** | |
| **光禄寺** | | 易州镇麦米绢草折银（两） | 25415.99[7] |
| 厨料果品折银（两） | 758.69 | 宣府镇麦米草折银（两） | 31189.50 |
| **内官监** | | 昌平镇草折银（两） | 5340.00 |
| 稻草（斤） | 12000.00[2] | 蓟州镇人丁丝绢折银（两） | 485.10 |
| **宝钞司** | | **河间府** | |
| 稻草（斤） | 15300.00 | **供用库** | |
| **惜薪司** | | 芝麻（石） | 350.00 |
| 红枣（斤） | 15570.00 | **丙字库** | |
| **太常寺** | | 地亩棉花绒（斤） | 4647.81 |
| 小麦（石） | 50.00 | 棉花绒（斤） | 30000.00 |
| **太仓** | | 准米（石） | 3000.00 |
| 人丁丝绢折银（两） | 122.10 | **酒醋面局** | |
| 香火地土银（两） | 25.44 | 小麦（石） | 250.00 |
| 商税银(两) | 120.00 | 稻皮（石） | 150.00 |
| **辽东镇** | | 草（束） | 11000.00 |
| 棉花折银（两） | 24.20 | **内官监** | |
| 户口盐钞银（两） | 911.16 | 稻草（斤） | 22500.00[8] |
| **保定府** | | **宝钞司** | |
| **供用库** | | 稻草（斤） | 30000.00 |
| 芝麻（石） | 530.00 | **光禄寺** | |
| **丙字库** | | 小麦（石） | 2170.00 |
| 地亩棉花绒（斤） | 9574.50 | 芝麻（石） | 600.00 |
| 本色丝（两） | 3585.13 | 厨料果品银（两） | 330.50 |
| **酒醋面局** | | | |
| 草（束） | 11000.00 | | |
| **光禄寺** | | | |
| 厨料果品折银（两） | 328.00 | | |

[1]原书此处注："万历九年题改解太仓转发。"
[2]原书此处注：内4000斤一年一派，8000斤二年一派。

[3]原书此处注：内9500斤一年一派，19000斤二年一派。
[4]原书此处注："每年派无定数。"
[5]原书此处注："每年派无定数。"
[6]原书此处注："每年派无定数。"
[7]原书此处注："万历九年题改解太仓转发。"
[8]原书此处注：内7500斤一年一派，15000斤二年一派。

| | |
|---|---|
| **太仓** | |
| 人丁丝绢折银（两） | 1821.98 |
| 派剩麦米折银（两） | 3012.76[1] |
| 京五草场草折银（两） | 3293.50 |
| 银库草折银（两） | 10487.05[2] |
| 各马房仓麦豆草折银（两） | 7056.78[3] |
| 户口盐钞银（两） | 507.22 |
| 商税银（两） | 1273.68 |
| 外鹅房仓蜀秫（石） | 116.00 |
| **边镇** | |
| 易州镇麦米绢折银（两） | 3203.80[4] |
| 昌平镇布草折银（两） | 2267.10 |
| 宣府镇麦米豆折银（两） | 26001.66 |
| 永平镇麦米折银（两） | 1148.00 |
| 蓟州镇米豆折银（两） | 1858.00 |
| 密云镇绢折银（两） | 320.00 |
| **真定府** | |
| **供用库** | |
| 芝麻（石） | 820.00 |
| 草（束） | 12970.00 |
| **丙字库** | |
| 棉花绒（斤） | 35033.06 |
| **酒醋面局** | |
| 草（束） | 11000.00 |
| 稻皮（石） | 200.00 |
| **司苑局** | |
| 草（束） | 15000.00 |
| **光禄寺** | |
| 厨料果品折银（两） | 395.10 |
| **内官监** | |
| 稻草（斤） | 36000.00[5] |
| **宝钞司** | |
| 稻草（斤） | 52500.00 |
| **太仓** | |
| 人丁农桑绢折银（两） | 9961.52 |
| 派剩麦米折银（两） | 991.20 |
| 京五草场草折银（两） | 3236.00 |
| 银库草折银（两） | 25132.50[6] |

| | |
|---|---|
| 各马房仓草折银（两） | 11682.40[7] |
| 户口盐钞银（两） | 1238.68 |
| 巡按脏罚银（两） | 5000.00 |
| **边镇** | |
| 易州镇麦米草折银（两） | 47990.51[8] |
| 宣府镇麦米草折银（两） | 38328.80 |
| 昌平镇草折银（两） | 3260.00 |
| 永平镇布折银（两） | 480.00 |
| **顺德府** | |
| **供用库** | |
| 芝麻（石） | 450.00 |
| **酒醋面局** | |
| 小麦（石） | 550.00 |
| **丙字库** | |
| 地亩棉花绒（斤） | 5005.25 |
| 棉花绒（斤） | 350.00 |
| 准米（石） | 35.00 |
| **司苑局** | |
| 黑豆（石） | 450.00 |
| **内官监** | |
| 稻草（斤） | 9000.00[9] |
| **宝钞司** | |
| 稻草（斤） | 19500.00 |
| **光禄寺** | |
| 小麦（石） | 2600.00 |
| 大麦（石） | 200.00 |
| 豌豆（石） | 75.00 |
| 芝麻（石） | 400.00 |
| 绿豆（石） | 1000.00 |
| 蜀秫（石） | 750.00 |
| 厨料果品折银（两） | 245.91 |
| **太仓** | |
| 人丁农桑绢折银（两） | 1329.76 |
| 派剩麦米折银（两） | 2201.81[10] |
| 安仁、西城、北新三场草折银（两） | 1140.00 |
| 银库草折银（两） | 8777.93[11] |

[1]原书此处注："每年派无定数。"
[2]原书此处注："每年派无定数。"
[3]原书此处注："每年派无定数。"
[4]原书此处注："万历九年题改解太仓转发。"
[5]原书此处注：内12000斤一年一派，24000斤二年一派。

[6]原书此处注："每年派无定数。"
[7]原书此处注："每年派无定数。"
[8]原书此处注："万历九年题改解太仓转发。"
[9]原书此处注：内3000斤一年一派，6000斤二年一派。
[10]原书此处注："每年派无定数。"
[11]原书此处注："每年派无定数。"

|  |  |
|---|---|
| 各马房仓草折银（两） | 4820.83[1] |
| 户口盐钞银（两） | 722.82 |
| 边镇 | |
| 易州镇麦米折银（两） | 3125.70[2] |
| 宣府镇麦米布草折银（两） | 25254.80 |
| 昌平镇布米草折银（两） | 2478.60 |
| 永平镇麦米折银（两） | 1856.00 |
| 广平府 | |
| 供用库 | |
| 芝麻（石） | 350.00 |
| 丙字库 | |
| 地亩棉花绒（斤） | 14584.94 |
| 内官监 | |
| 稻草（斤） | 12000.00[3] |
| 宝钞司 | |
| 稻草（斤） | 15300.00 |
| 酒醋面局 | |
| 小麦（石） | 410.00 |
| 国子监 | |
| 小麦（石） | 200.00 |
| 光禄寺 | |
| 小麦（石） | 652.00 |
| 大麦（石） | 100.00 |
| 豌豆（石） | 75.00 |
| 芝麻（石） | 400.00 |
| 厨料果品折银（两） | 279.15 |
| 太仓 | |
| 人丁农桑绢折银（两） | 2208.15 |
| 派剩麦米折银（两） | 346.00 |
| 银库草折银（两） | 16899.15[4] |
| 各马房仓麦草折银（两） | 7546.07[5] |
| 京五草场草折银（两） | 2534.60 |
| 户口盐钞银（两） | 1335.70 |
| 边镇 | |
| 永平镇麦布折银（两） | 930.00 |
| 宣府镇麦米豆草折银（两） | 36900.00 |
| 密云镇人丁丝绢折银（两） | 320.00 |
| 易州镇布米折银（两） | 1151.02[6] |

|  |  |
|---|---|
| 昌平镇米折银（两） | 800.00 |
| 蓟州镇布折银（两） | 3201.30 |
| 大名府 | |
| 供用库 | |
| 芝麻（石） | 700.00 |
| 绿豆（石） | 1103.10 |
| 黄豆（石） | 154.93 |
| 草（束） | 12000.00 |
| 丙字库 | |
| 地亩棉花绒（斤） | 25125.38 |
| 酒醋面局 | |
| 小麦（石） | 1090.00 |
| 绿豆（石） | 700.00 |
| 黑豆（石） | 1800.00 |
| 草（束） | 11000.00 |
| 司苑局 | |
| 草（束） | 15000.00 |
| 内官监 | |
| 稻草（斤） | 30000.00[7] |
| 宝钞司 | |
| 稻草（斤） | 52400.00 |
| 光禄寺 | |
| 小麦（石） | 6220.00 |
| 白芝麻（石） | 260.00 |
| 芝麻（石） | 600.00 |
| 黄豆（石） | 1600.00 |
| 绿豆（石） | 1000.00 |
| 黑豆（石） | 1250.00 |
| 厨料果品折银（两） | 384.40 |
| 太常寺 | |
| 小麦（石） | 100.00 |
| 太仓 | |
| 人丁农桑丝绢折银（两） | 5393.01 |
| 派剩麦米折银（两） | 9274.18[8] |
| 京五草场草折银（两） | 2850.60 |
| 银库草折银（两） | 49660.38[9] |
| 各马房仓麦豆草折银（两） | 11627.43[10] |
| 边镇 | |

[1]原书此处注："每年派无定数。"
[2]原书此处注："万历九年题改解太仓转发。"
[3]原书此处注：内4000斤一年一派，8000斤二年一派。
[4]原书此处注："每年派无定数。"
[5]原书此处注："每年派无定数。"
[6]原书此处注："万历九年题改解太仓转发。"

[7]原书此处注：内10000斤一年一派，20000斤二年一派。
[8]原书此处注："每年派无定数。"
[9]原书此处注："每年派无定数。"
[10]原书此处注："每年派无定数。"

| | |
|---|---|
| 易州镇麦米花绒折银（两） | 4721.09 |
| 户口盐钞银（两） | 813.51[1] |
| 昌平镇米布草折银（两） | 4065.35 |
| 宣府镇麦米布草折银（两） | 77550.00 |
| 户口盐钞银（两） | 2345.74 |
| 永平镇麦折银（两） | 638.96 |
| 密云镇米折银（两） | 4000.00 |
| 蓟州镇豆折银（两） | 400.00 |
| **各府卫岁解** | |
| 三宫子粒银（两） | 49425.01 |
| 太仓备边地银（两） | 45135.83[2] |
| 坝大等马房草场地银（两） | 23439.57 |
| 王府庄田子粒银（两） | 5784.88 |
| 勋戚庄田子粒银（两） | 33330.69 |
| 岁出 | |
| 本司官吏监生每年约支本色 | |
| 俸米（石） | 188.20 |
| 官员约支折俸并折绢布银（两） | 200.00 |
| 铜钱（文） | 15545.00 |
| 茂陵、武骧左、右、燕山左、虎贲右、武成中、留守后、骁骑右八卫官吏旗军每年约支本色米（石） | 240615.50 |
| 折色银（两） | 25147.05 |
| 官员约支折俸并折绢布银（两） | 20420.64 |
| 军士冬衣布折银（两） | 11015.25 |
| 本色棉花（斤） | 33052.50 |
| 茂陵、燕山左、武成中、留守后四卫仓官攒斗每年约支本色米（石） | 1620.31 |
| 折色银（两） | 128.18 |
| 五军营将官并选锋每年约支口粮米（石） | 49044.00 |
| 冬衣布折银（两） | 762.00 |
| 本色棉花（斤） | 2286.00 |
| 官军防秋三个月约支口粮米（石） | 21930.60 |
| 马匹每年约支本色料（石） | 9414.72 |
| 草（束） | 320088.00 |
| 折色料草银（两） | 29991.75 |
| 宛大二县孤老每年约支本色米（石） | 15117.70 |
| 冬衣布（匹） | 4164.00 |
| 各草场官攒每年约支本色米（石） | 495.67 |
| 折色银（两） | 49.38 |

| | |
|---|---|
| 巡捕营官军家丁每年约支口粮米（石） | 7300.00 |
| 捕盗马匹料草折银（两） | 29810.40 |
| 四卫勇士营马匹每年约支料草折银（两） | 14859.18 |

## 甲表6　山东清吏司田粮岁额、岁入、岁出总数

| 山东布政司 | |
|---|---|
| **岁额** | |
| **夏税** | |
| 小麦（石） | 855221.47 |
| 内除孔氏奏免麦（石） | 49.33 |
| 实征麦（石） | 855172.14 |
| 丝绵折绢（匹） | 22165.00 |
| 农桑丝折绢（匹） | 32825.00 |
| 本色丝（两） | 326.31 |
| 税丝（两） | 33464.81 |
| 内除孔氏奏免丝（两） | 27.60 |
| 实征丝（两） | 33437.14 |
| **秋粮** | |
| 米（石） | 1995881.02 |
| 内除孔氏奏免米（石） | 116.10 |
| 实征米（石） | 1995765.91 |
| 牛租米（石） | 16.50 |
| 地亩棉花绒（斤） | 52449.67 |
| 马草（束） | 3819737.00 |
| 内除孔氏奏免草（束） | 269.00 |
| 实征草（束） | 3819469.00 |
| 户口盐钞银（两） | 45170.53 |
| **岁入** | |
| **供用库** | |
| 黄蜡（斤） | 13900.00 |
| 芝麻（石） | 2200.00 |
| 绿豆（石） | 500.00 |
| 黑豆（石） | 939.10 |
| 草（束） | 16000.00 |
| 长芦运司盐（斤） | 241666.69 |
| **甲字库** | |
| 棉布（匹） | 20000.00 |
| 黄丹光粉等料（斤） | 96551.50 |
| 红花（斤） | 30000.00 |
| **丁字库** | |
| 黄熟铜牛筋等料（斤） | 7787.00 |

| 黄牛皮（张） | 128.00 |
|---|---|
| **丙字库** | |
| 地亩棉花绒（斤） | 52449.63 |
| 棉花绒（斤） | 58035.00 |
| 准米（石） | 5803.50 |
| **酒醋面局** | |
| 小麦（石） | 2350.00 |
| 黄豆（石） | 2200.00 |
| **司苑局** | |
| 黑豆（石） | 700.00 |
| 草（束） | 10000.00 |
| **内官监** | |
| 长芦运司盐（斤） | 134500.00 |
| **光禄寺** | |
| 小麦（石） | 8000.00 |
| 青绿豆（石） | 300.00 |
| 细粟米（石） | 29000.00 |
| 白芝麻（石） | 180.00 |
| 芝麻（石） | 2000.00 |
| 蜀秫（石） | 4600.00 |
| 厨料果品折银（两） | 1295.65 |
| 长芦运司青白盐（斤） | 152000.00 |
| 盐卤（斤） | 2400.00 |
| **太仓** | |
| 漕运米（石） | 280000.00 |
| 临德二仓改兑米（石） | 95600.00 |
| 丝绵农桑丝绢折（两） | 37978.62 |
| 派剩麦米折银（两） | 17449.72[1] |
| 神乐观麦米折银（两） | 1177.62 |
| 银库草折银（两） | 69900.72[2] |
| 京五草场草折银（两） | 22190.00 |
| 各马房仓麦豆草折银（两） | 72688.60[3] |
| 蓟永密昌易辽东六镇民运 改解银（两） | 442954.71 |
| 盐钞银（两） | 13970.38 |
| 黄蜡折银（两） | 3089.36 |
| 泰山顶庙香税银（两） | 20000.00 |
| 脏罚银（两） | 40400.00[4] |

[1]原书此处注："每年派无定数。"
[2]原书此处注："每年派无定数。"
[3]原书此处注："每年派无定数。"
[4]原书此处注：巡抚5000两，巡按8000两，淮巡盐12000两，两浙巡盐10000两，长芦巡盐3400两，河东巡盐2000两。

| 商税银（两） | 6425.30 |
|---|---|
| 长芦运司余盐银（两） | 140000.00 |
| 两淮运司余盐银（两） | 600000.00 |
| 两浙运司余盐银（两） | 140000.00 |
| 山东运司余盐银（两） | 50000.00 |
| 福建运司余盐银（两） | 22200.10 |
| 河东运司盐税票银（两） | 4395.90 |
| 广东海北二提举司盐课银（两） | 11178.00 |
| 云南提举司盐课银（两） | 35547.37 |
| 江西盐税银（两） | 20000.00 |
| 顺天府通州盐牙税银（两） | 555.00 |
| 锦衣卫屯豆（石） | 44.44 |
| 屯地增银（两） | 8.85 |
| 大宁中卫屯豆（石） | 102.63 |
| 屯地增银（两） | 119.62 |
| 大宁前卫屯豆（石） | 176.85 |
| 屯地增银（两） | 357.39 |
| **边镇** | |
| 宣府镇麦豆草盐钞折银（两） | 278930.39 |
| **岁出** | |
| 本司官吏监生每年约支本色俸米（石） | 188.24 |
| 官员约支折俸并折绢布银（两） | 263.50 |
| 铜钱（文） | 18382.00 |
| 锦衣大宁中大宁前三卫官吏旗军每年约支本色米（石） | 387679.30 |
| 折色银（两） | 38504.39 |
| 官员约支折俸并折绢布银（两） | 26680.68 |
| 军士约支冬衣布银（两） | 16463.50 |
| 本色棉花（斤） | 49392.00 |
| 锦衣大宁中大宁前三卫攒甲斗每年约支本色米（石） | 837.31 |
| 折色银（两） | 91.15 |
| 锦衣卫宣官上直捕盗马匹每年约支料草折银（两） | 16483.37 |
| 辽东镇年例银（两） | 409984.36 |

### 甲表7 山西清吏司田粮岁额、岁入、岁出总数

| 山西布政司 | |
|---|---|
| **岁额** | |
| **夏税** | |
| 麦（石） | 591951.31 |
| 农桑丝折绢（匹） | 4771.00 |

121

| | |
|---|---|
| 零丝（两） | 822.55 |
| **秋粮** | |
| 米（石） | 1722851.38 |
| 马草（束） | 3602991.00 |
| 户口盐钞银（两） | 23306.05 |
| 岁入 | |
| 承运库 | |
| 农桑丝折绢（匹） | 3804.00 |
| 甲字库 | |
| 明矾等料（斤） | 60848.63 |
| 丁字库 | |
| 黄铜锡蜡等料（斤） | 6270.50 |
| 黄牛皮（张） | 85.00 |
| 光禄寺 | |
| 厨料果品折银（两） | 1073.25 |
| 太仓 | |
| 农桑丝绢折银（两） | 676.90 |
| 永清左卫屯豆（石） | 2603.60 |
| 屯地增银（两） | 1018.16 |
| 永清右卫屯豆（石） | 3525.54 |
| 屯地增银（两） | 2064.71 |
| 燕山前卫屯豆（石） | 677.82 |
| 屯地增银（两） | 384.16 |
| 牧地增银（两） | 3.42 |
| 岁出 | |
| 本司官吏监生每年约支本色俸米（石） | 270.00 |
| 官员每年约支折俸并折绢布银（两） | 350.00 |
| 铜钱（文） | 27300.00 |
| 永清左右、燕山前、兴武、镇南五卫官吏旗军每年约支本色米（石） | 99155.90 |
| 折色银（两） | 10747.91 |
| 官员依支折俸并折绢布银（两） | 11523.03 |
| 军士冬衣布折银（两） | 4515.00 |
| 本色棉花（斤） | 13550.00 |
| 永清左右、燕山前三卫仓官攒甲斗每年约支本色米（石） | 1303.80 |
| 折色银（两） | 137.80 |
| 宣府镇年例银（两） | 330000.00 |
| 内除改拨大同镇银（两） | 34000.00 |
| 实该银（两） | 296000.00 |
| 大同镇年例银（两） | 409638.00 |
| 又宣府山西二镇改拨银（两） | 41000.00 |

| | |
|---|---|
| 山西镇年例银（两）[1] | 222300.00 |
| 内除扣宣府盐引银（两） | 5000.00 |
| 扣留义兵银（两） | 5000.00 |
| 改拨大同镇银（两） | 7000.00 |
| 实该银（两） | 206300.00 |

## 甲表8 河南清吏司田粮岁额、岁入、岁出总数

| 河南布政司 | |
|---|---|
| 岁额 | |
| **夏税** | |
| 小麦（石） | 619054.42 |
| 内除崇府插厂等项豁免麦（石） | 1731.58 |
| 实征麦（石） | 617422.84[2] |
| 税丝（两） | 353832.44 |
| 内除崇府插厂等项豁免丝（两） | 930.90 |
| 实征丝（两） | 352901.54 |
| 农桑丝折绢（匹） | 9963.00 |
| **秋粮** | |
| 米（石） | 1769341.60 |
| 内除崇府插厂等项豁免米（石） | 5904.49 |
| 实征米（石） | 1763437.11 |
| 枣子易米（石） | 26833.32 |
| 地亩棉花绒（斤） | 342.03 |
| 马草（束） | 2288754.00 |
| 内除崇府插厂等项豁免草（束） | 7216.00 |
| 实征草（束） | 2281538.00 |
| 户口盐钞银（两） | 17031.58 |
| 岁入 | |
| 供用库 | |
| 芝麻（石） | 2400.00 |
| 黑豆（石） | 1000.00 |
| 草（束） | 17000.00 |
| 黄蜡（斤） | 13900.00 |
| 酒醋面局 | |
| 小麦（石） | 2000.00 |
| 黄豆（石） | 2400.00 |
| 司苑局 | |
| 黑豆（石） | 800.00 |
| 草（束） | 20000.00 |
| 甲字库 | |

[1] 总数与各项之和不符，似应为223300两。
[2] 总数与各项之和不符，似应为617322.84石。

| | | | |
|---|---|---|---|
| 棉布（匹） | 62637.00 | 历日银（两） | 715.95 |
| 槐花胶粉等料（斤） | 80275.13 | 燕山右卫屯豆（石） | 584.56 |
| **丙字库** | | 屯地增银（两） | 295.46 |
| 棉花绒（斤） | 130000.00 | 牧地增银（两） | 7.33 |
| 准米（石） | 13000.00 | 府军前卫屯豆（石） | 96.94 |
| 地亩棉花绒（斤） | 342.03 | 屯地增银（两） | 33.49 |
| **丁字库** | | 大兴左卫屯豆（石） | 475.90 |
| 铜锡牛筋等料（斤） | 8048.75 | 屯地增银（两） | 288.64 |
| 黄牛皮（张） | 128.00 | 牧地增银（两） | 6.65 |
| **广惠库** | | 裕陵卫屯豆（石） | 282.08 |
| 树株钞（贯） | 5100.00[1] | 屯地增银（两） | 77.95 |
| **光禄寺** | | 牧地增银（两） | 24.03 |
| 小麦（石） | 6600.00 | 直隶潼关卫蒲州守御千户所屯粮银 | |
| 细粟米（石） | 28500.00 | （两） | 5.08 |
| 绿豆（石） | 6000.00 | **边镇** | |
| 芝麻（石） | 2000.00 | 宣府镇麦米豆草折银（两） | 167673.40 |
| 白芝麻（石） | 260.00 | 盐钞银（两） | 4812.88 |
| 粟谷（石） | 4000.00 | 大同镇麦折银（两） | 57600.00 |
| 准米（石） | 2000.00 | 易州镇麦米豆折银（两） | 130826.93[6] |
| 厨料果品折银（两） | 2231.75 | 延绥镇麦布折银（两） | 33000.00 |
| **国子监** | | 陕西布政司库棉布（匹） | 30000.00 |
| 绿豆（石） | 300.00 | **岁出** | |
| **太仓** | | 本司官吏监生每年约支本色俸米（石） | 190.87 |
| 漕运米（石） | 270000.00 | 官员每年约支折俸并折绢布银（两） | 199.54 |
| 临德二仓改兑米（石） | 110000.00 | 铜钱（文） | 17737.00 |
| 派剩麦米折银（两） | 36895.39[2] | 裕陵、燕山右、府军前、大兴左四卫 | |
| 税丝农桑丝绢折银（两） | 16185.60 | 牧马一所官吏旗军每年依支本色米 | |
| 棉布折银（两） | 7500.00 | （石） | 179044.50 |
| 京五草场草折银（两） | 22797.50 | 折色银（两） | 21157.49 |
| 银库草折银（两） | 26294.18[3] | 官员约支折俸并折绢布银（两） | 16709.28 |
| 各马房仓麦豆草折银（两） | 66785.65[4] | 军士冬衣布折银（两） | 7975.25 |
| 黄蜡折银（两） | 3089.36 | 本色棉花（斤） | 23929.50 |
| 户口盐钞银（两） | 2962.95 | 裕陵、燕山右、大兴左三卫仓官攒甲 | |
| 蓟、密、永、昌四镇民运改解银（两） | 192398.66 | 斗每年依支本色米（石） | 1330.96 |
| 脏罚银（两） | 13000.00[5] | 折色银（两） | 147.10 |
| 民壮弓兵银（两） | 11327.40 | 中都留守司班军每年依支行粮折银 | |
| 防夫银（两） | 2649.00 | （两） | 21728.80 |
| 兑军扣留银（两） | 10000.00 | 河南都司班军每年约支行粮折银（两） | 2621.33 |
| | | 山东都司班军每年约支行粮折银（两） | 9065.66 |
| | | 司苑局甲军每年依支本色米（石） | 15504.00 |
| | | 折色银（两） | 1553.20 |

[1]原书此处注："系燕山右、府军前二卫征解。"
[2]原书此处注："每年派无定数。"
[3]原书此处注："每年派无定数。"
[4]原书此处注："每年派无定数。"
[5]原书此处注：巡抚5000两，巡按8000两。

[6]原书此处注："万历九年改解太仓转发。"

## 甲表9 陕西清吏司田粮岁额、岁入、岁出总数

| 陕西布政司 | |
|---|---|
| **岁额** | |
| **夏税** | |
| 小麦（石）（存留） | 725796.73 |
| 内除题豁土兵抛荒等项麦（石） | 75048.05 |
| 陆续开垦起科复增麦（石） | 39998.56 |
| 实征麦（石）（存留） | 690747.24 |
| 农桑丝折绢（匹）（存留） | 9221.00 |
| 丝绵（斤）（存留） | 206.24 |
| **秋粮** | |
| 米（石）（存留） | 1203260.52 |
| 内除题豁抛荒等项米（石） | 276105.29 |
| 陆续开垦复增米（石） | 117787.89 |
| 实征米（石）（存留） | 1044943.12 |
| 棉布（匹）（存留） | 128792.00 |
| 棉花绒（斤）（存留） | 17208.20 |
| 马草（束）（存留） | 1514751.00 |
| 内除题豁草（束） | 274213.00 |
| 陆续起科复增草（束） | 135096.00 |
| 实征草（束）（存留） | 1375634.00 |
| 户口盐钞银（两）（存留） | 18048.85[1] |
| **岁入** | |
| **太仓** | |
| 长陵卫屯地增银（两） | 36.54 |
| 献陵卫屯豆（石） | 321.28 |
| 屯地增银（两） | 113.58 |
| 景陵卫屯豆（石） | 982.49 |
| 屯地增银（两） | 475.19 |
| **岁出** | |
| 本司官吏监生每年约支本色俸米（石） | 262.01 |
| 官员依支折俸并折绢布银（两） | 335.08 |
| 铜钱（文） | 26807.00 |
| 公侯驸马伯每年约支禄米折银（两） | 16561.00 |
| 吏部等衙门官吏监生每年约支本色俸米（石） | 36989.66 |
| 官员与支折俸并折绢布银（两） | 40703.11 |
| 铜钱（文） | 3032304.00 |
| 文思院、皮作局官匠，京卫武学武生每年约支本色粮米（石） | 7231.33 |
| 折色银（两） | 1267.56 |
| 长陵、景陵、献陵留守右四卫官吏旗军每年约支本色米（石） | 64334.70 |
| 折色银（两） | 7478.11 |
| 官员折俸并折绢布银（两） | 4846.51 |
| 军士冬衣布折银（两） | 1832.50 |
| 本色棉花（斤） | 5497.50 |
| 景陵、献陵卫仓官攒甲斗官每年约支本色米（石） | 771.83 |
| 折色银（两） | 76.24 |
| 神枢营将官并选锋每年约支口粮米（石） | 36468.00 |
| 冬衣布折银（两） | 727.00 |
| 本色棉花（斤） | 2081.00 |
| 官军防秋三个月口粮米（石） | 5294.40 |
| 马匹每年约支本色料（石） | 8877.40 |
| 草（束） | 275916.00 |
| 折色料草银（两） | 28272.23 |
| 延绥镇年例银（两） | 377515.21 |
| 宁夏镇年例银（两） | 35000.00 |
| 扣发改拨固原盐引银（两） | 4294.87 |
| 甘肃镇年例银（两） | 51497.81 |
| 固原镇年例银（两） | 63721.82 |

## 甲表10 四川清吏司田粮岁额、岁入、岁出总数

| 四川布政司 | |
|---|---|
| **岁额** | |
| **夏税** | |
| 米（石） | 309892.16 |
| 内折布米（石） | 606.50 |
| 该布（匹） | 1213.00 |
| 内荒丝米（石） | 6640.32 |
| 该丝（两） | 106245.21 |
| **秋粮** | |
| 米（石） | 718652.96 |
| 地亩棉花绒（斤） | 70389.01 |
| 差发马（匹） | 5.00 |
| 户口盐钞银（两） | 14684.27 |
| **应天府** | |
| **夏税** | |
| 麦（石） | 11654.76 |
| 丝绵折绢（匹） | 1214.00 |

[1] 原书此处注："以上税粮、马草、布绢、花绒、盐盐钞俱存留本省备用。"

124

| | |
|---|---|
| 农桑丝折绢（匹） | 143.00 |
| **秋粮** | |
| 米（石） | 215159.84 |
| 马草（包） | 376458.00 |
| 户口盐钞银（两） | 1857.19 |
| **苏州府** | |
| **夏税** | |
| 小麦（石） | 53665.43 |
| 税丝折绢（匹） | 12555.00 |
| 农桑丝折绢（匹） | 640.00 |
| 税丝（两） | 102478.04 |
| 税钞（锭） | 4392.00 |
| **秋粮** | |
| 米（石） | 2038894.74 |
| 马草（包） | 538414.00 |
| 户口盐钞银（两） | 11197.44 |
| **松江府** | |
| **夏税** | |
| 大小麦（石） | 92260.41 |
| 丝绵折绢（匹） | 697.00 |
| 农桑丝折绢（匹） | 179.00 |
| 税钞（锭） | 3267.00 |
| **秋粮** | |
| 米（石） | 939226.23 |
| 马草（包） | 316251.00 |
| 户口盐钞银（两） | 1907.48 |
| **常州府** | |
| **夏税** | |
| 小麦（石） | 154393.38 |
| 丝绵折绢（匹） | 1573.00 |
| 农桑丝折绢（匹） | 324.00 |
| 麻布（匹） | 2077.00 |
| **秋粮** | |
| 米（石） | 606954.03 |
| 租钞（锭） | 24.00 |
| 马草（包） | 714369.00 |
| 户口盐钞银（两） | 3465.35 |
| **镇江府** | |
| **夏税** | |
| 小麦（石） | 54958.75 |
| 丝绵折绢（匹） | 205.00 |
| 农桑丝折绢（匹） | 13.00 |
| **秋粮** | |

| | |
|---|---|
| 米（石） | 143252.25 |
| 马草（包） | 120784.00 |
| 户口盐钞银（两） | 496.73 |
| **庐州府** | |
| **夏税** | |
| 小麦（石） | 9885.13 |
| 农桑丝折绢（匹） | 687.00 |
| **秋粮** | |
| 米（石） | 67045.52 |
| 马草（包） | 98337.00 |
| 户口盐钞银（两） | 1381.46 |
| **凤阳府** | |
| **夏税** | |
| 小麦（石） | 99837.26 |
| 税丝折绢（匹） | 1380.00 |
| 农桑丝折绢（匹） | 1035.00 |
| **秋粮** | |
| 米（石） | 113503.02 |
| 马草（包） | 234293.00 |
| 户口盐钞银（两） | 4404.06 |
| **淮安府** | |
| **夏税** | |
| 小麦（石） | 228872.29 |
| 农桑丝折绢（匹） | 1461.00 |
| **秋粮** | |
| 米（石） | 166423.50 |
| 马草（包） | 454720.00 |
| 户口盐钞银（两） | 3981.58 |
| **扬州府** | |
| **夏税** | |
| 小麦（石） | 39925.73 |
| 农桑丝折绢（匹） | 842.00 |
| 零丝（两） | 47.50 |
| **秋粮** | |
| 米（石） | 206603.86 |
| 牛租米（石） | 2.50 |
| 租钞（贯） | 5408.00 |
| 马草（包） | 359236.00 |
| 户口盐钞银（两） | 3094.16 |
| **徽州府** | |
| **夏税** | |
| 小麦（石） | 51785.40 |
| 人丁丝折绢（匹） | 8779.00 |

| | |
|---|---|
| 农桑丝折绢（匹） | 15.00 |
| **秋粮** | |
| 米（石） | 120602.20 |
| 户口盐钞银（两） | 785.54 |
| **宁国府** | |
| **夏税** | |
| 小麦（石） | 29060.54 |
| 农桑丝折绢（匹） | 30.00 |
| 农桑零丝（两） | 33.30 |
| 税丝（两） | 5474.08 |
| **秋粮** | |
| 米（石） | 74191.79 |
| 马草（包） | 798632.00 |
| 户口盐钞银（两） | 1262.14 |
| **池州府** | |
| **夏税** | |
| 小麦（石） | 6906.48 |
| 税丝折绢（匹） | 16.00 |
| 农桑丝折绢（匹） | 199.00 |
| 税丝零丝（两） | 1.19 |
| 农桑零丝（两） | 49.85 |
| **秋粮** | |
| 米（石） | 62154.06 |
| 山租钞（贯） | 265.00 |
| 马草（包） | 98306.00 |
| 户口盐钞银（两） | 569.85 |
| **太平府** | |
| **夏税** | |
| 小麦（石） | 16752.87 |
| 丝绵折绢（匹） | 102.00 |
| 农桑丝折绢（匹） | 116.00 |
| **秋粮** | |
| 熟荒米（石） | 91418.59 |
| 马草（包） | 355449.00 |
| 户口盐钞银（两） | 685.98 |
| **安庆府** | |
| **夏税** | |
| 小麦（石） | 18909.30 |
| 农桑丝折绢（匹） | 353.00 |
| **秋粮** | |
| 米（石） | 112862.98 |
| 马草（包） | 191973.00 |
| 户口盐钞银（两） | 1356.41 |

| | |
|---|---|
| **广德州** | |
| **夏税** | |
| 小麦（石） | 3636.39 |
| 税丝（两） | 1856.29 |
| 农桑丝折绢（匹） | 19.00 |
| **秋粮** | |
| 米（石） | 14066.29 |
| 马草（包） | 303045.00 |
| 户口盐钞银（两） | 1694.74 |
| **徐州** | |
| **夏税** | |
| 小麦（石） | 67158.00 |
| 税丝折绢（匹） | 3025.00 |
| 农桑丝折绢（匹） | 2538.00 |
| **秋粮** | |
| 米（石） | 79858.14 |
| 马草（包） | 100000.00 |
| 户口盐钞银（两） | 2059.85 |
| **滁州** | |
| **夏税** | |
| 小麦（石） | 2611.29 |
| 农桑丝折绢（匹） | 217.00 |
| **秋粮** | |
| 米（石） | 5985.35 |
| 马草（包） | 56441.00 |
| 户口盐钞银（两） | 255.94 |
| **和州** | |
| **夏税** | |
| 小麦（石） | 1435.66 |
| 农桑丝折绢（匹） | 99.00 |
| **秋粮** | |
| 米（石） | 9950.54 |
| 马草（包） | 26238.00 |
| 户口盐钞银（两） | 272.59 |
| **岁入** | |
| **尚膳监** | |
| 川椒（斤） | 1001.25 |
| **供用库** | |
| 黄白蜡（斤） | 32450.00 |
| 芽叶茶（斤） | 10100.00 |
| **甲字库** | |
| 银朱乌梅等料（斤） | 7293.50 |
| **丁字库** | |

|  |  |
| --- | --- |
| 生漆桐油等料（斤） | 23499.13 |
| **光禄寺** | |
| 厨料果品折银（两） | 1669.60 |
| **太仓** | |
| 富户银（两） | 64.00 |
| 腾骧左卫屯豆（石） | 156.92 |
| 屯地增银（两） | 45.34 |
| 武功中卫屯豆（石） | 209.14 |
| 屯地增银（两） | 86.27 |
| 神策卫屯豆（石） | 22.87 |
| 屯地增银（两） | 8.41 |
| 忠义后卫屯豆（石） | 251.97 |
| 屯地增银（两） | 23.92 |
| 府军后卫屯豆（石） | 26.31 |
| 屯地增银（两） | 12.12 |
| 彭城卫屯豆（石） | 8.14 |
| 屯地增银（两） | 225.38 |
| 金吾右卫屯豆（石） | 551.84 |
| 屯地增银（两） | 561.20 |
| 武功左卫屯豆（石） | 8.56 |
| 屯地增银（两） | 6.74 |
| 腾骧右卫屯豆（石） | 891.00 |
| 屯地增银（两） | 2770.46 |
| **应天府** | |
| **光禄寺** | |
| 小麦（石） | 408.00 |
| **甲字库** | |
| 银朱乌梅等料（斤） | 4254.75 |
| **丁字库** | |
| 生铜牛筋等料（斤） | 2493.75 |
| 黄牛皮（张） | 37.00 |
| **太仓** | |
| 漕运米（石） | 100000.00 |
| 淮安仓改兑米（石） | 28000.00 |
| 派剩麦米折银（两） | 14329.64[1] |
| 草折银（两） | 9237.00 |
| 脏罚银（两） | 13000.00[2] |
| 民壮银（两） | 1680.36 |
| **苏州府** | |
| **内承运库** | |
| 麦米折银（两） | 196188.42 |
| **承运库** | |
| 税丝折绢（匹） | 12555.00 |
| **内官监** | |
| 白熟粳米（石） | 4250.00 |
| **供用库** | |
| 白熟粳米（石） | 15900.00 |
| 黄蜡（斤） | 2600.00 |
| 芽叶茶（斤） | 3100.00 |
| 灯草（斤） | 2000.00 |
| **甲字库** | |
| 银朱光粉等料（斤） | 5907.44 |
| 棉布（匹） | 140000.00 |
| **丁字库** | |
| 生漆桐油等料（斤） | 17391.44 |
| 黄牛皮（张） | 68.00 |
| **酒醋面局** | |
| 白熟糯米（石） | 3150.00 |
| **光禄寺** | |
| 白熟粳米（石） | 15000.00 |
| 白熟糯米（石） | 2500.00 |
| 厨料果品折银（两） | 598.10 |
| 泾府白粳米（石） | 500.00 |
| 汝府白粳米（石） | 1000.00 |
| 景府白粳米（石） | 750.00 |
| **太仓** | |
| 漕运米（石） | 655000.00 |
| 淮安仓改兑米（石） | 42000.00 |
| 府部等衙门并神乐观俸米（石） | 24491.00[3] |
| 内本色八分该米（石） | 19592.08 |
| 内折色二分该银（两） | 4898.20 |
| 公侯驸马伯禄米折银（两） | 5895.80[4] |
| 派剩米折银（两） | 20136.32[5] |
| 阔白棉布折银（两） | 15000.00 |
| 草折银（两） | 10500.00 |
| 户口盐钞银（两） | 5598.72 |
| 黄蜡折银（两） | 1181.76 |
| 巡按脏罚银（两） | 5000.00 |
| **松江府** | |
| **内承运库** | |

[1] 原书此处注："每年派无定数。"
[2] 原书此处注：巡抚5000两，巡按8000两。
[3] 原书此处注："每年派无定数。"
[4] 原书此处注："每年派无定数。"
[5] 原书此处注："每年派无定数。"

| | |
|---|---|
| 麦米折银（两） | 83671.81 |
| **供用库** | |
| 白熟粳米（石） | 17352.04 |
| 黄蜡（斤） | 1400.00 |
| 芽叶茶（斤） | 2400.00 |
| **甲字库** | |
| 银朱靛花等料（斤） | 5603.38 |
| 阔白棉布（匹） | 99774.00 |
| 阔白三梭布（匹） | 33000.00 |
| **丁字库** | |
| 生漆桐油等料（斤） | 15790.31 |
| **酒醋面局** | |
| 白熟糯米（石） | 2100.00 |
| **光禄寺** | |
| 白熟粳米（石） | 13600.00 |
| 白熟糯米（石） | 2200.00 |
| 厨料果品折银（两） | 596.10 |
| **太仓** | |
| 漕运米（石） | 203000.00 |
| 淮安仓改兑米（石） | 29950.00 |
| 府部等衙门并神乐观俸米（石） | 17857.00 |
| 内本色米（石） | 14285.60 |
| 内折色米该银（两） | 3571.40[1] |
| 公侯驸马伯禄米折银（两） | 5909.10[2] |
| 阔白棉布折银（两） | 12667.80 |
| 派剩米折银（两） | 18797.37[3] |
| 草折银（两） | 6600.00 |
| 黄蜡折银（两） | 640.34 |
| 户口盐钞银（两） | 774.05 |
| 富户银（两） | 45.00 |
| **常州府** | |
| **内承运库** | |
| 麦米折银（两） | 85983.62 |
| **内官监** | |
| 白熟细粳米（石） | 1700.00 |
| 白熟粳米（石） | 6875.00 |
| **供用库** | |
| 白熟粳米（石） | 17200.00 |
| 黄蜡（斤） | 1800.00 |
| 芽叶茶（斤） | 3400.00 |

| | |
|---|---|
| **甲字库** | |
| 银朱乌梅等料（斤） | 5525.13 |
| 阔白棉布（匹） | 40000.00 |
| **丁字库** | |
| 生漆桐油等料（斤） | 15494.75 |
| **光禄寺** | |
| 白熟粳米（石） | 5400.00 |
| 白熟糯米（石） | 800.00 |
| 厨料果品银（两） | 527.40 |
| **牺牲所** | |
| 糯稻谷（石） | 250.00 |
| 泾府白粳米（石） | 500.00 |
| 景府白粳米（石） | 750.00 |
| **太仓** | |
| 丝绵农桑绢折银（两） | 1328.67 |
| 漕运米（石） | 175000.00 |
| 府部等衙门俸米（石） | 8230.00 |
| 内本色（石） | 6584.00 |
| 内折色该银（两） | 1646.00[4] |
| 公侯驸马伯禄米折银（两） | 4934.10[5] |
| 派剩米折银（两） | 17442.64[6] |
| 阔白棉布折银（两） | 3000.00 |
| 草折银（两） | 15932.40 |
| 黄蜡折银（两） | 820.81 |
| 户口盐钞银（两） | 3465.35 |
| 防夫银（两） | 120.00 |
| **镇江府** | |
| **供用库** | |
| 黄蜡（斤） | 1000.00 |
| 芽叶茶（斤） | 2300.00 |
| **甲字库** | |
| 银朱乌梅等料（斤） | 5193.37 |
| **丁字库** | |
| 生漆桐油等料（斤） | 11452.50 |
| **光禄寺** | |
| 厨料果品折银（两） | 353.40 |
| **太仓** | |
| 漕运米（石） | 80000.00 |
| 徐淮二仓改兑米（石） | 22000.00 |
| 派剩米折银（两） | 440.00[1] |

¹原书此处注："每年派无定数。"
²原书此处注："每年派无定数。"
³原书此处注："每年派无定数。"

⁴原书此处注："每年派无定数。"
⁵原书此处注："每年派无定数。"
⁶原书此处注："每年派无定数。"

| | |
|---|---|
| 丝绵农桑绢折银（两） | 153.82 |
| 草折银（两） | 2130.00 |
| 户口盐钞银（两） | 305.05 |
| 黄蜡折银（两） | 477.23 |
| 富户银（两） | 30.00 |
| 民壮弓兵快手等银（两） | 1762.20 |
| **庐州府** | |
| **供用库** | |
| 黄蜡（斤） | 1000.00 |
| 芽叶茶（斤） | 2100.00 |
| **甲字库** | |
| 银朱靛花等料（斤） | 5000.13 |
| **丁字库** | |
| 桐油锡蜡等料（斤） | 7933.75 |
| **光禄寺** | |
| 小麦（石） | 1390.00 |
| 厨料果品折银（两） | 242.00 |
| **太仓** | |
| 漕运米（石） | 10000.00 |
| 农桑绢折银（两） | 481.19 |
| 派剩麦折银（两） | 209.00 |
| 草折银（两） | 1500.00 |
| 黄蜡折银（两） | 459.86 |
| 户口盐钞银（两） | 740.79 |
| 富户银（两） | 98.00 |
| 巡按脏罚银（两） | 8000.00 |
| 民壮弓兵快手等银（两） | 4566.24 |
| **凤阳府** | |
| **供用库** | |
| 黄蜡（斤） | 1100.00 |
| 芽叶茶（斤） | 2100.00 |
| **甲字库** | |
| 银朱靛花等料（斤） | 11439.00 |
| **丁字库** | |
| 铜锡牛筋等料（斤） | 5312.75 |
| 黄牛皮（张） | 37.00 |
| **光禄寺** | |
| 小麦（石） | 1680.00 |
| 厨料果品折银（两） | 172.80 |
| **太仓** | |
| 漕运米（石） | 30000.00 |

| | |
|---|---|
| 徐州仓改兑米（石） | 30300.00 |
| 派剩麦折银（两） | 720.00 |
| 税丝农桑绢折银（两） | 1691.00 |
| 草折银（两） | 3540.00 |
| 黄蜡折银（两） | 509.32 |
| 户口盐钞银（两） | 1868.39 |
| 富户银（两） | 36.00 |
| 巡抚脏罚银（两） | 2500.00 |
| 民壮弓兵快手等银（两） | 5393.31 |
| **淮安府** | |
| **供用库** | |
| 黄蜡（斤） | 1000.00 |
| 芽叶茶（斤） | 2200.00 |
| **甲字库** | |
| 银朱乌梅等料（斤） | 10908.00 |
| **丁字库** | |
| 生漆桐油等料（斤） | 5173.25 |
| 黄牛皮（张） | 85.00 |
| **光禄寺** | |
| 稻谷（石） | 2000.00 |
| 厨料果品折银（两） | 238.90 |
| **太仓** | |
| 漕运米（石） | 25000.00 |
| 徐淮二仓改兑米（石） | 79150.00 |
| 派剩麦米折银（两） | 877.32[2] |
| 农桑绢折银（两） | 1023.10 |
| 草折银（两） | 7110.00 |
| 户口盐钞银（两） | 1990.79 |
| 黄蜡折银（两） | 494.60 |
| 民壮防夫银（两） | 3748.96 |
| **扬州府** | |
| **供用库** | |
| 黄蜡（斤） | 1100.00 |
| 芽叶茶（斤） | 2500.00 |
| **甲字库** | |
| 银朱乌梅等料（斤） | 5010.38 |
| **丁字库** | |
| 铜锡牛筋等料（斤） | 3376.00 |
| 黄牛皮（张） | 38.00 |
| **光禄寺** | |
| 厨料果品折银（两） | 303.40 |

---

[1]原书此处注："每年派无定数。"　　　　[2]原书此处注："每年派无定数。"

| 太仓 | |
|---|---|
| 漕运米（石） | 60000.00 |
| 徐州仓改兑米（石） | 37000.00 |
| 农桑绢折银（两） | 589.92 |
| 草折银（两） | 6180.00 |
| 黄蜡折银（两） | 509.32 |
| 户口盐钞银（两） | 1465.31 |
| 富户银（两） | 100.00 |
| 民壮弓兵银（两） | 3979.00 |
| 徽州府 | |
| 内承运库 | |
| 麦米折银（两） | 23250.00 |
| 甲字库 | |
| 银朱乌梅等料（斤） | 10274.25 |
| 丁字库 | |
| 生漆桐油等料（斤） | 10303.00 |
| 黄牛皮（张） | 37.00 |
| 光禄寺 | |
| 厨料果品折银（两） | 577.08 |
| 太仓 | |
| 派剩麦米折银（两） | 1809.60[1] |
| 户口盐钞银（两） | 785.54 |
| 宁国府 | |
| 供用库 | |
| 黄蜡（斤） | 1200.00 |
| 芽叶茶（斤） | 2200.00 |
| 甲字库 | |
| 银朱乌梅等料（斤） | 2672.63 |
| 丁字库 | |
| 生漆桐油等料（斤） | 10763.00 |
| 黄牛皮（张） | 37.00 |
| 光禄寺 | |
| 厨料果品折银（两） | 433.50 |
| 太仓 | |
| 漕运米（石） | 30000.00 |
| 派剩米折银（两） | 2005.80[2] |
| 草折银（两） | 17100.00 |
| 黄蜡折银（两） | 524.05 |
| 户口盐钞银（两） | 1140.53 |
| 富户银（两） | 46.00 |
| 民壮弓兵银（两） | 2219.00 |

| 池州府 | |
|---|---|
| 甲字库 | |
| 银朱乌梅等料（斤） | 2281.38 |
| 丁字库 | |
| 铜锡牛筋等料（斤） | 3354.00 |
| 黄牛皮（张） | 36.00 |
| 光禄寺 | |
| 厨料果品折银（两） | 156.60 |
| 太仓 | |
| 漕运米（石） | 25000.00 |
| 税丝农桑绢折银（两） | 150.50 |
| 派剩麦米折银（两） | 3930.80[3] |
| 草折银（两） | 1860.00 |
| 户口盐钞银（两） | 227.94 |
| 太平府 | |
| 供用库 | |
| 黄蜡（斤） | 1200.00 |
| 芽叶茶（斤） | 2100.00 |
| 甲字库 | |
| 银朱乌梅等料（斤） | 2479.63 |
| 丁字库 | |
| 生漆桐油等料（斤） | 7011.00 |
| 黄牛皮（张） | 37.00 |
| 光禄寺 | |
| 厨料果品折银（两） | 147.20 |
| 太仓 | |
| 漕运米（石） | 17000.00 |
| 派剩麦米折银（两） | 915.10[4] |
| 丝绵绢折银（两） | 71.61 |
| 草折银（两） | 6900.00 |
| 黄蜡折银（两） | 524.05 |
| 户口盐钞银（两） | 308.69 |
| 富户银（两） | 78.00 |
| 民壮防夫银（两） | 1313.32 |
| 快手弓兵银（两） | 297.00 |
| 商税银（两） | 285.00 |
| 安庆府 | |
| 供用库 | |
| 黄蜡（斤） | 1000.00 |
| 芽叶茶（斤） | 2200.00 |
| 甲字库 | |

[1] 原书此处注："每年派无定数。"
[2] 原书此处注："每年派无定数。"

[3] 原书此处注："每年派无定数。"
[4] 原书此处注："每年派无定数。"

| | |
|---|---|
| 银朱乌梅等料（斤） | 3487.75 |
| 丁字库 | |
| 生漆桐油等料（斤） | 9147.63 |
| 黄牛皮（张） | 84.00 |
| 光禄寺 | |
| 厨料果品折银（两） | 353.40 |
| 太仓 | |
| 漕运米（石） | 60000.00 |
| 农桑绢折银（两） | 247.30 |
| 草折银（两） | 3780.00 |
| 黄蜡折银（两） | 459.86 |
| 户口盐钞银（两） | 550.44 |
| 富户银（两） | 40.00 |
| 商税银（两） | 331.40 |
| 民壮弓兵银（两） | 2373.00 |
| 广德州 | |
| 甲字库 | |
| 银朱乌梅等料（斤） | 9823.13 |
| 丁字库 | |
| 黄牛皮（张） | 37.00 |
| 光禄寺 | |
| 厨料果品折银（两） | 50.52 |
| 太仓 | |
| 淮安仓改兑米（石） | 8000.00 |
| 派剩麦米折银（两） | 95.64[1] |
| 草折银（两） | 6938.85 |
| 户口盐钞银（两） | 1682.74 |
| 民壮弓兵银（两） | 489.60 |
| 徐州 | |
| 甲字库 | |
| 银朱靛花等料（斤） | 11324.88 |
| 丁字库 | |
| 生铜（斤） | 130.00 |
| 黄牛皮（张） | 36.00 |
| 光禄寺 | |
| 厨料果品折银（两） | 44.30 |
| 太仓 | |
| 漕运米（石） | 30000.00 |
| 本州仓改兑米（石） | 18000.00 |
| 税丝农桑绢折银（两） | 3894.68 |
| 草折银（两） | 1500.00 |

| | |
|---|---|
| 户口盐钞银（两） | 1029.92 |
| 民壮弓兵银（两） | 1735.20 |
| 历日银（两） | 10.00 |
| 滁州 | |
| 甲字库 | |
| 银朱乌梅等料（斤） | 4015.88 |
| 丁字库 | |
| 桐油生铜等料（斤） | 1729.50 |
| 黄牛皮（张） | 36.00 |
| 光禄寺 | |
| 厨料果品折银（两） | 36.50 |
| 太仓 | |
| 农桑绢折银（两） | 152.02 |
| 派剩米折银（两） | 52.63[2] |
| 草折银（两） | 330.00 |
| 户口盐钞银（两） | 105.39 |
| 民壮弓兵银（两） | 475.20 |
| 和州 | |
| 甲字库 | |
| 银朱槐花等料（斤） | 3727.75 |
| 丁字库 | |
| 黄牛皮（张） | 37.00 |
| 光禄寺 | |
| 厨料果品折银（两） | 39.00 |
| 太仓 | |
| 农桑绢折银（两） | 69.89 |
| 草折银（两） | 330.00 |
| 户口盐钞银（两） | 109.01 |
| 民壮弓兵银（两） | 828.00 |
| 岁出 | |
| 本司官吏监生每年约支本色俸米（石） | 256.80 |
| 官员约支折俸并折绢布银（两） | 197.65 |
| 铜钱（文） | 15183.00 |
| 腾骧左右、武功左右中、金吾右、府军后、忠义后、武德、神策、彭城十一卫官吏旗军每年约支本色米（石） | 256908.80 |
| 折色银（两） | 27821.84 |
| 官员折俸并折绢布银（两） | 43540.87 |
| 军士冬衣布折银（两） | 11270.50 |
| 本色棉花（斤） | 35546.50 |

---

[1]原书此处注："每年派无定数。"

[2]原书此处注："每年派无定数。"

| | |
|---|---|
| 金吾右、府军后、忠义后、 | |
| 彭城四卫仓官攒甲斗每年约支本色米（石） | 1543.21 |
| 折色银（两） | 162.04[1] |

## 甲表 11　广东清吏司田粮岁额、岁入、岁出总数

| 广东布政司 | |
|---|---|
| 岁额 | |
| **夏税** | |
| 麦米（石） | 6122.89 |
| 农桑米（石） | 309.89 |
| 零丝折米（石） | 0.93 |
| **秋粮** | |
| 米（石） | 993824.81 |
| 改科丝折米（石） | 0.94 |
| 户口盐钞银（两） | 18538.64 |
| 岁入 | |
| **内承运库** | |
| 米折银（两） | 100000.00 |
| **供用库** | |
| 黄白蜡（斤） | 13900.00 |
| 芽叶茶（斤） | 8500.00 |
| **甲字库** | |
| 银朱乌梅等料（斤） | 9333.50 |
| **丁字库** | |
| 生漆桐油等料（斤） | 24148.25 |
| **光禄寺** | |
| 厨料果品折银（两） | 3518.50 |
| **太仓** | |
| 黄白蜡折银（两） | 6300.00 |
| 脏罚银（两） | 7200.00[2] |
| 神武左卫屯豆（石） | 247.32 |
| 屯地增银（两） | 141.14 |
| 义勇前卫屯豆（石） | 383.03 |
| 屯地增银（两） | 92.28 |
| 义勇后卫屯豆（石） | 48.88 |

| | |
|---|---|
| 屯地增银（两） | 381.67 |
| 留守中卫屯豆（石） | 1.73 |
| 屯地增银（两） | 1.27 |
| 岁出 | |
| 本部并司务厅及本司官吏监生每年约支本色俸米（石） | 348.00 |
| 官员每年约支折俸并折绢布银（两） | 662.16 |
| 铜钱（文） | 49537.00 |
| 神武左、义勇前后、羽林左、鹰扬、留守中六卫蓄牧奠靖二所官吏旗军每年约支本色米（石） | 144059.00 |
| 折色银（两） | 15502.45 |
| 官员折俸并折绢布银（两） | 14536.50 |
| 军士冬衣布折银（两） | 6172.50 |
| 本色棉花（斤） | 18556.50 |
| 神武左等四卫仓官攒甲斗每年约支本色米（石） | 1403.01 |
| 折色银（两） | 149.43 |

## 甲表 12　广西清吏司田粮岁额、岁入、岁出总数

| 广西布政司 | |
|---|---|
| 岁额 | |
| **夏税** | |
| 麦米（石）（存留） | 2508.73 |
| 内除无征米（石） | 14.03 |
| 实征麦米（石） | 2494.70 |
| 丝折米（石）（存留） | 499.22 |
| 丝（两）（存留） | 2378.95 |
| **秋粮** | |
| 米（石）（存留） | 432532.44 |
| 内除无征米（石） | 59075.78 |
| 兵种米（石） | 4717.02 |
| 续清出米（石） | 462.89 |
| 实征米（石） | 369202.52 |
| 花利米（石）（存留） | 1888.25 |
| 租钞（锭）（存留） | 24.00 |
| 茶课钞（锭）（存留） | 1183.00 |
| 鱼课钞（锭）（存留） | 347.00 |
| 椒课钞（锭）（存留） | 42.00 |

---

[1] 原书此处附有："臣等谨按，国家贡赋，设户部尚书侍郎，率十三司分省而理，提纲携领，专任责成，法至善也。顾诸司各仁一事，官又岁数更转，因撮各省直钱谷总数，以便检查。若稽出纳之盈缩，划渔没之宿蠹，皆司臣本职，诚不可怠玩，以瘝厥官也。"

[2] 原书此处注：巡抚 1200 两，巡按 6000 两。

| | |
|---|---|
| 苎麻（斤）（存留） | 1794.88 |
| 麻折米（石）（存留） | 3.63 |
| 麻钞（锭）（存留） | 2.00 |
| 红花（斤）（存留） | 11.84 |
| 桐油（斤）（存留） | 1063.00 |
| 税钞（锭）（存留） | 160.00 |
| 户口盐钞银（两）（存留） | 1417.01[1] |
| 岁入 | |
| 太仓 | |
| 赃罚银（两） | 1800.00[2] |
| 宽河卫屯豆（石） | 202.80 |
| 屯地增银（两） | 160.19 |
| 蔚州左卫屯豆（石） | 64.16 |
| 屯地增银（两） | 201.92 |
| 岁出 | |
| 本司官吏监生每年约支本色俸米（石） | 300.40 |
| 官员折俸并折绢布银（两） | 172.65 |
| 铜钱（文） | 13131.00 |
| 宽河、蔚州左、留守前、沈阳左右五卫牺牲一所官吏旗军每年约支本色米（石） | 84724.40 |
| 折色银（两） | 9131.38 |
| 官员折俸并折绢布银（两） | 13680.48 |
| 军士冬衣布折银（两） | 2805.75 |
| 本色棉花（斤） | 8422.50 |
| 神乐观乐舞生每年约支本色米（石） | 5032.92 |
| 折绢布麦豆芝麻银（两） | 4350.05 |
| 光禄寺、太常寺厨役每年约支本色米（石） | 33361.10 |
| 折色银（两） | 3282.96 |
| 冬衣布折银（两） | 1422.00 |
| 宽河、蔚州左、留守前三卫仓并太仓银库及广积等十库官攒甲斗每年约支本色米（石） | 1515.05 |
| 折色银（两） | 173.62 |
| 京五草场每年约支银（两） | 16271.29[3] |
| 御马三仓并象房坝上等马牛羊房仓每年约支银（两） | 148403.10[4] |

| | |
|---|---|
| 供用库黄白蜡商价[5] | |
| 礼部领赏夷人绢银[6] | |

## 甲表 13 云南清吏司田粮岁额、岁入、岁出总数

| 云南布政司 | |
|---|---|
| 岁额 | |
| 夏税 | |
| 麦（石）（存留） | 35567.26 |
| 秋粮 | |
| 米（石）（存留） | 107123.03 |
| 户口盐钞银（两）（存留） | 442.26[7] |
| 差发米（石） | 9163.20 |
| 麦（石） | 7008.75 |
| 金（两） | 66.67 |
| 银（两） | 8487.13 |
| 海𧈢（索） | 272377.00 |
| 绵绸（匹） | 15.00 |
| 棉布（段） | 1700.00 |
| 水牛（只） | 10.00 |
| 黄牛（只） | 26.00 |
| 马（匹） | 85.00 |
| 折色钞（锭） | 60.00[8] |
| 岁入 | |
| 内承运库 | |
| 年例金（两） | 2000.00 |
| 太仓 | |
| 赃罚银（两） | 9500.00[9] |
| 泰陵卫屯豆（石） | 105.61 |
| 屯地增银（两） | 119.92 |
| 牧地增银（两） | 31.35 |
| 忠义右卫屯豆（石） | 286.13 |
| 屯地增银（两） | 128.96 |
| 牧地增银（两） | 23.28 |
| 忠义前卫屯豆（石） | 218.79 |
| 屯地增银（两） | 93.74 |
| 牧地增银（两） | 7.90 |
| 府军右卫屯豆（石） | 20.53 |

---

[1] 原书此处注："以上税粮、盐钞等项，俱存留本省备用。"
[2] 原书此处注：巡抚 600 两，巡按 1200 两。
[3] 原书此处注："每年给放本折色不等，难以定为额数。"
[4] 原书此处注："每年马匹有新增及倒死不等，难以定为额数。"

[5] 原书此处注："每年遇缺招买，多寡不等，难以预定。"
[6] 原书此处注："每年进贡多寡不等，难以预定。"
[7] 原书此处注："税粮、盐钞俱存留本省备用。"
[8] 原书此处注："以上各项备买年例金两之用。"
[9] 原书此处注：巡抚 4500 两，巡按 5000 两。

| | |
|---|---|
| 屯地增银（两） | 0.53 |
| **岁出** | |
| 本司官吏监生每年约支本色俸米（石） | 480.50 |
| 官员约支折俸并折绢布银（两） | 554.20 |
| 铜钱（文） | 39583.00 |
| 泰陵、府军、府军左右、忠义前右、虎贲左七卫官吏旗军每年约支本色米（石） | 138392.20 |
| 折色银（两） | 14332.30 |
| 官员折俸并折绢布银（两） | 15195.46 |
| 军士冬衣布折银（两） | 2410.75 |
| 本色棉花（斤） | 16245.00 |
| 府军等七卫仓官攒甲斗每年约支本色米（石） | 3340.24 |
| 折色银（两） | 350.47 |
| 内府各监局库民匠每年约支本色米（石） | 1532.20 |
| 折色银（两） | 152.95 |
| 外卫班军做工盐粮折银（两） | 16995.12 |
| 太常寺猪价银（两） | 570.00 |

## 甲表 14 贵州清吏司田粮岁额、岁入、岁出总数

| 贵州布政司 | |
|---|---|
| **岁额** | |
| **夏税** | |
| 麦莜（石）（存留） | 266.82 |
| 洞蛮麻布（条）（存留） | 259.00 |
| **秋粮** | |
| 米（石）（存留） | 50541.96 |
| 户口盐钞银（两）（存留） | 5.83[1] |
| **岁入** | |
| **内承运库** | |
| 朱砂（斤） | 16.50 |
| **供用库** | |
| 黄蜡（斤） | 1568.75 |
| 芽茶（斤） | 29.00 |
| **甲字库** | |
| 水银（斤） | 229.00 |
| **广惠库** | |
| 河西务等七钞关轮年约解本色钞（贯） | 29284400.00 |
| 铜钱（文） | 59777000.00 |
| **天财库** | |

| | |
|---|---|
| 正阳等九门本色钞（贯） | 665080.00 |
| 折色铜钱（文） | 2432850.00 |
| **酒醋面局** | |
| 张家湾宣课司抽分曲（斤） | 108800.00 |
| **光禄寺** | |
| 张家湾宣课司抽分曲折银（两） | 4400.00 |
| 上林苑监子粒银（两） | 4465.70 |
| **太常寺** | |
| 崇文门分司并张家湾宣课司猪价银（两） | 1200.00 |
| **国子监** | |
| 都税司并正阳、安定、德胜三门宣课税课分司、张家湾课司本色钞（贯） | 175290.00 |
| 折色铜钱（文） | 350580.00 |
| **太仓** | |
| 会州卫屯豆（石） | 125.51 |
| 屯地增银（两） | 110.46 |
| 济州卫屯豆（石） | 1310.81 |
| 屯地增银（两） | 1218.22 |
| 富峪卫屯豆（石） | 117.02 |
| 屯地增银（两） | 144.41 |
| 崇文门宣课分司商税银（两） | 16062.18 |
| 铜钱（文） | 18877716.00 |
| 猪口牙税银（两） | 2429.00 |
| 张家湾宣课司商税银（两） | 2479.20 |
| 铜钱（文） | 2887762.00 |
| 河西务钞关轮年约解船料银（两） | 8000.00 |
| 每年商税银（两） | 4000.00[2] |
| 船铺户经济牙税银（两） | 4000.00 |
| 临清钞关轮年约解折色船料商税银（两） | 83800.00 |
| 浒墅钞关轮年约解折色船料商税银（两） | 39900.00 |
| 九江钞关轮年约解折色船料商税银（两） | 15300.00 |
| 淮安钞关轮年约解折色船料商税银（两） | 22700.00 |
| 扬州钞关轮年约解折色船料商税银（两） | 12900.00 |
| 北新钞关轮年约解折色船料商税银（两） | 36800.00[3] |
| **岁出** | |
| 本司官吏监生每年约支本色俸米（石） | 240.00 |
| 官员折俸并折绢布银（两） | 300.00 |
| 铜钱（文） | 30300.00 |
| 济州、会州、富峪三卫官吏旗军每年约支本色米（石） | 54823.90 |

---

[1] 原书此处注："以上税粮、盐钞俱存留本省备用。"

[2] 原书此处注："万历八年新增约 28100 两。"

[3] 原书此处注："以上各关本色年分七分，扣二银仍解太仓。"

| | |
|---|---|
| 折色银（两） | 6615.90 |
| 官员年支折俸并折绢布银（两） | 12752.46 |
| 军士冬衣布折银（两） | 2259.00 |
| 本色棉花（斤） | 6813.00 |
| 济州等三卫仓官攒甲斗每年约支本色米（石） | 1253.22 |
| 折色银（两） | 130.44 |
| 宝钞提举司官匠每年约支本色米（石） | 1453.50 |
| 折色银（两） | 144.98 |
| 蓟州军门抚夷防秋银（两） | 28800.00 |
| 蓟州镇年例银（两） | 424892.38 |
| 密云镇年例银（两） | 394037.19 |
| 永平镇年例银（两） | 241858.60 |
| 昌平镇年例银（两） | 175540.81 |
| 内扣拨蓟镇银（两） | 32101.23 |
| 实该银（两） | 143439.58 |
| 易州镇年例银（两） | 59000.00 |
| 井陉镇年例银（两） | 3970.00 |
| 宝钞司召买稻草银（两） | 522.60 |
| 内官监召买稻草银（两） | 426.70[1] |

---

[1]原书此处注："以上二项稻草，本色已见内库项下。"

## 《万历会计录》卷二　浙江布政司田赋

**甲表 15**　　　　　　　　　　浙江布政司田赋

| | 原额 | | 见额 |
|---|---|---|---|
| | 洪武年间 | 弘治年间 | 万历六年 |
| | （诸司职掌数） | （会典数） | （布政司册报数） |
| 田土官民（亩） | 51705151.00 | 47234271.70[1] | 46696982.40[2] |
| **夏税** | | | |
| 麦（石） | 85520.00 | 152772.93[3] | 152863.73[4] |
| 起运京库麦（石） | | | 80000.00 |
| 每石折银（两） | | | 0.25 |
| 存留麦（石） | | | 72863.73 |
| 丝绵并荒丝（两） | | 2701361.83 | 2715047.04[5] |
| 起运京库丝绵（两） | | | 1962144.85 |
| 该折绢（匹） | | | 98107.00 |
| 折色绢（匹） | | | 742.00 |
| 每匹折银（两） | | | 0.70 |
| 本色绢（匹） | | | 97365.00 |
| 合罗丝（两）（本色） | | | 8000.00 |
| 串伍细丝（两）（本色） | | | 40000.00 |
| 荒丝（两）（本色） | | | 170000.00 |
| 上白棉（斤）（本色） | | | 750.00 |
| 中白棉（斤） | | | 5625.00 |
| 内折色（斤） | | | 371.00 |
| 每斤折银（两） | | | 0.50 |
| 本色 | | | 5254.00 |
| 南京库串伍丝（两）（本色） | | | 20000.00 |
| 荒丝（两）（本色） | | | 20000.00 |
| 中白棉（斤） | | | 187.50 |
| 每斤折银（两） | | | 0.50 |
| 存留丝绵（两） | | | 389902.19 |
| 农桑丝折绢（匹） | | 3509.00 | 3509.00 |
| 本色（匹）（起运南京库） | | | 1754.50 |
| 折色（匹）（起运南京库） | | | 1754.50 |
| 折色每匹折银（两） | | | 0.70[6] |
| 租钞（锭）（存留） | | 32553.00[7] | 32588.00[8] |

---

[1] 原书此处注：比洪武原额减 44708 顷 79 亩 2 分 3 厘。
[2] 原书此处注：比弘治减 5372 顷 89 亩 2 分 9 厘。
[3] 原书此处注：比洪武原额增 67252.93 石。
[4] 原书此处注：比弘治增 90.79 石。
[5] 原书此处注：比弘治增 13685 两 2 钱 1 分。
[6] 原书此处注："与弘治同，起运南京库。"
[7] 原书此处注：比洪武原额增 11863 锭 845 文 5 分。
[8] 原书此处注：比弘治增 35 锭 2 贯 782 文 7 分，存留。

| | | | |
|---|---|---|---|
| 农桑零丝（两）（存留） | | 691.89 | 691.89[1] |
| 小绢（匹）（存留） | | 4.00 | 4.00[2] |
| 币帛绢（匹）（存留） | | 1.00 | 1.00[3] |
| 钱钞（锭） | 20690.00 | | |
| 绢（匹） | 139140.00 | | |
| **秋粮** | | | |
| 米（石） | 2667207.00 | 2357526.70[4] | 2369764.04[5] |
| 起运京库米（石） | | | 598543.65 |
| 每石折银（两） | | | 0.25 |
| 兑军米（石） | | | 600000.00 |
| 供用库白熟粳米（石）（本色） | | | 32000.00 |
| 准糙粳米（石） | | | 35200.00 |
| 酒醋面局白熟糯米（石）（本色） | | | 6250.00 |
| 准糙粳米（石） | | | 6875.00 |
| 光禄寺白熟粳米（石）（本色） | | | 19000.00 |
| 准糙粳米（石） | | | 20900.00 |
| 光禄寺白熟糯米（石）（本色） | | | 8500.00 |
| 准糙粳米（石） | | | 9350.00 |
| 南京供用库本色白熟粳米（石） | | | 3500.00 |
| 准糙粳米（石） | | | 3850.00 |
| 南京各卫仓米（石） | | | 257409.00 |
| 内水兑折色米[6] | | | |
| 金华、衢州、绍兴三府每石折银（两） | | | 0.70 |
| 杭州、嘉兴、湖州三府每石折银（两） | | | 0.60 |
| 改兑徐州广运仓本色米（石） | | | 30000.00 |
| 永福仓本色米（石） | | | 15000.00 |
| 愿纳折色者每石折银（两） | | | 0.60 |
| 派剩米（石） | | | 38530.81 |
| 内原拨光禄寺（石） | | | 19500.00 |
| 每石折银（两） | | | 0.70 |
| 其余米（石）（解太仓银库） | | | 19030.81 |
| 每石折银（两） | | | 0.60 |
| 以上共起运米（石） | | | 1615739.47 |
| 存留米（石） | | | 754024.56 |
| 租钞（锭）（存留） | | 18740.00 [7] | 18779.00[8] |
| 钱钞（锭） | 86.00 | | |

---

[1]原书此处注："与弘治同。"
[2]原书此处注："与弘治同。"
[3]原书此处注："与弘治同，以上三项俱存留。"
[4]原书此处注：比洪武原额减 309680.29 石。
[5]原书此处注：比弘治增 12237.34 石。
[6]此处似缺数值。
[7]原书此处注：比洪武原额增 18654 锭 4 贯 10 文 5 分。
[8]原书此处注：比弘治增 38 锭 1 贯 994 文 5 分，存留。

|  | | | |
|---|---|---|---|
| 绢（匹） | 59.00 | | |
| 租丝（两）（存留） | | 2216.75 | 2216.75[1] |
| 租绢（匹）（存留） | | 59.00[2] | 59.00[3] |
| 租瓤麻布（匹）（存留） | | 2.00 | 2.00[4] |
| 租苎布（匹）（存留） | | 7.00 | 7.00[5] |
| 马草（包） | | 874391.00 | 874491.00[6] |
| 起运京库草（包） | | | 600000.00 |
| 每包折银（两） | | | 0.03 |
| 南京定场草（包） | | | 192650.00 |
| 以上共起运草（包） | | | 792650.00 |
| 存留草（包） | | | 81841.00 |
| 人户（户） | 2138225.00 | 1503124.00 | 1542408.00 |
| 人口（口） | 10487567.00 | 5305843.00[7] | 5153005.00[8] |
| **户口盐钞银（两）** | | | 2317.76 |
| 起运银（两） | | | 1153.17 |
| 存留银（两） | | | 1164.59 |
| 遇闰共加银（两） | | | 123.84 |

---

[1]原书此处注："与弘治同。"
[2]原书此处注：比洪武原额增2丈9尺8寸。
[3]原书此处注："与弘治同。"
[4]原书此处注："与弘治同。"
[5]原书此处注：比弘治增9尺，以上五项俱存留。
[6]原书此处注：比弘治增100包3斤12两。
[7]原书此处注：比洪武原额户减635101，口减5181724。
[8]原书此处注：隆庆六年黄册数比弘治户增39284，口减152838。

## 甲表16　　浙江布政司分府县田赋

| 杭州府 | |
|---|---|
| **夏税** | |
| 小麦（石） | 5572.04 |
| 起运麦（石） | 3599.43 |
| 存留麦（石） | 1972.61 |
| 丝绵（两） | 684694.89 |
| 起运（两） | 505351.41 |
| 该折绢（匹） | 25267.00 |
| 存留（两） | 179343.48 |
| 农桑丝折绢（匹）（起运） | 296.00 |
| 租钞（锭）（存留） | 63.00 |
| **秋粮** | |
| 米（石） | 234071.23 |
| 起运米（石） | 191006.98 |
| 存留米（石） | 43064.24 |
| 租丝（两）（存留） | 131.47 |
| 租（分鹿）麻布（匹）（存留） | 2.00 |
| 租钞（锭）（存留） | 40.00 |
| 户口盐钞银（两） | 306.00 |
| 内本府银（两） | 4.27 |
| 起运（两） | 2.13 |
| 存留（两） | 2.13 |
| 各县银（两） | 301.72 |
| 起运（两） | 150.86 |
| 存留（两） | 150.86 |

| 仁和县 | |
|---|---|
| **夏税** | |
| 小麦（石） | 2598.54 |
| 起运麦（石） | 1695.10 |
| 存留麦（石） | 903.44 |
| 丝绵（两） | 76820.07 |
| 起运（两） | 52180.18 |
| 该折绢（匹） | 2609.00 |
| 存留（两） | 24639.88 |
| 农桑丝折绢（匹） | 23.00 |
| 租钞（锭） | 4.00 |
| **秋粮** | |
| 米（石） | 76482.55 |
| 起运米（石） | 58831.47 |
| 存留米（石） | 17651.07 |
| 租丝（两） | 131.47 |

| | |
|---|---|
| 租（分鹿）麻布（匹） | 2.00 |
| 租钞（锭） | 36.00 |
| 户口盐钞银（两） | 76.42 |
| 起运（两） | 38.21 |
| 存留（两） | 38.21 |

| 钱塘县 | |
|---|---|
| **夏税** | |
| 小麦（石） | 840.88 |
| 起运麦（石） | 544.36 |
| 存留麦（石） | 296.52 |
| 丝绵（两） | 49295.35 |
| 起运（两） | 33288.28 |
| 该折绢（匹） | 1664.00 |
| 存留（两） | 16007.06 |
| 农桑丝折绢（匹） | 2.00 |
| 租钞（锭） | 14.00 |
| **秋粮** | |
| 米（石） | 32790.84 |
| 起运米（石） | 27779.86 |
| 存留米（石） | 5010.97 |
| 租钞（锭） | 150文 |
| 户口盐钞银（两） | 137.98 |
| 起运（两） | 68.99 |
| 存留（两） | 68.99 |

| 海宁县 | |
|---|---|
| **夏税** | |
| 小麦（石） | 1411.41 |
| 起运麦（石） | 921.62 |
| 存留麦（石） | 489.79 |
| 丝绵（两） | 185072.20 |
| 起运（两） | 129768.62 |
| 该折绢（匹） | 6488.00 |
| 存留（两） | 55303.58 |
| 农桑丝折绢（匹） | 41.00 |
| 租钞（锭） | 43.00 |
| **秋粮** | |
| 米（石） | 74523.85 |
| 起运米（石） | 68545.84 |
| 存留米（石） | 5978.01 |
| 户口盐钞银（两） | 29.83 |
| 起运（两） | 14.91 |
| 存留（两） | 14.91 |

| 富阳县 | |
|---|---|
| **夏税** | |
| 小麦（石） | 546.13 |
| 起运麦（石） | 356.20 |
| 存留麦（石） | 189.93 |
| 丝绵（两） | 146807.79 |
| 起运（两） | 120624.73 |
| 该折绢（匹） | 6031.00 |
| 存留（两） | 26183.05 |
| 农桑丝折绢（匹） | 17.00 |
| **秋粮** | |
| 米（石） | 14331.68 |
| 起运米（石） | 11190.79 |
| 存留米（石） | 3140.88 |
| 租钞（锭） | 3.00 |
| 户口盐钞银（两） | 22.36 |
| 起运（两） | 11.18 |
| 存留（两） | 11.18 |

| 余杭县 | |
|---|---|
| **夏税** | |
| 小麦（石） | 128.68 |
| 起运麦（石） | 82.14 |
| 存留麦（石） | 46.54 |
| 丝绵（两） | 34146.43 |
| 起运（两） | 24593.37 |
| 该折绢（匹） | 1229.00 |
| 存留（两） | 9553.05 |
| 农桑丝折绢（匹） | 30.00 |
| **秋粮** | |
| 米（石） | 18569.76 |
| 起运米（石） | 14772.62 |
| 存留米（石） | 3797.14 |
| 户口盐钞银（两） | 21.72 |
| 起运（两） | 10.86 |
| 存留（两） | 10.86 |

| 临安县 | |
|---|---|
| **夏税** | |
| 小麦（石）（存留） | 17.81 |
| 丝绵（两） | 110416.70 |
| 起运（两） | 89504.49 |
| 该折绢（匹） | 4475.00 |
| 存留（两） | 20912.21 |
| 农桑丝折绢（匹） | 125.00 |

| 秋粮 | |
|---|---|
| 米（石） | 7090.95 |
| 起运米（石） | 4812.66 |
| 存留米（石） | 2278.29 |
| 户口盐钞银（两） | 5.50 |
| 起运（两） | 2.75 |
| 存留（两） | 2.75 |

| 于潜县 | |
|---|---|
| **夏税** | |
| 小麦（石）（存留） | 14.60 |
| 丝绵（两） | 33756.03 |
| 起运（两） | 21878.06 |
| 该折绢（匹） | 1093.00 |
| 存留（两） | 11877.97 |
| 农桑丝折绢（匹） | 15.00 |
| **秋粮** | |
| 米（石） | 3565.68 |
| 起运米（石） | 1825.02 |
| 存留米（石） | 1740.66 |
| 户口盐钞银（两） | 3.24 |
| 起运（两） | 1.62 |
| 存留（两） | 1.62 |

| 新城县 | |
|---|---|
| **夏税** | |
| 小麦（石）（存留） | 9.13 |
| 丝绵（两） | 28903.64 |
| 起运（两） | 20971.36 |
| 该折绢（匹） | 1048.00 |
| 存留（两） | 7932.27 |
| 农桑丝折绢（匹） | 21.00 |
| **秋粮** | |
| 米（石） | 4221.84 |
| 起运米（石） | 2065.86 |
| 存留米（石） | 2155.98 |
| 户口盐钞银（两） | 3.25 |
| 起运（两） | 1.62 |
| 存留（两） | 1.62 |

| 昌化县 | |
|---|---|
| **夏税** | |
| 小麦（石）（存留） | 4.81 |
| 丝绵（两） | 19476.70 |
| 起运（两） | 12542.32 |
| 该折绢（匹） | 627.00 |

|  |  |
| --- | --- |
| 存留（两） | 6934.37 |
| 农桑丝折绢（匹） | 16.00 |
| **秋粮** | |
| 米（石） | 2494.04 |
| 起运米（石） | 1182.83 |
| 存留米（石） | 1311.21 |
| 户口盐钞银（两） | 1.39 |
| 起运（两） | 0.69 |
| 存留（两） | 0.69 |
| **嘉兴府** | |
| **夏税** | |
| 小麦（石） | 27628.35 |
| 起运麦（石） | 17889.51 |
| 存留麦（石） | 9738.84 |
| 丝绵（两） | 70114.32 |
| 起运（两） | 15460.91 |
| 该折绢（匹） | 773.00 |
| 存留（两） | 54653.41 |
| 农桑丝折绢（匹）（起运） | 633.00 |
| 租钞（锭）（存留） | 1391.00 |
| **秋粮** | |
| 米（石） | 629208.13 |
| 起运米（石） | 586172.75 |
| 存留米（石） | 43035.38 |
| 马草（包） | 506427.00 |
| 起运草（包） | 487215.00 |
| 存留草（包） | 19212.00 |
| 户口盐钞银（两） | 241.77 |
| 内本府银（两） | 4.22 |
| 起运（两） | 2.11 |
| 存留（两） | 2.11 |
| 各县银（两） | 237.55 |
| 起运（两） | 113.06 |
| 存留（两） | 124.48 |
| **嘉兴县** | |
| **夏税** | |
| 小麦（石） | 4402.29 |
| 起运麦（石） | 2850.49 |
| 存留麦（石） | 1551.80 |
| 丝绵（两） | 9517.98 |
| 起运（两） | 2146.46 |
| 该折绢（匹） | 107.00 |
| 存留（两） | 7371.52 |

|  |  |
| --- | --- |
| 农桑丝折绢（匹） | 129.00 |
| 租钞（锭） | 50.00 |
| **秋粮** | |
| 米（石） | 124884.48 |
| 起运米（石） | 118692.72 |
| 存留米（石） | 6191.76 |
| 马草（包） | 105342.00 |
| 起运草（包） | 100170.00 |
| 存留草（包） | 5172.00 |
| 户口盐钞银（两） | 51.87 |
| 起运（两） | 25.93 |
| 存留（两） | 25.93 |
| **秀水县** | |
| **夏税** | |
| 小麦（石） | 4765.18 |
| 起运麦（石） | 3085.46 |
| 存留麦（石） | 1679.72 |
| 丝绵（两） | 5982.64 |
| 起运（两） | 1303.66 |
| 该折绢（匹） | 65.00 |
| 存留（两） | 4678.98 |
| 农桑丝折绢（匹） | 95.00 |
| 租钞（锭） | 90.00 |
| **秋粮** | |
| 米（石） | 108985.58 |
| 起运米（石） | 102690.01 |
| 存留米（石） | 6295.57 |
| 马草（包） | 74610.00 |
| 起运草（包） | 69010.00 |
| 存留草（包） | 5600.00 |
| 户口盐钞银（两） | 61.75 |
| 起运（两） | 30.87 |
| 存留（两） | 30.87 |
| **嘉善县** | |
| **夏税** | |
| 小麦（石） | 2929.85 |
| 起运麦（石） | 1897.08 |
| 存留麦（石） | 1032.77 |
| 丝绵（两） | 2859.82 |
| 起运（两） | 637.84 |
| 该折绢（匹） | 31.00 |
| 存留（两） | 2221.98 |
| 农桑丝折绢（匹） | 61.00 |

| | |
|---|---|
| 租钞（锭） | 53.00 |
| **秋粮** | |
| 米（石） | 131252.31 |
| 起运米（石） | 119665.58 |
| 存留米（石） | 11586.73 |
| 马草（包） | 68762.00 |
| 起运草（包） | 66285.00 |
| 存留草（包） | 2477.00 |
| 户口盐钞银（两） | 36.99 |
| 起运（两） | 12.78 |
| 存留（两） | 24.20 |
| **海盐县** | |
| **夏税** | |
| 小麦（石） | 3355.37 |
| 起运麦（石） | 2172.6 |
| 存留麦（石） | 1182.76 |
| 丝绵（两） | 14516.39 |
| 起运（两） | 3220.39 |
| 该折绢（匹） | 161.00 |
| 存留（两） | 11296.00 |
| 农桑丝折绢（匹） | 38.00 |
| 租钞（锭） | 532.00 |
| **秋粮** | |
| 米（石） | 66909.00 |
| 起运米（石） | 64564.74 |
| 存留米（石） | 2344.25 |
| 马草（包） | 80824.00 |
| 起运草（包） | 78180.00 |
| 存留草（包） | 2644.00 |
| 户口盐钞银（两） | 57.67 |
| 起运（两） | 28.83 |
| 存留（两） | 28.83 |
| **崇德县** | |
| **夏税** | |
| 小麦（石） | 3927.81 |
| 起运麦（石） | 2543.26 |
| 存留麦（石） | 1384.55 |
| 丝绵（两） | 10680.69 |
| 起运（两） | 2332.61 |
| 该折绢（匹） | 116.00 |
| 存留（两） | 8348.08 |
| 农桑丝折绢（匹） | 167.00 |
| 租钞（锭） | 8.00 |

| | |
|---|---|
| **秋粮** | |
| 米（石） | 62505.99 |
| 起运米（石） | 60997.96 |
| 存留米（石） | 1508.03 |
| 马草（包） | 59256.00 |
| 起运草（包） | 58100.00 |
| 存留草（包） | 1156.00 |
| 户口盐钞银（两） | 7.87 |
| 起运（两） | 3.93 |
| 存留（两） | 3.93 |
| **平湖县** | |
| **夏税** | |
| 小麦（石） | 3599.68 |
| 起运麦（石） | 2330.94 |
| 存留麦（石） | 1268.74 |
| 丝绵（两） | 13793.68 |
| 起运（两） | 3039.04 |
| 该折绢（匹） | 151.00 |
| 存留（两） | 10754.64 |
| 农桑丝折绢（匹） | 50.00 |
| 租钞（锭） | 641.00 |
| **秋粮** | |
| 米（石） | 80552.98 |
| 起运米（石） | 67342.98 |
| 存留米（石） | 13210.00 |
| 马草（包） | 57686.00 |
| 起运草（包） | 56570.00 |
| 存留草（包） | 1116.00 |
| 户口盐钞银（两） | 7.03 |
| 起运（两） | 3.51 |
| 存留（两） | 3.51 |
| **桐乡县** | |
| **夏税** | |
| 小麦（石） | 4648.13 |
| 起运麦（石） | 3009.67 |
| 存留麦（石） | 1638.46 |
| 丝绵（两） | 12763.12 |
| 起运（两） | 2780.91 |
| 该折绢（匹） | 139.00 |
| 存留（两） | 9982.21 |
| 农桑丝折绢（匹） | 90.00 |
| 租钞（锭） | 15.00 |
| **秋粮** | |

| | | | |
|---|---|---|---|
| 米（石） | 54118.26 | 存留（两） | 75.08 |
| 起运米（石） | 52218.73 | 遇闰共加银（两） | 12.51 |
| 存留米（石） | 1899.52 | **乌程县** | |
| 马草（包） | 59944.00 | **夏税** | |
| 起运草（包） | 58900.00 | 小麦（石） | 188.74 |
| 存留草（包） | 1044.00 | 起运麦（石） | 122.20 |
| 户口盐钞银（两） | 14.35 | 存留麦（石） | 66.53 |
| 起运（两） | 7.17 | 丝绵（两） | 256015.99 |
| 存留（两） | 7.17 | 起运京库（两） | 125397.00 |
| **湖州府** | | 该折绢（匹） | 6269.00 |
| **夏税** | | 串伍丝（两）（起运） | 14304.00 |
| 小麦（石） | 13596.73 | 荒丝（两）（起运） | 72740.00 |
| 起运麦（石） | 8804.14 | 中白棉（两）（起运） | 11060.00 |
| 存留麦（石） | 4792.59 | 南京串伍丝（两）（起运） | 6950.00 |
| 丝绵（两） | 826262.60 | 荒丝（两）（起运） | 6240.00 |
| 起运京库（两） | 396586.85 | 存留丝绵（两） | 19324.99 |
| 该折绢（匹） | 19829.00 | 小绢（匹） | 1.00 |
| 串伍丝（两）（起运） | 40000.00 | 租钞（锭） | 2741.00 |
| 荒丝（两）（起运） | 170000.00 | **秋粮** | |
| 上白棉（两）（起运） | 12000.00 | 米（石） | 152688.50 |
| 中白棉（两）（起运） | 90000.00 | 起运米（石） | 149302.79 |
| 合罗丝（两）（起运） | 8000.00 | 存留米（石） | 3385.75 |
| 南京串伍丝（两）（起运） | 20000.00 | 马草（包） | 93691.00 |
| 荒丝（两）（起运） | 20000.00 | 起运草（包） | 77675.00 |
| 中白棉（两）（起运） | 3000.00 | 存留草（包） | 16016.00 |
| 存留丝绵（两） | 66675.74 | 户口盐钞银（两） | 46.38 |
| 农桑丝折绢（匹）（起运） | 2.00 | 起运（两） | 23.19 |
| 小绢（匹）（存留） | 4.00 | 存留（两） | 23.19 |
| 租钞（锭）（存留） | 16012.00 | 遇闰共加银（两） | 3.86 |
| **秋粮** | | **归安县** | |
| 米（石） | 469119.62 | **夏税** | |
| 起运米（石） | 447284.49 | 丝绵（两） | 229134.70 |
| 存留米（石） | 21835.12 | 起运京库（两） | 104587.00 |
| 马草（包） | 368064.00 | 该折绢（匹） | 5229.00 |
| 起运草（包） | 305435.00 | 串伍丝（两）（起运） | 8960.00 |
| 存留草（包） | 62629.00 | 荒丝（两）（起运） | 17980.00 |
| 户口盐钞银（两） | 153.09 | 上白棉（两）（起运） | 8400.00 |
| 内本府银（两） | 2.92 | 中白棉（两）（起运） | 49160.00 |
| 起运（两） | 1.46 | 合罗丝（两）（起运） | 5600.00 |
| 存留（两） | 1.46 | 南京串伍丝（两）（起运） | 4550.00 |
| 遇闰共加银（两） | 0.24 | 荒丝（两）（起运） | 5600.00 |
| 各州县银（两） | 150.16 | 中白棉（两）（起运） | 2080.00 |
| 起运（两） | 75.08 | 存留丝绵（两） | 22217.70 |

| | | | | |
|---|---|---|---|---|
| 小绢（匹） | 1.00 | 起运麦（石） | 1743.34 |
| 租钞（锭） | 1423.00 | 存留麦（石） | 949.09 |
| **秋粮** | | 丝绵（两） | 32134.38 |
| 米（石） | 130358.57 | 起运京库（两） | 15860.00 |
| 起运米（石） | 126688.22 | 该折绢（匹） | 793.00 |
| 存留米（石） | 3670.35 | 串伍丝（两）（起运） | 1690.00 |
| 马草（包） | 82422.00 | 荒丝（两）（起运） | 9670.00 |
| 起运草（包） | 68450.00 | 中白棉（两）（起运） | 1030.00 |
| 存留草（包） | 13972.00 | 南京串伍丝（两）（起运） | 840.00 |
| 户口盐钞银（两） | 43.82 | 荒丝（两）（起运） | 770.00 |
| 起运（两） | 21.91 | 存留丝绵（两） | 2274.38 |
| 存留（两） | 21.91 | 农桑丝折绢（匹） | 5 尺 |
| 遇闰共加银（两） | 3.65 | 租钞（锭） | 925.00 |
| **长兴县** | | **秋粮** | |
| **夏税** | | 米（石） | 12272.87 |
| 小麦（石） | 8552.83 | 起运米（石） | 11398.41 |
| 起运麦（石） | 5537.95 | 存留米（石） | 874.46 |
| 存留麦（石） | 3014.87 | 马草（包） | 20439.00 |
| 丝绵（两） | 106592.17 | 起运草（包） | 16630.00 |
| 起运京库（两） | 52500.00 | 存留草（包） | 3809.00 |
| 该折绢（匹） | 2625.00 | 户口盐钞银（两） | 11.04 |
| 串伍丝（两）（起运） | 5428.00 | 起运（两） | 5.52 |
| 荒丝（两）（起运） | 32080.00 | 存留（两） | 5.52 |
| 中白棉（两）（起运） | 3420.00 | 遇闰共加银（两） | 0.92 |
| 南京串伍丝（两）（起运） | 3080.00 | **孝丰县** | |
| 荒丝（两）（起运） | 2550.00 | **夏税** | |
| 存留丝绵（两） | 7534.17 | 小麦（石） | 2162.71 |
| 农桑丝折绢（匹） | 2.00 | 起运麦（石） | 1400.62 |
| 租钞（锭） | 5148.00 | 存留麦（石） | 762.09 |
| **秋粮** | | 丝绵（两） | 29973.49 |
| 米（石） | 74745.50 | 起运京库（两） | 14668.00 |
| 起运米（石） | 69412.04 | 该折绢（匹） | 733.00 |
| 存留米（石） | 5333.46 | 串伍丝（两）（起运） | 1490.00 |
| 马草（包） | 84290.00 | 荒丝（两）（起运） | 8940.00 |
| 起运草（包） | 70010.00 | 中白棉（两）（起运） | 950.00 |
| 存留草（包） | 14280.00 | 南京串伍丝（两）（起运） | 710.00 |
| 户口盐钞银（两） | 6.36 | 荒丝（两）（起运） | 680.00 |
| 起运（两） | 3.18 | 存留丝绵（两） | 2535.49 |
| 存留（两） | 3.18 | 租钞（锭） | 589.00 |
| 遇闰共加银（两） | 0.53 | **秋粮** | |
| **安吉州** | | 米（石） | 10962.62 |
| **夏税** | | 起运米（石） | 5273.06 |
| 小麦（石） | 2692.43 | 存留米（石） | 5689.56 |

| | | | | |
|---|---|---|---|---|
| 马草（包） | 18260.00 | 荒丝（两）（起运） | 1760.00 |
| 起运草（包） | 14900.00 | 存留丝绵（两） | 5338.77 |
| 存留草（包） | 3360.00 | 租钞（锭） | 4729.00 |
| 户口盐钞银（两） | 3.06 | **秋粮** | |
| 起运（两） | 1.53 | 米（石） | 15901.27 |
| 存留（两） | 1.53 | 起运米（石） | 15064.35 |
| 遇闰共加银（两） | 0.25 | 存留米（石） | 836.91 |
| **德清县** | | 马草（包） | 16556.00 |
| **夏税** | | 起运草（包） | 13930.00 |
| 丝绵（两） | 100128.23 | 存留草（包） | 2626.00 |
| 起运京库（两） | 48040.00 | 户口盐钞银（两） | 29.29 |
| 该折绢（匹） | 2402.00 | 起运（两） | 14.64 |
| 串伍丝（两）（起运） | 4128.00 | 存留（两） | 14.64 |
| 荒丝（两）（起运） | 7810.00 | 遇闰共加银（两） | 2.44 |
| 上白棉（两）（起运） | 3600.00 | **宁波府** | |
| 中白棉（两）（起运） | 21440.00 | **夏税** | |
| 合罗丝（两）（起运） | 2400.00 | 小麦（石） | 16969.48 |
| 南京串伍丝（两）（起运） | 1940.00 | 起运麦（石） | 10986.90 |
| 荒丝（两）（起运） | 2400.00 | 存留麦（石） | 5982.58 |
| 中白棉（两）（起运） | 920.00 | 丝绵（两）（存留） | 169.15 |
| 存留丝绵（两） | 7450.23 | 农桑零丝（两）（存留） | 691.89 |
| 小绢（匹） | 2.00 | 租钞（锭）（存留） | 1976.00 |
| 租钞（锭） | 454.00 | **秋粮** | |
| **秋粮** | | 米（石） | 174558.72 |
| 米（石） | 72190.25 | 起运米（石） | 44900.00 |
| 起运米（石） | 70145.58 | 存留米（石） | 129658.72 |
| 存留米（石） | 2044.67 | 租钞（锭）（存留） | 2841.00 |
| 马草（包） | 52403.00 | 租丝（两）（存留） | 6.29 |
| 起运草（包） | 43840.00 | 户口盐钞银（两） | 302.10 |
| 存留草（包） | 8563.00 | 内本府银（两） | 3.43 |
| 户口盐钞银（两） | 10.21 | 起运（两） | 1.71 |
| 起运（两） | 5.10 | 存留（两） | 1.71 |
| 存留（两） | 5.10 | 遇闰共加银（两） | 0.28 |
| 遇闰共加银（两） | 0.85 | 各县银（两） | 298.66 |
| **武康县** | | 起运（两） | 149.33 |
| **夏税** | | 存留（两） | 149.33 |
| 丝绵（两） | 72283.63 | 遇闰共加银（两） | 24.88 |
| 起运京库（两） | 35534.85 | **鄞县** | |
| 该折绢（匹） | 1776.00 | **夏税** | |
| 串伍丝（两）（起运） | 4000.00 | 小麦（石） | 2719.58 |
| 荒丝（两）（起运） | 20780.00 | 起运麦（石） | 1760.92 |
| 中白棉（两）（起运） | 2940.00 | 存留麦（石） | 958.65 |
| 南京串伍丝（两）（起运） | 1930.00 | 丝绵（两） | 45.44 |

| | |
|---|---|
| 农桑零丝（两） | 55.46 |
| 租钞（锭） | 642.00 |
| **秋粮** | |
| 米（石） | 78595.20 |
| 起运米（石） | 33259.00 |
| 存留米（石） | 45336.20 |
| 租钞（锭） | 632.00 |
| 户口盐钞银（两） | 187.27 |
| 起运（两） | 93.63 |
| 存留（两） | 93.63 |
| 遇闰共加银（两） | 15.60 |
| **慈溪县** | |
| **夏税** | |
| 小麦（石） | 2112.76 |
| 起运麦（石） | 1367.99 |
| 存留麦（石） | 744.77 |
| 农桑零丝（两） | 157.36 |
| 租钞（锭） | 384.00 |
| **秋粮** | |
| 米（石） | 36638.84 |
| 起运米（石） | 3480.00 |
| 存留米（石） | 33158.84 |
| 租钞（锭） | 676.00 |
| 户口盐钞银（两） | 42.40 |
| 起运（两） | 21.20 |
| 存留（两） | 21.20 |
| 遇闰共加银（两） | 3.53 |
| **奉化县** | |
| **夏税** | |
| 小麦（石） | 5124.93 |
| 起运麦（石） | 3318.39 |
| 存留麦（石） | 1806.53 |
| 丝绵（两）（存留） | 123.71 |
| 农桑零丝（两） | 299.17 |
| 租钞（锭） | 384.00 |
| **秋粮** | |
| 米（石） | 26442.32 |
| 起运米（石） | 3285.00 |
| 存留米（石） | 23157.32 |
| 租钞（锭） | 885.00 |
| 户口盐钞银（两） | 17.25 |
| 起运（两） | 8.62 |
| 存留（两） | 8.62 |

| | |
|---|---|
| 遇闰共加银（两） | 1.43 |
| **定海县** | |
| **夏税** | |
| 小麦（石） | 1552.57 |
| 起运麦（石） | 1004.99 |
| 存留麦（石） | 547.57 |
| 农桑零丝（两） | 46.70 |
| 租钞（锭） | 390.00 |
| **秋粮** | |
| 米（石） | 27569.35 |
| 起运米（石） | 4026.00 |
| 存留米（石） | 23543.35 |
| 租钞（锭） | 244.00 |
| 租丝（两） | 6.29 |
| 户口盐钞银（两） | 17.66 |
| 起运（两） | 8.83 |
| 存留（两） | 8.83 |
| 遇闰共加银（两） | 1.47 |
| **象山县** | |
| **夏税** | |
| 小麦（石） | 5459.62 |
| 起运麦（石） | 3534.58 |
| 存留麦（石） | 1925.04 |
| 农桑零丝（两） | 133.20 |
| 租钞（锭） | 173.00 |
| **秋粮** | |
| 米（石） | 5312.99 |
| 起运米（石） | 850.00 |
| 存留米（石） | 4462.99 |
| 租钞（锭）（存留） | 402.00 |
| 户口盐钞银（两） | 34.06 |
| 起运（两） | 17.03 |
| 存留（两） | 17.03 |
| 遇闰共加银（两） | 2.83 |
| **绍兴府** | |
| **夏税** | |
| 小麦（石） | 12826.17 |
| 起运麦（石） | 8303.29 |
| 存留麦（石） | 4522.88 |
| 农桑丝折绢（匹）（起运） | 81.00 |
| 荒丝（两）（存留） | 535.60 |
| 租钞（锭）（存留） | 4429.00 |
| 币帛绢（匹）（存留） | 1.00 |

| 秋粮 | |
| --- | --- |
| 米（石） | 319822.08 |
| 起运米（石） | 126729.73 |
| 存留米（石） | 193092.34 |
| 租钞（锭）（存留） | 13755.00 |
| 户口盐钞银（两） | 219.68 |
| 内本府银（两） | 2.52 |
| 起运（两） | 1.26 |
| 存留（两）¹ | 1.60 |
| 各县银（两） | 217.15 |
| 起运（两） | 108.57 |
| 存留（两） | 108.57 |
| 山阴县 | |
| 夏税 | |
| 小麦（石） | 1696.73 |
| 起运麦（石） | 1098.63 |
| 存留麦（石） | 598.10 |
| 农桑丝折绢（匹） | 21.00 |
| 租钞（锭） | 330.00 |
| 币帛绢（匹） | 1.00 |
| 秋粮 | |
| 米（石） | 82706.59 |
| 起运米（石） | 33418.27 |
| 存留米（石） | 49288.31 |
| 租钞（锭） | 5527.00 |
| 户口盐钞银（两） | 33.52 |
| 起运（两） | 16.76 |
| 存留（两） | 16.76 |
| 会稽县 | |
| 夏税 | |
| 小麦（石） | 1012.72 |
| 起运麦（石） | 654.48 |
| 存留麦（石） | 358.23 |
| 农桑丝折绢（匹） | 6.00 |
| 租钞（锭） | 325.00 |
| 秋粮 | |
| 米（石） | 53277.28 |
| 起运米（石） | 20965.42 |
| 存留米（石） | 32311.85 |
| 租钞（锭） | 1947.00 |
| 户口盐钞银（两） | 17.42 |
| 起运（两） | 8.71 |
| 存留（两） | 8.71 |
| 萧山县 | |
| 夏税 | |
| 小麦（石） | 1578.43 |
| 起运麦（石） | 1022.04 |
| 存留麦（石） | 556.39 |
| 农桑丝折绢（匹） | 6.00 |
| 租钞（锭） | 260.00 |
| 秋粮 | |
| 米（石） | 36564.65 |
| 起运米（石） | 14878.47 |
| 存留米（石） | 21686.17 |
| 租钞（锭） | 682.00 |
| 户口盐钞银（两） | 83.54 |
| 起运（两） | 41.77 |
| 存留（两） | 41.77 |
| 诸暨县 | |
| 夏税 | |
| 小麦（石） | 2109.40 |
| 起运麦（石） | 1365.84 |
| 存留麦（石） | 743.56 |
| 农桑丝折绢（匹） | 13.00 |
| 荒丝（两） | 535.60 |
| 租钞（锭） | 1308.00 |
| 秋粮 | |
| 米（石） | 33271.69 |
| 起运米（石） | 13015.37 |
| 存留米（石） | 20256.32 |
| 租钞（锭） | 241.00 |
| 户口盐钞银（两） | 8.44 |
| 起运（两） | 4.22 |
| 存留（两） | 4.22 |
| 余姚县 | |
| 夏税 | |
| 小麦（石） | 2755.35 |
| 起运麦（石） | 1784.09 |
| 存留麦（石） | 971.26 |
| 农桑丝折绢（匹） | 2.00 |
| 租钞（锭） | 1353.00 |
| 秋粮 | |
| 米（石） | 50972.91 |
| 起运米（石） | 20721.35 |

¹此处数据似误，应为1.26两。

| | |
|---|---|
| 存留米（石） | 30251.56 |
| 租钞（锭） | 1014.00 |
| 户口盐钞银（两） | 32.77 |
| 起运（两） | 16.38 |
| 存留（两） | 16.38 |

| 上虞县 | |
|---|---|
| **夏税** | |
| 小麦（石） | 1739.86 |
| 起运麦（石） | 1126.56 |
| 存留麦（石） | 613.30 |
| 农桑丝折绢（匹） | 2.00 |
| 租钞（锭） | 485.00 |
| **秋粮** | |
| 米（石） | 36418.36 |
| 起运米（石） | 14380.88 |
| 存留米（石） | 22037.48 |
| 租钞（锭） | 2542.00 |
| 户口盐钞银（两） | 10.34 |
| 起运（两） | 5.17 |
| 存留（两） | 5.17 |

| 嵊县 | |
|---|---|
| **夏税** | |
| 小麦（石） | 872.74 |
| 起运麦（石） | 564.69 |
| 存留麦（石） | 308.04 |
| 农桑丝折绢（匹） | 7.00 |
| 租钞（锭） | 171.00 |
| **秋粮** | |
| 米（石） | 19519.54 |
| 起运米（石） | 7817.39 |
| 存留米（石） | 11702.14 |
| 租钞（锭） | 1697.00 |
| 户口盐钞银（两） | 6.90 |
| 起运（两） | 3.45 |
| 存留（两） | 3.45 |

| 新昌县 | |
|---|---|
| **夏税** | |
| 小麦（石） | 1060.91 |
| 起运麦（石） | 686.94 |
| 存留麦（石） | 373.97 |
| 农桑丝折绢（匹） | 21.00 |
| 租钞（锭） | 195.00 |
| **秋粮** | |

| | |
|---|---|
| 米（石） | 7091.04 |
| 起运米（石） | 1532.55 |
| 存留米（石） | 5558.49 |
| 租钞（锭） | 102.00 |
| 户口盐钞银（两） | 24.19 |
| 起运（两） | 12.09 |
| 存留（两） | 12.09 |

| 台州府 | |
|---|---|
| **夏税** | |
| 小麦（石） | 31483.35 |
| 起运麦（石） | 20385.62 |
| 存留麦（石） | 11097.73 |
| 农桑丝折绢（匹）（起运） | 500.00 |
| 租钞（锭）（存留） | 5021.00 |
| **秋粮** | |
| 米（石） | 126065.95 |
| 起运米（石） | 29112.21 |
| 存留米（石） | 96953.74 |
| 租钞（锭）（存留） | 1560.00 |
| 户口盐钞银（两） | 169.44 |
| 内本府银（两） | 1.94 |
| 起运（两） | 0.97 |
| 存留（两） | 0.97 |
| 遇闰共加银（两） | 0.16 |
| 各县银（两） | 167.49 |
| 起运（两） | 83.74 |
| 存留（两） | 83.74 |
| 遇闰共加银（两） | 13.50 |

| 临海县 | |
|---|---|
| **夏税** | |
| 小麦（石） | 8229.47 |
| 起运麦（石） | 5328.59 |
| 存留麦（石） | 2900.88 |
| 农桑丝折绢（匹） | 286.00 |
| 租钞（锭） | 1282.00 |
| **秋粮** | |
| 米（石） | 32299.85 |
| 起运米（石） | 7571.18 |
| 存留米（石） | 24728.67 |
| 租钞（锭） | 559.00 |
| 户口盐钞银（两） | 47.43 |
| 起运（两） | 23.71 |
| 存留（两） | 23.71 |

| | |
|---|---|
| 遇闰共加银（两） | 3.95 |

### 黄岩县

| 夏税 | |
|---|---|
| 小麦（石） | 3736.12 |
| 起运麦（石） | 2406.19 |
| 存留麦（石） | 1329.93 |
| 农桑丝折绢（匹） | 21.00 |
| 租钞（锭） | 651.00 |

| 秋粮 | |
|---|---|
| 米（石） | 34696.72 |
| 起运米（石） | 7778.71 |
| 存留米（石） | 26918.00 |
| 租钞（锭） | 398.00 |
| 户口盐钞银（两） | 23.43 |
| 起运（两） | 11.71 |
| 存留（两） | 11.71 |
| 遇闰共加银（两） | 1.95 |

### 天台县

| 夏税 | |
|---|---|
| 小麦（石） | 6485.77 |
| 起运麦（石） | 4199.53 |
| 存留麦（石） | 2286.23 |
| 农桑丝折绢（匹） | 67.00 |
| 租钞（锭） | 524.00 |

| 秋粮 | |
|---|---|
| 米（石） | 15192.09 |
| 起运米（石） | 3911.66 |
| 存留米（石） | 11280.43 |
| 租钞（锭） | 36.00 |
| 户口盐钞银（两） | 12.39 |
| 起运（两） | 6.19 |
| 存留（两） | 6.19 |
| 遇闰共加银（两） | 1.01 |

### 仙居县

| 夏税 | |
|---|---|
| 小麦（石） | 5486.49 |
| 起运麦（石） | 3552.64 |
| 存留麦（石） | 1933.85 |
| 农桑丝折绢（匹） | 69.00 |
| 租钞（锭） | 574.00 |

| 秋粮 | |
|---|---|
| 米（石） | 9325.54 |
| 起运米（石） | 1986.18 |

| | |
|---|---|
| 存留米（石） | 7339.35 |
| 租钞（锭） | 3.00 |
| 户口盐钞银（两） | 21.12 |
| 起运（两） | 10.56 |
| 存留（两） | 10.56 |
| 遇闰共加银（两） | 1.32 |

### 宁海县

| 夏税 | |
|---|---|
| 小麦（石） | 4351.10 |
| 起运麦（石） | 2817.33 |
| 存留麦（石） | 1533.77 |
| 农桑丝折绢（匹） | 38.00 |
| 租钞（锭） | 1458.00 |

| 秋粮 | |
|---|---|
| 米（石） | 14063.63 |
| 起运米（石） | 3621.41 |
| 存留米（石） | 10442.21 |
| 户口盐钞银（两） | 41.98 |
| 起运（两） | 20.99 |
| 存留（两） | 20.99 |
| 遇闰共加银（两） | 3.49 |

### 太平县

| 夏税 | |
|---|---|
| 小麦（石） | 3194.37 |
| 起运麦（石） | 2081.32 |
| 存留麦（石） | 1113.05 |
| 农桑丝折绢（匹） | 17.00 |
| 租钞（锭） | 529.00 |

| 秋粮 | |
|---|---|
| 米（石） | 20488.10 |
| 起运米（石） | 4243.04 |
| 存留米（石） | 16245.05 |
| 租钞（锭）（存留） | 563.00 |
| 户口盐钞银（两） | 21.12 |
| 起运（两） | 10.56 |
| 存留（两） | 10.56 |
| 遇闰共加银（两） | 1.76 |

### 金华府

| 夏税 | |
|---|---|
| 小麦（石） | 15515.65 |
| 起运麦（石） | 10031.10 |
| 存留麦（石） | 5484.55 |
| 农桑丝折绢（匹）（起运） | 214.00 |

| | |
|---|---|
| 丝（两）（存留） | 5084.39 |
| 租钞（锭）（存留） | 56.00 |
| **秋粮** | |
| 米（石） | 173919.55 |
| 起运米（石） | 116290.16 |
| 存留米（石） | 57629.38 |
| 户口盐钞银（两） | 189.67 |
| 内本府银（两） | 0.96 |
| 起运（两） | 0.48 |
| 存留（两） | 0.48 |
| 遇闰共加银（两） | 0.08 |
| 各县银（两） | 188.71 |
| 起运（两） | 94.35 |
| 存留（两） | 94.35 |
| 遇闰共加银（两） | 15.82 |

| 金华县 | |
|---|---|
| **夏税** | |
| 小麦（石） | 3841.61 |
| 起运麦（石） | 2472.22 |
| 存留麦（石） | 1369.39 |
| 农桑丝折绢（匹） | 35.00 |
| **秋粮** | |
| 米（石） | 37944.87 |
| 起运米（石） | 27145.35 |
| 存留米（石） | 10799.52 |
| 户口盐钞银（两） | 30.42 |
| 起运（两） | 15.21 |
| 存留（两） | 15.21 |
| 遇闰共加银（两） | 2.53 |

| 兰溪县 | |
|---|---|
| **夏税** | |
| 小麦（石） | 2033.92 |
| 起运麦（石） | 1316.96 |
| 存留麦（石） | 716.96 |
| 农桑丝折绢（匹） | 42.00 |
| **秋粮** | |
| 米（石） | 27558.68 |
| 起运米（石） | 19531.65 |
| 存留米（石） | 8027.03 |
| 户口盐钞银（两） | 55.90 |
| 起运（两） | 27.95 |
| 存留（两） | 27.95 |
| 遇闰共加银（两） | 4.65 |

| 东阳县 | |
|---|---|
| **夏税** | |
| 小麦（石） | 2348.48 |
| 起运麦（石） | 1520.43 |
| 存留麦（石） | 828.04 |
| 农桑丝折绢（匹） | 35.00 |
| **秋粮** | |
| 米（石） | 24428.75 |
| 起运米（石） | 15993.71 |
| 存留米（石） | 8435.04 |
| 户口盐钞银（两） | 13.92 |
| 起运（两） | 6.96 |
| 存留（两） | 6.96 |
| 遇闰共加银（两） | 1.03 |

| 义乌县 | |
|---|---|
| **夏税** | |
| 小麦（石） | 2117.54 |
| 起运麦（石） | 1371.11 |
| 存留麦（石） | 746.43 |
| 农桑丝折绢（匹） | 26.00 |
| **秋粮** | |
| 米（石） | 21200.83 |
| 起运米（石） | 13641.37 |
| 存留米（石） | 7559.46 |
| 户口盐钞银（两） | 10.45 |
| 起运（两） | 5.22 |
| 存留（两） | 5.22 |
| 遇闰共加银（两） | 0.87 |

| 永康县 | |
|---|---|
| **夏税** | |
| 小麦（石） | 1388.19 |
| 起运麦（石） | 898.86 |
| 存留麦（石） | 489.33 |
| 农桑丝折绢（匹） | 22.00 |
| **秋粮** | |
| 米（石） | 18845.51 |
| 起运米（石） | 11118.15 |
| 存留米（石） | 7727.36 |
| 户口盐钞银（两） | 11.76 |
| 起运（两） | 5.88 |
| 存留（两） | 5.88 |
| 遇闰共加银（两） | 2.13 |

| 武义县 | |
|---|---|

| 夏税 | |
|---|---|
| 小麦（石） | 1496.83 |
| 起运麦（石） | 969.33 |
| 存留麦（石） | 527.50 |
| 农桑丝折绢（匹） | 17.00 |
| 秋粮 | |
| 米（石） | 17469.89 |
| 起运米（石） | 11573.69 |
| 存留米（石） | 5896.20 |
| 户口盐钞银（两） | 18.20 |
| 起运（两） | 9.10 |
| 存留（两） | 9.10 |
| 遇闰共加银（两） | 0.81 |

| 浦江县 | |
|---|---|
| 夏税 | |
| 小麦（石） | 1318.01 |
| 起运麦（石） | 853.42 |
| 存留麦（石） | 464.59 |
| 农桑丝折绢（匹） | 19.00 |
| 秋粮 | |
| 米（石） | 13666.85 |
| 起运米（石） | 9485.20 |
| 存留米（石） | 4181.65 |
| 户口盐钞银（两） | 14.94 |
| 起运（两） | 7.47 |
| 存留（两） | 7.47 |
| 遇闰共加银（两） | 1.05 |

| 汤溪县 | |
|---|---|
| 夏税 | |
| 小麦（石） | 971.03 |
| 起运麦（石） | 628.74 |
| 存留麦（石） | 342.29 |
| 农桑丝折绢（匹） | 16.00 |
| 丝（两） | 5084.30 |
| 租钞（锭） | 56.00 |
| 秋粮 | |
| 米（石） | 12804.14 |
| 起运米（石） | 7801.04 |
| 存留米（石） | 5003.09 |
| 户口盐钞银（两） | 33.10 |
| 起运（两） | 16.55 |
| 存留（两） | 16.55 |
| 遇闰共加银（两） | 2.73 |

| 衢州府 | |
|---|---|
| 夏税 | |
| 丝（两） | 168720.71 |
| 起运（两） | 118982.47 |
| 该折绢（匹） | 5949.00 |
| 存留丝（两） | 49738.23 |
| 农桑丝折绢（匹）（起运） | 200.00 |
| 秋粮 | |
| 米（石） | 92260.00 |
| 起运米（石） | 71749.98 |
| 存留米（石） | 20510.01 |
| 租丝（两）（存留） | 2078.99 |
| 户口盐钞银（两） | 114.93 |
| 内本府银（两） | 2.90 |
| 起运（两） | 1.45 |
| 存留（两） | 1.45 |
| 遇闰共加银（两） | 0.29 |
| 各县银（两） | 112.03 |
| 起运（两） | 56.01 |
| 存留（两） | 56.01 |
| 遇闰共加银（两） | 9.34 |

| 西安县 | |
|---|---|
| 夏税 | |
| 丝（两） | 44098.67 |
| 起运（两） | 31101.86 |
| 该折绢（匹） | 1555.00 |
| 存留丝（两） | 12996.80 |
| 农桑丝折绢（匹） | 55.00 |
| 秋粮 | |
| 米（石） | 25911.97 |
| 起运米（石） | 20916.10 |
| 存留米（石） | 4995.87 |
| 租丝（两）（存留） | 36.00 |
| 户口盐钞银（两） | 41.08 |
| 起运（两） | 20.54 |
| 存留（两） | 20.54 |
| 遇闰共加银（两） | 3.42 |

| 龙游县 | |
|---|---|
| 夏税 | |
| 丝（两） | 42079.90 |
| 起运（两） | 28790.13 |
| 该折绢（匹） | 1439.00 |
| 存留丝（两） | 13289.77 |

| | | | |
|---|---|---|---|
| 农桑丝折绢（匹） | 50.00 | 丝（两） | 20383.88 |
| **秋粮** | | 起运（两） | 14517.33 |
| 米（石） | 19273.64 | 该折绢（匹） | 725.00 |
| 起运米（石） | 15019.05 | 存留丝（两） | 5866.54 |
| 存留米（石） | 4254.59 | 农桑丝折绢（匹） | 24.00 |
| 户口盐钞银（两） | 21.56 | **秋粮** | |
| 起运（两） | 10.78 | 米（石） | 9524.27 |
| 存留（两） | 10.78 | 起运米（石） | 5563.00 |
| 遇闰共加银（两） | 1.80 | 存留米（石） | 3961.27 |
| **常山县** | | 租丝（两） | 451.49 |
| **夏税** | | 户口盐钞银（两） | 11.52 |
| 丝（两） | 25817.07 | 起运（两） | 5.76 |
| 起运（两） | 18518.19 | 存留（两） | 5.76 |
| 该折绢（匹） | 925.00 | 遇闰共加银（两） | 0.96 |
| 存留丝（两） | 7298.88 | **严州府** | |
| 农桑丝折绢（匹） | 26.00 | **夏税** | |
| **秋粮** | | 丝绵（两） | 959465.38 |
| 米（石） | 16798.47 | 起运（两） | 925763.19 |
| 起运米（石） | 14487.57 | 该折绢（匹） | 46287.00 |
| 存留米（石） | 2310.90 | 存留丝绵（两） | 33702.19 |
| 租丝（两） | 1485.30 | 农桑丝折绢（匹）（起运） | 1184.00 |
| 户口盐钞银（两） | 13.94 | **秋粮** | |
| 起运（两） | 6.97 | 米（石） | 11481.65 |
| 存留（两） | 6.97 | 起运米（石） | 2493.13 |
| 遇闰共加银（两） | 1.15 | 存留米（石） | 8988.51 |
| **江山县** | | 租苎布（匹）（存留） | 7.00 |
| **夏税** | | 租绢（匹）（存留） | 59.00 |
| 丝（两） | 36341.19 | 户口盐钞银（两） | 55.66 |
| 起运（两） | 26054.96 | 内本府银（两） | 1.34 |
| 该折绢（匹） | 1302.00 | 起运（两） | 0.67 |
| 存留丝（两） | 10286.23 | 存留（两） | 0.67 |
| 农桑丝折绢（匹） | 42.00 | 各县银（两） | 54.32 |
| **秋粮** | | 起运（两） | 27.16 |
| 米（石） | 20751.63 | 存留（两） | 27.16 |
| 起运米（石） | 15764.26 | **建德县** | |
| 存留米（石） | 4987.37 | **夏税** | |
| 租丝（两） | 106.20 | 丝绵（两） | 181880.02 |
| 户口盐钞银（两） | 23.91 | 起运（两） | 176022.00 |
| 起运（两） | 11.95 | 该折绢（匹） | 8801.00 |
| 存留（两） | 11.95 | 存留丝绵（两） | 5858.02 |
| 遇闰共加银（两） | 1.99 | 农桑丝折绢（匹） | 165.00 |
| **开化县** | | **秋粮** | |
| **夏税** | | 米（石） | 2507.98 |

| | |
|---|---|
| 起运米（石） | 645.84 |
| 存留米（石） | 1862.13 |
| 户口盐钞银（两） | 15.20 |
| 起运（两） | 7.60 |
| 存留（两） | 7.60 |

| 淳安县 | |
|---|---|
| **夏税** | |
| 丝绵（两） | 333858.35 |
| 起运丝绵（两） | 323520.82 |
| 该折绢（匹） | 16175.00 |
| 存留丝绵（两） | 10337.53 |
| 农桑丝折绢（匹） | 326.00 |
| **秋粮** | |
| 米（石） | 3882.91 |
| 起运米（石） | 999.88 |
| 存留米（石） | 2883.02 |
| 户口盐钞银（两） | 14.62 |
| 起运（两） | 7.31 |
| 存留（两） | 7.31 |

| 桐庐县 | |
|---|---|
| **夏税** | |
| 丝绵（两） | 169988.04 |
| 起运丝绵（两） | 163083.65 |
| 该折绢（匹） | 8154.00 |
| 存留丝绵（两） | 6904.39 |
| 农桑丝折绢（匹） | 85.00 |
| **秋粮** | |
| 米（石）（存留） | 536.71 |
| 户口盐钞银（两） | 7.64 |
| 起运（两） | 3.82 |
| 存留（两） | 3.82 |

| 遂安县 | |
|---|---|
| **夏税** | |
| 丝绵（两） | 114870.83 |
| 起运丝绵（两） | 110663.80 |
| 该折绢（匹） | 5533.00 |
| 存留丝绵（两） | 4207.03 |
| 农桑丝折绢（匹） | 305.00 |
| **秋粮** | |
| 米（石） | 1685.80 |
| 起运米（石） | 434.13 |
| 存留米（石） | 1251.67 |
| 租苎布（匹） | 7.00 |

| | |
|---|---|
| 租绢（匹） | 59.00 |
| 户口盐钞银（两） | 4.06 |
| 起运（两） | 2.03 |
| 存留（两） | 2.03 |

| 寿昌县 | |
|---|---|
| **夏税** | |
| 丝绵（两） | 103156.92 |
| 起运丝绵（两） | 99982.92 |
| 该折绢（匹） | 4999.00 |
| 存留丝绵（两） | 3174.00 |
| 农桑丝折绢（匹） | 243.00 |
| **秋粮** | |
| 米（石） | 1604.82 |
| 起运米（石） | 413.27 |
| 存留米（石） | 1191.55 |
| 户口盐钞银（两） | 7.80 |
| 起运（两） | 3.90 |
| 存留（两） | 3.90 |

| 分水县 | |
|---|---|
| **夏税** | |
| 丝绵（两） | 55711.22 |
| 起运（两） | 52490.00 |
| 该折绢（匹） | 2624.00 |
| 存留丝绵（两） | 3221.22 |
| 农桑丝折绢（匹） | 57.00 |
| **秋粮** | |
| 米（石）（存留） | 1263.40 |
| 户口盐钞银（两） | 4.98 |
| 起运（两） | 2.49 |
| 存留（两） | 2.49 |

| 温州府 | |
|---|---|
| **夏税** | |
| 小麦（石）（存留） | 22318.86 |
| 农桑丝折绢（匹）（起运） | 122.00 |
| 零丝（两）（存留） | 2.65 |
| 租钞（锭）（存留） | 2025.00 |
| **秋粮** | |
| 米（石）（存留） | 81476.27 |
| 租钞（锭）（存留） | 580.00 |
| 户口盐钞银（两） | 337.87 |
| 内本府银（两） | 2.54 |
| 起运（两） | 1.27 |
| 存留（两） | 1.27 |

| | |
|---|---|
| 遇闰共加银（两） | 0.21 |
| 各县银（两） | 335.32 |
| 起运（两） | 167.66 |
| 存留（两） | 167.66 |
| 遇闰共加银（两） | 27.54 |
| **永嘉县** | |
| **夏税** | |
| 小麦（石） | 6163.42 |
| 农桑丝折绢（匹） | 69.00 |
| 租钞（锭） | 496.00 |
| **秋粮** | |
| 米（石） | 19438.50 |
| 租钞（锭） | 94.00 |
| 户口盐钞银（两） | 178.95 |
| 起运（两） | 89.47 |
| 存留（两） | 89.47 |
| 遇闰共加银（两） | 14.91 |
| **乐清县** | |
| **夏税** | |
| 小麦（石） | 2679.81 |
| 农桑丝折绢（匹） | 34.00 |
| 零丝（两） | 2.65 |
| 租钞（锭） | 319.00 |
| **秋粮** | |
| 米（石） | 12491.96 |
| 租钞（锭） | 386.00 |
| 户口盐钞银（两） | 75.16 |
| 起运（两） | 37.58 |
| 存留（两） | 37.58 |
| 遇闰共加银（两） | 6.26 |
| **平阳县** | |
| **夏税** | |
| 小麦（石） | 8478.62 |
| 农桑丝折绢（匹） | 9.00 |
| 租钞（锭） | 644.00 |
| **秋粮** | |
| 米（石） | 26468.74 |
| 租钞（锭） | 37.00 |
| 户口盐钞银（两） | 22.58 |
| 起运（两） | 11.29 |
| 存留（两） | 11.29 |
| 遇闰共加银（两） | 1.48 |
| **瑞安县** | |

| | |
|---|---|
| **夏税** | |
| 小麦（石） | 4239.06 |
| 农桑丝折绢（匹） | 10.00 |
| 租钞（锭） | 520.00 |
| **秋粮** | |
| 米（石） | 21239.05 |
| 租钞（锭） | 58.00 |
| 户口盐钞银（两） | 50.43 |
| 起运（两） | 25.21 |
| 存留（两） | 25.21 |
| 遇闰共加银（两） | 4.20 |
| **泰顺县** | |
| **夏税** | |
| 小麦（石） | 757.93 |
| 租钞（锭） | 43.00 |
| **秋粮** | |
| 米（石） | 1838.01 |
| 租钞（锭） | 3.00 |
| 户口盐钞银（两） | 8.18 |
| 起运（两） | 4.09 |
| 存留（两） | 4.09 |
| 遇闰共加银（两） | 0.68 |
| **处州府** | |
| **夏税** | |
| 小麦（石）（存留） | 6953.07 |
| 农桑丝折绢（匹）（起运） | 273.00 |
| 租钞（锭）（存留） | 1612.00 |
| **秋粮** | |
| 米（石）（存留） | 57780.79 |
| 户口盐钞银（两） | 227.52 |
| 内本府银（两） | 2.90 |
| 起运（两） | 1.45 |
| 存留（两） | 1.45 |
| 遇闰共加银（两） | 0.23 |
| 各县银（两） | 224.61 |
| 起运（两） | 112.30 |
| 存留（两） | 112.30 |
| 遇闰共加银（两） | 18.71 |
| **丽水县** | |
| **夏税** | |
| 小麦（石） | 1935.75 |
| 农桑丝折绢（匹） | 33.00 |
| 租钞（锭） | 30.00 |

| 秋粮 | | 租钞（锭） | 308.00 |
|---|---|---|---|
| 米（石） | 8933.60 | 秋粮 | |
| 户口盐钞银（两） | 21.15 | 米（石） | 5943.69 |
| 起运（两） | 10.57 | 户口盐钞银（两） | 42.86 |
| 存留（两） | 10.57 | 起运（两） | 21.43 |
| 遇闰共加银（两） | 1.76 | 存留（两） | 21.43 |
| 青田县 | | 遇闰共加银（两） | 3.57 |
| 夏税 | | 龙泉县 | |
| 小麦（石） | 206.26 | 夏税 | |
| 农桑丝折绢（匹） | 43.00 | 小麦（石） | 970.88 |
| 租钞（锭） | 94.00 | 农桑丝折绢（匹） | 48.00 |
| 秋粮 | | 租钞（锭） | 302.00 |
| 米（石） | 3734.36 | 秋粮 | |
| 户口盐钞银（两） | 24.08 | 米（石） | 11534.93 |
| 起运（两） | 12.04 | 户口盐钞银（两） | 42.36 |
| 存留（两） | 12.04 | 起运（两） | 21.18 |
| 遇闰共加银（两） | 2.00 | 存留（两） | 21.18 |
| 缙云县 | | 遇闰共加银（两） | 3.53 |
| 夏税 | | 庆元县 | |
| 小麦（石） | 1057.63 | 夏税 | |
| 农桑丝折绢（匹） | 29.00 | 小麦（石） | 300.22 |
| 租钞（锭） | 344.00 | 农桑丝折绢（匹） | 15.00 |
| 秋粮 | | 租钞（锭） | 80.00 |
| 米（石） | 7012.49 | 秋粮 | |
| 户口盐钞银（两） | 19.09 | 米（石） | 3083.51 |
| 起运（两） | 9.54 | 户口盐钞银（两） | 11.70 |
| 存留（两） | 9.54 | 起运（两） | 5.85 |
| 遇闰共加银（两） | 1.59 | 存留（两） | 5.85 |
| 松阳县 | | 遇闰共加银（两） | 0.97 |
| 夏税 | | 云和县 | |
| 小麦（石） | 903.40 | 夏税 | |
| 农桑丝折绢（匹） | 31.00 | 小麦（石） | 331.81 |
| 租钞（锭） | 326.00 | 农桑丝折绢（匹） | 15.00 |
| 秋粮 | | 租钞（锭） | 7.00 |
| 米（石） | 10319.87 | 秋粮 | |
| 户口盐钞银（两） | 20.65 | 米（石） | 2704.57 |
| 起运（两） | 10.32 | 户口盐钞银（两） | 13.50 |
| 存留（两） | 10.32 | 起运（两） | 6.75 |
| 遇闰共加银（两） | 1.72 | 存留（两） | 6.75 |
| 遂昌县 | | 遇闰共加银（两） | 1.12 |
| 夏税 | | 宣平县 | |
| 小麦（石） | 773.26 | 夏税 | |
| 农桑丝折绢（匹） | 22.00 | 小麦（石） | 381.65 |

| | |
|---|---|
| 农桑丝折绢（匹） | 17.00 |
| 租钞（锭） | 30.00 |
| **秋粮** | |
| 米（石） | 3407.75 |
| 户口盐钞银（两） | 12.12 |
| 起运（两） | 6.06 |
| 存留（两） | 6.06 |
| 遇闰共加银（两） | 1.01 |
| 景宁县 | |
| **夏税** | |
| 小麦（石） | 92.16 |
| 农桑丝折绢（匹） | 16.00 |
| 租钞（锭） | 87.00 |
| **秋粮** | |
| 米（石） | 1105.95 |
| 户口盐钞银（两） | 17.08 |
| 起运（两） | 8.54 |
| 存留（两） | 8.54 |
| 遇闰共加银（两） | 1.42 |

## 浙江布政司田赋沿革事例

景泰二年，湖州府知府赵登奏：本府官民田地山荡，科则浩繁，数不归一。尚书金濂复：准行，令会官踏勘重则田地，除每亩税粮二斗，丝绵三两以下者不动，其余务要相度均派，增减轻重，不失原额数目。

六年工部奏，本部复：准行，该布政司将原会计景泰五年起运丝绵折绢一十万八千匹，减去绢一万匹，仍征本色丝二万两，拨嘉、湖等五府织染局存收织造缎匹。

成化十年，本部题准，将严州府建德等县农桑折绢，每匹折纳银六钱。

嘉靖九年，乐清县监生奏称：温、台、处三府滨海民贫，乞将税粮令纳本色。尚书梁材复：奉圣旨，这各该府分沿海仓粮，只照旧征纳本色，不许有司巧立名色，亏损小民。修理战船，另为查处。钦此。

三十六年，总督胡宗宪奏议处兵勇工食。尚书方钝复：查得前项工食合用银四十七万五千九百两，议于概省官民田地山荡起办，其提编、均徭、里甲等项尽行革去，合行各府清查田地一亩应否概征银九厘，山一亩应否征银四厘六毫零，荡一亩应否概征银七厘；或田与地可以量增，或山与荡可以量减；如有上中下则可分，即四项亩数，各别三则轻重递为加减，果可一例均摊，更无亏累，姑照原议规则计亩定派。凡官吏、举监生员、军民灶匠一体均办。自三十七年为始，将加征银两，各权征一半，随粮带征，解该府贮库。遇有各处水路防守兵勇工食，申请抚按明立文案，就近支用。

隆庆三年，巡抚谷中虚题称：衢、严二府蚕桑原少，乞将坐派夏税绢暂改折色五年，每匹征银八钱。侍郎刘自强复：查得该省每年额税，绢九万八千匹，内除七百四十二匹，每匹征银七钱，余俱本色坐派。杭、嘉、湖、衢、严五府，合行照旧征收本色。

本年巡抚谷中虚题，尚书刘体乾复：准该省本年分南京供用库白熟米三千五百石折色解部，又南京各卫仓米二十七万石内，金、衢、绍三府每石折银七钱，其余本色，俱解南京户部交纳。

五年，巡抚郭朝宾奏，尚书张守直复：准定仁和等县税粮则例。仁和县官民田每亩科米九升八合，银二分四厘五毫；官民地每亩科米六升五合，银一分八厘二毫；官民荡地每亩科米六升，银一分五厘；官民山地每亩科米一升，银二厘五毫；基地间架每间科米七合，银一厘七毫五丝。钱塘县田每亩米七升，银二分二厘五毫；地每亩米五升，银二分；荡每亩米四升，银一分八厘；山每亩米一升，银三毫；基地一间米二升，银九毫六丝二忽二微。二县俱五则。处州府官民田地均作一则。湖州府田地山荡为四则。宁波府官田一则，民僧田一则，官民地一则，共为三则。

臣等谨按：国家任土定赋，大率官民二则，惟浙中之赋科则繁多，法靡画一。故里胥得缘为奸，或避重趋轻，或飞洒走窜，豪者占，弱者赔，弊孔丛出。顷奉旨清丈田粮，宪臣若能一洗积弊，民困可以少甦。至于兵勇工食，往因倭夷骚动权宜加派，原非正供。今海上晏如，而饷仍未减，汰冗兵节冗食，尤浙中之首计也。

## 《万历会计录》卷三　江西布政司田赋

甲表17　　　　　　　　　　　　江西布政司田赋

| | 原额 | | 见额 |
|---|---|---|---|
| | 洪武年间 | 弘治年间 | 万历六年 |
| | （诸司职掌数） | （会典数） | （巡抚册报数） |
| 田土官民（亩） | 43118601.00 | 40235246.60[1] | 40115127.10[2] |
| **夏税** | | | |
| 米（石） | 79050.00 | | |
| 小麦（石） | | 87635.67[3] | |
| 麦米（石） | | | 88072.41[4] |
| 起运京库麦米（石） | | | 60000.00 |
| 每石折银（两） | | | 0.25 |
| 存留麦米（石） | | | 28072.41 |
| 钱钞（锭） | 6405.00 | | |
| 绢（匹） | 15477.00 | | |
| 丝绵折绢（匹）（起运） | | 8029.00 | 8025.0[5] |
| 农桑丝折绢（匹）（起运） | | 3486.00[6] | 3486.00[7] |
| 钞（锭） | | 6856.00[8] | 6896.00[9] |
| 本色丝（两）（存留） | | 131259.11 | 131347.71[10] |
| 苎布（匹）（起运） | | 1341.00 | 1341.00[11] |
| **秋粮** | | | |
| 米（石） | 2585256.00 | 2528269.96[12] | 2528369.70 |
| 内除奏豁米（石） | | | 99.74 |
| 实征米(石) | | | 2528269.96[13] |
| 起运兑军米（石） | | | 400000.00 |
| 淮安常盈仓改兑米（石） | | | 170000.00 |
| 京库米（石） | | | 970000.00 |
| 每石折银（两） | | | 0.25 |
| 阔白苎布（匹） | | | 50000.00 |
| 准米（石） | | | 35000.00 |
| 内本色布（匹） | | | 47774.00 |
| 内折色布（匹） | | | 2226.00 |

---

[1] 原书此处注：比洪武原额减28833顷54亩3分3厘。
[2] 原书此处注：比弘治减1201顷19亩5分5厘。
[3] 原书此处注：比洪武原额增8585.67石。
[4] 原书此处注：比弘治增436.74石。
[5] 原书此处注：比弘治减3匹2丈6尺4寸6分9厘。
[6] 原书此处注：二项绢共11516匹1丈5尺9寸6分3厘，比洪武原额减3960匹1丈4尺3分7厘。
[7] 原书此处注：比弘治减1尺5寸，贰项俱起运京库。
[8] 原书此处注：比洪武原额增451锭68文。
[9] 原书此处注：比弘治增40锭450文。
[10] 原书此处注：比弘治增5斤8两6钱，贰项俱存留。
[11] 原书此处注："与弘治同，起运京库。"
[12] 原书此处注：比洪武原额减56986.03石。
[13] 原书此处注："与弘治同。"

| | | | |
|---|---|---|---|
| 每匹折银（两） | | | 0.20 |
| 南京库阔白棉布（匹） | | | 100000.00 |
| 准米（石） | | | 100000.00 |
| 内本色布（匹） | | | 10000.00 |
| 内折色布（匹） | | | 90000.00 |
| 每匹折银（两） | | | 0.30 |
| 阔白苎布（匹） | | | 70000.00 |
| 准米（石） | | | 49000.00 |
| 每匹折银（两） | | | 0.20 |
| 南京各卫仓本色米（石） | | | 369436.71 |
| 内原定水兑折色米每石折银（两） | | | 0.50 |
| 派剩米（石） | | | 100563.28 |
| 内拨安庆府仓米（石） | | | 13104.00 |
| 内本色（石） | | | 6552.00 |
| 内折色（石） | | | 6552.00 |
| 每石折银（两） | | | 0.50 |
| 九江府原拨安庆府仓米（石）（系抵湖广原运之数） | | | 13105.00 |
| 余米（石） | | | 74354.28 |
| 俱每石折银（两）（解太仓银库） | | | 0.60 |
| 以上共起运米（石） | | | 2194000.00 |
| 存留米（石） | | | 334269.96 |
| 牛租谷（石）（存留） | | 201.18 | 201.18[1] |
| 准米（石） | | | 100.59 |
| 山租钞（锭）（存留） | | 3123.00 | 3123.00[2] |
| 人户（户） | 1553923.00 | 1363629.00 | 1341005.00 |
| 人口（口） | 8982481.00 | 6549800.00[3] | 5859026.00[4] |
| 户口盐钞银（两） | | | 14919.09 |
| 起运南京库银（两） | | | 7459.54 |
| 存留银（两） | | | 7459.54 |
| 遇闰共加银（两） | | | 1240.10 |

---

[1]原书此处注："与弘治同。"

[2]原书此处注："与弘治同，以上二项俱存留。"

[3]原书此处注：比洪武原额户减22624，口减2432681。

[4]原书此处注：隆庆六年黄册数比弘治户减190294，口减690774。

## 甲表18　江西布政司分府县田赋

| 南昌府 | |
|---|---|
| **夏税** | |
| 麦米（石）（存留） | 1503.54 |
| 农桑丝折绢（匹）（起运） | 490.00 |
| **秋粮** | |
| 米（石） | 481164.93 |
| 起运米（石） | 421506.25 |
| 存留米（石） | 59658.68 |
| 牛租谷（石）（存留） | 201.18 |
| 准米（石） | 100.59 |
| 租钞（锭）（存留） | 16.00 |
| 户口盐钞银（两） | 2505.12 |
| 起运银（两） | 1252.56 |
| 存留银（两） | 1252.56 |
| 遇闰共加银（两） | 209.63 |
| **南昌县** | |
| **夏税** | |
| 麦米（石） | 267.91 |
| 农桑丝折绢（匹） | 42.00 |
| **秋粮** | |
| 米（石） | 126275.32 |
| 起运米（石） | 105059.92 |
| 存留米（石） | 21215.40 |
| 户口盐钞银（两） | 657.81 |
| 起运银（两） | 328.90 |
| 存留银（两） | 328.90 |
| 遇闰共加银（两） | 54.81 |
| **新建县** | |
| **夏税** | |
| 麦米（石） | 31.31 |
| 农桑丝折绢（匹） | 29.00 |
| **秋粮** | |
| 米（石） | 63632.00 |
| 起运米（石） | 52131.53 |
| 存留米（石） | 11500.46 |
| 户口盐钞银（两） | 288.41 |
| 起运银（两） | 144.20 |
| 存留银（两） | 144.20 |
| 遇闰共加银（两） | 24.04 |
| **丰城县** | |
| **夏税** | |
| 麦米（石） | 780.87 |

| | |
|---|---|
| 农桑丝折绢（匹） | 196.00 |
| **秋粮** | |
| 米（石） | 121858.89 |
| 起运米（石） | 111118.81 |
| 存留米（石） | 10740.08 |
| 牛租谷（石） | 122.92 |
| 准米（石） | 61.46 |
| 户口盐钞银（两） | 580.59 |
| 起运银（两） | 290.29 |
| 存留银（两） | 290.29 |
| 遇闰共加银（两） | 48.38 |
| **进贤县** | |
| **夏税** | |
| 麦米（石） | 130.22 |
| 农桑丝折绢（匹） | 24.00 |
| **秋粮** | |
| 米（石） | 48178.07 |
| 起运米（石） | 43394.06 |
| 存留米（石） | 4784.00 |
| 牛租谷（石） | 78.26 |
| 准米（石） | 39.13 |
| 户口盐钞银（两） | 466.43 |
| 起运银（两） | 233.21 |
| 存留银（两） | 233.21 |
| 遇闰共加银（两） | 38.86 |
| **奉新县** | |
| **夏税** | |
| 麦米（石） | 80.48 |
| 农桑丝折绢（匹） | 49.00 |
| **秋粮** | |
| 米（石） | 52989.79 |
| 起运米（石） | 48803.31 |
| 存留米（石） | 4186.48 |
| 租钞（锭） | 16.00 |
| 户口盐钞银（两） | 124.49 |
| 起运银（两） | 62.24 |
| 存留银（两） | 62.24 |
| 遇闰共加银（两） | 11.23 |
| **靖安县** | |
| **夏税** | |
| 麦米（石） | 11.06 |
| 农桑丝折绢（匹） | 46.00 |
| **秋粮** | |

| | | | | |
|---|---|---|---|---|
| 米（石） | 14274.16 | | 存留米（石） | 19882.90 |
| 起运米（石） | 12860.94 | | 户口盐钞银（两） | 1650.61 |
| 存留米（石） | 1413.22 | | 起运银（两） | 825.30 |
| 户口盐钞银（两） | 41.34 | | 存留银（两） | 825.30 |
| 起运银（两） | 20.67 | | 遇闰共加银（两） | 137.54 |
| 存留银（两） | 20.67 | | **鄱阳县** | |
| 遇闰共加银（两） | 3.44 | | **夏税** | |
| **武宁县** | | | 麦米（石） | 10964.66 |
| **夏税** | | | 起运麦米（石） | 4601.62 |
| 麦米（石） | 201.66 | | 存留麦米（石） | 6363.04 |
| 农桑丝折绢（匹） | 48.00 | | 农桑丝折绢（匹） | 44.00 |
| **秋粮** | | | **秋粮** | |
| 米（石） | 22567.45 | | 米（石） | 46414.59 |
| 起运米（石） | 19998.96 | | 起运米（石） | 40183.17 |
| 存留米（石） | 2568.49 | | 存留米（石） | 6231.41 |
| 户口盐钞银（两） | 183.89 | | 户口盐钞银（两） | 465.96 |
| 起运银（两） | 91.94 | | 起运银（两） | 232.98 |
| 存留银（两） | 91.94 | | 存留银（两） | 232.98 |
| 遇闰共加银（两） | 15.32 | | 遇闰共加银（两） | 38.82 |
| **宁州** | | | **余干县** | |
| **夏税** | | | **夏税** | |
| 农桑丝折绢（匹） | 53.00 | | 麦米（石） | 4973.13 |
| **秋粮** | | | 起运麦米（石） | 2427.22 |
| 米（石） | 31389.21 | | 存留麦米（石） | 2545.90 |
| 起运米（石） | 28138.7 | | 农桑丝折绢（匹） | 29.00 |
| 存留米（石） | 3250.51 | | **秋粮** | |
| 户口盐钞银（两） | 162.13 | | 米（石） | 35378.67 |
| 起运银（两） | 81.06 | | 起运米（石） | 32387.30 |
| 存留银（两） | 81.06 | | 存留米（石） | 2991.37 |
| 遇闰共加银（两） | 13.51 | | 户口盐钞银（两） | 238.78 |
| **饶州府** | | | 起运银（两） | 119.39 |
| **夏税** | | | 存留银（两） | 119.39 |
| 麦米（石） | 36491.12 | | 遇闰共加银（两） | 19.89 |
| 起运麦米（石） | 18342.57 | | **乐平县** | |
| 存留麦米（石） | 18148.55 | | **夏税** | |
| 丝绵折绢（匹）（起运） | 106.00 | | 麦米（石） | 7327.25 |
| 农桑丝折绢（匹）（起运） | 199.00 | | 起运麦米（石） | 4139.54 |
| 苎布（匹）（起运） | 12.00 | | 存留麦米（石） | 3187.71 |
| 本色丝（两）（存留） | 1676.65 | | 农桑丝折绢（匹） | 48.00 |
| 钞（锭）（存留） | 26.00 | | **秋粮** | |
| **秋粮** | | | 米（石） | 33706.02 |
| 米（石） | 194397.42 | | 起运米（石） | 30192.42 |
| 起运米（石） | 174514.51 | | 存留米（石） | 3513.59 |

| | |
|---|---|
| 户口盐钞银（两） | 330.07 |
| 起运银（两） | 165.03 |
| 存留银（两） | 165.03 |
| 遇闰共加银（两） | 27.50 |

| 浮梁县 | |
|---|---|
| 夏税 | |
| 麦米（石） | 4330.76 |
| 起运麦米（石） | 2000.00 |
| 存留麦米（石） | 2330.76 |
| 农桑丝折绢（匹） | 40.00 |
| 钞（贯） | 8.00 |
| 秋粮 | |
| 米（石） | 20479.34 |
| 起运米（石） | 18500.40 |
| 存留米（石） | 1978.94 |
| 户口盐钞银（两） | 282.32 |
| 起运银（两） | 141.16 |
| 存留银（两） | 141.16 |
| 遇闰共加银（两） | 23.52 |

| 德兴县 | |
|---|---|
| 夏税 | |
| 麦米（石） | 2918.58 |
| 起运麦米（石） | 1500.00 |
| 存留麦米（石） | 1418.58 |
| 农桑丝折绢（匹） | 19.00 |
| 秋粮 | |
| 米（石） | 17645.26 |
| 起运米（石） | 15906.03 |
| 存留米（石） | 1739.23 |
| 户口盐钞银（两） | 113.92 |
| 起运银（两） | 56.96 |
| 存留银（两） | 56.96 |
| 遇闰共加银（两） | 9.49 |

| 安仁县 | |
|---|---|
| 夏税 | |
| 麦米（石） | 3233.71 |
| 起运麦米（石） | 2342.57 |
| 存留麦米（石） | 891.14 |
| 农桑丝折绢（匹） | 6.00 |
| 秋粮 | |
| 米（石） | 19894.52 |
| 起运米（石） | 18473.09 |
| 存留米（石） | 1421.43 |

| | |
|---|---|
| 户口盐钞银（两） | 122.36 |
| 起运银（两） | 61.18 |
| 存留银（两） | 61.18 |
| 遇闰共加银（两） | 10.19 |

| 万年县 | |
|---|---|
| 夏税 | |
| 麦米（石） | 2743.00 |
| 起运麦米（石） | 1331.61 |
| 存留麦米（石） | 1411.39 |
| 丝绵折绢（匹） | 106.00 |
| 农桑丝折绢（匹） | 10.00 |
| 苎布（匹） | 12.00 |
| 本色丝（两） | 1676.65 |
| 钞（锭） | 24.00 |
| 秋粮 | |
| 米（石） | 20878.99 |
| 起运米（石） | 18872.07 |
| 存留米（石） | 2006.91 |
| 户口盐钞银（两） | 97.17 |
| 起运银（两） | 48.58 |
| 存留银（两） | 48.58 |
| 遇闰共加银（两） | 8.09 |

| 广信府 | |
|---|---|
| 夏税 | |
| 丝绵折绢（匹）（起运） | 7919.00 |
| 农桑丝折绢（匹）（起运） | 152.00 |
| 苎布（匹）（起运） | 1328.00 |
| 本色丝（两）（存留） | 129671.60 |
| 钞（锭）（存留） | 4155 |
| 秋粮 | |
| 米（石） | 134104.91 |
| 起运米（石） | 116803.46 |
| 内除上饶县奏免米（石） | 67.08 |
| 实起运米（石） | 116736.38 |
| 存留米（石） | 17301.44 |
| 户口盐钞银（两） | 660.07 |
| 起运银（两） | 330.03 |
| 存留银（两） | 330.03 |
| 遇闰共加银（两） | 55.14 |

| 上饶县 | |
|---|---|
| 夏税 | |
| 丝绵折绢（匹） | 1738.00 |
| 农桑丝折绢（匹） | 27.00 |

| | |
|---|---|
| 苎布（匹） | 331.00 |
| 本色丝（两） | 28474.54 |
| 钞（锭） | 1191.00 |
| **秋粮** | |
| 米（石） | 20993.94 |
| 起运米（石） | 17918.16 |
| 内除有奏免米（石） | 67.08 |
| 实起运米（石） | 17851.07 |
| 存留米（石） | 3075.77 |
| 户口盐钞银（两） | 147.16 |
| 起运银（两） | 73.58 |
| 存留银（两） | 73.58 |
| 遇闰共加银（两） | 11.28 |
| **玉山县** | |
| **夏税** | |
| 丝绵折绢（匹） | 1816.00 |
| 农桑丝折绢（匹） | 5.00 |
| 苎布（匹） | 139.00 |
| 本色丝（两） | 29650.29 |
| 钞（锭） | 767.00 |
| **秋粮** | |
| 米（石） | 21179.70 |
| 起运米（石） | 18434.15 |
| 存留米（石） | 2745.55 |
| 户口盐钞银（两） | 105.11 |
| 起运银（两） | 52.55 |
| 存留银（两） | 52.55 |
| 遇闰共加银（两） | 8.75 |
| **弋阳县** | |
| **夏税** | |
| 丝绵折绢（匹） | 890.00 |
| 农桑丝折绢（匹） | 44.00 |
| 苎布（匹） | 220.00 |
| 本色丝（两） | 14650.80 |
| 钞（锭） | 290.00 |
| **秋粮** | |
| 米（石） | 13217.35 |
| 起运米（石） | 10610.31 |
| 存留米（石） | 2607.04 |
| 户口盐钞银（两） | 87.08 |
| 起运银（两） | 43.54 |
| 存留银（两） | 43.54 |
| 遇闰共加银（两） | 7.25 |

| **贵溪县** | |
|---|---|
| **夏税** | |
| 丝绵折绢（匹） | 1328.00 |
| 农桑丝折绢（匹） | 40.00 |
| 苎布（匹） | 166.00 |
| 本色丝（两） | 21698.63 |
| 钞（锭） | 613.00 |
| **秋粮** | |
| 米（石） | 37592.01 |
| 起运米（石） | 34193.68 |
| 存留米（石） | 3398.32 |
| 户口盐钞银（两） | 153.37 |
| 起运银（两） | 76.68 |
| 存留银（两） | 76.68 |
| 遇闰共加银（两） | 12.78 |
| **铅山县** | |
| **夏税** | |
| 丝绵折绢（匹） | 578.00 |
| 农桑丝折绢（匹） | 22.00 |
| 苎布（匹） | 251.00 |
| 本色丝（两） | 9552.94 |
| 钞（锭） | 503.00 |
| **秋粮** | |
| 米（石） | 20059.56 |
| 起运米（石） | 17599.93 |
| 存留米（石） | 2459.63 |
| 户口盐钞银（两） | 44.22 |
| 起运银（两） | 22.11 |
| 存留银（两） | 22.11 |
| 遇闰共加银（两） | 3.68 |
| **永丰县** | |
| **夏税** | |
| 丝绵折绢（匹） | 1203.00 |
| 农桑丝折绢（匹） | 4.00 |
| 苎布（匹） | 139.00 |
| 本色丝（两） | 19677.50 |
| 钞（锭） | 547.00 |
| **秋粮** | |
| 米（石） | 16977.18 |
| 起运米（石） | 14748.05 |
| 存留米（石） | 2229.12 |
| 户口盐钞银（两） | 93.51 |
| 起运银（两） | 46.75 |

| | |
|---|---|
| 存留银（两） | 46.75 |
| 遇闰共加银（两） | 7.79 |

| 兴安县 | |
|---|---|
| 夏税 | |
| 丝绵折绢（匹） | 364.00 |
| 农桑丝折绢（匹） | 8.00 |
| 苎布（匹） | 80.00 |
| 本色丝（两） | 5966.35 |
| 钞（锭） | 241.00 |
| 秋粮 | |
| 米（石） | 4085.14 |
| 起运米（石） | 3299.15 |
| 存留米（石） | 785.98 |
| 户口盐钞银（两） | 29.59 |
| 起运银（两） | 14.79 |
| 存留银（两） | 14.79 |
| 遇闰共加银（两） | 3.58 |

| 南康府 | |
|---|---|
| 夏税 | |
| 麦米（石） | 6624.30 |
| 起运麦米（石） | 4654.78 |
| 存留麦米（石） | 1969.52 |
| 农桑丝折绢（匹）（起运） | 136.00 |
| 秋粮 | |
| 米（石） | 76062.27 |
| 起运米（石） | 67944.79 |
| 存留米（石） | 8117.48 |
| 户口盐钞银（两） | 486.64 |
| 起运银（两） | 243.32 |
| 存留银（两） | 243.32 |
| 遇闰共加银（两） | 40.56 |

| 星子县 | |
|---|---|
| 夏税 | |
| 麦米（石） | 827.43 |
| 起运麦米（石） | 581.41 |
| 存留麦米（石） | 246.02 |
| 农桑丝折绢（匹） | 8.00 |
| 秋粮 | |
| 米（石） | 4951.55 |
| 起运米（石） | 2616.58 |
| 存留米（石） | 2334.97 |
| 户口盐钞银（两） | 48.72 |
| 起运银（两） | 24.36 |

| | |
|---|---|
| 存留银（两） | 24.36 |
| 遇闰共加银（两） | 4.06 |

| 都昌县 | |
|---|---|
| 夏税 | |
| 麦米（石） | 1969.52 |
| 起运麦米（石） | 1383.95 |
| 存留麦米（石） | 585.57 |
| 农桑丝折绢（匹） | 77.00 |
| 秋粮 | |
| 米（石） | 23585.31 |
| 起运米（石） | 21444.61 |
| 存留米（石） | 2140.69 |
| 户口盐钞银（两） | 182.68 |
| 起运银（两） | 91.34 |
| 存留银（两） | 91.34 |
| 遇闰共加银（两） | 15.23 |

| 建昌县 | |
|---|---|
| 夏税 | |
| 麦米（石） | 2312.81 |
| 起运麦米（石） | 1625.18 |
| 存留麦米（石） | 687.63 |
| 农桑丝折绢（匹） | 28.00 |
| 秋粮 | |
| 米（石） | 28608.97 |
| 起运米（石） | 26223.92 |
| 存留米（石） | 2385.05 |
| 户口盐钞银（两） | 159.23 |
| 起运银（两） | 79.61 |
| 存留银（两） | 79.61 |
| 遇闰共加银（两） | 13.27 |

| 安义县 | |
|---|---|
| 夏税 | |
| 麦米（石） | 1514.53 |
| 起运麦米（石） | 1064.24 |
| 存留麦米（石） | 450.29 |
| 农桑丝折绢（匹） | 21.00 |
| 秋粮 | |
| 米（石） | 18916.42 |
| 起运米（石） | 17659.66 |
| 存留米（石） | 1256.75 |
| 户口盐钞银（两） | 96.00 |
| 起运银（两） | 48.00 |
| 存留银（两） | 48.00 |

| | |
|---|---|
| 遇闰共加银（两） | 8.00 |
| **九江府** | |
| 夏税 | |
| 麦米（石） | 3733.91 |
| 起运麦米（石） | 500.00 |
| 存留麦米（石） | 3233.91 |
| 农桑丝折绢（匹）（起运） | 389.00 |
| 秋粮 | |
| 米（石） | 41916.76 |
| 起运米（石） | 32919.33 |
| 存留米（石） | 8997.42 |
| 户口盐钞银（两） | 140.21 |
| 起运银（两） | 70.10 |
| 存留银（两） | 70.10 |
| 遇闰共加银（两） | 11.68 |
| **德化县** | |
| 夏税 | |
| 麦米（石）（存留） | 565.43 |
| 农桑丝折绢（匹） | 61.00 |
| 秋粮 | |
| 米（石） | 6021.65 |
| 起运米（石） | 4701.66 |
| 存留米（石） | 1319.98 |
| 户口盐钞银（两） | 34.50 |
| 起运银（两） | 17.25 |
| 存留银（两） | 17.25 |
| 遇闰共加银（两） | 2.87 |
| **德安县** | |
| 夏税 | |
| 麦米（石）（存留） | 619.98 |
| 农桑丝折绢（匹） | 29.00 |
| 秋粮 | |
| 米（石） | 6413.43 |
| 起运米（石） | 4959.94 |
| 存留米（石） | 1453.49 |
| 户口盐钞银（两） | 22.04 |
| 起运银（两） | 11.02 |
| 存留银（两） | 11.02 |
| 遇闰共加银（两） | 1.83 |
| **瑞昌县** | |
| 夏税 | |
| 麦米（石）（存留） | 567.45 |
| 农桑丝折绢（匹） | 60.00 |

| | |
|---|---|
| 秋粮 | |
| 米（石） | 6000.85 |
| 起运米（石） | 4622.96 |
| 存留米（石） | 1377.89 |
| 户口盐钞银（两） | 20.70 |
| 起运银（两） | 10.35 |
| 存留银（两） | 10.35 |
| 遇闰共加银（两） | 1.72 |
| **湖口县** | |
| 夏税 | |
| 麦米（石）（存留） | 919.19 |
| 农桑丝折绢（匹） | 81.00 |
| 秋粮 | |
| 米（石） | 11271.72 |
| 起运米（石） | 8939.65 |
| 存留米（石） | 2332.07 |
| 户口盐钞银（两） | 30.31 |
| 起运银（两） | 15.15 |
| 存留银（两） | 15.15 |
| 遇闰共加银（两） | 2.52 |
| **彭泽县** | |
| 夏税 | |
| 麦米（石） | 1061.85 |
| 起运麦米（石） | 500.00 |
| 存留麦米（石） | 561.85 |
| 农桑丝折绢（匹） | 156.00 |
| 秋粮 | |
| 米（石） | 12209.09 |
| 起运米（石） | 9695.11 |
| 存留米（石） | 2513.97 |
| 户口盐钞银（两） | 32.65 |
| 起运银（两） | 16.32 |
| 存留银（两） | 16.32 |
| 遇闰共加银（两） | 2.72 |
| **建昌府** | |
| 夏税 | |
| 农桑丝折绢（匹）（起运） | 197.00 |
| 秋粮 | |
| 米（石） | 95592.66 |
| 起运米（石） | 76568.59 |
| 存留米（石） | 19024.07 |
| 户口盐钞银（两） | 1004.67 |
| 起运银（两） | 502.33 |

| | |
|---|---|
| 存留银（两） | 502.33 |
| 遇闰共加银（两） | 81.72 |

| 南城县 | |
|---|---|
| **夏税** | |
| 农桑丝折绢（匹） | 56.00 |
| **秋粮** | |
| 米（石） | 36604.21 |
| 起运米（石） | 30593.41 |
| 存留米（石） | 6010.80 |
| 户口盐钞银（两） | 682.60 |
| 起运银（两） | 341.30 |
| 存留银（两） | 341.30 |
| 遇闰共加银（两） | 56.88 |

| 新城县 | |
|---|---|
| **夏税** | |
| 农桑丝折绢（匹） | 9.00 |
| **秋粮** | |
| 米（石） | 23855.82 |
| 起运米（石） | 20570.21 |
| 存留米（石） | 3285.61 |
| 户口盐钞银（两） | 69.54 |
| 起运银（两） | 34.77 |
| 存留银（两） | 34.77 |
| 遇闰共加银（两） | 5.79 |

| 南丰县 | |
|---|---|
| **夏税** | |
| 农桑丝折绢（匹） | 122.00 |
| **秋粮** | |
| 米（石） | 22262.38 |
| 起运米（石） | 18231.88 |
| 存留米（石） | 4030.50 |
| 户口盐钞银（两） | 186.35 |
| 起运银（两） | 93.17 |
| 存留银（两） | 93.17 |
| 遇闰共加银（两） | 15.52 |

| 广昌县 | |
|---|---|
| **夏税** | |
| 农桑丝折绢（匹） | 9.00 |
| **秋粮** | |
| 米（石） | 12870.24 |
| 起运米（石） | 7173.09 |
| 存留米（石） | 5697.15 |
| 户口盐钞银（两） | 66.16 |

| | |
|---|---|
| 起运银（两） | 33.08 |
| 存留银（两） | 33.08 |
| 遇闰共加银（两） | 3.51 |

| 抚州府 | |
|---|---|
| **夏税** | |
| 麦米（石） | 352.64 |
| 起运麦米（石） | 157.43 |
| 存留麦米（石） | 195.21 |
| 农桑丝折绢（匹）（起运） | 85.00 |
| **秋粮** | |
| 米（石） | 303275.08 |
| 起运米（石） | 251820.37 |
| 存留米（石） | 51454.70 |
| 户口盐钞银（两） | 2281.86 |
| 起运银（两） | 1140.93 |
| 存留银（两） | 1140.93 |
| 遇闰共加银（两） | 190.15 |

| 临川县 | |
|---|---|
| **夏税** | |
| 农桑丝折绢（匹） | 18.00 |
| **秋粮** | |
| 米（石） | 73558.22 |
| 起运米（石） | 64791.61 |
| 存留米（石） | 8766.61 |
| 户口盐钞银（两） | 840.03 |
| 起运银（两） | 420.01 |
| 存留银（两） | 420.01 |
| 遇闰共加银（两） | 70.00 |

| 崇仁县 | |
|---|---|
| **夏税** | |
| 农桑丝折绢（匹） | 2.00 |
| **秋粮** | |
| 米（石） | 46649.38 |
| 起运米（石） | 37988.43 |
| 存留米（石） | 8660.95 |
| 户口盐钞银（两） | 421.41 |
| 起运银（两） | 210.70 |
| 存留银（两） | 210.70 |
| 遇闰共加银（两） | 35.11 |

| 金溪县 | |
|---|---|
| **夏税** | |
| 农桑丝折绢（匹） | 19.00 |
| **秋粮** | |

| | | |
|---|---|---|
| 米（石） | | 38992.61 |
| 起运米（石） | | 34664.99 |
| 存留米（石） | | 4327.62 |
| 户口盐钞银（两） | | 416.79 |
| 起运银（两） | | 208.39 |
| 存留银（两） | | 208.39 |
| 遇闰共加银（两） | | 34.73 |
| **宜黄县** | | |
| **夏税** | | |
| 农桑丝折绢（匹） | | 25.00 |
| **秋粮** | | |
| 米（石） | | 49932.57 |
| 起运米（石） | | 37671.42 |
| 存留米（石） | | 12261.14 |
| 户口盐钞银（两） | | 120.00 |
| 起运银（两） | | 60.00 |
| 存留银（两） | | 60.00 |
| 遇闰共加银（两） | | 12.00 |
| **乐安县** | | |
| **夏税** | | |
| 农桑丝折绢（匹） | | 11.00 |
| **秋粮** | | |
| 米（石） | | 59950.00 |
| 起运米（石） | | 48668.90 |
| 存留米（石） | | 11281.10 |
| 户口盐钞银（两） | | 240.00 |
| 起运银（两） | | 120.00 |
| 存留银（两） | | 120.00 |
| 遇闰共加银（两） | | 20.00 |
| **东乡县** | | |
| **夏税** | | |
| 麦米（石） | | 352.64 |
| 起运麦米（石） | | 157.43 |
| 存留麦米（石） | | 195.21 |
| 农桑丝折绢（匹） | | 8.00 |
| **秋粮** | | |
| 米（石） | | 34192.28 |
| 起运米（石） | | 28035.02 |
| 存留米（石） | | 6157.26 |
| 户口盐钞银（两） | | 243.60 |
| 起运银（两） | | 121.80 |
| 存留银（两） | | 121.80 |
| 遇闰共加银（两） | | 20.30 |

| | | |
|---|---|---|
| **临江府** | | |
| **夏税** | | |
| 农桑丝折绢（匹）（起运） | | 59.00 |
| **秋粮** | | |
| 米（石） | | 229586.22 |
| 起运米（石） | | 214246.58 |
| 存留米（石） | | 15339.64 |
| 户口盐钞银（两） | | 853.71 |
| 起运银（两） | | 426.85 |
| 存留银（两） | | 426.85 |
| 遇闰共加银（两） | | 71.13 |
| **清江县** | | |
| **夏税** | | |
| 农桑丝折绢（匹） | | 7.00 |
| **秋粮** | | |
| 米（石） | | 54083.78 |
| 起运米（石） | | 50020.41 |
| 存留米（石） | | 4063.36 |
| 户口盐钞银（两） | | 372.15 |
| 起运银（两） | | 186.07 |
| 存留银（两） | | 186.07 |
| 遇闰共加银（两） | | 31.01 |
| **新淦县** | | |
| **夏税** | | |
| 农桑丝折绢（匹） | | 15.00 |
| **秋粮** | | |
| 米（石） | | 53448.20 |
| 起运米（石） | | 49732.81 |
| 存留米（石） | | 3715.39 |
| 户口盐钞银（两） | | 121.44 |
| 起运银（两） | | 60.72 |
| 存留银（两） | | 60.72 |
| 遇闰共加银（两） | | 10.12 |
| **峡江县** | | |
| **夏税** | | |
| 农桑丝折绢（匹） | | 14.00 |
| **秋粮** | | |
| 米（石） | | 49851.91 |
| 起运米（石） | | 47384.99 |
| 存留米（石） | | 2466.91 |
| 户口盐钞银（两） | | 119.69 |
| 起运银（两） | | 59.84 |
| 存留银（两） | | 59.84 |

| | |
|---|---|
| 遇闰共加银（两） | 9.97 |
| **新喻县** | |
| **夏税** | |
| 农桑丝折绢（匹） | 21.00 |
| **秋粮** | |
| 米（石） | 72202.32 |
| 起运米（石） | 67108.35 |
| 存留米（石） | 5093.97 |
| 户口盐钞银（两） | 240.41 |
| 起运银（两） | 120.20 |
| 存留银（两） | 120.20 |
| 遇闰共加银（两） | 20.03 |
| **吉安府** | |
| **夏税** | |
| 麦米（石） | 17445.36 |
| 起运麦米（石） | 14555.01 |
| 存留麦米（石） | 2890.34 |
| 农桑丝折绢（匹）（起运） | 874.00 |
| 钞（锭）（存留） | 997.00 |
| **秋粮** | |
| 米（石） | 431815.88 |
| 起运米（石） | 391527.19 |
| 存留米（石） | 40288.69 |
| 户口盐钞银（两） | 3064.96 |
| 起运银（两） | 1532.48 |
| 存留银（两） | 1532.48 |
| 遇闰共加银（两） | 255.40 |
| **庐陵县** | |
| **夏税** | |
| 麦米（石） | 6884.56 |
| 起运麦米（石） | 4729.75 |
| 存留麦米（石） | 2154.81 |
| 农桑丝折绢（匹） | 33.00 |
| 钞（锭） | 666.00 |
| **秋粮** | |
| 米（石） | 84531.89 |
| 起运米（石） | 78850.80 |
| 存留米（石） | 5681.09 |
| 户口盐钞银（两） | 746.18 |
| 起运银（两） | 373.09 |
| 存留银（两） | 373.09 |
| 遇闰共加银（两） | 62.18 |
| **泰和县** | |

| | |
|---|---|
| **夏税** | |
| 麦米（石）（起运） | 2204.82 |
| 农桑丝折绢（匹） | 407.00 |
| **秋粮** | |
| 米（石） | 52376.18 |
| 起运米（石） | 48921.78 |
| 存留米（石） | 3454.39 |
| 户口盐钞银（两） | 373.03 |
| 起运银（两） | 186.51 |
| 存留银（两） | 186.51 |
| 遇闰共加银（两） | 31.08 |
| **吉水县** | |
| **夏税** | |
| 麦米（石）（起运） | 1206.13 |
| 农桑丝折绢（匹） | 41.00 |
| **秋粮** | |
| 米（石） | 61170.98 |
| 起运米（石） | 56700.83 |
| 存留米（石） | 4470.15 |
| 户口盐钞银（两） | 829.70 |
| 起运银（两） | 414.85 |
| 存留银（两） | 414.85 |
| 遇闰共加银（两） | 69.14 |
| **永丰县** | |
| **夏税** | |
| 麦米（石）（起运） | 1754.54 |
| 农桑丝折绢（匹） | 11.00 |
| 钞（锭）（存留） | 68.00 |
| **秋粮** | |
| 米（石） | 52426.60 |
| 起运米（石） | 50472.45 |
| 存留米（石） | 1954.15 |
| 户口盐钞银（两） | 447.65 |
| 起运银（两） | 223.82 |
| 存留银（两） | 223.82 |
| 遇闰共加银（两） | 37.30 |
| **安福县** | |
| **夏税** | |
| 麦米（石） | 2935.52 |
| 起运麦米（石） | 2200.00 |
| 存留麦米（石） | 735.52 |
| 农桑丝折绢（匹） | 210.00 |
| 钞（锭） | 227.00 |

| | |
|---|---|
| **秋粮** | |
| 米（石） | 59063.42 |
| 起运米（石） | 53811.24 |
| 存留米（石） | 5252.18 |
| 户口盐钞银（两） | 294.17 |
| 起运银（两） | 147.08 |
| 存留银（两） | 147.08 |
| 遇闰共加银（两） | 24.50 |
| **龙泉县** | |
| **夏税** | |
| 麦米（石）（起运） | 506.35 |
| 农桑丝折绢（匹） | 63.00 |
| **秋粮** | |
| 米（石） | 27507.18 |
| 起运米（石） | 25528.47 |
| 存留米（石） | 1978.71 |
| 户口盐钞银（两） | 48.71 |
| 起运银（两） | 24.35 |
| 存留银（两） | 24.35 |
| 遇闰共加银（两） | 4.05 |
| **万安县** | |
| **夏税** | |
| 麦米（石）（起运） | 884.75 |
| 农桑丝折绢（匹） | 25.00 |
| **秋粮** | |
| 米（石） | 25462.12 |
| 起运米（石） | 23311.25 |
| 存留米（石） | 2150.87 |
| 户口盐钞银（两） | 140.90 |
| 起运银（两） | 70.45 |
| 存留银（两） | 70.45 |
| 遇闰共加银（两） | 11.74 |
| **永新县** | |
| **夏税** | |
| 麦米（石）（起运） | 939.82 |
| 农桑丝折绢（匹） | 55.00 |
| 钞（锭） | 28.00 |
| **秋粮** | |
| 米（石） | 58892.31 |
| 起运米（石） | 46078.62 |
| 存留米（石） | 12813.69 |
| 户口盐钞银（两） | 121.54 |
| 起运银（两） | 60.77 |

| | |
|---|---|
| 存留银（两） | 60.77 |
| 遇闰共加银（两） | 10.12 |
| **永宁县** | |
| **夏税** | |
| 麦米（石）（起运） | 128.82 |
| 农桑丝折绢（匹） | 26.00 |
| 钞（锭）（存留） | 6.00 |
| **秋粮** | |
| 米（石） | 10385.16 |
| 起运米（石） | 7851.73 |
| 存留米（石） | 2533.43 |
| 户口盐钞银（两） | 63.03 |
| 起运银（两） | 31.51 |
| 存留银（两） | 31.51 |
| 遇闰共加银（两） | 5.25 |
| **瑞州府** | |
| **夏税** | |
| 农桑丝折绢（匹）（起运） | 281.00 |
| **秋粮** | |
| 米（石） | 224441.12 |
| 起运米（石） | 202351.77 |
| 存留米（石） | 22089.34 |
| 租钞（锭）（存留） | 3107.00 |
| 户口盐钞银（两） | 726.95 |
| 起运银（两） | 363.47 |
| 存留银（两） | 363.47 |
| 遇闰共加银（两） | 60.57 |
| **高安县** | |
| **夏税** | |
| 农桑丝折绢（匹） | 97.00 |
| **秋粮** | |
| 米（石） | 118709.88 |
| 起运米（石） | 106954.38 |
| 存留米（石） | 11755.50 |
| 租钞（锭） | 2256.00 |
| 户口盐钞银（两） | 341.02 |
| 起运银（两） | 170.51 |
| 存留银（两） | 170.51 |
| 遇闰共加银（两） | 28.41 |
| **上高县** | |
| **夏税** | |
| 农桑丝折绢（匹） | 109.00 |
| **秋粮** | |

| | |
|---|---|
| 米（石） | 49600.13 |
| 起运米（石） | 44455.43 |
| 存留米（石） | 5144.69 |
| 租钞（锭） | 216.00 |
| 户口盐钞银（两） | 193.50 |
| 起运银（两） | 96.75 |
| 存留银（两） | 96.75 |
| 遇闰共加银（两） | 16.12 |

| 新昌县 | |
|---|---|
| 夏税 | |
| 农桑丝折绢（匹） | 74.00 |
| 秋粮 | |
| 米（石） | 56131.10 |
| 起运米（石） | 50941.95 |
| 存留米（石） | 5189.14 |
| 租钞（锭） | 633.00 |
| 户口盐钞银（两） | 192.41 |
| 起运银（两） | 96.20 |
| 存留银（两） | 96.20 |
| 遇闰共加银（两） | 16.03 |

| 袁州府 | |
|---|---|
| 夏税 | |
| 麦米（石）（起运） | 21790.19 |
| 农桑丝折绢（匹）（起运） | 415.00 |
| 秋粮 | |
| 米（石） | 217145.09 |
| 起运米（石） | 193852.61 |
| 存留米（石） | 23292.47 |
| 户口盐钞银（两） | 765.23 |
| 起运银（两） | 382.61 |
| 存留银（两） | 382.61 |
| 遇闰共加银（两） | 63.77 |

| 宜春县 | |
|---|---|
| 夏税 | |
| 麦米（石） | 6845.46 |
| 农桑丝折绢（匹） | 197.00 |
| 秋粮 | |
| 米（石） | 68301.74 |
| 起运米（石） | 61140.31 |
| 存留米（石） | 7161.42 |
| 户口盐钞银（两） | 206.02 |
| 起运银（两） | 103.01 |
| 存留银（两） | 103.01 |

| 遇闰共加银（两） | 17.16 |
|---|---|

| 分宜县 | |
|---|---|
| 夏税 | |
| 麦米（石） | 4118.74 |
| 农桑丝折绢（匹） | 26.00 |
| 秋粮 | |
| 米（石） | 40974.98 |
| 起运米（石） | 36580.03 |
| 存留米（石） | 4394.94 |
| 户口盐钞银（两） | 174.77 |
| 起运银（两） | 87.38 |
| 存留银（两） | 87.38 |
| 遇闰共加银（两） | 14.56 |

| 萍乡县 | |
|---|---|
| 夏税 | |
| 麦米（石） | 5581.29 |
| 农桑丝折绢（匹） | 121.00 |
| 秋粮 | |
| 米（石）[1] | 56070.64 |
| 起运米（石） | 49994.04 |
| 存留米（石） | 6126.59 |
| 户口盐钞银（两） | 233.94 |
| 起运银（两） | 116.97 |
| 存留银（两） | 116.97 |
| 遇闰共加银（两） | 19.49 |

| 万载县 | |
|---|---|
| 夏税 | |
| 麦米（石） | 5244.69 |
| 农桑丝折绢（匹） | 70.00 |
| 秋粮 | |
| 米（石） | 51797.72 |
| 起运米（石） | 46188.21 |
| 存留米（石） | 5609.50 |
| 户口盐钞银（两） | 150.48 |
| 起运银（两） | 75.24 |
| 存留银（两） | 75.24 |
| 遇闰共加银（两） | 12.54 |

| 赣州府 | |
|---|---|
| 夏税 | |
| 农桑丝折绢（匹）（起运） | 141.00 |
| 钞（锭）（存留） | 1717.00 |

---
[1]此值似有误，与起运、存留两项值不合。

| 秋粮 | |
|---|---|
| 米（石） | 70982.82 |
| 内除赣县奏豁米(石) | 99.74 |
| 实征米(石) | 70883.08 |
| 起运米（石） | 39668.01 |
| 存留米（石） | 31215.06 |
| 户口盐钞银（两） | 672.98 |
| 起运银（两） | 336.49 |
| 存留银（两） | 336.49 |
| 遇闰共加银（两） | 53.94 |

| 赣县 | |
|---|---|
| 夏税 | |
| 农桑丝折绢（匹） | 33.00 |
| 钞（锭） | 388.00 |
| 秋粮 | |
| 米（石） | 18343.53 |
| 起运米（石） | 14531.45 |
| 存留米（石） | 3812.08 |
| 户口盐钞银（两） | 145.08 |
| 起运银（两） | 72.54 |
| 存留银（两） | 72.54 |
| 遇闰共加银（两） | 12.09 |

| 雩都县 | |
|---|---|
| 夏税 | |
| 农桑丝折绢（匹） | 34.00 |
| 钞（锭） | 82.00 |
| 秋粮 | |
| 米（石） | 4315.36 |
| 起运米（石） | 1370.84 |
| 存留米（石） | 2944.51 |
| 户口盐钞银（两） | 48.00 |
| 起运银（两） | 24.00 |
| 存留银（两） | 24.00 |
| 遇闰共加银（两） | 2.04 |

| 信丰县 | |
|---|---|
| 夏税 | |
| 农桑丝折绢（匹） | 2.00 |
| 钞（锭）（存留） | 44.00 |
| 秋粮 | |
| 米（石）（存留） | 1929.53 |
| 户口盐钞银（两） | 24.00 |
| 起运银（两） | 12.00 |
| 存留银（两） | 12.00 |

| 遇闰共加银（两） | 1.54 |
|---|---|

| 兴国县 | |
|---|---|
| 夏税 | |
| 农桑丝折绢（匹） | 8.00 |
| 钞（锭） | 266.00 |
| 秋粮 | |
| 米（石） | 13148.48 |
| 起运米（石） | 4202.42 |
| 存留米（石） | 8946.05 |
| 户口盐钞银（两） | 71.99 |
| 起运银（两） | 35.99 |
| 存留银（两） | 35.99 |
| 遇闰共加银（两） | 5.99 |

| 会昌县 | |
|---|---|
| 夏税 | |
| 钞（锭） | 17.00 |
| 秋粮 | |
| 米（石）（存留） | 835.26 |
| 户口盐钞银（两） | 18.00 |
| 起运银（两） | 9.00 |
| 存留银（两） | 9.00 |
| 遇闰共加银（两） | 1.50 |

| 安远县 | |
|---|---|
| 夏税 | |
| 农桑丝折绢（匹） | 1.00 |
| 钞（锭） | 11.00 |
| 秋粮 | |
| 米（石）（存留） | 473.09 |
| 户口盐钞银（两） | 22.33 |
| 起运银（两） | 11.16 |
| 存留银（两） | 11.16 |
| 遇闰共加银（两） | 2.13 |

| 宁都县 | |
|---|---|
| 夏税 | |
| 农桑丝折绢（匹） | 39.00 |
| 钞（锭） | 537.00 |
| 秋粮 | |
| 米（石） | 21143.81 |
| 起运米（石） | 16850.62 |
| 存留米（石） | 4293.19 |
| 户口盐钞银（两） | 247.55 |
| 起运银（两） | 123.77 |
| 存留银（两） | 123.77 |

| | |
|---|---|
| 遇闰共加银（两） | 20.62 |

<table>
<tr><td colspan="2" align="center">瑞金县</td></tr>
<tr><td>夏税</td><td></td></tr>
<tr><td>农桑丝折绢（匹）</td><td>15.00</td></tr>
<tr><td>钞（锭）</td><td>63.00</td></tr>
<tr><td>秋粮</td><td></td></tr>
<tr><td>米（石）（存留）</td><td>1544.59</td></tr>
<tr><td>户口盐钞银（两）</td><td>18.00</td></tr>
<tr><td>起运银（两）</td><td>9.00</td></tr>
<tr><td>存留银（两）</td><td>9.00</td></tr>
<tr><td>遇闰共加银（两）</td><td>1.50</td></tr>
<tr><td colspan="2" align="center">龙南县</td></tr>
<tr><td>夏税</td><td></td></tr>
<tr><td>钞（锭）</td><td>94.00</td></tr>
<tr><td>秋粮</td><td></td></tr>
<tr><td>米（石）</td><td>3665.63</td></tr>
<tr><td>起运米（石）</td><td>1141.99</td></tr>
<tr><td>存留米（石）</td><td>2523.64</td></tr>
<tr><td>户口盐钞银（两）</td><td>30.00</td></tr>
<tr><td>起运银（两）</td><td>15.00</td></tr>
<tr><td>存留银（两）</td><td>15.00</td></tr>
<tr><td>遇闰共加银（两）</td><td>2.50</td></tr>
<tr><td colspan="2" align="center">石城县</td></tr>
<tr><td>夏税</td><td></td></tr>
<tr><td>农桑丝折绢（匹）</td><td>5.00</td></tr>
<tr><td>钞（锭）</td><td>210.00</td></tr>
<tr><td>秋粮</td><td></td></tr>
<tr><td>米（石）</td><td>4572.37</td></tr>
<tr><td>起运米（石）</td><td>1570.68</td></tr>
<tr><td>存留米（石）</td><td>3001.69</td></tr>
<tr><td>户口盐钞银（两）</td><td>37.46</td></tr>
<tr><td>起运银（两）</td><td>18.73</td></tr>
<tr><td>存留银（两）</td><td>18.73</td></tr>
<tr><td>遇闰共加银（两）</td><td>3.12</td></tr>
<tr><td colspan="2" align="center">定南县</td></tr>
<tr><td>秋粮</td><td></td></tr>
<tr><td>米（石）（存留）</td><td>677.91</td></tr>
<tr><td colspan="2" align="center">长宁县</td></tr>
<tr><td>夏税</td><td></td></tr>
<tr><td>农桑丝折绢（匹）</td><td>2丈</td></tr>
<tr><td>秋粮</td><td></td></tr>
<tr><td>米（石）（存留）</td><td>233.46</td></tr>
<tr><td>户口盐钞银（两）</td><td>10.54</td></tr>
</table>

<table>
<tr><td>起运银（两）</td><td>5.27</td></tr>
<tr><td>存留银（两）</td><td>5.27</td></tr>
<tr><td>遇闰共加银（两）</td><td>0.87</td></tr>
<tr><td colspan="2" align="center">南安府</td></tr>
<tr><td>夏税</td><td></td></tr>
<tr><td>麦米（石）（存留）[1]</td><td>131.31</td></tr>
<tr><td>农桑丝折绢（匹）（起运）</td><td>63.00</td></tr>
<tr><td>秋粮</td><td></td></tr>
<tr><td>米（石）</td><td>27882.24</td></tr>
<tr><td>起运米（石）</td><td>10276.51</td></tr>
<tr><td>存留米（石）</td><td>17605.72</td></tr>
<tr><td>户口盐钞银（两）</td><td>106.04</td></tr>
<tr><td>起运银（两）</td><td>53.02</td></tr>
<tr><td>存留银（两）</td><td>53.02</td></tr>
<tr><td>遇闰共加银（两）</td><td>8.81</td></tr>
<tr><td colspan="2" align="center">大庾县</td></tr>
<tr><td>夏税</td><td></td></tr>
<tr><td>麦米（石）（存留）</td><td>49.63</td></tr>
<tr><td>农桑丝折绢（匹）</td><td>8.00</td></tr>
<tr><td>秋粮</td><td></td></tr>
<tr><td>米（石）</td><td>5771.26</td></tr>
<tr><td>起运米（石）</td><td>2426.58</td></tr>
<tr><td>存留米（石）</td><td>3344.67</td></tr>
<tr><td>户口盐钞银（两）</td><td>23.77</td></tr>
<tr><td>起运银（两）</td><td>11.88</td></tr>
<tr><td>存留银（两）</td><td>11.88</td></tr>
<tr><td>遇闰共加银（两）</td><td>1.98</td></tr>
<tr><td colspan="2" align="center">南康县</td></tr>
<tr><td>夏税</td><td></td></tr>
<tr><td>麦米（石）（存留）</td><td>81.68</td></tr>
<tr><td>农桑丝折绢（匹）</td><td>38.00</td></tr>
<tr><td>秋粮</td><td></td></tr>
<tr><td>米（石）</td><td>15301.54</td></tr>
<tr><td>起运米（石）</td><td>5096.06</td></tr>
<tr><td>存留米（石）</td><td>10205.47</td></tr>
<tr><td>户口盐钞银（两）</td><td>44.28</td></tr>
<tr><td>起运银（两）</td><td>22.14</td></tr>
<tr><td>存留银（两）</td><td>22.14</td></tr>
<tr><td>遇闰共加银（两）</td><td>3.69</td></tr>
<tr><td colspan="2" align="center">上犹县</td></tr>
<tr><td>夏税</td><td></td></tr>
</table>

---

[1] 原书此值缺损，依所属各县值补齐。

| | |
|---|---|
| 农桑丝折绢（匹） | 6.00 |
| **秋粮** | |
| 米（石） | 3037.92 |
| 起运米（石） | 1401.03 |
| 存留米（石） | 1636.88 |
| 户口盐钞银（两） | 24.00 |
| 起运银（两） | 12.00 |
| 存留银（两） | 12.00 |
| 遇闰共加银（两） | 2.00 |
| **崇义县** | |
| **夏税** | |
| 农桑丝折绢（匹） | 9.00 |
| **秋粮** | |
| 米（石） | 3771.50 |
| 起运米（石） | 1352.82 |
| 存留米（石） | 2418.68 |
| 户口盐钞银（两） | 13.99 |
| 起运银（两） | 6.99 |
| 存留银（两） | 6.99 |
| 遇闰共加银（两） | 1.14 |

## 江西布政司田赋沿革事例

弘治十六年，巡抚林富奏：该省赋役繁重，仓库空虚，乞将南淮粮米折银解纳，余银存留以备官军俸粮。本部复：准将本年分该派南粮，每石折银六钱，四钱七分解南京，一钱三分存留本省。其淮粮系干京储，难准改折。

正德八年，巡抚任汉奏：该省盗贼未息，乞发内帑银十万两，并借九江、扬州、浒墅钞关商税等银支剩停兑耗米。本部复：准将正德五年停兑耗米八万六千九百石零支用，前项银两不得擅动。

嘉靖四年，巡抚奏称：袁州府所属税粮起科太重，且涧道崎岖难运，乞将南京该运仓粮改折银两。本部复：奉圣旨，只照旧征解本色。

十年，巡抚奏：各该官军并官吏师生未支俸粮年久，拖欠数多。本部复：准将该运南粮量收折色，扣除补支，内一半仍征本色，一半每石折银八钱，五钱解送南京，三钱存留该省。

十五年，巡抚秦钺奏：该省灾免数多，岁支缺乏。本部复：准将嘉靖十四、十五、十六年南京本色各米三十三万石，每石照例折银七钱内，五钱解南京，二钱扣留本省。

十七年，巡抚题称地方灾旱。本部复：准将兑军米除显陵卫改兑米七千五百二十八石三斗折银外，其正兑米四十万石内，量准二十万石，每石连蓆耗折银七钱；改兑米一十六万二千四百七十一石七斗内，量准十万石，每石连蓆耗折银六钱。

二十三年，巡抚题称该省重大灾伤。本部复：准将本年分起解南京折银八万四千两内，扣五万两，并上年未解吏农、缺官、柴薪、马夫等项存留该省，以备赈济。

隆庆四年，巡抚刘光济题，本部复：准将所属人户应纳税粮，听其自行输纳，就于经催审其丁力，殷实者金定名数，责令管解其脚耗火耗之费，俱于派则内酌量加征给发。

万历元年，巡抚徐栻题称：九江军饷缺乏，乞将协济安庆米二万石内，留一万石以济九江之急。尚书王国光复：准将节年拖欠未解银两量留，其正派粮米依期征解。

七年，巡抚刘斯洁题：本省原额绢每年共一万一千五百一十一匹，每匹正价银七钱，脚价银一钱。因本省不系出产地方，每经起解转买浙省，多被棍徒诓领，要行改折。尚书张学颜复：准将万历七年以前绢匹解纳折色外，其八年以后绢匹，姑准本色六分，折色四分，相兼起解，以为定额。

臣等谨按：江西古扬州地，总豫章、饶州、南康等十三郡，岁漕两京粮九十余万石，毋论涉历艰险，即其转输劳费亦已勤矣。陋彼中萦带江湖，又多诸山绵亘，地鲜沃衍，往往有可耕之人，而无其田。民之富者殖业他方，视其乡之赋若遗迹，然不少系念；贫者转徙自食，终其身无怀土之思，盖其地使然也。以故赋渐积逋，而里甲代之，或有身固远遁而岁共常赋，里甲取而私焉，顾以亡为解。其沙荒之田消长不常，则有利之者与病之者，恒混淆而不可诘，故偏累生焉。近奉旨清丈，田分三壤，粮均一则，起新淤之税，清流亡之产，核欺隐，惩侵冒，俾民无不田之粮，而亦无不粮之田，则赋与役庶得其□也已，若夫土瘠而贫民之轻去其乡，尤故是在司土者一加之意云尔。

甲表 19　　　　　　　　　　　　　　　　湖广布政司田赋

| | 原额 | | 见额 |
|---|---|---|---|
| | 洪武年间 | 弘治年间 | 万历六年 |
| | （诸司职掌数） | （会典数） | （布政司册报数） |
| 田土官民（亩） | 220217575.00 | 223612846.60[1] | 221619940.10[2] |
| 夏税 | | | |
| 米麦（石） | 138766.00 | 131400.40[3] | 132429.08 |
| 内除德安府摘拨庄田小麦（石） | | | 29.02 |
| 承天府虚报无征小麦（石） | | | 33.90 |
| 围陵地小麦（石） | | | 1.65 |
| 郴州虚报无征米（石） | | | 12.79 |
| 房县错报小麦（石） | | | 13.23 |
| 钟祥县重征大麦（石） | | | 0.63 |
| 合小麦（石） | | | 0.43 |
| 监利县无征小麦（石） | | | 3.28 |
| 万历二年题豁荆岳二府水冲沙压地大麦（石） | | | 263.99 |
| 小麦（石） | | | 93.86 |
| 实征大小麦米（石） | | | 131976.26 |
| 内米（石） | | | 30982.74 |
| 内小麦（石） | | | 62148.12 |
| 内大麦（石）（大麦两石折米一石） | | | 38845.39 |
| 共米麦（石）（存留） | | | 112553.56 |
| 绢（匹） | 26478.00 | 22989.00 | |
| 税丝折绢（匹） | | | 22987.00 |
| 内除德安等府摘拨庄田并无征绢（匹） | | | 94.00 |
| 实征绢（匹）（起运京库） | | | 22893.00[4] |
| 农桑丝折绢（匹）（起运南京库） | | 4902.00[5] | 4997.00[6] |
| 棉花折布（匹）（存留） | | 12.00 | 12.00[7] |
| 秋粮 | | | |
| 米（石）[8] | 2323670.00 | 2036102.16[9] | 2036711.66 |
| 内除围陵地米（石） | | | 8.14 |
| 无征米（石） | | | 13.90 |
| 钟祥县重征米（石） | | | 40.77 |
| 荆门州妄报米（石） | | | 2.15 |

---

[1] 原书此处注：比洪武原额增 33952 顷 71 亩 6 分 2 厘。
[2] 原书此处注：比弘治减 19929 顷 6 亩 5 分。
[3] 原书此处注：比洪武原额减 7365.59 石。
[4] 原书此处注：比弘治减 95 匹 1 丈 5 尺 2 寸 1 分 6 厘，起运京库。
[5] 原书此处注：二项绢共 27981 匹 2 丈 7 尺 6 寸 7 分零，比洪武原额增 1503 匹 2 丈 7 尺 6 寸 7 分零。
[6] 原书此处注：比弘治增 4 匹 2 丈 3 尺 2 厘，起运南京库。
[7] 原书此处注："与弘治同，存留。"
[8] 原书中弘治年间此项名称为："米豆芝麻。"
[9] 原书此处注：比洪武原额减 287567.83 石。

| | | | |
|---|---|---|---|
| 沔阳州改纳课银米（石） | | | 10.00 |
| 辰州府抛荒米（石） | | | 2.74 |
| 万历二年题豁荆岳二府水冲沙压米（石） | | | 6456.67 |
| 万历七年新增辰州府米（石） | | | 30.43 |
| 实征米（石） | | | 2030207.70[1] |
| 起运京库米（石） | | | 72000.00 |
| 每石折银（两） | | | 0.25 |
| 兑军米（石） | | | 250000.00 |
| 南京库阔白棉布（匹） | | | 100000.00 |
| 准米（石） | | | 100000.00 |
| 内本色（匹） | | | 10000.00 |
| 折色（匹） | | | 90000.00 |
| 每匹折银（两） | | | 0.30 |
| 棉花绒（斤） | | | 50000.00 |
| 准米（石） | | | 5000.00 |
| 每斤折银（两） | | | 0.07 |
| 南京各卫仓米（石） | | | 261035.00 |
| 安庆府仓米（石） | | | 40000.00 |
| 庐州府仓米（石） | | | 5000.00 |
| 以上两府仓米奏留本省，以备麻阳军饷支用 | | | |
| 广西布政司米（石） | | | 30000.00 |
| 每石折银（两） | | | 0.35 |
| 贵州布政司米（石） | | | 102400.00 |
| 每石折银（两） | | | 0.30 |
| 派剩米（石） | | | 48965.00 |
| 内留（石）（凑补军饷） | | | 10000.00 |
| 其余（石）（解太仓银库） | | | 38965.00 |
| 每石折银（两） | | | 0.60 |
| 共起运米（石） | | | 914400.00 |
| 存留米（石） | | | 1115807.70 |
| 赁钞（贯）（存留） | | 175.00 | 175.00 |
| 课程苎麻折米（石）（存留） | | 57.01 | 551.23[2] |
| 课程棉布（匹）（存留） | | 738.00 | 533.00 |
| 瑶人粗布（匹）（存留） | | | 205.00[3] |
| 地亩棉花绒折米（石） | | | 143.94 |
| 人户（户） | 775851.00 | 504870.00 | 541310.00 |
| 人口（口） | 4702660.00 | 3781714.00[4] | 4398785.00[5] |
| 户口盐钞银（两） | | | 21192.75 |

---

[1]原书此处注：比弘治减 5894.45 石。
[2]原书此处注：比弘治增 494.22 石。
[3]原书此处注："二项共与弘治同，以上俱存留。"
[4]原书此处注：比洪武原额户减 270981，口减 920946。
[5]原书此处注：比弘治原额户增 36440，口增 617071。

| | | | |
|---|---|---|---|
| 起运银（两） | | | 8589.23 |
| 存留银（两） | | | 12603.51 |
| 遇闰共加银（两） | | | 1761.64 |

## 甲表20　湖广布政司分府县田赋

| 武昌府 | |
|---|---|
| **夏税** | |
| 二麦（石） | 10305.12 |
| 折米（石）（存留） | 9814.61 |
| 税丝折绢（匹）（起运） | 8083.00 |
| 农桑丝折绢（匹）（起运） | 489.00 |
| **秋粮** | |
| 米（石） | 164629.95 |
| 起运米（石） | 78512.78 |
| 存留米（石） | 86117.16 |
| 户口盐钞银（两） | 1335.69 |
| 起运银（两） | 546.91 |
| 存留银（两） | 788.78 |
| 遇闰共加银（两） | 111.31 |

| 江夏县 | |
|---|---|
| **夏税** | |
| 二麦（石） | 2028.92 |
| 折米（石） | 1996.26 |
| 税丝折绢（匹） | 1745.00 |
| 农桑丝折绢（匹） | 154.00 |
| **秋粮** | |
| 米（石） | 34579.60 |
| 起运米（石） | 13153.52 |
| 存留米（石） | 21426.07 |
| 户口盐钞银（两） | 379.52 |
| 起运银（两） | 155.40 |
| 存留银（两） | 224.12 |
| 遇闰共加银（两） | 31.62 |

| 武昌县 | |
|---|---|
| **夏税** | |
| 二麦（石） | 3674.61 |
| 折米（石） | 3313.80 |
| 税丝折绢（匹） | 1421.00 |
| 农桑丝折绢（匹） | 32.00 |
| **秋粮** | |
| 米（石） | 24615.90 |
| 起运米（石） | 12040.18 |
| 存留米（石） | 12575.71 |
| 户口盐钞银（两） | 61.70 |
| 起运银（两） | 25.26 |
| 存留银（两） | 36.44 |
| 遇闰共加银（两） | 5.14 |

| 嘉鱼县 | |
|---|---|
| **夏税** | |
| 二麦（石） | 453.32 |
| 折米（石） | 439.68 |
| 税丝折绢（匹） | 454.00 |
| 农桑丝折绢（匹） | 109.00 |
| **秋粮** | |
| 米（石） | 6296.09 |
| 起运米（石） | 1754.31 |
| 存留米（石） | 4541.77 |
| 户口盐钞银（两） | 106.02 |
| 起运银（两） | 43.41 |
| 存留银（两） | 62.61 |
| 遇闰共加银（两） | 8.83 |

| 蒲圻县 | |
|---|---|
| **夏税** | |
| 二麦（石） | 1178.10 |
| 折米（石） | 1116.34 |
| 税丝折绢（匹） | 1076.00 |
| 农桑丝折绢（匹） | 27.00 |
| **秋粮** | |
| 米（石） | 15949.76 |
| 起运米（石） | 7450.04 |
| 存留米（石） | 8499.71 |
| 户口盐钞银（两） | 221.48 |
| 起运银（两） | 90.68 |
| 存留银（两） | 130.79 |
| 遇闰共加银（两） | 18.45 |

| 咸宁县 | |
|---|---|
| **夏税** | |
| 二麦（石） | 704.70 |
| 折米（石） | 683.36 |
| 税丝折绢（匹） | 590.00 |
| 农桑丝折绢（匹） | 63.00 |
| **秋粮** | |
| 米（石） | 10458.63 |
| 起运米（石） | 5470.89 |
| 存留米（石） | 4987.73 |
| 户口盐钞银（两） | 107.07 |
| 起运银（两） | 43.84 |
| 存留银（两） | 63.23 |
| 遇闰共加银（两） | 8.92 |

| 崇阳县 | |
|---|---|
| **夏税** | |
| 小麦（石） | 812.61 |
| 税丝折绢（匹） | 699.00 |
| 农桑丝折绢（匹） | 43.00 |
| **秋粮** | |
| 米（石） | 8665.61 |
| 起运米（石） | 5582.49 |
| 存留米（石） | 3083.12 |
| 户口盐钞银（两） | 75.04 |
| 起运银（两） | 30.72 |
| 存留银（两） | 44.31 |
| 遇闰共加银（两） | 6.25 |

| 通城县[1] | |
|---|---|
| **夏税** | |
| 小麦（石） | 1143.98 |
| 税丝折绢（匹）（起运） | 963.00 |
| 农桑丝折绢（匹）（起运） | 14.00 |
| **秋粮** | |
| 米（石） | 12182.34 |
| 起运米（石） | 7056.29 |
| 存留米（石） | 5126.04 |
| 户口盐钞银（两） | 61.02 |
| 起运银（两） | 24.98 |
| 存留银（两） | 36.03 |
| 遇闰共加银（两） | 5.08 |

| 兴国州 | |
|---|---|
| **夏税** | |
| 二麦（石） | 251.62 |
| 折米（石） | 251.33 |
| 税丝折绢（匹） | 600.00 |
| 农桑丝折绢（匹） | 28.00 |
| **秋粮** | |
| 米（石） | 28518.08 |
| 起运米（石） | 14478.35 |
| 存留米（石） | 14039.72 |
| 户口盐钞银（两） | 163.28 |
| 起运银（两） | 66.85 |
| 存留银（两） | 96.42 |
| 遇闰共加银（两） | 13.60 |

| 大冶县 | |
|---|---|
| **夏税** | |
| 小麦（石） | 52.37 |
| 税丝折绢（匹） | 417.00 |
| 农桑丝折绢（匹） | 10.00 |
| **秋粮** | |
| 米（石） | 18492.88 |
| 起运米（石） | 9099.20 |
| 存留米（石） | 9393.68 |
| 户口盐钞银（两） | 97.11 |
| 起运银（两） | 39.76 |
| 存留银（两） | 57.34 |
| 遇闰共加银（两） | 8.09 |

| 通山县 | |
|---|---|
| **夏税** | |
| 小麦（石） | 4.83 |
| 税丝折绢（匹） | 114.00 |
| 农桑丝折绢（匹） | 3.00 |
| **秋粮** | |
| 米（石） | 4871.01 |
| 起运米（石） | 2427.44 |
| 存留米（石） | 2443.56 |
| 户口盐钞银（两） | 63.41 |
| 起运银（两） | 25.96 |
| 存留银（两） | 37.44 |
| 遇闰共加银（两） | 5.28 |

| 汉阳府 | |
|---|---|
| **夏税** | |
| 二麦（石） | 5400.49 |
| 折米（石） | 4434.49 |
| 税丝折绢（匹） | 592.00 |
| 农桑丝折绢（匹） | 96.00 |
| **秋粮** | |
| 米（石） | 24620.96 |
| 起运米（石） | 13723.01 |
| 存留米（石） | 10897.95 |
| 户口盐钞银（两） | 224.56 |
| 起运银（两） | 91.94 |
| 存留银（两） | 132.61 |
| 遇闰共加银（两） | 18.71 |

| 汉阳县 | |
|---|---|
| **夏税** | |
| 二麦（石） | 4463.14 |

[1] 此县县名缺"通"字，据谭其骧《中国历史地图集》第七册《湖广》补，地图出版社 1982 年版，第 66-67 页。

| | | | | |
|---|---|---|---|---|
| 折米（石） | 3598.07 | 折米（石） | 2146.03 |
| 税丝折绢（匹） | 529.00 | 税丝折绢（匹） | 2.00 |
| 农桑丝折绢（匹） | 71.00 | 农桑丝折绢（匹） | 23.00 |
| **秋粮** | | **秋粮** | |
| 米（石） | 17164.61 | 米（石） | 6302.21 |
| 起运米（石） | 9751.78 | 起运米（石） | 269.35 |
| 存留米（石） | 7412.83 | 存留米（石） | 6032.85 |
| 户口盐钞银（两） | 155.81 | 赁钞（贯） | 92.00 |
| 起运银（两） | 63.80 | 户口盐钞银（两） | 161.74 |
| 存留银（两） | 92.01 | 起运银（两） | 66.22 |
| 遇闰共加银（两） | 12.98 | 存留银（两） | 95.51 |
| **汉川县** | | 遇闰共加银（两） | 13.47 |
| **夏税** | | **京山县** | |
| 二麦（石） | 937.34 | **夏税** | |
| 折米（石） | 836.42 | 二麦（石） | 1680.36 |
| 税丝折绢（匹） | 62.00 | 农桑丝折绢（匹） | 31.00 |
| 农桑丝折绢（匹） | 25.00 | **秋粮** | |
| **秋粮** | | 米（石） | 11262.18 |
| 米（石） | 7456.35 | 起运米（石） | 453.91 |
| 起运米（石） | 3971.22 | 存留米（石） | 10808.26 |
| 存留米（石） | 3485.12 | 赁钞（贯） | 83.00 |
| 户口盐钞银（两） | 68.74 | 户口盐钞银（两） | 209.33 |
| 起运银（两） | 28.14 | 起运银（两） | 85.71 |
| 存留银（两） | 40.59 | 存留银（两） | 123.62 |
| 遇闰共加银（两） | 5.72 | 遇闰共加银（两） | 17.44 |
| **承天府** | | **潜江县** | |
| **夏税** | | **夏税** | |
| 二麦（石） | 9699.99 | 二麦（石） | 1053.85 |
| 折米（石）（存留） | 7754.18 | 折米（石） | 837.63 |
| 税丝折绢（匹）（起运） | 104.00 | 农桑丝折绢（匹） | 2.00 |
| 农桑丝折绢（匹）（起运） | 107.00 | **秋粮** | |
| **秋粮** | | 米（石） | 9977.35 |
| 米（石） | 96806.24 | 起运米（石） | 4676.91 |
| 起运米（石） | 42622.30 | 存留米（石） | 5300.43 |
| 存留米（石） | 54183.94 | 户口盐钞银（两） | 90.70 |
| 赁钞（贯）（存留） | 175.00 | 起运银（两） | 37.14 |
| 户口盐钞银（两） | 1268.69 | 存留银（两） | 53.56 |
| 起运银（两） | 491.00 | 遇闰共加银（两） | 7.55 |
| 存留银（两） | 777.69 | **沔阳州** | |
| 遇闰共加银（两） | 102.26 | **夏税** | |
| **钟祥县** | | 二麦（石） | 785.00 |
| **夏税** | | 农桑丝折绢（匹） | 36.00 |
| 二麦（石） | 2545.63 | **秋粮** | |

| | |
|---|---|
| 米（石） | 18128.51 |
| 起运米（石） | 8687.83 |
| 存留米（石） | 9440.68 |
| 户口盐钞银（两） | 353.28 |
| 起运银（两） | 119.78 |
| 存留银（两） | 233.50 |
| 遇闰共加银（两） | 26.71 |
| 景陵县 | |
| **夏税** | |
| 二麦（石） | 417.85 |
| 税丝折绢（匹） | 87.00 |
| 农桑丝折绢（匹） | 11.00 |
| **秋粮** | |
| 米（石） | 22404.84 |
| 起运米（石） | 12174.90 |
| 存留米（石） | 10229.93 |
| 户口盐钞银（两） | 182.56 |
| 起运银（两） | 74.75 |
| 存留银（两） | 107.81 |
| 遇闰共加银（两） | 15.21 |
| 荆门州 | |
| **夏税** | |
| 二麦（石） | 2410.67 |
| 折米（石） | 1459.71 |
| 税丝折绢（匹） | 2.00 |
| 农桑丝折绢（匹） | 2.00 |
| **秋粮** | |
| 米（石） | 26592.05 |
| 起运米（石） | 14915.05 |
| 存留米（石） | 11676.99 |
| 户口盐钞银（两） | 202.50 |
| 起运银（两） | 79.31 |
| 存留银（两） | 123.18 |
| 遇闰共加银（两） | 16.14 |
| 当阳县 | |
| **夏税** | |
| 二麦（石） | 806.6 |
| 折米（石）（存留） | 427.58 |
| 税丝折绢（匹）（起运） | 12.00 |
| 农桑丝折绢（匹） | 2 丈 |
| **秋粮** | |
| 米（石） | 2139.08 |
| 起运米（石） | 1444.31 |

| | |
|---|---|
| 存留米（石） | 694.77 |
| 户口盐钞银（两） | 68.55 |
| 起运银（两） | 28.06 |
| 存留银（两） | 40.48 |
| 遇闰共加银（两） | 5.71 |
| 襄阳府 | |
| **夏税** | |
| 小麦（石）（存留） | 23220.13 |
| 农桑丝折绢（匹）（起运） | 295.00 |
| **秋粮** | |
| 米（石） | 40805.55 |
| 起运米（石） | 5000.00 |
| 存留米（石） | 35805.55 |
| 户口盐钞银（两） | 945.94 |
| 起运银（两） | 381.31 |
| 存留银（两） | 564.63 |
| 遇闰共加银（两） | 77.60 |
| 襄阳县 | |
| **夏税** | |
| 小麦（石） | 10435.26 |
| 农桑丝折绢（匹） | 6.00 |
| **秋粮** | |
| 米（石） | 7899.08 |
| 起运米（石） | 1058.00 |
| 存留米（石） | 6841.08 |
| 户口盐钞银（两） | 187.48 |
| 起运银（两） | 76.76 |
| 存留银（两） | 110.71 |
| 遇闰共加银（两） | 15.62 |
| 宜城县 | |
| **夏税** | |
| 小麦（石） | 1636.20 |
| 农桑丝折绢（匹） | 19.00 |
| **秋粮** | |
| 米（石） | 3151.92 |
| 起运米（石） | 489.00 |
| 存留米（石） | 2662.92 |
| 户口盐钞银（两） | 94.38 |
| 起运银（两） | 38.64 |
| 存留银（两） | 55.73 |
| 遇闰共加银（两） | 7.86 |
| 南漳县 | |
| **夏税** | |

| | |
|---|---|
| 小麦（石） | 253.16 |
| 农桑丝折绢（匹） | 13.00 |
| **秋粮** | |
| 米（石） | 6675.13 |
| 起运米（石） | 1024.20 |
| 存留米（石） | 5650.93 |
| 户口盐钞银（两） | 108.03 |
| 起运银（两） | 44.23 |
| 存留银（两） | 63.79 |
| 遇闰共加银（两） | 9.00 |

| **枣阳县** | |
|---|---|
| **夏税** | |
| 小麦（石） | 1358.66 |
| 农桑丝折绢（匹） | 102.00 |
| **秋粮** | |
| 米（石） | 4055.39 |
| 起运米（石） | 711.60 |
| 存留米（石） | 3343.79 |
| 户口盐钞银（两） | 205.12 |
| 起运银（两） | 84.81 |
| 存留银（两） | 120.31 |
| 遇闰共加银（两） | 17.26 |

| **谷城县** | |
|---|---|
| **夏税** | |
| 小麦（石） | 4975.19 |
| 农桑丝折绢（匹） | 116.00 |
| **秋粮** | |
| 米（石） | 12151.70 |
| 起运米（石） | 1175.80 |
| 存留米（石） | 10975.90 |
| 户口盐钞银（两） | 147.02 |
| 起运银（两） | 53.36 |
| 存留银（两） | 93.65 |
| 遇闰共加银（两） | 10.86 |

| **光化县** | |
|---|---|
| **夏税** | |
| 小麦（石） | 3740.75 |
| 农桑丝折绢（匹） | 16.00 |
| **秋粮** | |
| 米（石） | 2225.01 |
| 起运米（石） | 541.40 |
| 存留米（石） | 1683.61 |
| 户口盐钞银（两） | 72.48 |

| | |
|---|---|
| 起运银（两） | 29.67 |
| 存留银（两） | 42.80 |
| 遇闰共加银（两） | 6.04 |

| **均州** | |
|---|---|
| **夏税** | |
| 小麦（石） | 820.89 |
| 农桑丝折绢（匹） | 21.00 |
| **秋粮** | |
| 米（石）（存留） | 4647.29 |
| 户口盐钞银（两） | 131.41 |
| 起运银（两） | 53.80 |
| 存留银（两） | 77.60 |
| 遇闰共加银（两） | 10.95 |

| **郧阳府** | |
|---|---|
| **夏税** | |
| 小麦（石）（存留） | 3572.94 |
| 农桑丝折绢（匹）（起运） | 55.00 |
| **秋粮** | |
| 米（石）（存留） | 10962.53 |
| 户口盐钞银（两） | 1232.76 |
| 起运银（两） | 504.76 |
| 存留银（两） | 728.00 |
| 遇闰共加银（两） | 102.73 |

| **郧县** | |
|---|---|
| **夏税** | |
| 小麦（石） | 1146.27 |
| 农桑丝折绢（匹） | 23.00 |
| **秋粮** | |
| 米（石）（存留） | 4061.65 |
| 户口盐钞银（两） | 412.88 |
| 起运银（两） | 169.06 |
| 存留银（两） | 243.82 |
| 遇闰共加银（两） | 34.40 |

| **房县** | |
|---|---|
| **夏税** | |
| 小麦（石） | 350.20 |
| 农桑丝折绢（匹） | 5.00 |
| **秋粮** | |
| 米（石）（存留） | 2701.29 |
| 户口盐钞银（两） | 120.26 |
| 起运银（两） | 49.24 |
| 存留银（两） | 71.01 |
| 遇闰共加银（两） | 10.02 |

| 竹山县 | |
|---|---|
| **夏税** | |
| 小麦（石） | 691.48 |
| 农桑丝折绢（匹） | 7.00 |
| **秋粮** | |
| 米（石）（存留） | 1218.33 |
| 户口盐钞银（两） | 183.91 |
| 起运银（两） | 75.30 |
| 存留银（两） | 108.61 |
| 遇闰共加银（两） | 15.32 |

| 上津县 | |
|---|---|
| **夏税** | |
| 小麦（石） | 433.45 |
| 农桑丝折绢（匹） | 9.00 |
| **秋粮** | |
| 米（石）（存留） | 700.15 |
| 户口盐钞银（两） | 136.67 |
| 起运银（两） | 55.96 |
| 存留银（两） | 80.71 |
| 遇闰共加银（两） | 11.38 |

| 竹溪县 | |
|---|---|
| **夏税** | |
| 小麦（石） | 361.13 |
| 农桑丝折绢（匹） | 5.00 |
| **秋粮** | |
| 米（石）（存留） | 1088.06 |
| 户口盐钞银（两） | 185.80 |
| 起运银（两） | 76.08 |
| 存留银（两） | 109.72 |
| 遇闰共加银（两） | 15.48 |

| 保康县 | |
|---|---|
| **夏税** | |
| 小麦（石） | 102.49 |
| 农桑丝折绢（匹） | 2.00 |
| **秋粮** | |
| 米（石）（存留） | 601.93 |
| 户口盐钞银（两） | 110.43 |
| 起运银（两） | 45.21 |
| 存留银（两） | 65.21 |
| 遇闰共加银（两） | 9.20 |

| 郧西县 | |
|---|---|
| **夏税** | |
| 小麦（石） | 487.89 |

| 农桑丝折绢（匹） | 2.00 |
|---|---|
| **秋粮** | |
| 米（石）（存留） | 591.10 |
| 户口盐钞银（两） | 82.78 |
| 起运银（两） | 33.89 |
| 存留银（两） | 48.88 |
| 遇闰共加银（两） | 6.89 |

| 德安府 | |
|---|---|
| **夏税** | |
| 小麦（石）（存留） | 1787.05 |
| 税丝折绢（匹）（起运） | 1127.00 |
| 农桑丝折绢（匹）（起运） | 32.00 |
| **秋粮** | |
| 米（石） | 41015.51 |
| 起运米（石） | 18611.80 |
| 存留米（石） | 22403.71 |
| 户口盐钞银（两） | 987.73 |
| 起运银（两） | 404.43 |
| 存留银（两） | 583.29 |
| 遇闰共加银（两） | 82.31 |

| 安陆县 | |
|---|---|
| **夏税** | |
| 小麦（石） | 3.77 |
| 税丝折绢（匹） | 116.00 |
| 农桑丝折绢（匹） | 5.00 |
| **秋粮** | |
| 米（石） | 3944.50 |
| 起运米（石） | 1642.37 |
| 存留米（石） | 2302.12 |
| 户口盐钞银（两） | 85.34 |
| 起运银（两） | 34.94 |
| 存留银（两） | 50.40 |
| 遇闰共加银（两） | 7.11 |

| 云梦县 | |
|---|---|
| **夏税** | |
| 税丝折绢（匹） | 76.00 |
| 农桑丝折绢（匹） | 1.00 |
| **秋粮** | |
| 米（石） | 2912.80 |
| 起运米（石） | 1519.63 |
| 存留米（石） | 1393.16 |
| 户口盐钞银（两） | 48.15 |
| 起运银（两） | 19.71 |

| | |
|---|---|
| 存留银（两） | 28.44 |
| 遇闰共加银（两） | 4.01 |
| **孝感县** | |
| **夏税** | |
| 小麦（石） | 5.41 |
| 税丝折绢（匹） | 467.00 |
| 农桑丝折绢（匹） | 7.00 |
| **秋粮** | |
| 米（石） | 15436.21 |
| 起运米（石） | 6559.29 |
| 存留米（石） | 8876.92 |
| 户口盐钞银（两） | 102.96 |
| 起运银（两） | 42.15 |
| 存留银（两） | 60.80 |
| 遇闰共加银（两） | 8.58 |
| **应城县** | |
| **夏税** | |
| 税丝折绢（匹） | 128.00 |
| 农桑丝折绢（匹） | 3.00 |
| **秋粮** | |
| 米（石） | 5381.93 |
| 起运米（石） | 2812.43 |
| 存留米（石） | 2569.49 |
| 户口盐钞银（两） | 74.73 |
| 起运银（两） | 30.60 |
| 存留银（两） | 44.13 |
| 遇闰共加银（两） | 6.22 |
| **随州** | |
| **夏税** | |
| 小麦（石） | 963.45 |
| 税丝折绢（匹） | 207.00 |
| 农桑丝折绢（匹） | 11.00 |
| **秋粮** | |
| 米（石） | 7873.55 |
| 起运米（石） | 3222.42 |
| 存留米（石） | 4651.12 |
| 户口盐钞银（两） | 560.12 |
| 起运银（两） | 229.34 |
| 存留银（两） | 330.77 |
| 遇闰共加银（两） | 46.67 |
| **应山县** | |
| **夏税** | |
| 小麦（石） | 814.40 |

| | |
|---|---|
| 税丝折绢（匹） | 131.00 |
| 农桑丝折绢（匹） | 4.00 |
| **秋粮** | |
| 米（石） | 5466.50 |
| 起运米（石） | 2855.63 |
| 存留米（石） | 2610.87 |
| 户口盐钞银（两） | 116.40 |
| 起运银（两） | 47.66 |
| 存留银（两） | 68.74 |
| 遇闰共加银（两） | 9.70 |
| **黄州府** | |
| **夏税** | |
| 二麦（石） | 3875.03 |
| 折米（石）（存留） | 3821.70 |
| 税丝折绢（匹）（起运） | 2992.00 |
| 农桑丝折绢（匹）（起运） | 122.00 |
| **秋粮** | |
| 米（石） | 252719.98 |
| 起运米（石） | 136187.60 |
| 存留米（石） | 116532.38 |
| 户口盐钞银（两） | 2011.24 |
| 起运银（两） | 771.29 |
| 存留银（两） | 1239.95 |
| 遇闰共加银（两） | 167.77 |
| **黄岗县** | |
| **夏税** | |
| 小麦（石） | 2009.39 |
| 税丝折绢（匹） | 1011.00 |
| 农桑丝折绢（匹） | 40.00 |
| **秋粮** | |
| 米（石） | 41503.58 |
| 起运米（石） | 23974.87 |
| 存留米（石） | 17528.70 |
| 户口盐钞银（两） | 192.73 |
| 起运银（两） | 77.73 |
| 存留银（两） | 115.00 |
| 遇闰共加银（两） | 16.22 |
| **黄安县** | |
| **夏税** | |
| 小麦（石） | 97.43 |
| 税丝折绢（匹） | 381.00 |
| 农桑丝折绢（匹） | 10.00 |
| **秋粮** | |

| | | | | |
|---|---|---|---|---|
| 米（石） | 17744.24 | 户口盐钞银（两） | 220.92 |
| 起运米（石） | 11919.15 | 起运银（两） | 90.45 |
| 存留米（石） | 5825.09 | 存留银（两） | 130.46 |
| 户口盐钞银（两） | 147.44 | 遇闰共加银（两） | 18.41 |
| 起运银（两） | 60.37 | **黄陂县** | |
| 存留银（两） | 87.07 | **夏税** | |
| 遇闰共加银（两） | 12.28 | 小麦（石） | 56.24 |
| **蕲水县** | | 税丝折绢（匹） | 470.00 |
| **夏税** | | 农桑丝折绢（匹） | 10.00 |
| 小麦（石） | 66.65 | **秋粮** | |
| 税丝折绢（匹） | 40.00 | 米（石） | 17473.52 |
| 农桑丝折绢（匹） | 10.00 | 起运米（石） | 8471.78 |
| **秋粮** | | 存留米（石） | 9001.73 |
| 米（石） | 45155.68 | 户口盐钞银（两） | 265.04 |
| 起运米（石） | 21452.25 | 起运银（两） | 108.52 |
| 存留米（石） | 23703.42 | 存留银（两） | 156.51 |
| 户口盐钞银（两） | 132.40 | 遇闰共加银（两） | 22.08 |
| 起运银（两） | 54.21 | **蕲州** | |
| 存留银（两） | 78.19 | **夏税** | |
| 遇闰共加银（两） | 11.03 | 小麦（石） | 242.71 |
| **罗田县** | | 税丝折绢（匹） | 106.00 |
| **夏税** | | 农桑丝折绢（匹） | 6.00 |
| 二麦（石） | 176.20 | **秋粮** | |
| 折米（石） | 153.84 | 米（石） | 28145.59 |
| 税丝折绢（匹） | 64.00 | 起运米（石） | 14003.77 |
| 农桑丝折绢（匹） | 3.00 | 存留米（石） | 14141.82 |
| **秋粮** | | 户口盐钞银（两） | 483.84 |
| 米（石） | 11163.70 | 起运银（两） | 147.06 |
| 起运米（石） | 5991.20 | 存留银（两） | 336.77 |
| 存留米（石） | 5172.50 | 遇闰共加银（两） | 40.32 |
| 户口盐钞银（两） | 115.06 | **广济县** | |
| 起运银（两） | 47.11 | **夏税** | |
| 存留银（两） | 67.95 | 二麦（石） | 625.42 |
| 遇闰共加银（两） | 9.58 | 折米（石） | 620.11 |
| **麻城县** | | 税丝折绢（匹） | 205.00 |
| **夏税** | | 农桑丝折绢（匹） | 12.00 |
| 小麦（石） | 102.34 | **秋粮** | |
| 税丝折绢（匹） | 489.00 | 米（石） | 30882.51 |
| 农桑丝折绢（匹） | 23.00 | 起运米（石） | 15306.41 |
| **秋粮** | | 存留米（石） | 15576.09 |
| 米（石） | 24131.99 | 户口盐钞银（两） | 179.37 |
| 起运米（石） | 17574.72 | 起运银（两） | 73.44 |
| 存留米（石） | 6557.27 | 存留银（两） | 105.93 |

| | |
|---|---|
| 遇闰共加银（两） | 14.94 |
| **黄梅县** | |
| 夏税 | |
| 二麦（石） | 498.61 |
| 折米（石） | 472.95 |
| 税丝折绢（匹） | 219.00 |
| 农桑丝折绢（匹） | 4.00 |
| 秋粮 | |
| 米（石） | 36519.13 |
| 起运米（石） | 17493.41 |
| 存留米（石） | 19025.72 |
| 户口盐钞银（两） | 274.40 |
| 起运银（两） | 112.35 |
| 存留银（两） | 162.04 |
| 遇闰共加银（两） | 22.86 |
| **荆州府** | |
| 夏税 | |
| 二麦（石） | 39526.04 |
| 内除监利县黄册无征米（石） | 3.28 |
| 除万历二年题免夷陵、公安、石首、监利、松滋五州县坍塌沙压等地大麦(石) | 261.64 |
| 小麦（石） | 93.86 |
| 实征二麦（石） | 39167.25 |
| 折米（石）（存留） | 23628.70 |
| 税丝折绢（匹）（起运） | 94.00 |
| 农桑丝折绢（匹）（起运） | 29.00 |
| 秋粮 | |
| 米（石） | 128828.40 |
| 除万历二年题免夷陵、江陵、公安、石首、监利、松滋六州县米（石） | 6373.85 |
| 实征米（石） | 122454.55 |
| 起运米（石） | 57306.78 |
| 存留米（石） | 65147.76 |
| 户口盐钞银（两） | 3532.29 |
| 起运银（两） | 1446.73 |
| 存留银（两） | 2085.56 |
| 遇闰共加银（两） | 294.44 |
| **江陵县** | |
| 夏税 | |
| 二麦（石） | 22074.73 |
| 折米（石） | 12505.42 |
| 税丝折绢（匹） | 45.00 |
| 农桑丝折绢（匹） | 5.00 |

| | |
|---|---|
| 秋粮 | |
| 米（石） | 39462.38 |
| 起运米（石） | 21913.77 |
| 存留米（石） | 17548.60 |
| 户口盐钞银（两） | 1283.80 |
| 起运银（两） | 525.66 |
| 存留银（两） | 758.14 |
| 遇闰共加银（两） | 106.98 |
| **公安县** | |
| 夏税 | |
| 二麦（石） | 2017.51 |
| 折米（石） | 1090.27 |
| 税丝折绢（匹） | 4.00 |
| 农桑丝折绢（匹） | 1.00 |
| 秋粮 | |
| 米（石） | 19014.23 |
| 起运米（石） | 10233.92 |
| 存留米（石） | 8780.31 |
| 户口盐钞银（两） | 414.22 |
| 起运银（两） | 169.60 |
| 存留银（两） | 244.62 |
| 遇闰共加银（两） | 34.51 |
| **石首县** | |
| 夏税 | |
| 二麦（石） | 2295.28 |
| 折米（石） | 1560.45 |
| 税丝折绢（匹） | 6.00 |
| 农桑丝折绢（匹） | 4.00 |
| 秋粮 | |
| 米（石） | 17507.14 |
| 起运米（石） | 8925.33 |
| 存留米（石） | 8581.80 |
| 户口盐钞银（两） | 398.27 |
| 起运银（两） | 163.07 |
| 存留银（两） | 235.19 |
| 遇闰共加银（两） | 33.18 |
| **监利县** | |
| 夏税 | |
| 二麦（石） | 4954.21 |
| 折米（石） | 2595.79 |
| 税丝折绢（匹） | 9.00 |
| 农桑丝折绢（匹） | 2.00 |
| 秋粮 | |

| | |
|---|---|
| 米（石） | 20377.46 |
| 起运米（石） | 8830.78 |
| 存留米（石） | 11546.68 |
| 户口盐钞银（两） | 418.51 |
| 起运银（两） | 171.36 |
| 存留银（两） | 247.14 |
| 遇闰共加银（两） | 34.87 |

| 松滋县 | |
|---|---|
| **夏税** | |
| 二麦（石） | 1927.59 |
| 折米（石） | 1055.86 |
| 税丝折绢（匹） | 9.00 |
| 农桑丝折绢（匹） | 2.00 |
| **秋粮** | |
| 米（石） | 12544.36 |
| 起运米（石） | 6469.82 |
| 存留米（石） | 6074.53 |
| 户口盐钞银（两） | 281.97 |
| 起运银（两） | 115.45 |
| 存留银（两） | 166.51 |
| 遇闰共加银（两） | 23.49 |

| 枝江县 | |
|---|---|
| **夏税** | |
| 二麦（石） | 2023.33 |
| 折米（石） | 1330.59 |
| 税丝折绢（匹） | 18.00 |
| 农桑丝折绢（匹） | 3.00 |
| **秋粮** | |
| 米（石） | 2764.04 |
| 起运米（石） | 762.46 |
| 存留米（石） | 2001.57 |
| 户口盐钞银（两） | 118.08 |
| 起运银（两） | 48.34 |
| 存留银（两） | 69.73 |
| 遇闰共加银（两） | 9.84 |

| 夷陵州 | |
|---|---|
| **夏税** | |
| 二麦（石） | 1613.01 |
| 折米（石） | 1263.42 |
| 农桑丝折绢（匹） | 1.00 |
| **秋粮** | |
| 米（石） | 2186.48 |
| 起运米（石） | 40.59 |

| | |
|---|---|
| 存留米（石） | 2145.88 |
| 户口盐钞银（两） | 112.77 |
| 起运银（两） | 46.17 |
| 存留银（两） | 66.60 |
| 遇闰共加银（两） | 9.39 |

| 长阳县 | |
|---|---|
| **夏税** | |
| 小麦（石） | 947.60 |
| 农桑丝折绢（匹） | 1.00 |
| **秋粮** | |
| 米（石） | 1003.77 |
| 起运米（石） | 6.04 |
| 存留米（石） | 997.72 |
| 户口盐钞银（两） | 127.17 |
| 起运银（两） | 52.07 |
| 存留银（两） | 75.10 |
| 遇闰共加银（两） | 10.59 |

| 宜都县 | |
|---|---|
| **夏税** | |
| 二麦（石） | 226.61 |
| 折米（石） | 191.90 |
| 农桑丝折绢（匹） | 2.00 |
| **秋粮** | |
| 米（石） | 2371.26 |
| 起运米（石） | 30.95 |
| 存留米（石） | 2340.31 |
| 户口盐钞银（两） | 86.89 |
| 起运银（两） | 35.58 |
| 存留银（两） | 51.31 |
| 遇闰共加银（两） | 7.24 |

| 远安县 | |
|---|---|
| **夏税** | |
| 小麦（石） | 137.66 |
| 农桑丝折绢（匹） | 2.00 |
| **秋粮** | |
| 米（石） | 559.24 |
| 起运米（石） | 42.37 |
| 存留米（石） | 516.86 |
| 户口盐钞银（两） | 63.99 |
| 起运银（两） | 26.20 |
| 存留银（两） | 37.79 |
| 遇闰共加银（两） | 5.33 |

| 归州 | |
|---|---|

| 夏税 | |
|---|---|
| 小麦（石） | 200.83 |
| 农桑丝折绢（匹） | 1.00 |
| **秋粮** | |
| 米（石） | 1902.29 |
| 起运米（石） | 8.79 |
| 存留米（石） | 1893.50 |
| 户口盐钞银（两） | 60.44 |
| 起运银（两） | 25.15 |
| 存留银（两） | 35.28 |
| 遇闰共加银（两） | 5.12 |
| **兴山县** | |
| **夏税** | |
| 小麦（石） | 95.50 |
| 农桑丝折绢（匹） | 1.00 |
| **秋粮** | |
| 米（石） | 540.25 |
| 起运米（石） | 26.93 |
| 存留米（石） | 513.32 |
| 户口盐钞银（两） | 63.56 |
| 起运银（两） | 26.02 |
| 存留银（两） | 37.53 |
| 遇闰共加银（两） | 5.29 |
| **巴东县** | |
| **夏税** | |
| 小麦（石） | 653.34 |
| 农桑丝折绢（匹） | 2 丈 |
| **秋粮** | |
| 米（石） | 2221.59 |
| 起运米（石） | 14.96 |
| 存留米（石） | 2206.63 |
| 户口盐钞银（两） | 102.55 |
| 起运银（两） | 41.99 |
| 存留银（两） | 60.56 |
| 遇闰共加银（两） | 8.54 |
| **岳州府** | |
| **夏税** | |
| 二麦（石） | 2128.10 |
| 内除万历二年题免华荣县沙压等地大麦（石） | 2.35 |
| 实征二麦（石） | 2125.75 |
| 折米（石）（存留） | 1968.77 |
| 税丝折绢（匹）（起运） | 2466.00 |

| 农桑丝折绢（匹）（起运） | 704.00 |
|---|---|
| **秋粮** | |
| 米（石） | 183973.17 |
| 内除万历二年题免华荣县沙压等地米（石） | 82.82 |
| 实征米（石） | 183890.35 |
| 起运米（石） | 60157.57 |
| 存留米（石） | 123732.77 |
| 户口盐钞银（两） | 1433.64 |
| 起运银（两） | 585.83 |
| 存留银（两） | 847.80 |
| 遇闰共加银（两） | 119.64 |
| **巴陵县** | |
| **夏税** | |
| 二麦（石） | 941.48 |
| 折米（石） | 933.29 |
| 税丝折绢（匹） | 929.00 |
| 农桑丝折绢（匹） | 194.00 |
| **秋粮** | |
| 米（石） | 47882.75 |
| 起运米（石） | 21234.44 |
| 存留米（石） | 26648.30 |
| 户口盐钞银（两） | 196.32 |
| 起运银（两） | 80.38 |
| 存留银（两） | 115.93 |
| 遇闰共加银（两） | 16.36 |
| **临湘县** | |
| **夏税** | |
| 小麦（石） | 65.36 |
| 税丝折绢（匹） | 239.00 |
| 农桑丝折绢（匹） | 20.00 |
| **秋粮** | |
| 米（石） | 11930.37 |
| 起运米（石） | 6185.74 |
| 存留米（石） | 5744.62 |
| 户口盐钞银（两） | 83.37 |
| 起运银（两） | 34.14 |
| 存留银（两） | 49.22 |
| 遇闰共加银（两） | 6.94 |
| **华荣县** | |
| **夏税** | |
| 二麦（石） | 323.01 |
| 折米（石） | 223.31 |

| | |
|---|---|
| 税丝折绢（匹） | 358.00 |
| 农桑丝折绢（匹） | 3.00 |
| **秋粮** | |
| 米（石） | 24186.97 |
| 起运米（石） | 11260.37 |
| 存留米（石） | 12926.60 |
| 户口盐钞银（两） | 34.24 |
| 起运银（两） | 14.02 |
| 存留银（两） | 20.22 |
| 遇闰共加银（两） | 2.85 |

| 平江县 | |
|---|---|
| **夏税** | |
| 小麦（石） | 149.06 |
| 税丝折绢（匹） | 587.00 |
| 农桑丝折绢（匹） | 445.00 |
| **秋粮** | |
| 米（石） | 40330.22 |
| 起运米（石） | 18578.01 |
| 存留米（石） | 21752.21 |
| 户口盐钞银（两） | 217.66 |
| 起运银（两） | 89.12 |
| 存留银（两） | 128.53 |
| 遇闰共加银（两） | 18.13 |

| 沣州 | |
|---|---|
| **夏税** | |
| 二麦（石） | 125.56 |
| 折米（石） | 101.71 |
| 税丝折绢（匹） | 120.00 |
| 农桑丝折绢（匹） | 19.00 |
| **秋粮** | |
| 米（石） | 20218.20 |
| 起运米（石） | 1766.84 |
| 存留米（石） | 18451.35 |
| 户口盐钞银（两） | 383.64 |
| 起运银（两） | 157.08 |
| 存留银（两） | 226.55 |
| 遇闰共加银（两） | 31.97 |

| 石门县 | |
|---|---|
| **夏税** | |
| 二麦（石） | 164.55 |
| 折米（石） | 162.84 |
| 税丝折绢（匹） | 84.00 |
| 农桑丝折绢（匹） | 9.00 |

| **秋粮** | |
|---|---|
| 米（石） | 15236.66 |
| 起运米（石） | 146.65 |
| 存留米（石） | 15090.01 |
| 户口盐钞银（两） | 146.74 |
| 起运银（两） | 60.08 |
| 存留银（两） | 86.66 |
| 遇闰共加银（两） | 12.22 |

| 慈利县 | |
|---|---|
| **夏税** | |
| 小麦（石） | 259.92 |
| 税丝折绢（匹） | 75.00 |
| 农桑丝折绢（匹） | 4.00 |
| **秋粮** | |
| 米（石） | 13269.20 |
| 起运米（石） | 220.89 |
| 存留米（石） | 13048.31 |
| 户口盐钞银（两） | 284.98 |
| 起运银（两） | 115.50 |
| 存留银（两） | 169.47 |
| 遇闰共加银（两） | 23.91 |

| 安乡县 | |
|---|---|
| **夏税** | |
| 二麦（石） | 96.77 |
| 折米（石） | 73.25 |
| 税丝折绢（匹） | 71.00 |
| 农桑丝折绢（匹） | 7.00 |
| **秋粮** | |
| 米（石） | 10835.94 |
| 起运米（石） | 764.59 |
| 存留米（石） | 10071.34 |
| 户口盐钞银（两） | 86.65 |
| 起运银（两） | 35.48 |
| 存留银（两） | 51.17 |
| 遇闰共加银（两） | 7.22 |

| 长沙府 | |
|---|---|
| **夏税** | |
| 小麦（石）（存留） | 47.91 |
| 税丝折绢（匹）（起运） | 6627.00 |
| 农桑丝折绢（匹）（起运） | 981.00 |
| **秋粮** | |
| 米（石） | 586958.76 |
| 起运米（石） | 376051.59 |

| | |
|---|---|
| 存留米（石） | 210907.17 |
| 户口盐钞银（两） | 3117.23 |
| 起运银（两） | 1276.37 |
| 存留银（两） | 1840.86 |
| 遇闰共加银（两） | 259.76 |
| 长沙县 | |
| 夏税 | |
| 小麦（石） | 47.91 |
| 税丝折绢（匹） | 473.00 |
| 农桑丝折绢（匹） | 89.00 |
| 秋粮 | |
| 米（石） | 49035.38 |
| 起运米（石） | 32451.54 |
| 存留米（石） | 16583.83 |
| 户口盐钞银（两） | 260.47 |
| 起运银（两） | 106.65 |
| 存留银（两） | 153.81 |
| 遇闰共加银（两） | 21.70 |
| 善化县 | |
| 夏税 | |
| 税丝折绢（匹） | 241.00 |
| 农桑丝折绢（匹） | 36.00 |
| 秋粮 | |
| 米（石） | 24829.23 |
| 起运米（石） | 17481.72 |
| 存留米（石） | 7347.51 |
| 户口盐钞银（两） | 238.89 |
| 起运银（两） | 97.81 |
| 存留银（两） | 141.07 |
| 遇闰共加银（两） | 19.90 |
| 湘潭县 | |
| 夏税 | |
| 税丝折绢（匹） | 340.00 |
| 农桑丝折绢（匹） | 31.00 |
| 秋粮 | |
| 米（石） | 35848.03 |
| 起运米（石） | 23879.21 |
| 存留米（石） | 11968.82 |
| 户口盐钞银（两） | 218.45 |
| 起运银（两） | 89.44 |
| 存留银（两） | 129.00 |
| 遇闰共加银（两） | 18.20 |
| 湘阴县 | |

| | |
|---|---|
| 夏税 | |
| 税丝折绢（匹） | 740.00 |
| 农桑丝折绢（匹） | 176.00 |
| 秋粮 | |
| 米（石） | 76930.82 |
| 起运米（石） | 60768.20 |
| 存留米（石） | 16162.62 |
| 户口盐钞银（两） | 339.11 |
| 起运银（两） | 138.85 |
| 存留银（两） | 200.25 |
| 遇闰共加银（两） | 28.25 |
| 宁乡县 | |
| 夏税 | |
| 税丝折绢（匹） | 323.00 |
| 农桑丝折绢（匹） | 60.00 |
| 秋粮 | |
| 米（石） | 32441.76 |
| 起运米（石） | 22108.79 |
| 存留米（石） | 10332.96 |
| 户口盐钞银（两） | 197.08 |
| 起运银（两） | 80.69 |
| 存留银（两） | 116.38 |
| 遇闰共加银（两） | 16.42 |
| 浏阳县 | |
| 夏税 | |
| 税丝折绢（匹） | 1004.00 |
| 农桑丝折绢（匹） | 170.00 |
| 秋粮 | |
| 米（石） | 81130.89 |
| 起运米（石） | 44642.10 |
| 存留米（石） | 36488.79 |
| 户口盐钞银（两） | 536.44 |
| 起运银（两） | 219.64 |
| 存留银（两） | 316.79 |
| 遇闰共加银（两） | 44.70 |
| 醴陵县 | |
| 夏税 | |
| 税丝折绢（匹） | 524.00 |
| 农桑丝折绢（匹） | 29.00 |
| 秋粮 | |
| 米（石） | 33908.05 |
| 起运米（石） | 20024.09 |
| 存留米（石） | 13883.95 |

| | |
|---|---|
| 户口盐钞银（两） | 168.08 |
| 起运银（两） | 68.82 |
| 存留银（两） | 99.26 |
| 遇闰共加银（两） | 14.00 |
| **益阳县** | |
| **夏税** | |
| 税丝折绢（匹） | 352.00 |
| 农桑丝折绢（匹） | 38.00 |
| **秋粮** | |
| 米（石） | 35879.66 |
| 起运米（石） | 23733.35 |
| 存留米（石） | 12146.31 |
| 户口盐钞银（两） | 339.91 |
| 起运银（两） | 139.18 |
| 存留银（两） | 200.73 |
| 遇闰共加银（两） | 28.32 |
| **湘乡县** | |
| **夏税** | |
| 税丝折绢（匹） | 1029.00 |
| 农桑丝折绢（匹） | 203.00 |
| **秋粮** | |
| 米（石） | 104073.95 |
| 起运米（石） | 69661.40 |
| 存留米（石） | 34412.54 |
| 户口盐钞银（两） | 271.15 |
| 起运银（两） | 111.02 |
| 存留银（两） | 160.12 |
| 遇闰共加银（两） | 22.59 |
| **攸县** | |
| **夏税** | |
| 税丝折绢（匹） | 758.00 |
| 农桑丝折绢（匹） | 38.00 |
| **秋粮** | |
| 米（石） | 50275.65 |
| 起运米（石） | 27335.66 |
| 存留米（石） | 22939.98 |
| 户口盐钞银（两） | 316.53 |
| 起运银（两） | 129.60 |
| 存留银（两） | 186.93 |
| 遇闰共加银（两） | 26.37 |
| **安化县** | |
| **夏税** | |
| 税丝折绢（匹） | 194.00 |

| | |
|---|---|
| 农桑丝折绢（匹） | 26.00 |
| **秋粮** | |
| 米（石） | 19939.29 |
| 起运米（石） | 6860.82 |
| 存留米（石） | 13078.47 |
| 户口盐钞银（两） | 81.74 |
| 起运银（两） | 33.47 |
| 存留银（两） | 48.27 |
| 遇闰共加银（两） | 6.81 |
| **茶陵州** | |
| **夏税** | |
| 税丝折绢（匹） | 643.00 |
| 农桑丝折绢（匹） | 80.00 |
| **秋粮** | |
| 米（石） | 42666.01 |
| 起运米（石） | 27104.66 |
| 存留米（石） | 15561.35 |
| 户口盐钞银（两） | 149.33 |
| 起运银（两） | 61.14 |
| 存留银（两） | 88.19 |
| 遇闰共加银（两） | 12.44 |
| **宝庆府** | |
| **夏税** | |
| 米（石）（存留） | 2920.72 |
| 农桑丝折绢（匹） | 112.00 |
| **秋粮** | |
| 米（石）（存留） | 52148.42 |
| 户口盐钞银（两） | 747.47 |
| 起运银（两） | 306.05 |
| 存留银（两） | 441.41 |
| 遇闰共加银（两） | 62.28 |
| **邵阳县** | |
| **夏税** | |
| 米（石） | 377.73 |
| 农桑丝折绢（匹） | 40.00 |
| **秋粮** | |
| 米（石） | 18975.78 |
| 户口盐钞银（两） | 286.22 |
| 起运银（两） | 117.19 |
| 存留银（两） | 169.02 |
| 遇闰共加银（两） | 23.85 |
| **城步县** | |
| **夏税** | |

| | |
|---|---|
| 米（石） | 133.08 |
| 农桑丝折绢（匹） | 1.00 |
| **秋粮** | |
| 米（石） | 2116.62 |
| 户口盐钞银（两） | 20.26 |
| 起运银（两） | 8.29 |
| 存留银（两） | 11.97 |
| 遇闰共加银（两） | 1.68 |
| **新化县** | |
| **夏税** | |
| 米（石） | 411.41 |
| 农桑丝折绢（匹） | 37.00 |
| **秋粮** | |
| 米（石） | 9980.62 |
| 户口盐钞银（两） | 142.77 |
| 起运银（两） | 58.45 |
| 存留银（两） | 84.31 |
| 遇闰共加银（两） | 11.89 |
| **武冈州** | |
| **夏税** | |
| 米（石） | 1656.46 |
| 农桑丝折绢（匹） | 15.00 |
| **秋粮** | |
| 米（石） | 17246.91 |
| 户口盐钞银（两） | 276.79 |
| 起运银（两） | 113.33 |
| 存留银（两） | 163.45 |
| 遇闰共加银（两） | 23.06 |
| **新宁县** | |
| **夏税** | |
| 米（石） | 342.02 |
| 农桑丝折绢（匹） | 17.00 |
| **秋粮** | |
| 米（石）（存留） | 3828.48 |
| 户口盐钞银（两） | 21.41 |
| 起运银（两） | 8.76 |
| 存留银（两） | 12.64 |
| 遇闰共加银（两） | 1.78 |
| **衡州府** | |
| **夏税** | |
| 米（石）（存留） | 11039.73 |
| 农桑丝折绢（匹）（起运） | 1472.00 |
| **秋粮** | |

| | |
|---|---|
| 米（石） | 211270.01 |
| 起运米（石） | 87546.90 |
| 存留米（石） | 123723.11 |
| 户口盐钞银（两） | 1141.47 |
| 起运银（两） | 467.38 |
| 存留银（两） | 674.08 |
| 遇闰共加银（两） | 95.12 |
| **衡阳县** | |
| **夏税** | |
| 米（石） | 2280.47 |
| 农桑丝折绢（匹） | 203.00 |
| **秋粮** | |
| 米（石） | 66121.86 |
| 起运米（石） | 34900.23 |
| 存留米（石） | 31221.63 |
| 户口盐钞银（两） | 266.59 |
| 起运银（两） | 109.16 |
| 存留银（两） | 157.43 |
| 遇闰共加银（两） | 22.21 |
| **衡山县** | |
| **夏税** | |
| 米（石） | 986.61 |
| 农桑丝折绢（匹） | 31.00 |
| **秋粮** | |
| 米（石） | 30392.68 |
| 起运米（石） | 17491.75 |
| 存留米（石） | 12900.93 |
| 户口盐钞银（两） | 138.10 |
| 起运银（两） | 56.54 |
| 存留银（两） | 81.55 |
| 遇闰共加银（两） | 11.50 |
| **耒阳县** | |
| **夏税** | |
| 米（石） | 1025.04 |
| 农桑丝折绢（匹） | 476.00 |
| **秋粮** | |
| 米（石） | 30836.07 |
| 起运米（石） | 17438.67 |
| 存留米（石） | 13397.40 |
| 户口盐钞银（两） | 137.42 |
| 起运银（两） | 56.26 |
| 存留银（两） | 81.15 |
| 遇闰共加银（两） | 11.45 |

| 常宁县 | |
|---|---|
| **夏税** | |
| 米（石） | 315.79 |
| 农桑丝折绢（匹） | 33.00 |
| **秋粮** | |
| 米（石） | 9294.56 |
| 起运米（石） | 6515.87 |
| 存留米（石） | 2778.68 |
| 户口盐钞银（两） | 70.04 |
| 起运银（两） | 28.68 |
| 存留银（两） | 41.36 |
| 遇闰共加银（两） | 5.83 |

| 安仁县 | |
|---|---|
| **夏税** | |
| 米（石） | 697.20 |
| 农桑丝折绢（匹） | 212.00 |
| **秋粮** | |
| 米（石） | 23718.88 |
| 起运米（石） | 4125.45 |
| 存留米（石） | 19593.42 |
| 户口盐钞银（两） | 142.28 |
| 起运银（两） | 58.25 |
| 存留银（两） | 84.02 |
| 遇闰共加银（两） | 11.85 |

| 酃县 | |
|---|---|
| **夏税** | |
| 米（石） | 454.36 |
| 农桑丝折绢（匹） | 73.00 |
| **秋粮** | |
| 米（石） | 14120.23 |
| 起运米（石） | 1655.56 |
| 存留米（石） | 12464.67 |
| 户口盐钞银（两） | 43.73 |
| 起运银（两） | 17.90 |
| 存留银（两） | 25.83 |
| 遇闰共加银（两） | 3.64 |

| 桂阳州 | |
|---|---|
| **夏税** | |
| 米（石） | 2907.43 |
| 农桑丝折绢（匹） | 336.00 |
| **秋粮** | |
| 米（石） | 18281.77 |
| 起运米（石） | 1589.98 |

| 存留米（石） | 16691.78 |
|---|---|
| 户口盐钞银（两） | 235.35 |
| 起运银（两） | 96.36 |
| 存留银（两） | 138.98 |
| 遇闰共加银（两） | 19.61 |

| 临武县 | |
|---|---|
| **夏税** | |
| 米（石） | 740.34 |
| 农桑丝折绢（匹） | 79.00 |
| **秋粮** | |
| 米（石） | 10316.27 |
| 起运米（石） | 2715.08 |
| 存留米（石） | 7601.18 |
| 户口盐钞银（两） | 54.54 |
| 起运银（两） | 22.33 |
| 存留银（两） | 32.21 |
| 遇闰共加银（两） | 4.54 |

| 蓝山县 | |
|---|---|
| **夏税** | |
| 米（石） | 1632.46 |
| 农桑丝折绢（匹） | 26.00 |
| **秋粮** | |
| 米（石） | 8187.65 |
| 起运米（石） | 1114.27 |
| 存留米（石） | 7073.38 |
| 户口盐钞银（两） | 53.38 |
| 起运银（两） | 21.85 |
| 存留银（两） | 31.52 |
| 遇闰共加银（两） | 4.44 |

| 常德府 | |
|---|---|
| **夏税** | |
| 二麦（石） | 2121.36 |
| 折米（石）（存留） | 1861.71 |
| 税丝折绢（匹）（起运） | 804.00 |
| 农桑丝折绢（匹）（起运） | 50.00 |
| **秋粮** | |
| 米（石） | 69666.37 |
| 起运米（石） | 16295.94 |
| 存留米（石） | 53370.42 |
| 户口盐钞银（两） | 508.67 |
| 起运银（两） | 208.27 |
| 存留银（两） | 300.39 |
| 遇闰共加银（两） | 42.38 |

| 武陵县 | |
|---|---|
| **夏税** | |
| 二麦（石） | 1004.25 |
| 折米（石） | 882.62 |
| 税丝折绢（匹） | 377.00 |
| 农桑丝折绢（匹） | 21.00 |
| **秋粮** | |
| 米（石） | 31342.61 |
| 起运米（石） | 7079.35 |
| 存留米（石） | 24263.26 |
| 户口盐钞银（两） | 204.63 |
| 起运银（两） | 83.78 |
| 存留银（两） | 120.84 |
| 遇闰共加银（两） | 17.05 |
| 桃源县 | |
| **夏税** | |
| 二麦（石） | 406.88 |
| 折米（石） | 383.87 |
| 税丝折绢（匹） | 237.00 |
| 农桑丝折绢（匹） | 15.00 |
| **秋粮** | |
| 米（石） | 22731.38 |
| 起运米（石） | 5478.74 |
| 存留米（石） | 17252.63 |
| 户口盐钞银（两） | 116.31 |
| 起运银（两） | 47.62 |
| 存留银（两） | 68.68 |
| 遇闰共加银（两） | 9.69 |
| 龙阳县 | |
| **夏税** | |
| 二麦（石） | 710.23 |
| 折米（石） | 595.21 |
| 税丝折绢（匹） | 161.00 |
| 农桑丝折绢（匹） | 7.00 |
| **秋粮** | |
| 米（石） | 13339.13 |
| 起运米（石） | 3160.00 |
| 存留米（石） | 10179.13 |
| 户口盐钞银（两） | 87.11 |
| 起运银（两） | 35.66 |
| 存留银（两） | 51.44 |
| 遇闰共加银（两） | 7.25 |
| 沅江县 | |

| **夏税** | |
|---|---|
| 税丝折绢（匹） | 27.00 |
| 农桑丝折绢（匹） | 6.00 |
| **秋粮** | |
| 米（石） | 2253.23 |
| 起运米（石） | 577.85 |
| 存留米（石） | 1675.38 |
| 户口盐钞银（两） | 100.61 |
| 起运银（两） | 41.19 |
| 存留银（两） | 59.41 |
| 遇闰共加银（两） | 8.38 |
| 辰州府 | |
| **夏税** | |
| 二麦（石） | 648.60 |
| 折米（石）（存留） | 636.74 |
| 农桑丝折绢（匹）（起运） | 37.00 |
| 课程棉布(匹)（存留） | 12.00 |
| **秋粮** | |
| 米（石） | 50957.72 |
| 起运米（石） | 9819.65 |
| 存留米（石） | 41138.07 |
| 洞蛮土布(匹)（存留） | 533.00 |
| 猺人粗布(匹)（存留） | 205.00 |
| 课程苧麻折米(石)（存留） | 62.94 |
| 户口盐钞银（两） | 794.27 |
| 起运银（两） | 325.22 |
| 存留银（两） | 469.05 |
| 遇闰共加银（两） | 66.18 |
| 沅陵县 | |
| **夏税** | |
| 小麦（石） | 210.55 |
| 农桑丝折绢（匹） | 4.00 |
| **秋粮** | |
| 米（石） | 14068.71 |
| 起运米（石） | 1659.64 |
| 存留米（石） | 12409.07 |
| 户口盐钞银（两） | 145.98 |
| 起运银（两） | 59.77 |
| 存留银（两） | 86.21 |
| 遇闰共加银（两） | 12.16 |
| 庐溪县 | |
| **夏税** | |
| 小麦（石） | 54.98 |

| | | | |
|---|---|---|---|
| 农桑丝折绢（匹） | 3.00 | 起运米（石） | 2071.06 |
| **秋粮** | | 存留米（石） | 4612.32 |
| 米（石） | 3119.66 | 户口盐钞银（两） | 151.77 |
| 起运米（石） | 1862.52 | 起运银（两） | 62.14 |
| 存留米（石） | 1257.14 | 存留银（两） | 89.63 |
| 洞蛮土布（匹） | 533.00 | 遇闰共加银（两） | 12.64 |
| 猺人粗布（匹） | 205.00 | **黔阳县** | |
| 户口盐钞银（两） | 36.13 | **夏税** | |
| 起运银（两） | 14.79 | 二麦（石） | 82.96 |
| 存留银（两） | 21.33 | 折米（石） | 72.49 |
| 遇闰共加银（两） | 3.01 | 农桑丝折绢（匹） | 4.00 |
| **辰溪县** | | **秋粮** | |
| **夏税** | | 米（石） | 5362.22 |
| 小麦（石） | 75.11 | 起运米（石） | 1569.44 |
| 农桑丝折绢（匹） | 7.00 | 存留米（石） | 3792.78 |
| 课程棉布（匹） | 12.00 | 课程苎麻折米(石) | 5.86 |
| **秋粮** | | 户口盐钞银（两） | 117.51 |
| 米（石） | 4678.98 | 起运银（两） | 48.11 |
| 起运米（石） | 36.04 | 存留银（两） | 69.39 |
| 存留米（石） | 4642.93 | 遇闰共加银（两） | 9.79 |
| 课程苎麻折米(石) | 44.80 | **麻阳县** | |
| 户口盐钞银（两） | 62.10 | **夏税** | |
| 起运银（两） | 25.42 | 二麦（石） | 26.43 |
| 存留银（两） | 36.67 | 折米（石） | 25.04 |
| 遇闰共加银（两） | 5.17 | 农桑丝折绢（匹） | 4.00 |
| **溆浦县** | | **秋粮** | |
| **夏税** | | 米（石） | 1529.51 |
| 小麦（石） | 47.09 | 起运米（石） | 169.79 |
| 农桑丝折绢（匹） | 5.00 | 存留米（石） | 1359.71 |
| **秋粮** | | 课程苎麻折米(石) | 12.27 |
| 米（石） | 15515.22 | 户口盐钞银（两） | 46.51 |
| 起运米（石） | 2451.12 | 起运银（两） | 19.04 |
| 存留米（石） | 13064.09 | 存留银（两） | 27.46 |
| 户口盐钞银（两） | 234.24 | 遇闰共加银（两） | 3.87 |
| 起运银（两） | 95.91 | **永州府** | |
| 存留银（两） | 138.33 | **夏税** | |
| 遇闰共加银（两） | 19.52 | 米（石）（存留） | 8112.44 |
| **沅州** | | 农桑丝折绢（匹）（起运） | 155.00 |
| **夏税** | | **秋粮** | |
| 小麦（石） | 151.45 | 米（石） | 62016.92 |
| 农桑丝折绢（匹） | 9.00 | 起运米（石） | 10153.58 |
| **秋粮** | | 存留米（石） | 51863.34 |
| 米（石） | 6683.38 | 户口盐钞银（两） | 1074.64 |

| | |
|---|---|
| 起运银（两） | 440.02 |
| 存留银（两） | 634.62 |
| 遇闰共加银（两） | 89.55 |

| 零陵县 | |
|---|---|
| **夏税** | |
| 米（石） | 693.69 |
| 农桑丝折绢（匹） | 68.00 |
| **秋粮** | |
| 米（石） | 13750.77 |
| 起运米（石） | 2348.28 |
| 存留米（石） | 11402.48 |
| 户口盐钞银（两） | 167.84 |
| 起运银（两） | 68.72 |
| 存留银（两） | 99.11 |
| 遇闰共加银（两） | 13.98 |

| 祁阳县 | |
|---|---|
| **夏税** | |
| 米（石） | 439.99 |
| 农桑丝折绢（匹） | 24.00 |
| **秋粮** | |
| 米（石） | 7795.91 |
| 起运米（石） | 4507.60 |
| 存留米（石） | 3288.31 |
| 户口盐钞银（两） | 193.91 |
| 起运银（两） | 79.40 |
| 存留银（两） | 114.51 |
| 遇闰共加银（两） | 16.15 |

| 东安县 | |
|---|---|
| **夏税** | |
| 米（石） | 280.70 |
| 农桑丝折绢（匹） | 13.00 |
| **秋粮** | |
| 米（石） | 5072.21 |
| 起运米（石） | 414.83 |
| 存留米（石） | 4657.37 |
| 户口盐钞银（两） | 80.23 |
| 起运银（两） | 32.85 |
| 存留银（两） | 47.38 |
| 遇闰共加银（两） | 6.68 |

| 道州 | |
|---|---|
| **夏税** | |
| 米（石） | 1820.08 |
| 农桑丝折绢（匹） | 12.00 |

| | |
|---|---|
| **秋粮** | |
| 米（石）（存留） | 9360.33 |
| 户口盐钞银（两） | 247.30 |
| 起运银（两） | 101.26 |
| 存留银（两） | 146.04 |
| 遇闰共加银（两） | 20.60 |

| 宁远县 | |
|---|---|
| **夏税** | |
| 米（石） | 3619.88 |
| 农桑丝折绢（匹） | 28.00 |
| **秋粮** | |
| 米（石） | 19437.80 |
| 起运米（石） | 2882.85 |
| 存留米（石） | 16554.95 |
| 户口盐钞银（两） | 258.15 |
| 起运银（两） | 105.70 |
| 存留银（两） | 152.45 |
| 遇闰共加银（两） | 21.51 |

| 永明县 | |
|---|---|
| **夏税** | |
| 米（石） | 1061.70 |
| 农桑丝折绢（匹） | 5.00 |
| **秋粮** | |
| 米（石）（存留） | 5535.84 |
| 户口盐钞银（两） | 83.57 |
| 起运银（两） | 34.22 |
| 存留银（两） | 49.35 |
| 遇闰共加银（两） | 6.96 |

| 江华县 | |
|---|---|
| **夏税** | |
| 米（石） | 196.38 |
| 农桑丝折绢（匹） | 2.00 |
| **秋粮** | |
| 米（石）（存留） | 1064.03 |
| 户口盐钞银（两） | 43.61 |
| 起运银（两） | 17.85 |
| 存留银（两） | 25.75 |
| 遇闰共加银（两） | 3.63 |

| 靖州 | |
|---|---|
| **夏税** | |
| 米（石）（存留） | 135.02 |
| 农桑丝折绢（匹）（起运） | 15.00 |
| **秋粮** | |

| | |
|---|---|
| 米（石） | 19135.09 |
| 起运米（石） | 547.38 |
| 存留米（石） | 18587.71 |
| 户口盐钞银（两） | 393.45 |
| 起运银（两） | 161.10 |
| 存留银（两） | 232.35 |
| 遇闰共加银（两） | 32.78 |
| **本州** | |
| **夏税** | |
| 农桑丝折绢（匹） | 4.00 |
| **秋粮** | |
| 米（石）（存留） | 6312.67 |
| 户口盐钞银（两） | 115.71 |
| 起运银（两） | 47.38 |
| 存留银（两） | 68.33 |
| 遇闰共加银（两） | 9.64 |
| **会同县** | |
| **夏税** | |
| 农桑丝折绢（匹） | 4.00 |
| **秋粮** | |
| 米（石） | 7452.12 |
| 起运米（石） | 304.80 |
| 存留米（石） | 7147.32 |
| 户口盐钞银（两） | 67.45 |
| 起运银（两） | 27.61 |
| 存留银（两） | 39.83 |
| 遇闰共加银（两） | 5.62 |
| **通道县** | |
| **夏税** | |
| 农桑丝折绢（匹） | 2.00 |
| **秋粮** | |
| 米（石） | 895.97 |
| 起运米（石） | 59.22 |
| 存留米（石） | 836.75 |
| 户口盐钞银（两） | 64.43 |
| 起运银（两） | 26.38 |
| 存留银（两） | 38.05 |
| 遇闰共加银（两） | 5.36 |
| **绥宁县** | |
| **夏税** | |
| 米（石） | 135.02 |
| 农桑丝折绢（匹） | 3.00 |
| **秋粮** | |

| | |
|---|---|
| 米（石） | 4474.31 |
| 起运米（石） | 183.35 |
| 存留米（石） | 4290.95 |
| 户口盐钞银（两） | 145.84 |
| 起运银（两） | 59.71 |
| 存留银（两） | 86.13 |
| 遇闰共加银（两） | 12.15 |
| **郴州** | |
| **夏税** | |
| 米（石）（存留） | 7515.44 |
| 农桑丝折绢（匹）（起运） | 238.00 |
| **秋粮** | |
| 米（石） | 36093.08 |
| 起运米（石） | 1863.08 |
| 存留米（石） | 34230.00 |
| 课程苎麻折米(石)(存留) | 488.29 |
| 地亩棉花绒折米(石)(存留) | 143.94 |
| 课程棉布折米(石)(存留) | 24.65 |
| 户口盐钞银（两） | 442.93 |
| 起运银（两） | 180.54 |
| 存留银（两） | 262.38 |
| 遇闰共加银（两） | 36.75 |
| **本州** | |
| **夏税** | |
| 米（石） | 1502.20 |
| 农桑丝折绢（匹） | 56.00 |
| **秋粮** | |
| 米（石） | 8040.57 |
| 起运米（石） | 380.93 |
| 存留米（石） | 7659.63 |
| 课程苎麻折米(石) | 54.22 |
| 地亩棉花绒折米(石) | 1.08 |
| 课程棉布折米(石) | 24.18 |
| 户口盐钞银（两） | 90.62 |
| 起运银（两） | 36.96 |
| 存留银（两） | 53.66 |
| 遇闰共加银（两） | 7.52 |
| **永兴县** | |
| **夏税** | |
| 米（石） | 1564.42 |
| 农桑丝折绢（匹） | 78.00 |
| **秋粮** | |
| 米（石） | 7260.13 |

| | |
|---|---|
| 起运米（石） | 194.53 |
| 存留米（石） | 7065.60 |
| 课程苎麻折米(石) | 82.70 |
| 地亩棉花绒折米(石) | 46.85 |
| 课程棉布折米(石) | 0.46 |
| 户口盐钞银（两） | 147.24 |
| 起运银（两） | 60.14 |
| 存留银（两） | 87.10 |
| 遇闰共加银（两） | 12.24 |
| **桂阳县** | |
| **夏税** | |
| 米（石） | 1542.11 |
| 农桑丝折绢（匹） | 13.00 |
| **秋粮** | |
| 米（石） | 7207.09 |
| 起运米（石） | 311.82 |
| 存留米（石） | 6895.27 |
| 户口盐钞银（两） | 51.85 |
| 起运银（两） | 21.22 |
| 存留银（两） | 30.62 |
| 遇闰共加银（两） | 4.33 |
| **宜章县** | |
| **夏税** | |
| 米（石） | 909.53 |
| 农桑丝折绢（匹） | 29.00 |
| **秋粮** | |
| 米（石） | 3955.40 |
| 起运米（石） | 101.88 |
| 存留米（石） | 3853.51 |
| 课程苎麻折米(石) | 141.06 |
| 地亩棉花绒折米(石) | 32.44 |
| 户口盐钞银（两） | 36.32 |
| 起运银（两） | 14.73 |
| 存留银（两） | 21.59 |
| 遇闰共加银（两） | 2.99 |
| **兴宁县** | |
| **夏税** | |
| 米（石） | 1446.31 |
| 农桑丝折绢（匹） | 47.00 |
| **秋粮** | |
| 米（石） | 7057.65 |
| 起运米（石） | 651.55 |
| 存留米（石） | 6406.09 |

| | |
|---|---|
| 课程苎麻折米(石) | 210.29 |
| 地亩棉花绒折米(石) | 63.55 |
| 户口盐钞银（两） | 101.07 |
| 起运银（两） | 41.38 |
| 存留银（两） | 59.68 |
| 遇闰共加银（两） | 8.42 |
| **桂东县** | |
| **夏税** | |
| 米（石） | 550.84 |
| 农桑丝折绢（匹） | 12.00 |
| **秋粮** | |
| 米（石） | 2572.22 |
| 起运米（石） | 222.33 |
| 存留米（石） | 2349.88 |
| 户口盐钞银（两） | 15.80 |
| 起运银（两） | 6.09 |
| 存留银（两） | 9.71 |
| 遇闰共加银（两） | 1.24 |
| **施州卫军民指挥使司** | |
| **夏税** | |
| 米麦（石）（存留） | 281.20 |
| **秋粮** | |
| 米（石）（存留） | 862.41 |
| **辰州卫镇溪军民千户所** | |
| **秋粮** | |
| 米（石）（存留） | 73.65 |
| **五寨蛮夷长官司** | |
| **秋粮** | |
| 米（石）（存留） | 155.22 |
| **九溪卫桑植安抚司** | |
| **秋粮** | |
| 米（石）（存留） | 27.20 |
| **永顺等处军民宣慰使司** | |
| **秋粮** | |
| 米（石）（存留） | 1610.00 |
| **镇远卫臻剖陆洞横玻等处长官司** | |
| **秋粮** | |
| 米（石）（存留） | 80.00 |
| **保靖军民宣慰使司** | |
| **秋粮** | |
| 米（石）（存留） | 1219.00 |
| **筸子坪长官司** | |
| **秋粮** | |
| 米（石）（存留） | 28.12 |

## 湖广布政司田赋沿革事例

景泰四年，参议樊教奏称：太岳太和山合用香烛，例于襄阳府夏税折办。本部复：准行，令官库内支给。

天顺二年，布政司奏称：长沙府仓粮数多，乞将实征秋粮五十八万石内，将二十万石自本年为始，每石折收阔白棉布一匹。尚书沈固复：准行，令每岁征十万匹送南京，该库余十万匹贮本司及本府库，支与官吏旗军准作月粮。

成化十八年，巡抚题，尚书翁世资复：准郴州添设管粮同知一员，衡山、安仁二县各设主簿一员。

弘治元年，吉王奏称：妃张氏坟山界内外田地，原系父王遗下，年久被军民占种，陆续增益起科，乞要拨与管业。本部复：奉圣旨，着巡按御史同分巡分守官踏勘，近坟无粮地土拨五顷，与王守坟人管业。钦此。本年吉王奏称：长沙各王遗下庄田被各军民占种，乞委官踏勘。本部复：准行布政司晓谕军民，照旧耕种纳粮，毋致惊疑。

十六年，给事中杨褫奏，尚书倪钟复：准该省税粮照先年五则事例，该纳本色者派轻则折色，派重则征收。

十七年，巡抚韩重题，侍郎王继复：准将该省灾伤地方税粮通行改折，内除亲王、郡王禄米及坐派本府州县仓粮征本色，派在别府者，每石征银五钱，间月支给。其将军、中尉、仪宾及各衙所官军人等，每石折银三钱，余二钱辏补蠲免之数。灾伤州县除起运粮储外，坐派各边者，每石折银五钱，存留止征银三钱。

正德四年，巡抚张子麟题称：夷陵州加耗麦米原则，每正麦一石耗二斗，正米一石耗四斗，乞要除豁。尚书刘玑复：奉圣旨，这加耗麦米，准暂减半，着在本处预备仓上纳，待丰年照旧征纳。钦此。

八年，布政司咨呈，尚书王琼题：准岳州府慈利县坐拨永定、九溪二卫，安福、大庸二千户所税粮，比永定等卫事例，添设仓官一员收管。

嘉靖元年，巡抚席书、巡按何鳌各题称税粮蠲免数多。尚书孙交复：准将该省及府州县库收贮营室项下剩银十二万余两，并拨运安庆米四万石、庐州米五千石，俱存留本省以备禄米、军粮等用。

十九年，巡抚陆杰等题称承天大工并兴。尚书梁材复：准将嘉靖十六、七年拖欠南粮八万五百九十九石量加脚耗，留该府接济。候十九、二十年应征存留折粮银内，连耗折银七钱，各照年分处补。

二十五年，守备承天等处太监题称：本庄湖佃告补各户领种近河官地淤出堪种洲地三百六十四顷四十三亩六厘，乞照数入册纳租。尚书王杲复：查前官地原额一十五顷一十亩，今一旦涌出三百余顷，中间不无侵占民产情弊，题准咨抚按会官查勘，若系小民管业应差者，即与分豁。

三十年，巡抚屠俊奏称该省灾伤。本部复：准行，令远年逋负暂免征收，其灾免存留米听巡抚清查，各司府州县库藏处补。

三十三年，巡抚冯岳、巡按朱瑞登各题称：该省新设总督合用钱粮，共该本色米七万余石，折色廪粮银四万余两，除设处外，尚欠米四万五千四百余石，折银五千二百五十余两。尚书方钝复：准将起运庐、安二府仓米及派剩应解太仓折银米暂准留用，仍将本年分会计秋粮派剩折银米，就近改运二府，抵原运之数。

隆庆元年，承天守备太监张尧题，尚书马森复：奉圣旨，罗小山、涮马滩等庄湖，都着张尧照旧征收租银进御，前用养瞻照例与他，再不必来奏扰。钦此（先该巡抚杨豫孙奏：该府庄田原额六庄二湖，后因守备付霖等兼并军民田地，增至三十六庄，乞行查勘拨与民间，一体起科征收折色解部，每岁量留二千两为修筑之用。故张尧有此奏云）。

二年，巡抚刘悫题，尚书马森复：准将元祐观永德奏讨供养田八十七顷追夺，每岁征租贮库，专备汉江一带筑堤之用。

五年，巡抚汪道昆题称武汉等府水灾。尚书张守直复：准将本年分漕粮本色二十一万二千二百六十五石三斗改折一半，每石照例征银七钱。

六年，巡按舒鳌题称荆州等府水灾。尚书王国光复：准将本年分有漕粮者，南兑二粮俱准改折，每石征银七钱；无漕粮者，将存留照分数蠲免。

万历二年，巡抚赵贤题称：荆、岳二府并荆州右卫节年水冲沙压田粮六千七百余石，抛荒田粮二万三千一百余石。尚书王国光复：准除冲压田粮尽行蠲免外，其抛荒去处，以前年份积欠及以后三年差徭一体查免。

九年，抚按陈省等题：据荆州府江陵县甲、该元辅大学士张　子翰林院编修张嗣修揭称，本家亲族冒免田粮五百余石，查首改正，并查单夫役等因。尚书张学颜议复：除元辅张本家田粮七十二石，并房族弟侄有官职生儒人等田粮十五石，照例优免外，其余冒免粮五百余石，尽数改正入册当差。其冒免人户九十九名，俱照原拟依律问罪。仍通行各省直抚按，将境内乡宦，不分内外崇卑，见任去任，备查本家本户丁粮若干，照例优免如例外，冒免者通行究罪。若势豪抗扰，拿问参究。至于驿递夫马及保甲火夫等项，有占用者，尽数查革。奉圣旨：是。近来各处优免田粮冒滥数多，小民苦累。朕昨览湖广抚按官所奏，具见元辅约己奉公，体国恤民之美，良所嘉尚。这所议都依拟行，着各抚按官从实清查，但有冒免占用等弊，照例减革。如势豪抗拒阻扰，奏来处治。不许阿狥容隐，违者你部里并该科访实参奏。钦此。

一查得优免事例，原指杂泛差徭照丁粮编审者而言，其夏秋正粮不在免内。有司不查，一体优免，致乡官将自己田地概称当免，有见任已免，革职亦免；本身已免，身故犹免；一家已免，一户又免，数世全不纳粮者。合无通行各抚按，清查境内品官及举监生员、吏承员役，将本家夏秋税粮尽数输纳，如有指称优免隐匿正粮者，照律治罪，仍追以前影射税粮。能自首者，将粮照数上纳，免罪。

一查得题准优免事例内开：京官一品免粮三十石，人丁三十丁；二品免粮二十四石，人丁二十四丁；三品免粮二十石，人丁二十丁；四品免粮一十六石，人丁一十六丁；五品免粮一十四石，人丁一十四丁；六品免粮一十二石，人丁一十二丁；七品免粮一十石，人丁一十丁；八品免粮八石，人丁八丁；九品免粮六石，人丁六丁。外官一品免粮一十五石，人丁一十五丁；二品免粮一十二石，人丁一十二丁；三品免粮一十石，人丁一十丁；四品免粮八石，人丁八丁；五品免粮七石，人丁七丁；六品免粮六石，人丁六丁；七品免粮五石，人丁五丁；八品免粮四石，人丁四丁；九品免粮三石，人丁三丁。以上大小官员见任、丁忧、听用、听调、听降、听勘者照数优免；以礼致仕者免其十分之七；闲住者免一半；其犯赃革职为民除名者，不准优免；职官已故，即将优免停止。但相沿既久，滥免数多，合行抚按查将境内官员，照数优免如数外，多免者通行查革，余粮追纳仓库，余丁编发当差。若占恡不退，计以前冒免之数追银入官，并将应免丁粮停革。

一优免丁粮原是两项，丁只免丁，粮只免粮，不许以粮准丁，俱以本官、本家、本户见在丁粮照数优免，如将异姓亲友牵扯冒免，即行革正。其内外各官有以师保带部衔，以部官兼院衔者，有布政司按察司互相兼衔者，品级虽异，原是一官，本家丁粮俱照见任品级从一优免。

一例开教官、举监生员各免粮二石、人丁二丁，杂职省祭官、知印、承差、吏典各免粮一石、人丁一丁，如本身本家丁粮不足，或无丁粮，不许免及别户。其退学衣巾生员及纳银儒官、义官、遥受散官，王府典膳及吏承加纳冠带不愿出仕者，止免本身。如为事除名，即追印札，仍令当差。其假充礼部儒士、侯门教读、奉祠乡约生儒，亦行追札，勒令当差。

臣等谨按：湖广为古荆州之域，列郡十五，延袤方数千里，故可耕之地居多，然其间或逼介山阪，则刀耕火种，土不耐旱，故其利在陂塘；江汉洞庭萦带其中，游波所溢岁苦鱼鳖，故其利在堤岸。若南北二粮与协济广西、贵州二省有转输劳瘁之役，而藩封岁禄至七十余万，又皆庐井之民胼胝其手足以共之，斯亦已勤矣。而彼中之田赋不均，每由户籍其始，以县官校其民而登之，则旧里为老，补里为新，法故斤斤，迨其久也。老重则诡而为新，新重则诡而为畸、为绝，故有田连阡陌，而岁输轻租；有事升斗之耕，而顾征锺石之赋者。冲塌淹没岁或不常，则有力者能自达而弛其征，余或代输如故。至于优免仕宦差役，明例森然，近如江陵狡民借名冒免税粮五百余石，如赵愈、萧淮等诈，翰林编修张嗣修发其奸而厘正之，则全楚影射丛兴，利归势要，小民终困弊矣。其间又有消长相乘，而巧于影匿，诘之则曰崩陷，而实不然者。而芦洲湖泊或隐没而私其利，则册籍亦难稽之，故经理楚赋，要在于核退滩厘占隐、清户籍、慎优免、平徭役、酌等则，使其田与赋适均，而诡寄冒免之弊萌永绝。又时修其陂塘堤岸之利，脱有水旱，恒足恃之，斯庶有幪庇哉。

## 《万历会计录》卷五　福建布政司田赋

甲表21　　　　　　　　　　　　福建布政司田赋

| | 原额 | | 见额 |
|---|---|---|---|
| | 洪武年间 | 弘治年间 | 万历八年 |
| | （诸司职掌数） | （会典数） | （清丈田粮数） |
| 田土官民（亩） | 14625969.00 | 13516617.70[1] | 13422500.60[2] |
| 夏税 | | | |
| 麦（石）（存留） | 665.00 | 706.59[3] | 706.94[4] |
| 绢（匹） | 273.00 | | |
| 丝绵折绢（匹）（起运） | | 280.00 | 280.00[5] |
| 农桑丝折绢（匹）（起运） | | 319.00[6] | 319.00[7] |
| 零丝绵（两）（存留） | | 194.59 | 194.59[8] |
| 土苧（斤）（存留） | | 65.82 | 65.82[9] |
| 钱钞（锭）（存留） | 12705.00 | 10778.00[10] | 10778.00[11] |
| 秋粮 | | | |
| 米（石） | 977420.00 | 850447.77[12] | 850447.77[13] |
| 起运京库米（石） | | | 314000.00 |
| 每石折银（两） | | | 0.25 |
| 存留米（石） | | | 536447.77 |
| 内折料米（石） | | | 12864.28 |
| 实存留米（石） | | | 523583.48 |
| 鱼课米（石）（存留） | | 31960.67 | 31966.91[14] |
| 租钞（贯）（存留） | | 2.00 | 2.00[15] |
| 人户（户） | 815527.00 | 506039.00 | 515307.00 |
| 人口（口） | 3916806.00 | 2106060.00[16] | 1738793.00[17] |
| 户口盐钞银（两） | | | 26927.12 |
| 起运银（两） | | | 11027.67 |
| 存留银（两） | | | 15899.44 |
| 遇闰共加银（两） | | | 2246.48 |

[1] 原书此处注：比洪武原额减11093顷51亩2分1厘。
[2] 原书此处注：比弘治减941顷17亩1分2厘。
[3] 原书此处注：比洪武原额增41.59石。
[4] 原书此处注：比弘治增0.35石。
[5] 原书此处注："与弘治同。"
[6] 原书此处注：二项绢共599匹3丈2尺3寸3厘，比洪武原额增326匹3丈2尺3寸3分3厘。
[7] 原书此处注："与弘治同，以上二项俱起运。"
[8] 原书此处注："与弘治同。"
[9] 原书此处注："与弘治同。"
[10] 原书此处注：比洪武原额减1926锭1贯827文4分4厘。
[11] 原书此处注："与弘治同，以上三项俱存留。"
[12] 原书此处注：比洪武原额减126972.22石。
[13] 原书此处注："与弘治同。"
[14] 原书此处注：比弘治增6.23石。
[15] 原书此处注："与弘治同，以上二项俱存留。"
[16] 原书此处注：比洪武原额户减309488，口减1810746。
[17] 原书此处注：比弘治户增9268，口减367267。

### 福州府

| 秋粮 | |
|---|---|
| 米（石） | 139090.53 |
| 起运米（石） | 57648.22 |
| 存留米（石） | 81442.31 |
| 鱼课米（石）（存留） | 7322.97 |
| 户口盐钞银（两） | 3972.63 |
| 起运银（两） | 1587.87 |
| 存留银（两） | 2384.76 |
| 遇闰共加银（两） | 332.10 |

### 闽县

| 秋粮 | |
|---|---|
| 米（石） | 20491.36 |
| 起运米（石） | 8496.55 |
| 存留米（石） | 11994.80 |
| 鱼课米（石） | 977.90 |
| 户口盐钞银（两） | 799.14 |
| 起运银（两） | 344.36 |
| 存留银（两） | 454.77 |
| 遇闰共加银（两） | 67.32 |

### 侯官县

| 秋粮 | |
|---|---|
| 米（石） | 17779.84 |
| 起运米（石） | 7372.25 |
| 存留米（石） | 10407.58 |
| 鱼课米（石） | 584.66 |
| 户口盐钞银（两） | 385.44 |
| 起运银（两） | 145.56 |
| 存留银（两） | 239.88 |
| 遇闰共加银（两） | 32.39 |

### 怀安县

| 秋粮 | |
|---|---|
| 米（石） | 12641.63 |
| 起运米（石） | 5241.73 |
| 存留米（石） | 7399.90 |
| 鱼课米（石） | 316.59 |
| 户口盐钞银（两） | 295.98 |
| 起运银（两） | 107.61 |
| 存留银（两） | 188.37 |
| 遇闰共加银（两） | 24.87 |

### 长乐县

| 秋粮 | |
|---|---|
| 米（石） | 12751.29 |
| 起运米（石） | 5287.21 |
| 存留米（石） | 7464.07 |
| 鱼课米（石） | 674.10 |
| 户口盐钞银（两） | 683.15 |
| 起运银（两） | 289.81 |
| 存留银（两） | 393.34 |
| 遇闰共加银（两） | 57.42 |

### 福清县

| 秋粮 | |
|---|---|
| 米（石） | 32456.59 |
| 起运米（石） | 13457.83 |
| 存留米（石） | 18998.75 |
| 鱼课米（石） | 3298.14 |
| 户口盐钞银（两） | 1051.73 |
| 起运银（两） | 402.66 |
| 存留银（两） | 649.07 |
| 遇闰共加银（两） | 88.40 |

### 连江县

| 秋粮 | |
|---|---|
| 米（石） | 12291.24 |
| 起运米（石） | 5096.45 |
| 存留米（石） | 7194.78 |
| 鱼课米（石） | 888.17 |
| 户口盐钞银（两） | 229.22 |
| 起运银（两） | 98.84 |
| 存留银（两） | 130.37 |
| 遇闰共加银（两） | 17.35 |

### 罗源县

| 秋粮 | |
|---|---|
| 米（石） | 5007.57 |
| 起运米（石） | 2076.28 |
| 存留米（石） | 2931.28 |
| 鱼课米（石） | 583.39 |
| 户口盐钞银（两） | 106.01 |
| 起运银（两） | 36.55 |
| 存留银（两） | 69.45 |
| 遇闰共加银（两） | 8.91 |

### 古田县

| 秋粮 | |
|---|---|
| 米（石） | 14201.01 |
| 起运米（石） | 5877.42 |
| 存留米（石） | 8323.59 |

|  |  |
| --- | --- |
| **南安县** | |
| 户口盐钞银（两） | 311.14 |
| 起运银（两） | 120.17 |
| 存留银（两） | 190.97 |
| 遇闰共加银（两） | 26.15 |
| **闽清县** | |
| 秋粮 | |
| 米（石） | 7351.85 |
| 起运米（石） | 3048.34 |
| 存留米（石） | 4303.50 |
| 户口盐钞银（两） | 45.54 |
| 起运银（两） | 16.62 |
| 存留银（两） | 28.92 |
| 遇闰共加银（两） | 3.82 |
| **永福县** | |
| 秋粮 | |
| 米（石） | 4118.12 |
| 起运米（石） | 1694.11 |
| 存留米（石） | 2424.00 |
| 户口盐钞银（两） | 65.22 |
| 起运银（两） | 25.65 |
| 存留银（两） | 39.57 |
| 遇闰共加银（两） | 5.43 |
| **泉州府** | |
| 秋粮 | |
| 米（石） | 109735.26 |
| 起运米（石） | 27072.53 |
| 存留米（石） | 82662.73 |
| 鱼课米（石）（存留） | 4072.88 |
| 户口盐钞银（两） | 2391.76 |
| 起运银（两） | 1039.85 |
| 存留银（两） | 1351.90 |
| 遇闰共加银（两） | 200.82 |
| **晋江县** | |
| 秋粮 | |
| 米（石） | 30745.74 |
| 起运米（石） | 7604.21 |
| 存留米（石） | 23141.53 |
| 鱼课米（石） | 2248.52 |
| 户口盐钞银（两） | 823.39 |
| 起运银（两） | 373.41 |
| 存留银（两） | 449.97 |
| 遇闰共加银（两） | 69.20 |
| **南安县** | |
| 秋粮 | |
| 米（石） | 23043.57 |
| 起运米（石） | 5702.25 |
| 存留米（石） | 17341.32 |
| 鱼课米（石） | 197.28 |
| 户口盐钞银（两） | 396.98 |
| 起运银（两） | 147.95 |
| 存留银（两） | 249.03 |
| 遇闰共加银（两） | 33.36 |
| **惠安县** | |
| 秋粮 | |
| 米（石） | 15748.73 |
| 起运米（石） | 3878.03 |
| 存留米（石） | 11870.69 |
| 鱼课米（石） | 927.00 |
| 户口盐钞银（两） | 348.06 |
| 起运银（两） | 177.06 |
| 存留银（两） | 170.99 |
| 遇闰共加银（两） | 29.25 |
| **同安县** | |
| 秋粮 | |
| 米（石） | 17152.58 |
| 起运米（石） | 4230.78 |
| 存留米（石） | 12921.79 |
| 鱼课米（石） | 700.08 |
| 户口盐钞银（两） | 468.79 |
| 起运银（两） | 219.28 |
| 存留银（两） | 249.50 |
| 遇闰共加银（两） | 39.19 |
| **安溪县** | |
| 秋粮 | |
| 米（石） | 7996.78 |
| 起运米（石） | 1970.21 |
| 存留米（石） | 6026.56 |
| 户口盐钞银（两） | 170.99 |
| 起运银（两） | 56.09 |
| 存留银（两） | 114.89 |
| 遇闰共加银（两） | 14.37 |
| **永春县** | |
| 秋粮 | |
| 米（石） | 9437.11 |
| 起运米（石） | 2329.31 |
| 存留米（石） | 7107.80 |

| | |
|---|---|
| 户口盐钞银（两） | 108.86 |
| 起运银（两） | 34.54 |
| 存留银（两） | 74.32 |
| 遇闰共加银（两） | 9.15 |

| 德化县 | |
|---|---|
| **秋粮** | |
| 米（石） | 5610.72 |
| 起运米（石） | 1357.71 |
| 存留米（石） | 4253.01 |
| 户口盐钞银（两） | 74.65 |
| 起运银（两） | 31.49 |
| 存留银（两） | 43.16 |
| 遇闰共加银（两） | 6.27 |

| 建宁府[1] | |
|---|---|
| **夏税** | |
| 麦（石）（存留） | 706.94 |
| 丝绵折绢（匹）（起运） | 280.00 |
| 农桑丝折绢（匹）（起运） | 319.00 |
| 零丝绵（两）（存留） | 170.75 |
| 钱钞（锭）（存留） | 10778.00 |
| **秋粮** | |
| 米（石） | 158907.43 |
| 起运米（石） | 65824.24 |
| 存留米（石） | 93083.18 |
| 鱼课米（石）（存留） | 3885.37 |
| 户口盐钞银（两） | 5274.67 |
| 起运银（两） | 2129.50 |
| 存留银（两） | 3145.16 |
| 遇闰共加银（两） | 440.19 |

| 建安县 | |
|---|---|
| **夏税** | |
| 麦（石） | 142.43 |
| 丝绵折绢（匹） | 156.00 |
| 农桑丝折绢（匹） | 319.00 |
| 钱钞（锭） | 10388.00 |
| **秋粮** | |
| 米（石） | 27220.37 |
| 起运米（石） | 11286.67 |
| 存留米（石） | 15933.70 |

| | |
|---|---|
| 鱼课米（石） | 898.91 |
| 户口盐钞银（两） | 738.70 |
| 起运银（两）[2] | 290.14 |

[3]

| 夏税 | |
|---|---|
| 麦（石） | 75.80 |
| 零丝绵（两） | 150.69 |
| **秋粮** | |
| 米（石） | 9408.49 |
| 起运米（石） | 3895.92 |
| 存留米（石） | 5512.56 |
| 鱼课米（石） | 100.10 |
| 户口盐钞银（两） | 549.16 |
| 起运银（两） | 179.19 |
| 存留银（两） | 369.97 |
| 遇闰共加银（两） | 46.15 |

| 政和县 | |
|---|---|
| **夏税** | |
| 麦（石） | 26.26 |
| **秋粮** | |
| 米（石） | 7282.42 |
| 起运米（石） | 3007.52 |
| 存留米（石） | 4274.90 |
| 鱼课米（石） | 44.82 |
| 户口盐钞银（两） | 305.64 |
| 起运银（两） | 124.76 |
| 存留银（两） | 180.88 |
| 遇闰共加银（两） | 25.69 |

| 崇安县 | |
|---|---|
| **夏税** | |
| 丝绵折绢（匹） | 80.00 |
| **秋粮** | |
| 米（石） | 21312.14 |
| 起运米（石） | 8808.81 |
| 存留米（石） | 12503.33 |
| 鱼课米（石） | 438.64 |
| 户口盐钞银（两） | 654.98 |
| 起运银（两） | 238.85 |
| 存留银（两） | 416.13 |
| 遇闰共加银（两） | 55.05 |

[1]依据谭其骧《中国历史地图集》第七册《福建》补。建宁府下辖浦城、松溪、崇安、建阳、政和、寿宁、建安、瓯宁等8州县；现存5县数据，4县县名，第70-71页。

[2]自此处开始，原书此处注明"原书缺第十五、十六六页。"
[3]此县缺县名。

| 寿宁县 | |
|---|---|
| **秋粮** | |
| 米（石） | 2383.86 |
| 起运米（石） | 985.55 |
| 存留米（石） | 1398.31 |
| 户口盐钞银（两） | 182.64 |
| 起运银（两） | 59.92 |
| 存留银（两） | 122.71 |
| 遇闰共加银（两） | 12.19 |
| **延平府** | |
| **夏税** | |
| 零丝绵（两）（存留） | 5.48 |
| **秋粮** | |
| 米（石） | 83945.42 |
| 起运米（石） | 34813.16 |
| 存留米（石） | 49132.25 |
| 鱼课米（石）（存留） | 10109.91 |
| 户口盐钞银（两） | 3661.75 |
| 起运银（两） | 1316.31 |
| 存留银（两） | 2345.43 |
| 遇闰共加银（两） | 307.46 |
| **南平县** | |
| **秋粮** | |
| 米（石） | 16209.00 |
| 起运米（石） | 6720.91 |
| 存留米（石） | 9488.08 |
| 鱼课米（石） | 2328.10 |
| 户口盐钞银（两） | 820.06 |
| 起运银（两） | 319.98 |
| 存留银（两） | 500.08 |
| 遇闰共加银（两） | 68.92 |
| **沙县** | |
| **秋粮** | |
| 米（石） | 17102.07 |
| 起运米（石） | 7086.00 |
| 存留米（石） | 10016.06 |
| 鱼课米（石） | 4262.10 |
| 户口盐钞银（两） | 785.70 |
| 起运银（两） | 172.78 |
| 存留银（两） | 612.91 |
| 遇闰共加银（两） | 66.04 |
| **将乐县** | |
| **秋粮** | |

| | |
|---|---|
| 米（石） | 11762.92 |
| 起运米（石） | 4871.56 |
| 存留米（石） | 6891.35 |
| 鱼课米（石） | 707.86 |
| 户口盐钞银（两） | 533.77 |
| 起运银（两） | 195.24 |
| 存留银（两） | 338.53 |
| 遇闰共加银（两） | 44.86 |
| **尤溪县** | |
| **秋粮** | |
| 米（石） | 10619.76 |
| 起运米（石） | 4376.72 |
| 存留米（石） | 6243.03 |
| 鱼课米（石） | 376.39 |
| 户口盐钞银（两） | 414.56 |
| 起运银（两） | 193.12 |
| 存留银（两） | 221.43 |
| 遇闰共加银（两） | 34.84 |
| **顺昌县** | |
| **秋粮** | |
| 米（石） | 13832.39 |
| 起运米（石） | 5735.48 |
| 存留米（石） | 8096.90 |
| 鱼课米（石） | 831.66 |
| 户口盐钞银（两） | 439.69 |
| 起运银（两） | 173.95 |
| 存留银（两） | 265.74 |
| 遇闰共加银（两） | 36.64 |
| **永安县** | |
| **秋粮** | |
| 米（石） | 7473.39 |
| 起运米（石） | 3215.36 |
| 存留米（石） | 4258.03 |
| 鱼课米（石） | 1491.88 |
| 户口盐钞银（两） | 429.97 |
| 起运银（两） | 146.02 |
| 存留银（两） | 283.94 |
| 遇闰共加银（两） | 36.14 |
| **大田县** | |
| **夏税** | |
| 零丝绵（两） | 5.48 |
| **秋粮** | |
| 米（石） | 6945.87 |

| | | | |
|---|---|---|---|
| 起运米（石） | 2807.09 | 存留米（石） | 5695.76 |
| 存留米（石） | 4138.77 | 鱼课米（石） | 73.08 |
| 鱼课米（石） | 111.90 | 户口盐钞银（两） | 430.68 |
| 户口盐钞银（两） | 237.97 | 起运银（两） | 158.58 |
| 起运银（两） | 115.19 | 存留银（两） | 272.09 |
| 存留银（两） | 122.77 | 遇闰共加银（两） | 26.18 |
| 遇闰共加银（两） | 20.00 | **上杭县** | |
| **汀州府** | | 秋粮 | |
| 夏税 | | 米（石） | 10133.50 |
| 零丝绵（两）（存留） | 2.00 | 起运米（石） | 3771.97 |
| 秋粮 | | 存留米（石） | 6361.53 |
| 米（石） | 84597.87 | 户口盐钞银（两） | 443.25 |
| 起运米（石） | 35066.64 | 起运银（两） | 134.16 |
| 存留米（石） | 49531.23 | 存留银（两） | 309.09 |
| 鱼课米（石）（存留） | 73.08 | 遇闰共加银（两） | 37.25 |
| 户口盐钞银（两） | 3317.64 | **连城县** | |
| 起运银（两） | 1222.95 | 秋粮 | |
| 存留银（两） | 2094.69 | 米（石） | 7697.42 |
| 遇闰共加银（两） | 268.85 | 起运米（石） | 3191.62 |
| **长汀县** | | 存留米（石） | 4505.80 |
| 夏税 | | 户口盐钞银（两） | 447.68 |
| 零丝绵（两） | 2.00 | 起运银（两） | 161.83 |
| 秋粮 | | 存留银（两） | 285.85 |
| 米（石） | 24100.96 | 遇闰共加银（两） | 37.62 |
| 起运米（石） | 9993.34 | **宁化县** | |
| 存留米（石） | 14107.62 | 秋粮 | |
| 户口盐钞银（两） | 543.50 | 米（石） | 14853.40 |
| 起运银（两） | 219.36 | 起运米（石） | 6158.80 |
| 存留银（两） | 324.13 | 存留米（石） | 8694.60 |
| 遇闰共加银（两） | 45.68 | 户口盐钞银（两） | 551.28 |
| **清流县** | | 起运银（两） | 220.48 |
| 秋粮 | | 存留银（两） | 330.80 |
| 米（石） | 5147.02 | 遇闰共加银（两） | 46.35 |
| 起运米（石） | 2133.88 | **武平县** | |
| 存留米（石） | 3013.13 | 秋粮 | |
| 户口盐钞银（两） | 433.93 | 米（石） | 7078.60 |
| 起运银（两） | 173.55 | 起运米（石） | 2935.07 |
| 存留银（两） | 260.38 | 存留米（石） | 4143.53 |
| 遇闰共加银（两） | 36.47 | 户口盐钞银（两） | 208.58 |
| **归化县** | | 起运银（两） | 82.95 |
| 秋粮 | | 存留银（两） | 125.62 |
| 米（石） | 9730.36 | 遇闰共加银（两） | 17.53 |
| 起运米（石） | 4034.60 | **永定县** | |

| | | | |
|---|---|---|---|
| **秋粮** | | 鱼课米（石） | 1433.86 |
| 米（石） | 5856.56 | 户口盐钞银（两） | 1922.21 |
| 起运米（石） | 2847.32 | 起运（两） | 748.29 |
| 存留米（石） | 3009.24 | 存留银（两） | 1173.91 |
| 户口盐钞银（两） | 258.71 | 遇闰共加银（两） | 160.83 |
| 起运银（两） | 72.01 | **邵武县** | |
| 存留银（两） | 186.69 | **秋粮** | |
| 遇闰共加银（两） | 21.74 | 米（石） | 30377.60 |
| **兴化府** | | 起运米（石） | 12517.94 |
| **秋粮** | | 存留米（石） | 17859.65 |
| 米（石） | 67295.44 | 鱼课米（石） | 951.43 |
| 起运米（石） | 25056.30 | 户口盐钞银（两） | 881.00 |
| 存留米（石） | 42239.13 | 起运（两） | 329.16 |
| 鱼课米（石）（存留） | 3056.64 | 存留银（两） | 551.83 |
| 户口盐钞银（两） | 1675.16 | 遇闰共加银（两） | 72.71 |
| 起运银（两） | 983.73 | **光泽县** | |
| 存留银（两） | 691.42 | **秋粮** | |
| 遇闰共加银（两） | 140.80 | 米（石） | 12991.89 |
| **莆田县** | | 起运米（石） | 5381.02 |
| **秋粮** | | 存留米（石） | 7610.87 |
| 米（石） | 48327.08 | 鱼课米（石） | 254.73 |
| 起运米（石） | 17995.39 | 户口盐钞银（两） | 347.01 |
| 存留米（石） | 30331.68 | 起运（两） | 145.87 |
| 鱼课米（石） | 2939.38 | 存留银（两） | 201.13 |
| 户口盐钞银（两） | 1519.68 | 遇闰共加银（两） | 29.16 |
| 起运银（两） | 902.64 | **泰宁县** | |
| 存留银（两） | 617.03 | **秋粮** | |
| 遇闰共加银（两） | 127.73 | 米（石） | 7681.75 |
| **仙游县** | | 起运米（石） | 3183.32 |
| **秋粮** | | 存留米（石） | 4498.42 |
| 米（石） | 18968.36 | 鱼课米（石） | 145.76 |
| 起运米（石） | 7060.90 | 户口盐钞银（两） | 405.06 |
| 存留米（石） | 11907.45 | 起运（两） | 150.00 |
| 鱼课米（石） | 117.26 | 存留银（两） | 255.06 |
| 户口盐钞银（两） | 155.48 | 遇闰共加银（两） | 34.04 |
| 起运银（两） | 81.08 | **建宁县** | |
| 存留银（两） | 74.39 | **秋粮** | |
| 遇闰共加银（两） | 13.06 | 米（石） | 11305.38 |
| **邵武府** | | 起运米（石） | 4685.22 |
| **秋粮** | | 存留米（石） | 6620.15 |
| 米（石） | 62356.63 | 鱼课米（石） | 81.93 |
| 起运米（石） | 25767.52 | 户口盐钞银（两） | 289.12 |
| 存留米（石） | 36589.11 | 起运银（两） | 123.24 |

| | |
|---|---|
| 存留银（两） | 165.88 |
| 遇闰共加银（两） | 24.90 |

| 漳州府 | |
|---|---|
| **夏税** | |
| 零丝绵（两）（存留） | 5.65 |
| **秋粮** | |
| 米（石） | 115916.65 |
| 起运米（石） | 47228.29 |
| 存留米（石） | 68688.36 |
| 租钞（贯）（存留） | 2.00 |
| 鱼课米（石）（存留） | 1033.98 |
| 户口盐钞银（两） | 3705.39 |
| 起运银（两） | 1590.18 |
| 存留银（两） | 2115.20 |
| 遇闰共加银（两） | 311.21 |

| 龙溪县 | |
|---|---|
| **秋粮** | |
| 米（石） | 29207.81 |
| 起运米（石） | 12146.12 |
| 存留米（石） | 17061.68 |
| 鱼课米（石） | 393.35 |
| 户口盐钞银（两） | 984.73 |
| 起运银（两） | 467.67 |
| 存留银（两） | 517.05 |
| 遇闰共加银（两） | 82.76 |

| 南靖县 | |
|---|---|
| **秋粮** | |
| 米（石） | 15809.05 |
| 起运米（石） | 6403.76 |
| 存留米（石） | 9405.28 |
| 租钞（贯） | 2.00 |
| 鱼课米（石） | 4.10 |
| 户口盐钞银（两） | 270.00 |
| 起运银（两） | 101.11 |
| 存留银（两） | 168.88 |
| 遇闰共加银（两） | 22.95 |

| 长泰县 | |
|---|---|
| **秋粮** | |
| 米（石） | 11945.56 |
| 起运米（石） | 4892.83 |
| 存留米（石） | 7052.72 |
| 户口盐钞银（两） | 229.67 |
| 起运银（两） | 93.08 |

| | |
|---|---|
| 存留银（两） | 136.59 |
| 遇闰共加银（两） | 19.13 |

| 漳浦县 | |
|---|---|
| **秋粮** | |
| 米（石） | 15458.10 |
| 起运米（石） | 6105.90 |
| 存留米（石） | 9352.20 |
| 鱼课米（石） | 279.26 |
| 户口盐钞银（两） | 532.04 |
| 起运银（两） | 232.72 |
| 存留银（两） | 299.31 |
| 遇闰共加银（两） | 44.71 |

| 龙岩县 | |
|---|---|
| **夏税** | |
| 零丝绵（两） | 5.65 |
| **秋粮** | |
| 米（石） | 9549.21 |
| 起运米（石） | 3893.02 |
| 存留米（石） | 5656.18 |
| 户口盐钞银（两） | 444.32 |
| 起运银（两） | 173.24 |
| 存留银（两） | 271.08 |
| 遇闰共加银（两） | 37.02 |

| 漳平县 | |
|---|---|
| **秋粮** | |
| 米（石） | 5164.07 |
| 起运米（石） | 2135.77 |
| 存留米（石） | 3028.29 |
| 户口盐钞银（两） | 201.13 |
| 起运银（两） | 141.11 |
| 存留银（两） | 60.01 |
| 遇闰共加银（两） | 16.90 |

| 平和县 | |
|---|---|
| **秋粮** | |
| 米（石） | 4079.88 |
| 起运米（石） | 1651.64 |
| 存留米（石） | 2428.23 |
| 鱼课米（石） | 0.40 |
| 户口盐钞银（两） | 182.34 |
| 起运银（两） | 91.53 |
| 存留银（两） | 90.81 |
| 遇闰共加银（两） | 15.32 |

| 诏安县 | |
|---|---|

| 秋粮 | |
|---|---|
| 米（石） | 9310.41 |
| 起运米（石） | 3954.23 |
| 存留米（石） | 5356.17 |
| 鱼课米（石） | 178.80 |
| 户口盐钞银（两） | 276.59 |
| 起运银（两） | 109.15 |
| 存留银（两） | 167.44 |
| 遇闰共加银（两） | 23.24 |

| 海澄县 | |
|---|---|
| 秋粮 | |
| 米（石） | 12638.29 |
| 起运米（石） | 5008.08 |
| 存留米（石） | 7630.21 |
| 鱼课米（石） | 134.36 |
| 户口盐钞银（两） | 473.39 |
| 起运银（两） | 113.86 |
| 存留银（两） | 359.53 |
| 遇闰共加银（两） | 39.78 |

| 宁洋县 | |
|---|---|
| 秋粮 | |
| 米（石） | 2754.23 |
| 起运米（石） | 1036.88 |
| 存留米（石） | 1717.34 |
| 鱼课米（石） | 43.68 |
| 户口盐钞银（两） | 111.14 |
| 起运银（两） | 66.68 |
| 存留银（两） | 44.45 |
| 遇闰共加银（两） | 9.34 |

| 福宁州 | |
|---|---|
| 夏税 | |
| 零丝绵（两）（存留） | 10.71 |
| 土苎(斤)（存留） | 65.82 |
| 秋粮 | |
| 米（石） | 28513.18 |
| 起运米（石） | 8387.35 |
| 存留米（石） | 20125.83 |
| 鱼课米（石）（存留） | 978.18 |
| 户口盐钞银（两） | 1005.88 |
| 起运银（两） | 408.95 |
| 存留银（两） | 596.92 |
| 遇闰共加银（两） | 84.19 |

| 本州 | |
|---|---|

| 秋粮 | |
|---|---|
| 米（石） | 11873.11 |
| 起运米（石） | 3493.49 |
| 存留米（石） | 8379.62 |
| 鱼课米（石） | 595.87 |
| 户口盐钞银（两） | 266.57 |
| 起运银（两） | 106.30 |
| 存留银（两） | 160.27 |
| 遇闰共加银（两） | 22.05 |

| 宁德县 | |
|---|---|
| 夏税 | |
| 零丝绵（两） | 10.71 |
| 土苎(斤) | 65.82 |
| 秋粮 | |
| 米（石） | 10069.15 |
| 起运米（石） | 2962.69 |
| 存留米（石） | 7106.45 |
| 鱼课米（石）（存留） | 298.56 |
| 户口盐钞银（两） | 393.47 |
| 起运银（两） | 130.21 |
| 存留银（两） | 263.25 |
| 遇闰共加银（两） | 33.07 |

| 福安县 | |
|---|---|
| 秋粮 | |
| 米（石） | 6570.91 |
| 起运米（石） | 1931.16 |
| 存留米（石） | 4639.75 |
| 鱼课米（石） | 83.75 |
| 户口盐钞银（两） | 345.83 |
| 起运银（两） | 172.44 |
| 存留银（两） | 173.39 |
| 遇闰共加银（两） | 29.06 |
| 新增永福等二十四县各人户自行首报,续垦升课米（石） | 425.31 |
| 内除万历六年册报已经增入各县米（石） | 336.00 |
| 实该米（石）（补足弘治原额） | 89.31[1] |

---

[1] 原书此处注："册无县□，难以备载。"所缺"□"，似为"额"。

## 福建布政司田赋沿革事例

景泰三年，镇守刑部尚书薛希琏等题：本省秋粮除岁用外，止有三十五万余石，乞存留官仓，支给守备官军并筑城夫匠。尚书金濂复：该省余粮数多，本年原坐折银，粮仍照数征完，解京备用。

七年，巡抚盛颙奏革粮长。尚书王佐复：准行，令布按二司每岁轮委佐贰官督征税粮。

天顺三年，左布政使徐璟等奏：本省岁用不敷，欲量留折银粮米。尚书沈固复：准暂将本年分折银秋粮四十三万石内量留十万石征收本色，备军士支用。

弘治十七年，听选官张元福奏：本省解户侵收钱粮，弊端滋甚。尚书韩文复：准行，令各府差官类解，解户悉行禁革。

正德四年，巡按韩廉奏明永定、上杭疆界。尚书刘玑复：准将二县交互田粮尽行推割。按成化十四年盗贼生发，奏将上杭县溪南等五里一十九图分设永定县，拨粮五千余石，割入当差。是年奏明疆界，田粮各有所属矣。

嘉靖四十年，巡抚刘焘题：山寇窃发，乞将税契、屯折并秋粮折色银一十四万余两通行留用。尚书高燿复：准将税契、纸赎、商税等银留用，秋粮折色仍旧征解。

四十一年，给事中林命题：地方倭患，请留银两。尚书高燿复：准留盐折银二万二千二百余两，其被贼处，一应坐派钱粮酌量停免。

四十二年，总督胡宗宪题，尚书高燿复：准将该省寺田一一清查，以资兵饷。

四十三年，巡抚谭纶题称：寇情叵测，乞将该省赋税留用。尚书高燿复：准仍令照旧征解。

四十四年，巡抚汪道昆题：莆田县被倭残困。尚书高燿复：准将各年甲丁二库脚价银四万余两存留赈济。

隆庆四年，巡抚何宽题：岁用备倭饷银一十八万八千两，乞将该省丁米等银，照例留用三年。尚书刘体乾复：除丁粮、鱼课、弓兵准留外，其粮剩等银照旧征解。

六年，巡抚殷从俭题：要将原派丁二米四银四万二千两，自六年分限满免其征派，其寺租、弓兵、粮剩、仓折、鱼课、料剩、商税共一十二万五千五百两，存留备用。尚书张守直复：该省倭寇虽宁，防卫不可少懈，前项银两姑照旧征派，以为兵饷，待地方宁谧，即行停免。其寺租、弓兵、粮剩、仓折、鱼课、料剩、商税等银，相兼支用。

万历六年，巡抚刘思问题称：该省浮粮赔累，乞要丈量。尚书张学颜复：行令抚按委官查，将浮粮州县逐一沿坵履亩丈量，如有历年诡寄隐漏及开垦未经报官，许令自首改正免罪，仍给本主领种纳粮。如首报不实，查出问罪，田产入官。有能讦告得实，即以其地给赏。丈量完日，将查出隐匿田地抵补所遗浮粮。奉圣旨：该省田粮不均，偏累小民，依拟着抚按官着实清丈明白具奏。钦此。

八年，巡抚劳堪题：清丈过田土，均摊补足过浮粮造册到部。尚书张学颜复议：行令抚按查将福州等府、闽县等三十四县及福宁州今丈官民田地米五十四万九千三百八十五石九升六合二勺内，除补足原欠浮粮二万一千一百五十三石三斗三升五合七勺外，其溢出额米二百七十五石六斗九升八合一勺，并永福等二十四县新垦升科米四百二十五石三斗一升六合八勺如数补完，原少额米七百一石一升四合九勺，共足原额米八十五万四百四十七石七斗七升四合五勺之数，即刊成书册送部备照。仍行令各该州县分别土名税亩造入黄册，照数催征办纳。奉圣旨：是今天下承平日久，田粮多失旧额，以致豪右隐占，偏累小民包赔，这清丈事例应否通行，各抚按官查核还，会同吏部、都察院详议来说。钦此。

臣等谨按：福建田赋自京库折银之外，余皆存留，以待岁用，民鲜称疲。自嘉靖中，海夷山寇骚动，兵食不足，始议加征折粮，括寺田，又于常赋之外，计丁计粮，量行加派。今山海宁谧，而兵饷不减，闽人何时可息肩耶？是在地方诸臣加之意耳。

## 《万历会计录》卷六　山东布政司田赋（全卷缺失）

## 《万历会计录》卷七　山西布政司田赋

甲表 23　　　　　　　　　　　山西布政司田赋

| | 原额 | | 见额 |
|---|---|---|---|
| | 洪武年间 | 弘治年间 | 万历六年 |
| | （诸司职掌数） | （会典数） | （布政司册报数） |
| 田土官民（亩） | 41864248.00 | 39080933.90[1] | 36803927.20[2] |
| **夏税** | | | |
| 麦（石） | 707367.00 | 578889.67[3] | 591951.31[4] |
| 起运宣府镇龙门广盈等仓麦（石） | | | 3000.00 |
| 怀来广阜仓麦（石） | | | 1000.00 |
| 宣德等仓麦（石） | | | 6605.00 |
| 新兴仓麦（石） | | | 700.00 |
| 广昌仓麦（石） | | | 600.00 |
| 万全广盈等仓麦（石） | | | 600.00 |
| 广积仓麦（石） | | | 700.00 |
| 永宁等仓麦（石） | | | 800.00 |
| 新开口堡仓麦（石） | | | 2000.00 |
| 怀来广备仓麦（石） | | | 500.00 |
| 俱每石折银（两） | | | 1.00 |
| 外加脚价银（两） | | | 0.20 |
| 阔白棉布（匹）（万全万亿库） | | | 6000.00 |
| 准麦（石） | | | 7200.00 |
| 每匹折银（两） | | | 0.30 |
| 大同镇大有仓麦（石） | | | 19275.00 |
| 平虏卫平虏仓麦（石） | | | 1500.00 |
| 石井坪堡仓麦（石） | | | 1000.00 |
| 阔白棉布（匹）（银亿库） | | | 42500.00 |
| 准麦（石） | | | 51000.00 |
| 每匹折银（两） | | | 0.30 |
| 偏头关保德仓麦（石） | | | 4000.00 |
| 宁武关万亿库麦（石） | | | 4000.00 |
| 雁门关广济仓麦（石） | | | 4000.00 |
| 代州边储仓麦（石） | | | 4000.00 |
| 凡大同三关等仓麦，附近三百里者，本色四分，折色六分；五百里者，本色三分，折色七分，其折色俱征脚价；如系五百里之外者，俱每石折银 1 两，外加脚价银 0.2 两。 | | | |
| 以上共起运麦（石） | | | 112480.00 |
| 存留麦（石） | | | 479471.31 |

---

[1] 原书此处注：比洪武原额减 22770 顷 6 亩 7 分 2 厘。
[2] 原书此处注：比弘治减 27833 顷 14 亩 7 厘。
[3] 原书此处注：比洪武原额减 128477.32 石。
[4] 原书此处注：比弘治增 13061.64 石。

|  | | | |
|---|---|---|---|
| 内拨运三关镇各仓麦（石） | | | 35860.70 |
| 实存留麦（石） | | | 443610.61 |
| 农桑丝折绢（匹）（起运） | | 4777.00 | 4771.00[1] |
| 内本色（匹）（起运） | | | 3804.00 |
| 其余折色每匹折银（两）（俱起运京库） | | | 0.70 |
| 零丝（两）（存留） | | 805.87 | 822.55[2] |
| **秋粮** | | | |
| 米（石） | 2093570.00 | 1695132.86[3] | 1722851.38[4] |
| 起运宣府宣德等三仓粟米（石） | | | 27000.00 |
| 新开口等堡仓粟米（石） | | | 5000.00 |
| 蔚州仓粟米（石） | | | 5000.00 |
| 俱每石折银（两） | | | 1.00 |
| 外加脚价银（两） | | | 0.20 |
| 阔白棉布（匹）（万全万亿库） | | | 102500.00 |
| 准米（石） | | | 102500.00 |
| 每匹折银（两） | | | 0.30 |
| 棉花绒（斤） | | | 22500.00 |
| 准米（石） | | | 2250.00 |
| 大同大有仓粟米（石） | | | 10530.00 |
| 黑豆（石） | | | 6500.00 |
| 广充仓粟米（石） | | | 17570.00 |
| 广足仓粟米（石） | | | 20000.00 |
| 广备仓粟米（石） | | | 4000.00 |
| 广积仓粟米（石） | | | 30000.00 |
| 广聚仓粟米（石） | | | 66000.00 |
| 朔州仓粟米（石） | | | 24000.00 |
| 黑豆（石） | | | 7000.00 |
| 浑源州广储仓粟米（石） | | | 5000.00 |
| 怀仁县广丰仓粟米（石） | | | 9000.00 |
| 山阴县仓粟米（石） | | | 2000.00 |
| 马邑县仓粟米（石） | | | 1000.00 |
| 平房卫仓粟米（石） | | | 42000.00 |
| 井坪堡仓粟米（石） | | | 25000.00 |
| 偏头等三关并代州边储仓粟米（石） | | | 65000.00 |
| 黑豆（石） | | | 16000.00 |
| 前项各仓附近三百里者，本色四分，折色六分；五百里者，本色三分，折色七分，折色免征脚价；如系五百里之外者，俱每石折银1两，外加脚价银0.2两。 | | | |
| 阔白棉布（匹）（大同银亿库） | | | 140000.00 |

---

[1] 原书此处注：比弘治减6匹。
[2] 原书此处注：比弘治增1斤6钱8分，存留。
[3] 原书此处注：比洪武原额减398437.13石。
[4] 原书此处注：比弘治增27718.51石。

| | | | |
|---|---|---|---|
| 准米（石） | | | 140000.00 |
| 棉花绒（斤） | | | 80000.00 |
| 准米（石） | | | 8000.00 |
| 以上共起运米（石） | | | 640350.00 |
| 存留米（石） | | | 1082501.38 |
| 内拨运三关镇米（石） | | | 84017.20 |
| 实存留米（石） | | | 998484.18 |
| 马草（束） | | 3544448.00 | 3602991.00[1] |
| 起运大同在城草场草（束） | | | 429124.00 |
| 云川草场草（束） | | | 200000.00 |
| 玉林草场草（束） | | | 485101.00 |
| 威远草场草（束） | | | 182472.00 |
| 平房草场草（束） | | | 592431.00 |
| 井坪堡草场草（束） | | | 150000.00 |
| 天城草场草（束） | | | 153216.00 |
| 阳和草场草（束） | | | 152504.00 |
| 高山堡草草场草（束） | | | 50000.00 |
| 聚落堡草草场草（束） | | | 50000.00 |
| 前项草束照旧例征收每价银1两，外加脚价银0.2两. | | | |
| 偏头关草场草（束） | | | 160201.00 |
| 八角堡草场草（束） | | | 80000.00 |
| 老营堡草场草（束） | | | 339371.00 |
| 灰沟营草场草（束） | | | 10000.00 |
| 水泉营草场草（束） | | | 20000.00 |
| 楼子营草场草（束） | | | 10000.00 |
| 罗圈堡草场草（束） | | | 10000.00 |
| 滑石涧堡草场草（束） | | | 18428.00 |
| 保德州草场草（束） | | | 29718.00 |
| 神池堡草场草（束） | | | 26250.00 |
| 五寨堡草场草（束） | | | 26250.00 |
| 三岔堡草场草（束） | | | 10500.00 |
| 宁武关草场草（束） | | | 153466.00 |
| 利民堡草场草（束） | | | 58962.00 |
| 阳方堡草场草（束） | | | 79180.00 |
| 土棚堡草场草（束） | | | 30000.00 |
| 雁门关草场草（束） | | | 4341.00 |
| 代州草场草（束） | | | 33328.00 |
| 以上共起运草（束） | | | 3544850.00 |
| 存留草（束） | | | 58141.00 |
| 人户（户） | 595444.00 | 575249.00 | 596097.00 |
| 人口（口） | 4072127.00 | 4360476.00[2] | 5319359.00[1] |

[1]原书此处注：比弘治增58542束8分7厘3毫。
[2]原书此处注：比洪武原额户减20195，口增288349。

214

| 户口盐钞银（两） | | | 23306.05 |
|---|---|---|---|
| 遇闰共加银（两）（存留） | | | 2061.62 |

## 甲表24　　山西布政司分府县田赋[1]

| 太原府 | |
|---|---|
| **夏税** | |
| 小麦（石） | 164020.90 |
| 起运麦（石） | 56749.40 |
| 存留麦（石） | 107271.50 |
| 农桑丝折绢（匹）（起运） | 1892.00 |
| 零丝（两）（存留） | 250.19 |
| **秋粮** | |
| 米（石） | 382088.23 |
| 起运米（石） | 180704.70 |
| 存留米（石） | 201383.53 |
| 马草（束） | 771745.00 |
| 起运草（束） | 749183.00 |
| 存留草（束） | 22562.00 |
| 户口盐钞银（两） | 5440.67 |
| 遇闰共加银（两）（存留） | 482.42 |
| **阳曲县** | |
| **夏税** | |
| 小麦（石） | 12931.37 |
| 起运麦（石） | 4692.00 |
| 存留麦（石） | 8239.37 |
| 农桑丝折绢（匹） | 50.00 |
| 零丝（两） | 11.70 |
| **秋粮** | |
| 米（石） | 30626.18 |
| 起运米（石） | 14923.20 |
| 存留米（石） | 15702.98 |
| 马草（束） | 63792.00 |
| 起运草（束） | 63130.00 |
| 存留草（束） | 662.00 |
| 户口盐钞银（两） | 569.46 |
| 遇闰共加银（两） | 50.49 |
| **太原县** | |
| **夏税** | |
| 小麦（石） | 8923.99 |
| 起运麦（石） | 3244.00 |
| 存留麦（石） | 5679.99 |
| 农桑丝折绢（匹） | 51.00 |

| | |
|---|---|
| 零丝（两） | 17.50 |
| **秋粮** | |
| 米（石） | 20964.14 |
| 起运米（石） | 9604.20 |
| 存留米（石） | 11359.94 |
| 马草（束） | 41867.00 |
| 起运草（束） | 41861.00 |
| 存留草（束） | 5.00 |
| 户口盐钞银（两） | 325.46 |
| 遇闰共加银（两） | 28.85 |
| **榆次县** | |
| **夏税** | |
| 小麦（石） | 12111.09 |
| 起运麦（石） | 4171.20 |
| 存留麦（石） | 7939.89 |
| 农桑丝折绢（匹） | 230.00 |
| 零丝（两） | 18.80 |
| **秋粮** | |
| 米（石） | 28116.81 |
| 起运米（石） | 13571.30 |
| 存留米（石） | 14545.51 |
| 马草（束） | 56373.00 |
| 起运草（束） | 55898.00 |
| 存留草（束） | 474.00 |
| 户口盐钞银（两） | 443.49 |
| 遇闰共加银（两） | 39.32 |
| **太谷县** | |
| **夏税** | |
| 小麦（石） | 8407.06 |
| 起运麦（石） | 2918.00 |
| 存留麦（石） | 5489.06 |
| 农桑丝折绢（匹） | 120.00 |
| 零丝（两） | 16.60 |
| **秋粮** | |
| 米（石） | 19583.00 |
| 起运米（石） | 9601.40 |
| 存留米（石） | 9981.60 |
| 马草（束） | 39167.00 |
| 起运草（束） | 37397.00 |
| 存留草（束） | 1770.00 |
| 户口盐钞银（两） | 348.33 |
| 遇闰共加银（两） | 30.88 |
| **祁县** | |

[1]山西省各府、县的户口盐钞银以及遇闰加银，均未未标明存留，但依据甲表23《山西布政司田赋》，山西省的户口盐钞银全部存留。故此在这两项后面，加入"存留"的标注。

| 夏税 | |
|---|---|
| 小麦（石） | 7890.43 |
| 起运麦（石） | 2929.40 |
| 存留麦（石） | 4961.03 |
| 农桑丝折绢（匹） | 98.00 |
| 零丝（两） | 9.60 |
| **秋粮** | |
| 米（石） | 16930.24 |
| 起运米（石） | 8333.20 |
| 存留米（石） | 8597.04 |
| 马草（束） | 34220.00 |
| 起运草（束） | 33828.00 |
| 存留草（束） | 391.00 |
| 户口盐钞银（两） | 240.25 |
| 遇闰共加银（两） | 21.30 |

徐沟县

| 夏税 | |
|---|---|
| 小麦（石） | 4730.71 |
| 起运麦（石） | 1747.00 |
| 存留麦（石） | 2983.71 |
| 农桑丝折绢（匹） | 22.00 |
| 零丝（两） | 6.30 |
| **秋粮** | |
| 米（石） | 10994.16 |
| 起运米（石） | 5227.00 |
| 存留米（石） | 5767.16 |
| 马草（束） | 22388.00 |
| 起运草（束） | 22030.00 |
| 存留草（束） | 358.00 |
| 户口盐钞银（两） | 147.74 |
| 遇闰共加银（两） | 13.10 |

清源县

| 夏税 | |
|---|---|
| 小麦（石） | 4173.75 |
| 起运麦（石） | 1481.30 |
| 存留麦（石） | 2692.45 |
| 农桑丝折绢（匹） | 47.00 |
| 零丝（两） | 7.70 |
| **秋粮** | |
| 米（石） | 9568.05 |
| 起运米（石） | 4849.60 |
| 存留米（石） | 4718.45 |
| 马草（束） | 19136.00 |

| 起运草（束） | 18607.00 |
|---|---|
| 存留草（束） | 528.00 |
| 户口盐钞银（两） | 155.57 |
| 遇闰共加银（两） | 13.79 |

交城县

| 夏税 | |
|---|---|
| 小麦（石） | 3899.99 |
| 起运麦（石） | 1272.50 |
| 存留麦（石） | 2627.49 |
| 农桑丝折绢（匹） | 59.00 |
| 零丝（两） | 7.20 |
| **秋粮** | |
| 米（石） | 9074.48 |
| 起运米（石） | 4036.00 |
| 存留米（石） | 5038.48 |
| 马草（束） | 18148.00 |
| 起运草（束） | 16270.00 |
| 存留草（束） | 1878.00 |
| 户口盐钞银（两） | 269.57 |
| 遇闰共加银（两） | 23.90 |

文水县

| 夏税 | |
|---|---|
| 小麦（石） | 14743.75 |
| 起运麦（石） | 4784.00 |
| 存留麦（石） | 9959.75 |
| 农桑丝折绢（匹） | 102.00 |
| 零丝（两） | 0.20 |
| **秋粮** | |
| 米（石） | 34285.37 |
| 起运米（石） | 16187.10 |
| 存留米（石） | 18098.27 |
| 马草（束） | 68570.00 |
| 起运草（束） | 61433.00 |
| 存留草（束） | 7136.00 |
| 户口盐钞银（两） | 280.52 |
| 遇闰共加银（两） | 24.87 |

寿阳县

| 夏税 | |
|---|---|
| 小麦（石） | 4887.64 |
| 起运麦（石） | 1726.00 |
| 存留麦（石） | 3161.64 |
| 农桑丝折绢（匹） | 25.00 |
| 零丝（两） | 4.00 |

| | |
|---|---|
| 秋粮 | |
| 米（石） | 11573.12 |
| 起运米（石） | 5419.50 |
| 存留米（石） | 6153.62 |
| 马草（束） | 23176.00 |
| 起运草（束） | 22481.00 |
| 存留草（束） | 694.00 |
| 户口盐钞银（两） | 314.81 |
| 遇闰共加银（两） | 27.91 |
| 临县 | |
| 夏税 | |
| 小麦（石） | 4337.44 |
| 起运麦（石） | 1579.80 |
| 存留麦（石） | 2757.64 |
| 农桑丝折绢（匹） | 106.00 |
| 零丝（两） | 14.90 |
| 秋粮 | |
| 米（石） | 10149.85 |
| 起运米（石） | 5200.60 |
| 存留米（石） | 4949.25 |
| 马草（束）（起运） | 20299.00 |
| 户口盐钞银（两） | 126.39 |
| 遇闰共加银（两） | 11.20 |
| 盂县 | |
| 夏税 | |
| 小麦（石） | 4323.14 |
| 起运麦（石） | 1534.00 |
| 存留麦（石） | 2789.14 |
| 农桑丝折绢（匹） | 89.00 |
| 零丝（两） | 2.40 |
| 秋粮 | |
| 米（石） | 10075.72 |
| 起运米（石） | 4760.10 |
| 存留米（石） | 5315.62 |
| 马草（束） | 20351.00 |
| 起运草（束） | 19772.00 |
| 存留草（束） | 579.00 |
| 户口盐钞银（两） | 78.82 |
| 遇闰共加银（两） | 6.98 |
| 静乐县 | |
| 夏税 | |
| 小麦（石） | 3821.75 |
| 起运麦（石） | 1398.40 |

| | |
|---|---|
| 存留麦（石） | 2423.35 |
| 秋粮 | |
| 米（石） | 9157.87 |
| 起运米（石） | 4414.50 |
| 存留米（石） | 4743.37 |
| 马草（束）（起运） | 18455.00 |
| 户口盐钞银（两） | 107.32 |
| 遇闰共加银（两） | 9.51 |
| 河曲县 | |
| 夏税 | |
| 小麦（石） | 532.41 |
| 起运麦（石） | 293.10 |
| 存留麦（石） | 239.31 |
| 农桑丝折绢（匹） | 2.00 |
| 零丝（两） | 12.20 |
| 秋粮 | |
| 米（石）（存留） | 1243.65 |
| 马草（束）（起运） | 2487.00 |
| 户口盐钞银（两） | 54.47 |
| 遇闰共加银（两） | 4.83 |
| 平定州 | |
| 夏税 | |
| 小麦（石） | 4379.42 |
| 起运麦（石） | 1598.30 |
| 存留麦（石） | 2781.12 |
| 农桑丝折绢（匹） | 220.00 |
| 零丝（两） | 11.00 |
| 秋粮 | |
| 米（石） | 10277.15 |
| 起运米（石） | 4622.10 |
| 存留米（石） | 5655.05 |
| 马草（束） | 20584.00 |
| 起运草（束） | 20060.00 |
| 存留草（束） | 523.00 |
| 户口盐钞银（两） | 208.22 |
| 遇闰共加银（两） | 18.46 |
| 乐平县 | |
| 夏税 | |
| 小麦（石） | 2199.54 |
| 起运麦（石） | 791.00 |
| 存留麦（石） | 1408.54 |
| 农桑丝折绢（匹） | 48.00 |
| 零丝（两） | 13.00 |

| | |
|---|---|
| **秋粮** | |
| 米（石） | 5394.77 |
| 起运米（石） | 2740.50 |
| 存留米（石） | 2654.27 |
| 马草（束） | 10989.00 |
| 起运草（束） | 10653.00 |
| 存留草（束） | 335.00 |
| 户口盐钞银（两） | 96.97 |
| 遇闰共加银（两） | 8.59 |
| **忻州** | |
| **夏税** | |
| 小麦（石） | 11715.35 |
| 起运麦（石） | 3922.30 |
| 存留麦（石） | 7793.05 |
| 农桑丝折绢（匹） | 101.00 |
| 零丝（两） | 14.80 |
| **秋粮** | |
| 米（石） | 27634.94 |
| 起运米（石） | 12176.70 |
| 存留米（石） | 15458.24 |
| 马草（束） | 55770.00 |
| 起运草（束） | 50812.00 |
| 存留草（束） | 4957.00 |
| 户口盐钞银（两） | 297.85 |
| 遇闰共加银（两） | 26.41 |
| **定襄县** | |
| **夏税** | |
| 小麦（石） | 4350.39 |
| 起运麦（石） | 905.00 |
| 存留麦（石） | 3445.39 |
| 农桑丝折绢（匹） | 213.00 |
| 零丝（两） | 4.64 |
| **秋粮** | |
| 米（石） | 10025.11 |
| 起运米（石） | 4833.60 |
| 存留米（石） | 5191.51 |
| 马草（束） | 20050.00 |
| 起运草（束） | 19535.00 |
| 存留草（束） | 515.00 |
| 户口盐钞银（两） | 146.49 |
| 遇闰共加银（两） | 12.98 |
| **代州** | |
| **夏税** | |

| | |
|---|---|
| 小麦（石） | 7306.53 |
| 起运麦（石） | 2328.00 |
| 存留麦（石） | 4978.53 |
| 农桑丝折绢（匹） | 51.00 |
| 零丝（两） | 7.50 |
| **秋粮** | |
| 米（石） | 17288.93 |
| 起运米（石） | 8819.70 |
| 存留米（石） | 8469.23 |
| 马草（束） | 35577.00 |
| 起运草（束） | 34615.00 |
| 存留草（束） | 961.00 |
| 户口盐钞银（两） | 177.50 |
| 遇闰共加银（两） | 15.73 |
| **五台县** | |
| **夏税** | |
| 小麦（石） | 4100.22 |
| 起运麦（石） | 999.00 |
| 存留麦（石） | 3101.22 |
| 农桑丝折绢（匹） | 12.00 |
| 零丝（两） | 18.20 |
| **秋粮** | |
| 米（石） | 9628.24 |
| 起运米（石） | 4655.10 |
| 存留米（石） | 4973.14 |
| 马草（束）（起运） | 19252.00 |
| 户口盐钞银（两） | 127.92 |
| 遇闰共加银（两） | 11.34 |
| **繁峙县** | |
| **夏税** | |
| 小麦（石） | 3816.43 |
| 起运麦（石） | 1387.00 |
| 存留麦（石） | 2429.43 |
| **秋粮** | |
| 米（石） | 8475.09 |
| 起运米（石） | 4185.10 |
| 存留米（石） | 4289.99 |
| 马草（束）（起运） | 16992.00 |
| 户口盐钞银（两） | 111.52 |
| 遇闰共加银（两） | 9.88 |
| **崞县** | |
| **夏税** | |
| 小麦（石） | 9480.26 |

| | |
|---|---|
| 起运麦（石） | 3295.00 |
| 存留麦（石） | 6185.26 |
| 农桑丝折绢（匹） | 68.00 |
| 零丝（两） | 15.80 |
| **秋粮** | |
| 米（石） | 21992.41 |
| 起运米（石） | 9227.00 |
| 存留米（石） | 12765.41 |
| 马草（束） | 45179.00 |
| 起运草（束） | 44537.00 |
| 存留草（束） | 642.00 |
| 户口盐钞银（两） | 298.77 |
| 遇闰共加银（两） | 26.49 |
| **岢岚州** | |
| **夏税** | |
| 小麦（石） | 1978.53 |
| 起运麦（石） | 784.50 |
| 存留麦（石） | 1194.03 |
| 农桑丝折绢（匹） | 1.00 |
| 零丝（两） | 2.50 |
| **秋粮** | |
| 米（石） | 4651.27 |
| 起运米（石） | 2014.00 |
| 存留米（石） | 2637.27 |
| 马草（束）（起运） | 9700.00 |
| 户口盐钞银（两） | 41.22 |
| 遇闰共加银（两） | 3.65 |
| **岚县** | |
| **夏税** | |
| 小麦（石） | 4744.65 |
| 起运麦（石） | 1725.00 |
| 存留麦（石） | 3019.65 |
| **秋粮** | |
| 米（石） | 11070.85 |
| 起运米（石） | 5448.00 |
| 存留米（石） | 5622.85 |
| 马草（束）（起运） | 22141.00 |
| 户口盐钞银（两） | 51.69 |
| 遇闰共加银（两） | 4.58 |
| **兴县** | |
| **夏税** | |
| 麦（石） | 2274.19 |
| 起运麦（石） | 837.00 |

| | |
|---|---|
| 存留麦（石） | 1437.19 |
| 农桑丝折绢（匹） | 38.00 |
| 零丝（两） | 5.25 |
| **秋粮** | |
| 米（石） | 5306.46 |
| 起运米（石） | 2866.00 |
| 存留米（石） | 2440.46 |
| 马草（束）（起运） | 10612.00 |
| 户口盐钞银（两） | 81.21 |
| 遇闰共加银（两） | 7.20 |
| **保德州** | |
| **夏税** | |
| 麦（石） | 642.60 |
| 起运麦（石） | 272.00 |
| 存留麦（石） | 370.60 |
| 农桑丝折绢（匹） | 12.00 |
| 零丝（两） | 0.10 |
| **秋粮** | |
| 米（石）（存留） | 1611.27 |
| 马草（束）（起运） | 3223.00 |
| 户口盐钞银（两） | 78.03 |
| 遇闰共加银（两） | 6.91 |
| **永宁州** | |
| **夏税** | |
| 麦（石） | 8130.96 |
| 起运麦（石） | 2978.80 |
| 存留麦（石） | 5152.16 |
| 农桑丝折绢（匹）（起运） | 51.00 |
| 零丝（两）（起运） | 14.00 |
| **秋粮** | |
| 米（石） | 18952.24 |
| 起运米（石） | 9251.20 |
| 存留米（石） | 9701.04 |
| 马草（束） | 38365.00 |
| 起运草（束） | 38253.00 |
| 存留草（束） | 112.00 |
| 户口盐钞银（两）（存留） | 199.83 |
| 遇闰共加银（两）（存留） | 17.01 |
| **宁乡县** | |
| **夏税** | |
| 小麦（石） | 3187.16 |
| 起运麦（石） | 1155.80 |
| 存留麦（石） | 2031.36 |

| | | | | |
|---|---|---|---|---|
| 农桑丝折绢（匹） | 76.00 | | **襄陵县** | |
| 零丝（两） | 14.30 | | **夏税** | |
| **秋粮** | | | 小麦（石） | 3363.63 |
| 米（石） | 7436.72 | | 起运麦（石） | 977.70 |
| 起运米（石） | 3738.00 | | 存留麦（石） | 2385.93 |
| 存留米（石） | 3698.72 | | 农桑丝折绢（匹） | 51.00 |
| 马草（束） | 14870.00 | | 零丝（两） | 19.40 |
| 起运草（束） | 14838.00 | | **秋粮** | |
| 存留草（束） | 32.00 | | 米（石） | 28603.23 |
| 户口盐钞银（两） | 61.11 | | 起运米（石） | 12859.60 |
| 遇闰共加银（两） | 5.41 | | 存留米（石） | 15743.63 |
| **平阳府** | | | 马草（束） | 57218.00 |
| **夏税** | | | 起运草（束） | 55800.00 |
| 小麦（石） | 266127.92 | | 存留草（束） | 1418.00 |
| 起运麦（石） | 60358.00 | | 户口盐钞银（两） | 357.79 |
| 存留麦（石） | 205769.92 | | 遇闰共加银（两） | 31.72 |
| 农桑丝折绢（匹）（起运） | 866.00 | | **洪洞县** | |
| 零丝（两）（存留） | 341.30 | | **夏税** | |
| **秋粮** | | | 小麦（石） | 3491.04 |
| 米（石） | 812186.19 | | 起运麦（石） | 1074.20 |
| 起运米（石） | 364421.90 | | 存留麦（石） | 2416.84 |
| 存留米（石） | 447764.29 | | 农桑丝折绢（匹） | 7.00 |
| 马草（束） | 1624783.00 | | 零丝（两） | 19.30 |
| 起运草（束） | 1594161.00 | | **秋粮** | |
| 存留草（束） | 30622.00 | | 米（石） | 33288.64 |
| 户口盐钞银（两） | 8142.49 | | 起运米（石） | 15408.40 |
| 遇闰共加银（两）（存留） | 722.00 | | 存留米（石） | 17880.24 |
| **临汾县** | | | 马草（束） | 66669.00 |
| **夏税** | | | 起运草（束） | 66086.00 |
| 小麦（石） | 8352.23 | | 存留草（束） | 582.00 |
| 起运麦（石） | 2291.40 | | 户口盐钞银（两） | 457.67 |
| 存留麦（石） | 6060.83 | | 遇闰共加银（两） | 40.58 |
| 农桑丝折绢（匹） | 22.00 | | **浮山县** | |
| 零丝（两） | 4.80 | | **夏税** | |
| **秋粮** | | | 小麦（石） | 668.76 |
| 米（石） | 48449.96 | | 起运麦（石） | 197.40 |
| 起运米（石） | 21254.40 | | 存留麦（石） | 471.36 |
| 存留米（石） | 27195.56 | | 农桑丝折绢（匹） | 32.00 |
| 马草（束） | 97199.00 | | 零丝（两） | 16.20 |
| 起运草（束） | 96030.00 | | **秋粮** | |
| 存留草（束） | 1169.00 | | 米（石） | 16107.17 |
| 户口盐钞银（两） | 582.71 | | 起运米（石） | 7328.10 |
| 遇闰共加银（两） | 51.66 | | 存留米（石） | 8779.07 |

| | | | |
|---|---|---|---|
| 马草（束） | 32214.00 | 零丝（两） | 19.80 |
| 起运草（束） | 32150.00 | 秋粮 | |
| 存留草（束） | 63.00 | 米（石） | 10221.81 |
| 户口盐钞银（两） | 114.53 | 起运米（石） | 3948.20 |
| 遇闰共加银（两） | 10.15 | 存留米（石） | 6273.61 |
| 赵城县 | | 马草（束） | 20443.00 |
| 夏税 | | 起运草（束） | 17915.00 |
| 小麦（石） | 8191.36 | 存留草（束） | 2528.00 |
| 起运麦（石） | 2451.80 | 户口盐钞银（两） | 58.60 |
| 存留麦（石） | 5739.56 | 遇闰共加银（两） | 5.19 |
| 农桑丝折绢（匹） | 28.00 | 曲沃县 | |
| 零丝（两） | 2.70 | 夏税 | |
| 秋粮 | | 小麦（石） | 10463.49 |
| 米（石） | 14903.09 | 起运麦（石） | 3736.00 |
| 起运米（石） | 7085.60 | 存留麦（石） | 6727.49 |
| 存留米（石） | 7817.49 | 农桑丝折绢（匹） | 6.00 |
| 马草（束） | 29806.00 | 零丝（两） | 5.20 |
| 起运草（束） | 29642.00 | 秋粮 | |
| 存留草（束） | 163.00 | 米（石） | 32874.81 |
| 户口盐钞银（两） | 220.20 | 起运米（石） | 15830.40 |
| 遇闰共加银（两） | 19.53 | 存留米（石） | 17044.41 |
| 太平县 | | 马草（束） | 65789.00 |
| 夏税 | | 起运草（束） | 65728.00 |
| 小麦（石） | 16052.37 | 存留草（束） | 61.00 |
| 起运麦（石） | 5063.60 | 户口盐钞银（两） | 558.63 |
| 存留麦（石） | 10988.77 | 遇闰共加银（两） | 49.53 |
| 农桑丝折绢（匹） | 17.00 | 翼城县 | |
| 零丝（两） | 2.80 | 夏税 | |
| 秋粮 | | 小麦（石） | 5398.28 |
| 米（石） | 27842.03 | 起运麦（石） | 1407.20 |
| 起运米（石） | 12888.30 | 存留麦（石） | 3991.08 |
| 存留米（石） | 14953.73 | 农桑丝折绢（匹） | 68.00 |
| 马草（束） | 55684.00 | 零丝（两） | 3.30 |
| 起运草（束） | 55672.00 | 秋粮 | |
| 存留草（束） | 11.00 | 米（石） | 31733.84 |
| 户口盐钞银（两） | 239.81 | 起运米（石） | 14759.10 |
| 遇闰共加银（两） | 21.26 | 存留米（石） | 16974.74 |
| 岳阳县 | | 马草（束） | 63460.00 |
| 夏税 | | 起运草（束） | 62794.00 |
| 小麦（石） | 807.90 | 存留草（束） | 665.00 |
| 起运麦（石） | 221.70 | 户口盐钞银（两） | 411.38 |
| 存留麦（石） | 586.20 | 遇闰共加银（两） | 36.47 |
| 农桑丝折绢（匹） | 19.00 | 汾西县 | |

| 夏税 | |
| --- | --- |
| 小麦（石） | 731.50 |
| 起运麦（石） | 169.80 |
| 存留麦（石） | 561.70 |
| 农桑丝折绢（匹） | 22.00 |
| 零丝（两） | 16.10 |
| **秋粮** | |
| 米（石） | 15218.81 |
| 起运米（石） | 6938.10 |
| 存留米（石） | 8280.71 |
| 马草（束） | 30437.00 |
| 起运草（束） | 30195.00 |
| 存留草（束） | 242.00 |
| 户口盐钞银（两） | 106.98 |
| 遇闰共加银（两） | 9.48 |

| 蒲县 | |
| --- | --- |
| **夏税** | |
| 小麦（石） | 1225.57 |
| 起运麦（石） | 252.70 |
| 存留麦（石） | 972.87 |
| 农桑丝折绢（匹） | 10.00 |
| 零丝（两） | 10.80 |
| **秋粮** | |
| 米（石） | 10772.92 |
| 起运米（石） | 4734.50 |
| 存留米（石） | 6038.42 |
| 马草（束） | 21544.00 |
| 起运草（束） | 21270.00 |
| 存留草（束） | 274.00 |
| 户口盐钞银（两） | 57.26 |
| 遇闰共加银（两） | 5.07 |

| 蒲州 | |
| --- | --- |
| **夏税** | |
| 小麦（石） | 12456.19 |
| 起运麦（石） | 3088.00 |
| 存留麦（石） | 9368.19 |
| 农桑丝折绢（匹） | 9.00 |
| 零丝（两） | 13.10 |
| **秋粮** | |
| 米（石） | 49522.32 |
| 起运米（石） | 22627.20 |
| 存留米（石） | 26895.12 |
| 马草（束） | 99084.00 |

| 起运草（束） | 98685.00 |
| --- | --- |
| 存留草（束） | 399.00 |
| 户口盐钞银（两） | 343.74 |
| 遇闰共加银（两） | 30.48 |

| 临晋县[1] | |
| --- | --- |
| **夏税** | |
| 小麦（石） | 11944.14 |
| 起运麦（石） | 1672.40 |
| 存留麦（石） | 10271.74 |
| 农桑丝折绢（匹） | 12.00 |
| 零丝（两） | 9.80 |
| **秋粮** | |
| 米（石） | 47013.14 |
| 起运米（石） | 23918.60 |
| 存留米（石） | 23094.54 |
| 马草（束）（起运） | 94046.00 |
| 户口盐钞银（两） | 251.97 |
| 遇闰共加银（两） | 22.34 |

| 荣河县 | |
| --- | --- |
| **夏税** | |
| 小麦（石） | 6937.59 |
| 起运麦（石） | 1261.90 |
| 存留麦（石） | 5675.69 |
| 农桑丝折绢（匹） | 5.00 |
| 零丝（两） | 5.30 |
| **秋粮** | |
| 米（石） | 27559.74 |
| 起运米（石） | 11741.70 |
| 存留米（石） | 15818.04 |
| 马草（束） | 55119.00 |
| 起运草（束） | 52840.00 |
| 存留草（束） | 2279.00 |
| 户口盐钞银（两） | 262.78 |
| 遇闰共加银（两） | 23.30 |

| 猗氏县 | |
| --- | --- |
| **夏税** | |
| 小麦（石） | 8141.18 |
| 起运麦（石） | 899.50 |
| 存留麦（石） | 7241.68 |
| 农桑丝折绢（匹） | 5.00 |
| 零丝（两） | 0.80 |

---

[1] 此县县名残缺，据谭其骧《中国历史地图集》第七册《山西》，应为"临晋县"，第54页。

| | |
|---|---|
| **秋粮** | |
| 米（石） | 32486.18 |
| 起运米（石） | 13821.10 |
| 存留米（石） | 18665.08 |
| 马草（束） | 64763.00 |
| 起运草（束） | 63506.00 |
| 存留草（束） | 1257.00 |
| 户口盐钞银（两） | 211.85 |
| 遇闰共加银（两） | 18.78 |
| **万泉县** | |
| **夏税** | |
| 小麦（石） | 5693.85 |
| 起运麦（石） | 838.80 |
| 存留麦（石） | 4855.05 |
| 农桑丝折绢（匹） | 6.00 |
| 零丝（两） | 4.50 |
| **秋粮** | |
| 米（石） | 22799.03 |
| 起运米（石） | 9875.10 |
| 存留米（石） | 12923.93 |
| 马草（束） | 45598.00 |
| 起运草（束） | 44473.00 |
| 存留草（束） | 1124.00 |
| 户口盐钞银（两） | 138.54 |
| 遇闰共加银（两） | 12.28 |
| **河津县** | |
| **夏税** | |
| 小麦（石） | 6214.26 |
| 起运麦（石） | 1191.70 |
| 存留麦（石） | 5022.56 |
| 农桑丝折绢（匹） | 30.00 |
| 零丝（两） | 6.00 |
| **秋粮** | |
| 米（石） | 24453.32 |
| 起运米（石） | 10790.60 |
| 存留米（石） | 13662.72 |
| 马草（束） | 48906.00 |
| 起运草（束） | 48325.00 |
| 存留草（束） | 580.00 |
| 户口盐钞银（两） | 250.87 |
| 遇闰共加银（两） | 22.24 |
| **解州** | |
| **夏税** | |

| | |
|---|---|
| 小麦（石） | 6885.62 |
| 起运麦（石） | 1405.50 |
| 存留麦（石） | 5480.12 |
| 农桑丝折绢（匹） | 5.00 |
| 零丝（两） | 11.30 |
| **秋粮** | |
| 米（石） | 12704.20 |
| 起运米（石） | 5920.00 |
| 存留米（石） | 6784.20 |
| 马草（束） | 25408.00 |
| 起运草（束） | 25369.00 |
| 存留草（束） | 39.00 |
| 户口盐钞银（两） | 90.18 |
| 遇闰共加银（两） | 7.99 |
| **安邑县** | |
| **夏税** | |
| 小麦（石） | 20326.99 |
| 起运麦（石） | 4233.80 |
| 存留麦（石） | 16093.19 |
| 农桑丝折绢（匹） | 6.00 |
| 零丝（两） | 2.60 |
| **秋粮** | |
| 米（石） | 33262.06 |
| 起运米（石） | 14921.60 |
| 存留米（石） | 18340.46 |
| 马草（束） | 66544.00 |
| 起运草（束） | 65192.00 |
| 存留草（束） | 1351.00 |
| 户口盐钞银（两） | 470.29 |
| 遇闰共加银（两） | 41.70 |
| **夏县** | |
| **夏税** | |
| 小麦（石） | 27040.10 |
| 起运麦（石） | 8230.00 |
| 存留麦（石） | 18810.10 |
| 农桑丝折绢（匹） | 44.00 |
| 零丝（两） | 10.80 |
| **秋粮** | |
| 米（石） | 18113.96 |
| 起运米（石） | 8209.50 |
| 存留米（石） | 9904.46 |
| 马草（束） | 36227.00 |
| 起运草（束） | 34739.00 |

| | |
|---|---|
| 存留草（束） | 1488.00 |
| 户口盐钞银（两） | 425.53 |
| 遇闰共加银（两） | 37.73 |

| 闻喜县 | |
|---|---|
| **夏税** | |
| 小麦（石） | 21497.71 |
| 起运麦（石） | 3503.00 |
| 存留麦（石） | 17994.71 |
| 农桑丝折绢（匹） | 42.00 |
| 零丝（两） | 3.90 |
| **秋粮** | |
| 米（石） | 33461.57 |
| 起运米（石） | 13388.10 |
| 存留米（石） | 20073.47 |
| 马草（束） | 66943.00 |
| 起运草（束） | 63317.00 |
| 存留草（束） | 3625.00 |
| 户口盐钞银（两） | 380.82 |
| 遇闰共加银（两） | 33.76 |

| 平陆县 | |
|---|---|
| **夏税** | |
| 小麦（石） | 7929.06 |
| 起运麦（石） | 1301.00 |
| 存留麦（石） | 6628.06 |
| 农桑丝折绢（匹） | 26.00 |
| 零丝（两） | 6.00 |
| **秋粮** | |
| 米（石） | 18425.53 |
| 起运米（石） | 8116.10 |
| 存留米（石） | 10309.43 |
| 马草（束） | 36851.00 |
| 起运草（束） | 35992.00 |
| 存留草（束） | 858.00 |
| 户口盐钞银（两） | 151.24 |
| 遇闰共加银（两） | 13.41 |

| 芮城县 | |
|---|---|
| **夏税** | |
| 小麦（石） | 10881.35 |
| 起运麦（石） | 1963.40 |
| 存留麦（石） | 8917.95 |
| 农桑丝折绢（匹） | 20.00 |
| 零丝（两） | 4.40 |
| **秋粮** | |

| | |
|---|---|
| 米（石） | 16073.84 |
| 起运米（石） | 7301.10 |
| 存留米（石） | 8772.74 |
| 马草（束） | 32147.00 |
| 起运草（束） | 32033.00 |
| 存留草（束） | 114.00 |
| 户口盐钞银（两） | 198.64 |
| 遇闰共加银（两） | 17.61 |

| 绛州 | |
|---|---|
| **夏税** | |
| 小麦（石） | 15799.28 |
| 起运麦（石） | 4304.10 |
| 存留麦（石） | 11495.18 |
| 农桑丝折绢（匹） | 66.00 |
| 零丝（两） | 6.60 |
| **秋粮** | |
| 米（石） | 26351.68 |
| 起运米（石） | 11796.50 |
| 存留米（石） | 14555.18 |
| 马草（束） | 52703.00 |
| 起运草（束） | 52398.00 |
| 存留草（束） | 305.00 |
| 户口盐钞银（两） | 524.71 |
| 遇闰共加银（两） | 46.52 |

| 稷山县 | |
|---|---|
| **夏税** | |
| 小麦（石） | 13497.25 |
| 起运麦（石） | 1356.50 |
| 存留麦（石） | 12140.75 |
| 农桑丝折绢（匹） | 32.00 |
| 零丝（两） | 18.80 |
| **秋粮** | |
| 米（石） | 40515.85 |
| 起运米（石） | 16427.50 |
| 存留米（石） | 24088.35 |
| 马草（束） | 81031.00 |
| 起运草（束） | 74793.00 |
| 存留草（束） | 6237.00 |
| 户口盐钞银（两） | 267.78 |
| 遇闰共加银（两） | 23.74 |

| 绛县 | |
|---|---|
| **夏税** | |
| 小麦（石） | 8196.79 |

| | |
|---|---|
| 起运麦（石） | 1738.20 |
| 存留麦（石） | 6458.59 |
| 农桑丝折绢（匹） | 34.00 |
| 零丝（两） | 6.00 |
| **秋粮** | |
| 米（石） | 20874.44 |
| 起运米（石） | 9285.10 |
| 存留米（石） | 11589.34 |
| 马草（束） | 41748.00 |
| 起运草（束） | 41651.00 |
| 存留草（束） | 97.00 |
| 户口盐钞银（两） | 204.31 |
| 遇闰共加银（两） | 18.11 |
| **垣曲县** | |
| **夏税** | |
| 小麦（石） | 3320.95 |
| 起运麦（石） | 799.70 |
| 存留麦（石） | 2521.25 |
| 农桑丝折绢（匹） | 21.00 |
| 零丝（两） | 11.50 |
| **秋粮** | |
| 米（石） | 13263.31 |
| 起运米（石） | 6148.10 |
| 存留米（石） | 7115.21 |
| 马草（束） | 26526.00 |
| 起运草（束） | 26484.00 |
| 存留草（束） | 41.00 |
| 户口盐钞银（两） | 99.63 |
| 遇闰共加银（两） | 8.83 |
| **吉州** | |
| **夏税** | |
| 小麦（石） | 2562.14 |
| 起运麦（石） | 471.60 |
| 存留麦（石） | 2090.54 |
| 农桑丝折绢（匹） | 29.00 |
| 零丝（两） | 9.40 |
| **秋粮** | |
| 米（石） | 12744.38 |
| 起运米（石） | 6042.60 |
| 存留米（石） | 6701.78 |
| 马草（束） | 25492.00 |
| 起运草（束） | 24992.00 |
| 存留草（束） | 500.00 |

| | |
|---|---|
| 户口盐钞银（两） | 47.63 |
| 遇闰共加银（两） | 4.22 |
| **乡宁县** | |
| **夏税** | |
| 小麦（石） | 4334.38 |
| 起运麦（石） | 640.00 |
| 存留麦（石） | 3694.38 |
| 农桑丝折绢（匹） | 23.00 |
| 零丝（两） | 17.50 |
| **秋粮** | |
| 米（石） | 17736.38 |
| 起运米（石） | 7701.80 |
| 存留米（石） | 10034.58 |
| 马草（束）（起运） | 35472.00 |
| 户口盐钞银（两） | 54.70 |
| 遇闰共加银（两） | 4.85 |
| **隰州** | |
| **夏税** | |
| 小麦（石） | 4382.64 |
| 起运麦（石） | 1277.70 |
| 存留麦（石） | 3104.94 |
| 农桑丝折绢（匹） | 21.00 |
| 零丝（两） | 16.20 |
| **秋粮** | |
| 米（石） | 16146.53 |
| 起运米（石） | 7054.00 |
| 存留米（石） | 9092.53 |
| 马草（束） | 32293.00 |
| 起运草（束） | 30951.00 |
| 存留草（束） | 1341.00 |
| 户口盐钞银（两） | 143.93 |
| 遇闰共加银（两） | 12.76 |
| **大宁县** | |
| **夏税** | |
| 小麦（石） | 2203.52 |
| 起运麦（石） | 601.00 |
| 存留麦（石） | 1602.52 |
| 农桑丝折绢（匹） | 25.00 |
| 零丝（两） | 16.70 |
| **秋粮** | |
| 米（石） | 8346.93 |
| 起运米（石） | 3851.80 |
| 存留米（石） | 4495.13 |

| | |
|---|---|
| 马草（束） | 16693.00 |
| 起运草（束） | 16645.00 |
| 存留草（束） | 48.00 |
| 户口盐钞银（两） | 62.63 |
| 遇闰共加银（两） | 5.55 |
| **石楼县** | |
| 夏税 | |
| 小麦（石） | 3189.74 |
| 起运麦（石） | 900.80 |
| 存留麦（石） | 2288.94 |
| 农桑丝折绢（匹） | 15.00 |
| 零丝（两） | 5.40 |
| 秋粮 | |
| 米（石） | 13329.74 |
| 起运米（石） | 5967.10 |
| 存留米（石） | 7362.64 |
| 马草（束） | 26659.00 |
| 起运草（束） | 25597.00 |
| 存留草（束） | 1061.00 |
| 户口盐钞银（两） | 113.17 |
| 遇闰共加银（两） | 10.03 |
| **永和县** | |
| 夏税 | |
| 小麦（石） | 2884.64 |
| 起运麦（石） | 499.70 |
| 存留麦（石） | 2384.94 |
| 农桑丝折绢（匹） | 14.00 |
| 零丝（两） | 16.50 |
| 秋粮 | |
| 米（石） | 10123.69 |
| 起运米（石） | 4049.80 |
| 存留米（石） | 6073.89 |
| 马草（束） | 20247.00 |
| 起运草（束） | 19765.00 |
| 存留草（束） | 481.00 |
| 户口盐钞银（两） | 42.43 |
| 遇闰共加银（两） | 3.76 |
| **霍州** | |
| 夏税 | |
| 小麦（石） | 932.37 |
| 起运麦（石） | 336.20 |
| 存留麦（石） | 596.17 |
| 农桑丝折绢（匹） | 67.00 |

| | |
|---|---|
| 零丝（两） | 6.00 |
| 秋粮 | |
| 米（石） | 13999.52 |
| 起运米（石） | 6433.10 |
| 存留米（石） | 7566.42 |
| 马草（束） | 28039.00 |
| 起运草（束） | 27843.00 |
| 存留草（束） | 195.00 |
| 户口盐钞银（两） | 106.27 |
| 遇闰共加银（两） | 9.42 |
| **灵石县** | |
| 夏税 | |
| 小麦（石）（存留） | 129.88 |
| 农桑丝折绢（匹） | 27.00 |
| 零丝（两） | 11.10 |
| 秋粮 | |
| 米（石） | 12862.36 |
| 起运米（石） | 5999.10 |
| 存留米（石） | 6863.26 |
| 马草（束） | 25764.00 |
| 起运草（束） | 25754.00 |
| 存留草（束） | 10.00 |
| 户口盐钞银（两） | 133.13 |
| 遇闰共加银（两） | 11.80 |
| **大同府** | |
| 夏税 | |
| 小麦（石）（存留） | 49133.71 |
| 农桑丝折绢（匹）（起运） | 1.00 |
| 零丝（两）（存留） | 14.00 |
| 秋粮 | |
| 米（石）（存留） | 59890.12 |
| 马草（束）（起运） | 267052.00 |
| 户口盐钞银（两） | 1097.12 |
| 遇闰共加银（两）（存留） | 92.36 |
| **大同县** | |
| 夏税 | |
| 小麦（石） | 8756.83 |
| 秋粮 | |
| 米（石） | 10865.61 |
| 马草（束） | 46752.00 |
| 户口盐钞银（两） | 153.41 |
| 遇闰共加银（两） | 7.38 |
| **怀仁县** | |

| 夏税 | |
|---|---|
| 小麦（石） | 3212.60 |
| **秋粮** | |
| 米（石） | 4443.26 |
| 马草（束） | 20788.00 |
| 户口盐钞银（两） | 80.51 |
| 遇闰共加银（两） | 24.57 |
| **浑源州** | |
| 夏税 | |
| 小麦（石） | 4218.12 |
| **秋粮** | |
| 米（石） | 6228.32 |
| 马草（束） | 27794.00 |
| 户口盐钞银（两） | 112.41 |
| 遇闰共加银（两） | 6.90 |
| **应州** | |
| 夏税 | |
| 小麦（石） | 8435.91 |
| **秋粮** | |
| 米（石） | 12597.81 |
| 马草（束） | 52087.00 |
| 户口盐钞银（两） | 175.68 |
| 遇闰共加银（两） | 14.64 |
| **山阴县** | |
| 夏税 | |
| 小麦（石） | 3016.64 |
| **秋粮** | |
| 米（石） | 2914.56 |
| 马草（束） | 12031.00 |
| 户口盐钞银（两） | 86.41 |
| 遇闰共加银（两） | 5.97 |
| **朔州** | |
| 夏税 | |
| 小麦（石） | 5373.33 |
| **秋粮** | |
| 米（石） | 3559.41 |
| 马草（束） | 14623.00 |
| 户口盐钞银（两） | 52.36 |
| **马邑县** | |
| 夏税 | |
| 小麦（石） | 3324.64 |
| **秋粮** | |
| 米（石） | 2550.51 |

| 马草（束） | 10651.00 |
|---|---|
| 户口盐钞银（两） | 47.37 |
| 遇闰共加银（两） | 6.42 |
| **蔚州** | |
| 夏税 | |
| 小麦（石） | 7985.36 |
| **秋粮** | |
| 米（石） | 7165.19 |
| 马草（束） | 34042.00 |
| 户口盐钞银（两） | 120.55 |
| 遇闰共加银（两） | 9.41 |
| **广灵县** | |
| 夏税 | |
| 小麦（石） | 1996.98 |
| **秋粮** | |
| 米（石） | 3597.35 |
| 马草（束） | 17584.00 |
| 户口盐钞银（两） | 82.60 |
| 遇闰共加银（两） | 0.81 |
| **广昌县** | |
| 夏税 | |
| 小麦（石） | 1103.09 |
| 农桑丝折绢（匹） | 1.00 |
| 零丝（两） | 14.00 |
| **秋粮** | |
| 米（石） | 1858.83 |
| 马草（束） | 9886.00 |
| 户口盐钞银（两） | 92.69 |
| 遇闰共加银（两） | 7.68 |
| **灵丘县** | |
| 夏税 | |
| 小麦（石） | 1710.16 |
| **秋粮** | |
| 米（石） | 4109.22 |
| 马草（束） | 20807.00 |
| 户口盐钞银（两） | 93.09 |
| 遇闰共加银（两） | 8.54 |
| **潞安府** | |
| 夏税 | |
| 小麦（石） | 40854.62 |
| 起运麦（石） | 10309.20 |
| 存留麦（石） | 30545.42 |
| 农桑丝折绢（匹）（起运） | 287.00 |

| | |
|---|---|
| 零丝（两）（存留） | 71.95 |
| **秋粮** | |
| 米（石） | 162817.36 |
| 起运米（石） | 58974.90 |
| 存留米（石） | 103842.46 |
| 马草（束）（起运） | 326343.00 |
| 户口盐钞银（两） | 3280.30 |
| 遇闰共加银（两） | 290.86 |
| **长治县** | |
| **夏税** | |
| 小麦（石） | 8425.75 |
| 起运麦（石） | 2328.50 |
| 存留麦（石） | 6097.25 |
| 农桑丝折绢（匹） | 21.00 |
| 零丝（两） | 1.35 |
| **秋粮** | |
| 米（石） | 33704.07 |
| 起运米（石） | 12798.10 |
| 存留米（石） | 20905.97 |
| 马草（束） | 67405.00 |
| 户口盐钞银（两） | 1105.60 |
| 遇闰共加银（两） | 98.03 |
| **长子县** | |
| **夏税** | |
| 小麦（石） | 6528.27 |
| 起运麦（石） | 1837.90 |
| 存留麦（石） | 4690.37 |
| 农桑丝折绢（匹） | 52.00 |
| 零丝（两） | 12.10 |
| **秋粮** | |
| 米（石） | 26163.07 |
| 起运米（石） | 10593.10 |
| 存留米（石） | 15569.97 |
| 马草（束） | 52466.00 |
| 户口盐钞银（两） | 542.55 |
| 遇闰共加银（两） | 48.10 |
| **屯留县** | |
| **夏税** | |
| 小麦（石） | 6011.25 |
| 起运麦（石） | 1006.70 |
| 存留麦（石） | 5004.55 |
| 农桑丝折绢（匹） | 23.00 |
| 零丝（两） | 10.90 |

| | |
|---|---|
| **秋粮** | |
| 米（石） | 24105.02 |
| 起运米（石） | 7074.20 |
| 存留米（石） | 17030.82 |
| 马草（束） | 48334.00 |
| 户口盐钞银（两） | 251.25 |
| 遇闰共加银（两） | 22.27 |
| **襄垣县** | |
| **夏税** | |
| 小麦（石） | 4526.46 |
| 起运麦（石） | 884.40 |
| 存留麦（石） | 3642.06 |
| 农桑丝折绢（匹） | 27.00 |
| 零丝（两） | 19.80 |
| **秋粮** | |
| 米（石） | 17840.55 |
| 起运米（石） | 4777.10 |
| 存留米（石） | 13063.45 |
| 马草（束） | 35794.00 |
| 户口盐钞银（两） | 271.88 |
| 遇闰共加银（两） | 24.10 |
| **潞城县** | |
| **夏税** | |
| 小麦（石） | 5913.50 |
| 起运麦（石） | 1537.00 |
| 存留麦（石） | 4376.50 |
| 农桑丝折绢（匹） | 8.00 |
| 零丝（两） | 13.60 |
| **秋粮** | |
| 米（石） | 23654.10 |
| 起运米（石） | 7573.80 |
| 存留米（石） | 16080.30 |
| 马草（束） | 46909.00 |
| 户口盐钞银（两） | 366.07 |
| 遇闰共加银（两） | 32.45 |
| **壶关县** | |
| **夏税** | |
| 小麦（石） | 4803.27 |
| 起运麦（石） | 1235.00 |
| 存留麦（石） | 3568.27 |
| 农桑丝折绢（匹） | 66.00 |
| 零丝（两） | 2.95 |
| **秋粮** | |

| | | | |
|---|---|---|---|
| 米（石） | 19213.09 | 起运米（石） | 58950.30 |
| 起运米（石） | 6591.90 | 存留米（石） | 64063.81 |
| 存留米（石） | 12621.19 | 马草（束） | 246727.00 |
| 马草（束）（起运） | 38426.00 | 起运草（束） | 244965.00 |
| 户口盐钞银（两） | 365.32 | 存留草（束） | 1761.00 |
| 遇闰共加银（两） | 32.39 | 户口盐钞银（两）（存留） | 1288.42 |
| 平顺县 | | 遇闰共加银（两）（存留） | 114.24 |
| 夏税 | | 本州 | |
| 小麦（石） | 1510.79 | 夏税 | |
| 起运麦（石） | 557.30 | 小麦（石） | 15701.76 |
| 存留麦（石） | 953.49 | 起运麦（石） | 5587.40 |
| 农桑丝折绢（匹） | 7.00 | 存留麦（石） | 10114.36 |
| 零丝（两） | 0.75 | 农桑丝折绢（匹） | 33.00 |
| 秋粮 | | 零丝（两） | 4.30 |
| 米（石） | 6043.17 | 秋粮 | |
| 起运米（石） | 4356.50 | 米（石） | 31529.45 |
| 存留米（石） | 1686.67 | 起运米（石） | 15033.20 |
| 马草（束） | 12086.00 | 存留米（石） | 16496.25 |
| 户口盐钞银（两） | 140.57 | 马草（束） | 63417.00 |
| 遇闰共加银（两） | 12.46 | 起运草（束） | 62988.00 |
| 黎城县 | | 存留草（束） | 429.00 |
| 夏税 | | 户口盐钞银（两） | 517.17 |
| 小麦（石） | 3135.30 | 遇闰共加银（两） | 45.85 |
| 起运麦（石） | 922.40 | 孝义县 | |
| 存留麦（石） | 2212.90 | 夏税 | |
| 农桑丝折绢（匹） | 83.00 | 小麦（石） | 5162.40 |
| 零丝（两） | 10.50 | 起运麦（石） | 1863.10 |
| 秋粮 | | 存留麦（石） | 3299.30 |
| 米（石） | 12094.25 | 农桑丝折绢（匹） | 20.00 |
| 起运米（石） | 5210.20 | 零丝（两） | 5.50 |
| 存留米（石） | 6884.05 | 秋粮 | |
| 马草（束） | 24919.00 | 米（石） | 19866.80 |
| 户口盐钞银（两） | 237.02 | 起运米（石） | 9545.20 |
| 遇闰共加银（两） | 21.01 | 存留米（石） | 10321.60 |
| 汾州 | | 马草（束） | 39733.00 |
| 夏税 | | 起运草（束） | 39660.00 |
| 小麦（石） | 25516.97 | 存留草（束） | 73.00 |
| 起运麦（石） | 9165.50 | 户口盐钞银（两） | 132.82 |
| 存留麦（石） | 16351.47 | 遇闰共加银（两） | 11.77 |
| 农桑丝折绢（匹）（起运） | 164.00 | 平遥县 | |
| 零丝（两）（存留） | 35.40 | 夏税 | |
| 秋粮 | | 小麦（石） | 3705.73 |
| 米（石） | 123014.11 | 起运麦（石） | 1367.80 |

| | | | |
|---|---|---|---|
| 存留麦（石） | 2337.93 | 遇闰共加银（两） | 39.90 |
| 农桑丝折绢（匹） | 79.00 | **本州** | |
| 零丝（两） | 13.30 | **夏税** | |
| **秋粮** | | 小麦（石） | 2024.85 |
| 米（石） | 47081.14 | 起运麦（石） | 738.70 |
| 起运米（石） | 22848.20 | 存留麦（石） | 1286.15 |
| 存留米（石） | 24232.94 | 农桑丝折绢（匹） | 11.00 |
| 马草（束） | 94362.00 | 零丝（两） | 16.50 |
| 起运草（束） | 94299.00 | **秋粮** | |
| 存留草（束） | 62.00 | 米（石） | 4347.41 |
| 户口盐钞银（两） | 284.02 | 起运米（石） | 1905.40 |
| 遇闰共加银（两） | 25.18 | 存留米（石） | 2442.01 |
| **介休县** | | 马草（束） | 8814.00 |
| **夏税** | | 起运草（束） | 8648.00 |
| 小麦（石） | 947.06 | 存留草（束） | 166.00 |
| 起运麦（石） | 347.20 | 户口盐钞银（两） | 215.16 |
| 存留麦（石） | 599.86 | 遇闰共加银（两） | 19.07 |
| 农桑丝折绢（匹） | 32.00 | **榆社县** | |
| 零丝（两） | 12.30 | **夏税** | |
| **秋粮** | | 小麦（石） | 3242.92 |
| 米（石） | 24536.70 | 起运麦（石） | 768.00 |
| 起运米（石） | 11523.70 | 存留麦（石） | 2474.92 |
| 存留米（石） | 13013.00 | 农桑丝折绢（匹） | 10.00 |
| 马草（束） | 49213.00 | 零丝（两） | 6.50 |
| 起运草（束） | 48017.00 | **秋粮** | |
| 存留草（束） | 1195.00 | 米（石） | 7749.45 |
| 户口盐钞银（两） | 354.40 | 起运米（石） | 3212.00 |
| 遇闰共加银（两） | 31.42 | 存留米（石） | 4537.45 |
| **辽州** | | 马草（束）（起运） | 15498.00 |
| **夏税** | | 户口盐钞银（两） | 118.78 |
| 小麦（石） | 8367.39 | 遇闰共加银（两） | 10.53 |
| 起运麦（石） | 2518.70 | **和顺县** | |
| 存留麦（石） | 5848.69 | **夏税** | |
| 农桑丝折绢（匹）（起运） | 24.00 | 小麦（石） | 3099.61 |
| 零丝（两）（存留） | 38.00 | 起运麦（石） | 1012.00 |
| **秋粮** | | 存留麦（石） | 2087.61 |
| 米（石） | 19106.56 | 农桑丝折绢（匹） | 3.00 |
| 起运米（石） | 7524.40 | 零丝（两） | 15.00 |
| 存留米（石） | 11582.16 | **秋粮** | |
| 马草（束） | 38333.00 | 米（石） | 7009.69 |
| 起运草（束） | 38166.00 | 起运米（石） | 2407.00 |
| 存留草（束） | 166.00 | 存留米（石） | 4602.69 |
| 户口盐钞银（两） | 450.03 | 马草（束）（起运） | 14019.00 |

| | | | |
|---|---|---|---|
| 户口盐钞银（两） | 116.08 | **武乡县** | |
| 遇闰共加银（两） | 10.29 | **夏税** | |
| **沁州** | | 小麦（石） | 4241.16 |
| **夏税** | | 起运麦（石） | 1189.40 |
| 小麦（石） | 9741.92 | 存留麦（石） | 3051.76 |
| 起运麦（石） | 2836.50 | 农桑丝折绢（匹） | 38.00 |
| 存留麦（石） | 6905.42 | 零丝（两） | 19.79 |
| 农桑丝折绢（匹）（起运） | 89.00 | **秋粮** | |
| 零丝（两）（存留） | 30.21 | 米（石） | 17024.64 |
| **秋粮** | | 起运米（石） | 6108.80 |
| 米（石） | 39115.75 | 存留米（石） | 10915.84 |
| 起运米（石） | 15114.00 | 马草（束） | 33868.00 |
| 存留米（石） | 24001.75 | 户口盐钞银（两） | 150.45 |
| 马草（束）（起运） | 78270.00 | 遇闰共加银（两） | 13.34 |
| 户口盐钞银（两） | 417.13 | **泽州** | |
| 遇闰共加银（两） | 36.98 | **夏税** | |
| **本州** | | 小麦（石） | 28187.84 |
| **夏税** | | 起运麦（石） | 6403.40 |
| 小麦（石） | 3105.27 | 存留麦（石） | 21784.44 |
| 起运麦（石） | 772.30 | 农桑丝折绢（匹） | 1448.00 |
| 存留麦（石） | 2332.97 | 零丝（两） | 41.50 |
| 农桑丝折绢（匹） | 28.00 | **秋粮** | |
| 零丝（两） | 10.42 | 米（石） | 124633.02 |
| **秋粮** | | 起运米（石） | 38677.00 |
| 米（石） | 12537.22 | 存留米（石） | 85956.02 |
| 起运米（石） | 4381.10 | 马草（束） | 249735.00 |
| 存留米（石） | 8156.12 | 起运草（束） | 246656.00 |
| 马草（束） | 25294.00 | 存留草（束） | 3079.00 |
| 户口盐钞银（两） | 119.38 | 户口盐钞银（两） | 3189.84 |
| 遇闰共加银（两） | 10.58 | 遇闰共加银（两） | 282.84 |
| **沁源县** | | **本州** | |
| **夏税** | | **夏税** | |
| 小麦（石） | 2395.48 | 小麦（石） | 8778.59 |
| 起运麦（石） | 874.80 | 起运麦（石） | 1727.90 |
| 存留麦（石） | 1520.68 | 存留麦（石） | 7050.69 |
| 农桑丝折绢（匹） | 23.00 | 农桑丝折绢（匹） | 374.00 |
| **秋粮** | | 零丝（两） | 0.70 |
| 米（石） | 9553.89 | **秋粮** | |
| 起运米（石） | 4624.10 | 米（石） | 38448.36 |
| 存留米（石） | 4929.79 | 起运米（石） | 10494.70 |
| 马草（束） | 19107.00 | 存留米（石） | 27953.66 |
| 户口盐钞银（两） | 147.29 | 马草（束） | 77326.00 |
| 遇闰共加银（两） | 13.06 | 起运草（束） | 75846.00 |

| | |
|---|---|
| 存留草（束） | 1480.00 |
| 户口盐钞银（两） | 975.73 |
| 遇闰共加银（两） | 86.51 |

| 高平县 | |
|---|---|
| **夏税** | |
| 小麦（石） | 2723.65 |
| 起运麦（石） | 996.00 |
| 存留麦（石） | 1727.65 |
| 农桑丝折绢（匹） | 360.00 |
| 零丝（两） | 9.20 |
| **秋粮** | |
| 米（石） | 33297.86 |
| 起运米（石） | 13685.30 |
| 存留米（石） | 19612.56 |
| 马草（束） | 66635.00 |
| 起运草（束） | 65467.00 |
| 存留草（束） | 1168.00 |
| 户口盐钞银（两） | 826.51 |
| 遇闰共加银（两） | 73.28 |

| 阳城县 | |
|---|---|
| **夏税** | |
| 小麦（石） | 9229.94 |
| 起运麦（石） | 1753.40 |
| 存留麦（石） | 7476.54 |
| 农桑丝折绢（匹） | 147.00 |
| 零丝（两） | 8.10 |
| **秋粮** | |
| 米（石） | 21292.77 |
| 起运米（石） | 4760.00 |
| 存留米（石） | 16532.77 |
| 马草（束） | 42585.00 |
| 起运草（束） | 42548.00 |
| 存留草（束） | 37.00 |
| 户口盐钞银（两） | 591.01 |
| 遇闰共加银（两） | 52.40 |

| 陵川县 | |
|---|---|
| **夏税** | |
| 小麦（石） | 950.67 |
| 起运麦（石） | 280.00 |
| 存留麦（石） | 670.67 |
| 农桑丝折绢（匹） | 386.00 |
| 零丝（两） | 8.10 |
| **秋粮** | |

| | |
|---|---|
| 米（石） | 18204.20 |
| 起运米（石） | 5602.00 |
| 存留米（石） | 12602.20 |
| 马草（束） | 36408.00 |
| 起运草（束） | 36154.00 |
| 存留草（束） | 254.00 |
| 户口盐钞银（两） | 502.08 |
| 遇闰共加银（两） | 44.51 |

| 沁水县 | |
|---|---|
| **夏税** | |
| 小麦（石） | 6504.97 |
| 起运麦（石） | 1646.10 |
| 存留麦（石） | 4858.87 |
| 农桑丝折绢（匹） | 181.00 |
| 零丝（两） | 15.40 |
| **秋粮** | |
| 米（石） | 13389.81 |
| 起运米（石） | 4135.00 |
| 存留米（石） | 9254.81 |
| 马草（束） | 26779.00 |
| 起运草（束） | 26640.00 |
| 存留草（束） | 138.00 |
| 户口盐钞银（两） | 294.49 |
| 遇闰共加银（两） | 26.11 |

## 山西布政司田赋沿革事例

正统十二年，总督刘琏题，尚书王佐复：准蔚州添除管粮同知一员。

十四年，平阳府奏称：夏县水冲地七十一亩六分；太原县奏：该县不堪耕种地九顷八十三亩。尚书王佐复：准将税粮俱行除豁。

本年侍郎沈固题，本部复：准将本年原拨大同米麦二十七万七千一百石，改征料豆；其草束，除民间旧纳六十万束外，再添拨四十万束，运赴大同交纳。

景泰五年，参议魏琳奏，尚书金濂复：准文水县荒芜地六百九十四顷四十亩，税粮暂许停征。

天顺二年，尚书沈固题：准潞州添设管粮同知一员。

三年，行都司奏，尚书沈固复：准大同府犯人石彪开垦地一百一顷六十亩，拨小民佃种，照民田起科。

成化十年，布政司奏，尚书杨鼎复：准绛州民人赵平等遗下田地一百四十七顷六十三亩，尽数给灵丘王嫡长子仕塲管业，每年粮米准作本色禄米。

弘治元年，提督太监刘政题：乞将正统十四年宣府借拨该省本色税粮一十一万五千七百五十石，及弘治元年改拨宣府等处秋粮三万一百石，仍行该布政司照旧征收，起运偏头等关及存留腹里，以备禄米俸粮等用。尚书叶淇复：准行，令本年暂将宣府多坐税粮三万一百石，存留本处。

二年，巡抚许进题，尚书李敏复：准太原迤北与大同州县，该纳大同、宣府税粮，俱纳本色；太原迤南与平阳等处，仍照例折银。

六年，大同县民张文智等奏，尚书叶淇复：准该县地土照先年则例，每地二顷五十亩，纳粮五石、草十束，其加增粮数，尽行除免。

本年巡抚杨澄奏，本部复：准将勘过参将王昇占据田地四百八顷七十一亩零，房屋基地五百六十七间块入官，征粮收赁。

本年尚书叶淇题：准山西腹里起运宣大税粮，太原府迤北、迤南所属，并汾州、平遥、介休、孝义等县可通车者，悉从民便，征运本色，草束照旧征银；其平阳府泽、潞、辽、沁四州所属，转输颇艰，减征价银，每米麦一石，折银七钱；豆一石，折银五钱；草一束，折银四分。

十二年，巡抚洪汉题：大同府原额每粮一石，征草二束，永乐间为征进，加征二束。本部复：准该府自本年以后，照依太原等府事例，每粮一石，止征草二束，其加征二束除免。

嘉靖二年，给事中王瑄题称：巡抚清查过龙福、清泉、时恩三寺地土。本部复：奉圣旨，这三寺田土，每寺各与三分之一供奉香火，其余俱招人佃种，照亩起科。钦此。

二十七年，御史程軏题：大同所属半为沙漠，旧额禄米九万三千四百三十五石，比因王族蕃衍，加至每石征银一两一钱六分。查得平阳等府，泽、辽等州亦该禄米三万四千二百四十二石，每石多者不过九钱六分，少者七钱六分，是内郡膏腴之地反轻，而边徼反重矣，乞要均派。尚书夏邦谟复：准平阳、大同等处，该派代府禄米每石俱征银一两。

本年巡抚苏祐题，尚书夏邦谟复：准平阳、太原二府，泽、沁、汾三州远年停征地内，查出勘种有人承佃地土，减半起科，以抵冲塌抛荒之数。余剩银米，自本年为始，金拨大户，一条鞭征收银两，解布政司收贮，听补王府禄米、灾免不敷之用。

三十四年，巡抚王崇题，尚书方钝复：准将岢、代二州原派三关米豆一千四百四十二石，俱征本色，其汾州、阳曲等州县七万九千五百五十八石，姑准改折。

三十五年，巡抚王崇题：乞将该省岁派三关并大同镇夏税征纳本色。尚书方钝复：该省岁派，正德初始行改折，驯至本色不敷、军储坐乏，仍照本部先次奏奉钦依内事理施行。

三十八年，巡抚葛缙题，尚书马坤复：准乡宁县原坐京仓本色米麦四百五十八石二斗四升，自本年秋粮为始，照依本仓折色事例，夏麦每石六钱，秋粮每石八钱，照数改派上纳。

本年给事中刘一麟条陈内一款，乞将忻、代等州县派征米折纳银两。尚书马坤复议：前项州县先该抚按会议，照依原坐仓口地里分数改派大同本色，其阳曲等一十六州县原额于一条鞭粮内起征三关本色，以足原额之数，军民称便，委难改折。题奉圣旨，依拟行。钦此。

隆庆三年，巡抚靳学颜题称：该省旧额税粮二百二十七万四千二十二石五斗三升，草三百五十四万四千八百五十束，自弘治十八等年节次开垦并首出新增起科共粮四万二千五百七十七石□斗六升，草四万七千五百四十七束。尚书刘体乾复：准于会派簿内，将前项开垦起科数目，明立新增行头，照旧分派各该仓场，以补禄米及军饷支用。

万历元年，巡抚刘应箕、巡按孙稯各题称：大同旱灾。尚书王国光复：准行令民粮量免三分，其宗室禄米俱于□州县无碍钱粮酌议处补。

五年，巡抚高□荐题称：查得各省直廪粮供应皆从站银内□支给用，惟山西于驿粮站银之外，复有粳粟豆麦共七千五百二十五石，实为额外之征，除云中驿原坐太原县秋粮米五十石，折银五十两；忻州米一百石，折银一百两；蔚州米一百五十石，折银三百七两五钱，原系大同府属驿分照旧征解外，其余各驿递一应支费总归站银动给，前项米麦银两要行免征，以宽民力。尚书殷正茂复：准将该省平、大、潞安三府，泽、辽、汾、沁四州所属驿递自万历六年为始，夏麦二千三十石，秋粮五千一百九十五石，共七千二百二十五石，折银五千七百八十一两，俱免坐派，于会派簿内查照除豁。

臣等谨按：山西一省，地当中原之脊，山冈居半，民俗尚俭，率重本业。然以四府四州之民，供三藩三镇之赋，百司岁用又复丛焉，其繁重可知矣。今边饷日广，宗室日蕃，一切供亿自民输外，则仰给于河东之盐课，不足岁发内帑百余万以充边储，费用孔殷，后将难继。近议修屯政，纾民力，诚为良策。若当事诸臣实心干理，持之有终，核荒占、抚流移、宽征敛，行之数年，即未能如国初之旧，三晋之民亦庶乎其息肩有期矣。

## 《万历会计录》卷八　河南布政司田赋

甲表 25　　　　　　　　　　　　河南布政司田赋

| | 原额 | | 见额 |
|---|---|---|---|
| | 洪武年间 | 弘治年间 | 万历六年 |
| | （诸司职掌数） | （会典数） | （巡抚册报数） |
| 田土官民（亩） | 144946982.00 | 41609968.40[1] | 74157951.90[2] |
| **夏税** | | | |
| 小麦（石） | 556059.00 | 618645.14[3] | 619054.42 |
| 内除崇府插厂等项除豁麦（石） | | | 1731.58 |
| 实征麦（石） | | | 617322.84[4] |
| 起运光禄寺小麦（石） | | | 6600.00 |
| 每石折银（两） | | | 1.00 |
| 酒醋麦局小麦（石） | | | 2000.00 |
| 每石折银（两） | | | 1.20 |
| 京库阔白棉布（匹） | | | 3800.00 |
| 本色准小麦（石） | | | 4560.00 |
| 御马仓豌豆（石）（准小麦抵斗） | | | 3800.00 |
| 每石折银（两） | | | 1.00 |
| 大麦（石） | | | 4100.00 |
| 准小麦（石） | | | 2050.00 |
| 大麦每石折银（两） | | | 0.80 |
| 外象房仓大麦（石） | | | 900.00 |
| 准小麦（石） | | | 450.00 |
| 大麦每石折银（两） | | | 0.70 |
| 临清仓小麦（石） | | | 60000.00 |
| 德州仓小麦（石） | | | 20000.00 |
| 每石折银（两） | | | 0.80 |
| 凤阳府仓小麦（石） | | | 8050.00 |
| 每石折银（两） | | | 0.40 |
| 宣府镇宣德等三仓并赵川、葛峪堡仓小麦（石） | | | 3850.00 |
| 广昌仓小麦（石） | | | 400.00 |
| 永宁县仓并四海冶堡仓小麦（石） | | | 1200.00 |
| 柴沟堡并西阳河堡仓小麦（石） | | | 1200.00 |
| 龙门广盈仓并独石、马营等仓小麦（石） | | | 2900.00 |
| 俱每石折银（两） | | | 1.00 |
| 外加脚价银（两） | | | 0.20 |
| 阔白棉布（匹）（万全万亿库） | | | 4418.00 |
| 准小麦（石） | | | 5301.60 |

---

[1] 原书此处注：比洪武原额减 1033370 顷 13 亩 5 分零。
[2] 原书此处注：比弘治增 325479 顷 83 亩 5 分 2 厘。
[3] 原书此处注：比洪武原额增 62586.14 石。
[4] 原书此处注：比弘治减 1322.3 石。

| | | |
|---|---|---:|
| 每匹折银（两） | | 0.30 |
| 大同银亿库小麦（石） | | 96000.00 |
| 每石折银（两） | | 0.40 |
| 外加脚价银（两） | | 0.20 |
| 易州镇涿州常盈仓小麦（石） | | 1700.00 |
| 易州仓小麦（石） | | 1500.00 |
| 俱每石折银（两） | | 0.70 |
| 保定府广盈左右二仓小麦（石） | | 5000.00 |
| 本色一半，每石折银（两） | | 0.80 |
| 折色一半，每石折银（两） | | 0.70 |
| 昌平镇新城仓棉布（匹） | | 900.00 |
| 准小麦（石） | | 1080.00 |
| 白羊口仓棉布（匹） | | 350.00 |
| 准小麦（石） | | 420.00 |
| 渤海所仓棉布（匹） | | 2655.00 |
| 准小麦（石） | | 3186.00 |
| 俱每匹折银（两） | | 0.30 |
| 以上二镇民运近题改解太仓转发 | | |
| 真定府丰盈仓小麦（石） | | 4000.00 |
| 定州永丰仓小麦（石） | | 700.00 |
| 俱每石折银（两） | | 0.60 |
| 阔白棉布（匹）（通州通济库） | | 8000.00 |
| 准小麦（石） | | 9600.00 |
| 阔白棉布（匹）（静海县库） | | 5000.00 |
| 准小麦（石） | | 6000.00 |
| 俱每匹折银（两） | | 0.30 |
| 陕西延绥料豆（石）（准小麦抵斗） | | 30000.00 |
| 每石折银（两） | | 0.70 |
| 阔白棉布（匹） | | 40000.00 |
| 准小麦（石） | | 48000.00 |
| 每匹折银（两） | | 0.30 |
| 阔白棉布（匹）（陕西布政司库） | | 30000.00 |
| 准小麦（石） | | 36000.00 |
| 内除中牟、蓝阳、仪封、考城等四县坍塌地内布（匹）（于秋粮内派征外） | | 21814.00 |
| 实征夏布（匹） | | 8186.00 |
| 准小麦（石） | | 9822.45 |
| 每匹折银（两） | | 0.30 |
| 派剩各马房仓小麦（石） | | 2352.40 |
| 每石折银（两）（解太仓银库） | | 1.00 |
| 以上共起运麦 | | |
| 本部原派（石） | | 367900.00 |
| 该省册开除坍塌地内布麦（石） | | 26177.54 |

| | | | |
|---|---|---|---|
| 实起运麦（石） | | | 341722.45 |
| 存留麦（石） | | | 275600.38 |
| 绢（匹） | 17226.00 | | |
| 税丝（两） | | 353643.36 | 353832.44[1] |
| 内除崇府插厂等项除豁丝（两） | | | 930.90 |
| 实征丝（两） | | | 352901.54 |
| 本部原派起运丝（两） | | | 314026.43 |
| 折绢（匹） | | | 15701.00 |
| 该省册开起运京库丝（两） | | | 283176.57 |
| 折绢（匹） | | | 14158.00 |
| 每匹折银（两） | | | 0.70 |
| 工部织染局丝（两） | | | 39619.19 |
| 每两折银（两） | | | 0.08 |
| 存留丝（两） | | | 30105.77 |
| 农桑丝折绢（匹） | | 9959.00 | 9963.00[2] |
| 起运京库绢（匹） | | | 8963.00 |
| 每匹折银（两） | | | 0.70 |
| 蓟州库绢（匹）（改解密云库，近改解太仓转发） | | | 1000.00 |
| 每匹折银（两） | | | 0.80 |
| 人丁丝绵（两） | | 1300.00 | |
| 折绢（匹） | | 65.00 | |
| **秋粮** | | | |
| 米（石） | 1642850.00 | 1769131.86[3] | 1769341.60[4] |
| 内除崇府插厂等项除豁米（石） | | | 5904.49 |
| 实征米（石） | | | 1763437.11 |
| 起运光禄寺芝麻（石） | | | 2000.00 |
| 每石折银（两） | | | 1.35 |
| 细粟米（石） | | | 28500.00 |
| 每石折银（两） | | | 1.00 |
| 绿豆（石） | | | 6000.00 |
| 每石折银（两） | | | 1.20 |
| 白芝麻（石） | | | 260.00 |
| 每石折银（两） | | | 1.50 |
| 粟谷（石） | | | 4000.00 |
| 准米（石） | | | 2000.00 |
| 每米1石折银（两） | | | 1.10 |
| 供用库芝麻（石） | | | 2400.00 |
| 本色黑豆（石） | | | 1000.00 |
| 每石折银（两） | | | 0.55 |

---

[1] 原书此处注：比弘治减741两8钱2分3厘零。
[2] 原书此处注：比弘治增3匹2丈4尺6寸3分8厘零。
[3] 原书此处注：比洪武原额增126281.86石。
[4] 原书此处注：比弘治减5694.75石。

| | | | |
|---|---|---|---|
| 酒醋面局黄豆（石） | | | 2400.00 |
| 每石折银（两） | | | 0.70 |
| 司苑局黑豆（石） | | | 800.00 |
| 每石折银（两） | | | 0.80 |
| 京库阔白棉布（匹） | | | 83837.00 |
| 准米（石） | | | 83837.00 |
| 本色（匹） | | | 58837.00 |
| 内备奠靖所支用（匹） | | | 2000.00 |
| 折色（匹） | | | 25000.00 |
| 每匹折银（两） | | | 0.30 |
| 棉花绒（斤） | | | 130000.00 |
| 本色准米（石） | | | 13000.00 |
| 国子监绿豆（石） | | | 300.00 |
| 每石折银（两） | | | 0.90 |
| 司牲司黑豆（石） | | | 795.79 |
| 每石折银（两） | | | 0.80 |
| 牺牲所绿豆（石） | | | 1080.56 |
| 每石折银（两） | | | 1.00 |
| 御马仓黑豆（石） | | | 6818.00 |
| 每石折银（两） | | | 0.80 |
| 绿豆（石） | | | 4985.00 |
| 每石折银（两） | | | 1.00 |
| 坝上仓绿豆（石） | | | 177.00 |
| 每石折银（两） | | | 1.00 |
| 黑豆（石） | | | 926.00 |
| 坝上东马房仓黑豆（石） | | | 266.00 |
| 坝上南仓黑豆（石） | | | 223.00 |
| 坝上北马房仓黑豆（石） | | | 277.88 |
| 湖渠马房仓黑豆（石） | | | 773.80 |
| 汗石桥南仓黑豆 | | | 238.22 |
| 里牛房仓黑豆（石） | | | 1250.00 |
| 吴家驼牛房仓黑豆（石） | | | 164.00 |
| 金盏儿甸仓黑豆（石） | | | 191.85 |
| 南石渠仓黑豆（石） | | | 137.04 |
| 黄土仓黑豆（石） | | | 668.68 |
| 郑家庄马房仓黑豆（石） | | | 544.04 |
| 峪口张家庄马房仓黑豆（石） | | | 402.08 |
| 俱每石折银（两） | | | 0.80 |
| 蓟州镇喜峰口仓粟米（石） | | | 1150.00 |
| 每石折银（两） | | | 0.90 |
| 阔白棉布（匹）（德州常盈库改拨蓟州） | | | 5140.00 |
| 准米（石） | | | 5140.00 |
| 每匹折银（两） | | | 0.30 |

| | | | |
|---|---|---|---|
| 棉花绒（斤） | | | 45621.00 |
| 准米（石） | | | 4562.10 |
| 每斤折银（两） | | | 0.06 |
| 密云镇龙庆仓粟米（石） | | | 33000.00 |
| 每石折银（两） | | | 0.90 |
| 黑豆（石） | | | 3000.00 |
| 每石折银（两） | | | 0.75 |
| 古北口仓粟米（石） | | | 21000.00 |
| 每石折银（两） | | | 1.00 |
| 黑豆（石） | | | 2000.00 |
| 每石折银（两） | | | 0.85 |
| 石匣仓粟米（石） | | | 7500.00 |
| 每石折银（两） | | | 0.90 |
| 黑豆（石） | | | 2200.00 |
| 每石折银（两） | | | 0.75 |
| 永平镇山海仓粟米（石） | | | 18000.00 |
| 每石折银（两） | | | 0.80 |
| 昌平镇横岭口仓粟米（石） | | | 2000.00 |
| 每石折银（两） | | | 1.00 |
| 黑豆（石） | | | 172.80 |
| 每石折银（两） | | | 0.80 |
| 棉花绒（斤） | | | 978.00 |
| 准米（石） | | | 97.80 |
| 每斤折银（两） | | | 0.06 |
| 延庆卫仓粟米（石） | | | 24508.00 |
| 每石折银（两） | | | 0.85 |
| 黑豆（石） | | | 900.00 |
| 每石折银（两） | | | 0.75 |
| 阔白棉布（匹） | | | 4090.00 |
| 准米（石） | | | 4090.00 |
| 每匹折银（两） | | | 0.30 |
| 棉花绒（斤） | | | 3082.50 |
| 准米（石） | | | 308.25 |
| 每斤折银（两） | | | 0.06 |
| 居庸仓黑豆（石） | | | 4000.00 |
| 每石折银（两） | | | 0.70 |
| 棉布（匹） | | | 600.00 |
| 准米（石） | | | 600.00 |
| 每匹折银（两） | | | 0.30 |
| 棉花绒（斤） | | | 450.00 |
| 准米（石） | | | 45.00 |
| 每斤折银（两） | | | 0.06 |
| 镇边城仓粟米（石） | | | 5000.00 |

240

| | | | |
|---|---|---|---|
| 每石折银（两） | | | 0.90 |
| 黑豆（石） | | | 150.00 |
| 每石折银（两） | | | 0.80 |
| 棉花绒（斤） | | | 1000.00 |
| 准米（石） | | | 100.00 |
| 每斤折银（两） | | | 0.06 |
| 白羊口仓粟米（石） | | | 6000.00 |
| 每石折银（两） | | | 0.90 |
| 巩华城仓黑豆（石） | | | 1000.00 |
| 每石折银（两） | | | 0.70 |
| 黄花镇仓粟米（石） | | | 3600.00 |
| 每石折银（两） | | | 1.00 |
| 棉花绒（斤） | | | 670.50 |
| 准米（石） | | | 67.05 |
| 每斤折银（两） | | | 0.06 |
| 渤海所仓粟米（石） | | | 7000.00 |
| 每石折银（两） | | | 1.00 |
| 棉花绒（斤） | | | 2000.00 |
| 准米（石） | | | 200.00 |
| 每斤折银（两） | | | 0.06 |
| 易州镇浮图峪口仓粟米（石） | | | 11000.00 |
| 每石折银（两） | | | 0.90 |
| 黑豆（石） | | | 245.70 |
| 每石折银（两） | | | 0.80 |
| 涿州库阔白棉布（匹） | | | 4000.00 |
| 准米（石） | | | 4000.00 |
| 每匹折银（两） | | | 0.30 |
| 棉花绒（斤） | | | 2995.50 |
| 准米（石） | | | 299.55 |
| 每斤折银（两） | | | 0.06 |
| 保定府阔白棉布（匹） | | | 20884.00 |
| 准米（石） | | | 20884.00 |
| 每匹折银（两） | | | 0.30 |
| 棉花绒（斤） | | | 15730.50 |
| 准米（石） | | | 1573.05 |
| 每斤折银（两） | | | 0.07 |
| 易州库阔白棉布（匹） | | | 9095.00 |
| 准米（石） | | | 9095.00 |
| 每匹折银（两） | | | 0.30 |
| 棉花绒（斤） | | | 6840.00 |
| 准米（石） | | | 684.00 |
| 每斤折银（两） | | | 0.07 |
| 唐县库棉布（匹） | | | 4000.00 |

| | | | |
|---|---|---|---|
| 准米（石） | | | 4000.00 |
| 每匹折银（两） | | | 0.30 |
| 棉花绒（斤） | | | 2040.00 |
| 准米（石） | | | 204.00 |
| 每斤折银（两） | | | 0.06 |
| 又棉花绒（斤） | | | 2650.00 |
| 准米（石） | | | 265.00 |
| 每斤折银（两） | | | 0.07 |
| 紫荆关新城仓粟米（石） | | | 15000.00 |
| 每石折银（两） | | | 0.90 |
| 军储仓粟米（石） | | | 5000.00 |
| 保定府广盈左右二仓粟米（石） | | | 60000.00 |
| 唐县新兴仓粟米（石） | | | 9707.50 |
| 黑豆（石） | | | 800.00 |
| 涿州常盈仓粟米（石） | | | 15000.00 |
| 黑豆（石） | | | 100.00 |
| 易州仓粟米（石） | | | 8000.00 |
| 良乡丰济仓粟米（石） | | | 6600.00 |
| 俱每石折银（两） | | | 0.80 |
| 派剩改易州仓粟米（石） | | | 5938.51 |
| 每石折银（两） | | | 0.60 |
| （以上各镇民运，近题改拨太仓转发） | | | |
| 宣府镇宣德等3仓粟米（石） | | | 25000.00 |
| 内（石） | | | 15000.00 |
| 每石折银 | | | 1.00 |
| 内（石）（太仓改拨） | | | 10000.00 |
| 每石折银 | | | 0.80 |
| 俱加脚价银（两） | | | 0.20 |
| 保安州新兴仓粟米（石） | | | 2500.00 |
| 万全广济仓粟米（石） | | | 7500.00 |
| 柴沟堡并西阳河等堡仓粟米（石） | | | 10000.00 |
| 黑豆（石） | | | 5000.00 |
| 怀来广备仓粟米（石） | | | 5000.00 |
| 赵川堡仓并大小白羊二堡仓粟米（石） | | | 5000.00 |
| 葛峪堡并清边常峪二堡仓黑豆（石） | | | 2240.00 |
| 洗马林新河口二堡仓粟米（石） | | | 10000.00 |
| 马营广盈仓粟米（石） | | | 20000.00 |
| 黑豆（石） | | | 5000.00 |
| 赤城广备仓粟米（石） | | | 5000.00 |
| 龙门仓粟米（石） | | | 12000.00 |
| 黑豆（石） | | | 600.00 |
| 长安岭堡仓粟米（石） | | | 5400.00 |
| 黑豆（石） | | | 2500.00 |

| | | | |
|---|---|---|---|
| 俱每石折银（两） | | | 1.00 |
| 外加脚价银（两） | | | 0.20 |
| 宣府二十一卫所官旗折俸布（匹） | | | 4000.00 |
| 准米（石） | | | 4000.00 |
| 陕西布政司库阔白棉布（匹） | | | 21814.00 |
| 准米（石） | | | 21814.25 |
| 真定府库棉布（匹） | | | 12719.00 |
| 准米（石） | | | 12719.00 |
| 每匹折银（两） | | | 0.30 |
| 棉花绒（斤） | | | 8672.50 |
| 准米（石） | | | 867.25 |
| 每斤折银（两） | | | 0.06 |
| 定州库棉布（匹） | | | 7862.00 |
| 准米（石） | | | 7862.00 |
| 每匹折银（两） | | | 0.30 |
| 棉花绒（斤） | | | 5791.50 |
| 准米（石） | | | 579.15 |
| 每斤折银（两） | | | 0.06 |
| 真定府丰盈仓粟米（石） | | | 10000.00 |
| 永丰仓粟米（石） | | | 20000.00 |
| 俱每石折银（两） | | | 0.60 |
| 河间府库棉花绒（斤） | | | 12544.50 |
| 准米（石） | | | 1254.45 |
| 沧州库棉花绒（斤） | | | 1206.00 |
| 准米（石） | | | 120.60 |
| 静海县库棉花绒（斤） | | | 21554.00 |
| 准米（石） | | | 2155.40 |
| 俱每斤折银（两） | | | 0.07 |
| 河间府仓并巨盈仓粟米（石） | | | 30864.48 |
| 每石折银（两） | | | 0.60 |
| 通州通济库棉布（匹） | | | 9500.00 |
| 准米（石） | | | 9500.00 |
| 每匹折银（两） | | | 0.30 |
| 棉花绒（斤） | | | 18000.00 |
| 准米（石） | | | 1800.00 |
| 每斤折银（两） | | | 0.07 |
| 漕运兑军米（石） | | | 270000.00 |
| 本色（石） | | | 200000.00 |
| 折色（石） | | | 70000.00 |
| 内（石） | | | 50000.00 |
| 每石折银（两） | | | 0.80 |
| 内（石） | | | 20000.00 |
| 每石折银（两） | | | 0.60 |

| | | | |
|---|---|---|---|
| 临清仓改兑米（石） | | | 50000.00 |
| 德州仓改兑米（石） | | | 60000.00 |
| 派剩改拨光禄寺米（石） | | | 28382.69 |
| 每石折银（两） | | | 0.70 |
| 派剩米（石） | | | 24458.52 |
| 每石折银（两）（解太仓银库） | | | 0.60 |
| 以上共起运米（石） | | | 1177321.65 |
| 存留米（石） | | | 586115.46 |
| 枣子易米（石）（存留） | | 25584.16 | 26833.32 |
| 枣株课米（石） | | 47.28 | |
| 地亩棉花绒（斤） | | 342.03 | 342.03[1] |
| 马草（束） | | 2288396.00 | 2288754.00 |
| 内崇府插厂等项除豁草（束） | | | 7216.00 |
| 实征草（束） | | | 2281538.00[2] |
| 起运 | | | |
| 御马仓草（束） | | | 180000.00 |
| 每束折银（两） | | | 0.07 |
| 中府天师庵二场草（束） | | | 360000.00 |
| 每束折银（两） | | | 0.06 |
| 里牛房仓草（束） | | | 7600.00 |
| 内象房仓草（束） | | | 20000.00 |
| 俱每束折银（两） | | | 0.065 |
| 外象房仓草（束） | | | 37000.00 |
| 司牲司草（束） | | | 6630.00 |
| 俱每束折银（两） | | | 0.05 |
| 坝上仓草（束） | | | 22700.00 |
| 坝上南仓草（束） | | | 5920.00 |
| 坝上北马房仓草（束） | | | 4029.00 |
| 俱每束折银（两） | | | 0.045 |
| 坝上东马房仓草（束） | | | 5200.00 |
| 金盏儿甸仓草（束） | | | 5500.00 |
| 北高仓草（束） | | | 6000.00 |
| 湖渠马房仓草（束） | | | 6000.00 |
| 坝上北仓草（束） | | | 4482.00 |
| 南石渠西仓草（束） | | | 4000.00 |
| 黄土仓草（束） | | | 25000.00 |
| 俱每束折银（两） | | | 0.04 |
| 台基厂草场草（束） | | | 96000.00 |
| 明智坊草场草（束） | | | 96000.00 |
| 西城坊草场草（束） | | | 107000.00 |
| 北新草场草（束） | | | 96500.00 |

[1]原书此处注："本部原派起运京库，该省册无开造。"
[2]原书此处注：比弘治减6857束12斤11两5钱。

| | | | |
|---|---|---|---|
| 俱每束折银（两） | | | 0.045 |
| 安仁坊草场草（束） | | | 100000.00 |
| 每束折银（两） | | | 0.05 |
| 供用库草（束） | | | 17000.00 |
| 每束折银（两） | | | 0.034 |
| 司苑局草（束） | | | 20000.00 |
| 每束折银（两） | | | 0.05 |
| 昌平镇居庸仓草（束）（近题改解太仓转发） | | | 120000.00 |
| 每束折银（两） | | | 0.05 |
| 宣府镇在城草场草（束） | | | 100000.00 |
| 每束折银（两） | | | 0.07 |
| 每银1两加脚价银（两） | | | 0.20 |
| 太仓银库草（束） | | | 751262.00 |
| 每束折银（两） | | | 0.035 |
| 以上共起运草（束） | | | 2203825.00 |
| 存留草（束） | | | 77713.00 |
| 人户（户） | 315617.00 | 436843.00 | 633067.00 |
| 人口（口） | 1912542.00 | 2614398.00[1] | 5193602.00[2] |
| **户口盐钞银（两）** | | | 17031.58 |
| 起运京库银（两） | | | 2962.95 |
| 宣府银（两） | | | 4812.91 |
| 存留银（两） | | | 9255.71 |
| 遇闰共加银（两） | | | 1432.15 |

[1] 原书此处注：比洪武原额户增121226，口增701856。
[2] 原书此处注：比弘治户增196224，口增2579204。

## 甲表 26　　河南布政司分府县田赋

| 开封府 | |
|---|---|
| **夏税** | |
| 小麦（石） | 214150.18 |
| 起运麦（石） | 125631.83 |
| 存留麦（石） | 88518.35 |
| 税丝（两） | 124603.88 |
| 起运京库丝（两） | 113631.63 |
| 折绢（匹） | 5681.00 |
| 工部织染局丝（两）[1] | 6210.65 |
| 存留丝（两） | 4761.59 |
| 农桑丝折绢（匹）（起运） | 4252.00 |
| **秋粮** | |
| 米（石） | 505134.46 |
| 起运米（石） | 356516.56 |
| 存留米（石） | 148617.89 |
| 枣子易米（石）（存留） | 8723.25 |
| 马草（束） | 678835.00 |
| 起运草（束） | 664105.00 |
| 存留草（束） | 14730.00 |
| 户口盐钞银（两） | 7370.51 |
| 起运银（两） | 3416.42 |
| 存留银（两） | 3954.08 |
| 遇闰共加银（两） | 626.81 |
| 祥符县 | |
| **夏税** | |
| 小麦（石） | 17197.99 |
| 起运麦（石） | 9520.40 |
| 存留麦（石） | 7677.59 |
| 税丝（两） | 10421.23 |
| 折绢（匹） | 521.00 |
| 农桑丝折绢（匹） | 50.00 |
| **秋粮** | |
| 米（石） | 56788.21 |
| 起运米（石） | 41752.00 |
| 存留米（石） | 15036.21 |
| 枣子易米（石） | 244.44 |
| 马草（束） | 71679.00 |
| 起运草（束） | 71000.00 |
| 存留草（束） | 679.00 |
| 户口盐钞银（两） | 1040.90 |

| | |
|---|---|
| 起运银（两） | 520.45 |
| 存留银（两） | 520.45 |
| 遇闰共加银（两） | 86.74 |
| 陈留县 | |
| **夏税** | |
| 小麦（石） | 10378.21 |
| 起运麦（石） | 6491.60 |
| 存留麦（石） | 3886.61 |
| 税丝（两） | 6120.91 |
| 折绢（匹） | 306.00 |
| 农桑丝折绢（匹） | 136.00 |
| **秋粮** | |
| 米（石） | 22175.22 |
| 起运米（石） | 17048.00 |
| 存留米（石） | 5127.22 |
| 枣子易米（石） | 140.67 |
| 马草（束） | 27984.00 |
| 起运草（束） | 27900.00 |
| 存留草（束） | 84.00 |
| 户口盐钞银（两） | 264.28 |
| 起运银（两） | 105.31 |
| 存留银（两） | 157.96 |
| 遇闰共加银（两） | 21.94 |
| 杞县 | |
| **夏税** | |
| 小麦（石） | 17813.12 |
| 起运麦（石） | 14535.37 |
| 存留麦（石） | 3277.75 |
| 税丝（两） | 10762.39 |
| 折绢（匹） | 538.00 |
| 农桑丝折绢（匹） | 626.00 |
| **秋粮** | |
| 米（石） | 40929.49 |
| 起运米（石） | 32997.00 |
| 存留米（石） | 7932.49 |
| 枣子易米（石） | 377.77 |
| 马草（束） | 51829.00 |
| 起运草（束） | 49670.00 |
| 存留草（束） | 2159.00 |
| 户口盐钞银（两） | 768.24 |
| 起运银（两） | 384.12 |
| 存留银（两） | 384.12 |
| 遇闰共加银（两） | 64.02 |

---

[1]此项目在陈州、商水、西华、项城、沈丘五县的账目中，均以"税丝"注明。

| 通许县 | |
|---|---|
| **夏税** | |
| 小麦（石） | 5063.87 |
| 起运麦（石） | 3238.00 |
| 存留麦（石） | 1825.87 |
| 税丝（两） | 2925.50 |
| 折绢（匹） | 146.00 |
| 农桑丝折绢（匹） | 125.00 |
| **秋粮** | |
| 米（石） | 11994.69 |
| 起运米（石） | 8915.00 |
| 存留米（石） | 3079.69 |
| 枣子易米（石） | 173.52 |
| 马草（束） | 15071.00 |
| 起运草（束） | 15000.00 |
| 存留草（束） | 71.00 |
| 户口盐钞银（两） | 70.81 |
| 起运银（两） | 28.32 |
| 存留银（两） | 42.48 |
| 遇闰共加银（两） | 5.90 |
| 太康县 | |
| **夏税** | |
| 小麦（石） | 4165.55 |
| 起运麦（石） | 2712.80 |
| 存留麦（石） | 1452.75 |
| 税丝（两） | 2342.86 |
| 折绢（匹） | 117.00 |
| 农桑丝折绢（匹） | 131.00 |
| **秋粮** | |
| 米（石） | 8592.65 |
| 起运米（石） | 6093.00 |
| 存留米（石） | 2499.65 |
| 枣子易米（石） | 127.80 |
| 马草（束） | 11928.00 |
| 起运草（束） | 11800.00 |
| 存留草（束） | 128.00 |
| 户口盐钞银（两） | 183.31 |
| 起运银（两） | 91.65 |
| 存留银（两） | 91.65 |
| 遇闰共加银（两） | 15.27 |
| 尉氏县 | |
| **夏税** | |
| 小麦（石） | 6279.90 |

| 起运麦（石） | 2870.40 |
|---|---|
| 存留麦（石） | 3409.50 |
| 税丝（两） | 3644.66 |
| 折绢（匹） | 182.00 |
| 农桑丝折绢（匹） | 50.00 |
| **秋粮** | |
| 米（石） | 9175.26 |
| 起运米（石） | 7164.00 |
| 存留米（石） | 2011.26 |
| 枣子易米（石） | 400.72 |
| 马草（束）（起运） | 11529.00 |
| 户口盐钞银（两） | 157.24 |
| 起运银（两） | 62.90 |
| 存留银（两） | 94.34 |
| 遇闰共加银（两） | 13.10 |
| 洧川县 | |
| **夏税** | |
| 小麦（石） | 4943.62 |
| 起运麦（石） | 3079.40 |
| 存留麦（石） | 1864.22 |
| 税丝（两） | 2836.67 |
| 折绢（匹） | 141.00 |
| 农桑丝折绢（匹） | 137.00 |
| **秋粮** | |
| 米（石） | 11810.62 |
| 起运米（石） | 8968.00 |
| 存留米（石） | 2842.62 |
| 枣子易米（石） | 544.49 |
| 马草（束） | 17866.00 |
| 起运草（束） | 17700.00 |
| 存留草（束） | 166.00 |
| 户口盐钞银（两） | 131.49 |
| 起运银（两） | 52.59 |
| 存留银（两） | 78.89 |
| 遇闰共加银（两） | 12.95 |
| 鄢陵县 | |
| **夏税** | |
| 小麦（石） | 4248.57 |
| 起运麦（石） | 2173.80 |
| 存留麦（石） | 2074.77 |
| 税丝（两） | 2447.15 |
| 折绢（匹） | 122.00 |
| 农桑丝折绢（匹） | 92.00 |

| | |
|---|---|
| **秋粮** | |
| 米（石） | 11849.58 |
| 起运米（石） | 9446.00 |
| 存留米（石） | 2403.58 |
| 枣子易米（石） | 200.43 |
| 马草（束） | 16632.00 |
| 起运草（束） | 15900.00 |
| 存留草（束） | 732.00 |
| 户口盐钞银（两） | 188.31 |
| 起运银（两） | 94.15 |
| 存留银（两） | 94.15 |
| 遇闰共加银（两） | 15.69 |
| **扶沟县** | |
| **夏税** | |
| 小麦（石） | 3179.53 |
| 起运麦（石） | 1486.40 |
| 存留麦（石） | 1693.13 |
| 税丝（两） | 1823.42 |
| 折绢（匹） | 91.00 |
| 农桑丝折绢（匹） | 41.00 |
| **秋粮** | |
| 米（石） | 5606.00 |
| 起运米（石） | 3985.00 |
| 存留米（石） | 1621.00 |
| 枣子易米（石） | 187.38 |
| 马草（束） | 8223.00 |
| 起运草（束） | 8100.00 |
| 存留草（束） | 123.00 |
| 户口盐钞银（两） | 140.02 |
| 起运银（两） | 70.01 |
| 存留银（两） | 70.01 |
| 遇闰共加银（两） | 11.66 |
| **中牟县** | |
| **夏税** | |
| 小麦（石） | 10004.43 |
| 起运麦（石） | 5830.89 |
| 存留麦（石） | 4173.54 |
| 税丝（两） | 5719.14 |
| 折绢（匹） | 285.00 |
| 农桑丝折绢（匹） | 55.00 |
| **秋粮** | |
| 米（石） | 18781.34 |
| 起运米（石） | 12779.91 |

| | |
|---|---|
| 存留米（石） | 6001.43 |
| 枣子易米（石） | 137.70 |
| 马草（束） | 23609.00 |
| 起运草（束） | 21200.00 |
| 存留草（束） | 2409.00 |
| 户口盐钞银（两） | 277.04 |
| 起运银（两） | 110.81 |
| 存留银（两） | 166.22 |
| 遇闰共加银（两） | 23.08 |
| **阳武县** | |
| **夏税** | |
| 小麦（石） | 15091.91 |
| 起运麦（石） | 6292.80 |
| 存留麦（石） | 8799.11 |
| 税丝（两） | 8635.68 |
| 折绢（匹） | 431.00 |
| 农桑丝折绢（匹） | 46.00 |
| **秋粮** | |
| 米（石） | 20258.64 |
| 起运米（石） | 10926.00 |
| 存留米（石） | 9332.64 |
| 枣子易米（石） | 123.52 |
| 马草（束） | 28371.00 |
| 起运草（束） | 28200.00 |
| 存留草（束） | 171.00 |
| 户口盐钞银（两） | 141.12 |
| 起运银（两） | 56.45 |
| 存留银（两） | 84.67 |
| 遇闰共加银（两） | 14.26 |
| **原武县** | |
| **夏税** | |
| 小麦（石） | 4757.70 |
| 起运麦（石） | 3291.20 |
| 存留麦（石） | 1466.50 |
| 税丝（两） | 2912.12 |
| 折绢（匹） | 145.00 |
| 农桑丝折绢（匹） | 17.00 |
| **秋粮** | |
| 米（石） | 8282.57 |
| 起运米（石） | 5483.00 |
| 存留米（石） | 2799.57 |
| 枣子易米（石） | 529.96 |
| 马草（束） | 10488.00 |

| | | | |
|---|---|---|---|
| 起运草（束） | 10400.00 | 存留银（两） | 69.82 |
| 存留草（束） | 88.00 | 遇闰共加银（两） | 9.69 |
| 户口盐钞银（两） | 110.31 | 兰阳县 | |
| 起运银（两） | 44.12 | 夏税 | |
| 存留银（两） | 66.18 | 小麦（石） | 3518.64 |
| 遇闰共加银（两） | 9.19 | 起运麦（石） | 3214.73 |
| 封丘县 | | 存留麦（石） | 303.91 |
| 夏税 | | 税丝（两） | 1983.14 |
| 小麦（石） | 8061.53 | 折绢（匹） | 99.00 |
| 起运麦（石） | 3451.20 | 农桑丝折绢（匹） | 430.00 |
| 存留麦（石） | 4610.33 | 秋粮 | |
| 税丝（两） | 4605.54 | 米（石） | 12891.54 |
| 折绢（匹） | 230.00 | 起运米（石） | 12322.20 |
| 农桑丝折绢（匹） | 218.00 | 存留米（石） | 569.34 |
| 秋粮 | | 枣子易米（石） | 121.14 |
| 米（石） | 25361.16 | 马草（束） | 16228.00 |
| 起运米（石） | 14204.00 | 起运草（束） | 15500.00 |
| 存留米（石） | 11157.16 | 存留草（束） | 728.00 |
| 马草（束） | 35498.00 | 户口盐钞银（两） | 170.82 |
| 起运草（束） | 35360.00 | 起运银（两） | 68.33 |
| 存留草（束） | 138.00 | 存留银（两） | 102.49 |
| 户口盐钞银（两） | 189.07 | 遇闰共加银（两） | 14.23 |
| 起运银（两） | 75.63 | 仪封县 | |
| 存留银（两） | 113.44 | 夏税 | |
| 遇闰共加银（两） | 15.75 | 小麦（石） | 4269.05 |
| 延津县 | | 起运麦（石） | 4130.56 |
| 夏税 | | 存留麦（石） | 138.48 |
| 小麦（石） | 6620.81 | 税丝（两） | 2439.24 |
| 起运麦（石） | 2209.20 | 折绢（匹） | 121.00 |
| 存留麦（石） | 4411.61 | 农桑丝折绢（匹） | 160.00 |
| 税丝（两） | 3752.73 | 秋粮 | |
| 折绢（匹） | 187.00 | 米（石） | 7317.32 |
| 农桑丝折绢（匹） | 38.00 | 起运米（石） | 6985.45 |
| 秋粮 | | 存留米（石） | 331.87 |
| 米（石） | 12671.24 | 枣子易米（石） | 6.75 |
| 起运米（石） | 4916.00 | 马草（束） | 11107.00 |
| 存留米（石） | 7755.24 | 起运草（束） | 10100.00 |
| 枣子易米（石） | 241.82 | 存留草（束） | 1007.00 |
| 马草（束） | 19136.00 | 户口盐钞银（两） | 110.92 |
| 起运草（束） | 19000.00 | 起运银（两） | 44.37 |
| 存留草（束） | 136.00 | 存留银（两） | 66.55 |
| 户口盐钞银（两） | 116.37 | 遇闰共加银（两） | 9.24 |
| 起运银（两） | 46.54 | 陈州 | |

| 夏税 | |
|---|---|
| 小麦（石） | 2839.19 |
| 起运麦（石） | 1976.80 |
| 存留麦（石） | 862.39 |
| 税丝（两） | 1136.64 |
| 折绢（匹） | 56.00 |
| 税丝（两） | 513.42 |
| 农桑丝折绢（匹） | 91.00 |
| 秋粮 | |
| 米（石） | 10593.38 |
| 起运米（石） | 7873.00 |
| 存留米（石） | 2720.38 |
| 枣子易米（石） | 50.31 |
| 马草（束） | 17313.00 |
| 起运草（束） | 17260.00 |
| 存留草（束） | 53.00 |
| 户口盐钞银（两） | 178.88 |
| 起运银（两） | 89.44 |
| 存留银（两） | 89.44 |
| 遇闰共加银（两） | 14.90 |

| 商水县 | |
|---|---|
| 夏税 | |
| 小麦（石） | 3285.51 |
| 起运麦（石） | 2290.00 |
| 存留麦（石） | 995.51 |
| 税丝（两） | 1918.93 |
| 农桑丝折绢（匹） | 59.00 |
| 秋粮 | |
| 米（石） | 5562.63 |
| 起运米（石） | 4146.00 |
| 存留米（石） | 1416.63 |
| 马草（束） | 7059.00 |
| 起运草（束） | 7016.00 |
| 存留草（束） | 43.00 |
| 户口盐钞银（两） | 106.18 |
| 起运银（两） | 53.09 |
| 存留银（两） | 53.09 |
| 遇闰共加银（两） | 8.84 |

| 西华县 | |
|---|---|
| 夏税 | |
| 小麦（石） | 3669.71 |
| 起运麦（石） | 2398.40 |
| 存留麦（石） | 1271.31 |

| 税丝（两） | 2142.32 |
|---|---|
| 农桑丝折绢（匹） | 239.00 |
| 秋粮 | |
| 米（石） | 9230.16 |
| 起运米（石） | 6796.00 |
| 存留米（石） | 2434.16 |
| 枣子易米（石） | 378.54 |
| 马草（束） | 11872.00 |
| 起运草（束） | 11800.00 |
| 存留草（束） | 72.00 |
| 户口盐钞银（两） | 243.10 |
| 起运银（两） | 121.55 |
| 存留银（两） | 121.55 |
| 遇闰共加银（两） | 20.25 |

| 项城县 | |
|---|---|
| 夏税 | |
| 小麦（石） | 2767.79 |
| 起运麦（石） | 1620.00 |
| 存留麦（石） | 1147.79 |
| 税丝（两） | 1577.73 |
| 农桑丝折绢（匹） | 56.00 |
| 秋粮 | |
| 米（石） | 6118.40 |
| 起运米（石） | 4544.00 |
| 存留米（石） | 1574.40 |
| 枣子易米（石） | 16.42 |
| 马草（束） | 7980.00 |
| 起运草（束） | 7900.00 |
| 存留草（束） | 80.00 |
| 户口盐钞银（两） | 43.44 |
| 起运银（两） | 21.72 |
| 存留银（两） | 21.72 |
| 遇闰共加银（两） | 12.00 |

| 沈丘县 | |
|---|---|
| 夏税 | |
| 小麦（石） | 440.41 |
| 起运麦（石） | 250.00 |
| 存留麦（石） | 190.41 |
| 税丝（两） | 58.23 |
| 农桑丝折绢（匹） | 6.00 |
| 秋粮 | |
| 米（石） | 2404.65 |
| 起运米（石） | 1843.00 |

| | |
|---|---|
| 存留米（石） | 561.65 |
| 枣子易米（石） | 1.26 |
| 马草（束） | 4692.00 |
| 起运草（束） | 4600.00 |
| 存留草（束） | 92.00 |
| 户口盐钞银（两） | 33.58 |
| 起运银（两） | 12.79 |
| 存留银（两） | 20.78 |
| 遇闰共加银（两） | 2.66 |

| 许州 | |
|---|---|
| **夏税** | |
| 小麦（石） | 7620.10 |
| 起运麦（石） | 4530.00 |
| 存留麦（石） | 3090.10 |
| 税丝（两） | 4332.86 |
| 折绢（匹） | 216.00 |
| 农桑丝折绢（匹） | 253.00 |
| **秋粮** | |
| 米（石） | 19407.37 |
| 起运米（石） | 15290.00 |
| 存留米（石） | 4117.37 |
| 枣子易米（石） | 466.29 |
| 马草（束） | 30596.00 |
| 起运草（束） | 30200.00 |
| 存留草（束） | 396.00 |
| 户口盐钞银（两） | 522.91 |
| 起运银（两） | 261.45 |
| 存留银（两） | 261.45 |
| 遇闰共加银（两） | 43.57 |

| 临颍县 | |
|---|---|
| **夏税** | |
| 小麦（石） | 3780.20 |
| 起运麦（石） | 3553.17 |
| 存留麦（石） | 227.03 |
| 税丝（两） | 2188.30 |
| 折绢（匹） | 109.00 |
| 农桑丝折绢（匹） | 73.00 |
| **秋粮** | |
| 米（石） | 7789.44 |
| 起运米（石） | 6085.00 |
| 存留米（石） | 1704.44 |
| 枣子易米（石） | 189.94 |
| 马草（束） | 10929.00 |

| | |
|---|---|
| 起运草（束） | 10900.00 |
| 存留草（束） | 29.00 |
| 户口盐钞银（两） | 260.78 |
| 起运银（两） | 130.39 |
| 存留银（两） | 130.39 |
| 遇闰共加银（两） | 21.73 |

| 襄城县 | |
|---|---|
| **夏税** | |
| 小麦（石） | 6936.73 |
| 起运麦（石） | 6702.88 |
| 存留麦（石） | 233.84 |
| 税丝（两） | 4182.73 |
| 折绢（匹） | 209.00 |
| 农桑丝折绢（匹） | 104.00 |
| **秋粮** | |
| 米（石） | 15130.57 |
| 起运米（石） | 12425.00 |
| 存留米（石） | 2705.57 |
| 枣子易米（石） | 236.76 |
| 马草（束） | 19179.00 |
| 起运草（束） | 19100.00 |
| 存留草（束） | 79.00 |
| 户口盐钞银（两） | 457.66 |
| 起运银（两） | 228.83 |
| 存留银（两） | 228.83 |
| 遇闰共加银（两） | 38.13 |

| 郾城县 | |
|---|---|
| **夏税** | |
| 小麦（石） | 4153.97 |
| 起运麦（石） | 3652.80 |
| 存留麦（石） | 501.17 |
| 税丝（两） | 2383.38 |
| 折绢（匹） | 119.00 |
| 农桑丝折绢（匹） | 107.00 |
| **秋粮** | |
| 米（石） | 9018.96 |
| 起运米（石） | 6631.00 |
| 存留米（石） | 2387.96 |
| 枣子易米（石） | 224.10 |
| 马草（束） | 11357.00 |
| 起运草（束） | 11300.00 |
| 存留草（束） | 57.00 |
| 户口盐钞银（两） | 291.61 |

| | | | |
|---|---|---|---|
| 起运银（两） | 145.80 | 存留银（两） | 127.09 |
| 存留银（两） | 145.80 | 遇闰共加银（两） | 17.65 |
| 遇闰共加银（两） | 24.18 | **新郑县** | |
| **长葛县** | | **夏税** | |
| **夏税** | | 小麦（石） | 5787.46 |
| 小麦（石） | 5588.86 | 起运麦（石） | 3162.20 |
| 起运麦（石） | 2454.80 | 存留麦（石） | 2625.26 |
| 存留麦（石） | 3134.06 | 税丝（两） | 3356.33 |
| 税丝（两） | 3300.32 | 折绢（匹） | 167.00 |
| 折绢（匹） | 165.00 | 农桑丝折绢（匹） | 73.00 |
| 农桑丝折绢（匹） | 103.00 | **秋粮** | |
| **秋粮** | | 米（石） | 15340.57 |
| 米（石） | 13040.98 | 起运米（石） | 10299.00 |
| 起运米（石） | 10496.00 | 存留米（石） | 5041.57 |
| 存留米（石） | 2544.98 | 枣子易米（石） | 255.37 |
| 枣子易米（石） | 341.10 | 马草（束） | 23234.00 |
| 马草（束） | 18278.00 | 起运草（束） | 23000.00 |
| 起运草（束） | 18200.00 | 存留草（束） | 234.00 |
| 存留草（束） | 78.00 | 户口盐钞银（两） | 88.12 |
| 户口盐钞银（两） | 207.70 | 起运银（两） | 35.25 |
| 起运银（两） | 83.08 | 存留银（两） | 52.87 |
| 存留银（两） | 124.62 | 遇闰共加银（两） | 7.34 |
| 遇闰共加银（两） | 17.30 | **密县** | |
| **禹州** | | **夏税** | |
| **夏税** | | 小麦（石） | 5306.16 |
| 小麦（石） | 15918.58 | 起运麦（石） | 3324.80 |
| 起运麦（石） | 5660.40 | 存留麦（石） | 1981.36 |
| 存留麦（石） | 10258.18 | 税丝（两） | 3060.05 |
| 税丝（两） | 9155.00 | 起运丝（两） | 2388.35 |
| 起运丝（两） | 5065.11 | 折绢（匹） | 119.00 |
| 折绢（匹） | 253.00 | 存留丝（两） | 671.69 |
| 存留丝（两） | 4089.89 | 农桑丝折绢（匹） | 202.00 |
| 农桑丝折绢（匹） | 380.00 | **秋粮** | |
| **秋粮** | | 米（石） | 14117.86 |
| 米（石） | 44404.36 | 起运米（石） | 10147.00 |
| 起运米（石） | 18174.00 | 存留米（石） | 3970.86 |
| 存留米（石） | 26230.36 | 枣子易米（石） | 829.80 |
| 枣子易米（石） | 1048.45 | 马草（束） | 17729.00 |
| 马草（束） | 55851.00 | 起运草（束） | 14470.00 |
| 起运草（束） | 55700.00 | 存留草（束） | 3259.00 |
| 存留草（束） | 151.00 | 户口盐钞银（两） | 129.34 |
| 户口盐钞银（两） | 211.83 | 起运银（两） | 51.73 |
| 起运银（两） | 84.73 | 存留银（两） | 77.60 |

| | | | |
|---|---|---|---|
| 遇闰共加银（两） | 10.77 | 小麦（石） | 3517.45 |
| **郑州** | | 起运麦（石） | 1481.60 |
| **夏税** | | 存留麦（石） | 2035.85 |
| 小麦（石） | 8569.74 | 税丝（两） | 2073.85 |
| 起运麦（石） | 4016.00 | 折绢（匹） | 103.00 |
| 存留麦（石） | 4553.74 | 农桑丝折绢（匹） | 8.00 |
| 税丝（两） | 5056.22 | **秋粮** | |
| 折绢（匹） | 252.00 | 米（石） | 8965.16 |
| 农桑丝折绢（匹） | 42.00 | 起运米（石） | 6066.00 |
| **秋粮** | | 存留米（石） | 2899.16 |
| 米（石） | 20507.98 | 枣子易米（石） | 222.57 |
| 起运米（石） | 16900.00 | 马草（束） | 11303.00 |
| 存留米（石） | 3607.98 | 起运草（束） | 11200.00 |
| 枣子易米（石） | 163.93 | 存留草（束） | 103.00 |
| 马草（束） | 26009.00 | 户口盐钞银（两） | 86.07 |
| 起运草（束） | 25300.00 | 起运银（两） | 34.42 |
| 存留草（束） | 709.00 | 存留银（两） | 51.64 |
| 户口盐钞银（两） | 262.90 | 遇闰共加银（两） | 7.17 |
| 起运银（两） | 131.45 | **河阴县** | |
| 存留银（两） | 131.45 | **夏税** | |
| 遇闰共加银（两） | 21.90 | 小麦（石） | 1359.43 |
| **荥阳县** | | 起运麦（石） | 838.40 |
| **夏税** | | 存留麦（石） | 521.03 |
| 小麦（石） | 3296.17 | 税丝（两） | 795.99 |
| 起运麦（石） | 1590.00 | 折绢（匹） | 39.00 |
| 存留麦（石） | 1706.17 | 农桑丝折绢（匹） | 3.00 |
| 税丝（两） | 1887.43 | **秋粮** | |
| 折绢（匹） | 94.00 | 米（石） | 4213.29 |
| 农桑丝折绢（匹） | 42.00 | 起运米（石） | 3330.00 |
| **秋粮** | | 存留米（石） | 883.29 |
| 米（石） | 7617.42 | 枣子易米（石） | 70.92 |
| 起运米（石） | 6480.00 | 马草（束） | 5303.00 |
| 存留米（石） | 1137.42 | 起运草（束） | 5000.00 |
| 枣子易米（石） | 369.00 | 存留草（束） | 303.00 |
| 马草（束） | 12100.00 | 户口盐钞银（两） | 21.88 |
| 起运草（束） | 12000.00 | 起运银（两） | 8.75 |
| 存留草（束） | 100.00 | 存留银（两） | 13.13 |
| 户口盐钞银（两） | 94.38 | 遇闰共加银（两） | 1.82 |
| 起运银（两） | 37.75 | **汜水县** | |
| 存留银（两） | 56.62 | **夏税** | |
| 遇闰共加银（两） | 7.84 | 小麦（石） | 3718.12 |
| **荥泽县** | | 起运麦（石） | 1600.80 |
| **夏税** | | 存留麦（石） | 2117.32 |

| | |
|---|---|
| 税丝（两） | 2111.56 |
| 折绢（匹） | 105.00 |
| 农桑丝折绢（匹） | 41.00 |
| **秋粮** | |
| 米（石） | 7185.55 |
| 起运米（石） | 5007.00 |
| 存留米（石） | 2178.55 |
| 枣子易米（石） | 300.33 |
| 马草（束） | 10858.00 |
| 起运草（束） | 10800.00 |
| 存留草（束） | 58.00 |
| 户口盐钞银（两） | 70.75 |
| 起运银（两） | 28.31 |
| 存留银（两） | 42.44 |
| 遇闰共加银（两） | 5.88 |
| **归德府** | |
| **夏税** | |
| 小麦（石） | 20222.56 |
| 起运麦（石） | 12338.65 |
| 存留麦（石） | 7883.90 |
| 税丝（两）（起运） | 12016.59 |
| 折绢（匹） | 600.00 |
| 农桑丝折绢（匹）（起运） | 1115.00 |
| **秋粮** | |
| 米（石） | 47454.25 |
| 起运米（石） | 33866.28 |
| 存留米（石） | 13587.97 |
| 枣子易米（石）（存留） | 205.40 |
| 马草（束） | 67652.00 |
| 起运草（束） | 62603.00 |
| 存留草（束） | 5049.00 |
| 户口盐钞银（两） | 1506.58 |
| 起运银（两） | 745.48 |
| 存留银（两） | 761.09 |
| 遇闰共加银（两） | 125.54 |
| **商丘县** | |
| **夏税** | |
| 小麦（石） | 2746.77 |
| 起运麦（石） | 1104.40 |
| 存留麦（石） | 1642.37 |
| 税丝（两） | 1566.81 |
| 折绢（匹） | 78.00 |
| 农桑丝折绢（匹） | 178.00 |

| | |
|---|---|
| **秋粮** | |
| 米（石） | 4471.10 |
| 起运米（石） | 3415.00 |
| 存留米（石） | 1056.10 |
| 枣子易米（石） | 131.94 |
| 马草（束） | 6529.00 |
| 起运草（束） | 6000.00 |
| 存留草（束） | 529.00 |
| 户口盐钞银（两） | 421.92 |
| 起运银（两） | 210.96 |
| 存留银（两） | 210.96 |
| 遇闰共加银（两） | 35.16 |
| **宁陵县** | |
| **夏税** | |
| 小麦（石） | 1082.80 |
| 起运麦（石） | 730.00 |
| 存留麦（石） | 352.80 |
| 税丝（两） | 615.09 |
| 折绢（匹） | 30.00 |
| 农桑丝折绢（匹） | 47.00 |
| **秋粮** | |
| 米（石） | 1914.01 |
| 起运米（石） | 1367.00 |
| 存留米（石） | 547.01 |
| 马草（束） | 2587.00 |
| 起运草（束） | 2550.00 |
| 存留草（束） | 37.00 |
| 户口盐钞银（两） | 41.76 |
| 起运银（两） | 16.70 |
| 存留银（两） | 25.05 |
| 遇闰共加银（两） | 3.48 |
| **鹿邑县** | |
| **夏税** | |
| 小麦（石） | 2543.25 |
| 起运麦（石） | 1779.60 |
| 存留麦（石） | 763.65 |
| 税丝（两） | 1410.80 |
| 折绢（匹） | 70.00 |
| 农桑丝折绢（匹） | 152.00 |
| **秋粮** | |
| 米（石） | 4593.36 |
| 起运米（石） | 3390.00 |
| 存留米（石） | 1203.36 |

| | |
|---|---|
| 枣子易米（石） | 27.57 |
| 马草（束） | 7500.00 |
| 起运草（束） | 7450.00 |
| 存留草（束） | 50.00 |
| 户口盐钞银（两） | 217.96 |
| 起运银（两） | 108.98 |
| 存留银（两） | 108.98 |
| 遇闰共加银（两） | 18.16 |

**夏邑县**

| | |
|---|---|
| **夏税** | |
| 小麦（石） | 2612.98 |
| 起运麦（石） | 1570.80 |
| 存留麦（石） | 1042.18 |
| 税丝（两） | 1982.13 |
| 折绢（匹） | 99.00 |
| 农桑丝折绢（匹） | 167.00 |
| **秋粮** | |
| 米（石） | 5406.69 |
| 起运米（石） | 3745.00 |
| 存留米（石） | 1661.69 |
| 马草（束） | 7964.00 |
| 起运草（束） | 7900.00 |
| 存留草（束） | 64.00 |
| 户口盐钞银（两） | 167.08 |
| 起运银（两） | 83.51 |
| 存留银（两） | 83.57 |
| 遇闰共加银（两） | 13.92 |

**永城县**

| | |
|---|---|
| **夏税** | |
| 小麦（石） | 3357.25 |
| 起运麦（石） | 2091.20 |
| 存留麦（石） | 1266.05 |
| 税丝（两） | 1930.37 |
| 折绢（匹） | 96.00 |
| 农桑丝折绢（匹） | 53.00 |
| **秋粮** | |
| 米（石） | 11248.25 |
| 起运米（石） | 8088.00 |
| 存留米（石） | 3160.25 |
| 马草（束） | 16658.00 |
| 起运草（束） | 14703.00 |
| 存留草（束） | 1955.00 |
| 户口盐钞银（两） | 226.89 |

| | |
|---|---|
| 起运银（两） | 113.44 |
| 存留银（两） | 113.44 |
| 遇闰共加银（两） | 18.90 |

**虞城县**

| | |
|---|---|
| **夏税** | |
| 小麦（石） | 1855.60 |
| 起运麦（石） | 1050.40 |
| 存留麦（石） | 805.20 |
| 税丝（两） | 1042.60 |
| 折绢（匹） | 52.00 |
| 农桑丝折绢（匹） | 192.00 |
| **秋粮** | |
| 米（石） | 4591.67 |
| 起运米（石） | 3040.00 |
| 存留米（石） | 1551.67 |
| 马草（束） | 6440.00 |
| 起运草（束） | 6400.00 |
| 存留草（束） | 40.00 |
| 户口盐钞银（两） | 95.74 |
| 起运银（两） | 47.87 |
| 存留银（两） | 47.87 |
| 遇闰共加银（两） | 7.97 |

**睢州**

| | |
|---|---|
| **夏税** | |
| 小麦（石） | 4085.60 |
| 起运麦（石） | 2611.60 |
| 存留麦（石） | 1474.00 |
| 税丝（两） | 2388.48 |
| 折绢（匹） | 119.00 |
| 农桑丝折绢（匹） | 224.00 |
| **秋粮** | |
| 米（石） | 11727.97 |
| 起运米（石） | 8289.00 |
| 存留米（石） | 3438.97 |
| 枣子易米（石） | 40.54 |
| 马草（束） | 14814.00 |
| 起运草（束） | 13000.00 |
| 存留草（束） | 1814.00 |
| 户口盐钞银（两） | 262.40 |
| 起运银（两） | 131.20 |
| 存留银（两） | 131.20 |
| 遇闰共加银（两） | 21.86 |

**考城县**

| 夏税 | |
| --- | --- |
| 小麦（石） | 1334.12 |
| 起运麦（石） | 1100.65 |
| 存留麦（石） | 233.47 |
| 税丝（两） | 753.73 |
| 折绢（匹） | 37.00 |
| 农桑丝折绢（匹） | 59.00 |
| 秋粮 | |
| 米（石） | 1930.04 |
| 起运米（石） | 1592.28 |
| 存留米（石） | 337.75 |
| 枣子易米（石） | 5.35 |
| 马草（束） | 2915.00 |
| 起运草（束） | 2400.00 |
| 存留草（束） | 515.00 |
| 户口盐钞银（两） | 36.16 |
| 起运银（两） | 14.44 |
| 存留银（两） | 21.71 |
| 遇闰共加银（两） | 3.01 |
| 柘城县 | |
| 夏税 | |
| 小麦（石） | 604.15 |
| 起运麦（石） | 300.00 |
| 存留麦（石） | 304.15 |
| 税丝（两） | 326.54 |
| 折绢（匹） | 16.00 |
| 农桑丝折绢（匹） | 39.00 |
| 秋粮 | |
| 米（石） | 1571.12 |
| 起运米（石） | 940.00 |
| 存留米（石） | 631.12 |
| 马草（束） | 2240.00 |
| 起运草（束） | 2200.00 |
| 存留草（束） | 40.00 |
| 户口盐钞银（两） | 36.72 |
| 起运银（两） | 18.36 |
| 存留银（两） | 18.36 |
| 遇闰共加银（两） | 3.06 |
| 彰德府 | |
| 夏税 | |
| 小麦（石） | 55826.58 |
| 起运麦（石） | 28139.60 |
| 存留麦（石） | 27686.98 |

| 税丝（两）（起运） | 31900.53 |
| --- | --- |
| 折绢（匹） | 1595.00 |
| 农桑丝折绢（匹）（起运） | 663.00 |
| 秋粮 | |
| 米（石） | 196129.09 |
| 起运米（石） | 141748.20 |
| 存留米（石） | 54380.89 |
| 枣子易米（石）（存留） | 2319.74 |
| 马草（束） | 256466.00 |
| 起运草（束） | 247973.00 |
| 存留草（束） | 8493.00 |
| 户口盐钞银（两） | 1227.83 |
| 起运银（两） | 491.32 |
| 存留银（两） | 736.50 |
| 遇闰共加银（两） | 107.81 |
| 安阳县 | |
| 夏税 | |
| 小麦（石） | 16519.38 |
| 起运麦（石） | 6269.20 |
| 存留麦（石） | 10250.18 |
| 税丝（两） | 9454.12 |
| 折绢（匹） | 472.00 |
| 农桑丝折绢（匹） | 132.00 |
| 秋粮 | |
| 米（石） | 56259.79 |
| 起运米（石） | 38675.70 |
| 存留米（石） | 17584.09 |
| 枣子易米（石） | 640.80 |
| 马草（束） | 77356.00 |
| 起运草（束） | 74000.00 |
| 存留草（束） | 3356.00 |
| 户口盐钞银（两） | 396.21 |
| 起运银（两） | 158.48 |
| 存留银（两） | 237.72 |
| 遇闰共加银（两） | 32.97 |
| 汤阴县 | |
| 夏税 | |
| 小麦（石） | 10032.80 |
| 起运麦（石） | 5182.40 |
| 存留麦（石） | 4850.40 |
| 税丝（两） | 5673.38 |
| 折绢（匹） | 283.00 |
| 农桑丝折绢（匹） | 89.00 |

| 秋粮 | |
|---|---|
| 米（石） | 30732.23 |
| 起运米（石） | 21374.00 |
| 存留米（石） | 9358.23 |
| 枣子易米（石） | 180.13 |
| 马草（束） | 37512.00 |
| 起运草（束） | 37400.00 |
| 存留草（束） | 112.00 |
| 户口盐钞银（两） | 160.90 |
| 起运银（两） | 64.36 |
| 存留银（两） | 96.53 |
| 遇闰共加银（两） | 13.40 |

### 临漳县

| 夏税 | |
|---|---|
| 小麦（石） | 9395.02 |
| 起运麦（石） | 5355.60 |
| 存留麦（石） | 4039.42 |
| 税丝（两） | 5341.12 |
| 折绢（匹） | 267.00 |
| 农桑丝折绢（匹） | 172.00 |

| 秋粮 | |
|---|---|
| 米（石） | 26503.48 |
| 起运米（石） | 19033.00 |
| 存留米（石） | 7470.48 |
| 枣子易米（石） | 225.54 |
| 马草（束） | 32755.00 |
| 起运草（束） | 30000.00 |
| 存留草（束） | 2755.00 |
| 户口盐钞银（两） | 246.57 |
| 起运银（两） | 98.63 |
| 存留银（两） | 147.94 |
| 遇闰共加银（两） | 26.54 |

### 林县

| 夏税 | |
|---|---|
| 小麦（石） | 7981.56 |
| 起运麦（石） | 4717.20 |
| 存留麦（石） | 3264.36 |
| 税丝（两） | 4574.30 |
| 折绢（匹） | 228.00 |
| 农桑丝折绢（匹） | 91.00 |

| 秋粮 | |
|---|---|
| 米（石） | 25461.24 |
| 起运米（石） | 19000.00 |

| 存留米（石） | 6461.24 |
|---|---|
| 枣子易米（石） | 386.36 |
| 马草（束）（起运） | 37873.00 |
| 户口盐钞银（两） | 102.00 |
| 起运银（两） | 40.98 |
| 存留银（两） | 61.01 |
| 遇闰共加银（两） | 8.98 |

### 磁州

| 夏税 | |
|---|---|
| 小麦（石） | 5122.40 |
| 起运麦（石） | 2080.40 |
| 存留麦（石） | 3042.00 |
| 税丝（两） | 2902.42 |
| 折绢（匹） | 145.00 |
| 农桑丝折绢（匹） | 64.00 |

| 秋粮 | |
|---|---|
| 米（石） | 27709.58 |
| 起运米（石） | 22599.00 |
| 存留米（石） | 5110.58 |
| 枣子易米（石） | 286.74 |
| 马草（束） | 35287.00 |
| 起运草（束） | 34300.00 |
| 存留草（束） | 987.00 |
| 户口盐钞银（两） | 192.88 |
| 起运银（两） | 77.15 |
| 存留银（两） | 115.73 |
| 遇闰共加银（两） | 15.11 |

### 武安县

| 夏税 | |
|---|---|
| 小麦（石） | 4621.21 |
| 起运麦（石） | 3226.00 |
| 存留麦（石） | 1395.21 |
| 税丝（两） | 2743.71 |
| 折绢（匹） | 137.00 |
| 农桑丝折绢（匹） | 70.00 |

| 秋粮 | |
|---|---|
| 米（石） | 20352.43 |
| 起运米（石） | 15035.50 |
| 存留米（石） | 5316.93 |
| 枣子易米（石） | 413.50 |
| 马草（束） | 24427.00 |
| 起运草（束） | 24400.00 |
| 存留草（束） | 27.00 |

| | | | |
|---|---|---|---|
| 户口盐钞银（两） | 90.90 | 遇闰共加银（两） | 61.02 |
| 起运银（两） | 36.36 | **汲县** | |
| 存留银（两） | 54.54 | **夏税** | |
| 遇闰共加银（两） | 7.59 | 小麦（石） | 5581.79 |
| **涉县** | | 起运麦（石） | 2723.60 |
| **夏税** | | 存留麦（石） | 2858.19 |
| 小麦（石） | 2154.17 | 税丝（两） | 3235.57 |
| 起运麦（石） | 1308.80 | 折绢（匹） | 161.00 |
| 存留麦（石） | 845.37 | 农桑丝折绢（匹） | 32.00 |
| 税丝（两） | 1211.45 | **秋粮** | |
| 折绢（匹） | 60.00 | 米（石） | 19648.49 |
| 农桑丝折绢（匹） | 42.00 | 起运米（石） | 12650.08 |
| **秋粮** | | 存留米（石） | 6998.41 |
| 米（石） | 9110.31 | 枣子易米（石） | 295.02 |
| 起运米（石） | 6031.00 | 马草（束） | 24248.00 |
| 存留米（石） | 3079.31 | 起运草（束） | 22321.00 |
| 枣子易米（石） | 186.66 | 存留草（束） | 1927.00 |
| 马草（束） | 11253.00 | 户口盐钞银（两） | 77.25 |
| 起运草（束） | 10000.00 | 起运银（两） | 30.90 |
| 存留草（束） | 1253.00 | 存留银（两） | 46.35 |
| 户口盐钞银（两） | 38.35 | 遇闰共加银（两） | 6.44 |
| 起运银（两） | 15.34 | **胙城县** | |
| 存留银（两） | 23.01 | **夏税** | |
| 遇闰共加银（两） | 3.19 | 小麦（石） | 3685.79 |
| **卫辉府** | | 起运麦（石） | 1346.00 |
| **夏税** | | 存留麦（石） | 2339.79 |
| 小麦（石） | 35699.38 | 税丝（两） | 2119.06 |
| 起运麦（石） | 16870.40 | 折绢（匹） | 105.00 |
| 存留麦（石） | 18828.98 | 农桑丝折绢（匹） | 32.00 |
| 税丝（两）（起运） | 20462.12 | **秋粮** | |
| 折绢（匹） | 1023.00 | 米（石） | 12126.62 |
| 农桑丝折绢（匹）（起运） | 279.00 | 起运米（石） | 5281.00 |
| **秋粮** | | 存留米（石） | 6845.62 |
| 米（石） | 110050.50 | 枣子易米（石） | 344.29 |
| 起运米（石） | 77086.08 | 马草（束） | 15137.00 |
| 存留米（石） | 32964.42 | 起运草（束） | 10000.00 |
| 枣子易米（石）（存留） | 2305.80 | 存留草（束） | 5137.00 |
| 马草（束） | 135706.00 | 户口盐钞银（两） | 100.93 |
| 起运草（束） | 126423.00 | 起运银（两） | 40.37 |
| 存留草（束） | 9283.00 | 存留银（两） | 60.56 |
| 户口盐钞银（两） | 731.33 | 遇闰共加银（两） | 8.50 |
| 起运银（两） | 292.54 | **新乡县** | |
| 存留银（两） | 438.79 | **夏税** | |

| | |
|---|---|
| 小麦（石） | 8701.60 |
| 起运麦（石） | 3584.00 |
| 存留麦（石） | 5117.60 |
| 税丝（两） | 4929.73 |
| 折绢（匹） | 246.00 |
| 农桑丝折绢（匹） | 54.00 |
| **秋粮** | |
| 米（石） | 25794.16 |
| 起运米（石） | 19116.00 |
| 存留米（石） | 6678.16 |
| 枣子易米（石） | 717.25 |
| 马草（束） | 31831.00 |
| 起运草（束） | 30850.00 |
| 存留草（束） | 981.00 |
| 户口盐钞银（两） | 183.99 |
| 起运银（两） | 73.59 |
| 存留银（两） | 110.39 |
| 遇闰共加银（两） | 15.33 |

| 获嘉县 | |
|---|---|
| **夏税** | |
| 小麦（石） | 4243.50 |
| 起运麦（石） | 2472.00 |
| 存留麦（石） | 1771.50 |
| 税丝（两） | 2409.00 |
| 折绢（匹） | 120.00 |
| 农桑丝折绢（匹） | 36.00 |
| **秋粮** | |
| 米（石） | 14267.96 |
| 起运米（石） | 10931.00 |
| 存留米（石） | 3336.96 |
| 枣子易米（石） | 410.76 |
| 马草（束） | 17581.00 |
| 起运草（束） | 17500.00 |
| 存留草（束） | 81.00 |
| 户口盐钞银（两） | 145.99 |
| 起运银（两） | 58.40 |
| 存留银（两） | 87.59 |
| 遇闰共加银（两） | 12.16 |

| 淇县 | |
|---|---|
| **夏税** | |
| 小麦（石） | 4918.95 |
| 起运麦（石） | 2177.60 |
| 存留麦（石） | 2741.35 |

| | |
|---|---|
| 税丝（两） | 2843.89 |
| 折绢（匹） | 142.00 |
| 农桑丝折绢（匹） | 39.00 |
| **秋粮** | |
| 米（石） | 10814.33 |
| 起运米（石） | 8110.00 |
| 存留米（石） | 2704.33 |
| 枣子易米（石） | 258.23 |
| 马草（束） | 13134.00 |
| 起运草（束） | 13100.00 |
| 存留草（束） | 34.00 |
| 户口盐钞银（两） | 96.33 |
| 起运银（两） | 38.53 |
| 存留银（两） | 57.79 |
| 遇闰共加银（两） | 8.02 |

| 辉县 | |
|---|---|
| **夏税** | |
| 小麦（石） | 8567.72 |
| 起运麦（石） | 4567.20 |
| 存留麦（石） | 4000.52 |
| 税丝（两） | 4924.87 |
| 折绢（匹） | 246.00 |
| 农桑丝折绢（匹） | 83.00 |
| **秋粮** | |
| 米（石） | 27398.92 |
| 起运米（石） | 20998.00 |
| 存留米（石） | 6400.92 |
| 枣子易米（石） | 280.22 |
| 马草（束） | 33774.00 |
| 起运草（束） | 32652.00 |
| 存留草（束） | 1122.00 |
| 户口盐钞银（两） | 126.82 |
| 起运银（两） | 50.73 |
| 存留银（两） | 76.09 |
| 遇闰共加银（两） | 10.54 |

| 怀庆府 | |
|---|---|
| **夏税** | |
| 小麦（石） | 89605.15 |
| 起运麦（石） | 39932.20 |
| 存留麦（石） | 49672.95 |
| 税丝（两）（起运） | 52208.23 |
| 折绢（匹） | 2610.00 |
| 农桑丝折绢（匹）（起运） | 778.00 |

| 秋粮 | |
|---|---|
| 米（石） | 241017.02 |
| 起运米（石） | 154277.00 |
| 存留米（石） | 86740.02 |
| 枣子易米（石）（存留） | 3850.24 |
| 马草（束） | 299155.00 |
| 起运草（束） | 279071.00 |
| 存留草（束） | 20084.00 |
| 户口盐钞银（两） | 976.04 |
| 起运银（两） | 390.42 |
| 存留银（两） | 585.62 |
| 遇闰共加银（两） | 77.99 |

### 河内县

| 夏税 | |
|---|---|
| 小麦（石） | 23571.39 |
| 起运麦（石） | 8992.20 |
| 存留麦（石） | 14579.19 |
| 税丝（两） | 13737.73 |
| 折绢（匹） | 686.00 |
| 农桑丝折绢（匹） | 314.00 |

| 秋粮 | |
|---|---|
| 米（石） | 65738.40 |
| 起运米（石） | 45245.00 |
| 存留米（石） | 20493.40 |
| 枣子易米（石） | 1665.76 |
| 马草（束） | 81481.00 |
| 起运草（束） | 81300.00 |
| 存留草（束） | 181.00 |
| 户口盐钞银（两） | 298.53 |
| 起运银（两） | 119.41 |
| 存留银（两） | 179.11 |
| 遇闰共加银（两） | 24.87 |

### 济源县

| 夏税 | |
|---|---|
| 小麦（石） | 14730.28 |
| 起运麦（石） | 7385.20 |
| 存留麦（石） | 7345.08 |
| 税丝（两） | 8776.50 |
| 折绢（匹） | 438.00 |
| 农桑丝折绢（匹） | 104.00 |

| 秋粮 | |
|---|---|
| 米（石） | 41283.20 |
| 起运米（石） | 26810.00 |

| 存留米（石） | 14473.20 |
|---|---|
| 枣子易米（石） | 286.74 |
| 马草（束） | 51499.00 |
| 起运草（束） | 51441.00 |
| 存留草（束） | 58.00 |
| 户口盐钞银（两） | 124.56 |
| 起运银（两） | 49.82 |
| 存留银（两） | 74.73 |
| 遇闰共加银（两） | 9.34 |

### 修武县

| 夏税 | |
|---|---|
| 小麦（石） | 14250.64 |
| 起运麦（石） | 5700.60 |
| 存留麦（石） | 8550.04 |
| 税丝（两） | 8098.11 |
| 折绢（匹） | 404.00 |
| 农桑丝折绢（匹） | 171.00 |

| 秋粮 | |
|---|---|
| 米（石） | 38663.25 |
| 起运米（石） | 19819.00 |
| 存留米（石） | 18844.25 |
| 枣子易米（石） | 691.51 |
| 马草（束） | 47785.00 |
| 起运草（束） | 38340.00 |
| 存留草（束） | 9445.00 |
| 户口盐钞银（两） | 169.89 |
| 起运银（两） | 67.95 |
| 存留银（两） | 101.93 |
| 遇闰共加银（两） | 14.15 |

### 武陟县

| 夏税 | |
|---|---|
| 小麦（石） | 16979.54 |
| 起运麦（石） | 8004.00 |
| 存留麦（石） | 8975.54 |
| 税丝（两） | 9891.27 |
| 折绢（匹） | 494.00 |
| 农桑丝折绢（匹） | 84.00 |

| 秋粮 | |
|---|---|
| 米（石） | 41092.06 |
| 起运米（石） | 26372.00 |
| 存留米（石） | 14720.06 |
| 枣子易米（石） | 479.25 |
| 马草（束） | 50965.00 |

| | |
|---|---|
| 起运草（束） | 40990.00 |
| 存留草（束） | 9975.00 |
| 户口盐钞银（两） | 168.75 |
| 起运银（两） | 67.50 |
| 存留银（两） | 101.25 |
| 遇闰共加银（两） | 14.06 |

| 孟县 | |
|---|---|
| **夏税** | |
| 小麦（石） | 10489.34 |
| 起运麦（石） | 4759.80 |
| 存留麦（石） | 5729.54 |
| 税丝（两） | 6105.18 |
| 折绢（匹） | 305.00 |
| 农桑丝折绢（匹） | 27.00 |
| **秋粮** | |
| 米（石） | 30879.51 |
| 起运米（石） | 20813.00 |
| 存留米（石） | 10066.51 |
| 枣子易米（石） | 351.81 |
| 马草（束） | 38315.00 |
| 起运草（束） | 37980.00 |
| 存留草（束） | 335.00 |
| 户口盐钞银（两） | 144.60 |
| 起运银（两） | 57.84 |
| 存留银（两） | 86.76 |
| 遇闰共加银（两） | 9.74 |

| 温县 | |
|---|---|
| **夏税** | |
| 小麦（石） | 9583.95 |
| 起运麦（石） | 5090.40 |
| 存留麦（石） | 4493.55 |
| 税丝（两） | 5595.44 |
| 折绢（匹） | 279.00 |
| 农桑丝折绢（匹） | 75.00 |
| **秋粮** | |
| 米（石） | 23360.59 |
| 起运米（石） | 15218.00 |
| 存留米（石） | 8142.59 |
| 枣子易米（石） | 375.16 |
| 马草（束） | 29109.00 |
| 起运草（束） | 29020.00 |
| 存留草（束） | 89.00 |
| 户口盐钞银（两） | 69.70 |

| | |
|---|---|
| 起运银（两） | 27.88 |
| 存留银（两） | 41.82 |
| 遇闰共加银（两） | 5.80 |

| 河南府 | |
|---|---|
| **夏税** | |
| 小麦（石） | 86946.95 |
| 起运麦（石） | 40837.59 |
| 存留麦（石） | 46109.36 |
| 税丝（两） | 50324.08 |
| 起运丝（两） | 31125.12 |
| 折绢（匹） | 1556.00 |
| 存留丝（两） | 19198.95 |
| 农桑丝折绢（匹）（起运） | 742.00 |
| **秋粮** | |
| 米（石） | 394421.22 |
| 起运米（石） | 227117.00 |
| 存留米（石） | 167304.22 |
| 枣子易米（石）（存留） | 6190.73 |
| 马草（束） | 492145.00 |
| 起运草（束） | 487066.00 |
| 存留草（束） | 5079.00 |
| 户口盐钞银（两） | 1959.88 |
| 起运银（两） | 822.93 |
| 存留银（两） | 1136.95 |
| 遇闰共加银（两） | 161.79 |

| 洛阳县 | |
|---|---|
| **夏税** | |
| 小麦（石） | 16601.86 |
| 起运麦（石） | 6676.80 |
| 存留麦（石） | 9925.06 |
| 税丝（两） | 9602.89 |
| 起运丝（两） | 4801.44 |
| 折绢（匹） | 240.00 |
| 存留丝（两） | 4801.44 |
| 农桑丝折绢（匹） | 112.00 |
| **秋粮** | |
| 米（石） | 74996.37 |
| 起运米（石） | 32700.00 |
| 存留米（石） | 42296.37 |
| 枣子易米（石） | 1216.83 |
| 马草（束） | 94198.00 |
| 起运草（束） | 92886.00 |
| 存留草（束） | 1312.00 |

| | |
|---|---|
| 户口盐钞银（两） | 389.73 |
| 起运银（两） | 194.86 |
| 存留银（两） | 194.86 |
| 遇闰共加银（两） | 32.47 |

| 偃师县 | |
|---|---|
| **夏税** | |
| 小麦（石） | 6634.13 |
| 起运麦（石） | 3208.00 |
| 存留麦（石） | 3426.13 |
| 税丝（两） | 3806.78 |
| 起运丝（两） | 2284.07 |
| 折绢（匹） | 114.00 |
| 存留丝（两） | 1522.71 |
| 农桑丝折绢（匹） | 76.00 |
| **秋粮** | |
| 米（石） | 30369.55 |
| 起运米（石） | 15704.00 |
| 存留米（石） | 14665.55 |
| 枣子易米（石） | 734.58 |
| 马草（束） | 39015.00 |
| 起运草（束） | 38970.00 |
| 存留草（束） | 45.00 |
| 户口盐钞银（两） | 241.74 |
| 起运银（两） | 96.69 |
| 存留银（两） | 145.04 |
| 遇闰共加银（两） | 19.66 |

| 巩县 | |
|---|---|
| **夏税** | |
| 小麦（石） | 3906.26 |
| 起运麦（石） | 2274.40 |
| 存留麦（石） | 1631.86 |
| 税丝（两） | 2285.50 |
| 起运丝（两） | 1605.85 |
| 折绢（匹） | 80.00 |
| 存留丝（两） | 679.65 |
| 农桑丝折绢（匹） | 60.00 |
| **秋粮** | |
| 米（石） | 17153.69 |
| 起运米（石） | 11358.00 |
| 存留米（石） | 5795.69 |
| 枣子易米（石） | 1797.22 |
| 马草（束） | 21344.00 |
| 起运草（束） | 21200.00 |

| | |
|---|---|
| 存留草（束） | 144.00 |
| 户口盐钞银（两） | 71.10 |
| 起运银（两） | 28.44 |
| 存留银（两） | 42.66 |
| 遇闰共加银（两） | 5.99 |

| 孟津县 | |
|---|---|
| **夏税** | |
| 小麦（石） | 3807.75 |
| 起运麦（石） | 1651.60 |
| 存留麦（石） | 2156.15 |
| 税丝（两） | 2202.32 |
| 起运丝（两） | 1101.16 |
| 折绢（匹） | 55.00 |
| 存留丝（两） | 1101.15 |
| 农桑丝折绢（匹） | 15.00 |
| **秋粮** | |
| 米（石） | 17208.78 |
| 起运米（石） | 7479.00 |
| 存留米（石） | 9729.78 |
| 枣子易米（石） | 154.29 |
| 马草（束） | 21365.00 |
| 起运草（束） | 20500.00 |
| 存留草（束） | 865.00 |
| 户口盐钞银（两） | 71.93 |
| 起运银（两） | 28.77 |
| 存留银（两） | 43.16 |
| 遇闰共加银（两） | 2.44 |

| 宜阳县 | |
|---|---|
| **夏税** | |
| 小麦（石） | 7547.11 |
| 起运麦（石） | 3073.60 |
| 存留麦（石） | 4473.51 |
| 税丝（两） | 4431.44 |
| 起运丝（两） | 2658.86 |
| 折绢（匹） | 132.00 |
| 存留丝（两） | 1772.57 |
| 农桑丝折绢（匹） | 59.00 |
| **秋粮** | |
| 米（石） | 33919.22 |
| 起运米（石） | 20000.00 |
| 存留米（石） | 13919.22 |
| 枣子易米（石） | 118.62 |
| 马草（束） | 42136.00 |

| | | | | |
|---|---|---|---|---|
| 起运草（束） | 42050.00 | 马草（束） | 43972.00 |
| 存留草（束） | 86.00 | 起运草（束） | 43850.00 |
| 户口盐钞银（两） | 168.07 | 存留草（束） | 122.00 |
| 起运银（两） | 67.23 | 户口盐钞银（两） | 156.36 |
| 存留银（两） | 100.84 | 起运银（两） | 62.54 |
| 遇闰共加银（两） | 14.00 | 存留银（两） | 93.81 |
| **登封县** | | 遇闰共加银（两） | 13.00 |
| **夏税** | | **新安县** | |
| 小麦（石） | 5688.37 | **夏税** | |
| 起运麦（石） | 1776.80 | 小麦（石） | 2801.97 |
| 存留麦（石） | 3911.57 | 起运麦（石） | 1188.40 |
| 税丝（两） | 3257.05 | 存留麦（石） | 1613.57 |
| 起运丝（两） | 1628.52 | 税丝（两） | 1695.10 |
| 折绢（匹） | 81.00 | 起运丝（两） | 847.55 |
| 存留丝（两） | 1628.52 | 折绢（匹） | 42.00 |
| 农桑丝折绢（匹） | 94.00 | 存留丝（两） | 847.55 |
| **秋粮** | | 农桑丝折绢（匹） | 47.00 |
| 米（石） | 25963.84 | **秋粮** | |
| 起运米（石） | 14380.00 | 米（石） | 12381.72 |
| 存留米（石） | 11583.84 | 起运米（石） | 7500.00 |
| 枣子易米（石） | 415.11 | 存留米（石） | 4881.72 |
| 马草（束） | 32193.00 | 枣子易米（石） | 226.71 |
| 起运草（束） | 32090.00 | 马草（束） | 15462.00 |
| 存留草（束） | 103.00 | 起运草（束） | 15200.00 |
| 户口盐钞银（两） | 143.73 | 存留草（束） | 262.00 |
| 起运银（两） | 57.49 | 户口盐钞银（两） | 17.38 |
| 存留银（两） | 86.23 | 起运银（两） | 6.95 |
| 遇闰共加银（两） | 11.97 | 存留银（两） | 10.43 |
| **永宁县** | | 遇闰共加银（两） | 1.42 |
| **夏税** | | **渑池县** | |
| 小麦（石） | 7785.55 | **夏税** | |
| 起运麦（石） | 3959.70 | 小麦（石） | 3407.26 |
| 存留麦（石） | 3825.85 | 起运麦（石） | 1099.80 |
| 税丝（两） | 4480.15 | 存留麦（石） | 2307.46 |
| 起运丝（两） | 3136.11 | 税丝（两） | 1982.04 |
| 折绢（匹） | 156.00 | 起运丝（两） | 991.02 |
| 存留丝（两） | 1344.04 | 折绢（匹） | 49.00 |
| 农桑丝折绢（匹） | 115.00 | 存留丝（两） | 991.02 |
| **秋粮** | | 农桑丝折绢（匹） | 28.00 |
| 米（石） | 35399.93 | **秋粮** | |
| 起运米（石） | 23435.00 | 米（石） | 15243.12 |
| 存留米（石） | 11964.93 | 起运米（石） | 7125.00 |
| 枣子易米（石） | 278.14 | 存留米（石） | 8118.12 |

| | |
|---|---|
| 枣子易米（石） | 83.74 |
| 马草（束） | 18939.00 |
| 起运草（束） | 18860.00 |
| 存留草（束） | 79.00 |
| 户口盐钞银（两） | 53.66 |
| 起运银（两） | 21.46 |
| 存留银（两） | 32.20 |
| 遇闰共加银（两） | 4.47 |

| 嵩县 | |
|---|---|
| **夏税** | |
| 小麦（石） | 5039.90 |
| 起运麦（石） | 2390.00 |
| 存留麦（石） | 2649.90 |
| 税丝（两） | 2910.55 |
| 起运丝（两） | 1746.33 |
| 折绢（匹） | 87.00 |
| 存留丝（两） | 1164.22 |
| 农桑丝折绢（匹） | 76.00 |
| **秋粮** | |
| 米（石） | 22757.16 |
| 起运米（石） | 14378.00 |
| 存留米（石） | 8379.16 |
| 枣子易米（石） | 828.66 |
| 马草（束） | 28203.00 |
| 起运草（束） | 27400.00 |
| 存留草（束） | 803.00 |
| 户口盐钞银（两） | 67.76 |
| 起运银（两） | 27.10 |
| 存留银（两） | 40.66 |
| 遇闰共加银（两） | 5.64 |

| 卢氏县 | |
|---|---|
| **夏税** | |
| 小麦（石） | 3072.74 |
| 起运麦（石） | 1867.29 |
| 存留麦（石） | 1205.44 |
| 税丝（两） | 1759.81 |
| 起运丝（两） | 1407.84 |
| 折绢（匹） | 70.00 |
| 存留丝（两） | 351.96 |
| 农桑丝折绢（匹） | 14.00 |
| **秋粮** | |
| 米（石） | 14213.96 |
| 起运米（石） | 9900.00 |

| | |
|---|---|
| 存留米（石） | 4313.96 |
| 枣子易米（石） | 9.67 |
| 马草（束） | 17624.00 |
| 起运草（束） | 16480.00 |
| 存留草（束） | 1144.00 |
| 户口盐钞银（两） | 56.34 |
| 起运银（两） | 22.53 |
| 存留银（两） | 33.80 |
| 遇闰共加银（两） | 4.69 |

| 陕州 | |
|---|---|
| **夏税** | |
| 小麦（石） | 5754.02 |
| 起运麦（石） | 3174.80 |
| 存留麦（石） | 2579.22 |
| 税丝（两） | 3285.76 |
| 起运丝（两） | 2628.61 |
| 折绢（匹） | 131.00 |
| 存留丝（两） | 657.15 |
| 农桑丝折绢（匹） | 17.00 |
| **秋粮** | |
| 米（石） | 26295.93 |
| 起运米（石） | 17808.00 |
| 存留米（石） | 8487.93 |
| 枣子易米（石） | 135.94 |
| 马草（束） | 32609.00 |
| 起运草（束） | 32550.00 |
| 存留草（束） | 59.00 |
| 户口盐钞银（两） | 147.22 |
| 起运银（两） | 58.89 |
| 存留银（两） | 88.33 |
| 遇闰共加银（两） | 12.27 |

| 灵宝县 | |
|---|---|
| **夏税** | |
| 小麦（石） | 10510.93 |
| 起运麦（石） | 6200.40 |
| 存留麦（石） | 4310.53 |
| 税丝（两） | 6119.42 |
| 起运丝（两） | 4283.59 |
| 折绢（匹） | 214.00 |
| 存留丝（两） | 1835.82 |
| 农桑丝折绢（匹） | 6.00 |
| **秋粮** | |
| 米（石） | 48376.69 |

| | |
|---|---|
| 起运米（石） | 31416.00 |
| 存留米（石） | 16960.69 |
| 枣子易米（石） | 95.23 |
| 马草（束）（起运） | 60100.00 |
| 户口盐钞银（两） | 242.31 |
| 起运银（两） | 96.92 |
| 存留银（两） | 145.38 |
| 遇闰共加银（两） | 22.68 |

### 闵乡县

**夏税**

| | |
|---|---|
| 小麦（石） | 4389.05 |
| 起运麦（石） | 2296.00 |
| 存留麦（石） | 2093.05 |
| 税丝（两） | 2505.19 |
| 起运丝（两） | 2004.10 |
| 折绢（匹） | 100.00 |
| 存留丝（两） | 501.09 |
| 农桑丝折绢（匹） | 14.00 |

**秋粮**

| | |
|---|---|
| 米（石） | 20141.16 |
| 起运米（石） | 13934.00 |
| 存留米（石） | 6207.16 |
| 枣子易米（石） | 95.95 |
| 马草（束） | 24979.00 |
| 起运草（束） | 24930.00 |
| 存留草（束） | 49.00 |
| 户口盐钞银（两） | 132.49 |
| 起运银（两） | 52.99 |
| 存留银（两） | 79.49 |
| 遇闰共加银（两） | 11.04 |

### 南阳府

**夏税**

| | |
|---|---|
| 小麦（石） | 43131.27 |
| 起运麦（石） | 32861.60 |
| 存留麦（石） | 10269.67 |
| 税丝（两）（解工部） | 25386.29 |
| 农桑丝折绢（匹）（起运） | 281.00 |

**秋粮**

| | |
|---|---|
| 米（石） | 71375.47 |
| 起运米（石） | 54996.10 |
| 存留米（石） | 16379.37 |
| 枣子易米（石）（存留） | 1144.45 |
| 马草（束） | 92263.00 |

| | |
|---|---|
| 起运草（束） | 91169.00 |
| 存留草（束） | 1094.00 |
| 户口盐钞银（两） | 1352.74 |
| 起运银（两） | 676.37 |
| 存留银（两） | 676.37 |
| 遇闰共加银（两） | 111.53 |

### 南阳县

**夏税**

| | |
|---|---|
| 小麦（石） | 3320.89 |
| 起运麦（石） | 2500.00 |
| 存留麦（石） | 820.89 |
| 税丝（两） | 2119.80 |
| 农桑丝折绢（匹） | 24.00 |

**秋粮**

| | |
|---|---|
| 米（石） | 4516.96 |
| 起运米（石） | 3400.00 |
| 存留米（石） | 1116.96 |
| 枣子易米（石） | 81.16 |
| 马草（束） | 5736.00 |
| 起运草（束） | 5700.00 |
| 存留草（束） | 36.00 |
| 户口盐钞银（两） | 134.87 |
| 起运银（两） | 67.43 |
| 存留银（两） | 67.43 |
| 遇闰共加银（两） | 11.23 |

### 镇平县

**夏税**

| | |
|---|---|
| 小麦（石） | 1280.00 |
| 起运麦（石） | 930.00 |
| 存留麦（石） | 350.00 |
| 税丝（两） | 719.92 |
| 农桑丝折绢（匹） | 15.00 |

**秋粮**

| | |
|---|---|
| 米（石） | 2816.51 |
| 起运米（石） | 2000.00 |
| 存留米（石） | 816.51 |
| 枣子易米（石） | 86.35 |
| 马草（束） | 3600.00 |
| 起运草（束） | 3570.00 |
| 存留草（束） | 30.00 |
| 户口盐钞银（两） | 47.12 |
| 起运银（两） | 23.56 |
| 存留银（两） | 23.56 |

| | |
|---|---|
| 遇闰共加银（两） | 2.71 |

<table>
<tr><td colspan="2" align="center">唐县</td></tr>
<tr><td>夏税</td><td></td></tr>
<tr><td>小麦（石）</td><td>1733.10</td></tr>
<tr><td>起运麦（石）</td><td>1080.00</td></tr>
<tr><td>存留麦（石）</td><td>653.10</td></tr>
<tr><td>税丝（两）</td><td>1117.00</td></tr>
<tr><td>农桑丝折绢（匹）</td><td>27.00</td></tr>
<tr><td>秋粮</td><td></td></tr>
<tr><td>米（石）</td><td>2530.92</td></tr>
<tr><td>起运米（石）</td><td>1800.00</td></tr>
<tr><td>存留米（石）</td><td>730.92</td></tr>
<tr><td>枣子易米（石）</td><td>60.21</td></tr>
<tr><td>马草（束）</td><td>3480.00</td></tr>
<tr><td>起运草（束）</td><td>3450.00</td></tr>
<tr><td>存留草（束）</td><td>30.00</td></tr>
<tr><td>户口盐钞银（两）</td><td>51.87</td></tr>
<tr><td>起运银（两）</td><td>25.93</td></tr>
<tr><td>存留银（两）</td><td>25.93</td></tr>
<tr><td>遇闰共加银（两）</td><td>4.32</td></tr>
<tr><td colspan="2" align="center">泌阳县</td></tr>
<tr><td>夏税</td><td></td></tr>
<tr><td>小麦（石）</td><td>2595.23</td></tr>
<tr><td>起运麦（石）</td><td>2000.00</td></tr>
<tr><td>存留麦（石）</td><td>595.23</td></tr>
<tr><td>税丝（两）</td><td>1491.39</td></tr>
<tr><td>农桑丝折绢（匹）</td><td>40.00</td></tr>
<tr><td>秋粮</td><td></td></tr>
<tr><td>米（石）</td><td>4749.89</td></tr>
<tr><td>起运米（石）</td><td>3600.00</td></tr>
<tr><td>存留米（石）</td><td>1149.89</td></tr>
<tr><td>枣子易米（石）</td><td>161.37</td></tr>
<tr><td>马草（束）</td><td>6782.00</td></tr>
<tr><td>起运草（束）</td><td>6750.00</td></tr>
<tr><td>存留草（束）</td><td>32.00</td></tr>
<tr><td>户口盐钞银（两）</td><td>59.65</td></tr>
<tr><td>起运银（两）</td><td>29.82</td></tr>
<tr><td>存留银（两）</td><td>29.82</td></tr>
<tr><td>遇闰共加银（两）</td><td>4.98</td></tr>
<tr><td colspan="2" align="center">桐柏县</td></tr>
<tr><td>夏税</td><td></td></tr>
<tr><td>小麦（石）</td><td>679.17</td></tr>
<tr><td>起运麦（石）</td><td>500.00</td></tr>
</table>

<table>
<tr><td>存留麦（石）</td><td>179.17</td></tr>
<tr><td>税丝（两）</td><td>383.58</td></tr>
<tr><td>农桑丝折绢（匹）</td><td>12.00</td></tr>
<tr><td>秋粮</td><td></td></tr>
<tr><td>米（石）</td><td>1187.69</td></tr>
<tr><td>起运米（石）</td><td>850.00</td></tr>
<tr><td>存留米（石）</td><td>337.69</td></tr>
<tr><td>枣子易米（石）</td><td>29.83</td></tr>
<tr><td>马草（束）</td><td>1566.00</td></tr>
<tr><td>起运草（束）</td><td>1500.00</td></tr>
<tr><td>存留草（束）</td><td>66.00</td></tr>
<tr><td>户口盐钞银（两）</td><td>24.01</td></tr>
<tr><td>起运银（两）</td><td>12.00</td></tr>
<tr><td>存留银（两）</td><td>12.00</td></tr>
<tr><td>遇闰共加银（两）</td><td>2.00</td></tr>
<tr><td colspan="2" align="center">南召县</td></tr>
<tr><td>夏税</td><td></td></tr>
<tr><td>小麦（石）</td><td>1490.02</td></tr>
<tr><td>起运麦（石）</td><td>1150.00</td></tr>
<tr><td>存留麦（石）</td><td>340.02</td></tr>
<tr><td>税丝（两）</td><td>918.13</td></tr>
<tr><td>农桑丝折绢（匹）</td><td>11.00</td></tr>
<tr><td>秋粮</td><td></td></tr>
<tr><td>米（石）</td><td>1893.20</td></tr>
<tr><td>起运米（石）</td><td>1390.00</td></tr>
<tr><td>存留米（石）</td><td>503.20</td></tr>
<tr><td>枣子易米（石）</td><td>32.41</td></tr>
<tr><td>马草（束）</td><td>2471.00</td></tr>
<tr><td>起运草（束）</td><td>2450.00</td></tr>
<tr><td>存留草（束）</td><td>21.00</td></tr>
<tr><td>户口盐钞银（两）</td><td>33.31</td></tr>
<tr><td>起运银（两）</td><td>16.65</td></tr>
<tr><td>存留银（两）</td><td>16.65</td></tr>
<tr><td>遇闰共加银（两）</td><td>2.77</td></tr>
<tr><td colspan="2" align="center">邓州</td></tr>
<tr><td>夏税</td><td></td></tr>
<tr><td>小麦（石）</td><td>1580.72</td></tr>
<tr><td>起运麦（石）</td><td>1000.00</td></tr>
<tr><td>存留麦（石）</td><td>580.72</td></tr>
<tr><td>税丝（两）</td><td>923.35</td></tr>
<tr><td>农桑丝折绢（匹）</td><td>21.00</td></tr>
<tr><td>秋粮</td><td></td></tr>
<tr><td>米（石）</td><td>4729.60</td></tr>
</table>

| | |
|---|---|
| 起运米（石） | 3800.00 |
| 存留米（石） | 929.60 |
| 枣子易米（石） | 51.93 |
| 马草（束） | 6380.00 |
| 起运草（束） | 6300.00 |
| 存留草（束） | 80.00 |
| 户口盐钞银（两） | 39.70 |
| 起运银（两） | 19.85 |
| 存留银（两） | 19.85 |
| 遇闰共加银（两） | 3.31 |

### 内乡县

**夏税**

| | |
|---|---|
| 小麦（石） | 3880.94 |
| 起运麦（石） | 2600.00 |
| 存留麦（石） | 1280.94 |
| 税丝（两） | 2211.04 |
| 农桑丝折绢（匹） | 22.00 |

**秋粮**

| | |
|---|---|
| 米（石） | 7369.25 |
| 起运米（石） | 5800.00 |
| 存留米（石） | 1569.25 |
| 枣子易米（石） | 86.40 |
| 马草（束） | 9490.00 |
| 起运草（束） | 9450.00 |
| 存留草（束） | 40.00 |
| 户口盐钞银（两） | 132.01 |
| 起运银（两） | 66.00 |
| 存留银（两） | 66.00 |
| 遇闰共加银（两） | 11.00 |

### 新野县

**夏税**

| | |
|---|---|
| 小麦（石） | 1880.25 |
| 起运麦（石） | 1350.20 |
| 存留麦（石） | 530.05 |
| 税丝（两） | 1137.26 |
| 农桑丝折绢（匹） | 14.00 |

**秋粮**

| | |
|---|---|
| 米（石） | 4020.58 |
| 起运米（石） | 3200.00 |
| 存留米（石） | 820.58 |
| 枣子易米（石） | 52.92 |
| 马草（束） | 5321.00 |
| 起运草（束） | 5300.00 |

| | |
|---|---|
| 存留草（束） | 21.00 |
| 户口盐钞银（两） | 120.33 |
| 起运银（两） | 60.16 |
| 存留银（两） | 60.16 |
| 遇闰共加银（两） | 10.02 |

### 淅川县

**夏税**

| | |
|---|---|
| 小麦（石） | 2944.57 |
| 起运麦（石） | 2100.00 |
| 存留麦（石） | 844.57 |
| 税丝（两） | 1711.33 |
| 农桑丝折绢（匹） | 17.00 |

**秋粮**

| | |
|---|---|
| 米（石） | 5105.09 |
| 起运米（石） | 4000.00 |
| 存留米（石） | 1105.09 |
| 枣子易米（石） | 46.95 |
| 马草（束） | 7293.00 |
| 起运草（束） | 7200.00 |
| 存留草（束） | 93.00 |
| 户口盐钞银（两） | 95.09 |
| 起运银（两） | 47.54 |
| 存留银（两） | 47.54 |
| 遇闰共加银（两） | 7.92 |

### 裕州

**夏税**

| | |
|---|---|
| 小麦（石） | 4032.92 |
| 起运麦（石） | 3400.00 |
| 存留麦（石） | 632.92 |
| 税丝（两） | 2390.20 |
| 农桑丝折绢（匹） | 13.00 |

**秋粮**

| | |
|---|---|
| 米（石） | 5236.56 |
| 起运米（石） | 3467.00 |
| 存留米（石） | 1769.56 |
| 枣子易米（石） | 88.38 |
| 马草（束） | 6937.00 |
| 起运草（束） | 6900.00 |
| 存留草（束） | 37.00 |
| 户口盐钞银（两） | 228.36 |
| 起运银（两） | 114.18 |
| 存留银（两） | 114.18 |
| 遇闰共加银（两） | 19.03 |

| 舞阳县 | |
|---|---|
| **夏税** | |
| 小麦（石） | 8694.58 |
| 起运麦（石） | 6550.00 |
| 存留麦（石） | 2144.58 |
| 税丝（两） | 5099.44 |
| 农桑丝折绢（匹） | 34.00 |
| **秋粮** | |
| 米（石） | 14180.14 |
| 起运米（石） | 11289.10 |
| 存留米（石） | 2891.04 |
| 枣子易米（石） | 196.29 |
| 马草（束） | 17181.00 |
| 起运草（束） | 17160.00 |
| 存留草（束） | 21.00 |
| 户口盐钞银（两） | 183.99 |
| 起运银（两） | 91.99 |
| 存留银（两） | 91.99 |
| 遇闰共加银（两） | 15.32 |
| 叶县 | |
| **夏税** | |
| 小麦（石） | 9018.84 |
| 起运麦（石） | 7701.40 |
| 存留麦（石） | 1317.44 |
| 税丝（两） | 5163.79 |
| 农桑丝折绢（匹） | 24.00 |
| **秋粮** | |
| 米（石） | 13039.01 |
| 起运米（石） | 10400.00 |
| 存留米（石） | 2639.01 |
| 枣子易米（石） | 170.23 |
| 马草（束） | 16021.00 |
| 起运草（束） | 15439.00 |
| 存留草（束） | 582.00 |
| 户口盐钞银（两） | 202.38 |
| 起运银（两） | 101.19 |
| 存留银（两） | 101.19 |
| 遇闰共加银（两） | 16.88 |
| 汝宁府 | |
| **夏税** | |
| 小麦（石） | 23577.62 |
| 起运麦（石） | 18725.00 |
| 存留麦（石） | 4852.62 |

| | |
|---|---|
| 税丝（两）（解工部） | 8022.23 |
| 农桑丝折绢（匹）（起运） | 785.00 |
| **秋粮** | |
| 米（石） | 98210.79 |
| 起运米（石） | 73730.00 |
| 存留米（石） | 24480.79 |
| 枣子易米（石）（存留） | 1298.22 |
| 马草（束） | 125357.00 |
| 起运草（束） | 122800.00 |
| 存留草（束） | 2557.00 |
| 户口盐钞银（两） | 1775.66 |
| 起运银（两） | 887.83 |
| 存留银（两） | 887.83 |
| 遇闰共加银（两） | 150.84 |
| 汝阳县 | |
| **夏税** | |
| 小麦（石） | 1550.17 |
| 起运麦（石） | 1073.76 |
| 存留麦（石） | 476.41 |
| 税丝（两） | 823.72 |
| 农桑丝折绢（匹） | 63.00 |
| **秋粮** | |
| 米（石） | 5893.61 |
| 起运米（石） | 3956.00 |
| 存留米（石） | 1937.61 |
| 枣子易米（石） | 35.01 |
| 马草（束） | 7952.00 |
| 起运草（束） | 7923.00 |
| 存留草（束） | 29.00 |
| 户口盐钞银（两） | 104.31 |
| 起运银（两） | 52.15 |
| 存留银（两） | 52.15 |
| 遇闰共加银（两） | 8.67 |
| 真阳县 | |
| **夏税** | |
| 小麦（石） | 407.60 |
| 起运麦（石） | 326.24 |
| 存留麦（石） | 81.36 |
| 税丝（两） | 247.98 |
| 农桑丝折绢（匹） | 2.00 |
| **秋粮** | |
| 米（石） | 1660.69 |
| 起运米（石） | 1364.00 |

| | |
|---|---|
| 存留米（石） | 296.69 |
| 枣子易米（石） | 2.34 |
| 马草（束） | 2748.00 |
| 起运草（束） | 2727.00 |
| 存留草（束） | 21.00 |
| 户口盐钞银（两） | 39.45 |
| 起运银（两） | 19.72 |
| 存留银（两） | 19.72 |
| 遇闰共加银（两） | 3.28 |

| 上蔡县 | |
|---|---|
| **夏税** | |
| 小麦（石） | 3117.96 |
| 起运麦（石） | 2500.00 |
| 存留麦（石） | 617.96 |
| 税丝（两） | 1748.38 |
| 农桑丝折绢（匹） | 199.00 |
| **秋粮** | |
| 米（石） | 14474.36 |
| 起运米（石） | 10770.00 |
| 存留米（石） | 3704.36 |
| 枣子易米（石） | 362.38 |
| 马草（束） | 16183.00 |
| 起运草（束） | 16100.00 |
| 存留草（束） | 83.00 |
| 户口盐钞银（两） | 66.97 |
| 起运银（两） | 33.48 |
| 存留银（两） | 33.48 |
| 遇闰共加银（两） | 5.59 |

| 新蔡县 | |
|---|---|
| **夏税** | |
| 小麦（石） | 543.26 |
| 起运麦（石） | 400.00 |
| 存留麦（石） | 143.26 |
| 税丝（两） | 304.63 |
| 农桑丝折绢（匹） | 20.00 |
| **秋粮** | |
| 米（石） | 2913.80 |
| 起运米（石） | 1960.00 |
| 存留米（石） | 953.80 |
| 枣子易米（石） | 151.20 |
| 马草（束） | 3553.00 |
| 起运草（束） | 3500.00 |
| 存留草（束） | 53.00 |

| | |
|---|---|
| 户口盐钞银（两） | 59.00 |
| 起运银（两） | 29.50 |
| 存留银（两） | 29.50 |
| 遇闰共加银（两） | 4.91 |

| 西平县 | |
|---|---|
| **夏税** | |
| 小麦（石） | 2612.57 |
| 起运麦（石） | 2100.00 |
| 存留麦（石） | 512.57 |
| 税丝（两） | 1496.36 |
| 农桑丝折绢（匹） | 127.00 |
| **秋粮** | |
| 米（石） | 11932.09 |
| 起运米（石） | 9280.00 |
| 存留米（石） | 2652.09 |
| 枣子易米（石） | 180.39 |
| 马草（束） | 12505.00 |
| 起运草（束） | 12390.00 |
| 存留草（束） | 115.00 |
| 户口盐钞银（两） | 87.39 |
| 起运银（两） | 43.69 |
| 存留银（两） | 43.69 |
| 遇闰共加银（两） | 7.28 |

| 遂平县 | |
|---|---|
| **夏税** | |
| 小麦（石） | 3181.78 |
| 起运麦（石） | 2600.00 |
| 存留麦（石） | 581.78 |
| 税丝（两） | 1788.17 |
| 农桑丝折绢（匹） | 97.00 |
| **秋粮** | |
| 米（石） | 7605.76 |
| 起运米（石） | 5650.00 |
| 存留米（石） | 1955.76 |
| 枣子易米（石） | 256.62 |
| 马草（束） | 8843.00 |
| 起运草（束） | 8800.00 |
| 存留草（束） | 43.00 |
| 户口盐钞银（两） | 155.12 |
| 起运银（两） | 77.56 |
| 存留银（两） | 77.56 |
| 遇闰共加银（两） | 12.92 |

| 信阳州 | |
|---|---|

| 夏税 | | 米（石） | 7375.04 |
|---|---|---|---|
| 小麦（石） | 993.75 | 起运米（石） | 6070.00 |
| 起运麦（石） | 700.00 | 存留米（石） | 1305.04 |
| 存留麦（石） | 293.75 | 枣子易米（石） | 304.65 |
| 税丝（两） | 557.24 | 马草（束） | 8759.00 |
| 农桑丝折绢（匹） | 19.00 | 起运草（束） | 8700.00 |
| 秋粮 | | 存留草（束） | 59.00 |
| 米（石） | 3210.57 | 户口盐钞银（两） | 69.78 |
| 起运米（石） | 2150.00 | 起运银（两） | 34.89 |
| 存留米（石） | 1060.57 | 存留银（两） | 34.89 |
| 马草（束） | 4659.00 | 遇闰共加银（两） | 5.81 |
| 起运草（束） | 4600.00 | 光州 | |
| 存留草（束） | 59.00 | 夏税 | |
| 户口盐钞银（两） | 49.30 | 小麦（石） | 1439.99 |
| 起运银（两） | 24.65 | 起运麦（石） | 1180.00 |
| 存留银（两） | 24.65 | 存留麦（石） | 259.99 |
| 遇闰共加银（两） | 6.97 | 农桑丝折绢（匹） | 33.00 |
| 罗山县 | | 秋粮 | |
| 夏税 | | 米（石） | 6569.58 |
| 小麦（石） | 334.48 | 起运米（石） | 4740.00 |
| 起运麦（石） | 220.00 | 存留米（石） | 1829.58 |
| 存留麦（石） | 114.48 | 马草（束） | 9213.00 |
| 税丝（两） | 194.11 | 起运草（束） | 9160.00 |
| 农桑丝折绢（匹） | 12.00 | 存留草（束） | 53.00 |
| 秋粮 | | 户口盐钞银（两） | 96.98 |
| 米（石） | 6326.64 | 起运银（两） | 48.49 |
| 起运米（石） | 4850.00 | 存留银（两） | 48.49 |
| 存留米（石） | 1476.64 | 遇闰共加银（两） | 8.08 |
| 马草（束） | 8885.00 | 光山县 | |
| 起运草（束） | 8850.00 | 夏税 | |
| 存留草（束） | 35.00 | 小麦（石） | 256.57 |
| 户口盐钞银（两） | 133.84 | 起运麦（石） | 100.00 |
| 起运银（两） | 66.92 | 存留麦（石） | 156.57 |
| 存留银（两） | 66.92 | 农桑丝折绢（匹） | 27.00 |
| 遇闰共加银（两） | 11.15 | 秋粮 | |
| 确山县 | | 米（石） | 9244.94 |
| 夏税 | | 起运米（石） | 6970.00 |
| 小麦（石） | 1531.42 | 存留米（石） | 2274.94 |
| 起运麦（石） | 1440.00 | 马草（束） | 12691.00 |
| 存留麦（石） | 91.42 | 起运草（束） | 12650.00 |
| 税丝（两） | 861.60 | 存留草（束） | 41.00 |
| 农桑丝折绢（匹） | 84.00 | 户口盐钞银（两） | 222.93 |
| 秋粮 | | 起运银（两） | 111.46 |

| | |
|---|---|
| 存留银（两） | 111.46 |
| 遇闰共加银（两） | 18.57 |

| 固始县 | |
|---|---|
| **夏税** | |
| 小麦（石） | 2674.20 |
| 起运麦（石） | 2050.00 |
| 存留麦（石） | 624.20 |
| 农桑丝折绢（匹） | 47.00 |
| **秋粮** | |
| 米（石） | 8172.41 |
| 起运米（石） | 6080.00 |
| 存留米（石） | 2092.41 |
| 马草（束） | 11446.00 |
| 起运草（束） | 11400.00 |
| 存留草（束） | 46.00 |
| 户口盐钞银（两） | 311.05 |
| 起运银（两） | 155.52 |
| 存留银（两） | 155.52 |
| 遇闰共加银（两） | 25.92 |

| 息县 | |
|---|---|
| **夏税** | |
| 小麦（石） | 4135.40 |
| 起运麦（石） | 3485.00 |
| 存留麦（石） | 650.40 |
| 农桑丝折绢（匹） | 13.00 |
| **秋粮** | |
| 米（石） | 2092.90 |
| 起运米（石） | 1330.00 |
| 存留米（石） | 762.90 |
| 枣子易米（石） | 5.62 |
| 马草（束） | 2950.00 |
| 起运草（束） | 2900.00 |
| 存留草（束） | 50.00 |
| 户口盐钞银（两） | 159.69 |
| 起运银（两） | 79.84 |
| 存留银（两） | 79.84 |
| 遇闰共加银（两） | 13.30 |

| 商城县 | |
|---|---|
| **夏税** | |
| 小麦（石） | 798.42 |
| 起运麦（石） | 550.00 |
| 存留麦（石） | 248.42 |
| 农桑丝折绢（匹） | 33.00 |

| | |
|---|---|
| **秋粮** | |
| 米（石） | 10738.34 |
| 起运米（石） | 8560.00 |
| 存留米（石） | 2178.34 |
| 马草（束） | 14964.00 |
| 起运草（束） | 13100.00 |
| 存留草（束） | 1864.00 |
| 户口盐钞银（两） | 219.79 |
| 起运银（两） | 109.89 |
| 存留银（两） | 109.89 |
| 遇闰共加银（两） | 18.31 |

| 汝州 | |
|---|---|
| **夏税** | |
| 小麦（石） | 48163.11 |
| 起运麦（石） | 26385.57 |
| 存留麦（石） | 21777.54 |
| 税丝（两） | 27977.49 |
| 起运丝（两） | 21832.26 |
| 折绢（匹） | 1091.00 |
| 存留丝（两） | 6145.22 |
| 农桑丝折绢（匹） | 1066.00 |
| **秋粮** | |
| 米（石） | 99644.27 |
| 起运米（石） | 57984.42 |
| 存留米（石） | 41659.85 |
| 枣子易米（石）（存留） | 796.41 |
| 马草（束） | 133954.00 |
| 起运草（束） | 122615.00 |
| 存留草（束） | 11339.00 |
| 户口盐钞银（两） | 130.96 |
| 起运银（两） | 52.51 |
| 存留银（两） | 78.44 |
| 遇闰共加银（两） | 10.77 |

| 本州 | |
|---|---|
| **夏税** | |
| 小麦（石） | 15760.94 |
| 起运麦（石） | 6985.07 |
| 存留麦（石） | 8775.87 |
| 税丝（两） | 9123.75 |
| 起运丝（两） | 5474.25 |
| 折绢（匹） | 273.00 |
| 存留丝（两） | 3649.50 |
| 农桑丝折绢（匹） | 385.00 |

| | |
|---|---|
| 秋粮 | |
| 米（石） | 29539.79 |
| 起运米（石） | 14083.00 |
| 存留米（石） | 15456.79 |
| 枣子易米（石） | 159.57 |
| 马草（束） | 37833.00 |
| 起运草（束） | 36780.00 |
| 存留草（束） | 1053.00 |
| 户口盐钞银（两） | 14.98 |
| 起运银（两） | 5.99 |
| 存留银（两） | 8.99 |
| 遇闰共加银（两） | 1.24 |
| 鲁山县 | |
| 夏税 | |
| 小麦（石） | 7666.32 |
| 起运麦（石） | 4488.40 |
| 存留麦（石） | 3177.92 |
| 税丝（两） | 4441.06 |
| 起运丝（两） | 4000.95 |
| 折绢（匹） | 200.00 |
| 存留丝（两） | 440.10 |
| 农桑丝折绢（匹） | 151.00 |
| 秋粮 | |
| 米（石） | 13588.98 |
| 起运米（石） | 10249.00 |
| 存留米（石） | 3339.98 |
| 枣子易米（石） | 104.67 |
| 马草（束） | 16578.00 |
| 起运草（束） | 14921.00 |
| 存留草（束） | 1657.00 |
| 户口盐钞银（两） | 32.50 |
| 起运银（两） | 13.00 |
| 存留银（两） | 19.50 |
| 遇闰共加银（两） | 2.89 |
| 郏县 | |
| 夏税 | |
| 小麦（石） | 10601.31 |
| 起运麦（石） | 7431.20 |
| 存留麦（石） | 3170.11 |
| 税丝（两） | 6299.54 |
| 起运丝（两） | 6110.56 |
| 折绢（匹） | 305.00 |
| 存留丝（两） | 188.98 |

| | |
|---|---|
| 农桑丝折绢（匹） | 310.00 |
| 秋粮 | |
| 米（石） | 23997.73 |
| 起运米（石） | 14351.52 |
| 存留米（石） | 9646.21 |
| 枣子易米（石） | 215.22 |
| 马草（束） | 38395.00 |
| 起运草（束） | 38100.00 |
| 存留草（束） | 295.00 |
| 户口盐钞银（两） | 49.93 |
| 起运银（两） | 19.97 |
| 存留银（两） | 29.96 |
| 遇闰共加银（两） | 4.16 |
| 宝丰县 | |
| 夏税 | |
| 小麦（石） | 10691.52 |
| 起运麦（石） | 5915.80 |
| 存留麦（石） | 4775.72 |
| 税丝（两） | 6091.07 |
| 起运丝（两） | 4872.80 |
| 折绢（匹） | 243.00 |
| 存留丝（两） | 1218.27 |
| 农桑丝折绢（匹） | 151.00 |
| 秋粮 | |
| 米（石） | 20758.28 |
| 起运米（石） | 12180.00 |
| 存留米（石） | 8578.28 |
| 枣子易米（石） | 99.24 |
| 马草（束） | 26384.00 |
| 起运草（束） | 22414.00 |
| 存留草（束） | 3970.00 |
| 户口盐钞银（两） | 11.58 |
| 起运银（两） | 4.63 |
| 存留银（两） | 6.94 |
| 遇闰共加银（两） | 0.96 |
| 伊阳县 | |
| 夏税 | |
| 小麦（石） | 3442.99 |
| 起运麦（石） | 1565.10 |
| 存留麦（石） | 1877.89 |
| 税丝（两） | 2022.04 |
| 起运丝（两） | 1373.69 |
| 折绢（匹） | 68.00 |

| | |
|---|---|
| 存留丝（两） | 648.34 |
| 农桑丝折绢（匹） | 67.00 |
| **秋粮** | |
| 米（石） | 11759.51 |
| 起运米（石） | 7120.90 |
| 存留米（石） | 4638.61 |
| 枣子易米（石） | 217.71 |
| 马草（束） | 14763.00 |
| 起运草（束） | 10400.00 |
| 存留草（束） | 4363.00 |
| 户口盐钞银（两） | 21.95 |
| 起运银（两） | 8.91 |
| 存留银（两） | 13.04 |
| 遇闰共加银（两） | 1.50 |

## 河南布政司田赋沿革事例

成化六年，本部侍郎原杰题称：该省地方军民人等，开垦滩淤争占无由，串赴王府投献。本部查得先年英宗皇帝敕谕内一款，近闻皇亲中间多有不尊礼法，有令家人强占军民田地者，事发重罪不宥，投献者悉发边卫充军。钦此钦遵。合再行申饬，永为遵守。

弘治六年，巡抚徐恪题：要将该省本年以后税粮少派起运，多与存留，边仓并兑军粮仍改原派郡县运纳。尚书叶淇复：准行，令照旧起运京边，其存留余剩之数，逐年征完以备灾伤减免岁支之用。

十三年，尚书佀钟题：准该省粮草，除内府各监局并马房仓照旧上纳本色，其该纳密云等仓场，合无不为常例，追征价银解，委官主事秤寄州县官库，照依开中事例招商籴买。

正德九年，都御史刘恺题，本部复：准该省兑军秋粮自本年为始，每石加米三升，折银一分五厘，以资运军盘剥之费。

嘉靖十四年，巡抚简霄题，尚书梁材复：准将本年派剩各马房仓小麦米豆银二万四千二百二十三两四钱六分，俱存留补给禄米，以后会派俱作存留之数。

四十年，巡抚蔡汝楠题称：宗室禄粮日增。尚书高燿复：准将本年以后夏税派剩以前京边粮草扣余银两，及三十八年分浙江市户马价，尽数存留备用。

隆庆元年，巡抚刘应节题称：该省税粮除诏书蠲免外，俸廪月粮少三十五万六千余石，禄米少二十二万九千余石，乞照例将一应起解钱粮，约留二十余万两，以补前项支用。尚书马森复：准行，令权宜措处，其应解钱粮照旧征解。

三年，巡抚李邦珍奏：开封等府灾伤。尚书刘体乾复：准将该省漕粮量行改折，正兑每石七钱，改兑每石六钱，并本年分及下半年事例银两暂免解部，以备禄粮缺乏。

臣等谨按：河南昔称乐土，田产饶瘠相半。国初藩封七国，宗派未繁，民力未竭，犹足供亿。近年宗支视昔增数十倍，岁派禄米银三十一万五千五百余两，钱二十一万九千，值灾报频仍，岁多蠲免，以致时称不敷。然亲王国除者二，郡王、镇、辅以下亦多故绝，以应扣补增支，禄米亦不至甚匮。但催解视此项为缓，岁完不十之三四，余皆那欠莫诘。其故非不派、不征也。清收解之数，与起运并行参罚，而又核宗裔之冒滥，禄粮亦不患不足也。至于睢陈巨盗，当严保甲之法，勿使窝隐；嵩庐矿徒，当惩交通之吏，勿使啸聚，则两河可保无意外之虞也。

## 《万历会计录》卷九　陕西布政司田赋

甲表 27　　　　　　　　　　　　陕西布政司田赋

| | 原额 | | 见额 |
|---|---|---|---|
| | 洪武年间 | 弘治年间 | 万历六年 |
| | （诸司职掌数） | （会典数） | （布政司册报数） |
| 田土官民（亩） | 31525175.00 | 26066281.80[1] | 29292385.10[2] |
| **夏税** | | | |
| 小麦（石） | 676986.00 | 725796.73[3] | 725796.73 |
| 内除成化、弘治等年题豁土兵抛荒等项麦（石） | | | 75048.05 |
| 陆续开垦起科复增麦（石） | | | 39998.56 |
| 实征麦（石） | | | 690747.24[4] |
| 农桑丝折绢（匹） | | 9218.00 | 9221.00[5] |
| 本色丝绵（斤）[6] | | 206.10 | 206.24[7] |
| **秋粮** | | | |
| 米（石） | 1236178.00 | 1203260.52[8] | 1203260.52 |
| 内除成化年间题豁抛荒等项米（石） | | | 276105.29 |
| 陆续开垦召佃起科复增米（石） | | | 117787.89 |
| 实征米（石） | | | 1044943.12[9] |
| 棉花绒（斤） | | 17172.19 | 17208.20[10] |
| 棉布（匹） | | 128770.00 | 128792.00[11] |
| 马草（束） | | 1514712.00 | 1514751.00 |
| 内除成化年间题豁抛荒地内草（束） | | | 274213.00 |
| 陆续开垦起科复增草（束） | | | 135096.00 |
| 实征草（束） | | | 1375634.00[12] |
| 人户（户） | 294526.00 | 306644.00 | 394423.00 |
| 人口（口） | 2316569.00 | 3912370.00[13] | 4502067.00[14] |
| 户口盐钞银（两） | | | 18048.85 |
| 遇闰加银（两）（存留） | | | 1504.05 |

---

[1]原书此处注：比洪武原额减 54588 顷 93 亩 2 分。

[2]原书中，见额田土数值残缺，依据万历朝重修本·《明会典》卷十七《田土》补齐，中华书局 1989 年影印本，第 111 页。

[3]原书此处注：比洪武原额增 48810.73 石。

[4]原书此处注：比弘治减 35049.49 石。

[5]原书此处注：比弘治增 3 匹 6 尺 8 寸 2 分零。

[6]原书中万历六年此项目为："丝绵。"

[7]原书此处注：比弘治增 2.19 两。

[8]原书此处注：比洪武原额减 32917.47 石。

[9]原书此处注：比弘治减 158317.39 石。

[10]原书中见额棉花绒数值残缺，依原书注："比弘治增叁拾陆斤零壹钱。"补齐此数值。

[11]原书中见额棉布数值残缺，依原书残存，及原书注："增贰拾壹匹贰丈肆尺肆寸陆分"，补齐此数值。

[12]原书此处注：比弘治减 139078 束，以上税粮、马草俱存留本省备用。

[13]原书此处注：比洪武原额户增 12118，口增 1595801。

[14]原书此处注：隆庆六年黄册数比弘治户增 87779，口增 589697。

甲表 28　　　陕西布政司分府县田赋

| 西安府 | |
| --- | --- |
| 夏税 | |
| 麦（石） | 388660.92 |
| 内除奏豁抛荒等项麦（石） | 13189.63 |
| 陆续开垦复增麦（石）[1] | 15902.36 |
| 实征麦（石） | 391373.66 |
| 农桑丝折绢（匹） | 6183.00 |
| 丝绵（斤） | 162.98 |
| 秋粮 | |
| 米（石） | 459862.81 |
| 内除奏豁抛荒等项米（石） | 11813.63 |
| 陆续开垦复增米（石） | 13477.03 |
| 实征米（石） | 461526.20 |
| 棉花绒（斤） | 15431.95 |
| 棉布（匹） | 114807.00 |
| 马草（束） | 575277.00 |
| 内除奏豁抛荒草（束） | 23070.00 |
| 陆续开垦复增草（束） | 23284.00 |
| 实征草（束） | 575490.00 |
| 户口盐钞银（两） | 9108.81 |
| 遇闰加银（两）（存留） | 763.58 |
| 长安县 | |
| 夏税 | |
| 麦（石） | 12270.90 |
| 农桑丝折绢（匹） | 76.00 |
| 秋粮 | |
| 米（石） | 14586.68 |
| 棉布（匹） | 524.00 |
| 马草（束） | 17602.00 |
| 户口盐钞银（两） | 347.79 |
| 遇闰加银（两） | 28.98 |
| 咸宁县 | |
| 夏税 | |
| 麦（石） | 10465.08 |
| 农桑丝折绢（匹） | 49.00 |
| 秋粮 | |
| 米（石） | 12552.06 |
| 棉布（匹） | 469.00 |
| 马草（束） | 15426.00 |
| 户口盐钞银（两） | 412.44 |
| 遇闰加银（两） | 34.37 |
| 咸阳县 | |
| 夏税 | |
| 麦（石） | 3793.36 |
| 农桑丝折绢（匹） | 67.00 |
| 秋粮 | |
| 米（石） | 3230.57 |
| 棉布（匹） | 1142.00 |
| 马草（束） | 4035.00 |
| 户口盐钞银（两） | 121.09 |
| 遇闰加银（两） | 10.09 |
| 兴平县 | |
| 夏税 | |
| 麦（石） | 10659.42 |
| 农桑丝折绢（匹） | 57.00 |
| 秋粮 | |
| 米（石） | 6363.50 |
| 棉布（匹） | 1834.00 |
| 马草（束） | 7954.00 |
| 户口盐钞银（两） | 330.74 |
| 遇闰加银（两） | 27.56 |
| 临潼县 | |
| 夏税 | |
| 麦（石） | 22713.61 |
| 农桑丝折绢（匹） | 172.00 |
| 丝绵（斤） | 14.81 |
| 秋粮 | |
| 米（石） | 24219.47 |
| 棉花绒（斤） | 2493.16 |
| 棉布（匹） | 3563.00 |
| 马草（束） | 30284.00 |
| 户口盐钞银（两） | 369.37 |
| 遇闰加银（两） | 30.78 |
| 高陵县 | |
| 夏税 | |
| 麦（石） | 9794.78 |
| 农桑丝折绢（匹） | 80.00 |
| 秋粮 | |
| 米（石） | 6545.91 |
| 棉布（匹） | 2203.00 |
| 马草（束） | 8182.00 |
| 户口盐钞银（两） | 91.26 |

[1]原书中西安府陆续开垦复增麦数值残缺，依据陆续
续开垦复增麦＝实征麦+内除奏豁抛荒等项麦-麦
总数，补齐。

| | |
|---|---|
| 遇闰加银（两） | 7.60 |

<table>
<tr><td colspan="2" align="center">户县</td></tr>
<tr><td>夏税</td><td></td></tr>
<tr><td>麦（石）</td><td>5179.60</td></tr>
<tr><td>农桑丝折绢（匹）</td><td>305.00</td></tr>
<tr><td>丝绵（斤）</td><td>0.01</td></tr>
<tr><td>秋粮</td><td></td></tr>
<tr><td>米（石）</td><td>7598.30</td></tr>
<tr><td>棉布（匹）</td><td>1746.00</td></tr>
<tr><td>马草（束）</td><td>9432.00</td></tr>
<tr><td>户口盐钞银（两）</td><td>122.01</td></tr>
<tr><td>遇闰加银（两）</td><td>10.16</td></tr>
<tr><td colspan="2" align="center">蓝田县</td></tr>
<tr><td>夏税</td><td></td></tr>
<tr><td>麦（石）</td><td>5944.39</td></tr>
<tr><td>农桑丝折绢（匹）</td><td>214.00</td></tr>
<tr><td>秋粮</td><td></td></tr>
<tr><td>米（石）</td><td>5452.37</td></tr>
<tr><td>棉布（匹）</td><td>560.00</td></tr>
<tr><td>马草（束）</td><td>6738.00</td></tr>
<tr><td>户口盐钞银（两）</td><td>189.66</td></tr>
<tr><td>遇闰加银（两）</td><td>15.80</td></tr>
<tr><td colspan="2" align="center">泾阳县</td></tr>
<tr><td>夏税</td><td></td></tr>
<tr><td>麦（石）</td><td>16082.71</td></tr>
<tr><td>农桑丝折绢（匹）</td><td>424.00</td></tr>
<tr><td>秋粮</td><td></td></tr>
<tr><td>米（石）</td><td>15603.14</td></tr>
<tr><td>棉布（匹）</td><td>23445.00</td></tr>
<tr><td>马草（束）</td><td>19512.00</td></tr>
<tr><td>户口盐钞银（两）（存留）</td><td>486.24</td></tr>
<tr><td>遇闰加银（两）（存留）</td><td>40.52</td></tr>
<tr><td colspan="2" align="center">三原县</td></tr>
<tr><td>夏税</td><td></td></tr>
<tr><td>麦（石）</td><td>14390.05</td></tr>
<tr><td>农桑丝折绢（匹）</td><td>97.00</td></tr>
<tr><td>秋粮</td><td></td></tr>
<tr><td>米（石）</td><td>12119.64</td></tr>
<tr><td>棉布（匹）</td><td>6940.00</td></tr>
<tr><td>马草（束）</td><td>15230.00</td></tr>
<tr><td>户口盐钞银（两）</td><td>299.59</td></tr>
<tr><td>遇闰加银（两）</td><td>24.96</td></tr>
<tr><td colspan="2" align="center">周至县</td></tr>
</table>

<table>
<tr><td>夏税</td><td></td></tr>
<tr><td>麦（石）</td><td>11102.57</td></tr>
<tr><td>农桑丝折绢（匹）</td><td>150.00</td></tr>
<tr><td>丝绵（斤）</td><td>11.00</td></tr>
<tr><td>秋粮</td><td></td></tr>
<tr><td>米（石）</td><td>14333.27</td></tr>
<tr><td>棉花绒（斤）</td><td>17.50</td></tr>
<tr><td>棉布（匹）</td><td>2238.00</td></tr>
<tr><td>马草（束）</td><td>17360.00</td></tr>
<tr><td>户口盐钞银（两）</td><td>242.49</td></tr>
<tr><td>遇闰加银（两）</td><td>27.28</td></tr>
<tr><td colspan="2" align="center">渭南县</td></tr>
<tr><td>夏税</td><td></td></tr>
<tr><td>麦（石）</td><td>32616.80</td></tr>
<tr><td>农桑丝折绢（匹）</td><td>231.00</td></tr>
<tr><td>秋粮</td><td></td></tr>
<tr><td>米（石）</td><td>29062.03</td></tr>
<tr><td>棉布（匹）</td><td>9376.00</td></tr>
<tr><td>马草（束）</td><td>36328.00</td></tr>
<tr><td>户口盐钞银（两）</td><td>446.62</td></tr>
<tr><td>遇闰加银（两）</td><td>37.21</td></tr>
<tr><td colspan="2" align="center">商州</td></tr>
<tr><td>夏税</td><td></td></tr>
<tr><td>麦（石）</td><td>2850.72</td></tr>
<tr><td>农桑丝折绢（匹）</td><td>62.00</td></tr>
<tr><td>秋粮</td><td></td></tr>
<tr><td>米（石）</td><td>3282.08</td></tr>
<tr><td>棉布（匹）</td><td>24.00</td></tr>
<tr><td>马草（束）</td><td>4129.00</td></tr>
<tr><td>户口盐钞银（两）</td><td>91.28</td></tr>
<tr><td>遇闰加银（两）</td><td>7.60</td></tr>
<tr><td colspan="2" align="center">镇安县</td></tr>
<tr><td>夏税</td><td></td></tr>
<tr><td>麦（石）</td><td>696.05</td></tr>
<tr><td>秋粮</td><td></td></tr>
<tr><td>米（石）</td><td>536.80</td></tr>
<tr><td>马草（束）</td><td>723.00</td></tr>
<tr><td>户口盐钞银（两）</td><td>70.32</td></tr>
<tr><td>遇闰加银（两）</td><td>9.46</td></tr>
<tr><td colspan="2" align="center">洛南县</td></tr>
<tr><td>夏税</td><td></td></tr>
<tr><td>麦（石）</td><td>3855.87</td></tr>
<tr><td>农桑丝折绢（匹）</td><td>63.00</td></tr>
</table>

|  |  |
| --- | --- |
| **秋粮** | |
| 米（石） | 3905.79 |
| 马草（束） | 4886.00 |
| 户口盐钞银（两） | 97.88 |
| 遇闰加银（两） | 8.15 |
| **山阳县** | |
| **夏税** | |
| 麦（石） | 561.64 |
| 农桑丝折绢（匹） | 10.00 |
| **秋粮** | |
| 米（石） | 539.96 |
| 棉布（匹） | 110.00 |
| 马草（束） | 715.00 |
| 户口盐钞银（两） | 11.89 |
| 遇闰加银（两） | 0.99 |
| **商南县** | |
| **夏税** | |
| 麦（石） | 373.08 |
| 农桑丝折绢（匹） | 7.00 |
| **秋粮** | |
| 米（石） | 491.85 |
| 棉布（匹） | 72.00 |
| 马草（束） | 642.00 |
| 户口盐钞银（两） | 6.14 |
| 遇闰加银（两） | 0.51 |
| **同州** | |
| **夏税** | |
| 麦（石） | 10360.22 |
| 农桑丝折绢（匹） | 132.00 |
| **秋粮** | |
| 米（石） | 7180.44 |
| 棉花绒（斤） | 1785.00 |
| 棉布（匹） | 7426.00 |
| 马草（束） | 9025.00 |
| 户口盐钞银（两） | 263.95 |
| 遇闰加银（两） | 21.99 |
| **朝邑县** | |
| **夏税** | |
| 麦（石） | 16256.28 |
| 农桑丝折绢（匹） | 182.00 |
| 丝绵（斤） | 6.70 |
| **秋粮** | |
| 米（石） | 6359.70 |

|  |  |
| --- | --- |
| 棉花绒（斤） | 2083.20 |
| 棉布（匹） | 9733.00 |
| 马草（束） | 7949.00 |
| 户口盐钞银（两） | 353.68 |
| 遇闰加银（两） | 29.47 |
| **郃阳县** | |
| **夏税** | |
| 麦（石） | 10485.69 |
| 农桑丝折绢（匹） | 259.00 |
| 丝绵（斤） | 14.88 |
| **秋粮** | |
| 米（石） | 21874.77 |
| 棉花绒（斤） | 4553.25 |
| 棉布（匹） | 11564.00 |
| 马草（束） | 27350.00 |
| 户口盐钞银（两） | 400.10 |
| 遇闰加银（两） | 33.34 |
| **澄城县** | |
| **夏税** | |
| 麦（石） | 16017.10 |
| 农桑丝折绢（匹） | 295.00 |
| **秋粮** | |
| 米（石） | 25001.47 |
| 棉花绒（斤） | 37.50 |
| 棉布（匹） | 182.00 |
| 马草（束） | 31251.00 |
| 户口盐钞银（两） | 444.17 |
| 遇闰加银（两） | 37.01 |
| **白水县** | |
| **夏税** | |
| 麦（石） | 9571.66 |
| 农桑丝折绢（匹） | 169.00 |
| 丝绵（斤） | 6.56 |
| **秋粮** | |
| 米（石） | 11396.28 |
| 棉花绒（斤） | 305.63 |
| 棉布（匹） | 395.00 |
| 马草（束） | 14245.00 |
| 户口盐钞银（两） | 244.00 |
| 遇闰加银（两） | 20.33 |
| **韩城县** | |
| **夏税** | |
| 麦（石） | 10925.87 |

| | | | |
|---|---|---|---|
| 农桑丝折绢（匹） | 483.00 | 户口盐钞银（两） | 510.16 |
| 丝绵（斤） | 19.63 | 遇闰加银（两） | 42.51 |
| **秋粮** | | **耀州** | |
| 米（石） | 13508.90 | **夏税** | |
| 棉花绒（斤） | 591.38 | 麦（石） | 8053.15 |
| 棉布（匹） | 2165.00 | 农桑丝折绢（匹） | 67.00 |
| 马草（束） | 16886.00 | **秋粮** | |
| 户口盐钞银（两） | 376.42 | 米（石） | 9879.86 |
| 遇闰加银（两） | 31.36 | 棉布（匹） | 31.00 |
| **华州** | | 马草（束） | 12384.00 |
| **夏税** | | 户口盐钞银（两） | 207.04 |
| 麦（石） | 7780.72 | 遇闰加银（两） | 17.25 |
| 农桑丝折绢（匹） | 287.00 | **同官县** | |
| 丝绵（斤） | 10.94 | **夏税** | |
| **秋粮** | | 麦（石） | 4002.37 |
| 米（石） | 16536.21 | 农桑丝折绢（匹） | 112.00 |
| 棉花绒（斤） | 1866.59 | 丝绵（斤） | 2.88 |
| 棉布（匹） | 12556.00 | **秋粮** | |
| 马草（束） | 20714.00 | 米（石） | 9323.05 |
| 户口盐钞银（两） | 259.57 | 马草（束） | 11654.00 |
| 遇闰加银（两） | 21.63 | 户口盐钞银（两） | 234.42 |
| **华阴县** | | 遇闰加银（两） | 19.53 |
| **夏税** | | **富平县** | |
| 麦（石） | 8262.10 | **夏税** | |
| 农桑丝折绢（匹） | 235.00 | 麦（石） | 34662.52 |
| 丝绵（斤） | 6.56 | 农桑丝折绢（匹） | 654.00 |
| **秋粮** | | **秋粮** | |
| 米（石） | 9717.63 | 米（石） | 25266.66 |
| 棉花绒（斤） | 644.25 | 棉布（匹） | 3767.00 |
| 棉布（匹） | 3625.00 | 马草（束） | 31573.00 |
| 马草（束） | 12173.00 | 户口盐钞银（两） | 558.59 |
| 户口盐钞银（两） | 207.07 | 遇闰加银（两） | 46.54 |
| 遇闰加银（两） | 15.25 | **乾州** | |
| **蒲城县** | | **夏税** | |
| **夏税** | | 麦（石） | 14479.78 |
| 麦（石） | 23032.85 | 农桑丝折绢（匹） | 96.00 |
| 农桑丝折绢（匹） | 267.00 | 丝绵（斤） | 13.31 |
| 丝绵（斤） | 5.69 | **秋粮** | |
| **秋粮** | | 米（石） | 12811.52 |
| 米（石） | 54533.42 | 棉花绒（斤） | 19.00 |
| 棉花绒（斤） | 1035.50 | 棉布（匹） | 1052.00 |
| 棉布（匹） | 5066.00 | 马草（束） | 15871.00 |
| 马草（束） | 68136.00 | 户口盐钞银（两） | 278.31 |

| | |
|---|---|
| 遇闰加银（两） | 23.19 |
| **礼泉县** | |
| **夏税** | |
| 麦（石） | 11412.11 |
| 农桑丝折绢（匹） | 148.00 |
| **秋粮** | |
| 米（石） | 8980.93 |
| 棉布（匹） | 1588.00 |
| 马草（束） | 11195.00 |
| 户口盐钞银（两） | 154.83 |
| 遇闰加银（两） | 12.90 |
| **武功县** | |
| **夏税** | |
| 麦（石） | 7861.65 |
| 农桑丝折绢（匹） | 191.00 |
| 丝绵（斤） | 23.44 |
| **秋粮** | |
| 米（石） | 3547.54 |
| 棉布（匹） | 1350.00 |
| 马草（束） | 4414.00 |
| 户口盐钞银（两） | 178.63 |
| 遇闰加银（两） | 14.88 |
| **永寿县** | |
| **夏税** | |
| 麦（石） | 5410.99 |
| 农桑丝折绢（匹） | 78.00 |
| 丝绵（斤） | 0.38 |
| **秋粮** | |
| 米（石） | 6141.98 |
| 棉布（匹） | 46.00 |
| 马草（束） | 7677.00 |
| 户口盐钞银（两） | 138.76 |
| 遇闰加银（两） | 11.56 |
| **邠州[1]** | |
| **夏税** | |
| 麦（石） | 13412.20 |
| 农桑丝折绢（匹） | 182.00 |
| 丝绵（斤） | 15.94 |
| **秋粮** | |
| 米（石） | 27844.11 |
| 马草（束） | 34804.00 |

| | |
|---|---|
| 户口盐钞银（两） | 266.32 |
| 遇闰加银（两） | 22.18 |
| **三水县** | |
| **夏税** | |
| 麦（石） | 7218.19 |
| 农桑丝折绢（匹） | 143.00 |
| 丝绵（斤） | 3.63 |
| **秋粮** | |
| 米（石） | 18954.56 |
| 马草（束） | 23693.00 |
| 户口盐钞银（两） | 135.16 |
| 遇闰加银（两） | 11.26 |
| **淳化县** | |
| **夏税** | |
| 麦（石） | 8816.18 |
| 农桑丝折绢（匹） | 123.00 |
| 丝绵（斤） | 3.88 |
| **秋粮** | |
| 米（石） | 12239.84 |
| 马草（束） | 15299.00 |
| 户口盐钞银（两） | 160.68 |
| 遇闰加银（两） | 13.39 |
| **延安府** | |
| **夏税** | |
| 麦（石） | 52628.32 |
| 内除土兵免征并抛荒麦（石） | 22370.20 |
| 陆续开垦复增麦（石） | 2905.77 |
| 实征麦（石） | 33163.89 |
| 农桑丝折绢（匹） | 1139.00 |
| **秋粮** | |
| 米（石） | 271575.13 |
| 内除奏豁抛荒等项米（石） | 145301.10 |
| 陆续开垦复增米（石） | 25133.84 |
| 实征米（石） | 151407.87 |
| 马草（束） | 342981.00 |
| 内除奏豁抛荒草（束） | 137463.00 |
| 开垦复增草（束） | 32176.00 |
| 实征草（束） | 237694.00 |
| 户口盐钞银（两） | 1932.05 |
| 遇闰加银（两） | 161.02 |
| **肤施县** | |
| **夏税** | |
| 麦（石） | 1149.23 |

[1]此处州名残缺，依据谭其骧《中国历史地图集》第七册《陕西》补，第59-60页。

| | |
|---|---|
| 农桑丝折绢（匹） | 53.00 |
| **秋粮** | |
| 米（石） | 7008.85 |
| 马草（束） | 13109.00 |
| 户口盐钞银（两） | 31.88 |
| 遇闰加银（两） | 2.65 |
| **安塞县** | |
| **夏税** | |
| 麦（石） | 851.20 |
| 农桑丝折绢（匹） | 21.00 |
| **秋粮** | |
| 米（石） | 2839.24 |
| 马草（束） | 5812.00 |
| 户口盐钞银（两） | 32.30 |
| 遇闰加银（两） | 2.69 |
| **甘泉县** | |
| **夏税** | |
| 麦（石） | 1389.55 |
| 农桑丝折绢（匹） | 41.00 |
| **秋粮** | |
| 米（石） | 7698.78 |
| 马草（束） | 12887.00 |
| 户口盐钞银（两） | 58.27 |
| 遇闰加银（两） | 4.85 |
| **安定县** | |
| **夏税** | |
| 麦（石） | 1963.37 |
| 农桑丝折绢（匹） | 77.00 |
| **秋粮** | |
| 米（石） | 6121.17 |
| 马草（束） | 10219.00 |
| 户口盐钞银（两） | 76.70 |
| 遇闰加银（两） | 6.39 |
| **保安县** | |
| **夏税** | |
| 麦（石） | 623.10 |
| 农桑丝折绢（匹） | 13.00 |
| **秋粮** | |
| 米（石） | 2262.91 |
| 马草（束） | 4174.00 |
| 户口盐钞银（两） | 34.12 |
| 遇闰加银（两） | 2.84 |
| **宜川县** | |

| | |
|---|---|
| **夏税** | |
| 麦（石） | 3514.01 |
| 农桑丝折绢（匹） | 102.00 |
| **秋粮** | |
| 米（石） | 18590.48 |
| 马草（束） | 28102.00 |
| 户口盐钞银（两） | 195.17 |
| 遇闰加银（两） | 16.23 |
| **延川县** | |
| **夏税** | |
| 麦（石） | 2079.97 |
| 农桑丝折绢（匹） | 102.00 |
| **秋粮** | |
| 米（石） | 5648.60 |
| 马草（束） | 8485.00 |
| 户口盐钞银（两） | 43.95 |
| 遇闰加银（两） | 3.66 |
| **延长县** | |
| **夏税** | |
| 麦（石） | 1324.60 |
| 农桑丝折绢（匹） | 43.00 |
| **秋粮** | |
| 米（石） | 6034.44 |
| 马草（束） | 9056.00 |
| 户口盐钞银（两） | 69.26 |
| 遇闰加银（两） | 5.77 |
| **清涧县** | |
| **夏税** | |
| 麦（石） | 2308.76 |
| 农桑丝折绢（匹） | 58.00 |
| **秋粮** | |
| 米（石） | 5528.00 |
| 马草（束） | 8878.00 |
| 户口盐钞银（两） | 115.11 |
| 遇闰加银（两） | 9.59 |
| **鄜州** | |
| **夏税** | |
| 麦（石） | 3213.65 |
| 农桑丝折绢（匹） | 88.00 |
| **秋粮** | |
| 米（石） | 12182.44 |
| 马草（束） | 19234.00 |
| 户口盐钞银（两） | 156.31 |

| | |
|---|---|
| 遇闰加银（两） | 13.02 |
| **洛川县** | |
| **夏税** | |
| 麦（石） | 3320.67 |
| 农桑丝折绢（匹） | 182.00 |
| **秋粮** | |
| 米（石） | 35278.40 |
| 马草（束） | 42014.00 |
| 户口盐钞银（两） | 222.74 |
| 遇闰加银（两） | 18.56 |
| **中部县** | |
| **夏税** | |
| 麦（石） | 1383.17 |
| 农桑丝折绢（匹） | 54.00 |
| **秋粮** | |
| 米（石） | 6131.41 |
| 马草（束） | 12309.00 |
| 户口盐钞银（两） | 142.50 |
| 遇闰加银（两） | 11.87 |
| **宜君县** | |
| **夏税** | |
| 麦（石） | 4924.63 |
| 农桑丝折绢（匹） | 35.00 |
| **秋粮** | |
| 米（石） | 13117.50 |
| 马草（束） | 21176.00 |
| 户口盐钞银（两） | 214.84 |
| 遇闰加银（两） | 17.90 |
| **绥德州** | |
| **夏税** | |
| 麦（石） | 1871.11 |
| 农桑丝折绢（匹） | 80.00 |
| **秋粮** | |
| 米（石） | 6269.49 |
| 马草（束） | 9997.00 |
| 户口盐钞银（两） | 171.52 |
| 遇闰加银（两） | 14.29 |
| **米脂县** | |
| **夏税** | |
| 麦（石） | 1601.93 |
| 农桑丝折绢（匹） | 68.00 |
| **秋粮** | |
| 米（石） | 6083.86 |

| | |
|---|---|
| 马草（束） | 12009.00 |
| 户口盐钞银（两） | 99.06 |
| 遇闰加银（两） | 8.25 |
| **葭州** | |
| **夏税** | |
| 麦（石） | 1032.72 |
| 农桑丝折绢（匹） | 42.00 |
| **秋粮** | |
| 米（石） | 5377.25 |
| 马草（束） | 10184.00 |
| 户口盐钞银（两） | 156.39 |
| 遇闰加银（两） | 13.03 |
| **吴堡县** | |
| **夏税** | |
| 麦（石） | 369.17 |
| 农桑丝折绢（匹） | 39.00 |
| **秋粮** | |
| 米（石） | 1534.29 |
| 马草（束） | 2582.00 |
| 户口盐钞银（两） | 15.64 |
| 遇闰加银（两） | 1.30 |
| **神木县** | |
| **夏税** | |
| 麦（石） | 168.49 |
| 农桑丝折绢（匹） | 20.00 |
| **秋粮** | |
| 米（石） | 1586.02 |
| 马草（束） | 3350.00 |
| 户口盐钞银（两） | 53.01 |
| 遇闰加银（两） | 4.41 |
| **府谷县** | |
| **夏税** | |
| 麦（石） | 74.40 |
| 农桑丝折绢（匹） | 13.00 |
| **秋粮** | |
| 米（石） | 2114.42 |
| 马草（束） | 4107.00 |
| 户口盐钞银（两） | 43.64 |
| 遇闰加银（两） | 3.65 |
| **平凉府** | |
| **夏税** | |
| 麦（石） | 38536.85 |
| 内除抛荒免征麦（石） | 10629.52 |

| | | | |
|---|---|---|---|
| 陆续开垦复增麦（石） | 9257.39 | 农桑丝折绢（匹） | 22.00 |
| 实征麦（石） | 37164.73 | 丝绵（斤） | 2.53 |
| 农桑丝折绢（匹） | 173.00 | **秋粮** | |
| 丝绵（斤） | 6.88 | 米（石） | 28840.63 |
| **秋粮** | | 马草（束） | 36056.00 |
| 米（石） | 124705.30 | 户口盐钞银（两） | 120.37 |
| 内除奏豁抛荒等项米（石） | 43082.24 | 遇闰加银（两） | 10.03 |
| 陆续开垦复增米（石） | 39894.17 | **固原州** | |
| 实征米（石） | 121517.23 | **夏税** | |
| 马草（束） | 155950.00 | 麦（石） | 1700.75 |
| 内除奏豁抛荒草（束） | 54140.00 | **秋粮** | |
| 开垦复增草（束） | 49938.00 | 米（石） | 2462.80 |
| 实征草（束） | 151748.00 | 马草（束） | 3138.00 |
| 户口盐钞银（两） | 754.46 | 户口盐钞银（两） | 6.03 |
| 遇闰加银（两） | 62.87 | 遇闰加银（两） | 0.50 |
| **平凉县** | | **泾州** | |
| **夏税** | | **夏税** | |
| 麦（石） | 3846.22 | 麦（石） | 6271.79 |
| **秋粮** | | 农桑丝折绢（匹） | 53.00 |
| 米（石） | 17116.42 | 丝绵（斤） | 1.61 |
| 马草（束） | 21393.00 | **秋粮** | |
| 户口盐钞银（两） | 64.38 | 米（石） | 18826.67 |
| 遇闰加银（两） | 5.36 | 马草（束） | 23521.00 |
| **崇信县** | | 户口盐钞银（两） | 145.17 |
| **夏税** | | 遇闰加银（两） | 12.09 |
| 麦（石） | 1736.39 | **灵台县** | |
| 农桑丝折绢（匹） | 14.00 | **夏税** | |
| **秋粮** | | 麦（石） | 6634.75 |
| 米（石） | 4578.60 | 农桑丝折绢（匹） | 82.00 |
| 马草（束） | 5784.00 | 丝绵（斤） | 2.75 |
| 户口盐钞银（两） | 29.16 | **秋粮** | |
| 遇闰加银（两） | 2.43 | 米（石） | 23779.50 |
| **华亭县** | | 马草（束） | 29557.00 |
| **夏税** | | 户口盐钞银（两） | 127.81 |
| 麦（石） | 2230.05 | 遇闰加银（两） | 10.65 |
| **秋粮** | | **静宁州** | |
| 米（石） | 7842.72 | **夏税** | |
| 马草（束） | 9816.00 | 麦（石） | 4993.56 |
| 户口盐钞银（两） | 29.44 | **秋粮** | |
| 遇闰加银（两） | 2.45 | 米（石） | 12725.55 |
| **镇原县** | | 马草（束） | 15906.00 |
| **夏税** | | 户口盐钞银（两） | 123.15 |
| 麦（石） | 5553.69 | 遇闰加银（两） | 10.26 |

| 庄浪县 | |
|---|---|
| **夏税** | |
| 麦（石） | 2433.67 |
| **秋粮** | |
| 米（石） | 3348.44 |
| 马草（束） | 4082.00 |
| 户口盐钞银（两） | 34.34 |
| 遇闰加银（两） | 2.86 |

| 隆德县 | |
|---|---|
| **夏税** | |
| 麦（石） | 1763.80 |
| **秋粮** | |
| 米（石） | 1995.82 |
| 马草（束） | 2491.00 |
| 户口盐钞银（两） | 74.58 |
| 遇闰加银（两） | 6.21 |

| 庆阳府 | |
|---|---|
| **夏税** | |
| 麦（石） | 48787.61 |
| 内除奏豁免征抛荒麦（石） | 17879.95 |
| 陆续开垦复增麦（石） | 3671.82 |
| 实征麦（石） | 34579.47 |
| 农桑丝折绢（匹） | 199.00 |
| **秋粮** | |
| 米（石） | 111279.74 |
| 内除奏豁抛荒米（石） | 61636.30 |
| 陆续开垦复增米（石） | 24883.15 |
| 实征米（石） | 74526.59 |
| 马草（束） | 142718.00 |
| 内除奏豁抛荒草（束） | 52264.00 |
| 开垦起科复增草（束） | 19208.00 |
| 实征草（束） | 109661.00 |
| 户口盐钞银（两） | 941.05 |
| 遇闰加银（两） | 74.52 |

| 安化县 | |
|---|---|
| **夏税** | |
| 麦（石） | 5393.02 |
| 农桑丝折绢（匹） | 20.00 |
| **秋粮** | |
| 米（石） | 25860.16 |
| 马草（束） | 39634.00 |
| 户口盐钞银（两） | 196.34 |
| 遇闰加银（两） | 16.36 |

| 合水县 | |
|---|---|
| **夏税** | |
| 麦（石） | 1101.06 |
| 农桑丝折绢（匹） | 18.00 |
| **秋粮** | |
| 米（石） | 3651.54 |
| 马草（束） | 6643.00 |
| 户口盐钞银（两） | 136.54 |
| 遇闰加银（两） | 11.37 |

| 环县 | |
|---|---|
| **夏税** | |
| 麦（石） | 544.73 |
| 农桑丝折绢（匹） | 9.00 |
| **秋粮** | |
| 米（石） | 1484.07 |
| 马草（束） | 3212.00 |
| 户口盐钞银（两） | 64.14 |
| 遇闰加银（两） | 1.44 |

| 宁州 | |
|---|---|
| **夏税** | |
| 麦（石） | 23451.97 |
| 农桑丝折绢（匹） | 107.00 |
| **秋粮** | |
| 米（石） | 37306.59 |
| 马草（束） | 50503.00 |
| 户口盐钞银（两） | 423.72 |
| 遇闰加银（两） | 35.31 |

| 真宁县 | |
|---|---|
| **夏税** | |
| 麦（石） | 4088.66 |
| 农桑丝折绢（匹） | 43.00 |
| **秋粮** | |
| 米（石） | 6224.20 |
| 马草（束） | 9667.00 |
| 户口盐钞银（两） | 120.30 |
| 遇闰加银（两） | 10.20 |

| 临洮府 | |
|---|---|
| **夏税** | |
| 麦（石） | 26113.00 |
| 内除抛荒免征麦（石） | 1181.79 |
| 陆续开垦复增麦（石） | 655.06 |
| 实征麦（石） | 25586.26 |
| 农桑丝折绢（匹） | 26.00 |

| 秋粮 | |
|---|---|
| 米（石） | 17973.96 |
| 内除奏豁抛荒米（石） | 1126.88 |
| 陆续开垦复增米（石） | 661.53 |
| 实征米（石） | 17508.61 |
| 马草（束） | 22494.00 |
| 内除奏豁抛荒草（束） | 1408.00 |
| 开垦复增草（束） | 816.00 |
| 实征草（束） | 21902.00 |
| 户口盐钞银（两） | 105.40 |
| 遇闰加银（两） | 3.20 |

| 狄道县 | |
|---|---|
| 夏税 | |
| 麦（石） | 4041.51 |
| 秋粮 | |
| 米（石） | 5279.13 |
| 马草（束） | 6619.00 |
| 户口盐钞银（两） | 48.63 |

| 渭源县 | |
|---|---|
| 夏税 | |
| 麦（石） | 1691.89 |
| 秋粮 | |
| 米（石） | 2754.17 |
| 马草（束） | 3428.00 |
| 户口盐钞银（两） | 11.61 |

| 兰州 | |
|---|---|
| 夏税 | |
| 麦（石） | 1268.76 |
| 农桑丝折绢（匹） | 21.00 |
| 秋粮 | |
| 米（石） | 1668.18 |
| 马草（束） | 2093.00 |
| 户口盐钞银（两） | 6.66 |

| 金县 | |
|---|---|
| 夏税 | |
| 麦（石） | 3979.02 |
| 农桑丝折绢（匹） | 4.00 |
| 秋粮 | |
| 米（石） | 4900.99 |
| 马草（束） | 6129.00 |
| 户口盐钞银（两） | 38.49 |
| 遇闰加银（两） | 3.20 |

| 河州 | |
|---|---|

| 夏税 | |
|---|---|
| 麦（石） | 14605.06 |
| 秋粮 | |
| 米（石） | 2906.12 |
| 马草（束） | 3632.00 |

| 巩昌府 | |
|---|---|
| 夏税 | |
| 麦（石） | 67293.59 |
| 内除抛荒免征麦（石） | 8721.37 |
| 陆续开垦复增麦（石） | 4061.68 |
| 实征麦（石） | 62633.90 |
| 农桑丝折绢（匹） | 392.00 |
| 秋粮 | |
| 米（石） | 82692.32 |
| 内除抛荒免征米（石） | 10401.19 |
| 新增复额米（石） | 4660.74 |
| 实征米（石） | 76951.87 |
| 马草（束） | 103434.00 |
| 内除抛荒免征草（束） | 13996.00 |
| 新增复额草（束） | 5974.00 |
| 实征草（束） | 95411.00 |
| 户口盐钞银（两） | 1494.08 |
| 遇闰加银（两） | 120.50 |

| 陇西县 | |
|---|---|
| 夏税 | |
| 麦（石） | 11007.52 |
| 秋粮 | |
| 米（石） | 12887.59 |
| 马草（束） | 16360.00 |
| 户口盐钞银（两） | 151.76 |
| 遇闰加银（两） | 12.64 |

| 安定县 | |
|---|---|
| 夏税 | |
| 麦（石） | 6201.03 |
| 秋粮 | |
| 米（石） | 10567.24 |
| 马草（束） | 13209.00 |
| 户口盐钞银（两） | 137.55 |
| 遇闰加银（两） | 11.46 |

| 会宁县 | |
|---|---|
| 夏税 | |
| 麦（石） | 4197.73 |
| 秋粮 | |

| | |
|---|---|
| 米（石） | 4481.72 |
| 马草（束） | 5602.00 |
| 户口盐钞银（两） | 109.44 |
| 遇闰加银（两） | 9.12 |

| 通渭县 | |
|---|---|
| **夏税** | |
| 麦（石） | 5194.03 |
| 农桑丝折绢（匹） | 13.00 |
| **秋粮** | |
| 米（石） | 8505.82 |
| 马草（束） | 10632.00 |
| 户口盐钞银（两） | 167.84 |
| 遇闰加银（两） | 13.98 |

| 漳县 | |
|---|---|
| **夏税** | |
| 麦（石） | 1700.92 |
| **秋粮** | |
| 米（石） | 2267.57 |
| 马草（束） | 2809.00 |
| 户口盐钞银（两） | 26.14 |
| 遇闰加银（两） | 2.17 |

| 宁远县 | |
|---|---|
| **夏税** | |
| 麦（石） | 4821.25 |
| 农桑丝折绢（匹） | 10.00 |
| **秋粮** | |
| 米（石） | 4614.52 |
| 马草（束） | 5525.00 |
| 户口盐钞银（两） | 134.66 |
| 遇闰加银（两） | 11.22 |

| 伏羌县 | |
|---|---|
| **夏税** | |
| 麦（石） | 4149.32 |
| 农桑丝折绢（匹） | 17.00 |
| **秋粮** | |
| 米（石） | 5216.29 |
| 马草（束） | 5689.00 |
| 户口盐钞银（两） | 64.41 |
| 遇闰加银（两） | 5.36 |

| 西和县 | |
|---|---|
| **夏税** | |
| 麦（石） | 2779.00 |
| 农桑丝折绢（匹） | 67.00 |

| **秋粮** | |
|---|---|
| 米（石） | 2338.25 |
| 马草（束） | 3016.00 |
| 户口盐钞银（两） | 77.32 |
| 遇闰加银（两） | 6.44 |

| 成县 | |
|---|---|
| **夏税** | |
| 麦（石） | 1581.35 |
| 农桑丝折绢（匹） | 22.00 |
| **秋粮** | |
| 米（石） | 1457.25 |
| 马草（束） | 1836.00 |
| 户口盐钞银（两） | 48.48 |
| 遇闰加银（两） | 4.04 |

| 秦州 | |
|---|---|
| **夏税** | |
| 麦（石） | 6876.79 |
| 农桑丝折绢（匹） | 32.00 |
| **秋粮** | |
| 米（石） | 9625.12 |
| 马草（束） | 12031.00 |
| 户口盐钞银（两） | 151.07 |
| 遇闰加银（两） | 12.58 |

| 秦安县 | |
|---|---|
| **夏税** | |
| 麦（石） | 2661.51 |
| 农桑丝折绢（匹） | 66.00 |
| **秋粮** | |
| 米（石） | 3812.84 |
| 马草（束） | 4766.00 |
| 户口盐钞银（两） | 92.35 |
| 遇闰加银（两） | 7.69 |

| 清水县 | |
|---|---|
| **夏税** | |
| 麦（石） | 1670.01 |
| 农桑丝折绢（匹） | 3.00 |
| **秋粮** | |
| 米（石） | 2335.16 |
| 马草（束） | 2918.00 |
| 户口盐钞银（两） | 61.53 |
| 遇闰加银（两） | 5.12 |

| 礼县 | |
|---|---|
| **夏税** | |

| | | | | |
|---|---|---|---|---|
| 麦（石） | 3489.78 | | 户口盐钞银（两） | 22.70 |
| 农桑丝折绢（匹） | 27.00 | | 遇闰加银（两） | 1.89 |
| 秋粮 | | | 凤翔府 | |
| 米（石） | 2139.91 | | 夏税 | |
| 马草（束） | 2674.00 | | 麦（石） | 85678.24 |
| 户口盐钞银（两） | 70.02 | | 内除抛荒免征麦（石） | 1068.96 |
| 遇闰加银（两） | 5.83 | | 陆续召人承种麦（石） | 924.50 |
| 阶州 | | | 实征麦（石） | 85533.78 |
| 夏税 | | | 农桑丝折绢（匹） | 716.00 |
| 麦（石） | 3337.88 | | 丝绵（斤） | 37.38 |
| 农桑丝折绢（匹） | 49.00 | | 秋粮 | |
| 秋粮 | | | 米（石） | 107720.39 |
| 米（石） | 3771.60 | | 内除奏豁抛荒米（石） | 1102.07 |
| 马草（束） | 4726.00 | | 开垦复增米（石） | 497.57 |
| 户口盐钞银（两） | 68.10 | | 实征米（石） | 107115.89 |
| 遇闰加银（两） | 5.67 | | 棉花绒（斤） | 1776.25 |
| 文县 | | | 棉布（匹） | 13388.00 |
| 夏税 | | | 马草（束） | 134932.00 |
| 麦（石） | 1049.90 | | 内除奏豁抛荒草（束） | 1477.00 |
| 农桑丝折绢（匹） | 46.00 | | 开垦复增草（束） | 611.00 |
| 秋粮 | | | 实征草（束） | 134066.00 |
| 米（石） | 851.04 | | 户口盐钞银（两） | 1931.92 |
| 马草（束） | 1064.00 | | 遇闰加银（两） | 169.19 |
| 户口盐钞银（两） | 30.94 | | 凤翔县 | |
| 遇闰加银（两） | 2.57 | | 夏税 | |
| 徽州 | | | 麦（石） | 14681.43 |
| 夏税 | | | 农桑丝折绢（匹） | 48.00 |
| 麦（石） | 1235.40 | | 丝绵（斤） | 7.44 |
| 农桑丝折绢（匹） | 21.00 | | 秋粮 | |
| 秋粮 | | | 米（石） | 19438.47 |
| 米（石） | 1384.16 | | 棉花绒（斤） | 140.25 |
| 马草（束） | 1673.00 | | 棉布（匹） | 338.00 |
| 户口盐钞银（两） | 79.71 | | 马草（束） | 24348.00 |
| 遇闰加银（两） | 6.64 | | 户口盐钞银（两） | 397.12 |
| 两当县[1] | | | 遇闰加银（两） | 33.09 |
| 夏税 | | | 宝鸡县 | |
| 麦（石） | 680.91 | | 夏税 | |
| 农桑丝折绢（匹） | 13.00 | | 麦（石） | 14847.50 |
| 秋粮 | | | 农桑丝折绢（匹） | 111.00 |
| 米（石） | 695.72 | | 丝绵（斤） | 3.75 |
| 马草（束） | 873.00 | | 秋粮 | |
| | | | 米（石） | 22181.88 |
| | | | 棉花绒（斤） | 472.75 |

[1]原书此处县名残缺，依据谭其骧《中国历史地图集》第七册《陕西》补，第59-60页。

| | |
|---|---|
| 棉布（匹） | 4672.00 |
| 马草（束） | 27790.00 |
| 户口盐钞银（两） | 384.87 |
| 遇闰加银（两） | 32.07 |

| 扶风县 | |
|---|---|
| 夏税 | |
| 麦（石） | 16606.22 |
| 农桑丝折绢（匹） | 260.00 |
| 丝绵（斤） | 17.47 |
| 秋粮 | |
| 米（石） | 20588.95 |
| 棉花绒（斤） | 944.25 |
| 棉布（匹） | 3265.00 |
| 马草（束） | 25743.00 |
| 户口盐钞银（两） | 320.68 |
| 遇闰加银（两） | 39.72 |

| 岐山县 | |
|---|---|
| 夏税 | |
| 麦（石） | 13375.94 |
| 农桑丝折绢（匹） | 76.00 |
| 丝绵（斤） | 1.63 |
| 秋粮 | |
| 米（石） | 14376.94 |
| 棉花绒（斤） | 106.50 |
| 棉布（匹） | 1512.00 |
| 马草（束） | 17971.00 |
| 户口盐钞银（两） | 263.18 |
| 遇闰加银（两） | 21.83 |

| 眉县 | |
|---|---|
| 夏税 | |
| 麦（石） | 6344.46 |
| 农桑丝折绢（匹） | 54.00 |
| 丝绵（斤） | 0.75 |
| 秋粮 | |
| 米（石） | 7185.52 |
| 棉花绒（斤） | 112.13 |
| 棉布（匹） | 3599.00 |
| 马草（束） | 9034.00 |
| 户口盐钞银（两） | 143.56 |
| 遇闰加银（两） | 11.96 |

| 麟游县 | |
|---|---|
| 夏税 | |
| 麦（石） | 7887.88 |

| | |
|---|---|
| 农桑丝折绢（匹） | 47.00 |
| 丝绵（斤） | 5.78 |
| 秋粮 | |
| 米（石） | 8334.40 |
| 马草（束） | 10314.00 |
| 户口盐钞银（两） | 168.56 |
| 遇闰加银（两） | 14.04 |

| 陇州 | |
|---|---|
| 夏税 | |
| 麦（石） | 5982.46 |
| 农桑丝折绢（匹） | 79.00 |
| 丝绵（斤） | 0.56 |
| 秋粮 | |
| 米（石） | 8812.81 |
| 马草（束） | 11086.00 |
| 户口盐钞银（两） | 149.08 |
| 遇闰加银（两） | 12.42 |

| 汧阳县 | |
|---|---|
| 夏税 | |
| 麦（石） | 5644.60 |
| 农桑丝折绢（匹） | 38.00 |
| 秋粮 | |
| 米（石） | 6197.09 |
| 马草（束） | 7775.00 |
| 户口盐钞银（两） | 115.22 |
| 遇闰加银（两） | 4.04 |

| 汉中府 | |
|---|---|
| 夏税 | |
| 麦（石） | 12496.21 |
| 新增开垦地麦（石） | 38.07 |
| 实征麦（石） | 12534.29 |
| 农桑丝折绢（匹） | 378.00 |
| 秋粮 | |
| 米（石） | 21566.12 |
| 内除诡寄米（石） | 5.30 |
| 新增起科米（石） | 39.29 |
| 实征米（石） | 21600.11 |
| 棉布（匹） | 596.00 |
| 马草（束） | 29936.00 |
| 内除诡寄草（束） | 1.00 |
| 新增起科草（束） | 36.00 |
| 实征草（束） | 29971.00 |
| 户口盐钞银（两） | 1781.05 |

| | | | | |
|---|---|---|---|---|
| 遇闰加银（两） | 149.14 | | 麦（石） | 858.47 |
| **南郑县** | | | 农桑丝折绢（匹） | 18.00 |
| **夏税** | | | **秋粮** | |
| 麦（石） | 381.25 | | 米（石） | 948.84 |
| 农桑丝折绢（匹） | 15.00 | | 棉布（匹） | 17.00 |
| **秋粮** | | | 马草（束） | 1289.00 |
| 米（石） | 1982.44 | | 户口盐钞银（两） | 110.72 |
| 棉布（匹） | 39.00 | | 遇闰加银（两） | 9.22 |
| 马草（束） | 2861.00 | | **凤县** | |
| 户口盐钞银（两） | 97.14 | | **夏税** | |
| 遇闰加银（两） | 8.09 | | 麦（石） | 2501.88 |
| **褒城县** | | | 农桑丝折绢（匹） | 26.00 |
| **夏税** | | | **秋粮** | |
| 麦（石） | 308.87 | | 米（石） | 2529.98 |
| 农桑丝折绢（匹） | 17.00 | | 马草（束） | 3222.00 |
| **秋粮** | | | 户口盐钞银（两） | 136.69 |
| 米（石） | 1145.28 | | 遇闰加银（两） | 12.11 |
| 棉布（匹） | 15.00 | | **宁羌州** | |
| 马草（束） | 1638.00 | | **夏税** | |
| 户口盐钞银（两） | 56.11 | | 麦（石） | 121.77 |
| 遇闰加银（两） | 4.67 | | 农桑丝折绢（匹） | 1.00 |
| **城固县** | | | **秋粮** | |
| **夏税** | | | 米（石） | 279.13 |
| 麦（石） | 1727.31 | | 棉布（匹） | 2.00 |
| 农桑丝折绢（匹） | 67.00 | | 马草（束） | 501.00 |
| **秋粮** | | | 户口盐钞银（两） | 34.75 |
| 米（石） | 3376.21 | | 遇闰加银（两） | 2.89 |
| 棉布（匹） | 146.00 | | **沔县** | |
| 马草（束） | 4700.00 | | **夏税** | |
| 户口盐钞银（两） | 123.45 | | 麦（石） | 343.28 |
| 遇闰加银（两） | 10.28 | | 农桑丝折绢（匹） | 10.00 |
| **洋县** | | | **秋粮** | |
| **夏税** | | | 米（石） | 908.63 |
| 麦（石） | 3317.37 | | 棉布（匹） | 27.00 |
| 农桑丝折绢（匹） | 138.00 | | 马草（束） | 1362.00 |
| **秋粮** | | | 户口盐钞银（两） | 40.74 |
| 米（石） | 3902.06 | | 遇闰加银（两） | 3.39 |
| 棉布（匹） | 245.00 | | **略阳县** | |
| 马草（束） | 5092.00 | | **夏税** | |
| 户口盐钞银（两） | 348.02 | | 麦（石） | 292.82 |
| 遇闰加银（两） | 29.00 | | 农桑丝折绢（匹） | 13.00 |
| **西乡县** | | | **秋粮** | |
| **夏税** | | | 米（石） | 492.44 |

| | | | | |
|---|---|---|---|---|
| 马草（束） | 755.00 | | **紫阳县** | |
| 户口盐钞银（两） | 53.89 | | **夏税** | |
| 遇闰加银（两） | 4.49 | | 麦（石） | 121.03 |
| **金州** | | | **秋粮** | |
| **夏税** | | | 米（石） | 220.01 |
| 麦（石） | 740.98 | | 户口盐钞银（两） | 47.28 |
| 农桑丝折绢（匹） | 29.00 | | 遇闰加银（两） | 3.94 |
| **秋粮** | | | **汉阴县** | |
| 米（石） | 2241.72 | | **夏税** | |
| 棉布（匹） | 57.00 | | 麦（石） | 340.12 |
| 马草（束） | 3269.00 | | 农桑丝折绢（匹） | 10.00 |
| 户口盐钞银（两） | 205.80 | | **秋粮** | |
| 遇闰加银（两） | 17.80 | | 米（石） | 608.69 |
| **平利县** | | | 棉布（匹） | 6.00 |
| **夏税** | | | 马草（束） | 859.00 |
| 麦（石） | 117.79 | | 户口盐钞银（两） | 104.89 |
| 农桑丝折绢（匹） | 5.00 | | 遇闰加银（两） | 8.74 |
| **秋粮** | | | **白河县** | |
| 米（石） | 418.87 | | **夏税** | |
| 棉布（匹） | 3.00 | | 麦（石） | 425.99 |
| 马草（束） | 554.00 | | **秋粮** | |
| 户口盐钞银（两） | 90.88 | | 米（石） | 476.34 |
| 遇闰加银（两） | 7.57 | | 马草（束） | 924.00 |
| **石泉县** | | | 户口盐钞银（两） | 103.54 |
| **夏税** | | | 遇闰加银（两） | 8.62 |
| 麦（石） | 237.79 | | **开山驿** | |
| 农桑丝折绢（匹） | 6.00 | | **夏税** | |
| **秋粮** | | | 麦（石） | 53.94 |
| 米（石） | 322.80 | | **秋粮** | |
| 棉布（匹） | 6.00 | | 米（石） | 189.87 |
| 马草（束） | 528.00 | | 马草（束） | 243.00 |
| 户口盐钞银（两） | 86.61 | | **青桥驿** | |
| 遇闰加银（两） | 7.21 | | **秋粮** | |
| **洵阳县** | | | 米（石） | 16.30 |
| **夏税** | | | 马草（束） | 20.00 |
| 麦（石） | 438.58 | | **黄沙驿** | |
| 农桑丝折绢（匹） | 18.00 | | **秋粮** | |
| **秋粮** | | | 米（石） | 195.42 |
| 米（石） | 1056.33 | | 马草（束） | 235.00 |
| 棉布（匹） | 28.00 | | **柏林驿** | |
| 马草（束） | 1550.00 | | **夏税** | |
| 户口盐钞银（两） | 141.28 | | 麦（石） | 14.22 |
| 遇闰加银（两） | 11.77 | | **秋粮** | |

| | | | |
|---|---|---|---|
| 米（石） | 64.50 | 实征麦（石） | 8162.74 |
| 马草（束） | 80.00 | 农桑丝折绢（匹） | 12.00 |
| **青阳驿** | | **秋粮** | |
| **夏税** | | 米（石） | 5884.72 |
| 麦（石） | 15.46 | 内除改入屯粮米（石） | 1630.05 |
| **秋粮** | | 新增起科米（石） | 8537.99 |
| 米（石） | 108.56 | 实征米（石） | 12792.67 |
| 马草（束） | 135.00 | 马草（束） | 7023.00 |
| **草凉楼驿** | | 新增起科草（束） | 12627.00 |
| **秋粮** | | 实征草（束） | 19651.00 |
| 米（石） | 22.55 | **洮州卫** | |
| 马草（束） | 28.00 | **夏税** | |
| **梁山驿** | | 麦（石） | 220.36 |
| **夏税** | | **岷州卫** | |
| 麦（石） | 74.25 | **夏税** | |
| **秋粮** | | 麦（石） | 2784.12 |
| 米（石） | 49.70 | 农桑丝折绢（匹） | 6.00 |
| 马草（束） | 62.00 | **秋粮** | |
| **三岔驿** | | 米（石） | 113.28 |
| **夏税** | | 马草（束） | 141.00 |
| 麦（石） | 40.10 | **西固城军民千户所** | |
| **秋粮** | | **夏税** | |
| 米（石） | 18.30 | 麦（石） | 300.87 |
| 马草（束） | 22.00 | 农桑丝折绢（匹） | 5.00 |
| **安山驿** | | **秋粮** | |
| **夏税** | | 米（石） | 372.57 |
| 麦（石） | 17.20 | 马草（束） | 465.00 |
| **秋粮** | | **庆阳卫前千户所** | |
| 米（石） | 17.50 | **夏税** | |
| 马草（束） | 21.00 | 麦（石） | 969.51 |
| **武关驿** | | **秋粮** | |
| **夏税** | | 米（石） | 2157.36 |
| 麦（石） | 6.27 | 马草（束） | 2697.00 |
| **秋粮** | | **山城驿** | |
| 米（石） | 8.00 | **夏税** | |
| 马草（束） | 10.00 | 麦（石） | 41.08 |
| **凉山楼驿** | | **秋粮** | |
| **夏税** | | 米（石） | 82.16 |
| 麦（石） | 37.47 | 马草（束） | 100.00 |
| **洮、岷、宁庆、绥德等卫所、驿递，并高家等堡** | | **本钵递运所** | |
| **夏税** | | **夏税** | |
| 麦（石） | 5601.94 | 麦（石） | 28.24 |
| 新增开垦起科麦（石） | 2560.80 | **秋粮** | |

| | |
|---|---|
| 米（石） | 56.48 |
| 马草（束） | 68.00 |

| 山城递运所 | |
|---|---|
| 夏税 | |
| 麦（石） | 44.93 |
| 秋粮 | |
| 米（石） | 89.86 |
| 马草（束） | 58.00 |

| 青平驿 | |
|---|---|
| 夏税 | |
| 麦（石） | 19.25 |
| 秋粮 | |
| 米（石） | 38.51 |
| 马草（束） | 45.00 |

| 青平递运所 | |
|---|---|
| 夏税 | |
| 麦（石） | 48.78 |
| 秋粮 | |
| 米（石） | 97.08 |
| 马草（束） | 118.00 |

| 阜城递运所 | |
|---|---|
| 夏税 | |
| 麦（石） | 23.17 |
| 秋粮 | |
| 米（石） | 46.21 |
| 马草（束） | 45.00 |

| 宁夏卫经历司 | |
|---|---|
| 夏税 | |
| 麦（石） | 1487.70 |
| 秋粮 | |
| 米（石） | 1613.53 |
| 马草（束） | 2016.00 |

| 灵州 | |
|---|---|
| 夏税 | |
| 麦（石） | 1589.14 |
| 秋粮 | |
| 米（石） | 1627.96 |
| 马草（束） | 1844.00 |

| 灵州千户所 | |
|---|---|
| 夏税 | |
| 麦（石） | 90.01 |
| 秋粮 | |
| 米（石） | 139.87 |

| | |
|---|---|
| 马草（束） | 174.00 |

| 石沟儿递运所 | |
|---|---|
| 夏税 | |
| 麦（石） | 83.44 |
| 秋粮 | |
| 米（石） | 166.88 |
| 马草（束） | 208.00 |

| 石沟驿 | |
|---|---|
| 夏税 | |
| 麦（石） | 78.30 |
| 秋粮 | |
| 米（石） | 155.28 |
| 马草（束） | 194.00 |

| 小盐池驿 | |
|---|---|
| 夏税 | |
| 麦（石） | 52.63 |
| 秋粮 | |
| 米（石） | 105.26 |
| 马草（束） | 131.00 |

| 小盐池递运所 | |
|---|---|
| 夏税 | |
| 麦（石） | 65.43 |
| 秋粮 | |
| 米（石） | 130.96 |
| 马草（束） | 163.00 |

| 萌城驿 | |
|---|---|
| 夏税 | |
| 麦（石） | 74.39 |
| 秋粮 | |
| 米（石） | 143.78 |
| 马草（束） | 179.00 |

| 萌城递运所 | |
|---|---|
| 夏税 | |
| 麦（石） | 123.75 |
| 秋粮 | |
| 米（石） | 248.02 |
| 马草（束） | 310.00 |

| 大沙井递运所 | |
|---|---|
| 夏税 | |
| 麦（石） | 35.43 |
| 秋粮 | |
| 米（石） | 70.34 |
| 马草（束） | 87.00 |

| 绥德卫 | |
| --- | --- |
| 秋粮 | |
| 米（石） | 468.23 |
| 马草（束） | 945.00 |

| 延安卫 | |
| --- | --- |
| 秋粮 | |
| 米（石） | 369.15 |
| 马草（束） | 744.00 |

| 庆阳卫 | |
| --- | --- |
| 秋粮 | |
| 米（石） | 594.57 |
| 马草（束） | 1021.00 |

| 高家堡 | |
| --- | --- |
| 秋粮 | |
| 米（石） | 101.90 |
| 马草（束） | 205.00 |

| 榆林城 | |
| --- | --- |
| 秋粮 | |
| 米（石） | 2043.49 |
| 马草（束） | 4128.00 |

| 波罗堡 | |
| --- | --- |
| 秋粮 | |
| 米（石） | 137.79 |
| 马草（束） | 278.00 |

| 怀远堡 | |
| --- | --- |
| 秋粮 | |
| 米（石） | 54.48 |
| 马草（束） | 110.00 |

| 威武堡 | |
| --- | --- |
| 秋粮 | |
| 米（石） | 479.84 |
| 马草（束） | 969.00 |

| 清平堡 | |
| --- | --- |
| 秋粮 | |
| 米（石） | 156.42 |
| 马草（束） | 316.00 |

| 龙州城 | |
| --- | --- |
| 秋粮 | |
| 米（石） | 60.14 |
| 马草（束） | 121.00 |

| 靖边营 | |
| --- | --- |
| 秋粮 | |
| 米（石） | 249.34 |
| 马草（束） | 503.00 |

| 宁塞堡 | |
| --- | --- |
| 秋粮 | |
| 米（石） | 107.31 |
| 马草（束） | 126.00 |

| 永济堡 | |
| --- | --- |
| 秋粮 | |
| 米（石） | 79.27 |
| 马草（束） | 135.00 |

| 安边营 | |
| --- | --- |
| 秋粮 | |
| 米（石） | 261.89 |
| 马草（束） | 592.00 |

| 新兴堡 | |
| --- | --- |
| 秋粮 | |
| 米（石） | 43.89 |
| 马草（束） | 86.00 |

| 定边营 | |
| --- | --- |
| 秋粮 | |
| 米（石） | 120.41 |
| 马草（束） | 529.00 |

| 双山堡 | |
| --- | --- |
| 秋粮 | |
| 米（石） | 11.55 |
| 马草（束） | 33.00 |

## 陕西布政司田赋沿革事例

成化十四年，给事中黄麟查盘甘肃洮岷等处边储条陈：一戒势豪。查得甘肃等处仓一应粮料，近年银籴者多。监临势豪令弟男家人领银及中揽盐粮上纳，亏损粮储，合行禁遏。一禁抵斗。合令甘肃一带米少去处，准令麦豆抵斗；米多去处，派米起运不许临时改移。一清余价。合令甘肃边仓粮价余银，行管粮官依价折纳，趁时籴买，仍行本布政司于下年派征起运数内，计算上年余银抵数减免。一止区画。甘肃各仓纳户上纳钱粮，每石或出银二、三厘，或出粮三、四合，为区画银粮，并无簿籍查考，上下侵渔；恐宁夏、延绥等处亦有此弊，合行严禁。

二十一年，巡抚郑时题称：庆阳府真宁县先年抛荒田地招人佃种，粮米以十分为率，三分征纳本色收贮县仓，七分折银钞起解本府，以备庆阳卫官军折色俸粮支用。尚书余子俊复准。

弘治二年，巡抚萧祯题：将西安等府抛荒地土分给见在军民，本年粮草令折钞赔纳。尚书李敏复准。

八年，郎中杨奇题：该省起运甘肃税粮每岁以三十五万石为定则，本部议得各府灾伤恐难足三十五万之数，今后坐派务照弘治七年额数，纵有灾伤，不得轻减。尚书叶淇复准。

正德五年，巡抚黄宝题称：平凉府隆德县勘过抛荒，有人承种地一百一顷五亩，无人承种地七十七顷九十二亩七分。侍郎乔宇复：准将有人承种地税粮每石折银三钱五分，存留者减纳五斗，其无人领种者粮草悉与除豁。

本年都御使王宪题称：清查过甘肃等处土官、土达、土番、国师等项水旱田共二万四千四百四十四顷九十七亩。本部复：准行，令照旧耕种，赡军养马通免起科。各该官军亦不许再行奏扰，添支俸粮。

嘉靖十一年，巡抚赵载题：将起运甘肃税粮仍照原征价值。尚书许赞复：查得该省起运夏税一石，原征九钱，秋粮一石，征银一两；嘉靖七年灾伤，夏税量减二钱，秋粮量减三钱，应复原征之数，解运本镇应用。

本年巡按陈世辅会同巡抚赵载题：将该省□收脚价一并解补甘肃，以济军储之用。尚书许赞复准。

十三年，巡抚王尧封题：将先年裁革镇守太监地一百一十四顷五十七亩零，并园圃菜地总科税粮二千四百六十二石一斗，折价解平凉府，供补韩府禄粮。尚书梁材复准。

二十一年，巡抚赵廷瑞题称：渭河沿边退滩地土，仍令各民领种，每亩起科三分，上纳边仓接济军饷。本部复准。

三十三年，巡抚王轮题称：该省岁运榆林镇税粮，凤翔府本色二分，折色八分；西安府本色四分，折色六分；延庆府本色三分，折色七分；汉中府等处照旧折色，各解运广盈仓，候秋冬间车运本镇。尚书夏邦谟复准。

万历二年，巡抚郜光先题：查勘陕西同州、朝邑县瘠薄沙田不堪耕种地土，同州堪种地一百五十顷九亩五分，朝邑县堪种地五十八顷四十八亩三分五厘，每亩纳粮二升五合，折银七厘三毫六丝。同州该银二百七十六两一钱一分零，朝邑县该银一百七两六钱零。其同州板地九十六顷一十八亩二厘，朝邑县堪种牧地三十三顷九十四亩五分三厘，每亩纳粮一升五合，每升折银七厘三毫六丝，同州该银一百六两一钱八分零，朝邑县该银三十七两四钱七分零，各照数征解，接补韩府禄粮，自万历二年于实征册内改正征解。尚书王国光复准。

六年，总督石茂华题称：先该巡按御史刘光国题平凉、延安二府属镇原、宜君、洛川三县地瘠赋重，要将额粮议减蠲削，加派西凤等府。今查勘得灵台等四州县凋敝与镇原无异，俱应并议除站价银两，通省酌派外，将折色粮银，镇原县减免二千七百七十五两，洛川县减免一千四百一十四两二钱五分，宜君县减免七百六十二两八钱，灵台县减免九百七十五两五钱二分，静宁州减免五百四十八两九钱，陇西县减免三百三十两，通渭县减免四百八十两，以上共免银七千二百八十六两六钱七分。查照仓口改正征纳，其免过粮银，准于存留余税银内，如数拨补各镇边饷支用。尚书殷正茂复准。

七年，郧阳巡抚杨俊民题：陕西商南县逃户遗产，尽为郧陕一带流民典买，粮未过割，差不承认，乞将流寓人户置有产业者，编入商南县里甲，认纳粮差，仍行原籍除名。其均徭银力二差，土著派六分，新民派四分，日久一概均摊。尚书张学颜复准。

臣等谨按：陕西岁额悉留本省为四藩五镇之费，民夙称困，其沿边一带故多土番土官之田，原与赡军养马，免令起科，久而诡托者众，往额遂失至十八万石有奇。岁报类云豁免，其实漫无可查。顷奉旨清丈，若田额得明，斯粮额可复，而荒芜者改辟，隐占者改正矣，守土者能毅然而持之久也，全陕其永赖哉。

## 《万历会计录》卷十　四川布政司田赋

甲表 29　　　　　　　　　　　　　　四川布政司田赋

| | 原额 | | 见额 |
|---|---|---|---|
| | 洪武年间 | 弘治年间 | 万历六年 |
| | （诸司职掌数） | （会典数） | （巡抚册报数） |
| 田土官民（亩） | 11203256.00 | 10786962.60[1] | 13482767.20[2] |
| 夏税 | | | |
| 麦（石） | 325550.00 | 309594.19[3] | |
| 米（石） | | | 309892.16[4] |
| 该省分派起运各仓米（石） | | | 272250.41 |
| 折布米（石） | | | 606.50 |
| 该布（匹） | | | 1213.00 |
| 荒丝米（石） | | | 6640.32 |
| 该丝（斤） | | | 6640.33 |
| 遇闰加丝（斤） | | | 553.48 |
| 存留各州县米（石） | | | 30394.92 |
| 荒丝（斤） | | 6333.19 | |
| 秋粮 | | | |
| 米（石） | 741278.00 | 717078.35[5] | 718652.96[6] |
| 起运贵州布政司米（石） | | | 50000.00 |
| 棉布（匹） | | | 60000.00 |
| 准米（石） | | | 30000.00 |
| 永宁卫仓折银米（石） | | | 5000.00 |
| 棉布（匹） | | | 80000.00 |
| 准米（石） | | | 40000.00 |
| 以上共起运米（石） | | | 125000.00 |
| 存留米（石） | | | 593652.96 |
| 内拨运湖广并本省各仓米（石） | | | 510729.06 |
| 折布米（石） | | | 9547.50 |
| 该布（匹） | | | 19095.00 |
| 实存留各州县米（石） | | | 73376.40 |
| 地亩棉花绒（斤）（存留） | | 72851.98 | 70389.00[7] |
| 差发马（匹） | | | 5.00[8] |
| 人户（户） | 215719.00 | 253803.00 | 262694.00 |
| 人口（口） | 1466778.00 | 2598460.00[9] | 3102073.00[1] |

[1]原书此处注：比洪武原额减 4162 顷 93 亩 3 分 4 厘零。
[2]原书此处注：比弘治增 26958 顷 4 亩 5 分 8 厘。
[3]原书此处注：比洪武原额减 15955.8 石。
[4]原书此处注：比弘治增 297.97 石，本部原派，存留本处备用。
[5]原书此处注：比洪武原额减 24199.64 石。
[6]原书此处注：比弘治增 1574.61 石。
[7]原书此处注：比弘治减 2462 斤 15 两 4 钱 8 分零，存留。
[8]原书此处注："系盐井卫征解，行都司骑操。"
[9]原书此处注：比洪武原额户增 38084，口增 1131682。

| 户口盐钞银（两） |  |  | 14684.27 |
| 遇闰加银（两）（存留） |  |  | 1223.68 |

[1]原书此处注：比弘治户增 8891，口增 503613。

## 甲表30　　四川布政司分府县田赋

| 成都府 | |
|---|---|
| 夏税 | |
| 米（石） | 48485.99 |
| 起运米（石） | 41321.37 |
| 荒丝米（石） | 755.18 |
| 折丝（斤） | 755.19 |
| 遇闰加丝（斤） | 62.93 |
| 存留米（石） | 6409.43 |
| 秋粮 | |
| 米（石） | 109768.19 |
| 起运米（石） | 93003.39 |
| 存留米（石） | 16764.80 |
| 地亩棉花绒（斤）（存留） | 12873.57 |
| 户口盐钞银（两） | 3075.33 |
| 遇闰加银（两）（存留） | 256.27 |

| 成都县 | |
|---|---|
| 夏税 | |
| 米（石） | 3149.61 |
| 起运米（石） | 3101.90 |
| 荒丝米（石） | 34.62 |
| 折丝（斤） | 34.63 |
| 遇闰加丝（斤） | 2.89 |
| 存留米（石） | 13.08 |
| 秋粮 | |
| 米（石） | 6770.91 |
| 起运米（石） | 6424.00 |
| 存留米（石） | 346.91 |
| 户口盐钞银（两） | 129.60 |
| 遇闰加银（两） | 10.80 |

| 华阳县 | |
|---|---|
| 夏税 | |
| 米（石） | 947.91 |
| 起运米（石） | 705.00 |
| 荒丝米（石） | 23.25 |
| 折丝（斤） | 23.25 |
| 遇闰加丝（斤） | 1.94 |
| 存留米（石） | 219.66 |
| 秋粮 | |
| 米（石） | 3810.08 |
| 起运米（石） | 3669.75 |
| 存留米（石） | 140.33 |
| 户口盐钞银（两） | 105.48 |

| | |
|---|---|
| 遇闰加银（两） | 8.79 |

| 双流县 | |
|---|---|
| 夏税 | |
| 米（石） | 1533.52 |
| 起运米（石） | 1420.11 |
| 荒丝米（石） | 21.41 |
| 折丝（斤） | 21.41 |
| 遇闰加丝（斤） | 1.78 |
| 存留米（石） | 92.00 |
| 秋粮 | |
| 米（石） | 3950.88 |
| 起运米（石） | 3527.88 |
| 存留米（石） | 423.00 |
| 户口盐钞银（两） | 86.65 |
| 遇闰加银（两） | 7.22 |

| 温江县 | |
|---|---|
| 夏税 | |
| 米（石） | 2595.62 |
| 起运米（石） | 2565.00 |
| 荒丝米（石） | 30.62 |
| 折丝（斤） | 30.63 |
| 遇闰加丝（斤） | 2.55 |
| 秋粮 | |
| 米（石） | 7143.19 |
| 起运米（石） | 6633.19 |
| 存留米（石） | 510.00 |
| 户口盐钞银（两） | 103.51 |
| 遇闰加银（两） | 8.62 |

| 新繁县 | |
|---|---|
| 夏税 | |
| 米（石） | 1701.79 |
| 起运米（石） | 1556.53 |
| 荒丝米（石） | 21.41 |
| 折丝（斤） | 21.41 |
| 遇闰加丝（斤） | 1.78 |
| 存留米（石） | 123.81 |
| 秋粮 | |
| 米（石） | 3896.35 |
| 起运米（石） | 3540.17 |
| 存留米（石） | 356.18 |
| 户口盐钞银（两） | 39.42 |
| 遇闰加银（两） | 3.28 |

| 金堂县 | |
|---|---|

| 夏税 | | 米（石） | 507.41 |
|---|---|---|---|
| 米（石） | 2231.72 | 起运米（石） | 420.00 |
| 起运米（石） | 1894.00 | 荒丝米（石） | 15.88 |
| 荒丝米（石） | 30.96 | 折丝（斤） | 15.88 |
| 折丝（斤） | 30.96 | 遇闰加丝（斤） | 1.32 |
| 遇闰加丝（斤） | 2.58 | 存留米（石） | 71.52 |
| 存留米（石） | 306.76 | 秋粮 | |
| 秋粮 | | 米（石） | 1431.13 |
| 米（石） | 3916.95 | 起运米（石） | 1052.65 |
| 起运米（石） | 3753.70 | 存留米（石） | 378.47 |
| 存留米（石） | 163.24 | 户口盐钞银（两） | 112.71 |
| 户口盐钞银（两） | 90.37 | 遇闰加银（两） | 9.39 |
| 遇闰加银（两） | 7.53 | **郫县** | |
| **仁寿县** | | 夏税 | |
| 夏税 | | 米（石） | 2648.80 |
| 米（石） | 2025.13 | 起运米（石） | 2571.30 |
| 起运米（石） | 1798.95 | 荒丝米（石） | 37.30 |
| 荒丝米（石） | 47.85 | 折丝（斤） | 37.30 |
| 折丝（斤） | 47.85 | 遇闰加丝（斤） | 3.11 |
| 遇闰加丝（斤） | 3.99 | 存留米（石） | 40.20 |
| 存留米（石） | 178.33 | 秋粮 | |
| 秋粮 | | 米（石） | 6295.26 |
| 米（石） | 4439.56 | 起运米（石） | 5855.47 |
| 起运米（石） | 4087.90 | 存留米（石） | 439.79 |
| 存留米（石） | 351.66 | 户口盐钞银（两） | 138.76 |
| 地亩棉花绒（斤） | 1456.83 | 遇闰加银（两） | 11.56 |
| 户口盐钞银（两） | 288.05 | **资县** | |
| 遇闰加银（两） | 24.00 | 夏税 | |
| **新都县** | | 米（石） | 1834.25 |
| 夏税 | | 起运米（石） | 1618.00 |
| 米（石） | 2844.37 | 荒丝米（石） | 49.56 |
| 起运米（石） | 2810.76 | 折丝（斤） | 49.56 |
| 荒丝米（石） | 33.61 | 遇闰加丝（斤） | 4.13 |
| 折丝（斤） | 33.61 | 存留米（石） | 166.69 |
| 遇闰加丝（斤） | 2.80 | 秋粮 | |
| 秋粮 | | 米（石） | 3565.12 |
| 米（石） | 5512.04 | 起运米（石） | 3216.81 |
| 起运米（石） | 5032.04 | 存留米（石） | 348.30 |
| 存留米（石） | 480.00 | 地亩棉花绒（斤） | 2669.18 |
| 户口盐钞银（两） | 50.70 | 户口盐钞银（两） | 90.97 |
| 遇闰加银（两） | 4.22 | 遇闰加银（两） | 7.58 |
| **井研县** | | **灌县** | |
| 夏税 | | 夏税 | |

| | |
|---|---|
| 米（石） | 2617.03 |
| 起运米（石） | 1980.00 |
| 荒丝米（石） | 26.05 |
| 折丝（斤） | 26.05 |
| 遇闰加丝（斤） | 2.17 |
| 存留米（石） | 610.98 |
| **秋粮** | |
| 米（石） | 6136.52 |
| 起运米（石） | 1187.50 |
| 存留米（石） | 4949.01 |
| 户口盐钞银（两） | 43.63 |
| 遇闰加银（两） | 3.63 |

| 彭县 | |
|---|---|
| **夏税** | |
| 米（石） | 2299.67 |
| 起运米（石） | 2095.00 |
| 荒丝米（石） | 25.62 |
| 折丝（斤） | 25.63 |
| 遇闰加丝（斤） | 2.14 |
| 存留米（石） | 179.05 |
| **秋粮** | |
| 米（石） | 4310.53 |
| 起运米（石） | 4009.59 |
| 存留米（石） | 300.94 |
| 户口盐钞银（两） | 95.61 |
| 遇闰加银（两） | 7.96 |

| 安县 | |
|---|---|
| **夏税** | |
| 米（石） | 1359.54 |
| 起运米（石） | 1093.59 |
| 荒丝米（石） | 15.95 |
| 折丝（斤） | 15.95 |
| 遇闰加丝（斤） | 1.33 |
| 存留米（石） | 250.00 |
| **秋粮** | |
| 米（石） | 2009.99 |
| 起运米（石） | 850.00 |
| 存留米（石） | 1159.99 |
| 户口盐钞银（两） | 40.10 |
| 遇闰加银（两） | 3.34 |

| 内江县 | |
|---|---|
| **夏税** | |
| 米（石） | 3301.88 |

| | |
|---|---|
| 起运米（石） | 2947.50 |
| 荒丝米（石） | 81.27 |
| 折丝（斤） | 81.28 |
| 遇闰加丝（斤） | 6.77 |
| 存留米（石） | 273.10 |
| **秋粮** | |
| 米（石） | 8008.04 |
| 起运米（石） | 7701.15 |
| 存留米（石） | 306.89 |
| 地亩棉花绒（斤） | 3706.93 |
| 户口盐钞银（两） | 155.80 |
| 遇闰加银（两） | 12.98 |

| 崇宁县 | |
|---|---|
| **夏税** | |
| 米（石） | 914.58 |
| 起运米（石） | 753.96 |
| 荒丝米（石） | 10.62 |
| 折丝（斤） | 10.63 |
| 遇闰加丝（斤） | 0.89 |
| 存留米（石） | 150.00 |
| **秋粮** | |
| 米（石） | 2034.79 |
| 起运米（石） | 1664.79 |
| 存留米（石） | 370.00 |
| 户口盐钞银（两） | 28.06 |
| 遇闰加银（两） | 2.33 |

| 资阳县 | |
|---|---|
| **夏税** | |
| 米（石） | 1710.65 |
| 起运米（石） | 1200.84 |
| 荒丝米（石） | 24.80 |
| 折丝（斤） | 24.81 |
| 遇闰加丝（斤） | 2.07 |
| 存留米（石） | 485.00 |
| **秋粮** | |
| 米（石）（起运） | 4166.30 |
| 地亩棉花绒（斤） | 2942.61 |
| 户口盐钞银（两） | 180.23 |
| 遇闰加银（两） | 15.01 |

| 简州 | |
|---|---|
| **夏税** | |
| 米（石） | 1663.32 |
| 起运米（石） | 1354.82 |

| | |
|---|---|
| 荒丝米（石） | 31.67 |
| 折丝（斤） | 31.68 |
| 遇闰加丝（斤） | 2.64 |
| 存留米（石） | 276.82 |
| **秋粮** | |
| 米（石） | 3565.26 |
| 起运米（石） | 3102.08 |
| 存留米（石） | 463.18 |
| 地亩棉花绒（斤） | 2098.04 |
| 户口盐钞银（两） | 287.29 |
| 遇闰加银（两） | 23.94 |
| **崇庆州** | |
| **夏税** | |
| 米（石） | 1790.08 |
| 起运米（石） | 1687.07 |
| 荒丝米（石） | 36.92 |
| 折丝（斤） | 36.93 |
| 遇闰加丝（斤） | 3.08 |
| 存留米（石） | 66.07 |
| **秋粮** | |
| 米（石） | 7191.00 |
| 起运米（石） | 6382.13 |
| 存留米（石） | 808.87 |
| 户口盐钞银（两） | 274.60 |
| 遇闰加银（两） | 22.88 |
| **新津县** | |
| **夏税** | |
| 米（石） | 1581.97 |
| 起运米（石） | 1481.56 |
| 荒丝米（石） | 26.75 |
| 折丝（斤） | 26.75 |
| 遇闰加丝（斤） | 2.23 |
| 存留米（石） | 73.66 |
| **秋粮** | |
| 米（石） | 3746.83 |
| 起运米（石） | 3328.50 |
| 存留米（石） | 418.33 |
| 户口盐钞银（两） | 74.97 |
| 遇闰加银（两） | 6.24 |
| **汉州** | |
| **夏税** | |
| 米（石） | 2495.67 |
| 起运米（石） | 1997.80 |

| | |
|---|---|
| 荒丝米（石） | 42.51 |
| 折丝（斤） | 42.51 |
| 遇闰加丝（斤） | 3.54 |
| 存留米（石） | 455.36 |
| **秋粮** | |
| 米（石） | 5380.67 |
| 起运米（石） | 4956.03 |
| 存留米（石） | 424.63 |
| 户口盐钞银（两） | 162.16 |
| 遇闰加银（两） | 13.51 |
| **什邡县** | |
| **夏税** | |
| 米（石） | 1001.79 |
| 起运米（石） | 685.39 |
| 荒丝米（石） | 15.95 |
| 折丝（斤） | 15.95 |
| 遇闰加丝（斤） | 1.33 |
| 存留米（石） | 300.45 |
| **秋粮** | |
| 米（石） | 2058.18 |
| 起运米（石） | 1905.41 |
| 存留米（石） | 152.76 |
| 户口盐钞银（两） | 57.15 |
| 遇闰加银（两） | 4.76 |
| **绵竹县** | |
| **夏税** | |
| 米（石） | 1745.77 |
| 起运米（石） | 1443.00 |
| 荒丝米（石） | 21.10 |
| 折丝（斤） | 21.10 |
| 遇闰加丝（斤） | 1.76 |
| 存留米（石） | 281.67 |
| **秋粮** | |
| 米（石） | 2748.14 |
| 起运米（石） | 2129.82 |
| 存留米（石） | 618.32 |
| 户口盐钞银（两） | 61.43 |
| 遇闰加银（两） | 5.11 |
| **德阳县** | |
| **夏税** | |
| 米（石） | 798.11 |
| 起运米（石） | 712.56 |
| 荒丝米（石） | 16.01 |

| | |
|---|---|
| 折丝（斤） | 16.01 |
| 遇闰加丝（斤） | 1.33 |
| 存留米（石） | 69.54 |
| **秋粮** | |
| 米（石） | 2452.94 |
| 起运米（石） | 2052.49 |
| 存留米（石） | 400.45 |
| 户口盐钞银（两） | 185.61 |
| 遇闰加银（两） | 15.46 |
| **绵州** | |
| **夏税** | |
| 米（石） | 644.71 |
| 起运米（石） | 427.90 |
| 荒丝米（石） | 10.67 |
| 折丝（斤） | 10.68 |
| 遇闰加丝（斤） | 0.89 |
| 存留米（石） | 206.14 |
| **秋粮** | |
| 米（石） | 852.04 |
| 起运米（石） | 578.18 |
| 存留米（石） | 273.85 |
| 户口盐钞银（两） | 74.01 |
| 遇闰加银（两） | 6.16 |
| **彰明县** | |
| **夏税** | |
| 米（石） | 678.41 |
| 起运米（石） | 619.33 |
| 荒丝米（石） | 15.88 |
| 折丝（斤） | 15.89 |
| 遇闰加丝（斤） | 1.32 |
| 存留米（石） | 43.19 |
| **秋粮** | |
| 米（石） | 1476.80 |
| 起运米（石） | 1100.00 |
| 存留米（石） | 376.80 |
| 户口盐钞银（两） | 37.90 |
| 遇闰加银（两） | 3.15 |
| **罗江县** | |
| **夏税** | |
| 米（石） | 465.23 |
| 起运米（石） | 379.44 |
| 荒丝米（石） | 6.86 |
| 折丝（斤） | 6.86 |

| | |
|---|---|
| 遇闰加丝（斤） | 0.57 |
| 存留米（石） | 78.92 |
| **秋粮** | |
| 米（石） | 681.07 |
| 起运米（石） | 300.00 |
| 存留米（石） | 381.07 |
| 户口盐钞银（两） | 77.77 |
| 遇闰加银（两） | 6.48 |
| **茂州** | |
| **夏税** | |
| 米（石）（存留） | 425.67 |
| **秋粮** | |
| 米（石）（存留） | 523.28 |
| **汶川县** | |
| **夏税** | |
| 米（石）（存留） | 137.91 |
| **秋粮** | |
| 米（石）（存留） | 143.16 |
| **威州** | |
| **夏税** | |
| 米（石）（存留） | 833.75 |
| **保县** | |
| **秋粮** | |
| 米（石）（存留） | 414.41 |
| **静州长官司** | |
| **秋粮** | |
| 米（石）（起运） | 283.83 |
| **岳溪蓬长官司** | |
| **秋粮** | |
| 米（石）（起运） | 184.78 |
| **陇木头长官司** | |
| **秋粮** | |
| 米（石）（起运） | 327.14 |
| **松潘卫** | |
| **秋粮** | |
| 米（石）（存留） | 136.37 |
| **叠溪千户所并所属叠溪爵即三长官司** | |
| **秋粮** | |
| 米（石）（存留） | 204.48 |
| **保宁府** | |
| **夏税** | |
| 米（石） | 9525.45 |
| 起运米（石） | 6754.94 |

| | | | | |
|---|---|---|---|---|
| 荒丝米（石） | 671.84 | 折丝（斤） | | 100.00 |
| 折丝（斤） | 671.84 | 遇闰加丝（斤） | | 8.33 |
| 遇闰加丝（斤） | 56.01 | 存留米（石） | | 168.41 |
| 存留米（石） | 2098.66 | **秋粮** | | |
| **秋粮** | | 米（石） | | 1516.18 |
| 米（石） | 9681.87 | 起运米（石） | | 1144.59 |
| 起运米（石） | 6642.71 | 存留米（石） | | 371.58 |
| 存留米（石） | 3039.15 | 户口盐钞银（两） | | 213.24 |
| 户口盐钞银（两） | 801.95 | 遇闰加银（两） | | 17.77 |
| 遇闰加银（两）（存留） | 66.82 | | **广元县** | |
| | **阆中县** | **夏税** | | |
| **夏税** | | 米（石） | | 369.47 |
| 米（石） | 1666.21 | 起运米（石） | | 200.00 |
| 起运米（石） | 1296.41 | 荒丝米（石） | | 30.00 |
| 荒丝米（石） | 110.00 | 折丝（斤） | | 30.00 |
| 折丝（斤） | 110.00 | 遇闰加丝（斤） | | 2.50 |
| 遇闰加丝（斤） | 9.17 | 存留米（石） | | 139.47 |
| 存留米（石） | 259.80 | **秋粮** | | |
| **秋粮** | | 米（石） | | 691.10 |
| 米（石） | 1147.80 | 起运米（石） | | 300.00 |
| 起运米（石） | 1047.60 | 存留米（石） | | 391.10 |
| 存留米（石） | 100.20 | 户口盐钞银（两） | | 8.98 |
| 户口盐钞银（两） | 69.08 | 遇闰加银（两） | | 0.74 |
| 遇闰加银（两） | 5.75 | | **昭化县** | |
| | **苍溪县** | **夏税** | | |
| **夏税** | | 米（石） | | 316.27 |
| 米（石） | 878.06 | 起运米（石） | | 85.00 |
| 起运米（石） | 470.32 | 荒丝米（石） | | 25.00 |
| 荒丝米（石） | 78.00 | 折丝（斤） | | 25.00 |
| 折丝（斤） | 78.00 | 遇闰加丝（斤） | | 2.08 |
| 遇闰加丝（斤） | 6.50 | 存留米（石） | | 206.27 |
| 存留米（石） | 329.73 | **秋粮** | | |
| **秋粮** | | 米（石） | | 530.44 |
| 米（石） | 935.46 | 起运米（石） | | 315.00 |
| 起运米（石） | 775.20 | 存留米（石） | | 215.44 |
| 存留米（石） | 160.26 | 户口盐钞银（两） | | 13.60 |
| 户口盐钞银（两） | 28.72 | 遇闰加银（两） | | 1.13 |
| 遇闰 加银（两） | 2.39 | | **巴州** | |
| | **南部县** | **夏税** | | |
| **夏税** | | 米（石） | | 2025.89 |
| 米（石） | 1577.75 | 起运米（石） | | 1630.70 |
| 起运米（石） | 1309.34 | 荒丝米（石） | | 151.00 |
| 荒丝米（石） | 100.00 | 折丝（斤） | | 151.00 |

| | |
|---|---|
| 遇闰加丝（斤） | 12.58 |
| 存留米（石） | 244.19 |

**秋粮**

| | |
|---|---|
| 米（石） | 2025.69 |
| 起运米（石） | 1557.89 |
| 存留米（石） | 467.80 |
| 户口盐钞银（两） | 144.18 |
| 遇闰加银（两） | 12.01 |

**通江县**

**夏税**

| | |
|---|---|
| 米（石） | 998.41 |
| 起运米（石） | 699.86 |
| 荒丝米（石） | 77.43 |
| 折丝（斤） | 77.44 |
| 遇闰加丝（斤） | 6.45 |
| 存留米（石） | 221.11 |

**秋粮**

| | |
|---|---|
| 米（石） | 719.94 |
| 起运米（石） | 451.05 |
| 存留米（石） | 268.88 |
| 户口盐钞银（两） | 132.96 |
| 遇闰加银（两） | 11.08 |

**南江县**

**夏税**

| | |
|---|---|
| 米（石） | 665.21 |
| 起运米（石） | 560.29 |
| 荒丝米（石） | 49.00 |
| 折丝（斤） | 49.00 |
| 遇闰加丝（斤） | 4.08 |
| 存留米（石） | 55.92 |

**秋粮**

| | |
|---|---|
| 米（石） | 702.44 |
| 起运米（石） | 320.36 |
| 存留米（石） | 382.08 |
| 户口盐钞银（两） | 43.66 |
| 遇闰加银（两） | 3.63 |

**剑州**

**夏税**

| | |
|---|---|
| 米（石） | 601.23 |
| 起运米（石） | 300.00 |
| 荒丝米（石） | 28.37 |
| 折丝（斤） | 28.38 |
| 遇闰加丝（斤） | 2.36 |

| | |
|---|---|
| 存留米（石） | 272.86 |

**秋粮**

| | |
|---|---|
| 米（石） | 686.79 |
| 起运米（石） | 300.00 |
| 存留米（石） | 386.79 |
| 户口盐钞银（两） | 102.51 |
| 遇闰加银（两） | 8.54 |

**梓潼县**

**夏税**

| | |
|---|---|
| 米（石） | 426.90 |
| 起运米（石） | 203.00 |
| 荒丝米（石） | 23.03 |
| 折丝（斤） | 23.03 |
| 遇闰加丝（斤） | 1.94 |
| 存留米（石） | 200.87 |

**秋粮**

| | |
|---|---|
| 米（石） | 725.99 |
| 起运米（石） | 431.00 |
| 存留米（石） | 294.99 |
| 户口盐钞银（两） | 44.98 |
| 遇闰加银（两） | 3.74 |

**顺庆府**

**夏税**

| | |
|---|---|
| 米（石） | 23356.53 |
| 起运米（石） | 21044.48 |
| 荒丝米（石） | 775.56 |
| 折丝（斤） | 775.56 |
| 遇闰加丝（斤） | 64.63 |
| 存留米（石） | 1536.48 |

**秋粮**

| | |
|---|---|
| 米（石） | 49122.77 |
| 起运米（石） | 41570.25 |
| 折布米（石） | 3699.00 |
| 该布（匹） | 7398.00 |
| 存留米（石） | 3853.51 |
| 地亩棉花绒（斤）（存留） | 3209.30 |
| 户口盐钞银（两） | 1147.91 |
| 遇闰加银（两）（存留） | 95.66 |

**南充县**

**夏税**

| | |
|---|---|
| 米（石） | 2315.15 |
| 起运米（石） | 2259.15 |
| 荒丝米（石） | 56.00 |

| | | | | |
|---|---|---|---|---|
| 折丝（斤） | 56.00 | 折丝（斤） | 21.00 |
| 遇闰加丝（斤） | 4.67 | 遇闰加丝（斤） | 1.75 |
| **秋粮** | | 存留米（石） | 142.36 |
| 米（石） | 2442.00 | **秋粮** | |
| 起运米（石） | 2082.00 | 米（石） | 1091.34 |
| 存留米（石） | 360.00 | 起运米（石） | 793.71 |
| 地亩棉花绒（斤） | 300.49 | 存留米（石） | 297.63 |
| 户口盐钞银（两） | 190.80 | 地亩棉花绒（斤） | 88.00 |
| 遇闰加银（两） | 15.90 | 户口盐钞银（两） | 26.06 |
| **西充县** | | 遇闰加银（两） | 2.17 |
| **夏税** | | **仪陇县** | |
| 米（石） | 3083.77 | **夏税** | |
| 起运米（石） | 3026.77 | 米（石） | 1658.14 |
| 荒丝米（石） | 57.00 | 起运米（石） | 1505.14 |
| 折丝（斤） | 57.00 | 荒丝米（石） | 43.00 |
| 遇闰加丝（斤） | 4.75 | 折丝（斤） | 43.00 |
| **秋粮** | | 遇闰加丝（斤） | 3.58 |
| 米（石） | 1554.87 | 存留米（石） | 110.00 |
| 起运米（石） | 1074.87 | **秋粮** | |
| 存留米（石） | 480.00 | 米（石） | 1563.48 |
| 地亩棉花绒（斤） | 30.75 | 起运米（石） | 1233.48 |
| 户口盐钞银（两） | 60.22 | 存留米（石） | 330.00 |
| 遇闰加银（两） | 5.01 | 地亩棉花绒（斤） | 112.00 |
| **蓬州** | | 户口盐钞银（两） | 65.86 |
| **夏税** | | 遇闰加银（两） | 5.48 |
| 米（石） | 704.71 | **广安州** | |
| 起运米（石） | 330.85 | **夏税** | |
| 荒丝米（石） | 28.00 | 米（石） | 4688.51 |
| 折丝（斤） | 28.00 | 起运米（石） | 4237.00 |
| 遇闰加丝（斤） | 2.33 | 荒丝米（石） | 166.00 |
| 存留米（石） | 345.85 | 折丝（斤） | 166.00 |
| **秋粮** | | 遇闰加丝（斤） | 13.21 |
| 米（石） | 1080.14 | 存留米（石） | 285.51 |
| 起运米（石） | 706.00 | **秋粮** | |
| 存留米（石） | 374.14 | 米（石） | 13061.46 |
| 地亩棉花绒（斤） | 70.38 | 起运米（石） | 11718.47 |
| 户口盐钞银（两） | 185.23 | 折布米（石） | 608.50 |
| 遇闰加银（两） | 15.43 | 该布（匹） | 1217.00 |
| **营山县** | | 存留米（石） | 734.48 |
| **夏税** | | 地亩棉花绒（斤） | 434.29 |
| 米（石） | 663.36 | 户口盐钞银（两） | 155.19 |
| 起运米（石） | 500.00 | 遇闰加银（两） | 12.93 |
| 荒丝米（石） | 21.00 | **渠县** | |

| 夏税 | |
|---|---|
| 米（石） | 1972.56 |
| 起运米（石） | 1907.00 |
| 荒丝米（石） | 65.56 |
| 折丝（斤） | 65.56 |
| 遇闰加丝（斤） | 5.46 |
| **秋粮** | |
| 米（石） | 4973.81 |
| 起运米（石） | 4179.31 |
| 折布米（石） | 314.50 |
| 该布（匹） | 629.00 |
| 存留米（石） | 480.00 |
| 地亩棉花绒（斤） | 1472.00 |
| 户口盐钞银（两） | 101.05 |
| 遇闰加银（两）[1] | 8.42 |

| 大竹县 | |
|---|---|
| **夏税** | |
| 米（石） | 2429.87 |
| 起运米（石） | 2014.00 |
| 荒丝米（石） | 115.00 |
| 折丝（斤） | 115.00 |
| 遇闰加丝（斤） | 9.58 |
| 存留米（石） | 300.87 |
| **秋粮** | |
| 米（石） | 5963.28 |
| 起运米（石） | 5364.16 |
| 折布米（石） | 440.00 |
| 该布（匹） | 880.00 |
| 存留米（石） | 159.12 |
| 地亩棉花绒（斤） | 142.33 |
| 户口盐钞银（两） | 93.99 |
| 遇闰加银（两） | 7.83 |

| 岳池县 | |
|---|---|
| **夏税** | |
| 米（石） | 3766.87 |
| 起运米（石） | 3306.00 |
| 荒丝米（石） | 109.00 |
| 折丝（斤） | 109.00 |
| 遇闰加丝（斤） | 9.08 |
| 存留米（石） | 351.87 |
| **秋粮** | |

| 米（石） | 10127.15 |
|---|---|
| 起运米（石） | 8229.02 |
| 折布米（石） | 1750.00 |
| 该布（匹） | 3500.00 |
| 存留米（石） | 148.12 |
| 地亩棉花绒（斤） | 442.71 |
| 户口盐钞银（两） | 165.74 |
| 遇闰加银（两） | 13.81 |

| 邻水县 | |
|---|---|
| **夏税** | |
| 米（石） | 2073.55 |
| 起运米（石） | 1958.55 |
| 荒丝米（石） | 115.00 |
| 折丝（斤） | 115.00 |
| 遇闰加丝（斤） | 9.58 |
| **秋粮** | |
| 米（石） | 7265.20 |
| 起运米（石） | 6189.20 |
| 折布米（石） | 586.00 |
| 该布（匹）[2] | 1172.00 |
| 存留米（石） | 490.00 |
| 地亩棉花绒（斤） | 116.35 |
| 户口盐钞银（两） | 103.73 |
| 遇闰加银（两） | 8.64 |

| 叙州府 | |
|---|---|
| **夏税** | |
| 米（石） | 32887.32 |
| 起运米（石） | 29616.52 |
| 荒丝米（石） | 756.50 |
| 折丝（斤） | 756.50 |
| 遇闰加丝（斤） | 63.04 |
| 存留米（石） | 2514.29 |
| **秋粮** | |
| 米（石） | 85542.13 |
| 起运米（石） | 67472.34 |
| 折布米（石） | 12197.50 |
| 该布（匹） | 24395.00 |
| 存留米（石） | 5872.29 |
| 地亩棉花绒（斤）（存留） | 7437.70 |
| 户口盐钞银（两）（存留） | 1643.68 |
| 遇闰加银（两）（存留） | 136.96 |

---

[1]原书此项数值部份残缺，依据顺庆府总数补齐。　　[2]原书此处为"该米"，误，今改为"该布"。

| 宜宾县 | |
|---|---|
| **夏税** | |
| 米（石） | 3940.34 |
| 起运米（石） | 3836.21 |
| 荒丝米（石） | 104.12 |
| 折丝（斤） | 104.13 |
| 遇闰加丝（斤） | 8.68 |
| **秋粮** | |
| 米（石） | 8214.41 |
| 起运米（石） | 7854.41 |
| 存留米（石） | 360.00 |
| 地亩棉花绒（斤） | 881.48 |
| 户口盐钞银（两） | 60.10 |
| 遇闰加银（两） | 5.00 |
| **庆符县** | |
| **夏税** | |
| 米（石） | 2635.18 |
| 起运米（石） | 2609.68 |
| 荒丝米（石） | 25.50 |
| 折丝（斤） | 25.50 |
| 遇闰加丝（斤） | 2.13 |
| **秋粮** | |
| 米（石） | 2622.00 |
| 起运米（石） | 2150.00 |
| 存留米（石） | 472.00 |
| 地亩棉花绒（斤） | 267.89 |
| 户口盐钞银（两） | 15.51 |
| 遇闰加银（两） | 0.87 |
| **富顺县** | |
| **夏税** | |
| 米（石） | 14846.89 |
| 起运米（石） | 14388.58 |
| 荒丝米（石） | 458.31 |
| 折丝（斤） | 458.31 |
| 遇闰加丝（斤） | 38.19 |
| **秋粮** | |
| 米（石） | 33170.78 |
| 起运米（石） | 26287.78 |
| 折布米（石） | 6223.00 |
| 该布（匹） | 12446.00 |
| 存留米（石） | 660.00 |
| 地亩棉花绒（斤） | 3512.63 |
| 户口盐钞银（两） | 1235.30 |

| | |
|---|---|
| 遇闰加银（两） | 102.94 |
| **南溪县** | |
| **夏税** | |
| 米（石） | 4080.58 |
| 起运米（石） | 3991.95 |
| 荒丝米（石） | 88.62 |
| 折丝（斤） | 88.63 |
| 遇闰加丝（斤） | 7.39 |
| **秋粮** | |
| 米（石） | 9477.32 |
| 起运米（石） | 8942.32 |
| 存留米（石） | 535.00 |
| 地亩棉花绒（斤） | 614.68 |
| 户口盐钞银（两） | 165.09 |
| 遇闰加银（两） | 13.75 |
| **长宁县** | |
| **夏税** | |
| 米（石） | 1761.18 |
| 起运米（石） | 1700.68 |
| 荒丝米（石） | 60.50 |
| 折丝（斤） | 60.50 |
| 遇闰加丝（斤） | 5.04 |
| **秋粮** | |
| 米（石） | 7275.00 |
| 起运米（石） | 2678.00 |
| 折布米（石） | 4110.00 |
| 该布（匹） | 8220.00 |
| 存留米（石） | 487.00 |
| 地亩棉花绒（斤） | 288.36 |
| 户口盐钞银（两） | 15.85 |
| 遇闰加银（两） | 1.32 |
| **高县** | |
| **夏税** | |
| 米（石） | 978.49 |
| 起运米（石） | 58.08 |
| 存留米（石） | 920.41 |
| **秋粮** | |
| 米（石）（起运） | 2858.91 |
| 户口盐钞银（两）（存留） | 29.79 |
| 遇闰加银（两）（存留） | 2.48 |
| **筠连县** | |
| **夏税** | |
| 米（石）（存留） | 605.53 |

| | |
|---|---|
| **秋粮** | |
| 米（石）（存留） | 801.81 |
| 户口盐钞银（两） | 3.69 |
| 遇闰加银（两） | 0.30 |
| **珙县** | |
| **夏税** | |
| 米（石）（存留） | 421.63 |
| **秋粮** | |
| 米（石） | 1212.35 |
| 户口盐钞银（两） | 2.88 |
| 遇闰加银（两） | 0.24 |
| **兴文县** | |
| **夏税** | |
| 米（石） | 615.23 |
| 起运米（石） | 161.38 |
| 存留米（石） | 453.85 |
| **秋粮** | |
| 米（石） | 1401.91 |
| 起运米（石） | 407.80 |
| 存留米（石） | 994.11 |
| 户口盐钞银（两） | 2.73 |
| 遇闰加银（两） | 0.22 |
| **隆昌县** | |
| **夏税** | |
| 米（石） | 3002.22 |
| 起运米（石） | 2869.92 |
| 荒丝米（石） | 19.44 |
| 折丝（斤） | 19.44 |
| 遇闰加丝（斤） | 1.62 |
| 存留米（石） | 112.86 |
| **秋粮** | |
| 米（石） | 18507.60 |
| 起运米（石） | 16293.10 |
| 折布米（石） | 1864.50 |
| 该布（匹） | 3729.00 |
| 存留米（石） | 350.00 |
| 地亩棉花绒（斤） | 1872.66 |
| 户口盐钞银（两） | 117.72 |
| 遇闰加银（两） | 9.81 |
| **重庆府** | |
| **夏税** | |
| 米（石） | 109833.22 |
| 起运米（石） | 102660.63 |

| | |
|---|---|
| 折布米（石） | 606.50 |
| 该布（匹） | 1213.00 |
| 荒丝米（石） | 1340.43 |
| 折丝（斤） | 1340.43 |
| 遇闰加丝（斤） | 111.70 |
| 存留米（石） | 5225.66 |
| **秋粮** | |
| 米（石） | 248021.41 |
| 起运米（石） | 175196.28 |
| 折布米（石） | 62740.50 |
| 该布（匹） | 125481.00 |
| 存留米（石） | 10084.62 |
| 地亩棉花绒（斤）（存留） | 25071.34 |
| 户口盐钞银（两） | 3279.13 |
| 遇闰加银（两）（存留） | 273.26 |
| **巴县** | |
| **夏税** | |
| 米（石） | 17044.48 |
| 起运米（石） | 16700.02 |
| 荒丝米（石） | 248.96 |
| 折丝（斤） | 248.97 |
| 遇闰加丝（斤） | 20.75 |
| 存留米（石） | 95.50 |
| **秋粮** | |
| 米（石） | 43262.81 |
| 起运米（石） | 23306.81 |
| 折布米（石） | 19251.50 |
| 该布（匹） | 38503.00 |
| 存留米（石） | 704.50 |
| 地亩棉花绒（斤） | 1959.82 |
| 户口盐钞银（两） | 695.97 |
| 遇闰加银（两） | 57.99 |
| **江津县** | |
| **夏税** | |
| 米（石） | 10205.40 |
| 起运米（石） | 9783.90 |
| 荒丝米（石） | 141.50 |
| 折丝（斤） | 141.50 |
| 遇闰加丝（斤） | 11.79 |
| 存留米（石） | 280.00 |
| **秋粮** | |
| 米（石） | 24963.67 |
| 起运米（石） | 10324.17 |

| | |
|---|---|
| 折布米（石） | 14279.50 |
| 该布（匹） | 28559.00 |
| 存留米（石） | 360.00 |
| 地亩棉花绒（斤） | 712.39 |
| 户口盐钞银（两） | 162.18 |
| 遇闰加银（两） | 13.51 |

| 长寿县 | |
|---|---|
| **夏税** | |
| 米（石） | 7109.70 |
| 起运米（石） | 6942.39 |
| 荒丝米（石） | 102.00 |
| 折丝（斤） | 102.00 |
| 遇闰加丝（斤） | 8.50 |
| 存留米（石） | 65.30 |
| **秋粮** | |
| 米（石） | 22912.48 |
| 起运米（石） | 22427.79 |
| 存留米（石） | 484.69 |
| 地亩棉花绒（斤） | 1820.00 |
| 户口盐钞银（两） | 132.44 |
| 遇闰加银（两） | 11.03 |

| 大足县 | |
|---|---|
| **夏税** | |
| 米（石） | 11399.04 |
| 起运米（石） | 10946.30 |
| 荒丝米（石） | 139.06 |
| 折丝（斤） | 139.06 |
| 遇闰加丝（斤） | 11.59 |
| 存留米（石） | 313.67 |
| **秋粮** | |
| 米（石） | 21251.36 |
| 起运米（石） | 18097.53 |
| 折布米（石） | 2927.50 |
| 该布（匹） | 5855.00 |
| 存留米（石） | 226.32 |
| 地亩棉花绒（斤） | 4403.94 |
| 户口盐钞银（两） | 428.40 |
| 遇闰加银（两） | 35.70 |

| 永川县 | |
|---|---|
| **夏税** | |
| 米（石） | 12347.37 |
| 起运米（石） | 11900.00 |
| 荒丝米（石） | 93.43 |

| | |
|---|---|
| 折丝（斤） | 93.44 |
| 遇闰加丝（斤） | 7.79 |
| 存留米（石） | 353.94 |
| **秋粮** | |
| 米（石） | 23260.66 |
| 起运米（石） | 16236.10 |
| 折布米（石） | 6848.50 |
| 该布（匹） | 13697.00 |
| 存留米（石） | 176.06 |
| 地亩棉花绒（斤） | 2778.14 |
| 户口盐钞银（两） | 258.39 |
| 遇闰加银（两） | 21.53 |

| 荣昌县 | |
|---|---|
| **夏税** | |
| 米（石） | 8985.06 |
| 起运米（石） | 8500.57 |
| 荒丝米（石） | 82.56 |
| 折丝（斤） | 82.56 |
| 遇闰加丝（斤） | 6.88 |
| 存留米（石） | 401.92 |
| **秋粮** | |
| 米（石） | 11385.50 |
| 起运米（石） | 7527.29 |
| 折布米（石） | 3833.00 |
| 该布（匹） | 7666.00 |
| 存留米（石） | 25.21 |
| 地亩棉花绒（斤） | 2240.54 |
| 户口盐钞银（两） | 242.83 |
| 遇闰加银（两） | 20.23 |

| 綦江县 | |
|---|---|
| **夏税** | |
| 米（石） | 908.04 |
| 起运米（石） | 400.00 |
| 荒丝米（石） | 11.06 |
| 折丝（斤） | 11.06 |
| 遇闰加丝（斤） | 0.92 |
| 存留米（石） | 496.98 |
| **秋粮** | |
| 米（石） | 2033.42 |
| 起运米（石） | 1810.41 |
| 折布米（石） | 200.00 |
| 该布（匹） | 400.00 |
| 存留米（石） | 23.01 |

| | |
|---|---|
| 地亩棉花绒（斤） | 248.51 |
| 户口盐钞银（两） | 16.84 |
| 遇闰加银（两） | 1.40 |
| **南川县** | |
| **夏税** | |
| 米（石） | 1304.36 |
| 起运米（石） | 1216.00 |
| 荒丝米（石） | 10.37 |
| 折丝（斤） | 10.38 |
| 遇闰加丝（斤） | 0.86 |
| 存留米（石） | 77.98 |
| **秋粮** | |
| 米（石） | 3451.36 |
| 起运米（石） | 3049.35 |
| 存留米（石） | 402.01 |
| 地亩棉花绒（斤） | 310.64 |
| 户口盐钞银（两） | 59.95 |
| 遇闰加银（两） | 4.99 |
| **黔江县** | |
| **夏税** | |
| 米（石）（存留） | 350.00 |
| **秋粮** | |
| 米（石）（存留） | 39.54 |
| 户口盐钞银（两）（存留） | 12.99 |
| 遇闰加银（两）（存留） | 1.08 |
| **安居县** | |
| **夏税** | |
| 米（石） | 1391.12 |
| 起运米（石） | 1115.70 |
| 荒丝米（石） | 21.19 |
| 折丝（斤） | 21.18 |
| 遇闰加丝（斤） | 1.77 |
| 存留米（石） | 254.23 |
| **秋粮** | |
| 米（石） | 3561.61 |
| 起运米（石） | 2533.66 |
| 折布米（石） | 802.00 |
| 该布（匹） | 1604.00 |
| 存留米（石） | 225.94 |
| 地亩棉花绒（斤） | 645.93 |
| 户口盐钞银（两） | 144.63 |
| 遇闰加银（两） | 12.05 |
| **璧山县** | |

| | |
|---|---|
| **夏税** | |
| 米（石） | 6576.54 |
| 起运米（石） | 6050.00 |
| 荒丝米（石） | 70.03 |
| 折丝（斤） | 70.03 |
| 遇闰加丝（斤） | 5.84 |
| 存留米（石） | 456.51 |
| **秋粮** | |
| 米（石） | 13099.81 |
| 起运米（石） | 7518.32 |
| 折布米（石） | 5548.00 |
| 该布（匹） | 11096.00 |
| 存留米（石） | 33.48 |
| 地亩棉花绒（斤） | 950.29 |
| 户口盐钞银（两） | 120.24 |
| 遇闰加银（两） | 10.02 |
| **合州** | |
| **夏税** | |
| 米（石） | 7650.97 |
| 起运米（石） | 7395.52 |
| 荒丝米（石） | 151.37 |
| 折丝（斤） | 151.38 |
| 遇闰加丝（斤） | 12.62 |
| 存留米（石） | 104.07 |
| **秋粮** | |
| 米（石） | 20278.21 |
| 起运米（石） | 14529.28 |
| 折布米（石） | 5093.00 |
| 该布（匹） | 10186.00 |
| 存留米（石） | 655.93 |
| 地亩棉花绒（斤） | 3135.78 |
| 户口盐钞银（两） | 448.30 |
| 遇闰加银（两） | 37.35 |
| **铜梁县** | |
| **夏税** | |
| 米（石） | 7498.85 |
| 起运米（石） | 7190.00 |
| 荒丝米（石） | 100.00 |
| 折丝（斤） | 100.00 |
| 遇闰加丝（斤） | 8.33 |
| 存留米（石） | 208.85 |
| **秋粮** | |
| 米（石） | 14782.72 |

| | |
|---|---|
| 起运米（石） | 10774.08 |
| 折布米（石） | 3677.50 |
| 该布（匹） | 7355.00 |
| 存留米（石） | 331.14 |
| 地亩棉花绒（斤） | 1727.89 |
| 户口盐钞银（两） | 104.40 |
| 遇闰加银（两） | 8.70 |

| 定远县 | |
|---|---|
| **夏税** | |
| 米（石） | 2351.67 |
| 起运米（石） | 1230.52 |
| 荒丝米（石） | 35.87 |
| 折丝（斤） | 35.88 |
| 遇闰加丝（斤） | 2.99 |
| 折布米（石） | 606.50 |
| 该布（匹） | 1213.00 |
| 存留米（石） | 478.77 |
| **秋粮** | |
| 米（石） | 5785.90 |
| 起运米（石） | 5474.68 |
| 折布米（石） | 280.00 |
| 该布（匹） | 560.00 |
| 存留米（石） | 31.22 |
| 地亩棉花绒（斤） | 1332.60 |
| 户口盐钞银（两） | 198.43 |
| 遇闰加银（两） | 16.53 |

| 忠州 | |
|---|---|
| **夏税** | |
| 米（石） | 1091.92 |
| 起运米（石） | 776.00 |
| 荒丝米（石） | 20.12 |
| 折丝（斤） | 20.13 |
| 遇闰加丝（斤） | 1.68 |
| 存留米（石） | 295.80 |
| **秋粮** | |
| 米（石） | 2785.20 |
| 起运米（石） | 1541.00 |
| 存留米（石） | 1244.20 |
| 地亩棉花绒（斤） | 142.38 |
| 户口盐钞银（两） | 42.94 |
| 遇闰加银（两） | 3.57 |

| 丰都县 | |
|---|---|
| **夏税** | |

| | |
|---|---|
| 米（石） | 1296.38 |
| 起运米（石） | 1022.01 |
| 荒丝米（石） | 14.37 |
| 折丝（斤） | 14.38 |
| 遇闰加丝（斤） | 1.20 |
| 存留米（石） | 260.00 |
| **秋粮** | |
| 米（石） | 1168.50 |
| 起运米（石） | 998.50 |
| 存留米（石） | 170.00 |
| 地亩棉花绒（斤） | 38.79 |
| 户口盐钞银（两） | 34.05 |
| 遇闰加银（两） | 2.83 |

| 垫江县 | |
|---|---|
| **夏税** | |
| 米（石） | 4250.72 |
| 起运米（石） | 4217.59 |
| 荒丝米（石） | 33.13 |
| 折丝（斤） | 33.14 |
| 遇闰加丝（斤） | 2.76 |
| **秋粮** | |
| 米（石） | 10348.91 |
| 起运米（石） | 9848.91 |
| 存留米（石） | 500.00 |
| 地亩棉花绒（斤） | 1811.50 |
| 户口盐钞银（两） | 98.94 |
| 遇闰加银（两） | 8.24 |

| 涪州 | |
|---|---|
| **夏税** | |
| 米（石） | 5015.12 |
| 起运米（石） | 4739.72 |
| 荒丝米（石） | 50.18 |
| 折丝（斤） | 50.19 |
| 遇闰加丝（斤） | 4.18 |
| 存留米（石） | 225.22 |
| **秋粮** | |
| 米（石） | 9876.38 |
| 起运米（石） | 9299.86 |
| 存留米（石） | 576.51 |
| 地亩棉花绒（斤） | 635.73 |
| 户口盐钞银（两） | 29.98 |
| 遇闰加银（两） | 2.49 |

| 武隆县 | |
|---|---|

| | | | |
|---|---|---|---|
| **夏税** | | 米（石）（起运） | 11.12 |
| 米（石）（存留） | 267.29 | **秋粮** | |
| **秋粮** | | 米（石）（起运） | 677.19 |
| 米（石） | 548.99 | **余庆长官司** | |
| 起运米（石） | 416.28 | **秋粮** | |
| 存留米（石） | 132.70 | 米（石）（起运） | 230.72 |
| 地亩棉花绒（斤） | 89.52 | **白泥长官司** | |
| 户口盐钞银（两） | 8.01 | **夏税** | |
| 遇闰加银（两） | 0.66 | 米（石）（起运） | 65.82 |
| **彭水县** | | **秋粮** | |
| **夏税** | | 米（石）（存留） | 412.56 |
| 米（石） | 714.14 | **容山长官司** | |
| 起运米（石） | 459.40 | **夏税** | |
| 荒丝米（石） | 15.17 | 米（石） | 12.45 |
| 折丝（斤） | 15.17 | **秋粮** | |
| 遇闰加丝（斤） | 1.26 | 米（石）（存留） | 101.83 |
| 存留米（石） | 239.57 | **真州长官司** | |
| **秋粮** | | **夏税** | |
| 米（石） | 1076.00 | 米（石）（起运） | 57.64 |
| 起运米（石） | 892.33 | **秋粮** | |
| 存留米（石） | 183.67 | 米（石）（存留） | 353.80 |
| 地亩棉花绒（斤） | 86.94 | **重安长官司** | |
| 户口盐钞银（两） | 39.15 | **夏税** | |
| 遇闰加银（两） | 3.26 | 米（石）（起运） | 4.50 |
| **播州宣慰司** | | **秋粮** | |
| **夏税** | | 米（石） | 181.30 |
| 米（石）（起运） | 424.13 | **酉阳宣抚司** | |
| **秋粮** | | **秋粮** | |
| 米（石） | 4393.72 | 米（石）（起运） | 816.13 |
| 起运米（石） | 1984.79 | **邑梅洞长官司** | |
| 存留米（石） | 2408.92 | **秋粮** | |
| **播州长官司** | | 米（石）（起运） | 47.80 |
| **夏税** | | **平茶洞长官司** | |
| 米（石）（起运） | 907.44 | **秋粮** | |
| **秋粮** | | 米（石）（起运） | 250.00 |
| 米（石）（起运） | 4500.68 | **天坝于等寨** | |
| **黄平安抚司** | | **秋粮** | |
| **夏税** | | 米（石）（起运） | 82.50 |
| 米（石）（起运） | 591.85 | **夔州府** | |
| **秋粮** | | **夏税** | |
| 米（石）（存留） | 100.00 | 米（石） | 8760.12 |
| **草塘安抚司** | | 起运米（石） | 7029.60 |
| **夏税** | | 荒丝米（石） | 330.77 |

| | |
|---|---|
| 折丝（斤） | 330.77 |
| 遇闰加丝（斤） | 27.63 |
| 存留米（石） | 1399.74 |
| **秋粮** | |
| 米（石） | 21805.27 |
| 起运米（石） | 16652.09 |
| 存留米（石） | 5153.17 |
| 地亩棉花绒（斤）（存留） | 1254.13 |
| 户口盐钞银（两） | 588.45 |
| 遇闰加银（两）（存留） | 49.03 |

### 奉节县

| | |
|---|---|
| **夏税** | |
| 米（石） | 1359.81 |
| 起运米（石） | 1347.13 |
| 荒丝米（石） | 6.00 |
| 折丝（斤） | 6.00 |
| 遇闰加丝（斤） | 0.50 |
| 存留米（石） | 6.68 |
| **秋粮** | |
| 米（石） | 365.31 |
| 起运米（石） | 250.00 |
| 存留米（石） | 115.31 |
| 户口盐钞银（两） | 33.73 |
| 遇闰加银（两） | 2.81 |

### 巫山县

| | |
|---|---|
| **夏税** | |
| 米（石） | 476.03 |
| 起运米（石） | 333.97 |
| 荒丝米（石） | 12.00 |
| 折丝（斤） | 12.00 |
| 遇闰加丝（斤） | 1.00 |
| 存留米（石） | 130.05 |
| **秋粮** | |
| 米（石） | 888.94 |
| 起运米（石） | 539.00 |
| 存留米（石） | 349.94 |
| 户口盐钞银（两） | 43.83 |
| 遇闰加银（两） | 3.65 |

### 大昌县

| | |
|---|---|
| **夏税** | |
| 米（石） | 175.68 |
| 起运米（石） | 84.90 |
| 荒丝米（石） | 6.00 |

| | |
|---|---|
| 折丝（斤） | 6.00 |
| 遇闰加丝（斤） | 0.50 |
| 存留米（石） | 84.77 |
| **秋粮** | |
| 米（石）（存留） | 365.22 |
| 户口盐钞银（两） | 15.62 |
| 遇闰加银（两） | 1.30 |

### 云阳县

| | |
|---|---|
| **夏税** | |
| 米（石） | 556.15 |
| 起运米（石） | 242.00 |
| 荒丝米（石） | 53.00 |
| 折丝（斤） | 53.00 |
| 遇闰加丝（斤） | 4.42 |
| 存留米（石） | 261.15 |
| **秋粮** | |
| 米（石） | 1553.86 |
| 起运米（石） | 1255.01 |
| 存留米（石） | 298.84 |
| 户口盐钞银（两） | 85.60 |
| 遇闰加银（两） | 7.13 |

### 大宁县

| | |
|---|---|
| **夏税** | |
| 米（石） | 542.22 |
| 起运米（石） | 417.22 |
| 荒丝米（石） | 25.00 |
| 折丝（斤） | 25.00 |
| 遇闰加丝（斤） | 2.08 |
| 存留米（石） | 100.00 |
| **秋粮** | |
| 米（石） | 904.12 |
| 起运米（石） | 554.12 |
| 存留米（石） | 350.00 |
| 户口盐钞银（两） | 25.18 |
| 遇闰加银（两） | 2.09 |

### 万县

| | |
|---|---|
| **夏税** | |
| 米（石） | 561.89 |
| 起运米（石） | 317.69 |
| 荒丝米（石） | 22.12 |
| 折丝（斤） | 22.13 |
| 遇闰加丝（斤） | 1.83 |
| 存留米（石） | 222.07 |

| | |
|---|---|
| 秋粮 | |
| 米（石） | 1866.92 |
| 起运米（石） | 1508.00 |
| 存留米（石） | 358.92 |
| 户口盐钞银（两） | 70.34 |
| 遇闰加银（两） | 5.86 |

| 米（石） | 4680.80 |
|---|---|
| 起运米（石） | 4200.80 |
| 存留米（石） | 480.00 |
| 地亩棉花绒（斤） | 438.25 |
| 户口盐钞银（两） | 97.20 |
| 遇闰加银（两） | 8.10 |

| 开县 | |
|---|---|
| 夏税 | |
| 米（石） | 1213.22 |
| 起运米（石） | 1104.88 |
| 荒丝米（石） | 18.00 |
| 折丝（斤） | 18.00 |
| 遇闰加丝（斤） | 1.50 |
| 存留米（石） | 90.33 |
| 秋粮 | |
| 米（石） | 2782.66 |
| 起运米（石） | 2423.00 |
| 存留米（石） | 359.66 |
| 地亩棉花绒（斤） | 655.84 |
| 户口盐钞银（两） | 53.64 |
| 遇闰加银（两） | 4.47 |

| 建始县 | |
|---|---|
| 夏税 | |
| 米（石） | 480.32 |
| 起运米（石） | 370.25 |
| 荒丝米（石） | 19.93 |
| 折丝（斤） | 19.94 |
| 遇闰加丝（斤） | 1.66 |
| 存留米（石） | 90.12 |
| 秋粮 | |
| 米（石） | 1623.87 |
| 起运米（石） | 1264.00 |
| 存留米（石） | 359.87 |
| 地亩棉花绒（斤） | 21.00 |
| 户口盐钞银（两） | 47.93 |
| 遇闰加银（两） | 3.99 |

| 新宁县 | |
|---|---|
| 夏税 | |
| 米（石） | 866.06 |
| 起运米（石） | 822.06 |
| 荒丝米（石） | 44.00 |
| 折丝（斤） | 44.00 |
| 遇闰加丝（斤） | 3.67 |
| 秋粮 | |
| 米（石） | 2729.22 |
| 起运米（石） | 2279.22 |
| 存留米（石） | 450.00 |
| 地亩棉花绒（斤） | 99.47 |
| 户口盐钞银（两） | 39.87 |
| 遇闰加银（两） | 3.32 |

| 达州 | |
|---|---|
| 夏税 | |
| 米（石） | 842.77 |
| 起运米（石） | 619.00 |
| 荒丝米（石） | 42.15 |
| 折丝（斤） | 42.16 |
| 遇闰加丝（斤） | 3.51 |
| 存留米（石） | 181.62 |
| 秋粮 | |
| 米（石） | 2635.59 |
| 起运米（石） | 1597.21 |
| 存留米（石） | 1038.37 |
| 地亩棉花绒（斤） | 27.20 |
| 户口盐钞银（两） | 47.88 |
| 遇闰加银（两） | 3.99 |

| 梁山县 | |
|---|---|
| 夏税 | |
| 米（石） | 1390.12 |
| 起运米（石） | 1331.12 |
| 荒丝米（石） | 59.00 |
| 折丝（斤） | 59.00 |
| 遇闰加丝（斤） | 4.98 |
| 秋粮 | |

| 东乡县 | |
|---|---|
| 夏税 | |
| 米（石） | 176.35 |
| 起运米（石） | 16.65 |
| 荒丝米（石） | 18.73 |
| 折丝（斤） | 18.73 |
| 遇闰加丝（斤） | 1.56 |

| | | | |
|---|---|---|---|
| 存留米（石） | 140.97 | 米（石） | 107.75 |
| **秋粮** | | **秋粮** | |
| 米（石） | 1070.13 | 米（石） | 290.01 |
| 起运米（石） | 761.11 | **蛮夷长官司** | |
| 存留米（石） | 309.02 | **夏税** | |
| 地亩棉花绒（斤） | 12.38 | 米（石） | 40.82 |
| 户口盐钞银（两） | 22.50 | **秋粮** | |
| 遇闰加银（两） | 1.87 | 米（石） | 119.85 |
| **太平县** | | **沐川长官司** | |
| **夏税** | | **夏税** | |
| 米（石） | 96.76 | 米（石） | 530.59 |
| 荒丝米（石） | 4.82 | **秋粮** | |
| 折丝（斤） | 4.82 | 米（石） | 1230.34 |
| 遇闰加丝（斤） | 0.41 | **龙安府** | |
| 存留米（石） | 91.94 | **夏税** | |
| **秋粮** | | 米（石） | 2214.72 |
| 米（石） | 237.56 | 起运米（石） | 792.76 |
| 起运米（石） | 20.59 | 荒丝米（石） | 45.85 |
| 存留米（石） | 216.97 | 折丝（斤） | 45.85 |
| 户口盐钞银（两） | 5.11 | 遇闰加丝（斤） | 3.81 |
| 遇闰加银（两） | 0.42 | 存留米（石） | 1376.11 |
| **石柱宣抚司** | | **秋粮** | |
| **夏税** | | 米（石） | 7013.17 |
| 米（石）（起运） | 22.68 | 起运米（石） | 1316.89 |
| **秋粮** | | 存留米（石） | 5696.28 |
| 米（石）（存留） | 101.00 | 户口盐钞银（两） | 295.90 |
| **马湖府** | | 遇闰加银（两）（存留） | 24.65 |
| **夏税** | | **本府** | |
| 米（石）（存留） | 833.12 | **夏税** | |
| **秋粮** | | 米（石）（存留） | 890.00 |
| 米（石）（存留） | 2102.98 | **秋粮** | |
| **本府亲管雷坡县并宁戎巡检司** | | 米（石）（存留） | 5362.23 |
| **夏税** | | 户口盐钞银（两） | 165.51 |
| 米（石） | 1.09 | 遇闰加银（两） | 13.79 |
| **秋粮** | | **江油县** | |
| 米（石） | 57.54 | **夏税** | |
| **泥溪长官司** | | 米（石） | 657.70 |
| **夏税** | | 起运米（石） | 477.76 |
| 米（石） | 152.85 | 荒丝米（石） | 28.37 |
| **秋粮** | | 折丝（斤） | 28.38 |
| 米（石） | 405.21 | 遇闰加丝（斤） | 2.36 |
| **平夷长官司** | | 存留米（石） | 151.57 |
| **夏税** | | **秋粮** | |

| | | | | |
|---|---|---|---|
| 米（石） | 876.07 | 遇闰加丝（斤） | 48.44 |
| 起运米（石） | 842.03 | 存留米（石） | 1991.16 |
| 存留米（石） | 34.04 | **秋粮** | |
| 户口盐钞银（两） | 130.39 | 米（石） | 15878.73 |
| 遇闰加银（两） | 10.86 | 起运米（石） | 12750.89 |
| **石泉县** | | 折布米（石） | 910.50 |
| **夏税** | | 该布（匹） | 1821.00 |
| 米（石） | 667.01 | 存留米（石） | 2217.33 |
| 起运米（石） | 315.00 | 地亩棉花绒（斤）（存留） | 2870.70 |
| 荒丝米（石） | 17.47 | 户口盐钞银（两） | 1288.96 |
| 折丝（斤） | 17.48 | 遇闰加银（两）（存留） | 107.41 |
| 遇闰加丝（斤） | 1.46 | **本州** | |
| 存留米（石） | 334.54 | **夏税** | |
| **秋粮** | | 米（石） | 1008.56 |
| 米（石） | 774.86 | 起运米（石） | 788.00 |
| 起运米（石） | 474.86 | 荒丝米（石） | 70.56 |
| 存留米（石） | 300.00 | 折丝（斤） | 70.56 |
| **镇雄府** | | 遇闰加丝（斤） | 5.88 |
| **秋粮** | | 存留米（石） | 150.00 |
| 米（石） | 4184.85 | **秋粮** | |
| 起运米（石） | 4092.42 | 米（石） | 1146.30 |
| 存留米（石） | 92.43 | 起运米（石） | 532.00 |
| **乌撒军民府** | | 存留米（石） | 614.30 |
| **秋粮** | | 户口盐钞银（两） | 163.02 |
| 米（石） | 10000.00 | 遇闰加银（两） | 13.58 |
| 起运米（石） | 9400.00 | **射洪县** | |
| 存留米（石） | 600.00 | **夏税** | |
| **东川军民府** | | 米（石） | 767.24 |
| **秋粮** | | 起运米（石） | 468.13 |
| 米（石） | 3000.00 | 荒丝米（石） | 29.75 |
| 起运米（石） | 2900.00 | 折丝（斤） | 29.76 |
| 存留米（石） | 100.00 | 遇闰加丝（斤） | 2.48 |
| **乌蒙军民府** | | 存留米（石） | 269.35 |
| **秋粮** | | **秋粮** | |
| 米（石） | 4300.00 | 米（石） | 408.14 |
| 起运米（石） | 4150.00 | 起运米（石） | 207.50 |
| 存留米（石） | 150.00 | 存留米（石） | 200.64 |
| **潼川州** | | 地亩棉花绒（斤） | 4.88 |
| **夏税** | | 户口盐钞银（两） | 87.44 |
| 米（石） | 11053.27 | 遇闰加银（两） | 7.28 |
| 起运米（石） | 8480.87 | **盐亭县** | |
| 荒丝米（石） | 581.23 | **夏税** | |
| 折丝（斤） | 581.24 | 米（石） | 366.31 |

| | |
|---|---|
| 起运米（石） | 340.00 |
| 荒丝米（石） | 26.31 |
| 折丝（斤） | 26.31 |
| 遇闰加丝（斤） | 2.19 |
| **秋粮** | |
| 米（石） | 709.14 |
| 起运米（石） | 179.14 |
| 存留米（石） | 530.00 |
| 地亩棉花绒（斤） | 64.00 |
| 户口盐钞银（两） | 74.08 |
| 遇闰加银（两） | 6.17 |

| 中江县 | |
|---|---|
| **夏税** | |
| 米（石） | 741.70 |
| 起运米（石） | 310.00 |
| 荒丝米（石） | 124.70 |
| 折丝（斤） | 124.70 |
| 遇闰加丝（斤） | 10.39 |
| 存留米（石） | 307.00 |
| **秋粮** | |
| 米（石） | 1305.56 |
| 起运米（石） | 1082.56 |
| 存留米（石） | 223.00 |
| 地亩棉花绒（斤） | 648.92 |
| 户口盐钞银（两） | 128.55 |
| 遇闰加银（两） | 10.71 |

| 遂宁县 | |
|---|---|
| **夏税** | |
| 米（石） | 2625.76 |
| 起运米（石） | 2221.44 |
| 荒丝米（石） | 55.00 |
| 折丝（斤） | 55.00 |
| 遇闰加丝（斤） | 4.58 |
| 存留米（石） | 349.31 |
| **秋粮** | |
| 米（石） | 4631.84 |
| 起运米（石） | 3580.66 |
| 折布米（石） | 910.50 |
| 该布（匹） | 1821.00 |
| 存留米（石） | 140.68 |
| 地亩棉花绒（斤） | 1066.25 |
| 户口盐钞银（两） | 318.52 |
| 遇闰加银（两） | 26.54 |

| 蓬溪县[1] | |
|---|---|
| **夏税** | |
| 米（石） | 1649.12 |
| 起运米（石） | 1110.29 |
| 荒丝米（石） | 84.62 |
| 折丝（斤） | 84.63 |
| 遇闰加丝（斤） | 7.05 |
| 存留米（石） | 454.20 |
| **秋粮** | |
| 米（石）（起运） | 643.00 |
| 地亩棉花绒（斤） | 130.05 |
| 户口盐钞银（两） | 115.74 |
| 遇闰加银（两） | 9.64 |

| 安岳县 | |
|---|---|
| **夏税** | |
| 米（石） | 3177.34 |
| 起运米（石） | 2665.00 |
| 荒丝米（石） | 155.57 |
| 折丝（斤） | 155.58 |
| 遇闰加丝（斤） | 12.96 |
| 存留米（石） | 356.76 |
| **秋粮** | |
| 米（石） | 5471.39 |
| 起运米（石） | 5308.16 |
| 存留米（石） | 163.23 |
| 地亩棉花绒（斤） | 719.44 |
| 户口盐钞银（两） | 299.93 |
| 遇闰加银（两） | 24.99 |

| 乐至县 | |
|---|---|
| **夏税** | |
| 米（石） | 717.22 |
| 起运米（石） | 578.00 |
| 荒丝米（石） | 34.70 |
| 折丝（斤） | 34.71 |
| 遇闰加丝（斤） | 2.89 |
| 存留米（石） | 104.52 |
| **秋粮** | |
| 米（石） | 1563.34 |
| 起运米（石） | 1217.86 |
| 存留米（石） | 345.47 |
| 地亩棉花绒（斤） | 237.18 |

[1] 原书此县县名残缺，据谭其骧《中国历史地图集》第七册《四川》补，第62—63页。

| | |
|---|---|
| 户口盐钞银（两） | 101.64 |
| 遇闰加银（两） | 8.47 |

| 眉州[1] | |
|---|---|
| **夏税** | |
| 米（石） | 9785.31 |
| 起运米（石） | 8134.25 |
| 荒丝米（石） | 277.00 |
| 折丝（斤） | 277.00 |
| 遇闰加丝（斤） | 23.12 |
| 存留米（石） | 1374.06 |
| **秋粮** | |
| 米（石） | 22327.81 |
| 起运米（石） | 21374.00 |
| 存留米（石） | 953.81 |
| 地亩棉花绒（斤） | 2881.30 |
| 户口盐钞银（两） | 536.72 |
| 遇闰加银（两） | 44.72 |

| 本州 | |
|---|---|
| **夏税** | |
| 米（石） | 6447.31 |
| 起运米（石） | 5750.00 |
| 荒丝米（石） | 182.32 |
| 折丝（斤） | 182.33 |
| 遇闰加丝（斤） | 15.19 |
| 存留米（石） | 514.98 |
| **秋粮** | |
| 米（石） | 14154.80 |
| 起运米（石） | 13820.00 |
| 存留米（石）[2] | 334.80 |
| 地亩棉花绒（斤） | 1225.30 |
| 户口盐钞银（两） | 347.58 |
| 遇闰加银（两） | 28.96 |

| 彭山县 | |
|---|---|
| **夏税** | |
| 米（石） | 941.88 |
| 起运米（石） | 763.00 |
| 荒丝米（石） | 25.42 |
| 折丝（斤） | 25.43 |
| 遇闰加丝（斤） | 2.15 |

| | |
|---|---|
| 存留米（石） | 153.45 |
| **秋粮** | |
| 米（石） | 2578.33 |
| 起运米（石） | 2245.00 |
| 存留米（石） | 333.33 |
| 地亩棉花绒（斤） | 1012.00 |
| 户口盐钞银（两） | 67.57 |
| 遇闰加银（两） | 5.63 |

| 丹棱县 | |
|---|---|
| **夏税** | |
| 米（石） | 1427.82 |
| 起运米（石） | 1038.25 |
| 荒丝米（石） | 39.56 |
| 折丝（斤） | 39.57 |
| 遇闰加丝（斤） | 3.30 |
| 存留米（石） | 350.00 |
| **秋粮** | |
| 米（石） | 2924.73 |
| 起运米（石） | 2796.00 |
| 存留米（石） | 128.73 |
| 地亩棉花绒（斤） | 184.00 |
| 户口盐钞银（两） | 55.69 |
| 遇闰加银（两） | 4.64 |

| 青神县 | |
|---|---|
| **夏税** | |
| 米（石） | 968.29 |
| 起运米（石） | 583.00 |
| 荒丝米（石） | 29.67 |
| 折丝（斤） | 29.68 |
| 遇闰加丝（斤） | 2.47 |
| 存留米（石） | 355.62 |
| **秋粮** | |
| 米（石） | 2669.93 |
| 起运米（石） | 2513.00 |
| 存留米（石） | 156.93 |
| 地亩棉花绒（斤） | 460.00 |
| 户口盐钞银（两） | 65.88 |
| 遇闰加银（两） | 5.49 |

| 嘉定州 | |
|---|---|
| **夏税** | |
| 米（石） | 10841.75 |
| 起运米（石） | 9197.60 |

[1]原书此州名残缺，据谭其骧《中国历史地图集》第七册《四川》补，第62-63页。
[2]原书本州秋粮"存留米"项，数值部份残缺，依据眉州存留米总数补齐。

| | | | |
|---|---|---|---|
| 荒丝米（石） | 359.00 | 米（石） | 1267.26 |
| 折丝（斤） | 359.00 | 起运米（石） | 1077.44 |
| 遇闰加丝（斤） | 29.92 | 荒丝米（石） | 55.00 |
| 存留米（石） | 1285.15 | 折丝（斤） | 55.00 |
| 秋粮 | | 遇闰加丝（斤） | 4.58 |
| 米（石） | 30429.44 | 存留米（石） | 134.82 |
| 起运米（石） | 27971.62 | 秋粮 | |
| 存留米（石） | 2457.82 | 米（石） | 3561.74 |
| 地亩棉花绒（斤） | 8332.00 | 起运米（石） | 3223.17 |
| 户口盐钞银（两） | 816.51 | 存留米（石） | 338.57 |
| 遇闰加银（两） | 68.04 | 户口盐钞银（两） | 77.58 |
| 本州 | | 遇闰加银（两） | 6.46 |
| 夏税 | | 夹江县 | |
| 米（石） | 1971.65 | 夏税 | |
| 起运米（石） | 1847.00 | 米（石） | 1435.16 |
| 荒丝米（石） | 68.00 | 起运米（石） | 1374.16 |
| 折丝（斤） | 68.00 | 荒丝米（石） | 61.00 |
| 遇闰加丝（斤） | 5.67 | 折丝（斤） | 61.00 |
| 存留米（石） | 56.65 | 遇闰加丝（斤） | 5.08 |
| 秋粮 | | 秋粮 | |
| 米（石） | 5772.91 | 米（石） | 5044.56 |
| 起运米（石） | 5009.90 | 起运米（石） | 4554.56 |
| 存留米（石） | 763.01 | 存留米（石） | 490.00 |
| 地亩棉花绒（斤） | 2596.00 | 户口盐钞银（两） | 156.07 |
| 户口盐钞银（两） | 220.05 | 遇闰加银（两） | 13.00 |
| 遇闰加银（两） | 18.33 | 犍为县 | |
| 峨眉县 | | 夏税 | |
| 夏税 | | 米（石） | 2002.06 |
| 米（石） | 2186.52 | 起运米（石） | 1487.00 |
| 起运米（石） | 1793.00 | 荒丝米（石） | 65.00 |
| 荒丝米（石） | 51.00 | 折丝（斤） | 65.00 |
| 折丝（斤） | 51.00 | 遇闰加丝（斤） | 5.42 |
| 遇闰加丝（斤） | 4.25 | 存留米（石） | 450.06 |
| 存留米（石） | 342.52 | 秋粮 | |
| 秋粮 | | 米（石） | 3407.18 |
| 米（石） | 6444.39 | 起运米（石） | 3261.54 |
| 起运米（石） | 6329.00 | 存留米（石） | 145.64 |
| 存留米（石） | 115.39 | 地亩棉花绒（斤） | 852.00 |
| 地亩棉花绒（斤） | 264.00 | 户口盐钞银（两） | 101.93 |
| 户口盐钞银（两） | 68.63 | 遇闰加银（两） | 8.49 |
| 遇闰加银（两） | 5.71 | 荣县 | |
| 洪雅县 | | 夏税 | |
| 夏税 | | 米（石） | 1153.00 |

| | |
|---|---|
| 起运米（石） | 1119.00 |
| 荒丝米（石） | 34.00 |
| 折丝（斤） | 34.00 |
| 遇闰加丝（斤） | 2.83 |
| **秋粮** | |
| 米（石） | 3906.45 |
| 起运米（石） | 3453.80 |
| 存留米（石） | 452.65 |
| 地亩棉花绒（斤） | 2048.00 |
| 户口盐钞银（两） | 127.96 |
| 遇闰加银（两） | 10.66 |
| **威远县** | |
| **夏税** | |
| 米（石） | 826.08 |
| 起运米（石） | 500.00 |
| 荒丝米（石） | 25.00 |
| 折丝（斤） | 25.00 |
| 遇闰加丝（斤） | 2.08 |
| 存留米（石） | 301.08 |
| **秋粮** | |
| 米（石） | 2292.19 |
| 起运米（石） | 2139.64 |
| 存留米（石） | 152.55 |
| 地亩棉花绒（斤） | 2572.00 |
| 户口盐钞银（两） | 64.27 |
| 遇闰加银（两） | 5.35 |
| **邛州** | |
| **夏税** | |
| 米（石） | 6117.19 |
| 起运米（石） | 5525.72 |
| 荒丝米（石） | 149.00 |
| 折丝（斤） | 149.00 |
| 遇闰加丝（斤） | 12.42 |
| 存留米（石） | 442.47 |
| **秋粮** | |
| 米（石） | 18374.54 |
| 起运米（石） | 17173.61 |
| 存留米（石） | 1200.92 |
| 地亩棉花绒（斤） | 3052.00 |
| 户口盐钞银（两） | 442.24 |
| 遇闰加银（两） | 36.85 |
| **本州** | |
| **夏税** | |

| | |
|---|---|
| 米（石） | 2907.34 |
| 起运米（石） | 2845.34 |
| 荒丝米（石） | 62.00 |
| 折丝（斤） | 62.00 |
| 遇闰加丝（斤） | 5.04 |
| **秋粮** | |
| 米（石） | 7996.09 |
| 起运米（石） | 7319.45 |
| 存留米（石） | 676.63 |
| 地亩棉花绒（斤） | 1484.00 |
| 户口盐钞银（两） | 170.96 |
| 遇闰加银（两） | 14.24 |
| **大邑县** | |
| **夏税** | |
| 米（石） | 1916.58 |
| 起运米（石） | 1423.11 |
| 荒丝米（石） | 51.00 |
| 折丝（斤） | 51.00 |
| 遇闰加丝（斤） | 4.25 |
| 存留米（石） | 442.47 |
| **秋粮** | |
| 米（石） | 5537.01 |
| 起运米（石） | 5490.62 |
| 存留米（石） | 46.38 |
| 地亩棉花绒（斤） | 860.00 |
| 户口盐钞银（两） | 131.95 |
| 遇闰加银（两） | 10.99 |
| **蒲江县** | |
| **夏税** | |
| 米（石） | 1293.26 |
| 起运米（石） | 1257.26 |
| 荒丝米（石） | 36.00 |
| 折丝（斤） | 36.00 |
| 遇闰加丝（斤） | 3.00 |
| **秋粮** | |
| 米（石） | 4841.44 |
| 起运米（石） | 4363.53 |
| 存留米（石） | 477.90 |
| 地亩棉花绒（斤） | 708.00 |
| 户口盐钞银（两） | 139.32 |
| 遇闰加银（两） | 11.61 |
| **泸州** | |
| **夏税** | |

| | | | | |
|---|---|---|---|---|
| 米（石） | 31467.02 | **合江县** | | |
| 起运米（石） | 30332.50 | 夏税 | | |
| 荒丝米（石） | 472.93 | 米（石） | 6283.31 | |
| 折丝（斤） | 472.94 | 起运米（石） | 6251.00 | |
| 遇闰加丝（斤） | 39.41 | 荒丝米（石） | 32.31 | |
| 存留米（石） | 661.58 | 折丝（斤） | 32.31 | |
| **秋粮** | | 遇闰加丝（斤） | 2.69 | |
| 米（石） | 59571.98 | **秋粮** | | |
| 起运米（石） | 56906.99 | 米（石） | 1302.16 | |
| 存留米（石） | 2664.99 | 起运米（石） | 720.00 | |
| 地亩棉花绒（斤） | 3406.98 | 存留米（石） | 582.16 | |
| 户口盐钞银（两） | 510.39 | 地亩棉花绒（斤） | 199.43 | |
| 遇闰加银（两） | 42.53 | 户口盐钞银（两） | 68.94 | |
| **本州** | | 遇闰加银（两） | 5.74 | |
| 夏税 | | **江安县** | | |
| 米（石） | 20624.90 | 夏税 | | |
| 起运米（石） | 20166.50 | 米（石） | 3853.95 | |
| 荒丝米（石） | 316.62 | 起运米（石） | 3729.00 | |
| 折丝（斤） | 316.63 | 荒丝米（石） | 110.18 | |
| 遇闰加丝（斤） | 26.39 | 折丝（斤） | 110.19 | |
| 存留米（石） | 141.78 | 遇闰加丝（斤） | 9.18 | |
| **秋粮** | | 存留米（石） | 14.76 | |
| 米（石） | 46828.43 | **秋粮** | | |
| 起运米（石） | 45769.99 | 米（石） | 9665.81 | |
| 存留米（石） | 1058.43 | 起运米（石） | 9000.00 | |
| 地亩棉花绒（斤） | 2658.20 | 存留米（石） | 665.81 | |
| 户口盐钞银（两） | 241.20 | 地亩棉花绒（斤） | 468.20 | |
| 遇闰加银（两） | 20.10 | 户口盐钞银（两） | 192.31 | |
| **纳溪县** | | 遇闰加银（两） | 16.02 | |
| 夏税 | | **雅州** | | |
| 米（石） | 704.84 | 夏税 | | |
| 起运米（石） | 186.00 | 米（石） | 2303.55 | |
| 荒丝米（石） | 13.81 | 起运米（石） | 669.00 | |
| 折丝（斤） | 13.81 | 荒丝米（石） | 125.00 | |
| 遇闰加丝（斤） | 1.15 | 折丝（斤） | 125.00 | |
| 存留米（石） | 505.03 | 遇闰加丝（斤） | 10.42 | |
| **秋粮** | | 存留米（石） | 1509.55 | |
| 米（石） | 1775.57 | **秋粮** | | |
| 起运米（石） | 1417.00 | 米（石） | 7147.70 | |
| 存留米（石） | 358.57 | 起运米（石） | 5714.30 | |
| 地亩棉花绒（斤） | 81.15 | 存留米（石） | 1433.39 | |
| 户口盐钞银（两） | 7.93 | 户口盐钞银（两） | 257.05 | |
| 遇闰加银（两） | 0.66 | 遇闰加银（两） | 21.42 | |

| 本州 | |
|---|---|
| 夏税 | |
| 米（石） | 975.06 |
| 起运米（石） | 500.00 |
| 荒丝米（石） | 44.00 |
| 折丝（斤） | 44.00 |
| 遇闰加丝（斤） | 3.67 |
| 存留米（石） | 431.06 |
| 秋粮 | |
| 米（石） | 2269.17 |
| 起运米（石） | 1640.00 |
| 存留米（石） | 629.17 |
| 户口盐钞银（两） | 107.06 |
| 遇闰加银（两） | 8.92 |

| 名山县 | |
|---|---|
| 夏税 | |
| 米（石） | 595.00 |
| 起运米（石） | 118.00 |
| 荒丝米（石） | 25.50 |
| 折丝（斤） | 25.50 |
| 遇闰加丝（斤） | 2.12 |
| 存留米（石） | 451.50 |
| 秋粮 | |
| 米（石） | 1633.58 |
| 起运米（石） | 1574.30 |
| 存留米（石） | 59.27 |
| 户口盐钞银（两） | 63.39 |
| 遇闰加银（两） | 5.28 |

| 荣经县 | |
|---|---|
| 夏税 | |
| 米（石） | 371.50 |
| 起运米（石） | 51.00 |
| 荒丝米（石） | 20.50 |
| 折丝（斤） | 20.50 |
| 遇闰加丝（斤） | 1.71 |
| 存留米（石） | 300.00 |
| 秋粮 | |
| 米（石） | 1300.60 |
| 起运米（石） | 1000.00 |
| 存留米（石） | 300.60 |
| 户口盐钞银（两） | 30.60 |
| 遇闰加银（两） | 2.55 |

| 芦山县 | |
|---|---|

| 夏税 | |
|---|---|
| 米（石） | 361.98 |
| 荒丝米（石） | 35.00 |
| 折丝（斤） | 35.00 |
| 遇闰加丝（斤） | 2.92 |
| 存留米（石） | 326.98 |
| 秋粮 | |
| 米（石） | 1944.33 |
| 起运米（石） | 1500.00 |
| 存留米（石） | 444.33 |
| 户口盐钞银（两） | 55.99 |
| 遇闰加银（两） | 4.66 |

| 永宁宣抚司 | |
|---|---|
| 夏税 | |
| 米（石）（存留） | 636.86 |
| 秋粮 | |
| 米（石）（存留） | 1219.92 |

| 九姓长官司 | |
|---|---|
| 夏税 | |
| 米（石） | 925.90 |
| 起运米（石） | 678.53 |
| 存留米（石） | 247.37 |
| 秋粮 | |
| 米（石） | 1018.37 |
| 起运米（石） | 783.33 |
| 存留米（石） | 235.04 |

| 太平长官司 | |
|---|---|
| 夏税 | |
| 米（石）（存留） | 161.38 |
| 秋粮 | |
| 米（石）（存留） | 407.80 |

| 黎州安抚司 | |
|---|---|
| 夏税 | |
| 米（石）（存留） | 9.47 |
| 秋粮 | |
| 米（石）（存留） | 163.86 |

| 建昌卫并所属威龙普济昌州等长官司 | |
|---|---|
| 夏税 | |
| 米（石） | 257.89 |
| 起运米（石） | 11.60 |
| 存留米（石） | 246.29 |
| 秋粮 | |
| 米（石） | 2992.00 |

| | |
|---|---|
| 起运米（石） | 657.88 |
| 存留米（石） | 2334.11 |
| 越巂卫并所属邛部长官司 | |
| **秋粮** | |
| 米（石）（存留） | 222.52 |
| 宁番卫 | |
| **夏税** | |
| 米（石）（存留） | 52.88 |
| **秋粮** | |
| 米（石） | 218.02 |
| 会川卫 | |
| **夏税** | |
| 米（石）（存留） | 236.72 |
| **秋粮** | |
| 米（石）（存留） | 3642.20 |
| 盐井卫并所属马喇长官司 | |
| **夏税** | |
| 米（石）（存留） | 146.39 |
| **秋粮** | |
| 米（石）（存留） | 495.35 |
| 差发马(匹)（递年征解行都司给军骑操） | 5.00 |

## 四川布政司田赋沿革事例

正统二年，重庆府奏：南川县抛荒田地一百五十八顷七十亩有奇。本部复：准行，令开豁税粮。仍敕布政司，有犯拟徒罪者，发该县为民耕种，依例纳粮当差。

七年，纳溪县知县马得奏：该县岁运成都府税粮一千八百九十四石，乞存该县广积仓收受。尚书王佐复：准行布政司查勘，如该县粮储有积，仍令运赴原定仓分。

十一年，布政司奏，本部复：准行叙州府宜宾县，将夷民阿南等该办粮茶，照数过割乌蒙军民府，每年运赴原定仓库交纳（洪武十六年始，开设乌蒙军民府，阿南等每岁该办毡衫折米三百石，茶五千七百五十四斤）。

景泰三年，巡抚李匡题，尚书金濂复：准该省二年、三年分税粮，定拨地里远近，先拨一十万石，陆续运去贵州缺粮仓分交纳。

四年，御史王骥题，尚书金濂复：准该省运纳贵州及松潘等处边卫军储，其地亩钱粮照洪武、永乐年间量丁力均派。

成化十一年，镇守太监梅忠题，尚书杨鼎复：准重庆府、潼川州、内江等县，各添设管粮通判同知主簿一员。

十七年，太监梅忠奏，本部复：准将铜梁县琼池乡安居等五里，昔贤乡太平里并遂宁县太平里人民税粮，照例分析于安居镇，开设安居县，径隶重庆府。

本年巡抚孙仁奏，本部复：准将泸州忠信、宜民二乡田土税粮改拨纳溪县管辖。

十九年，巡抚孙仁奏，本部复：准将巴县上来凤一乡、磨滩等一十一里田上税粮，开设璧山县，仍隶重庆府。

弘治三年，巡抚邱蒲题，本部复：准该省添设管粮参政一员。

四年，巡按欧阳旦题，尚书叶淇复：准该省起运松潘本色粮二十万四千石有奇，每岁委的当佐贰官管解，其管粮官务要亲诣各仓监督收支。

五年，乌蒙军民府奏：该府运纳贵州乌撒卫杂粮三千八百五十石，多被本卫刁蹬掯勒，乞改拨叙州府上纳。尚书叶淇议得：前项起运杂粮系供军饷，擅难改派。行令贵州抚按官，将乌撒官吏人等严行禁革，但遇该府粮到，务要从公收受，不许仍前刁蹬掯勒。

本年，给事中王玺题，尚书叶淇复：准该省运纳松潘岁粮，如重庆、保顺等府，远者每石折银二两二钱；成都、叙、马等府，近者仍旧征纳本色。

十八年，给事中刘（菑）题：乞将涪州弘治二年暂拨成都府广丰仓粮五千九百七十石，改回本州。尚书韩文复：准行巡抚查勘广丰仓有无足数支用，及涪州起运前米应否拨回。其成都合用粮米，路途窎远者，每石征银一两或一两二钱，解布政司收贮，照时价给放。

正德五年，乌撒军民府土官知府安德等奏称：该府起拨贵州粮九千四百石，弘治十七年，每石三钱，十八年折要四钱。本部复：准行，令弘治十八年拖欠税粮一体三钱折收。

本年西充县老人何德容奏：本县额征粮四千六百三十八石，起运边仓至三千六百八十石；本府广安州额征粮一万七千七百五十石，起运边仓止三千六百石，该州虽有贵州折粮棉布，每匹不过二钱，征派未均，乞行分豁。本部复：准行，巡抚衙门量为改派，其贵州折粮棉布或轮年分派，务使轻重适均。

隆庆二年，巡抚陈炌题，尚书马森复：准广安州沙压田粮一百二十一石有奇，渠县沙压田粮四百石七斗有奇，俱免田租一年。

万历二年，巡抚曾省吾题，尚书王国光复：准该省都蛮已平田地，分别肥饶，召人佃种，上田每亩征粮四升，中田三升，下田二升；其高、筠、戎、珙、庆、成六县，万历元年以前拖欠钱粮，悉与蠲免；滨江州县，隆庆二年、三年、四年免剩未完，仍各量免二分。

臣等谨按：四川古梁州地，巴蜀沔益，自昔称饶。但剑阁表云栈之固，瞿塘锁巴峡之流，崎岖鸟道，艰险万状，故其粟不能送输于四方。况内建亲藩，外列边卫，百凡供馈，咸取给焉。则修屯营之制，举常平之法，广社仓之储，以全蜀计之，殆未可视为缓图而不讲也。且松潘以孤城介在番域，而寄咽喉于龙州，千里转饷中阻；乌撒芒部诸夷，虽曰仰我鼻息，然内相党结，亦往往有之。或起兵衅忧及叙泸，斯非巴西之隐祸虖。酌道里远近而权宜本折，因地俗抚绥而潜消奸宄，司保厘者尚其慎之。

## 《万历会计录》卷十一　广东布政司田赋

甲表 31 广东布政司田赋

| | 原额 | | 见额 |
|---|---|---|---|
| | 洪武年间 | 弘治年间 | 万历六年 |
| | （诸司职掌数） | （会典数） | （布政司册报数） |
| 田土官民（亩） | 23734056.00 | 7232446.10[1] | 25686513.60[2] |
| 夏税 | | | |
| 麦（石）（存留）[3] | 5320.00 | 5978.34[4] | 6122.89[5] |
| 农桑米（石）（存留） | | | 309.89 |
| 零丝折米（石）（存留） | | | 0.93[6] |
| 农桑丝折绢（匹） | | 110.00 | |
| 零丝（斤） | | 13.38 | |
| 改科绢（匹） | | 25.00 | |
| 秋粮 | | | |
| 米（石） | 1044078.00 | 1010786.17[7] | |
| 除肇高雷廉四府所属荒粮外实征并停征米（石） | | | 993824.81[8] |
| 起运京库米本部原派（石） | | | 400000.00 |
| 每石折银（两） | | | 0.25 |
| 共银（两） | | | 100000.00 |
| 该省册开米（石） | | | 314317.32 |
| 共折银（两） | | | 100000.00 |
| 存留军饷并派拨各仓米（石） | | | 666563.75 |
| 内本部原派起运梧州府广备仓米（石） | | | 50000.00 |
| 实存留米（石） | | | 616563.75 |
| 停征米（石） | | | 12943.72 |
| 改科丝折米（石）（存留） | | 12.54 | 0.94[9] |
| 人户（户） | 675599.00 | 467390.00 | 530712.00 |
| 人口（口） | 3007932.00 | 1817384.00[10] | 2040655.00[11] |
| 户口盐钞银（两） | | | 18538.64 |
| 遇闰加银（两）（存留） | | | 1486.57 |

---

[1] 原书此处注：比洪武原额减 165016 顷 9 亩 8 分 4 厘。

[2] 原书此处注：比弘治增 184540 顷 67 亩 5 分。

[3] 原书中此项目在弘治年间为"米"，在万历六年为"米麦。"

[4] 原书此处注：比洪武原额增 658.34 石。

[5] 原书此处注：比弘治增 144.55 石。

[6] 原书此处注："以上三项俱存留。"

[7] 原书此处注：比洪武原额减 33291.82 石。

[8] 原书此处注：比弘治减 16961.36 石。

[9] 原书此处注：比弘治减 11.59 石，存留。

[10] 原书此处注：比洪武原额户减 208209，口减 1190548。

[11] 原书此处注：比弘治户增 63322，口增 223271。

| 广州府 | |
|---|---|
| 夏税 | |
| 麦米（石）（存留） | 873.77 |
| 农桑米（石）（存留） | 24.20 |
| 秋粮 | |
| 米（石） | 313658.33 |
| 起运米（石） | 90231.21 |
| 存留米（石） | 223427.12 |
| 户口盐钞银（两） | 7171.21 |
| 遇闰加银（两）（存留） | 596.01 |

| 南海县 | |
|---|---|
| 夏税 | |
| 米（石） | 169.56 |
| 农桑米（石） | 7.53 |
| 秋粮 | |
| 米（石） | 52570.32 |
| 起运米（石） | 11862.95 |
| 存留米（石） | 40707.36 |
| 户口盐钞银（两） | 1699.23 |
| 遇闰加银（两） | 141.60 |

| 番禺县 | |
|---|---|
| 夏税 | |
| 米（石） | 316.83 |
| 农桑米（石） | 3.04 |
| 秋粮 | |
| 米（石） | 40706.22 |
| 起运米（石） | 15990.40 |
| 存留米（石） | 24715.81 |
| 户口盐钞银（两） | 680.49 |
| 遇闰加银（两） | 56.70 |

| 顺德县 | |
|---|---|
| 夏税 | |
| 麦米（石） | 0.03 |
| 农桑米（石） | 0.65 |
| 秋粮 | |
| 米（石） | 34689.67 |
| 起运米（石） | 12572.70 |
| 存留米（石） | 22116.96 |
| 户口盐钞银（两） | 748.33 |
| 遇闰加银（两） | 62.36 |

| 东莞县 | |
|---|---|
| 夏税 | |

| | |
|---|---|
| 米（石） | 32.00 |
| 农桑米（石） | 1.52 |
| 秋粮 | |
| 米（石） | 35799.04 |
| 起运米（石） | 11915.91 |
| 存留米（石） | 23883.13 |
| 户口盐钞银（两） | 905.28 |
| 遇闰加银（两） | 75.44 |

| 从化县 | |
|---|---|
| 秋粮 | |
| 米（石） | 3554.68 |
| 起运米（石） | 876.17 |
| 存留米（石） | 2678.50 |
| 户口盐钞银（两） | 187.77 |
| 遇闰加银（两） | 15.49 |

| 龙门县 | |
|---|---|
| 夏税 | |
| 农桑米（石） | 0.40 |
| 秋粮 | |
| 米（石） | 7981.90 |
| 起运米（石） | 1641.90 |
| 存留米（石） | 6339.99 |
| 户口盐钞银（两） | 114.31 |
| 遇闰加银（两） | 9.52 |

| 新宁县 | |
|---|---|
| 夏税 | |
| 米（石） | 0.19 |
| 秋粮 | |
| 米（石） | 8037.90 |
| 起运米（石） | 1101.71 |
| 存留米（石） | 6936.18 |
| 户口盐钞银（两） | 183.43 |
| 遇闰加银（两） | 15.28 |

| 增城县 | |
|---|---|
| 夏税 | |
| 米（石） | 185.24 |
| 农桑米（石） | 1.39 |
| 秋粮 | |
| 米（石） | 24987.10 |
| 起运米（石） | 8250.17 |
| 存留米（石） | 16736.93 |
| 户口盐钞银（两） | 774.41 |
| 遇闰加银（两） | 64.53 |

| 香山县 | |
|---|---|
| **夏税** | |
| 米（石） | 16.10 |
| 农桑米（石） | 0.49 |
| **秋粮** | |
| 米（石） | 22847.32 |
| 起运米（石） | 6791.68 |
| 存留米（石） | 16055.63 |
| 户口盐钞银（两） | 387.27 |
| 遇闰加银（两） | 32.27 |

| 新会县 | |
|---|---|
| **夏税** | |
| 米（石） | 4.97 |
| 农桑米（石） | 1.60 |
| **秋粮** | |
| 米（石） | 36709.33 |
| 起运米（石） | 9766.47 |
| 存留米（石） | 26942.86 |
| 户口盐钞银（两） | 524.05 |
| 遇闰加银（两） | 43.66 |

| 三水县 | |
|---|---|
| **夏税** | |
| 米（石）（存留） | 13.98 |
| **秋粮** | |
| 米（石） | 15111.20 |
| 起运米（石） | 3061.57 |
| 存留米（石） | 12049.63 |
| 户口盐钞银（两） | 394.97 |
| 遇闰加银（两） | 32.91 |

| 清远县 | |
|---|---|
| **夏税** | |
| 米（石） | 6.44 |
| 农桑米（石） | 2.00 |
| **秋粮** | |
| 米（石） | 10433.57 |
| 起运米（石） | 1511.24 |
| 存留米（石） | 8922.32 |
| 户口盐钞银（两） | 79.70 |
| 遇闰加银（两） | 6.64 |

| 连州 | |
|---|---|
| **夏税** | |
| 米（石） | 46.60 |
| 农桑米（石） | 3.44 |

| 秋粮 | |
|---|---|
| 米（石） | 5522.82 |
| 起运米（石） | 1025.99 |
| 存留米（石） | 4496.82 |
| 户口盐钞银（两） | 209.62 |
| 遇闰加银（两） | 17.46 |

| 阳山县 | |
|---|---|
| **夏税** | |
| 米（石） | 7.51 |
| 农桑米（石） | 0.88 |
| **秋粮** | |
| 米（石） | 2725.63 |
| 起运米（石） | 404.91 |
| 存留米（石） | 2320.71 |
| 户口盐钞银（两） | 62.93 |
| 遇闰加银（两） | 5.24 |

| 连山县 | |
|---|---|
| **夏税** | |
| 米（石） | 69.99 |
| 农桑米（石） | 1.00 |
| **秋粮** | |
| 米（石） | 1288.85 |
| 起运米（石） | 196.12 |
| 存留米（石） | 1092.73 |
| 户口盐钞银（两） | 26.71 |
| 遇闰加银（两） | 0.80 |

| 新安县 | |
|---|---|
| **夏税** | |
| 米（石） | 4.28 |
| 农桑米（石） | 0.25 |
| **秋粮** | |
| 米（石） | 10692.72 |
| 起运米（石） | 3261.24 |
| 存留米（石） | 7431.47 |
| 户口盐钞银（两） | 192.67 |
| 遇闰加银（两） | 16.05 |

| 韶州府 | |
|---|---|
| **夏税** | |
| 米（石）（存留） | 243.20 |
| 农桑米（石）（存留） | 30.86 |
| **秋粮** | |
| 米（石） | 49688.62 |
| 起运米（石） | 8053.44 |

| | |
|---|---|
| 存留米（石） | 41635.17 |
| 户口盐钞银（两）（存留） | 616.57 |
| 遇闰加银（两）（存留） | 35.29 |

| 曲江县 | |
|---|---|
| 夏税 | |
| 米（石） | 122.30 |
| 农桑米（石） | 4.00 |
| 秋粮 | |
| 米（石） | 15664.78 |
| 起运米（石） | 2584.29 |
| 存留米（石） | 13080.49 |
| 户口盐钞银（两） | 161.97 |
| 遇闰加银（两） | 0.60 |

| 乐昌县 | |
|---|---|
| 夏税 | |
| 米（石） | 106.81 |
| 农桑米（石） | 13.57 |
| 秋粮 | |
| 米（石） | 6442.73 |
| 起运米（石） | 1205.68 |
| 存留米（石） | 5237.04 |
| 户口盐钞银（两） | 49.50 |
| 遇闰加银（两） | 1.81 |

| 仁化县 | |
|---|---|
| 夏税 | |
| 米（石） | 0.90 |
| 农桑米（石） | 4.04 |
| 秋粮 | |
| 米（石） | 3228.32 |
| 起运米（石） | 594.11 |
| 存留米（石） | 2634.21 |
| 户口盐钞银（两） | 69.58 |
| 遇闰加银（两） | 5.40 |

| 乳源县 | |
|---|---|
| 夏税 | |
| 米（石） | 2.90 |
| 农桑米（石） | 6.84 |
| 秋粮 | |
| 米（石） | 2572.21 |
| 起运米（石） | 519.42 |
| 存留米（石） | 2052.78 |
| 户口盐钞银（两） | 117.13 |
| 遇闰加银（两） | 9.64 |

| 翁源县 | |
|---|---|
| 夏税 | |
| 米（石） | 2.81 |
| 农桑米（石） | 2.41 |
| 秋粮 | |
| 米（石） | 7092.98 |
| 起运米（石） | 980.89 |
| 存留米（石） | 6112.08 |
| 户口盐钞银（两） | 45.01 |
| 遇闰加银（两） | 3.36 |

| 英德县 | |
|---|---|
| 夏税 | |
| 米（石） | 7.46 |
| 秋粮 | |
| 米（石） | 14687.57 |
| 起运米（石） | 2169.03 |
| 存留米（石） | 12518.54 |
| 户口盐钞银（两） | 173.35 |
| 遇闰加银（两） | 14.44 |

| 南雄府 | |
|---|---|
| 夏税 | |
| 麦米（石）（存留） | 44.87 |
| 农桑米（石）（存留） | 80.00 |
| 秋粮 | |
| 米（石） | 34918.01 |
| 起运米（石） | 12397.44 |
| 存留米（石） | 22520.57 |
| 户口盐钞银（两） | 185.29 |
| 遇闰加银（两）（存留） | 14.47 |

| 保昌县 | |
|---|---|
| 夏税 | |
| 麦米（石） | 44.87 |
| 农桑米（石） | 50.00 |
| 秋粮 | |
| 米（石） | 30037.04 |
| 起运米（石） | 11531.22 |
| 存留米（石） | 18505.81 |
| 户口盐钞银（两） | 151.14 |
| 遇闰加银（两） | 11.31 |

| 始兴县 | |
|---|---|
| 夏税 | |
| 农桑米（石） | 30.00 |
| 秋粮 | |

| | |
|---|---|
| 米（石） | 4880.97 |
| 起运米（石） | 866.21 |
| 存留米（石） | 4014.76 |
| 户口盐钞银（两） | 34.15 |
| 遇闰加银（两） | 3.16 |

### 惠州府

**夏税**

| | |
|---|---|
| 米（石）（存留） | 235.48 |
| 农桑米（石）（存留） | 58.00 |
| 零丝折米（石）（存留） | 0.93 |

**秋粮**

| | |
|---|---|
| 米（石） | 67329.31 |
| 起运米（石） | 16287.12 |
| 存留米（石） | 51042.19 |
| 户口盐钞银（两） | 1263.40 |
| 遇闰加银（两）（存留） | 106.92 |

### 归善县

**夏税**

| | |
|---|---|
| 米（石） | 28.24 |
| 农桑米（石） | 4.83 |
| 零丝折米（石） | 0.45 |

**秋粮**

| | |
|---|---|
| 米（石） | 12553.36 |
| 起运米（石） | 3913.00 |
| 存留米（石） | 8640.35 |
| 户口盐钞银（两） | 323.14 |
| 遇闰加银（两） | 26.91 |

### 博罗县

**夏税**

| | |
|---|---|
| 米（石） | 48.22 |
| 农桑米（石） | 26.00 |

**秋粮**

| | |
|---|---|
| 米（石） | 18973.31 |
| 起运米（石） | 6101.37 |
| 存留米（石） | 12871.93 |
| 户口盐钞银（两） | 168.94 |
| 遇闰加银（两） | 15.71 |

### 长宁县

**夏税**

| | |
|---|---|
| 米（石） | 0.12 |
| 农桑米（石） | 0.45 |

**秋粮**

| | |
|---|---|
| 米（石） | 3094.68 |

| | |
|---|---|
| 起运米（石） | 495.41 |
| 存留米（石） | 2599.26 |
| 户口盐钞银（两） | 55.44 |
| 遇闰加银（两） | 4.62 |

### 永安县

**夏税**

| | |
|---|---|
| 米（石） | 2.76 |
| 农桑米（石） | 0.71 |

**秋粮**

| | |
|---|---|
| 米（石） | 3935.31 |
| 起运米（石） | 657.53 |
| 存留米（石） | 3277.77 |
| 户口盐钞银（两） | 99.31 |
| 遇闰加银（两） | 8.27 |

### 海丰县

**夏税**

| | |
|---|---|
| 米（石） | 147.66 |

**秋粮**

| | |
|---|---|
| 米（石） | 5991.88 |
| 起运米（石） | 1329.22 |
| 存留米（石） | 4662.65 |
| 户口盐钞银（两） | 170.30 |
| 遇闰加银（两） | 14.19 |

### 河源县

**夏税**

| | |
|---|---|
| 米（石） | 4.59 |
| 农桑米（石） | 20.00 |

**秋粮**

| | |
|---|---|
| 米（石） | 5934.59 |
| 起运米（石） | 717.46 |
| 存留米（石） | 5217.13 |
| 户口盐钞银（两） | 82.10 |
| 遇闰加银（两） | 6.84 |

### 龙川县

**夏税**

| | |
|---|---|
| 米（石） | 0.06 |

**秋粮**

| | |
|---|---|
| 米（石） | 4203.18 |
| 起运米（石） | 755.99 |
| 存留米（石） | 3447.18 |
| 户口盐钞银（两） | 138.21 |
| 遇闰加银（两） | 11.51 |

### 长乐县

| 夏税 | |
|---|---|
| 米（石） | 0.40 |
| 农桑米（石） | 4.00 |
| **秋粮** | |
| 米（石） | 4719.41 |
| 起运米（石） | 988.97 |
| 存留米（石） | 3730.44 |
| 户口盐钞银（两） | 95.18 |
| 遇闰加银（两） | 7.88 |
| **兴宁县** | |
| **夏税** | |
| 米（石） | 3.11 |
| 农桑米（石） | 2.00 |
| 零丝折米（石） | 0.48 |
| **秋粮** | |
| 米（石） | 5208.33 |
| 起运米（石） | 935.45 |
| 存留米（石） | 4272.88 |
| 户口盐钞银（两） | 93.45 |
| 遇闰加银（两） | 7.78 |
| **和平县** | |
| **夏税** | |
| 米（石） | 0.27 |
| **秋粮** | |
| 米（石） | 2715.22 |
| 起运米（石） | 392.67 |
| 存留米（石） | 2322.54 |
| 户口盐钞银（两） | 37.30 |
| 遇闰加银（两） | 3.18 |
| **潮州府** | |
| **夏税** | |
| 米（石）（存留） | 4208.41 |
| 农桑米（石）（存留） | 53.01 |
| **秋粮** | |
| 米（石） | 161288.66 |
| 起运米（石） | 91298.47 |
| 存留米（石） | 69990.19 |
| 户口盐钞银（两） | 4342.27 |
| 遇闰加银（两）（存留） | 361.84 |
| **海阳县** | |
| **夏税** | |
| 米（石）（存留） | 1681.33 |
| 农桑米（石）（存留） | 8.71 |

| 秋粮 | |
|---|---|
| 米（石） | 26969.19 |
| 起运米（石） | 12743.00[1] |
| 户口盐钞银（两）（存留） | 73.22 |
| 遇闰加银（两）（存留） | 6.10 |
| **肇庆府** | |
| **夏税** | |
| 麦米（石）（存留） | 104.21 |
| 农桑米（石）（存留） | 14.39 |
| **秋粮** | |
| 米（石） | 140117.11 |
| 起运米（石） | 41001.05 |
| 存留米（石） | 97353.09 |
| 停征米（石） | 1762.96 |
| 户口盐钞银（两） | 2583.46 |
| 遇闰加银（两）（存留） | 172.20 |
| **高要县** | |
| **夏税** | |
| 麦米（石） | 51.30 |
| 农桑米（石） | 1.79 |
| **秋粮** | |
| 米（石） | 30300.86 |
| 起运米（石） | 6639.29 |
| 存留米（石） | 23661.57 |
| 户口盐钞银（两） | 470.00 |
| **四会县** | |
| **夏税** | |
| 麦米（石） | 11.94 |
| 农桑米（石） | 2.24 |
| **秋粮** | |
| 米（石） | 14509.76 |
| 起运米（石） | 9245.12 |
| 存留米（石） | 5264.63 |
| 户口盐钞银（两） | 597.67 |
| 遇闰加银（两） | 49.80 |
| **新兴县** | |
| **夏税** | |
| 麦米（石） | 4.20 |
| 农桑米（石） | 1.30 |

---

[1]原书此处注明"原书缺二十一至二十四页。"据万历《明会典》卷一六《州县》二，缺潮阳县、揭阳县、程乡县、饶平县、惠来县、大埔县、澄海县、普宁县、平远县9县数据，第104页。

| | |
|---|---|
| **秋粮** | |
| 米（石） | 18676.72 |
| 起运米（石） | 2465.22 |
| 存留米（石） | 16211.49 |
| 户口盐钞银（两） | 241.68 |
| 遇闰加银（两） | 33.17 |
| **阳春县** | |
| **夏税** | |
| 麦米（石） | 5.03 |
| **秋粮** | |
| 米（石） | 7334.86 |
| 起运米（石） | 2097.38 |
| 存留米（石） | 5237.47 |
| 户口盐钞银（两） | 192.88 |
| 遇闰加银（两） | 16.07 |
| **阳江县** | |
| **夏税** | |
| 麦米（石） | 3.75 |
| 农桑米（石） | 2.14 |
| **秋粮** | |
| 米（石） | 16254.70 |
| 起运米（石） | 4975.77 |
| 存留米（石） | 11278.92 |
| 户口盐钞银（两） | 219.97 |
| 遇闰加银（两） | 18.33 |
| **高明县** | |
| **夏税** | |
| 农桑米（石） | 0.44 |
| **秋粮** | |
| 米（石） | 10871.21 |
| 起运米（石） | 2441.64 |
| 存留米（石） | 8429.57 |
| 户口盐钞银（两） | 280.35 |
| 遇闰加银（两） | 11.68 |
| **恩平县** | |
| **夏税** | |
| 麦米（石） | 1.33 |
| 农桑米（石） | 0.65 |
| **秋粮** | |
| 米（石） | 12135.51 |
| 起运米（石） | 2537.31 |
| 存留米（石） | 9598.20 |
| 户口盐钞银（两） | 88.12 |

| | |
|---|---|
| 遇闰加银（两） | 7.34 |
| **广宁县** | |
| **秋粮** | |
| 米（石） | 8453.83 |
| 起运米（石） | 4997.89 |
| 存留米（石） | 3455.93 |
| 户口盐钞银（两） | 90.72 |
| 遇闰加银（两） | 7.56 |
| **德庆州** | |
| **夏税** | |
| 麦米（石） | 4.00 |
| 农桑米（石） | 1.25 |
| **秋粮** | |
| 米（石） | 14408.05 |
| 起运米（石） | 3298.28 |
| 存留米（石） | 9346.81 |
| 停征米（石） | 1762.96 |
| 户口盐钞银（两） | 342.27 |
| 遇闰加银（两） | 28.22 |
| **封川县** | |
| **夏税** | |
| 麦米（石） | 19.46 |
| 农桑米（石） | 4.44 |
| **秋粮** | |
| 米（石） | 5058.46 |
| 起运米（石） | 1698.97 |
| 存留米（石） | 3359.49 |
| 户口盐钞银（两） | 30.00 |
| **开建县** | |
| **夏税** | |
| 麦米（石） | 3.16 |
| 农桑米（石） | 0.12 |
| **秋粮** | |
| 米（石） | 2113.10 |
| 起运米（石） | 604.13 |
| 存留米（石） | 1508.97 |
| 户口盐钞银（两） | 29.77 |
| **高州府** | |
| **夏税** | |
| 麦米（石）（存留） | 83.77 |
| 农桑米（石）（存留） | 36.00 |
| **秋粮** | |
| 米（石） | 52785.75 |

| | |
|---|---|
| 起运米（石） | 9997.81 |
| 存留米（石） | 42787.93 |
| 改科丝折米（石） | 0.02 |
| 户口盐钞银（两） | 427.48 |
| 遇闰加银（两）（存留） | 34.52 |

| 茂名县 | |
|---|---|
| 夏税 | |
| 麦米（石） | 39.89 |
| 农桑米（石） | 8.00 |
| 秋粮 | |
| 米（石） | 14050.20 |
| 起运米（石） | 1208.19 |
| 存留米（石） | 12842.00 |
| 户口盐钞银（两） | 98.48 |
| 遇闰加银（两） | 8.20 |

| 电白县 | |
|---|---|
| 夏税 | |
| 麦米（石） | 15.98 |
| 农桑米（石） | 4.00 |
| 秋粮 | |
| 米（石） | 9987.98 |
| 起运米（石） | 1961.48 |
| 存留米（石） | 8026.50 |
| 改科丝折米（石） | 0.02 |
| 户口盐钞银（两） | 39.49 |
| 遇闰加银（两） | 3.06 |

| 信宜县 | |
|---|---|
| 夏税 | |
| 麦米（石） | 14.96 |
| 农桑米（石） | 2.00 |
| 秋粮 | |
| 米（石） | 5812.07 |
| 起运米（石） | 710.23 |
| 存留米（石） | 5101.83 |
| 户口盐钞银（两） | 42.68 |
| 遇闰加银（两） | 2.53 |

| 化州 | |
|---|---|
| 夏税 | |
| 麦米（石） | 2.77 |
| 农桑米（石） | 8.00 |
| 秋粮 | |
| 米（石） | 8065.15 |
| 起运米（石） | 954.88 |

| | |
|---|---|
| 存留米（石） | 7110.27 |
| 户口盐钞银（两） | 106.00 |
| 遇闰加银（两） | 9.49 |

| 吴川县 | |
|---|---|
| 夏税 | |
| 麦米（石） | 10.15 |
| 农桑米（石） | 6.00 |
| 秋粮 | |
| 米（石） | 8772.91 |
| 起运米（石） | 3550.40 |
| 存留米（石） | 5222.51 |
| 户口盐钞银（两） | 80.85 |
| 遇闰加银（两） | 6.23 |

| 石城县 | |
|---|---|
| 夏税 | |
| 农桑米（石） | 8.00 |
| 秋粮 | |
| 米（石） | 6097.41 |
| 起运米（石） | 1612.61 |
| 存留米（石） | 4484.79 |
| 户口盐钞银（两） | 59.96 |
| 遇闰加银（两） | 4.99 |

| 廉州府 | |
|---|---|
| 夏税 | |
| 麦米（石）（存留） | 108.71 |
| 秋粮 | |
| 米（石） | 26522.57 |
| 起运米（石） | 2816.37 |
| 存留米（石） | 15336.67 |
| 停征米（石） | 8369.52 |
| 户口盐钞银（两） | 635.21 |
| 遇闰加银（两）（存留） | 52.93 |

| 合浦县 | |
|---|---|
| 夏税 | |
| 米（石） | 74.99 |
| 秋粮 | |
| 米（石） | 16579.55 |
| 起运米（石） | 1098.34 |
| 存留米（石） | 7532.58 |
| 停征米（石） | 7948.62 |
| 户口盐钞银（两） | 321.42 |
| 遇闰加银（两） | 26.78 |

| 钦州 | |
|---|---|

| 夏税 | | 夏税 | |
|---|---|---|---|
| 米（石） | 14.05 | 米（石） | 24.74 |
| **秋粮** | | **秋粮** | |
| 米（石） | 2927.59 | 米（石） | 9208.46 |
| 起运米（石） | 370.03 | 起运米（石） | 4109.43 |
| 存留米（石） | 2136.65 | 存留米（石） | 5099.02 |
| 停征米（石） | 420.90 | 户口盐钞银（两） | 26.15 |
| **灵山县** | | 遇闰加银（两） | 1.99 |
| 夏税 | | **昌化县** | |
| 麦米（石） | 19.66 | 夏税 | |
| **秋粮** | | 米（石） | 1.85 |
| 米（石） | 7015.42 | **秋粮** | |
| 起运米（石） | 1348.00 | 米（石） | 1743.01 |
| 存留米（石） | 5667.42 | 起运米（石） | 943.56 |
| 户口盐钞银（两） | 313.78 | 存留米（石） | 799.45 |
| 遇闰加银（两） | 26.14[1] | 户口盐钞银（两） | 4.87 |
| 户口盐钞银（两） | 28.28 | 遇闰加银（两） | 0.40 |
| 遇闰加银（两） | 2.35 | **万州** | |
| **乐会县** | | 夏税 | |
| 夏税 | | 米（石） | 0.25 |
| 米（石） | 54.79 | **秋粮** | |
| **秋粮** | | 米（石） | 6328.81 |
| 米（石） | 1649.91 | 起运米（石） | 2887.00 |
| 起运米（石） | 197.00 | 存留米（石） | 3441.81 |
| 存留米（石） | 1452.91 | 户口盐钞银（两） | 57.57 |
| 户口盐钞银（两） | 28.52 | 遇闰加银（两） | 8.58 |
| 遇闰加银（两） | 2.27 | **陵水县** | |
| **临高县** | | 夏税 | |
| 夏税 | | 米（石） | 0.27 |
| 米（石） | 24.00 | **秋粮** | |
| 农桑米（石） | 8.77 | 米（石） | 1503.67 |
| **秋粮** | | 起运米（石） | 764.00 |
| 米（石） | 7646.92 | 存留米（石） | 739.67 |
| 起运米（石） | 2489.00 | 户口盐钞银（两） | 37.77 |
| 存留米（石） | 5157.92 | 遇闰加银（两） | 3.18 |
| 改科丝折米（石） | 0.77 | **崖州** | |
| 户口盐钞银（两） | 37.66 | 秋粮 | |
| 遇闰加银（两） | 2.93 | 米（石） | 3992.68 |
| **儋州** | | 起运米（石） | 1190.58 |
| | | 存留米（石） | 2802.10 |
| | | 户口盐钞银（两） | 16.57 |
| | | 遇闰加银（两） | 1.40 |
| | | **感恩县** | |

[1]原书此处注明"原书缺三十五至三十八页。"据万历《明会典》卷一六《州县》二，此处缺雷州府及所属海康、遂溪、徐闻县，及琼州府属琼山、会同、定安、澄迈、文昌县数据，第104页。

| 夏税 | |
|---|---|
| 农桑米（石） | 4.00 |
| **秋粮** | |
| 米（石） | 887.65 |
| 起运米（石） | 392.00 |
| 存留米（石） | 495.65 |
| 户口盐钞银（两） | 4.16 |
| 遇闰加银（两） | 0.06 |
| **罗定州** | |
| **夏税** | |
| 麦米（石） | 6.63 |
| 农桑米（石） | 1.41 |
| **秋粮** | |
| 米（石） | 19877.25 |
| 起运米（石） | 2728.09 |
| 存留米（石） | 14337.92 |
| 停征米（石） | 2810.63 |
| 改科丝折米（石）（存留） | 0.14 |
| 户口盐钞银（两） | 172.45 |
| 遇闰加银（两）（存留） | 12.60 |
| **本州** | |
| **夏税** | |
| 米（石） | 4.01 |
| 农桑米（石） | 0.66 |
| **秋粮** | |
| 米（石） | 11245.03 |
| 起运米（石） | 1271.89 |
| 存留米（石） | 8328.15 |
| 停征米（石） | 1644.98 |
| 户口盐钞银（两） | 54.31 |
| 遇闰加银（两） | 4.42 |
| **东安县** | |
| **夏税** | |
| 麦米（石） | 1.27 |
| 农桑米（石） | 0.35 |
| **秋粮** | |
| 米（石） | 5868.14 |
| 起运米（石） | 963.33 |
| 存留米（石） | 4596.82 |
| 停征米（石） | 307.99 |
| 改科丝折米（石） | 0.14 |
| 户口盐钞银（两） | 62.73 |
| 遇闰加银（两） | 3.56 |

| 西宁县 | |
|---|---|
| **夏税** | |
| 米（石） | 1.35 |
| 农桑米（石） | 0.40 |
| **秋粮** | |
| 米（石） | 2764.07 |
| 起运米（石） | 492.86 |
| 存留米（石） | 1412.94 |
| 停征米（石） | 857.66 |
| 户口盐钞银（两） | 55.40 |
| 遇闰加银（两） | 4.61 |

## 广东布政司田赋沿革事例

正统元年，尚书刘中敷题参：广东解官谈逊等解到甲字库布匹稀松，该科道等官拣退布一万一千六百五十匹，拟将解官谈逊等送法司问罪。随查得绢匹俱系农桑税丝绵折绢，不系折粮之数。奉圣旨：广东、广西、福建三布政司路远，今年起都运送南京该库交纳。钦此。

天顺五年，巡抚叶盛及管粮郎中陈俊会奏。尚书年富复：准将本年起运南京折布米五万石，改派江西征纳，其广东原派布米，俱征本色存留本处，准作江西该运广东之数。

成化五年，巡按御史龚晟题：要将折粮银两，三年免其解京，收籴米谷赈济。尚书杨鼎复：议得广东折粮银两例该解京，以备武职俸粮并边储支用。该省既有盗贼生发，动调大军征剿，合无将成化三年、四年银两暂留，收籴米谷运赴浔州等府无粮去处收贮，以备赈济。成化五年以后，照旧解京。其流贼果有复业者，拨与空闲田土，给与牛具种子，酌量免其粮差。

正德八年，布政罗荣奏，尚书王琼复：准将保昌县无征虚粮七千三百石有奇，行令该县丈量以杜洒派之弊。

万历五年，两广总督凌云翼题：广东罗旁东西两山周围千五百里田地饶沃，要行建设州治，议将泷水县改升为州，径属布政司，不必属府。其东山黄姜峒、西山大峒各设一县，俱属新升州管辖。本部复：奉圣旨，州名与做罗定，两县名与做东安、西宁。钦此。

臣等谨按：广东赋额有田地、山塘，而总以官民办之，不过二则。然广潮之民能力耕而不足者地，余郡之地能植粟而不足者民，故岁赋所入自京库折银之外，余皆存留。较之江南赋为轻省，而输纳之艰苦均焉。兼以地界山海，盗贼间发，军旅频兴，民间阡陌半为污莱，故粮多无征，里甲代之。其无征屯粮亦派诸滨海新生之田，令民代输，要之非常计也。近奉明旨，丈田亩、清浮粮，庶几民屯胥复旧额，而又得良有司以理之，民其永赖哉。

## 《万历会计录》卷十二　广西布政司田赋

甲表33　　　　　　　　　　　　　　　广西布政司田赋

| | 原额 | | 见额 |
|---|---|---|---|
| | 洪武年间 | 弘治年间 | 万历六年 |
| | （诸司职掌数） | （会典数） | （巡抚册报数） |
| 田土官民（亩） | 10240390.00 | 10784801.70[1] | 9402074.80[2] |
| 夏税 | | | |
| 麦米（石）（存留）[3] | 1869.00 | 3390.88[4] | 2508.73 |
| 内除无征米（石） | | | 14.03 |
| 实征麦米（石）（存留） | | | 2494.70[5] |
| 丝折米（石）（存留） | | | 499.22 |
| 税钞（贯） | | 1.00 | |
| 农桑丝折绢（匹） | | 497.00 | |
| 零丝（斤）（存留） | | 8.88 | 148.68 |
| 本色绢（匹） | | 2.00 | |
| 并零丝（斤） | | 0.35 | |
| 折色丝（斤） | | 194.65 | |
| 钞（锭） | | 161.00 | |
| 红花（斤） | | 11.84 | |
| 秋粮 | | | |
| 米（石）（存留） | 492355.00 | 426636.08[6] | 432532.44 |
| 内除无征米（石） | | | 59075.78 |
| 兵种米（石） | | | 4717.02 |
| 续清出米（石） | | | 462.89 |
| 实征米（石）（存留） | | | 369202.52[7] |
| 花利米（石）（存留） | | | 1888.25 |
| 租钞（锭）（存留） | 42.00 | | 24.00 |
| 茶课钞（锭）（存留） | | | 1183.00 |
| 鱼课钞（锭）（存留） | | | 347.00 |
| 椒课钞（锭）（存留） | | | 42.00 |
| 苎麻（斤）（存留） | | | 1794.88 |
| 麻折米（石）（存留） | | | 3.63 |
| 麻钞（锭）（存留） | | | 2.00 |
| 红花（斤）（存留） | | | 11.84 |
| 桐油（斤）（存留） | | | 1063.00 |
| 税钞（锭）（存留） | | | 160.00 |

[1] 原书此处注：比洪武原额增5444顷11亩7分。
[2] 原书此处注：比弘治减13827顷26亩9分。
[3] 原书中此项目在弘治年间为"米豆"，在万历六年为"麦米"。
[4] 原书此处注：比洪武原额增1521.88石。
[5] 原书此处注：比弘治减896.17石。
[6] 原书此处注：比洪武原额减65718.91石。
[7] 原书此处注：比弘治减57433.56石。

| | | | |
|---|---|---|---|
| 人户（户） | 211263.00 | 459640.00 | 218712.00 |
| 人口（口） | 1482671.00 | 1676274.00[1] | 1186179.00[2] |
| 户口盐钞银（两）（存留） | | | 1417.01[3] |

<hr>

[1]原书此处注：比洪武原额户增 248377，口增 193603。
[2]原书此处注：隆庆六年黄册数比弘治户减 240828，口减 490095。
[3]原书此处注："以上税粮、盐钞等项，俱存留本省备用。"

## 甲表 34　　广西布政司分府县田赋

| 桂林府 | |
|---|---|
| **夏税** | |
| 米（石） | 1328.33 |
| 丝折米（石） | 352.87 |
| 丝（斤） | 71.81 |
| **秋粮** | |
| 米（石） | 116186.52 |
| 内除兵种米（石） | 2659.55 |
| 实征米（石） | 113526.97 |
| 茶课钞（锭） | 46.00 |
| 椒课钞（锭） | 42.00 |
| 桐油（斤） | 1065.00 |
| 税钞（锭） | 160.00 |
| 户口盐钞银（两） | 232.34 |
| **临桂县** | |
| 米（石） | 30459.25 |
| 内除兵种米（石） | 445.71 |
| 实征米（石） | 30013.54 |
| 户口盐钞银（两） | 23.64 |
| **兴安县** | |
| **夏税** | |
| 丝折米（石） | 153.70 |
| **秋粮** | |
| 米（石） | 13855.96 |
| 茶课钞（锭） | 4.00 |
| 户口盐钞银（两） | 14.75 |
| **灵川县** | |
| **夏税** | |
| 米（石） | 75.08 |
| 丝折米（石） | 32.39 |
| **秋粮** | |
| 米（石） | 19598.74 |
| 茶课钞（锭） | 8.00 |
| 户口盐钞银（两） | 112.14 |
| **阳朔县** | |
| **夏税** | |
| 丝（斤） | 63.02 |
| **秋粮** | |
| 米（石） | 5339.48 |
| 户口盐钞银（两） | 18.90 |
| **永宁州** | |
| **秋粮** | |

| | |
|---|---|
| 米（石） | 3139.54 |
| 内除兵种米（石） | 1108.56 |
| 实征米（石） | 2030.98 |
| **永福县** | |
| **夏税** | |
| 米（石） | 27.14 |
| 丝（斤） | 6.18 |
| **秋粮** | |
| 米（石） | 4146.50 |
| 内除兵种米（石） | 1105.27 |
| 实征米（石） | 3041.23 |
| 税钞（锭） | 160.00 |
| 户口盐钞银（两） | 8.00 |
| **义宁县** | |
| **夏税** | |
| 米（石） | 31.96 |
| 丝（斤） | 2.62 |
| **秋粮** | |
| 米（石） | 6239.49 |
| 户口盐钞银（两） | 22.00 |
| **全州** | |
| **夏税** | |
| 米（石） | 1194.13 |
| 丝折米（石） | 167.07 |
| **秋粮** | |
| 米（石） | 27285.05 |
| 茶课钞（锭） | 33.00 |
| 椒课钞（锭） | 42.00 |
| 桐油（斤） | 1065.00 |
| 户口盐钞银（两） | 29.35 |
| **灌阳县** | |
| **秋粮** | |
| 米（石） | 6122.47 |
| 户口盐钞银（两） | 3.56 |
| **柳州府** | |
| **夏税** | |
| 米（石） | 284.93 |
| 丝（斤） | 10.75 |
| **秋粮** | |
| 米（石） | 63825.10 |
| 内除无征米（石） | 22127.01 |
| 兵种米（石） | 1200.00 |
| 实征米（石） | 40498.08 |

| | |
|---|---|
| 茶课钞（锭） | 586.00 |
| 户口盐钞银（两） | 216.80 |
| 马平县 | |
| **夏税** | |
| 米（石） | 15.69 |
| **秋粮** | |
| 米（石） | 3355.38 |
| 内除无征米（石） | 2328.79 |
| 实征米（石） | 1026.58 |
| 洛荣县 | |
| **夏税** | |
| 米（石） | 18.49 |
| 丝（斤） | 0.28 |
| **秋粮** | |
| 米（石） | 1885.86 |
| 内除无征米（石） | 906.30 |
| 实征米（石） | 979.56 |
| 户口盐钞银（两） | 4.50 |
| 罗城县 | |
| **夏税** | |
| 丝（斤） | 4.13 |
| **秋粮** | |
| 米（石） | 7328.67 |
| 内除无征米（石） | 4502.86 |
| 实征米（石） | 2825.81 |
| 户口盐钞银（两） | 0.65 |
| 柳城县 | |
| **夏税** | |
| 米（石） | 162.75 |
| **秋粮** | |
| 米（石） | 9854.36 |
| 内除无征米（石） | 6051.10 |
| 实征米（石） | 3803.26 |
| 户口盐钞银（两） | 32.00 |
| 怀远县 | |
| **夏税** | |
| 丝（斤） | 2.72 |
| **秋粮** | |
| 米（石） | 483.80 |
| 融县 | |
| **夏税** | |
| 米（石） | 30.80 |
| **秋粮** | |

| | |
|---|---|
| 米（石） | 13041.21 |
| 内除无征米（石） | 6083.88 |
| 实征米（石） | 6957.33 |
| 户口盐钞银（两） | 102.67 |
| 来宾县 | |
| **夏税** | |
| 丝（斤） | 3.60 |
| **秋粮** | |
| 米（石） | 2766.93 |
| 内除无征米（石） | 882.36 |
| 兵种米（石） | 1200.00 |
| 实征米（石） | 684.56 |
| 户口盐钞银（两） | 0.68 |
| 象州 | |
| **夏税** | |
| 米（石） | 2.40 |
| **秋粮** | |
| 米（石） | 3906.61 |
| 内除无征米（石） | 906.24 |
| 实征米（石） | 3000.37 |
| 茶课钞（锭） | 528.00 |
| 武宣县 | |
| **夏税** | |
| 米（石） | 1.16 |
| **秋粮** | |
| 米（石） | 1870.68 |
| 内除无征米（石） | 465.45 |
| 实征米（石） | 1405.23 |
| 宾州 | |
| **夏税** | |
| 米（石） | 30.07 |
| **秋粮** | |
| 米（石） | 11778.46 |
| 实征米（石） | 11778.46 |
| 户口盐钞银（两） | 76.29 |
| 迁江县 | |
| **夏税** | |
| 米（石） | 7.53 |
| **秋粮** | |
| 米（石） | 1235.10 |
| 上林县 | |
| **夏税** | |
| 米（石） | 15.99 |

| | |
|---|---|
| 秋粮 | |
| 米（石） | 6317.98 |
| 茶课钞（锭） | 58.00 |
| 庆远府 | |
| 夏税 | |
| 米（石） | 7.68 |
| 秋粮 | |
| 米（石） | 16085.27 |
| 内除无征米（石） | 1608.49 |
| 实征米（石） | 14476.78 |
| 宜山县 | |
| 秋粮 | |
| 米（石） | 5684.24 |
| 内除无征米（石） | 781.90 |
| 实征米（石） | 4902.34 |
| 天河县 | |
| 夏税 | |
| 米（石） | 4.31 |
| 秋粮 | |
| 米（石） | 2142.30 |
| 内除无征米（石） | 542.84 |
| 实征米（石） | 1599.45 |
| 河池州 | |
| 夏税 | |
| 米（石） | 1.66 |
| 秋粮 | |
| 米（石） | 1686.51 |
| 思恩县 | |
| 秋粮 | |
| 米（石） | 2612.06 |
| 内除无征米（石） | 283.75 |
| 实征米（石） | 2328.31 |
| 荔波县 | |
| 秋粮 | |
| 米（石） | 393.37 |
| 土官衙门 | |
| 东兰州 | |
| 夏税 | |
| 米（石） | 0.24 |
| 秋粮 | |
| 米（石） | 1013.54 |
| 那地州 | |
| 秋粮 | |

| | |
|---|---|
| 米（石） | 410.00 |
| 南丹州 | |
| 秋粮 | |
| 米（石） | 729.27 |
| 忻城县 | |
| 夏税 | |
| 米（石） | 1.46 |
| 秋粮 | |
| 米（石） | 319.34 |
| 永顺长官司 | |
| 秋粮 | |
| 米（石） | 359.48 |
| 永定长官司 | |
| 秋粮 | |
| 米（石） | 735.11 |
| 平乐府 | |
| 夏税 | |
| 米（石） | 58.20 |
| 内除无征米（石） | 14.03 |
| 实征米（石） | 44.17 |
| 丝（斤） | 13.37 |
| 秋粮 | |
| 米（石） | 28958.03 |
| 内除无征米（石） | 2862.32 |
| 兵种米（石） | 857.46 |
| 实征米（石） | 25238.24 |
| 租钞（锭） | 1.00 |
| 茶课钞（锭） | 355.00 |
| 麻钞（锭） | 2.00 |
| 户口盐钞银（两） | 159.31 |
| 平乐县 | |
| 夏税 | |
| 米（石） | 13.14 |
| 秋粮 | |
| 米（石） | 4478.91 |
| 内除无征米（石） | 1485.34 |
| 实征米（石） | 2993.56 |
| 租钞（贯） | 3.00 |
| 户口盐钞银（两） | 46.87 |
| 恭城县 | |
| 夏税 | |
| 丝（斤） | 11.04 |
| 秋粮 | |

| | |
|---|---|
| 米（石） | 1801.97 |
| 内除无征米（石） | 44.41 |
| 实征米（石） | 1757.55 |
| 茶课钞（贯） | 9.00 |
| 户口盐钞银（两） | 12.24 |

| 富川县 | |
|---|---|
| **夏税** | |
| 米（石） | 1.05 |
| 丝（斤） | 1.23 |
| **秋粮** | |
| 米（石） | 3330.47 |
| 麻钞（锭） | 2.00 |
| 户口盐钞银（两） | 38.97 |

| 贺县 | |
|---|---|
| **夏税** | |
| 米（石） | 10.94 |
| **秋粮** | |
| 米（石） | 10514.08 |
| 租钞（锭） | 1.00 |
| 户口盐钞银（两） | 50.00 |

| 荔浦县 | |
|---|---|
| **夏税** | |
| 米（石） | 9.24 |
| **秋粮** | |
| 米（石） | 2162.28 |
| 户口盐钞银（两） | 9.28 |

| 修仁县 | |
|---|---|
| **夏税** | |
| 米（石） | 15.84 |
| 内除无征米（石） | 14.03 |
| 实征米（石） | 1.80 |
| 丝（斤） | 1.11 |
| **秋粮** | |
| 米（石） | 1208.99 |
| 内除无征米（石） | 766.35 |
| 实征米（石） | 442.63 |
| 租钞（锭） | |
| 茶课钞（锭） | 354.00 |
| 户口盐钞银（两） | 1.95 |

| 永安州 | |
|---|---|
| **夏税** | |
| 米（石） | 0.39 |
| **秋粮** | |

| | |
|---|---|
| 米（石） | 1316.39 |
| 内除无征米（石） | 566.20 |
| 实征米（石） | 750.19 |

| 昭平县 | |
|---|---|
| **夏税** | |
| 米（石） | 7.58 |
| **秋粮** | |
| 米（石） | 4144.90 |
| 兵种米（石） | 857.46 |
| 实征米（石） | 3287.43 |

| 梧州府 | |
|---|---|
| **夏税** | |
| 米（石） | 50.62 |
| 丝折米（石） | 146.34 |
| 丝（斤） | 46.24 |
| **秋粮** | |
| 米（石） | 101709.87 |
| 内除无征米（石） | 25474.33 |
| 续清出米（石） | 462.89 |
| 实征米（石） | 76698.44 |
| 租钞（贯） | 12.00 |
| 苎麻（斤） | 27.44 |
| 麻折米（石） | 3.63 |
| 户口盐钞银（两） | 282.90 |

| 苍梧县 | |
|---|---|
| **夏税** | |
| 丝（斤） | 8.68 |
| **秋粮** | |
| 米（石） | 18038.96 |
| 内除无征米（石） | 3161.79 |
| 续清出米（石） | 33.50 |
| 实征米（石） | 14910.67 |
| 苎麻（斤） | 27.44 |
| 户口盐钞银（两） | 33.23 |

| 藤县 | |
|---|---|
| **夏税** | |
| 米（石） | 0.19 |
| 丝折米（石） | 9.80 |
| **秋粮** | |
| 米（石） | 14754.29 |
| 内除无征米（石） | 3537.55 |
| 实征米（石） | 11216.73 |
| 户口盐钞银（两） | 20.55 |

| 容县 | |
|---|---|
| **夏税** | |
| 米（石） | 38.89 |
| 丝（斤） | 13.76 |
| **秋粮** | |
| 米（石） | 8425.24 |
| 内除无征米（石） | 3203.46 |
| 续清出米（石） | 217.54 |
| 实征米（石） | 5439.32 |
| 户口盐钞银（两） | 26.04 |

| 岑溪县 | |
|---|---|
| **夏税** | |
| 丝折米（石） | 2.38 |
| **秋粮** | |
| 米（石） | 2427.73 |
| 内除无征米（石） | 596.56 |
| 续清出米（石） | 211.85 |
| 实征米（石） | 2043.01 |
| 户口盐钞银（两） | 7.00 |

| 怀集县 | |
|---|---|
| **夏税** | |
| 丝折米（石） | 7.76 |
| **秋粮** | |
| 米（石） | 5713.73 |
| 苎麻折米（石） | 0.29 |
| 户口盐钞银（两） | 71.61 |

| 郁林州 | |
|---|---|
| **夏税** | |
| 丝折米（石） | 68.97 |
| **秋粮** | |
| 米（石） | 14097.67 |
| 内除无征米（石） | 3695.43 |
| 实征米（石） | 10402.23 |
| 租钞（贯） | 12.00 |
| 户口盐钞银（两） | 35.52 |

| 博白县 | |
|---|---|
| **夏税** | |
| 丝折米（石） | 38.91 |
| **秋粮** | |
| 米（石） | 11813.33 |
| 内除无征米（石） | 5341.36 |
| 实征米（石） | 6471.96 |
| 户口盐钞银（两） | 19.73 |

| 北流县 | |
|---|---|
| **夏税** | |
| 米（石） | 11.53 |
| 丝（斤） | 19.33 |
| **秋粮** | |
| 米（石） | 14147.80 |
| 内除无征米（石） | 5419.32 |
| 实征米（石） | 8728.48 |
| 户口盐钞银（两） | 27.49 |

| 陆川县 | |
|---|---|
| **夏税** | |
| 丝折米（石） | 18.49 |
| 丝（斤） | |
| **秋粮** | |
| 米（石） | 7119.02 |
| 内除无征米（石） | 473.05 |
| 实征米（石） | 6646.23 |
| 户口盐钞银（两） | 15.11 |

| 兴业县 | |
|---|---|
| **夏税** | |
| 丝（斤） | 4.47 |
| **秋粮** | |
| 米（石） | 5171.79 |
| 内除无征米（石） | 45.77 |
| 实征米（石） | 5126.02 |
| 苎麻折米（石） | 3.34 |
| 户口盐钞银（两） | 26.61 |

| 浔州府 | |
|---|---|
| **夏税** | |
| 米（石） | 119.55 |
| 丝（斤） | 2.75 |
| **秋粮** | |
| 米（石） | 39778.32 |
| 内除无征米（石） | 6687.99 |
| 实征米（石） | 33090.32 |
| 花利米（石） | 1888.25 |
| 租钞（锭） | 23.00 |
| 茶课钞（锭） | 196.00 |
| 鱼课钞（锭） | 347.00 |
| 苎麻（两） | 1767.44 |
| 户口盐钞银（两） | 186.90 |

| 桂平县 | |
|---|---|
| **秋粮** | |

| | |
|---|---|
| 米（石） | 10745.71 |
| 内除无征米（石） | 1508.80 |
| 实征米（石） | 9236.91 |
| 花利米（石） | 1888.25 |
| 租钞（锭） | 23.00 |
| 鱼课钞（锭） | 104.00 |
| 苎麻（两） | 627.73 |
| 户口盐钞银（两） | 60.84 |
| **平南县** | |
| 夏税 | |
| 米（石） | 119.55 |
| 丝（斤） | 2.75 |
| 秋粮 | |
| 米（石） | 9519.00 |
| 内除无征米（石） | 2378.56 |
| 实征米（石） | 7140.44 |
| 茶课钞（锭） | 196.00 |
| 鱼课钞（锭） | 29.00 |
| 苎麻（两） | 59.50 |
| 户口盐钞银（两） | 50.57 |
| **贵县** | |
| 秋粮 | |
| 米（石） | 18408.47 |
| 内除无征米（石） | 2800.62 |
| 实征米（石） | 15607.85 |
| 租钞（贯） | 4.00 |
| 鱼课钞（锭） | 214.00 |
| 苎麻（两） | 1080.21 |
| 户口盐钞银（两） | 75.49 |
| **武靖州** | |
| 秋粮 | |
| 米（石） | 1105.11 |
| **南宁府** | |
| 夏税 | |
| 米（石） | 414.02 |
| 丝（斤） | 3.77 |
| 秋粮 | |
| 米（石） | 38640.18 |
| 内除无征米（石） | 315.62 |
| 实征米（石） | 38324.55 |
| 红花（斤） | 11.84 |
| 户口盐钞银（两） | 338.73 |
| **宣化县** | |

| | |
|---|---|
| 夏税 | |
| 米（石） | 130.37 |
| 秋粮 | |
| 米（石） | 18510.33 |
| 红花（斤） | 11.53 |
| 户口盐钞银（两） | 103.50 |
| **新宁州** | |
| 夏税 | |
| 米（石） | 4.74 |
| 秋粮 | |
| 米（石） | 1051.61 |
| 红花（斤） | 0.02 |
| **横州** | |
| 夏税 | |
| 米（石） | 23.25 |
| 丝（斤） | 2.80 |
| 秋粮 | |
| 米（石） | 8841.12 |
| 内除无征米（石） | 315.62 |
| 实征米（石） | 8525.49 |
| 户口盐钞银（两） | 184.59 |
| **永淳县** | |
| 夏税 | |
| 米（石） | 8.92 |
| 丝（斤） | 0.97 |
| 秋粮 | |
| 米（石） | 3489.59 |
| 户口盐钞银（两） | 34.64 |
| **上思州** | |
| 秋粮 | |
| 米（石） | 67.00 |
| **隆安县** | |
| 夏税 | |
| 米（石） | 230.95 |
| 秋粮 | |
| 米（石） | 5821.33 |
| 红花（斤） | 0.29 |
| 租钞(锭) | 3.00 |
| 户口盐钞银（两） | 16.00 |
| **土官衙门** | |
| **归德州** | |
| 夏税 | |
| 米（石） | 15.78 |

| 秋粮 | |
|---|---|
| 米（石） | 433.18 |
| 果化州 | |
| 秋粮 | |
| 米（石） | 140.00 |
| 忠州 | |
| 秋粮 | |
| 米（石） | 150.00 |
| 下雷峒 | |
| 秋粮 | |
| 米（石） | 100.00 |
| 湖润寨 | |
| 秋粮 | |
| 米（石） | 36.00 |
| 太平府 | |
| 夏税 | |
| 米（石） | 11.05 |
| 秋粮 | |
| 米（石） | 3225.57 |
| 太平州 | |
| 夏税 | |
| 米（石） | 1.90 |
| 秋粮 | |
| 米（石） | 237.10 |
| 镇远州 | |
| 秋粮 | |
| 米（石） | 99.20 |
| 茗盈州 | |
| 秋粮 | |
| 米（石） | 103.00 |
| 安平州 | |
| 夏税 | |
| 米（石） | 0.40 |
| 秋粮 | |
| 米（石） | 190.30 |
| 思同州 | |
| 秋粮 | |
| 米（石） | 88.25 |
| 养利州 | |
| 秋粮 | |
| 米（石） | 148.15 |
| 万承州 | |
| 夏税 | |

| 米（石） | 2.00 |
|---|---|
| 秋粮 | |
| 米（石） | 500.00 |
| 全茗州 | |
| 秋粮 | |
| 米（石） | 120.4 |
| 结安州 | |
| 秋粮 | |
| 米（石） | 78.46 |
| 龙英州 | |
| 秋粮 | |
| 米（石） | 375.75 |
| 佶伦州 | |
| 秋粮 | |
| 米（石） | 100.15 |
| 都结州 | |
| 夏税 | |
| 米（石） | 0.25 |
| 秋粮 | |
| 米（石） | 98.02 |
| 上下冻州 | |
| 秋粮 | |
| 米（石） | 102.85 |
| 思城州 | |
| 秋粮 | |
| 米（石） | 186.90 |
| 左州 | |
| 秋粮 | |
| 米（石） | 232.50 |
| 崇善县 | |
| 夏税 | |
| 米（石） | 6.50 |
| 秋粮 | |
| 米（石） | 201.26 |
| 罗阳县 | |
| 秋粮 | |
| 米（石） | 155.80 |
| 陀陵县 | |
| 秋粮 | |
| 米（石） | 167.17 |
| 永康县 | |
| 秋粮 | |
| 米（石） | 40.30 |

| 思恩军民府 | |
|---|---|
| 夏税 | |
| 米（石） | 230.81 |
| 秋粮 | |
| 米（石） | 13051.91 |

| 思恩军民府九土司 | |
|---|---|
| 夏税 | |
| 米（石） | 109.85 |
| 秋粮 | |
| 米（石） | 5665.68 |

| 武缘县[1] | |
|---|---|
| 夏税 | |
| 米（石） | 120.95 |
| 秋粮 | |
| 米（石） | 7386.23 |

| 直隶土司衙门 | |
|---|---|
| 夏税 | |
| 米（石） | 3.50 |
| 秋粮 | |
| 米（石） | 11071.61 |

| 镇安府 | |
|---|---|
| 秋粮 | |
| 米（石） | 1100.00 |

| 向武州 | |
|---|---|
| 秋粮 | |
| 米（石） | 654.12 |

| 奉议州 | |
|---|---|
| 秋粮 | |
| 米（石） | 286.00 |

| 都康州 | |
|---|---|
| 夏税 | |
| 米（石） | 3.50 |
| 秋粮 | |
| 米（石） | 237.00 |

| 归顺州 | |
|---|---|
| 秋粮 | |
| 米（石） | 150.00 |

| 富劳县 | |
|---|---|
| 秋粮 | |
| 米（石） | 214.80 |

| 思明府 | |
|---|---|

| 秋粮 | |
|---|---|
| 米（石） | 91.00 |
| 本府亲管村分（石） | 95.50 |
| 带管武黎华阳四峒米（石） | 60.00 |
| 共（石） | 246.50 |

| 思明州 | |
|---|---|
| 秋粮 | |
| 米（石） | 61.00 |

| 上石西州 | |
|---|---|
| 秋粮 | |
| 米（石） | 30.00 |

| 下石西州 | |
|---|---|
| 秋粮 | |
| 米（石） | 25.00 |

| 江州 | |
|---|---|
| 秋粮 | |
| 米（石） | 220.00 |

| 龙州 | |
|---|---|
| 秋粮 | |
| 米（石） | 462.15 |

| 思陵州 | |
|---|---|
| 秋粮 | |
| 米（石） | 30.00 |

| 利州 | |
|---|---|
| 秋粮 | |
| 米（石） | 100.00 |

| 迁隆峒 | |
|---|---|
| 秋粮 | |
| 米（石） | 35.55 |

| 上林长官司 | |
|---|---|
| 秋粮 | |
| 米（石） | 400.00 |

| 安隆长官司 | |
|---|---|
| 秋粮 | |
| 米（石） | 141.60 |

| 泗城州 | |
|---|---|
| 秋粮 | |
| 米（石） | 1646.90 |

| 田州 | |
|---|---|
| 秋粮 | |
| 米（石） | 4865.99 |

[1]原书此县县名残缺，据谭其骧《中国历史地图集》第七册《广西》补，第74-75页。

| 凭祥州[1] | |
|---|---|
| **秋粮** | |
| 米（石） | 165.00 |

---

## 广西布政司田赋沿革事例

正统九年，总兵官柳溥奏称蛮贼出没。尚书王佐复：准自十年以后，税粮每岁止将四万石折银解京，余存本处备用。

景泰元年，总兵官武毅题，尚书金濂复：准该省地方被官军剿戮遗下田亩，行令当地土民召人佃种，其召到流獞人等佃，令田主钤束，但纠合出劫者连坐。

嘉靖三十三年，提督两广鲍象颜题称：粮给岁增。尚书方钝复：准将三十一年分税银二分解部，一分存留。

隆庆六年，巡抚郭应聘题，尚书张守直复：准灌阳县丈量新增田地编入里甲，当纳粮差（原额粮九千九百七十余石，后以蛮贼出劫民迯田荒，原额渐减今次）。

本年，巡抚郭应聘题，尚书王国光复：准将临桂县西乡五十四都图，狼隘以西分属永宁州，该田一十九顷五十五亩六分七厘；该乡三十一图，江西大车小车二圩分属永福县，该田一百三十五亩。其都狼隘以东与上下里满等圩仍属临桂县。

万历元年，提督两广殷正茂题，尚书王国光复：准该省清出猺獞占据田土，除平乐、荔浦、永安原系民田，拨还耕种办纳赋役外，其余俱拨今立土司募兵领种，每名给田十亩，其大小头目酌量加纳，三年后方行起科，每亩止征三升，照原分属县上纳，一应差徭，悉行蠲免。

七年，巡抚张任题：议催征未完参罚等则，止及州县而不及各府，要行改议。尚书张学颜复：准以梧州、南宁、浔州三府俱定为上等，桂林、太平、平乐、思恩军民四府俱定为中等，柳州、庆远二府俱定为下等。上林、永福二县原定上等，今改为中等；思恩县原定中等，今改为下等。以万历八年为始，各催征钱粮未完分数，悉照改定等则遵照施行。

臣等谨按：广西一省民无他业，公私取给惟田是资。顾猺獞盘踞出没无常，彼中编氓岁苦钞暴，往往病耕；土官凭籍世职，傲然恣睢，又多蚕食；其他则豪右占隐，厚产而薄输，下户包赔寸地而尺税；民穷赋逋，职此其由矣。今清丈法举，奸弊尽厘，诚得廉平有司久而任之，即土司峒□奉法恐后，而况于齐民哉。

## 《万历会计录》卷十三　云南布政司田赋

甲表35　　　　　　　　　　　　　　云南布政司田赋

| | 原额 | | 见额 |
|---|---|---|---|
| | 洪武年间 | 弘治年间 | 万历六年 |
| | (诸司职掌数) | (会典数) | (巡抚册报数) |
| 田土官民（亩） | 原无数目 | 363135.00 | 1799358.80[1] |
| 夏税 | | | |
| 麦（石）（存留） | 18730.00 | 33708.28[2] | 35579.21 |
| 内除土官准俸麦（石） | | | 11.94 |
| 实征麦（石）（存留） | | | 35567.26[3] |
| 秋粮 | | | |
| 米（石）（存留） | 58349.00 | 106913.00[4] | 107409.86[5] |
| 内除改入凤梧所没官米（石） | | | 150.07 |
| 并土官准俸米（石） | | | 136.74 |
| 实征米（石）（存留） | | | 107123.03 |
| 人户（户） | 59576.00 | 15950.00 | 135560.00 |
| 人口（口） | 259270.00 | 125955.00[6] | 1476692.00[7] |
| 户口盐钞银（两）（存留） | | | 442.26[8] |
| 差发米（石） | | | 9163.20 |
| 麦（石） | | | 78.75 |
| 金（两） | | | 66.67 |
| 银（两） | | | 8487.13 |
| 海肥（索） | | | 272377.00 |
| 棉绸（匹） | | | 15.00 |
| 棉布（段） | | | 1700.00 |
| 水牛（只） | | | 10.00 |
| 黄牛（只） | | | 26.00 |
| 马（匹） | | | 85.00 |
| 折色钞（锭） | | | 60.00[9] |

---

[1]原书此处注：比弘治增 14362 顷 23 亩 8 分零。
[2]原书此处注：比洪武原额增 14978.28 石。
[3]原书此处注：比弘治增 1858.98 石。
[4]原书此处注：比洪武原额增 48564 石。
[5]原书此处注：比弘治增 210.03 石。
[6]原书此处注：比洪武原额户减 43626，口减 133315。
[7]原书此处注：比弘治户增 119610，口增 1350737。
[8]原书此处注："以上税粮、盐钞，俱存留本处备用。"
[9]原书此处注："以上各项备买年例金两支用。"

| 云南府 | |
|---|---|
| 夏税 | |
| 麦（石） | 8404.74 |
| 秋粮 | |
| 米（石） | 25845.27 |
| 昆明县 | |
| 夏税 | |
| 麦（石） | 1834.55 |
| 秋粮 | |
| 米（石） | 5371.49 |
| 富民县 | |
| 夏税 | |
| 麦（石） | 517.89 |
| 秋粮 | |
| 米（石） | 864.93 |
| 宜良县 | |
| 夏税 | |
| 麦（石） | 649.84 |
| 秋粮 | |
| 米（石） | 1384.06 |
| 嵩明州 | |
| 夏税 | |
| 麦（石） | 1851.00 |
| 秋粮 | |
| 米（石） | 5459.69 |
| 晋宁州 | |
| 夏税 | |
| 麦（石） | 879.33 |
| 秋粮 | |
| 米（石） | 1881.42 |
| 归化县 | |
| 夏税 | |
| 麦（石） | 355.90 |
| 秋粮 | |
| 米（石） | 911.79 |
| 呈贡县 | |
| 夏税 | |
| 麦（石） | 613.44 |
| 秋粮 | |
| 米（石） | 1752.98 |
| 安宁州 | |
| 夏税 | |

| | |
|---|---|
| 麦（石） | 358.21 |
| 秋粮 | |
| 米（石） | 2890.21 |
| 罗次县 | |
| 夏税 | |
| 麦（石） | 180.90 |
| 秋粮 | |
| 米（石） | 1202.10 |
| 禄丰县 | |
| 夏税 | |
| 麦（石） | 248.49 |
| 秋粮 | |
| 米（石） | 804.02 |
| 昆阳州 | |
| 夏税 | |
| 麦（石） | 577.91 |
| 秋粮 | |
| 米（石） | 1787.04 |
| 三泊县 | |
| 夏税 | |
| 麦（石） | 202.93 |
| 秋粮 | |
| 米（石） | 614.24 |
| 易门县 | |
| 夏税 | |
| 麦（石） | 134.29 |
| 秋粮 | |
| 米（石） | 921.25 |
| 大理府 | |
| 夏税 | |
| 麦（石） | 9173.47 |
| 秋粮 | |
| 米（石） | 15652.92 |
| 差发银（两） | 56.12 |
| 棉绸（匹） | 15.00 |
| 棉布（段） | 1700.00 |
| 黄牛（只） | 5.00 |
| 马（匹） | 2.00 |
| 太和县 | |
| 夏税 | |
| 麦（石） | 2714.21 |
| 秋粮 | |
| 米（石） | 5070.61 |

| 赵州 | |
|---|---|
| **夏税** | |
| 麦（石） | 1344.58 |
| **秋粮** | |
| 米（石） | 2057.19 |
| 差发棉绸（匹） | 15.00 |
| 黄牛（只） | 5.00 |
| 每只折米（石） | 3.00 |
| 每石折银（两） | 0.70 |
| 马（匹） | 2.00 |
| 每匹折银（两） | 13.00 |

| 云南县 | |
|---|---|
| **夏税** | |
| 麦（石） | 1849.39 |
| **秋粮** | |
| 米（石） | 2709.37 |

| 邓川州 | |
|---|---|
| **夏税** | |
| 麦（石） | 988.31 |
| **秋粮** | |
| 米（石） | 1426.11 |

| 浪穹县 | |
|---|---|
| **夏税** | |
| 麦（石） | 1229.02 |
| **秋粮** | |
| 米（石） | 2598.67 |
| 差发棉布（段） | 500.00 |

| 宾川州 | |
|---|---|
| **夏税** | |
| 麦（石） | 1041.70 |
| **秋粮** | |
| 米（石） | 1776.15 |

| 云龙州 | |
|---|---|
| **秋粮** | |
| 差发银（两） | 56.12 |
| 棉布（段） | 1200.00 |

| 十二关长官司 | |
|---|---|
| **夏税** | |
| 麦（石） | 6.22 |
| **秋粮** | |
| 米（石） | 14.81 |

| 临安府 | |
|---|---|
| **夏税** | |

| 麦（石） | 1330.74 |
|---|---|
| **秋粮** | |
| 米（石） | 14774.61 |
| 户口盐钞银（两） | 134.96 |
| 差发米（石） | 1142.40 |
| 银（两） | 310.00 |
| 海䀉（索） | 221025.00 |

| 建水州 | |
|---|---|
| **夏税** | |
| 麦（石） | 240.52 |
| **秋粮** | |
| 米（石） | 2663.33 |
| 户口盐钞银（两） | 12.98 |
| 差发海䀉（索） | 13610.00 |
| 每8索8手折银（两） | 0.10 |

| 石屏州 | |
|---|---|
| **夏税** | |
| 麦（石） | 95.73 |
| **秋粮** | |
| 米（石） | 2183.02 |
| 户口盐钞银（两） | 15.98 |
| 差发海䀉（索） | 16000.00 |
| 每12索折银（两） | 0.10 |

| 阿迷州 | |
|---|---|
| **夏税** | |
| 麦（石） | 27.33 |
| **秋粮** | |
| 米（石） | 1159.58 |
| 户口盐钞银（两） | 16.61 |
| 差发米（石） | 449.40 |
| 每石折银（两） | 0.70 |

| 宁州 | |
|---|---|
| **夏税** | |
| 麦（石） | 203.93 |
| **秋粮** | |
| 米（石） | 1395.59 |
| 户口盐钞银（两） | 8.15 |
| 差发海䀉（索） | 7740.00 |
| 每12索折银（两） | 0.10 |

| 通海县 | |
|---|---|
| **夏税** | |
| 麦（石） | 249.26 |
| **秋粮** | |

| | | | | |
|---|---|---|---|---|
| 米（石） | 424.94 | 每石折银（两） | | 0.70 |
| 户口盐钞银（两） | 4.20 | **溪处甸长官司** | | |
| 差发海肥（索） | 5303.00 | 秋粮 | | |
| **河西县** | | 米（石） | | 424.20 |
| 夏税 | | 户口盐钞银（两） | | 7.89 |
| 麦（石） | 281.95 | 差发海肥（索） | | 79008.00 |
| 秋粮 | | 每8索8手折银（两） | | 0.10 |
| 米（石） | 1631.88 | **左能寨长官司** | | |
| 户口盐钞银（两） | 8.08 | 秋粮 | | |
| 差发海肥（索） | 9028.00 | 米（石） | | 55.20 |
| 每8索8手折银(两) | 0.10 | 户口盐钞银（两） | | 0.96 |
| **嶍峨县** | | 差发海肥（索） | | 9000.00 |
| 夏税 | | 每8索8手折银(两) | | 0.10 |
| 麦（石） | 203.28 | **王弄山长官司** | | |
| 秋粮 | | 秋粮 | | |
| 米（石） | 1963.49 | 米（石） | | 686.68 |
| 户口盐钞银（两） | 16.77 | 户口盐钞银（两） | | 3.59 |
| 差发海肥（索） | 17130.00 | 差发米（石） | | 130.20 |
| 每8索8手折银(两) | 0.10 | 每石折银（两） | | 0.70 |
| **蒙自县** | | **亏容甸长官司** | | |
| 夏税 | | 秋粮 | | |
| 麦（石） | 28.71 | 米（石） | | 98.28 |
| 秋粮 | | 户口盐钞银（两） | | 0.78 |
| 米（石） | 1565.97 | 差发海肥（索） | | 10000.00 |
| 户口盐钞银（两） | 22.06 | 每12索折银（两） | | 0.10 |
| 差发米（石） | 42.00 | **思陀甸长官司** | | |
| 每石折银(两) | 0.70 | 秋粮 | | |
| 金折银(两) | 50.00 | 米（石） | | 41.10 |
| 海肥（索） | 31355.00 | 户口盐钞银（两） | | 1.29 |
| 归并安南长官司海肥（索） | 2350.00 | 差发海肥（索） | | 15000.00 |
| 每8索8手折银(两) | 0.10 | 每8索8手折银(两) | | 0.10 |
| **纳楼茶甸长官司** | | **落恐甸长官司** | | |
| 秋粮 | | 秋粮 | | |
| 米（石） | 199.96 | 米（石） | | 20.33 |
| 户口盐钞银（两） | 11.12 | 户口盐钞银（两） | | 1.05 |
| 差发米（石） | 331.80 | 差发海肥（索） | | 5500.00 |
| 每石折银(两) | 0.70 | 每8索8手折银(两) | | 0.10 |
| 银（两） | 200.00 | **本府代管车人寨改设纳更山巡检司** | | |
| **教化三部长官司** | | 秋粮 | | |
| 秋粮 | | 米（石） | | 30.00 |
| 米（石） | 231.00 | 银（两） | | 60.00 |
| 户口盐钞银（两） | 3.39 | **楚雄府** | | |
| 差发米（石） | 189.00 | 夏税 | | |

| | |
|---|---|
| 麦（石） | 1854.70 |
| **秋粮** | |
| 米（石） | 7183.90 |
| 差发米（石） | 1471.69 |
| 银（两） | 241.70 |
| 黄牛（只） | 10.00 |
| 马（匹） | 2.00 |
| **楚雄县** | |
| **夏税** | |
| 麦（石） | 645.62 |
| **秋粮** | |
| 米（石） | 2835.30 |
| 差发米（石） | 404.88 |
| 每石折银(两) | 0.50 |
| 银（两） | 161.70 |
| **定边县** | |
| **夏税** | |
| 麦（石） | 87.15 |
| **秋粮** | |
| 米（石） | 358.23 |
| 差发米（石） | 315.00 |
| 每石折银(两) | 0.50 |
| **广通县** | |
| **夏税** | |
| 麦（石） | 349.56 |
| **秋粮** | |
| 米（石） | 1023.57 |
| 差发米（石） | 138.07 |
| 每石折银(两) | 0.70 |
| **定远县** | |
| **夏税** | |
| 麦（石） | 351.19 |
| **秋粮** | |
| 米（石） | 1079.50 |
| 差发米（石） | 217.35 |
| 每石折银(两) | 0.50 |
| **碣嘉县** | |
| **秋粮** | |
| 米（石） | 101.17 |
| 差发银（两） | 60.00 |
| **南安州** | |
| **夏税** | |
| 麦（石） | 97.38 |

| | |
|---|---|
| **秋粮** | |
| 米（石） | 626.80 |
| 差发米（石） | 221.55 |
| 每石折银（两） | 0.70 |
| **镇南州** | |
| **夏税** | |
| 麦（石） | 323.77 |
| **秋粮** | |
| 米（石） | 1159.30 |
| 差发米（石） | 174.83 |
| 每石折银（两） | 0.70 |
| 银（两） | 20.00 |
| 黄牛（只） | 10.00 |
| 每只折米（石） | 3.00 |
| 每石折银（两） | 0.70 |
| 马（匹） | 2.00 |
| 每匹折银（两） | 13.00 |
| **澂江府** | |
| **夏税** | |
| 麦（石） | 2172.27 |
| **秋粮** | |
| 米（石） | 5044.42 |
| 差发海肥（索） | 14972.00 |
| **河阳县** | |
| **夏税** | |
| 麦（石） | 930.52 |
| **秋粮** | |
| 米（石） | 1952.97 |
| 差发海肥（索） | 1764.00 |
| 每8索8手折银(两) | 0.10 |
| **江川县** | |
| **夏税** | |
| 麦（石） | 217.48 |
| **秋粮** | |
| 米（石） | 679.93 |
| 差发海肥（索） | 1730.00 |
| 每8索8手折银(两) | 0.10 |
| **阳宗县** | |
| **夏税** | |
| 麦（石） | 218.43 |
| **秋粮** | |
| 米（石） | 550.79 |
| 差发海肥（索） | 600.00 |

| | |
|---|---|
| 每8索8手折银(两) | 0.10 |
| **新兴州** | |
| **夏税** | |
| 麦（石） | 504.41 |
| **秋粮** | |
| 米（石） | 1117.75 |
| 差发海䏵（索） | 1758.00 |
| 每8索8手折银(两) | 0.10 |
| **路南州** | |
| **夏税** | |
| 麦（石） | 301.40 |
| **秋粮** | |
| 米（石） | 742.95 |
| 差发海䏵（索） | 9120.00 |
| 每8索8手折银(两) | 0.10 |
| **景东府** | |
| **秋粮** | |
| 米（石） | 1150.39 |
| 差发米（石） | 788.75 |
| 每石折银（两） | 0.70 |
| 银（两） | 300.00 |
| **广南府** | |
| **秋粮** | |
| 米（石） | 1005.61 |
| 差发米（石） | 718.00 |
| **本府代征** | |
| **秋粮** | |
| 米（石） | 758.34 |
| 差发米（石） | 277.50 |
| 每石折银（两） | 0.70 |
| **富州** | |
| **秋粮** | |
| 米（石） | 247.27 |
| 差发米（石） | 440.50 |
| 每石折银（两） | 0.70 |
| **广西府** | |
| **夏税** | |
| 麦（石） | 114.84 |
| **秋粮** | |
| 米（石） | 3186.58 |
| 差发米（石） | 2154.41 |
| 水牛（只） | 10.00 |
| **本府代征** | |

| | |
|---|---|
| **秋粮** | |
| 米（石） | 152.00 |
| **师宗州** | |
| **夏税** | |
| 麦（石） | 76.61 |
| **秋粮** | |
| 米（石） | 1274.00 |
| 差发米（石） | 1104.41 |
| 每石折银（两） | 0.70 |
| 水牛(只) | 10.00 |
| 每只折米（石） | 5.00 |
| 每石折银（两） | 0.70 |
| **弥勒州** | |
| **夏税** | |
| 麦（石） | 38.22 |
| **秋粮** | |
| 米（石） | 1181.67 |
| 差发米（石） | 1050.00 |
| 每石折银（两） | 0.70 |
| **维摩州** | |
| **秋粮** | |
| 米（石） | 578.90 |
| **镇沅府** | |
| 差发米（石） | 100.00 |
| 每石折银（两） | 0.70 |
| 银（两） | 650.00 |
| 折色钞（锭） | 60.00 |
| **永宁府** | |
| 差发马（匹） | 5.00 |
| 每匹折银（两） | 7.00 |
| **顺宣府** | |
| 差发银（两） | 450.00 |
| **曲靖军民府** | |
| **夏税** | |
| 麦（石） | 1329.45 |
| **秋粮** | |
| 米（石） | 6500.99 |
| 差发米（石） | 796.21 |
| **南宁县** | |
| **夏税** | |
| 麦（石） | 453.08 |
| **秋粮** | |
| 米（石） | 1320.88 |

| 亦左县 | |
|---|---|
| **夏税** | |
| 麦（石） | 65.94 |
| **秋粮** | |
| 米（石） | 92.63 |
| 差发米（石） | 380.31 |
| 每石折银(两) | 0.70 |

| 霑益州 | |
|---|---|
| **夏税** | |
| 麦（石） | 344.48 |
| **秋粮** | |
| 米（石） | 3374.20 |
| 差发米（石） | 56.70 |
| 每石折银(两) | 0.70 |

| 陆凉州 | |
|---|---|
| **夏税** | |
| 麦（石） | 167.69 |
| **秋粮** | |
| 米（石） | 633.85 |
| 差发米（石） | 48.30 |
| 每石折银(两) | 0.70 |

| 马龙州 | |
|---|---|
| **夏税** | |
| 麦（石） | 155.70 |
| **秋粮** | |
| 米（石） | 690.84 |
| 差发米（石） | 27.72 |
| 每石折银(两) | 0.70 |

| 罗雄州 | |
|---|---|
| **夏税** | |
| 麦（石） | 142.55 |
| **秋粮** | |
| 米（石） | 388.57 |
| 差发米（石） | 283.18 |
| 每石折银(两) | 0.70 |

| 姚安军民府 | |
|---|---|
| **夏税** | |
| 麦（石） | 1596.67 |
| **秋粮** | |
| 米（石） | 2042.04 |
| 户口盐钞银（两） | 307.30 |
| 差发米（石） | 1162.71 |

| 姚州 | |
|---|---|

| **夏税** | |
|---|---|
| 麦（石） | 961.24 |
| **秋粮** | |
| 米（石） | 1185.85 |
| 户口盐钞银（两） | 166.84 |
| 差发米（石） | 620.48 |
| 每石折银（两） | 0.50 |

| 大姚县 | |
|---|---|
| **夏税** | |
| 麦（石） | 635.42 |
| **秋粮** | |
| 米（石） | 856.19 |
| 户口盐钞银（两） | 140.45 |
| 差发米（石） | 542.22 |
| 每石折银（两） | 0.70 |

| 鹤庆军民府 | |
|---|---|
| **夏税** | |
| 麦（石） | 3355.86 |
| **秋粮** | |
| 米（石） | 3985.39 |
| 差发米（石） | 510.61 |
| 米折麦（石） | 78.75 |
| 银（两） | 90.00 |

| 本府代征 | |
|---|---|
| **夏税** | |
| 麦（石） | 1589.87 |
| **秋粮** | |
| 米（石） | 1273.16 |
| 差发米（石） | 226.80 |
| 每石折银（两） | 0.70 |

| 剑川州 | |
|---|---|
| **夏税** | |
| 麦（石） | 1706.16 |
| **秋粮** | |
| 米（石） | 2630.39 |
| 差发米（石） | 283.81 |
| 每石折银（两） | 0.70 |

| 顺州 | |
|---|---|
| **夏税** | |
| 麦（石） | 59.83 |
| **秋粮** | |
| 米（石） | 81.83 |
| 差发米折麦（石） | 78.75 |

| | |
|---|---|
| 每石折银（两） | 0.60 |
| 银（两） | 90.00 |
| **武定军民府** | |
| **夏税** | |
| 麦（石） | 430.28 |
| **秋粮** | |
| 米（石） | 3003.07 |
| 差发米（石） | 105.00 |
| 马（匹） | 20.00 |
| **和曲州** | |
| **夏税** | |
| 麦（石） | 130.66 |
| **秋粮** | |
| 米（石） | 890.03 |
| 马（匹） | 4.00 |
| 每匹折银（两） | 8.00 |
| **元谋县** | |
| **夏税** | |
| 麦（石） | 58.24 |
| **秋粮** | |
| 米（石） | 961.70 |
| 差发米（石） | 105.00 |
| 每石折银（两） | 0.70 |
| **禄劝州** | |
| **夏税** | |
| 麦（石） | 241.37 |
| **秋粮** | |
| 米（石） | 1151.33 |
| 马（匹） | 16.00 |
| 每匹折银（两） | 8.00 |
| **寻甸军民府** | |
| **夏税** | |
| 麦（石） | 606.60 |
| **秋粮** | |
| 米（石） | 2142.24 |
| 差发米（石） | 31.50 |
| 每石折银（两） | 0.35 |
| 马（匹） | 10.00 |
| 每匹折银（两） | 4.00 |
| **丽江军民府** | |
| **夏税** | |
| 麦（石） | 1639.56 |
| **秋粮** | |

| | |
|---|---|
| 米（石） | 774.13 |
| 差发米（石） | 166.16 |
| 马（匹） | 31.00 |
| **通安州** | |
| **夏税** | |
| 麦（石） | 992.29 |
| **秋粮** | |
| 米（石） | 351.52 |
| 差发米（石） | 166.16 |
| 每石折银（两） | 0.70 |
| 马（匹） | 9.00 |
| 每匹折银（两） | 7.00 |
| **宝山州** | |
| **夏税** | |
| 麦（石） | 127.78 |
| **秋粮** | |
| 米（石） | 93.87 |
| 马（匹） | 7.00 |
| 每匹折银（两） | 7.00 |
| **兰州** | |
| **夏税** | |
| 麦（石） | 228.74 |
| **秋粮** | |
| 米（石） | 63.50 |
| 马（匹） | 7.00 |
| 每匹折银（两） | 7.00 |
| **巨津州** | |
| **夏税** | |
| 麦（石） | 267.85 |
| **秋粮** | |
| 米（石） | 232.63 |
| 马（匹） | 5.00 |
| 每匹折银（两） | 7.00 |
| **临西县** | |
| **夏税** | |
| 麦（石） | 22.89 |
| **秋粮** | |
| 米（石） | 32.60 |
| 马（匹） | 3.00 |
| 每匹折银（两） | 7.00 |
| **元江军民府所属因远罗必甸长官司** | |
| **秋粮** | |
| 米（石） | 1930.21 |

| | |
|---|---|
| 差发银（两） | 102.40 |
| 海贝（索） | 36380.00 |
| 每8索8手折银（两） | 0.10 |
| **蒙化府** | |
| **夏税** | |
| 麦（石） | 1940.32 |
| **秋粮** | |
| 米（石） | 2911.52 |
| **永昌军民府** | -- |
| **夏税** | |
| 麦（石） | 554.61 |
| **秋粮** | |
| 米（石） | 7871.79 |
| 差发米（石） | 15.75 |
| 差发银（两） | 542.70 |
| 黄牛（只） | 11.00 |
| 马（匹） | 11.00 |
| **保山县** | |
| **夏税** | |
| 麦（石） | 315.87 |
| **秋粮** | |
| 米（石） | 2442.04 |
| 差发黄牛（只） | 9.00 |
| 每只折米(石) | 3.00 |
| 每石折银(两) | 0.70 |
| **永平县** | |
| **夏税** | |
| 麦（石） | 131.99 |
| **秋粮** | |
| 米（石） | 927.42 |
| **腾越州** | |
| **秋粮** | |
| 米（石） | 3846.65 |
| 差发银（两） | 434.70 |
| **施甸长官司** | |
| **夏税** | |
| 麦（石） | 81.12 |
| **秋粮** | |
| 米（石） | 454.73 |
| 差发米（石） | 15.75 |
| 每石折银（两） | 0.70 |
| 黄牛（只） | 2.00 |
| 每只折米（石） | 3.00 |

| | |
|---|---|
| 每石折银（两） | 0.70 |
| 马（匹） | 11.00 |
| 共折银（两） | 133.00 |
| **凤溪长官司** | |
| **夏税** | |
| 麦（石） | 25.62 |
| **秋粮** | |
| 米（石） | 200.94 |
| **永昌所** | |
| 差发银（两） | 108.00 |
| **北胜州** | |
| **夏税** | |
| 麦（石） | 1063.07 |
| **秋粮** | |
| 米（石） | 1542.60 |
| 差发银（两） | 352.20 |
| **新化州** | |
| **秋粮** | |
| 米（石） | 504.89 |
| 差发银（两） | 450.00 |
| **蔻蒗州** | |
| 差发银（两） | 60.00 |
| **者乐甸长官司** | |
| **秋粮** | |
| 米（石） | 70.35 |
| 差发银（两） | 240.00 |
| **威远州** | |
| 差发银（两） | 400.00 |
| **干崖宣抚司** | |
| 差发银（两） | 100.00 |
| **南甸宣抚司** | |
| 差发银（两） | 100.00 |
| **本邦宣慰司** | |
| 差发银（两） | 1400.00 |
| **陇川宣抚司** | |
| 差发银（两） | 400.00 |
| **芒市长官司** | |
| 差发银（两） | 100.00 |
| **孟定府** | |
| 差发银（两） | 600.00 |
| **潞江安抚司** | |
| 差发银（两） | 142.00 |
| **湾甸州** | |

| | |
|---|---|
| 差发银（两） | 150.00 |
| **大候州** | |
| 差发银（两） | 200.00 |
| **孟琏长官司** | |
| 差发银（两） | 200.00 |
| **镇康州** | |
| 差发银（两） | 100.00 |
| **车里宣慰司** | |
| 差发金（两） | 50.00 |
| **孟养宣慰司** | |
| 差发银（两） | 750.00 |
| **孟艮府** | |
| 差发金（两） | 16.67 |
| **钮兀长官司** | |
| 差发马（匹） | 4.00 |
| 每匹折银（两） | 10.00 |

## 云南布政司田赋沿革事例

洪武二十四年奏：准云南攒造黄册，除流官及上官驯熟府分依式攒造外，其土官用事边远顽野之处田甲粮，不拘定式听从实编造。

正统七年，布政戴新奏：近征麓川叛贼思任发，岁收税粮不够岁用。尚书王佐复：差郎中李通往四川，主事沈翼往湖广，各偿运粮米二万石到曲靖、云南二府仓交收，听备兵部尚书王骥、总兵沐昂支用。

九年，尚书王佐复布政王豫奏，该省税粮一十二万有零，每年被无籍军民前去管事官处包揽下乡征收银两、牛马等货，止将一二分交纳，不惟钱粮不完，所属夷人亦受其害，乞行禁革。仍令本司参政、参议轮流二员专一督征税粮。

十一年，参议王善等奏：云南所属临安等府自麓川用兵以后，人民艰难，该纳税粮止带马牛等物变卖籴米上仓，又遇米价高贵不能完纳。查得武职官员见今买马操备，就将前物给与指挥千百户等官，准作俸粮，以此节年拖欠少完，合无不为常例。每年自九月中起至二月终止，许其各照彼中时价两平兑与卫所官员，扣算该用粮数，余月仍收本色上仓。尚书王佐复。

弘治五年，尚书叶淇题：据抚按会题，该省卫所将军田盗报入有司田四万八千七百七十亩一分，合给还军屯种，其有司民田册内照数开豁。

正德十二年，巡按刘士元题：云南所属额办夏税麦共八万二千五十九石六斗七升五合零，秋粮米四十二万九千九百石九斗七升九合零，差发金六十六两六钱七分，银八千五百九十九两九钱六厘七毫，海肥二十三万五千九百九十七索一十六手，米九千一百一十三石二斗五合。米折麦七十八石七斗五升；紬一十五匹，布一千七百段，钞六十锭，牛三十六只，折米一百二十八石；马八十五匹，折银六百九十四两。鱼课米八千三十二石一斗，麦四千四百三十石九斗。商课钞五十六万一千四百七贯九百文，海肥二十九万四千四百四十六索，米六百三十六石六斗五升六合，小麦八百四十四石七斗六升九合，盐一万九千九百五斤八两，麻布五十二匹，段长一百五十二丈。酒课钞八万三百六十四贯五百文，米七石二斗，盐五百一斤，麻布一百一十匹，段长一百九十九丈二尺。窑课钞六千七百八十贯，房地租四千七百一十六贯二百文，海肥六百三十二索八手，稻谷二石三斗五升二合。果园课钞二万八千四百三十一贯，米九石八斗七升；松子课钞三百贯，海肥二千二百一十二索，米二百五十六石九斗三升三合。在先概行分守官员带管，遇有斋捧升迁，动妨职业，查得本省设有管理盐法参政一员，岁征额盐止有五万七千九百六十五引一百一十二斤八两，布七百五十六匹，政务不多，合无敕令督理粮储兼管盐法。尚书石介复准。

嘉靖十八年，本部题：据抚按会题，奉诏蠲免该省本年分钱粮三分。查照嘉靖十三年减免折补事规，军卫税粮每石折银四钱，有司税粮每石折银五钱，共减去银六万八千五百八十四两四钱零。查系岁用之数，合无将见贮均徭、柴马等项银一千二百四十八两，先与抵补。仍查自十六年六月起至本年六月止，收贮缺官、斋膳、柴马、赃罚纸赎等银，随宜处补不足，将工部近奏止开纳事例以文到日为始，仍行召纳补足，即奏停止。

二十九年，巡抚顾应祥题：该省国初设立土官原无赋役，止将所属人户任役应差出办金银、米帛、牛马、海肥之类，岁有定额，谓之差发。后渐改设流官，增立里甲、均徭、税粮、驿站，而差发之征仍前不减。甚有人户故绝或地基典卖与人已十余辈，犹存初主之名，照数督并。其土官夷民又多恃顽，十无一完，独苦内地夷民，乞与除豁。本部复：令勘议，仍督催外地夷民上纳，不得独累内地。

隆庆三年，巡抚陈大宾题：将和曲、禄劝二州、元谋一县，近被夷贼凤继祖残扰灾疲，拖欠税粮差发并工部花斑竹价四项，自隆庆二年以前尽数蠲免，仍自本年起照依流移复业事例，暂免三年，以后照旧科征。尚书刘体乾复准。

臣等谨按：云南岁额多系存□，故其赋易共□是差发之征。随地定等，其轻者输贝，则一贝为庄，四庄为手，四手为苗，五苗为索；其次输米麦、布币、马牛，其重输金。缘地用土官，俗难遽变，自流官改治，则有里甲、税粮、徭役之设，而差发如故，民称困焉。其敝也，贫民纳无地之粮，豪家享无粮之产，盖地远禁疏，故赋役不均较之中土尤甚。顷奉明旨，清丈田粮，包赔隐占之弊一扫而更之，即有差发何至重困哉？至若莽酋罕拔诸夷性习仇杀，惟当以不治治之，是在司土之臣与世守之臣均任其责耳。

## 《万历会计录》卷十四　贵州布政司田赋 *附协济*

甲表 37　　　　　　　　　　　　贵州布政司田赋[1]

| | 原额 | 现额 |
|---|---|---|
| | 弘治年间 | 万历六年 |
| | （会典数） | （巡抚册报数） |
| 田土[2]（亩） | | 516686.30 |
| **夏税** | | |
| 麦荍（石）（存留） | 255.45 | 266.82[3] |
| 洞蛮麻布（条）（存留） | | 259.00[4] |
| **秋粮** | | |
| 米（石）（存留） | 47442.25 | 50541.96[5] |
| 人户（户） | 43367.00 | 43405.00 |
| 人口（口） | 258693.00 | 290972.00[6] |
| 户口盐钞银（两） | | 5.83 |
| 遇闰加银（两）（存留） | | 0.50 |

---

[1] 原书此处注："永乐十九年始设。"

[2] 原书在弘治年间田土处注："原无丈量顷亩，每随该纳粮差，俱于土官名下总行认纳"；原书在万历六年见见额田土处注：除思南石阡铜仁黎平等府，贵州宣慰司，清平凯里安抚司额无顷亩外。贵阳府平伐长官司，思州镇远都匀等府，安顺普安等州，龙里新添平越叁军民卫共 516686.3 亩。

[3] 原书此处注：比原额增 11.36 石。

[4] 原书中说明：每条长 2 丈，阔 1 尺。

[5] 原书此处注：比原额增 3099.71 石，以上税粮、麻布俱存留本省备用。

[6] 原书此处注：隆庆六年黄册数比原额户增 38，口增 32279。

## 甲表38　　贵州布政司分府县田赋

| 贵阳府 | |
|---|---|
| 夏税 | |
| 麦菽（石） | 6.95 |
| 秋粮 | |
| 米（石） | 6912.95 |
| 户口盐钞银（两） | 0.27 |
| 遇闰加银（两） | 0.02 |
| 本官寨长官司 | |
| 秋粮 | |
| 米（石） | 15.83 |
| 通州寨长官司 | |
| 秋粮 | |
| 米（石） | 15.00 |
| 金筑安抚司 | |
| 秋粮 | |
| 米（石） | 2471.80 |
| 程番长官司 | |
| 秋粮 | |
| 米（石） | 643.52 |
| 上马桥长官司 | |
| 秋粮 | |
| 米（石） | 153.43 |
| 小程番长官司 | |
| 秋粮 | |
| 米（石） | 202.12 |
| 庐番长官司 | |
| 秋粮 | |
| 米（石） | 179.82 |
| 方番长官司 | |
| 秋粮 | |
| 米（石） | 283.16 |
| 韦番长官司 | |
| 秋粮 | |
| 米（石） | 283.16 |
| 洪番长官司 | |
| 秋粮 | |
| 米（石） | 254.04 |
| 卧龙番长官司 | |
| 秋粮 | |
| 米（石） | 473.19 |
| 大龙番长官司 | |
| 秋粮 | |

| 米（石） | 270.33 |
|---|---|
| 小龙番长官司 | |
| 秋粮 | |
| 米（石） | 261.49 |
| 金石番长官司 | |
| 秋粮 | |
| 米（石） | 323.50 |
| 罗番长官司 | |
| 秋粮 | |
| 米（石） | 241.29 |
| 庐山长官司 | |
| 秋粮 | |
| 米（石） | 245.33 |
| 木瓜长官司 | |
| 秋粮 | |
| 米（石） | 96.33 |
| 麻响长官司 | |
| 秋粮 | |
| 米（石） | 36.38 |
| 大华长官司 | |
| 秋粮 | |
| 米（石） | 70.62 |
| 贵竹长官司 | |
| 夏税 | |
| 麦菽（石） | 6.95 |
| 秋粮 | |
| 米（石） | 151.53 |
| 平伐长官司 | |
| 秋粮 | |
| 米（石） | 241.00 |
| 思南府 | |
| 秋粮 | |
| 米（石） | 1859.11 |
| 户口盐钞银（两） | 1.74 |
| 遇闰加银（两） | 0.14 |
| 水德江长官司 | |
| 秋粮 | |
| 米（石） | 629.85 |
| 蛮夷长官司 | |
| 秋粮 | |
| 米（石） | 308.46 |
| 沿河祐溪长官司 | |
| 秋粮 | |

362

| | | | |
|---|---|---|---|
| 米（石） | 187.62 | 米（石） | 101.98 |
| **朗溪蛮夷长官司** | | **铜仁府** | |
| 秋粮 | | 夏税 | |
| 米（石） | 61.25 | 洞蛮麻布（条） | 259.00 |
| **印江县** | | 秋粮 | |
| 秋粮 | | 米（石） | 1188.68 |
| 米（石） | 321.41 | 户口盐钞银（两） | 0.90 |
| **婺川县** | | 遇闰加银（两） | 0.07 |
| 秋粮 | | **铜仁长官司** | |
| 米（石） | 350.51 | 夏税 | |
| **石阡府** | | 洞蛮麻布（条） | 259.00 |
| 秋粮 | | 秋粮 | |
| 米（石） | 851.79 | 米（石） | 489.64 |
| 户口盐钞银（两） | 0.36 | **省溪长官司** | |
| 遇闰加银（两） | 0.03 | 秋粮 | |
| **石阡长官司** | | 米（石） | 251.00 |
| 秋粮 | | **提溪长官司** | |
| 米（石） | 292.63 | 秋粮 | |
| **龙泉坪长官司** | | 米（石） | 110.75 |
| 秋粮 | | **大万山长官司** | |
| 米（石） | 212.84 | 秋粮 | |
| **葛彰葛商长官司** | | 米（石） | 9.90 |
| 秋粮 | | **乌罗长官司** | |
| 米（石） | 186.81 | 秋粮 | |
| **苗民长官司** | | 米（石） | 235.55 |
| 秋粮 | | **平头著可长官司** | |
| 米（石） | 159.51 | 秋粮 | |
| **思州府** | | 米（石） | 91.83 |
| 秋粮 | | **镇远府** | |
| 米（石） | 840.51 | 秋粮 | |
| 户口盐钞银（两） | 0.16 | 米（石） | 807.67 |
| 遇闰加银（两） | 0.03 | 户口盐钞银（两） | 0.21 |
| **都坪峨异溪蛮夷长官司** | | 遇闰加银（两） | 0.01 |
| 秋粮 | | **邛水一十五洞蛮夷长官司** | |
| 米（石） | 281.66 | 秋粮 | |
| **黄道溪长官司** | | 米（石） | 249.69 |
| 秋粮 | | **偏桥长官司** | |
| 米（石） | 322.58 | 秋粮 | |
| **都素蛮夷长官司** | | 米（石） | 243.11 |
| 秋粮 | | **镇远县** | |
| 米（石） | 134.28 | 秋粮 | |
| **施溪长官司** | | 米（石） | 253.98 |
| 秋粮 | | **施秉县** | |

| | |
|---|---|
| 秋粮 | |
| 米（石） | 60.88 |

| 都匀府 | |
|---|---|
| 秋粮 | |
| 米（石） | 5007.87 |
| 户口盐钞银（两） | 0.14 |
| 遇闰加银（两） | 0.01 |

| 都匀长官司 | |
|---|---|
| 秋粮 | |
| 米（石） | 847.00 |

| 邦水长官司 | |
|---|---|
| 秋粮 | |
| 米（石） | 279.50 |

| 平浪长官司 | |
|---|---|
| 秋粮 | |
| 米（石） | 516.00 |

| 平州六洞长官司 | |
|---|---|
| 秋粮 | |
| 米（石） | 665.00 |

| 麻哈州 | |
|---|---|
| 秋粮 | |
| 米（石） | 311.85 |

| 平定长官司 | |
|---|---|
| 秋粮 | |
| 米（石） | 263.00 |

| 乐平长官司 | |
|---|---|
| 秋粮 | |
| 米（石） | 266.42 |

| 独山州 | |
|---|---|
| 秋粮 | |
| 米（石） | 764.20 |

| 丰宁长官司 | |
|---|---|
| 秋粮 | |
| 米（石） | 450.00 |

| 合江州陈蒙烂土长官司 | |
|---|---|
| 秋粮 | |
| 米（石） | 439.00 |

| 清平县 | |
|---|---|
| 秋粮 | |
| 米（石） | 205.89 |

| 黎平府 | |
|---|---|
| 秋粮 | |
| 米（石） | 2621.99 |

| 户口盐钞银（两） | 0.43 |
|---|---|
| 遇闰加银（两） | 0.03 |

| 潭溪蛮夷长官司 | |
|---|---|
| 秋粮 | |
| 米（石） | 436.00 |

| 八舟蛮夷长官司 | |
|---|---|
| 秋粮 | |
| 米（石） | 198.17 |

| 洪州泊里长官司 | |
|---|---|
| 秋粮 | |
| 米（石） | 397.40 |

| 古州蛮夷长官司 | |
|---|---|
| 秋粮 | |
| 米（石） | 260.00 |

| 曹滴洞蛮夷长官司 | |
|---|---|
| 秋粮 | |
| 米（石） | 363.84 |

| 新化蛮夷长官司 | |
|---|---|
| 秋粮 | |
| 米（石） | 117.58 |

| 欧阳蛮夷长官司 | |
|---|---|
| 秋粮 | |
| 米（石） | 63.04 |

| 亮寨蛮夷长官司 | |
|---|---|
| 秋粮 | |
| 米（石） | 149.49 |

| 中林验洞蛮夷长官司 | |
|---|---|
| 秋粮 | |
| 米（石） | 64.00 |

| 龙里蛮夷长官司 | |
|---|---|
| 秋粮 | |
| 米（石） | 135.43 |

| 湖耳蛮夷长官司 | |
|---|---|
| 秋粮 | |
| 米（石） | 45.00 |

| 赤溪湳洞长官司 | |
|---|---|
| 秋粮 | |
| 米（石） | 20.00 |

| 永从县 | |
|---|---|
| 秋粮 | |
| 米（石） | 372.02 |

| 安顺州 | |
|---|---|
| 秋粮 | |

| | |
|---|---|
| 米（石） | 5247.80 |
| 户口盐钞银（两） | 0.10 |
| 遇闰加银（两） | 0.01 |
| **本州管下五起十三枝等寨** | |
| 秋粮 | |
| 米（石） | 1787.64 |
| **宁古寨长官司** | |
| 秋粮 | |
| 米（石） | 1738.16 |
| **西堡长官司** | |
| 秋粮 | |
| 米（石） | 1722.00 |
| **镇宁州** | |
| 秋粮 | |
| 米（石） | 2606.44 |
| 户口盐钞银（两） | 0.07 |
| 遇闰加银（两） | 0.01 |
| **本州管下火烘寨** | |
| 秋粮 | |
| 米（石） | 554.50 |
| **十二营长官司** | |
| 秋粮 | |
| 米（石） | 1695.44 |
| **康佐长官司** | |
| 秋粮 | |
| 米（石） | 356.50 |
| **永宁州** | |
| 秋粮 | |
| 米（石） | 2294.46 |
| 户口盐钞银（两） | 0.10 |
| 遇闰加银（两） | 0.01 |
| **本州管下打罕等寨** | |
| 秋粮 | |
| 米（石） | 821.69 |
| **顶营长官司** | |
| 秋粮 | |
| 米（石） | 720.00 |
| **慕役长官司** | |
| 秋粮 | |
| 米（石） | 752.76 |
| **普安州** | |
| 夏税 | |
| 小麦(石) | 232.75 |

| | |
|---|---|
| 秋粮 | |
| 米（石） | 3167.81 |
| 户口盐钞银（两） | 1.06 |
| 遇闰加银（两） | 0.09 |
| **贵州宣慰使司** | |
| 夏税 | |
| 麦菽（石） | 25.51 |
| 秋粮 | |
| 米（石） | 8203.53 |
| 户口盐钞银（两） | 0.25 |
| 遇闰加银（两） | 0.02 |
| **本司官目下** | |
| 夏税 | |
| 麦菽（石） | 3.33 |
| 秋粮 | |
| 米（石） | 6858.82 |
| **水东长官司** | |
| 秋粮 | |
| 米（石） | 465.43 |
| **龙里长官司** | |
| 夏税 | |
| 麦菽（石） | 4.83 |
| 秋粮 | |
| 米（石） | 150.00 |
| **底寨长官司** | |
| 夏税 | |
| 麦菽（石） | 3.00 |
| 秋粮 | |
| 米（石） | 73.65 |
| **乖西蛮夷长官司** | |
| 秋粮 | |
| 米（石） | 161.00 |
| **养龙坑长官司** | |
| 夏税 | |
| 麦菽（石） | 2.50 |
| 秋粮 | |
| 米（石） | 65.00 |
| **青山长官司** | |
| 夏税 | |
| 麦菽（石） | 6.00 |
| 秋粮 | |
| 米（石） | 123.38 |
| **剖佐长官司** | |

| 夏税 | |
|---|---|
| 麦莜（石） | 5.85 |
| 秋粮 | |
| 米（石） | 68.50 |
| 白纳长官司 | |
| 秋粮 | |
| 米（石） | 165.84 |
| 中曹蛮夷长官司 | |
| 秋粮 | |
| 米（石） | 71.90 |
| 龙里卫大平伐长官司 | |
| 秋粮 | |
| 米（石） | 438.50 |
| 新添卫 | |
| 秋粮 | |
| 米（石） | 937.56 |
| 新添长官司 | |
| 秋粮 | |
| 米（石） | 480.74 |
| 小平伐长官司 | |
| 秋粮 | |
| 米（石） | 182.52 |
| 把平寨长官司 | |
| 秋粮 | |
| 米（石） | 81.30 |
| 丹平长官司 | |
| 秋粮 | |
| 米（石） | 133.00 |
| 丹行长官司 | |
| 秋粮 | |
| 米（石） | 60.00 |
| 平越卫 | |
| 秋粮 | |
| 米（石） | 780.60 |
| 本卫管下高平寨军人李整下 | |
| 秋粮 | |
| 米（石） | 150.00 |
| 杨义长官司 | |
| 秋粮 | |
| 米（石） | 630.60 |
| 清平凯里安抚司 | |
| 秋粮 | |
| 米（石） | 62.14 |

| 贵州等二十一卫所官军旗舍买种夷民田土照例认纳起科粮米 | |
|---|---|
| 夏税 | |
| 科粮（石） | 6712.46 |
| 麦（石） | 1.60 |
| 贵州卫 | |
| 夏税 | |
| 科粮（石） | 442.16 |
| 贵州前卫 | |
| 夏税 | |
| 科粮（石） | 261.61 |
| 毕节卫 | |
| 夏税 | |
| 科粮（石） | 1115.71 |
| 乌罗卫[1] | |
| 夏税 | |
| 科粮（石） | 405.40 |
| 赤水卫 | |
| 夏税 | |
| 科粮（石） | 674.19 |
| 永宁卫 | |
| 夏税 | |
| 科粮（石） | 286.86 |
| 威清卫 | |
| 夏税 | |
| 科粮（石） | 199.16 |
| 平坝卫 | |
| 夏税 | |
| 科粮（石） | 162.24 |
| 普定卫 | |
| 夏税 | |
| 科粮（石） | 798.32 |
| 安庄卫 | |
| 夏税 | |
| 科粮（石） | 182.03 |
| 安南卫 | |
| 夏税 | |
| 科粮（石） | 497.14 |
| 普安卫 | |
| 夏税 | |
| 科粮（石） | 1095.05 |

[1] 原书卫名残缺，所载乌□卫，据谭其骧《中国历史地图集》第七册《贵州》补，第80-81页。

| 棉布（匹） | 80000.00 |
|---|---|
| 准米（石） | 40000.00 |

| 龙里卫 | |
|---|---|
| **夏税** | |
| 科粮(石) | 71.87 |

| 新添卫 | |
|---|---|
| **夏税** | |
| 科粮(石) | 161.28 |

| 平越卫 | |
|---|---|
| **夏税** | |
| 科粮(石) | 34.15 |

| 清平卫 | |
|---|---|
| **夏税** | |
| 科粮(石) | 8.07 |

| 兴隆卫 | |
|---|---|
| **夏税** | |
| 科粮(石) | 71.03 |

| 都匀卫 | |
|---|---|
| **夏税** | |
| 科粮(石) | 189.46 |

| 黄平所 | |
|---|---|
| **夏税** | |
| 科粮(石) | 7.98 |

| 普市所 | |
|---|---|
| **夏税** | |
| 科粮(石) | 48.68 |

| 平夷千户所军人帅谅下 | |
|---|---|
| **夏税** | |
| 麦（石） | 1.60 |

### 附：湖广四川协济银粮

| 湖广长沙衡州贰府郴州壹州 | |
|---|---|
| **秋粮** | |
| 内征解贵州司库折银米（石） | 102400.00 |
| 该银（两） | 30720.00 |

| 四川叙州重顺等府 | |
|---|---|
| **秋粮** | |
| 内征解贵州司库折银米（石） | 50000.00 |
| 该银（两） | 15000.00 |
| 棉布（匹） | 60000.00 |
| 准米（石） | 30000.00 |
| 永宁卫仓 | |
| 折银米（石） | 5000.00 |
| 该银（两） | 1500.00 |

## 贵州布政司田赋沿革事例

洪武二十四年奏：准贵州宣慰司免造黄册。

洪熙元年，令贵州宣慰司诸种人免征户口盐钞。

正统四年，免征贵州镇远等府盐钞。

十四年，洪江等处苗贼生发。本部奏：准拨四川粮米二十万石，云南折粮银三万两，前去协济应用。

景泰元年，尚书金濂复左参议尹弼奏：急缺粮储，将本年额派湖广、四川粮米各十万石，并云南一万五千石外，再于湖广秋粮起运南京四十万石内，改拨十万石，四川再拨十万石，云南于附近有粮去处再拨一万石，运赴卫所仓分济用。

三年，巡抚蒋琳题：先该兵部尚书王骥奏准于四川税粮内，折征棉布二十六万一千七百一十二匹，准米一十三万八百五十六石，运贮本司丰济库及永宁卫库，作普定等十三卫所官军折色俸粮；湖广税粮内折征棉布二十万匹，准米十万石，运贮镇远府库，作兴隆等七卫所官军折色俸粮，已为常例。后因苗贼生发，该巡按黄镐奏将二省布粮内改征本色粮米各五万石，棉布暂且住运。至今二三年来，官军折色不敷，乞将景泰四年分令二省照旧折征布匹如前。布粗重，每二匹折银三钱，运送轻赍应用。尚书金濂复准。

成化二年，巡抚李浩条奏：所属府州县及宣慰等司税粮拖欠数多，乞行巡按并按察司比较实收通关，如年终不完，将管粮官员照例住俸，目把人等依律拟断，若有侵欺等弊，从重究治。又铜仁长官岁纳夏税洞蛮麻布二百五十九条有零，龙番、金筑额办官抽茶芽共二十九斤九钱有零，俱粗恶不堪折支官军俸粮，乞照彼中时价，每布一条，折钞二十五贯；茶一斤，折钞一十二贯上纳。尚书马昂复：将前议依拟，其折收钞贯事体有无相宜，令抚按二司从长查议具奏。

本年布政萧俨等奏：贵州所属土官无俸可住，乞行该司催粮官员，以后比较如延至一年之上未完者，将土流官吏、目把人等，参照违限提问。其长官，原系六品，就照流官六品以下拿问事例；宣慰、宣抚系五品以上免提，仍照违限杖罪纳赎；若至三四年不完者，许奏请提问如律，监追完日，流官方许支俸，土官方许管事。尚书马昂复议：近用土官目把人等随征，姑暂免提。行令该司催粮官员比并，候至成化四年秋过限不完，将土流官吏、目把人等提问如律。其慰抚长官各取违限的本招服缴报，如违至四年不完，指名奏提施行。

四年，巡抚陈宜题：黎平府仓米至一万六千余石，岁支止用二百石，镇远府仓米至三千五百余石，岁支止用一百六十石，诚恐陈折，合令就近放与湖广五开、镇远二卫官军，转行湖广，照数每石征银三钱，解还备用。其二府本年仓粮，全征折色，每石定银三钱，五年以后仍征本色，定拨该粮仓分上纳。尚书杨鼎复准。

九年，巡抚宋钦题：四川运纳永宁仓折粮棉布，见贮三十万六千四百余匹，放支永宁、乌撒、赤水、毕节四卫、普市一所官军折色俸粮，每岁不过三万余匹。及查本司丰济库贮布匹折放威清等一十四卫一所，见今止有九千八百三十五匹，不敷。乞于前仓布内挪移一十四万匹，运赴该库贮放，不足再行搬运。巡抚杨鼎复：令不为常例搬运一十万匹支用，仍查十五卫所税粮籽粒因何缺少，若前布支用尽绝，先要扣算永宁等五卫所，有无够用，方许再搬。

十五年，巡抚陈俨题：川湖岁解折粮银两，原例银三钱，折米一石；缘本地米少，就遇贱时，一石亦要银五、六钱，所司虑恐亏损岁计，不敢支买；及遇有事，如往年将银二、三两，欲买米一石，至无卖者。合无今后若遇丰年，计银一两可买米二石或二石以上，就着落缺粮卫所约算，以预积数年之用为率，令掌印管屯官赴司，酌量其地出产米粮多寡，相应领银若干，照依时价两平收买，另作一廒，非遇警急，只将见纳仓粮及折粮银布兼支，不许于内擅动升合，如年久恐致腐烂，方许放与官军，依数抵换新米收贮备用。若是银一两买米不及二石者，不许妄费银两。侍郎殷谦复准。

十六年，知府邓廷瓒奏：程番所属金筑等十七司额粮六千五百一十石一斗有零，内金筑于天顺三年奏免一千一百九石三斗，乞照旧除豁。其各司岁纳内有番民粮、有苗民粮、有无征粮，番民粮止有一千五百余石，俱征本色，运赴丰济仓上纳；其苗民无征粮米，暂照先年巡抚宋钦题准事例，折收苗银五钱，或大布二匹折粮一石，以苏民力。尚书陈钺复：令勘议具奏。

本年参议占正奏：贵州所管田无顷亩，粮无科，则止凭诸苗认纳。今勘得曹滴洞原认秋粮四百五十八石零，正统七年生苗苗宗兵等杀夺傅隆、直蒲等处，无征米九十一石四斗；西山阳洞原认秋粮二十八石五斗，正统十五年生苗田住等杀占地方，粮俱无征。尚书陈钺复：行查勘，若有违碍，照旧纳粮。

二十二年，本部题：先于成化二十一年，湖广巡抚马驯奏将贵州折粮银两一半，改征本色，以备襄阳赈济。今都督金事吴经奏，要取回备用。合行两省抚按会议，如襄阳有收，照数拨回；如贵州罢兵，襄阳尚饥，且留备赈。

弘治六年，巡抚邓廷瓒奏：四川重庆等府拖欠折粮银布数多。尚书叶淇复：将违慢官吏住俸，督催完日方准开支。

十二年，本部题：先因巡抚邓廷瓒奏，行乞运湖广粮十万二千四百石，四川粮八万石，以供军储。今巡按钱钺、张淳等，要比前例，于折银粮布内改征本色，湖广五万石，四川四万石，分送都匀八分，清平二分，各贮备用；其余仍征银布。但贵州道路崎岖，舟楫不通，搬运艰难，今照旧折征。

正德七年，巡抚魏英题：勘过铜仁长官司长官李椿所奏，原额丁秋粮四百八十五石八斗九升五合，节因镇筸苗贼攻劫桃映、桃臭、寅兜、瓮苔、木抱、扣苔等七十余寨，田地抛荒，遗下丁秋粮二百三十三石六斗四升，无从出纳。尚书孙交复：暂宽免，仍行抚按并守巡及管粮、管屯土官，作急用心，招抚复业，成熟之日，照旧征粮。

十二年，巡抚邹文盛题：贵州屯秋税粮共一十四万二千四百五十余石，余皆仰给川广折粮银布，自弘治十八年至正德九年，湖广巡抚韩重、秦金因采大木，奏留银粮，至今未解。又因正德五年湖广总兵毛伦奏缺军饷，借过贵州库银十万两及四川银布，拖欠数多。尚书石介复：令二省上紧督并征解，其湖广借银，如一时辏还十万两不及，先尽五万两解用，不许拖延。

嘉靖三年，巡抚杨一淓题：川湖协济钱粮，自成化十九年至今，拖欠数多。尚书秦金复：令二省抚按委官清查，自正德十五年以前，果系小民拖欠，或被灾，勘实俱奉诏蠲免奏缴，备行贵州布政司除豁虚数，免致卷案不清。如已征在官未解，及解未获批关被解户揽头侵费者，责限监追完足起解，以后钱粮仍要严并完纳。

五年，巡抚熊一汉题：所辖军民田粮共一十六万五千九百三十余石，因旱伤分数不等，乞暂停征米一万五千五百石，候至次年秋成带征，每石折银四钱。尚书邹文盛复：行勘议，续据接管巡抚袁宗儒题请，不为常例，于内再减一钱，以苏民困。复准。

十年，巡抚刘士元题：川湖协济钱粮，乞比南北直隶、江浙、山陕解运京边仓粮事例，定委府、州、县佐贰官员部运，就限年里，赴各该仓库上纳。如有迟延侵盗情弊，就行监问，不许将义民、省祭、阴医等官搪塞。每年先将委官及掌印管粮职名开报，后通查勤、惰、完、欠，自参政、参议而下一体奏请旌、奖、劝、治。尚书梁材复准。

十七年，巡抚张钺题：湖广长衡等府粮一十万二千四百石，折银三万七百二十两；四川播州、乌蒙、乌撒、东川、镇雄等府本色粮共三万一千三百六十二石；重叙等府折色粮八万石，内五万石折银一万五千两，三万石折布六万匹；永宁仓布米二万九千二百三十石，每石折布二匹，每匹折银一钱七分五厘，该银一万二百三十一两五钱五分。二省拖欠数多，乞比苏松巡抚管及嘉湖、两浙巡盐管及饶信事例，一体举劾。遇有升迁，务将经管钱粮完欠呈详，方许离任。每年先期三月，各将职名开报查考，如延至次年五月内不完者，首领等官革去冠带，掌印官住俸，通候完日，方准开复。尚书梁材复准。

二十二年，巡抚王学益题川湖拖欠。本部复：令二省司库，湖广借支三万两，四川借支二万两，立限解赴贵州应用，严行二省管粮官征完和补前银外，余仍作速起解。

三十一年，巡按董威题：贵州所属府卫、州、司、县所共粮一十四万三千五百七十七石三斗，协济以湖广长沙等府粮一十万二千四百石，折银三万七百二十两，四川重庆等府粮八万石，折银二万五千三百一十七两五钱五分，粮布六万匹，并四川所属播州宣慰司粮一万五百九十九石六斗，乌撒府九千四百石，乌蒙府三千五百七十七石三斗，镇雄府四千九十二石四斗，东川府二千九百石，通共三十五万六千八百一十九石三斗，为递年岁用之数。因川湖司府依恃各省，贵州司县夷性难驯，以致屡年拖欠数多。尚书方钝复议：将三十年、三十一年各行该省勒限征完，其以前年分，除川湖粮布原欠不多，照例追解；其贵州所属并播州、乌撒等府俱准折纳轻赍，每石三钱，先将二十七年以后征并，其二十六年以前，以次带征，后不为例，仍行抚按衙门，不得差委管粮参政，致妨职业，管粮官亦不许营求别委，务专催督。

四十一年，巡抚赵钺题：播州宣慰司额办贵州税粮一万四百余石，因嘉靖十六年宣慰杨烈恃顽侵收，该先巡抚冯岳奏设重庆府通判一员，于龙泉司住札管理前项税粮，本官畏夷，营求别委，乞行申饬，以后务要到彼住札，按季将已未完欠钱粮呈报，一体举劾。并川湖二省管粮官，亦以十分为率，完至七八分以上者奖励，欠至四五分以上者戒饬，如欠至七八分及全无者参提。尚书高燿复准。

四十五年，御史潘一桂条奏：铜仁府先设管粮通判一员，至四十年，又经抚按会议题准暂省，合无于程番府添设通判一员，于省城住扎，专管收放，禁革奸弊。尚书高燿复准。

隆庆六年，巡抚阮文中题：所辖土司比照有司事例，六年为始，如全完至七八分者奖赏，不及数者戒饬，全欠者革去冠带，勒限追完。

万历元年，尚书王国光题：准将贵州所辖掌印、督粮土流官舍，并湖广湘乡等县，查照完欠分数，照例奖赏、住俸、降调。

六年，巡抚何起鸣题：本省官军额粮坐派四川、湖广二省协济，四川节年全完，湖广节年解纳仅完十之一二，乞要比照四川类解则例，改归该省布政司征完，差官总解交纳。尚书张学颜复议：移咨各省巡抚，除将四川协济粮银照旧外，其湖广每年额该银三万七百二十两，自万历六年为始，行令该布政司及粮储道转行原派长沙、衡州二府、郴州等州县，或查附近府州县，酌行分派，务要如数征完通解，该司差官类解贵州交纳。每年终，川湖巡抚将已未完数目造册，咨送贵州巡抚，转咨本部。查有逋欠，照旧止计协济粮银未完分数查参，不必京边总算。贵州抚臣升任，将二省粮储道一体举劾，以严责成。奉圣旨：是。钦此。

臣等谨按：贵州汉夷错居，不同中土，山箐峭深，地瘠寡利，通计岁入民屯仅十四万石有奇，不足又取川湖二省之轻赍粮布以充之，因地隔异，省输每后期。近以查参法行，逋负渐少，差可少支。目前乃土官辖领番苗，计岁所收半厚私藏，靡急公赋，此夷性则然，司土者在因俗而酌处之尔。

甲表39　　　　　　　　洪武、弘治、万历三朝北直隶田赋[1]

| | 原额 | | 见额[2] |
|---|---|---|---|
| | 洪武年间 | 弘治年间 | 万历六年 |
| | (诸司职掌数) | (会典数) | (巡抚册并各府册报数) |
| 田土官民(亩) | 58249951.00 | 26971391.90[3] | 49256842.20 |
| 夏税 | | | |
| 大小麦(石) | 353280.00 | 179526.09[4] | 178643.80 |
| 绢(匹) | 32962.00 | | |
| 人丁丝折绢(匹) | | 31732.00 | 31955.00 |
| 农桑丝折绢(匹) | | 13322.00[5] | 13319.00 |
| 本色丝(斤) | | 224.07 | 224.07 |
| 钞(贯) | | 9.00 | 9.00 |
| 秋粮 | | | |
| 米(石) | 817240.00 | 422107.01[6] | 419986.34 |
| 地亩棉花绒(斤) | | 103753.88 | 103741.04 |
| 牛租谷(石) | | | 3800.80 |
| 枣株课米(石) | | 2178.34 | 2178.32 |
| 马草(束) | | 8778484.00 | 8726682.00 |
| 人户(户) | 334792.00 | 394495.00 | 425463.00 |
| 人口(口) | 1926595.00 | 3430537.00[7] | 4264898.00 |
| 户口盐钞银(两) | | | 17025.40 |
| 遇闰共加银(两) | | | 1498.76 |

---

[1] 原书此处注:"国初原隶北平布政司,永乐十八年革布政司,改为直隶。"
[2] 原书见额数据,在弘治分府数据后面;为表示一致,现改在本表中。
[3] 原书此处注:比洪武原额减312785顷59亩。
[4] 原书此处注:比洪武原额减174253.9石。
[5] 原书此处注:两项绢共45054匹22丈8尺4寸2分,比洪武原额增12092匹22丈8尺4寸2分。
[6] 原书此处注:比洪武原额减395132.98石。
[7] 原书此处注:比洪武原额户增59703,口增1503942。

## 甲表 40　弘治年间北直隶分府田赋

| 顺天府 | |
| --- | --- |
| 田土官民（亩） | 6872013.50 |
| 夏税 | |
| 小麦（石） | 19603.43 |
| 人丁丝折绢（匹） | 2175.00 |
| 农桑丝折绢（匹） | 1764.00 |
| 秋粮 | |
| 米（石） | 47134.23 |
| 地亩棉花绒（斤） | 9436.91 |
| 马草（束） | 2007923.00 |
| 人户（户） | 100518.00 |
| 人口（口） | 669033.00 |
| 永平府 | |
| 田土官民（亩） | 1484457.60 |
| 夏税 | |
| 大小麦（石） | 9996.19 |
| 人丁丝折绢（匹） | 2050.00 |
| 农桑丝折绢（匹） | 243.00 |
| 秋粮 | |
| 米（石） | 23353.11 |
| 地亩棉花绒（斤） | 345.83 |
| 马草（束） | 303742.00 |
| 人户（户） | 23539.00 |
| 人口（口） | 228944.00 |
| 保定府 | |
| 田土官民（亩） | 3552950.80 |
| 夏税 | |
| 小麦（石） | 18793.82 |
| 人丁丝折绢（匹） | 2796.00 |
| 农桑丝折绢（匹） | 1611.00 |
| 本色丝(斤) | 224.07 |
| 秋粮 | |
| 米（石） | 42980.30 |
| 地亩棉花绒（斤） | 9574.50 |
| 枣株课米(石) | 16.29 |
| 马草（束） | 1117506.00 |
| 人户（户） | 50639.00 |
| 人口（口） | 582482.00 |
| 河间府 | |
| 田土官民（亩） | 2422071.80 |
| 夏税 | |
| 小麦（石） | 19801.18 |

| 河间府（续） | |
| --- | --- |
| 人丁丝折绢（匹） | 4902.00 |
| 农桑丝折绢（匹） | 889.00 |
| 秋粮 | |
| 米（石） | 46280.62 |
| 地亩棉花绒（斤） | 4647.84 |
| 枣株课米(石) | 37.55 |
| 马草（束） | 674553.00 |
| 人户（户） | 42548.00 |
| 人口（口） | 378658.00 |
| 真定府 | |
| 田土官民（亩） | 3898065.40 |
| 夏税 | |
| 小麦（石） | 34733.49 |
| 人丁丝折绢（匹） | 8548.00 |
| 农桑丝折绢（匹） | 7000.00 |
| 秋粮 | |
| 米（石） | 82346.96 |
| 地亩棉花绒（斤） | 35033.09 |
| 马草（束） | 1374153.00 |
| 人户（户） | 59439.00 |
| 人口（口） | 597673.00 |
| 顺德府 | |
| 田土官民（亩） | 1382255.90 |
| 夏税 | |
| 小麦（石） | 12537.08 |
| 人丁丝折绢（匹） | 1548.00 |
| 农桑丝折绢（匹） | 351.00 |
| 秋粮 | |
| 米（石） | 30461.07 |
| 地亩棉花绒（斤） | 5005.25 |
| 枣株课米(石) | 12.98 |
| 马草（束） | 545481.00 |
| 人户（户） | 21614.00 |
| 人口（口） | 181825.00 |
| 广平府 | |
| 田土官民（亩） | 2023814.20 |
| 夏税 | |
| 小麦（石） | 17842.45 |
| 人丁丝折绢（匹） | 2885.00 |
| 农桑丝折绢（匹） | 654.00 |
| 秋粮 | |
| 米（石） | 41479.65 |
| 地亩棉花绒（斤） | 14584.99 |

| | |
|---|---|
| 马草（束） | 794089.00 |
| 人户（户） | 27764.00 |
| 人口（口） | 212846.00 |
| **大名府** | |
| 田土官民（亩） | 5199362.60 |
| **夏税** | |
| 小麦（石） | 44096.35 |
| 人丁丝折绢（匹） | 6828.00 |
| 农桑丝折绢（匹） | 810.00 |
| 钞（贯） | 9.00 |
| **秋粮** | |
| 米（石） | 103080.72 |
| 地亩棉花绒（斤） | 25125.42 |
| 枣株课米（石） | 2111.52 |
| 马草（束） | 1869838.00 |
| 人户（户） | 66207.00 |
| 人口（口） | 574972.00 |
| **延庆府** | |
| 田土官民（亩） | 105942.40 |
| **夏税** | |
| 小麦（石） | 1713.75 |
| **秋粮** | |
| 米（石） | 3937.04 |
| 马草（束） | 73441.00 |
| 人户（户） | 1787.00 |
| 人口（口） | 2544.00 |
| **保安州** | |
| 田土官民（亩） | 30457.70 |
| **夏税** | |
| 小麦（石） | 408.29 |
| **秋粮** | |
| 米（石） | 1053.26 |
| 马草（束） | 17754.00 |
| 人户（户） | 445.00 |
| 人口（口） | 1560.00 |

## 甲表 41　万历六年北直隶分府县田赋

| **顺天府** | |
|---|---|
| 田土官民（亩） | 9958299.90[1] |
| **夏税** | |
| 小麦（石） | 18909.42 |

| | |
|---|---|
| 新增玉田县民毕天祥麦（石） | 11.63 |
| 内除昌平涿州宛平大兴良乡房山六州县节年奏免麦（石） | 117.68 |
| 实征麦（石） | 18803.37[2] |
| **起运** | |
| 御马仓大麦（石） | 500.00 |
| 准小麦（石） | 250.00 |
| 每石折银（两） | 1.50 |
| 豌豆（石） | 800.00 |
| 每石折银（两） | 1.05 |
| 内象房仓大麦（石） | 390.80 |
| 准小麦（石） | 195.40 |
| 外象房仓大麦（石） | 604.20 |
| 准小麦（石） | 302.10 |
| 俱每石折银（两） | 1.10 |
| 光禄寺小麦（石） | 2280.00 |
| 本色4分，折色6分 | |
| 大麦（石） | 300.00 |
| 准小麦（石） | 150.00 |
| 俱每石折银（两） | 1.00 |
| 酒醋面局小麦（石） | 650.00 |
| 每石折银（两） | 1.10 |
| 太常寺小麦（石） | 50.00 |
| 每石折银（两） | 1.00 |
| 镇边城新城仓棉布（匹） | 100.00 |
| 准小麦（石） | 120.00 |
| 白羊口仓棉布（匹） | 359.00 |
| 准小麦（石） | 430.80 |
| 俱每匹折银（两） | 0.30 |
| 良乡丰济仓小麦（石） | 500.00 |
| 密云驿小麦（石） | 120.00 |
| 龙庆仓小麦（石） | 1500.00 |
| 俱每石折银（两） | 0.70 |
| 古北口仓小麦（石） | 2000.00 |
| 怀柔县古北口驿小麦（石） | 50.00 |
| 俱每石折银（两） | 0.85 |
| 派剩小麦（解太仓银库）（石） | 1501.70 |
| 每石折银（两） | 1.00 |
| 以上共起运小麦（石） | 10900.00 |
| 存留麦（石） | 7903.37 |
| 人丁丝折绢（匹） | 2175.00[3] |

---

[1]原书此处注：比弘治增30862顷86亩4分零。

[2]原书此处注：比弘治减800.06石。

[3]原书此处注："与弘治同。"

|  |  |
| --- | --- |
| 起运密云库（匹） | 141.00 |
| 永平库（匹） | 63.00 |
| 涿州库（匹） | 150.00 |
| 俱每匹折银（两） | 0.80 |
| 余解京库（匹） | 1820.00 |
| 每匹折银（两） | 0.70 |
| 农桑丝折绢（匹） | 1763.00 |
| 内除昌平州房山县奏免绢（匹） | 5丈 |
| 实征绢（匹）（解京库） | 1761.00[1] |
| **秋粮** | |
| 米（石） | 45443.11 |
| 新增玉田县民毕天祥粟米（石） | 27.14 |
| 内除昌平涿州宛平大兴良乡房山六州县节年奏免米（石） | 265.45 |
| 实征米（石） | 45204.80[2] |
| 起运 | |
| 供用库芝麻（石） | 423.01 |
| 每石折银（两） | 1.50 |
| 惜薪司白熟糯米（石） | 15.10 |
| 准糙粳米（石） | 16.61 |
| 每石折银（两） | 1.30 |
| 光禄司赤豆（石） | 550.00 |
| 每石折银（两） | 1.40 |
| 山黄米（石） | 70.00 |
| 白豆（石） | 6.00 |
| 俱每石折银（两） | 1.20 |
| 莜麦（石） | 50.00 |
| 准米（石） | 25.00 |
| 每石折银（两） | 0.70 |
| 大青黄豆（石） | 40.00 |
| 每石折银（两） | 1.10 |
| 外鹅房仓粟谷（石） | 100.00 |
| 准米（石） | 50.00 |
| 每石折银（两） | 1.10 |
| 御马仓黑豆（石） | 1032.00 |
| 每石折银（两） | 0.85 |
| 坝上南仓黑豆（石） | 60.18 |
| 北草场仓黑豆（石） | 358.77 |
| 吴家驼牛房仓黑豆（石） | 155.92 |
| 南石渠仓黑豆（石） | 137.00 |
| 京库棉花绒（斤） | 307.00 |
| 准米（石） | 30.70 |
| 唐县库棉花绒（斤） | 1500.00 |
| 准米（石） | 150.00 |
| 军储仓黑豆（石） | 297.00 |
| 俱每石折银（两） | 0.80 |
| 山海仓粟米（石） | 1500.00 |
| 内良乡轻则（石） | 541.37 |
| 每石折银（两） | 0.25 |
| 余每石折银（两） | 0.80 |
| 喜峰口仓粟米（石） | 5150.00 |
| 每石折银（两） | 0.90 |
| 黑豆（石） | 1500.00 |
| 每石折银（两） | 0.80 |
| 密云龙庆仓粟米（石） | 4000.00 |
| 每石折银（两） | 0.90 |
| 黑豆（石） | 736.37 |
| 每石折银（两） | 0.75 |
| 古北口仓粟米（石） | 4000.00 |
| 每石折银（两） | 1.00 |
| 横岭口仓粟米（石） | 1323.00 |
| 每石折银（两） | 0.90 |
| 镇边城新城仓粟米（石） | 1000.00 |
| 每石折银（两） | 0.70 |
| 派剩米（解太仓银库）（石） | 3846.14 |
| 每石折银（两） | 0.60 |
| 以上共起运米（石） | 26457.70 |
| 存留米（石） | 18747.10 |
| 地亩棉花绒（斤） | 9436.91 |
| 内除昌平州奏免（斤） | 12.81 |
| 实征棉花绒（斤） | 9424.09[3] |
| 每斤折银（两） | 0.08 |
| 牛租谷（石） | 3800.80 |
| 马草（束） | 1975263.00 |
| 内除昌平等六州县节年奏免草（束） | 16418.00 |
| 实征草（束）（起运） | 1958845.00[4] |
| 起运 | |
| 御马仓内草场（束） | 24000.00 |
| 每束折银（两） | 0.05 |
| 中府外草场（束） | 24000.00 |
| 天师庵外草场（束） | 24000.00 |

---

[1] 原书此处注：比弘治减2匹1丈9尺4寸8分。
[2] 原书此处注：比弘治减1929.43石。
[3] 原书此处注：起运京库，比弘治减12斤12两9钱零。
[4] 原书此处注：比弘治减49078束。

| | |
|---|---|
| 俱每束折银（两） | 0.05 |
| 坝上仓草（束） | 3000.00 |
| 坝上南仓草（束） | 1900.00 |
| 湖渠马房仓草（束） | 4000.00 |
| 坝上北仓草（束） | 750.00 |
| 峪口张家庄马房仓草（束） | 4520.00 |
| 里牛房仓草（束） | 5000.00 |
| 安仁坊草场草（束） | 14000.00 |
| 西城坊草场草（束） | 7500.00 |
| 北新场草（束） | 14000.00 |
| 司苑局草（束） | 10272.00 |
| 外象房仓草（束） | 14500.00 |
| 延庆卫仓草（束） | 6000.00 |
| 居庸仓草（束） | 60000.00 |
| 巩华城仓草（束） | 20000.00 |
| 涿州草场草（束） | 7500.00 |
| 良乡县草场草（束） | 1500.00 |
| 太仓银库草（束） | 291720.00 |
| 内良乡县轻则草（束） | 5415.00 |
| 每束折银（两） | 0.01 |
| 余俱每束折银（两） | 0.03 |
| 宣府在城草场草（束） | 60000.00 |
| 每束折银（两） | 0.07 |
| 每草银1两外加脚价银（两） | 0.20 |
| 以上共起运草（束） | 598162.00 |
| 存留草（束） | 1360682.00 |
| 人户（户） | 101134.00 |
| 人口（口） | 706861.00[1] |
| 户口盐钞银（两） | 3919.93 |
| 起运银（两） | 1959.96 |
| 存留银（两） | 1959.96 |
| 遇闰共加银（两） | 326.66 |

### 大兴县

| | |
|---|---|
| 夏税 | |
| 小麦（石） | 505.02 |
| 起运麦（石） | 297.80 |
| 存留麦（石） | 207.22 |
| 人丁丝折绢（匹） | 77.00 |
| 农桑丝折绢（匹） | 33.00 |
| 秋粮 | |
| 米（石） | 1120.20 |

[1] 原书此处注：隆庆六年黄册数比弘治户增616，口增37828。

| | |
|---|---|
| 起运米（石） | 658.70 |
| 存留米（石） | 461.50 |
| 地亩棉花绒（斤） | 176.13 |
| 马草（束） | 53997.00 |
| 起运草（束） | 7747.00 |
| 存留草（束） | 46250.00 |
| 户口盐钞银（两） | 168.40 |
| 起运银（两） | 84.20 |
| 存留银（两） | 84.20 |
| 遇闰共加银（两） | 14.03 |

### 宛平县

| | |
|---|---|
| 夏税 | |
| 小麦（石） | 398.21 |
| 起运麦（石） | 241.50 |
| 存留麦（石） | 156.71 |
| 人丁丝折绢（匹） | 100.00 |
| 农桑丝折绢（匹） | 9.00 |
| 秋粮 | |
| 米（石） | 1011.68 |
| 起运米（石） | 598.40 |
| 存留米（石） | 413.28 |
| 地亩棉花绒（斤） | 63.63 |
| 马草（束） | 102859.00 |
| 起运草（束） | 12118.00 |
| 存留草（束） | 90741.00 |
| 户口盐钞银（两） | 209.92 |
| 起运银（两） | 104.96 |
| 存留银（两） | 104.96 |
| 遇闰共加银（两） | 17.49 |

### 良乡县

| | |
|---|---|
| 夏税 | |
| 小麦（石） | 774.48 |
| 起运麦（石） | 448.00 |
| 存留麦（石） | 326.48 |
| 人丁丝折绢（匹） | 46.00 |
| 农桑丝折绢（匹） | 36.00 |
| 秋粮 | |
| 米（石） | 1821.20 |
| 起运米（石） | 1066.90 |
| 存留米（石） | 754.30 |
| 地亩棉花绒（斤） | 377.25 |
| 马草（束） | 60330.00 |
| 起运草（束） | 19415.00 |

| | |
|---|---|
| 存留草（束） | 40915.00 |
| 户口盐钞银（两） | 101.40 |
| 起运银（两） | 50.70 |
| 存留银（两） | 50.70 |
| 遇闰共加银（两） | 8.45 |

| 固安县 | |
|---|---|
| **夏税** | |
| 小麦（石） | 713.23 |
| 起运麦（石） | 412.40 |
| 存留麦（石） | 300.83 |
| 人丁丝折绢（匹） | 23.00 |
| 农桑丝折绢（匹） | 213.00 |
| **秋粮** | |
| 米（石） | 1679.41 |
| 起运米（石） | 982.10 |
| 存留米（石） | 697.31 |
| 地亩棉花绒（斤） | 1265.00 |
| 马草（束） | 157439.00 |
| 起运草（束） | 50670.00 |
| 存留草（束） | 106769.00 |
| 户口盐钞银（两） | 173.11 |
| 起运银（两） | 86.55 |
| 存留银（两） | 86.55 |
| 遇闰共加银（两） | 14.42 |

| 永清县 | |
|---|---|
| **夏税** | |
| 小麦（石） | 547.92 |
| 起运麦（石） | 317.00 |
| 存留麦（石） | 230.92 |
| 人丁丝折绢（匹） | 47.00 |
| 农桑丝折绢（匹） | 29.00 |
| **秋粮** | |
| 米（石） | 1279.61 |
| 起运米（石） | 748.70 |
| 存留米（石） | 530.91 |
| 地亩棉花绒（斤） | 226.75 |
| 马草（束） | 76639.00 |
| 起运草（束） | 24665.00 |
| 存留草（束） | 51974.00 |
| 户口盐钞银（两） | 171.14 |
| 起运银（两） | 85.57 |
| 存留银（两） | 85.57 |
| 遇闰共加银（两） | 14.26 |

| 东安县 | |
|---|---|
| **夏税** | |
| 小麦（石） | 691.77 |
| 起运麦（石） | 400.20 |
| 存留麦（石） | 291.57 |
| 人丁丝折绢（匹） | 71.00 |
| 农桑丝折绢（匹） | 276.00 |
| **秋粮** | |
| 米（石） | 1748.51 |
| 起运米（石） | 1022.80 |
| 存留米（石） | 725.71 |
| 地亩棉花绒（斤） | 1378.38 |
| 马草（束） | 106361.00 |
| 起运草（束） | 34230.00 |
| 存留草（束） | 72131.00 |
| 户口盐钞银（两） | 317.04 |
| 起运银（两） | 158.52 |
| 存留银（两） | 158.52 |
| 遇闰共加银（两） | 26.42 |

| 香河县 | |
|---|---|
| **夏税** | |
| 小麦（石） | 443.32 |
| 起运麦（石） | 256.10 |
| 存留麦（石） | 187.22 |
| 人丁丝折绢（匹） | 46.00 |
| 农桑丝折绢（匹） | 8.00 |
| **秋粮** | |
| 米（石） | 1212.51 |
| 起运米（石） | 709.30 |
| 存留米（石） | 503.21 |
| 地亩棉花绒（斤） | 45.50 |
| 马草（束） | 23523.00 |
| 起运草（束） | 7570.00 |
| 存留草（束） | 15953.00 |
| 户口盐钞银（两） | 66.72 |
| 起运银（两） | 33.36 |
| 存留银（两） | 33.36 |
| 遇闰共加银（两） | 5.56 |

| 通州 | |
|---|---|
| **夏税** | |
| 小麦（石） | 965.23 |
| 起运麦（石） | 558.10 |
| 存留麦（石） | 407.13 |

| | |
|---|---|
| 人丁丝折绢（匹） | 130.00 |
| 农桑丝折绢（匹） | 52.00 |
| **秋粮** | |
| 米（石） | 2268.97 |
| 起运米（石） | 1327.30 |
| 存留米（石） | 941.67 |
| 地亩棉花绒（斤） | 260.88 |
| 马草（束） | 84313.00 |
| 起运草（束） | 27130.00 |
| 存留草（束） | 57183.00 |
| **户口盐钞银（两）** | 138.76 |
| 起运银（两） | 69.38 |
| 存留银（两） | 69.38 |
| 遇闰共加银（两） | 11.56 |
| **三河县** | |
| **夏税** | |
| 小麦（石） | 664.89 |
| 起运麦（石） | 384.70 |
| 存留麦（石） | 280.19 |
| 人丁丝折绢（匹） | 44.00 |
| 农桑丝折绢（匹） | 95.00 |
| **秋粮** | |
| 米（石） | 1567.05 |
| 起运米（石） | 916.60 |
| 存留米（石） | 650.45 |
| 地亩棉花绒（斤） | 426.50 |
| 马草（束） | 90655.00 |
| 起运草（束） | 29170.00 |
| 存留草（束） | 61485.00 |
| **户口盐钞银（两）** | 133.41 |
| 起运银（两） | 66.70 |
| 存留银（两） | 66.70 |
| 遇闰共加银（两） | 11.11 |
| **武清县** | |
| **夏税** | |
| 小麦（石） | 917.96 |
| 起运麦（石） | 531.00 |
| 存留麦（石） | 386.96 |
| 人丁丝折绢（匹） | 124.00 |
| 农桑丝折绢（匹） | 42.00 |
| **秋粮** | |
| 米（石） | 2136.84 |
| 起运米（石） | 1250.00 |

| | |
|---|---|
| 存留米（石） | 886.84 |
| 地亩棉花绒（斤） | 214.38 |
| 马草（束） | 90492.00 |
| 起运草（束） | 29125.00 |
| 存留草（束） | 61367.00 |
| **户口盐钞银（两）** | 200.64 |
| 起运银（两） | 100.32 |
| 存留银（两） | 100.32 |
| 遇闰共加银（两） | 16.72 |
| **宝坻县** | |
| **夏税** | |
| 小麦（石） | 670.18 |
| 起运麦（石） | 387.60 |
| 存留麦（石） | 282.58 |
| 人丁丝折绢（匹） | 83.00 |
| 农桑丝折绢（匹） | 163.00 |
| **秋粮** | |
| 米（石） | 1623.17 |
| 起运米（石） | 949.40 |
| 存留米（石） | 673.77 |
| 地亩棉花绒（斤） | 343.94 |
| 马草（束） | 70206.00 |
| 起运草（束） | 22590.00 |
| 存留草（束） | 47616.00 |
| **户口盐钞银（两）** | 205.51 |
| 起运银（两） | 102.75 |
| 存留银（两） | 102.75 |
| 遇闰共加银（两） | 17.12 |
| **漷县** | |
| **夏税** | |
| 小麦（石） | 694.95 |
| 起运麦（石） | 402.00 |
| 存留麦（石） | 292.95 |
| 人丁丝折绢（匹） | 61.00 |
| 农桑丝折绢（匹） | 8.00 |
| **秋粮** | |
| 米（石） | 1962.23 |
| 起运米（石） | 1147.80 |
| 存留米（石） | 814.43 |
| 地亩棉花绒（斤） | 38.50 |
| 马草（束） | 43534.00 |
| 起运草（束） | 14010.00 |
| 存留草（束） | 29524.00 |

| | |
|---|---|
| 户口盐钞银（两） | 73.96 |
| 起运银（两） | 36.98 |
| 存留银（两） | 36.98 |
| 遇闰共加银（两） | 6.16 |

**昌平州**

| | |
|---|---|
| **夏税** | |
| 人丁丝折绢（匹） | 14.00 |
| 农桑丝折绢（匹） | 37.00 |
| **秋粮** | |
| 地亩棉花绒（斤） | 464.25 |
| 牛租谷（石） | 622.08 |
| 马草（束） | 129429.00 |
| 起运草（束） | 40069.00 |
| 存留草（束） | 89360.00 |
| 户口盐钞银（两） | 156.36 |
| 起运银（两） | 78.18 |
| 存留银（两） | 78.18 |
| 遇闰共加银（两） | 13.03 |

**顺义县**

| | |
|---|---|
| **夏税** | |
| 小麦（石） | 549.18 |
| 起运麦（石） | 317.60 |
| 存留麦（石） | 231.58 |
| 人丁丝折绢（匹） | 31.00 |
| 农桑丝折绢（匹） | 17.00 |
| **秋粮** | |
| 米（石） | 1275.28 |
| 起运米（石） | 745.80 |
| 存留米（石） | 529.48 |
| 地亩棉花绒（斤） | 311.75 |
| 马草（束） | 88366.00 |
| 起运草（束） | 28435.00 |
| 存留草（束） | 59931.00 |
| 户口盐钞银（两） | 137.59 |
| 起运银（两） | 68.79 |
| 存留银（两） | 68.79 |
| 遇闰共加银（两） | 11.46 |

**密云县**

| | |
|---|---|
| **夏税** | |
| 小麦（石） | 797.04 |
| 起运麦（石） | 461.00 |
| 存留麦（石） | 336.04 |
| 人丁丝折绢（匹） | 35.00 |

| | |
|---|---|
| 农桑丝折绢（匹） | 78.00 |
| **秋粮** | |
| 米（石） | 2245.38 |
| 起运米（石） | 1313.30 |
| 存留米（石） | 932.08 |
| 地亩棉花绒（斤） | 374.19 |
| 马草（束） | 104818.00 |
| 起运草（束） | 33727.00 |
| 存留草（束） | 71091.00 |
| 户口盐钞银（两） | 102.96 |
| 起运银（两） | 51.48 |
| 存留银（两） | 51.48 |
| 遇闰共加银（两） | 8.58 |

**怀柔县**

| | |
|---|---|
| **夏税** | |
| 小麦（石） | 525.80 |
| 起运麦（石） | 304.30 |
| 存留麦（石） | 221.50 |
| 人丁丝折绢（匹） | 47.00 |
| 农桑丝折绢（匹） | 16.00 |
| **秋粮** | |
| 米（石） | 1310.47 |
| 起运米（石） | 766.60 |
| 存留米（石） | 543.87 |
| 地亩棉花绒（斤） | 197.50 |
| 马草（束） | 48522.00 |
| 起运草（束） | 15616.00 |
| 存留草（束） | 32906.00 |
| 户口盐钞银（两） | 68.16 |
| 起运银（两） | 34.08 |
| 存留银（两） | 34.08 |
| 遇闰共加银（两） | 5.68 |

**涿州**

| | |
|---|---|
| **夏税** | |
| 小麦（石） | 953.20 |
| 起运麦（石） | 558.10 |
| 存留麦（石） | 395.10 |
| 人丁丝折绢（匹） | 162.00 |
| 农桑丝折绢（匹） | 285.00 |
| **秋粮** | |
| 米（石） | 2253.81 |
| 起运米（石） | 1320.20 |
| 存留米（石） | 933.61 |

| | | | |
|---|---|---|---|
| 地亩棉花绒（斤） | 1430.19 | 户口盐钞银（两） | 246.57 |
| 牛租谷（石） | 3178.72 | 起运银（两） | 123.28 |
| 马草（束） | 103213.00 | 存留银（两） | 123.28 |
| 起运草（束） | 33215.00 | 遇闰共加银（两） | 20.54 |
| 存留草（束） | 69998.00 | **文安县** | |
| **户口盐钞银（两）** | 172.70 | **夏税** | |
| 起运银（两） | 86.35 | 小麦（石） | 2059.27 |
| 存留银（两） | 86.35 | 起运麦（石） | 1191.00 |
| 遇闰共加银（两） | 14.39 | 存留麦（石） | 868.27 |
| **房山县** | | 人丁丝折绢（匹） | 268.00 |
| **夏税** | | 农桑丝折绢（匹） | 26.00 |
| 小麦（石） | 420.27 | **秋粮** | |
| 起运麦（石） | 244.00 | 米（石） | 4804.05 |
| 存留麦（石） | 176.27 | 起运米（石） | 2810.00 |
| 人丁丝折绢（匹） | 7.00 | 存留米（石） | 1994.05 |
| 农桑丝折绢（匹） | 141.00 | 地亩棉花绒（斤） | 317.06 |
| **秋粮** | | 马草（束） | 125236.00 |
| 米（石） | 982.51 | 起运草（束） | 40230.00 |
| 起运米（石） | 576.80 | 存留草（束） | 85006.00 |
| 存留米（石） | 405.71 | **户口盐钞银（两）** | 268.70 |
| 地亩棉花绒（斤） | 709.50 | 起运银（两） | 134.35 |
| 马草（束） | 59543.00 | 存留银（两） | 134.35 |
| 起运草（束） | 19225.00 | 遇闰共加银（两） | 22.39 |
| 存留草（束） | 40318.00 | **大城县** | |
| **户口盐钞银（两）** | 57.64 | **夏税** | |
| 起运银（两） | 28.82 | 小麦（石） | 1212.33 |
| 存留银（两） | 28.82 | 起运麦（石） | 701.10 |
| 遇闰共加银（两） | 4.80 | 存留麦（石） | 511.23 |
| **霸州** | | 人丁丝折绢（匹） | 249.00 |
| **夏税** | | 农桑丝折绢（匹） | 18.00 |
| 小麦（石） | 748.87 | **秋粮** | |
| 起运麦（石） | 433.10 | 米（石） | 2806.31 |
| 存留麦（石） | 315.77 | 起运米（石） | 1641.30 |
| 人丁丝折绢（匹） | 90.00 | 存留米（石） | 1165.01 |
| 农桑丝折绢（匹） | 29.00 | 地亩棉花绒（斤） | 97.88 |
| **秋粮** | | 马草（束） | 42640.00 |
| 米（石） | 1766.77 | 起运草（束） | 13720.00 |
| 起运米（石） | 1034.60 | 存留草（束） | 28920.00 |
| 存留米（石） | 732.17 | **户口盐钞银（两）** | 206.90 |
| 地亩棉花绒（斤） | 156.56 | 起运银（两） | 103.45 |
| 马草（束） | 71893.00 | 存留银（两） | 103.45 |
| 起运草（束） | 23135.00 | 遇闰共加银（两） | 17.24 |
| 存留草（束） | 48758.00 | **保定县** | |

| 夏税 | |
|---|---|
| 小麦（石） | 115.86 |
| 起运麦（石） | 67.10 |
| 存留麦（石） | 48.76 |
| 人丁丝折绢（匹） | 22.00 |
| 农桑丝折绢（匹） | 24.00 |
| 秋粮 | |
| 米（石） | 272.35 |
| 起运米（石） | 158.30 |
| 存留米（石） | 114.05 |
| 地亩棉花绒（斤） | 71.25 |
| 马草（束） | 14956.00 |
| 起运草（束） | 4810.00 |
| 存留草（束） | 10146.00 |
| 户口盐钞银（两） | 50.30 |
| 起运银（两） | 25.15 |
| 存留银（两） | 25.15 |
| 遇闰共加银（两） | 4.19 |
| 蓟州 | |
| 夏税 | |
| 小麦（石） | 752.31 |
| 起运麦（石） | 435.00 |
| 存留麦（石） | 317.31 |
| 人丁丝折绢（匹） | 66.00 |
| 农桑丝折绢（匹） | 20.00 |
| 秋粮 | |
| 米（石） | 1752.58 |
| 起运米（石） | 1025.40 |
| 存留米（石） | 727.18 |
| 地亩棉花绒（斤） | 55.13 |
| 马草（束） | 46968.00 |
| 起运草（束） | 15110.00 |
| 存留草（束） | 31858.00 |
| 户口盐钞银（两） | 116.42 |
| 起运银（两） | 58.21 |
| 存留银（两） | 58.21 |
| 遇闰共加银（两） | 9.70 |
| 玉田县 | |
| 夏税 | |
| 小麦（石） | 551.43 |
| 起运麦（石） | 318.70 |
| 存留麦（石） | 232.73 |
| 人丁丝折绢（匹） | 84.00 |

| 农桑丝折绢（匹） | 26.00 |
|---|---|
| 秋粮 | |
| 米（石） | 1326.52 |
| 起运米（石） | 776.00 |
| 存留米（石） | 550.52 |
| 地亩棉花绒（斤） | 71.94 |
| 马草（束） | 23938.00 |
| 起运草（束） | 7704.00 |
| 存留草（束） | 16234.00 |
| 户口盐钞银（两） | 122.20 |
| 起运银（两） | 61.10 |
| 存留银（两） | 61.10 |
| 遇闰共加银（两） | 10.18 |
| 丰润县 | |
| 夏税 | |
| 小麦（石） | 835.91 |
| 起运麦（石） | 483.60 |
| 存留麦（石） | 352.31 |
| 人丁丝折绢（匹） | 68.00 |
| 农桑丝折绢（匹） | 15.00 |
| 秋粮 | |
| 米（石） | 1956.21 |
| 起运米（石） | 1144.20 |
| 存留米（石） | 812.01 |
| 地亩棉花绒（斤） | 158.88 |
| 马草（束） | 70558.00 |
| 起运草（束） | 22708.00 |
| 存留草（束） | 47850.00 |
| 户口盐钞银（两） | 58.60 |
| 起运银（两） | 29.30 |
| 存留银（两） | 29.30 |
| 遇闰共加银（两） | 4.88 |
| 遵化县 | |
| 夏税 | |
| 小麦（石） | 1009.63 |
| 起运麦（石） | 584.00 |
| 存留麦（石） | 425.63 |
| 人丁丝折绢（匹） | 139.00 |
| 农桑丝折绢（匹） | 50.00 |
| 秋粮 | |
| 米（石） | 2360.58 |
| 起运米（石） | 1380.80 |
| 存留米（石） | 979.78 |

| | | | | |
|---|---|---|---|---|
| 地亩棉花绒（斤） | 173.56 | 地亩棉花绒（斤） | 345.83[6] |
| 马草（束） | 46032.00 | 马草（束） | 303742.00[7] |
| 起运草（束） | 14814.00 | 起运草（束） | 1820.00 |
| 存留草（束） | 31218.00 | 存留草（束） | 301922.00 |
| **户口盐钞银（两）** | 114.28 | 人户（户） | 25094.00 |
| 起运银（两） | 57.14 | 人口（口） | 255646.00[8] |
| 存留银（两） | 57.14 | **户口盐钞银（两）** | 925.01 |
| 遇闰共加银（两） | 9.52 | 起运辽东广宁库银（两） | 911.16 |
| **平谷县** | | 存留银（两） | 13.85 |
| **夏税** | | 遇闰共加银（两） | 82.08 |
| 小麦（石） | 284.97 | **卢龙县** | |
| 起运麦（石） | 165.00 | **夏税** | |
| 存留麦（石） | 119.97 | 小麦（石）（存留） | 707.73 |
| 人丁丝折绢（匹） | 31.00 | 人丁丝折绢（匹） | 94.00 |
| 农桑丝折绢（匹） | 7.00 | 起运绢（匹） | 8.00 |
| **秋粮** | | 存留绢（匹） | 86.00 |
| 米（石） | 660.46 | 农桑丝折绢（匹） | 18.00 |
| 起运米（石） | 386.40 | **秋粮** | |
| 存留米（石） | 274.06 | 米（石） | 1651.28 |
| 地亩棉花绒（斤） | 17.63 | 地亩棉花绒（斤） | 15.00 |
| 马草（束） | 22384.00 | 马草（束）（存留） | 26501.00 |
| 起运草（束） | 7204.00 | **户口盐钞银（两）** | 46.93 |
| 存留草（束） | 15180.00 | 遇闰加银（两）（起运） | 4.26 |
| **户口盐钞银（两）** | 80.44 | **迁安县** | |
| 起运银（两） | 40.22 | **夏税** | |
| 存留银（两） | 40.22 | 小麦（石） | 1436.53 |
| 遇闰共加银（两） | 6.70 | 人丁丝折绢（匹） | 316.00 |
| **永平府** | | 起运绢（匹） | 27.00 |
| 田土官民（亩） | 1833946.50[1] | 存留绢（匹） | 289.00 |
| **夏税** | | 农桑丝折绢（匹） | 33.00 |
| 大小麦（石） | 9996.19[2] | **秋粮** | |
| 起运太常寺小麦（石） | 50.00 | 米（石） | 3361.37 |
| 存留麦（石） | 9946.19 | 地亩棉花绒（斤） | 39.00 |
| 人丁丝折绢（匹） | 2050.00[3] | 马草（束） | 45545.00 |
| 起运京库绢（匹） | 174.00 | 起运草（束） | 800.00 |
| 存留绢（匹） | 1876.00 | 存留草（束） | 44745.00 |
| 农桑丝折绢（匹）（存留） | 243.00[4] | **户口盐钞银（两）** | 103.39 |
| **秋粮** | | 起运银（两） | 103.03 |
| 米（石）（存留） | 23353.11[5] | | |

---

[1]原书此处注：比弘治增3496顷40亩8分。
[2]原书此处注："与弘治同。"
[3]原书此处注：比弘治增4尺5寸。
[4]原书此处注："与弘治同，存留。"

[5]原书此处注："与弘治同，存留。"
[6]原书此处注："与弘治同，起运辽东库。"
[7]原书此处注："与弘治同。"
[8]原书此处注：隆庆六年黄册数比弘治户增1555，口增26702。

| | |
|---|---|
| 存留银（两） | 0.36 |
| 遇闰共加银（两） | 8.58 |

### 抚宁县

| 夏税 | |
|---|---|
| 小麦（石） | 841.87 |
| 人丁丝折绢（匹） | 176.00 |
| 起运绢（匹） | 15.00 |
| 存留绢（匹） | 161.00 |
| 农桑丝折绢（匹） | 14.00 |

| 秋粮 | |
|---|---|
| 米（石） | 1963.89 |
| 马草（束）（存留） | 22424.00 |
| 户口盐钞银（两） | 95.95 |
| 起运银（两） | 95.95 |
| 遇闰加银（两）（起运） | 9.07 |

### 昌黎县

| 夏税 | |
|---|---|
| 小麦（石） | 1438.84 |
| 人丁丝折绢（匹） | 272.00 |
| 起运绢（匹） | 23.00 |
| 存留绢（匹） | 249.00 |
| 农桑丝折绢（匹） | 28.00 |

| 秋粮 | |
|---|---|
| 米（石） | 3357.31 |
| 地亩棉花绒（斤） | 54.00 |
| 马草（束）（存留） | 37916.00 |
| 户口盐钞银（两） | 162.40 |
| 起运银（两） | 155.96 |
| 存留银（两） | 6.44 |
| 遇闰共加银（两） | 12.99 |

### 滦州

| 夏税 | |
|---|---|
| 大小麦（石） | 3777.08 |
| 起运麦（石） | 50.00 |
| 存留麦（石） | 3727.08 |
| 人丁丝折绢（匹） | 844.00 |
| 起运绢（匹） | 72.00 |
| 存留绢（匹） | 772.00 |
| 农桑丝折绢（匹） | 90.00 |

| 秋粮 | |
|---|---|
| 米（石） | 8832.69 |
| 地亩棉花绒（斤） | 196.81 |
| 马草（束） | 109280.00 |

| | |
|---|---|
| 起运草（束） | 1020.00 |
| 存留草（束） | 108260.00 |
| 户口盐钞银（两） | 332.69 |
| 起运银（两） | 325.65 |
| 存留银（两） | 7.04 |
| 遇闰共加银（两） | 27.13 |

### 乐亭县

| 夏税 | |
|---|---|
| 小麦（石） | 1794.12 |
| 人丁丝折绢（匹） | 347.00 |
| 起运绢（匹） | 29.00 |
| 存留绢（匹） | 318.00 |
| 农桑丝折绢（匹） | 58.00 |

| 秋粮 | |
|---|---|
| 米（石） | 4186.55 |
| 地亩棉花绒（斤） | 41.00 |
| 马草（束）（存留） | 62074.00 |
| 存留草（束） | 62074.00 |
| 户口盐钞银（两） | 177.15 |
| 遇闰加银（两）（起运） | 19.44 |

### 本府并合属仓学驿所

| | |
|---|---|
| 盐钞银（两） | 6.45 |
| 遇闰加银（两）（起运） | 0.59 |

### 保定府

| | |
|---|---|
| 田土官民（亩） | 9709550.80[1] |

| 夏税 | |
|---|---|
| 小麦（石） | 18793.82[2] |
| 起运 | |
| 延庆州龙门广盈仓并独石马营云州赤城龙门鹏鹗长安岭堡仓小麦（石） | 1350.00 |
| 本色三分每石折银（两） | 1.70 |
| 折色七分每石折银（两） | 1.00 |
| 外加脚价银（两） | 0.20 |
| 陆砚仓小麦（石） | 3440.00 |
| 每石折银（两） | 1.20 |
| 派剩小麦（解太仓银库）（石） | 360.00 |
| 每石折银（两） | 1.00 |
| 以上共起运麦（石） | 5150.00 |
| 存留麦（石） | 13643.82 |
| 人丁丝折绢（匹） | 2796.00[3] |

---

[1] 原书此处注：比弘治增 61566 顷。
[2] 原书此处注："与弘治同。"
[3] 原书此处注："与弘治同。"

| | |
|---|---|
| 起运 | |
| 京库绢（匹） | 1156.00 |
| 蓟州库绢（匹） | 693.00 |
| 俱每匹折银（两） | 0.70 |
| 涿州库绢（匹） | 100.00 |
| 每匹折银（两） | 0.80 |
| 存留绢（匹） | 847.00 |
| 农桑丝折绢（匹） | 1611.00 |
| 每匹折银（两） | 0.70[1] |
| 本色丝（斤） | 224.07[2] |
| 秋粮 | |
| 米（石） | 42980.30[3] |
| 起运 | |
| 宣府宣德等仓米（石） | 8000.00 |
| 怀来广阜仓米（石） | 3000.00 |
| 延庆州独石广积仓米（石） | 5000.00 |
| 宣府新开口等堡仓米（石） | 2020.00 |
| 俱本色三分每石折银（两） | 1.70 |
| 折色七分每石折银（两） | 1.00 |
| 外加脚价银（两） | 0.20 |
| 浮图峪口仓米（石） | 471.30 |
| 陆矾仓米（石） | 11688.70 |
| 俱每石折银（两） | 1.20 |
| 供用库本色芝麻（石） | 530.00 |
| 以上共起运米（石） | 30710.00 |
| 存留米（石） | 12270.30 |
| 地亩棉花绒（斤） | 9574.54[4] |
| 枣株课米（石）（存留） | 16.29[5] |
| 马草（束） | 1117520.00[6] |
| 起运 | |
| 御马仓草（束） | 40000.00 |
| 每束折银（两） | 0.065 |
| 天师庵外草场（束） | 40000.00 |
| 酒醋面局草（束） | 11000.00 |
| 俱每束折银（两） | 0.06 |
| 中府外草场（束） | 40000.00 |
| 牺牲所草（包） | 21910.00 |
| 俱每束包折银（两） | 0.05 |

| | |
|---|---|
| 外象房仓草（束） | 13200.00 |
| 每束折银（两） | 0.046 |
| 峪口杨家桥马房仓草（束） | 4345.00 |
| 每束折银（两） | 0.038 |
| 湖渠马房仓草（束） | 3000.00 |
| 每束折银（两） | 0.033 |
| 外牛房仓草（束） | 6395.00 |
| 坝上仓草（束） | 3400.00 |
| 坝上南仓草（束） | 1146.00 |
| 北高仓草（束） | 8400.00 |
| 坝上北仓草（束） | 700.00 |
| 台基厂仓草（束） | 24200.00 |
| 明智坊草场草（束） | 24200.00 |
| 安仁坊草场草（束） | 15000.00 |
| 西城坊草场草（束） | 12500.00 |
| 北新草场草（束） | 18000.00 |
| 俱每束折银（两） | 0.04 |
| 宣府在城草场草（束） | 60000.00 |
| 每束折银（两） | 0.07 |
| 每银1两外加脚价银（两） | 0.20 |
| 延庆卫仓草（束） | 20000.00 |
| 每束折银（两） | 0.07 |
| 居庸仓草（束） | 80000.00 |
| 每束折银（两） | 0.035 |
| 巩华城仓草（束） | 30000.00 |
| 每束折银（两） | 0.038 |
| 倒马关新兴仓草 | 24140.00 |
| 每束折银（两） | 0.015 |
| 良乡县草场草（束） | 3000.00 |
| 易州镇草（束） | 84857.00 |
| 太仓银库草（束） | 471946.00 |
| 俱每束折银（两） | 0.035 |
| 以上共起运草（束包） | 1061340.00 |
| 存留草（束） | 56180.00 |
| 人户（户） | 45713.00 |
| 人口（口） | 525083.00[7] |
| 户口盐钞银（两） | 1611.17 |
| 起运银（两） | 900.46 |
| 存留银（两） | 710.70 |
| 遇闰共加银（两） | 134.24 |
| 清苑县 | |

[1]原书此处注："与弘治同。"
[2]原书此处注："与弘治同，俱起运京库。"
[3]原书此处注："与弘治同。"
[4]原书此处注："与弘治同，起运京库。"
[5]原书此处注："与弘治同，存留。"
[6]原书此处注：比弘治增16束。

[7]原书此处注：比弘治户减4926，口减57399。

| 夏税 | | 农桑丝折绢（匹） | 60.00 |
|---|---|---|---|
| 小麦（石） | 1379.87 | 秋粮 | |
| 起运麦（石） | 353.00 | 米（石） | 2597.86 |
| 存留麦（石） | 1026.87 | 起运米（石） | 1728.00 |
| 人丁丝折绢（匹）（起运） | 169.00 | 存留米（石） | 869.86 |
| 农桑丝折绢（匹） | 97.00 | 地亩棉花绒（斤） | 399.97 |
| 秋粮 | | 马草（束） | 56338.00 |
| 米（石） | 2807.18 | 起运草（束包） | 52570.00 |
| 起运米（石） | 1867.00 | 存留草（束） | 3768.00 |
| 存留米（石） | 940.19 | 户口盐钞银（两） | 61.55 |
| 地亩棉花绒（斤） | 829.46 | 起运银（两） | 34.40 |
| 马草（束） | 65219.00 | 存留银（两） | 27.15 |
| 起运草（束包） | 60849.00 | 遇闰共加银（两） | 5.13 |
| 存留草（束） | 4370.00 | **定兴县** | |
| 户口盐钞银（两） | 75.61 | 夏税 | |
| 起运银（两） | 42.25 | 小麦（石） | 272.86 |
| 存留银（两） | 33.35 | 起运麦（石） | 84.00 |
| 遇闰共加银（两） | 6.29 | 存留麦（石） | 188.86 |
| **满城县** | | 人丁丝折绢（匹）（起运） | 8.00 |
| 夏税 | | 农桑丝折绢（匹） | 76.00 |
| 小麦（石） | 863.08 | 本色丝（斤） | 76.80 |
| 起运麦（石） | 265.00 | 秋粮 | |
| 存留麦（石） | 598.08 | 米（石） | 749.78 |
| 人丁丝折绢（匹）（起运） | 54.00 | 起运米（石） | 585.00 |
| 农桑丝折绢（匹） | 31.00 | 存留米（石） | 164.78 |
| 秋粮 | | 地亩棉花绒（斤） | 671.83 |
| 米（石） | 1632.21 | 枣株课米（石） | 3.51 |
| 起运米（石） | 1273.00 | 马草（束） | 83864.00 |
| 存留米（石） | 359.21 | 起运草（束包） | 80800.00 |
| 地亩棉花绒（斤） | 155.07 | 存留草（束） | 3064.00 |
| 马草（束） | 37140.00 | 户口盐钞银（两） | 88.84 |
| 起运草（束包） | 35780.00 | 起运银（两） | 49.66 |
| 存留草（束） | 1360.00 | 存留银（两） | 39.18 |
| 户口盐钞银（两） | 33.13 | 遇闰共加银（两） | 7.40 |
| 起运银（两） | 18.51 | **新城县** | |
| 存留银（两） | 14.61 | 夏税 | |
| 遇闰共加银（两） | 2.76 | 小麦（石） | 617.14 |
| **安肃县** | | 起运麦（石） | 158.00 |
| 夏税 | | 存留麦（石） | 459.14 |
| 小麦（石） | 1095.45 | 人丁丝折绢（匹）（起运） | 126.00 |
| 起运麦（石） | 280.00 | 农桑丝折绢（匹） | 132.00 |
| 存留麦（石） | 815.45 | 秋粮 | |
| 人丁丝折绢（匹）（起运） | 110.00 | 米（石） | 933.54 |

| | |
|---|---|
| 起运米（石） | 621.00 |
| 存留米（石） | 312.54 |
| 地亩棉花绒（斤） | 627.78 |
| 枣株课米（石） | 12.78 |
| 马草（束） | 89607.00 |
| 起运草（束包） | 83602.00 |
| 存留草（束） | 6005.00 |
| 户口盐钞银（两） | 142.82 |
| 起运银（两） | 79.82 |
| 存留银（两） | 62.99 |
| 遇闰共加银（两） | 11.89 |

### 唐县

| | |
|---|---|
| **夏税** | |
| 小麦（石） | 1467.57 |
| 起运麦（石） | 451.00 |
| 存留麦（石） | 1016.57 |
| 人丁丝折绢（匹）（起运） | 251.00 |
| 农桑丝折绢（匹） | 288.00 |
| **秋粮** | |
| 米（石） | 4398.95 |
| 起运米（石） | 3431.00 |
| 存留米（石） | 967.95 |
| 地亩棉花绒（斤） | 1424.67 |
| 马草（束） | 95192.00 |
| 起运草（束包） | 91720.00 |
| 存留草（束） | 3472.00 |
| 户口盐钞银（两） | 116.99 |
| 起运银（两） | 65.38 |
| 存留银（两） | 51.60 |
| 遇闰共加银（两） | 9.75 |

### 博野县

| | |
|---|---|
| **夏税** | |
| 小麦（石） | 1188.47 |
| 起运麦（石） | 304.00 |
| 存留麦（石） | 884.47 |
| 人丁丝折绢（匹） | 247.00 |
| 起运绢（匹） | 100.00 |
| 存留绢（匹） | 147.00 |
| 农桑丝折绢（匹） | 88.00 |
| **秋粮** | |
| 米（石） | 3112.03 |
| 起运米（石） | 2070.00 |
| 存留米（石） | 1042.03 |

| | |
|---|---|
| 地亩棉花绒（斤） | 183.00 |
| 马草（束） | 57307.00 |
| 起运草（束包） | 53467.00 |
| 存留草（束） | 3840.00 |
| 户口盐钞银（两） | 72.14 |
| 起运银（两） | 40.32 |
| 存留银（两） | 31.82 |
| 遇闰共加银（两） | 6.01 |

### 庆都县

| | |
|---|---|
| **夏税** | |
| 小麦（石） | 857.06 |
| 起运麦（石） | 219.00 |
| 存留麦（石） | 638.06 |
| 人丁丝折绢（匹）（存留） | 160.00 |
| 农桑丝折绢（匹） | 18.00 |
| **秋粮** | |
| 米（石） | 2101.18 |
| 起运米（石） | 1397.00 |
| 存留米（石） | 704.18 |
| 地亩棉花绒（斤） | 88.28 |
| 马草（束） | 20509.00 |
| 起运草（束包） | 19140.00 |
| 存留草（束） | 1369.00 |
| 户口盐钞银（两） | 71.17 |
| 起运银（两） | 39.78 |
| 存留银（两） | 31.39 |
| 遇闰共加银（两） | 5.93 |

### 容城县

| | |
|---|---|
| **夏税** | |
| 小麦（石） | 253.06 |
| 起运麦（石） | 65.00 |
| 存留麦（石） | 188.06 |
| 人丁丝折绢（匹）（起运） | 50.00 |
| 农桑丝折绢（匹） | 11.00 |
| **秋粮** | |
| 米（石） | 558.99 |
| 起运米（石） | 372.00 |
| 存留米（石） | 186.99 |
| 地亩棉花绒（斤） | 55.63 |
| 马草（束） | 13140.00 |
| 起运草（束包） | 12260.00 |
| 存留草（束） | 880.00 |
| 户口盐钞银（两） | 32.27 |

|  |  |
| --- | --- |
| 起运银（两） | 18.03 |
| 存留银（两） | 14.23 |
| 遇闰共加银（两） | 2.68 |

### 完县

| 夏税 | |
| --- | --- |
| 小麦（石） | 1314.23 |
| 起运麦（石） | 404.00 |
| 存留麦（石） | 910.23 |
| 人丁丝折绢（匹）（存留）[1] | |
| 农桑丝折绢（起运）（匹） | 280.00 |

| 秋粮 | |
| --- | --- |
| 米（石） | 3593.69 |
| 起运米（石） | 2803.00 |
| 存留米（石） | 790.69 |
| 地亩棉花绒（斤） | 1022.83 |
| 马草（束） | 88529.00 |
| 起运草（束包） | 85300.00 |
| 存留草（束） | 3229.00 |
| 户口盐钞银（两） | 67.44 |
| 起运银（两） | 37.69 |
| 存留银（两） | 29.74 |
| 遇闰共加银（两） | 5.62 |

### 蠡县

| 夏税 | |
| --- | --- |
| 小麦（石） | 2081.68 |
| 起运麦（石） | 639.00 |
| 存留麦（石） | 1442.68 |
| 人丁丝折绢（匹）（起运） | 268.00 |
| 农桑丝折绢（起运）（匹） | 104.00[2] |
| 马草（束） | 17163.00[3] |
| 起运草（束包） | 15549.00 |
| 存留草（束） | 1614.00 |
| 户口盐钞银（两） | 28.05 |
| 起运银（两） | 15.67 |
| 存留银（两） | 12.37 |

|  |  |
| --- | --- |
| 遇闰共加银（两） | 2.40 |

### 易州

| 夏税 | |
| --- | --- |
| 小麦（石） | 658.24 |
| 起运麦（石） | 202.00 |
| 存留麦（石） | 456.24 |
| 人丁丝折绢（匹）（起运） | 84.00 |
| 本色丝（斤） | 84.02 |

| 秋粮 | |
| --- | --- |
| 米（石） | 1419.05 |
| 起运米（石） | 1107.00 |
| 存留米（石） | 312.05 |
| 地亩棉花绒（斤） | 336.45 |
| 马草（束） | 103409.00 |
| 起运草（束包） | 99640.00 |
| 存留草（束） | 3769.00 |
| 户口盐钞银（两） | 175.41 |
| 起运银（两） | 98.03 |
| 存留银（两） | 77.37 |
| 遇闰共加银（两） | 14.51 |

### 涞水县

| 夏税 | |
| --- | --- |
| 小麦（石） | 238.91 |
| 起运麦（石） | 73.00 |
| 存留麦（石） | 165.91 |
| 人丁丝折绢（匹）（存留） | 35.00 |
| 本色丝（斤） | 63.26 |

| 秋粮 | |
| --- | --- |
| 米（石） | 523.01 |
| 起运米（石） | 408.00 |
| 存留米（石） | 115.01 |
| 地亩棉花绒（斤） | 263.85 |
| 马草（束） | 70796.00 |
| 起运草（束包） | 68210.00 |
| 存留草（束） | 2586.00 |
| 户口盐钞银（两） | 99.81 |
| 起运银（两） | 55.78 |
| 存留银（两） | 44.02 |
| 遇闰共加银（两） | 8.30 |

### 河间府

|  |  |
| --- | --- |
| 田土官民（亩） | 8287219.80[4] |

---

[1] 原书此处两行残缺，仅存有"人丁丝折绢九□□匹四尺三寸（存留），农桑丝折绢二百八□尺一寸二分五厘"。

[2] 原书此处注明"原书缺五十四至五十九页。"据谭其骧《中国历史地图集》第七册《京师（北直隶）》补，应缺雄县、安州、高阳县、祁州、深泽县、束鹿县、新安县等7州县数据，第44—45页。

[3] 此处接原书第五十九页，由于前缺页，以下7个数据，不清楚是何地的数据。

[4] 原书此处注：比弘治增58651顷48亩。

| 夏税 | |
| --- | --- |
| 小麦（石） | 19718.23[1] |
| 起运 | |
| 御马仓大麦（石） | 600.00 |
| 准小麦（石） | 300.00 |
| 豌豆（石） | 1000.00 |
| 准小麦抵斗，俱每石折银（两） | 1.20 |
| 酒醋面局小麦（石） | 250.00 |
| 每石折银（两） | 1.00 |
| 光禄寺小麦（石） | 2170.00 |
| 本色四分折色六分，每石折银（两） | 1.00 |
| 永宁县仓并四海冶堡仓小麦（石） | 500.00 |
| 保安州宣德等仓并赵川葛峪堡仓小麦（石） | 1075.00 |
| 延庆州龙门广盈仓并独石马营云州赤城龙门鹏鹗长安岭堡仓小麦（石） | 1500.00 |
| 俱每石折银（两） | 1.20 |
| 山海仓小麦（石） | 735.00 |
| 每石折银（两） | 0.80 |
| 涿州常盈库仓小麦（石） | 500.00 |
| 本色一半折色一半，每石折银（两） | 0.70 |
| 黄花镇仓棉布（匹） | 300.00 |
| 准小麦（石） | 360.00 |
| 每匹折银（两） | 0.30 |
| 派剩各马房仓小麦（解太仓银库）（石） | 1503.00 |
| 每石折银（两） | 1.00 |
| 以上共起运麦（石） | 9893.00 |
| 存留麦（石） | 9825.23 |
| 人丁丝折绢（匹） | 5046.00[2] |
| 起运 | |
| 蓟州库绢（匹） | 400.00 |
| 涿州库绢（匹） | 400.00 |
| 俱每匹折银（两） | 0.80 |
| 京库绢（匹） | 2602.00 |
| 保定府库绢（匹） | 1500.00 |
| 俱每匹折银（两） | 0.70 |
| 存留绢（匹） | 143.00 |
| 农桑丝折绢（匹）（存留） | 889.00[3] |
| 秋粮 | |
| 米（石） | 46087.07[4] |

| 起运 | |
| --- | --- |
| 京库棉花绒（斤） | 30000.00 |
| 准米（石） | 3000.00 |
| 每斤折银（两） | 0.10 |
| 供用库芝麻（石） | 350.00 |
| 每石折银（两） | 2.00 |
| 京仓收外鹅房蜀黍（石） | 116.00 |
| 准米（石） | 58.00 |
| 每石折银（两） | 0.80 |
| 光禄寺芝麻（石） | 600.00 |
| 本色二分折色八分，每石折银（两） | 1.30 |
| 北高仓黑豆（石） | 673.04 |
| 每石折银（两） | 0.80 |
| 喜峰口仓米（石） | 1620.00 |
| 本折中半，每石折银（两） | 0.90 |
| 山海仓粟米（石） | 700.00 |
| 喜峰口仓黑豆（石） | 500.00 |
| 军储仓粟米（石） | 500.00 |
| 唐县新兴仓粟米（石） | 1000.00 |
| 俱本折中半，每石折银（两） | 0.80 |
| 宣府宣德等三仓粟米（石） | 8000.00 |
| 新开口等堡仓粟米（石） | 1000.00 |
| 黑豆（石） | 4041.00 |
| 以上米豆，俱本色三分，每石折银（两） | 1.40 |
| 折色七分，每石折银（两） | 1.20 |
| 派剩内拨易州镇米（石） | 473.01 |
| 每石折银（两） | 0.60 |
| 派剩米（石） | 2234.95 |
| 内改拨光禄寺米（石） | 1687.99 |
| 每石折银（两） | 0.70 |
| 其余米（俱解太仓银库）（石） | 546.96 |
| 每石折银（两） | 0.60 |
| 以上共起运米（石） | 24750.00 |
| 存留米（石） | 21337.07 |
| 地亩棉花绒（斤） | 4647.84[5] |
| 枣株课米（石） | 37.53[6] |
| 马草（束） | 670863.00[7] |
| 起运 | |
| 御马仓内场草（束） | 27000.00 |

[1]原书此处注：比弘治减82.95石。
[2]原书此处注：比弘治增143匹1丈1寸零。
[3]原书此处注："与弘治同，存留。"
[4]原书此处注：比弘治减193.55石。
[5]原书此处注："与弘治同，起运京库。"
[6]原书此处注："与弘治同，存留。"
[7]原书此处注：比弘治减3690束6分零。

| | |
|---|---|
| 每束折银（两） | 0.07 |
| 中府外场草（束） | 27000.00 |
| 天师庵外场草（束） | 27000.00 |
| 坝上仓草（束） | 5400.00 |
| 湖渠马房仓草（束） | 4000.00 |
| 坝上北仓草（束） | 700.00 |
| 北草场仓草（束） | 10000.00 |
| 台基厂草场仓草（束） | 24200.00 |
| 明智坊草场草（束） | 24200.00 |
| 安仁坊草场草（束） | 17000.00 |
| 西城坊草场草（束） | 13500.00 |
| 北新草场草（束） | 15200.00 |
| 酒醋面局草（束） | 11000.00 |
| 外象房仓草（束） | 11110.00 |
| 俱每束折银（两） | 0.035 |
| 延庆卫仓草（束） | 10000.00 |
| 每束折银（两） | 0.046 |
| 巩华城仓草（束） | 49060.00 |
| 每束折银（两） | 0.035 |
| 宣府在城草场草（束） | 70000.00 |
| 每束折银（两） | 0.07 |
| 每银一两外加脚价银（两） | 0.20 |
| 太仓银库草（束） | 299630.00 |
| 俱每束折银（两） | 0.035 |
| 以上共起运草（束包） | 646000.00 |
| 存留草（束） | 24863.00 |
| 人户（户） | 45024.00 |
| 人口（口） | 419152.00[1] |
| 户口盐钞银（两） | 2361.35 |
| 起运银（两） | 507.22 |
| 存留银（两） | 1854.12 |
| 遇闰共加银（两） | 196.78 |
| 河间县 | |
| 夏税 | |
| 小麦（石） | 1690.40 |
| 起运麦（石） | 848.00 |
| 存留麦（石） | 842.40 |
| 人丁丝折绢（匹） | 432.00 |
| 农桑丝折绢（匹） | 40.00 |
| 秋粮 | |
| 米（石） | 3944.27 |

| | |
|---|---|
| 起运米（石） | 1972.00 |
| 存留米（石） | 1972.27 |
| 地亩棉花绒（斤） | 229.00 |
| 马草（束） | 56430.00 |
| 起运草（束） | 54000.00 |
| 存留草（束） | 2430.00 |
| 户口盐钞银（两） | 193.50 |
| 起运银（两） | 43.09 |
| 存留银（两） | 150.41 |
| 遇闰共加银（两） | 16.12 |
| 献县 | |
| 夏税 | |
| 小麦（石） | 1974.90 |
| 起运麦（石） | 990.00 |
| 存留麦（石） | 984.90 |
| 人丁丝折绢（匹） | 505.00 |
| 农桑丝折绢（匹） | 87.00 |
| 秋粮 | |
| 米（石） | 4607.45 |
| 起运米（石） | 2304.00 |
| 存留米（石） | 2303.45 |
| 地亩棉花绒（斤） | 244.50 |
| 马草（束） | 69251.00 |
| 起运草（束） | 67500.00 |
| 存留草（束） | 1751.00 |
| 户口盐钞银（两） | 223.52 |
| 起运银（两） | 51.37 |
| 存留银（两） | 172.15 |
| 遇闰共加银（两） | 18.62 |
| 阜城县 | |
| 夏税 | |
| 小麦（石） | 980.46 |
| 起运麦（石） | 498.00 |
| 存留麦（石） | 482.46 |
| 人丁丝折绢（匹） | 250.00 |
| 农桑丝折绢（匹） | 20.00 |
| 秋粮 | |
| 米（石） | 2281.18 |
| 起运米（石） | 1141.00 |
| 存留米（石） | 1140.18 |
| 地亩棉花绒（斤） | 263.35 |
| 马草（束） | 15279.00 |
| 起运草（束） | 13900.00 |

[1] 原书此处注：比弘治户增 2476，口增 40494。

388

| | |
|---|---|
| 存留草（束） | 1379.00 |
| 户口盐钞银（两） | 103.57 |
| 起运银（两） | 22.02 |
| 存留银（两） | 81.55 |
| 遇闰共加银（两） | 8.63 |

### 肃宁县

| | |
|---|---|
| **夏税** | |
| 小麦（石） | 752.43 |
| 起运麦（石） | 377.00 |
| 存留麦（石） | 375.43 |
| 人丁丝折绢（匹） | 192.00 |
| 农桑丝折绢（匹） | 32.00 |
| **秋粮** | |
| 米（石） | 1755.46 |
| 起运米（石） | 1111.00 |
| 存留米（石） | 644.46 |
| 地亩棉花绒（斤） | 278.00 |
| 马草（束） | 24950.00 |
| 起运草（束） | 23900.00 |
| 存留草（束） | 1050.00 |
| 户口盐钞银（两） | 89.69 |
| 起运银（两） | 19.37 |
| 存留银（两） | 70.31 |
| 遇闰共加银（两） | 7.47 |

### 任丘县

| | |
|---|---|
| **夏税** | |
| 小麦（石） | 1666.77 |
| 起运麦（石） | 841.00 |
| 存留麦（石） | 825.77 |
| 人丁丝折绢（匹） | 426.00 |
| 农桑丝折绢（匹） | 29.00 |
| **秋粮** | |
| 米（石） | 3888.24 |
| 起运米（石） | 2461.00 |
| 存留米（石） | 1427.24 |
| 地亩棉花绒（斤） | 415.95 |
| 马草（束） | 59824.00 |
| 起运草（束） | 58500.00 |
| 存留草（束） | 1324.00 |
| 户口盐钞银（两） | 233.71 |
| 起运银（两） | 52.96 |
| 存留银（两） | 180.74 |
| 遇闰共加银（两） | 19.47 |

### 交河县

| | |
|---|---|
| **夏税** | |
| 小麦（石） | 998.17 |
| 起运麦（石） | 506.00 |
| 存留麦（石） | 492.17 |
| 人丁丝折绢（匹） | 255.00 |
| 农桑丝折绢（匹） | 33.00 |
| **秋粮** | |
| 米（石） | 2325.31 |
| 起运米（石） | 1472.00 |
| 存留米（石） | 853.31 |
| 地亩棉花绒（斤） | 251.75 |
| 枣株课米（石）（存留） | 1.26 |
| 马草（束） | 39807.00 |
| 起运草（束） | 38500.00 |
| 存留草（束） | 1307.00 |
| 户口盐钞银（两） | 155.72 |
| 起运银（两） | 34.21 |
| 存留银（两） | 121.51 |
| 遇闰共加银（两） | 12.97 |

### 青县

| | |
|---|---|
| **夏税** | |
| 小麦（石） | 1120.52 |
| 起运麦（石） | 562.00 |
| 存留麦（石） | 558.52 |
| 人丁丝折绢（匹） | 286.00 |
| 农桑丝折绢（匹） | 35.00 |
| **秋粮** | |
| 米（石） | 2657.42 |
| 起运米（石） | 1682.00 |
| 存留米（石） | 975.42 |
| 地亩棉花绒（斤） | 84.00 |
| 马草（束） | 46588.00 |
| 起运草（束） | 44800.00 |
| 存留草（束） | 1788.00 |
| 户口盐钞银（两） | 103.30 |
| 起运银（两） | 22.31 |
| 存留银（两） | 80.98 |
| 遇闰共加银（两） | 8.60 |

### 兴济县

| | |
|---|---|
| **夏税** | |
| 小麦（石） | 445.37 |
| 起运麦（石） | 170.00 |

| | |
|---|---|
| 存留麦（石） | 275.37 |
| 人丁丝折绢（匹） | 113.00 |
| 起运绢（匹） | 17.00 |
| 存留绢（匹） | 96.00 |
| 农桑丝折绢（匹） | 2.00 |
| **秋粮** | |
| 米（石） | 1043.30 |
| 起运米（石） | 418.00 |
| 存留米（石） | 625.30 |
| 地亩棉花绒（斤） | 45.00 |
| 马草（束） | 8240.00 |
| 起运草（束） | 7000.00 |
| 存留草（束） | 1240.00 |
| 户口盐钞银（两） | 47.22 |
| 起运银（两） | 6.33 |
| 存留银（两） | 40.89 |
| 遇闰共加银（两） | 3.93 |
| **静海县** | |
| **夏税** | |
| 小麦（石） | 1132.46 |
| 起运麦（石） | 571.00 |
| 存留麦（石） | 561.46 |
| 人丁丝折绢（匹） | 289.00 |
| 农桑丝折绢（匹） | 36.00 |
| **秋粮** | |
| 米（石） | 2645.16 |
| 起运米（石） | 1059.00 |
| 存留米（石） | 1586.16 |
| 地亩棉花绒（斤） | 244.88 |
| 马草（束） | 39246.00 |
| 起运草（束） | 38460.00 |
| 存留草（束） | 786.00 |
| 户口盐钞银（两） | 119.62 |
| 起运银（两） | 27.28 |
| 存留银（两） | 92.33 |
| 遇闰共加银（两） | 9.96 |
| **宁津县** | |
| **夏税** | |
| 小麦（石） | 1529.96 |
| 起运麦（石） | 773.00 |
| 存留麦（石） | 756.96 |
| 人丁丝折绢（匹） | 391.00 |
| 农桑丝折绢（匹） | 161.00 |

| | |
|---|---|
| **秋粮** | |
| 米（石） | 3567.76 |
| 起运米（石） | 1784.00 |
| 存留米（石） | 1783.76 |
| 地亩棉花绒（斤） | 745.79 |
| 马草（束） | 64440.00 |
| 起运草（束） | 62500.00 |
| 存留草（束） | 1940.00 |
| 户口盐钞银（两） | 152.62 |
| 起运银（两） | 30.77 |
| 存留银（两） | 121.84 |
| 遇闰共加银（两） | 12.71 |
| **景州** | |
| **夏税** | |
| 小麦（石） | 1332.81 |
| 起运麦（石） | 676.00 |
| 存留麦（石） | 656.81 |
| 人丁丝折绢（匹） | 341.00 |
| 农桑丝折绢（匹） | 57.00 |
| **秋粮** | |
| 米（石） | 3109.89 |
| 起运米（石） | 1969.00 |
| 存留米（石） | 1140.89 |
| 地亩棉花绒（斤） | 150.75 |
| 马草（束） | 23370.00 |
| 起运草（束） | 22700.00 |
| 存留草（束） | 670.00 |
| 户口盐钞银（两） | 230.22 |
| 起运银（两） | 47.82 |
| 存留银（两） | 182.40 |
| 遇闰共加银（两） | 19.18 |
| **吴桥县** | |
| **夏税** | |
| 小麦（石） | 537.10 |
| 起运麦（石） | 276.00 |
| 存留麦（石） | 261.10 |
| 人丁丝折绢（匹） | 137.00 |
| 农桑丝折绢（匹） | 67.00 |
| **秋粮** | |
| 米（石） | 1256.20 |
| 起运米（石） | 795.00 |
| 存留米（石） | 461.20 |
| 地亩棉花绒（斤） | 205.73 |

| | |
|---|---|
| 枣株课米（石） | 1.08 |
| 马草（束） | 21934.00 |
| 起运草（束） | 21000.00 |
| 存留草（束） | 934.00 |
| 户口盐钞银（两） | 107.22 |
| 起运银（两） | 26.24 |
| 存留银（两） | 80.98 |
| 遇闰共加银（两） | 8.93 |

| 东光县 | |
|---|---|
| **夏税** | |
| 小麦（石） | 419.03 |
| 起运麦（石） | 216.00 |
| 存留麦（石） | 203.03 |
| 人丁丝折绢（匹） | 107.00 |
| 农桑丝折绢（匹） | 10.00 |
| **秋粮** | |
| 米（石） | 977.73 |
| 起运米（石） | 619.00 |
| 存留米（石） | 358.73 |
| 地亩棉花绒（斤） | 147.25 |
| 马草（束） | 17857.00 |
| 起运草（束） | 16500.00 |
| 存留草（束） | 1357.00 |
| 户口盐钞银（两） | 71.93 |
| 起运银（两） | 14.98 |
| 存留银（两） | 56.94 |
| 遇闰共加银（两） | 5.99 |

| 故城县 | |
|---|---|
| **夏税** | |
| 小麦（石） | 799.24 |
| 起运麦（石） | 406.00 |
| 存留麦（石） | 393.24 |
| 人丁丝折绢（匹） | 204.00 |
| 农桑丝折绢（匹） | 66.00 |
| **秋粮** | |
| 米（石） | 1864.90 |
| 起运米（石） | 1181.00 |
| 存留米（石） | 683.90 |
| 地亩棉花绒（斤） | 199.25 |
| 枣株课米（石） | 1.08 |
| 马草（束） | 25854.00 |
| 起运草（束） | 24500.00 |
| 存留草（束） | 1354.00 |

| | |
|---|---|
| 户口盐钞银（两） | 130.02 |
| 起运银（两） | 21.92 |
| 存留银（两） | 108.10 |
| 遇闰共加银（两） | 10.83 |

| 沧州 | |
|---|---|
| **夏税** | |
| 小麦（石） | 1397.74 |
| 起运麦（石） | 701.00 |
| 存留麦（石） | 696.74 |
| 人丁丝折绢（匹） | 357.00 |
| 农桑丝折绢（匹） | 32.00 |
| **秋粮** | |
| 米（石） | 3291.48 |
| 起运米（石） | 1646.00 |
| 存留米（石） | 1645.48 |
| 地亩棉花绒（斤） | 331.38 |
| 枣株课米（石） | 2.19 |
| 马草（束） | 35465.00 |
| 起运草（束） | 34300.00 |
| 存留草（束） | 1165.00 |
| 户口盐钞银（两） | 83.60 |
| 起运银（两） | 15.12 |
| 存留银（两） | 68.47 |
| 遇闰共加银（两） | 6.96 |

| 南皮县 | |
|---|---|
| **夏税** | |
| 小麦（石） | 708.72 |
| 起运麦（石） | 361.00 |
| 存留麦（石） | 347.72 |
| 人丁丝折绢（匹） | 181.00 |
| 起运绢（匹） | 135.00 |
| 存留绢（匹） | 46.00 |
| 农桑丝折绢（匹） | 27.00 |
| **秋粮** | |
| 米（石） | 1660.62 |
| 起运米（石） | 1051.00 |
| 存留米（石） | 609.62 |
| 地亩棉花绒（斤） | 186.54 |
| 马草（束） | 27766.00 |
| 起运草（束） | 26840.00 |
| 存留草（束） | 926.00 |
| 户口盐钞银（两） | 76.32 |
| 起运银（两） | 19.57 |

| | |
|---|---|
| 存留银（两） | 56.74 |
| 遇闰共加银（两） | 6.36 |
| **盐山县** | |
| **夏税** | |
| 小麦（石） | 1480.55 |
| 起运麦（石） | 743.00 |
| 存留麦（石） | 737.55 |
| 人丁丝折绢（匹） | 378.00 |
| 农桑丝折绢（匹） | 45.00 |
| **秋粮** | |
| 米（石） | 3451.79 |
| 起运米（石） | 1381.00 |
| 存留米（石） | 2070.79 |
| 地亩棉花绒（斤） | 257.25 |
| 枣株课米（石） | 0.36 |
| 马草（束） | 61980.00 |
| 起运草（束） | 60000.00 |
| 存留草（束） | 1980.00 |
| 户口盐钞银（两） | 135.10 |
| 起运银（两） | 29.20 |
| 存留银（两） | 105.89 |
| 遇闰共加银（两） | 11.25 |
| **庆云县** | |
| **夏税** | |
| 小麦（石） | 751.52 |
| 起运麦（石） | 378.00 |
| 存留麦（石） | 373.52 |
| 人丁丝折绢（匹） | 192.00 |
| 农桑丝折绢（匹） | 102.00 |
| **秋粮** | |
| 米（石） | 1758.82 |
| 起运米（石） | 704.00 |
| 存留米（石） | 1054.82 |
| 地亩棉花绒（斤） | 367.44 |
| 枣株课米（石） | 31.56 |
| 马草（束） | 32575.00 |
| 起运草（束） | 31100.00 |
| 存留草（束） | 1475.00 |
| 户口盐钞银（两） | 104.41 |
| 起运银（两） | 22.60 |
| 存留银（两） | 81.80 |
| 遇闰共加银（两） | 8.70 |
| **真定府** | |

| | |
|---|---|
| 田土官民（亩） | 10267506.00[1] |
| **夏税** | |
| 小麦（石） | 34733.49 |
| **起运** | |
| 紫荆关新城仓麦（石） | 3372.90 |
| 浮图峪口仓麦（石） | 2378.60 |
| 唐县新兴仓麦（石） | 3530.30 |
| 阜平县仓麦（石） | 1257.00 |
| 俱每石折银（两） | 1.20 |
| 万全广积仓麦（石） | 730.00 |
| 延庆州龙门广盈等仓麦（石） | 1040.00 |
| 保安州宣德等仓麦（石） | 3500.00 |
| 俱本色3分折色7分，每石折银（两） | 1.00 |
| 外加脚价银（两） | 0.20 |
| 永平府库阔白棉布（匹） | 1600.00 |
| 准麦（石） | 1920.00 |
| 每匹折银（两） | 0.30 |
| 派剩麦（解太仓银库）（石） | 991.20 |
| 每石折银（两） | 1.00 |
| 以上共起运麦（石） | 18720.00 |
| 存留麦（石） | 16013.49 |
| 外有深州安平饶阳三州县屯军麦（石） | 224.77 |
| 人丁丝折绢（匹） | 8548.00 |
| **起运** | |
| 京库绢（匹） | 7598.00 |
| 每匹折银（两） | 0.70 |
| 涿州库绢（匹） | 500.00 |
| 每匹折银（两） | 0.80 |
| 存留绢（匹） | 450.00 |
| 农桑丝折绢（匹） | 7000.00[2] |
| 起运京库绢（匹） | 6632.00 |
| 每匹折银（两） | 0.70 |
| 存留绢（匹） | 368.00 |
| **秋粮** | |
| 米（石） | 82349.27[3] |
| **起运** | |
| 供用库芝麻（石） | 820.00 |
| 浮图峪口仓米（石） | 5469.70 |

---

[1] 原书此处注：比弘治增 63694 顷 41 亩零。
[2] 原书此处注："与弘治同。"
[3] 原书此处注：比弘治增 2.31 石。

|  |  |
|---|---|
| 阜平县仓米（石） | 4103.40 |
| 陆矿仓米（石） | 1312.50 |
| 唐县新兴仓米（石） | 11492.50 |
| 紫荆关新城仓米（石） | 6220.36 |
| 俱每石折银（两） | 1.20 |
| 宣府在城宣德等仓米（系太仓改拨之数）（石） | 5000.00 |
| 内本色3分折色7分，每石折银（两） | 0.80 |
| 外加脚价银（两） | 0.20 |
| 延庆州广积仓米（石） | 7000.00 |
| 龙门广盈仓米（石） | 4000.00 |
| 俱本色3分折色7分，每石折银（两） | 1.00 |
| 外加脚价银（两） | 0.20 |
| 以上共起运米（石） | 45418.46 |
| 存留米（石） | 36930.81 |
| 外有深州安平饶阳三州县屯军米（石） | 524.58 |
| 地亩棉花绒（斤）（起运） | 35033.09[1] |
| 马草（束包） | 1374157.00[2] |
| 起运 | |
| 御马仓内场草（束） | 35000.00 |
| 每束折银（两） | 0.065 |
| 天师庵外场草（束） | 35000.00 |
| 每束折银（两） | 0.06 |
| 中府外场草（束） | 35000.00 |
| 每束折银（两） | 0.055 |
| 酒醋面局草（束） | 11000.00 |
| 每束折银（两） | 0.06 |
| 供用库草（束） | 12970.00 |
| 每束折银（两） | 0.034 |
| 司苑局草（束） | 15000.00 |
| 每束折银（两） | 0.042 |
| 坝上仓坝上东坝上北北高湖渠五马房仓共草（束） | 18500.00 |
| 俱每束折银（两） | 0.04 |
| 黄土南石渠郑家庄峪口张家庄官庄五马房仓共草（束） | 28654.00 |
| 俱每束折银（两） | 0.038 |
| 外牛房仓草（束） | 9000.00 |
| 内象房仓草（束） | 7790.00 |
| 俱每束折银（两） | 0.045 |
| 外象房仓草（束） | 37000.00 |
| 俱每束折银（两） | 0.046 |
| 牺牲所草（包） | 21920.00 |
| 每包折银（两） | 0.05 |
| 台基明智安仁西城北新五草场共草（束） | 80900.00 |
| 俱每束折银（两） | 0.04 |
| 延庆卫仓草（束） | 10000.00 |
| 每束折银（两） | 0.046 |
| 居庸仓草（束） | 80000.00 |
| 良乡县草场草（束） | 3000.00 |
| 俱每束折银（两） | 0.035 |
| 紫荆关新城仓草（束） | 360.00 |
| 倒马关新兴仓草（束） | 25000.00 |
| 插箭岭军储仓草（束） | 9360.00 |
| 俱每束折银（两） | 0.015 |
| 宣府在城草场草（束） | 100000.00 |
| 每束折银（两） | 0.07 |
| 每银1两外加脚价银（两） | 0.20 |
| 太仓银库草（束） | 718071.00 |
| 俱每束折银（两） | 0.035 |
| 以上共起运草（束包） | 1293526.00 |
| 存留草（束） | 80631.00 |
| 外有深州安平饶阳三州县屯军草（束） | 9817.00 |
| 人户（户） | 74738.00 |
| 人口（口） | 1093531.00[3] |
| 户口盐钞银（两） | 2477.36 |
| 起运银（两） | 1238.68 |
| 存留银（两） | 1238.68 |
| 遇闰共加银（两） | 206.44 |

真定县

**夏税**

|  |  |
|---|---|
| 小麦（石） | 1194.83 |
| 起运麦（石） | 645.80 |
| 存留麦（石） | 549.03 |
| 人丁丝折绢（匹）（起运） | 174.00 |
| 农桑丝折绢（匹）（起运） | 213.00 |

**秋粮**

[1] 原书此处注："与弘治同，起运。"
[2] 原书此处注：比弘治增4束。
[3] 原书此处注：比弘治户增15299，口增495858。

| | |
|---|---|
| 米（石） | 2676.87 |
| 起运米（石） | 1461.80 |
| 存留米（石） | 1215.07 |
| 地亩棉花绒（斤） | 1069.91 |
| 马草（束） | 48884.00 |
| 起运草（束） | 44436.00 |
| 存留草（束） | 4448.00 |
| 户口盐钞银（两） | 62.22 |
| 起运银（两） | 31.11 |
| 存留银（两） | 31.11 |
| 遇闰共加银（两） | 5.18 |

### 井陉县

| | |
|---|---|
| **夏税** | |
| 小麦（石） | 758.18 |
| 起运麦（石） | 423.60 |
| 存留麦（石） | 334.58 |
| 人丁丝折绢（匹）（起运） | 250.00 |
| 农桑丝折绢（匹） | 218.00 |
| 起运绢（匹） | 150.00 |
| 存留绢（匹） | 68.00 |
| **秋粮** | |
| 米（石） | 1643.75 |
| 起运米（石） | 937.60 |
| 存留米（石） | 706.15 |
| 地亩棉花绒（斤） | 1092.77 |
| 马草（束） | 30167.00 |
| 起运草（束） | 28646.00 |
| 存留草（束） | 1521.00 |
| 户口盐钞银（两） | 60.57 |
| 起运银（两） | 30.28 |
| 存留银（两） | 30.28 |
| 遇闰共加银（两） | 5.04 |

### 获鹿县

| | |
|---|---|
| **夏税** | |
| 小麦（石） | 893.99 |
| 起运麦（石） | 488.10 |
| 存留麦（石） | 405.89 |
| 人丁丝折绢（匹）（起运） | 273.00 |
| 农桑丝折绢（匹）（起运） | 232.00 |
| **秋粮** | |
| 米（石） | 1914.66 |
| 起运米（石） | 1066.10 |
| 存留米（石） | 848.56 |

| | |
|---|---|
| 地亩棉花绒（斤） | 1160.06 |
| 马草（束） | 35549.00 |
| 起运草（束） | 32951.00 |
| 存留草（束） | 2598.00 |
| 户口盐钞银（两） | 69.15 |
| 起运银（两） | 34.57 |
| 存留银（两） | 34.57 |
| 遇闰共加银（两） | 5.76 |

### 元氏县

| | |
|---|---|
| **夏税** | |
| 小麦（石） | 1168.24 |
| 起运麦（石） | 652.20 |
| 存留麦（石） | 516.04 |
| 人丁丝折绢（匹）（起运） | 255.00 |
| 农桑丝折绢（匹）（起运） | 277.00 |
| **秋粮** | |
| 米（石） | 2667.94 |
| 起运米（石） | 1521.80 |
| 存留米（石） | 1146.14 |
| 地亩棉花绒（斤） | 1385.29 |
| 马草（束） | 47051.00 |
| 起运草（束） | 44670.00 |
| 存留草（束） | 2381.00 |
| 户口盐钞银（两） | 90.18 |
| 起运银（两） | 45.09 |
| 存留银（两） | 45.09 |
| 遇闰共加银（两） | 7.51 |

### 灵寿县

| | |
|---|---|
| **夏税** | |
| 小麦（石） | 1276.41 |
| 起运麦（石） | 712.60 |
| 存留麦（石） | 563.81 |
| 人丁丝折绢（匹）（起运） | 210.00 |
| 农桑丝折绢（匹）（起运） | 329.00 |
| **秋粮** | |
| 米（石） | 2793.79 |
| 起运米（石） | 1593.60 |
| 存留米（石） | 1200.19 |
| 地亩棉花绒（斤） | 1647.16 |
| 马草（束） | 46582.00 |
| 起运草（束） | 44235.00 |
| 存留草（束） | 2347.00 |
| 户口盐钞银（两） | 55.83 |

| | | | | |
|---|---|---|---|---|
| 起运银（两） | 27.91 | | **无极县** | |
| 存留银（两） | 27.91 | | **夏税** | |
| 遇闰共加银（两） | 4.65 | | 小麦（石） | 960.67 |
| **藁城县** | | | 起运麦（石） | 496.90 |
| | | | 存留麦（石） | 463.77 |
| **夏税** | | | 人丁丝折绢（匹）（起运） | 257.00 |
| 小麦（石） | 1002.64 | | 农桑丝折绢（匹）（起运） | 219.00 |
| 起运麦（石） | 457.90 | | **秋粮** | |
| 存留麦（石） | 544.74 | | 米（石） | 2122.21 |
| 人丁丝折绢（匹） | 298.00 | | 起运米（石） | 1116.40 |
| 起运京库绢（匹） | 248.00 | | 存留米（石） | 1005.81 |
| 存留绢（匹） | 50.00 | | 地亩棉花绒（斤） | 1091.43 |
| 农桑丝折绢（匹）（起运） | 152.00 | | 马草（束） | 38102.00 |
| **秋粮** | | | 起运草（束） | 33460.00 |
| 米（石） | 2257.27 | | 存留草（束） | 4642.00 |
| 起运米（石） | 1044.60 | | 户口盐钞银（两） | 71.35 |
| 存留米（石） | 1212.67 | | 起运银（两） | 35.67 |
| 地亩棉花绒（斤） | 762.74 | | 存留银（两） | 35.67 |
| 马草（束） | 41533.00 | | 遇闰共加银（两） | 5.94 |
| 起运草（束） | 32057.00 | | **平山县** | |
| 存留草（束） | 9476.00 | | **夏税** | |
| 户口盐钞银（两） | 69.33 | | 小麦（石） | 1303.90 |
| 起运银（两） | 34.66 | | 起运麦（石） | 727.90 |
| 存留银（两） | 34.66 | | 存留麦（石） | 576.00 |
| 遇闰共加银（两） | 5.77 | | 人丁丝折绢（匹）（起运） | 377.00 |
| **栾城县** | | | 农桑丝折绢（匹）（起运） | 306.00 |
| **夏税** | | | **秋粮** | |
| 小麦（石） | 701.17 | | 米（石） | 2860.79 |
| 起运麦（石） | 391.40 | | 起运米（石） | 1631.80 |
| 存留麦（石） | 309.77 | | 存留米（石） | 1228.99 |
| 人丁丝折绢（匹）（起运） | 162.00 | | 地亩棉花绒（斤） | 1566.00 |
| 农桑丝折绢（匹）（起运） | 90.00 | | 马草（束） | 47793.00 |
| **秋粮** | | | 起运草（束） | 45385.00 |
| 米（石） | 1592.15 | | 存留草（束） | 2408.00 |
| 起运米（石） | 908.10 | | 户口盐钞银（两） | 93.06 |
| 存留米（石） | 684.05 | | 起运银（两） | 46.53 |
| 地亩棉花绒（斤） | 450.58 | | 存留银（两） | 46.53 |
| 马草（束） | 29594.00 | | 遇闰共加银（两） | 7.75 |
| 起运草（束） | 28103.00 | | **阜平县** | |
| 存留草（束） | 1491.00 | | **夏税** | |
| 户口盐钞银（两） | 36.96 | | 小麦（石）（存留） | 857.81 |
| 起运银（两） | 18.48 | | 人丁丝折绢（匹）（起运） | 152.00 |
| 存留银（两） | 18.48 | | 农桑丝折绢（匹）（起运） | 98.00 |
| 遇闰共加银（两） | 3.08 | | | |

| 秋粮 | |
|---|---|
| 米（石）（存留） | 1895.33 |
| 地亩棉花绒（斤） | 490.67 |
| 马草（束）（起运） | 33120.00 |
| 户口盐钞银（两） | 57.61 |
| 起运银（两） | 28.80 |
| 存留银（两） | 28.80 |
| 遇闰共加银（两） | 4.80 |

| 定州 | |
|---|---|
| 夏税 | |
| 小麦（石） | 2632.20 |
| 起运麦（石） | 1469.50 |
| 存留麦（石） | 1162.70 |
| 人丁丝折绢（匹）（起运） | 650.00 |
| 农桑丝折绢（匹） | 652.00 |
| 起运绢（匹） | 552.00 |
| 存留绢（匹） | 100.00 |
| 秋粮 | |
| 米（石） | 5781.17 |
| 起运米（石） | 3297.60 |
| 存留米（石） | 2483.57 |
| 地亩棉花绒（斤） | 3261.92 |
| 马草（束） | 106237.00 |
| 起运草（束） | 100883.00 |
| 存留草（束） | 5354.00 |
| 户口盐钞银（两） | 193.82 |
| 起运银（两） | 96.91 |
| 存留银（两） | 96.91 |
| 遇闰共加银（两） | 16.15 |

| 新乐县 | |
|---|---|
| 夏税 | |
| 小麦（石） | 906.98 |
| 起运麦（石） | 506.30 |
| 存留麦（石） | 400.68 |
| 人丁丝折绢（匹）（起运） | 180.00 |
| 农桑丝折绢（匹）（起运） | 178.00 |
| 秋粮 | |
| 米（石） | 2016.69 |
| 起运米（石） | 1150.30 |
| 存留米（石） | 866.39 |
| 地亩棉花绒（斤） | 891.61 |
| 马草（束） | 36816.00 |
| 起运草（束） | 34961.00 |

| 存留草（束） | 1855.00 |
|---|---|
| 户口盐钞银（两） | 55.92 |
| 起运银（两） | 27.96 |
| 存留银（两） | 27.96 |
| 遇闰共加银（两） | 4.66 |

| 曲阳县 | |
|---|---|
| 夏税 | |
| 小麦（石） | 2275.23 |
| 起运麦（石） | 1270.20 |
| 存留麦（石） | 1005.03 |
| 人丁丝折绢（匹）（起运） | 404.00 |
| 农桑丝折绢（匹） | 596.00 |
| 起运绢（匹） | 496.00 |
| 存留绢（匹） | 100.00 |
| 秋粮 | |
| 米（石） | 4968.55 |
| 起运米（石） | 2834.00 |
| 存留米（石） | 2134.55 |
| 地亩棉花绒（斤） | 2984.86 |
| 马草（束） | 81100.00 |
| 起运草（束） | 77013.00 |
| 存留草（束） | 4087.00 |
| 户口盐钞银（两） | 129.58 |
| 起运银（两） | 64.79 |
| 存留银（两） | 64.79 |
| 遇闰共加银（两） | 10.79 |

| 行唐县 | |
|---|---|
| 夏税 | |
| 小麦（石） | 1935.84 |
| 起运麦（石） | 1080.70 |
| 存留麦（石） | 855.14 |
| 人丁丝折绢（匹）（起运） | 351.00 |
| 农桑丝折绢（匹）（起运） | 465.00 |
| 秋粮 | |
| 米（石） | 4266.75 |
| 起运米（石） | 2433.70 |
| 存留米（石） | 1833.05 |
| 地亩棉花绒（斤） | 2327.34 |
| 马草（束） | 67674.00 |
| 起运草（束） | 64263.00 |
| 存留草（束） | 3411.00 |
| 户口盐钞银（两） | 126.50 |
| 起运银（两） | 63.25 |

| | |
|---|---|
| 存留银（两） | 63.25 |
| 遇闰共加银（两） | 10.55 |
| **冀州** | |
| **夏税** | |
| 小麦（石） | 1344.34 |
| 起运麦（石） | 750.50 |
| 存留麦（石） | 593.84 |
| 人丁丝折绢（匹）（起运） | 243.00 |
| 农桑丝折绢（匹）（起运） | 153.00 |
| **秋粮** | |
| 米（石） | 3949.89 |
| 起运米（石） | 2253.00 |
| 存留米（石） | 1696.89 |
| 地亩棉花绒（斤） | 770.37 |
| 马草（束） | 58088.00 |
| 起运草（束） | 55161.00 |
| 存留草（束） | 2927.00 |
| 户口盐钞银（两） | 56.78 |
| 起运银（两） | 28.39 |
| 存留银（两） | 28.39 |
| 遇闰共加银（两） | 4.73 |
| **南宫县** | |
| **夏税** | |
| 小麦（石） | 949.96 |
| 起运麦（石） | 530.30 |
| 存留麦（石） | 419.66 |
| 人丁丝折绢（匹）（起运） | 361.00 |
| 农桑丝折绢（匹） | 181.00 |
| 起运绢（匹） | 131.00 |
| 存留绢（匹） | 50.00 |
| **秋粮** | |
| 米（石） | 2119.39 |
| 起运米（石） | 1208.90 |
| 存留米（石） | 910.49 |
| 地亩棉花绒（斤） | 908.64 |
| 马草（束） | 32817.00 |
| 起运草（束） | 31163.00 |
| 存留草（束） | 1654.00 |
| 户口盐钞银（两） | 133.50 |
| 起运银（两） | 66.75 |
| 存留银（两） | 66.75 |
| 遇闰共加银（两） | 11.12 |
| **新河县** | |

| | |
|---|---|
| **夏税** | |
| 小麦（石） | 868.71 |
| 起运麦（石） | 485.00 |
| 存留麦（石） | 383.71 |
| 人丁丝折绢（匹）（起运） | 138.00 |
| 农桑丝折绢（匹）（起运） | 115.00 |
| **秋粮** | |
| 米（石） | 1957.29 |
| 起运米（石） | 1116.40 |
| 存留米（石） | 840.89 |
| 地亩棉花绒（斤） | 575.89 |
| 马草（束） | 36605.00 |
| 起运草（束） | 34761.00 |
| 存留草（束） | 1844.00 |
| 户口盐钞银（两） | 54.37 |
| 起运银（两） | 27.18 |
| 存留银（两） | 27.18 |
| 遇闰共加银（两） | 4.53 |
| **枣强县** | |
| **夏税** | |
| 小麦（石） | 1195.71 |
| 起运麦（石） | 667.50 |
| 存留麦（石） | 528.21 |
| 人丁丝折绢（匹）（起运） | 348.00 |
| 农桑丝折绢（匹） | 207.00 |
| 起运绢（匹） | 157.00 |
| 存留绢（匹） | 50.00 |
| **秋粮** | |
| 米（石） | 2820.56 |
| 起运米（石） | 1608.80 |
| 存留米（石） | 1211.76 |
| 地亩棉花绒（斤） | 1036.81 |
| 马草（束） | 50009.00 |
| 起运草（束） | 47489.00 |
| 存留草（束） | 2520.00 |
| 户口盐钞银（两） | 81.55 |
| 起运银（两） | 40.77 |
| 存留银（两） | 40.77 |
| 遇闰共加银（两） | 6.79 |
| **武邑县** | |
| **夏税** | |
| 小麦（石） | 1087.08 |
| 起运麦（石） | 606.90 |

| | | | |
|---|---|---|---|
| 存留麦（石） | 480.18 | 外有屯军麦（石） | 82.43 |
| 人丁丝折绢（匹） | 378.00 | 人丁丝折绢（匹）（起运） | 234.00 |
| 起运京库绢（匹） | 278.00 | 农桑丝折绢（匹）（起运） | 240.00 |
| 存留绢（匹） | 100.00 | 秋粮 | |
| 农桑丝折绢（匹）（起运） | 168.00 | 米（石） | 2047.46 |
| 秋粮 | | 起运米（石） | 1167.90 |
| 米（石） | 2555.42 | 存留米（石） | 879.56 |
| 起运米（石） | 1457.60 | 外有屯军米（石） | 192.34 |
| 存留米（石） | 1097.82 | 地亩棉花绒（斤） | 1200.19 |
| 地亩棉花绒（斤） | 843.74 | 马草（束） | 37225.00 |
| 马草（束） | 45045.00 | 起运草（束） | 35349.00 |
| 起运草（束） | 42775.00 | 存留草（束） | 1876.00 |
| 存留草（束） | 2270.00 | 外有屯军草（束） | 3595.00 |
| 户口盐钞银（两） | 103.11 | 户口盐钞银（两） | 81.68 |
| 起运银（两） | 51.55 | 起运银（两） | 40.84 |
| 存留银（两） | 51.55 | 存留银（两） | 40.84 |
| 遇闰共加银（两） | 8.59 | 遇闰共加银（两） | 6.80 |
| 晋州 | | 饶阳县 | |
| 夏税 | | 夏税 | |
| 小麦（石） | 942.75 | 小麦（石） | 1220.98 |
| 起运麦（石） | 526.30 | 起运麦（石） | 663.20 |
| 存留麦（石） | 416.45 | 存留麦（石） | 557.78 |
| 人丁丝折绢（匹） | 334.00 | 外有屯军麦（石） | 11.71 |
| 起运京库绢（匹） | 234.00 | 人丁丝折绢（匹） | 350.00 |
| 存留绢（匹） | 100.00 | 起运京库绢（匹） | 250.00 |
| 农桑丝折绢（匹）（起运） | 212.00 | 存留绢（匹） | 100.00 |
| 秋粮 | | 农桑丝折绢（匹）（起运） | 219.00 |
| 米（石） | 2126.96 | 秋粮 | |
| 起运米（石） | 1213.20 | 米（石） | 2727.75 |
| 存留米（石） | 913.76 | 起运米（石） | 1512.00 |
| 地亩棉花绒（斤） | 1061.52 | 存留米（石） | 1215.75 |
| 马草（束） | 36030.00 | 外有屯军米（石） | 27.33 |
| 起运草（束） | 34214.00 | 地亩棉花绒（斤） | 1096.62 |
| 存留草（束） | 1816.00 | 马草（束） | 39322.00 |
| 户口盐钞银（两） | 97.42 | 起运草（束） | 37193.00 |
| 起运银（两） | 48.71 | 存留草（束） | 2129.00 |
| 存留银（两） | 48.71 | 外有屯军草（束） | 511.00 |
| 遇闰共加银（两） | 8.11 | 户口盐钞银（两） | 91.62 |
| 安平县 | | 起运银（两） | 45.81 |
| 夏税 | | 存留银（两） | 45.81 |
| 小麦（石） | 931.69 | 遇闰共加银（两） | 7.63 |
| 起运麦（石） | 520.10 | 武强县 | |
| 存留麦（石） | 411.59 | 夏税 | |

|  |  |
| --- | --- |
| 小麦（石） | 973.75 |
| 起运麦（石） | 543.60 |
| 存留麦（石） | 430.15 |
| 人丁丝折绢（匹）（起运） | 200.00 |
| 农桑丝折绢（匹）（起运） | 99.00 |
| **秋粮** | |
| 米（石） | 2295.01 |
| 起运米（石） | 1309.10 |
| 存留米（石） | 985.91 |
| 地亩棉花绒（斤） | 498.61 |
| 马草（束） | 37559.00 |
| 起运草（束） | 35667.00 |
| 存留草（束） | 1892.00 |
| 户口盐钞银（两） | 69.03 |
| 起运银（两） | 34.51 |
| 存留银（两） | 34.51 |
| 遇闰共加银（两） | 5.75 |
| **赵州** | |
| **夏税** | |
| 小麦（石） | 808.21 |
| 起运麦（石） | 451.20 |
| 存留麦（石） | 357.01 |
| 人丁丝折绢（匹）（起运） | 235.00 |
| 农桑丝折绢（匹）（起运） | 103.00 |
| **秋粮** | |
| 米（石） | 1842.30 |
| 起运米（石） | 1050.80 |
| 存留米（石） | 791.50 |
| 地亩棉花绒（斤） | 517.71 |
| 马草（束） | 34139.00 |
| 起运草（束） | 32418.00 |
| 存留草（束） | 1721.00 |
| 户口盐钞银（两） | 64.03 |
| 起运银（两） | 32.01 |
| 存留银（两） | 32.01 |
| 遇闰共加银（两） | 5.33 |
| **柏乡县** | |
| **夏税** | |
| 小麦（石） | 556.95 |
| 起运麦（石） | 310.90 |
| 存留麦（石） | 246.05 |
| 人丁丝折绢（匹）（起运） | 145.00 |
| 农桑丝折绢（匹）（起运） | 89.00 |
| **秋粮** | |
| 米（石） | 1252.98 |
| 起运米（石） | 714.70 |
| 存留米（石） | 538.28 |
| 地亩棉花绒（斤） | 446.34 |
| 马草（束） | 22983.00 |
| 起运草（束） | 21824.00 |
| 存留草（束） | 1159.00 |
| 户口盐钞银（两） | 31.24 |
| 起运银（两） | 15.62 |
| 存留银（两） | 15.62 |
| 遇闰共加银（两） | 2.60 |
| **隆平县** | |
| **夏税** | |
| 小麦（石） | 934.91 |
| 起运麦（石） | 521.90 |
| 存留麦（石） | 413.01 |
| 人丁丝折绢（匹）（起运） | 162.00 |
| 农桑丝折绢（匹）（起运） | 39.00 |
| **秋粮** | |
| 米（石） | 2161.19 |
| 起运米（石） | 1232.70 |
| 存留米（石） | 928.49 |
| 地亩棉花绒（斤） | 198.32 |
| 马草（束） | 40266.00 |
| 起运草（束） | 38237.00 |
| 存留草（束） | 2029.00 |
| 户口盐钞银（两） | 47.28 |
| 起运银（两） | 23.64 |
| 存留银（两） | 23.64 |
| 遇闰共加银（两） | 3.94 |
| **高邑县** | |
| **夏税** | |
| 小麦（石） | 531.99 |
| 起运麦（石） | 297.00 |
| 存留麦（石） | 234.99 |
| 人丁丝折绢（匹）（起运） | 136.00 |
| 农桑丝折绢（匹）（起运） | 91.00 |
| **秋粮** | |
| 米（石） | 1195.97 |
| 起运米（石） | 682.20 |
| 存留米（石） | 513.77 |
| 地亩棉花绒（斤） | 459.28 |

| | |
|---|---|
| 马草（束） | 22366.00 |
| 起运草（束） | 21239.00 |
| 存留草（束） | 1127.00 |
| 户口盐钞银（两） | 48.68 |
| 起运银（两） | 24.34 |
| 存留银（两） | 24.34 |
| 遇闰共加银（两） | 4.05 |

**临城县**

**夏税**

| | |
|---|---|
| 小麦（石） | 712.20 |
| 起运麦（石） | 397.60 |
| 存留麦（石） | 314.60 |
| 人丁丝折绢（匹）（起运） | 191.00 |
| 农桑丝折绢（匹）（起运） | 167.00 |

**秋粮**

| | |
|---|---|
| 米（石） | 1569.86 |
| 起运米（石） | 895.40 |
| 存留米（石） | 674.46 |
| 地亩棉花绒（斤） | 838.84 |
| 马草（束） | 29001.00 |
| 起运草（束） | 27539.00 |
| 存留草（束） | 1462.00 |
| 户口盐钞银（两） | 50.04 |
| 起运银（两） | 25.02 |
| 存留银（两） | 25.02 |
| 遇闰共加银（两） | 4.17 |

**赞皇县**

**夏税**

| | |
|---|---|
| 小麦（石） | 717.71 |
| 起运麦（石） | 400.70 |
| 存留麦（石） | 317.01 |
| 人丁丝折绢（匹）（起运） | 170.00 |
| 农桑丝折绢（匹）（起运） | 164.00 |

**秋粮**

| | |
|---|---|
| 米（石） | 1605.97 |
| 起运米（石） | 916.00 |
| 存留米（石） | 689.97 |
| 地亩棉花绒（斤） | 821.71 |
| 马草（束） | 28950.00 |
| 起运草（束） | 27491.00 |
| 存留草（束） | 1459.00 |
| 户口盐钞银（两） | 43.06 |
| 起运银（两） | 21.53 |

| | |
|---|---|
| 存留银（两） | 21.53 |
| 遇闰共加银（两） | 3.58 |

**宁晋县**

**夏税**

| | |
|---|---|
| 小麦（石） | 916.84 |
| 起运麦（石） | 511.90 |
| 存留麦（石） | 404.94 |
| 人丁丝折绢（匹）（起运） | 294.00 |
| 农桑丝折绢（匹）（起运） | 216.00 |

**秋粮**

| | |
|---|---|
| 米（石） | 3707.46 |
| 起运米（石） | 2114.70 |
| 存留米（石） | 1592.76 |
| 地亩棉花绒（斤） | 1081.97 |
| 马草（束） | 40319.00 |
| 起运草（束） | 38287.00 |
| 存留草（束） | 2032.00 |
| 户口盐钞银（两） | 93.10 |
| 起运银（两） | 46.55 |
| 存留银（两） | 46.55 |
| 遇闰共加银（两） | 7.75 |

**深州**

**夏税**

| | |
|---|---|
| 小麦（石） | 1515.24 |
| 起运麦（石） | 845.90 |
| 存留麦（石） | 669.34 |
| 外有屯军麦（石） | 130.62 |
| 人丁丝折绢（匹） | 475.00 |
| 起运京库绢（匹） | 375.00 |
| 存留绢（匹） | 100.00 |
| 农桑丝折绢（匹）（起运） | 361.00 |

**秋粮**

| | |
|---|---|
| 米（石） | 5416.55 |
| 起运米（石） | 3089.56 |
| 存留米（石） | 2326.99 |
| 外有屯军米（石） | 304.69 |
| 地亩棉花绒（斤） | 1805.68 |
| 马草（束） | 66004.00 |
| 起运草（束） | 62678.00 |
| 存留草（束） | 3326.00 |
| 外有屯军草（束） | 5695.00 |
| 户口盐钞银（两） | 124.28 |
| 起运银（两） | 62.14 |

400

| | |
|---|---|
| 存留银（两） | 62.14 |
| 遇闰共加银（两） | 10.35 |
| **衡水县** | |
| **夏税** | |
| 小麦（石） | 656.23 |
| 起运麦（石） | 366.40 |
| 存留麦（石） | 289.83 |
| 人丁丝折绢（匹）（起运） | 158.00 |
| 农桑丝折绢（匹）（起运） | 138.00 |
| **秋粮** | |
| 米（石） | 1539.43 |
| 起运米（石） | 878.10 |
| 存留米（石） | 661.33 |
| 地亩棉花绒（斤） | 694.05 |
| 马草（束） | 27229.00 |
| 起运草（束） | 25857.00 |
| 存留草（束） | 1372.00 |
| 户口盐钞银（两） | 34.40 |
| 起运银（两） | 17.20 |
| 存留银（两） | 17.20 |
| 遇闰共加银（两） | 2.86 |
| **顺德府** | |
| 田土官民（亩） | 1420404.80¹ |
| **夏税** | |
| 小麦（石） | 12537.80² |
| 起运 | |
| 御马仓大麦（石） | 500.00 |
| 准小麦（石） | 250.00 |
| 豌豆（石） | 400.00 |
| 准小麦抵斗，俱每石折银（两） | 1.10 |
| 光禄寺小麦（石）（本色4分折色6分） | 2600.00 |
| 大麦（石） | 200.00 |
| 准小麦（石） | 100.00 |
| 俱每石折银（两） | 1.00 |
| 豌豆（石） | 75.00 |
| 准小麦抵斗，每石折银（两） | 1.05 |
| 酒醋面局小麦（石） | 550.00 |
| 每石折银（两） | 1.10 |
| 山海仓小麦（石） | 520.00 |
| 每石折银（两） | 0.80 |
| 黄花镇棉布（匹） | 300.00 |

| | |
|---|---|
| 准小麦（石） | 360.00 |
| 每匹折银（两） | 0.30 |
| 宣府宣德等仓小麦（石） | 3400.00 |
| 龙门广盈等仓小麦（石） | 820.00 |
| 俱每石折银（两） | 1.00 |
| 外加脚价银（两） | 0.20 |
| 万全万亿库阔白棉布（匹） | 400.00 |
| 准小麦（石） | 480.00 |
| 每匹折银（两） | 0.30 |
| 涿州常盈仓小麦（石） | 500.00 |
| 每石折银（两） | 0.70 |
| 真定府库阔白棉布（匹） | 600.00 |
| 准小麦（石） | 720.00 |
| 每匹折银（两） | 0.30 |
| 派剩小麦（解太仓银库）（石） | 705.00 |
| 每石折银（两） | 1.00 |
| 以上共起运麦（石） | 11480.00 |
| 存留麦（石） | 1057.80 |
| 人丁丝折绢（匹） | 1548.00³ |
| 农桑丝折绢（匹） | 351.00⁴ |
| 俱每匹折银（两） | 0.70⁵ |
| **秋粮** | |
| 米（石） | 30461.07⁶ |
| 起运 | |
| 光禄寺芝麻（石）（本色2分折色8分） | 400.00 |
| 每石折银（两） | 1.35 |
| 绿豆（石） | 1000.00 |
| 每石折银（两） | 1.20 |
| 蜀秫（石） | 750.00 |
| 准米（石） | 375.00 |
| 每石折银（两） | 1.00 |
| 供用库芝麻（石） | 450.00 |
| 每石折银（两） | 1.25 |
| 司苑局黑豆（石） | 450.00 |
| 每石折银（两） | 0.65 |
| 京库棉花绒（斤） | 350.00 |
| 准米（石） | 35.00 |
| 每斤折银（两） | 0.06 |
| 南石渠西仓黑豆（石） | 293.31 |

¹原书此处注："比弘治增381顷48亩9分。"
²原书此处注："与弘治同。"
³原书此处注："比弘治增2丈9尺。"
⁴原书此处注："与弘治同。"
⁵原书此处注："起运京库。"
⁶原书此处注："与弘治同。"

| | | | |
|---|---|---|---|
| 每石折银(两) | 0.60 | 义河仓草(束) | 12252.00 |
| 山海仓粟米(石) | 1800.00 | 北高仓草(束) | 2768.00 |
| 每石折银(两) | 0.80 | 湖渠马房仓草(束) | 3000.00 |
| 镇边城新城仓粟米(石) | 800.00 | 汗石桥南仓草(束) | 4644.00 |
| 每石折银(两) | 0.80 | 坝上北仓草(束) | 700.00 |
| 浮图峪口仓粟米(石) | 1659.00 | 安仁坊草场草(束) | 10000.00 |
| 每石折银(两) | 0.90 | 西城坊草场草(束) | 9000.00 |
| 真定府库阔白棉布(匹) | 1200.00 | 北新草场草(束) | 14000.00 |
| 准米(石) | 1200.00 | 俱每束折银(两) | 0.03 |
| 每匹折银(两) | 0.30 | 居庸仓草(束) | 49960.00 |
| 宣府宣德等仓粟米(石) | 7000.00 | 每束折银(两) | 0.035 |
| 内(石) | 5000.00 | 宣府在城草场草(束) | 70000.00 |
| 每石折银(两) | 1.00 | 每束折银(两) | 0.07 |
| 内太仓改拨(石) | 2000.00 | 每银1两，外加脚价银(两) | 0.20 |
| 每石折银(两) | 0.80 | 太仓银库草(束) | 252098.00 |
| 俱每石外加脚价银(两) | 0.20 | 每束折银(两) | 0.035 |
| 新开口等堡仓粟米(石) | 2200.00 | 俱解太仓银库 | |
| 黑豆(石) | 2959.00 | 以上共起运草(束) | 524000.00 |
| 每石折银(两) | 1.00 | 存留草(束) | 21481.00 |
| 外加脚价银(两) | 0.20 | 人户(户) | 27633.00 |
| 派剩米(石) | 4313.69 | 人口(口) | 281957.00[4] |
| 内拨解赴易州镇(石) | 2137.67 | 户口盐钞银(两) | 722.82 |
| 每石折银(两) | 0.60 | 遇闰加银(两) | 60.29 |
| 内改拨光禄寺(石) | 1912.01 | **邢台县** | |
| 每石折银(两) | 0.70 | **夏税** | |
| 余解太仓(石) | 264.01 | 小麦（石） | 2528.56 |
| 每石折银(两) | 0.60 | 起运麦（石） | 2315.25 |
| 以上共起运米(石) | 24935.00 | 存留麦（石） | 213.31 |
| 存留米(石) | 5526.07 | 人丁丝折绢（匹） | 316.00 |
| 地亩棉花绒(斤)（起运京库） | 5005.25[1] | 农桑丝折绢（匹） | 60.00 |
| 枣株课米(石)（存留） | 12.98[2] | **秋粮** | |
| 马草(束) | 545481.00[3] | 米（石） | 5885.20 |
| 起运 | | 起运米(石) | 4817.54 |
| 御马仓内场草(束) | 27000.00 | 存留米(石) | 1067.65 |
| 中府外场草(束) | 27000.00 | 地亩棉花绒(斤) | 1007.00 |
| 天师庵外场草(束) | 27000.00 | 枣株课米(石) | 1.42 |
| 外象房仓草(束) | 9400.00 | 马草(束) | 109280.00 |
| 俱每束折银(两) | 0.034 | 起运草(束) | 104977.00 |
| 坝上仓草(束) | 4100.00 | 存留草(束) | 4303.00 |
| 坝上东马房仓草(束) | 1076.00 | **户口盐钞银(两)** | 148.86 |
| | | 遇闰加银(两) | 12.45 |

[1]原书此处注："与弘治同，起运京库。"
[2]原书此处注："与弘治同，存留。"
[3]原书此处注："与弘治同。"

[4]原书此处注：比弘治户增6019，口增100132。

| | | | |
|---|---|---|---|
| 代征本府盐钞银(两) | 2.42 | 人丁丝折绢（匹） | 139.00 |
| 遇闰加银(两) | 0.20 | 农桑丝折绢（匹） | 52.00 |
| **广宗县** | | **秋粮** | |
| **夏税** | | 米（石） | 2337.85 |
| 小麦（石） | 936.83 | 起运米(石) | 1972.49 |
| 起运麦（石） | 883.85 | 存留米(石) | 365.35 |
| 存留麦（石） | 52.98 | 地亩棉花绒(斤) | 485.25 |
| 人丁丝折绢（匹） | 135.00 | 枣株课米(石) | 2.42 |
| 农桑丝折绢（匹） | 27.00 | 马草(束) | 41623.00 |
| **秋粮** | | 起运草(束) | 39984.00 |
| 米（石） | 2208.52 | 存留草(束) | 1639.00 |
| 起运米(石) | 1873.92 | **户口盐钞银(两)** | 56.10 |
| 存留米(石) | 334.59 | 遇闰加银(两) | 4.67 |
| 地亩棉花绒(斤) | 235.63 | **南和县** | |
| 枣株课米(石) | 1.27 | **夏税** | |
| 马草(束) | 40692.00 | 小麦（石） | 1134.64 |
| 起运草(束) | 39090.00 | 起运麦（石） | 1068.92 |
| 存留草(束) | 1602.00 | 存留麦（石） | 65.72 |
| **户口盐钞银(两)** | 68.64 | 人丁丝折绢（匹） | 132.00 |
| 遇闰加银(两) | 5.78 | 农桑丝折绢（匹） | 42.00 |
| **巨鹿县** | | **秋粮** | |
| **夏税** | | 米（石） | 2926.34 |
| 小麦（石） | 1141.88 | 起运米(石) | 2542.35 |
| 起运麦（石） | 1075.53 | 存留米(石) | 383.99 |
| 存留麦（石） | 66.35 | 地亩棉花绒(斤) | 802.00 |
| 人丁丝折绢（匹） | 188.00 | 枣株课米(石) | 0.22 |
| 农桑丝折绢（匹） | 26.00 | 马草(束) | 49789.00 |
| **秋粮** | | 起运草(束) | 47829.00 |
| 米（石） | 3036.64 | 存留草(束) | 1960.00 |
| 起运米(石) | 2654.63 | **户口盐钞银(两)** | 67.56 |
| 存留米(石) | 382.00 | 遇闰加银(两) | 5.63 |
| 地亩棉花绒(斤) | 432.13 | **任县** | |
| 枣株课米(石) | 5.35 | **夏税** | |
| 马草(束) | 49992.00 | 小麦（石） | 1243.78 |
| 起运草(束) | 48024.00 | 起运麦（石） | 1138.78 |
| 存留草(束) | 1968.00 | 存留麦（石） | 105.00 |
| **户口盐钞银(两)** | 117.22 | 人丁丝折绢（匹） | 126.00 |
| 遇闰加银(两) | 9.76 | 农桑丝折绢（匹） | 77.00 |
| **平乡县** | | **秋粮** | |
| **夏税** | | 米（石） | 3299.15 |
| 小麦（石） | 954.78 | 起运米(石) | 2866.85 |
| 起运麦（石） | 874.18 | 存留米(石) | 432.30 |
| 存留麦（石） | 80.60 | 地亩棉花绒(斤) | 546.50 |

| | |
|---|---|
| 枣株课米(石) | 0.92 |
| 马草(束) | 54799.00 |
| 起运草(束) | 52641.00 |
| 存留草(束) | 2158.00 |
| 户口盐钞银(两) | 53.13 |
| 遇闰加银(两) | 4.42 |

| 唐山县 | |
|---|---|
| **夏税** | |
| 小麦（石） | 1121.21 |
| 起运麦（石） | 1056.68 |
| 存留麦（石） | 64.53 |
| 人丁丝折绢（匹） | 182.00 |
| 农桑丝折绢（匹） | 15.00 |
| **秋粮** | |
| 米（石） | 2644.67 |
| 起运米（石） | 2306.63 |
| 存留米（石） | 338.04 |
| 地亩棉花绒(斤) | 402.00 |
| 枣株课米(石) | 0.17 |
| 马草(束) | 48736.00 |
| 起运草(束) | 46817.00 |
| 存留草(束) | 1919.00 |
| **户口盐钞银(两)** | 42.80 |
| 遇闰加银(两) | 3.56 |

| 内丘县 | |
|---|---|
| **夏税** | |
| 小麦（石） | 1687.75 |
| 起运麦（石） | 1545.34 |
| 存留麦（石） | 142.41 |
| 人丁丝折绢（匹） | 154.00 |
| 农桑丝折绢（匹） | 13.00 |
| **秋粮** | |
| 米（石） | 3939.48 |
| 起运米(石) | 3224.83 |
| 存留米(石) | 714.64 |
| 地亩棉花绒(斤) | 339.50 |
| 枣株课米(石) | 0.35 |
| 马草(束) | 73359.00 |
| 起运草(束) | 70470.00 |
| 存留草(束) | 2889.00 |
| **户口盐钞银(两)** | 90.28 |
| 遇闰加银(两) | 7.52 |

| 沙河县 | |
|---|---|

| **夏税** | |
|---|---|
| 小麦（石） | 1788.33 |
| 起运麦（石） | 1521.47 |
| 存留麦（石） | 266.86 |
| 人丁丝折绢（匹） | 176.00 |
| 农桑丝折绢（匹） | 35.00 |
| **秋粮** | |
| 米（石） | 4183.19 |
| 起运米(石) | 2675.72 |
| 存留米(石) | 1507.47 |
| 地亩棉花绒(斤) | 755.25 |
| 枣株课米(石) | 0.84 |
| 马草(束) | 77207.00 |
| 起运草(束) | 74167.00 |
| 存留草(束) | 3040.00 |
| **户口盐钞银(两)** | 75.78 |
| 遇闰加银(两) | 6.26 |

| 广平府 | |
|---|---|
| 田土官民（亩） | 2023838.50[1] |
| **夏税** | |
| 小麦(石) | 17842.45[2] |
| 起运 | |
| 御马仓大麦(石) | 700.00 |
| 准小麦(石) | 350.00 |
| 国子监小麦(石) | 200.00 |
| 俱每石折银(两) | 0.70 |
| 酒醋面局小麦(石) | 410.00 |
| 每石折银(两) | 1.20 |
| 光禄寺小麦(石) | 652.00 |
| 大麦(石) | 100.00 |
| 准小麦(石) | 50.00 |
| 俱每石折银(两) | 1.00 |
| 豌豆(石) | 75.00 |
| 每石折银(两) | 1.05 |
| 山海仓小麦(石) | 150.00 |
| 每石折银(两) | 0.80 |
| 延庆州龙门广盈独石等仓小麦(石) | 1600.00 |
| 保安州宣德等仓小麦(石) | 2750.00 |
| 柴沟堡仓并西阳河堡仓小麦(石) | 200.00 |
| 俱每石折银(两) | 1.00 |
| 外加脚价银(两) | 0.20 |

[1] 原书此处注：比弘治增 24 亩 3 分。
[2] 原书此处注："与弘治同。"

404

| | |
|---|---|
| 保定府库阔白棉布(匹) | 4300.00 |
| 准小麦(石) | 5160.00 |
| 内解部转发蓟镇(匹) | 2671.00 |
| 每匹折银(两) | 0.30 |
| 内解保定府库(匹) | 1629.00 |
| 每匹折银(两) | 0.30 |
| 永平府库阔白棉布(匹) | 2700.00 |
| 准小麦(石) | 3240.00 |
| 每匹折银(两) | 0.30 |
| 派剩各马房仓小麦（解太仓银库）(石) | 346.00 |
| 每石折银(两) | 1.00 |
| 以上共起运麦(石) | 15183.00 |
| 存留麦(石) | 2659.45 |
| 人丁丝折绢(匹) | 2899.00 |
| 起运 | |
| 密云库绢(匹) | 400.00 |
| 每匹折银(两) | 0.80 |
| 京库绢(匹) | 2499.00 |
| 每匹折银(两) | 0.70 |
| 农桑丝折绢(匹) | 654.00[1] |
| 每匹折银(两) | 0.70[2] |
| **秋粮** | |
| 米(石) | 41479.65[3] |
| 起运 | |
| 供用库芝麻(石) | 350.00 |
| 神乐观黄豆(石) | 346.12 |
| 每石折银(两) | 0.75 |
| 光禄寺芝麻(石) | 400.00 |
| 每石折银(两) | 1.35 |
| 镇边城新城仓粟米(石) | 1000.00 |
| 每石折银(两) | 0.80 |
| 保定府库阔白棉布(匹) | 8000.00 |
| 准米(石) | 8000.00 |
| 每匹折银(两) | 0.30 |
| 宣府在城宣德等三仓粟米(石) | 4000.00 |
| 洗马林堡仓并新河口堡仓粟米(石) | 5000.00 |
| 永宁仓粟米(石) | 5000.00 |
| 新开口等堡仓粟米(石) | 1300.00 |
| 黑豆(石) | 1000.00 |
| 龙门仓粟米(石) | 5000.00 |

| | |
|---|---|
| 俱每石折银(两) | 1.00 |
| 外加脚价银(两) | 0.20 |
| 派剩米(石) | 1703.87 |
| 内解易州镇(石) | 1103.87 |
| 每石折银(两) | 0.60 |
| 内拨光禄寺米(石)（解太仓银库） | 600.00 |
| 每石折银(两) | 0.70 |
| 以上共起运米(石) | 33100.00 |
| 存留米(石) | 8379.65 |
| 地亩棉花绒(斤)（起运京库） | 14584.99[4] |
| 马草(束) | 794093.00[5] |
| 起运 | |
| 御马仓内场草(束) | 32000.00 |
| 每束折银(两) | 0.075 |
| 中府外场草(束) | 32000.00 |
| 天师庵外场草(束) | 32000.00 |
| 俱每束折银(两) | 0.058 |
| 坝上仓草(束) | 2080.00 |
| 坝上北仓草(束) | 700.00 |
| 俱每束折银(两) | 0.048 |
| 湖渠仓草(束) | 4436.00 |
| 里牛房仓草(束) | 10550.00 |
| 外象房仓草(束) | 10000.00 |
| 俱每束折银(两) | 0.034 |
| 台基草场草(束) | 20700.00 |
| 明智坊草场草(束) | 20700.00 |
| 安仁坊草场草(束) | 15000.00 |
| 西城坊草场草(束) | 17000.00 |
| 北新草场草(束) | 14000.00 |
| 俱每束折银(两) | 0.029 |
| 宣府在城草场草(束) | 70000.00 |
| 每束折银(两) | 0.07 |
| 每银一两外加脚价银(两) | 0.20 |
| 太仓银库草(束) | 482833.00 |
| 每束折银(两) | 0.035 |
| 以上共起运草(束) | 764000.00 |
| 存留草(束) | 30093.00 |
| 内除内官监草(束) | 266.00 |
| 每束折银(两) | 0.04 |
| 实存留草(束) | 29826.00 |
| 人户(户) | 31420.00 |

---

[1] 原书此处注："与弘治同。"
[2] 原书此处注："起运京库。"
[3] 原书此处注："与弘治同。"

[4] 原书此处注："与弘治同，起运京库。"
[5] 原书此处注：比弘治增4束。

| | | | |
|---|---|---|---|
| 人口(口) | 264898.00[1] | 小麦(石) | 1983.47 |
| 户口盐钞银(两) | 1335.70 | 起运麦(石) | 1642.00 |
| 遇闰加银(两) （起运） | 111.30 | 存留麦(石) | 341.47 |
| **永年县** | | 人丁丝折绢(匹) | 410.00 |
| 夏税 | | 农桑丝折绢(匹) | 37.00 |
| 小麦(石) | 3275.58 | 秋粮 | |
| 起运麦(石) | 2780.00 | 米(石) | 4628.48 |
| 存留麦(石) | 495.58 | 起运米(石) | 3693.65 |
| 人丁丝折绢(匹) | 844.00 | 存留米(石) | 934.83 |
| 农桑丝折绢(匹) | 153.00 | 地亩棉花绒(斤) | 1448.15 |
| 秋粮 | | 马草(束) | 87785.00 |
| 米(石) | 7348.48 | 起运草(束) | 84495.00 |
| 起运米(石) | 5863.95 | 存留草(束) | 3290.00 |
| 存留米(石) | 1484.52 | 户口盐钞银(两) | 172.38 |
| 地亩棉花绒(斤) | 3340.81 | 遇闰加银(两) | 14.36 |
| 马草(束) | 139567.00 | **肥乡县** | |
| 起运草(束) | 134321.00 | 夏税 | |
| 存留草(束) | 5246.00 | 小麦(石) | 3469.34 |
| 户口盐钞银(两) | 241.32 | 起运麦(石) | 2968.60 |
| 遇闰加银(两) | 20.11 | 存留麦(石) | 500.74 |
| 代征本府盐钞银(两) | 5.59 | 人丁丝折绢(匹) | 460.00 |
| 遇闰加银(两) | 0.46 | 农桑丝折绢(匹) | 128.00 |
| **邯郸县** | | 秋粮 | |
| 夏税 | | 米(石) | 8095.58 |
| 小麦(石) | 2598.18 | 起运米(石) | 6460.12 |
| 起运麦(石) | 2192.00 | 存留米(石) | 1635.46 |
| 存留麦(石) | 406.18 | 地亩棉花绒(斤) | 2329.73 |
| 人丁丝折绢(匹) | 61.00 | 马草(束) | 161627.00 |
| 农桑丝折绢(匹) | 157.00 | 起运草(束) | 156562.00 |
| 秋粮 | | 存留草(束) | 5064.00 |
| 米(石) | 6062.76 | 户口盐钞银(两) | 146.59 |
| 起运米(石) | 4837.77 | 遇闰加银(两) | 12.21 |
| 存留米(石) | 1224.98 | **广平县** | |
| 地亩棉花绒(斤) | 2827.19 | 夏税 | |
| 马草(束) | 113547.00 | 小麦(石) | 1993.20 |
| 起运草(束) | 109278.00 | 起运麦(石) | 1719.60 |
| 存留草(束) | 4269.00 | 存留麦(石) | 273.60 |
| 户口盐钞银(两) | 202.28 | 人丁丝折绢(匹) | 250.00 |
| 遇闰加银(两) | 16.85 | 农桑丝折绢(匹) | 38.00 |
| **成安县** | | 秋粮 | |
| 夏税 | | 米(石) | 4698.93 |
| | | 起运米(石) | 3749.66 |
| | | 存留米(石) | 949.27 |

[1]原书此处注：隆庆六年黄册数比弘治户增3656，口增52052。

406

| | |
|---|---|
| 地亩棉花绒(斤) | 472.94 |
| 马草(束) | 90697.00 |
| 起运草(束) | 87729.00 |
| 存留草(束) | 2967.00 |
| 户口盐钞银(两) | 113.47 |
| 遇闰加银(两) | 9.45 |
| 曲周县 | |
| 夏税 | |
| 小麦(石) | 2707.43 |
| 起运麦(石) | 2330.00 |
| 存留麦(石) | 377.43 |
| 人丁丝折绢(匹) | 438.00 |
| 农桑丝折绢(匹) | 58.00 |
| 秋粮 | |
| 米(石) | 6404.03 |
| 起运米(石) | 5110.29 |
| 存留米(石) | 1293.73 |
| 地亩棉花绒(斤) | 2757.09 |
| 马草(束) | 120104.00 |
| 起运草(束) | 116145.00 |
| 存留草(束) | 3958.00 |
| 户口盐钞银(两) | 217.76 |
| 遇闰加银(两) | 18.14 |
| 鸡泽县 | |
| 夏税 | |
| 小麦(石) | 629.96 |
| 起运麦(石) | 525.00 |
| 存留麦(石) | 104.96 |
| 人丁丝折绢(匹) | 145.00 |
| 农桑丝折绢(匹) | 17.00 |
| 秋粮 | |
| 米(石) | 1465.50 |
| 起运米(石) | 1169.44 |
| 存留米(石) | 296.05 |
| 地亩棉花绒(斤) | 902.80 |
| 马草(束) | 27595.00 |
| 起运草(束) | 26111.00 |
| 存留草(束) | 1484.00 |
| 户口盐钞银(两) | 80.86 |
| 遇闰加银(两) | 6.73 |
| 威县 | |
| 夏税 | |
| 小麦(石) | 790.47 |

| | |
|---|---|
| 起运麦(石) | 690.00 |
| 存留麦(石) | 100.47 |
| 人丁丝折绢(匹) | 177.00 |
| 农桑丝折绢(匹) | 38.00 |
| 秋粮 | |
| 米(石) | 1854.64 |
| 起运米(石) | 1479.97 |
| 存留米(石) | 374.67 |
| 地亩棉花绒(斤) | 417.49 |
| 马草(束) | 35855.00 |
| 起运草(束) | 33958.00 |
| 存留草(束) | 1896.00 |
| 户口盐钞银(两) | 97.62 |
| 遇闰加银(两) | 8.13 |
| 清河县 | |
| 夏税 | |
| 小麦(石) | 394.78 |
| 起运麦(石) | 335.80 |
| 存留麦(石) | 58.98 |
| 人丁丝折绢(匹) | 114.00 |
| 农桑丝折绢(匹) | 23.00 |
| 秋粮 | |
| 米(石) | 921.21 |
| 起运米(石) | 735.11 |
| 存留米(石) | 186.10 |
| 地亩棉花绒(斤) | 88.83 |
| 马草(束) | 17313.00 |
| 起运草(束) | 15664.00 |
| 存留草(束) | 1649.00 |
| 户口盐钞银(两) | 57.81 |
| 遇闰加银(两) | 4.81 |
| 大名府 | |
| 田土官民（亩） | 5619660.80[1] |
| 夏税 | |
| 小麦(石) | 44096.35[2] |
| 起运 | |
| 御马仓豌豆(石) | 1000.00 |
| 准小麦抵斗, 每石折银(两) | 0.80 |
| 大麦(石) | 800.00 |
| 准小麦(石) | 400.00 |
| 内象房仓大麦(石) | 565.00 |

[1]原书此处注: 比弘治增 4202 顷 97 亩 2 分。

[2]原书此处注: "与弘治同。"

| | | | |
|---|---|---|---|
| 准小麦(石) | 282.50 | 农桑丝折绢(匹) | 810.00[2] |
| 外象房仓大麦(石) | 1400.00 | 两项俱每匹折银(两) | 0.70[3] |
| 准小麦(石) | 700.00 | 钞(贯) | 9.00 |
| 每大麦一石折银(两) | 0.50 | **秋粮** | |
| 光禄寺小麦(石)(本色4分折色6分) | 6220.00 | 米(石) | 103080.72[4] |
| 太常寺小麦(石) | 100.00 | 起运 | |
| 酒醋面局小麦(石) | 1090.00 | 光禄寺白芝麻(石) | 260.00 |
| 俱每石折银(两) | 1.00 | 每石折银(两) | 1.75 |
| 宣府宣德等仓小麦(石) | 2300.00 | 芝麻(石)(本色2分折色8分) | 600.00 |
| 龙门广盈等仓小麦(石) | 5800.00 | 本色每石折银(两) | 1.40 |
| 洗马林堡并新开口等堡仓小麦(石) | 1300.00 | 折色每石折银(两) | 1.35 |
| 俱每石折银(两) | 1.00 | 黄豆(石) | 1600.00 |
| 外加脚价银(两) | 0.20 | 每石折银(两) | 1.00 |
| 万全万亿库阔白棉布(匹) | 1300.00 | 绿豆(石) | 1000.00 |
| 准小麦(石) | 1560.00 | 每石折银(两) | 1.20 |
| 每匹折银(两) | 0.30 | 黑豆(石) | 1250.00 |
| 山海仓小麦(石) | 798.70 | 每石折银(两) | 0.70 |
| 每石折银(两) | 0.80 | 供用库芝麻(石) | 700.00 |
| 横岭口仓棉布(匹) | 204.00 | 每石折银(两) | 1.80 |
| 准小麦(石) | 244.80 | 绿豆(石) | 1103.10 |
| 镇边城新城仓棉布(匹) | 199.00 | 黄豆(石) | 154.93 |
| 准小麦(石) | 238.80 | 俱每石折银(两) | 1.00 |
| 黄花镇仓棉布(匹) | 216.00 | 御马仓绿豆(石) | 330.00 |
| 准小麦(石) | 259.20 | 每石折银(两) | 1.00 |
| 俱每匹折银(两) | 0.30 | 黑豆(石) | 1032.00 |
| 良乡丰济仓小麦(石) | 500.00 | 里牛房仓黑豆(石) | 624.25 |
| 涿州常盈仓小麦(石) | 500.00 | 外牛房仓黑豆(石) | 692.79 |
| 俱每石折银(两) | 0.70 | 峪口杨家桥马房仓黑豆(石) | 158.36 |
| 保定广盈左右二仓小麦(石) | 1500.00 | 北草场仓黑豆(石) | 420.00 |
| 本色一半,每石折银(两) | 0.80 | 俱每石折银(两) | 0.70 |
| 折色一半,每石折银(两) | 0.70 | 牺牲所黄豆(石) | 85.26 |
| 定州永丰仓小麦(石) | 688.00 | 每石折银(两) | 0.90 |
| 每石折银(两) | 0.70 | 酒醋面局黑豆(石) | 1800.00 |
| 真定府库阔白棉布(匹) | 1600.00 | 每石折银(两) | 0.80 |
| 准小麦(石) | 1920.00 | 绿豆(石) | 700.00 |
| 每匹折银(两) | 0.30 | 每石折银(两) | 1.00 |
| 派剩各马房仓小麦(石)(解太仓银库) | 6440.70 | 宣府宣德等三仓粟米(石) | 28000.00 |
| 每石折银(两) | 1.00 | 保安州葛峪堡等仓粟米(石) | 4000.00 |
| 以上共起运麦(石) | 33842.70 | 永宁县永宁仓粟米(石) | 2000.00 |
| 存留麦(石) | 10253.65 | 延庆州独石广积仓粟米(石) | 8000.00 |
| 人丁丝折绢(匹) | 6893.00[1] | | |

[2]原书此处注:"与弘治同。"

[3]原书此处注:"起运京库。"

[4]原书此处注:"与弘治同。"

[1]原书此处注:比弘治增65匹。

408

| | | | |
|---|---|---|---|
| 新开口等堡仓粟米(石) | 5500.00 | 起运 | |
| 黑豆(石) | 2000.00 | 御马仓内场草(束) | 35000.00 |
| 俱每石折银(两) | 1.00 | 中府外场草(束) | 35000.00 |
| 外加脚价银(两) | 0.20 | 天师庵外场草(束) | 35000.00 |
| 宣府等二十一卫所官旗折俸布(匹) | 2000.00 | 俱每束折银(两) | 0.034 |
| 准米(石) | 2000.00 | 外象房仓草(束) | 38000.00 |
| 每匹折银(两) | 0.30 | 里牛房仓草(束) | 10000.00 |
| 浮图峪口仓粟米(石)（本折中半） | 1400.00 | 坝上仓草(束) | 5500.00 |
| 本色每石折银(两) | 0.80 | 义河仓草(束) | 12400.00 |
| 折色每石折银(两) | 0.90 | 湖渠马房仓草(束) | 3000.00 |
| 军储仓粟米(石) | 500.00 | 坝上北仓草(束) | 700.00 |
| 每石折银(两) | 0.80 | 汗石桥仓草(束) | 10690.00 |
| 唐县库棉花绒(斤) | 1499.00 | 郑家庄马房仓草(束) | 10799.00 |
| 准米(石) | 149.90 | 北草场仓草(束) | 8267.00 |
| 每斤折银(两) | 0.07 | 俱每束折银(两) | 0.03 |
| 喜峰口仓黑豆(石) | 500.00 | 牺牲所草(包) | 21917.00 |
| 每石折银(两) | 0.80 | 每包折银(两) | 0.02 |
| 古北口仓粟米(石) | 4000.00 | 供用库草(束) | 12000.00 |
| 渤海所仓粟米(石) | 2000.00 | 每束折银(两) | 0.039 |
| 俱每石折银(两) | 1.00 | 酒醋面局草(束) | 11000.00 |
| 黄花镇仓粟米(石)（本折中半） | 1465.00 | 每束折银(两) | 0.04 |
| 本色每石折银(两) | 0.90 | 北新草场草(束) | 18300.00 |
| 折色每石折银(两) | 1.00 | 安仁坊草场草(束) | 15000.00 |
| 河间府仓粟米(石) | 9000.00 | 台基草场草(束) | 24200.00 |
| 每石折银(两) | 1.00 | 每束折银(两) | 0.03 |
| 真定府库阔白棉布(匹) | 900.00 | 西城坊草场草(束) | 16000.00 |
| 准米(石) | 900.00 | 明智坊草场草(束) | 24200.00 |
| 每匹折银(两) | 0.30 | 俱每束折银(两) | 0.028 |
| 派剩改拨易州镇粟米(石) | 2001.93 | 司苑局草(束) | 15000.00 |
| 每石折银(两) | 0.60 | 每束折银(两) | 0.035 |
| 派剩米(石) | 4422.47 | 宣府在城草场草(束) | 70000.00 |
| 内改拨光禄寺米(石) | 1800.00 | 每束折银(两) | 0.07 |
| 每石折银(两) | 0.70 | 每银1两，外加脚价银(两) | 0.20 |
| 余米(石)（俱解太仓银库） | 2622.47 | 延庆卫草(束) | 13940.00 |
| 每石折银(两) | 0.60 | 每束折银(两) | 0.035 |
| 以上共起运米(石) | 90350.00 | 太仓银库草(束) | 1418867.00 |
| 存留米(石) | 12730.72 | 每束折银(两) | 0.035 |
| 地亩棉花绒(斤)（起运） | 25125.42[1] | 以上共起运草(束包) | 1864782.00 |
| 枣株课米(石)（存留） | 2111.52[2] | 存留草(束) | 5056.00 |
| 马草(束包) | 1869838.00[3] | 人户(户) | 71180.00 |
| | | 人口(口) | 692058.00[4] |

---

[1]原书此处注："与弘治同，起运。"
[2]原书此处注："与弘治同，存留。"
[3]原书此处注："与弘治同。"

---

[4]原书此处注：比弘治户增4973，口增117086。

| | |
|---|---|
| 户口盐钞银(两)(起运) | 3610.15 |
| 遇闰加银(两)(起运) | 381.41 |
| 本府盐钞银(两)(起运) | 1.00 |
| 遇闰加银(两)(起运) | 0.10[1] |
| **元城县** | |
| **夏税** | |
| 小麦(石) | 3228.10 |
| 起运麦(石) | 2477.47 |
| 存留麦(石) | 750.63 |
| 人丁丝折绢(匹) | 572.00 |
| 农桑丝折绢(匹) | 53.00 |
| **秋粮** | |
| 米(石) | 7249.25 |
| 起运米(石) | 6353.80 |
| 存留米(石) | 895.45 |
| 地亩棉花绒(斤) | 2050.88 |
| 枣株课米(石) | 367.35 |
| 马草(束)(起运) | 134812.00 |
| 户口盐钞银(两) | 128.31 |
| 遇闰加银(两) | 13.55 |
| **大名县** | |
| **夏税** | |
| 小麦(石) | 969.30 |
| 起运麦(石) | 743.92 |
| 存留麦(石) | 225.38 |
| 人丁丝折绢(匹) | 148.00 |
| 农桑丝折绢(匹) | 30.00 |
| **秋粮** | |
| 米(石) | 2265.14 |
| 起运米(石) | 1985.40 |
| 存留米(石) | 279.74 |
| 地亩棉花绒(斤) | 285.88 |
| 枣株课米(石) | 236.70 |
| 马草(束)(起运) | 41137.00 |
| 户口盐钞银(两) | 110.33 |
| 遇闰加银(两) | 11.65 |
| **南乐县** | |
| **夏税** | |
| 小麦(石) | 2736.02 |
| 起运麦(石) | 2099.82 |
| 存留麦(石) | 636.20 |

| | |
|---|---|
| 人丁丝折绢(匹) | 293.00 |
| 农桑丝折绢(匹) | 36.00 |
| **秋粮** | |
| 米(石) | 6227.57 |
| 起运米(石) | 5459.30 |
| 存留米(石) | 768.27 |
| 地亩棉花绒(斤) | 681.75 |
| 枣株课米(石) | 36.20 |
| 马草(束)(起运) | 114830.00 |
| 户口盐钞银(两) | 167.70 |
| 遇闰加银(两) | 17.71 |
| **魏县** | |
| **夏税** | |
| 小麦(石) | 4480.26 |
| 起运麦(石) | 3438.47 |
| 存留麦(石) | 1041.79 |
| 人丁丝折绢(匹) | 601.00 |
| 农桑丝折绢(匹) | 36.00 |
| **秋粮** | |
| 米(石) | 10408.44 |
| 起运米(石) | 9124.45 |
| 存留米(石) | 1283.99 |
| 地亩棉花绒(斤) | 5558.25 |
| 枣株课米(石) | 101.40 |
| 马草(束)(起运) | 193379.00 |
| 户口盐钞银(两) | 317.75 |
| 遇闰加银(两) | 33.57 |
| **清丰县** | |
| **夏税** | |
| 小麦(石) | 3849.09 |
| 起运麦(石) | 2954.07 |
| 存留麦(石) | 895.02 |
| 人丁丝折绢(匹) | 449.00 |
| 农桑丝折绢(匹) | 92.00 |
| **秋粮** | |
| 米(石) | 9484.83 |
| 起运米(石) | 8313.50 |
| 存留米(石) | 1171.33 |
| 地亩棉花绒(斤) | 908.44 |
| 枣株课米(石) | 33.27 |
| 马草(束)(起运) | 164323.00 |
| 户口盐钞银(两) | 282.85 |
| 遇闰加银(两) | 29.88 |

[1]原书此处注:"俱起运。"

| 内黄县 | |
|---|---|
| **夏税** | |
| 小麦(石) | 2305.87 |
| 起运麦(石) | 1769.69 |
| 存留麦(石) | 536.18 |
| 人丁丝折绢(匹) | 299.00 |
| 农桑丝折绢(匹) | 45.00 |
| **秋粮** | |
| 米(石) | 5282.83 |
| 起运米(石) | 4630.70 |
| 存留米(石) | 652.13 |
| 地亩棉花绒(斤) | 1217.38 |
| 枣株课米(石) | 188.65 |
| 马草(束)（起运） | 96902.00 |
| 户口盐钞银(两) | 181.74 |
| 遇闰加银(两) | 19.20 |

| 浚县 | |
|---|---|
| **夏税** | |
| 小麦(石) | 5152.14 |
| 起运麦(石) | 3954.12 |
| 存留麦(石) | 1198.02 |
| 人丁丝折绢(匹) | 622.00 |
| 农桑丝折绢(匹) | 69.00 |
| **秋粮** | |
| 米(石) | 11979.25 |
| 起运米(石) | 10499.78 |
| 存留米(石) | 1479.47 |
| 地亩棉花绒(斤) | 3053.89 |
| 枣株课米(石) | 409.20 |
| 马草(束)（起运） | 218240.00 |
| 户口盐钞银(两) | 291.71 |
| 遇闰加银(两) | 30.71 |

| 滑县 | |
|---|---|
| **夏税** | |
| 小麦(石) | 8845.15 |
| 起运麦(石) | 6788.40 |
| 存留麦(石) | 2056.75 |
| 人丁丝折绢(匹) | 1137.00 |
| 农桑丝折绢(匹) | 255.00 |
| **秋粮** | |
| 米(石) | 21074.43 |
| 起运米(石) | 18471.70 |
| 存留米(石) | 2602.73 |

| | |
|---|---|
| 地亩棉花绒(斤) | 6169.38 |
| 枣株课米(石) | 367.35 |
| 马草(束)（起运） | 377323.00 |
| 户口盐钞银(两) | 592.77 |
| 遇闰加银(两) | 62.62 |

| 东明县 | |
|---|---|
| **夏税** | |
| 小麦(石) | 1346.83 |
| 起运麦(石) | 1033.66 |
| 存留麦(石) | 313.17 |
| 人丁丝折绢(匹) | 554.00 |
| 农桑丝折绢(匹) | 21.00 |
| **秋粮** | |
| 米(石) | 3143.42 |
| 起运米(石) | 2755.60 |
| 存留米(石) | 387.82 |
| 地亩棉花绒(斤) | 428.06 |
| 枣株课米(石) | 68.40 |
| 马草(束)（起运） | 56787.00 |
| 户口盐钞银(两) | 231.48 |
| 遇闰加银(两) | 24.45 |

| 开州 | |
|---|---|
| **夏税** | |
| 小麦(石) | 6591.62 |
| 起运麦(石) | 5058.90 |
| 存留麦(石) | 1532.72 |
| 人丁丝折绢(匹) | 1408.00 |
| 农桑丝折绢(匹) | 86.00 |
| **秋粮** | |
| 米(石) | 15027.67 |
| 起运米(石) | 13170.47 |
| 存留米(石) | 1857.20 |
| 地亩棉花绒(斤) | 2156.09 |
| 枣株课米(石) | 204.84 |
| 马草(束) | 277584.00 |
| 起运草(束) | 275056.00 |
| 存留草(束) | 2528.00 |
| 户口盐钞银(两) | 839.03 |
| 遇闰加银(两) | 88.64 |

| 长垣县 | |
|---|---|
| **夏税** | |
| 小麦(石) | 4591.93 |
| 起运麦(石) | 3524.18 |

| | |
|---|---|
| 存留麦(石) | 1067.75 |
| 人丁丝折绢(匹) | 806.00 |
| 农桑丝折绢(匹) | 83.00 |
| **秋粮** | |
| 米(石) | 10937.84 |
| 起运米(石) | 9585.30 |
| 存留米(石) | 1352.54 |
| 地亩棉花绒(斤) | 2615.44 |
| 枣株课米(石) | 98.16 |
| 马草(束) | 194517.00 |
| 起运草(束) | 191989.00 |
| 存留草(束) | 2528.00 |
| 户口盐钞银(两) | 466.43 |
| 遇闰加银(两) | 49.27 |
| **延庆州** | |
| 田土官民（亩） | 105942.40[1] |
| **夏税** | |
| 小麦(石)（存留） | 1713.75[2] |
| **秋粮** | |
| 米(石)（存留） | 3937.04[3] |
| 马草(束)（存留） | 73441.00[4] |
| 人户(户) | 2755.00 |
| 人口(口) | 19267.00[5] |
| 户口盐钞银(两)（存留） | 60.87[6] |
| **本州** | |
| **夏税** | |
| 小麦(石) | 1325.62 |
| **秋粮** | |
| 米(石) | 3096.62 |
| 马草(束) | 59929.00 |
| **永宁县** | |
| **夏税** | |
| 小麦(石) | 388.13 |
| **秋粮** | |
| 米(石) | 840.42 |
| 马草(束) | 13512.00 |
| **保安州** | |

| | |
|---|---|
| 田土官民（亩） | 30472.70[7] |
| **夏税** | |
| 小麦(石)（存留） | 408.29[8] |
| **秋粮** | |
| 米(石)（存留） | 1053.26[9] |
| 马草(束)（存留） | 18699.00[10] |
| 人户(户) | 772.00 |
| 人口(口) | 6445.00[11] |

---

[1]原书此处注："与弘治同。"
[2]原书此处注："与弘治同。"
[3]原书此处注："与弘治同。"
[4]原书此处注："与弘治同，以上税粮、马草俱存留本处备用。"
[5]原书此处注：比弘治户增968，口增16723。
[6]原书此处注："本州征收存留官吏折俸支用。"

[7]原书此处注：比弘治增15亩。
[8]原书此处注："与弘治同。"
[9]原书此处注："与弘治同。"
[10]原书此处注：比弘治增945束，以上税粮、马草俱存留本处备用。
[11]原书此处注：比弘治户增327，口增4885。

## 北直隶田赋沿革事例

宣德六年，本部奏：北京八府供给尤多，合无比照洪武二十八年令山东、河南新开荒田永不起科事例，行令有司除原额田土税粮不许欺隐外，毋得将新开田地一概增科扰害。

正统五年，令北直隶府、州、县富豪军民人等包耕田地，除原纳粮田地外，其余均拨贫民及冲塌田地人户耕种，照例起科。其贫民典当田宅年久无钱取赎，及富豪军民占种逃民田地，待复业之日，照数断还原主。

六年，令北直隶并顺天府，但有开荒无额田地，俱从轻起科。

九年，沙河、邢台二县荒旱。尚书王佐题：准七年、八年、九年分未完秋粮，及地亩谷草折米，每石折征钞一百贯，起解京库支用。

十一年，沙河县奏本年秋粮颇收。尚书王佐复：准行，令查照原欠各年存留盐粮、秋粮、谷草折米，原本色者，纳本处收受；愿布者，每石纳阔白棉布一匹；愿钞者，每石纳钞六十贯。

十三年，文安县民人奏称蝗灾。尚书王佐复：准行，令存留并起运口外该纳粟米，以黄黑豆抵斗。

景泰元年，都御使萧启奏：达贼入境，人民流离，又值旱荒，乞将夏税停免。尚书金濂复：准顺天、保定夏税全免，河间、真定、顺德、广平止征四分，大名、永平止征六分。

本年御史金智奏：顺德府灾伤。尚书金濂复：准行，令本府将减征四分夏税，除原存本处备用外，其该起运隆庆卫仓之数，俱存拨真定府缺粮仓分，以省远输之劳，又令宛平县坐拨口外秋粮，改附近京仓，折收米豆上纳。

四年，文安县知县何源奏：大户收头通同害民。尚书金濂复：令行提解京究问，追赃完日，军发边卫充军，民发口外为民，官吏照例发落，以除民害。

六年，巡抚李宾题：永平府各仓见在粮料数少。尚书张凤复：准每布一匹，折粮一石，准作官军俸粮。

本年给事中等官奏称：北直隶并顺天府地方，无额田地数多，合照先次奏准减轻起科则例，每亩科米三升三合，每粮一石，科草二束。尚书张凤复：奉圣旨，比先洪武年间在南京立都，供给易办，如今军马俱在这里，供给繁重，但各处开荒无额田地，都要从重起科。钦此。

天顺二年，尚书沈固题准，通州等州未完谷草，每束照例折豆五升。

成化十年，尚书杨鼎复巡抚张纲奏，顺天、永平等府田土荒芜，桑枣废业，要照苏、松、嘉、湖事例，添设劝农通判县丞，专一劝课农桑，督民修浚圩岸、陂塘、沟洫等项，以备旱潦，不许别项差使；年终听抚按官查其有无开垦荒熟，以定黜陟。奉圣旨：是。州县亲民，准添设，府罢。钦此。

十三年，奏准两京农桑夏税绢匹不及五十匹以上者，俱送该府掌印正官看验堪中，两头尽处俱用色丝间道填写提调官吏、粮里姓名，用印钤记，总给府批；各另计开州县绢数，类解交纳，总取无欠长单备照。

十六年，尚书杨鼎复：准行，令郎中冀绮等查勘河间等三府，并涿州良乡县官仓递年坐去税粮未完之数，果系卫所官军、舍余并本处无籍小民兜揽，就行提问发遣，仍将该管卫所、府县掌印官俸粮住支。如卫所指挥、千百户等官令弟侄儿男家人揽纳不完者，先将俸粮住支，指实参奏。

二十年，巡抚俱钟奏：大名等府灾伤。尚书余子俊复：令那借临清、广积二仓见贮粮米一万五千石救济。

弘治二年，令顺天等六府入官田土，俱拨与附近无田小民耕种起科，每名不过三十亩。

本年员外郎陈瑗奏：勘过顺天府灾伤，秋粮不够起运。尚书李敏复：准行，令先尽光禄寺、供用库及湖渠、金盏等仓。其密云龙庆、古北口二仓，原会派米豆一万二千三百石，合照各边事例，本部于折粮银内，量秤一万两，差官送去。

三年，尚书李敏题：畿内八府，凡有无粮田地被人告争到官，俱照民田起科。有系从重者，每亩纳粮五升三合五勺；有系轻减者，每亩纳粮三升三合；每粮一石，纳草二束。系夏田者，每亩起科三升三合，草束免征。仍通行山东、河南等处，一体施行。

本年尚书李敏复长垣县知县杜启奏，行令河南、北直隶巡按，会勘平堈、塔堈等里屯军续买民田顷亩数目、该纳粮草，造册在官，令其夏秋成熟，照数赴县交纳。屯军既种民田，许令有司管辖，如过期拖欠，听有司行拘监，并追征其马免地土。查果买主种田、卖主包粮者，责令买主尽数办纳，违者自卖地立契之日为始，通查递年该纳税粮入官。

四年，尚书叶淇题：准宛、大二县存留草束量加折收银二分五厘，收银府库，如有愿纳米麦五升者听。

八年，尚书叶淇题：准行，令保定等仓续解随粮席柴，一半纳本色，一半折收银两，于各府州县库收贮，以备官军俸粮。

十六年，邢台县民杨恩奏称灾伤。尚书倪钟复：准将解纳光禄寺芝麻二百七十七石，每石折价银一两三钱。

十八年，宛平县主簿孙辅应诏陈言：将宛、大二县起运粮草派在京坝上等仓场上纳，其存留粮草原坐永平等处者，改纳预备仓备赈。尚书韩文复：准。又令顺天府坐派牺牲所稻草，每包征银五分解部，以后年分改派谷草五万束。

二十年，尚书韩文题：准顺、永二府，本年及十九年拖欠各项起运粮料草束，通行折银征解。

正德元年，顺天府呈，尚书韩文题：准宛、大二县存留草束仍照旧例，每束征粟米五升。

五年，广宗县南社匠籍陶臻奏：本县全派隆庆卫仓草三千一百束，每束领官价银三分五厘，京师价贵，每束八分一厘，乞增添草价。尚书刘玑复：准。行令每束量加二分。

八年，尚书王琼题：准巨鹿县起运陆矾仓草二千一百束，查照原价行，令保定府收贮，候用草之日，照依时价收买。

十五年，巡按李镇题，尚书杨潭复：准顺德府所属内丘等县养马余地重征银两，通行除豁。

嘉靖元年，沙河县解户刘继甫等告称：原坐正德十六年京仓豌豆，每石领价银九钱五分，大麦每石领价银四钱七分五厘，数少收买不出。尚书孙交题：准行，令照数籴买绿豆，抵充豌豆，黑豆抵充大麦，运赴该仓，抵斗上纳。

六年，巡抚刘泽题：永平府所属滦州、卢龙、迁安、乐亭等州县，滦澈等河冲压不堪耕种地土，比照坍江事例，每粮一石折银二钱五分，每豆一石折银一钱五分，马草每束折银一分五厘，征银解纳。

七年，尚书邹文盛复巡抚汪玉奏，勘过良乡县城占地四顷八十七亩，仍令照旧耕种，城壕空地抵补粮草。其琉璃等河水冲地，共四百九顷五十九亩，河压地一百三十八顷四十四亩，准照都御史刘泽前题轻则事例，征银解纳。迷失地再行查勘。

本年给事中李鹤鸣等题称：清出良乡县先年达贼侵扰迷失解户地，共一百四十九顷一十四亩八分零。尚书邹文盛复：准行，令见征人户承佃，照依庄田事例，每亩征银三分上纳，以补绝户钱粮。

十年，大城县知县侯勋奏：本县额设澄清等三十里屯，至嘉靖元年奏例并作一十六里屯，以致奸民窥避田赋，一户反包数户粮马，乞要改复原额。尚书许诰复：行查勘果与民情事体俱便，准其归复二十三里屯，仍查上里畸零人户，及寄住流民置有田产之家，分拨附近里分，辖图当差，免致偏累。又据东安知县韩襄奏行：顺天府通判刘相勘报，该县原额四十四坊里屯，弘治十五年归并，共三十里，今查有官军升调遗下舍余陈实等八十五户流民住置田产，宋成等三百六十六户复籍，范云等二百三十七户愿告分析，花赶嘴等一百五十五户准令归复原额。

三十六年，尚书方钝复巡抚张祉奏，将保定县治裁革，一应官民地土、户口、差粮等项，俱查先年旧额，归并霸州管辖，不许里书人等因而作弊，隐漏户口田粮。

四十三年，巡抚温景葵等奏：三河等州县被虏残伤，乞要蠲免。尚书高燿复：将嘉靖四十二年分税粮、马草，照依勘灾体例，全灾者免七分，九分者免六分，以次递减，照今勘实分数，于存留内除豁，起运之数暂准停征。

隆庆五年，都御使葛守礼题称：京师东南地方率多水患，其沿边近境又被虏马长驱，乞行抚按相地经画，求复井田遗意，以预防水潦，拒绝胡马。尚书张守直复：准通行各道，责令各府、州、县将下流壅滞处所，设法区处。相度地形，应开浚者，务在深广；应堤防者，务在高固；如工程易成者，径自举行；若连跨别处地方，呈请抚按衙门，会勘料理。

本年总督刘应节题：顺、永二府一应起存税粮、马草折银，并京库及协济各镇银两，俱以银数定价，责令大户改赴派定仓场上纳本色，以免军民运领艰辛。尚书张守直复：令蓟州、遵化、玉田、丰润税粮，每银七钱六分一厘，改纳本色粟米一石；备边子粒，每银七钱，改纳粟米一石；每银四钱，改纳黑豆一石；马草每银二分五厘，改纳草一束，重十五斤，外加耗草五分。俱赴蓟州镇，坐定将军营、黄崖口、马兰峪、罗文谷、洪山口、汉儿庄、大安口、三屯营仓场上纳。通州、三河、宝坻、平谷、密云税粮原解京者，每银五钱五分，改纳黑豆一石；原解边及协济别镇者，每银八钱，改纳粟米一石；马草每银二分，改纳草一束，俱赴密云镇，坐定石匣营、大水谷、密云、龙庆、熊儿谷、镇库营、古北口、曹家寨仓场上纳。滦州、乐亭、迁安、昌黎、抚宁、卢龙税粮，除滦州照旧运纳太常寺小麦、宝钞司稻草及迁安县解京稻草外，每税粮及脚价米，各照石数改纳本色，马草每银二分五厘，改纳草一束，外加耗草五分，俱赴永平镇，坐定燕河、台头、刘家口、建昌营、石门寨、永丰仓、界岭口、黄土岭仓场上纳。其原日京运及协济银两，即于太仓银库应发年例银两内，照数扣算给发。

附　庄田子粒

## 甲表42　庄田子粒[1]

| 慈宁宫 | | |
| --- | --- | --- |
| | 子粒官地（亩） | 征银（两） |
| 共计 | 1107600.04 | 27218.13 |
| 顺天府 | | |
| 大兴县 | 19799.50 | 693.56 |
| 宝坻县 | 184347.20 | 3624.00 |
| 昌平州 | 6914.80 | 196.32 |
| 顺义县 | 16287.90 | 403.66 |
| 通州 | 31010.00 | 939.16 |
| 宛平县 | 30684.50 | 977.06 |
| 香河县 | 6983.40 | 173.36 |
| 武清县 | 27826.40 | 671.43 |
| 怀柔县 | 735.90 | 22.07 |
| 涿州 | 104.50 | 3.13 |
| 东安县 | 10517.40 | 473.29 |
| 文安县 | 4461.40 | 133.84 |
| 丰润县 | 25000.00 | 750.00 |
| 玉田县 | 13005.00 | 397.97 |
| 保定府 | | |
| 清苑县 | 13520.00 | 298.31 |
| 安肃县 | 2995.50 | 89.86 |
| 安州 | 6276.70 | 188.30 |
| 新安县 | 4318.60 | 108.17 |
| 容城县 | 1595.00 | 47.85 |
| 易州[2] | 453.00 | 13.59 |
| 新城县 | 202.80 | 6.08 |
| 博野县 | 1041.70 | 31.25 |
| 满城县 | 1008.40 | 30.25 |
| 定兴县 | 1693.00 | 50.79 |
| 河间府 | | |
| 静海县 | 45333.80 | 1402.06 |
| 肃宁县 | 30899.60 | 908.99 |
| 河间县 | 33976.20 | 1021.77 |
| 献县 | 48363.40 | 889.86 |
| 交河县 | 13225.50 | 396.76 |
| 兴济县 | 4500.00 | 117.30 |
| 东光县 | 1900.10 | 57.00 |
| 任丘县 | 58463.40 | 1764.70 |
| 南皮县 | 3100.00 | 93.00 |
| 青县 | 4316.70 | 134.16 |
| 真定府 | | |
| 宁晋县 | 207958.50 | 3096.14 |
| 隆平县 | 83132.00 | 3352.91 |
| 新河县 | 15475.50 | 464.26 |
| 南宫县 | 264.00 | 7.92 |
| 武强县 | 1204.00 | 36.12 |
| 饶阳县 | 6833.00 | 152.49 |
| 顺德府 | | |
| 任县 | 11080.00 | 332.40 |
| 巨鹿县 | 57228.80 | 1716.86 |
| 永清左卫 | 18300.00 | 300.00 |
| 羽林前卫 | 10611.70 | 300.00 |
| 大兴左卫 | 5838.60 | 100.00 |
| 大宁前卫 | 2781.60 | 50.00 |
| 蔚州左卫 | 2000.00 | 100.00 |
| 彭城卫 | 30030.00 | 100.00 |

| 慈庆宫 | | |
| --- | --- | --- |
| | 子粒官地（亩） | 征银（两） |
| 共计 | 346359.10 | 7289.68 |
| 顺天府 | | |
| 霸州 | 28047.20 | 841.41 |
| 保定县 | 2890.00 | 86.70 |
| 玉田县 | 124814.10 | 1501.25 |
| 宝坻县 | 6200.00 | 186.00 |
| 武清县 | 5444.20 | 163.32 |
| 保定府 | | |
| 安肃县 | 15318.80 | 251.98 |
| 新城县 | 4416.00 | 132.48 |
| 高阳县 | 8980.00 | 281.90 |
| 河间府 | | |
| 静海县 | 15635.00 | 149.87 |
| 献县 | 41383.90 | 1104.43 |
| 肃宁县 | 18047.40 | 349.04 |
| 河间县 | 4802.00 | 149.70 |
| 任丘县 | 30000.00 | 877.04 |
| 东光县 | 6400.00 | 192.00 |
| 真定府 | | |
| 隆平县 | 19850.30 | 598.60 |
| 饶阳县 | 2666.60 | 80.00 |
| 武强县 | 7245.40 | 217.36 |
| 新河县 | 500.00 | 15.00 |
| 南宫县 | 500.00 | 15.00 |
| 羽林前卫 | 3217.70 | 96.53 |

[1]本表中，卫所地均为屯地。
[2]易州征银数残缺，据慈宁宫征银总数补齐。

| 乾清宮 | | | | |
|---|---|---|---|---|
| | 子粒官地（亩）[1] | 征银（两） | 煤窑七十余座征银（两） | 果树六千余株征银（两） |
| 共计 | 381405.60 | 10976.04 | | |
| 顺天府 | | | | |
| 大兴县[2] | 31626.10 | 1106.91 | | |
| 宛平县[3] | 11103.70 | 388.62 | | |
| 固安县 | 4384.40 | 131.53 | | |
| 武清县 | 105820.50 | 3174.61 | | |
| 涿州 | 13004.00 | 390.12 | | |
| 良乡县 | 14276.80 | 428.30 | | |
| 永清县 | 45960.60 | 1378.82 | | |
| 丰润县 | 42247.50 | 1267.42 | | |
| 房山县 | 6216.50 | 186.49 | 170.00 | 65.00 |
| 三河县 | 8974.30 | 269.31 | | |
| 昌平州 | 3098.90 | 84.02 | | |
| 济州卫 | 13333.30 | 200.00 | | |
| 燕山左卫 | 13333.30 | 200.00 | | |
| 永清左卫 | 13203.30 | 200.00 | | |
| 燕山右卫 | 5766.60 | 100.00 | | |
| 燕山前卫 | 6666.60 | 100.00 | | |
| 茂陵卫 | 6666.60 | 100.00 | | |
| 富峪卫 | 3231.00 | 60.10 | | |
| 梁城所 | 32491.00 | 974.73 | | |

[1]原书此处注：乾清宫⋯煤窑 70 余座，果树 6000 余株。
[2]原书此处注："大兴县地数额是，除拨固安伯陈景行武清伯李伟护坟外，实该地数。"
[3]原书此处注："宛平县地数额是，除拨武清伯李伟护坟外，实该地数。"

**未央宫改进乾清宫**

| | 地（亩） | 银（两） |
|---|---|---|
| 共计 | 212853.10 | 3941.14 |
| 顺天府 | | |
| 武清县 | 22799.20 | 671.17 |
| 永清县 | 9506.00 | 285.18 |
| 三河县 | 23333.30 | 700.00 |
| 玉田县 | 18903.50 | 255.00 |
| 保定府 | | |
| 安肃县 | 4139.60 | 124.19 |
| 河间府 | | |
| 静海县 | 36971.40 | 246.22 |
| 真定府 | | |
| 新乐县 | 450.00 | 13.50 |
| 广平府 | | |
| 鸡泽县 | 3797.50 | 113.92 |
| 永年县 | 1769.80 | 53.09 |
| 永清右卫 | 35985.40 | 539.78 |
| 通州卫 | 13333.30 | 200.00 |
| 济阳卫 | 7749.00 | 150.00 |
| 金吾右卫 | 5467.30 | 130.00 |
| 燕山左卫 | 8123.00 | 121.84 |
| 燕山前卫 | 8120.40 | 124.16 |
| 济州卫 | 12404.00 | 213.06 |

**泾简王府**

养赡地银（两）

| | |
|---|---|
| 共计 | 2455.00 |
| 顺天府 | |
| 大兴县 | 123.75 |
| 宛平县 | 22.91 |
| 宝坻县 | 192.32 |
| 良乡县 | 210.16 |
| 永清县 | 177.99 |
| 香河县 | 322.60 |
| 涿州 | 155.50 |
| 固安县 | 170.19 |
| 武清县 | 191.33 |
| 通州 | 97.03 |
| 三河县 | 791.18 |

**汝安王府**

养赡地银（两）

| | |
|---|---|
| 共计 | 2521.98 |
| 顺天府 | |
| 宝坻县 | 1395.99 |
| 固安县 | 98.67 |
| 漷县 | 76.00 |
| 怀柔县 | 80.92 |
| 顺义县 | 169.18 |
| 保定府 | |
| 安肃县 | 54.26 |
| 新城县 | 65.99 |
| 满城县 | 580.95 |

**景恭王府**

养赡地（亩）[1]

| | |
|---|---|
| 共计 | 152802.60 |
| 顺天府 | |
| 宝坻县 | 60100.00 |
| 玉田县 | 42305.10 |
| 丰润县 | 50397.40 |

**寿定王坟**[2]

| | 香火地（亩） | 银（两） |
|---|---|---|
| 共计 | 10000.00 | 207.89 |
| 顺天府 | | |
| 宛平县 | | 50.94 |
| 河间府 | | |
| 献县 | | 156.95 |

**申懿王坟**

| | 香火地（亩） | 银（两） |
|---|---|---|
| 顺天府 | | |
| 武清县 | 10000.00 | 300.00 |

**雍靖王妃坟**

| | 香火地（亩） | 银（两） |
|---|---|---|
| 保定府 | | |
| 定兴县 | 10000.00 | 300.00 |

| 给爵地（亩） | 征银（两） | 护坟地（亩） |
|---|---|---|
| 1130673.30 | 33330.69 | 18784.40[3] |

**成国公朱应桢**

| | 地（亩） | 银（两） |
|---|---|---|
| 共计 | 18775.00 | 589.00 |
| 顺天府 | | |
| 永清县 | | 17.70 |
| 东安县 | | 15.60 |

[1] 原书此处注："本府自行征收。"
[2] 原书此处注：寿定王坟香火地100顷，除自种外，征银207.8919两。
[3] 原书此处注："此项自行征收。"

| | 地（亩） | 银（两） |
|---|---|---|
| 宝坻县 | | 278.85 |
| 昌平州 | | 57.85 |
| 保定府 | | |
| 安肃县 | | 63.00 |
| 河间府 | | |
| 交河县 | | 156.00 |

**英国公张溶**

| | 地（亩） | 银（两） |
|---|---|---|
| 共计 | 20000.00 | 600.00 |
| 顺天府 | | |
| 宛平县 | | 39.00 |
| 永清县 | | 261.00 |
| 丰润县 | | 300.00 |

**定国公徐文璧**

| | 地（亩） | 银（两） |
|---|---|---|
| 共计 | 20000.00 | 600.00 |
| 真定府 | | |
| 无极县 | | 300.00 |
| 藁城县 | | 300.00 |

**泰宁侯陈良弼**

| | 地（亩） | 银（两） |
|---|---|---|
| 共计 | 11530.00 | 236.10 |
| 顺天府 | | |
| 宛平县 | | 3.90 |
| 东安县 | | 42.00 |
| 保定府 | | |
| 高阳县 | | 190.20 |

**武定侯郭大诚**

| | 地（亩） | 银（两） |
|---|---|---|
| 顺天府 | | |
| 良乡县 | 562.90 | 16.88 |

**隆平侯张炳**

| | 地（亩） | 银（两） |
|---|---|---|
| 共计 | 1473.00 | 44.19 |
| 顺天府 | | |
| 东安县 | | 23.19 |
| 三河县 | | 21.00 |

**恭顺侯吴继爵**

| | 地（亩） | 银（两） |
|---|---|---|
| 保定府 | | |
| 定兴县 | 2300.00 | 69.00 |

**宁阳侯陈应诏**

| | 地（亩） | 银（两） |
|---|---|---|

| | | |
|---|---|---|
| 保定府 | | |
| 安肃县 | 3510.00 | 63.70 |

**丰城侯李环**

| | 地（亩） | 银（两） |
|---|---|---|
| 共计 | 2600.00 | 78.00 |
| 河间府 | | |
| 献县 | | 36.00 |
| 交河县 | | 42.00 |

**崇信伯费甲金**

| | 地（亩） | 银（两） |
|---|---|---|
| 顺天府 | | |
| 大兴县 | 2850.00 | 85.50 |

**安乡伯张鋐**

| | 地（亩） | 银（两） |
|---|---|---|
| 共计 | 4192.50 | 125.77 |
| 顺天府 | | |
| 大兴县 | | 41.32 |
| 宛平县 | | 39.45 |
| 东安县 | | 45.00 |

**武进伯朱世雍**

| | 地（亩） | 银（两） |
|---|---|---|
| 顺天府 | | |
| 宛平县 | 138.00 | 4.14 |

**彭城伯张守忠[1]**

| | 地（亩） | 银（两） |
|---|---|---|
| 顺天府 | | |
| 良乡县 | 7959.10 | 210.13 |

**宁晋伯刘应元**

| | 地（亩） | 银（两） |
|---|---|---|
| 顺天府 | | |
| 武清县 | 8424.40 | 252.73 |

**成山伯王应龙**

| | 地（亩） | 银（两） |
|---|---|---|
| 顺天府 | | |
| 昌平州 | 240.00 | 7.20 |

**南宁伯毛国器**

| | 地（亩） | 银（两） |
|---|---|---|
| 顺天府 | | |
| 涿县 | 607.00 | |

**惠安伯张元善**

| | 地（亩） | 银（两） |
|---|---|---|

[1]原书此处注：除抛荒外，现征银 60.08 两。

| | 地（亩） | 银（两） |
|---|---|---|
| 共计 | 15000.00 | 450.00 |
| 顺天府 | | |
| 永清县 | | 263.97 |
| 东安县 | | 186.03 |

**固安伯陈景行[1]**

| | 地（亩） | 银（两） |
|---|---|---|
| 共计 | 70000.00 | 2100.00 |
| 顺天府 | | |
| 大兴县 | | 30.00 |
| 丰润县 | | 600.00 |
| 通州 | | 12.75 |
| 玉田县 | | 150.00 |
| 保定府 | | |
| 安肃县 | | 407.25 |
| 河间府 | | |
| 任丘县 | | 900.00 |

**庆都伯杜继宗**

| | 地（亩） | 银（两） |
|---|---|---|
| 共计 | 70000.00 | 2100.00 |
| 顺天府 | | |
| 通州 | | 211.49 |
| 武清县 | | 974.21 |
| 保定府 | | |
| 新城县 | | 607.32 |
| 定兴县 | | 306.96 |

**武清伯李伟[2]**

| | 地（亩） | 银（两） |
|---|---|---|
| 共计 | 70000.00 | 2100.00 |
| 顺天府 | | |
| 东安县 | | 256.06 |
| 武清县 | | 519.83 |
| 通州 | | 117.30 |
| 宝坻县 | | 826.09 |
| 保定府 | | |
| 雄县 | | 117.09 |
| 容城县 | | 263.60 |

**永年伯王伟**

| | 地（亩） | 银（两） |
|---|---|---|
| 共计 | 50000.00 | 1500.00 |
| 顺天府 | | |
| 涿州 | | 74.04 |
| 蓟州 | | 648.00 |
| 玉田县 | | 180.00 |
| 通州 | | 63.96 |
| 保定府 | | |
| 高阳县 | | 108.00 |
| 安肃县 | | 246.00 |
| 蠡县 | | 180.00 |

**都督李鹤[3]**

| | 地（亩） | 银（两） |
|---|---|---|
| 共计 | 70000.00 | 2100.00 |
| 顺天府 | | |
| 三河县 | | 180.00 |
| 昌平州 | | 360.00 |
| 武清县 | | 387.54 |
| 保定府 | | |
| 安肃县 | | 540.00 |
| 新城县 | | 463.67 |
| 河间府 | | |
| 静海县 | | 168.77 |

**都督沈至顺**

| | 地（亩） | 银（两） |
|---|---|---|
| 顺天府 | | |
| 三河县 | 9000.00 | 270.00 |

**都督方世萌**

| | 地（亩） | 银（两） |
|---|---|---|
| 共计 | 6716.40 | 201.49 |
| 顺天府 | | |
| 大兴县 | | 141.00 |
| 东安县 | | 60.49 |

**宁安公主下**

| | 地（亩） | 银（两） |
|---|---|---|
| 共计 | 150000.00 | 4500.00 |
| 顺天府 | | |
| 三河县 | | 1950.00 |
| 武清县 | | 1050.00 |
| 真定府 | | |
| 宁晋县 | | 1500.00 |

**嘉善公主驸马许从诚**

| | 地（亩） | 银（两） |
|---|---|---|
| 共计 | 70000.00 | 2100.00 |
| 顺天府 | | |

[1] 原书此处注：外护坟地6056.8亩自收。
[2] 原书此处注：外护坟地6200.8亩自收。
[3] 原书此处注：外护坟地6526.8亩自收。

| | 地（亩） | 银（两） |
|---|---|---|
| 大兴县 | | 10.30 |
| 武清县 | | 642.49 |
| 宛平县 | | 547.20 |
| 保定府 | | |
| 定兴县 | | 270.00 |
| 安肃县 | | 630.00 |

**永福公主下百户邹应奇[1]**

| | 地（亩） | 银（两） |
|---|---|---|
| 共计 | 35533.10 | 1065.99 |
| 顺天府 | | |
| 宛平县 | | 33.60 |
| 良乡县 | | 195.00 |
| 漷县 | | 162.97 |
| 武清县 | | 358.14 |
| 昌平州 | | 75.00 |
| 顺义县 | | 206.45 |
| 河间府 | | |
| 静海县 | | 34.82 |

**指挥蒋克谦[2]**

| | 地（亩） | 银（两） |
|---|---|---|
| 共计 | 60389.80 | 1811.69 |
| 顺天府 | | |
| 大兴县 | | 58.50 |
| 武清县 | | 1500.00 |
| 河间府 | | |
| 献县 | | 253.19 |

**指挥谢文铨[3]**

| | 地（亩） | 银（两） |
|---|---|---|
| 顺天府 | | |
| 蓟州 | 30000.00 | 900.00 |

**指挥齐整**

| | 地（亩） | 银（两） |
|---|---|---|
| 顺天府 | | |
| 武清县 | 10000.00 | 300.00 |

**指挥樊经下监生樊椿[4]**

| | 地（亩） | 银（两） |
|---|---|---|

**河间府**

| | 地（亩） | 银（两） |
|---|---|---|
| 任丘县 | 10000.00 | 300.00 |

**指挥杨钟下监生杨天祥[5]**

| | 地（亩） | 银（两） |
|---|---|---|
| 顺天府 | | |
| 宛平县 | 41.50 | 1.24 |

**指挥李光先**

| | 地（亩） | 银（两） |
|---|---|---|
| 顺天府 | | |
| 香河县 | 7000.00 | 210.00 |

**指挥姜泰男姜潮**

| | 地（亩） | 银（两） |
|---|---|---|
| 共计 | 20000.00 | 600.00 |
| 顺天府 | | |
| 三河县 | | 352.05 |
| 玉田县 | | 118.83 |
| 顺义县 | | 129.12 |

**指挥张澍下应袭张元忠[6]**

| | 地（亩） | 银（两） |
|---|---|---|
| 顺天府 | | |
| 丰润县 | 20000.00 | 600.00 |

**指挥陈应龙[7]**

| | 地（亩） | 银（两） |
|---|---|---|
| 共计 | 50000.00 | 1500.00 |
| 保定府 | | |
| 定兴县 | | 725.71 |
| 安肃县 | | 27.07 |
| 河间府 | | |
| 青县 | | 747.20 |

**指挥文龙**

| | 地（亩） | 银（两） |
|---|---|---|
| 顺天府 | | |
| 丰润县 | 5000.00 | 150.00 |

**指挥鲍承禄**

| | 地（亩） | 银（两） |
|---|---|---|
| 河间府 | | |
| 青县 | 7000.00 | 210.00 |

**指挥吴继禄**

[1] 原书此处注：万历九年裁割地100顷备边，只给地25533.1亩。

[2] 原书此处注：万历九年裁割地100顷备边，只给地50389.8亩。

[3] 原书此处注：万历九年裁割地100顷备边，只给地20000亩。

[4] 原书此处注：万历九年裁割地95顷备边，只给供祀地500亩。

[5] 原书此处注："供祀地。"

[6] 原书此处注：万历九年裁割地100顷备边，只给地10000亩。

[7] 原书此处注：万历九年裁割地100顷备边，只给地40000亩。

| | 地（亩） | 银（两） |
|---|---|---|
| **真定府** | | |
| 饶阳县 | 5000.00 | 150.00 |
| **指挥白廷圭** | | |
| | 地（亩） | 银（两） |
| **真定府** | | |
| 隆平县 | 5000.00 | 150.00 |
| **指挥梁国相** | | |
| | 地（亩） | 银（两） |
| **顺天府** | | |
| 香河县 | 1300.00 | 39.00 |
| **指挥甄辅** | | |
| | 地（亩） | 银（两） |
| **顺天府** | | |
| 香河县 | 2247.00 | 67.41 |
| **指挥于应龙**[1] | | |
| | 地（亩） | 银（两） |
| **顺天府** | | |
| 宛平县 | 500.00 | |
| **千户蔡绍祖** | | |
| | 地（亩） | 银（两） |
| **真定府** | | |
| 饶阳县 | 10000.00 | 300.00 |
| **千户王春** | | |
| | 地（亩） | 银（两） |
| **顺天府** | | |
| 香河县 | 3950.00 | 118.50 |
| **千户游浃** | | |
| | 地（亩） | 银（两） |
| 共计 | 5542.80 | 166.28 |
| **顺天府** | | |
| 宛平县 | | 5.40 |
| **河间府** | | |
| 交河县 | | 160.88 |
| **千户栢承绶** | | |
| | 地（亩） | 银（两） |
| **保定府** | | |
| 安肃县 | 10000.00 | 300.00 |
| **千户周佶** | | |
| | 地（亩） | 银（两） |
| **顺天府** | | |

| | 地（亩） | 银（两） |
|---|---|---|
| 大兴县 | 4540.60 | 136.21 |
| **千户石衍庆** | | |
| | 地（亩） | 银（两） |
| **顺天府** | | |
| 涿州 | 885.00 | 26.55 |
| **千户林万春**[2] | | |
| | 地（亩） | 银（两） |
| **真定府** | | |
| 冀州 | 30000.00 | 900.00 |
| **千户周怀德** | | |
| | 地（亩） | 银（两） |
| **保定府** | | |
| 新城县 | 10000.00 | 300.00 |
| **千户杜继祖** | | |
| | 地（亩） | 银（两） |
| 共计 | 7000.00 | 210.00 |
| **顺天府** | | |
| 宛平县 | | 94.89 |
| **保定府** | | |
| 新城县 | | 115.10 |
| **千户魏昶等** | | |
| | 地（亩） | 银（两） |
| 共计 | 18000.00 | 335.67 |
| **顺天府** | | |
| 武清县 | | 219.96 |
| 河间府 | | 115.70 |
| 青县 | | 47.00 |
| 静海县 | | 68.70 |
| **千户刘应节** | | |
| | 地（亩） | 银（两） |
| 共计 | 10000.00 | 300.00 |
| **顺天府** | | |
| 三河县 | | 150.00 |
| 蓟县 | | 150.00 |
| **千户杨臣** | | |
| | 地（亩） | 银（两） |
| **顺天府** | | |
| 昌平州 | 10000.00 | 300.00 |
| **百户黄增**[3] | | |
| | 地（亩） | 银（两） |

[1]原书此处注："万历九年裁割备边。"

[2]原书此处注：万历九年裁割地100顷备边，只给地20000亩。

[3]原书此处注："万历九年裁革备边。"

| 顺天府 | | |
| --- | --- | --- |
| 宛平县 | 66.00 | 1.98 |

**百户马应寮**

| | 地（亩） | 银（两） |
| --- | --- | --- |
| 共计 | 10000.00 | 300.00 |
| 顺天府 | | |
| 宛平县 | | 6.00 |
| 河间府 | | |
| 任丘县 | | 294.00 |

**百户王昴下王学武[1]**

| | 地（亩） | 银（两） |
| --- | --- | --- |
| 顺天府 | | |
| 文安县 | 700.00 | 21.00 |

**驸马崔元下崔鹤[2]**

| | 地（亩） | 银（两） |
| --- | --- | --- |
| 顺天府 | | |
| 宛平县 | 500.00 | 10.68 |

**驸马焦敬[3]**

| | 地（亩） | 银（两） |
| --- | --- | --- |
| 顺天府 | | |
| 宛平县 | 30.00 | 0.90 |

**驸马王彝下王召[4]**

| | 地（亩） | 银（两） |
| --- | --- | --- |
| 真定府 | | |
| 武强县 | 198.00 | 5.94 |

**锦衣卫已故都督陆炳下[5]**

| | 地（亩） | 银（两） |
| --- | --- | --- |
| 河间府 | | |
| 静海县 | 17556.00 | 526.68 |

**百户王燫**

| | 地（亩） | 银（两） |
| --- | --- | --- |
| 顺天府 | | |
| 霸州 | 6778.30 | 203.35 |

**驸马李名下家人顾堂[6]**

| | 地（亩） | 银（两） |
| --- | --- | --- |
| 顺天府 | | |
| 武清县 | 18.00 | 0.54 |

**兴济郡主下生员杨承明[7]**

| | 地（亩） | 银（两） |
| --- | --- | --- |
| 顺天府 | | |
| 顺义县 | 48.00 | 1.44 |

**指挥邵辅下邵曾吉[8]**

| | 地（亩） | 银（两） |
| --- | --- | --- |
| 共计 | 5000.00 | 150.00 |
| 顺天府 | | |
| 大兴县 | | 24.00 |
| 三河县 | | 126.00 |

**指挥王极下王焕[9]**

| | 地（亩） | 银（两） |
| --- | --- | --- |
| 河间府 | | |
| 肃宁县 | 10000.00 | 300.00 |

**千户夏时际[10]**

| | 地（亩） | 银（两） |
| --- | --- | --- |
| 顺天府 | | |
| 武清县 | 5000.00 | 150.00 |

**万历九年清出**

| | 给爵地（亩） | 畦地（个） |
| --- | --- | --- |
| 共计 | 25740.70 | 18180.00 |
| 永康侯徐乔松 | 700.00 | |
| 恭顺侯吴继爵 | 5890.00 | |
| 靖远伯王学诗 | 1602.70 | |
| 广义伯今袭指挥吴继禄 | 3400.00 | |
| 奉圣夫人柴氏（奏讨陆炳没官地） | 1859.00 | 15980.00 |
| 指挥李钰（奏讨陆炳没官地） | 12289.00 | 2200.00 |

**备边地银（两）**

| | |
| --- | --- |
| | 45135.83 |

**退出地银（两）**

**成国公朱希忠**

| | 银（两） |
| --- | --- |
| 共计 | 3745.52 |
| 顺天府 | |
| 丰润县 | 3732.33 |

[1] 原书此处注："供祀地。"
[2] 原书此处注："供祀地。"
[3] 原书此处注："供祀地。"
[4] 原书此处注："供祀地。"
[5] 原书此处注："系该卫公用之数。"
[6] 原书此处注："供祀地。"
[7] 原书此处注："供祀地。"
[8] 原书此处注："万历九年，题行兵部查议，果职级停革，尽数还官备边。"
[9] 原书此处注："万历九年，题行兵部查议，果职级停革，尽数还官备边。"
[10] 原书此处注："万历九年，题行兵部查议，果职级停革，尽数还官备边。"

| | 银（两） |
|---|---|
| 永清县 | 0.99 |
| 东安县 | 11.22 |
| 昌平州 | 0.97 |

| 英国公张溶 | |
|---|---|
| | 银（两） |
| 共计 | 1354.99 |
| 顺天府 | |
| 永清县 | 408.67 |
| 丰润县 | 105.56 |
| 东安县 | 128.13 |
| 保定府 | |
| 博野县 | 100.85 |
| 满城县 | 42.00 |
| 河间府 | |
| 献县 | 135.05 |
| 交河县 | 225.00 |
| 青县 | 120.90 |
| 静海县 | 88.82 |

| 定国公徐文璧 | |
|---|---|
| | 银（两） |
| 共计 | 1382.52 |
| 顺天府 | |
| 宝坻县 | 125.17 |
| 保定府 | |
| 定兴县 | 79.71 |
| 真定府 | |
| 无极县 | 604.97 |
| 藁城县 | 572.65 |

| 武定侯郭大诚 | |
|---|---|
| | 银（两） |
| 共计 | 230.85 |
| 顺天府 | |
| 良乡县 | 53.25 |
| 河间府 | |
| 静海县 | 177.60 |

| 建昌侯张延龄 | |
|---|---|
| | 银（两） |
| 顺天府 | |
| 永清县 | 517.79 |

| 泰宁侯陈良弼 | |
|---|---|
| | 银（两） |
| 顺天府 | |
| 东安县 | 15.69 |

| 镇远侯顾寰 | |
|---|---|
| | 银（两） |
| 顺天府 | |
| 东安县 | 12.72 |

| 庆云侯周瑛 | |
|---|---|
| | 银（两） |
| 顺天府 | |
| 宝坻县 | 4.95 |

| 武安侯郑昆 | |
|---|---|
| | 银（两） |
| 共计 | 56.75 |
| 顺天府 | |
| 昌平州 | 32.95 |
| 顺义县 | 24.00 |

| 会昌侯孙杲 | |
|---|---|
| | 银（两） |
| 河间府 | |
| 肃宁县 | 213.09 |

| 瑞安侯王源 | |
|---|---|
| | 银（两） |
| 河间府 | |
| 静海县 | 932.58 |

| 阳武侯薛伦 | |
|---|---|
| | 银（两） |
| 共计 | 365.85 |
| 河间府 | |
| 静海县 | 1.29 |
| 沧州 | 364.55 |

| 惠安伯张元善[1] | |
|---|---|
| | 银（两） |
| 共计 | 1079.50 |
| 顺天府 | |
| 永清县 | 241.03 |
| 东安县 | 4.47 |
| 昌平州 | 42.11 |
| 保定府 | |
| 清苑县 | 222.90 |
| 高阳县 | 2.34 |
| 庆都县 | 55.98 |
| 蠡县 | 64.20 |
| 河间府 | |

---

[1] 此处总数与各县值之和不符，差 287.1 两。

| 青县 | | 159.37 |
|---|---|---|
| 广义伯吴琮 | | |
| | 银（两） | |
| 顺天府 | | |
| 永清县 | | 33.05 |
| 安平伯方承裕 | | |
| | 银（两） | |
| 顺天府 | | |
| 东安县 | | 3.00 |
| 安乡伯张铎 | | |
| | 银（两） | |
| 顺天府 | | |
| 东安县 | | 21.41 |
| 清平伯吴家彦 | | |
| | 银（两） | |
| 共计 | | 42.08 |
| 顺天府 | | |
| 香河县 | | 13.08 |
| 河间府 | | |
| 静海县 | | 29.00 |
| 彭城伯张熊 | | |
| | 银（两） | |
| 河间府 | | |
| 静海县 | | 96.57 |
| 成山伯王维熊 | | |
| | 银（两） | |
| 共计 | | 6.00 |
| 顺天府 | | |
| 房山县 | | 4.00 |
| 怀柔县 | | 2.00 |
| 宁晋伯刘斌 | | |
| | 银（两） | |
| 共计 | | 16.41 |
| 顺天府 | | |
| 武清县 | | 7.37 |
| 河间府 | | |
| 静海县 | | 9.00 |
| 永顺伯薛斌 | | |
| | 银（两） | |
| 顺天府 | | |
| 武清县 | | 31.89 |
| 庆阳伯夏臣 | | |
| | 银（两） | |

| 顺天府 | | |
|---|---|---|
| 武清县 | | 3207.73 |
| 玉田伯蒋轮 | | |
| | 银（两） | |
| 顺天府 | | |
| 武清县 | | 298.19 |
| 靖远伯王瑾 | | |
| | 银（两） | |
| 顺天府 | | |
| 束鹿县 | | 72.09 |
| 安昌伯钱承宗 | | |
| | 银（两） | |
| 共计 | | 858.19 |
| 河间府 | | |
| 河间县 | | 9.30 |
| 肃宁县 | | 19.90 |
| 真定府 | | |
| 新乐县 | | 166.86 |
| 顺德府 | | |
| 巨鹿县 | | 661.92 |
| 平江伯陈王谟 | | |
| | 银（两） | |
| 河间府 | | |
| 静海县 | | 65.00 |
| 都督陆炳 | | |
| | 银（两） | |
| 共计 | | 332.52 |
| 顺天府 | | |
| 武清县 | | 282.52 |
| 河间府 | | |
| 静海县 | | 50.00 |
| 嘉善公主驸马许从诚 | | |
| | 银（两） | |
| 共计 | | 2100.25 |
| 顺天府 | | |
| 香河县 | | 80.38 |
| 霸州 | | 474.48 |
| 固安县 | | 51.00 |
| 武清县 | | 295.48 |
| 漷县 | | 130.35 |
| 昌平州 | | 334.79 |
| 顺义县 | | 50.25 |
| 保定府 | | |

| | 银（两） |
|---|---|
| 定兴县 | 92.27 |
| 束鹿县 | 460.56 |
| 新城县 | 130.66 |

**宁安公主驸马李和**

| | 银（两） |
|---|---|
| 共计 | 3896.63 |
| 顺天府 | |
| 三河县 | 600.00 |
| 真定府 | |
| 南宫县 | 292.78 |
| 宁晋县 | 1239.99 |
| 大名府 | |
| 浚县 | 609.40 |
| 长垣县 | 1154.44 |

**永福公主驸马邬景和**

| | 银（两） |
|---|---|
| 共计 | 265.97 |
| 顺天府 | |
| 漷县 | 67.65 |
| 武清县 | 11.16 |
| 宝坻县 | 73.89 |
| 昌平州 | 0.69 |
| 良乡县 | 9.15 |
| 河间府 | |
| 静海县 | 103.42 |

**驸马王舁**

| | 银（两） |
|---|---|
| 真定府 | |
| 武强县 | 221.68 |

**驸马焦敬**

| | 银（两） |
|---|---|
| 保定府 | |
| 雄县 | 6.40 |

**石驸马**

| | 银（两） |
|---|---|
| 顺天府 | |
| 顺义县 | 5.17 |

**太监陆恺[1]**

| | 银（两） |
|---|---|
| 顺天府 | |
| 武清县 | 2.47 |

**太监赵忠**

| | 银（两） |
|---|---|
| 顺天府 | |
| 涿州 | 18.00 |

**指挥周世臣**

| | 银（两） |
|---|---|
| 共计 | 850.00 |
| 顺天府 | |
| 永清县 | 283.71 |
| 保定府 | |
| 新城县 | 321.28 |
| 河间府 | |
| 静海县 | 245.00 |

**指挥马福**

| | 银（两） |
|---|---|
| 顺天府 | |
| 东安县 | 19.62 |

**指挥李光先**

| | 银（两） |
|---|---|
| 顺天府 | |
| 香河县 | 229.93 |

**指挥梁国相[2]**

| | 银（两） |
|---|---|
| 顺天府 | |
| 香河县 | 3.15 |

**指挥甄辅[3]**

| | 银（两） |
|---|---|
| 顺天府 | |
| 香河县 | 5.01 |

**指挥文龙**

| | 银（两） |
|---|---|
| 共计 | 924.13 |
| 顺天府 | |
| 丰润县 | 854.40 |
| 漷县 | 23.79 |
| 河间府 | |
| 南皮县 | 18.30 |
| 故城县 | 28.63 |

**指挥齐整**

| | 银（两） |
|---|---|
| 共计 | 1040.13 |

---

[1]原书此处注："太监陆恺丈出地。"

[2]原书此处注："指挥梁国相丈出地。"

[3]原书此处注："指挥甄辅丈出地。"

| 顺天府 | |
|---|---|
| 武清县 | 363.39 |
| 保定府 | |
| 定兴县 | 517.25 |
| 新安县 | 159.48 |

| 指挥邵辅 | |
|---|---|
| | 银（两） |
| 共计 | 3376.93 |
| 顺天府 | |
| 三河县 | 43.85 |
| 蓟州 | 2213.69 |
| 真定府 | |
| 深州 | 1119.39 |

| 指挥谢守朴 | |
|---|---|
| | 银（两） |
| 共计 | 1263.74 |
| 顺天府 | |
| 三河县 | 306.30 |
| 宝坻县 | 908.33 |
| 蓟州 | 49.11 |

| 指挥文荣 | |
|---|---|
| | 银（两） |
| 顺天府 | |
| 昌平州 | 50.96 |

| 指挥赵汝诚 | |
|---|---|
| | 银（两） |
| 顺天府 | |
| 昌平州 | 59.40 |

| 指挥王荣 | |
|---|---|
| | 银（两） |
| 顺天府 | |
| 昌平州 | 30.61 |

| 指挥钱昂 | |
|---|---|
| | 银（两） |
| 共计 | 147.24 |
| 顺天府 | |
| 玉田县 | 3.20 |
| 保定府 | |
| 高阳县 | 144.03 |

| 指挥张澍 | |
|---|---|
| | 银（两） |
| 顺天府 | |
| 丰润县 | 574.27 |

| 指挥魏瓒 | |
|---|---|
| | 银（两） |
| 保定府 | |
| 清苑县 | 60.01 |

| 指挥林荐 | |
|---|---|
| | 银（两） |
| 共计 | 2439.26 |
| 保定府 | |
| 束鹿县 | 539.06 |
| 真定府 | |
| 隆平县 | 998.66 |
| 衡水县 | 402.99 |
| 冀州 | 498.54 |

| 指挥王极 | |
|---|---|
| | 银（两） |
| 河间府 | |
| 肃宁县 | 106.93 |

| 指挥蒋寿 | |
|---|---|
| | 银（两） |
| 共计 | 142.43 |
| 河间府 | |
| 献县 | 87.83 |
| 南皮县 | 54.60 |

| 指挥卢绍宗 | |
|---|---|
| | 银（两） |
| 河间府 | |
| 交河县 | 6.99 |

| 指挥卢庆 | |
|---|---|
| | 银（两） |
| 河间府 | |
| 交河县 | 8.25 |

| 指挥沈天擢 | |
|---|---|
| | 银（两） |
| 河间府 | |
| 交河县 | 68.01 |

| 指挥鲍承勋 | |
|---|---|
| | 银（两） |
| 河间府 | |
| 青县 | 38.68 |

| 指挥罗元正 | |
|---|---|
| | 银（两） |
| 河间府 | |
| 青县 | 130.00 |

| 指挥陈书 | |
|---|---|
| | 银（两） |
| 共计 | 789.80 |
| 河间府 | |
| 青县 | 660.24 |
| 真定府 | |
| 隆平县 | 129.56 |

| 指挥张楫 | |
|---|---|
| | 银（两） |
| 共计 | 112.45 |
| 真定府 | |
| 南宫县 | 29.80 |
| 新乐县 | 46.20 |
| 新河县 | 36.44 |

| 指挥蔡继祖 | |
|---|---|
| | 银（两） |
| 真定府 | |
| 饶阳县 | 160.46 |

| 指挥沈傅 | |
|---|---|
| | 银（两） |
| 广平府 | |
| 永年县 | 7.81 |

| 指挥吴让 | |
|---|---|
| | 银（两） |
| 广平府 | |
| 鸡泽县 | 37.42 |

| 指挥于应龙 | |
|---|---|
| | 银（两） |
| 顺天府 | |
| 宛平县 | 33.60 |

| 镇抚张俨 | |
|---|---|
| | 银（两） |
| 河间府 | |
| 静海县 | 295.30 |

| 千户王春[1] | |
|---|---|
| | 银（两） |
| 顺天府 | |
| 香河县 | 9.00 |

| 千户王敏 | |
|---|---|
| | 银（两） |
| 共计 | 414.76 |

| 顺天府 | |
|---|---|
| 武清县 | 233.76 |
| 河间府 | |
| 静海县 | 181.00 |

| 千户蒋秉正 | |
|---|---|
| | 银（两） |
| 顺天府 | |
| 宝坻县 | 456.56 |

| 千户栢承绥 | |
|---|---|
| | 银（两） |
| 共计 | 45.33 |
| 保定府 | |
| 雄县 | 43.90 |
| 安肃县 | 1.42 |

| 千户游浃 | |
|---|---|
| | 银（两） |
| 河间府 | |
| 交河县 | 49.11 |

| 千户姚福员 | |
|---|---|
| | 银（两） |
| 河间府 | |
| 青县 | 296.97 |

| 百户覃辅 | |
|---|---|
| | 银（两） |
| 顺天府 | |
| 香河县 | 27.51 |

| 百户王晁 | |
|---|---|
| | 银（两） |
| 顺天府 | |
| 文安县 | 15.60 |

| 百户郭钦 | |
|---|---|
| | 银（两） |
| 河间府 | |
| 静海县 | 267.00 |

| 安圣夫人魏氏 | |
|---|---|
| | 银（两） |
| 顺天府 | |
| 顺义县 | 30.00 |

| 翊圣夫人刘氏 | |
|---|---|
| | 银（两） |
| 顺天府 | |
| 武清县 | 336.98 |

| 恭圣夫人李氏 | |
|---|---|

[1] 原书此处注："千户王春丈出地银。"

| | 银（两） |
|---|---|
| 顺天府 | |
| 东安县 | 89.24 |

| 永康公主 | |
|---|---|
| | 银（两） |
| 顺天府 | |
| 顺义县 | 404.76 |

| 广德公主 | |
|---|---|
| | 银（两） |
| 河间府 | |
| 任丘县 | 463.55 |

| 嘉祥公主 | |
|---|---|
| | 银（两） |
| 河间府 | |
| 任丘县 | 118.51 |

| 崇德公主 | |
|---|---|
| | 银（两） |
| 河间府 | |
| 任丘县 | 121.33 |

| 宜兴公主 | |
|---|---|
| | 银（两） |
| 河间府 | |
| 任丘县 | 115.49 |

| 兴济郡主 | |
|---|---|
| | 银（两） |
| 顺天府 | |
| 顺义县 | 52.64 |

| 泾简王府 | |
|---|---|
| | 银（两） |
| 共计 | 225.56 |
| 顺天府 | |
| 永清县 | 170.84 |
| 涿州 | 54.72 |

| 汝安王府 | |
|---|---|
| | 银（两） |
| 顺天府 | |
| 怀柔县 | 13.43 |

| 慈宁宫改备边银 | |
|---|---|
| | 银（两） |
| 共计 | 2467.58 |
| 顺天府 | |
| 涿州 | 39.06 |
| 宝坻县 | 2278.08 |

| 保定府 | |
|---|---|
| 博野县 | 17.96 |
| 新城县 | 132.48 |

| 乾清宫[1] | |
|---|---|
| | 银（两） |
| 顺天府 | |
| 丰润县 | 31.14 |

| 裕府 | |
|---|---|
| | 银（两） |
| 保定府 | |
| 新城县 | 463.67 |

| 景府 | |
|---|---|
| | 银（两） |
| 共计 | 316.88 |
| 保定府 | |
| 新城县 | 267.95 |
| 河间府 | |
| 河间县 | 48.93 |

| 逆鸾家人杨锐[2] | |
|---|---|
| | 银（两） |
| 顺天府 | |
| 武清县 | 25.77 |

| 显恩寺 | |
|---|---|
| | 银（两） |
| 河间府 | |
| 交河县 | 53.23 |

| 延福宫 | |
|---|---|
| | 银（两） |
| 顺天府 | |
| 昌平州 | 124.53 |

| 工部王侍郎下[3] | |
|---|---|
| | 银（两） |
| 顺天府 | |
| 昌平州 | 16.80 |

| 永年伯王伟下[4] | |
|---|---|
| | 银（两） |
| 顺天府 | |
| 通州 | 57.42 |

| 追夺达官卖绝地 | |
|---|---|

[1] 原书此处注："乾清宫丈出地银。"
[2] 原书此处注："此项为没官地银。"
[3] 原书此处注："此项为还官地银。"
[4] 原书此处注："此项为地内扣出备边银。"

|  | 银（两） |
|---|---|
| 顺天府 |  |
| 房山县 | 47.20 |

| 旧额备边并拨剩地 | |
|---|---|
|  | 银（两） |
| 共计 | 884.51 |
| 顺天府 |  |
| 文安县 | 729.28 |
| 通州 | 57.01 |
| 保定府 |  |
| 容城县 | 98.20 |

| 新增开垦首出欺隐等项地 | |
|---|---|
|  | 银（两） |
| 共计 | 2567.39 |
| 顺天府 |  |
| 大兴县 | 31.21 |
| 宛平县 | 2.62 |
| 良乡县 | 16.38 |
| 永清县 | 1055.20 |
| 东安县 | 84.06 |
| 香河县 | 12.44 |
| 房山县 | 2.00 |
| 大城县[1] | 1.32 |
| 固安县[2] | 10.17 |
| 漷县 | 191.54 |
| 武清县 | 73.59 |
| 通州 | 55.11 |
| 三河县 | 461.07 |
| 宝坻县 | 4.26 |
| 顺义县 | 157.06 |
| 蓟州 | 138.91 |
| 保定府 |  |
| 安肃县 | 13.62 |
| 满城县 | 65.08 |
| 雄县 | 30.52 |
| 河间府 |  |
| 静海县 | 22.84 |
| 东光县 | 0.64 |
| 沧州 | 47.15 |
| 真定府 |  |
| 无极县 | 90.51 |

| 寿阳长公主[3] | |
|---|---|
| 地（亩） | |
|  | 259582.00 |
| 银（两） | |
| 共计 | 7787.46 |
| 顺天府 |  |
| 永清县 | 3000.00 |
| 蓟州 | 1787.46 |
| 河间府 |  |
| 静海县 | 1500.00 |
| 保定府 |  |
| 定兴县 | 824.21 |
| 束鹿县 | 675.78 |

[1]原书此处注："此项为隐地银。"
[2]原书此处注："此项为首出余地银。"

[3]原书此处注："万历九年备边地内拨给过。"

## 庄田子粒沿革事例

洪武二十四年，令公侯大官以及民人，不问何处，惟犁到熟田，方许为主。但是荒田俱系在官之数，其山场水陆田地，亦照原拨赐则例为主，不许过分占为己有。

正统九年，本部奏准顺天府所属地土有限，令后公、侯、驸马、伯等官在京年久及外夷人员曾经拨地安插住坐者，不许奏讨田地。

天顺二年，勅皇亲、公、侯、伯文武大臣，不许强占官民田地，起盖房屋，把持行市，侵夺公私之利。事发坐以重罪，其家人及投托者，悉发边卫，永远充军。

本年尚书沈固题：勘过永安庄地，已经奉有钦依，地土都入官，庙观并牛只车辆，还与住持王道昌，今都指挥同知孙绍宗又行奏讨。奉圣旨：为皇亲的要守本分，这庄地已从公道断了，如何又来求讨，不准。钦此。

成化二年，尚书马昂题：准公、侯、驸马、伯及勋戚大臣之家，有将官民地土，妄称空闲，朦胧奏讨及令家人伴当用强侵占者，行移法司，先将抱本奏告之人拿问如律，干碍、主使、教令人员，径自奏请拿问，仍追究报地投献之人，绳之以罪。该府、州、县官员若是不行执法，阿附权势，容令占种，不即具奏者，事发一体查提究治。

弘治二年，尚书李敏题：畿内皇庄有五，共地一万二千八百余顷，乞依御史陈璧所奏，拨付小民耕种，每亩征银三分，岁共银三万八十余两，差官类解内府，以备各宫之用。奉圣旨：皇庄留与朕弟诸王。钦此。

本年宝坻县民奏称灾伤，要将子粒银两，照依民粮，一例优免。尚书李敏议：将顺天等府皇庄五处，官庄二百三十二处，各照坐落州县民田灾伤分数征收。奉圣旨：今年水患，百姓艰难，皇庄并庄田管业官员人等，都着照依民田灾伤分数，征收子粒，不许多取逼民。违了的，听巡按御史指实参奏拿问。钦此。

六年，尚书叶淇题：准各王府及功臣之家钦赐田土佃户，照原定则例，将该纳子粒每亩征银三分，送赴本管州县上纳，令各该人员关领，不许自行收受。

九年，御史赵瑄奏称：雄县等地方有淤滩、空闲地土、水甸等处，乞作皇储官庄。尚书周经复议：东宫万国之元良，即今畿内小民征科浩繁，方切愁叹，岂宜规利以重民患。赵瑄故违禁约投献事例，僭陈兴利之言，合当追究。奉圣旨：赵瑄，锦衣卫拿送镇抚司问。钦此。

正德元年，尚书韩文题称：北直隶近年以来，因皇庄及钦赏庄田数多，以此民田渐少，粮差负累，乞将宁晋等县进奉两宫庄田，差官丈量，召人佃种，每亩征银三分，解部转进两宫，其管庄内臣俱各取回。奉圣旨：卿等所言皆为国为民之意，但朕奉顺慈闱，事非得已，两宫管庄各留内官二员、校尉十名在彼，其余尽数取回。子粒照旧每亩征银三分，不许纤毫多取。沿途往来应付停止了，敢有仍前生事害人的，着巡按御史指实参奏来说。钦此。

六年，巡按李嵩题称：真定府所属南宫、宁晋、新河、隆平四县皇庄地土，管庄太监刘祥、金凤等俱各贪缘生事害人，及李恭等所奏侵占前地，乞查原额顷亩归民，行令每亩征银三分，解部转进。尚书孙交复：奉圣旨，皇庄系奉顺两宫地土，刘祥等承委管理，带领旗校家人数多，因而赳剥贪毒，坏事害人，都取回京。原系民的地，召人佃种，照依分数征银进用。钦此。

十六年，侍郎秦金题称：顺天等八府庄田三百八十余处，该地八万八千余顷，乞行裁革管庄内臣，着令佃户照依原定则例，折收银钱，赴本州县上纳，解部类进。又宝源、吉庆二店该纳课程，亦合照依弘治五年题准事例，责令顺天府批验茶引所，收受原额税课，并塌房免牙二项钱钞，照依原估折银数目，俱按季解部类进。奉圣旨：畿内根本重地，祖宗屡有优恤禁例。近年以来，奸猾无籍之徒，妄将军民田土指作空闲，设谋投献；管庄官校人等，因而乘机侵夺，藉势混赖，横征巧取，百般剋害；利归群小，怨在朝廷，以致军民失业，盗贼生发。朕在藩邸已知其弊，览奏深用恻然，便写勅差科道、部属官各一员前去，会同巡按亲诣查勘。但自正德以来，朦胧投献及额外侵占的，尽行查出，各依拟给主召佃，管庄人员尽数取回，着管屯金事兼带督管，该征税租，照依原定则例，折收银钱。原系皇庄的，解部类进，系皇亲的，赴部关领，不许自行收受，亦不许佃户人等拖欠不还。宝源、吉庆二店，照旧还官，着顺天府轮委堂上佐贰官一员，督察奸弊，官攒、巡栏、看店人等及势豪之人，但有例外勒取，把持行市的，着巡城御史、缉事衙门、五城兵马司访拿重治。钦此。

嘉靖元年，巡按郭楠题称：犯人汪缙屡献官地，左少监谷岫听信拨置，妄行具奏，家人谷经等挟势取财，俱属违法。尚书孙交复：照原拟解发其原佃民地三十九顷九十三亩，已该查勘给还原主外，仍转行该县，将不堪耕种地四百八顷七十七亩零，召民开种，三年后起科。见在勘种地五百九十二顷四亩八分一厘，每年征银解部转进。奉圣旨：汪缙追赃完日，拘当房家小押发边卫，永远充军。孔堂等各准拟发落。谷岫且不提，待谷经等提问明，一并来说。地亩依拟召民开种，征银解部进用。钦此。

二年，给事中夏言等题：乞将各宫庄田，改正版籍，作为官地，子粒银两解部类进。尚书孙交复：奉圣旨，各宫庄田子粒银两照旧办纳解部，年终类进应用。顷亩数目止照新造册籍改为官地，不许称皇庄名目。钦此。

三年，给事中夏言题称：洪武初年，凡公侯、驸马、伯禄米，皆给官田。至二十五年，令公、侯、伯皆给禄米，论功定数，旧赐田还官。近年以来，皇亲侯伯奏讨无厌，所赐地土多是受人投献民间产业，乞勅该部，除功臣外，将皇亲侯伯庄田定为中制，量为养赡，过多者，一切裁抑还官。尚书孙交复：奉圣旨，皇亲侯伯及在外王府庄田，除见今管业不动外，以后不许妄受投献，侵占小民产业。钦此。

五年，巡按张珩题称：抚宁、山海已经勘明，百姓田地被定国公吞占。尚书秦金复：奉圣旨，这地土既还官年久，版籍已定，又屡经勘明，不必再勘。着与民照旧管业，纳粮当差。钦此。

七年，侍郎王轼题：查勘过顺天等八府各项庄田，除额外多占，遵奉查给军民，其余悉听照旧管业。自今以后，应赏地土，随品级定制，凡远遗庄田，别其世之亲疏，量为裁革。至于戚畹开垦置买，不行报官纳粮者，照功臣律例，一体追断。尚书秦金复准。

本年给事中李鹤鸣题：朝阳关外庄田一处，共四千六顷，被内官龚成隐种，要行追夺入官。尚书邹文盛复：准行，令原佃人户承佃，照例每亩纳银三分。

九年，成国公朱凤奏称：清苑县庄田地土，果系祖遗远年自垦，乞照旧复业。尚书梁材复：奉圣旨，朱凤新承祖荫，辄奏讨田地，本当查究，但念勋臣且罢，依拟着法司将家人查提问罪发落。钦此。

本年御用监太监黄锦题称：朝阳关外地，嘉靖八年该征子粒，节委长随孙芝等征完，交送本监用讫，免行追征。尚书梁材查得前项庄地四十六顷，已于嘉靖七年该科道等官查明，原非该监地亩。复奉圣旨：这庄田子粒银两，着照数送太仓银库交纳，以备边饷。孙芝提了问，今后该监不许违例侵冒。钦此。

十年，尚书许谮题：近该给事中李鹤鸣等，会勘过三宫及勋戚庄田，议定征银解部地土，上地征银三分，中地二分，下地一分五厘，比之民田，已为轻省。缘有司不行用心征解，以致拖欠数多。查得本部题准事例，各处税粮如过限三月不完者，府、州、县管粮官住俸；半年不完者，府、州、县管印官住俸；十月不完者，布政司管粮官住俸；一年不完者，布政司管印官住俸；相应比依前项律例，俱限本年十二月完足解部，如有违限，俱照前例，着实举行。仍要填注循环文簿，依限送部查考。

十三年，巡抚周金等题称：会勘得仁寿、清宁二宫静海县庄田委系低洼，相应改作备边地土。其河间等县备边地土，相应作二宫庄田，内高阜地上，照数补足。尚书许赞依拟复准。

三十二年，司礼监传奉圣谕：朕二子裕、景二王奏请庄田，查例来看。钦此。尚书夏邦谟钦遵，行令御史张守蒙会同主事陆明才，查拨自大兴县坐落朝阳关外六里屯地起，至雄县何葛庄地止，共一千七百九十八顷作庄田，四顷一十五亩作马厂；大兴县坐落朝阳关外石婆婆营起，至河间县地止，共一千七百九十八顷作庄田，四顷一十五亩作马厂。及将拨剩地土，原系进宫者，征银类进；原系空闲备边者，就行补还。奉圣旨：这地土既查明，各照数赐给二王，其余依拟。钦此。

三十八年，巡按沈阳题称：庆云侯周瑛男周绪宗罹罪，并无的派，钦赐庄田，例该追出还官。尚书马坤复：准将河间府肃宁、河间、献县等县，顺天府昌、涿二州原赐庄田共五百五十四顷九十二亩，自嘉靖三十三年起至三十六年止，各子粒银两已征在官者，差人解部；在民者，严行追征，俱送太仓济边。其三十七年以后，子粒银两俱各解部类进仁寿等宫，以补宁安公主奏讨庄田之数。

隆庆二年，屯田御史王廷瞻题：以后奏请庄田，乞钦定数目拨给。其年远勋戚，行屯田御史查自封爵之日为始，传派五世，亲服已尽者，止留庄田百顷，以为世守之业。或枝派已绝并爵级已革，尽行追夺还官。如有原给太滥者，酌为裁革。尚书马森依拟复：奉圣旨：勋戚初给庄田，你部里临时还酌拟则数奏请，其余依议行。钦此。

本年屯田御史刘世曾题：查勘过勋戚庄田。尚书马森复：议得原题勋戚传派五世，亲服已尽者，止留百顷，但勋臣与国同休，或当再宽留顷数，以示优礼。其年远戚畹，比照近赐，赐皇亲杜继祖事例，各量留七十顷，多余者还官，内有应留百顷与七十顷，而原田不满前数，照旧管业。其武定侯郭大诚等，有两经清查，不行开报田地，及称开垦，再查无税粮卷册，并非正枝承管，与指挥胡世孝等俱行追夺。其指挥钱昂等，正原题所谓枝派已绝，爵级已革者，尽数还官。如有先世坟茔在内，一百顷以下，量留三顷；二百顷以下，量留五顷；三百顷以下，量留七顷。无坟茔者，不许诈冒。其保圣等五夫人，枝派既绝，俱行裁夺。其驸马李和等，庄田数多，正原题所谓原给太滥者，比照皇亲庆都伯杜继宗等庄田七百顷事例；但李和庄田见系宁安公主管业，或比前例再量宽留。都指挥陈书，亦系母后亲侄，但已再世，量留五百顷。指挥谢守朴、林鹰俱系公主嫡男，比驸马递减，量留三百顷。张澍虽系戚畹，比公主嫡男递减，量留二百顷。文龙等以侄继承并兼管者，量留五十顷，多余之数还官。其蒋山已绝而冒承者，尽行退出。已故阳武侯薛伦等，先次清查，不行开报，正原题所谓影射埋没者，俱令入官，照数纳税。内已故都督陆炳，四当口庄田开系钦依拨补自买地数，合行再勘，果实，比嘉靖三十九年事例，量留十分之三；如无奉有明文，尽行追夺。前项各还官庄田子粒，查照题复命下之日为始，照数追扣，解部济边。其戚畹玉田伯蒋荣等田数不满七百，驸马邬景和数方及半，各准照旧。余俱以一百顷为率，不足者照旧，有余者退出。其文承武庄田二顷五十亩，查有奏讨簿籍。方承裕庄田四十七顷，审有护勅，各准照旧。奉圣旨：传派五世勋臣及公主见在驸马各庄田，你每还会同屯田御史，议定应留顷数规则来说，其余都依拟行。钦此。本部续题：元勋后裔传派五世者，原议百顷之外，今再留一百顷；如系勋戚相半者，再留五十顷；其驸马李和，原议七百顷，今再留三百顷，共一千顷。

四年，巡按谢廷杰、傅孟春各题参带俸玉田伯蒋荣违例自收庄田子粒。尚书刘体乾复：行屯田御史将蒋荣下除隆庆三年多收子粒银一百五十六两，并见解银五十八两五钱，尽数追扣备边外，以后年分，原额庄田并额外丈出余地，悉令该县召民佃种，每亩征银一钱三分，内除庄田应得三分给予本爵，其余尽行解部备边。奉圣旨：蒋荣姑免究，庄田子粒银两，照例着有司征收，解部给与，不许再来奏扰。钦此。

万历三年，御史孙成名题查勘过三宫地土子粒。尚书王国光复：查得原额子粒银三万六千八百七十四两七钱二分四厘九毫零，内除改进乾清宫及拨给固安伯地土外，实征地银三万一千九百四十七两七钱二分四厘九毫零，除将备边地银七百六十三两零，并丈出余地银二百六两零，二项共银九百六十九两八钱一分三厘零辏补进宫外，尚少银二千九百七十七两九分九厘八毫零，合于今查过地土内原因初垦减征，今种久成熟者量增一分或半分；原如数征收，今轻减者，仍照旧上纳。尚有不足之数，别查备边地土，照依各宫原额，如数辏补。其改拨并水占抛荒地银，既经勘实，即将以前拖欠子粒除豁，仍将抛荒地亩候水退之日，召佃起科，以补备边之数。各该有司如有仍前怠玩拖延，指名参究，照例施行。

六年，尚书张学颜题：进仁寿等宫子粒银两，奉圣旨：这银两着进收，今后仁寿改慈宁，清宁改慈庆，未央改入乾清宫。钦此。

九年，顺天巡抚张梦鲤、保定巡抚辛自修、屯田御史王国各题清查过勋戚庄田应留应革数目。尚书张学颜议复：将清出顺天等八府、州、县、卫所地方，宫庄、勋戚、备边等项余地共二千八百三十五顷二十亩零，每年该征银六千九百二十二两三钱九分二厘零，自万历十年为始，应解部者解部，应解边镇者，即行解镇。其勋戚地亩，如成国公朱应祯等四十五员，系元勋后裔，并近年新讨庆都伯杜继宗等一十五员，系见在近戚，其余年远戚畹，俱见今承袭数未过于一百顷，相应照旧管业。锦衣卫已故都督杜炳庄田一百七十余顷，系该卫收租公田。又清出靖远伯王学诗地一十六顷二亩七分零，恭顺侯吴继爵、广义伯今袭指挥吴继禄共地九十三顷九十三亩零，永康侯徐乔松地七顷，俱准入册管业。指挥谢文铨、千户林万春系驸马之孙，今才三世，尚在五服之内，原留庄田各减一百顷，如袭授降职，再减一百顷，止留一百顷。指挥陈应龙、蒋克谦，指挥张澍下应袭张元忠，俱系戚畹之孙，百户邬应奇虽系驸马之子，非公主嫡男，原留庄田各减一百顷，俱解部济边；以后袭至五世，止留一百顷。指挥邵辅男邵曾吉、王极男王焕，俱系三辈，千户夏时际男夏国昌系四辈，移文兵部，应否承袭？果职级停革，庄田尽数还官，明白咨部以凭，另行题请。其指挥樊经男樊椿，既已恩荫入监授官，祖职已革，与监生杨天祥事体相同，照例追夺；如有坟茔，准量留五顷，以资供祀。奉圣夫人柴氏奏讨陆炳没官地一十八顷五十九亩，畦地一万五千九百八十个；指挥李钰奏讨陆炳没官地一百二十二顷八十九亩，畦地二千二百个，仍行屯田御史查勘明白，具奏定夺。指挥于应龙庄田五顷，今已革职；百户黄增庄田六十六亩，今已故绝，又无远族供祀之人，尽数追夺，还官备边。永年伯王伟通州庄田二十一顷三十二亩，每年征银一百二十一两三钱八分，除给爵三分，该银六十三两九钱六分，余银五十七两四钱二分，扣解济边。查得五服递减勋臣止于二百顷，已无容议，惟戚臣如始封本身为一世、子为二世、孙为三世、曾孙为四世、曾孙之子为五世，以今见在官品为始，以今见留地数为准，系二世者，分为三次递减；系三世者，分为两次递减；至五世，止留一百顷为世守之业。官因世降，地因官减，如正派已绝，爵级已革，不论地亩多寡，止留地五顷，给傍枝看守坟茔之人供祀，仍移文兵部，以后戚臣子孙承袭之日，将相继次序、官职、品级、停革等项移文本部，知会查照。今议递减事例，行屯田御史俱照前议，每一官题请递减一次，不待年久方行类查。奉圣旨：依议行。钦此。

本年寿阳长公主奏讨庄田，尚书张学颜复：奉圣旨，着照嘉善公主例，拨与管业。钦此。随行屯田御史王国查勘过永清、静海、蓟州、定兴、束鹿五州县地，共二千五百九十五顷八十二亩，每亩征银三分，共银七千七百八十七两四钱六分，俱系见征备边银两地土拨给寿阳长公主管业，自万历九年为始，解部转给。奉旨：是。钦此。

臣等谨按：北直隶八府皆畿辅重地，平原沃野，自昔称富疆焉。惟是地当荦毂，则有官庄子粒与勋戚恩泽之田，而营监之草场，卫所之屯种，又皆栉比鳞错其中，或致蚕食齐民之业，而其巧避租税者，又或自诡于庄场屯牧之间，稍诘之，必以侵占为解。故田赋恒多不均，盖其势然也。若乃顺天一府，四方游食群集，而陵坟、坛庙、园海、冰窑等户，又皆有所凭藉，赋役不共而坐享安饱，其转缘南亩者，终岁勤动曾未糊口，而征敛丛焉。其余七府不当孔道，则当边陲耕获之务，与奔走供亿岁恒相半，劳瘁有不可言者。而沟洫弗治，积雨横陆，致举其所自衣食者而污莱之，八府皆然，而顺天、河间、真定、保定为患尤甚，是皆根本之地，所当加意而拊循也。经界正，户籍均，水利修，豪右抑，民生其可遂乎。

### 甲表43　洪武年间南直隶田赋

| | 原额 |
|---|---|
| | 洪武年间 |
| | （诸司职掌数） |
| 田土官民（亩） | 126927452.00 |
| **夏税** | |
| 麦（石） | 990441.00 |
| 绢（匹） | 32999.00 |
| **秋粮** | |
| 米（石） | 6244379.00 |
| 钱钞（锭） | 5644.00 |
| 人户（户） | 1912914.00 |
| 人口（口） | 10755938.00 |

### 甲表44　洪武年间南直隶分府田赋

| 应天府 | |
|---|---|
| 田土官民（亩） | 7270125.00 |
| **夏税** | |
| 麦（石） | 11260.00 |
| 绢（匹） | 1406.00 |
| **秋粮** | |
| 米（石） | 320616.00 |
| 人户（户） | 163915.00 |
| 人口（口） | 1193620.00 |
| **苏州府** | |
| 田土官民（亩） | 9850671.00 |
| **夏税** | |
| 麦（石） | 63500.00 |
| 绢（匹） | 14157.00 |
| **秋粮** | |
| 米（石） | 2746990.00 |
| 钱钞（锭） | 2321.00 |
| 人户（户） | 491514.00 |
| 人口（口） | 2355030.00 |
| **松江府** | |
| 田土官民（亩） | 5132290.00 |
| **夏税** | |
| 麦（石） | 107496.00 |
| 绢（匹） | 666.00 |
| **秋粮** | |
| 米（石） | 1112400.00 |
| 钱钞（锭） | 3072.00 |
| 人户（户） | 249950.00 |
| 人口（口） | 1219937.00 |
| **常州府** | |
| 田土官民（亩） | 7973188.00 |
| **夏税** | |
| 麦（石） | 119320.00 |
| 绢（匹） | 1394.00 |
| **秋粮** | |
| 米（石） | 533515.00 |
| 人户（户） | 152164.00 |
| 人口（口） | 775513.00 |
| **镇江府** | |
| 田土官民（亩） | 3845270.00 |
| **夏税** | |
| 麦（石） | 80896.00 |
| 绢（匹） | 357.00 |
| **秋粮** | |
| 米（石） | 243750.00 |
| 人户（户） | 87364.00 |
| 人口（口） | 522383.00 |
| **庐州府** | |
| 田土官民（亩） | 1622399.00 |
| **夏税** | |
| 麦（石） | 15830.00 |
| 绢（匹） | |
| **秋粮** | |
| 米（石） | 75360.00 |
| 人户（户） | 48720.00 |
| 人口（口） | 367200.00 |
| **凤阳府** | |
| 田土官民（亩） | 41749390.00 |
| **夏税** | |
| 麦（石） | 93315.00 |
| 绢（匹） | 1447.00 |
| **秋粮** | |
| 米（石） | 137160.00 |
| 人户（户） | 79107.00 |
| 人口（口） | 427303.00 |
| **淮安府** | |
| 田土官民（亩） | 19333025.00 |
| **夏税** | |
| 麦（石） | 201220.00 |

| | | | | |
|---|---|---|---|---|
| 绢（匹） | | 田土官民（亩） | 3621179.00 |
| **秋粮** | | **夏税** | |
| 米（石） | 153490.00 | 麦（石） | 21390.00 |
| 人户（户） | 80689.00 | 绢（匹） | 217.00 |
| 人口（口） | 632541.00 | **秋粮** | |
| **扬州府** | | 米（石） | 46290.00 |
| 田土官民（亩） | 4276734.00 | 人户（户） | 39290.00 |
| **夏税** | | 人口（口） | 259937.00 |
| 麦（石） | 57710.00 | **安庆府** | |
| 绢（匹） | | 田土官民（亩） | 2102937.00 |
| **秋粮** | | **夏税** | |
| 米（石） | 240096.00 | 麦（石） | 19478.00 |
| 钱钞（锭） | 251.00 | **秋粮** | |
| 人户（户） | 123097.00 | 米（石） | 112158.00 |
| 人口（口） | 736165.00 | 人户（户） | 55573.00 |
| **徽州府** | | 人口（口） | 422804.00 |
| 田土官民（亩） | 3554977.00 | **广德州** | |
| **夏税** | | 田土官民（亩） | 3004784.00 |
| 麦（石） | 48750.00 | **夏税** | |
| 绢（匹） | 9718.00 | 麦（石） | 6070.00 |
| **秋粮** | | 绢（匹） | 157.00 |
| 米（石） | 116654.00 | **秋粮** | |
| 人户（户） | 125548.00 | 米（石） | 24500.00 |
| 人口（口） | 592364.00 | 人户（户） | 44267.00 |
| **宁国府** | | 人口（口） | 247979.00 |
| 田土官民（亩） | 7751611.00 | **徐州** | |
| **夏税** | | 田土官民（亩） | 2834154.00 |
| 麦（石） | 62610.00 | **夏税** | |
| 绢（匹） | 311.00 | 麦（石） | 62300.00 |
| **秋粮** | | 绢（匹） | 3142.00 |
| 米（石） | 182050.00 | **秋粮** | |
| 人户（户） | 99732.00 | 米（石） | 79340.00 |
| 人口（口） | 532259.00 | 人户（户） | 22683.00 |
| **池州府** | | 人口（口） | 180821.00 |
| 田土官民（亩） | 2284445.00 | **滁州** | |
| **夏税** | | 田土官民（亩） | 315045.00 |
| 麦（石） | 17016.00 | **夏税** | |
| 绢（匹） | 27.00 | 麦（石） | 1405.00 |
| **秋粮** | | **秋粮** | |
| 米（石） | 111945.00 | 米（石） | 4106.00 |
| 人户（户） | 35826.00 | 人户（户） | 3944.00 |
| 人口（口） | 198574.00 | 人口（口） | 24797.00 |
| **太平府** | | **和州** | |

| | |
|---|---|
| 田土官民（亩） | 425228.00 |
| **夏税** | |
| 麦（石） | 875.00 |
| **秋粮** | |
| 米（石） | 3959.00 |
| 人户（户） | 9531.00 |
| 人口（口） | 66711.00 |

### 甲表45　　弘治年间南直隶田赋

| | 原额 |
|---|---|
| | 弘治年间 |
| | （会典数） |
| 田土官民（亩） | 81018039.50 |
| **夏税** | |
| 大小麦（石） | 942302.94 |
| 丝绵折绢（匹） | 4488.00 |
| 税丝折绢（匹） | 4420.00 |
| 人丁丝折绢（匹） | 8779.00 |
| 农桑丝折绢（匹） | 8090.00 |
| 税钞（锭） | 6534.00 |
| 麻布（匹） | 2077.00 |
| 税丝（斤） | 456.76 |
| 农桑零丝（两） | 97.80 |
| 又（斤） | 3.12 |
| **秋粮** | |
| 米（石） | 4999950.12 |
| 租钞（锭） | 24.00 |
| 又（贯） | 5204.00 |
| 山租钞（贯） | 244.00 |
| 牛租米（石） | 2.50 |
| 马草（包） | 5128319.00 |
| 人户（户） | 1511843.00 |
| 人口（口） | 7983519.00 |

### 甲表46　　弘治年间南直隶分府田赋

| 应天府 | |
|---|---|
| 田土官民（亩） | 6997408[1] |
| **夏税** | |
| 大小麦（石） | 11654.44[2] |
| 丝绵折绢（匹） | 1214.00 |
| 农桑丝折绢（匹） | 143.00[3] |

| | |
|---|---|
| **秋粮** | |
| 米（石） | 215159.84[4] |
| 马草（包） | 376458.00 |
| 人户（户） | 144368.00 |
| 人口（口） | 711003.00[5] |
| **苏州府** | |
| 田土官民（亩） | 15524997.80[6] |
| **夏税** | |
| 小麦（石） | 53663.91[7] |
| 丝绵折绢(匹) | 697.00 |
| 农桑丝折绢(匹) | 167.00[8] |
| 税钞(锭) | 3267.00 |
| **秋粮** | |
| 米(石) | 2038323.15[9] |
| 马草(包) | 537809.00 |
| 人户（户） | 535409.00 |
| 人口（口） | 2048097.00[10] |
| **松江府** | |
| 田土官民（亩） | 4715661.80[11] |
| **夏税** | |
| 大小麦（石） | 92258.61[12] |
| 丝绵折绢(匹) | 697.00 |
| 农桑丝折绢(匹) | 167.00[13] |
| 税钞(锭) | 3267.00 |
| **秋粮** | |
| 米(石) | 939226.23[14] |
| 马草(包) | 316225.00 |
| 人户（户） | 200520.00 |

[1] 原书此处注：比洪武原额减2727顷17亩。

[2] 原书此处注：比洪武原额增394.44石。

[3] 原书此处注：两项绢共1357匹1丈3尺4寸2分7厘2毫，比洪武原额减48匹1丈8尺5寸7分3厘。

[4] 原书此处注：比洪武原额减105456.15石。

[5] 原书此处注：比洪武原额户减19547，口减482617。

[6] 原书此处注：比洪武原额增56743顷26亩8分2厘6毫。

[7] 原书此处注：比洪武原额减9836.08石。

[8] 原书此处注：两项绢共864匹5丈5尺1寸8分6厘，比洪武原额减13291匹8尺8寸零。

[9] 原书此处注：比洪武原额减708666.84石。

[10] 原书此处注：比洪武原额户增43895，口减306933。

[11] 原书此处注：比洪武原额减4166顷28亩1分1厘4毫。

[12] 原书此处注：比洪武原额减15237.38石。

[13] 原书此处注：二项绢共864匹5丈3尺1寸8分6厘,比洪武原额增198匹5丈3尺1寸8分6厘。

[14] 原书此处注：比洪武原额减173173.76石。

| | |
|---|---|
| 人口（口） | 627313.00[1] |
| 常州府 | |
| 田土官民（亩） | 6177775.50[2] |
| 夏税 | |
| 小麦（石） | 154387.14[3] |
| 丝绵折绢（匹） | 1573.00 |
| 农桑丝折绢（匹） | 324.00[4] |
| 麻布（匹） | 2077.00 |
| 秋粮 | |
| 米（石） | 606954.03[5] |
| 租钞（锭） | 24.00 |
| 马草（包） | 714343.00 |
| 人户（户） | 50121.00 |
| 人口（口） | 228363.00[6] |
| 镇江府 | |
| 田土官民（亩） | 3272235.10[7] |
| 夏税 | |
| 小麦（石） | 54958.75[8] |
| 丝绵折绢（匹） | 205.00 |
| 农桑丝折绢（匹） | 13.00[9] |
| 秋粮 | |
| 米（石） | 134876.57[10] |
| 马草（包） | 120784.00 |
| 人户（户） | 68344.00 |
| 人口（口） | 171508.00[11] |
| 庐州府 | |
| 田土官民（亩） | 2543045.90[12] |
| 夏税 | |
| 小麦（石） | 9872.14[13] |
| 农桑丝折绢(匹) | 687.00 |
| 秋粮 | |
| 米(石) | 66837.21[14] |
| 马草(包) | 97775.00 |
| 人户（户） | 36548.00 |
| 人口（口） | 486549.00[15] |
| 凤阳府 | |
| 田土官民（亩） | 6126266.70[16] |
| 夏税 | |
| 小麦（石） | 99358.77[17] |
| 税丝折绢(匹) | 1380.00 |
| 农桑丝折绢(匹) | 1035.00[18] |
| 秋粮 | |
| 米(石) | 113508.65[19] |
| 马草(包) | 234293.00 |
| 人户（户） | 95010.00 |
| 人口（口） | 931108.00[20] |
| 淮安府 | |
| 田土官民（亩） | 10107373.40[21] |
| 夏税 | |
| 小麦（石） | 228872.29[22] |
| 农桑丝折绢（匹） | 1461.00 |
| 秋粮 | |
| 米(石) | 166423.50[23] |
| 马草(包) | 454720.00 |
| 人户（户） | 27978.00 |
| 人口（口） | 237527.00[24] |
| 扬州府 | |
| 田土官民（亩） | 6229707.10[25] |

[1] 原书此处注：比洪武原额户减 49430，口减 592624。

[2] 原书此处注：比洪武原额减 17954 顷 12 亩 4 分 3 厘 6 毫。

[3] 原书此处注：比洪武原额增 35067.14 石。

[4] 原书此处注：二项绢共 1897 匹 3 丈 5 尺 6 寸 1 分零，比洪武原额增 503 匹 3 丈 5 尺 6 寸 1 分零。

[5] 原书此处注：比洪武原额增 73439.03 石。

[6] 原书此处注：比洪武原额户减 102040，口减 547150。

[7] 原书此处注：比洪武原额减 5730 顷 34 亩 9 分。

[8] 原书此处注：比洪武原额减 25937.24 石。

[9] 原书此处注：二项绢共 218 匹 5 丈 6 尺 2 寸 5 分零，比洪武原额减 137 匹零。

[10] 原书此处注：比洪武原额减 108873.42 石。

[11] 原书此处注：比洪武原额户减 19020，口减 350875。

[12] 原书此处注：比洪武原额增 9206 顷 46 亩 9 分零。

[13] 原书此处注：比洪武原额减 5957.85 石。

[14] 原书此处注：比洪武原额减 8422.78 石。

[15] 原书此处注：比洪武原额户减 12172，口增 119349。

[16] 原书此处注：比洪武原额减 356231 顷 23 亩 3 分。

[17] 原书此处注：比洪武原额增 6043.77 石。

[18] 原书此处注：二项绢共 2415 匹 1 丈 2 尺 9 寸，比洪武原额增 968 匹 2 丈 2 尺 9 寸。

[19] 原书此处注：比洪武原额减 23651.34 石。

[20] 原书此处注：比洪武原额户增 15903，口增 503805。

[21] 原书此处注：比洪武原额减 92256 顷 41 亩 6 分。

[22] 原书此处注：比洪武原额增 27652.29 石。

[23] 原书此处注：比洪武原额增 12933.50 石。

[24] 原书此处注：比洪武原额户减 52711，口减 395014。

[25] 原书此处注：比洪武原额增 19529 顷 68 亩 1 分 5 厘。

| 夏税 | |
|---|---|
| 小麦（石） | 39922.02[1] |
| 农桑丝折绢（匹） | 841.00 |
| 农桑零丝（两） | 64.50 |
| 秋粮 | |
| 米（石） | 206603.86[2] |
| 租钞（贯） | 5204.00 |
| 牛租米（石） | 2.50 |
| 马草（包） | 349236.00 |
| 人户（户） | 104104.00 |
| 人口（口） | 656547.00[3] |
| 徽州府 | |
| 田土官民（亩） | 2527752.00[4] |
| 夏税 | |
| 小麦（石） | 51498.71[5] |
| 人丁丝折绢（匹） | 8779.00 |
| 农桑丝折绢（匹） | 15.00[6] |
| 秋粮 | |
| 米（石） | 120133.86[7] |
| 人户（户） | 7251.00 |
| 人口（口） | 65861.00[8] |
| 宁国府 | |
| 田土官民（亩） | 6068297.00[9] |
| 夏税 | |
| 小麦（石） | 29052.36[10] |
| 农桑丝折绢（匹） | 30.00[11] |
| 农桑零丝（两） | 33.30 |
| 税丝（斤） | 340.67 |
| 秋粮 | |
| 米（石） | 74262.67[12] |

| 马草（包） | 798492.00 |
|---|---|
| 人户（户） | 60364.00 |
| 人口（口） | 371543.00[13] |
| 池州府 | |
| 田土官民（亩） | 891963.10[14] |
| | |
| 小麦（石） | 6824.75[15] |
| 税丝折绢（匹） | 15.00 |
| 农桑丝折绢（匹） | 198.00[16] |
| 税丝零丝（两） | 1.19 |
| 农桑零丝（斤） | 3.12 |
| 秋粮 | |
| 米（石） | 61372.89[17] |
| 山租钞（贯） | 244.00 |
| 马草（包） | 96311.00 |
| 人户（户） | 14091.00 |
| 人口（口） | 69478.00[18] |
| 太平府 | |
| 田土官民（亩） | 1624383.20[19] |
| 夏税 | |
| 小麦（石） | 16276.56[20] |
| 丝绵折绢（匹） | 102.00[21] |
| 秋粮 | |
| 米（石） | 33636.74[22] |
| 马草（包） | 354974.00 |
| 人户（户） | 29466.00 |
| 人口（口） | 173699.00[23] |
| 安庆府 | |
| 田土官民（亩） | 2189066.10[24] |

[1] 原书此处注：比洪武原额减 17787.97 石。
[2] 原书此处注：比洪武原额减 33492.13 石。
[3] 原书此处注：比洪武原额户减 18993，口减 79618。
[4] 原书此处注：比洪武原额减 10072 顷 25 亩。
[5] 原书此处注：比洪武原额增 2748.71 石。
[6] 原书此处注：二项绢共 8794 匹 1 丈 8 尺 7 寸 3 分 3 厘，比洪武原额减 92□匹 1 丈□尺 2 寸 6 分 7 厘。
[7] 原书此处注：比洪武原额增 3479.86 石。
[8] 原书此处注：比洪武原额户减 118297，口减 526503。
[9] 原书此处注：比洪武原额减 16833 顷 14 亩。
[10] 原书此处注：比洪武原额减 33557.63 石。
[11] 原书此处注：比洪武原额减 281 匹。
[12] 原书此处注：比洪武原额减 107787.32 石。
[13] 原书此处注：比洪武原额户减 39368，口减 160716。
[14] 原书此处注：比洪武原额减 13924 顷 81 亩 8 分零。
[15] 原书此处注：比洪武原额减 10191.24 石。
[16] 原书此处注：贰项绢共 213 匹，比洪武原额增 186 匹。
[17] 原书此处注：比洪武原额减 50572.1 石。
[18] 原书此处注：比洪武原额户减 21735，口减 129096。
[19] 原书此处注：比洪武原额减 19967 顷 95 亩 8 分。
[20] 原书此处注：比洪武原额减 5113.44 石。
[21] 原书此处注：比洪武原额减 114 匹 2 丈 2 尺 3 寸 5 分 8 厘。
[22] 原书此处注：比洪武原额减 12653.25 石。
[23] 原书此处注：比洪武原额户减 9824，口减 86238。
[24] 原书此处注：比洪武原额增 861 顷 29 亩 1 分零。

| 夏税 | |
|---|---|
| 小麦（石） | 18909.30[1] |
| 农桑丝折绢（匹） | 353.00 |
| 秋粮 | |
| 米（石） | 112862.98[2] |
| 马草（包） | 191949.00 |
| 人户（户） | 46050.00 |
| 人口（口） | 606089.00[3] |
| 广德州 | |
| 田土官民（亩） | 1540429.80[4] |
| 夏税 | |
| 小麦（石） | 3632.38[5] |
| 丝（斤） | 116.00 |
| 农桑丝折绢（匹） | 19.00[6] |
| 秋粮 | |
| 米（石） | 14066.29[7] |
| 马草（包） | 302952.00 |
| 人户（户） | 45043.00 |
| 人口（口） | 127795.00[8] |
| 徐州 | |
| 田土官民（亩） | 3001222.80[9] |
| 夏税 | |
| 小麦（石） | 67158.00[10] |
| 税丝折绢（匹） | 3025.00 |
| 农桑丝折绢（匹） | 2538.00[11] |
| 秋粮 | |
| 米（石） | 79858.14[12] |
| 马草（包） | 100000.00 |
| 人户（户） | 34886.00 |
| 人口（口） | 354311.00[13] |

| 滁州 | |
|---|---|
| 田土官民（亩） | 291283.80[14] |
| 夏税 | |
| 小麦（石） | 2578.05[15] |
| 秋粮 | |
| 米（石） | 5892.91[16] |
| 马草（包） | 55908.00 |
| 人户（户） | 4840.00 |
| 人口（口） | 49712.00[17] |
| 和州 | |
| 田土官民（亩） | 1189169.50[18] |
| 夏税 | |
| 小麦（石） | 1424.66[19] |
| 农桑丝折绢（匹） | 99.00 |
| 秋粮 | |
| 米（石） | 9950.54[20] |
| 马草（包） | 26090.00 |
| 人户（户） | 7450.00 |
| 人口（口） | 67016.00[21] |

**甲表 47　万历六年南直隶田赋**

| | 见额 |
|---|---|
| | 万历六年 |
| | （各府册报数） |
| 田土官民（亩） | 77394671.30 |
| 夏税 | |
| 大小麦（石） | 943709.16 |
| 丝绵折绢（匹） | 3791.00 |
| 税丝折绢（匹） | 16976.00 |
| 人丁丝折绢（匹） | 8779.00 |
| 农桑丝折绢（匹） | 8911.00 |
| 税丝（两） | 102479.23 |
| 又丝（斤） | 458.22 |
| 农桑零丝（两） | 80.80 |
| 又丝（斤） | 3.12 |
| 麻布（匹） | 2077.00 |

---

[1]原书此处注：比洪武原额减 568.69 石。
[2]原书此处注：比洪武原额增 704.98 石。
[3]原书此处注：比洪武原额户减 9523，口增 183285。
[4]原书此处注：比洪武原额减 14543 顷 54 亩 2 分。
[5]原书此处注：比洪武原额减 2437.61 石。
[6]原书此处注：比洪武原额减 137 匹 1 丈 5 尺 3 寸。
[7]原书此处注：比洪武原额减 10433.7 石。
[8]原书此处注：比洪武原额增 776，口减 120184。
[9]原书此处注：比洪武原额增 1670 顷 68 亩 8 分零。
[10]原书此处注：比洪武原额增 4858 石。
[11]原书此处注：贰项绢共 5563 匹 2 丈 2 尺 9 寸 3 分 7 厘零，比洪武原额增 2421 匹 2 丈 2 尺 9 寸 3 分 7 厘。
[12]原书此处注：比洪武原额增 518.14 石。
[13]原书此处注：比洪武原额户增 12203，口增 173490。

[14]原书此处注：比洪武原额减 237 顷 61 亩 2 分。
[15]原书此处注：比洪武原额增 1173.05 石。
[16]原书此处注：比洪武原额增 1786.91 石。
[17]原书此处注：比洪武原额户增 896，口增 24915。
[18]原书此处注：比洪武原额增 7639 顷 41 亩 5 分零。
[19]原书此处注：比洪武原额增 549.66 石。
[20]原书此处注：比洪武原额增 5991.54 石。
[21]原书此处注：比洪武原额户减 2081，口增 305。

| | |
|---|---|
| 税钞(锭) | 7659.00 |
| **秋粮** | |
| 米(石) | 5068153.01 |
| 租钞(锭) | 24.00 |
| 又钞(贯) | 5408.00 |
| 山租钞(贯) | 265.00 |
| 牛租米(石) | 2.50 |
| 马草(包) | 5132946.00 |
| 人户(户) | 2069067.00 |
| 人口(口) | 10502651.00 |
| 户口盐钞银(两) | 40728.57 |
| 遇闰共加银(两) | 1978.28 |

### 甲表48　万历六年南直隶分府县田赋

| 应天府 | |
|---|---|
| 田土官民(亩) | 6940514.00[1] |
| **夏税** | |
| 小麦(石) | 11654.76[2] |
| 起运 | |
| 光禄寺小麦(石) | 408.00 |
| 每石折银(两) | 1.00 |
| 南京光禄寺小麦(石) | 161.00 |
| 麦稳(石) | 13.20 |
| 准小麦(石) | 1.32 |
| 南京孝陵神宫监小麦(石) | 45.00 |
| 南京酒醋面局小麦(石) | 500.00 |
| 麦稳(石) | 150.00 |
| 准小麦(石) | 15.00 |
| 南京各卫仓小麦(石) | 6000.00 |
| 派剩小麦(石)(解太仓银库) | 449.68 |
| 每石折银(两) | 1.00 |
| 以上共起运麦(石) | 7580.00 |
| 存留麦(石) | 4074.76 |
| 丝绵折绢(匹) | 1214.00[3] |
| 农桑丝折绢(匹) | 143.00[4] |
| 两项俱本色一半折色一半 | |
| 每匹折银(两) | 0.70[5] |
| **秋粮** | |

| | |
|---|---|
| 米(石) | 215159.84[6] |
| 起运 | |
| 南京孝陵神宫监芝麻(石) | 20.00 |
| 白熟糯米(石) | 50.00 |
| 准糙粳米(石) | 55.00 |
| 黄豆(石) | 200.00 |
| 准糙粳米(石) | 450.00 |
| 稻谷(石) | 400.00 |
| 准米(石) | 200.00 |
| 绿豆(石) | 60.00 |
| 南京酒醋面局绿豆(石) | 30.00 |
| 稻皮(石) | 200.00 |
| 准米(石) | 10.00 |
| 南京供用库黑豆(石) | 130.00 |
| 黄豆(石) | 20.00 |
| 南京牺牲所黄豆(石) | 200.00 |
| 南京光禄寺芝麻(石) | 60.00 |
| 稻谷(石) | 330.00 |
| 准米(石) | 165.00 |
| 黄豆(石) | 432.40 |
| 南京各卫仓米(石) | 11855.00 |
| 黑豆(石) | 2691.00 |
| 南京长安四门仓米(石) | 6000.00 |
| 漕运兑军米(石) | 100000.00 |
| 淮安仓改兑米(石) | 28000.00 |
| 派剩改拨淮安府仓米(石) | 5000.00 |
| 安庆府仓米(石) | 523.00 |
| 派剩米(石) | 22516.60 |
| 内改拨光禄寺米(石) | |
| (解太仓银库) | 3700.00 |
| 每石折银(两) | 0.70 |
| 余米(石)(解太仓银库) | 18816.60 |
| 每石折银(两) | 0.60 |
| 以上共起运米(石) | 178518.00 |
| 存留米(石) | 36641.84[7] |
| 马草(包) | 376458.00[8] |
| 起运 | |
| 京库草(包) | 307900.00 |
| 每包折银(两) | 0.03 |
| 南京户部定场草(包) | 57292.00 |

[1]原书此处注：比弘治减568顷94亩。
[2]原书此处注：比弘治增0.32石。
[3]原书此处注：比弘治减9尺。
[4]原书此处注："与弘治同。"
[5]原书此处注："起运南京库。"
[6]原书此处注："与弘治同。"
[7]原书此处注：内实征册比部派少203.19石。
[8]原书此处注："与弘治同。"

| | | | |
|---|---|---|---|
| 每包折银(两) | 0.018 | 夏税 | |
| 以上共起运草(包) | 365192.00 | 小麦（石） | 731.75 |
| 存留草(包) | 11266.00[1] | 起运麦(石) | 372.00 |
| 人户(户) | 143597.00 | 存留麦(石) | 359.75 |
| 人口(口) | 790513.00[2] | 丝绵折绢(匹) | 254.00 |
| 户口盐钞银(两) | 1857.19 | 秋粮 | |
| 遇闰加银(两)（存留） | 158.46 | 米(石) | 41801.24 |
| 上元县 | | 起运米(石) | 34428.47 |
| 夏税 | | 存留米(石) | 7372.77 |
| 小麦（石） | 1487.01 | 马草(包) | 68670.00 |
| 起运麦(石) | 979.50 | 起运草(包) | 66919.00 |
| 存留麦(石) | 507.51 | 存留草(包) | 1751.00 |
| 丝绵折绢(匹) | 211.00 | 户口盐钞银(两) | 463.50 |
| 农桑丝折绢(匹) | 23.00 | 遇闰加银(两) | 38.62 |
| 秋粮 | | 溧阳县 | |
| 米(石) | 27559.34 | 夏税 | |
| 起运米(石) | 22480.55 | 小麦（石） | 3520.22 |
| 存留米(石) | 5078.79 | 起运麦(石) | 2219.50 |
| 马草(包) | 53030.00 | 存留麦(石) | 1300.72 |
| 起运草(包) | 51650.00 | 丝绵折绢(匹) | 293.00 |
| 存留草(包) | 1380.00 | 农桑丝折绢(匹) | 37.00 |
| 户口盐钞银(两) | 419.04 | 秋粮 | |
| 遇闰加银(两) | 34.92 | 米(石) | 56751.95 |
| 江宁县 | | 起运米(石) | 47808.94 |
| 夏税 | | 存留米(石) | 8943.01 |
| 小麦（石） | 1924.27 | 马草(包) | 91602.00 |
| 起运麦(石) | 1293.50 | 起运草(包) | 89260.00 |
| 存留麦(石) | 630.77 | 存留草(包) | 2342.00 |
| 丝绵折绢(匹) | 84.00 | 户口盐钞银(两) | 422.28 |
| 农桑丝折绢(匹) | 15.00 | 遇闰加银(两) | 39.02 |
| 秋粮 | | 溧水县 | |
| 米(石) | 25828.16 | 夏税 | |
| 起运米(石) | 21006.06 | 小麦（石） | 724.80 |
| 存留米(石) | 4822.10 | 起运麦(石) | 460.50 |
| 马草(包) | 41011.00 | 存留麦(石) | 264.30 |
| 起运草(包) | 39947.00 | 丝绵折绢(匹) | 266.00 |
| 存留草(包) | 1064.00 | 农桑丝折绢(匹) | 2.00 |
| 户口盐钞银(两) | 201.83 | 秋粮 | |
| 遇闰加银(两) | 16.81 | 米(石) | 24437.22 |
| 句容县 | | 起运米(石) | 22148.57 |
| | | 存留米(石) | 2288.65 |
| | | 马草(包) | 57175.00 |
| | | 起运草(包) | 55686.00 |

---

[1]原书此处注：内实征册比部派少1591包。

[2]原书此处注：隆庆六年黄册数比弘治户减771，口增79510。

| | |
|---|---|
| 存留草（包） | 1489.00 |
| 户口盐钞银（两） | 209.52 |
| 遇闰加银（两） | 17.46 |
| **高淳县** | |
| **夏税** | |
| 小麦（石） | 1108.73 |
| 起运麦（石） | 703.00 |
| 存留麦（石） | 405.73 |
| 丝绵折绢（匹） | 104.00 |
| 农桑丝折绢（匹） | 1.00 |
| **秋粮** | |
| 米（石） | 29956.00 |
| 起运米（石） | 24634.32 |
| 存留米（石） | 5321.68 |
| 马草（包） | 40833.00 |
| 起运草（包） | 39768.00 |
| 存留草（包） | 1065.00 |
| 户口盐钞银（两） | 57.79 |
| 遇闰加银（两） | 4.76 |
| **江浦县** | |
| **夏税** | |
| 小麦（石） | 1726.23 |
| 起运麦（石） | 1241.00 |
| 存留麦（石） | 485.23 |
| 农桑丝折绢（匹） | 32.00 |
| **秋粮** | |
| 米（石） | 6475.27 |
| 起运米（石） | 4677.94 |
| 存留米（石） | 1797.33 |
| 马草（包） | 15555.00 |
| 起运草（包） | 15150.00 |
| 存留草（包） | 405.00 |
| 户口盐钞银（两） | 41.04 |
| 遇闰加银（两） | 3.42 |
| **六合县** | |
| **夏税** | |
| 小麦（石） | 431.73 |
| 起运麦（石） | 311.00 |
| 存留麦（石） | 120.73 |
| 农桑丝折绢（匹） | 30.00 |
| **秋粮** | |
| 米（石） | 2147.46 |
| 起运米（石） | 1333.15 |

| | |
|---|---|
| 存留米（石） | 814.31 |
| 马草（包） | 6989.00 |
| 起运草（包） | 6812.00 |
| 存留草（包） | 177.00 |
| 户口盐钞银（两） | 42.19 |
| 遇闰加银（两） | 3.43 |
| **苏州府** | |
| 田土官民（亩） | 9295950.50[1] |
| **夏税** | |
| 小麦（石） | 53665.43[2] |
| 起运 | |
| 京库小麦（石） | 30000.00 |
| 内改留崇明县支用小麦（石） | 10073.19 |
| 实解京库小麦（石） | 19926.80 |
| 每石折银（两） | 0.25 |
| 镇江府仓小麦（石） | 5000.00 |
| 凤阳府仓小麦（石） | 5700.00 |
| 南京各卫仓麦（石） | 10000.00 |
| 以上共起运麦（石） | 40626.80 |
| 存留麦（石） | 13038.62 |
| 税丝折绢（匹）（本色） | 12555.00[3] |
| 农桑丝折绢（匹） | |
| （本色一半折色一半） | 640.00[4] |
| 每匹折银（两） | 0.70[5] |
| 税丝（两）（存留） | 102478.04 |
| 税钞（锭）（存留） | 4392.00[6] |
| **秋粮** | |
| 米（石） | 2038894.74[7] |
| 起运 | |
| 京库米（石） | 764826.88 |
| 每石折银（两） | 0.25 |
| 兑军米（石） | 655000.00 |
| 淮安府仓改兑米（石） | 42000.00 |
| 光禄寺白熟粳米（石） | 15000.00 |
| 准糙粳米（石） | 16500.00 |
| 白熟糯米（石） | 2500.00 |

[1]原书此处注：比弘治减 62290 顷 47 亩 2 分 9 厘。
[2]原书此处注：比弘治增 1.51 石。
[3]原书此处注：起运京库，比弘治增 11858 匹。
[4]原书此处注：比弘治增 472 匹。
[5]原书此处注："起运南京库。"
[6]原书此处注：比弘治增 1125 锭 3 贯 157 文，贰项俱存留。
[7]原书此处注：比弘治增 571.59 石。

|  |  |
|---|---|
| 准糙粳米(石) | 2750.00 |
| 酒醋面局白熟糯米(石) | 3150.00 |
| 准糙粳米(石) | 3465.00 |
| 供用库白熟粳米(石) | 15900.00 |
| 准糙粳米(石) | 17490.00 |
| 内官监白熟粳米(石) | 4250.00 |
| 准糙粳米(石) | 4675.00 |
| 北京公侯驸马伯并公主岁支禄米(石) | 8516.00 |
| 内小麦(石) | 218.00 |
| 每石折银(两) | 0.40 |
| 内米(石) | 8298.00 |
| 每石折银(两) | 0.70 |
| 泾府养瞻禄白粳米(石) | 500.00 |
| 汝府养瞻禄白粳米(石) | 1000.00 |
| 景府养瞻禄白粳米(石) | 750.00 |
| 德府禄米(石) | 1000.00 |
| 内糙粳米(石) | 716.80 |
| 白熟粳米(石) | 283.20 |
| 准糙粳米(石) | 311.52 |
| 府部院寺等衙门并神乐观糙粳米(石)（本色8分折色2分） | 24491.00 |
| 每石折银(两) | 1.00 |
| 京库阔白棉布(匹) | 190000.00 |
| 准米(石) | 190000.00 |
| 内（匹） | 50000.00 |
| 每匹折银(两) | 0.30 |
| 余本色(匹) | 140000.00 |
| 南京酒醋面局白熟糯米(石) | 700.00 |
| 准糙粳米(石) | 770.00 |
| 南京光禄寺白熟粳米(石) | 68.00 |
| 准糙粳米(石) | 74.80 |
| 次等白熟粳米(石) | 6000.00 |
| 准糙粳米(石) | 6600.00 |
| 白熟糯米(石) | 127.00 |
| 准糙粳米(石) | 139.70 |
| 南京牺牲所绿豆(石) | 600.00 |
| 南京会同馆次等白粳米(石) | 225.00 |
| 准糙粳米(石) | 247.50 |
| 南京神乐观糙粳米(石)（本色一半折色一半） | 640.00 |
| 每石折银(两) | 0.60 |
| 南京公侯驸马伯府部院寺等衙门俸米(石) | 19692.00 |
| 禄米(石) | 4000.00 |
| 俱每石折银(两) | 0.70 |
| 南京各卫仓米(石) | 28757.00 |
| 凤阳府仓米(石) | 8000.00 |
| 每石折银(两) | 0.60 |
| 扬州府仓米(石) | 12185.00 |
| 愿纳折色者，每石折银(两) | 0.60 |
| 宗人府等衙门派剩米(石)（解太仓银库） | 35909.03 |
| 每石折银(两) | 0.70 |
| 以上共起运米(石) | 1850607.23 |
| 存留米(石) | 188287.50 |
| 马草(包) | 538414.00[1] |
| 起运 | |
| 京库草(包) | 350000.00 |
| 每包折银(两) | 0.03 |
| 南京内官监稻草(束)（本色） | 1000.00 |
| 南京户部定场草(包)（本色） | 160000.00 |
| 以上共起运草(包) | 511000.00 |
| 存留草(包) | 27414.00 |
| 人户(户) | 600755.00 |
| 人口(口) | 2011985.00[2] |
| 户口盐钞银(两) | 11197.44 |
| 起运银(两) | 5598.72 |
| 存留银(两) | 5598.72 |
| 吴县 | |
| 夏税 | |
| 小麦（石） | 3400.65 |
| 起运小麦(石) | 3400.19 |
| 存留麦(石) | 0.46 |
| 税丝折绢(匹) | 1339.00 |
| 农桑丝折绢(匹) | 205.00 |
| 税丝(两) | 10915.09 |
| 税钞(锭)（存留） | 284.00 |
| 秋粮 | |
| 米(石) | 130412.92 |
| 起运米(石) | 120156.43 |
| 存留米(石) | 10256.49 |
| 马草(包) | 31853.00 |

[1]原书此处注：比弘治增 605 包。
[2]原书此处注：比弘治户增 65346，口减 36112。

| | | | |
|---|---|---|---|
| 起运草(包) | 31846.00 | 存留麦(石) | 0.72 |
| 存留草(包) | 6.00 | 税丝折绢(匹) | 2409.00 |
| 户口盐钞银(两) | 1295.55 | 农桑丝折绢(匹) | 19.00 |
| 起运银(两) | 647.77 | 税丝(两) | 19887.29 |
| 存留银(两) | 647.77 | 税钞(锭) | 788.00 |
| **长洲县** | | **秋粮** | |
| **夏税** | | 米(石) | 300190.77 |
| 小麦（石） | 1898.43 | 起运米(石) | 272886.74 |
| 起运小麦(石) | 1898.10 | 存留米(石) | 27304.03 |
| 存留麦(石) | 0.33 | 马草(包) | 111083.00 |
| 税丝折绢(匹) | 2681.00 | 起运草(包) | 110639.00 |
| 农桑丝折绢(匹) | 113.00 | 存留草(包) | 444.00 |
| 税丝(两) | 21836.78 | 户口盐钞银(两) | 514.95 |
| 税钞（锭）（存留） | 756.00 | 起运银(两) | 257.47 |
| **秋粮** | | 存留银(两) | 257.47 |
| 米(石) | 412731.91 | **吴江县** | |
| 起运米(石) | 379158.10 | **夏税** | |
| 存留米(石) | 33573.80 | 小麦（石）（起运） | 2905.17 |
| 马草(包) | 78761.00 | 税丝折绢(匹) | 1735.00 |
| 起运草(包) | 68755.00 | 农桑丝折绢(匹) | 248.00 |
| 存留草(包) | 10006.00 | 税丝(两) | 14116.06 |
| 户口盐钞银(两) | 2629.51 | 税钞(锭) | 136.00 |
| 起运银(两) | 1314.75 | **秋粮** | |
| 存留银(两) | 1314.75 | 米(石) | 387710.81 |
| **昆山县** | | 起运米(石) | 359128.05 |
| **夏税** | | 存留米(石) | 28582.76 |
| 小麦（石）（起运） | 1511.36 | 马草(包)（起运） | 78908.00 |
| 税丝折绢(匹) | 1318.00 | 户口盐钞银(两) | 1266.82 |
| 农桑丝折绢(匹) | 9.00 | 起运银(两) | 633.41 |
| 税丝(两) | 11879.08 | 存留银(两) | 633.41 |
| 税钞（锭）（存留） | 351.00 | **嘉定县** | |
| **秋粮** | | **夏税** | |
| 米(石) | 293654.40 | 小麦（石）（起运） | 5176.63 |
| 起运米(石) | 269534.11 | 税丝折绢(匹) | 1679.00 |
| 存留米(石) | 24120.29 | 农桑丝折绢(匹) | 1.00 |
| 马草(包)（起运） | 67383.00 | 税丝(两) | 13941.30 |
| 户口盐钞银(两) | 577.55 | 税钞(锭) | 1844.00 |
| 起运银(两) | 288.77 | **秋粮** | |
| 存留银(两) | 288.77 | 米(石) | 284974.44 |
| **常熟县** | | 起运米(石) | 263068.37 |
| **夏税** | | 存留米(石) | 21906.07 |
| 小麦（石） | 4026.96 | 马草(包)（起运） | 82784.00 |
| 起运小麦(石) | 4026.23 | 户口盐钞银(两) | 2820.46 |

| | |
|---|---|
| 起运银(两) | 1410.23 |
| 存留银(两) | 1410.23 |
| **太仓州** | |
| **夏税** | |
| 小麦（石）（起运） | 21709.10 |
| 税丝折绢(匹) | 1394.00 |
| 农桑丝折绢(匹) | 7.00 |
| 税丝(两) | 9902.41 |
| 税钞(锭) | 230.00 |
| **秋粮** | |
| 米(石) | 204767.17 |
| 起运米(石) | 186675.40 |
| 存留米(石) | 18091.77 |
| 马草（包）（起运） | 58642.00 |
| 户口盐钞银(两) | 1862.70 |
| 起运银(两) | 931.35 |
| 存留银(两) | 931.35 |
| **崇明县** | |
| **夏税** | |
| 小麦（石）（存留） | 13037.10 |
| 农桑丝折绢(匹) | 34.00 |
| **秋粮** | |
| 米(石)（存留） | 24452.27 |
| 马草(包) | 28997.00 |
| 起运草(包) | 12039.00 |
| 存留草(包) | 16957.00 |
| 户口盐钞银(两) | 229.87 |
| 起运银(两) | 114.93 |
| 存留银(两) | 114.93 |
| **松江府** | |
| 田土官民（亩） | 4247703.30[1] |
| **夏税** | |
| 大小麦（石） | 92260.41[2] |
| 起运 | |
| 京库小麦(石) | 60000.00 |
| 每石折银(两) | 0.25 |
| 凤阳府仓小麦(石) | 12700.00 |
| 南京各卫仓小麦(石) | 15000.00 |
| 每石折银(两) | 0.40 |
| 以上共起运麦(石) | 87700.00 |
| 存留大小麦(石) | 4560.41 |

| | |
|---|---|
| 丝绵折绢(匹) | 697.00[3] |
| 农桑丝折绢(匹)（本色一半折色一半，起运南京库） | 179.00[4] |
| 每匹折银(两) | 0.70[5] |
| 税钞（锭）（存留） | 3267.00 |
| **秋粮** | |
| 米(石) | 939226.23[6] |
| 起运 | |
| 京库米(石) | 274687.26 |
| 每石折银(两) | 0.25 |
| 光禄寺白熟粳米(石) | 13600.00 |
| 准糙粳米(石) | 14960.00 |
| 白熟糯米(石) | 2200.00 |
| 准糙粳米(石) | 2420.00 |
| 酒醋面局白熟糯米(石) | 2100.00 |
| 准糙粳米(石) | 2310.00 |
| 供用库白熟粳米(石) | 17352.04 |
| 准糙粳米(石) | 19087.25 |
| 北京公侯驸马伯并公主岁支禄米(石) | 8535.00 |
| 内小麦(石) | 218.00 |
| 每石折银(两) | 0.70 |
| 余米（石） | 8317.00 |
| 每石折银(两) | 0.70 |
| 府部院寺等衙门并神乐观糙粳米(石)（本色八分折色二分） | 17857.00 |
| 每石折银(两) | 1.00 |
| 京库阔白三棱棉布(匹) | 33000.00 |
| 准米(石) | 66000.00 |
| 阔白棉布(匹) | 142000.00 |
| 准米(石) | 142000.00 |
| 内折色(匹) | 42226.00 |
| 每匹折银(两) | 0.30 |
| 内本色(匹) | 99774.00 |
| 南京光禄寺次等白粳米(石) | 6000.00 |
| 准糙粳米(石) | 6600.00 |
| 南京会同馆次等白粳米(石) | 225.00 |
| 准糙粳米(石) | 247.50 |
| 南京神乐观糙粳米(石) | 489.23 |

[1]原书此处注："比弘治减 4679 顷 58 亩 5 分 1 毫。"
[2]原书此处注："比弘治增 1.8 石。"
[3]原书此处注："与弘治同，存留。"
[4]原书此处注："比弘治增 12 匹 2 尺 9 寸 4 分。"
[5]原书此处注："起运南京库。"
[6]原书此处注："与弘治同。"

| | |
|---|---|
| 每石折银(两) | 0.60 |
| 南京公侯驸马伯并府部院寺等衙门 | |
| 俸米(石) | 12104.29 |
| 禄米(石) | 3000.00 |
| 俱每石折银(两) | 0.70 |
| 兑军米(石) | 203000.00 |
| 淮安仓改兑米(石) | 29950.00 |
| 徐州仓米(石) | 15000.00 |
| 扬州府仓米(石) | 15000.00 |
| 愿纳折色者，每石折银(两) | 0.60 |
| 南京各卫仓米(石) | 9466.00 |
| 宗人府等衙门派剩米(石) | |
| （解太仓银库） | 26853.38 |
| 每石折银(两) | 0.70 |
| 以上共起运米(石) | 869566.92 |
| 存留米(石) | 69659.31 |
| 马草(包) | 316251.00[1] |
| 起运 | |
| 京库草(包) | 220000.00 |
| 每包折银(两) | 0.03 |
| 南京户部定场草(包)（本色） | 63000.00 |
| 以上共起运草(包) | 283000.00 |
| 存留草(包) | 33251.00 |
| 人户(户) | 218359.00 |
| 人口(口) | 484414.00[2] |
| 户口盐钞银(两) | 1907.48 |
| 起运银(两) | 774.05 |
| 存留银(两) | 1133.43 |
| 华亭县 | |
| 夏税 | |
| 大小麦（石） | 45354.70 |
| 起运麦(石) | 43050.00 |
| 存留麦(石) | 2304.70 |
| 丝绵折绢(匹) | 340.00 |
| 农桑丝折绢(匹) | 88.00 |
| 税钞(锭) | 1550.00 |
| 秋粮 | |
| 米(石) | 463465.19 |
| 起运米(石) | 426247.79 |
| 存留米(石) | 37217.40 |
| 马草(包) | 155800.00 |

| | |
|---|---|
| 起运草(包) | 140000.00 |
| 存留草(包) | 15800.00 |
| 户口盐钞银(两) | 863.00 |
| 起运银(两) | 323.00 |
| 存留银(两) | 540.00 |
| 上海县 | |
| 夏税 | |
| 大小麦（石） | 29849.83 |
| 起运麦(石) | 28100.00 |
| 存留麦(石) | 1749.83 |
| 丝绵折绢(匹) | 250.00 |
| 农桑丝折绢(匹) | 58.00 |
| 税钞(锭) | 1065.00 |
| 秋粮 | |
| 米(石) | 302347.56 |
| 起运米(石) | 282316.24 |
| 存留米(石) | 20031.32 |
| 马草(包) | 102300.00 |
| 起运草(包) | 91400.00 |
| 存留草(包) | 10900.00 |
| 户口盐钞银(两) | 669.48 |
| 起运银(两) | 270.05 |
| 存留银(两) | 399.43 |
| 青浦县 | |
| 夏税 | |
| 大小麦（石） | 17055.88 |
| 起运麦(石) | 16550.00 |
| 存留麦(石) | 505.88 |
| 丝绵折绢(匹) | 107.00 |
| 农桑丝折绢(匹) | 33.00 |
| 税钞(锭) | 652.00 |
| 秋粮 | |
| 米(石) | 173413.47 |
| 起运米(石) | 161002.88 |
| 存留米(石) | 12410.59 |
| 马草(包) | 58151.00 |
| 起运草(包) | 51600.00 |
| 存留草(包) | 6551.00 |
| 户口盐钞银(两) | 375.00 |
| 起运银(两) | 181.00 |
| 存留银(两) | 194.00 |
| 常州府 | |

[1]原书此处注：比弘治增 26 包。

[2]原书此处注：比弘治户增 17839，口减 142899。

| | |
|---|---|
| 田土官民（亩） | 6425595.10[1] |
| **夏税** | |
| 小麦（石） | 154393.38[2] |
| 起运 | |
| 京库小麦（石） | 90000.00 |
| 每石折银（两） | 0.25 |
| 凤阳府仓小麦(石) | 15500.00 |
| 扬州府仓小麦(石) | 4000.00 |
| 俱每石折银（两） | 0.40 |
| 淮安府仓小麦（石）（本色） | 7000.00 |
| 镇江府仓小麦（石）（本色） | 5000.00 |
| 寿州仓小麦（石）（本色） | 10000.00 |
| 亳州仓小麦（石）（本色） | 10000.00 |
| 愿纳折色者，每石折银（两） | 0.40 |
| 南京山川坛籍田祠祭署 | |
| 小麦（石）（本色） | 160.00 |
| 南京各卫仓小麦（石） | 10000.00 |
| 每石折银（两） | 0.40 |
| 以上共起运麦（石） | 151660.00 |
| 存留麦（石） | 2733.38 |
| 丝绵折绢（匹） | 1573.00[3] |
| 农桑丝折绢（匹） | 324.00[4] |
| 俱每匹折银（两） | 0.70[5] |
| 麻布（匹） | 2077.00[6] |
| **秋粮** | |
| 米（石） | 606954.03[7] |
| 起运 | |
| 京库米（石） | 253934.50 |
| 每石折银（两） | 0.25 |
| 光禄寺白熟粳米（石） | 5400.00 |
| 准糙粳米（石） | 5940.00 |
| 白熟糯米（石） | 800.00 |
| 准糙粳米（石） | 880.00 |
| 供用库白熟粳米（石） | 17200.00 |
| 准糙粳米（石） | 18920.00 |
| 内官监白熟细粳米（石） | 1700.00 |
| 准糙粳米（石） | 1870.00 |

| | |
|---|---|
| 白熟粳米（石） | 6875.00 |
| 准糙粳米（石） | 7562.50 |
| 牺牲所糯稻谷(石) | 250.00 |
| 准米（石） | 125.00 |
| 景府白粳米（石） | 750.00 |
| 泾府白粳米（石） | 500.00 |
| 北京公侯驸马伯并公主岁支禄米（石） | 7119.00 |
| 内小麦(石) | 164.00 |
| 每石折银（两） | 0.40 |
| 内米(石) | 6955.00 |
| 每石折银（两） | 0.70 |
| 府部院寺等衙门米(石) | |
| （本色8分折色2分） | 8230.00 |
| 每石折银（两） | 1.00 |
| 南京库阔白棉布（匹） | 50000.00 |
| 准米(石) | 50000.00 |
| 内折色（匹） | 10000.00 |
| 每匹折银（两） | 0.30 |
| 内本色（匹） | 40000.00 |
| 南京内官监白熟细粳米（石） | 44.00 |
| 准糙粳米（石）（本色） | 48.40 |
| 南京光禄寺次等白粳米（石） | 5000.00 |
| 准糙粳米（石）（本色） | 5500.00 |
| 南京长安四门仓糙粳米（石）（本色） | 4000.00 |
| 南京国子监糙粳米（石） | 1000.00 |
| 每石折银（两） | 0.70 |
| 白熟粳米（石） | 1000.00 |
| 准糙粳米（石）（本色） | 1100.00 |
| 黄豆（石）（本色） | 100.00 |
| 南京公侯驸马伯府部院寺等衙门俸米(石) | 11724.70 |
| 禄米(石) | 3000.00 |
| 俱每石折银（两） | 0.70 |
| 兑军米（石） | 175000.00 |
| 扬州府仓米(石) | 10000.00 |
| 愿纳折色者，每石折银（两） | 0.60 |
| 南京各卫仓米（石） | 1649.00 |
| 宗人府等衙门派剩米(石)（解太仓银库） | 24918.06 |
| 每石折银（两） | 0.70 |
| 以上共起运米（石） | 593871.16 |
| 存留米（石） | 13082.86 |

[1] 原书此处注：比弘治增 2478 顷 19 亩 6 分 3 毫。
[2] 原书此处注：比弘治增 6.23 石。
[3] 原书此处注："与弘治同。"
[4] 原书此处注："与弘治同。"
[5] 原书此处注："起运京库。"
[6] 原书此处注："与弘治同，起运南京库。"
[7] 原书此处注："与弘治同。"

| | | | | |
|---|---|---|---|---|
| 租钞（锭） | 24.00[1] | 存留草（包） | | 3853.00 |
| 马草（包） | 714369.00[2] | 户口盐钞银（两） | | 701.15 |
| 起运 | | **江阴县** | | |
| 京库草（包） | 531080.00 | 夏税 | | |
| 每包折银（两） | 0.03 | 小麦（石） | | 26594.78 |
| 南京供用库细稻草（包） | 4320.00 | 起运麦（石） | | 26126.31 |
| 南京酒醋面局细稻草（包） | 2520.00 | 存留麦（石） | | 468.47 |
| 南京户部定场草（包） | 152080.00 | 农桑丝折绢（匹） | | 262.00 |
| 以上共起运草（包） | 690000.00 | 秋粮 | | |
| 存留草（包） | 24369.00 | 米（石） | | 100410.75 |
| 人户（户） | 254460.00 | 起运米（石） | | 98069.65 |
| 人口（口） | 1002779.00[3] | 存留米（石） | | 2341.09 |
| 户口盐钞银（两）（起运） | 3465.35 | 租钞（锭） | | 16.00 |
| **武进县** | | 马草（包） | | 152082.00 |
| 夏税 | | 起运草（包） | | 149740.00 |
| 小麦（石） | 52722.83 | 存留草（包） | | 2342.00 |
| 起运麦（石） | 51913.87 | 户口盐钞银（两） | | 748.80 |
| 存留麦（石） | 808.96 | **宜兴县** | | |
| 农桑丝折绢（匹） | 41 | 夏税 | | |
| 秋粮 | | 小麦（石） | | 22774.39 |
| 米（石） | 172098.14 | 起运麦（石） | | 22096.85 |
| 起运米（石） | 168214.04 | 存留麦（石） | | 677.54 |
| 存留米（石） | 3884.09 | 丝绵折绢（匹） | | 1573.00 |
| 马草（包） | 202747.00 | 农桑丝折绢（匹） | | 15.00 |
| 起运草（包） | 199878.00 | 麻布（匹） | | 2077.00 |
| 存留草（包） | 2869.00 | 秋粮 | | |
| 户口盐钞银（两） | 1251.10 | 米（石） | | 161830.48 |
| **无锡县** | | 起运米（石） | | 158795.11 |
| 夏税 | | 存留米（石） | | 3035.37 |
| 小麦（石） | 37368.95 | 马草（包） | | 167733.00 |
| 起运麦（石） | 36730.02 | 起运草（包） | | 165055.00 |
| 存留麦（石） | 638.92 | 存留草（包） | | 2678.00 |
| 农桑丝折绢（匹） | 4.00 | 户口盐钞银（两） | | 666.62 |
| 秋粮 | | **靖江县** | | |
| 米（石） | 144808.75 | 夏税 | | |
| 起运米（石） | 141925.32 | 小麦（石） | | 14932.41 |
| 存留米（石） | 2883.43 | 起运麦（石） | | 14792.94 |
| 租钞（锭） | 7.00 | 存留麦（石） | | 139.47 |
| 马草（包） | 153608.00 | 秋粮 | | |
| 起运草（包） | 149755.00 | 米（石） | | 27805.89 |
| | | 起运米（石） | | 26867.02 |
| | | 存留米（石） | | 938.86 |
| | | 租钞（贯） | | 30文 |

[1]原书此处注："与弘治同，存留。"
[2]原书此处注：比弘治增 26 包。
[3]原书此处注：比弘治户增 204339，口增 774416。

| | | | | |
|---|---|---|---|---|
| 马草(包) | 38197.00 | 南京户部定场草(包) | 37000.00 |
| 起运草(包) | 25572.00 | 以上共起运草(包) | 108000.00 |
| 存留草(包) | 12625.00 | 存留草(包) | 12784.00[9] |
| 户口盐钞银(两) | 97.67 | 人户(户) | 69039.00 |
| **镇江府** | | 人口(口) | 165589.00[10] |
| 田土官民（亩） | 3381713.80[1] | 户口盐钞银(两) | 496.73 |
| **夏税** | | 起运银(两) | 305.05 |
| 小麦（石） | 54958.75[2] | 存留银(两) | 191.67 |
| 起运 | | **丹徒县** | |
| 淮安府仓小麦(石) | 4000.00 | **夏税** | |
| 凤阳府仓小麦(石) | 9955.00 | 小麦（石） | 32214.39 |
| 派剩小麦(石)（解太仓银库） | 395.00 | 起运麦(石) | 8412.00 |
| 每石折银(两) | 1.00 | 存留麦(石) | 23802.39 |
| 以上共起运麦(石) | 14350.00 | 丝绵折绢(匹) | 97.00 |
| 存留麦(石) | 40608.75[3] | 农桑丝折绢(匹) | 4.00 |
| 丝绵折绢(匹) | 205.00[4] | **秋粮** | |
| 农桑丝折绢(匹) | 13.00[5] | 米(石) | 60643.24 |
| 俱每匹折银(两) | 0.70[6] | 起运米(石) | 53419.00 |
| **秋粮** | | 存留米(石) | 7224.24 |
| 米(石) | 143252.25[7] | 马草(包) | 51924.00 |
| 起运 | | 起运草(包) | 46392.00 |
| 兑军米(石) | 80000.00 | 存留草(包) | 5532.00 |
| 徐州仓改兑米(石) | 12000.00 | 户口盐钞银(两) | 130.65 |
| 淮安仓改兑米(石) | 10000.00 | 起运银(两) | 80.40 |
| 扬州府仓米(石) | 10000.00 | 存留银(两) | 50.25 |
| 愿纳折色者，每石折银(两) | 0.60 | **丹阳县** | |
| 南京各卫仓米(石) | 4925.00 | **夏税** | |
| 派剩米(石)（解太仓银库） | 75.00 | 小麦（石） | 11940.58 |
| 每石折银(两) | 0.60 | 起运麦(石) | 3364.80 |
| 以上共起运米(石) | 117000.00 | 存留麦(石) | 8575.78 |
| 存留米(石) | 26252.25 | 丝绵折绢(匹) | 88.00 |
| 马草(包) | 120784.00[8] | 农桑丝折绢(匹) | 2.00 |
| 起运 | | **秋粮** | |
| 京库草(包) | 71000.00 | 米(石) | 31049.81 |
| 每包折银(两) | 0.03 | 起运米(石) | 28962.00 |
| | | 存留米(石) | 2087.81 |
| | | 马草(包) | 30024.00 |
| | | 起运草(包) | 26998.00 |
| | | 存留草(包) | 3026.00 |
| | | 户口盐钞银(两) | 194.12 |
| | | 起运银(两) | 118.84 |

[1]原书此处注：比弘治增 1094 顷 78 亩 7 分。
[2]原书此处注："与弘治同。"
[3]原书此处注：内府册比部派少 947.83 石。
[4]原书此处注："与弘治同。"
[5]原书此处注："与弘治同。"
[6]原书此处注："起运京库。"
[7]原书此处注：比弘治增 8375.68 石。
[8]原书此处注："与弘治同。"

[9]原书此处注：内府册比部派少 1114 包。
[10]原书此处注：比弘治户增 695，口减 5919。

| | |
|---|---|
| 存留银（两） | 75.28 |

| 金坛县 | |
|---|---|
| **夏税** | |
| 小麦（石） | 9855.94 |
| 起运麦（石） | 2573.02 |
| 存留麦（石） | 7282.74 |
| 丝绵折绢（匹） | 20.00 |
| 农桑丝折绢（匹） | 7.00 |
| **秋粮** | |
| 米（石） | 51559.20 |
| 起运米（石） | 34619.00 |
| 存留米（石） | 16940.20 |
| 马草（包） | 37722.00 |
| 起运草（包） | 34610.00 |
| 存留草（包） | 3112.00 |
| 户口盐钞银（两） | 171.95 |
| 起运银（两） | 105.81 |
| 存留银（两） | 66.13 |

| 庐州府 | |
|---|---|
| 田土官民（亩） | 6838911.00[1] |
| **夏税** | |
| 小麦（石） | 9885.13[2] |
| 起运 | |
| 光禄寺小麦（石） | 1390.00 |
| 凤阳府仓小麦(石)（内六安霍山俱本色，巢县英山俱折色） | 2000.00 |
| 扬州府仓小麦（石） | 401.00 |
| 每石折银（两） | 0.40 |
| 派剩小麦(石)（解太仓银库） | 209.00 |
| 每石折银（两） | 1.00 |
| 以上共起运麦（石） | 4000.00 |
| 存留麦（石） | 5885.13 |
| 农桑丝折绢（匹） | 687.00[3] |
| 每匹折银（两） | 0.70 |
| **秋粮** | |
| 米（石） | 67045.52[4] |
| 起运 | |
| 兑军米（石） | 10000.00 |
| 凤阳府仓米(石)（内六安霍山俱本 | 25000.00 |

| 色，巢县英山俱折色） | |
|---|---|
| 每石折银（两） | 0.60 |
| 以上共起运米（石） | 35000.00 |
| 存留米（石） | 32045.52 |
| 马草（包） | 98337.00[5] |
| 起运 | |
| 京库草（包） | 50000.00 |
| 每包折银（两） | 0.03 |
| 南京户部定场草（包）（本色） | 30000.00 |
| 以上共起运草（包） | 80000.00 |
| 存留草（包） | 18337.00 |
| 人户（户） | 47373.00 |
| 人口（口） | 622698.00[6] |
| 户口盐钞银（两） | 1381.46 |
| 起运银（两） | 740.79 |
| 存留银（两） | 640.67 |
| 遇闰共加银（两） | 115.17 |

| 合肥县 | |
|---|---|
| **夏税** | |
| 小麦（石） | 3376.68 |
| 起运麦（石） | 1350.00 |
| 存留麦（石） | 2026.68 |
| 农桑丝折绢（匹） | 221.00 |
| **秋粮** | |
| 米（石） | 17194.50 |
| 起运米（石） | 8900.00 |
| 存留米（石） | 8294.50 |
| 马草（包） | 28951.00 |
| 起运草（包） | 23600.00 |
| 存留草（包） | 5351.00 |
| 户口盐钞银（两） | 345.10 |
| 起运银（两） | 184.93 |
| 存留银（两） | 160.16 |
| 遇闰共加银（两） | 28.81 |

| 庐江县 | |
|---|---|
| **夏税** | |
| 小麦（石） | 515.65 |
| 起运麦（石） | 240.00 |
| 存留麦（石） | 275.65 |
| 农桑丝折绢（匹） | 49.00 |
| **秋粮** | |

[1] 原书此处注：比弘治增42958顷65亩1分。
[2] 原书此处注：比弘治户增12.98石。
[3] 原书此处注：比弘治户2寸9分，起运京库。
[4] 原书此处注：比弘治户增208.31石。

[5] 原书此处注：比弘治户增562包12斤1两。
[6] 原书此处注：比弘治户增18025，口增136149。

| | |
|---|---|
| 米(石) | 6660.36 |
| 起运米(石) | 3500.00 |
| 存留米(石) | 3160.36 |
| 马草(包) | 12632.00 |
| 起运草(包) | 10200.00 |
| 存留草(包) | 2432.00 |
| 户口盐钞银(两) | 146.32 |
| 起运银(两) | 78.48 |
| 存留银(两) | 67.83 |
| 遇闰共加银(两) | 12.19 |

### 舒城县

| | |
|---|---|
| **夏税** | |
| 小麦（石） | 936.88 |
| 起运麦(石) | 400.00 |
| 存留麦(石) | 536.88 |
| 农桑丝折绢(匹) | 62.00 |
| **秋粮** | |
| 米(石) | 6678.84 |
| 起运米(石) | 3500.00 |
| 存留米(石) | 3178.84 |
| 马草(包) | 11102.00 |
| 起运草(包) | 9000.00 |
| 存留草(包) | 2102.00 |
| 户口盐钞银(两) | 134.72 |
| 起运银(两) | 72.26 |
| 存留银(两) | 62.45 |
| 遇闰共加银(两) | 11.22 |

### 无为州

| | |
|---|---|
| **夏税** | |
| 小麦（石） | 1146.54 |
| 起运麦(石) | 360.00 |
| 存留麦(石) | 786.54 |
| 农桑丝折绢(匹) | 181.00 |
| **秋粮** | |
| 米(石) | 14842.22 |
| 起运米(石) | 7600.00 |
| 存留米(石) | 7242.22 |
| 马草(包) | 17775.00 |
| 起运草(包) | 12500.00 |
| 存留草(包) | 5275.00 |
| 户口盐钞银(两) | 265.56 |
| 起运银(两) | 142.39 |
| 存留银(两) | 123.16 |

| | |
|---|---|
| 遇闰共加银(两) | 22.13 |

### 巢县

| | |
|---|---|
| **夏税** | |
| 小麦（石） | 614.98 |
| 起运麦(石) | 230.00 |
| 存留麦(石) | 384.98 |
| 农桑丝折绢(匹) | 62.00 |
| **秋粮** | |
| 米(石) | 5505.48 |
| 起运米(石) | 2800.00 |
| 存留米(石) | 2705.48 |
| 马草(包) | 8803.00 |
| 起运草(包) | 6200.00 |
| 存留草(包) | 2603.00 |
| 户口盐钞银(两) | 156.68 |
| 起运银(两) | 84.04 |
| 存留银(两) | 72.64 |
| 遇闰共加银(两) | 13.05 |

### 六安州

| | |
|---|---|
| **夏税** | |
| 小麦（石） | 2045.21 |
| 起运麦(石) | 1000.00 |
| 存留麦(石) | 1045.21 |
| 农桑丝折绢(匹) | 36.00 |
| **秋粮** | |
| 米(石) | 7974.89 |
| 起运米(石) | 4450.00 |
| 存留米(石) | 3524.89 |
| 马草(包) | 10486.00 |
| 起运草(包) | 10200.00 |
| 存留草(包) | 286.00 |
| 户口盐钞银(两) | 202.88 |
| 起运银(两) | 108.83 |
| 存留银(两) | 94.05 |
| 遇闰共加银(两) | 16.90 |

### 英山县

| | |
|---|---|
| **夏税** | |
| 小麦（石） | 619.68 |
| 起运麦(石) | 220.00 |
| 存留麦(石) | 399.68 |
| 农桑丝折绢(匹) | 52.00 |
| **秋粮** | |
| 米(石) | 5765.13 |

| | | | | |
|---|---|---|---|---|
| 起运米(石) | 2900.00 | 税丝折绢(匹) | 1380.00[4] |
| 存留米(石) | 2865.13 | 农桑丝折绢(匹) | 1035.00[5] |
| 马草(包) | 5817.00 | 俱每匹折银(两) | 0.70[6] |
| 起运草(包) | 5700.00 | **秋粮** | |
| 存留草(包) | 117.00 | 米(石) | 113503.02[7] |
| 户口盐钞银(两) | 42.84 | 起运 | |
| 起运银(两) | 22.98 | 兑军米(石) | 30000.00 |
| 存留银(两) | 19.86 | 徐州仓改兑米(石) | 30300.00 |
| 遇闰共加银(两) | 3.56 | 以上共起运米(石) | 60300.00 |
| **霍山县** | | 存留米(石) | 53203.02[8] |
| **夏税** | | 马草(包) | 234293.00 |
| 小麦(石) | 629.46 | 起运 | |
| 起运麦(石) | 200.00 | 京库草(包) | 118000.00 |
| 存留麦(石) | 429.46 | 每包折银(两) | 0.03 |
| 农桑丝折绢(匹) | 21.00 | 南京户部定场草(包)(本色) | 90000.00 |
| **秋粮** | | 以上共起运草(包) | 208000.00 |
| 米(石) | 2424.06 | 存留草(包) | 26293.00[9] |
| 起运米(石) | 1350.00 | 人户(户) | 111070.00 |
| 存留米(石) | 1074.06 | 人口(口) | 1203349.00[10] |
| 马草(包) | 2768.00 | 户口盐钞银(两) | 4404.06 |
| 起运草(包) | 2600.00 | 起运银(两) | 1868.39 |
| 存留草(包) | 168.00 | 存留银(两) | 2535.67 |
| 户口盐钞银(两) | 87.33 | 遇闰共加银(两) | 369.98 |
| 起运银(两) | 46.84 | **凤阳县** | |
| 存留银(两) | 40.48 | **夏税** | |
| 遇闰共加银(两) | 7.27 | 小麦(石) | 3226.90 |
| **凤阳府** | | 起运麦(石) | 2636.85 |
| 田土官民(亩) | 6019196.70[1] | 存留麦(石) | 590.05 |
| **夏税** | | 农桑丝折绢(匹) | 9.00 |
| 小麦(石) | 99837.26[2] | **秋粮** | |
| 起运 | | 米(石) | 6626.46 |
| 光禄寺小麦(石) | 1680.00 | 起运米(石) | 1556.00 |
| 每石折银(两) | 1.00 | 存留米(石) | 5070.46 |
| 徐州仓小麦(石)(本色) | 10000.00 | 马草(包) | 11728.00 |
| 本府定仓小麦(石)(本色) | 7600.00 | 起运草(包) | 10138.00 |
| 派剩小麦(石) (解太仓银库) | 720.00 | 存留草(包) | 1590.00 |
| 每石折银(两) | 1.00 | | |
| 以上共起运麦(石) | 20000.00 | | |
| 存留麦(石) | 79837.26[3] | | |

---

[1]原书此处注："比弘治减1070顷70亩。"
[2]原书此处注："比弘治增478.49石。"
[3]原书此处注："内巡抚册开比部派少599.44石。"

---

[4]原书此处注："与弘治同。"
[5]原书此处注："与弘治同。"
[6]原书此处注："起运京库。"
[7]原书此处注："比弘治减5.63石。"
[8]原书此处注："内巡抚册开比部派少5.63石。"
[9]原书此处注："内巡抚册开比部派少143包。"
[10]原书此处注："隆庆六年黄册数比弘治户增16060，口增272241。

| | |
|---|---|
| 户口盐钞银(两) | 151.22 |
| 起运银(两) | 62.27 |
| 存留银(两) | 88.95 |
| 遇闰共加银(两) | 12.60 |

| 临淮县 | |
|---|---|
| **夏税** | |
| 小麦（石） | 2277.59 |
| 起运麦(石) | 1784.17 |
| 存留麦(石) | 493.42 |
| 农桑丝折绢(匹) | 11.00 |
| **秋粮** | |
| 米(石) | 5588.92 |
| 起运米(石) | 2705.00 |
| 存留米(石) | 2883.92 |
| 马草(包) | 9752.00 |
| 起运草(包) | 9152.00 |
| 存留草(包) | 599.00 |
| 户口盐钞银(两) | 163.61 |
| 起运银(两) | 66.39 |
| 存留银(两) | 97.22 |
| 遇闰共加银(两) | 16.28 |

| 怀远县 | |
|---|---|
| **夏税** | |
| 小麦（石） | 4963.47 |
| 起运麦(石) | 405.05 |
| 存留麦(石) | 4558.42 |
| 农桑丝折绢(匹) | 19.00 |
| **秋粮** | |
| 米(石) | 9724.66 |
| 起运米(石) | 4261.30 |
| 存留米(石) | 5463.36 |
| 马草(包) | 17039.00 |
| 起运草(包) | 16039.00 |
| 存留草(包) | 1000.00 |
| 户口盐钞银(两) | 394.98 |
| 起运银(两) | 160.28 |
| 存留银(两) | 234.70 |
| 遇闰共加银(两) | 32.91 |

| 定远县 | |
|---|---|
| **夏税** | |
| 小麦（石） | 3582.72 |
| 起运麦(石) | 681.37 |
| 存留麦(石) | 2901.35 |

| | |
|---|---|
| 农桑丝折绢(匹) | 20.00 |
| **秋粮** | |
| 米(石) | 5780.61 |
| 起运米(石) | 4156.10 |
| 存留米(石) | 1624.51 |
| 马草(包)（起运） | 7847.00 |
| 户口盐钞银(两) | 210.22 |
| 起运银(两) | 83.69 |
| 存留银(两) | 126.53 |
| 遇闰共加银(两) | 16.43 |

| 五河县 | |
|---|---|
| **夏税** | |
| 小麦（石） | 2629.67 |
| 起运麦(石) | 227.89 |
| 存留麦(石) | 2401.77 |
| 农桑丝折绢(匹) | 72.00 |
| **秋粮** | |
| 米(石) | 4380.46 |
| 起运米(石) | 1000.00 |
| 存留米(石) | 3380.46 |
| 马草(包)（起运） | 6887.00 |
| 户口盐钞银(两) | 102.25 |
| 起运银(两) | 41.49 |
| 存留银(两) | 60.76 |
| 遇闰共加银(两) | 3.40 |

| 虹县 | |
|---|---|
| **夏税** | |
| 小麦（石） | 7964.24 |
| 起运麦(石) | 112.90 |
| 存留麦(石) | 7851.33 |
| 农桑丝折绢(匹) | 118.00 |
| **秋粮** | |
| 米(石) | 3470.39 |
| 起运米(石) | 1459.00 |
| 存留米(石) | 2011.39 |
| 马草(包)（起运） | 6460.00 |
| 户口盐钞银(两) | 234.22 |
| 起运银(两) | 95.04 |
| 存留银(两) | 139.17 |
| 遇闰共加银(两) | 19.51 |

| 寿州 | |
|---|---|
| **夏税** | |
| 小麦（石） | 4766.39 |

| | |
|---|---|
| 起运麦(石) | 1207.53 |
| 存留麦(石) | 3558.86 |
| 农桑丝折绢(匹) | 76.00 |
| **秋粮** | |
| 米(石) | 4762.61 |
| 起运米(石) | 2851.75 |
| 存留米(石) | 1910.86 |
| 马草(包)(起运) | 28458.00 |
| 户口盐钞银(两) | 663.65 |
| 起运银(两) | 269.31 |
| 存留银(两) | 394.33 |
| 遇闰共加银(两) | 55.30 |
| **霍丘县** | |
| **夏税** | |
| 小麦（石） | 1376.89 |
| 起运麦(石) | 79.91 |
| 存留麦(石) | 1296.98 |
| 农桑丝折绢(匹) | 19.00 |
| **秋粮** | |
| 米(石) | 3643.21 |
| 起运米(石) | 2800.15 |
| 存留米(石) | 843.06 |
| 马草(包)(起运) | 14330.00 |
| 户口盐钞银(两) | 354.21 |
| 起运银(两) | 144.21 |
| 存留银(两) | 210.00 |
| 遇闰共加银(两) | 34.23 |
| **蒙城县** | |
| **夏税** | |
| 小麦（石） | 2469.26 |
| 起运麦(石) | 852.86 |
| 存留麦(石) | 1616.40 |
| 农桑丝折绢(匹) | 56.00 |
| **秋粮** | |
| 米(石) | 764.00 |
| 起运米(石) | 598.00 |
| 存留米(石) | 166.00 |
| 马草(包)(起运) | 4508.00 |
| 户口盐钞银(两) | 152.72 |
| 起运银(两) | 61.97 |
| 存留银(两) | 90.75 |
| 遇闰共加银(两) | 13.62 |
| **泗州** | |

| | |
|---|---|
| **夏税** | |
| 小麦（石） | 15133.04 |
| 起运麦(石) | 2120.19 |
| 存留麦(石) | 13012.84 |
| 农桑丝折绢(匹) | 52.00 |
| **秋粮** | |
| 米(石) | 17184.82 |
| 起运米(石) | 8570.31 |
| 存留米(石) | 8614.51 |
| 马草(包) | 31070.00 |
| 起运草(包) | 16012.00 |
| 存留草(包) | 15058.00 |
| 户口盐钞银(两) | 137.58 |
| 遇闰加银(两)（起运） | 11.46 |
| **盱眙县** | |
| **夏税** | |
| 小麦（石） | 4591.99 |
| 起运麦(石) | 56.00 |
| 存留麦(石) | 4535.99 |
| 农桑丝折绢(匹) | 38.00 |
| **秋粮** | |
| 米(石) | 4685.16 |
| 起运米(石) | 2910.85 |
| 存留米(石) | 1774.31 |
| 马草(包)(起运) | 7646.00 |
| 户口盐钞银(两) | 144.57 |
| 起运银(两) | 58.67 |
| 存留银(两) | 85.90 |
| 遇闰共加银(两) | 12.04 |
| **天长县** | |
| **夏税** | |
| 小麦（石） | 780.65 |
| 起运麦(石) | 50.00 |
| 存留麦(石) | 730.65 |
| 农桑丝折绢(匹) | 12.00 |
| **秋粮** | |
| 米(石) | 2122.20 |
| 起运米(石) | 1830.64 |
| 存留米(石) | 291.56 |
| 马草(包)(起运) | 6142.00 |
| 户口盐钞银(两) | 81.23 |
| 起运银(两) | 32.31 |
| 存留银(两) | 48.92 |

| | |
|---|---|
| 遇闰共加银(两) | 6.77 |

<table>
<tr><td colspan="2" align="center">宿州</td></tr>
</table>

| | |
|---|---|
| **夏税** | |
| 小麦（石） | 20948.52 |
| 起运麦(石) | 8344.62 |
| 存留麦(石) | 12603.89 |
| 税丝折绢(匹) | 799.00 |
| 农桑丝折绢(匹) | 292.00 |
| **秋粮** | |
| 米(石) | 17389.42 |
| 起运米(石) | 10743.00 |
| 存留米(石) | 6646.42 |
| 马草(包)（起运） | 31648.00 |
| 户口盐钞银(两) | 448.98 |
| 起运银(两) | 182.19 |
| 存留银(两) | 266.78 |
| 遇闰共加银(两) | 37.37 |

<table>
<tr><td colspan="2" align="center">灵璧县</td></tr>
</table>

| | |
|---|---|
| **夏税** | |
| 小麦（石） | 12708.49 |
| 起运麦(石) | 420.94 |
| 存留麦(石) | 12287.54 |
| 税丝折绢(匹) | 546.00 |
| 农桑丝折绢(匹) | 111.00 |
| **秋粮** | |
| 米(石) | 15989.71 |
| 起运米(石) | 5943.05 |
| 存留米(石) | 10046.66 |
| 马草(包) | 28967.00 |
| 起运草(包) | 21067.00 |
| 存留草(包) | 7900.00 |
| 户口盐钞银(两) | 240.27 |
| 起运银(两) | 97.02 |
| 存留银(两) | 143.24 |
| 遇闰共加银(两) | 20.11 |

<table>
<tr><td colspan="2" align="center">颖州</td></tr>
</table>

| | |
|---|---|
| **夏税** | |
| 小麦（石） | 5411.81 |
| 起运麦(石) | 290.46 |
| 存留麦(石) | 5121.35 |
| 农桑丝折绢(匹) | 61.00 |
| **秋粮** | |
| 米(石) | 4382.84 |

| | |
|---|---|
| 起运米(石) | 3685.28 |
| 存留米(石) | 697.56 |
| 马草(包)（起运） | 10023.00 |
| 户口盐钞银(两) | 490.34 |
| 起运银(两) | 198.98 |
| 存留银(两) | 291.36 |
| 遇闰共加银(两) | 41.21 |

<table>
<tr><td colspan="2" align="center">颖上县</td></tr>
</table>

| | |
|---|---|
| **夏税** | |
| 小麦（石） | 1885.32 |
| 起运麦(石) | 88.25 |
| 存留麦(石) | 1797.07 |
| 农桑丝折绢(匹) | 14.00 |
| **秋粮** | |
| 米(石) | 1207.90 |
| 起运米(石) | 723.54 |
| 存留米(石) | 484.36 |
| 马草(包)（起运） | 2416.00 |
| 户口盐钞银(两) | 53.12 |
| 起运银(两) | 22.12 |
| 存留银(两) | 31.00 |
| 遇闰共加银(两) | 3.34 |

<table>
<tr><td colspan="2" align="center">太和县</td></tr>
</table>

| | |
|---|---|
| **夏税** | |
| 小麦（石） | 2406.52 |
| 起运麦(石) | 113.26 |
| 存留麦(石) | 2293.25 |
| 农桑丝折绢(匹) | 31.00 |
| **秋粮** | |
| 米(石) | 2403.68 |
| 起运米(石) | 1662.33 |
| 存留米(石) | 741.35 |
| 马草(包)（起运） | 4472.00 |
| 户口盐钞银(两) | 102.73 |
| 起运银(两) | 41.68 |
| 存留银(两) | 61.04 |
| 遇闰共加银(两) | 10.17 |

<table>
<tr><td colspan="2" align="center">亳州</td></tr>
</table>

| | |
|---|---|
| **夏税** | |
| 小麦（石） | 2114.28 |
| 起运麦(石) | 527.68 |
| 存留麦(石) | 1586.59 |
| 税丝折绢(匹) | 34.00 |

| | |
|---|---|
| 农桑丝折绢(匹) | 15.00 |
| **秋粮** | |
| 米(石) | 3395.90 |
| 起运米(石) | 2843.70 |
| 存留米(石) | 552.20 |
| 马草(包)(起运) | 4748.00 |
| 户口盐钞银(两) | 278.09 |
| 起运银(两) | 113.10 |
| 存留银(两) | 164.98 |
| 遇闰共加银(两) | 23.17 |
| **淮安府** | |
| 田土官民(亩) | 13082636.80[1] |
| **夏税** | |
| 小麦（石） | 228872.29[2] |
| 起运 | |
| 扬州府仓小麦(石) | 1589.00 |
| 每石折银(两) | 1.00 |
| 内解扬州仓银(两) | 0.40 |
| 扣留本府库口淮兵支饷银(两) | 0.60 |
| 南京仓小麦(石) | 598.68 |
| 每石折银(两) | 0.40 |
| 本府常盈仓小麦(石) | 55600.00 |
| 凤阳府仓小麦(石) | 38000.00 |
| 寿州仓小麦(石) | 2000.00 |
| 亳州仓小麦(石) | 1000.00 |
| 俱每石折银(两) | 0.40 |
| 派剩小麦(石) | |
| （解太仓银库） | 562.32 |
| 每石折银(两) | 1.00 |
| 以上共起运麦(石) | 99350.00 |
| 存留麦(石) | 129522.29 |
| 农桑丝折绢(匹) | 1461.00 |
| 每匹折银(两) | 0.70[3] |
| **秋粮** | |
| 米(石) | 166423.50[4] |
| 起运 | |
| 兑军米(石) | 25000.00 |
| 徐州仓改兑米(石) | 69000.00 |
| 淮安仓改兑米(石) | 10150.00 |

| | |
|---|---|
| 凤阳府仓米(石) | 28000.00 |
| 光禄寺稻谷(石) | 2000.00 |
| 淮米(石) | 1000.00 |
| 派剩米(石)（解太仓银库） | 525.00 |
| 每石折银(两) | 0.60 |
| 以上共起运米(石) | 133675.00 |
| 存留米(石) | 32748.50 |
| 马草(包) | 454720.00[5] |
| 起运 | |
| 京库草(包) | 237000.00 |
| 每包折银(两) | 0.03 |
| 南京户部定场草(包)（本色） | 165000.00 |
| 以上共起运草(包) | 402000.00 |
| 存留草(包) | 52720.00 |
| 人户(户) | 109205.00 |
| 人口(口) | 906033.00[6] |
| 户口盐钞银(两) | 3981.58 |
| 起运银(两) | 1990.79 |
| 存留银(两) | 1990.79 |
| 遇闰共加银(两) | 341.09 |
| **山阳县** | |
| **夏税** | |
| 小麦（石） | 23273.27 |
| 起运麦(石) | 11300.00 |
| 存留麦(石) | 11973.27 |
| 农桑丝折绢(匹) | 48.00 |
| **秋粮** | |
| 米(石) | 23460.47 |
| 起运米(石) | 19500.00 |
| 存留米(石) | 3960.47 |
| 马草(包) | 60667.00 |
| 起运草(包) | 55000.00 |
| 存留草(包) | 5667.00 |
| 户口盐钞银(两) | 308.90 |
| 起运银(两) | 154.45 |
| 存留银(两) | 154.45 |
| 遇闰共加银(两) | 25.74 |
| **盐城县** | |
| **夏税** | |
| 小麦（石） | 5182.46 |

[1]原书此处注：比弘治增 29752 顷 63 亩 3 分零。
[2]原书此处注："与弘治同。"
[3]原书此处注："与弘治同，起运京库。"
[4]原书此处注："与弘治同。"
[5]原书此处注："与弘治同。"
[6]原书此处注：隆庆六年黄册数比弘治户增 81227，口增 668506。

| | | | | |
|---|---|---|---|---|
| 起运麦(石) | 1350.00 | 存留草(包) | 3515.00 |
| 存留麦(石) | 3832.46 | 户口盐钞银(两) | 410.54 |
| 农桑丝折绢(匹) | 48.00 | 起运银(两) | 205.27 |
| **秋粮** | | 存留银(两) | 205.27 |
| 米(石) | 36521.37 | 遇闰共加银(两) | 34.21 |
| 起运米(石) | 29145.55 | **桃源县** | |
| 存留米(石) | 7375.81 | **夏税** | |
| 马草(包) | 100905.00 | 小麦（石） | 19994.54 |
| 起运草(包) | 92000.00 | 起运麦(石) | 10100.00 |
| 存留草(包) | 8905.00 | 存留麦(石) | 9894.54 |
| 户口盐钞银(两) | 393.28 | 农桑丝折绢(匹) | 378.00 |
| 起运银(两) | 196.64 | **秋粮** | |
| 存留银(两) | 196.64 | 米(石) | 12962.55 |
| 遇闰共加银(两) | 32.77 | 起运米(石) | 10411.80 |
| **清河县** | | 存留米(石) | 2550.75 |
| **夏税** | | 马草(包) | 52964.00 |
| 小麦（石） | 14320.20 | 起运草(包) | 48000.00 |
| 起运麦(石) | 6200.00 | 存留草(包) | 4964.00 |
| 存留麦(石) | 8120.20 | 户口盐钞银(两) | 325.10 |
| 农桑丝折绢(匹) | 47.00 | 起运银(两) | 162.55 |
| **秋粮** | | 存留银(两) | 162.55 |
| 米(石) | 8097.36 | 遇闰共加银(两) | 27.09 |
| 起运米(石) | 6251.99 | **沐阳县** | |
| 存留米(石) | 1845.37 | **夏税** | |
| 马草(包) | 22465.00 | 小麦（石） | 22383.51 |
| 起运草(包) | 18500.00 | 起运麦(石) | 9100.00 |
| 存留草(包) | 3965.00 | 存留麦(石) | 13283.51 |
| 户口盐钞银(两) | 169.56 | 农桑丝折绢(匹) | 263.00 |
| 起运银(两) | 84.78 | **秋粮** | |
| 存留银(两) | 84.78 | 米(石) | 16561.08 |
| 遇闰共加银(两) | 25.83 | 起运米(石) | 14150.00 |
| **安东县** | | 存留米(石) | 2411.08 |
| **夏税** | | 马草(包) | 44085.00 |
| 小麦（石） | 8723.74 | 起运草(包) | 37000.00 |
| 起运麦(石) | 4200.00 | 存留草(包) | 7085.00 |
| 存留麦(石) | 4523.74 | 户口盐钞银(两) | 421.68 |
| 农桑丝折绢(匹) | 55.00 | 起运银(两) | 210.84 |
| **秋粮** | | 存留银(两) | 210.84 |
| 米(石) | 20879.78 | 遇闰共加银(两) | 33.14 |
| 起运米(石) | 16771.09 | **海州** | |
| 存留米(石) | 4108.68 | **夏税** | |
| 马草(包) | 57515.00 | 小麦（石） | 23161.74 |
| 起运草(包) | 54000.00 | 起运麦(石) | 3300.00 |

| | |
|---|---|
| 存留麦(石) | 19861.74 |
| 农桑丝折绢(匹) | 103.00 |
| **秋粮** | |
| 米(石) | 23694.14 |
| 起运米(石) | 17850.00 |
| 存留米(石) | 5844.14 |
| 马草(包) | 64697.00 |
| 起运草(包) | 61500.00 |
| 存留草(包) | 3197.00 |
| 户口盐钞银(两)[1] | 556.64 |
| 起运银(两) | 273.32 |
| 存留银(两) | 273.32 |
| 遇闰共加银(两) | 45.55 |
| **赣榆县** | |
| **夏税** | |
| 小麦（石） | 15822.86 |
| 起运麦(石) | 5300.00 |
| 存留麦(石) | 10522.86 |
| 农桑丝折绢(匹) | 123.00 |
| **秋粮** | |
| 米(石) | 11037.63 |
| 起运米(石) | 8800.00 |
| 存留米(石) | 2237.63 |
| 马草(包) | 28753.00 |
| 起运草(包) | 22000.00 |
| 存留草(包) | 6753.00 |
| 户口盐钞银(两) | 321.49 |
| 起运银(两) | 160.74 |
| 存留银(两) | 160.74 |
| 遇闰共加银(两) | 26.79 |
| **邳州** | |
| **夏税** | |
| 小麦（石） | 44058.96 |
| 起运麦(石) | 25400.00 |
| 存留麦(石) | 18658.96 |
| 农桑丝折绢(匹) | 176.00 |
| **秋粮** | |
| 米(石) | 3307.12 |
| 起运米(石) | 2656.35 |
| 存留米(石) | 650.77 |
| 马草(包) | 5734.00 |

| | |
|---|---|
| 起运草(包) | 3000.00 |
| 存留草(包) | 2734.00 |
| 户口盐钞银(两) | 441.26 |
| 起运银(两) | 220.63 |
| 存留银(两) | 220.63 |
| 遇闰共加银(两) | 36.77 |
| **宿迁县** | |
| **夏税** | |
| 小麦（石） | 29366.05 |
| 起运麦(石) | 13300.00 |
| 存留麦(石) | 16066.05 |
| 农桑丝折绢(匹) | 149.00 |
| **秋粮** | |
| 米(石) | 7766.47 |
| 起运米(石) | 6238.20 |
| 存留米(石) | 1528.27 |
| 马草(包) | 13002.00 |
| 起运草(包) | 9500.00 |
| 存留草(包) | 3502.00 |
| 户口盐钞银(两) | 392.86 |
| 起运银(两) | 196.43 |
| 存留银(两) | 196.43 |
| 遇闰共加银(两) | 32.33 |
| **睢宁县** | |
| **夏税** | |
| 小麦（石） | 22584.73 |
| 起运麦(石) | 9800.00 |
| 存留麦(石) | 12784.73 |
| 农桑丝折绢(匹) | 65.00 |
| **秋粮** | |
| 米(石) | 2135.48 |
| 起运米(石) | 1900.00 |
| 存留米(石) | 235.48 |
| 马草(包) | 3927.00 |
| 起运草(包) | 1500.00 |
| 存留草(包) | 2427.00 |
| 户口盐钞银(两) | 250.22 |
| 起运银(两) | 125.11 |
| 存留银(两) | 125.11 |
| 遇闰共加银(两) | 20.85 |
| **扬州府** | |

[1] 此值似应为 546.64 两。

| | |
|---|---|
| 田土官民（亩） | 6108499.70[1] |
| 夏税 | |
| 小麦（石） | 39925.73[2] |
| 起运 | |
| 淮安府仓小麦(石)（本色） | 10000.00 |
| 凤阳府亳州仓小麦(石) | 309.00 |
| 每石折银（两） | 0.40 |
| 以上共起运麦(石) | 10309.00 |
| 存留麦(石) | 29616.73 |
| 农桑丝折绢(匹) | 842.00 |
| 每匹折银(两) | 0.70[3] |
| 零丝(两) | 47.50[4] |
| 秋粮 | |
| 米(石) | 206603.86[5] |
| 起运 | |
| 兑军米(石)（本色） | 60000.00 |
| 徐州仓改兑米(石)（本色） | 37000.00 |
| 凤阳府仓米(石)（本色） | 54000.00 |
| 本府仓米(石) | 100.00 |
| 每石折银(两) | 0.60 |
| 以上共起运米(石) | 151100.00 |
| 存留米(石) | 55503.86[6] |
| 牛租米(石) | 2.50[7] |
| 租钞(贯) | 5408.00[8] |
| 马草(包) | 349236.00[9] |
| 起运 | |
| 京库草(包) | 206000.00 |
| 每包折银(两) | 0.03 |
| 南京光禄寺细稻草(包) | 4000.00 |
| 南京户部定场草(包) | 117080.00 |
| 以上共起运草(包) | 327080.00 |
| 存留草(包) | 22156.00[10] |
| 人户(户) | 147216.00 |
| 人口(口) | 817856.00[11] |

| | |
|---|---|
| 户口盐钞银(两) | 3094.16 |
| 起运银(两) | 1465.31 |
| 存留银(两) | 1628.85 |
| 遇闰共加银(两) | 258.64 |
| **江都县** | |
| 夏税 | |
| 小麦（石） | 12415.20 |
| 起运麦(石) | 3392.17 |
| 存留麦(石) | 9023.03 |
| 农桑丝折绢(匹) | 30.00 |
| 零丝(两) | 0.30 |
| 秋粮 | |
| 米(石) | 19242.08 |
| 起运米(石) | 13568.39 |
| 存留米(石) | 5673.69 |
| 马草(包) | 20596.00 |
| 起运草(包) | 19915.00 |
| 存留草(包) | 681.00 |
| 户口盐钞银(两) | 335.91 |
| 起运银(两) | 168.29 |
| 存留银(两) | 167.62 |
| 遇闰共加银(两) | 27.99 |
| **仪真县** | |
| 夏税 | |
| 小麦（石） | 379.63 |
| 起运麦(石) | 104.26 |
| 存留麦(石) | 275.37 |
| 农桑丝折绢(匹) | 37.00 |
| 秋粮 | |
| 米(石) | 2426.10 |
| 起运米(石) | 1670.22 |
| 存留米(石) | 755.88 |
| 牛租米(石) | 2.50 |
| 马草(包) | 2510.00 |
| 起运草(包) | 2427.00 |
| 存留草(包) | 83.00 |
| 户口盐钞银(两) | 62.03 |
| 起运银(两) | 29.83 |
| 存留银(两) | 32.20 |
| 遇闰共加银(两) | 5.15 |
| **泰兴县** | |
| 夏税 | |
| 小麦（石） | 7705.84 |

[1]原书此处注：比弘治减 1212 顷 7 亩 4 分零。
[2]原书此处注：比弘治增 3.7 石。
[3]原书此处注：比弘治增 1 匹，起运京库。
[4]原书此处注：比弘治减 17 两。
[5]原书此处注："与弘治同。"
[6]原书此处注：内实征册开比部派数少 275.95 石。
[7]原书此处注："与弘治同。"
[8]原书此处注：比弘治增 204 贯 643 文。
[9]原书此处注："与弘治同。"
[10]原书此处注：内实征册开比部派数少 771 包。
[11]原书此处注：比弘治户增 43112，口增 161309。

|  |  |
| --- | --- |
| 起运麦(石) | 1763.29 |
| 存留麦(石) | 5942.55 |
| 农桑丝折绢(匹) | 155.00 |
| 零丝(两) | 17.00 |
| **秋粮** | |
| 米(石) | 14825.55 |
| 起运米(石) | 5342.66 |
| 存留米(石) | 9482.89 |
| 马草(包) | 30869.00 |
| 起运草(包) | 29848.00 |
| 存留草(包) | 1020.00 |
| 户口盐钞银(两) | 198.06 |
| 起运银(两) | 95.05 |
| 存留银(两) | 103.01 |
| 遇闰共加银(两) | 16.50 |
| **高邮州** | |
| **夏税** | |
| 小麦（石） | 297.14 |
| 起运麦(石) | 81.61 |
| 存留麦(石) | 215.53 |
| 农桑丝折绢(匹) | 79.00 |
| **秋粮** | |
| 米(石) | 13301.35 |
| 起运米(石) | 11689.46 |
| 存留米(石) | 1611.89 |
| 马草(包) | 22240.00 |
| 起运草(包) | 21504.00 |
| 存留草(包) | 735.00 |
| 户口盐钞银(两) | 282.93 |
| 起运银(两) | 141.82 |
| 存留银(两) | 141.10 |
| 遇闰共加银(两) | 24.36 |
| **兴化县** | |
| **夏税** | |
| 小麦（石） | 1527.05 |
| 起运麦(石) | 419.38 |
| 存留麦(石) | 1107.67 |
| 农桑丝折绢(匹) | 59.00 |
| **秋粮** | |
| 米(石) | 51277.06 |
| 起运米(石) | 45826.72 |
| 存留米(石) | 5450.34 |
| 马草(包) | 99869.00 |
| 起运草(包) | 96567.00 |
| 存留草(包) | 3302.00 |
| 户口盐钞银(两) | 272.33 |
| 起运银(两) | 136.73 |
| 存留银(两) | 135.60 |
| 遇闰共加银(两) | 22.69 |
| **宝应县** | |
| **夏税** | |
| 小麦（石） | 1379.25 |
| 起运麦(石) | 378.79 |
| 存留麦(石) | 1000.46 |
| 农桑丝折绢(匹) | 72.00 |
| 零丝(两) | 12.00 |
| **秋粮** | |
| 米(石) | 12462.68 |
| 起运米(石) | 9303.69 |
| 存留米(石) | 3158.99 |
| 马草(包) | 26813.00 |
| 起运草(包) | 25926.00 |
| 存留草(包) | 886.00 |
| 户口盐钞银(两) | 278.02 |
| 起运银(两) | 95.72 |
| 存留银(两) | 182.30 |
| 遇闰共加银(两) | 23.16 |
| **泰州** | |
| **夏税** | |
| 小麦（石） | 6498.55 |
| 起运麦(石) | 1893.23 |
| 存留麦(石) | 4605.32 |
| 农桑丝折绢(匹) | 179.00 |
| **秋粮** | |
| 米(石) | 65066.00 |
| 起运米(石) | 50989.33 |
| 存留米(石) | 14076.67 |
| 马草(包) | 95056.00 |
| 起运草(包) | 91909.00 |
| 存留草(包) | 3147.00 |
| 户口盐钞银(两) | 1002.60 |
| 起运银(两) | 480.20 |
| 存留银(两) | 522.39 |
| 遇闰共加银(两) | 83.55 |
| **汝皋县** | |
| **夏税** | |

| | |
|---|---|
| 小麦（石） | 3213.84 |
| 起运麦(石) | 955.15 |
| 存留麦(石) | 2258.69 |
| 农桑丝折绢(匹) | 185.00 |
| **秋粮** | |
| 米(石) | 11573.15 |
| 起运米(石) | 5907.55 |
| 存留米(石) | 5665.60 |
| 马草(包) | 11704.00 |
| 起运草(包) | 11317.00 |
| 存留草(包) | 387.00 |
| 户口盐钞银(两) | 182.62 |
| 起运银(两) | 87.62 |
| 存留银(两) | 95.00 |
| 遇闰共加银(两) | 15.21 |
| **通州** | |
| **夏税** | |
| 小麦（石） | 4318.28 |
| 起运麦(石) | 1205.13 |
| 存留麦(石) | 3113.15 |
| 农桑丝折绢(匹) | 29.00 |
| 零丝(两) | 9.80 |
| **秋粮** | |
| 米(石) | 10667.51 |
| 起运米(石) | 5835.17 |
| 存留米(石) | 4832.34 |
| 租钞(贯) | 4379.00 |
| 马草(包) | 25839.00 |
| 起运草(包) | 24984.00 |
| 存留草(包) | 854.00 |
| 户口盐钞银(两) | 444.95 |
| 起运银(两) | 213.25 |
| 存留银(两) | 231.69 |
| 遇闰共加银(两) | 37.07 |
| **海门县** | |
| **夏税** | |
| 小麦（石） | 2190.89 |
| 起运麦(石) | 115.99 |
| 存留麦(石) | 2074.90 |
| 农桑丝折绢(匹) | 16.00 |
| 零丝(两) | 8.40 |
| **秋粮** | |
| 米(石) | 5486.37 |

| | |
|---|---|
| 起运米(石) | 966.81 |
| 存留米(石) | 4519.56 |
| 租钞(贯) | 1028.00 |
| 马草(包) | 12964.00 |
| 起运草(包) | 2677.00 |
| 存留草(包) | 10286.00 |
| 户口盐钞银(两) | 34.65 |
| 起运银(两) | 16.76 |
| 存留银(两) | 17.89 |
| 遇闰共加银(两) | 2.91 |
| **徽州府** | |
| 田土官民（亩） | 2547827.50[1] |
| **夏税** | |
| 小麦（石） | 51785.40[2] |
| 起运 | |
| 京库小麦(石) | 22000.00 |
| 每石折银(两) | 0.25 |
| 南京各卫仓小麦(石) | 2300.00 |
| 每石折银(两) | 0.40 |
| 南京阔白苎布(匹) | 30000.00 |
| 准小麦(石) | 21000.00 |
| 每匹折银(两) | 0.20 |
| 派剩小麦(石) | 600.00 |
| 每石折银(两) | 1.00 |
| 以上共起运麦(石) | 45900.00 |
| 存留麦(石) | 5885.40 |
| 人丁丝折绢(匹) | 8779.00[3] |
| 每匹折银（两） | 0.70 |
| 农桑丝折绢(匹) | 15.00[4] |
| 每匹折银(两) | 0.70 |
| **秋粮** | |
| 米(石) | 120602.20[5] |
| 起运 | |
| 京库米(石) | 71000.00 |
| 每石折银(两) | 0.25 |
| 南京各卫仓米(石) | 27834.00 |
| 每石折银(两) | 0.70 |
| 南京供用库芝麻(石) | 650.00 |

[1]原书此处注：比弘治增 200 顷 75 亩零。
[2]原书此处注：比弘治增 286.69 石。
[3]原书此处注："与弘治同。"
[4]原书此处注："与弘治同，本色一半折色一半，起运南京库。"
[5]原书此处注：比弘治增 468.34 石。

463

| | |
|---|---|
| 安庆府仓米(石) | 2300.00 |
| 每石折银(两) | 0.50 |
| 派剩米(石) | 2016.00 |
| 每石折银(两) | 0.60 |
| 以上共起运米(石) | 103800.00 |
| 存留米(石) | 16802.20 |
| 人户(户) | 118943.00 |
| 人口(口) | 566948.00[1] |
| **户口盐钞银(两)** | 785.54 |
| 遇闰加银(两)（起运） | 65.35 |

| 歙县 | |
|---|---|
| **夏税** | |
| 小麦（石） | 11514.32 |
| 起运麦(石) | 10193.10 |
| 存留麦(石) | 1321.22 |
| 人丁丝折绢(匹) | 8779.00 |
| 农桑丝折绢(匹) | 2.00 |
| **秋粮** | |
| 米(石) | 31110.13 |
| 起运米(石) | 26846.70 |
| 存留米(石) | 4263.43 |
| 户口盐钞银(两) | 240.70 |
| 遇闰加银(两) | 20.06 |

| 休宁县 | |
|---|---|
| **夏税** | |
| 小麦（石） | 11223.35 |
| 起运麦(石) | 9950.40 |
| 存留麦(石) | 1272.95 |
| 农桑丝折绢(匹) | 1.00 |
| **秋粮** | |
| 米(石) | 25509.75 |
| 起运米(石) | 21835.30 |
| 存留米(石) | 3674.45 |
| 户口盐钞银(两) | 204.57 |
| 遇闰加银(两) | 16.95 |

| 婺源县 | |
|---|---|
| **夏税** | |
| 小麦（石） | 11952.58 |
| 起运麦(石) | 10616.00 |
| 存留麦(石) | 1336.58 |
| **秋粮** | |

| | |
|---|---|
| 米(石) | 27106.70 |
| 起运米(石) | 23308.00 |
| 存留米(石) | 3798.70 |
| 户口盐钞银(两) | 182.46 |
| 遇闰加银(两) | 15.19 |

| 祁门县 | |
|---|---|
| **夏税** | |
| 小麦（石） | 4854.92 |
| 起运麦(石) | 4307.50 |
| 存留麦(石) | 547.42 |
| 农桑丝折绢(匹) | 8.00 |
| **秋粮** | |
| 米(石) | 11393.19 |
| 起运米(石) | 9825.30 |
| 存留米(石) | 1567.89 |
| 户口盐钞银(两) | 97.49 |
| 遇闰加银(两) | 8.12 |

| 黟县 | |
|---|---|
| **夏税** | |
| 小麦（石） | 6162.76 |
| 起运麦(石) | 5456.60 |
| 存留麦(石) | 706.16 |
| 农桑丝折绢(匹) | 4.00 |
| **秋粮** | |
| 米(石) | 10999.59 |
| 起运米(石) | 9419.40 |
| 存留米(石) | 1580.19 |
| 户口盐钞银(两) | 36.11 |
| 遇闰共加银(两) | 3.00 |

| 绩溪县 | |
|---|---|
| **夏税** | |
| 小麦（石） | 6077.44 |
| 起运麦(石) | 5376.40 |
| 存留麦(石) | 701.04 |
| **秋粮** | |
| 米(石) | 14482.81 |
| 起运米(石) | 12565.30 |
| 存留米(石) | 1917.51 |
| 户口盐钞银(两) | 24.19 |
| 遇闰共加银(两) | 2.01 |

| 宁国府 | |
|---|---|

---

[1]原书此处注：比弘治户增111692，口增501087。

464

| | | | | |
|---|---|---|---|---|
| 田土官民（亩） | 3033078.40[1] | | 每包折银（两） | 0.03 |
| **夏税** | | | 南京户部定场草（包） | 200000.00 |
| 小麦（石） | 29060.54[2] | | 以上共起运草（包） | 770000.00 |
| 起运 | | | 存留草（包） | 28632.00 |
| 南京各卫仓小麦（石） | 10000.00 | | 人户（户） | 52148.00 |
| 每石折银（两） | 0.40 | | 人口（口） | 387019.00[8] |
| 南京国子监小麦（石） | 100.00 | | 户口盐钞银（两） | 1262.14 |
| 拨运庐州府仓小麦（石） | 10000.00 | | 起运银（两） | 1140.53 |
| 凤阳府仓小麦（石） | 4000.00 | | 存留银（两） | 121.60 |
| 扬州府仓小麦（石） | 4000.00 | | 遇闰共加银（两） | 94.96 |
| 俱每石折银（两） | 0.40 | | **宣城县** | |
| 以上共起运麦（石） | 28100.00 | | **夏税** | |
| 存留麦（石） | 960.54 | | 小麦（石） | 10176.36 |
| 农桑丝折绢（匹） | | | 起运麦（石） | 9929.00 |
| 本色一半折色一半 | 30.00 | | 存留麦（石） | 247.36 |
| 每匹折银（两） | 0.70[3] | | 税丝（斤） | 41.93 |
| 税丝（斤） | 342.13[4] | | 农桑零丝（两） | 19.90 |
| 农桑零丝（两） | 33.30[5] | | **秋粮** | |
| **秋粮** | | | 米（石） | 35660.66 |
| 米（石） | 74191.79[6] | | 起运米（石） | 31252.00 |
| 起运 | | | 存留米（石） | 4408.66 |
| 兑军米（石） | 30000.00 | | 马草（包） | 363957.00 |
| 南京供用库芝麻（石） | 550.00 | | 起运草（包） | 350963.00 |
| 南京各卫仓米（石） | 9607.00 | | 存留草（包） | 12993.00 |
| 黑豆（石） | 11000.00 | | 户口盐钞银（两） | 666.21 |
| 拨运滁州永宁仓米（石） | 10000.00 | | 起运银（两） | 544.60 |
| 内拨南京太仆寺米（石）（准作官吏俸粮，本折听从民便） | 540.00 | | 存留银（两） | 121.60 |
| 余米（石） | 9460.00 | | 遇闰共加银（两） | 45.38 |
| 每石折银（两） | 0.60 | | **南陵县** | |
| 派剩米（石）（解太仓银库） | 3343.00 | | **夏税** | |
| 每石折银（两） | 0.60 | | 小麦（石） | 5280.83 |
| 以上共起运米（石） | 64500.00 | | 起运麦（石） | 5107.00 |
| 存留米（石） | 9691.79 | | 存留麦（石） | 173.83 |
| 马草（包） | 798632.00[7] | | 税丝（斤） | 26.06 |
| 起运 | | | 农桑丝折绢（匹） | 30.00 |
| 京库草（包） | 570000.00 | | **秋粮** | |
| | | | 米（石） | 12618.49 |
| | | | 起运米（石） | 11021.00 |
| | | | 存留米（石） | 1597.49 |
| | | | 马草（包） | 154302.00 |
| | | | 起运草（包） | 148752.00 |

[1]原书此处注：比弘治减 30352 顷 19 亩。
[2]原书此处注：比弘治增 8.17 石。
[3]原书此处注："与弘治同，起运南京库。"
[4]原书此处注：比弘治增 1 斤 7 两零。
[5]原书此处注："与弘治同，俱存留。"
[6]原书此处注：比弘治减 70.87 石。
[7]原书此处注：比弘治增 140 包。

[8]原书此处注：隆庆六年，黄册数比弘治户减 8126，口增 15476。

| | | | | |
|---|---|---|---|---|
| 存留草(包) | 5550.00 | 存留米(石) | | 651.00 |
| 户口盐钞银(两) | 139.52 | 马草(包) | | 64673.00 |
| 遇闰共加银(两)（起运） | 11.62 | 起运草(包) | | 62323.00 |

| 泾县 | |
|---|---|
| **夏税** | |
| 小麦（石） | 6051.76 |
| 起运麦(石) | 5773.00 |
| 存留麦(石) | 278.76 |
| 税丝(斤) | 112.52 |
| **秋粮** | |
| 米(石) | 10393.06 |
| 起运米(石) | 9020.00 |
| 存留米(石) | 1373.06 |
| 马草(包) | 104895.00 |
| 起运草(包) | 101127.00 |
| 存留草(包) | 3767.00 |
| 户口盐钞银(两) | 207.12 |
| 遇闰共加银(两)（起运） | 17.26 |

| 宁国县 | |
|---|---|
| **夏税** | |
| 小麦（石） | 3227.25 |
| 起运麦(石) | 3116.00 |
| 存留麦(石) | 111.25 |
| 税丝(斤) | 15.37 |
| 农桑零丝(两) | 13.40 |
| **秋粮** | |
| 米(石) | 5896.76 |
| 起运米(石) | 4921.00 |
| 存留米(石) | 975.76 |
| 马草(包) | 84775.00 |
| 起运草(包) | 81742.00 |
| 存留草(包) | 3033.00 |
| 户口盐钞银(两) | 105.30 |
| 遇闰共加银(两)（起运） | 8.69 |

| 旌德县 | |
|---|---|
| **夏税** | |
| 小麦（石） | 2710.74 |
| 起运麦(石) | 2619.00 |
| 存留麦(石) | 91.74 |
| 税丝(斤) | 64.80 |
| **秋粮** | |
| 米(石) | 4401.00 |
| 起运米(石) | 3750.00 |

| | | |
|---|---|---|
| 存留草(包) | | 2349.00 |
| 户口盐钞银(两) | | 90.37 |
| 遇闰共加银(两)（起运） | | 7.53 |

| 太平县 | | |
|---|---|---|
| **夏税** | | |
| 小麦（石） | | 1613.57 |
| 起运麦(石) | | 1556.00 |
| 存留麦(石) | | 57.57 |
| 税丝(斤) | | 81.41 |
| **秋粮** | | |
| 米(石) | | 5221.80 |
| 起运米(石) | | 4536.00 |
| 存留米(石) | | 685.80 |
| 马草(包) | | 26029.00 |
| 起运草(包) | | 25092.00 |
| 存留草(包) | | 937.00 |
| 户口盐钞银(两) | | 53.59 |
| 遇闰共加银(两)（起运） | | 4.46 |

| 池州府 | | |
|---|---|---|
| 田土官民（亩） | | 908922.70[1] |
| **夏税** | | |
| 小麦（石） | | 6906.48[2] |
| 起运 | | |
| 南京神乐观小麦(石) | | 278.00 |
| 南京各卫仓小麦(石) | | 492.00 |
| 扬州府仓小麦(石) | | 4000.00 |
| 俱每石折银(两) | | 0.40 |
| 派剩麦(石)（解太仓银库） | | 830.00 |
| 每石折银(两) | | 1.00 |
| 以上共起运麦(石) | | 5600.00 |
| 存留麦(石) | | 1306.48 |
| 税丝折绢(匹) | | 16.00[3] |
| 农桑丝折绢(匹) | | 199.00[4] |
| 俱每匹折银(两) | | 0.70[5] |
| 税丝零丝(两) | | 1.19[6] |

[1] 原书此处注：比弘治增 169 顷 59 亩 6 分零。
[2] 原书此处注：比弘治增 81.72 石。
[3] 原书此处注：比弘治增 1 匹。
[4] 原书此处注：比弘治增 1 匹。
[5] 原书此处注："起运京库。"
[6] 原书此处注："与弘治同。"

| | |
|---|---|
| 农桑零丝(斤) | 3.11[1] |
| **秋粮** | |
| 米(石) | 62154.06[2] |
| 起运 | |
| 兑军米(石) | 25000.00 |
| 南京各卫仓米(石) | 11142.00 |
| 黑豆(石) | 9707.00 |
| 飞熊卫仓黑豆(石) | 983.00 |
| 安庆府仓米(石) | 7800.00 |
| 派剩米(石) | 4668.00 |
| 内光禄寺改拨米(石) | |
| （解太仓银库） | 3000.00 |
| 每石折银(两) | 0.70 |
| 余米(石)（解太仓银库） | 1668.00 |
| 每石折银(两) | 0.60 |
| 以上共起运米(石) | 59300.00 |
| 存留米(石) | 2854.06 |
| 山租钞(贯) | 265.00[3] |
| 马草(包) | 98306.00[4] |
| 起运 | |
| 京库草(包) | 62000.00 |
| 每包折银(两) | 0.03 |
| 南京户部定场草(包) | 30000.00 |
| 以上共起运草(包) | 92000.00 |
| 存留草(包) | 6306.00 |
| 人户(户) | 18377.00 |
| 人口(口) | 84851.00[5] |
| **户口盐钞银(两)** | 569.85 |
| 起运银(两) | 227.94 |
| 存留银(两) | 341.91 |
| 遇闰共加银(两) | 47.48 |
| **贵池县** | |
| **夏税** | |
| 小麦（石） | 1570.21 |
| 起运麦(石) | 1277.00 |
| 存留麦(石) | 293.21 |
| 农桑丝折绢(匹) | 86.00 |
| 农桑零丝(斤) | 1.66 |

| | |
|---|---|
| **秋粮** | |
| 米(石) | 19106.06 |
| 起运米(石) | 18344.43 |
| 存留米(石) | 761.63 |
| 马草(包) | 31006.00 |
| 起运草(包) | 29059.00 |
| 存留草(包) | 1947.00 |
| 户口盐钞银(两) | 148.56 |
| 起运银(两) | 59.42 |
| 存留银(两) | 89.13 |
| 遇闰共加银(两) | 12.38 |
| **铜陵县** | |
| **夏税** | |
| 小麦（石） | 1267.29 |
| 起运麦(石) | 1019.00 |
| 存留麦(石) | 248.29 |
| 农桑丝折绢(匹) | 59.00 |
| **秋粮** | |
| 米(石) | 12600.56 |
| 起运米(石) | 12026.45 |
| 存留米(石) | 574.11 |
| 马草(包) | 20915.00 |
| 起运草(包) | 19458.00 |
| 存留草(包) | 1457.00 |
| 户口盐钞银(两) | 122.44 |
| 起运银(两) | 48.97 |
| 存留银(两) | 73.46 |
| 遇闰共加银(两) | 10.20 |
| **青阳县** | |
| **夏税** | |
| 小麦（石） | 692.39 |
| 起运麦(石) | 563.00 |
| 存留麦(石) | 129.39 |
| 农桑丝折绢(匹) | 28.00 |
| 农桑零丝(斤) | 1.12 |
| **秋粮** | |
| 米(石) | 12579.70 |
| 起运米(石) | 12066.07 |
| 存留米(石) | 513.63 |
| 马草(包) | 19593.00 |
| 起运草(包) | 18370.00 |
| 存留草(包) | 1223.00 |
| 户口盐钞银(两) | 117.91 |

[1]原书此处注:"与弘治同,俱存留。"
[2]原书此处注:比弘治增781.16石。
[3]原书此处注:比弘治增20贯831文,存留。
[4]原书此处注:比弘治增1995包零。
[5]原书此处注:隆庆六年黄册数比弘治户增4286,口增15373。

| | | | |
|---|---|---|---|
| 起运银(两) | 47.16 | 起运麦(石) | 1282.00 |
| 存留银(两) | 70.74 | 存留麦(石) | 294.09 |
| 遇闰共加银(两) | 9.82 | 农桑丝折绢(匹) | 14.00 |
| **石埭县** | | **秋粮** | |
| **夏税** | | 米(石) | 7246.02 |
| 小麦（石） | 813.89 | 起运米(石) | 6949.78 |
| 起运麦(石) | 661.00 | 存留米(石) | 296.24 |
| 存留麦(石) | 152.89 | 山租钞(贯)（存留） | 265.00 |
| 税丝折绢(匹) | 16.00 | 马草(包) | 11265.00 |
| 农桑丝折绢(匹) | 2.00 | 起运草(包) | 10562.00 |
| 税丝零丝(两) | 1.19 | 存留草(包) | 703.00 |
| **秋粮** | | 户口盐钞银(两) | 47.71 |
| 米(石) | 5590.87 | 起运银(两) | 19.08 |
| 起运米(石) | 5211.70 | 存留银(两) | 28.62 |
| 存留米(石) | 379.17 | 遇闰共加银(两) | 3.97 |
| 马草(包) | 8808.00 | **太平府** | |
| 起运草(包) | 8255.00 | 田土官民（亩） | 1287053.30[1] |
| 存留草(包) | 553.00 | **夏税** | |
| 户口盐钞银(两) | 66.37 | 小麦（石） | 16752.87[2] |
| 起运银(两) | 26.55 | 起运 | |
| 存留银(两) | 39.82 | 南京各卫仓小麦(石) | 1900.00 |
| 遇闰共加银(两) | 5.53 | 南京酒醋面局小麦(石) | 150.00 |
| **东流县** | | 扬州府仓小麦(石) | 6000.00 |
| **夏税** | | 凤阳府仓小麦(石) | 6000.00 |
| 小麦（石） | 986.59 | 俱每石折银(两) | 0.40 |
| 起运麦(石) | 798.00 | 派剩小麦(石) | |
| 存留麦(石) | 188.59 | （解太仓银库） | 550.00 |
| 农桑丝折绢(匹) | 10.00 | 每石折银(两) | 1.00 |
| 农桑零丝(斤) | 0.33 | 以上共起运麦(石) | 14600.00 |
| **秋粮** | | 存留麦(石) | 2152.87 |
| 米(石) | 5030.82 | 丝绵折绢(匹) | 102.00 |
| 起运米(石) | 4701.57 | 每匹折银(两) | 0.70[3] |
| 存留米(石) | 329.25 | 农桑丝折绢(匹)（本色一半 | |
| 马草(包) | 6717.00 | 折色一半） | 116.00 |
| 起运草(包) | 6296.00 | 每匹折银(两) | 0.70[4] |
| 存留草(包) | 421.00 | **秋粮** | |
| 户口盐钞银(两) | 66.84 | 熟荒米(石) | 91418.59[5] |
| 起运银(两) | 26.73 | 起运 | |
| 存留银(两) | 40.10 | | |
| 遇闰共加银(两) | 5.57 | | |
| **建德县** | | | |
| **夏税** | | | |
| 小麦（石） | 1576.09 | | |

[1] 原书此处注：比弘治减 3373 顷 29 亩 9 分零。
[2] 原书此处注：比弘治增 476.31 石。
[3] 原书此处注："与弘治同，起运京库。"
[4] 原书此处注："起运南京库。"
[5] 原书此处注：比弘治增 57781.84 石。

|  |  |
| --- | --- |
| 兑军米（石）（本色） | 17000.00 |
| 南京各卫仓米（石） | |
| 本色米（石） | 2110.64 |
| 折色米（石） | 1658.36 |
| 每石折银（两） | 0.50 |
| 黑豆（石） | 1180.00 |
| 南京神乐观黄豆（石） | 122.50 |
| 南京国子监绿豆（石） | 100.00 |
| 南京光禄寺绿豆（石） | 20.00 |
| 南京供用库芝麻（石） | 300.00 |
| 派剩米（石）（解太仓银库） | 608.50 |
| 每石折银（两） | 0.60 |
| 以上共起运米（石） | 23100.00 |
| 存留米（石） | 68318.59 |
| 马草（包） | 355449.00[1] |
| 起运 | |
| 京库草（包） | 230000.00 |
| 每包折银（两） | 0.03 |
| 南京户部定场草（包） | 110000.00 |
| 以上共起运草（包） | 340000.00 |
| 存留草（包） | 15449.00 |
| 人户（户） | 33262.00 |
| 人口（口） | 176085.00[2] |
| 户口盐钞银（两） | 685.98 |
| 起运银（两） | 308.69 |
| 存留银（两） | 377.28 |
| 遇闰共加银（两） | 57.16 |
| **当涂县** | |
| 夏税 | |
| 小麦（石） | 12688.27 |
| 起运麦（石） | 11063.11 |
| 存留麦（石） | 1625.16 |
| 丝绵折绢（匹） | 101.00 |
| 农桑丝折绢（匹） | 12.00 |
| 秋粮 | |
| 熟荒米（石） | 60082.36 |
| 起运米（石） | 14520.30 |
| 存留米（石） | 45562.05 |
| 马草（包） | 234259.00 |
| 起运草（包） | 224076.00 |
| 存留草（包） | 10183.00 |
| 户口盐钞银（两） | 492.52 |
| 起运银（两） | 221.63 |
| 存留银（两） | 270.89 |
| 遇闰共加银（两） | 41.04 |
| **芜湖县** | |
| 夏税 | |
| 小麦（石） | 2623.18 |
| 起运麦（石） | 2281.58 |
| 存留麦（石） | 341.59 |
| 丝绵折绢（匹） | 1.00 |
| 农桑丝折绢（匹） | 69.00 |
| 秋粮 | |
| 熟荒米（石） | 19715.38 |
| 起运米（石） | 5403.71 |
| 存留米（石） | 14311.67 |
| 马草（包） | 70343.00 |
| 起运草（包） | 67286.00 |
| 存留草（包） | 3057.00 |
| 户口盐钞银（两） | 143.26 |
| 起运银（两） | 64.47 |
| 存留银（两） | 78.79 |
| 遇闰共加银（两） | 11.93 |
| **繁昌县** | |
| 夏税 | |
| 小麦（石） | 1441.41 |
| 起运麦（石） | 1255.30 |
| 存留麦（石） | 186.11 |
| 农桑丝折绢（匹） | 34.00 |
| 秋粮 | |
| 熟荒米（石） | 11620.83 |
| 起运米（石） | 3175.98 |
| 存留米（石） | 8444.85 |
| 马草（包） | 50847.00 |
| 起运草（包） | 48638.00 |
| 存留草（包） | 2209.00 |
| 户口盐钞银（两） | 50.18 |
| 起运银（两） | 22.58 |
| 存留银（两） | 27.60 |
| 遇闰共加银（两） | 4.18 |
| **安庆府** | |

[1]原书此处注：比弘治增475包。

[2]原书此处注：隆庆六年黄册数比弘治户增3796，口增2386。

| | |
|---|---|
| 田土官民（亩） | 2190530.80[1] |
| **夏税** | |
| 小麦（石） | 18909.30[2] |
| 起运 | |
| 庐州府仓小麦(石) | 5000.00 |
| 凤阳府仓小麦(石) | 10000.00 |
| 俱每石折银(两) | 0.40 |
| 以上共起运麦(石) | 15000.00 |
| 存留麦(石) | 3909.30 |
| 农桑丝折绢(匹) | 353.00 |
| 每匹折银(两) | 0.70[3] |
| **秋粮** | |
| 米(石) | 112862.98[4] |
| 起运 | |
| 兑军米(石) | 60000.00 |
| 凤阳府仓米(石) | 25000.00 |
| 每石折银(两) | 0.60 |
| 南京各卫仓米(石) | 13790.00 |
| 派剩米(石)（解太仓银库） | 210.00 |
| 每石折银(两) | 0.60 |
| 以上共起运米(石) | 99000.00 |
| 存留米(石) | 13862.98[5] |
| 马草(包) | 191973.00[6] |
| 起运 | |
| 京库草(包) | 126000.00 |
| 每包折银(两) | 0.03 |
| 南京光禄寺草(包) | 4000.00 |
| 每包折银(两) | 0.024 |
| 南京户部定场草(包) | 55000.00 |
| 每包折银(两) | 0.018 |
| 以上共起运草(包) | 185000.00 |
| 存留草(包) | 6973.00 |
| 人户(户) | 46609.00 |
| 人口(口) | 543476.00[7] |
| **户口盐钞银(两)** | 1356.41 |
| 起运银(两) | 550.44 |
| 存留银(两) | 805.97 |

---

[1] 原书此处注：比弘治增 14 顷 64 亩 7 分。
[2] 原书此处注："与弘治同。"
[3] 原书此处注："与弘治同，起运京库。"
[4] 原书此处注："与弘治同。"
[5] 原书此处注：内本府册开比部派少 823.26 石。
[6] 原书此处注：比弘治增 24 包。
[7] 原书此处注：比弘治户增 559，口减 62633。

| | |
|---|---|
| 遇闰共加银(两) | 113.03 |
| **怀宁县** | |
| **夏税** | |
| 小麦起运（石）（余存留) | 2449.57 |
| 农桑丝折绢(匹)（起运) | 57.00 |
| **秋粮** | |
| 米(石) | 18405.77 |
| 起运米(石) | 16276.97 |
| 存留米(石) | 2128.80 |
| 马草起运(包)（余存留) | 30212.00 |
| 户口盐钞银(两) | 207.51 |
| 起运银(两) | 89.89 |
| 存留银(两) | 117.62 |
| 遇闰共加银(两) | 17.29 |
| **桐城县** | |
| **夏税** | |
| 小麦起运（石）（余存留) | 2864.06 |
| 农桑丝折绢(匹) | 67.00 |
| **秋粮** | |
| 米(石) | 21522.84 |
| 起运米(石) | 19031.09 |
| 存留米(石) | 2491.75 |
| 马草起运(包)（余存留) | 35323.00 |
| 户口盐钞银(两) | 242.99 |
| 起运银(两) | 105.10 |
| 存留银(两) | 137.89 |
| 遇闰共加银(两) | 20.25 |
| **潜山县** | |
| **夏税** | |
| 小麦起运（石）（余存留) | 2145.22 |
| 农桑丝折绢(匹) | 50.00 |
| **秋粮** | |
| 米(石) | 15933.90 |
| 起运米(石) | 14072.55 |
| 存留米(石) | 1861.35 |
| 马草起运(包)（余存留) | 26456.00 |
| 户口盐钞银(两) | 203.99 |
| 起运银(两) | 78.72 |
| 存留银(两) | 125.26 |
| 遇闰共加银(两) | 16.99 |
| **太湖县** | |
| **夏税** | |
| 小麦起运（石）（余存留) | 2921.25 |

| | |
|---|---|
| 农桑丝折绢(匹) | 68.00 |
| **秋粮** | |
| 米(石) | 21704.90 |
| 起运米(石) | 19163.01 |
| 存留米(石) | 2541.89 |
| 马草起运（包）（余存留） | 36029.00 |
| 户口盐钞银(两) | 280.15 |
| 起运银(两) | 107.19 |
| 存留银(两) | 172.96 |
| 遇闰共加银(两) | 23.34 |

| 宿松县 | |
|---|---|
| **夏税** | |
| 小麦起运（石）（余存留） | 2847.22 |
| 农桑丝折绢(匹) | 67.00 |
| **秋粮** | |
| 米(石) | 21156.58 |
| 起运米(石) | 18677.48 |
| 存留米(石) | 2479.10 |
| 马草起运（包）（余存留） | 35117.00 |
| 户口盐钞银(两) | 273.46 |
| 起运银(两) | 104.48 |
| 存留银(两) | 168.97 |
| 遇闰共加银(两) | 22.78 |

| 望江县 | |
|---|---|
| **夏税** | |
| 小麦起运（石）（余存留） | 1772.66 |
| 农桑丝折绢(匹) | 41.00 |
| **秋粮** | |
| 米(石) | 13315.69 |
| 起运米(石) | 11778.90 |
| 存留米(石) | 1536.79 |
| 马草起运（包）（余存留） | 21863.00 |
| 户口盐钞银(两) | 148.29 |
| 起运银(两) | 65.05 |
| 存留银(两) | 83.24 |
| 遇闰共加银(两) | 12.35 |

| 广德州 | |
|---|---|
| 田土官民（亩） | 2167244.50[1] |
| **夏税** | |
| 小麦（石） | 3636.39[2] |
| 起运 | |

| | |
|---|---|
| 扬州府仓小麦(石) | 1000.00 |
| 南京各卫仓小麦(石) | 2500.00 |
| 俱每石折银(两) | 0.40 |
| 以上共起运麦(石) | 3500.00 |
| 存留麦(石) | 136.39 |
| 税丝(斤)(本色) | 116.01[3] |
| 农桑丝折绢(匹)（本色一半折色一半）（起运南京库） | 19.00 |
| 每匹折银(两) | 0.70[4] |
| **秋粮** | |
| 米(石) | 14066.29[5] |
| 起运 | |
| 淮安仓改兑米(石) | 8000.00 |
| 南京各卫仓米(石) | 1884.00 |
| 黑豆(石) | 1060.00 |
| 南京供用库绿豆(石) | 300.00 |
| 南京神乐观芝麻(石) | 22.60 |
| 安庆府仓米(石) | 2204.00 |
| 派剩米(石)（解太仓银库） | 159.40 |
| 每石折银(两) | 0.60 |
| 以上共起运米(石) | 13630.00 |
| 存留米(石) | 436.29 |
| 马草(包) | 303045.00[6] |
| 起运 | |
| 京库草(包) | 231295.00 |
| 每包折银(两) | 0.03 |
| 南京光禄寺细稻草(包)（本色） | 1385.00 |
| 南京户部定场草(包)（本色） | 42320.00 |
| 以上共起运草(包) | 275000.00 |
| 存留草(包) | 28045.00 |
| 人户(户) | 45296.00 |
| 人口(口) | 221053.00[7] |
| 户口盐钞银(两) | 1694.74 |
| 起运银(两) | 1682.74 |
| 存留银(两) | 12.00 |
| 遇闰共加银(两) | 141.22 |
| **本州** | |

---

[1]原书此处注："比弘治增 6268 顷 14 亩 7 分。"
[2]原书此处注："比弘治增 4 石。"

[3]原书此处注："与弘治同。"
[4]原书此处注："与弘治同，俱起运南京库。"
[5]原书此处注："与弘治同。"
[6]原书此处注："比弘治增 93 包。"
[7]原书此处注："比弘治户增 253，口减 6742。"

| | |
|---|---|
| **夏税** | |
| 小麦（石） | 1844.61 |
| 起运麦(石) | 1768.00 |
| 存留麦(石) | 76.61 |
| 税丝(斤)(本色) | 100.44 |
| 农桑丝折绢(匹) | 10.00 |
| **秋粮** | |
| 米(石) | 8562.44 |
| 起运米(石) | 8278.00 |
| 存留米(石) | 284.44 |
| 马草(包) | 186090.00 |
| 起运草(包) | 168600.00 |
| 存留草(包) | 17490.00 |
| 户口盐钞银(两) | 1094.55 |
| 起运银(两) | 1082.55 |
| 存留银(两) | 12.00 |
| 遇闰共加银(两)(起运) | 91.21 |
| **建平县** | |
| **夏税** | |
| 小麦（石） | 1791.77 |
| 起运麦(石) | 1732.00 |
| 存留麦(石) | 59.77 |
| 税丝(斤)(本色) | 15.57 |
| 农桑丝折绢(匹) | 9.00 |
| **秋粮** | |
| 米(石) | 5503.85 |
| 起运米(石) | 5352.00 |
| 存留米(石) | 151.85 |
| 马草(包) | 116955.00 |
| 起运草(包) | 106400.00 |
| 存留草(包) | 10555.00 |
| 户口盐钞银(两) | 600.19 |
| 遇闰共加银(两) | 50.01 |
| **徐州** | |
| **田土官民（亩）** | 2016716.40[1] |
| **夏税** | |
| 小麦（石） | 67158.00[2] |
| 起运 | |
| 亳州仓小麦(石) | 941.00 |
| 扬州府仓小麦(石) | 3000.00 |
| 俱每石折银(两) | 0.40 |

| | |
|---|---|
| 徐州仓小麦(石)(本色) | 18150.00 |
| 派剩小麦(石)(解太仓银库) | 1059.00 |
| 每石折银(石) | 1.00 |
| 以上共起运麦(石) | 23150.00 |
| 存留麦(石) | 44008.00 |
| 税丝折绢(匹) | 3025.00[3] |
| 农桑丝折绢(匹) | 2538.00[4] |
| 俱每匹折银(两) | 0.70[5] |
| **秋粮** | |
| 米(石) | 79858.14[6] |
| 起运 | |
| 兑军米(石) | 30000.00 |
| 本州仓改兑米(石) | 18000.00 |
| 以上共起运米(石) | 48000.00 |
| 存留米(石) | 31858.14 |
| 马草(包) | 100000.00[7] |
| 起运 | |
| 京库草(包) | 50000.00 |
| 每包折银(两) | 0.03 |
| 存留草(包) | 50000.00 |
| 人户(户) | 37841.00 |
| 人口(口) | 345766.00[8] |
| 户口盐钞银(两) | 2059.85 |
| 起运银(两) | 1029.92 |
| 存留银(两) | 1029.92 |
| 遇闰共加银(两) | 171.58 |
| **本州** | |
| **夏税** | |
| 小麦（石） | 36966.31 |
| 起运麦(石) | 11377.22 |
| 存留麦(石) | 25589.08 |
| 税丝折绢(匹) | 1666.00 |
| 农桑丝折绢(匹) | 767.00 |
| **秋粮** | |
| 米(石) | 33149.19 |
| 起运米(石) | 19936.00 |
| 存留米(石) | 13213.19 |
| 马草(包) | 41528.00 |

[1] 原书此处注：比弘治增 154 顷 93 亩 6 分。
[2] 原书此处注："与弘治同。"
[3] 原书此处注："与弘治同。"
[4] 原书此处注："与弘治同。"
[5] 原书此处注："起运京库。"
[6] 原书此处注："与弘治同。"
[7] 原书此处注："与弘治同。"
[8] 原书此处注：比弘治户增 2955，口减 8545。

| | |
|---|---|
| 起运草(包) | 20764.00 |
| 存留草(包) | 20764.00 |
| 户口盐钞银(两) | 651.13 |
| 起运银(两) | 325.56 |
| 存留银(两) | 325.56 |
| 遇闰共加银(两) | 55.08 |

| 萧县 | |
|---|---|
| **夏税** | |
| 小麦（石） | 11827.82 |
| 起运麦(石) | 4605.49 |
| 存留麦(石) | 7222.33 |
| 税丝折绢(匹) | 528.00 |
| 农桑丝折绢(匹) | 837.00 |
| **秋粮** | |
| 米(石) | 20033.94 |
| 起运米(石) | 12032.00 |
| 存留米(石) | 8001.94 |
| 马草(包) | 25096.00 |
| 起运草(包) | 12548.00 |
| 存留草(包) | 12548.00 |
| 户口盐钞银(两) | 433.90 |
| 起运银(两) | 216.95 |
| 存留银(两) | 216.95 |
| 遇闰共加银(两) | 36.15 |

| 沛县 | |
|---|---|
| **夏税** | |
| 小麦（石） | 11539.86 |
| 起运麦(石) | 4424.89 |
| 存留麦(石) | 7114.97 |
| 税丝折绢(匹) | 520.00 |
| 农桑丝折绢(匹) | 427.00 |
| **秋粮** | |
| 米(石) | 11760.90 |
| 起运米(石) | 7072.00 |
| 存留米(石) | 4688.90 |
| 马草(包) | 14680.00 |
| 起运草(包) | 7340.00 |
| 存留草(包) | 7340.00 |
| 户口盐钞银(两) | 440.78 |
| 起运银(两) | 220.39 |
| 存留银(两) | 220.39 |
| 遇闰共加银(两) | 37.90 |

| 砀山县 | |
|---|---|

| 夏税 | |
|---|---|
| 小麦（石） | 3494.65 |
| 起运麦(石) | 1398.16 |
| 存留麦(石) | 2096.49 |
| 税丝折绢(匹) | 154.00 |
| 农桑丝折绢(匹) | 384.00 |
| **秋粮** | |
| 米(石) | 9385.07 |
| 起运米(石) | 5632.00 |
| 存留米(石) | 3753.07 |
| 马草(包) | 11698.00 |
| 起运草(包) | 5849.00 |
| 存留草(包) | 5849.00 |
| 户口盐钞银(两) | 281.49 |
| 起运银(两) | 140.74 |
| 存留银(两) | 140.74 |
| 遇闰共加银(两) | 21.39 |

| 丰县 | |
|---|---|
| **夏税** | |
| 小麦（石） | 3329.34 |
| 起运麦(石) | 1344.22 |
| 存留麦(石) | 1985.10 |
| 税丝折绢(匹) | 155.00 |
| 农桑丝折绢(匹) | 120.00 |
| **秋粮** | |
| 米(石) | 5529.00 |
| 起运米(石) | 3328.00 |
| 存留米(石) | 2201.00 |
| 马草(包) | 6998.00 |
| 起运草(包) | 3499.00 |
| 存留草(包) | 3499.00 |
| 户口盐钞银(两) | 252.52 |
| 起运银(两) | 126.26 |
| 存留银(两) | 126.26 |
| 遇闰共加银(两) | 21.04 |

| 滁州 | |
|---|---|
| 田土官民（亩） | 280996.00[1] |
| **夏税** | |
| 小麦（石） | 2611.29[2] |
| 起运 | |
| 凤阳府仓小麦(石) | 2000.00 |

[1]原书此处注：比弘治减 102 顷 87 亩 7 分零。
[2]原书此处注：比弘治增 33.23 石。

473

| | |
|---|---|
| 存留麦(石) | 611.29 |
| 农桑丝折绢(匹) | 217.00 |
| 每匹折银(两) | 0.70[1] |
| **秋粮** | |
| 米(石) | 5985.35[2] |
| 起运 | |
| 南京牺牲所米(石) | 580.00 |
| 糯稻谷(石) | 50.00 |
| 准米(石) | 25.00 |
| 南京各卫仓黑豆(石) | 452.00 |
| 南京酒醋面局黄豆(石) | 408.00 |
| 以上共起运米(石) | 1465.00 |
| 存留米(石) | 4520.35 |
| 马草(包) | 56441.00[3] |
| 起运 | |
| 京库草(包) | 11000.00 |
| 每包折银(两) | 0.03 |
| 南京牺牲所细稻草(包) | 15000.00 |
| 南京户部定场草(包) | 10000.00 |
| 以上共起运草(包) | 36000.00 |
| 存留草(包) | 20441.00 |
| 人户(户) | 6717.00 |
| 人口(口) | 67277.00[4] |
| 户口盐钞银(两) | 255.94 |
| 起运银(两) | 105.39 |
| 存留银(两) | 150.55 |
| 遇闰共加银(两) | 21.30 |
| **本州** | |
| **夏税** | |
| 小麦(石) | 1109.97 |
| 起运麦(石) | 837.00 |
| 存留麦(石) | 272.97 |
| 农桑丝折绢(匹) | 79.00 |
| **秋粮** | |
| 米(石) | 2245.41 |
| 起运米(石) | 548.65 |
| 存留米(石) | 1696.76 |
| 马草(包) | 24753.00 |
| 起运草(包) | 15682.00 |

| | |
|---|---|
| 存留草(包) | 9071.00 |
| 户口盐钞银(两) | 77.92 |
| 起运银(两) | 32.08 |
| 存留银(两) | 45.84 |
| 遇闰共加银(两) | 6.49 |
| **全椒县** | |
| **夏税** | |
| 小麦(石) | 856.60 |
| 起运麦(石) | 663.00 |
| 存留麦(石) | 193.60 |
| 农桑丝折绢(匹) | 83.00 |
| **秋粮** | |
| 米(石) | 1796.59 |
| 起运米(石) | 441.48 |
| 存留米(石) | 1355.11 |
| 马草(包) | 12225.00 |
| 起运草(包) | 7801.00 |
| 存留草(包) | 4424.00 |
| 户口盐钞银(两) | 97.60 |
| 起运银(两) | 40.18 |
| 存留银(两) | 57.41 |
| 遇闰共加银(两) | 8.10 |
| **来安县** | |
| **夏税** | |
| 小麦(石) | 644.71 |
| 起运麦(石) | 500.00 |
| 存留麦(石) | 144.71 |
| 农桑丝折绢(匹) | 54.00 |
| **秋粮** | |
| 米(石) | 1943.34 |
| 起运米(石) | 474.87 |
| 存留米(石) | 1468.47 |
| 马草(包) | 19463.00 |
| 起运草(包) | 12517.00 |
| 存留草(包) | 6946.00 |
| 户口盐钞银(两) | 80.41 |
| 起运银(两) | 33.11 |
| 存留银(两) | 47.30 |
| 遇闰共加银(两) | 6.70 |
| **和州** | |
| 田土官民(亩) | 621579.60[5] |

[1]原书此处注："起运京库。"
[2]原书此处注：比弘治增92.44石。
[3]原书此处注：比弘治增433包。
[4]原书此处注：比弘治户增1877，口增17565。

[5]原书此处注：比弘治减5675顷89亩9分。

| 夏税 | |
| --- | --- |
| 小麦（石） | 1435.66[1] |
| 农桑丝折绢（匹） | 99.00 |
| 每匹折银（两） | 0.70[2] |
| 秋粮 | |
| 米（石） | 9950.54[3] |
| 起运 | |
| 南京牺牲所米（石）（本色） | 720.00 |
| 滁州永盈仓米（石）（本色） | 8000.00 |
| 以上共起运米（石） | 8720.00 |
| 存留米（石）[4] | 1230.54 |
| 马草（包） | 26238.00[5] |
| 起运 | |
| 京库草（包） | 11000.00 |
| 每包折银（两） | 0.03 |
| 南京户部定场草（包） | 1440.00 |
| 以上共起运草（包） | 12440.00 |
| 存留草（包） | 13798.00 |
| 人户（户） | 8800.00 |
| 人口（口） | 104960.00[6] |
| 户口盐钞银（两） | 272.59 |
| 起运银（两） | 109.01 |
| 存留银（两） | 163.58 |
| 遇闰共加银（两） | 22.79 |
| **本州** | |
| 夏税 | |
| 小麦（石） | 1199.46 |
| 农桑丝折绢（匹） | 66.00 |
| 秋粮 | |
| 米（石） | 7113.05 |
| 起运米（石） | 6618.00 |
| 存留米（石） | 495.05 |
| 马草（包） | 20549.00 |
| 起运草（包） | 9850.00 |
| 存留草（包） | 10699.00 |
| 户口盐钞银（两） | 206.86 |
| 起运银（两） | 82.74 |
| 存留银（两） | 124.11 |

| 遇闰共加银（两） | 17.27 |
| --- | --- |
| **含山县** | |
| 夏税 | |
| 小麦（石） | 236.19 |
| 农桑丝折绢（匹） | 33.00 |
| 秋粮 | |
| 米（石） | 2386.94 |
| 起运米（石） | 2102.00 |
| 存留米（石） | 284.94 |
| 马草（包） | 5688.00 |
| 起运草（包） | 2590.00 |
| 存留草（包） | 3098.00 |
| 户口盐钞银（两） | 65.73 |
| 起运银（两） | 26.26 |
| 存留银（两） | 39.46 |
| 遇闰共加银（两） | 5.52 |

[1]原书此处注：比弘治增 10.99 石，存留。
[2]原书此处注："与弘治同 ，起运京库。"
[3]原书此处注："与弘治同 ，起运京库。"
[4]原书此处注：内□□册开比部派数少 450.54 石。
[5]原书此处注：比弘治增 148 包。
[6]原书此处注：比弘治户增 1350，口增 37944。

## 南直隶田赋沿革事例

正统五年，行在工部侍郎周忱题，尚书刘中敷复：准将松江府原拟秋粮，折收阔白三梭布二万匹，俱准粮二万石折收，其余照例准折阔白棉布，一体解京库交收（按：该府起运北京大三梭棉布五万九千七百三十二匹，准大小麦九万二千一百一十一石九斗）。

六年，尚书刘中敷等会议题准应天、苏、常、镇、太、池、安、广德等府州，自七年以后，该纳夏税绢匹愿纳折色者，每匹折银五钱，不愿者，仍纳本色。

十一年，南京户部题，尚书王佐复：准应天等府存留备用草束，改征本色，运南京场分交纳（先题每草一束，折米五升，今改本色。内应天象草五万束，扬州稻草七万包，象草三万束；淮安稻草八万包，象草二万束；常州稻草八万包，宁国稻草二万包，象草六万束；太平象草四万束，凤阳稻草四万包，松江稻草二万包，安庆象草二万束，和州稻草一万四百四十包，广德州象草五万束）。

十三年，合肥县民奏告：沙珰、东湾埠、大圩等处，原系洪武年间额定纳粮田地，正统九年有焦湖汀泊讦告，官豪侵占天井等圩，重复加粮七千余石。本部差主事沈翼会官丈量，通减除七千六百八十二石二斗四升一合四勺五抄五撮五圭，量出起科粮一万一千九百九十九石九斗一升五合四勺六抄，增亏相补，于内实增出粮四千三百一十七石六斗七升四合四撮。本部复：准照主事沈翼今定起科则例，自正统十四年为始，于实征册内新收项下，作数开报。其卫所军余于屯田册内，实收带管。

景泰元年，尚书金濂题：准苏州府所属正统十四年分马草，每包折银三分。

三年，侍郎李敏题，尚书金濂复：准除松江府原拟南北二京光禄寺米数照旧运纳外，其拨内官监、供用库、酒醋面局白熟粳糯米，共准糙粳米一万九千四百七十石，改拨浙江嘉、湖二府民运京粮内送纳，仍将松江府原拨各衙门白熟粳糯米改运京仓，以补嘉、湖二府前项粮数。

天顺元年，尚书沈固题：准将勘过应天、太平等府开垦地土，以十分为率，减其二分，就取勘丁多田少及无田之家，每丁摘拨二十亩佃种。

四年，本部题：准苏州府添设管粮通判一员，长洲、吴县、吴江、常熟、昆山、嘉定添设主簿一员。

成化二年，巡按姚绶题称江都县旱涝。本部复：准将原派小麦，抵斗纳米。

十八年，巡按刘魁奏，本部复：准苏松各府县儒学仓、各卫所军储仓，俱令附近人户上纳，水次仓厫止收起运兑军，不许将各折米、义役、马役等米一概混收，致令粮长那移抵换。

弘治二年，巡抚王克复奏，本部复：准宁国府添设管粮通判一员。

三年，知县陈荣奏称：常州府所隶五县，各县田地每亩俱科粮五升，惟宜兴、武进科粮一斗，乞将五县民粮均派纳办。尚书李敏复：准行，令该府查勘具奏。

本年南京守备太监并成国公等各题称：踏勘过孝陵神宫监地土一十五顷四十四亩有奇，军余贾聚等承种各祖父开垦地七顷一十八亩有奇，将地土退还本监管理，依例起科纳粮，进送红花、蓝靛，增添公用。尚书李敏复：准该征粮米照数于孝陵神宫监上纳，以备进用。

四年，巡抚倪钟奏，尚书叶淇复：准在京文武官员俸粮，照例每石折银八钱，南京文武官员俸粮运本色一半，余每石折银七钱。

六年，巡抚何鉴奏称：苏州府存留数少，要将起运凤阳、扬州，并淮安常盈仓粮米六万石暂留本府，以备支用。尚书叶淇复：奉圣旨，岁用支运，既难更改，罢。钦此（按：是年该库额征正米二百三万七千六百四十五石零，成化四年以前，坐派起运米一百六十三万六千九百六石零，存留四十万七百三十九石零，内除包补常熟、崇明、吴江等县坍江、坍海、坍湖无征米共一万八百余石，实该存留米三十九万九千九百三十九石。至成化六年以后，节年增添起运淮安常盈仓，并凤阳、扬州等府仓粮及京库折银等项共二十万余石，斯起运渐多，存留渐少矣）。

七年，巡抚何鉴奏称：南直隶等处水患，起运不足。尚书叶淇复：准行令北直隶并山东、河南，原派大同、宣府夏麦五万五千四百余石，秋粮米豆共四十六万七千余石，俱改运京仓，以补南直隶等处不足之数。

本年巡抚何鉴题称：苏州、常、镇、应、太、安、池、徽、宁、广德等府州县灾伤。巡抚叶淇复：准将兑运禄米仓米，行令每石折银七钱，其灾重地方，坐派茴香、黄蜡等料，亦暂停止。

本年又奏准将弘治六年见收未解凤阳、扬州粮米七万八千二百余石内，准留二万八千二百余石，补作先年凤阳等府借拨之数。其粮长名下，追出成化十七年拖欠凤、扬二府粮米，俱准留本处支用。

十年，巡按王鼎奏：工部原勘出新旧滩地五百顷有奇，课止一千六百五十余两，是年新涨增至四千七百三十九两。尚书周经复：准将清查过芦洲课银，除旧额解南京工部外，其新涨课银存留镇江，每年籴米抵补坍江田粮之数。

十五年，总督奏称：徐州并凤、淮二府水灾，除徐州该兑粮米先已奏准折银外，今将凤、淮二府无征数内，一并折银解部。尚书佀钟议得京储所积渐少，难以轻易折银，复：准行，令附近无灾府分，照数拨补，或就便于徐、淮、临、德水次支运，务令不失原额。

十六年，尚书佀钟等题称：苏松等府折粮布匹，乞令解部看验勘中，封送该库，与北布一例收受。奉圣旨：布匹着用心看验勘中，送库交纳，不许仍前酷害小民。钦此。

十八年，巡抚魏绅奏，尚书韩文复：准将太平府起运凤阳、扬州二府小麦，照例每石折银六钱，内扣留二钱，以备官军之用。

本年巡抚魏绅奏称：太平府连年荒旱，官军久缺俸粮，乞将本府起运凤、扬二府小麦一万二千石，于内各除三千石存留支用，不敷量于两淮盐课或淮、扬抽分银两拨补。尚书韩文议得：前项小麦例难扣除，而盐课抽分俱系边储，亦难动支，但前项小麦先年每石止征银四钱，后增六钱，合行量处。题准，除弘治十七年分照旧征解外，以后小麦每石折银六钱四分，将四钱四分解送各该府库交收，扣下二钱留本府，辏补本处官军俸粮支用。

本年南京户部尚书熊翀等题称：南京原设三十六仓，专一收贮粮储。成化二年，因为各处解纳粮米数多，无厫收受，奏行三年两次收兑三个月，后改每年水兑三个月，已是定规。弘治十六年各处灾伤，又行奏添三个月。查得每年坐派浙江、江西、湖广等处起运粮米，虽有一百□十七万三千余石，因各处灾伤，运到者止有八千余石，若每年水兑俱六个月，则兑过米已六千余万石，各仓所收数少，恐皆尽虚，合行停止。本部复：准水兑照旧例止三个月，续加月分停止。

本年巡抚魏绅题称：应天、镇江等府滨海田地，新涨洲涂，尽为势豪所据，旧坍粮草却累小民包赔，乞委官清查就拘，坍粮人户，通融拨给。尚书韩文复：惟除南京工部额定，并纳粮民田照旧外，其无主荒滩，别项余田，新涨沙洲，与各府县一应洲滩沙壅，通行丈量，或令代纳，坍江人户无坐粮米；或将前地，拨与坍江人户管种；倘或有余，均给无田贫民领种纳粮。未成田者，暂以二亩折算一亩，待成田之日升科。隔江□县者，就拨与附近人户佃种，照依寄庄事例，补纳粮草。以后每三年一次，差官丈量，永为定例。

正德元年，总督粮储叶盛题，尚书韩文复：准将南京岁给粮储，仍照旧例，各司府坐委堂上官一员总领，各该分部俱要本州县佐贰官，不许遣人代运。夏税限本年十月以里，秋粮限次年正月以里，其或过期不行，听南京户部及总督粮储径自参提问罪。

三年，丹徒县民唐麒奏称：该县六都地方有湖滩四段，共地一千三百余亩，俱系空闲，乞要丈量。奉圣旨：还查这地土，果无干碍，就行发于唐麒佃种起科。钦此。

十二年，南京户部题，尚书石玠复：准当涂县牧象湖未起科地二千三百二十一亩二分，行令有司每岁征银，送南京户部交纳。

十四年，巡抚臧凤题，本部复：准淮、扬二府改兑粮米四万六千五百六十三石，每石暂折银六钱。

本年御史龚大有题，尚书杨潭复：准浙江等布政司将起解南京钱粮，先期选委本司首领官一员，前去总部所属直隶府分，所属州县另各委官，管部先将总委管部官职名造册，送南京户部查考，比并完纳。如有违限不到者，并粮不完，先行逃回者，转行各该巡按提问发落，仍令回南京完纳钱粮，方许回任。

嘉靖元年，巡按陈实奏：池州、安庆二府，并应天高淳、溧水二县水灾。尚书孙交复：准行令各该兑军粮米本色减半，每石折银七钱。

十七年，巡抚周金题，本部复：准海门县坍江田地一千二百五十六顷六亩三分，该税粮六千三百余石，每石暂准折银一钱五分。

二十一年，巡按高燫题：泰州有田无粮七十户，俱各升科；无田有粮三百八十户，俱各除免；田多粮少七百九十七户，俱各增派；田少粮多一千二百三十户，亦各照田减除。其该州无粮荒田，共积出六千顷九十六亩九分，俱从轻洒派，共增粮五千五百六十二石三斗六升八合一勺。本部复：准将泰州均摊新增田粮五千五百六十余石，补民灶逃绝、重粮及有粮无田之数。

二十三年，巡抚丁汝夔等奏称地方旱灾。本部复：准将应天等府本年分改正兑米一百四十七万四千九百五十石，除三分征银解纳外，其余米一百三万二千六十五石内，量准一十五万石，于临、德二仓支运。各该府州，仍每石征贴脚价银一钱五分，其余米八十八万二千四百六十五石，照旧征运本色。

二十四年，巡抚题称：淮安府海州灾伤。本部复：准将该州改兑米九千九百五十石，准拨临、德二仓支运，每石止征脚价银一钱五分，原派淮安并该州仓米，停派三年；其官吏、师生、官军俸粮、月粮，许于商税及无碍银内处补。

三十年。巡按张鉴奏称：南京留守等卫、吴淞守御千户所各坍江田粮，乞行除豁。尚书王暟议

（此处缺半页）

三十八年，巡抚翁大立题称：南直隶地方灾伤。尚书马坤复：准行令差去催征逋赋主事，将前项银两应征、应解、应议处者，酌量年限远近，地方缓急，调停征解。

本年都御史翁大立题，尚书马坤复：准应天、徽、宁、池、太、安、庐、广德等府州县，每丁征银三分，每田一亩征银四厘，协济沿海苏、松、常、镇四府，听候督抚衙门支用。

四十年，巡抚周琉、巡按周如斗各题称苏、松等处倭变非常。尚书方钝复：准除常、镇三十三年存留照旧蠲免，并无锡、江阴二县，漕粮改折三分之一，民运本色改折十分之五，俱无容再议外，其苏、松二府本色存留，尽数蠲免；其漕粮除前议改折三分之一，民运税粮、马草除改折十分之五，太仓、崇明、上海、华亭除改折五分，其余尽数停征，候稔岁带征补足。

四十二年，巡抚周琉题，尚书高燿复：准应天、苏、松等处，自本年为始，将原加派兵饷，每两各减三钱（应天等处原加派兵饷银四十三万五千九百二十两，四十一年因水灾，已减征一万八千九百三十两。是年又每两减三钱，止征银二十九万一千八百九十二两）。

四十五年，巡抚马森题称：盐城备倭军士月粮久缺。本部复：准将应天府派解庐州府仓秋粮米五千石，每石折银五钱，改派淮安府仓上纳；淮安府额派凤阳府仓秋粮米二万八千

石，每石照旧征银六钱五分，起解凤阳府仓，一钱扣存；淮安府库及庐州府原派扬州府仓麦内派四百零一石，每石征银四钱，仍解该仓外，一千五百九十九石改拨起运光禄寺上纳，每石征银一两；将淮安府原派光禄寺麦改派扬州府仓，以抵庐州府应解二千石之额，每石照旧征银一两，内四钱解扬州，六钱俱存淮库。

隆庆元年，应天巡抚林润条陈复粮额等事。尚书马森复：奉圣旨，依议行。钦此。一复粮额。奏称苏州等府及广德等州，历年加派数多，乞要以后遵照嘉靖初年旧额征派，本部卷查坐派各省税粮，自国初至今，有一定之额，俱以夏税、秋粮、马草为正赋，其余各项杂派银、力等役，另立款项，或照地科，或计丁派，或编入均徭，或取足里甲，原与夏秋粮草正额无干。惟是苏、松等府不分正赋杂派，皆混入粮内征收，名曰平米。杂派多，则正赋反累，而不知者以加派归咎户部，不亦冤乎。合移咨巡抚，将各项钱粮，不拘起存，逐一清查，要见某府夏税小麦、秋粮米各正若干，内何项加重，何者为前旧额，何者为后加增，备造册送部，查理裁定施行。一议改折。要将五府六部、宗人府及南京各衙门糙粳正米，自隆庆二年以后起，会计改折一半。本部复：查祖宗旧制，每岁有漕粮四百万石，而又有民运白粮三十万一千四百余石，今若改折，倘有缓急，将何以支？但南京水路四通，改折犹可，合无自隆庆二年以后起，会计南京各衙门，除神乐观米一千六百六十四石七斗三升，每石折银六钱，征解南京户部交纳；支给其五府六部各衙门俸禄米，俱每石折银七钱，征解上纳；其北京除以前改折于见派五府六部等衙门米五万九千八百一十石，内量折十分之二，每石折银一两，征收解部。每年遇米贱时月，监生、吏典、乐舞生，量行折放一、二月，如是米贵，俱仍本色。一处挂欠。要将苏松常三府岁运白熟粳米，白粮（此处缺半页）
□□下，军民田粮额数载在《会典》，虽遇□□□压等变，原无除豁之例。复：准行。查有滩淤□地并长出芦洲处所，将前亏欠粮照数顶补，以足原额。

本年咸宁侯仇鸾题，尚书孙应奎复：准扬州府城西勾城荒塘地五顷，给本爵族人开垦，三年照例征租。

三十七年，巡抚李遂题，尚书贾应春复：准徐、颖二州兵备，请勑书兼督粮储。

（原书此处下有缺页）

## 《万历会计录》卷十七　辽东镇饷额

辽东镇目录

屯粮

民运

盐引

盐课

京运

俸粮 附料草冬衣布花

修边

仓庾

职储

甲表 49　　　　　　　　　　　　辽东镇饷额[1]

| 本镇饷额 | 原额 | 见额 |
|---|---|---|
| 主兵官军(员名) | 94693.00 | 83324.00[2] |
| 马骡(匹) | 77001.00 | 41830.00[3] |
| 屯粮料(石) | 700000.00 | 279212.31[4] |
| 荒田粮折银(两) | | 431.94 |
| 民运银(两) | | 159842.59 |
| 内山东布运二司银(两) | | 147119.17 |
| 永平府户口盐钞地亩花绒银(两) | | 935.37 |
| 本镇金复海盖草豆鱼苇银(两) | | 11080.05 |
| 课程银(两) | | 708.00 |
| 共银(两)（径解该镇） | | 12723.42 |
| 民运布(匹) | 320000.00 | |
| 花绒(斤) | 140000.00 | |
| 盐引(引) | 141548.00 | |
| 两淮山东盐(引) | | 111402.00[5] |
| 该银(两) | | 39076.05 |
| 京运银(两) | 10000.00 | |
| 京运年例银(两) | | 163998.52 |
| 节年陆续加添新增家丁月粮赏赐墩夜月粮官员俸粮两河防守军士月粮共增银(两) | | 45277.29 |
| 万历八年又增铁岭军士粮赏料草银(两) | | 16740.00 |
| 九年又加折饷银(两) | | 81909.60 |
| 以上通共加银(两) | | 307925.41[6] |
| 客兵[7] | | |

[1] 自本卷到卷二十九，原书中原额项目与现额项目名称不尽相同，今依现额项目名称列表。
[2] 原书此处注：比原额减 1820 员名。
[3] 原书此处注：比原额减 35251 匹头。
[4] 原书此处注：比原额减 420787.68 石。
[5] 原书此处注：比原额减 30148 斤。
[6] 原书此处注：连下客兵共 409984 两 3 钱 6 分 8 厘，比原额增 399984 两 3 钱 6 分 8 厘。
[7] 原书此处注："调道不常，无定数。"

| | | |
|---|---|---|
| 京运年例银(两) | | 40000.00 |
| 节年陆续加添游兵防工家丁行粮料草银(两) | | 62058.95 |
| 共发银(两) | | 102058.95 |

## 辽东镇沿革事例

### 屯粮

本镇屯粮，洪武二十四年五十三万七千二百五十余石，永乐十年七十一万六千一百余石，正统以后，粮数逐减。正德、嘉靖以来，粮止三十八万三千八百余石，节经清理，未足原额。隆庆间，灾疠频仍，田亩益荒，实征屯粮仅二十三万五百余石。见今粮料渐增至二十七万九千二百一十二石三斗有奇，无论初额，即嘉靖间粮数亦不及多矣。

正统八年，巡抚李浚奏报：辽东定辽左等卫，□□分旗军屯种，并样田各色子粒共四十五万四千二百六十五石六斗。

九年，巡抚李纯题：鞑贼犯边，选添军马粮料浩大，欲将各卫队伍，并驿递铺、盐铁场旗军下余丁，每军留一丁帮助，其余每三丁，摘拨一丁，拨田五十亩屯种，纳细粮四石备用。尚书王佐复准。

本年巡抚王翱题：余丁该纳粮数免征，候秋冬自备口粮守备。尚书王佐复：准将该征子粒四石，除一石五斗作守备五个月口粮，余照数征纳。

成化十年，巡抚滕昭拣退弓马生疏军三千余名归屯，每年省粮料六万余石，又岁收各军屯粮三万余石。

十二年，侍郎马文升题：辽阳、东山等五堡，田土肥饶，每军给牛价一两，分拨田土，令其且耕且守，不支行月粮，只令关本色五斗，折钞五斗。尚书杨鼎复：准行抚镇等官，勘议举行。

十三年，巡抚陈钺题：辽东地方谷草不多，议□卫舍余人等纳草给引，告买卖者每引纳草□百束；告祭扫者四百束，不愿纳草者，每二百束纳米四石。尚书杨鼎复：准行令该卫保勘，不系正军，照所议粮草数目上纳。

十六年，巡抚王宗彝奏称：各卫所屯田，因景泰二年大水为患，冲流沙压，以此不足原数。尚书陈钺复：准行抚按官，将前项无名屯粮五万六百余石除豁。

二十年，郎中毛泰奏称：广宁等卫所，将屯田正军一千三百四十二名，开作军伴、军吏混边操练马军项下，冒支边储数多，及查各军每年遗下该纳屯粮一万三千四百二十石，俱造在无名屯粮册内开豁，乞照旧拨发屯种。尚书余子俊复：准将前项屯军，悉令归屯，查给原地耕种，就于本年照例纳粮。

弘治七年，郎中王璘题：宁远、广宁二卫屯田簿内，比原额少田二百二十二顷，少粮一万四千四百石。尚书叶淇复：准行令督同守巡官，勘究追纳。

十二年，御史罗贤题：金、复、盖三卫屯豆，免其折征，坐派海州等仓上纳，广宁军余采草量为□省。尚书周经复：屯豆仍折征银布，可省脚价，采草余丁免，分二班，岁令纳银一两二钱。

本年本部题：准将金、复、盖三卫余丁办纳草价，岁约二千余两，送管粮郎中收贮备用，著为例。

十五年，郎中王济题：处置秋青马草。尚书倪钟复：准派采秋青草束，年例外加添一倍，每七束，给刀镰银一分。金、复等卫军余草束，仍令上纳本色。

十六年，巡抚张璚题称：辽东屯田被人侵占，子粒拖欠，该前巡抚韩重建议，添官管理。合无行令安乐知州带管附近三万、辽海、铁岭、沈阳、定辽前后、东宁七卫，自在知州带管附近定辽左、右、中并海、盖、金、复七卫，广宁在城四卫，照旧郎中专理。其广宁左右、屯中、屯前、后屯、宁远、义州七卫，另铨选通判一员，于永平府带俸督同管屯官，清理屯田，催督子粒，监收粮斛，仍听郎中总理。尚书倪钟复准。

十七年，巡抚张璚题：添设宪职专管屯田。尚书韩文复：准咨吏部推选才干官一员，铨注山东按察司副使，管理将沿边腹里荒地尽数开垦，限年起科。

正德元年，巡抚邓璋题称：副使李惟聪清理屯田，增粗细粮二十六万二千一百五十四石（至嘉靖三十八年，大约相同）。

八年，巡抚张贯咨称：内外镇守等官，退出田二百二十八顷八十三亩。尚书孙交题：准行管粮官，照屯田则例征纳本色。

嘉靖七年，巡按张问行题：屯田赔纳之弊，如屯田、样田、地亩米、地科粮等项，系祖宗旧制，永无可议。此外有巡抚米更易粮，赋税米、官银米升官粮，俱应开豁。其官枣园、草场、教场，今皆盗换，又沿边开垦荒田不下万顷，俱未起科。尚书邹文盛复：准行巡抚查勘，先年权宜纳粮者，悉与开豁。

八年，巡抚潘珍条陈清田粮以恤屯军。尚书梁材复：准除见种屯田五十亩，办纳屯粮一分外，如有关银、样田、地亩等粮，及未经起科，并赡军、养马、奏讨等项名色，悉与革除。

十四年，巡抚吕经题：岁用不敷。本部复：准将金、复、海、盖四卫草豆等项折银一万一千三百两零，拨镇支用。

三十九年，屯粮料折细共三十万一千一百二十四石四斗（自此屯粮始增）。

四十二年，总督杨选题：广宁、宁前二卫添设两营官兵，乞将镇武、沙岭等处逃故田土，清查拨给。尚书高耀复：准查无人耕种田土拨给，暂免子粒。

四十四年，巡抚王之诰题称：广宁、锦义等处，已经设处牛三百只，种田二百一十四顷三十二亩，收过杂粮一万六千一百石，并条议工力、牛具、种子、车辆、草秸、仓厫等八事。尚书高耀复准。

隆庆二年，巡抚魏学曾题：清出定辽左等一十三卫所屯田增粮料五万一百二十四石四斗六升。

五年，巡抚张学颜题：本镇屯粮自灾虏之后，千里鞠为茂草，隆庆四年止实征粮二十三万三千三百五十余石，以后年分，以此为准。旧额□勿取盈，其边腹闲田，容遍示全镇，有愿耕者，永不起科。尚书张守直复：准隆庆六年以后，俱照四年实征二十三万三千五百之数，抛荒屯田愿耕者给帖，永为己业，三四年后，量派轻粮。

万历五年，巡抚周詠册报：实征屯米一万七千六百六十五石七斗三升九勺零，谷一十七万五千二百二石二斗六升二合零，豆五万三千三百六十九石六斗六升三合零。

六年，督抚梁梦龙等题：地方十分灾荒，乞破格宽恤。尚书张学颜复：各卫应征屯粮，暂且停征。奉圣旨：该镇既称饥困，本年屯粮准蠲免一半，还发银二万两，乘时籴买，以示优恤。钦此。

本年郎中周世科边储簿报：本镇屯粮米一十六万八千六百六十一石七升六合，料豆一十一万五百五十一石二斗三升八合，共二十七万九千二百一十二石三斗一升四合，荒田粮折银四百三十一两九钱四分一厘七毫五丝。

### 民运

本镇军需，旧例取给山东，税粮折布三十二万匹，本色钞一百八十万锭，花绒一十三万二千斤，由海运自登州府新河海口，运至旅顺口交卸，再由辽河直抵开原。成化、弘治间，本折兼收。正德初，始奏改折色，陆运盐折布四万六千余匹。正德十五年，照例折银。永平地亩花三百四十六斤，正德五年始；户口盐钞银九百三十五两，嘉靖七年始。内山东布运二司，岁运折银一十四万七千一百一十九两一钱七分零。万历六年，改兑太仓转发。

成化十四年，指挥同知吴俨奏：登州海运苦风不便。尚书杨鼎复：准山东岁办布花，每布一匹，折银四钱；每花一斤，折银一钱，送边给军。

十六年，尚书陈钺题：山东连岁灾伤，每布一匹，比照原拟减银五分，每花一斤，减银二分，共减银二万八百两。

弘治十年，巡抚张岫题：山东民运布花至山海关，转输不便。尚书周经复：准将起运布花本折兼收，著为例。

正德五年，会派山东夏麦钞一百八十万锭，每锭折银一分五厘，该银二万七千两。棉布一十七万匹，除解山海库、登州府库十一万匹外，余六万匹，每匹折银三钱，该银一万八千两。秋粮布一十五万匹，除解山海库、登州府库一十一万五千匹外，余三万五千匹，每匹折银三钱，该银一万五百两。马草二十一万三千八百三十二束，每束折银九厘，该银二千一十四两四钱八分八厘。又派永平府地亩花三百四十五斤一十三两二钱。

七年，尚书孙交题：南京打造海船，恐工程浩大，难以卒办。合无将山东七年、八年布花，照依正德三年事例，折征银两。

八年，南京工部咨称：海船桅心等料俱无见成，须采买，久以月日方得。题奉钦依，装运九年布花，恐临期有误。尚书王琼题：准九年以后布花，仍征折色，解部类送，候海船完日，照旧运纳本色。

十年，巡抚张贯咨称：本镇急缺布花。尚书王琼题：准登州府库见在盐折布一十万五千九百九十匹，系海运辽东之数，今堆积年久恐致湿烂，咨行山东巡抚，将前布尽解德州，候遮洋船带运蓟州交纳，将该纳德州库绵布一十六万一千九百五十七匹，每匹征银三钱，于内扣除一十万五千九百九十匹布价，解部类解辽东，余布价银仍解德州。

十二年，巡抚张贯题：山东民运钞、布、花绒、马草，照例折银，共银一十二万三千三百九十余两（因海船不完，民运尽改折色）。

十五年，巡抚张禴题：山东运司盐折布稀松不堪。尚书杨潭复：准每年该运登州库盐折布四万六千余匹，照例征银，每匹折银三钱，共银一万二千六百七十余两。

本年尚书杨潭题：准将民佃高家港等场灶地银四千二百六十余两，拨镇支用。

嘉靖七年，尚书邹文盛题：准添拨永平府户口盐钞银一千一十三两零。

二十九年，御史朱有孚题：山东运司盐折布银原额一万六千九百三十余两，欲将高家港等场逃移丁盐，并宁海等场盐，尽数派边，扣足本镇每年该征之数。尚书石奎复准。

三十七年，御史周斯盛题：本镇地方饥荒。尚书贾应春复：山东布花，济、兖、东、青四府离海远者，许征折色，解登、莱二府收贮，照时价籴买米豆；登、莱二府近海州县，改纳米豆，运至滨海，听该镇委官装运。

万历六年，总督梁梦龙题：山东布运二司民运，乞比照蓟镇事例，改兑太仓解发。尚书张学颜复：准分上下半年解送，其前未完银两，仍解该镇以□，应解该镇银两，照数补解太仓。

### 盐引

本镇盐引，正统六年，抚臣李濬曾请开中，部议未允。后因参政刘琏之奏，始议开派，旋即停罢。景泰间缘有虏警，复行开中。成化、弘治中准、浙、山东、长芦、福建、河东、广东等盐，相兼中纳。嘉靖以来，惟两淮、山东盐引，每岁预开，余俱停止。常股存积，开派多寡不一。四十五年，定经制额派两淮、山东存积盐一十二万四千三百一十二引。隆庆三年、万历二年又将存积盐暂停，止开常股。六年，始定派常股存积盐一十一万一千四百二十引为例，皆以备主客兵饷，并补岁□不敷之数。

正统八年，参政刘琏奏称：开平等处缺少粮料，请开中盐粮。尚书王佐复：准开淮、浙、常芦存积盐二十六万引（淮盐每引一石二斗，浙盐一石，长芦六斗）。

景泰二年，巡抚王翱咨称：建州贼徒抢虏，屯田被水淹没，议开中淮盐。尚书金濂题：准开淮浙盐一十四万一千五百四十八引，酌定远近则例，辽海上仓淮盐每引粟米五斗，豆二斗；浙盐每引粟米三斗，豆二斗；铁岭卫上仓淮盐每引粟米八斗，豆二斗；浙盐每引粟米五

484

斗，豆二斗。

成化五年，开淮、芦、福建盐五十九万引。

八年，开淮、浙、山东、长芦盐六十三万一百六十一引。

十三年、巡抚陈钺题：福建、河东盐引，米豆则例，加增数倍，无商报纳，乞量减斗头。尚书杨鼎复：准福建盐引原拟米七斗，减作五斗；河东盐引原拟五斗五升，减作四斗。

二十二年，巡抚刘潺题：辽东节报声息，开淮、浙、山东、长芦、广东盐五十万引。

弘治四年，巡抚张岫题：边报夷情紧急，粮料不敷。本部复：准开淮、浙、福建、山东盐四十万引。

十年，巡抚张岫题：北虏刻期侵犯，缺乏粮料，开淮、浙、福建、长芦盐三十万引。

正德八年，巡抚张贯题：岁用粮料不敷。本部复：准开两浙、长芦、山东盐二十六万三千二百四十三引。又将九年分两浙盐十万引，每引定价二钱八分，行令召中。

十年，郎中王奉呈：原开山东、长芦盐引，乞减价召中。尚书王琼题：准山东盐每引原价一钱四分，减作一钱二分。长芦盐，每引原价一钱八分，减作一钱四分。减去银数于太仓库动支补足。例外不敷银两，将先次开去长芦运司盐五万引，照今减则例召纳。

嘉靖三年，巡抚张瓒题：讨年例开淮、浙、长芦额盐一十八万五千引，共银七万五千两；内五千两抵补年例。

九年，都给事中蔡经题：各运司盐课存积三分，以待紧急；其余七分，每年正月预派。尚书梁材复：准六分派边，四分存积。开淮、浙额盐七□引，共银二万七千一百二十五两，备客兵支纳。

十年，巡抚潘珍题：岁用不敷银二万四千一百三十九两。尚书梁材复：准开淮、浙、山东存积盐共六万三千五百二十八引抵补（岁用不敷盐始此，以后为例）。

十七年，预开两淮、山东额派存积盐共一十四万八千二百七十一引二百八十四斤零，该银五万一千二百六十三两七钱（至二十二年同）。

二十三年，预开额派存积盐共一十三万五千四百九十七引一百八十四斤零，该银四万四千八百七十六两零（至二十九年同）。

三十年，预开额派存积，并新增余盐共二十万一千六百一十四引，银七万八千九百三十二两（开余盐始此，寻以商人负累遂止）。

三十一年，预开两淮、山东额派，并存积水乡等盐共一十四万七千五十七引，该银五万一千六百五十三两五钱。

三十二年，预开额派并存积工本等盐共一十六万六千八百三十五引一百斤，该银六万一千五百四十二两七钱五分。

本年巡抚江东题请客兵年例，尚书方钝复：该镇额派盐七万引，专备调兵，乃将额盐那应，主兵辄请帑银，殊非旧制。但开中粜买本色，辽东官军乐支折色，行令盐引改正，并以客兵所余本色，坐放主兵月粮，扣主兵年例银给客兵。

三十四年，侍郎陈儒题：宣、大声息紧急，议将两淮补岁用不敷及工本盐七千五百引，暂拨大同，复将存积盐二千七百四十引，照引易换宣府水乡盐引。

本年实开额派并存积、工本、水乡等盐共一十五万九千三百三十五引一百斤，该银五万□□千七百九十二两零（至三十六年同）。

三十七年，本部题：准将辽东、两淮水乡盐二千七百四十四引一百七十斤，改拨蓟镇。开本镇额派、存积、工本等盐共一十五万六千五百九十引一百三十斤，该银五万六千四百二十两零。

本年又题：客兵额盐，每年扣七千两给主兵（至四十四年同）。

四十五年，定经制，预开两淮、山东额派存积盐一十二万四千三百一十二引三十斤，该银□万二百八十一两零（是年工本盐停革，至隆庆二年同）。

隆庆三年，都御史庞尚鹏题：准将两淮、山东存积盐暂行停止，止开常股盐八万五千七百六十八引一百一斤，该银二万八千九两二钱五分零（停止盐银，仍发帑银抵补，明年复开）。

五年，预派两淮、山东常股存积盐八万三千三百一十二引三十斤，该银三万二百八十一两七分零（主客通融兼支）。

六年，巡抚魏学曾题增引目。尚书张守直复：准将宁夏、延绥、山东盐引添派本镇，量补不足，原额共银四万三十一两七分五厘。

万历二年，巡盐御史王琢玉题：盐引壅滞难消。尚书王国光复：准将两淮存积盐暂停一半，止开两淮、山东盐引银三万四千三百九十五两一钱六分零，减派银五千六百三十五两九钱一分，发太仓银补足。

三年，预派两淮、山东常股存积盐一十万二千四十引六十五斤八两，该银三万四千三百九十五两一钱六分零。

六年，预派两淮、山东常股存积盐一十一万□千四百二十引二十斤，该银三万九千七十六两五分。

**盐课**

本镇盐场在海州、义州、广宁近海地方，额编煎盐军一千一百七十四名，额盐三百七十二万七千一百七十七斤，交纳各卫，给官军食用。其商人兴贩，计车征税，大车每载，课银一两二钱；小车六钱，岁无定额。海州课银，每年都司取银四百两，解蓟镇军门，余贮广宁库。广宁课银办于城南杜家屯、叶家园，委官轮收解本库。义州课银，广宁委官在场征收，俱军饷支用。

成化二十二年，郎中毛泰呈：辽东节报有警，恐□调客兵，乞将各卫题准易粮盐课暂借一年，召商纳草支用。尚书孙谦题：准行，令将额办盐斤估价召纳，谷草查拨紧要仓场收贮，以后盐课照旧施行。

正德十二年，尚书石玠题：准将金、复二卫军士额办食盐，暂照今议，收银一钱或收土产布一匹，解送管粮郎中，准作粮料支用。候军饷充足，仍旧纳粮。

嘉靖三十年，巡抚蒋应奎题称：海、盖、辽阳、广宁等州卫盐课税课等项银两，共积剩四千四百五十二两六钱零，欲于内存留一半，以备赈济、修边、抚夷不敷支用外，一半该银二千二百二十六两三钱零，行令管粮郎中辏放嘉靖三十年官军折色月粮，以后年分，定为额数。将海州盐课积存银三百两，海州税课司积存银二两，盖州税课司积存银六两，辽阳税课司积存银二百两，广宁税课司积存银二百两，五项共银七百八两，每年俱解广宁左库收贮，辏放月粮。尚书方钝复准。

**京运**

本镇主兵银，自正统六年发银一万两，以后或增发，或摘发，或补民运，或抵盐银，或以盐银抵补，俱无定例。隆庆间渐增至一十六万三千余两。客兵银，自正统八年发银五万两，以后并未给发。嘉靖二十五年，预防边患，始发银二万两。四十三、四等年，渐增至四万两。万历二年以来，议给募兵，并防修边工，又加家丁、墩军月粮，功升官军俸钞，主兵银增至三十万七千九百二十五两四钱一分八厘二毫五丝，客兵银增至一十万二千五十八两九钱五分，共年例银四十万九千九百八十四两三钱六分八厘二毫五丝，每岁二次解发。

正统六年，巡抚李濬咨称：广宁地方冲要，官军往来巡逻，粮料浩大。本部题：准发银一万两，籴买备用。

本年巡抚李濬题称：辽东添调军马，别无有司税粮供给，请发银五万两。大学士杨溥会同尚书王佐复：准照数给发（旧例每年四月，巡抚入京会议，嘉靖初始止）。

486

十二年，巡抚李纯题：本镇操备官军舍丁人等三万七千三百余名，马二万五千四百余匹。每岁俸廪粮料等项，共用细粮七十二万七千余石，又添选屯军一万二千四百五十二名，屯粮止一十二万六千八百四十七石五斗，不够军马支用。尚书王佐复：准增年例银六万两，每年共十万两，送广宁籴买粮料（至成化十五年同）。

景泰六年，尚书张凤题：苏、松、嘉、湖等处连年灾伤，税粮停免。查辽东库银颇够支用，合依原拟之数，减半摘发。

天顺三年，巡抚程信题：乞量加银两乘熟籴买粮料。尚书沈固复：准除前发银六万九百四两零外，仍发银三万九千九十五两零，补原拟额数。再加发银五千四百一十二两五钱。

成化四年，发年例银五万两，续因巡抚彭谊咨抚顺等仓缺少粮料，仍发银五万五千两（至十五年同）。

十六年，郎中金迪奏：急缺粮料，增发银二万两。

十八年，郎中毛泰奏：预防北虏，发银二十万两。

二十二年，巡抚刘潺等题：节报声息，恐添调客兵，请讨原借年例，并乞加添。尚书殷谦复：先因该镇稍宁，将年例银拨四万两送大同；今称□情紧急，仍照原数补还，再加添银二万两。

弘治元年，郎中王敏题：赊买米豆，请发价银一十四万五千余两。尚书李敏复：准行抚按官查勘，彼中去秋米豆价值若干，两次送银十二万两，见籴米豆若干；赊买米豆，比时价亏少若干，该给银若干；何处紧要粮少，相应赊买；何处可缓，粮多积之无用，逐一勘明定夺。

本年巡抚徐贯题：会勘过郎中王敏籴买粮料事情无碍，请给年例银十二万两备用。尚书李敏复：准发银七万两，内三万四千五百五两六钱，补赏赐用过之数；三万五千四百九十四两四钱，准作弘治三年年例。

四年，巡抚张岫题：本镇频有警报。本部复：除发银十万两外，再发银一万两（至九年同）。

本年，巡抚张岫题：北虏刻期侵犯，例外发银一十万两。

十二年，郎中史学题：岁用不敷。本部复：准增发银三万两（至十四年同）。

十五年，巡抚韩重题：辽东、开原等城粮草数少，乞加年例。本部复：准量加银五万两（共二十万两，至正德元年同）。

正德二年，本部题：辽东年例增至二十万两，今当预发，请照正统年间例，止发十万两。

四年，巡抚王彦奇题：本镇粮储缺乏。本部复：准发银十五万两（自此至嘉靖间，主兵年例银止十五万余两，间有请发，俱例外接济，四十四年以后渐增）。

十六年，巡抚李承勋题：孤悬重镇，十分危急。本部复：准发承运库抄没银二十万两，内十五万七千一百余两，补十五年民运拖欠，并给□年年例，余作例外补给。

嘉靖六年，巡抚张云题：选调官军，乞给粮料。本部复：准除年例十五万两外，再发银五万两。

本年巡抚潘珍应诏条陈：本镇年例外，缺银二万四千一百三十九两。尚书梁材复：准并年例共发银十七万四千一百三十九两（以后开盐引抵补）。

十三年，山东民运蠲免五分，发余盐银六万两抵补年例。又增发银三万两。

二十二年，巡抚孙禬题：添设河东游兵三千名，该□□赏□□一万四千九百四十两，乞加年例。本部复：查照旧设游兵事例，暂将仓库粮料支给，以后增入年例。

二十五年，都给事中扈永通题：开原边外小王子部落与朵颜联姻，急宜防备。本部复：准发银二万两。

二十八年，添募宁前、义州二城堡军马，增发粮料银一万五千九十四两。

二十九年，巡抚蒋应奎题：镇西、彭家湾、白家冲三堡招军八百名，俵给夷马八百匹，该添□□银八百六十四两。尚书潘潢复：辽东岁入之数，比岁出尚剩银四万三百余两，马草多五万五千五百五十余束，难再加添，止发银一十四万两。

本年御史郭仁题：准开纳锦衣卫军职事例，于本镇输纳，减发年例银三万两。

三十年，增发新抽补军士粮赏银一万八百一十九两八钱。

三十二年，巡抚江东题请未发年例，尚书方钝复：三十一年以前未发补不敷盐价，例已停止，三十年以前未发年例，亦非见年取补□□数，三十年分新军粮赏，合依二十六等年募军事例，于岁入银内通融支给（本年年例银未发）。

三十四年，巡抚苏志皋题：请未发年例并不敷盐价，及停解京军粮赏。尚书方钝复：该镇三十三年以前年例，以地方年登事宁，岁入自足，不敷盐价以预开预买获利相当，其募军粮赏，则以折色余银数多可给，以故停而未发，发而未尽。除前项免发外，仍发银二万三千二百一十五两零，足本年年例。

三十七年，本镇凶荒，加添官军折色粮料银□万四千七百二十三两二钱七分。

三十八年，发年例银一十五万二千二百一十五两，加添粮料银三万两。又因盐引阻滞，发客兵银四万两。

三十九年，本镇兵荒，刍粮腾贵，准兵部咨乞大破常格，再发银两。尚书高燿复：发银九万两。

四十一年，宁前一带添调河东各卫步军，增发粮料银二万两。

四十三年，险山添设参将军马，增发粮料、布花银八千一十两。

四十四年，广宁右屯卫添募军马，又各营添哨探、夜不收并沿边瞭守墩军，共增发银五千九百一十两零，并入年例。

四十五年，巡抚魏学曾题，尚书高燿复：准发银一十七万三千九百九十八两零，定为经制（除京运及消去工本盐外，另荒田税课、额盐银八千二百六十四两，比嘉靖二十三年以前原额，实增银三万二千二百六十二两）。

隆庆元年，除年例照经制数外，添发补蠲免屯银三万一千五百五十余两。

二年，巡抚魏学曾题查处军储，尚书马森复：京运银两，岁有定额，迄因客兵习于支银，折色不敷；主兵便于支米，本色反少，不得不相那借，相应依拟改定：京运主兵银一十六万三千九百九十八两五钱零，客兵银四万两，永为定规。如主兵急需本色，客兵急需折色，许通融互借（至万历元年同）。

万历二年，巡抚张学颜题：本镇撤回永平军士一千名，及续募兵五百名，应给行粮。尚书王国光复：准发客兵借支过银九千六百七十八两八钱四分，仍札付永平管粮郎中，将掣回辽兵粮料银四千四百一十七两八钱，扣补辽镇，以后每岁辏发银九千两，载入客兵额数。

四年，巡抚张学颜题称：该镇新添宁前右营游兵一千五百余员名，一年该行粮银一万六千两，今止发银九千两，支给不敷。尚书殷正茂复：准除原发银两外，其余照数解发。

五年，巡抚张学颜咨称：议留右营游击王大璋等兵马二千五百名，见发前屯防修边工，应支行粮一年，该银二万七千两。尚书殷正茂复：防修之役，实与追征事体相同，合照所议量给三分之二，该银一万八千两。

本年督抚杨兆等题：一议加折行粮，一议补家丁，一议处马匹。本部会同兵部议复：全辽军士七万七千四百余名，除金、复无警虏道之时月，正兵家丁选锋不加外，总计两河军士七万有奇。河东三个月，河西三个月，共防守六个月。每名每月加银五分，该银一万五百两，暂入岁额解发，其秋防客兵银两，除旧额四万两，并近年添发宁前游兵行粮，与防修边工行粮，共银三万四千两外，议将宣府年例银一万两，移发辽镇，连前各项银两支用。抽选家丁一千三百二十三名，每名每月支月粮银二钱五分，每日支行粮草料银三分，共该银一万八千二百五十七两四钱，如拟增入年例。至称各营马死数多，并新旧无马家丁委当给发马价，合无兵部行太仆寺，动支银三万两，解送买用。其应支料草银两，已在前款家丁行粮料草之数，不必再发。奉圣旨：两河军士准照防守月分，每月每名加饷银□钱，其余俱依拟。朕念该镇将士御虏罢苦每□□优恤，凡有请乞，俱破格处给。边臣却要着实整理，奖率将士，务建奇功，以副朝廷优处至意。不许但倚称罢困，靡费军需，无益战守。钦此。算该每年加银二万一千两。

六年，督抚梁梦龙等题：议处增补，以图善后。尚书张学颜复：查得奏内不敷银十万一千九百余两，系历年积欠之数，又欲年例外发银十万两，俱难轻议。其官军节因功升，每年俸钞银两候查的数，至日题给。惟新觅家丁一千三百二十三名，每年该布花银一千一百九十两七钱，又墩军夜不收共四千三百五十七名，每名月加粮一石，该银一万三千七十一两，俱自本年为始，增入主兵数内查发。

七年，本部题：据辽东管粮郎中高自新呈报，定辽左等卫，节次有功升都指挥佥事姚大节等，共六百四十九员，每岁加添粮俸银六千四十六两五钱九分，及查本镇七年分年例，原该主兵银一十六万七千九百六十七两五钱二分八厘二毫五丝，客兵银八万二百八十八两□钱，防修边工行粮银一万八千两。除主兵□□领发上半年银八万二千两外，其余各项银两应照前例，先发一半，发主兵家丁赏赐布花银五百九十五两三钱五分，墩夜月粮银六千五百三十五两五钱，官员粮俸银三千二十三两二钱九分五厘；客兵银四万一百四十四两二钱，防修边工行粮银九千两，改兑六年分山东民运银七万三千五百五十九两五钱七分九厘一毫二丝二忽五微。

本年督抚梁梦龙等题称：本镇年来冲锋破敌，惟赖正兵营家丁，计每名每月一人一马，并加添驮马，所费粮料草柴该银一两八钱八分五厘，每年共该银二万二千四百余两，乞加支增入年例。尚书张学颜复：查得家丁三千，旧者一千六百七十七名，随操年久，居食颇便；新者一千三百二十三名，傥居远戍，艰苦倍常，又有河东、河西远近不同，一概加给，恐无以服众心。合无除旧者免加外，其新觅家丁，每月量加草料银二钱三分七厘五毫，每名共该银一两五钱，一年共该银三千七百七十两五钱五分，增□客兵年例数内，先支一半解送。至万历十年，□各丁居住已定，与旧家丁一体，止支一两二钱六分二厘五毫，前银即行停发。

八年，巡抚周泳题：铁岭新募军士三千名，应用粮饷照数给发。尚书张学颜复：准发银一万六千七百四十两，专备新添兵马粮赏料草之用，以后定为年例，增入主兵额内，一并给发。

九年，总督梁梦龙、巡抚周泳会题：军饷额少，要将两河军丁月粮，比照各边，最少六钱之数赐给，或每月每名加银一钱五分，以足四钱。除已发防守银二万一千两外，查照见在八万五千七百五十八员名之数，凑足给发。又该兵科都给事中王致祥题称：主饷不足，应否破格赈恤。本部尚书张学颜议得，辽镇虏情在今日视诸边为甚亟，军士折饷在旧额视诸边为甚轻，既经督抚该科交章陈请，相应酌议给发。查得该镇河西为急，河东为缓，合无止将河西官军凑加银四万九百五十四两八钱，惟复将两河全发，总加银八万一千九百九两六钱，共□□月每名四钱之数，候命下，遵照钦定之数，差官解发，为万历九年加给月粮支用，以后增入年例等因。奉圣旨：辽东地方屡被虏患，军士疲苦，两河官军月粮准一体加添，共足四钱之数，其余俱依议行。钦此。

**俸粮**

官吏俸粮则例

总兵官月支本色米三石，折俸银七两八分七厘五毫。

都指挥使月支本色米三石，折俸银二两六钱一分。

都指挥同知月支本色米三石，折俸银二两二钱五厘。

都指挥佥事与指挥使各月支本色米三石，折俸银一两四钱四分。

指挥同知月支本色米三石，折俸银一两三分五厘。

指挥佥事月支本色米三石，折俸银九钱四分五厘。

正千户月支本色米□石，折俸银六钱三分。

卫镇抚与副千户月支本色米二石，折俸银五钱四分。

实授百户月支本色米二石，折俸银三钱六分。

所镇抚月支本色米二石，折俸银二钱七分。

试百户月支本色米二石，折俸银一钱三分五厘。

武举指挥月支本色米六石，仍支原职折俸。

武举千百户月支本色米五石，仍支原职折俸。

武举所镇抚月支本色米三石，折俸银六分七厘五毫。

总旗月支本色米一石，折俸银二分二厘五毫。

小旗月支本色米一石，折俸银九厘。

老疾官各照原职本折俸粮，俱支一半。

在□□游兵营管事者本色粮仍全支，折俸减半。

土官（系东宁卫指挥千百户设立）各照原职全粮，半俸。

优给官各照原职，本折俸粮全支。

都司、经历、正断事月支本色米二石，折俸银三钱六分。

副断事月支本色米二石，折俸银二钱四分七厘五毫。

断事、司吏目与司狱月支本色米二石，折俸银一钱三分五厘。

卫经历月支本色米二石，折俸银二钱二分五厘。

都司、卫令史、知印、典司吏、承差月支本色米三斗；令史月支折俸银七分六厘五毫；知印月支折俸银五分四厘；典司吏、承差月支折俸银三分一厘五毫；各仓攒典俱不支粮俸。

广宁城学教授月支本色米五石，折俸银一钱三分五厘；训导月支本色米三石，折俸银六分七厘一毫。

辽阳城教授月支本色米五石，无折俸；训导与外卫同。

外卫城各学教授月支本色米三石，折俸银九分；训导月支本色米三石，无折俸。

仓库、税课司见任大使月支本色米二石，折俸银一钱三分五厘；守支者仍支本色二石，俸银止准二分二厘五毫；副使月支本色米一石，折俸银九分；守支者仍支本色一石，俸银亦准二分二厘五毫；金、复、盖三卫仓库官守支者，不支粮俸。

## 主兵月粮则例

总兵正兵营、辽阳副总兵营、参将营，并入卫各游击、守备、备御头目、通事、降夷并将领，随任精锐家丁及召首小旗月支一石，帮支一石。

出口哨探、夜不收，并沿边守瞭墩军月支正粮一石，帮支二斗。内总兵营大夜不收，每名岁支钞□刺草、布绵花□钱，折银七钱五分九厘零。

□□并操司军随营家丁、各驿摆堡马军月粮一石，报效军随操舍人月支四斗五升，小尽减支一升五合。

金州守备下达官头目，系广宁拨发回卫者，月支一石。本城海防军月支五斗。抚院中军下听差官军月粮，随广宁正兵营造支。

## 主兵兼食行粮则例

定辽等二十五卫所头目、通事月支一石，帮支一石。

安乐州头目，同守腹里路台军与投降夷人，名为乡导愿操者，并广宁等卫、永宁监养马军，及自在州头目、守门军，俱月支一石。老幼鞑子，月支五斗。守门舍人月支四斗五升，小尽减一升五合。自在州大凌河松山所守门余丁，月支三斗，小尽减一升。纪录幼军月支二斗。以上官军，上半年本色，下半年折色，每石给银二钱五分（万历九年，加至四钱）。

广宁调到各城选锋军壮，在镇团操者，除月粮外，每名日支行粮一升五合，如放折色，每升折银一分。

各城镇副参、游守等营随操官军，如遇征调，系百里之外者，千把总官，每员日支粟米三斗；管队官旗□□伍军士，每员名日支粟米一升五合（如放□□，例与前□）。

## 主兵马骡料草则例

合镇官军下马除夏秋牧青不支外，每年春冬六个月，每匹月支料九斗，小尽减三升，每石折银二钱。内正、二、三、十二月，每匹支草三十束，小尽减一束，每束折银五厘。嘉靖三十七八年以后，各军自行采牧，官不支放。惟广宁十哨，去草场颇远，照常日给一束，折银五厘。

总兵营随军，并新拨右游击营驮炮驴，每头日支料三升，折银六厘；草一束，折银五厘，小尽扣减。

以上马驴，如遇征调，料草扣支。

总兵营调到选锋军壮马，止支行料草，每匹日支料三升，征银九厘；草一束，折银六厘，小尽扣减。

各驿走递马、骡、驴，除夏秋不支外，春冬六个月，每匹月支料九斗，小尽扣减。骡、驴每头月支料四斗五升，小尽扣减不支草。

金、复、盖三卫，驿马料草俱不支给。


## 冬衣花布则例

各营堡通事头目、出哨、夜不收、守瞭边台墩军及操司摆堡军系旧额者，与家丁及各卫头目、通事、来降鞑子、守腹里墩台军系旧额者，与□驿安插递运所扛抬军、走递军铺兵军、永宁监恩军，每名俱岁支布四匹，花一斤八两。如系营堡抽垛招集军与报效军舍，及各卫抽选与守门舍丁、老幼鞑子、纪录幼军，每名俱岁支布二匹，花一斤八两。布每匹折银二钱六厘二毫五丝，花每斤折银五分。


成化二十年，郎中毛泰奏称：本镇岁用粮料初止八十万石，节因加添墩堡官军，并招募舍余、新收土兵等项俸月行口粮，每岁增二十余万石。通共岁用一百万石，定议秋冬支折色，春夏支本色。如该支本色月分各仓粮缺，照市价量添银支给。尚书余子俊复准。

嘉靖十三年，给事中高擢题：沿边诸堡守台余丁劳苦，月粮应与正军一体关支。尚书许讚复准。

三十六年，总督王忬题增步兵行粮，本部复：准每月行粮外，给银一钱，调到马军，不得比例。

隆庆元年，给事中郑大经题：振武、西平、西兴、西宁四堡，边军与虏密迩，乞将每年月粮本折□□。尚书葛守礼复：准四堡军士，上半年支本色，盐粮内给放，下半年折色，京运银内支给。又题：墩军、夜不收较之操军独苦，乞赐优恤，夜不收每名加米三斗，墩军每名加一斗。

万历元年，阅视侍郎汪道昆条奏：解到新军，先给安家银一两。尚书王国光复：清勾补伍军粮，原在主饷支给，无给银安家及增粮例。今后凡遇解到各道委官安插，仍以着五日为始支粮。

二年，巡抚张学颜题议修工口粮：照得新筑宽佃子、长岭、孤山、双堆儿、长佃、子散等六堡做工军夫，原议每名日给粮一升，盐酱银三厘，塞外荒凉，裹粮不便，前项银粮，委属甚少，乞量加给。通计六堡，共该加米七千二百石，银二千八百八十两。本部复准。

### 修边

弘治十四年，巡抚陈瑶题：修边军丁口粮于附近仓内关支。尚书侣钟复：准沿边修筑防护官军原有月粮者，不许重支口粮。人夫该支月粮者，照例于所起地方仓粮内关用，不许将籴买粮储，擅便动支。

十五年，巡抚王宗彝题称：今岁无收，金、复等卫夫丁调在百里之外修筑边墙，乞就近支给口粮。尚书侣钟复：准于修边去处仓分，每名月支口粮四斗五升，□□年照旧例于所起地方，每月关支三斗带用。

正德十六年，巡抚李承勋题：开原、庆云等堡，沿边墩台年久未修，乞于抄没银两动支二十万两修理。尚书杨潭复：准发两淮已掣未卖，已支未掣，见在盐银三万三千一百七十八两八钱零支用。

嘉靖二十八年，兵部咨称：辽东修边，欲本部发银五万七千七十余两。尚书夏邦谟复：修边系兵部职掌，原无取给本部之例。奉圣旨：修边银两，着兵部查处。钦此。

四十年，兵部咨开辽东，巡抚吉澄咨称：边镇□垣废坏，乞计丈修理。尚书高燿题：准移咨兵部，转行太仆寺，将南直隶庐、凤、淮、扬等府州县四十年折征马价，一半应解户部九万九千一百八十两内，照数动支。

万历三年，总督杨兆条议修工口粮。本部复：准将加添米七千二百石，银二千八百八十两，于见在未用，并支剩银米内，通融支给。

### 仓庾

辽阳仓、定辽左仓、定辽右仓、定辽中仓、定辽前仓、定辽后仓、东宁仓、虎皮营城仓、奉集堡仓、武靖营仓、汤站堡仓、瑷阳仓、鞍山驿仓、清河堡仓、东州堡仓、蒲河仓、沈阳中仓、抚顺仓、海州仓、西平堡仓、东胜堡仓、盖州仓、复州仓、金州仓、广宁仓、广宁左仓、广宁右仓、广宁中仓、广宁右屯仓、十三山驿仓、广宁中屯仓、锦州仓、广宁左屯仓、大凌河仓、义州仓、广宁后屯仓、松山所仓、小凌河仓、镇武堡仓、杏山驿仓、宁前仓、宁远中左所仓、杏林仓、东关驿仓、宁远中右所仓、塔山仓、宁远仓、前屯中前所仓、三万仓、广宁前屯仓、前屯中后所仓、中固仓、辽海仓、汎河仓、开原仓、懿路仓、铁岭仓。

### 职储

景泰三年，尚书金濂题：准将定辽左等二十五卫仓，改隶山东，添除参政、副使二员，监督粮储。

成化二年，尚书马昂题：准行辽东管粮布按二司官员，俱令三年一换，躬亲提调，监督收放，禁革奸弊。满日，备将任内事由开报巡抚，考查有无勤怠功绩知会。

五年，尚书杨鼎题：准辽东管粮佥事监理刊名，凡经手钱粮事件，□□清理完结不许离任，若更替□期先离任者，□抚按并接管官员指实参奏。布政司管粮官亦照此例。

十三年，给事中张海题称：山东管粮官不得其人，以致各仓奸弊多端，欲照大同、宣府事例，差本部郎中一员管理，仍三年一次，差官查盘。尚书杨鼎复准。

本年巡抚陈钺咨称：懿路、汎河等七仓粮多官少，乞添设官攒各一员，铸降印记。尚书杨鼎复准。

十五年，巡抚陈钺题：辽东管粮，已有山东布按二司官管理，乞将管粮郎中王宗彝取回。尚书杨鼎复准。

十六年，户科给事中齐章等题：辽东系临边境，军马调集，粮草为先，乞查照往年事例，仍差郎中一员，专一整理。尚书陈钺复准。

二十年，巡抚马文升题：金、海、复、盖等卫，乞添设监收粮斛州同知各一员，以革奸弊。尚书余子俊复：准共设六员，各□□添注，于济南府属州带俸。

正德七年，□□给事中张□等题：□革边镇□□。尚书孙交议复：行各督抚并管粮郎中，查勘放粮折银则例，不系旧例者，尽行改正。米则丰年敛而凶年放，价则凶年折而丰年支，务随时低昂以立平准之法。其私役卖放，及无故调遣，浪费行粮等弊，尽数查革。

嘉靖元年，题设辽东分守道，以山东布政司参政或参议一员，总理粮储，兼理边务。

二年，题设广宁分巡道副使，或金事一员，山东按察司列衔（以上二员，即成化间建官，但彼时更代回省，今常住本镇）。

二十六年，题设开原兵备道金事一员，山东按察司列衔。

三十八年，题设通判二员，一驻广宁，一驻辽阳，俱山东济南府列衔，听委稽查钱粮，问理词讼。

四十一年，题设宁前兵备副使或金事一员，山东按察司列衔。

四十二年，巡抚王之诰题：设通判一员，驻扎岫岩堡，在济南府列衔，专一追征钱粮，禁缉盗贼。

隆庆五年，巡抚张学颜题：照各镇事例，铸给通判关防。参领□西路者为广宁管饷通判关防，分管宁前□□高平仓库；在东路者为辽阳管饷通判关防，分管辽阳、开原仓库；在岫岩者为海盖管饷通判关防，分管金、复、海、盖仓库。以后如地方仓库银物、米粮等项，有侵欺泡烂等弊，通判不行用心查究，事发一体治罪。

本年尚书张守直题：行各边督抚，将每岁用过钱粮，实数报部，开写简易揭帖，下附督抚姓名，进呈御览，视其省费，以为赏罚。奉圣旨：这本说的是，便行于各边督抚等官，着从实查处具奏。钦此。

万历元年，尚书王国光题：各边钱粮边报有无□定，兵马增减不一，各督抚等官岁终奏报各项钱粮，先额数，次旧管，次收除，次实在，据实奏报。收除项下比上年省费若干，实在项下比上年积贮若干，不必拘定年分多寡，以课功罪。

本年阅视侍郎汪道昆奏称：管粮郎中驻扎广宁，去宁前、开原、险山道里不同，各营卫军士赴领折粮不便。尚书王国光复：今后该镇军饷解发部□□□，关白巡抚衙门，听□下该道□□，同各□□□□□领职，候查盘如有扣除，□开报销算。

臣等谨按：辽镇孤悬东北，国初房遁岁丰，号称乐土。至嘉靖末年，灾旱相仍，两河房酋乘虚内寇，军疲于补伍，饷匮于地荒，始称多事。穆庙改元，选官择将久任，责成讨俘逆酋，屡献捷书，士气渐振，而军每月尤止折饷银二钱五分。圣上轸恤疲苦，万历九年二月允督抚会奏，加饷银至四钱，自是虽有房患，而人心奋励，可无意外之虞。或曰：复海运可以省京运，不知海运以运粮，今山东额粮派诸郡县者，去登州海口甚远，必二、三石可致一石。本色既难卒复，若通海运，运何物哉。故开垦荒芜，通融本折，优养军丁，相机战守，不冒进以损威，不疏防以玩寇，此守辽之中策也。若协心蓟镇，并力出奇捣土酋之穴，寒属夷之胆，坚西房之盟，以贻百年之安，斯为完策。而多惑于道旁之见，后必有肩其事，而建此功者，姑存此议以俟之。

## 《万历会计录》卷十八　蓟州镇饷额

甲表 50　　　　　　　　　　蓟州镇饷额

| 本镇饷额 | 原额 | 见额 |
|---|---|---|
| 主兵官军(员名) | 39339.00 | 34658.00[1] |
| 马(匹) | 10700.00 | 6399.00[2] |
| 屯粮(石) | 116600.00 | |
| 民运粮(石) | 110000.00 | |
| 布(匹) | 100000.00 | |
| 棉花(斤) | 100000.00 | |
| 民运银(两) | | 9731.49 |
| 漕粮(石) | 240000.00 | 50000.00[3] |
| 盐引银(两) | 13581.30 | |
| 京运银(两) | 50000.00 | |
| 京运年例银(两) | | 216126.10[4] |
| 客兵[5] | | |
| 屯粮料(石) | | 53568.63[6] |
| 折色地亩马草银(两) | | 16448.63 |
| 民运银(两) | | 18024.85 |
| 山东民兵工食银(两) | | 56000.00 |
| 遵化营民壮工食银(两) | | 4464.00 |
| 盐引银(两) | | 13581.35 |
| 京运年例银(两) | | 174165.05[7] |
| 抚夷银(两) | | 15000.00 |
| 赏军银(两) | | 13800.00 |

[1]原书此处注：滦阳新募土兵 3000 名在内，比原额减 4681 员名。
[2]原书此处注：比原额减 4301 匹。
[3]原书此处注：比原额减 190000 石。
[4]原书此处注：连下客兵共 424892 两 3 钱 8 分 4 厘 1 毫，比原额增 374892 两 3 钱 8 分 4 厘 1 毫。
[5]原书此处注：调遣不常，无定数。
[6]原书此处注：比原额减 63030 余石。
[7]原书此处注：万历八年题，将昌平镇、宁夏八卫兵马行粮料草并春秋两赏银 34601.23 两，改入蓟镇。为滦阳新募土兵支用，通共京运年例银 208766 两 2 钱 8 分 2 厘 2 毫。

## 蓟州镇沿革事例[1]

### 屯粮

本镇屯制：国初无考，景泰中勘出荒地一万二千顷有奇，拨为军民屯，计得粮十余万石，至正德五年，止得七千顷有奇，一行清查，乃得四万八千余顷。中间尚有未经首报者。嘉靖末，屯粮大约十万余石，马草地亩银二万余两。迨二镇既分，蓟镇得其六，永镇得其四。自隆庆迄今，合二镇全数，与嘉靖间所入略相等，较正德五年之额，则又少矣。

景泰六年，都御史李宾题：将勘出荒地七千六百六十五顷七十六亩，拨军屯种。本部复：准每军拨田五十亩，征子粒六石。将见在关营军士以三分为率，存留精壮二分守关，量拣软弱一分屯田；守城军士以二分为率，存留精壮一分操练，量拣软弱一分屯田；委官督种，秋成子粒照例上仓。

七年，都御史李宾题：议沿边腹里荒地四千九百三十三顷四十五亩，未拨屯种。查得永平府所属一州五县，并蓟州、丰润、玉田、遵化、平谷五州县，原选民壮，春初务农，农隙操练，合无每名拨地一顷耕种，秋成照民田则例，上纳子粒五石。本部复准（此民屯之始）。

成化三年，都御史阎本题：处屯粮。本部议：准将永平、山海沿边关营军士，量拣软弱者，拨田屯种，月粮住支，递年二月初一日赴屯，秋成输纳子粒，至十月收操（是年，蓟州等卫所屯地共四千二百四十二顷八十六亩五分，屯粮四万七千一百二十六石一斗零，屯草共四万二千六百七十三束，地亩银共二千九百七十五两八钱，秋青草银共一千四十二两五钱九分，□军等一十四营，关地五百□十五顷六十四亩零，粮六千八百六十五石五斗零，地亩银三两。永平所属滦州并迁安等五县，征民壮屯豆五千六百七十三石八斗零）。

弘治十七年，郎中赵鹤题：议永丰等仓料草积久腐烂，要行折纳。本部复：准将顺天、永平等处屯粮粟米，照旧中半征收本色外，其民壮民纳黑豆，通计耗脚，每石征银三钱四分，屯粮每石征银三钱，民纳谷草每束征银二分五厘，屯军、驿递等夫采办秋青草，每束征银二分（此屯田改折之始）。

正德五年，尚宝司卿吴世卿清查涿鹿等卫、喜峰口等关营屯田，共四万八千一百二十一顷八十余亩。奉圣旨：是。这各卫屯田，历年占种盗卖数多，今既查出官豪占种及知情典买不首的，依律究治。如果情不得已的，田给本主，免追原价。本军无力的，另拨附近军民屯种。买主不系官豪，情愿认粮的，听从其便。其查出额外地土，准定等第纳粮，其余卫分都照这例行。钦此。量过涿鹿等卫、喜峰口等关营原额，并先年清出增银，今次量出多余屯地，共四万八千六百二十一顷九十三亩零，原额屯地七千四百七十顷七十七亩八分零，先年清出增银地九千八十八顷一十五亩七分，今次量出余地三万二千六十二顷九十九亩三分，内除营州左屯卫古北口屯地五百顷有奇，不系蓟州实在四万四千一百二十一顷九十三亩有奇外，尚有永平、卢龙等四卫未报。

嘉靖十三年，都御史张嵩题：查得蓟州等卫沿边关营，原征解屯粮米豆各五万四千二百九十五石零，秋青马草折银二千二百四十两零，新增地亩银一万五千五百一十三两零，蓟、永所属州县，原征解民屯子粒黑豆一万六千六十三石零。

四十一年，总督霍冀题：开蓟州、遵化等州县，镇朔等卫民屯粮米七万二千九百六十八石五斗七升，黑豆六万二千三十石七升，通州等卫屯粮地亩马草折银二万二千八百二十一两（是年，屯粮本色米豆共有一十三万五千余石，至四十三年，银数同，其本色止得粮九万一千四百余石）。

---

[1]沿革事例的实际次序，与卷首目录略有不同：屯粮、民运、漕粮、盐引、京运、俸粮、修边、抚夷、犒赏、仓庾、职储。

四十四年，总督刘焘题：蓟、永分镇，蓟得六分，官军三万二千一十六员名，马骡六千六百一十五匹头，本卫屯粮米豆四万二千四百二十七石二斗五升，共折银一万九千九十二两九钱七分，折色地亩、马草银一万七千三两二钱七分零。

本年题：准将兴州后、营州后二屯卫屯粮二千一百一十五石八斗四升，分拨密云镇。

四十五年，增出屯粮六石三斗，添入额数。

隆庆元年，该镇额征本色屯粮米豆五万三千五百六十八石六斗三升，折色屯粮银四千八百二十两三钱，新增地亩银一万三千一十九两四钱二分，秋青草银二千五十三两八钱一分（至四年同）。

五年，御史余希周条陈，尚书张守直议：准将梁城守御千户所屯粮地亩银二百九十两二钱四分零，改拨密云镇。

万历元年，侍郎汪道昆题，尚书王国光复：准将营州左屯卫原解本镇银四百六十两零，改拨昌平镇。

二年，郎中高世雨呈称：该镇屯米二万三千八百五石六斗四升，屯豆二万九千七百六十二石九斗九升，屯粮地亩马草银共一万七千一百九十三两五钱三分。

六年，郎中甘来学呈称：该镇额征屯粮粟米二万三千八百五石六斗四升，屯黑豆二万九千七百六十二石九斗九升，屯粮地亩马草银一万六千四百四十八两六钱三分。除水冲、沙压、抛荒等项，止实征米一万九千八百六十六石二斗，豆二万五百八石八斗三升，银一万四千四百二十九两九钱一分一厘。

本年总督梁梦龙题：请复屯粮，以实边仓。本部复：议蓟镇卫所关营额征屯粮，旧例一半纳米，一半纳豆。至隆庆五年，因边仓米多豆少，随将屯粮尽改为豆。每米一石，折纳豆一石四斗。经今数年，各仓豆积有余，米复不敷。合将蓟州等十卫所，将军等十四关营额征屯粮，自万历六年为始，照旧米豆中半征收，以后年分如遇积米数多，仍听督抚等官临时酌处。

七年，巡抚张梦鲤册报：六年分屯粮二万三千八百五石六斗四升，豆二万九千七百六十二石九斗九升，内粮三千四百七十一石四斗五升六合，豆九千二百一十石四斗八升七合，系节年水冲沙压、栽树刨窑应准除豁之数。屯草六万三千九百四十一束五分，折色银五千一百一十二两九钱三分零，地亩银一万二百四十八两六钱九分七厘八毫零，新开荒地银八十六两一钱一分八厘二毫。

八年，郎中王录边储簿报：屯粮粟米二万三千八百五石六斗四升，黑豆二万九千七百六十二石九斗九升，地亩马草银一万六千四百四十八两六钱三分六厘。

## 民运

本镇民运有山东布花，广平、保定府阔布，顺天等府税粮马草，皆景泰而后节年所加派，其全额俱不可考，自嘉靖十四年及三十一年始载额派及加派之数。山东、河南、顺天等府，本折所入共银十五万，米豆二万六千有奇，布一千六百匹有奇。四十四年，除分永镇外，得各省府银六万一千八百两有奇。隆庆间，又加添大名、保定及蓟州等四处银共一万九千七百余两，此其大数也。万历纪元，山东、河南银议解部转发，其径解本镇者，止有顺天等府、蓟州等处银二万八千两有奇耳。遵化民壮、山东义兵银又不在此数。

景泰二年，本部会议题：准遮洋船每年顺带德州库棉布一十万匹，棉花一十万斤，运赴蓟州库交纳（自后布花定为例）。

成化十三年，给事中李谦题：该镇岁入民运税粮，永平三万石，顺天八万余石。

二十一年，主事任弘呈称：遮洋船漕运德州仓布花，要随就近仓粮上纳。本部题：准照依定拨仓分，在丰润县纳粮者，布花就于丰仓交收，在蓟州纳粮者，布花就于蓟仓交收，免致官军往来之劳。

弘治九年，郎中王钺呈称：永平、山海等六处官军，远赴蓟州支粮不便，要行就近地方关领，及将永平、顺天原派蓟州马草改纳折米，约有四万余石；仍拨运本色四万接济，足够上半年支放，其下半年六个月，仍赴蓟州关领折色。本部议：准永平税粮二万九千石俱免起运蓟州，每石量加脚米四升，共三万石，就留本处仓上纳。其应办马草三十万，及顺天草二十万，除各纳本色十五万束仍运蓟州外，其余每束折米五升，共米一万石，运赴永平仓凑支（马草折色自此始）。

正德十三年，郎中陈惟藩呈称：岁入山东、河南并顺天、永平税粮七万四百余石。

嘉靖元年，都御史孟春题称：蓟镇钱粮缺乏，乞将顺天府上纳京场草束改纳蓟州仓。本部复准。

四年，本部题：准将蓟州东路滦河等驿马草，每束折银二分五厘，径解蓟镇上纳。

本年议将遮洋船顺带山东布，每匹折银三钱，共银三万两；花每斤折银六分，共银六千两，俱解运山海库交纳（布花折银自此始）。

六年，直隶广平府申称：该府起运蓟镇、保定府库阔布八千三百匹，永平府库二千七百匹，俱本色，每被库吏人等刁勒，且搬运脚价所费甚多，乞要折征银两。本部复：准每匹征银三钱，解部转发该库交收，给军支用，共银三千三百两。

九年，郎中康河呈称：岁入山东、河南并顺天等府坐派山海、喜峰口二仓粮料折银二万八千三百二十二两零，山东并顺天、真定、大名三府坐派永平库布花折银四万五千六百两，山海仓粮二万三千九百九十三石二斗八升，每石八钱；喜峰口仓粮七千九百二十石，每石九钱；黑豆二千五百石，每石八钱；共银二万八千三百余两。棉布一十三万三千九百匹，每匹折银三钱，棉花八万一千五百斤，每斤折银六分。共银四万五千六百两。

十四年，额派山东米麦布花银五万二千五百九十两，河南银五千一百二十二两六钱，顺天府银四万三千六百九十九两六钱，广平府银一千三百三十两，河间府银一千五百七十两，保定府银三百七十八两，大名府银四百两，永平府本色米豆并脚米二万六千一百六十一石四斗四升，布绢草折银九千一百九十五两一钱三分，真定府本色棉布一千六百匹零，共银一十一万三千八百八十两零，本色米豆二万六千一百六十一石零，本色棉布一千六百匹零（自此至三十年，大约同）。

三十一年，郎中宋守志议：添新增军马粮料布花。本部题：准照数入山东、河南、北直隶起运税粮内，加派银三万六千四百二十七两四钱，径赴本镇交纳，其余不敷，仍于派剩折银内支给（此项民运乃额外加添，自此至四十三年，大约同）。

四十四年，蓟、永分镇。本部议：准该镇应得各省府民运银六万一千八百二十六两一分，山东棉布花绒折银四万七千五百五十六两九钱，河南粟米棉布花绒折银五千三百一十四两二钱六分，河间府粟米黑豆折银一千八百五十八两，广平府棉布折银三千二百一两三钱，大名府黑豆折银四百两，顺天府马草折银三千四百九十五两五钱五分。

隆庆元年，议增大名府银四百五十一两，保定府银四百八十五两四钱（连旧额该银六万二千七百六十二两四钱一分，后俱照此例纳）。

五年，督抚刘应节等题：主军仓庾窵远，负领艰辛。本部复：准将蓟州、遵化等四州县解京税粮、马草、子粒等银，俱征本色，改赴本镇沿边仓场上纳。其旧日京运及协济银两，即于太仓应发年例银内扣抵。

万历元年，侍郎汪道昆一议：遵化左营旧有滦蓟各州县赴练民兵三千名，初分为二班，今合为一班，计一千五百名，每名议给工食银十二两，欲要尽行裁革，每岁定征工食银一万八千两，解赴该道以供军储，于内旧有家丁顶民壮名缺四百六十七名，仍留在伍，则改给行月二粮，使与民间不复相涉。一议：山东民兵一枝，共三千名，内马兵一千名，每名匹岁收工食料草安家银，共四十两；步兵二千名，每名工食安家银二十四两。近该督臣题，准减马步兵各五百，共计一千名，征解工食银二万四千两，以供蓟镇募兵之用。今议尽数退革，各工食银两，每马兵一名匹，每年征解银二十六两，通共岁征解银五万六千两，以供边储。一议：直隶各府、州、县民运原隶总督衙门听令照旧追解外，其河南、山东民运银共五万二千八百七十余两，行令征解太仓，照数发边。本部复准（内遵化左营民壮银一万八千两，至三年，总督杨兆咨议分永平一万二千六百一十八两，密云九百一十八两，本镇止得四千四百六十四两）。

二年，督抚杨兆等会题，复：准，仍将蓟州等四州县税粮、马草、子粒等项改征折色，俱赴本镇交纳。

本年郎中高世雨呈称：该镇岁入顺天等府民运银九千七百三十一两四钱九分，蓟州等四州县税粮、马草银一万九千三百四十四两五钱四分外，遵化、山东民兵银七万四千两（三、四、五年内约同）。

六年，郎中甘来学呈称：该镇岁入顺天等府民运银九千七百三十一两四钱九分，蓟州等四州县税粮、马草银一万八千八百二十二两八钱五分六厘；遵化民壮银四千四百六十四两，山东民兵银五万六千两。

八年，郎中王铼边储簿报：顺天等府民运银九千七百三十一两四钱九分，蓟州等四州县税粮、马草银一万八千二十四两八钱五分六厘。

### 漕粮

本镇漕粮，成化中遮洋总运三十万石，内六万石留天津，二十四万石运蓟州，皆本色也。弘治初始有改折之议，寻多寻寡，互为增减，总之不越二十四万之数。嘉靖四十四年，蓟所得者，本色十万石，折色八万石。万历初，以折色八万，改解太仓，名兑军银。次年，又以本色五万，改拨通仓。据今漕粮本色解蓟镇者，止五万石耳。间以边事告急，或议饥运，则额外之数也。

成化十二年，参议李宽题，本部复：准将遮洋运粮量添至二十四万石，照旧蓟州仓上纳（遮洋总原运漕粮三十万石，内将二十四万石运蓟州，六万石运天津，自后定为额）。

十九年，郎中官廉议处仓粮，本部复：准将原运漕粮二十四万石内，拨十万石运丰润县新设仓，十四万石仍运蓟州仓。

正德五年，都御史刘聪题：议改拨漕粮。本部复：准将遮洋原运本色米一十万石内，改丰润县仓四万石，遵化县仓二万石，蓟州仓止运四万石，各卫所本折兼支。

九年，都御史王倬题：议漕粮本色不敷。本部复：准将海运粮仍派本色二十万石，蓟仓上纳，其余四万石派折色。续题荒镇缺乏，本部复：准饥运通仓米十万石，至永平给散（本镇饥运自此始，自后凡言饥运者，俱出漕粮额数之外）。

嘉靖四年，都御史孟春议添折色漕粮，本部复：准改折十四万石，止征本色十万石。

十二年，御史闻人诠复议添折色，本部复：准改折十八万石，止征本色六万石。

三十年，本部会题：增募军士数多，地产本色数少，将遮洋船运粮仍改本色二十万石，折色四万石。

本年都御史王忬议请客饷，本部复：准饥运临、德二仓米二十三万石，作银一十九万二千五十两，抵发年例银两之数。

三十一年，直隶巡按李邦珍奏：要将大宁都司所属春秋两班，挑选精壮军二万八千九十四名，内将八千九百六十四名定作春班，一万九千一百三十名定作秋班，每名月支行粮四斗，共该加添粮五万六千一百八十八石。本部议：将临清仓寄囤米，改拨五万六千一百八十八石运蓟州支给，以后年分，听漕运衙门于原额通泰等仓粮内，照数拨用（此在本镇漕粮二十四万额外之数）。

三十三年，总督杨博咨议班军行粮，本部题：准除运蓟镇一万二千一百四石七斗外，其余运昌、密支用。旧议蓟、密、永三镇班军行粮共五万六千一百八十八石，俱运蓟州转发。照郎中宋守志所拨，除蓟州该一万二千一百四石七斗照旧转运外，密云该三万四千八百一十一石八斗，昌平镇该九千二百七十二石五斗，俱比照小滩至临清事体，每石量加脚耗，由通州大路，运至昌、密支用。

三十四年，本部议：准该镇漕粮复征本色十万石，折色十四万石，内八万石，每石折银八钱；六万石，每石折银六钱；共折银十万四千两。

三十七年，总督王忬题：乞运漕粮以济兵饷。本部复：准将天津漕粮摘拨一十二万石作银一十二万两；又乞通仓黑豆一万石，作银六千二百两。

本年郎中宋守志议补河南扣留漕粮。先该三十二年河南巡按霍冀题称该省灾伤，本部议：将漕粮本色米内扣留三万石，改折赈济，此米系蓟仓上纳之数，乞议抵补。本部复：准发银一万八千两，抵补扣留之数。

四十四年，蓟、永分镇。本部议：准将山东、河南海运粮共二十四万石，内本色十万石，折色十四万石。该山东、河南各纳七万石，内二万石，每石折银六钱；五万石，每石折银八钱；通计共银十万四千两。内除五万六千石拨赴永平镇，折银四万一千六百两去讫，该镇应得本色米十万石，折色米八万四千石。每年二省均解银三万一千二百两，实共银六万二千四百两（自后俱照此数）。

万历元年，侍郎汪道昆题，本部复：准将该镇漕粮兑军银六万二千四百两，改解太仓上纳，本色漕粮仍旧。

二年，总督杨兆题：蓟仓本色积贮数多，折色不敷，要将蓟州等州县民运本色，来年尽改折色，漕粮减发五万石。本部复：准自三年为始，暂准征收折色，仍咨漕运衙门，将原派本色漕粮十万石，止拨发五万石，其余五万石运赴通仓上纳，候折色有余，再议更正。

三年，郎中高世雨呈：该镇漕粮本色五万石（四、五、六年同）。

**盐引**

本镇盐引，天顺以前无考，成化而后，多者二十余万引，少者十余万引，或间岁一发，或数年不发，原无定额。嘉靖庚戌之变，军饷岁增，始议引盐抵充年例，遂派两淮、长芦盐五万余引，计银一万三千五百八十余两定为额，嗣是或增或减，微有异同，迨经制既定，数仍旧焉。

成化九年，参议李宽题称仓粮数少，本部复：准开去淮浙存积盐二十一万七千一十引。

十三年，本部题准开长芦存积盐七万引，每引粮米五斗，共三万五千石。

十六年，御史奚名题开河东余盐，本部复：准分拨蓟州、永平各四万引（此开余盐之始）。

正德十一年，给事中安金题称：朵颜三卫夷人入境抢掠，议修边备。本部复：准开两淮盐五万四千三百九十三引，长芦盐十三万五千七百七十五引，共价银五万两。

十五年，本部题准开残盐十五万引，作银四万五十两，备主客兵支用。

嘉靖二十九年，御史赵镗题，本部复：准开两淮水乡盐九千一百四十九引一百斤，长芦折布盐四万五千三十三引，共银一万三千五百八十一两三钱零（此为定额）。

三十年，巡抚吴嘉会题：议停止盐引。本部复：准将两淮盐改派宣府、长芦折布等盐，令本运司召商上纳。

三十七年，御史万民英题：开盐粮以济缺乏。本部议：准自三十八年为始，每年将改派宣府两淮水乡盐九千一百四十九引一百斤，长芦折布盐四万五千三十三引，共银一万三千五百八十一两三钱零，仍派该镇客兵支用（自此至隆庆元年俱同）。

隆庆二年，盐屯都御史庞尚鹏条陈：议减开中，将淮盐七分常股开中，存积三分暂行停止。本部复：准止派两淮常股盐六千四百四引一百三十斤，长芦盐三万一千五百二十三引二十斤，计该银九千五百六两九钱四分零，专备客兵支用。

四年，巡抚刘应节题，本部议：准复开存积三分，仍足一万三千五百八十一两三钱五分之数（五年同）。

六年，郎中鲍文绩呈称：额派两淮水乡盐九千一百四十九引一百斤，商人不愿报中。本部题：准将宣、大二镇盐引数内易换长芦盐二万二千八百七十三引一百五十斤，仍足原额（万历元年、二年数俱同）。

万历二年，总督杨兆题：本色积贮颇多，折色不敷，以本年为始，要将本镇盐粮暂改别镇，俟折色有余，再议更正。本部复准。

本年郎中高世雨呈称：该镇岁入盐引银三万一百三两九钱二分五厘。

三年，郎中高世雨呈称：该镇岁入盐引银四千四百八十四两（因总督杨兆题，将盐引改永平，故派数少）。

六年，郎中甘来学呈称：该镇岁入盐引银一万三千五百八十一两三钱五分。

## 京运

本镇京运，嘉靖以前无例也，或一、二万，或三、四万，岁间一发，旋即报罢。其定为例，主兵自嘉靖二十一年始，岁发三万，后又增募军银五万四千五百有奇；客兵自嘉靖二十九年始，后费至二、三十万，或四、五十万。迨嘉靖末议为经制，万历初本折通融，始有成规可守。今计主客尚三十余万，山东、河南民运与漕粮折色银俱在其中也。

正统八年，本部奉旨，题查蓟、永粮料不敷，准发银一万两，分送遵化、密云籴买粮料备用（此京运之始，自后至景泰五年，岁发去二县银各五千两）。

景泰七年，本部题：准永平旧拟发银一万，今苏、松等处连年灾伤停免，帑银缺乏，将原数减半，止发银五千两（自后至成化初年，或减发，或全发，大约不过一万两）。

成化十五年，都御史汪霖题称：永平官军远赴蓟州支粮不便。本部复：准发银二万两，送永平籴买（是年增发银一万两，以后五年不发）。

二十一年，都御史彭韶题：永平、山海、喜峰等处，官军俸月粮坐拨蓟州仓，关支不便，乞照先年都御史汪霖题准事例，发银二万两，折□□军俸月等粮，每银一两，准米三石；每米一石，折银三钱；剩银一钱，留作搬运喜峰口等仓粮之费。本部复：准发银一万两（二十二年同，弘治元年不发）。

弘治二年，郎中王楫呈请年例，本部题：准发银二万两（自后正德间多开盐引接济，京运银少发）。

正德九年，都御史王倬题称：虏众近边，调取辽东游兵三千，往山海、永平驻札，议将原领籴买粮草银九千两借支。本部复：准，先尽见在仓粮给散；不敷，准于主兵银内动支。

十年，都御史王倬题称：贼虏杀伤官军，调到辽东兵马分布义院口，缺乏粮草。本部复：准发银四万两，备客兵支用（辽兵入卫，始于九年，然犹取资主饷，至此始议客兵京运，自后岁发不一，亦无定额）。

十一年，都御史李宾题称：朵颜三卫夷人反复不常，添调辽兵防守，议处粮料。本部复：准发银三万两。

十四年，兵部咨称：虏贼大营出套，通行各边，预备粮草。本部题：准该镇发银三万两（自此至嘉靖十年，俱无请发）。

嘉靖十一年，兵部咨称：鞑虏拥众入边，勅差总兵张轨征讨，议发随军粮饷。本部题：奉圣旨：在边钱粮查有数多，太仓银准动支一万两，通融支用；仍发备赏银三千五百两。钦此（自后至二十八年，岁请客饷或一、两万，或三、四万；或间岁一发，或三、四年不发）。

二十年，总督题称：漕粮折色太多，要行量复本色。本部议：准漕粮改折已久，似难轻变，合自二十一年为始，岁发银三万两，与漕运相兼支用（此年例定额之始，自此至二十六年，数俱同，二十七、八、九年未发）。

二十九年，鞑贼大举入犯，咸宁侯仇鸾会议广积粮草。本部复：准差官领银，各镇籴买，分发蓟镇银二万两。

三十年，都御史吴嘉会题：二十九年蓟镇新募军士八千七百九十二名，加添马九千二百一十六匹，又岁添各关营、墩军、夜不收行粮，及密云镇招募抽垛改拨军士九千六百一十二名，候领马完日另议外，通共该本折银三万三千八百一十六两一钱三分。除本年发银外，仍候三十一年会计，将岁支银增入额数。本部复准。

本年都御史王忬题议蓟镇客兵众多，粮饷不敷。本部复：准发银一十四万两。

三十一年，本部题：准添粮料布花不敷银五万四千五百五十两八钱八分，俱于浙江、南直隶应解太仓派剩折米银内动支，连年例共该银八万四千五百五十两八钱八分。

三十三年，本部题：准发客饷银五万两。

三十四年，都御史吴嘉会题请客饷，本部议：准发银二十五万两（是年，本镇调官军每月粮料用银六万一千二百余两，又有建昌、燕河、马兰、石门等处官军往来巡御，应付粮料，每月亦以万计，故发银增至五倍。三十五、六年大约同）。

三十七年，侍郎王忬题：急缺客兵钱粮。本部复：准兑运米十二万石，作银十二万两；兑运黑豆一万石，作银六千二百两；工部借发银二万两，共十六万六千二百两（自此至四十年，岁兑运米豆十余万石，抵充年例。三十八、九年大约同）。

本年侍郎王忬题：新募昌、密游兵一万五千名，岁该银七万五千两。查得河南入卫民兵三千名，通免入卫，岁征工食银七万两，抵解支用。乞预发银两接济，候解到之日抵补。本部复：募军银两原非本部应给，节奉钦依与兵部均出，或量出三分之一，今预借银六万两，应照紫荆、倒马关均出事例，户、兵二部各出银三万两以为募军之费，待河南解银到日，照数扣还。

三十九年，总督许论题：本镇灾伤，积欠数多，岁用不敷。本部复：准例外发银六万五千两（此额外请讨之始，连年例布花共发银一十四万九千五百五十两零）。

本年会计边储。本部题：准客兵钱粮以三十九年发数为准，该银二十九万两，暂将通仓粳米拣兑四万石，准银四万八千两，余容陆续补发（至四十年，又补发银八万两）。

四十年，总督许论题称：冲疲重镇，急缺军士布花等银。本部复：准例外发银二万三千三百四十两（连年例粮料布花共发银一十万七千八百九十两）。

四十一年，总理粮饷侍郎霍冀题为兵饷有余，敷陈地方敝状。本部复：准发主兵银六万八千二百两，客兵银五万七千二百八十二两二钱四分。

四十三年，郎中李迁梧呈称：加支闰月银二万九千五十两七钱，新召家丁、标游兵马银□□四百两零。本部复：准添发银三万六千四百五十一两零（连年例粮料布花共发银十二万一千余两）。

本年总督刘焘题：该镇客兵岁用粮料草束，折银共四十四万三千九百七十九两二钱三分。本部复：准蓟镇较上年会计之数，加增数倍；内募家丁见在八百余名，扣算本折银一十五万两，实据见在应用之数，止该银一万一千七百余两；山东民兵应入密云会计，又多开银二万九千二百余两，不宜重发，合无酌议发银二十七万六千一百二十二两三钱五分。

四十四年，蓟、永分镇，本镇该京运银四万一千九百五十三两七钱六分（自三十一年会计，原年例银三万两，及新增募军粮料布花银五万四千五百五十两八钱七分，共八万四千五百五十两八钱七分。内分永平二万八千六百七十二两八钱九分；密云一万三千九百二十四两二钱二分，余俱留蓟镇）。

本年会计客兵钱粮，总督刘焘题：嘉靖四十三年两防官兵，共用过粟米五万一千二百一十九石，黑豆七万四千一十六石，谷草一百八十万六千一十九束，大小折干银共一十万九千二百四十四两二钱。今四十四年两防以四十三年用过之数为准，及查各项应补应增银，共一十六万四千八百一十一两五钱六分零，乞要给发。本部复准（内有盐引事例银二万九千五百八十一两，抵年例）。

四十五年，尚书高耀题：定经制，发主兵银五万六千三十八两，客兵银一十七万六千四百四十八两四钱，以后年分视此为准，不许额外加增（自此至隆庆二年俱同）。

隆庆三年，总督谭纶题，本部复：准增巡抚标兵军马八百名匹，行粮料草本折银一万五千二百三十七两三钱六分，并入客兵年例，通共该银一十九万一千六百八十五两七钱六分六厘。

四年，郎中李承选呈称：本镇近因民运稍裕，原派三年分京运银五万六千三十八两未领，乞要给发。本部复：准止发四年分银两，照经制之数。

万历元年，侍郎汪道昆题：议酌定该镇额饷，本折五十七万二千一百一十两六钱，主客通融。本部复：奉圣旨，是。该镇兵饷既议有定额，都依拟行，以后不许纷纷再议增减，钦此（此主客通融之始）。

本年本部题发年例，除该镇岁入并支剩外，仍发银二十五万二千四百二十二两零，补足五十七万二千一百一十两六钱之数。

二年，总督杨兆题：预借年例，接济军饷。本部查得该镇岁入本色甚多，折色颇少；上半年应放本色，不即区处，却将折色银两给放；下半年应放折色，辄称银两不敷。且本色一石，原估七钱，折色原估止四钱上下，若议改放，每石损额银二钱五分有余，共损一万余两。以此理饷，安望三年？六年可当一年之需。既经奏讨，相应题请发银四万两，候万历三年题发额饷，照数扣除。

本年郎中高世雨呈称：题发过该镇主客年例银三十一万二千五十八两（内有兑军银两，自九年议定解部转发，以后大约同）。

六年，郎中甘来学呈称：题发过该镇主客年例银三十八万九千四百九十三两一钱五分。

八年，郎中王镍边储簿报：发过该镇主客年例银三十九万二百九十一两一钱五分四厘零。

**俸粮**

**俸给则例**

镇、朔、营州右屯、遵化、东胜右、忠义中、兴州左前屯、开平中屯、宽河守御各卫所：

指挥使月支粮一石，上半年月支折俸银二两二钱二分八厘五毫，下半年月支一两三钱六分。

指挥同知月支粮一石，上半年月支折俸银一两七钱一分四厘二毫，下半年月支一两九分。

指挥佥事月支粮一石，上半年月支折俸银一两六钱，下半年月支一两三分。

正千户月支粮一石，上半年月支折俸银一两，下半年月支六钱二分。

卫镇抚与副千户同，月支粮一石，上半年月支折俸银八钱八分五厘七毫，下半年月支五钱六分。

实授百户月支粮一石，上半年月支折俸银六钱五分七厘一毫，下半年月支四钱四分。

所镇抚与试百户同，月支粮一石，上半年月支折俸银五钱四分二厘八毫，下半年月支三钱八分。

以上官员，如调赴关营管事者，俸银照旧，折色粮照边军折色银数，明注册内，俱在本卫造支，如撤回及发回该卫，各照在卫旧例关支，敢有隐冒者，并掌印官，俱照侵欺边粮事例问罪。

经历月支粮二石，上半年月支折俸银四钱二分八厘五毫，下半年月支三钱二分。

知事月支粮二石，上半年月支折俸银四钱，下半年月支三钱五厘。

吏目月支粮二石，上半年月支折俸银三钱一分四厘二毫，下半年月支二钱六分。

令史月支粮三斗，上半年月支折俸银九分七厘一毫，下半年月支五分一厘。

典司吏月支粮三斗，上半年月支折俸银四分，下半年月支二分一厘。

武举月支本色粮三石，系指挥、千百户，仍支原职俸粮。如年老有疾，革任闲住等项，应支俸粮照例全半支给，原加米三石，截日住支。如军民舍余中式武举，果系年老有疾，革任闲住，通不准支给。敢有隐情冒支，并该卫掌印官，各照侵欺边银事例问罪。

老疾官月粮折俸俱支一半。

优给官月粮折俸全支。

故绝官妻支月粮，不支折俸。

立功官不支粮俸。

以上各官，如有犯罪革发回卫闲住、年老有疾等项，有该全除或半支者、并只身幼军等项，例支四斗五升，或三斗，俱听兵备道行该卫严查，不许混造冒支，若应开除而不开除，应半支而全支，或应支三斗，或四斗五升，而混冒别项多支者，并该卫掌印官，各照侵欺边粮事例问罪。

蓟州等仓库大使、副使见任者，月支粮二石，折俸银三分二厘。

守支仓大使、副使，月支粮一石五斗，折俸同其库官支折色价值，与在卫例同。

各仓攒典见役者，月支粮五斗，守支者不准。


主兵月粮则例

各卫所随蓟州、遵化二守备城操军，在卫守城门铺军，摆堡军，摆船军，杂造局军并杂差，正军月支粮六斗，非系正军者，不准混支六斗。

只身军月支粮四斗五升。

纪录幼军、杂差余丁，每月大尽支粮三斗，小尽二斗九升，其办料余丁及营州右屯卫办料军，尽行革除。

神木、黑窑厂、南海子军，月支粮四斗。查果在京应役者，京通支给；在边应役者，边仓支给。如有虚名而无实役者，俱不准支。

遵化铁冶厂做工军匠、看场军，月支粮六斗；军匠加口粮三斗，看场军加一斗五升，民匠并贫囚月支粮三斗，内民匠止支半年。

以上月粮，上半年支本色，如本色不敷，与下半年俱支折色，每石一例折银四钱。

马兰谷、松棚谷、太平寨三路营哨，并所属将军营、黄崖口、宽佃谷、大安口、罗文谷、洪山谷、龙井儿、喜峰口、董家口、榆家岭、擦崖子各守提下尖哨并通事，月支粮一石，帮支一石。

夜不收月支粮一石，加支三斗。内所加粮，大尽准三斗，小尽二斗九升，其本折随正粮支。

战台军照密云事例，月支正粮一石，不准加粮。

墩军月支粮一石，每年七月至十月，每月加支二斗。

操守军、塘拨军、家丁、尖儿手、勇壮、遵化三屯操车军兵，各月支粮一石。

纪录幼军月支粮五斗。

瞭哨犯人每月大尽支粮三斗，小尽二斗九升，系正军不支。

督守空心敌台千、把、百总，系武生舍余选充者，在台各月支粮一石，撤下住支；系南兵及营军选充者，各有本等工食月粮，在台无。

巡抚标兵、遵化游兵、总兵标下三屯左右各营军士、募兵、家丁月支粮一石。

三屯中营通事月支粮一石，帮支一石；夜不收月支粮一石，加支二斗。

巡抚标兵营选调各州县民壮、民兵，并家丁顶充民兵，每年该□□豆并工食，每名共派作银一十八两，各抵充月粮。

调操各路尖儿手，并标下中军听差、通事、夜不收、军牢、箭手，及存操新军与总兵标下调操奇兵、尖哨、勇壮、操军、募兵各月粮，如有常川调操听差者，照余御史新题事例，各营另册送兵备道，付管粮衙门查核坐放，本营截日住支。仍将收除的日先呈管粮衙门知会，或系更番轮拨差操时日不多者，各在本卫所造支。

三屯守备下城操军，准月支粮六斗，如自城操而选入各营者，明白收除，不许混冒，其上下半年本折价值，当与各处城操相同，但称该营地方与腹里不同，姑准照依边营一例支给。

以上月粮旧例，上半年支本色，如本色不敷，每石折银六钱五分；下半年支折色，每石折银四钱五分。近该督抚具题，本部议复：上半年应本色，分别营路离仓远近改折，准将松棚、太平二路关营巡抚标兵、遵化游兵、三屯左右中各营，支蓟仓本色一个月，折色五个月；马兰一路关营，支蓟仓本色四个月，折色二个月。折价改拟每石折银七钱，下半年折价仍照旧例，如荒年米贵，多给本色；丰年米贱，多给折色。听从各军所愿，不必拘定原议月分。其改折止为营路边军，此外在卫食粮、守城、城操、窑厂等军轻闲差役，俱照旧例支给，不许一概援以为例。

主兵兼食行粮则例

巡抚标下中军官，日支廪给粳米五升，行料草战马四匹，征调加支行粮家丁四名。

听用旧有六百六十员名，今定五百四十员名，内听用将官不过一十五人，原任副总、参、游者，各日支粟米三升，支行粮家丁三名，行粮料草马三匹。原任守备者，各日支粟米三升，家丁二名，马二匹。各官如奉委赴边督工造炮等项，止在标下收造其廪给丁马，不许在外重支。

旗牌官不过二十人，各日支粟米三升，丁马各一名匹。

答应官舍武举生，分为二班，每班不过二十五人，各日支粟米三升，丁马各一名匹，跟随出巡，书吏骑用并驮载卷箱马骡三十八匹头，料草准照旧常支。

听差有马通事，每班四名，各在该营路月支粮二石，无行粮。有马夜不收，每班五十名，内在该路食一石者，全支行粮；食粮一石三斗者，加一斗五升；通事、夜不收下马匹支行料草，俱下班住支。如支行料草之日，原路月粮草开除。有马快手，每班一十八名，各原有工食银二十七两，行粮料草俱不准支。鸟铳教师并无马家丁五十二名，行粮在营全支折色。军牢每班二十名，在城无行粮，出外日支粟米一升；有马箭手、吹鼓手七十三名匹，喂马骡军三十六名，俱在城无行粮料草，出外方准收支。巡抚标兵营游击随驿日支廪给粳米五升，战马四匹，征调各加驮马四匹。

中军坐营各准日支粟米五升，正马一匹，征调加驮马一匹。

千把总各准日支粟米三升，正马一匹，征调加驮马一匹。

百总准日支粟米二升，正马一匹。

以上正马，有系常支料草者，有止支月粮草者，俱照本营旧例。

旗总、车正日支粟米一升五合，其百总、旗总、车正行粮，应照常支，与调遣全半关支者，俱与所管军一例。

听差、答应官系滥设，合行革除。

504

民壮、民兵两名并为一名。民兵岁得工食银一十八两，民壮连子粒豆，亦岁得工食银一十八两，较之他兵，颇为优厚。□粮本应量革，俱称官征私讨数多拖欠，且系题请准支，今姑准在营之日，各兵行粮全支折色，征调本折间支，马匹料草仍旧。每年上半年六月，下半年十二月放班休息，各行粮料草截日住支。

标兵营募军共计有七百余名，行粮料草查经题准，合令在营之日行粮全支折色，征调本折兼支，马匹料草仍旧。

本营两防调操各路有马尖儿手五百名匹，称系策应诸路之兵，查经题准给予行粮料草，并三屯营调操勇壮充作标兵，俱系一例，行粮料草合准仍旧，但春防定以四个月日，秋防定以五个月日，其余日期不许多支，内尖儿手撤防住支。

遵化游兵营游击随驿日支粳米五升，战马四匹，征调加驮马四匹。

中军坐营各准日支粟米五升，正马一匹，征调加驮马一匹。

千把总各准日支粟米三升，正马一匹，征调加驮马一匹。

百总准日支粟米二升，正马一匹。

以上正马，有系常支行料草，有止支月料草，各照本营旧例。

旗总、车正准各日支粟米一升五合，其百总、旗总、车正行粮应该常支，与调遣全半关支□俱与所管军丁一例。

旧额军马不支行粮料草，调遣照百里内外例全半支给，其马匹如在春冬，月粮仍截日扣除月料草。

操车马日支料三升，草一束，系常支。

存操新军在遵化不支行粮，赴边造炮，不分远近，日支粟米一升五合，如分发本提调下者，不准支。

蓟镇总兵标下中营总兵官随驿支廪给粳米五升，亲丁三十名，战马一十五匹。

中军官日支粟米五升，战马四匹，征调加家丁四名。

把总日支粟米三升，正马一匹，征调加驮马一匹。

百总准日支粟米二升，正马一匹。

以上有系常支行料草，有止支月粮草，各照本营旧例。

旗牌官在营日支粟米一升五合，出百里之外支三升，各正马一匹。

家丁、亲丁日支粟米一升五合，在营全支折色，出征之日仍本折间支。各丁下马匹，果系将官随任带来者，解送该道印烙明白，方准照旧常支料草。如系抢兑营伍军下马匹，止支本等月料草，不许冒支行料草。

各路调来打造军匠日支粟米一升五合，停工住支。

杂流军并马，在营不支行粮料草，调遣照百里内外例，全半支给；其马匹如在春冬月分，仍截日扣除月料草。

总兵下食粮官生、标下随带听用官生虽非正项额设之数，皆系练兵必用之人，但丁马行粮为数颇多，不无糜费，合定千、把总一十四员，各日支粟米三升，家丁二名，正驮马二匹。

武生二十五名，各日支粟米三升，家丁一名，正驮马二匹。其余双粮，并空丁、空马名色俱行革除。及查此额官生，系今增设。如以后人数缺少，止给见在，不必取盈，亦不许援为额例。

标下调操各路尖哨既食双粮，其行粮不准支给。

总兵标下奇兵、管奇兵千把总日支粟米三升，百总日支二升，正马一匹。

奇兵系选调各路尖夜，原支月粮二石，并中营通事俱日支粟米一升五合，官兵下马日支料三升，草一束，通事常支，奇兵回路休息住支。

三屯车营把总日支粟米三升，正马一匹，征调加驮马一匹。

三屯车营募兵行粮，查该管见在募车兵一百二十九名，俱在各路顶缺，食月粮一石，内九十五名原不支行粮；三十四名常支行粮，一营军士难以异同，且人数不多，合行量□行粮，止准一例造支月粮。

调来各路瞭哨人犯，原系充徒罪囚，在营拉车充役，以与在墩守哨，无甚艰苦，止准原支月粮三斗，不许再支行粮。

以上官兵下马日支料三升，草一束。

三屯左右营游击随驿日支粳米五升，战马四匹，征调加驮马四匹。

中军坐营准各日支粟米五升，马一匹，征调加驮马一匹。

千把总准各日支粟米三升，正马一匹，征调各加驮马一匹。

以上正马，有系常支行料草，有支月料草，各照本营旧例。

管家丁百总、旗总系充选者，准各日支粟米一升五合，家丁并两防调操勇壮日支粟米一升五合，勇壮撤回住支，家丁行粮在营全支折色，出征之日本折间支，各家丁下马匹，查照总兵标下家丁例行。

本营旧额军马，在营不支行粮料草，遇调照百里内外例，全半支给，其马匹如在春冬月分，仍截日扣除月料草。

马兰、松棚、太平三路参、游、守备，日支廪给粳米五升，各关提调日支粟米五升，其三路区将各行料草战马四匹，守备提调各月料草正马一匹，龙井儿守备旧有常支行料草战马二匹，合行革除。

本镇各路塘拨官俱无行粮，惟马兰路□支，相应革除。督台官生据称吃紧依赖，委应优恤，但查在台千、把、百总，多系南兵及本处官兵选充，各有本等工食月粮，此外间有取自本地武生舍余顶缺关支月粮者，议欲革月粮，加给行粮，似欠均平。合行酌处，除武生舍余原有顶缺支粮者仍旧外，合准两防之日，不分南北，千总各日支粟米三升，把总各日支粟米二升，百总各日支粟米一升五合，俱撤防住支。有警之日，千把总各加正马一匹，支行料草，事缓即止。

家丁日支粟米一升五合，准在营全支折色；出征之日仍听本折间支，各丁下马匹，查照前例行。

太平寨参将下，共有家丁二百三十一名，与原题招募事例数目不合，相应照数裁正，准留家丁二百名，其余革去，不许一概滥支行粮。

塘拨军马原系两防关支行粮，近年间有改为常支，据议减给口粮，停革马草，恐贫军不堪，合准春防定拟三个月日，秋防定拟四个月日，照依旧例支给行粮，日支粟米一升五合，料三升，草一束，撤防住支。其二、三、十月主兵项下马匹月料草明白扣除，不得重支。

修台匠役日支粟米一升五合，停工住支。

腹里、蓟州、遵化三屯营各守备随驿日支粳米五升。

以上廪给，除随驻扎附近驿分关支，自有定例外；其行粮粳米俱系折色粟米料草款，开本色者支折色，余俱本折间支；粳米每石折银二两，粟米每石折银六钱二分一厘，料豆每石折银四钱，折色大干草每束折银一分七厘，每年七、八、九月马匹牧青，本色小干草每束折银一分三厘，其改支标兵、家丁折色每石照依定价六钱二分一厘支给。


马匹料草则例

马兰、松棚、太平三路，遵化、标、游三屯左右中营，除标兵、民壮、民兵、家丁下马，并操车马支行料草外，其余常操军下马骡，除夏秋两季牧青外，春冬六个月支料，每匹月大尽支九斗，小尽八斗七升；春三个月支草，每匹月大尽支三十束，小尽二十九束，内有征调马及各路塘拨马，并调赴遵化三屯操练勇壮尖儿手马，如在春冬月分支行料草者，月料草截日扣除。

三屯营守备下差操马，除夏秋二季牧青外，春冬六个月支料，每匹月大尽支九斗，小尽八斗七升，其春季旧支草束，查得每匹既属城操之数，难引征调之例，不准支给。

蓟州、通化二守备城操军下马，除夏秋二季牧青外，春冬六个月支料，每匹月大尽支九斗，小尽八斗七升，无草。

以上各马匹料草与各军月粮，一处造支，以便查考。其料豆冬三个月给折色，每石折银二钱五分；春三个月给本色，如本色不敷，照例折支，其草每束折银一分七厘。


客兵行粮料草则例

额派河南领班都司，宣府入卫游击驻扎马兰路；保河民兵游击，天津领班都司驻扎松棚路；大宁、河南、定州、忠顺营领班都司驻扎太平路；俱两防八个月支行粮料草如三路游击都司廪粮，每月支粳米一石五斗。

中军千把总每月支粟米九斗，系宣府入卫者粳粟间支。

百总管队官每月支粟米六斗，系宣府入卫者粳粟间支。

河南定州百总旗军、天津百队班兵、保河车正旗队民兵、大宁军士、宣府入卫旗军，俱每月支粟米四斗五升。

正驮马、军丁马、拽车骡俱每月支料九斗，草三十束，大干草七个月，小干草一个月。

大宁春防系都司支料草四个月，内小干草一个月；秋防系游击支料草四个月，料并大干草俱本折间支，小干草全支折色。

太平路回营拽车骡，除两防支赴班料草外，六、七、十二、正共四个月，应与三屯新军喂养，每头支料九斗，草三十束，大小干草各二个月，俱折色。

以上廪给行粮粳米，每石折银二两，粟米料草除支本色外，折色粟米每石折银六钱二分一厘，料每石折银四钱，大干草每束折银一分七厘，小干草每束折银一分三厘。


南兵粮料工食则例

统领马、松、太三路南兵副总兵、都司，岁支粳米每月一石五斗。

中军官督造军火器械并练兵、传烽、领兵守台千总，岁支工食每月银三两。

领兵管台把总岁支工食，每月银二两一钱。

百总、教师、兵夫岁支工食，每月银一两五钱，内管台百总两防八个月，每名每日加工食银一分。

副总兵、都司、中军、千把百总马，副总兵、都司下金鼓旗帜等马，岁支料草，每月支料九斗，草三十束，本折间支，草支大干草九个月，小干草三个月；料豆、大干草本折间支，小干草全支折色，则例与上同。


冬衣布花则例

马兰谷、松棚、太平三路，遵化、标、游三屯左右中军、旗军家丁，每名支布三匹。

三屯营守备下城操军士月粮既与各处城操一例，布花亦当相同，以后每名支布二匹，花一斤八两。如有城操而选入各营者，准支布三匹。

纪录军每名支布二匹，花一斤八两。

标兵营民壮民兵与家丁顶当者，无布花。

蓟州镇、朔、营州右屯、遵化、东胜右、忠义中、兴州左前屯、开平中屯、宽河守御各卫所总旗城操军，杂差正军并喜峰口吉城驿军，每名支布二匹；只身军并纪录幼军，每名支布一匹，花各一斤八两。

铁冶厂做工军匠无布花，各卫空名办料军士余丁布花与月粮，一体革除。

以上布花系折色者，边关一例，布每匹折银二钱五分，花每斤折银六分；如在本年正月至七月新收者，各扣布一匹；其在八月以后新收者，俱不准支；前项应支布花，俱随月粮造支，以便查考。仍听兵备道严行各营路卫所，分别旗军、城操、纪录幼军、只身等军多寡，实数开造，不许混冒；如应开除而不开除，及应支一匹、二匹，而混顶别项多支者，并掌印官，各照侵欺边粮事例问罪。

弘治五年，郎中王钺呈：该镇布花支放不敷，要行折给。本部题：准将蓟州库贮银内折给，布一匹折银二钱五分，花一斤折银七分，给军自买。

十二年，郎中何文缙呈称：夜不收刘有春等，父祖相继随军常操，照例应给布花。本部题：准自十三年为始，照边军事例，转行顺天、蓟、永关支。

正德二年，密云后卫指挥周祯等奏称：本卫官员折俸绢纱锭赴京库关支不便，要照兴州左前后屯，镇、朔等卫事例，坐拨蓟州关支。本部复：准行蓟州管粮郎中，自本年为始，照例给散。

嘉靖七年，巡按御史张禄题称：边军关支月粮利归奸商，官军不受实惠，要将海运漕粮、屯粮、米豆存留各仓，以备荒旱；其各省每年解到钱粮，行令上纳折色，按月给军，不拘春秋二季，每石给银五钱五分。又，该巡抚汪玉，郎中王廷梅会议：漕屯等粮存留备荒，则折色不敷放支，合将海运二十四万石内十万石派本色，十四万石改派折色，其各该巡抚解到本折粮银，通融给放。本部复：准蓟仓海运粮米折放西路官军月粮，各省解到民粮贮各关营，以备紧急，其海运民纳折色银两，通融放支；东中二路官军月粮，照今次所拟，在边者本色月分，每石给银五钱五分；折色月分，每石给银四钱五分；在卫者不拘时月，每石给银四钱。

十三年，管粮郎中袁准呈称：按伏兵马冒支在营月粮。本部复：准前项按伏兵马关支行粮，其本等月粮，照依按伏之数，截日住支。今却造册不行开除，关领不行扣留，是一人之身，一月之内，两处支粮。今后但遇报有声息，出兵按伏截杀之日，先将人马数目造册，总兵官用印信，明文送抚按巡关衙门，及本部管粮郎中处查明，方准动支。其该支月粮，查照出兵之日住支，事完回营方准照旧关支，不许仍前重领，以滋奸冒，查出指实参究。

十七年，御史杨照芳题称：军职犯赃，扣俸准赎，多致朦胧冒支。本部复：准通行问刑衙门，如遇军职有犯扣抵银，径行管粮官知会，照数扣除，不许重复冒支。

二十四年，郎中欧绍说：请给募军月粮。本部题：准本镇召家丁一千七百三十一名，照逃军数目顶补，按月支粮（本镇原额军士五万三千九百余名，逃亡事故六千五百余名，守墩架炮一万九千五百余名，见在止有二万七千八百余名，老弱不堪尚有十之二三；马原额一万九千三百二十二匹，见在一万四千七百八十五匹，内老羸不堪亦有十之二三，前项逃亡事故军数，合将招募军丁顶补，月粮照收补数目给散，或有事故，即行开除，不许一概冒支）。

二十六年，本部题：准通行督抚等官，备查各卫所军官未曾出幼者，照例支优给半俸；年五十以上者，即令子替；中间年老有故不行告替，以文书到日为始，各该俸粮，照所拟止给一半；赞画官令其自备鞍马、饭食、料草，不许动支驿粮，果能奋勇报效者，候有功绩，督抚纪功官具奏升赏。

二十九年，都御史王汝孝题称：马兰谷、太平寨、燕河营、密云四路墩军，昼夜辛苦，议添月粮。本部复：准正粮外各添二斗；马兰谷等三路夜不收照密云例，再添一斗（夜不收旧例：密云一路支三斗，马兰谷等三路支二斗，至是同）。

三十四年，总督王忬题称：将该镇主兵调守百里之外者全支行粮；其三四十里，及六七十里之外，准令半支；一二十里，不准支给。尚书方钝议得：主兵防守自有本等粮饷，调出始为客兵。《大明会典》开载：旧制须出百里之外，方得支给行粮；百里之内无分里数多寡，原无支给之例。但防秋正鼓舞人心之际，合将蓟州、密云、昌平一带官军征调遣出百里之外者，准全给行粮；五十里以外者系防秋之日，果有贼势压境，昼夜摆守，间日一支，若稍缓及非防秋之日，即行停止；五十里以下者离家不远，省令自备粮饷，不准支给；果与贼对垒相持，事势急迫，不能供送间支者，暂准全支，不支者，暂准间支，贼退即止。奉圣旨：是。钦此。

三十七年，蓟州兵备副使伊介夫呈称：滦东军士月粮，往蓟州仓关领不便，乞行议处。本部复：准将永平所属，并玉田、兴州左屯等州县卫民运屯粮，并折草等银，俱听永平府征收，给散滦东军士（先是郎中唐顺之议：于永平添设分司，未经兑复，至是复有此议，亦蓟、永分镇之渐也）。

三十八年，总督杨博题：议蓟、密、昌三镇主兵月粮旧例，上半年支本色，下半年支折色，每石折银四钱五分，马料止给冬春二季，夏秋不准支给，似为不便。本部复：准本折随宜兼支，无得拘泥常例。石门寨等区，不拘上下半年，全与折色马料，防秋之日，将冬季分借支一月。

三十九年，总督许论题称：蓟镇水潦粮贵，远调延绥、固原、宁夏、大水谷入卫，及调古北口摆边兵马，间支折色不敷，乞全给本色，或量行议加。本部复：准防春兵马系远调外镇，各处行粮料草，暂准全给本色，其本处主兵行粮马草，照旧本折间支，每日口粮一升五合，原估银一分五毫；马日给料三升，原估银一分二厘，今暂加三厘，待麦熟价平，仍照旧例行。

四十年，总督杨选咨：要将该镇标兵新旧家丁一千名月粮，一岁通给本色；合营标兵六千名，通给本色。本部复：议新旧家丁一千名，每名月粮一石，一岁通给本色；延绥、大同伍营挑拣军一千五百名，辽保军二千名，挑选标军一千五百名，各月粮俱照旧本折兼支；其合营标兵六千名行粮，查照地里远近，应给全支、半支，各准给本色，各边不得援以为例。

本年，本官又题称：家丁标兵应募远近实与客兵同，乞要不论分布截杀在营操练，一体全给本色行粮，及各兵正驮马一千八百匹，照例日支草料。

隆庆五年，查盘御史余希周条议：申明支粮事例，密云道属兴州等卫官军，月粮在通仓坐支，其折俸布花在蓟州坐支；昌平道属营州等卫，月粮、布花在通仓坐支，其官吏折俸在蓟州坐支；又昌平道属怀柔守备下军马，月粮、料草在密云坐支。官军马匹既在于此，粮料、俸布又在他镇，隔别不便稽查，乞要改正。本部复：议自隆庆六年为始，查将各卫月粮，原在通仓者，送该镇坐支，其应支钱粮，应该扣解补还各镇者，俱于五年终会计明白，扣算归并关支。

本年侍郎汪道昆条议：主兵额饷例不计闰，以一岁逃故扣除之数，积至三年，可当闰月之用，近年请讨似非成规。本部复：准以后不许请讨，有违明例。

本年侍郎汪道昆题：通州军士挑选二千四百名为营，每名原支月粮八斗，乞照营操事例，通支一石；及称见在马匹，要照外镇主兵事例，春冬二季得支料草。本部议得：通州五卫军士，较边军劳逸大相悬绝，近查涿州、保定等卫，每年秋防远戍关塞，月粮止支八斗。今选通州军士亦合照常支米八斗，若遇调遣，一体关支行粮；其新领马三百匹，比照旧马二百匹事例，每年春冬二季，止给料喂养。复准。

六年，总督刘应节题称：撤放入卫兵马所遗地方，将各营标兵贴守，原无行粮，乞将客兵遗饷给养。尚书王国光议复：主兵原有本等月粮，有警应援，方准支给行粮，已经题有明例，不许一概关支。

本年侍郎汪道昆条议：分布春秋两防月分，及加百总守台工食，该镇分布旧例，春防三个月，秋防四个月。今议入卫官军延绥二枝，宁夏一枝，每年以十个月为期，其余宣、大、辽东、保定标兵及各班军塘拨官总军马，俱以八个月为期；各路传烽军士，各标营分路防守军，两防以四个月为期。其南兵守台百总工食，原与众兵同，今计在边八个月，每日准加银一分，撤防仍旧。尚书王国光复准。

万历元年，侍郎汪道昆条议：诸将廪给例随驿支，或支军饷恐恣需求，边驿不堪。今自蓟镇总兵官及员下椽史照旧驿支，以别体统，其余副总兵以下一体改支军饷，以杜驿骚。主客将官自总兵以至各领班都司俱支粳米，各路守备如之提调应支粟米，间有额设提调，或加守备职衔，原不在额，则就支本路扣余银内，照守备例加给。本部复准。

本年侍郎汪道昆题准事例：总兵标下中军称系都指挥佥事职衔，与各标不同，原支粟米五升，今比照各守备事例支粳米五升，其余不得援例。

新设武学教授一员，准照密云事例支粮三石。

本镇驮箱马骡三十匹头，该镇清册内按月开造亦明，委属遗漏，相应照旧补造，准给料草，以后不许再加。

听差夜不收原数至百人，今准收造八十名，分为两班轮流调遣，此外不许添加。

总兵家丁及副参、游击项下家丁，系奉旨招募，总兵三百名，副参二百名，游击一百五十名。除总兵家丁准照所报，实数收支外，其副参、游击家丁往往捏报冒支粮料，且至二百及一百五十名，数亦太多。今须查各家丁见在实数，曾否军门面视，各道点验，如招募不及原数者，照旧不必一概援引加添支给粮料，俱照余御史所题本折事例。其名数、年貌等项，俱照各军支粮单册，送各兵备道，与管粮郎中查考造册，送部备照。

松棚路家丁一百一十六名，并马匹行粮料草，仍照各营路家丁事例，在营全支折色，出征之日本折间支。

长城岭、柞子庵、杀达子沟等处，远在松棚路口外，准将常川摆守军役八十名，支给行粮，各台不许援以为例。

蓟州镇马匹支给料豆，春三个月给与本色，其余月分给与折色，每石折银二钱五分，仍应照旧，不许妄比密云事例，一概混给。

本镇调操军马造支粮料与密云事例相同。

总兵阅视教练烧荒放贡，往时随带人员数多，费用不赀。今定以三百员名，准将各员役除在营应支行粮，出外随路造支者不许外，内有原无行粮，俱准于行边之日，比照百里内外，全半间支行粮料草。仍照近日粮单，凡支领之时，单内明注在营常支行粮若干名，在营原无行粮今支行粮者若干名，其出外支领者，在营开除；在营常支者，出外不支；不许两处影射。其余副总兵以下，原无行边，不得援以为例。

总兵旗牌官员向未限以名数，今定以二十二员，准照例支给，仍各给无马家丁一名，以后不得加增。

总兵标下听用将官，定以十名为额，查照巡抚标下食粮事例，一体支给，不得加增。

马、松、太三路旗军布花旧例，一体支给，书册遗漏绵花，相应查照旧例支给。

各营千把总内，有武举、武生等项，原无俸粮者，查得各营千把总共计八十八名，除原有本等俸粮者六十员不计外，其余无俸充千把总，支边粮九斗，及支南兵工食者，每名加行粮家丁一名，以示优恤。其通无俸粮工食员役，补充千把总者，比照教师，每月支粮二石，以后俱照额数，不许加添。

**修边**

正德九年，本部题参：都御史王倬议修边墙，擅支粮银五千两，兵部不行本部查议，应否辄议准给，合无行移王倬将前项粮价银五千两，仍听管粮郎中作正月月粮支用。若已支过，照数取还。其修边合用石灰，宜从兵部于太仆寺马价及缺官柴薪皂隶银两径自借支，两不妨误。仍乞勅兵部，今后但遇动支钱粮事情，务要移咨本部查议，奏请定夺。

嘉靖三十一年，兵部咨议：蓟镇防御班军管房银两，先该咸宁侯仇鸾题将大宁都司春秋两班官军，免其京操，改拨蓟州防御。该造营房一万九千一百三十间，每间合用工料银六两，通共银一十一万四千七百八十两；并将领衙门五所用银二百两，共银一千两，议派户、工、兵三部分出。本部复：准发银六万九千二百四十两（外工部出银二万七千七百八十两，兵部出银一万八千五百八十两）。

万历元年，侍郎汪道昆题：议修紫荆等关敌台，乞发合用工费银两。本部复：修边银两，本部与兵部三七分发。今查本部应出银四万九百五十两，先发银一万五千两，余陆续解发。

四年，总督杨兆题：修蓟、昌二镇台墙。侍郎李幼滋复：准发太仓银四万二千两（七年又发一次，数同）。

六年，总督梁梦龙题称：修工军士劳瘁，要将蓟、密、永、昌四镇支剩主客兵年例银两，通融犒恤。尚书张学颜复：前项支剩钱粮系已定经制，三年、六年扣除一年，京运之数难以动支，止题准发银一万四千两（八年发数同，以后不准再发）。

### 抚夷

嘉靖二十九年，都御史王汝孝议处：抚夷复开山海关税。本部复：准自中出者收六分，自辽人者收四分（山海旧有关税，先为修边议开，后因主事邹阅呈称不便，奏革。即今朵颜三卫夷人生齿日繁，虽有备冬舍余及内臣房地租银三千余两，各路军士灰价银四千余两，景中山香钱一百五十余两，不够抚赏，故复议抽税）。

三十一年，总督何栋题：喜峰口系朵颜三卫进贡通衢，每年给放二次大赏，用银三千八百余两，其小赏盐米布匹，又有防秋传报哨探夷情通事，及年终筵席所费牛羊缎匹等项不赀，约用银二万五千三百余两。本部复：准发银四千两。

四十年，总督许论题，尚书高耀复：议得抚夷银两，先年俱系本镇备冬、舍余内臣房地、草场地租、香钱、关税等银处给，至三十一年始开请讨之端，止发银四千两，自后总督军门奏讨帑银。本部酌议题准每年发银六千两，今称关税俱罢，香钱岁歉不多，准量添银一千两，共银七千两，相兼租税等银支用（四十一年至隆庆五年同）。

隆庆六年，督抚刘应节等题：抚夷银两。本部会同兵部复议：抚夷银两原系边储额外之数，屡经边臣请讨，节年题有定额，似难议增。但原夷生齿日多，地租、关税、香钱抚赏不足，合无酌处旧额，户、兵二部发银一万二千六百两，户部该银七千两外，量加银八千两；兵部该银五千六百两外，量加银七千两，通前共银二万七千六百两，相兼关税、纸赎等银支用。奉圣旨：是。这银两依拟给发，该镇将领等官再有科削军粮，媚房苟免的，着督抚巡按官从实参来重处。钦此。

万历六年，本部题：发抚夷银一万五千两，两防赏军银一万三千八百余两（二项银俱春秋二季分发）。

### 犒赏

各边官军初选入卫，本镇起程，每官军先给盘费银二两，过关每官赏银三两，军二两；秋毕又每官赏银一两五钱，军一两。

嘉靖三十七年，各边入卫官军，延绥、宁夏、固原游兵四营，每官一员赏银一两，每军一名赏银五钱；宣、大游兵三营，辽东各营马步官兵、提督、家丁、通事，俱每官一员，赏银七钱，每军一名，赏银四钱。

四十二年，兵部会同本部议：将蓟镇各边入卫官军，延绥宁固路远者，旧规每官一员，赏银一两，今再加二钱，共赏银一两二钱；每军一名，赏银五钱，今再加二钱，共赏银七钱；宣、大、辽东轮流换班者，每官一员，赏银七钱，今再加银二钱，共赏银九钱；每军一名，赏银四钱，今再加二钱，共赏银六钱。题奉圣旨：这钱粮，你每既会议归一，都准行。钦此。

隆庆五年八月内，直隶巡按御史余希周条陈，并续准总督蓟辽侍郎刘应节咨讨抚赏银两。本部议复：轮戍客兵，将延绥、宁夏卫兵各分为两班，并标兵与同大营一体往还，旧规赏银七钱，今再加银三钱，每名共一两，上下半年分为二次支给。题奉圣旨：依拟行。钦此。

万历四年，延、宁、宣、大入卫官军，及辽东、密云、昌平官军犒赏银，春防四千二十五两五钱；秋防八千九百六十四两九钱（昌平总兵标下存留陕兵，止给春赏）。

五年，春防银四千四十二两八钱；秋防银六千八百七十一两六钱。

六年，春防银四千四两三钱；秋防银六千九百五十五两二钱。

### 仓庾

永盈仓、三屯营仓、五重安仓、喜峰口仓、洪山口仓、汉儿庄仓、大安口仓、罗文谷仓、太平寨仓、青山营仓、马兰谷仓、将军营仓、黄崖口仓、蓟州预备仓。

正统十三年，参议邹来学题处各仓年深芦蓆。本部复：准将查出朽坏芦蓆一十四万一千七十三领作烧砖柴料，备仓墙支用。

弘治十二年，郎中何文缙议：三屯营设有总兵官镇守，人马数多，且东至永平。西至蓟州，各一百八九十里，关支不便，乞建仓储，将附近卫所屯粮，并召商买米，赴仓上纳。本部复准。

十七年，参议熊伟议处：坐拨粮草，边仓二分，腹里仓一分，以便关支。本部复：准将守堡常操官军于腹里仓支，巡哨守把官军于本营仓支。

本年郎中赵鹤条陈：均耗折。本部议：准每粮一石，递减一升。草垛浥烂，许于附余草内开除。

嘉靖四十二年，总督杨选题称：比照有司衙门，建设预备仓事例，除本部仓廒外，于各提调、守备、把总驻扎营城，另建仓廒，仍借出民兵工食银两，趁时召买及略放常平之法，专备年荒赈贷，或遇警调集，权宜借散之用。本部查得：沿边原设仓廒尚有余空，就于其中另立备赈廒座，间有地远不便关支处所，量动巡抚赃罚银两。另盖仓廒二三间，即于河南解到民兵工食银内，准借出八千两，多方召买。此后督抚兵备衙门遇有关营事犯，查照应留备赈事例分数，应问赎谷者即于各仓上纳，专备年荒军士借贷，待秋成抵斗还官，每石加耗一斗，不许多取利息。或遇房警调集非常，本部原贮本色不敷，亦许权宜借散，事宁照常支扣补。其无警之时不得轻准挪移，仍听本部管粮郎中稽查禁革。奉圣旨：依拟行。钦此。

隆庆六年，顺天巡抚杨兆咨，尚书张守直复题：准修浚蓟州迤东至遵化县西南，地名平安城一带河道，可运舟楫。平安城建立仓廒，分贮漕粮，备马、松、太平等路营就近关支，以省劳费。仍将太平寨大使调平安仓，专司收放。

万历八年，御史茹宗舜题称：蓟镇商人守支困累。尚书张学颜议：将蓟、密、永、昌、易五镇，自本年冬季为始，如遇应买粮草，酌定时估，呈部召商，听管粮通判监收，交与官攒支放，再不干涉商人。若草束堆垛五年之外，中有亏浥，管粮官会同兵备道查无情弊，具呈抚按，照递减仓粮例，题请豁免。其查盘倒廒拆垛，具呈巡抚，行令该道严督同城府、州、县、卫所掌印官拨发，在官人役与仓场见役人等一同盘验，著为定例。复：奉圣旨，是。钦此。

### 职储

宣德六年，本部题议：永平、山海、蓟州等处系是边关，操备军马粮储浩大，要行铨官整理。奉圣旨：是。钦此（是年吏部题准选除起复鸿胪寺少卿张隆，请勅前去。后升通政司参议，总督粮储）。

正统十一年，镇守蓟州总兵应城伯孙杰题：专官分管事务。本部复：准将永平、山海、界岭口、林南、东店等仓一应收放料草，令山海卫管粮主事任荣管理；其遵化、蓟州、喜峰、刘家口等处粮草，令应城伯孙杰管理；及山东佥事姜永俱协同参议张隆兼管（本年，张隆致仕，本部会官保推郎中邹来学升通政司右参议接管，历升右副都御史，景泰年仍总督粮饷，后推都御使李宾。天顺、成化间，又推京堂官管，至弘治始专设郎中）。

弘治十八年，郎中赵鹤呈称：驻扎蓟州带管密云、古北口一带不便。本部题：准除紫荆、倒马等关照原差主事监督，其密云、居庸等处，仍差主事二员专一整理边储。添设判官三员，尽行革除。

嘉靖十三年，都御史张嵩题议：边储浩大，请设专官管粮。本部复：准照山陕沿边事例，添设通判一员。

三十一年，给事中李幼滋题：督饷委官无地方之责，一应号令不行，请专责巡抚等官。本部复：准召商买纳，听督抚严令守巡等官处置，其监督主事止收掌稽查。

三十七年，兵部郎中唐顺之阅视蓟镇各区兵额数少，粮饷冒支数多。本部复：准将石门、石塘、渤海、居庸、镇边五区三屯，建昌二营，各该造送粮册等官，通行提究，查照冒支过钱粮，分别情罪，上请定夺。奉圣旨：这各区缺少兵数三万，不行查补，一卒不练，督抚等官所干何事，兵部从实参看了来说。钦此。


臣等谨按：蓟镇故称腹里，鲜边警。在前兵食，自民屯之外即有盐引，京运通计不过六万而足矣。自古北溃后，渐称多事，兵饷日增，至与昌、密、永平析为四，而各供亿焉。今即以蓟论之，岁用本折银盖五十七万有奇矣，较前全镇时，何啻倍蓰哉。然彼中兵粮即有缓急，转漕可达，故储峙之策不足深虑，惟所最难清核者，在收放间尔。盖其地迩京师，请托易至而杂，造局南海。（原书此处有缺页）

## 《万历会计录》卷十九　永平镇饷额

甲表 51　　　　　　　　　　　　永平镇饷额

| 本镇饷额 | 原额 | 见额 |
|---|---|---|
| 主兵官军(员名) | 22307.00 | 39940.00[1] |
| 马骡(匹) | 6083.00 | 15008.00[2] |
| 南兵官军(名) | | 2931.00 |
| 马骡(匹) | | 83.00 |
| 屯粮料(石) | 35782.52 | 33521.04[3] |
| 折色银(两) | 5627.95 | |
| 民运粮料(石) | 27713.00 | 27713.40 |
| 折色银(两) | 77617.80 | 28090.47[4] |
| 民壮工食银(两) | | 12618.00 |
| 折色漕粮(石) | 56000.00 | |
| 该银(两) | 41600.00 | |
| 京运银(两) | 28672.89 | |
| 京运年例银(两) | | 122721.67[5] |
| 盐引(引) | 42500.00 | |
| 该银(两) | 30000.00 | |
| 客兵[6] | | |
| 屯草折银(两) | | 3229.56[7] |
| 民运本色草(束) | | 301922.00 |
| 京运银(两) | | 119136.93 |

---

[1] 原书此处注：比原额增 17633 员名。

[2] 原书此处注：比原额增 8925 匹头。

[3] 原书此处注：比原额减 2261.49 石。

[4] 原书此处注：比原额减 49527.33 两。

[5] 原书此处注：连下客兵共 241858 两 6 钱 1 分 1 毫零，比原额增 213185.72 两零。

[6] 原书此处注："调遣不常，无定数。"

[7] 原书此处注：比原额减 2403 两 4 钱 1 分 5 厘零。

## 永平镇沿革事例

### 屯粮

本镇屯粮，自分镇时已有定额，兹后节次清出抛荒田土，而粮草之入，与原额互异。今只据巡抚册所报云。

嘉靖四十四年，御史陈省题：议蓟、永分镇。尚书高燿复：拨永平镇屯粮本色米豆三万五千七百八十二石五斗三升，折色粮草银五千六百二十七两九钱八分（永平、卢龙等卫，并建昌、燕河等营，冷口、桃林等口，共本色粟米一万七千三百六十五石八斗六升，黑豆一万八千四百一十六石六斗七升，折色粮银五千四百四十两五钱七分，秋青草银一百八十七两二钱八分）。

四十五年，山海卫增出米豆各一百九石五斗；大毛山等营增出米豆各二斗五升；界岭口增出粟米二十七石三斗，黑豆二十五石五升，子粒黑豆四十五石三斗。

隆庆四年，郎中宋豸册开石门寨营、大毛山、一片石，增出开种抛荒屯地米豆三石五斗一升八合。

五年，郎中宋豸册开本镇屯粮，自设镇之初原无的数，永平等六卫，燕河等一十四关营屯粮三万六千一百四石二斗二升一合，新增地亩银五千四百四十两五钱五分，除抛荒外，实银三千三十八两六钱零，秋青草银一百八十七两二钱二分。

万历元年，侍郎汪道昆题：将蓟镇太平寨所属白道子关，改属本镇，该纳米豆一百一十九石。本部复准。

本年抚宁卫增出种荒地米豆三百九石，永平卫增出米豆七石四斗零，卢龙卫增出米豆八十石三斗零，东胜卫增出米一十二石，山海卫增出米豆一百一十四石二斗零，燕河等关营、一片石增出米豆八石七斗零。

二年，卢龙卫增出种荒地米豆二十七石七斗零，东胜左卫增出米豆一十二石，兴州右屯卫增出米豆四石六斗零，抚宁卫增出米豆五十四石，草三十一束零，山海卫增出米豆六石，燕河等关营、大毛山增出米豆八斗六升。

三年，永平卫增出种荒地米豆一十二石，卢龙卫增出米豆一十四石二斗零，兴州右屯卫增出米豆二百二十三石，燕河等关营、大毛山增出米豆一石。

五年，郎中燕好爵册报：本镇屯粮三万三千八百七十六石六斗七升三合二勺，地亩银三千三十七两六钱零，草九千一百六十四束。

六年，巡抚张梦鲤册报：本镇屯粮一万六千二百一十二石八斗三升六合零，屯豆一万七千三百八石二斗四合，屯草并秋青草折银三千二百二十九两五钱六分五厘。

### 民运

本镇民运、漕运，俱自嘉靖四十四年分镇之时拨给，岁有定额。隆庆五年，总督刘应节议改京东等州县本色，于蓟密二镇，以二镇年例银扣数抵补。万历元年，侍郎汪道昆议将山东、河南折色并兑军银，俱解部发边，其顺天诸府民运则仍解本镇。

嘉靖四十四年，分拨永平府州县民运银一万九十一两二钱九分七厘，永平府本色粟米并脚米共二万五千七百一十一石九斗，黑豆二千一百石五斗；山东小麦一千七百石，该银一千三百六十两，粟米一万八千石，该银一万四千四百两；河南粟米一万八千石，该银一万四千四百两；河间府小麦七百三十五石，该银五百八十八两，粟米七百石，该银五百六十两；顺德府小麦五百二十石，该银四百一十六两，粟米一千八百石，该银一千四百四十两；广平府小麦一百五十石，该银一百二十两，夏布准麦二千七百匹，该银八百一十两；大名府小麦七百九十八石七斗，该银六百三十八两九钱六分；真定府夏布准麦一千六百匹，该银四百八十两；顺天府粟米六千六百五十石，该银五千八百三十五两，黑豆一千五百石，该银一千二百两；丝绢六十三匹六尺，该银五十两五钱五分，马草一百万九千一百二十束，该银二万五千二百二十八两。

隆庆元年，奉诏：蠲免民运十之五。

二年，本部题：发银四万二千二百四两三钱二分，补元年蠲免民运之数。

本年郎中许守谦册开民运山东、河南二省，顺天、真、永、广、大、河、顺等七府夏秋本折粮料，与原额同（至五年，俱照数征解）。

五年，督抚刘应节等题：主军仓庾鸢远，要将顺天所属京东蓟州等九州县折粮草银一万一千二百九十九两五钱零，改征本色。就近解蓟、密二镇仓场，每年即于二镇京运银内扣数抵补。永镇及将永平府主兵折草银七千五百四十八两零，每银二分五厘，征草一束，改纳本色，听给客饷，将年例银补给主兵。本部复准。

万历元年，阅视侍郎汪道昆题：将山东、河南民运银尽数催解太仓，转发该镇。尚书王国光复准。

二年，尚书王国光议发额饷，题将良乡县，照依轻则，减去米银二百九十七两七钱零，并永平府抵作抚院标兵民壮月粮银二百二十一两八钱零，俱照数除算补给。

三年，尚书王国光题：将永平府州县应征革退归农民壮民兵工食银一万二千六百一十八两，解纳本镇算为额饷。

五年，郎中燕好爵册开该镇民运，顺天府除京东九州县折粮折草丁绢等银一万一千二百九十九两五钱零，改征本色解纳蓟、密二镇外，实征银二万七百一十六两二钱零；永平府除马草折银改复本色外，实征银二千三百二十一两二钱九分，连归农民壮工食银共该一万四千九百三十九两二钱九分零；河间等府民运银五千零五十二两，本色米豆二万七千七百一十三石四斗零，马草三十万一千九百二十二束零。

六年，巡抚张梦鲤册报：民运本色米二万五千七百一十一石九斗六勺，豆二千一百石五斗，草三十万一千九百二十二束零，折色税粮银二万八千九十两四钱七分八厘零，归农民壮工食银一万二千六百一十八两。

**漕粮**

嘉靖四十四年，分拨折色漕粮五万六千石，内四万石，每石折银八钱；一万六千石，每石折银六钱，共银四万一千六百两。山东、河南二处各征解银二万八百两，名为兑军银。

隆庆二年，巡抚刘应节题称：蓟镇漕粮二十四万石，本色十万石，折色一十四万石，节经抚按建议永平镇官军，上半年用本色米一十四万一千五百余石，除民屯四万余石，应添不敷米一十万，即以蓟镇折色漕粮，改拨一十万石，由天津海口直抵纪家庄卸入剥船，径至永平府仓上纳。本部复：准随该巡按御史刘翾题：海运风涛阻险。本部议，该镇军士月粮利支折色，仍行山东、河南各解二万八百两，共四万一千六百两，解赴本镇，不必改征本色，罢革海运。

万历元年，侍郎汪道昆题：议定额饷，要将河南、山东漕运兑军银两俱解部，与该发年例银一并给发。

**盐引**

本镇盐引原无定额，隆庆四年，刘应节题：照蓟镇开派。万历元年议止。二年，杨兆题：将蓟镇分派，四年议止。

隆庆四年，巡抚刘应节题：蓟镇盐引盛行，边储日裕，本镇与蓟州事体相同，比例请发盐引。尚书张守直复：于次年开派六年分盐引，量将延绥、固原、辽东分拨存积淮盐四万二千五百引，浙盐二万五千引，共银三万两，召商上纳粮草，备客兵之费。

万历元年，总督刘应节咨称：原派该镇两年盐引，已召中过淮盐二万四千引，其余淮盐未见报中，合将前盐停发，照旧题派各镇。

二年，总督杨兆题称：蓟镇本色积贮颇多，要将原派盐粮暂改别镇。本部复：改派永平。

三年，本部预派四年分该镇长芦常股盐四万七千五百三十四引一百四十五斤，内存积盐二万三百七十二引五斤，共该银一万三千五百八十一两三钱五分，专备主客兵支用。

**京运**

本镇京运分自蓟镇，已有定额，复以民运催征不一，始议增主兵年例，而客兵之饷则倍之。万历元年，侍郎汪道昆题：主客兼支，遂为定制云。

嘉靖四十四年，蓟镇拨过主兵年例银一万二千两，并粮料布花银一万六千六百七十二两八钱九分五厘。

本年总督刘焘题：该镇客兵钱粮除预发银一万两外，该发银七万两。本部复准。

本年巡抚温景葵会计该镇主兵钱粮，除分□民运及京运年例银两外，请发银二万两接济。尚书高耀复准。

四十五年，巡抚耿随卿题请该镇钱粮，本部复：发年例银四万八千六百七十二两，专备主兵支用，不许额外加增。

本年总督刘焘题请客兵钱粮，本部复：发银八万七千九百七十一两七钱八分。

隆庆二年，郎中辛应乾呈：元年大虏入犯，调到防守入援兵马多支银一万五千四百一十三两，议请补发。本部题：发银一万五千两，并额定年例，共发银九万四千二百一十四两九钱四分。

三年，总督谭纶题称：春秋两防调到官军，并抚院标游及续到防冬宁夏兵马，共用过银一十万一千八百八十七两。复发银九万四千二百一十四两九钱。

本年总督谭纶题：该镇发年例外，因加添闰月，支用不敷，乞补发银两。尚书刘体乾复：发银□万四千一百九十四两四钱。

四年，总督谭纶题：该镇兵马数多，要行加饷。尚书刘体乾复：发银九万九千五百八十九两三钱，专备客兵支用。

本年巡抚刘应节题：该镇新添山海军马月粮布花料草银五千八百三十九两二钱五分。本部复：除发经制银四万八千六百七十二两，及将加纳吏承银一千九百四十五两八钱，扣补外发银三千八百九十三两四钱五分（五、六年同）。

万历元年，侍郎汪道昆题：该镇额饷三十三万四百一十五两九钱一分九厘，每年除漕粮民屯折色等项，发京运补足额数，主客通融支用。本部复准。

本年本部议发年例。题准：除民运屯盐事例并存剩银二十二万二千九百七十五两七钱零，仍发银九万六千一百四十两六钱零，又蓟、密二镇补还银一万一千二百九十九两五钱七分，共发银十万七千四百四十两一钱七分（该镇岁入本色屯米四万三千二百一十七石一斗七升，每石作银七钱，该银三万二百五十二两一分九厘；民屯豆二万六百石六斗四升，每石作银四钱，该银八千二百四十两二钱五分六厘；折色粮银五千六百二十七两八钱五分。顺天等府民运银四万七千四百五十七两八钱，共银九万一千五百七十七两九钱二分五厘。发主客银不过一十五万四千余两，至是实增银八万四千余两矣）。

三年，本部题：发年例除民运屯盐事例银一十三万九百二十三两一钱八分九厘外，仍发银一十九万九千四百九十二两七钱三分零。

五年，尚书殷正茂题：本镇年例除屯粮本色、民运盐引事例、民壮等项，及预发银一十六万两，通计银二十六万六百三十两一钱八分，仍发银六万九千七百八十五两八钱零。

六年，巡抚张梦鲤册报：本镇年例除民屯本色并民壮工食外，实该京运银二十四万一千八百五十八两六钱九厘三毫零。

**俸粮**

卫所官员俸粮则例

永平、卢龙、东胜左、抚宁、兴州右屯、山海六卫指挥使月支粮一石，上半年月支折俸银二两二钱二分八厘五毫，下半年月支一两三钱六分。

指挥同知月支粮一石，上半年月支折俸银一两七钱一分四厘二毫，下半年月支一两九分。

指挥佥事月支粮一石，上半年月支折俸银一两六钱，下半年月支一两三分。

正千户月支粮一石，上半年月支折俸银一两，下半年月支六钱二分。

卫镇抚与副千户同，月支粮一石，上半年月支折俸银八钱八分五厘七毫，下半年月支五钱六分。

实授百户月支粮一石，上半年月支折俸银六钱五分七厘一毫，下半年月支四钱四分。

所镇抚与试百户同，月支粮一石，上半年月支折俸银五钱四分二厘八毫，下半年月支三钱八分。

以上官员如调赴关营管事者，俸银照旧，折色粮银照边军折色银数明注册内，俱在本卫造支，如撤回及发回该卫，即照旧关支。

经历月支粮二石，上半年月支折俸银四钱二分八厘五毫，下半年月支三钱二分。

知事月支粮二石，上半年月支折俸银四钱，下半年月支三钱五厘。

令史月支粮三斗，上半年月支折俸银九分七厘一毫，下半年月支五分一厘。

典司吏月支粮三斗，上半年月支折俸银四分，下半年月支二分一厘。

武举月支本色粮三石，系指挥、千百户者，仍支原职俸粮，如年老有疾、革任闲住等项，应支俸粮照例全半支给，原加米三石，截日住支。军民舍余中式武举者，果系年老有疾、革任闲住，亦不准支给。

老疾官月粮折俸俱支一半。

优给官月粮折俸全支。

故绝官妇女支月粮，不支折俸。

立功官本折俸粮俱不支给。

仓大使、副使见任者各月支米二石，守支米一石五斗。

见役攒典月支粟米五斗，守支者不准俱照旧坐支，主兵本色米石，不准照时估折色。

关营主兵月粮料草则例

燕河、台头、石门、山海四路所属冷口、桃林口、青山口、界岭口、义院口、大毛山、一片石、南海口各守提下尖哨、哨夜、奇兵、炮手，月支一石，帮支一石。

夜不收月支一石，帮支三斗，小尽减一升；传烽守墩军月支一石，每年七月至十月，每月帮支三斗，撤防住支。

操守旗军、塘拨军家丁壮勇、建昌马车二营募兵军，月支一石。

提督空心台千、把、百总，系武生舍余选充者，在台各月支粮一石，撤下住支；如系南兵及营军选者，各有本等工食月粮，在台无。

纪录幼军月支五斗，瞭哨犯人月支三斗。

燕、台、石、山四路，建昌营骑操马骡，除夏秋牧青不支外，春冬六个月，每匹月支料九斗，内春三个月，每匹月支草三十束。

四路调操塘拨马，除两防就支行料草，回路各支十二月分料九斗，正月分料九斗，草三十束；腹里、永平城操马，新桥、海口马，岁支料六个月，每月九斗，不支草。

以上马匹料本折间支，每石折银三钱五分；草全支折色，每束折银一分七厘；腹里马春

518

三个月本色，冬三个月折色，每石折银四钱。

## 卫所主兵月粮料草则例

永平、卢龙、东胜左、抚宁、兴州右屯、山海等卫旗军，新桥、海口旗军，月支一石。

旗军随永平守备下城操军、山海卫城操军、在卫守门巡捕军、走递军、看监军、斗级军、局军，月支六斗。

东胜左卫老弱军月支五斗。

城操幼军月支三斗。

以上官军上半年本色，燕河、台头、石门三路支本色二个月，折色四个月，山海路本折中半，每石折银七钱；下半年支折色，每石折银四钱五分。其各卫岁支折色，每石折银四钱。

## 主兵兼食行粮料草则例

燕河、石门、山海三路参将，台头路游击，建昌马车二营协守副总兵，腹里、永平守备，俱岁支廪给粳米，每月一石五斗；提调岁支粟米，每月一石五斗。

中军坐营千把总岁支粟米，每月九斗。

百总岁支粟米，每月六斗。

守关寨官岁支粟米，每月四斗五升。

燕、石、山海三路，并建昌营家丁，修台匠役俱岁支；塘拨军岁支两防八个月；建昌军士岁支两防四个月，每月四斗五升；塘拨撤防、修台停工俱住支。

各营将官正驮马，家丁马，拽车骡每岁全支料草，塘拨马岁支料草八个月，每月料九斗，草三十束，料与大干草本折间支，内三个月支小干草，九个月支大干草；如塘拨马支小干草一个月，支大干草七个月。

## 客兵行粮料草则例

额派延绥入卫游击驻扎燕河路，辽东入卫游击驻扎台头路，大宁河间领班都司驻扎石门，如三路游击都司廪粮，每月支粳米一石五斗。

中军千把总每月支粟米九斗，延、辽入卫粳粟间支；延、辽百总每月支米六斗，粳粟间支；大宁河间百总并旗军，每月支粟米四斗五升。

正驮战驮马、旗军马，俱每月支料九斗，草三十束；支大干草七个月，小干草一个月；料并大干草俱本折间支，小干草全支折色。

## 南兵工食料草则例

统领燕、台、石、山、南台参将岁支粳米，每月一石五斗。

中军官领兵管台千把总岁支工食，每月三两。

领兵管台把总岁支工食，每月二两一钱。

百总、教师、兵夫岁支工食，每月一两五钱，内管台百总两防八个月，每名每日加银一分。

参将中军千把百总马、参将下金鼓旗帜等马，月支料九斗，草三十束；大干草九个月，小干草三个月，料豆大干草本折间支，小干草全支折色，价折与前同。

## 冬衣布花则例

建昌营炮手、操守军家丁募兵，每名岁给冬衣布三匹，花一斤八两；老幼军每名岁给冬衣布二匹，花一斤八两。

燕河、台头、石门、山海四路尖、夜、奇兵、炮手、夜不收、传烽、守墩军、操守军家丁、塘拨军游兵，每名岁给冬衣布三匹，花一斤八两；□□老幼军每名岁给布二匹，花一斤八两；新桥、海口、永平城操三营军，每名岁给布三匹，花一斤八两；总旗城操局补守门等军，并老弱军幼军操余，每名岁给布二匹，花一斤八两。布每匹折银二钱五分，花每斤折银六分。

弘治十二年，本部题：准山海等八卫所俸粮，行令永平府将存留绢匹自本年以后，每绢一匹折银七钱，起解本府大润库收候，放支仍照前例，每绢一匹折银五钱；余下银两折钞七百贯，尽数放与山海等八卫官员，以补不敷之数。

嘉靖十四年，巡抚张景华题：山海沿边策应军马、哨瞭、墩军，不分百里内外，添给粮草。本部议：准今后官军在百里之内者，俱不许关支；出百里之外者，不分旗军、头目，止许支口粮一升五合，马一日支料豆三升，草一束；其余差遣、探听、巡逻、哨瞭俱月粮内自备，不许另支行粮。

四十二年，御史申佐题称：燕、石二区，并永平府所属卫所关营军士月粮，赴蓟仓关支往返不便。尚书高燿复：准各项本折银米，听兵备道严督该卫掌印官及管粮通判，催征拨收该府附近仓分，尽数给放。

四十三年，本部题：准永平添注郎中总理粮储，将燕、石二区官军月粮，仍照旧例，上半年通给本色，下半年通给折色；如该给本色月分遇年丰米贱，军士愿照时估支给折色者听，或年荒米贵，先尽本色，如本色不敷，照依上半年折色例，在边每石六钱五分，在卫每石四钱，及料草等项俱照旧支给。

万历六年，总督梁梦龙题：山海关参将应援宁前挑选精健军三百四十三名，家丁一十二名，拨给马三百五十五匹，各军马应给月料草，家丁马应给行料草，悉于永平镇额饷内通融关支。尚书张学颜复：准行永平管粮郎中照例支给。内家丁马如已照月支料草，非出辽地，不许复支行料草，年终报部查考。

八年，总督梁梦龙题：新添家丁马匹，乞增粮饷。尚书张学颜议复：将山海关加添家丁六十名，马骡四百八十六匹头，除补倒损虚数外，将实在马骡并家丁应支粮赏草料，俱在永平镇额饷内本折通融支给，如不敷，在该镇余剩数内凑支。奉圣旨：是。钦此。

**仓庾**

界岭口仓、台头营仓、燕河营仓、刘家口仓、建昌营仓、石门寨仓、黄土岭仓、山海仓、永丰仓、抚宁仓

成化十三年，给事中李谦题：仓粮数少，要于燕河营、石门寨等处，建立仓廒，令本处军士就近关支。本部复：准备行查勘（分镇虽在四十四年，而燕河、石门诸仓自成化间已建立）。

**职储**

嘉靖四十三年，御史董尧封题：增部属以便督理。尚书高燿复：准移咨吏部，于贵州司添注郎中一员，请给敕书关防，前去永平驻扎，总理永平等处粮储，兼管屯种。

臣等谨按：永平旧隶蓟镇，称内地，分镇自嘉靖四十三年始。二镇之未分也，通计京运，岁止十万，该镇原额不过二万有奇，今至二十四万余矣，而屯漕民运不与焉。闻诸国初大军由卢龙出塞下，皆藉彼中兵力。今燕河、台头、石门、山海四路，饷以兵增，兵以援辽增，乃辽西、宁前岁为属夷所掠，永镇部将未见以一矢援辽，其守墩健卒反为夷用，则饷虽增而兵日骄矣。司阃者若及时选练，协心辽帅，大创逆夷，即入卫戍卒与家丁南兵可渐减也，顾何忧缺饷哉。

## 《万历会计录》卷二十　密云镇饷额

### 密云镇目录

屯粮

民运

漕粮

京运

俸粮　附料草冬衣布花

仓庾

职储

甲表 52　　　　　　　　　　密云镇饷额

| 本镇饷额 | 原额 | 见额 |
|---|---|---|
| 主兵官军(员名) | 9605.00 | 33569.00[1] |
| 马骡(匹) | 2032.00 | 13120.00[2] |
| 屯粮(石) | 4627.55 | |
| 屯粮料(石) | | 6646.75[3] |
| 地亩银(两) | | 290.24 |
| 民运银(两) | | 10953.16 |
| 民运粮(石) | 55000.00 | |
| 漕粮(石) | 15000.00 | 104810.80[4] |
| 京运银(两) | 15000.00 | |
| 京运年例银(两) | | 155069.19 |
| 外加添兴州中后卫粮俸布花银(两) | | 4964.30 |
| 平谷县儒学三河驿廪粮银(两) | | 42.00 |
| 共该银(两) | | 160075.49[5] |
| 客兵[6] | | |
| 民运税粮改征黑豆银(两) | | 16345.66 |
| 归农民壮工食银(两) | | 918.00 |
| 漕粮(石) | | 50000.00 |
| 京运银(两) | | 233961.69 |

---

[1] 原书此处注：比原额增 23964 员名。

[2] 原书此处注：比原额增 11088 匹头。

[3] 原书此处注：比原额增 2019.2 石。

[4] 原书此处注：连下客兵共 154810.8 石，比原额增 139810.8 石。

[5] 原书此处注：连下客兵共 394037 两 1 钱 9 分 5 厘，比原额增 379037 两 1 钱 9 分 5 厘。

[6] 原书此处注："调遣不常，无定数。"

## 密云镇沿革事例

### 屯粮

本镇屯地，洪武初，密云中、后二卫共五百七十五顷一十四亩，征粮四千六百二十七石五斗五升。正统十一年，丈勘仅三百八十一顷。弘治、正德中，田粮始足原额，又新增地亩银四百九十余两。嘉靖、隆庆等年，渐次开垦，又拨兴州、营州二后屯卫并梁城所屯粮于本镇上纳，粮数益增，总计各卫营所本色米豆共六千六百四十六石七斗五升三合九勺，地亩银二百九十两二钱四分五厘五毫。

景泰三年，都御史邹来学题：本镇屯田自正统十一年丈量，续因水冲沙淤，节经都御史张斌、参议黎琏等勘过，不堪耕种屯地一百一十五顷五十一亩，免纳子粒。

弘治元年，密云中卫屯粮三千六百二十石九斗，密云后卫屯粮一千六石六斗六升（御史文瑞报，以后同）。

正德四年，密云中卫屯粮米豆各一千六百一十九石零，草一千八百一十八束，新增地亩银四百七十一两二钱五分；密云后卫屯粮米豆各五百余石，银二十四两二钱二分（郎中庄祥报，以后同）。

嘉靖四十一年，密云中卫屯粮二千八百九十三石六斗一升七合，地亩银三百八十一两二钱四分三厘；密云后卫屯粮一千六石六斗六升，地亩银三十两二钱三分（御史潘清宣报，以后同）。

四十四年，总督刘焘题：开过古北口、墙子岭、石塘岭荒地共六十三顷，收子粒共六千七百六十余石，尚有可耕地三千余顷。尚书高燿复：准行令开垦，即以所收子粒给赏军士，其总兵郭琥、参将程九思、佥事张守中等有功屯政，各行奖赏。

本年尚书高燿题：准将兴州后屯卫米豆一千四百五十二石三斗，营州后屯卫米豆六百六十三石五斗四升，改密云熊儿谷仓上纳（二卫旧属蓟镇）。

隆庆五年，御史余希周条议：将梁城守御千户所地亩银二百九十两二钱四分零，改密云库上纳（本所旧属蓟镇）。

万历元年，郎中申嘉瑞册报：密云中后二卫，兴州、营州后屯二卫，并镇虏营、梁城所米豆共六千六百四十六石七斗五升三合九勺，地亩银共一千四百两六钱四分零，草银共二百六十五两七钱四分，俱照原定仓库上纳。

六年，顺天巡抚张梦鲤册报：本镇屯粮料六千六百四十六石七斗五升三合九勺，地亩银二百九十两二钱四分五厘五毫。

### 民运

本镇正统间开派盐引，召纳粮料，无人报中。景泰三年，始议民运，以足边储，历年会派山东、河南、顺天等府多寡不一。嘉靖元年，定本折兼运，三十九年，尽改折色。隆庆五年，将通州、三河、宝坻、平谷、密云税粮，改征黑豆解纳本镇。万历元年，又将河南、山东折银，改解太仓转发，其顺天、大名等府折银，并遵化民壮银，仍系岁运。

景泰三年，都御史邹来学咨称：古北口等处仓粮数少，乞行措处。尚书金濂复：准将山东及河间等府税粮，坐派龙庆仓三万五千石，古北口仓二万石。

成化十八年，会派山东、河南并顺永真保等府小麦六千石，粟米三万七千四十石（以后间同）。

正德十一年，会派山东、河南、顺天、真定税粮八万七千七百余石（是年始增）。

嘉靖元年，尚书孙交题：准将原派山东、河南、顺天等处粮草，本折中半征收，本色解该镇上纳，折色解部转发。

三十九年，会派山东、河南、北直隶等处税粮折银一十二万九千二百四十四两（民运尽改折色，以后同）。

隆庆五年，会派山东、河南、北直隶、顺天等处折银一十四万六百八十七两八钱六分（是年增派一万有零）。

本年总督刘应节题：密镇各仓窵远，主兵关支不便。尚书张守直复：准将通州、三河、宝坻、密云、平谷五州县，原坐京边及本镇料草折银一万六千六百五十九两零，改征本色黑豆，解纳密镇，以本镇年例银照数扣发原坐仓库抵数。

万历元年，阅视侍郎汪道昆条议边饷。尚书王国光复：准将山东、河南税粮银一十二万四千九百余两，改解太仓转发。

本年督抚刘应节等题：本镇民运米草，因漕河未浚，尽改本色，今漕粮直达塞庾，乞将米草尽改料豆，每石定拟四钱，赴户部分司交纳，候客兵愿支折色者，照数支给。尚书王国光依拟复准。

四年，管粮郎中王三锡揭报：本镇民运除山东、河南改解外，顺天、河间、大名、广平共银一万五千七百八十二两二钱二分七厘零，遵化民壮工食银九百一十八两（至六年同）。

**漕粮**

本镇旧无漕粮，自弘治十年，乞运通仓黑豆一万石，以后间一请发，亦无定数。嘉靖庚戌，北虏深入，始岁运不绝，主客兵粮共增至一十五万石，又班军行粮三万石，以后或减派，或改拨昌平，或改纳京仓，或漕卒径运，或于湾中乞运，建议不一。隆庆六年，督抚刘应节等议：浚漕河，添发客兵粮五万石，同主兵粮一十万四千八百一十石，仍本船运至牛栏山，转运龙庆仓，脚价五千六百八十两。

弘治十年，主事邓明呈称：边信紧急，请给料草。尚书周经题：准乞运通仓黑豆一万石，古北口仓交收。

嘉靖二十九年，主事任惟钧呈：本镇被虏残掠，请发粮草。尚书孙应奎题：准乞运通仓粳米一万石，粟米五千石，台基厂草二十一万束。

三十一年，御史李承华题：议班军行粮、主兵月粮。尚书方钝复：准乞运漕粮一十万四千八百一十石八斗。

三十三年，总督何栋咨称：主客兵粮不敷。尚书方钝题：准添拨漕粮一十五万石，并班军行粮三万四千八百一十八石，由水路运至牛栏山，转运龙庆、石匣二仓交收。

三十五年，尚书方钝题：该镇漕粮一十五万石，减派五万石，其十万石内，分四万石给昌平。

三十七年，漕运衙门会题：漕粮运赴密镇不便，乞要改运。尚书贾应春复：准自三十八年为始，照旧运赴通仓，每年二月后，差官乞运主兵粮七万石，班军粮三万四千八百一十石八斗，于本镇交纳。

三十八年，总督王忬题：新军月粮不敷。尚书贾应春复：准例外乞运米二万石（自此至四十年，俱额外乞运二、三万石，以后仍照额数乞运）。

隆庆二年，尚书马森题：将密镇漕粮一十万四千八百一十石八斗，改纳京通二仓，另发银七万三千三百六十七两五钱六分，给本镇买米，以省劳费。

三年，总督谭纶题：本镇漕粮雇船乞运累经纪，发银籴买扰铺商，欲令漕卒径运。尚书刘体乾复：议密镇地方窄狭，以十余万粮米，责之商人籴买，委为未便；漕卒径运，亦于军士不堪，就中剂量，惟本部乞运似可施行。其御史周以敬题：议漕粮到湾，就船剥载，颇为便宜，但恐军士插和，合于湾中预设场基，以便晒扬。

六年，总督刘应节题：改通河漕，乞将通仓粟米拨运五万石，以免召纳。尚书张守直复：准额外添拨漕粮五万石，运赴密镇，备客兵支用，仍于该镇客兵年例银内每石扣银七钱，共银三万五千两，存留太仓，补给京军月粮（主客兵共粮一十五万四千八百一十石八斗，至今同）。

万历七年，蓟辽总督梁梦龙题：密镇漕粮一十五万四千八百余石，自通州径运至密云镇城，合用浅扁船四百只，责令经纪撑驾看管。脚价自通州至牛栏山，每石照旧四分二厘五毫；牛栏山至镇城，每石四分，内扣八厘抵作船价，并通州军夫每名月办料银二钱，俱督运官收解该镇管粮衙门，以备十年一次造船之用。其河道或有冲决淤浅，军夫时加挑浚，运船或值风涛险溜，军夫水手拚力维持挽拽，著为成规，永远遵守。尚书张学颜复：奉圣旨，是。钦此。

### 京运

本镇京运，自正统八年发银五千两，预备边饷，自是岁以为常，后增至一万两。客兵银自成化十年发一万两始，后或数岁一发。嘉靖二十九年以来，虏患日剧，添调军马数多，又加南兵工食，每年据调到人马多少，酌量增发，亦无定数。万历元年始定额饷，主客兵共增至三十九万三千九百九十五两一钱，通融支给，间有增减。俱以该镇岁入各项银两扣算，补足额饷五十二万九千五百六十一两二钱四分之数。

正统八年，奉旨查议边饷，本部发银五千两，送密云县籴买粮草，分紧要关口备用。

成化十年，达虏窥犯潮河川等关，京营官军防守，本部发银一万两，召买粮草。

弘治二年，本部题：会派龙庆、古北口二仓米豆，缘各处灾伤，无本色起运，发银一万两，折放官军月粮（主兵银是年始增）。

十七年，古北口、潮河川添调京军三千防守，本部发银五万两，差主事席书召买粮草（客兵银是年始增，以后间有请发，不入年例）。

嘉靖十三年，北虏入犯石塘岭、白马关、大水峪等处，调到客兵二千员名，马二千余匹。本部发银一万五千两，籴买粮草，于按伏紧要去处备用。

二十九年，北虏突入境内，将粮草烧毁。本部题：准例外发银二万两，又因调发客兵人马，除发银八万五千两外，仍发银五万两。

本年总督仓场孙应奎题称：密云、白羊口等处被虏残破，乞发银数万两，召买客兵粮草。尚书潘潢复：准委员外李行简、主事丘瓒，每员领银一万两。又分给天津、河西务、三河主事共一万两，分投买运接济。

三十五年，本部发主兵银一万两，客兵银一十五万两（客兵银以后递减）。

三十八年，总督王忬题：请主兵年例及新军月粮。尚书马坤复：准增发年例银一万两，新军银一万两，又发客兵银八万两。

三十九年，总督许论题：民运拖欠，主饷不敷。本部复：准发银二万两。

四十年，会计钱粮，本部发主客银共一十二万五千两。又总督许论题：急缺客兵钱粮，添发银一十万两。

本年给事中郑茂题：本镇钱粮，例外添发数多，乞行查究。尚书高燿复：准差给事中一员，会同巡按御史，备查原额客兵银两若干，新增若干，与今日虚糜缘由，准节年用过之数，较将来丰歉之中，酌为定议具奏。

四十二年，总督杨选题：本镇春秋两防未遭虏警，极力节缩，省银三万七千七十余两，算入年例。尚书高燿复：准仍发银一十三万三千九百六十两九钱零。

四十三年，总督刘焘会计客兵年例，尚书高燿复：准发银一十九万七千四百一十二两零，又添发银六万二千二百八十两。

四十四年，巡抚温景葵会计主兵年例，尚书高燿复：准发银二万两，又发蓟州新改本镇布花银一万三千九百二十四两二钱。

四十五年，总督刘焘议：定经制，本镇客兵本折共银二十九万八千五百八十九两零，除支剩并预买钱粮外，该补发银二十二万七千九百三十九两一钱。尚书高燿复：准止发银二十一万二千八百二十四两零，以后年分视此为准。

隆庆二年，总督谭纶题：客兵钱粮不敷。尚书马森复：准例外发银七万两，抵补递年积欠之数。仍咨督抚衙门将旧额并调增兵马，查核应减、应支、补算、合加粮料数目具奏，以定加增年例之数。

三年，总督谭纶题：议鸟铳南兵工食。尚书刘体乾复：南兵系创议训练之举，不可为常，原议卖江南种马价银为练兵增饷之费，今未解到，暂于太仓发银四万两，仍行兵部查催马价抵还（不在年例）。

本年总督谭纶题：本镇客兵银三十七万八千八百七十八两四钱五分，较先年定额稍多，但两防赴戍撤兵皆从本镇过堂，新兵分布亦从此会计，乞照数给发。尚书刘体乾复：准止发银三十二万七千三百二十四两零。又题秋防未竟，请添不敷银五万四千三百两。本部复：准止发闰月支过银一万六千五百四十七两三钱。

四年，本部发客兵年例银三十万六千六百六十五两，又发南兵工食银六万六千六百二十九两，仍催民运银抵补。

五年，总督刘应节题：请南兵工食。尚书张守直复：准摘半发银三万三千两（马价既称存以买马，民运又无解补，拨止量发一半）。

六年，郎中侯国治会计客兵钱粮，该银三十万六百六十五两五钱零，除事例支剩并续发银两外，不敷银九万六千四百一十余两，照数给发。

万历元年，阅视侍郎汪道昆定经制，本镇主兵四路八营，客兵四营四枝，共岁用正饷、杂饷银五十二万九千五百六十一两二钱四分二厘三毫。又议主客兵钱粮挪移借补不便。尚书王国光复：准以后主客兵粮或有不足，各准通融兼支，每年除岁入漕粮、屯粮、民运事例等银外补发。

三年，本部发主客年例银三十八万七千九百二两八钱九分零（四年、五年同）。

六年，本部发主客年例银三十八万九千三十两八钱九分五厘零外，发本镇兴州、营州中后三卫官军粮俸布花银四千九百六十四两三钱，又发平谷县儒学、三河驿廪粮银四十二两。

**俸粮**

官吏俸粮则例

密云、营州、兴州、潮河川、梁城守御各屯卫所指挥使月支粮一石，上半年月支折俸银二两二钱二分六厘六毫，下半年月支一两三钱六分。

指挥同知月支粮一石，上半年月支折俸银一两六钱七分六厘一毫，下半年月支一两九分。

指挥佥事月支粮一石，上半年月支折俸银一两六钱，下半年月支一两三分。

正千户月支粮一石，上半年月支折俸银一两，下半年月支六钱二分。

卫镇抚、副千户月支粮一石，上半年月支折俸银八钱八分五厘七毫，下半年月支五钱六分。

实授百户月支粮一石，上半年月支折俸银六钱五分七厘一毫，下半年月支四钱四分。

所镇抚月支粮一石，上半年月支折俸银五钱四分二厘八毫，下半年月支三钱八分。

试百户月支粮一石，上半年月支折俸银五钱一分四厘一毫，下半年月支三钱六分五厘。

总旗月支粮一石，上半年月支折俸银二分六厘五毫，下半年月支一分五厘。

以上官员如调赴关营管事者，俸粮照旧，折粮银照边军折色银数，俱在本卫造支，如回该卫，即照旧关支。

经历月支粮二石，上半年月支折俸银四钱二分八厘四毫，下半年月支三钱二分。

知事月支粮二石，上半年月支折俸银四钱，下半年月支三钱五厘。

吏目月支粮二石，上半年月支折俸银三钱一分四厘二毫，下半年月支二钱六分。

令史月支粮三斗，上半年月支折俸银九分七厘一毫，下半年月支五分一厘。

典司吏月支粮三斗，上半年月支折俸银四分，下半年月支二分一厘。

武举月支粮三石，系指挥、千、百户者，仍支原职俸银，如年老有疾、革任闲住等项，应支俸粮照例全半支给，原加米三石，截日住支。如军民舍余中式武举者系年老有疾、革任闲住，通不准支。

优给官月粮折俸全支。

老疾官月粮折俸俱支一半。

故绝官妻支月粮，不支折俸。

立功官不支俸粮。

仓场见任大使、副使、驿丞各月支粮二石，守支大使、副使月支粮一石五斗。

见役攒典月支粮五斗，守支者不准。

以上粮俸，除密云后卫、潮河川等处查系边卫，上半年折色加增外，其余上半年支本色，下半年支折色。如本色不敷，与下半年每石折银四钱五分。武举、驿丞、卫所令、典司吏、仓场攒典，本折与卫所例同，其经历、仓场官月粮不分上下半年，每石折银八钱，不得照依时估，以致冒滥。

主兵月粮则例

密云中后二卫、梁城所存恤军月支米一石。

守备捕盗军、军门随征军月支八斗。

城操守门军月支六斗，潮河川同。

老幼军月支五斗。

军牢月支口粮三斗。

石塘、古北、墙子、曹家四路营哨并所属白马关、潮河川、靖虏营等各提调下尖哨奇兵，军门标下教师月支一石，帮支一石。

夜不收月支一石，帮支三斗，小尽减一升。

传烽守墩军月支一石，每年七月至十月，每月帮支三斗，撤防住支。

操守塘拨旗军家丁，军门标下将官家丁，密云左右标下百总，援兵军丁，振武、石匣奇兵，营车正新旧奇兵，军士家丁乡兵，辎重车营新军各月支一石。

督守空心敌台千、把、百总，系武生舍余选充者，在台月支一石，撤下住支；系南兵及营军选充者，各有本等工食月粮，在台无。

新验老弱守偏僻台座军月支七斗。

纪录幼军月支五斗。

瞭哨犯人月支三斗，小尽减一升，正军不支。

以上官军，上半年支本色四个月，折色二个月；关营每石折银七钱，卫所每石折银六钱五分；下半年全支折色，俱每石折银四钱五分。

主兵兼食行粮则例

军门标下中军，石塘、古北、墙子路参将，曹家路、振武、石匣新募奇兵，密云标下游击协守副总兵，辎重车营将官，腹里、密云、三河守备俱岁支粳米，每月一石五斗。

提调月支粟米一石五斗。

中军、千把总，军门标下听用将官、旗牌、千把总，武举、指挥、千百户、答应官生月支粟米九斗，内新募奇兵营中军、坐营千把总减半支给，在营全支折色，遇调照百里内外，全半本折间支；延绥、保定千把总岁支十个月，如辽东、延绥粳粟间支，余俱支粟米；若系南兵官，另支工食，不支行粮。

百总月支粟米六斗。

守关寨官月支粟米四斗五升。

石、古、曹、墙四路家丁，密云标下各营主兵，振武、石匣营车正家丁，辽东兵并军门标下延绥、保定军兵岁支十个月；塘拨军、大同兵岁支八个月；赴边防守主兵岁支四个月，俱粟米，每名月支四斗五升。

## 马匹料草则例

石、古、曹、墙四路骑操马，除夏秋牧青外，春冬六个月，每匹月支料九斗，内春三个月，每匹月支草三十束。

四路调操塘拨马，除两防支行料草外，四路各支十二月分料九斗，正月分料九斗，草三十束。腹里捕盗马匹，每匹月支料九斗，草三十束，内春三个月，料草兼支；冬三个月，料支本色，草支折色。

以上料草本折间支，料每石折银四钱，草每束折银一分七厘。

标下战马，各营将官正驮马，家丁、乡兵、奇兵旗鼓马，援兵骑操马，辎重车骡，俱每岁全支料草。塘拨马岁支料草八个月，每匹月支料九斗，草三十束；料俱本折间支，三个月支小干草，九个月支大干草；塘拨马支一个月小干草，七个月大干草。石匣营骑操马，两防上边四个月，每匹月支料九斗，大干草三十束。

## 客兵行粮料草则例

大水谷、大同入卫二营游击，驻扎石塘路；山东领班都司，延绥入卫游击，驻扎古北路；河间班军，春防都司，秋防游击，保定领班都司，驻扎曹家路；大同入卫游击，驻扎墙子路，俱两防八个月支行粮料草。内延绥支十个月，四路游击都司廪粮，每月支粳米一石五斗。

中军、千把总每月支粟米九斗，百总每月支粟米六斗，山东班军百总旗军每月支粟米四斗五升。

正驮、骑操等马俱支料九斗，草三十束，支大干草七个月，小干草一个月。

河间春防系都司，支料草四个月，每月支料九斗，草三十束，大干草三个月，小干草一个月；秋防系游击，支料草四个月，料与大干草本折间支，小干草全支折色。

以上廪给行粮粳米，每石折银二两，粟米每石折银七钱，料每石折银四钱，大干草每束折银一分七厘，小干草每束折银一分三厘。

## 冬衣布花则例

石塘、古北、曹家、墙子四路军士，除支二匹、三匹者照旧外，凡支四匹者，裁为三匹。

幼军布二匹，花一斤八两；标下左右二营，振（武）、石匣新旧奇兵营军丁俱布二匹，花一斤八两。

密云守备捕盗军，密云中卫局匠，并军门标下杂差、军伴、家丁，俱每名布二匹，守门军一匹。

潮河川旗军并遵化标兵、石匣营公差军、石匣驿军，每名布二匹。

密云后卫旗军每名布二匹，花一斤八两。

营州中屯、兴州后屯二卫城操军、修仓军、厂军，每名布二匹，老疾军一匹。

营州后屯卫城操、修仓军、厂军布二匹，花一斤八两。

营州前屯卫守门并杂差军，三屯营军、修仓军、厂军布二匹，花一斤八两，在内有折布钞一匹者，俱裁革。

以上布花如系折色，边卫一例，布每匹折银二钱五分，花每斤折银六分。如在本年正月至七月新收者，各扣布一匹，在八月以后者，不准支。


景泰六年，尚书张凤题：张家湾盐仓收掣客商余盐并私盐给通州、密云等卫官折俸，每盐一百四十斤，准米一石。

成化八年，主事柳琰呈：密云、古北口等处，协守官军马匹，草束不敷，议改折银。尚书杨鼎题：准照京场事例，间月折支，每马一匹，月支银二钱，不该支草时月住支。

弘治元年，主事王钺呈：密云等卫该支月粮一千七百余石，仓粮不敷。尚书李敏题：准暂于密云县库银折支二个月，旧议每石定价三钱，今量加一钱，不为例。

元年，尚书韩文题：令石匣堡驻扎三屯营官军，各回本营操练，遇警支给行粮，无事在营照旧食粮五斗。

正德二年，密云后卫指挥周祯等奏：本卫官折俸布、绢、钞锭，赴京关支不便，乞照兴州等卫事例，坐拨蓟州。尚书顾佐依拟题：准听管粮郎中呈报，量将北直隶、山东、河南原解京库绢匹，拨蓟州库交纳，每绢一匹折银八钱，给散之时每绢一匹折银五钱，布一匹折银一钱五分，余银一钱五分收贮，陆续支放。该支钞锭，亦照前例，将草束折银凑给，每银一分，准钞七贯。

八年，管粮主事秦伟呈：古北口等仓粮银兼支尽绝。尚书孙交议：将山东、河南等处起运该仓粮价发本官收受，籴买本色，若米价高贵，暂准每石折银六钱放支。

本年尚书孙交题：边关一带地方见今米贵，古北口等仓已准解纳折价，喜峰口等仓未准折纳，合无照古北口仓事例，将边关地方，但有本部监督仓分，遇各处起运到仓愿纳本色者听其上纳外，余愿纳价者，查原来价银，照数称收召买。如米价高贵，暂准每石折银六钱，以后年岁丰登，仍令解户买纳。

本年主事李旸呈：沿边各关营军通仓该支两个月月粮，路远脚重，乞量加脚米。尚书孙交题：准除二百五十里以上至三百里者，照旧折银外，二百里至一百二十里，每一百里量与脚米一斗；一百一十里以下者，每十里加脚米一升。

嘉靖二十九年，巡抚王汝孝题：准密云路墩军辛苦，月粮外添米二斗。

三十九年，通州营新募游兵三千名，照昌密等营新军事例，每名给布二匹，折银五钱，绵花一斤八两，折银七分五厘。

四十一年，督抚杨选等题称：曹家寨原议添募游兵三千名，招募不充，每岁春秋二班，各拨班军二千名赴彼，随游击操练，乞加行粮。尚书高耀复：准照客兵行粮则例，每月每名加米五升，以示优恤。

隆庆五年，御史余希周题：兴州等卫官军月粮在通仓关支，折俸布花在蓟州；营州等卫月粮布花在通仓坐支，折俸在蓟州，稽查不便。尚书张守直复：准将各卫月粮，原在通仓者，并折俸布花料草俱赴彼坐支；原在密、昌者，造册赴兵备道查明，转送该镇管粮衙门坐支；其应支钱粮与应扣补各镇钱粮，候五年终，会计归并。

六年，督抚刘应节等题：议辎重车骡料草。尚书王国光复：准将军门巡抚标下车骡，除补原马骡料草外，余骡五百二十头，准将密云振武营、遵化游兵营减去马匹料草支给。

万历元年，巡抚杨兆题：兴州、营州中后屯各卫柴炭等项，原系徭编军役供办，迩来各卫捏造虚名军一千名，岁冒支月粮布花银三千四百五十余两，已经查革。尚有实在军丁四百三十四名，即系新收之军，月粮布花应照数造支，以抵柴炭之费。尚书王国光复：准每名准

528

月支米六斗，岁支布花一分。

四年，总督杨兆题：比例支领俸粮。尚书殷正茂复：将兴、营中后卫官军俸粮、布花、料豆，俱改密镇关支。月粮仍照梁城所事例，上半年本色四个月，该镇支给折色二个月，每石六钱五分；下半年俱折色，每石四钱五分。并俸布料该银四千九百六十四两三钱，每年同年例类发。

**仓庾**

镇边城龙庆仓、墙子岭广盈仓、古北口仓、石匣仓、曹家寨广有仓、石塘岭广丰仓、白马关广储仓、平谷县猪圈头营仓、大水谷广积仓、平谷县熊儿谷仓。

弘治元年，主事王钺呈：修理仓廒。尚书李敏议：令将龙庆等仓垫廒芦席，除够用外，每席一领折银二分支用。

五年，主事王济呈：古北口等处仓廒数少，积贮不敷，议盖廒一座。尚书叶淇题：准动支折席银两修盖。

十七年，主事席书呈：议于石匣驿盖立仓廒，收贮召买粮料。尚书韩文题：准先尽本处见在木植，并折收签稽银支用，不敷，呈部另处。

本年主事席书呈：独黑谷关、曹家寨军马于古北仓支粮不便，查得本营见有空房，相应贮积粮料。尚书韩文题：准于附近召纳粟米二千石，黑豆一千石，遇警支用，无事时，仍于古北仓关支。

隆庆六年，尚书张守直题：顺义县建立仓廒五十间，每年漕粮到日，或天雨时行边事紧急，搬运不及，暂寄本仓，以待转运龙庆、石匣等处。

**职储**

景泰元年，本部题：密云粮草必得重臣总理。奉圣旨：是。还着邹来学提督。

弘治十八年，尚书韩文题：古北口、潮河川等边外近虏境，内卫京师最为重大，蓟州郎中带管未便，专差主事一员，于密云居住，整理边储。

嘉靖三十二年，都御史杨选题：自虏患猖獗以来，密云系古北之冲，昌平系陵寝之重，乞将管粮主事，查照蓟州、易州事例，俱注选三年，仍铸关防二颗，并撰勅书二道，分给各官收领行事。本部依拟复准。

三十七年，给事中魏元吉条奏：严稽查以清钱粮，并部司以一事权。本部复：准今后管粮郎中等官，如遇升迁事故，一应经管钱粮见收在官者，交盘明白，召商上纳者，查无拖欠，方许离任。又查昌平旧设都御史一员，督理粮饷，今已议革，昌平主事亦应裁省，止注选郎中一员，往来昌、密总理，庶事权归一。再照蓟镇旧属贵州司，密云属云南司，昌平、易州属广东司，今后各镇题复文移，俱并贵州司职掌，庶便行事。

隆庆五年，御史余希周题称：密云县库役侵盗饷银三万六千余两，该镇应设库专官典守。尚书张守直复：准查照蓟、易二镇事例，动支在官银两建立一库，将该镇每年主客年例、军门公费及抚夷、修边等项银两，尽发收贮，并咨吏部，添设库大使、吏各一员名，专掌出纳。

臣等谨按：密云二卫，景泰间，虽尝命重臣总理粮储，然以内地不常设也。自嘉靖庚戌，虏溃古北口，畿辅震动，于是始设重臣以节制蓟镇，而开府于密云。异时官军数不盈万，今五卫所之兵，与戍班入卫之卒，计主客凡五万有奇，岁用民屯、京运至五十余万，而漕粮十五万石不与焉，盖非不多矣。议者谓，南兵教习已成，即当罢遣，而训练民兵与勾补诸缺伍，可省班军，兹亦节冗之一策也。至若古北、墙子、曹寨、石塘，此四路者皆密迩京陵，最为要害，非守以劲将不可，故选用与隄备之法，较诸镇尤当慎严，是在经略之臣，一加意焉尔。

## 《万历会计录》卷二十一　昌平镇饷额

甲表 53　　　　　　　　　　　　昌平镇饷额

| 本镇饷额 | 原额 | 见额 |
|---|---|---|
| 主兵官军(员名) | 14295.00 | 19039.00[1] |
| 马骡(匹) | 3015.00 | 5625.00[2] |
| 屯粮(石) | 3232.55 | |
| 屯粮折色银(两) | | 2428.46 |
| 民运粮(石) | 13000.00 | |
| 地亩银(两) | | 557.69 |
| 秋青草折银(两) | | 128.08 |
| 民运银(两) | | 20704.90 |
| 漕粮(石) | 20000.00 | 39272.50[3] |
| 隆庆六年添拨漕粮(石)[4] | | 150000.00 |
| 京运年例银(两) | | 96373.54[5] |
| 客兵[6] | | |
| 京运年例银(两) | | 79167.27 |
| 扣发蓟镇饷银(两) | | 32101.23 |
| 今止发银(两) | | 47066.04 |

[1] 原书此处注：比原额增 4744 员名。
[2] 原书此处注：比原额增 2610 匹头。
[3] 原书此处注：比原额增 19272.5 石。
[4] 每年运赴莫靖仓交纳，以备长陵等十卫所官军月粮支用。
[5] 原书此处注："居庸关税银议抵年例，原无定额。每年尽数扣留外，其余太仓补发。"
[6] 原书此处注："调遣不常，无定数。"

## 昌平镇沿革事例

### 屯粮

本镇初止隆庆一卫（今改延庆），屯地八百四十七顷，粮三千二百三十余石。嘉靖四十一年丈勘，实征粮地五百九十八顷四十亩，米豆三千二百二石五斗，仅足原额。又征银地二百三十九顷六十九亩二分，并勘出地三十六顷六十三亩五分，共征银四百一十四两四钱九分，则溢于额数矣。万历元年，议拨营州左屯卫屯粮四百五十四石于本镇上纳。今计二卫粮银，并新增榆河驿地亩银共三千一百一十四两二钱四分有奇，而九陵卫屯粮折色银二千七十二两七钱八分，本色豆三千九石五斗六升二合不与焉。

天顺七年，后府照会延庆卫下屯军五十五名，种地二十七顷五十亩，收各色子粒七百四十五石，内种子七石，给军正粮四百八石，余粮三百三十石。

本年延庆卫呈称：军人刘四等，宣德四年调守黑峪等口，自行开荒耕种，天顺六年共种地二百四十三顷，起科不等，该粮二千一百一十六石一斗七升（自此至成化间，屯地并新开地粮数同）。

嘉靖四十一年，御史潘清宣题：查延庆卫原额屯地八百四十七顷三十九亩七分，今丈勘过地八百八十四顷五十七亩二分九厘，内实征粮地五百七十四顷九十三亩九分，该粮二千九百二石五斗五升五合七勺；实征米豆地二十七顷五十亩，该米豆三百三十石；实征银地二百三十九顷六十九亩二分六厘，勘出地三十六顷六十三亩五分九厘，每亩征银一分五厘，共该银四百一十四两四钱九分三厘六毫五丝。原堪种今水冲地五顷八十亩五分四厘，应豁银八两七钱八厘一毫。

隆庆五年，管粮员外郎王好学册报：延庆卫屯粮折银一千九百五十二两七钱六分零，黑豆折银七十四两二钱五分，新增地亩银四百三十二两五钱，秋青草银一百两，共银二千五百六十八两五钱二分。

万历元年，尚书王国光题：准将原属蓟镇营州左屯卫屯粮银四百五十四两六钱五分零，改入本镇。

七年，巡抚张梦鲤册报：六年分，本镇屯粮折色银二千四百二十八两四钱六分八厘零，地亩银五百五十七两六钱九分五厘零，秋青草折银一百二十八两八分。

### 民运

本镇居庸、黄花等处俱称要害，景泰四年，始议派顺德、广平二府粟米一万三千石，给防秋官军，以后会派山东、河南、顺天等府米麦布花豆草不等。嘉靖十五年，米豆布花料草，本折中半，寻尽改折色，今总计顺天等府岁运银共二万七百四两九钱一厘，其山东、河南民运银一十一万三千七百四十六两五钱零。万历元年，改解太仓转发。

景泰四年，居庸关都指挥夏忠呈称：延庆卫粮米数少，支用不敷。尚书金濂题：准会派顺德、广平二府秋粮粟米共一万三千石。

成化十八年，会派山东、河南、顺天、广、大、保、顺等司府小麦一千五百五十石，棉布一万匹，棉花一万斤，粟米二万九千七百石，居庸、延庆仓上纳。

弘治八年，会派山东、河南、保定府米豆二万石，棉布一万匹，棉花四千斤，黄花、延庆、居庸三仓上纳。

十五年，主事王玹呈：黄花镇仓该收河南、山东粟米四千石，黑豆七百石，顺天府谷草八万束。见今粮米数少，料草数多，乞要折收。尚书侣钟复：准粮米仍收本色，料草改折色兼支。

十七年，会派山东、河南并顺天等府粟米七千石，黑豆二千七百石，谷草六万束，居庸、黄花等仓上纳。

嘉靖十五年，会派山东、河南并大名府棉布二万二百匹，棉花一万斤，米豆六万八千九百三十石，本折中半，延庆、居庸、黄花、白羊口、镇边城五处上纳。

隆庆五年，会派民运折银，山东五万六千九百一十二两一钱九分，河南五万六千八百三十四两四钱，顺天府三千八百四十七两七钱，保定府五千三百四十两，河间府二千二百六十七两一钱，大名府四千一百三十八两六钱，顺德府二千四百七十八两六钱，广平府八百两，真定府三千二百六十两，共银一十三万五千八百七十八两五钱九分。顺天府本色米一千三百二十三石，坐派上纳。

万历元年，阅视侍郎汪道昆条议边饷。尚书王国光复：准将山东、河南税粮银一十一万三千七百四十六两五钱九分，改解太仓银库转发。

六年，巡抚张梦鲤册报：顺天府米、布、草折银三千一百九十三两八钱五分，保定府草折银五千三百四十两，河间府布、草折银二千二百六十七两一钱，顺德府米、布、草折银二千四百七十八两六钱，真定府布、草折银三千二百六十两，广平府米折银八百两，大名府米、布、草折银三千三百六十五两三钱五分，通共银二万七百四两九钱零。

## 漕粮

本镇军粮旧赴京仓关支，自景泰二年，准御史沈义之奏，轮拨各关口官军各运米二万石备用，遂为窵运之始。嘉靖三十年以来，始议岁运，而窵运亦间有之，增减不一。又议班军行粮及各陵卫官军月粮，俱于漕粮内拨运，共增至一十八万三千石有奇。万历二年，定议由通州水运至沙子营，路运巩华城上纳，各军就近关支。

景泰二年，御史沈义题称：天寿山、黄花镇、白羊口官军赴京支粮不便。尚书金濂复：准轮拨该关官军，每关口各运米二万石，每石照例加耗米二升，芦席一领，每军赏银一钱。

本年镇守天寿山都督同知王通题：操守军士赴京、通二仓支粮不便。尚书金濂复：准拨该卫官军四千名，每名给银一钱，运京仓米二万石赴昌平，收贮支用。

嘉靖三十年，都御史许宗鲁议处永安等营军粮，尚书方钝复：准窵运漕粮三万石。

三十一年，挑选班军，添发漕粮粟米九千二百七十二石五斗。

三十二年，都御史吴嘉会题：水灾米贵，请窵运以济军饷。尚书方钝复：准除岁运班军行粮外，仍窵运通仓粟米九百九十七石五斗，粳米一万六千七百三十石，脚价银一万八千一百一十一两八钱七分。

三十三年，连年水患。尚书方钝题：准窵运京、通仓粳粟米一十二万七千石，主客兵支用。

三十四年，尚书方钝题：准将原派密云主客兵粮一十五万石，内改拨六万石运昌平，四万石作主兵，二万石客兵支用。

三十六年，尚书方钝题：昌平镇主客兵粮，并原议班军行粮，俱令官旗运该镇上纳。

三十七年，漕运衙门会题：漕粮运赴昌镇不便，乞要改运。尚书贾应春复：准自三十八年为始，照旧运赴通仓，每年二月后，差官窵运主兵粟米三万石。

本年主事丘伟呈：俺答黄台吉等住牧独石等处，调发客兵数多。尚书贾应春复：准额外窵运粳米二万石，黑豆二万石，作银三万八百两，抵充客兵银两。

三十九年，额派本镇漕粮并班军行粮三万九千二百七十二石五斗。

隆庆二年，尚书马森题：漕粮改折，岁派白粮蠲半，议将近拨昌平窵运粮三万九千二百七十二石五斗，改纳京、通二仓，发银二万七千四百九十四两七钱五分，给本镇买米。

三年，总督谭纶题：本镇发银买米不便，议将漕粮径运交纳。尚书刘体乾复：准仍行窵运。

六年，督抚刘应节等题称：长陵等八卫官军近与边军一例防守，京仓支粮有妨边备。巩华城外，安济桥起至通州渡口，水道长一百四十五里，内水深成漕者约一百余里，支流散漫淤浅者止二、三十里，若帮筑堤岸，收其散漫总归一漕，沙浅者挑深，即可疏通，将永、巩、昌、标四营军粮，除折色三个月外，其余九个月并八卫所官军月粮，额运漕粮，俱由通州河路运至巩华城仓，以便关支，计省脚价银八千余两。尚书张守直复：准将四营八卫折色月粮一十五万石，额运漕粮三万九千二百七十二石五斗，俱由通河运巩华城仓交纳。

万历元年，总运员外郎杨可大呈：河道淤塞。尚书王国光题：准将原额漕粮由大通桥陆运至昌平，余十五万石，仍运京仓。

二年，总督刘应节题：昌平运河自通州至沙子营河道疏通，自沙子营至三岔口间多淤阻；据兵备马时泰等议，要自通州至沙子营仍从水运，自沙子营至巩华城姑从陆运，民间免挈船之扰，营中省浚河之劳，诚为便计。尚书王国光复：准将昌镇新旧漕粮，自通州水运至沙子营，每石准给脚价银四分，陆运巩华城者，每石给银三分四厘，陆运居庸仓，每石给银五分，共增脚价银一千五百两。夏月水盛之时，仍听水运，以省脚价之费。

九年，管粮主事王汝濂呈称：居庸、黄花、横岭三路官军一万三千有余，岁该月粮六万余石，额运漕粮不敷，递年召商买纳，要将奠靖仓支剩米，改拨凑支。尚书张学颜题：准自万历九年为始，将奠靖仓原拨漕粮十五万石内，将十三万石照旧运该仓，放给长陵等卫官军月粮，其剩米二万石，改拨居庸仓，凑放三路官军月粮支用，候下年题发饷银，临时酌议扣发。

**京运**

本镇主兵银，自成化二十六年发银八千两始，客兵银，自弘治十八年发银一万两始，以后俱未请发。正德、嘉靖间各增发不等。隆庆元年以来，议添永安、巩华四营军士月粮、人马行粮，共增银一十七万三千七百九十二两八钱八分零，主客通融兼支，俱以该镇岁入各项银两扣算，补足额饷二十二万六千八百五十两七钱之数。

成化二十二年，都御史彭韶题：仓储数少，官军月粮不敷。尚书殷谦复：准发银八千两，间月兼支，每米一石，给银三钱。见在仓储留备紧急，不为例。

弘治十八年，虏贼大举入寇，居庸、黄花、白羊等口粮料缺乏。本部题：准发银一万两，召买粮草。

正德十二年，主事叶天球呈：宣府兑调官军，并辽东人马驻扎居庸防守，请发银两，照宣、大事例，间日折放。本部题：准发银八千二百二十余两。

嘉靖十二年，员外郎张德政呈：红罗镇地方，近被胡寇杀掳，昌镇密迩陵寝，请发银籴买仓粮。本部题：准发银一万两。

二十二年，丑虏驻牧近边，调发京军分布，又将涿鹿、兴州中屯等卫班军，分拨各关协同防守，共发粮草银三万九十四两五钱。

三十年，都御史许宗鲁题：永安营军士月粮不敷。本部复：准发银一万六千五百四十一两零。

三十六年，主事丘伟呈：哨报紧急虏情。本部题：准发银五万两。

三十九年，总督许论题：急计防秋兵粮。本部复：准共发主客兵银二万五千两。

四十年，总督许论题：虏聚宣府边外，本镇调兵数多，又久旱米贵，主兵月粮乞于京、通二仓总运放支。尚书高耀复：准止添发客兵银四万两，主兵银三万两，仓粮不发。

四十五年，督抚刘焘等题：议定经制。尚书高耀复：准照四十四年之数，发本镇官军并永巩等营标游兵月粮银共二万六千二百两，又发客兵银八万六千二百三十四两五钱零，以后年分视此为准（以后间有增减）。

隆庆元年，尚书葛守礼题：准将永安、巩华等四营，防秋军士月粮添入年例给发，共该银二万六千二百两。

本年总督刘焘题：本镇客兵年例银九万六千八百七十九两七钱九分零，内添调张冬等人马，照永平镇会计，减去银一千八百八十八两四钱三分零，除先发银二万两外，仍该补银七万四千九百九十一两三钱六分零，照数给发。

三年，总督谭纶题：秋防未竟，请增客饷，并加闰月银两。尚书刘体乾复：该镇多增廪给例外，已多发五千八两六钱，难以加增，止发闰月银三千九百六十三两三钱（连年例共发银一十万三千九百六十三两九钱，比经制数稍增）。

四年，巡抚刘应节题：主饷不给，请发年例，并永、巩等营军士月粮、神宫监马料，官军折色及本色欠价，借用漕粮加纳米等银共五万四千一百四十二两九钱。本部复：准给发，候民运饶裕，于年例银内扣除。

本年总督谭纶题：议添调标兵，请增年例。尚书刘体乾复：准发银一十一万八千一百二十两一钱五分。

五年，员外郎王好学呈：见在防秋折色不敷。尚书张守直复：准除先发银两外，仍添发银一万二千八百一十五两九钱一分，主客共银七万三千七百二十七两七钱六分（比经制数稍减）。

六年，都御史杨兆题：议处财用。尚书张守直复：该镇主兵年例，并永巩四营军士月粮，神马料草共银二万六千五百两，今将四营军士与神马倒折计算，减银七千一百九十四两二钱七分，又闰月俸粮料草以库贮银两抵算，尚该银二万三百六十三两零，除收过事例银五千四十九两一钱，仍发银一万五千三百一十四两一钱五分。

万历元年，阅视侍郎汪道昆议：定经制，本镇主兵三路四营，客兵五营一支，共岁用正饷、杂饷银二十二万六千八百五十两七钱七厘零。

本年尚书王国光题：本镇额饷，每年除屯粮、民运、漕运外，补发京运银九万二千三百六十三两七钱三分零，共足二十二万六千八百五十两七钱之数，主客通融兼支。

三年，发年例银一十六万五千五百四十六两三钱六分二厘零。

四年，发年例银一十七万一千八百二十六两五钱七厘零（五年同）。

六年，发年例银一十七万三千七百九十二两八钱八分二厘六毫四忽（以上年例俱以该镇岁入粮银扣算补发）。

八年，蓟辽总督梁梦龙等题：蓟镇滦阳地方，招募土兵三千名，将宁夏入卫昌镇兵马，自万历九年为始，永为罢免。其遗下行粮料草并春秋二赏共银三万四千六百一两二钱三分，每年扣解蓟镇管粮郎中收贮，以备新募官兵粮饷，马匹料草等项支用。本部尚书张学颜等依议改拨，复：奉圣旨，是。钦此。

**俸粮**

官吏俸粮则例

延庆、白羊、渤海、营州左屯四卫所指挥使月支粮一石，上半年月支折俸银二两二钱二分八厘五毫，下半年月支一两三钱六分。

指挥同知月支粮一石，上半年月支折俸银一两七钱一分四厘二毫，下半年月支一两八分三厘三毫。

指挥佥事月支粮一石，上半年月支折俸银一两六钱一厘六毫，下半年月支一两三分。

正千户月支粮一石，上半年月支俸银一两，下半年月支六钱二分。

卫镇抚与副千户俱月支粮一石，上半年月折支俸银八钱八分五厘七毫，下半年月支五钱六分。

实授百户月支粮一石，上半年月支折俸银六钱五分七厘一毫，下半年月支四钱三分七厘六毫。

试百户月支粮一石，在营州左屯卫上半年月支折俸银五钱四分二厘八毫，下半年月支三钱八分；在延庆卫上半年月支折俸银三钱五分一厘四毫八忽，下半年月支二钱九分。

白羊、渤海二所正千户月支粮一石，上下半年月支折俸银一两。

实授百户月支粮一石，上半年月支折俸银六钱五分七厘，下半年月支六钱五分七厘。

试百户月支粮一石，上下半年月支折俸银四钱八分五厘六毫。

以上官员如调赴关营管事者，俸粮照旧，折色粮银照边军折色银数，俱在本卫造支，如撤回及发回该卫，即照旧关支，敢有隐冒者，并掌印官，俱照侵欺边粮事例问罪。

经历月支粮二石，上半年月支折俸银四钱二分八厘五毫，下半年月支三钱二分。

知事月支粮二石，上半年月支折俸银四钱，下半年月支三钱五厘。

吏目月支粮二石，上半年月支折俸银三钱一分四厘二毫，下半年月支二钱六分。

令史月支粮三斗，上半年月支折俸银九分七厘一毫，下半年月支五分一厘。

典司吏月支粮三斗，上半年月支折俸银四分，下半年月支二分一厘。

武举月支本色粮三石，系指挥、千百户者，仍支原职俸粮，如年老有疾、革任闲住等项，应支俸粮照例全半支给，原加米三石，截日住支。如军民舍余中式武举者，果系年老有疾、革任闲住，通不准支给，敢有隐冒者，并该卫掌印官，各照侵欺边粮事例问罪。

老疾官月粮折俸俱支一半。

优给官月粮折俸全支。

故绝官妻月支粮，不支折俸。

立功官不支粮俸。

以上各官如有犯罪问革，发回闲住，年老有疾等项；有该全除或半支者，俱听兵备道行该卫严查，不许混造冒支，如违，并该卫掌印官，各问侵欺重罪。

仓大使、副使见任者各月支米二石，守支者月支米一石五斗。

见役攒典月支米五斗，守支者不准。


主兵月粮则例

横岭、居庸、黄花三路营哨，并所属白羊口、镇边城、灰岭口、长谷城、八达岭、石峡峪、黄花镇、渤海所各守提下夜不收月支一石，帮支三斗。内黄花路远哨通事、尖哨、夜不收月支一石，帮支一石。

各营路操守军丁，永安营援兵家丁，标兵营新军家丁，黄花路战台军月支一石。督守空心台千、把、百总，系本城武生舍余选充者，在台各月支一石，撤防住支。系南兵及营军选充者，各有本等工食月粮，在台无。

长陵等八卫、奠靖所旗军，月支粮一石；延庆、营州左屯二卫，渤海、白羊、镇边三处城操军，月支八斗。

各驿走递军月支一石。

怀柔捕盗军月支六斗。

杂差军月支五斗。

孤老军月支三斗。

以上官军除永、标二营旧军，巩、昌二营军士家丁，春、夏、冬三季在京仓支本色外，秋季止支折色。上半年如横岭、黄花二路全支本色，居庸路支本色三个月，折色三个月，每石折银七钱；下半年全支折色，镇边、横岭二处每石折银六钱，长峪城、黄花镇每石折银五钱，白羊城、居庸路每石折银四钱五分。其卫所如渤海、白羊、镇边三所城操、杂差军士，上半年全支本色，延庆卫并驿递、捕盗、孤老军，支本色三个月，折色三个月，每石折银七钱，下半年全支折色，每石折银四钱五分。


主兵兼食行粮则例

横岭、居庸、黄花三路参将，巩华、昌、标三营游击，永安坐营。

天寿山守备太监，昌平、怀柔、黄镇三守备，俱岁支廪给稻米，每月一石五斗。

提调岁支粟米，每月一石五斗。

中军千把总、守关寨守台千总、四营中军哨把总，岁支粟米，每月九斗，内塘拨官止支七个月。

守台把总岁支粟米每月六斗。

三路四营家丁俱岁支，塘拨军支两防七个月，俱每月四斗五升。

黄花路常住京卫班军每月支口粮三斗，内有止支两防六个月者，赴边防守主兵支两防四个月，每月二斗二升五合。

马匹料草则例

横岭、居庸、黄花三路骑操马骡，夏秋牧青不支料草外，春冬六个月，每匹月支料九斗，内春冬三个月，每月支草三十束，俱折色。

巩华标守四营骑操马，太监守备并巡逻马，每月料九斗，草三十束，本色三个月，折色九个月。

回营塘拨马，除两防支行料草外，回路各支十二月分料九斗，正月分料九斗，草三十束，俱折色。

永陵监神马每岁全支本色料草，每月料九斗，草三十束。

各陵监马，春冬二季，每月支本色料九斗，草三十束，骡减半支给。

昌平城操马、奠靖所巡捕马、居庸驿马骡，每岁全支料草，每月料九斗，草三十束。

怀柔捕盗马，春冬二季，每月支料九斗，不支草。

榆林、土木二驿马骡，春冬二季，每月支草三十束，不支料，俱折色。

以上各营路，料每石折银四钱，内昌平城操、巡逻，奠靖所巡捕马，夏秋二季，居庸驿四季，俱每石折银三钱五分；草如三路，每束折银一分七厘，四营每束折银一分二厘。

天寿山昌平守备马草，除本色外，其折色仍分五、六、七三个月，小干草每束折银一分三厘；余六个月，大干草每束折银一分七厘，榆、土二驿，每束折银二分，居庸驿、奠靖所、昌平城操、巡逻马草，俱每束折银八厘三毫。

客兵行粮料草则例

白羊营参将，保定忠顺营都司驻扎横岭路，京营佐击驻扎居庸路，宁夏入卫营副总兵、山东领班都司驻扎黄花路，俱两防八个月，支行粮料草，内宁夏支十个月，京营止支四个月。如三路副总参游佐击都司，廪粮每月支粳米一石五斗。

中军千把总每月支粟米九斗，系宁夏入卫者，粳粟间支。

宁夏管队官每月支米六斗，粳粟间支；总旗亦支六斗，粟米本折间支。

军士旗军每月支粟米四斗五升。

将官正驮马、军士马，每月支料九斗，草三十束，大干草七个月，小干草一个月。内宁夏马支大干草同，小干草三个月。

以上廪给行粮粳米，每石折银二两，粟米料草除支本色外，折色粟米每石折银七钱，豆每石折银四钱，大干草每束折银一分七厘，小干草一分三厘。

旗军冬衣布花则例

横岭、居庸、黄花三路旗军，有家小并家丁支布二匹，杂差等项每名支布一匹，花各一斤八两；延庆、渤海、白羊各卫所杂差等军，即在各路数内，但有支折钞布者，今俱革除。

永安标兵二营家丁操司军，并标兵营招募新军，昌、巩二营军士家丁每名支布二匹，花各一斤八两。

怀柔守备下捕盗军，并营州左屯卫杂差等军，每名支布二匹，花各一斤八两。

以上布花如系折色者，布每匹折银二钱五分，花每斤折银五分。其折钞布一匹，节年未支，今俱裁革。如系本年正月至七月新收者，各扣布一匹，八月以后者俱不准支。前项布花俱随月粮造支，严行各营路卫所，分别旗军、城操、纪录幼军、只身等军多寡，实数开造，不许混冒。

景泰四年，指挥夏忠呈：延庆卫仓粮少，支给不敷。尚书金濂题：准将延庆卫、白羊口及在京拨去守备，并居庸等四驿官军俸粮、行粮廪给，着令来京仓关支，愿支银者，每粟米一石折银三钱，不愿者支粮。

成化二十年，尚书余子俊题：准勘得延庆卫指挥等官张溥等，该征地亩粮米，相应将各官俸粮食米，尽其地粮，照月依数扣还。或地少粮少，余月俸粮照旧关支；若地多粮多，余粮征完，于本卫仓上纳。

二十三年，主事许坦呈称：长陵等卫，轮守黄花镇上下班军月粮，旧例上班者黄花镇关支，下班者居庸仓关支。近因二仓粮少，乞行议处。尚书李敏题：准暂于白羊口仓，借支一个月。

正德元年，尚书韩文题：准白羊口去居庸关止三十余里，添人防守，滥费边储，令新添舍余通取回卫，食粮五斗。

七年，主事刘佐呈：延庆卫等仓，急缺料豆，乞每石照例折银三钱五分，按月通算该银五百七十余两。尚书孙交议题：令各卫马匹造册，赴部照数关领，候有解到本色，照旧关支。

嘉靖八年，主事邹守愚呈：延庆仓草束数多，恐致渰烂。尚书梁材题：准将榆林、土木二驿马匹草束，照旧例于延庆仓关支，本色放支尽绝，仍照近例支银，及将该仓草束未完之数，每束征银三分五厘，解太仓收贮，以备放支。

十七年，延庆卫军人张文纪等奏：本卫官军下半年月粮，每石给银四钱五分，黄花镇、渤海所五钱，见今米贵，乞比照密云等卫事例加添。尚书李廷相复：准延庆卫等处官军该支本年十一月分粮，每石量增银一钱五分，黄花镇、渤海所每石量增一钱，不为例。

三十年，主事李侨呈：永安营军人钱兴等，新领马一千匹，合用料草。尚书方钝题：准发银六万四百五十两，以后会派支给。

本年主事李侨呈：居庸、榆林、榆河、土木四驿马匹，不论新旧，俱一体差拨料草，合无一例支给。尚书方钝题：准查照旧马事例，冬春支料草，夏秋牧放。

三十一年，巡抚吴嘉会咨称：永安、巩华营并守护陵寝官军，月粮赴京关支不便。尚书方钝复：准防秋时月，一体于昌平关支，其余月分，并洒扫守陵官军照旧。

三十二年，巡按黄季瑞题：议加添居庸等驿料草。尚书方钝复：准各驿马匹冬春照旧给草料，夏秋牧放，仍依成化二年例，责令采打秋青草束，如甲军走递丁军采办，或将应支冬春草料，于夏秋月分量支少助不及，候冬春坐放查扣。

三十七年，昌平兵备杨胤贤议处镇边等三城，并长陵等八卫军士月粮。尚书贾应春题：准三城军粮，照古北口例，上半年本折间支，下半年折色。如遇米贵，量题加给。八卫军士候巩华城建立仓厫，运粮备支。

万历元年，阅视侍郎汪道昆条议：革本镇各营将官支领关税，并家丁名额。尚书王国光复：准以后该镇将官不许复支关税，家丁以今在册名数为额，不许复加。

**修边**

嘉靖二十年，总督题：黄花镇至山海关营堡墙堑，并各仓场及喜峰口远楼，俱应修筑。

除兵部发马价银五万两外，仍请给内帑。尚书李如圭复：准发银二万两，兑运通仓米二万石。

二十四年，都御史郭宗皋题：居庸关、白羊口一带，请给帑银五千一百两修理。本部议复：前项关隘工程，既该兵部发去银二万四千九百两，又议留赃罚银一万两，相应通融处置修理，太仓所积有限，难以动支。

三十年，都御史许宗鲁题：将白羊口游击张懋勋部下游兵三千员名，比照新军事例，每名量给衣鞋银二两，有马者量加五钱，令其自置衣装鞍鞯。尚书方钝议复：张懋勋所统游兵，俱系涿鹿等卫年例调边防守人数，在卫有本等月粮，在白羊口有日支行粮，与新募军士不同。查卷，原无此例。合无比照先年都御史朱芳题，赏饯手事例，将今调军士，不拘有无马匹，每名量给赏银三钱，以示优恤，共该银九百两。

三十二年，御史黄季瑞题：议募军营房衣鞋银两。尚书方钝复：营房军装，俱系工部支给，除将新募军六百七十名，应支粮饷照例添派外，其营房衣鞋银三千三百五十两，查将昌平、居庸等处，库贮赃罚银支用。

三十四年，总督王忬题：修筑镇边、居庸一带边隘，计少银十万二千四百五十三两七钱四分。尚书方钝复：准各边修理墙垣墩台，以十分为率，户部动支七分之五，兵部动支二分之五；前项银两，除兵部动支二万五千六百一十三两四钱三分五厘外，本部应发银七万六千八百四十两三钱五厘。见今库贮空虚，先行动支四万两，候前银将尽之日再解。

万历六年，总督梁梦龙题：请修边犒恤银两。尚书张学颜复：该镇支剩年例银，难以动支，议发太仓折粮草银一万四千两，并兵部马价银六千两，共二万两。仍咨督抚衙门差官前来领回，专备蓟、昌修边犒恤军士之用，不得别项挪移借支。

**仓庾**

延庆仓、居庸仓、黄花镇仓、渤海仓、白羊仓、镇边仓、横岭仓、奠靖仓、广济仓。

景泰元年，黄花镇都指挥鲁瑄题：修筑关口完备，起盖仓廒四十余间，乞处置粮料。尚书金濂复：准仓廒立名黄花镇仓，所收粮斛，于各司府起运京仓数内支拨。

六年，都御史邹来学题：天寿山大路原设山口仓，收贮粮草，别无支销。查得附近榆河驿系居庸关要路，原无收贮粮草，一遇支应，俱于本仓及延庆仓，搬运不便。尚书张凤复：准将本仓粮草支尽以后，俱坐榆河驿交收。

弘治十二年，主事宋疏呈：延庆等卫仓廒废坏，乞将寄库余银或签席折银内辏支修盖。尚书周经题：准查有余银二百五十四两支用。

**职储**

弘治四年，御史张鸾题：黄花镇仓旧系巡检司带管，职守不便。尚书叶淇复：准行吏部选拨官攒各一员名。

正德十六年，尚书杨潭题：议裁省边储及镇守等官，不许干预钱粮。奉圣旨：各项支粮官军等项人役，应支、应减、应革的，着管粮郎中等官查勘处置。各边镇守等官务要奉公守法，如有仍窃弄威柄、干预钱粮、至生奸弊的，抚按官指名参奏。钦此。

嘉靖三十一年，员外郎张邦彦呈：前任主事李侨，遗下旧客兵银鞘号簿，内有宙字三十八号未经注销，行据昌平州揭报，委有前银一鞘在库，及审经手书办吏梁骧等执称：前银一千九百八十两五钱，系一年总放积出附余之数，止因交代仓卒，失于开造，相应究治。前项未造银两，准作三十一年应发客兵之数。

三十二年，经略侍郎杨选题称：密、昌管粮主事，三年一换。尚书方钝复：准□照节行事理，会同巡抚专一整理主客钱粮。其管粮通判及居庸关通判，并附近守备军卫有司系听委用。

三十七年，给事中魏元吉题：昌平去密云不远，应裁省管粮主事，总设郎中一员，以便

538

调度。尚书贾应春复：准昌平主事通行裁省，止注选郎中一员，往来管理，仍将昌平一应文移并入贵州司掌行。

四十四年，尚书高耀题：昌平镇陵寝重地，防守钱粮赴密云关领不便，照旧分为二镇，仍设主事一员管理。

万历二年，阅视侍郎汪道昆题称：昌平原设管粮通判，近改令管居庸关关税，说者谓通判管关，关税稍益，岁计居庸关税，大约不及二千，纵使倍之，所益无几；该镇岁饷二十二万，如果以时伸缩，其益滋多，相应照旧，以便责成。尚书王国光依拟复：准该镇管粮通判给有关防，仍不妨原务，兼理商税。


臣等谨按：昌平三路若黄花镇切近陵寝，而横岭、居庸则左右卫翼，外捍边鄙，内卫陵园，号为重镇。然东西山口，九陵门户，防守之略尤宜倍严，但其地奉汤沐，蠲免殆尽，所存者，独屯种之粮，岁计不过三千有奇，余皆仰给于漕粮与民京二运，岁至三十余万。三路军士虚名冒领，视他镇为甚。若神宫诸监所支将卒马骡多寡之数，尤漫不可查，当事者能毅然而清核之，是亦筹边足国之策也。

## 《万历会计录》卷二十二　易州镇饷额　附井陉镇

甲表 54　　　　　　　　　　　　　易州镇饷额

| 本镇饷额 | 原额 | 见额 |
|---|---|---|
| 主兵官军(员名) | 29308.00 | 34697.00[1] |
| 马骡(匹) | 1199.00 | 4791.00[2] |
| 屯粮料(石) | 13637.72 | 23077.83[3] |
| 折色银(两) | 4469.58 | |
| 秋青草(束) | 27250.00 | |
| 折银(两) | 544.10 | |
| 民运粮(石) | 68050.00 | |
| 地亩银(两) | | 664.70 |
| 民运银(两) | | 327129.13 |
| 内除河南山东扣送太仓粮价银抵作客兵年例银(两) | | 20832.04 |
| 实该民运银(两)　(改解太仓转发) | | 306297.09 |
| 客兵[4] | | |
| 京运银(两) | | 59000.00 |

---

[1]原书此处注：比原额增 5385 员名。
[2]原书此处注：比原额增 3592 匹头。
[3]原书此处注：比原额增 9440.11 石。
[4]原书此处注："调遣不常，无定数。"

## 易州镇沿革事例

### 屯粮

国初设保定五卫，永乐、宣德间，续设涿鹿、茂山、兴州中屯等六卫一十一处，时征屯粮本色二万，折色一万，以供军需。正统间，屯军尽数选拨城操，遗下屯地无人耕种。屯粮较之宣德之前，大失原额。景泰而后，节次清查，渐还其旧。

洪武三十四年，设保定左、右、中、前、后五卫，腾骧右卫，紫荆关中千户所，原额屯地四千一百六十九顷九亩二厘八豪，额征本色粮一万三千六百三十七石七斗二升，折色粮银四千四百六十九两五钱八分四厘六毫，秋青草折银五百四十四两一钱。

保定左卫原额屯地五百七十顷七十三亩四分二毫，征本色粮一千七十一石一斗四升四合，折色银七百二十二两二钱八厘三丝二忽五微，秋青草三千九百六十三束，每束折银二分，共银七十九两二钱六分。

保定右卫原额屯地七百五顷五十六亩七分二厘四毫一丝，征收本色粮一千六百三十八石二斗四升，折色银八百五十五两九钱七分一毫一丝一忽五微，秋青草五千二百三束，折银一百四两六分，

保定中卫原额屯地一千一百二十九顷七十九亩八分六毫，征本色粮四千二百五十四石三斗三升三合，折色银一千一百五十六两二钱九厘五毫三丝九忽，秋青草六千一百一十四束，折银一百二十二两二钱八分。

保定前卫原额地七百七十六顷四十四亩三分三厘二毫一丝，征本色粮三千六百五十石一斗四升七合四勺，折色银七百八两三钱九分六厘五毫五丝一忽五微，秋青草四千四百八十四束，折银八十九两六钱八分。

保定后卫原额屯地六百九十九顷一十八亩七分五厘，征本色粮一千六百六十八石二斗四升，折色银八百四十两二钱五分一厘六毫，秋青草五千七百七十五束，折银一百一十五两五钱。

腾骧右卫原额屯地五十七顷五十四亩七分三毫六丝，征本色粮二百八十七石七斗三升五合一勺。

紫荆关中千户所原额屯地二百二十九顷八十一亩三分，征本色粮一千六十七石八斗八升，折色银一百八十六两五钱四分八厘，秋青草一千六百六十六束，折银一百三两三钱二分。

永乐二年，设兴州中屯卫，济州卫原额屯地二千六十顷一十亩六分九厘，额征本色粮三千四十七石六斗九升九合，折色粮银二千六百七十一两六钱二分二厘，秋青草折银一百四十四两二钱四分。

兴州中屯卫原额屯地八百五十六顷六十三亩九分，征本色粮一千七百三十六石八斗八升，折色银一千六十三两三钱六分五毫，秋青草七千二百一十二束，折银一百四十四两二钱四分。

济州卫原额屯地一千二百三顷四十七亩七分九厘，征本色粮一千三百一十石八斗一升九合五勺，折色银一千六百八两二钱六分一厘七毫六丝。

七年，设茂山卫、涿鹿卫，涿鹿左、中二卫原额屯地三千四百五十一顷七亩八分一厘五毫，额征本色粮五千四百二十二石六斗二升六合，折色粮银三千五百四十三两四钱八分四厘，秋青草折银五百四两六钱二分。

茂山卫原额屯地一千二百一十七顷四十三亩六分四厘，征本色粮二千四百石，折色银一千五百二十四两八钱九毫，秋青草五千六百七十束，折银一百一十三两四钱。

涿鹿卫原额屯地五百四顷九十一亩一分一厘五毫，征本色粮六百七十五石六斗九升八合

541

六勺，折色银六百七十二两九钱一分七厘七毫九丝，秋青草四千七百一十束，折银九十四两二分。

涿鹿左卫原额屯地一千九十六顷九十六亩六分三厘，征本色粮一千三百七十石六斗六升五合，折色银五百三十一两八钱八分五厘三毫七丝五忽，秋青草八千三百七十一束，折银一百六十七两四钱二分。

涿鹿中卫原额屯地六百三十一顷七十六亩四分，征本色粮九百七十六石二斗六升二合五勺，折色银八百一十三两八钱七分九厘六毫二丝五忽，秋青草六千四百八十九束，折银一百二十九两七钱八分。

宣德十年，设景陵卫原额屯地四百二顷八十五亩一分八厘四毫六丝一忽，征本色粮九百八十二石四斗九升九合二勺，折色银三百六十两三钱四分七厘；开垦屯地一百四十八顷四十亩三分，增本色粮九十八石二斗一升六合五勺，折色银二百五十两二钱二分六厘。

正统三年，保定左等五卫，并茂山卫下屯军，共种地三百六十五顷，收杂粮六千四百四十石六斗九升。

本年保定左等五卫军告称：永乐间着役种屯，未拨屯堡委的不便。本部奏：准满城等县，立屯耕种。

七年，涿鹿等卫下屯军，共种屯地五十二顷，屯粮除军食用外，实收余粮六百二十四石。

景泰元年，御史刘琚查得大宁都司奏报，保定五卫并茂山卫下屯军，共种屯地一千九百一顷二十五亩八分，该粮二万二千七百五十四石八斗六升。

四年，涿鹿左等卫下屯军，共种屯地七十九顷五十亩，屯粮除军食用外，实收余粮九百五十四石。

成化十四年，郎中王臣呈：查得大宁都司所属保定等六卫，屯粮一万四千三百四十余石，秋青草并谷草三万一千二百余束。

十八年，郎中黄景题：查得保定、茂山、腾骧右七卫，该征屯粮一万五千八百四十七石二斗，草三千二百六十束。

弘治三年，郎中陈琼呈称：查得涿鹿卫原额屯地五十六顷四十六亩，该粮六百七十一石二斗；涿鹿左卫原额屯地一百一十五顷三十七亩，该粮一千三百六十九石二斗；涿鹿中卫屯地八十九顷一十亩，该粮九百七十六石二斗六升，新增银八百一十三两八钱七分。

嘉靖二年，都御史周季凤题：紫荆关中千户所，永乐年间将本所旗军，分拨保定府易州安肃县地方屯种后，奉例屯军一名，拨与户绝地五十亩，征米豆六石。该所共粮一千六十七石八斗六升，坐派保定府仓上纳。景泰二年，将本所全伍奏调本关守御，遗下屯地，佥派各军余丁屯住纳粮，又奉例清出新增地土银一百五十五两四钱九分，递年着落屯头径收，赴仓上纳。奈亲管官员，在关不得催併，往往拖欠，乞将本所屯粮，照依茂山卫事体，改拨本关易州新城仓上纳。本部复准。

三十七年，给事中赵锵题称：本镇保定左等五卫，新增地亩银三千八百二十八两二钱一分，原系凑放军粮，议改保定府解部济边。本部复准。

四十年，屯田御史潘清宣查勘保定等一十四卫所，除水冲不堪等地六十九顷四十八亩九分，除粮一百三十石八斗八升四合，折色银八十七两八钱二厘。见在屯地一万一百六十二顷五亩，征本色粮二万三千五十七石八斗七升七合，折色银一万一千二百七两四钱六分一厘，秋青草五万九千六百四十八束，折银一千一百九十二两九钱六分。

四十三年，屯田御史秦嘉楫清查出茂山卫开垦地七十七顷九十一亩四分九厘，征银一百一十六两八钱七分二厘。景陵卫告首屯地一顷四十四亩，折银四两三钱二分一厘零。

隆庆三年，景陵卫军余蔺万良，首报地一十九顷二十八亩一分，征银二十八两九钱二分一厘。

四年，屯田御史谢廷杰清查茂山卫，原于嘉靖四十年，水冲沙压地七顷七十二亩七分，今水退地复，征粮九十二石二斗二升四合。

五年，屯田御史赵应龙查出济州卫自首地八顷四十四亩七分，征银一十五两五钱五分六厘零。

本年册报：本镇保定左等一十四卫所屯粮二万三千九十石五斗四升零，新增地亩银二千一百二两八钱七分（原征新增地亩银九千一十六两二钱二分，内保定五卫银三千八百二十八两三钱一分，解部济边，涿鹿三卫、兴州中屯卫、济州卫银三千八十五两四分，解蓟州库交纳，本镇止是景陵茂山卫、紫荆关中千户所之数），秋青草银一千一百六十两一钱一分，内六百二十四两六钱五分，解保定府听支，各驿站马五百三十五两四钱六分，解蓟州库交纳。

六年，屯田御史梁许清查涿鹿左卫首出开荒地三顷九十九亩五分，征粮五石九斗九升二合五勺。景陵卫首出屯地二十六顷九十七亩二分，征银七十九两六钱。紫荆关中千户所开荒首报地二顷一十二亩五分，征银四两二钱四分四厘。本年奉例，将茂山卫新增地亩银一千五百二十四两八钱零，改解保定府库上纳，止存景陵卫、紫荆关中千户所地亩银五百八十两一钱三分九厘零。

万历元年，景陵卫军余李贤，自首屯地五十亩，征银七钱五分。

四年，御史孙成名册报：保定左等一十四卫所，屯粮二万三千五百九十二石八斗七升一勺，新增并勘首出地亩银一万五千四百二十八两五钱七分一毫，秋青草五万九千六百七十三束。

六年，主事马伋册开，本镇屯粮粟米一万四百一十石九斗六升零，黑豆一万二千六百四十六石三斗零，新增银六百六十四两七钱三厘。

**民运**

国初额派本镇民运六万八千五十石，漕粮六万二千石。弘治而后，罢漕运，而专事民运，历年开派渐增其旧。嘉靖三十七年，始行改折之法，故本镇常有余盈，而主兵之费不患贫矣。

正统十二年，本部会派本镇税粮，真定府二万四千八百五十石，广平府一万七千四百石，大名府一万六千八百石，保定府九千石，分拨涿州、良乡，常盈、丰济二仓交纳。

本年又奏：准漕粮内，将六万二千石，亦均运良、涿二仓，以备保定左等卫官军月粮支用。

景泰元年，御史吴中题议：把守紫荆关官军数多，合用粮饷。本部复：将山东、河南、直隶、凤阳等处民运粮内，拨一十五万石，分派保定、易州、涿州三处，各五万石备用。

本年本部复议：保定、易州续添巡哨官军数多，前运粮米不敷，再将河南、直隶等民运京粮，摘拨三十万石，照前运去保定、易州二处，各收一十五万石，及将该年原坐东仓小麦，河南四万石，改运真定府仓，山东五万石，改运定州仓收贮。

二年，御史祝暹题称：紫荆关操备军马数多，易州等仓粮少。本部复：将保定府黑豆六千石，山东原坐河间府米二万石，改拨紫荆关新城仓交收。真定府原运涿州粟米一万石，改拨阜城县军城驿，各五千石，以备军饷。

三年，本部题：准定拨山东秋粮五万石，河南五万石，于涿州常盈仓收放。

成化十年，本部会派，河南布政司马草五十万七千束，每束折米五升，赴保定府常盈二仓上纳。

十四年，本部会派河南、北直隶米一万九千余石，运赴新城陆礬二仓交纳。

弘治五年，都御史张琳题称：河南原派保定府常盈左右等六仓税粮，乞比大同等处事例，折纳银两。本部复：暂将本年分原会税粮，全改折银，每米一石折银七钱，麦一石折银六钱，豆一石折银五钱，征纳原派仓分，以后年分照例施行。

十三年，本部会派，河南运保定广盈左右二仓粟米一万石，黑豆八千石，易州仓粟米五千石，新城仓草一万束，唐县新兴仓粟米五千石，黑豆五百石，紫荆关新城仓粟米一万石。

十七年，御史陈恪题：递年坐派山东、河南、大名等处起运粮八万石，保定府存留粮一万余石，要设主事一员管理。本部复准。

正德四年，本部会派，紫荆关新城仓粟米，山东一万五千石，河南一万五千石，黑豆五千石，陆礬仓粟米，河间府五百石，河南五百石，仍运浮图峪二千石，每米一石折银一两二钱，豆一石折银七钱。

七年，巡抚咨称：易州、新城、浮图峪等仓，本色不敷，近年多是折色，乞要量加，或改派本色。本部议：准紫荆、倒马、新城，并保定府、易州、涿州等处，粮料俱缺本色，通候正德八年会计各该仓场粮料，俱派本色。

本年会派，山东、河南本色粟米一万七千二百八十石，折色粟米一万七千四百石，该银一万四百四十两。

嘉靖元年，主事季兰呈称：新城等十仓，岁派山东、河南、北直隶税粮一十八万一百余石。

本年御史郭楠题处：民运折纳。本部议：准自嘉靖二年为始，于派征秋粮时，将保定府所属起运粮米，岁派本处仓分上纳者，俱令征收本色，其河南、山东、顺天等司府草料，一半征本色，一半征收银两，解部转送该仓上纳。

八年，本部坐派山东税粮九万八千八百五石，河南八万二千四百四十三石一斗四升五合，大名府九千九百四十八石六斗，保定府三百一石七斗八升，顺天府二千一百一石七斗三升五合，真定府一千石，河间府九千一百三十四石五升五合。

三十四年，总督王忬题处：边军月粮。本部复：准将真、保二府税粮，除解内府并宣府等边仓布折等项，照依会派征纳外，其余米麦五万五千二百四十九石二斗六升，尽收本色，仍于存留粮内，改拨四千二百四十七石九斗四升，共本色米五万九千四百九十七石二斗，俱运赴陆礬、新城等仓上纳，专备沿河口至茨沟一带，新旧军士月粮支用（山东、河南并顺天、大名、河间、顺德、广平米麦豆草绢布花绒，共征折色银二十四万三千六百四十七两六钱三分五厘）。

三十七年，巡抚郑綱题称：大户运纳本色劳费，军士关领不沾实惠。本部复：准行真、保二府，税粮应解陆礬、新城等仓，仍行改折，每石征银一两二钱，其余本色照旧。

本年会派山东米麦布折银一十二万二千三十六两四钱八分六厘，河南米麦布折银一十二万七千五百一十一两六钱八分，真、顺、河、大、保、顺天等府，米麦等折银七万一千一百七十七两二分八厘，共银三十二万七百二十五两一钱九分零。

四十五年，会派税粮银，河南一十三万五百一十五两九钱三分，山东一十一万一千五百五十两八钱四分，真、顺、保、河、广、大、顺天等府八万三千六百四十六两二钱四分。

本年都御史张师载题议：总兵标营新增马三千匹，合用料草。本部复：准行河南，并大名、河间、顺德、广平、保定等处，派剩米内折征银三万二千六百六十九两六钱九分零备用。

隆庆三年，总督谭纶题：选保定五卫、河间三卫、定州卫忠顺军马，合用月粮、布花、料草。本部复议：暂发银一万四千四百七十六两五钱四分，以后年分，着落彼处巡抚查有年额可动银两，如河间府额办商税课银之数，尽数查出每年分解天津、易州等仓，永为定规。如有不足，于每年会派各省府京运银两内，改派民运，扣数补足。

万历八年，员外郎张纶呈称：河南解官李东等，侵欺民运银两数多，乞要查究。尚书张学颜题：准行巡按御史拿解来京问拟，仍将山东、河南民运，尽数改解太仓，转发

544

该镇。

九年，易镇管粮员外郎张纶呈称：保定府解官，解银短少。尚书张学颜议：将北直隶应解易镇银两，照蓟、密等镇事例，改解太仓，各卫屯粮，系本色者，照旧解纳该镇，折色亦解太仓，上下半年转发本镇支放。其保定巡抚，每年不分有无警报，领兵赴易防秋，岁费不赀，合行真定抚臣，会同总兵，责成马水口、紫荆关、插箭岭等关参将，差人哨探，如虏寒盟，将有入犯宣大消息，巡抚趋赴易州，或倒马关调度；若无虏警，每秋不必复驻易州。题奉圣旨：近来各边起解钱粮，掌印及委解官侵赵短少，往往逼嘱管粮官收纳，这积弊，不独保定一府为然，且不追究。今后畿辅钱粮，该解易镇的，都着改解太仓交纳，其鞘单倾锭等项，都照节题事例行。巡抚每年移驻易州防秋，都是虚文，徒费供饷，以后不必行，其余依拟。钦此。

**京运**

本镇浮图、紫荆等处，逼近达虏，遇有声息，动调延绥、宣、大、辽、蓟诸兵入援，于是有客兵之费。弘治、正德间，请发不一。嘉靖十三年，大同兵变，议发银二万，预备本镇客兵粮饷。二十年以后，或六、七万，或二十余万，俱以客兵奏讨。四十五年，始定发五万四千两，良涿银五千两，至今行之。

嘉靖十三年，大同兵变，御史邹尧臣题：请预备粮草。本部复：发银二万两。

二十四年，巡抚郑重题称：早处接济客兵粮饷，以备虏患。本部复：发银七万两。

二十五年，巡抚苏佑题议：预处客兵钱粮，以备虏患。本部复：准发银四万两。

三十年，都御史艾希淳题：讨年例银两。本部复：先为传奉圣谕事，题发太仓银五万两去讫，兹发银五万两。

本年本官题：易州新添军门标下人马，系额外之数，乞给银两。本部复：发银二万五千五百八十三两，及河道银一万二百五十一两。

三十三年，会计钱粮。本部题：发银七万两，又为趁秋成籴买三十四年粮草，发银四万两。

三十五年，总督王忬题：请真定客兵粮料，及要添大军本折银一十七万余两。本部复：行主事李郁，将扣下民运银，拨给真定三千八百一十两，余留本处备用。其添备大军本折银两，候银库充裕给发（是年，本部题：真定府所属边关、腹里一带兵马钱粮，原非易州管粮衙门所管，今该府行易州取领银两，似有彼此规避之意，诚恐临时误事，巡抚衙门相应转行井陉兵备道，将该府所属以后年分应备钱粮，查照旧年终径自取造会计，转呈督抚衙门，移咨本部查议请发，以后遂分井陉）。

三十八年，总督许论会计三十九年钱粮，议发银四万三千七百四十四两五钱，已足够用。本部复：准今后客兵京运，止照三十八年发过之数，如有存剩，留备下年支用，倘有不敷，量事缓急，另行请讨。续该总督咨称：兵马数多，事在紧急，额外发银一万两，以备折乾支用。

三十九年，总督许论咨称：各营人马在边，缺银支给。尚书高燿题：添发银一万两，连年例银共五万三千七百四十四两。

四十年，总督许论题称：米价高贵，相应酌处。本部复：本镇会计已定，难以额外取讨，除前给发过银四万一千四百三十两零外，再支二万二千两，添发易州，预备客兵支用。

四十三年，巡抚魏尚纯，奏讨该镇本年客兵钱粮，及大军银两。总督刘焘咨：开良、涿二处合用本折银两。本部复：大军银，节年并未题发，客兵钱粮，查照上年发过之数，发易州镇银三万三千四十八两，良、涿二处银四千二百一十两六钱。

四十五年，定经制。尚书高燿复：自本年为始，应用客兵钱粮，易州发银五万四千两，良、涿二处发银五千两，专备客兵支用，永为一定之额（隆庆以后照数给发）。

万历元年，尚书王国光题：该镇于隆庆五、六年，减调防秋兵马三支，积有余饷，议准止发银三万五千两。

三年，尚书王国光题：本镇客兵年例银，除已发三万二千五百两外，余俱于河南、山东民运扣价银两抵补，况本镇库贮银三十二万余两，不必再发。

六年，尚书殷正茂题：本镇客兵年例银，除已发一万五千两，仍该四万四千两余外将民运扣价银两抵补，不必再发。

**俸粮**

官吏俸粮则例

大宁都司掌印都指挥月支粮四石八斗，两季折俸银一十四两八钱。

带俸都指挥月支粮一石，两季折俸银有支二十九两二钱二分七厘，有支十六两二钱九分七厘，有支十五两五钱五分八厘。

达官都指挥月支粮十石五斗，两季折俸银九两五分一厘。

都事月支粮二石，两季折俸银二两八钱四厘。

断事月支粮二石，两季折俸银一两五钱一分五厘五毫。

吏目月支粮二石，两季折俸银一两三钱七分九厘。

令史月支粮三斗，两季折俸银八钱四分五厘一毫。

典史与知印月支粮三斗，两季折俸银二钱六分五厘二毫。

保定左、右、中、前、后，茂山六卫指挥使月支粮一石，两季折俸银一十九两六钱二分二厘。

指挥同知月支粮一石，两季折俸银一十六两二钱九分七厘。

指挥佥事月支粮一石，两季折俸银一十五两五钱五分八厘。

正千户月支粮一石，两季折俸银九两七分二厘。

茂山卫正千户月支粮一石，两季折俸银九两五分三厘三毫五丝。

卫镇抚与副千户月支粮一石，两季折俸银八两三钱三分三厘。

半俸副千户月支粮五斗，两季折俸银四两一钱六分六厘五毫。

实授百户月支粮一石，两季折俸银六两八钱五分五厘四毫。

半俸实授百户月支粮五斗，两季折俸银三两四钱二分七厘七毫。

所镇抚与试百户月支粮一石，两季折俸银六两一钱一分六厘六毫。

茂山卫试百户月支粮一石，两季折俸银五两五钱七分六厘五毫。

武举月支粮三石。

冠带总旗月支粮一石，两季折俸银三钱七分九厘。

经历月支粮二石，两季折俸银一两八钱九分四厘二毫。

知事月支粮二石，两季折俸银一两七钱五厘。

吏典月支粮三斗，两季折俸银二钱六分五厘二毫。

茂山卫令史月支粮三斗，两季折俸银一钱三分二厘六毫。

达官都指挥使月支粮十四石四斗，两季折俸银十二两四钱一分二厘八毫。

达官指挥使月支粮十石五斗，两季折俸银九两五分一厘。

达官指挥同知月支粮七石八斗，两季折俸银六两七钱二分三厘六毫。

达官指挥佥事月支粮七石二斗，两季折俸银六两六钱二厘四毫。

达官正千户月支粮四石八斗，两季折俸银四两一钱三分七厘六毫。

达官副千户月支粮四石二斗，两季折俸银三两六钱二分四毫。

达官实授百户月支粮四石，两季折俸银二两二钱一分六厘。

达官试百户月支粮三石二斗，两季折俸银一两七钱七分四毫。

涿鹿左、涿鹿中、涿鹿、兴州中屯四卫指挥使月支粮一石，两季折俸银一十八两六钱五分五厘。

指挥同知月支粮一石，两季折俸银一十四两七钱五分五厘。

指挥佥事月支粮一石，两季折俸银一十三两八钱九分。

正千户月支粮一石，两季折俸银八两四钱六分。

卫镇抚与副千户月支粮一石，两季折俸银七两五钱九分四厘。

半俸副千户月支粮五斗，两季折俸银四两四钱一分五厘。

实授百户月支粮一石，两季折俸银五两八钱六分。

涿鹿左卫半俸实授百户月支粮五斗，两季折俸银一两九钱五分八厘五毫。

涿鹿卫半俸实授百户月支粮五斗，两季折俸银三两九钱一分。

涿鹿中卫半俸实授百户月支粮五斗，两季折俸银三两五钱二分。

兴州中屯卫半俸实授百户月支粮五斗，两季折俸银一两九钱二分。

试百户月支粮一石，两季折俸银五两二分七厘。

冠带总旗并总旗月支粮一石，两季折俸银三钱四分二厘八毫。

冠带小旗月支粮一石，两季折俸银一钱三分七厘八毫。

兴州中屯卫旗役月支粮一石，两季折俸银九钱一分九厘。

经历月支粮二石，两季折俸银四两八钱。

令典吏月支粮三斗，两季折俸银六钱七分二厘。

优养官妇月支粮二石。

紫荆关中千户所正千户月支粮一石，两季折俸银九两七分二厘。

副千户月支粮一石，两季折俸银八两三钱一毫四丝。

实授百户月支粮一石，两季折俸银六两八钱三分二毫四丝。

半俸实授百户月支粮五斗，两季折俸银三两四钱二分七厘七毫。

试百户月支粮一石，两季折俸银五两四钱二分六厘六毫。

并枪总旗月支粮一石，两季折俸银一钱七分八厘。

吏目月支粮二石，两季折俸银二两五分七厘一毫四丝。

医官月支粮一石五斗。

参府令史月支粮一石五斗。

倒马关中千户所把总指挥月支粮一石五斗。

千百户官月支粮一石。

吏目月支粮二石。

司吏月支粮三斗，余俸俱在真定府库支。

儒学教授月支粮五石。

训导月支粮三石。

仓库大使月支粮二石。

保定左右中前后、茂山、涿鹿左、涿鹿卫、涿鹿中、兴州中屯十卫并儒学官员月粮，上半年每石折银六钱五分，下半年每石折银四钱五分。

紫荆关、倒马关二千户所官员月粮，春秋二季每石折银四钱五分。

常盈仓大使月粮，每石折银八钱。

陆礬仓、易州仓、永盈库大使月粮，每石折银九钱。

新城、马水口、浮图峪、丰济四仓大使月粮，每石折银六钱五分。

## 月粮兼行粮则例

保定左等五卫、在总兵标营、保定左营、车兵营，并蓟州标下征操军，与各关口轮班备御军，俱月支粮八斗。春秋两防在边，兼支行粮，忠顺总旗月支粮一石五斗，小旗月支粮一石二斗，军月支粮一石。在卫守城、守门、存恤军月支粮六斗，老幼忠顺军月支粮五斗，纪录幼军月支粮三斗。

涿鹿，涿鹿中、左，兴州中屯四卫，在白羊口游兵营征操军月支粮八斗，春秋两防在边兼支行粮，在卫守城、守门、看厂、巡路军，俱月支粮六斗，纪录军月支粮三斗。

茂山卫防边军，内系别余补充，月支粮一石，正军月支粮八斗，岁止防秋在边，兼支行粮，在卫杂差、小旗月支粮一石，守城、守门军月支粮六斗，纪录军月支粮三斗。

紫荆关常守军月支粮一石，防秋调赴乌龙沟，兼支行粮，备冬舍余，每年九月上班，十二月终下班，月支粮六斗，不支行粮。

本关总下浮图峪、白石口、宁静安、乌龙沟，并马水口、大龙门、沿河口、金水口，各常守军，月支粮一石，防秋俱在本处修守，不支粮。

倒马关常守军月支粮一石，防秋调赴插箭岭，兼支行粮，守墩军丁，系正军月支粮一石，系余丁月支粮四斗五升，防秋四个月，每月加粮二斗五升，不支行粮。

本关总下插箭岭、吴王口、狼牙口、茨沟营军月支粮一石，防秋俱在本处修守，不支行粮。赴边行粮，每月四斗五升。

以上各镇官军，如轮班备御征操，并腹里卫所官军，俱折色，上半年每石折银六钱五分，下半年每石折银四钱五分。如金水口、乌龙沟等处常守官军，亦支折色，春秋二季，大月每石折银八钱六分；夏冬二季，小月每石折银四钱五分。防秋备冬舍余，二大月每石折银六钱五分，二小月每石折银四钱五分。如真定官军，上半年折色，苇箔、子过关、新城、十八盘等口，每石折银四钱五分，鹞子崖、龙泉关等口，每石折银八钱六分，真定每石折银四钱，定州每石折银三钱二分。

## 马骡料草则例

倒马关、插箭岭马骡每匹头，大尽月支料九斗，草三十束，小尽月支料八斗七升，草二十九束，料每石折银四钱，草每束折银一分五厘。

保定总兵标营、车兵营、保定左营、保定忠顺营、定州忠顺营、白羊口游兵营，马骡每匹头，大尽月支料九斗，小尽月支料八斗七升，月支草十束，料每石折银三钱五分，草每束折银一分五厘。

紫荆关随操营，金水口、浮图峪、白石口、大龙门、沿河口、马水口与定州游兵营马每匹，大尽月支料九斗，小尽月支料八斗七升，每石折银四钱一分，不支草。

以上各营马骡，春冬支料草，夏秋牧青。凡遇春秋两防，调遣赴边全支。客兵料草，每匹头日支料三升，草一束，间日本折兼支，本色随本处仓场支领，折色赴镇关支，若回营日期在春秋二季，将在边行料草，照数扣除。

## 冬衣布花则例

保定左右中前后、茂山、涿鹿、涿鹿左中、兴州中屯、紫荆、倒马各卫所，正军有家小，每名绵布三匹，本色二匹，折钞一匹，棉花一斤八两，只身旗军及巡营、守门铺、养马、看草、老幼、久病、残疾、复役未及三年逃军，每名布二匹，本色一匹，折钞一匹，绵花一斤八两。

嘉靖元年，本部议：准将本镇该管十仓口卫所官吏旗军，应支月粮，本折间月关支，折色仍照前例，每石折银四钱五分，本色听委官召买支用。如目前价值太高，每石比折色加银二钱，共六钱五分，先放军士，待粮价稍平，务要趁时召买本色米麦，以足半年支用。

十年，巡抚林有孚题称：保定左右中前后，茂山六卫，及营州、宽河等卫官军，俸绢布花，递年坐派河间、保定绢三千余匹，广平、河南布二万九千八百余匹，花一万九千二百余斤，解纳本色不便。本部复：行令司府州，照原派数，每绢一匹，派银七钱，每布一匹，派银三钱，棉花一斤，派银七分，俱征收价银，以备官军折俸冬衣布花支用（河间府绢一千五百匹，保定府绢一千五百四十匹，广平府布八千三百匹，河南布政司棉布二万一千五百八十六匹，棉花一十万九千二百一十六斤八两，共该征银一十万五千四百九十六两一钱五分五厘）。

三十年，给事中何云雁题称：参将刘环、曹镇二营官军，原兑寄养马，于内拣留三千八百六十九匹，给与汉官军常川领养，乞要照例春冬关支草料，夏秋牧青。本部复议：先年副总兵部下汉达官军，原领寄养骑操马匹，不必退还民间喂养，止照各边防御事宁，回营关支冬春料豆。前项马匹，与例相同，相应照例夏秋牧青，春冬每马一匹，每月大尽支给料九斗，小尽支八斗七升，中间如有事故，即行扣除。其草束不许一概关支，责令自行采办，以备春冬之用。

三十四年，巡抚艾希淳题：议马水等口，招募新军五千六百六十四名，分派各口防守，照例关给月粮布花。本部复：每名月支粮一石，岁支布二匹，花一斤八两。

本年本部议：准将真、保二府折色粮，改征本色，运赴陆礬、新城、浮图峪等仓，专备马水口防守军士。上半年，每月支本色料六斗，折色四斗，照例折银二钱六分；下半年，每石仍折银四钱五分。

三十七年，都御史郑绸题：议加增月粮折色。本部复：准春秋二季为大月，支本色六斗，每斗折银一钱，折色四个月，照旧二钱六分，本折共银八钱六分，夏冬为小月，照旧折银四钱五分，候米价稍平之日，再行议处。

四十三年，都御史张师载题：总兵标营新买马匹，乞要照例支给草束。本部复：每月每马准支草一十束，遇有出征，支过行草，照例扣除。

## 修边

嘉靖二十四年，巡抚郑重题称：边关一带要修筑关隘墩墙，彼处库藏空虚，乞将京通二仓粮米二万石，再将太仓银，量发二万两，运送该镇修筑支用。本部查得，紫荆等关离京山路险远，车辆难行，乞运粮米，难以动支，及查先会议北直隶、山西抚按赃罚银两，及保定都御史前项积留，正系修边之用，今称库藏空虚，应该行查，但往返稽迟，有误修筑，相应量发。

三十年，都御史翁万达题称：易州新添定州卫班军一千六百三十九名，系常川驻扎之数，每名该营房一间，共该营房一千六百三十九间，砖瓦木料工食，每间约用银三两，共该银四千九百一十七两，乞行巡抚衙门，查取解京赃罚等项银两，扣留支用。本部复准。

三十三年，总督杨博题：紫荆关所属东西六百余里，马水口、白石口、浮图峪地方遥远，顾理不周，议将马水口添参将一员，白石、茨沟添守备一员，再募军马。乞勅户、兵二部速发银五万两，专备募军等项支用。再于蓟州营房内，借支三万两，发通仓米三万石，专备修边支用。用过蓟州银，候秋成之日，照数扣还，其各军月粮布花马匹料草，俱行户部会计加派。本部议：修边银，节奉钦依，户、兵二部各该发银一万五千两，蓟州营房银两，原系户、兵二部解剩之数，相应照数借支三万两，其募军银两，节年事例，俱应兵部处给。上年镇边城募军御史陈学夔所题，本部处给三分之一。今姑权照修边银各出二万五千两，其募军月粮布花料草，待招募军数完日，造册到部，照例加派。复准。

三十五年，兵部咨称：该总督王忬题，紫荆、马水口一带，天雨水涨，冲倒城墙，乞要给发帑银三、四万修理。该部题：准本镇见有支剩修边银，及本部募军银，共一万八百四十两外，仍咨户部，于内帑银内动支一万二千两，解运修筑整理。本部看得太仓银库，见今缺乏，无处取办，查易州镇存有月粮麦价银两，相应借支九千两应用。复准。

### 仓庾

紫荆关新城仓、恶石口仓、马水口仓、大龙门陆攀仓、金水口仓、乌龙沟仓、白石口仓、葫芦口仓、十八盘口仓、孟良臼仓、军城仓、狼牙口仓、插箭岭仓、吴王口仓、故关新城仓、横河漕仓、娘子关仓、新泉关仓、白草沟仓、倒马关下城新兴仓。

### 职储

景泰四年，保定府唐县奏称：倒马等关口守把官军万计，粮草俱在军城驿带管，收支不便，本驿见有仓廒，要行设立军城仓，添设官攒，专一收放粮草。本部复准。

弘治十八年，尚书韩文题：准紫荆等关仓场，专差主事一员，管理粮储，一年满日，照例更替。

嘉靖二十二年，主事贾鹤年呈称：本职收放粮料，保定等营人马月粮，俱在本职名下收放，去年今春发来银两，买办粮料未完，兹又发银三万两，承委召买，恐顾此失彼，乞仍差主事一员，专理客兵粮饷。本部复准。

三十年，巡抚艾希淳题称：易州主事所辖关隘、州县、仓场数多，调集兵马之繁，乞要照辽东、宣府、宁夏各管粮主事事例，责以久任，三年一换，请给勅书关防，以便行事。及近日议复督饷务事例，容令责之易州、天津各管粮主事，分投催管，防秋有警，听其随宜委用。本部复准。

三十一年，巡抚艾希淳题称：陆攀仓、浮图峪仓二处，近来粮草数多，典守不可缺人，乞添设官攒、斗级、库脚，便于收支。本部复准。

本年给事中李幼滋题称：易州管粮主事专管本部发去，并各处解到主客兵银，不时巡历仓场，查勘出入上数，其召商、买办、支放等项尽属巡抚。仍严督兵备等官应召买者，作速召买；应支放者，查明支放完日，移文主事查考。本部复准。

三十九年，兵部咨称：丑虏犯顺，深入畿辅，乞要措置粮饷。本部议：蓟州一带，东起山海、西抵居庸、镇边城，原系顺天巡抚地方，其随军督饷，专责之通州都御史王忬；东起易州，西抵真定、井陉口，原系保定巡抚地方，其随军督饷，即责之保定都御史艾希淳；仍会同各管粮郎中等官，亲历各该屯堡州县，备办粮草，各要齐备，毋得临时有误。奉圣旨：这督饷分定地方，依拟行。钦此。

### 附井陉镇

主兵饷额

屯粮一万四千六百八十九石一斗七升二合九勺。

屯豆二十四石五斗五升四合九勺。

地亩银八千一百九十八两八分三厘二毫零。

民运本色米麦一万七千八百三十二石五斗六升三勺。

折色银四万八千五百四十五两九钱二分四厘三毫。

客兵

京运年例银三千九百七十两。

本镇旧属易州镇，原无客兵，后因山西、固原、延绥、宁夏等处入援兵马，并该镇调拨戍守龙、固等关，节年经由络绎，钱粮不敷，嘉靖三十五年，督抚王忬、吴岳会题。本部复：准始分井陉一处，另行请发年例。

臣等谨按：易镇士马主兵取诸民运，客兵京运，共三十六万有奇，而十四卫所，本折屯粮不与焉。盖以紫荆一带，倚宣、大为唇齿，虏若入犯，必窥紫荆。故诸臣建议将本关与倒马、白羊诸路，增兵积饷。抚臣岁赴防秋，诚远计矣。但去宣、大颇远，兵马无警驻防，徒滋虚冒。顷荷圣明，允本部之议，暂行罢免，岁省军储五、六余万。又其地势宽旷，沃野可耕，将领能率军士开垦，无事则负耜，有事则荷戈，耕守兼资，兵食自足，尤该镇之长算也。其井陉分饷，自嘉靖三十五年始，亦并见焉。

## 《万历会计录》卷二十三　宣府镇饷额

### 宣府镇目录

屯粮

民运　附乞运改拨

盐引　附盐课

京运

抚赏

马价

俸粮　附料草冬衣布花

修边

仓庾

职储

甲表55　　　　　　　　　　　　宣府镇饷额

| 本镇饷额 | 原额 | 见额 |
|---|---|---|
| 主兵官军(员名) | 151452.00 | 79258.00[1] |
| 马骡驼驴(匹头只) | 55274.00 | 33147.00[2] |
| 屯粮(石) | 254000.00 | 132038.20 |
| 折色银 | | 22826.17 |
| 民运本色米麦(石) | 270000.00 | |
| 折色银 | 60000.00 | |
| 民运折色银(两) | | 787233.28 |
| 盐引(引) | 200000.00 | |
| 淮芦盐(引) | | 145113.00 |
| 该银(两) | | 58299.12[3] |
| 河东运司盐价银(两) | | 76778.56 |
| 京运银(两) | 50000.00 | |
| 京运年例银(两) | | 125000.00[4] |
| 客兵[5] | | |
| 淮芦盐(引) | | 70000.00 |
| 该银(两) | | 26600.00 |
| 京运年例银(两) | | 205000.00 |
| 内除改拨大同镇银(两) | | 34000.00 |
| 实发银(两) | | 171000.00 |

---

[1] 原书此处注：比原额减71194员名。

[2] 原书此处注：比原额减22127匹头。

[3] 原书此处注：连下客兵共21511□引，比原额增15113引。

[4] 原书此处注：连下客兵共296000两，比原额增245000两。

[5] 原书此处注："调遣不常，无定数。"

## 宣府镇沿革事例[1]

### 屯粮

正统间，屯地四万六千六百余顷，屯粮二十五万四千余石，其时止有屯田一种，尔后因失额，则有团种、驿传、公务、功臣香火地亩新增等地粮，皆以其时所清理者名之，至与屯田并列，其实皆屯也。隆庆初，通计共地四万七千余顷，本折粮至二十二万有奇，视原额几复。至于今岁，征即有不齐，亦不大相远云。

正统十三年，巡抚罗亨信奏：抽选屯军四千八十名操备，内有丁者，就种原田，供给不支月粮，无丁者，支与月粮，仍拨军顶补屯种。今查虚报者多，合无核实，先补一半。尚书金濂复：令同侍郎刘琏查勘续奏，将原选备操，共顶补旗军余丁五千四百三十四名，各令屯种。

本年万全都司王良等奏：宣府前等一十五卫三所，收到各色子粒，共二十五万四千三百四十四石四斗一升，除存留种子八千六百九十一石二斗五升外，将前粮折细，共一十四万七千五百八十五石，内给军食用粮一十万三千二百八十四石，余粮四万四千三百一石。

十四年，巡抚罗亨信题：宣府前等一十八卫所，屯军种地四万四千九百九十五顷，舍人家丁、寄庄人户种地一千六百一十七顷一十八亩九分，因虏寇退于土木、保安、怀来等处，残扰无收，请暂蠲免。尚书金濂复：行侍郎刘琏，督同万全都司管屯官员查勘（此时屯地共计四万六千六百一十二顷一十八亩九分）。

景泰二年，尚书金濂题：今岁雨足草茂，行令镇巡等官，摘拨官军采打，仍省令军民，广收青草，搬入附近城堡，设遇马草不敷，给价于彼收买。是年昌平侯杨洪题称：采打过草束四百万四百六十束（每束重十五斤）。

本年定襄伯郭登奏：鞑贼残掠，屯军缺少牛种。尚书金濂复：差郎中杨镛领银，于山东买牛一万五千只，山西布政司官库支银一万两，籴买种子，给与各军，秋成依价还官。

本年侍郎刘琏题：顺圣川一带，近被达贼侵犯，原牧马匹，俱往口南去讫，要令卫所，筑立屯堡，耕种起科。尚书金濂覆：查得顺圣川，虽系永乐年间牧马草场，原系洪武初年各卫屯种之数，岁约收粮四十余万，足够宣府官军一年支用。行令总兵、巡抚等官，照旧屯种，一年之后，照数起科，仍添设山西屯田副使专理（时添设副使王亮）。

本年副使王亮勘奏：本川堪种地共三万五千六百六十余顷，分作三段，各筑城堡，招取丁多田少人户往种，照依民田则例纳粮。尚书金濂复：止令总兵等官，晓谕有力军民之家，就近入川耕种，免其子粒，候边情宁靖，另行处置（顺圣川，洪武初年，保安右卫及大同府卫军民于内住种，办纳税粮子粒。永乐十七年令尚书赵翙勘得本川东西长一百四十里，南北东各阔三十里，西阔六十里，中阔四十里，荒地一万二千六百九十顷，熟地二万七百九十顷；将前军民尽行起挪各处，安插于本川，起盖马房牧马。正统十一年，内官撒英奴又奏：行赶逐先年川内住种军民，尽行牧马，差御史刘充彦、主事林兆会勘，仍给军民任根儿等于内耕种）。

本年兵部侍郎商辂题：宣府、怀来等处田地，多被在京功臣占作庄田，及彼处势要占种。乞选差能干官员，会同都御使等官查理，将查出田地，分派各守城堡军士，定为二班，上班六日，照例操守，下班六日，尽数耕种，候收成之后，并力备御，若原系起科田土，亦酌量从轻起科。尚书金濂复准。

五年，巡抚李秉题：宣府沿边空闲田地，俱被势要占据，乞行查拨军士，给与牛种。尚

[1] 沿革事例的内容与卷首目录略有不同：附改拨在附佥运前。

书张凤复：令督同山西管粮二司清查，将原操军士，每名量给三十或四十亩，不妨操守。仍于万亿库内，每名给银一两五钱，买牛布种，免其偿还，秋成行粮、口粮住支。

六年，巡抚李秉题：正统十四年，逆虏犯顺，直捣顺圣川马房一带。朝廷追惜往事，不必再行在此牧马，乞委官丈勘，除见纳子粒及领牛种，收余粮买马外，其余每亩起科三升，肥饶者五升，未开垦者，召人承佃起科，仍立屯堡，量拨官军，令其不妨耕种，遇警固守。尚书张凤复准。

天顺八年，张凤复：郎中庞胜等呈将顺圣川起科屯粮。奉圣旨，顺圣川西城地，都做屯田，不许诸人占种，钦此。随将宣府前卫牧马军余三千名，每名拨地五十亩，纳粮三石，草七束五分，余召军民承佃。

成化元年，都御史叶盛奏报：买补官牛五千七百二头，并处农器子粒，摘拨军人于顺圣川各路团种，计垦地四千一百六十九顷，收粮七万二百二石二斗九升零，买马一千五百一十九匹；收到药秸，除饲牛外，尚余八万九千一百五十六束，每束重十七斤，易银二千五百二十两四钱七分；又卫所公务牛四百八十四头，地三百六十一顷八十五亩，粮八千九百五十二石一斗二升；驿站公务牛九十五头，地九十二亩，粮一千八百一十二石六斗三升，以备公用。

二十一年，总督余子俊议：将顺圣川，并各路城堡田地，逐一丈量，系团种者，起科粮三升，草一斤，其公务驿传及多余者，亦科粮三升，有草者，照前征草。每岁将团种并多余地内，量拨粮三千石，折算万亿库官银，买补官马，其公务驿传地粮，亦照前易银，专备公用。

二十二年，巡抚李岳等奏：要将收过团种田粮，尽行买补马匹。尚书殷谦复：查得团种租粮一十万三千七百五十三石五斗，除先收六万一千五百七十二石，给放官军，其四万二千一百八十一石五斗，准易银买马。

弘治二年，尚书李敏复：都御史李介题，顺圣川等处田地，先年巡抚叶盛设置官牛、农器、种子，拨军于顺圣川各路团种，易银买马。又奉宪庙敕谕，此法行之既良，宜著立定规，不可轻易改废。近年，尚书余子俊将团种军人撺往顺圣川操守，牛具卖银还官，地土起科纳粮，三、四年间，粮多拖欠，马多倒死，以致各官节次奏复团种收粮，易银买马。因奉诏书，改纳屯田子粒，不敢更易。奉圣旨：是。地土准照旧团种。钦此。

本年尚书李敏题：先据千户彭山奏称，边方守臣，占田数多，已行巡抚并管粮郎中，清查酌处，将镇守、分守、监钱、守备等内臣，总兵、副、参、游击、分守、守备等武臣，各量存留够一年用度，余俱给军屯种。征收子粒去后，续据御史许铣陈言，宣、大一带皇亲、功臣、内臣庄田，动百余顷，戍卒边民，地无立锥，欲行查出，添拨屯田，合无并行通查，要见某庄，或系请给，或原任遗占，或系投献，明白奏请定夺。

八年，尚书叶淇复：主事李杰奏，勘过四海冶成熟地二十一顷七十七亩六分，每亩科粮三升，该粮六十五石三斗二升有零。及勘得续开荒地三十七顷一十二亩四分，内止有军人孙振等开垦成熟地十顷一十六亩，该粮三十六石四斗八升，余俱不堪耕种，合当除豁。

十年，左侍郎刘大夏题：将顺圣川地土清查，每亩起科五升。尚书周经复：除屯粮团种原额外，量与余田，无过三十亩，仍照尚书余子俊所定，每亩三升起科。

十一年，尚书周经复：侍郎刘大夏条陈，团种军人领田七十亩，纳粮二十余石，少者十二、三石，又系粗粮折细，仍又岁支月粮一十二石，比之屯军领田五十亩，月粮住支，轻重不均。合行巡抚查勘，如团种一体，征操仍支月粮，若止领田纳租，将月粮折支银三钱，庶事体适均，兼得存留本色备用。

本年员外郎何文缙题：清出顺圣川余地共八千二百三十三顷七十亩，除拨补屯田，并不堪耕种免科外，计勘种起科地共二千八百三十五顷八十五亩。尚书周经复：准自十二年为

554

始，征租粮八千五百七石五斗五升，草一万一千三百四十三束。

十二年，巡抚马中锡奏：本镇廪给原用仓麦，近有稻田三顷六亩，米麦兼支。今清出宣府西门外并宣府驿二项草场水地，共四十九顷三十三亩六分，征收大米，应付省支仓麦充入军储，仍乞禁约势要，不许日后侵占。尚书周经复准。

正德四年，尚书刘玑复兵部侍郎胡汝砺题：丈量过宣府地方，公侯伯等官张懋等，水旱庄田七十六处，共地一千八百一十八顷七十九亩，内有粮地七百二十四顷三亩，无粮地一千九十四顷七十六亩。奉圣旨：是。公侯伯等官，既有常禄，在外庄田徒使利归佃户家人。见今边储缺少，各官岂无忧国足边之心？查出地土，着各照例起科，附近卫所上纳，革去管庄人役，各家情愿自种的，仍与为业，不愿的，拨与附近空闲舍余人等种纳，俱量地厚薄，定与则例，仍各照顷亩粮数，明立案册在官，给与由帖执照，待各边查出地土都照这例行。钦此。又丈勘过内外镇守、协守、分守、监饷、游击、守备等官，水旱庄田一百七十二处，该地九百二十八顷七十五亩六分，内有粮并公务银地一百四十五顷一十七亩一分，无粮地七百八十三顷五十八亩五分。奉圣旨：是。内外镇守官，朝廷重托，各准与水地十顷、旱地十顷，副总兵各减半，分守并监饷、游击各旱地十顷，守备五顷。原无的清出附近地，照数拨与，水地一顷折旱地三顷，原有的折算与他，俱免征粮，着他养廉，永为定例。其余自愿佃种的照依前旨，依例起科。多余田土拨与空闲舍余人等承种，仍各照顷亩粮数办纳税粮，明立案册在官，给与由帖收照。敢有不以边方军储为重，奏讨吞并的，定从降黜，科道记着凭部里，还行与各边，照这例行。钦此。又丈勘过已故太监王瑾前造清泉、时恩二寺，香火庄田坐落深井站、顺圣川等一十七处，无粮水旱地共三百八十九顷六十四亩，乞改为地亩，可得细粮一千四百余石。尚书刘玑复：奉圣旨，这清泉、时恩二寺地，本为香火祭扫，既僧徒多系避差军余，香火不继。王瑾坟茔又离远二、三百里，两无实用，况坟所已有庄田三处。今次查出无粮田土，准作地亩名目，就令原佃人户，改作寄庄名目种纳，革去管庄人役，僧徒愿种者，照江南僧田事例；若僧少地多，佃种不及，拨与空闲舍余人等种纳，俱照地厚薄，定与则例起科，附近卫所上纳。仍照分定顷亩粮数，明立案册在官，给与由帖收照，如有恃顽阻挠的，巡按、管粮官严加究治，以后若有再行奏扰的，着通政司记着，将抱本人役，径送法司问罪，定发边远充军。钦此（时恩寺庄田八处，地二百二十九顷五十一亩；清泉寺庄田九处，地一百六十顷一十三亩；王瑾坟在西山，有弘教寺，并护坟麦庄、板桥等庄三处）。又丈勘过大隆福寺庄田，坐落宣府、永宁、保安等一十三处，无粮水旱地共五百六十六顷七十九亩，可得细粮二千余石。奉圣旨：宣府边方重镇，粮草常至缺乏，膏腴田土，却为僧寺影占数多。这大隆福寺田地，原在边关之外，曾经杀死僧人，剥脱衣帽，被奸细装僧入境，及僧人催租犯禁，冒越边关，遗患坏法，好生不便。今次查出无粮田土，准改作地亩名目，就令原佃人户改为寄庄名目种纳，革去管庄人役。僧徒愿种者，照江南僧田事例，若僧少地多，佃种不及，拨与附近空闲舍余人等，俱照地厚薄，定与则例起科，附近卫所上纳。仍照分定顷亩粮数，明立案册，给与由帖备照，如有恃顽阻挠的，巡抚、巡按、管粮官严加禁治，以后若有再行奏扰的，着通政司记着，将抱本人役，径送法司问罪，定发边远充军。钦此。

五年，员外郎高选呈：万全左等三卫屯粮，比照大同事例，不分新旧，每石俱银三钱折收，出给官军俸粮亦三钱折放，本部依拟复准。

十年，总督丛兰题：先该户部题，查得弘治十一年，巡抚孟春奏内，屯粮尚有实征一十三万四百二十五石，因何至今仅有六万四千之数，其无征屯粮、银两，查有奉何事例除豁。今奉旨查勘得，宣府实征屯田地亩粮六万九千七百六十石，团种买马地粮一十万六千二百石，折细粮五万九千石。本部复：准将团种细粮五万余石，改入军储，每年候解缴通关到部，就于京运年例银十万两内，摘拨二万两，解发都司收贮，扣作马价，若粮有灾伤，蠲免木完，其前银仍照数扣除。

嘉靖二年，给事中王瑄题称：巡抚李铎清出隆福寺地一千余顷，清泉、时恩二寺地三百八十九顷，欲查照《大明会典》，及太清观奏争永安庄军屯事例，每寺给与六十亩，其余退出，给军佃种起科。尚书孙交复：奉圣旨，这三寺地土，每留与三分之一，供奉香火，其余俱召人佃种，照亩起科。钦此。

本年巡抚李铎题：本镇旧额屯粮六万二千三百二石，屯草九万二千一百四十束，秋青草七十四万五百五十束，今新增镇守等官退出地三百一十一顷八十五亩，该细粮一千一百六十六石，及量增起科地粮四百四十一石，共一千六百八石，收入军储。

六年，尚书梁材复：御史李宗枢题：本镇屯田、团种二顷，共粮一十一万五千四百二石，其草束，近议折豆，务要本色上仓，不许擅收折色银两，致滋他费。

十一年，岁征屯田、团种地亩等项粮草折草豆，共计一十八万四千五百三十五石零。

十二年，御史李朝纲题：本镇除马价、京运朋合外，有公务驿传，新增余地稻田，及官店课程、赃罚共银一万五千余两，除官店课程三千余两，并税契、引钱，以备赏功优恤公费等项，尚余银一万两，可够修边、籴谷、备荒之用，或将所折银两停止，仍照地亩粮数，上纳谷豆，可得一、二万石。尚书许讚复：令彼处抚按等官，查处具奏。

十六年，武定侯郭勋奏报：本镇岁入屯粮六万二千三百二石，屯草一十五万六千一百八十束，秋青草六百三十五万三千八百二十束，团种粮五万三千二百石，团种草五万三千七百余束，折色屯草四千六百四十三束，每束折银一分。

二十一年，巡按御史谭学题：秋青草钱一岁扣除军士月粮，至十分之二，乞要禁革。尚书李廷相复：行巡抚管粮衙门查勘，奏请定夺。

二十四年，尚书王晔复：给事中李文进条奏，将总兵、副、参、游、守等官养廉余地，尽行查革，拨与军余佃种，应征子粒，俱送军储仓收贮，以补屯田原额之数（近来，诸臣恣意虚糜，柴烛调和，岁过千两；宴会纸札，更加几倍；官员迁转，折给军夫，公差往来，滥与路费；其它赏犒，作兴无名，浪费莫可数计。乞行镇、巡、管粮等官，务要撙节；除引、米、课程、赃罚、徒、工银两，已足公用，不致废礼外，将养廉余地归之月粮，椿朋、草钱归之马匹，尖丁、料银归之局造，小脚席皮归之仓场，倘有仍前挪用，虽有支销，得以法论）。

三十一年，巡抚刘玺奏报：本镇团种地八千五百三十四顷四十七亩零，该征粗粮一十万六千二百石，折细五万三千一百石，谷草五万三千七百束，每束折豆五升，共豆二千六百八十五石。

三十二年，总督苏祐题：团种地土不系户部额田，乞照旧征收本色，易银买马。尚书方钝复：据《诸司职掌》，田制尽归户部，前项团种原系额田，还照原议，每年缴有实收，通关到部，方发银两，易买马匹。

本年总督苏祐题：驿传等田，催科不时，致缺支用。尚书方钝复：将公务、驿传，及余地、新增地本折粮米，令照夏秋二税，及时运赴军储仓万亿库交纳，仍随屯田粮草一体比较，以济官吏、孤老、驿传之费。扣出稻米一千一百一十五石八斗一升零，官店课程银三千两，专备赏功支用。

三十三年，巡抚刘廷臣题：本镇公务地六百一十一顷八十三亩，收银二千七百七十六两；驿传地一百六十九顷，收银四百一十五两；余地一千四百九十一顷八十七亩，收银二千二百九十一两；新增地六十四顷七十七亩，收银二百五十三两；近皆改入军储。止有在前题准官店课程银三千七百九十五两六钱七分，稻米一千一百一十五石八斗，并雇夫银一千五百六十三两六钱，不敷公用。乞将前地银两仍归本镇公费。尚书方钝复：将前项稻米，及折收新增、余地、课程银两，及税引银一千余两，俱听该镇赏功等项支用；其公务细粮四千二百一十二石，草四千一百七十束，驿传细粮六百一石，并草折豆三十二石，仍入军储。

本年岁入屯田、团种等项粮，并草折豆共二十万三千八百三十石，草场子粒四千七百八十三石，养廉子粒一千五百一十一石。

三十六年，总督杨顺题：添募南山联墩军二千名，欲将近山空地或屯田拨令耕种，免纳粮草。尚书方钝复：准屯田地亩照旧征纳粮草，以备主饷，其山场开垦田土，尽数编立字号，每军拨五十亩耕种，免纳粮草，上半年本折月粮，下半年折色银两，就于查出逃亡事故占诡名下，所遗粮石顶补。

本年郎中冀炼会计屯粮，一十九万九千二百五十二石一斗，公务纳粮四千二百一十二石四斗三升，谷草四千一百七十束，驿传纳粮六百一石七升，草折豆三十二石三斗二升，共该本色粮二十万四千九十七石九斗二升，草四千一百七十束。

四十年，御史温如璋清查该镇屯田，有地亩，有团种，有牧地，有公务驿传，有养廉，共征粮二十一万四千三百九十余石。尚书高燿复：准通入军储支用。

隆庆元年，实征各色屯粮二十一万七千一百八十一石零。

二年，尚书马森复：御史周詠题，清出先年功臣庄田、太监施舍各寺香火地土，退还在官，总计一千九百二十五顷五十九亩三分，除原征银粮外，新增稻粮七石七斗五升，粟粮八千一百六十三石二斗五升三合九勺，各赴军储仓上纳，候会计主饷扣算年例。

四年总督侍郎王遴条陈：均屯田等八款。尚书刘体乾复：奉圣旨，依拟行。钦此。

一屯田原额六千三百五十九顷二十二亩零，今丈有熟地四千九百一十三顷四十五亩零，短少并抛荒地一千四百五十七顷四十四亩零，原额粮七万三千三百九十六石六斗八升三合七勺。今议将短少并抛荒之数尽行除豁，征粮每亩在一斗之下者，仍照旧纳，惟在一斗之上者，查照部议，俱以一斗为则，余俱减除。以今量见在地为主，每户给与红票一张，造写地里邻佑，并开除减免缘由，以准红牌事例，如或屯地少，屯粮多，酌量改于地亩粮内，加派征补。

一团种原额地四千六百五十四顷二十九亩零，今丈有成熟地二千八百五十九顷，短少并抛荒地一千五百四十顷九十七亩零，原额粮三万八千二百三十三石五斗一升四勺零，今议征粮亦以见在地为主，以一斗为则，余改于地亩粮内征补。

一功臣香火新设新召原额地一千九百九十顷六十五亩零，今丈有成熟地七百三十六顷三十五亩零，短少并抛荒地一千二百五十四顷三十亩零，该粮八千七石七升二合五勺零，疑即前屯种之数，或占据于势要，则曰功臣；或投献于寺院，则曰香火；或因其抛荒而召人开垦，则曰新设新召。但沿袭日久，仍各存其名色，将应纳粮石，以一斗为则，俱如屯田、团种之法。

一地亩起科，新增牧地等项田土，原额止三万一千四百六十八顷六亩零，今丈有成熟地三万九千三百四十七顷一十八亩零，比原额却多地七千八百七十九顷一十二亩零，原粮七万二千六百六十六石三斗五升零，查得前地征粮稍轻，故屯田、团种原地埋没于此。今将屯团、功臣、香火、新设新召遗下派征不尽粮数于此凑补外，尚有应征粮九万三千八百一石。合无削去琐碎名目，俱作地亩一项，分别上、中、下三等，北路苦寒稍减，南路颇近腹里量增，东、中、西三路，各仍其旧。查照节年旧规，本色米豆中半，折色依各城堡月粮则例各上纳，仍乞量赐本折兼派，折色四万五千，本色四万五千，以苏困苦。给票等项如前。

一虚粮。查得都司实征册内，屯田团种地亩等项，粗细粮并草折豆，在嘉靖十一年共征一十八万四千五百三十五石有零，至嘉靖四十一年，又加征二十万九千四百九十八石有零。然有名无实，姑以十年之内完过粮数计之，其多者犹不及三分之二，余皆逋负。合无断以嘉靖十一年实征一十八万四千五百三十五石之数为准，分别等第，通融派于今丈过实在地土之上，其加增粮数尽行除豁。

一赡军地。国初班军到伍，厚者，或二十亩、三十亩；薄者，或四十亩、五十亩；给与养赡，原无征粮。如军逃，将地报官，每分征银交原卫所，为答应公费。久之皆迷其处，军种者不过十之一二。合无将今查丈过上、中、下养赡地土，更为地亩，一例征粮，以补屯田额数，其原征银两，悉与除豁。

一抛荒地若不从轻议处，则人绝不乐种，合无将今查丈过荒地，许各卫所州县军民人等，任其抢种，初免征，次年量征，每亩黑豆五合，三年以后全征，每亩止于黑豆一升。但此项地土乍有乍无，似难收为军储，合无行令各卫所预备仓上纳，专听抚臣经理，以备赈济。

一公务驿传地，原俱征银，与余地税课等银凑支，为应付赏功、优恤、操练等项公费，后改征本色粮草。至嘉靖四十一年，总督尚书江东题：奉钦依，仍征银，共三千二百五十余两，以充公费。今丈得二项地土，亦有逃亡、埋没、水冲、沙压，不足原额，合无以今实在地数为准，每亩征银五分、三分者，照旧五分、三分，不许加增，其公费如有不足，此在当事诸臣，通融撙节。

六年，尚书王国光复：兵部主事薛纶条奏，行令巡抚等官，查勘该镇屯田，如果虚报新增包赔钱粮，应与除豁，其见征屯粮，较原额数少，系豪强隐占，及逃亡荒芜者，设法清理开垦，一切科敛搭配之弊，严行禁约。

万历二年，尚书王国光复：总督方逢时题，清过各养廉地土，内教场地三十一顷一十亩，行令总兵退出操练，其总兵旧例水旱地各十顷，今再量留五十顷，裁革多余地七十六顷二十一亩二分；副总兵旧例水旱地各五顷，内将水地一顷六十六亩六分，折旱地五顷，今再量留水地四顷，裁革多余水地三顷五十七亩一分零；西路副总兵照例旱地十顷，裁革多余水地四顷一十二亩，旱地四顷二十九亩五分；北路副总兵照例旱地十顷，裁革多余地十五亩；中军坐营，比守备例旱地五顷，裁革余地；其各参游不足十顷，守备不足五顷，及下西路参守等官，原无养廉地土，俱应补给，就于附近裁革地内，拨补不足。于各荒地照数开种操防，各堡等官向未有例，然均有专城之责，亦合量拨二顷，腹里者免给。通将拨过地亩数目职名，造册咨部查考。

本年总督方逢时题：实征屯粮一十八万四千五百三十五石，又开垦过荒地三千四百六十二顷三十二亩，起征粮三千五百七十六石，银九千八百九十八两，俱作主兵本折支用。另有沙薄及沿边余地一千八百七十二顷零，征银一千六百余两，收补官吏师生俸粮。尚书王国光复：查得宣府屯粮，原额二十五万四千三百四十余石，后因多寡虚实不齐，至隆庆四年，侍郎王遴条奏，始断以嘉靖十一年，实征一十八万四千五百三十五之数为准。今据前项正征屯粮，已足一十八万余石，尚有开荒余地银粮，通计亦有四万余石，连前共有二十二万余石，几复旧额。合将正征及开荒银粮，如数收备主饷，其余地折征银两，准作官吏师生俸粮，仍行各边屯田，俱照宣镇着实整理。

五年，郎中刘思中册报：实征屯粮一十八万八千一百一十一石四斗一升八合零，地粮折银，并给军余开垦过旧额、新增等银一万三百七十八两五钱五分零。

七年，郎中吕子桂边储簿报：本色屯粮一十三万二千二百三十八石二斗三合六勺，折色银二万二千八百二十六两一钱七分八厘九毫。

## 民运

该镇民运有米麦、布花、马草，由山东、山西、河南、北直隶田赋之内取给焉。原用本色，今皆折征，惟布花例无脚价，余皆征脚价，与折色并运。复益以山东、河南、大名三处盐钞，通计共七十八万有奇，为岁运之额。

山东夏税麦七千六百石，夏布一万匹，秋粮米豆一十九万六千三百石，秋布五万九千匹，棉花一万五千斤，马草一十万束，麦米每石折银一两，内米三千石，系太仓改拨之数，每石折银八钱，俱外加脚价银二钱，布每匹银三钱，棉花每斤银七分，草每束银七分，每银一两外加脚价银二钱，共折银二十七万四千二百三十两。户口盐钞银四千七百两三钱九分八厘九毫七丝九忽，共银二十七万八千九百三十两三钱九分八厘九毫七丝九忽。

河南夏税麦九千五百五十石，夏布四千四百一十八匹，秋粮米豆一十二万二千七百四十石，秋布四千匹，马草一十万束，麦米每石折银一两，内米一万石，系太仓改拨之数，每石折银八钱，俱外加脚价银二钱，布每匹银三钱，草每束银七分，每银一两外加脚价银二钱，共折银一十六万七千六百七十三两四钱，户口盐钞银四千八百一十二两八钱八分六厘九毫，共银一十七万二千四百八十六两二钱八分六厘九毫。

山西夏税麦一万六千四百五石，夏布六千匹，秋粮米三万七千石，秋布一十万二千五百匹，棉花二万二千五百斤，麦米每石折银一两，外加脚价银二钱，布每匹银三钱，棉花每斤银八分，共折银九万八千四百三十六两。

顺天府马草六万束，每束折银七分，每银一两外加脚价银二钱，共折银五千四十两。

保定府夏税麦一千三百五十石，秋粮米一万八千二十石，马草六万束，麦米本色三分，每石折银一两七钱，折色七分，每石折银一两，外加脚价银二钱，草每束银七分，每银一两外加脚价银二钱，共折银三万一千一百八十九两五钱，内除本色米价扣抵年例银五千二百二十九两九钱外，实民运银二万五千九百五十九两六钱。

河间府夏税麦三千七十五石，秋粮米一万三千四十一石，马草七万束，秋米本色三分，每石折银一两四钱，折色七分，与夏麦俱每石折银一两，外加脚价银二钱，草每束银七分，每银一两外加脚价银二钱，共折银二万六千一两六钱六分。

真定府夏税麦五千二百七十石，秋粮米一万六千石，马草一十万束，麦米本色三分，每石折银二两，折色七分，每石折银一两，外加脚价银二钱，内秋米五千石，系太仓改拨之数，亦本色三分，每石银二两，折色七分，每石银八钱，外加脚价银二钱，草每束银七分，每银一两外加脚价银二钱，共折银三万八千三百二十八两八钱。

顺德府夏税麦四千二百二十石，夏布四百匹，秋粮米一万二千一百五十九石，马草七万束，麦米每石折银一两，内米二千石，系太仓改拨之数，每石银八钱，俱外加脚价银二钱，草每束银七分，每银一两外加脚价银二钱，共折银二万五千二百五十四两八钱。

广平府夏税麦四千五百五十石，秋粮米二万一千三百石，马草七万束，麦米每石折银一两，外加脚价银二钱，草每束银七分，每银一两外加脚价银二钱，共折银三万六千九百两。

大名府夏税麦九千四百石，夏布一千三百匹，秋粮米四万九千五百石，秋布二千匹，马草七万束，麦米每石银一两，外加脚价银二钱，布每匹银三钱，草每束银七分，每银一两外加脚价银二钱，共折银七万七千五百五十两，户口盐钞银二千三百四十五两七钱四分一厘七毫八丝六忽二微，共银七万九千八百九十五两七钱。

以上通计夏税麦六万一千四百二十石，夏布二万二千一百一十八匹，秋粮米四十八万六千六十石，秋布一十六万七千七百五十匹，马草七十万束，棉花三万七千五百斤，各折不等，连脚价，共折银七十七万五千三百七十四两二钱六分，户口盐钞银一万一千八百五十九两二分七厘六毫六丝五忽二微，通共银七十八万七千二百三十三两二钱八分。

正统八年，尚书王佐，会同大学士杨溥等议：将山西起运税粮米麦豆三十二万石内，改折五万石，每石折银二钱，又将浙江苏常等处，存留本色粮内，改征二十万石，每石二钱五分，解部转解彼处籴买粮料，使南方粮不陈腐，北方民得宽舒。

十二年，会派山西布政司本色粮二十万石，棉布十万匹，准小麦一十二万五千石，草七万束，山东布政司棉布八万匹，棉花一十二万斤，共准米九万二千石，河南棉布十万匹，棉花绒十万斤，共准米一十一万石，北直隶顺天等府共本色米麦九万一千八百五十石。

十四年，本部题：准山西起运人户于雁门以里，收买米豆并草束，运送怀安万全左右、蔚州卫，及宣府在城仓库收贮备用，内宣府并开平、龙门等仓，夏税等麦一十二万五千石，秋粮粟米二十万石，谷草七万束。

景泰二年，顺天府东安县里老樊泰等奏，乞将草束折纳粮豆。尚书金濂议拟：本县人民被贼、遭旱，十分艰苦，原拟草束，愿纳本色者听，愿纳米者，每草一束折纳粟米五升（内顺天府起运雷家站草九十三万七千六十七束，准京场草一百四十万五千六百束；保定府起运长安岭草三万束，准京场草五万五千束；河间府起运永宁草五万束，准京场草七万五千束；怀来草二十八万三千三百三十四束，准京场草四十二万五千束）。

成化六年，本部拨派山西布政司并顺天等府，起运宣府税粮共五十万二千五百余石。

十八年，会派山西布政司税粮料豆，共二十六万八千五百石，棉布九万七千匹，棉花五万斤，共准米十万五千四百石，马草九十万束；山东布政司粮料二十七万二千三百石，棉布六万匹，棉花绒五万斤，共准米六万五千石，直隶真定等六府，共粮二十万九百石。

弘治三年，巡抚陈钺题称：山东灾伤，起运边粮，乞通征七钱，以舒民力。本部复：准比照河南粮储例征九钱，真、保定等处颇有收成，仍听上纳本色。

四年，开平卫老疾总旗金永洪奏：官军折俸，近于京库开支，但委官运回钱钞布匹，倒卖侵尅，乞要附近关给。本部复：准自本年始，将山东、河南、大名等府税粮折布，及户口食盐钱钞，拨解宣府，内布一万八千一百一十八匹，钱三百九十七万六千五百五十八文，钞一百九十八万八千二百七十九贯。

十年，巡抚刘璋题，本部复：准将山东、河南、北直隶原派大同税粮三万四百五十石，改于宣府，以便催征。

十一年，左侍郎刘大夏题：河南等处，米豆折银一两上纳艰难。本部复：准除山西每石近改征银八钱外，河南、山东自本年为始，照例量减，粮一石征银八钱五分，豆一石征银七钱五分。

正德二年，巡抚刘璟题称：每年坐派各省起运本镇秋粮，折银四十二万八千八百两，夏税银七万二千八百一十五两，马草银三万五千两，三项共银五十三万六千六百一十五两。

八年，会派山西、山东、河南、北直隶等司府，起运小麦七万一千四百一十五石，粟米四十一万二千四百二十石，豆四万三千六百四十石七□□，□□万束，布一十八万九千六百一十八匹，花三万七千五百斤。

十二年，会议题：准将太仓粟米改拨二万石，自十三年为始，坐派山东三千石，河南一万石，真定府五千石，顺德府二千石，俱每石折银八钱，解部转送宣府（以后每年坐派米四十三万二千四百二十石）。

嘉靖三年，巡抚李铎题称：额派山东、山西、河南、北直隶等司府，夏税秋粮料豆六十三万八千三十九石七斗，草七十万束，布一十八万九千六百一十八匹，花绒三万七千五百斤。

六年，岁派山西、山东、河南、北直隶司府州，夏税秋粮料豆六十三万八千七百七十五石七斗，每石折银一两，马草七十万束，每束折银七分，棉布一十八万九千六百一十八匹，每匹准米一石，小麦一石二斗，花绒三万七千五百斤，每斤准米一斗，钞一百一十八万八千一百四十五贯，钱二百三十七万六千二百九十一文，俱本色。

十年，岁派山东、山西、河南、北直隶等司府，税粮料豆五十四万七千四百八十石七斗，每石折银一两，内粟米二万石，每石折银八钱，棉布一十八万九千六百一十八匹，每匹折银三钱，棉花绒三万七千五百斤，每斤折银八分，草七十万束，每束折银七分。

三十四年，总督许论奏：改征保定府本色粮五千八百一十一石外，折色银六十六万七千六百六十八两，每一两加脚价银二钱，共增银一十二万一千二百七十六两九钱三分。

三十五年，会派各府折色银七十八万二千九百一十九两一钱一分，保定府本色粮五千八

560

百一十一石（至隆庆六年俱同）。

万历二年，会派保定府本色米麦五千八百一十一石，山西、山东、河南三省，北直隶顺天、真、保、顺、大、河、广七府折色粮草布花等项，并脚价银七十八万二千五百八十四两四钱八分七厘零。

六年，会派山西、山东、河南、顺天、真、保、顺、大、河、广七府折色粮草布花盐钞等项，并脚价共银七十八万七千二百三十三两二钱八分七厘零。

**附改拨**

弘治十年，侍郎刘瓛题：急缺粮草。本部复：准于河南、山东、北直隶折价解京草束内，改拨一百八十四万三千五十束零，再将山西存留草十五万二千束，每束定银五分，二起共银十万两，拨运宣府交纳。

**附乞运**

景泰二年，尚书金濂题：准行兵部于五军等营次拨官军内，借倩四万名，运京仓米四万石，赴怀来卫交收。

三年，巡抚李秉题：乞措置边储。尚书金濂复：准差官设法雇觅车辆，于通州仓支领粮二十万石，运宣府仓交收（每石给脚银四钱，耗米二升，不作正数，每三石，芦席一领，于京仓原收折草银内支给，不敷，于承运库关支）。

嘉靖元年，本部会议题：准将张家湾守冻漕粮拨运宣府镇七万五千石，以备主客兵马支用。

六年，又将至湾漕粮，免其晒扬，议处脚价，运去宣府十五万石（差巡仓御史吴仲，会同郎中黄一道前去督理）。

二十年，旱荒乞运通州仓粟米十万石。

二十二年，御史赵弘等题：先奉勑，与郎中李延馨乞运粮米二十五万石，今已运完。本部议：各官区画周详，人无遗弊，似应旌奖。题奉圣旨：赵弘、李延馨各赏银十两，纻丝一表里，钦此（内宣府十万石，大同十五万石）。

二十三年，给事中李文进条陈。尚书方钝复：准乞运京通仓粟米共十五万石（脚价通仓三钱一分，京仓二钱九分）。

二十九年，总督苏祐题：防秋钱粮不敷。尚书李士翱复：准于太仓见贮粟米，发给十万石，米豆十万石，运至怀来，专听督饷侍郎调度，每粮一石加耗米三升，内二升准耗一升作正上纳，每十石带方蓆一领。

三十二年，总督苏祐题：乞乞运。尚书方钝复：准将京仓粳粟米，发宣府八万石，大同七万石（宣大乞运，自永乐、宣德、正统以前，俱差侯伯、侍郎、都指挥，帅领官军于通州仓关粮，运去供给。景泰初，该本部题行兵部，量拨官军四万员名，于京仓支粮四万石，运至怀来仓收贮，每军赏银二钱，此军运例也。后复乞运，将京城内外直抵直沽等处，官员、军民人家，但有驴骡牛车，都着报官，借运宣府官粮，一次驴骡车一辆，运粮一十二石，赏布三匹；牛车一辆运粮七石，赏布二匹；定限运赴宣府仓收贮，此车运例也。成化十九年，该本部题议：顺天府并直隶保定等八府，共该三千九十六里，每里于通州仓，平斛领运新鲜粟米一百石，共该运三十万九千六百石，上户运二石，中户一石，下户五斗，大同上纳。每石给与脚价银三钱，仍与本户该纳存留税粮内，免其五斗，通作脚价之费，此民运例也。成化二十一年，该本部题：乞运京仓粮豆六万石，除军民运送外，召商领运，每豆一石，至大同镇，给与脚价银九钱，此商运例也。本年加耗，每粮一石，加米三升，内一升五合准耗，一升五合，作正上纳。粮至十石，带运方棉一领，各照数动支，每运地十里，给脚银一分二厘，居庸关、南北口等地方，俱属山路，再加银一分，分发宣府，于怀来仓收贮，共运二百里，每石定与脚价银二钱五分，分发大同者，于宣府仓收贮，共运三百五十里，每石定与脚价银四钱三分，就于太仓银库动支，愿支本色米准脚价者，于太仓放给，照依时价，折算银两）。

三十三年，总督许论题：官军穷困。本部复：准先于居庸仓，借支米豆二万石，暂济窘急。仍行京仓动支粳米十万石，黑豆五万石，共十五万石。仍照原议，将七万石运至居庸仓，内扣还原借二万石之外，尚余五万石，其八万石运至怀来仓，俱各收贮，待发年例之日，照数扣除，仍将听选监生等项上纳事例，以为车脚之费，米豆每石加耗三升，内一升五合准耗，一升五合作正，每十石带方棉一领。

三十五年，乞运京仓新收粳米一十五万石于宣府，内五万运至居庸，十万运至怀来。

三十七年，总督杨博条奏。本部复：准乞运京仓粟米三十万石于怀来等仓。

### 盐引

盐引，在前原不分主客，通融兼支。嘉靖间始有主引、客引之额，此外又有河东运司盐课银两，则正德八年所拨也，今因之。

景泰元年，尚书金濂题：准开派淮、浙、长芦盐二十万引，内淮盐每引米豆六斗，浙盐米豆四斗，长芦米豆二斗。

二年，本部奏：准将正统十四年两淮盐，开派六万引，每引米豆六斗，行令召商中纳（三年，借拨淮浙常股盐一十六万引）。

成化九年，巡抚郑宁咨称：粮草数少。本部题：准将淮、浙、长芦等运司，见在盐课共二百二十四万二千一十五引，开派宣府、在城、宣德等仓，召商上纳米豆草束。

十五年，郎中南钊奏称：独石等处粮料数少。本部复：准开派河东官盐三十万引。

弘治十四年，开派长芦盐五十万引。

正德二年，开派淮芦盐二十万引。

嘉靖元年，巡抚李铎题：传报紧急声息。尚书孙交复：准将两淮额盐一十五万引，开派宣府，召商报中，每引五钱五分，又开派补蠲免淮盐七万六千三十引一百斤。

三年，巡抚李铎题称：预处粮料，专备动调兵马。本部复：准将嘉靖三年分额盐，两淮六万引，每引定银六钱五分，两浙三万引，每引定银四钱，长芦二万引，每引定银二钱，照依时价，定拟斗头，召商上纳米豆，收贮紧要城堡，以备客兵支用。

四年，开派淮浙盐三十六万引，专备客兵及京师人马到日支用。

五年，开派淮浙盐一十九万七千二百九十引九十八斤，共银九万七百一十六两，以备紧急客兵支用。

七年，开派淮、浙、山东、长芦盐二十二万一千六百一十四引，共银十万两，补足山西原派该镇民运。

九年，户科都给事中蔡经等题：准自嘉靖九年为始，每年额派两淮盐四万二千引，长芦盐二万八千引，共七万引，该银二万二千六百两，专备客兵支用（至今同）。

十年，巡抚刘源清题：岁用不敷银八万九千四十五两。尚书梁材复：准自明年始，开派淮浙长芦盐一十七万八千九十引抵补。

十六年，本部题：准停止开派盐引，发京运银补给。

二十五年，尚书王杲题：准原派补岁用不敷盐引，不够派边，止开派银五万二千一百五十一两八钱（发京运银二万三千四百五十三两四钱零补足）。

三十年，尚书李士翱题：准开派两淮余盐，并水乡余盐引银六万九千七百四十五两五钱，扣抵年例（至三十一年止）。

三十一年，本部题：准该镇即今岁熟价平，粮草易买，所议岁用不敷盐银，合量搏节，止开派五万二千一百五十一两八钱。

三十四年，本部题：准宣府工本盐引银九千七百七十五两六钱一分零，改拨山西；两淮水乡盐引银一千三百七十二两四钱二分五厘，改拨辽东；长芦盐引银一千一百九十七两，改拨宁夏。就将各镇两淮存积盐引银，照数拨补宣府。

三十八年，御史李秋题：理盐法，以济军饷。本部复：准行宣府督抚等官，将节年开去未完盐引，斟酌时估，量减斗头，趁时召纳本色粮草，分发各该城堡仓场收贮，如果年荒房警，粮草价高，道路阻塞。准照先年辽东事例，暂收折银，每银一钱，外加脚价三分收，候秋成籴买本色，后不为例。

隆庆三年，尚书刘体乾题：准停止两淮、长芦存积盐银二万六千九百六十九两七钱（增发京运补数）。

四年，尚书张守直题：准开派淮芦盐引银五万八千二百九十九两一钱（原额盐引银六万三千二百二十九两一钱，内将淮盐一万引，换山西年例）。

五年，本部题：准开派淮芦盐引银六万四千二百二十九两一钱零（额该派五万八千二百九十九两一钱，因将长芦节年残盐一十七万五千引，分作六年搭派，至万历三年止，计搭三万引，每引二钱，该银六千两）。

**附盐课**

正德八年，本部题：准将河东运司盐课银八万两，拨运宣府接济，后定为额（至今俱同）。

万历元年，尚书王国光复：总督戴才题，将河东运司盐课原解宣府银内，拨三千二百二十一两四钱，改解延绥，就于延绥该发主兵年例内，照数扣补。

**京运**

该镇主饷，以前不过五万，客兵取给其中，嘉靖元年始增六万，六年发客饷十万，自后主客饷日增矣。四十五年，始定经制，主以十二万，客以二十万五千为额，今同之。其保定府民运本色折银五千有奇，用以抵补年例则，自万历四年始。

正统七年，巡抚于谦题：山西百姓流移，起运税粮减半运纳，乞将江南折粮银，发运该镇，预备边储。尚书王佐复：准发银五万两。

景泰五年，复：御史朱骥题，趁时丰熟籴买，加发银三万两，共八万两。

成化三年，尚书薛远题：预备边储，发银五万两。

九年，本部题：准各边用粮浩大，量加节缩，止发银三万两。

十五年，都御史张顺题：乞加添岁用银数。本部复：准除先发银六万两，再摘拨银五万两。

二十年，止发银三万两。

弘志二年，都御史许进奏：见差御史籴粮，在库银两数少。尚书李敏复：准除预发四年、五年银，各五万两外，再发银五万两，作六年年例。

五年，都御史杨温题：本镇被灾薄收，乞速发银籴买。尚书叶淇复：准除先运银一十七万余两外，再发银十万两。

十四年，巡抚魏绅题：山西民运。本部复：准加添年例银五万两，于河东运司每年变卖盐价银内支给，共银一十万两。

十五年，都御使刘聪题：岁派粮米，不够岁用，乞要从长计议。尚书佀钟复：准于年例十万两外，再添二万两。奉圣旨：是。弘治十六年以后，年例银两只照旧。钦此。

正德二年，都御史刘璟题：乞要处置急缺济边银两。尚书顾佐复：准添发银五万两。

四年，尚书刘玑题：会计边储，将夏税草价银一万五千余两，再凑与银共五万两，差官运送前去应用。

十六年，都御史季铎题：该镇仓廪一空，乞要多发银两。本部左侍郎秦金复：准动支抄没银六万两，四万两作嘉靖元年年例，余作例外补给。

嘉靖元年，给事中杨秉义题：宣府公私困乏。本部复：准发库贮抄没银十万两，六万两作年例，余作例外补给。

本年都御史李铎题：教场步军拥众讨粮。尚书孙交复：准发银三万两，委主事一员带领，赴要紧城堡籴买本色米豆杂粮，又发银一十二万五千两，抵作河东运司未解盐价，其运司未解银两，及万全都司事例银四千一百一十五两，俱送该镇，准补元年蠲免五分之数。

六年，兵部咨，本部议：照嘉靖三年事例，差郎中一员，例外发银一十五万两，解送宣府，相兼本色，折放官军月粮，扣留本色粮草，以备客兵支用，止发银十万两。

九年，巡抚刘源清题：乞给银趁时籴买。尚书梁材复：准止发银十五万两，内八万两作十一年分年例，余七万两借与山东，准作嘉靖九年分粮价（因山东民运不至）。

二十年，总督樊继祖题：乞乞太仓粮米。本部议得：各运司解到盐银不多，除先发四十万两外，再发太仓库贮折粮草银，动支三十万两，又传报虏情，发银二千五百九十五两五钱，差官解送总督处，听其赏赐带去京营官军支用。

二十一年，总督翟鹏题：调集八镇之兵，共足人马十万之众，请差户部堂上官一员，量带司属，大破常格，多赍银盐，前来接济。本部议复：除先发过帑银三十万两，修边盐引支出七万两，再发银十万两，解送总督处交割，补还借过招募赏功之数。

二十二年，总督翟鹏奏称：黠虏伺境，乞大破常格，再发银两。本部行，据银库员外郎赵统开称，外库止有银八万两，委无别处，将太仓老库旧积银一百七十万两数内，支出四十万两发运。

二十六年，发防秋银九万九千九百四十五两七钱三分，又发银二万两，听京营官军支用。

二十七年，都御史孙锦题：边报不绝，乞发银两，以备召买。部议：先因修边奏讨银两，内称边工完日，客兵之费大减。今修边已完，复又奏讨，前后奏题，无实可据。合于太仓银库动支一十八万两运送，以备召买客兵之用，仍行督抚查勘上年支剩见在数目奏报。

二十九年，总督苏祐题：乞多发银，以备储蓄。本部发银二十万，并解南京户、兵二部银两备用。

三十年，巡按御史胡宗宪题：查勘新募永宁、四海冶等处军六千名。本部复：准自本年始，加添年例银一十万一千二百五十两（通前年例共银十八万一千二百五十两）。

本年总督苏祐题：抽补军士三千名，乞发岁用银四万七千余两。尚书李士翱复：增一军，则多一军之费，银两从何取给，止发银二万八千四百五十两，准作三十年抽补军士月粮布花之用。

本年巡抚刘玺题：要多发年例。本部复：准止发银二万五千六百五十四两。

三十一年，总督苏祐咨：欠缺军粮，乞要处补。尚书孙应奎题：准该镇支剩客兵饷银一十二万一千三百九两零内，扣出七万三千六百两零，以补三十一年主兵年例，并减派不敷盐引之数，其余银两收贮，以备来年防秋支用。

三十二年，管粮郎中范充浊呈请：多发年例。本部题：准止发银三万五千两，又二次预发三十三年年例银六万两。

三十六年，巡抚张镐题：虏众临边。尚书贾应春复：准发银一万二百五十六两，送镇籴买粮草，专备虏寇困围，作月粮支给。

本年总督杨顺等题：要将宣府招募添补军士二千名，马二千匹，除草料就于额内取足外，其军士粮饷布花等项，仍乞照该镇事例，一体加给。本部议：前项招募军士，合行督抚，自七月为始，至十二月止，计下半年应支折色衣粮，合于该镇多发马匹银内支给，通候年终并入会计。

本年总督江东题，本部复：准发银三万三千九百一十两零，解送宣府，召买粮料草束，或边报宁息，兵马早挈，支剩钱粮，加意节缩，存贮下年支销。

三十七年，传奉圣旨，朕闻大同今岁收熟，米豆价平，你部里便发银十五万两，都察院选差御史一员，作速管领前去，会同管粮郎中，着实趁时籴买米豆，分贮宣大各紧要仓场备用，所发银两，即作三十八年应发军饷之数，不许妄费，户部知道。钦此（名目钦买大同分八万两，宣府七万两）。

本年总督杨博题：乞先发银召买粮草。本部复：准发银三万两，专备独石客兵支用。

本年都御使葛守礼题，本部复议：该镇荒歉，侵渔粮草，一时难以征完，合动支银三万四千六百六十六两，以补带征之数，仍再动支三万两，以足额外五万之数，通行并发。

三十八年，总督张松咨：讨年例。尚书贾应春题：准于先发年例银一十八万一千二百五十两，并剩存客兵银两，及收催解纳民运钱粮，通融接济，止发银二万五千两。

四十年，本部会计发银一十二万七千二百二十九两零（以后同）。

四十一年，本部会计该镇见在粮草数多，止发年例银一万两。

本年总督江东题：今调守南山，并候入援兵马，共一十四营，以春秋两防计算，乞添买粮草银两。本部复：准动支太仓银二十万两，运送应用。

四十五年，督抚赵炳然等题：议定岁用年例。尚书高耀议得，该镇兵需以四十四年为准，岁入之额，多于岁支，年例似当渐减。复：准每年发主兵银一十二万两，定为经制。

本年督抚赵炳然等题：乞定经制。尚书高耀复：准除额派盐引价银外，将钦买银七万两，添发银一十三万五千两，共二十万五千两，定为客兵年例。

隆庆元年，总督王之诰题：会计本年主兵钱粮。尚书马森复：准照旧发银一十二万两。

本年总督王之诰题：新添南山兵马，岁增行粮料草。本部复：准仍照旧发银一十三万五千两，与前预开盐引价银三万六千六百两，及钦买银七万两，以备本年客兵支用。

二年，发银二十万五千两，以备客兵支用（三、四年同）。

本年本部题：准量补蠲免民运银一十六万两，新募军士银八千四十两。

四年，都御史庞尚鹏题。尚书张守直复：准将本镇准盐改拨山西，每年将山西年例银五千两，扣补本镇。

六年，总督王崇古题：查得宣府自定经制后，抚臣节添募柴沟岔东、南山岔西军马，及摘选矿兵，合用粮料布花共该银一十三万二百二十六两，惟以经制为准，免复增减。本部复称：据今奏内，量减腹里军士布花，及沿边墩哨鞋脚矿兵岁用粮储，南山坐营等官廪给，并南山军士轮班戍守营墩，该班者准支行粮，下班者免支，大约可省主饷银八万有余。自隆庆六年起，以后通行裁减，准充柴沟等营增军添马，未议增饷之额，若有多余，仍作下年支用。

万历三年，尚书王国光题：预发召买银两，原因各边本色缺乏，故趁秋解发，以备缓急。今宣、大、蓟、永等镇，积蓄本色数多，相应暂免发银召买，通候四年题发年例之日，查照各边额数，一并解运，以省劳费，以免粮草腐烂。以后如一时本色不敷，听督抚、郎中等官即于见在银两，随宜动支召买，候本部解到银两，照数抵补，若无积贮者，预呈本部，发银籴买。

八年，总督郑洛咨称：标下左右二营官军马骡，每岁约用客饷银七万五千两，除大同镇该银三万四千两外，自本年为始，每岁宣府镇，连旧改拨银共三万四千两，山西镇改拨银七千两，一并给发，专备标兵支用，日后移驻怀来，改拨银两即行停止。尚书张学颜题准。

**抚赏**

嘉靖三十四年，都御使刘廷臣奏。本部复：准将该镇见贮主兵银内动支四千两，买办缎绢布匹等项，听抚赏各夷支用。

四十三年，都御史李秋题：该镇三十七年，发抚夷银四千两，已经用尽。及称属夷增添，并议加给。本部议：夷人虽添，抚赏银两例应主兵额内通融支用，难以加给。

四十五年，都御史冀炼题：抚夷银每岁以二千七百两为则，三岁共计银八千一百两，乞要并给。本部复：准行管粮官，将见贮主兵银内动支八千一百两，听备三岁抚赏。

隆庆二年，都御使王遴题：本年新收车夷一千九百三十名口，乞照旧夷，一体抚赏。本部复：议抚赏属夷，先年原无此例，自嘉靖三十三年以来，节该督抚请讨，每年不过一、二千两，今复新收属夷，抚赏比前又加一倍，主客银两倘若不敷，前项银两遽难添发，既称各夷听命哨探，姑准行管粮郎中，将见贮主兵银内，照数动支，转发巡抚衙门，听备三年抚赏之用。

五年，总督王崇古题：主饷原有定额，不得轻减，客饷专备春秋调遣，虏既纳款，客饷所省甚多，抚赏必不可已。本部复：准每镇每岁，令于节省客饷内，量动一万，以备抚赏支用。

## 马价

景泰元年，本部题：准行该布政司，将州县收贮存留折粮，及赃罚银两，量买马匹，不敷者，呈兵部措置。

正德二年，都御史车霆题：劝借商人马价，要免给散。尚书顾佐复：咨行兵部，发太仆寺银三万两，运送宣府补还，以示劝商人。

万历三年，总督方逢时题：酌定贡市马价规则，以垂永久。尚书王国光复：查得三镇马市，始于隆庆五年，总督王崇古，准每镇每岁，于节省客饷内动支一万两，听备互市抚赏支用。六年复兵部等衙门会议，抚赏银两如果不足，每镇再动节余客饷银各一万两，彼时三镇互市，马不过七千余匹，共费银止六万两。万历元年，本部议，宣镇减哨银两，系正项军需，以后听管粮官扣留在库。至二年，该巡按陈文燧题，要将节剩客饷，宣府动支三万两，大同二万两，以充马价，市马增至三万一千余匹，又经兵部复准，于客饷内支用去后，今三镇马额计三万四千余匹，较之初市，几至五倍，而马价遂加至二十三万余两，将来何所底止？合无以后马市，宣府以一万八千匹为率，该银十二万两，除客饷并朋合银外，少银五万四千两，于减哨并变卖马价内支用；大同以一万匹为率，该银七万两，除客饷并朋合外，少银二万二千两，照数给发；山西以六千匹为率，该银四万两，除马价朋合外，少银五千两，于积剩抚赏银内动支。奉圣旨：是。这市马既议定额数，以后再不许加增。钦此。

## 俸粮

俸给则例

在城万全都司，并宣府前等卫所，西路，万全右等卫所都指挥使月支大俸五十八石，小俸二石。

都指挥同知月支大俸四十五石，小俸二石。

指挥使月支大俸三十二石，小俸二石。

指挥同知月支大俸二十三石，小俸二石。

指挥佥事月支大俸二十一石，小俸二石。

正千户月支大俸一十四石，小俸一石。

副千户月支大俸十二石，小俸一石。

实授百户月支大俸八石，小俸一石。

所镇抚月支大俸六石，小俸一石。

试百户月支大俸三石，小俸一石。

至于北路开平等卫所指挥一员每月加银一钱；千百户、镇抚一员每月加银五分。

东路永宁等卫所指挥一员每月减银二分；千百户、镇抚一员每月减银一分。

南路蔚州卫、广昌所指挥一员每月减银四钱；千百户、镇抚一员每月减银二钱。

一员每月减银

其总兵官系升都督职衔，岁支俸粮，系在京五府带俸支给，副、参、游击、提备、都司，俱系别镇官员升转，及该镇官员升授，俱属原卫，带俸造支。

以上官员，上半年大俸，每石折钞二十贯，每贯折银三厘，内钞一半，每贯折铜钱二文，每钱七文折银一分；小俸一半折银，每石折银四钱，一半折布，每石折布一匹，每匹折银二钱五分。下半年大俸全折布，每石折钞二十贯，每二百贯折布一匹，折银二钱五分；小俸折支与上半年同。

## 主兵月粮则例

各营一等真夷每名月支本色米五斗，折色五斗，照例折银三钱五分，马匹料草春夏全给，仍每月给肉菜银五钱；二等通丁每名月支本色米五斗，折色五斗，照例折银三钱五分，仍每月给肉菜银三钱，家口众多至五口以上者，准收幼丁粮一、二口，每口给米三斗。

主兵营通事月支一石五斗。

各卫所营堡旗军月支一石三斗，有一石二斗，有一石或八斗，内延庆右卫赵川堡有支一石一斗，永宁卫有支七斗者。

只身军月支六斗。

老弱军月支五斗。

军舍月支四斗五升。

孤老幼军月支三斗。

## 主兵兼食行粮则例

四海冶黑汉岭堡军除月粮外支行粮一石二斗一升四合三勺。

周四沟等堡军月支一石二斗。

各城堡军月支一石，有八斗、五斗、四斗、三斗、二斗、一斗。

南山连墩官军自十月起至次年三月止，计六个月，矿兵春秋两防计五个月，每月每名五斗五升。其矿兵岁用粮储，南山坐营等官廪给，自隆庆六年题准，俱裁革。南山军士轮班戍守，该班者准支行粮，下班者免支。

以上官军，上半年六个月，本折通融支放，内征哨并真夷、通丁，每名月支本色五斗，杂差本色月支三斗，余俱支折色；下半年全支折色。如沿边独石、马营等一十一堡，每石折银八钱；龙门、万全右卫、葛峪堡、四海冶等三十二城堡，每石折银七钱；腹里正兵等一十六营所，每石折银六钱五分；保安新旧、顺圣川东西一十五城堡，每石折银六钱；惟真夷、通丁，下半年折色，每名亦月给本色五斗，余支折色，亦照前项折给。

## 客兵行粮则例

伏堡按伏截杀防守南山联墩，及陕西、大同等入卫兵马，如东路怀来驻扎宣府，新游兵与军门标下、神机等三营，延庆州驻扎宣府，旧游兵并正兵二营，永宁城驻扎宣府奇兵营，四海冶驻扎宣府东路游兵营，岔道城驻扎宣府车兵营，保安新城驻扎大同东路游兵营，以上九营兵马，皆防守南山、联墩。如保安旧城驻扎山西援兵营，防春三个月，古北口驻扎，止以防秋三个月。蔚州城驻扎山西正兵营，东城驻扎山西游兵营，西城驻扎大同西路游兵营，西路怀安城驻扎大同正兵营，以上五营，俱听援蓟镇。二项官军，俱春秋两防计支六个月，坐营千总官每员日支廪米五升，把总官每员日支米三升，管贴队官旗军人每员名日支行粮一升五合。

马匹料草则例

客兵正驮马每匹日支料三升，草一束。

主兵营操马、骡、驼每匹头只月支料九斗，草十束。

驿递马、骡每匹头月支料九斗，驴每头月支料三斗，俱不支草。

以上马、骡、驼，每年十一月起至次年四月止，计六个月，五月、六月，每马月给贴料银三钱，如独石、马营等一十一堡，料每石折银八钱，龙门、万全右卫、葛峪堡、四海冶等三十一堡，料每石折银七钱，正兵等营，并宁远站堡九营堡，料每石折银六钱五分，保安新旧城，并东西等二十三城堡，料每石折银六钱，如应支草，俱每束折银三分五厘。

冬衣布花则例

万全都司所属各卫所堡，正军有家小者，每名支棉布四匹，只身旗军，及巡营、守门铺、养马、看仓、看草、老幼久病残疾者，每名支棉布二匹，夜不收，及常川守墩旗军，每名棉布四匹，棉花俱支一斤八两，若有修守人犯去处，照依减支事例，每名本色棉布三匹，折钞一匹，棉花一斤八两，其减除本色一匹，另添棉花八两给与修守人犯。其彰德、怀庆、河南、弘农、信阳等五卫，见在操备过冬旗军，每名棉布二匹，棉花一斤八两。其万全都司、宣府前等卫，沿边新旧轮班守哨、夜不收旗军人等，俱支本色棉布四匹。其永密等镇所属卫所旗军布花，查照近题则例书册支给，不得混淆，犹照旧例，以滋靡费。

正统四年，本部题：准差去瓦剌地方官军，并马、驼、驴、骡，该支粮料照依上年事例给与，每军烘炒五斗，月支行粮六斗，马、驼月支料一石五斗，骡每匹月支一石二斗，驴六斗，俱在京关与本色一个月，其余俱折布绢，行移后军都督府，总于内府该库关支。

八年，都御史虞祯等奏，本部复：准宣府旗军在卫月粮一石，内有家小者，月支本色六斗，折钞四斗，夜不收并守墩军，再关行粮本色五斗，共米一石三斗。

十三年，左都督杨洪题，本部复：准宣府右等卫所旗军，选充马步队，沿边营堡操备余丁，每名月给口粮三斗。

景泰四年，都御史李秉题，本部复：准将万全都司所属卫所，选拣在官舍人余丁，有马常川操练者，照例关给口粮，其无马舍余，每年自正月起至三月终，止给与口粮，操备其余务农月日，俱各住支，遇有警急声息，果妨农种，照旧给与口粮。

五年，隆庆右卫后所旗军祁保儿等奏，本部复：准将行粮四斗，并原卫月粮八斗相并，止关一石，随营按月造册关支。

成化十年，巡抚殷谦咨，本部题：准新选操备屯军，自选操着伍之日为始，给与月粮五斗。

十九年，本部奏：准宣府各城选操舍余，照在城例，月支粮一石。

二十年，司礼监太监怀恩传奉圣旨：大同、宣府修筑墩台、架梁、瞭哨、防护等项，并用工官军舍余人等，好生勤劳，着余子俊同各巡抚、并总兵等官，就彼官库内银两，每人给赏五钱犒劳，用工的口粮，还月加一斗。钦此。

弘治十一年，尚书周经题：查得洪武初，边镇惟有本处屯田，民粮供给，只收本色。其后边事日繁，遂有山东、河南、北直隶地方输运事例，多是轻赍银物，赴边易买本色。后因大户揽头包揽侵尅，乃遂定例，官为收价，米贱粜买，准折月粮，军民两便。今兵部既奏，要将原收粮价，不论米价贵贱，一概照依原价支给，不无亏官亏民。合照旧例，每遇春间米贵，放与本色，秋间收获，照依彼中时价，放与折色。其余月分，银米间放。若巡抚、管粮等官惟徇私受嘱不照时价，多添及放折色多过六个月之外，俱听本部查究。

本年本部题：准行该镇巡、管粮等官，以后往来迎送、防护巡视等项杂差，出外官军俱不许擅自关支钱粮，如违，听管粮等官径自提问，以侵盗官粮坐罪，应参奏者，照例参奏（各边俱同）。

正德元年，本部题：准将宣府北路、独石、马营、清泉、云州、镇安、镇宁等堡，孤悬口外，及大同右卫，霜早地寒为一等，每石比常量加折银不过七钱；四海冶、赤城、龙门、雕鹗、滴水崖、金家庄，并中路葛峪等堡，西路万全左右、怀安等卫，沿边洗马林、柴沟堡、西阳河、大同左、威远、平虏、井坪、怀仁等卫所并二镇、会城、阳和、天城为二等，每石不过六钱；朔州、应州、浑源、山阴、马邑、蔚州、广昌、顺圣川东西二城、保安、怀来、隆庆、永宁为三等，每石不过五钱，若遇年谷丰歉，又听各官斟酌时价，平准增减。

本年镇守官陈贵题，本部复：准行该镇巡管粮等官，今后果有紧急声息，调遣人马，按伏截杀，准于所在城堡关支粮草，一面飞报巡按御史，月终将调遣人马支用粮草数目，造册类奏，遇有公差科道官前去，本部行令核实，如不及百里，不系紧急声息，不曾与贼对敌，及赶回头畜，仍踵宿弊，指称按伏，浪费钱粮者，就便指实参奏，罪坐所由，下月粮料，仍于本城照数扣除。

三年，都御史郑琼题：乞定该镇官军月粮折银则例。本部复：查得旧例，北路每石七钱，中路、西路、宣府、在城每石六钱，东路、南路每石五钱，寻以郎中李诚议减每石概折五钱，今议北路每石七钱，中路、西路每石六钱，在城每石五钱，东南二路每石四钱。奉圣旨：这宣府官军月粮折银，准依会拟则例，东西三路，每石还加五分，务要及时给散，使边军得沾实惠。钦此。

嘉靖元年，本部复：准行巡抚管粮郎中，会同计处籴买粮料草束，须照时估，及相应于各紧要城堡上纳。仍将见在官军舍余人等，逐一精选，照例清查原支俸月口粮应住、应减、应革之数，分别明白。其内外总镇官员，非有紧急声息，不得动调主客兵马按伏应援，以致虚费粮草，仍令各官将旧占地土，尽行退出，造册具奏。

二十七年，总督翁万达题。本部复：准今后动调兵马，给与行兵勘合，经过仓场，除抄誊勘合字号外，仍责千把总官，各将该支总撒的数，赴本路参将查无重冒，钤记封固。各路赴管粮通判，州县赴掌印官处查讫，即发仓场放支。如有不由本管将官挂号，掌印等官查发，径自朦胧支给，及容军商在外兑支者，钱粮不准开销。官攒以受财枉法，商人以侵盗官银发遣，把总委官通同作弊，一体拿问。

三十一年，给事中李幼滋题，本部复：准将宣镇官军月粮俱照先年事例，旗军放支本色月分，有家小者，给与本色八斗，只身六斗，余粮及该支折色月分，照旧折支，至于征操马匹，俱给本色全料，不得仍前减折。

三十二年，本部题：准每镇编印空白勘合，填立主客兵字号，每镇各给二百道，发管粮郎中、主事收掌，如遇该支官军俸月粮赏，及按伏截杀应与行粮料草者，各照主客字号填注，即赴各该仓场，照数支给，完日收销。按季随边储文册缴部，以凭查考。用尽呈部，另行印发，其有不赴管粮郎中、主事处关领本部勘合，通行裁革。

本年本部题：准一应官下舍余军丁，有愿应军者，就开除本身尖丁银，仍发本户夫丁二名，永为供丁；各卫屯军，有愿应军者，就将原纳屯粮六石，准作本身月粮，余六个月关支月粮六石，遇闰加一石，永为定规。

本年本部题：准各边督抚等官，清查镇内官舍，果系随军杀贼，出百里之外者，准与官军一体关支行粮，如止跟官差用，不得假以操练为由，一概支粮，坐耗军资。

本年本部题：准如遇征调按伏，出百里之外把总，若系都指挥，支廪给三升，领军头目，不分指挥、千百户，并旗牌官，日支行粮一升五合，事宁截日住支，违者参治。

本年御史蔡朴题：宣镇屡遭虏灾，军士艰食。本部议：将上半年量给本色三斗者，补给折色四钱五分五厘，量给本色五斗者，补给折色九钱七分五厘，至于马匹料草，亦量给本色四斗，折色五斗。下半年折色，亦要及时处给，以便骑操。及查该镇指挥镇抚，俸粮之外，又有支米四石、三石，官军月粮之外，又有多支月粮、行粮，布花之外，多支鞋脚银两，终非法制。合行巡抚会同管粮郎中，一体查勘。

本年给事中李幼滋题：宣府等镇军士马匹，月粮料草全支本色，较之额外，多费银二百一十六万八千一百两零，适今银两匮乏，难以轻议。本部依拟复：准行督抚等官，查照旧例施行。

三十三年，都御史陈儒题。本部复：准行各边督抚将领等官，自后果有警急，方许调遣各卫所兵马，按伏防截出五日，及百里之外，准支行粮料草，或曾经对敌，虽在五日百里之内，亦准支给。都指挥、把总等官，照例日支廪米三升，仍将各军领出空日，折支银两，看验明白，给散各军。敢有侵剋亏累者，各以侵盗沿边粮草，从重治罪。

本年指挥李天爵等奏：调赴怀来、隆庆地方，乞将把总等官日支五升，管队日支三升，以便防守。本部议：前项廪粮已有定议，难以概加，除把总官足用外，其管队等官，悯其一时入卫之苦，每员量加，准日支二升。

三十四年，本部题：准令管粮衙门印编客字号票二百张，送巡抚衙门收掌，凡遇动调兵马，各该领兵官，即将官军马匹数目，从实填入勘合，巡抚仍即将前收号票，挨号填给一张，发各领兵官亲填带领人马若干，或按伏，或截杀，并经过住支几日，及军士逃亡，马匹倒死截日住支若干，及开城堡、仓场地方，明白填注，回日，即时缴送巡抚处查考，及行管粮官查对，如有增减名匹，挪移月日，勘合号票两不相孚者，即系侵冒，巡抚、管粮官轻则径自发落，重则参奏处治。

三十五年，御史李秋题，本部复：准将各营旧用办银军士，尽行退出，老弱革役，精壮归伍，仍申明包占，严禁科敛，不许将壮丁影射差占。

三十七年，总督杨博题：议宣府矿兵。本部复：准除防秋四个月，照旧给行粮外，每月量加米五斗五升，为养赡家口之资，准于主兵粮内动支，其盐菜银，旧无此例，并行裁革。

四十五年，都御史冀炼奏：宣镇主饷，每石止折银七钱，召买客饷，每石须一两四、五钱。东南二路，屯米收积颇多，主兵利于折色，乞将主屯放客，而以客银放主，互相调停。本部议：行督抚等官，查将该镇东南二路收积主兵屯粮，悉照所议。如遇防秋动调客兵，准令支给，就将召买客饷银两，放给主兵月粮，每石七钱，照数补还，务要计算的确，开支明白，备立主客文卷，以便稽查，年终，造册送部查考。

万历元年，总督王崇古题，尚书王国光复：准以后标兵，如常驻阳和，将宣镇客兵银两数内，量拨一万两，径解大同，或仍赴南山驻扎，宣镇改拨大同银两即行停止。

本年巡抚吴兑等题，本部议：通夷比边军，已为优厚，而人数颇多，必如巡抚所称，胆气过人，熟识虏情的，可优恤者，方准支给。其膂力知识未必出众，应与军士为伍者，止照常支，不得混收，致滋冒滥（以上系行、月粮）。

景泰四年，本部题：准各边官军骑操巡哨等项马匹料豆，每年十月初一日关支，至次年四月初一日住支，仍令各官军，当秋初草茂之时，各自采积，预备喂饲，遇有调遣，方许于所在支草喂马。

天顺三年，本部题：准各边总兵、参将内外等项官员，马匹料草则例，凡镇守、管领、神铳总参等官，除奉特旨关与马匹料草外，其余但系官给印记马匹，每年自十月起至次年三月终止，俱照彼处操守官军马匹，一体关支料豆。其内官若系御马监领去官马，洪武年间旧例不曾议载，仍每日支与草一束，有青草时月，一体牧放，止支料豆。若前项内外官员俱无官马，止有自己马匹，亦于无青草时月，支与四匹料豆，不及四匹者，止照见有马匹关给，不许多报。若有官马四匹以上者，自己马匹不支料草，二匹以下者，自己马匹止与二匹料豆，其带去随操官军家人有官马，亦照例支与料豆，若非官马，不许关支。

本年本部题：准行宣府镇巡等官，将操守马匹料豆照元年奏准事例，自十月起至次年四月初一日止，月支一石，若遇贼情紧急，仍照都御史王宇勅内事理，马一匹月支料一石二斗，以后俱照此例关支。

本年御史樊英题：虏情紧急，站马瘦损不堪飞报，乞要每日量给料豆三升，草一束。本部复：准令照操备马匹例，验日每匹支料三升，草一束，事宁照旧于四月间住支。

成化十二年，巡抚殷谦题。本部议：准行各处抚按并管粮官员，将各边操守人马，或遇警征调远出军马，许支行粮料草，却将原关料草住支，其余跟官在于该管地方，往来巡视等项人马，俱不许妄支。

嘉靖二年，总督臧凤题：北方地寒，草芽迟发，要将旧定十月官军马料，挪于四月关支。本部复：准将各镇官军马料，每年俱自十一月初支起，至次年四月终止，自五月初住支，至本年十月终止，永为定规。

三十二年，总督苏祐题：每年十二月、正、二、三月，每月于防秋草内，每马借支十束，后七、八、九、十月，草贱之时，每月每马少给十束，以补前借。本部复：准马匹添支草束，旧例有碍，咨行督抚等官，查勘各路牧马草场，究取下落地方，令骑操马匹，夏秋趁时牧放，及采积草束，以备明春之用，有警调兵，方支防秋草束，事宁截日住支。

万历元年，总督王崇古题：宣府镇主兵马匹刍料不敷，乞要于原额半年之外，再行加给。本部议：行督抚等官，将该镇主兵马匹料草，除正支外，每岁每马原有加给贴料银六钱，今于客饷内，再照该镇时估，连前银六钱，通共补足一月之数，不得另行全给，以后马匹但有调遣按伏，支领行粮料草，前项加给即行住支，不得援为定规。

三年，总督方逢时题，本部复：准行督抚等官，将在市马匹，候立场完日，定拟数目，合用料豆，准于积余客饷内动支六个月，其草束，如果采积秋青可足冬春之用，不必另给。若有不足，量议帮补，每年每马不得过三个月，九十束草之数，兑军变卖倒死等项，随即开除（以上系料草）。

## 修边

嘉靖二十六年，兵部咨：宣府创修边墙，合用工费，乞要将堪动银两给发。本部议：修边银两，先该都给事中李纶题准，不许挪借，今既奉有明旨，合于太仓库内，照数动支运发。

三十年，兵部咨：宣镇修补边墙，合用银两，除上年修补余剩，及粮草作银外，尚少二万八千七百五十一两零，乞要给发。本部议：前项银两，原系户、兵二部，通融措处，并无本部独给之理。乞勅兵部，以后遇有前费，须要会同本部议处，不得擅题，自取便利。奉圣旨：是。银两查给发。钦此。

四十一年，本部题：准以后凡遇奏讨修筑银两，兵部会同本部行查应修某处，原系何人修筑，何官管理，因何倒塌。如有前官修筑不坚，罪坐所由，查勘明白，方准修理。先尽该镇赃罚，及无碍银两凑用，其余不敷之数，以十分为率，户部暂出银七分，兵部暂出银三分。仍令各该督抚，将修完某处，用银若干，造册送部查考。如有冒破，听本部与该科，指实参奏。

隆庆元年，准兵部咨，该总督王之诰题，宣府修边募军，该用银一万五千两。本部议：督抚所讨银两内，除五千系募军，原该兵部出办外，其一万两，合无以三七分出办，本部该银七千两，于太仓银库照数动支运发，仍行兵部。自今以后，如遇奏讨修边银两，先尽该镇赃罚，及无碍银两凑用，其余不敷之数，以十分为率，户七兵三，仍行督抚将修完某处，用银若干，造册送户兵二部查考。奉圣旨：这给发边费银两，你每既会议停当，今后都着查照行，不许推诿误事。钦此。

万历元年，阅视侍郎吴百朋题：修筑宣府北路内边，合用口粮，于客饷内支给。本部议：该镇修筑边堡，上年动支客饷之数，已属过多，今又修筑北路内墙，复议支粮八千八百余石，似不可以为常。但称系关重地，合准于就近城堡仓贮客饷数内，照数动支。

三年，督抚方逢时等题：宣府应修上西等路城堡营寨，及土石边墙，乞查照户七兵三事例，支给口粮。尚书王国光复：合用口粮，先尽见在修工支剩客饷，支用不敷者，准于客兵陈粮内，补给三万四千一百一十六石工程钱粮，听巡按御史核实，及报部查考。奉圣旨：是边工务着实坚久，如苟且求速，劳费无益，这完报期限，依兵部议行。钦此。

五年，总督方逢时题：修筑沿边墩垣军夫，合用口粮三万三千八百二十一石零。尚书殷正茂复：准将本镇积贮客兵本色米稍陈者，照数支用。

七年，总督吴兑题：要将宣镇北路，地名长伸处所，创建一堡，并敌台瓮城等项，合用工夫口粮。尚书张学颜复：准于龙门所、滴水崖、宁远堡三仓积贮客兵粮内，动支五千二百七十四石二斗五升五合，分拨工所，听给口粮支用。

八年，督抚郑洛等题称：宣府下西路李信屯、中路青边口二堡，原系土墙，今议砖包，合用口粮一万九百九十四石一斗二升二合，并张家口、塞口二铺等处，土石墙垣，今军夫并修，合用口粮一万三千三百五十石。尚书张学颜复：准将该镇积贮客兵本色米粮，在附近修工仓口挨陈，照数听给军夫支用。

## 仓庾

宣府在城仓，独石城仓，马营堡仓，云州堡仓，赤城堡仓，镇安堡仓，青泉堡仓，松树堡仓，君子堡仓，猫儿峪仓，上堡仓，伴壁店堡仓，龙门城仓，雕鹗堡仓，三岔口堡仓，镇宁堡仓，金家庄堡仓，上安岭仓，牧马堡仓，样田堡仓，滴水崖堡仓，万全右卫仓，张家口堡仓，膳房堡仓，新开口堡仓，万全左卫仓，宁远站仓，柴沟堡仓，洗马林堡仓，渡口堡仓，西阳河堡仓，李信屯堡仓，怀安堡仓，葛峪堡仓，大白阳堡仓，小白阳堡仓，赵川堡仓，青边口堡仓，常峪口堡仓，羊房堡仓，怀来城仓，沙城堡仓，鸡鸣驿，保安新城仓，保安旧城仓，岔道城仓，延庆州仓，永宁城仓，四海冶仓，靖胡堡仓，周四沟堡仓，黑汉岭堡仓，东城仓，土木、榆林二驿，西城仓，蔚州城仓，广昌城仓，深井堡仓，黑石岭堡仓，万亿仓，龙门所仓，南山岔东、岔西仓。

## 职储

正统十三年，备御韩政题：留山东参议尹聪，仍旧整理文书，给散独石等处军士花布，官军折支钞锭椒木。

十四年，添设郎中一员，总理宣府粮储。

天顺二年，都御史王宇题：添官提调仓场。本部复：准行移吏部，于保安、隆庆二州添除判官二员，听巡抚郎中分定仓属，监督收放。

五年，都御史韩雍题：蔚州卫草场，垛顶起火，延烧浥烂谷草一十九万余束。本部复：准行抚按官，密切体访，及将千户郝麟，库役岳住等，提究情由，照数追究具奏，将为首之人斩首，以警其余。

成化二十年，管粮郎中汪洪呈称：于张家口堡仓、西阳河堡仓、张家口堡草场、西阳河堡草场、洗马林堡草场，添设大使、攒典各二员。本部依拟题准。

弘治二年，郎中赵润题：万全都司所辖新城马房仓场，兼管洪州旧堡仓场，保安州所辖赵川堡仓，兼管大小白阳二堡仓，葛峪堡仓兼管青边、常峪二堡，缘仓场地里相去甚远，俱系边境，且粮草数多，合添设官攒，专一管理。本部复准。

四年，本部题：准行宣府各总兵，务各仰体朝廷重惜边储之心，不许听信游击等官，贪图折支肥己，无大警急，轻发人马，以致边饷匮乏。

十年，左侍郎刘大夏咨：该镇粮草调度，主于郎中，添设主事，乞要革除。本部复：准。

十五年，御史王献臣奏：要尽革管粮判官、吏目，添设通判。本部会同吏部复：准除授通判八员，铨注真定、保定、河间、大名等四府，令其前往宣府各仓场，专一监督收放。

本年给事中陈伯献奏：凡烧毁草束数多，俱要追究犯人的确，不许一概将监收官员问罪，及朦胧委之天火，其监临总督官员，果有平时故纵偷盗等情，临期掩蔽者，一体治罪。本部依拟复：准。

本年都御史刘聪条奏：今后各该仓场官攒经收草束，务要算够五年以上，如放支未尽者，即准申达巡抚管粮衙门，于春冬缺草时月，或准折附近城堡官军马料，或从时减价变卖于人，或听人借贷，减半易新，每年各计所积，支销五分之一，务在十年以里支销尽绝，官攒方准起送，其支销之数，就行召补，交于新任官攒守支，不许援引别例，朦胧起送。本部依拟复准。

正德元年，本部题：准各仓场收受粟米，不拘年岁丰歉，俱收九一成色，若是将三七、二八粗米，及插和糠秕等弊，事发从重问拟。

二年，镇巡等官陈实等题：宣府钱粮浩大，乞要存留添设分巡官员。本部复：准咨行吏部，将原裁革添设山西按察司佥事，照旧另选一员，前去管理。

嘉靖二十一年，添设总督大臣。

二十二年，总兵周尚文题：乞将贼经卫所、州县、城堡，各备熟食破料细草，得银三十万两，方足支用。本部议：总兵原理戎务，钱粮毋得干预，今肆意烦渎，尤恐他日以为委罪之所，复：准。

二十四年，御史陈豪题：宣、大二镇，互相欺盗，客兵驻扎，或半月、一月，冒破两月粮草，或数止二三千，冒破四五千粮草，或左卫调右卫，或前堡调后堡，希支行粮，用藉侵冒，及收山西岁运年例银两，每百加收耗银不下五两、三两，不知作何支销，乞行查盘，科道用心清查，以袪积弊。本部复准。

本年给事中鲍道明题：查复宣、大等处，总督军饷侍郎一员。本部议：宣大等处原未设有总督军饷侍郎，止是总督军务大臣兼理，若遇边患紧急，暂差大臣一员，整理事物，具奏回部。近因虏势重大，本部议题，差侍郎赵廷瑞，前去总督事物，实一时应变权宜，缘自添差总督军饷侍郎，兵马钱粮遂分为二，互相掣肘，彼此推避，已经取回，复难更易。

二十五年，总督翁万达题。本部复：准以后宣镇郎中、主事、守巡等官，监收银两，原以此天平法子收入者，即要以此天平法子放出，敢有多收减放，致干物议者，听巡按御史指名参劾，其京运委官解到太仓银两，巡抚会行管粮郎中、主事公同守巡，查照原给号簿秤收，如有附余，照旧依律作正支销。今后一应客兵钱粮，俱巡抚衙门出给勘合，一应主兵钱粮，俱管粮郎中出给勘合，其行粮料草，仍入客兵之数。

三十一年，郎中范充浊呈：通判等官，催征粮料，完不及时，乞重加惩警，以戒玩愒。本部题：准以后如遇比较屯田，开中引盐，须亲会抚按，督同守巡该道，严督都司卫所官员，及监收通判，自上而下，以次施行。卫所见征籽粒，仍有拖欠不完者，照分数，三分者管屯官住俸，监并的亲家属，至五分以上者，参问各卫掌印官，并都司管屯官，亦照例住俸监并，一年之上不完者，革去见任，因而侵欺者，比照私役军人事例，五分以下者降一级，以上者降二级，秋青草束仍要足数采办，与同屯田一体比较，若都司卫所官吏旗军，恃顽不行完纳者，拿问参奏，悉如旧例。

本年查盘宣、大给事中李幼滋题，本部复：准以后收受粮斛，不许滥委武职，及经历知事等官，止许管粮郎中督责通判，及州县正官，立限比较，如违，管粮郎中会同巡抚参奏。今后仓场有犯，不拘常人监守，但有盗银五百两，粮一千石，草一万束以上者，监临主守通判等官，降一级；盗银一千两，粮二千石，草二万束以上者，降二级，俱问罪，送吏部调用。甚至盗银二千两，粮四千石，草四万束以上者，问拟故纵罪名，罢职不叙。

三十二年，管粮郎中范充浊呈：西路通判沈仲熙，原领过三十年防秋银两，放剩银八百五十九两零，开作修边支剩，乞照原议，仍备三十二年防秋支用，及要将通判提问。本部依拟复：准。

三十七年，宣府管粮郎中冀炼等呈：山东、河南、山西，并北直隶，拖欠宣府、大同粮草布花脚价等银，乞要照三十四年，差官催攒各省钱粮事例，严为催解，以济缺乏。本部题：差催攒。奉圣旨：官不必差，吏部将各布政司管粮官职名，查明开具奏来，所欠钱粮，责令追征，完报十分之七，方许升任。钦此。

本年给事中刘一麟题，本部复：准今后两防事毕，务要休兵恤民，一应公宴，尽行停免，如有仍前糜费者，听巡按御史指名参究，或督抚随宜设宴，以劳有功将士，不在此限。

本年给事中刘一麟题，本部复：准将主客二项钱粮，今后俱属郎中管理，如遇召买，会同巡抚，督同守巡两道，估计明白，行各路通判等官领银，召商籴买。管粮郎中另置稽考客兵边储文簿，填写款目，照依主兵边储例，按季差人赍簿倒换稽查。

本年给事中刘一麟题，本部复：准将宣府分守口北道参议，请专勅一道赍付本官，每年冬春二季，边警无事，于十月离镇，前赴山西地方驻扎，会同该道守巡等官，分投立限，催征新旧钱粮，限次月回镇，料理防秋事宜，倘遇冬春或有警报，驰回料理。

四十三年，本部题：遵例，差官查盘边储，以清奸弊。奉圣旨：是。查盘边储，只着各该巡按御史兼管，写勅与他。钦此。

四十四年，本部题：准行移各边督抚等官，将该镇主客钱粮，逐一悉心查核，其客兵项下，果系百里以外，方支行粮，非关应援之急，勿轻调遣。本营各自为守，不必更调探侦，务要的确，防撤以时，其上边应调兵马若干，该用本折若干，除盐引外，每岁应发年例若干，大约较数岁之中，以为一定之额。

隆庆三年，内阁传，奉圣谕：朕看户部本内，称九边年例军饷，一年解去太仓银多少，各省解去多少，卿等看了，备细开来，不许混写。钦此。随，该尚书刘体乾，查将各镇岁入之数，开列具题。奉圣旨，这岁发银两数多，臣下全无为国体恤，还有别项的，且不查究。钦此。

万历二年，本部题：查得隆庆五年，该都察院题，各处查盘旧例，五年一次，失之太疏，一年一次，失之太数，以后合无以三年一差，应差御史，即准巡按题。奉穆宗皇帝圣旨：是。今照万历二年，已经三年，照例题差查盘。奉圣旨：是。这边储，着各该巡按御史带查，不必另差。钦此。


臣等谨按：宣府藩屏京陵，最称重镇。国初，自屯种樵青外，益以民运，刍粟可支数年。后因虏患频仍，屯政渐废，于是增引盐、增年例，而所费视昔不啻数倍。迩来虏酋纳款，边境晏如，清理屯粮，几复原额，而每岁请发不减往时。虽客饷颇有所积，而修边、抚夷又取给焉。若严虚糜之禁，核士马之实，守互市之额，督抚诸臣实心节缩，京运或可少减于往日也。

## 《万历会计录》卷二十四　大同镇饷额

甲表 56　　　　　　　　　　　　大同镇饷额

| 本镇饷额 | 原额 | 见额 |
|---|---|---|
| 主兵官军(员名) | 135778.00 | 85311.00[1] |
| 马骡驴(匹) | 51654.00 | 35870.00[2] |
| 屯粮(石) | 513904.55 | 126744.59 |
| 内本色(石) | | 70917.33 |
| 内折色(石) | | 55827.26 |
| 该银(两) | | 16648.61[3] |
| 草(束) | 169190.00 | |
| 秋青草(束) | 1760000.00 | |
| 民运山西米麦豆(石) | 418860.50 | |
| 内本色(石) | 268860.50 | |
| 内折色(石) | 150000.00 | |
| 该银(两) | 37500.00 | |
| 草(束) | 600000.00 | |
| 京运年例银(两) | 50000.00 | |
| 盐引(引) | 80000.00 | |
| 牛具银(两) | | 8332.51[4] |
| 户口盐钞银(两) | | 1079.00[5] |
| 草(束) | | 251296.00 |
| 内本色屯草(束) | | 199782.00 |
| 内折色牛具地亩草(束) | | 51514.00 |
| 该银(两) | | 1056.03[6] |
| 秋青草(束) | | 191960.00 |

---

[1] 原书此处注：比原额减 50467 员名。
[2] 原书此处注：比原额减 15784 匹头。
[3] 原书此处注：比原额减 387159.95 石。
[4] 原书此处注："正德五年始清出，原额无。"
[5] 原书此处注："嘉靖三十二年始增，原额无。"
[6] 原书此处注：比原额增 82106 束。

| | | |
|---|---|---|
| 折银(两) | | 5758.80[1] |
| 民运粮(石) | | 586475.50[2] |
| 内本色米(石) | | 7274.50[3] |
| 内折色（石） | | 579002.50 |
| 该银(两) | | 456713.50[4] |
| 草(束) | | 2444850.00[5] |
| 荒草银(两) | | 21600.00[6] |
| 淮芦盐(引) | | 43804.00[7] |
| 京运年例银(两) | | 269638.00[8] |
| **客兵**[9] | | |
| 京运银(两) | | 181000.00 |
| 内年例银(两) | | 140000.00 |
| 宣府改拨银(两) | | 34000.00 |
| 山西改拨银(两) | | 7000.00 |
| 淮芦盐(引) | | 70000.00 |

[1] 原书此处注：比原额减 1568040 束。
[2] 原书此处注：比原额增 167614.5 石。
[3] 原书此处注：比原额减 261586 石。
[4] 原书此处注：比原额增 419213.5 两。
[5] 原书此处注：比原额增 1844850 束。
[6] 原书此处注："嘉靖三十八年始增，原额无。"
[7] 原书此处注：连下客兵共 113804 引 150 斤，比原额增 33804 引 150 斤。
[8] 原书此处注：连下客兵共 450638 两，比原额增 400638 两。
[9] 原书此处注："调遣不常，无定数。"

## 大同镇沿革事例

### 屯粮

本镇军食。在国初时，止仰给于屯田，天顺以后，始有地亩，有牛具，有功臣地。皆以其时清理所出者名之，要不出于屯之额地也。旧额粮五十一万三千九百余石，今通计之，不过十二万六千七百四十石有奇，其本折之数，因时盈缩，难以定执，姑录其概，以备查考，而养廉、赏功地附见焉。

屯田地亩。正统五年，屯地一万五千八百三十顷。天顺元年，有屯田地亩二项，未见顷数。成化十三年，给事中杨理等清出占种地四千五百七十三顷八十四亩七分五厘。十九年始设平虏卫，拨地共九百五十二顷四十二亩五分，井坪所拨地共一千二百五十一顷四十亩零。二十年，郎中张伦奏：平虏卫开垦并空闲地，丈量起科。二十二年，奏：平虏卫共地二千五百九十三顷三十四亩，井坪所共一千二百一十三顷一十五亩。正德四年，巡抚熊伟奏：垦孤店以外一带地土，顷亩未开，五年清屯。大理寺丞杨武清出草场牧地七百九顷二十五亩五分。代府及功臣镇守等官庄田，占据地二千四百六顷一十四亩，牛具地一万二千九百顷六十六亩七分零。嘉靖十四年，地共二万二千二百八十顷四十五亩四分。三十四年，给事中黄谦奏：赏功地一千五百七十余顷，养廉地八百四十余顷。三十五年，总兵周尚文修筑边墙，占进虏地，顷亩未开。三十七年屯牧都御史王达，踏过养廉地五百二十四顷三十六亩四分，清出牧马草场籽粒地一百八十一顷八十七亩四分，无粮牧地二千六百一顷五十亩九分，共地二千八百八十三顷三十八亩三分，又新增地五百二十九顷四十九亩。三十四年，侍郎陈儒清出指挥王镶等占隐地二百一十六顷五十七亩五分，又将养廉地八百四十八顷，征粮在官。四十年，御史温如璋踏出新添地五千七百三十二顷三十四亩九分二厘。万历二年，侍郎方逢时，通括本镇地共四万一千二百七十六顷四十九亩七分，将官养廉地八百四十一顷，留备赏功地一百一十二顷九十五亩。六年，巡抚贾应元册报：屯田地亩共二万八千五百九十顷三十四亩四分五厘零，牛具地一万二千九百六十六顷二十九亩九分一厘零，功臣地一千六百九十八顷二十三亩六分，养廉地八百二十二顷五十八亩七分，赏功地七十二顷七十亩，共地四万四千二百二十二顷八十六亩六分六厘零。

各色屯粮。正统五年，五十一万三千九百四石五斗五升。天顺元年，屯粮一十万二百三十石，地亩粮九千六百四十石。成化十二年，给事中杨理清出起科粮一万三百二十一石八斗九升九合零。十三年，粮一十二万石。十九年，十万三百一十四石。正德二年，屯田地亩粮共十一万六千五百石。嘉靖三年，一十一万六千五百石。九年，本折粮共十二万七千七百二十一石。十四年，本折粮共十一万二千九百九十八石九斗二升四合。三十年，共十一万四千一百六十石九斗四升。三十一年，屯牧都御史王达清出地土，增本色粮七百七十石有零。三十二年，据屯牧册共十三万二千六百六十石九斗九升七合零。三十四年，侍郎陈儒清出王镶地，增折色粮一千一百六十石，每石折银七钱，又改征大同后卫籽粒粮，三百八十三石五斗，每石折银三钱，井坪所原折色粮三千六百三十九石四斗五升，定征每石三钱，豌豆三十四石五斗七升五合，每石四钱。三十七年至三十九年，奉例蠲免，实征六万二千四百一十石零。四十年，御史温如璋清出新添地土，增本色粮六千七百五十六石一合，折色粮一千四百四十九石一合七勺。四十一年，共十二万二千四百六石零，内本色七万四百九十石，折色五万一千九百一十六石零，该银一万七千一十九两。四十二年，暂免二千八百七十一石。隆庆二年，本色七万一千九十二石，折色五万一千三百五十石，该银一万六千五百七十五两，共本折粮十二万二千四百四十二石。万历六年，共十二万二千五百一十二石七斗一升三合零，内本色七万九百一十七石三斗三升二勺零，折色五万一千五百九十五石三斗八升二合八勺零，共银一万六千六百四十八两六钱一分四厘零，外功臣地粮四千二百三十一石八斗八升四

577

合，折银二千一百一十五两九钱四分二厘，共本折粮一十二万六千七百四十四石五斗九升七合零。

草。以前无考，正德五年，十六万九千一百九十束。嘉靖九年，十七万六千四百一十一束。十四年，十五万五千五十九束六分零。三十二年，据屯牧册，共二十一万七千八束，折银九千三百六十八两八钱。三十四年，将新增地亩，并王镡等地起征草五万一千七百二十三束二分零，共草三十三万六千五百五十一束。三十七年至三十九年，各蠲免实征九万一千四百四十束。四十年，起征新添地草四万八千一百四束七分零，共草十九万九千六百四十九束。四十一年，二十四万八千九百六十八束，内奏兵荒暂免一万四千四百五十三束。四十二年，二十四万九千一百二十二束零。隆庆二年，二十四万九千九十二束。万历六年，二十五万一千二百九十六束，内本色屯草一十九万九千七百八十二束，折色草五万一千五百一十四束，该银一千五十六两三分七厘。

牛具银。正德四年，寺丞杨武、巡抚王纶始清出，共征银九千二百二十四两四钱四分有零，原纳行都司，贮备买马。嘉靖三十二年，始收入军储银六千六百五十五两四钱七分。四十年，清理屯牧，增银八十五两五钱九分三厘零。万历二年，牛具银六千九百八十四两二钱六分，牛具草银二百一十九两七钱五分。六年，共银八千三百三十二两五钱一分零。

户口盐钞银。嘉靖三十二年，始征银一千一百九两。万历六年，一千七十九两。

秋青草。正统十二年，采取一百七十六万束。景泰元年，定每束重十五斤，是年，共二百一十五万束。天顺二年，共八十万三千九百束零。弘治元年，巡抚许进奏：军士摆围，暂免采取，部定每束征银二分五厘。正德四年，勘出草场地，该草六十五万四千九百六十束。嘉靖三年，一十五万九千四百束。十四年，二十二万四千三百五十束，每束征银三分，共银六千七百三十两五钱。隆庆二年，十九万一千九百六十束，该银五千七百五十八两八钱，至万历六年同。

正统七年，尚书王佐题：据行都司奏，所属大同左等卫，山阴等所，屯旗军一万六千七百名，种地一万五千八百三十顷，收各色籽粒五十一万三千九百四石五斗五升，内存留种子，及折细给军食用外，余粮九万一千五百石。

本年尚书王佐复：都指挥石亨奏，将西路见操步军，摘拨三百名，大同左右、云川、玉林等卫，摘拨二百名，共五百名，每名减支月粮三斗，往行院屯等处屯种。威远卫守城军，摘拨二百七十名，与屯军四百三十名，共七百名，往净水平等处屯种。

景泰二年，尚书金濂复：定襄伯郭登奏，大同屯军，因虏寇犯边，缺少牛种，于河南买牛一万只，大同万亿库支银一万两，粜买种子，给各军耕种，候秋成，依价还官。又题，乞勅巡抚年富，督令管屯管粮官员，整点大同军余屯种，若有势豪私役军丁，占据水利，并听奏处。

天顺二年，尚书沈固题：河南、山西调来见操步军内，摘拨一千名往大同左，一千名往大同右，行令采取青草各三十万束备用。

成化十三年，巡抚李敏奏：乞蠲豁新增田粮。尚书杨鼎复：查得大同一带，膏腴田地悉被豪强占种，近差左给事中杨理、御史魏秉，前去丈量，得田四千五百七十三顷八十四亩七分五厘，起科粮一万三百二十一石八斗九升九合九勺，今若蠲豁，诚恐各处仿效，屯田必将废弛，仍照数征收。

二十年，郎中张伦题：大同西路，新设平虏一城，查有开垦并空闲田地不下万顷，堪以屯种。尚书殷谦复：将前地明白丈量见数，拨付军舍余丁佃种，照例起科，多余地土，原种之家有愿领种者，着令照亩上纳籽粒。

本年尚书殷谦题：将空闲草场，逐一勘报，掘立四至封堆，拨与守御官军，及各城土兵人等，遵照洪武年间事例，有马军士每名同采喂马，无马者分派采取青草。霜后，仍照近题扒搂事例，再派干草一百万束，青草送草场上纳，扒搂干草，委官收受先支。年终，将二项草束，造册送部查考（扒搂草，后裁革）。

二十二年巡抚叶淇、镇守陈政等奏：平虏卫、井坪所，并大同城北，各地薄粮重，乞行折征宽恤。侍郎孙洪复：定大同城北，每黄米一石，征银三钱，平虏卫、井坪所，每粮一石征银二钱，纳贮都司买马，三年后照例起科。

弘治十一年，员外何文缙呈：查得顺圣川田粮，先经兵部尚书余子俊勘定，每亩科粮三升，草十斤，后增至二顷五十亩，征粮九石五斗，草十束，似乎太重，又有因办纳不前，止征粮五石，草十束，似乎太轻。尚书周经题：准仍照余子俊所定事例，每一顷纳粮三石，有愿纳折色者，每石折银四钱，照旧征草十束（是时，顺圣川犹分属大同，后乃改拨宣府）。

本年员外何文缙呈：玉林、云川、镇虏、高山四卫粮草，比照平虏卫，每石征银二钱，草十束征银一钱。尚书周经复：令每石量征银三钱，草束如议折征。

十二年，镇守刘云奏：将秋青草价原扣月粮，量减一半。尚书周经复：采取草束，原系国初钦定事例，近来始扣军士月粮银一两，已非旧制，若复减扣，必至通不采打，以后仍要照旧采办。

正德四年，巡抚熊伟题：孤店以外一带，丰草平原计田不下五、六万顷，乞行丈勘，召佃起科。尚书刘玑题：查得前地接连虏境，极为要害，今见差大理寺丞杨武，在彼专理屯田，行令本官会同镇巡官踏勘，将佃种防护事宜议处具奏。

本年寺丞杨武题：清出镇、总等官草场地共七百九顷有零，内长草地五百七十六顷八十六亩，见采秋青草六十五万四千九百六十束，不堪长草地一百三十二顷三十九亩五分，行令退出在官牧马，其长草者，以后采打，务照今见采数目为额。尚书刘玑复：奉圣旨，是。镇守等官既有钦赐地土，这草场地七百顷都退出还官，堪种的，拨军民佃种起科，其余不堪的，各依拟牧马采草，不许仍前占用。钦此。

本年寺丞杨武会同巡抚王纶题：清出牛具地土共一万二千九百顷六十六亩七分有零，原征银纳行都司贮备买马，及平虏卫、井坪所田粮改折，每石征银二钱，亦解都司买马。今边储缺少，合无将前项地土原纳并改纳折色者，俱征本色粮三石，草三束，可得粮四万五千三百余石，草四万五千三百余束，其朋合椿头秋青草钱等项银两，听买马匹。尚书刘玑复：奉圣旨，屯粮马匹，俱系边方重事，各边马匹自有本处官军，并太仆寺价银等项支用。今牛具等地既系屯粮事理，还照杨武等奏，照例征科，作官军俸粮支用。平虏等卫所，地土不必勘，也照例行。钦此。

五年，尚书刘玑复：寺丞杨武题，清出代府余地一百四十一顷九十七亩，并石彪遗下地四十四顷，晋府占据草场地二百三十余顷，镇守功臣等官地二千二百一十九顷二十八亩，各拨军民佃种，照例起科。

本年尚书刘玑复：大同左卫指挥张钺奏，大同左等卫，照旧征纳本色粮草，务在不失原数，其云川、玉林、高山、镇虏、威远五卫屯粮，每石原作三钱折收，官军俸粮亦作三钱折放。

本年尚书杨一清复：寺丞杨武等题，大同镇一十五卫所，原额屯地二万六十二顷八十亩，奈何岁久弊生，地吞于权豪，军逃于逋欠，官怠于催征，以此踵迹效尤，比例奏扰，今次清查，有沙水冲压者，随便拨补顷亩，短少者照数添给，官豪占据者断归原主，逃亡事故者召人顶种，数有多余者改为地亩，截长补短，颇已处分均平。但上等者，止可起科五升，中下等者，势必渐杀，原额粮草数目不免减少。合无止将地亩，并今次清出各项无粮地土，分别等第轻重起科，各军屯田，仍令照旧征纳。奉圣旨：是。旧额屯地，既以处置完备了，着照原数征科，不许短少，今次清出地亩，依拟分别等第征科，不许徇私隐漏，听受嘱托，致有不均，如有势豪之家，仍前侵占盗卖的，事发，重治不饶。钦此。

十三年，尚书杨一清题：据总兵杭雄奏，采草束共三十二万四千七百束，未见开称何处堆积，何人看守，合行查勘，如无见在实数，就将原奏并经该官吏，一体参究。

嘉靖二年，尚书郑宗仁复：巡抚张文锦题，将聚落、高山二驿，改建所治，近山荒地，每军给一百亩屯种，三年之外，每亩量征米豆三升，或银二分，于该仓库上纳。

四年，都御史蔡天佑题：先年采草军士，每一束征银三分，后征至一两二钱及九钱不等，各将月粮扣除，今兵荒艰难，乞将嘉靖三年分草银免扣。尚书秦金复：奉圣旨，这地方初宁，嘉靖二年分未完草束准除豁，以后务要依期采打，如法堆垛，以备养马，不许折扣军士月粮。钦此。

十二年，御史李朝纲题：大同除马价京运朋合外，有牛具，有地亩，有尖丁处罚，及赃罚，共银一万五千余两，除处罚尖丁三千余两，并税契引钱以备公费等项，尚余银万两，可够修边、籴谷、备荒支用，或将所折银两停止，照原拟地亩粮数上纳谷豆，可得二、三万石。尚书许赞复：令抚按等官，查处具奏。

二十五年，总兵周尚文题：先该总督侍郎翁万达会题，修筑边墙一道，东自宣府西阳河起，由天城阳和左右威平井朔，直至山西丫角山止，共六百五十余里，添筑墩台六百一十四座，隔进房占地土四万余顷，倚地召军一万五千余名，拨地耕种，守备五顷，把总坐堡三顷，管队二顷，每军多者二顷，或一顷五十亩，少者一顷，乞要永免起科。尚书王杲复：奉圣旨，是，这边外占进地土，准令原给军士佃种，永远不许起科，着为定例，还行与各边一体遵行。钦此。

三十二年，尚书方钝复：给事中徐纲题，议处边镇钱粮，将行都司原贮牛具银六千六百五十五两四钱七分，收入军储，始征户口食盐银一千一百九两，解银亿库，听备军储支用。

本年尚书方钝题：屯田地亩，及洪州承佃地土，以后定征本色粮草，毋得仍前折兑，其秋青草束，仍要下场采打，每军连余丁，共足三百六十束，至于屯牧册开自首，及开垦粮七百七十石零，括入屯田地亩项下，专备军饷，其王府军校、舞生、厨役，及学官、吏典、孤老、军妇、走递骡头等项，改于存留税粮，及尖丁、路引、煤盐税课银内支给，不许于该镇军储库内支。

三十三年，尚书方钝复侍郎陈儒条奏：该镇屯粮，除高山、镇房等处折征四万六千八百七十余石外，将本色粮六万五千一百二十四石，分定等第，上等仍征本色，中等折银七钱，下等三钱，其勘出指挥王镶等占隐地土，增粮一千一百六十余石，亦照前例，本折兼收，通要本色，仍居十分之七，清出各将领养廉地八百四十八顷，增粮二千七百余石，仍征本色，其稍次者折征七钱，又次征五钱。

三十四年，尚书方钝复给事中黄谦奏：将犒赏地一千五百七十余顷，粮五千四百余石，收贮都司各赏功支用。其养廉地八百四十余顷，粮二千七百余石，除都司掌印军政，并见任堡分给有荒田外，将镇城各路总、副、参、游、守各等官酌量分给，以备公费。

四十年，屯牧御史温如璋题：宣、大二镇，已开荒地一万四千一百三十余顷，丈出新增屯田等地三千三百八十余顷，分别厚薄规则起科，共增籽粒七万三千四百六十余石，草七万五百二十余束，银二千四百五十余两，比前额粮增益数多，乞专设屯田佥事一员督理。尚书高燿复：准专设屯田佥事一员，在蔚州驻扎，其屯政同知二员，通行裁革（内附宣府）。

四十二年，总督江东题：穷边重镇，屡罹荒残，乞暂宽征屯粮。尚书高燿复：准暂免粮二千八百七十一石一升，草一万四千四百五十三束。

万历二年，总督方逢时题：本镇屯地通括四万一千二百七十六顷四十九亩七分，内有先年虚坐新增地土，今次括出抵补虚地六十七顷四十亩，尚有未补虚地一千二百八十五顷二十八亩五分，乞要除豁。尚书王国光复：查得大同屯田侵占荒芜过于宣府远甚。今北虏款贡，督抚各官，及专设宪臣经略伊始，上则望复旧额，次则望其倍加新增，又次亦望其清查开垦与新增地粮相准，据今括补者六十七顷，而除豁者一千二百八十余顷，恐各边视为缓图，将无可复之期。合行督抚管粮衙门，查将实征屯地粮草银两，及今括出地亩钱粮，并入额内，依数征收，仍督管屯金事将隐占荒芜，设法查垦，以补虚粮之数。

本年，总督方逢时题：大同地土瘠薄，各将官养廉比宣镇旱地一顷，大同该折二顷，宣镇水地十顷，原折旱地三十顷，大同该折六十顷，请各折给。尚书王国光复：准总兵折给旱地一百八十顷，副总兵折给六十顷，东路参将折给三十顷，各参游俱量折给一十五顷，中军坐营与各守备俱给五顷，操守四顷，防守三顷，共用地八百四十一顷。其原议总兵项下多给六十顷，并拨剩地五十二顷九十五亩，共地一百一十二顷九十五亩，仍召佃征租，于行都司收贮，以备赏功。

### 民运

国初，民运坐派山西，率多本色。正德初，始全折征。嘉靖三年，定派四十八万石有奇，佐以河南米价，自是著为额，后又增以脚价及荒草之银，至于今因之。其摘拨、改拨及乞运三者，皆以有急，故间行之，非额也，亦并存焉。

山西民运。正统八年，本色米麦豆共四十一万八千八百六十石五斗，折色一十五万石，每石折银二钱五分，共银三万七千五百两，马草六十万束。十四年，米麦豆共四十四万五千三百一十五石，又折色布花准粮三十六万四千五百六十八石，马草六十万束外，添拨四十万束，此后俱六十万束。天顺元年，本色一十五万石，折色一十五万石，每石折银一两。成化十六年，坐派阔白棉布一十六万匹，准米一十六万石。十八年，棉布、花绒共准米一十七万石，马草增七十万束，粮料共四十二万五千石。弘治元年，阔白棉布二十二万匹，每匹准米一石，花绒一十一万斤，每斤准米一斗，粮料共五十二万三千八百石。十四年，夏税麦二万五千三百石，秋粮米二十四万四千石，黑豆五万三千五百石，马草增一百八十五万六千七百八十八束，俱运本色。正德元年，折征银共四十二万两有零。嘉靖三年，定派税粮布花准米共四十八万一千九百七十五石，内税粮二十九万一千四百七十五石，每石折银一两，夏秋布共一十八万二千五百匹，每匹准米一石，折银三钱，棉花绒八万斤，每斤准米一斗，折银八分，马草二百四十四万四千八百五十束，各折不等，共银一十六万一千三百六十七两六钱八分，此后，派数俱同。三十四年，始增税粮马草各脚价银二钱，共增银九万五百六十八两，通计银六十万四千五百六十一两一钱八分。三十七年，改征本色七千二百七十四石五斗，减征脚价银四千五百三十两九钱七分，通计折色银五十九万二千七百五十五两七钱一分。三十八年，除本色外，将山西掣回班军，增征荒草银二万一千六百两，通计银六十一万四千三百五十五两七钱六分四厘，后俱同。万历六年，册报夏税麦二万一千八百七十五石，内除本色一千二百九十四石九斗外，该折色麦二万五百八十石一斗，共银二万五百八十两一钱，脚价银三千五百七十二两，秋粮二十六万九千六百石，内除本色五千九百七十九石六斗外，该折色粮二十六万三千六百二十石四斗，共银二十六万三千六百二十两四钱，脚价银五万一百九十一两，夏布四万二千五百匹，每匹准小麦一石二斗，该小麦五万一千石，每匹折银三钱，共银一万二千七百五十两，秋布一十四万匹，准米一十四万石，每匹折银三钱，共银四万二千两，花绒八万斤，准米八千石，每斤折银八分，该银六千四百两，马草二百四十四万四千八百五十束，各折不等，并荒草价银共一十八万二千九百六十七两六钱九分零，脚价银三万二千二百七十四两五钱七分，共银六十一万四千三百五十五两七钱六分四厘（派数俱同嘉靖三年）。

河南民运。景泰元年，改拨河南京储八万石。成化十九年、弘治十三年，二起拨运细数未开。嘉靖三年，始派河南夏税麦九万六千石，每石折银四钱，共银三万八千四百两，此后俱同。三十四年，定每麦一石，脚价银二钱，增银一万九千二百两，通计共银五万七千六百两，万历六年同。

以上二省民运，止计万历六年数，共本折粮五十八万六千四百七十五石，内除本色粮七千二百七十四石五斗外，该折色粮，五十七万九千二石五斗，连马草二百四十四万四千八百五十束，荒草银二万一千六百两，共银六十七万一千九百五十五两七钱六分零。

正统九年，给事中刘益题：议处大同民运，将太原出米地方仍纳本色，平阳二府、潞州等州不能运米，请折定石数为便。尚书王佐复：行都御史罗亨信，会议具奏。

天顺元年，郎中杨益奏：鞑贼惊扰，难运本色。尚书沈固复：令将起运秋粮，斟酌地里远近量加，分别本折中半，内一十五万石，每石折银一两。

弘治元年，郎中原洁题，尚书李敏复：令起运税粮，仍照前例，每石折银一两，就于批上，开写粮价明白，听管粮衙门处分，如粮够支用，地方丰熟，则全收银两；粮不敷用，地方薄收，则令其籴买，全收本色，若粮多而米贵，粮少而米贱，听其从宜，减半折收。所收银两，除支放官军俸粮外，余剩作正支销，或给予殷实人户，两平籴粮，不许势要之家揽纳花费。

本年尚书李敏题：本镇动调客兵，近议改折民运，恐一时籴买粮草不敷，仍令照旧，以三分为率，二分本色，一分折征。

二年，尚书李敏复：巡抚许进题，太原迤北，与大同州县，该纳本镇税粮，俱征本色；太原迤南，与平阳等处，仍照例折银。

十年，都御史刘璋题，尚书周经复：准将大同府原派宣府税粮三万四百石，改归大同，以便输纳本色。

嘉靖三十二年，巡抚侯钺题：将山西镇班军掣回大同戍守。尚书方钝复：准增荒草价银二万一千六百两（至三十八年，始改入军饷）。

本年尚书方钝题：据给事中徐纲勘过，山西减折银两，情由缘起运钱粮，例不应免。山西向以十七年灾伤例外减除，以致该镇正额岁少银三万四千八百二十两。原日故违官员，应行巡按御史查参具奏。

三十三年，尚书方钝复：侍郎陈儒、巡抚王忬会题，将山西民运，附近该镇三百里者，不拘分数，多派本色。余俱酌量地里，派增脚价。远者或四钱、三钱，近者或三钱、二钱，并入年例，以补前减折之数，内太原、汾、沁、潞、辽俱纳本色，平阳等处窵远地方，增派脚价。

本年都御使赵时春题，尚书方钝复：大同税粮，因山西该省岁荒，暂行折征，此后务要渐复本色（略云：永乐年间，天下岁收本色四千四百六十七万八千二百二十六石有奇，除年终岁用外，尚存仓粮至八千九百三十万四百三十一石。及查本镇因正德二、三年，边仓积朽，内地灾伤，始以改折为便，驯至本色不敷，军饷告乏）。

三十四年，尚书方钝复：总督许论、巡按黄季瑞会题，将山西起运税粮二十九万一千四百七十五石，每石增脚价二钱，共银五万八千二百九十五两，马草银一十六万一千三百六十七两，每两增脚价二钱，共银三万二千二百七十三两五钱，河南夏麦九万六千石，每石增脚价二钱，共银一万九千二百两，共增银一十万九千七百六十八两。

本年都御使王崇题，尚书方钝复：查得大同起运税粮，近议本色三分，折色七分，俱每石加征脚价银二钱，今据奏称，岁征本色，民不堪命。合将三百里以内地方，坐征本色，若果输运较难，将折色分数，免加脚价，其余窵远州县，俱折银一两，脚价二钱。

三十七年，尚书贾应春复：都给事中赵锵等题，将起运该镇税粮，附近三百里者，本色四分，折色六分；五百里者，本色三分，折色七分；其应纳折色银两，俱免脚价，如五百里之外，输运较难者，仍照例折银一两，脚价二钱。

### 摘拨附

正统十年，于大同所属州县存留夏税内，摘拨豌豆六万石，运赴本镇应用。

景泰三年，将太原府仓存留粮内，摘拨粮二十万石，运送大同。

天顺十六年，令山西布政司原派代州雁门草束内，摘拨十五万束，运大同应用。

### 改拨附

正统八年，浙江、苏、常等处存留本色粮内，改拨二十万石，每石折银二钱五分解部，转发大同粜买粮草。

成化十九年，改拨山东、河南、北直隶起运京仓料豆二十六万石，马草一百八十万束，运赴大同上纳。

弘治十三年，改拨山东、河南起运京仓黑豆二十四万石，京草一百一十六万束，运赴大同上纳本色。

### 乞运附

景泰元年，乞运在京粮草，差都督郭登领军押送，工部差官于广武站、西安驿，先立土堡二座以备安插，大同总兵官仍拨兵往来防送。

成化二十年，令北直隶八府所属州县人户，于通州仓领粟米三十万九千六百石，运赴大同上纳，每石给脚价银三钱，如止到近京边仓者，每石给脚价二钱。

二十一年，令照景泰年间事例，于真定等府免纳起运各边粟米，着令州县官督领各该人户，赴太仓关领黑豆六万石，运送应用。

嘉靖元年，将张家湾守冻漕粮，拨运大同七万五千石，以备主客兵马支用。

十二年，逆军为乱，乞运通仓漕运米一十二万石，运至怀来城听用。

二十年，乞运通仓粟米一十五万石。

二十一年，乞运京粮一十五万石，除各军就近自行关支外，尚该米九万七千五百石，因道路险远，不能搬运，将粮米留住宣府，即将应解宣府年例，每石准折银一两，共折银九万七千五百两，解送大同。

二十二年，乞运京粮一十五万石。

二十三年，乞运京通仓粟米一十万石，如搬运不前，于应发宣府籴买银两内，扣送大同，就近籴买米，留宣府应用。

三十二年，乞运京仓粳粟米七万石（以上俱京储）。

弘治十三年，议：京仓乞运粮草，一时不能卒至，就宣府仓场借支见贮粮料，各二十万石，马草一百万束，运赴大同备用。

嘉靖三十七年，将易州紫荆关、新城浮图峪二仓，各借支米豆五千石，共二万石，运至大同右卫，备客兵支用，于太仓发银二千两，以给乞运脚价，发银一万八千两，以补易州乞运之数（以上俱近镇）。

### 盐引

国初，引盐止纳粮草，弘治间，始有折银之例。嘉靖三年，始一发客引，后定派淮芦盐共七万引，专备客兵，著为额，而主客引始分矣。其主引多寡，皆临时酌量，及视民屯、京运，以为盈缩，无定额也。

景泰元年，都御史沈固题：草价高贵，尚书金濂复：准开派淮浙盐八万引。查照国初事例，准淮盐一引，谷草八束，运到场者十二束，今加三十束；浙盐一引，谷草六束，系秋青草者九束，今加二十束，其未到场者，照例改纳米豆。

二年，又题急缺粮米，尚书金濂复：准开派正统十四等年两淮盐七万二千七十二引，景泰元年存积盐课淮盐二十六万引，浙盐一十二万引，及查旧例，淮盐每引，米豆六斗中半，存积淮盐，每引米豆五斗中半，浙盐每引米豆三斗中半，后因大同米豆价贵，本部会议将淮盐每引，减作三斗，浙盐改作一斗八升，令各照数上纳。

成化三年，巡抚□□咨称：草束支费将尽。尚书李敏复：准开派淮、浙、长芦、福建、山东、河东运司，并广东提举司等盐一十八万引，中纳草束，两淮每引草三十五束，两浙二十束，山东十五束，河东八束，长芦二十五束，福建、广东各十五束（其时又有每引七十，中马一匹之例）。

弘治十一年，侍郎刘大夏题：北虏拥众在边，要蓄积粮草。本部复：准开派两淮风雨消折盐引九十万引，每引银三钱九分，计得银三十五万一千两（盐引折银始此）。

正德六年，都御史杨志学题：急缺军饷。尚书孙交复：准开派淮浙盐九万六千三十引。

嘉靖元年，尚书孙交题：派两淮盐七万引，长芦盐八千四百三十七引，开中大同，补蠲免之数，内两淮每引五钱五分，长芦每引二钱。

二年，又派两淮盐十万引，两浙盐六万引，以补蠲免之数，两淮每引七钱，两浙每引四钱。

六年，巡抚蔡天祐题：趁时召买粮草。尚书李瓒复：准将两淮等运司额盐二十万引，定价银八万七千四百四十三两九钱，内七万两，准作七年京运年例，余作例外接济。

七年，山西巡抚王应鹏题，尚书邹文盛复：准将两浙、山东、长芦等处盐课，开派四十四万三千二百三十二引，共银二十万两，补足山西布政司原派起运该镇税粮、马草价银不足之数，内淮盐每引六钱，浙盐每引四钱，山东每引一钱五分，长芦每引二钱五分。

十八年，总督毛伯温题：储积缺乏。尚书梁材复：准增派淮浙存积引盐内，淮盐十万引，每引银五钱，共银五万两；浙盐五万引，每引银三钱五分，共银一万七千五百两。

十九年，尚书李廷相题：准量停存积，两淮减六万，派四万引，两浙减三万，派二万引。

二十年，尚书李廷相题：停止浙盐，补发长芦存积盐三万五千引，两淮四万引（长芦每一引银二钱）。

二十四年，郎中褚宝呈，尚书王杲题：准增淮盐二千引，共四万二千引，减长芦五千引，发三万引。

二十六年，尚书王暐题：减存积，派两淮二万三千三百七十九引，长芦二万引（自十七年后，增减俱存积引盐）。

三十年，尚书李士翱复：御史杨选题，将两淮余盐，发六万八千三百七十九引，与原发存积引盐二万三千三百七十九引，相兼开派，并发长芦存积盐二万引，俱作年例之用。

三十二年，尚书方钝复：巡抚吴嘉会题，将余盐停止，添派两淮没官水乡盐一万五千引，与存积兼派，共四万八千三百七十九引，长芦同上。

三十三年，尚书方钝题：将水乡停止，添派工本追没盐引，开边中纳，抵作年例，内两淮工本盐三万四千一百八十九引一百斤，连原发存积，共五万七千五百六十八引；长芦追没窝占盐五万六千三百七十一引八十斤，连原发存积，共七万六千三百七十一引八十斤。

三十五年，总督许论题：乞增引目。尚书方钝复：准将宁夏、甘肃、辽东盐引拨给大同，内两淮存积盐五万六千三百七十九引，工本盐五万三千六百二十一引，长芦存积盐二万引，俱抵作年例之数。

三十七年，总督杨博题：将宣府未中引目，改拨大同。尚书方钝复：准发两淮存积盐共五万六千三百七十九引，工本盐共二十万二千四百五十四引零，水乡盐共六千四百四引零，长芦存积盐共七万五千二百四引零。

三十八年，尚书贾应春题：准将宣府改拨盐引停止，发两淮存积盐五万六千三百七十九引，工本盐五万三千六百二十一引，长芦存积盐仍二万引。

三十九年，尚书高燿题：将宁夏、甘肃、辽东改拨引盐，仍归各镇。发两淮存积盐二万八千三百七十九引，工本盐三万六千六百八十九引一百斤，长芦存积盐二万引。

四十五年，尚书高燿复：巡盐御史朱炳如题，将工本盐尽行停止，发两淮存积盐二万八

584

千三百七十九引，长芦存积盐二万引。

隆庆三年，尚书刘体乾复屯盐都御史庞尚鹏题，将存积盐停止，尽发常股，内发两淮常股一万九千八百六十五引六十斤，长芦一万四千引。

四年，尚书张守直复：都御史庞尚鹏题，将长芦残盐一十万五千七百五十引，改拨大同，与常股兼行，内两淮常股同上年之数，长芦常股残盐共一十一万九千七百五十引。

五年，尚书张守直题：将存积引盐与常股兼派，内两淮常股同上年之数，存积盐八千五百一十三引一百四十斤，长芦常股一万四千引，存积六千引。

万历元年，尚书王国光题：将蓟州镇淮盐易换大同镇芦盐，发两淮常股二万一千九百九十九引一百九十斤，存积九千四百二十八引一百一十斤，长芦常股八千六百六十三引七十五斤，存积三千七百一十二引一百七十五斤。

三年，尚书王国光复巡盐御史王琢玉题，将存积量停，增派水乡盐引，内发两淮常股二万一千六百二十四引九十斤，常股水乡盐一千六十一引，存积盐四千二百二十八引一百五十五斤，长芦常股八千六百六十三引七十五斤，存积盐三千七百一十二引一百七十五斤。

六年，尚书殷正茂题：将两淮原停存积盐引，三年限满，合行仍旧开发，内发两淮常股盐二万九百三十八引一百九十斤，常股水乡盐一千六十一引，存积盐九千四百二十八引一百一十斤，长芦常股盐八千六百六十三引七十五斤，存积盐三千七百一十二引一百七十五斤（以上主引）。

成化十九年，郎中南钘题：主客兵缺少粮储。尚书余子俊复：准发两淮存积盐二十万引，每二引上粟米二石（此时主客未分）。

嘉靖三年，巡抚张文锦题，尚书秦金复：准开派淮、浙、长芦盐十万引，以备客兵支用，内淮盐每引六钱，浙盐每引四钱，芦盐每引二钱。

四年，开派淮浙盐二十万引，专备客兵及京师人马到日支用。

九年，给事中蔡经题。尚书梁材复：准额定淮芦盐七万引，共银二万七千五百两，专备客兵支用，定为例。内两淮存积盐四万五千引，每引银五钱，长芦三万五千引，每引银二钱。

隆庆三年，改派常股两淮盐三万一千五百引，长芦盐一万七千五百引。

五年，改派常股，与存积兼行，两淮常股三万一千五百引，存积一万三千五百引，共四万五千引，长芦常股一万七千五百引，存积七千五百引，共二万五千引。

万历三年，增派两淮水乡盐引，与常股存积兼行，内两淮常股二万九千七百四十引一百七十斤，又常股水乡一千七十三引一百三斤，存积六千九百七十八引一十五斤，又存积水乡四百五十七引八十五斤，共盐三万八千二百五十引，长芦常股一万七千五百引，存积七千五百引，共盐二万五千引。

六年，两淮常股三万四百二十六引七十斤，常股水乡一千七十三引一百三十斤，存积一万二千五百八十五引三十斤，存积水乡九百一十四引一百七十斤，共四万五千引，价银二万二千五百两，长芦常股一万七千五百引，存积七千五百引，共二万五千引，价银五千两（以上客引）。

### 京运

正统七年，始有京运。成化十九年，始有主客兵。弘治十三年，嘉靖二年，始间发客饷，皆事宁即止，或通融兼支，不为额也。嘉靖十六年以前，京运不过七万两。自十七年以后，岁讨岁增，视前几至数倍。十九年，而主客分额，岁以为常。至四十五年，始定经制。此后非遇蠲免，及警急增兵马，不敢滥于常数之外。其以事例、赃罚、存留抵补，然后计数给发者，则自隆庆六年始也，今同之。

正统七年，巡抚于谦题：山西百姓流移，起运税粮减半运纳，乞将江南折粮银两发运至镇，预备边储。尚书王佐复：准发银五万两。

成化三年，尚书薛远题：预备边储，发银六万两。

弘治二年，巡抚许进题：今岁颇收，乞要发银籴买。尚书李敏复：将江南解到折粮、折草银，量拨大同五万两，籴买粮草。

正德十六年，都御史杨志学题：边情紧急。尚书韩文复：准于太仓抄没犯人银内发四万两。

嘉靖元年，给事中杨秉义题：亟处边储。尚书孙交复：准发库贮抄没银十万两，内七万两作元年年例，余作例外补给（年例始增）。

七年，巡抚蔡天祐题：丑虏猖獗，乞发银两接济。尚书邹文盛议：将太仓库贮事例等银，动支五万两，内二万两凑完嘉靖八年京运年例，三万两准作例外接济。

十年，巡抚王潮题，尚书梁材复：准将山西布政司原该解还太仓粮价银十万两，内留七万，作十二年年例，余银三万，仍令解部，抵还原借京运之数。

十三年，总督张瓒题：逆军叛乱。尚书许赞复：准发银十六万两，内将十四万两作十四、十五年京运之数，余作例外接济，及宗室军民被害之家赈恤应用。

十七年，巡抚樊继祖题：添建高山、聚落二堡。尚书梁材复：准于年例七万外，增四万两支用（年例至此又增，自后奏讨、加添不可具载）。

十八年，督抚毛伯温等会题：新筑弘赐、镇边五堡，请增年例。尚书梁材复：查得该镇年例止七万两，其先设高山、聚落二堡官军岁用止该银二万两，原发银四万，实为过多。今弘赐等五堡官军马匹粮料，合于前银内通融扣算，仍量发银三万三千三百五两九钱二分备用（此年共发至二十一万一千一百一十四两零，二十二年，发至六十四万二千五十两零）。

二十五年，总督翁万达题：添设助马等堡募军一千五十名。尚书王杲复：准发银九千九百六十四两五钱。

二十六年，尚书王暐题：旧制银钱并行，近来累将钱钞改折银两，以致匮乏，准于库贮铜钱发七百万文，以抵年例。

二十九年，又发铜钱一千六百七十万文。

三十三年，给事中徐纲题：该镇每军月粮一石，旧支本色二斗，今加一斗，马料九斗，旧支本色三斗，今加一斗计支用，尚少银两。尚书方钝复：准动银九万一千三百五十七两五钱，以补增给米豆价银之用，仍再发银一万二千一百一十九两九钱零，凑足年例四十万两之数，如后复募新军，就于多发银内扣数支给，候年谷顺成，查照时估，将增补银内一体停解，不得例外加益，以紊旧制（是年，共发四十四万二百七十七两有零）。

三十六年，总督江东题，尚书方钝复：查得本镇地方年收丰稔，每两买米八斗二升，比前大不相同，准发银八万四千二百三两有零，照依时估籴买备用（是年，共发二十万六千九百八十四两零）。

三十七年，尚书贾应春题：库藏匮竭，节该督抚诸臣，奏讨年例，主兵修边银两，拖欠数多，乞将工部见贮大工银内，暂借解运，以济边储。准发主兵银二万五千四百一两四钱，客兵银四万两，忠莝银一万两，修边银六万六千九百八十五两。

三十八年，巡抚李文进题：加给墩军本色。尚书贾应春复：查得大边、二边哨、备、墩台、军、夜，自有本等月粮，又有哨守行粮，先经总督会计，已议罢给，今抚臣复陈，修复墙墩，孤悬可虑，合暂给本色，发银二万九千三百二十九两支用。

三十九年，总督张祉题：本镇借过广灵王府禄米银两。尚书高燿复：准发银四万两，补给前借禄米。

本年巡抚李文进、御史王汝正会题：宗室禄米原借主兵饷银，今该补还一万四千两。尚书高燿复：准如数给发。

四十年，巡抚杨博题：新添铁山、云石、威远三城堡召募军士一千名，系原额八万名之外，缺少月粮。尚书高燿复：查得大同年例，以前不过七万，今四十年分已加至三十九万七千六百余两，就中军士，固应主客兼支，至于马匹料草，则支客止主，所省又当数万。及查该镇月粮时估，率以市斗定，拨市斗七斗二升即足仓斛一石。今闻市斗更大，每六斗七升即足仓斛一石；草，极远者每束五分，余止三分、四分，何致再称不足。但据添募军士，相应处给，先发银十万两应用。

本年巡抚陈其学题：许家庄堡新募军士，乞要补给月粮。尚书高燿复：查得该镇主客，先经会议奏准，军以八万名，马以三万匹为额，应用本折粮料草束，每年会计已定其原额，或有逃亡事故，然后召募顶补，所据新添军士月粮，候年终并入会计，就于主兵数内通融支用，其衣装银两，原非本部出办，既经兵部题奉钦依，动支银一千一百二十五两，后不为例（是年，除额饷外，共发银至三十六万九千一百二十五两）。

四十二年，总督江东题：将清出屯田新增屯草，暂免二年。尚书高燿复：准发银二万四千四百七十八两零，内二万补足本年年例，余四千四百七十八两零，以补屯田粮草近征不及之数（是年，各发银三十一万四千七十八两零）。

四十五年，总督赵炳然题：请定经制。尚书高燿复：准以后主兵岁发二十六万九千六百三十八两，客兵连钦赏防秋岁发一十四万两，定为额。

隆庆元年，总督陈其学题：新平、红土等一十九堡，召募军士四千三百九名。尚书葛守礼复：查得岁用有余，该派月粮布花银两，就于主客饷内支给（是年，如经制数）。

二年，总督陈其学题：据总兵赵岢添复新军一万名，马二千九百二十四匹。尚书马森复：准增银一十一万二百六十七两五钱（是年，因蠲免，及借赏军士等项，各发银至五十一万一百六两。三年，四十万四千一百两。四年，三十七万二千三百五十两三钱。至五年始如经制之数）。

六年，总督王崇古题：原募新军一万名，近经查盘御史武尚贤题，行沙汰五千名，应扣年例。尚书王国光复：准于前发银一十一万二百六十两五钱数内，行令太仓银库以后停发银五万五千两，又定以事例赃罚抵补年例，待该镇奏到之日，方于太仓银库照数补发，如经制之数。

万历元年，尚书王国光题：该镇年例，除收过事例银一千九百两外，发银二十六万七千七百三十八两。

二年，除事例银二百八十五两，赃罚银六百两，发银二十六万八千七百五十三两。

三年，除事例银一千七百六十两，赃罚银六百两，发银二十万六千四十八两五钱，停发银六万一千二百二十九两五钱。

四年，除事例银五百两，赃罚银六百两，发银二十六万八千五百三十八两。

五年，除事例银四百两，赃罚银六百两，发银二十六万八千六百三十八两。

六年，尚书张学颜题：该镇解到赃罚，止有银六百两，发银二十六万九千三十八两（以上主饷）。

成化十九年，郎中南钊题：本镇主客兵岁用粮料一百八万八千六百八十一石，客兵岁用草七百四十八万八千七百二十束。尚书余子俊复：准发银十万两，通融兼支。

弘治十三年，太监陈宽传：奉圣旨，大同客兵数多，粮草不敷，便将太仓官银再支二十万两，差官运送前去，交与金辅、陈锐、许进就彼召商中纳粮草，以备支用，户部知道。钦此。本部钦遵发讫。

嘉靖二年，巡抚臧凤题：请客兵钱粮。尚书孙交复：准发银七万两。

三年，准兵部咨：大同军乱，乞要预备粮草。尚书秦金题：准发银二万两，专候动调客兵经过之用。

十二年，巡抚蔡天祐题：镇兵复叛。尚书许讚复：准发赏赐征调官军银六万两，又发二十万两，听军前接济。

十九年，会议修省，本部议：发防秋银一万五千六十七两（防秋始此，后遂递年增给）。

二十年，北虏遣使求贡，调八镇之兵，发银共二十九万一千九百四十二两有零（二十一年，发银至五十万一百六十七两）。

二十二年，总督翟鹏题：防守大同，调到宣府三关，及本镇游兵，乞要比例量行犒赏。尚书李廷相复：准于内府金花银内，借拨四万二千两，听兵部查委司属，领赏给散（是年，共发银五十八万两零，次年事宁，止发五万两）。

三十一年，咸宁侯仇鸾题：传报紧急声息。尚书方钝复：准调到参将欧阳安等兵马八支，于大同左等卫，阳和等城堡屯驻，合用粮料，以四个月为率，照依时估，应发银二十一万六千一百一十两零。

本年总督苏祐题：防秋，合用钱粮。尚书方钝复：将先年乞运怀来仓粳米，照依彼中时估，每银一两，米五斗五升，准银二十五万四千五百四十五两零，仍于太仓发银一十九万六千三百七十六两，及时召商，务要有备，毋致虚糜，及查陕西参将戴纶等兵马三支，经过回镇，及本镇动调兵马，在于高山、弘赐、威远等城堡截剿，与京营参将麻隆兵马三支，在平虏城堡驻扎，支用中间，恐有冒破情弊，合用查盘（本年，陆续发至七十二万三千五十六两九钱，又发铜钱六万七千文，为赈济之用）。

三十七年，准兵部咨。奉圣谕：兵、工二部，近日边臣屡疏奏讨粮饷，户部不能给发，边民受困，暂发大同右卫银五万两，作速运送济急。钦此。该兵部发讫。

本年因右卫围急，借支大工银两，共发至六十二万八千三百八十五两。

三十八年，总督杨博题：会计防秋钱粮。尚书贾应春复：查得该镇今年略与上年不同，上年右卫围困，费用颇繁，防秋之际又多闰月，今年粮料已经召买，时价又平，又有灵丘、广昌收贮乞运米豆二万石，止该添买本色草束，照依时估，每束价银四分五厘，该银二万五千余两，其驿站廪给，应用折色，及本年未给商价，计该镇见在并先发银两，量已足用，及照节年事例，有预备额外银五万两，共发银六万六千九百两零（是年，共发十八万两）。

三十九年，总督葛缙题：该镇客兵所余本色，主兵多半借支，乞要发银补给。尚书高燿复：准发银二万两（是年，共发至十九万六百九两零）。

四十三年，总督江东题：会计该镇岁用本色粮，俱有赢余，其折色银两，委难抵充折支。尚书高燿复：准将客兵粮三万四千五百石，料一万三千八百石，作银四万两，拨凑主兵支用，仍将主兵银两，照数补还客兵，再发太仓银二万两，以备有警动调支用。

隆庆二年，总督陈其学题：补钦赏不敷借过客饷。尚书马森复：查得该镇客兵额定钦赏银八万两，年例银六万两，先该本部为因防秋在即，已经差官解运，其恩诏赏军借过银两，相应照数补还，发银一万八千二百五十两。

万历元年，总督王崇古题：宣府兵马驻扎阳和，用过钱粮应于宣府镇客兵银内，拨发大同，专听军门标兵支用。尚书王国光复：准拨发宣府镇银一万两，仍将大同镇原议年例银一十四万两停发银三万，止发银一十一万两。

二年，总督方逢时题：议大同镇停发银三万两，照旧解给，其宣府原拨发银一万两，免行拨发。尚书王国光复：准发银一十四万两（四年数同）。

五年，京运年例银一十四万两，宣府改拨银一万五千两，共一十五万五千两，六年同。

八年，总督郑洛咨称：标下左右二营官军五千五百二十五员名，马、骡、驼五千三百六十八匹头只，每岁约用客饷银七万五千两，内除大同镇该银三万四千两外，自万历八年为始，每岁宣府镇连旧改拨银共三万四千两，山西镇七千两，一并给发，专听东路召买本色，以备标兵支用，日后移驻怀来，前项改拨银两即行停止。尚书张学颜复：准（以上客饷）。

588

**抚夷**

隆庆五年，总督王崇古题：北虏款贡，乞定抚赏。尚书张守直复：准于节省客饷内，动支一万两，听备互市抚赏之用，其用过银两，及抚赏过夷人数目姓名造册，奏缴青册，送部查考。

六年，银二万两，始增一万两。

万历六年，银二万两（以上俱同隆庆六年之数，于客饷内支）。

**马价**

弘治十一年，兵部奏：要借大同官银二万两，给还马价。尚书周经复：议前项银两，各有职掌，难以挪借。

嘉靖二十九年，始发银一万一千两。

三十一年，尚书方钝复：巡抚何思题，先因兵部以太仆寺马价不敷，会官集议于户部，原取赃罚助边银两内，查发八万两，以充马市之用，随该本部题议，要将减省摆边银两，准作前用，今查摆边银止有二万九千六百七十两，不足前议之数，尚该银五万三百三十两，欲照数于太仓银库内动支。奉圣旨：照前旨，着户部处给。

三十三年，一万二千四百一十四两一钱。

三十七年，二千四百两。

隆庆二年，四万八千两。

五年，一万两，附余二十三两五钱。

六年，八千一百两，附余银六两八钱。

万历元年，三万七千四百一十二两。

三年，三万四千两。

四年，一万二千两。

五年，一万四千四百两。

六年，一万四千六百四两。

**赈济**

弘治十五年，都御史刘宇题：大同军民贫窘，乞将弘治十四年，山西起运籴米银，除给商外，见贮大同之数，查照原征，每石折银一两四钱，以一两准作一石，余银四钱，作为赈济，酌量给散军民，置买口粮、牛具、种子，仍将七、八月月粮，于三月内预支，以济目前饥窘。尚书佀钟复：准。

嘉靖三十二年，左给事中徐纲题：该镇地方灾伤，将本镇督抚事例赃罚银六千八百一十六两零，并要借银亿库年例银四万八千八百七十六两零，分投赈济。尚书方钝复：准行咨督抚等官，将事例等银，照数动支，仍于太仓照数补给借过年例银两。

三十三年，都御史侯钺题：广昌等处被虏，乞发帑银赈恤。本部议：于太仓银库动支银二万两，仍乞运二万石，预备赈济。

三十四年，发银三万，以为赈济之用。

三十七年，御史栾尚约题：请赈济右卫。尚书方钝复：准于太仓银库动支四万两，以二万两赈济右卫极贫军民，以二万两给散牛种，仍行该镇抚按等官，查照总督杨博先题动支客兵银七千五百两，如未给散，免其量给，如已给散，将给过人户，免行再给，就于今次银内扣除补还。

**俸粮**

俸给则例

都指挥使岁支月粮一十二石，搏节俸二十四石，折色俸六百九十六石。

都指挥同知岁支月粮一十二石，搏节俸二十四石，折色俸五百四十石。

都指挥佥事岁支月粮一十二石，搏节俸二十四石，折色俸三百八十四石。

指挥使支俸与都指挥佥事同。

指挥同知岁支月粮一十二石，搏节俸二十四石，折色俸二百七十六石。

指挥佥事岁支月粮一十二石，搏节俸二十四石，折色俸二百五十二石。

正千户岁支月粮一十二石，搏节俸一十二石，折色俸一百六十八石。

副千户岁支月粮一十二石，搏节俸一十二石，折色俸一百四十四石。

卫镇抚支俸与副千户同。

实授百户岁支月粮一十二石，搏节俸一十二石，折色俸九十六石。

所镇抚岁支月粮一十二石，搏节俸一十二石，折色俸七十二石。

试百户岁支月粮一十二石，搏节俸一十二石，折色俸三十六石。

年老者支半俸，其总、副、参、游都司，如系别镇官员转升者，就于原卫带俸支给，系本镇者，有副总兵支都指挥使俸，参将支副千户，并实授百户俸，有都司游击及军门中军支指挥佥事俸者，俱照本等资格，亦有原卫造支。

以上官员系沿边者，月粮每石折银七钱；搏节俸每石折银四钱，折色俸每百石折钞一千五百贯，内除一分本色钞一百五十贯，每贯折银六毫，该银九分，折布钞一千三百五十贯，每一百七十贯折布一匹，共布七匹二丈八尺二寸三分三厘，每匹折银二钱五分，共该银一两九钱八分五厘三毫七丝五忽；系腹里者，月粮每石折银六钱，搏节俸每石折银三钱二分，折色俸与沿边同。

总督军门并书吏日支廪米五升，每石折银二两五钱。

巡抚并书吏日支廪米五升，家人日支口粮米一升五合，每石折银二两五钱。

管粮郎中并书吏日支廪米五升，每石折银二两。

兵备守巡各道并书吏日支廪米五升，官每石折银二两，吏每石折银一两四钱。

总兵官月支廪给银六两二钱五分。

掾史月支廪给银三两。

副总兵、都司、游击俱月支廪给银三两。

参将及各城堡守备俱日支廪米五升，每石折银一两六钱。

种养廉地参将四员，守操官三十三员，不支廪给。

主兵月粮则例

武举官月支粮三石。

监哨守堡军夜通丁月支粮一石三斗，内真夷通丁，每名下半年月给本色粮五斗，如系夷官，每员加赏赍银五钱，一等真夷，每名加赏赍银三钱。

各卫所夜不收并守城堡者月支一石二斗。

旗军守城堡军月支一石。

只身军月支七斗或六斗者。

旗校月支五斗。

幼军月支三斗或一斗五升。

乐舞生月支二斗五升。

以上官军，上半年本色六个月，有马并征哨，本色五斗，折色五斗；无马杂差等项，月支本色三斗，折色七斗；支一石二斗夜不收，内该小粮二斗，准支折色，其月支七斗以下者，亦照无马事例，扣算本色，照时估折色，与下半年全支折色，俱照例每石沿边七钱，腹里六钱。

主兵兼食行粮则例

　　大边哨备守墩军夜月支一石。

　　二边哨备守墩军夜月支五斗。

　　腹里守墩军夜月支三斗。

　　以上俱支折色。

客兵行粮则例

　　军门调到宣、大、山西三镇标兵攒营将官日支五升，千把总日支三升，旗军日支一升五合。自五月起至九月止，每月支本色二十日，折色十日，每米一升折银一分，其正奇游兵入卫京营，如遇征防调遣官军出百里之外，亦照前例支给本色，其京拨官军，行粮料草，每年自八月起至十月止，每名匹粮料草议定折银七分。

马匹料草则例

　　主兵马、骡，每年十月起，次年三月止，计支六个月，每匹头月支料九斗，内本色料五斗五升，折色三斗五升，本色草十束，后加二束，共十二束，余月住支。

　　万历元年题准：每年惟四月上半月，九月下半月，每半月每马加料四斗五升，草六束，于客兵钱粮内关支，其军站走递马骡支料同上，惟月支本色草十束，驴每头月支本色料一斗，折色料五斗，草无。夏秋走递者，仍支客兵本色钱粮。

　　客兵马匹，军门调到宣、大、山西三镇标兵□□，每匹日支料三升，草一束，常川支给。自五月起至九月止，每月支给本色二十日，折色十日，照时估，料三升折银一分七厘，草每束折银二分，其正奇游兵入卫京营，及遇征防调遣官军，出百里之外，亦照前例支给。

冬衣布花则例

　　各卫并长史司旗军，每名布四匹；杂役、只身每名二匹；幼军每名一匹；花一斤八两俱同。每布一匹折银二钱五分，花一斤折银六分。

　　宣德十年，题：准山西行都司卫所旗军，有家小者月支粮八斗；无家小者支六斗；各卫旗军调来操备者支五斗，有家小者八斗。

　　正统十二年，尚书王佐题：准山西该省行都司卫所旗军马队操练者，月支口粮三斗。

　　十四年，都督金事方善奏，尚书金濂复：准将大同军旗夜不收月粮，定为规则，旗军不分头拨、次拨，有家小关支八斗，无家小六斗，夜不收原关月粮一石，添与行粮三斗，敢勇旗舍，并简选余丁，除老疾外，其见在守城者，每名月支口粮三斗，选操屯军，照依守城军士，有家小八斗，无家小六斗。冬衣布花，依例关支，选下不堪老弱，照旧屯种，办纳籽粒。

　　景泰元年，尚书金濂复：大同知府霍瑄等奏，将招募勇敢，并报效舍余人等，照操备官军事例，给赏冬衣布花，将口粮每月再加一斗，共作四斗关给。

　　二年，大理寺卿石仆题。尚书金濂议复：将大同所属守城舍余人等，从公查勘，照依在京事例，尽行逐一试看，骁勇智谋者，存留操备，每名日支口粮一升，其余俱退回，屯种等项生理口粮，照例住支。奉圣旨：如今边境稍宁，各处选操守城等项舍人余丁，暂且放回生理，但有警急，仍来操守，庶省粮饷。钦此。

　　天顺三年，尚书沈固题：近报房贼聚众在边，合行巡抚王守相度，如果军马在彼驻扎，每马日支草八斤，料豆比旧日添一升，贼缓，令自牧放，自积草束喂马，仍不为例，日给银一分，以偿其价。

成化十八年，巡抚郭镗奏，尚书翁世资复：准听差舍人，每月照例支口粮三斗，不许加增名数，多支仓粮，如有事故扣除。

弘治十三年，题：保国公朱晖统领官军，前去大同剿杀虏寇，官军每员名日支口粮一升五合，每马日支料三升，草一束，一日经过两站，不许重支。

十八年，储粮郎中孙禄奏，尚书韩文复：准将大同城东南西三路城堡，原系军马驻扎去处，俱令多备粮草，以待兵马支用，其西安等驿堡，或遇按伏，及烧荒上宿之所，相离大同不远者，省令各把总官，仍赴大同城关支粮草，银两带去计日更换。

嘉靖十五年，都御史樊继祖题：常操出战马匹，凡遇紧急，乞准全给粮草。尚书梁材议得：该镇骑操马匹，例该夏秋下场牧放，冬春回营喂养。自洪武历今，原无支草事例，每岁止给料豆六个月，其征调按伏，非出百里之外者，不支料草，亦是定例，通行已久。今称边报警急，合无权宜查处。如果警急边报是实，即以明文到日为始，量与一个月本色草束，青草一半，谷草一半，后不为例。奉圣旨：这常操出战马匹，草不必拘定月分，遇警急，便暂行支给，事宁既已，不许一概支。钦此。

三十年，总督许论题：于大同左右、威、平等卫城堡，将惯战精勇军士，挑选听征，乞照正奇游兵事例，一体支给。尚书方钝复：查得大同征哨军士月粮，本折已有定额，而新选军士三千名，听候入卫，即是移主为客，且防秋已过，无调动截杀之苦，止许关支主兵钱粮，毋得指以入卫为由，靡费客兵粮草。

本年总督苏祐题，尚书方钝复：准大同官军按伏，果出百里之外，准支行粮料草，追赶截杀至小边以外，大边以里，与虏寇对敌，或结战相持，及防秋摆边官军，不拘前项里数，亦准支给，明于本部勘合填注对敌摆边字样，以便查考。其在东、中、西三路，二、三十里，或四、五十里按伏，及纵贼深入境内抢杀，虽在百里之内，并不准支给，若各军愿将月粮扣兑者听，其一应往来迎送，防护巡视等项，仍须严加裁革，如有盗支冒领，管粮郎中主事照例提问参究。

三十一年，巡抚何思题：乞加草束银两。尚书方钝议复：主兵旧规，每年除五月、六月秋青牧放，原不给与草料，防秋七、八、九、十等月，自有客兵料草，正、二、三、四、十一、十二月，量给本色料三斗，折色料六斗，合用草束，俱系各军余采青，以备喂养，原无支草事例。今麻隆等官既已回镇休息，又复动调，分住各城堡截杀，其合用钱粮，已议入客兵数内，通融支给，分外难添。

本年巡抚何思题：准大同掣回班操官军，照旧分为春秋二班，每名月支行粮四斗五升，照依宁武官军支给事例，每石给六钱三分。

三十三年，尚书方钝复：巡抚王忬题，查得本镇月粮旧例，上半年本色，下半年折色，后因民屯改折，本色腾贵，止拟上半年每月本色二斗，其余八斗与下半年俱支折色，计粮一石，沿边七钱，腹里六钱，后给事中徐纲题，增本色一斗，余俱折色，今议再加本色三斗，照该镇时估抵算，即今财用急缺难处，合无再加二斗，共五斗，本折中半兼支。

三十四年，总督许论题，尚书方钝复：准大同军以八万名，马以三万匹为额。军士月粮，杂差三万名，本折照旧，惟征哨官军止用五万名，自正月以至六月，每军各月加本色米二斗，并旧有本色三斗，共五斗；马三万匹，除防秋四个月支草料外，余月准给草十束，五月、六月免给草束，每马各月给贴料银三钱，自十一月以至四月，照例料豆本色四斗，折色五斗。查将量增山西、河南民运脚价银，并改征本镇屯草本色银，及暂掣山西、河南班军，该二省折粮，本镇行粮银各数扣抵外，其尚少银两，本部给发年例之时，照数补给。

三十五年，巡抚杨顺题：增草料。尚书方钝复：准行各镇将岁给料草银两，备细稽查，严加禁约，务令马有喂养实数，而将卒无侵尅情弊，及时牧放，地场照旧清查，采积秋青

592

草，乘暇修复，如有官军侵冒占夺等弊，一一遵照节年题准事例，从重追究参治（略云，主兵粮饷，旧皆取足于民屯。其在马匹，止给冬春料豆，夏秋牧放，并采打秋青草束，以备冬春喂养，后因屯牧废弛，民运改折，节经会议，军粮本色自二斗加至三斗，而征哨官军又加至五斗，马料本色自三斗加至四斗，草自借十束加至十束，而五月、六月，又加贴料银各三钱。夫增草一束，即增银五分、六分，增料一升，即增银一分五、六厘，月计不足，岁计有余。况其间又有兵与马争料，将与兵争粮，此积年弊习，不能全无者，释此不讲，岁复一岁，将何纪极耶）。

隆庆四年，巡按武尚贤题：乞将都司各卫所文职经断吏目，并吏典，各俸粮改于大同府库支领，及将优恤官员，总小旗，并为事住俸等项官员，量行裁革。尚书张守直复：准以后减支。

五年，巡抚刘应箕题：乞增通夷月粮。尚书张守直复：准一等真夷，除正粮外，每名月给米五斗，照例本折兼支，另给银三钱；次等通丁，每名月准给米五斗，本折兼支，俱于本镇主兵扣除逃故军士还官粮内动支。

本年巡抚刘应箕题：要加增大同镇马匹料草。尚书张守直复：准将该镇见在马匹，自十一月起至次年四月止，每月每马暂加草二束，连前共一十二束，加本色料一斗，连前共五斗五升，俱于主兵年例银内通融支给（该镇料豆例六个月，每月九斗，在先本色三斗，折色六斗。三十一年，题加本色一斗。三十五年，题加五升，本折中半。是年本色至五斗五升。草束，原定防秋方支四个月，余俱不支。三十四年，题暂于十一月至四月，加草十束，是年加至一十二束）。

万历元年，总督王崇古题：宣、大、山西三镇，主兵马匹刍粮不敷，要于正支外，每岁四月、九月，准支客饷二月，夷马入边起俵，各支客饷草料，兑给本镇官军者，免支。尚书王国光复议：将三镇主兵马匹料草，除正支外，每岁每马加给一个月，以资喂养，俱照该镇时估，于客饷内支给。其宣府原有加给贴料银六钱，今止照该镇时估，通共补足一月之数，不得另行全给，以后调遣按伏，支领行料草，前加给之数，即行住支。至于夷马入边，起俵料草，照议支给，兑给者，不许重复冒支，今册开加给料草一个月，四月上半月，九月下半月。

### 修边

正统十二年，都督石亨题：大同左右卫城池欲用砖石包砌。尚书王佐复：准添调山西、河南军士一千名，并本城屯军，免征籽粒，并力修边，期在一年完备。

正德三年，侍郎文贵题：大同、宣府该置城堡墩台数多，乞将大同、延绥巡抚官处，原奏开生员、军职等项银两，查支二十万两应用，免运太仓，以省彼此解送。尚书顾佐复：准。

嘉靖三十二年，准兵部咨：大同修边，合用犒赏盐菜、灰价、廪粮，乞要给发。尚书方钝复议：据嘉靖二十八年会议，户、兵二部，通融处给，如马价有余，则兵部多发，马价不足，则户部多发。今欲本部运发，似难依拟。止于太仓银库动支廪粮银一万七千七百八十两，移咨兵部，径自措处。

三十三年，尚书方钝题：准大同改筑墩台，请发银两，以十分为准，兵部该动支马价银二分之五，本部动支太仓银七分之五，今帑藏空虚，难以尽发，先动支银三万七千五百两，其余三万两，俟有解到，即行补足。

三十五年，总督江东奏称：修饰山阴等城、迎恩等堡，乞于大同府见贮先年兵部原解修边犒赏银，并户部原解修边银两，动支应用。尚书方钝复：准除迎恩等七堡，照数动支前银外，其应州、怀仁、马邑、山阴四州县，仍行该道督同各该掌印官，查处任内词讼、商税等项无碍银两，照依浑源州，径自验工修理，毋得辄用前银，如或前银已动，责令各官秋熟之后，照数补还。

隆庆元年，尚书葛守礼题：准咨行兵部，以后凡各镇奏讨修边银两，务要先尽兵部马价银内支用，如果给□□敷，查本部储蓄稍充，方许议及挪借凑处，□后事关钱粮，须会同本部斟酌两便，方行题请，务使兵粮相顾，职掌分明。

万历三年，巡抚郑洛题：请原议未发修边口粮银两。尚书王国光复：查本镇见有支剩客兵粮料，已令于内通融放支。今该镇又称修工军夫劳苦，陈粮耗折不足支用，仍要发银，其积陈粮料，借放主兵军马食用，折银买补，则军夫陈粮，两有所处，相应依拟发银四万两应用，其盐菜银六万二千六百六十八两，仍候来春解用。

**仓庾**

阳和城仓、天城堡仓、右卫城仓、威远城仓、平虏城仓、井坪城仓、马邑城仓、山阴城仓、应州城仓、怀仁城仓、高山城仓、聚落城仓、广灵城仓、许家庄城仓、瓮城口驿仓、镇川堡仓、镇边堡仓、镇河堡仓、镇羌堡仓、威平堡仓、德胜堡仓、拒墙堡仓、□□堡仓、宁虏堡仓、拒门堡仓、□□城仓、朔州城仓、浑源城仓、□□城仓、弘赐堡仓、镇虏堡仓、□□堡仓、助虏堡仓、破胡堡仓、保安堡仓、云冈堡仓、云西堡仓、残胡堡仓、杀胡堡仓、平远堡仓、瓦窑□仓、李家寨堡仓、靖虏堡仓、镇口堡仓、永加堡仓、镇门堡仓、迎恩堡仓、败胡堡仓、马堡仓、平安驿堡仓、阻胡堡仓、云石堡仓、红土堡仓、乃河堡仓、云阳堡仓、祁家河堡仓、黄土堡仓、威胡堡仓、保平堡仓、镇宁堡仓、守口堡仓、灭胡堡仓、牛心堡仓、铁山堡仓。

**职储**

宣德七年，题：准山西司添设郎中一员，总理大同粮储。

正统十一年，参政林厚题：边储作弊多端，乞请勒一道，以便行事。尚书王佐复：准行吏部添设副使一员，协同管理。

十三年，设粮饷侍郎一员。

天顺元年，郎中杨□□请关防，尚书沈固题：先为大同、宣府总□□□□员，已行致仕改调，题准移文吏部□□□□□年间事例，复行推选司属一员，前□□□□□关防，仍行移礼部，将原收关防赍送与□□□□。

本年郎中杨□呈：彼处收贮官银，总兵官径行放支。尚书沈固议复：今后钱粮听管粮官自行区划调度，不许搀越行事。奉圣旨：是。今后边储银两，只从户部委官，并布按二司管粮等官管理，并不许总兵等官干预，还行文书与各边官员，一体遵守，违了的重罪不饶。钦此。

成化八年，尚书杨鼎题：准添设山西蔚州判官一员，专管天城、阳和二处仓场，浑源州判官一员，专管大同右卫仓场。

十一年，巡抚张莹题：大同粮草缺官收放，乞添除判官五员，俱隶蔚州等州带俸。尚书杨鼎行吏部铨选。

十五年，巡抚孙洪奏：将管粮郎中取回（宣德以前，有主事员外郎；正统年间，有侍郎、都御史总理；天顺年间，复选郎中杨益总理；七年，设巡抚韩雍总理，将郎中罗绅取回；成化十年，巡抚董方又题照旧添差郎中王竖；是年，巡抚孙洪奏要减省，将郎中冀錡取回）。

二十二年，□□□□□中查盘边储（弘治二年，差给事中王纶，此后□……□道□……□）。

二十□年，□□□□题：平虏卫仓场，添设州判官一员□□□□户所仓场添设吏目一员，专管收放，俱于大同所属州分带俸。尚书李敏复：准行吏部铨选。

弘治五年，御史郭钦题，尚书李敏复：准今后大同各草场官攒，以九年为期，遇例，差官经盘，堆垛如法，数目不少，准令起送。原收草束，交与新任官攒。

七年，都御史侯恂、郎中欧阳信各题：本城东南大同后卫地方，原有空仓一所，修理将完，要将见在大有仓，并大有西仓官攒人等，责令照旧管理，其新修后卫仓，改名大有东仓，及见在大有南仓，添设官攒。尚书叶淇复：准。

十一年，侍郎刘大夏题。尚书周经复：查得大同粮草，先会官议要三年以下追耗升半，三年以上追耗一升，不拘多寡，俱作正支销，但年远者，似乎太重，年近而耗多者因之作弊。今后盘出耗粮，务要收候放尽，□年以上，每石准开耗一升，等□□□□□□□□□年分问罪追赔至放□□□□□□□□□年分，多寡庶侵欺可□……□。

十四年，□□□□□□侣钟复：准将原设判官□□裁革，□□□□添设管粮通判三员，听巡抚郎中提督（□□天城、阳和二城一员，□□龙右、威远三城一员，平虏、井坪、朔州三城一员）。

本年御史王宪奏：谨监收以实边储。尚书侣钟复：准以后如遇管粮郎中有缺，听本部严加推选端谨老成官员，请敕前去管理，如有亏折等弊，照见行事例，大同沿边等处有监守盗粮二十石，草四百束，银十两，钱帛等物值银十两以上，常人盗四十石，草八百束，银二十两，钱帛值银三十两以上，俱发边卫永远充军，仍追入己之赃，不及数者，照常例发落。若正犯逃故者，于同爨家属名下追赔，不许滥及各居亲属。

嘉靖二十三年，总督翟鹏奏：乞要选委郎中，处置粮饷。尚书李如圭复：□□□发银两，并预备今年客兵二□发去银□□□巡按御史查盘明白，至日□□□选□□□□□前去大同、山西二镇□□□□□□□□预备客兵粮草，如□……□。

三十□年，□□□□□□□应发银两处给。尚书□□□□□□□□□理戎务，毋得干预钱粮。

三十三年，主事张□呈：被豪官恃强，冒支军储。尚书方钝题：准将游击孙邦等，准于彼处勘查有无情弊，归结其管粮通判，以后每年悉听郎中等官查照各官收支利弊举劾，如有升迁事故，俱听查明，方准起送。

三十四年，都御史齐宗道题：稽考边储。尚书方钝复议：先经题准，编印空白勘合填立客字号，每镇各给二百道，发管粮衙门收给官军支放去后，但主兵钱粮按月支放，易得明白，惟客兵动调急如星火，或有师行，而勘合未给数多，而行师数少，与住日不多，而执将勘合图支空日者。合无准令管粮衙门再编印号票二百张，送巡抚衙门收掌务□□兵官除关领勘合外，巡抚仍将原号票□□□□封发各领兵官亲填人马，若□□□□□□□并经过住支几日，及逃□□□□□□□□若干，回日缴送巡抚，月终□□□□□□查对，如有号票勘合两不相□……□。

三十七年，□□□□□□题：该镇税粮拖欠数多，乞坐委□□□□□□催。尚书贾应春复：准行令本官于冬春二□□□□州驻扎，会同该省管粮参政巡历府运□□□行催征本镇军储禄米，夏秋二季回镇□□，冬春或有警报仍驰回料理。

万历元年，总督王崇古题：宣、大二镇屯务废弛，乞将山西按察司管屯佥事，留管山大屯务，以臻后效。尚书王国光复：准咨行督抚，查照先后原议，将屯田佥事移驻应州，专管山西三关、大同一镇屯务，兼清浑应山场，北楼营伍各军民田地。

臣等谨按：大同川原平旷，防守为艰，先时岁发内帑金，不过五七万。嘉靖间创建二所五堡，及因房警军叛，于是奏讨□□□□年例主客至共四十余万，盐引、民运□□□□□而屯粮、马价不与焉，□□不赀□□□□□□兵无调征，而每岁□□□□□□□□□□□□不多，以该镇兵□□□□□□□□□□□皆所以廪饷也。□□□□□□□□□□□□□能复异时之□□□□□□□□□□□□□至告乏也。

## 《万历会计录》卷二十五　山西镇饷额

甲表 57　　　　　　　　　　　　山西镇饷额

| 本镇饷额 | 原额 | 见额 |
|---|---|---|
| 主兵官军（员名） | 25287.00 | 55295.00[1] |
| 马骡（匹） | 6551.00 | 24764.00[2] |
| 屯粮（石） | 800.00 | |
| 本色（石） | | 28592.85[3] |
| 折色银（两） | | 1030.43 |
| 秋青草（束） | | 95086.00 |
| 民运本色米豆（石） | 68033.00 | 21522.24[4] |
| 折色银 | | 362120.55 |
| 草（束） | 600000.00 | |
| 盐（引） | 120000.00 | |
| 淮浙山东盐（引） | | 164391.00 |
| 该银（两） | 30000.00 | 57832.06[5] |
| 盐课银（两） | | 64259.20 |
| 京运银（两） | 20000.00 | 123300.00 |
| 客兵数内改拨银（两） | | 15000.00 |
| 内除补宣府淮盐银（两） | | 5000.00 |
| 实发银（两） | | 133300.00[6] |
| 客兵[7] | | |
| 京运银（两） | | 110000.00 |
| 内除改拨主兵银（两） | | 15000.00 |
| 额扣民壮银（两） | | 10000.00 |

[1] 原书此处注：比原额增 30008 员名。
[2] 原书此处注：比原额增 18213 匹头。
[3] 原书此处注：比原额增 27792.85 石。
[4] 原书此处注：比原额减 46511 石。
[5] 原书此处注：比原额增 44391 引。
[6] 原书此处注：连下客兵共 206300 两，比原额增 186300 两。
[7] 原书此处注："调遣不常，无定数。"

| | | |
|---|---|---|
| 兑留蓟镇义兵银(两) | | 5000.00 |
| 该实发银(两) | | 80000.00 |
| 又除改拨大同镇银(两) | | 7000.00 |
| 实发银(两) | | 73000.00 |

## 山西镇沿革事例

### 屯粮

本镇屯田，原额无考。正统中，振武等三卫屯粮八百余石。嘉靖中，节次清出三关牧马草场地六千余顷，偏头老营抛荒地四千余顷，总计屯田万余顷，计丁授田，所入当以十万计，至嘉靖三十二年，止得本色屯粮二万八千二百余石，草折银一十五两。今据万历八年，本色粮二万八千五百九十二石有奇，折色银一千三十两四钱零。

正统十三年，山西都司奏开振武、镇西、保德三卫所屯种正军，调往偏头关操备，令余丁一百四十八名屯种，除子粒免征外，纳粮八百二十八石，供给操备正军（此屯田之始，嘉靖十九年，方有定数）。

成化六年，巡抚李侃题：虏贼潜居河套，偏头关并黄河七堡草束数少。本部复：准行令山西，除临边仓分照旧上纳，其腹里卫所屯种子粒，每石折银三钱，各解送偏头关、保德仓，买草支用。

嘉靖三年，巡抚胡锭议处屯草，查得雁门偏宁等关，原额马骡九千六百六十五匹头，岁派起运民草一百一十万束，不够岁支，要照沈阳护卫等屯事例，每地一分三石，本色三石，折草一百二十束。本部复：止照旧征本色米豆。

十二，年御史王瓛题称：三关秋青草束，原无定数，正德十年，副使张凤狅分派各卫，共采秋青草三十二万五千束，后因改折，每束纳银一分五厘，军士告难。本部复：准行令抚按等官，查照本部递年会议，酌量马匹多寡分派，依时采打，务在够用，不许一概征价。

本年御史王瓛题：偏头等关地方，周围百余里，中间牧马草场计六、七千顷，成化年间，奏行召种，每年征收籽粒草束，后因虏劫革罢，乞行丈量召种。本部复：准召临近无产军民认种，处置牛具种子，酌量肥瘠，征收子粒，以备边用，初年，暂免起科。

十六年，武定侯郭勋题：讨养廉地土。本部复：准给镇守副总兵五顷六十八亩，代州守备十五顷，宁武守备十八顷二十二亩，偏头守备二十八顷四十亩。

十七年，巡抚韩邦奇题：三关镇守副总兵、守备等官，永乐、宣德、正统年间，各城堡自行开垦田园，种植粮食菜果养廉，成化、弘治年间，被抚按奏革，乞照旧给种，永为定例。本部议：行抚按等官，前项地土既查无碍，准令仍给各官召种养赡，其原征子粒，仍行代州、万亿、保德三仓照数开除。奉圣旨：依拟。钦此。

十九年，本镇岁入屯粮子粒一万六千二百三十八石，折银七千九百三十二两八钱八分零（此屯粮折色之始）。

二十二年，总兵姜奭题：偏头关迤北滑石等处，旧有屯地，成化二十二年，设立守御千户所，将军人李良等一千名耕种，递年输纳子粒，于保德仓收贮，近年阻耕，乞行查复。本部复：准查勘，拨军屯种。

本年都御史李珏、御史童汉臣会题：查处偏头、老营二所抛荒地土，内偏头所地土一千七百三十九顷六十亩，老营堡所地二千五百九十一顷六十四亩，偏头所儒学官地八顷，今止有四顷，俱要分给军士耕佃。本部复：准。

二十五年，巡抚杨守谦题：将偏头、老营闲旷地土，委官丈量过二项地四千五百四十顷一十亩，除旗军拨去地二千五百七十七顷六十亩外，尚余地一千九百六十二顷五十二亩，作为营田。本部复：准。

二十六年，巡抚苏祐题：水泉营五庄营田一千顷，内除种蔬菜二十二顷二十亩，实种夏秋田九百七十七顷八十亩，用各色种子二千八百八十一石九斗，收各色子粒三万一千九百四十五石四斗，未营余地召人佃种过五百六十一顷二十九亩，起纳租粮一千五百九十二石八斗，二项通共三万三千五百三十八石二斗，收获穰草三十五万八千二百一十束。

本年都督周尚文题：讨养廉地土。本部复议：朝廷设立边镇，将领各有常禄，原无给田养廉之制，边镇军余开垦屯田，各有额课，原无多余将领之田。合无将前项拨给官田，通行各边，尽行革退。奉圣旨：是。这田地既查系军余开垦屯田，依拟给军民佃种，通行各边知悉，钦此。

二十八年，都御史苏祐等题：山西偏老等处，开垦营田计二年，所收粮草值银九万六千三百二十余两。

三十年，都御史许论题：偏头关营田岁收子粒值银不及一万，每年所费二万有余，乞将前项自种营田一千顷，召人佃种，岁收子粒以备军储。本部复议：前项地土得失既不相当，合无召人佃种，俱以先年召种事例，征收籽粒。

三十一年，册报：各营所新增粮银九十二两九钱七分，共征银八千一百一十九两一钱五分零（明年尽改本色）。

三十二年，巡抚苏祐题：屯粮改征本色粮一万二千五十四石七斗，通共粮二万八千二百九十三石，屯草折银一十五两。

本年总督许论咨议草束，本部题：准开设边镇各有屯田草场，足以自给，其民纳召买草束，查照诸司职掌，专备调拨军马支用，不得一概支费，致损军饷。

四十年，巡按温如璋题称：潞州、沈阳、沁州、磁州等卫屯田，坐落彰德、广平等府地方，隔省事涉遥制，欲令彼处有司官员，听巡按总制考察，其在屯军余，亦令彼处有司官员管理，每年籽粒俱同民粮，一体征收，山西屯田金事，每年一次巡历，会同两省守巡等官，清查督催。本部复：准。

四十四年，员外郎刘宗岱开称：山西、镇宁、武等三关，各卫所屯田子粒豆一万二千三百四十八石零，屯草银一十五两，备旧额兵马岁用，改增各卫所屯田豆一万三千一百二十四石八斗零，备新增兵马岁用，共收屯粮二万五千四百七十二石一斗零，草银一十五两。

隆庆元年，本镇岁征本色屯豆二万八千五百八十一石三斗，折色草银一十五两（二年，三年同）。

三年，都御史庞尚鹏条陈：一议，偏头所抛荒地四百八顷五十六亩，该虚粮四百九十八石一升；雁门所虚粮地三十顷一十九亩四分，乞通行除豁，即将近日查出开荒地千有余顷，起征屯粮一千五百八十三石，照数抵补。本部复议：二处抛荒屯粮核实除豁，即将查出新增屯粮抵补，其余剩一千八十五石二斗，仍要明造屯田册内，作正支销。一议，保德所屯粮，先年每石征折色银五钱，嘉靖二十二年后奉例加至八钱；永宁州马房等屯额粮，每石折银八钱，续后节次丈出新增地粮，每石征银五钱，近因地方残破，力不能支，乞要查照旧规，量为宽减。本部复议：将保德所屯粮，照先年旧规，每石征银五钱；永宁州马房等处屯田，系原额者照旧征银八钱，系新增者改征三钱。

万历六年，册报：屯田豆二万八千四百五十石一斗一升，粮草折银九百六十七两零。

八年，册报：屯粮米豆二万八千五百九十二石八斗五升，折色银一千三十两四钱三分八厘七毫，秋青草九万五千八十六束。

### 民运

本镇民运

国初无考据，成化十七年额派三关本色米豆六万八千余石，草六十万束。正德十年，加派至三十余万石，岁折征银三十余万两。嘉靖二十四年，折色银三十八万四千五百六十两有奇，本色五千八百六十石有奇。至三十二年，御史吉澄建议复本色三分，该抚臣以民不便本色，旋议改征。今据万历五年，实在本色米麦豆共二万一千五百余石，折色银三十六万二千一百余两。

正统十四年，都御史沈固题：山西布政司起运大同秋粮本色米，内拨三万九千五百一十九石五斗，与偏头关支用（此民运之始，非全额）。

成化十七年，山西布政司起运三关米豆六万八千三十三石六斗八升，草六十万束。

弘治元年，本部会派山西布政司起运偏头等关，并代州粟米六万九百石，黑豆三千石。

正德十年，民运改征折色，每粮一石折银一两，岁征三十余万两。

嘉靖五年，该省坐派三关各仓场夏秋粮，共二十五万一千三百九十八石，料豆三万三千四百石，阔布三万二百七十匹，棉花一万六千八百七十斤，马草一百五万三百五十二束。

十九年，巡抚陈讲题：神池、五寨、三岔三堡新增军二千一百名，马一千二百匹，合用粮饷，乞于三关岁派粮草多余数内支给。本部复：准三堡新增军马合用粮料布花，俱照宁武关军粮，每石折银六钱三分，布三匹，每年连闰计用银二万八千九百三两三钱二分，就于应解存留夏秋折色粮一十三万九千九百四十四石六斗，每石原征银八钱，内将一十一万九千三百一十六石六斗，改作起运，每石征银一两，比存留多增银二万三千八百六十三两三钱二分，并将丰赡库草价银改拨五千四十两，通共该银二万八千九百三两三钱二分，以足新募军马岁用之数。

二十一年，巡抚刘臬题：大同班操官军七千二百五十二员名，在平刑（型）关戍守。本部复：准添派山西布政司荒草银二万一千六百两（三十一年，班军掣回，复将原银改解大同）。

二十四年，额派山西布政司，民运三关折色银三十八万四千五百六十七两一钱，本色米豆五千八百六十八石，内将折色银二百九十三两一钱，改本色二百九十三石一斗。

三十一年，山西布政司起运边关夏税麦五万一千八百六十石七斗，每石折银一两，存留边关夏税麦豆一万八千八百二十九石二斗，每石折银八钱；起运边关秋粮米一十六万五千五百五十三石二斗，每石折银一两，存留边关秋粮米四万七千六百五十二石四斗，每石银八钱；起运边关布四万二千三百二十六匹，准米四万二千三百二十六石，每匹折银三钱；花一万九千二百三十六斤，准米一千九百二十一石六斗，每石折银八钱；起运边关草一百三十六万四千二百七十六束零，每束折银八分；共该银三十九万三千四百七十八两二分。

三十二年，御史吉澄题，本部复：准将民运折色三十六万五千二十九两内，于附近三关处，改征秋粮本色米豆八万一千石，草三万一千八百七十一束，忻、代、岢岚、保德四州，河曲、定襄、静乐、五台、繁、崞六县一万九千九百六十七石，阳曲等一十八州县，汾州并所属孝义、平遥、介休四州县六万一千三十三石，共八万一千石。

三十三年，巡抚王崇题：乞将三十三年岁坐三关秋粮本色，共八万一千石，除代、岢二州，责令依限解纳外，其余汾州、阳曲等县，仍查照三十一年事规，折征银两。本部复：准代、岢二州，原派本色米豆一千四百四十二石，俱征本色；汾州、阳曲等州县，该七万九千五百五十八石，姑准折征，其三十四年应征税粮马草，听本部会派，查照节次，奏准事理，坐派三关附近州县完纳，无得仍前希图改折，致损国储。

三十四年，都御史王崇题：比照宣府事例，加增折色粮草。本部复：准将山西原派三关本色米豆六万三千二百七十七石，仍征折色，每石加脚价银二钱，共增银一万二千六百五十五两零。

三十七年，布政司将太原府夏税起运银一千二十七两八钱三分，改作本色一千八十九石六斗五升。

三十八年，布政孟准册报：新增平阳府逃户草银六百五十两六钱，每束折银二分。

隆庆元年，本镇岁派民运钱粮，除奉诏蠲免五分外，起解五分，实该本色米豆一万六百八十二石三斗，折色银一十八万一千九十七两五钱，额扣民壮工食银一万两（二年，即以布政司库贮各项，解京银抵补）。

二年，岁派民运本色米豆二万一千三百六十四石七斗五升，折色银三十六万二千一百九十五两一钱八分，额扣民壮工食银一万两。

万历二年，布政司新增太原府本色粮四十六石九斗六升，连旧额，共征本色米麦豆二万一千四百七十五石二斗八升，折色银三十六万二千一百二十两五钱五分零。

六年，册报：民运本色米麦豆共二万一千五百二十二石二斗四升八合，折色银三十六万二千一百二十两五钱五分零。

## 盐引

本镇盐引，成化而后，节有开派，不为例。嘉靖二十年，神池、利民、老营三堡募军，始派岁用不敷盐银五万八千七百一十两。二十一年，神池、宁武二堡募军，又添派盐银四万八千九百九十八两八钱五分，二项共十万七千七百八两八钱五分。自后岁以为常，盐引不足，则以京运补之。三十一年，各边盐引俱量行开派，遂减至六万四千八百五十七两。自此至隆庆中，微有增减。万历六年，实计盐银五万七千八百三十二两六分，河东盐课银，则抵充年例，不在此数也。

成化十七年，巡抚何乔新题：保、代、偏头等处，客兵粮草不敷。本部复：准开派淮、浙、长芦盐，共四十万八千引（不为例）。

弘治三年，御史崔瑄题：接济边储。本部复：准将河东运司变卖盐价银四万两，送偏头关收贮备用。

正德十一年，本部题：开河东运司盐一十二万引，每引价银二钱五分，该银三万两。

嘉靖二十年，巡抚陈讲题：添募神池、老营、利民等堡新军五千名，马二千匹，乞开派盐引。本部复：准开派淮、芦盐引银五万八千七百一十两，内淮盐十万引，芦盐四万三千五百五十引。

二十一年，巡抚刘臬题：修举三关边备，于神池、宁武二堡召募军二千二百名，补各营马五千七百六十八匹，又议掣大同班操官军七千二百五十二员名，回平刑（型）关成守，岁用粮料折银七万五百九十八两，乞开盐引。本部复：准除荒草价银二万一千六百两外，增派淮、浙盐引银四万八千九百九十八两八钱五分（以上二项系岁用不敷盐，逐年开派，二十三年，盐引不足以京运银补之，三十一年，盐引始减派，京运银停止）。

本年巡抚李珏题：增广武站军二千名，马一千八百匹。本部复：准除增年例银一万五千两外，派盐引银一万五千两。

二十二年，本部议：将各边盐引，俱在先一年秋后开派。

本年总督翟鹏题：太原、石隰、平阳、潞安四处，各添参将，共募军一万二千名，马五千五百匹，请增岁用粮料。本部复：准预开二十三年淮浙、山东、长芦盐引，共二十二万四千六百二十引，该银九万九百二十四两（以上二项，至二十三年，因盐引不足，俱发京运，以后遂成年例银两）。

本年本部题：神池等三堡新增募军，岁用银五万八千七百一十两，续议掣回大同班军行粮，并宁武、神池二堡募军月粮等银四万八千九百九十八两八钱五分，共银一十万七千七百八两八钱五分，派盐二十五万八千一百八十引零。

二十三年，本部题：神池等堡募军，岁用本折，共该银一十万七千七百八两八钱五分，盐引不足派边，止派淮、浙、山东盐共二十万一千六百四十一引一百四十九斤，共银七万七千七百四十一两零（自此至三十年，或开六万余两，或开七万余两，大约同余，俱发京运补足）。

三十年，巡盐御史杨选题，本部复：准开派两淮余盐银三万八千一百六十六两二钱五分，抵扣京运年例（此开余盐之始，本年岁用不敷盐及新增余盐，共二十六万五千二百七十四引一百六十八斤，共银一十万三千二百二十三两九钱零，内除余盐抵年例外，岁用不敷盐亦止六万余两）。

三十一年，本部题：准将原抵岁用不敷盐引银，量搏节。止开两淮没官水乡盐一万五千引，该银七千五百两；山东存积盐一十八万八千九百四十二引零，该银六万四千八百五十七两（京运补发银，至是停止）。

三十二年，本部题：准减去没官水乡盐银，添派工本盐银二万八千八百五十八两七钱三分七厘，内一万九千八十三两一钱二分五厘抵扣年例。

三十六年，本部题：准预开淮、浙、山东存积盐一十六万九千三百九十一引二十三斤，该银五万五千八十二两六分零，两淮工本盐五万七千七百一十七引九十五斤，该银二万八千八百五十八两七钱三分七厘，共银八万三千九百四十两八钱零。

四十四年，巡盐御史朱炳如题：停止工本盐银二万八千八百五十两，预派淮浙、山东存积盐，共银五万五千八十二两六分（至隆庆二年同）。

隆庆二年，都御史庞尚鹏题：以三年为始，将存积三分，暂行停止，止派常股盐引。

三年，本部题：准预开四年两淮常股盐三万九千七百四十六引零，两浙盐三万四千二百九十九引零，山东盐四万三千六百一十引零，共该银三万八千四百一十九两八钱零（存积次年复开）。

本年本部题：准将河东运司盐课银二万四千二百五十九两二钱，拨派该镇，以补先年停止工本盐数。

四年，山西司呈称：该镇原派淮盐七万六千三百三十二引，搭配浙盐四万八千九百九十九引，山东盐二万三千六百一十引。续因宣府改去淮盐一万九千五百五十一引，复加山东盐四万引，乞将该镇淮盐量加一万引，其山东盐数均派各边。本部题：准淮盐一万引，准加添于宣府存积数内，改拨其山东盐六万二千六百一十引，系节年成规，无容别议。共派淮浙、山东盐一十七万九千三百九十一引二十三斤，该银六万八十二两六分。

五年，本部题：准预开淮、浙、山东常股存积盐一十四万三百九十一引二十三斤，该银五万七千八百三十二两（至万历元年同）。

万历元年，督抚王崇古题称：主兵粮草不敷，河曲营又议增军添饷。尚书王国光复：准将河东运司应解预备客兵，并修边、买马盐课银四万两，通归主兵项下支用。

二年，尚书王国光题：准预开淮、浙、山东常股存积盐一十五万八百七十三引一百八十五斤，共银五万一千七十三两四钱六分（三、四年同）。

六年，尚书殷正茂题：准预开万历七年，淮、浙、山东常股存积盐一十六万四千三百九十一引二十三斤，共银五万七千八百三十二两六分二厘零。

**京运**

本镇旧无年例，遇警动调，始有请发。嘉靖二十一年，广武站募军，始增年例银三万两。二十二年，太原、石隰等四营募军，增银九万九百二十四两。二十三年北楼口募军，增银四万八千五十两，三项共计主兵年例一十六万八千九百七十四两。客兵年例亦自二十一年始，然数止八万耳，后加至十八、九万，中间有空日折乾银，有额外银，及新旧接支、借欠补还等项，每岁计费二、三十万。四十五年，议定经制，岁发主兵银一十二万三千三百两，客兵银十万两。今万历六年，实计主兵银一十三万三千三百两，客兵银九万五千两。

成化二十一年，镇守太监刘政题：偏头关等处急缺粮草，欲改拨天津仓粮米十万石支用。本部复：议得天津去山西遥远，恐搬运不前，发太仓库银二万两（此京运之始）。

弘治十三年，房寇犯边。本部议：将山西布政司银五万两，解送偏头、雁门等三关支用。

嘉靖九年，准兵部咨。本部议题：偏头关粮草原系山西布政司民粮供应，并无本部运发银两事例，但今大房深入，粮草缺乏，合无不为常例，动支京库银两，召买粮草，以备主客兵马支用。奉圣旨：是。地方多事，准支与太仓银五万两。钦此。

二十年，给事中樊深建议：岢岚州，名虽腹里，实近边关，往时失事，此处居多。乞将巡抚移镇代州，创起年例。本部复：准自二十一年为始，发京运银三万两，于岢岚等处专备客兵支用。

二十一年，巡抚李珏题：添广武站军二千名，马一千八百匹，计粮料布花，每年该用银三万两。本部复：准发年例银一万五千两，开盐引银一万五千两（此主客年例之始）。

本年吏部尚书许谳题：预防虏患。本部复：准除先次发过银五万两，再发银八万两（是年，添设总督三关大臣，其山西巡抚提督三关，令如旧行事，总督则大同西路，并坪、朔州、山阴、马邑与延绥东面近关城堡，皆得调度应援，此设总督之始）。

二十二年，总督翟鹏题：代州驻扎参将募军七百五十名，广武站驻扎守备募军一千七百五十名，照依各边募军则例，每名赏银五两，该银一万二千五百两。本部复：准照数给发，以后募军银两仍照会议旧例，兵部自行处给。

本年兵部建议：奉旨于太原、石隰、平阳、潞安四处，各添参将一员，各募军三千名，共一万二千名，每年合用粮料布花，该银九万九百二十四两（是年派盐引，尚未发京运）。

二十三年，巡抚曾铣咨称：召募太原等四营军马，原议开派盐引，今各运司额盐不够分派。本部题：准加发年例银九万九百二十四两，又补发神池等堡二十四年岁用不敷盐引银二万九千九百六十七两二钱。

本年客兵防秋共用银三十二万五千六百八十五两。

本年巡抚曾铣题：讨岢岚等处年例银两。本部复议：岢岚等处年例，乃嘉靖二十一年未设参将之前，量加年例银三万两，专备调集客兵支用，今既设将募军，又添有岁额钱粮，原议银三万两，系额外无名之费，相应查革，以后不许混行奏讨。

二十四年，总督张汉题：二十三年，北楼口新设游击，原议添募军马，旧军四百七十九名，新军二千五百二十一名，马三千匹，一年月粮布花料草该银四万八千五十两一钱。尚书王杲复：准自本年为始，每年与各边年例一并请发，著为定例（又因盐引不足派边，全发广武站募军年例银三万两）。

本年巡抚曾铣题：本镇三关防守民壮弓兵屯夫，及调到延绥、山东等处官军八万四百三十五员名，计防秋六个月，行粮料草除部发银二十万两，尚少折乾银一十八万五千九百四十七两。本部复议：发银三万两。又该总督翁万达题：讨百里之内摆边军士行粮银七万两。

二十五年，发京运主兵年例，广武站三万两，太原、石隰等四处银九万九百二十四两，北楼口银四万八千五十两一钱，共计一十六万八千九百七十四两零（此主兵年例全数，自此至四十四年，该镇俱照此数请讨，中间或全发或减发，减发者，亦不下十一、二万）。

本年本部题：准盐引不够派边，除年例外，补发京运银四万八千九八六十五两三钱五分（自此至三十年，俱岁发四万余两，三十一年停止）。

本年巡抚杨守谦，总督翁万达会议：明年与大同并守外边摆边官军四万员名，马骡一万八千九百八十四匹，合用粮料本折共二十四万四千六百两，除节省余剩银七万九千五百三十余两，乞再发银一十六万五千五百六十六两。本部复：准预发银一十四万两。

二十七年，户科都给事中罗崇奎题称：趁丰年预买粮草。本部复：准每年十月内，将次年主客兵银两俱先量发一半（自此至二十九年，以并守大同客兵银俱减发）。

三十年，巡抚许论题称：并守大同官军，自二十七年以后，俱入大同会计，今奉议罢守，掣回防守三关，合用粮料，该添银一十万五千六百九两。本部复：准发银七万两。

三十一年，防秋客兵，实用过银二十四万五百七十四两三钱七分（自此至四十四年，客兵银大约同，多者或二十七、八万，或三十万）。

本年本部题：各边不敷盐银，即今先期挪派，所获之利，似为盈余，应合停止，以纾国用。奉圣旨：是。钦此（以前补不敷盐引银四万余两，俱停解）。

本年巡抚都御使许论题：平刑、偏、老募军，合用月粮布花银两。本部复：将前平阳、潞安等处，募军查革回籍，遗下京运银两，改供平刑、偏、老新募军马。

三十二年，总督苏祐会计防秋钱粮。尚书方钝复：准除见在粮料煤炒外，发添买本色，及折支等银共一十二万七百二两二钱，又发额外银二万九千二百九十七两八钱。

三十四年，巡抚王崇题：本省提编银两，定议停寝。本部复：准将山西提编均徭银二十七万余两，量免五分，定征五分，解赴三关交纳，准作三十五年主兵年例。

本年总督许论题：发防秋银两。本部复：准除预发银十一万两，又发一十一万三千九十两零（本年本折总计，共用过三十万八千五百五十九两）。

三十五年，巡抚王崇题：加民运脚价。本部复：准减发年例银四万五千六百七十四两一钱。

三十八年，给事中刘一麟条陈：各处赴边民壮，每名征银四两，照月支给，其逃亡事故余银，雁门兵备道查明贮库，布政司年终报部准算，年例及总督军门修边支用。后该都御史题：各民壮自四月调取赴边修守，至九月中擎放，其四月、五月，在边修工劳苦，合无照旧每年征六个月工食银各六两，解边给散，中间到边迟早，或依期擎放，每年大约扣工食银一万余两，报部准抵客兵支用。

三十九年，粮储主事牛山木呈：山西镇主兵年例，岁该银一十六万八千九百七十四两一钱三分，除开派年例工本盐引银一万九千八十三两一钱二分外，该京运银一十四万九千八百九十一两一分。本部复议：共发过银十万两。

四十一年，本部题：查该镇见在银两，足备支用，扣减主兵年例银五万九千八百九十余两（止发银九万两，四十二年同）。

四十四年，巡抚万恭题：老营新设副将奇兵马匹，乞全发年例。本部复：准共发银一十一万五千两。

本年总督江东题：三关摆守粮饷，乞照四十一年以前会计，发银一十七万七千五百二两。本部复：准发银一十五万两。

四十五年，尚书高燿题：准议定经制，每年发主兵银一十二万三千三百两，客兵银一十万两，俱为定额，客兵除额扣民壮工食银一万两，部发九万两。

隆庆二年，巡抚杨绹题称：虏犯石州，窥伺汾州一带，请增兵马一支，每年防秋，合用粮料。本部复：准增客兵年例银一万两，与前年例并，额扣民壮工食银共一十一万两。

本年督抚奏留山西布政司库贮各项解京银一十八万八千五百七十四两，凑补六年蠲免民运之数。

三年，巡抚靳学颜题称：站银抵充年例，通省驿递等银，原议每年一十八万有奇，本年题奉钦依，止征一十二万余两，今又议增走递边骡料草银六千七十余两，别无余剩，委难抵作年例。本部复：准以后年分，查将积余站银，每年挪出五万两，充作三关主兵年例，其余不足之数，本部题请补发。

本年本部题：准发主兵年例银一十二万三千三百两，客兵银一十万两，扣民壮工食银一万两。

四年，发主兵年例银一十一万八千三百两（原议该年例银一十二万三千两，内将五千两换宣府盐引）。

本年巡抚石茂华题：将山西布政司堪动银四万两，趁时籴买谷石，专备客兵支用，待一、二年，扣减年例。

六年，总督王崇古题：河曲营改设参将，水泉营改设守备，添募军六百二十四名，马二百九十四匹，岁用粮料布花草束该银三万三千五百五十二两六钱八分，内除防河客兵所省行粮银八千七百七十八两，存积盐引银九千六百七十八两，尚少银一万五千九十六两六钱八分，且新军支给客兵钱粮事例相背，应该并入主兵项下。本部复：准二营新募兵马，准于客

604

饷数内改拨银一万五千两，收作主兵项下，自隆庆六年为始，每年发山西镇主兵银一十三万三千三百两，客兵除额扣民壮工食银一万两外，发银八万五千两。

万历元年，督抚王崇古等题：主兵正用不敷银一万三千五百八十一两，河曲营又议增新军，添饷银二万四千六百二十八两，乞要增发。尚书王国光复：准暂发银三万八千二百九两，以后年分，将河东运司盐课抵充。

六年，巡抚高文荐题。本部复：准将山西布政司应解蓟镇义兵工食银五千两，就近扣留山西镇，抵作客饷，每年将应发该镇客兵年例内，照数扣解蓟镇，抵作义兵之用。

本年本部题：该镇主兵额定银一十三万三千三百两，客兵额定银九万五千两，主兵除事例、赃罚、历日、纸工走递驴、骡料草等银四万一百五十三两四分六厘零抵补外，仍发银九万三千一百四十六两九钱五分三厘零，客兵除额扣民壮工食银一万两，蓟镇义兵银五千两抵补外，仍发银八万两。

八年，总督郑洛咨称：标下左右二营官军马骡，每岁约用客饷银七万五千两，除大同镇该银三万四千两外，自本年为始，每岁宣府镇连旧改拨银共三万四千两，山西镇改拨七千两，一并给发，专备标兵支用，日后移驻怀来，改拨银两即行停止。尚书张学颜复：准。

**俸粮**

俸给则例

都指挥佥事、指挥使月支俸三十五石。

指挥同知二十六石。

指挥佥事二十四石。

正千户一十六石。

副千户、卫镇抚十四石。

实授百户一十石。

试百户五石。

以上俸粮，在老营、偏头所，本色俸一石折银七钱，指挥小折俸二石，千百户一石，俱每石折银三钱五分；振武卫、雁门所，本色俸三石，百户二石，每石折银六钱三分；宁武、八角所指挥，本色俸三石，每石折银五钱，千百户本色俸一石，宁武所每石六钱三分，八角所每石七钱，小折俸一石折银三钱五分，其折色俸，每石折钞二十贯，每贯折钱二文，每七十文折银一钱；其镇西卫保德、宁化所指挥、千户、卫所镇抚，本色俸三石，百户并保德所镇抚二石，俱每石折银五钱，内偏、老二所本色俸内，上半年本色六分，折色四分，保德等卫所本色俸内，上半年本色三分，折色七分，下半年俱支折色，照前则例折给。

主兵月粮则例

各卫所营堡旗军、通丁、真夷，俱月支粮一石，内军门真夷、通丁，除随军月粮外，又每月加粮一石，本折兼支；肉菜银五钱，河曲参将营旗军，每年自十月起至二月止，计四个月，每月加给银三钱。

镇西卫岢岚、广武站守备营，宁化所太原营旗军，俱月支八斗。

哨瞭犯人，月支三斗。

以上月粮，老、偏二所，每上半年本色六分，折色四分，河曲、岢岚、盘道梁、八角、宁武、保德、镇西、五寨、三岔、利民、神池等卫所营堡，俱上半年本色三分，折色七分，太原营全支折色；老营、偏头、河曲、八角等营所，俱每石折银七钱；五寨、三岔、宁武、神池、利民、盘道梁等营堡，每石折银六钱三分；宁化所、岢岚、太原营，每石折银五钱；镇西卫、保德所，每石折银五钱五分；哨瞭犯人，每斗折银七分，有六分三厘者；其振武卫、雁门所旗军、北楼口、平刑（型）关募军，俱上半年本色八斗，折色二斗，每斗折钞二贯，每七贯折银一分。

## 主兵兼食行粮则例

老营所分辖守墩旗军，月支四斗五升，兼墩坐月夜不收，并水泉营、偏头所分辖守墩军夜，月支一石。

河曲营沿河墩台军，自十一月起至次年二月止，防河御冬四个月，每月四斗五升，每斗俱折银七分。

## 马匹料草则例

各路总、副、参、游守操等营官军马，俱月支料七斗八升，草二十六束，每年自正月起至四月止，月支本色料三斗，草一十束，折色料四斗八升，草一十六束，十月至十二月，全支折色，五月至九月放青，不支料草。

军门寄操家丁马，月支料九斗，草三十束，本折兼支，若遇调赴该营团操，随营支给料草，本堡即日住支。

军门原选听差夜不收马，每年上班六个月，随营支给料草，下班六个月，在各卫所按月造支。

以上料每石折银六钱，草每束俱折银二分。

## 布花则例

老营保所副参游守营、偏头所参守营、河曲参将营、八角所旗军、夜不收、家丁，每名布四匹，棉花一斤八两。

宁武所正奇营、北楼、利民、神池参守营，盘道梁、三岔、五寨操防营军丁、夜不收，每名布三匹，棉花一斤八两。

保德所、广武守备营旗军，每名布二匹，棉花一斤。

镇西卫旗军，每名布一匹，棉花一斤。

以上布每匹折银三钱，花每斤折银六分。

振武卫、北楼、平刑（型）参守营，并雁门所旗军，每名布四匹，棉花一斤八两，内本色布二匹，每匹折银三钱，花一斤，折银六分，折色布二匹，每匹折钞二十五贯，花八两，每斤折钞二贯，每七贯，俱折银一分。

## 客兵行粮料草则例

御冬二司官军，每年十二月、正月二个月，官日支食米三升，旗军日支一升五合，每斗折银七分。

三路各营京塘，并本境塘拨官日支食米三升，旗军日支一升五合，间支军日支七合五勺，马每匹日支料三升，草一束，每年俱自七月至九月止，计三个月，内支本色一个月，折色二个月，每米一斗、料一斗五升，俱折银一钱，草一束折银二分五厘，内京路官军加支十月分行粮一个月，照前折给。

汾州守备营马，每年自正月起至四月止，又自十月起至十二月止，计七个月，每月料七斗五升，草二十五束；三关总副参游守操等营官军马，每年加给四月上半月，九月下半月，计一个月，支料九斗，草三十束，原支本色，如不敷，仍支折色。

以上料每斗俱折银六分，草每束俱折银二分。

正统七年，本部题：准太原左等卫旗军，递年调偏头关御冬守夏，分为两班，轮流回卫取讨衣鞋，沿途日用口粮，照大同操备官军事例，每名日支一升，回卫住支。

成化四年，本部题：准行山西巡抚，将在城旗军骑操马匹，照例自备草束喂养，各关遇警，方许关支料草。

嘉靖二年，巡抚胡锭题：偏头所游兵，照各边按伏不出百里免支行粮，仍照时价，月粮每石增银五分，宁、代游兵行粮，每斗增银一分，按月支给。

五年，巡抚江东题，本部复：准行雁门等三关，将各官军骑操马匹应给草料，仍照旧例，每年俱于十月初起至次年三月终止，每月内止给与二十五日，余下五日，扣收在官，待至四月住支月分，尽数补给，著为定例。

三十一年，御史吉澄条议：循旧折放，以恤军士。本部复：准官军月粮，春夏给以本色，秋冬给以折色，马匹料草，春季本色，冬季折色，著为定例。

三十二年，总督许论咨，本部题：准以后除动调人马，或出百里之外，或调他处截杀，方许关支行粮料草。总兵官先将总数用印信公文行管粮官，令其比对营伍手册相同，方准行仓支放，如不出百里，并一应往来迎送、防护巡视等项杂差出外官军，不许违例关支。

本年主事张守宗呈，本部题：准行该镇轮操御冻官军，起撤处所相离百里之内，及上班在途之日，俱就于月粮自行备用，不得沿途概支行粮，守墩及夜不收人役，在大边支粮一石者，准加行粮一月，该米四斗五升，内边止以月粮自给，不得例外多支。

三十四年，巡抚王崇题：要将山西各营部马匹，应支六个月豆，通给本色，或本折间支。本部复议：查得各边马匹，止给六个月料豆，例不支草，即宣、大极边，冬春月料本色三斗，折色六斗，新议每月始加草十束，山西于月料之外得支草三十束，已为破例，难准议给。

四十四年，巡抚万恭条议收放，尚书高耀复：准将该镇主兵月粮，除折色照旧外，其应放本色月分，照依分数，粮贱则尽放折色，粮贵则尽放本色，其折色悉照时估给放，仍于秋成早定时估，一面借支官银，委官分投召买，候京运、民运到日，照数补还，召商给军，仍照时估之外，每石量加脚价二分。

隆庆五年，巡抚杨绎题：主兵马匹加给防秋料草。本部复：准将该镇客饷所省银两，量行动支不过一月折色料草之数，津贴防秋马匹，以后不得援以为例。

万历三年，巡抚沈应时题：东路盘道梁等四堡军士乞照中路王野梁阳方口则例，每军月加粮二斗。尚书王国光复：准将东路盘道梁、夹柳树、燕儿、水鹏梁等四堡额军三百二十名，每军每月原支粮八斗，再加给二斗，共一石，折银六钱三分；新改拨步军六百八十名，每军除原旧月粮八斗外，每月再加粮一斗，折银六分三厘，就令操守官另造一册，委官仍赴振武卫用印赍投管粮衙门，俱于主兵逃故军士数内通融支给，东路其余边堡不得援此为例。

### 修边

嘉靖二十六年，总督翁万达题。本部议：照山西、大同两镇，并力帮修大同外边五百里，通计二十三万七千一百一十两一钱一分，除前发过银一十六万两外，今再发银七万二百七十三两。

三十四年，总督许论题：请发修边银两。本部复：准二次发银二万七千五百两（系三镇）。

万历七年，督抚吴兑等会题：议修边等项，合用盐菜买米等银，共该一十一万六千九百五十八两五钱七分七厘九毫。尚书张学颜复：准于本省无碍银，及存积客饷银内动支七万两，仍少银四万六千九百五十八两五钱七分七厘零，合照户七兵三事规，本部该发银三万二千八百七十一两四厘零。

### 赈济

嘉靖十二年，巡抚王德明题：为地方灾伤，乞发帑银赈济。本部复：准于河东运司盐课银内动支一万四千两，准作本年京运年例相兼本处米粮赈济。

二十一年，内阁接出钦奉圣谕事，本部议题：请勅一道，赍送该省巡抚，并动支银十万两，听其委官赈济，务使得沾实惠。奉圣旨：是。便写勅与他，山西近日被虏残患地方，军民该征夏税秋粮并差役，都照上年事例，再行蠲免二年，仍动支太仓银一十万两运该镇，分委能干官员，将被害军民之家，分别轻重，量行赈济，其山西被虏州县拖欠大同一应钱粮，将该省事例银两补解，余依拟行。钦此。

兵部咨。本部题奉圣旨：太仓库银，准动支六万两，解送山西布政司。张汉着兼都察院右佥都御史，前去山西，亲诣大虏经过地方，逐一查勘杀伤、抢掠、残毁各该州县人户，量其轻重，通行赈济，仍免差税二年，以苏军民困苦。钦此。

## 仓庾

宁武关仓、阳房堡仓、土棚堡仓、神池堡仓、利民堡仓、代州城仓、雁门关仓、广武城仓、北楼城仓、平刑（型）关仓、偏头关仓、老营堡仓、水泉营堡仓、灰沟营堡仓、楼子营堡仓、罗圈堡仓、唐家会堡仓、公用城堡仓、三岔堡仓、五寨堡仓、河曲县仓、保德州仓、岢岚州仓、宁化城仓、八角城仓、静乐县仓、崞县仓、闹塈驿仓、平原驿仓、兴州仓、定襄县仓、五台县仓、繁峙县仓、沙涧驿仓、太原营仓。

## 职储

嘉靖十五年，抚按官韩邦奇等题：山西三关最为要害，岁办粮银三十余万，总司出纳之官，止一州同，官卑力薄，弊出百端，及查宣府等处皆有郎中督饷经理。本部复：准选差廉干主事一员，前去宁武关适中驻扎，督理粮饷（此差官之始）。

二十四年，总督张汉题称：要将北楼口巡检司巡检裁革，改为北楼口仓换给印记，铨除主事一员，收放粮草。本部复：准。

三十二年，总督苏祐等题：欲裁汰都司卫所，与王府护卫兵粮之费，补给边军月粮。本部尚书方钝复：准将王府中校旗军止存旧额，投充办纳，严行沙汰，中旗、乐舞生、民厨、乐户月粮，本色四分，折色六分，应赏布花减半支给；仪卫司群牧所，并各卫所不征操官军，照数扣出粮米银两，送军储仓代州库收贮，备平刑（型）、偏头、广武等城新军支用。

本年本官题称：京运银发山西，山西事例银两解部，徒增道路盘费不便。本部复：准行令该布政司，每月终将开纳事例，类解本部管粮官处，出给通关，并入边储文簿，按季呈报，扣除年例。

本年主事张守宗呈，本部题：准移咨吏部，将山西神池、利民、平刑（型）三仓，每仓选仓官一员，拨攒典一名，经理钱粮，仍咨礼部，铸给印信，付各官赍领，前去该仓收掌，其合用俸粮，准于存留粮内拨给。本官又呈，本部题：准咨巡抚等官，查各城官吏师生俸粮，走递骡头，行布政司，改于有司仓库存留税粮赃罚银内支给；修守民壮，即依嘉靖二十八年会议，亦于赃罚银内支给；若与边军一体戍守者，就改客兵项下，于防秋银内动支；或系冗役，即行裁革，轮操官军，的系百里之外，摘拨到边防守，依例关支；瞭哨人犯在边哨边，许与口粮，若止是各项员役，以罪发遣，分隶各墩，并不准支；守墩、夜不收在大边支粮一石者，准加行粮一月，该米四斗五升，内边止给月粮，不例外多支。

本年本部题：准将空白勘合四百道，外号底簿二扇，如动调兵马按伏截杀，及各卫所官军该支俸月粮赏，各营马匹月料，填发各该仓场库，关支完日收销，按季缴部，用尽另印发，以后勘合纸张，就将该镇土头银内置办赍部自行印刷。

臣等谨按：山西边饷，正德以前，岁用民屯仅三十余万。嘉靖壬寅，虏犯太原，添设参、游，增募兵马，创城建堡，费用不赀，民屯始称不敷。于是开边引，请京运，取盐课，奏讨相仍，岁用加倍。近因虏款，将三关屯地，召人开种，饷虽稍裕，而京运不减，去浮存约，汰冗复旧，在督抚诸臣一加之意耳。

## 《万历会计录》卷二十六 延绥镇饷额

### 延绥镇目录

屯粮

民运 附河运

盐引 附茶引

京运

开纳

赈济

俸粮 附料草冬衣布花

修边

仓庾

职储

甲表 58 延绥镇饷额

| 本镇饷额 | 原额 | 见额 |
|---|---|---|
| 主兵官军(员名) | 80196.00 | 53254.00[1] |
| 马骡(匹) | 45940.00 | 32133.00[2] |
| 屯粮料(石) | 65845.00 | 56487.38[3] |
| 草(束) | 43372.00 | 61505.00[4] |
| 地亩银(两) | 1124.00 | 1046.16[5] |
| 民运粮料(石) | 280000.00 | 97826.89[6] |
| 草(束) | | 7942.00 |
| 折色银(两) | | 197433.00 |
| 淮浙盐(引) | 200000.00 | 156482.00 |
| 该银(两) | | 67625.52[7] |
| 京运银(两) | 100000.00 | |
| 京运年例银(两) | | 217265.21 |
| 节年陆续加增银(两) | | 140000.00 |
| 共该银(两) | | 357265.21[8] |
| 客兵[9] | | |
| 淮浙盐(引) | | 70000.00 |
| 该银(两) | | 29750.00 |
| 京运年例银(两) | | 20250.00 |

[1] 原书此处注：比原额减 26943 员名。
[2] 原书此处注：比原额减 13807 匹头。
[3] 原书此处注：比原额减 9357.62 石。
[4] 原书此处注：比原额增 18133 束。
[5] 原书此处注：比原额减 77.84 两。
[6] 原书此处注：比原额减 182171.11 石。
[7] 原书此处注：连下客兵共 226482 引，比原额增 26482 引。
[8] 原书此处注：连下客兵共 377515.21 两，比原额增 277515.21 两。
[9] 原书此处注："调遣不常，无定数。"

## 延绥镇沿革事例

### 屯粮

国初屯田三万七千七百五十六顷二十二亩，该粮六万五千八百四十五石，草四万三千三百七十二束，地亩银一千一百二十四两。于时虏不过河，军士得于套内耕牧，益以樵采围猎之利，地方丰庶，称雄镇焉。自弘治十三年以后，虏酋据套，诸利俱失，镇城四望黄沙，不产五谷，虽节经抚臣清查，而军马日增，屯政不举，一切刍粮，仰给腹里矣。

正统六年，都御史陈镒题：该镇岁用草九十三万七千七百一十束，勘得产草地内，可采秋青草七十三万九千束外，不敷草一十九万八千七百一十束。本部复：先尽延绥二卫屯军地亩谷草内定拨，果再不敷，仍于延安府所属州县拨补，与囚人赎罪草相间凑用。

本年都御史王翱题：延绥二卫屯田军余，每年在边守备五个月，秋成照例上纳子粒六石，草一十五束，其不备边军余，亦止如前上纳，不无偏亏，要将守边者，量减子粒一石，或二石庶劳逸适均。本部复：准止纳五石，著为定例。

八年，本部查得：各处都司卫所屯军，每田五十亩，例该正粮一十二石，给军食用，余粮六石上仓。今陕西行都司官下舍人、家人、女婿数多，每家占种肥饶田地，每田一顷，只是纳粮一十二石，户内别无民间差徭，且粮米亦在本处交纳，实为轻省。欲照原拟，每田一顷，科粮一十二石。缘各官奏称，官员俸粮不足，全靠家人养赡。合无每田一顷，减免二石，止纳十石。

本年都督王祯题称：延绥二卫地连沙漠，难比甘、宁通接黄河，地土肥饶。要将彼处官下舍人、家人、女婿寄住人等，佃种田地，每田一顷，比照甘肃事例，再减二石，上纳八石。本部复：奉圣旨，边上积粮是国家重务，百姓每远运，好生艰难，官下舍人家人、人等所种田地，怎么不着实纳粮，如今也减轻，每顷只着纳粮八石，还着王祯用心提督，再不许徇私妄奏。钦此。

九年，佥事陈斌题：屯田军余，每年收成之时，调去缘边备冬，中间贫难只身者多，该征草束遗下，负累妻子挑驮远运，诚恐逼迫。要将每军纳草一百束内，减二十束，仍纳籽粒一石。本部复：准。

十年，都督王斌题：安边营调拨庆阳等卫官军余丁马匹，并随旧操马匹。要将绥德卫屯草三十二万五十束，延安卫屯草二十三万八千九百束，尽数拨付安边等营交纳备用。本部行移都御史，及陕西都、布、按三司计议。左布政使宋杰等奏：将庆阳卫屯田余粮一万四千二百二十六石，于内将四千二百六十六石，每粮一石折草一十六束，共草七万一千一百束，送王斌处，分拨安边、定边二营交纳，其府谷起至宁塞二十三处，俱仍照旧拨纳，不敷之数，各照旧例，通行督令原种草束，采打湖泊秋青草，相兼喂饲。本部复：准。

十一年，本部题：准将延绥一带营寨，照依甘肃、宁夏事例，着令军余自备草束支用，其军余该供本边折粮草束，仍纳本色，以供边储。

成化十三年，巡抚余子俊咨称：榆林卫新迁延、庆二府土军、户丁四千余名，俱在陇州城等处安插屯种，每岁该征屯粮二万余石，请添设同知一员，催理屯粮（本年，始筑城立镇，调延安、绥德军马，填实其中，计三卫屯粮共五万六千余石）。

嘉靖十年，巡抚萧淮题：开本镇屯粮六万六千一百三十五石一斗八升，草七万三千二百二十一束，秋青草三十七万七千四百六十束。

三十四年，总督贾应春题：延安、绥德、榆林三卫屯粮原额六万六千二百三十九石八斗，草七万三千二百一十一束，除抛荒外，实征粮六万三千九百石七斗六升，草六万九千五百五十五束零。

四十一年，御史陈旌题：清查本镇，延安、绥德、榆林、庆阳、环县守御五卫所，原额并清出屯地实在四万七千五百□顷九十九亩一分，该粮八万七千六百八十石零，草七万八千五十七束，地亩银一千四百六十五两二钱零，派行屯田等官，严督各卫所，依册内召种。尚书高燿复：准延安、绥德、榆林三卫，系本镇屯数，庆阳、环县系供固原之数。

四十五年，巡抚王遴题：本镇屯粮六万四千八百五十二石五斗六升零，草四万三千四百一十六束，秋青草三十七万七千六百四十束。迩年以来，虏贼侵扰，兵马防御不遑，并无采集草束。

隆庆元年，巡抚杨巍咨报：本镇屯粮八万九千六百九十六石九斗四升，草八万九百四十五束。

三年，陕西布政司册报：本镇屯粮六万四千八百五十二石零，草四万三千四百一十六束零，地亩银一千九十六两零。

四年，总督王崇古题：清查出该镇余地一万五千八百一顷四十八亩，共该征粮九千六百九十石五斗。

本年都御史庞尚鹏题：延宁边墙夹道多有腴田，近行开垦，其新行清丈者，令其每二亩折一亩上纳，俟三年方计亩征粮，及称新增地粮计有万石，欲将专备修边口粮。本部复：准。

五年，布政司册报：本镇本色屯粮八万九千六百九十六石九斗三升，草八万九百四十五束。

六年，郎中张国华册报：本镇屯粮二万八千七百一十六石二斗八升，料二万七千一百九石六斗三升，草四万六千九百二十七束零。

万历元年，巡抚张守中题：乞增年例。本部复：议得隆庆元年九月内，先任巡抚杨巍奏称，本镇屯粮八万九千六百九十六石，屯草八万九百四十五束。及隆庆五年，陕西布政司册报相同，必有所据。今报岁入粮料止有五万五千八百余石，草止有四万六千九百余束，即以料数抵粮外，比前报尚少粮三万三千八百余石，草三万四千余束，相应移咨总督衙门，查明议处。

二年，总督石茂华题：本镇屯粮三万三千七百九十六石七斗七升，料二万四千七百二十二石，草三万四千四百七十八束零（三、四、五年俱同）。

三年，总督石茂华题称：先年都御史杨巍，及布政司奏报屯粮，将庆阳卫，并环县守御所屯粮内该供固原镇粮二万三千四百二十四石九斗四升四合，草三万一千八百七十三束零，俱算作延镇之数，又将榆、绥、延三卫抛荒免征，及折色、折减粮九千七百二十一石七斗五升二合，草一千七百五十四束零，俱计为实征额数，又本镇边储簿内，相沿誊旧漏报粮七百二十四石三斗三升七合，草三千八十九束零，以致本部计算本镇少报屯粮料草额数。

六年，郎中谭启册报：本镇屯粮三万三千七百九十六石七斗七升，料二万四千七百二十二石，草三万四千四百七十八束。

七年，巡抚宋守约册报：本镇屯粮料五万九千五百八十七石三斗八升，草二万五千四百七十八束，折米草四万二千五百二束，地亩银一千四十六两一钱六分。

### 民运

国初额派诸省民运，俱从巡抚等臣酌量三边地方缓急，分给济用。成化间始岁派西安等府民运二十七、八万石，及河南布料价银三万三千两，充本镇军需。自布政文贵奏改西安、延、庆三府之税，为抛荒折色二万石。侍郎冯清又将三府本色尽征折色。嘉靖中，巡抚王轮议：本折兼用。隆庆初，总督王崇古议：尽复本色。今载于册者，粮八万三千四十九石，料一万四千七百七十七石，草七千九百四十二束，折色银一十九万七千四百七十三两。

正统六年，本部会同大学士杨士奇等议得：延绥、甘肃、宁夏三处，调遣军马，支用浩大，难以措备，行山东、河南二布政司，于七年分夏税内，折征阔白棉布二十万匹，直隶苏州府起运折色粮内，拨银五万两，送去陕西备用。

成化九年，巡抚余子俊置榆林卫，调发延、庆、绥德、榆林四卫官军，分方戍守，岁派本省西安、延、庆三府夏秋本色粮料二十四万一千一百三十六石九斗八升，折色粮料一万五千八百四十二石，谷草四十八万四千一百四十束，凤翔、汉中二府折色草价银六千九百六十九两四钱四分，河南布政司布料价银三万三千两。

弘治十三年，巡抚陈寿题：乞将河南夏税改征本色解用。本部复：行河南巡抚，将夏税七万六千八百石，改征本色，并于见在粮内，量拨一十万石，查照缺粮仓分上纳，以备缓急支用。

十六年，陕西布政使文贵奏：将西、延、庆三府额派本镇抛荒粮二万石，改征折色。

正德十年，侍郎冯清题：陕西布政司递年坐落各边粮草，要查各属地里远近，定拟折色之例，解边籴买，或准折官军行月等粮。本部复：准除附近州县原纳本色者，听从民便，其西安等府属离边窵远，征收价银，每石秋粮一两，夏税九钱，黑豆、豌豆八钱，草每束四分，征解西安、凤翔等府。

嘉靖四年，巡抚张缙题：近年陕西布政司将原派岁运本色太半折银，岁共征本色粮一十五万一千三百余石，料二万一千五百五十余石，折色粮料草价银共一十四万五千九百三十六两；河南布政司岁派夏税料布银三万三千两。

十年，巡抚萧淮题：本镇岁入陕西布政司税粮本色七万九千三百四石九斗六升，折色银一十八万四千六百五十八两二钱三分，草五十五万二千八十六束；河南布料折银三万三千两。

三十三年，巡抚王轮题：本镇民运，先年俱系本色，后自布政文贵改各府抛荒田地为折色，侍郎冯清将西安、凤翔等处尽改折色，致使边储匮乏。乞要查议凤翔府定拟本色二分，折色八分；西安府本色四分，折色六分；延、庆二府七分折色，三分本色；汉中府等处照旧折色。本部复：准行移陕西巡抚官，再加详议，如果转输故址，并堆贮粮草地场仓分，见在民情咸称经久可行，即如所议。

四十五年，巡抚王遴奏报：本镇民运本色粮料三万二千七百六十六石三斗八升，本色草一万二千八十八束，折色粮银各一十九万八百三十四两五钱五分六厘四毫，折色草银共二万三千一百三十七两三钱二分，本省并河南折色料银共五万三千二百七十一两二钱一分八毫。

隆庆二年，总督王崇古题：复延绥本色。本部复：准将西安等府额派延绥镇，夏秋税粮马草，俱改征本色，坐派仓口，就近上纳。

三年，布政司册报：本镇岁派税粮本色四万三千三百一十七石二斗三升，折色银三十一万六千一百八十七两六钱六分二厘零，粮折布四百匹，马草本色二万一千三百七十四束四斤零，折色五十万六千一百三十五束三斤，折银一万九千二百一十八两四钱二分四厘，河南料价银三万三千两。

六年，郎中张体乾册报本色粮八万三千六百一十八石三升，料一万四千三百二十七石，草三千二百一十七束八斤零，折色银一十九万六千五百四十六两，河南折布银三万三千两（万历元年至五年数同）。

万历六年，郎中谭启册报：本镇民运粮八万三千四十九石六斗四升，料一万四千七百七十七石二斗五升，草七千九百四十二束零，折色银一十九万七千四百三十三两零，河南折布银三万三千两。

### 河运

嘉靖四十五年，巡抚王遴题：神木、府谷二县，大栢、油栢、林永兴、镇羌、孤山、木瓜园、清水营、黄浦川、高家、建安等堡，道路阻绝，商贩不至，各军领去官银，无从籴买，欲要经理河运。本部复：准量造船二、三十只，每只约载五、六十石，动支该镇兵饷银两，于山西兴临保德积粟地方，籴买粮米，运赴该县收贮备用，仍通行彼处巡按衙门，转行该府州县官员，勿得遏籴，及行陕西布政司，将葭州吴堡县应解本镇钱粮，俱改本色，运赴该县交纳。

隆庆三年，都御史庞尚鹏题：先该抚臣王遴开运道于府谷，每年操船往山西兴、临、保、德各地方随时籴买，以济黄浦川九堡之急，旬月之间运粮数千余石，此皆已试成效，乞严行该道，将前项造船事宜，督责考成。本部复：准。

## 盐引（附茶引）

国初边臣奏：请开派本镇盐引，多寡不一。嘉靖年间，始定主客兵盐银，兹后有额派，有补岁用不敷之例。额派者，专备客兵支用，补岁用不敷者，照例给放官军月粮，及新增募军之费。

正统五年，都御史陈镒等题：延绥边堡缺粮，要比照肃州事例，开中盐粮。本部复：准开淮盐一十二万引，浙盐八万引，每引纳米豆麦二斗五升，三分淮盐，二分浙盐，相兼上纳。

成化二年，巡抚徐廷章题：乞发盐引，以实边储。本部复：准开两淮、两浙、长芦、河东等盐四十万引。

六年，巡抚马文升题：要开中引盐。本部复：准开两淮盐一十五万引，每引料六斗，如有料纳粮，或纳草三十束；两浙盐一十五万引，每引料三斗，如有料纳粮，或纳草二十束。

十四年，开河东盐三十万引。

十七年，巡抚杨浩题：粮料缺乏。本部复：准开淮、浙、河东盐四十万引。

弘治元年，巡抚贾奭题：急缺粮料。本部复：准开淮、浙盐三十八万引，分拨三镇，籴买粮草。

八年，巡抚熊绣题：本镇边储急缺。本部复：准开两淮、河东、福建存积常股盐三十万引。

十七年，预备边储，开两淮存积盐一万一千五百三十四引，常股盐一十七万九千二百六十五引，两浙盐一十万九千二百一引。

正德五年，侍郎丛兰题：宁夏等处库藏空虚。本部复：准开两淮等盐二十五万引。

六年，侍郎丛兰题：各镇地方，惟甘肃庄浪、古浪，宁夏兴武营、花马池，延绥旧安边营、定边营，虏骑出没，转输最难，乞将灵州盐课司所辖大小二盐池盐，查照时估，以近就近上纳粮草，听延、宁二镇轮流收拨花马池等城堡支用。本部复：准照先年旧例，每一百引价银二十两，每镇轮管一年，以五万引为则，召商报中粮草，以备客兵支用。

七年，巡抚舒崑题：粮草缺乏。本部复：准开两淮等处盐三十一万一千八百七十四引。

十三年，巡抚陈璘题：鞑贼在套，添调人马按伏，乞开盐引济用。尚书石玠复：准开河东盐二十万引。

本年，巡抚陈璘题：本镇大虏住套，损伤马匹，要将灵州盐课，照甘、宁事例，或五年，十年，俱与延绥买补马匹。本部复：准将正德十四年分一半盐引，并十五年分盐引，尽数俱与延绥支用，至正德十六年以后，照旧宁夏、甘肃二镇轮流开中。

嘉靖元年，本部议：开两淮等余盐一十四万引，该价银七万六千五百两。

八年，尚书梁材题：自九年为始，开淮浙、山东、长芦盐七万引，共银三万二千三百三十两，专备客兵支用。

九年，总制王琼题：灵州盐课司所管大小盐池，挑浚沟堑，盐利大通，宜令十月以后，不必封池，俱召商报中，每引照依时估，定立斗头，于附近花马池、定边营等仓上纳米豆。本部复：准。

十年，巡抚萧淮题：北虏入套，乞发帑银备用。本部议：开淮浙等盐，共一十二万二千五百引，折银五万两。

本年巡抚萧淮题：本镇岁入之数尚少银三万三千八百八十九两零。本部复：准自明年为始，照数定派淮浙、山东盐抵补。

十一年，尚书许赞议：给本镇银两，开淮、浙、山东盐一十四万引，及补不敷支用银三万三千八百八十九两，该盐八万七千二百七十八引，共二十二万七千二百七十八引，备主客兵支用。

十四年，巡抚于桂题：本镇民运减征，乞开盐引补给。尚书梁材复：发银三万两，准作本年开中引盐之数，备主客兵支用，又发银三万两，准作十五年开派引盐之数。

十五年，发银三万两，准作十六年引盐之数。

十七年，尚书梁材题：预派十八年本镇额盐七万引，补岁用不敷盐七万九千一百七十八引。

十八年，巡抚任洛题：添募军三千名，马三千匹。本部复：准除增年例银二万两外，加派淮、浙盐六万七千二百引，该银二万七千五百二十两。

十九年，开派本镇客兵额盐银二万九千七百五十两，岁用不敷引盐银三万三千八百八十九两，募军引盐银二万七千五百二十两。

二十二年，巡抚张瓒题：定边营募军三千名，马三千匹，合用粮草。本部复：准除增年例银二万两外，开淮浙盐六万一千四百八十五引，该银二万七千五百二十两。

三十年，巡盐御史杨选题：要将两淮余盐，通令赴边报中，免其运司纳银。本部复：准增添两淮余盐一十二万七千一十二引，每引价银五钱，该银六万三千五百六两，抵本年年例。

三十一年，尚书方钝题：将先年议补岁用不敷，并节增折募军马盐引，量行减免，止预开三十二年分淮浙盐一十七万一千四百八十二引，该银七万五千一百二十五两五钱，作主兵年例支用，又额派盐七万引，该银二万九千七百五十两，备客兵支用。

三十四年，稽考边储总督贾应春题：岁用不敷。本部复：准开淮浙存积盐共一十五万六千四百八十二引，该银六万七千六百二十五两五钱，额外派工本盐六万三百五十六引，该银三万一百七十八两，补足主兵年例，又开淮浙盐七万引，该银二万九千七百五十两，备客兵支用。

四十四年，御史朱炳如题：准自四十五年始，将工本盐停止。

四十五年，尚书高耀议：定经制，开淮浙存积盐一十五万六千四百八十二引，该银六万七千六百二十五两五钱，补本镇岁用不敷，并新增募军等项支用，又开额派淮浙盐七万引，该银二万九千七百五十两，备客兵支用。

隆庆三年，本部题：四年分盐引，除存积盐三分停止外，开淮浙常股盐一十万九千五百三十七引八十斤，该银四万七千三百三十七两八钱五分。续该巡抚李尚智题：乞补给盐价。本部议：发太仓银二万二千八十七两六钱五分抵补，停止存积盐价。

五年，尚书张守直题：本镇旧盐积滞，固原、辽东拨淮浙盐共六万七千五百引，该银三万两，备永平客兵支用外，预开六年分淮浙盐共一十七万四千九百八十二引，该银七万五千二百二十五两五钱。续该郎中张体乾呈：月粮缺乏，改拨引盐，仍乞增拨。本部题：发银一万三千二百二十五两补给。

六年，尚书张守直题：本镇旧盐引积滞，将客兵盐五千引，改拨辽东，预开万历元年淮浙存积常股共一十六万九千九百八十二引，共银七万二千七百二十五两五钱。

万历二年，总督戴才题：乞将大池课银一万三千六百四十两六钱四分，解延绥，抵作主兵年例，又将新增河东课银三千二百二十一两四钱四分，亦解延绥。该镇应发主兵银两，如数扣补宣、大，以后年分，郎中照旧收支，年终将实在数目报部，待积至五年，依例分解各镇，抵充年例。尚书王国光复：准。

三年，尚书王国光题：开准浙盐二十万八千三百七十四引一百九十斤，共银八万八千三百二十二两五分，专备客兵并岁用不敷，及新增募军支用。

五年，尚书殷正茂题：预开万历六年分两淮盐一十二万七百一十二引一百斤，两浙盐一十万五千七百六十九引一百斤，共该价银九万七千三百七十五两五钱七分五厘，专备客兵并补岁用不敷，及新增募军等项支用（以后数同）。

## 茶引

成化十年，巡抚余子俊题：乞要动支官银，于湖广地方买茶易马，骑操备战。本部议：洪武年间，不许客商兴贩茶斤，前往陕西等处货卖，今要湖广买茶易马，未免要越前关，况汉中等府，见有茶斤可买，又且路道近便，合无行移巡抚等官，榆林、绥德二库，共支官银五千两，委官于汉中府收买茶斤，运送西宁等茶马司收积，令巡茶御史照例易马，应付草料，送榆林等城堡，给俵无马军人。

弘治十四年，巡抚周季麟题：乞要开茶。本部复：准开茶五百万斤，行侍郎李鐩会同本官，召商报中，上纳粮草，以备支用。

本年巡抚陈寿题：乞要开茶三、四百万斤，易粮支用。本部复：准开茶四百万斤。

## 京运

本镇军饷取给民屯，原无京运年例。正统距成化初年间，发十万两，或五万两，分送三边以济一时之急，兹后遂定为例，本镇主兵岁发银三万两，而接济之数不与焉。正德间，侍郎冯清奏讨客兵银五万两。嘉靖中，虏酋不时出没，募军防守岁用不敷，主兵新增二十一万八千余两，客兵时发七万两，或八万余两。四十五年，始定经制，发主兵银二十四万两，客兵八万两。万历八年，主兵增至三十五万八千余两，客兵拟五万两为额，除盐引银抵数，余太仓补发。

天顺八年，本部议：预备边储，发银一十五万两，运送陕西三边，收买粮草。

成化十二年，大学士商辂题：往年西北用兵，榆林一带粮草最难供给，趁今无事之时，早为隄备。本部复：发银十万两，运送陕西三边支用。

十四年，兵部咨称：榆林声息众大，乞发银召买粮草。本部议：发榆林银三万两，如边报稍缓，准作十五年年例。

正德三年，停止年例银三万两，至五年俱未题发。

六年，侍郎丛兰题：要照先年事例发银，趁时籴买粮草。本部复：准照旧发银三万两。

十四年，侍郎冯清题：虏贼出套，动调各路大兵，乞预处粮草。本部复：发银五万两（发客兵银始此）。

嘉靖二年，巡抚周金题：虏贼入套，军饷匮乏。本部动：预发三年分年例银三万两。

六年，巡抚张缙题：套虏侵犯，兵马防守用费日及万余。本部发银三万两，备客兵支用。

八年，巡抚寇天叙题：虏贼入套。本部复：发银二十万两，专备大兵紧急支用。

九年，巡抚李如圭题：北虏拥众入套。本部复：发银七万两，备客兵支用。

十七年，巡抚张珩题：虏贼渡河，征调客兵策应，乞发银两。本部复：发银四万两。

十八年，巡抚任洛题：新募军三千名，马三千匹，乞发银两。本部复：增年例银二万两。

十九年，郎中高翀题：虏贼拥众入套，粮草应合预备。尚书梁材复：发银二万两，专备客兵支用。

二十二年，巡抚张珌题：定边营军三千名，马三千匹，该补银两。本部复：增年例银二万两。

二十三年，巡抚张瓛题：添游兵三千名，马三千匹，乞增银两。本部复：增年例银二万两，马草银三千六百两。

二十四年，巡抚张子立题：酉虏尽数回套住牧，急缺客兵粮草。本部议：发银二万五千两。

二十七年，巡抚杨守谦题：绥德地方挑选新军，及把都等五堡新募军一千九百八十八名，乞增粮料。本部复：增年例银一万八千四百八十八两。

二十八年，巡抚杨守谦题：召完官军二千名，马二千匹，请给月粮。本部复：增年例银三万四千三百四十两二钱五分。

二十九年，巡抚杨守谦题：二次召完堡军一千七百一十五名，乞增月粮。尚书李廷相复：增年例银一万五千九百四十九两五钱。

三十年，巡抚张愚题：新选壮丁四千一百五十名，乞增月粮。本部复：增年例银三万八千五百九十五两。

本年巡抚张愚题：召募守墙军三百八十五名，马二千一百匹，合增粮草。本部复：增年例银二万四千五百五十九两。又题：挑选通事家丁一千名，请给粮饷。本部复：增年例银九千三百两。

三十一年，巡抚张愚题：召完军人二千九百名，马二千九百匹，乞增粮料。本部复：增年例银五万两。

三十二年，巡抚王轮题：抽选土兵三千五百名，乞增粮饷。本部复：增年例银一万一千七百两。

三十四年，稽考边储总督贾应春题。本部复：准拟定该镇主客兵钱粮，除民屯料草本折外，发主兵银一十九万五千七十九两九钱八分，客兵银八万两（主兵年例□是年减一十万一千四百五十三两零）。

三十九年，巡抚孙慎题：先年议定该镇钱粮遗造料折银五万二千三百六十三两二钱六分，乞照数补给。本部复：三十四年，暂开本镇工本盐引银三万一千七十八两，堪以抵补外，尚该银二万二千一百八十五两二钱三分，以后增入年例。

四十四年，本部题：除将大小二池盐课抵补年例银一万两，余银照数给发。

四十五年，本部议：定经制，该镇主兵年例银两，除民屯盐引外，每年发旧例银一十九万五千七十九两九钱八分，新增料银二万二千一百八十五两二钱三分，通共发银二十一万七千二百六十五两二钱一分，客兵除额派盐引外，每年发银八万两。

本年督抚陈其学等题：添募游兵军马，系额外之数，乞增年例。本部议：再添发银三万两（主兵年例至本年增至二十四万七千二百六十五两二钱一分）。

隆庆三年，御史王君赏题：预召买，以省价值。本部议：将该省各衙门赃罚，及开纳事例银两抵充年例，趁时籴买粮草，年终造册预报，以凭照数扣发。

本年四川抚按官严清等题：将四川应解京事例赃罚银十万余两，改解陕西，抵京运年例之数。本部复：准。

万历元年，尚书王国光题：本镇主兵年例银二十四万两，除预解十一万五千两，并事例赃罚等银扣抵外，发银四万五千九百九十八两，客兵除预解四万五千两外，发银三万五千两。

三年，巡抚张守中题：本镇增补军马数多，岁用不敷，乞添发银两。尚书王国光复：自四年为始，除盐引斗头多得银一万两外，仍将应发固原镇年例银内改拨二万两，再添二万两，增入延绥数内，以为定规，不得再行援□奏讨（主兵年例银是年增至二十八万七千二百六十五两零）。

五年，尚书殷正茂题：本镇主兵年例银二十八万七千二百六十五两二钱一分，客兵年例

616

银八万两，又减派主客准浙盐引银九千五十三两四钱五分，除解主兵银十万两，客兵银四万两，并将事例赃罚盐课附余银抵补外，仍发主兵银一万六千五百一十二两零，客兵银四万两。

七年，尚书张学颜题：本镇主兵银每年增至二十八万余两，督抚犹称不敷，议要增银八万两，为主兵定额，该本部题行该镇，通融查议回奏，以凭议定经制，题请定夺。奉圣旨：是。该镇钱粮，自嘉靖四十五年议定经制后，节次奏添，已至七万有余，如何动称缺乏，今姑依拟，暂将客饷借支接济，着总督抚按官，并管粮郎中，悉心稽核实在军马数目，各拖欠凑支等项，及主饷不敷缘由，一一查勘明白，依限奏来，你部里再与议为定额，免致数行奏扰。钦此。

八年，总督郜光先题：岁用不敷。尚书张学颜复：主兵加给京运银七万两，连旧共三十五万七千二百六十五两二钱一分，为主兵定额；客兵银原八万两，即今地方无事，不烦调遣，今拟五万两，除盐引银二万九千七百五十两外，发京运银二万二百五十两，为客兵定额。以后年分，照此解发，永为定规，不必再行奏讨等因。奉圣旨：是。银两准给发。钦此。

**开纳**

成化十三年，都御史丁川题：要将各处军民舍余人等，有愿冠带者，令纳银四十两，送广有仓交收，折准官军月粮。及有能自备草一千二百束者，给与正九品散官；一千四百束者，给与正八品散官；一千六百束者，给与正七品散官；完日就令冠带。本部复准。

十七年，郎中万冀题：延绥、榆林等处粮草缺乏，要将陕西并山西、河南、北直隶，两考役满吏典，纳草七百束者，起送赴部，免其办事考试就拨；九百束者，就于本布政司拨补，三考满日免考，就与冠带办事；一千二百束者，免其京考，冠带办事，俱挨次选用。本部复准。

本年镇守太监张遐题：延绥、榆林等处粮草缺乏，要将陕西并各处舍余人等，纳草六百束者，就于冠带，纳草一千二百束者，给与正七品散官。本部复准。

嘉靖二十六年，总督曾铣题：该镇粮料拖欠数多，要行开纳事例解补。本部复：行陕西布政司，将上纳生员吏承等项人役，并武职纳级则例□本布政司，照依原拟纳银，解送延绥镇，供给军饷，候催完税粮，会奏停止。

隆庆二年，都御史李尚智题：延绥边储告匮，欲将延、绥、榆、庆四卫总小旗以上，及一应军民人等有愿纳粮，指挥千百户，或监生承差吏典，及遥授职衔义民冠带等项，俱照见行开纳事例，酌议上纳本色米豆，俱赴本镇各城堡交纳，以济主兵支用，每季将收纳过职役粮料价银，开报户部，扣作本镇次年应发年例主兵之数。本部复准。

**赈济**

嘉靖九年，巡抚萧淮题称：本镇凶荒，饿死军马。奉圣旨，这所奏地方饥荒，朕不忍闻，户部便着议处置了来说，钦此。本部复：行巡抚将本镇库银，每粮一石比旧规加银三钱，以纾军士目前之急，一面发银五万两，补还库贮银数，及粜买粮草，又摘拨盐银二万两，交付主事刘耕，行令保德、汾州籴粮，听本镇搬运接济。

二十五年，给事中鲍道明题：延绥大被虏害，宜加优恤，应征租税悉与蠲豁。本部方复：发银六万两。查照被杀者，成丁银各一两二钱，未成丁，并妇女被害者各八钱，抢去畜马每匹三钱，牛二钱，驴骡羊猪五只各一钱，房每间二钱，租税差徭，被害重大者量免二年，稍轻免一年。奉圣旨：是。这银两便作速发去，不许稽迟。钦此。

三十四年，巡抚贾应春题：本镇灾变重大，乞要拯济。本部复：行巡抚官查勘应赈分数，动支布政司库贮，并收事例银两五分，赈济五分，差官解本镇支用。

## 俸粮

俸给则例

都指挥使月支俸米一十二石。

都指挥同知月支俸米九石二斗。

都指挥佥事、指挥使各月支俸米七石。

指挥同知月支俸米五石二斗。

指挥佥事月支俸米四石八斗。

正千户月支俸米三石二斗。

副千户月支俸米二石八斗。

实授百户月支俸米三石。

试百户月支俸米一石五斗。

卫镇抚月支俸米三石。

所镇抚月支俸米二石四斗。

以上各官镇城，每年十月分全支折色，二石以上，每石折布一匹，折银一钱六分；二石以下，每石折银五钱五分。其余十一个月，每员月支本色二斗，余俱折色，每石折银七钱。

中路每年十月全支折色，二石以上，每石折布一匹，折银一钱六分；二石以下，每石折银四钱五分。其余十一个月，每员月支本色二斗，余俱折色，每石折银七钱。

东路每年十月全支折色，二石以上，每石折布一匹，折银一钱六分；二石以下，每石折银四钱五分。其余十一个月，每员月支本色二斗，余俱折色，每石折银七钱。

西路每年十月全支折色，二石以上，每石折布一匹，折银一钱六分；二石以下，每石折银三钱。其余十一个月，每员月支本色二斗，余俱折色，每石折银六钱五分。

南路绥德卫四季本折中半兼支，折色每石折银五钱，延安卫四季俱支本色。

总兵官月支俸米一石，廪给稻米一石五斗。

副、参、游、守、都司各月支廪给稻米一石五斗。

新设守御廪给原议于糜粮内支给。

班操官每员月支食米九斗，本色三斗，折色六斗。

巡抚月支俸粮稻米一石，廪给稻米一石五斗。

管粮郎中月支廪给稻米三石。

四路通判各月支俸粮二石，廪给稻米一石五斗。

抚院家人二名各月支口粮稻米四斗五升。

抚院总兵、郎中、书吏各月支廪给稻米一石五斗。

各衙门书办各月支口粮四斗五升。

卫所儒学教授月支俸五石，学正、训导各三石。

学吏月支口粮五斗，香烛粮三斗。

卫所首领、仓库大使各月支俸粮二石。

仓库副使、守支，榆林驿丞各月支俸粮一石。

阴阳医官并各卫吏各月支口粮五斗。

仓税司驿所见役守支吏攒及阴阳生各月支口粮三斗。

以上官吏人等稻米，每石折银一两，余俱本色。

主兵月粮则例

各卫所正旗征操军匠防守等军，全支月粮者，支粮一石；减支月粮者，各支不等，有九

618

斗、八斗、七斗、六斗、五斗。

凡镇城军丁，每年十月全支折色，每石折银五钱五分，余月每石支本色二斗，折色八斗，每斗折银七分；中路旗军，每年十月全支折色，每石折银四钱五分，余月每石支本色二斗，折色八斗，每斗折银七分；东路军丁每年十月全支折色，每石折银四钱五分，余月每石支本色二斗，折色八斗，每斗折银七分；西路军丁每年十月全支折色，每石折银三钱，余月每石支本色二斗，折色八斗，每斗折银六分五厘；西北路军丁每年十月全支折色，每石折银三钱，余月每石支本色二斗，折色八斗，每石折银三钱五分；南路绥德卫军匠，四季本折中半兼支，折色每石折银五钱；防守操军每年十月全支折色，每石折银四钱五分；延安卫军匠，四季俱支本色，操军不分四季，本色四斗五升，折色五斗五升，折银三钱。

幼军并守哨犯人，月支本色三斗。


主兵兼食行粮则例

各卫所营堡墩军、通事、家丁、夜不收俱支月粮一石，外加口粮三斗。

镇城中路、东路、西北路墩军、夜不收月粮本折俱与征操军一例，墩军本折中半，折色，东中二路每斗七分，西北二路每斗六分五厘，夜不收口粮每斗五分。

镇城逼事月粮与征操军一例，口粮每斗七分。

班操军月支口粮四斗五升，盐菜五升，本色三斗，折色二斗。


马骡料草则例

镇城通事家丁马，春冬月支料九斗，草价银一两；夏秋月支本色料四斗五升，草价银五钱。

旗军马，不分四季，各月支本色四斗五升，草价银五钱。

站骡，春冬月支折色料草银六钱，夏秋支料草银三钱。

中路募军并抽选军马，不分四季，各月支本色料四斗五升，草价银四钱五分。

老家军免粮土兵军马，不分四季，各月支本色料四斗五升，不支草。

站骡，春冬月支折色料草银六钱，夏秋月支料草银三钱。

东路家丁并奇兵营马，春冬月支本色料九斗，草价银九钱，夏秋月支本色料四斗五升，草价银四钱五分。

参将营马，不分四季，各月支本色料六斗，草价银六钱。

募军并抽选马，不分四季，各月支本色料四斗五升，草价银四钱五分。

老伍军并免粮土兵军马，各月支本色料四斗五升，不支草。

站骡，春冬月支折色料草银六钱，夏秋月支料草银三钱。

西路家丁并清平游兵营马，春冬各月支料九斗，草价银九钱，夏秋月支料四斗五升，草价银四钱五分。

镇靖参将、靖边守备、宁塞守备三营马，不分四季，各月支料六斗，草价银六钱。

募军并抽选军马，不分四季，各月支本色料四斗五升，草价银四钱五分。

老伍军并免粮土兵军马，各月支本色料四斗五升，不支草。

站骡，春冬月支折色料草银六钱，夏秋月支料草银三钱。

西北路家丁马，不分四季，各月支本色料六斗，草价银六钱。

募军并抽选军马，不分四季，各月支本色料四斗五升，草价银六钱五分。

老伍军并免粮土兵军马，各月支本色料四斗五升，不支草。

站骡，春冬月支料草银六钱，夏秋支料草银三钱。

南路绥德卫操马，在镇支草料。

延安卫守备马，每年春三个月，每匹月支草三十束，折银四钱五分，余月不支。

总副参游坐马，每匹月支料九斗，草价银一两，其余坐战马，每匹月支料四斗五升，草价银五钱。

班军马，每匹月支料四斗五升，草价银四钱五分。

入卫轮番游兵二营马，在镇休息四个月，每匹月支本色料四斗五升，草价银五钱。

### 客兵行粮料草则例

领兵将官，日支廪给稻米五升，折银八分二厘五毫。

中军部总及千把总官，各日支本色食米三升。

军丁，每名日支本色口粮一升五合。

马，每匹日支本色料三升，草一束。

以上食米口粮料草，如系防秋，本折间支，折价不等。东、中二路每粮一升，料一升五合，各折银一分；草一束折银一分五厘。西北二路每粮一升折银六厘，料一升折银五厘，草一束折银一分。

### 冬衣布花则例

延安、绥德卫正军有家小，每名本色棉布三匹，棉花一斤八两；只身旗军，及巡营、守门铺、养马、看仓、幼病、残疾、复役未及三年逃军，每名本色棉布二匹，棉花一斤八两；操备有马余丁，每名本色棉布二匹，棉花一斤；河南南阳卫、颍上守御千户所、直隶宁山卫见在延绥等寨堡操备过冬军，每名棉布一匹，棉花一斤八两。

永乐五年，令陕西临边卫分，守城征哨旗军，俱全支米。

成化七年，都御史马文升奏：准延安、绥德二卫旗军，照庆阳卫例，总旗月支米一石五斗，内本色八斗，折钞七斗；小旗月支一石二斗，内本色六斗，折钞六斗；有妻军士，每名月支一石，本色六斗，折钞四斗。

九年，令延、绥、庆阳三卫，在榆林备边者，月支本色六斗，折色四斗，支给银钱。

弘治十五年，巡抚陈寿题：准将新募常操土兵，每名给与棉布二匹，备冬土兵每名给与棉布□□，棉花一斤八两。

十六年，巡抚周季麟题：延、绥等处常操土兵数多，该支月粮，要照先次题准新召土兵事例，分作两班，备御三个月，各支行粮三斗，下班之日住支，遇有警急调用，另议全支。本部复：准。

十七年，巡抚文贵题：准将各营堡夜不收，每名月粮外，量加食米二斗，如粮不敷，给与银一钱，以示体恤。

嘉靖二年，巡抚周金题：套虏侵犯，本镇新募军马不敢放牧，乞议料草，以便喂养。本部复议：旧例各边骑操马匹，每年夏秋采积草束，以备春冬之用，谓之秋青马草，原无支草之例，其料豆，冬春回营，止支六个月，至于夏秋牧放，截日住支，遵行已久。今后如遇声息，久据套内之时，听将榆林镇城马匹，按月量于见在盐价银内，每马支给草银四钱五分，事宁即行停止，照旧牧放。

二十二年，巡抚张瓒题：游兵骑征马匹，冬春六个月，每马月给料九斗，草三十束，夏秋料草俱不支给，今沿边河套声息不得，樵牧每月止给料四斗五升，草一十五束，以致马匹不堪骑征，乞照大同事例，马匹照旧支给料草。本部复：准暂于原议料草价银之上，每月加增五分，候北虏出套之日，照旧牧放。

二十六年，巡抚杨守谦条陈，本部复：准将议处粮草行布政司，将事例银两解送本镇骒头草料支用，其大盐池余盐变卖，及卧引银两，大约六、七百两，免解布政司，存留本镇，专备草料支用，其增转运之费，行各州县，应解本镇折色粮草，自二十五年为始，俱解本镇，以为各堡军需之费，免其解京支过数目，本部按季同各项钱粮造册奏缴。

三十四年，总督贾应春题：花马池地方，闲田二万余顷，新召军二百六十二名，各给田六顷、四顷、三顷，仍要给与冬衣布花。本部复：准行陕西布政司会计添补。

**修边**

嘉靖十年，总制王琼题：延绥定边营南北壕堑共长四十二里，必须再筑坚墙，合用军夫口粮、犒赏，并架梁官军粮料草束。本部复：准行陕西布政司，于事例银内动支一万五千两应用。

又题：榆林东西路该修边墙，合用军夫粮银，本部发银四万两。

十七年，巡抚张珩题：本镇响水波罗等堡，原以砖砌墩台，今议将土于四面并顶上帮筑，合用人工犒赏、盐菜银两。本部发银一百两。

二十三年，巡抚张瓉题：本镇旧安边营西，至定边营东，至宁塞营道路弯远，宜设二堡，及修筑各城墙堑，起盖军士营房，该用物料，并人夫口粮，共银三万四千八百八十余两。本部复：准发银二万三千两，并陕西布政司事例银七千两，共银三万两。

隆庆元年，总督霍冀题：修塞垣以资保障。本部复：准发银四万两。

二年，总督王崇古题：本镇西设边墙，先年已修至镇靖堡乾沟墩东空止，尚有未完边墙四十余里，柳树涧并喝口大堡各一座，及随墙敌墩等项，俱系紧要工程。本部议：发银二万两。

六年，巡抚郜光先题：本镇东段边墙，自黄甫川堡起，至建安堡，俱应筑削，合用钱粮。本部议：将五年抚赏银一万两，并所省客饷银一万九千两，分发各城堡应用，后不为例。

万历元年，巡抚郜光先题：延绥中段边墙，自龙州城起，至无定河止，趁今春融，堪以修筑，合用钱粮，查有支剩修边民壮，及措处黍粮等银八千七百余两外，尚有隆庆六年未用抚赏银一万两，乞动支应用。本部复：准其客饷银两，后不为例。

六年，兵部咨称：该镇万历五年，巡抚宋守约修完砖券空心敌台二百三十八座，应给台工银四万九千二百四十余两，户兵二部先发正项银四万两，尚借过彼中各项银九千二百四十两，宜照户七兵三事例给发。尚书殷正茂题：于本镇客饷内动支六千四百六十八两，补还前项借过之数。

**仓庾**

清水堡仓、黄甫川堡仓、建安堡建安仓、神木仓、栢林寨堡仓、永兴堡永兴仓、高家堡阜益仓、双山堡常盈仓、榆林城广有仓、归德堡归德仓、鱼河堡永允仓、绥德州广盈仓、响水堡永益仓、绥德堡广足仓、定边营定边仓、孤山堡广济仓、镇羌堡丰盈仓、大栢油川堡仓、新兴堡新兴仓、怀远堡永盈仓、龙州城宏阜仓、新边营利益仓、宁塞营宁塞仓、永济堡永济仓、清平堡常济仓、威武堡富有仓、镇靖堡巨积仓、把都河堡仓、木瓜园堡仓、盐场堡仓、常乐堡仓、三山堡仓、石劳池堡仓。

成化八年，添设陕西庆阳府通判一员，分管定边、便利、宁寨、利益、巨积、宏阜、常积七仓；延安府添设通判二员，分管广盈、永允、广有、永宁、广足、永盈、富有七仓；一员分管府谷县仓，并清水、广济、丰盈、神木、栢林、阜益、常盈七仓。

隆庆六年，御史萧廪题：仓攒侵盗之弊，源因泥于守支之法，要将一应仓攒，齐年交盘，以时月不久，盗情即发，追赔为易，且人知经手钱粮，交盘不明，不准起送，亦自不敢侵盗。尚书王国光复：准以后合将各该城堡、仓场，一应官攒，如一年已满，将任内经手钱粮呈详，抚按委官逐一查盘明白，交与接管官攒，看守支放，即与起送，如有侵亏情弊，就便追赔拟罪。

**职储**

正德六年，侍郎丛兰题：要将陕西存留本处粮草遵限完纳外，其起运各边者，务在年终赴仓上纳，九月不完者住俸，年终不完者递限月日住俸降级监并追征。本部复：准各边粮草年终不完者住俸，屯粮不完者监并家属，若一年之上不完者，文职注以疲软，武职革去见任。

十三年，巡抚陈璘题：本镇原设管粮佥事二员，照宁夏、甘肃管粮佥事事例，铸给关防印记。本部复：准移咨礼部，铸管理粮储关防二颗，付延绥佥事掌管，以后官员径自交管施行。

嘉靖十八年，总督刘天和题：花马池地方要害，将延、宁二镇总设郎中一员，请给敕书关防，前去花马池驻扎，整理各镇客兵粮草。本部复准。

二十六年，御史黄如桂议：将各项钱粮，无分主客，俱以郎中领之，至于召买等项，俱守巡督同通判等官经理，与郎中原领敕书体统不甚相背。本部复：准自二十七年为始，一应主客兵银两召买支放等项事宜，俱照今次定议施行。

三十二年，御史蔡朴题：该镇管粮郎中支放主客兵粮料布花等银，除临库扣除外，各卫所城堡营司领银之后，逃亡事故应扣银两，勒限还官，并入边储，作正支销，以绝侵渔之弊。本部复：准。

隆庆四年，督抚王崇古等题，本部复：准将花马池管粮郎中，改移延绥镇驻扎，总理该镇各项钱粮。其宁、固二镇主兵钱粮，并宁夏镇客兵盐引钱粮，仍听本官稽查，兼理盐引勘合分送宁夏抚臣，就近填给，其大小二池，并西、漳二县引价银两，改贮定边道官库。如延、宁二镇客饷不足，听军门咨部动支应用。

万历元年，侍郎王遴题，本部复：准今后遇有各边侵盗人犯，其监收并兵备督粮官，俱以在任经手年分为主，如侵盗值银一千两以上，监收官住俸提问，俟追完侵银，方准开支；五千两以上，监收官降一级调用，兵备督粮官参究住俸，亦俟追完方准开支；一万两以上，监收官革职为民，兵备督粮官调用；二万两以上，监收官坐赃问遣，兵备督粮官罢斥为民，虽□迁去任，并得追论。

本年尚书王国光题：陕西四镇钱粮奸弊丛生，如固原一镇钱粮，二年以来约有一十三万余两不知下落，其延绥之三山堡、甘镇之肃州仓，短少拖欠亦不下数千。合行陕西总督，并延、宁、甘、固巡抚、巡按，即便会同选委廉干官员亲诣各镇，吊取各道所属仓场、库分各项收支钱粮册卷，自嘉靖四十三年正月为始，至万历元年十二月终止，分别旧管、新收、开除、实在，逐年逐项细加清查。奉圣旨：是。该省钱粮一向奏报不明，奸弊丛集，着总督并各该抚按官依奏内事理，严行查核，经管员役不论去任及役满、见役，俱要一一参提追究，务见下落，不许扶同避怨，文移塞责。你部里还立与期限，责令依限完奏，并行该科记查，各官不用心稽核，督抚着该科纠劾，巡按、御史着都察院考察。钦此。

臣等谨按：本镇旧在绥德，自东胜失守，虏□河套，始徙镇榆林。国初额饷取给民屯，俱运本色，未闻匮乏。弘、正间，议将西安、延庆三府，尽改折色，顿减原额数凡一十九万，军用日窘，奏讨日增。今岁发京运，渐至三十七万有奇。缘地当沙碛，草桂米珠，自改折行，而费愈不赀，势也。若清抛荒之地，严催督之，令核士马之实，即国初民屯未必尽复，于京运或可少减乎。

## 《万历会计录》卷二十七　宁夏镇饷额

### 宁夏镇目录

甲表 59　　　　　　　　　　　　　　宁夏镇饷额

| 本镇饷额 | 原额 | 见额 |
|---|---|---|
| 主兵官军(员名) | 71693.00 | 27934.00[1] |
| 马(匹) | 22182.00 | 14657.00[2] |
| 屯粮料(石) | 107497.00 | 148303.80[3] |
| 屯草并秋青草(束) | 1687474.00 | 1807358.00[4] |
| 折色粮草银(两) | | 1745.04 |
| 地亩银(两) | | 1290.17 |
| 民运粮(石) | 200000.00 | |
| 民运本色粮(石) | | 1349.29 |
| 本色草(束) | | 25295.00 |
| 折色粮草银(两) | | 108719.52 |
| 盐(引) | 108000.00 | |
| 淮浙盐(引) | | 196994.00 |
| 该银(两) | | 81694.90[5] |
| 京运银(两) | 40000.00 | |
| 京运年例银(两) | | 25000.00 |
| 改拨固原盐(引) | | 7271.00 |
| 将固原年例内扣发银(两) | | 4294.87 |
| 客兵[6] | | |
| 京运年例银(两) | | 10000.00 |

---

[1] 原书此处注：比原额减 43759 员名。
[2] 原书此处注：比原额减 7525 匹。
[3] 原书此处注：比原额减 39194 石。
[4] 原书此处注：比原额增 119861 束。
[5] 原书此处注：比原额增 88994 引。
[6] 原书此处注："调遣不常，无定数。"

## 宁夏镇沿革事例

### 屯粮

本镇屯田渠坝流通，凤称膏腴。永乐间，屯田一万五千六百二十四顷七十六亩，征粮一十八万七千四百九十七石有奇。正统四年以后，田失原额，粮反倍增，嗣是屡经清勘减免。至弘治间，田粮俱近额数。正德、嘉靖以来，河崩沙压，复有减征、免征之议。今粮料本折止共一十六万四千余石，地亩银一千二百八十余两，则额外续增者也。

宣德六年，侍郎罗汝敬，更定田粮，每军给田五十亩，除正粮十二石自食外，纳余粮六石供给操军。

正统三年，巡抚郭智题：勘出草湖三百四十九处，计一千七百四十五顷五十一亩，每年坐派草四百万束。

四年，陕西都司册开宁夏等六卫屯丁一万一千一百七十七名，种田五千六百一十六顷四十一亩，收各色子粒三十二万四百六十六石七斗六升，除种子外，共折细粮二十万一千五百二十石九斗三升，给军正粮一十三万四千一百二十四石，余粮六万七千三百九十六石九斗三升上仓（至十年大约同）。

十一年，本部右侍郎焦宏题：钦奉勅谕，会同总兵等官，勘出宁夏各卫堪种田一千七十八顷八十四亩，又访出空闲并官军多种田八千七百余顷，乞行都御史卢膚查照见数，每军余拨五十亩耕种，办纳籽粒。

十二年，都御史卢膚题称：侍郎焦宏勘出田一千七十八顷八十四亩，系先年罗汝敬豁出碱薄抛荒之数，后访出地八千七百余顷，系自古荒芜不堪耕种地土，乞行分豁。尚书王佐复：行都御史卢膚同陕西布按二司官，将各卫田土通行丈量，果堪种空闲，并见种多余田地，拨军余承种，照例起科。

弘治十三年，巡抚王珣题：本镇屯田一万五千二百五十七顷三十九亩，每年征本折税粮一十七万二千六百八十石九斗四升，谷草二十二万五千五百七十九束，地亩银一千三百三十二两五钱一分，专备本镇兵马支用（田粮至此始与永乐间数同）。

正德六年，巡抚张勋题：本镇河崩无影田地一千二百二十二顷，乞豁草粮。尚书孙交复：准除粮一万三千三百一十七石二斗五升，草四万四千七百二十五束，其抛荒碱薄田地，每亩减征豌豆六升。

十四年，巡抚王时中题：查勘过宁夏灵州守御千户所河崩无影全征田五十六顷一十四亩五分，减征田八顷二十七亩，沙压不堪耕种全征田一十三顷七十三亩五分，一向未经查勘，以致钱粮拖累，乞行分豁。尚书杨潭复：准将河崩无影田粮草暂免，待有新淤退滩拨补，其沙压不堪，每亩原征豌豆六升，粟米二升，小麦四升，草一分八厘，今止征豌豆六升，余俱停免。

嘉靖二年，巡抚张润题：宁夏等卫所河崩田粮，乞照例除豁。本部复：准沙压潮碱田，原系全征者，易作减征，每亩止征豌豆六升，小麦、粟米、草束俱免；原系减征者，免征本色，每石折征银二钱。

九年，巡抚翟鹏题：清查过宁夏中卫旧税新增全征、减征共田一千八百七十一顷三十九亩九分，乞将妄报河崩之数，仍入旧额；新开垦者，照亩起科；沙碱者，折收银两；芦湖者，减征本色；余田原无粮者，折半增税；无田虚包粮者，尽与除豁；沙压惧房荒弃者，俱暂停征。待后或遇沙移地亩、房道事宁，听其开垦起科。尚书梁材复：行巡按御史会同管屯等官详议，务使边储有赖。

十年，尚书梁材会计钱粮，查得宁夏镇屯粮一十七万五千九百四十六石零，屯草二十三万二百束，秋青草二百六十三万八十束（此后，以河崩豁免粮数少减）。

十二年，巡抚杨志学题，尚书许赞复：准将先任抚臣张□□伯温翟鹏，节年查出各卫所河崩沙压，并筑堡占田，共四百一十五顷二十六亩，该粮五千五十一石九斗五升，谷草五千七百四十三束，地亩银三十三两七钱五分，免其上纳。

三十四年，总督贾应春题：花马池地方闲田二万余顷，新召军二百六十二名，各给田六顷、四顷、二顷不等，仍给月粮冬衣布花。尚书方钝复：准自三十五年为始，应给月粮，与领种田内所获抵给，冬衣布花会计添补。

本年稽考边储，本镇卫所屯粮五万一千七十四石九斗二升，料一十万五千一百四十石五斗八升，草二十万八千四百四十一束，折草银一千六百八十四两四钱，秋青草一百八十万九千三十六束（至四十年同）。

四十一年，御史陈旌题：本镇屯田，除水冲沙压外，原额实在田一万五千五十四顷五十八亩七分零，该本色粮料一十五万四千八百六石三斗零，草二十一万二千二百二十七束零，折色银一千七百五十八两三钱八分零，地亩银一千三百六十六两三钱九分零。今次清出熟地一千三百七十七顷三十七亩，该本色粮三千九百九十六石四升，草三千六百八十二束，折色银五十九两三钱，地亩银二十六两三钱七分（以后大约俱同）。

万历六年，巡抚罗凤翱册开宁夏等七卫，灵、平二所，盐池、隰宁、萌城三营堡，实征屯粮料一十六万三千八百六十五石八斗三升七合零，内本色一十四万八千三百三石八斗二升零，折色粮银一千六百九十五两五钱六分五厘，谷草二十万九千七百六十六束八分，内本色草一十九万三千二百七十四束五分，折色草银四十九两四钱七分六厘，地亩银一千二百九十两一钱七分四厘，秋青草一百六十一万四千八十四束八分。

**民运**

本镇军储，初止取给屯盐等粮，未及民运。正统六年，边衅渐起，大学士杨士奇等恐添调军马，刍粮不给，始议于本省税粮，斟酌拨运赴兰环等县交纳，以备缓急。嗣后拨派俱无定数。正德以来，始定派税粮一十三万四千余石，草一十六万余束，除本色外，粮每石折银七钱，草每束折银三分，共该银一十万八千两有零，今仍此例。

正统八年，都御史卢膚题：宁夏仓所收屯种子粒，并中纳盐粮，见在七十七万余石，倘遇添调军马，支给不敷，查得庆阳府所属环县，离宁夏九站，原有土城一座，合于本县修盖仓廒，拨民粮十余万石收贮，遇有缺乏，就近攒运，又于宁夏城西北角草场内，添盖仓廒，定拨本色粮米二十万石上纳。本部复准。

弘治十一年，巡抚张祯叔题：本镇每年坐派本省夏税秋粮八万二千余石，草二万二千四百余束。

十七年，陕西布政文贵奏：将平凉府庄浪、灵台等县抛荒田地有人承种，每粮一石折银三钱五分，每草一束折银二分，无人种者，粮草悉与除豁，以后再有召种人户，亦照前拟折纳。本部复：准。

正德七年，巡抚冯清题称：本镇岁入陕西布政司坐派夏税秋粮一十三万四千有零，草一十五万五千有零，秋青草二百万束零（至嘉靖间大约相同）。

嘉靖十二年，巡抚杨志学题：庆阳府属州县起运边粮四万二千四百四十余石，料九千四百九十余石，草四万七千七百余束，先年俱派宁夏仓纳，后改榆林，相去千里，运纳不便。乞将前项粮草仍复本镇，其榆林不敷之数，另于年例银盐补足。尚书许赞复：行督抚等官查议前项粮草，先年是否在该镇上纳，因何改派榆林，即今人情事体有无便利，如果人情不便，相应改拨，榆林不敷之数，应于何项钱粮处补。

三十四年，总督贾应春题称：宁夏镇每年岁派陕西民运粮一十三万九千八百七十八石零，该折银一十一万五千六百九十三两八钱二分，草一十五万六千九百七十七束，该折银五千五百六十四两一钱九分。

三十五年，巡抚王梦弼题：三十四年分拖欠本镇税粮，本年分被灾停免粮草，乞行处补。本部议：行陕西巡抚，将被灾州县设法追征，其无灾地方拖欠粮草，严限完纳，灾重地方，查照山西地震被灾事例，摊派无灾州县代补。

四十五年，定经制。巡抚王崇古题称：该镇民运粮草折银一十万九千五百九十四两八钱零（以后俱同）。

隆庆元年，总督霍冀题称：本镇额派税粮马草，奉诏蠲免十分之五，乞照数补给。本部复：查该省库贮事例、赃罚等银五万五千八百余两抵补，如有别项堪动，及续收赃罚等银，再行报部，并将带征钱粮，严催补数。

万历元年，巡抚朱笈册报：本镇民运该省坐派军饷银一十万九千四百四十五两七钱二分零。

七年，巡抚罗凤翱册报：民运本色粮一千三百四十九石二斗九升四合七勺，草二万五千二百九十五束，折色粮草银一十万八千七百一十九两五钱二分。

## 盐引

本镇盐引，正统、景泰间，止以河东灵州盐课开中。成化间，始派山东、福建盐引。弘治六年，因二省盐引阻滞，始议开淮浙等盐。嘉靖八年，定淮浙盐银二万九千两给客兵，为额派。十年，又开淮浙、长芦盐银一十万一千五百余两给主兵，为补岁用不敷。嗣是或常股，或存积，或工本、水乡，名色各异不一。隆庆、万历以来，工本、水乡等盐停止，止预派淮浙常股、存积二盐，大约盐银不越八万余两，主客通融支给。

成化十二年，巡抚张莹题：宁夏等仓开中山东、福建等处盐一十万八千余引，无人报中，乞改拨淮浙，或添发淮盐前来召纳粮草。本部复：盐引难以改拨，行管粮主事会同右都御史，计议具奏。

十三年，右都御史余子俊题：宁夏边储无从区画，前项无人中纳盐引，乞不拘盐法定例，行依时价变卖银两，运送籴买粮草。本部复：准。

弘治六年，巡抚韩文题：花马池、宁夏常济二仓粮草缺少。本部议：开淮、浙常股、存积盐三十万引。

十四年，巡抚王珣奏称：东西中三路粮草数少，虏众住套，请开盐引。本部复：准开两淮常股盐二十万引。

十五年，巡抚王珣题：花马池、韦州，系紧要地方，大军驻扎，乞发两淮盐引，措备粮草。本部复：准开两淮常股二十万引。

十六年，两淮存积、常股，并云南、四川见在盐三十万引。

正德二年，巡抚冒政题：各城堡粮料数少，黠虏乘虚入寇。本部复：准开淮浙、长芦盐二十万引。

五年，开两淮、两浙盐五十万引。

七年，开两淮、河东盐三十五万引。

十年，开两淮盐二十万六千四百一十六引，长芦盐八万三千八百八引。

十三年，酋虏住套，粮草不敷，开河东、两淮盐一十八万六千三十引。

嘉靖七年，巡抚翟鹏题：钱粮缺乏。本部议：开两淮等盐一十一万余引，该价银九万八千两，将四万两淮作九年年例，余例外接济。

八年，户科给事中蔡经题：疏通盐法，以足边储。本部议复：自九年为始，该镇额派淮浙盐七万引，该银三万三千三百三十两，专备客兵支用。

十年，巡抚翟鹏题：本镇频年添设卫所，召募军马数多，共计少岁用银一十万一千五百八两。本部议：准自明年为始，定派淮浙、长芦盐引，照数抵补（盐引是年始增为定额，以后间有请发，系例外）。

十一年，开淮浙、长芦额盐，并补岁用不敷，及另拨客兵引盐，共三十八万二千一十六引，该银一十五万九千五百余两。

十三年，巡抚杨志学题称：大虏入套，兵粮不敷。本部复：准例外开淮浙存积盐，共一十三万一千引，该银四万两，专备客兵粮草。

十五年，户科给事中田秋等题：抚恤灾伤。尚书梁材复：准该镇额盐，并补岁用不敷盐银一十万一千五百八两，于太仓库解发，十六年分，各运司引盐免派（以后复开）。

二十六年，开淮浙额派，并存积盐二十一万四千九百八十引，内补岁用不敷盐一十四万四千九百八十引。

二十九年，巡盐御史杨选题：两淮余盐，通令赴边报中，免其运司纳银。本部复：准照依正盐引，每余盐二百斤，定价五钱开派（开派余盐始此）。

三十年，预开淮浙额派，并存积，及新增余盐二十九万九千九百六十引，该银一十三万四百八十两。

三十一年，预开淮浙额派，并存积、水乡等盐二十二万九千九百八十引，该银九万五千四百九十两。

三十二年，预开淮浙，并存积、工本等盐二十五万七千四百七十引，该银一十万九千二百三十五两。

三十四年，本部题：准将原派存积两淮盐一万三千引，工本盐七千引，改拨大同开中，又将淮盐，照数易换宣府长芦盐五千九百八十八引（至三十七年同）。

三十八年，巡抚霍冀条议：年例引盐。本部复：准将宁夏原改拨大同两淮存积工本盐二万，及易换宣府长芦存积盐，照数改还该镇开中（至四十三年同）。

四十四年，巡盐御史朱炳如题：工本盐引停革，止预开淮浙额派存积盐二十一万四千九百八十引，该银八万八千九百九十两（至隆庆元年同）。

隆庆二年，巡抚朱笈题：先年本镇盐引，准多浙少，盐贵价高，商人乐于趋纳。近年题革工本，多配浙盐，以致盐法壅滞，乞预发淮盐七、八万引。尚书马森复：淮盐额数已尽，无从开补，发银抵补三年预开淮浙常股盐一十五万四百八十六引，该银六万一千五百九十三两（四年同）。

五年，预开淮浙常股、存积盐二十一万四千九百八十引，该银八万七千九百九十两（六年同）。

万历元年，巡抚朱笈题：本镇盐引，准少浙多，商人不愿输纳。尚书王国光复：将宁夏镇主兵浙盐内，改拨一万五千引，加派固原。于固原年例银扣除五千二百五十两，解宁夏抵补。

二年，预开淮浙常股、存积盐，共一十八万一千五百一十八引一百斤，该银七万四千三百六十六两四钱二分（三年、四年同）。

五年，预开淮浙常股、存积盐一十九万四千二百六十五引一百斤，该银八万七百三十九两九钱二分五厘。

六年，预开淮浙常股、存积盐一十九万六千九百九十四引二十八斤十两，共该银八万一千六百九十四两九钱零。

### 盐课

正统四年，都御史金濂题：灵州盐课分东西二路开中，河东盐课暂止，候粮草马匹够用之日，照旧行盐。本部会议：除河东盐课照旧行盐外，其灵州官盐，查宁夏等卫缺马，照例收马；如马匹够用，照依马价折粮召纳。

八年，巡抚卢膚咨称：河东盐运司系自产池盐，不用人力煎办，若比各运司一概住中，不惟盐课荒闲，抑且边储无积，欲准告人李恭等，将见运到宁夏米麦，照旧中纳，公私两便。本部题：准。

十三年，都督黄真等奏称：宁夏缺马，欲将灵州盐课，与延绥镇更番收中马匹。尚书王佐复：准行巡抚王文，会同都布按等官计议，如果轮流收中便利，定立年期会奏定夺。

本年本部会同兵部，议照前拟则例，上马一匹，与盐一百二十引；中马一匹，与盐一百引。俱于灵州盐课司大小二盐池支给，不拘资次更番二年为期，轮流收中。

景泰六年，都督张泰等题称：宁夏并东西二路官军，缺马骑操。本部复：准开中灵州盐课二十万引。

天顺五年，巡抚陈翌题：宁夏中、东、西三路缺马，灵州盐课不必与延绥分定年分，各另召商中纳。本部复：准。

成化六年，巡抚张莹题称：马匹缺少，乞出给盐引，借陕西行盐地方，召纳马匹。本部议：将灵州官盐召商，照例上马一匹，中盐一百引；中马一匹，中盐八十引，或商人无马，情愿折银听，照盐价折收，前去有马去处市买给军马，若够用，仍与延绥一递一年中纳，其引盐，自成化七年起，至八年终止，听令于陕西地方发卖，以后仍各于原定地方中纳。

弘治十四年，宁夏镇巡等官题：贺兰山一渠，开挑成河，阻遏戎房，以便刍牧，暂借灵州盐课五、六年，纳银备用。本部复：准灵州盐课自本年起，至十五年止，暂借二年。

正德十二年，巡按师存智题：均盐利。尚书石玠复：准灵州盐课，仍照旧例，每引银二钱五分，召纳卧引银一钱，车户上纳。

万历二年，总督戴才题：套房款顺，客兵减调，乞将库贮盐银，查明见在的数，小池属宁夏者，发宁夏若干，抵作主兵年例，以后年分照旧收支，年终造册报部。尚书王国光复：准。

## 京运

本镇京运，原无专发。正统七年，议将徽州府解京折粮银三万六千六百余两，转解陕西，分送边镇。至成化二十二年，始发主兵银四万两为例，以后间有加增，俱例外接济。嘉靖三十四年，军马减数，定发银二万五千两，至今同。或以该省商税，及事例银抵补，近又以四川改解银扣算客兵银。自正德十一年，发银一十万两，递年奏讨，解发不一。嘉靖二十四年，始定年例银二万两，迄因北房款塞未发。

成化二十二年，巡抚郑时题：给饷银。尚书殷谦复：准发银四万两（以后同）。

弘治元年，陕西巡抚贾奭题：边方城堡粮草缺乏。尚书李敏复：准年例外，增发银三万两。

三年，尚书李敏题：准预发四年分年例银四万两（以后同）。

十一年，巡抚张祯叔题：本镇官军该用粮料三十七万八千余石，岁入不足岁用。本部复：准年例外，暂添发银二万两。

十五年，巡抚刘宪题：召募新兵一万一千名，备冬六个月，该粮米三万三千石，每石价银八钱三分三厘，共银二万七千四百八十九两有零，乞行处置。本部复：将先次发去银二万两，并添发银七千四百八十九两，作新兵月粮。

十六年，巡抚刘宪题：本镇官库空虚，官军折粮银两无从处置，乞将年例银加添一万两支给。本部复：准发银六万两，准作十八年年例。

正德三年，停止年例银四万两。

六年督饷侍郎丛兰题：近来年例银两停止，粮草缺乏，乞照先年事例发银，趁时粜买。本部复：准仍照旧例，发银四万两（以后同）。

十年，总制冯清题：房众在套，客兵粮草不敷。本部复：准发银一十万两，及浙江解到事例银八千两（客兵银始此）。

嘉靖三年，巡抚张璘题：本镇中东西三路，见操官军二万八千八百四十一员名，马四千

628

八百八十五四，近年民屯粮草，奉例减免，乞例外给发银两。本部复：准发银四万两，准作本年年例。

七年，巡抚翟鹏题：钱粮缺乏。本部复：准发银五万两，内四万两准作嘉靖九年年例，余作例外接济。

八年，巡抚翟鹏题：本镇兵荒，军饷缺乏。本部复：发银四万两，准作十年年例，行巡抚官将原发去银盐，查补该镇灾免粮数，不敷仍将陕西布政司库贮赃罚等银支用。

九年，总制王琼题：北虏近边，急宜设备。本部复：准二次发银十万两。

十年，总制王琼题：本镇岁用缺乏，预借年例。本部复：准发银四万两，准作十一年年例。

十一年，巡抚胡东皋题：预借年例。本部复：准发银六万两，内四万两作十二年年例，余作例外接济。

本年兵部咨称：总兵官张凤揭报夷情。本部复：准发银五万两，内四万两作十三年年例，余作例外接济。

十五年，户科都给事中常序条陈：宁夏等镇年例银两，每年正月以里，该部径自奏闻解发，乘时召买粮料，分发紧要城堡支用。本部复：准该镇年例银四万两，以后每年俱于正月内奏解，永为定规。

十六年，总督刘天和题：虏众压境，急请兵粮。本部复：准发银一十六万八千五百八两。

十九年，吏部尚书许讚等会题：宁夏等处大虏入套，乞多发银，整理粮饷。本部复：准发银二万两。又因郎中高翀题：声息频仍，发银一万一千六十一两。

二十四年，总督张珩题报：北虏声息，欲犯花马池地方，调兵防御，乞发银两。本部复：准发银二万两（客兵年例始定）。

二十七年，给事中罗崇奎题：欲籴买，以实边储。本部复：准预发防秋客兵银二万两，又因郎中周建邦题：缺乏客兵钱粮，发银三万两。

三十年，巡抚张镐题：本镇卫所城堡，抽选余丁三千名，补入卫军，请给月粮。本部复：准每年该银二万一千六百两，增入年例。

三十四年，稽考边储总督贾应春题：岁入不足岁用。尚书方钝复：该镇见在官军二万八千四百五十四员名，马一万二千八百五十七匹，较嘉靖十年以前，数减几半，除岁入民屯粮草，并盐引外，定发京运银二万五千两（主兵年例始定）。

四十五年，总督陈其学题：防秋兵马缺乏粮草，请发主客兵银两。本部复：准发主兵银二万五千两，客兵银二万两。

隆庆二年，发银二万一千二百四十五两，抵补前革工本盐引，正额增入年例，又因本镇民运银蠲免五万八千九百八十七两零，照数解补。

万历五年，发主兵年例银一万二千五百两，又解补盐价银二万七千二百四十七两一钱五分，客兵年例银两，因虏款未发。

六年，尚书殷正茂题：本镇主兵年例银二万五千两，又改拨盐引银五千二百五十两，除主事杨佩训呈报附余银六两三钱五分，员外郎杨沂解银一万两，本镇收过事例银四十两，四川改解银一万二千五百两外，尚该银七千七百三两六钱五分。行陕西布政司，将库贮商税税契等银，照数分送该镇，以抵本年主兵年例，并改拨盐银之数。

七年，尚书张学颜题：发主兵年例，并改拨盐引银二万九千二百九十四两九钱七分五厘，除四川改解银一万二千五百两，及解银员外郎杨沂呈报附余银四两五钱外，先发银一万两，余候查该镇省积钱粮酌发。

九年，巡抚萧大亨题：互市钱粮比照山西大同事例，每年俱发客兵银两资济。尚书张学颜议得：本镇客兵银二万两，万历三年以后，因未调遣，前银停解。复：准以后年分发客兵银一万两，作互市之用。

## 开纳

正统十三年，都御史王文题：宁夏草湖淹没，不堪采打。本部议复：发平凉卫、安东中护等卫所，因犯该纳米赎罪者，照例纳草，送该镇总兵处，分拨缺草城堡上纳。

成化十四年，巡抚贾俊题：宁夏粮储缺乏，查得成化七年户部题准，陕西所属官员六年考满，四品以上纳草六百束，五品五百束，七品、八品四百束，九品以下三百束。乞改拨四品以上纳银三十两，六品二十五两，七、八品二十两，九品以下十五两，解发接济。本部复准。

弘治八年，巡抚孙仁题：本镇中路粮草，俱无余积，乞再举先年军民纳草冠带事例。本部复：准照旧例，纳谷草九百束者，准冠带荣身。草束约有三年支用停止。

嘉靖九年，巡抚翟鹏题称：本镇兵荒水灾，乞发帑银赈济。本部复：准行本官将预备仓粮，并赃罚银物，尽数查出，给赈被灾军民，其应征、应免粮数，查勘分豁。

四十年，巡抚谢淮题称：本镇地震异常，乞将被灾营堡应征粮草停征，及发银两赈济。本部复：准发银八千两，听其查勘赈济，或抵粮草。

## 俸粮

### 俸给则例

巡抚都御使月支俸米一石，廪给一石五斗。

定、宁二道各月支廪给一石五斗。

四路通判各月支廪给一石五斗。

儒学学正月支俸米六石。

教授五石。

训导三石。

长史月支俸三石二斗。

大使月支俸四石。

审理等官各月支俸二石。

抚院总兵下书吏各月支廪给一石五斗。

抚院家人各月支口粮稻米四斗五升。

各卫令史每名月支粮二石，内本色五斗，折色一石五斗，内五斗，每斗折银六分，一石折银二钱。

典史每名月支粮一石，内本色二斗五升，折色七斗五升，内二斗五升，每斗折银六分，五斗，每斗折银二分。

各仓攒典各月支粮三斗。

总兵官月支俸米一石，廪给一石五斗。

副、参、游、守、都司各月支廪给一石五斗。

以上各官内抚镇，稻米每石征银八钱三分三厘，廪给每石折银一两六钱五分，其余俸粮，每员岁支本色六个月，折色六个月，每石折银六钱。

经历月支俸七石。

知事月支俸六石五斗。

吏目月支俸五石。

大使月支俸五石。

副使月支俸三石。

以上各官，每员月支本色一石，折色一石，每石折银六钱。其余俸粮每石折银二钱。

班操千把总官各月支粮九斗，岁支本色六个月，折色六个月，内宁夏卫、宁夏后卫、平虏所、兴武所，每斗折银六分；中卫、中屯卫、灵州所，每斗折银五分。

恭、宜人月支粮四石一斗六升五合。

庶人月支粮三石。

县君、宜人月支粮二石五斗。

以上恭、庶、宜人月粮，俱支折色，每石折银六钱。

都指挥使月支俸一十二石。

指挥使月支俸七石。

指挥同知月支俸五石二斗，半俸者支二石六斗。

指挥佥事月支俸四石八斗。

署指挥同知武举月支俸六石二斗。

正千户月支俸三石二斗，半俸者支一石六斗。

卫镇抚、副千户各月支俸二石八斗，半俸者支一石四斗。

实授百户支俸三石，半俸者支一石五斗。

所镇抚月支俸二石四斗。

试百户月支俸一石五斗。

署试百户月支俸一石。

以上各官，系宁夏卫、左屯卫、右屯卫、中屯卫、中卫、前卫、后卫、仪卫司、兴武所、灵州所、韦州群牧所、平虏所官员，每员岁支本色六个月，折色六个月，每石折银六钱，中间有品级同，俸不同，系比试未中及衰老，减支。

## 主兵月粮则例

效劳冠带官，各月支粮一石五斗。

夜不收，各月支粮一石三斗。

征操军丁，月粮一石，或九斗、八斗、七斗、四斗五升者。

老家军，月支粮六斗、五斗、四斗五升。

纪录军，月支粮五斗、三斗、二斗。

以上军丁，系宁夏卫、左屯卫、右屯卫、中屯卫、中卫、前卫、后卫、兴武所、灵州所、韦州群牧所、平虏所军士，俱随镇城，并各路正奇参游征操年力精壮者，支一石；次壮者，支八、九斗，六、七斗；老家军，支五、六斗；纪录军，支三、二斗。各岁支本色六个月，折色六个月，每斗折银六分，或五分。

仪卫纪录军，支粮五斗，或三斗、二斗者，各支本色六个月，折色六个月，每斗折银六分。

长史司纪录军，各支粮五斗，岁支本色六个月，折色六个月，每石折银六钱，间有全支折色者，每石折银一钱。

班操军，各月支粮四斗五升，岁支本色六个月，折色六个月，内宁夏卫、宁夏后卫、平虏所、兴武所，每斗折银六分；中卫、中屯卫、灵州所，每斗折银五分。

## 主兵兼食行粮则例

各卫所守瞭墩台旗军，并出哨夜不收，除月粮外，月支口粮三斗，俱支本色。

## 客兵行料草则例

官，每员日支食米三升。

军丁，每名日支口粮一升五合。

马，每匹日支料三升，草一束；间日本折兼支，每粮一石折银六钱，料一石折银五钱五分，草一束折银一分。

### 马匹料草则例

正奇游三营，并东中西北四路参将营，操备各官军家丁夜不收马，春冬二季，每匹月支本色料九斗，草三十束。

巡边营，并正兵营，选锋家丁马匹，正、二、三、九、十、十一、十二，共七个月，每匹月支本色料九斗，草三十束；五、六、七月，每匹支折色料九斗，折银三钱五分，草三十束，折银四钱；四月、八月，每匹支本色料四斗五升，草十五束。

以上马匹，系官军夜不收、通丁骑操者，春冬二季，支给料草，夏秋二季，撒青牧放；巡、正二营，达官，并选锋真夷家丁骑操者，常川支料草。

### 冬衣布花则例

各卫所军士全赏者，每军棉布一匹零一丈，花八两；减赏者，每军棉布二丈，花八两。

以上布花俱支折价，每布一匹折银二钱五分，花一斤折银五分。

洪武二十五年，令宁夏左屯卫未堪纪录旗军有家小，月支五斗；只身，月支三斗；出幼补役，屯种住支。

正统三年，宁夏总兵官史照等奏：准宁夏等四卫征操官军月粮，照见行事例，各月支一石，有家小，本色米麦五斗，折色绢布五斗；无家小者，本色三斗，折色支钞锭；守墩军士，照都御史曹冀题，准有家小，本色八斗，折色二斗；无家小，本色四斗八升，折色一斗二升。

本年令甘肃、宁夏等处军士，若遇警随总兵征进，及差出探听、巡哨者，每月行粮三斗。

七年，令宁夏等卫官军，每月添支米一斗，余折布绢。

十年，本部议：准宁夏沿边修砌军，查照离城百里日支行粮一升，不及百里者，就于本等月粮内食用，不许再支行粮。

弘治十一年，巡抚张祯叔题称：各边军马去百里之外按伏，或调截杀，方许关支行粮料草，其防护、巡视等项，悉行禁止。今查宁夏离各城堡路远，巡抚官巡视边务，必须军马护送，委与杂差不同，合支给粮草。本部复：准今后巡抚官出巡边境，防护兵马出百里之外者，照例支给行粮料草。其镇守总兵参游等官，果因公务出境，随带防护军马，听巡抚官给文，付领军头目收执，亦照此例关支，回日缴查。

十七年，本部议：准宁夏卫、灵州千户所土达旗军，并选壮丁，备冬俱支米五斗，其年例草五万五千束，及一应差徭悉与开豁，令本所汉军采办应当。

嘉靖三十二年，巡抚王梦弼题：贼势猖獗，乞将本镇河西防秋、按伏、摆河等项兵马，比照河东防秋事体，照旧关支行粮料草。尚书方钝议复：发银一万两，相兼原备客兵银盐支用，声息稍缓，每月只准支给上半月粮草。倘虏贼寇边，果与对敌，或结阵相持，堵截剿杀，不拘里数，虽在下半月之内，并准支给，贼退截日住支。如在上半月内，不许重支。仍于本部勘合填注对敌年月日期，摆守字样，以便查考。其在二、三十里，或四、五十里按伏，及纵贼入境，军在百里之内按伏，并不准支给。

### 修边

嘉靖九年，总制王琼题称：宁夏镇前以黄河为据，后枕贺兰之险，旧有台墩接连，以断北虏西行之路。近来墩台倒塌，难以防守，乞要修复。本部复：准发银五万两。

十年，巡抚胡东皋题称：本镇并花马池一带，修浚墙堑，今会计所费尚欠银六万两。本部复：准给发。

十二年，总制唐龙等题：花马池等处，筑修墙台、铺房等项，口粮、柴薪该用银二万两六千三百八十一两零。本部复：准发银二万两。

十四年，巡抚张文魁题：兴武营一带，边墙沙碱，贼易掏宄，乞发帑银修筑。本部复：准发陕西布政司事例银一万五千五百六十八两零。

十七年，巡抚吴铠题：宁夏中卫边墙颓敝，乞发帑银修理。本部复：准发银一万五千两。

二十四年，总督张珩题：本镇应修城堡，横城马头起，至花马池止，应添修敌台，合用银三万四千二百四十八两零；安定堡等处，边墙低薄，亦当帮筑，合用银六千六百一十一两零；共银四万九百六十两零。本部复：准发银三万四千两。

三十二年，巡抚王梦弼题：各路城堡倾圮，乞给银修筑。本部复：准发银一万两。

三十七年，巡抚王镐题：修筑大沙沟一带边墙，计用银三万八千五百四十九两三钱零，议动支库贮修边剩银，及赃罚等银凑用。本部复：准。

隆庆二年，兵部咨称：本镇修筑边墙，合用人工粮银二万二千两，原议题准户七兵三则例，户部该银一万五千四百两。本部复：准发银一万两。

万历元年，巡抚朱笒题。本部复：该镇修边，原议先尽本镇赃罚，及无碍银两，不敷之数，户七兵三凑用，近来各镇不行先期会计奏讨，辄自挪借，至军饷缺乏，却请发帑银，是兵部三分尽归，本部岂能支持。今后如遇修筑边墙，各备查合用钱粮数目，本镇见在堪动银若干，实少若干，明白具题，不行擅将主客军饷径自支。

### 仓庾

宁夏仓、宁夏平虏仓、花马池常盈仓、应理州仓、兴武营仓、高桥儿灵州仓、广武营仓、柳杨城堡仓、鸣沙州足用仓、红山儿堡仓、滋窑寨堡仓、大沙井驿仓、石沟儿驿仓、小盐池驿仓、小盐池城营仓、萌城驿仓、玉泉营仓、邵纲堡仓、大坝堡仓、威镇堡仓、洪广堡仓、安定堡仓、镇虏堡仓、石空寺堡仓、高桥儿驿仓、平羌堡仓、镇北堡仓、镇朔堡仓。

### 职储

弘治十四年，巡抚王珣奏：虏势重大，粮草缺乏，乞选委能干郎中一员，量带银两，前来整理。尚书佀钟复：准选差属郎中徐键，请敕带银六万两前去，又开两淮盐二十万引，召中籴买粮草，仍查催陕西各属拖欠粮草，及屯种子粒备用。

正德十三年，巡抚王时中题：本镇为西北极边重地，军马钱粮以数十万计，原设通判一员，管理不周。尚书石玠复：准移咨吏部，添注邻近府分通判一员，管理粮草。

十五年，巡抚王时中题：本镇东西中三路粮草数多，原设通判二员干理不周，乞再添通判一员。尚书杨潭复：准移咨吏部，于平凉府添注通判一员，前去所拟地方，管理粮草。


臣等谨按：宁夏负山阻河，地称膏沃，先时岁饷取足屯盐。正统间，始有京民二运；成化间，始有引盐；嘉靖间，始有客饷。计民屯所入，与盐课、盐引之外，岁发主客饷不过四万有奇，岂非以调遣少，而地利足恃耶？稽诸往牒，洪武中，屯粮四十余万，今无论矣；即视正统时，岁额三十余万，犹减半焉。核之，动以河沙冲压为解，恐不尽然。顷奉旨清丈屯田，若核实，而渐复旧额，即京运可减也，是在当事诸臣加之意耳。

## 《万历会计录》卷二十八　甘肃镇饷额

### 甘肃镇目录

屯粮

民运

盐引　<sub>附茶引</sub>

京运

抚夷

俸粮　<sub>附料草冬衣布花</sub>

仓庾

职储

甲表 60　　　　　　　　　　　甘肃镇饷额

| 本镇饷额 | 原额 | 见额 |
|---|---|---|
| 官军(员名) | 91571.00 | 46901.00[1] |
| 马骡(匹) | 29318.00 | 21680.00[2] |
| 屯粮料(石) | 603188.42 | 232434.23[3] |
| 草(束) | | 1753292.00[4] |
| 秋青草(束) | | 1797545.00 |
| 折色草价银(两) | | 2194.79 |
| 湖荡草(束) | | 759413.00 |
| 屯草(束) | 549703.00 | |
| 民运粮(石) | 246744.00 | |
| 民运粮布折银(两) | | 294959.58 |
| 京运银(两) | 60000.00 | 51497.81[5] |
| 盐(引) | 75000.00 | |
| 淮浙盐(引) | | 277000.00 |
| 该银(两) | | 102150.00[6] |

---

[1]原书此处注：比原额减 4□670 员名。
[2]原书此处注：比原额减 7638 匹。
[3]原书此处注：比原额减 270754.18 石。
[4]原书此处注：比原额增 1203589 束。
[5]原书此处注：比原额减 8502.29 两。
[6]原书此处注：比原额增 202000 引。

## 甘肃镇沿革事例

### 屯粮

本镇十五卫屯地二万六千余顷，岁科粮二十一万石，足供军需之费。正统以前，官豪势要之家占为己业，欺蔽税粮。兵部侍郎徐晞题，将本镇屯田通行挨勘，自是屯额稍稍渐复。成化二十一年，巡抚郑时题报屯粮二十一万三千有余，今犹不失其旧矣。

正统四年，陕西行都司册开：甘州左等一十四卫，种过夏秋田一万一千六百九十一顷五十亩，收各色子粒六十万三千一百八十八石四斗二升，内留种子一十二万三千五百六十六石一斗二升，其余子粒四十七万九千六百二十二石三斗，折细粮四十二万五千一百三十八石四斗，给军食用正粮二十八万四千八百四十石四斗，余粮一十四万二百九十八石。先奉诏书内一款，各都司卫所下屯军士正粮子粒一十二石，给军食用，余粮六石，于附近官仓上纳。钦此。

十二年，诏减屯军该粮六石。

成化二十一年，巡抚郑时题称：甘州左等一十五卫所，共该屯粮二十一万三千三百八十石零，运赴有司官仓收贮，准本卫所官军俸粮每石再加耗粮五升，入预备仓，收作赈济。本部复：准。

嘉靖四年，尚书秦金题：查得甘肃镇递年各卫所，该征屯粮一十八万二千三百三石零，屯草五十四万九千七百三束。

六年，巡抚唐泽题称：本镇原额屯地，为因亦卜剌达贼占据西海，以致耕种荒闲，粮草递年拖欠。乞要将山甘等卫军士，分发附近洪水等堡防护耕牧，特发官银二十万两，听其随地斟酌处置牛种，令其整复旧业，再行议处征税，以省行粮。本部复：准。

七年，巡抚刘天和题：清出额内、额外，及于先年勘免抛荒内，勘出堪种田通共二万五千三百三十一顷一十二亩二分二厘七毫零，该粮二十万四千一百二十五石一斗九升一合一勺零。

十年，巡抚唐泽题称：本镇实征屯粮一十五万四千六百八十四石九斗八升二合，草四百六万二千一百六十束；又清出额外屯田三千三百六十四顷七十七亩零，该粮二万七千九百九十七石零。

二十五年，巡抚杨博题：查得境内荒芜田地，如黑河木龙坝屯地二十余顷，洞子渠一十三顷，马子渠一顷，大满渠四顷，此城南一面之田；其他一十五卫所，约计荒田不下万顷，乞要分行各道，次第整理。本部复议：通行各边抚按，及管屯等官，查将前项抛荒地土，召民尽力开垦，永不起科。奉圣旨：是。原抛荒的地土，任民尽力开垦，永不起科，旧曾起科今荒了的，召民一体开垦，应纳籽粒准蠲免十年，不许征扰，待其成熟，奏来定夺。边臣敢有变乱的，巡按御史参奏，拿来重治。钦此。

四十一年，屯田御史陈旌清查过原额、见征粮草地二万七千六百四十一顷五十五亩八分三厘零，岁该征本色粮二十万六百八石八斗六升九合七勺零，本色草一百五十八万八千五十八束，地亩粮二千四百五十九石七斗五合零。额外清出已未成熟地共六百三十九顷六十九亩八分二厘，内开种已熟，见该起征本色粮一千九十三石九斗九升，本色草九千五百三十七束，地亩粮二石九斗七升五合五勺。开种未熟，姑与缓税，以宽其力。候嘉靖四十三年起征本色粮二千二百二十石六斗三升五合，本色草一万六千六百五十九束，地亩粮六斗八升七勺。

隆庆元年，陕西巡抚杨巍咨报：甘肃镇屯粮二十万三千九百二十三石四斗九升七合五勺，草一百六十万七千五十束。

五年，巡抚杨锦题报：开垦荒田，获粮八千余石，采过秋青草一百万束。

万历二年，巡抚廖逢节册报：元年分岁入屯粮料二十万一千九百八十一石七斗九升，草一百五十一万一千八百五十六束，秋青草二百三十九万三千五百五十六束五分。

七年，巡抚侯东莱册报：屯粮料二十三万二千四百三十四石二斗三升八合四勺，草一百七十五万三千二百九十二束，秋青草一百七十九万七千五百四十五束，折色草价银二千一百九十四两七钱九分七厘，湖荡草七十五万九千四百一十三束。

## 民运

本镇自正统二年，分拨该省本折秋粮，并添运粮料，以济边储。八年，又将徽州府小麦改征折色，以益之。成化而后，该省额派之数，多寡不一。正德间，民运较之弘治，又增十万余石。今巡抚册报之数折色粮布银二十九万四千九百余两。

正统二年，本部题：差主事会同陕西布政司分催官员，将本省正统元年，原拨秋粮本折二十四万六千七百四十四石，并添运粮料七万八千七百三十九石，运送甘肃等仓。

八年，本部题：将徽州府小麦一万八千四百□十二石八斗二升，秋粮八万石，愿折银者每石折银二钱五分，共算该银二万四千六百一十五两，运送本镇备用。

成化元年，陕西布政司每年会派本镇税粮三十八万石，与本处屯粮相兼，足够兵马支用（至二十年，数约相同）。

十八年，陕西布政司额派本镇民运粮一十□万四百八十九石零（是年以后，额派多寡不一）。

二十二年，额派本镇民运粮一十五万五千九百五十四石。

二十三年，额派一十三万八千六百四十石。

弘治元年，额派本镇民运粮二十万七千二百四十七石七斗一升。

七年，额派本镇税粮三十二万石。

八年，员外郎杨奇题议：自本年以后，陕西税粮照七年分坐派之数，再加三万石，每岁共派三十五万石，以为定则。本部复：陕西先因饥馑，逃民未尽复业，抛荒逋负未尽完偿，兹欲增足三十五万之数，又恐百孔千疮，救疗不暇。今后□派原额，仍照弘治七年三十二万石之数，起运甘肃等边，纵有灾荒，不可轻易擅减（自此至十六年数同）。

正德十二年，传奉圣旨：今甘肃地方用兵之际，合用钱粮，户部便议处了来说。钦此。本部复：查陕西布政司每年运本镇米三十万七百一十六石，料一十二万四千五百三十六石，棉布九万二千二百四匹，棉花绒七万九千六百五十四斤，草一百五十一万□千束。

嘉靖四年，尚书秦金题：该郎中胡宗明建议，兰州系甘肃襟喉之地，腹里一应边饷解至彼处，转发各仓，其雇觅车骡脚价，一向止令解户出办，不免偏累。查得漕运事例，正粮之外，亦有二、三、四、六轻赍脚价，欲要从宜处置。本部复：准自本年为始，将起运甘肃边粮，本色一石征脚价米一斗，折色一石脚价银三分，均派纳户名下，征收完足，责令官解，一并运赴兰州委官处交割。专备脚价之费，仍照各仓地里远近，车骡时估贵贱支给，如有羡余，收贮该州官库，作正支销。

七年，总督王琼题：将陕西起运边粮大户脚价银两扣出，随粮解纳，作正支用。

九年，总督王琼题：边储缺乏。本部复：查得甘肃镇，陕西布政司岁派起运粮料三十一万六千六百一十六石八斗五升，合行巡抚官催督应用。

隆庆二年，巡抚王轮题：陕西布政司每年额派民运夏秋粮共三十一万六千七百六十二石四斗三合零，折银二十八万六千八百八十两一分零，近奉诏蠲免五分，乞行补发。本部复：准。

万历元年，尚书王国光题：准将河州起运西宁仓、固原州仓广积库夏秋粮银共一千四百九两一钱六分五厘四毫零，俱存留河州仓，补给参将营军士月粮；将镇原县起运一条城堡仓秋粮银一千六百两，内拨一千四百九两一钱六分五厘四毫零，以补各仓库前项之数，余银一百九十两八钱三分四厘五毫九丝一忽，仍作一条城堡仓征解兰州广积仓上纳，各注实征册内，以为定额。

六年，巡抚侯东莱册报：民运粮布折银共二十九万四千九百五十九两五钱八分六厘二毫二丝一忽零。

## 盐引

本镇主客兵之费，俱开盐引支用，或因边警动调，或因地方荒歉，开派多寡不一。嘉靖八年，额派淮、浙客兵盐共十五万引，该银六万八千三百余两。十一年，议补岁用不敷盐十二万五千七百六十引，该银四万九千九百三十二两。四十五年，改派两浙盐十五万引，该银四万五千两，两淮盐十二万七千引，该银五万七千一百五十两，以后遂为经制。

景泰二年，都御史刘广衡题：肃州卫，并镇夷千户所，孤悬极边，粮储缺少，要将中盐则例每引量减米豆，召商中纳。本部复：准议开派淮盐四万五千引，每一引粟米减作五斗，豆减作三斗；浙盐三万引，每引粟米减作三斗五升，豆减作二斗五升；仍令淮盐六分，浙盐四分，相兼上纳。

弘治元年左都御史马文升题：预防虏患。本部复：开云南、四川、山东、两淮见在盐，共十五万引，召商报中。

正德六年，总制张泰题：虏贼侵扰，调兵征剿，粮草缺乏，议开派河东盐四十七万一千八百八十引八斤。

十二年，征剿鲁雷，尚书石玠议：开两淮盐二十万引，备客兵支用。

嘉靖六年，巡抚唐泽题：本镇添选兵三千名，马三千匹，未增粮料。本部议：开淮、浙、长芦、山东盐二十六万八千八百一十三引。

八年，本部题：准自九年为始，额派两淮盐六万引，两浙盐九万引，共银六万八千三百四十两，备客兵支用。

九年，巡抚唐泽题：大虏万全出没，调兵防御。本部复：准除先额派盐十五万引外，又开淮浙、山东、长芦盐六万八千三百八十九引，共银三万一千六百五十七两，专备紧急调兵支用。

十年，会计钱粮巡抚唐泽题：本镇岁入较之岁用尚少银四万九千九百三十二两。本部复：准自十一年为始，定派淮浙盐引银抵补。

十一年，本部题：准开补岁用不敷淮浙存积盐一十二万五千七百六十引，该银四万九千九百三十二两。

十五年，户科给事中田秋题，本部复：议得该镇补岁用不敷盐引银四万九千九百三十二两，动支太仓库银解发，其十六年分盐引，免行开派。

二十四年，巡抚赵锦题：本镇添募官军二千四十七员名，马二千五十四匹，请增粮草。本部复：准自明年为始，增派淮浙盐引银三万二千六百八十一两。

三十一年，尚书方钝题：准将先年议补不敷岁用，并新增募军盐引银，量行减免，止预开三十二年分淮浙存积盐一十二万七千引，两淮没官水乡盐一万五千引，共该银五万四千九百两。

三十二年，尚书方钝题：准预开三十三年分，除补岁用不敷盐一十二万七千引外，又开两淮工本盐六万三千五百引，该银二万八千五百七十五两，抵作主兵年例（是年水乡盐未派）。

四十五年，尚书高燿议定经制，仍旧开淮浙存积盐一十二万七千引，备主兵支用，又派盐十五万引，备客兵支用。

万历七年，巡抚侯东莱册报：两淮盐一十二万七千引，该银五万七千一百五十两；两浙盐一十五万引，该银四万五千两，无分主客，一例支用。

#### 附茶引

正统八年，陕西都御史曹翼题称：甘肃粮食较之正统六年颇贱，欲将前项在仓叶茶，每一斤作粮一斗五升，照前例，按月挨陈，准与陕西行都司，并甘州左等一十四卫所，官员折色俸粮。本部复：准。

成化二年，兵部题：近年各边累奏缺马骑征，及称西宁至甘肃一带，番族地方多产马匹，每以茶一百斤，青稞十五石，计银四两五钱至六两而止。互市好马一匹，比之京运价值减轻，合无差官查勘先年运去官茶，勘中，就彼换马；如茶不敷，并籴买青稞银两，行移户部，将折粮银挪五万两，送彼收买易换，儿骟马给军骑征，骒马送花马寺作种，候马数充足停止。本部复：前项折粮银两，岁收不够岁用，惟复于内承运库，依数开发买马。奉钦依，照数关出运送，籴买易马应用。

弘治八年，巡抚许进题称：查得甘肃一带边仓，会计所入税粮、屯粮，及京运年例银两，共算该粮不过五十余万，比于岁用之数，反少一十余万。近该本部差郎中杨奇整理粮饷，虽为预备良法，但甘肃地方连年灾异，五谷少收，倘或一时籴买不出，未免误事，乞开茶四百万斤，前来预备粮草应用。本部依议复：准。

本年本官又题：甘肃一带骑操马匹缺少，河州各处茶马司，递年官茶易马，解送各边备用。近来堆积茶斤数多，乞要计议，将汉中等府该纳茶斤，不为常例，暂改拨二百万斤，甘肃上纳，或将各茶马司见在茶斤，于内量拨二百万斤，转运甘肃收贮，开市易马。本部议得：本官奏要开中茶四百万斤，与郎中杨奇奏称，运茶易马事体相同，合无行移各官，不必易马，查照常年卖茶事例，准中茶四百万斤，以资边储。奉圣旨：是。钦此。

#### 京运

本镇京运，初无定额。成化二十三年，巡抚郑时奏讨，始发银六万两。自后，岁以为常。间有多发，或作下年年例，或作例外接济。嘉靖三十年，增至十万五千二百两。四十五年，议定经制，岁发二万二千九百余两，客兵银则二万两。隆庆元年，因工本盐停止，主兵银补发至五万一千四百余两，遂为定制云。

成化二十二年，巡抚郑时题：地方荒旱，岁用不敷，乞勅户部摘拨南方折粮，并各处收贮赃罚等银，及太仓见贮银两，量为拨运前来，转发三边，并腹里卫所，籴买粮草支用。本部议复：发银六万两，运送陕西布政司交收，以备紧急支用。

弘治元年，巡抚贾奭题：粮料草束缺乏。本部复：准除年例外，增发银五万两。

三年，本部题：预发四年分年例银六万两。

九年，本部题：预发年例银六万两。

十八年，巡抚毕亨题：庄浪等边，虏贼屯住，动调客兵，乞添送银两，以备急用。本部复：发银五万两。

正德三年，停止年例银六万两（至五年俱未题发）。

六年，侍郎丛兰题，本部复：准仍旧发年例银六万两。

嘉靖元年，总督李钺题：甘肃镇一带城堡，粮草俱各缺乏，近因地方激变，流民贻患，乞要急发帑银，前来接济。本部复：准发银二十六万两，内除六万两准作本年年例之数，余二十万两行移本官，分派各镇，查照缺粮去处，籴买备用。

六年，吏部尚书桂萼等会题，本部复：甘肃一镇孤悬河外，番虏为邻，颇难控制，况今土番黠骜，阳和阴寇，尤难测度，师行粮随，最为紧要，议发太仓银十万两，作例外接济，本年，又发银十万两，备调兵防御支用。

二十一年，本部题：各边军饷不敷，会计京运银两给补支用，发本镇年例银六万两。

二十四年，巡抚赵锦题：添将募军二千四十七员名，马二千四十七匹，岁用粮料草束银五万二千六百八十一两，乞早为给发。本部复：增年例银二万两。

三十年，巡抚王诰题：新抽选军人三千名，请增粮饷。本部复：增年例银二万五千二百两（年例至此增至十万五千二百两）。

三十七年，巡抚魏谦吉咨：查过本镇岁用粮料数目前来。本部议：自本年为始，定发该镇年例银二万二千九百二十二两八钱一分，年例至此，盖缘各抚臣悉心经理，积有盈余，减八万二千二百七十八两零。

三十八年，总督魏谦吉题：甘肃虏患异常，分兵防守，乞发银备用。本部复：发银二万两，备客兵支用。

四十五年，本部议定经制，照旧定发年例银二万二千九百二十二两八钱一分。

隆庆元年，巡抚石茂华题：该镇孤悬边塞，最为冲险，军饷不继，要将嘉靖四十五年停革工本盐引，照数补发。本部复：准发银二万八千五百七十五两，抵补停革工本之数，以后增入年例（年例至此通共五万一千四百九十七两八钱一分）。

万历二年，甘肃巡抚廖逢节题：肃府庄田在甘凉番庄店水磨，每年该征粮九千六百四十余石，即作甘肃镇军饷支用，扣应发年例。尚书王国光复：准。

六年，尚书殷正茂题：发年例，除四川改解，并赃罚、商税租粮支剩等银四万一千四百九十七两八钱一分外，发银一万两。

**抚夷**

弘治二年，罕东左卫都督□克奏称：有头目耵卜等奏讨粮米。本部查得：洪武以来，并无远输粮米，赈济外夷事例。但罕东左卫，为我藩篱，其都督罕慎，又受中国之职，今罕慎既被番王将伊弟杀死，耵卜回卫人口缺食，比与无故求讨者不同，合行巡抚官，量给食米。奉圣旨：是。钦此。

本年巡抚罗明题称：哈密等夷人来投数多，应合安插，资给粮米，赏赐布匹、农具等项，以示优恤。本部复：准行陕西布政司掌印官，将库内银动支五万两，并西安等府属收贮见在一应赃罚银两尽数运送，及将本年分应运本镇民粮，量加派拨前去，听巡抚管粮等官整理前项相应抚恤夷人粮布，并农具等物支用。

**俸粮**

俸给则例

巡抚都御使月支俸米一石，折银一两八钱，日支廪给稻米五升。

监收通判在甘州道属，月俸二石；肃州道属，月俸二石，日支稻米五升；凉州、庄浪、西宁三道属，日支稻米五升。

行都司经历、都事、断事月俸三石，司狱二石，吏目一石，司库大使、副使二石，儒学教授三石，训导二石。

卫经历、知事月俸二石，儒学教授五石，训导三石。

仓大使月俸二石，副使一石。

所吏目月俸二石。

驿丞月俸一石。

巡抚郎中、下书吏日支稻米五升。

巡抚下家人、郎中下书办日支稻米一升五合。

总兵、副、参、游、守并庄浪备御千总日支稻米五升。

肃州道属守备月俸三石二斗，在嘉峪关驻扎，日支稻米五升。

总兵下掾史日支稻米五升。

行都司都指挥月俸七石二斗。

指挥使月俸七石。

指挥同知月俸五石二斗。

指挥佥事月俸四石八斗。

正千户月俸三石二斗。

副千户、卫镇抚月俸二石八斗。

实授百户月俸三石。

试百户月俸一石五斗。

署试百户月俸一石。

所镇抚月俸二石四斗，惟山丹卫所镇抚月俸止六斗。

土官指挥月俸三石。

千户月俸二石五斗。

百户月俸二石。

都司令史、知承，卫所儒学吏典月俸粮五斗。

仓局吏守支攒典月支俸粮三斗。

以上俸给，在甘州、肃州二道属，每年正月支本色；二月至六月，本折兼支；七月至十二月，俱支折色，每石折银七钱。行都司都指挥，每年全支折色。西宁道属，并永昌卫文官，凉州卫、古浪所武官，庄浪道属文武官员吏典，俱本色六个月，折色六个月，每石折银七钱。凉州卫、古浪所文官，俱支本色。永昌卫武官，镇番卫文武官员吏典，俱二、八月折布，每石折银五钱，其余本色五个月，折色五个月，每石折银七钱。其稻米，每五升折银一钱六分六厘五毫。

主兵月粮则例

甘州道属各卫所营堡征操旗军，月支一石，内甘州等卫、新河、花寨、暖泉、红崖、许三湾、黑泉、五坝等堡军，有支九斗、八斗，至四斗不等者。

垦军月支五斗。

幼弱军、摆徒、军徒、来降通事、驿递甲军，各支九斗、八斗，至三斗不等。

肃州道属各卫所关堡征操旗军，并老家、抽选军丁、夷兵、通、夜，俱月支一石。

守墩军月支八斗。

守墩老幼军月支七斗、六斗不等。

纪录老幼军月支五斗、三斗不等。

真夷通丁，月支四斗。

瞭哨犯人月支五斗五升。

以上，每年正月支本色；二月至六月，本折兼支；七月至十二月，支折色。甘州道属，每石折银七钱，肃州道属，每石折银六钱五分。

凉州道属各卫所堡操守旗军、通、夜、家丁、驿递甲军，俱月支一石，内镇番卫、古浪所各堡防守军夜，有支八斗、七斗，至四斗不等，驿递甲军，有支六斗者。

纪录幼军、清解祖伍军，月支八斗。

铺司兵月支三斗。

局军支九斗。

以上，每年本色六个月，折色六个月，卫堡军，每石折银七钱，凉州卫驿递军，每石折银六钱，永昌与镇番二卫军丁，二、八月折布，每石折银五钱，其余本色五个月，折色五个月，每石折银七钱。

庄浪道属各卫堡旗军丁夜通事月支一石，内轮班守城军匠，土操军，有支八斗、七斗、六斗、五斗不等者。

递运所甲军月支六斗。

纪录军月支三斗。

以上，每年本色六个月，折色六个月，参将营家丁，全支折色，俱每石折银七钱。

西宁道属参将营正兵、游兵、守城军，月支一石，内有支八斗、七斗、六斗、五斗、三斗。

西宁卫局军月支八斗。

以上，每年本折兼支，每石折银七钱。

## 主兵兼食行粮则例

甘州道属守城墩甲军、备御军丁真房，俱月支四斗五升。

各卫所堡夜不收、甘州卫驿递、花寨堡墩军，俱月支三斗。

高台所、红崖、杨旗、暖泉等堡甲军，月支二斗二升五合。

新河堡墩军月支二斗。

以上，每年俱支本色。

肃州道属守墩军月支四斗五升。

夜不收月支三斗。

以上，每年春夏本折兼支，秋冬俱支折色，肃州卫关堡，每石折银七钱，镇夷所墩堡，每石折银六钱五分。

凉州道属防守官、墩军、甲军、家丁，月支四斗五升；内永昌卫家丁，并土达通事，月支三斗。

夜不收、司兵、纪录幼军，月支三斗。

以上，在永昌、凉州二卫墩堡，每年二、八月折布，每石折银五钱，其余本色五个月，折色五个月；其镇番卫防守官、古浪所墩堡家丁，本色六个月，折色六个月，俱每石折银七钱，余全支本色。

庄浪道属守墩军、家丁、出哨官军，月支四斗五升，内庄浪卫墩军，有支三斗者。

西大河堡防守官月支九斗。

夜不收月支三斗；出哨夜不收，有支四斗五升者。

以上，每年本色六个月，折色六个月，每石折银七钱。

西宁道属参将营家丁，并番僧，月支口粮四斗五升，每年本折兼支，每石折银七钱。

## 客兵行粮则例

甘州道属镇夷司，拨到高台营游兵，月支四斗五升，每年全支折色，每石折银七钱。

凉州道属游兵营官月支九斗。

各堡防守官、把总、旗军、游兵、备御官军，月支四斗五升。

以上，在永昌卫游兵，每年二月至六月支本色，七月至十二月支折色，每石折银八钱；各堡防守游兵，每年二、八月折布，每石折银五钱；其余本色五个月，折色五个月，每石折银七钱；镇番卫、古浪所官军，每年本色六个月，折色六个月，每石折银八钱。

庄浪道属各堡备班防御官军、通事，月支四斗五升，每年本色六个月，折色六个月；庄浪卫军，每年全支折色，俱每石折银八钱。

## 马匹料草则例

甘州道属各卫营堡马匹，并走递骡驴牛，俱月支料九斗，草三十束，内抚夷、大小沙河、东乐、仁寿等驿牛驴，月支料六斗，草三十束，每年春冬，营堡马俱支折色，每石折银六钱，草每束折银八厘，走递马骡驴牛，全支本色；夏秋自行采办，不支料草。

肃州道属参将战马，每年春冬月支料九斗，草三十束，各营堡马，月支料九斗，俱本折兼支，每石折银六钱，草不支；夏秋与战马，俱不支料草。

凉州道属总兵、参将战马、都司马，月支料九斗，草三十束。

总兵下官军旗操马，各堡，并镇番营骑操马，古浪所防守官马，俱月支料四斗五升，草一十五束。

总兵下家丁、镇番营备御、古浪所骑操防御马，春冬月支料九斗，草三十束；夏秋月支料四斗五升，草一十五束，内防御者，夏秋不支草。

永昌、镇番营堡官军丁夜马，月支料九斗，草三十束，夏秋不支。

游兵马，月支料九斗，草三十束。

以上料草，战马并总兵下骑操家丁、古浪所防守官、游兵马，每年本色六个月，内永昌营游兵马，自二月至六月支本色，余俱折色六个月；永昌、镇番营、古浪所骑操备御防御马，本折兼支，都司并游兵防御马，料每石折银七钱，余俱折银六钱；永昌营游兵，草每束折银五厘，古浪所防御马，折银八厘，余俱折银一分。

走递马骡，春冬月支料九斗，驴牛支六斗，草三十束；夏秋月支料四斗五升，驴三斗，草一十五束，牛夏秋不支。每年俱本色六个月，折色六个月，牛本色三个月，折色三个月，料每石折银六钱，草每束折银一分。

庄浪道属参将、守备、土官战马，并各营堡骑操马，月支料九斗，草三十束；其通勇家丁备御秦州、西宁各堡，并苦水、沙井驿备防西大通土汉官马，夏秋俱月支料四斗五升，草一十五束，其余夏秋不支。

以上料草，战马并备御秦州马，每年全支折色，其余俱本色六个月，折色六个月，料每石折银六钱；其备御西宁沙井、苦水驿、岔口、镇羌堡备御，俱每石折银七钱，草每束俱折银一分。

西宁道属参将战马，并官军家丁下马匹，月支料九斗，草三十束，本折兼支，料每石折银六钱，草每束折银一分。


冬衣布花则例

各卫所军丁，每年全赏者，布四匹；减赏者，布二匹；棉花俱一斤八两。每年查照三分之一事例，全赏者给布一匹一丈，减赏者给布二丈，均给棉花八两，布每匹折银三钱，花每斤折银七分。


正统二年，太监王贵题。本部议：准陕西肃州卫哨备旗军行粮革去，照守墩军例，关支本色八斗，折色二斗。

三年，兵部尚书王骥等奏：甘、凉等处，见操官军差调征哨，准支行粮。续该陕西布政司等官郑玠奏：准边卫军士月粮，每名关支一石，已是定例。若遇警急，出境征剿，准验日关支行粮，其余沿边探听、巡哨，不过百里之程，稍有动移，辄要关支行粮，不惟边储有限，支用不敷，抑且奸顽乘机作弊，无凭查考。合照旧例，于月粮内自备，难准支给。

八年，又令肃州卫，为事问发立功守瞭犯人，月支口粮三斗。

本年又令陕西腹里卫所旗军，三个月全支米一石，余月米钞兼支；甘肃操备旗军，四个月全支米一石，余月照旧。

十一年，本部题：准陕西行都司肃州等卫旗军月粮一石，前月关支本色四斗，河南大布一匹；后月关支本色六斗，陕西小布一匹，相兼放支。

十三年，陕西、甘肃选择屯军，有供丁者，月支米三斗。

成化十一年，令陕西洮河、岷州三卫在边操备旗军，照洮河卫例，月支本色一石；在卫守城杂差等项，照临洮等卫例，月支本色六斗，折钞四斗。

弘治二年，巡抚罗明题：查得本镇官军在卫所已支月粮一石，拨出临近城堡征哨按伏，又日支行粮三升，似为冗费，乞要定拟则例，以便遵守。本部复：准今后征哨并按伏备堡等项官军，在百里之内者，俱不许关支廪给行粮、口粮，马亦不许关支料草；出百里之外者，不分旗军与领军头目，俱止许日支口粮一升五合，都指挥与把总等官，方许支廪给米三升；备御官军止是行粮一升七合，每马一匹日支料五升，草一束，在营料草住支，不许重给。

五年，御史宋监题称：冬衣布花本为军士御寒，近来派运失时，不得济用，乞要定立限期，以便遵守。本部议：拟自六年为始，陕西布政司督属将坐派本边军士冬衣布花，限在八月内起运，十月以里到彼给散。

嘉靖六年，巡抚寇天叙题，本部复：庄浪土兵支行粮五斗。正德年，总制才宽奏添三斗，至今按月支粮八斗，已为过厚，若再添二斗，不系旧制，难以依拟。

三十年，咸宁侯仇鸾题，尚书孙应奎议：准甘肃调来入卫夷人把秃等六十名，分为两班入卫，月支粮一石，其未调下班者，照旧支粮四斗五升，不许一概支给。

隆庆三年，巡抚王轮题称：本镇军士月粮，上半年本色六个月，下半年折色六个月，每石折银七钱，八月止折布银五钱，其马军扣桩朋银一两八钱，步军扣草价局料银共一两五钱，乞要本折兼搭，每月以一石为则，本色六斗，折色四斗，折银二钱八分，应扣银于折色内，马军一月扣银一钱五分，步军扣银一钱二分五厘，俱以十分为率，量为减征三分，今岁暂免扣除，或俟以后年分带扣。本部复：准行令本官，查照军士月粮，每月本色给与五斗，庶原额不失，应扣银两，挨月于折色银内扣除，其减免带扣之数，仍咨兵、工二部会计，径自施行。

本年巡抚王轮题称：西安、凤翔二府岁派甘肃镇赏军棉布一十万二千三百一十二匹，棉花九千六百三十七斤，往年征解如数，军沾实惠，嗣后拖欠数多，甚至粗恶不堪。该郎中汤仰议改俱征折色，量收均给，今照各府应征之数愆期不完，军士嗷嗷告领，要于民运月粮银内，先行支散。本部复：准行本官，严行西、凤二府，将原派布花改折银两，查照布一匹，银三钱；花一斤，银七分之数，立限完解，其欲借支民运一节，听其从宜区画。

### 仓庾

庄浪仓、凉州广储仓、古浪城丰盈仓、西宁仓、红城子驿仓、镇番城常盈仓、永昌仓、镇夷官仓、山丹永丰仓、肃州仓、甘州仓、高台富积仓。

成化十四年，给事中黄麟题：甘肃等仓，先年彼处地土高燥，又兼不产芦苇，止令纳户，每粮料一石，加添蓆粮三升，然亦有低下去处，以致湿烂粮数甚多，要得仍收芦蓆，如无出产芦蓆处，收芟其草芭铺贴放支尽绝，照旧变价，庶边储不致湿烂。本部复准。

弘治二年，巡抚罗明题：甘肃一带仓分收纳税粮，因耗例无一定之则，亏弊并集，该都御史侯瓒奏，每石加耗八升，及后查盘，又将耗米仍作正数扣算，致官攒等役俱惧畏赔补，是奸弊之门愈启，案牍之烦竟无休息，乞将前项耗粮，再行申饬。本部复准。

十三年，给事中任良弼题：奉敕前往甘肃，并洮河、岷州等处仓场，查盘其耗粮，照户部侍郎刘大夏题准，止盘见数，不必作正，责令经手人员看守，候一年以上放尽者，每石止许开折耗粮一升，随查前项仓场见在本色粮料，正耗共九十七万有零，内盘出附余三万二百三石有零，除将正耗粮料，照旧分辖守支外，所有附余之数，合照今正粮例，令其作正支销，开除折耗，庶杜弊端，不致偏累。本部复议：原题盘出前项附余粮数，系查盘粮料正耗之外，比之原耗粮不同，合依本官所拟，作正支销，仍每石每年开折耗粮一升，以后查盘，俱照此例施行。

## 职储

弘治二年，巡抚罗明奏称：西宁、甘肃地方广阔，参议一员管理不周。本部复：准行移陕西巡抚萧祯，将布政司参议丘璐移在凉州，管理西宁、庄浪、广储、常盈、丰盈等五仓，行按察司委副使或佥事一员，前去甘州，管理甘肃、永丰、永昌、镇夷、富积、肃州等六仓，分投监督收放，俱照例轮流，三年一换，各请勅一道，兼理水利，永为定规。

五年，都御史王宗彝奏：陕西都、行二司所属四十七卫所屯田粮草，原设官二员分管，后巡抚萧祯奏减一员，今止佥事李纪见在管理，但地方广阔，卫所数多，似难周历。乞将前项奏住佥事一员，仍照前项分辖地方，整理粮储水利，提督行都司甘州等一十五卫屯田，佥事李纪专管都司凉州等三十七卫所屯田粮草，庶事有专责，不致冗费。本部复准。

九年，巡抚许进题，本部复：看得甘州实西路总会之处，永昌乃东路一卫之冲，若令佥事专在永昌驻扎，诚非居重驭轻之良法，且布政司参议分管凉州等五仓场，按察司佥事分管甘肃等七仓库，系是旧例，况钱粮词讼，各有攸司，非一人所能兼理，必须各专委任，方能兴革利弊。合照先巡抚罗明题准事例，将佥事孟准，原奉勅一道，径自差人缴回，及行分巡官照旧专理词讼，庶地方易于照管，事体亦得归一。

十六年，巡抚刘璋题：肃州等卫所亏折草束数多，盖因地方广阔，积弊年深，收放之官，亦无专一，要得计议添官管理。本部复：准行吏部，拣选府通判二员，就于巩昌府带俸，甘州在城五卫，添设大使、副使各一员，肃州、山丹、永昌、凉州、镇番、庄浪、西宁七卫，各设大使一员，镇夷、高台、古浪三所，各设副使一员，红城子驿设大使一员管事。其攒典行陕西布政司拨参军库，依拟于各州卫所拨用，其衙门径属陕西布政司管辖，官攒库役俱照例周岁考满守支。仍与东西二路，添设通判，西自永昌至肃州仓场，则于甘州驻扎；东自红城子堡至镇番仓场，则于凉州驻扎，专一往来监督收放，禁革奸弊。

正德十一年，御史冯时雍题：甘肃等一十五卫所仓场，奸弊多端，监督官员阻于地远事繁，稽考疏阔，乞要照例另委官一员，于河西专理事务，其山丹迤西九卫所仓场，俱属甘肃管粮佥事，永昌迤东南北六卫所仓场，俱属监督参议，各分管稽查。本部复：查旧制，陕西六道，其西宁一道，在于河西，除分巡官行令佥事带管分守官，该每年终，另行定拟更换。比年以来，止令管粮参议，或行太仆寺官带管，委的干事不前。合将前项道分，每年另差官一员专一管理，一年已满更换，仍行佥事胡止、参议陈璧，并甘肃、西宁兵备副使，各将分管仓分粮草，严加禁革奸弊，用心调理边储，以裨实计。

十二年，巡抚李昆题：边储至重，甘肃管粮参议、佥事，请给关防印记。本部复：准将本边佥事一员，给与管理粮储关防一颗，其管粮参议关防，原无事例，及查分守各道俱无印记，一般行事，似难准拟。

嘉靖四年，三边总督题：陕西三边供应钱粮，惟甘肃一镇，道途险远，转输艰难，先年添设委官管理，以时征收，解户便于上纳，粮草亦易完足。自裁革之后，事无统属，奸弊丛生，乞要添设郎中一员，专理甘肃一镇粮草，常在兰州驻扎，催督凤翔等府税粮。本部复准。

七年，都御史刘天和题：陕西行都司统属甘肃等一十五卫所仓粮，收支不便，乞要原住凉州布政司分守官，移住庄浪，分管庄浪、镇羌一带仓粮；原住甘州按察司分巡官，移住凉州，分管凉州、永昌、镇番、古浪千户所仓粮；甘州管粮佥事，照旧管理甘州等五卫，并山丹卫、高台千户所仓粮；肃州兵备副使，就近管理肃州卫、镇夷千户所仓粮；西宁兵备副使，就近管理西宁卫仓粮，俱不妨兵备原务。各监督管粮通判等官，稽考出纳。本部复准。

十五年，巡抚黄臣题：陕西八府民运，惟甘肃地方极为险远，乞照旧设郎中一员，兰州驻扎，查验各府民粮价值，官军冬衣布花俸钞局科。本部复准。

万历元年，陕西巡按毕孟奇题：兰州仓场侵冒数多，要将一带主客兵钱粮，比照蓟辽等项事规，统属郎中兼理，与临、巩兵备互相觉察。本部复：准通行甘肃、陕西各巡按、管粮郎中，将兰州一带主客钱粮，俱令郎中兼理，几出入籴买粮草，先于临、巩兵备道挂号定价后，郎中收放发银，各立簿籍，互相觉察。

臣等谨按：甘肃屯粮皆征本色，较之国初，已减大半。其民盐、京运，至四十四万有奇，盖彼减此益，势所必致。而镇军支给，更多虚冒。至于甘、凉一带，屯额顿减，缘弊薮未清。顷奉旨，通丈屯田，若当事者及时核实，召军开垦，且守且耕，旧额或可渐复，孤悬绝塞，庶几免饷匮之忧矣。

## 《万历会计录》卷二十九　固原镇饷额

### 固原镇目录

屯粮

民运

盐引 附盐课

京运

俸粮 附料草冬衣布花

修边

仓庾

职储

甲表 61　　　　　　　　　　　　　　固原镇饷额

| 本镇饷额 | 原额 | 见额 |
|---|---|---|
| 主兵官员军丁（员名） | 126919.00 | 90412.00[1] |
| 马骡牛(匹) | 32250.00 | 33842.00[2] |
| 屯粮料(石)（本色） | 324622.42 | 319406.55[3] |
| 屯草(束) | 229705.00 | 186002.00[4] |
| 秋青草(束) | 14227.00 | 14227.00[5] |
| 粮折布(匹) | | 105.00 |
| 折色粮料草银(两) | 38333.16 | 41240.59[6] |
| 地亩银(两) | 6773.94 | 7000.30[7] |
| 牛具银(两) | | 196.15 |
| 民运本色粮料(石) | 42103.80 | 45325.20[8] |
| 草(束) | 10696.00 | 8063.00[9] |
| 布(匹) | 65846.00 | * |
| 花(斤) | 29110.50 | |
| 折色粮料布花银(两) | 283631.27 | 279296.61[10] |
| 盐(引) | 72857.00 | |
| 淮浙盐(引) | | 60856.00 |
| 该银(两) | 30000.00 | 25371.65[11] |
| 京运银(两) | 48871.20 | 63721.82[12] |
| 犒赏银(两) | 588.82 | 199.13[13] |

---

[1] 原书此处注：比原额减 36507 员名。
[2] 原书此处注：比原额增 1592 匹。
[3] 原书此处注：比原额减 5170.93 石。
[4] 原书此处注：比原额减 43703 束。
[5] 原书此处注："与原额同。"
[6] 原书此处注：比原额增 2907.42 两。
[7] 原书此处注：比原额增 226.36 两。
[8] 原书此处注：比原额增 3221.39 石。
[9] 原书此处注：比原额减 2633 束零。
[10] 原书此处注：比原额减 4334.65 零。
[11] 原书此处注：比原额增 16924 引 30 斤。
[12] 原书此处注：比原额增 14850.62 两。
[13] 原书此处注：比原额减 389.69 两。

## 固原镇沿革事例

### 屯粮

本镇屯田据国初永乐间八万七百余顷，屯粮三十二万四千六百余石，折色银三万八千三百余两，屯草二十二万九千七百余束。至嘉靖初年，增粮至四十四万五千有奇，草五十八万三千有奇，时边饷稍稍称给，其后屯政渐废。四十一年虽经清查，至隆庆五年，粮额益缩。今据万历六年册报：屯地八万四千九百九十余顷，粮料三十一万九千四百余石，草一十八万六千余束，折色银四万一千二百余两。似不失国初原额，较之嘉靖间，则减矣。

嘉靖二年，巡抚王翊题：陕西都司所属西安左等三十卫所屯粮四十四万五千六百石七斗三升四合，草五十八万三千一百五十四束，内腹里西安左等一十四卫所屯粮二十九万一百四十二石七斗一升九合，草三十七万六千三百五十束，沿边固靖兰庆等一十六卫所屯粮一十五万五千四百五十九石一升五合，草二十万六千八百四束。

十年，会计钱粮巡抚刘天和题：固原屯粮一十五万五千四百五十九石零，草二十万六千八百四束，秋青草七十四万二千九百二十七束。

三十二年，御史刘世魁题：临洮等一十二卫所，以熟作荒，并占种屯田二千三十六顷七十五亩五分，该征粮一万三千五石九斗六升，请增入实征册内。本部复议：前项临、巩二府卫所地粮，果系原额屯田，征完仍补节年拖欠之数，若系额外新地，照数增入实征册内，以后会计钱粮，即作实在之数。本部将应发年例，照数扣除。

三十六年，侍郎贾应春，查得本镇西安左等二十七卫所屯粮本色三十八万一千二百五十六石三斗六升，草三十五万七千七百五十八束，折色粮二万五千四百二十六石七斗二升，草二万五千五百六十六束，各折不等，共银三千三百三十三两一分。

四十一年，御史陈旌题：清查屯田，陕西一镇，西安等二十五卫所，原额实在，并今清出见征、候征粮草地七万二千九十三顷六十二亩三分，内见该岁征本色粮三十四万五千二百二十七石四斗九升零，本色草五十万六千七百三十二束，粮折布五万六千五百七十四匹二丈九尺零，草折粮一千八百一十一石四斗四升零，粮草折银九百四十二两九钱九分零，地亩银五千三百五两五钱七分零，候嘉靖四十三年，起征本色粮一万三百三十二石八斗一升零，本色草五千一百八十八束，草折粮四百二十三石九斗，地亩银八十二两八钱八分。

隆庆元年，巡抚杨巍咨称：西安左等五十四卫所，额该本镇本色屯粮共三十五万七千五百五十九石四斗八升，草共五十一万一千一百一十一束，折色屯布五万六千五百七十八匹二丈六尺，屯粮银共九百四十二两九钱九分零。

三年，布政司册报：西安等二十七卫所本色屯粮三十八万二百七石四斗八升，本色草五十四万八千七百一十五束，粮折布五万六千五百九十匹一丈二尺，草折粮二千二百三十五石四斗三升，粮草折银九百四十二两九钱九分，地亩马价银五千七百二十五两六钱。

五年，陕西布政司册报：屯粮本色一十六万八千九百二十九石五斗三升，草一十五万七千八百九十九束，折色并地亩银九百五两七钱一分，秋青草一万四百束。

万历元年，本镇册报：屯粮二十万四千三百三石八斗二升，草折粮五百七十四石七斗七升，料一千四石四斗，草一十一万一千六百四十二束一斤，秋青草四万二千三百八十七束，银一千七百七十八两四钱一分，地租银八百七十两五钱三分（二年、三年同）。

四年，册报：屯粮二十万六千八百八十八石四斗五升，草折粮五百七十四石七斗七升，料一千四石四斗，草一十一万五千三百三十三束一斤，秋青草四万三千三百八十七束四斤，银一千七百八十八两四钱一分，地租银八百七十两五钱三分（五年同）。

九年，巡抚李尧德册报：六年分屯粮料本色三十一万九千四百六石五斗五升四合六勺，屯草一十八万六千二束零，秋青草一万四千二百二十七束零，粮折布一百五匹二丈二尺五分六厘，折色粮料草银共四万一千二百四十两五钱九分二厘四毫三丝零，地亩银七千两三钱七厘三毫四丝，牛具银一百九十六两一钱五分七厘五毫五丝五忽。

## 民运

本镇民运未设镇之先无额数，除分三镇外，余听巡抚酌量分发备用。自弘治十五年后，议增粮饷，始有加派。今据正德十年，额派民粮一十八万，马草四十三万。至嘉靖二年，粮增至三十八万余石，草增至五十四万余束，以后或增或减，大约不出此数也。嘉靖十年以后，本折中半。隆庆以后，本色不及二分，余俱改折色。

正统二年，陕西布政司奏：将附近平凉府元年秋粮内，拨一千五百石，运去迭烈孙巡检司收贮备用（此年改为靖虏卫）。

弘治十四年，大虏住套，由花马池深入固原，侍郎李镦总督军饷，乞运八府之粟，随军供给。

正德十年，侍郎冯清题称：固原等城，坐派民运粮一十八万零，草四十三万零。

嘉靖二年，巡抚王珝题：陕西固、靖等仓场，岁坐本省税粮三十八万四千三百八十三石五斗五升，草五十四万九千九百八十五束。

十年，会计钱粮巡抚刘天和题：陕西岁派固靖洮岷环庆等处仓场，本色粮料一十一万三千九十一石五斗六升，折色粮料一十八万四千二百七十石，各折不等，共银一十三万二千七百二十一两六钱八分，折布粮三万四千八百三十七石四斗六升，折布小麦四千八百石，马草五十五万九千九百八十五束。

十八年，西安等府，每年额派该镇夏税九万一千九百六十七石三斗，折银六万七十九两六钱四分，秋粮一十三万三千四百八十二石六斗三升，折银一十万七千三百一十六两九钱八分，草二十八万三千二百三十六束，折银八千一百六十九两三钱六分，三项共折银一十七万五千五百六十六两二分。

二十年，巡抚赵廷瑞题：本省抛荒田粮，委官重复勘明计算，复熟税粮九万五千五百四十四石零，马草九万二千七百一十四束零，共征银七万四千六百四十四两三钱八分零。

三十六年，总督贾应春题称：关内、关西、陇右、关南、河西、固原、临巩洮岷等道，岁入民运本色粮料六万二千二百九十九石三斗六升，草一万八百四束，折色粮料草价银二十四万六千三百五十五两一钱五分。

隆庆元年，总督霍冀题称：固原镇岁额粮共三十五万八千九百四十一石三斗七升，内本色四万六百三十五石一斗三升，折色三十一万八千三百六石二斗四升，该银二十一万八千一百九十两九钱二分，草五十四万三千四十二束零，内本色二万六千四百四十一束，折色五十一万六千六百一束，该银一万五千一百九十六两二钱，棉布四万五千九百三十七匹一丈二尺，棉花七千二百二十七斤（内将广积等六仓额派民运粮六万三千四百五十石，草一十万九千二十四束，棉布一十万二千三百一十二匹，棉花九千六百一斤，误入甘肃镇内，后本部复行查勘，具奏改正）。

三年，陕西布政司册报：岁派民运夏秋粮四十三万四千八百八十五石一斗八升六合，内有抛荒并大麦减征四千五百一十一石一斗一升九合，折色三十七万二千五百九十九石八斗一升九合，该银二十五万五千八百八十八两一钱九分四厘，折布粮一万一千二百三十六石六斗八升，该布二万二千四百七十三匹一丈八分。

五年，陕西布政司册报：四年分夏秋粮四十三万三千四十九石六斗九升，内本色五万二千七百一十三石二斗一升零，抛荒等项折正粮四万八千二百二石一斗，折色粮三十七万六千三百九十九石七斗九升零，该银二十五万五千二百八十八两一钱七分，折布粮三万九千三十六石六斗八升，该布七千八百七十三匹一丈零，马草六十七万六千八百七十八束，内本色三万六千四百五十七束，折色六十五万八百二十一束，该银一万八千五百七十七两八钱。

万历元年，册报：本镇民运本色粮六万四十三石八斗六升，草一万一千二百四十七束，银二十七万六千六百五十五两三钱四分，布七千匹（二、三四年同）。

五年，册报：民运本色粮五万九千二百三十九石七斗五升，草一万一千二百四十七束，折色银二十七万七千三百九十三两五钱三分。

九年，巡抚李尧德册报：六年分民运本色粮料四万五千三百二十五石二斗六合四勺，草八千六十三束零，折色粮料草布花银共二十七万九千二百九十六两六钱一分九厘三丝零。

## 盐引

本镇盐引，自正统、成化以后，节因督抚诸臣题请开派不一，或十余万两，或二十余万两，皆因地方多事，派供客饷之用。至嘉靖二十年，始定补岁用不敷盐引银三万两。三十一年，减至一万七千四百三十九两。今据万历六年数，实计银二万二千六百八十九两。

成化四年，本部以土达反叛，调兵剿杀。题：准开两淮、长芦、河东存积盐五十三万二千四百四十九引。

弘治十八年，巡抚杨一清题：固、环、兰、靖四处，系总会屯聚军马地方，即今虏酋小十王等报有声息，乞开派盐引，召买粮草。本部复：准开派淮浙盐五十万引。

正德六年，巡抚蓝章题：大房住套，加以流贼骚扰，调兵征剿，请给粮饷。本部复议：开淮浙盐三十万引，每引定价四钱五分，送固靖环兰等处召买粮草。

嘉靖二年，巡抚王翔题：固、靖、兰、环一带边方军马，岁支粮料不敷。本部复：准开长芦、两淮、山东盐六十三万九引，共银二十二万二千一百三十九两八钱。

四年，总督杨一清奏：大房入套，回贼内侵。本部议：准开淮、浙、长芦额盐三十万引，共银一十六万六百四十四两。

十八年，巡抚任洛会计钱粮：该镇岁用不敷银一十九万三千三百一十八两二钱，除清查过复熟税粮，及前年例银共补过一十万四千六百余两外，尚欠银八万八千六百七十三两八钱。本部复：准除加发年例银五万两，开淮浙盐七万二千八百五十七引，作银三万两（始定为例，次年暂停，二十年以后俱照数开派，三十一年后，减派）。

十九年，巡抚任洛题：岁用不敷银两。本部复议：复熟田粮勘报未的，前项准浙盐七万二千八百五十七引，相应停止。

二十年，巡抚赵廷瑞题：查勘过复熟田粮的数，乞将原议派发盐银八万两，并未补银三万八千六百七十三两八钱，如数补发。本部复议：未补银三万八千余两，候再行勘查复熟地上补足，其前项停止盐七万二千八百五十七引，该银三万两，自二十一年为始，每年并年例银俱于正月具数开派解发。

三十年，巡盐御史杨选题：要将两淮余盐，通令赴边报中，免其运司纳银。本部复：准开两淮余盐二万七千八百七十八引，该银一万三千九百三十九两（后因会议余盐开边，恐商人携带重资冒险涉边，人情未顺，次年即行停止）。

三十一年，本部题：准先年盐引，俱于正月开派，青黄不接粮草缺乏，因有抵补岁用不敷盐银，即今秋熟，将各边盐引，先期开派，时熟价平，粮草易买，各镇不敷盐引应合停止，以纾国用，本年止开淮、浙存积水乡盐五万二千八百七十八引，该银二万四千九百三十九两。

三十二年，尚书方钝题：准预开三十三年补岁用不敷存积盐三万七千八百七十八引，该银一万七千四百三十九两抵年例，又开两淮工本盐一万三千九百三十九引，该银六千九百六十九两五钱，共银二万四千四百八两五钱。

四十四年，巡按朱炳如题：自四十五年为始，将工本盐停止，仍开补岁用不敷淮浙盐三万七千八百七十八引，该银一万七千四百三十九两。

四十五年，尚书高耀议定经制，派本镇盐三万七千八百七十八引，该银一万七千四百三十九两（至隆庆二年同）。

隆庆二年，都御史庞尚鹏题：清理盐法。本部议得：各边盐引，七分常股照常开中，三分存积暂行停止，将额解承运库银内，挪借抵补盐引存积之数。

三年，开常股盐二万六千五百一十四引一百二十斤，该银一万二千二百七两三钱。

四年，承运库银两，照额进库存积盐引，通行开中；本镇仍旧开淮浙存积常股盐三万七千八百七十八引。

六年，本部议：该镇积引数多，于内拨五千引，分派永平，止预派万历元年淮浙存积常股盐三万二千八百七十八引，共银一万五千八十九两。

万历元年，预派存积常股盐三万九千五百九十二引零，该银一万七千四百三十九两。

本年尚书王国光议得：固原腹里地方，盐法疏通，改拨宁夏镇浙盐一万五千引于本镇，将本镇主兵年例银，扣除五千二百五十两，解送宁夏，抵补改拨之数（明年始增派）。

二年，尚书王国光题：预开常股存积盐五万二千四百一十一引一十斤，共银二万一千五百九十八两二钱七分五厘（三年、四年、五年同）。

六年，尚书殷正茂题：预开七年淮浙常股存积盐五万四千五百九十二引一百斤，共银二万二千六百八十九两。

本年巡抚董世彦奏：固原镇原额开中淮盐二万七千八百七十八引，浙盐一万引，以后浙多淮少，商不愿中，乞要增复淮盐，量减浙盐。本部复：将七年盐引，辽东原增淮盐四千引内，改一千九百一十引一十斤复归固原，新加浙盐一万五千引内，量改二千七百二十八引一百二十八斤，归还宁夏。

### 盐课

正统七年，陕西右参政年富题：巩昌府漳县盐井，每岁额办盐课五十一万五千六百七十七斤八两；西和县盐井，每岁额办盐课一十三万一千九百四斤一十一两。递年止是临巩所属州县户口食盐内支用。自宣德元年起，至正统六年止，见在盐课八百二十七万四千四百五十四斤。合无行令军民照时价减轻，每斤纳细粮米麦一升，于洮州仓上纳支盐。本部复准。

隆庆四年，总督王崇古题：陕西西、漳二县盐课银，每年止二千余两，向因本镇无事，议解花马池郎中衙门，听延、宁客饷支用，今该镇粮草缺乏，即应改贮兰州郎中衙门，备该镇客饷。本部复准。

万历二年，总督戴才题：西、漳二县盐课银，每年二千余两。原改贮兰州库，专备临、巩、固原客饷，今套虏款顺，客兵调减，恐积久弊生，不若解发该镇，以抵主兵年例，以后年分，郎中照旧收贮，年终将实在数目报部，待积至五年，依例解抵年例。

### 京运

本镇京运银两，正德以后，虽有请发，多寡不同。嘉靖十七年，始为定例，岁发三万两。节年增至八万二千余两。后四十五年，定经制，减至五万两。隆庆初，以新募军，又添至八万九千二百七十余两。今据万历六年数，主客共五万八千四百七十七两有奇，内以布政司折俸余银、黔国公地租、肃府庄田银、四川改解银抵扣，余发太仓银补足外，西、漳二县盐课银二千两，自万历二年为始，积至五年，始一扣算，抵充年例。

正德元年，鞑贼大举入寇，锦衣卫千户屠璋查访各边仓场粮草，除发去银三十五万开中盐引，又发银五万两，收买粮草备用。

十六年，陕西巡抚郑阳题：固原一带，声息频仍，粮草缺乏，乞预发银两接济。本部复：准动支内库银二十万两。

嘉靖四年，总督杨一清奏：大虏入套，回贼内侵，请讨军饷。本部复：准发银三十万两，运送固原，听其酌量派用。

六年，总督王宪题：虏贼在套，钱粮缺乏。本部议复：发银二十万两，运送兰州，听酌量地方缓急，分发济用。

八年，总制王琼题：固原屯兵去处，支费钱粮浩重，原无年例银两。正德以前，固原兵不满三千，近年添设参将常聚兵万人，乞定发年例。本部议得：固原等处与延、宁、甘肃极边不同，去岁因虏贼在套，分发固原银五万两，近又发银五万两，较各边年例之数，已为过多，且查无例，别难再议。

十年，巡抚刘天和题：本镇岁用不敷银一十九万三千三百一十八两二钱。本部复：议得该镇岁用不敷，皆因先年奏抛荒，减去民运额粮之故，俟行该镇清查抛荒复熟田粮，至日另议补给。

十二年，巡抚王尧臣题：粮料缺乏。本部复：准发银四万两，备客兵支用。

十七年，兵科给事中张守约题：各边俱有年例银盐，惟固原一镇，系添设未派，相应议发。本部复：准照三边事例，每年发太仓银三万两，定为例。

十八年，巡抚任洛会题：清查过西、凤、临、巩等七府，昔荒今熟，税粮马草折银不等，共银七万四千六百四十四两三钱八分，与前年例银三万两，通补岁用不敷之数外，尚欠银八万八千六百七十三两八钱，请议给发。本部复议：除加派盐引银三万两外，加年例银二万两（年例至此共五万两）。

十九年，巡抚任洛奏：该镇岁用不敷银一十九万三千三百一十八两二钱，除已补过外，尚少银三万八千六百七十三两八钱。本部复议：该镇不敷银两，近查额派民运，已有银一十七万五千五百六十六两，止少银一万七千七百五十三两一钱，其前发年例银盐八万两，足够四年支用，合无自十九年以后，俱行停止，俟将抛荒复熟田地勘报明的，更议补给。

二十年，巡抚赵廷瑞题：请停止年例银两。本部复：准原派年例银五万两，自二十一年为始，每年俱于正月，具数解发（至二十二年同）。

二十三年，总督张珩题：该镇挑选余丁，及召募军士，各一千名，乞增月粮银两。本部复：准新兵月粮银八千八百二十两，自二十四年为始，增入年例。

二十四年，本部题：准发二十五年分年例银五万两，新增募军银八千八百二十两，共五万八千八百二十两。

三十年，督抚会题：固原选去正游奇兵三千名，应于各卫所城堡，抽补余丁三千名，防守城池，合照数支给月粮。本部复：准每名月支粮一石，每石六钱，共计该银二万一千六百两，增入年例（至此共银八万四百二十两）。

三十二年，开工本盐，抵补年例银六千九百六十九两五钱外，京运年例止七万三千四百五十两五钱（自此至四十四年，额数同，但本镇系腹里之地，边警未甚，本部虽定年例银七万三千四百有零，其临时酌发，间有全数，余不过四、五万两）。

四十四年，巡按朱炳如题：自四十五年为始，停革工本盐一万三千九百三十九引，每年减年例银六千九百六十九两五钱。

四十五年，本部题：议定经制，除民屯盐引外，每年发年例银五万两。

隆庆元年，督抚霍冀等题：下马关新募游兵三千名，添设游击、千把总等官军正马三千六十九匹，乞加粮料银两。本部复：准自后，每年发京运银三万九千二百七十二两三钱二分，增入年例，遇闰照数加添（本年年例增至八万九千二百七十二两三钱二分）。

三年，四川巡抚陈炌题：将四川解部银两，转解陕西，抵充四镇年例，每年十万四百余两。本部复：准。

四年，总督王崇古题：查原议召募游兵三千名，止召完二千四百五十九名。本部复：准自隆庆五年为始，将黔国公草场牧地军五百名，抵本营缺伍，地租银三千六百一十两，抵各军正饷，每年将所拨京运游兵年例，照数扣除。

五年，总督王之诰题：查出苑马寺牧地，照辽东事例，将熟地兼配荒地，除三万顷养马一万匹，余地五万顷，分别三等，改征银四万五千两，收解固原，抵充军饷。本部复：准。

本年奉旨节省京运年例。总督戴才题：查出布政司每年折俸积余银五千两，抵充固原年例。本部复：准。

本年本部议：准将召募兰河等处新军三百八十三名，俱退回原卫，就彼食粮，该减年例五千五百五十两五钱（据新军年例至此止该三万三千七百二十一两八钱二分，连旧额年例，共八万三千七百二十一两八钱二分）。

六年，巡抚曹金咨：先年原设召募游兵三千名，缺伍五百名，先该军门议将黔国公庄田佃户抽补，即以租银三千六百一十两，抵充游兵正饷；后复改议抽军五百名，粮不纳官军不给饷，每年无闰，该抵年例银六千五百四十五两三钱八分五厘。今又议征肃府所遗坐落固原折禄庄田租银一千四百四十四两九钱五分，自本年为始，亦抵作新军年例。本部复：准。

本年御史萧廪题：苑马寺牧地，原议征银四万五千两，抵充军饷，今看得前地瘠薄，相应减征，改抵马价。尚书王国光复议：牧地原议征银四万五千两，今除庆府管业，并养马牧地外，每地一顷，上者征银六钱，中下者四钱、三钱，共征银一万八千三百二十两六钱。奉钦依，定为军饷，无容更议。自万历元年征解，仍充二年军饷，本部将年例照数扣除。

万历元年，尚书王国光题：该镇年例银共八万三千七百二十一两八钱二分，已解过二万七千五百两，扣布政司俸折银五千两，黔国公地租银六千五百四十五两三钱八分，肃府庄田银一千四百四十四两九钱五分外，未发银四万三千二百三十一两四钱八分，查隆庆五年，该镇节省粮草银七万五千八百余两，见今贮库，合无于内扣抵。

本年宁夏巡抚朱笈题，尚书王国光复：议得固原腹里地方，盐法疏通，将宁夏浙盐一万五千引，拨派本镇，将本镇主兵年例银五千二百五十两，扣补宁夏。

二年，册报：主兵新军年例有闰，该银三万五千三百八十二两八钱八厘，除黔国公地租抵补外，户部解发银二万八千五百一十五两二分二厘，客兵年例银五万两，除肃府庄田银、苑马寺牧地银、布政司折俸银抵补外，户部解发银二万五千二百三十四两三钱八分九厘。

三年，册报：主兵新军年例银三万三千七百二十一两八钱二分三厘，客兵年例银四万四千七百五十两（比上年少银五千二百五十两，系改拨宁夏镇浙盐价银抵补）。

本年陕西巡按郜光先等题议：查出屯粮扣剩，并存留民粮支剩银两，抵充年例。尚书王国光复：准将查出民屯支剩银，共二万八千九百三十二两零，内二万六千五百二两零，充该镇万历三年主兵、游兵年例，仍余银二千四百三十两零，存留贮库，候抵万历四年年例。

四年，册报：主兵新军年例银三万三千七百二十一两八钱二分三厘，客兵年例银二万四千七百五十两（比上年少银二万两，系改延绥镇年例之数）。

五年，督抚石茂华等题称：牧地租银，近因各苑蕃息，马比前多五千余匹，共该给地六千四百余顷，并告准重坐地七十余顷，共减税银二千八百八十余两，除开垦新增地银四百四十余两抵算外，仍减税银二千三百六十余两。尚书张学颜复：准将新收开垦牧地，照例起科，其退出减额地亩，给新增马匹牧养，余剩地实该银一万五千九百五十余两，征解固原，抵充年例。

六年，主客兵年例银共五万八千四百七十一两八钱二分三厘。

八年，总督郜光先等题称：牧地原止给军养马，自加赋以来，牧军逃亡，租银逋负，两利俱失。先该总督王之诰增至四万五千两，充为军饷，后该巡按萧廪、陈文焕勘议，止征银一万八千三百二十余两，又该总督石茂华等题，减止征银一万五千九百五十余两。虽经减免，积欠数多，今勘议计算地马通融增给各军外，其余剩地亩，止征银三千一百五十四两零，不敷军饷，议以商税课程盐课等银拨补。尚书张学颜复准。

## 俸粮

俸给则例

总督军门侍郎月支俸米一石，折银二两，日支廪给银一钱二分。

巡抚都御使日支廪给银一钱二分。

督抚下书吏日支廪给银一钱二分，家人日支口粮银五分。

写本吏日支米银四分九厘五毫。

固原道属监收、通判日支廪给银八分二厘五毫；书办日支口粮银二分二厘五毫。

临巩道属监收、同知月支俸三石二斗；通判月俸二石，日支廪给银一钱六分五厘。

洮岷道属监收、同知、通判日支廪给银一钱六分六厘五毫。

儒学教授月俸五石，训导三石。

洮州卫教授二石，香烛米三斗；岷州卫教官有支六石者。

经历、知事、仓大使、副使、吏目月俸二石。

所大使、驿丞月俸一石。

各卫令史月支五斗。

卫所学司、仓驿吏、攒典俱月支三斗。

以上俸粮，在固原、靖虏二道属，并临洮卫，俱支本色；其余支折色者，在岷州卫经历、知事，每石折银一两，教官每石八钱；大使吏目，洮州卫经历、教授并吏典，及甘、兰二道官吏，每石七钱；河州卫，每石四钱。

总兵月支俸米一石，折银二两，日支廪给银八分二厘五毫；掾史日支廪给银八分二厘五毫。

副、参、游、守、都司日支廪给银八分二厘五毫。

洮州副总兵，兰州、阶州参将日支廪给银一钱六分五厘。

岷州守备日支廪给银一钱六分六厘五毫。

指挥使月俸七石。

指挥同知五石二斗。

指挥佥事四石八斗。

正千户三石二斗。

副千户、卫镇抚二石八斗。

实授百户三石。

所镇抚二石四斗。

试百户一石五斗，临、巩、洮、岷道属二石四斗。

署试百户一石，临、巩、洮、岷道属一石五斗。

以上俸粮，在固原、岷州、洮州卫，并随征靖虏卫、甘州群牧所、西固所、文县守备所，全支折色，内固原卫，双月每石五钱，单月四钱，其余不分单双月，每石四钱；洮州卫每石五钱；靖虏、河州卫、阶州所、甘州中护卫、兰州卫、仪卫司，俱本色六个月，折色六个月；靖虏、河州卫、阶州所，每石四钱；其余双月五钱，单月四钱；临洮卫，本色六个月，折色六个月，每俸二石，折绢一匹，折银六钱。

主兵月粮则例

固原道属正兵营、中营、中路、西路、游兵营、守备营、军门、征操、夜不收，并兵道听差旗军、站军、巡仓、看库、监局、吹鼓手军，俱支一石；中营镇虏通事，月支一石二斗五升；做工、守墩、固原卫老家军、土达军汉虏通丁，并各营家丁、夜不收，有支一石，或九斗、八斗、七斗，以至三斗者。

镇戎、平虏等所老家军，下马关等堡塘站守墩军，有月支一石，或六斗、四斗、三斗者。

以上俱支折色，双月每石折银五钱，单月四钱，其正兵营、中营、镇房通丁、家丁，有折六钱、七钱不等者。

靖虏道属参将营旗军、夜不收召募家丁、通丁、义兵，守备营征操旗军召募家丁，正兵营征操军、平滩堡军，俱月支一石，每石折银有七钱、六钱、五钱、四钱不等者。

内参将营旗军、夜不收，有支九斗、六斗者。

亲信家丁，上半月支五斗，下半月支四斗五升。

靖虏卫所，并各堡老家、守墩、旗军、站军、出哨、夜不收，有月支一石，或九斗、八斗、七斗，以至三斗不等者。

以上月粮，在参将、守备营，双月每石折银五钱，单月四钱，内通丁、家丁，有折七钱、六钱、五钱不等者。

靖虏卫所老家军、乾盐池堡营所军，本色六个月，折色六个月，每石折银四钱。

靖虏卫所正兵营，守墩、出哨军夜，并打喇赤堡所军，俱本色三个月，折色九个月，双月每石五钱，单月四钱。

临巩道属兰州参将营，征操墩塘关堡守瞭军，召募勇士，兰州、甘州中护卫备御旗军，俱月支一石，夜不收月支一石二斗。

守城门军、鼓手，并防守民壮、局军、守卫屯种老家军，俱月支六斗。

以上，俱本色六个月，折色六个月，每石折银四钱五分；勇士折银七钱，老家军三钱。

亲信家丁，有支一石，或四斗五升者，每石六钱。

河州参将营召募家丁、临德所、河州卫备御军，月支一石；其征操旗军、夜不收、墩塘军、亲信家丁、局军，临洮卫备御守关门军，有支一石，或九斗、八斗、六斗，以至三斗者。

以上亲信家丁，每石六钱，俱本色六个月，折色六个月；临洮卫备御军，本色二个月，折色十个月，俱每石折银四钱；召募家丁，每石七钱。

洮岷道属洮州奇兵营旗军、召募家丁，俱月支一石；城操旧、洮州操守四路，防守西路□□民壮，有支一石，或九斗、六斗、四斗、三斗者。

以上，俱本色二个月，折色十个月，每石折银五钱；内召募家丁，每石七钱。

岷州卫操守、备御军，西固城征操旗军、夜不收、通事、老家军，阶州参将营旗军、夜不收、召募家丁，文县守备营常操旗军、局匠，俱月支一石。

岷州守备营、游兵营、西南等五路旗军，西固城军丁、纪录幼军、吹鼓手，各堡墩军。阶州营局匠、通事、番军，文县守备营屯军、新募军丁，有支一石，或八斗、七斗、六斗、五斗、四斗、三斗不等者。

以上，俱支折色，其阶州营旗军、局匠，本色六个月，折色六个月，俱每石折银四钱；夜不收、通事、番军，每石五钱；召募家丁，每石七钱。


主兵兼食行粮则例

洮岷道属洮州副将营通丁、墩军，日支本色口粮一升；夜不收，有日支一升，或支一升五合者，每斗折银五分；西路防守旗军，岷州卫防守军，防秋夜不收，阶州营防御军，俱日支口粮一升五合，折银一分。

固原道属中营，镇房通事，下马关、西安州前□海喇都、红古城守墩军，日支本色口粮一升五合；平虏所墩军，每年防秋三个月，日支本色口粮一升五合；中、西二路游兵营，中营军门，正兵营夜不收，俱防秋三个月，每月口粮三斗，每石双月折银五钱，单月四钱。

靖虏道属常哨、夜不收，打喇池、平滩堡、乾盐堡墩军，日支本色口粮一升五合，其乾盐堡腹里守墩军，内每年春秋冬九个月，支口粮，夏季不支；参将营夜不收，防秋三个月，每月支口粮三斗，余月不支。

临巩道属兰州营，各塘墩哨瞭军夜，日支口粮一升五合。一条城守御民壮，每年十月起至次年二月终止，全操；三月起至九月终止，轮班。日支口粮一升五合，俱本色六个月，折色六个月，军夜每石折银七钱，民壮每石折银四钱五分。河州营墩塘哨瞭夜不收，月支本色口粮三斗，守墩把关军，月支本色口粮三斗五升。

客兵行粮则例

固原道属中营调到随征家丁，抚院防秋三个月调到随征家丁，俱日支口粮银二分二厘五毫。

正兵营、西路游兵营调到随征家丁，日支口粮一升五合，折银九厘；执事旗军，日支口粮一升五合，本色半个月，折色半个月，每斗折银六分。

临巩道属固原按伏防御军丁，日支本色口粮一升五合。

岷州等处有警调到旗军，并榆林、宁夏、洮州领茶马官军医兽经过，俱日支口粮一升五合，折银一分。

阶州参将营，每年固原发到防守家丁，日支口粮银二分。

马匹料草则例

固原道属中营军门大马，总兵战马，并游击、守备、都司、中军、千把总战马，俱日支料三升，草一束；军门总兵马支本色，标下千把总、中军，正兵营都司，中西二路游击、中军马，俱支折色，料每石折银四钱，草每束折银一分八厘；西路草每束一分二厘。

中营官军正驮马，正兵营、中路游兵营，并固原卫兵道听差、捕盗马，俱冬春六个月，内本色一个月，日支料三升，草一束，折色五个月，每月支料一石，折银三钱，内驮马又日支草一束，折银一分二厘，夏秋俱不支。

各营家丁正驮马，冬春日支本色料三升，草一束，夏秋不支。

西路游兵营，固原守备官军正驮马，冬春二季月支料一石，折银三钱，夏秋不支；塘马春冬二季日支料三升，折银九厘，内防秋三个月，日支料三升，折银九厘，草一束，折银一分，余月不支；抚院防秋三个月，执事旗军，日支料三升，草一束，每半月支本色，半月支折色，料每斗四分，草每束一分二厘。

各营堡站骡，日支料二升，草一束，内西安州前所，并红古城堡，日支料三升，草一束，俱本色。

站牛日支料一升，夏秋不支。

靖虏道属参将守备战马，日支料三升，折银九厘，草一束，折银一分二厘。参将营征操军马，春冬日支料三升，每石折银三钱，不支草；夏秋全不支。

家丁、通丁、义兵马，春冬日支本色料三升，草一束。家丁本色，通丁、义兵折色，每束一分。

沿边塘马，春冬日支本色料三升，草一束，秋季料折银九厘，草折银一分二厘。

山后塘马，春季日支料三升，折银九厘，本色草一束；秋季日支本色料二升；冬季日支本色三升；夏季不支。

永安守备营，并打喇池中所、平滩堡征操马，春冬日支料三升；靖虏正兵营、乾盐池正、游二营操马，月支料一石；打喇池支本色，余折色，料每石折银三钱，夏秋俱不支。

乾盐池塘马，春秋日支料三升，冬季日加草一束；打喇池塘马，春冬日支料三升，草一束，俱本色，秋季不支草，夏季俱全不支；平滩堡塘马，春冬日支料三升，草一束，每石折银三钱，草每束一分二厘，夏秋不支；走递骡，日支本色料二升，春季支草一束，夏秋不支草。

临巩道属参将，并归德守御官战马，日支料三升，草一束；兰州料折银一分二厘，草折银一分八厘；归德料折银九厘，草折银二分；兰州营千总随征官战马，并征操马，春秋冬日支料三升，草一束，夏季日支料一升五合，草半束。

各路传塘马，并一条城按伏马，日支料三升，草一束。

甘、兰备御随征马，夏季日支料一升五合，草半束；秋冬日支料三升，草一束。

以上俱支折色，料每石三钱，草每束一分二厘。

河州营官军骑操马，春冬日支料三升，草一束；夏秋日支料一升五合，草半束；料本色六个月，折色六个月，每石折银三钱，草全支折色，每束折银一分二厘。

传塘马，日支本色料三升，折色草一束，折银一分二厘；调遣客兵马匹，日支本色料三升，草一束，兼支折色，每束折银一分八厘。

洮岷道属副参、守备战马，日支料三升，折银二分，草一束，在洮州副总兵，旧洮州操守，阶州参将，折银三分；岷州并文县守备折银二分；千把总战马，春冬日支料三升，每斗折银四分，不支草，夏秋全不支。

洮州奇兵营征操并塘马，旧洮州操守营、岷州、西固城、文县守备营、阶州参将营征操马，春冬日支料三升，文县支本色，余俱折色，洮州折银五分，岷州、阶州、文县俱折银四分，夏秋俱不支。

岷州防秋三个月，各路传塘马，日支料三升，折银二分，草一束，折银二分。


冬衣布花则例

固原、靖虏、洮岷三道属军士，每年全赏者布四匹，棉花一斤八两；减赏者布二匹，棉花一斤八两；西固城、阶州、文县各千户所，布一匹，棉花一斤；岷州、西固城等所，止布一匹。

临巩道属军士，每年全赏者，河州卫布四匹，其余俱布三匹；减赏者布二匹；棉花俱一斤八两。

以上布花，每年查照三分之一事例，全赏者给布一匹一丈，甘、兰、临三卫，并仪卫司、群牧所给布一匹，减赏者给布二丈，俱均给棉花八两。在洮岷道属，原四匹者给一匹一丈，二匹者给二丈，一匹者给一丈，棉花一斤八两者给八两，一斤者给五两三钱三分。布每匹俱折银二钱五分，花每斤俱折银五分。


## 修边

嘉靖十一年，本部发修边银七万两。

二十三年，陕西巡抚翁万达题：本镇兰州、靖虏地方，相连七百余里。实系陇右咽喉，山后强虏，仅隔一线，四时皆防，不撤戍兵，旧有边墙一道，年久湮颓。今勘议过应修边堑，合用砖料，并人工口粮，共银四万三十两。本部复：准发银三万两。

万历三年，总督石茂华题：兰靖等处，该修筑边墙共二百七十里零，墩敌台院周围共八里零，合用银八万七千九百七十七两三钱二分，本色料豆三百六十石八斗，草三千二百七十二束。要将布政司应解户部商税、课程、税契、路引，并备荒屯田等银六万七千一十八两七钱六分动支，其所少银两料草，于节省银粮内凑支。尚书王国光复议：修边银两，本部应出七分，该银六万一千七百四十四两七钱七分零，就于解部商税等银动支，其余剩银两，遵照旧例解部济边，节省银粮仍具数报部，扣抵年例，不得辄为别项开销，仍咨兵部，将应出三分银二万六千四百六十二两四分，径自差官解送。

**仓庾**

固原州仓、海喇都营仓、西安州盈边仓、打喇赤堡仓、红古城堡仓、乾盐池堡仓、黑水口仓、靖虏广盈仓、豫望城新安仓、金家台堡仓、彭阳城堡仓、静宁州仓、永宁马驿仓、白马城堡仓、镇戎城新丰仓、瓦亭驿仓、板井堡仓、会宁县广定仓。

以上十八仓，固原道管。

大通河堡仓、归德堡仓、河州仓、弘化寺堡仓。

以上四仓，临巩道管。

西古城堡仓、兰州广积仓、什字川堡仓、积积滩堡仓、一条城堡仓、把石沟堡仓。

以上六仓，甘肃郎中管。

岷州仓、洮州仓、阶州永积仓、文县丰赡仓、西安城广丰仓。

以上五仓，洮岷道管。

环庆仓、清平驿仓、山城驿仓、甜水堡仓、徐家台堡仓、红得城清平仓、槐安巡检司仓。

以上七仓，河西道管。

**职储**

正统二年，行在户部题：准迭烈孙巡检司，设靖虏卫，立广盈仓。本卫地方，系巩昌府会宁县管属，官吏、旗军、马匹，岁用粮料八万余石，欲照凉州等卫仓事例，隶陕西布政司管辖，添设主事一员，提督收放。

弘治十五年，督饷工部侍郎李鐩奏：将固原、洮、岷等卫屯田，仍令固原管粮佥事，专一管理，请敕行事，着为定例。本部复：准。

嘉靖四年，陕西巡抚王荩题：固、靖、环、兰等处，大虏入套，动调兵马，乞差部属官一员，督理粮饷。本部议得：原差甘肃督饷郎中胡宗明，相应就于固原等处整理粮草。

隆庆六年，巡抚张瀚题：苑马寺牧地，节因职掌纷更，遂分彼此，即今若与抚按两不相干，以致事体难行，清丈无期，要行巡按查盘御史作速清查，定拟饷银，责成监寺立限征银，听抵京运，各监寺官，以后俱听巡按、巡茶官，巡历考察，遇有勾摄，不许占恡。本部复：准。

万历二年，总督石茂华等题：固原一镇边储文册……

（原书注明：此处有缺页。）

## 《万历会计录》卷三十　内库供应

内库供应目录

内承运库
承运库
供用库
甲字库
丙字库
丁字库
广惠库
天财库
内官监
尚膳监
酒醋面局
司苑局
惜薪司
宝钞司

甲表62－1　　　　　　　　　　　　　内承运库

| 地区 | 夏秋麦米(石) | 夏税麦(石) | 秋粮米(石) | 每石折银(两) | 共折金花银(两) | 年例金(两) | 朱砂(斤) |
|---|---|---|---|---|---|---|---|
| 总数 | 4050919.11 | | | 0.25 | 1012729.77 | | |
| 浙江 | | 80000.00 | 598543.65 | | 169635.91 | | |
| 江西 | | 60000.00 | 970000.00 | | 257500.00 | | |
| 福建 | | | 314000.00 | | 78500.00 | | |
| 湖广 | | | 72000.00 | | 18000.00 | | 30.00 |
| 广东[1] | | | 400000.00 | | 100000.00 | | |
| 苏州府 | | 19926.80 | 764826.88 | | 196188.42 | | |
| 松江府 | | 60000.00 | 274687.26 | | 83671.81 | | |
| 常州府 | | 90000.00 | 253934.50 | | 85983.62 | | |
| 徽州府 | | 22000.00 | 71000.00 | | 23250.00 | | |
| 云南 | | | | | | 2000.00 | |
| 贵州 | | | | | | | 16.50 |

甲表62－2　　　　　　　　　　　　　内承运库

| 子粒银(两) | 慈宁宫 | 慈庆宫 | 乾清宫 | 未央宫改进乾清宫 |
|---|---|---|---|---|
| 总数 | 27218.13 | 7289.68 | 10976.04 | 3941.14 |
| 顺天府 | 9458.90 | 2778.70 | 9041.20 | 1911.35 |
| 保定府 | 864.47 | 666.37 | | 124.19 |
| 河间府 | 6785.63 | 2822.10 | | 246.22 |
| 真定府 | 7109.85 | 925.97 | | 13.50 |
| 顺德府 | 2049.26 | | | |
| 永清左羽林前大兴左大宁前蔚州左彭城等六卫 | 950.00 | | | |

---

[1]原书此处注：督抚册开米314317.32石，折银100000两。

| | | | | |
|---|---|---|---|---|
| 茂陵济州燕山左燕山右燕山前永清左富峪等七卫梁城一所 | | | 1934.83 | |
| 广平府 | | | | 167.01 |
| 永清右通州济阳金吾右燕山左燕山前济州等七卫 | | | | 1478.85 |
| 羽林前卫 | | 96.53 | | |

**甲表63　　　　　　　　　　　　　承运库**

| 项目 | 总数 | 浙江 | 江西 | 湖广 | 山西 | 苏州府 |
|---|---|---|---|---|---|---|
| 夏税丝绵农桑本色绢(匹) | 148129.00 | 97365.00 | 11512.00 | 22893.00 | 3804.00 | 12555.00 |

**甲表64　　　　　　　　　　　　　供用库**

| 项目 | 总数 | 浙江 | 江西 | 湖广 | 福建 | 四川 |
|---|---|---|---|---|---|---|
| 白熟粳米(石) | 82452.04 | 32000.00 | | | | |
| 绿豆(石) | 1603.10 | | | | | |
| 黄豆(石) | 154.93 | | | | | |
| 黑豆(石) | 1939.10 | | | | | |
| 芝麻(石) | 8223.10 | | | | | |
| 黄蜡(斤)[1] | 110000.00 | 13500.00 | 10000.00 | 10750.00 | 10500.00 | 15450.00 |
| 白蜡(斤) | 35816.00 | | 6000.00 | | 6516.00 | 17000.00 |
| 芽茶(斤)[2] | 47959.68 | 7359.68 | 5100.00 | 6700.00 | 5100.00 | 5100.00 |
| 叶茶(斤) | 40093.00 | 5093.00 | 4000.00 | 5500.00 | 4000.00 | 5000.00 |
| 谷草(束) | 57970.00 | | | | | |
| 灯草(斤) | 2000.00 | | | | | |
| 蒲杖(斤) | 3500.00 | | | | | |
| 盐(斤) | 241666.68 | | | | | |
| 附折色黄白蜡 | | | | | | |
| 黄蜡 | 90000.00 | 5000.00 | 6400.00 | 4700.00 | 3700.00 | |
| 共银(两) | 18000.00 | 1000.00 | 1280.00 | 940.00 | 740.00 | |
| 白蜡 | 125812.00 | 35544.00 | 25290.00 | 29244.00 | 4134.00 | 19000.00 |
| 共银(两) | 50324.80[3] | 14217.60 | 10116.00 | 11697.60 | 1653.60 | 7600.00[4] |
| 项目 | 广东 | 山东 | 河南 | 苏州府 | 松江府 | 常州府 |
| 白熟粳米(石) | | | | 15900.00 | 17352.04 | 17200.00 |
| 绿豆(石) | | 500.00 | | | | |
| 黑豆(石) | | 939.10 | 1000.00 | | | |
| 芝麻(石) | | 2200.00 | 2400.00 | | | |
| 黄蜡(斤) | 7600.00 | 13900.00 | 13900.00 | 2600.00 | 1400.00 | 1800.00 |
| 白蜡(斤) | 6300.00 | | | | | |
| 芽茶(斤) | 4300.00 | | | 2000.00 | 1200.00 | 2100.00 |
| 叶茶(斤) | 4200.00 | | | 1100.00 | 1200.00 | 1300.00 |
| 谷草(束) | | 16000.00 | 17000.00 | | | |

[1]原书中贵州黄蜡为年例黄蜡，其数值不含于黄蜡总数内。
[2]原书中贵州芽茶数，不含于芽茶总数内。
[3]原书此处注："俱解太仓银库备边。"
[4]原书此处注："隆庆三年改解陕西四镇，抵充京运年例。"

659

|  | | | | | |
|---|---|---|---|---|---|
| 灯草(斤) | | | | 2000.00 | |
| 附折色黄白蜡 | | | | | |
| 黄蜡 | 6300.00 | 15446.70 | 15446.70 | 5908.70 | 3201.68 | 4104.08 |
| 共银(两) | 1260.00 | 3089.36 | 3089.36 | 1181.76 | 640.34 | 820.81 |
| 白蜡 | 12600.00 | | | | | |
| 共银(两) | 5040.00 | | | | | |

| 项目 | 镇江府 | 庐州府 | 凤阳府 | 淮安府 | 扬州府 | 宁国府 |
|---|---|---|---|---|---|---|
| 黄蜡(斤) | 1000.00 | 1000.00 | 1100.00 | 1000.00 | 1100.00 | 1200.00 |
| 芽茶(斤) | 1200.00 | 1100.00 | 1100.00 | 1100.00 | 1200.00 | 1100.00 |
| 叶茶(斤) | 1100.00 | 1000.00 | 1000.00 | 1100.00 | 1300.00 | 1100.00 |
| 附折色黄白蜡 | | | | | | |
| 黄蜡 | 2386.16 | 2299.30 | 2546.60 | 2473.00 | 2546.64 | 2620.33 |
| 共银(两) | 477.23 | 459.86 | 509.32 | 494.60 | 509.32 | 524.05 |

| 项目 | 太平府 | 安庆府 | 顺天府 | 保定府 | 河间府 | 真定府 |
|---|---|---|---|---|---|---|
| 芝麻(石) | | | 423.01 | 530.00 | 350.00 | 820.00 |
| 黄蜡(斤) | 1200.00 | 1000.00 | | | | |
| 芽茶(斤) | 1100.00 | 1100.00 | | | | |
| 叶茶(斤) | 1000.00 | 1100.00 | | | | |
| 谷草(束) | | | | | | 12970.00 |
| 蒲杖(斤) | | | 3500.00 | | | |
| 附折色黄白蜡 | | | | | | |
| 黄蜡 | 2620.33 | 2299.40 | | | | |
| 共银(两) | 524.05 | 459.86 | | | | |

| 项目 | 顺德府 | 广平府 | 大名府 | 贵州 | 长芦都转运盐使司 | |
|---|---|---|---|---|---|---|
| 绿豆(石) | | | 1103.10 | | | |
| 黄豆(石) | | | 154.93 | | | |
| 芝麻(石) | 450.00 | 350.00 | 700.00 | | | |
| 黄蜡(斤) | | | | 1568.68 | | |
| 芽茶(斤) | | | | 29.00 | | |
| 谷草(束) | | | 12000.00 | | | |
| 盐(斤) | | | | | 241666.68 | |

甲表65　　　　　　　　　　　　　　　　甲字库

| 项目 | 总数 | 浙江 | 江西 | 湖广 | 福建 | 广东 |
|---|---|---|---|---|---|---|
| 岁派颜料(斤) | 415100.00 | | | | | |
| 万历八年题减苏松二府(斤) | 2877.68 | | | | | |
| 实该(斤) | 412222.40 | | | | | |
| 银朱(斤) | 35000.00 | 3747.00 | 3957.00 | 3039.50 | 1747.00 | 3133.00 |
| 除题减外实该(斤) | 34122.20 | | | | | |
| 乌梅(斤) | 40000.00 | 4162.00 | 4162.00 | 3560.00 | 4162.00 | 4162.00 |
| 除题减外实该(斤) | 39309.06 | | | | | |
| 靛花青(斤) | 21000.00 | | | | | |
| 除题减外实该(斤) | 20090.33 | | | | | |

|  | | | | | |
|---|---|---|---|---|---|
| 黄丹(斤) | 42000.00 | | | | |
| 绿矾(斤) | 15000.00 | | | | |
| 紫草(斤) | 1400.00 | | 490.00 | 490.00 | 420.00 | |
| 明矾(斤) | 40200.00 | | 5731.25 | 3555.25 | | |
| 光粉(斤) | 15000.00 | | | | | |
| 除题减外实该(斤) | 14600.70 | | | | | |
| 黑铅(斤) | 21000.00 | 2595.25 | 1992.50 | 1621.25 | 1195.25 | 1795.25 |
| 水胶(斤) | 80000.00 | | | | | |
| 槐花(斤) | 70000.00 | | | | | |
| 蓝靛(斤) | 31000.00 | | | | | |
| 五棓子(斤) | 3500.00 | 771.50 | 530.00 | 531.00 | 531.50 | 243.25 |
| 阔白三梭布(匹) | 33000.00 | | | | | |
| 阔白棉布(匹) | 360411.00 | | | | | |
| 苎布(匹) | 47774.00 | | 47774.00 | | | |
| 红花(斤) | 30000.00 | | | | | |
| 水银(斤) | 229.00 | | | | | |

| 项目 | 四川 | 河南 | 山东 | 山西 | 应天府 | 苏州府 |
|---|---|---|---|---|---|---|
| 银朱(斤) | 3048.00 | | | | 635.00 | 2206.50 |
| 除题减外实该(斤) | | | | | | 1765.20 |
| 乌梅(斤) | 2604.50 | | | | 1727.25 | 1727.25 |
| 除题减外实该(斤) | | | | | | 1381.80 |
| 靛花青(斤) | | | | | | 2448.50 |
| 除题减外实该(斤) | | | | | | 1958.80 |
| 黄丹(斤) | | 14960.50 | 16286.00 | 10753.50 | | |
| 绿矾(斤) | | | 6260.50 | 8739.50 | | |
| 明矾(斤) | | 7828.60 | | 4948.68 | | |
| 光粉(斤) | | 1770.00 | 2290.68 | 1980.00 | | 1002.00 |
| 除题减外实该(斤) | | | | | | 801.60 |
| 黑铅(斤) | 1641.00 | 1903.50 | 1901.68 | 1895.90 | 1892.50 | |
| 水胶(斤) | | 16000.00 | 32000.00 | 32000.00 | | |
| 槐花(斤) | | 22312.50 | 22312.50 | | | |
| 蓝靛(斤) | | 15500.00 | 15500.00 | | | |
| 五棓子(斤) | | | | 531.00 | | |
| 阔白棉布(匹) | | 60637.00[1] | 20000.00 | | | 140000.00 |
| 红花(斤) | | | 30000.00 | | | |

| 项目 | 松江府 | 常州府 | 镇江府 | 庐州府 | 凤阳府 | 淮安府 |
|---|---|---|---|---|---|---|
| 银朱(斤) | 2182.50 | 1158.50 | 1127.00 | 1952.50 | 2222.50 | 1047.50 |
| 除题减外实该(斤) | 1746.00 | | | | | |
| 乌梅(斤) | 1727.25 | 1120.62 | 1120.62 | | | 1120.62 |
| 除题减外实该(斤) | 1381.80 | | | | | |
| 靛花青(斤) | 2100.00 | 2100.00 | 2100.00 | 2100.00 | 2100.00 | 2100.00 |

[1]原书注明：外有2000匹，以备奠靖所支用。

|  | | | | | |
|---|---|---|---|---|---|
| 除题减外实该(斤) | 1680.00 | | | | | |
| 明矾(斤) | | | | | 6118.50 | 6093.62 |
| 光粉(斤) | 994.50 | 1146.00 | 845.75 | 947.62 | 998.00 | 546.25 |
| 除题减外实该(斤) | 795.80 | | | | | |
| 阔白三梭布(匹) | 33000.00 | | | | | |
| 阔白棉布(匹) | 99774.00 | 40000.00 | | | | |

| 项目 | 扬州府 | 徽州府 | 宁国府 | 池州府 | 太平府 | 安庆府 |
|---|---|---|---|---|---|---|
| 银朱(斤) | 664.50 | 658.50 | 325.00 | 664.00 | 364.00 | 324.50 |
| 乌梅(斤) | 1120.62 | 600.00 | 1722.62 | 1120.62 | 1120.62 | 1722.62 |
| 靛花青(斤) | 2100.00 | 2453.25 | | | | |
| 光粉(斤) | | | 496.75 | 496.75 | 995.00 | |
| 黑铅(斤) | 1125.25 | | | | | 1440.62 |
| 槐花(斤) | | 6562.50 | | | | |
| 五棓子(斤) | | | 128.25 | | | |

| 项目 | 和州 | 滁州 | 广德州 | 徐州 | 贵州 | |
|---|---|---|---|---|---|---|
| 银朱(斤) | 111.00 | 198.00 | 138.00 | 349.00 | | |
| 乌梅(斤) | | 638.62 | 598.12 | | | |
| 靛花青(斤) | | | | 1398.25 | | |
| 明矾(斤) | | | 2962.00 | 2962.00 | | |
| 光粉(斤) | | | | 490.62 | | |
| 槐花(斤) | 3500.00 | 3062.50 | 6125.00 | 6125.00 | | |
| 五棓子(斤) | 116.75 | 116.75 | | | | |
| 水银(斤) | | | | | 229.00 | |

**甲表 66**　　　　　　　　　　　　　　　丙字库

| 项目 | 总数 | 浙江 | 山东 | 河南 | 顺天府 | 保定府 |
|---|---|---|---|---|---|---|
| 本色丝绵(两) | 314064.00 | | | | | |
| 本色丝(斤) | 224.07 | | | | | 224.07 |
| 本色棉花绒(斤) | 374878.88 | | 110484.62 | 130342.00 | 9731.10 | 9574.50 |
| 合罗丝(两) | | 8000.00 | | | | |
| 上白棉(两) | | 12000.00 | | | | |
| 中白棉(两) | | 84064.00 | | | | |
| 串伍细丝(两) | | 40000.00 | | | | |
| 荒丝(两) | | 170000.00 | | | | |

| 项目 | 河间府 | 真定府 | 顺德府 | 广平府 | 大名府 | |
|---|---|---|---|---|---|---|
| 棉花绒(斤) | 34647.84 | 35033.08 | 5355.25 | 14584.90 | 25125.40 | |

**甲表 67**　　　　　　　　　　　　　　　丁字库

| 项目 | 总数 | 浙江 | 福建 | 江西 | 广东 | 四川 |
|---|---|---|---|---|---|---|
| 岁派颜料(斤张) | 311000.00 | | | | | |
| 万历八年题减苏松二府(斤) | 8312.50 | | | | | |
| 实该(斤) | 302687.50 | | | | | |
| 生漆(斤) | 110000.00 | 12934.50 | 10166.90 | 15624.00 | 12289.50 | 11447.80 |

| 项目 | | | | | | |
|---|---|---|---|---|---|---|
| 除题减外实该(斤) | 107561.50 | | | | | |
| 桐油(斤) | 98000.00 | 12637.25 | 5160.00 | 9160.00 | 7160.00 | 8160.00 |
| 除题减外实该(斤) | 94735.50 | | | | | |
| 黄蜡(斤) | 20000.00 | 2880.50 | 1152.00 | 1369.00 | 856.00 | 516.25 |
| 除题减外实该(斤) | 18962.10 | | | | | |
| 黄熟铜(斤) | 23000.00 | 1837.25 | 1037.25 | | 1288.10 | 1104.50 |
| 除题减外实该（斤） | 22616.06 | | | | | |
| 红熟铜 | 25000.00 | | | 1624.50 | | |
| 除题减外实该(斤) | 24448.30 | | | | | |
| 锡(斤) | 20000.00 | | 1590.80 | 2017.50 | 1804.70 | 1590.80 |
| 除题减外实该(斤) | 19503.00 | | | | | |
| 牛筋(斤) | 4000.00 | | | 196.90 | | |
| 黄牛皮(张) | 1000.00 | | | | | |
| 除题减外实该(张) | 983.00 | | | | | |
| 生铜(斤) | 10000.00 | | | 740.00 | 750.00 | 680.00 |
| 除题减外实该(斤) | 9878.00 | | | | | |
| 项目 | 湖广 | 河南 | 山东 | 山西 | 应天府 | 苏州府 |
| 生漆(斤) | 11550.62 | | | | | 6104.25 |
| 除题减外实该(斤) | | | | | | 4883.38 |
| 桐油(斤) | 8160.00 | | | | | 8815.69 |
| 除题减外实该（斤） | | | | | | 7052.50 |
| 黄蜡(斤) | 748.00 | 1440.00 | 1435.80 | 1435.80 | 476.00 | 2396.50 |
| 除题减外实该（斤） | | | | | | 1917.20 |
| 黄熟铜(斤) | 1564.10 | 1882.80 | 1869.80 | 1336.50 | | 1313.25 |
| 除题减外实该（斤） | | | | | | 1050.70 |
| 红熟铜 | 1824.50 | 2510.00 | 2255.50 | 1402.25 | 1356.00 | 1755.50 |
| 除题减外实该（斤） | | | | | | 1404.40 |
| 锡(斤) | | 311.40 | 292.00 | 1356.00 | | 1354.25 |
| 除题减外实该（斤） | | | | | | 1083.40 |
| 牛筋(斤) | 1118.90 | 664.62 | 994.00 | | 121.80 | |
| 黄牛皮(张) | | 128.00 | 128.00 | 85.00 | 37.00 | 85.00 |
| 除题减外实该（斤） | | | | | | 68.00 |
| 生铜(斤) | | 1240.00 | 940.00 | 740.00 | 540.00 | |
| 项目 | 松江府 | 常州 | 镇江府 | 庐州府 | 凤阳府 | 淮安府 |
| 生漆(斤) | 6088.25 | 4080.50 | 4080.50 | | | |
| 除题减外实该(斤) | 4870.62 | | | | | |
| 桐油(斤) | 7507.25 | 7516.90 | 3336.50 | 4080.25 | | |
| 除题减外实该(斤) | 6005.90 | | | | | |
| 黄蜡(斤) | 2792.62 | 476.80 | | 448.00 | 416.62 | 400.00 |
| 除题减外实该(斤) | 2234.10 | | | | | |
| 黄熟铜(斤) | 606.50 | 1288.40 | 924.80 | 1414.50 | 1881.62 | 1471.80 |
| 除题减外实该(斤) | 485.16 | | | | | |
| 红熟铜 | 1002.80 | 1752.25 | 1090.80 | 1503.00 | 1749.00 | 2000.00 |

| 项目 | | | | | |
|---|---|---|---|---|---|
| 除题减外实该(斤) | 802.18 | | | | |
| 锡(斤) | 1130.50 | | 1130.00 | 218.00 | 695.50 | 671.50 |
| 除题减外实该(斤) | 904.40 | | | | |
| 牛筋(斤) | | | | | 190.00 | 190.00 |
| 黄牛皮(张) | | | | | 37.00 | 85.00 |
| 生铜(斤) | 610.00 | 380.00 | 890.00 | 270.00 | 380.00 | 440.00 |
| 除题减外实该(斤) | 488.00 | | | | |

| 项目 | 扬州府 | 徽州府 | 宁国府 | 池州府 | 太平府 | 安庆府 |
|---|---|---|---|---|---|---|
| 生漆(斤) | | 4475.70 | 4475.70 | | 2338.80 | 4343.10 |
| 桐油(斤) | | 4071.00 | 5079.25 | | 2079.00 | 3447.50 |
| 黄蜡(斤) | | | 296.00 | 464.25 | | |
| 黄熟铜(斤) | 635.70 | | | 922.25 | 621.00 | |
| 红熟铜 | 1124.50 | | | 1149.50 | 900.00 | |
| 锡(斤) | 1152.00 | 1152.00 | 672.00 | 672.00 | 1072.25 | 1117.00 |
| 牛筋(斤) | 123.70 | 254.25 | | 146.00 | | |
| 黄牛皮(张) | 38.00 | 37.00 | 37.00 | 36.00 | 37.00 | 84.00 |
| 生铜(斤) | 340.00 | 350.00 | 240.00 | | | 240.00 |

| 项目 | 徐州 | 和州 | 广德州 | 滁州 |
|---|---|---|---|---|
| 桐油(斤) | | | | 1629.50 |
| 黄牛皮(张) | 36.00 | 37.00 | 37.00 | 36.00 |
| 生铜(斤) | 130.00 | | | 100.00 |

**甲表68**　　　　　　　　　　　　　　　　广惠库

| 项目 | 河西务等七钞关轮年约解 | 燕山右府军前等四卫 |
|---|---|---|
| 本色钞(贯) | 29204400.00 | |
| 折色铜钱(文) | 59777100.00 | |
| 树株屯钞(贯) | | 56940.00 |

**甲表69**　　　　　　　　　　　　　　　　天财库

| 项目 | 正阳等九门 |
|---|---|
| 课钞(贯) | 665180.00 |
| 铜钱(文) | 2432850.00 |

**甲表70**　　　　　　　　　　　　　　　　内官监

| 项目 | 总数 | 苏州府 | 常州府 | 真定府 | 保定府 | 河间府 |
|---|---|---|---|---|---|---|
| 白熟细粳米(石) | 1700.00 | | 1700.00 | | | |
| 白熟粳米(石) | 11125.00 | 4250.00 | 6875.00 | | | |
| 藁荐稻草(斤) | 50000.00 | | | 12000.00 | 9500.00 | 7500.00 |
| 草纸稻草(斤)[1] | 100000.00 | | | 24000.00 | 19000.00 | 15000.00 |
| 青白盐(斤) | 134500.00 | | | | | |

---

[1]原书此处注："轮年派征。"

| 项目 | 永平府 | 大名府 | 广平府 | 顺德府 | 长芦盐运司 |
|---|---|---|---|---|---|
| 薰荐稻草(斤) | 4000.00 | 10000.00 | 4000.00 | 3000.00 | |
| 草纸稻草(斤) | 8000.00 | 20000.00 | 8000.00 | 6000.00 | |
| 青白盐(斤) | | | | | 134500.00 |

**甲表71　　　　　　　　　　尚膳监**

| 项目 | 四川 | 顺天府 | 河间府 |
|---|---|---|---|
| 川椒(斤) | 1001.25 | | |
| 粟谷(石) | | 100.00 | |
| 蜀秫(石) | | | 116.00 |

**甲表72　　　　　　　　　　酒醋面局**

| 项目 | 总数 | 浙江 | 山东 | 河南 | 苏州府 | 松江府 |
|---|---|---|---|---|---|---|
| 白熟糯米(石) | 11500.00 | 6250.00 | | | 3150.00 | 2100.00 |
| 小麦(石) | 7300.00 | | 2350.00 | 2000.00 | | |
| 黄豆(石) | 4600.00 | | 2200.00 | 2400.00 | | |
| 黑豆(石) | 1800.00 | | | | | |
| 绿豆(石) | 700.00 | | | | | |
| 谷草(束) | 44000.00 | | | | | |
| 稻皮(石) | 500.00 | | | | | |
| 籼(斤)[1] | 108800.00 | | | | | |

| 项目 | 顺天府 | 保定府 | 河间府 | 真定府 | 顺天府 | 广平府 |
|---|---|---|---|---|---|---|
| 小麦(石) | 650.00 | | 250.00 | | 550.00 | 410.00 |
| 谷草(束) | | 11000.00 | 11000.00 | 11000.00 | | |
| 稻皮(石) | | | 150.00 | 200.00 | | |

| 项目 | 大名府 | 永平府 | 张家湾宣课司 | |
|---|---|---|---|---|
| 小麦(石) | 1090.00 | | | |
| 黑豆(石) | 1800.00 | | | |
| 绿豆(石) | 700.00 | | | |
| 谷草(束) | 11000.00 | | | |
| 稻皮(石) | | 150.00 | | |
| 抽分籼(斤) | | | 108800.00 | |

**甲表73　　　　　　　　　　司苑局**

| 项目 | 总数 | 山东 | 河南 | 顺德府 | 顺天府 | 真定府 | 大名府 |
|---|---|---|---|---|---|---|---|
| 黑豆(石) | 1950.00 | 700.00 | 800.00 | 450.00 | | | |
| 谷草(束) | 70272.00 | 10000.00 | 20000.00 | | 10272.00 | 15000.00 | 15000.00 |

---

[1]原书此处注:"其豆麦草折色,解部召买。"

**甲表 74**　　　　　　　　　　　　　　　　　　惜薪司

| 项目 | 顺天府 | 永平府 |
|---|---|---|
| 白熟糯米(石) | 15.10 | |
| 红枣(斤) | | 15570.00 |

**甲表 75**　　　　　　　　　　　　　　　　　　宝钞司

| 项目 | 总数 | 顺天府 | 真定府 | 保定府 | 河间府 | 永平府 |
|---|---|---|---|---|---|---|
| 稻草(斤) | 245000.00 | 15000.00 | 52500.00 | 45000.00 | 30000.00 | 15300.00 |
| 香油(两) | 45.90 | 45.90 | | | | |
| | 顺德府 | 广平府 | 大名府 | | | |
| 稻草(斤) | 19500.00 | 15300.00 | 52400.00 | | | |

## 甲表76　商价会估备考[1]

| | 捌年秋估 银(两) | 现估 银(两) |
|---|---|---|
| 供用库 | | |
| 黑豆(石) | 0.44 | 0.44 |
| 草(束) | 0.033 | 0.032 |
| 汤绿豆(石) | 0.82 | 0.81 |
| 黄豆(石) | | 0.53 |
| 芝麻(石) | 1.40 | 1.30 |
| 黄蜡(斤) | | 0.165 |
| 芽茶(斤) | 0.10 | 0.08 |
| 叶茶(斤) | | 0.02 |
| 白蜡(斤) | 0.33 | 0.34 |
| 蒲杖(斤) | | 0.01 |
| 金银香(斤) | 0.15 | 0.14 |
| 甲字库 | | |
| 黄丹(斤) | 0.05 | 0.043 |
| 光粉(斤) | 0.06 | 0.045 |
| 绿矾(斤) | 0.015 | 0.012 |
| 蓝靛(斤) | | 0.013 |
| 水胶(斤) | 0.03 | 0.025 |
| 黑铅(斤) | 0.045 | 0.035 |
| 槐花(斤) | 0.02 | 0.015 |
| 红花(斤) | | 0.15 |
| 白芨(斤) | | 0.01 |
| 明矾(斤) | 0.02 | 0.015 |
| 二硃(斤) | 0.23 | 0.22 |
| 靛花青(斤) | | 0.07 |
| 栀子(斤) | | 0.01 |
| 银硃(斤) | | 0.52 |
| 姜黄(斤) | 0.007 | 0.006 |
| 百药煎(斤) | 0.007 | 0.006 |
| 蜜陀僧(斤) | 0.02 | 0.015 |
| 茜草(斤) | 0.024 | 0.022 |
| 紫草(斤) | 0.032 | 0.031 |
| 五棓子(斤) | 0.045 | 0.035 |
| 乌梅(斤) | | 0.02 |
| 藤黄(斤) | | 0.10 |
| 上白棉(斤) | | 0.88 |
| 中白棉(斤) | | 0.75 |
| 灯草(斤) | | 0.04 |
| 硼砂(斤) | | 0.30 |
| 水银(斤) | 0.50 | 0.40 |
| 三梭布(匹) | | 0.30 |
| 阔白三梭布(匹) | 0.75 | 0.70 |
| 苎布(匹) | 0.22 | 0.20 |
| 阔白苎布(匹) | 0.30 | 0.27 |
| 四火黄熟铜(斤) | 0.115 | 0.12 |
| 丁字库 | | |
| 红熟铜(斤) | | 0.105 |
| 黄熟铜(斤) | 0.11 | 0.118 |
| 黄蜡(斤) | | 0.165 |
| 锡(斤) | 0.083 | 0.09 |
| 生铜(斤) | | 0.05 |
| 黄牛皮(张) | 0.24 | 0.22 |
| 生水牛皮(张) | 0.75 | 0.72 |
| 牛筋(斤) | | 0.08 |
| 水牛角(副) | 0.05 | 0.055 |
| 桐油(斤) | 0.043 | 0.042 |
| 严漆(斤) | 0.15 | 0.11 |
| 生漆(斤) | 0.15 | 0.11 |
| 川漆(斤) | | 0.20 |
| 广漆(斤) | 0.10 | 0.09 |
| 丝绢(匹) | 0.40 | 0.39 |
| 京库 | | |
| 阔白布(匹) | | 0.28 |
| 棉花绒(斤) | 0.06 | 0.07 |
| 红花(斤) | | 0.15 |
| 惜薪司 | | |
| 糯米(石) | 1.10 | 1.12 |
| 枣(斤) | | 0.01 |
| 内官监宝钞司 | | |
| 稻草(束) | | 0.032 |
| 户口食盐(块) | | 3.00 |
| 酒醋面局 | | |
| 小麦(石) | 0.82 | 0.81 |
| 黄豆(石) | 0.53 | 0.535 |
| 绿豆(石) | | 0.71 |
| 黑豆(石) | | 0.443 |
| 草(束) | 0.033 | 0.0325 |
| 稻皮(斤) | | 0.002 |
| 司苑局 | | |

[1]原书在此处说明："商价时估，递年上下两估。本部山东河南等司官，九门盐法等委官，会同科道，照时岁丰欠多寡不定，大约亦不甚远。今备录万历九年题准会估之数，以备查考。"

| | | |
|---|---|---|
| 黑豆(石) | | 0.443 |
| 草(束) | | 0.032 |
| 黄蜡(斤) | 0.125 | 0.12 |
| 内府供用库 | | |
| 黄檀香(斤) | 0.65 | 0.58 |
| 白檀香(斤) | 0.67 | 0.6 |
| 檀香(斤) | 0.60 | 0.55 |
| 马牙香(斤) | | 0.05 |
| 降真香(斤) | 0.07 | 0.10 |
| 沉香(斤) | 1.40 | 1.45 |
| 沉速香 | | 0.70 |
| 大柱降真香长六七尺,径过四、五寸(斤) | 0.15 | 0.19 |
| 内承运库 | | |
| 苓苓香(斤)(正价) | | 0.10 |
| 包盛并脚价银 | | 0.05 |
| 共计银 | | 0.15 |
| 戊字库 | | |
| 胡椒(斤) | | 0.13 |
| 供用甲丙等库 | | |
| 足色叶子金(两) | 6.40 | 6.30 |
| 七成色金(两) | | 4.40 |
| 八成色金(两) | | 5.00 |
| 九成色金(两) | | 5.50 |
| 排草(斤) | | 0.22 |

668

### 内库供应沿革事例

洪武二十六年，钦奉圣旨：今后各处解到布绢，拣退有迹、破的，要辨验得明白。若是泥污水迹，堪染颜色，不要赔；便是有些小破孔的，亦不要赔；果是磨烂破损不堪的，着赔，不罪他。钦此。

本年，定各处折纳绢布则例，每丝二十两及十八两，折绢一匹，长三丈二尺，阔二尺；白棉布每匹，长三丈二尺，阔一尺八寸，重三斤。

永乐十年，令在京、在外起解一应钱粮，务委官勘验堪中实数起解，合干上司解部。本部委官看验相同，关填勘合进纳，仍于勘合内，开各委官职名。如解物与勘合不同者，许门吏指实具奏。

十五年，行在都察院左副都御史李庆等，钦奉圣旨：洪武年间，纳户送纳钱粮等项，都是亲自送赴各该仓库交纳，但有揽纳的，都处以重刑，籍没其家。如今有等无籍小人，将各处纳户该纳钱粮等项，不由纳户亲自送纳，尽数包揽诓骗，侵欺入己。又有通同官攒，虚买实收通关的，致使钱粮累年不完，良民受害。恁都察院便出榜，晓谕军民人等知道，今后但有送纳钱粮等项，纳户务要亲自送赴各该仓库交纳，敢有仍前包揽的，揽纳人照洪武年间例，处以重刑，籍没其家；有人首告者，赏他；如是纳户通同容令揽纳，不行首告者，事发一体治罪。钦此。

宣德五年，令纳官布绢不如法者，加倍追赔，原解人送问。

七年，本部题：查得甲字库收布，丙字库收丝绵，承运库收绢，俱系各司府税粮折征之数，内多稀薄短狭，插和麻缕石面，及至到京，又被贪利军民兜揽抵换。合无本部差官一员，拣验御史、给事中各摘一员，前去甲字等库巡视监收。凡遇解到布、绢，照依洪武年定长阔，看验坚厚，丝绵务要洁净，若有兜揽作弊之徒，就便具奏拿问。

十年，令各处岁造缎匹，委御史同该司官辨验，堪中送该库交纳。

正统二年，令各库所收布，有长三丈以上者，俱准一匹，放支官军。若该管官截去余尺入己者，以监收自盗论。

又令各处解纳折粮布、绢，选退不堪者，该库出给印信、票帖，退还解人。本部差人押追纳完，仍送问罪，不许再科百姓补纳。

四年，令各处解到内府库物料，俱于六科领给勘合，填数照进交纳。

十一年，钦奉圣旨：朝廷合用颜料，百姓买办艰难。恁户部便于出产去处，定数派去，着该司府堂上官，自正统十二年为始，每年于存留粮内，照依彼处时值，从公估计折征，务在两平。不许亏官损民。折征完备，选差殷实粮户，管解户部，送该库交纳，都着所司应付船车脚力。福建、浙江、广东、江西、湖广、四川，路经南京的，着该部换与马快船运来，敢有所司分派不均，及通同无籍奸民，作弊害人的，都重罪不饶。钦此。

景泰元年，尚书金濂题：访得在京官舍军民，内有等无籍之徒，遇有各处大户送纳粮草、绢布、钞贯等项，水路、旱路，沿途邀接，设法巧取，骗其财物。粮则用土插和，草则用水浇淋，绢布以纰薄稀松换其坚厚，钞贯以破碎软烂抵其全完。及至验退，纳户揭债，累岁不完。合行都察院出榜禁约，仍行各兵马司，并沿途巡检司，时常巡视，如有此等接揽之徒，即便拿送法司究治，今后解纳布钞等项，不许在于官军、民人之家顿放，径送本部看验，堪中送库，纳取长单付缴。

本年尚书金濂题：派景泰二年分供用库岁用黄蜡五万斤，白蜡五千斤，芽茶三万三千斤，叶茶二万五千斤，灯草一千五百斤，蒲杖一千五百斤。

本年令各处解纳铜铁，并生黄、牛皮等料，送丁字库收。

三年，令各处解纳绢匹，若验不中，度百匹以上者，侵尅解人，发口外充军。绢匹责各犯家下追陪，承行官吏，行巡按御史提问。

成化五年，御史李瑢题：近年各库库夫、管库官员，不知有何项差拨，多不在库着役，要照原额清出着役。本部复：查得甲字库，额设库夫六十二名，丙字库三十七名，丁字库五十九名，戊字库一百二十名，赃罚库五十名，广盈库六十六名，广惠库八十四名，乙字、广运、广积三库各四十名。前项库夫，专一在库看守钱粮，以后不许别用。

十四年，御史林堉条陈：承运库丝绢。尚书杨鼎议复：查得本部每年二月会计夏税农桑等项，丝绢每丝二十两并十八两，折绢一匹，长阔已有定例，通行各司府州派纳，及查各处布绢，多有稀薄短狭，麻缕粉糨，及被揽头人等抵换剪截，或出伪印实收。仍差给事中、御史各一员，巡视监收。若有织造不如法，并兜揽情弊，具奏拿问。

十六年，本部奏：准各处额征丝绵折绢、户口食盐钱钞，司府掌印官务严加督责，各该州县官监收本处织造绢匹堪中钞钱，责令大户领解，委官管押。先于内混取绢一匹，钞五十贯，钱五十文，包封印记，顺附公差人役，送部收，候比验，仍作正数送纳。其解到钱钞绢匹，比验以十分为率，如一分不堪者，罪坐州县经该官吏；三分不堪者，罪坐本府经该官吏；五分以上不堪者，罪坐布政司经该官吏。若委官大户抵换者，照律问罪，不堪钱钞绢尽数没官。

二十三年，尚书刘昭奏：准各处解到钱粮绢匹，本部该司拣验堪中之数，该库不许重复看验习蹬留难，其余阔布、皮张、物料等项，但系十库钱粮，俱会同科道部官辨验，果系地道真正本色物料，即与收完，出给批单，不许推调延缓。及供用库所收粮，如有多收盗卖虚出，及包揽作弊者，拿送法司问罪。

弘治三年，令各处纳绢，验出稀纸刷浆、丝经麻纬，及单经等项低绢，布政司以验退十州县，及八千匹以上者，住俸三个月；府以验退三州县，及二千四百匹以上者，住俸半年；州县验退八百匹以上者，住俸一年。

四年，令巡库科道官，及内外该库官，凡遇本部送到各处解纳钞锭进库，其折腰原封者，俱另收转送天财库；系折腰者，用备给赏；系原封者，用备买办。

五年，钦奉诏书内一款，两京甲字等十库，各有额设库夫使用，今后遇有交盘库藏，进纳宝钞，并夏月晒晾物件等项，止许照旧例，于各库见在库夫内，互相借用，不许行顺天等府佥派人夫，科扰害人。钦此。

八年，令各处解纳布绢，该府掌印官验中用印，两头钤记，每色取式样一匹，印封交所委官吏，解部看验送库，仍于起解批文内，开验中数目，用印钤记。若不如法者，先将部解官吏送问，司府州县提调掌印官及吏行巡按御史，查提拣退布绢，加倍追赔，粮纳揽头通同侵欺盗卖者，发边远充军。

十四年，令各处解纳折粮布匹赴部，该部委官于本衙门验中，送赴该库，并巡视科道官，及本部委官收受，不必再拣。

又令各处起解两京绢匹，不及五十匹者，送赴该府，类解本部验退，五十匹以上者，该府经该官吏，参究治罪。

嘉靖十年，尚书梁材题：赏赐夷人生绢、里绢，因承运库见贮数少，不敷支给。议将生绢每匹折银五钱，里绢每匹加炼染银七分，行令太仓银库放支，以后该库积有绢匹，仍行关领本色。

三十二年，尚书方钝题：据广东解官吏目颜持思等告称：部解黑铅、油漆、银砂、芽叶茶、牛皮等料，官价与本部时估，多寡不同，乞要通融折算抵数，合无以后查将解到物料，如一批有数项，有原价浮于时估者，亦有时估浮于原价者，时估俱浮，则任其自补；原价俱浮，则照数扣官。时估、原价一低一昂，该补者多，而该扣者少，无论扣数多寡，即与除免；该扣者多，而该补者少，即拨扣数，以足该补所余，扣数即送太仓银库交收。仍行浙江等十三司，查照一体施行。

四十二年，尚书高耀题：供用、甲、丁等库岁派黄白蜡、铜、漆、绢布、颜料等项钱粮，俱被积年棍徒包揽为害，合行五城御史严禁，仍督行兵马司，密加查访，凡差官解部到京，即将公文同歇家具保，赴部投下，领单上纳。若潜住十日，不赴部者，参送法司。歇家问以包揽官解，治以重罪。各兵马司缉访不严，及通同容纵，查出一体坐赃参治。仍于每月朔日，具结亲投查考。

本年尚书高耀题：赏赐夷人绢匹，原该承运库关支本色，因各处解到数少，权宜折银。今辽东海西夷人速平等奏求折赏，应照前例折给。以后各夷赏绢，该库积有绢匹，仍关本色，不得援例讨给。

四十三年，尚书高耀复右给事中张岳等条陈：

一遵职掌以定官守。本部议：行验粮厅委官，如遇解到甲、丁等库各项物料钱粮，务要着实检验精美，封押寄库，会同科道收受。如有滥恶不堪，商人查究治罪，官解追参司府，另换上纳。其进库监收之日，遵例不许复行看验，以滋弊端。

一议本折以便征解。议：候四十四年，会派将各库杂色物料，参酌得以在京贸易者，填派折色，定以价银数目征解，若遇解到，当给商人买办，官解即给批回。其土产方物，仍解本色，会派既定，岁以为常。

一立官解以恤民困。议：自嘉靖四十四年为始，凡起解京库钱粮，不拘本折，悉解该府类总，轮选佐贰官管解，给以路费水脚，由布政司倒文直隶各府，径自起文解部，定限先季征完，次季起解，不许稽迟，致误济用。

一定时估以节冗费。议：行山东、河南粮储道，及行本部九门委官，并顺天府宛、大二县，将甲、丁等库，并仓场钱粮，每上下半年一次访估，各委官会同科道，及本部该司公同参酌，务使物价得平，其上半年时估，定于正月内；下半年时估，定于七月内，各举行。如有稽迟潦草，听科道及委官查参究治。

一杜内收以严输纳。议：行验粮厅委官，凡遇验进钱粮，定以三、六、九日为期，照依太仓监收银两事例，该厅先开验中钱粮数目，知会科道，公同亲收。一切内收之弊，尽行杜绝。其实收完，单随即验发，毋致守候。

四十四年，给事中张宪臣等题称：供用库钱粮重大，蠹弊多端，积年书写之人，任意增减，及称该库钱粮收支出入登记不明，办验不实，乞要稽查。尚书高耀复：准行验粮厅委官，即于广盈、赃罚二库官吏，定委相应一员名，前去供用库，兼理收掌各项文卷，登记文簿，候满更代。其各司府解运该库钱粮，到京先赴科道挂号，投部领单，仍挂号照入该库上纳。至于召商买办香蜡等料，一体挂号，俱赴验粮厅查验真正，方许送库。其白粮、芝麻等项，照旧本库交收，逐一登记，循环倒换。年终，科道将收放过一应钱粮数目，类开揭帖，进呈御览，及行该库，将书写、匠作人役，从长酌议应留、应革者，为定数，永为遵守。催攒钱粮，坏事校尉，尽数裁革。凡会派该库钱粮，照上年旧派数目，酌量派征；如或缺乏，方行奏请召买，该库不许一概朦胧奏讨。

本年给事中倪光荐等题，尚书高耀复：准通行各省直抚按，凡遇起解内府各色钱粮，选委官员，照依彼中时值，实价收买，织造真正坚好者，方许起解。如有不堪，悉听验粮厅拣退发回更换，其绢匹验退五十匹以上者，经该官吏参究治罪。应解钱粮，不得滥委阴阳义役，致滋奸弊。绢匹不及五十匹者，送府类解，以免繁苦。黄白蜡、香料之类，其府州县出产真正，多派本色；原非出产，免解本色，准派别项钱粮，起解赴部上纳。至于门禁，本以严侍卫，遇进钱粮，百端需索，本部通行各该衙门严禁监门、直门、巡河、巡街员役，毋得拦阻商解，索诈财物，及行科道给付花栏印信、小票，赍执照进，如有拦阻索财等弊，指名参究。

隆庆元年，钦奉诏书内一款：两京内府各衙门，缎匹、器皿、香蜡、柴炭、匠役等，但有因斋醮工作加派者，该部通行查奏停革。又一款，内府各衙门供应钱粮，朕加意节省，用自有余，该部务查照弘治年间，及嘉靖初年旧额，酌量征派；其以后年分加添者，尽行革除，将革过数目奏知，仍造册送科备照。如各衙门假以缺少为由，行文加派，及该部阿奉准行者，科道官即时参奏，治以重罪。钦此。本部查得：弘治年间，会派供用库岁用黄蜡一十万斤，白蜡五千斤。嘉靖元年至十九年，每岁会派黄蜡八万五千斤，白蜡四千斤。至嘉靖三十四年，该太监蔡秀题，因岁派蜡斤不敷供应，节该本部题行各省会派并加派，每年黄蜡至二十万斤，白蜡至十五万斤，又召买黄白蜡二十余万斤。至嘉靖四十一年，节因该库催行召买，每年除派本色黄蜡二十万斤，白蜡一十八万斤外，加派折色亦如本色之数。及查御用监供用库香品，弘治间、嘉靖初年，原无坐派，亦无召买事例，系先年西洋进有各样香品送南京库，陆续搬运送库应用。该库后因缺乏，题行广东采办，仍行顺天府召买。今奉诏书，查奏停革。本部将供用库岁用黄白蜡会派之日，查照弘治年间及嘉靖初年旧额分派，其余加派尽行革除；其广东采买香品，尽行停革，本部召买俱各停止。该库不得假以缺少为由，行文加派。奉圣旨：是。供用库黄白蜡，着照嘉靖初年额数派征。钦此。

本年给事中冯成能题称：甲字、供用等库，各处官解进纳一应钱粮，被各库、各门内官、内使人等指以铺垫为名，需索见面茶、采门单种种使用，致解户身家倾毙，乞要严行禁革。左侍郎刘自强复：准备行内府司礼监，钦遵近日诏书，先将各库并守门诸臣，严加考核，择其老成谨慎者，每库多则留五、六员，少则三、四员，守门止留正副二员。如遇各处解纳物料钱粮文书到日，户、工二部遵照《会典》，即行原委验试衙门，秉公验试，果系地道、真正精好如式者，秤量平准，印记明白，解户照数上纳，脚价官给，车夫运赴本库。约定每月三、六、九日，会同巡视科道官，公同掌库该监官，复验秤收。仍于监收簿内，掌库官亲书验中纳完字样，填押长单，付回本部备照，中间若有不如法者，各官眼同复验明实，方许发回，照例查究经该官吏，另行换纳。其钱粮见在，而淹禁累年者，听验粮委官速与查明，照前验收释放。如掌库、守门各官，仍踵前弊，刁蹬求索者，巡视科道衙门，据实参奏，重加惩治。

本年给事中等官王治等题：奉勅清查承运等库钱粮数目缘由。侍郎徐养正复准。

一开供用库香蜡。本部查得，香品原无坐派，已经奉诏停革。其黄白蜡斤，逐一清查，如黄蜡该库收贮尚少，恐不敷用，查系出产地方，仍征本色；白蜡库贮甚多，足供支用，与不产黄蜡地方，照原定时估，白蜡每斤四钱，黄蜡每斤二钱，解送太仓银库，接济边用。

一开御用监香品。本部议得，该监所收沉香等香，系应查之数，该太监滕祥，自将用剩见在约够支用年数具奏免查。其广东拖欠沉香等香，并供用库香品采买，并行停止。

一开内承运库苓苓香。本部查得，苓苓香系广西布政司每年采办一千斤奏进。今该库存积有余，合行该省，将每年额解前香，查照彼中时估，折征银两，解部济边。候支用将尽，行文仍解本色。

一开丁字库黄蜡。本部查得，该库黄蜡约足半年支用，其颜料收贮颇多，通行各该抚按，将节年拖欠数目清查，系出产地方，仍征本色，不系出产，并铜锡、水牛皮角等料，各照原定时估，折征银两，解部济边。候该库支用将尽，另行议征本色。

一开承运库生绢。本部查得，该库实在绢匹，上绢约够五年，常绢约够一年支用，但原派未完，及验退发回更换绢匹，有司因循，向未起解，通行各该抚按，将节年拖欠数目，自四十四年以前未完，并验退补还者，仍征本色送库。其四十五年见该起解者，照依原定时估，每匹折银七钱，解部济边。

一开甲字库阔白三梭布、阔白棉布、苎布。本部查得，三梭布约够二年，棉布约够三年，苎布够半年支用，其原派布匹，山东、河南完数尚多，江西及苏松等府，十完二三，拖欠者十之七八，本部节行严催，有司习于因循怠缓。及查该库红花、二硃、光粉、水银等料，积数颇多，有足三、五年，有足十年支用者，通行各抚按，将节年拖欠，系四十四年以前，仍征本色送库，四十五年见该起解之数，并原派未解红花、二硃等料，各照原定时估，折征银两，解部济边。候支用将尽，另议征派本色。

一开丙字库丝绵、花绒，广惠库钱钞，赃罚库纻丝、纱罗、衣服等件。本部查得，赃罚库收贮纻丝、纱罗等物，俱系抄没人犯赃物，不系年例坐派钱粮。先该太监李成等，遵照旧例，题差科道，估计钞贯，以备官员折俸外，其丙字库丝绵、花绒，广惠库钱钞，原系免查钱粮，相应照旧贮库，以备支放。

万历二年，尚书王国光议得：甲、丁二库，系供上用钱粮，验粮委官职掌查验，不可不慎。中间验过布绢物料，及一应簿籍文移，必有印信足凭，方可杜绝奸伪。题准移咨礼部，铸给验粮关防一颗，完日咨送本部，给发委官收掌，凡遇解到上纳一应钱粮，拣验堪中，会同科道官复验相同，系布绢每捆钤记，若各项物料，酌量多寡，装入一柜，封条钤记。如无关防，即系抵换；如有关防，而货物不堪，部官不能辞其责，其一应卷簿，通行钤盖，差满更替，照例交代接管，庶稽查有据，奸弊可祛。

四年，尚书殷正茂题：准各处解到颜料银两，已贮部廊者，仍贮部廊，听候给商。以后续有解到银两，本部查无应给商价，即送太仓银库，抵补原借之数；若有应给商价，仍寄部廊，以便给发，各司每遇送补太仓银两，备付广西司，逐一开送巡视衙门，知会查理。

六年，尚书张学颜题：查得棉花于秋粮内额派山东、河南、直隶、顺天等府，每年共三十七万六千三百七十余斤。今准丙字库揭称，见在库贮棉花共一百五十七万余斤，每岁约赏二十六万二千七百余斤，以见在之数计之，尚足六年支用，以后年分若全收本色，贮库日久，俱不堪用，合将万历七年以后棉花，暂改折一、二年，解纳太仓。奉圣旨：是。棉花准改折二年。钦此。

本年应天巡抚胡执礼题：定京库布式，及将苏、松、常三府织成样布三匹，咨送到部。尚书张学颜验得，每布一匹长三丈二尺，阔一尺八寸，每匹重二斤四两。视旧例三斤之数，虽少不足，但布匹细密，委与他处不同，合将样布两头用印钤盖，行验粮委官会同科道检视，堪用，即将一匹送内库收贮，一匹存留本部，一匹咨送巡抚，严行各府州县，照式织造，永为遵守。其余省分各照彼处原定斤两上纳，不得援以为例。奉圣旨：是。这布匹着照新式织造解纳，如违式不堪，你部里并巡视科道官务将各掌印等官，从实参奏处治。钦此。

七年，应天巡抚胡执礼题称：苏、松二府，赋税倍多，乞要减派颜料，以苏疲民。尚书张学颜复：准将原派二府颜料，以十分为率，量减二分。苏州府减料五千八百四十一斤一十二两，仍派二万三千三百六十六斤一十四两；松江府减料五千三百四十八斤七两，仍派二万一千三百九十三斤一十一两。俱自八年为始，每年照依今议减定数目，派征解纳。

九年，尚书张学颜题：酌定时估，以厘商弊。查得春秋两估，随时定价，故奸商每当会估，不惜重费，营求嘱托。估本不少，而坚执以为少；估以渐多，而尤益求其多；估一次，求增一次。合无通行九门盐法委官，会同科道，将各仓场料草，及各库物料，参酌往年近日旧册，某项费多利少，量为稍增；某项费少利多，量为稍减；某项原少，近日骤增太多，酌为量减。著为定规，以后非物价大相悬绝，每年不得再行会估。奉圣旨：是。钦此。

臣等谨按：内库所掌金银、粟帛、茶蜡、颜料，皆为上供之需，而最大者为金花银，固国初所谓折粮银也。正统以前，俱解南京，每岁武臣赴彼关给，以为常禄，而边境或有缓急，亦皆取给其中，盖其时，事省而用节故也。正统元年，始议于南京改解内库，而岁以百万为额，自是以后，惟折放武俸之外，皆为御用矣。夫玉食万方，即岁用此数，固不为滥，但念天下之财，皆民生膏血，为慎俭德以图之，即有取用不求溢于常额之外，或少溢之，不

一、二年，而复其常，此则海内臣民之所切望尔。若其粟帛、茶蜡、颜料之输，虽本折不齐，而弊盖有四焉：其征也有逋负之弊，其解也有侵尅之弊，其至京也有营揽之弊；其进门而入之库，也有铺垫需求之弊。四者之中，则逋负、侵尅与营揽者，或可以法绳之，惟入库所需，则非有宫中、府中，俱为一体之义，固未易言也。

## 《万历会计录》卷三十一　光禄寺供应

甲表77　　　　　　　　　弘治、嘉靖、万历三朝光禄寺供应

| 项目 | 弘治 | 嘉靖初年 | 万历六年 |
|---|---|---|---|
| 岁派米粮(石) | 163902.00 | 194947.60 | 187166.00 |
| 果品厨料(斤) | 1078040.00 | 1078040.00 | 1078040.00 |

甲表78　　　　　　　　　万历六年光禄寺供应

| 项目 | 总数 | 浙江 | 江西 | 福建 | 广东 | 湖广 |
|---|---|---|---|---|---|---|
| 米粮(石) | 187166.00 | | | | | |
| 果品厨料(斤) | 1078040.00 | | | | | |
| 白熟粳米(石) | 53000.00 | 19000.00 | | | | |
| 白熟糯米(石) | 14000.00 | 8500.00 | | | | |
| 细粟米(石) | 57500.00 | | | | | |
| 赤豆(石) | 550.00 | | | | | |
| 黄豆(石) | 1600.00 | | | | | |
| 绿豆(石) | 8000.00 | | | | | |
| 青绿豆(石) | 300.00 | | | | | |
| 白豆(石) | 6.00 | | | | | |
| 菉秫(石) | 5350.00 | | | | | |
| 芝麻(石) | 6000.00 | | | | | |
| 小麦(石) | 32000.00 | | | | | |
| 豌豆(石) | 150.00 | | | | | |
| 粟谷(石) | 4000.00 | | | | | |
| 稻谷(石) | 2000.00 | | | | | |
| 黑豆(石) | 1250.00 | | | | | |
| 山黄米(石) | 70.00 | | | | | |
| 莜麦(石) | 50.00 | | | | | |
| 大青黄豆(石) | 40.00 | | | | | |
| 白芝麻(石) | 700.00 | | | | | |
| 大麦(石) | 600.00 | | | | | |
| 白糖(斤) | 45600.00 | | | 45600.00 | | |
| 每斤价银(两) | 0.061 | | | | | |
| 圆眼(斤) | 26400.00 | | | 13200.00 | 13200.00 | |
| 每斤价银(两) | 0.07 | | | | | |
| 荔枝(斤) | 26400.00 | | | 13200.00 | 13200.00 | |
| 每斤价银(两) | 0.07 | | | | | |
| 绿笋(斤) | 84000.00 | 14000.00 | 13000.00 | | 13000.00 | 13000.00 |
| 每斤价银(两) | 0.06 | | | | | |
| 川椒(斤) | 6800.00 | | | | | |
| 每斤价银(两) | 0.08 | | | | | |
| 干鱼(斤) | 118400.00 | | | | | 118400.00 |
| 每斤价银(两) | 0.036 | | | | | |

| 品名 | | | | | | |
|---|---|---|---|---|---|---|
| 莲肉(斤) | 24000.00 | 5300.00 | 7800.00 | | | 7500.00 |
| 每斤价银(两) | 0.042 | | | | | |
| 胶枣(斤) | 53200.00 | | | | | |
| 每斤价银(两) | 0.012 | | | | | |
| 栗子(斤) | 6400.00 | | | | | |
| 每斤价银(两) | 0.025 | | | | | |
| 柿饼(斤) | 69600.00 | 10000.00 | | | | 10000.00 |
| 每斤价银(两) | 0.025 | | | | | |
| 红枣(斤) | 70400.00 | 4000.00 | | | | 4000.00 |
| 每斤价银(两) | 0.013 | | | | | |
| 牙枣(斤) | 2400.00 | | | | | |
| 每斤价银(两) | 0.03 | | | | | |
| 银杏(斤) | 10400.00 | 3900.00 | 1600.00 | | | |
| 每斤价银(两) | 0.026 | | | | | |
| 榛子(斤) | 49600.00 | | | | | |
| 每斤价银(两) | 0.023 | | | | | |
| 菱米(斤) | 7200.00 | 2000.00 | | | | 2000.00 |
| 每斤价银(两) | 0.024 | | | | | |
| 带壳莲子(斤) | 400.00 | | | | | |
| 每斤价银(两) | 0.02 | | | | | |
| 尖头榛子(斤) | 400.00 | | | | | |
| 每斤价银(两) | 0.026 | | | | | |
| 土碱(斤) | 28000.00 | | | | | |
| 每斤价银(两) | 0.013 | | | | | |
| 香蕈(斤) | 8000.00 | 2200.00 | 2000.00 | 2000.00 | 1500.00 | |
| 每斤价银(两) | 0.24 | | | | | |
| 杏仁(斤) | 6080.00 | 2380.00 | | | | |
| 每斤价银(两) | 0.03 | | | | | |
| 茴香(斤) | 2400.00 | | | | | |
| 每斤价银(两) | 0.03 | | | | | |
| 硵砂 | 1200.00 | | 600.00 | | 600.00 | |
| 每斤价银(两) | 0.23 | | | | | |
| 火熏猪肉(斤) | 12400.00 | 4840.00 | 4600.00 | | | |
| 每斤价银(两) | 0.06 | | | | | |
| 干葡萄(斤) | 14400.00 | | | | | |
| 每斤价银(两) | 0.04 | | | | | |
| 薄荷(斤) | 1920.00 | | | | | |
| 每斤价银(两) | 0.02 | | | | | |
| 核桃(斤) | 127200.00 | | 8500.00 | | 8200.00 | |
| 每斤价银(两) | 0.025 | | | | | |
| 蘑菇(斤) | 3520.00 | | | | | |
| 每斤价银(两) | 0.35 | | | | | |
| 大蒜(斤) | 800.00 | | | | | |

| 项目 | | | | | | |
|---|---|---|---|---|---|---|
| 每斤价银(两) | 0.012 | | | | | |
| 干姜(斤) | 760.00 | | | | | |
| 每斤价银(两) | 0.06 | | | | | |
| 莳萝(斤) | 800.00 | | | | | |
| 每斤价银(两) | 0.03 | | | | | |
| 木耳(斤) | 10560.00 | | 2000.00 | | 2000.00 | |
| 每斤价银(两) | 0.08 | | | | | |
| 松子(斤) | 11200.00 | | | | | |
| 每斤价银(两) | 0.045 | | | | | |
| 蜂蜜(斤) | 37600.00 | 8000.00 | 3500.00 | 3700.00 | 500.00 | 7000.00 |
| 每斤价银(两) | 0.055 | | | | | |
| 花椒(斤) | 7200.00 | | | | | |
| 每斤价银(两) | 0.05 | | | | | |
| 黑砂糖(斤) | 36000.00 | | 16000.00 | 20000.00 | | |
| 每斤价银(两) | 0.03 | | | | | |
| 叶茶(斤) | 12000.00 | 2600.00 | | | | 2100.00 |
| 每斤价银(两) | 0.025 | | | | | |
| 青盐(斤) | 120000.00 | | | | | |
| 白盐(斤) | 32000.00 | | | | | |
| 盐卤(斤) | 2400.00 | | | | | |

| 项目 | 四川 | 河南 | 山西 | 山东 | 顺天府 | 永平府 |
|---|---|---|---|---|---|---|
| 细粟米(石) | | 28500.00 | | 29000.00 | | |
| 赤豆(石) | | | | | 550.00 | |
| 绿豆(石) | | 6000.00 | | | | |
| 青绿豆(石) | | | | 300.00 | | |
| 白豆(石) | | | | | 6.00 | |
| 蜀秫(石) | | | | 4600.00 | | |
| 芝麻(石) | | 2000.00 | | 2000.00 | | |
| 小麦(石) | | 6600.00 | | 8000.00 | 2280.00 | |
| 粟谷(石) | | 4000.00 | | | | |
| 山黄米(石) | | | | | 70.00 | |
| 莜麦(石) | | | | | 50.00 | |
| 大青黄豆(石) | | | | | 40.00 | |
| 白芝麻(石) | | 260.00 | | 180.00 | | |
| 大麦(石) | | | | | 300.00 | |
| 绿笋(斤) | 2000.00 | | | | | |
| 川椒(斤) | 6800.00 | | | | | |
| 胶枣(斤) | | 10000.00 | | 43200.00 | | |
| 栗子(斤) | | 1200.00 | 1200.00 | | 500.00 | 500.00 |
| 柿饼(斤) | 10000.00 | 28000.00 | 6000.00 | 5600.00 | | |
| 红枣(斤) | | 6000.00 | 6000.00 | 7500.00 | 5000.00 | 4000.00 |
| 牙枣(斤) | | | | 2400.00 | | |
| 榛子(斤) | | | | 3000.00 | 10000.00 | 20000.00 |

| 项目 | | | | | |
|---|---|---|---|---|---|
| 尖头榛子(斤) | | | | | | 400.00 |
| 土碱(斤) | | | | | 7000.00 | 2000.00 |
| 杏仁(斤) | 2000.00 | 1200.00 | | 500.00 | | |
| 干葡萄(斤) | | | 14400.00 | | | |
| 核桃(斤) | 8000.00 | 8500.00 | 7150.00 | 8150.00 | 3000.00 | 3000.00 |
| 蘑菇(斤) | | 2990.00 | | | | |
| 大蒜(斤) | | | | | 800.00 | |
| 干姜(斤) | 760.00 | | | | | |
| 木耳(斤) | 1500.00 | 1400.00 | | | | |
| 松子(斤) | | | | | 1200.00 | 2700.00 |
| 蜂蜜(斤) | 6000.00 | 1600.00 | 1100.00 | | | |
| 花椒(斤) | | | | 3600.00 | | |
| 项目 | 保定府 | 河间府 | 真定府 | 顺德府 | 广平府 | 大名府 |
| 黄豆(石) | | | | | | 1600.00 |
| 绿豆(石) | | | | 1000.00 | | 1000.00 |
| 蜀秫(石) | | | | 750.00 | | |
| 芝麻(石) | | 600.00 | | 400.00 | 400.00 | 600.00 |
| 小麦(石) | | 2170.00 | | 2600.00 | 652.00 | 6220.00 |
| 豌豆(石) | | | | 75.00 | 75.00 | |
| 黑豆(石) | | | | | | 1250.00 |
| 白芝麻(石) | | | | | | 260.00 |
| 大麦(石) | | | | 200.00 | 100.00 | |
| 莲肉(斤) | | 300.00 | 300.00 | | | 300.00 |
| 栗子(斤) | 600.00 | 500.00 | 600.00 | 350.00 | 450.00 | 500.00 |
| 红枣(斤) | 5000.00 | 5000.00 | 5000.00 | 4700.00 | 5800.00 | 6000.00 |
| 榛子(斤) | 3000.00 | 3000.00 | 3000.00 | 2000.00 | 2000.00 | 3600.00 |
| 带壳莲子(斤) | | 200.00 | 200.00 | | | |
| 土碱(斤) | 3500.00 | 3300.00 | 3500.00 | 2700.00 | 3000.00 | 3000.00 |
| 核桃(斤) | 3000.00 | 3000.00 | 4000.00 | 2000.00 | 2500.00 | 2700.00 |
| 蘑菇(斤) | | | 60.00 | | | 70.00 |
| 松子(斤) | 1300.00 | 1100.00 | 1400.00 | 1000.00 | 1000.00 | 1500.00 |
| 项目 | 应天府 | 苏州府 | 松江府 | 常州府 | 镇江府 | 安庆府 |
| 白熟粳米(石) | | 15000.00 | 13600.00 | 5400.00 | | |
| 白熟糯米(石) | | 2500.00 | 2200.00 | 800.00 | | |
| 小麦(石) | 408.00 | | | | | |
| 绿笋(斤) | | 4000.00 | 4000.00 | 3500.00 | 3000.00 | 3500.00 |
| 莲肉(斤) | | 1000.00 | | | 500.00 | |
| 银杏(斤) | | 400.00 | 350.00 | 900.00 | 300.00 | 400.00 |
| 菱米(斤) | | 800.00 | | | 400.00 | |
| 香蕈(斤) | | | 300.00 | | | |
| 茴香(斤) | | 250.00 | | | 220.00 | |
| 薄荷(斤) | | 300.00 | 200.00 | 200.00 | 170.00 | 150.00 |
| 核桃(斤) | | 6000.00 | 7000.00 | 7000.00 | 4000.00 | |

| 项目 | | | | | |
|---|---|---|---|---|---|
| 莳萝(斤) | | 100.00 | 100.00 | 100.00 | 100.00 | 100.00 |
| 木耳(斤) | | 800.00 | 600.00 | 700.00 | | |
| 蜂蜜(斤) | | 700.00 | 500.00 | 700.00 | 400.00 | 400.00 |
| 花椒(斤) | | | | | | 1800.00 |
| 叶茶(斤) | | 700.00 | 700.00 | 700.00 | | 600.00 |

| 项目 | 徽州府 | 宁国府 | 池州府 | 太平府 | 庐州府 | 凤阳府 |
|---|---|---|---|---|---|---|
| 小麦(石) | | | | | 1390.00 | 1680.00 |
| 绿笋(斤) | 3000.00 | 3300.00 | 1100.00 | | | |
| 红枣(斤) | | | | | | 1400.00 |
| 银杏(斤) | 530.00 | 400.00 | 400.00 | 200.00 | 200.00 | |
| 菱米(斤) | 400.00 | 400.00 | | | | |
| 茴香(斤) | 220.00 | | 280.00 | 240.00 | 200.00 | 170.00 |
| 火熏猪肉(斤) | 2960.00 | | | | | |
| 薄荷(斤) | | 200.00 | 150.00 | 150.00 | 100.00 | 100.00 |
| 核桃(斤) | 4500.00 | 5000.00 | 4000.00 | 4000.00 | 2000.00 | 4000.00 |
| 蘑菇(斤) | | | | | 150.00 | 100.00 |
| 莳萝(斤) | | 100.00 | 100.00 | 100.00 | | |
| 木耳(斤) | 400.00 | 500.00 | 460.00 | | | |
| 蜂蜜(斤) | 500.00 | 500.00 | 400.00 | 300.00 | 400.00 | 500.00 |
| 花椒(斤) | | | | | 1800.00 | |
| 叶茶(斤) | 700.00 | 600.00 | | 500.00 | 600.00 | 500.00 |

| 项目 | 淮安府 | 扬州府 | 和州 | 滁州 | 广德州 | 徐州 |
|---|---|---|---|---|---|---|
| 稻谷(石) | 2000.00 | | | | | |
| 绿笋(斤) | | 2000.00 | 400.00 | 400.00 | 400.00 | 400.00 |
| 莲肉(斤) | 500.00 | 500.00 | | | | |
| 红枣(斤) | 1000.00 | | | | | |
| 银杏(斤) | 300.00 | 300.00 | | | 220.00 | |
| 菱米(斤) | 400.00 | 400.00 | | | 200.00 | 200.00 |
| 茴香(斤) | 200.00 | 300.00 | 100.00 | 120.00 | | 100.00 |
| 薄荷(斤) | | | 100.00 | 100.00 | | |
| 核桃(斤) | 4000.00 | 4000.00 | | | | |
| 蘑菇(斤) | 150.00 | | | | | |
| 莳萝(斤) | 50.00 | 50.00 | | | | |
| 木耳(斤) | | | | | 200.00 | |
| 蜂蜜(斤) | 500.00 | 400.00 | | | | |
| 叶茶(斤) | | 500.00 | 400.00 | 300.00 | | 500.00 |

| 项目 | 长芦盐运司 | 张家湾宣课司 | 上林苑监 | | | |
|---|---|---|---|---|---|---|
| 青盐(斤) | 120000.00 | | | | | |
| 白盐(斤) | 32000.00 | | | | | |
| 盐卤(斤) | 2400.00 | | | | | |
| 年例抽分曲(斤) | | 44000.00 | | | | |
| 折银(两) | | 4400.00 | | | | |
| 额解子粒银(两) | | | 4465.70 | | | |

## 光禄寺供应沿革事例

洪武十九年，钦奉圣旨：今后但系光禄寺买一应供用物件，比于民间交易价钱，每多十文，随物贵贱，每加派卖物之人，照依时估，多取十文利息。钦此。

正统初，令光禄寺会计每年合用果品厨料等项，先期题请，行本部分派各省府州县，支给官钱，照依时价收买本色，辨验堪中，点差殷实大户，及选委有职人员解部，札赴光禄寺上纳。

景泰元年，直隶大名府知府李辂奏：虏寇入关，人民逃窜，乞要停征。尚书金濂复：准将原坐光禄寺物料，除已完纳外，未纳者，候至景泰二年，照数补买送用。

弘治九年，光禄寺卿林凤题，尚书周经复：准行都察院，转行各该巡按御史，作急查催逐年拖欠之数，江北限十月终，江南限本年终，各以十分为率，未完五分者，州县经该官吏问罪，毕日仍住俸催征，若再违前限三个月以上不完者，司府掌印并巡守官，一体住俸，俱候征完，方许关支。

十八年，吏部尚书马文升奏：要减派物料。尚书韩文复：奉圣旨，这各项果品厨料，今后以十分为率，量减二分。钦此。续该本部题：请永为定例。奉圣旨：是。近来地方灾伤，人民饥困，各该衙门支用物料，务要搏节，不许泛滥妄费。钦此。

正德七年，直隶大名府完县大户金益等奏：要将该解蒭秣上纳价银，或准纳粟米。本部复议：该寺喂养牲畜，蒭秣原不可缺，合令本解籴买正数之外，量减常年加耗，禁革各项使用，如数上纳。其易州大户陈德玉等，如果一时并买不出，将前项价银暂收寄库，候秋来蒭秣收成之日，籴买应用。

嘉靖七年，光禄寺卿苏民题：各项厨料，照依京师时估，定议则例，行各处查照发去价值，征解折色银两，送寺买办。侍郎梁材复准。

二十年，给事中王嘉元题，本部复：准行巡视科道衙门，今后每于年终，将本寺逐日供应钱粮，如法清查明白，备造文册，进呈御览，如有侵欺冒破情弊，指实参究。

三十二年，光禄寺少卿窦一桂题：本寺原额岁用二十四万一千八十四两四钱五分，今总计一年共该三十六万余两，较原额岁少一十一万八千九百一十一两五钱，乞要添派。尚书方钝会同各衙门议拟题准：断自本年七月初一日为始，行原派司府，各照新增之数派征该寺应用，数年之后，遇有节省盈余，仍照原数。内杂粮原额银一十三万九千八百六两零，外加派银六万八千六百两；厨料果品原额银一万九千九百五十六两零，外加派银九千八百六两零；礼部加派牲口银二万四千二百七十八两零。

三十七年，钦奉圣谕：光禄寺年用三十六万银，可是作何费用，礼部当知一问，令回该本寺卿卢宗哲等开具数目。复：奉圣旨，这所费开上，无细开之数，该寺岂无侵冒情弊，姑且不究，今后着都察院，差御史一员查刷，每月一具揭帖进览。钦此。

三十八年，尚书马坤题：该寺钱粮已有盈余，应派三十九年分钱粮，仍照原额派征，其本部加派之数，并三十六年以前拖欠本折银两，与崇文门原加钱钞折银，俱留补还太仓先年借发之数，其牲口油红银共三万二千一百二两三钱五分，仍解光禄寺备用。

四十一年，钦奉圣谕：南孽北氛未尽靖，所司要计处。钦此。尚书高燿题：送礼部，行光禄寺，回称本寺银两颇足供用。复：奉钦依，将加派牲口银两，自嘉靖四十二年为始，改留户部派征济边。

四十四年，给事中欧阳一敬题：令该署管粮员役，将原收、续收粳糯米，合依外仓官攒守支事例，原系某员役经收，仍某员役支放，如遇升迁事故等项，呈请委官交盘明白，转付接管员役收放，仍明注职名于廒经内，以凭查考。尚书高燿复：准以后该寺点放各署仓粮，务要查照收纳先后次序，挨年顺月支放，不得仍前紊越，违者以挪移参论。

隆庆元年，尚书葛守礼题：钦奉诏书内一款，内府各衙门供应钱粮，朕加意节省，用自有余，该部务查照弘治年间，及嘉靖初年旧□，酌量征派，其以后年分加添者，尽行革除。将革过数目奏知，仍造册送科备照，如各衙门假以缺少为由，行文加派，及该部阿奉准行者，科道即时参奏，治以重罪。钦此钦遵。查将该寺白米、杂粮，系近年陆续增加者，量行裁革，永为遵守。奉圣旨：这各项钱粮，依拟减派，该抚按官严行稽察，有司毋容混征，有辜朝廷德意。钦此。

二年，御史王宗载题：乞要停免加派。尚书马森复：准将光禄寺果品原额一百七万八千四十斤，续后加派银九千八百六两八钱一分二厘；供应牲口原额坐派，共银五万六千三百二两五钱，后加派牲口银二万四千二百七十八两一分二厘九毫，俱各照前征纳原额，送光禄寺供应，加派者解送太仓银库，以济边储，永为定规。

四年，御史张守约题：议改折。尚书刘体乾复：准将隆庆四年，已派绿笋、荔圆，查照时估，绿笋每斤折银六分，荔圆每斤折银七分，尽数征银解寺。其隆庆五年仍征本色，以后年分本折轮年派征。

六年，钦奉诏书内一款：先年加派光禄寺厨料果品，已经户部议改济边，今虽急用，但原系额外，岂可重累小民，诏书到日，除已征在官者，仍解部外，以后悉行停止，不许朦胧派征。钦此。

本年光禄寺卿路王道题：议改折。除白糖旋进旋用，无容别议外，见今荔枝约够七年支用，圆眼约够八年支用，绿笋约够二年支用。尚书王国光复：准合无自万历元年以后，并节年未解之数，查照先年题准事例，枝圆每斤折银七分，绿笋每斤折银六分，尽行改征价银，不必复征本色，待支用尽绝，本寺临期题请派征本色。

万历元年，给事中冯时雨题。尚书王国光复：准行光禄寺，自今以始，每日将收过、进过一应上供钱粮，及各廒、各库收除、见在数目，与房租家火月钱，麻裢桶篓等项银两，俱查照该寺原设簿籍，逐一登记，遇有公用应该动支，俱听科道挂号稽查，仍行各该衙门官员，一体遵照。不得占用厨役，私纳月钱，如违，听巡视科道查参，其各项文移，非有关防，委难凭据，合照依巡视太仓银库事例，行礼部铸给关防，以便施行。

二年，光禄寺少卿王缉题：点放仓廒，要在陈新搭配。尚书王国光复：准自隆庆四年以前为陈，隆庆五年迄今为新，照依收米先后，挨次点发，则贮积者不至腐朽，而关领堪为食用。

四年，光禄寺卿胡执礼题：福建布政司解到白糖，其色不甚鲜洁；张家湾宣课司抽分曲块，不堪酝酿，另行买用，乞要改折。尚书王国光复：准行该布政将岁解白糖，除已征在官者仍解本色，其未征并节年拖欠，俱每斤折银六分一厘；仍行管税主事，将岁收曲块，每斤折银一分，解寺买办应用，以后年分照例施行。

五年，户科给事中刘鲁条议：光禄寺粳糯，及上中白米，积贮数多，将来陈朽，乞要折纳。尚书殷正茂议复：将本年应解该寺本色粳米，每石折银一两；糯米每石折银一两一钱，征解交纳，其六年分，仍征本色，以后本折轮年征运，候白粮支放太半，照旧通派本色。奉圣旨：是。钦此。

九年，光禄寺卿萧廪题称：大官等署白粮，近年存积数少，供应不敷，要将粟米改支之法，暂为酌复本折兼派之法，量为酌处。及称东南五府饥荒，九年白粮姑准再折一年，十年以后，通派本色。仍议上米准折二分，中米准折一分。尚书张学颜议：行浙江、苏、松抚按衙门，将本寺白粮，除万历九年征解折色外，十年以后，每年上粳糯米，每十分征派本色八分，折色二分；中粳米每十分征派本色九分，折色一分；粳米每石折银一两，糯米每石折银一两一钱，征解交纳。本寺查将人匠粟米折银，照旧支放，不必仍支白米，其十年、十一年，应支粳米员役，倘有不敷，量于麦熟漕至之时，折支两月，每石给银九钱。奉圣旨：

是。钦此。

臣等谨按：光禄寺职司膳馐，其岁额所入若粳糯米豆，则出诸田赋，而民运以供之；其果品厨料，初则取给上林四署，继令买诸民间，岁用钱一千八百万文，钞四百万贯，于天财库关领。正统初，以供用不足，始会派各省直，动支官钱收买，而以官解领之。凡此颗粒而上，近者数百里，远者数千里，孰非民力所供办哉。而官解之苦，至有倾资荡产，数十年委身桎梏，而不能完报者。非侵欺，则需索为之矣。乃九重之上，或未知岁办之艰；内监供御，传取无时，多溢额外；至于庖厨诸役，夤缘影占，数几三千，半寄空名，糜饩尤甚。今冗官裁矣，顾兹冗役，独不可核而减乎？节不经之费，汰冒名之役，慎乃俭德，以怀永图，惟在圣明一加之意耳。

# 《万历会计录》卷三十二　宗藩禄粮

## 甲表79　　宗藩禄粮（王、郡王）

| | 原额 | 现额 |
|---|---|---|
| | 岁支禄米(石) | 岁支禄米(石) |
| 秦王[1] | 10000.00 | 9000.00 |
| 晋王[2] | 10000.00 | 9000.00 |
| 周王[3] | 20000.00 | 9000.00 |
| 楚王[4] | 10000.00 | 9000.00 |
| 鲁王[5] | 10000.00 | 8000.00 |
| 蜀王[6] | 10000.00 | 9000.00 |
| 代王[7] | | 6000.00 |
| 肃王[8] | 1000.00 | 800.00 |
| 庆王[9] | 10000.00 | 9000.00 |
| 岷王[10] | | 1500.00 |
| 韩王[11] | | 3000.00 |
| 沈王[12] | 10000.00 | 9000.00 |
| 唐王[13] | 5000.00 | 6000.00 |
| 赵王[14] | 10000.00 | 9000.00 |
| 郑王[15] | 10000.00 | 10400.00 |
| 襄王[16] | | 10000.00 |
| 荆王[17] | 10000.00 | 9500.00 |
| 淮王[18] | | 10000.00 |
| 德王[19] | 10000.00 | 9000.00 |
| 崇王[20] | 10000.00 | 9500.00 |
| 吉王[21] | 10000.00 | 9000.00 |
| 益王[22] | 10000.00 | 8000.00 |
| 衡王[23] | 10000.00 | 8000.00 |
| 荣王[24] | 10000.00 | 9000.00 |
| 靖江王[25] | 1000.00 | 1000.00 |
| 秦府郡王[26] | 2000.00 | 1000.00 |
| 晋周楚鲁蜀代沈唐赵郑襄荆德崇十四府郡王各[27] | 2000.00 | 1000.00 |
| 肃庆韩淮四府郡王各[28] | 1000.00 | 1000.00 |
| 岷府郡王[29] | 500.00 | 500.00 |

[1]原书此处注：原额米钞中半兼支，嘉靖四十四年，奏辞本色1000石；现额本色4000石，折色5000石。

[2]原书此处注：原额为本色，嘉靖四十四年，奏辞1000石，岁支9000石。

[3]原书此处注：原额为本色，袭封支12000石。弘治十六年，支10000石；隆庆二年，奏辞1000石，岁支9000石。

[4]原书此处注：原额为本色，隆庆三年，奏辞1000石，岁支9000石。

[5]原书此处注：原额米钞中半兼支；隆庆二年，奏辞折色2000石，岁支8000石；本色5000石，折色3000石。

[6]原书此处注：原额为本色，嘉靖四十五年，奏辞1000石，岁支9000石。

[7]原书此处注："米钞中半兼支。"

[8]原书此处注：原额本色700石，折色300；隆庆四年，辅国将军缙（大贵）奏袭王爵，仍支辅国禄，岁支800石。本色3分折色7分。

[9]原书此处注：原额本色7500石，折色2500石；嘉靖四十四年，奏辞1000石，岁支9000石，本色7000石，折色2000石。

[10]原书此处注："本色。"

[11]原书此处注：本色2000石，折色1000石。

[12]原书此处注：原额本色6000石，折色4000石；嘉靖四十四年，奏辞1000石，岁支9000石，本色5500石，折色3500石。

[13]原书此处注：原额为本色。嘉靖五年奏准，本色粟米3000石外，再给粳米1000石，其余折色；共岁支6000石，本色4000石，折色2000石。

[14]原书此处注：原额米钞中半兼支。弘治十六年定拟本色8000石，折色2000石；隆庆三年，奏辞本色1000石，岁支9000石，本色7000石，折色2000石。

[15]原书此处注：原额为本色；隆庆元年，加增400石。

[16]原书此处注："本色。"

[17]原书此处注：原额为本色；嘉靖四十五年，奏辞500石，岁支9500石。

[18]原书此处注："米钞中半兼支。"

[19]原书此处注：原额为本色。隆庆二年，奏辞1000石，岁支9000石。

[20]原书此处注：原额为本色。嘉靖四十四年，奏辞500石，岁支9500石。

[21]原书此处注：原额为本色。嘉靖四十四年，奏辞1000石，岁支9000石。

[22]原书此处注：原额为本色。嘉靖四十四年，奏辞2000石，岁支8000石。

[23]原书此处注：原额为本色。嘉靖四十四年，奏辞2000石，岁支8000石。

[24]原书此处注：原额为本色。嘉靖四十四年，奏辞1000石，岁支9000石。

[25]原书此处注："原额为本色。弘治十六年，改本折中半兼支；万历四年，袭封禄米本折仍旧。"

[26]原书此处注：初封岁支禄米2000石，本色500石，折色1500石；袭封1000石，米钞中半兼支。

[27]原书此处注：初封岁支禄米各2000石，袭封各1000石，俱米钞中半兼支。

[28]原书此处注：初封岁支禄米各1000石，米钞中半兼支；袭封同。又：以上郡王禄米，嘉靖四十四年，宗藩条例不分初封袭封，俱岁支1000石，3分本色7分折钞。吉益衡荣四府郡王，与另城分封郡王，岁支禄米石数本折俱与条例同。

[29]原书此处注：初封岁支禄米500石，米钞中半兼支；袭封同。

甲表 80　　　　　宗藩禄粮（镇国、辅国、奉国
　　　　　　　　　　　　将军与中尉）

| | 岁支禄米(石)[1] |
|---|---|
| 镇国将军 | 1000.00 |
| 辅国将军 | 800.00 |
| 奉国将军 | 600.00 |
| 镇国中尉 | 400.00 |
| 辅国中尉 | 300.00 |
| 奉国中尉 | 200.00 |

甲表 81　　　　　宗藩禄粮（郡、县主及郡、县、
　　　　　　　　　　　　乡君仪宾）

| | 岁支禄米(石)[2] |
|---|---|
| 郡主及仪宾[3] | 800.00 |
| 县主及仪宾[4] | 600.00 |
| 郡君及仪宾[5] | 400.00 |
| 县君及仪宾[6] | 300.00 |
| 乡君及仪宾[7] | 200.00 |

---

[1] 原书此处注：俱米钞中半兼支。嘉靖四十四年，将军改支 3 分本色，7 分折色；中尉改支 4 分本色，6 分折钞。有年至 15，先令照例请封，且给禄米 3 分之一，习学 5 年，亲王方与奏请出学，以正本等禄爵。

[2] 原书此处注：俱本色 4 分，折钞 6 分。嘉靖四十四年，改 2 分本色，8 分折钞。

[3] 原书此处注：亲王薨，子幼或无子者，其所遗母妃及女并宫人，岁给米 200 石，袭封日停止。

[4] 原书此处注：郡王薨，母及妃女并宫人，岁给米 100 石；母妃故，女受封，各减 10 石。

[5] 原书此处注：镇国等将军故，母及夫人淑人及女并家眷，岁给米 50 石，母夫人淑人故，女受封，各减 10 石。

[6] 原书此处注：镇国等中尉故，母及恭人宜人安人女家眷，岁给米 30 石，母恭人宜人安人故，女受封，各减 5 石。自郡王而下，所给米，无子者，俱止养赡终身；子幼者，俱袭封日停止。其郡王宫人并将军中尉等家眷，每十年一次行查；有亡故者，每 1 人亦减 5 石，俱自查勘日为始；亡故尽，则通行停给。仪宾故，各郡县乡主君养赡米，减半支给。世子养赡米，岁支 200 石。庶人同妻月给米 6 石，其所生子未出幼，俱在其中；如已出幼成婚者，一子二子同妻月给米 6 石；三子以上同妻减半支给；俱本折中半兼支。

[7] 原书此处注：凤阳高墙庶人所生子女，年及五岁以上并配进妇口粮，每名口月支白米 0.25 石，糙米 1.25 石，木柴 75 斤，草柴 210 斤，香油 1.5 斤，盐 1 斤，茶 0.5 斤，炭 14 斤；每名口岁支生绢 1 匹，棉布 3 匹，棉花 2.5 斤。庶人使女止许四口，每口月给米 1 石，岁给绢布各 1 匹；擅婚所生之子并过期宗室，岁给米 50 石，本折中半兼支。

**甲表 82**　　　　　　　　　　**宗藩禄粮[1]（岁用约数）**

| | 名[2] | 本折禄米（石） | 银（两） |
|---|---|---|---|
| 秦府郡王并镇辅奉国等将军中尉及夫淑恭宜安人妾媵幼子女郡县主君乡君仪宾庶人 | 1273 | 279573.39 | |
| 晋府郡王并镇辅奉国等将军中尉郡县等主君仪宾及庶人 | 3795 | 1359410.00 | |
| 周府亲郡王镇辅奉国将军中尉及郡县主君仪宾及庶人 | 5577 | 1948971.20 | |
| 楚府郡王镇辅奉国将军中尉仪宾夫淑人 | 1144 | 342097.62 | |
| 鲁府亲郡王镇辅奉国将军中尉郡县主乡君仪宾养赡妃夫淑恭庶人 | 609 | 230203.33 | |
| 高墙发回庶人(油盐柴米银) | | | 84.88 |
| 蜀府亲郡王镇辅奉国将军中尉郡县主乡君仪宾 | 232 | 88712.00 | |
| 代府郡王镇辅奉国将军中尉及郡县主乡君仪宾及庶人妃夫淑人宫眷 | 2597 | 993266.00 | |
| 肃府亲郡王镇辅奉国将军及已故遗妃夫庶人郡县主君仪宾 | 28 | 16622.00 | |
| 庆府亲郡王镇辅奉国将军中尉郡县乡主君仪宾及夫淑宜人庶人 | 209 | 73195.60 | |
| 岷府郡王镇辅奉国将军中尉郡县主君仪宾夫庶人 | 137 | 71658.30 | |
| 韩府郡王镇辅奉国将军中尉郡县乡主君仪宾夫淑恭人 | 1566 | 581454.20 | |
| 沈府亲郡王镇辅奉国将军中尉郡县主君仪宾夫庶人 | 664 | 284942.00 | |
| 唐府亲郡王镇辅奉国将军中尉县主君仪宾 | 97 | 39567.33 | |
| 赵府亲郡王镇辅奉国将军中尉妃夫淑恭人 | 316 | 161601.98 | |
| 郑府亲郡王镇国将军庶人县主仪宾 | 19 | 24250.00 | |
| 襄府亲郡王镇辅奉国将军夫人郡县主君并仪宾 | 39 | 30650.00 | |
| 荆府亲郡王镇辅奉国将军中尉仪宾夫人 | 85 | 52950.00 | |
| 德府亲郡王将军王妃郡县主仪宾 | 25 | 13450.00 | |
| 崇府亲郡王辅奉国将军中尉夫人郡县主君仪宾 | 28 | 21916.66 | |
| 吉府亲郡王县主并安插岷庶人庶女 | 80 | 15682.60 | |
| 衡府亲郡王镇国将军王妃郡县主仪宾 | 34 | 40899.99 | |
| 荣府亲郡王镇辅奉国将军郡县主仪宾 | 32 | 35000.00 | |
| 淮益二府并弋阳八府郡王镇国奉国将军中尉夫淑人[3] | 603 | | 77813.00 |
| 庶人仪宾 | 459 | | 16627.04[4] |
| 广元王府郡王镇辅奉国将军中尉郡县主君仪宾夫人[5] | 381 | 150054.00 | |
| 万安王府郡王辅国将军郡县主君仪宾[6] | 56 | 25916.66 | |
| 太和王府郡王镇辅奉国将军郡县主君仪宾并庶人[7] | 106 | 61779.99 | |
| 华阳王府将军中尉县主乡君主并仪宾庶人[8] | 75 | 21124.00 | |
| 靖江王府辅奉国将军中尉县乡君仪宾庶人 | 922 | 172725.09 | |

[1]原书此处注："宗藩禄米分为本折色"，但是仅给出了部分本折比例（甲表79、80、81），没有各类具体人员数目，故此在本表中无法区分本折色禄米的比例。
[2]原书此处注：此项单位为："位、员、名"。
[3]原书此处注："各支禄米不等。"
[4]原书此处注："江西册内不另开府分止有总数，应支禄米止有银数，无米数。"
[5]原书此处注："系管理府事辽庶人宗派。"
[6]原书此处注："系管理府事伊庶人宗派。"
[7]原书此处注："系管理府事徽庶人宗派。"
[8]原书此处注："原蜀府派世折封澧州。"

## 宗藩禄粮沿革事例

洪武二十八年，上谓尚书郁新：朕今子孙众盛，原亲王岁禄五万石，今天下官吏、军士多，俸给弥广，其斟酌古今，稍节减，以资乏用。于是更定亲王一万石，郡王二千石，嗣郡王者比始封郡王减半禄，镇国将军一千石，辅国将军八百石，奉国将军六百石，镇国中尉四百石，辅国中尉三百石，奉国中尉二百石，郡主及仪宾八百石，县主及仪宾六百石，郡君及仪宾四百石，县君及仪宾三百石，乡君及仪宾二百石。遣使召诸王至京，谕减禄之故。郁新言：亲王岁米既有定议，请有司如数给之。曰：晋、燕、楚、蜀、湘府给如数，代、肃、辽、庆、宁、谷府，远在边，民少赋薄，岁且给五百石，齐府千石，嗣秦王幼，应用米，有司月进。

永乐二十二年，令郑王、越王、襄王，荆王、梁王、淮王、滕王，禄米暂各给三千石，俟之国，别立常典。

宣德八年，奏准王府禄米折色，每石钞十五贯。

正统二年，令亲王、郡王薨，及将军等卒，禄米即住支，所遗男女未封者，皆奏请量给养赡米，候册封住支。其无男女之妃，与夫人或庶母，亦奏请量给米养赡，身终住支。若由郡王袭封亲王者，郡王禄米住支。凡该住支，而过支者，于见支禄米扣除。又令亲王、郡王、将军等，有坐罪降为庶人者，皆临时请旨。令所在官司量给食米、布帛、薪油、什物之类，养赡用度。卒后所遗妻子，亦如之。其有岁久人口渐增者，仍请旨量为加增。

七年，令各王府禄米折钞，俱依文武官例，每一石折钞二十五贯。

十二年，奏准各王府禄米，将军自赐名受封日为始，郡县主并仪宾候出阁成婚日为始，皆于附近州县秋粮内定拨钞，于官库内支给。又令王府禄米折钞，每石仍十五贯。

景泰二年，安塞王奏：要加添禄米。尚书金濂复：照贞宁、安化二郡王事例，就于庆府禄米内，再拨五百石。奉圣旨：本府再拨与本色米二百石，三百石照旧折钞。钦此。

七年，令给郡王、将军等禄米，若出阁在前受封在后，以受封日为始；受封在前出阁在后，以出阁日为始。

天顺元年，代王奏：原封禄米本色二千石。奉圣旨：既王艰难，朕念亲亲为重，原禄二千石，全支本色外，再加三千石折色，于布政司官库银绢布匹内支用。钦此。钦遵。乞照大同府卫官吏人等俸粮折支事例，于大有仓见收米麦内支给。尚书沈固复：奉圣旨，王的禄米折银布绢，与折钞事例不同，今定每十石准银一两，五石准官绢一匹，二石五斗准阔布一匹，照数于原定库分关支。钦此。

本年庆王奏：岁支禄米一万石内，分与贞宁、安化、安塞三府禄米二千五百石，乞要赐还。尚书沈固复：奉圣旨，与王二千五百石折色，补足一万石之数。钦此。

成化元年，尚书马昂复：巡抚王钺题，大同各郡王禄米，因无监督官员，以致教授、厨役人等，或先用大斗盘量加倍折算，或各带家人出入任意包揽，或不收本色勒要银两，或巧立名色逼取财物，负累边民，今后仍照旧例，改拨代府广赡仓送纳，令长史等官，从公两平收受，听各府照数关支。

二年，尚书马昂复：参政余子俊奏，各郡王禄米俱赴亲王府仓上纳，听令按季自行支用；各镇国将军以下，照例于有司官仓收贮，二次拨支，其收粮之际，布、按二司各委府县正佐的当官员，公同长史等官，监督仓官人等两平收受，若有内使人等，仍前干预需索刁蹬，多收斛面者，径自纠举究治。

十一年，本部奏：准丰林王邃㙓禄米，查有平凉、岐阳、弘农三郡王事例，俱系初封禄米各一千石，合照前例支给。

十三年，尚书杨鼎复：巡抚余子俊奏，将秦府庶人志墼所生男女，不分宗支的亲，每人月给厨料等物准折并本等口粮，共米麦二石五斗五升，再行加添四斗五升，准作布绢棉花，通前共米麦三石。亡故者从实住支，其的亲男女，年至十六岁以上，男子止许一妻一妾，无妾者与女子，俱许令使女一人，各照前例关支。未出幼，三岁至十五岁，止许关支一半，如不愿买妾并使女者与女婿，俱不许妄报。

十六年，尚书陈钺题：查得方山王嫡子奇涠，于本王未袭封之前，封辅国将军，岁支禄米八百石，今既袭王爵，奇涠系郡王嫡子，岁支禄米，例该住支，却将奇涠作为嫡第二子，改封镇国将军，岁支禄米一千石。缘嫡子既已承继王爵，其关过禄米，例该还官，难准优免，合令奇涠自伊父方山王封王之日为始，关过禄米照数还官。奉圣旨：着照数还官。钦此。

本年尚书陈钺复：闻喜县民王青奏，自成化十七年为始，亲王府原设有官攒者，照旧布按二司委官，督同长史司，并该仓官攒，于本府仓两平收受；其郡王禄米无官攒者，照旧于所在有司官仓另廒收贮，听各府照数差人关用。原系本城大府收者，仍照旧收支，俱不许故违事例，多折银两，倍收米麦，并分外生事索要□数出串等财物，及擅自差人前去州县催征。其辅导官及守巡等官若扶同，不行纠察，与该州县官听从来人重征者，事发一体降级调用，奏讨本府收受者，俱为立案不行。

弘治元年，奏准庶人使女止许四口，每口月给米一石，岁给绢布各一匹。

三年，奏准各王府郡王、将军、仪宾禄米本色、折色，俱依先定之数，不得奏讨折色，改支本色。又令王府将军等重出领收冒支官粮者，革去所支禄米十分之二，自后将军、仪宾有犯，悉照此例。

十三年，奏准王府禄米，若本府官员、内使、旗校、管庄人等干预拨置，折收银两，多收米麦，索要财物，及邀截纳户，用强兑支，并擅自差人下府州县催征骚扰者，旗校人等杖罪以上，发边卫充军，官员、内使监候，奏请发落，若辅导官及布、按两司巡守官纵容不举，并府州县官听从差来人役征扰者，俱参问奏请降调。

十三年，奏定凡亲王薨，子幼，或无子者所遗母妃及女并宫人，岁给米二百石，袭封日停止；郡王薨，母及妃女并宫人，岁给米一百石，母妃故，女受封，各减十石；镇国等将军故，母及夫人、淑人及女并家眷，岁给米五十石，母夫人、淑人故，女受封，各减十石；镇国等中尉故，母及恭人、宜人、安人、女并家眷，岁给米三十石，母恭人、宜人、安人故，女受封，各减五石。自郡王而下，所给米，无子者，俱止养赡终身；子幼者，俱袭封日停止。其郡王宫人，并将军、中尉等家眷，本部十年一次行各布政司查勘，有亡故者，每一人亦减五石，所减米，俱自勘查日为始，亡故尽，则通行停止。

正德四年，奏准各王府自郡王、将军而下，凡请继封爵者，奉有成命之后，其原给禄米截日住支，候册封之日，方与所应得者，永为定例。

本年奏：准宗室奸收乐女，与不良之妇所生子女，并选配夫人等，及仪宾已受封者，爵职、封号、禄米尽行革去，未受名封者，不许冒请。

本年尚书刘玑题：凡射利之徒邀买王府禄粮者，俱照举放私债事例。问发充军，所借本利没官，仍将辅导官员参究治罪。

九年，阳曲王已故镇国将军锺铨遗妾杨氏奏乞养赡。尚书刘玑复：议得镇国将军病故，遗下眷属，岁给养赡米五十石，为其夫人全在而给，今夫人、淑人病故在先，又无子女，所遗妾媵见在，系家属之数，合无每岁给米三十石，养赡终身。今后有镇国等将军病故，夫人、淑人、子女俱无，止遗妾媵家眷者，俱照此例拨给。

十六年，侍郎秦金复襄陵王奏：行各王府禁约将军以下，务要恪守祖训，不许骄侈妄费，将禄米减价转卖，驯致贫窘失所，如违，辅导等官启王参奏，量革禄米，以示惩戒。如射利之徒收买禄票，加倍取利者，各该官司亦就拿问重治。

嘉靖元年，尚书孙交复河南布政闵楷等奏：唐府郡王以下，禄米有派在不通舟车州县者，照晋府事例，每石征银八钱放支，折给五钱，扣留三钱贮库，作正补欠。

本年尚书孙交题：各宗室庶人曾□□□□粮布绢者，如有亡故，该长史司俱照原议□□十石、三石、五斗等第，年终造册，送布政司扣除，仍于次年坐派税粮内减派，以节省民财，如有上半年全给，下半年亡故者，食米费用免其还官。

八年，尚书梁材复：巡抚朱廷声题，将湖广各宗室禄米，俱照楚府则例，亲王每石折银七钱六分三厘，郡王每石折银七钱，将军、中尉、郡主、夫人、仪宾每石折银五钱。行令各该长史司教授，按季造册领回，分送应用。若内外辅导人等有径差征扰，并勒取火耗使用者，听抚按及守巡、管粮等官，查照律例，从重问拟。

十年，巡抚王大用题：晋府王妃父殷繡与旌德王讦告，私债阻坏官法。尚书梁材复：行各该抚按官，通行各长史司各启王知会，将在府一应人员，各要严加钤束，不许倚势放债，利己害人，及行各郡王、将军、中尉、仪宾，凡事务要遵照旧规，力为搏节。如有纵容侈靡费禄□，以致彼此阻坏官法。悉听抚按官指实参奏。

十四年，巡抚黄臣题：查勘得辅国将军旭楮父镇国将军，生前未支本色禄米七百九十五石零，遵父遗命奏辞。尚书梁材复：奉圣旨，是。旭楮恪遵父命，恳辞未支遗禄，志行可嘉，准他辞还，写勅褒奖。钦此。

十六年，尚书梁材复：巡抚张文魁题，查得丰林庶人台瀚止是阴怀觊觎，争权奏扰，已经革去郡王爵职，颇为改过自新，查得大明会典所载，亲王、郡王有坐罪降为庶人者，皆临期请旨，量给食米。奉圣旨：台瀚准岁给食米一百五十石。钦此。

三十二年，礼部奏：准襄陵王府奉国将军旭柱违例收买流移民女为妾，又敢捏报户籍，革去禄米三分之二，所生子女，比照擅婚事例，革去滥请官职，给与庶人口粮三分之二。

本年尚书方钝复：山西巡抚侯钺题：庶人口粮，当准中尉，以为差等。中尉岁支本色一百石，安人媵妾及所生子女，未出幼者俱在其中，庶人量减中尉三分之一，岁实支米七十石，亦连□妾子女及使女衣食，皆在其中。擅婚者减庶人三分之一，传生者减庶人之半，其所生子女，除未出幼者从父养育，及女嫁给与嫁资，从夫自赡外，其子已出幼成婚，应给口粮。查其父生子多寡，三子以上，不分长子、众子，各与减半支给；若止生一子、二子，俱给口粮全分，传世以后，原系减半者，即照减半之数；原系全给者，仍查其父生子多寡，照前定拟。其各该油盐柴薪等项，照口粮减数支给，传生口粮并嫁资，宗藩条例裁革。

四十三年，御史杨衍庆题：要将禄粮比照边粮事例，督催参治。尚书高燿复议：禄粮为患天下皆然，不独山西一处，合通行有王府处所，凡遇催征禄粮，悉如本官所议，夏税限七月终，秋粮限十二月终，尽数完解，如过限不完者，听巡按御史查照本部完粮分数则例，从重参奏提问，以后年分，悉如例限完解。

本年礼部复：益王奏，准亲王府例设乐工二十七户，不惟靡费月粮，亦且宗室因而私娶花生，冒滥派续天潢，相应裁革，行文布政司，吊还食粮文册，于旗下吹鼓手教演应用（万历七年，礼部会议：宗藩条例乐工复旧）。

本年礼部复：给事中刘世昌奏，王府媵妾子女，如有将私自收留者，捏作曾经奏准；生育不明者，捏作额妾所出。及奏内不行遵例备开，朦胧保勘。听本部参题，本宗革去爵职，保勘宗支，罚住禄米。

本年礼部复：弋阳王多焜奏，准镇国将军以下，及主君仪宾例有冠服，房屋坟价俱皆停给，以备补禄粮不足之数。

四十四年，宗藩条例：郡王亦照前议，一并裁革。

本年尚书高燿复：巡抚张瀚题，凡遇支放禄粮，不许各宗室擅自出入，扰乱衙门，凌虐官司，违者听委官就将应得禄粮，扣除入官，一面启王参奏处治。

本年奏定宗藩条例：宗室年至十五，先令照例请封，且给禄米三分之一，习学五年，亲王方与奏请出学，以正本等禄爵；郡王初封悉照成化年间例，俱一千石，仍照今题事例，三七本折兼支；镇、辅、奉国将军俱三分本色，七分折钞；镇、辅、奉国中尉俱四分本色，六分折钞；郡县主、乡君及仪宾俱二分本色，八分折钞。其本折轻重之数，各照彼中事例给。亲王有能□义，愿减原额之数，以补不足者，听具疏奏闻降褒异，以为宗藩尚义者之劝，宗室若既请继封爵，原给禄米不当复支，如有请封，而仍前冒支者，查参降革。庶人同妻，月共支米六石，本折中半兼支；庶女任其择配，不得复给米布婚葬之资，永为定例。庶人有结交无籍，捏报诡名，虚冒食米。管束宗仪亲郡王等，以后造册奏报，须要严行保勘，及至本身故绝，即与除名，如有生前诡名虚捏，殁后不与除名，冒滥口粮者，即将该府本爵降革禄米，以补正数，捏报之人问发边卫充军。宗室妾媵如有不遵明例，或未婚而先娶，或私合而多收，或年未及而预陈，或已生子而复娶，许长史、教授等官检举，王转奏，轻则罚住禄米，重则革去爵职，擅婚所生之子，止许请名，其岁给口粮照依历年□议，减庶人三分之一，给米五十石，仍本折中半兼支；冒妾所生，亦照擅婚事例支给；花生子女不拘已未请封，尽行革去爵禄，其审理、纪膳、奉祠、工正、良医、典膳、典宝、典仗、司礼、伴读、仓库等官，止设正官一员；审理所、仪卫司，止各设吏一人，及绝封官僚一并改用，不许因循容留，以糜俸给。各府仪宾读书习礼原有定例，令提学官及长史教授考验，如或冥顽不率教，停住俸禄，俟其悔改，方准全给。仍照弘治年间，仪宾程秀守制事例，有父母身故，俱照文职丁忧，禄俸截日住支，候服阕之日，具呈教授，转呈布政司复查别无违碍，方许申请巡抚衙门准令开俸，年终类奏；仪宾素殖之厚，经商无禁，其所赡给似不尽借于官，虽量行裁减，亦不为过；今后一应仪宾于妻亡之日，即住支常俸，不许虚冒；仍免本府朝贺，听其自便，闲宅之设，本以钤束宗人，日给口粮，以资养赡，近来多有来历不明之人，假称宗姓，甘投闲宅，希冒口粮，若一概□发，反堕其计。今后除已请名者照例送住外，其未经请名，自称宗室来京奏扰者，□□□府严行查勘，如果未经奏报，来历不明，即送□布政司从重问拟。着籍当差，各宗室私放□债，诈害平民，及听信拨置朋比为非者，通行禁止，如有仍前不改，许镇巡官奏处。轻则停止禄米，重则降革本爵，辅导官一体治罪（以上条例尚多，摘系俸粮有关本部者载此）。

四十五年，尚书高耀复御史胡维新奏：凡遇宗仪应领禄米，该领衙门会同长史司，当堂秤兑明白，封匣给与长史一二宗仪领出，启知亲王令旨，发赴郡王府第，仍同长史教授等官，逐位逐员，分凿包封，唱名给散；有私债者，任其自行算还，郡王不得擅行干预断给，如债主取偿违禁，或借者负骗不与，讦告法司，明与处分。

隆庆元年，周府南陵王睦㮳奏：将禄米一千石，尽行辞免。尚书葛守礼复：请开除，以补宗禄，仍请敕褒异。

三年，尚书刘体乾复：准王奏，将永丰王府辅国将军载坿岁支禄米六百石，照镇国中尉多爀事例，准其辞禄躬耕，行江西布政司，自隆庆三年冬季为始，截日住支，仍免朝参画押，以示优异。

万历二年，礼部奏：准各宗过期年远，若遽准请名，而不酌为定例，则将来援名请封，何以止其无厌之求；若仍行寝阁，则各宗束手待毙，又无以开其有生之路，合无查其抄结明白者，准与请名，照依宗庶事例，岁给养赡米五十石，本折中半兼支，其年岁未远者照常，准请名封，着为定例。

万历三年，尚书王国光题：灵丘王府宗室朱银哥等，先因越关奏扰，发禁闲宅，近蒙释放回府，查得礼部为开读事，题准放回宗人俱准改给月粮，合行布政司将朱银哥等原支闲宅口粮，改给养赡，本折兼支。

万历四年，尚书殷正茂题：代府冒封宗室俊栎等四十三位，充篦等五位，近已查明补封，其应给禄米合照礼部题咨内开，宗室初封五年内，禄米俱三分给一，俊栎等仍于应支一分之内，再减三分之一，以示薄罚，待五年以后，亲王方与奏请，以正本等全禄。

本年尚书殷正茂题：准辅国中尉敏派遗妾姚氏，比照辅国将军充盎遗妾皇甫氏，给米三十石事例，量为递减，给米十石，养赡终身。

五年，尚书殷正茂题：准将义宁康定王遗妾刘氏，比照皇甫氏事例，岁给食米三十石。

本年尚书殷正茂题：准镇国中尉充荧遗妾程氏，比照姚氏例，岁给米十石。

六年，尚书殷正茂题：查得各王府世子养赡食米事例，弘治十二年载入会典，定二百石，嘉靖十七年定五百石，以致各府援告不一，难以遵守。奉圣旨：着遵会典开载定例支给，今后再无得牵引节年间增损事端，有紊典制。钦此。

本年尚书张学颜题：查得宗藩条例一款，仪宾及郡县主君，或有不能偕老，先后短折者，例给养赡，食常禄三分之一，及查山西布政司粮册内开，以前减半支给。乞赐裁定。奉圣旨：着照旧减半支给。钦此。

七年，礼部会议题：准宗藩条例。

一议得罪宗庶人与高墙家属，释放者，俱例给口粮七十二石。□□擅婚，止系违例，岁给五十石，而犯罪革□□□所得反过之，合无以后罪宗见在食粮□□□婚例减为五十石，原系减半者，止二十□□□本折中半兼支，以后子孙□□□□十五以上者，方给口粮，不论人数多□□□□本色各十二石，年十五以下者，仍随□□□□□高墙闲宅正犯已故，所遗家属释□□□□□赐名者，岁给本色米十二石，名□□□□□请名之后，亦给本色米十□石，□□□□□名粮如之，如止遗母妻，无可依赖□□□□赡米各六石终身，其以前释放者，照□□□□给，其擅婚原与罪庶不同，且岁止口□□□石，本折兼支，似难更议裁革，相应照旧□□□□，擅婚子女不许请封，此嘉靖二十□□□□准定例，但先年查核，尚宽朦胧得封□□□，□无以后查出擅婚，照例分别，成婚在二十八年以前者，所生子女已封者免革，未封者，查无别碍，姑准请封；成婚二十八年以后者，所生子女，仍照例止许请名，不许请封，其已封者，姑准半禄终身，日后子孙一体止给名粮，永为遵守。

一议得宗室子女出自冒滥妾媵者，比之擅婚所生，违碍尤甚，而历年事例处分不一，合无以后冒滥妾媵之子，姑许请名，岁止给与本色米十二石，子孙如之；其见在食粮，岁给五十石本色，中半兼支者姑准终身，日后子孙俱如今例。一议得仪宾于妻亡之后，俱住支常禄，郡县主君于仪宾身故之后，俱半给养赡，事体归一，无容别议。惟亲郡王仪宾赴京冠带，往往愆期，合无以后仪宾亦照镇国将军以下者例，长史申呈抚按衙门详允，就便冠带成婚，一体免其赴京，该府具奏请给诰命禄米；其将军以下仪宾丁忧，常禄旧例住支，今议得仪宾视武职，原无丁忧之例，且禄因主君而有，亦不当以丁忧，而遂住支也，常禄仍许支给。

一议得以后宗室越关奏扰者，未封、未名及花生、传生等项，俱札顺天府递回该府收管，不送闲宅，致冒口粮；其已封者，题请降为庶人，送发闲宅拘住，给与口粮养赡。

本年唐王硕熿、万安王褒焀各奏称：新野王长孙器墫、万安王长子褒煇俱未袭病故，遗下夫人萧氏、李氏，乞给养赡。尚书张学颜查得，会典并无长子、长孙夫人养赡之条，但萧氏幼媚矢志，李氏未婚守节，似宜尤厚。复：准将新野王硕灿、万安王褒焀各位下禄米一千石内，每岁量拨本色五十石，养赡终身；以后郡王有已请名封长子、长孙，未袭病故，旁支得袭者，俱于禄米内分给。

本年晋王慎锹奏讨故兄慎镜遗下内助周氏并宫眷养赡食米。尚书张学颜查得，亲王薨，子幼，无子母妃，许给养赡，爵已袭封者停止。今晋王慎锹，以弟袭兄，周氏明系无子，若给食米，与封后停止之例有碍；若即行停止，与养赡终身之例不合。今议或照无子例，岁给二百石，或因慎铖以弟袭兄，与子继父不同，将应支禄米内，拨二百石养赡。奉圣旨：准以慎铖禄米内，岁拨二百石，给与该府宫眷养赡，以后亲王无子，旁支袭继的，都照这例行，钦此。

（原书注明：此处有缺页。）

### 甲表 83　本部职官

| 本部职官[1] | 名 |
| --- | --- |
| 尚书 | 1 |
| 左侍郎[2] | 1 |
| 右侍郎 | 1 |
| 知印 | 1 |
| 缺科典吏[3] | 2 |
| 承发科典吏 | 6 |

**总督仓场**

| | 名 |
| --- | --- |
| 侍郎[4] | 1 |

**浙江清吏司**

| | 名 |
| --- | --- |
| 郎中 | 1 |
| 员外郎 | 1 |
| 主事[5] | 4 |
| 监生 | 4 |
| 都吏 | 1 |
| 令史[6] | 3 |
| 典吏 | 9 |

**所辖**

| |
| --- |
| 浙江布政司 |
| 浙江都司 |

**分辖（在京）**

| |
| --- |
| 留守左卫 |
| 龙虎卫 |
| 义勇右卫 |
| 羽林右卫 |
| 应天卫 |
| 龙骧卫 |
| 康陵卫 |
| 神机营 |
| 龙虎卫仓 |
| 义勇右卫仓 |
| 龙骧卫仓 |
| 康陵卫仓 |

**湖广清吏司**

| | 名 |
| --- | --- |
| 郎中 | 1 |
| 员外郎 | 1 |
| 主事[7] | 5 |
| 监生 | 4 |
| 都吏 | 1 |
| 令史[8] | 3 |
| 典吏 | 8 |

**所辖**

| |
| --- |
| 湖广布政司 |
| 湖广都司 |
| 湖广行都司 |
| 兴都留守司 |

**分辖（在京）**

| |
| --- |
| 羽林前卫 |
| 通州卫 |
| 豹韬卫 |
| 和阳卫 |
| 永陵卫 |
| 昭陵卫 |
| 国子监 |
| 教坊司 |
| 羽林前卫仓 |
| 通州卫仓 |
| 永陵卫仓 |
| 昭陵卫仓 |

**河南清吏司**

| | 名 |
| --- | --- |
| 郎中 | 1 |
| 员外郎 | 1 |
| 主事[9] | 4 |
| 监生 | 4 |
| 都吏 | 1 |
| 令史 | 3 |
| 典吏[10] | 7 |

**所辖**

| |
| --- |
| 河南布政司 |
| 河南都司 |

**分辖（在京）**

| |
| --- |
| 裕陵卫 |
| 大兴左卫 |
| 燕山右卫 |
| 府军前卫 |
| 牧马千户所 |
| 裕陵卫仓 |
| 大兴左卫仓 |
| 燕山右卫仓 |
| 北府军前卫仓 |
| 府军前卫南新仓 |

**分辖（直隶）**

| |
| --- |
| 潼关卫 |
| 蒲州千户所 |

**江西清吏司**

| | 名 |
| --- | --- |
| 郎中 | 1 |
| 员外郎 | 1 |
| 主事[11] | 5 |
| 监生 | 4 |
| 都吏 | 1 |
| 令史[12] | 3 |
| 典吏 | 7 |

**所辖**

| |
| --- |
| 江西布政司 |
| 江西都司 |

**分辖（在京）**

| |
| --- |
| 金吾左卫 |

[1]原书此处注："所属十三清吏司，原设郎中一员，员外郎一员，后设主事一员。宣德、正统等年，各司添设郎中、主事等官多寡不一。"

[2]原书此处注："万历八年奉旨，不妨部事，总督仓场。"

[3]原书此处注："万历七年，裁减一名。"

[4]原书此处注："或尚书一员，嘉靖间兼理西苑农事。隆庆初年遂止。万历八年，奉旨：以本部左侍郎管理，不必另设"。

[5]原书此处注："万历九年，裁减一员。"

[6]原书此处注："万历七年，裁减一名。"

[7]原书此处注："注选三员，其二员内，万历九年，裁减一员。"

[8]原书此处注："万历七年，裁减一名。"

[9]原书此处注："万历九年，裁减一员。"

[10]原书此处注："万历七年，裁减一名。"

[11]原书此处注："万历九年，裁减二员。"

[12]原书此处注："万历七年，裁减一名。"

## 金吾前卫 / 金吾后卫 / 旗手卫 / 济阳卫 / 金吾左卫仓 / 金吾前卫仓 / 金吾后卫仓 / 旗手卫仓 / 济阳卫仓

金吾前卫

金吾后卫

旗手卫

济阳卫

金吾左卫仓

金吾前卫仓

金吾后卫仓

旗手卫仓

济阳卫仓

### 云南清吏司

| | 名 |
| --- | --- |
| 郎中[1] | 3 |
| 员外郎 | 1 |
| 主事[2] | 10 |
| 监生 | 4 |
| 都吏 | 1 |
| 令史[3] | 3 |
| 典吏 | 9 |

**所辖**

云南布政司

云南都司

**分辖（在京）**

忠义右卫

忠义前卫

府军卫

府军左卫

府军右卫

泰陵卫

虎贲左卫

大军仓

忠义右卫仓

忠义前卫仓

府军卫仓

府军左卫仓

府军右卫仓

泰陵卫仓

虎贲左卫仓

内府各监局

---

军器局

皇城四门仓

**分辖（在外）**

临清仓

德州仓

徐州仓

淮安仓

天津仓

漕运

崔黄口

### 陕西清吏司

| | 名 |
| --- | --- |
| 郎中[4] | 3 |
| 员外郎 | 1 |
| 主事[5] | 6 |
| 监生 | 4 |
| 都吏 | 1 |
| 令史 | 3 |
| 典吏[6] | 11 |

**所辖**

陕西布政司

陕西都司

陕西行都司

**分辖（在京各衙门俸粮）**

宗人府

中军都督府

左军都督府

右军都督府

前军都督府

后军都督府

吏部

户部

礼部

兵部

刑部

工部

都察院

通政使司

---

大理寺

翰林院

詹事府

太仆寺

尚宝司

鸿胪寺

六科

中书科

行人司

钦天监

太医院

中兵马司

东城兵马司

西城兵马司

南城兵马司

北城兵马司

京卫武学

文思院

皮作局

留守右卫

长陵卫

献陵卫

景陵卫

献陵卫仓

景陵卫仓

神枢营

随侍营

**分辖（在外）**

延绥镇

宁夏镇

甘肃镇

固原镇

### 广西清吏司

| | 名 |
| --- | --- |
| 郎中 | 1 |
| 员外郎 | 1 |
| 主事[7] | 3 |
| 监生 | 4 |
| 都吏 | 1 |
| 令史[8] | 3 |

---

[1]原书此处注："掌印一员，京粮厅一员，通粮厅一员。"

[2]原书此处注："内注选七员，其三员，万历九年，裁减二员。"

[3]原书此处注："万历七年，裁减一名。"

[4]原书此处注："掌印一员，甘固管粮一员，延宁管粮一员。"

[5]原书此处注："万历九年，裁减三员。"

[6]原书此处注："内下粮厅四名，万历七年，裁减一名。"

[7]原书此处注："万历九年，裁减一员。"

[8]原书此处注："万历七年，裁减一员。"

| | |
|---|---|
| 典吏 | 7 |

<table>
<tr><td colspan="2" align="center">所辖</td></tr>
<tr><td>广西布政司</td><td></td></tr>
<tr><td>广西都司</td><td></td></tr>
<tr><td colspan="2" align="center">分辖（在京）</td></tr>
<tr><td>光禄寺</td><td></td></tr>
<tr><td>太常寺</td><td></td></tr>
<tr><td>牺牲所</td><td></td></tr>
<tr><td>司牲司</td><td></td></tr>
<tr><td>太仓银库</td><td></td></tr>
<tr><td>内府十库</td><td></td></tr>
<tr><td>宽河卫</td><td></td></tr>
<tr><td>蔚州左卫</td><td></td></tr>
<tr><td>留守前卫</td><td></td></tr>
<tr><td>沈阳左卫</td><td></td></tr>
<tr><td>沈阳右卫</td><td></td></tr>
<tr><td>宽河卫仓</td><td></td></tr>
<tr><td>蔚州左卫仓</td><td></td></tr>
<tr><td>留守前卫仓</td><td></td></tr>
<tr><td>西城坊草场</td><td></td></tr>
<tr><td>安仁坊草场</td><td></td></tr>
<tr><td>北新草场</td><td></td></tr>
<tr><td>明智坊草场</td><td></td></tr>
<tr><td>台基厂草场</td><td></td></tr>
<tr><td>中府草场</td><td></td></tr>
<tr><td>天师庵草场</td><td></td></tr>
<tr><td>御马仓</td><td></td></tr>
<tr><td>坝上仓</td><td></td></tr>
<tr><td>坝上东马房仓</td><td></td></tr>
<tr><td>坝上北马房仓</td><td></td></tr>
<tr><td>坝上南仓</td><td></td></tr>
<tr><td>金盏儿甸仓</td><td></td></tr>
<tr><td>北高仓</td><td></td></tr>
<tr><td>义河仓</td><td></td></tr>
<tr><td>湖渠马房仓</td><td></td></tr>
<tr><td>坝上北仓</td><td></td></tr>
<tr><td>黄土仓</td><td></td></tr>
<tr><td>郑家庄马房仓</td><td></td></tr>
<tr><td>汤山草场仓</td><td></td></tr>
<tr><td>北草场仓</td><td></td></tr>
<tr><td>汗石桥仓</td><td></td></tr>
</table>

汗石桥南仓
峪口张家庄马房仓
南石渠仓
南石渠西仓
峪口官庄马房仓
峪口杨家桥马房仓
东直门里牛房仓
东直门外牛房仓
吴家驼牛房仓
内象房仓
外象房仓
通州草场
神乐观东安门仓[1]

<table>
<tr><td colspan="2" align="center">山东清吏司</td></tr>
<tr><td></td><td align="right">名</td></tr>
<tr><td>郎中[2]</td><td>2</td></tr>
<tr><td>员外郎</td><td>1</td></tr>
<tr><td>主事[3]</td><td>4</td></tr>
<tr><td>监生</td><td>4</td></tr>
<tr><td>都吏</td><td>1</td></tr>
<tr><td>令史[4]</td><td>3</td></tr>
<tr><td>典吏</td><td>7</td></tr>
<tr><td colspan="2" align="center">所辖</td></tr>
<tr><td>山东布政司</td><td></td></tr>
<tr><td>山东都司</td><td></td></tr>
<tr><td>山东盐运使司</td><td></td></tr>
<tr><td>辽东都司</td><td></td></tr>
<tr><td colspan="2" align="center">分辖（在京）</td></tr>
<tr><td>锦衣卫</td><td></td></tr>
<tr><td>大宁中卫</td><td></td></tr>
<tr><td>大宁前卫</td><td></td></tr>
<tr><td>锦衣卫仓</td><td></td></tr>
<tr><td>大宁中卫仓</td><td></td></tr>
<tr><td>大宁前卫仓</td><td></td></tr>
<tr><td colspan="2" align="center">分辖（直隶）</td></tr>
<tr><td>两淮盐运使司</td><td></td></tr>
</table>

河间长芦盐运使司

<table>
<tr><td colspan="2" align="center">分辖（在外）</td></tr>
<tr><td>两浙盐运使司</td><td></td></tr>
<tr><td>河东陕西盐运使司</td><td></td></tr>
<tr><td>福建盐运使司</td><td></td></tr>
<tr><td>四川提举司</td><td></td></tr>
<tr><td>陕西灵州盐课司并西河漳县</td><td></td></tr>
<tr><td>广东海北二提举司</td><td></td></tr>
<tr><td>云南黑白安宁五井四提举司</td><td></td></tr>
<tr><td>江西南赣盐税</td><td></td></tr>
<tr><td>辽东镇</td><td></td></tr>
<tr><td>九边中盐</td><td></td></tr>
<tr><td colspan="2" align="center">山西清吏司</td></tr>
<tr><td></td><td align="right">名</td></tr>
<tr><td>郎中[5]</td><td>4</td></tr>
<tr><td>员外郎</td><td>1</td></tr>
<tr><td>主事[6]</td><td>5</td></tr>
<tr><td>监生</td><td>4</td></tr>
<tr><td>都吏</td><td>1</td></tr>
<tr><td>令史[7]</td><td>3</td></tr>
<tr><td>典吏</td><td>8</td></tr>
<tr><td colspan="2" align="center">所辖</td></tr>
<tr><td>山西布政司</td><td></td></tr>
<tr><td>山西都司</td><td></td></tr>
<tr><td>山西行都司</td><td></td></tr>
<tr><td colspan="2" align="center">分辖（在京）</td></tr>
<tr><td>燕山前卫</td><td></td></tr>
<tr><td>永清左卫</td><td></td></tr>
<tr><td>永清右卫</td><td></td></tr>
<tr><td>兴武卫</td><td></td></tr>
<tr><td>镇南卫</td><td></td></tr>
<tr><td>燕山前卫仓</td><td></td></tr>
<tr><td>永清左卫仓</td><td></td></tr>
<tr><td>永清右卫仓</td><td></td></tr>
<tr><td colspan="2" align="center">分辖（在外）</td></tr>
<tr><td>山西镇</td><td></td></tr>
<tr><td>宣府镇</td><td></td></tr>
</table>

[1] 原书此处注："万历八年裁革，归并明智坊草场。"
[2] 原书此处注："掌印一员，辽东管粮一员。"
[3] 原书此处注："万历九年，裁减二员。"
[4] 原书此处注："万历七年，裁减一名。"

[5] 原书此处注："掌印一员，大同管粮一员，宣府管粮一员，蓟州管粮一员。"
[6] 原书此处注："万历九年，裁减二员。"
[7] 原书此处注："万历七年，裁减一名。"

| 大同镇 | | |
| --- | --- | --- |

| 广东清吏司 | | |
| --- | --- | --- |
| | | 名 |
| 郎中 | | 1 |
| 员外郎 | | 1 |
| 主事[1] | | 3 |
| 监生 | | 4 |
| 都吏 | | 1 |
| 令史[2] | | 3 |
| 典吏 | | 9 |
| 所辖 | | |
| 广东布政司 | | |
| 广东都司 | | |
| 分辖（在京） | | |
| 神武左卫 | | |
| 义勇前卫 | | |
| 义勇后卫 | | |
| 鹰扬卫 | | |
| 羽林左卫 | | |
| 留守中卫 | | |
| 蕃牧千户所 | | |
| 奠靖千户所 | | |
| 神武左卫仓 | | |
| 义勇前卫仓 | | |
| 义勇后卫仓 | | |
| 羽林左卫仓 | | |
| 福建清吏司 | | |
| | | 名 |
| 郎中 | | 1 |
| 员外郎 | | 1 |
| 主事[3] | | 4 |
| 监生 | | 4 |
| 都吏 | | 1 |
| 令史[4] | | 3 |
| 典吏 | | 8 |
| 所辖 | | |

[1]原书此处注："万历九年，裁减二员。"
[2]原书此处注："万历七年，裁减二名。"
[3]原书此处注："万历九年，裁减一员。"
[4]原书此处注："万历七年，裁减一名。"

| 福建布政司 |
| --- |
| 福建都司 |
| 福建行都司 |
| 分辖（在京） |
| 顺天府 |
| 骁骑右卫 |
| 虎贲右卫 |
| 武成中卫 |
| 留守后卫 |
| 茂陵卫 |
| 通州右卫 |
| 燕山左卫 |
| 武骧左卫 |
| 武骧右卫 |
| 武成中卫仓 |
| 留守后卫仓 |
| 茂陵卫仓 |
| 燕山左卫仓 |
| 通州右卫仓 |
| 五军营 |
| 巡捕营 |
| 勇士营 |
| 四卫营 |
| 分辖（直隶） |
| 永平府 |
| 保定府 |
| 河间府 |
| 真定府 |
| 顺德府 |
| 广平府 |
| 大名府 |
| 通州左卫 |
| 神武中卫 |
| 神武右卫 |
| 逐鹿卫 |
| 逐鹿左卫 |
| 逐鹿中卫 |
| 东胜左卫 |
| 大同中屯卫 |
| 沈阳中屯卫 |
| 河间卫 |
| 兴州左屯卫 |
| 兴州右屯卫 |

| 兴州中屯卫 |
| --- |
| 兴州前屯卫 |
| 兴州后屯卫 |
| 开平中屯卫 |
| 德州卫 |
| 定州卫 |
| 定边卫 |
| 德州左卫 |
| 忠义中卫 |
| 真定卫 |
| 武清卫 |
| 永平卫 |
| 山海卫 |
| 密云中卫 |
| 密云后卫 |
| 镇朔卫 |
| 遵化卫 |
| 东胜右卫 |
| 卢龙卫 |
| 抚宁卫 |
| 延庆卫 |
| 蓟州卫 |
| 宁山卫 |
| 天津卫 |
| 天津左卫 |
| 天津右卫 |
| 保定左卫 |
| 保定右卫 |
| 保定中卫 |
| 保定前卫 |
| 保定后卫 |
| 营州左屯卫 |
| 营州右屯卫 |
| 营州中屯卫 |
| 营州前屯卫 |
| 营州后屯卫 |
| 保安卫 |
| 茂山卫 |
| 平定千户所 |
| 梁城守御千户所 |
| 广昌千户所 |
| 渤海守御千户所 |
| 居庸关千户所 |

| | 名 |
|---|---|
| 宽河守御千户所 | |
| 紫荆关千户所 | |
| 倒马关千户所 | |
| 沧州千户所 | |
| 顺德守御百户所 | |
| 万全都司 | |
| 武定守御千户所 | |
| 大宁都司 | |
| 山口仓 | |
| 永盈仓 | |
| 通济库 | |
| 保安州 | |
| 延庆州 | |
| **四川清吏司** | |
| | 名 |
| 郎中 | 1 |
| 员外郎 | 1 |
| 主事¹ | 4 |
| 监生 | 4 |
| 都吏 | 1 |
| 令史² | 3 |
| 典吏 | 9 |
| **所辖** | |
| 四川布政司 | |
| 四川都司 | |
| 四川行都司 | |
| **分辖（在京）** | |
| 彭城卫 | |
| 武德卫 | |
| 腾骧左卫 | |
| 腾骧右卫 | |
| 府军后卫 | |
| 武功左卫 | |
| 武功右卫 | |
| 武功中卫 | |
| 神策卫 | |
| 忠义后卫 | |
| 金吾右卫 | |
| 忠义后卫仓 | |

¹原书此处注："万历九年，裁减二员。"
²原书此处注："万历七年，裁减一名。"

696

| |
|---|
| 府军后卫仓 |
| 金吾右卫仓 |
| 彭城卫仓 |
| 彭城卫南新仓 |
| **分辖（南京）** |
| 天策卫 |
| 神策卫 |
| 武德卫 |
| 府军后卫 |
| 金吾右卫 |
| 应天卫 |
| 龙骧卫 |
| 龙虎卫 |
| 羽林右卫 |
| 留守左卫 |
| 水军左卫 |
| 龙虎左卫 |
| 豹韬卫 |
| 豹韬左卫 |
| 和阳卫 |
| 飞熊卫 |
| 英武卫 |
| 广武卫 |
| 孝陵卫 |
| 旗手卫 |
| 济川卫 |
| 金吾左卫 |
| 金吾前卫 |
| 金吾后卫 |
| 江淮卫 |
| 府军卫 |
| 府军左卫 |
| 府军右卫 |
| 虎贲左卫 |
| 横海卫 |
| 留守右卫 |
| 留守前卫 |
| 沈阳左卫 |
| 沈阳右卫 |
| 锦衣卫 |
| 龙江左卫 |
| 兴武卫 |
| 镇南卫 |

| |
|---|
| 江阴卫 |
| 广洋卫 |
| 羽林左卫 |
| 鹰扬卫 |
| 留守中卫 |
| 水军右卫 |
| 龙江右卫 |
| 虎贲右卫 |
| 骁骑右卫 |
| 汝宁千户所 |
| 洪塘千户所 |
| 松江百户所 |
| **分辖（直隶）** |
| 安庆府 |
| 苏州府 |
| 松江府 |
| 常州府 |
| 镇江府 |
| 徽州府 |
| 宁国府 |
| 池州府 |
| 太平府 |
| 庐州府 |
| 凤阳府 |
| 淮安府 |
| 扬州府 |
| 广德州 |
| 徐州 |
| 和州 |
| 滁州 |
| 苏州卫 |
| 镇海卫 |
| 太仓卫 |
| 金山卫 |
| 安庆卫 |
| 新安卫 |
| 建阳卫 |
| 宣州卫 |
| 庐州卫 |
| 六安卫 |
| 宿州卫 |
| 高邮卫 |
| 沂州卫 |

| 徐州卫 |
| --- |
| 徐州左卫 |
| 寿州卫 |
| 睢阳卫 |
| 归德卫 |
| 南阳卫 |
| 颍州卫 |
| 邳州卫 |
| 仪真卫 |
| 泗州卫 |
| 留守左卫 |
| 留守中卫 |
| 凤阳卫 |
| 凤阳右卫 |
| 凤阳中卫 |
| 中都留守司 |
| 滁州卫 |
| 淮安卫 |
| 大河卫 |
| 扬州卫 |
| 长淮卫 |
| 怀远卫 |
| 镇江卫 |
| 皇陵卫 |
| 神武中卫 |
| 兴化千户所 |
| 崇明□守御千户所 |
| 嘉兴千户所 |

| 贵州清吏司 | |
| --- | --- |
| | 名 |
| 郎中[1] | 3 |
| 员外郎 | 1 |
| 主事[2] | 4 |
| 监生 | 4 |
| 都吏 | 1 |
| 令史[3] | 3 |
| 典吏[4] | 9 |

[1] 原书此处注："掌印一员，密云管粮一员，永平管粮一员。"
[2] 原书此处注："万历九年，裁减二员。"
[3] 原书此处注："万历七年，裁减一名。"
[4] 原书此处注："万历七年，裁减一名。"

| 所辖 |
| --- |
| 贵州布政司 |
| 贵州都司 |
| 分辖（在京） |
| 会州卫 |
| 富峪卫 |
| 济州卫 |
| 会州卫仓 |
| 富峪卫仓 |
| 济州卫仓 |
| 宝钞提举司 |
| 上林苑监 |
| 崇文门分司 |
| 正阳门宣课司 |
| 安定门税课司 |
| 德胜门税课司 |
| 都税司 |
| 批验茶引所 |
| 分辖（在外） |
| 张家湾宣课司 |
| 临清钞关 |
| 浒墅钞关 |
| 九江钞关 |
| 扬州钞关 |
| 淮安钞关 |
| 北新钞关 |
| 河西务钞关 |
| 蓟州镇 |
| 密云镇 |
| 永平镇 |
| 昌平镇 |
| 易州镇 |

| 两厅 | |
| --- | --- |
| 司务厅 | |
| | 名 |
| 司务 | 2 |
| 照磨所 | |
| | 名 |
| 照磨 | 1 |
| 检校 | 1 |
| 典吏[5] | 13 |

[5] 原书此处注："万历七年，裁减三名。"

697

## 本部职官

### 圣谕

洪武壬寅，迁兵部尚书滕德为户部尚书，以黄州府知府秦适为户部左侍郎，程暹为户部右侍郎。

上谕之曰：六部统领诸司，实为要职，而户部出纳天下钱谷，尤为繁重，必得勤敏廉智之士以任之。朕屡加遴选，实难其人。卿等才望，为时所推，故特授以是职，宜各尽心所事。德等顿首曰：陛下圣德，与天同运，宵旰之勤，远迈前古。臣等才质愚下，当鞠躬尽力，以答宠命。寻迁适为殿中侍御史。

### 圣训

太祖高皇帝御制户部尚书诰（侍郎同）：昔君天下者，首建仓廪、府库于斯，建者备精粮，藏金帛，以待禄给庶职者也，然而必设官以司之。且古称天子富有四海，斯言即出，永世人云可谓患骄愚之君臣，何哉？盖斯言似理，而实阿以其德，隐而道微故也。言富有四海，而为四海用，所以民为命而供君，君为民而集给，此所以道德也。其似理者，何以其尽海内以供之，岂不臣有者乎？此言富之理也，实阿者何所以奸人。若至君之左右使掌之，动以富为首言，则君悦富而妄费，不问民瘼之艰辛。若贤臣必欲致君知民瘼之艰辛，当敷奏府库之储集，乃曰民脂民膏，若妄费，则道德亏矣。若奏以艰难，谨以出纳，则府库仓廪有余，庶职禄备而军足食，民无横科，则国之常经定，大道张，君德美矣。于斯之职，古今慎选贤能以职掌之，天下户口之增减，犹当备知而册。朕于此职，可不重乎？今特命尔为户部某官，于戏，量入度出，毋复扰民，至公无私，永怀朕命，尔其懋哉。

### 勅谕

宣德三年，勅谕：朕惟国以民为本，以财为用，地官卿实掌之。夫民衣食，本乎农桑，种艺以时，则地无遗利，游食有禁，则务本者多，庶几家给人足，礼教可兴。比者野不加辟，民或流亡，尔当明夫休养生息之道，财赋资国之用，出入有节，则国不至于空匮；调度有方，则民不疲于转输。京师充实，足以驭四方；郡邑充实，足以备饥歉；边境充实，足以御外侮。比年远近困于挽运，而京师岁计不足，尔当审于措置之宜：仓廪所储，为奸人盗窃，常数万计，岂无关防之术，尔其审；遣官催粮，往往在外贪浊，岂无廉公可使，尔其审之；商贩之徒，阻滞钞法，累累禁约，或通或塞，而敛散之方，何者为宜，尔其审之。朕嗣承大统，董正治官，富民足国，尤为切要。书曰：政在养民。传曰：生之者众，食之者寡，为之者疾，用之者舒，则财恒足矣。尔惟谨率其属，以倡民牧，俾吾民家有余资，人尚廉耻，以弼予雍熙之治，庶几明良相承之美钦哉。故谕。

### 宣宗章皇帝御制户部箴

君国之道，子民为先，黎庶既安，邦本植焉。相古地官，实尔之职，均节惠和，民乃衣食。赋役有常，民之所供，旧典式张，惟尔卿佐。暨乃攸属，庶几夙夜，恪谨乃服，民充阜殷。树艺以蕃，上下毕克，何有卒殚，惟勤惟时。惟明惟允，惟仁之溥，而义之尽。秦之商鞅，唐之宇文，苛政暴括，邦以不振。尔惟鉴兹，毋纵掊克，毋诡于随，毋败于墨。予惟尔任，尔其懋哉，尚友古人，执德不回。

### 勅谕总督仓场

今特命尔总提督在京及通州各仓，并在京象马牛羊等房仓场，收支粮料草束，直抵临清、徐州、淮安等处，巡视一应仓场。盖国家以粮储为重，尔职专提督，凡事务在区画得宜，仍需夙夜用心，关防严密，出纳分明，革除奸弊，不许纤毫隐瞒透漏。如遇仓厫损坏，即督该管官员，量拨军夫修理。各处输运艰难，尤宜体朕爱恤之心，廉平公恕，毋贪毋暴。收支之际，亦须严约仓官人等，不许生事刁蹬，尅害军民。如违听尔拿问，轻则量情发落，重则送法司究治。应奏请者，参奏施行。如有官员势要之人，干预搅扰，亦须指实奏闻区处。尔其钦承朕命，勉之慎之，故谕。

**特差**

洪熙元年，本部右侍郎刘琏，奉勅差往宣府总兵官谭广处，整理机密文书。十年考满，钦升从二品俸。

正统十三年，本部侍郎刘琏奏：老疾乞归。本部议：本官精神未衰，善理边务。且本部只有尚书王佐，侍郎储懋管理部事，无可代者。复：准仍行照旧提督各仓场军饷。

成化三年，征剿建州贼寇。本部题：准差郎中张裴、程泰，随粮攒运。

七年，本部题：准差员外郎刘显、郝坢、董龄、李汝嘉，往宁夏、甘肃等处，查盘钱粮。

弘治十年，差本部左侍郎刘大夏，兼都察院左佥都御史，带领主事刘玑，往宣府等处，督理粮草。

十四年，小王子部落，及黄毛鞑子，欲抢大同。差本部侍郎李镃、郎中田彭、主事刘绎，往彼整理粮草。

本年差郎中刘桓、夏暹，员外郎赵履祥、夏从寿，主事程杲同科道官，往南京、南直隶等处，清理屯田。

嘉靖六年，本部题：准差郎中张蔓，领勅运银，往宣府整理粮草。

十一年，虏众住套，缺乏钱粮。本部会推：本部右侍郎张重，兼宪职总督军饷。仍带员外郎袁淮，主事杨锐、王垣，随同委用。

十九年，总督苏祐题：乞多发帑银，委重臣添买刍粮。本部复：奉圣旨，傅凤翔着兼都察院右佥都御史，督理宣大粮饷，写勅与他。钦此。

二十一年，总督翟鹏题：丑虏蹂践地方，调集八镇兵马十万，支费浩繁，请差户部堂上官一员，督理军饷。本部议：会推兵部右侍郎赵廷瑞，堪以委用。奉圣旨：是。赵廷瑞改户部右侍郎，兼都察院右佥都御史，着专一总督宣大、山西、偏保等处军饷，写勅与他，着上紧去。钦此。

三十年，尚书孙应奎题奉圣旨：葛守礼着兼都察院右佥都御史，督理宣大山西等处粮饷，写勅与他。钦此。

三十一年，传报：声息紧急。本部题：差大臣协理粮饷。奉圣旨：方钝着兼右佥都御史，带领属官二员，前去宣大督理调到客兵粮饷，写勅与他，上紧去给发银两，并其余事宜都准行，仍差主事石茂华、王尚礼随同经理。钦此。

隆庆四年，蓟镇传报声息。吏部题：准将刑部右侍郎戴才，改本部左侍郎，兼右佥都御史，前往通州、顺义等处，督理粮饷。

万历八年，尚书张学颜题：查勘营田缘由。奉圣旨：近来朝廷法令，各抚按官通不着实遵行，曲庇属官，扶同欺罔，积习成风，牢不可破。其缴奏文册，不过纸上虚文，何足凭据。你部里便差忠实明敏司属官一员，前去从实查看了来说。钦此。本部选得云南司郎中梁承学，堪以差用，请给勅书一道，并关防一颗，付本官前去淮凤地方，亲诣各州县，逐处逐件，仔细查勘，有无实效，分别各官功罪具奏，如扶同欺罔，并抗违者，即指名参治，未尽事宜，本官便宜施行。奉圣旨：是。梁承学着上紧去，如查勘不实，扶同欺罔，朝廷别有访闻，一体参治不饶。钦此。


注选三年一代

京仓京粮厅郎中一员。

通仓通粮厅郎中一员。

宣府管粮郎中一员。

大同管粮郎中一员。

蓟州管粮郎中一员。

永平管粮郎中一员。

密云管粮郎中一员。

辽东管粮郎中一员。

延宁管粮郎中一员。

甘固管粮郎中一员。

禄米仓主事一员。

旧太仓主事一员。

南新、济阳二仓主事一员。

北新、大军二仓主事一员。

海运、新太二仓主事一员。

西、新、太等三仓主事一员。

通州大运中仓主事一员。

通州大运西仓主事一员。

通州大运南仓主事一员。

昌、密窑运主事一员（万历九年，裁革归并通州草场兼管）。

题差三年一代

代州管粮主事一员。

易州管粮主事一员。

昌平管粮主事一员。

淮安仓主事一员（连下四仓官员，原系一年一代，万历八年，议改三年一代）。

德州仓主事一员。

临清仓主事一员。

徐州仓主事一员。

天津仓主事一员。

题差一年一代

攒运郎中一员（万历六年停差）。

临清钞关主事一员。

河西务钞关主事一员。

浒墅钞关主事一员。

九江钞关主事一员。

小滩监兑主事一员。

苏、松监兑主事一员。

江西监兑主事一员。

湖广监兑主事一员。

太仓银库主事一员。

御马仓主事一员。

象房并安仁坊草场主事一员（万历九年，将西城坊草场归并带管）。

通州草场并马房地土兼管张家湾商税主事一员（万历九年，添管窑运）。

明智、台基草场主事一员（万历九年，将北新草场，并司牲司归并带管）。

南京盐引勘合主事一员（万历八年，题暂免差）。

粮长勘合主事一员。

部差一年一代

坝上等仓主事一员（万历九年，将金盏仓归并带管）。

南石渠等仓主事一员（万历九年，将汗石桥仓归并带管）。

黄土等仓主事一员（万历九年，将牛房仓归并带管）。

九门盐法主事一员。

下粮厅主事一员。

验粮厅主事一员。

皇城四门仓主事一员。

大通桥主事一员。

冬衣布花主事一员。

本科主事四员。

部差三月一代

崇文门主事一员。

银库协收主事一员。

以上题差、部差，间一有差员外者。

### 本部职官沿革事例

隆庆六年，尚书王国光查得：国初以至弘治，各司员外主事俱在司分理众务，今惟郎中一人而已。遇有升转，暂借别司管理，众务填委干办不周，间或废阁，致滋他弊，殊失设官初意。题准：今后凡在京题差、部差等官，照旧在部，不妨原务，带理司事。

万历元年，尚书王国光题：议本部司属，差往各处管仓、监兑等项，俱有定限。近来各官违限者多，合宜申饬。以后差出本部，量地远近，定为限期，责令依限回部。如蹈故习，违限三个月以上者罚治，六个月以上者降用。若南京升调外官，迁转年余未到者，一体参治，庶职业不废，剧曹永赖。奉圣旨：这本说的是。以后但有差满违限，及升调迁延，久不到部的，着实参来究治。钦此。

三年，尚书王国光题：本部浙江等十三清吏司，既总领各省钱粮，又以南北直隶府卫州县分属。如顺天府、常州府，则云南司分管；应天府、河间府，则江西司分管；苏州府、延庆州、保安州，则山西司分管；松江府、凤阳府，则河南司分管；镇江府、太平府、大名府、保定府、和州，则广东司分管；广德州，则湖广司分管；扬州府，则山东司分管；宁国府、徐州、滁州，则陕西司分管；庐州府、安庆府，则福建司分管；顺德府、池州府，则四川司分管；真定府、淮安府、徽州府，则广西司分管；广平府、永平府，则贵州司分管。又山东司总派盐引矣，而各边中纳，则山西、陕西二司管之。云南司专管仓漕矣，而沿河诸仓，则广西、山东等司管之。钞关本折，贵州司题奏，而崇文、河西、临清、九江乃分之山东、云南二司。料草派买，广西司题奏，而御马、象房、二十四马房乃分之浙江、湖广、福建等司。付文琐屑，往来稽迟，案卷散阁，久至沉匿。或抚按合二、三府而具奏，而题复专责一司，则彼此互相推诿；或事例经先后以题明，而承行者专属一司，则各司不相照管；或管解员役投文至部，则东驰西骛；或通行文移应该商度，则甲可乙否，官司袭故，不察弊源，吏胥乘机，喜为利窟。臣等徒竭精神，终恐脱漏。今议得：四川、福建二司钱粮独少，而四川通无起运，职行最简。合无以北直隶府卫州，归并于福建司；南直隶府卫州，归并于四川司；各边中引，并之山东司；临德诸仓，并之云南司；御马、象房、二十四马房仓，并于广西司；崇文、浒墅、河西、临清各关税，归于贵州司。一方同司，一事专管，则总核者，有所责成，承行者庶无推诿，官民两利，中外具便。奉圣旨，这各司职务既分属明白，都依拟，着永为遵守。你每堂上官还要精核责成，毋容怠玩旷职。钦此。

七年，尚书张学颜题：查得本部一应差委各官，俱系收放钱粮重务，除密云等八镇，京通□□厅各郎中，旧太等仓并各钞关，及监兑等官例，俱考核相应照旧。其题差在内，御马等仓、内外象房、京五草场、太仓银库五员；在外，昌平、易州、代州管粮三员，徐、淮、临、德、天津仓五员；旧例原无考核，今查各差，亦系分管钱粮，差满之日，相应通行考核。奉圣旨：是。这旧例考核，及今议应考各官，差满回部，务要着实从公考核，毋事姑息。南京各差部属官，也照这例行。钦此。

本年尚书张学颜题：淮安管仓主事钟昌，一年差满回部考察。奉圣旨，钟昌准复职。今后考核差回官员，除贤能卓异的，开具实迹，送部纪录外，其余只照御史回道考察事理，核其有无赃私过犯，不必用考语，钦此。

本年吏部咨：开通行在京各衙门，逐一清查吏役，人多者裁其名数，空闲者并其科分。其应裁吏典，即有顶首，亦容照前酌处。本部查得：各吏役，如照磨所粮册，尽归下粮厅管理，原设吏一十三名，似属太多；又如各司算科，承行事务不过三、四件，亦设专吏一名，虽非空役，亦属□□，俱应裁并。共裁减令典一十八名，移咨吏部免拨。

八年，尚书张学颜查得：本部题差徐淮临德天津仓各官，旧以一年为限，因新旧交代甚速，仓粮多指廒换封，不暇交盘，年复一年，间多泡烂。旧官以解去，而遁于追论；新官又以接管，而难于参惩。责任不专，遵行未便。题准比照各边管粮官事例，俱限三年满日呈部，差官更替。

本年尚书张学颜题：查得徐、淮、临、德、天津管仓官五员，旧系一年更代，如遇给由，亦候差满补考。今议三年一更，与各边郎中事体相同，如遇三年考满，备将行过事迹，具呈本部，严加考核，咨送吏部类考。其原领精微批文，止限一年，合宜通候三年满日，回部奏缴。奉圣旨：是。钦此。

本年尚书张学颜查题：先年监兑官，本部各拨吏一名，随去地方应役，但近奉明旨，各处抚按书吏通行裁革，而监兑书吏，所至地方廪给等费甚多，题准，将前吏停革，其行文造册，即于驻扎州县，选取书手四名应用。奉圣旨：是。钦此。

九年，尚书张学颜题：该吏部咨开本部各司应裁主事，共二十一员，已经题奉明旨，俱令在任候裁外，所有应并各差官员，未经题议。查得在京草场四差，俱系题请一年更替，除御马三场一差，内外象房、明智、台基厂一差，钱粮数多，难以议并外，其西城、北新草场一差，钱粮不多，合无将西城坊草场，归并安仁坊带管；北新草场并司牲司，归并明智坊带管。又查得：内外马房六差俱系部委，除坝上、黄土、南石渠三差，难以议并外，其牛房仓一差、金盏仓一差、汗石桥仓一差，钱粮不多，将牛房仓归并黄土仓；金盏仓归并坝上仓；汗石桥仓归并南石渠仓，各照带管。又查得：宻运昌、密二镇主事一员，初议归并通州中南二仓带管，但宻运漕粮之时，正值通仓收粮之日，照管未便。合无归并通州草场主事兼管，其裁革各差书算、皂隶、人役一并裁革。奉圣旨：是。近来科道部属等官，凡奉差委，即滥收书算人役，专一欺公作弊，罔利害人，今后着通行裁革。有造言腾谤，及营求复入的，着本管官即拿送法司重究，各该衙门知道。钦此。

臣等谨按：国初设户部，以尚书、侍郎总其纲，设金、仓、民、支四子部分理之。继罢子部，设十三司与司务照检，互相稽核，其后又以出纳浩繁，不能兼摄，则又为差者三，铨部选授，谓之注差，疏名请命谓之题差，部堂檄委谓之部差，其限或三年、一年、按季而代，无非以共经国计而已。顾钱谷所出，掌之有司，道里既有远近，而条目繁琐，则弊孔易生焉，故其患难于周知；今四方民力竭矣，而岁费视国初增至数倍，故其患难于撙节。中外奏报与公私之所仰给，要在酌盈济虚，以求可继，然此故未易言者，故其患难于调停。尔时大小臣工，皆奉法守职，惟恐不称德意，矧部中所掌，皆民膏国脉，以佐仁俭之德，富庶之治，其职视诸曹，独繁难焉，尚其夙夜，而恪供乃事乎。

## 《万历会计录》卷三十四　文武官俸禄

甲表84　　　　　　　　　　　在京文官俸粮本折则例

| 项目 | 正一品 | 从一品 | 正二品 | 从二品 | 正三品 | 从三品 |
|---|---|---|---|---|---|---|
| 岁该俸(石) | 1044.00 | 888.00 | 732.00 | 576.00 | 420.00 | 312.00 |
| 内本色俸(石) | 331.20 | 284.40 | 237.60 | 190.80 | 144.00 | 111.60 |
| 内折色俸(石) | 712.80 | 603.60 | 494.40 | 385.20 | 276.00 | 200.40 |
| 本色俸内除支米(石) | 12.00 | 12.00 | 12.00 | 12.00 | 12.00 | 12.00 |
| 折银俸(石) | 266.00 | 227.00 | 188.00 | 149.00 | 110.00 | 83.00 |
| 折绢俸(石) | 53.20 | 45.40 | 37.60 | 29.80 | 22.00 | 16.60 |
| 共该银(两) | 204.82 | 174.79 | 144.76 | 114.73 | 84.70 | 63.91 |
| 折色俸内折布俸(石) | 356.40 | 301.80 | 247.20 | 192.60 | 138.00 | 100.20 |
| 共该银(两) | 10.69 | 9.05 | 7.41 | 5.77 | 4.14 | 3.00 |
| 折钞俸(石) | 356.40 | 301.80 | 247.20 | 192.60 | 138.00 | 100.20 |
| 该本色钞(贯) | 7128.00 | 6036.00 | 4944.00 | 3852.00 | 2760.00 | 2004.00 |

| 项目 | 正四品 | 从四品 | 正五品 | 从五品 | 正六品 | 从六品 |
|---|---|---|---|---|---|---|
| 岁该俸(石) | 288.00 | 252.00 | 192.00 | 168.00 | 120.00 | 96.00 |
| 内本色俸(石) | 104.40 | 93.60 | 75.60 | 68.40 | 66.00 | 56.40 |
| 内折色俸(石) | 183.60 | 158.40 | 116.40 | 99.60 | 54.00 | 39.60 |
| 本色俸内除支米(石) | 12.00 | 12.00 | 12.00 | 12.00 | 12.00 | 12.00 |
| 折银俸(石) | 77.00 | 68.00 | 53.00 | 47.00 | 45.00 | 37.00 |
| 折绢俸(石) | 15.40 | 13.60 | 10.60 | 9.40 | 9.00 | 7.40 |
| 共该银(两) | 59.29 | 52.36 | 40.81 | 36.19 | 34.65 | 28.49 |
| 折色俸内折布俸(石) | 91.80 | 79.20 | 58.20 | 49.80 | 27.00 | 19.80 |
| 共该银(两) | 2.75 | 2.37 | 1.74 | 1.49 | 0.81 | 0.59 |
| 折钞俸(石) | 91.80 | 79.20 | 58.20 | 49.80 | 27.00 | 19.80 |
| 该本色钞(贯) | 1836.00 | 1584.00 | 1164.00 | 996.00 | 540.00 | 396.00 |

| 项目 | 正七品 | 从七品 | 正八品 | 从八品 | 正九品 | 从九品 |
|---|---|---|---|---|---|---|
| 岁该俸(石) | 90.00 | 84.00 | 78.00 | 72.00 | 66.00 | 60.00 |
| 内本色俸(石) | 54.00 | 51.60 | 49.20 | 46.80 | 44.40 | 42.00 |
| 内折色俸(石) | 36.00 | 32.40 | 28.80 | 25.20 | 21.60 | 18.00 |
| 本色俸内除支米(石) | 12.00 | 12.00 | 12.00 | 12.00 | 12.00 | 12.00 |
| 折银俸(石) | 35.00 | 33.00 | 31.00 | 29.00 | 27.00 | 25.00 |
| 折绢俸(石) | 7.00 | 6.60 | 6.20 | 5.80 | 5.40 | 5.00 |
| 共该银(两) | 26.95 | 25.41 | 23.87 | 22.33 | 20.79 | 19.25 |
| 折色俸内折布俸(石) | 18.00 | 16.20 | 14.40 | 12.60 | 10.80 | 9.00 |
| 共该银(两) | 0.54 | 0.48 | 0.43 | 0.37 | 0.32 | 0.27 |
| 折钞俸(石) | 18.00 | 16.20 | 14.40 | 12.60 | 10.80 | 9.00 |
| 该本色钞(贯) | 360.00 | 324.00 | 288.00 | 252.00 | 216.00 | 180.00 |

**甲表 85** 　　　　　　**各衙门吏典、监生等役月粮则例**

| | 月支粮(石) |
|---|---|
| 府部院寺等衙门吏典 | 1.00 |
| 太常寺提点知观 | 1.50 |
| 乐舞生 | 0.40 |
| 府部等衙门历事监生 | |
| 有家小者(着历日为始) | 1.00 |
| 三个月考勤后 | 0.60 |
| 无家小者 | 0.60 |
| 考勤后 | 0.40 |
| 六科、鸿胪寺、尚宝司等衙门历事监生 | 1.00 |
| 国子监官吏(除俸粮外) | 0.33 |
| 监生有家小者 | 0.83 |
| 无家小者 | 0.33 |
| 钦天监天文生 | 0.70 |
| 阴阳人 | 0.40 |
| 太医院医士 | 0.70 |
| 医生 | 0.30-0.40 |
| 五城兵马司、营缮所典吏，生药库、都税司、正阳等门宣课等司、批验、茶引等所、通济等局各攒典 | 0.60 |

**甲表 86** 　　　　　　**各衙门官员、吏典、监生岁支俸禄**

| | 岁支(万历六年约数) | | |
|---|---|---|---|
| | 本色米(石) | 官员折俸并折绢布银(两) | 铜钱(文) |
| 吏部官员、监生、吏典 | 961.00 | 717.00 | 53680.00 |
| 户部官员、监生、吏典 | 3409.00 | 3956.00 | 309350.00 |
| 礼部官员、监生、吏典并合属衙门 | 1813.00 | 1188.00 | 99580.00 |
| 兵部官员、监生、吏典并合属衙门 | 3106.00 | 2471.00 | 205330.00 |
| 刑部官员、监生、吏典 | 3303.00 | 2639.00 | 223840.00 |
| 工部官员、监生、吏典并合属衙门 | 2055.00 | 11105.00 | 873850.00 |
| 都察院官员、监生、吏典 | 4348.00 | 2975.00 | 249450.00 |
| 通政使司官员、监生、吏典 | 407.00 | 388.00 | 32380.00 |
| 大理寺官员、监生、吏典 | 829.00 | 651.00 | 54950.00 |
| 翰林院官员、吏典 | 1983.00 | 3137.00 | 269520.00 |
| 詹事府官员、吏典 | 160.00 | 297.00 | 24590.00 |
| 国子监官员、监生、吏典 | 2579.00 | 563.00 | 48500.00 |
| 太常寺官员、吏典 | 1084.00 | 1579.00 | 132560.00 |
| 太仆寺官员、吏典 | 331.00 | 307.00 | 24630.00 |
| 鸿胪寺官员、监生、吏典 | 2182.00 | 2902.00 | 211430.00 |
| 光禄寺官员、吏典[1] | | 1030.00 | 88100.00 |
| 顺天府官员、吏典并合属衙门 | 2577.00 | 624.00 | 51400.00 |
| 吏科官员、监生 | 58.00 | 101.00 | 7810.00 |

---

[1]原书注明："每年本色米随礼部关支。"

| | | | |
|---|---|---|---|
| 户科官员、监生 | 85.00 | 117.00 | 9070.00 |
| 礼科官员、监生 | 87.00 | 90.60 | 7010.00 |
| 兵科官员、监生 | 110.00 | 132.50 | 10290.00 |
| 刑科官员、监生 | 119.00 | 143.70 | 11280.00 |
| 工科官员、监生 | 95.90 | 134.00 | 10540.00 |
| 中书科官员、吏典 | 521.00 | 961.00 | 82700.00 |
| 尚宝司官员、监生、吏典 | 108.00 | 266.00 | 22400.00 |
| 行人司官员、监生、吏典 | 459.00 | 772.00 | 66700.00 |
| 钦天监官员、吏典并天文等生 | 2430.00 | 825.00 | 69700.00 |
| 上林苑监官员、吏典 | 305.00 | 282.00 | 24300.00 |
| 太医院官员、吏典、医士 | 1715.00 | 479.00 | 40900.00 |
| 宗人府官员、吏典 | 59.00 | 38.00 | 3400.00 |
| 左军都督府官员、监生、吏典 | 333.00 | | |
| 经历、都事 | | 58.00 | 4590.00 |
| 右军都督府官员、监生、吏典 | 544.00 | | |
| 经历、都事 | | 58.00 | 4590.00 |
| 中军都督府官员、监生、吏典 | 919.00 | | |
| 经历、都事 | | 58.00 | 4590.00 |
| 前军都督府官员、监生、吏典 | 318.00 | | |
| 经历、都事 | | 58.00 | 4590.00 |
| 后军都督府官员、监生、吏典 | 991.00 | | |
| 经历、都事 | | 58.00 | 4590.00 |

## 甲表 87　　　　　　公、侯、驸马、伯岁支本折禄米

| | 禄米(石) | 本色(石) | 折色(石) |
|---|---|---|---|
| 魏国公 | 5000.00 | 2000.00 | 3000.00 |
| 英国公 | 3200.00 | 1500.00 | 1700.00 |
| 黔国公 | 3000.00 | 1500.00 | 1500.00 |
| 成国公 | 4200.00 | 1400.00 | 2800.00 |
| 定国公 | 2500.00 | 1500.00 | 1000.00 |
| 恭顺侯 | 1500.00 | 700.00 | 800.00 |
| 定西侯 | 1500.00 | 750.00 | 750.00 |
| 抚宁侯 | 1200.00 | 840.00 | 360.00 |
| 镇远侯 | 1000.00 | 500.00 | 500.00 |
| 永康侯 | 1000.00 | 500.00 | 500.00 |
| 武安侯 | 1000.00 | 700.00 | 300.00 |
| 怀宁侯 | 1000.00 | 400.00 | 600.00 |
| 泰宁侯 | 1000.00 | 500.00 | 500.00 |
| 安远侯 | 1000.00 | 500.00 | 500.00 |
| 武定侯 | 1000.00 | 500.00 | 500.00 |
| 临淮侯 | 1000.00 | 500.00 | 500.00 |
| 灵璧侯 | 1000.00 | 500.00 | 500.00 |
| 怀远侯 | 1000.00 | 500.00 | 500.00 |

| | | | |
|---|---|---|---|
| 隆平侯 | 1000.00 | 700.00 | 300.00 |
| 定远侯 | 1000.00 | 500.00 | 500.00 |
| 西宁侯 | 1100.00[1] | | |
| 保定侯 | 800.00 | 400.00 | 400.00 |
| 阳武侯 | 800.00 | 400.00 | 400.00 |
| 宁阳侯 | 1000.00 | 500.00 | 500.00 |
| 丰城侯 | 500.00 | 200.00 | 300.00 |
| 驸马[2] | 1000.00 | 1000.00 | |
| 惠安伯 | 1130.00 | 580.00 | 550.00 |
| 平江伯 | 1000.00 | 500.00 | 500.00 |
| 宣城伯 | 1000.00 | 500.00 | 500.00 |
| 应城伯 | 1000.00 | 500.00 | 500.00 |
| 武靖伯 | 1000.00 | 500.00 | 500.00 |
| 彭城伯 | 1000.00 | 400.00 | 600.00 |
| 成安伯 | 1000.00 | 400.00 | 600.00 |
| 襄城伯 | 1000.00 | 500.00 | 500.00 |
| 兴安伯 | 1000.00 | 300.00 | 700.00 |
| 新宁伯 | 1000.00 | 700.00 | 300.00 |
| 伏羌伯 | 1000.00 | 400.00 | 600.00 |
| 丰润伯 | 1000.00 | 500.00 | 500.00 |
| 南宁伯 | 1000.00 | 500.00 | 500.00 |
| 安乡伯 | 1000.00 | 500.00 | 500.00 |
| 彭武伯 | 1000.00 | 500.00 | 500.00 |
| 新建伯 | 1000.00 | 600.00 | 400.00 |
| 怀柔伯 | 1000.00 | 400.00 | 600.00 |
| 成山伯 | 1000.00 | 400.00 | 600.00 |
| 遂安伯 | 1000.00 | 500.00 | 500.00 |
| 靖远伯 | 1000.00 | 500.00 | 500.00 |
| 崇信伯 | 1000.00 | 400.00 | 600.00 |
| 武平伯 | 1000.00 | 400.00 | 600.00 |
| 忻城伯 | 1000.00 | 500.00 | 500.00 |
| 清平伯 | 800.00 | 400.00 | 400.00 |
| 东宁伯 | 800.00 | 350.00 | 450.00 |
| 南和伯 | 800.00 | 400.00 | 400.00 |
| 宁晋伯 | 800.00 | 400.00 | 400.0 |
| 武进伯 | 800.00 | 400.00 | 400.00 |
| 广宁伯 | 700.00 | 350.00 | 350.00 |
| 诚意伯 | 700.00 | 300.00 | 400.00 |
| 固安伯[3] | 1000.00 | 700.00 | 300.00 |
| 庆都伯 | 1000.00 | 700.00 | 300.00 |

---

[1]原书此处注："递年于苏州府长洲县张文渊户内支给。"
[2]原书此处注：其中本色米700石，小麦300石。
[3]原书此处注：特恩加赐本色米100石。

| | | | |
|---|---|---|---|
| 武清伯[1] | 1000.00 | 700.00 | 300.00 |
| 永年伯 | 1000.00 | 700.00 | 300.00 |
| 宁远伯[2] | 800.00 | 500.00 | 300.00[3] |

---

[1] 原书此处注：特恩加赐本色米 250 石。
[2] 原书此处注：特恩加赐本色米 50 石。
[3] 原书此处注：各应袭优给俱月支米 10 石，岁定米 120 石。内西宁侯应袭，仍支原给张文渊户内 1100 石。

## 文武官俸禄沿革事例

洪武二十三年，令六部、都察院所属历事官，三年无私过者给全俸，一年者给半俸。

永乐元年，令在京文武官一品、二品四分支米，六分支钞；三品、四品米钞中半兼支；五品、六品六分米，四分钞；七品、八品八分米，二分钞。每新钞二锭折米一石，该衙门自赴该库关支。

九年，令在京文武官九品至七品八分米，二分钞；六品七分米，三分钞；五品六分米，四分钞；四品至一品米钞中半兼支；杂职官全支米。

十九年，以行在衙门裁革，令随从在京官员一品至五品三分米，七分钞；六品至九品四分米，六分钞。其米每月在京支五斗，余于南京仓支。不愿者，准在京折钞，杂职官有家小者月支六斗，无者四斗五升，余折钞。

二十二年，令在京文武官折俸钞，俱给胡椒、苏木。胡椒每斤准钞一十六贯，苏木每斤八贯。仍自一品至九品，每月在京各添给米五斗，其米于折钞内扣除，杂职官有家小者添给四斗，共一石；无者添给一斗五升，共六斗。

宣德六年，令以承运库生绢折在京文武官，十一月、十二月本色俸，每匹折米二石。

七年，令文武官月支本色俸一石，以两京赃罚库布绢衣服等物折支。

八年，令两京文武官折色俸，每钞一十五贯准米一石，仍以十分为率，七分折绢，三分折布，绢每匹折钞四百贯，布每匹折钞二百贯。

九年，令以胡椒、苏木折两京文武官俸钞，胡椒每斤准钞一百贯，苏木每斤五十贯。

正统元年，令在京文武官折色俸，上半年关与钞锭，下半年关与胡椒、苏木。

四年，令北京文武官，自一品至九品，俱添本色米一石，杂职每月添二斗。

本年又令在京文武官，每月该支俸仍给本色，其十月、十一月，南京该支米数，照旧折绢。

八年，侍郎李暹题：照得南京官吏俸粮俱于本衙门，置立板仓收支。今在京府部院等衙门官吏，每月止关本色米一石，用粮不多。即今各衙门盖造将完，合无酌量腾挪房屋三五间，候运到粮米，扣算一年该用之数，定拨各衙门，径自委官收受放支。

九年，本部题：将赃罚等库收贮衣服布绢，不成匹绫罗纻丝，不奈放久颜料皮张等物估计，准作在京文武官正统十年上半年折色钞锭。

十一年，令两京文武官十月、十一月本色俸折绢，改为七月、八月之数。

景泰元年，尚书金濂题：会官议得，在京文职官员，该支三分、四分俸粮，俱于南京仓支，递年不得实用，合照军官事例，按季折与银两，不愿折者听。

三年，尚书金濂题奏：准钞价太贱，将本年在京文武官员折色俸粮，于太仓银库收贮折草银内，照行使价值，每钞五百贯，折银一两放支。

四年，光禄寺题：本寺并所属官吏俸粮，原在礼部带支，后因无仓收受，暂令京仓关支，乞要照旧。尚书金濂复：准仍于礼部仓带收放支。

天顺七年，令两京文武官七月、八月本色俸折绢，改为四月、五月之数。

成化二年，令各衙门官员，在任患病三月者住俸。

本年令在京文武官折俸钞，每十贯折米一石。

四年，尚书马昂题：在京文武官天顺七年上半年俸粮折钞，为因库贮钞少，向未关支，议将铜钱相兼支放，三分钞，七分钱，每钱三文准钞一贯，行令各衙门径自赴库关支。其天顺八年，成化元年、二年、三年，照例依次折支，候有钞之日照旧折钞。

七年，尚书杨鼎题：文武官下半年俸粮折支胡椒、苏木，近因京库椒木不敷，查得甲字库见在棉布数多，每匹折钞二百贯，通行各衙门会关，准作下半年折色俸粮。

十一年，尚书杨鼎题：在京文武官成化七年□至十年止，各上半年折俸钞锭，库贮数少，见贮钱数颇多，亦系折钞送纳之数，先将成化七年上半年俸钞给予铜钱，照见行折收事例，每钱二文准钞一贯，通行关支，若钱有余，仍依年次会关，如库收有钞，照旧关钞。

十五年，令宛、大二县官俸，照南京上元、江宁二县例，知县三七分，县丞以下四六分，米钞兼支。

弘治九年，尚书周经会议题：准将直隶苏、松、常三府秋粮起运南京，该支公、侯、驸马、伯，并府、部、院、寺等衙门官员俸禄粮米，每石折银七钱，起解两京户部，交纳支给。

十一年，尚书周经题：查得文武官员折俸钞锭，永乐间钞法流通，按月支给，官得实用。后因在库钞少，动经四五年不支。议将内库见在一应物件，除该用收贮外，其多余物件估计价钞，准作文武官弘治七年至十一年上半年折色俸钞。

十六年，本部会同府部衙门议题：两京文武官折色俸钞，自本年为始，每米一石，仍照宣德八年事例，折钞十五贯，若遇库藏积有包儿布匹铜钱等物，计钞平准估计折支。奉圣旨：是。每米一石折钞二十贯。

正德二年，尚书顾佐题：苏、松、常三府征解府部等衙门折银俸粮，以后俱送太仓银库，另项收贮。各衙门官员该支俸粮，径赴银库，于前收银内，照数支给。

嘉靖元年，都税司大使闫恕等奏称：正阳门宣课司、崇文门分司、安定门税课司、德胜门分司、张家湾宣课司、批验茶引所，俱顺天府所属，官吏俸粮乞照卢沟桥抽分竹木局等衙门，随部食粮事例，于本府仓关支。尚书孙交复：准自本年九月为始，俱于顺天府仓关支，仍行京通二仓，查照扣除。

七年，礼科给事中蔡经题，尚书邹文盛复：准以后各处解纳绢布，除原额不可缺者，照旧派纳本色外，其文武官折俸绢布，每绢一匹派银七钱，布每匹派银三钱，折征解部，依时支给。

九年，尚书梁材题：查得各处解到绢布折银，分隶浙江等司秤收，诚为民便，但文武官员如遇关支，各司分管承行，事不归一，合将前银陆续解送太仓银库，另项收贮，候在京文武衙门该关时月，造册送部，填给勘合，径于银库关领，以后年分一体施行。

二十八年，尚书潘潢题：查得《会典》，及节年事例，凡文官有军功升俸级者，后虽升职，仍旧带支。若非军功，既以升职，随即住给，其军功升俸应加柴薪，仍照兵部原议，八品以下不加外，自五品以下，每一级加一名，五品以上，每一级加二名，以后虽遇迁转，止照原日军功所升俸级、皂隶数目带支，不许随官加带。近来官员多有冒支，乞将《会典》，并兵部原题事例，申明遵守。奉圣旨：今后内外官员加升俸级，非系军功的，升迁后不许带支，著为令。其军功升俸并柴薪带支名数，你部里还将品级应加之数，逐一查议条具，开写来看。钦此。随该本部开列，复请录送史馆，著为令。从九品月俸五石，军功升俸一级，月支正九品俸五石五斗；以正九升从八俸者，月六石；以从八升正八俸者，月六石五斗；以正八升从七俸者，月七石；以从七升正七俸者，月七石五斗；以正七升从六俸者，月八石；以从六升正六俸者，月十石；以正六升从五俸者，月十四石；以从五升正五俸者，月十六石；以正五升从四俸者，月二十一石；以从四升正四俸者，月二十四石；以正四升从三俸者，月二十六石；以从三升正三俸者，月三十五石；以正三升从二俸者，月四十八石；以从二升正二俸者，月六十一石；以正二升从一俸者，月七十四石；以从一升正一俸者，月八十七石。以上加俸之后，遇有升迁，仍照所加原俸带支，至正一品俸而止，不加其柴薪。从九至正八，原额俱二名，有军功俱不加；从七、正七俱额二名，内正七近侍官额三名；从六、正六俱额四名，有军功加俸外，加柴薪一名；从五、正五俱额四名；从四正四俱额六名；从三、正三俱额十名；从二、正二俱额十二名，有军功俱加柴薪二名；其从一、正一俱额十四名而止，虽有军功不加。若九年考满，升俸官员照依所升俸级，关支俸薪，升迁之后，非系军功，止支本等，原升俸米柴薪不许带支。乞恩等项升俸，例不佥拨柴薪、皂隶。奉圣旨：既查议明白，着载在令□，通行内外遵守。钦此。

### 公、侯、驸马、伯岁支本折禄米沿革事例

洪武初，凡公、侯、驸马、伯禄米，皆给官田，令量其原定官粮私租之数，依主佃分数收取。

二十五年，令公、侯、伯皆给禄米，论功定数，赐田还官；与驸马、仪宾禄米，俱支本色。

永乐二年，令公、侯、驸马、伯禄米照文武官例，米钞兼支。五千石至三千五百石者支米二千石；二千五百石者支米一千五百石；二千石者支米一千石；一千五百石至一千一百石者支米八百石；一千石者支米七百石；九百石者支米六百石；八百石者支米五百石；四百石者支米二百五十石；其余折钞；二百石以下全支米。

二十二年，令公、侯、驸马、伯禄米折钞，俱于南京支麦。

洪熙元年，令公、侯、驸马、伯折钞禄米，米麦兼支。

宣德六年，令以承运库生绢，准给公、侯、伯禄米一半，每匹折米二石。

正统三年，令仍照旧米麦兼支。

十一年，令公、侯、伯愿以南京该支三分本色，□照在京军职折支绢者听。

十二年，奏准公、侯、伯禄米有自愿分与族□者听，不愿与者，亲族不许争讼分夺。

景泰元年，令侯、伯禄米，仍米钞兼支。

六年，令以龙江盐仓盐，照文武官例，准支南京公、侯、驸马、伯禄米。

七年，令以太仓库草折银，准支公、侯、驸马、伯折色钞，每银一两准钞七百贯。

成化十九年，奏准公、侯、伯禄米本色折色之数，子孙承袭之时俱照旧，该部奏请，取自上裁。

二十年，令公、侯、驸马、伯本色禄米，每石暂折银七钱，以后仍照旧例。

弘治元年，令公、侯、驸马、伯本色禄米，仍折支银。

十年，令两京公、侯、驸马、伯本色禄米，自后每石折银七钱。

嘉靖二年，题准公、侯、伯岁首全支禄米者，倘有事故，准作袭爵子孙次年应支之数，不许乞恩免还。

十三年，题准行南京户部，每年终将公、侯、驸马该食禄米，分别见支未支，并罚俸住俸病故，扣除年月日期银两数目，造册送部稽考，若有情弊，听南京户部查参。

十七年，令公、侯、驸马、伯禄米于户部关支，见任南京并各处镇守者，照旧南京支给。凡公、侯、驸马、伯奉特恩加禄者，子孙袭爵之日住支。

臣等谨按：国初勋戚之臣，皆赐官田以代常禄，继令赐田还官，给以本色。永乐间始令与文武百官皆同米钞兼支之例，然其本折多寡之数，则皆请自上裁，无定额也。至于在京大小臣工之禄，则本色者三：月米、折银、折绢也；折色者二：本色钞与布折钞也，皆视品级为差。其体臣下之私，而劝其忠廉者，恩甚厚矣。但勋戚承袭，若嫡庶正支无论矣，其间或由弟侄，或由旁支，则例皆减禄，而多寡之额，未有划一，因致贪缘请托之弊生焉。而官卑禄薄者，或有不给之虑，则往往多不自爱，斯弊也，盖中外同之，惟当严为之禁。而旧制固未易轻议也，然岁赋已定，民力渐竭，而供亿渐以不支。迩者当事诸臣奉将德意，汰冗员，裁冗禄，岁省浮靡不下十有余万，或者民力其稍舒乎。

## 《万历会计录》卷三十五　漕运

甲表88　　　　　　　　　　　　漕粮额数

| 项目 | 总数 | 浙江 | 江西 | 湖广 | | |
|---|---|---|---|---|---|---|
| 岁额(石) | 4000000.00 | | | | | |
| 内兑运粮(石) | 3300000.00 | 600000.00 | 400000.00 | 250000.00 | | |
| 折色 | 177734.70 | | | 37734.70 | | |
| 本色 | 3122265.30 | 600000.00 | 400000.00 | 212265.30 | | |
| 内改兑粮(石) | 700000.00 | | | | | |
| 兑运加耗米(石) | 1751195.09 | 396000.00 | 264000.00 | 140095.09 | | |
| 除折米(石) | 37734.70 | | | 37734.70 | | |
| 两尖米(石) | 312226.53 | 60000.00 | 40000.00 | 21226.53 | | |
| 内轻赍银(两) | 445257.75 | 108000.00 | 72000.00 | 38207.75 | | |
| 扣留银(两) | 27122.65[2] | 6000.00 | 4000.00 | 2122.65 | | |
| 项目 | 应天府 | 苏州府 | 松江府 | 常州府 | 镇江府 | 宁国府 |
| 内兑运粮(石) | 100000.00 | 655000.00 | 203000.00 | 175000.00 | 80000.00 | 30000.00 |
| 本色 | 100000.00 | 655000.00 | 203000.00 | 175000.00 | 80000.00 | 30000.00 |
| 兑运加耗米(石) | 56000.00 | 366800.00 | 113680.00 | 98000.00 | 44800.00 | 16800.00 |
| 尖米(石) | 10000.00 | 65500.00 | 20300.00 | 17500.00 | 8000.00 | 3000.00 |
| 内轻赍银(两) | 13000.00 | 85150.00 | 26390.00 | 22750.00 | 10400.00 | 3900.00 |
| 扣留银(两)[3] | 1000.00 | 6550.00 | 2030.00 | 1750.00 | 800.00 | 300.00 |

[1]卷内沿革事例"禁令（附侵盗私索）"作"禁令（附侵盗科索）"。

[2]原书此处注：　浙江江西湖广每正粮1石加耗米0.66石，两尖米0.1石，共0.76石；内除0.4石随船作耗，余0.36石折银0.18两，谓之三六轻赍；后通惠河成，扣留脚价，于0.36石内，扣留米0.02石，折银0.01两，止征0.34石，谓之三四轻赍，折银0.17两。

[3]原书此处注：　应天苏州松江常州镇江太平宁国池州庐州安庆每石耗米0.56石，尖米0.1石，共0.66石；内除0.4石随船作耗，余0.26石，折银0.13两，谓之二六轻赍；内扣留米0.02石，折银0.01两，止征0.24石，谓之二四轻赍，折银0.12两。

| 项目 | 池州府 | 庐州府 | 太平府 | 安庆府 | | |
|---|---|---|---|---|---|---|
| 内兑运粮(石) | 25000.00 | 10000.00 | 17000.00 | 60000.00 | | |
| 本色 | 25000.00 | 10000.00 | 17000.00 | 60000.00 | | |
| 兑运加耗米(石) | 14000.00 | 5600.00 | 9520.00 | 33600.00 | | |
| 尖米(石) | 2500.00 | 1000.00 | 1700.00 | 6000.00 | | |
| 内轻赍银(两) | 3250.00 | 1300.00 | 2210.00 | 7800.00 | | |
| 扣留银(两) | 250.00 | 100.00 | 170.00 | 600.00 | | |
| 项目 | 凤阳府 | 淮安府 | 扬州府 | 徐州 | | |
| 内兑运粮(石) | 30000.00 | 25000.00 | 60000.00 | 30000.00 | | |
| 本色 | 30000.00 | 25000.00 | 60000.00 | 30000.00 | | |
| 兑运加耗米(石)[1] | 13800.00 | 11500.00 | 27600.00 | 12300.00 | | |
| 尖米(石) | 3000.00 | 2500.00 | 6000.00 | 3000.00 | | |
| 内轻赍银(两) | 3900.00 | 3250.00 | 7800.00 | 3150.00 | | |
| 扣留银(两) | 300.00 | 250.00 | 600.00 | 300.00 | | |
| 项目 | 山东 | 河南 | | | | |
| 内兑运粮(石) | 280000.00 | 270000.00 | | | | |
| 折色 | 70000.00 | 70000.00 | | | | |
| 本色 | 210000.00 | 200000.00 | | | | |
| 兑运加耗米(石)[2] | 65100.00 | 62000.00 | | | | |
| 尖米(石) | 21000.00 | 20000.00 | | | | |
| 内轻赍银(两) | 16800.00 | 16000.00 | | | | |

[3]

**盘剥折银米[4]**
**过湖米[5]**
**脚米[6]**

---

[1]原书此处注：凤阳淮安扬州三府徐州一州每石俱耗米 0.46 石，尖米 0.1 石，共 0.56 石；内除 0.3 石随船作耗，余 0.26 石，亦谓之二六轻赍；后改为二四，并扣留银与应天等府相同。

[2]原书此处注：山东河南每石俱加耗米 0.31 石，尖米 0.1 石，共 0.41 石；内除 0.25 石随船作耗，余 0.16 石，折银 0.08 两，谓之一二轻赍；俱无扣留。

[3]原书此处注："以上耗米俱平斛收受，尖米即于正粮内加两尖收受，其轻赍银两以十分为率，征完付运船通解至淮，内将三分给与船上应用，仍将七分领解至通仓，给作雇车船脚等项支用，若有余剩，仍均作三分，将一分贮太仓候淮修船，二分给军回南，其扣留一分银解贮太仓。"

[4]原书此处注：河南每石再加耗米 0.03 石，折银 0.015 两，随粮给军，以资卫河盘剥；山东东昌府属观城朝城莘县冠县，在小滩交兑者，亦□加耗米 0.03 石，折银给军，与河南同。

[5]原书此处注：九江府每石征 0.07 石，通给运军作过湖脚耗及添置什物修船之用；其饶州广信建昌铅山抚州五所赴进贤水次兑本省粮米，每石亦征 0.04 石，折银 0.012 两，于布政司库贮过湖米内支给。南昌袁州赣州三卫吉安福永新三所过湖米无。

[6]原书此处注：江北三总并南京浙江下江等总水次领兑军船，每石原征脚米 0.13 石，后蠲免 0.07 石，其 0.06 石仍折银两，给发运官同有司委官买办物料修艌并置备什物之用。镇江庐州二卫兑本府粮米，亦加脚价米 0.06 石；其江宁上元江浦六合句容五县原征脚米 0.07 石，近减 0.01 石，将 0.03 石量给船户，0.03 石给军盘剥修艌。

## 甲表89　　改兑粮[1]

| 地区 | 石 |
| --- | --- |
| **总数** | 700000.00 |
| 淮安府常盈仓 | |
| 江西 | 170000.00 |
| 应天府 | 28000.00 |
| 苏州府 | 42000.00 |
| 松江府 | 29950.00 |
| 广德州 | 8000.00 |
| 镇江府 | 10000.00 |
| 淮安府 | 10150.00 |
| 徐州广运仓 | |
| 浙江 | 30000.00 |
| 扬州府 | 37000.00 |
| 凤阳府 | 30300.00 |
| 徐州 | 18000.00 |
| 镇江府 | 12000.00 |
| 淮安府 | 69000.00 |
| 临清广积仓 | |
| 山东 | 20600.00 |
| 河南 | 50000.00 |
| 德州德州仓 | |
| 山东 | 75000.00 |
| 河南 | 60000.00 |

| | |
| --- | --- |
| 凤阳府[5] | 8181.00 |
| 淮安府 | 21370.50 |
| 扬州府 | 9990.00 |
| 徐州[6] | 4860.00 |
| 山东[7] | 16212.00 |
| 河南 | 18700.00 |

[8]

## 甲表90　　改兑加耗米

| 地区 | 石[2] |
| --- | --- |
| **总数** | 204937.50 |
| 浙江[3] | 12600.00 |
| 江西 | 71400.00 |
| 应天府[4] | 8960.00 |
| 苏州府 | 13440.00 |
| 松江府 | 9584.00 |
| 镇江府 | 7040.00 |
| 广德州 | 2560.00 |

## 甲表91　　支运米

| 地点 | 米(石) | 本色(石) | 折色(石) |
| --- | --- | --- | --- |
| **总数** | 644083.30 | | |
| 天津仓 | | 60000.00 | |
| 蓟州仓[9] | | 100000.00 | 140000.00 |
| 密云镇[10] | 154810.80 | | |
| 昌平镇[11] | 189272.50 | | |

## 甲表92　　预备米

| (石)[12] | 194400.00 |
| --- | --- |
| 临清广积仓 | |
| 山东秋粮米(石) | 34400.00 |
| 山东夏税麦折米(石) | 20000.00 |
| 河南 | 60000.00 |
| 德州德州仓 | |
| 山东夏税麦折米(石)[13] | 60000.00 |
| 河南 | 20000.00 |

[1]原书此处注："原坐淮徐临德四仓，系民运纳军赴仓领运至京通二仓。成化十一等年，照兑运事例，令军径赴水次领兑。"

[2]原书此处注：此项总数与各省府数之和不同，各省府数之和为204897.5石。

[3]原书此处注：浙江江西每石俱加耗米0.42石，将0.4石作耗，将0.02石折银0.01两给军，尖米轻赍俱无。

[4]原书此处注：应天苏州松江镇江广德每石俱0.32石，将0.3石作耗，0.02石折银0.01两给军，尖米轻赍俱无。

[5]原书此处注：凤阳淮安扬州每石俱0.27石，将0.25石作耗，0.02石折银0.01两给军，尖米轻赍俱无。

[6]原书此处注：徐州每石0.22石，俱本色，折银及尖米轻赍俱无。

[7]原书此处注：山东河南每石0.17石，俱本色，折银及尖米轻赍俱无。

[8]原书此处注："以上如有不敷完粮，于本总属下各卫所兑运轻赍银内贴应用。"

[9]原书此处注：均派河南山东各70000石，内20000石，折银0.6两；50000石，折银0.8两（即上兑运数内）。嘉靖四十四年，将折色粮内分拨56000石，赴永平；万历二年将本色粮内改拨50000石，归通仓。

[10]原书此处注：原定米104810.8石，万历元年加拨50000石。

[11]原书此处注：原定米39272.5石，万历元年加拨150000石。

[12]原书此处注：收贮临德二仓，系4000000石，额外之数，听备灾伤补运。

[13]原书此处注：嘉靖三十九年，于内拨5800石上天津仓。

714

运船官军

| | 指挥（员） | 千百户（员） | 军（名） | 浅船(艘) | 领漕(石) |
|---|---|---|---|---|---|
| 南京锦衣总把总1员领十三卫 | | | | | |
| 锦衣卫 | | 3 | 341 | 36 | 10470.00 |
| 府军右卫 | | 1 | 102 | 12 | 3500.00 |
| 神策卫 | | 1 | 135 | 14 | 4235.00 |
| 金吾后卫 | | 1 | 164 | 15 | 4794.00 |
| 留守左卫 | 1 | | 192 | 23 | 6176.00 |
| 虎贲左卫 | 1 | 1 | 234 | 26 | 7800.00 |
| 镇南卫 | 1 | 2 | 470 | 50 | 14810.00 |
| 龙虎卫 | 1 | 2 | 500 | 56 | 16042.40 |
| 广洋卫 | 1 | 7 | 1611 | 157 | 49505.67 |
| 龙江右卫 | 1 | 8 | 1972 | 185 | 58659.60 |
| 豹韬左卫 | 1 | 12 | 2033 | 198 | 62000.00 |
| 江阴卫 | 1 | 7 | 1173 | 119 | 36721.00 |
| 府军卫 | | 1 | 130 | 13 | 4100.00 |
| 南京旗手总把总1员领十三卫 | | | | | |
| 旗手卫 | 1 | 1 | 222 | 24 | 7091.00 |
| 府军左卫 | 1 | 1 | 195 | 19 | 6000.00 |
| 羽林左卫 | | 1 | 88 | 9 | 2700.00 |
| 应天卫 | 1 | 2 | 444 | 44 | 14000.00 |
| 横海卫 | 1 | 6 | 1098 | 113 | 34855.33 |
| 兴武卫 | 1 | 2 | 387 | 40 | 12000.00 |
| 府军后卫 | 1 | | 148 | 15 | 4750.00 |
| 水军左卫 | 1 | 12 | 2125 | 201 | 64000.00 |
| 龙虎左卫 | 1 | 2 | 1440 | 142 | 44700.00 |
| 龙江左卫 | 1 | 2 | 1417 | 132 | 42000.00 |
| 水军右卫 | 1 | 7 | 1132 | 112 | 35424.05 |
| 金吾前卫 | | 1 | 149 | 25 | 4750.00 |
| 沈阳右卫 | | 1 | 79 | 8 | 2425.00 |
| 上江总把总1员领十卫 | | | | | |
| 建扬卫 | 1 | 10 | 1350 | 128 | 43544.96 |
| 新安卫 | 1 | 10 | 1250 | 125 | 38377.50 |
| 安庆卫 | 1 | 10 | 1911 | 275 | 58672.00 |
| 九江卫 | 1 | 10 | 1716 | 165 | 52590.34 |
| 宣州卫 | 1 | 4 | 564 | 55 | 18000.00 |
| 鹰扬卫 | 1 | 2 | 374 | 37 | 10984.86 |
| 留守右卫 | 1 | 2 | 430 | 43 | 13247.75 |
| 豹韬卫 | 1 | 2 | 387 | 40 | 11800.38 |
| 虎贲右卫 | 1 | 2 | 590 | 57 | 18103.61 |
| 武德卫 | 1 | 3 | 359 | 35 | 10971.59 |
| 下江总把总1员领七卫二所 | | | | | |
| 镇江卫 | 1 | 14 | 2418 | 238 | 77525.95 |

| | | | | | |
|---|---|---|---|---|---|
| 苏州卫 | 1 | 11 | 2174 | 198 | 67320.00 |
| 太仓卫 | 1 | 8 | 1130 | 95 | 33250.00 |
| 镇海卫 | 1 | 10 | 1126 | 96 | 33600.00 |
| 骁骑右卫 | 1 | 2 | 359 | 35 | 11375.00 |
| 羽林右卫 | 1 | 2 | 358 | 36 | 11375.00 |
| 留守中卫 | 1 | 1 | 160 | 16 | 5200.00 |
| 嘉兴所 | | 3 | 410 | 41 | 13530.00 |
| 松江所 | | 2 | 400 | 40 | 13200.00 |
| 淮大总把总1员领五卫 | | | | | |
| 淮安卫 | 1 | 10 | 2603 | 259 | 83677.00 |
| 大河卫 | 2 | 16 | 3990 | 399 | 129468.45 |
| 泗州卫 | 2 | 14 | 2775 | 273 | 89699.60 |
| 寿州卫 | 1 | 10 | 1497 | 150 | 48000.00 |
| 邳州卫 | 1 | 10 | 1592 | 159 | 50975.50 |
| 扬州总把总1员领六卫四所 | | | | | |
| 扬州卫 | 2 | 12 | 1940 | 194 | 65780.95 |
| 高邮卫 | 2 | 8 | 1550 | 155 | 50484.93 |
| 仪真卫 | 1 | 5 | 1110 | 110 | 35200.00 |
| 滁州卫 | 1 | 4 | 790 | 79 | 25280.00 |
| 庐州卫 | 1 | 10 | 1676 | 167 | 53477.75 |
| 六安卫 | 1 | 6 | 950 | 95 | 30357.90 |
| 通州所 | | 2 | 326 | 32 | 10240.00 |
| 泰州所 | | 3 | 485 | 48 | 15360.00 |
| 盐城所 | | 2 | 225 | 22 | 7040.00 |
| 兴化所 | | 3 | 497 | 50 | 16000.00 |
| 中都总把总1员领十卫一所 | | | | | |
| 凤阳中卫 | 1 | 10 | 980 | 107 | 34204.32 |
| 凤阳右卫 | 1 | 10 | 1020 | 103 | 33080.54 |
| 凤阳卫 | 1 | 9 | 966 | 101 | 32639.67 |
| 留守中卫 | 1 | 9 | 903 | 91 | 29997.85 |
| 留守左卫 | 1 | 10 | 1119 | 112 | 35680.00 |
| 怀远卫 | 1 | 10 | 927 | 92 | 30302.15 |
| 长淮卫 | 2 | 10 | 1792 | 105 | 58060.00 |
| 宿州卫 | 1 | 3 | 350 | 35 | 11200.00 |
| 武平卫 | 1 | 3 | 471 | 47 | 15100.00 |
| 颖川卫 | | 2 | 250 | 25 | 8000.00 |
| 洪塘所 | | 2 | 197 | 20 | 6400.00 |
| 浙西总把总1员领四卫三所 | | | | | |
| 杭州前卫 | 1 | 10 | 2277 | 207 | 71083.10 |
| 杭州右卫 | 1 | 10 | 2497 | 227 | 78499.34 |
| 绍兴卫 | 1 | 10 | 2761 | 251 | 86798.83 |
| 海宁卫 | | 1 | 132 | 12 | 4149.74 |
| 严州所 | | 3 | 1001 | 91 | 31468.92 |

| | | | | | |
|---|---|---|---|---|---|
| 湖州所 | | 3 | 660 | 60 | 20748.73 |
| 海宁所 | | 3 | 649 | 59 | 20402.97 |
| 浙东总把总1员领四卫二所 | | | | | |
| 宁波卫 | 1 | 10 | 3179 | 289 | 93067.70 |
| 台州卫 | 1 | 11 | 2882 | 262 | 84372.80 |
| 温州卫 | 1 | 10 | 2794 | 254 | 81796.48 |
| 处州卫 | 1 | 10 | 2090 | 190 | 61186.40 |
| 金华所 | | 3 | 385 | 35 | 11271.20 |
| 衢州所 | | 3 | 682 | 62 | 19966.10 |
| 江西总把总1员领三卫八所 | | | | | |
| 南昌卫 | 2 | 14 | 2336 | 212 | 72979.83 |
| 袁州卫 | 1 | 10 | 1384 | 120 | 42787.70 |
| 赣州卫 | 1 | 5 | 674 | 60 | 20886.20 |
| 吉安所 | 1 | 4 | 1150 | 98 | 35519.00 |
| 安福所 | 1 | 2 | 655 | 62 | 20236.89 |
| 永新所 | | 4 | 410 | 37 | 12568.76 |
| 抚州所 | | 4 | 781 | 66 | 24080.60 |
| 建昌所 | | 3 | 530 | 47 | 16190.73 |
| 广信所 | | 4 | 563 | 51 | 17338.70 |
| 铅山所 | | 4 | 504 | 46 | 15459.70 |
| 饶州所 | | 4 | 807 | 67 | 24374.74 |
| 湖广总把总1员领八卫一所 | | | | | |
| 武昌卫 | 1 | 5 | 1193 | 116 | 39951.95 |
| 武昌左卫 | 1 | 5 | 1123 | 108 | 37152.60 |
| 蕲州卫 | 1 | 5 | 1405 | 127 | 41753.60 |
| 黄州卫 | 1 | 4 | 876 | 85 | 28542.24 |
| 荆州卫 | 1 | 5 | 775 | 75 | 25653.50 |
| 荆州右卫 | 1 | 5 | 774 | 74 | 25249.00 |
| 岳州卫 | 1 | 4 | 576 | 57 | 19277.57 |
| 襄阳卫 | 1 | 6 | 736 | 67 | 23486.68 |
| 沔阳卫 | 1 | 3 | 1056 | 97 | 28535.05 |
| 德安所 | | 4 | 402 | 38 | 12958.95 |
| 山东总把总1员领十七卫二所 | | | | | |
| 临清卫 | 1 | 12 | 2665 | 265 | 81845.00 |
| 平山卫 | 1 | 5 | 1106 | 111 | 33966.00 |
| 东昌卫 | 1 | 5 | 508 | 50 | 15601.00 |
| 济宁卫 | 2 | 8 | 2316 | 231 | 71128.30 |
| 任城卫 | 1 | 5 | 600 | 60 | 18428.00 |
| 东平所 | | 2 | 315 | 31 | 9674.00 |
| 濮州所[1] | | 2 | 255 | 25 | 7830.00 |
| 徐州卫 | 1 | 14 | 2516 | 249 | 77246.23 |

[1]以上七卫所系本总原领之额。

| | | | | | |
|---|---|---|---|---|---|
| 徐州左卫 | 1 | 5 | 1005 | 101 | 30855.51 |
| 归德卫 | 1 | 5 | 768 | 77 | 23579.13 |
| 德州卫 | 1 | 3 | 502 | 43 | 23905.00 |
| 德州左卫 | 1 | 5 | 501 | 42 | 23857.00 |
| 天津卫 | | 1 | 145 | 12 | 5761.00 |
| 天津左卫 | | 1 | 121 | 10 | 5761.00 |
| 天津右卫 | | 1 | 98 | 8 | 4666.00 |
| 通州左卫 | | 1 | 133 | 11 | 6333.00 |
| 通州右卫 | | 1 | 99 | 8 | 4714.00 |
| 定边卫 | | 1 | 85 | 7 | 4049.00 |
| 神武中卫[1] | | 1 | 80 | 7 | 3811.00 |
| 海运总[2] | | | | | |
| 淮安卫[3] | | | 312 | 26 | 11386.85 |
| 大河卫[4] | | | 504 | 42 | 18394.17 |
| 高邮卫[5] | | | 312 | 26 | 11386.85 |
| 长淮卫[6] | | | 264 | 22 | 9635.03 |
| 泗州卫[7] | | | 312 | 26 | 11386.85 |
| 扬州卫[8] | | | 528 | 44 | 19270.09 |
| 镇海卫[9] | | | 336 | 28 | 12262.76 |
| 太仓卫[10] | | | 336 | 28 | 12262.76 |
| 通州所[11] | | | 192 | 16 | 7007.29 |
| 盐城所[12] | | | 192 | 16 | 7007.29 |

[13]

[1] 以上十二卫所系裁革遮洋并入本总之数。

[2] 原书此处注：隆庆六年复开海运，设把总一员，领原设遮洋总下淮大高扬长泗六卫，及分割扬州总下通州盐城二所，下江总下镇江太仓二卫，以河运额内旗军驾新造海船 274 艘，领漕 120000 石；其千百户官俱于原试海运及滨海卫所选用，员数如前，领九卫所。

[3] 原书此处注：外扣粮抵料军 156 名。

[4] 原书此处注：外扣粮抵料军 145 名。

[5] 原书此处注：外扣粮抵料军 81 名。

[6] 原书此处注：外扣粮抵料军 132 名。

[7] 原书此处注：外扣粮抵料军 156 名。

[8] 原书此处注：外扣粮抵料军 144 名。

[9] 原书此处注：外扣粮抵料军 84 名。

[10] 原书此处注：外扣粮抵料军 84 名。

[11] 原书此处注：外扣粮抵料军 48 名。

[12] 原书此处注：外扣粮抵料军 48 名。

[13] 原书此处注："遮洋总万历元年罢海运改复遮洋，仍并入各总下领兑。遮洋总原领南六卫北十二卫，内南六卫淮安大河泗州（今并入淮安总）扬州高邮（今并入扬州总）长淮（今并入中都总），各领兑南粮；北十二卫德州德州左天津天津左右通州左通州右定边神武中（今并入山东总）徐州徐州左归德（三卫先隶淮安总，今亦入山东总下），领兑北粮；仍同山东总下，各轮流运蓟州天津京通等仓粮米。"

## 漕粮额数沿革事例

### 漕粮额数

洪武五年，命靖海侯吴祯率舟师海运，以饷辽东，岁七十万石（此时未有漕运）。

永乐元年，令于淮安用船可载三百石以上者，运粮入淮河、沙河，至陈州颍岐口跌坡下；用浅船可载二百石以上者，运至跌坡上；别以大船载入黄河，至八柳树等处，令河南车夫运赴卫河，转输北京（此河运兼用水陆）。又令江南民粮悉运赴太仓州，于平江刘家港用海船，绕出登莱大洋，以达直沽，岁六十万一千二百三十石。

二年，令海运粮至直沽，用三板划船运至通州交卸，又以水道搁浅，迟误海船回还，令于小直沽起盖芦囤二百八座，约收粮一十万四千石；河西务起盖仓囤一百六十间，约收粮一十四万五千石，转运北京。

五年，令山东量起夫车，将济南府并济宁州仓粮，运送德州仓，候卫河船接运（民运）。

六年，令海运船运粮八十万石于京师，其会通河、卫河，以浅河船相兼转运（此河海兼运）。

十二年，令湖广造浅船二千只，岁于淮安仓支粮，往会通河运赴北京。其旧纳太仓州粮，悉改纳淮安仓收贮。又令北京、山东、河南、中都、直隶、徐州等卫，俱选官军运粮（此漕运之始）。

十三年，以工部尚书宋礼奏，罢海运。令嘉、湖、杭州、苏、松、常镇，原坐太仓海运粮数，尽改运赴淮安仓；又于扬州、凤阳、淮安岁定拨六十万石，徐州并山东兖州府岁定拨三十万石，俱运赴济宁仓。令浅船于会通河以三千只支淮安仓粮，以二千只支济宁仓粮，运至通州，每岁通运四次。其天津、通州等卫，各拨官军于通州仓，接运至北京。又令浙江都司并直隶卫所官军，于淮安运粮至徐州；京卫官军，于徐州运粮至德州，各置仓收囤。山东、河南官军，于德州运粮至通州交收。

十六年，令浙江、湖广、江西并直隶苏、松、常镇等府秋粮，坐拨二百五十万石。令粮里人户自备船只运赴通州、河西务等处上仓（此仍民运）。

宣德二年，令浙江、江西、湖广并直隶苏松等府，起运淮安、徐州仓粮，拨民运赴通州仓，其运粮军士于淮安、南京仓支运（此军民并运之始）。

四年，令浙江、湖广、江西民运粮一百五十万石，贮淮安仓；苏州、松江、宁国、池州、庐州、安庆、广德民运粮二百七十四万石，贮徐州仓；应天、镇江、常州、太平、淮安、扬州、凤阳及滁、和二州民运粮二百二十万石，贮临清仓；令官军支运。每上粮民船，淮安十抽其一，徐州十三抽一，临清十五抽一，给与官军，兼旧船运载山东、河南、北直隶府州县粮，径赴北京。

五年，令江南民粮兑拨附近卫所官军，运载至京，量其远近，给与路费耗米（此兑运之始）。

六年，令浙江、江西、湖广、苏松常镇太平等府，金拨民丁及军多卫所添拨军士，与见运军通二十四万，分两班更替攒运。

七年，巡抚周忱、平江伯陈瑄议：民粮自运，多失农月，及官军空船往还艰苦，遂著例令民粮加给脚耗，各于附近水次兑与军运。

正统元年，令民粮运赴瓜淮，就令扬州、淮安府卫委官，并该仓官攒见数交兑。

六年，令各卫兑军民粮，兑完就出通关，如路途弯远，卫所于本都司出给通关，填给勘合。

九年，令各处民粮，每岁先尽本都司卫所兑运，其有不尽者，布政司坐拨该府州县轮流运送，于淮、徐、临、德等仓交收，候运军船至，赴仓支运十分之四。

景泰五年，刑部郎中谢麟题：张秋河决，要于安山建仓收粮，雇车陆运至临清，建仓收贮，令浅船接运至京。尚书张凤议复：每年漕粮四百二十五万五千石，今从陆运，计一年止得二百一十六万余石，将何以济？其安山、临清仓廒，亦难卒盖，仍令都御史徐有贞修筑疏通，在不□□运。

天顺六年，尚书年富题：准凡一州一县，止许与一卫交兑，兑支不尽，方许派别卫。不许将一州一县分作三、四卫，并不许将一卫分作三、四州县，及以远派近，以近派远。

成化二年，尚书杨鼎题：准铸降铁斛，发各司府较造分派，有司及各把总较量，如有私造大斛大斗，用强多兑者，许有司具呈监兑衙门，依律拿问。

八年，定岁运漕粮四百万石。

十年，都御史滕昭奏：支运仓粮七十万石，原系民运赴淮、徐、临、德四仓，支与官军领运，原无加耗。今照兑运事例，随其远近，加与耗米，令各就水次改兑与军运，如兑不尽，仍令民运原仓上纳，待各官军支运（此改兑之始）。

十七年，平江伯陈瑄题：要将十八年支运粮米，免民起运，行令官军就彼交兑。本部会议：暂准一年。

十八年，本部议得：四仓支运七十万石，赴通仓交纳，此系旧例。近因各处灾免数多，四仓粮米不够支运之数，合行陈瑄照上年改兑事例，加耗交与官军，各就彼处领运余剩之数，仍赴原坐仓分交收。

正德六年，本部尚书孙交复侍郎邵宝题：自七年为始，行漕运衙门，七月以里各将应议事例，先行具奏；本部于八月里通行会议派征，以便兑运（宣德十年定例，每年漕运总兵官八月赴京议事）。

嘉靖四十年，尚书高耀题：准凡势豪大户不赴官仓，逼军私兑者，充军。掌印管粮官纵容迟误一百石以上住俸一年；二百石以上降二级；三百石以上罢黜。管粮司道不稽查禁处者，以枉法论。

隆庆六年，尚书王国光复都御史万恭题：各处漕粮，除舟楫通行地方近便者，照旧本色赴水次仓廒听兑；其余山谷深远去处，许粮户赍银，径赴水次收买，照例晒扬上仓，一体交兑。

万历元年，尚书王国光复都御史王宗沐题：定立派兑条式，以道里近便为主，而中间又加通融，以尽其情。如江南兑运多，而江北改兑多，则又当移吴浙之船于江北；如南京船料无处，而江浙轻赍有余，又当派南京之船于江浙；江西有过湖七升，而浙江有修船六升，则当均派一半，而造船修船始得其平。兑运本轻赍带纳，而改兑原无轻赍，则当宽贴相均，而起剥起纳始不独困，以疲卫附于剧县异稍相资，以重帮定于本省亲临管束，仍刊刻成书，凡有粮州县，有军卫所，与各司道分给，永为遵守。

二年，尚书王国光复都御史王宗沐题：江北、南京等卫所兑江南粮米，船到水次，止许一旗一纲随运官赴仓领兑，其余军士俱在本船守看，敢有故违生事，听粮储兵备等官，拿解漕司，以军法重治，如粮里迟误插和诬赖抵饷，亦听从重究治。

## 水次

宣德七年，巡抚周忱题：准兑粮水次，江南于瓜淮，河南于小滩，山东于济宁，各交兑。

正统九年，令江西漕粮于九江水次交兑。

成化七年，都御史滕昭奏：罢瓜淮交兑，令里河官军径赴江南水次兑运。

正德元年，南京户部主事汪鋐议：定湖广水次于长沙、汉口交兑。

嘉靖十一年，漕运衙门题：定山东、河南水次。尚书许讃复议：二省兑军粮米，先年原在小滩。正德三年，漕臣奏移临清。九年本部奏准大名小滩水次不许移易。嘉靖元年，河南抚按又奏改回隆驿。及查清、隆二处俱非适中，照旧于小滩镇交兑。

十九年，尚书李廷相题：准将江西吴城水次，归并于进贤门外。

万历元年，尚书王国光复都御史王宗沐题：将湖广衡、永、荆、岳、长沙漕粮，原在城陵矶交兑者，改并汉口水次。

### 样米

宣德十年，本部题：准各处起运京仓大小米麦，先封干圆洁净样米送部转发各仓收，候运粮至日，比对相同，方许收纳。

弘治十三年，本部题：准各处兑运衙门解送样米，山东、河南限三月，江北、直隶、凤阳等处限四月，南京并江南等处限六月，浙江、湖广、江西限七月各到部。如有违误，先将差来人役送问，承行并管粮官吏，行巡按御史究治（今议单山东、河南限正月，江北直隶限二月，江南直隶限三月，浙江湖广限四月，各付头帮解送总督衙门收，候运粮到日，转发各仓比对收受）。

### 征兑

成化二十一年，令各司府州县并守巡管粮官，将原会兑军粮米征完，俱限十一月以里运赴原定水次仓分交兑，不完者，各管粮官住俸，次年正月不完者，革去冠带，经该官吏管粮委官俱拿问，如至十二月及次年正月终不完者，管兑官亦照例革去冠带住俸。若民粮已到，领兑官军来迟，或刁蹬者，领运官一体候兑完日参问。

隆庆四年，都御史赵孔昭题，尚书张守直复：准今后漕粮定限十月开仓，十二月终完兑开帮。如十二月终有司无粮，军卫无船。管粮司道与各府州县掌印管粮官，及领运、把总、指挥、千百户，各住俸半年；违正月终限者，各住俸一年；违二月终限者，各降二级，布政司掌印官降一级；三月终不过淮者，督押司道官，及把总以下，各降一级；四月终不过洪者，一体参究（兑粮大县，船到限十日，小县，船到限十五日俱完）。

### 寄囤

弘治十二年，奏：准运粮都司卫所把总官所管运船，俱以十分为率，若有一半以上违限，寄放德州等处不到仓者，令漕运都御史提问，降一级，纳米完日，照旧管运；一半以下者，参来提问。

正德十三年，尚书刘玑题：准运官故违期限，寄囤守冻，把总至三千石，指挥至二千石，千户至一千石，百户至五百石以上者，每一次降一级。若所寄不及石数者，照常发落。旗甲不服催攒，在途延捱者，发边卫充军。

### 上仓

成化八年，尚书薛远题：准运粮至京仓。北直隶并河南、山东卫所，限五月初一日；南直隶并凤阳等卫所，限七月初一日；若过江支兑者，限八月初一日；浙江、江西、湖广都司卫所，限九月初一日。其把总、都指挥及领运千百户等官，违限二十日以上住俸，戴罪攒运。若连三年违限者，递降一级，二年不违限者，量加奖异；三年不违限者，量加旌擢，俱奏请定夺。

嘉靖三十七年，尚书贾应春题：准山东都司、北直卫所，限三月初一日完纳；江北、直隶、凤阳等处卫所，限四月初一日完纳；南京、江南直隶卫所，限五月初一日完纳；浙江、江西、湖广卫所，俱限六月初一日完纳。违者，总督衙门、巡仓御史分别参究罚俸降级。若南京并江南直隶各卫所兑江、浙二省粮米，江北卫所兑江南各府粮米，领运官违限，查照二省并江南事例参治。

### 过淮

万历元年，尚书王国光题：准江北等处官军兑粮过淮开帮期限，如有违者，听攒运等官查照久近，分别参治。江北官军兑本府州县粮米者，限十二月过淮，南京、江南直隶官军兑应天、苏、松等处者，限正月过淮，湖广、江、浙三总兑本省者，限二月过淮，山东、北直隶卫所官军兑山东、河南粮米者，限正月以里开帮，如有违限，听攒运等官查照久近，分别参究治罪。

二年，都御史王宗沐题：要改复三月终过淮限例。尚书王国光议复：旧例三月过淮，多与黄水相值，始议限以二月，年来未有能如期者。若再改宽一月，则彼此延捱，势所必至，况近来水次及过淮迟误被参官员，必俟其临仓挂欠，然后定罪。苟完纳如期，即准赎罪，亦未常不宽，仍照旧限，二月为便。复奉钦依。

### 脚耗轻赍

宣德五年，令江南民粮兑拨附近卫所官军运载至京，量其远近，给与路费耗米（此兑运加耗之始）。

八年，本部题：准民粮加给脚耗，与附近水次兑与军运，每石湖广八斗，江、浙七斗，南直隶六斗，江北淮、扬、凤阳五斗，徐州四斗，北直隶、山东、河南三斗，若民自运至瓜淮兑者四斗。

成化八年，都御史张敷华咨，本部题：准脚价耗米，照六年折银事例，就令彼处收粮委官折收解部，听候支用，每正粮一石，脚价米九升（此脚米之始）。

十年，都御史滕昭奏：准将徐淮临德四仓民运粮米，各就水次改兑与军，加与耗米领运（此改兑加耗之始）。

本年御史吴禋奏：各仓粮斛要照先年两平行，概每石收耗八升。本部复：准仍照正统十三年例，一尖一平收受（此进仓加耗之始）。

十三年，本部题：准进仓粮米兑运，每石明加八升；支运淮安等仓粮，照原例一尖一平为则。

弘治二年，令官军上纳京通二仓兑运者加耗七升，改兑者加耗四升，支运并遮洋船仍旧一尖一平收受，今遮洋加耗六升，兑运改兑支运者，俱同此例。

九年，都御史李蕙题：耗米折银，批解户部收贮。尚书叶淇复：准令漕运衙门自收，计扣余剩，转发淮安府库收贮，候运船至日，查照应借卫所支给者，令于次年照数还官。

十五年，本部题：准江西粮米不拘兑运、改兑，每石加过湖米七升。

正德七年，都御史张缙题。尚书孙交复：准过江脚米，江北一斗五升，减作五升；江南仍旧□升，通融增损以便民。

本年都御复张缙题，尚书孙交复：准将兑军余耗，准令折银，照议每石定价五钱，收贮在官，各总掌管，以备到京车脚等项之费，如有余剩，漕运衙门查收，紧急缺乏，通融支补。

十年，本部题：准轻赍随正粮带征，至今为例（轻赍数见上，总额不开）。

嘉靖八年，御史虞守愚题：通惠河成，免派脚价。尚书梁材议复：奉圣旨，通惠河开浚，本为粮运，以纾军士困苦。这脚价还照旧派征，待一二年后，你部里再议处了来说。钦此。

十一年，尚书许赞议：准轻赍银两解赴漕司验兑，每帮先给十分之三，备沿途起剥支用，十分之七鞘封到京，会验给散，山东、河南轻赍银不先给，蓟州粮每石先给一分，以资添办什物。

十二年，尚书许赞题：准铸降天平砝码，给发各州县把总官，如式铸造，平兑轻赍银两。

十四年，都御史郭宗皋题。尚书许赞复：准轻赍银两以次减省，扣留收解太仓银库。除□□照旧外，二六者减为二四轻赍，扣留米二升折银一分；三六者改为三四轻赍，扣留米二升折银一分，以备修河等项之费，量减，以免小民输纳之艰。

二十八年，尚书夏邦谟题：准江西饶州、抚州、建昌、广信、铅山五所军船，每石加过湖米四升，折银一分二厘。

三十年，尚书孙应奎题：准苏州等府，照依先年事例，将米七升，有司自雇民船，交与官军装粮抵坝，其余米六升，仍给官军过坝修船。

三十二年，都御史郑晓题：本部议支运仓粮原无加耗，每石例该补买加米一斗，以为在船在仓折耗之数，先年上通仓，每石有司征贴脚价银一钱五分，后全拨京仓，议加银一钱，共二钱五分，今河南灾伤，准令折银改拨于临、德二仓，粮米支运补额，每石议贴耗银一钱五分。今岁米贵，所贴前银不足，查照仓分远近量为均处，每石再加银五分，至牛栏山。除旧例加耗三升外，加银三分。通州仓二分，德州仓支运至蓟仓加银三分，牛栏山除耗外，加银二分，通仓一分。俱于该省折银内给，应运官军再照天津仓粮自临清运至者，比至通为近，原议脚银一钱五分照旧，至德州运至者，比自临清为尤近，原议脚银一钱五分，似为过多，应扣二分，止给一钱三分，以均劳逸，以补前项加添之费。山东漕运事宜，原与河南一体，如两省灾伤，遇有支运，通行查照加扣，庶为两便。

四十三年，尚书高燿题：准九江卫原扣过湖米三升，照数全给，以为过湖添置什物修船之用。

万历元年，尚书王国光题：准江北三总军船派兑南粮，原不下坝，原定脚米一斗三升，雇觅江船。今瓜州建闸径赴水次听兑。合蠲免七升，以宽民力；折征六升，以备修船，并置办什物之用。其南京各卫通到水次，原征脚米七升，合扣免一升，各给脚米六升，庶事体归一，以便遵守。

二年，尚书王国光题：准脚米六升折征银两，给发运官，公同有司买办物料等项，及时修舱。

本年尚书王国光题：准以后轻赍银两，沿途起剥等项，俱呈明督押参政、地方兵备，及各差部官，批给印信执照，方准支销，不许该总通同冒破。

本年尚书王国光题：准各处随粮轻赍银，俱随本帮通解漕司，照例分为三七，内将三分给运官，即令本帮并前后帮船，互相防守，其余七分，选定廉干武职解官，逐帮验秤明白，各令入鞘，类至十万上下，装入标船，拨鸦兵三十名，量给往回盘费，星夜越帮前进，沿河各道及有司官，如遇船到，即便拨夫挽拽，率兵防护，解银至日，通仓坐粮郎中秤验寄库，候该帮船到，验给运官完粮。其山东、河南二省轻赍，原不过淮，责成临清兵备，呈请抚按河道衙门差官陆路起解，有司拨夫防护，增入议单，永为遵守。

万历七年，尚书张学颜题：准每年支剩轻赍等银，取库收呈，缴其一应盘剥，完粮扣省等银，应扣应给。候运完之日，京通二粮厅，各将原领查收查给文簿，呈送总督衙门比对，必与相同，方准注销。仍查照旧规，年终造册，通呈本部稽查销算。其羡余二分，给军一分修船，银两通粮厅每年运完，具呈本部，照例选差部属官，解准给散，永为遵守。

本年尚书张学颜题：准密云、通州水运至牛栏山，支轻赍银，每石水脚银四分二厘；自山至隆庆仓，每石银四分。昌平旧额粮运渤海等仓，从牛栏山。居庸仓，从沙子营。新添粮水运至沙子营，每石经纪银三分七厘五毫，陆运至奠靖仓，车户银四分；水盛径达安济桥，每石经纪银六分，车户银六厘，扣省一分一厘五毫。

本年总督仓场尚书汪宗伊题：议盘剥、完粮、□省、羡余四项，造册咨部，乞要转咨漕运衙门，遵照施行。该本部酌议：开款上请。奉圣旨：近来漕河无虞，起剥诸费虽觉稍省，然不可遽以为常，且运军疲困，亦当宽恤，这轻赍银两，还照议单分为三七，以三分给本帮，备沿途宂贴等费；其羡余先给回南旗军一分，余候完掣通关之日，查无挂欠，亦便与运官领回分给，不必扣贮。钦此。

### 蓆板篝架

正统十三年，令各处兑运民粮，每二石与新芦蓆一领，支运淮安等仓粮，每二石领垫仓旧席一领。至京通二仓，每百领除损坏外，上纳七十领。

弘治二年，尚书李敏题：准地方产有竹篾去处，计算兑支运米多寡，该用囤皮若干，照数置办，带携应用。

五年，尚书叶淇题：准兑运改兑米随粮芦蓆，本折中半兼收，每粮二石该蓆一领收本色外，其余每领折银一分，交与领运官旗，赴太仓银库交纳。

十二年，尚书周经题：准芦蓆一领折米一升五合，斜蓆一领折粟米二升。

嘉靖十二年，尚书许赞题：准蓆木则例，每领折银一分，如贵处折银一分二厘。兑运米二千石，该楞木一根，松板九片，俱纳本色。改兑米二石该蓆一领，本折中半。山东等总应纳斜蓆长六尺四寸，阔三尺六寸；浙江等总应纳方蓆长直俱四尺八寸。

隆庆三年，尚书刘体乾题：准篝架除照例给官攒甲斗外，有事故扣除，并其余俱送太仓，及查每厂以一万二千石为额，如米不足额，即递减，在官作小修仓厂工食篝架，每石银五厘，每一万二千石，该银六十两（详见仓场）。

### 运船官军

永乐二年，用官军海运。十二年，始定官军河运（此后军民兼运不常）。

十二年，令湖广造浅船二千余只，于淮安各仓支运（以前或用海船、河船，或抽民运船只等项，俱见上，漕政内不载）。

宣德三年，奏：准各都司卫所选委指挥等官，专一提督运粮，不许别项。差操军士缺，即为拨补。如有不差原选运官，及军缺不补者，正官及首领官，俱罚俸半年。

五年，差给事中御史会同按察都司府卫各正官，点选运粮官军，其管运官员不能抚恤，以致逃故者，从总兵官处治，所亏粮仍令补还。

本年奏：准运粮官军船只，南京中都留守及直隶卫所，于淮安修理，有司给与材料。

七年，令增拨南京豹韬左等卫，及各都司直隶卫所军余，并见运官军，共一十六万，攒运粮储。

九年，令运粮官军，但有软弱事故者，于见操屯田官军内兑补。

正统八年，令运粮船损坏，拨附近地方产有物料办纳，于清卫二提举司修造，每处工部差官一员监收督造，各卫所仍差拨官军盖立厂房，相兼匠作用工，及贴办物料。

十三年，尚书王佐题：准遮洋船三百五十只，原系南京龙江左等卫，并扬州、淮安一十三卫官军驾使，每岁运粮由直沽以东三叉河过，赴林南东店等仓交纳。樑阔底深，闸河水浅难行，以后运粮完日，仍在临清闸下湾泊，于卫河提举司关支物料修舱。

天顺二年，总兵徐恭题，尚书沈固议复：卫河、通州、淮安船厂修造船只，松木二年小修，三年大修，五年改造；杉木三年小修，六年大修，十年改造。小修者军士自备修理，大修及改造者，照正统元年事例，拨支木料，于各卫运粮官军数内摘留在厂，同清江、卫河二提举司官匠修造，仍催未到木料，拖欠班匠应用。

成化十一年，尚书杨鼎题：准各卫所运粮旗军，如有逃故，先尽操备守城内选补，若正军数少，方许将殷实余丁点凑，其行月粮并赏赐，不分在京在外，俱照本卫运粮正军之数，如有捏故逃回者，从重究治，毕日仍发领运。

十六年，平江伯陈锐题，尚书陈钺复：准将浙江、湖广、芜湖三处抽分木植，大者尽送清江、卫河提举司，细小弯曲者变卖银两，准作脚价，余剩之数解部公用。仍将三处抽分，再行添加，务足该造船只价银之数。每年该兑民粮三百三十万石，每石加耗米一斗，着落该把总官员公同管运，照本地方时价，卖银解送二提举司，给与官军，其有司木料价银停止。

二十三年，议：准行提举司，自弘治元年以后，但有该造遮洋运船，照依浅船里河木

724

料，一例打造，每只旗军十名，该运粮米，亦照里河军士，均匀分派。

弘治四年，本部题：准今后逃军随即挨拿。查有擅自改差者，依律问拟。仍发运粮卫所官员参奏拿问，先将首领官吏提究。

十三年，本部题：准凡运粮正军不足，于空闲余丁及别项差下选补，本所不敷于同卫所拨补，本卫不敷于本总卫所拨补，责限一月之内补完，若限外运军不完，百户十名以上，千户二十名以上，指挥三十名以上，各住俸。督补旗军缺五名以上，或在中途旗甲逃十名以上，运军二百名以上，卫所官员降级。

正德五年，都御史屈直题，尚书刘玑复：准运官交粮完日，务要严督军人将本帮船只督押回还，其军丁有恃顽不行，上运不候交兑及虽交兑，而弃船逃走者，将行粮赏钞尽追入官，仍问发边卫充军，另拘户丁补伍。

六年，左侍郎邵宝题，尚书孙交复：准申明运船号令，自七年为始，一卫必在一帮，水次虽有不同，俱于仪真淮扬地方取齐，漕运衙门查照节该题准事例，行移都司，卫所各于本卫军器局内，每船给与盔甲十副，弓箭五副，枪刀五件，铁铳五把，如有不敷，卫所措置过淮之时，差官看验讫，着令千百户分帮于前，把总指挥监督于后，昼行夜止，停泊则登岸操演，率挽则并力相济，有警则协心防御。毋得如前错乱无次，不相救援，以致焚劫。运船回还过淮，照旧点检，下年开船，各总清查军器，更换者交盘，损失者赔补，把总指挥等官如或弃船先回，查提问罪。

十四年都御史臧凤题，本部复：准运船料价，每十分为率，军办三分，民办七分，近来派征失时，以致挽运迟滞。今后须行各有司，出办料价俱在先年十月以里征完，十二月内给领，其该卫应办料价，亦令掌印官年前派征给领，先期成造，庶免误事。

十六年，奉诏书：荆州、杭州、芜湖三处抽分厂，专为打造粮船；成造供应器皿而设，以省科派小民之计。近来两京各监局相沿具奏，差人赴芜湖厂支取杉楠等木数多，又有内官监差官中半抽分二年有余，致将造船银两、木料不敷支给，累及运军出利揭债，缺船运粮，耽误国计。今后两京各监局合用竹木，听于内监神木厂，并真定、卢沟桥等厂分支取，其内官监原差抽分太监李文等，诏书到日即便回京，以后不许援例奏差，钦此。

嘉靖三年，御史涂相题，尚书秦金复：准今后轻赍余剩银两，暂寄通库，差官解赴淮安府交割，听漕运衙门令。各该造船处所，将漂流船只，次第补造，俱限百两一只，完日查有缺船卫所，先将本卫补足，方通融于本总，定日给领至湾，听巡仓御史、坐粮员外看验印烙。

十四年，尚书梁材题：准将上运船只，原定行粮三十三石，其有损坏，就将行粮存省，解赴漕运衙门，听作小修工费。如漕粮数多，船只不敷，许令各船分载，不许再支存省行粮。如有船只损坏，不曾上运，支过行粮，查出将应支月粮扣还，干碍运职，径自参奏。

二十年，南京兵部侍郎王教题，尚书李廷相复：准将南京户部贮库盐引纸价积余银两，每年动支一千七百四十八两，兵部武库司收贮缺官柴薪银内，每年动支一千两。俱自嘉靖十九年为始，听候总督漕运差官支领造船。

二十四年，尚书王杲题：准将军三民七船料，责令有司军卫依期征扣，八月以里给发兴工。如至九月终不完者住俸半年，十月终不完者住俸一年。应造船只限十月终驾赴水次。如十月以里造船不完，底船不到厂，管厂并押底船各委官住俸半年，十一月终不完不到，各住俸一年，十二月终不完不到，各降二级。

三十一年，尚书孙应奎题：准江西岁额漕粮共五十七万石，每石征过江过湖米七升，共折银八分四厘，除南京军船领兑全给外，其上江、湖广卫分及江西总属惟饶州等五所，各止给过湖米银一分二厘，约用银二万一千余两，每年剩银二万六千二百余两，合令尽数解淮，以备修造。

三十三年，尚书方钝题：准浙江近报倭患，将杭州厂及把总官，改于仪真新厂驻扎。

本年都御史郑晓题：江北三总无军办料，要将三四轻赍扣留银一分，免解户部，发寄淮安府库，听造运船。尚书方钝议：行漕司备查轻赍银两，河夫用过若干，存剩若干，如果无军办料，暂准扣留五千二百八十七两零，权作修船之用。

三十四年，总督侍郎卢绅咨，尚书方钝题：准将三十三年，被水漂流剥船，及见在船只年久朽烂者，俱照先年事例，行淮安，动支原扣还贮库嘉靖八年各经纪船价银两，每只银三十五两，打造三百只。如遇粮船抵坝，两船撑夫协力搬运，其漕粮原用口袋，头运一十二万条于二月造完，二运一十二万条于四月造完，每岁二月初旬暂借太仓银库委官监造，将各运轻赍银两照数扣还。

三十八年，浙江运粮旗军奏称：先年杭州设厂团造，三十三年因倭寇扰乱，改于仪真。尚书马坤复：准杂木出自衢严，粮米兑于浙江，往返不便。行令浙江北新关设厂，本部抽分主事不妨原务，兼理打造。

本年尚书马坤题：漕运造船合用物件等项银两，皆出自芜湖、淮安、杭州三厂，并各司府出办，各处解纳既已拖延，监收放支又多干没，以致运船不能如数补造。以后清江造船主事每季备造文册，要见每处各原额若干，已解未解若干，该年见造船只并修补用过物料该银若干，存积若干，及先年官商借用若干，追过若干，未完者作何追补。季终册报工部并漕运衙门查考。

本年左侍郎刘大实题：准二六、三六轻赍耗米二升折银一分，自三十九年起至四十一年止，借过漕司补造船只。以后年分仍照原议解部济边。

四十年，漕司会议，尚书高耀复：准行漕运衙门，将节年拖欠，并自四十年以后减存运军料银，于应支月粮抵扣，原议照旧留准修造船只，解部济边。

四十四年，尚书高耀题：准二升扣米银两，自四十五年起至四十七年止，留三年收贮淮库，补造船只，以后年分，照旧解部济边。

隆庆元年，御史蒋机题，尚书葛守礼复：准行漕运衙门，备查浅船缺数，酌量料价，将本年分漕粮改折十分之三扣算，该减存运军三万三千余名，减存行粮一十万石，其轻赍蓆板等银，又不啻一十五万有零，将减存行粮行各该有司，如数催解淮库，为造船支用。

本年尚书葛守礼题：准自隆庆二年为始，将上江船厂责成九江兵备，下江船厂责成苏松兵备，工部抽分，主事照例隔年督催料银，办料成造。

六年，尚书张守直题：准上江总四卫浅船，俱在安庆厂打造，听新设副使提调；九江卫在本处打造，听九江道提调；下江总六卫，俱在苏州厂打造，听粮储参政提调。各选委廉明府佐官管理，原设把总等官尽行裁革。

本年给事中颌遵题，尚书张守直复：准淮安漕库积贮船料赃罚，每年漕司会同巡按御史查盘，并上江、下江船料银两，巡按照例查报。

本年都御史王宗沐题，尚书王国光复：准今后运粮卫所各掌印官会同运官，将各船旗甲逐名点选，身家有力者照旧存留，其贫难不堪及坏事屡次者尽行革退，于在运军余或杂差中选取殷实顶补，选完开造花名长单二纸，送附近府州县正官复审相应者，于单上大书审讫，无词不堪者即与更换，用印钤盖，掌印领运官各分一纸。若有不堪，许运官开呈漕司案候，后有坏事损失，掌印官责赔，有司另处，运官亦不许挟私妄害。原单淮南缴报漕司，淮北投天津兵备类缴。

万历元年，尚书王国光题：准各总额船未完，暂雇民船装运者，漕司各给执照，经过钞关验实免税。

二年，都御史王宗沐题，尚书王国光议复：衢州所疲甚，海宁卫安闲已久。自万历三年为始，将衢州所代运温州卫浅船十只，责令海宁卫领价，每年轮千百户一员管领，与近拨一十二只为一帮。

六年，漕运侍郎江一麟题，尚书殷正茂会议：浅船初造，应办随船什物，务照时估置造坚好。以后应该修造年分，就将各项什物分别应换应留应补若干，酌量价值给与补造。如铁猫（锚）二口价银三两二钱，橹二张价银六钱三分，柁一管价银一两八钱，桅夹一副价银二钱，面梁一块价银二钱五分，俱用川椿槐木制造；大桅一根价银八两五钱，头桅一根价银一两三钱，俱买川椿，可用十年；大风蓬一扇价银二两四钱，头蓬一扇价银一两，可用五年，仍拟三年一修，量给银四钱五分；下猫本身缆二根价银四钱，起猫带头缆二根价银三钱，俱茼麻制造，可用三年，第四年再给银七钱另置；大桅走三绳三挂价银一两三钱六分，管绳一根价银一钱六分，头桅走三绳二挂价银七钱二分，迎簹一根价银三钱八分，俱黄麻制造，可用二年，第三年仍给银另置，此项旧绳可充舱船之料，即抵出银一两三钱九分，再添给银一两二钱三分凑数买办；溜簹扒皮原非常用，止宜预备大簹一根价银三钱，二簹一根价银一钱五分，扒皮二根价银五钱。

七年，太仓总督汪宗伊题：查补缺船。尚书张学颜议：行漕运衙门将见运船只中有损坏者，严责粮储各道催行该厂补造足额，不许再雇民船，及搭派本帮，以致载重难行。每年终备将各总船只数目造册，送总督衙门收，候粮船至日，照册查对，如不足额，及有雇觅民船者，照例参奏。奉圣旨，是，钦此。

九年，漕运总督凌云翼题：议改造浙船。尚书张学颜议得：浙江漕船，先因瓜州车坝，故将杂木作底，五年一更；后因建闸得免车盘，改限七年一更，然所费止一百八两五钱。今改楠木，可用十年，计价亦不过一百二十七两，每只止加一十八两，多增三年之用。合行该省巡抚将东西二总漕船，自万历九年为始，除旧船尚堪驾用，不必毁旧易新外，将损坏不堪者，俱改用坚厚楠木，如法成造，完日将监督等官职名刻记于上，必驾运十年以外，方许另造。奉圣旨：是。钦此。

本年漕运侍郎凌云翼题：参江西厂打造剥船委官，并问拟过匠作罪赎缘由。尚书张学颜复议：原任监督参政今升四川按察使胡定、原任管厂员外郎今升管河郎中陈瑛，督理欠严，虽经升任，俱应量加罚治；见任府同知宋纯仁，承委怠玩，仍当重加罚治，以警将来。奉圣旨：是。近来法令止行于杂流卑职，而姑息于科甲要宦，岂是公平正大之体。这督造官胡定、陈瑛，虽已升任，还与宋纯仁各罚俸半年，升任的以新俸扣除。以后各衙门凡有查核论叙，都照这例行。钦此。

### 官军粮钞

洪武二十六年以前，海运官军自三月十五日起至九月十五日止，每人日支口粮二升。二十七年以后，日支四升。

永乐十三年，令运粮官军行粮不分远近，俱支三石。宣德、正统间，增减不常。今定例：浙江、江西、湖广、江南直隶各卫所俱于本处仓，南京各卫于兑粮水次仓关支，俱米三石；江北总属并安庆卫于本处仓支米麦二石八斗；凤阳等八卫所，并直隶、庐州、六安、滁州、泗州、寿州、仪真、扬州、高邮、淮安、大河、武平、宿州、颍州各卫所，俱于淮安常盈仓关支米麦二石八斗；邳州、徐州、徐州左、归德四卫，于徐州仓关支米麦二石六斗；前项江北卫所并安庆卫官军内，摘拨江南水次交兑者，照依江南卫所事例，各于原定仓分支米麦三石；山东官军于临清仓，德州、天津等卫官军于德州仓，各支米麦二石四斗。

正统元年，令各运官军行粮，俱于本处官仓支给，如仓无见粮，于存留粮内，两平斛兑支。

本年尚书刘中敷题：准给赏官军钞锭，指挥八锭，千百户、镇抚六锭，旗军四锭。

天顺七年，始定江、浙、湖广卫所，本布政司关支；南京并淮安迤南卫所，于淮安扬州课程钞内关支；邳州迤北卫所，于临清课钞内关支。

成化二十三年，尚书刘昭题：准南京各卫运粮军余月粮，照旧全关本色一石。

弘治十七年，侍郎王俨题：准浙江领运官军行粮，限十二月以里，俱于本处照数放支。如本处缺粮，就于杭、嘉、湖三府该兑粮米关支。如三府亦各缺粮，本都司转行本布政司，每石折银四钱，给散运军，不许迟延。

十八年，尚书韩文题：准南京二总官军行粮查该若干石，将江、浙并直隶苏、松等处各府县应运南京仓粮，照数收完，扣留本处。自正德元年为始，听候二总官军兑粮之时，赍执印信文册，同在水次照数支领。

正德二年，尚书顾佐题：准江南二总每船旗军十名，例支行粮三十石，中途逃故者止扣安家月粮，所遗行粮准给旗军，以偿雇募。

嘉靖三十八年，尚书马坤题：山东等九卫运军行粮，原系河南征收本色，随同正粮兑给。二十八年，管仓主事魏文焕以临清广积二仓粮多，恐致陈腐，将米兑给运军，抵作行粮，而河南原派行粮，令折银解仓，遂执为常。官军告称不便。合自本年为始，应该德州等九卫起运官军行粮，照例征收本色，随同正粮运赴领兑。

四十年，尚书高耀题：准山东总领兑漕粮，除运京通二仓照旧外，该运密云等镇粮米，运军行粮照依江北总事例，每名量加四斗，共支米二石八斗，于原定仓分关支。其蓟州运军行粮，照它运密云边粮事例，亦每名加给四斗，共二石八斗；山东把总合照遮洋原运天津二仓事规，每年将京粮催转白河，仍押边粮至蓟州，督并交纳。

四十四年，尚书高耀题：准官军行粮例该本处者，虽派别省兑运，仍旧本处，如征收不齐，江、浙、湖广每石折银五钱，江北扬州等卫该、凤淮二仓支给者，每石折银四钱。许于库贮别项银两借支补还。俱以文书到日为始，作速关领。违误者，俱听漕司并监兑主事访实，照例参究。如一月不给者，掌印管粮官各住俸半年；二月不给者，各住俸一年半；三月不给者，各降二级；半年之上不给者，从重拟处。

万历二年，尚书王国光题：准以后漕运衙门给发南京各卫全单，先期咨送南京户部，照单扣算行粮，另给纸牌，连原单发与运官，前赴兑粮水次支领，及行各巡抚，责令府州县南粮耗米蓆竹驴脚等项，通作正数给军，仍将给过行粮数目，并卫所官军姓名，册报南京户部查考。

五年，临清管仓主事王用桢呈：为议处积贮仓粮，以裨储计事。尚书殷正茂题：准将河南征收行粮改在小滩者，径赴临清仓上纳。而以临清广积二仓新旧贮米，抵作运军行粮，通融支给一年，出陈易新计一万五千五百余石。

万历六年，漕运侍郎江一麟题：议淮、大、邳、泗等四卫运军月粮。尚书张学颜议复：将淮大邳三卫运军月粮，十个月在江南帮者，坐给济漕商税银内六个月，屯粮内四个月；在遮洋帮者，坐给济漕商税银内七个月，屯粮内三个月；其泗州卫运军，除五个月照旧屯粮秋米抵兑外，其余五个月该银三千七百四十四两，分派泗州、天长、盱眙、伍河等州县，与该卫夏税屯粮银一千一百六十两三钱四分，注为定数，每年征解凤阳仓，通融支给。奉圣旨，是，钦此。

### 土宜 <small>附优恤</small>

洪熙元年，令运军除正粮外，附载自己什物，官司毋得阻挡。

成化元年，尚书马昂题：准各运军置有土产、松杉、板幕、篙竹等物，沿途易换银布，以备交粮车脚等用，免其抽税，以恤军困。

弘治十五年，尚书倪钟题：准运船附带土宜不许过十石。

正德五年，尚书刘玑题：准运粮官员及势要之家，敢有将物货逼令运官夹带，及运军分外多带者，一体许诸人首告，物货尽数入官，就充本船盘费。带货人犯，不分军民职官一体问罪，若系势豪威逼，有官者仍各降一级，过淮之时，各船运军先将自己附载土宜物货数目具告，漕司给与印信票帖，以备查照。

嘉靖三十九年，尚书高耀题：准工部抽分厂，凡遇粮船到，除土宜四十石外，许验客货，如无放行，不许立挂号名色，以误期限。

万历元年，尚书王国光题：准运船依期二月以里过淮者，许照例带土宜四十石，如违限，不拘多寡，尽数入官。

万历七年，漕运总督江一麟条陈：附带土宜一款。尚书张学颜复：准自万历八年为始，各卫所旗军每船许带土宜六十石。两淮巡盐御史，及理刑抽分主事逐一盘验，多带者尽数追没入官。如遇浅起剥，自备脚价。先将土宜点验起尽，舟再难行，方许动给官银，敢有冒破，照例参治。改入议单，经久遵行。

**优恤**

天顺三年，尚书沈固题：准徐、淮、临、德、济宁、通州等处药局，官给药饵，有司点检医者，俱在年终送彼，遇攒运官军患病，随即调治。

成化八年，参将袁佑题，尚书杨鼎复：准将被冻官军给与口粮，每军给三斗，在德州迤南者给一个月，天津迤北者给两个月。明年上运，将该年口粮，照数扣除还官。

正德十二年，本部题：准在运官军身故，寄归遗骸，官给银三两，军给银二两，仍存恤二年。本军应支月粮羡余，通行给与。

隆庆二年，御史蒙诏题，尚书马森复：准以后粮银无欠完掣通关，就于本总本帮给军羡余银两。自把总以下分给回南，把总二十两，指挥十两，千户六两，百户四两。递示优奖之意，余仍给军，以资回南。

五年，都御复王宗沐题，尚书张守直复：准凡轻赍三六者改为三三，二六者改为二四，一六者改为一五。行令有司各将扣下米数给军食用，以示优恤。待三年后粮运既通，军困少甦，仍旧征派，不失漕规初意。

万历八年，太仓侍郎刘斯洁题：慎给运官盘缠。尚书张学颜复：自万历九年为始，领运、把总、指挥、千百户等官应给盘缠，但经以赃私不法参论者，尽行停给。完粮违限三月以上，而过淮先期依期；与完粮不违限，而过淮后期；及淮北领兑例不过淮，而完粮违限三月以上，各给一半；过淮后期完粮违限三月以上，给与三分之一；完粮违限五月以上，不论过淮先期，尽行停给。运军应得羡余，姑准给与，其停扣银两，俱类解太仓，载入议单，永为遵守。奉圣旨：是。钦此。

**漂流挂欠**

弘治二年，尚书李敏题：准漂流粮米奏到之日，先将运到粮米，照例将兑运京仓者减除，通仓上纳。如漂流十石，减除百石，每石省下脚米一斗，以补漂流之数。除正粮照例加耗，所省脚米止是刮铁两平收受，若通仓缺廒，仍赴京仓上纳。如漂流一百二十石，免晒一千石，亦两平收受，每石省下晒折米五升，并耗米七升，共一斗二升，以补漂流之数。前项免晒及通仓所收省下脚米，俱不挨陈先放，如补不敷，将该帮官旗羡余银两扣除，该帮不足，将该卫该总扣除。务要补足原数，每石给银七钱，责令买米上纳。不许妄诿米色不类，希图折价，有亏额数。所扣羡余如数足于本帮者，同卫别帮照常给军，数足于本卫者，同总别卫照常给军。

三年，尚书李敏题：准漕粮漂流万石以上，漕运都御史总兵官纠劾参奏；千石以上，把总提问；千石以下，本管官旗提问。各该巡抚遇本境内漂失数多者，照漕司事例参究。

正德十四年，尚书杨潭题：准京通及蓟州各仓，纳粮违限三月者，把总官以下住俸半年；五月住俸一年，免其提问。若违次年二月终限者，问降二级。把总官挂欠粮一万石以上，或银二千两以上，于违限上各递降一级。每粮一万石，或银二千两，各加一等。指挥以下挂欠粮一千石以上，或银五百两以上，亦俱于违限上各递降一级。每粮一千石，或银五百两，各加一等。把总指挥千户降至总旗而止，百户降至小旗而止。挂欠不及数者，照常论罪，候下次粮运，有能补完挂欠，许复原职。以十分为率，能完五分以上者，准复原降一级；三年内全完者，亦准奏复原职。若延至三年之外，全不完者，终身不准复，子孙亦止于降级上承袭。

嘉靖三十四年，尚书方钝题：准行各沿河一带州县，如遇具告漂流，掌印正官亲诣查勘粮船有无俱尽，或漂流粮米船只尚存，或漂流未尽。查勘的确具奏，如侵费扶同勘报官军，并有司官吏，参送问罪。

三十九年，尚书高耀题：准三十八年羡余银，暂寄通库，如运官漂欠粮米，奏勘明实，许将本卫羡余银相兼处补完纳，掣取通关销缴，听候补还。若至二年之外，仍不处补者，即行查解太仓。查解之后，虽有应补挂欠，俱不准与处豁。假捏漂流，及别卫者，不许混告凑补。

四十四年，尚书高耀题：准船粮到湾，查无起欠，即将羡余银先给一分，以便回南。其余验明贮库，各旗完掣通关之日，照前给领，如有挂欠，悉行扣贮通库，不得概给。

本年又题：准小患漂流，止以二百石为率，该总勘结呈报准行，若出二百石之外，仍照大患漂流事例具奏，复勘明实，方与准行。

隆庆二年，尚书马森题：准轻赍银两呈验之后，总计其总下某卫某帮勘奏到大患漂流若干，免晒减除等项补过若干，小患漂流若干，本船脚费等项应补若干，其各不敷之数。小患先尽本帮，次及本卫；大患先及本帮本卫，次及本总。如数足于本帮，同卫别帮者照常给军；数足于本卫，同总别卫者照常给军。如遇非常大患，扣及概总，亦要均派各卫所数足之外，亦照常给军。

四年，尚书刘体乾题：准挂欠官旗，如有先期逃回者，移文漕司并各巡按御史，严限提解监追，挂欠完者，仍照弃撇船粮逃回事例，问拟发遣。

六年，尚书王国光题：准凡挂欠漕粮，除奏到漂流外，运官欠粮千石以上，旗甲百石以上，即行参送法司。不及数者，严限比并完有次第押发漕司追并，其在逃者，运官四百石以上，旗甲五十石以上，严提来京，转送法司监追问拟。若旗甲欠不及数，易为处补辄先弃撇在逃，许领运官即时呈部，行漕司提问。又题：准凡攒运监兑各官题参，运官到部完粮限满，行京通二仓查先参违限后能早纳者，题复内称说明白免罪；若水次迟过洪迟，及水次过洪俱迟，而临仓挂欠者，一体照例问拟。又题：准把总、指挥、千百户等官，如原运粮二万石漂去一千石以上，原运粮二千石漂去一百石以上，降一级；如原运粮一万石漂去一千石以上，原运粮一千石漂去一百石以上，降二级。俱于祖职上实降，不得复职。若能自补完，不费别军处补者免罪。

万历元年，尚书王国光题：准凡官旗漂流船粮，即日勘明具奏，到日照例减除免晒，处补不敷，方许动支给军羡余，若未经奏到，虽有印信执照，不许混支。

二年，尚书王国光题：准行抚按转行各粮储道，严查节年挂欠官员，要见某系事故，某系见在，如果故绝无人承袭，将原欠粮银除豁免追，若本官已故而子孙已经袭替者，照议单，三年之外全不完者，终身不准复原职，子孙亦止于降级上承袭。移咨兵部降授原职，原欠粮银免追。如有子孙情愿代补，限万历四年以里能完，免其降授；过限不完，仍照降例，原欠开豁。其余见在各官经已问降者，立限严追；未经提问者，一面查照原参提问，一面照原行追并，每限完二分，年终具奏。完不及数，粮储等官从实参究。若不行查参，听本部该科纠举。南京二总所属卫分，着落漕司，亦照前例施行。以后把总官任内，如分毫颗粒挂欠，纵遇升迁，不许离任，敢有朦胧赴任者，照姜潮等事例，参提革任问罪，监追远年旧欠，悉免查比。

五年，尚书殷正茂题：准河西务官剥剥船起剥漕粮遇有漂失，责令各船户照数均贴。如系民船，将本船应得脚价尽数追给该管旗军买补，若果人船漂没，无迹勘究的实呈部复勘，方准动支该帮买补。

六年，巡仓御史谢师启条陈：处漂流，以救实患。尚书张学颜复：准以后如遇漂流在扬子江者，先赴附近分委催攒把总处，具告相机救捞，一面赴督押司道官处，告委有司，或在运通判相去一百里之内者限二日，一百里之外者限四日复勘明实，申呈漕司，即与具奏除豁。如有违限扶捏等弊，即将原勘官员从重参究，坐赃问拟，官旗分别捏报漂欠虚数多寡，问拟军斩重罪。其南北河道漂流者，责令本帮补纳，有不敷者，方许量动概帮闰米摊补，不得一概奏豁，仍改入议单施行。

**禁令** 附侵盗科索

成化二十一年，御史谢文题。尚书殷谦复：准运军借债止许加利三分，如违禁，不许给还。其管运指挥等官，有借银一千两以上者，革去冠带，至五千两者住俸；若至一万者，降一级，不许管军管事。其间若果能抚恤军士，早完粮米，不欠债负六年之上者，量升一级。

弘治五年，令官军借债但系三年以前者，尽为革罢；近年者，止照律出息。若放债之家倚势逼放，及擅执官军拷掠粜卖官粮准折者，军发边卫充军，民发口外为民。

十五年，尚书倪钟议：泾王之国，攒运粮船不敢前进，省谕各卫所官军并民运，如遇黄船回避一时，其余船只，两岸分行，不许混争挤塞，致阻粮运。

十七年，侍郎王俨题：准管粮内外官，如有大奸贪索财物，非理捶楚运官，致累借债使用者，听巡仓御史访实，应拿问者拿问，应参奏者参奏。

正德六年，尚书孙交复侍郎邵宝议：运船私债累有禁约，其源始于仓场之使用，其流生于运官之科索，其弊致于势豪之贪利，其害在于官府之追逼。以后都御史总兵严立漕规，不追私债，则借放自息。

十四年，御史东郊题：把总等官收贮轻赍银两，中途浪费，总兵官资为人事，侵费多端，揭债日多。尚书石玠复：准今后运官在途，许管闸主事巡河御史查盘，在京，巡仓御史访拿。如有前弊，从重问罪。私货入官，揭下私债，若有还过一本一利，转立虚约，强将官米准折者，照打搅仓场事例枷号，军发边卫充军，民发口外为民，运官旗甲串通应承者，官军俱照行前例充军。

嘉靖三十七年，尚书贾应春题：准南京各卫雇觅盘运江船由大江抵坝者，不许复回龙江关泊住，各运官旗过淮，听漕司发理刑主事盘验。若有附载客商势要人等货物，尽数入官，发清江等厂，补造事故缺船公用，各该官旗商人，照例究问。

**侵盗科索**

天顺四年，临清卫小旗郭宜兴，告千户陈鼎受财卖放军士科敛银两入己。本部查得：近该总兵官徐恭题。奉宣宗皇帝圣旨：如今里河有水，正紧关要运粮，这厮却躲避来告状，那派下的粮，不知着谁运。法司便将状子连人送去平江伯处整理，不问告得虚实，俱待运粮毕日，整理停当了，还具奏来定夺。今后运粮官军有来告状的，都照这例行。钦此。合将郭宜兴递回，陈鼎行山东巡按提问，照例发落。

弘治十三年，尚书周经题：准把总等官科害军士者，发回本卫差操，再不推用。其跟官书算人等，指称使用等项，科索军士银物，侵欺入己至十两以上者，问发边卫充军。

十七年，尚书韩文题：准把总、指挥、千户等官，敢有指称打点馈送为由，计船科取。许被害旗军具告，漕司参提问罪。如将私己物件稍派各船，希图觅取利息，或将客商货物揽匿在船，取其雇值，或寄装在京势豪并熟识人等各项土产，负累旗军出赔脚价者，亦许被害旗军首告所在官司，照例尽数入官。

正德十六年，左侍郎秦金题：准把总、指挥、千百户索要运军常例，及科索银两至十两以上者，问罪降一级；二十两以上者，降二级；三十两以上者，降三级；四十两者，亦降三级，仍发回原卫，带俸差操，再不许推用；至五十两以上者，问发边卫充军。

本年尚书杨潭题：准侵盗在官粮米至四十石，银二十两，钱帛等物值银二十两者，问发边卫，永远充军；粮至百石，银至百两以上者，问拟斩罪。

隆庆二年，本部题：准指挥千百户索诈旗军常例，侵扣月行粮，多索船料等项银两；及把总索受部下官见面银并供办等费，各计赃以监守自盗问拟。

四年，御史孙裔兴题，尚书刘体乾复：准把总、指挥查照先年事例，每员止许乘座船一只，其应运官粮，责令量数装载，不许分派别船，附载私货，识字军人止令随船跟伴，不许包占有名人役，及容纵乘占马船。

万历元年，尚书王国光查得：嘉靖四十三年至隆庆五年止，指挥赵应扬等，原系侵欠，比与寻常挂欠不同，行该抚按严追，限半年完报。题奉钦依。

二年，巡按萧廪题，尚书王国光议得：王承祖、张来侵盗既实，拟斩无枉；魏世隆、毛太山原拟侵盗坐为打点，其余拟充军杖罪以下，似亦过轻，合当再问。及各犯变产银五百余两，差舍人毛平江等管解，久不到部，严行查究。题奉圣旨：是，各犯侵欺漕粮数多，着巡按御史从公再问，定拟具奏。毛平江、冯栢都着拿解来京问，不许徇情卖法，长恶容奸。钦此。

### 河漕

永乐七年，尚书宋礼开浚会通河，导齐南鲁北诸水悉会南旺，又疏山东诸泉以灌南旺，自南旺分流，南入河淮，北入白卫；又筑济北安山梁山诸堤，以捍漫流，引昭阳湖凤池口诸水，以灌吕梁二洪，遂成一代漕规。

本年平江伯陈瑄疏淮水，汛急时常漂没，因唐刘晏沙河故道，引邵伯湖水达于清口，漕舟由此利涉，避淮河四十里之险。

宣德七年，尚书郭资题：准开扬州白㳇河。

正统九年，题：浚山东泉源。

十三年，河决沙湾东堤。尚书王佐题：准命尚书石璞塞治。

景泰四年，尚书周忱题：准复命都御史徐有贞治沙湾河决（五年乃成）。

天顺二年，本部题：准开蓟州河，自小直沽口至蓟州四十里，避直沽渡海之险云。

成化二年，本部题：准设工部主事，督理山东泉源，定瓜、淮二沟。六年，浚烟墩桥，及三里河作平水坝。七年，议修卢沟桥河决堤，又筑淮安清家坝。八年，治扬州至淮安湖塘。

十一年，尚书杨鼎题：准差本部侍郎翁世贤，工部侍郎王诏，总兵官陆锐，都御史李裕，浚大通桥至通州河道。

本年御史薛为学复请：疏通惠河石闸淤塞。尚书杨鼎复：准。

十二年，平江伯陈锐奏：治通惠河功成，粮船到于大通桥下搬赴京仓上纳，较之往年，脚价减省至三四倍（通惠河源出昌平州白浮村神仙泉西南，会一亩、马眼诸泉，绕出瓮山后，汇为七里，东入都城西水门，贯积水潭；又稍东，由月桥入内府，环绕宫殿，南出玉河桥水门东行，合南城河二流，由大通桥东下通州，出张家湾浑河口，即元郭守敬所修故道）。

本年平江伯陈锐题：大通桥河成，乞赐恩典。尚书杨鼎议复：比照修筑张秋河事例赏赍。奉圣旨：陈翼已升京职罢，单镛等十员各升署职一级，耿麟等五员名各赏纻丝一表里，沈德等三员名各赏绢二匹，李和等五十七员名各赏绢一匹，王广等六千六百三十六名各赏绵布一匹。钦此（十三年又陆运）。

十九年，尚书余子俊题：准浚鸦鸿桥至丰润县淤塞河道，转运蓟州漕粮。

弘治二年，尚书李敏题：准差侍郎白昂开复高邮康济河，复浚扬州扬子桥河道。

六年，本部题：准都御史刘大夏修黄陵冈堤，筑张秋镇石坝。

八年，本部题：准令侍郎王恕治扬州至淮安湖塘。

十一年，都御史丛兰奏：挑浚镇江、常州小河，修理闸座。尚书石玠复：准照瓜州事例，三年两次举行，不许怠误。

嘉靖六年，御史吴仲奏：修通惠河。尚书秦金会议复：奉圣旨，是。修浚通惠河，乃前人遗迹，先朝成算。近年屡议修复，辄为奸豪射利之人所阻。今闸坝俱存，河渠无碍。原设官吏夫役俱各见在，你每今所议处，尤为简易，合用钱粮不多，且车舟并进，不失车脚之利，一应疏浚、盘剥、修闸、造船等项事宜都依拟施行。然政之修举，必在得人，兵部便会户部，推举曾历漕事练达都指挥一员，照例充参将，通州驻扎，照旧验收轻赍银两，兼理修河事务。吏部仍会户、工二部，推有才力、肯任事郎中一员，并通州巡仓御史，各写勅与他行事，未尽事情，听该部并各官，从宜处置。事体重大者，具奏定夺。今冬先将木植砖石等项置办，待来春融暖之时兴工。委用官员务要用心协力，共成大功，弗得偏执违拗，妨误经国大计，责有所归。钦此。

三十八年，尚书马坤题：准各该河道大小官员，将该管河道自通州以至仪真各地方，务及时修筑疏浚，以济粮运。如有怠玩误事，比照运官参降事例，阻浅十日，该管有司军卫住俸半年；二十日，住俸一年；一月，军官降一级，回卫差操，有司降一级，差管河官调外任；河道都御史听南北科道及巡盐巡仓御史参奏定夺。

四十四年，尚书高燿题：准命尚书朱衡治徐州河，开复新旧河一百九十四里。

隆庆二年，尚书马森题：准两淮运司商人纳挑河银二万一千余两，岁拨三千两，协济洪夫。

五年，都御史陈炌题。尚书张守直复：准行兵备道将苏、常、镇一带，及海宁、崇德、南陵、泾县各滩浅处，兴工挑浚，无致阻误粮船。其丹徒练湖议立公庄，悉清复还官。

万历元年，都御史王宗沐题，尚书王国光复：准将瓜州镇花园港建闸二座，动支淮、扬二府贮库河工银两，候漕运积有罪赎，照数补足。

本年本部题：准山东总属额运蓟州漕粮十万石，河道浅涩难行。本部行令掌印管河官将王家浅一带河道疏治修筑，如有司怠玩，许官旗具呈漕司，照例查参降罚。又题：准直隶徐邳上下，凡系黄河经由去处，如有盗决故决河防，干碍漕运者，悉照山东、河南事例，为首者，民发附近卫所充军，军调边方卫所。

三年，侍郎张翀会议，尚书王国光复：准以后粮船，俱抵通州，著以为例。略云，查得旧卷，成化丙申平江伯疏浚里河之后，漕舟不惟径至通州，直达大通桥下，后为权豪欲专起剥之利，寻废抵桥。嘉靖初年，正德以前俱到通州城，无起剥脚价之费，后因三四月间，河常水浅，当时权宜，始置外河剥船以轻，浅船止一百五十只。及五六月水涨，仍俱令照旧至通州。嘉靖戊子年，工部设郎中一员，浅夫六百名，专为漕粮疏浚外河，以求必达二坝。今通州旧志亦备载其事故。隆庆四年，该总督仓场侍郎陈绍儒议，令浅夫及时疏浚，务使运船抵坝，以省脚价。又该都给事中刘继文，御史杨家相各题，粮船抵湾交割，剥船运石土二坝，糜费太多，奸弊多端，要行照先年旧例，责令浅剥二船，俱抵二坝，考据甚真。本部复：奉钦依通行，钦遵讫。续该侍郎万恭题称，粮船到湾，仍于里二泗官民船剥赴京通仓，免其顶坝挤塞。随经本部查议得：粮船挤塞不在抵坝，而起于大通桥之阻滞。故桥运若速，自可流行。复：奉钦依，仍令浅剥二船，俱抵通州坝，遵行五年矣，公议称便。然前后题复仍旧抵坝者，岂专为扣省脚价，官旗人等驾言必欲抵湾者，岂真为抵抗辛苦。盖运官私货虽限以四十石，往往数倍于此，载收船底，湾中商贾云集，四散交易，倍取其值，通州实非转发之地，此其不便者一；京军每岁通州支米六次，总计一百二十余万石，虽人止一石，惜费脚价，宁贱售于湾中，故势豪棍徒，年年囤积，以待运家买以插和好米，盗卖侵欺诸帮如此，通州部官密迹，奸计即发，此其不便者二；且湾中一应人等喜其贮货觅利，近失其望，

733

兴谤交谋，此其不便者三。横议煽动全在于此，今若必遂其计，窃恐粮运早到，各帮湧集通州，浅船不下万只，每船装粮约计五六百，共粮有三百五十万，剥船目下添至八百只，加以损坏将半，假令尽数起剥，每船止容百石有余，须再造剥船三千，再费脚价数万，势或不能。故先年强拦商民船只起剥，因致怨声盈河，今未尽免，此其不可者一；见在剥船八百，苦无着落，皆责之武清县富户领驾，年费修舱，民苦不堪，往往告困，乃又益之。一县之民，必将逃徙，此其不可者二；万一天雨水涨，起剥不前，漂流难免。如隆庆六年，坏船四十二只，半在张家湾迤南，岂尽抵坝之故。乃运家借此为言，尤讹之甚，此其不可者三。湾南至坝迂曲止有二十里，即揭勒再四，若船由江浙湖广，远者三四千里，近者二三千里，或隔于江河，或浅涩于闸坝，亦将要剥船以接运乎。轻数千里而来，靳二十里而止，其情不待辩也。故抵坝者旧例也，嘉靖中年以前行之也，其法约而善；不抵坝者新议也，嘉靖中年以后变之也，其法狥而不善。今乃以新议为旧例，误矣。良由运官指军旗之苦，言易以起人听闻，殊不知各运漕粮，凡开兑之时，酌量地里，每正粮一石，除轻赍外，耗米加至四斗、三斗不同；润米加至三斗、二斗不同，每船许带土宜四十石。在驾运者既给月粮以安其家，又给行粮以济于路。轻赍有十分之三以资盘剥，有十分之七以备交纳。及粮完无欠，又给羡余以资回南。各项公用俱取诸官银，则抵坝抗粮又焉得谓疲困，而苦苦告难于咫尺之间，上妨大计乎。以后粮船俱照嘉靖初年良法施行，毋摇成议，毋乱旧章。

六年，工部咨：为奉明旨，陈愚见，议治两河经略，以图永利事。本部议复：将淮南并浙江、江西、湖广各属兑改漕粮，分别灾疲地方，通融改折二百万石，其该折粮银一百三十七万一千四百二十三两二钱零，又减存运军省下行粮等银，约该二十二万四千两有奇，通共银一百五十九万五千四百二十三两有奇。于内借留三十万两，协济河工等因。奉圣旨：这漕运依拟暂折二百万，以甦民困，其折色银两，以一百万解部；以五十九万五千余两协济河工。着各抚按督率有司官，上紧严限征完，本折一并起解。如耽延拖欠，以致亏损国储。你部里并该科即便指名参来重治，明岁粮运既省，军船俱有空闲，着总督漕运及各巡抚等官，乘闲将一应漕务着实整理，以俟下年早运，不许因而怠玩废弛，以致误事，其余俱依拟。钦此。

**海运**

洪武五年，令靖海侯吴祯率舟师海运，以饷辽东。又遣都督朱寿、张赫领之。二十年冬，封寿为舳舻侯，赫为航海侯。

永乐十三年，罢海运，仍设遮洋总。存海运故迹，用海船岁运北粮，由直沽渡海以达蓟州。

天顺二年，以直沽海口涉历大洋，议开小直沽新河，后又更造浅船，而海道尽废。

隆庆五年，都御史王宗沐建议海运，尚书张守直复：准立海运总，设官置船，岁运粮一十二万石至天津。

六年，本官复条议船料。本部会同工部议：准各该巡抚漕运衙门专委粮储道督责湖广厂，委官打造海船二百三十六只，每只议定价银二百九十两。俱以十五年改造一次，永为定规。自淮安府开船至八套口计三百余里，系河道，可为一程；自八套口开船至莺游山约二百四十里，用东南风一日可到，为一大程；如风不便，九十里可投五丈河，又西北一百余里可投狭口湾泊，容船五百余只；自莺游山起东北远望琅琊山前，投斋堂岛湾泊，四百里用西南顺风一日可到，为一大程；岛西而泥滩三里，可容船百余只；如船多，岛东北三十里有龙湾口，可泊船二百余只，中间所过水面，东北涛落口，约有一百九十里，可容船十余只；又东至夹仓口二十里，可容船二十只，回避望海口；又东至石臼海口三十里，可容船六七只，回避石臼栏、胡家栏、曲伏桃花栏；又东至龙王口四十里，可容船三十只，回避黄石栏；又东至龙潭二十里，可容船百余只，回避木瓜岛；又东至二十余里回避胡家山。以上堪湾泊海口五处，应回避七处，俱用西南风，回避西北、东北、正北风。其余滴水口、沙湾口二处，系西南径过僻路，如遇紧急，亦可湾泊。自斋堂岛等处开船，正东由胶州灵山岛东北，望远崂山前，投福岛湾泊，共约二百余里，用西南顺风，半日可到，为一大程。此岛方圆二十里，西南有泥滩二里半，可湾船六七十只。如船多，岛迤西五十里董家湾阔大，堪湾船三百余只。中间所过水面，东四十里回古镇海口，可容船三百余只，回避东北正东风；岛东北鼓楼圈容船十余只，回避东北、西北风；此处虽可容船，不宜久住。又东北至唐岛六十里，可湾泊二百余只，避正北、东北风；又至董家湾六十里，回避捉马嘴。以上堪湾泊海口五处，应回避三处，俱用西南风，回避西北、正北风。自福岛开船，东二里，回避老君石，远望田横岛，约一百五十里，用西南顺风，为一大程，半日可到，此岛方圆三十里，可湾船二百余只。如船多，岛东北十里有阔落湾，容船二百余只，中间所过水面，北由小管岛六十里，可容船二十只，又东由大管岛十里，可容船十余只，又东至田横岛七十里。以上堪湾泊二处，回避一处。余有淮口港，可容船十余只，系背路，遇紧急亦可湾泊。自田横岛，由青黄岛远望槎山前，投玄真岛湾泊，约四百余里，用西南顺风，一日可到，为一大程，岛东西长五里，遇北风湾南面，遇东风湾北圈，可容船百余只，东北岸下水底三孤石旁多隐石，该回避，遇船多，岛迤西五里朱家圈可容船百余只，又西五里宋家圈与草岛前可容五六十只，中间所过水面，至东十二里，阔落湾船二百余只。又东至杨家沟港三十里，可容船三十余只，东至十里回避刘家岭。又东至草岛嘴三十里，可容船五六十只，又东至青岛三十里，西圈可容船十余只，又东至黄岛三十里，西南滩可容船十余只，又北至宫家岛三十里，可容船三四十只，又东径过苏岛直至玄真岛、朱家等圈一百五十里，回避朱家圈西柳蒲，与沙嘴玄真岛西嘴，与东岛东崖三孤石。以上湾泊六处，回避五处。其余行村寨、马公岛与何家码头、乳山寨、上港口及靖海卫北张濛岛，皆是背路去处，如遇紧急，亦可湾泊，回避靖海排，又石里岛娘娘庙嘴。

自玄真岛开船，稍放洋行东转杆岛嘴北，过成山头，西北望威海山前，投刘公岛湾泊，二百四十余里，用南风为顺风，一日可到，为一大程，容船六七十只，如船多，岛迤西十里，威海东门口、教场头岛口，可容船三四百只，中间所过水面，东至镆铘岛西头李家圈三十余里，可容船二三十只，避东北、东南风，南三里回避礬石，又东三里鹿岛东，容船一二十只，避北风与东风，又东七八里回避凹屋港，又东十五里回避墨石岛，又北十余里回避杨家坟，又北十里回避饿狼鸥石，又西北四十余里养鱼池，可容船二百余只，避东风与东北风，又东北二十余里黄埠嘴，可容船一百余只，避东北与北风，又东南一里回避成山头，又东七八里回避殿东头，此二处稍险，须放洋远避。过此转西三十余里，骆驼口圈里东岸下，可容船二三十只，避西北风，又西十五里柳奕海口，可容船五六十只，避西北、东北风，又西七八里，回避青鸡岛，与鸡鸣岛相连水底礁石。又西直至刘公岛一百里，回避岛东南礁石嘴，又西六七里黄泥崖，可容船二三十只，又西六七里沙嘴儿，可容船二十三只，俱避东北风。又西二里小黄岛里口，可容船三十只，避西南风，又西十里卫东门口教场头岛口，湾船四百只，避西北风。以上湾泊十处，回避十处。其余宁津所、西北崮、山海口、寻山所，西南青鱼滩、家鸡汪皆是背路去处，如遇紧急，亦可湾泊。自刘公岛开船西北十余里，回避王家嘴，又西十余里，回避靖江嘴，又西十余里，回避小杆岛饶绕嘴，西南远望芝罘岛湾泊约二百余里，为一大程，用东风、东北风为顺风，半日可到，二十里东，回避胜子嘴圈，又西大口婆婆，可容船一百余只，避北风、西北风，又西三里回避宅窠。如船多，岛迤东三十余里，崆峒岛前，可容船二三十只，回避东南沙港，又北三里夹岛，可容船六七十只，避北风，中间所过水面，迤西一百四十里，养马岛东柄上老鸦港，可容船三四十只，避西北风，又岛西头，回避炼石嘴，又转岛里龙王庙前，可容船二三百只，避西北、东北、正北风，又西北五十里系崆峒岛，又西三十里系芝罘岛。以上湾泊四处，回避六处。自芝罘岛开船西六十里，过龙洞，直西远望长山岛西，投沙门岛泊，约一百八十里，为一大程，用东南风，一日可到。岛东南汪周围二三里，可容船一百余只，避西北、东北正北风，如船多，岛迤东南六十里新河海口，可容船五六十只，口外不宜住船，口里避四面风，中间所过水面，西六十里八角嘴，可容船六七十只，避西北、正北风，又西五里，回避龙洞嘴，又西五十里，回避四石，又一二里入刘家汪海口，可容船一百余只，避四面风，又西二十里，回避湾子口东北沙港，又西二十里，回避采直口金嘴礁石，又西三里，入新河海口，回避观音嘴石，西北四十里，回避长山岛东南嘴沙港，又西十里，系沙门岛。以上湾泊三处，回避六处。自沙门岛开船西南，远望三山岛，约二百余里，计为一大程，用东风为顺风，半日可到，岛南面黑港，可容船三四十只，避北风，中间所过水面，南三十里，回避大石栏，又西六十里桑岛前面，可容船五六十只，避东南、西北、正北风，回避岛东北二处礁石，又西四十里峎屺，回避东西北三处礁石，岛南宋港可容船四五十只，又西四十五里，回避羊栏礁石，又西十五里，系三山岛。开船过芙蓉岛直西，投大青河口湾泊，共约四百余里，计为一大程，用东风与东北风为顺风，一日可到，可容船五百余只，芙蓉岛回避东沙港，转西南面，可容船四五十只，避东北风，又西五十余里，回避虎头崖与东北碎口，又四五十余里，回避海仓口椿木闸石，又西一百一十里，系洱河口，外有沙岭，船难进泊，又西四十余里，系小清河，船难进泊。以上湾泊二处，回避三处，还有三处小河口，俱不堪湾泊。自大清河开船，投大沟河，约一百六十里，用西南风，一日可到，为一大程，可容船一百余只，如风不便，六十里投降河，可容船二百余只，又至大沙河三十里，可容船一百五十只，靠北岸有沙冈回避。以上湾泊三处，回避一处。自大沟河开船，投大沽河湾泊，约二百余里，可容船二百余只，如风不便，七十里投乞沟河湾泊，可容船一百余只，俱无回避，其桑句河窄小，不堪湾泊。自淮安起至张家湾止，海程共计三千四百五十里。

万历元年，巡抚傅希挚题：议海道初通，设兵船以戒不虞。尚书王国光复：准除淮安等处立有兵船巡哨外，所有山东地方，即墨、文登、武定、天津二千余里，分为三哨，每哨用红船二十只，每只军共十五名，责令更番哨瞭防御，每月给工食七钱。

本年都给事中贾三近题：罢海运。都御史王宗沐上海运图册。尚书王国光议：暂停，止将原发海船分拨河运，原派领海运官员，任事者另行优恤，其张大有等玩法失事，分别处治。奉圣旨：这海运既经诸臣议称不便，暂且停止，着王宗沐专意经理河漕，以裕国计。其所上海运图册，你部里还存留一本，如后河道有梗，仍议举行。张大有等姑免究。钦此。

本年都御史王宗沐题：修复遮洋总。尚书王国光复：查得国初海运岁七十万石，以给辽海。嗣后会通河成，海运不讲，然尚留遮洋一总，良有深意。至嘉靖四十五年，给事中胡应嘉建议裁革，并入山东、江北诸总，而前制尽废，迩来河道淤塞，仍设海运，劳费既多，复令革罢。其海运把总，仍令改兑遮洋，凡海船新造者，责本官统率，专领北兑，原给关防，照旧掌管，新设船只，照例修造。

三年，御史萧泮题：变卖海船，以利运道。尚书王国光复：奉圣旨，存留海船原以备缓急之用，不准变卖，着漕运衙门议处具奏。钦此。随该都御史王宗沐题，本部复：准海防尽改德州水次领兑，使得先期抵湾，与南船自不相值，原派闸河水次，与济宁任城等卫，互相更易夹贴，修船月粮准预行借给全支，回空之日寄临清旧闸，委官看守，以省回南，如往南往返损坏，行令临清兵□□□□□照原题，每十五年一次改造，以后□□□□□旗处以军法，把总参提革问。

## 民运

正统十三年，尚书王佐题：准白粮船只编置字号，送沿河各官催督，及行砖厂免带砖。

成化六年，总督陈廉题：苏松等府运送糙白粮米，系官造船只，每船佥拨纳户五六名，多不过十名，领驾来京，乞免带砖，粮免晒扬，令其早回。尚书薛远复：准除免带砖，咨行工部定夺外，其未收粮米，准行收粮衙门，验无糠谷沙土，免其晒扬，即与收受。

弘治七年，尚书叶淇题：准民运白粮，系内府等处供应之数，行河西务委官，今后粮米剥船到关，俱免纳料，即时放行，仍通行各钞关一体验放。

嘉靖元年，尚书孙交题：准民运白粮，照依兑运事例，每年十月终征完，委廉干官员，十二月以里，船运至瓜州，听攒运郎中催攒。次年正月终不完者，将府州县管粮官提问，住俸半年；三月终不完者，住俸一年，仍令戴罪催征；若延至五月终不完者，将司府州县掌印等官，通行提问，各降二级。苏、松、常三府，限正月以里过淮，八月初一日完纳。若限外三个月之上完粮者，住俸半年；限外五个月之上完粮者，住俸一年；延至次年二月终不完者，问罪降二级，起送吏部别用。若有侵盗削剥等情，从重问拟。

隆庆元年，都御复林润题：议白粮改折。尚书葛守礼议复：祖宗之制，每岁有漕粮四百万石，而又有白粮三十万一千四百余石，率不下三二石，而致一石，岂不欲宽民力。盖居重驭轻，忧深虑远，诚有不得不然者。今若再议改折，倘运道万一有阻，或环京师方数千里有水旱之灾，将何以支，仍令如旧。

二年，御史蒙诏题。尚书马森复：准民运粮行浙直抚按衙门，转行司府州县官，选委府佐贰官一员为总部，比照漕运把总官；州县佐贰官一员为协部，比照漕运指挥千百户等官行事。正月以里督令开船，定限六月以里赴部上纳。如部运官不行依期催解，违七月终限者，住俸三月；违八月终限者，住俸半年；违九月终限者，住俸一年；违十月终限者，降级；岁终不到者，比照疲软事例罢斥，各该府州县掌印官递减一等，止于降级。如各官沿途需索支应等项，照前议以枉法论拟。其有私自逃回者，提解来京，送法司从重究问。民运粮长大率苦于催征、逼勒、完掣三事，自后编定北运解户，若有坐派兑军，既与扣作京粮之数。其船只听酌量粮米多寡，不必拘定大船，以滋奸徒抑勒之计。仍查明粮长正身，人给小票一张，俾各得完掣，不致牵累。

四年，尚书张守直题：准收受禄米、仓粮米、斜席等项，自本年以后，各于旧例量免一半。粮少者，准令凑合起解，白粮船只止许受载五百石为率，原每石斜席半领，二百石木板一片，一百石筛箩笆斗各二件。

六年，都给事中陆树德题，尚书王国光复：准起运白粮，依期征完。责令粮长设处船只，同运官帮次开程，过淮洪入闸。漕务参政督催，与军船一体挽拽。运军敢有欺凌挟诈，及船户驱使求索，并洪闸等役骗害，许粮长就便告鸣该道处治。又题：准民运船只照军船事例，量带土宜四十石，经过各钞关，免其纳税。

万历二年，尚书王国光题：禄米仓岁收俸粮不敷支放，查照旧例，将江南新运漕粮内，拣筛四万石暂行支放，俟万历四年新粮至日另议，以后每年遇米贱时月，照依时价放给折色一二月，永为定规。奉圣旨：是。这白粮以后除原议二分之外，再不许议改折。钦此。

九年，漕运总督凌云翼题：浙江应天巡抚吴善言、孙光祐，各咨称，勘议过浙江湖州等府粮户卜永明等奏，将民运白粮要照漕船式样，借支盐银，官为成造，不便有五，其害有四，乞要照旧。尚书张学颜议：行漕运衙门及各巡抚，将江南五府应运白粮，令各粮长仍雇五百料中船，勿令夹带私货，应得水脚，当官议定，先给一半，其余印封。船过徐州，总部官验给其折征役银，量助粮解。先止行苏州一府，令通行嘉、湖、松、常四府，如不系额外加派，俱听酌量举行；如额外加增者，仍计议停妥具奏，在京部寺监收等官，遇白粮至日，俱要随到随收，勿纵仓攒员役需索，如有前弊，听本部与巡仓御史查实参奏。奉圣旨：是。钦此。

## 艻运

成化二十年，尚书余子俊题：准遮洋船支兑三十万石，除天津等仓六万石外，将蓟州二十四万石内，改拨十万石丰润仓交收，以备山海边卫官军支给。

弘治九年，郎中王钺呈，尚书叶淇题：准自十年为始，运本色十万石赴蓟州仓上纳，折色十四万石运送永平府库收贮，以便官军月粮。

嘉靖二十九年，北虏为患，密、昌调集兵马数多，本色不敷。督抚等官议，要乞运漕粮接济。尚书李士翱复：准共拨二十万六千余石。

三十年，尚书孙应奎题：准蓟州班军六万七千员名，该行粮十三万四千石，于漕粮内拨运蓟州支用。

三十二年，总督何栋咨，尚书方钝复题：准共拨漕粮一十八万四千八百一十八石八斗，责令运官径由通州水路运至牛栏山河下起岸，分运密云隆庆、石匣二仓，以备三十三年支用。

三十四年，总督杨博题，尚书方钝复：准密云主客粮米内，量改六万石，给昌平支用。

三十七年，都御史傅颐题：欲将该镇漕粮尽免官军径运。尚书贾应春复：准每年拨运漕粮二十万六千余石，内三十五年减免五万石。又除蓟镇班军行粮一万二千一百四石七斗，照旧责令运官代运外。仍该昌、密二镇仓粮并行粮十四万四千三石三斗，自三十八年为始，运赴通仓上纳。每年正月以后，本部差官乞运密云七万石，由通州水陆接运，共一百四十里，每石脚银一钱五厘，共七千三百五两；昌平三万石，由通州陆路一百二十里，每石脚银一钱五厘，共三千九百六十两。将原随粮耗每石二斗五升内，扣出五升，并近议加盘剥米三升，共米八升，计共八千石，每石折银五钱，计银四千两，以备代运。脚费仍于京通二仓各总扣剩羡余银两动支补给。

三十九年，总督许论题，尚书高燿复：准督令运官将原运漕粮密镇七万石，昌平镇三万石，并行粮径运该镇，岁以为常。

四十四年，蓟、永分镇，拨蓟镇本色十万石，折色八万四千石；拨永平折色五万六千石。

隆庆元年，都御史刘焘题：要官军照旧上纳。尚书葛守礼复：准仍令江北、山东二总，径运二镇。以后年分，挨次均派，不得偏累一卫一所。

三年，尚书刘体乾题：准自四年为始，除原派蓟镇仓粮船只照旧外，仍将临清、德州各水次应兑漕粮，坐派昌、密二镇，以便北卫所军船就近派兑，工部就湾设厂，本部委官扬收，就与领运，以免进仓出仓繁费，其应用脚价盘剥米三升，共一斗五升。通共原粮十四万四千八十三石三斗，该扣米二万一千六百一十二石零，照例每石五钱。行令有司征银一万八百六两零，随粮征解，以备乞运。其不敷之数，于开帮轻赍余银凑补，每年三月内差主事三员，一员在厂监收，二员分理乞运。

六年，总督刘应节题：长陵等八卫拱护陵寝，赴京关支不便。查得巩华城外原有旧河道，东南一百四十里达于通河，用船转运漕粮，就近关支。尚书王国光复：准自万历元年为始，将巩华城至通州一带河道，暂借永、巩二营，并奠靖所军士趁时修理，一应工费，查得每年八卫官军约该月粮十五万石，可省脚价三千四百余两。额发漕粮四万石，可省脚价四千八百余两，就于当年节省脚价银八千内动支。查将官军本色月粮并漕粮，俱由通河运至巩华城奠靖仓收贮，以便就近关支。

本年总督刘应节题：密云城东西当潮白二湖之冲，剥船可达城下。乞将通粟加拨五万石，及造小船一百只，以便输挽。尚书王国光复：准自万历元年为始，额派本镇十万石外，加拨五万石，从新修河道转运，船只准于脚价民兵银内，各量动一半成造。

万历元年，尚书王国光题：巩华城外引河，已经动支银七万两，委官修河，并添建仓厫去讫。今河道未通，乞咨督抚速行处置，刻期定报。奉圣旨：这河运已有旨允行，着该地方官疏浚通济。如再迟误，查参来说。钦此。随行督抚及委官杨可大设法疏通，召募船只，督运完纳讫。

本年总督刘应节题：昌、密二镇新旧漕粮三十余万石，水陆督运，应设官责成。乞将密镇见委把总薛论道，昌镇长陵卫千户顾尚义，各授钦依把总，分理二镇，督催浚河舣船修仓等项事务，及称顺义知县曹维新，熟知地理水势，乞升户部主事，专管㪺运二镇漕粮，得专任责成之法。尚书王国光复：准。

## 督运文武官

永乐十六年，本部题：准差御史攒运。

十七年，本部题：准差侍郎都御史催督粮运，各部郎中员外差委分理。

宣德四年，尚书夏元吉题：准差郎中攒运。

正统十一年，尚书王佐题：准选差主事一员，前去各司府等处提督交兑。

十四年，都督同知武兴奏：留刑部郎中鱼侃兑运粮储，问理刑名。本部复：准将本官存留，常川管理事务。

景泰元年，本部题：准设淮安漕运都御史。

五年，本部题：准令布、按二司官督理兑运。

天顺二年，尚书沈固题：准设漕运理刑主事。

六年，本部题：准差本部右侍郎杨鼎攒运漕粮。

成化八年，兵部尚书商辂题，尚书杨鼎议：于本部并在京各衙门堂上见任官内，请点差一员，奉敕前去沿河一带，设法催攒。

弘治七年，尚书叶淇题：准照成化八年事例，差侍郎秦民悦，会同漕运总督等官，攒催粮储。

十二年，尚书周经题：请简命大臣督攒漕运粮储。

十三年，尚书周经题：准各省守巡道、直隶各府佐贰官，督理粮运。

十五年，尚书倪钟题：准行天津等处管仓部官，但遇粮船到彼，即各照地方连接催攒，俱各严限，令其星夜前进。

正德六年，尚书孙交题：照先年事例，于左右侍郎内，乞钦命一员攒运。

七年，尚书孙交题：准改委本部属官四员，分往南直隶、浙江、江西、湖广地方监兑。南直隶等四处系南京户部差，因交兑稽迟，后议通委本部司属。

十一年，尚书石玠题：准监兑官兑完起程，交接明白。仍回原兑水次整理下年粮运，候交代回京。

十五年，尚书杨潭题：准天津兵备副使带管白河漕运。

嘉靖二十七年，尚书夏邦谟题：准自次年为始，各该违限有司军卫官员，听监兑官会同御史查参，候本部分别。系有司者，行彼处巡按御史；系军卫者，行漕运都御史，发理刑主事，各查照原参提问。

三十七年，尚书贾应春题：准自三十八年为始，各监兑主事，完日会同巡按照例查参，五月以里参劾不到，即将主事参治降罚，近限四月内。

三十八年，尚书马坤题：准漕运都御史务要久任，俟漕运修举，节年粮运无欠，方许议题迁转。

四十四年，尚书高耀题：准南直隶、浙江、江西、湖广等处监兑官，照山东例，各给关防一颗。

隆庆三年，都给事中严用和题，尚书刘体乾复：准两浙巡盐御史兼督浙江杭、嘉、湖三府，直隶苏、松、常、镇四府粮务（革监兑官）。

四年，尚书张守直题：准徐州兵备每年粮船过淮，亲诣桃源等处，与各省粮储参政等官管押粮船过洪入闸，限三月以里尽数过洪，完日呈报漕司具奏。

本年左侍郎赵孔昭题：议南京巡屯御史兼督应天、太平、宁国、安庆、池州五府及广德州粮务。尚书张守直复：准。

五年，尚书张守直题：准差御史张宪翔攒运（御史攒运自此始）。

本年都御史王宗沐题，尚书张守直复：准裁革参将，设参政一员管押粮船到京，及空船尽数回南，方许回任。

本年给事中侯于赵题，尚书张守直复：准两淮巡盐御史兼督庐、凤、淮、扬四府，及徐、滁、和三州粮务（革监兑官）。

本年尚书张守直题：准以后奏报兑完过洪日期，巡抚不得过二月，漕司不得过三月，河道不得过四月。如有司粮米船只不完，罪在巡抚；若有司有粮，军卫无船，并已到淮，不即验放，有误过洪原限，罪坐漕司；粮船依期前进，河渠浅涩，致有停阻，罪坐河道。

六年，都御史王宗沐会议：上江等处设参政一员。尚书王国光复：准令新设徽、宁、池、太兵备兼管粮务。

本年尚书王国光题：准给攒运郎中关防。

本年都御史王宗沐会议，尚书王国光复：准设立全单，每帮各给全单一纸，备开官军船只水次米数，及关支月粮，并兑粮开帮各限期，从实填注，到淮赴漕司查验。仍编帮改限责令过洪，到京送巡仓御史查比复照帮次，坐委官员管押空船，立限到淮投销。

万历五年，尚书殷正茂题：准复差主事一员，往苏、松、常、镇监兑。

六年，尚书张学颜题：查得万历七年漕粮改折二百万石，过淮止一百二十万石，较之往年已减大半，攒运御史督催自足济事。合无将本部攒运郎中停差一年，待全运年分应否照例复差，临时另议。题请其瓜、仪二处打造缺船八百余只，仍行攒运御史陈世宝兼督成造，如有冒破侵费等弊，指名参究，仍增入勅内，以便行事。奉圣旨：是。漕粮改折应解的，也着陈世宝一并催解，侵欠迟误的，着查实参奏。钦此。

七年，因苏、松等处运官交兑米色不类。本部尚书张学颜钦奉明旨，查参苏、松监兑主事陈宣，及议得督粮司府州县官巡按、巡盐各御史，并沿河兵备等官漕运都御史总兵，各有征兑督运盘验之责，俱当协衷体国，共裨漕务等因。奉圣旨：陈宣奉勅监兑，徇情容私，姑照才力不及例，降一级调外任。今后漕粮收完之日，着总督仓场官及巡仓御史通查各总，有烂恶掺和等情，除运官照例追赔问罪外，其监兑并督运参政有司官，查各责任所在，分别参奏。如粗恶不堪至三万石以上，将总督漕运等官一并参来究治。钦此。

本年户科都给事中郝维乔题：申饬漕规。尚书张学颜复议：行攒运御史，每年催押各运船抵湾驻扎通州，候起粮到仓，方行具疏举劾。奉圣旨：是。钦此。九年，复题差浙江监兑主事（以上系文职）。

永乐二年，本部题：准设总兵官，副总兵官统领官军海运。

宣德十年，尚书郭敦题：准令漕运总兵官八月赴京会议次年粮运。

天顺元年，尚书沈固题：准着总兵官兼理河道。

本年尚书沈固题：准添参将一员，协同督运。

成化九年，平江伯陈锐题，尚书杨鼎复：准今后运粮官员，听漕运衙门坐名调取，不许擅自补换，占留差操。原运官员营求改换，卫所官吏容情作弊，一体治罪。

弘治十二年，尚书周经题：准每五年会同兵部考察运官，先令监兑攒运官，将各卫所掌印并运粮官贤否，递年开送漕运都御史、总兵官；三年汇送，以凭考察，略云兑运官依期完粮，与见在掌印官更番，以均劳逸。若运官违限不完，掌印官考语下等，俱令退斥。掌印官遇更番推避者，指挥降三级，卫镇抚、千户降二级，所镇抚、百户降一级，仍发运粮。

正德九年，给事中叶相题，尚书王琼复：准领运官员有贪贿科敛赃迹显著者，户兵二部会奏罢黜。其漕运都御史及总兵官参将除迟误粮运，及漂流数多等项，本部照例参劾外。若有通同贪贿科敛赃迹显著情弊，听科道官指实劾奏。

嘉靖七年，总兵官杨宏题：乞定考选运官，三年一次。尚书邹文盛复：会同兵部仍逐年考选。复：奉圣旨，是。领运把总等官，今年仍照例会官严加考选，从公奖劝黜革，今后三年一次，以为定规，庶免纷扰。若考选之后，访有避难推托，贪婪侵剋等项情弊，听漕运衙门各该巡按御史，该监兑委官指实参究提问，使人知警戒。况参提必有实迹，考察或凭毁誉，前此考选进退贤否，多至失真，至今尚招物议，岂可拘以为例，其余议处停当的，都依拟。钦此。

十四年，尚书梁材题：准行各该监兑主事，将各该运粮把总卫所等官贤否，俱一年一次体察实迹，开具揭帖，于七月以里，预送户、兵二部案候，待至三年之期，漕运都御史总兵官将各官贤否，三年得失事迹，开具揭帖，送户、兵二部会考，不得擅为纷更。其各该运官如有科扰军士，侵费钱粮等项实迹，悉听漕运衙门，本部监兑委官，并巡按御史指实参究黜罚，不在三年考察之限。

三十七年，尚书贾应春题：准把总官必得谙练运务者，方克有济，今后员缺，查照漕司巡仓论荐指挥千百户内推升，三年以上粮无挂欠，拟升署职，仍旧领运三年之上，方许迁转，如有不职，照例劾罢。

四十四年，御史张振之题，尚书高燿复：准各总卫所掌印官先期料理下年粮运，不得规避延捱，违者照避运事例参治，终身不许叙用。其旧运官完掣通关，即令掌印，间有挂欠，另选贤能掌印，以备更番。

隆庆元年，都御史张瀚题。尚书葛守礼复：准把总员缺，于属卫见运贤能官内推补，如遇三年考察之期，漕运衙门先将各该把总千百户指挥等官，严加稽察，分别上中下三等，开送户、兵二部会考，一等者即备擢用，二等者仍在运，三等者罢黜更换。内考列一等运官，不拘指挥千百户，遇有推调，一体破格超擢，其每年漕运及巡仓衙门举劾，仍照例施行。

四年，尚书刘体乾题：准每年漕船起行，都御史坐镇淮安，参将移驻瓜、仪，总兵住徐州，各分经理催督船粮。

本年尚书刘体乾题：准给攒运把总关防。

（原书注明：此处缺第一百二十页）

列圣相承二百年来，建官饬法，尤为明备。今上登极，并河臣于漕臣，责山东、河南、直隶抚臣，督藩臬分司，画地修浚，又岁遣御史，往来巡察，故四百万漕粮转输，略无少损。今太仓见积至一千五百三万有奇，视迨逾于王制九年之蓄，使受事诸臣远近勤职，上下协衷，悉遵议例所载，因事申严，随时振举，即国脉万世如一日也。海运之策，亦可以不议矣。

## 《万历会计录》卷三十六 仓场 附马房牧地

### 甲表 94　　　京仓

| 京仓（五十二卫） | |
|---|---|
| 旧太仓十一卫 | 忠义右卫仓 |
| 忠义前卫仓 | 宽河卫仓 |
| 忠义后卫仓 | 燕山左卫仓 |
| 义勇右卫仓 | 义勇后卫仓 |
| 蔚州左卫仓 | 北新仓五卫 |
| 大宁中卫仓 | 府军左卫仓 |
| 锦衣卫仓 | 府军右卫仓 |
| 神武左卫仓 | 府军前卫仓 |
| 羽林前卫仓 | 燕山前卫仓 |
| 昭陵卫仓 | 金吾前卫仓 |
| 景陵卫仓 | 大军仓四卫 |
| 献陵卫仓 | 永清左卫仓 |
| 南新仓八卫 | 旗手卫仓 |
| 府军卫仓 | 大军仓 |
| 燕山右卫仓 | 武成中卫仓 |
| 彭城卫仓 | 济阳仓二卫 |
| 龙骧卫仓 | 金吾右卫仓 |
| 龙虎卫仓 | 济阳卫仓 |
| 永清右卫仓 | 禄米仓二卫 |
| 金吾左卫仓 | 彭城卫南新仓 |
| 济州卫仓 | 府军前卫南新仓 |
| 新太仓七卫 | 西新仓四卫 |
| 大宁前卫仓 | 虎贲左卫仓 |
| 会州卫仓 | 府军后卫仓 |
| 富峪卫仓 | 金吾后卫仓 |
| 义勇前卫仓 | 羽林左卫仓 |
| 康陵卫仓 | 太平仓二卫 |
| 裕陵卫仓 | 留守前卫仓 |
| 茂陵卫仓 | 留守后卫仓 |
| 海运仓六卫 | 大兴仓一卫 |
| 泰陵卫仓 | 大兴左卫仓 |
| 永陵卫仓 | |

| 京仓 | |
|---|---|
| 共粮（石） | 2088273.10 |
| 内兑运粮（石） | 1919017.70 |
| 改兑粮（石） | 169255.39 |
| 加耗米（石） | 139295.45 |
| 内兑运每石耗米（石） | 0.07 |
| 共耗米（石） | 132525.23 |
| 改兑每石耗米（石） | 0.04 |
| 共耗米（石） | 6770.21 |
| 民运府部等衙门白粮（石） | 50578.00[1] |
| 旧太仓共收粮（石） | 433649.99 |
| 南新济阳仓共收粮（石） | 431428.52 |
| 海运新太仓共收粮（石） | 529665.25 |
| 北新大军仓共收粮（石） | 356186.09 |
| 西新太仓共收粮（石） | 263111.18 |
| 禄米仓共收粮（石） | 48432.49 |
| 府部民运白粮（石） | 50578.00 |
| 皇城四门仓粮（石） | 25800.00 |
| 每石耗米（石） | 0.07 |
| 该耗米（石）[2] | 1806.00 |
| 随粮席（领）[3] | 1044136.00 |
| 每粮 2 石，席 1 领折银（两） | 0.01 |
| 该本色席（领） | 522068.00 |
| 折色席银（两）[4] | 5220.68 |
| 每兑运米 2000 石[5] | |
| 楞木（根） | 1.00 |
| 松板（片） | 9.00 |
| 筹架银（两） | 10312.35 |
| 支过银（两） | 6431.84 |
| 支剩银（两）[6] | 3880.51 |
| 仓官 1 员，银（两） | 2.00 |
| 攒典 1 名，银（两） | 1.50 |
| 小甲 1 名，银（两） | 1.30 |
| 军斗 1 名，银（两）[7] | 0.50 |

[1] 原书此处注："本色八分，折色二分。"

[2] 原书注明："每年坐拨多寡不等，于应天苏松常镇五府兑运粮内坐拨。"

[3] 原书注明："本折中半收受。"

[4] 原书注明：如粮每石折银 0.7 两，解纳太仓银库者，京仓则耗席在外，通仓则耗席在内（七年题改本色 3 □）。

[5] 原书注明："以备铺垫之用，坐派锦衣旗手湖广江西浙东浙西上江下江八总，随粮上纳；其淮大山东中都江北等总，及改兑粮米，俱例无板木；通仓同。"

[6] 原书注明：嘉靖以前每石银 0.01 两；每粮万石，该银百两。后减每石银 0.005 两；每廒 12000 石，银 60 两。

[7] 原书注明：余银贮太仓银库正支。隆庆三年题准：每廒不足 12000 石，照数递减，不支全数，如有事故扣除在官。

## 甲表95　　通仓

| 通仓(十五卫)[1] | |
|---|---|
| 大运中仓五卫 | 通州右卫仓 |
| 定边卫仓 | 定边卫仓 |
| 通州左卫仓 | 大运西仓六卫 |
| 通州右卫仓 | 通州卫仓 |
| 通州卫仓 | 通州左卫仓 |
| 神武中卫仓 | 通州右卫仓 |
| 大运南仓四卫 | 定边卫仓 |
| 通州卫仓 | 武清卫仓 |
| 通州左卫仓 | 神武中卫仓 |

| 通仓 | |
|---|---|
| 共粮(石) | 1091345.82 |
| 内兑运粮(石) | 690764.57 |
| 改兑粮(石) | 400581.24 |
| 加耗米(石) | 64376.77 |
| 内兑运每石耗米(石) | 0.07 |
| 该耗米(石) | 48353.52 |
| 内改兑每石耗米(石) | 0.04 |
| 该耗米(石) | 16023.24 |
| 西仓共收粮(石) | 607095.36 |
| 南仓共收粮(石) | 198745.50 |
| 中仓共收粮(石) | 289972.00 |
| 轻赍银(两) | 403284.40 |
| 内到淮给十分之三该银(两)[2] | 120985.32 |
| 经纪车船脚银(两)[3] | 112289.11 |
| 脚价则例[4] | |
| 每石脚价银(两) | 0.006 |
| 通口河经纪船脚每石脚价银(两) | 0.022 |
| 陆闸水脚每石脚价银(两) | 0.009 |
| 车户车脚每石银（两） | 0.014 |
| 歇家包囤每石银(两) | 0.008 |
| 晒夫饭米每船银(两) | 1.10 |
| 小脚抗粮倒囤每石银(两) | 0.004 |
| 雇人抱筹抬斛打卷每石银(两) | 0.007 |
| 买垫囤苇把每船银(两) | 0.20 |
| 买掀扫笆斗每船银（两） | 0.30 |

| 轻赍羡银(两) | 61718.06 |
|---|---|
| 系各运军完粮支剩之数内扣0.01两解淮该银(两) | 20572.68 |
| 给军银(两) | 41145.37 |
| 扣留银0.01两该银(两) | 27122.65 |
| 扣省八项银(两)[5] | 46624.44 |
| 京粮车户每石扣银(两)[6] | 0.01 |
| 经纪每石扣银(两) | 0.005 |
| 京通仓歇家包囤每石扣银(两) | 0.001 |
| 晒夫饭米每石扣银(两) | 0.001 |
| 小脚抗粮倒囤每石扣银(两) | 0.001 |
| 雇人抱筹抬斛打卷每石银(两) | 0.0003 |
| 买苇把垫囤每船银(两) | 0.10 |
| 买补折罚席每船银（两） | 0.20 |
| 筹架银(两) | 5456.72 |
| 支过银(两) | 1835.69 |
| 支剩银(两) | 3621.02 |

## 甲表96　　淮安等仓

| 淮安仓 | |
|---|---|
| 折色麦(石)[7] | 65600.00 |
| 每石折银(两) | 0.40 |
| 今见在只有商税银(两) | 5330.08 |

| 徐州永福仓 | |
|---|---|
| 粮(石)[8] | 67195.77 |
| 内本色小麦(石) | 4980.67 |
| 折色米麦(石) | 62215.10 |
| 粳米每石折收银(两)[9] | 0.60 |
| 附余粳米每石折银(两) | 0.30 |
| 小麦每石折银(两) | 0.30 |
| 粟米每石折银(两) | 0.30 |
| 马草折纳粟米每石折银(两) | 0.60 |
| 折放俱银(两) | 0.30 |
| 增出空粮(石)[10] | 24037.47 |
| 见在折色粳米(石) | 1023.39 |
| 徐州广运仓 | |

---

[1]原书注明："大运东、神武中仓废，今并归中仓；其空地招近邻居民承佃收租在官，以备各廒小修之费。"
[2]原书注明："以备起拨乞贴之用，余剩送通仓呈验，辇前七分银两，给予完粮。"
[3]原书注明："于轻赍银内支。"
[4]原书注明："京粮自湾起剥至石坝，通粮自湾起剥至土坝。"

[5]原书注明："于轻赍银内扣省。"
[6]原书注明："俱查扣贮通库，年终解太仓。"
[7]原书注明："岁贮淮安扬州二府折色夏麦，专备江北二十二卫运粮官军行粮不足者借支之用。"
[8]原书注明："岁贮折粳粟米麦，专备徐州等卫操运官军行月粮，并徐州洪稍水工食之用。今本折粟米麦并增出空粮。"
[9]原书注明："内收放则例粳米。"
[10]原书注明："万历六年七月终。"

| | |
|---|---|
| 今本折小麦(石)[1] | 18695.15 |
| 内本色麦(石) | 4695.87 |
| 折色小麦(石) | 13663.28 |
| 除支放外见在折色小麦(石)[2] | 2622.62 |
| 该银(两) | 1049.04 |
| 内折色则例每石收银(两) | 0.40 |
| 内折色则例每石放银(两) | 0.40 |
| **临清仓广积仓常盈仓** | |
| 岁贮河南夏税(石) | 60000.00 |
| 山东夏税(石) | 20000.00 |
| 秋粮(石)[3] | 34400.00 |
| 改拨粮(石)[4] | 15000.00 |
| 隆庆五年见在仓米(石) | 108700.00 |
| 折色每石折银(两) | 0.80 |
| 共银(两) | 245700.00 |
| 今本折粮(石)[5] | 521242.61 |
| **德州仓** | |
| 岁贮河南夏税(石) | 20000.00 |
| 山东夏税(石)[6] | 60000.00 |
| 改拨粮(石)[7] | 5800.00 |
| 俱纳折色，每石折银(两) | 0.80 |
| 今本色粟米(石)[8] | 362424.52 |
| 折色粮银(两) | 317261.55 |
| **德州常丰仓** | |
| 岁贮山东夏税(石) | 79953.00 |
| 内本色(石) | 36953.00 |
| 折色(石) | 43000.00 |
| 每石折银(两)[9] | 0.40 |
| **天津仓天津左卫仓天津右卫仓** | |
| 米(石)[10] | 82678.00 |
| 内正粮(石) | 78700.00 |
| 耗米(石) | 3902.00 |

| | |
|---|---|
| 运司正耗米(石) | 456.00 |
| 折银(两) | 217.80 |
| 银(两)[11] | 6681.70 |
| 今天津仓折粮银(两)[12] | 33203.68 |
| 天津右卫仓本色粟米(石) | 43055.11 |
| 天津左卫仓本色米豆(石) | 51358.57 |
| 河间府广成库粮花布价银(两) | 18343.43 |
| 巨盈仓本色米豆(石) | 2493.70 |
| 粮价银(两)[13] | 6935.76 |

### 甲表97　　　　御马等仓场

| | |
|---|---|
| 象驼马驴驹牛羊(匹头只) | 3612.00 |
| 料(石) | 77982.40 |
| 黄豆秸(斤) | 15000.00 |
| 草(束) | 4175051.00 |
| **支放则例** | **日支** |
| 象每只料(石) | 0.30 |
| 草(束) | 15.00 |
| 驼每只料(石) | 0.06 |
| 草(束) | 1.00 |
| 马每匹料(石) | 0.04 |
| 草(束) | 1.00 |
| 驴(除内府新发者)料(石) | 0.03 |
| 其余驴并马驹每头匹料(石) | 0.02 |
| 草(斤) | 10.00 |
| 牛每只料(石) | 0.03 |
| 草(斤) | 10.00 |
| 羊每只料(石) | 0.008 |
| 草(斤) | 1.00 |
| 牛犊每只料(石) | 0.01 |
| 草(包) | 1.00 |
| 北羊每只绿豆(石) | 0.005 |
| 糯稻谷(石) | 0.003 |
| 山羊每只绿豆(石) | 0.005 |
| 四只草(包) | 1.00 |
| 鹿每只黄豆秸(斤) | 3.00 |
| **御马仓** | |
| 绿豆(石) | 10300.00 |

[1] 原书注明："岁贮徐宿等州县本折小麦，专备扬州等卫，运军行粮支用。"
[2] 原书注明："万历六年六月终。"
[3] 原书注明："专备灾伤补运之数。"
[4] 原书注明："嘉靖三十九年于河南夏税额粮内改拨粮，赴小滩镇，为官军籴买行粮支用。"
[5] 原书注明："万历元年题俱纳本色。"
[6] 原书注明："专备灾伤补运之数。"
[7] 原书注明："嘉靖三十九年于山东夏税额粮内改拨天津仓。"
[8] 原书注明："万历元年题准仍纳本色。"
[9] 原书注明："专备德州左二卫官军俸粮支用。"
[10] 原书注明："岁贮遮洋总运粮及天津武清沧州等卫所屯粮草场芦苇米运司土课等米。"

[11] 原书注明："山东麦价并新增地亩各卫县巡司随粮折色席苇等银。专备前卫所官军俸粮，及天津三卫巡捕马料支用。"
[12] 原书注明："寄贮天津卫库。"
[13] 原书注明："内支放则例，米贵放本色，米贱放折色，平岁本色十个月，折色两个月。"

| | |
|---|---|
| 豌豆(石) | 10000.00 |
| 黑豆(石) | 15700.00 |
| 大麦(石) | 11000.00 |
| 草(束) | 580000.00 |
| 遇闰加绿豆(石) | 650.00 |
| 豌豆(石) | 650.00 |
| 黑豆(石) | 650.00 |
| 大麦(石) | 650.00 |
| 草(束) | 27000.00 |
| **天师庵外场** | |
| 草(束) | 580000.00 |
| 遇闰加(束) | 27000.00 |
| **中府外场** | |
| 草(束) | 580000.00 |
| 遇闰加(束)[1] | 27000.00 |
| 坝上仓[2] | |
| 现在马驼驹驴牛羊(匹头只) | 169.00 |
| 岁用料(石) | 2131.20 |
| 草(束) | 54720.00 |
| 除实在外会派料(石) | 1851.20 |
| 草(束) | 48420.00 |
| 金鞍马(匹)[3] | 300.00 |
| 日额用绿豆(石) | 600.00 |
| 大麦(石) | 300.00 |
| 豌豆(石) | 300.00 |
| 草(束) | 30000.00 |
| 除实在外会派绿豆(石) | 475.20 |
| 豌豆(石) | 237.60 |
| 大麦(石) | 237.60 |
| 草(束) | 23760.00 |
| **坝上东马房仓** | |
| 见在马驹驴(匹头) | 57.00 |
| 岁用料(石) | 640.80 |
| 草(束) | 17520.00 |
| 除实在外会派料(石) | 527.24 |
| 草(束) | 14776.00 |
| **坝上南仓** | |

| | |
|---|---|
| 见在马驹驴(匹头) | 72.00 |
| 岁用料(石) | 806.40 |
| 草(束) | 22080.00 |
| 除实在外会派料(石) | 506.18 |
| 草(束) | 14616.00 |
| **坝上北马房仓** | |
| 见在马驹驴(匹头) | 40.00 |
| 岁用料(石) | 432.00 |
| 草(束) | 12000.00 |
| 除实在外会派料(石) | 277.88 |
| 草(束) | 8129.00 |
| **金盏甸儿仓** | |
| 见在马驹驴(匹头) | 55.00 |
| 岁用料(石) | 633.60 |
| 草(束) | 17160.00 |
| 除实在外会派料(石) | 381.40 |
| 草(束) | 10945.00 |
| **义河仓** | |
| 见在马驹驴(匹头) | 85.00 |
| 岁用料(石) | 1130.40 |
| 草(束) | 29040.00 |
| 除实在外会派料(石) | 955.20 |
| 草(束) | 24652.00 |
| **北高仓** | |
| 见在马驹驴(匹头) | 109.00 |
| 岁用料(石) | 1382.40 |
| 草(束) | 26120.00 |
| 除实在外会派料(石) | 1167.76 |
| 草(束) | 30668.00 |
| **湖渠马房仓** | |
| 见在马驹驴(匹头) | 143.00 |
| 岁用料(石) | 2077.20 |
| 草(束) | 48120.00 |
| 除实在外会派料(石) | 1547.25 |
| 草(束) | 36436.00 |
| **坝上北仓** | |
| 见在马驹驴(匹头) | 70.00 |
| 岁用料(石) | 849.60 |
| 草(束) | 22560.00 |
| 除实在外会派料(石) | 430.32 |
| 草(束) | 12432.00 |
| **黄土仓** | |
| 见在马驹驴并新发驴(匹头) | 116.00 |

[1] 原书此处注："以上料草例无增减，遇闰照例加添。"
[2] 原注明："坝上等仓事例，每年会同巡青科道点闸各牲口，将倒死头匹扣除草料，仍计见在头匹并实在草料多寡，就将实在草料作为本年正数，酌量派补支用，其金鞍马牺牲所头匹，原有定额，止计实在草料派支。"
[3] 原书注明："每年六月出旬，例住坝上三个月零十日。"

| | |
|---|---|
| 岁用料(石) | 1404.00 |
| 草(束) | 3360.00 |
| 除实在外会派料(石) | 1361.19 |
| 草(束) | 32008.00 |
| 郑家庄马房仓 | |
| 见在马驴(匹头) | 102.00 |
| 岁用料(石) | 1202.40 |
| 草(束) | 27840.00 |
| 除实在外会派料(石) | 1085.11 |
| 草(束) | 24799.00 |
| 汤山草场仓 | |
| 见在马驹驴(匹头) | 114.00 |
| 岁用料(石) | 1548.00 |
| 草(束) | 38400.00 |
| 除实在外会派料(石) | 1402.31 |
| 草(束) | 34114.00 |
| 北草场仓 | |
| 见在马驹(匹头) | 64.00 |
| 岁用料(石) | 828.00 |
| 草(束) | 19920.00 |
| 除实在外会派料(石) | 778.77 |
| 草(束) | 18267.00 |
| 汗石桥仓 | |
| 见在马驴(匹头) | 56.00 |
| 岁用料(石) | 698.40 |
| 草(束) | 17460.00 |
| 除实在外会派料(石) | 427.60 |
| 草(束) | 10690.00 |
| 汗石桥南仓 | |
| 见在马驴(匹头) | 33.00 |
| 岁用料(石) | 417.60 |
| 草(束) | 10440.00 |
| 除实在外会派料(石) | 185.78 |
| 草(束) | 4644.00 |
| 张家庄马房仓 | |
| 见在马驹(匹) | 45.00 |
| 岁用料(石) | 568.80 |
| 草(束) | 14220.00 |
| 除实在外会派料(石) | 340.80 |
| 草(束) | 8520.00 |
| 南石渠仓 | |
| 见在马(匹头) | 33.00 |
| 岁用料(石) | 475.20 |

| | |
|---|---|
| 草(束) | 11880.00 |
| 除实在外会派料(石) | 274.04 |
| 草(束) | 7024.00 |
| 南石渠西仓 | |
| 见在马驹驴(匹头) | 44.00 |
| 岁用料(石) | 532.80 |
| 草(束) | 13320.00 |
| 除实在外会派料(石) | 293.31 |
| 草(束) | 7597.00 |
| 官庄马房仓 | |
| 见在马驴(匹头) | 37.00 |
| 岁用料(石) | 489.60 |
| 草(束) | 12240.00 |
| 除实在外会派料(石) | 262.48 |
| 草(束) | 6622.00 |
| 杨家桥马房仓 | |
| 见在马驴(匹头) | 37.00 |
| 岁用料(石) | 468.00 |
| 草(束) | 11700.00 |
| 除实在外会派料(石) | 118.36 |
| 草(束) | 4345.00 |
| 里牛房仓 | |
| 见在牸乳牛(只) | 182.00 |
| 岁用料(石) | 1965.60 |
| 草(束) | 43680.00 |
| 除实在外会派料(石) | 1874.25 |
| 草(束) | 41650.00 |
| 外牛房仓 | |
| 见在牸乳牛(只) | 92.00 |
| 岁用料(石)[1] | 745.20 |
| 草(束) | 16560.00 |
| 除实在外会派料(石) | 692.79 |
| 草(束) | 15395.00 |
| 吴家驼牛房仓 | |
| 见在牸乳牛(只) | 46.00 |
| 岁用料(石)[2] | 372.60 |
| 草(束) | 8280.00 |
| 除实在外会派料(石) | 319.92 |
| 草(束) | 7109.00 |
| 司牲司 | |
| 见在山绵羊(只) | 281.00 |

[1]原书此处注:"除放青三个月不支外。"
[2]原书此处注:"除放青三个月不支。"

746

| | |
|---|---|
| 岁用料(石) | 795.79 |
| 草(束) | 6631.00 |
| 除实在外会派料(石) | 795.79 |
| 草(束) | 6630.00 |
| **驯象千户所内象房仓** | |
| 见在象(只) | 9.00 |
| 岁用大麦(石) | 972.00 |
| 草(束) | 48600.00 |
| 除实在外会派大麦(石) | 955.80 |
| 草(束) | 47790.00 |
| **外象房仓** | |
| 见在象(只) | 43.00 |
| 岁用大麦(石) | 4644.00 |
| 草(束) | 232200.00 |
| 除实在外会派大麦(石) | 4324.20 |
| 草(束) | 216210.00 |
| **牺牲所** | |
| 额用牛犊(只) | 257.00 |
| 每只日支黑豆(石) | 0.02 |
| 草(包) | 1.00 |
| 北羊(只) | 804.00 |
| 每只日支绿豆(石) | 0.01 |
| 糯稻谷(石) | 0.00 |
| 山羊(只) | 117.00 |
| 每只日支绿豆(石) | 0.01 |
| 俱四只日共支草(包) | 1.00 |
| 鹿(只) | 33.00 |
| 每只日支黄豆(石) | 0.02 |
| 黄豆秸(斤) | 3.00 |
| 岁用黑豆(石) | 783.85 |
| 绿豆(石) | 1085.56 |
| 黄豆(石) | 90.00 |
| 糯稻谷(石) | 250.00 |
| 黄豆秸(斤) | 13492.00 |
| 草(包) | 65747.00 |
| **安仁五草场每年会派各草(束)[1]** | 300000.00 |
| 共(束) | 1500000.00 |

| | |
|---|---|
| 招商收买止用(束) | 160000.00 |
| 共(束)[2] | 800000.00 |
| **安仁坊草场额草(束)** | 300000.00 |
| 收(束) | 160000.00 |
| **西城坊草场额草(束)** | 300000.00 |
| 收(束) | 160000.00 |
| **北新草场额草(束)** | 300000.00 |
| 收(束) | 160000.00 |
| **明智坊草场额草(束)** | 300000.00 |
| 收(束) | 160000.00 |
| **台基厂草场额草(束)** | 300000.00 |
| 收(束) | 160000.00 |

[1]原书注明：收放草束本折正耗则例：每年二月十月十一月俱放本色，余月折色；原额每秤25斤为一束放支，内以10斤为浥烂附余。后商人具告要比照外马房例，每束进草18斤秤收正草15斤，部议每10束正耗共180斤为1秤，秤收共150斤为一背放支。隆庆四年，又议耗草除京五草场照旧收纳，其坝上牛羊象房等仓，随收随放，每草定耗2斤减去1斤。

[2]原书注明："列营草在内。"

甲表98 商价会估备考[1]

| | 正价银(两) | 加斛(石) | 加斛银(两) | 脚价银(两) | 共计银(两) |
|---|---|---|---|---|---|
| 御马仓 | | | | | |
| 大麦（石） | 0.39 | 0.20 | 0.07 | 0.17 | 0.63 |
| 豌豆(石) | 0.58 | 0.20 | 0.11 | 0.17 | 0.86 |
| 黑豆(石) | 0.38 | 0.20 | 0.07 | 0.17 | 0.62 |
| 绿豆(石) | 0.64 | 0.20 | 0.12 | 0.17 | 0.94 |
| 草(束) | 0.02 | | | 0.02 | 0.04 |
| 中府外场 | | | | | |
| 草(束) | 0.02 | | | 0.02 | 0.04 |
| 天师庵外场 | | | | | |
| 草(束) | 0.02 | | | 0.02 | 0.04 |
| 内象房仓 | | | | | |
| 大麦(石) | 0.39 | 0.20 | 0.07 | 0.12 | 0.58 |
| 草(束) | 0.02 | | | 0.02 | 0.04 |
| 外象房仓 | | | | | |
| 大麦(石) | 0.39 | 0.20 | 0.07 | 0.09 | 0.56 |
| 草(束) | 0.02 | | | 0.01 | 0.03 |
| 京仓 | | | | | |
| 大麦(石) | 0.37 | | | 0.10 | 0.47 |
| 小麦(石) | 0.68 | | | 0.10 | 0.78 |
| 豌豆(石) | 0.56 | | | 0.10 | 0.66 |
| 粟米(石) | 0.64 | | | 0.10 | 0.74 |
| 绿豆(石) | 0.59 | | | 0.10 | 0.69 |
| 黑豆(石) | 0.36 | | | 0.10 | 0.46 |
| 粟谷(石) | 0.33 | | | 0.10 | 0.43 |
| 蜀秫(石) | 0.34 | | | 0.10 | 0.44 |
| 台基厂 | | | | | |
| 草(束) | 0.02 | | | 0.009 | 0.03 |
| 安仁坊草场 | | | | | |
| 草(束) | 0.02 | | | 0.009 | 0.03 |
| 西城坊草场 | | | | | |
| 草(束) | 0.02 | | | 0.009 | 0.03 |
| 明智坊草场 | | | | | |
| 草(束) | 0.02 | | | 0.009 | 0.03 |
| 北新草场 | | | | | |
| 草(束) | 0.02 | | | 0.009 | 0.03 |
| 牺牲所 | | | | | |
| 绿豆(石) | 0.68 | | | | |

---

[1]原书注明：“凡京五草场商价，俱于银库关领。御马仓并各马房等仓草料，俱于山东、河南二道支给。万历八年二道裁革，改于银库支给。凡收受料豆，每二千石该用芦席一千领，荆签二千根，秫秸四百根。谷草每一万束，该用荆签二千根，秫秸二百根。其递年上下二估。本部山东、河南等司官，九门盐法等委官，会同科道，照时岁丰歉多寡不定，大约亦不甚远。今备录万历九年题准会估之数，以备查考。”

| | | | | |
|---|---|---|---|---|
| 黄豆(石) | 0.53 | | | |
| 黑豆(石) | 0.46 | | | |
| 包草(包) | 0.02 | | 0.01 | 0.03 |
| 蜀秸(束) | 0.01 | | | |
| 黄豆秸(束) | 0.002 | | | |
| 里牛房仓 | | | | |
| 黑豆(石) | 0.42 | | 0.05 | 0.47 |
| 草(束) | 0.02 | | 0.007 | 0.028 |
| 外牛房仓 | | | | |
| 黑豆(石) | 0.41 | | 0.03 | 0.44 |
| 草(束) | 0.02 | | 0.005 | 0.026 |
| 吴家驼仓 | | | | |
| 黑豆(石) | 0.41 | | 0.02 | 0.43 |
| 草(束) | 0.02 | | 0.002 | 0.023 |
| 坝上仓、坝上东马房仓、坝上南仓、坝上北仓、坝上北马房仓、黄土仓、峪口官庄马房仓、峪口杨家桥马房仓、峪口张家庄马房仓、郑家庄马房仓、湖渠马房仓、汗石桥仓、汗石桥南仓、南石渠仓、南石渠西仓、金盏儿甸仓 | | | | |
| 大麦(石) | 0.39 | | 0.03 | 0.42 |
| 豌豆(石) | 0.60 | | 0.03 | 0.63 |
| 绿豆(石) | 0.64 | | 0.03 | 0.67 |
| 黑豆(石) | 0.39 | | 0.03 | 0.42 |
| 草(束) | 0.02 | | 0.001 | 0.023 |
| 义河仓、北高仓、汤山草场仓、北草场仓 | | | | |
| 大麦(石) | 0.39 | | 0.03 | 0.42 |
| 豌豆(石) | 0.60 | | 0.03 | 0.63 |
| 黑豆(石) | 0.39 | | 0.03 | 0.42 |
| 绿豆(石) | 0.63 | | 0.03 | 0.66 |
| 草(束) | 0.02 | | 0.001 | 0.023 |
| 蜀秸(束) | 0.01 | | | |
| 神乐观 | | | | |
| 小麦(石) | 0.71 | | | |
| 司牲司 | | | | |
| 黑豆(石) | 0.42 | | | |
| 草(束) | 0.02 | | | |

## 甲表99　　　　马房牧地

| 项目 | 原额[1] | 见额[2] |
|---|---|---|
|  | 御马监[3] | 御马监[4] |
| 地(亩) | 3155949.70 |  |
| 内除杂占地(亩) | 313316.10 |  |
| 存留地(亩)[5] | 188457.00 |  |
| 修缮地(亩)[6] | 13000.00 |  |
| 又除地(亩)[7] | 1772.00 |  |
| 又除地(亩)[8] | 3600.00 |  |
| 实在地(亩) | 2635804.50 | 2248055.30 |
| 本部征银地(亩) | 2175724.80 | 1970950.90 |
| 共征银(两)[9] | 52888.09 | 46879.14 |
| 修理地(亩)[10] | 43000.00 | 277104.30 |
| 每亩征银(两) | 0.03 |  |
| 共征银(两) | 1290.00 | 8313.13[11] |
| 地（亩）[12] | 417069.60 |  |
| **通州(马房地共六处)** |  |  |
| **郑村坝大马房上场一处** |  |  |
| 地(亩) | 76240.40 |  |
| 部征地(亩)[13] | 8419.10 | 931.10 |
| 共银(两) | 252.57 | 27.93 |
| 修理地(亩) | 1975.00 | 9763.00 |
| 共银(两) | 59.25 | 292.89 |
| **坝东马房上场一处** |  |  |
| 地(亩) | 22110.80 |  |
| 内部征地(亩) | 9766.00 |  |
| 共银(两) | 292.98 |  |
| 修理地(亩) | 2000.00 | 11901.50 |
| 共银(两) | 60.00 | 357.04 |
| **驹子马房上场一处[14]** |  |  |
| 地(亩) | 32549.00 |  |
| 部征地(亩)[15] | 11107.20 | 1350.70 |
| 共银(两) | 333.21 | 40.52 |
| 修理地(亩) | 719.00 | 11989.00 |
| 共银(两) | 21.57 | 359.67 |
| **金盏马房上场一处** |  |  |
| 地(亩) | 18199.80 |  |
| 部征地(亩) | 8128.70 |  |
| 共银(两) | 243.86 |  |
| 修理地(亩) | 2000.00 | 10128.70 |
| 共征银(两) | 60.00 | 303.86 |
| **义河马房上场一处** |  |  |
| 地(亩) | 26537.20 |  |
| 部征地(亩) | 10182.20 | 3525.20 |
| 共银(两) | 305.46 | 105.75 |
| 修理地(亩) | 4000.00 | 10657.00 |
| 共银(两) | 120.00 | 319.71 |
| **北高马房上场一处** |  |  |
| 地(亩) | 47845.80 |  |
| 部征地(亩)[16] | 9626.90 | 1780.70 |
| 共银(两) | 288.80 | 53.42 |
| 修理地(亩) | 953.50 | 8826.20 |
| 共银(两) | 28.60 | 264.78 |
| **宛平县(马房二处原系通州分拨之数)** |  |  |
| **郑村坝大马房一处** |  |  |
| 部征地(亩) | 6800.00 | 535.00 |
| 共银(两) | 204.00 | 16.05 |
| 修理地(亩) | 384.00 | 6649.00 |
| 共银(两) | 11.52 | 199.47 |
| **北高马房一处** |  |  |
| 部征地(亩) | 14013.50 | 6904.60 |
| 共银(两) | 420.40 | 207.13 |
| 修理地(亩) | 3046.50 | 10155.40 |
| 共银(两) | 91.39 | 304.66 |
| **大兴县(马房二处原系通州分拨之数)** |  |  |
| **坝大马房一处** |  |  |
| 部征地(亩) | 9896.00 | 2556.60 |
| 共银(两) | 296.88 | 76.69 |
| 修理地(亩) | 1641.00 | 9323.00 |
| 共银(两) | 49.23 | 279.69 |
| **驹子马房一处** |  |  |

1原书此处注："嘉靖十三年科道清查数。"
2原书此处注："万历六年报部册数。"
3原书此处注："御马监并坝大等二十马房上下草场，及马神庙香火地共五十七处。"
4原书此处注："御马监并坝大等二十马房。"
5原书此处注："存留牧马地，例不征银。"
6原书此处注："修缮马营地，系各场自收修理。"
7原书此处注："漷县黄场铺草场地，以为大马往回驻牧之地。"
8原书此处注："宝坻县兔南草场民人李奉等地。"
9原书此处注：夏税一分，银17632.79两；秋粮二分，银35265.39两。
10原书此处注："本监征银修理公廨地，径赴本监交纳。"
11原书此处注："本马房径自征收。"
12原书此处注："未经召佃并碱薄抛荒等地。"
13原书此处注："除杂占并分拨宛大二县外。"
14原书此处注："即坝上南仓。"

15原书此处注："除分拨大兴县外。"
16原书此处注："除杂占并分拨宛平县外。"

| | | |
|---|---|---|
| 部征地(亩) | 8839.30 | |
| 共银(两) | 265.18 | |
| 修理地(亩) | 1281.00 | 10312.00 |
| 共银(两) | 38.43 | 309.36 |

### 蓟州（马房地共五处）

#### 北草场马房下场一处

| | | |
|---|---|---|
| 地(亩) | 51386.90 | |
| 部征地(亩) | 51314.10 | 51314.10 |
| 共银(两) | 1120.64 | 1120.64 |

#### 兔东马房下场一处

| | | |
|---|---|---|
| 地(亩) | 85170.40 | |
| 部征地(亩) | 84516.20 | 84516.20 |
| 共银(两) | 1752.24 | 1752.24 |

#### 兔西马房下场一处

| | | |
|---|---|---|
| 地(亩) | 24657.50 | |
| 部征地(亩) | 23568.30 | 23568.30 |
| 共银(两) | 514.60 | 514.60 |

#### 张家庄马房下场一处

| | | |
|---|---|---|
| 地(亩) | 105697.50 | |
| 部征地(亩) | 96423.60 | 96423.60 |
| 共银(两) | 2272.90 | 2272.90 |

#### 杨家桥马房下场一处

| | | |
|---|---|---|
| 地(亩) | 84137.10 | |
| 部征地(亩) | 75433.90 | 75433.90 |
| 共银(两) | 1641.81 | 1641.81 |

### 玉田县（马房地共三处）

#### 兔南马房下场一处

| | | |
|---|---|---|
| 地(亩) | 57598.30 | |
| 部征地(亩) | 27534.50 | 27534.50 |
| 共银(两) | 493.51 | 513.39 |

#### 官庄马房下场一处

| | | |
|---|---|---|
| 地(亩) | 359934.40 | |
| 部征地(亩) | 296316.70 | 296316.70 |
| 共银(两) | 5359.03 | 5359.03 |

#### 湖渠马房下场一处

| | | |
|---|---|---|
| 地(亩) | 54439.00 | |
| 部征地(亩) | 29700.10 | 29700.10 |
| 共银(两) | 594.00 | 594.00 |

### 宝坻县（马房地共十一处）

#### 驹子马房下场一处

| | | |
|---|---|---|
| 地(亩) | 111905.30 | |
| 部征地(亩) | 54472.20 | 66988.80 |
| 共银(两) | 1634.16 | 2009.66 |

#### 金盏马房下场一处

| | | |
|---|---|---|
| 地(亩) | 107236.00 | |
| 部征地(亩) | 62595.10 | 62595.10 |
| 共银(两) | 1877.85 | 1877.85 |

#### 义河马房下场一处

| | | |
|---|---|---|
| 地(亩) | 82022.30 | |
| 部征地(亩) | 53121.20 | 53853.40 |
| 共银(两) | 1593.63 | 1615.60 |

#### 北高马房下场一处

| | | |
|---|---|---|
| 地(亩) | 34911.90 | |
| 部征地(亩) | 14039.90 | 23263.10 |
| 共银(两) | 421.19 | 697.89 |

#### 天柱马房下场二处

| | | |
|---|---|---|
| 地(亩) | 105072.10 | |
| 部征地(亩) | 56217.00 | 56984.10 |
| 共银(两) | 1686.51 | 1709.52 |

#### 汤山马房下场二处

| | | |
|---|---|---|
| 地(亩) | 116375.00 | |
| 部征地(亩) | 52676.20 | 52676.20 |
| 共银(两) | 1580.28 | 1580.28 |

#### 兔南马房下场二处

| | | |
|---|---|---|
| 地(亩) | 41907.20 | |
| 部征地(亩) | 36547.60 | 36547.60 |
| 共银(两) | 1096.42 | 1096.42 |

#### 兔北马房下场一处

| | | |
|---|---|---|
| 地(亩) | 118777.90 | |
| 部征地(亩) | 91014.70 | 91014.70 |
| 共银(两) | 2730.44 | 2730.44 |

### 昌平州（马房地共六处）

#### 黄土马房上场一处

| | | |
|---|---|---|
| 地(亩) | 57055.10 | |
| 部征地(亩) | 47343.80 | 34357.80 |
| 共银(两) | 1420.31 | 1030.73 |
| 修理地(亩) | 2000.00 | 14986.00 |
| 共银(两) | 60.00 | 449.58 |

#### 郑家庄马房上场二处

| | | |
|---|---|---|
| 地(亩) | 60451.80 | |
| 部征地(亩) | 44796.00 | 29896.10 |
| 共银(两) | 1343.88 | 896.88 |
| 修理地(亩) | 2000.00 | 16900.00 |
| 共银(两) | 60.00 | 507.00 |

#### 汤山马房上场二处

| | | |
|---|---|---|
| 地(亩) | 27213.00 | |

| | | |
|---|---|---|
| 部征地（亩） | 8327.90 | 1546.20 |
| 共银（两） | 249.83 | 46.38 |
| 修理地（亩） | 2000.00 | 8935.70 |
| 共银（两） | 60.00 | 268.07 |

### 湖渠马房上场一处

| | | |
|---|---|---|
| 地（亩） | 7550.50 | |
| 部征地（亩） | 2550.50 | 460.00 |
| 共银（两） | 76.51 | 13.86 |
| 修理地（亩） | | 4088.50 |
| 共银（两） | | 122.05 |

### 顺义县（马房地共四处）

### 天柱马房上场一处

| | | |
|---|---|---|
| 地（亩） | 40644.50 | |
| 部征地（亩） | 17756.30 | 8495.30 |
| 共银（两） | 532.68 | 254.85 |
| 修理地（亩） | 3000.00 | 15270.00 |
| 共银（两） | 90.00 | 458.10 |

### 北草场马房上场一处

| | | |
|---|---|---|
| 地（亩） | 91168.30 | |
| 部征地（亩） | 55453.80 | 30973.10 |
| 共银（两） | 1663.61 | 929.19 |
| 修理地（亩） | 2000.00 | 30219.20 |
| 共银（两） | 60.00 | 906.57 |

### 兔南马房上场一处

| | | |
|---|---|---|
| 地（亩） | 41384.30 | |
| 部征地（亩） | 20785.10 | 12718.60 |
| 共银（两） | 623.55 | 381.55 |
| 已经承佃地（亩） | 1933.40 | |
| 共银（两） | 58.00 | |
| 修理地（亩） | 2000.00 | 12000.00 |
| 共银（两） | 60.00 | 360.00 |

### 兔北马房上场一处

| | | |
|---|---|---|
| 地（亩） | 45783.00 | |
| 部征地（亩） | 32304.20 | 22304.20 |
| 共银（两） | 969.12 | 669.12 |
| 修理地（亩） | 2000.00 | 12000.00 |
| 共银（两） | 60.00 | 360.00 |

### 三河县（马房地共六处）

### 兔东马房上场一处

| | | |
|---|---|---|
| 地（亩） | 85495.80 | |
| 部征地（亩） | 59429.40 | 52161.40 |
| 共银（两） | 1783.88 | 1564.84 |
| 已经承佃地（亩） | 1778.70 | |

| | | |
|---|---|---|
| 共银（两） | 53.36 | |
| 修理地（亩） | 2000.00 | 12000.00 |
| 共银（两） | 60.00 | 360.00 |

### 兔西马房上场一处

| | | |
|---|---|---|
| 地（亩） | 75909.50 | |
| 部征地（亩） | 60316.10 | 52346.10 |
| 共银（两） | 1809.48 | 1570.38 |
| 修理地（亩） | 2000.00 | 15000.00 |
| 共银（两） | 60.00 | 450.00 |

### 兔南马房上场一处

| | | |
|---|---|---|
| 地（亩） | 32211.70 | |
| 部征地（亩） | 31561.70 | 31561.70 |
| 共银（两） | 946.85 | 946.85 |

### 张家庄马房上场一处

| | | |
|---|---|---|
| 地（亩） | 18068.10 | |
| 部征地（亩） | 10045.00 | 530.50 |
| 共银（两） | 301.35 | 15.91 |
| 修理地（亩） | 2000.00 | 12000.00 |
| 共银（两） | 60.00 | 360.00 |

### 峪口杨家桥马房上场一处

| | | |
|---|---|---|
| 地（亩） | 19346.10 | |
| 部征地（亩） | 10136.30 | 1254.70 |
| 共征银（两） | 304.08 | 37.64 |
| 修理地（亩） | 2000.00 | 12000.00 |
| 共征银（两） | 60.00 | 360.00 |

### 峪口官庄马房上场一处

| | | |
|---|---|---|
| 地（亩） | 24203.40 | |
| 部征地（亩） | 14227.30 | 6946.10 |
| 共银（两） | 426.82 | 208.38 |
| 修理地（亩） | 2000.00 | 12000.00 |
| 共银（两） | 60.00 | 360.00 |

### 香河县（马房地共二处）

### 金盏马房下场一处

| | | |
|---|---|---|
| 地（亩） | 10084.90 | |
| 部征地（亩） | 9895.70 | 9895.70 |
| 共银（两） | 296.87 | 296.87 |

### 兔北马房下场一处

| | | |
|---|---|---|
| 地（亩） | 28660.20 | |
| 部征地（亩） | 26900.60 | 26919.80 |
| 共银（两） | 807.01 | 807.59 |

### 漷县（马房一处）

| | | |
|---|---|---|
| 地(亩)[1] | 2802.40 | |
| 部征地(亩) | 690.80 | 984.80 |
| 共银(两) | 20.72 | 29.54 |
| **武清县（马房地共十一处）** | | |
| **在监大马房下场一处** | | |
| 地(亩) | 73187.40 | |
| 部征地(亩) | 60680.50 | 60945.90 |
| 共银(两) | 1192.48 | 1194.00 |
| **坝大马房下场一处** | | |
| 地(亩) | 53265.10 | |
| 部征地(亩) | 42214.10 | 42214.10 |
| 共银(两) | 932.22 | 932.22 |
| **坝东马房下场一处** | | |
| 地(亩) | 121646.90 | |
| 部征地(亩) | 57061.70 | 57243.70 |
| 共银(两) | 1037.79 | 1039.61 |
| **坝北马房下场一处** | | |
| 地(亩) | 20526.50 | |
| 部征地(亩) | 11516.20 | 11516.20 |
| 共银(两) | 237.02 | 257.02 |
| **金盏马房下场一处** | | |
| 地(亩) | 149059.70 | |
| 部征地(亩) | 122995.80 | 136344.20 |
| 共银(两) | 2098.25 | 2343.98 |
| 已经承佃地(亩) | 11724.90 | |
| 共银(两) | 351.74 | |
| **义河马房下场一处** | | |
| 地(亩) | 10375.50 | |
| 部征地(亩) | 9121.20 | 9121.20 |
| 共银(两) | 148.08 | 148.08 |
| **天柱马房下场一处** | | |
| 地(亩) | 6928.00 | |
| 部征地(亩) | 6690.00 | 6690.00 |
| 共银(两) | 150.79 | 150.79 |
| **黄土马房下场一处** | | |
| 地(亩) | 60012.50 | |
| 部征地(亩) | 48274.70 | 48274.70 |
| 共银(两) | 1096.76 | 1096.76 |
| **郑家庄马房下场一处** | | |
| 地(亩) | 29082.50 | |
| 部征地(亩) | 27534.80 | 27534.80 |
| 共银(两) | 541.74 | 541.74 |
| **汤山马房下场一处** | | |
| 地(亩) | 22225.90 | |
| 部征地(亩) | 20268.10 | 20268.10 |
| 共银(两) | 482.75 | 482.75 |
| **北草场马房下场一处** | | |
| 地(亩) | 63537.70 | |
| 部征地(亩) | 56262.70 | 56262.70 |
| 共银(两) | 1042.26 | 1042.26 |
| **东安县（马房地共三处）** | | |
| **坝大马房下场一处** | | |
| 地(亩) | 71799.00 | |
| 部征地(亩) | 23048.80 | 23318.90 |
| 共银(两) | 395.82 | 288.61 |
| **坝北马房下场一处** | | |
| 地(亩) | 23522.60 | |
| 部征地(亩) | 2449.90 | 1546.00 |
| 共银(两) | 73.49 | 46.38 |
| **御马监马神庙香火地一处** | | |
| 地(亩) | 10344.20 | |
| 内征银地(亩) | 8067.80 | |
| 共银(两)[2] | 194.59 | |

[1]原书此处注：内除本监奉例拨给地1772亩，以为大马往回驻牧外。

[2]原书此处注："本监自行征收。"

## 仓场沿革事例　附马房牧地

洪武四年，设军储仓二十所，各置官掌管。

二十八年，置皇城长安、东安、西安、北安四门仓，每仓设副使一员。

永乐七年，置北京金吾左右、羽林前、常山左右中、燕山左右前、济阳、济州、大兴左、武成中左右前后、义勇中左右前后、神武左右前后、忠义左右前后、武功中、宽河、会州、大宁前中、富峪、蔚州，凡三十七卫仓，及锦衣中、怀来守御二千户所仓，每仓设副使一员。

十三年，设淮安常盈仓，令本部主事一员提督收放。

十六年，令通州张家湾起盖仓廒七十间，名通济仓，收贮各处攒运粮。

宣德三年，奏：准凡设内外卫所仓，每仓置一门榜曰：某卫仓。三门为一廒，廒置一门榜曰：某卫某字号廒。凡收支非纳户，及关粮之人不许入。每季差监察御史、本部属官、锦衣卫千百户各一员，往来巡察各仓门。以致仕武官各二员率老幼军丁十名看守，仓外置冷铺，以军丁三名巡警，致仕官半年更代。凡军民偷盗，官吏斗级通同者，正犯处斩，仍追所盗粮入官，全家发边远充军。给家产一半，赏首告者。同盗能首者免，本部亦给被首告者家产一半充赏。其揽纳虚收，及虚出通关者，罪同偷盗。又令在京各卫添设经历一员，监收支粮。其内外卫所仓，俱令各卫首领官与仓官专管，罢军职管粮。

五年，令在京各卫仓，每廒置牌一面，开所收粮数，并部运官吏、旗军、粮长、纳户，及收粮官攒斗级姓名于上，挂廒门，以便点闸。又令各处军民运粮到京，赴本部告判，该司径送本部委官处定廒收受，转行该卫用印信下帖，发该仓收纳。

六年，添置北京及通州仓。又令南京及淮安、徐州、临清各仓，实收通关，户部刊印，仍置号簿编写内外字号，用半印，空填年月，每年量印几千道，并外号簿，发监收官执掌，眼同该仓官攒查明填写实收米数，给付纳户，原籍官司告缴，比对查考。

七年，令法司犯赃徒流死罪官吏人等，有力者，编充通州各卫仓斗级，如官攒军斗人等有偷盗虚出等弊，许首告得实放免，仍赏钞一千贯。若通同偷盗作弊者加以重罪，逃走者发口外充军。

十年，钦奉勅谕：朕今钦承祖宗大位，一体祖宗安养军民之心，凡事皆从简省。尔等宜体朕爱人之意，将应合减省之事，即便从公计议，具奏裁革。不许循迟，亦不许固执，以遗患军民。违者从都察院劾奏，罪不轻恕，钦此。随该本部会同成国公朱勇，吏部等衙门官郭琎等计议。

一坝上等马房一十六处，喂养马、驼、骡、驴、牛共一万九千六百八十四匹头只，岁用草一千余万束，料三十九万余石。乞勅御马监，于内拣选矮小马匹退出，给与官军骑操；牛驴退出，民人领养，减省草料。

一冷泉羊房见有羊二千四十余只，岁用草二万四千三百余束，料二千九百余石，见差旗军喂养，合无散与民人喂养，听候光禄寺取用，减省草料，退出旗军差操。

一东直门里外牛房，德胜门里、吴家驼、黄土牛房五处，共有水、黄牛四千八百三十六只，岁用草六十万三千束，料二万三千一百余石，合无止存一处或二处，量存牛只挤乳，其余牛只散与军民耕田，减省草料，退出旗军差操。

一供用库原有拽磨牛只，岁用细草一万包，料一千五百石，又添拽磨驴一百七十三头，用草二万一千二百包，料九百三十五石。既有牛只拽磨，其续添驴头，合行散与军民领养，减省草料。

一象房象一百五十一只，岁用草七十五万四千六百束，大麦一万三千六百余石，又用青细嫩谷草一十万八千四百余束，今后合无止征谷草，碾熟喂养。且象只数多，量留六十只，

754

其余送南京喂养，减省民供。

一常川上直马六千九百六十八匹，岁用草二百五十余万束，料一十万三千余石，合照永乐年间事例，止存三千匹，其余退作操备之数，减省草料。

一内官监喂养猪只，岁用细米黑豆糖麸共二万一千九百七十七石，分派各卫差操于京仓关送喂养，合无交与光禄寺喂养取用。

一峪口原设官庄等马房，今止有马一百八十九匹，见有官攒库子人等，妄费粮赏，前马合用归并南石渠马房喂养，将衙门革去。奉圣旨：北京坝上等马房的马，且不必散，俵马与黄牛、水牛交与兵部，着民人领养耕种；偏牛、野牛、野马交与内官江靖，南海子撒放；峪口原设官庄等三房马，及马房地方，并官军仓攒库子人等，俱不要动，着御马监还添些马，及拨官军去那里牧养；黄土牛房孳生挤乳黄牛并犊六百五十只，冷泉并德胜门里二处羊房，见在羊二千余只，连牛羊房田地，俱交与良牧署掌管；水牛一百一只，黄牛并犊一千四百九十一只，送兵部给与军民耕种，养牛羊房官旗军校发回原卫所差操；东直门里、吴家驼牛房，牛拣好乳牛并犊，留一千四百只，牝牛留一百只，其余的也送兵部，给与军民耕种，养牛官军留四百名，其余的俱送还原卫所差操；供用库拽磨牛驴三百三十八只，只留二百只，其余退出兵部，与军民耕种，养牛官军留四百名，其余的俱还原卫所差操；清河猪房，见养黑猪花猪依照旧养着，听光禄寺取用。钦此。

正统元年，定通州五卫仓名，在城中者为大运中仓，城内东者为大运东仓，城外西者为大运西仓。又令本部侍郎一员同内官总督在京通州仓粮，及提督象、马、牛、羊等房草豆。

五年，添设郎中主事五员，分投提督德州仓，并象房等仓场收放。

十年，令总督在京通州仓侍郎，兼提督临清、徐州、淮安等处仓粮。

十四年，令内外各仓场监督收放粮草郎中主事等官，一年一代，回日备开数目缴部，仍将经行卷簿相接交割，若有亏折欺蔽，续差官员径自具奏。

本年尚书金濂题：各马房草场近因鞑贼入境，从便挪于城里收积。除行西城台基二场收受外，合将旧都察院地基改作明智坊草场，僧保莱园一所改作北新草场，与台基厂三处，行工部修置门墙，吏部铨拨大使、副使各一员，攒典各二名，礼部铸降印信，顺天等府金拨脚夫各十名，兵部拨军职官一员，军余四名。及查得抄没犯人王振等房屋，堪收料豆，就令附近禄米等仓官攒，兼管收支。

本年尚书金濂题：京仓见收折草银两，召人收买草束，并各处解到草束，分拨西城、台基并新设北新草场交纳，但各场地势窄狭，堆积不多，合将旧吏、户二部改拨立为安仁坊草场，仍行吏部选大使、副使各一员，拨攒典二名，顺天府金库秤十名，制造大秤四连，礼部铸降印信，工部拨匠修理，兵部拨致仕军官并老军守门。

景泰三年，令在京并通州仓军斗收粮不及三万石者，每十名内，拨发五名回卫。

本年革各仓场致仕官，守把门禁止令办事官一员管理。又令各仓斗级库子开写年甲乡贯住址，编造文册，候巡视官员点闸。又令各仓官攒斗级人等，不许勒要纳户分例，晒米地铺，及关粮人抬斛等项钱物。又令各仓监收官员严督官攒库斗人等，修葺仓场，开通沟渠，其有旷职坐视淹没粮草者，拿问追陪。

四年，令各仓收粮官攒军斗，不许小脚人等夺揽挑担，如纳户自愿雇请者，每米一百石止许小脚二十名。又令直隶通判武清卫□□□副使一员，照通州仓事例，止金拨军斗一十五名。

五年，令京仓纳粮部运官递串纳户领筹，其扬米挈斛行概抬斛折席等项，止许正设军斗，如纳户自愿雇人者听。

七年，令京通二仓各处该纳糙粳米未完者，准以陈米补纳，仍令该仓应时放支，不许存留。又令两京东安等四门仓收剩余粮，并筛扬不堪米数，照光禄寺事例，批写数目，即令纳户领出，该仓官攒刁难揹留者，治罪。

天顺元年，令在京各仓场，凡把持诓骗包揽，坑陷纳户，搅扰仓场之人，许指实首告，连当房家小，发边远充军。

三年，令通州新城增置仓厫三百间。

六年，员外郎侯瓒呈：新立安仁坊草场，遇雨倒塌，呈乞改移。尚书年富查得驯象所草场宽阔，堪为两场，合将本场东边量留三十三丈，照旧堆垛草束；西边三十七丈，并西墙外空地一十二丈，拨与安仁坊官攒收受新草，仍将旧场草束，不拘挨陈，先尽放支。仍行工部量拨夫匠筑立墙垣，另开场门，以便关防。

七年，奏准直隶淮安府常盈仓，徐州广运仓，各存留大使一员，副使二员，攒典二名，斗级一百名，修仓夫匠二百名；山东东昌府临清仓，存留大使一员，副使一员，攒典一名，斗级二十名；临清广积仓，存留大使一员，副使二员，攒典二名，斗级三十名，二仓共存留修仓夫匠二百名。各仓原设官攒等项多余之数裁减。

八年，又令考退仓场经历大使、副使等官，仍支俸，守支尽绝放回。

成化二年，令本部管粮官提调官军人匠，修理仓厫，仍令巡仓御史常川点视。

十一年，令京通二仓各委本部员外郎一员，定厫坐拨粮米，务令挨次，不许徇情，虚占厫座。

二十三年，令京通二仓并徐州、淮安、临清水次各仓场，内官原设者存留，添设者取回。

弘治十二年，奏：准凡京仓小脚歇家，营求在官指称公用为由，索取囤台等项钱物，及别项求索，许被害之人赴总督及巡仓官处陈告，就于本仓门首枷号一个月，军发边卫充军，民发口外为民，干碍内外官员，奏请定夺。

十三年，奏：准在京在外并各边，但系一应收放粮草去处，若职官子弟、积年光棍、跟子买头、小脚、跟官、伴当人等，三五成群，抢夺筹斛，占堆行概等项，打搅仓场，及欺凌官攒，或挟诈运纳军民财物者，杖罪以下，于本处仓场门首枷号一个月发落；徒罪以上与再犯杖罪以下，免其枷号，属军卫者发边卫，属有司者发附近，俱永远充军。内外仓场等处粮草，并各处军需等项，不拘起运、存留，但有包揽诓骗，不行完纳，事发问罪，责限三个月以里完纳者，照常发落；过期不完者，尽其财产赔纳，发边卫充军；经年不完者，仍枷号一个月，照前发遣各边。武职主使家人伴当跟随交纳人员，挟势揽纳作弊者，参问降二级，听使之人仍照前例问发。各处掌印官将所属起解一应钱粮批文，妄作人情，揽与内外势要官豪者，问发为民，干碍势豪，参究治罪。

十七年，钦奉圣旨：近来内外各衙门弊政多端，军民受害，以致上干和气，深切朕怀。各仓门库等处管事内官通查永乐、正统年间原额，并见在员数来说。尚书韩文查得：正统等年，各马房仓，每处止有内官一员管理钱粮，二员或三员专管马匹。

正德十六年，钦奉诏书：内一款，京通二仓、水次仓、皇城各门、九门各马房仓场、各皇庄等处，但系正德年间额外多添。内臣司礼监照弘治初年例，查奏取回。钦此。

本年司礼监太监张钦传奉圣旨：郑村坝等十九马房所畜的，皆天骊良骏，管理的人必要伯乐王良，斯得牧养蕃息，以资国用。近来提调喂养管事人员，多是倖进羸肥之辈，致令钱粮多费，马匹损亏，便将大坝把总内官尽行革去，着私家闲住。其各马房虽有留下十名之数，还要点选老成贤能的来说，如缺员处，便推素有廉守的委用，该衙门知道。钦此。

嘉靖七年，工科给事中陆灿等条陈，尚书邹文盛复：查得各马牛羊房，近来添设内官数多，私役军人办纳月钱，占种官地，征收花利。甚或通同养马官军，将在官钱粮朦胧冒破，侵分尅减。今查各仓场马、牛、羊、驼，见在数少，合无查得永乐年间事例，每马房止留四员，一员管理钱粮，三员专管马匹，多余官员取回别用。其养马指挥、千百户一体裁减，每马房止留一员，督率旗军喂养，其余移文兵部，俱发原卫差操。奉圣旨：这各马、牛、羊房，积年宿弊非止一端，蠹国害民，长奸惠恶，莫此为甚，所宜痛革。既该科道官清查，你部里又议拟明白，都准行。还出榜晓谕，今后敢有仍蹈前弊，科道官及缉事衙门，便指实参奏，处以重罪不饶。钦此。

九年，御史李循义题：要将坐粮员外兼理轻赍，与巡仓御史公同验给。尚书梁材复：准自嘉靖十年为始，每年二月具题请勅一道，赍赴通仓委官坐粮员外郎，会同巡仓御史督理粮运，其各总轻赍银两，照例会同验给官军雇脚完粮，其通惠河成，扣省闸运脚价，解送太仓银库交收，以备修河等项支用。

三十九年，工科给事中丘岳条陈，尚书高耀复：准节因各处灾伤，拖欠商价，通行山东、河南、北直隶各府，各另置立循环文簿二扇，送部印钤转发领收。将原派应纳前项各税粮马草银两，作速征解，每年夏税不过六月，秋粮不过十二月，差官与同循环，先赴巡青科道挂号，赴部交纳，仍行银库另项收贮。如遇商人纳完，查照时估，照数支给，不得迟留，及挪移别用。如各司府征解愆期，拖欠不完，以致商人守候，不得依期关给者，各该掌印管粮等官，听巡青科道及本部指名参奏，住俸降黜。

万历元年，尚书王国光题：议京通二仓起送官攒，若经收粮米支剩千石上下，即与盘并，系题准事例。今各该员役延捱，希图糜费月粮筹架银两，委应照依近例，千石上下交盘起送。

七年，太仓总督汪宗伊题称：京通仓军粮车户车脚，比议单加增不一，乞要定拟分数；通惠河经纪船脚窎贴未均，乞要通融扣省；议单开载毫忽丝微，乞要削除；经纪船脚多刻一厘，查明改正。尚书张学颜复：准自本年为始，车户车脚在京东仓每石给银一分六厘，西仓每石给银二分一厘，通州西仓、西门南仓、北门每石各给银一分一厘，西仓南北二门、南仓东门每石各给银一分，中仓三门每石各给银七厘。经纪船脚不分东西，每年通融扣省三厘。其裁省车脚、船脚，逐年照粮数算明，如扣省项下，类解太仓银库济边。议单开载毫忽丝微，与多刻船脚一厘，尽行删去。如车户人等再行告扰，例外加添，照例从重究处，及照总督常住京仓事规整肃，通仓虽旧设总督衙门，年久未见一至其地，故通州仓场积弊颇多。合无总督尚书汪宗伊遵照勅谕，不时往来彼中，将仓场各项事情逐一查理，应径行者径行，应奏请者奏请。

本年尚书张学颜查得：京通各仓席板鞘木等项物件，原系随粮交纳，用有余剩堆积朽坏，终归无用。题：准行京通各仓查将见在席板等件，从公估计变价收贮，如遇进银修理等项，呈允支销，以后年分积剩者，俱照此例变价，如有应备别用者，临时酌留。

本年太仓总督汪宗伊条陈：京通等仓板木不够铺垫，欲照例全行征解，席片多积无用，要自万历八年为始，照昌平事例，三分本色，七分折色，其折席银两以后另项分注修仓之用，不得混入轻赍银内。尚书张学颜复：准改入议单。

本年太仓总督汪宗伊题：查得扣省旧例八项，并近题车脚船脚扣省，计算京通二仓，及天津仓、蓟密昌三镇，共该扣省一十一万九千八十八两八钱一分零，照例解库。尚书张学颜复：准行管粮郎中，今后自运完之日，查算前银，除正项支销外，将应解之数，具呈本部，扣算太仓济边，不得挪移侵费。

八年，户科都给事中郝维乔题：京通二仓各卫收粮经历六员，已革旋复，巧索常例，无裨实用，乞要裁革。尚书张学颜议复：将京仓经历五员，通仓经历一员，俱行裁革。以后不得借指别名，再行议复。其收放事宜，各监督主事俱要亲身干理，勿避繁劳，如遇事急，即于守支仓官内，择其小心勤事者，暂行委用。奉圣旨：是。钦此。

九年，临、德、天津等仓委官主事刘庭芥等呈称：各仓官攒守候穷苦，乞要比照边仓官攒事例，交盘起送。尚书张学颜议题：各管仓委官三年一次盘验明白，即将官攒照例起送，其一应经手钱粮交与见役官攒接管，免其守支。奉圣旨，是。钦此。

本年尚书张学颜题议：酌定时估，以厘商弊。查得春秋两估，随时定价，故奸商每当会估，不惜重费营求嘱托，估本不少，而坚执以为少；估已渐多，而尤益求其多；估一次，求增一次。合无通行九门盐法委官，会同科道，将各仓场料草及各库物料，参酌往年近日旧册，某项费多利少，量为稍增；某项费少利多，量为稍减；某项原少，近日骤增太多，酌为量减，著为定规。以后非物价大相悬绝，每年不得再行会估。奉圣旨：是。钦此。

本年主事曹楼呈：要将象房仓官攒，比照京五草场事例守支。尚书张学颜题：将该仓官攒，以后必将经收草料守支尽绝，方准起送，其守支月分，准给俸粮，仍行驯象所掌印官，自万历十年为始，务将应金库秤，预于九月拨送该仓，眼同各员役经收经放完日，方准退役更换。奉圣旨：是。钦此。


臣等谨按：国家设仓置场，积数百万刍粟，以实京师，为虑盖深远矣。而武卫环列，与官攒甲斗防守其间，总督纲之，监督纪之，科臣、道臣又从而耳目之，尤重国储，惜民力之至意也。乃其弊孔所滋，诚有不可枚举者，而陈粮乱草，易于插和；进门坐廒，易于需索；行斛提秤，易于买通；开耗附余，易于侵尅；虚名实报，易于冒支，此其较章著也。顾宪典具在，而廉智之官一精核之，即其弊未有不可剔者。惟二十马房，则难言之矣。盖其孳生多寡之数，漫不可稽，或有倒死，又开报不以其时，而估价则从其丰，饲养则从其约。又或取诸民间之所畜牧者，以充点闸之数，旋即归之，而刍粮如故不减。其岁索商人常例，军勇月钱，率唯唯从命，而卖闲歇役，又并其月粮冒之。诸有事监督者，岂遽无振刷之心哉，然非以积习，即掣肘夺之矣。而草场之地，自嘉靖间清理，凡五万余顷，今部中征银者，则积逋较多，而修理所需，与抛荒杂占，又居其半。凡此非一日矣，欲以裁省虚靡，为裕国足民之计，此诚所当议哉。

甲表100　营卫官军俸粮

| 五军都督府并京卫武官俸粮则例 | | | | | | |
| --- | --- | --- | --- | --- | --- | --- |
| 项目 | 左右都督 | 都督同知 | 都督佥事 | 都指挥使 | 都指挥同知 | 都指挥佥事 |
| 月俸粮(石) | 87.00 | 74.00 | 61.00 | 61.00 | 48.00 | 35.00 |
| 岁俸粮(石) | 1044.00 | 888.00 | 732.00 | 732.00 | 576.00 | 420.00 |
| 内本色米(石) | 12.00 | 12.00 | 12.00 | 12.00 | 12.00 | 12.00 |
| 折银米(石) | 266.00 | 227.00 | 188.00 | 188.00 | 149.00 | 110.00 |
| 该银(两) | 66.50 | 56.75 | 47.00 | 47.00 | 37.25[1] | 27.50 |
| 折绢米(石) | 53.20 | 45.40 | 37.60 | 37.60 | 29.80 | 22.00 |
| 该银(两) | 18.62 | 15.89 | 13.16 | 13.16 | 10.43 | 7.70 |
| 折布米(石) | 356.40 | 301.80 | 247.20 | 247.20 | 192.60 | 138.00 |
| 该银(两) | 10.69 | 9.05 | 7.41 | 7.41 | 5.77 | 4.14 |
| 岁共折银(两) | 95.81 | 81.69 | 67.57 | 67.57 | 53.45 | 39.34 |
| 折钞米(石) | 356.40 | 301.80 | 247.20 | 247.20 | 192.60 | 138.00 |
| 该钞(贯) | 7128.00 | 6036.00 | 4944.00 | 4944.00 | 3852.00 | 2760.00 |
| 项目 | 指挥使 | 指挥同知 | 指挥佥事 | 正千户 | 副千户 | 卫镇抚 |
| 月俸粮(石) | 35.00 | 26.00 | 24.00 | 16.00 | 14.00 | 14.00 |
| 岁俸粮(石) | 420.00 | 312.00 | 288.00 | 192.00 | 168.00 | 168.00 |
| 内本色米(石) | 12.00 | 12.00 | 12.00 | 12.00 | 12.00 | 12.00 |
| 折银米(石) | 110.00 | 83.00 | 77.00 | 53.00 | 47.00 | 47.00 |
| 该银(两) | 27.50 | 20.75 | 19.25 | 13.25 | 11.75 | 11.75 |
| 折绢米(石) | 22.00 | 16.60 | 15.40 | 10.60 | 9.40 | 9.40 |
| 该银(两) | 7.70 | 5.81 | 5.39 | 3.71 | 3.29 | 3.29 |
| 折布米(石) | 138.00 | 100.20 | 91.80 | 58.20 | 49.80 | 49.80 |
| 该银(两) | 4.14 | 3.00 | 2.75 | 1.74 | 1.49 | 1.49 |
| 岁共折银(两) | 39.34 | 29.56 | 27.39 | 18.70 | 16.53 | 16.53 |
| 折钞米(石) | 138.00 | 100.20 | 91.80 | 58.20 | 49.80 | 49.80 |
| 该钞(贯) | 2760.00 | 2004.00 | 1836.00 | 1164.00 | 996.00 | 996.00 |
| 项目 | 实受百户 | 所镇抚 | 试百户 | 署试百户 | | |
| 月俸粮(石) | 10.00 | 8.00 | 5.00 | 3.00 | | |
| 岁俸粮(石) | 120.00 | 96.00 | 60.00 | 36.00 | | |
| 内本色米(石) | 12.00 | 12.00 | 12.00 | 12.00 | | |
| 折银米(石) | 45.00 | 37.00 | 20.00 | 10.00 | | |
| 该银(两) | 11.25 | 9.25 | 5.00 | 2.50 | | |
| 折绢米(石) | 9.00 | 7.40 | 4.00 | 2.00 | | |
| 该银(两) | 3.15 | 2.59 | 1.40 | 0.70 | | |
| 折布米(石) | 27.0 | 19.80 | 12.00 | 6.00 | | |
| 该银(两) | 0.81 | 0.59 | 0.36 | 0.18 | | |
| 岁共折银(两) | 15.21 | 12.43 | 6.76 | 3.38 | | |
| 折钞米(石) | 27.00 | 19.80 | 12.00 | 6.00 | | |

---

[1]原书中此数据残缺，今据总数补齐。

| 该钞(贯) | 540.00 | 396.00 | 240.00 | 120.00[1] | |

## 甲表 101　　　　　　　　月粮则例[2]

| | 月支米(石) |
|---|---|
| 在京各卫所营操巡捕守卫上直等项旗军勇士并锦衣卫旗校力士军人镇抚司匠役及长陵等卫军 | 1.00 |
| 锦衣卫将军 | 1.50 |
| 各卫所守门撞门军余修仓军斗六科廊军匠杂役军伴 | 0.80 |
| 老疾并纪录军 | 0.30 |
| 武功中左二卫看库余丁黑窑神木二厂军夫 | 0.40 |
| 如遇做工加口粮 | 0.20 |

## 甲表 102　　　　　　　　冬衣布花则例[3]

| | 冬衣布花则例(每年) | | | |
|---|---|---|---|---|
| | 本色布(匹) | 折色布(匹) | 折钞(锭) | 棉花(斤) |
| 各卫所正军锦衣卫旗校士军镇抚司匠役(名) | 2.00 | 1.00 | 5.00 | 1.50 |
| 只身军(名) | 1.00 | 1.00 | 5.00 | 1.50 |
| 黑窑神木二厂军夫(名) | 1.00 | 1.00 | 5.00 | 1.50 |

## 甲表 103　　　　　　　　京营官军食粮则例

| | 月支米(石) | 行粮(石) | 折银(两) | 口粮(石) | 折银(两) | 食盐(斤) | 折银(两) |
|---|---|---|---|---|---|---|---|
| 三大营副参游佐将官(名) | 5.00 | | | | | | |
| 选锋把总官(员) | 3.00 | | | | | | |
| 选锋军（名） | 2.00 | | | | | | |
| 各营车战二兵(名)[4] | 0.30 | | | | | | |
| 外卫班军春秋二班（名）[5] | | 0.40 | 0.20 | 0.40 | 0.20 | 10 | 0.005 |
| 巡捕营提督并参将(员) | 5.00 | | | | | | |
| 中军把总官除俸粮外(员) | 0.90 | | | | | | |
| 旗牌官军除俸粮外(员名) | 0.45 | | | | | | |
| 家丁(名) | 2.00 | | | | | | |

[1]原书此处注：以上各官俸粮，本色米每月随军士月粮关支；折银米每年十个月，每石折银0.25两，于内承运库关支；折绢米夏季四、五月，每俸2石准绢1匹，每匹折银0.7两；上半年6个月折钞，每俸1石折本色钞20贯；下半年6个月折布，每俸1石折钞20贯，每钞200贯准布1匹，每匹折银0.3两，本色钞于内库关支，折绢布银俱于太仓银库关支。内有中试武举者，不论级崇卑，每月加本色米3石，岁共加36石。优给优养官俸银，照依品级与见任官同，其本色米12石，例不支米，每石亦折银0.25两，随俸关支。优养妇女，每月支本色米2石，其折色有3石、2石、1石不等，亦有不支者。

[2]原书此处注：以上月粮内，锦衣卫将军旗校士军各卫勇士，俱常食京粮；镇抚司匠役各卫所旗军，每年二月食通粟，八月食京粟，其余月份，常操食京粮，歇操食通粮，四月、十月支折色；其杂役军伴全支折色，俱每石折银0.5两；黑窑神木二厂军夫间月食京粮京粟。长陵等卫并奠靖所军，近改昌平支给折色银两，仍在太仓银库关支。

[3]原书此处注："以上该赏本色布于甲字库关领，棉花于丙字库关领，钞锭于天财库关领；如布花不敷，俱支折色布，每匹折银0.25两，花每斤折银0.06两，俱于太仓银库关领给散。

[4]原书此处注："除月粮随卫关支外，如遇出征防守，加防秋口粮三个月。"

[5]原书此处注："以到营日为始月支行粮；如遇做工日期，止支口粮；食盐折银名为盐粮。万历七年题改，本色三个月，折色三个月。"

# 营卫马匹料草则例

| 营卫马匹料草则例(每月) | | | | |
|---|---|---|---|---|
| | 月支料(石) | 折银(两) | 春冬折银(两) | 夏秋折银(两) |
| 三大营操备马匹(匹) | 0.90 | | 0.36 | 0.31 |
| (每年二月十月放支本色) | | | | |
| **巡捕营捕盗马(匹)** | 0.90 | 0.36 | | |
| **御马监四卫营上直马(匹)** | 0.90 | 0.36 | | |
| 操备马(匹) | 0.90 | 0.36 | | |
| 勇士马(匹)[1] | 0.90 | 0.36 | | |
| 锦衣卫将军上直马(匹) | 1.20 | 0.48 | | |
| 衣左等五所宣官马(匹) | 1.00 | 0.40 | | |
| 上左等七所宣官马(匹) | 0.90 | 0.36 | | |
| 西司房捕盗马(匹) | 0.90 | 0.36 | | |
| 旗手卫上直马(匹) | 0.90 | 0.36 | | |
| | 谷草(束) | 折银(两) | 芦草(束) | 折银(两) |
| **三大营操备马匹(匹)** | 30.00 | 0.25 | | |
| (每年二月十月放支本色) | | | | |
| **巡捕营捕盗马(匹)** | 30.00 | 0.50 | | |
| **御马监四卫营上直马(匹)** | 15.00 | 0.25 | 15.00 | 0.075 |
| 操备马(匹) | 30.00 | 0.25 | | |
| 勇士马(匹) | 15.00 | 0.25 | 15.00 | 0.075 |
| 锦衣卫将军上直马(匹) | 15.00 | 0.25 | 15.00 | 0.075 |
| 衣左等五所宣官马(匹) | 15.00 | 0.25 | 15.00 | 0.075 |
| 上左等七所宣官马(匹) | | | | |
| 西司房捕盗马(匹) | 30.00 | 0.50 | | |
| 旗手卫上直马(匹)[2] | 15.00 | 0.25 | 15.00 | 0.075 |

[1] 原书此处注：每年夏秋六个月放青马匹不支料草，春冬六个月间月支秋青草 30 束，折银 0.3 两。
[2] 原书此处注：以上马匹料草，如遇小尽，减支料 0.03 石，草 1 束。

## 甲表 105　　杂支则例

| 光禄寺 | |
|---|---|
| 厨役每名月支米(石) | 0.90 |
| 无妻者 | 0.60 |
| 每年仍赏冬衣棉布(匹) | 2.00 |
| 折银(两) | 0.50 |
| 太常寺 | |
| 厨役每名月支米(石) | 0.90 |
| 无妻者 | 0.60 |
| 工部文思院 | |
| 匠官全俸者月支米(石) | 1.00 |
| 半俸者月支米(石) | 0.50 |
| 内官监并皮作局 | |
| 匠官月支米(石) | 1.00 |
| 宝钞提举司 | |
| 大使月支米(石) | 1.20 |
| 司吏月支米(石) | 1.00 |
| 典吏月支米(石) | 0.50 |
| 匠月支米(石)[1] | 0.50 |
| 司苑局 | |
| 甲军月支米(石) | 1.00 |
| 京卫武学 | |
| 武生月支米(石) | 0.30 |
| 织染局兵杖局 | |
| 民匠月支米(石) | 0.40 |
| 司礼监内官监供用库工部染织所 | |
| 民匠月支米(石) | 0.30 |
| 内承运库印绶监钦天监 | |
| 民匠月支米(石) | 0.20 |
| 军器局 | |
| 民匠月支米(石) | 0.15 |
| 宛大二县 | |
| 孤老月支米(石) | 0.30 |
| 每年仍赏冬衣棉布(匹) | 1.00 |
| 教坊司 | |
| 俳色长月支米(石) | 1.00 |
| 乐工月支米(石)[2] | 0.50 |
| 各卫仓 | |
| 副使全俸者月支米(石) | 2.00 |
| 减俸者月支米(石) | 1.50 |

| | |
|---|---|
| 攒典月支米(石) | 1.00 |
| 军斗月支米(石) | 0.80 |
| 御马仓 | |
| 副使月支米(石) | 1.00 |
| 司吏月支米(石) | 1.00 |
| 十库 | |
| 大使月支米(石) | 1.00 |
| 副使月支米(石) | 1.00 |
| 银库 | |
| 大使月支米(石) | 1.00 |
| 京外场 | |
| 大使月支米(石) | 1.00 |
| 副使月支米(石) | 1.00 |
| 长安四门仓 | |
| 副使月支米(石) | 1.20 |
| 攒典月支米(石) | 0.60 |

[1]原书此处注：有支 0.25 石者。

[2]原书此处注："以上月粮除军器局民匠宛、大二县孤老，每年全支本色；其余本色十个月，折色二个月。"

甲表106

## 万历六年岁支（约数）

| | 本色米（石） | 折俸银（两） | 折绢布银（两） | 折色银（两） | 冬衣布折银（两） | 本色棉花（斤） | 本色料（石） | 草（束） | 折色料草银（两） | 做工盐粮折银（两） |
|---|---|---|---|---|---|---|---|---|---|---|
| 左军都督府 | | | | | | | | | | |
| 都督等官 | 21.00 | 89.56 | 43.47 | | | | | | | |
| 右军都督府 | | | | | | | | | | |
| 都督同知等官 | 119.00 | 187.87 | 101.18 | | | | | | | |
| 中军都督府 | | | | | | | | | | |
| 都督佥给等官 | 328.00 | 346.79 | 153.12 | | | | | | | |
| 前军都督府 | | | | | | | | | | |
| 都督 | 12.00 | 66.50 | 29.31 | | | | | | | |
| 后军都督府 | | | | | | | | | | |
| 都督同知佥给等官 | 168.00 | 577.96 | 141.19 | | | | | | | |
| 锦衣卫 | | | | | | | | | | |
| 官员旗校土军匠役 | 337788.20 | | | 32933.18 | | | | | | |
| 官员 | | 12178.78 | 4919.33 | | | | | | | |
| 旗校土军匠役 | | | | | 14757.50 | 44272.50 | | | 16483.37 | |
| 上直官并捕盗马匹 | | | | 16.26 | | | | | | |
| 本卫仓官攒 | 147.57 | | | | | | | | | |
| 旗手卫 | | | | | | | | | | |
| 官军匠役舍军伴 | 33189.00 | | | 3496.50 | | | | | | |
| 官员 | | 1642.82 | 594.95 | | | | | | | |
| 军士 | | | | | 1567.00 | 4701.00 | | | | |
| 上直马 | | | | | | | | | 335.60 | |
| 本卫仓官攒甲斗 | 385.67 | | | 40.41 | | | | | | |

| 名目 | | | | | | |
|---|---|---|---|---|---|---|
| **羽林左卫** | | | | | | |
| 官军杂役 | 13084.00 | | | 1504.72 | | |
| 官员 | | 1297.80 | 497.05 | | | |
| 军士 | | | | | 575.00 | 1756.50 |
| 本卫仓官攒甲斗 | 339.26 | | | 37.15 | | |
| **羽林右卫** | | | | | | |
| 官军匠役军伴 | 12141.70 | | | 1378.06 | | |
| 官员 | | 1167.55 | 449.83 | | | |
| 军士 | | | | | 534.25 | 1635.00 |
| **羽林前卫** | | | | | | |
| 官军匠役军伴 | 26345.00 | | | 2822.66 | | |
| 官员 | | 14478.33 | 5720.77 | | | |
| 军士 | | | | | 869.00 | 2640.00 |
| 本卫仓官攒甲斗 | 368.00 | | | 41.00 | | |
| **济阳卫** | | | | | | |
| 官军勇军伴 | 27464.55 | | | 2946.31 | | |
| 官员 | | 4978.48 | 1905.73 | | | |
| 军士 | | | | | 1171.00 | 3516.00 |
| 本卫仓官攒甲斗 | 397.64 | | | 43.54 | | |
| **济州卫** | | | | | | |
| 官军匠舍军伴 | 16480.00 | | | 1896.16 | | |
| 官员 | | 3878.21 | 1455.12 | | | |
| 军士 | | | | | 636.00 | 1908.00 |
| 本卫仓官攒甲斗 | 445.29 | | | 45.50 | | |
| **金吾左卫** | | | | | | |

| 名目 | | | | | | |
|---|---|---|---|---|---|---|
| 官军匠勇杂役 | 29938.00 | | | 3218.26 | | |
| 官员 | | 14785.62 | 5819.55 | | | |
| 军士 | 356.81 | | | | 1045.50 | 3151.50 |
| 本卫仓官攒甲斗 | | | | 37.14 | | |
| **金吾右卫** | 41355.00 | | | | | |
| 官军匠勇军伴 | | | | 4373.58 | | |
| 官员 | | 14794.70 | 5837.25 | | | |
| 军士 | 472.29 | | | | 1582.75 | 4759.50 |
| 本卫仓官攒甲斗 | | | | 50.46 | | |
| **金吾前卫** | 17302.00 | | | | | |
| 官军匠役军伴 | | | | 1958.58 | | |
| 官员 | | 1416.43 | 506.10 | | | |
| 军士 | 398.84 | | | | 746.00 | 2290.50 |
| 本卫仓官攒甲斗 | | | | 41.67 | | |
| **金吾后卫** | 15920.00 | | | | | |
| 官军勇舍 | | | | 1768.64 | | |
| 官员 | | 1278.37 | 487.96 | | | |
| 军士 | 335.72 | | | | 726.25 | 2200.50 |
| 本卫仓官攒甲斗 | | | | 34.14 | | |
| **府军卫** | 13300.00 | | | | | |
| 官军匠勇 | | | | 1656.40 | | |
| 官员 | | 1453.25 | 548.21 | | | |
| 军士 | 344.49 | | | | 581.50 | 1752.00 |
| 本卫仓官攒甲斗 | | | | 35.97 | | |
| **府军左卫** | | | | | | |

| 类别 | | | | | | |
|---|---|---|---|---|---|---|
| 官军匠勇军伴 | 21115.00 | | | 2328.46 | | |
| 官员 | | 1394.72 | 529.11 | | | |
| 军士 | 412.56 | | | | 965.50 | 2896.50 |
| 本卫仓官攒甲斗 | | | | 42.86 | | |
| 府军右卫 | | | | | | |
| 官军匠勇军伴 | 15338.00 | | | 1715.24 | | |
| 官员 | | 1218.09 | 457.01 | | | |
| 军士 | 429.86 | | | | 699.00 | 2097.00 |
| 本卫仓官攒甲斗 | | | | 47.21 | | |
| 府军前卫 | | | | | | |
| 官军匠勇杂役 | 114283.00 | | | 14179.58 | | |
| 官员 | | 4379.52 | 1642.81 | | | |
| 军士 | | | | | 5439.50 | 16320.00 |
| 府军后卫 | | | | | | |
| 官军勇士军伴 | 11301.50 | | | 1305.70 | | |
| 官员 | | 1204.41 | 452.48 | | | |
| 军士 | 347.76 | | | | 502.00 | 1506.00 |
| 本卫仓官攒甲斗 | | | | 34.32 | | |
| 燕山左卫 | | | | | | |
| 官军匠舍 | 17789.00 | | | 1830.92 | | |
| 官员 | | 4362.79 | 1591.42 | | | |
| 军士 | 398.13 | | | | 748.75 | 2248.50 |
| 本卫仓官攒甲斗 | | | | 43.43 | | |
| 燕山右卫 | | | | | | |
| 官军匠勇杂役 | 15671.00 | | | 1736.06 | | |

| 项目 | | | | | | |
|---|---|---|---|---|---|---|
| 官员 | | 3298.91 | 992.56 | | | |
| 军士 | 382.40 | | | | 654.00 | 1963.50 |
| 本卫仓官攒甲斗 | 13274.40 | | | 49.36 | | |
| 燕山前卫 | | | | | | |
| 官军匠役军伴 | | | | 1561.01 | | |
| 官员 | | 3625.49 | 1172.82 | | | |
| 军士 | | | | | 515.50 | 1546.50 |
| 本卫仓官攒甲斗 | 460.40 | | | 48.77 | | |
| 大兴左卫 | | | | | | |
| 官军匠舍 | 19031.00 | | | 2120.70 | | |
| 官员 | | 3144.00 | 1199.19 | | | |
| 军士 | | | | | 806.25 | 2419.50 |
| 本卫仓官攒甲斗 | 580.80 | | | 60.44 | | |
| 腾骧右卫 | | | | | | |
| 官军勇士 | 47297.50 | | | 4720.00 | | |
| 官员 | | 2244.75 | 829.22 | | | |
| 军士 | | | | | 2191.00 | 6576.00 |
| 腾骧右卫 | | | | | | |
| 官军勇士 | 48402.00 | | | 4840.20 | | |
| 官员 | | 2413.31 | 884.16 | | | |
| 军士 | | | | | 2287.75 | 6863.50 |
| 武骧左卫 | | | | | | |
| 官军勇士 | 67763.00 | | | 6769.20 | | |
| 官员 | | 2100.64 | 771.11 | | | |
| 军士 | | | | | 3258.75 | 9777.00 |

| | | | | | | |
|---|---|---|---|---|---|---|
| 武骧右卫 | | | | | | |
| 官军勇士 | 65446.00 | | | 6544.50 | | |
| 官员 | | 2293.12 | 1099.33 | | | |
| 军士 | | | | | 3158.25 | 9475.50 |
| 武功右卫 | | | | | | |
| 官军匠役杂役 | 13121.50 | | | 1450.05 | | |
| 官员 | | 1191.28 | 435.93 | | | |
| 军士 | | | | | 562.00 | 3301.50 |
| 武功右卫 | | | | | | |
| 官军杂役 | 13924.00 | | | 1513.20 | | |
| 官员 | | 1536.06 | 549.76 | | | |
| 军士 | | | | | 607.75 | 1824.00 |
| 武功中卫 | | | | | | |
| 官军匠舍杂役 | 12474.00 | | | 1775.51 | | |
| 官员 | | 1596.51 | 582.11 | | | |
| 军士 | | | | | 544.25 | 1633.50 |
| 永清左卫 | | | | | | |
| 官军匠役军伴 | 21747.00 | | | 2352.30 | | |
| 官员 | | 1191.47 | 453.29 | | | |
| 军士 | | | | | 1008.25 | 3027.00 |
| 本卫仓官攒甲斗 | 446.93 | | | 48.22 | | |
| 永清右卫 | | | | | | |
| 官军勇士杂役 | 42114.00 | | | 4266.76 | | |
| 官员 | | 1494.46 | 581.87 | | | |
| 军士 | | | | | 1993.75 | 5982.50 |

| 项目 | | | | | |
|---|---|---|---|---|---|
| 本卫仓官攒甲斗 | 396.48 | | 40.80 | | |
| **彭城卫** | | | | | |
| 官军匠勇军伴 | 30756.60 | | 3367.15 | | |
| 官员 | 1354.00 | 515.35 | | | |
| 军士 | | | | 1439.75 | 4417.50 |
| 本卫仓官攒甲斗 | 368.16 | | 39.75 | | |
| **虎贲左卫** | | | | | |
| 官军匠役军伴 | 11989.00 | | 1399.22 | | |
| 官员 | 1207.94 | 440.22 | | | |
| 军士 | | | | 526.75 | 1581.00 |
| 本卫仓官攒甲斗 | 313.43 | | 31.64 | | |
| **虎贲右卫** | | | | | |
| 官军匠役军伴 | 14769.00 | | 1630.58 | | |
| 官员 | 658.10 | 237.38 | | | |
| 军士 | | | | 683.50 | 2050.50 |
| **留守左卫** | | | | | |
| 官军匠役军伴 | 13936.00 | | 1607.34 | | |
| 官员 | 1007.73 | 378.78 | | | |
| 军士 | | | | 763.00 | 2289.00 |
| **留守右卫** | | | | | |
| 官军匠勇军伴 | 10438.00 | | 1281.40 | | |
| 官员 | 993.30 | 388.60 | | | |
| 军士 | | | | 446.75 | 1339.50 |
| **留守中卫** | | | | | |
| 官军勇军舍 | 14661.00 | | 1671.54 | | |

| 项目 | | | | | | |
|---|---|---|---|---|---|---|
| 官员 | | 1700.94 | 362.95 | | | 2502.00 |
| 军士 | | | | | 834.25 | |
| **留守前卫** | | | | | | |
| 官军匠舍军伴 | 11651.00 | | | 1345.58 | | |
| 官员 | | 1190.71 | 406.04 | | | 1825.50 |
| 军士 | | | | | 608.00 | |
| 本卫仓官攒甲斗 | 498.10 | | | 53.52 | | |
| **留守后卫** | | | | | | |
| 官军匠役军伴 | 25186.00 | | | 2764.36 | | |
| 官员 | | 939.91 | 342.38 | | | 3978.00 |
| 军士 | | | | | 1326.00 | |
| 本卫仓官攒甲斗 | 418.42 | | | 42.54 | | |
| **神黄卫** | | | | | | |
| 官军杂役 | 11454.00 | | | 1313.04 | | |
| 官员 | | 984.24 | 413.85 | | | 1261.50 |
| 军士 | | | | | 420.25 | |
| **和阳卫** | | | | | | |
| 官军匠勇军伴 | 15201.00 | | | 1708.47 | | |
| 官员 | | 854.09 | 313.51 | | | 2107.50 |
| 军士 | | | | | 702.50 | |
| **应天卫** | | | | | | |
| 官军匠役军伴 | 13548.00 | | | 1558.89 | | |
| 官员 | | 1800.32 | 370.26 | | | 1857.00 |
| 军士 | | | | | 619.00 | |
| **沈阳左卫** | | | | | | |

| | | | | | | |
|---|---|---|---|---|---|---|
| 官军匠役军伴 | 19897.50 | | | 2175.30 | | |
| 官员 | | 889.73 | 322.36 | | | |
| 军士 | | | | | 304.75 | 915.00 |
| **沈阳右卫** | | | | | | |
| 官军勇士军伴 | 11608.00 | | | 1340.60 | | |
| 官员 | | 933.04 | 336.30 | | | |
| 军士 | | | | | 188.50 | 567.00 |
| **骁骑右卫** | | | | | | |
| 官军杂役 | 9114.00 | | | 1106.60 | | |
| 官员 | | 774.08 | 276.82 | | | |
| 军士 | | | | | 407.50 | 1222.50 |
| **镇南卫** | | | | | | |
| 官军舍人军伴 | 8690.00 | | | 1037.94 | | |
| 官员 | | 940.75 | 345.79 | | | |
| 军士 | | | | | 402.00 | 1207.50 |
| **龙虎卫** | | | | | | |
| 官军匠役军伴 | 18987.60 | | | 2092.70 | | |
| 官员 | | 933.57 | 341.47 | | | |
| 军士 | | | | | 833.00 | 2499.00 |
| 本卫仓官攒甲斗 | 346.80 | | | 25.10 | | |
| **武德卫** | | | | | | |
| 官军勇士军伴 | 9297.70 | | | 1088.71 | | |
| 官员 | | 769.02 | 278.04 | | | |
| 军士 | | | | | 414.00 | 1242.00 |
| **龙骧卫** | | | | | | |

| | | |
|---|---|---|
| 官军匠勇军伴 | 32790.00 | 3518.87 |
| 官员 | 3439.72 | 1288.26 |
| 军士 | 1456.00 | 4378.50 |
| 本卫仓官攒甲斗 | 337.07 | 34.82 |
| 豹韬卫 | | |
| 官军杂役 | 9546.80 | 1102.04 |
| 官员 | 821.99 | 306.30 |
| 军士 | 428.00 | 1284.00 |
| 鹰扬卫 | | |
| 官军匠勇军伴 | 11542.60 | 1352.00 |
| 官员 | 1163.99 | 425.41 |
| 军士 | 434.23 | 1303.50 |
| 兴武卫 | | |
| 官军匠役军伴 | 13331.00 | 1529.90 |
| 官员 | 1101.96 | 415.08 |
| 军士 | 595.50 | 1786.50 |
| 神武左卫 | | |
| 官军杂役 | 35831.00 | 4054.66 |
| 官员 | 2443.39 | 856.84 |
| 军士 | 1497.50 | 4494.00 |
| 本卫仓官攒甲斗 | 370.07 | 37.30 |
| 宽河卫 | | |
| 官军勇舍军伴 | 20326.00 | 2376.18 |
| 官员 | 4054.04 | 1465.17 |
| 军士 | 803.50 | 2412.00 |

| | 甲一 | 甲二 | 甲三 | 甲四 | 甲五 | 甲六 |
|---|---|---|---|---|---|---|
| 本卫仓官攒甲斗 | 391.87 | | | 41.85 | | |
| **义勇右卫** | | | | | | |
| 官军匠勇军伴 | 25684.00 | 3715.64 | 1341.13 | 2848.72 | | |
| 官员 | | | | | 1006.25 | 3019.50 |
| 军士 | | | | | | |
| 本卫仓官攒甲斗 | 353.46 | | | 37.43 | | |
| **义勇前卫** | | | | | | |
| 官军勇舍 | 19088.00 | | | 2289.42 | | |
| 官员 | | 1696.45 | 630.43 | | | |
| 军士 | | | | | 531.75 | 1587.50 |
| 本卫仓官攒甲斗 | 345.85 | | | 36.14 | | |
| **义勇后卫** | | | | | | |
| 官军匠役军伴 | 34037.00 | | | 3726.26 | | |
| 官员 | | 1305.41 | 1626.92 | | | |
| 军士 | | | | | 1435.50 | 4309.50 |
| 本卫仓官攒甲斗 | 347.15 | | | 38.84 | | |
| **大宁中卫** | | | | | | |
| 官军匠役军伴 | 15847.10 | 1845.07 | 698.15 | 1854.17 | | |
| 官员 | | | | | 260.50 | 781.50 |
| 军士 | | | | | | |
| 本卫仓官攒甲斗 | 344.06 | | | 37.53 | | |
| **大宁前卫** | | | | | | |
| 官军舍勇军伴 | 34044.00 | 5090.22 | 1949.11 | 3717.04 | | |
| 官员 | | | | | 1445.50 | 4338.00 |
| 军士 | | | | | | |

| | | | | | | |
|---|---|---|---|---|---|---|
| 本卫仓官攒甲斗 | 345.68 | | | 37.36 | | |
| **忠义右卫** | | | | | | |
| 官军舍余军伴 | 31840.00 | | | 3572.66 | | |
| 官员 | | 1418.52 | 527.85 | | | |
| 军士 | | | | | 1402.75 | 4210.50 |
| 本卫仓官攒甲斗 | 470.43 | | | 48.99 | | |
| **忠义前卫** | | | | | | |
| 官军匠勇军伴 | 36268.70 | | | 4027.51 | | |
| 官员 | | 3684.75 | 1378.44 | | | |
| 军士 | | | | | 1017.75 | 3055.50 |
| 本卫仓官攒甲斗 | 454.26 | | | 48.57 | | |
| **忠义后卫** | | | | | | |
| 官军匠役军伴 | 17525.00 | | | 2074.70 | | |
| 官员 | | 3419.90 | 1254.54 | | | |
| 军士 | | | | | 719.00 | 2161.50 |
| 本卫仓官攒甲斗 | 355.00 | | | 37.51 | | |
| **蓟州左卫** | | | | | | |
| 官军匠役军伴 | 18215.90 | | | 2114.50 | | |
| 官员 | | 2931.77 | 1123.37 | | | |
| 军士 | | | | | 755.50 | 2266.50 |
| 本卫仓官攒甲斗 | 372.55 | | | 37.81 | | |
| **武成中卫** | | | | | | |
| 官军匠勇军伴 | 29482.50 | | | 3277.58 | | |
| 官员 | | 2956.40 | 1129.77 | | | |
| 军士 | | | | | 1199.50 | 3600.00 |

| | | | | | |
|---|---|---|---|---|---|
| 本卫仓官攒甲斗 | 402.59 | | 41.77 | | |
| 会州卫 | 15157.90 | | 1793.54 | | |
| 官军匠役军伴 | 3220.92 | 1207.60 | | | |
| 官员 | | | | 599.75 | 1810.50 |
| 军士 | | | | | |
| 本卫仓官攒甲斗 | 406.22 | | 42.57 | | |
| 富峪卫 | 23186.00 | | 2584.84 | | |
| 官军勇舍军伴 | 2175.27 | 815.25 | | | |
| 官员 | | | | | |
| 军士 | | | | 1023.25 | 3094.50 |
| 本卫仓官攒甲斗 | 407.70 | | 42.37 | | |
| 通州卫 | 39903.00 | | 4236.06 | | |
| 官军匠舍杂役 | 9008.21 | 3231.48 | | | |
| 官员 | | | | | |
| 军士 | | | | 1709.50 | 5128.50 |
| 本卫仓官攒甲斗 | 788.63 | | 86.87 | | |
| 长陵卫 | 10477.70 | | 1693.69 | | |
| 官军杂役 | 1125.57 | 412.16 | | | |
| 官员 | | | | 383.75 | 1152.00 |
| 军士 | | | | | |
| 裕陵卫 | 13069.50 | | 1422.15 | | |
| 官军杂役 | 1006.81 | 387.35 | | | |
| 官员 | | | | 253.50 | 760.50 |
| 军士 | | | | | |
| 本卫仓官攒甲斗 | 360.76 | | 37.30 | | |

| | | | | | | |
|---|---|---|---|---|---|---|
| 茂陵卫 | 11066.00 | | | 1233.32 | | |
| 官军杂役 | | 656.39 | 232.95 | | | |
| 官员 | | | | | 233.00 | 700.50 |
| 军士 | | | | | | |
| 本卫仓官攒甲斗 | 383.20 | | | 40.44 | | |
| 景陵卫 | 22764.00 | | | 2422.32 | | |
| 官军杂役 | | 769.44 | 281.22 | | | |
| 官员 | | | | | 471.00 | 1413.00 |
| 军士 | | | | | | |
| 本卫仓官攒甲斗 | 381.11 | | | 40.10 | | |
| 秦陵卫 | 8541.50 | | | 1032.10 | | |
| 官军杂役 | | 690.43 | 246.84 | | | |
| 官员 | | | | | 217.50 | 652.50 |
| 军士 | | | | | | |
| 本卫仓官攒甲斗 | 399.86 | | | 41.43 | | |
| 康陵卫 | 12647.00 | | | 1264.70 | | |
| 官军勇士军伴 | | 726.95 | 269.66 | | | |
| 官员 | | | | | 269.00 | 807.00 |
| 军士 | | | | | | |
| 本卫仓官攒甲斗 | 395.02 | | | 40.85 | | |
| 永陵卫 | 12802.20 | | | 1467.80 | | |
| 官军杂役 | | 1092.86 | 389.11 | | | |
| 官员 | | | | | 362.50 | 1087.50 |
| 军士 | | | | | | |
| 本卫仓官攒甲斗 | 454.79 | | | 42.70 | | |

| | | | | | |
|---|---|---|---|---|---|
| **献陵卫** | | | | | |
| 官军杂役 | 20655.00 | | | 2180.70 | |
| 官员 | | 638.24 | 237.95 | | |
| 军士 | | | | 531.00 | 1593.00 |
| 本卫仓官攒甲斗 | 390.72 | | | 36.14 | |
| **昭陵卫** | | | | | |
| 官军杂役 | 11630.00 | | | 1451.00 | |
| 官员 | | 1217.50 | 431.00 | | |
| 军士 | | | | 493.25 | 1483.50 |
| 本卫仓官攒甲斗 | 419.86 | | | 43.66 | |
| **牧马千户所** | | | | | |
| 官军 | 16990.00 | | | 1699.00 | |
| 官员 | | 482.55 | 175.54 | | |
| 军士 | | | | 822.00 | 2466.00 |
| **蕃牧千户所** | | | | | |
| 官军 | 8149.40 | | | 814.25 | |
| 官员 | | 209.37 | 73.93 | | |
| 军士 | | | | 390.50 | 1171.50 |
| **牺牲所** | | | | | |
| 官军 | 3026.00 | | | 302.60 | |
| 官员 | | 108.90 | 36.43 | | |
| 军士 | | | | 145.50 | 436.50 |
| **奠靖千户所** | | | | | |
| 官军 | 7666.00 | | | 766.60 | |
| 官员 | | 184.02 | 61.59 | | |

| 军士 | | | | 473.75 | 1422.00 |
|---|---|---|---|---|---|
| 北府军前卫仓 | 官攒甲斗 | 660.36 | 66.29 | | |
| 彭城卫南新仓 | 官攒甲斗 | 428.70 | 45.84 | | |
| 府军前卫南新仓 | 官攒甲斗 | 378.60 | 25.51 | | |
| 大军仓 | 官攒甲斗 | 440.28 | 45.96 | | |
| 御马仓 | 官攒 | 41.20 | 4.45 | | |
| 太仓银库 | 官攒 | 19.14 | 2.61 | | |
| 宝钞司 | 官攒 | 32.00 | 3.20 | | |
| 广积等十库 | 官攒 | 233.39 | 37.82 | | |
| 长安等四门仓 | 官攒 | 74.64 | 8.03 | | |
| 西城坊仓 | 官攒 | 32.20 | 3.59 | | |
| 京场 | 官攒 | 150.24 | 12.98 | | |
| 外场 | 官攒 | 272.02 | 28.36 | | |

| 五军营 | | | | | | |
|---|---|---|---|---|---|---|
| 将官并选锋 | 49044.00 | | | | | |
| 官军并秋口粮 | 18261.00 | | 762.00 | 2286.00 | | |
| 马匹 | | | | | 9414.72 | 320088.00 | 29991.75 |
| 神枢营 | | | | | | |
| 将官并选锋 | 36468.00 | | 727.00 | 2181.00 | | |
| 官军并秋口粮 | 15842.10 | | | | | |
| 马匹 | | | | | 8877.48 | 275916.00 | 28372.23 |
| 神机营 | | | | | | |
| 将官并选锋 | 35484.00 | | 741.00 | 2222.00 | | |
| 官军并秋口粮 | 15826.20 | | | | | |
| 马匹 | | | | | 6138.72 | 204624.00 | 21375.44 |
| 巡捕营 | | | | | | |
| 官军家丁 | 7300.00 | | | | | |
| 捕盗马匹 | | | | | | | 29814.40 |
| 四卫勇士营 | | | | | | |
| 马匹 | | | | | | | 14859.18 |
| 外卫班军 | | 33415.80 | | | | |
| 内官监 | | | | | | | 16995.12 |
| 匠官 | 2535.00 | 254.50 | | | | |
| 司礼监印绶监内官监供用库内承运库兵杖运库钦天监织染局织染所 | | | | | | |
| 民匠 | 1532.20 | 152.95 | | | | |
| 大常寺 | | | | | | |
| 厨役 | 9034.00 | 809.55 | | | | |
| 光禄寺 | | | | | | |

779

| 项目 | | | | |
|---|---|---|---|---|
| 厨役 | 24327.10 | | 2473.40 | 1422.00 |
| 文思院 | | | | |
| 匠官 | 6765.70 | | 1227.55 | |
| 宝钞提举司 | | | | |
| 官吏匠役 | 1453.05 | | 144.98 | |
| 京卫武学 | | | | |
| 武生 | 146.10 | | 15.30 | |
| 司苑局 | | | | |
| 甲军 | 15504.00 | | 1553.20 | |
| 皮作局 | | | | |
| 匠官 | 319.53 | | 31.71 | |
| 教坊司 | | | | |
| 俳色长乐工 | 2146.00 | | 208.25 | |
| 军器局 | | | | |
| 匠役 | 2776.07 | | | |
| 苑大二县 | | | | |
| 孤老 | 15117.70 | | | 4164（匹） |

780

## 营卫俸粮沿革事例　附杂支

洪武十九年，本部题：准锦衣卫将军月支本色米一石，余折钞；旗军、力士、校尉人等，有家小者月支本色米六斗，无家小者四斗五升，余折钞。

二十一年，本部题：准民匠充军者月支粮八斗。

二十二年，本部题：准民丁编军操练者月支粮一石。

本年本部题：准锦衣卫将军总小旗每月添支粮五斗；力士、校尉人等，有家小者四斗，无家小者一斗五升。

三十年，本部题：准牧马千户所养马恩军，有家小者月支粮一石，只身四斗。

永乐十一年，本部题：准上直马每匹日支料四升，草一束；其下场牧放马匹止关料一月。

二十二年，本部题：准常川上直马每匹日支料三升，草半束，余半束折支钞二贯，骑操等项马每匹日支料三升，草一束，折支钞四贯。

宣德三年，本部题：准各处选调在京操备官军月支行粮三斗。

五年，本部题：准御马监勇士马，并达官调习马，每匹按月原支草三十束，内支本色草十五束，余折白棉布一匹。

正统元年，大学士杨士奇等题称：军官家下人口皆在北京居住，其俸米俱于南京关支。近闻各卫差人前去代关，十分之中，仅得一二分，亦有军官自因艰难，将合得俸给，低价卖与人，前去关支，以救一时之急，计其实俸，十不得一。要行户部会六部都察院等衙门，公同计议处置等因。奉英宗皇帝圣旨：是。计议停当来说。钦此。本部会议：将军官南京本色俸粮，每米一石折银二钱五分，煎销成锭，錾凿粮长纳户姓名，司府州县各委的当官员管解到京，转送内库交纳，以为北京军官俸粮支用，具本。节奉英宗皇帝圣旨：议得是，都准行。钦此。

二年，本部题：准在京并外卫修盖城楼旗军人匠，旗军每名月添支米一斗四升；匠每名月支米三斗；民匠原无月粮，月支米五斗；余丁匠三斗。

本年本部题：准五军三千等营操备官军马，月支料九斗，添余一斗，以后照旧关支。

八年，成国公朱勇题称：天寿山旗军俱在中军左右哨拨，关支行粮，今各旗军做工，又关口粮四斗，未审应否。本部查照修盖城楼等处做工事例，在京并外卫旗军，除行月粮外，每名按月添支一斗，共五斗，盐一斤。今共关八斗，比与前例多米四斗。复：奉圣旨，军家每在山做工辛勤，不为例，关与口粮二斗。钦此。

十三年，本部题：准在京各卫官军上直马每匹日支料四升，骑操马三升，按月开数及月分大尽小尽文册二本，送部一本存留备照，一本发仓照数放支。

景泰三年，御史黄深奏：府军等卫五十仓军斗，系是正军，昼夜在仓巡守，乞照旧例，有家小者与月粮一石，无家小者六斗。本部复准。

七年，本部题：准各马房马匹前去武清县等处草场撒放，其牧马官军合用口粮，填给勘合，经过沿途官司，每名日支口粮一升，如一日经过两处，不许重支。

本年本部题：将山陵做工旗军军匠，每名月支口粮三斗，民匠月支五斗，俱盐三斤，其粮就于京仓，盐就本部并张家湾批验所，及长芦运司，各照数关支。如有事故，扣除还官，工完住支。

天顺六年，抚宁侯朱永题，本部复：准五军三千等营官军前往天寿山做工，照正统八年事例，除原关月粮行粮外，每员名按月再添二斗，食盐一斤，工完住支。其粮盐俱行移附近昌平、隆庆等仓，及张家湾批验所，照数关支。

成化三年，内官监太监黄顺奏称：木匠一千四百四名，修造坟茔，在山做工，往来取讨食米迟误工程，乞行该衙门支给口粮。本部查得：前项工匠在京按月，每名已支口粮三斗食用，况金山处所离京不过三十余里，难准重支，题准每月止加与口粮一斗。

四年，本部题：准将天寿山管工太监等官，并侍郎所带监工官员，每日各支廪米五升，月支一石五斗。诚恐昌平供给不前，各官按月差人在京关支前去，合用柴薪，行令顺天府附近州县日逐供给。

七年，本部题：准鞍辔局军匠，照兵仗局事例，月支食米五斗；印绶监、钦天监、天财库等民匠余丁按月支与二斗。

八年，本部题：准供用库各色民匠月支与米二斗。

九年，本部题：准尚衣监民匠，照各监局事例，每月关支粮三斗。

本年工部咨称：五军三千等营摘拨官军四万员名，开挑京都四围城壕，照例欲给口粮，所有管理侍郎等官，合无亦给口粮。本部题：准照成化元年事例，月添支口粮一斗，食盐一斤。着令各该衙门卫所各另造册送部，其口粮仍随月粮，定仓放支，食盐转行张家湾批验所关给，工完停止。其侍郎等官，原无与同军匠关支口粮事例，况有本等俸禄，照旧不支。

十五年，本部题：准巾帽局络丝织染等匠，每月支与粮三斗。

十六年，锦衣卫军匠陈麟等告称：行取到京月粮五斗，不敷食用。本部题奉圣旨：既系取来高手人匠，与他月粮一石，不许比例。钦此。

十七年，本部题：准听征官军马一万五千匹，每匹月给草价银一钱，日支料三升，续因马匹瘦损，添给草价银一钱。

十八年，本部题：准在京各营卫所监局等衙门官军人等俸、月等粮，每年正月、七月放支粟米，五月、十月放支小麦，其余月分俱放粳米。

二十年，本部题：准在京各卫军士月粮，五、六、七、八及十一、十二月，京仓关支；正、二、三、四、九、十月，通仓关支。

本年本部题：准听征马，四月、五月，每月添给料一斗，凑前九斗，共支一石。草价银三分，凑前二钱，共支二钱三分。

本年修理陵寝等处官军人匠，该支口粮、食盐。本部题：准照卢沟桥做工事例，按月京仓关支口粮四斗，及添食盐一斤。

弘治元年，光禄寺太监杨信题称：本寺厨役每年关布一匹，昼夜勤劳，乞照例给与布花钞。本部复：奉圣旨，既厨役艰难，每人岁添与布一匹，钞罢。钦此。

二年，本部题：准御马监养马余丁月粮添为五斗，尚宝监选到锦衣卫军匠幼丁月支米一石，交趾夷人兵仗织染局上工者月支一石，锦衣卫军匠阮清等，原系交趾夷人，谙晓火铳神箭刻丝龙袍等件，先年每月食米一石，宣德四年减除四斗，正统十四年又减一斗，止存五斗，今仍照旧例，关与一石。

九年，本部奏：准各游击，如有调动截杀及按伏官军，并随带头目官舍旗牌长箭手，但百里之外者，验日给与行粮草料，回日停止。

本年本部议：将织染局织染等匠徐广等月粮，定与五斗。奉圣旨：每人与月粮七斗。钦此。

十年，本部奏：准内官监收充幼匠宋宣等，锦衣卫镇抚司带管，每名给月粮一石，布花照例停革。

本年新宁伯谭祐奏称：京城夜巡官军，彻夜周城奔走巡撞，比照守城守卫操军等役相同，合无每人加米二斗。本部复：准每月加米二斗，月支一石。

十七年，锦衣卫千户罗谦奏：宽恤旗校以便直差。本部复：准将锦衣卫旗校月粮，除该京仓照旧坐放外，其原坐通州月分内，四月、九月两个月，今后不必坐派，其正、二、三、十共四个月，系雨少路干之际，仍坐通仓支给，候京仓粮数短少，通仓粮数有余，仍照旧例行。

本年钦奉圣旨：皇太后崩逝，行钦天监择日启土做工，官匠旗军每员名，按月添支口粮二斗，食盐一斤。钦此。本部复：准通行各衙门、锦衣卫及五军都督府，转行各营卫，将做工官匠旗军，并马匹料草，按月造册送部。除杀虎手口粮料草行令附近昌平居庸仓放支，其余人等口粮于京仓放支，食盐于张家湾批验所支领。若有续添，一体支给。

十八年，内官监太监李兴奏：山陵工程浩大，做工官军及各色匠作人等止口粮三斗，食用不敷，乞照修边夫匠事例，添做四斗五升。本部复：准官军每人准添口粮一斗，匠役每人五升。

正德七年，本部题：准听征存操马匹草三个月，内准与两个月本色，一个月折色，草每三十束折银二钱五分，料存操马十二个月，听征马六个月，每石折银三钱五分，本折间支。听征者凡遇下场之时，俱不支给。

嘉靖二年，武定侯郭勋题称：见在存操马匹，按月支与本色草料喂养。本部议：准行后府转行各营，将存操马匹照旧每年支本色草三个月，料间月本折兼支，听征马匹俱令下场牧放，草料截日住支，待回营之时，仍照本部题准事例，本折草料与存操马匹一体关支。

七年，本部题：天寿山营造金井等项，照弘治十八年事例，提督管理，并顺天府经历等官，照例应付廪给草料，各色人匠每月支粮四斗，盐一斤，做工官军支粮三斗，盐一斤。

八年，本部题：准凡官军月粮，每月十五日以前，各该卫所造报粮册，以上月实在为旧管，中间若有兵部新验官军，开具印信手本到部，该司查给，准令行卫开造新收项下。如有事故逃脱等项者，就册开除后，开实在若干，类付坐粮厅，照数派仓，札委监收官放支，若有事故就仓扣除，仍将扣过数目呈报本部。

十年，锦衣卫百户随全奏，尚书梁材议：自四月为始，将军、校尉、象奴应支月粮扣算明白，行坐粮厅员外郎拨京仓关支，守卫官直米，行令依期早放，违者参究治罪。

本年指挥王佐奏：锦衣卫官吏旗校月粮，每年京通二仓兼放，差役繁重。本部复：准自五月为始，应支俸月等粮，坐拨京仓关支。

十一年，尚书许赞查得羽林前等五十一卫仓军斗，先年月粮遇例，并九门军混作间月支粮，其后门军奏复本色，军斗仍又间月支银，题准以后，俱照旧规，按月关支食米八斗，不许额外滥充冒支。

本年武定侯郭勋奏：营操军士月粮，乞照旧支与本色粳米十个月，粟米二个月。本部复：准京通二仓关粳米粟米，及量加折色，著为事例。自今以后应支月粮，除锦衣等七十二卫杂役军匠原旧间月关支折色者照旧外，其在京各卫所上直操守等项，并各监局等衙门官军人匠月粮，每年正、三、四、十月通仓，五、六、七、十一月京仓俱粳米；二月通仓，八月京仓俱粟米；按月关支，遇有闰月，亦关京粳；其九月、十二月应该折银月分，合将今年九月暂于京仓支给粳米，不为常例；十二月折色。若果米贵加银一钱，每石折银六钱。以后年丰，仍照旧每石折银五钱，若岁稍歉，每石量加一钱。候本色粮斛充实，照旧全支本色。

十六年，本部题：准秋班各工做工官军该支食盐不足之数，查照时估，每盐二斤准银一分，查算明白，照数支给。

二十九年，本部查得：在京旗手等卫官吏旗军人等俸粮，每年二月通仓，八月京仓，俱支粟米，今通仓粟米不敷，题准先尽通仓粟米放给，不敷俱该京仓支给。

三十六年，尚书方钝题：准各年放粮，二、三、四、五、十月通仓，六、七、八、十一月京仓，九、十二月折银。后银库银两不敷，俱改通仓，续改正月京仓，分别粳粟，挨陈放支，已为成规。以后三大营官军，除二、三、四、十二月照旧通仓，其九月系通仓。如有警急，京仓关支，下年正月京仓改通仓关支。如无边报，不得引以为例。其家丁原无旧例，惟二十九年，虏犯之后，添设将官各收家丁，每名支米一石五斗，事出仓猝，未可遂援为例。

合将家丁严试，如果弓马臂力过人，惯经战阵，堪教练京军者，方准收用。每年七月至九月，止防秋三月，准支行粮；防毕照例月支粮一石。其余查补各卫逃故军士名缺，与各营官军一体支粮。

三十七年，兵科给事中郭嵩题，尚书贾应春复：准京营听征官军率多贫窘，每员名于防秋三月，量给行粮四斗五升。

四十三年，尚书高燿题：准将见在班军，及做工官军口粮，除查点不到，逃亡事故不给外，将应支行粮每米四斗折银二钱，自四十三年冬季为始，按月关支，永为定规。

本年都给事中李邦义题，尚书高燿复：准通行各部，转行各该衙门，务要将食粮人数，着实清查，严革冒滥。锦衣卫之恩荫，各衙门之带俸，与夫官吏旗校，各营卫军士，监局司厂匠役，光禄、太常二寺厨役，但系各衙门食粮之数，要见原额增减若干，何项应留应革，清查的确，定为额数，备造印信文册，一送本部，一送该科，以此为准，每月支放之时，造册送司核实类齐，发下粮厅坐放。如有事故，止许系在册额数顶补，不得仍前将革去各役逾额滥收。月终各衙门官吏，通将支过扣还之数，赴该科注销。如有加增即系冒滥，听该科从重参究。仍咨各边巡抚通行各项等官，今后调遣，须要详慎哨探明白，应给行粮查照蓟辽事例，百里外者全支，五十里者半支，务要划一，毋致妄费。

隆庆四年，给事中笪东光题称：军士冬衣布花，往往深冬尚未给领，止缘勘合旧规，每卫三张布匹，折银每卫二张，该卫指挥假以勘合数多，百般科索贫军，处办不前，动延数月。三大营家丁原非额设，又无定数，止据该营造报，无从稽查冒领之弊。本部复：准自隆庆五年为始，将布匹花钞三项，各用勘合一张，备载七十八卫所应赏之数于内。锦衣卫额定堂上官一员，九月初旬关领勘合给散，务在九月终竣事。其三大营家丁，照京军事例，各造花名文册二本，送该管科道衙门收贮，每月仍赴填注，逃故收补姓名，临时类造，一体支给。

六年，本部题：准神木、黑窑、上林苑、南海子等军，俱系先年存留在京人数，着役已久，应照蓟、永二镇新例，在神木、黑窑二厂者，通食月粮四斗，口粮二斗；在上林苑、南海子者，通食月粮四斗。不分京卫外卫，各军以隆庆六年十月为始，俱一例在京支粮；其冬衣布花，不分二厂苑海军夫，俱照京卫事例，每军各布二匹，内折钞一匹；绵花各一斤八两，在京支给。仍行蓟、永、密、昌镇，但有卫所册籍开载神木、黑窑二厂，并上林苑监、南海子等军名色，尽数开除，以绝后弊，永为遵守。

本年本部题：准光禄寺厨役刘住儿等，每名该赏布二匹，该库回称绵布缺乏，照例每匹折银二钱五分，照数关领给赏。

本年本部题：准裁省繁文，行令在京七十八卫所官军支粮文册，以后每月止造一本送部，其照磨所、下粮厅二册，不必造报。

万历元年，本部题：准宛、大二县鳏寡孤独，及笃废残疾，无依倚贫民陈有、萧逊等五百六十一名口，照例收入养济院存恤，按月每名口支米三斗，岁给绵布一匹，俱自送院之日为始，备造文册，按月呈部，坐拨放支。

二年，本部题：准锦衣等各卫所，以后造报月粮文册，并照会似申各随册，照依本部定立限期，挨次陆续投部转发该司，将文册即日送下粮厅详加查算，如果钱粮数目不差，附簿第二日坐拨，廒口填写勘合，第三日呈堂金押，司务厅唱名给散。以投文日为始领勘合日止，总计不过三日事完，该厅将坐过粮石廒口，并将各卫所原来粮册付送各司，除付文粘卷外，粮册送照磨所磨对，各该卫所委官领有勘合，赴东官厅比号相同，即日转发该仓，照数关支。但有迟延，及坐放不足应该石斗之数，或官攒需索，以贿赂多寡为支放迟速等项，除各仓主事查出，呈总督究治外，许官军赴部告禀重究。如各该卫所册申照会过限不投到，即提承行官吏，从重究治。至于逃故军士支出月粮，各该委官随即检举，敢有仍前肆意侵欺，及指称使用扣军士月粮者，或被人讦告，及本部访出，定行参送法司，从重究治。其下粮厅委官原无印信，移咨礼部铸给关防一颗送部，以凭转发该厅收掌应用。

五年，左给事中林景旸条议：均粮赏，以溥慈惠。照得京营旧制，每年防秋口粮，战兵六斗，车兵三斗，城兵一斗。但因循日久，选汰欠精，且多侵尅糜费。尚书殷正茂复：准以后非遇有警，将守城兵一斗，悉行革免，战车二兵防秋口粮，一例支给三斗。

六年，尚书殷正茂题：放南北两京，并直隶卫所旗校士军并家丁人等，该赏冬衣布花钞锭，合照节年事例，差官给散等因，奉圣旨，这军士岁例布花，今岁在京营暂着折银给散，南京及在外卫所，各照节年例行，钦此。

七年，总督尚书汪宗伊题称：永乐二十一年，每岁漕粮以两运，一运京仓，一运通仓。往因通惠河未疏，通仓粮多于京仓，故嘉靖四年，议放五年粮，京仓六个月，通仓六个月。自疏通之后，京仓积倍于通仓，反以四月、十月改折色，是京仓收二分，而仅放四月；通仓收一分，乃放六月。今京仓隆庆五年分粮，已及九年，渐多湮烂，且以京通仓粳米，计之万历六年岁报京仓一千二百五万九百八十石，该年放一百三万四千三百九十六石，虽放十一年而有余；通仓三百一十五万九千五十六石，该年放八十七万二千三百三十八石，虽放四年而不足。合无查照原收之粮，额定支放之月分，每年坐放京仓二分，通仓一分，两月折色，岁以为常。尚书张学颜议得：四月、十月，俱系开操之日，赴仓关米，有误随营，且军士支粮在京仓者甚近甚易，在通仓者为远为难。查将通仓应放本色六月、十一月，俱改坐京仓，正月、二月、七月、十二月俱赴通仓关支，四月、十月仍给折色，是在京仓放米六个月，通仓放米四个月。似为多寡适均，如前一遇米贵，则折色又当停止，而官仓粮米复当多放，临时酌行题请，似不可执今议为定规也。奉圣旨：是。钦此。

本年尚书张学颜题：议得中都、河南、山东三都司班军行粮口粮支放银两，官旗易于侵冒。合无自万历七年夏季为始，将班军行粮赴工口粮，俱每班各给本色三个月，折色三个月。如不遇分拨，赴工口粮即行停支，月盐一斤，仍旧折银五厘，俱以到京到工实数实日造支。

八年，礼科右给事中王守诚条陈一款：议军士布花，临赏扣留。尚书张学颜议覆：候万历九年题赏布花之时，行该管科道，及本部委官严行清查临赏扣留军士布花，如逃故、犯罪、革役在临赏二月以前，已有户丁补役者，俱照旧例扣留，如小事牵连一时不到，及年老革役病故在临赏二月之内者，免其扣留，若卫所官挪移月日，混造冒支，及假以还官为名，侵欺入己者，查出从重参究。奉圣旨：是。钦此。

本年巡视京营兵科给事中李廷仪条陈：复班军一款。兵部尚书方逢时会同工部复：奉圣旨，班军既议免做工，俱令着五操练，该省抚按官须督率兵备等官，清查旧额。厘革宿弊，各督发正身壮丁，依期赴操。工部将人匠班价等项，着实清查整理，以济工作支费，免致复用班军，庶旧制渐次可复，建白不为虚文。其该寺会收银两，着一月三次行，其余依拟。钦此。

九年，尚书张学颜查得：在京五府七十八卫所官员折俸银两，按季于承运库关支，遇有事故不行还官，扣留本卫，抵下季应支之数，以致迁延不报，侵费不明。题行各府卫掌印官员查将关支俸银，如有事故等项，即行截日扣送太仓库。自万历九年二月为始，以后务照此例，永为遵守。仍行兵部，按月将事故官军姓名年月日查送本部，将告扣过银两，互相稽查，如侵冒者，参奏送问。奉圣旨：是。钦此。

本年总督侍郎胡执礼咨：改放粮日期，以便关防。尚书张学颜题议：行令各卫所监局等衙门，自万历九年三月为始，将粮册比旧早投三日，分发浙江等司，附簿送下粮厅，填给勘合，转送京粮厅，俟二十八日到齐，将六仓十二门，通融先后，六门分前五日，六门分后五日。各置阄帖，令投文委官自阄先后，计其数多寡，某日可放某几卫，各挨日支领，不许同厩军士，同日齐来，亦不许参差失误致滋奸弊。奉圣旨：是。钦此。

臣等谨按：京师积储，若支运四镇，坐拨四门，与夫百司官吏师生之禄，盖已称浩繁焉，姑无论已。而卫所官军、工匠、厨役、仓攒、甲斗，通计之岁用本色粮二百三十六万有奇，即以漕粮四百万石计之，已费其半。而折色俸粮出之内库者，又十九万四千有奇，出之太仓银库者，又四十万四千有奇，冬衣布折银，又八万六千有奇，而本色花不与焉。凡此孰非取诸民，以为养者乎？乃其荫袭升授，或得诸贪缘恩泽之间，已难清核。及至关给，则有或应住而领，或应半而全，或虚名实支，或身已废置，而岁犹带俸，与兼食世官职事之俸者，其弊若蜩攒焉，胡可诘也。而军校厨匠为弊，又数倍甚之，则占役于家，私收月钱，又并其粮取之者，盖积习之相沿久矣。昔宋臣论理财，必先去三冗，今京储耗蠹，正坐于此，能涣然而加之清汰也，于国计岂小补哉。

## 《万历会计录》卷三十八　屯田

甲表107　　　　　　　　　北京锦衣等五十四卫并后军都督府屯田

| 项目 | 总数 | 锦衣卫 | 金吾左卫 | 金吾右卫 | 金吾后卫 |
|---|---|---|---|---|---|
| 原额（亩）[1] | 633851.80 | | | | |
| 现额（亩） | 505285.70[2] | 1270.50 | 23042.70 | 8986.50 | 760.50 |
| 粮（石） | 28002.65 | 44.44 | 541.89 | 551.84 | 63.93 |
| 新增并堪出还官首地银（两） | 21791.23 | 8.85 | 1876.74 | 691.20 | 12.64 |
| 钞（贯） | 56940.00[3] | | 13620.00 | | |
| 内改进乾清宫银(两) | | | | 130.00 | |
| 实该银(两) | | | | 561.20 | |
| 项目 | 义勇右卫 | 义勇前卫 | 义勇后卫 | 忠义右卫 | 忠义前卫 |
| 现额（亩） | 5161.50 | 4528.70 | 1113.70 | 4912.70 | 3100.50 |
| 粮（石） | 554.32 | 383.03 | 48.88 | 286.13 | 218.79 |
| 新增并堪出还官首地银（两） | 214.13 | 92.28 | 381.67 | 128.96 | 93.74 |
| 项目 | 忠义后卫 | 燕山左卫 | 燕山右卫 | 燕山前卫 | 武功左卫 |
| 现额（亩） | 2210.00 | 18070.90 | 7970.00 | 7470.00 | 161.50 |
| 粮（石） | 251.97 | 1452.08 | 584.56 | 677.82 | 8.56 |
| 新增并堪出还官首地银（两） | 23.92 | 1015.24 | 395.46 | 608.32 | 6.74 |
| 钞（贯） | | | 4200.00[4] | | |
| 内改进乾清宫银(两) | | 321.84 | 100.00 | 224.16 | |
| 实该银(两) | | 693.39 | 295.46 | 384.16 | |
| 项目 | 武功右卫 | 武功中卫 | 腾骧左卫 | 腾骧右卫 | 武骧左卫 |
| 现额（亩） | 10538.70 | 2304.10 | 2168.60 | 18112.80 | 1026.90 |
| 粮（石） | 270.10 | 209.14 | 156.92 | 891.00 | 75.29 |
| 新增并堪出还官首地银（两） | 46.46 | 86.27 | 45.34 | 2770.46 | 104.47 |
| 项目 | 武骧右卫 | 永清左卫 | 永清右卫 | 大宁中卫 | 大宁前卫 |
| 现额（亩） | 1305.40 | 24569.30 | 37738.60 | 1106.00 | 2768.90 |
| 粮（石） | 100.68 | 2615.86 | 3525.54 | 102.63 | 176.80 |
| 新增并堪出还官首地银（两） | 45.59 | 1528.78 | 2604.49 | 119.62 | 407.39 |
| 内除慈寿寺开豁粮(石) | | 12.20 | | | |
| 实该粮(石) | | 2603.66 | | | |
| 内改进乾清宫银(两) | | 200.00 | 539.78 | | |
| 慈寿寺开豁银(两) | | 10.62 | | | |
| 内改进慈宁宫银(两) | | 300.00 | | | 50.00 |
| 实该银(两) | | 1018.16 | 2064.71 | | 357.39 |
| 项目 | 神武左卫 | 济州卫 | 济阳卫 | 羽林前卫 | 蔚州左卫 |
| 现额（亩） | 2447.30 | 120347.70 | 11523.10 | 7375.20 | 959.00 |
| 粮（石） | 247.30 | 1310.81 | 620.00 | 396.05 | 64.16 |

[1]原书此处注："粮无考。"
[2]原书此处注："嘉靖四十一年清查数。"
[3]原书此处注："万历七年，屯田御史册报数。"
[4]原书此处注："树株钞。"

|  | | | | | |
|---|---|---|---|---|---|
| 新增并堪出还官首地银（两） | 141.14 | 1631.28 | 698.45 | 1218.49 | 301.92 |
| 钞（贯） | | | | 38220.00 | |
| 内改进乾清宫银(两) | | 413.06 | 150.00 | | |
| 内改进慈宁宫银(两) | | | | 300.00 | 100.00 |
| 内改进慈庆宫银(两) | | | | 96.53 | |
| 实该银（两） | | 1218.22 | 548.45 | 821.96 | 201.92 |
| 项目 | 大兴左卫 | 龙骧卫 | 彭城卫 | 会州卫 | 神策卫 |
| 现额（亩） | 8108.40 | 160.80 | 41813.40 | 1150.60 | 284.00 |
| 粮（石） | 475.90 | 6.51 | 4335.87 | 125.51 | 22.87 |
| 新增并堪出还官首地银（两） | 388.64 | 67.48 | 325.38 | 110.46 | 8.41 |
| 内改进慈宁宫银(两) | 100.00 | | 100.00 | | |
| 实该银（两） | 288.64 | | 225.38 | | |
| 项目 | 富峪卫 | 武成中卫 | 宽河卫 | 骁骑右卫 | 府军右卫 |
| 现额（亩） | 1191.80 | 7798.50 | 2263.20 | | 232.10 |
| 粮（石） | 117.02 | 912.57 | 202.80 | | 20.53 |
| 新增并堪出还官首地银（两） | 204.59 | 215.63 | 160.19 | 14.91 | 0.53 |
| 内改进乾清宫银(两) | 60.18 | | | | |
| 实该银（两） | 144.41 | | | | |
| 项目 | 府军前卫 | 府军后卫 | 留守左卫 | 留守中卫 | 留守后卫 |
| 现额（亩） | 1184.00 | 393.00 | 733.50 | 60.00 | 31.00 |
| 粮（石） | 96.94 | 26.31 | 38.04 | 1.73 | 2.48 |
| 新增并堪出还官首地银（两） | 33.49 | 12.12 | 6.12 | 1.27 | 17.23 |
| 钞（贯） | 900.00 | | | | |
| 项目 | 通州卫 | 长陵卫 | 献陵卫 | 景陵卫 | 裕陵卫 |
| 现额（亩） | 31396.70 | | 3456.50 | 52532.00 | 3429.20 |
| 粮（石） | 1969.26 | | 321.28 | 982.49 | 282.08 |
| 新增并堪出还官首地银（两） | 1290.58 | 36.54 | 113.58 | 475.19 | 77.95 |
| 内改进乾清宫银(两) | 200.49 | | | | |
| 实该银（两） | 1090.09 | | | | |
| 项目 | 茂陵卫 | 泰陵卫 | 康陵卫 | 永陵卫 | 昭陵卫 |
| 现额（亩） | 4627.10 | 903.70 | 1853.60 | 4747.00 | 3029.30 |
| 粮（石） | 355.01 | 105.61 | 220.55 | 460.24 | 282.28 |
| 新增并堪出还官首地银（两） | 283.63 | 119.92 | 135.63 | 150.59 | 57.22 |
| 内改进乾清宫银(两) | 100.00 | | | | |
| 实该银（两） | 183.63 | | | | |
| 项目 | 后军都督府 | | | | |
| 样田（亩） | 853.20 | | | | |
| 粮（石） | 221.18 | | | | |

甲表108　　　　　　　　　　　　北直隶各衙所屯田

| 项目 | 总数 | 通州左卫 | 通州右卫 | 神武中卫 | 定边卫 |
|---|---|---|---|---|---|
| 原额（亩）[1] | 1006425.60 | | | | |
| 现额（亩） | 4367846.10 | 16917.30 | 23722.20 | 16866.00 | 52969.30 |
| 粮（石） | 219781.57 | 952.92 | 998.17 | 1299.95 | 2450.09 |
| 新增并堪出首地银（两） | 40462.72 | 135.46 | 241.65 | 127.25 | 655.34 |
| 秋青草（束） | 221453.00 | | | | |
| 谷草（束） | 187.00 | | | | |
| 项目 | 兴州左屯卫 | 兴州右屯卫 | 兴州中屯卫 | 兴州前屯卫 | 兴州后屯卫 |
| 现额（亩） | 239868.80 | 48735.50 | 91848.70 | 46582.30 | 75365.10 |
| 粮（石） | 5737.27 | 5848.26 | 1698.24 | 5586.88 | 1452.30 |
| 新增并堪出首地银（两） | 313.99 | 436.50 | 1080.59 | 584.27 | 841.12 |
| 秋青草（束） | 9365.00 | 1767.00 | 7212.00 | 8793.00 | 8718.00 |
| 项目 | 密云中卫 | 密云后卫 | 镇朔卫 | 蓟州卫 | 遵化卫 |
| 现额（亩） | 26373.70 | 10950.70 | 57775.00 | 19362.00 | 25598.10 |
| 粮（石） | 3172.21 | 1006.66 | 7002.39 | 2410.12 | 2041.69 |
| 新增并堪出首地银（两） | 322.08 | 30.22 | 99.54 | 114.47 | 128.76 |
| 秋青草（束） | 1878.00 | 456.00 | 3427.00 | 1350.00 | 6402.00 |
| 项目 | 东胜左卫 | 东胜右卫 | 忠义中卫 | 开平中屯卫 | 永平卫 |
| 现额（亩） | 43042.00 | 73006.60 | 85562.00 | 27066.00 | 17812.00 |
| 粮（石） | 4742.13 | 4443.20 | 3531.80 | 2156.57 | 2138.39 |
| 新增并堪出首地银（两） | 613.79 | 592.21 | 241.79 | 107.98 | 441.16 |
| 秋青草（束） | 2025.00 | 11109.00 | 10977.00 | 931.00 | 2031.00 |
| 项目 | 卢龙卫 | 抚宁卫 | 山海卫 | 武清卫 | 逐鹿卫 |
| 现额（亩） | 33975.00 | 48066.80 | 50575.00 | 44095.90 | 56308.20 |
| 粮（石） | 4106.01 | 4020.00 | 6110.76 | 2125.21 | 675.69 |
| 新增并堪出首地银（两） | 435.73 | 218.48 | 599.04 | 307.59 | 675.01 |
| 秋青草（束） | 978.00 | 1720.00 | 715.00 | 119.00 | 4701.00 |
| 项目 | 逐鹿左卫 | 逐鹿中卫 | 河间卫 | 沈阳中屯卫 | 大同中屯卫 |
| 现额（亩） | 74483.20 | 9282.50 | 12683.10 | 10550.50 | 4655.80 |
| 粮（石） | 1376.66 | 976.26 | 1634.18 | 1266.06 | 559.96 |
| 新增并堪出首地银（两） | 630.45 | 832.54 | 925.78 | 466.79 | 322.30 |
| 秋青草（束） | 8371.00 | 6489.00 | 14775.00 | 9450.00 | 3150.00 |
| 花果米(石) | | | | 87.17 | 40.82 |
| 麦(石) | | | | 19.38 | 17.49 |
| 黑豆(石) | | | | | 38.15 |

[1]原书此处注："粮无考。"

| 项目 | 天津卫 | 天津左卫 | 天津右卫 | 保定左卫 | 保定右卫 |
|---|---|---|---|---|---|
| 现额（亩） | 38990.00 | 27486.00 | 27711.80 | 57073.40 | 73498.40 |
| 粮（石） | 4456.84 | 3079.83 | 3517.66 | 1071.14 | 1638.24 |
| 新增并堪出首地银（两） | 871.18 | 460.01 | 439.56 | 722.20 | 856.90 |
| 秋青草（束） | | | | 3963.00 | 5203.00 |
| 项目 | 保定中卫 | 保定前卫 | 保定后卫 | 茂山卫 | 真定卫 |
| 现额（亩） | 112979.70 | 77644.30 | 69919.00 | 129511.00 | 570188.10 |
| 粮（石） | 4254.33 | 3650.14 | 1668.24 | 2421.69 | 7689.80 |
| 新增并堪出首地银（两） | 1346.73 | 718.12 | 856.05 | 1717.14 | 4048.03 |
| 秋青草（束） | 6137.00 | 4484.00 | 5777.00 | 5670.00 | 9332.00 |
| 项目 | 神武右卫 | 定州卫 | 德州卫 | 德州左卫 | 宁山卫 |
| 现额（亩） | 152369.00 | 124408.60 | 86800.30 | 74848.50 | 629002.60 |
| 粮（石） | 5020.12 | 3816.28 | 3716.94 | 4771.56 | 37395.68 |
| 新增并堪出首地银（两） | 1059.70 | 1393.51 | 2903.61 | 1809.16 | |
| 秋青草（束） | 8349.00 | 10002.00 | 9914.00 | 11430.00 | |
| 项目 | 潼关卫 | 延庆卫 | 营州左屯卫 | 营州右屯卫 | 营州中屯卫 |
| 现额（亩） | 308480.30 | 60243.90 | 9673.60 | 16406.00 | 2702.40 |
| 粮（石） | 19079.06 | | 764.66 | 1968.72 | 324.28 |
| 新增并堪出首地银（两） | 1260.19[1] | 2659.59[2] | 63.13 | 101.90 | 12.73 |
| 秋青草（束） | | | 1404.00 | 2511.00 | 2238.00 |
| 项目 | 营州前屯卫 | 营州后屯卫 | 梁城守御千户所 | 沧州守御千户所 | 宽河守御千户所 |
| 现额（亩） | 15407.20 | 10974.50 | 7189.70 | 6880.00 | 8943.80 |
| 粮（石） | 1828.51 | 447.58 | 456.00 | 813.63 | 853.85 |
| 新增并堪出首地银（两） | 445.83 | 94.24 | 2865.92 | 160.45 | 103.22 |
| 秋青草（束） | 3168.00 | 2295.00 | | | 1000.00 |
| 内改进乾清宫银（两） | | | 1027.07 | | |
| 实该银(两) | | | 1838.85 | | |
| 项目 | 武定守御千户所 | 平定守御千户所 | 蒲州守御千户所 | 广昌守御千户所 | 紫荆守御千户所 |
| 现额（亩） | 9644.20 | 81602.00 | 53920.00 | 43988.30 | 23198.80 |
| 粮（石） | 958.70 | 1465.25 | 3781.50 | 3135.65 | 1067.88 |
| 新增并堪出首地银（两） | 216.29 | 537.79 | 5.08 | 17.55 | 190.75 |
| 秋青草（束） | | | | | 1666.00 |
| 谷草（束） | | | | 187.00 | |

---

[1]原书此处注："折色粮并新增地银。"
[2]原书此处注："折色粮并新增马草等银。"

| 项目 | 马兰谷营 | 罗文谷等 | 大安口等 | 宽佃谷等 | 黄崖口等 |
|---|---|---|---|---|---|
| | | 关营 | 关营 | 关营 | 关营 |
| 现额（亩） | 1136.00 | 4649.00 | 5189.80 | 503.00 | 5371.30 |
| 粮（石） | 212.64 | 562.97 | 551.10 | 56.98 | 675.64 |
| 新增并堪出首地银（两） | | | 3.00 | | |
| 项目 | 将军石等关营 | 镇房营 | 三屯营 | 建昌营 | 太平寨 |
| 现额（亩） | 5191.40 | 2518.50 | 4491.00 | 3084.00 | 2081.00 |
| 粮（石） | 487.75 | 287.80 | 482.55 | 426.00 | 291.62 |
| 新增并堪出首地银（两） | | | | | 1.80 |
| 项目 | 擦崖子等关营 | 龙井儿关营 | 榆林岭等关营 | 大喜峰口（今改李家谷） | 洪山口等关 |
| 现额（亩） | 10779.00 | 2552.40 | 1412.00 | 5264.20 | 2679.00 |
| 粮（石） | 713.77 | 249.82 | 153.22 | 404.47 | 325.98 |
| | 燕河营 | 桃林口等关 | 界岭口等关 | 青山口等关 | 冷口关 |
| 现额（亩） | 3420.00 | 7059.00 | 6098.00 | 7025.00 | 7750.00 |
| 粮（石） | 482.00 | 1053.44 | 424.41 | 873.18 | 1094.35 |
| 项目 | 黄家口关 | 石门寨营 | 一片石（今改黄土岭） | 大毛山口等关 | 义院口等关 |
| 现额（亩） | 2050.00 | 1685.00 | 4940.00 | 4816.10 | 4240.00 |
| 粮（石） | 200.76 | 262.00 | 697.47 | 550.86 | 384.60 |
| 项目 | 南海口等关 | 赤洋海口营 | 台头营 | 牛头崖海口营 | |
| 现额（亩） | 2100.00 | 450.00 | 3075.00 | 450.00 | |
| 粮（石） | 282.00 | 58.32 | 640.44 | 58.32 | |

[1]

## 甲表109　　南京锦衣等四十二卫屯田

| 项目 | 总数 | 锦衣卫 | 旗手卫 | 府军卫 | 府军左卫 | 府军右卫 |
|---|---|---|---|---|---|---|
| 原额（亩） | 936879.30 | | | | | |
| 粮（石） | 129713.00 | | | | | |
| 现额（亩） | 2269666.30 | 110957.50 | 13288.50 | 6256.60 | 43922.90 | 6864.10 |
| 粮（石） | 151525.75 | 8697.56 | 973.78 | 425.61 | 3093.49 | 486.08 |
| 银（两） | 10266.48 | 569.71 | 26.03 | 24.99 | 117.50 | 16.11 |
| 项目 | 府军后卫 | 留守左卫 | 留守右卫 | 留守中卫 | 留守前卫 | 留守后卫 |
| 现额（亩） | 19976.80 | 19228.50 | 22780.00 | 11324.80 | 34936.40 | 12556.40 |
| 粮（石） | 1055.53 | 1677.35 | 2102.48 | 941.66 | 2955.21 | 950.80 |
| 银（两） | 156.12 | 58.94 | 30.51 | 12.13 | 91.07 | 39.85 |
| 项目 | 羽林左卫 | 羽林右卫 | 金吾前卫 | 金吾后卫 | 水军左卫 | 水军右卫 |
| 现额（亩） | 14334.00 | 25977.10 | 8838.90 | 3857.90 | 118170.80 | 81381.90 |
| 粮（石） | 854.84 | 1551.40 | 477.96 | 109.04 | 8124.19 | 6151.83 |
| 银（两） | 41.25 | 125.36 | 35.85 | 52.57 | 300.61 | 242.69 |
| 项目 | 龙江左卫 | 龙江右卫 | 虎贲左卫 | 虎贲右卫 | 豹韬卫 | 豹韬左卫 |
| 现额（亩） | 180149.70 | 59423.30 | 53368.60 | 60494.50 | 21591.60 | 17000.40 |
| 粮（石） | 12226.01 | 2896.83 | 2916.63 | 4307.48 | 1925.85 | 1881.72 |

[1] 原书此处注："以上各关营屯田，嘉靖四十一年清查数；屯粮，万历七年屯田御史册报数。"

| 银（两） | 799.13 | 123.61 | 208.07 | 245.10 | 30.29 | 23.68 |
|---|---|---|---|---|---|---|
| 项目 | 广洋卫 | 江阴卫 | 龙虎左卫 | 兴武卫 | 镇南卫 | 鹰扬卫 |
| 现额（亩） | 131743.90 | 84292.20 | 27240.80 | 88974.10 | 87822.00 | 46147.90 |
| 粮（石） | 8807.12 | 5754.94 | 2638.15 | 5260.74 | 7048.38 | 3253.36 |
| 银（两） | 687.39 | 327.58 | 42.02 | 443.20 | 103.48 | 82.37 |
| 项目 | 骁骑右卫 | 天策卫 | 神策卫 | 龙骧卫 | 应天卫 | 和阳卫 |
| 现额（亩） | 40323.70 | 86101.90 | 16384.10 | 54964.60 | 59762.50 | 97101.20 |
| 粮（石） | 2078.39 | 5174.53 | 1163.55 | 4041.83 | 3396.57 | 6230.26 |
| 银（两） | 285.66 | 579.35 | 68.75 | 253.60 | 413.69 | 517.90 |
| 项目 | 横海卫 | 武德卫 | 龙虎卫 | 沈阳右卫 | 飞熊卫 | 广武卫 |
| 现额（亩） | 136983.60 | 13347.90 | 11498.70 | 33881.10 | 85491.60 | 130484.30 |
| 粮（石） | 9391.11 | 724.86 | 861.07 | 2978.28 | 5288.84 | 5975.30 |
| 银（两） | 397.04 | 85.28 | 67.05 | 86.19 | 583.69 | 1206.96 |
| 项目 | 英武卫 | | | | | |
| 现额（亩） | 90443.50 | | | | | |
| 粮（石） | 4679.92 | | | | | |
| 银（两） | 663.93 | | | | | |

## 甲表 110　　　　南直隶各卫所屯田

| 项目 | 总数 | 凤阳卫 | 凤阳右卫 | 凤阳中卫 | 留守左卫 | 留守中卫 |
|---|---|---|---|---|---|---|
| 原额（亩）[1] | 2704104.80 | | | | | |
| 现额（亩） | 4881836.10 | 90672.10 | 97393.00 | 43356.80 | 104468.20 | 75646.40 |
| 粮（石） | 427437.52 | 7156.01 | 5689.21 | 4438.07 | 6720.34 | 6748.85 |
| 银（两） | 6.37 | | | | | |
| 项目 | 皇陵卫 | 怀远卫 | 长淮卫 | 洪塘守御千户所 | 寿州卫 | 泗州卫 |
| 现额（亩） | 268321.70 | 79247.40 | 47716.50 | 38490.00 | 201387.30 | 222515.00 |
| 粮（石） | 23115.99 | 5888.79 | 3536.91 | 4143.24 | 18228.00 | 25380.80 |
| 项目 | 宿州卫 | 庐州卫 | 六安卫 | 淮安卫 | 大河卫 | 邳州卫 |
| 现额（亩） | 176105.10 | 183240.20 | 205000.80 | 71790.00 | 96970.00 | 73600.00 |
| 粮（石） | 17610.60 | 10540.43 | 13315.95 | 10950.00 | 14694.00 | 8832.00 |
| 项目 | 海州守御千户所 | 盐城守御千户所 | 扬州卫 | 高邮卫 | 仪真卫 | 泰州守御千户所 |
| 现额（亩） | 14435.80 | 37201.10 | 55069.50 | 113512.00 | 190481.90 | 187.50 |
| 粮（石） | 2100.00 | 2100.00 | 9781.18 | 9760.15 | 11428.91 | 672.00 |
| 银（两） | 6.37 | | | | | |
| 项目 | 兴化守御千户所 | 通州守御千户所 | 苏州卫 | 镇海卫 | 太仓卫 | 嘉兴守御千户所 |
| 现额（亩） | 10500.00 | 3228.40 | 34986.10 | 21150.70 | 25995.50 | |
| 粮（石） | 2100.00 | 677.60 | 9298.32 | 5919.73 | 7599.75 | 1695.20 |
| 项目 | 吴淞江守御千户所 | 刘河堡守御千户所 | 金山卫 | 松江守御千户所 | 青村守御千户所 | 南汇嘴守御千户所 |
| 现额（亩） | 279.40 | | 12788.00 | 16104.00 | 3196.00 | 3196.00 |
| 粮（石） | 9.61 | 1340.26 | 3744.00 | 3612.00 | 936.00 | 936.00 |
| 项目 | 镇江卫 | 徐州左卫 | 武平卫 | 归德卫 | 汝宁守御 | 颍川卫 |

---

[1] 原书此处注："粮无考。"

792

| | | | | 千户所 | |
|---|---|---|---|---|---|
| 现额（亩） | 117552.30 | 103335.00 | 438500.00 | 398600.00 | 83900.00 | 448000.00 |
| 粮（石） | [1] | 2167.97 | 26310.00 | 23916.00[2] | 5034.00[3] | 26880.00 |

## 甲表 111　　　　　　　　　　浙江等都司屯田

| | | | | | |
|---|---|---|---|---|---|
| 浙江都司 | | | | | |
| 项目 | 总数 | 杭州前卫 | 杭州右卫 | 海宁卫 | 宁波卫 |
| 原额（亩）[4] | 227419.60 | | | | |
| 现额（亩）[5] | 239060.90 | 37613.90 | 41085.30 | 15270.00 | 1330.80 |
| 粮（石） | 68296.35 | 10039.18 | 11204.13 | 6150.54 | 413.76 |
| 项目 | 昌国卫 | 台州卫 | 松门卫 | 海门卫 | 温州卫 |
| 现额（亩） | 12721.50 | 33620.40 | 2413.00 | 5162.40 | 32923.00 |
| 粮（石） | 2214.38 | 8367.46 | 800.67 | 1489.79 | 13960.50 |
| 项目 | 金乡卫 | 湖州守御千户所 | 衢州守御千户所 | 严州守御千户所 | |
| 现额（亩） | 9938.50 | 7949.30 | 13221.60 | 25810.80 | |
| 粮（石） | 2216.41 | 2265.55 | 3498.59 | 5675.33 | |
| 江西都司 | | | | | |
| 项目 | 总数 | 南昌卫 | 袁州卫 | 赣州卫 | 吉安守御千户所 |
| 原额（亩）[6] | 562341.20 | | | | |
| 现额（亩） | 547138.40 | 160696.00 | 25017.80 | 117420.00 | 11206.50 |
| 粮（石） | 101546.42 | 29146.04 | 4997.71 | 19934.46 | 2241.31 |
| 项目 | 安福守御千户所 | 永新守御千户所 | 抚州守御千户所 | 建昌守御千户所 | 广信守御千户所 |
| 现额（亩） | 13171.60 | 12889.20 | 39565.50 | 11647.50 | 22692.60 |
| 粮（石） | 3416.00 | 3582.00 | 6688.89 | 2462.44 | 4407.83 |
| 项目 | 铅山守御千户所 | 饶州守御千户所 | 南安守御千户所 | 会昌守御千户所 | 信丰守御千户所 |
| 现额（亩） | 24420.00 | 31032.00 | 25800.00 | 22790.00 | 26910.00 |
| 粮（石） | 4884.00 | 5749.16 | 4190.26 | 4558.00 | 4911.73 |
| 项目 | 龙泉守御千户所 | | | | |
| 现额（亩） | 1879.30 | | | | |
| 粮（石） | 384.33 | | | | |
| 湖广都留行三司 | | | | | |
| 项目 | 总数 | 都司所辖卫所[7] | 武昌卫 | 武昌左卫 | 黄州卫 |
| 原额（亩）[8] | 1131525.00 | | | | |
| 现额（亩） | 5074972.60 | 2791089.10 | 168680.30 | 129872.80 | 74789.20 |
| 粮（石） | 387545.44 | 249966.39 | 18666.14 | 15244.14 | 8528.15 |

---

[1]原书此处注："原书缺第四十一页。"
[2]原书此处注："卫属河南田坐直隶地方，两处互载。"
[3]原书此处注："所属河南田坐直隶地方，两处互载。"
[4]原书此处注："粮无考。"
[5]原书此处注："屯田并地山园池荡兜溇潭塘滩沟。"
[6]原书此处注："粮无考。"
[7]原书此处注："旧额并新增。"
[8]原书此处注："粮无考。"

| 项目 | 蕲州卫 | 施州卫 | 岳州卫 | 九溪卫 | 永定卫 |
|---|---|---|---|---|---|
| 现额（亩） | 63650.20 | 21231.70 | 68394.30 | 146725.00 | 146725.00 |
| 粮（石） | 7569.87 | 2123.17 | 8193.36 | 7016.02 | 5168.00 |
| 项目 | 长沙卫 | 茶陵卫 | 宝庆卫 | 衡州卫 | 永州卫 |
| 现额（亩） | 142854.00 | 143997.60 | 88011.00 | 159594.30 | 140267.60 |
| 粮（石） | 15488.62 | 15097.90 | 10705.27 | 14314.08 | 14644.90 |
| 项目 | 宁远卫 | 辰州卫 | 沅州卫 | 平溪卫 | 清浪卫 |
| 现额（亩） | 307074.00 | 103391.90 | 70557.50 | 25661.00 | 38941.20 |
| 粮（石） | 4268.42 | 12416.26 | 8421.16 | 3853.09 | 4576.69 |
| 项目 | 偏桥卫 | 镇远卫 | 常德卫 | 靖州卫 | 铜鼓卫 |
| 现额（亩） | 28224.40 | 20878.80 | 100735.80 | 29411.00 | 35475.00 |
| 粮（石） | 3793.52 | 2512.45 | 12795.04 | 3537.74 | 4657.55 |
| 项目 | 五开卫 | 澧州守御千户所 | 东安守御千户所 | 大庸千户所 | 安福千户所 |
| 现额（亩） | 125140.30 | 26695.20 | 4670.30 | 17599.00 | 32019.50 |
| 粮（石） | 16598.78 | 3062.12 | 500.00 | 993.37 | 2143.35 |
| 项目 | 大田军民千户所 | 武冈州守御千户所 | 城步守御千户所 | 长宁中千户所 | 桂阳守御千户所 |
| 现额（亩） | 15560.00 | 104189.50 | 7043.20 | 79256.00 | 5241.80 |
| 粮（石） | 1556.00 | 2127.68 | 842.12 | 3406.69 | 761.90 |
| 项目 | 宁溪守御千户所 | 锦田前千户所 | 枇杷守御千户所 | 桃川守御千户所 | 宁远左千户所 |
| 现额（亩） | 9665.80 | 8371.50 | 9469.40 | 17061.30 | 8968.40 |
| 粮（石） | 1162.64 | 909.66 | 1125.52 | 2024.73 | 1076.21 |
| 项目 | 江华守御千户所 | 郴州守御千户所 | 广安守御千户所 | 宜章守御千户所 | 天柱守御千户所 |
| 现额（亩） | 5980.70 | 24981.20 | 5073.40 | 16031.60 | 7774.80 |
| 粮（石） | 630.07 | 2998.89 | 584.75 | 2291.29 | 930.00 |
| 内除被苗占种米（石） | | | | | 256.84 |
| 实征米（石） | | | | | 673.16 |
| 项目 | 汶溪千户所 | 留守司所辖卫所 | 显陵卫 | 承天卫 | 沔阳卫 |
| 现额（亩） | 5150.00 | 368126.70[1] | 97750.70 | 88288.00 | 98955.70 |
| 粮（石） | 648.90 | 42630.63 | 11731.09 | 10594.56 | 11728.32 |
| 项目 | 德安守御户所 | 随州二百户所 | 行都司所辖卫所 | 荆州卫 | 荆州右卫 |
| 现额（亩） | 71358.40 | 11773.80 | 1915756.60[2] | 198917.80 | 256205.30 |
| 粮（石） | 7169.10 | 1407.49 | 94948.47 | 10905.07 | 24642.97 |
| 项目 | 瞿塘卫 | 郧阳卫 | 襄阳卫 | 长宁守御千户所 | 夷陵守御千户所 |
| 现额（亩） | 34649.40 | 199864.80 | 851371.40 | 29594.60 | 36567.40 |
| 粮（石） | 4009.58 | 4358.67 | 22361.71 | 1966.82 | 4229.03 |
| 项目 | 远安守御千户所 | 枝江守御千户所 | 忠州守御千户所 | 房县守御千户所 | 均州守御千户所 |
| 现额（亩） | 6740.80 | 49398.90 | 41435.60 | 16877.10 | 66715.20 |
| 粮（石） | 815.68 | 5580.64 | 2930.40 | 2237.94 | 5550.87 |
| 项目 | 竹山守御千户所 | | | | |
| 现额（亩） | 127417.70 | | | | |
| 粮（石） | 5359.02 | | | | |

[1] 原书此处注："旧额并新增。"
[2] 原书此处注："旧额并新增。"

| 福建都、行二司 | | | | |
|---|---|---|---|---|
| 项目 | 总数 | 福州左卫 | 福州右卫 | 福州中卫 | 镇东卫 |
| 原额（亩）[1] | 538137.00 | | | | |
| 现额（亩） | 869322.30 | 122612.00 | 110037.90 | 97253.50 | 52295.10 |
| 粮（石） | 151804.91 | 20239.67 | 19311.51 | 15444.09 | 10490.00 |
| 项目 | 兴化卫 | 平海卫 | 泉州卫 | 永宁卫 | 福泉守御千户所 |
| 现额（亩） | 68947.20 | 16582.10 | 87098.30 | 20363.40 | 4964.30 |
| 粮（石） | 12484.32 | 2966.00 | 8528.49 | 4073.69 | 1042.20 |
| 项目 | 金门守御千户所 | 高浦守御千户所 | 崇武守御千户所 | 漳州卫 | 镇海卫 |
| 现额（亩） | 2326.20 | 5997.30 | 6026.30 | 44880.70 | 6490.10 |
| 粮（石） | 480.00 | 1212.00 | 1085.26 | 8937.37 | 1284.00 |
| 项目 | 铜山守御千户所 | 玄锺守御千户所 | 陆鳌守御千户所 | 福宁卫 | 延平卫 |
| 现额（亩） | 1833.40 | 1805.20 | 1304.70 | 29873.40 | 58712.50 |
| 粮（石） | 348.00 | 252.00 | 252.00 | 6061.28 | 11742.51 |
| 项目 | 永安守御千户所 | 将乐守御千户所 | 建宁左卫 | 建宁右卫 | 邵武卫 |
| 现额（亩） | 3719.50 | 8100.00 | 50705.70 | 45972.20 | 15231.50 |
| 粮（石） | 750.00 | 1622.64 | 9571.69 | 9040.25 | 3076.29 |
| 项目 | 汀洲卫 | 武平守御千户所 | | | |
| 现额（亩） | 5379.20 | 810.00 | | | |
| 粮（石） | 1306.60 | 203.00 | | | |
| 山东都司 | | | | |
| 项目 | 总数 | 济南卫 | 济宁卫 | 任城卫 | 平山卫 |
| 原额（亩）[2] | 206000.00 | | | | |
| 现额（亩） | 1848749.20 | 42948.30 | 105438.80 | 43483.40 | 178148.00 |
| 粮（石） | 80348.46 | 5153.79 | 3065.19 | 5268.01 | 7312.63 |
| 项目 | 东昌卫 | 临清卫 | 青州左卫 | 安东卫 | 莱州卫 |
| 现额（亩） | 90850.00 | 66809.30 | 27150.00 | 58800.00 | 152800.00 |
| 粮（石） | 5649.27 | 8017.11 | 3258.00 | 1764.00 | 3834.24 |
| 项目 | 灵山卫 | 鳌山卫 | 登州卫 | 大嵩卫 | 宁海卫 |
| 现额（亩） | 31018.90 | 8800.00 | 18250.00 | 100800.00 | 178684.00 |
| 粮（石） | 1716.00 | 1683.00 | 2202.00 | 2022.00 | 1547.50 |
| 项目 | 威海卫 | 靖海卫 | 成山卫 | 肥城守御千户所 | 滕县守御千户所 |
| 现额（亩） | 100800.00 | 100800.00 | 8700.00 | 20049.50 | 68218.30 |
| 粮（石） | 894.00 | 1425.00 | 1044.00 | 1809.67 | 1152.00 |
| 项目 | 濮州备御千户所 | 东平守御千户所 | 诸城守御千户所 | 胶州守御千户所 | 雄崖守御千户所 |
| 现额（亩） | 31695.00 | 9029.00 | 4800.00 | 8932.50 | 39200.00 |
| 粮（石） | 1902.62 | 1083.48 | 576.00 | 799.37 | 708.00 |
| 项目 | 海阳守御千户所 | 金山备御千户所 | 奇山守御千户所 | 宁津守御千户所 | 德州卫 |
| 现额（亩） | 33600.00 | 36331.00 | 6750.00 | 5378.40 | 30974.50 |
| 粮（石） | 623.00 | 309.00 | 810.00 | 648.00 | 3716.94[3] |

---

[1]原书此处注："粮无考。"
[2]原书此处注："粮无考。"
[3]原书此处注："卫属本省，田坐北直隶地方，两处互载。"

| 项目 | 德州左卫 | 沂州卫 | 武定守御千户所 | 莒州守御千户所 | |
|---|---|---|---|---|---|
| 现额（亩） | 39763.00 | 183531.80 | 7989.20 | 8226.00 | |
| 粮（石） | 4771.56[1] | 3637.20 | 958.70[2] | 987.12 | |

| 河南都司 | | | | | |
|---|---|---|---|---|---|
| 项目 | 总数 | 宣武卫 | 睢阳卫 | 怀庆卫 | 归德卫 |
| 原额（亩）[3] | 3639017.30 | | | | |
| 现额（亩） | 5559823.40 | 147245.90 | 518793.00 | 203486.50 | 398600.00 |
| 粮（石） | 333589.40 | 8834.75 | 31127.58 | 12209.19 | 23916.00 |
| 项目 | 陈州卫 | 潼关卫 | 彰德卫 | 弘农卫 | 信阳卫 |
| 现额（亩） | 623951.00 | 265095.50 | 260493.00 | 154911.00 | 579918.00 |
| 粮（石） | 37437.06 | 15905.73 | 15629.58 | 9294.66 | 34795.08 |
| 项目 | 南阳卫 | 南阳中护卫 | 河南卫 | 颍川卫 | 汝州卫 |
| 现额（亩） | 282679.20 | 286231.40 | 340258.90 | 573300.00 | 131800.00 |
| 粮（石） | 16960.75 | 17173.88 | 20415.53 | 34398.00[4] | 7908.00 |
| 项目 | 卫辉守御千户所 | 嵩县守御千户所 | 唐县守御千户所 | 邓州守御千户所 | 林县守御千户所 |
| 现额（亩） | 79940.10 | 80000.00 | 136044.60 | 107160.00 | 67012.00 |
| 粮（石） | 4796.40 | 4800.00 | 8162.68 | 6429.60 | 4020.72 |
| 项目 | 汝宁守御千户所 | 赵府群牧千户所 | 颍上守御千户所 | 永宁守御千户所 | 卢氏守御千户所 |
| 现额（亩） | 83814.00 | 77700.00 | 140489.00 | 16000.00 | 4900.00 |
| 粮（石） | 5028.84 | 4662.00 | 8429.34 | 960.00 | 294.00 |

| 广东都司 | | | | | |
|---|---|---|---|---|---|
| 项目 | 总数 | 广州左卫 | 广州右卫 | 广州前卫 | 广州后卫 |
| 原额（亩）[5] | 700233.70 | | | | |
| 现额（亩） | 633879.80 | 14064.00 | 28066.80 | 28541.30 | 24796.70 |
| 粮（石） | 150129.47 | 3896.45 | 8416.09 | 8481.90 | 7431.01 |
| 项目 | 清远卫 | 广海卫 | 南海卫 | 东莞守御千户所 | 大鹏守御千户所 |
| 现额（亩） | 59475.80 | 19158.60 | 22621.50 | 4480.00 | 4480.00 |
| 粮（石） | 8375.84 | 5388.23 | 6843.34 | 1344.00 | 1340.70 |
| 项目 | 增城守御千户所 | 从化守御千户所 | 新宁守御千户所 | 新会守御千户所 | 连州守御千户所 |
| 现额（亩） | 8729.00 | 19187.50 | 6773.80 | 8400.00 | 10405.60 |
| 粮（石） | 2431.20 | 3312.57 | 2018.16 | 2016.00 | 2153.37 |
| 项目 | 香山守御千户所 | 韶州守御千户所 | 南雄守御千户所 | 惠州卫 | 河源守御千户所 |
| 现额（亩） | 4675.40 | 8085.20 | 9910.80 | 38317.80 | 11354.50 |
| 粮（石） | 1402.63 | 2422.96 | 3013.40 | 9297.19 | 3089.10 |
| 项目 | 龙川守御千户所 | 长乐守御千户所 | 碣石卫 | 甲子门守御千户所 | 海丰守御千户所 |
| 现额（亩） | 16036.60 | 10627.70 | 18063.20 | 2664.00 | 5710.00 |
| 粮（石） | 3367.50 | 2922.74 | 5421.54 | 500.00 | 1422.00 |
| 项目 | 平海守御 | 捷胜守御 | 潮州卫 | 澄海守御 | 蓬州守御 |

[1] 原书此处注："卫属本省，田坐北直隶地方，两处互载。"
[2] 原书此处注："所属本省，田坐北直隶地方，两处互载。"
[3] 原书此处注："粮无考。"
[4] 原书此处注："卫属直隶，田坐本省地方，两处互载。"
[5] 原书此处注："粮无考。"

| 项目 | 千户所 | 千户所 | | 千户所 | 千户所 |
|---|---|---|---|---|---|
| 现额（亩） | 4446.90 | 4220.00 | 21044.00 | 4737.30 | 4150.00 |
| 粮（石） | 931.20 | 1139.70 | 3508.89 | 594.26 | 1141.60 |

| 项目 | 海门守御千户所 | 靖海守御千户所 | 大城守御千户所 | 程乡守御千户所 | 肇庆卫 |
|---|---|---|---|---|---|
| 现额（亩） | 4360.00 | 3224.00 | 1236.30 | 6720.00 | 44563.30 |
| 粮（石） | 988.89 | 967.49 | 267.26 | 1971.05 | 7544.65 |
| 项目 | 德庆守御千户所 | 新兴守御千户所 | 广宁守御千户所 | 阳江守御千户所 | 双鱼守御千户所 |
| 现额（亩） | 6703.20 | 8269.70 | 11944.40 | 9260.00 | 3309.40 |
| 粮（石） | 1675.82 | 1944.69 | 1862.70 | 1466.25 | 793.68 |
| 项目 | 海朗守御千户所 | 阳春守御千户所 | 神电卫 | 高州守御千户所 | 宁川守御千户所 |
| 现额（亩） | 2281.10 | 4320.00 | 7345.90 | 1820.00 | 3640.00 |
| 粮（石） | 385.73 | 1296.00 | 2061.00 | 546.00 | 1092.00 |
| 项目 | 雷州卫 | 锦囊守御千户所 | 乐民守御千户所 | 海康守御千户所 | 海安守御千户所 |
| 现额（亩） | 25099.20 | 3660.00 | 4430.70 | 4180.00 | 4056.00 |
| 粮（石） | 4136.99 | 501.00 | 811.07 | 558.00 | 594.60 |
| 项目 | 海南卫 | 清澜守御千户所 | 万州守御千户所 | 南山守御千户所 | 儋州守御千户所 |
| 现额（亩） | 22817.20 | 4585.50 | 4840.00 | 4480.00 | 4540.00 |
| 粮（石） | 6845.18 | 1347.38 | 1452.00 | 1344.00 | 1362.00 |
| 项目 | 昌化守御千户所 | 崖州守御千户所 | | | |
| 现额（亩） | 4480.00 | 4487.70 | | | |
| 粮（石） | 1344.00 | 1346.33 | | | |

| 广西都司 | | | | | |
|---|---|---|---|---|---|
| 项目 | 总数 | 内除民里征收及荒刬停征田 | 实在屯田 | 桂林中卫 | 桂林右卫 |
| 原额（亩）[1] | 51340.00 | | | | |
| 现额（亩） | 461034.60 | 169697.50 | 291337.00 | 24837.90 | 20822.20 |
| 粮（石） | 55054.34 | 20358.90 | 34695.44 | 2980.54 | 2498.67 |
| 项目 | 护卫屯 | 全州守御千户所 | 灌阳守御千户所 | 柳州卫 | 南丹卫 |
| 现额（亩） | 32186.60 | 4993.40 | 3600.00 | 6572.40 | 7718.80 |
| 粮（石） | 3862.40 | 599.21 | 432.00 | 788.69 | 926.25 |
| 项目 | 融县守御千户所 | 来宾守御千户所 | 象州守御千户所 | 武宣守御千户所 | 宾州守御千户所 |
| 现额（亩） | 2500.00 | 4282.00 | 4402.50 | 1714.00 | 1891.60 |
| 粮（石） | 30.00 | 513.84 | 528.30 | 205.68 | 226.99 |
| 项目 | 迁江守御千户所 | 庆远卫 | 河池守御千户所 | 平乐守御千户所 | 富川守御千户所 |
| 现额（亩） | 3328.20 | 6164.30 | 9482.10 | 5032.70 | 19077.50 |
| 粮（石） | 399.39 | 739.72 | 1137.86 | 603.92 | 2289.30 |
| 项目 | 贺县守御千户所 | 梧州守御千户所 | 容县守御千户所 | 怀集守御千户所 | 郁林守御千户所 |
| 现额（亩） | 2398.90 | 14012.50 | 2842.50 | 18442.10 | 3404.60 |
| 粮（石） | 287.87 | 1686.30 | 341.11 | 2213.05 | 408.57 |
| 项目 | 浔州卫 | 奉议卫 | 贵县守御 | 向武守御 | 南宁卫 |

---

[1]原书此处注："粮无考。"

| 项目 | | | 千户所 | 千户所 | |
|---|---|---|---|---|---|
| 现额（亩） | 12225.80 | 6433.90 | 5636.90 | 1039.00 | 21802.50 |
| 粮（石） | 1467.10 | 772.06 | 676.43 | 124.68 | 2616.30 |
| 项目 | 驯象卫 | 武缘守御千户所 | 太平守御千户所 | 北流县民佃 | 陆川县民佃 |
| 现额（亩） | 22809.60 | 11748.50 | 3511.80 | 2509.30 | 1144.20 |
| 粮（石） | 2737.15 | 1409.82 | 421.42 | 301.11 | 137.30 |
| 项目 | 兴业县民佃 | | | | |
| 现额（亩） | 2767.10 | | | | |
| 粮（石） | 332.06 | | | | |
| 四川都行二司 | | | | | |
| 项目 | 总数 | 成都右卫 | 成都中卫 | 成都前卫 | 成都后卫 |
| 原额（亩）[1] | 65954526.70 | | | | |
| 现额（亩）[2] | 4880410.30 | 403812.80 | 419713.20 | 447923.00 | 353214.40 |
| 花园仓基（所） | 1938.00 | 144.00 | 285.00 | 244.00 | 200.00 |
| 粮（石） | 294339.49 | 24364.31 | 25460.54 | 27077.85 | 21388.50 |
| 项目 | 重庆卫 | 宁川卫 | 茂州卫 | 叙南卫 | 建武所 |
| 现额（亩） | 191302.60 | 376812.50 | 305402.20 | 152615.80[3] | 176123.30 |
| 花园仓基（所） | | 200.00 | 142.00 | | |
| 粮（石） | 11478.67 | 22770.75 | 18522.19 | 9159.96[4] | 10571.82 |
| 项目 | 泸州卫 | 松潘卫 | 利州卫 | 青川卫 | 保宁守御千户所 |
| 现额（亩） | 167108.20[5] | 92318.70 | 325614.30 | 37509.10 | 96508.40 |
| 花园仓基（所） | | | 207.00 | 15.00 | 59.00 |
| 粮（石） | 10028.05[6] | 5542.67 | 19651.10 | 2270.37 | 5871.54 |
| 项目 | 威州守御千户所 | 雅州守御千户所 | 大渡河守御千户所 | 黔江守御千户所 | 叠溪守御千户所 |
| 现额（亩） | 27117.80 | 42219.00 | 40216.30 | 21302.50 | 28512.00 |
| 花园仓基（所） | | 32.00 | | | |
| 粮（石） | 1640.84 | 2549.46 | 2416.07 | 1278.62 | 1713.00 |
| 项目 | 广安守御千户所 | 灌县守御千户所 | 小河守御千户所 | 建昌卫 | 会川卫 |
| 现额（亩） | 69010.80 | 88818.80 | 95321.80 | 371611.00 | 169000.00 |
| 花园仓基（所） | 307.00 | 69.00 | 25.00 | | |
| 粮（石） | 4203.48 | 5369.83 | 5749.77 | 22299.00 | 10140.00 |
| 项目 | 盐井卫 | 宁番卫 | 越嶲卫 | | |
| 现额（亩） | 137400.00 | 190511.00 | 52400.00 | | |
| 粮（石） | 8244.00 | 11433.00 | 3144.00 | | |
| 山西都司 | | | | | |
| 项目 | 总数 | 山西镇 | 太原左卫 | 太原右卫 | 太原前卫 |
| 原额（亩）[1] | 1296308.50 | | | | |

---

[1]原书此处注："粮无考。"

[2]原书中，四川都行二司见额屯田数中，田亩单位："顷"均误作"分"，今改正为"顷"。

[3]原书注明：除割拨建武所21212.7亩外，实在田152615.8亩。

[4]原书注明：粮除割拨1275.18石外，实在粮9159.96石。

[5]原书注明：除割拨建武所154910.5亩外，实在田167108.2亩。

[6]原书注明：粮除割9296.64石外，实在粮10028.05石。

| 现额（亩） | | 3371488.70 | 365320.70 | 223315.80 | 353575.10 |
|---|---|---|---|---|---|
| 粮（石） | | 101098.16 | 11304.56 | 6882.40 | 5833.15 |
| 租银（两） | | 1027.80 | 178.36 | 9.50 | 250.19 |
| 草（束） | | 1240.00 | 240.00 | | |
| 折银（两） | | 16.20 | | | |
| 项目 | 振武卫 | 镇西卫 | 平阳卫 | 潞州卫 | 汾州卫 |
| 现额（亩） | 414692.40 | 261903.80 | 622998.90 | 259408.30 | 37690.70 |
| 粮（石） | 6935.20 | 5815.31 | 25127.05 | 10831.11 | 2041.05 |
| 租银（两） | | 92.20 | | 25.00 | |
| 项目 | 沈阳中护卫 | 沁州守御千户所 | 磁州守御千户所 | 偏头守御千户所 | 老营堡所 |
| 现额（亩） | 74106.30 | 76958.90 | 80131.40 | 107267.10 | 85557.20 |
| 粮（石） | 5473.97 | 3929.57 | 2265.67 | 2622.13 | 2025.03 |
| 项目 | 雁门守御千户所 | 宁武守御千户所 | 宁化守御千户所 | 保德守御千户所 | 八角守御千户所 |
| 现额（亩） | 38292.10 | 24678.90 | 74086.30 | 10472.10 | 64092.00 |
| 粮（石） | 653.65 | 327.36 | 2289.83 | 970.32 | 1598.98 |
| 草（束） | 1000.00 | | | | |
| 项目 | 州县民佃[2] | | | | |
| 现额（亩） | 196939.00 | | | | |
| 粮（石） | 4139.29 | | | | |
| 牛具地银（两） | 472.34 | | | | |

| 山西行都司 | | | | | |
|---|---|---|---|---|---|
| 项目 | 总数 | 大同镇 | 大同前卫 | 大同后卫 | 东路阳和卫 |
| 原额（亩）[3] | 1011820.50 | | | | |
| 现额（亩）[4] | | 2859034.40 | | | |
| 粮（石） | | 122438.15 | 12323.99 | 11599.94 | 9425.34 |
| 牛具地（亩） | | 1296629.90 | | | |
| 征银（两）[5] | | 8332.51 | | | |
| 项目 | 高山卫 | 天城卫 | 镇虏卫 | 平虏卫 | 朔州卫 |
| 粮（石） | 7933.38 | 14241.41 | 8277.72 | 5665.38 | 11502.59 |
| 项目 | 西路大同左卫 | 云川卫 | 大同右卫 | 玉林卫 | 威远卫 |
| 粮（石） | 6397.00 | 1731.30 | 4471.53 | 5406.84 | 1679.52 |
| 项目 | 应州左右二所 | 浑源城中前二所 | 怀仁城后所 | 马邑所 | 山阴所 |
| 粮（石） | 5349.11 | 2848.08 | 2758.13 | 1370.55 | 1758.67 |
| 项目 | 井坪所 | 浑源城牧地 | 灵丘城 | 镇门堡 | 守口堡 |
| 粮（石） | 3932.44 | 462.90 | 34.23 | 2926.90 | 157.62 |
| 项目 | 永嘉堡 | | | | |
| 粮（石） | 183.50 | | | | |

---

[1]原书此处注："粮无考。"
[2]原书注明："泽州等州，阳城等县，民佃屯田并牛具地。"
[3]原书此处注："粮无考。"
[4]原书此处注："撒无考。"
[5]原书此处注："撒无考。"

| 万全都司 | | | | |
|---|---|---|---|---|
| 项目 | 总数 | 宣府镇 | 宣府左卫 | 宣府前卫 | 宣府右卫 |
| 原额（亩）[1] | 1906572.60 | | | | |
| 现额（亩）[2] | | 4789247.00 | | | |
| 粮（石） | | 198061.68 | 7859.44 | 15270.19 | 5884.95 |
| 项目 | 怀来卫 | 延庆右卫 | 永宁卫 | 延庆左卫 | 保安卫 |
| 粮（石） | 4517.38 | 3073.24 | 3481.41 | 2379.16 | 11281.46 |
| 项目 | 蔚州卫 | 万全左卫 | 怀安卫 | 保安右卫 | 龙门卫 |
| 粮（石） | 14773.50 | 11029.07 | 8865.97 | 2693.40 | 3215.90 |
| 项目 | 开平卫 | 万全右卫 | 永宁后所 | 四海冶所 | 美谷所 |
| 粮（石） | 3734.71 | 12556.89 | 1559.95 | 122.74 | 2376.57 |
| 项目 | 广昌所 | 龙门所 | 云川所 | 兴和所 | 海儿窊 |
| 粮（石） | 2982.18 | 1955.42 | 733.89 | 2054.01 | 151.14 |
| 项目 | 保安城 | 马漕沟 | 深井堡 | 东城 | 西城 |
| 粮（石） | 837.67 | 2347.05 | 6475.70 | 22987.22 | 19716.18 |
| 项目 | 新河口堡 | 张家口堡 | 膳房堡 | 新开口堡 | 柴沟堡 |
| 粮（石） | 523.89 | 757.18 | 173.79 | 274.99 | 2395.59 |
| 项目 | 洗马林堡 | 渡口堡 | 西阳河堡 | 李信屯堡 | 滴水崖堡 |
| 粮（石） | 1977.60 | 733.01 | 968.68 | 376.30 | 694.91 |
| 项目 | 青泉堡 | 镇安堡 | 长安所 | 雕鹗堡 | 赤城堡 |
| 粮（石） | 142.08 | 43.16 | 1668.22 | 643.72 | 858.77 |
| 项目 | 马营堡 | 赵川堡 | 大白阳堡 | 小白阳堡 | 葛峪堡 |
| 粮（石） | 2669.18 | 325.27 | 197.02 | 241.96 | 111.70 |
| 项目 | 常峪堡 | 青边口堡 | 羊房堡 | 近城 | 保安州 |
| 粮（石） | 49.31 | 307.95 | 42.09 | 332.95 | 4644.42 |
| 项目 | 永宁县 | 宣府驿 | | | |
| 粮（石） | 1961.57 | 29.08 | | | |

| 陕西都行二司 | | | | |
|---|---|---|---|---|
| 项目 | 总数 | 西安左卫 | 西安前卫 | 西安后卫 | 西安右护卫 |
| 原额（亩）[3] | 4245672.30 | | | | |
| 现额（亩） | 16840404.10 | 541425.30 | 916549.90 | 830277.60 | 519714.70 |
| 粮（石） | 823204.65 | 23025.18 | 37884.38 | 34580.54 | 21717.63 |
| 粮折布(匹) | 57161.00 | 11043.00 | 18740.00 | 16877.00 | 10398.00 |
| 草折粮（石） | 1972.55 | | | | |
| 抛荒粮草折银(两) | 119.58 | | | | |
| 草（束） | 2378052.00 | 51101.00 | 84870.00 | 77138.00 | 94.00 |
| 草价银(两) | 258.59 | | | | |
| 地亩粮(石) | 2462.68 | | | | |
| 地亩银(两) | 10779.47 | 541.42 | 916.54 | 830.27 | 519.71 |

---

[1]原书此处注："粮无考。"
[2]原书此处注："撒无考。"
[3]原书此处注："粮无考。"

| 项目 | 固原卫 | 靖虏卫 | 平凉卫 | 安东中护卫 | 镇戎千户所 |
|---|---|---|---|---|---|
| 现额（亩） | 416658.90 | 263578.00 | 454649.50 | 78450.90 | 62070.80 |
| 粮（石） | 6422.94 | 7930.96 | 27278.97 | 2613.33 | 1083.27 |
| 抛荒粮草折银(两) | | 119.58 | | | |
| 草（束） | 8537.00 | 11871.00 | 40918.00 | | 1624.00 |
| 地亩银（两） | 484.29 | 131.93 | 454.64 | | 18.05 |
| 粮折银（两） | | | | 209.37 | |

| 项目 | 平虏千户所 | 西安千户所 | 庆阳卫 | 环县守御千户所 | 凤翔守御千户所 |
|---|---|---|---|---|---|
| 现额（亩） | 87670.50 | 63911.20 | 653865.70 | 181798.90 | 193837.20 |
| 粮（石） | 909.99 | 1150.64 | 20825.34 | 4184.06 | 11001.12 |
| 粮折布（匹） | | | | | 103.00 |
| 草（束） | 1365.00 | 1725.00 | 31459.00 | 6473.00 | 16699.00 |
| 地亩银（两） | 60.66 | 19.18 | 424.53 | 64.40 | 193.83 |

| 项目 | 巩昌卫 | 泰州卫 | 礼店千户所 | 阶州守御千户所 | 临洮卫 |
|---|---|---|---|---|---|
| 现额（亩） | 550522.30 | 236513.80 | 127049.70 | 139702.50 | 319037.40 |
| 粮（石） | 20821.90 | 14528.97 | 5802.89 | 5796.20 | 19380.52 |
| 草（束） | 31232.00 | 21793.00 | 8704.00 | | 29070.00 |
| 草价银（两） | | | | 258.53 | |
| 地亩银（两） | 71.19 | 238.01 | 112.34 | 97.44 | 321.92 |

| 项目 | 河州卫 | 甘州中护卫 | 文县守御千户所 | 西固城守御千户所 | 兰州卫 |
|---|---|---|---|---|---|
| 现额（亩） | 326684.80 | 145850.80 | 113724.30 | 45077.00 | 359311.90 |
| 粮（石） | 18708.77 | 8751.04 | 5573.88 | 2689.78 | 20049.54 |
| 草折粮（石） | 1972.55 | | | | |
| 草（束） | | 3691.00 | 8377.00 | 4048.00 | 37004.00 |
| 地亩银（两） | 292.83 | 122.02 | 94.64 | 46.35 | 361.31 |

| 项目 | 岷州卫 | 洮州卫 | 汉中卫 | 宁羌卫 | 金州守御千户所 |
|---|---|---|---|---|---|
| 现额（亩） | 138372 | 165169.30 | 111480.70 | 355331.10 | 26754.00 |
| 粮（石） | 8302.32 | 7599.40 | 6702.66 | 16506.44 | 2568.79 |
| 草（束） | 12449.00 | 11416.00 | 7715.00 | | 3853.00 |
| 地亩银（两） | 138.37 | 225.37 | 0.70 | 4.66 | 0.86 |

| 项目 | 沔县守御千户所 | 甘州群牧所 | 甘州左卫 | 甘州右卫 | 甘州中卫 |
|---|---|---|---|---|---|
| 现额（亩） | 25290.90 | 289191.00 | 229591.50 | 213096.60 | 239697.40 |
| 粮（石） | 1641.10 | | 18711.62 | 19095.84 | 20565.25 |
| 草（束） | 2589.00 | | 84215.00 | 84882.00 | 79005.00 |
| 租银（两） | | 1445.95 | | | |

| 项目 | 甘州前卫 | 甘州后卫 | 兰州卫 | 山丹卫 | 永昌卫 |
|---|---|---|---|---|---|
| 现额（亩） | 115981.90 | 139721.30 | 233597.50 | 149103.40 | 135755.80 |
| 粮（石） | 9952.23 | 11016.22 | 22883.35 | 14038.76 | 11346.41 |
| 草（束） | 45000.00 | 47921.00 | 151576.00 | 109937.00 | 78252.00 |
| 地亩粮（石） | | | | | 391.26 |

| 项目 | 凉州卫 | 镇番卫 | 西宁卫 | 庄浪卫 | 高台守御千户所 |
|---|---|---|---|---|---|
| 现额（亩） | 463591.80 | 97781.50 | 526840.70 | 151486.30 | 120475.20 |
| 粮（石） | 41781.59 | 9106.99 | 28377.36 | 8812.63 | 10041.30 |
| 草（束） | 276142.00 | 73168.00 | 304290.00 | 86892.00 | 81963.00 |

| 地亩粮(石) | 1705.57 | 365.84 | | | |
|---|---|---|---|---|---|
| 项目 | 镇夷守御千户所 | 古浪守御千户所 | 榆林卫 | 绥德卫 | 延安卫 |
| 现额（亩） | 74185.20 | 28407.80 | 2803800.00 | 671443.50 | 298347.80 |
| 粮（石） | 7066.38 | 3236.56 | 33867.00 | 17844.10 | 14168.68 |
| 草（束） | 69987.00 | 17159.00 | 445.00 | 20818.00 | 22152.00 |
| 地亩银（两） | | | 565.80 | 297.40 | 288.64 |
| 内除抛荒沙压地（亩） | | | 327000.00 | 160123.50 | 36500.00 |
| 粮（石） | | | 3924.00 | 4078.90 | 1389.50 |
| 草（束） | | | | 4764.00 | 2075.00 |
| 地亩银（两） | | | | 68.88 | 36.80 |
| 现种地（亩） | | | 2476800.00 | 511320.00 | 261847.80 |
| 粮（石） | | | 29943.00 | 13765.20 | 12779.18 |
| 草（束） | | | 25375.00 | 16053.00 | 20077.00 |
| 地亩银（两） | | | 565.80 | 228.52 | 251.84 |
| 项目 | 宁夏卫 | 宁夏左屯卫 | 宁夏右屯卫 | 宁夏前屯卫 | 宁夏中屯卫 |
| 现额（亩） | 273968.40 | 302089.00 | 160782.70 | 138073.00 | 187267.10 |
| 粮（石） | 31066.26 | 35468.67 | 18082.44 | 15462.39 | 21528.46 |
| 草（束） | 42979.00 | 51676.00 | 25257.00 | 21306.00 | 24199.00 |
| 地亩银（两） | 237.33 | 287.14 | 148.17 | 123.19 | 172.73 |
| 项目 | 宁夏中卫 | 宁夏后卫 | 灵州守御千户所 | 平虏守御千户所 | 小盐池营驿递运所（山地） |
| 现额（亩） | 208837.50 | 450931.60 | 84103.10 | 64071.60 | 3550.00 |
| 粮（石） | 23414.04 | 3159.78 | 8371.06 | 7197.48 | 273.43 |
| 草（束） | 23419.00 | | 10784.00 | 10057.00 | 226.00 |
| 地亩银（两） | 209.27 | | 51.35 | 61.26 | |
| 项目 | 隰宁堡递运所（山地） | 萌城驿递运所（山地） | | | |
| 现额（亩） | 4125.00 | 53800.00 | | | |
| 粮（石） | 110.00 | 517.99 | | | |
| 草（束） | | 431.00 | | | |

| 云南都司 | | | | | |
|---|---|---|---|---|---|
| 项目 | 总数 | 云南左卫 | 云南右卫 | 云南中卫 | 云南前卫 |
| 原额（亩）[1] | 1087743.30 | | | | |
| 现额（亩） | 1117154.10 | 55894.30 | 52550.70 | 48540.10 | 43315.00 |
| 粮（石） | 389992.33 | 23522.58 | 19363.11 | 20215.63 | 18579.94 |
| 项目 | 云南后卫 | 广南卫 | 安宁所 | 易门所 | 武定所 |
| 现额（亩） | 45490.90 | 40111.30 | 9272.00 | 7580.00 | 17545.20 |
| 粮（石） | 10931.56 | 15082.55 | 4330.15 | 3555.44 | 7572.77 |
| 项目 | 杨林所 | 木密所 | 凤梧所 | 宜良所 | 马隆所 |
| 现额（亩） | 12045.80 | 10132.60 | 1936.10 | 13595.90 | 9758.20 |
| 粮（石） | 5130.34 | 4395.31 | 889.40 | 6229.78 | 2540.94 |

---

[1]原书此处注："粮无考。"

| 项目 | 曲靖卫 | 平夷卫 | 越州卫 | 六凉卫 | 临安卫 |
|---|---|---|---|---|---|
| 现额（亩） | 56720.50 | 24182.30 | 18620.20 | 32108.70 | 43007.40 |
| 粮（石） | 21852.46 | 7979.66 | 7878.77 | 13878.42 | 20566.60 |
| 项目 | 十八寨所 | 新安所 | 通海御 | 楚雄卫 | 定远所 |
| 现额（亩） | 17500.00 | 2160.00 | 18745.00 | 65580.10 | 17036.20 |
| 粮（石） | 4780.24 | 1019.68 | 8353.38 | 18322.08 | 6343.28 |
| 项目 | 姚安所 | 中屯所 | 洱海所 | 大罗卫 | 蒙化卫 |
| 现额（亩） | 18869.90 | 17571.20 | 48161.70 | 15631.40 | 48018.40 |
| 粮（石） | 7752.29 | 5746.46 | 12943.55 | 5585.51 | 15329.04 |
| 项目 | 大理卫 | 景东卫 | 澜沧卫 | 鹤庆御 | 永昌卫 |
| 现额（亩） | 94215.20 | 29249.80 | 35590.10 | 24331.90 | 68253.30 |
| 粮（石） | 21214.52 | 11161.14 | 12288.09 | 5515.76 | 20180.64 |
| 项目 | 永平御 | 腾冲卫 | | | |
| 现额（亩） | 13818.70 | 40012.80 | | | |
| 粮（石） | 4890.32 | 14075.77 | | | |

| 贵州都司 | | | | | |
|---|---|---|---|---|---|
| 项目 | 总数 | 贵州卫 | 贵州前卫 | 乌撒卫 | 毕节卫 |
| 原额（亩）[1] | 933929.30 | | | | |
| 现额（亩） | 392111.60 | 20957.50 | 15995.00 | 42557.00 | 16895.80 |
| 粮（石） | 93811.74 | 4861.90 | 5224.98 | 6555.20 | 4163.00 |
| 项目 | 赤水卫 | 永宁卫 | 威清卫 | 平坝卫 | 普定卫 |
| 现额（亩） | 25600.50 | 55006.00 | 16591.20 | 18806.00 | 31962.00 |
| 粮（石） | 5120.00 | 6748.17 | 5158.65 | 4968.00 | 6960.80 |
| 项目 | 安庄卫 | 安南卫 | 普安卫 | 龙里卫 | 新添卫 |
| 现额（亩） | 18662.00 | 16206.00 | 28212.60 | 18244.00 | 10939.50 |
| 粮（石） | 6512.00 | 5380.00 | 10390.00 | 4228.00 | 2620.00 |
| 项目 | 平越卫 | 清平卫 | 兴隆卫 | 都匀卫 | 黄平守御千户所 |
| 现额（亩） | 8690.00 | 6056.60 | 9374.40 | 23360.90 | 5366.00 |
| 粮（石） | 2670.20 | 2622.55 | 3246.34 | 3052.00 | 2505.92 |
| 项目 | 普市守御千户所 | | | | |
| 现额（亩） | 2628.30 | | | | |
| 粮（石） | 824.00 | | | | |

| 辽东都司 | | | | | |
|---|---|---|---|---|---|
| 项目 | | | | | |
| 原额（亩）[2] | 1238600.00 | | | | |
| 现额（亩） | 2915866.10 | | | | |
| 粮（石）[3] | 253201.03 | | | | |

---

[1] 原书此处注："粮无考。"
[2] 原书此处注："粮无考。"
[3] 原书此处注："撒无考。"

### 屯田沿革事例

洪武元年，命诸将分军屯种龙江，于滁、和、庐、凤地方开立屯所，京卫旗军七分下屯，三分守城。每分田五十亩，设都指挥一员统之。

本年置北平都司于北平府，领燕山等卫；复置大宁都司于兀良哈之地，设朵颜三卫隶焉。各置屯田，以五十亩为一分，七分屯种，三分守城（受田之制，以五十亩为中）。

十一年，置贵州都司卫所开设屯堡，初报田地九十五万七千六百二十亩四分，新收开垦并水田改作陆地七千二百三亩八分六厘零，每总旗二十五亩，小旗二十二亩，军人十八亩，征粮如例。

十八年，云南诸蛮平，增置卫所，开屯戍守，悉以膄田给军并归附之众。二十三年以后，始以千户所建立屯仓，委官收贮。

二十六年，五开蛮平，始设卫所屯种，是时军人随力开垦征纳。

永乐二年，每军分田三十亩，其时远近屯堡三百六十七所，以减轻例征粮四石。

本年以广西各县田地开设屯所，拨官军屯种，自食不纳税粮。马平县拨田粮二千一十余石与皂岭屯，来宾县拨田粮八千九百九十余石与思庐、古律二屯，迁江县拨田粮一千四百二十余石与高径、周寨二屯。共拨田粮五千四百二十余石，给各屯官军守把地方。

本年营建北京，以五军都督府总摄天下屯政，增设卫所，调兴州、营州等卫屯军拱卫京师，照例七分下屯。

本年定折粮则例，每粟、谷、糜、黍、大麦、荞穄各二石，稻谷、蜀秫各二石，穆、稗各三石。并各准米一石，小麦、芝麻与米同。

三年，以保定等八府直隶京师，卫所三十七，徙大宁都司于保定府，领卫所一十二，各置屯田（是后兀良哈屯田捐之朵颜诸胡，蓟、永一带遂为边镇）。

四年，命成安侯括顺天府境内闲田立屯，给京卫旗军，成田者如例纳粮，开荒者免科。

正统五年，巡按御史朱鉴题：广东都司清远等卫、南雄等所屯田每军二十亩，永乐以来俱于屯仓纳稻谷六石，今该细粮，有司收受办纳艰难。及查广东滨海瘴疠之地，山多田少，其间膏膄者，多被头目占种，拨给旗军者，俱深山弯远之田。且管屯指挥递年科索，致累逃亡，屯守无备。乞行按察司专委廉干金事一员提督，以革奸弊。尚书刘中敷复：该省屯粮，宣德十年已有减半事例，难以再减。所据各官占种科索，合行禁约。行令广东按察司推委金事一员提督屯种，但有前弊，指实具奏。

七年，督理屯种副使李睿题：贵州二十卫所屯田，除永乐中拨还民人，及水田转陆地，开报重复外，实有水陆田地七十九万五千六百八十亩三分，该粮四十二万二千二百三十一石八斗二升五合零，除给军食用并种子外，余粮九万九千六百五十三石一斗八升零。

八年，广西按察司奏：桂林等卫所屯田薄瘠，各军屯田二十亩，除正粮外，岁征余粮六石，艰难不堪。欲将清出事故遗田，每军添拨二十亩。尚书石玠复：准加给一十亩，不为通例。如有余剩田地，即令军舍及勾补军旗如数拨给，照例纳粮。

十年，福建都司奏：福州左右中卫并延平卫屯所，离仓弯远，运纳艰难。准照民间秋粮事例，每石折银二钱五分，解京济边。

十四年，按察使陈正伦奏称：四川各卫所事故屯军遗田余丁耕种者，乞照洪武、永乐中事例免粮，其无余丁者，另行召佃征粮。尚书王佐复：准屯军差操余丁拨种原屯者，正粮供军，余粮征纳如例。其逃故等项余田，即于见军余丁内拨种征粮。

景泰二年，增设山西屯田副使，勘过顺圣川被虏荒田堪种者三万五千六百余顷，听军民入川种纳籽粒，寻以虏患报罢。

三年，大学士商辂奏称：口外膏膄田地，先被镇守等官占据，乞差官清查，丈为屯田。

尚书金濂复：查得正统十三年，因宣府卫所官员占种地亩，全不纳粮，题差主事汪浒等会同侍郎刘琏踏勘，每军除给八十亩外，其余悉行起科，寻以都御史罗亨信奏停。今商辂复有此奏，合行丈勘。

本年以提督南京仓场尚书并南直隶都御史兼提督屯种。

五年，金事陈濂题：据德庆守御千户所申称，本所屯田自正统十四年至景泰二年，节被猺贼出没烧劫，田地抛荒，细粮无从办纳，乞照例减免。本部题：行都按二司勘明免征，景泰二年以后子粒，照数征纳。

六年，都御史李秉题：顺圣地土肥饶，乞筑立城堡，拨军耕种，定为则例起科。尚书张凤复准。

本年都御史李宾会同总兵官议得：沿边关营城堡附近空闲地土，共该七千六百六十五顷七十六亩。将见在关营军士，二分守关，一分屯种；见在守城军士，一分操练，一分屯种。每名拨田五十亩，委官提督耕种，子粒照例上仓。

成化三年，都御使周冕条奏：一、革征收之弊。查得在京卫分屯田，本卫有委官提督，各卫有掌印催并，每遇征纳不胜其扰，今后卫所一屯止选一官，其余革回差操。二、稽考屯粮。查得南京英武、飞熊、广武三卫，该纳子粒一万四千三百六十九石八斗零，除运滁州上仓外，其存留子粒，俱各卫管屯官自行收放，深为未便。合照江北事例，各卫量修廒收贮，差主事一员监督收放。

五年，南京户部尚书陈钺奏称：凤阳府递年收粮四十五万九千余石，止是本府管粮官放收，奸弊多端。查得英武、飞熊、广武三卫屯仓，本部差主事一员监督。合令就近兼管。尚书杨鼎复准。

九年，尚书杨鼎题：准行南京都察院差御史一员，巡视南京卫所屯田（南京巡屯御史始此）。

弘治元年，直隶武平卫指挥王溥条奏：一本卫子粒提督有金事，兼理有粮储都御史、巡仓御史，总理有南京户部，督并有抚按。近例复行隔别卫分，委官监督，供应劳费。一本卫屯田坐落睢州、太康各州县，近来刁恶军民将奉例开耕田土，捏作荒闲，于各王府投献。尚书李敏复：准仍照旧例，免行隔别督征。其投献凤弊，行抚按严行禁革。

本年河南巡按文贵题称：各卫以正军应当杂差，滥支月粮。要照辽东各卫事例，除正操、守关、漕运等项旗军支粮外，其余革去月粮，悉令屯种办纳子粒。一应杂差俱查余丁应役，准给口粮。尚书李敏复准。

二年，四川巡抚邱瓘清出成都右等卫屯田一万六千九百九十二分，每分二十亩。该粮六石，共粮十万一千九百五十二石。又清出各卫所屯田一万五千八十七分，每粮一石折银三钱六分。布政司贮库，听支军粮。

三年，直隶巡按杜忠奏称：河南金事史俊奉敕，提督直隶安庆等二十八卫屯种。向因驻札该省，巡历不便，以致屯政废弛，乞令移居凤阳。尚书李敏复准。

四年，巡抚题：四川卫所屯田，先年豪强隐占，止征租银，俱被官旗侵用。弘治二年，巡抚邱瓘清出成都右等五卫屯田，俱令照例纳粮，甚为有见。尚书叶淇复：准行令管屯金事杨宣，亲诣各屯查明，将官舍占种田地退出，拨与无田军余耕种。愿认粮者亦准与查明分数，照例征收本色，不许征银花销。

五年，提督屯种金事史俊奏称：查出安庆卫指挥石全等占种地三百五十一顷四十一亩，参提问罪，监追子粒，退地给军。尚书叶淇复准。

本年提督金事罗安奏：北直隶各卫所管屯官员，营求别差。乞专官管理，革去多余官员。尚书叶淇复：准将永清等卫屯粮不及五千石者，原委官员革回差操。

七年，江西屯田金事郭秉昭奏：南昌前卫左所并抚州、饶州二所，原屯坐落直隶建德县地方，天顺、成化间，被豪民霸占。乞差京职一员，前来踏勘。尚书叶淇依议题行。

八年，福建屯田佥事张佐清出行都司所属建宁、延、邵三卫屯田该增粮九百一十八石。清出都司所属福州左等卫屯田该增粮八千六十七石。比照正统十年事例，每石折征银二钱五分，解京济边。

十一年，郎中何文缙呈：查得洪川、顺圣川地土，先年都御史李秉奏准，召令大同等县舍余民人，每名拨地一顷，纳粮五石，草十束。后增地一顷五十亩，办粮如旧。成化二十一年，兵部加粮四石五斗，每名共粮九石五斗，草十束。弘治五年，各卫奏准止照旧例。今会同都御史，议自弘治十一年以后，免征草束，每顷征粮三石，每石征银四钱。尚书周经复：准俱照依兵部原题事例，每地一顷征粮三石，每分二顷五十亩，共粮七石五斗。照旧征草十束，于原定仓场上纳，愿依前例折银者听。

十五年，给事中陶谐奉敕清查屯田，十七年事竣。除原额京卫屯田六千三百三十八顷五十一亩八分零，直隶七千九百二十七顷四十九亩四分零，大宁都司二千一百二十六顷七十六亩，照例征粮外。其新增地亩，尚书偶钟会议，每粮一石折银二钱，寻议轻减，每亩征银一分五厘。在京赴太仓，在外赴附近有司交纳，放支官军月粮。

本年给事中王缜等条奏：屯田事宜。

一减轻科以恤军士。查得直隶徐州、扬州等卫屯田，水冲数多，无人承佃，乞照京卫改科事例，每亩纳粮五升三合五勺。

一除民税以复原额。查得庐州卫，永乐六年调去屯军，原屯二百三十五顷，入册认纳税粮，至今卫所又追子粒，一田两税，军民难堪。乞除民粮，仍改屯田召佃。

一革习弊以广积贮。查照邳州、仪真等卫，京操运粮军士户丁承佃者，俱不纳粮。合照京卫运粮事例，仍量肥瘠，地肥者纳粮六石，瘠者二石六斗七升五合。又苏州、新安二卫，官舍侵包屯田，或百亩，或六七十亩，止纳粮三石。每军人止二十亩，或十二三亩，纳粮六石。合将官舍田，每人给五十亩，多余者拨补贫军。尚书偶钟复：庐州卫屯粮，行抚按勘实，方准除豁；苏州等卫官舍，多田不必革除，但审系膏腴，即照军人事例，每五十亩纳粮二石六斗七升五合；其徐州等卫操运军屯，亦照南京各卫例行。

本年给事中王缜、御史罗列条奏：存册籍以便稽考。查得后湖并南京户部，及各卫所俱无屯册。乞将今次清过屯田，行令管屯官，各造册送后湖交收。仍将屯田顷数刻记碑阴，以图经久计。查过南京屯田共一万四千一十五亩，新增地三千三百五十八顷九十九亩，照近例每亩征银一分五厘，共银五千三十八两四钱七分五厘四毫。

十六年，给事中汤礼敬奉敕，清理浙江屯田，十七年事竣。题称：浙江一省，除昌国卫田亩数多，温州卫田地膏腴外，其余卫所每军一名止田一十二亩，子粒六石。除纳子粒外，所余无几，月粮又扣在内，兼水旱相仍，屯军疲困。乞比照近例，除昌国、温州二卫，其余各卫所屯军全纳子粒六石者，每年本折中半，每石征银二钱五分，附近有司官库收贮备支。

十七年，主事赖先会同四川抚按俞谏，清理本省屯粮事竣。条议：成都右等卫所山冈瘠薄，难纳本色。查得弘治二年，巡抚邱瑞清出各卫所屯田，每粮一石折银三钱六分；又访得福建新增屯粮每石折银二钱五分。合无比照折征银两。尚书偶钟复：准每石折银三钱。

本年给事中王承裕等清理河南、山东屯田事竣。查出河南常山护卫民种纳粮收册及抵补虚粮者，免其更改；未收册及勘出祥符县地，照例每分征粮六石，每石折银二钱。查出彰德卫屯田，除见在二千七百六十六顷外，新清出徽府并前额内迷失，共五百三十一顷，尚少二百八十七顷。乞勘明给军领种。查出宣武卫额内屯田，并河南卫辉、弘农、陈州、颍上等卫所额外堪种地。俱照例每顷征粮六石，每石折银二钱，丰年仍征本色。又查得山东概省各卫所屯田低洼瘠薄，登莱一带沙碱尤甚。乞要分别征粮，肥地照改科事例，每亩子粒五升三合；登莱沿海瘠地，照轻科则例，每亩三升三合。共清出额内外地二万九千一百四十一顷九亩一分五毫，除不堪外，实在二万五千七百四十四顷二十七亩七分。

本年给事中刘湜奏称：四川御史俞谏清理屯田，委官不得其人。乞行令改委府县正官，或公廉佐贰官，吊取永乐四年图册，及正统三年奏退荒闲无粮文册，逐一清查。尚书倪钟复：准，仍差给事中马骥、御史王璟一同清理。

十八年，武平卫指挥郭清奏：本卫于洪武年，以河南熊韬卫改置，分属直隶，屯粮二万一千四百九十八石。向系河南屯田道带征。近例以河南副使提督南直隶屯田，两属不便。尚书韩文：准将该卫屯粮归并南直隶管理，其河南屯田册除豁。

本年贵州屯田副使毛科奉例查过余田并旧额，共五十二万七千四百一十五亩零（其时清查未竣，奉户部勘合暂候，查册遂停）。

正德三年，济州卫管屯指挥关锐奏：本卫屯粮近年裁革管屯佥事，子粒拖欠，赔累卫所。尚书顾佐题：准照南京事例，每岁选差御史一员，请勅督理北京并直隶卫所屯粮，比较籽粒，禁革奸弊，年终更替（北京巡屯御史始此）。

七年，御史杨邦祯题称：江北龙虎、应天横海、沈阳右卫四仓收粮无法，通关琐碎，以致官军洗改数目，官旗勒包侵欺，又称一卫而分三四仓，或一军而判三四处，深为不便。尚书孙交复：准今后监督官将各卫屯粮，量地远近，定限收受，一所通完，方许出给仓串，一卫通完，方给通关。

本年云南巡按御史罗绮题称：平夷卫屯军运粮艰难，议将屯粮每石折银六钱，与该卫左所本折间月支放，立为定规。尚书孙交复：准以后如有凶荒，米价随时低昂，务使事体长便。

本年贵州巡按御史徐文华题称：弘治十八年管屯副使毛科查报卫所余田，原无实数，历年虚粮负累。尚书孙交复：准比照安南卫事例，一体停免。

十年，南京侍郎王鸿儒题：京卫新增屯地银五千三十八两四钱七分五厘四毫，收贮应天、和浦等库，无由稽查，易致侵匿。合行改解南京太仓银库，听给官军月粮。尚书王琼复：准。

本年御史董建中清查锦衣等卫原额屯田五千三百三十顷九十四亩二分四厘，征粮三万二百二十一石八斗二合，增银地七千四百六十顷七十二亩六分二厘，征银一万五千八百二十一两六钱七分，钞地一十七顷七十二亩五分，征钞六万六千九百六十贯，草七万三千二百八十八束。

十五年，尚书杨潭题：准每年七月南京户部预委主事，都察院委御史各一员，会同过江验看屯田。果有被灾去处，即时督同军卫有司踏勘轻重分数，造册奏请。不许屯军临时告灾，以图冒免。

本年湖广巡抚秦金题：永乐间各卫所每军田三十亩，屯种者办粮四石，城操者准抵月粮。成化十二年，奉例将正军差操支粮屯田，给舍余领种。自后各军既支月粮，又隐种屯地。弘治十四年，清出新增地亩，拨军承佃，缘官更代，子粒逋负。正德十二年，佥事汪玉将各军月粮住支，仍严追积欠屯粮，殆不为过。但人情事体，亦有未安。合无将军粮住支者，不必补给；屯粮拖欠者，照例蠲征。新增田地以十分为率，减除三分，其七分拨军舍承种纳粮。尚书杨潭复准。

十六年，都御史蒋恭题：南京府军左右后、龙江左右、水军左右、羽林左右、留守前、龙虎左、镇南、兴武、横海一十四卫坍江屯田七十三顷零，原粮六百六十四石七斗，乞要除豁。本部复：各卫粮额系各军岁用之数，难以除免。议将京卫新增地内，每亩加银一厘，每年征完解南京户部，以补岁额。其各卫坍江虚粮。咨部查豁。

嘉靖二年，御史简霄条奏：查得四川边屯钱粮，止凭监收官开报，作弊多端。乞严行各边管粮副使参议，将各屯田务要通行查明。荒芜坍塌者，应否召佃开除；耕种成熟者，有无包占欺隐。备将田亩并承种官军姓名造册，解巡抚处查考。以后十年一次清造，管粮道将各卫先立号簿，开写官某、军某，承□□□，该粮若干。每分置由帖一张，发监收官，照粮给票，付纳户执照，每月开报，以凭注销。本部复准。

四年，巡抚陈洪谟题：南昌卫饶州、抚州千户所屯田，坐落池州府地方，隔省行事不便。合无比照九江兵备带管湖广地方事例，将池州一府，许令江西屯田金事带管，凡词讼有干屯政者，听其综理，仍给关防，以便行事。

本年御史刘巚题：四川先任巡按许庭光行事乖方，将各卫所官互调下屯，以致剥削军士。乞查先年事例，照旧分派旗甲屯老下屯催攒管屯官见数经收，屯盐道不时比较，不许仍前下屯扰害。尚书秦金复准。

本年南京户部尚书王轼题称：卫所屯田地方广阔，巡屯御史周岁不能遍历。乞要请给勑印，定限以三年为满。尚书梁材复准。

九年，粮储御史咨称：欲将各卫屯田坍江者准与除豁，久荒者准减作改科，该减额粮三千五百余石。本部查得：各卫新增田三千四十八顷，每亩止纳银一分六厘，似为过轻。今每亩量加五厘，算该增银一千五百二十余两，每粮一石算银五钱，可抵粮三千四十余石，其外欠四百余石，当于三顷熟田内，每亩止纳三升三合者，升科五升三合五勺，又可增粮三百七十余石，以补欠额（新增地亩银至是每亩征银二分五厘）。

十一年，河南巡按方钝条奏：访得各卫所原额屯田，或抛遗年远，屯旗管种；或典佃日久，各主承业；或势豪侵隐，挪移顷亩；或官舍占种，倚称办粮。虽有复业人户，难以安插。乞申明旧例，将各卫所屯田清理明白，分拨无田军人为业。尚书许赞复准。

十五年，御史周冕建议：给南京屯田户由，每十年一造，今为例。

二十二年，巡抚南赣都御史题称：本省屯田金事巡历不周，以致屯粮侵欠。乞将南赣所属卫所屯粮，令屯田道派定，呈报本院，行各兵备道就近督征。尚书王玮复准。

二十九年，南京御史张鉴奏称：南京四十二卫屯田，势豪侵占，其弊有四，一曰选占屯产之膏腴，收租肥己，而混称开荒。二曰侵削屯军之田土，而号为开垦起科。三曰勒人投献，而称用价承佃。四曰诡名冒领数十分，而称俱有户由。要将以后清出绝田，即召屯所舍余军人，或别卫所但有情愿顶补逃军名伍者，报籍名在官，给由一张，照例纳粮。尚书孙应奎复准。

本年云南巡抚顾应祥条奏：一处屯粮出纳之法，以杜侵渔。查得屯田之设三分守城，七分屯种，惟云南最为详备。盖克复之初设立卫所屯田，俱皆膏腴，故各卫之粮足供各卫之用，而不仰给于民。但法久弊生，会城六卫尤甚，近城者谓之近屯运纳城仓，远城者谓之远屯粮运艰难。即屯盖仓委官收受，往往折收给军，每粮一石给银一二钱，本色坐放不时，又致湮烂，亏军殊甚。合无将各卫屯粮，近屯照旧运纳，远屯令其本折中半，本色运纳城仓，折色量地远近，每石折银三钱或四钱，解布政司贮库，相兼放支。本部复：准行云南抚按官，再行查勘，径自酌量远近，定折银数，务求适中。

四十年，山西巡按温如璋题称：本省宁山卫平定所屯田，坐落直隶地方，催征不便，乞要归并。尚书高耀复：准行直隶屯田御史管理，仍于山西屯田册内开除。

四十四年，总督刘焘、巡抚温景葵会题：蓟、永分镇，永平镇分拨永平、卢龙、东胜左、兴州右、抚宁、山海、建昌、燕河等营，冷口、桃林等口，共该屯粮本色粟米一万六千一百一十二石二斗七升，黑豆一万五千四百二十三石五斗六升，地亩马草银五千六百二十七两八钱五分。

隆庆三年，总理盐屯都御史庞尚鹏条陈：山西宣府屯田事宜。尚书葛守礼复：准。

一办等则以清粮额。本部议：行督抚等官务查宣府镇原额，及虚增粮数各若干，应除豁者即与除豁，仍验其地力，分为三等九则，多者不过一斗，其余以是为差。凡原额屯田团种，并近年查出功臣香火等地，通行革去各项名色，并入屯田项下，照则均摊，尽作实征之数。至于公务驿传地，要见每岁公用若干，著为成案，有余凑支屯粮。若亩数果多，即改入屯田额内，通作军储。其屯田原隶有司者，通行丈明，分立民屯界限，各照等则征科。

一严督责以塞弊源。本部议：行督抚等官先行各卫所，督同管种人户，通将原田竖立木签，开写四至亩数，及应分等则。听委官逐一照签丈勘，丈明之日，挨签攒造鱼鳞文册，分别等则，以便征粮。该道亲历地方复查，果区画详审，舆情协服，即呈督抚奖荐擢用。如顾忌因循，即指名参论。

一革养廉以补屯种。本部议：行督抚等官通查要见某将官呈讨若干，地名某处；某将官原未请讨，仍酌量品级次序，立为差等，每一员量给若干。过多者裁减退出，全无者仍行补足，听令家丁耕种免科。其余尽数退归屯田数内，给军领种，照则征科。

一严征收以防侵盗。本部议：行督抚等官，以后征收屯粮，俱坐委各路管粮通判，或经历等官，兼理监收，巡行比较各卫所按月以完过数目，报官查验上仓。委官按季以收过数目，申报该道及管粮衙门，该道各比其属，该镇总比一镇，各以征收迟速多寡，分别劝惩。

一审佃种以防偏累。本部议：行督抚等官，以后每三年一次，择委廉明文职官一员会同各该掌印管屯等官，通将各卫屯丁备细查审，如有贪懦不堪者，就将该卫壮丁更替，牛具种子官为酌处，责令耕种，如遇荒歉，即为勘免。

一宽征科以广召种。本部议：行督抚等官，若丈明之后仍有抛荒缺人管种田地，通行示谕，无拘主客军民人等，听其尽力承耕。近者三年，远者五年，查果成熟，方拟轻则纳粮。

一广耕牧以资战守。本部议：行山西督抚等官查将三关将士，除防秋之外分率部伍，凡山麓肥饶之地，听其自行开垦，定为经界，各伍以队长主之，官给牛种，待一二年后，偿还所耕之地，永不起科。

一议减折以杜偏累。本部议：行山西督抚等官查将保德所屯粮，照依先年旧规，每石征银五钱；永宁州马房等处屯田，系原额者照旧征银八钱，系新增者改征三钱，务要依期照数完纳。

四年，本部右侍郎陈瓒题称：自洪武、永乐至弘治初年，沿边止设辽东、宣府、大同、延绥、宁夏、甘肃六镇，军士四十余万，经费转饷，惟是屯田、民运、京运银两，不出四十三万。弘治以来，固原、蓟州、山西、密云、昌平、易州、永平相继列镇，计沿边吏卒六十五万有奇，兵增费广，乞敕各边督抚诸臣，兴复屯田，遵照先年节次题准事宜，悉心经理。尚书刘体乾复：准移咨各边督抚等官，悉依所议，督同总兵参将，随地耕种，仍遵照国初各边中半之制，加意区画，其人丁自垦田地，听其自收，永不起科。如屯田岁报增粟米五万石，军余自垦之地岁千顷，咨行吏、兵二部，纪录升赏。

万历元年，御史梁许册报：锦衣等五十五卫屯粮共二万七千九百七十一石八斗五合，地亩银并新勘出共一万九千九百七十二两七钱四分零（较正德中，粮数减二千有零，银增四千有零）。

本年巡按萧廪册报：杭州等一十三卫所屯田共二千三百八十八顷四十九亩九分七厘零，屯粮六万七千五百六十九石八斗八升四合二勺。

二年，河南巡抚吴道直册报：宣武等二十五卫所原额并新增地，通共四万八千二百六十一顷二十四亩三厘，屯粮通共二十八万八千九百六十七石四斗三升三合。

三年，御史刘维册报：南京锦衣等四十二卫原额并续报升科粮共一十四万五千四百三十四石四斗八升二合七勺，新增银七千一百二十八两六钱六分零，内除扣留教场火药祭仪银七十二两，实该银七千五十六两六钱六分零。又报庐、凤、淮、扬等四十七卫所夏秋粮三十九万六千六百三十九石六升九合六勺，新增银六百六十二两五分七厘零。

本年督抚殷正茂册报：广东原额屯田七千一百二十四顷三十二亩八分零，共粮一十八万九千六百二十三石一合零。远年迷失并抛荒等项田共八百七十七顷五十四亩九分五厘零，无征米三万四千一百三石五斗三升零，新增升科等项共一百七十六顷七十九亩一厘零，实在原额并新增升科等项共田六千四百二十三顷五十七亩七分八厘，共米一十五万九千二百七十九石九升四合二勺零。除荒瘠高燥等项田，比照雷州减征事例，减米五千一百五十五石二斗三升三合，实征米一十五万四千一百二十三石八斗六升四勺零。

六年，四川巡按虞怀忠册报：丈量过都司所属成都右等二十一卫，并行都司所属建昌等卫所屯粮共二十九万四千三百三十九石五斗五合零。

本年巡抚何起鸣查过贵州都司贵州前等二十卫所屯田，陆地共五十一万八千四百六十六亩八分零，屯粮九万三千六百九石九斗九升九合。

本年巡抚王藻册报：山东都司所属，并直隶三十九卫所屯地共三万四千一百六十一顷四十三亩二分，粮八万一百八十七石一斗八合九勺零。

七年，四川巡抚王廷瞻册报：成都等卫所屯田，计亩折算不等，通共四万八千八百四分零一十亩三分，花园仓基一千九百三十八所，内成都右等二十二卫所屯田，每二十四亩为一分，建昌等五卫每分计折算不等，每分征粮六石，花园仓基征粮不等，通共粮二十九万四千三百三十九石四斗九升五合七勺。

本年山东巡抚赵贤咨送布政司册报：境内各卫所屯田一万九千三百九顷二十亩五分零，除水淹沙压抛荒外，实在地一万八千四百八十七顷四十九亩二分零，征粮八万三百四十八石四斗六升零。

本年广西巡抚张任册报：各卫所实在屯田二千九百一十三顷三十七亩零，征粮三万四千六百九十五石四斗四升一合零。

本年湖广巡抚王之垣咨送布政司册报：都司所辖卫所屯田二万七千九百一十顷八十九亩一分零，粮二十四万九千九百六十六石三斗九升一合一勺，留守司所辖卫所屯田三千六百八十一顷二十六亩七分零，粮四万二千六百三十石六斗三升七合三勺，行都司所辖卫所屯田一万九千一百五十七顷五十六亩六分零，粮九万四千九百四十八石四斗七升九合八勺。

臣等谨按：国初屯军三分守城，七分屯种，每五十亩，岁征子粒上仓，以正粮十二石自给，以余粮六石，收备官军俸粮之用，法至善也。自正统间，正粮听其食用免征，止输余粮六石于官，旧制渐失。继又抽屯军补伍，而屯种乏人。是生之者寡，而食之者益众，屯制所以日坏也。此外又有养廉之田，则膏腴在官，而瘠薄归军。及遇造册，任官低昂窜易，而田粮益以不均。大都在边方者，屯地多而耕种少；在腹里者，屯地少而占隐多；凡此□屯粮耗蠹之由也。顷奉明旨，通丈屯田，当事宪臣，诚查往额，清积蠹，冒滥者革，荒芜者垦，隐占者追，法在必行。持之可久，即国初原额未必尽复，而将来屯政犹可望一清也。

## 《万历会计录》卷三十九　盐法

甲表 112　　　　　　　　　　　　两淮盐运司

| 泰州分司 | 淮安分司 | 通州分司 | |
|---|---|---|---|
| 富安场盐课司 | 白驹场盐课司 | 吕泗场盐课司 | |
| 拼茶场盐课司 | 伍佑场盐课司 | 余东场盐课司 | |
| 安丰场盐课司 | 刘庄场盐课司 | 余中场盐课司 | |
| 角斜场盐课司 | 庙湾场盐课司 | 余西场盐课司 | |
| 梁垛场盐课司 | 莞渎场盐课司 | 金沙场盐课司 | |
| 东台场盐课司 | 徐渎浦场盐课司 | 西亭场盐课司 | |
| 何垛场盐课司 | 板浦场盐课司 | 石港场盐课司 | |
| 小海场盐课司 | 临洪场盐课司 | 马塘场盐课司 | |
| 草偃场盐课司 | 新兴场盐课司 | 掘港场盐课司 | |
| 丁溪场盐课司 | | 丰利场盐课司 | |
| | | 天赐场盐课司 | |
| 仪真批验所 | 淮安批验所 | | |
| 行盐地方 | | | |
| 淮北 | | | |
| 淮安府 | 凤阳府 | 庐州府 | 汝宁府 |
| 南阳府 | 河南府 | 陈州 | |
| 淮南 | | | |
| 扬州府 | 应天府 | 宁国府 | 太平府 |
| 安庆府 | 池州府 | 滁州 | 和州 |
| 南昌府 | 南康府 | 南安府 | 临江府 |
| 九江府 | 建昌府 | 广信府 | 抚州府 |
| 饶州府 | 瑞州府 | 吉安府 | 袁州府 |
| 赣州府 | 武昌府 | 常德府 | 宝庆府 |
| 长沙府 | 襄阳府 | 汉阳府 | 德安府 |
| 承天府 | 荆州府 | 永州府 | 辰州府 |
| 衡州府 | 黄州府 | 岳州府 | 兴国府 |
| 沔阳州 | 靖州 | | |
| 两淮盐运司 | | | |
| 原额（洪武年数） | | | |

| | |
|---|---|
| 大引盐(引) | 352576.00 |
| **现额（万历六年数）** | |
| 小引盐(引) | 705180.00 |
| 常股盐(引) | 493626.00 |
| 存积盐(引) | 211554.00 |
| **岁解** | |
| 太仓余盐银(两) | 600000.00 |
| **岁派** | |
| **甘肃镇** | |
| 常股盐(引) | 88900.00 |
| 存积盐(引)[1] | 38100.00 |
| **延绥镇** | |
| 常股盐(引) | 84498.00 |
| 存积盐(引) | 36214.00 |
| **宁夏镇** | |
| 常股盐(引) | 59486.00 |
| 存积盐(引) | 25494.00 |
| **宣府镇** | |
| 常股盐(引) | 104710.00 |
| 内水乡盐(引) | 4270.00 |
| 存积盐(引) | 34876.00 |
| 内水乡盐(引) | 1830.00 |
| **大同镇** | |
| 常股盐(引) | 53499.00 |
| 内水乡盐(引) | 2134.00 |
| 存积盐(引) | 22928.00 |
| 内水乡盐(引) | 914.00 |
| **辽东镇** | |
| 常股盐(引) | 43268.00 |
| 存积盐(引) | 20633.00 |
| **固原镇** | |
| 常股盐(引) | 19514.00 |
| 存积盐(引) | 6272.00 |
| **山西神池等堡** | |
| 常股盐(引) | 39746.00 |
| 存积盐(引)[2] | 27034.00 |

[1] 原书此处注：每引价银 0.45 两。
[2] 原书此处注：以上各镇，每引价银 0.5 两。

**两浙盐运司**

| 本司 | 嘉兴分司 | 松江分司 | 宁绍分司 | 温台分司 |
|---|---|---|---|---|
| 仁和场盐课司 | 西安场盐课司 | 下沙场盐课司 | 西兴场盐课司 | 永嘉场盐课司 |
| 许村场盐课司 | 鲍郎场盐课司 | 下沙二场盐课司 | 钱清场盐课司 | 双穗场盐课司 |
| | 芦沥场盐课司 | 下沙三场盐课司 | 三江场盐课司 | 长林场盐课司 |
| | 海沙场盐课司 | 青村场盐课司 | 曹娥场盐课司 | 黄岩场盐课司 |
| | 横浦场盐课司 | 袁浦场盐课司 | 龙头场盐课司 | 杜渎场盐课司 |
| | | 浦东场盐课司 | 石堰场盐课司 | 长亭场盐课司 |
| | | 天赐场盐课司 | 穿山场盐课司 | 天富南监场盐课司 |
| | | 青浦场盐课司 | 玉泉场盐课司 | 天富北监场盐课司 |
| | | | 大嵩场盐课司 | |
| | | | 鸣鹤场盐课司 | |
| | | | 清泉场盐课司 | |
| | | | 长山场盐课司 | |
| 杭州盐仓批验所 | 绍兴盐仓批验所 | 嘉兴盐仓批验所 | 温州盐仓批验所 | |

| 行盐地方 | | | | |
|---|---|---|---|---|
| 杭州府 | 绍兴府 | 宁波府 | 台州府 | 衢州府 |
| 处州府 | 嘉兴府 | 湖州府 | 严州府 | 金华府 |
| 温州府 | 苏州府 | 松江府 | 常州府 | 镇江府 |
| 徽州府 | 广信府 | 广德州 | | |

| 两浙盐运司 | |
|---|---|
| 原额（洪武年数） | |
| 大引盐(引) | 220457.00 |
| 现额（万历六年数） | |
| 小引盐(引) | 444769.00 |
| 常股盐(引) | 311338.00 |
| 存积盐(引) | 133430.00 |
| 岁解 | |
| 太仓余盐银(两)[1] | 140000.00 |
| 岁派 | |
| 甘肃镇 | |
| 盐(引)[2] | 150000.00 |
| 延绥镇 | |
| 盐(引) | 155769.00 |
| 宁夏镇 | |
| 盐(引) | 112014.00 |
| 固原镇 | |
| 盐(引) | 27986.00 |
| 山西神池等堡 | |
| 盐(引)[3] | 48999.00 |

---

[1] 原书此处注："水乡没官票税买补折色等项增银在内。"
[2] 原书此处注：每引价银 0.3 两。
[3] 原书此处注：每引价银 0.35 两。

**甲表 114**　　　　　　　　　　　　　　**长芦盐运司**[1]

| 兴国场盐课司 | 富国场盐课司 | 厚财场盐课司 | 丰财场盐课司 |
|---|---|---|---|
| 三汊沽场盐课司 | 芦台场盐课司 | 济民场盐课司 | 归化场盐课司 |
| **长芦批验所** | **小直沽批验所** |  |  |
| **行盐地方** | | | |
| 顺天府 | 永平府 | 保定府 | 河间府 |
| 真定府 | 顺德府 | 广平府 | 大名府 |
| 延庆州 | 保安州 | 彰德府 | 卫辉府 |
| **长芦盐运司** | | | |
| **原额（洪武年数）** | | | |
| 大引盐(引) | | | 63153.00 |
| **现额（万历六年数）** | | | |
| 小引盐(引) | | | 180808.00 |
| 折大引盐（引） | | | 90404.00 |
| 常股盐(引) | | | 126565.00 |
| 存积盐(引) | | | 54242.00 |
| **岁解** | | | |
| 太仓余盐银(两) | | | 120000.00 |
| **岁派** | | | |
| **宣府镇** | | | |
| 盐(引) | | | 75525.00 |
| **大同镇** | | | |
| 盐(引) | | | 37376.00 |
| **蓟州** | | | |
| 盐(引)[2] | | | 67906.00 |

**甲表 115**　　　　　　　　　　　　　　**山东盐运司**

| 胶莱分司 | 滨乐分司 |  |  |
|---|---|---|---|
| 信阳场盐课司 | 官台场盐课司 |  |  |
| 涛洛场盐课司 | 固堤场盐课司 |  |  |
| 石河场盐课司 | 王家冈场盐课司 |  |  |
| 行村场盐课司 | 新镇场盐课司 |  |  |
| 登宁场盐课司 | 宁海场盐课司 |  |  |
| 西由场盐课司 | 高家港场盐课司 |  |  |
| 海沧场盐课司 | 丰国场盐课司 |  |  |
|  | 永阜场盐课司 |  |  |
|  | 富国场盐课司 |  |  |
|  | 丰民场盐课司 |  |  |
|  | 利国场盐课司 |  |  |
|  | 永利场盐课司 |  |  |
| **洛口批验所** |  |  |  |

---

[1]原书在长芦盐运司项目中，标明"原书此处缺半页"，此处缺页只影响该运司所属盐课司名称，不影响数据。
[2]原书此处注：以上每引价银 0.2 两。

| 行盐地方 | | | |
| --- | --- | --- | --- |
| 济南府 | 青州府 | 兖州府 | 东昌府 |
| 登州府 | 莱州府 | 东平府 | 开封府 |
| 徐州 | 邳州 | 宿州 | |
| 山东盐运司 | | | |
| **原额**（洪武年数） | | | |
| 大引盐(引) | | | 143387.00 |
| **现额**（万历六年数） | | | |
| 小引盐(引)[1] | | | 96110.00 |
| 常股盐(引) | | | 86110.00 |
| 存积盐(引) | | | 10000.00 |
| **岁解** | | | |
| 太仓余盐银(两) | | | 50000.00 |
| **岁派** | | | |
| **辽东镇** | | | |
| 常股盐(引) | | | 42500.00 |
| 存积盐(引) | | | 5000.00 |
| **山西神池等堡** | | | |
| 常股盐(引) | | | 43610.00 |
| 存积盐(引)[2] | | | 5000.00 |

## 甲表116　　　　　　　　　　福建盐运司

| 上里场盐课司 | 浯州场盐课司 | 海口场盐课司 | 牛田场盐课司 |
| --- | --- | --- | --- |
| 惠安场盐课司 | （水丙）州场盐课司 | 浔美场盐课司 | |

| 行盐地方 | | | |
| --- | --- | --- | --- |
| 福州府 | 兴化府 | 泉州府 | 汀州府 |
| 漳州府 | 邵武府 | 建宁府 | 延平府 |
| 福建盐运司 | | | |
| **原额**（洪武年数） | | | |
| 大引盐(引) | | | 104572.00 |
| **现额**（万历六年数） | | | |
| 大引盐(引) | | | 104340.00 |
| 上里海口牛田附海盐(引)[3] | | | 6550.00 |
| 上里海口牛田依山盐(引)[4] | | | 33554.00 |
| 惠安场盐(引)[5] | | | 7352.00 |
| 浔美（水丙）州浯州三场盐(引)[6] | | | 56883.00 |
| **岁解** | | | |

---

[1]原书此处注：原小引盐 145614 引，除折布民佃灶地盐引外，实开边小引盐 126110 引。隆庆四年，御史苏士润奏，量停存积盐 30000 引，现开小引盐 96110 引 19 斤 5 两 9 钱。
[2]原书此处注：以上每引价银 0.15 两。
[3]原书此处注：每引银 0.3 两。
[4]原书此处注：每引银 0.25 两。
[5]原书此处注：每引银 7□。
[6]原书此处注：每引银 0.05 两。

| 太仓银(两) | | | 22200.10 |
|---|---|---|---|
| 泉州军饷银(两) | | | 2344.20 |

**甲表 117                                    河东盐运司[1]**

| 解盐东场 | 解盐西场 | 解盐中场 | |
|---|---|---|---|
| **行盐地方** | | | |
| 西安府 | 汉中府 | 延安府[2] | 凤翔府 |
| 怀庆府 | 河南府 | 汝宁府 | 南阳府 |
| 平阳府 | 潞安府 | 泽州 | 沁州 |
| 辽州 | | | |
| **河东盐运司** | | | |
| 原额（洪武年数） | | | |
| 盐(斤)[3] | | | 60800000.00 |
| 现额（万历六年数） | | | |
| 小引盐(引)[4] | | | 620000.00 |
| 太汾等处盐票税银(两) | | | 4395.90 |
| 岁解 | | | |
| 宣府镇银(两) | | | 76778.56 |
| 大同代府禄粮银(两) | | | 43113.00 |
| 山西布政司抵补民粮银(两) | | | 74259.00 |
| 太仓银(两)[5] | | | 4395.90 |

**甲表 118                        云南黑、白、安宁、五井盐课四提举司[6]**

| 黑盐井盐课提举司 | 白盐井盐课提举司 | 安宁盐井盐课提举司 | 五井盐课提举司 |
|---|---|---|---|
| 黑盐井盐课司 | 白盐井盐课司 | 安宁井盐课司 | 师井盐课司 |
| 阿陋猴井盐课司 | | | 诺邓盐井盐课司 |
| 琅井盐课司 | | | 山井盐井盐课司 |
| | | | 大井盐井盐课司 |
| | | | 顺荡盐井盐课司 |
| | | | 鹤庆军民府剑川州弥沙井盐课司 |
| | | | 丽江军民府兰州井盐课司 |
| | | | 武定军民府和曲州只旧井河头井草起河尾井 |
| **行盐地方** | | | |
| **本省十二府各州县** | | | |
| **原额（洪武年数）** | | | |

---

[1] 原书此处在河东盐运司项目前，注明："原书此处有缺页"，所缺为福建盐运司沿革事例的内容，不影响数据。

[2] 原书此处注："隆庆四年，御史部永春题改食池盐。"

[3] 原书此处注："折该小引盐 304000 引。"

[4] 原书此处注：每引价银 0.32 两，共银□□□□ 7372 两，内 3200（此处缺 10 个字）原解河东运司转解宣府，隆庆四年，御史部永春题改食池盐，就近改解延绥镇，将延绥年例银抵补宣府。

[5] 原书此处注："系票税银。"

[6] 原书此处注："云南盐运司项目前，原书注明："原书此处有缺页"，所缺为河东盐运司沿革事例、陕西灵州盐课司、广东海北盐课二提举司以及四川盐课提举司的全部内容。"

| | |
|---|---|
| 盐(斤) | 1827877.00 |
| 五井提举司折棉布（段） | 720.00 |
| **现额**（万历六年数） | |
| 盐(斤)[1] | 1827877.00 |
| **岁解** | |
| 太仓盐课银(两) | 35547.37 |
| 遇闰该银(两) | 38528.97 |

---

[1]原书此处注：五井提举司棉布每段折银 0.045 两，每银 1 两折盐 1 引。

## 盐法沿革事例

### 两淮盐运司

洪武元年，置两淮都转运盐使司，岁办三十五万三千五百七十六引一百斤，每引重四百斤（是为大引）。

二十三年，定灶户每丁岁办小引盐一十六引，每引重二百斤，共岁额七十万五千一百八十引（是为小引，内水乡不谙煎煮，岁征银一千八百二十九两九钱，当盐九千一百四十九引一百斤）。

正统二年，刑部侍郎何文渊题：准将本年兑运米麦数内，存留七万石，分拨附近州县收贮，灶户煎剩余盐，运赴本场官收，每一小引比客商中纳米数，就近关支米麦二斗。

正德七年，御史朱冠题：两淮水乡灶丁，每岁该办盐九千一百四十九引，每引纳工本银三钱五分，解送运司给散煎办灶丁，今纳办不前，乞每引减旧额，征银二钱，年终运司征完解部。本部复准。

嘉靖十四年，御史徐九皋题：乞正盐议以一法守。本部复：两淮正余盐共五百五十斤，内二百八十五斤，连包索为正引，开边报中。二百六十五斤为余盐，每二百斤，淮南价银六钱五分；淮北价银五钱。其余六十五斤，通融另算，均作二百斤之数，照前减纳银两施行。

二十八年，御史陈其学题：乞减盐价，以舒商困。尚书夏邦谟复：准余盐二百六十五斤，淮南征银七钱，淮北征银五钱，解部济边。

三十二年，都御史王绅题：要将解京割没银两，量扣留八万二千八百五十八两五钱六分，作为工本，每引淮南定价银二钱五分，淮北定价银二钱，收买余盐三十五万引，同额课共一百零五万余引，俱作正盐开中搭中，每正盐一引，许带余盐二百六十五斤，仍在运司纳价照旧，正余五百五十斤作一包支掣。尚书方钝银：行该运司及富安等三十场灶户，分为上中下三则，将收买工本盐三十五万引分派办纳，商人每中额盐二引，带中工本盐一引，照依正盐定价，上纳本色粮草。

四十一年，御史徐爌题：两淮商灶俱困，乞止解余盐银六十万两，其新增工本盐银三十万两，尽行革去。尚书高燿复：准以后年分，照依所议，每岁征银六十万两，限二次起解。

四十四年，御史朱炳如题：乞将两淮工本盐引，尽行停革。尚书高燿复议：工本盐中间虽有报纳，而正盐未免停积，合将工本盐三十五万引暂停。

万历五年，尚书殷正茂题：各镇盐引，先因两淮堆盐壅滞数多，暂停存积十万五千七百余引。今既盐法疏通，合照原议，照旧开中两淮存积常股盐共七十万五千一百八十引。

七年，御史董光裕条陈，尚书张学颜复准。

一清理引目。合行两淮巡盐御史督行运司，以后将领到引目号簿商人领出分拨毕日，即于簿内填写边商、内商姓名，缴司收库，至掣盐之时，商人投引，司官比对字号相同，方准掣支。若商人不缴号簿，及查对不同，就将引盐追没，仍行究治。移咨南京户部将竹纸号簿，易以呈文绵纸，字号俱要明白，以便比对，以别真假。通行各运司，一体遵照施行。

一严立程限。合行两淮巡盐及南京盐政道御史，遇有商人载盐上船，各定水程限期。仪真起程，运司照依船册次序，每船给限票一张，明注某日抵关，酌量远近及有无风阻等情，或五日、十日、半月，明注票内，呈巡盐御史。每次将盐册限期牒送盐政道稽考放行，违者计日罚治，仍听该道酌量，湖广、江西地方远近换给限票，备行两省盐法道，一体稽考处治。

一禁革食盐。合行两淮巡盐御史，通行淮、扬二府，除逼近盐场州县，听其以米易盐，止许肩挑背负，不许多捆大包外。如扬州府属江都、仪真、高邮、泰兴等处，淮安府属山阳、宿迁、邳州、睢宁等处，原派官盐一千引者，止派五百引；原派五百引者，止派三百引。责令各州县金选殷实铺户，前赴仪淮二所架下分买掣过单盐，运到本处折卖军民食用。如或不敷，就将缉获私盐，每斤定价四厘，许卖凑食。仍行各州县掌印官，将铺户领过随盐引目，盐尽即行缴报，不许纵容奸商影射稽迟，以滋弊端，如违，听巡盐御史参究。

## 两浙盐运司

弘治二年，侍郎彭韶奏：两浙盐课二十二万三千三百余引，内除水乡折银三万余两，实盐一十七万九千四百余引，又内除一半折银五万五千五百余两，实盐八万九千七百余引。已将解京折价，浙西每引减银一钱，浙东减银一钱五分，足补工本钞贯。其水乡亦乞照浙西事例，每引减银一钱，止纳六钱。及将煎办存积盐课俱要本色上纳，其常股盐课，每引折银三钱，候商到支给，收买勤灶余盐。尚书李敏复准。

正德九年，御史师存智题：准两浙盐每引二百斤，许带余盐五十斤，连包索五十斤，共三百斤为一引。

嘉靖九年，御史陈世辅题：两浙引盐，成化年间，一半折价解京，一半存留听商中卖。嘉靖六年，御史王朝用奏，照两淮事例，每引五百斤秤掣，及将二项额盐俱留，听候边方报中，比之旧例，已增三倍，今若添引之例复行，未免数多壅滞，难为继久。乞将二项盐课照旧，俱留本色开边报中，每引不过三百斤秤掣。尚书梁材复准。

十六年，御史李燧题：两浙运司盐课，免征本色为便，官商不到之处，宜立为山商。铅山、弋阳、贵溪、永丰、靖江、昌化、浦江、武义、东阳、义乌、汤溪、永康、建德、桐庐、寿昌、庆元、宣平、缙云、景宁、云和二十县，盐价颇贵，每程一张纳银六钱；余杭、富阳、临安、新城、嘉兴、秀水、嘉善、崇德、桐乡、德清、武康、诸暨、新昌、嵊县、奉化、泰顺、青田十七县，盐价颇贱，每程一张纳银四钱三分；其仁和、钱塘、海宁、海盐、平湖、山阴、会稽、萧山、余姚、上虞、鄞县、慈溪、定海、象山、临海、黄岩、太平、永嘉、宁海、乐清、瑞安、平阳、华亭、上海、崇明、嘉定二十六县，太仓一州，果系坐场县分，容令灶丁肩挑背负，易卖生理。其修复松江分司，令分司官驻扎督课，委于事体便宜。尚书梁材复：浙江运司引盐，国初原征本色。正统以来，本折中半兼征，后因仓厫倒塌，尽征折银，验商下场买补，至今称便。若使复征本色，不免窒碍难行。其两浙行盐地方，共计三州一百零五县，内官商住卖，仅二州三十五县，其一州七十县所食，皆系私盐，若不□别区处，则盐法益阻，其置立山商，斟酌盐价，编立保伍，修复松江分司，皆于盐法有补，相应依拟。

二十年，御史高對题：台州府长亭、黄岩、杜渎三场引目一票作为一引，每票照盐三百斤，分为六篓，每百斤纳银一钱，人不乐从。合照东阳等十县票盐，每票一张纳银九分，照盐三百斤，民灶皆便。尚书李廷相复准。

三十年，御史宿天参题：乞将该运司给商正盐，每引二百斤外，再加余盐一百斤。连前题准附带余盐五十斤，共一百五十斤，于四批验所赴掣上纳，余盐价银，一年连新旧余盐共得银一十二万余两，其先年御史鄢懋卿议置小票□银，为害甚重，合宜裁革。尚书孙应奎复准。

隆庆二年，都御史邹应龙题：两浙盐课旧例，大盐四百斤，内余盐一百五十斤，纳银三钱。今乞改行三百斤，二百斤为正盐，三十斤为包索，七十斤为余盐，余盐每引纳银一钱四分五厘，每引少银一钱五分五厘。查得岁解余盐银一十□万两，内除水乡没官等银四万五千余两，实二万六千八百五十两。议将内商派引纸张中津桥票税，与各改近便场分买补折色等项，增银补足。尚书马森复准。

六年，御史张更化条陈：一、议行票盐。题称：浙江宁波府所辖鄞县、慈溪、奉化、定海、象山五县，直隶松江府所辖华亭、上海二县，共一十四盐场，俱无住卖商引，又未议行票盐。乞金选居民充为牙埠，置立簿票，每号票一张，照盐三百斤，纳银一钱二分。一、酌收遗税。题称：宁波府地临边海，旧议双桅大船纳鱼税银五两，盐税六钱；其次船只，纳鱼税银一两，盐税二钱。今查大船所用盐不下万余斤，乞要每年捕鱼之时，酌船大小，用盐多寡，每票一张照盐三百斤，征税一钱二分。各同牙埠将应用盐斤赴府递报，行县征税。尚书王国光复准。

万历七年，御史李栋题：清底簿以杜盗冒。尚书张学颜复：准行甘肃、宁夏各巡抚及札付延绥、固原、山西各管粮郎中主事，今后凡遇商人报中浙盐，责令该仓出给仓□□□底簿相同，用印钤盖付本商，随便依限投递运司，其底簿另封付商赍，至管粮衙门挂号，亲执亲投运司，比对仓抄本部发去文簿字号引数年貌，相同即准给价拨引，如有仍前代替，不准给发。

### 长芦盐运司

成化六年，御史林诚题：海盈等十三场，陆路弯远，商人不支盐课，以致堆积，年久消折。乞自本年为始，每盐二大引合为四小引，折阔白布一匹，征解通州通济库交纳，以备折俸支用。岁给折色盐四万五千三十二引一百一斤，共折布一万一千二百五十八匹。本部复准。

嘉靖元年，御史卢琼题：运司所辖场分地方有海滩地一十二顷八十亩，附近灶民用力挑修，共立滩池。乞以十分为率，五分给补逃亡盐课，五分给偿民间工价，如遇大结年分，免其征收。尚书孙交复：准止取三分补纳逃亡额数，七分给与各家，偿其挑浚等费。

九年，御史付炯题：青州分司所属济民、石碑、惠民、归化等四场，离小直沽批验所弯远，商人□盐支掣实难，灶丁盐课倒塌相继。乞令灶丁每盐一引，纳银一钱，给商买勤灶余盐补数，商灶两便。尚书梁材复准。

十七年，御史李乘云题：乞将长芦、山东中支引盐，除余盐包索二百二十五斤外，其正盐二百零五斤，比照淮南正盐则例，加包索四百六十斤，照数掣放。本部复：准量加二十斤于正盐数内，连余盐共四百五十斤。

二十九年，御史赵镗条陈：一议折盐以便征收。要将深州海盈场各该灶户内，除盐山县近场一十三户照旧办纳本色，其余住居真定府衡水县等户，照依济民等场事例，每引纳银一钱，征收解司，候派场给商自行买补。一处课米以便输纳。题称：利国等一十一场岁办课米输纳，近因丰歉不常，征收屡后。乞将各场原征天津等仓课米，共五百二十六石六斗，每石征银五钱，征完赴司类解。一复盐引以充额课。要将深州海盈等一十三场折布盐价银，照旧开边，每盐一引旧例七分五厘，今减一分，征完解司贮库，候商人勘合到司，给领前银，派场买补，赴所告掣。本部复准。

四十四年，御史李文续题：议今秋未派之盐，正余每包止许五百六十斤，正盐二百八十五斤，余盐二百七十五斤。南所纳银三钱九分七厘五毫，北所四钱三分七厘二毫。此外多至二十斤者纳银一钱；百斤以外问徒，没盐入官；二千斤以上，查例发遣。尚书高燿复准。

隆庆三年，御史付孟春题：长芦运司益民、海阜、润国、三叉等四场，户口逃亡，额课数少。要将四场官吏裁革，就近归并阜财、海润、富民、丰财四场管理，代办盐课。尚书刘体乾复：准。

六年，御史田子坚题：张家湾批验所，先年商人运盐到所，每一十引抽盐一斤，放支做工官军。后因各营关支不便，户部议免前盐，止每十引割收银五厘，解部放支。该所别无职事，而见设官吏三员名，縻费俸粮，合行裁革。尚书王国光复准。

万历四年，御史雷嘉祥题：长芦割没盐，商人完纳不前，堆积数多。乞要每没盐三十五斤，定银一钱，责令本商自行上纳。尚书殷正茂复：每没盐三十五斤外，再加五斤，共四十斤，定银一钱，作速征收起解。

五年，尚书殷正茂题：派各边盐银，开长芦常股存积，共一十八万八百八引八十六斤。

**山东盐运司**

宣德五年，本部题：信阳等场坐落莱州等府，舟楫不通，客商不肯中纳，递年收积盐课数多。合将该场盐课，每二大引折阔白棉布一匹，运司委官总催，运赴登州府库交收，备辽东支用。

正统十年，参议黎琎奏：官台场盐课，乞照例折布。本部复：准每二大引折阔白棉布一匹，运登州府库，备辽东支用。

正德三年，御史宇文钟题：信阳等场征收布匹，因无海船运送，年久浥烂，要照涛洛等场折银事例解部，差官转运。本部复：准将西由、信阳、登宁、行村、沧海，并固堤、官台等八场，原折布盐课，每一大引折银一钱五分，运司递年照引征收解部，候辽东给赏官军支用。

七年，御史于敖题：永阜等场逃移灶户遗下盐课，负累运司，乞照依富国等场事例，着落原佃地人户，每年办纳折色银两，每引征银一钱五分，解部备各边年例银两之用。

九年，巡抚赵璜咨称：要将山东运司盐课年分稍远者，每一小引减去银六分，止纳一钱二分；稍近者每一小引减去银四分，止纳一钱四分。原拟辽东银两免解，通留山东，备兵马赈济等项支用。尚书王琼复准。

嘉靖元年，御史郑光琬题：丰国场逃亡灶户遗下盐课灶地，坐落山东武定州、利津等县，民户承佃，该盐课八百四十八引二百三十四斤零。乞照永阜等场事例，将各州县佃地人户办纳折色银两解部。尚书孙交复准。

五年，御史邓显麒题：宁海场逃灶遗下额盐地土，俱系民户佃种，该盐二千二百八十引二百斤，与永阜等场事体相同。乞行运司督催武定、利津等州县查拘佃地人户，照数征纳银两。尚书秦金复：准每盐一引，征银一钱五分，煎销解部。

十七年，御史李乘云题：高家港等各场盐课，原议折银，经久稳便，但价似过多。合将前项纳布折银场分，每布一匹减银一钱，止征银二钱，照旧解部济边。本部复：准照旧征银三钱。

二十九年，御史朱有孚题：高家港一十一场逃移灶丁盐，与宁海等八场正支买补盐，并永阜、丰国等场复业灶户小引盐，乞行尽行开边报中，相兼本色通融，搭派买补掣卖，与前项逃亡折征拖欠银两，各催解带纳。本部复：准自本年为始，将逃移丁盐四万二千七百三十二引，与正支买补小引盐八万三千三百三十九引二百斤零，并复业灶户盐，原开平阴县民佃灶地小引盐一十九引一百斤，原开行海丰县民佃灶地盐八引二十九斤，共一十二万六千一百一十引零，定价开派辽东、山西等处召商中纳。内除海宁等八场仍征本色，其高家港等一十一场，每引量除盐五十斤，为买补之资，相兼本色通融搭派，许于邻近河道去处。通行买补起运蒲、落二关掣卖。扣足辽东一镇征数外，余俱解部，别给边饷。其远逃地银四千二百六十一两零，见在地银八千八百一十九两，行滨、胶二分司，济、青、登、莱四府，委佐贰官催征近逃地银六百四十八两零，根究得业之人照数办纳，并节年拖欠折布与民佃灶地银两，陆续追收，俱解辽东支用。

隆庆二年，都御史庞尚鹏条陈：一山东运司先年奉例将官台等场盐四万引，议行永利等八场买补，以致盐法积滞。又新例增添大包每引至五百六十斤，商人告病。乞将买补四万引，暂停开边，其掣盐每引系正支者五百斤，系原额八场买补者四百五十斤。每年应掣一十二万六千小引中，共增出二万三千五百五十四引，每引俱四百五十斤。纳余盐银三钱二分零，共银七千六百六十三两，除将六千四百九两零解部发边外，尚欠银一千二百五十二两，一体解部。一要将先年题准官台等十一场岁额折布盐课给票纳银事例，详查灶户贫富，分别上中下三等丁银，除额办正课外，每年上丁纳票银二钱，中丁一钱，下丁五分。其票户各给三张，以便分行执照行盐地方发卖，不得侵越，凡挂号截角，一切繁文通行裁革。各衙门原捕私盐额数，尽行豁除。一民佃灶地盐，正德七年奉例，每引折征银一钱五分，共银四千二百三十九两五钱四分零。乞行盐法道查开数目，分各该管粮官刻期完解。尚书马森复准。

四年，开派各边常股存积盐，共一十二万六千一百一十引一十九斤五两零。

本年御史苏士润题：山东买补盐四万引，原系逃灶虚课，宜永罢开中。其开边旧额，即以增引银，抵补官台等十一场领票不拘灶户，仍听各衙门稽考。尚书刘体乾复：准量停三万引，其一万引开边官台等十一场督行运司，每票以六百斤为率，除正课外，另票银一钱，其支运卖盐等项，悉听巡盐御史督令各衙门查考。

五年，御史苏士润题：本省盐票银，乞以各府盐价为差，济、青盐价颇高，票定银一钱五分；登莱盐价甚贱，票定银七分。每季终该府类解运司济边。尚书张守直复准。

本年尚书张守直题：山东买补盐四万引，照依御史苏士润所奏，量停存积三万引。兹预开六年各边常股存盐共九万六千一百一十引一十九斤五两零。

万历五年，尚书殷正茂题：预派六年各边额盐，并补岁用不敷盐银，开山东常股存积盐共九万六千一百一十引一十九斤五两。

### 福建盐运司

正统十三年，运使严贞奏：要将浔美、氵丙州二场盐课全为折米。本部复：上里、海口、牛田、惠安四场照旧办纳本色，其浯州场全折粮米，浔美、氵丙州二场三分办纳本色，七分折米，每引折米一斗，送附近卫所官仓交纳已经奏准。今福建盐课中纳者少，合将浔、氵丙、浯三场盐课共五万六千八百八十三引，俱准全折，每引折米一斗，派纳泉州府附近永宁卫，并福全金门等所仓，听给官军月粮。

弘治十六年，御史陶照题：将惠安场盐七千三百五十二引，每引征银七分，共银五百一十四两五钱，解部济边。各场灶户滨海谙煎晒者，陆续输官；其依山不谙煎办者，官为收买，付与总催给散谙煎者代纳盐斤。

正德四年，运司议：将上里、海口、牛田三场盐共四万一百引零，于内盐户八分依山者，每引征银二钱五分，二分附海者征办本色。开中之时本色价银兼支。本部议得：该省报中人少，今后依山价银不必支商，将附海本色逐年变卖解部。

十二年，本部题：将上里、海口、牛田三场附海盐课六千六百五十引二百五十斤一十二两，每一引折二小引，每引二百斤，就于本处召商，照例每引纳银三钱，解部济边。

本年御史王玠题：附海盐课不必边方开中，就于本省召商中卖，其依山征价，及惠安场折银，每年终通类解部给边。本部复准。

嘉靖九年，布政使钱宏奏：浔美场盐户办纳本色课米，委系偏重，相应每石折银五钱，该正银一千六百八十两五钱八分外，每石加耗修仓银三分，该正耗共银一千七百八十一两四钱一分，追解泉州，贮库支放，其浯州、氵丙州二场仍旧折米。

十年，御史方涯题：福建官盐仍以二百五斤为一引，每引一道照包正盐一引，并割出余盐若干，不必给以小票，每包许带余盐二斤，正盐止照原价三钱，余盐定价四钱。尚书许瓒复：准。

十九年，御史包节题：浯、氵丙二场盐课，旧皆折米。弘治十六年，将惠安场盐课，比照浯州等场，每引折银七分，该银五百一十四两解部。嘉靖九年，又将浔美场盐米正耗每石征价五钱，该银一千六百八十两五钱，每石加耗收仓银三分。因十五年运司呈议二场原额盐课数少，每石加银一钱，折银六钱。数年以来二场灶户告累，合比照浔美场事例，每石折价银五钱，以备军士间月支用。尚书梁材复准。

万历二年，巡抚刘尧海题：设运判一员，驻扎黄崎分司，将黄崎分司运副移驻水口，运同移驻泉州，专督理泉、漳二府盐务，给票抽税，每盐三千斤定税一钱五分，浔、浯、氵丙、惠四场，除灶户原晒盐场不课，其新涨海滩，民间擅自开晒者，通行计坵，照依漳浦、诏安二县，认课征银。惠安场岁征课银，仍旧解部。其浔、浯、泖每引复加二分，与给票抽税，及漳浦、诏安等县，浔、浯等场新设坵税，俱作该省军饷之额，待海上撤兵，起解济边。

（原书注明：原书此处有缺页。）

## 河东盐运司

弘治二年，御史黄珫奏：本运司旧设解盐东西二场，岁办盐三十万四千引。成化二十二年，增课一十一万六千引，添设解盐中场仓，合铸降印信。本部复准。

正德八年，御史张士隆题：乞将本运司盐课额办四十二万引外，另捞二十万引，召商于偏头等关中纳粮草，将原派仓场粮草，照数扣除，以补拖欠禄粮之数。尚书孙交复准。

嘉靖二十七年，御史陈炌题：乞开除新添余盐银，以便完解。本部复：准四十二万引系是正额，折以今价三钱二分，得银一十三万四千四百两，内除解宣府八万两年例外，仍剩银五万四千四百两，当解布政司抵补民粮，其余二十万引之数，亦难议减，但以时价每引三钱二分计之，可得银六万四千两。外少原拟价银二万五千三百五十两，是为虚数。合将六万四千两，并正额剩银五万四千四百两，共一十万八千四百两，内将四万三千一百一十六两八钱，径解大同府，补王府欠禄，其余七万五千二百八十三两，俱解布政司抵补民粮及王府禄粮，各王府不得另行奏讨，径自支取。

三十二年，御史宋仪望题：乞酌处余盐。尚书方钝复：准以后河东盐引，革去余盐名目，定以六十二万为额，除宣、大二镇及各项食盐照旧起解，其余拨补先年额欠消折等盐，所中银两一体解部，听解宣、大、山西，专备主客兵年例支用，运司文册□余盐通行归并。

（原书注明：原书此处有缺页。）

准照上中下场例，□□多寡，许令灶丁多开小井，以补塌井逃丁之数，不必加增。其保宁、重夔、嘉潼等处窎远，商人赴提举司告给小票不便，亦令增加引票，酌定张数，分发五府州县，就近告给。

万历二年，巡抚曾省吾题：该省盐课井多塌废，灶丁逃亡，征办不前。乞将额课银七万一千四百余两内，止岁征银四万七千五百二十一两零，其减少银二万三千九百四十二两零，免派灶民，将议增商人引票税银抵补，仍将各州县议减并实征数目，刊入赋役册内，俾各遵照办纳。尚书王国光复：准该省盐课系济边正项，其不足之数，依拟量增票引，征收税银，以抵课额。如或不敷，务要严令各州县将新开小井，逐一报官，尽数收取，以充原额。

## 云南

天顺六年，大井盐课司奏：诺邓盐课司岁办盐一百四十三引零，大井盐课司岁办盐一百三十一引零，顺荡盐课司岁办盐三千三百六十九引零，盐少官多，合行裁革。本部复：准将诺邓井、大井各裁革副使一员，顺荡井裁减流官副使一员，存留土官副使一员。

正德八年，巡抚洪远题：安宁盐课，乞每引折银九钱，征解布政司贮库备边。尚书孙交复准。

嘉靖八年，巡抚欧阳重题：云南盐引，每年合置流通簿一本，编号割付该布政司收掌，每年公同本司盐法官，将四提举司岁办井遇闰增办盐课召商，估纳时价，银两贮库备边。尚书梁材复：准自本年为始，差人赴部赍领流通文簿，仍赴南京户部印编，岁额五万六千九百六十五引，遇闰六万一千五百七十八引，召商开中，巡抚官斟酌井盐美恶，地里远近，定拟价银，收布政司，听候本部取用，以后倒换文簿，并印编引目，率以为常，一切批文小票悉革不用。

三十三年，主事陈惟举题：乞将黑、白、安五、弥沙、兰州、旧河尾等井盐课，革去成色虚数，尽折纹银。其五井提举司额办布匹，原解大理府搭放官吏俸钞，今将折俸另处补给，其漂布每段折银四分五厘，每银一两折盐一引，俱作正课。及续增、新增、加办、加闰、复开、河头等井，每岁共该银四万三千三百三十四两六钱零，无闰止该银四万五两六钱零。其安宁、顺荡二井卤水枯淡，灶户每告赔累，乞要勘处，著为定额。本部复：安宁、顺荡二井，再行勘处，余悉照本官所议。

三十五年，巡抚周采题：安宁、顺荡二井卤水枯淡，额课虚悬。今议将安宁井原额引盐，摘拨琅井带办八十七灶盐，每引折银七钱三分，轮拨三十六灶，每灶每月领卤二百一十桶，折纳银一两六钱八分零。安宁井实在盐每引减折征银四钱五分，顺荡井给商本色盐，每引征银八钱，备边折色盐每引征银一两，实征盐课无闰该盐四万七千三百八十二引一百四十九斤一十四两九钱，共银三万五千七百一十九两一钱三分零。遇闰该盐五万一千三百三十一引六十二斤六两零，共银三万八千七百六十两七钱零，俱解太仓。其山井并新开石门关三井盐课，递年赴本提举司完纳不缺，听其照□征纳。石缝、河边、骆马三井，官攒供应难办，应将官攒裁革。本部复：准。

臣等谨按：我朝盐法，设转运司者六，提举司者七，而盐课司不与焉。统计大小引目，凡二百二十余万，解太仓银百万有奇，输各镇银三十万有奇，利亦大矣。顾闽广二省，课额无多，井池二盐，涝办亦易；长芦、山东之产，价廉而课常充；所虑者，独两淮、两浙间耳。夫淮盐居天下之半，浙次之，而征纳之艰，两地一律。盖淮盐困于守支，而浙盐盛于私贩，利多故弊多，无足异者。今诸臣建议，部复规条，巨细详备，当事者能从实遵行，严加清核，毋容奸宄阻乱成规，则边饷国储永有赖矣。

## 《万历会计录》卷四十　茶法

茶法目录
河州茶马司（洪武七年建）
西宁茶马司（洪武三十年自秦州改建）
洮州茶马司（永乐九年建）
甘州茶马司（初建无考，正统八年裁革，嘉靖四十二年复设）
批验茶引所（永乐六年建，嘉靖三十六年自徽州改移内水江，仍隶徽州）

甲表 119　　　　　　　　　　　　　　　　　课茶

| 陕西[1] | 初 | 见今 |
| --- | --- | --- |
| 茶课（斤） | 26862.97 | 51384.84 |
| 四川[2] | | |
| 茶课（斤） | 1000000.00 | 158859.00[3] |
| 折色（斤） | | 336963.00 |
| 共征银（两） | | 4702.08 |
| 内存本省赏番银（两） | | 3105.55 |
| 实解陕西巡茶衙门易马银（两）[4] | | 1596.53 |
| 商茶[5] | | |

---

[1] 原书此处注：弘治十八年，新增 24164 斤，共 51026.97 斤；现今茶课 51384.84 斤，系汉中府属金州紫阳石泉汉阴西乡五州县岁办分□各茶马司。

[2] 原书此处注：后减为 843060 斤，正统九年减半攒运，景泰二年停止。成化十九年，奏准每岁运 100000 斤。

[3] 原书此处注："本色存彼处衙门听候支用。系石泉建始长宁等县，并建昌天全乌蒙镇雄永宁，九姓土司办纳。"

[4] 原书此处注：系保宁府属巴州、通江、广元、南江四州县解纳。万历六年，巡茶御史李时成册报：新收银 1694.69 两。

[5] 原书此处注：每岁招商报中，原无定数，大约先后以 600000 斤、800000 斤为率，酌派各司，令商自运，取其半入入官，与课茶相兼易马，余悉给商货卖。每 1000 斤许带附余茶 50 斤。

## 茶法沿革事例

洪武初，令陕西洮州、河州、西宁各该茶马司收贮官茶，三年一次，差在京官赍捧金牌信符，往附近番族，召番对验纳马酬茶，原额牌四十一面，上号藏内府，下号降各番，篆文曰：皇帝圣旨（左曰：合当差发，右曰：不信者斩）。洮州火把藏思囊日等族牌六面，纳马三千五十四；河州必里卫二州七站西番二十九族牌二十一面，纳马七千七百五匹；西宁、□□、罕东、安定四卫，巴□□□申藏等族一十六面，纳马三千五十四。先期于四川征茶一百万斤，官军转运各茶马司（国初纳马番族，后因北虏抢杀，所存无几。查今四茶马司易马番人头目等，又与嘉靖间同异不一。初定茶禁，凡诸人犯私茶，与私盐一体论罪。陕西、四川有以私茶出境斩，关隘不觉察者处极刑。民间畜茶不得过一月之用，茶户私鬻者，籍其园入官。又令陕西金州、石泉、汉阴、西乡等县茶园，每十株官取一分，其民所收茶，官给价买。无主者，令守城军士薅培采取，以十分为率，官取八分，军收二分。每五十斤为一包，二包为一引，有司收贮）。

五年，令四川产茶地方，照例每十株官取一分，征茶八两，无主者，令人薅种，以十分为率，官取八分。

本年又令碉门、永宁、筠连诸处所产剪刀粗茶，令立局征税，易换红缨、氆衫、米布、椒蜡，以备官用，其民所收茶，照江南茶法，于所在官司给引贩卖。

七年，建河州茶马司。

二十一年，令差人闸办天全六番招讨司茶课。

二十三年，定茶易马，上等马每匹一百二十斤，中等马每匹七十斤，下等马每匹五十斤。

三十年，自秦州改建西宁茶马司。

本年钦奉诏书：朵干乌思藏长河西这一带西番，自来将马出来换茶。近年因贩私茶出境的多，以此不将马出来。户部便出榜去，但通接西番经行的关隘、偏僻的小路，着都司差拨官军三四层，严谨把守巡视。但有将茶私出境外，就便拿解赴官治罪，不许受财放过。又须穷究何处官军地方放过，治以重罪。但有茶都积下，教西番那里依旧将马出来，换与他茶，钦此。

本年令自三月至九月，每月差行人一员，于陕西河州、临洮，四川碉门、黎雅等处，省谕禁约私茶。又令四川成都、重庆、保宁三府，及播州宣慰司，各置茶仓贮茶，以待客商纳米中卖，及与西番易马。

永乐六年，钦奉诏书：陕西、四川地方，多有通接生番经行关隘与偏僻小路。洪武年间，十分守把严谨，不许放过缎匹、布绢、私茶、青纸出境，违者处死。如今关隘上头目军士多不用心守把，设法巡捕。往往透漏缎匹、私茶出境。凭户部再出榜文，晓谕禁约，还差人去说与都司、布政司、按察司。着他勤勤的差的当人去各关上，省会把关头目军士，今后务要用心守把，设法巡捕，不许透漏缎匹、布绢、私茶、青纸出境，若有不听号令，仍前私贩出境，拿获到官，定将犯人与本处不用心把关头目，俱各凌迟处死，家迁化外，货物入官。如私贩之人同伴，有能自首，免罪给与重赏。钦此。

本年，建批验茶引所。

九年，建洮州茶马司。

十三年，差御史三员，巡督陕西茶马。

洪熙元年，令四川保宁等府所属茶课，照洪武年间例办纳价买，民茶尽行罢免，官仓见积茶数堪换马者，仍留支用。芽茶依当地时价作官吏俸钞支销，其不堪换马叶茶，具奏复验烧毁。

宣德四年，令免茶户徭役。

五年，镇守都督同知刘照奏：征收河州、西宁、洮州马匹，合用价茶六十五万斤，例该明年比对金符，乞预攒运四川茶课。本部复：准运河州茶马司茶三十五万斤，西宁茶马司茶一十五万斤，洮州茶马司茶一十五万斤。

八年，陕西金州石泉县奏称：本县自永乐十二年至宣德元年，在库茶课一万一千四百五十三斤零，盘过堪中换马叶茶三千七十五斤，拣下湑烂叶茶八千三百七十八斤，乞照例烧毁。本部复：准。

十年，本部题：准每三个月一次，取差行人前去巡茶，禁约先差人员，务待后次差人到彼，更替回还，后次人员直往省谕，九月终回还。

本年本部题：准开中茶盐，不分官员军民人等，俱许四川成都、保宁等处官仓关支官茶，每一百斤与折耗茶十斤，自备脚力，运赴甘州支与淮浙官盐八引，运赴西宁与盐六引。

正统元年，都御史罗亨信题：四川运茶客商，多将所关官茶运至凤翔、巩昌等处，卖与官舍军民人等，内有势豪之家，假公擅起官军运往西宁、河州，潜通熟识，与西番买马，茶尽复回收买，所运茶课，五七年未纳，以致私茶日多，官茶日贱。乞行查究禁约。本部复：准将运茶支盐事例停罢。

二年，镇守西宁都指挥佥事金玉奏：请运茶牧马。本部复：□□等处转运粮饷军民骚□□官运茶，恐边储有误。奉圣旨：边储要紧，且罢。待灭贼之后，再来说了整理。钦此。

四年，四川布政司咨呈：播州宣慰司茶课，系是高树大叶苗茶，番人不认，不堪易马，奉勘合烧毁。以后茶课合照洪武年间事例，折收钞贯，本司永丰仓收贮，出给通关，茶仓衙门照例裁革。本部复准。

五年，陕西按察司奏：查勘过各处客商原关茶斤，除已纳获通关外，内有纳欠一半，有无纳者。乞行各商原籍按察司及巡按御史，就彼提问追茶。尚书刘中敷复：准追茶完足，差人押赴原定茶马司，纳取无欠通关缴报。

六年，镇守总兵官任礼等题：甘肃茶马司收贮官茶年久，即今马贵茶贱，别无支销。要将宣德十年以前，并正统元年分叶茶，每一斤作粮一斗，给本省行都司并甘肃左等卫所官员折俸支用。尚书刘中敷复准。

七年，四川布政司等衙门奏：会议得夔州府属与保宁府属课茶，洪武年间径运至秦州茶马司，后改西宁茶马司。永乐间，将保宁所属茶课，置仓收贮，候军夫关运，其夔州府属一向径运，递年不完。要将该府属茶课，自八年为始，亦运赴保宁府仓，一体关运。其七年、六年该征并拖欠之数，仍令径运茶马司。本部复准。

八年，陕西汉中府金州知州王道言奏：本州芽茶在库湑烂。乞将前茶买办春秋祭祀等物，或折官吏俸钞。其正统七年以后，每芽茶一斤，折收叶茶二斤，运西宁茶马司收贮易马。本部复准。

本年都御史曹翼题：正统二年至五年，茶叶在库湑烂。乞每斤作粮一斗五升，准折官员俸粮。本部复准。

九年，镇守西宁、罕东、安定等卫都指挥佥事汪清奏：西宁各族番民，例该三年一次收纳差发马匹，今照九年例，该比对金符。乞预差官前去四川运茶。本部复：奉圣旨，差丁铉、吕泰去。钦此。

本年刑部等衙门右侍郎等官丁铉等题称：起□□□□□□□□茶四十二万一千五百三十斤，陆续运赴陕西接界褒城县茶厂，但西安等府卫旱伤，欲候下年丰收攒运。奉圣旨：茶马要用着丁铉、吕泰、同徐亨，及陕西三司官，每从长计议，于军民殷实有丁之家内，起情军夫，设法陆续攒运，酌量于附近有粮去处，给与口粮接济，严督军卫有司管运官，好生抚恤军夫，不许一毫科扰及生事逼迫，违了的，重罪不饶。仍将攒运方略，据实奏来。钦此。

本年右侍郎丁铉等会议：将减半今运茶斤，照依上年事例，陕西都司运三分半，布政司运六分半，除都司所属延安、绥德等八卫，并延安府属葭州等六州县俱临边境，不起倩军夫外，其余有司军卫酌量起倩，共该军夫一万五百三十八名。汉中府属，并宁羌、汉中二卫，与襄城县茶厂附近口粮不支，西安等府并西安左前等卫灾伤去处兼路程弯远，每军夫一名，于所在府州县官仓给口粮三斗，平凉、临洮、巩昌、凤翔、金州等五府州并平凉、临洮、巩昌、河州、秦、岷州、洮州、金州等卫所路途稍近，每名给口粮二斗，俱直抵襄城县茶厂。关茶之日，就彼处并沿途官司，仍日支口粮一升，运至各茶马司住支。

十四年，停止茶马金牌后，每岁遣行人四员巡察私贩，自潼关以西至甘肃等处，通行禁革。

本年都御史马昂奏：陕西行都司地方田禾不收，军民饥窘。要将该征茶马停候丰年另行。兵部议复：奉圣旨，不准他说，止照旧行。本部会同兵部议：请差京堂官二员前往四川，催茶攒运。合用军夫照往年事例，运赴接界，交与陕西军夫转运各茶马司交收。奉圣旨：是。着汤鼎、张如宗去。钦此。

景泰元年，镇守太监刘永诚题：甘肃地方番汉军民俱各艰难，又系边务方殷，贼寇扰攘之际。乞将茶马暂停，候边务宁息，另奏定夺。尚书金濂复：准行四川、陕西都、布二司，会同汤鼎等将原收茶斤，除运到茶马司者交收外，运至中途者，于在官仓交收，已出仓未运者，仍送本仓，听候攒运，汤鼎等就便回京。

二年，本部题：陕西、四川地方虽称盗贼稍息，人民犹未安泰。乞□□二布政司□上年事□□官巡视关隘，禁约私茶，罢差行人。

五年，本部题：准照例差行人二员，往四川、陕西禁约私茶。

本年令各处军民人等挑担驮载私茶者，盘获茶货车辆头匹入官，牙行及停藏之家，俱依律治罪，巡捕人员受财纵放者，一体究问。将引照茶卖毕，缴所在官司，送各该批验所类解本部查销。过期不缴者，批验所每季查商名贯址引由数目，开报合干上司，转行各该巡按御史，按察司提问追缴。

天顺二年，令凡番僧夹带奸人，并军器、私茶违禁等物，许沿途官司盘检茶货等物入官，伴送夹带，人送所在官司问罪。如番僧所至之处，各该衙门不即应付纵容收买茶货，及私受馈增改关文者，听巡按御史，按察司官体察究治。

成化三年，陕西巡抚项忠条陈：一议茶马。乞照准浙巡盐事例，暂差风力御史一员，周年更替。茶禁既严，番人自必用马易茶，许将官茶就附近城垣与之互市。茶久不堪者，酌量增添，马匹足□，茶无壅滞，御史停止，仍差行人。一议茶课。要将汉中府属在库茶斤，俱各盘检，堪中者照时价变卖银布之类，不堪者给民肥田，变易钞贯。今后岁办茶斤，每百斤从轻量收银五钱，无银折收丝绢等物。待西番平定用茶之日，仍令输办本色。尚书马昂复：岁办茶课，暂权宜折收银布，难便着为定规，候边事少宁另议。其三年一次差官运茶入番易马，及差行人禁约私茶，俱系旧制，未敢擅便定夺。奉圣旨：是。茶马事，且着御史去整理。钦此。

五年，巡茶御史马进题：各茶马司茶斤数少，不勾招易。要将本布政司收贮银布，委官收买茶斤。又该巡抚马文升查勘，事有违碍，难准收买。要将金州等处岁办茶课，自六年为始，仍收本色。尚书杨鼎复准。

七年，给事中王铨题：四川建昌等卫，递年差行人省谕，不过虚应故事。乞查照陕西事例，着监察御史或布、按二司分巡官禁约。本部复：准行令四川按察司，着落分巡官，照例亲诣碉门、黎雅等处各该关隘，往来省谕守把官军人等，严加禁约，每岁更替，将捉获过私茶数目报司具奏。

十年，延绥巡抚余子俊奏：借支官银一万两，委官前去湖广襄阳、武昌、宝庆等处，买

828

茶二十万斤，易换番马，送榆林城给饷。尚书杨鼎复：汉中府见有茶斤可买，粗细相搭，计银一两，可买一百斤，就于榆林、绥德二库，共支银五千两，往该府产茶去处收买，候秋成，于领马军人名下追银还官，或折作彼处官军俸粮。

十一年，陕西巡抚马文升题：自正统十四年后，金牌事例不行，差行人禁茶，茶法阻壅，及巡抚项忠奏革行人，差御史巡茶，招番易马，私茶少息。但今番人的系马少，似应暂停。乞将巡茶御史取回，仍差行人，及行布、按二司，各委官一员，专一巡禁。再行陕西并河西巡按，带管提督。兵部议复从之（因守备蒋玉奏称：据河州卫呈准，必里卫番官汪来，并国师禅师头目等告称，御史年年收马不便。兵部议行巡抚马文升体勘，故有此奏，是年仍差行人巡茶）。

十四年，兵部题称：巡茶御史停止，按察司官巡禁不专，以致军民专一兴贩私茶，易马之利，尽归迤西守备等官。若私茶严禁，不必招番，彼自争趋易换。乞□□□□□□□□□□□□□敕户部，照旧拟差御史前去严督巡禁，番人果愿中马来则交易，去则不拘，惟以所获私茶为称职，不以马匹数少为急事，如此则奸贪规利之心自然消沮。本部复准。

十五年，差御史汪山巡茶。敕曰：陕西洮州、河州、西宁茶马司三处，旧时收贮官茶，易换番马，以资国用，甚为有益。近年以来，例久不行，多被官员军民人等，兴贩私茶，通同交易，以致官茶阻滞，边方缺马骑操。今特命尔前去申明节次条例，提督都、布、按三司，军卫有司，并守备把隘等官。但系通番关隘与偏僻小路，俱要官军用心巡禁，严谨把截。仍不时亲历点闸。不许官豪势要及军民得过之家，私自兴贩货物，潜入番境通同交易。旧例三年一次招番易马，今可不拘，亦不必招。有愿来者听来交易，所买上中下等第，不分儿骟骒马，俱解陕西，行太仆寺印烙，转送苑马寺牧养。钦此。

十九年，陕西巡抚阮勤奏：将地亩茶课定例，四川每年运二十万斤；湖广运十万斤。尚书翁世资复：查得湖广并无岁办茶课，其四川保宁等府所属茶课，每岁运十万斤，至陕西接界交收，转运各茶司支用。

弘治元年，奏：准凡军卫有司果无私茶，不许分派下人买纳。

三年，巡按陕西御史李鸾题：各边缺马，乞招商报茶。西宁、河州各四十万斤；洮州二十万斤。行陕西布政司给与文引，每引不过一百斤，每商不过三千斤。前去产茶地方收买，运赴原拨茶马司，以十分为率，四分入官，六分听其货卖。总计前茶，可得四十万斤。以茶百斤易上马一匹，八十斤易中马一匹，可得四千余匹，茶斤报满，马匹足数，例即停止。本部复准。

六年，陕西巡抚肖祯以临巩平凉三府岁饥，奏准开中茶一百万斤招商，于三府官仓纳粮备赈。

七年，陕西巡抚题：西凤等七府岁饥，开中茶二百万斤召商，派拨缺粮仓分上纳赈济。

八年，甘肃巡抚许进、郎中杨奇各题：将汉中等府该纳茶斤，或各茶马司见在茶，量拨二百万斤，转运甘肃收贮，开市易马。本部复：准不必易马，查照往年卖茶事例，中茶四百万斤，以资边储。

十二年，巡茶御史王宪题称：开中粮茶数多，小人乘时射利，夹带兴贩。乞将粮茶事例停止。尚书周经复：准倘有地方兵荒，另行查照整理。

十四年，延绥巡抚陈寿题：本镇地方荒歉。本部复：准开中茶四百万斤，召纳粮料草束，分拨急缺仓分。

本年陕西布政使林元甫等奏称：榆林、环庆、固原等处地方，鞑贼不时出没，边饷缺乏。乞将□河、西宁发卖茶斤，量开四五百万斤，召商上纳，价银类解边仓，籴买粮料。本部复准。

十五年，巡茶御史王绍题称：开中商茶致使官势之家阴结近番，私相交易，有坏茶法。本部复：议将已报商人姓名查出拘审，卖尽者追引销缴，未卖者，将在官银帛照原纳粮草补还。如无官钱，许将灵州盐课估计价值，抵数原中茶斤，未报者一并停止，后遇兵荒，不许开卖。奉圣旨：是。茶易马匹，专为备边。着差去御史好生用心整理，务足先年之数，今后再不许召商中茶。钦此。

十六年，南京给事中徐藩、御史夏鏊等题：请取回巡茶御史，一应茶法，悉听督理马政都御史杨一清兼理。兵部议复从之。

十七年，都御史杨一清题：陕西禁茶地方绵亘数千里，伏奸瘦匿。要每年于陕西按察司，拣择风力宪臣一员，常川于临洮府驻扎，巡禁私茶，痛革通番积弊。一年满日，择委一员交代。

本年又题：召商买茶给价疏曰：汉中府产茶州县，递年所出茶斤百数十万，官课岁用之数不过十之一二，若商贩停革，私茶严禁，在山茶斤无从售卖，茶园人户何所资藉，彼见茶园无利，不复葺理，将来茶课亦亏。今年正月间，量发官银一千五百七十余两，差官买茶七万八千八百二十斤，易过马九百余匹。若用银买，须得七千余两，但犹未免官夫运送。若欲官民两便，必须招商买运给价。臣于四月间，招谕商人，每茶一千斤，连蒸晒装篦雇脚，共计价银五十两，令其自出资本买运，计银一万两买茶二十万斤，可买马几三千匹。但茶价出自公家，岁岁支给，恐难为继。若运到官茶，量将三分之一，官为发买，以偿商价，尤为便益。合无自十八年为始，听臣出榜召商，收买茶五六十万斤，依原拟给银定限，听其自买自运至该茶司取实收查验，仍委官于西宁、河州二卫发卖，价银官库收候给商，不伤府库之财，不失商民之业，坐收茶马之利。本部复准。

本年，又题：洮州卫所属思囊日等族，邻四川松潘地方，军民深入兴贩，洮州私茶既多，河州、西宁生熟番夷相传贩卖，难以禁绝。乞查照洪武、永乐年间事例，将建昌、松潘、碉门、黎雅路远去处，仍行抚按稽查，夔州、东乡、保宁、利州附近陕西地方，听臣带管，每月各将有无获问过私茶人犯缘由取具，巡捕官兵不致纵容，结状开申查考。本部复：奉圣旨，是，着杨一清通行严加禁约，军民人等敢有仍前私贩，及该管官司不行用心捕获，一体重罪不饶。钦此。

本年又题：将汉中府石泉县池河巡检司，改置略阳县置口巡检司，以便盘诘。

十八年，都御史杨一清题：汉中一府岁课不及三万，而商贩私鬻至百余万。先年茶园消乏，未蒙除豁。新开茶园漫无稽考。致使一园一畦者课程反多，连山接陇者课程顾少，细民有不均之叹，奸民遂玩法之私。本部复：准咨行复勘，除开豁外共五万一千二十六斤一十五两五钱，新增课茶二万四千一百六十四斤。

正德元年，都御史杨一清议：令商人不愿领价者，对分官茶贮库，商茶径自货卖，遂为常例。原定每一千斤带附余茶五十斤，以备正数不足，如数足给为酬劳（是例，弘治初御史李鸾常奏行矣，寻即罢□，逮杨一清始复议行之，至今称便）。

二年，都御史杨一清奏请查照先年事例，仍差御史巡茶兼理马政疏曰：查得洪武、永乐年间，金牌仅三年一次，番人该纳差发马一万四千五十一匹，价茶先期于四川保宁等府运送一百万斤，四川军民运赴陕西接界去处，交与陕西军夫转运各茶马司。宣德、正统以来，边方多事，茶马停止，六十年来莫之能复。如臣近所收易番马，以三年计之，似过其数，所用茶斤皆招商买运，不烦军民转输，故边方既得实用，而内地□□闻知，但马政茶法事体委实相须，先年陕西行太仆寺、苑马寺马政，俱该陕西巡抚兼管，而茶马则巡茶御史主之。巡抚政务繁多，马政一事实不经意，而茶司所易良驽莫究，骑操所给，登耗不闻，虚名无实，亦势使然。顷设督理马政之官兼总数事，茶司之所易，即监苑之所牧；监苑之所牧，即官军之所给。非为不相悖，而反相为用。故臣之不才，亦得稍效其愚，此后督理之官恐难复设。若令陕西巡抚带管，不无仍蹈旧辙。合无仍设巡茶御史一员，请勅兼理马政、茶法二事。凡臣已经布置规划，奏有成命一切事宜，非有大碍，不必立异更张。庶几事有定规，人有定志，可大可久，为益实多。兵部议复诏从之。

十年，巡茶御史王汝舟，以每年招易，番人不办秤衡，止定篦中马，篦大则官亏其直，过小则商病其繁。乃酌为中制，每一千斤定三百三十篦，以六斤四两为准，作正茶三斤，篦绳三斤。

十三年，巡茶御史樊继祖，以商茶一千斤定三百三十篦，官商对拨，每篦正茶三斤，篦绳三斤。其篦绳约重一斤，尚有羡余二斤，茶司季报每篦止开三斤，羡余尽入侵渔，不可勾考，拟令循环季簿，计篦扣报，以防后奸。

十四年，巡茶御史李献，以商茶盘诘，法纲大繁，官吏恣为科索。令汉中秤盘，徽巩点篦，临、兰革去秤盘（令徽、巩秤盘如故，止革临、兰）。

嘉靖二年，本部题：清理茶法，以裕财用，以安地方。小民园圃自种自采，鬻于一乡一邑，以养生者，不得琐细搜求骚扰。如有见任总镇守备势要家人头目兴贩通番者，茶货入官，听抚按官参究。奉圣旨，是，这茶马事宜，凭部里查议明白，都依拟行。四川地方私立抽税，尽行革罢。还着巡抚官出榜申明晓谕禁约，有违犯的，照依旧例，从重治罪发遣，钦此。

三年，御史陈讲，以商茶低伪，欲悉征黑茶。恐地产有限，乃第茶为上中二等，三七为则。每千斤定上茶九十九篦，中茶二百二十一篦。令汉中府秤盘注引，每篦用上中火印烙记，书本商姓名，以候追考。

十一年，御史郭圻奏：三茶马司私茶十万有余，积于无用。合无将三司节年收贮茶斤，听兵备、边备等官，不拘年例之数，设法易马。其各处堆积者，量其远近，通融查处。西安等八府卫私茶俱解临、巩二府，河西、庄浪一十五卫所，俱解西宁，听兵备等官招易。兵部议复从之。

十二年，御史郭圻条陈：审茶园以均课程，革块茶以绝私贩，严收支以慎茶斤。尚书许讃复：准令茶户通行查审，如园场多而纳课少者，量为加增；园场少而纳课多者，量为减除。每十年一次清审。如有采取私茶，晒成方块兴贩，查照律例，从重问遣。监收官吏库役人等，凡遇收受商茶，俱要辨验真正好茶，其易马放茶之时，挨陈放支，不许挪移作弊。

十四年，御史刘良卿题称：查勘过骆驼巷、稍子堡、高桥火钻峪、伏羌宁远四茶运所，专拨夫役递运官茶。自商茶例开，征买法罢，夫役既以征银运所，诚为空设，相应裁革。尚书梁材复：准止存徽州批验一所。

十五年，御史刘良卿条陈：一量积边境之茶，以□□□□□，通行内郡之茶，以息私贩。一重通番之刑，以杜轻玩。尚书梁材复准。

十九年，御史沈钺题：请节省地亩课茶脚价，以清奸弊，以甦民困。本部复：准。

二十一年，御史张涣奏：请明例禁假茶，以便招易。尚书闻渊等复：准今后有犯伪造假茶者，本商并转卖之人，俱问发附近卫分充军，系腹里者发充边卫，窝顿店户至一千斤以上者，照例一体发遣，不及前数者，依私盐律拟断。

二十五年，御史胡彦奏请，比例计处堆积不堪易马茶斤，以资马政疏曰：茶马之设，固以济乎边务，实欲系乎戎心。每年易马给以真正好茶，彼乃交手腾欢，脱或低假，致令憎嫌。近则执拗目前，远则抗违来岁。失信损威甚矣。岁复一岁，陈者愈陈，必不得已，而变卖烧毁之策兴焉。变卖之策得矣，然豪右转贩，官商阻遏，烧毁之策似矣。然贪官污吏，虚捏侵欺，流弊有不可胜言者。况今三茶马司见在堪以易马茶斤，尚有二十四万七千九十有奇，未解到者日益月增，可保无不足之患。且洮河、西宁等处居民人等以畜牧为生，非乳酪不食，犹番民也。第茶禁例甚严，茶价腾踊，贫困之家鲜得其食。合无将见在不堪易马茶斤，减价三分之二，约差好者每篦量估价银二钱二分，次二钱，次一钱八分，遇各军支放折色月分，每军量给前茶一二篦，即于本军应支折色银内，照依茶篦数目，扣银在官，类解陕西行太仆寺贮库，听候买马，不必拘定篦数，愿领者听，不尤愈于变卖杂粮乎。其浥烂茶斤，易马既非所宜，给军又拂其欲。若将三卫寄养茶马人户，量加分赏，以赈凋落，不尤愈于烧毁乎。以马政之财，还马政之用，初无得此失彼之虞。以地方之利，资地方之生，且有惠而不费之惠。亦□时□弊，通变宜民之一策也。本部复准。

三十四年，巡茶御史杨美益题称：西安等府饥馑，要将茶法项下赃罚银两，籴谷备赈。本部复：准仍行再加详议，如产茶广盛，于茶法马政无碍，即照先年纳粮备赈事例，酌量召纳粮米，候岁丰□□。

三十六年，御史杨美益奏称：召商中纳粟米赈救，并无一人报中。要照刘希龙所议，每年止开九十余万斤，招番易马。而前后诸议通内郡以息私贩，增开中以备赈荒者，俱欲停止，虽少开三分之二，亦可裨三分之二。尚书方钝复：准行令巡茶御史，照依弘治六年事例，除易马外，止开中茶一百万斤召纳紧要边镇，以备军饷，遵照旧额，专备易马。

本年御史梁汝魁条奏：一增敕旨以裨茶法，一改批验以便盘发。尚书方钝复：准候差满更替之日，将夔保一带茶法增入敕内。建昌、松潘、碉门、黎雅等处，仍行四川抚按，督令兵备等官巡禁，其火钻批验所官吏改移白水江，就近管辖督发商运。合行陕西抚按官，会同勘奏，果于茶政有裨，如所拟行。

隆庆三年，御史李良臣条奏：一专责成以遏私贩，一断商茶以绝抵换，一易陈茶以清库藏。尚书刘体乾复准。

万历元年，陕西御史赵宦题：议减新增茶课，并查茶园以苏民困。尚书王国光复：照得四川通江县旧额茶课九万七千二百九十余斤，岁征银一千一百六十七两五钱零，递年解四川布政司赏番支用。至嘉靖四十二年，陕西甘州建设茶马司，遂将前茶改解本色易马，继因民苦解运包赔，该两省抚按会题改征折色，不分叶芽，每斤概征银一分八厘，共增银五百八十三两有零。该县地瘠课多，迪负所据，豁免加增银两，并查茶园事宜，相应依拟。自本年为始，查照旧额，芽茶每斤折银一分八厘，叶茶每斤折银六厘，通计折银一千一百六十七两五钱四分零。仍行四川守巡等道，督令各该州县掌印官，将本处茶园逐一查勘，要见某园荒废应当免课，某园新开应当起科，某园消乏应当量减，某园垦辟应当量加。一一清审的确，事完造册奏缴。奉圣旨：是。钦此。

二年，四川巡按孙代册报：查得四川每年原额本色茶一十五万八千八百五十九斤零，坐石泉、建始、长宁等县，并建昌、天全、乌蒙、镇雄、永宁、□姓等土司，俱收彼处衙门，听候支用。折色茶三十三万六千九百六十三斤零，芽茶每斤折银二分五厘，叶茶每斤折银一分八厘，共银四千七百二两八分零。内除巴州、通江、广元、南江四州县，共银一千五百九十六两五钱三分零，递年征解陕西巡茶衙门，验发兰州易马济边。其余州县银两，虽有定数，节年茶株枯死，完解不一，陆续解司，支赏进贡番僧支用。

臣等谨按：国家控制西番，惟在茶马。故设四司一所，以总商课之出入而稽察之，而岁以御史巡视。则陕之汉中，川之夔保，私茶之禁独严焉。顾甘肃迤西一带，地邻番族，孔路繁多，非密于讥察，则豪民犹得以犯禁，而牟重利。而给商引由，或遇截角不即销缴，则有持退引以影射之弊，故期限不可不严也。其课茶园丁，消长不齐，必核其实。果疲乏则稍宽旧课以恤之，而课诸新垦者，以补酌本折与芽叶所宜，不一概重征之，斯园困少苏矣。至其易马茶篦，必与之新美堪用者，勿令腐烂淆杂，以失诸番之心。其贮久不堪易马茶斤，则择其差可用者，或减价给军，以当折色月粮，而粮银即以易马；或取赏二卫寄养茶马人户，以示惠怀，不必如前烧毁。俱如先时御史胡彦所条奏行之，如此则茶马利权长归于我，而诸番有不世奉约束者乎。

## 《万历会计录》卷四十一　钱法

**钱法**附钞法

宝源局（洪武初建）

宝钞提举司（洪武八年建）

本朝钱法，自洪武初铸大中通宝与历代钱并行之，后铸洪武通宝，有当十、当五、当三、当二之制。又令造小钱一十文至五十文，以便民用。又印造大明宝钞，与钱相兼行使，每钞一贯准钱一千文。所为量资币权轻重，以振捄民，虑志深远也。永乐、宣德中钞法阻滞，禁约毋得行使钱，凡课程课税及园地房舍等项，俱令纳钞。成化初，钱法不通，始令钱钞中半兼收。弘治、正德、嘉靖以来，钞法不行，新旧钱行使不一。万历四年，奉圣旨疏通钱法，令各省开局鼓铸万历通宝，与旧钱并行，民甚便之。今则民伪日滋，巧于射利，近代制钱犇毂之下，亦任意阻隔，是在有巡禁之责者加之意耳。

### 钱法沿革事例

正统十二年，直隶巡按周鑑题称：漷县迤南直抵临清、济宁、徐州、淮扬等处，军民买卖一切，俱用铜钱，钞法阻滞。恐各处亦有此弊。乞除两广行使铜钱不禁外，其南北直隶，并浙江、山东等处，禁约军民买卖，暂将铜钱住使，专行使钞贯。本部复：禁约铜钱，系洪武年间通行天下事例，难分地方，欲行都察院，转行各处巡按御史，严加禁约。奉圣旨：罢不必行。钦此。

景泰元年，直隶巡按李周题称：铜钱铸自前古，宝钞造自今朝，二者相为子母，不可偏废。要将先前禁约行使铜钱事例，从宜革去。一遵太祖旧制，榜示天下。俾钱钞二者相兼行使。尚书金濂复：准禁约军民行使铜钱，系是洪武年间通行旧例，况今钞法尚未疏通。若将铜钱准令行使，诚恐钞法阻滞不便，合无仍照见行榜例，禁约施行。

五年，尚书张凤题：准。圣朝置造宝钞与铜钱相兼行使，近年以来，南北二京专用铜钱，不用钞贯。欲行移南北二京户部、都察院，各委御史主事一员，督同五城兵马，并顺天、应天二府委官，各将该管地方，不分给赐自置塌房、库房、店房、菜园、果株，并沿街沿门各色大小铺行，但系发卖取利者，通行取勘该收钞贯，不分软烂，径送内府天财库交纳。勘中好钞存收备用，不堪之数，照例年终会官烧毁。各官将送纳过钞数，按月会同奏报。仍将两京文武官吏人等折色俸粮，每石该钞一十五贯。上半年该支钞贯，不为常例，暂且住支。自六年为始，二年折与银两或阔白棉布，每银一两折钞五百贯，布一匹折钞一百五十贯。下半年折俸钞贯，照旧折支胡椒、苏木，候钞法疏通，俱各照旧施行。

成化元年，尚书马昂因钱法不通题：准将天下户口食盐等项钱钞，中半兼收。

本年又题：钱法阻滞，乞先自京城九门并都税宣课等司，批验茶引所等衙门，额办商税门摊塌店等房，诸色物行该纳课程，及各衙门日逐收受大小车辆驴骡驮载该纳课钞，自文到为始，钱钞中半送纳，每钞一贯，许令纳铜钱几文。仍通行天下衙门，但有该征商税课程船料等项钞贯，一体依例相兼铜钱收税，该起运赴京者，照数起解该库。奉圣旨，是，钱钞中半兼收，每钞一贯收钱四文，除破碎并锡钱不收，其余铜钱不拘新旧年代远近，尽数验收，钦此。

十六年，顺天府大兴县民人何通奏称：先年每银一钱准使铜钱八十文，以此钱贵米贱，军民安业。近年以来，外处伪造铜钱，兴贩来京货卖行使，每银一钱准铜钱一百三十文。近来街市选拣铜钱，米价增贵，乞要禁约。尚书陈钺复：准行令都察院出榜禁约，及厂卫等衙门缉访，如有拣钱并伪造之人，拿送法司枷号，究问如律，就将犯人名下追罚铜钱给赏。

弘治元年，司钥库署库事右少监金铭等题称：该库钞锭缺乏，不敷放支，要将京城九门都税宣课司，顺天等八府，并山东、河南二布政司户口食盐全收钞贯。淮安、临清、扬州、苏州、杭州、九江等处板闸船料钞关，俱令钞钱兼收，送库支用。尚书李敏复准。

正德五年，户科右给事中李铎题称：低钱盛行，要行禁革。本部复：将新铸铅锡薄小低钱倒好皮棍等项名色尽革，合将洪武、永乐、洪熙、宣德、弘治通宝，及历代真正大样旧钱相兼行使。

六年，本部题：访得京城内外军民商贩人等，专一挑拣上等好钱，其余堪用者俱各不用，以致钱法阻滞。乞再申明禁约，今后交易，除破碎锡花，及私铸新钱折二当一不使外，其余但系历代旧钱，并洪武等年真正官钱相兼行使，不许仍乘机恣意挑选。庶钱法疏通，小民便益。奉圣旨：是。近来京城内外行使铜钱，多有诈伪滥恶不堪，该衙门奏准出榜禁约，奉行太过，致将旧钱一概阻滞，商贾不通，民心嗟怨。便通行晓谕，除私铸假钱不许行使外，但系历代铜钱，着照旧使用，以从民便。不许地方官司酷刻禁阻，并街市人等互相揩勒，敢有违犯事发的，重罪不饶。原出榜文不必张挂，只依今次旨意行，钦此。

七年，尚书孙交题：准榜谕街市军民商贾人等，不分年代远近，钱样大小，但系囫囵铜钱，一文就算一文，七文作银一分，听从民便。不许以二折一，如有故违，拣高弃低，多方阻滞，或奸猾之徒乘机窥利，贱价广收拣退铜钱积贮，待价贩卖者，或私铸铁锡，油簪醋浸假钱者，俱行缉事等衙门，巡视禁革，且法行自上。乞先将今年文武职官折色俸给，以十分为率，一分折钱，九分关银。及在京九门税课，在外各钞关该收铜钱，并官府买办估价，里甲大户收受小民钱粮，俱收历代旧钱，与国朝铜钱相兼收用。仍移咨工部，转行内府天财库，将收积洪武、永乐、宣德铜钱与近铸弘治通宝查出，待今年各衙门官员折俸，并光禄寺买办钱钞会计关支。

嘉靖四年，本部委官主事李琪呈称：崇文门宣课分司收税则例，每钞二十五贯，钱五十文，该银一钱。原本司设有卖钱钞铺户二十余人，称收商纳银两，代纳钱钞，奸弊滋生。乞比照钞关收银事例，折收商纳银两。本部复：准剳行本官，自本年为始，每钞一贯折银三厘，每钱七文折银一分，查照应纳课程之数，随即秤收，送内府内承运库交收，以备光禄寺等衙门买办应用。

六年，本部奏：准宝源局铸造嘉靖通宝一千八百八十三万四百文，南京宝源局铸造二千二百六十六万八百文。行工部并南京工部，各选委部属官一员，监督该局官吏匠作人等，如法铸造。仍先行御用监铸造样钱二千文，每文重一钱三分，一发宝源局作式，一发司钥库验收。合用铜料于太仓库内动支官银，照数收买真正二火黄铜，送发该局应用。

三十二年，户科左给事中李用敬题：通钱法以济民困，要将本朝洪武、永乐，并唐宋古钱定为十文一分。本部复：议得洪武通宝有当十、当五、当三、当二之制，见今堪用者复有一钱七十文，一钱一百四十文，一钱二百一十文三等，合无任从民便，将本朝制钱，并前代旧钱相兼行使，一应物价俱照时估，随钱高下以为轻重，不致钱货两相背驰。奉圣旨：依拟行。钦此。

本年直隶巡按陈大宾题：要将历代开元等钱，本朝洪武等钱，及嘉靖通宝轮廓圆满、体制丰厚定为一等，每钱七十文准银一钱；次则纯铜古制中样旧钱定为一等，每一百四十文准银一钱。诸所征收，除光禄寺额办，各钞关额解钱钞，已有定规。并钱粮重大府州县轻赍折银，照旧各从民便外，其余课税罚赎等项，并得依例准收合式铜钱，每钞一贯折银三厘，每银一分收钱七文，不分起存，俱五分率，以二分存积本处，以备在外官吏折俸；以三分解

834

太仓银库，以备在内文武官军折布折粮支用。尚书方钝复：准所行之法，悉依历代年号，随钱高下，自七十文准银一钱，一百四十文准银一钱，与本朝制钱每七十文准银一钱，咸得通行。如有把持行市，高抬物价，估折好钱，串售伪钱，务尽法拿问。但有销熔旧钱及今制钱，造作铜像铜器等项者，比盗铸律科断。

本年司礼监传奉圣谕：查照近年铸钱例。着自洪武至正德纪元九号，每号一百万锭。朕纪元号一千万锭，如法制造，不许减薄，钦此。尚书方钝议得：北京工部应铸六分，该钱一千一百四十万锭，计五百七十亿文；南京工部应铸四分，该钱七百六十万锭，计三百八十亿文。

三十四年，兵科给事中殷正茂题：欲收云南之铜，由四川运至湖广城陵矶地方，开局铸造。尚书方钝复：云南地方旧不用钱，铜、锡、煤炭、物料之数，俱地方原有者。合无移咨云南巡抚，将应解户部盐课银两，动支二万两收买物料。于云南省城便利府分，开场鼓铸嘉靖通宝。务要肉好适匀，轮廓周正。一应供应，悉于赃罚银内动支，不许骚扰有司驿递。工部选差宝源局官一员，带样钱并匠作二十名，赴该省听用。转相传教严禁，商贾人等不许私贩铜锡，以致价值腾踊，铸完起解，云南解至四川永宁，四川解至湖广，湖广解至南京户部，南京户部转解户部，专备九边年例，及商价京营料草折色文武官俸等项支用。仍通行两广、福建、山东等处出铜地方，果系铜多可采，堪以铸钱，巡抚官具奏前来，以凭复议施行。奉圣旨：准议行。钦此。

三十七年，云南巡抚等官王昺等会题：查得铸钱工料铜锡采之于山，收买颇易，炉甘石、松香、煤炭产于夷方，运办艰难，匠作取于楚雄等府，人性犷野，率多不堪。且计所得为利不多，民情未便。乞行停止。尚书贾应春复：云南铸钱利不偿费，似应罢铸，仍将未到铜钱，并节年盐课赃罚银查发解部。奉圣旨：云南地方产铜，工费俱称省便，你每还再议来说。钦此。本部会议题：准行移云南巡抚等官，各照原议，将该省收贮盐课银，再动支二万两，责令原委员役，依式接续铸造。

四十二年，工部咨称：要将制钱铜价，查照节年用过银两数目，酌量定数，以凭会题。尚书高耀复：查得嘉靖三十三年四月起至四十一年十月止，计八年六个月，通共用过太仓银一十三万两，每年约用银一万五千二百余两。自本年为始，定议每年动支太仓银一万五千两。仍咨工部委官，前赴太仓银库，陆续支领铸造。

隆庆元年，司礼监传奉圣旨：朕闻京城内外，钱法不通，军民人等难过。尔户部会同都察院体访民情，议处来说，钦此。随该本部右侍郎刘自强会同都察院议题：钱法必须新旧兼用，上下通行，方为便益。合无刊刻榜文，晓谕京城内外，及行畿辅邻近地方，凡国朝制造洪武、永乐、宣德、弘治及嘉靖制钱，并先代一应旧钱，俱听民间相兼行使，除破损低假不用，但系团圆真正好钱，上下通行，永不更变。奉圣旨：是。钦此。

本年尚书葛守礼题：严禁私钱。合无在内行巡城御史及缉事衙门密加访拿，及行在外抚按严督各府州县官令巡捕人役多方根究，务将盗铸人犯捉获，照律论死，匠人同罪，为从及知情行使者问罪，用一百斤枷枷号一个月，照例发落。告捕者官给赏银五十两，里长邻佑不举者连坐以罪，所在州县正官不觉察者坐以疲软黜退。私铸人有能自首者，照洪武六年例，许作废铜送官，照斤量给价值免罪。又禁各铺行人等买卖货物值银一钱以上者，银钱兼使；一钱以下者止许用钱。国朝制钱及先代旧钱，每八文折银一分，不许任意低昂价值。再查崇文门所收钱钞，及太仓收贮南京解来钱，给在京各衙门官吏为春季折俸之用，以后按季银钱间支。崇文门课钞，除该银三两以上者收银，其余三两以下及九门各城房号行户，俱令收钱行使。仍刊刻大字榜文张挂晓谕。如有抗违阻塞，应管衙门不行严禁，容臣等分别具奏。奉圣旨：依议行。钦此。

本年又题：广铸制钱以明大统。奉圣旨：你部里还会同工部详议来说，钦此。本部左侍郎徐养正会同工部议得：国朝初制，两京十三省皆开设厂局铸造制钱，民间通用。自后兴革不一。嘉靖以来，止令两京铸造。近年在京宝源局亦复停止。今议通行天下铸造隆庆制钱，及查宝源局铸钱事宜，其铜炭器具工力之费，约银一钱止得钱四十五文，比之用银亏折过半。今各省帑藏空虚，无堪动银两，其库贮废铜有无未知。若欲令罪赎折铜，又恐地方出产不便。至于设立衙门，建置官吏，与夫关防诈伪，恐滋纷扰。今京城内外，凡新旧制钱皆已通行，及北直隶、山东、河南等处，见亦随便用钱，其各省地方金银皮楮之类，日用相安，似当姑从民便。所有原议通行铸造，合无准令暂行停止，待后钱粮少充，再为酌议，题请施行。奉圣旨：是。钦此。

万历四年，云南巡按郭庭梧条陈：国初立宝源局于京师，货泉局于各省。后行宝钞，遂停钱局。今滇省所用海𧵍，出自遐方价贵。乞照嘉靖年间旧例，于本省开铸，与海𧵍相兼行使。左侍郎李幼滋复：该省山多产铜，采铸甚便，所用工匠，俱议军丁中选用，合行抚按衙门，转行布政司，督令所属开局鼓铸，遵照新制。万历通宝与国朝制钱相兼行使。奉圣旨：依议行。钦此。

本年户科给事中周良寅条陈：

一议监铸之官。即今开铸，利柄重大，奸弊隐伏。董理之官必须专职，庶可兴利戢弊。尚书王国光议复：在两京则隶工部，在外布政司专以右布政使主之，直隶各府专以府同知主之。随其适中之处，开局鼓铸，其资本银俱用本处存留银两。今用铜锡物料，各照地方估价平买，成造式样，俱要肉好，轮廓均正。不得轻重大小厚薄，致人拣换。一应支过钱粮，造过钱数，每年终造册奏报。

一申废铜之令。本部复议：内外监铸官员，务要申明律令，不论军民之家，但有废铜愿卖者听，赴所在官司，或易钱易银，照斤给价，无铜者不得一概搜括，亦不许转相首告，以滋烦扰。

一定折易之数。本部复议：欲钱法通行，要在适民之便，除京师宝源局铸造色样，许令金背相兼外，其余各省直铸钱止许铸造镟边，与同制钱每十文准银一分。其前代旧钱，各处地方行使，务从民便，不得擅为低昂。

一权敛散之法。本部复议：除各处有王府处所，应该实支禄米。内有愿领钱者，照依民间折数支给；不愿支者仍旧外，其内外文武等官，凡四品以上，俱二分支钱，八分支银；八品以上，俱三分支钱，七分支银；九品以下，俱四分支钱，六分支银；在官各役，俱五分支钱，五分支银。各处有司除起运钱粮及听断词讼，秋冬照旧折谷备赈外，凡小民上纳一切存留钱粮纸赎，各令银钱中半，不许奸顽用术低昂，以挠钱法。亦不许各地方官仍前收银，利取耗余。违者各照律例治罪。

奉圣旨：疏通钱币，乃足民良法，依拟通行天下。着各抚按官设法经理，一体开铸，与本地方旧钱相兼行使，务在便民，毋致劳扰。私铸的严行禁治。工部还各降以式，铸成之日，着呈样来看，并有无通行缘由，查实奏报。钦此。

五年，司礼监传奉圣旨：朕闻京城内外，钱法不通，小民受困。着户部设法疏通，其税课房号等项，都用钱上纳，有违法私铸及势豪人等兴贩射利，阻坏钱法的，厂卫并五城御史严行访拿，重治不饶。钦此。尚书殷正茂题：一禁私铸。盖钱法壅滞，皆由私铸。若私铸不禁，则低假混杂，钱终不行。合无通行京城内外，及各省直严行禁革，密加缉访，年终会奏，有无私铸。但拿获赃犯明正者，除犯人依律问罪，公差人役照例给赏外，缉捕官仍疏名纪录。如地方私铸事发，该管官不能觉察者，以才力不及署考。一革兴贩。访得富商大贾贱收各处杂钱，私载来京，希图规利。近则投落正阳门外钱市各家，远则寄顿张家湾、河西务等处，暗地串卖于城中势豪巨室。虽白昼载入，莫敢谁何。合无通行省直各处关津，严加盘诘。至于河西务钞关，并崇文门宣课司，则尤水陆要津。本部札行各官，大张榜文，用心搀

836

验，遇有兴贩及夹带来历不明者，俱系私钱，严行究问如律，钱尽数没官，其搜获人役，以原钱之半给赏。一编铺行。京城内外一应大小人家，无钱必买于各铺，有钱必卖于各铺。有等奸商积某项钱多，遂倡言某钱不行，转相煽惑，愚弄小民。既贵卖其所积，以图目前之利。又贱收其所弃，以罔他日之利。钱之壅滞，大端由此。合移咨都察院，通行五城御史，将京城内外卖钱铺行报名在官，令其不论新钱旧钱，照依定拟时估，通融收卖。每月具各样钱法通行执结，以凭稽察。如此铺收而彼铺不收，此铺卖彼铺不卖，即系阻挠，严行枷号问拟。一酌收放。钱壅于下，则民称不便；钱壅于上，久将不行。乞照先经题准，及近遵奉圣谕，崇文门宣课司收税，除二两以下者尽数收钱，今二两以上者亦银钱中半上纳。京城各门日收钱税，五城兵马司房号等项尽数收钱。其放钱一节，除文武官员支俸银钱，照例关给外，其各项商人应领料价，量拟银八分，钱二分，兼行支给。其见行金背火漆镟边各钱价目，各照依原题额数收放，毋得伸缩多寡，以滋弊端。奉圣旨：依议行。钦此。

六年，湖广巡抚陈瑞条陈：一增置钱局。该省地方广远，今止省城开局鼓铸。乞于荆州、衡州二府，择其空闲官署，各开一局。左侍郎谢鹏举复：除省城开局外，再于荆、衡二府各开一局，分工鼓铸。就以二府同知监督铸造，该道就近总理。其应用首领等官，听该道酌量委用，每钱一文定以一钱三分为准，毋令轻重拣换。一酌地供钱，以便解运。该省地里险远，解运艰难。钱当就近分发，从便济用。本部复：除已解银料在省城钱局者，照数领钱外，以后武、汉、黄、德、岳州五府属解布政司，承天、郧、襄、辰、常五府属解荆州府，永州长宝郴靖五府州属解衡州府。各照议派银数解送各库，发局铸造。每银一两给钱千文，禄银俸廪，随便支放。该地方有产铜料，听各道从便取用，以抵银数。一定派工役，以免偏费。照得钱局、翻砂、刬磨等匠，原议民壮内抽用，缘钱局初创，教习难成，不得不广募惯匠供役，倘再荆衡增局，工作颇多，若仍令召募，工费日滋。乞于省城钱局内，摘拨熟匠应用。本部复：将省城钱局内拨精熟匠役，每处各二十名，余于各州县民壮内，每处拨伶俐者二名，各照府属分定局所充役，每日于余钱内，量给饭食钱十文，俟各役惯熟之日召募，渐次减发，庶免工费。奉圣旨：依议行。钦此。

本年户科都给事中石应岳等题称：访得武清、东光等地方，奸徒窝藏，开炉盗铸。京城有势豪巨室串同兴贩，内外构结，愚弄小民，致钱法不通。乞通行厂卫五城御史及各地方官缉访，但能拿获盗铸者，重加赏劳；不能觉察捉获者，从重参治。仍行宣课司，以后税银例应收钱者，不拘何样，俱依折额征收。其五城房号，兵马司尽数收钱，亦不必拘泥制钱字样，违者参究。其铺行钱户有不通收者，访拿枷号问罪。尚书张学颜复：都城钱法阻滞，已经设法疏通。今不及一年，壅塞如故。谨将节奉钦依，事理撮为八款，重申禁谕。不拘嘉靖、隆庆、万历制钱，遵照前奉钦依，每金背八文准银一分，火漆镟边各十文准银一分，洪武等项与前代旧钱各十二文准银一分，相兼行使。一乘机射利，阻扰钱法，奸豪常态，使官员不避怨劳，不畏城社，密访速真于法，谁肯剖身藏珠。今五城兵马司朔望止以空结送部，诘其钱法行否，辄应之曰：通行无滞。今一年有余，未见捕获一人报官，非明知故纵，则受贿交通。合无以后查系某城某坊钱法不行，及有私铸私贩事发者，巡城御史及本部访实，照分管划地，即时参革。如有受赃实迹，从重问拟，若捕获有功，即题请升叙。

一查得律载私铸铜钱者绞，匠人罪同，为从及知情行使者各减一等，告捕者官给赏银五十两。自奉钦依之后，五城厂卫兵番未肯捕获一人者，以奸豪买免之银，多于给赏之数。彼方乐为耳目，孰肯（原书注明：原书此处有缺页）铸者量减赏银三十两，兴贩人犯枷示，原钱尽数没官。

一前题奉钦依，崇文门宣课司税银，自二两以下者，尽数收钱；二两以上者，银钱中半。大约银一两收金背四钱，火漆镟边各三钱，及京城各门日收钱税，并五城房号等项，亦尽数收钱。文武官员俸给，悉照旧例关支。各项商人应给料价，量拟银八分，钱二分，搭配支放，遵行已久。但今钱法壅滞，合无将崇文门税银，自三两以下尽数收钱，三两以上银钱中半。如嘉靖、隆庆火漆镟边壅□，尽将此项全收，候钱疏通，仍行照旧。□官□□价俱照原议支给，五城房号亦尽数收钱，不许收银。仍令宛、大二县钱户一十二名，在崇文门更番辨验。如系伪钱，即行首出治罪，如通同不举，就枷号本门示众。

一太仓给放商价，已照钦依，银钱二八兼支，惟河南、山东督粮两道，因该省解银，故以银给商。合无将太仓收贮制钱，发两道各一万两，遇给商价，亦以银八分，钱二分兼放。仍各还太仓银一万两，如钱支将尽，呈部预行给发，岁以为常。

一团营军士题准，四月、十月准支折色，领出银两多易钱以便贸易，而卖钱行户银则多称，钱则少给。军士领银五钱，止得四钱有余之用。合候明年该放折色之时，行京营总协大臣，于阅操日，遍询军士，如愿支钱，行太仓照例折算，各给五钱；如果不愿，亦不必强给。通候临期再行详议奏请。庶钱在外者得入，钱在内者得出，公私似为两便。

一本部先奉钦依，已经通行各省直抚按，查得存留钱粮，照依题明分数，设炉鼓铸，给散行使。年终将支过钱粮，造过钱数，造册奏报去后。经今二年并未见□报前来，则在外钱法阻滞可知。合再通行各省直抚按，严督监铸官员，照依原题事理，务将各属解到银两，尽数铸完，分发各该州县行使，仍刊榜文张挂晓谕。如有盗铸兴贩等弊，应枷号者枷号，应参奏者参奏，毋得止请样钱，有名无实。仍于年终将支过钱粮，及造过钱数各若干，及有无通行缘由，造册奏缴。奉圣旨：是。近来京城内外，钱法阻滞，重困小民。又前有旨，着天下通行铸造，本以便民。乃各地方官通不着实奉行，好生违抗。今姑依拟，再行申饬。有犯私铸及倡言阻扰的，除私铸为首者依律论死，其余都照近例问罪，用大枷枷号发落。钦此。

八年，云南巡抚饶仁侃题：本省自来惯用海肥，不知钱法。夷民行使不便。乞要照旧铸完铜钱四十九万文，解部收用。尚书张学颜议复：该省以后免再铸钱，仍旧行使海肥。其见在铜钱，若令解部，所费脚价数多。查得贵州见用制钱，且与云南相近，合将前项铜钱，差人解送贵州□充军饷，该省将银两照数解还云南。奉圣旨：云南地方既不用钱，不必铸造。其在库钱，着贵州差人于该省搬取，以充兵饷，价银免解还。钦此。

本年工科给事中万象春题：内外钱法不行。一要重始铸。将金背镟边火漆三样名色，酌量归一，通行省直铸造。一要重责成。有司籍稽铺行，以查通塞，抚按据考有司，不时参究。一要将存留税粮及春夏纸赎，酌量多寡分数，银钱兼收兼支。尚书张学颜复：奉圣旨，近来朝廷诏令，抚按官通不着实奉行，即如铸钱一事，节次申饬，何啻再三，竟未见有着实经理的。其呈样钱、报钱数等项，徒以虚文塞责。甚至私铸横行，奸民倡乱，皆坐视不理。科道官亦皆缄默不言，好生旷职素餐。今姑依拟，再行禁饬。其三样铸钱，京师行使已久，听从民便，不必又行改铸归一，反致扰民。以后你部院凡有题准通行事件，都要一一细加体访，曾否实行效有成绩。如有废格诏令取具文移了事的，即便因事参奏，毋得扶同欺隐。科道官系朝廷耳目，着吏部查其建白章奏，果于政体有裨，及宪裁整肃能摘发幽隐的方□推升京堂□职，毋但挨次算俸，一概混用，钦此。

臣等谨按：洪武间设宝源局铸制钱，以阜通财用。其工役则工部司之，其出纳则户部司之，为法盖已详矣。顷以钱法不行，乃命自京师达藩省，官为鼓铸，以便民。然钱顾未尽流布者，则以私铸盛，而豪民阻挠市价，为之梗也。故于二者，而厉为之禁。而又收诸杂钱在官尽销，而更铸之，与用低假者有罚。斯法立，而钱不滞矣。今京师常禄，皆一分支钱，九分支银。此外则无有以钱为俸者。诚令诸藩郡县，皆仿京师分数行之，以为民率，而常赋所入，计其必宜用银者，则征之如故。其夫马公费所供亿，务令皆取诸钱，即赎金亦兼输之，行之久，而钱不通者未之有也。昔嘉靖中，以内帑不足，间发铜钱以抵年例，今若一仿而行之，亦疏通之术也。

## 《万历会计录》卷四十二　钞关船料商税

甲表120　　　　　　　　　　河西务钞关

| 长乌船则例 | | 一丈三尺 | | 一丈一尺 | |
|---|---|---|---|---|---|
| 五尺 | | 钞(贯) | 142.00 | 钞(贯) | 69.00 |
| 钞(贯) | 36.00 | 钱(文) | 284.00 | 钱(文) | 138.00 |
| 钱(文) | 72.00 | 共折银(两) | 0.83 | 共折银(两) | 0.40 |
| 共折银(两) | 0.21 | 足料 | | 一丈二尺 | |
| 六尺 | | 钞(贯) | 150.00 | 钞(贯) | 86.00 |
| 钞(贯) | 44.00 | 钱(文) | 300.00 | 钱(文) | 172.00 |
| 钱(文) | 88.00 | 共折银(两) | 0.87 | 共折银(两) | 0.50 |
| 共折银(两) | 0.25 | 河赣船则例 | | 一丈三尺 | |
| 七尺 | | 五尺 | | 钞(贯) | 113.00 |
| 钞(贯) | 51.00 | 钞(贯) | 31.00 | 钱(文) | 226.00 |
| 钱(文) | 102.00 | 钱(文) | 62.00 | 共折银(两) | 0.66 |
| 共折银(两) | 0.29 | 共折银(两) | 0.18 | 足料 | |
| 八尺 | | 六尺 | | 钞(贯) | 150.00 |
| 钞(贯) | 57.00 | 钞(贯) | 36.00 | 钱(文) | 300.00 |
| 钱(文) | 114.00 | 钱(文) | 72.00 | 共折银(两)[1] | 0.87 |
| 共折银(两) | 0.33 | 共折银(两) | 0.21 | 解太仓银(两) | 8700.00 |
| 九尺 | | 七尺 | | 解广惠库[2] | |
| 钞(贯) | 64.00 | 钞(贯) | 42.00 | 钞(贯) | 1190000.00 |
| 钱(文) | 128.00 | 钱(文) | 84.00 | 铜钱(文)[3] | 2730000.00 |
| 共折银(两) | 0.37 | 共折银(两) | 0.24 | 每年船铺户牙税银(两) | 1000.00 |
| 一丈 | | 八尺 | | 商税正余银(两)[4] | 4000.00 |
| 钞(贯) | 78.00 | 钞(贯) | 47.00 | 经纪牙税牙行银(两)[5] | 3000.00 |
| 钱(文) | 156.00 | 钱(文) | 94.00 | 修船贰税银(两)[6] | 14900.00 |
| 共折银(两) | 0.45 | 共折银(两) | 0.27 | | |
| 一丈一尺 | | 九尺 | | | |

[1] 原书此处注：以上船料折色年分每钞1贯折银0.003两，每金背钱7文算银0.01两。本色年分钞贯照船头丈尺应纳数目收本色，每金背钱8文算银0.01两。
[2] 原书此处注：本色年分钞贯照船头丈尺应纳数目收本色，每金背钱8文算银0.01两。
[3] 原书此处注："仍有七分，扣二银送太仓。"
[4] 原书此处注：万历八年新增约28100两。
[5] 原书此处注："俱解太仓。"
[6] 原书此处注："解宝和二店收贮类进，万历八年新增。"

| | | | | | |
|---|---|---|---|---|---|
| 钞(贯) | 99.00 | 钞(贯) | 54.00 | | |
| 钱(文) | 198.00 | 钱(文) | 108.00 | | |
| 共折银(两) | 0.57 | 共折银(两) | 0.31 | | |
| 一丈二尺 | | 一丈 | | | |
| 钞(贯) | 121.00 | 钞(贯) | 59.00 | | |
| 钱(文) | 242.00 | 钱(文) | 118.00 | | |
| 共折银(两) | 0.70 | 共折银(两) | 0.34 | | |

**甲表 121　　　　　　临清钞关**

| 长船则例 | | 一丈四尺 | | 一丈 | |
|---|---|---|---|---|---|
| 五尺 | | 钞(贯) | 230.00 | 钞(贯) | 75.00 |
| 钞(贯) | 15.00 | 共折银(两) | 0.67 | 共折银(两) | 0.22 |
| 共折银(两) | 0.04 | 一丈五尺 | | 一丈一尺 | |
| 六尺 | | 钞(贯) | 255.00 | 钞(贯) | 105.00 |
| 钞(贯) | 30.00 | 共折银(两) | 0.74 | 共折银(两) | 0.30 |
| 共折银(两) | 0.08 | 一丈六尺 | | 一丈二尺 | |
| 七尺 | | 钞(贯) | 300.00 | 钞(贯) | 135.00 |
| 钞(贯) | 45.00 | 共折银(两) | 0.88 | 共折银(两) | 0.39 |
| 共折银(两) | 0.13 | 河赣渡航乌渔船则例 | | 一丈三尺 | |
| 八尺 | | 四尺 | | 钞(贯) | 165.00 |
| 钞(贯) | 60.00 | 钞(贯) | 5.00 | 共折银(两) | 0.48 |
| 共折银(两) | 0.17 | 共折银(两) | 0.01 | 一丈四尺 | |
| 九尺 | | 五尺 | | 钞(贯) | 195.00 |
| 钞(贯) | 75.00 | 钞(贯) | 10.00 | 共折银(两) | 0.57 |
| 共折银(两) | 0.22 | 共折银(两) | 0.03 | 一丈五尺 | |
| 一丈 | | 六尺 | | 钞(贯) | 250.00 |
| 钞(贯) | 115.00 | 钞(贯) | 15.00 | 共折银(两) | 0.73 |
| 共折银(两) | 0.33 | 共折银(两) | 0.04 | 一丈六尺 | |
| 一丈一尺 | | 七尺 | | 钞(贯) | 300.00 |
| 钞(贯) | 165.00 | 钞(贯) | 20.00 | 共折银(两)[1] | 0.88 |
| 共折银(两) | 0.48 | 共折银(两) | 0.05 | **解广惠库[2]** | |
| 一丈二尺 | | 八尺 | | 钞(贯) | 12600000.00 |
| 钞(贯) | 190.00 | 钞(贯) | 30.00 | 铜钱(文)[3] | 25200000.00 |
| 共折银(两) | 0.55 | 共折银(两) | 0.08 | **解太仓** | |
| 一丈三尺 | | 九尺 | | 船料商税正余银(两)[4] | 83800.00 |
| 钞(贯) | 210.00 | 钞(贯) | 45.00 | | |
| 共折银(两) | 0.61 | 共折银(两) | 0.13 | | |

---

[1]原书此处注：以上折色年分每钞 1 贯折银 0.0029 两。本色年分，每钞 1000 贯征银 2.93 两。内除 0.84 两解太仓，又除铺垫水脚银 0.3 两，剩银 1.79 两，买钞 500 贯，价银 0.3 两；嘉靖钱 400 文，价银 0.74；古钱 600 文，价银 0.75 两。

[2]原书此处注："本色年分。"

[3]原书此处注："仍有七分扣二银解太仓。"

[4]原书此处注："折色年分。"

**甲表 122**　　　　　　　　　　　　　　　　　　　　**浒墅钞关**

| 船料则例 | | 一丈一尺平料船户银(两) | 0.77 |
|---|---|---|---|
| 五尺平料船户银(两) | 0.07 | 补料船户商人各银(两) | 0.77 |
| 补料船户商人各银(两) | 0.07 | 加料船户银(两) | 1.15 |
| 六尺平料船户银(两) | 0.14 | 加补料船户商人各银(两) | 1.15 |
| 补料船户商人各银(两) | 0.14 | 一丈二尺平料船户银(两) | 0.98 |
| 加料船户银(两) | 0.21 | 补料船户商人各银(两) | 0.98 |
| 加补料船户商人各银(两) | 0.21 | 加料船户银(两) | 1.36 |
| 七尺平料船户银(两) | 0.21 | 加补料船户商人各银(两) | 1.36 |
| 补料船户商人各银(两) | 0.21 | 一丈三尺平料船户银(两) | 1.19 |
| 加料船户银(两) | 0.31 | 补料船户商人各银(两) | 1.19 |
| 加补料船户商人各银(两) | 0.31 | 加料船户银(两) | 1.57 |
| 八尺平料船户银(两) | 0.24 | 加补料船户商人各银(两) | 1.57 |
| 补料船户商人各银(两) | 0.24 | 一丈四尺平料船户银(两) | 1.40 |
| 加料船户银(两) | 0.42 | 补料船户商人各银(两) | 1.40 |
| 加补料船户商人各银(两) | 0.42 | 加料船户银(两) | 1.78 |
| 九尺平料船户银(两) | 0.35 | 加补料船户商人各银(两)[1] | 1.78 |
| 补料船户商人各银(两) | 0.35 | 解广惠库[2] | |
| 加料船户银(两) | 0.52 | 钞（贯） | 5860000.00 |
| 加补料船户商人各银(两) | 0.52 | 铜钱（文） | 11730000.00 |
| 一丈平料船户银(两) | 0.56 | 解太仓[3] | |
| 补料船户商人各银(两) | 0.56 | 船料商税正余银（两） | 39900.00 |
| 加料船户银(两) | 0.80 | 草席（领）[4] | 2500.00 |
| 加补料船户商人各银(两) | 0.80 | 价银（两） | 186.00 |

**甲表 123**　　　　　　　　　　　　　　　　　　　　**九江钞关**

| 船料则例 | | 一丈六尺 | | 钞(贯) | 325.00 |
|---|---|---|---|---|---|
| 五尺 | | 钞(贯) | 165.00 | 钱(文) | 651.00 |
| 钞(贯) | 21.00 | 钱(文) | 331.00 | 共折银(两) | 1.90 |
| 钱(文) | 43.00 | 共折银(两) | 0.96 | 二丈八尺 | |
| 共折银(两) | 0.12 | 一丈七尺 | | 钞(贯) | 337.00 |
| 六尺 | | 钞(贯) | 175.00 | 钱(文) | 675.00 |
| 钞(贯) | 31.00 | 钱(文) | 351.00 | 共折银(两) | 1.97 |
| 钱(文) | 62.00 | 共折银(两) | 1.03 | 二丈九尺 | |
| 共折银(两) | 0.18 | 一丈八尺 | | 钞(贯) | 350.00 |
| 七尺 | | 钞(贯) | 186.00 | 钱(文) | 700.00 |
| 钞(贯) | 36.00 | 钱(文) | 372.00 | 共折银(两) | 2.05 |
| 钱(文) | 72.00 | 共折银(两) | 1.09 | 三丈 | |

---

[1]原书此处注：以上折色年分，照船头丈尺折收银两；本色年分，旧例每钞10贯，钱20文，折收银0.07两；内0.02 0.02两解太仓，0.05两钱钞，每钞1000贯，价银0.6两；嘉靖钱1000文，价银2.05两；古钱1000文，价银1.6两。扛索盘缠等费，俱于内扣算。

[2]原书此处注："本色年分。"

[3]原书此处注："折色年分。"

[4]原书此处注："每年额办。"

| | | | | | |
|---|---|---|---|---|---|
| 共折银(两) | 0.21 | 一丈九尺 | | 钞(贯) | 362.00 |
| 八尺 | | 钞(贯) | 196.00 | 钱(文) | 724.00 |
| 钞(贯) | 55.00 | 钱(文) | 393.00 | 共折银(两) | 2.12 |
| 钱(文) | 110.00 | 共折银(两) | 1.15 | 三丈一尺 | |
| 共折银(两) | 0.32 | 二丈 | | 钞(贯) | 374.00 |
| 九尺 | | 钞(贯) | 206.00 | 钱(文) | 748.00 |
| 钞(贯) | 62.00 | 钱(文) | 413.00 | 共折银(两) | 2.19 |
| 钱(文) | 124.00 | 共折银(两) | 1.21 | 三丈二尺 | |
| 共折银(两) | 0.36 | 二丈一尺 | | 钞(贯) | 386.00 |
| 一丈 | | 钞(贯) | 235.00 | 钱(文) | 772.00 |
| 钞(贯) | 86.00 | 钱(文) | 470.00 | 共折银(两) | 2.26 |
| 钱(文) | 172.00 | 共折银(两) | 1.37 | 三丈三尺 | |
| 共折银(两) | 0.50 | 二丈二尺 | | 钞(贯) | 398.00 |
| 一丈一尺 | | 钞(贯) | 246.00 | 钱(文) | 796.00 |
| 钞(贯) | 94.00 | 钱(文) | 493.00 | 共折银(两) | 2.33 |
| 钱(文) | 189.00 | 共折银(两) | 1.44 | 三丈四尺 | |
| 共折银(两) | 0.55 | 二丈三尺 | | 钞(贯) | 410.00 |
| 一丈二尺 | | 钞(贯) | 257.00 | 钱(文) | 820.00 |
| 钞(贯) | 103.00 | 钱(文) | 515.00 | 共折银(两) | 2.40 |
| 钱(文) | 206.00 | 共折银(两) | 1.50 | 三丈五尺 | |
| 共折银(两) | 0.60 | 二丈四尺 | | 钞(贯) | 422.00 |
| 一丈三尺 | | 钞(贯) | 269.00 | 钱(文) | 844.00 |
| 钞(贯) | 112.00 | 钱(文) | 538.00 | 共折银(两) | 2.47 |
| 钱(文) | 224.00 | 共折银(两) | 1.57 | 三丈六尺 | |
| 共折银(两) | 0.65 | 二丈五尺 | | 钞(贯) | 434.00 |
| 一丈四尺 | | 钞(贯) | 301.00 | 钱(文) | 869.00 |
| 钞(贯) | 132.00 | 钱(文) | 603.00 | 共折银(两)[1] | 2.54 |
| 钱(文) | 265.00 | 共折银(两) | 1.76 | **解广惠库**[2] | |
| 共折银(两) | 0.77 | 二丈六尺 | | 钞(贯) | 2930000.00 |
| 一丈五尺 | | 钞(贯) | 313.00 | 铜钱(文) | 6890000.00 |
| 钞(贯) | 142.00 | 钱(文) | 627.00 | **解太仓**[3] | |
| 钱(文) | 284.00 | 共折银(两) | 1.83 | 船料正余银(两) | 15300.00 |
| 共折银(两) | 0.83 | 二丈七尺 | | | |

**甲表 124**　　　　　　　　　　　　　**北新钞关**

| | | | |
|---|---|---|---|
| 长船、剥船、河船、赣船、焦湖船、桨船、沙船 | | 钞(贯) | 25.00 |
| 五尺 | | 六尺 | |
| 钞(贯) | 40.00 | 钞(贯) | 40.00 |

---

[1] 原书此处注：以上折色年分照船头丈尺折收银两，本色年分每钞 1000 贯征银 3 两。内除扣贰银 0.85 两解太仓，实在钞价银 2.14 两，仍买钞 1000 贯；旧钱 1000 文，征银 1.25 两，内除扣贰银 0.35 两解太仓，实在钱价银 0.89 两，仍卖钱 1000 文。

[2] 原书此处注："本色年分。"

[3] 原书此处注："折色年分。"

| | | | |
|---|---|---|---|
| 六尺 | | 七尺 | |
| 钞（贯） | 74.00 | 钞（贯） | 70.00 |
| 七尺 | | 八尺 | |
| 钞（贯） | 100.00 | 钞（贯） | 104.00 |
| 八尺 | | 九尺 | |
| 钞（贯） | 134.00 | 钞（贯） | 144.00 |
| 九尺 | | 一丈 | |
| 钞（贯） | 170.00 | 钞（贯） | 187.00 |
| 一丈 | | 一丈一尺 | |
| 钞（贯） | 214.00 | 钞（贯） | 227.00 |
| 一丈一尺 | | 一丈二尺 | |
| 钞（贯） | 264.00 | 钞（贯） | 267.00 |
| 一丈二尺 | | 摇罗船 | |
| 钞（贯） | 327.00 | 五尺 | |
| 一丈三尺 | | 钞（贯） | 25.00 |
| 钞（贯） | 397.00 | 六尺 | |
| 一丈四尺 | | 钞（贯） | 37.00 |
| 钞（贯） | 467.00 | 七尺 | |
| 罗子头船、边江船、王巷船、乌船、落脚头船、艐船 | | 钞（贯） | 50.00 |
| 五尺 | | 航船、脚船、摇船、阔船、头船、划船 | |
| 钞（贯） | 40.00 | 五尺 | |
| 六尺 | | 钞（贯） | 20.00 |
| 钞（贯） | 50.00 | 六尺 | |
| 七尺 | | 钞（贯） | 30.00 |
| 钞（贯） | 80.00 | 七尺 | |
| 八尺 | | 钞（贯） | 80.00 |
| 钞（贯） | 114.00 | 尖船 | |
| 九尺 | | 五尺 | |
| 钞（贯） | 154.00 | 钞（贯） | 25.00 |
| 一丈 | | 六尺 | |
| 钞（贯） | 194.00 | 钞（贯） | 37.00 |
| 一丈一尺 | | 七尺 | |
| 钞（贯） | 246.00 | 钞（贯）[1] | 50.00 |
| 一丈二尺 | | 解太仓[2] | |
| 钞（贯） | 300.00 | 船料商税正余银（两） | 36800.00 |
| 一丈三尺 | | 解广惠库[3] | |
| 钞（贯） | 354.00 | 钞（贯） | 1900000.00 |
| 太湖船、宜兴船、马口船、划子船、匜子船、摊船 | | 铜钱（文） | 3810000.00 |

[1]原书此处注：以上船料每钞1贯折银0.003两，钱7文折银0.01两。
[2]原书此处注："折色年分。"
[3]原书此处注："本色年分。"

| | | | | | |
|---|---|---|---|---|---|
| **重、河、赣、剥、摇、航、棹等船** | | 共折银(两) | 0.66 | 钱(文) | 116.00 |
| 五尺 | | 一丈六尺 | | 共折银(两) | 0.33 |
| 钞(贯) | 5.00 | 钞(贯) | 128.00 | 一丈一尺 | |
| 钱(文) | 10.00 | 钱(文) | 256.00 | 钞(贯) | 80.00 |
| 共折银(两) | 0.02 | 共折银(两) | 0.74 | 钱(文) | 160.00 |
| 六尺 | | 一丈七尺 | | 共折银(两) | 0.46 |
| 钞(贯) | 8.00 | 钞(贯) | 143.00 | 一丈二尺 | |
| 钱(文) | 16.00 | 钱(文) | 286.00 | 钞(贯) | 93.00 |
| 共折银(两) | 0.04 | 共折银(两) | 0.83 | 钱(文) | 186.00 |
| 七尺 | | 一丈八尺 | | 共折银(两) | 0.54 |
| 钞(贯) | 13.00 | 钞(贯) | 158.00 | 一丈三尺 | |
| 钱(文) | 26.00 | 钱(文) | 316.00 | 钞(贯) | 105.00 |
| 共折银(两) | 0.07 | 共折银(两) | 0.92 | 钱(文) | 210.00 |
| 八尺 | | 一丈九尺 | | 共折银(两) | 0.61 |
| 钞(贯) | 18.00 | 钞(贯) | 173.00 | 一丈四尺 | |
| 钱(文) | 36.00 | 钱(文) | 346.00 | 钞(贯) | 118.00 |
| 共折银(两) | 0.10 | 共折银(两) | 1.01 | 钱(文) | 236.00 |
| 九尺 | | 二丈 | | 共折银(两) | 0.69 |
| 钞(贯) | 25.00 | 钞(贯) | 180.00 | 一丈五尺 | |
| 钱(文) | 50.00 | 钱(文) | 360.00 | 钞(贯) | 130.00 |
| 共折银(两) | 0.14 | 共折银(两) | 1.05 | 钱(文) | 260.00 |
| 一丈 | | **重长乌船** | | 共折银(两) | 0.76 |
| 钞(贯) | 38.00 | 五尺 | | 一丈六尺 | |
| 钱(文) | 76.00 | 钞(贯) | 10.00 | 钞(贯) | 145.00 |
| 共折银(两) | 0.22 | 钱(文) | 20.00 | 钱(文) | 290.00 |
| 一丈一尺 | | 共折银(两) | 0.05 | 共折银(两) | 0.84 |
| 钞(贯) | 53.00 | 六尺 | | 一丈七尺 | |
| 钱(文) | 106.00 | 钞(贯) | 15.00 | 钞(贯) | 170.00 |
| 共折银(两) | 0.31 | 钱(文) | 30.00 | 钱(文) | 340.00 |
| 一丈二尺 | | 共折银(两) | 0.08 | 共折银(两) | 0.99 |
| 钞(贯) | 68.00 | 七尺 | | 一丈八尺 | |
| 钱(文) | 136.00 | 钞(贯) | 23.00 | 钞(贯) | 178.00 |
| 共折银(两) | 0.39 | 钱(文) | 46.00 | 钱(文) | 356.00 |
| 一丈三尺 | | 共折银(两) | 0.13 | 共折银(两)[1] | 1.04 |
| 钞(贯) | 83.00 | 八尺 | | **解广惠库**[2] | |
| 钱(文) | 166.00 | 钞(贯) | 30.00 | 钞(贯) | 3000000.00 |
| 共折银(两) | 0.48 | 钱(文) | 60.00 | 铜钱(文)[3] | 6000000.00 |
| 一丈四尺 | | 共折银(两) | 0.17 | **解太仓**[4] | |

[1]原书此处注：以上船料每钞1贯折银0.003两，钱7文折银0.01两。

[2]原书此处注："本色年分。"

[3]原书此处注："仍有七分扣二银解太仓。"

[4]原书此处注："折色年分。"

| | | | | | |
|---|---|---|---|---|---|
| 钞(贯) | 98.00 | 九尺 | | 船料正余银(两) | 22700.00 |
| 钱(文) | 196.00 | 钞(贯) | 38.00 | | |
| 共折银(两) | 0.57 | 钱(文) | 76.00 | | |
| 一丈五尺 | | 共折银(两) | 0.22 | | |
| 钞(贯) | 113.00 | 一丈 | | | |
| 钱(文) | 226.00 | 钞(贯) | 58.00 | | |

## 甲表126　　　　　　　　扬州钞关

| | | | | | |
|---|---|---|---|---|---|
| 河船、赣船、航船、板船、棹船 | | 钞(贯) | 25.00 | 一丈六尺 | |
| 五尺 | | 钱(文) | 50.00 | 钞(贯) | 145.00 |
| 钞(贯) | 5.00 | 一丈 | | 钱(文) | 290.00 |
| 钱(文) | 10.00 | 钞(贯) | 58.00 | 一丈七尺 | |
| 六尺 | | 钱(文) | 116.00 | 钞(贯) | 173.00 |
| 钞(贯) | 8.00 | 一丈一尺 | | 钱(文) | 346.00 |
| 钱(文) | 16.00 | 钞(贯) | 80.00 | 一丈八尺 | |
| 七尺 | | 钱(文) | 160.00 | 钞(贯) | 188.00 |
| 钞(贯) | 13.00 | 一丈二尺 | | 钱(文) | 376.00 |
| 钱(文) | 26.00 | 钞(贯) | 93.00 | 空船则例 | |
| 八尺 | | 钱(文) | 186.00 | 五尺 | |
| 钞(贯) | 18.00 | 一丈三尺 | | 钞(贯) | 3.00 |
| 钱(文) | 36.00 | 钞(贯) | 105.00 | 钱(文) | 6.00 |
| 九尺 | | 钱(文) | 210.00 | 六尺 | |
| 钞(贯) | 25.00 | 一丈四尺 | | 钞(贯) | 5.00 |
| 钱(文) | 50.00 | 钞(贯) | 118.00 | 钱(文) | 10.00 |
| 一丈 | | 钱(文) | 236.00 | 七尺 | |
| 钞(贯) | 38.00 | 一丈五尺 | | 钞(贯) | 5.00 |
| 钱(文) | 76.00 | 钞(贯) | 130.00 | 钱(文) | 10.00 |
| 一丈一尺 | | 钱(文) | 260.00 | 八尺 | |
| 钞(贯) | 53.00 | 一丈六尺 | | 钞(贯) | 5.00 |
| 钱(文) | 106.00 | 钞(贯) | 145.00 | 钱(文) | 10.00 |
| 一丈二尺 | | 钱(文) | 290.00 | 九尺 | |
| 钞(贯) | 68.00 | 一丈七尺 | | 钞(贯) | 8.00 |
| 钱(文) | 136.00 | 钞(贯) | 173.00 | 钱(文) | 16.00 |
| 一丈三尺 | | 钱(文) | 346.00 | 一丈 | |
| 钞(贯) | 83.00 | 一丈八尺 | | 钞(贯) | 10.00 |
| 钱(文) | 166.00 | 钞(贯) | 188.00 | 钱(文) | 20.00 |
| 一丈四尺 | | 钱(文) | 376.00 | 一丈一尺 | |
| 钞(贯) | 98.00 | 长船、沙船、栏船、摇船 | | 钞(贯) | 13.00 |
| 钱(文) | 196.00 | 五尺 | | 钱(文) | 26.00 |
| 一丈五尺 | | 钞(贯) | 10.00 | 一丈二尺 | |
| 钞(贯) | 113.00 | 钱(文) | 20.00 | 钞(贯) | 15.00 |
| 钱(文) | 226.00 | 六尺 | | 钱(文) | 30.00 |
| 一丈六尺 | | 钞(贯) | 15.00 | 一丈三尺 | |

| | | | | | |
|---|---|---|---|---|---|
| 钞(贯) | 128.00 | 钱(文) | 30.00 | 钞(贯) | 18.00 |
| 钱(文) | 256.00 | 七尺 | | 钱(文) | 36.00 |
| 一丈七尺 | | 钞(贯) | 23.00 | 一丈四尺 | |
| 钞(贯) | 143.00 | 钱(文) | 46.00 | 钞(贯) | 20.00 |
| 钱(文) | 286.00 | 八尺 | | 钱(文) | 40.00 |
| 一丈八尺 | | 钞(贯) | 30.00 | 一丈五尺 | |
| 钞(贯) | 158.00 | 钱(文) | 60.00 | 钞(贯) | 25.00 |
| 钱(文) | 316.00 | 九尺 | | 钱(文) | 50.00 |
| 一丈九尺 | | 钞(贯) | 38.00 | 一丈六尺 | |
| 钞(贯) | 175.00 | 钱(文) | 76.00 | 钞(贯) | 33.00 |
| 钱(文) | 370.00 | 一丈 | | 钱(文) | 66.00 |
| 二丈 | | 钞(贯) | 58.00 | 一丈七尺 | |
| 钞(贯) | 180.00 | 钱(文) | 116.00 | 钞(贯) | 38.00 |
| 钱(文) | 360.00 | 一丈一尺 | | 钱(文) | 76.00 |
| 剥船等[1] | | 钞(贯) | 80.00 | 一丈八尺 | |
| 五尺 | | 钱(文) | 160.00 | 钞(贯) | 43.00 |
| 钞(贯) | 5.00 | 一丈二尺 | | 钱(文) | 86.00 |
| 钱(文) | 10.00 | 钞(贯) | 93.00 | 一丈九尺 | |
| 六尺 | | 钱(文) | 186.00 | 钞(贯) | 48.00 |
| 钞(贯) | 8.00 | 一丈三尺 | | 钱(文) | 96.00 |
| 钱(文) | 16.00 | 钞(贯) | 105.00 | 二丈 | |
| 七尺 | | 钱(文) | 210.00 | 钞(贯) | 53.00 |
| 钞(贯) | 13.00 | 一丈四尺 | | 钱(文)[2] | 106.00 |
| 钱(文) | 26.00 | 钞(贯) | 118.00 | 解广惠库[3] | |
| 八尺 | | 钱(文) | 236.00 | 钞(贯) | 1690000.00 |
| 钞(贯) | 18.00 | 一丈五尺 | | 铜钱(文)[4] | 3380000.00 |
| 钱(文) | 36.00 | 钞(贯) | 130.00 | 解太仓[5] | |
| 九尺 | | 钱(文) | 260.00 | 船料正余银(两) | 12900.00 |

---

[1] 原书此处注："剥船、沔阳船、池州船、满江红船、山船、左蠡船、衡州船、满蓬稍船、舶船、宣州船、奉新船、罗丝头船、乌船、抚州船、荆州船、广信船、楪坝边江船、海鹞船、排脚船、漏八尺航船。"

[2] 原书此处注：以上船料每钞1贯折银0.003两，钱7文折银0.01两。

[3] 原书此处注："本色年分。"

[4] 原书此处注："仍有七分扣二银解太仓。"

[5] 原书此处注："折色年分。"

## 钞关船料商税沿革事例

宣德四年，令南京至北京沿河客商辐集处所设钞关。在京崇文门分司收取商税；在外潞县钞关、济宁钞关、徐州钞关、淮安钞关、扬州钞关、上新河钞关、浒墅钞关、九江钞关、金沙州钞关各收船料；临清钞关、北新钞关各收船料，兼收商税。各差御史及户部主事监收。

本年钦奉圣旨：南京至北京沿河船只，除装载官物外，其余受雇装人口货物，或往或来，每船一只计料数若干，照见行事例纳钞。如有隐匿及依恃权豪势要不纳钞者，船没入官，仍将犯人治罪。空过船只往回不系揽载者，不在纳钞之例。钦此（旧例船料，每只百料纳钞四十贯，后以船料不便查验，止量梁头丈尺）。

正统四年，令取回监收船料御史，止令原设官员收管。临清、淮安，令差去收粮官兼管，原差收钞官取回。

本年令罢济宁、徐州收船料钞。

六年，令罢上新河收船料官。

十一年，差主事二员监收临清、淮安船料。

本年令移潞县钞关于河西务，本关委官监收，其所收钞，武清县按季解送京库。

十二年，令每船一百料，纳钞二十贯。

景泰元年，各差主事于苏州浒墅、杭州北新、江西九江、湖广金沙州四处，各监收船料钞。每船一百料纳钞十五贯。九江运湖广，金沙州运贵州，以备军官俸给。

六年，令河西务、临清、淮安、扬州、苏州、杭州、九江、金沙州监收船钞主事俱取回，止令各府选委佐贰官一员每岁轮收，仍行各处巡河或巡按御史提督兼管。

成化元年，令罢苏、杭、淮、扬、临清、九江、金沙州等处收船料钞。

五年，尚书杨鼎题：各卫所官军每船装载官粮不过三百石，中间多有包载客商货物，却将官粮转雇民间剥船分运。若不着令纳钞，民间剥船尽被影射。合行委官，除卫所自备运粮河船上有名号者不收料外，其余但系受雇装人口货物者，一体收纳料钞。

七年，复设九江、苏州、杭州三钞关并河西务，各差主事一员监收。

弘治元年，尚书李敏题：库藏空虚，除崇文门、上新河、张家湾司局照旧钱钞兼收外，其河西务等处八钞关，并临清、淮安、扬州、苏州、杭州、刘家隔、正阳镇七税课司局照依彼中则例，俱折收银两。该解京者，送部类进内府交收；该存留者，就本处准折官军俸粮，俱照例每银一两折钞七百贯。

本年令官吏监生军校家下供送车辆，不系客商串通带货者，免收税。

五年，令监收商税止照旧例，不许分外搜求，有伤治体。

六年，令河西务、苏州、九江、临清钱粮多处，户部各差官一员监收，俱一年一更。

正德元年，取回各关监收主事，仍令各府州佐贰官管理。

四年，复令河西务、临清、浒墅、九江四钞关，各差户部官一员；淮安、扬州、北新三钞关，各差南京户部官一员，监收船料钞。本部复：奉钦依，差委各钞关主事，各给精微批一道。

八年，令各钞关征收本色钱钞。

十四年，令各钞关折收银两。

嘉靖八年，本部题：请行工部铸造天平法马，给各钞关，以均出纳。

九年，尚书梁材题：

一各钞关出纳官银，必须互相稽察。合行各该巡按选委府州廉能佐贰官一员，每季一换，赴厂听主事督同秤收，当即封记，送本处府州县收库，差官类解。

一各关日逐放过船只，收过料银。合行各该主事装订号簿二扇，并收料文票，俱发彼处官司编号用印，送厂收掌一扇，委官收执一扇。将梁面丈尺并料银分两，明开票内，照票数目填写在簿挂号，每日类算□□，令委官于本部发去稽考簿内，逐一登记。每遇起解料银之时，主事委官各开总数，彼处官司将原填号簿印封，付解官送部查对。

一船料则例原以货物多寡为率，后从简便，仍验船梁阔狭定收料银，大率自五尺以上，始榷其利。合行各该主事，今后丈量船只，务要躬亲量验，不得凭信下人。其收船料止以成尺为限，此外若有零数，捐以与民，不许逐寸科取。

一各关书手门库皂隶等项人役，合行各令该府州县，每季均徭内审编，年终更替。仍行该府每年拨吏一名，州县送吏二名听用。一应积年作弊人役，通行查革。其巡拦总甲悉听钤束。

二十年，司钥库太监王满奏：乞各处船料商税征收本色钱钞。尚书李廷相复：各钞关税课，一年大约收纳钱钞二万五千余块，每块折收银五两八钱五分零，共约银一十五万余两。本部召商一块给银三两二钱，每块剩余二两五六钱，一年计算积有余银六万余两，可以接济边储。若复改本色，未免明亏国课，暗损民财，再难别议。所据该库缺乏钱钞，相应议处召买，其各钞关并崇文门分司，合行照旧折收银两。奉圣旨：准议。钦此。

二十五年，御史谷峤奏：沿边管粮郎中，及各处管关主事差满回日，合照都察院考查御史出巡事例，户部会同都察院考察。尚书王尧封复：各边郎中公同抚按计议行事，钞关主事督同，抚按委官监收，立法似已详尽。其差满回日，原无会同都察院考查之例，但中间廉勤任事者无以表见，贪墨误事者无所惩创。相应本部严行考核，必其在任无赃私及过违限期，方许回司管事，如或不惜名检，事有指实，参论降黜。

二十七年，令各钞关钱钞，以后本折递年轮流征解。

本年本部复给事中郑维诚奏：九江等七钞关，自嘉靖二十八年为始，一应课程合照旧例折收银两解部，以充边费。奉圣旨：钱钞征收本色，以备朝廷不时赏用。今既这等说，以后本折着递年轮流征解。钦此。

三十九年，本部奏：准各钞关以后船料六分扣一者，改为七分扣二。

隆庆元年，本部查得天财等库收积钱钞，数年支用不尽。题准：行令各钞关主事，以后应解钱钞，暂行停止，俱准折收银两解部，候三年之外边储稍充，仍照旧本折轮年收解。

二年，南京户部尚书刘体乾题：据北新钞关委官员外郎钟道呈，要比照南关工部主事事例，将北新并淮、扬等钞关，各铸给关防一颗，仍请敕书一道，载一应该行事宜，庶知遵守。及本关所属税课司局差满之日，备将官员贤否，开呈移咨吏部。各关收税有同知通判等官，承差之后，务要每日亲身到关，恪守体统。如有抗违，许该关呈部，以凭查参。尚书葛守礼依拟题复：再照浒墅、九江、临清、河西务四关，钱粮收纳相同，请敕铸给关防，并申明委官体统，亦合一例请给，庶便遵守。

六年，尚书王国光题：钞关监收主事发去该关空白稽考文簿三扇，逐一将收过船料银两登记簿内，一年满日，一扇存留本关，一扇本官收掌，一扇赍部查考。本官回部之日，将经收过银两数目造册，奏缴青册，送部查考。每季止将收过船料银两正余数目，总具一呈，差人报部。其季报文册并草册减去，不必造报。船料号簿该关必不可少，径留备照，不必缴部。奉圣旨，册籍浩繁，委属冗费。这所奏依拟，行在京各衙门，文册繁冗的，着一体查议裁省，钦此。

本年令各钞关折收银两。

万历元年，尚书王国光题复：按察使潘允端条陈，宽恤船户，以全运务。合行浒墅等关主事，凡遇漕粮行过，查系雇觅民船，不许抽税。若非粮船一体混称，定行重处。

七年，工科给事中王道成题：临清钞关收税，当置循环税票，互相对查。尚书张学颜

848

复：准通行河西务等七钞关，自万历八年为始，凡收船料商税银两，除稽考文簿照旧填报外，仍另立税票，将纳过钱钞银两，照簿填给船商，径投所在官司收，候每季解银，备造一册，并原收税票送部磨对，如彼有此无，即系奸弊，据实参处。

本年尚书张学颜议题：设关榷税资，以少佐国储。但货利丛集，奸弊易生。禁谕不严，冒犯愈众。查议开款题请通行申饬。奉圣旨，这关税禁例，依拟通行申饬。各管关官务要着实奉行。差满之日，照前旨从公考察。如有权要官员人等夹带商货，及无籍奸徒将客船悬挂各衙门牌面，指称诓骗，规免商税的，都要着实盘验，不许畏徇纵放，干碍职官，许径自指名参奏，奸徒人等照律例枷号问遣，钦此。

八年，宣府巡抚张佳胤咨称：本镇差官收买互市缎布，节年并无纳税之例，乞要禁约。尚书张学颜题：行宣、大、陕西督抚，以后发银收买互市抚夷缎货，差官某人领银若干，应买某样缎布若干，先期移咨本部札行钞关备照。如在临清买者，先行赴关，验看来文，方与商人兑买免税放行。或往苏杭等处买者，亦行巡抚及各收税官知会，通候买完，仍赴经过应税钞关查验，免税放行。如夹带私货，照例问罪。奉圣旨，依拟行，钦此。

臣等谨按：七钞关之设，若临清、北新兼榷商税，余则专榷舟焉。其所榷本色钱钞，则归之内库，备赏赐；折色银则解太仓，备边饷。每岁或本折轮收，或折色居七分之二。盖仿古者关市之征，以佐国用，其法亦既备矣。顾商船之弊，在于私越与隐匿；关榷之弊，则由于吏书巡拦行户诸役，巧起名色，恣意需求，为暴滋甚。七关由来称利窟，亦云弊薮。岂法不备，是在得人耳。惟司关者，以廉平居之，勿宽而纵，勿苛而刻，使课额足，而商旅通。斯于国计有赖哉。

## 《万历会计录》卷四十三　杂课　*附积谷*

**甲表 127　在京九门额征课钞**

| 地点 | 本色钞（贯） | 折色铜钱（文） |
|---|---|---|
| 正阳门 | 82240.00 | 143360.00 |
| 崇文门 | 128180.00 | 493460.00 |
| 朝阳门 | 105030.00 | 406690.00 |
| 东直门 | 115300.00 | 411770.00 |
| 安定门 | 21110.00 | 113210.00 |
| 德胜门 | 16360.00 | 82860.00 |
| 西直门 | 57420.00 | 233550.00 |
| 阜城门 | 87530.00 | 240140.00 |
| 宣武门[1] | 52010.00 | 307810.00 |

**甲表 128　顺天府岁征课钞**

| 项目 | 都税司 | 正阳门宣课司 | 安定门税课司 | 德胜门税课分司 |
|---|---|---|---|---|
| **本色钞（贯）** | 40150.00 | 54700.00 | 27430.00 | 15670.00 |
| 折色铜钱（文） | 80300.00 | 109400.00 | 54860.00 | 31340.00[2] |

| 项目 | 崇文门宣课分司 | 通州张家湾宣课司 | 居庸关 | |
|---|---|---|---|---|
| **商税银（两）** | 16427.00 | 3000.00 | 2500.00 | |
| 有闰（两） | | | 3000.00 | |
| 存留银（两）[3] | | | 1535.00 | |
| 铜钱（文） | 18877700.00 | 2887000.00 | | |
| **猪口牙税银（两）** | 3389.00 | | | |
| 内额解太常寺猪银（两） | 960.00 | 240.00 | | |
| 额办供用库瓷器（件） | 8400.00 | | | |
| 额办供用库瓷器茶糖银（两） | | 240.00 | | |
| 额办国子监本色钞（贯） | | 37340.00 | | |
| 折色铜钱（文）[4] | | 74680.00 | | |
| **抽分曲（斤）** | | 152800.00 | | |
| 内酒醋局本色曲（斤） | | 108800.00 | | |
| 光禄寺折色曲（斤） | | 44000.00 | | |
| 折银（两） | | 4400.00 | | |
| 茶叶（篓） | 36.00 | | | |
| 白糖（桶） | 36.00 | | | |
| 中秋节西瓜（个） | 2406.00 | | | |
| 冬年二节各色果品（斤） | 5580.00 | | | |
| 共该银（两）[5] | 365.00 | 50.00 | | |
| **条税银（两）** | 15996.00 | 155.60 | | |

[1] 原书此处注："以上钱钞俱解天财库。"
[2] 原书此处注："以上钱钞俱解国子监。"
[3] 原书此处注："以备总兵衙门，并延庆卫、昌平州里甲公用外，余解昌平粮储衙门，抵扣年例。"
[4] 原书此处注："其余银钱俱解太仓。"
[5] 原书此处注："其银钱俱解太仓。"

| 船税银(两)[1] | 4515.00 | 22.70 | | |
|---|---|---|---|---|
| 通州盐牙税银(两)[2] | | 555.00 | | |

| 项目 | 永平府 | 保定府 | 河间府 | 真定府 |
|---|---|---|---|---|
| 额征商税等课钞(贯) | 50688.00[3] | 106291.00 | 221413.00[4] | 117569.00 |

| 项目 | 顺德府 | 广平府 | 大名府 |
|---|---|---|---|
| 额征商税等课钞(贯) | 29539.00 | 43571.00 | 115548.00 |

**甲表129　　　　　南京额征课钞**

| 项目 | 东城兵马司 | 南城兵马司 | 西城兵马司 | 北城兵马司 |
|---|---|---|---|---|
| 额该房钞(贯) | 229932.00 | 78612.00 | 124224.00 | 59712.00 |
| 每贯折银(两) | 0.0006 | | | |
| 该银(两) | 137.95 | 47.16 | 74.53 | 35.82 |
| 连闰该钞(贯) | 249093.00 | 85163.00 | 134576.00 | 64688.00 |
| 折银(两)[5] | 149.45 | 51.09 | 80.74 | 38.81 |
| 项目 | 中兵马司 | 龙江关 | 石灰山关 | 大胜关 |
| 额该房钞(贯) | 1125958.00 | | 193846.00 | 37517.00 |
| 该银(两) | 675.57 | | 115.30 | 22.51 |
| 连闰该钞(贯) | 1219788.00 | | 209853.00 | 43525.00 |
| 折银(两)(1) | 731.87 | | 125.91 | 26.11 |
| 抄没房租额银(两) | 52.02 | | | |
| 连闰该钞(贯) | 56.35 | | | |
| 额该船料钞(贯) | | 272645.00 | | |
| 折银(两) | | 163.58 | | |
| 连闰该钞(贯) | | 296462.00 | | |
| 折银(两) | | 177.87 | | |
| 项目 | 钞库 | | | |
| 廊纸匠营房地租银(两)[6] | 199.19 | | | |

**甲表130　　　　　应天府额征课钞**

| 项目 | 都税司 | 聚宝门宣课司 | 聚宝门朝阳门分司 | 江东宣课司 |
|---|---|---|---|---|
| 额办商税门摊钞(贯) | 597013.00[7] | 480514.00 | 233577.00 | 953720.00 |
| 每贯折银(两) | 0.0006 | | | |
| 折银(两) | 358.20 | 288.30 | 140.14 | 572.23 |
| 连闰该钞(贯) | 647057.00 | 530669.00 | 260473.00 | 1041491.00 |
| 折银(两) | 388.23 | 318.40 | 156.28 | 624.89 |
| 外余钞(贯) | 448000.00 | 285050.00 | 999810.00 | 3776410.00 |
| 折银(两)[1] | 268.80 | 171.00 | 599.80 | 2265.80 |

---

[1] 原书此处注:"二项原系宝和二店经□□□并分司代收解该店类□。"

[2] 原书此处注:"解都。"

[3] 原书此处注:见征商税银740两,解部120两,存留本府银580两,解户部分司银40.83两。

[4] 原书此处注:见征商税银2820.24两,解部银1219.69两,存留本府银1056.55两,天津三卫公用银544两。

[5] 原书此处注:以下钞俱每贯折银0.0006两。

[6] 原书此处注:"以上钞银俱解南京户部。"

[7] 原书此处注:"此项目为商税等额钞。"

| 项目 | 太平门税课司 | 龙江宣课司 | 龙江税课司 | 批验茶引所 |
|---|---|---|---|---|
| 额办商税门摊钞(贯) | 113812.00 | 381737.00 | 155926.00[2] | 50000.00[3] |
| 折色铜钱(文) | | | | 100000.00 |
| 折银(两) | 68.28 | 229.04 | 93.55 | 300.00 |
| 连闰该钞(贯) | 126034.00 | 415147.00 | 168711.00 | |
| 折银(两) | 75.62 | 249.08 | 101.22 | |
| 外余钞(贯) | | 4130080.00 | | |
| 折银(两) | | 2478.05 | | |
| 纸价银(两)[4] | | | | 30.00 |
| 项目 | 龙江河泊所 | 龙潭税课司 | 上元江宁等县 | 瓜埠三汊河泊等所 |
| 商税门摊钞(贯) | | 22500.00 | 75334.00[5] | |
| 折色铜钱(文) | | | 143381.00 | |
| 折银(两) | | | 21.31 | |
| 连闰该钞(贯) | | 23828.00 | 83426.00 | |
| 折银(两) | | | 22.49 | |
| 铜钱(文) | | | 152860.00 | |
| 鱼课钞(贯) | 36780.00 | | | 62269.00[6] |
| 折银(两) | 22.06 | | | 37.36 |
| 连闰该钞(贯) | 39845.00 | | | 65615.00 |
| 折银(两) | 23.90 | | | 39.36 |
| 项目 | 江东巡检司 | 瓜埠巡检司 | | |
| 钞(贯) | 66913.00 | 54611.00 | | |
| 折银(两) | 40.14 | 32.76 | | |
| 连闰该钞(贯) | 81412.00 | 60091.00 | | |
| 折银(两) | 48.84 | 36.05 | | |

**甲表131　南直隶其他各府及浙江等十三布政司额征课钞**

| 安庆府额征 | | 浙江布政司额征 | |
|---|---|---|---|
| 商税鱼课酒醋等钞(锭)[7] | 70464.00 | 商税门摊酒醋鱼课等钞(锭) | 2283443.00 |
| 徽州府额征 | | 江西布政司岁征 | |
| 商税茶课等钞(锭) | 69306.00 | 商税银(两) | 3550.20 |
| 内户口食盐钞(贯) | 212716.00 | 有闰该银(两) | 3719.90 |
| 钱(文) | 425433.00 | 鱼课银(两) | 1480.53 |
| 宁国府额征 | | 有闰该银(两)[8] | 1543.83 |
| 商税茶课等钞(贯)[9] | 193229.00 | 湖广布政司额征 | |
| 池州府额征 | | 各色钞(贯)[1] | 2698641.00 |

[1] 原书此处注：以下钞俱每贯折银0.0006两。
[2] 原书此处注："此项目为额该商税门摊钞。"
[3] 原书此处注："额办本色钞。"
[4] 原书此处注："本□□自买纸张解南京户部刷印茶引。"
[5] 原书此处注："额办商税酒醋房屋等钞。"
[6] 原书此处注："此项目为额办渔课钞。"
[7] 原书此处注：现征商税银331.4两，解部。
[8] 原书此处注："俱解部。"
[9] 原书此处注：见征门摊钞银272.83两，存留官吏旗军俸钞之用。

| | | | |
|---|---|---|---|
| 商税等钞(锭)[2] | 13847.00 | **福建布政司额征** | |
| **太平府额征** | | 商税门摊鱼课等钞(锭)[3] | 267336.00 |
| 商税等钞(锭)[4] | 45470.00 | **山东布政司额征** | |
| **苏州府额征** | | 各色钞(锭)[5] | 3501110.00 |
| **商税等本色钞(锭)** | 72910.00 | **山西布政司额征** | |
| 折色钞(锭)[6] | 70322.00 | 商税门摊酒醋等课本色钞(锭)[7] | 361488.00 |
| **松江府额征** | | 折色钞(锭) | 920.00 |
| 商税鱼课等钞(锭)[8] | 85432.00 | 羊皮(张) | 1152.00 |
| **常州府额征** | | 米(石) | 22.24 |
| 商税门摊酒醋鱼课等钞(锭)[9] | 56790.00 | **河南布政司额征** | |
| 钱（文） | 567809.00 | | |
| **镇江府额征** | | 各色课钞(锭)[10] | 406820.00 |
| 商税等钞(锭)[11] | 67524.00 | **陕西布政司额征** | |
| **庐州府额征** | | 商税酒醋等课钞(贯)[12] | 1745321.00 |
| 商税鱼课等钞(贯)[13] | 259292.00 | **四川布政司额征** | |
| **凤阳府额征** | | 商税等课钞(贯)[14] | 544718.00 |
| 商税等钞(锭)[15] | 106089.00 | 黑铅(斤) | 5789.50 |
| **淮安府额征** | | 课米并鱼课米(石) | 1376.66 |
| 商税门摊等钞(锭)[16] | 670106.00 | 皮硝(斤) | 14400.00 |
| 内户口食盐钞(贯) | 1080670.00 | **广东布政司额征** | |
| 钱（文） | 2161341.00 | 南雄府太平桥南北抽盘商税铁课等银(两) | 43000.00 |
| **扬州府额征** | | 解部银(两)[17] | 5000.00 |

---

[1] 原书此处注：见征商税银 15617.82 两，解部银 1500 两，存留银 14117.82 两；鱼课银 7327.29 两，起运北京干鱼 78275 斤，每斤折银 0.036 两，共银 2817.9 两；外扛解银 112.71 两；南京干鱼 22125 斤，每斤折银 0.02 两，共银 442.5 两外，扛解银 4.42 两，存留鱼课钞共 989032 贯 720 文，内本色钞 52121 贯 632 文，折色钞 936911 贯 88 文，各折不等，共银 3949.75 两，解各府州县库；芦洲课银 4574.75 两，解部；楚府芦洲课 379 两，系布政征收，解南京工部；各王府新溢芦洲 76 处，该课银 315.89 两，自万历二年，丈勘征解济边；各项鱼课官房基地赤壁街房湖鱼利学租剥鱼厂后湖园地蛇鳞州尾等银共 13005.84 两；官田租谷 1922.07 石，俱存留。

[2] 原书此处注：见征商税等钞银 74.62 两，解部。

[3] 原书此处注：见征商税银 11300 两，万历二年，巡抚刘尧诲题充军饷；鱼课银 7100 两，隆庆二年，巡抚涂泽民题充军饷。

[4] 原书此处注：见征门摊商税钞银 285 两，遇闰该银 307.6 两；鱼课银 117.24 两，遇闰该银 126.2 两，解部。

[5] 原书此处注：见征商税钞银 6425.3 两，遇闰该银 6841.9 两，解部。

[6] 原书此处注：见征鱼课银 68.55 两，解南京户部；荡钞银 65.89 两，隆庆五年改充军饷。

[7] 原书此处注：见征商税银 2014 两，存留大同镇赏功等项支用。

[8] 原书此处注：见征鱼课银 557.46 两，解部。

[9] 原书此处注：见征鱼课银 104.33 两，解部。

[10] 原书此处注：见征商税银存留补给宗藩禄粮。

[11] 原书此处注：见征鱼课银 19.01 两，解南京户部。

[12] 原书此处注：见征商税银 11200 两；鬈窠四所额征课银 4.65 两；课小麦 2□93.4 石；课茶 51384.83 斤；羊皮 4152 张，俱存留。

[13] 原书此处注：见征商税门摊钞银 471.37 两；鱼课银 105.51 两，两项俱存留庐州六安二卫并所属州县官吏旗军折俸之用。

[14] 原书此处注：见征商税银 4347.99 两，内解陕西 1172.99 两，抵年例，存留银 3127；鱼课银 337.57 两，解陕西。

[15] 原书此处注：见征商税等银 2262.94 两，自万历四年，始征解部。

[16] 原书此处注：见征商税银 30000 两，内 11960 两，坐给淮太邳三卫运军月粮，余银留供本处军门各道分司师生俸廉，运军赏钞及抵补军饷河道修理等项支用。

[17] 原书此处注："余留充军饷。"

| | | | |
|---|---|---|---|
| 商税鱼课等钞(锭)[1] | 197756.00 | 广西布政司额征 | |
| 滁州额征 | | 商税门摊等钞(锭) | 24566.00 |
| 商税门摊等钞(锭) | 11541.00 | 云南布政司岁征 | |
| 徐州额征 | | 商税门摊酒醋铅铁铜税鱼课等钞银(两) | 15135.20 |
| 商税门摊酒醋等课钞(锭) | 16956.00 | 本色麦米(石) | 1295.38 |
| 和州额征 | | 各色课海肥(索)[2] | 5498.00 |
| 商税等钞(锭) | 12581.00 | 贵州布政司额征 | |
| 广德州额征 | | 商税等钞(贯) | 148363.00 |
| **各色课钞(锭)** | 118955.00 | | |
| 内户口食盐钞(贯) | 423765.00 | | |
| 折钱(文) | 847530.00 | | |

[1]原书此处注：见征商税鱼课银大约 2400 两，存留给官吏俸钞及赏军支用。
[2]原书此处注："俱存留。"

## 甲表 132　积谷（节年议定数）

| 项目 | 数量 | 项目 | 数量 |
|---|---|---|---|
| 浙江布政司(石) | 88400.00 | 象山县(石) | 500.00 |
| **杭州府岁该(石)** | 9400.00 | **绍兴府岁该(石)** | 11800.00 |
| 内本府自积(石) | 1500.00 | 内本府自积(石) | 2500.00 |
| 所属应积(石) | 7900.00 | 所属应积(石) | 9300.0 |
| 钱塘县(石) | 1100.00 | 山阴县(石) | 1500.00 |
| 仁和县(石) | 1800.00 | 会稽县(石) | 1500.00 |
| 海宁县(石) | 1800.00 | 萧山县(石) | 1000.00 |
| 富阳县(石) | 900.00 | 诸暨县(石) | 1500.00 |
| 余杭县(石) | 700.00 | 余姚县(石) | 1400.00 |
| 临安县(石) | 600.00 | 上虞县(石) | 1100.00 |
| 於潜县(石) | 300.00 | 嵊县(石) | 700.00 |
| 新城县(石) | 400.00 | 新昌县(石) | 600.00 |
| 昌化县(石) | 300.00 | **台州府岁该(石)** | 6300.00 |
| **嘉兴府岁该(石)** | 11400.00 | 内本府自积(石) | 1000.00 |
| 内本府自积(石) | 3000.00 | 所属应积(石) | 5300.00 |
| 所属应积(石) | 8400.00 | 临海县(石) | 1200.00 |
| 嘉兴县(石) | 1900.00 | 黄岩县(石) | 1000.00 |
| 秀水县(石) | 1500.00 | 天台县(石) | 500.00 |
| 嘉善县(石) | 1200.00 | 仙居县(石) | 700.00 |
| 海盐县(石) | 800.00 | 宁海县(石) | 1000.00 |
| 崇德县(石) | 1200.00 | 太平县(石) | 900.00 |
| 平湖县(石) | 1000.00 | **金华府岁该(石)** | 9500.00 |
| 桐乡县(石) | 800.00 | 内本府自积(石) | 1800.00 |
| **湖州府岁该(石)** | 8500.00 | 所属应积(石) | 7700.00 |
| 内本府自积(石) | 1000.00 | 金华县(石) | 1200.00 |
| 所属应积(石) | 7500.00 | 兰溪县(石) | 1300.00 |
| 乌程县(石) | 1300.00 | 东阳县(石) | 1100.00 |
| 归安县(石) | 1300.00 | 义乌县(石) | 900.00 |
| 长兴县(石) | 1300.00 | 永康县(石) | 1100.00 |
| 安吉州(石) | 1000.00 | 武义县(石) | 700.00 |
| 孝丰县(石) | 700.00 | 浦江县(石) | 700.00 |
| 德清县(石) | 1200.00 | 汤溪县(石) | 700.00 |
| 武康县(石) | 700.00 | **衢州府岁该(石)** | 5900.00 |
| **宁波府岁该(石)** | 6600.00 | 内本府自积(石) | 1000.00 |
| 内本府自积(石) | 1500.00 | 所属应积(石) | 4900.00 |
| 所属应积(石) | 5100.00 | 西安县(石) | 1100.00 |
| 鄞县(石) | 1800.00 | 龙游县(石) | 1100.00 |
| 慈溪县(石) | 1300.00 | 常山县(石) | 900.00 |
| 奉化县(石) | 800.00 | 江山县(石) | 900.00 |
| 定海县(石) | 700.00 | 开化县(石) | 900.00 |
| | | **严州府岁该(石)** | 4700.00 |
| | | 内本府自积(石) | 1000.00 |
| | | 所属应积(石) | 3700.00 |

| | | | |
|---|---|---|---|
| 建德县(石) | 700.00 | 余干县(石) | 900.00 |
| 淳安县(石) | 900.00 | 乐平县(石) | 1400.00 |
| 桐庐县(石) | 600.00 | 浮梁县(石) | 900.00 |
| 遂安县(石) | 600.00 | 德兴县(石) | 1000.00 |
| 寿昌县(石) | 500.00 | 安仁县(石) | 1000.00 |
| 分水县(石) | 400.00 | 万年县(石) | 1000.00 |
| 温州府岁该(石) | 5900.00 | 广信府岁该(石) | 7380.00 |
| 内本府自积(石) | 1500.00 | 内本府自积(石) | 1200.00 |
| 所属应积(石) | 4400.00 | 所属应积(石) | 6180.00 |
| 永嘉县(石) | 1300.00 | 上饶县(石) | 1000.00 |
| 乐清县(石) | 1000.00 | 玉山县(石) | 750.00 |
| 平阳县(石) | 900.00 | 弋阳县(石) | 1000.00 |
| 瑞安县(石) | 800.00 | 贵溪县(石) | 1200.00 |
| 泰顺县(石) | 400.00 | 铅山县(石) | 750.00 |
| 处州府岁该(石) | 8400.00 | 永丰县(石) | 1000.00 |
| 内本府自积(石) | 1200.00 | 兴安县(石) | 480.00 |
| 所属应积(石) | 7200.00 | 南康府岁该(石) | 4290.00 |
| 丽水县(石) | 1100.00 | 内本府自积(石) | 800.00 |
| 青田县(石) | 800.00 | 所属应积(石) | 3490.00 |
| 缙云县(石) | 700.00 | 星子县(石) | 640.00 |
| 松阳县(石) | 700.00 | 都昌县(石) | 1000.00 |
| 遂昌县(石) | 600.00 | 建昌县(石) | 1250.00 |
| 龙泉县(石) | 800.00 | 安义县(石) | 600.00 |
| 庆元县(石) | 600.00 | 九江府岁该(石) | 3140.00 |
| 云和县(石) | 700.00 | 内本府自积(石) | 800.00 |
| 宣平县(石) | 600.00 | 所属应积(石) | 2340.00 |
| 景宁县(石) | 600.00 | 德化县(石) | 520.00 |
| 江西布政司(石) | 97380.00 | 德安县(石) | 520.00 |
| 南昌府岁该(石) | 12480.00 | 瑞昌县(石) | 520.00 |
| 内本府自积(石) | 1600.00 | 湖口县(石) | 390.00 |
| 所属应积(石) | 10880.00 | 彭泽县(石) | 390.00 |
| 南昌县(石) | 2200.00 | 建昌府岁该(石) | 5870.00 |
| 新建县(石) | 1400.00 | 内本府自积(石) | 1200.00 |
| 丰城县(石) | 1600.00 | 所属应积(石) | 4670.00 |
| 进贤县(石) | 1750.00 | 南城县(石) | 1400.00 |
| 奉新县(石) | 1200.00 | 新城县(石) | 1250.00 |
| 靖安县(石) | 480.00 | 南丰县(石) | 1500.00 |
| 武宁县(石) | 1000.00 | 广昌县(石) | 520.00 |
| 宁州(石) | 1250.00 | 抚州府岁该(石) | 10200.00 |
| 饶州府岁该(石) | 9400.00 | 内本府自积(石) | 1600.00 |
| 内本府自积(石) | 1600.00 | 所属应积(石) | 8600.00 |
| 所属应积(石) | 7800.00 | 临川县(石) | 1800.00 |
| 鄱阳县(石) | 1600.00 | 崇仁县(石) | 1750.00 |

| | | | |
|---|---|---|---|
| 金溪(谿)县(石) | 1200.00 | 会昌县(石) | 500.00 |
| 宜黄县(石) | 1250.00 | 安远县(石) | 500.00 |
| 乐安县(石) | 1400.00 | 宁都县(石) | 1500.00 |
| 东乡县(石) | 1200.00 | 瑞金县(石) | 500.00 |
| 临江府岁该(石) | 6300.00 | 龙南县(石) | 500.00 |
| 内本府自积(石) | 1200.00 | 石城县(石) | 500.00 |
| 所属应积(石) | 5100.00 | 定南县(石) | 300.00 |
| 清江县(石) | 1400.00 | 南安府岁该(石) | 3020.00 |
| 新淦县(石) | 1400.00 | 内本府自积(石) | 800.00 |
| 峡江县(石) | 900.00 | 所属应积(石) | 2220.00 |
| 新喻县(石) | 1400.00 | 大庚县(石) | 520.00 |
| 吉安府岁该(石) | 14850.00 | 南康县(石) | 1000.00 |
| 内本府自积(石) | 1600.00 | 上犹县(石) | 400.00 |
| 所属应积(石) | 13250.00 | 崇义县(石) | 300.00 |
| 庐陵县(石) | 2200.00 | 湖广布政司(石) | 126600.00 |
| 泰和县(石) | 1750.00 | 武昌府岁该(石) | 7200.00 |
| 吉水县(石) | 1800.00 | 内本府自积(石) | 1000.00 |
| 永丰县(石) | 2000.00 | 所属应积(石) | 6200.00 |
| 安福县(石) | 1400.00 | 江夏县(石) | 600.00 |
| 龙泉县(石) | 1000.00 | 武昌县(石) | 800.00 |
| 万安县(石) | 1000.00 | 嘉鱼县(石) | 600.00 |
| 永新县(石) | 1500.00 | 蒲圻县(石) | 600.00 |
| 永宁县(石) | 600.00 | 咸宁县(石) | 600.00 |
| 瑞州府岁该(石) | 5000.00 | 崇阳县(石) | 700.00 |
| 内本府自积(石) | 1200.00 | 通城县(石) | 300.00 |
| 所属应积(石) | 3800.00 | 兴国州(石) | 1000.00 |
| 高安县(石) | 1400.00 | 大冶县(石) | 700.00 |
| 上高县(石) | 1200.00 | 通山县(石) | 300.00 |
| 新昌县(石) | 1200.00 | 汉阳府岁该(石) | 1500.00 |
| 袁州府岁该(石) | 6000.00 | 内本府自积(石) | 400.00 |
| 内本府自积(石) | 1200.00 | 所属应积(石) | 1100.00 |
| 所属应积(石) | 4800.00 | 汉阳县(石) | 700.00 |
| 宜春县(石) | 1200.00 | 汉川县(石) | 400.00 |
| 分宜县(石) | 1200.00 | 承天府岁该(石) | 9300.00 |
| 萍乡县(石) | 1500.00 | 内本府自积(石) | 1000.00 |
| 万载县(石) | 900.00 | 所属应积(石) | 8300.00 |
| 赣州府岁该(石) | 9450.00 | 钟祥县(石) | 1300.00 |
| 内本府自积(石) | 1600.00 | 京山县(石) | 1600.00 |
| 所属应积(石) | 7850.00 | 潜江县(石) | 800.00 |
| 赣县(石) | 1500.00 | 沔阳州(石) | 1000.00 |
| 雩都县(石) | 650.00 | 景陵县(石) | 800.00 |
| 信丰县(石) | 400.00 | 荆门州(石) | 2000.00 |
| 兴国县(石) | 1000.00 | 当阳县(石) | 800.00 |

| | |
|---|---|
| **襄阳府岁该(石)** | 6700.00 |
| 内本府自积(石) | 1100.00 |
| 所属应积(石) | 5600.00 |
| 襄阳县(石) | 1200.00 |
| 宜城县(石) | 600.00 |
| 南漳县(石) | 800.00 |
| 枣阳县(石) | 1200.00 |
| 谷(穀)城县(石) | 600.00 |
| 光化县(石) | 600.00 |
| 均州(石) | 600.00 |
| **郧阳府岁该(石)** | 4400.00 |
| 内本府自积(石) | 900.00 |
| 所属应积(石) | 3500.00 |
| 郧县(石) | 500.00 |
| 房县(石) | 800.00 |
| 竹山县(石) | 500.00 |
| 上津县(石) | 400.00 |
| 竹溪(谿)县(石) | 500.00 |
| 保康县(石) | 300.00 |
| 郧西县(石) | 500.00 |
| **德安府岁该(石)** | 6800.00 |
| 内本府自积(石) | 900.00 |
| 所属应积(石) | 5900.00 |
| 安陆县(石) | 800.00 |
| 云梦县(石) | 600.00 |
| 应城县(石) | 800.00 |
| 孝感县(石) | 1400.00 |
| 随州(石) | 1300.00 |
| 应山县(石) | 1000.00 |
| **黄州府岁该(石)** | 12300.00 |
| 内本府自积(石) | 1200.00 |
| 所属应积(石) | 11100.00 |
| 黄冈县(石) | 1400.00 |
| 黄安县(石) | 1100.00 |
| 蕲水县(石) | 1400.00 |
| 罗田县(石) | 1000.00 |
| 麻城县(石) | 1400.00 |
| 黄陂县(石) | 1100.00 |
| 蕲州(石) | 1200.00 |
| 广济县(石) | 1200.00 |
| 黄梅县(石) | 1300.00 |
| **荆州府岁该(石)** | 7400.00 |
| 内本府自积(石) | 1000.00 |

| | |
|---|---|
| 所属应积(石) | 6400.00 |
| 江陵县(石) | 800.00 |
| 公安县(石) | 400.00 |
| 石首县(石) | 500.00 |
| 监利县(石) | 600.00 |
| 松滋县(石) | 800.00 |
| 枝江县(石) | 500.00 |
| 夷陵州(石) | 900.00 |
| 长阳县(石) | 300.00 |
| 宜都县(石) | 400.00 |
| 远安县(石) | 300.00 |
| 归州(石) | 400.00 |
| 兴山县(石) | 300.00 |
| 巴东县(石) | 200.00 |
| **岳州府岁该(石)** | 10000.00 |
| 内本府自积(石) | 1000.00 |
| 所属应积(石) | 9000.00 |
| 巴陵县(石) | 1400.00 |
| 临湘县(石) | 700.00 |
| 华容县(石) | 700.00 |
| 平江县(石) | 1400.00 |
| 澧州(石) | 1600.00 |
| 石门县(石) | 1000.00 |
| 慈利县(石) | 1600.00 |
| 安乡县(石) | 600.00 |
| **长沙府岁该(石)** | 16100.00 |
| 内本府自积(石) | 1200.00 |
| 所属应积(石) | 14900.00 |
| 长沙县(石) | 1200.00 |
| 善化县(石) | 800.00 |
| 湘潭县(石) | 400.00 |
| 湘阴县(石) | 1200.00 |
| 宁乡县(石) | 1400.00 |
| 浏阳县(石) | 1600.00 |
| 醴陵县(石) | 1400.00 |
| 益阳县(石) | 1300.00 |
| 湘乡县(石) | 2000.00 |
| 攸县(石) | 1500.00 |
| 安化县(石) | 700.00 |
| 茶陵州(石) | 1400.00 |
| **宝庆府岁该(石)** | 6700.00 |
| 内本府自积(石) | 1000.00 |
| 所属应积(石) | 5700.00 |

| | | | |
|---|---|---|---|
| 邵阳县(石) | 1600.00 | 江华县(石) | 400.00 |
| 城步县(石) | 600.00 | 靖州岁该(石) | 3400.00 |
| 新化县(石) | 1400.00 | 内本府自积(石) | 1000.00 |
| 武冈州(石) | 1400.00 | 所属应积(石) | 2400.00 |
| 新宁县(石) | 700.00 | 会同县(石) | 1000.00 |
| 衡州府岁该(石) | 12700.00 | 通道县(石) | 100.00 |
| 内本府自积(石) | 1100.00 | 绥宁县(石) | 1300.00 |
| 所属应积(石) | 11600.00 | 郴州岁该(石) | 6000.00 |
| 衡阳县(石) | 1800.00 | 内本府自积(石) | 1100.00 |
| 衡山县(石) | 1200.00 | 所属应积(石) | 4900.00 |
| 耒阳县(石) | 1200.00 | 永兴县(石) | 1100.00 |
| 常宁县(石) | 800.00 | 宜章县(石) | 800.00 |
| 安仁县(石) | 1000.00 | 兴宁县(石) | 1100.00 |
| 酃县(石) | 1000.00 | 桂阳县(石) | 1100.00 |
| 桂阳州(石) | 1800.00 | 桂东县(石) | 800.00 |
| 临武县(石) | 1600.00 | 福建布政司(石) | 61300.00 |
| 蓝山县(石) | 1200.00 | 福州府岁该(石) | 8100.00 |
| 常德府岁该(石) | 4000.00 | 内本府自积(石) | 300.00 |
| 内本府自积(石) | 900.00 | 所属应积(石) | 7800.00 |
| 所属应积(石) | 3100.00 | 闽县(石) | 1000.00 |
| 武陵县(石) | 1000.00 | 侯官县(石)[1] | 1000.00 |
| 桃源县(石) | 1000.00 | 古田县(石) | 1000.00 |
| 龙阳县(石) | 700.00 | 闽清县(石) | 300.00 |
| 沅江县(石) | 400.00 | 长乐县(石) | 1500.00 |
| 辰州府岁该(石) | 4400.00 | 连江县(石) | 600.00 |
| 内本府自积(石) | 800.00 | 罗源县(石) | 500.00 |
| 所属应积(石) | 3600.00 | 永福县(石) | 300.00 |
| 沅陵县(石) | 800.00 | 福清县(石) | 1600.00 |
| 卢溪县(石) | 400.00 | 泉州府岁该(石) | 6900.00 |
| 辰溪县(石) | 400.00 | 内本府自积(石) | 700.00 |
| 溆浦县(石) | 600.00 | 所属应积(石) | 6200.00 |
| 沅州(石) | 600.00 | 晋江县(石) | 1800.00 |
| 黔阳县(石) | 500.00 | 南安县(石) | 1000.00 |
| 麻阳县(石) | 300.00 | 惠安县(石) | 700.00 |
| 永州府岁该(石) | 7700.00 | 德化县(石) | 400.00 |
| 内本府自积(石) | 900.00 | 安溪县(石) | 700.00 |
| 所属应积(石) | 6800.00 | 同安县(石) | 1000.00 |
| 零陵县(石) | 1200.00 | 永春县(石) | 600.00 |
| 祁阳县(石) | 1000.00 | 建宁府岁该(石) | 11100.00 |
| 东安县(石) | 600.00 | 内本府自积(石) | 800.00 |
| 道州(石) | 1400.00 | 所属应积(石) | 10300.00 |
| 宁远县(石) | 1400.00 | | |
| 永明县(石) | 800.00 | | |

[1]原书此处注:"怀安县归并在内。"

| | | | |
|---|---|---|---|
| 建安县(石) | 1400.00 | 所属应积(石) | 7800.00 |
| 瓯宁县(石) | 1400.00 | 龙溪县(石) | 1800.00 |
| 建阳县(石) | 2000.00 | 漳浦县(石) | 1200.00 |
| 崇安县(石) | 1400.00 | 龙岩县(石) | 800.00 |
| 浦城县(石) | 1800.00 | 南靖县(石) | 700.00 |
| 政和县(石) | 800.00 | 长泰县(石) | 400.00 |
| 松溪县(石) | 1000.00 | 漳平县(石) | 600.00 |
| 寿宁县(石) | 500.00 | 平和县(石) | 400.00 |
| **延平府岁该(石)** | 8500.00 | 诏安县(石) | 600.00 |
| 内本府自积(石) | 500.00 | 海澄县(石) | 1000.00 |
| 所属应积(石) | 8000.00 | 宁洋县(石) | 300.00 |
| 南平县(石) | 1000.00 | **福宁州岁该(石)** | 2600.00 |
| 将乐县(石) | 1200.00 | 内本府自积(石) | 1100.00 |
| 大田县(石) | 800.00 | 所属应积(石) | 1500.00 |
| 沙县(石) | 1500.000 | 福安县(石) | 800.00 |
| 尤溪县(石) | 1400.00 | 宁德县(石) | 700.00 |
| 顺昌县(石) | 1100.00 | **山东布政司(石)** | 144354.00 |
| 永安县(石) | 1000.00 | **济南府岁该(石)** | 54800.00 |
| **汀州府岁该(石)** | 7300.00 | 内本府自积(石) | 1500.00 |
| 内本府自积(石) | 600.00 | 所属应积(石) | 53300.00 |
| 所属应积(石) | 6700.00 | 历城县(石) | 2500.00 |
| 长汀县(石) | 1000.00 | 章丘县(石) | 3000.00 |
| 宁化县(石) | 1000.00 | 邹平县(石) | 2000.00 |
| 上杭县(石) | 1100.00 | 淄川县(石) | 2000.00 |
| 武平县(石) | 600.00 | 长山县(石) | 2000.00 |
| 清流县(石) | 1000.00 | 新城县(石) | 1000.00 |
| 连城县(石) | 700.00 | 齐河县(石) | 1100.00 |
| 归化县(石) | 800.00 | 齐东县(石) | 2000.00 |
| 永定县(石) | 500.00 | 济阳县(石) | 1500.00 |
| **兴化府岁该(石)** | 2800.00 | 禹城县(石) | 2500.00 |
| 内本府自积(石) | 500.00 | 临邑县(石) | 1500.00 |
| 所属应积(石) | 2300.00 | 长清县(石) | 2000.00 |
| 莆田县(石) | 1800.00 | 肥城县(石) | 1500.00 |
| 仙游县(石) | 500.00 | 青城县(石) | 1500.00 |
| **邵武府岁该(石)** | 5400.00 | 陵县(石) | 1500.00 |
| 内本府自积(石) | 400.00 | 泰安州(石) | 2500.00 |
| 所属应积(石) | 5000.00 | 新泰县(石) | 700.00 |
| 邵武县(石) | 1600.00 | 莱芜县(石) | 1500.00 |
| 光泽县(石) | 1200.00 | 德州(石) | 2000.00 |
| 泰宁县(石) | 1100.00 | 德平县(石) | 1500.00 |
| 建宁县(石) | 1100.00 | 平原县(石) | 2000.00 |
| **漳州府岁该(石)** | 8600.00 | 武定州(石) | 2500.00 |
| 内本府自积(石) | 800.00 | 阳信县(石) | 2500.00 |

| | | | |
|---|---|---|---|
| 海丰县(石) | 1000.00 | 茌平县(石) | 1400.00 |
| 乐陵县(石) | 2000.00 | 清平县(石) | 1000.00 |
| 商河县(石) | 2000.00 | 莘县(石) | 1000.00 |
| 滨州(石) | 2000.00 | 冠县(石) | 1600.00 |
| 利津县(石) | 1000.00 | 临清州(石) | 1700.00 |
| 霑化县(石) | 1000.00 | 丘县(石) | 1600.00 |
| 蒲台县(石) | 1500.00 | 馆陶县(石) | 1600.00 |
| **兖州府岁该(石)** | 38920.00 | 高唐州(石) | 1700.00 |
| 内本府自积(石) | 1500.00 | 恩县(石) | 1700.00 |
| 所属应积(石) | 37420.00 | 夏津县(石) | 2000.00 |
| 滋阳县(石) | 1280.00 | 武城县(石) | 1300.00 |
| 曲阜县(石) | 780.00 | 濮州(石) | 2000.00 |
| 宁阳县(石) | 1600.00 | 范县(石) | 1000.00 |
| 邹县(石) | 1600.00 | 观城县(石) | 800.00 |
| 泗水县(石) | 780.00 | 朝城县(石) | 1300.00 |
| 滕县(石) | 1500.00 | **青州府岁该(石)** | 12700.00 |
| 峄县(石) | 1200.00 | 内本府自积(石) | 1000.00 |
| 金乡县(石) | 910.00 | 所属应积(石) | 11700.00 |
| 鱼台县(石) | 910.00 | 益都县(石) | 1500.00 |
| 单县(石) | 2000.00 | 临淄县(石) | 700.00 |
| 城武县(石) | 1600.00 | 博兴县(石) | 700.00 |
| 曹州(石) | 2500.00 | 高苑县(石) | 600.00 |
| 曹县(石) | 2000.00 | 乐安县(石) | 700.00 |
| 定陶县(石) | 1300.00 | 寿光县(石) | 1500.00 |
| 济宁州(石) | 1750.00 | 昌乐县(石) | 700.00 |
| 嘉祥县(石) | 780.00 | 临朐县(石) | 1500.00 |
| 巨野县(石) | 1400.00 | 安丘县(石) | 600.00 |
| 郓城县(石) | 1600.00 | 诸城县(石) | 700.00 |
| 东平州(石) | 1600.00 | 蒙阴州(石) | 600.00 |
| 汶上县(石) | 1600.00 | 莒州(石) | 700.00 |
| 东阿县(石) | 1280.00 | 沂水县(石) | 600.00 |
| 平阴州(石) | 910.00 | 日照县(石) | 600.00 |
| 阳谷县(石) | 1600.00 | **登州府岁该(石)** | 6000.00 |
| 寿张县(石) | 1040.00 | 内本府自积(石) | 600.00 |
| 沂州(石) | 1500.00 | 所属应积(石) | 5400.00 |
| 郯城县(石) | 1200.00 | 蓬莱县(石) | 500.00 |
| 费县(石) | 1200.00 | 黄县(石) | 600.00 |
| **东昌府岁该(石)** | 26100.00 | 福山县(石) | 400.00 |
| 内本府自积(石) | 1000.00 | 栖霞县(石) | 400.00 |
| 所属应积(石) | 25100.00 | 招远县(石) | 600.00 |
| 聊城县(石) | 1400.00 | 莱阳县(石) | 1500.00 |
| 堂邑县(石) | 1000.00 | 宁海州(石) | 800.00 |
| 博平县(石) | 1000.00 | 文登县(石) | 600.00 |

| 莱州府岁该(石) | 5834.00 |
|---|---|
| 内本府自积(石) | 800.00 |
| 所属应积(石) | 5034.00 |
| 掖县(石) | 629.00 |
| 平度州(石) | 1031.00 |
| 潍县(石) | 652.00 |
| 昌邑县(石) | 705.00 |
| 胶州(石) | 705.00 |
| 高密县(石) | 667.00 |
| 即墨县(石) | 645.00 |
| 山西布政司(石) | 57500.00 |
| 太原府岁该(石) | 14600.00 |
| 内本府自积(石) | 1500.00 |
| 所属应积(石) | 13100.00 |
| 阳曲县(石) | 1000.00 |
| 太原县(石) | 800.00 |
| 榆次县(石) | 1000.00 |
| 太谷县(石) | 800.00 |
| 祁县(石) | 800.00 |
| 徐沟县(石) | 300.00 |
| 清源县(石) | 400.00 |
| 交城县(石) | 800.00 |
| 文水县(石) | 800.00 |
| 寿阳县(石) | 300.00 |
| 临县(石) | 500.00 |
| 孟县(石) | 300.00 |
| 静乐县(石) | 200.00 |
| 河曲县(石) | 200.00 |
| 平定州(石) | 600.00 |
| 乐平县(石) | 200.00 |
| 忻州(石) | 600.00 |
| 定襄县(石) | 300.00 |
| 代州(石) | 600.00 |
| 五台县(石) | 250.00 |
| 繁峙县(石) | 300.00 |
| 崞县(石) | 500.00 |
| 岢岚州(石) | 300.00 |
| 岚县(石) | 250.00 |
| 兴县(石) | 200.00 |
| 保德州(石) | 200.00 |
| 永宁州(石) | 300.00 |
| 宁乡县(石) | 300.00 |
| 平阳府岁该(石) | 22750.00 |

| 内本府自积(石) | 2000.00 |
|---|---|
| 所属应积(石) | 20750.00 |
| 临汾县(石) | 1500.00 |
| 襄陵县(石) | 1000.00 |
| 洪洞县(石) | 1200.00 |
| 浮山县(石) | 300.00 |
| 赵城县(石) | 600.00 |
| 太平县(石) | 800.00 |
| 岳阳县(石)[1] | 200.00 |
| 曲沃县(石) | 1200.00 |
| 翼城县(石) | 1200.00 |
| 汾西县(石) | 300.00 |
| 蒲县(石) | 200.00 |
| 蒲州(石) | 1200.00 |
| 临晋县(石) | 700.00 |
| 荣河县(石) | 300.00 |
| 猗氏县(石) | 500.00 |
| 万泉县(石) | 300.00 |
| 河津县(石) | 400.00 |
| 解州(石) | 600.00 |
| 安邑县(石) | 800.00 |
| 夏县(石) | 1000.00 |
| 闻喜县(石) | 1000.00 |
| 平陆县(石) | 400.00 |
| 芮城州(石) | 400.00 |
| 绛州(石) | 1000.00 |
| 稷山县(石) | 600.00 |
| 绛县(石) | 600.00 |
| 垣曲县(石) | 200.00 |
| 霍州(石) | 600.00 |
| 灵石县(石) | 300.00 |
| 吉州(石) | 200.00 |
| 乡宁县(石) | 200.00 |
| 隰州 (石) | 300.00 |
| 大宁县(石) | 200.00 |
| 石楼县(石) | 150.00 |
| 永和县(石) | 200.00 |
| 大同府岁该(石) | 3550.00 |
| 内本府自积(石) | 800.00 |
| 所属应积(石) | 2750.00 |
| 大同县(石) | 300.00 |

---

[1] 原书此处残缺，依所属应积数补齐。

| | | | |
|---|---|---|---|
| 怀仁县(石) | 200.00 | 沁水县(石) | 300.00 |
| 浑源州(石) | 250.00 | **河南布政司(石)** | 140100.00 |
| 应州(石) | 300.00 | **开封府岁该(石)** | 41700.00 |
| 山阴县(石) | 200.00 | 内本府自积(石) | 2000.00 |
| 朔州(石) | 200.00 | 所属应积(石) | 39700.00 |
| 马邑县(石) | 200.00 | 祥符县(石) | 2500.00 |
| 蔚州(石) | 500.00 | 陈留县(石) | 2000.00 |
| 广灵县(石) | 200.00 | 杞县(石) | 2500.00 |
| 广昌县(石) | 200.00 | 通许县(石) | 1300.00 |
| 灵丘县(石) | 200.00 | 太康县(石) | 2000.00 |
| **潞安府岁该(石)** | 6900.00 | 尉氏县(石) | 800.00 |
| 内本府自积(石) | 1000.00 | 洧川县(石) | 600.00 |
| 所属应积(石) | 5900.00 | 鄢陵县(石) | 1200.00 |
| 长治县(石) | 1500.00 | 扶沟县(石) | 1000.00 |
| 长子县(石) | 1000.00 | 中牟县(石) | 1000.00 |
| 屯留县(石) | 400.00 | 阳武县(石) | 1600.00 |
| 襄垣县(石) | 800.00 | 原武县(石) | 800.00 |
| 潞城县(石) | 600.00 | 封丘县(石) | 1000.00 |
| 壶关县(石) | 600.00 | 延津县(石) | 500.00 |
| 平顺县(石) | 400.00 | 兰阳县(石) | 800.00 |
| 黎城县(石) | 600.00 | 仪封县(石) | 800.00 |
| **汾州岁该(石)** | 3200.00 | 陈州(石) | 2000.00 |
| 内本府自积(石) | 1400.00 | 商水县(石) | 1200.00 |
| 所属应积(石) | 1800.00 | 西华县(石) | 1200.00 |
| 孝义县(石) | 600.00 | 项城县(石) | 1300.00 |
| 平遥县(石) | 800.00 | 沈丘县(石) | 800.00 |
| 介休县(石) | 400.00 | 许州(石) | 2000.00 |
| **辽州岁该(石)** | 700.00 | 临颍县(石) | 1000.00 |
| 内本州自积(石) | 300.00 | 襄城县(石) | 1500.00 |
| 所属应积(石) | 400.00 | 郾城县(石) | 1000.00 |
| 榆社县(石) | 200.00 | 长葛县(石) | 800.00 |
| 和顺县(石) | 200.00 | 禹州(石) | 1600.00 |
| **沁州岁该(石)** | 700.00 | 新郑县(石) | 1000.00 |
| 内本州自积(石) | 300.00 | 密县(石) | 600.00 |
| 所属应积(石) | 400.00 | 郑州(石) | 1300.00 |
| 沁源县(石) | 200.00 | 荥泽县(石) | 500.00 |
| 武乡县(石) | 200.00 | 荥阳县 (石) | 600.00 |
| **泽州岁该(石)** | 5100.00 | 河阴县(石) | 300.00 |
| 内本州自积(石) | 1600.00 | 汜水县(石) | 600.00 |
| 所属应积(石) | 3500.00 | **归德府岁该(石)** | 11500.00 |
| 高平县(石) | 1600.00 | 内本府自积(石) | 1100.00 |
| 阳城县(石) | 1000.00 | 所属应积(石) | 10400.00 |
| 陵川县(石) | 600.00 | 商丘县(石) | 1600.00 |

| | | | |
|---|---|---|---|
| 宁陵县(石) | 700.00 | 宜阳县(石) | 1600.00 |
| 鹿邑县(石) | 1500.00 | 登封县(石) | 1300.00 |
| 夏邑县(石) | 1000.00 | 永宁县(石) | 2000.00 |
| 永城县(石) | 1200.00 | 新安县(石) | 1000.00 |
| 虞城县(石) | 1000.00 | 渑池县(石) | 1200.00 |
| 睢州(石) | 1800.00 | 嵩县(石) | 2000.00 |
| 考城县(石) | 800.00 | 卢氏县(石) | 1600.00 |
| 柘城县(石) | 800.00 | 陕州(石) | 1400.00 |
| **彰德府岁该(石)** | 11400.00 | 灵宝县(石) | 1600.00 |
| 内本府自积(石) | 1100.00 | 阌乡县(石) | 1200.00 |
| 所属应积(石) | 10300.00 | **南阳府岁该(石)** | 10600.00 |
| 安阳县(石) | 2000.00 | 内本府自积(石) | 1500.00 |
| 汤阴县(石) | 1200.00 | 所属应积(石) | 9100.00 |
| 临彰县(石) | 1500.00 | 南阳县(石) | 600.00 |
| 林县(石) | 1500.00 | 镇平县(石) | 500.00 |
| 磁州(石) | 1500.00 | 唐县(石) | 800.00 |
| 武安县(石) | 1600.00 | 泌阳县(石) | 700.00 |
| 涉县(石) | 1000.00 | 桐柏县(石) | 500.00 |
| **卫辉府岁该(石)** | 7700.00 | 南召县(石) | 600.00 |
| 内本府自积(石) | 1300.00 | 邓州(石) | 1000.00 |
| 所属应积(石) | 6400.00 | 内乡县(石) | 700.00 |
| 汲县(石) | 1200.00 | 新野县(石) | 900.00 |
| 胙城县(石) | 600.00 | 淅川县(石) | 500.00 |
| 新乡县(石) | 1200.00 | 裕州(石) | 1000.00 |
| 获嘉县(石) | 900.00 | 舞阳县(石) | 700.00 |
| 淇县(石) | 1000.00 | 叶县(石) | 600.00 |
| 辉县(石) | 1500.00 | **汝宁府岁该(石)** | 19500.00 |
| **怀庆府岁该(石)** | 8300.00 | 内本府自积(石) | 1500.00 |
| 内本府自积(石) | 1200.00 | 所属应积(石) | 18000.00 |
| 所属应积(石) | 7100.00 | 汝阳县(石) | 1800.00 |
| 河内县(石) | 1600.00 | 真阳县(石) | 1000.00 |
| 济源县(石) | 1200.00 | 上蔡县(石) | 1600.00 |
| 孟县(石) | 1000.00 | 新蔡县(石) | 1000.00 |
| 修武县(石) | 1000.00 | 西平县(石) | 1200.00 |
| 武陟县(石) | 1600.00 | 遂平县(石) | 1200.00 |
| 温县(石) | 700.00 | 信阳州(石) | 1000.00 |
| **河南府岁该(石)** | 21400.00 | 罗山县(石) | 1000.00 |
| 内本府自积(石) | 1500.00 | 确山县(石) | 1000.00 |
| 所属应积(石) | 19900.00 | 光州(石) | 1600.00 |
| 洛阳县(石) | 2000.00 | 光山县(石) | 1200.00 |
| 偃师县(石) | 1000.00 | 固始县(石) | 2000.00 |
| 巩县(石) | 1200.00 | 息县(石) | 1200.00 |
| 孟津县(石) | 800.00 | 商城县(石) | 1200.00 |

| | | | |
|---|---|---|---|
| 汝州府岁该(石) | 8000.00 | 永寿县(石) | 300.00 |
| 内本州自积(石) | 2000.00 | 邠州(石) | 500.00 |
| 所属应积(石) | 6000.00 | 三水县(石) | 400.00 |
| 鲁山县(石) | 1500.00 | 淳化县(石) | 400.00 |
| 郏县(石) | 2000.00 | 凤翔府岁该(石) | 4600.00 |
| 宝丰县(石) | 1200.00 | 内本府自积(石) | 500.00 |
| 伊阳县(石) | 1300.00 | 所属应积(石) | 4100.00 |
| 陕西布政司(石) | 57500.00 | 凤翔县(石) | 800.00 |
| 西安府岁该(石) | 22100.00 | 岐山县(石) | 500.00 |
| 内本府自积(石) | 1000.00 | 宝鸡县(石) | 800.00 |
| 所属应积(石) | 21100.00 | 扶风县(石) | 500.00 |
| 长安县(石) | 800.00 | 眉县(石) | 400.00 |
| 咸宁县(石) | 1000.00 | 麟游县(石) | 200.00 |
| 咸阳县(石) | 500.00 | 陇州(石) | 500.00 |
| 兴平县(石) | 400.00 | 汧阳县(石) | 400.00 |
| 临潼县(石) | 600.00 | 汉中府岁该(石) | 8400.00 |
| 高陵县(石) | 400.00 | 内本府自积(石) | 1600.00 |
| 鄠县(石) | 500.00 | 所属应积(石) | 6800.00 |
| 蓝田县(石) | 400.00 | 南郑县(石) | 600.00 |
| 泾阳县(石) | 800.00 | 褒城县(石) | 300.00 |
| 三原县(石) | 700.00 | 城固县(石) | 500.00 |
| 盩厔县(石) | 800.00 | 洋县(石) | 800.00 |
| 渭南县(石) | 1000.00 | 西乡县(石) | 400.00 |
| 商州(石) | 500.00 | 凤县(石) | 500.00 |
| 镇安县(石) | 600.00 | 宁羌州(石) | 500.00 |
| 洛南县(石) | 700.00 | 沔县(石) | 300.00 |
| 山阳县(石) | 400.00 | 略阳县(石) | 300.00 |
| 商南县(石) | 600.00 | 金州(石) | 700.00 |
| 同州(石) | 600.00 | 平利县(石) | 300.00 |
| 朝邑县(石) | 1000.00 | 石泉县(石) | 300.00 |
| 合阳县(石) | 600.00 | 洵阳县(石) | 400.00 |
| 澄城县(石) | 400.00 | 紫阳县(石) | 300.00 |
| 白水县(石) | 400.00 | 汉阴县(石) | 300.00 |
| 韩城县(石) | 600.00 | 白河县(石) | 300.00 |
| 华州(石) | 600.00 | 平凉府岁该(石) | 3400.00 |
| 华阴县(石) | 500.00 | 内本府自积(石) | 300.00 |
| 蒲城县(石) | 1000.00 | 所属应积(石) | 3100.00 |
| 耀州(石) | 600.00 | 平凉县(石) | 300.00 |
| 同官县(石) | 400.00 | 崇信县(石) | 100.00 |
| 富平县(石) | 800.00 | 华亭县(石) | 300.00 |
| 乾州(石) | 500.00 | 镇原县(石) | 400.00 |
| 醴泉县(石) | 400.00 | 固原州(石) | 400.00 |
| 武功县(石) | 400.00 | 泾州(石) | 400.00 |

| | | | |
|---|---|---|---|
| 灵台县(石) | 400.00 | 膚施县(石) | 300.00 |
| 静宁州(石) | 400.00 | 安塞县(石) | 200.00 |
| 庄浪县(石) | 100.00 | 甘泉县(石) | 200.00 |
| 隆德县(石) | 300.00 | 安定县(石) | 300.00 |
| **巩昌府岁该(石)** | 6700.00 | 保安县(石) | 300.00 |
| 内本府自积(石) | 800.00 | 宜川县(石) | 300.00 |
| 所属应积(石) | 5900.00 | 延川县(石) | 300.00 |
| 陇西县(石) | 600.00 | 延长县(石) | 600.00 |
| 安定县(石) | 400.00 | 清涧县(石) | 300.00 |
| 会宁县(石) | 400.00 | 鄜州(石) | 700.00 |
| 通渭县(石) | 400.00 | 洛川县(石) | 500.00 |
| 漳县(石) | 100.00 | 中部县(石) | 500.00 |
| 宁远县(石) | 200.00 | 宜君县(石) | 400.00 |
| 伏羌县(石) | 400.00 | 绥德州(石) | 300.00 |
| 西和县(石) | 300.00 | 米脂县(石) | 100.00 |
| 成县(石) | 300.00 | 葭州(石) | 300.00 |
| 秦州(石) | 600.00 | 吴堡县(石) | 100.00 |
| 秦安县(石) | 100.00 | 神木县(石) | 100.00 |
| 清水县(石) | 300.00 | 府谷县(石) | 100.00 |
| 礼县(石) | 400.00 | **四川布政司(石)** | 63710.00 |
| 阶州(石) | 400.00 | **成都府岁该(石)** | 14350.00 |
| 文县(石) | 300.00 | 内本府自积(石) | 800.00 |
| **徽州(石)** | 400.00 | 所属应积(石) | 13550.00 |
| 两当县(石) | 300.00 | 成都县(石) | 600.00 |
| **临洮府岁该(石)** | 3000.00 | 华阳县(石) | 700.00 |
| 内本府自积(石) | 600.00 | 双流县(石) | 360.00 |
| 所属应积(石) | 2400.00 | 温江县(石) | 600.00 |
| 狄道县(石) | 700.00 | 新繁县(石) | 600.00 |
| **渭源县(石)** | 300.00 | 金堂县(石) | 500.00 |
| 兰州(石) | 500.00 | 仁寿县(石) | 830.00 |
| 金县(石) | 300.00 | 新都县(石) | 350.00 |
| 河州(石) | 600.00 | 井研县(石) | 300.00 |
| **庆阳府岁该(石)** | 2800.00 | 郫县(石) | 600.00 |
| 内本府自积(石) | 400.00 | 资县(石) | 600.00 |
| 所属应积(石) | 2400.00 | 灌县(石) | 600.00 |
| 安化县(石) | 600.00 | 彭县(石) | 500.00 |
| 合水县(石) | 200.00 | 安县(石) | 300.00 |
| 环县(石) | 300.00 | 内江县(石) | 630.00 |
| 宁州(石) | 800.00 | 崇宁县(石) | 300.00 |
| 真宁县(石) | 500.00 | 资阳县(石) | 600.00 |
| **延安府岁该(石)** | 6500.00 | 简州(石) | 600.00 |
| 内本府自积(石) | 600.00 | 崇庆州(石) | 600.00 |
| 所属应积(石) | 5900.00 | 新津县(石) | 400.00 |

| | | | |
|---|---|---|---|
| 汉州(石) | 600.00 | 珙县(石) | 200.00 |
| 什邡县(石) | 400.00 | 戎县(石) | 160.00 |
| 绵竹县(石) | 400.00 | 隆昌县(石) | 620.00 |
| 德阳县(石) | 600.00 | **重庆府岁该(石)** | 12050.00 |
| 绵州(石) | 600.00 | 内本府自积(石) | 600.00 |
| 彰明县(石) | 200.00 | 所属应积(石) | 11450.00 |
| 罗江县(石) | 180.00 | 巴县(石) | 1000.00 |
| **保宁府岁该(石)** | 3850.00 | 江津县(石) | 1000.00 |
| 内本府自积(石) | 400.00 | 长寿县(石) | 600.00 |
| 所属应积(石) | 3450.00 | 大足县(石) | 700.00 |
| 阆中县(石) | 400.00 | 永川县(石) | 1000.00 |
| 苍溪县(石) | 500.00 | 荣昌县(石) | 800.00 |
| 南部县(石) | 500.00 | 綦江县(石) | 400.00 |
| 广元县(石) | 300.00 | 南川县(石) | 400.00 |
| 昭化县(石) | 200.00 | 黔江县(石) | 100.00 |
| 巴州(石) | 500.00 | 安居县(石) | 400.00 |
| 通江县(石) | 350.00 | 璧山县(石) | 400.00 |
| 南江县(石) | 200.00 | 合州(石) | 1000.00 |
| 剑州(石) | 300.00 | 铜梁县(石) | 800.00 |
| 梓潼县(石) | 200.00 | 定远县(石) | 500.00 |
| **顺庆府岁该(石)** | 5800.00 | 忠州(石) | 600.00 |
| 内本府自积(石) | 500.00 | 丰都县(石) | 250.00 |
| 所属应积(石) | 5300.00 | 垫江县(石) | 600.00 |
| 南充县(石) | 600.00 | 涪州(石) | 700.00 |
| 西充县(石) | 400.00 | 武隆县(石) | 100.00 |
| 蓬州(石) | 450.00 | 彭水县(石) | 100.00 |
| 营山县(石) | 250.00 | **夔州府岁该(石)** | 3400.00 |
| 仪陇县(石) | 300.00 | 内本府自积(石) | 400.00 |
| 广安州(石) | 1000.00 | 所属应积(石) | 3000.00 |
| 渠县(石) | 500.00 | 奉节县(石) | 200.00 |
| 大竹县(石) | 600.00 | 巫山县(石) | 100.00 |
| 岳池县(石) | 600.00 | 大昌县(石) | 100.00 |
| 邻水县(石) | 600.00 | 云阳县(石) | 200.00 |
| **叙州府岁该(石)** | 6020.00 | 大宁县(石) | 100.00 |
| 内本府自积(石) | 500.00 | 万县(石) | 200.00 |
| 所属应积(石) | 5520.00 | 开县(石) | 300.00 |
| 宜宾县(石) | 1020.00 | 新宁县(石) | 300.00 |
| 庆符县(石) | 300.00 | 梁山县(石) | 600.00 |
| 富顺县(石) | 1800.00 | 建始县(石) | 100.00 |
| 南溪县(石) | 720.00 | 达州(石) | 500.00 |
| 长宁县(石) | 300.00 | 东乡县(石) | 200.00 |
| 高县(石) | 240.00 | 太平县(石) | 100.00 |
| 筠连县(石) | 160.00 | **马湖府岁积谷(石)** | 700.00 |

| | | | |
|---|---|---|---|
| 龙安府岁该(石) | 920.00 | 荣经县(石) | 400.00 |
| 内本府自积(石) | 520.00 | 芦山县(石) | 300.00 |
| 所属江油县应积(石) | 400.00 | 广东布政司(石) | 31240.00 |
| 潼川州岁该(石) | 4100.00 | 广州府岁该(石) | 7700.00 |
| 内本州自积(石) | 700.00 | 内本府自积(石) | 1000.00 |
| 所属应积(石) | 3400.00 | 所属应积(石) | 6700.00 |
| 射洪县(石) | 400.00 | 南海县(石) | 1000.00 |
| 盐亭县(石) | 300.00 | 番禺县(石) | 1000.00 |
| 中江县(石) | 500.00 | 顺德县(石) | 1000.00 |
| 遂宁县(石) | 700.00 | 东莞县(石) | 800.00 |
| 蓬溪县(石) | 400.00 | 从化县(石) | 200.00 |
| 安岳县(石) | 650.00 | 龙门县(石) | 50.00 |
| 乐至县(石) | 450.00 | 新宁县(石) | 200.00 |
| 眉州岁该(石) | 1760.00 | 增城县(石) | 300.00 |
| 内本州自积(石) | 640.00 | 香山县(石) | 300.00 |
| 所属应积(石) | 1120.00 | 新会县(石) | 800.00 |
| 彭山县(石) | 400.00 | 三水县(石) | 150.00 |
| 丹棱县(石) | 320.00 | 清远县(石) | 200.00 |
| 青神县(石) | 400.00 | 连州(石) | 300.00 |
| 嘉定州岁该(石) | 3700.00 | 阳山县(石) | 150.00 |
| 内本州自积(石) | 800.00 | 连山县(石) | 50.00 |
| 所属应积(石) | 2900.00 | 新安县(石) | 200.00 |
| 峨眉县(石) | 400.00 | 韶州府岁该(石) | 2140.00 |
| 洪雅县(石) | 500.00 | 内本府自积(石) | 300.00 |
| 夹江县(石) | 400.00 | 所属应积(石) | 1840.00 |
| 犍为县(石) | 600.00 | 曲江县(石) | 600.00 |
| 荣县(石) | 640.00 | 乐昌县(石) | 260.00 |
| 威远县(石) | 360.00 | 仁化县(石) | 220.00 |
| 邛州岁该(石) | 2010.00 | 乳源县(石) | 120.00 |
| 内本州自积(石) | 830.00 | 翁源县(石) | 220.00 |
| 所属应积(石) | 1180.00 | 英德县(石) | 420.00 |
| 大邑县(石) | 640.00 | 南雄府岁该(石) | 360.00 |
| 蒲江县(石) | 540.00 | 内本府自积(石) | 200.00 |
| 泸州岁该(石) | 3150.00 | 所属应积(石) | 160.00 |
| 内本州自积(石) | 1800.00 | 保昌县(石) | 120.00 |
| 所属应积(石) | 1350.00 | 始兴县(石) | 40.00 |
| 纳溪县(石) | 250.00 | 惠州府岁该(石) | 3050.00 |
| 合江县(石) | 500.00 | 内本府自积(石) | 500.00 |
| 江安县(石) | 600.00 | 所属应积(石) | 2550.00 |
| 雅州岁该(石) | 1900.00 | 归善县(石) | 400.00 |
| 内本州自积(石) | 800.00 | 博罗县(石) | 400.00 |
| 所属应积(石) | 1100.00 | 长宁县(石) | 150.00 |
| 名山县(石) | 400.00 | 永安县(石) | 150.00 |

| | |
|---|---|
| 海丰县(石) | 300.00 |
| 河源县(石) | 200.00 |
| 龙川县(石) | 200.00 |
| 长乐县(石) | 300.00 |
| 兴宁县(石) | 300.00 |
| 和平县(石) | 150.00 |
| **潮州府岁该(石)** | 3350.00 |
| 内本府自积(石) | 1000.00 |
| 所属应积(石) | 2350.00 |
| 海阳县(石) | 400.00 |
| 潮阳县(石) | 400.00 |
| 揭阳县(石) | 400.00 |
| 程乡县(石) | 200.00 |
| 饶平县(石) | 200.00 |
| 惠来县(石) | 200.00 |
| 大浦县(石) | 150.00 |
| 澄海县(石) | 200.00 |
| 普宁县(石) | 50.00 |
| 平远县(石) | 150.00 |
| **肇庆府岁该(石)** | 4900.00 |
| 内本府自积(石) | 500.00 |
| 所属应积(石) | 4400.00 |
| 高要县(石) | 600.00 |
| 四会县(石) | 700.00 |
| 新兴县(石) | 700.00 |
| 阳春县(石) | 400.00 |
| 阳江县(石) | 400.00 |
| 高明县(石) | 400.00 |
| 恩平县(石) | 200.00 |
| 广宁县(石) | 200.00 |
| 德庆州(石) | 400.00 |
| 封川县(石) | 200.00 |
| 开建县(石) | 200.00 |
| **高州府岁该(石)** | 3500.00 |
| 内本府自积(石) | 700.00 |
| 所属应积(石) | 2800.00 |
| 茂名县(石) | 600.00 |
| 电白县(石) | 500.00 |
| 信宜县(石) | 200.00 |
| 化州(石) | 700.00 |
| 吴川县(石) | 400.00 |
| 石城县(石) | 400.00 |
| **廉州府岁该(石)** | 2020.00 |

| | |
|---|---|
| 内本府自积(石) | 700.00 |
| 所属应积(石) | 1320.00 |
| 合浦县(石) | 500.00 |
| 钦州县(石) | 300.00 |
| 灵山县(石) | 520.00 |
| **雷州府岁该(石)** | 2100.00 |
| 内本府自积(石) | 800.00 |
| 所属应积(石) | 1300.00 |
| 海康县(石) | 500.00 |
| 遂溪县(石) | 400.00 |
| 徐闻县(石) | 400.00 |
| **琼州府岁该(石)** | 2120.00 |
| 内本府自积(石) | 300.00 |
| 所属应积(石)¹ | 1820.00 |
| 琼山县(石) | 200.00 |
| 澄迈县(石) | 100.00 |
| 定安县(石) | 100.00 |
| 文昌县(石) | 100.00 |
| 会同县(石) | 100.00 |
| 乐会县(石) | 50.00 |
| 临高县(石) | 100.00 |
| 儋州(石) | 200.00 |
| 昌化县(石) | 40.00 |
| 万州(石) | 150.00 |
| 陵水县(石) | 50.00 |
| 崖州(石) | 100.00 |
| 感恩县(石) | 30.00 |
| **罗定州岁该(石)** | 500.00 |
| 内本府自积(石) | 300.00 |
| 所属应积(石) | 200.00 |
| 东安县(石) | 100.00 |
| 西宁县(石) | 100.00 |
| **广西布政司(石)** | 16420.00 |
| **桂林府岁该(石)** | 2500.00 |
| 内本府自积(石) | 500.00 |
| 所属应积(石) | 2000.00 |
| 临桂县(石) | 300.00 |
| 兴安县(石) | 200.00 |
| 灵川县(石) | 300.00 |
| 阳朔县(石) | 100.00 |
| 永福县(石) | 100.00 |

¹琼州府所属应积总数为 1820 石，但是各县数之和为 1320 石，差 500 石。

| | | | |
|---|---|---|---|
| 义宁县(石) | 100.00 | 内本府自积(石) | 600.00 |
| 全州(石) | 800.00 | 所属应积(石) | 1100.00 |
| 灌阳县(石) | 100.00 | 桂平县(石) | 350.00 |
| **柳州府岁该(石)** | 1800.00 | 平南县(石) | 350.00 |
| 内本府自积(石) | 300.00 | 贵县(石) | 400.00 |
| 所属应积(石) | 1500.00 | **南宁府岁该(石)** | 2600.00 |
| 马平县(石) | 50.00 | 内本府自积(石) | 700.00 |
| 罗城县(石) | 100.00 | 所属应积(石) | 1900.00 |
| 柳城县(石) | 100.00 | 宣化县(石) | 600.00 |
| 融县(石) | 300.00 | 新宁州(石) | 100.00 |
| 来宾县(石) | 50.00 | 隆安县(石) | 200.00 |
| 象州(石) | 100.00 | 横州(石) | 700.00 |
| 武宣县(石) | 100.00 | 永淳县(石) | 200.00 |
| 宾州(石) | 350.00 | 上思州(石) | 100.00 |
| 迁江县(石) | 50.00 | **太平府岁该(石)** | 500.00 |
| 上林县(石) | 300.00 | 内本府自积(石) | 200.00 |
| **庆远府岁该(石)** | 370.00 | 所属应积(石) | 300.00 |
| 内本府自积(石) | 100.00 | 养利州(石) | 200.00 |
| 所属应积(石) | 270.00 | 左州(石) | 100.00 |
| 宜山县(石) | 150.00 | **思恩军民府岁该(石)** | 500.00 |
| 河池州(石) | 60.00 | 内本府自积(石) | 200.00 |
| 思恩县(石) | 60.00 | 所属武缘县应积(石) | 300.00 |
| **平乐府岁该(石)** | 1300.00 | **云南布政司(石)** | 25450.00 |
| 内本府自积(石) | 500.00 | **云南府岁该(石)** | 4014.00 |
| 所属应积(石) | 800.00 | 内本府自积(石) | 800.00 |
| 平乐县(石) | 100.00 | 所属应积(石) | 3214.00 |
| 恭城县(石) | 100.00 | 昆明县(石) | 200.00 |
| 富川县(石) | 250.00 | 富民县(石) | 200.00 |
| 贺县(石) | 350.00 | 宜良县(石) | 200.00 |
| **梧州府岁该(石)** | 5150.00 | 嵩明州(石) | 500.00 |
| 内本府自积(石) | 900.00 | 晋宁州(石) | 400.00 |
| 所属应积(石) | 4250.00 | 归化县(石) | 100.00 |
| 苍梧县(石) | 400.00 | 呈贡县(石) | 150.00 |
| 藤县(石) | 700.00 | 安宁州(石) | 400.00 |
| 容县(石) | 350.00 | 罗次县(石) | 195.00 |
| 岑溪县(石) | 150.00 | 禄丰县(石) | 180.00 |
| 怀集县(石) | 300.00 | 昆阳州(石) | 400.00 |
| 郁林州(石) | 800.00 | 三泊县(石) | 189.00 |
| 博白县(石) | 700.00 | 易门县(石) | 100.00 |
| 北流县(石) | 350.00 | **大理府岁该(石)** | 5010.00 |
| 陆川县(石) | 300.00 | 内本府自积(石) | 2100.00 |
| 兴业县(石) | 200.00 | 所属应积(石) | 2910.00 |
| **浔州府岁该(石)** | 1700.00 | 太和县(石) | 600.00 |

| | | | |
|---|---|---|---|
| 赵州(石) | 660.00 | 姚州(石) | 300.00 |
| 云南县(石) | 390.00 | 大姚县(石) | 150.00 |
| 邓川州(石) | 360.00 | **曲靖军民府岁该(石)** | 1104.00 |
| 浪穹县(石) | 400.00 | 内本府自积(石) | 500.00 |
| 宾川州(石) | 500.00 | 所属应积(石) | 604.00 |
| **临安府岁该(石)** | 3850.00 | 南宁县(石) | 100.00 |
| 内本府自积(石) | 1950.00 | 亦左县(石) | 54.00 |
| 所属应积(石) | 1900.00 | 霑益州(石) | 150.00 |
| 建水州(石) | 270.00 | 陆凉州(石) | 200.00 |
| 石屏州(石) | 450.00 | 马龙州(石) | 100.00 |
| 阿迷州(石) | 250.00 | **鹤庆军民府岁该(石)** | 890.00 |
| 宁州(石) | 300.00 | 内本府自积(石) | 690.00 |
| 通海县(石) | 150.00 | 所属剑川州应积(石) | 200.00 |
| 河西县(石) | 150.00 | **武定军民府岁该(石)** | 396.00 |
| 嶍峨县(石) | 180.00 | 内本府自积(石) | 180.00 |
| 蒙自县(石) | 150.00 | 所属应积(石) | 216.00 |
| **楚雄府岁该(石)** | 2828.00 | 和曲州(石) | 72.00 |
| 内本府自积(石) | 1650.00 | 元谋县(石) | 72.00 |
| 所属应积(石) | 1178.00 | 禄劝州(石) | 72.00 |
| 楚雄县(石) | 270.00 | **寻甸军民府岁积谷(石)** | 360.00 |
| 定边县(石) | 108.00 | **蒙化军民府岁积谷(石)** | 600.00 |
| 广通县(石) | 200.00 | **永昌军民府岁该(石)** | 2398.00 |
| 定远县(石) | 150.00 | 内本府自积(石) | 1200.00 |
| 碌嘉县(石) | 70.00 | 所属应积(石) | 1198.00 |
| 南安州(石) | 180.00 | 保山县(石) | 250.00 |
| 镇南州(石) | 200.00 | 永平县(石) | 108.00 |
| **澂江府岁该(石)** | 1650.00 | 腾越州(石) | 840.00 |
| 内本府自积(石) | 600.00 | **新化州岁积谷(石)** | 200.00 |
| 所属应积(石) | 1050.00 | **北胜州岁积谷(石)** | 400.00 |
| 河阳县(石) | 150.00 | **贵州布政司(石)** | 1080.00 |
| 江川县(石) | 250.00 | **贵阳府岁积谷(石)** | 200.00 |
| 阳宗县(石) | 100.00 | **思南府岁该(石)** | 240.00 |
| 路南州(石) | 300.00 | 内本府自积(石) | 150.00 |
| 新兴州(石) | 250.00 | 所属应积(石) | 90.00 |
| **景东府岁积谷(石)** | 150.00 | 婺川县(石) | 50.00 |
| **广西府岁该(石)** | 550.00 | 印江县(石) | 40.00 |
| 内本府自积(石) | 300.00 | **思州府岁积谷(石)** | 80.00 |
| 所属应积(石) | 250.00 | **石阡府岁积谷(石)** | 100.00 |
| 师宗州(石) | 100.00 | **铜仁府岁积谷(石)** | 100.00 |
| 弥勒州(石) | 150.00 | **普安州岁积谷(石)** | 100.00 |
| **姚安军民府岁该(石)** | 1050.00 | **永宁州岁积谷(石)** | 60.00 |
| 内本府自积(石) | 600.00 | **镇宁州岁积谷(石)** | 60.00 |
| 所属应积(石) | 450.00 | **安顺州岁积谷(石)** | 100.00 |

| | | | |
|---|---|---|---|
| 都匀府岁积谷(石) | 40.00 | 满城县(石) | 400.00 |
| 北直隶 | | 安肃县(石) | 700.00 |
| 顺天府岁该(石) | 17700.00 | 定兴县(石) | 1000.00 |
| 大兴县(石) | 200.00 | 新城县(石) | 1000.00 |
| 宛平县(石) | 200.00 | 唐县(石) | 600.00 |
| 良乡县(石) | 400.00 | 博野县(石) | 800.00 |
| 固安县(石) | 1700.00 | 庆都县(石) | 400.00 |
| 永清县(石) | 500.00 | 容城县(石) | 400.00 |
| 东安县(石) | 700.00 | 完县(石) | 500.00 |
| 香河县(石) | 400.00 | 蠡县(石) | 1000.00 |
| 通州(石) | 1000.00 | 雄县(石) | 700.00 |
| 三河县(石) | 700.00 | 祁州(石) | 700.00 |
| 武清县(石) | 600.00 | 深泽县(石) | 700.00 |
| 宝坻县(石) | 1600.00 | 束鹿县(石) | 1000.00 |
| 漷县(石) | 400.00 | 安州(石) | 500.00 |
| 昌平州(石) | 500.00 | 高阳县(石) | 500.00 |
| 顺义县(石) | 500.00 | 新安县(石) | 400.00 |
| 密云县(石) | 500.00 | 易州(石) | 800.00 |
| 怀柔县(石) | 400.00 | 涞水县(石) | 800.00 |
| 涿州县(石) | 800.00 | 河间府岁该(石) | 13700.00 |
| 房山县(石) | 300.00 | 内本府自积(石) | 1500.00 |
| 霸州(石) | 1300.00 | 所属应积(石) | 12200.00 |
| 文安县(石) | 700.00 | 河间县(石) | 800.00 |
| 大城县(石) | 700.00 | 献县(石) | 800.00 |
| 保定县(石) | 300.00 | 阜城县(石) | 700.00 |
| 蓟州(石) | 900.00 | 肃宁县(石) | 700.00 |
| 玉田县(石) | 400.00 | 任丘县(石) | 1000.00 |
| 丰润县(石) | 900.00 | 交河县(石) | 700.00 |
| 遵化县(石) | 700.00 | 青县(石) | 500.00 |
| 平谷县(石) | 400.00 | 兴济县(石) | 500.00 |
| 永平府岁该(石) | 6700.00 | 静海县(石) | 400.00 |
| 内本府自积(石) | 500.00 | 宁津县(石) | 1000.00 |
| 所属应积(石) | 6200.00 | 景州(石) | 1000.00 |
| 卢龙县(石) | 900.00 | 吴桥县(石) | 700.00 |
| 迁安县(石) | 700.00 | 东光县(石) | 600.00 |
| 抚宁县(石) | 500.00 | 故城县(石) | 500.00 |
| 昌黎县(石) | 900.00 | 沧州(石) | 700.00 |
| 滦州(石) | 2300.00 | 南皮县(石) | 500.00 |
| 乐亭县(石) | 900.00 | 盐山县(石) | 600.00 |
| 保定府岁该(石) | 15700.00 | 庆云县(石) | 500.00 |
| 内本府自积(石) | 2000.00 | 真定府岁该(石) | 26000.00 |
| 所属应积(石) | 13700.00 | 内本府自积(石) | 2300.00 |
| 清苑县(石) | 800.00 | 所属应积(石) | 23700.00 |

| | | | |
|---|---|---|---|
| 真定县(石) | 500.00 | 任县(石) | 800.00 |
| 井陉县(石) | 700.00 | **广平府岁该(石)** | 7500.00 |
| 获鹿县(石) | 800.00 | 内本府自积(石) | 1200.00 |
| 元氏县(石) | 1000.00 | 所属应积(石) | 6300.00 |
| 灵寿县(石) | 500.00 | 永年县(石) | 800.00 |
| 藁城县(石) | 800.00 | 曲周县(石) | 1000.00 |
| 栾城县(石) | 700.00 | 肥乡县(石) | 800.00 |
| 无极县(石) | 800.00 | 鸡泽县(石) | 700.00 |
| 平山县(石) | 800.00 | 广平县(石) | 700.00 |
| 阜平县(石) | 500.00 | 邯郸县(石) | 800.00 |
| 定州(石) | 1200.00 | 成安县(石) | 700.00 |
| 新乐县(石) | 500.00 | 威县(石) | 400.00 |
| 曲阳县(石) | 600.00 | 清河县(石) | 400.00 |
| 行唐县(石) | 800.00 | **大名府岁该(石)** | 14000.00 |
| 冀州(石) | 800.00 | 内本府自积(石) | 1400.00 |
| 南宫县(石) | 1000.00 | 所属应积(石) | 12600.00 |
| 新河县(石) | 700.00 | 元城县(石) | 1000.00 |
| 枣强县(石) | 800.00 | 大名县(石) | 700.00 |
| 武邑县(石) | 700.00 | 南乐县(石) | 1000.00 |
| 晋州(石) | 1000.00 | 魏县(石) | 1200.00 |
| 安平县(石) | 700.00 | 清丰县(石) | 1000.00 |
| 饶阳县(石) | 500.00 | 内黄县(石) | 1000.00 |
| 武强县(石) | 500.00 | 浚县(石) | 1200.00 |
| 赵州(石) | 1000.00 | 滑县(石) | 1500.00 |
| 柏乡县(石) | 800.00 | 东明县(石) | 1000.00 |
| 隆平县(石) | 500.00 | 开州(石) | 1500.00 |
| 高邑县(石) | 800.00 | 长垣县(石) | 1500.00 |
| 临城县(石) | 700.00 | **南直隶** | |
| 赞皇县(石) | 500.00 | **应天府岁该(石)** | 3900.00 |
| 宁晋县(石) | 800.00 | 上元县(石) | 100.00 |
| 深州(石) | 1000.00 | 江宁县(石) | 100.00 |
| 衡水县(石) | 700.00 | 句容县(石) | 1000.00 |
| **顺德府岁该(石)** | 7800.00 | 溧阳县(石) | 1000.00 |
| 内本府自积(石) | 1200.00 | 溧水县(石) | 700.00 |
| 所属应积(石) | 6600.00 | 江浦县(石) | 300.00 |
| 邢台县(石) | 1000.00 | 六合县(石) | 300.00 |
| 沙河县(石) | 500.00 | 高淳县(石) | 400.00 |
| 南和县(石) | 800.00 | **苏州府岁该(石)** | 10000.00 |
| 平乡县(石) | 700.00 | 内本府自积(石) | 1500.00 |
| 广宗县(石) | 700.00 | 所属应积(石) | 8500.00 |
| 巨鹿县(石) | 700.00 | 吴县(石) | 1200.00 |
| 唐山县(石) | 700.00 | 长洲县(石) | 1500.00 |
| 内丘县(石) | 700.00 | 昆山县(石) | 1000.00 |

| | | | |
|---|---|---|---|
| 常熟县(石) | 1200.00 | 五汀县(石) | 600.00 |
| 吴江县(石) | 1300.00 | 虹县(石) | 700.00 |
| 嘉定县(石) | 1300.00 | 寿州(石) | 3000.00 |
| 太仓州(石) | 700.00 | 霍丘县(石) | 2500.00 |
| 崇明县(石) | 300.00 | 蒙城县(石) | 1000.00 |
| **松江府岁该(石)** | 6500.00 | 泗州县(石) | 1500.00 |
| 内本府自积(石) | 2000.00 | 盱眙县(石) | 800.00 |
| 所属应积(石) | 4500.00 | 天长县(石) | 1000.00 |
| 华亭县(石) | 2000.00 | 宿州(石) | 1500.00 |
| 上海县(石) | 1500.00 | 灵璧县(石) | 1000.00 |
| 青浦县(石) | 1000.00 | 颍州(石) | 3000.00 |
| **常州府岁该(石)** | 6200.00 | 颍上县(石) | 1300.00 |
| 内本府自积(石) | 1500.00 | 太和县(石) | 2000.00 |
| 所属应积(石) | 4700.00 | 亳州(石) | 2500.00 |
| 武进县(石) | 1200.00 | **淮安府岁该(石)** | 6700.00 |
| 无锡县(石) | 1200.00 | 内本府自积(石) | 1500.00 |
| 江阴县(石) | 1000.00 | 所属应积(石) | 5200.00 |
| 宜兴县(石) | 1000.00 | 山阳县(石) | 500.00 |
| 靖江县(石) | 300.00 | 盐城县(石) | 500.00 |
| **镇江府岁该(石)** | 4300.00 | 清河县(石) | 400.00 |
| 内本府自积(石) | 1200.00 | 安东县(石) | 300.00 |
| 所属应积(石) | 3100.00 | 桃源县(石) | 400.00 |
| 丹徒县(石) | 1000.00 | 沭阳县(石) | 400.00 |
| 丹阳县(石) | 1000.00 | 海州(石) | 500.00 |
| 金坛县(石) | 1100.00 | 赣榆县(石) | 400.00 |
| **庐州府岁该(石)** | 13280.00 | 邳州(石) | 800.00 |
| 内本府自积(石) | 1400.00 | 宿迁县(石) | 600.00 |
| 所属应积(石) | 11880.00 | 睢宁县(石) | 400.00 |
| 合肥县(石) | 2000.00 | **扬州府岁该(石)** | 23700.00 |
| 庐江县(石) | 1300.00 | 内本府自积(石) | 1800.00 |
| 舒城县(石) | 1600.00 | 所属应积(石) | 21900.00 |
| 无为州(石) | 1700.00 | 江都县(石) | 3000.00 |
| 巢县(石) | 1300.00 | 仪真县(石) | 1300.00 |
| 六安州(石) | 2200.00 | 泰兴县(石) | 3000.00 |
| 英山县(石) | 480.00 | 高邮州(石) | 2500.00 |
| 霍山县(石) | 1300.00 | 兴化县(石) | 1600.00 |
| **凤阳府岁该(石)** | 29300.00 | 宝应县(石) | 1400.00 |
| 内本府自积(石) | 1800.00 | 泰州(石) | 3000.00 |
| 所属应积(石) | 27500.00 | 如皋县(石) | 2000.00 |
| 凤阳县(石) | 600.00 | 通州(石) | 3000.00 |
| 临淮县(石) | 1500.00 | 海门县(石) | 1100.00 |
| 怀远县(石) | 1000.00 | **徽州府岁该(石)** | 7800.00 |
| 定远县(石) | 2000.00 | 内本府自积(石) | 1400.00 |

| | |
|---|---|
| 所属应积(石) | 6400.00 |
| 歙县(石) | 2000.00 |
| 休宁县(石) | 1800.00 |
| 婺源县(石) | 1000.00 |
| 祁门县(石) | 700.00 |
| 黟县(石) | 400.00 |
| 绩溪县(石) | 500.00 |
| **宁国府岁该(石)** | 5100.00 |
| 内本府自积(石) | 1000.00 |
| 所属应积(石) | 4100.00 |
| 宣城县(石) | 1600.00 |
| 宁国县(石) | 500.00 |
| 泾县(石) | 600.00 |
| 太平县(石) | 300.00 |
| 旌德县(石) | 400.00 |
| 南陵县(石) | 700.00 |
| **池州府岁该(石)** | 2400.00 |
| 内本府自积(石) | 500.00 |
| 所属应积(石) | 1900.00 |
| 贵池县(石) | 450.00 |
| 青阳县(石) | 400.00 |
| 铜陵县(石) | 300.00 |
| 石棣县(石) | 300.00 |
| 建德县(石) | 250.00 |
| 东流县(石) | 200.00 |
| **太平府岁该(石)** | 2000.00 |
| 内本府自积(石) | 500.00 |
| 所属应积(石) | 1500.00 |
| 当涂县(石) | 700.00 |
| 芜湖县(石) | 600.00 |
| 繁昌县(石) | 200.00 |
| **安庆府岁该(石)** | 3650.00 |
| 内本府自积(石) | 1000.00 |
| 所属应积(石) | 2650.00 |
| 怀宁县(石) | 500.00 |
| 桐城县(石) | 600.00 |
| 潜山县(石) | 500.00 |
| 太湖县(石) | 500.00 |
| 宿松县(石) | 300.00 |
| 望江县(石) | 250.00 |
| **广德州岁该(石)** | 1200.00 |
| 内本州自积(石) | 800.00 |
| 所属建平县应积(石) | 400.00 |

| | |
|---|---|
| **徐州岁该(石)** | 2800.00 |
| 内本州自积(石) | 800.00 |
| 所属应积(石) | 2000.00 |
| 萧县(石) | 600.00 |
| 砀山县(石) | 400.00 |
| 丰县(石) | 400.00 |
| 沛县(石) | 600.00 |
| **滁州岁该(石)** | 3600.00 |
| 内本州自积(石) | 1300.00 |
| 所属应积(石) | 2300.00 |
| 全椒县(石) | 1300.00 |
| 来安县(石) | 1000.00 |
| **和州岁该(石)** | 3300.00 |
| 内本州自积(石) | 2000.00 |
| 所属含山县应积(石) | 1300.00 |

## 杂课沿革事例  附积谷

诸司职掌内开，凡府州县税课司、河泊所，岁派商税鱼课引由契本等项课程，已有定额。其办课衙门所办钱钞、金银、布绢等物，不动原封，年终具印信文册，明白分豁起运存留数目，解赴所管州县。其州县转解于府，府解布政司，布政司通类委官起解，于次年三月以里到京。本部将解到金银、钱钞、布绢等物，不动原封，照依来文，分豁明白，札付该库交收，出给印信长单，及具手本关领勘合，回部照数填写，责付原解官收执，将所解物件并原领长单并勘合，于内府各门照进。如铜钱、布匹赴甲字库交纳，钞锭赴广惠库交纳，金银、绢匹赴承运库交纳。其勘合既于各门照进该库收讫，就于长单后批写实收数目，用印钤盖。仍赴原解官赍赴本部告缴，立案附卷备照。仍令该部主事于原解官批内，将实收过数目批回，候进课毕日，将已解并存留课数，通行比对，原额如有亏兑，照依所亏数目，具本奏□□，行各司府州县着落办课衙门，经该官吏人等，追理足备，差人解赴京库交纳（十三布政司并直隶府州，遇有起解税粮折收金银钱钞，应进收纳者，其行移次第皆仿此）。

洪武二十三年，令各处税课司局商税，俱三十分税一，不得多收。

永乐元年，令凡军民之家嫁娶丧祭，时节追送礼物，染练自织布帛，及买已税之物，或船只车辆运自己货物，并农用之器，各处小民挑担菜蔬，各处溪河小民货卖杂鱼，民间家园池塘采用杂果，非兴贩者，及民间常用竹木蒲草器物，并常用杂物铜锡器物，日用食物，俱免税。

四年，榜谕两京官员军民人等，凡菜园塌房等项，不分给赐自置，菜地每亩月纳旧钞三百贯，果树每十株岁纳钞一百贯，房舍每间月纳钞五百贯。差御史同本部官各一员，按月征收。如有隐瞒不纳钞者，地亩树株没官，犯人治罪。自种食用者，不在纳钞之例。

十五年，行各司府州，岁办课钞及金银缎布，俱起解北京内府库。

宣德四年，奏：准京城九门出入车辆驮载一应货物，俱令纳钞。驴骡车每辆五十贯，小车一十贯。每门差内官内使三员，都察院差御史，户部差主事，锦衣卫差千户、百户等官各八员，兵马司委官共四员，及办事官吏监生人等，监收稽查。

本年议准：湖广、广西商税课程，每钞一百贯准银一两。

正统元年，令九门纳钞，驴骡车四十一贯，牛车一十一贯。又令御史减去七员，止存一员；主事减去六员，止存二员；锦衣卫、兵马司官照旧。

二年，荆州府奏：留本处课程等项钞贯。本部复：准令湖广荆州府所属州县，并河泊所衙门，鱼课钞贯俱存留本处，为玉府禄米及官吏俸给，余剩钞解送京库。

七年，荆州府公安县知县俞雍奏：本县洋港湖河泊所，洪武十三年原额课米八百八十五石二斗一升五合，增羡课米一千二百九十一石一斗六升五合，每米一石原折钞二贯五百文，带办鱼油一斤八两，翎毛七十根，永为定例。又每年比附增羡额外，另征课米七石。乞照洪武十三年定数办纳，将正统七年以后新增课分豁。本部复：准照正统六年实征办纳，以后不必加增。

十一年，通行各处税课，照永乐七年额例收办，其见办课钞比旧增多者，以见办之数为额。若办课一万五千贯，与市镇买卖处所相离有司路远，及军卫相参者，复设税课司局。云南、贵州原无闸办之处，令所司收办，一年为额，所收课钞皆存留，为官吏旗军俸粮支用。

本年福建左布政方正奏称：光泽县止马地方，浦城县仙阳地方，路通南京，客商兴贩铁纸果糖数多，要将二县仍设税课局。如遇客商货物过山者，每担收其税钞五百文入官，收积一年不下一二十万，合于官库收贮，准作官员俸粮。本部复准。

景泰元年，令大兴、宛平二县，于和远店等塌房，金殿实大户二名或四名，看管顺天府及二县拘集各行，依时估货物价值，照旧折收钞贯。

本年云南布政司奏：准每钞一万贯折纳银二十五两，折收海肥依彼中时价，每一索折钞二贯或三贯。

二年，令减去车辆纳钞，驴骡车每辆八贯，牛车每辆钞四贯，单牛车每辆钞二贯，驮煤等项驴骡每头各钞一贯。

天顺元年，钦奉诏书：一各处税课司局、河泊所衙门该办课程，悉照永乐年间旧额征收，其所收课钞不及万贯者，俱各革罢。就令所在有司带管，官吏起送赴部。

成化元年，奏：准令都税宣课等司，及各处商税船料等课，俱钱钞中半兼收，每钞一贯折收铜钱四文。

二年，令钱钞中半兼收，每辆大车钞四贯钱八文，牛车钞二贯钱四文，小车驴骡驮各钞一贯钱二文。

六年，令每钞一贯折收铜钱二文。

十五年，令九门监收钱钞内官，不许将不该抽分货物，违例抽分取税。

弘治元年，令每钞一贯折银三厘，每钱七文折银一分。

十四年，广东巡抚刘大夏题称：广州、肇庆二府河泊所，俱有绝户并逃亡无征鱼课，乞将南海县九江堡人民赴肇庆河下捞取鱼苗，变卖银米船只，行令肇庆府随船大小定与则例取银，以补二府前项无征鱼米。本部复准。

十七年，尚书倪钟题：该锦衣卫百户刘祥奏称，京城九门，近年节被把门内外官员，法外生事，合行禁革。奉钦依，准行。随该守门左监丞罗俊等奏要仍收课税。本部议复：今后九门课税钱钞，止令御史主事往来巡视提督，监生办事官吏等收掌。其各该把门内官不许仍前干预生事扰人。奉圣旨：准议。钦此。

正德四年，朝阳门太监张镗奏称：先年本门原有分司衙门，凡遇商货，本司验税，俱由本门进入，以此钱钞数多。后分司革罢，尽归崇文门投税。本门止是车辆驮垛，课程渐少，恐将来数目不及。尚书刘玑复议：永乐年间设立各宣课分司，其朝阳门商税系崇文门分司带管，差人前去验收，原未设有分司。合无止令该门内外人员，每日在门眼同附写簿籍，明白开奏。奉圣旨：既查无原设分司罢，张镗等如何妄奏。本当究治，且饶这遭。各门课程，自御史等官并内外经该人员，各照前旨，眼同收受，务足旧数，不许短少。钦此。

本年广东布政司奏缴各河泊所岁办鱼课米钞，收贮各该仓库，以备赈济，并军卫有司俸给等项支用。

十四年，巡抚杨旦题称：广东铁课要照盐法规格，于省城外置厂设官。初则令其报买，领票入山；次则令销票报货纳税。每生铁一万斤抽银二两，纳税之后，或将生铁转卖，或赴佛山冶铸。另给照票于所在盘盐官处报验纳税。生铁每一万斤抽银八钱，熟铁每一万斤抽银一两二钱，初不失原税二两之数。或近海装货开洋，往雷琼等处，亦要给票，依例盘诘，大概一如盐法，其一应事宜总于盐法御史统理。本部复准。

嘉靖三年，本部题：准正阳等九门出入车驮钱钞，每岁进钞六十六万五千八十贯，钱二百四十三万二千九百五十文，送内府天财库交纳。

四年，浙江巡按潘倣题称：浙中钱钞素不行使，要将浙江存留户口等钞，每贯折银三厘贮库，给散官军俸钞，余剩之数作正支销，永为定规。本部复：奉圣旨，是，存留户口盐钞，及商税课程，俱准折银给散官军俸钞，钦此。

六年，令各关照例折收银两，倾泻成锭，按季解部转送内府承运库交纳，大约每钞十贯，内五贯折银一分五厘，五贯折钱十文，准银一分四厘三毫，永为定式。

十一年，南京户部尚书秦金奏：准行令直隶和州，将裕溪河泊所船只照旧供办，其清沙坊船网量减三只，仍存一只，增入裕溪河泊所，责令九户出办，永为定规。仍行南京尚膳监，今后但遇采办之时，照依今定船网七十只之数，春季责令每船采办鲫鱼三十五尾，共鱼二千四百五十尾，除正鱼二千二百四十五尾，仍剩二百五尾；秋季每船采办鳢鳜鲤鱼一百八十斤，共一万二千六百斤，除正鱼一万五百斤外，剩鱼二千一百斤，前项二起剩鱼，俱作附余备用之数。

十八年，南京户部奏：准将龙江等所课钞，批照五城房钞事例，每钞一贯折银六毫解部。

四十一年，本部条议：各处商税俱要遵照近题事理，州县每半年一次起解，司府类总解部奏准。

隆庆二年，巡按王同道奏：广东桥税，自南而北者，设抽盘于南雄府太平桥，每岁约得银三万余两。嗣将自北而南者，亦并于太平桥，增银一万二千两。自今以后，南来者解广西，北来者留广东，各充饷用。本部复准。

万历元年，尚书王国光题：准将通州张家湾宣课司，行令通州草场主事带管。每季终将税银除解各衙门额办银两外，余银解纳太仓济边。

六年，漕运总督江一麟题：查得淮安府商税，先为地方灾伤，钱粮无处，节经因事条议，收取税银。其名有四，一曰军饷。系嘉靖四十五年，议将淮安府过坝米麦杂粮，每石抽银一厘。二曰脚抽。系隆庆四年，议将脚夫挑盘过坝货物，每石脚头原得客商脚银一厘，于内抽银四五毫不等。三曰斛抽。议将过坝杂粮，每石斛夫原得抅斛银一厘五毫，于内抽银五毫。四曰济漕。系隆庆五年，议将过坝杂粮，子花麻饼，每价银十两，牙人取牙用银五分，内抽银二分五厘。以上四税，本府专委佐贰官一员监收，大约每年通计不满三万，内将一万一千九百六十余两，坐给淮、大、邳三卫运军月粮，余银留供本处军门各道分司师生俸薪廪给，与运军赏钞，及抵补军饷、河道修理等费。尚书张学颜复准。

八年，漕运总督凌云翼题议：淮安四税病商，实由监收各官交代不常，巡缉人役增用太滥，欲行归并部官兼管。尚书张学颜复：准行管理淮安常盈仓主事，将四税照原题则例，榜谕商牙，报数批发，委官验收贮府，作正支销。年终通计所入，除足岁支外，仍有余剩，类解太仓。

### 附积谷

弘治三年，定预备仓粮事例，有司每十里以下，务要积粮一万五千石，每三年一次查盘。少三分者，罚俸半年；少五分者，罚俸一年；少六分以上者，九年考满降用。

嘉靖二十四年，刑科给事中胡叔廉题。尚书王杲复：准积谷则例减去一半。如十里以下积粮七千五百石，二十里以下一万石，三十里以下一万二千五百石，五十里以下一万五千石，一百里以下二万五千石，二百里以下三万五千石，三百里以下四万五千石，四百里以下五万五千石，五百里以下六万五千石，六百里以下七万五千石，七百里以下八万五千石，八百里以下九万五千石。其偏僻小县果不得蓄者，听抚按径自酌处。过其数或多增一倍两倍，听抚按具奏旌擢，俱给本等诰勅行移吏部，不次擢用。不及数者，以十分为率，少三分者罚俸半年，少五分者罚俸一年，少六分者听抚按官参奏降黜。

四十一年，湖广巡抚张雨题。尚书高耀复：准原定则例，稍从宽减。如三分者罚俸三个月，少五分者罚俸半年，少六分者罚俸一年，少八分以上者，及仓粮尽废，蓄积全无者，参奏降调。

隆庆二年，陕西巡按王君赏题。尚书马森复：准行各司府州县，遵依减定积谷则例。如十里以下岁积谷一千石，二十里以下一千三百石，三十里以下一千六百石，五十里以下二千石，一百里以下二千五百石，二百里以下三千石，三百里以下三千五百石，四百里以下四千石，五百里以下四千五百石，六百里以下五千石，七百里以下五千五百石，八百里以下六千石。及数者照例旌奖，不及数者，以十分为率，少三分者罚俸三个月，少五分者罚俸半年，少六分者罚俸一年，少八分以上及全无者，参奏降调。

五年，吏部题，尚书张守直复：积谷备荒虽系要务，若不论地方贫富，词讼多寡，一例取足其数。则民贫讼简之处，将何处办。合行各抚按官查将所属州县，分别地方贫富，定为应积多寡之数，以凭责成。

万历二年，陕西巡抚郜光先题，尚书王国光复：行各抚按，如各里分未经议处者，作速分别繁简，应积多寡之数，先期造册送部。年终各将所属储积数目查算，以十分为率，少三分者罚俸三个月，少五分者罚俸半年，少六分者罚俸八个月，少八分以上者罚俸一年，仍咨吏部劣处，全无者降俸二级，停止行取推升，待有成效，抚按酌议，题请复俸。若仍前怠玩，参究革职。中间如有干没赃罚情弊参奏，其知府视所属分数，一体劝惩。

三年，河南抚按孟重等题参所属积谷不及分数官员。尚书王国光复议：今后凡遇本部题准降俸罚俸官员，自司道以至府州县等官，俱以文书到日为始，各该抚按查将降俸年月级数，纪录在簿，待满日计其降数催解。布政司及各府收贮另立项款，造入年终报部册内。如有凶荒赈济，先期咨呈本部，以凭题请动支。奉圣旨：是。这降罚俸级事例依拟行。钦此。

五年，浙江巡抚徐栻题：酌定所属积谷等则。尚书殷正茂复议：各省积谷之数虽已递减，但其间犹有拘泥里分之说，恐分数虽定，终为虚文，及至奉行不前，重复减免。合通行南北直隶及浙江等省抚按，俱要详查地方难易，酌定上中下等之数，务求官民两便，经久可行。自万历五年为始，著为定额，每年终分别蓄积多寡，照例旌奖参奏。其间遇有灾伤，年谷不登，不妨随宜核实议处。奉圣旨，是。钦此。

七年，吏科给事中杨言题：东南水灾重大，乞要行令各有司，将存留赃罚等银，尽数籴谷，抚按年终委官盘验积贮虚实多寡，照例参罚。尚书张学颜复议：通行各省直抚按，严督各州县掌印官，将库贮自理纸赎，并抚按等衙门所留二分赃罚银两，尽数籴谷。追赎人犯，春夏折银，秋冬上纳粮米，不许折收银钱。如年久谷多，酌量出陈易新，以免浥烂。再照各府另有仓廒，又各自理词讼，追赎纳谷，亦当自为存积。仍通行各省直抚按，酌量所属知府地方繁简贫富，定拟积谷分数，咨部议复以为定额。其不及数者与各属州县，一体查参。如遇知府给由，止凭自积分数查核，各州县仓不得并算。又查得抚按参罚积谷官员，升任者多免究。恐各官任久待迁，不肯积贮。合无以后升任者，务照在任月日，一体参究，不得一概议免。奉圣旨：是。钦此。

本年户科给事中郝维乔题：申饬见行切要事例，以肃法纪。尚书张学颜议：行各抚按通查某处积谷，全完某处，未完若干，某处奏有灾伤蠲免，止该应积若干。俱各计算分数，备开职名，不分升调等项，与见任官依限参奏以凭。议复：以后年分定要挨年查参，如抚按徇情姑息，以致官更吏代。听本部及该科于年终总查参论。奉圣旨，是。钦此。

八年，尚书张学颜议得：积谷责之有司，考核责之抚按，以地方繁简定积谷多寡，以分数多寡为有司殿最。但题复虽繁，实效鲜著。申谕虽切，日就因循。若不定为交代盘验之规，蓄积划一之法，将来废阁尤甚。合通行各省直抚按，严督各府州县，俱自万历八年为始，将盘过稻谷实数，分别府州县总撒下，注主守掌印官职名年终奏报外，有司新旧更代，将谷数交盘明白，方准离任。抚按官年终查参，俱要遵照近奉明旨，照限奏报。奉圣旨：积谷备荒乃有司急务，况节经议复，已将分数递减。地方官若能视国如家，就中经画处置，何至窒碍难行。但上不核实考成，下以虚文塞责。甚有仓廒朽坏，升合无储，捏报虚数的。一遇灾饥，却又请别项钱粮赈济，抚按有司相率欺罔，岂是朝廷设官为民之意。今姑依拟，通行查核，有仍前欺怠的，你部里并该科，务从实查参处治。钦此。

本年江西抚按刘斯洁等条议：积谷等五事。尚书张学颜议：行各省御史出巡之日，委府佐官亲诣各仓，将该府州县节年收贮谷数，倒廒盘验，有无干洁及捏报虚出侵盗等情。盘完之日，止开实在总数，下注经收官职名奏报，仍查照复款施行。如遇年饥，据此以发赈。各

879

官考满据此以稽核。如盘出虚冒，照依律例问拟，若委官不行亲盘，望仓指廒，虚文回报，径自拿问。奉圣旨，依拟行，钦此。

本年工科给事中付来鹏条陈：酌积谷以修实政。尚书张学颜复议：通行各省直抚按，严督各府州县，除遵依原议递减分数，春夏折银，秋冬收谷，俱照旧外，不许指称积谷，妄行科罚，剥民利己。果有水旱灾伤，具奏减免。如有违犯，照例以赃参论。如积年久，分给公差人役工食，扣银籴谷，地方荒歉，即及时请赈，申报开销，不必复令饥民抵斗还仓。奉圣旨，积谷备赈，明旨申饬，不啻再四，竟成虚文。有司指以科罚，徒充贪吏囊蠹，反累小民。今后不必申饬，你部里并该科，查有虚冒科罚情弊，并抚按官扶同欺罔的，一并奏来处治，钦此。

本年凤阳巡抚凌云翼题。尚书张学颜议：行抚按将扬州府属州县银粮虚数，除远年姑免外，将近年经承官吏，不分升迁去任，一体参奏。仍通行各省直抚按，以后造报钱粮实在项下，必要见存仓实数，及印信通关同册送部。如有司本无银谷而捏造，抚按明知虚数而不言，本部遵旨查参，并加究处。奉圣旨：是。虞德烨捏报钱粮虚数，本当重处。念系相沿宿弊，着降服三级，照旧管事。以后再有故违的，你部里并该科照例参治。钦此。

九年，顺天巡抚张梦鲤等题：委官盘验过顺、永二府所属州县积过谷数，动支优恤贫生官吏俸粮，乞要开销。并参知县吴应选等，分别罚治。尚书张学颜复：奉圣旨，这积谷一节，有司官从来以虚文塞责。近因稽查严密，始仓皇措处，幸得少有积贮，即腾报上司，用以要功免罪。虽腐烂在仓，犹不肯设法出易，岂肯借给于人。这都是假借花销的说话，其称实在及盘出附余，亦未必的有此数。谢明教捏报虚数，着以升俸扣罚半年，吴应选罚俸三个月，唐思周等各二个月，其余俱依拟。各该抚按官查核久不到的，该科记着类参。钦此。

本年南京户科给事中傅作舟题：江北江南等处雨潦秋旱，米价腾贵，饥民流徙。乞要查动库银仓谷，及未解南粮，凑处赈济。尚书张学颜复：奉圣旨，是。淮、凤、江宁地方，既荐被饥荒，不必候其奏勘，着南京户部发银七万两，江北四万两，江南三万两，即便选差司官二员，分投赍付，各抚按官查各在仓米谷，及未解南粮，设法赈济。务使贫民得沾实惠，其余俱依拟行。朕自即位以来，蠲赈之令，无岁不下，一切裁省清查等项，亦无一念不在于邦民。乃各地方官全不体朝廷德意，剥下肥己，罔上行私，据其被劾赃迹，动盈千百。其号称贤能的，亦不过善于趋承结纳，何有爱民之实意。即如积谷一节，原以备赈，也都不着实奉行，及至灾伤束手无策，不知平日所理赃赎作何支销。抚按相与蒙蔽欺罔，反归怨朝廷，饰非掩罪，好生负国殃民，且都不查究。今后再有这等的，拿解来京重处，抚按官一体治罪不饶，钦此。

本年尚书张学颜题参：原任保定府祁州知州李际观，任内积谷捏报虚数，乞加重处，以为罔上欺公者之戒。奉圣旨：李际观虚捏谷数，欺上要功，姑着以原职降三级调用。前有旨，捏报欺罔的，着该部科从实参奏。今该科何独无言，着回将话来。钦此。

本年江西巡按王宗载等题参，万历六年起至七年止，所属州县积谷不及分数官员。尚书张学颜复：奉圣旨，王三锡、倪冻、陈舜咨虚捏欺罔，都着以原职降三级调用。其余自万历五年以前，止是不及数，别无欺罔的，姑免追究。五年以后的，照例罚处，另开来看，钦此。

本年河南抚按褚鈇等题参，所属州县虚报仓粮官员。尚书张学颜复议：捏报数有多寡，相应定为划一，以便遵行。乞将河南捏报各官，六分七分者，遵照先参知州李际观例，重加降级；捏报四分五分者，并加降级；捏报二分三分者，量加降级；捏报一分者，量加降俸。若捏报反倍于原报之数至八分以上者，是以无作，有视七分六分；以少为多者，罪尤深重，似应照不谨例，革职闲住。通行抚按，以后照此查参。奉圣旨，□捏报积谷虚数各官，既盘验明白，本当重治。但□系年远离任的，中间不无别样情弊，今次姑从宽□安国着降俸二级。刘沂、刘钺一级，各照见任管□李载阳、卫善诱、黄勉学各罚俸半年，贾廷聘三个月，其余的姑免究。以后再有虚报欺罔的，照今定降罚事例行。钦此。

　　（原书注明：此处有缺页）

附：                          **《万历会计录》残缺情况一览表**[1]

| 卷别 | 页数 | 残缺与说明 | 补遗 |
|---|---|---|---|
| 一 | 三 | 上栏：臣等窃惟国家□财□。 | |
| | 二七 | 下栏：原书注"原书缺第二页"。 | |
| 二 | 八九 | 下栏：德清县夏税上白棉三千六百两□□□二万一千四百四十两。 | |
| 三 | 一三九 | 下栏：南安府夏税麦米一百□□一石三斗一□□。 | |
| | 一四三 | 上栏：则赋与役庶得其□也已。 | |
| 四 | 一四九 | 上栏：□城县。 | 据谭其骧《中国历史地图集》第七册《湖广》，第66页，武昌府下辖县中有"通城县"。 |
| | 一五二 | 上栏：钟祥县夏税税丝折绢二匹三尺九寸一分□厘五毫。 | |
| | 一五九 | 下栏：随州夏税农桑丝折绢一十一匹四分□厘。 | |
| 五 | 二〇一 | 下栏：原书注"原书缺第十五、十六页"。 | 据谭其骧《中国历史地图集》第七册《福建》，第70页，建宁府下辖浦城、松溪、崇安、建阳、政和、寿宁、建安、瓯宁等八州县，现存5县数据，4县县名，其中崇安、政和、寿宁数据完整，建安县数据缺存留银与遇闰加银两项。 |
| | 二一三 | 下栏：福宁州田赋项下，注"册无县□，难以备载"。 | |
| 六 | | 全卷缺失。 | 应用统计分析方法，在白银这一统一的计量标准下，补遗了山东省、府一级的田赋数据和县一级田赋数据的估计值。详见第八章十五《田赋结构及其货币化个案分析——以山东为例》。 |
| 七 | 二二一 | 下栏：祁县马草存留草□百九十一束六分九厘零。 | |
| | 二三三 | 下栏：一县县名残缺。 | 据谭其骧《中国历史地图集》第七册《山西》，第54页，应为"临晋县"。 |
| | 二五五 | 下栏：自弘治十八等年……七十七石□斗六升……万历元年……其宗室禄米俱于□州县无碍钱粮酌议处补。 | |
| 九 | 三一九 | 下栏：田土官民共二十九万二千九百二十□□□十五亩一分零。 | |
| | 三二〇 | 上栏：秋粮……棉花绒一万七千二百□□□两二钱……棉布一十□□□千七百九十二匹一丈三尺二寸零。 | |
| | 三二〇 | 下栏：西安府夏税……陆续开垦复增 | |

---

[1]原书小字注，置于括号内。原书中不清之处，但可推测出的已补，不另在补遗中注出。

| | | | |
|---|---|---|---|
| | | 麦一万五千九百二石□斗六升五合七勺零。 | |
| | 三二一 | 上栏：西安府……户口盐钞银九千一百八两八钱一分□厘。 | |
| | 三二九 | 下栏：西安府一州州名残缺。 | 据谭其骧《中国历史地图集》第七册《陕西》，第59页，应为"邠州"。 |
| | 三四四 | 上栏：一县县名缺。 | 据谭其骧《中国历史地图集》第七册《陕西》，第59页，应为"两当县"。 |
| 十 | 三七三 | 渠县遇闰加银□两四钱二分一厘。 | |
| | 三九三 | 上栏：一县县名残缺。 | 据谭其骧《中国历史地图集》第七册《四川》，第62页，应为"蓬溪县"。 |
| | 三九三 | 下栏：一州州名残缺。 | 据谭其骧《中国历史地图集》第七册《四川》，第62页，应为"眉州"。 |
| | 三九四 | 上栏：眉州本州秋粮……存留米三□□十四石八斗七合。 | |
| 十一 | 四一六 | 下栏：原书注"原书缺二十一至二十四页"。 | 原书中广东潮州府海阳县的秋粮数据缺失一半；据万历《明会典》卷一六《州县二》，缺潮阳县、揭阳县、程乡县、饶平县、惠来县、大埔县、澄海县、普宁县、平远县九县全部田赋数据，第104页上栏。 |
| | 四二二 | 上栏：原书注"原书缺三十五至三十八页"。 | 据万历《明会典》卷一六《州县二》，此处缺雷州府及所属海康、遂溪、徐闻县，及琼州府属琼山、会同、定安、澄迈、文昌县数据，第104页下栏。 |
| 十二 | 四四〇 | 上栏：一县县名残缺。 | 据谭其骧《中国历史地图集》第七册《广西》，第74页，应为"武缘县"。 |
| | 四四一 | 上栏：凭祥州□□□□百六十五石。 | |
| | 四四二 | 下栏：即土司峒□奉法恐后，而况于齐民哉。 | |
| 十三 | 四五五 | 上栏：一县县名残缺。 | 据谭其骧《中国历史地图集》第七册《云南》，第76页，应为"临西县"。 |
| | 四五九 | 上栏：臣等谨按：云南岁额多系存□，故其赋易共□是差发之征。 | |
| 十四 | 四六八 | 上栏：一卫卫名残缺。 | 据谭其骧《中国历史地图集》第七册《贵州》，第80页，应为"乌罗卫"。 |
| 十五 | 四八七 | 上栏：武清县夏税小麦九百壹□七石。 | |
| | 四九〇 | 下栏：霸州秋粮米一千七百六十六□七斗七升七合零。 | |
| | 五〇二 | 下栏：完县夏税人丁丝折绢九□□匹四尺三寸。农桑丝折绢二百八□□尺一寸二分五厘。 | |
| | 五〇三 | 上栏：原书注"原书缺五十四至五十九页"。缺北直隶，保定府蠡县部分数 | 据谭其骧《中国历史地图集》第七册《京师（北直隶）》，第44-45页，应缺雄县、 |

| | | 据，以及雄县、祁县、深泽县、束鹿县、安州、高阳县和新安县数据。 | 安州、高阳县、祁州、深泽县、束鹿县、新安县等七州县数据。 |
|---|---|---|---|
| | 五五六 | 上栏：保定府易州……征银□拾三两五钱九分。 | |
| 十六 | 六二五 | 下栏：淮安府夏税……起运扬州府仓小麦……扣留本府库□淮兵支饷。 | |
| | 六五五 | 上栏：和州秋粮存留米项注"内□□册开……。 | |
| | 六六三 | 上栏：原书此处有缺半页。 | |
| | 六六三 | 下栏：原书注"原书此处有缺页"。 | |
| 十七 | 六六六 | 上栏：正统八年……七□分旗军屯种。 | |
| | 六六六 | 下栏：本年巡抚王翱题：……候秋冬自备口粮守备。 | |
| | 六六六 | 下栏：十三年……议□卫舍余人等纳草给引……。 | |
| | 六六八 | 下栏：五年……旧额□勿取盈……□不起科。 | |
| | 六七〇 | 上栏：七年……恐工程□□，难以卒办。 | |
| | 六七一 | 上栏：万历六年……仍解该镇以□应解该镇银两，照数补解太仓。 | |
| | 六七一 | 下栏：六年……并补岁□不敷之数。 | |
| | 六七二 | 下栏：九年……开淮、浙额盐七□引……。 | |
| | 六七三 | 下栏：该银五万□□千七百九十二两零。 | |
| | 六七三 | 下栏：四十五年……该银□万二百八十一两零。 | |
| | 六七四 | 上栏：六年，预派两淮、山东常股存积盐一十一万□千四百二十引二十斤。 | |
| | 六七四 | 下栏：成化二十二年……恐□调客兵。 | |
| | 六七五 | 下栏：共年例银□十万九千九百八十四两三钱六分八厘二毫五丝。 | |
| | 六七六 | 上栏：天顺三年……乞量加银两乘熟籴买□料。 | |
| | 六七六 | 下栏：二十二年……今称□情紧急……。 | |
| | 六七七 | 上栏：十六年……并给□年年例……。 | |
| | 六七七 | 下栏：二十二年……该□□赏□□一万四千九百四十两。 | |

| | 六七七 | 下栏：二十九年……该添□□银八百六十四两。 | |
|---|---|---|---|
| | 六七八 | 上栏：三十二年……亦非见年取补□□数。 | |
| | 六七八 | 上栏：三十七年，本镇凶荒，加添官军折色粮料银□万四千七百二十三两二钱七分。 | |
| | 六七九 | 下栏：奉圣旨……每月每名加饷银□钱……朕念该镇将士御房罢苦每□□优恤。 | |
| | 六八〇 | 上栏：七年……客兵银八万二百八十八两□钱……除主兵□□领发上半年银八万二千两外。 | |
| | 六八〇 | 下栏：增□客兵年例数内……□各丁居住已定。 | |
| | 六八一 | 上栏：共□□月。 | |
| | 六八一 | 下栏：正千户月支本色米□石。 | |
| | 六八二 | 上栏：在□□游兵营管事者本色粮仍全支，折俸减半。 | |
| | 六八二 | 上栏：□史月支折俸银七分六厘五毫。 | |
| | 六八二 | 下栏：每名岁支钞□刺草布绵花□钱折银七钱五分九厘零。<br>□□并操司军随营家丁、各驿摆堡马军月粮一石。 | |
| | 六八三 | 上栏：管队官旗□□伍军士，每员名日支粟米一升五合（如放□□，例与前□）。 | |
| | 六八三 | 下栏：与□驿安插递运所扛抬军。 | |
| | 六八四 | 上栏：乞将每年月粮本折□□。 | |
| | 六八五 | 上栏：□□年照旧例于所起地方，每月关支三斗带□。 | |
| | 六八六 | 下栏：凡经手钱粮事件□□清理完结不许离任……□抚按并接管官员指实参奏。 | |
| | 六八七 | 上栏：各□□添注，于济南府属州带俸。正德七年，□□给事中张□等题：□革边镇□□。 | |
| | 六八七 | 上栏：参领□西路者为广宁管饷通判关防，分管宁前□□高平仓库。 | |
| | 六八八 | 上栏：万历元年，尚书王国光题：各边钱粮边报有无□定。 | |
| | 六八八 | 上栏：今后该镇军饷解发部□□□，关白巡抚衙门，听□下道□□，同各□□□□□领职，候查盘如有扣 | |

| | | | |
|---|---|---|---|
| | | 除，□开报销算。 | |
| 十八 | 六九一 | 下栏：□军等一十四营，关地五百□十五顷六十四亩零。 | |
| | 七二四 | 下栏：原书注"原书此处有缺页"。 | |
| 十九 | 七三二 | 上栏：尚书刘体乾复：发银□万四千一百九十四两四钱。 | |
| 二十三 | 七九五 | 下栏：连下客兵共 21511□引，比原额增 15113 引。 | |
| 二十四 | 八七四 | 上栏：如果给□□敷，查本部储蓄稍充，方许议及挪借凑处，□后事关钱粮。 | |
| | 八七四 | 下栏：、□□堡仓、宁房堡仓、拒门堡仓、□□城仓、朔州城仓、浑源城仓、□□城仓、弘赐堡仓、镇房堡仓、□□堡仓。 | |
| | 八七五 | 下栏：天顺元年，郎中杨□□请关防，尚书沈固题：先为大同、宣府总□□□□员，已行致仕改调，题准移文吏部□□□□年间事例，复行推选司属一员，前□□□□关防，仍行移礼部，将原收关防赍送与□□□□。本年郎中杨□呈。 | |
| | 八七六 | 上栏：二十二年，□□□□□中查盘边储（弘治二年，差给事中王纶，此后□……□道□……□）。<br><br>二十□年，□□□□题：平房卫仓场，添设州判官一员□□□□□户所仓场添设吏目一员。 | |
| | 八七六 | 下栏：十一年……等□□□□□□□年分问罪追赔至放□□□□□□□□年分，多寡庶侵欺可□……□。<br><br>十四年，□□□□□□□倡锺复：……□□□□添设管粮通判三员，听巡抚郎中提督（□□天城、阳和二城一员，□□龙右、威远三城一员，平房、井坪、朔州三城一员）。 | |
| | 八七七 | 上栏：嘉靖二十三年……□□发银两，并预备今年客兵二□发去银□□□巡按御史查盘明白，至日□□□选□□□□□前去大同、山西二镇□□□□□□□□□□预备客兵粮草，如□……□。<br><br>三十□年，□□□□□□□□□应发银两处给。尚书□□□□□□□ | |

| | | | |
|---|---|---|---|
| | | □□理戎务，毋得干预钱粮。<br><br>　三十三年，主事张□呈：被豪官恃强，冒支军储。 | |
| | 八七七 | 下栏：送巡抚衙门收掌务□□兵官除关领勘合外，巡抚仍将原号票□□□□封发各领兵官亲填人马，若□□□□□□□并经过住支几日，及逃□□□□□□□□若干，回日缴送巡抚，月终□□□□□□查对，如有号票勘合两不相□……□。<br><br>　三十七年，□□□□□题：该镇税粮拖欠数多，乞坐委□□□□□□催。尚书贾应春复：准行令本官于冬春二□□□□州驻札，会同该省管粮参政巡历府运□□□行催征本镇军储禄米，夏秋二季回镇□□，冬春或有警报仍驰回料理。 | |
| | 八七八 | 上栏：于是奏讨□□□□年例主客至共四十余万，盐引民运□□□□□而屯粮马价不与焉，□□不赀□□□□□□兵无调征，而每岁□□□□□□□□□□□不多，以该镇兵□□□□□□□□□□□皆所以糜饷也□□□□□□□□□□□□□能复异时之□□□□□□□□□□□□□至告乏也。 | |
| 二十六 | 九○五 | 上栏：原额并清出屯地实在四万七千五百□顷九十九亩一分。 | |
| | 九一七 | 上栏：本部复：行陕西布政司，将上纳生员吏承等项人役，并武职纳级则例□本布政司。 | |
| 二十八 | 九四七 | 下栏：比原额减4□670员名。 | |
| | 九五一 | 上栏：八年，本部题：将徽州府小麦一万八千四百□十二石八斗二升……十八年，陕西布政司额派本镇民运粮一十□万四百八十九石零。 | |
| | 九五一 | 下栏：今后□派原额……草一百五十一万□千束。 | |
| 三十 | 一○○四 | 上栏：黑豆壹仟□□石。 | |
| 三十一 | 一○二四 | 上栏：及嘉靖初年旧□，酌量征派。 | |
| 三十二 | 一○三三 | 此页误印了张弼《尧山堂外纪》卷八十六的一段文字，见后附。 | |
| | 一○四○ | 下栏：若一概□发，反堕其计。今后除已请名者照例送住外，其未经请名， | |

| | | | |
|---|---|---|---|
| | | 自称宗室来京奏扰者，□□□府严行查勘，如果未经奏报，来历不明，即送□布政司从重问拟。着籍当差，各宗室私放□债。 | |
| | 一〇四二 | 上栏：□□擅婚……而犯罪革□□□所得反过之，合无以后罪宗见在食粮□□□婚例减为五十石，原系减半者，止二十□□□本折中半兼支，以后子孙□□□十五以上者，方给口粮，不论人数多□□□□本色各十二石，年十五以下者，仍随□□□□高墙闲宅正犯已故，所遗家属释□□□□□赐名者，岁给本色米十二石，名□□□□□请名之后，亦给本色米十□□石，□□□□□名粮如之，如止遗母妻，无可依赖□□□赡米各六石终身，其以前释放者，照□□□□给，其擅婚原与罪庶不同，且岁止口□□□石，本折兼支，似难更议裁革，相应照旧□□□□，擅婚子女不许请封，此嘉靖二十□□□□准定例，但先年查核，尚宽朦胧得封□□□，□无以后查出擅婚，照例分别。 | |
| 三十三 | 一〇五一 | 下栏：崇明□御千户所。 | |
| 三十四 | | 下栏：十一年，尚书杨鼎题：在京文武官成化七年□至十年止。 | |
| | 一〇六九 | 下栏：既查议明白，着载在令□，通行内外遵守。 | |
| | 一〇七二 | 上栏：十一年……□照在京军职折支绢者听。下栏：十二年，奏：准公侯伯禄米有自愿分与族□者听。 | |
| 三十五 | 一〇七五 | 上栏：浙江轻赍银……扣留银□千两。 | |
| | 一〇七五 | 下栏：常州府……内□□□□万两千七百五十两。 | |
| | 一〇七六 | 上栏：淮安府耗米壹万□□□五百石。 | |
| | 一一三三 | 下栏：原书注"原书缺第一百二十页"。 | |
| 三十六 | 一一三六 | 下栏：七年题改本色三□。 | |
| 三十七 | 一一六七 | 下栏：都指挥使同知该银三十七两□□五分。 | |
| 三十八 | 一二一九 | 上栏：原书注"原书缺第四十一页"。 | |
| 三十九 | 一二七五 | 下栏：原书注"原书此处缺半页"。 | |
| | 一二八一 | 下栏：每引银七□。 | |
| | 一二八三 | 下栏：原书注"原书此处有缺页"。 | |

| | 一二八四 | 上栏：河东盐运司现额注"每引价银0.32两，共银□□□7372两，内三千二百□□□□□□□□□原解河东运司。 | |
| --- | --- | --- | --- |
| | 一二八五 | 下栏：原书注"原书此处有缺页"。 | |
| 四十一 | 一三一二 | 下栏：原书注"原书此处有缺页"。 | |
| 四十三 | 一三三二 | 上栏：二项原系宝和二店经□□□并分司代收解该店类□。 | |
| | 一三三五 | 上栏：本□□自买纸张，解南京户部，刷印茶引。 | |
| | 一三三八 | 上栏：课小麦2□93.4石。 | |
| | 一三五三 | 上栏：岳阳县□□石。 | |
| | 一三六六 | 上栏：□城县。 | 据谭其骧《中国历史地图集》第七册《京师（北直隶）》，第44页，应为"元城县"。 |

**附言：**

卷三二《宗藩禄粮·沿革事例》正统二年后出现大段衍文，系《尧山堂外纪》卷八十六的第十三、十四页。查《尧山堂外纪》，作者为明代蒋一葵。蒋一葵字仲舒，号石原，明代江苏武进（今江苏常州）人。万历二十二年（1594年）进士，历官灵川知县、京师西城指挥使、南京刑部主事。有书斋曰"尧山堂"，万历二十五年（1597年）刻有王崇庆《山海经释义》，另有《尧山堂偶隽》、《长安客话》。我们认为，衍文的出现，有可能是由于刊刻中混入了其他刻版所致，具体如何姑存待考。

现将衍文全录于下：

陆世经堂径去。诗曰："云意模糊雪意兼，六龙城下晚风尖。始知东阁先生贵，不放南安太守参。"詹事归，亟追之，已行远矣。既去，复令驿吏里送武城梨数颗，亦侑以诗，有"毗陵驿里馈生梨"之句。盖叶"梨"为"离"，亦戏也。此后不复一见以终，遂以为谶。

成化间，妖人王臣者跛一足，人称王瘸子。游食京师，以左道事中贵，得授锦衣千户。请为上合大丹，以采药为名，与中贵偕出川、广、直、浙等处买办，搜索宝玩，需求珍异，骚扰郡县。及回京，为各处抚巡、守令交章飞劾，而科道并弹。于是，上大怒，斩臣首，传诣所历地方枭令，民心大快。初臣至广东，张东海时守南安，日观其骄横，尝作诗叹曰："过岭囊箱下濑船，丁夫昼夜少安眠。薄田荡尽犹输税，恶客时来横索钱。穷发东南皆赤子，举头西北是青天。不才无计苏民困，食禄乘轩自赧然。"

王景明之南京，张东海赠之诗曰："谷阳城外送离船，矫首南都思惘然。一语烦君三致意，同乡同志及同年。"冬官王公伟辈以为未尽交游者，乃益之曰："同官同事同游者，问及都将此意传。"因著《六同诗话》。

张东海休致既早，子皆成名，殊无一事累心。苏州别驾周德中目为神仙太守，张以诗答云："归休太守似神仙，布被蒙头日夜眠。却怪门前来熟客，马蹄踏破紫芸烟。"

张东海《咏寒号虫》云："得过且过！饮啄随时度朝暮。得陇望蜀徒尔为，未知是福还是祸。得过且过！"张东海过苏步坊，赋诗曰："东坡昔日此闲行，此地遂留苏步名。何事章瘗毛骨，子孙羞认是先茔。"

宋徽宗时，朱勔领花石纲，有龙鳞薜荔一株费银上述衍文见于《尧山堂外纪》卷八十六《张弼》，下面将原文全文录于下，以便对照：

张弼　〔字汝弼，华亭人，罗伦榜进士，家近东海，因以自号。〕

张东海下第渡江，赋诗云："扬子江头独问津，风波如旧客愁新。西飞白日忙于我，南去青山冷笑人。孤枕不离乡国梦，敝裘犹带帝城尘。交游落落俱星散。吟对沙鸥一怆神。"

张东海作《假髻篇》讽刺时事，其词曰："东家女儿发委地，日日高楼理高髻。西家女儿发垂肩，买妆假髻亦峨然。金钗宝钿围珠翠，眼底谁能辩真伪。天桃窗下来春风，假髻美人先入宫。"当路衔之，乃出领郡符，为南安守。南安，小郡也，以张故为名邦。

张东海将赴南安，作长短句一篇云："东海先生归也，南安太守新除。一挑行李两船书，被人笑道痴愚。书也书，寒不堪穿，饥不堪煮，收拾许多何用处？况而今，白发苍颜，坐黄堂之署，乘五马之车，那得工夫再看渠？又将载到南安去！古人糟粕，谁味真腴？枉说道："黄卷中，时与圣贤相对语。"

张汝弼赴南安，道经毗陵，时陆詹事简方得告南归，张访之，适展幕，不及见，乃索纸笔题一绝于陆世经堂径去。诗曰："云意模糊雪意兼，六龙城下晚风尖。始知东阁先生贵，不放南安太守参。"詹事归，亟追之，已行远矣。既去，复令驿吏里送武城梨数颗，亦侑以诗，有"毗陵驿里馈生梨"之句。盖叶"梨"为"离"，亦戏也。此后不复一见以终，遂以为谶。

成化间，妖人王臣者跛一足，人称王瘸子。游食京师，以左道事中贵，得授锦衣千户。请为上合大丹，以采药为名，与中贵偕出川、广、直、浙等处买办，搜索宝玩，需求珍异，骚扰郡县。及回京，为各处抚巡、守令交章飞劾，而科道并弹。于是，上大怒，斩臣首，传诣所历地方枭令，民心大快。初臣至广东，张东海时守南安，日观其骄横，尝作诗叹曰："过岭囊箱下濑船，丁夫昼夜少安眠。薄田荡尽犹输税，恶客时来横索钱。穷发东南皆赤子，举头西北是青天。不才无计苏民困，食禄乘轩自赧然。"

王景明之南京，张东海赠之诗曰："谷阳城外送离船，矫首南都思惘然。一语烦君三致意，同乡同志及同年。"冬官王公伟辈以为未尽交游者，乃益之曰："同官同事同游者，问及都将此意传。"因著《六同诗话》。

张东海休致既早，子皆成名，殊无一事累心。苏州别驾周德中目为神仙太守，张以诗答云："归休太守似神仙，布被蒙头日夜眠。却怪门前来熟客，马蹄踏破紫芸烟。"

张东海《咏寒号虫》云："得过且过！饮啄随时度朝暮。得陇望蜀徒尔为，未知是福还是祸。得过且过！"张东海过苏步坊，赋诗曰："东坡昔日此闲行，此地遂留苏步名。何事章瘢毛骨，子孙羞认是先茔。"

宋徽宗时，朱勔领花石纲，有龙鳞薜荔一株，费银二千两。东海偶见薜荔，感而赋之："薜荔长龙鳞，相看似可人。圣朝无艮岳，那值二千银？"

本书为国家哲学社会科学基金课题
"十二五"国家重点出版物出版规划项目

中国社会科学院文库
历史考古研究系列
The Selected Works of CASS
History and Archaeology

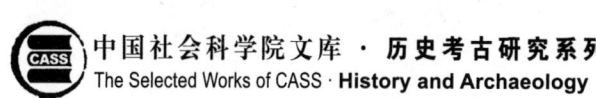中国社会科学院创新工程学术出版资助项目

中国社会科学院文库 · **历史考古研究系列**

The Selected Works of CASS · **History and Archaeology**

# 明代《万历会计录》整理与研究

## COLLATION AND RESEARCH ON **ACCOUNTING RECORDS OF WANLI** IN THE MING DYNASTY

## （二）

万 明　徐英凯　著

中国社会科学出版社

**图书在版编目（CIP）数据**

明代《万历会计录》整理与研究／万明，徐英凯著．—北京：中国社会科学
出版社，2015.11
ISBN 978 - 7 - 5161 - 6595 - 9

Ⅰ.①明…　Ⅱ.①万…②徐…　Ⅲ.①经济史—中国—明代　Ⅳ.①F129.48

中国版本图书馆 CIP 数据核字（2015）第 160109 号

| | | |
|---|---|---|
| 出 版 人 | 赵剑英 | |
| 责任编辑 | 黄燕生　姜阿平　何又光 | |
| 责任校对 | 王桂芳 | |
| 责任印制 | 戴　宽 | |

| | |
|---|---|
| 出　　　版 | 中国社会科学出版社 |
| 社　　　址 | 北京鼓楼西大街甲 158 号 |
| 邮　　　编 | 100720 |
| 网　　　址 | http://www.csspw.cn |
| 发 行 部 | 010 - 84083685 |
| 门 市 部 | 010 - 84029450 |
| 经　　　销 | 新华书店及其他书店 |

| | |
|---|---|
| 印刷装订 | 北京君升印刷有限公司 |
| 版　　次 | 2015 年 11 月第 1 版 |
| 印　　次 | 2015 年 11 月第 1 次印刷 |

| | |
|---|---|
| 开　　本 | 880×1230　1/16 |
| 印　　张 | 146.5 |
| 字　　数 | 4018 千字 |
| 定　　价 | 598.00 元（全三册） |

凡购买中国社会科学出版社图书，如有质量问题请与本社营销中心联系调换
电话：010 - 84083683

# 《中国社会科学院文库》出版说明

　　《中国社会科学院文库》（全称为《中国社会科学院重点研究课题成果文库》）是中国社会科学院组织出版的系列学术丛书。组织出版《中国社会科学院文库》，是我院进一步加强课题成果管理和学术成果出版的规范化、制度化建设的重要举措。

　　建院以来，我院广大科研人员坚持以马克思主义为指导，在中国特色社会主义理论和实践的双重探索中做出了重要贡献，在推进马克思主义理论创新、为建设中国特色社会主义提供智力支持和各学科基础建设方面，推出了大量的研究成果，其中每年完成的专著类成果就有三四百种之多。从现在起，我们经过一定的鉴定、结项、评审程序，逐年从中选出一批通过各类别课题研究工作而完成的具有较高学术水平和一定代表性的著作，编入《中国社会科学院文库》集中出版。我们希望这能够从一个侧面展示我院整体科研状况和学术成就，同时为优秀学术成果的面世创造更好的条件。

　　《中国社会科学院文库》分设马克思主义研究、文学语言研究、历史考古研究、哲学宗教研究、经济研究、法学社会学研究、国际问题研究七个系列，选收范围包括专著、研究报告集、学术资料、古籍整理、译著、工具书等。

中国社会科学院科研局

2006 年 11 月

# 目　录

# 第二篇

《万历会计录》统计篇

# 第 一 章

# 全国田土、人户、人口统计

## 说　明

　　本篇的表格是根据第一篇的表格数据，从便于应用的角度，依照基本的统计原则，做统计列表。本篇中表格所引用的甲表编号，在脚注中注明。特别需要说明的是，这里的全国田土、人户、人口是赋税特定意义上的概念，即明代户部掌握的国家财政数字，而非实际上的全国田土、人户、人口数字。根据国家财政数字统计的只具有国家掌握的税亩、税户、税口的意义。

　　《会计录》卷四记载湖广布政司田土数如下：洪武年间 220217575 亩；弘治年间 223612846 亩；万历六年 221619940 亩。

　　在《明会典》卷一七记载湖广布政司田土数如下：洪武二十六年 220217575 亩；弘治十五年 223612846 亩；万历六年 221619940 亩。这与《会计录》完全相同，并且在这两部书中的全国田土总数与各省直加和之数相等。

　　嘉靖八年（1529 年）六月，詹事霍韬在奉命修《大明会典》[1] 时，曾经对这个数字提出疑义。在《修书疏》里写道：“臣等备查天下额数，若湖广额田二百二十万，今存额二十三万，失额一百九十六万。河南额田一百四十四万，今存额四十一万，失额一百三万，失额极多者也。不知何故致此。非拨给于藩府，则欺隐于猾民，或册文之讹误也，不然何故致此也。”[2] 也就是说正德《大明会典》提出的主要是湖广、河南的问题。

　　《会计录》关于河南额田的记录，与正德《大明会典》的记载相同，可见已经修正。但是湖广田额的数据与正德《大明会典》仍有较大的差别。

　　梁方仲先生曾查对各种相关文献对明代田地数额详加考证，引述日本学者清水泰次、藤井宏的解释，并引述了中国学者杨开道的观点，认为湖广数字发生的问题是“在统计计算时定位错误”，而他本人认为是各地亩法不同的缘故所致。[3] 后来何炳棣先生在《中国古今土地数字的考释和评价》一书中，认为湖广田土数据的亿位多写了一个“二”。[4]

　　在这次《会计录》的整理过程中，在全国田赋折银的基础上，对比了《会计录》中湖广田土数据与何炳棣推测的湖广田土数据，即去掉亿位的“二”的数据。当使用《会计录》中湖广田土数据计算时，万历六年湖广亩均税率为 0.0035 两/亩，而其他省直的亩均税率均在 0.0127—0.0576 两/亩之间，这一数据与其他省直的亩均税率相差太大，确实有问题。

　　但若使用何炳棣先生的推测，即去掉亿位的“二”的数据时，湖广的亩均税率为

---

[1] 这里指正德《大明会典》。

[2] 霍韬：《渭崖文集》卷三《修书疏》，万历四年霍与瑕刻本，第 13 页。

[3] 梁方仲：《中国历代户口、田地、田赋统计》，上海人民出版社 1980 年版，第 337—338 页。他同时也指出了杨氏的错误之处。

[4] 何炳棣：《中国古今土地数字的考释和评价》，中国社会科学出版社 1988 年版，第 101 页。

0.0356 两/亩，与其他省直的亩均税率相近。

由此，我们认为何炳棣先生的推测是对的。进一步估计如下：在洪武年间湖广田土数据记录失误，而全国田土总数是对各省直田土数的加和，因此全国总数也就错了。到了弘治十五年，核对了湖广与河南的田土数据，河南的数据得到了纠正，但是湖广的数据仍保留了错误的记录。弘治十五年的全国田土总数，则仍是对各省直田土数的加和，因此全国总数也就错了。至于万历六年的记录，仍然延续了弘治年间的错误。

由于上述原因，洪武、弘治与万历三朝全国田土的总数也就出现了错误的记载，并且由此使得《明会典》关于三朝的全国与湖广田土数据与洪武朝河南的田土数据也出现了错误。

根据何炳棣先生的推测，修订了洪武、弘治与万历三朝全国与湖广的田土数据后，做出了本章的四个统计表格。本章的前三个表格（乙表1—乙表3），分别整合了洪武、弘治、万历年间全国田土、人户、人口数据，并且给出了户均人口、户均田土、人均田土；以及各省田土、人户、人口在全国中所占的比例。修订后的三朝全国田土总数分别比《会计录》记载的数据少 200000000 亩，为：洪武朝 650762368.00 亩；弘治朝 422805881.10 亩；万历朝501397628.20 亩。

乙表1是洪武年间全国田土、人户、人口统计，由于原书卷六的缺失，其中山东布政司的数据，根据同时期的《明会典》卷一七、一八所载的数据补上。

从此表中可以看出河南田土最多为 144946982.00 亩，占全国田土总数的 22.27％，这一数据与弘治、万历年间河南的田土数据相差甚大，但是由于没有可供修订的更多参考数据，故此保留了《会计录》中的原状。[1]人口最多的省份是南直隶，占全国人口总数的17.76％；南直隶的田土占全国田土总数的 19.50％，排在十四省直（洪武年间云南布政司田土数缺）中的第二位；人户最多的省份是浙江，占全国人户总数的 20.07％。全国户均田土数的平均值为 92.65 亩，超过平均值的省份从大到小依次为河南、北直隶、陕西、山东；全国户均人口数的平均值为 5.55 口，低于平均值的省份有浙江、福建、广东、云南，其余各省直均超过平均值；全国人均田土数的平均值为 15.05 亩，超过平均值的省份为河南与北直隶。

乙表2是弘治年间全国田土、人户、人口统计，由于原书第六卷的缺失，其中山东布政司的数据，根据同时期的《明会典》卷一七、一八所载的数据补上。

从此表中可以看出南直隶田土最多，占全国田土总数的 19.16％；人口最多的省份是南直隶，占全国人口总数的 14.96％；人户最多的省份是南直隶，占全国人户总数的 16.59％。全国户均田土数的平均值为 48.52 亩，超过平均值的省份从大到小依次为河南、陕西、山东、北直隶、山西、南直隶；全国户均人口数的平均值为 6.71 口，低于平均值的省份有河南、贵州、南直隶、江西、福建、广东、广西、浙江，其余各省直均超过平均值；全国人均田土数的平均值为 7.34 亩，超过平均值的省份有河南、南直隶、山西、浙江、山东和北直隶。

乙表3是万历六年全国田土、人户、人口统计，由于原书第六卷的缺失，其中山东布政司的数据，根据同时期的《明会典》卷一七、一八所载的数据补上。另外此表中的福建田土数是万历八年清丈田粮数。

从此表中可以看出南直隶田土最多，占全国田土总数的 15.44％；人口最多的省份也是南直隶，占全国人口总数的 17.30％；人户最多的省份仍是南直隶，占全国人户总数的

---

[1]对于洪武朝河南田土数据，王兴亚先生认为成化《河南总志》载洪武二十四年河南布政司阖属起科官民田，地塘总计为 29959468 亩，是比较接近洪武二十四年河南省的田土数的。见王兴亚《明初河南耕地面积辨证》，《河南大学学报》（哲学社会科学版）1987 年第 4 期。

19.48%。全国户均田土数的平均值为 49.69 亩，超过平均值的省份从大到小依次为河南、北直隶、陕西、山西、四川省；全国户均人口数的平均值为 7.04 口，低于平均值的省份有贵州、广西、南直隶、江西、山东、广东、福建、浙江，其余各省直均超过平均值；全国人均田土数的平均值为 7.60 亩，超过平均值的省份从大到小依次为河南、广东、北直隶、山东、浙江、广西和福建省。

乙表 4 将万历朝作为基准，对这三朝的田土、人户、人口数据进行比较。从比较的结果看，在田土数与人户数上，万历朝比洪武朝有所减少，而弘治朝比万历朝有所减少；在人口方面万历朝比洪武与弘治朝都有增加，而弘治朝是最低的。

至此，依照修订后的全国与湖广田土数据，湖广田土数在全国所占的百分比如下：洪武年间为 3.11%；弘治年间为 5.58%；万历六年为 4.31%。

在此情况下，洪武年间，田土数排在前三位的省直依次为：河南、南直隶、山东；弘治年间，田土数排在前三位的省直依次为：南直隶、山东、浙江；万历六年，田土数排在前三位的省直依次为：南直隶、河南、山东。

乙表1

洪武年间全国田土、人户、人口统计[1]

| 各布政司 | 田土（亩） | 人户（户） | 人口（口） | 户均人口（口） | 户均田土（亩） | 人均田土（亩） | 田土比例% | 人户比例% | 人口比例% |
|---|---|---|---|---|---|---|---|---|---|
| 各布政司总数 | 650762368.00 | 10652870.00 | 60545812.00 | 5.68 | 61.09 | 10.75 | 100.00 | 100.00 | 100.00 |
| 浙江布政司 | 51705151.00 | 2138225.00 | 10487567.00 | 4.90 | 24.18 | 4.93 | 7.95 | 20.07 | 17.32 |
| 江西布政司 | 43118601.00 | 1553923.00 | 8982481.00 | 5.78 | 27.75 | 4.80 | 6.63 | 14.59 | 14.84 |
| 湖广布政司 | 20217575.00 | 775851.00 | 4702660.00 | 6.06 | 26.06 | 4.30 | 3.11 | 7.28 | 7.77 |
| 福建布政司 | 14625969.00 | 815527.00 | 3916806.00 | 4.80 | 17.93 | 3.73 | 2.25 | 7.66 | 6.47 |
| 山东布政司[2] | 72403562.00 | 753894.00 | 5255876.00 | 6.97 | 96.04 | 13.78 | 11.13 | 7.08 | 8.68 |
| 山西布政司 | 41864248.00 | 595444.00 | 4072127.00 | 6.83 | 70.31 | 10.28 | 6.43 | 5.59 | 6.73 |
| 河南布政司 | 144946982.00 | 315617.00 | 1912542.00 | 6.05 | 459.25 | 75.79 | 22.27 | 2.96 | 3.16 |
| 陕西布政司 | 31525175.00 | 294526.00 | 2316569.00 | 7.86 | 107.04 | 13.61 | 4.84 | 2.76 | 3.83 |
| 四川布政司 | 11203256.00 | 215719.00 | 1466778.00 | 6.79 | 51.93 | 7.64 | 1.72 | 2.02 | 2.42 |
| 广东布政司 | 23734056.00 | 675599.00 | 3007932.00 | 4.45 | 35.13 | 7.89 | 3.65 | 6.34 | 4.97 |
| 广西布政司 | 10240390.00 | 211263.00 | 1482671.00 | 7.01 | 48.47 | 6.91 | 1.57 | 1.98 | 2.45 |
| 云南布政司 | — | 59576.00 | 259270.00 | 4.35 | — | — | — | 0.56 | 0.43 |
| 北直隶[3] | 58249951.00 | 334792.00 | 1926595.00 | 5.75 | 173.99 | 30.23 | 8.95 | 3.14 | 3.18 |
| 南直隶 | 126927452.00 | 1912914.00 | 10755938.00 | 5.62 | 66.35 | 11.80 | 19.50 | 17.96 | 17.76 |

乙表2

弘治年间全国田土、人户、人口统计[4]

| 各布政司 | 田土（亩） | 人户（户） | 人口（口） | 户均人口（口） | 户均田土（亩） | 人均田土（亩） | 田土比例% | 人户比例% | 人口比例% |
|---|---|---|---|---|---|---|---|---|---|
| 各布政司总数[5] | 422805881.10 | 9113546.00 | 53381173.00 | 5.85 | 46.39 | 7.92 | 100.00 | 100.00 | 100.00 |

[1] 资料来源：根据第一篇甲表1、15、17、19、21、23、25、27、29、31、33、35、37、39、43。

[2] 山东布政司田土数据是根据《明会典》卷一七《田土》，第110页；人户、人口数据根据《明会典》卷一九《户口》一所载数据补上的，第123页。

[3] 国初原隶北平布政司，永乐十八年革布政司，改为直隶。

[4] 资料来源：根据第一篇甲表1、15、17、19、21、23、25、27、29、31、33、35、37、39、45。

[5]《明会典》卷一九《户口》一载：弘治四年造册户口数目：人户9113446户，人口53281158口；《万历会计录》卷一《天下各项钱粮原额见额岁入岁出总数》载：弘

| 各布政司 | 田土（亩） | 人户（户） | 人口（口） | 户均人口（口） | 户均田土（亩） | 人均田土（亩） | 田土比例% | 人户比例% | 人口比例% |
|---|---|---|---|---|---|---|---|---|---|
| 浙江布政司 | 47234271.70 | 1503124.00 | 5305843.00 | 3.53 | 31.42 | 8.90 | 11.17 | 16.49 | 9.94 |
| 江西布政司 | 40235246.60 | 1363629.00 | 6549800.00 | 4.80 | 29.51 | 6.14 | 9.52 | 14.96 | 12.27 |
| 湖广布政司 | 23612846.60 | 504870.00 | 3781714.00 | 7.49 | 46.77 | 6.24 | 5.58 | 5.54 | 7.08 |
| 福建布政司 | 13516617.70 | 506039.00 | 2106060.00 | 4.16 | 26.71 | 6.42 | 3.20 | 5.55 | 3.95 |
| 山东布政司¹ | 54292937.60 | 770555.00 | 6759675.00 | 8.77 | 70.46 | 8.03 | 12.84 | 8.46 | 12.66 |
| 山西布政司 | 39080933.90 | 575249.00 | 4360476.00 | 7.58 | 67.94 | 8.96 | 9.24 | 6.31 | 8.17 |
| 河南布政司 | 41609968.40 | 436843.00 | 2614398.00 | 5.98 | 95.25 | 15.92 | 9.84 | 4.79 | 4.90 |
| 陕西布政司 | 26066281.80 | 306644.00 | 3912370.00 | 12.76 | 85.01 | 6.66 | 6.17 | 3.36 | 7.33 |
| 四川布政司 | 10786962.60 | 253803.00 | 2598460.00 | 10.24 | 42.50 | 4.15 | 2.55 | 2.78 | 4.87 |
| 广东布政司 | 7232446.10 | 467390.00 | 1817384.00 | 3.89 | 15.47 | 3.98 | 1.71 | 5.13 | 3.40 |
| 广西布政司 | 10784801.70 | 459640.00 | 1676274.00 | 3.65 | 23.46 | 6.43 | 2.55 | 5.04 | 3.14 |
| 云南布政司 | 363135.00 | 15950.00 | 125955.00 | 7.90 | 22.77 | 2.88 | 0.09 | 0.18 | 0.24 |
| 贵州布政司² |  | 43367.00 | 258693.00 | 5.97 | — | — | — | 0.48 | 0.48 |
| 北直隶 | 26971391.90 | 394495.00 | 3430537.00 | 8.70 | 68.37 | 7.86 | 6.38 | 4.33 | 6.43 |
| 南直隶 | 81018039.50 | 1511843.00 | 7983519.00 | 5.28 | 53.59 | 10.15 | 19.16 | 16.59 | 14.96 |

乙表3

## 万历六年全国田土、人户、人口统计³

| 各布政司 | 田土（亩） | 人户（户） | 人口（口） | 户均人口（口） | 户均田土（亩） | 人均田土（亩） | 田土比例% | 人户比例% | 人口比例% |
|---|---|---|---|---|---|---|---|---|---|
| 各布政司总数 | 501397628.20 | 10621436.00 | 60692856.00 | 5.71 | 47.21 | 8.26 | 100.00 | 100.00 | 100.00 |
| 浙江布政司 | 46696982.40 | 1542408.00 | 5153005.00 | 3.34 | 30.28 | 9.06 | 9.31 | 14.52 | 8.49 |

洽年间会典数：人户共9113546户，人口53381173口，第12页。另原书此处注：比洪武原额户减1539324；口减7164648。依据此计算弘洽年间的人户应为9113441户；人口应为53381164口。此处仍保留《会计录》中的原始数据。

¹山东布政司田土数据是根据《明会典》卷一七《田土》，第110页，人户、人口数据是根据《明会典》卷一九《户口》一所载数据补上的，第123页。

²永乐十九年始设。

³资料来源：根据第一篇甲表1、15、17、19、21、23、25、27、29、31、33、35、37、39、47。

| 各布政司 | 田土(万历) | 人户(万历) | 人口(万历) | 每户口 | 每户田 | 每口田 | 田土% | 人户% | 人口% |
|---|---|---|---|---|---|---|---|---|---|
| 江西布政司 | 40115127.10 | 1341005.00 | 5859026.00 | 4.37 | 29.91 | 6.85 | 8.00 | 12.63 | 9.65 |
| 湖广布政司 | 21619940.10 | 541310.00 | 4398785.00 | 8.13 | 39.94 | 4.91 | 4.31 | 5.10 | 7.25 |
| 福建布政司¹ | 13422500.60 | 515307.00 | 1738793.00 | 3.37 | 26.05 | 7.72 | 2.68 | 4.85 | 2.86 |
| 山东布政司² | 61749899.60 | 1372206.00 | 5664099.00 | 4.13 | 45.00 | 10.90 | 12.32 | 12.92 | 9.33 |
| 山西布政司 | 36803927.20 | 596097.00 | 5319359.00 | 8.92 | 61.74 | 6.92 | 7.34 | 5.61 | 8.76 |
| 河南布政司 | 74157951.90 | 633067.00 | 5193602.00 | 8.20 | 117.14 | 14.28 | 14.79 | 5.96 | 8.56 |
| 陕西布政司 | 29292385.10 | 394423.00 | 4502067.00 | 11.41 | 74.27 | 6.51 | 5.84 | 3.71 | 7.42 |
| 四川布政司 | 13482767.20 | 262694.00 | 3102073.00 | 11.81 | 51.32 | 4.35 | 2.69 | 2.47 | 5.11 |
| 广东布政司 | 25686513.60 | 530712.00 | 2040655.00 | 3.85 | 48.40 | 12.59 | 5.12 | 5.00 | 3.36 |
| 广西布政司 | 9402074.80 | 218712.00 | 1186179.00 | 5.42 | 42.99 | 7.93 | 1.88 | 2.06 | 1.95 |
| 云南布政司 | 1799358.80 | 135560.00 | 1476692.00 | 10.89 | 13.27 | 1.22 | 0.36 | 1.28 | 2.43 |
| 贵州布政司 | 516686.30 | 43405.00 | 290972.00 | 6.70 | 11.90 | 1.78 | 0.10 | 0.41 | 0.48 |
| 北直隶 | 49256842.20 | 425463.00 | 4264898.00 | 10.02 | 115.77 | 11.55 | 9.82 | 4.01 | 7.03 |
| 南直隶 | 77394671.30 | 2069067.00 | 10502651.00 | 5.08 | 37.41 | 7.37 | 15.44 | 19.48 | 17.30 |

## 乙表4

### 洪武、弘治、万历三朝全国田土、人户、人口比较³

| 各布政司 | 田土 | | | | | | 人户 | | | | | | 人口 | | | | | |
|---|---|---|---|---|---|---|---|---|---|---|---|---|---|---|---|---|---|---|
| | 洪武 | % | 弘治 | % | 万历 | % | 洪武 | % | 弘治 | % | 万历 | % | 洪武 | % | 弘治 | % | 万历 | % |
| 各布政司总数 | 650762368.00 | 129.79 | 422805881.10 | 84.33 | 501397628.20 | 100 | 10652870.00 | 100.30 | 9113546.00 | 85.80 | 10621436.00 | 100 | 60545812.00 | 99.76 | 53381173.00 | 87.95 | 60692856.00 | 100 |
| 浙江布政司 | 51705151.00 | 110.72 | 47234271.70 | 101.15 | 46696982.40 | 100 | 2138225.00 | 138.63 | 1503124.00 | 97.45 | 1542408.00 | 100 | 10487567.00 | 203.52 | 5305843.00 | 102.97 | 5153005.00 | 100 |
| 江西布政司 | 43118601.00 | 107.49 | 40235246.60 | 100.30 | 40115127.10 | 100 | 1553923.00 | 115.88 | 1363629.00 | 101.69 | 1341005.00 | 100 | 8982481.00 | 153.31 | 6549800.00 | 111.79 | 5859026.00 | 100 |
| 湖广布政司 | 20217575.00 | 93.51 | 23612846.60 | 109.22 | 21619940.10 | 100 | 775851.00 | 143.33 | 504870.00 | 93.27 | 541310.00 | 100 | 4702660.00 | 106.91 | 3781714.00 | 85.97 | 4398785.00 | 100 |

¹福建田土数为万历八年清丈田粮数。

²山东布政司田土数据是根据《明会典》卷一七《田土》，第110页，人户、人口数据是根据《明会典》卷一九《户口》一所载数数据补上的，第123页。

³资料来源：根据第一篇甲表第1、15、17、19、21、23、25、27、29、31、33、35、37、39、43、45、47。

| | | | | | | | | | | | | | | | | | | |
|---|---|---|---|---|---|---|---|---|---|---|---|---|---|---|---|---|---|---|
| 福建布政司 | 14625969.00 | 108.97 | 135166617.70 | 100.70 | 13422500.60 | 100 | 815527.00 | 158.26 | 506039.00 | 98.20 | 515307.00 | 100 | 3916806.00 | 225.26 | 2106060.00 | 121.12 | 1738793.00 | 100 |
| 山东布政司 | 72403562.00 | 117.25 | 54292937.60 | 87.92 | 61749899.60 | 100 | 753894.00 | 54.94 | 770555.00 | 56.15 | 1372206.00 | 100 | 5255876.00 | 92.79 | 6759675.00 | 119.34 | 5664099.00 | 100 |
| 山西布政司 | 41864248.00 | 113.75 | 39080933.90 | 106.19 | 36803927.20 | 100 | 595444.00 | 99.89 | 575249.00 | 96.50 | 596097.00 | 100 | 4072127.00 | 76.55 | 4360476.00 | 81.97 | 5319359.00 | 100 |
| 河南布政司 | 144946982.00 | 195.46 | 41609968.40 | 56.11 | 74157951.90 | 100 | 315617.00 | 49.86 | 436843.00 | 69.00 | 633067.00 | 100 | 1912542.00 | 36.82 | 2614398.00 | 50.34 | 5193602.00 | 100 |
| 陕西布政司 | 31525175.00 | 107.62 | 26066281.80 | 88.99 | 29292385.10 | 100 | 294526.00 | 74.67 | 306644.00 | 77.74 | 394423.00 | 100 | 2316569.00 | 51.46 | 3912370.00 | 86.90 | 4502067.00 | 100 |
| 四川布政司 | 11203256.00 | 83.09 | 10786962.60 | 80.01 | 13482767.20 | 100 | 215719.00 | 82.12 | 253803.00 | 96.62 | 262694.00 | 100 | 1466778.00 | 47.28 | 2598460.00 | 83.77 | 3102073.00 | 100 |
| 广东布政司 | 23734056.00 | 92.40 | 7232446.10 | 28.16 | 25686513.60 | 100 | 675599.00 | 127.30 | 467390.00 | 88.07 | 530712.00 | 100 | 3007932.00 | 147.40 | 1817384.00 | 89.06 | 2040655.00 | 100 |
| 广西布政司 | 102240390.00 | 108.92 | 10784801.70 | 114.71 | 9402074.80 | 100 | 211263.00 | 96.59 | 459640.00 | 210.16 | 218712.00 | 100 | 1482671.00 | 125.00 | 1676274.00 | 141.32 | 1186179.00 | 100 |
| 云南布政司 | — | — | 363135.00 | 20.18 | 17993358.80 | 100 | 59576.00 | 43.95 | 15950.00 | 11.77 | 135560.00 | 100 | 259270.00 | 17.56 | 125955.00 | 8.53 | 1476692.00 | 100 |
| 贵州布政司 | — | — | — | — | 516686.30 | 100 | — | — | 43367.00 | 99.91 | 43405.00 | 100 | — | — | 258693.00 | 88.91 | 290972.00 | 100 |
| 北直隶 | 58249951.00 | 118.26 | 26971391.90 | 54.76 | 49256842.20 | 100 | 334792.00 | 78.69 | 394495.00 | 92.72 | 425463.00 | 100 | 1926595.00 | 45.17 | 3430537.00 | 80.44 | 4264898.00 | 100 |
| 南直隶 | 126927452.00 | 164.00 | 81018039.50 | 104.68 | 77394671.30 | 100 | 1912914.00 | 92.45 | 1511843.00 | 73.07 | 2069067.00 | 100 | 10755938.00 | 102.41 | 7983519.00 | 76.01 | 10502651.00 | 100 |

# 第 二 章

# 全国各项钱粮岁额统计

## 说　明

　　乙表 5 以万历朝作为基准，对洪武、弘治、万历三朝全国各项钱粮旧、现岁额，分别按照田土官民、夏税、秋粮、人户、人口进行比较。将在乙表 4 中所表示的这三朝田土、人户、人口的变化关系，以增减百分比的形式给出。同时对夏税、秋粮，依照原书中给出的更详细的项目进行了对比，也给出了增减百分比。使得这三朝的变化更加清晰。

　　从田赋中的几个主要项目来看，洪武年间的田土数高于万历六年，但是弘治年间的田土数低于万历六年；夏税麦与秋粮米两项，洪武、弘治年间的数值都高于万历六年，尤其是洪武年间的秋粮米数多于万历六年 11.89%。从洪武到弘治，到万历六年，人口呈逐渐增加状态，人口数最高的是万历六年，为 60692856 口。人户数由多到少排列为洪武、万历、弘治。

　　由于万历朝的数据最为详细，故在乙表 6 中，将万历朝全国钱粮依照所列项目以及起运、存留做了更为详尽的统计对比，标明了夏税、秋粮各项钱粮的起运、存留百分比。在二十七项田赋项目中，起运的项目只有夏税米麦、丝、绢、麻布、苎布，及秋粮米、地亩棉花绒、马草和户口盐钞银这九项，而其余的十八项均为存留。其中夏税米麦的起运量为总量的 41.77%，秋粮米的起运量为总量的 60.46%；而麻布、苎布的 100%，绢的 93.76%，马草的 84.43% 都在起运项下。

　　乙表 6 中花园仓基及各运司并提举司项下的粮、布、盐、钞、草，由于没有标明起运或存留，故在表中注明"未知"。

**乙表 5　洪武、弘治、万历三朝全国各项钱粮旧、现岁额统计[1]**

| 田赋项目 | 洪武年间（诸司职掌数） | 增减百分比（%） | 弘治年间（会典数） | 增减百分比（%） | 万历六年（各省首册报数） | 增减百分比（%） |
|---|---|---|---|---|---|---|
| 田土官民（亩） | 850762368.00 | 21.29 | 622805881.00 | -11.20 | 701397628.00 | 100.00 |
| 夏税 | | | | | | |
| 米麦（石） | 4712900.00 | 2.33 | 4625594.38 | 0.44 | 4605242.87 | 100.00 |
| 钱钞（锭） | 39800.00 | -31.28 | 56882.00 | -1.79 | 57921.00 | 100.00 |
| 绢（匹） | 288487.00 | 39.91 | 202083.00 | -1.99 | 206190.00 | 100.00 |
| 丝（两） | | | 3340750.47 | 0.60 | 3320537.00 | 100.00 |
| 布（匹） | | | 3430.00 | 0.00 | 3430.00 | 100.00 |
| 红花（斤） | | | 11.84 | | | |
| 土苎（斤） | | | | | 65.82 | 100.00 |
| 洞蛮麻布（条） | | | | | 259.00 | 100.00 |
| 秋粮 | | | | | | |
| 米（石） | 24729450.00 | 11.89 | 222226726.08 | 0.56 | 22100804.72 | 100.00 |
| 钱钞（锭） | 5730.00 | -75.80 | 21929.00 | -7.41 | 23684.00 | 100.00 |
| 绢（匹） | 59.00 | 0.00 | 59.00 | 0.00 | 59.00 | 100.00 |
| 丝（两） | | | 2216.75 | 0.00 | 2216.75 | 100.00 |
| 布（匹） | | | 129508.00 | -0.01 | 129530.00 | 100.00 |
| 地苗棉花绒（斤） | | | 246569.73 | 0.99 | 244129.95 | 100.00 |
| 粗麻布（匹） | | | 2.00 | 0.00 | 2.00 | 100.00 |
| 苎布（匹） | | | 7.00 | 0.00 | 7.00 | 100.00 |
| 马草（束） | | | 25948264.00 | 0.52 | 25813751.00 | 100.00 |

[1]资料来源：根据第一篇甲表 1。

| 项目 | | | | | | |
|---|---|---|---|---|---|---|
| 屯田（亩） | | 89012448.00 | | 34.91 | 65974575.00 | 100.00 |
| 苎麻（斤） | | | | | 1794.91 | 100.00 |
| 桐油（斤） | | | | | 1063.00 | 100.00 |
| 红花（斤） | | | | | 11.84 | 100.00 |
| 差拨马（匹） | | | | | 5.00 | 100.00 |
| 户口盐钞银（两） | | | | | 261755.76 | 100.00 |
| 人户（户） | 10652870.00 | 9113546.00 | 0.29 | -14.19 | 10621436.00 | 100.00 |
| 人口（口） | 60545812.00 | 53381173.00 | -0.24 | -12.04 | 60692856.00 | 100.00 |
| 花园仓基（所） | | | | | 1938.00 | 100.00 |
| 共征粮（石） | | | | | 4584844.84 | 100.00 |
| 地亩粮折银（两） | | | | | 85694.23 | 100.00 |
| 粮折布（匹） | | | | | 57163.00 | 100.00 |
| 草（束） | | | | | 2629722.00 | 100.00 |
| 钞（贯） | | | | | 56940.00 | 100.00 |
| 各运司并提举司额办 | | | | | | |
| 大小引盐（引） | | | | | 2228526.00 | 100.00 |
| 又（斤） | | | | | 24266685.00 | 100.00 |

## 万历六年全国钱粮起运、存留统计[1]

乙表6

| 田赋项目 | 总数 | 起运 | 起运占总数百分比% | 存留 | 存留占总数百分比% | 未知 |
|---|---|---|---|---|---|---|
| 夏税 | | | | | | |
| 米麦（石） | 4605242.87 | 1923874.50 | 41.77 | 2681368.37 | 58.22 | |
| 麦钞（石） | 266.82 | | | 266.82 | 100.00 | |
| 丝（两） | 3320536.98 | 2653381.94 | 79.90 | 662015.42 | 19.93 | 0.17 |

---

1 资料来源：根据第一篇甲表1。

| 项目 | 合计 | | | | |
|---|---|---|---|---|---|
| 绢（匹） | 206190.00 | 193327.00 | 93.76 | 12863.00 | 4.23 |
| 麻布（匹） | 2077.03 | 2077.03 | 100.00 | | |
| 苎布（匹） | 1341.00 | 1341.00 | 100.00 | | |
| 棉花折布（匹） | 12.00 | | | 12.00 | 100.00 |
| 土苎（斤） | 65.82 | | | 65.82 | 100.00 |
| 洞蛮麻布（条） | 259.00 | | | 259.00 | 100.00 |
| 钞（锭） | 57921.00 | | | 57921.00 | 100.00 |
| **秋粮** | | | | | |
| 米（石） | 22100804.72 | 13362862.94 | 60.46 | 8737941.81 | 39.53 |
| 地亩棉花绒（斤） | 244129.95 | 156552.74 | 64.11 | 87597.21 | 35.88 |
| 棉布（匹） | 128792.00 | | | 128792.00 | 100.00 |
| 课程棉布（匹） | 533.00 | | | 533.00 | 100.00 |
| 瑶人粗布（匹） | 205.00 | | | 205.00 | 100.00 |
| 丝（两） | 2216.75 | | | 2216.75 | 100.00 |
| 绢（匹） | 59.00 | | | 59.00 | 100.00 |
| 粗麻布（匹） | 2.00 | | | 2.00 | 100.00 |
| 苎布（匹） | 7.00 | | | 7.00 | 100.00 |
| 钞（锭） | 23684.00 | | | 23684.00 | 100.00 |
| 钞（贯） | 5848.00 | | | 5848.00 | 100.00 |
| 苎麻（斤） | 1794.91 | | | 1794.91 | 100.00 |
| 桐油（斤） | 1063.00 | | | 1063.00 | 100.00 |
| 红花（斤） | 11.84 | | | 11.84 | 100.00 |
| 差拨马（匹） | 5.00 | | | 5.00 | 100.00 |
| 马草（束） | 25813751.00 | 21798008.00 | 84.43 | 4015792.00 | 15.55 |
| 户口盐钞银（两） | 261755.76 | 88352.78 | 33.75 | 173402.98 | 66.24 |

| 花园仓基（所）（系四川郡、行二司数） | | 100.00 |
|---|---|---|
| 共征粮（石） | 4584844.84 | 100.00 |
| 地亩粮草折银（两） | 85694.23 | 100.00 |
| 粮折布（匹） | 57163.00 | 100.00 |
| 草（束） | 2629722.00 | 100.00 |
| 钞（贯） | 56940.00 | 100.00 |
| 各运司并提举司额办大小引盐（引） | 2228526.00 | 100.00 |
| 又盐（斤） | 24266685.00 | 100.00 |

# 第 三 章

# 全国各省府州县田赋统计

## 说　明

　　乙表 7 将十三司分理的全国十五省直田赋岁额、岁入、岁出总数，按照田赋的项目分别列出，并且标明了各省每项田赋在全国该项田赋中所占的百分比。以粮一项为例，浙江的夏税占全国夏税的 3.32%，秋粮占全国秋粮的 10.71%，岁入粮占全国的 15.92%，岁出占全国的 8.01%。而夏税、秋粮以及岁入粮最多的都是南直隶，分别占全国总数的 20.52%、22.91% 及 44.62%。

　　原书卷二至卷一六是以各省直（原书缺卷六）、各省直下辖府州，及其各府州下辖的州县的顺序编排，不便于统计比较，故此我们分其为三类，分别制表，以便比较。

　　第一类为乙表 8，将万历六年各省直田赋，按照田赋项目进行对比，并且分项目标出起运、存留的数据及其在全国同类项目中所占的百分比。

　　此表缺少山东数据（原书缺卷六）。因此在田土、人户、人口这三项的百分比统计上与乙表 3、乙表 4 中的百分比数据有所差异。例如，在乙表 3 中，湖广田土占全国田土总数的31.60%；南直隶占全国人口总数的 17.30%；南直隶占全国人户总数的 19.48%。而在本表中，由于没有了山东的数据，故上述三个百分比分别调整为：湖广田土占全国田土总数的34.65%；南直隶占全国人口总数的 19.09%；南直隶占全国人户总数的 22.37%。

　　第二类为乙表 9，将万历六年全国各省下辖府州，按照田赋项目进行对比，并且标出起运、存留的数据及其在全省同类项目中所占的百分比。例如，浙江布政司下辖十一个府，就夏税小麦而言，缴纳最多的是台州府，占全省小麦总数的 20.60%；其次是嘉兴府为 18.07%；而起运最多的也是这两个府，分别占全省起运小麦的 25.48% 和 22.36%；也就是说这两府上缴的小麦占了浙江全省上缴小麦的近 50%。对于其他田赋项目，本表也有直观的表示。

　　第三类为乙表 10—乙表 23，将万历六年全国十五省直下辖各府所属的州县，按照田赋项目进行统计，并且标出起运、存留的数据及其在全府同类项目中所占的百分比。例如，浙江省杭州府下辖九县，其中仁和县各项田赋占全府田赋的百分比如下：夏税小麦 46.64%、夏税丝11.22%、秋粮米 32.67%、秋粮丝 100%、秋粮麻布 100%、秋粮钞 90%、户口盐钞银25.33%。而其中占比例较少的夏税绢仅有 296 匹、夏税钞仅有 63 锭。由此可见该县一县的田赋就占了全府田赋的绝大部分，进而可以认定在杭州府的九个县中，仁和县田赋是最重的。

　　此外，由于原书有缺页，故此在乙表 7 中湖广岁额与岁入数据不全；乙表 9 中广东省项下缺潮州府及琼州府属部份县数据；乙表 13 中福建省项下建宁府所属仅存五县数据，其中崇安、政和、寿宁、建安四县数据完整，另有一县有数据，无县名，残缺的三个县应是浦城、松溪、建阳、瓯宁县中的三个县；乙表 18 中广东省项下缺潮阳、揭阳、程乡、饶平、惠来、大埔、澄海、普宁、平远县，雷州府所属海康、遂溪、徐闻县，及琼州府所属琼山、定安、澄迈、文昌县数据；乙表 22 中北直隶项下缺保定府蠡县部分数据，以及雄县、安州、高阳县、祁州、深泽县、束鹿县、新安县等州县数据。这些残缺情况，均在相应的表格处给以注明。

**乙表7**

## 十三司分理各省省直田粮岁额、岁入、岁出总数比较[1]

| 田赋项目 | 总计 | % | 浙江 | % | 江西 | % | 湖广 | % | 福建 | % |
|---|---|---|---|---|---|---|---|---|---|---|
| **岁额** | | | | | | | | | | |
| **夏税** | | | | | | | | | | |
| 粮（石） | 4599420.02 | 100.00 | 152863.73 | 3.32 | 88072.41 | 1.91 | 131976.26 | 2.87 | 706.94 | 0.02 |
| 丝（两） | 3460218.15 | 100.00 | 2715738.93 | 78.48 | 131347.71 | 3.80 | | | 194.59 | 0.01 |
| 绢（匹） | 206189.00 | 100.00 | 3514.00 | 1.70 | 11511.00 | 5.58 | 27890.00 | 13.53 | 599.00 | 0.29 |
| 布（匹） | 1225.00 | 100.00 | | | | | 12.00 | 0.98 | | |
| 苎布（匹） | 1341.00 | 100.00 | | | 1341.00 | 100.00 | | | | |
| 麻布（匹） | 2077.00 | 100.00 | | | | | | | | |
| 土苎（斤） | 65.81 | 100.00 | | | | | | | 65.81 | 100.00 |
| 洞蛮麻布（条） | 259.00 | 100.00 | | | | | | | | |
| 钞（贯） | 9.00 | 100.00 | | | | | | | | |
| 钞（锭） | 57921.00 | 100.00 | 32588.00 | 56.26 | 6896.00 | 11.91 | | | 10778.00 | 18.61 |
| **秋粮** | | | | | | | | | | |
| 粮（石） | 22117210.98 | 100.00 | 2369764.04 | 10.71 | 2528370.55 | 11.43 | 2030758.90 | 9.18 | 882414.68 | 3.99 |
| 钞（锭） | 23564.00 | 100.00 | 18779.00 | 79.69 | 3123.00 | 13.25 | [2] | | | |
| 钞（贯） | 5675.00 | 100.00 | | | | | | | | |
| 丝（两） | 2216.75 | 100.00 | 2216.75 | 100.00 | | | | | | |
| 绢（匹） | 59.00 | 100.00 | 59.00 | 100.00 | | | | | | |
| 布（匹） | 128792.00 | 100.00 | | | | | | | 2.00 | 0.04 |
| 棉花绒（斤） | 244129.71 | 100.00 | | | | | | | | |
| 粗麻布（匹） | 2.00 | 100.00 | 2.00 | 100.00 | | | | | | |

1 资料来源：根据第一篇甲表2－14、39、47。

2 原书第二十七页处注明"原书缺第二页"，故此湖广岁额与岁入数据不全。

| | | | | | | | | | | |
|---|---|---|---|---|---|---|---|---|---|---|
| 苧布（匹） | 7.00 | 100.00 | 7.00 | 100.00 | | | | | | |
| 苧麻（斤） | 1794.88 | 100.00 | | | | | | | | |
| 红花（斤） | 11.84 | 100.00 | | | | | | | | |
| 桐油（斤） | 1063.00 | 100.00 | | | | | | | | |
| 金（两） | 66.67 | 100.00 | | | | | | | | |
| 海肥（案） | 272377.00 | 100.00 | | | | | | | | |
| 棉绸（匹） | 15.00 | 100.00 | | | | | | | | |
| 棉布（段） | 1700.00 | 100.00 | | | | | | | | |
| 水牛（只） | 10.00 | 100.00 | | | | | | | | |
| 黄牛（只） | 26.00 | 100.00 | | | | | | | | |
| 马（匹） | 90.00 | 100.00 | | | | | | | | |
| 草（束/包） | 25833565.00 | 100.00 | 874491.00 | 3.39 | | | | | | |
| 银（两） | 249048.97 | | 2317.76 | 0.93 | 14919.09 | 5.99 | | | 26927.12 | 10.81 |
| 岁入 | | | | | | | | | | |
| 粮（石） | 4374525.25 | 100.00 | 696569.42 | 15.92 | 571225.83 | 13.06 | 253107.83 | 5.79 | | |
| 银（两） | 5658434.06 | 100.00 | 247174.67 | 4.37 | 393055.59 | 6.95 | 65202.33 | 1.15 | 115726.70 | 2.05 |
| 金（两） | 2000.00 | 100.00 | | | | | | | | |
| 绢（匹） | 125236.00 | 100.00 | 97365.00 | 77.75 | 11512.00 | 9.19 | | | | |
| 黄白蜡（斤） | 136634.75 | 100.00 | 13500.00 | 9.88 | 16000.00 | 11.71 | | | 17016.00 | 12.45 |
| 芽叶茶（斤） | 75881.68 | 100.00 | 12452.68 | 16.41 | 9100.00 | 11.99 | | | 9100.00 | 11.99 |
| 红枣（斤） | 15570.00 | 100.00 | | | | | | | | |
| 红花（斤） | 30000.00 | 100.00 | | | | | | | | |
| 川椒（斤） | 1001.25 | 100.00 | | | | | | | | |
| 黄熟铜牛筋等料（斤） | 36642.75 | 100.00 | | | | | | | | |
| 黄牛皮（张） | 983.00 | 100.00 | | | | | | | | |

| 项目 | | | | | | | | |
|---|---|---|---|---|---|---|---|---|
| 银朱乌梅等料（斤） | 161750.11 | 100.00 | 11275.75 | 6.97 | 16862.75 | 10.43 | 8055.75 | 4.98 |
| 生漆桐油等料（斤） | 239965.77 | 100.00 | 30289.50 | 12.62 | 30731.88 | 12.81 | 19106.88 | 7.96 |
| 黄丹光粉等料（斤） | 96551.50 | 100.00 | | | | | | |
| 明矾等料（斤） | 60848.63 | 100.00 | | | | | | |
| 槐花胶粉等料（斤） | 80275.13 | 100.00 | | | | | | |
| 朱砂（斤） | 16.50 | 100.00 | | | | | | |
| 水银（斤） | 229.00 | 100.00 | | | | | | |
| 曲（斤） | 108800.00 | 100.00 | | | | | | |
| 丝（两） | 221585.13 | 100.00 | 218000.00 | 98.38 | | | | |
| 棉（斤） | 6004.00 | 100.00 | 6004.00 | 100.00 | | | | |
| 棉布（匹） | 252637.00 | 100.00 | | | | | | |
| 地苗棉花绒（斤） | 374878.66 | 100.00 | | | | | | |
| 芝麻（石） | 14923.01 | 100.00 | | | | | | |
| 蒲杖（斤） | 3500.00 | 100.00 | | | | | | |
| 灯草（斤） | 2000.00 | 100.00 | | | | | | |
| 香油（斤） | 45.94 | 100.00 | | | | | | |
| 稻草（斤） | 395000.00 | 100.00 | | | | | | |
| 阔白棉布（匹） | 139774.00 | 100.00 | | | | | | |
| 阔白三梭布（匹） | 33000.00 | 100.00 | | | | | | |
| 阔白苎布（匹） | 47774.00 | 100.00 | | | 47774.00 | 100.00 | | |
| 草（束） | 172242.00 | 100.00 | | | | | | |
| 生铜（斤） | 130.00 | 100.00 | | | | | | |
| 盐（斤） | 528166.69 | 100.00 | | | | | | |
| 盐卤（斤） | 2400.00 | 100.00 | | | | | | |
| 铜钱（文） | 84325908.00 | 100.00 | | | | | | |

| | 北直隶 | % | 山东 | % | 山西 | % | 河南 | % | 陕西 | % |
|---|---|---|---|---|---|---|---|---|---|---|
| 钞（贯） | 30181710.00 | 100.00 | | | 13620.00 | 0.05 | 38220.00 | 0.13 | | |
| 岁出 | | | | | | | | | | |
| 粮（石） | 2356697.39 | 100.00 | 188835.57 | 8.01 | 125920.94 | 5.34 | 119511.85 | 5.07 | 345726.70 | 14.67 |
| 银（两） | 4193952.36 | 100.00 | 59446.85 | 1.42 | 52845.50 | 1.26 | 55886.14 | 1.33 | 132383.83 | 3.16 |
| 铜钱（文） | 3341653.00 | 100.00 | 15624.00 | 0.47 | 19410.00 | 0.58 | 20810.00 | 0.62 | 15545.00 | 0.47 |
| 棉花（斤） | 263670.50 | 100.00 | 18708.00 | 7.10 | 15859.50 | 6.01 | 13731.00 | 5.21 | 35338.50 | 13.40 |
| 布（匹） | 4164.00 | 100.00 | | | | | | | 4164.00 | 100.00 |
| 草（束） | 524712.00 | 100.00 | 204624.00 | 39.00 | | | | | 320088.00 | 61.00 |
| 岁额 | 北直隶 | % | 山东 | % | 山西 | % | 河南 | % | 陕西 | % |
| 夏税 | | | | | | | | | | |
| 粮（石） | 178886.51 | 3.89 | 855172.14 | 18.59 | 591951.31 | 12.87 | 617422.84 | 13.42 | 690747.24 | 15.02 |
| 丝（两） | 3585.13 | 0.10 | 33763.45 | 0.98 | 822.55 | 0.02 | 352901.54 | 10.20 | 3299.84 | 0.10 |
| 绢（匹） | 45274.00 | 21.96 | 54990.00 | 26.67 | 4771.00 | 2.31 | 9963.00 | 4.83 | 9221.00 | 4.47 |
| 布（匹） | | | | | | | | | | |
| 苎布（匹） | | | | | | | | | | |
| 麻布（匹） | | | | | | | | | | |
| 土苎（斤） | | | | | | | | | | |
| 洞蛮麻布（条） | | | | | | | | | | |
| 钞（贯） | | | | | | | | | | |
| 钞（锭） | | | | | | | | | | |
| 秋粮 | | | | | | | | | | |
| 粮（石） | 426489.99 | 1.93 | 1995782.41 | 9.02 | 1722851.38 | 7.79 | 1790270.43 | 8.09 | 1044943.12 | 4.72 |
| 钞（锭） | | | | | | | | | | |
| 钞（贯） | | | | | | | | | | |

| 项目 | | | | | | | | | | |
|---|---|---|---|---|---|---|---|---|---|---|
| 丝（两） | | | | | | | | | | |
| 绢（匹） | | | | | | | | | | |
| 布（匹） | | | | | | | | 128792.00 | 100.00 | |
| 棉花绒（斤） | 103740.80 | 42.49 | 52449.67 | 21.48 | | | 342.03 | 0.14 | 17208.20 | 7.05 |
| 粗麻布（匹） | | | | | | | | | | |
| 苎布（匹） | | | | | | | | | | |
| 苎麻（斤） | | | | | | | | | | |
| 红花（斤） | | | | | | | | | | |
| 桐油（斤） | | | | | | | | | | |
| 金（两） | | | | | | | | | | |
| 海肥（索） | | | | | | | | | | |
| 棉绸（匹） | | | | | | | | | | |
| 棉布（段） | | | | | | | | | | |
| 水牛（只） | | | | | | | | | | |
| 黄牛（只） | | | | | | | | | | |
| 马（匹） | | | | | | | | | | |
| 草（束/包） | 8736496.00 | 33.82 | 3819469.00 | 14.78 | 3602991.00 | 13.95 | 2281538.00 | 8.83 | 1375634.00 | 5.32 |
| 银（两） | 17024.36 | 6.84 | 45170.53 | 18.14 | 23306.05 | 9.36 | 17031.58 | 6.84 | 18048.85 | 7.25 |
| 岁入 | | | | | | | | | | |
| 粮（石） | 32583.15 | 0.74 | 424513.02 | 9.70 | 6806.96 | 0.16 | 431039.48 | 9.85 | 1303.77 | 0.03 |
| 银（两） | 840144.17 | 14.85 | 2052813.30 | 36.28 | 5220.60 | 0.09 | 809485.23 | 14.31 | 625.31 | 0.01 |
| 金（两） | | | | | 3804.00 | 3.04 | | | | |
| 绢（匹） | | | | | | | | | | |
| 黄白蜡（斤） | | | 13900.00 | 10.17 | | | 13900.00 | 10.17 | | |
| 芽叶茶（斤） | | | | | | | | | | |

| 品名 | | | | | | | | |
|---|---|---|---|---|---|---|---|---|
| 红枣（斤） | 15570.00 | 100.00 | | | | | | |
| 红花（斤） | | | 30000.00 | 100.00 | | | | |
| 川椒（斤） | | | | | | | | |
| 黄熟铜牛筋等料（斤） | | | 7787.00 | 21.25 | 6270.50 | 17.11 | 8048.75 | 21.97 |
| 黄牛皮（张） | | | 128.00 | 13.02 | 85.00 | 8.65 | 128.00 | 13.02 |
| 银朱乌梅等料（斤） | | | 96551.50 | 100.00 | | | | |
| 生漆桐油等料（斤） | | | | | | | | |
| 黄丹光粉等料（斤） | | | | | | | | |
| 明矾等料（斤） | | | | | 60848.63 | 100.00 | | |
| 槐花胶粉等料（斤） | | | | | | | 80275.13 | 100.00 |
| 朱砂（斤） | | | | | | | | |
| 水银（斤） | | | | | | | | |
| 曲（斤） | | | | | | | | |
| 丝（两） | 3585.13 | 1.62 | | | | | | |
| 棉（斤） | | | | | | | | |
| 棉布（匹） | 134052.00 | 35.76 | 20000.00 | 7.92 | | | 92637.00 | 36.67 |
| 地苗棉花绒（斤） | | | 110484.63 | 29.47 | | | 130342.03 | 34.77 |
| 芝麻（石） | 5883.01 | 39.42 | 4380.00 | 29.35 | | | 4660.00 | 31.23 |
| 蒲杖（斤） | | | 3500.00 | | | | | |
| 灯草（斤） | 3500.00 | 100.00 | | | | | | |
| 香油（斤） | 45.94 | 100.00 | | | | | | |
| 稻草（斤） | 395000.00 | 100.00 | | | | | | |
| 阔白棉布（匹） | | | | | | | | |
| 阔白三梭布（匹） | | | | | | | | |
| 阔白苎布（匹） | | | | | | | | |

| | 四川 | % | 南直隶 | % | 广东 | % | 广西 | % | 云南 | % |
|---|---|---|---|---|---|---|---|---|---|---|
| 草（束） | 109242.00 | 63.42 | 26000.00 | 15.10 | | | 37000.00 | 21.48 | | |
| 生铜（斤） | | | | | | | | | | |
| 盐（斤） | | | 528166.69 | 100.00 | | | | | | |
| 盐钞（斤） | | | 2400.00 | 100.00 | | | | | | |
| 铜钱（文） | | | | | | | | | | |
| 钞（贯） | | | | | | | 5100.00 | 0.02 | | |
| 岁出 | | | | | | | | | | |
| 粮（石） | | | 388704.85 | 16.49 | 100729.70 | 4.27 | 196070.00 | 8.32 | 160229.33 | 6.80 |
| 银（两） | | | 508470.95 | 12.12 | 980211.74 | 23.37 | 81158.00 | 1.94 | 634129.05 | 15.12 |
| 铜钱（文） | | | 18382.00 | 0.55 | 27300.00 | 0.82 | 17737.00 | 0.53 | 3059111.00 | 91.54 |
| 棉花（斤） | | | 49392.00 | 18.73 | 13550.00 | 5.14 | 23929.50 | 9.08 | 7578.50 | 2.87 |
| 布（匹） | 1213.00 | 99.02 | | | | | | | | |
| 草（束） | | | | | | | | | | |
| 岁额 | | | | | | | | | | |
| 夏税 | | | | | | | | | | |
| 粮（石） | 302645.34 | 6.58 | 943709.07 | 20.52 | 6433.71 | 0.14 | 2998.44 | 0.07 | 35567.26 | 0.77 |
| 丝（两） | 106245.21 | 3.07 | 109940.25 | 3.18 | | | 2378.95 | 0.07 | | |
| 绢（匹） | | | 38456.00 | 18.65 | | | | | | |
| 布（匹） | | | | | | | | | | |
| 苎布（匹） | | | | | | | | | | |
| 麻布（匹） | | | 2077.00 | 100.00 | | | | | | |
| 土苎（斤） | | | | | | | | | | |
| 洞蛮麻布（条） | | | | | | | | | | |
| 钞（贯） | | | | | | | | | | |

912

| | | | | | | | | | | |
|---|---|---|---|---|---|---|---|---|---|---|
| 钞（锭） | | | 7659.00 | 13.22 | 993825.75 | 4.49 | 371094.40 | 1.68 | 123294.98 | 0.56 |
| 秋粮 | | | | | | | | | | |
| 粮（石） | 718652.96 | 3.25 | 5068155.43 | 22.91 | | | 1578.00 | 6.70 | 60.00 | 0.25 |
| 钞（锭） | | | 24.00 | 0.10 | | | | | | |
| 钞（贯） | | | 5673.00 | 99.96 | | | | | | |
| 丝（两） | | | | | | | | | | |
| 绢（匹） | | | | | | | | | | |
| 布（匹） | | | | | | | | | | |
| 棉花绒（斤） | 70389.01 | 28.83 | | | | | | | | |
| 粗麻布（匹） | | | | | | | | | | |
| 苎布（匹） | | | | | | | | | | |
| 苎麻（斤） | | | | | | | 1794.88 | 100.00 | | |
| 红花（斤） | | | | | | | 11.84 | 100.00 | | |
| 桐油（斤） | | | | | | | 1063.00 | 100.00 | | |
| 金（两） | | | | | | | | | 66.67 | 100.00 |
| 海肥（索） | | | | | | | | | 272377.00 | 100.00 |
| 棉绸（匹） | | | | | | | | | 15.00 | 100.00 |
| 棉布（段） | | | | | | | | | 1700.00 | 100.00 |
| 水牛（只） | | | | | | | | | 10.00 | 100.00 |
| 黄牛（只） | | | | | | | | | 26.00 | 100.00 |
| 马（匹） | 5.00 | 5.56 | | | | | | | 85.00 | 94.44 |
| 草（束/包） | | | 5142946.00 | 19.91 | | | | | | |
| 银（两） | 14684.27 | 5.90 | 40728.49 | 16.35 | 18538.64 | 7.44 | 1417.01 | 0.57 | 8929.39 | 3.59 |
| 岁入 | | | | | | | | | | |
| 粮（石） | 2126.75 | 0.05 | 1952116.72 | 44.62 | 680.96 | 0.02 | 266.96 | 0.01 | 631.06 | 0.01 |

| 项目 | | | | | | | | | | |
|---|---|---|---|---|---|---|---|---|---|---|
| 银（两） | 5473.44 | 0.10 | 733900.90 | 12.97 | 117634.86 | 2.08 | 2162.11 | 0.04 | 9905.68 | 0.18 |
| 金（两） | | | | | | | | | 2000.00 | 100.00 |
| 绢（匹） | | | 12555.00 | 10.03 | | | | | | |
| 黄白蜡（斤） | 32450.00 | 23.75 | 14400.00 | 10.54 | 13900.00 | 10.17 | | | | |
| 芽叶茶（斤） | 10100.00 | 13.31 | 26600.00 | 35.05 | 8500.00 | 11.20 | | | | |
| 红枣（斤） | | | | | | | | | | |
| 红花（斤） | | | | | | | | | | |
| 川椒（斤） | 1001.25 | 100.00 | | | | | | | | |
| 黄熟铜牛筋等料（斤） | | | 14536.50 | 39.67 | | | | | | |
| 黄牛皮（张） | | | 642.00 | 65.31 | | | | | | |
| 银朱乌梅等料（斤） | 7293.50 | 4.51 | 108928.86 | 67.34 | 9333.50 | 5.77 | | | | |
| 生漆桐油等料（斤） | 23499.13 | 9.79 | 112190.13 | 46.75 | 24148.25 | 10.06 | | | | |
| 黄丹光粉等料（斤） | | | | | | | | | | |
| 明矾等料（斤） | | | | | | | | | | |
| 槐花胶粉等料（斤） | | | | | | | | | | |
| 朱砂 | | | | | | | | | | |
| 水银（斤） | | | | | | | | | | |
| 曲（斤） | | | | | | | | | | |
| 丝（两） | | | | | | | | | | |
| 棉（两） | | | | | | | | | | |
| 棉布（匹） | | | 140000.00 | 55.42 | | | | | | |
| 地亩棉花绒（斤） | | | | | | | | | | |
| 芝麻（石） | | | | | | | | | | |
| 蒲杖（斤） | | | | | | | | | | |
| 灯草（斤） | | | 2000.00 | 100.00 | | | | | | |

| 项目 | | | | | | | | | | |
|---|---|---|---|---|---|---|---|---|---|---|
| 香油（斤） | | | | | | | | | | |
| 稻草（斤） | | | | | | | | | | |
| 阔白棉布（匹） | | | 139774.00 | 100.00 | | | | | | |
| 阔白三棱布（匹） | | | 33000.00 | 100.00 | | | | | | |
| 阔白苎布（匹） | | | | | | | | | | |
| 草（束） | | | | | | | | | | |
| 生铜（斤） | | | 130.00 | 100.00 | | | | | | |
| 盐（斤） | | | | | | | | | | |
| 盐卤（斤） | | | | | | | | | | |
| 铜钱（文） | | | | | | | | | | |
| 钞（贯） | | | | | | | | | | |
| 岁出 | | | | | | | | | | |
| 粮（石） | 258708.81 | 10.98 | | | 145810.01 | 6.19 | 124933.87 | 5.30 | 143745.14 | 6.10 |
| 银（两） | 82992.90 | 1.98 | | | 37023.04 | 0.88 | 199693.28 | 4.76 | 50561.25 | 1.21 |
| 铜钱（文） | 15183.00 | 0.45 | | | 49537.00 | 1.48 | 13131.00 | 0.39 | 39583.00 | 1.18 |
| 棉花（斤） | 35546.50 | 13.48 | | | 18856.50 | 7.04 | 8422.50 | 3.19 | 16245.00 | 6.16 |
| 布（匹） | | | | | | | | | | |
| 草（束） | | | | | | | | | | |
| 岁额 | 贵州 | % | | | | | | | | |
| 夏税 | | | | | | | | | | |
| 粮（石） | 266.82 | 0.01 | | | | | | | | |
| 丝（两） | | | | | | | | | | |
| 绢（匹） | | | | | | | | | | |
| 布（匹） | | | | | | | | | | |

| 苎布（匹） | 麻布（匹） | 土苎（斤） | 洞蛮麻布（条） | 钞（贯） | 钞（锭） | 秋粮 | 粮（石） | 钞（锭） | 钞（贯） | 丝（两） | 绢（匹） | 布（匹） | 棉花绒（斤） | 粗麻布（匹） | 苎布（匹） | 苎麻（斤） | 红花（斤） | 桐油（斤） | 金（两） | 海肥（索） | 棉绸（匹） | 棉布（段） | 水牛（只） | 黄牛（只） |
|---|---|---|---|---|---|---|---|---|---|---|---|---|---|---|---|---|---|---|---|---|---|---|---|---|
| | | | 259.00 | 9.00 | | | 50541.96 | | | | | | | | | | | | | | | | | |
| | | | 100.00 | 100.00 | | | 0.23 | | | | | | | | | | | | | | | | | |

| 项目 | | |
|---|---|---|
| 马（匹） | | |
| 草（束/包） | | |
| 银（两） | 5.83 | |
| **岁入** | | |
| 粮（石） | 1553.34 | 0.04 |
| 银（两） | 259909.17 | 4.59 |
| 金（两） | | |
| 绢（匹） | | |
| 黄白蜡（斤） | 1568.75 | 1.15 |
| 芽叶茶（斤） | 29.00 | 0.04 |
| 红枣（斤） | | |
| 红花（斤） | | |
| 川椒（斤） | | |
| 黄熟铜牛筋等料（斤） | | |
| 黄牛皮（张） | | |
| 银朱乌梅等料（斤） | | |
| 生漆桐油等料（斤） | | |
| 黄丹光粉等料（斤） | | |
| 明矾等料（斤） | | |
| 槐花胶粉等料（斤） | | |
| 朱砂（斤） | 16.50 | 100.00 |
| 水银（斤） | 229.00 | 100.00 |
| 曲（斤） | 108800.00 | 100.00 |
| 丝（两） | | |
| 棉（斤） | | |

| 项目 | | |
|---|---|---|
| 棉布（匹） | | |
| 地亩棉花绒（斤） | | |
| 芝麻（石） | | |
| 蒲杖（斤） | | |
| 灯草（斤） | | |
| 香油（斤） | | |
| 稻草（斤） | | |
| 阔白棉布（匹） | | |
| 阔白三梭布（匹） | | |
| 阔白苎布（匹） | | |
| 草（束） | | |
| 生铜（斤） | | |
| 盐（斤） | | |
| 盐岗（斤） | | |
| 铜钱（文） | 84325908.00 | 100.00 |
| 钞（贯） | 30124770.00 | 99.81 |
| 岁出 | | |
| 粮（石） | 57770.62 | 2.45 |
| 银（两） | 1319149.83 | 31.45 |
| 铜钱（文） | 30300.00 | 0.91 |
| 棉花（斤） | 6813.00 | 2.58 |
| 布（匹） | | |
| 草（束） | | |

918

乙表8

## 万历六年各省直田赋统计[1]

| 田赋项目 | 总数 | % | 浙江布政司 布政司册报数 | % | 江西布政司 巡抚册报数 | % | 湖广布政司 布政司册报数 | % | 福建布政司 清丈田粮数 | % |
|---|---|---|---|---|---|---|---|---|---|---|
| 田土官民（亩） | 639647728.60 | 100.00 | 46696982.40 | 7.30 | 40115127.10 | 6.27 | 221619940.10 | 34.65 | 13422500.60 | 2.10 |
| 夏税 | | | | | | | | | | |
| 麦米（石） | 3731458.04 | 100.00 | 152863.73 | 4.10 | 88072.41 | 2.36 | 112553.56 | 3.02 | 706.94 | 0.02 |
| 起运 | 1996052.64 | 100.00 | 80000.00 | 4.01 | 60000.00 | 3.01 | | | 706.94 | 0.04 |
| 存留 | 1735405.38 | 100.00 | 72863.73 | 4.20 | 28072.41 | 1.62 | 112553.56 | 6.49 | | |
| 丝绵（两） | 3320210.66 | 100.00 | 2715738.93 | 81.79 | 131347.71 | 3.96 | | | 194.59 | 0.01 |
| 起运 | 2761467.18 | 100.00 | 2325144.85 | 84.20 | | | | | | |
| 存留 | 558743.47 | 100.00 | 390594.08 | 69.91 | 131347.71 | 23.51 | | | 194.59 | 0.03 |
| 绢（匹） | 161163.00 | 100.00 | 3514.00 | 2.18 | 11511.00 | 7.14 | 27890.00 | 17.31 | 599.00 | 0.37 |
| 起运 | 151937.00 | 100.00 | 3509.00 | 2.31 | 11511.00 | 7.58 | 27890.00 | 18.36 | 599.00 | 0.39 |
| 存留 | 9226.00 | 100.00 | 5.00 | 0.05 | | | | | | |
| 钞（锭） | 57921.00 | 100.00 | 32588.00 | 56.26 | 6896.00[2] | 11.91 | | | 10778.00 | 18.61 |
| 起运 | 14555.00 | 100.00 | | | 6896.00 | 47.38 | | | | |
| 存留 | 43366.00 | 100.00 | 32588.00 | 75.15 | | | | | 10778.00 | 24.85 |
| 布（匹） | 12.00 | 100.00 | 12.00 | 100.00 | | | 12.00 | 100.00 | | |
| 存留 | 12.00 | 100.00 | 12.00 | 100.00 | | | 12.00 | 100.00 | | |
| 苎布（匹） | 1341.00 | 100.00 | 1341.00 | 100.00 | | | 0.00 | 0.00 | | |
| 起运 | 1341.00 | 100.00 | 1341.00 | 100.00 | | | 0.00 | 0.00 | | |
| 麻布（匹） | 2077.00 | 100.00 | 2077.00 | 100.00 | | | 0.00 | 0.00 | | |
| 起运 | 2077.00 | 100.00 | 2077.00 | 100.00 | | | 0.00 | 0.00 | | |

---

[1] 资料来源：根据第一篇甲表15、17、19、21、23、25、27、29、31、33、35、37、41、47。以下凡未标明起运或存留的项目，均按起运统计。

[2] 江西布政司夏税钞未标明起运或存留，今按起运计算。

919

| | | | | | | | | | | |
|---|---|---|---|---|---|---|---|---|---|---|
| 土苧（斤） | 65.82 | 100.00 | | | | | | | 65.82 | 100.00 |
| 存留（斤） | 65.82 | 100.00 | | | | | | | 65.82 | 100.00 |
| 麦攷（石） | 266.82 | 100.00 | | | | | | | | |
| 存留（石） | 266.82 | 100.00 | | | | | | | | |
| 洞蛮麻布（条） | 259.00 | 100.00 | | | | | | | | |
| 存留（条） | 259.00 | 100.00 | | | | | | | | |
| 秋粮 | | | | | | | | | | |
| 米（石） | 20114118.07 | 100.00 | 2369764.04 | 11.78 | 2528370.55 | 12.57 | 2030902.87 | 10.10 | 882414.68 | 4.39 |
| 起运（石）(1) | 12802337.07 | 100.00 | 1615739.47 | 12.62 | 2194000.00 | 17.14 | 914543.94 | 7.14 | 314000.00 | 2.45 |
| 存留（石） | 7311780.99 | 100.00 | 754024.56 | 10.31 | 334370.55 | 4.57 | 1116358.93 | 15.27 | 568414.68 | 7.77 |
| 丝绵（两） | 2216.75 | 100.00 | 2216.75 | 100.00 | | | | | | |
| 存留（两） | 2216.75 | 100.00 | 2216.75 | 100.00 | | | | | | |
| 绢（匹） | 59.00 | 100.00 | 59.00 | 100.00 | | | | | | |
| 存留（匹） | 59.00 | 100.00 | 59.00 | 100.00 | | | | | | |
| 棉花绒（斤） | 191680.27 | 100.00 | | 0.00 | | | | | | |
| 起运（斤） | 104083.07 | 100.00 | | 0.00 | | | | | | |
| 存留（斤） | 87597.20 | 100.00 | | 0.00 | | | | | | |
| 钞（锭） | 23919.00 | 100.00 | 18779.00 | 78.51 | 3123.00 | 13.06 | 175.00 | 0.73 | | |
| 起运（锭） | 24.00 | 100.00 | | | | | | | | |
| 存留（锭） | 23895.00 | 100.00 | 18779.00 | 78.59 | 3123.00 | 13.07 | 175.00 | 0.73 | | |
| 棉布（匹） | 129325.00 | 100.00 | | | | | 533.00 | 0.41 | | |
| 存留（匹） | 129325.00 | 100.00 | | | | | 533.00 | 0.41 | | |
| 粗布（匹） | 205.00 | 100.00 | | | | | 205.00 | 100.00 | | |
| 存留（匹） | 205.00 | 100.00 | | | | | 205.00 | 100.00 | | |
| 苎布（匹） | 7.00 | 100.00 | | | | | | | | |

| 项目 | | | | | | | | | | |
| --- | --- | --- | --- | --- | --- | --- | --- | --- | --- | --- |
| 存留（匹） | 7.00 | 100.00 | 7.00 | 100.00 | | | | | | |
| 麻布（匹） | 2.00 | 100.00 | 2.00 | 100.00 | | | | | | |
| 存留（匹） | 2.00 | 100.00 | 2.00 | 100.00 | | | | | | |
| 苎麻（斤） | 1794.88 | 100.00 | | | | | | | | |
| 存留（斤） | 1794.88 | 100.00 | | | | | | | | |
| 红花（斤） | 11.84 | 100.00 | | | | | | | | |
| 存留（斤） | 11.84 | 100.00 | | | | | | | | |
| 桐油（斤） | 1063.00 | 100.00 | | | | | | | | |
| 存留（斤） | 1063.00 | 100.00 | | | | | | | | |
| 金（两） | 66.67 | 100.00 | | | | | | | | |
| 银（两） | 8487.13 | 100.00 | | | | | | | | |
| 海肥（索） | 272377.00 | 100.00 | | | | | | | | |
| 棉绸（匹） | 15.00 | 100.00 | | | | | | | | |
| 棉布（段） | 1700.00 | 100.00 | | | | | | | | |
| 水牛（只） | 10.00 | 100.00 | | | | | | | | |
| 黄牛（只） | 26.00 | 100.00 | | | | | | | | |
| 马（匹） | 90.00 | 100.00 | | | | | | | | |
| 草（束/包） | 21994282.00 | 100.00 | 874491.00 | 3.98 | | | | | | |
| 起运（束/包） | 20400953.00 | 100.00 | 792650.00 | 3.89 | | | | | | |
| 存留（束/包） | 1593329.00 | 100.00 | 81841.00 | 5.14 | | | | | | |
| 人户（户） | 9249230.00 | 100.00 | 1542408.00 | 16.68 | 1341005.00 | 14.50 | 541310.00 | 5.85 | 515307.00 | 5.57 |
| 人口（口） | 55028757.00 | 100.00 | 5153005.00 | 9.36 | 5859026.00 | 10.65 | 4398785.00 | 7.99 | 1738793.00 | 3.16 |
| 户口盐钞银（两） | 233142.85 | 100.00 | 2441.60 | 1.05 | 16159.19 | 6.93 | 22954.39 | 9.85 | 29173.60 | 12.51 |
| 起运（两） | 123593.59 | 100.00 | 1277.01 | 1.03 | 8699.64 | 7.04 | 10350.87 | 8.37 | 13274.15 | 10.74 |
| 存留（两） | 111053.27 | 100.00 | 1164.59 | 1.05 | 7459.54 | 6.72 | 12603.51 | 11.35 | 15899.44 | 14.32 |

| | 山西布政司 | | 河南布政司 | | 陕西布政司 | | 四川布政司 | | 广东布政司 | |
| --- | --- | --- | --- | --- | --- | --- | --- | --- | --- | --- |
| | 布政司册报数 | % | 巡抚册报数 | % | 布政司册报数 | % | 巡抚册报数 | % | 布政司册报数 | % |
| 田土官民（亩） | 36803927.20 | 5.75 | 74157951.90 | 11.59 | 29292385.10 | 4.58 | 13482767.20 | 2.11 | 25686513.60 | 4.02 |
| 夏税 | | | | | | | | | | |
| 麦米（石） | 591951.31 | 15.86 | 617322.84 | 16.54 | 690747.24 | 18.51 | 309892.16 | 8.30 | 6433.71 | 0.17 |
| 起运（石） | 112480.00 | 5.64 | 341722.45 | 17.12 | | | 279497.23 | 14.00 | | |
| 存留（石） | 479471.31 | 27.63 | 275600.38 | 15.88 | 690747.24 | 39.80 | 30394.92 | 1.75 | 6433.71 | 0.37 |
| 丝绵（两） | 822.55 | 0.02 | 352901.54 | 10.63 | 3299.84 | 0.10 | | | | |
| 起运（两） | | | 322795.76 | 11.69 | | | | | | |
| 存留（两） | 822.55 | 0.15 | 30105.77 | 5.39 | 3299.84 | 0.59 | | | | |
| 绢（匹） | 4771.00 | 2.96 | 19926.00 | 12.36 | 9221.00 | 5.72 | | | | |
| 起运（匹） | 4771.00 | 3.14 | 19926.00 | 13.11 | | | | | | |
| 存留（匹） | | | | | 9221.00 | 99.95 | | | | |
| 钞（锭） | | | | | | | | | | |
| 起运（锭） | | | | | | | | | | |
| 存留（锭） | | | | | | | | | | |
| 布（匹） | | | | | | | | | | |
| 存留（匹） | | | | | | | | | | |
| 苎布（匹） | | | | | | | | | | |
| 起运（匹） | | | | | | | | | | |
| 麻布（匹） | | | | | | | | | | |
| 起运（匹） | | | | | | | | | | |
| 土苎（斤） | | | | | | | | | | |
| 存留（斤） | | | | | | | | | | |
| 麦收（石） | | | | | | | | | | |

| 项目 | | | | | | | | | | |
|---|---|---|---|---|---|---|---|---|---|---|
| 存留（石） | | | | | | | | | | |
| 洞蛮麻布（条） | | | | | | | | | | |
| 存留（条） | | | | | | | | | | |
| 秋粮 | | | | | | | | | | |
| 米（石） | 1722851.38 | 8.57 | 1790270.43 | 8.90 | 1044943.12 | 5.20 | 718652.96 | 3.57 | 993825.73 | 4.94 |
| 起运（石） | 640350.00 | 5.00 | 1177321.65 | 9.20 | | 0.00 | 125000.00 | 0.98 | 327261.04 | 2.56 |
| 存留（石） | 1082501.38 | 14.80 | 612948.78 | 8.38 | 1044943.12 | 14.29 | 593652.96 | 8.12 | 666564.69 | 9.12 |
| 丝绵（两） | | | | | | | | | | |
| 存留（两） | | | | | | | | | | |
| 绢（匹） | | | | | | | | | | |
| 存留（匹） | | | | | | | | | | |
| 棉花绒（斤） | | | 342.03 | 0.18 | 17208.20 | 8.98 | 70389.00 | 36.72 | | |
| 起运（斤） | | | 342.03 | 0.33 | | | | | | |
| 存留（斤） | | | | | 17208.20 | 19.64 | 70389.00 | 80.36 | | |
| 钞（锭） | | | | | | | | | | |
| 起运（锭） | | | | | | | | | | |
| 存留（锭） | | | | | | | | | | |
| 棉布（匹） | | | | | 128792.00 | 99.59 | | | | |
| 存留（匹） | | | | | 128792.00 | 99.59 | | | | |
| 粗布（匹） | | | | | | | | | | |
| 存留（匹） | | | | | | | | | | |
| 苎布（匹） | | | | | | | | | | |
| 存留（匹） | | | | | | | | | | |
| 麻布（匹） | | | | | | | | | | |
| 存留（匹） | | | | | | | | | | |

| | 广西布政司 巡抚册报数 | % | 云南布政司 巡抚册报数 | % | 贵州布政司 巡抚册报数 | % | 北直隶 巡抚册并各府册报数 | % | 南直隶 各府册报数 | % |
|---|---|---|---|---|---|---|---|---|---|---|
| 苎麻（斤） | | | | | | | | | | |
| 存留（斤） | | | | | | | | | | |
| 红花（斤） | | | | | | | | | | |
| 存留（斤） | | | | | | | | | | |
| 桐油（斤） | | | | | | | | | | |
| 存留（斤） | | | | | | | | | | |
| 金（两） | | | | | | | | | | |
| 银（两） | | | | | | | | | | |
| 海肥（条） | | | | | | | | | | |
| 棉绸（匹） | | | | | | | | | | |
| 棉布（段） | | | | | | | | | | |
| 水牛（只） | | | | | | | | | | |
| 黄牛（只） | | | | | | | | | | |
| 马（匹） | | | | | | | 5.00 | 5.56 | | |
| 草（束/包） | 3602991.00 | 16.38 | 2281538.00 | 10.37 | 1375634.00 | 6.25 | | | | |
| 起运（束/包） | 3544850.00 | 17.38 | 2203825.00 | 10.80 | | | | | | |
| 存留（束/包） | 58141.00 | 3.65 | 77713.00 | 4.88 | 1375634.00 | 86.34 | | | | |
| 人户（户） | 596097.00 | 6.44 | 633067.00 | 6.84 | 394423.00 | 4.26 | 262694.00 | 2.84 | 530712.00 | 5.74 |
| 人口（口） | 5319359.00 | 9.67 | 5193602.00 | 9.44 | 4502067.00 | 8.18 | 3102073.00 | 5.64 | 2040655.00 | 3.71 |
| 户口盐钞银（两） | 25367.67 | 10.88 | 18463.73 | 7.92 | 19552.90 | 8.39 | 15907.95 | 6.82 | 20025.21 | 8.59 |
| 起运（两） | | | 9208.01 | | 9552.90 | 15.82 | | | | |
| 存留（两） | 25367.67 | 22.84 | 9255.71 | 8.33 | 1504.05 | 1.35 | 15907.95 | 14.32 | 20025.21 | 18.03 |
| 田土官民（亩） | 9402074.80 | 1.47 | 1799358.80 | 0.28 | 516686.30 | 0.08 | 49256842.20 | 7.70 | 77394671.30 | 12.10 |

924

| 夏税 | | | | | | | | | | |
|---|---|---|---|---|---|---|---|---|---|---|
| 麦米（石） | 2993.92 | 0.08 | 35567.26 | 0.95 | | | 178643.80 | 4.79 | 943709.16 | 25.29 |
| 起运（石） | 2993.92 | 0.17 | 35567.26 | 2.05 | | | 178643.80 | 8.95 | 943709.16 | 47.28 |
| 存留（石） | 2378.88 | 0.07 | | | | | | | | |
| 丝绵（两） | | | | | | | 3585.12 | 0.11 | 109941.50 | 3.31 |
| 起运（两） | | | | | | | 3585.12 | 0.13 | 109941.50 | 3.98 |
| 存留（两） | 2378.88 | 0.43 | | | | | | | | |
| 绢（匹） | | | | | | | 45274.00 | 28.09 | 38457.00 | 23.86 |
| 起运（匹） | | | | | | | 45274.00 | 29.80 | 38457.00 | 25.31 |
| 存留（匹） | | | | | | | | | | |
| 钞（锭） | | | | | | | | | 7659.00 | 13.22 |
| 起运（锭） | | | | | | | | | 7659.00 | 52.62 |
| 存留（锭） | | | | | | | | | | |
| 布（匹） | | | | | | | | | | |
| 存留（匹） | | | | | | | | | | |
| 苎布（匹） | | | | | | | | | | |
| 起运（匹） | | | | | | | | | | |
| 麻布（匹） | | | | | | | 2077.00 | | 2077.00 | 100.00 |
| 起运（匹） | | | | | | | 2077.00 | | 2077.00 | 100.00 |
| 土苎（斤） | | | | | | | | | | |
| 存留（斤） | | | | | | | | | | |
| 麦收（石） | | | | | 266.82 | 100.00 | | | | |
| 存留（石） | | | | | 266.82 | 100.00 | | | | |
| 洞蛮麻布（条） | | | | | 259.00 | 100.00 | | | | |
| 存留（条） | | | | | 259.00 | 100.00 | | | | |

| 秋粮 | | | | | | | | | | |
|---|---|---|---|---|---|---|---|---|---|---|
| 米（石） | 371094.40 | 1.84 | 116364.98 | 0.58 | 50541.96 | 0.25 | 425965.46 | 2.12 | 5068155.51 | 25.20 |
| 起运（石） | | 0.00 | | | | | 425965.46 | 3.33 | 5068155.51 | 39.59 |
| 存留（石） | 371094.40 | 5.08 | 116364.98 | 1.59 | 50541.96 | 0.69 | | | | |
| 丝绵（两） | | | | | | | | | | |
| 存留（两） | | | | | | | | | | |
| 绢（匹） | | | | | | | | | | |
| 存留（匹） | | | | | | | | | | |
| 棉花绒（斤） | | | | | | | 103741.04 | 54.12 | | |
| 起运（斤） | | | | | | | 103741.04 | 99.67 | | |
| 存留（斤） | | | | | | | | | | |
| 钞（锭） | 1758.00 | 7.35 | 60.00 | 0.25 | | | | | 24.00 | 0.10 |
| 起运（锭） | | | | | | | | | 24.00 | 100.00 |
| 存留（锭） | 1758.00 | 7.36 | 60.00 | 0.25 | | | | | | |
| 棉布（匹） | | | | | | | | | | |
| 存留（匹） | | | | | | | | | | |
| 粗布（匹） | | | | | | | | | | |
| 存留（匹） | | | | | | | | | | |
| 苎布（匹） | | | | | | | | | | |
| 存留（匹） | | | | | | | | | | |
| 麻布（匹） | | | | | | | | | | |
| 存留（匹） | | | | | | | | | | |
| 苎麻（斤） | 1794.88 | 100.00 | | | | | | | | |
| 存留（斤） | 1794.88 | 100.00 | | | | | | | | |
| 红花（斤） | 11.84 | 100.00 | | | | | | | | |

| 项目 | | | | | | | | | | |
|---|---|---|---|---|---|---|---|---|---|---|
| 存留（斤） | 11.84 | 100.00 | | | | | | | | |
| 桐油（斤） | 1063.00 | 100.00 | | | | | | | | |
| 存留（斤） | 1063.00 | 100.00 | | | | | | | | |
| 金（两） | | | 66.67 | 100.00 | | | | | | |
| 银（两） | | | 8487.13 | 100.00 | | | | | | |
| 海肥（素） | | | 272377.00 | 100.00 | | | | | | |
| 棉绸（匹） | | | 15.00 | 100.00 | | | | | | |
| 棉布（段） | | | 1700.00 | 100.00 | | | | | | |
| 水牛（只） | | | 10.00 | 100.00 | | | | | | |
| 黄牛（只） | | | 26.00 | 100.00 | | | | | | |
| 马（匹） | | | 85.00 | 94.44 | | | | | | |
| 草（束/包） | | | | | | | 8726682.00 | 39.68 | 5132946.00 | 23.34 |
| 起运（束/包） | | | | | | | 8726682.00 | 42.78 | 5132946.00 | 25.16 |
| 存留（束/包） | | | | | | | | | | |
| 人户（户） | 218712.00 | 2.36 | 135560.00 | 1.47 | 43405.00 | 0.47 | 425463.00 | 4.60 | 2069067.00 | 22.37 |
| 人口（口） | 1181179.00 | 2.16 | 1476692.00 | 2.68 | 290972.00 | 0.53 | 4264898.00 | 7.75 | 10502651.00 | 19.09 |
| 户口盐钞银（两） | 1417.01 | 0.61 | 442.26 | 0.19 | 6.33 | | 18524.16 | 7.95 | 42706.85 | 18.32 |
| 起运（两） | | | | | | | | | | |
| 存留（两） | 1417.01 | 1.28 | 442.26 | 0.40 | 6.33 | 0.01 | 18524.16 | 14.99 | 42706.85 | 34.55 |

乙表 9

## 万历六年各省直省府州田赋统计[1]

浙江布政司

| 田赋项目 | 全省各府总数 | % | 杭州府 | % | 嘉兴府 | % | 湖州府 | % | 宁波府 | % |
|---|---|---|---|---|---|---|---|---|---|---|
| **夏税** | | | | | | | | | | |
| 小麦（石） | 152863.70 | 100.00 | 5572.04 | 3.65 | 27628.35 | 18.07 | 13596.73 | 8.89 | 16969.48 | 11.10 |
| 起运（石） | 79999.99 | 100.00 | 3599.43 | 4.50 | 17889.51 | 22.36 | 8804.14 | 11.01 | 10986.90 | 13.73 |
| 存留（石） | 72863.71 | 100.00 | 1972.61 | 2.71 | 9738.84 | 13.37 | 4792.59 | 6.58 | 5982.58 | 8.21 |
| 丝绢（两） | 2715741.58 | 100.00 | 684694.89 | 25.21 | 70114.32 | 2.58 | 826262.60 | 30.42 | 861.04 | 0.03 |
| 起运（两） | 2325144.83 | 100.00 | 505351.41 | 21.73 | 15460.91 | 0.66 | 759586.85 | 32.67 | | |
| 存留（两） | 390596.73 | 100.00 | 179343.48 | 45.92 | 54653.41 | 13.99 | 66675.74 | 17.07 | 861.04 | 0.22 |
| 绢（匹） | 3510.00 | 100.00 | 296.00 | 8.43 | 633.00 | 18.03 | 6.00 | 0.17 | | |
| 起运（匹） | 3503.00 | 100.00 | 296.00 | 8.45 | 633.00 | 18.07 | 2.00 | 0.06 | | |
| 存留（匹） | 5.00 | 100.00 | | | | | 4.00 | 80.00 | | |
| 钞（锭） | 32585.00 | 100.00 | 63.00 | 0.19 | 1391.00 | 4.27 | 16012.00 | 49.14 | 1976.00 | 6.06 |
| 存留（锭） | 32585.00 | 100.00 | 63.00 | 0.19 | 1391.00 | 4.27 | 16012.00 | 49.14 | 1976.00 | 6.06 |
| **秋粮** | | | | | | | | | | |
| 米（石） | 2369763.99 | 100.00 | 234071.23 | 9.88 | 629208.13 | 26.55 | 469119.62 | 19.80 | 174558.72 | 7.37 |
| 起运（石） | 1615739.43 | 100.00 | 191006.98 | 11.82 | 586172.75 | 36.28 | 447284.49 | 27.68 | 44900.00 | 2.78 |
| 存留（石） | 754024.50 | 100.00 | 43064.24 | 5.71 | 43035.38 | 5.71 | 21835.12 | 2.90 | 129658.72 | 17.20 |
| 丝（两） | 2216.75 | 100.00 | 131.47 | 5.93 | | | | | 6.29 | 0.28 |
| 存留（两） | 2216.75 | 100.00 | 131.47 | 5.93 | | | | | 6.29 | 0.28 |
| 绢（匹） | 59.00 | 100.00 | | | | | | | | |
| 存留（匹） | 59.00 | 100.00 | | | | | | | | |
| 麻布（匹） | 2.00 | 100.00 | 2.00 | 100.00 | | | | | | |

[1] 资料来源：根据第一篇甲表 16、18、20、22、24、26、28、30、32、34、36、38、41、48。

| 项目 | 绍兴府 | % | 台州府 | % | 金华府 | % | 衢州府 | % | 严州府 | % |
|---|---|---|---|---|---|---|---|---|---|---|
| 存留（匹） | 2.00 | 100.00 | 2.00 | 100.00 | | | | | | |
| 苧布（匹） | 7.00 | 100.00 | | | | | | | | |
| 存留（匹） | 7.00 | 100.00 | | | | | | | | |
| 钞（锭） | 18776.00 | 100.00 | 40.00 | 0.21 | | | | | 2841.00 | 15.13 |
| 存留（锭） | 18776.00 | 100.00 | 40.00 | 0.21 | | | | | 2841.00 | 15.13 |
| 草（包） | 874491.00 | 100.00 | | | 506427.00 | 57.91 | 368064.00 | 42.09 | | |
| 起运（包） | 792650.00 | 100.00 | | | 487215.00 | 61.47 | 305435.00 | 38.53 | | |
| 存留（包） | 81841.00 | 100.00 | | | 19212.00 | 23.47 | 62629.00 | 76.53 | | |
| 户口盐钞银（两） | 2441.84 | 100.00 | 306.00 | 12.53 | 241.77 | 9.90 | 165.84 | 6.79 | 327.26 | 13.40 |
| 起运（两） | 1276.87 | 100.00 | 152.99 | 11.98 | 115.17 | 9.02 | 89.29 | 6.99 | 176.20 | 13.80 |
| 存留（两） | 1164.84 | 100.00 | 152.99 | 13.13 | 126.59 | 10.87 | 76.54 | 6.57 | 151.04 | 12.97 |
| 项目 | 绍兴府 | % | 台州府 | % | 金华府 | % | 衢州府 | % | 严州府 | % |
| 夏税 | | | | | | | | | | |
| 小麦（石） | 12826.17 | 8.39 | 31483.35 | 20.60 | 15515.65 | 10.15 | 168720.71 | 6.21 | 959465.38 | 35.33 |
| 起运（石） | 8303.29 | 10.38 | 20385.62 | 25.48 | 10031.10 | 12.54 | 118982.47 | 5.12 | 925763.19 | 39.82 |
| 存留（石） | 4522.88 | 6.21 | 11097.73 | 15.23 | 5484.55 | 7.53 | 49738.23 | 12.73 | 33702.19 | 8.63 |
| 丝绵（两） | 535.60 | 0.02 | | 0.00 | 5084.39 | 0.19 | | | | |
| 起运（两） | | | | 0.00 | 5084.39 | 1.30 | | | | |
| 绢（匹） | 535.60 | 0.14 | 500.00 | 14.25 | 214.00 | 6.10 | 200.00 | 5.70 | 1184.00 | 33.73 |
| 起运（匹） | 82.00 | 2.34 | 500.00 | 14.27 | 214.00 | 6.11 | 200.00 | 5.71 | 1184.00 | 33.80 |
| 存留（匹） | 81.00 | 2.31 | | | | | | | | |
| 钞（锭） | 1.00 | 20.00 | 5021.00 | 15.41 | 56.00 | 0.17 | | | | |
| 存留（锭） | 4429.00 | 13.59 | 5021.00 | 15.41 | 56.00 | 0.17 | | | | |
| 秋粮 | 4429.00 | 13.59 | | | | | | | | |

| 项目 | | | | | | | | | | |
|---|---|---|---|---|---|---|---|---|---|---|
| 米（石） | 319822.08 | 13.50 | 126065.95 | 5.32 | 173919.55 | 7.34 | 92260.00 | 3.89 | 11481.65 | 0.48 |
| 起运（石） | 126729.73 | 7.84 | 29112.21 | 1.80 | 116290.16 | 7.20 | 71749.98 | 4.44 | 2493.13 | 0.15 |
| 存留（石） | 193092.34 | 25.61 | 96953.74 | 12.86 | 57629.38 | 7.64 | 20510.01 | 2.72 | 8988.51 | 1.19 |
| 丝（两） | | | | | | | 2078.99 | 93.79 | | |
| 存留（两） | | | | | | | 2078.99 | 93.79 | | |
| 绢（匹） | | | | | | | | | 59.00 | 100.00 |
| 存留（匹） | | | | | | | | | 59.00 | 100.00 |
| 麻布（匹） | | | | | | | | | | |
| 存留（匹） | | | | | | | | | | |
| 苎布（匹） | | | | | | | | | 7.00 | 100.00 |
| 存留（匹） | | | | | | | | | 7.00 | 100.00 |
| 钞（锭） | 13755.00 | 73.26 | 1560.00 | 8.31 | | | | | | |
| 存留（锭） | 13755.00 | 73.26 | 1560.00 | 8.31 | | | | | | |
| 草（包） | | | | | | | | | | |
| 起运（包） | | | | | | | | | | |
| 存留（包） | | | | | | | | | | |
| 户口盐钞银（两） | 220.00 | 9.01 | 183.10 | 7.50 | 205.57 | 8.42 | 124.56 | 5.10 | 55.66 | 2.28 |
| 起运（两） | 109.83 | 8.60 | 98.37 | 7.70 | 110.73 | 8.67 | 67.09 | 5.25 | 27.83 | 2.18 |
| 存留（两） | 110.17 | 9.46 | 84.71 | 7.27 | 94.83 | 8.14 | 57.46 | 4.93 | 27.83 | 2.39 |
| 项目 | 温州府 | % | 处州府 | % | | | | | | |
| 夏税 | | | | | | | | | | |
| 小麦（石） | 22318.86 | 14.60 | 6953.07 | 4.55 | | | | | | |
| 起运（石） | | | | | | | | | | |
| 存留（石） | 22318.86 | 30.63 | 6953.07 | 9.54 | | | | | | |
| 丝绵（两） | 2.65 | 0.00 | | | | | | | | |

| | | | | |
|---|---|---|---|---|
| 起运（两） | | | | |
| 存留（两） | 2.65 | 0.00 | | |
| 绢（匹） | 122.00 | 3.48 | 273.00 | 7.78 |
| 起运（匹） | 122.00 | 3.48 | 273.00 | 7.79 |
| 存留（匹） | | | | |
| 钞（锭） | 2025.00 | 6.21 | 1612.00 | 4.95 |
| 存留（锭） | 2025.00 | 6.21 | 1612.00 | 4.95 |
| 秋粮 | | | | |
| 米（石） | 81476.27 | 3.44 | 57780.79 | 2.44 |
| 起运（石） | | | | |
| 存留（石） | 81476.27 | 10.81 | 57780.79 | 7.66 |
| 丝（两） | | | | |
| 存留（两） | | | | |
| 绢（匹） | | | | |
| 存留（匹） | | | | |
| 麻布（匹） | | | | |
| 存留（匹） | | | | |
| 苎布（匹） | | | | |
| 存留（匹） | | | | |
| 钞（锭） | 580.00 | 3.09 | | |
| 存留（锭） | 580.00 | 3.09 | | |
| 草（包） | | | | |
| 起运（包） | | | | |
| 存留（包） | | | | |
| 户口盐钞银（两） | 365.62 | 14.97 | 246.46 | 10.09 |

江西布政司

| 项目 | 全省各府总数 | % | 南昌府 | % | 饶州府 | % | 广信府 | % | 南康府 | % |
|---|---|---|---|---|---|---|---|---|---|---|
| 起运（两） | 196.68 | 15.40 | 132.69 | 10.39 | | | | | | |
| 存留（两） | 168.93 | 14.50 | 113.75 | 9.77 | | | | | | |
| 夏税 | | | | | | | | | | |
| 麦米（石） | 88072.37 | 100.00 | 1503.54 | 1.71 | 36491.12 | 41.43 | | | 6624.30 | 7.52 |
| 起运（石） | 59999.98 | 100.00 | | | 18342.57 | 30.57 | | | 4654.78 | 7.76 |
| 存留（石） | 28072.38 | 100.00 | 1503.54 | 5.36 | 18148.55 | 64.65 | | | 1969.52 | 7.02 |
| 丝绵（两） | 131347.71 | 100.00 | | | 1676.65 | 1.28 | 129671.06 | 98.72 | | |
| 存留（两） | 131347.71 | 100.00 | | | 1676.65 | 1.28 | 129671.06 | 98.72 | | |
| 绢（匹） | 11506.00 | 100.00 | 490.00 | 4.26 | 305.00 | 2.65 | 8071.00 | 70.15 | 136.00 | 1.18 |
| 起运（匹） | 11506.00 | 100.00 | 490.00 | 4.26 | 305.00 | 2.65 | 8071.00 | 70.15 | 136.00 | 1.18 |
| 苎布（匹） | 1340.00 | 100.00 | | | 12.00 | 0.90 | 1328.00 | 99.10 | | |
| 起运（匹） | 1340.00 | 100.00 | | | 12.00 | 0.90 | 1328.00 | 99.10 | | |
| 钞（锭） | 5178.00 | 100.00 | | | 26.00 | 0.50 | 4155.00 | 80.24 | | |
| 存留（锭） | 5178.00 | 100.00 | | | 26.00 | 0.50 | 4155.00 | 80.24 | | |
| 秋粮 | | | | | | | | | | |
| 米（石） | 2528200.57 | 100.00 | 481164.93 | 19.03 | 194397.42 | 7.69 | 134037.82 | 5.30 | 76062.27 | 3.01 |
| 起运（石） | 2193932.89 | 100.00 | 421506.25 | 19.21 | 174514.51 | 7.95 | 116736.38 | 5.32 | 67944.79 | 3.10 |
| 存留（石） | 334267.61 | 100.00 | 59658.68 | 17.85 | 19882.90 | 5.95 | 17301.44 | 5.18 | 8117.48 | 2.43 |
| 谷（石） | 201.18 | 100.00 | 201.18 | 100.00 | | | | | | |
| 存留（石） | 201.18 | 100.00 | 201.18 | 100.00 | | | | | | |
| 钞（锭） | 3123.00 | 100.00 | 16.00 | 0.51 | | | | | | |
| 存留（锭） | 3123.00 | 100.00 | 16.00 | 0.51 | | | | | | |
| 户口盐钞银（两） | 16159.09 | 100.00 | 2714.75 | 16.80 | 1788.15 | 11.07 | 715.21 | 4.43 | 527.20 | 3.26 |

（接上表）

| 项目 | | | 建昌府 | % | 抚州府 | % | 临江府 | % | 吉安府 | % |
|---|---|---|---|---|---|---|---|---|---|---|
| 起运（两） | 8699.53 | 100.00 | 1462.19 | 16.81 | 962.84 | 11.07 | 385.17 | 4.43 | 283.88 | 3.26 |
| 存留（两） | 7459.49 | 100.00 | 1252.56 | 16.79 | 825.30 | 11.06 | 330.03 | 4.42 | 243.32 | 3.26 |

| 项目 | 九江府 | % | 建昌府 | % | 抚州府 | % | 临江府 | % | 吉安府 | % |
|---|---|---|---|---|---|---|---|---|---|---|
| 夏税 | | | | | | | | | | |
| 麦米（石） | 3733.91 | 4.24 | | | 352.64 | 0.40 | | | 17445.36 | 19.81 |
| 起运（石） | 500.00 | 0.83 | | | 157.43 | 0.26 | | | 14555.01 | 24.26 |
| 存留（石） | 3233.91 | 11.52 | | | 195.21 | 0.70 | | | 2890.34 | 10.30 |
| 丝绵（两） | | | | | | | | | | |
| 存留（两） | | | | | | | | | | |
| 绢（匹） | 389.00 | 3.38 | 197.00 | 1.71 | 85.00 | 0.74 | 59.00 | 0.51 | 874.00 | 7.60 |
| 起运（匹） | 389.00 | 3.38 | 197.00 | 1.71 | 85.00 | 0.74 | 59.00 | 0.51 | 874.00 | 7.60 |
| 苎布（匹） | | | | | | | | | | |
| 起运（匹） | | | | | | | | | | |
| 钞（锭） | | | | | | | | | 997.00 | 19.25 |
| 存留（锭） | | | | | | | | | 997.00 | 19.25 |
| 秋粮 | | | | | | | | | | |
| 米（石） | 41916.76 | 1.66 | 95592.66 | 3.78 | 303275.08 | 12.00 | 229586.22 | 9.08 | 431815.88 | 17.08 |
| 起运（石） | 32919.33 | 1.50 | 76568.59 | 3.49 | 251820.37 | 11.48 | 214246.58 | 9.77 | 391527.19 | 17.85 |
| 存留（石） | 8997.42 | 2.69 | 19024.07 | 5.69 | 51454.70 | 15.39 | 15339.64 | 4.59 | 40288.69 | 12.05 |
| 谷（石） | | | | | | | | | | |
| 存留（石） | | | | | | | | | | |
| 钞（锭） | | | | | | | | | | |
| 存留（锭） | | | | | | | | | | |
| 户口盐钞银（两） | 151.89 | 0.94 | 1086.39 | 6.72 | 2472.01 | 15.30 | 924.84 | 5.72 | 3320.36 | 20.55 |
| 起运（两） | 81.78 | 0.94 | 584.05 | 6.71 | 1331.08 | 15.30 | 497.98 | 5.72 | 1787.88 | 20.55 |

| 项目 | 瑞州府 | % | 袁州府 | % | 赣州府 | % | 南安府 | % | | |
|---|---|---|---|---|---|---|---|---|---|---|
| 存留（两） | 70.10 | 0.94 | 502.33 | 6.73 | 1140.93 | 15.30 | 426.85 | 5.72 | 1532.48 | 20.54 |
| 夏税 | | | | | | | | | | |
| 麦米（石） | | | 21790.19 | 24.74 | | | 131.31 | 0.15 | | |
| 起运（石） | | | 21790.19 | 36.32 | | | | | | |
| 存留（石） | | | | | | | 131.31 | 0.47 | | |
| 丝绵（两） | | | | | | | | | | |
| 存留（两） | | | | | | | | | | |
| 绢（匹） | 281.00 | 2.44 | 415.00 | 3.61 | 141.00 | 1.23 | 63.00 | 0.55 | | |
| 起运（匹） | 281.00 | 2.44 | 415.00 | 3.61 | 141.00 | 1.23 | 63.00 | 0.55 | | |
| 苎布（匹） | | | | | | | | | | |
| 起运（匹） | | | | | | | | | | |
| 钞（锭） | | | | | | | | | | |
| 存留（锭） | | | | | | | | | | |
| 秋粮 | | | | | | | | | | |
| 米（石） | 224441.12 | 8.88 | 217145.09 | 8.59 | 70883.08 | 2.80 | 27882.24 | 1.10 | | |
| 起运（石） | 202351.77 | 9.22 | 193852.61 | 8.84 | 39668.01 | 1.81 | 10276.51 | 0.47 | | |
| 存留（石） | 22089.34 | 6.61 | 23292.47 | 6.97 | 31215.06 | 9.34 | 17605.72 | 5.27 | | |
| 谷（石） | | | | | | | | | | |
| 存留（石） | | | | | | | | | | |
| 钞（锭） | 3107.00 | 99.49 | | | | | | | | |
| 存留（锭） | 3107.00 | 99.49 | | | | | | | | |
| 户口盐钞银（两） | 787.52 | 4.87 | 829.00 | 5.13 | 726.92 | 4.50 | 114.85 | 0.71 | | |
| 起运（两） | 424.04 | 4.87 | 446.38 | 5.13 | 390.43 | 4.49 | 61.83 | 0.71 | | |
| 存留（两） | 363.47 | 4.87 | 382.61 | 5.13 | 336.49 | 4.51 | 53.02 | 0.71 | | |

湖广布政司

| 项目 | 全省各府总数 | % | 武昌府 | % | 汉阳府 | % | 承天府 | % | 襄阳府 | % |
|---|---|---|---|---|---|---|---|---|---|---|
| **夏税** | | | | | | | | | | |
| 麦米（石） | 58632.58 | 100.00 | | | | | | | 23220.13 | 39.60 |
| 存留（石） | 58632.58 | 100.00 | | | | | | | 23220.13 | 39.60 |
| 二麦折米（石） | 53920.90 | 100.00 | 9814.61 | 18.20 | 4434.49 | 8.22 | 7754.18 | 14.38 | | |
| 存留（石） | 53920.90 | 100.00 | 9814.61 | 18.20 | 4434.49 | 8.22 | 7754.18 | 14.38 | | |
| 绢（匹） | 27878.00 | 100.00 | 8572.00 | 30.75 | 688.00 | 2.47 | 211.00 | 0.76 | 295.00 | 1.06 |
| 起运（匹） | 27878.00 | 100.00 | 8572.00 | 30.75 | 688.00 | 2.47 | 211.00 | 0.76 | 295.00 | 1.06 |
| 棉布（匹） | 12.00 | 100.00 | | | | | | | | |
| 存留（匹） | 12.00 | 100.00 | | | | | | | | |
| 土布（匹） | 533.00 | 100.00 | | | | | | | | |
| 存留（匹） | 533.00 | 100.00 | | | | | | | | |
| 租布（匹） | 205.00 | 100.00 | | | | | | | | |
| 存留（匹） | 205.00 | 100.00 | | | | | | | | |
| **秋粮** | | | | | | | | | | |
| 米（石） | 2027734.22 | 100.00 | 164629.95 | 8.12 | 24620.96 | 1.21 | 96806.24 | 4.77 | 40805.55 | 2.01 |
| 起运（石） | 914399.96 | 100.00 | 78512.78 | 8.59 | 13723.01 | 1.50 | 42622.30 | 4.66 | 5000.00 | 0.55 |
| 存留（石） | 1113334.22 | 100.00 | 86117.16 | 7.74 | 10897.95 | 0.98 | 54183.94 | 4.87 | 35805.55 | 3.22 |
| 黄钞（贯） | 175.00 | 100.00 | | | | | 175.00 | 100.00 | | |
| 存留（贯） | 175.00 | 100.00 | | | | | 175.00 | 100.00 | | |
| 户口盐钞银（两） | 22954.24 | 100.00 | 1447.00 | 6.30 | 243.27 | 1.06 | 1370.95 | 5.97 | 1023.54 | 4.46 |
| 起运（两） | 10350.72 | 100.00 | 658.22 | 6.36 | 110.65 | 1.07 | 593.26 | 5.73 | 458.91 | 4.43 |
| 存留（两） | 12603.45 | 100.00 | 788.78 | 6.26 | 132.61 | 1.05 | 777.69 | 6.17 | 564.63 | 4.48 |
| 项目 | 郧阳府 | % | 德安府 | % | 黄州府 | % | 荆州府 | % | 岳州府 | % |

| 项目 | 长沙府 | % | 宝庆府 | % | 衡州府 | % | 常德府 | % | 辰州府 | % |
|---|---|---|---|---|---|---|---|---|---|---|
| 夏税 | | | | | | | | | | |
| 麦米（石） | 3572.94 | 6.09 | | | | | | | | |
| 存留（石） | 3572.94 | 6.09 | | | | | | | | |
| 二麦折米（石） | | | 1787.05 | 3.05 | 3821.70 | 7.09 | 23628.70 | 43.82 | 1968.77 | 3.65 |
| 存留（石） | | | 1787.05 | 3.05 | 3821.70 | 7.09 | 23628.70 | 43.82 | 1968.77 | 3.65 |
| 绢（匹） | 55.00 | 0.20 | 1159.00 | 4.16 | 3114.00 | 11.17 | 123.00 | 0.44 | 3170.00 | 11.37 |
| 起运（匹） | 55.00 | 0.20 | 1159.00 | 4.16 | 3114.00 | 11.17 | 123.00 | 0.44 | 3170.00 | 11.37 |
| 棉布（匹） | | | | | | | | | | |
| 存留（匹） | | | | | | | | | | |
| 土布（匹） | | | | | | | | | | |
| 存留（匹） | | | | | | | | | | |
| 粗布（匹） | | | | | | | | | | |
| 存留（匹） | | | | | | | | | | |
| 秋粮 | | | | | | | | | | |
| 米（石） | 10962.53 | 0.54 | 41015.51 | 2.02 | 252719.98 | 12.46 | 122454.55 | 6.04 | 183890.35 | 9.07 |
| 起运（石） | | | 18611.80 | 2.04 | 136187.60 | 14.89 | 57306.78 | 6.27 | 60157.57 | 6.58 |
| 存留（石） | 10962.53 | 0.98 | 22403.71 | 2.01 | 116532.38 | 10.47 | 65147.76 | 5.85 | 123732.77 | 11.11 |
| 赁钞（贯） | | | | | | | | | | |
| 存留（贯） | | | | | | | | | | |
| 户口盐钞银（两） | 1335.49 | 5.82 | 1070.04 | 4.66 | 2179.01 | 9.49 | 3826.73 | 16.67 | 1553.28 | 6.77 |
| 起运（两） | 607.49 | 5.87 | 486.74 | 4.70 | 939.06 | 9.07 | 1741.17 | 16.82 | 705.47 | 6.82 |
| 存留（两） | 728.00 | 5.78 | 583.29 | 4.63 | 1239.95 | 9.84 | 2085.56 | 16.55 | 847.80 | 6.73 |

| 项目 | 长沙府 | % | 宝庆府 | % | 衡州府 | % | 常德府 | % | 辰州府 | % |
|---|---|---|---|---|---|---|---|---|---|---|
| 夏税 | | | | | | | | | | |
| 麦米（石） | 47.91 | 0.08 | 2920.72 | 4.98 | 11039.73 | 18.83 | | | | |

| | 永州府 | % | 靖州 | % | 郴州 | % | 施州卫军民指挥使司 | % |
|---|---|---|---|---|---|---|---|---|
| 存留（石） | 47.91 | 0.08 | 2920.72 | 4.98 | 11039.73 | 18.83 | 636.74 | 1.18 |
| 二麦折米（石） | | | | | 1861.71 | 3.45 | 636.74 | 1.18 |
| 存留（石） | | | | | 1861.71 | 3.45 | 636.74 | 1.18 |
| 绢（匹） | 7608.00 | 27.29 | 112.00 | 0.40 | 1472.00 | 5.28 | 37.00 | 0.13 |
| 起运（匹） | 7608.00 | 27.29 | 112.00 | 0.40 | 1472.00 | 5.28 | 37.00 | 0.13 |
| 棉布（匹） | | | | | | | 12.00 | 100.00 |
| 存留（匹） | | | | | | | 12.00 | 100.00 |
| 土布（匹） | | | | | | | 533.00 | 100.00 |
| 存留（匹） | | | | | | | 533.00 | 100.00 |
| 粗布（匹） | | | | | | | 205.00 | 100.00 |
| 存留（匹） | | | | | | | 205.00 | 100.00 |
| 秋粮 | | | | | | | | |
| 米（石） | 586958.76 | 28.95 | 52148.42 | 2.57 | 211270.01 | 10.42 | 51020.66 | 2.52 |
| 起运（石） | 376051.59 | 41.13 | | | 87546.90 | 9.57 | 9819.65 | 1.07 |
| 存留（石） | 210907.17 | 18.94 | 52148.42 | 4.68 | 123723.11 | 11.11 | 41201.01 | 3.70 |
| 赁钞（贯） | | | | | | | | |
| 存留（贯） | | | | | | | | |
| 户口盐钞银（两） | 3376.99 | 14.71 | 1236.59 | 5.39 | 551.05 | 2.40 | 860.45 | 3.75 |
| 起运（两） | 1536.13 | 14.84 | 562.50 | 5.43 | 250.65 | 2.42 | 391.40 | 3.78 |
| 存留（两） | 1840.86 | 14.61 | 674.08 | 5.35 | 300.39 | 2.38 | 469.05 | 3.72 |
| 项目 | 永州府 | % | 靖州 | % | 郴州 | % | 施州卫军民指挥使司 | % |
| 夏税 | | | | | | | | |
| 麦米（石） | 8112.44 | 13.84 | 135.02 | 0.23 | 7515.44 | 12.82 | 281.20 | 0.48 |
| 存留（石） | 8112.44 | 13.84 | 135.02 | 0.23 | 7515.44 | 12.82 | 281.20 | 0.48 |

福建布政司

| 项目 | 全省各府总数 | % | 福州府 | % | 泉州府 | % | 建宁府 | % | 延平府 | % |
|---|---|---|---|---|---|---|---|---|---|---|
| 二麦折米（石） | | | | | | | | | | |
| 　存留（石） | | | | | | | | | | |
| 绢（匹） | 155.00 | 0.56 | 15.00 | 0.05 | 238.00 | 0.85 | | | | |
| 　起运（匹） | 155.00 | 0.56 | 15.00 | 0.05 | 238.00 | 0.85 | | | | |
| 棉布（匹） | | | | | | | | | | |
| 　存留（匹） | | | | | | | | | | |
| 土布（匹） | | | | | | | | | | |
| 　存留（匹） | | | | | | | | | | |
| 粗布（匹） | | | | | | | | | | |
| 　存留（匹） | | | | | | | | | | |
| 秋粮 | | | | | | | | | | |
| 米（石） | 62016.92 | 3.06 | 19135.09 | 0.94 | 36749.96 | 1.81 | 862.41 | 0.04 | | |
| 　起运（石） | 10153.58 | 1.11 | 547.38 | 0.06 | 1863.08 | 0.20 | | | | |
| 　存留（石） | 51863.34 | 4.66 | 18587.71 | 1.67 | 34886.88 | 3.13 | 862.41 | 0.08 | | |
| 货钞（贯） | | | | | | | | | | |
| 　存留（贯） | | | | | | | | | | |
| 户口盐钞银（两） | 1164.19 | 5.07 | 426.23 | 1.86 | 479.68 | 2.09 | | | | |
| 　起运（两） | 529.57 | 5.12 | 193.88 | 1.87 | 217.29 | 2.10 | | | | |
| 　存留（两） | 634.62 | 5.04 | 232.35 | 1.84 | 262.38 | 2.08 | | | | |

| 项目 | 全省各府总数 | % | 福州府 | % | 泉州府 | % | 建宁府 | % | 延平府 | % |
|---|---|---|---|---|---|---|---|---|---|---|
| 夏税 | | | | | | | | | | |
| 麦（石） | 706.94 | 100.00 | | | | | 706.94 | 100.00 | | |
| 　存留（石） | 706.94 | 100.00 | | | | | 706.94 | 100.00 | | |
| 绢（匹） | 599.00 | 100.00 | | | | | 599.00 | 100.00 | | |

| 项目 | 汀州府 | % | 兴化府 | % | 邵武府 | % | 漳州府 | % | 福宁州 | % |
|---|---|---|---|---|---|---|---|---|---|---|
| 起运（匹） | 599.00 | 100.00 | | | | | 599.00 | 100.00 | | |
| 丝绵（两） | 194.59 | 100.00 | | | | | 170.75 | 87.75 | 5.48 | 2.82 |
| 存留（两） | 194.59 | 100.00 | | | | | 170.75 | 87.75 | 5.48 | 2.82 |
| 土产（斤） | 65.82 | 100.00 | | | | | | | 65.82 | |
| 存留（斤） | 65.82 | 100.00 | | | | | | | | |
| 钞（锭） | 10778.00 | 100.00 | | | | | 10778.00 | 100.00 | | |
| 存留（锭） | 10778.00 | 100.00 | | | | | 10778.00 | 100.00 | | |
| 秋粮 | | | | | | | | | | |
| 米（石） | 882325.28 | 100.00 | 146413.50 | 16.59 | 113808.14 | 12.90 | 162792.80 | 18.45 | 94055.33 | 10.66 |
| 起运（石） | 326864.25 | 100.00 | 57648.22 | 17.64 | 27072.53 | 8.28 | 65824.24 | 20.14 | 34813.16 | 10.65 |
| 存留（石） | 555461.00 | 100.00 | 88765.28 | 15.98 | 86735.61 | 15.62 | 96968.55 | 17.46 | 59242.16 | 10.67 |
| 钞（贯） | 2.00 | 100.00 | | | | | | | | |
| 存留（贯） | 2.00 | 100.00 | | | | | | | | |
| 户口盐钞银（两） | 29173.54 | 100.00 | 4304.73 | 14.76 | 2592.58 | 8.89 | 5714.86 | 19.59 | 3969.21 | 13.61 |
| 起运（两） | 13274.08 | 100.00 | 1919.97 | 14.46 | 1240.67 | 9.35 | 2569.69 | 19.36 | 1623.77 | 12.23 |
| 存留（两） | 15899.39 | 100.00 | 2384.76 | 15.00 | 1351.90 | 8.50 | 3145.16 | 19.78 | 2345.43 | 14.75 |
| 项目 | 汀州府 | % | 兴化府 | % | 邵武府 | % | 漳州府 | % | 福宁州 | % |
| 夏税 | | | | | | | | | | |
| 麦（石） | | | | | | | | | | |
| 存留（石） | | | | | | | | | | |
| 绢（匹） | | | | | | | | | | |
| 起运（匹） | | | | | | | | | | |
| 丝绵（两） | 2.00 | 1.03 | | | | | 5.65 | 2.90 | 10.71 | 5.50 |
| 存留（两） | 2.00 | 1.03 | | | | | 5.65 | 2.90 | 10.71 | 5.50 |
| 土产（斤） | | | | | | | | | 65.82 | 100.00 |

山西布政司[1]

| 项目 | 全省各府总数 | % | 太原府 | % | 平阳府 | % | 大同府 | % | 潞安府 | % |
|---|---|---|---|---|---|---|---|---|---|---|
| 夏税 | | | | | | | | | | |
| 麦（石） | 591951.27 | 100.00 | 164020.90 | 27.71 | 266127.92 | 44.96 | 49133.71 | 8.30 | 40854.62 | 6.90 |
| 起运（石） | 148340.70 | 100.00 | 56749.40 | 38.26 | 60358.00 | 40.69 | | | 10309.20 | 6.95 |
| 存留（石） | 443610.57 | 100.00 | 107271.50 | 24.18 | 205769.92 | 46.39 | 49133.71 | 11.08 | 30545.42 | 6.89 |
| 绢（匹） | 4771.00 | 100.00 | 1892.00 | 39.66 | 866.00 | 18.15 | 1.00 | 0.02 | 287.00 | 6.02 |
| 起运（匹） | 4771.00 | 100.00 | 1892.00 | 39.66 | 866.00 | 18.15 | 1.00 | 0.02 | 287.00 | 6.02 |
| 丝（两） | 822.55 | 100.00 | 250.19 | 30.42 | 341.30 | 41.49 | 14.00 | 1.70 | 71.95 | 8.75 |
| 起运（两） | 250.19 | 100.00 | 250.19 | 100.00 | | | | | | |
| 存留（两） | 572.36 | | | | 341.30 | 59.63 | 14.00 | 2.45 | 71.95 | 12.57 |
| 秋粮 | | | | | | | | | | |
| 米（石） | 84670.95 | 9.60 | 70352.08 | 7.97 | 63790.49 | 7.23 | 116950.63 | 13.25 | 29491.36 | 3.34 |
| 起运（石） | 35066.64 | 10.73 | 25056.30 | 7.67 | 25767.52 | 7.88 | 47228.29 | 14.45 | 8387.35 | 2.57 |
| 存留（石） | 49604.31 | 8.93 | 45295.77 | 8.15 | 38022.97 | 6.85 | 69722.34 | 12.55 | 21104.01 | 3.80 |
| 钞（贯） | | | | | | | 2.00 | 100.00 | | |
| 存留（贯） | | | | | | | 2.00 | 100.00 | | |
| 户口盐钞银（两） | 3586.49 | 12.29 | 1815.96 | 6.22 | 2083.04 | 7.14 | 4016.60 | 13.77 | 1090.07 | 3.74 |
| 起运（两） | 1491.80 | 11.24 | 1124.53 | 8.47 | 909.12 | 6.85 | 1901.39 | 14.32 | 493.14 | 3.72 |
| 存留（两） | 2094.69 | 13.17 | 691.42 | 4.35 | 1173.91 | 7.38 | 2115.20 | 13.30 | 596.92 | 3.75 |
| 钞（锭） | | | | | | | | | | |
| 存留（锭） | | | | | | | | | | |
| 存留（斤） | | | | | | | | | 65.82 | 100.00 |

[1] 山西省各府、县的户口盐钞银以及遇闰加银，均未标明存留，但依据山西田赋总表，山西省的户口盐钞银钞全部存留。

| 项目 | 汾州 | % | 辽州 | % | 沁州 | % | 泽州 | % |  | % |
|---|---|---|---|---|---|---|---|---|---|---|
| 米（石） | 1722851.34 | 100.00 | 382088.23 | 22.18 | 812186.19 | 47.14 | 59890.12 | 3.48 | 162817.36 | 9.45 |
| 起运（石） | 724367.20 | 100.00 | 180704.70 | 24.95 | 364421.90 | 50.31 |  |  | 58974.90 | 8.14 |
| 存留（石） | 998484.14 | 100.00 | 201383.53 | 20.17 | 447764.29 | 44.84 | 59890.12 | 6.00 | 103842.46 | 10.40 |
| 草（束） | 3602988.00 | 100.00 | 771745.00 | 21.42 | 1624783.00 | 45.10 | 267052.00 | 7.41 | 326343.00 | 9.06 |
| 起运（束） | 3544796.00 | 100.00 | 749183.00 | 21.13 | 1594161.00 | 44.97 | 267052.00 | 7.53 | 326343.00 | 9.21 |
| 存留（束） | 58190.00 | 100.00 | 22562.00 | 38.77 | 30622.00 | 52.62 |  |  |  |  |
| 户口盐钞银（两） | 25367.60 | 100.00 | 5923.09 | 23.35 | 8864.49 | 34.94 | 1189.48 | 4.69 | 3571.16 | 14.08 |
| 存留（两） | 25367.60 | 100.00 | 5923.09 | 23.35 | 8864.49 | 34.94 | 1189.48 | 4.69 | 3571.16 | 14.08 |

| 项目 | 汾州 | % | 辽州 | % | 沁州 | % | 泽州 | % |
|---|---|---|---|---|---|---|---|---|
| **夏税** |  |  |  |  |  |  |  |  |
| 麦（石） | 25516.97 | 4.31 | 8367.39 | 1.41 | 9741.92 | 1.65 | 28187.84 | 476.19 |
| 起运（石） | 9165.50 | 6.18 | 2518.70 | 1.70 | 2836.50 | 1.91 | 6403.40 | 431.67 |
| 存留（石） | 16351.47 | 3.69 | 5848.69 | 1.32 | 6905.42 | 1.56 | 21784.44 | 491.07 |
| 绢（匹） | 164.00 | 3.44 | 24.00 | 0.50 | 89.00 | 1.87 | 1448.00 | 3035.00 |
| 起运（匹） | 164.00 | 3.44 | 24.00 | 0.50 | 89.00 | 1.87 | 1448.00 | 3035.00 |
| 丝（两） | 35.40 | 4.30 | 38.00 | 4.62 | 30.21 | 3.67 | 41.50 | 504.53 |
| 起运（两） |  |  |  |  |  |  |  |  |
| 存留（两） | 35.40 | 6.18 | 38.00 | 6.64 | 30.21 | 5.28 | 41.50 | 725.07 |
| **秋粮** |  |  |  |  |  |  |  |  |
| 米（石） | 123014.11 | 7.14 | 19106.56 | 1.11 | 39115.75 | 2.27 | 124633.02 | 723.41 |
| 起运（石） | 58950.30 | 8.14 | 7524.40 | 1.04 | 15114.00 | 2.09 | 38677.00 | 533.94 |
| 存留（石） | 64063.81 | 6.42 | 11582.16 | 1.16 | 24001.75 | 2.40 | 85956.02 | 860.87 |
| 草（束） | 246727.00 | 6.85 | 38333.00 | 1.06 | 78270.00 | 2.17 | 249735.00 | 693.13 |
| 起运（束） | 244965.00 | 6.91 | 38166.00 | 1.08 | 78270.00 | 2.21 | 246656.00 | 695.83 |
| 存留（束） | 1761.00 | 3.03 | 166.00 | 0.29 |  |  | 3079.00 | 529.13 |

河南布政司

| 项目 | 全省各府总数 | % | 开封府 | % | 归德府 | % | 彰德府 | % | 卫辉府 | % |
|---|---|---|---|---|---|---|---|---|---|---|
| 户口盐钞银（两） | 1402.66 | 5.53 | 489.93 | 1.93 | 454.11 | 1.79 | 3472.68 | 9.04 | 1368.94 | 5.78 |
| 存留（两） | 1402.66 | 5.53 | 489.93 | 1.93 | 454.11 | 1.79 | 3472.68 | 9.04 | 1368.94 | 5.78 |
| **夏税** | | | | | | | | | | |
| 麦（石） | 617322.80 | 100.00 | 214150.18 | 34.69 | 20222.56 | 3.28 | 55826.58 | 9.04 | 35699.38 | 5.78 |
| 起运（石） | 341722.44 | 100.00 | 125631.83 | 36.76 | 12338.65 | 3.61 | 28139.60 | 8.23 | 16870.40 | 4.94 |
| 存留（石） | 275600.35 | 100.00 | 88518.35 | 32.12 | 7883.90 | 2.86 | 27686.98 | 10.05 | 18828.98 | 6.83 |
| 丝（两） | 352901.44 | 100.00 | 124603.88 | 35.31 | 12016.59 | 3.41 | 31900.53 | 9.04 | 20462.12 | 5.80 |
| 起运（两） | 322795.65 | 100.00 | 119842.28 | 37.13 | 12016.59 | 3.72 | 31900.53 | 9.88 | 20462.12 | 6.34 |
| 存留（两） | 30105.76 | 100.00 | 4761.59 | 15.82 | | | | | | |
| 绢（匹） | 9961.00 | 100.00 | 4252.00 | 42.69 | 1115.00 | 11.19 | 663.00 | 6.66 | 279.00 | 2.80 |
| 起运（匹） | 9961.00 | 100.00 | 4252.00 | 42.69 | 1115.00 | 11.19 | 663.00 | 6.66 | 279.00 | 2.80 |
| **秋粮** | | | | | | | | | | |
| 米（石） | 1790271.31 | 100.00 | 513857.71 | 28.70 | 47659.65 | 2.66 | 198448.83 | 11.08 | 112356.30 | 6.28 |
| 起运（石） | 1177321.64 | 100.00 | 356516.56 | 30.28 | 33866.28 | 2.88 | 141748.20 | 12.04 | 77086.08 | 6.55 |
| 存留（石） | 612949.66 | 100.00 | 157341.14 | 25.67 | 13793.37 | 2.25 | 56700.63 | 9.25 | 35270.22 | 5.75 |
| 草（束） | 2281533.00 | 100.00 | 678835.00 | 29.75 | 67652.00 | 2.97 | 256466.00 | 11.24 | 135706.00 | 5.95 |
| 起运（束） | 2203825.00 | 100.00 | 664105.00 | 30.13 | 62603.00 | 2.84 | 247973.00 | 11.25 | 126423.00 | 5.74 |
| 存留（束） | 77708.00 | 100.00 | 14730.00 | 18.96 | 5049.00 | 6.50 | 8493.00 | 10.93 | 9283.00 | 11.95 |
| 户口盐钞银（两） | 18465.63 | 100.00 | 7997.32 | 43.31 | 1632.12 | 8.84 | 1335.64 | 7.23 | 792.35 | 4.29 |
| 起运（两） | 9209.92 | 100.00 | 4043.23 | 43.90 | 871.02 | 9.46 | 599.13 | 6.51 | 353.56 | 3.84 |
| 存留（两） | 9255.67 | 100.00 | 3954.08 | 42.72 | 761.09 | 8.22 | 736.50 | 7.96 | 438.79 | 4.74 |

| 项目 | 河南府 | % | 汝宁府 | % | 南阳府 | % | 汝州 | % | 怀庆府 | % |
|---|---|---|---|---|---|---|---|---|---|---|
| **夏税** | | | | | | | | | | |

| 项目 | 数量 | % | 数量 | % | 数量 | % | 数量 | % | 数量 | % |
|---|---|---|---|---|---|---|---|---|---|---|
| 麦（石） | 89605.15 | 14.52 | 86946.95 | 14.08 | 43131.27 | 6.99 | 23577.62 | 3.82 | 48163.11 | 7.80 |
| 起运（石） | 39932.20 | 11.69 | 40837.59 | 11.95 | 32861.60 | 9.62 | 18725.00 | 5.48 | 26385.57 | 7.72 |
| 存留（石） | 49672.95 | 18.02 | 46109.36 | 16.73 | 10269.67 | 3.73 | 4852.62 | 1.76 | 21777.54 | 7.90 |
| 丝（两） | 52208.23 | 14.79 | 50324.08 | 14.26 | 25386.29 | 7.19 | 8022.23 | 2.27 | 27977.49 | 7.93 |
| 起运（两） | 52208.23 | 16.17 | 31125.12 | 9.64 | 25386.29 | 7.86 | 8022.23 | 2.49 | 21832.26 | 6.76 |
| 存留（两） |  |  | 19198.95 | 63.77 |  |  |  |  | 6145.22 | 20.41 |
| 绢（匹） | 778.00 | 7.81 | 742.00 | 7.45 | 281.00 | 2.82 | 785.00 | 7.88 | 1066.00 | 10.70 |
| 起运（匹） | 778.00 | 7.81 | 742.00 | 7.45 | 281.00 | 2.82 | 785.00 | 7.88 | 1066.00 | 10.70 |
| 秋粮 |  |  |  |  |  |  |  |  |  |  |
| 米（石） | 244867.26 | 13.68 | 400611.95 | 22.38 | 72519.92 | 4.05 | 99509.01 | 5.56 | 100440.68 | 5.61 |
| 起运（石） | 154277.00 | 13.10 | 227117.00 | 19.29 | 54996.10 | 4.67 | 73730.00 | 6.26 | 57984.42 | 4.93 |
| 存留（石） | 90590.26 | 14.78 | 173494.95 | 28.30 | 17523.82 | 2.86 | 25779.01 | 4.21 | 42456.26 | 6.93 |
| 草（束） | 299155.00 | 13.11 | 492145.00 | 21.57 | 92263.00 | 4.04 | 125357.00 | 5.49 | 133954.00 | 5.87 |
| 起运（束） | 279071.00 | 12.66 | 487066.00 | 22.10 | 91169.00 | 4.14 | 122800.00 | 5.57 | 122615.00 | 5.56 |
| 存留（束） | 20084.00 | 25.85 | 5079.00 | 6.54 | 1094.00 | 1.41 | 2557.00 | 3.29 | 11339.00 | 14.59 |
| 户口盐钞银（两） | 1054.03 | 5.71 | 2121.67 | 11.49 | 1464.27 | 7.93 | 1926.50 | 10.43 | 141.73 | 0.77 |
| 起运（两） | 468.41 | 5.09 | 984.72 | 10.69 | 787.90 | 8.55 | 1038.67 | 11.28 | 63.28 | 0.69 |
| 存留（两） | 585.62 | 6.33 | 1136.95 | 12.28 | 676.37 | 7.31 | 887.83 | 9.59 | 78.44 | 0.85 |

陕西布政司[1]

| 项目 | 全省各府总数 | % | 西安府 | % | 延安府 | % | 平凉府 | % | 庆阳府 | % |
|---|---|---|---|---|---|---|---|---|---|---|
| 夏税 |  |  |  |  |  |  |  |  |  |  |
| 麦（石） | 690991.63 | 100.00 | 391373.66 | 56.64 | 33163.89 | 4.80 | 37164.73 | 5.38 | 34579.47 | 5.00 |
| 绢（匹） | 9218.00 | 100.00 | 6183.00 | 67.08 | 1139.00 | 12.36 | 173.00 | 1.88 | 199.00 | 2.16 |
| 丝绵（斤） | 207.24 | 100.00 | 162.98 | 78.64 |  |  | 6.88 | 3.32 |  |  |

1 陕西各项田赋，除户口盐钞银外，均未注明起运或存留。

| 项目 | 临洮府 | % | 巩昌府 | % | 凤翔府 | % | 双中府 | % | 驿站[1] | % |
|---|---|---|---|---|---|---|---|---|---|---|
| **秋粮** | | | | | | | | | | |
| 米（石） | 1045637.74 | 100.00 | 461526.20 | 44.14 | 151407.87 | 14.48 | 121517.23 | 11.62 | 74526.59 | 7.13 |
| 棉花绒（斤） | 17208.20 | 100.00 | 15431.95 | 89.68 | | | | | | |
| 棉布（匹） | 128791.00 | 100.00 | 114807.00 | 89.14 | | | | | | |
| 草（束） | 1376450.00 | 100.00 | 575490.00 | 41.81 | 237694.00 | 17.27 | 151748.00 | 11.02 | 109661.00 | 7.97 |
| 户口盐钞银（两） | 19552.84 | 100.00 | 9872.39 | 50.49 | 2093.07 | 10.70 | 817.33 | 4.18 | 1015.57 | 5.19 |
| 存留（两） | 19552.84 | 100.00 | 9872.39 | 50.49 | 2093.07 | 10.70 | 817.33 | 4.18 | 1015.57 | 5.19 |
| **项目** | 临洮府 | % | 巩昌府 | % | 凤翔府 | % | 双中府 | % | 驿站[1] | % |
| **夏税** | | | | | | | | | | |
| 麦（石） | 25586.26 | 3.70 | 62633.90 | 9.06 | 85533.78 | 12.38 | 12534.29 | 1.81 | 258.91 | 0.04 |
| 绢（匹） | 26.00 | 0.28 | 392.00 | 4.25 | 716.00 | 7.77 | 378.00 | 4.10 | | |
| 丝绵（斤） | | | | | 37.38 | 18.04 | | | | |
| **秋粮** | | | | | | | | | | |
| 米（石） | 17508.61 | 1.67 | 76951.87 | 7.36 | 107115.89 | 10.24 | 21600.11 | 2.07 | 690.70 | 0.07 |
| 棉花绒（斤） | | | | | 1776.25 | 10.32 | | | | |
| 棉布（匹） | | | | | 13388.00 | 10.40 | 596.00 | 0.46 | | |
| 草（束） | 21902.00 | 1.59 | 95411.00 | 6.93 | 134066.00 | 9.74 | 29971.00 | 2.18 | 856.00 | 0.06 |
| 户口盐钞银（两） | 108.60 | 0.56 | 1614.58 | 8.26 | 2101.11 | 10.75 | 1930.19 | 9.87 | | |
| 存留（两） | 108.60 | 0.56 | 1614.58 | 8.26 | 2101.11 | 10.75 | 1930.19 | 9.87 | | |
| **项目** | 卫所[2] | % | | | | | | | | |
| **夏税** | | | | | | | | | | |
| 麦（石） | 8162.74 | 1.18 | | | | | | | | |

[1] 合开山驿、青桥驿、黄沙驿、柏林驿、青阳驿、草凉楼驿、梁山驿、三岔驿、安山驿、武关驿、凉山楼驿。西固城军民千户所、庆阳卫前千户所、山城递运所、本砾递运所、青平递运所、阜城递运所、宁夏卫经历司、灵州、灵州千户所、石沟儿递运所、石沟城、龙州城、清平堡、威武堡、怀远递运所、波罗堡、榆林城、高家堡、庆阳卫、延安卫、绥德卫、大沙井递运所、萌城驿、小盐池递运所、小盐池驿、石沟驿、岷州卫。

[2] 合逃运所、岷州卫、石沟驿、小盐池驿、小盐池递运所、萌城驿、大沙井递运所、绥德卫、延安卫、庆阳卫、高家堡、榆林城、波罗堡、怀远递运所、威武堡、清平堡、龙州城、靖边营、宁塞堡、永济堡、新兴堡、安边营、定边营、双山营。

四川布政司

| 项目 | 全省各府总数 | % | 成都府 | % | 保宁府 | % | 顺庆府 | % | 叙州府 | % |
|---|---|---|---|---|---|---|---|---|---|---|
| 夏税 | | | | | | | | | | |
| 米（石） | 309892.05 | 100.00 | 48485.99 | 15.65 | 9525.45 | 3.07 | 23356.53 | 7.54 | 32887.32 | 10.61 |
| 起运（石） | 279497.16 | 100.00 | 42076.55 | 15.05 | 7426.78 | 2.66 | 21820.04 | 7.81 | 30373.02 | 10.87 |
| 存留（石） | 30394.82 | 100.00 | 6409.43 | 21.09 | 2098.66 | 6.90 | 1536.48 | 5.06 | 2514.29 | 8.27 |
| 秋粮 | | | | | | | | | | |
| 米（石） | 701352.88 | 100.00 | 109768.19 | 15.65 | 9681.87 | 1.38 | 49122.77 | 7.00 | 85542.13 | 12.20 |
| 起运（石） | 628826.49 | 100.00 | 93003.39 | 14.79 | 6642.71 | 1.06 | 45269.25 | 7.20 | 79669.84 | 12.67 |
| 存留（石） | 72526.31 | 100.00 | 16764.80 | 23.12 | 3039.15 | 4.19 | 3853.51 | 5.31 | 5872.29 | 8.10 |
| 棉花绒（斤） | 70389.02 | 100.00 | 12873.57 | 18.29 | | | 3209.30 | 4.56 | 7437.70 | 10.57 |
| 存留（斤） | 70389.02 | 100.00 | 12873.57 | 18.29 | | | 3209.30 | 4.56 | 7437.70 | 10.57 |
| 马（匹） | 5.00 | 100.00 | | | | | | | | |
| 户口盐钞银（两） | 15907.84 | 100.00 | 3331.60 | 20.94 | 868.77 | 5.46 | 1243.57 | 7.82 | 1780.64 | 11.19 |
| 存留（两） | 15907.84 | 100.00 | 3331.60 | 20.94 | 868.77 | 5.46 | 1243.57 | 7.82 | 1780.64 | 11.19 |
| 项目 | 重庆府 | 夔州府 | % | 马湖府 | 龙安府 | % | 镇雄府 | % | | |

| 项目 | | |
|---|---|---|
| 绢（匹） | 12.00 | 0.13 |
| 丝绵（斤） | | |
| 秋粮 | | |
| 米（石） | 12792.67 | 1.22 |
| 棉花绒（斤） | | |
| 棉布（匹） | | |
| 草（束） | 19651.00 | 1.43 |
| 户口盐钞银（两） | | |
| 存留（两） | | |

**Top block**

| 项目 | 潼川州 | % | 眉州 | % | 嘉定州 | % | 邛州 | % | 泸州 | % |
|---|---|---|---|---|---|---|---|---|---|---|
| 夏税 | | | | | | | | | | |
| 米（石） | 109833.22 | 35.44 | 8760.12 | 2.83 | 833.12 | 0.27 | 2214.72 | 0.71 | | |
| 起运（石） | 104607.56 | 37.43 | 7360.37 | 2.63 | | | 838.61 | 0.30 | | |
| 存留（石） | 5225.66 | 17.19 | 1399.74 | 4.61 | 833.12 | 2.74 | 1376.11 | 4.53 | | |
| 秋粮 | | | | | | | | | | |
| 米（石） | 248021.41 | 35.36 | 21805.27 | 3.11 | 2102.98 | 0.30 | 7013.17 | 1.00 | 4184.85 | 0.60 |
| 起运（石） | 237936.78 | 37.84 | 16652.09 | 2.65 | | | 1316.89 | 0.21 | 4092.42 | 0.65 |
| 存留（石） | 10084.62 | 13.90 | 5153.17 | 7.11 | 2102.98 | 2.90 | 5696.28 | 7.85 | 92.43 | 0.13 |
| 棉花绒（斤） | 25071.34 | 35.62 | 1254.13 | 1.78 | | | | | | |
| 存留（斤） | 25071.34 | 35.62 | 1254.13 | 1.78 | | | | | | |
| 马（匹） | | | | | | | | | | |
| 户口盐钞银（两） | 3552.39 | 22.33 | 637.48 | 4.01 | | | 320.55 | 2.02 | | |
| 存留（两） | 3552.39 | 22.33 | 637.48 | 4.01 | | | 320.55 | 2.02 | | |

**Bottom block**

| 项目 | 潼川州 | % | 眉州[1] | % | 嘉定州 | % | 邛州 | % | 泸州 | % |
|---|---|---|---|---|---|---|---|---|---|---|
| 夏税 | | | | | | | | | | |
| 米（石） | 11053.27 | 3.57 | 9785.31 | 3.16 | 10841.75 | 3.50 | 6117.19 | 1.97 | 31467.02 | 10.15 |
| 起运（石） | 9062.10 | 3.24 | 8411.25 | 3.01 | 9556.60 | 3.42 | 5674.72 | 2.03 | 30805.43 | 11.02 |
| 存留（石） | 1991.16 | 6.55 | 1374.06 | 4.52 | 1285.15 | 4.23 | 442.47 | 1.46 | 661.58 | 2.18 |
| 秋粮 | | | | | | | | | | |
| 米（石） | 15878.73 | 2.26 | 22327.81 | 3.18 | 30429.44 | 4.34 | 18374.54 | 2.62 | 59571.98 | 8.49 |
| 起运（石） | 13661.39 | 2.17 | 21374.00 | 3.40 | 27971.62 | 4.45 | 17173.61 | 2.73 | 56906.99 | 9.05 |
| 存留（石） | 2217.33 | 3.06 | 953.81 | 1.32 | 2457.82 | 3.39 | 1200.92 | 1.66 | 2664.99 | 3.67 |
| 棉花绒（斤） | 2870.70 | 4.08 | 2881.30 | 4.09 | 8332.00 | 11.84 | 3052.00 | 4.34 | 3406.98 | 4.84 |
| 存留（斤） | 2870.70 | 4.08 | 2881.30 | 4.09 | 8332.00 | 11.84 | 3052.00 | 4.34 | 3406.98 | 4.84 |

1 原书此州州名残缺，依据谭其骧《中国历史地图集》第七册《四川》补，第62—63页。

| 项目 | 雅州 | % | 永宁宣抚司 | % | 九姓长官司 | % | 太平长官司 | % | 黎州安抚司 | % |
|---|---|---|---|---|---|---|---|---|---|---|
| 马（匹） |  |  |  |  |  |  |  |  |  |  |
| 户口盐钞银（两） | 1396.37 | 8.78 | 581.44 | 3.66 | 884.55 | 5.56 | 479.09 | 3.01 | 552.92 | 3.48 |
| 存留（两） | 1396.37 | 8.78 | 581.44 | 3.66 | 884.55 | 5.56 | 479.09 | 3.01 | 552.92 | 3.48 |
| 夏税 |  |  |  |  |  |  |  |  |  |  |
| 米（石） | 2303.55 | 0.74 | 636.86 | 0.21 | 925.90 | 0.30 | 161.38 | 0.05 | 9.47 | 0.00 |
| 起运（石） | 794.00 | 0.28 |  |  | 678.53 | 0.24 |  |  |  |  |
| 存留（石） | 1509.55 | 4.97 | 636.86 | 2.10 | 247.37 | 0.81 | 161.38 | 0.53 | 9.47 | 0.03 |
| 秋粮 |  |  |  |  |  |  |  |  |  |  |
| 米（石） | 7147.70 | 1.02 | 1219.92 | 0.17 | 1018.37 | 0.15 | 407.80 | 0.06 | 163.86 | 0.02 |
| 起运（石） | 5714.30 | 0.91 |  |  | 783.33 | 0.12 |  |  |  |  |
| 存留（石） | 1433.39 | 1.98 | 1219.92 | 1.68 | 235.04 | 0.32 | 407.80 | 0.56 | 163.86 | 0.23 |
| 梢花绒（斤） |  |  |  |  |  |  |  |  |  |  |
| 存留（斤） |  |  |  |  |  |  |  |  |  |  |
| 马（匹） |  |  |  |  |  |  |  |  |  |  |
| 户口盐钞银（两） | 278.47 | 1.75 |  |  |  |  |  |  |  |  |
| 存留（两） | 278.47 | 1.75 |  |  |  |  |  |  |  |  |

| 各府 | 建昌卫并所属威龙普济昌州等长官司 | % | 越嶲卫并所属邛部等长官司 | % | 宁番卫 | % | 会川卫 | % | 盐井卫并所属马喇长官司 | % |
|---|---|---|---|---|---|---|---|---|---|---|
| 夏税 |  |  |  |  |  |  |  |  |  |  |
| 米（石） | 257.89 | 0.08 |  |  | 52.88 | 0.02 | 236.72 | 0.08 | 146.39 | 0.05 |
| 起运（石） | 11.60 | 0.00 |  |  |  |  |  |  |  |  |
| 存留（石） | 246.29 | 0.81 |  |  | 52.88 | 0.17 | 236.72 | 0.78 | 146.39 | 0.48 |
| 秋粮 |  |  |  |  |  |  |  |  |  |  |
| 米（石） | 2992.00 | 0.43 | 222.52 | 0.03 | 218.02 | 0.03 | 3642.20 | 0.52 | 495.35 | 0.07 |

广东布政司

**（续上页表，广州府、韶州府、南雄府、惠州府部分）**

| 项目 | 广州府 | % | 韶州府 | % | 南雄府 | % | 惠州府 | % |
|---|---|---|---|---|---|---|---|---|
| 起运（石） | 657.88 | 0.10 | 218.02 | 0.30 | 3642.20 | 5.02 | 495.35 | 0.68 |
| 存留（石） | 2334.11 | 3.22 | 222.52 | 0.31 | | | | |
| 棉花绒（斤）存留（斤） | | | | | | | | |
| 马（匹） | | | | | | | 5.00 | 100.00 |
| 户口盐钞银（两）存留（两） | | | | | | | | |

| 项目 | 全省各府总数 | % | 广州府 | % | 韶州府 | % | 南雄府 | % | 惠州府 | % |
|---|---|---|---|---|---|---|---|---|---|---|
| **夏税** | | | | | | | | | | |
| 米（石） | 6207.85 | 100.00 | 897.97 | 14.47 | 274.06 | 4.41 | 124.87 | 2.01 | 294.41 | 4.74 |
| 存留（石） | 6207.85 | 100.00 | 897.97 | 14.47 | 274.06 | 4.41 | 124.87 | 2.01 | 294.41 | 4.74 |
| **秋粮** | | | | | | | | | | |
| 米（石） | 866185.61 | 100.00 | 313658.33 | 36.21 | 49688.62 | 5.74 | 34918.01 | 4.03 | 67329.31 | 7.77 |
| 起运（石） | 287754.13 | 100.00 | 90231.21 | 31.36 | 8053.44 | 2.80 | 12397.44 | 4.31 | 16287.12 | 5.66 |
| 存留（石） | 578430.99 | 100.00 | 223427.12 | 38.63 | 41635.17 | 7.20 | 22520.57 | 3.89 | 51042.19 | 8.82 |
| 户口盐钞银（两） | 18784.12 | 100.00 | 7767.22 | 41.35 | 651.86 | 3.47 | 199.76 | 1.06 | 1370.32 | 7.30 |
| 存留（两） | 18784.12 | 100.00 | 7767.22 | 41.35 | 651.86 | 3.47 | 199.76 | 1.06 | 1370.32 | 7.30 |

| 项目 | 潮州府[1] | % | 肇庆府 | % | 高州府 | % | 廉州府[2] | % | 罗定州 | % |
|---|---|---|---|---|---|---|---|---|---|---|
| **夏税** | | | | | | | | | | |
| 米（石） | 4261.42 | 68.65 | 118.60 | 1.91 | 119.77 | 1.93 | 108.71 | 1.75 | 8.04 | 0.13 |
| 存留（石） | 4261.42 | 68.65 | 118.60 | 1.91 | 119.77 | 1.93 | 108.71 | 1.75 | 8.04 | 0.13 |
| **秋粮** | | | | | | | | | | |

1 在潮州府项后，原书缺四页，据谭其骧《中国历史地图集》第七册《广东》，此处缺潮州府及琼州府属部分县数据，第72—73页。

2 在廉州府项后，原书缺四页，据谭其骧《中国历史地图集》第七册《广东》，此处缺雷州府及琼州府及其所属定安、澄迈、文昌县数据，第72—73页。

| 项目 | | % | | % | | % | | % | | % |
|---|---|---|---|---|---|---|---|---|---|---|
| 米（石） | 161288.66 | 18.62 | 140117.11 | 16.18 | 52785.75 | 6.09 | 26522.57 | 3.06 | 19877.25 | 2.29 |
| 起运（石） | 91298.47 | 31.73 | 42764.01 | 14.86 | 9997.83 | 3.47 | 11185.89 | 3.89 | 5538.72 | 1.92 |
| 存留（石） | 69990.19 | 12.10 | 97353.09 | 16.83 | 42787.93 | 7.40 | 15336.67 | 2.65 | 14338.06 | 2.48 |
| 户口盐钞银（两） | 4704.11 | 25.04 | 2755.66 | 14.67 | 462.00 | 2.46 | 688.14 | 3.66 | 185.05 | 0.99 |
| 存留（两） | 4704.11 | 25.04 | 2755.66 | 14.67 | 462.00 | 2.46 | 688.14 | 3.66 | 185.05 | 0.99 |

广西布政司

| 项目 | 全省各府总数 | % | 桂林府 | % | 柳州府 | % | 庆远府 | % | 平乐府 | % |
|---|---|---|---|---|---|---|---|---|---|---|
| 夏税 | | | | | | | | | | |
| 米（石） | 2997.37 | 100.00 | 1681.20 | 56.09 | 284.93 | 9.51 | 7.68 | 0.26 | 44.17 | 1.47 |
| 存留（石） | 2997.37 | 100.00 | 1681.20 | 56.09 | 284.93 | 9.51 | 7.68 | 0.26 | 44.17 | 1.47 |
| 丝（斤） | 137.94 | 100.00 | 71.81 | 52.06 | | | | | 13.37 | 9.69 |
| 存留（斤） | 137.94 | 100.00 | 71.81 | 52.06 | | | | | 13.37 | 9.69 |
| 秋粮 | | | | | | | | | | |
| 米（石） | 382000.96 | 100.00 | 113526.97 | 29.72 | 40498.08 | 10.60 | 14476.78 | 3.79 | 25238.24 | 6.61 |
| 存留（石） | 382000.96 | 100.00 | 113526.97 | 29.72 | 40498.08 | 10.60 | 14476.78 | 3.79 | 25238.24 | 6.61 |
| 钞（锭） | 1761.00 | 100.00 | 248.00 | 14.08 | 586.00 | 33.28 | | | 358.00 | 20.33 |
| 存留（锭） | 1761.00 | 100.00 | 248.00 | 14.08 | 586.00 | 33.28 | | | 358.00 | 20.33 |
| 桐油（斤） | 1065.00 | 100.00 | 1065.00 | 100.00 | | | | | | |
| 存留（斤） | 1065.00 | 100.00 | 1065.00 | 100.00 | | | | | | |
| 苎麻（斤） | 137.91 | 100.00 | | | | | | | | |
| 存留（斤） | 137.91 | 100.00 | | | | | | | | |
| 红花（斤） | 11.84 | 100.00 | | | | | | | | |
| 存留（斤） | 11.84 | 100.00 | | | | | | | | |
| 户口盐钞银（两） | 1416.98 | 100.00 | 232.34 | 16.40 | 216.80 | 15.30 | | | 159.31 | 11.24 |
| 存留（两） | 1416.98 | 100.00 | 232.34 | 16.40 | 216.80 | 15.30 | | | 159.31 | 11.24 |

| 项目 | 梧州府 | % | 浔州府 | % | 南宁府 | % | 太平府 | % | 思恩军民府 | % |
|---|---|---|---|---|---|---|---|---|---|---|
| 夏税 | | | | | | | | | | |
| 米（石） | 196.96 | 6.57 | 119.55 | 3.99 | 414.02 | 13.81 | 11.05 | 11.05 | 230.81 | 7.70 |
| 存留（石） | 196.96 | 6.57 | 119.55 | 3.99 | 414.02 | 13.81 | 11.05 | 11.05 | 230.81 | 7.70 |
| 丝（斤） | 46.24 | 33.52 | 2.75 | 1.99 | 3.77 | 2.73 | | | | |
| 存留（斤） | 46.24 | 33.52 | 2.75 | 1.99 | 3.77 | 2.73 | | | | |
| 秋粮 | | | | | | | | | | |
| 米（石） | 76702.07 | 20.08 | 34978.57 | 9.16 | 38324.55 | 10.03 | 3225.57 | 10.03 | 13051.91 | 3.42 |
| 存留（石） | 76702.07 | 20.08 | 34978.57 | 9.16 | 38324.55 | 10.03 | 3225.57 | 10.03 | 13051.91 | 3.42 |
| 钞（锭） | | | 566.00 | 32.14 | 3.00 | 0.17 | | | | |
| 存留（锭） | | | 566.00 | 32.14 | 3.00 | 0.17 | | | | |
| 桐油（斤） | | | | | | | | | | |
| 存留（斤） | | | | | | | | | | |
| 苎麻（斤） | 27.44 | 19.90 | 110.47 | 80.10 | | | | | | |
| 存留（斤） | 27.44 | 19.90 | 110.47 | 80.10 | | | | | | |
| 红花（斤） | | | | | 11.84 | 100.00 | | | | |
| 存留（斤） | | | | | 11.84 | 100.00 | | | | |
| 户口盐钞银（两） | 282.90 | 19.96 | 186.90 | 13.19 | 338.73 | 23.91 | | | | |
| 存留（两） | 282.90 | 19.96 | 186.90 | 13.19 | 338.73 | 23.91 | | | | |

| 项目 | 直隶土司衙门 | % | 镇安府 | % | 向武州 | % | 奉议州 | % | 都康州 | % |
|---|---|---|---|---|---|---|---|---|---|---|
| 夏税 | | | | | | | | | | |
| 米（石） | 3.50 | 0.12 | | | | | | | 3.50 | 0.12 |
| 存留（石） | 3.50 | 0.12 | | | | | | | 3.50 | 0.12 |
| 丝（斤） | | | | | | | | | | |
| 存留（斤） | | | | | | | | | | |

| 秋糧 | 歸順州 | % | 富勞縣 | % | 思明府 | % | 思明州 | % | 上石西州 | % |
|---|---|---|---|---|---|---|---|---|---|---|
| 米（石） | 11071.61 | 2.90 | 1100.00 | 0.29 | 654.12 | 0.17 | 286.00 | 0.07 | 237.00 | 0.06 |
| 存留（石） | 11071.61 | 2.90 | 1100.00 | 0.29 | 654.12 | 0.17 | 286.00 | 0.07 | 237.00 | 0.06 |
| 鈔（錠） | | | | | | | | | | |
| 存留（錠） | | | | | | | | | | |
| 桐油（斤） | | | | | | | | | | |
| 存留（斤） | | | | | | | | | | |
| 苧麻（斤） | | | | | | | | | | |
| 存留（斤） | | | | | | | | | | |
| 紅花（斤） | | | | | | | | | | |
| 存留（斤） | | | | | | | | | | |
| 戶口盐鈔銀（兩） | | | | | | | | | | |
| 存留（兩） | | | | | | | | | | |

| 項目 | 歸順州 | % | 富勞縣 | % | 思明府 | % | 思明州 | % | 上石西州 | % |
|---|---|---|---|---|---|---|---|---|---|---|
| 夏稅 | | | | | | | | | | |
| 米（石） | | | 150.00 | 0.04 | | | | | | |
| 存留（石） | | | 150.00 | 0.04 | | | | | | |
| 丝（斤） | | | | | | | | | | |
| 存留（斤） | | | | | | | | | | |
| 秋糧 | | | | | | | | | | |
| 米（石） | | | 214.80 | 0.06 | 246.50 | 0.06 | 61.00 | 0.02 | 30.00 | 0.01 |
| 存留（石） | | | 214.80 | 0.06 | 246.50 | 0.06 | 61.00 | 0.02 | 30.00 | 0.01 |
| 鈔（錠） | | | | | | | | | | |
| 存留（錠） | | | | | | | | | | |
| 桐油（斤） | | | | | | | | | | |

| 项目 | 下石西州 | % | 江州 | % | 龙州 | % | 思陵州 | % | 利州 | % |
|---|---|---|---|---|---|---|---|---|---|---|
| 存留（斤） | | | | | | | | | | |
| 苎麻（斤） | | | | | | | | | | |
| 存留（斤） | | | | | | | | | | |
| 红花（斤） | | | | | | | | | | |
| 存留（斤） | | | | | | | | | | |
| 户口盐钞银（两） | | | | | | | | | | |
| 存留（两） | | | | | | | | | | |
| 夏税 | | | | | | | | | | |
| 米（石） | | | | | | | | | | |
| 存留（石） | | | | | | | | | | |
| 丝（斤） | | | | | | | | | | |
| 存留（斤） | | | | | | | | | | |
| 秋粮 | | | | | | | | | | |
| 米（石） | 25.00 | 0.01 | 220.00 | 0.06 | 462.15 | 0.12 | 30.00 | 0.01 | 100.00 | 0.03 |
| 存留（石） | 25.00 | 0.01 | 220.00 | 0.06 | 462.15 | 0.12 | 30.00 | 0.01 | 100.00 | 0.03 |
| 钞（锭） | | | | | | | | | | |
| 存留（锭） | | | | | | | | | | |
| 桐油（斤） | | | | | | | | | | |
| 存留（斤） | | | | | | | | | | |
| 苎麻（斤） | | | | | | | | | | |
| 存留（斤） | | | | | | | | | | |
| 红花（斤） | | | | | | | | | | |
| 存留（斤） | | | | | | | | | | |
| 户口盐钞银（两） | | | | | | | | | | |

| 项目 | 迁隆峒 | % | 上林长官司 | % | 安隆长官司 | % | 泗城州 | % | 田州 | % |
|---|---|---|---|---|---|---|---|---|---|---|
| 夏税 | | | | | | | | | | |
| 米（石） | | | | | | | | | | |
| 存留（石） | | | | | | | | | | |
| 丝（斤） | | | | | | | | | | |
| 存留（斤） | | | | | | | | | | |
| 秋粮 | | | | | | | | | | |
| 米（石） | 35.55 | 0.01 | 400.00 | 0.10 | 141.60 | 0.04 | 1646.90 | 0.43 | 4865.99 | 1.27 |
| 存留（石） | 35.55 | 0.01 | 400.00 | 0.10 | 141.60 | 0.04 | 1646.90 | 0.43 | 4865.99 | 1.27 |
| 钞（锭） | | | | | | | | | | |
| 存留（锭） | | | | | | | | | | |
| 桐油（斤） | | | | | | | | | | |
| 存留（斤） | | | | | | | | | | |
| 苎麻（斤） | | | | | | | | | | |
| 存留（斤） | | | | | | | | | | |
| 红花（斤） | | | | | | | | | | |
| 存留（斤） | | | | | | | | | | |
| 户口盐钞银（两） | | | | | | | | | | |
| 存留（两） | | | | | | | | | | |

| 项目 | 凭祥州[1] | % |
|---|---|---|
| 夏税 | | |
| 米（石） | | |
| 存留（石） | | |

[1] 原书此处数据残缺。

丝（斤）
存留（斤）
秋粮
米（石）
存留（石）
钞（锭）
存留（锭）
桐油（斤）
存留（斤）
苎麻（斤）
存留（斤）
红花（斤）
存留（斤）
户口盐钞银（两）
存留（两）

云南布政司

| 项目 | 全省各府总数 | % | 云南府 | % | 大理府 | % | 临安府 | % | 楚雄府 | % |
|---|---|---|---|---|---|---|---|---|---|---|
| 夏税 | | | | | | | | | | |
| 麦（石） | 35567.18 | 100.00 | 8404.74 | 23.63 | 9173.47 | 25.79 | 1330.74 | 3.74 | 1854.70 | 5.21 |
| 存留（石） | 35567.18 | 100.00 | 8404.74 | 23.63 | 9173.47 | 25.79 | 1330.74 | 3.74 | 1854.70 | 5.21 |
| 秋粮 | | | | | | | | | | |
| 米（石） | 116364.86 | 100.00 | 25845.27 | 22.21 | 15652.92 | 13.45 | 15917.01 | 13.68 | 8655.59 | 7.44 |
| 存留（石） | 116364.86 | 100.00 | 25845.27 | 22.21 | 15652.92 | 13.45 | 15917.01 | 13.68 | 8655.59 | 7.44 |
| 银（两） | 8979.38 | 100.00 | | | 56.12 | 0.62 | 494.96 | 5.51 | 241.70 | 2.69 |
| 存留（两） | 8242.72 | 100.00 | | | 56.12 | 0.68 | | | | |

| 项目 | 澜江府 | % | 景东府 | % | 广南府 | % | 广西府 | % | 镇沅府 | % |
|---|---|---|---|---|---|---|---|---|---|---|
| 金（两） | 66.67 | 100.00 | | | | | | | | |
| 存留（两） | 66.67 | 100.00 | | | | | | | | |
| 钞（锭） | 60.00 | 100.00 | | | | | | | | |
| 存留（锭） | 60.00 | 100.00 | | | | | | | | |
| 棉绸（匹） | 15.00 | 100.00 | | | 15.00 | 100.00 | | | | |
| 存留（匹） | 15.00 | 100.00 | | | 15.00 | 100.00 | | | | |
| 棉布（段） | 1700.00 | 100.00 | | | 1700.00 | 100.00 | | | | |
| 存留（段） | 1700.00 | 100.00 | | | 1700.00 | 100.00 | | | | |
| 黄牛（只） | 26.00 | 100.00 | | | 5.00 | 19.23 | | | 10.00 | 38.46 |
| 水牛（只） | 10.00 | 100.00 | | | | | | | | |
| 马（匹） | 85.00 | 100.00 | | | 2.00 | 2.35 | | | 2.00 | 2.35 |
| 海肥（索） | 272377.00 | 100.00 | | | | | 221025.00 | 81.15 | | |
| 项目 | 澜江府 | % | 景东府 | % | 广南府 | % | 广西府 | % | 镇沅府 | % |
| 夏税 | | | | | | | | | | |
| 麦（石） | 2172.27 | 6.11 | | | | | 114.84 | 0.32 | | |
| 存留（石） | 2172.27 | 6.11 | | | | | 114.84 | 0.32 | | |
| 秋粮 | | | | | | | | | | |
| 米（石） | 5044.42 | 4.34 | 1939.14 | 1.67 | 1723.61 | 1.48 | 5340.99 | 4.59 | 100.00 | 0.09 |
| 存留（石） | 5044.42 | 4.34 | 1939.14 | 1.67 | 1723.61 | 1.48 | 5340.99 | 4.59 | 100.00 | 0.09 |
| 银（两） | | | 300.00 | 3.34 | | | | | 650.00 | 7.24 |
| 存留（两） | | | 300.00 | 3.64 | | | | | 650.00 | 7.89 |
| 金（两） | | | | | | | | | | |
| 存留（两） | | | | | | | | | | |
| 钞（锭） | | | | | | | | | 60.00 | 100.00 |
| 存留（锭） | | | | | | | | | 60.00 | 100.00 |

| 项目 | 永宁府 | % | 曲靖军民府 | % | 姚安军民府 | % | 鹤庆军民府 | % | 武定军民府 | % |
|---|---|---|---|---|---|---|---|---|---|---|
| 棉绸（匹） | | | | | | | | | | |
| 存留（匹） | | | | | | | | | | |
| 棉布（段） | | | | | | | | | | |
| 存留（段） | | | | | | | | | | |
| 黄牛（只） | | | | | | | | | | |
| 水牛（只） | | | | | | | 10.00 | 100.00 | | |
| 马（匹） | | | | | | | | | | |
| 海肥（索） | 14972.00 | 5.50 | | | | | | | | |
| 夏税 | | | | | | | | | | |
| 麦（石） | | | 1329.45 | 3.74 | 1596.67 | 4.49 | 3355.86 | 9.44 | 430.28 | 1.21 |
| 存留（石） | | | 1329.45 | 3.74 | 1596.67 | 4.49 | 3355.86 | 9.44 | 430.28 | 1.21 |
| 秋粮 | | | | | | | | | | |
| 米（石） | | | 7297.20 | 6.27 | 3204.75 | 2.75 | 4574.75 | 3.93 | 3108.07 | 2.67 |
| 存留（石） | | | 7297.20 | 6.27 | 3204.75 | 2.75 | 4574.75 | 3.93 | 3108.07 | 2.67 |
| 银（两） | 450.00 | 5.01 | | | 307.30 | 3.42 | 90.00 | 1.00 | | |
| 存留（两） | 450.00 | 5.46 | | | 307.30 | 3.73 | 90.00 | 1.09 | | |
| 金（两） | | | | | | | | | | |
| 存留（两） | | | | | | | | | | |
| 钞（锭） | | | | | | | | | | |
| 存留（锭） | | | | | | | | | | |
| 棉绸（匹） | | | | | | | | | | |
| 存留（匹） | | | | | | | | | | |
| 棉布（段） | | | | | | | | | | |
| 存留（段） | | | | | | | | | | |

| 项目 | 寻甸军民府 | % | 丽江军民府 | % | 元江军民府所属因远罗必甸长官司 | % | 蒙化府 | % | 永昌军民府 | % |
|---|---|---|---|---|---|---|---|---|---|---|
| 黄牛（只） | | | | | | | | | | |
| 水牛（只） | | | | | | | | | | |
| 马（匹） | 5.00 | 5.88 | | | | | | | 20.00 | 23.53 |
| 海肥（案） | | | | | | | | | | |
| 夏税 | | | | | | | | | | |
| 麦（石） | 606.60 | 1.71 | 1639.56 | 4.61 | | | 1940.32 | 5.46 | 554.61 | 1.56 |
| 存留（石） | 606.60 | 1.71 | 1639.56 | 4.61 | | | 1940.32 | 5.46 | 554.61 | 1.56 |
| 秋粮 | | | | | | | | | | |
| 米（石） | 2173.74 | 1.87 | 940.29 | 0.81 | 1930.21 | 1.66 | 2911.52 | 2.50 | 7887.54 | 6.78 |
| 存留（石） | 2173.74 | 1.87 | 940.29 | 0.81 | 1930.21 | 1.66 | 2911.52 | 2.50 | 7887.54 | 6.78 |
| 银（两） | | | | | 102.40 | 1.14 | | | 542.70 | 6.04 |
| 存留（两） | | | | | 102.40 | 1.24 | | | 542.70 | 6.58 |
| 金（两） | | | | | | | | | | |
| 存留（两） | | | | | | | | | | |
| 钞（锭） | | | | | | | | | | |
| 存留（锭） | | | | | | | | | | |
| 棉绸（匹） | | | | | | | | | | |
| 存留（匹） | | | | | | | | | | |
| 棉布（段） | | | | | | | | | | |
| 存留（段） | | | | | | | | | | |
| 黄牛（只） | | | | | | | | | 11.00 | 42.31 |
| 水牛（只） | | | | | | | | | | |

| 项目 | 北胜州 | % | 新化州 | % | 蒗蕖州 | % | 者乐甸长官司 | % | 威远州 | % |
| --- | --- | --- | --- | --- | --- | --- | --- | --- | --- | --- |
| 夏税 | | | | | | | | | | |
| 麦（石） | 1063.07 | 2.99 | | | | | | | | |
| 存留（石） | 1063.07 | 2.99 | | | | | | | | |
| 秋粮 | | | | | | | | | | |
| 米（石） | 1542.60 | 1.33 | 504.89 | 0.43 | | | 70.35 | 0.06 | | |
| 存留（石） | 1542.60 | 1.33 | 504.89 | 0.43 | | | 70.35 | 0.06 | | |
| 银（两） | 352.20 | 3.92 | 450.00 | 5.01 | 60.00 | 0.67 | 240.00 | 2.67 | 400.00 | 4.45 |
| 存留（两） | 352.20 | 4.27 | 450.00 | 5.46 | 60.00 | 0.73 | 240.00 | 2.91 | 400.00 | 4.85 |
| 金（两） | | | | | | | | | | |
| 存留（两） | | | | | | | | | | |
| 钞（锭） | | | | | | | | | | |
| 存留（锭） | | | | | | | | | | |
| 棉绸（匹） | | | | | | | | | | |
| 存留（匹） | | | | | | | | | | |
| 棉布（段） | | | | | | | | | | |
| 存留（段） | | | | | | | | | | |
| 黄牛（只） | | | | | | | | | | |
| 水牛（只） | | | | | | | | | | |
| 马（匹） | 10.00 | 11.76 | 31.00 | 36.47 | 36380.00 | 13.36 | | | 11.00 | 12.94 |
| 海肥（索） | | | | | | | | | | |

| 项目 | 干崖宣抚司 | % | 南甸宣抚司 | % | 木邦宣慰司 | % | 陇川宣抚司 | % | 芒市长官司 | % |
| --- | --- | --- | --- | --- | --- | --- | --- | --- | --- | --- |
| 夏税 | | | | | | | | | | |

| 项目 | 孟定府 | % | 潞江安抚司 | % | 湾甸州 | % | 大侯州 | % | 孟琏长官司 | % |
|---|---|---|---|---|---|---|---|---|---|---|
| 麦（石） | | | | | | | | | | |
| 存留（石） | | | | | | | | | | |
| 秋粮 | | | | | | | | | | |
| 米（石） | | | | | | | | | | |
| 存留（石） | | | | | | | | | | |
| 银（两） | | | 100.00 | 1.11 | 1400.00 | 15.59 | 400.00 | 4.45 | 100.00 | 1.11 |
| 存留（两） | | | 100.00 | 1.21 | 1400.00 | 16.98 | 400.00 | 4.85 | 100.00 | 1.21 |
| 金（两） | | | | | | | | | | |
| 存留（两） | | | | | | | | | | |
| 钞（锭） | | | | | | | | | | |
| 存留（锭） | | | | | | | | | | |
| 棉绸（匹） | | | | | | | | | | |
| 存留（匹） | | | | | | | | | | |
| 棉布（段） | | | | | | | | | | |
| 存留（段） | | | | | | | | | | |
| 黄牛（只） | | | | | | | | | | |
| 水牛（只） | | | | | | | | | | |
| 马（匹） | | | | | | | | | | |
| 海肥（索） | | | | | | | | | | |
| 夏税 | | | | | | | | | | |
| 麦（石） | | | | | | | | | | |
| 存留（石） | | | | | | | | | | |
| 秋粮 | | | | | | | | | | |
| 米（石） | | | | | | | | | | |

| 项目 | 镇康州 | % | 车里宣慰司 | % | 孟养宣慰司 | % | 孟艮府 | % | 钮兀长官司 | % |
|---|---|---|---|---|---|---|---|---|---|---|
| 存留（石） | | | | | | | | | | |
| 银（两） | 600.00 | 6.68 | 142.00 | 1.58 | 150.00 | 1.67 | 200.00 | 2.23 | 200.00 | 2.23 |
| 存留（两） | 600.00 | 7.28 | 142.00 | 1.72 | 150.00 | 1.82 | 200.00 | 2.43 | 200.00 | 2.43 |
| 金（两） | | | | | | | | | | |
| 存留（两） | | | | | | | | | | |
| 钞（两） | | | | | | | | | | |
| 存留（锭） | | | | | | | | | | |
| 棉绸（匹） | | | | | | | | | | |
| 存留（匹） | | | | | | | | | | |
| 棉布（段） | | | | | | | | | | |
| 存留（段） | | | | | | | | | | |
| 黄牛（只） | | | | | | | | | | |
| 水牛（只） | | | | | | | | | | |
| 马（匹） | | | | | | | | | | |
| 海肥（索） | | | | | | | | | | |

| 项目 | 镇康州 | % | 车里宣慰司 | % | 孟养宣慰司 | % | 孟艮府 | % | 钮兀长官司 | % |
|---|---|---|---|---|---|---|---|---|---|---|
| 夏税 | | | | | | | | | | |
| 麦（石） | | | | | | | | | | |
| 存留（石） | | | | | | | | | | |
| 秋粮 | | | | | | | | | | |
| 米（石） | | | | | | | | | | |
| 存留（石） | | | | | | | | | | |
| 银（两） | 100.00 | 1.11 | | | 750.00 | 8.35 | | | | |
| 存留（两） | 100.00 | 1.21 | | | 750.00 | 9.10 | | | | |
| 金（两） | | | 50.00 | 75.00 | | | 16.67 | 25.00 | | |

贵州布政司

| 项目 | 全省各府总数 | % | 贵阳府 | % | 思南府 | % | 石阡府 | % | 思州府 | % |
|---|---|---|---|---|---|---|---|---|---|---|
| 存留（两） | | | | | | | | | | |
| 钞（锭） | | | | | | | | | | |
| 存留（锭） | | | | | | | | | | |
| 棉绸（匹） | | | | | | | | | | |
| 存留（匹） | | | | | | | | | | |
| 棉布（段） | | | | | | | | | | |
| 存留（段） | | | | | | | | | | |
| 黄牛（只） | | | | | | | | | | |
| 水牛（只） | | | | | | | | | | |
| 马（匹） | | | 50.00 | 75.00 | | | 16.67 | 25.00 | 4.00 | 4.71 |
| 海肥（索） | | | | | | | | | | |
| 夏税 | | | | | | | | | | |
| 小麦（石） | 6946.81 | 100.00 | | | | | | | | |
| 存留（石） | 6946.81 | 100.00 | | | | | | | | |
| 麦菽（石） | 32.46 | 100.00 | 6.95 | 21.41 | | | | | | |
| 存留（石） | 32.46 | 100.00 | 6.95 | 21.41 | | | | | | |
| 麻布（条） | 259.00 | 100.00 | | | | | | | | |
| 存留（条） | 259.00 | 100.00 | | | | | | | | |
| 秋粮 | | | | | | | | | | |
| 米（石） | 201229.41 | 100.00 | 6912.95 | 3.44 | 1859.11 | 0.92 | 851.79 | 0.42 | 840.51 | 0.42 |
| 存留（石） | 201229.41 | 100.00 | 6912.95 | 3.44 | 1859.11 | 0.92 | 851.79 | 0.42 | 840.51 | 0.42 |
| 棉布（匹） | 140000.00 | 100.00 | | | | | | | | |
| 存留（匹） | 140000.00 | 100.00 | | | | | | | | |

| 项目 | 铜仁府 | % | 镇远府 | % | 都匀府 | % | 黎平府 | % | 安顺州 | % |
|---|---|---|---|---|---|---|---|---|---|---|
| 户口盐钞银（两） | 6.23 | 100.00 | 0.29 | 4.65 | 1.88 | 30.18 | 0.39 | 6.26 | 0.19 | 3.05 |
| 存留（两） | 6.23 | 100.00 | 0.29 | 4.65 | 1.88 | 30.18 | 0.39 | 6.26 | 0.19 | 3.05 |
| 夏税 |  |  |  |  |  |  |  |  |  |  |
| 小麦（石） |  |  |  |  |  |  |  |  |  |  |
| 存留（石） |  |  |  |  |  |  |  |  |  |  |
| 麦收（石） |  |  |  |  |  |  |  |  |  |  |
| 存留（石） |  |  |  |  |  |  |  |  |  |  |
| 麻布（条） | 259.00 | 100.00 |  |  |  |  |  |  |  |  |
| 存留（条） | 259.00 | 100.00 |  |  |  |  |  |  |  |  |
| 秋粮 |  |  |  |  |  |  |  |  |  |  |
| 米（石） | 1188.68 | 0.59 | 807.67 | 0.40 | 5007.87 | 2.49 | 2621.99 | 1.30 | 5247.80 | 2.61 |
| 存留（石） | 1188.68 | 0.59 | 807.67 | 0.40 | 5007.87 | 2.49 | 2621.99 | 1.30 | 5247.80 | 2.61 |
| 棉布（匹） |  |  |  |  |  |  |  |  |  |  |
| 存留（匹） |  |  |  |  |  |  |  |  |  |  |
| 户口盐钞银（两） | 0.97 | 15.57 | 0.22 | 3.53 | 0.15 | 2.41 | 0.46 | 7.38 | 0.10 | 1.61 |
| 存留（两） | 0.97 | 15.57 | 0.22 | 3.53 | 0.15 | 2.41 | 0.46 | 7.38 | 0.10 | 1.61 |

| 项目 | 镇宁州 | % | 永宁州 | % | 普安州 | % | 贵州宣慰使司 | % | 龙里卫大平伐长官司 | % |
|---|---|---|---|---|---|---|---|---|---|---|
| 夏税 |  |  |  |  |  |  |  |  |  |  |
| 小麦（石） |  |  |  |  |  |  |  |  |  |  |
| 存留（石） |  |  |  |  |  |  |  |  |  |  |
| 麦收（石） |  |  |  |  | 232.75 | 3.35 | 25.51 | 78.59 |  |  |
| 存留（石） |  |  |  |  | 232.75 | 3.35 | 25.51 | 78.59 |  |  |
| 麻布（条） |  |  |  |  |  |  |  |  |  |  |

| | 新添卫 | % | 平越卫 | % | 清平凯里安抚司 | % | 起科粮米[1] | % | 贰府壹州[2] | % |
|---|---|---|---|---|---|---|---|---|---|---|
| 存留（条） | | | | | | | | | | |
| **秋粮** | | | | | | | | | | |
| 米（石） | 2606.44 | 1.30 | 2294.46 | 1.14 | 3167.81 | 1.57 | 8203.53 | 4.08 | 438.50 | 0.22 |
| 存留（石） | 2606.44 | 1.30 | 2294.46 | 1.14 | 3167.81 | 1.57 | 8203.53 | 4.08 | 438.50 | 0.22 |
| 棉布（匹） | | | | | | | | | | |
| 存留（匹） | | | | | | | | | | |
| 户口盐钞银（两） | 0.07 | 1.12 | 0.10 | 1.61 | 1.14 | 18.30 | 0.27 | 4.33 | | |
| 存留（两） | 0.07 | 1.12 | 0.10 | 1.61 | 1.14 | 18.30 | 0.27 | 4.33 | | |
| 项目 | 新添卫 | % | 平越卫 | % | 清平凯里安抚司 | % | 起科粮米[1] | % | 贰府壹州[2] | % |
| **夏税** | | | | | | | | | | |
| 小麦（石） | | | | | | | 6714.06 | 96.65 | | |
| 存留（石） | | | | | | | 6714.06 | 96.65 | | |
| 麦收（石） | | | | | | | | | | |
| 存留（石） | | | | | | | | | | |
| 麻布（条） | | | | | | | | | | |
| 存留（条） | | | | | | | | | | |
| **秋粮** | | | | | | | | | | |
| 米（石） | 937.56 | 0.47 | 780.60 | 0.39 | 62.14 | 0.03 | | | 102400.00 | 50.89 |
| 存留（石） | 937.56 | 0.47 | 780.60 | 0.39 | 62.14 | 0.03 | | | 102400.00 | 50.89 |
| 棉布（匹） | | | | | | | | | | |
| 存留（匹） | | | | | | | | | | |
| 户口盐钞银（两） | | | | | | | | | | |
| 存留（两） | | | | | | | | | | |

[1] 贵州等二十一卫所官军旗舍买种夷民田土照例认纳起科粮米。

[2] 湖广协济银粮：湖广长沙、衡州二府，郴州一州。

| 项目 | 叙州等府[1] | % |
|---|---|---|
| 夏税 | | |
| 小麦（石） | | |
| 存留（石） | | |
| 麦收（石） | | |
| 存留（石） | | |
| 麻布（条） | | |
| 存留（条） | | |
| 秋粮 | | |
| 米（石） | 55000.00 | 27.33 |
| 存留（石） | 55000.00 | 27.33 |
| 棉布（匹） | 140000.00 | 100.00 |
| 存留（匹） | 140000.00 | 100.00 |
| 户口盐钞银（两） | | |
| 存留（两） | | |

北直隶

| 项目 | 全省各府总数 | % | 顺天府 | % | 永平府 | % | 保定府 | % | 河间府 | % |
|---|---|---|---|---|---|---|---|---|---|---|
| 田土官民（亩） | 49256842.20 | 100.00 | 9958299.90 | 20.22 | 1833946.50 | 3.72 | 9709550.80 | 19.71 | 8287219.80 | 16.82 |
| 夏税 | | | | | | | | | | |
| 麦（石） | 178868.51 | 100.00 | 18803.37 | 10.51 | 9996.19 | 5.59 | 18793.82 | 10.51 | 19718.23 | 11.02 |
| 起运（石） | 105443.47 | 100.00 | 10900.00 | 10.34 | 50.00 | 0.05 | 5150.00 | 4.88 | 9893.00 | 9.38 |
| 存留（石） | 73425.04 | 100.00 | 7903.37 | 10.76 | 9946.19 | 13.55 | 13643.82 | 18.58 | 9825.23 | 13.38 |
| 绢（匹） | 48070.00 | 100.00 | 3936.00 | 8.19 | 2293.00 | 4.77 | 7203.00 | 14.98 | 5935.00 | 12.35 |
| 起运（匹） | 44142.00 | 100.00 | 3936.00 | 8.92 | 174.00 | 0.39 | 6356.00 | 14.40 | 5791.00 | 13.12 |

[1]四川协济银粮：四川叙州、重庆、顺庆等府。

| 项目 | 真定府 | % | 顺德府 | % | 广平府 | % | 大名府 | % | 延庆州 | % |
|---|---|---|---|---|---|---|---|---|---|---|
| 存留（匹） | 3927.00 | 100.00 | | | 2119.00 | 53.96 | 847.00 | 21.57 | 143.00 | 3.64 |
| 丝（斤） | 224.07 | 100.00 | | | | | 224.07 | 100.00 | | |
| 起运（斤） | 224.07 | 100.00 | | | | | 224.07 | 100.00 | | |
| 钞（贯） | 9.00 | 100.00 | | | | | | | | |
| 起运（贯） | 9.00 | 100.00 | | | | | | | | |
| 秋粮 | | | | | | | | | | |
| 米（石） | 422689.19 | 100.00 | 45204.80 | 10.69 | 23353.11 | 5.52 | 42996.59 | 10.17 | 46124.60 | 10.91 |
| 起运（石） | 276245.74 | 100.00 | 26457.70 | 9.58 | | | 30710.00 | 11.12 | 24750.00 | 8.96 |
| 存留（石） | 146443.45 | 100.00 | 18747.10 | 12.80 | 23353.11 | 15.95 | 12286.59 | 8.39 | 21374.60 | 14.60 |
| 棉花绒（斤） | 103741.05 | 100.00 | 9424.09 | 9.08 | 345.83 | 0.33 | 9574.54 | 9.23 | 4647.84 | 4.48 |
| 起运（斤） | 103741.05 | 100.00 | 9424.09 | 9.08 | 345.83 | 0.33 | 9574.54 | 9.23 | 4647.84 | 4.48 |
| 谷（石） | 3800.80 | 100.00 | 3800.80 | 100.00 | | | | | | |
| 起运（石） | 3800.80 | 100.00 | 3800.80 | 100.00 | | | | | | |
| 草（束） | 8736496.00 | 100.00 | 1958845.00 | 22.42 | 303742.00 | 3.48 | 1117520.00 | 12.79 | 670863.00 | 7.68 |
| 起运（束） | 6763713.00 | 100.00 | 598162.00 | 8.84 | 1820.00 | 0.03 | 1061340.00 | 15.69 | 646000.00 | 9.55 |
| 存留（束） | 1972781.00 | 100.00 | 1360682.00 | 68.97 | 301922.00 | 15.30 | 56180.00 | 2.85 | 24863.00 | 1.26 |
| 人户（户） | 425463.00 | 100.00 | 101134.00 | 23.77 | 25094.00 | 5.90 | 45713.00 | 10.74 | 45024.00 | 10.58 |
| 人口（口） | 4264898.00 | 100.00 | 706861.00 | 16.57 | 255646.00 | 5.99 | 525083.00 | 12.31 | 419152.00 | 9.83 |
| 户口盐钞银（两） | 18524.66 | 100.00 | 4246.59 | 22.92 | 1007.09 | 5.44 | 1745.41 | 9.42 | 2558.13 | 13.81 |
| 起运银（两） | 12686.45 | 100.00 | 2286.62 | 18.02 | 993.24 | 7.83 | 1034.70 | 8.16 | 704.00 | 5.55 |
| 存留银（两） | 5838.18 | 100.00 | 1959.96 | 33.57 | 13.85 | 0.24 | 710.70 | 12.17 | 1854.12 | 31.76 |
| 项目 | 真定府 | % | 顺德府 | % | 广平府 | % | 大名府 | % | 延庆州 | % |
| 田土官民（亩） | 10267506.00 | 20.84 | 1420404.80 | 2.88 | 2023838.50 | 4.11 | 5619660.80 | 11.41 | 105942.40 | 0.22 |
| 夏税 | | | | | | | | | | |
| 麦（石） | 34958.26 | 19.54 | 12537.80 | 7.01 | 17842.45 | 9.98 | 44096.35 | 24.65 | 1713.75 | 0.96 |

| | | | | | | | | | |
|---|---|---|---|---|---|---|---|---|---|
| 起运（石） | 18944.77 | 17.97 | 11480.00 | 10.89 | 15183.00 | 14.40 | 33842.70 | 32.10 | | 2.33 |
| 存留（石） | 16013.49 | 21.81 | 1057.80 | 1.44 | 2659.45 | 3.62 | 10253.65 | 13.96 | 1713.75 | |
| 绢（匹） | 15548.00 | 32.34 | 1899.00 | 3.95 | 3553.00 | 7.39 | 7703.00 | 16.02 | | |
| 起运（匹） | 14730.00 | 33.37 | 1899.00 | 4.30 | 3553.00 | 8.05 | 7703.00 | 17.45 | | |
| 存留（匹） | 818.00 | 20.83 | | | | | | | | |
| 丝（斤） | | | | | | | | | | |
| 起运（斤） | | | | | | | | | | |
| 钞（贯） | | | | | | | 9.00 | 100.00 | | |
| 起运（贯） | | | | | | | 9.00 | 100.00 | | |
| 秋粮 | | | | | | | | | | |
| 米（石） | 82873.85 | 19.61 | 30474.05 | 7.21 | 41479.65 | 9.81 | 105192.24 | 24.89 | 3937.04 | 0.93 |
| 起运（石） | 45943.04 | 16.63 | 24935.00 | 9.03 | 33100.00 | 11.98 | 90350.00 | 32.71 | | |
| 存留（石） | 36930.81 | 25.22 | 5539.05 | 3.78 | 8379.65 | 5.72 | 14842.24 | 10.14 | 3937.04 | 2.69 |
| 棉花绒（斤） | 35033.09 | 33.77 | 5005.25 | 4.82 | 14584.99 | 14.06 | 25125.42 | 24.22 | | |
| 起运（斤） | 35033.09 | 33.77 | 5005.25 | 4.82 | 14584.99 | 14.06 | 25125.42 | 24.22 | | |
| 谷（石） | | | | | | | | | | |
| 起运（石） | | | | | | | | | | |
| 草（束） | 1383974.00 | 15.84 | 545481.00 | 6.24 | 794093.00 | 9.09 | 1869838.00 | 21.40 | 73441.00 | 0.84 |
| 起运（束） | 1303343.00 | 19.27 | 524000.00 | 7.75 | 764266.00 | 11.30 | 1864782.00 | 27.57 | | 0.00 |
| 存留（束） | 80631.00 | 4.09 | 21481.00 | 1.09 | 29826.00 | 1.51 | 5056.00 | 0.26 | 73441.00 | 3.72 |
| 人户（户） | 74738.00 | 17.57 | 27633.00 | 6.49 | 31420.00 | 7.38 | 71180.00 | 16.73 | 2755.00 | 0.65 |
| 人口（口） | 1093531.00 | 25.64 | 281957.00 | 6.61 | 264898.00 | 6.21 | 692058.00 | 16.23 | 19267.00 | 0.45 |
| 户口盐钞银（两） | 2683.80 | 14.49 | 783.11 | 4.23 | 1447.00 | 7.81 | 3992.66 | 21.55 | 60.87 | 0.33 |
| 起运（两） | 1445.12 | 11.39 | 783.11 | 6.17 | 1447.00 | 11.41 | 3992.66 | 31.47 | 60.87 | 1.04 |
| 存留银（两） | 1238.68 | 21.22 | | | | | | | | |

| 项目 | 保安州 | % | | | | | | | |
|---|---|---|---|---|---|---|---|---|---|
| 田土官民（亩） | 30472.70 | 0.06 | | | | | | | |
| 夏税 | | | | | | | | | |
| 麦（石） | 408.29 | 0.23 | | | | | | | |
| 起运（石） | | | | | | | | | |
| 存留（石） | 408.29 | 0.56 | | | | | | | |
| 绢（匹） | | | | | | | | | |
| 起运（匹） | | | | | | | | | |
| 存留（匹） | | | | | | | | | |
| 丝（斤） | | | | | | | | | |
| 起运（斤） | | | | | | | | | |
| 钞（贯） | | | | | | | | | |
| 起运（贯） | | | | | | | | | |
| 秋粮 | | | | | | | | | |
| 米（石） | 1053.26 | 0.25 | | | | | | | |
| 起运（石） | | | | | | | | | |
| 存留（石） | 1053.26 | 0.72 | | | | | | | |
| 棉花绒（斤） | | | | | | | | | |
| 起运（斤） | | | | | | | | | |
| 谷（石） | | | | | | | | | |
| 起运（石） | 18699.00 | 0.21 | | | | | | | |
| 草（束） | | | | | | | | | |
| 起运（束） | 18699.00 | 0.95 | | | | | | | |
| 存留（束） | | | | | | | | | |
| 人户（户） | 772.00 | 0.18 | | | | | | | |

南直隶表

| 项目 | 全省各府总数 | % | 应天府 | % | 苏州府 | % | 松江府 | % | 常州府 | % |
|---|---|---|---|---|---|---|---|---|---|---|
| 人口（口） | 6445.00 | 0.15 | | | | | | | | |
| 户口盐钞银（两） | | | | | | | | | | |
| 起运银（两） | | | | | | | | | | |
| 存留银（两） | | | | | | | | | | |
| 田土官民（亩） | 77394670.10 | 100.00 | 6940514.00 | 8.97 | 9295950.50 | 12.01 | 4247703.30 | 5.49 | 6425595.10 | 8.30 |
| 夏税 | | | | | | | | | | |
| 小麦（石） | 943709.07 | 100.00 | 11654.76 | 1.23 | 53665.43 | 5.69 | 92260.41 | 9.78 | 154393.38 | 16.36 |
| 起运（石） | 573425.80 | 100.00 | 7580.00 | 1.32 | 40626.80 | 7.08 | 87700.00 | 15.29 | 151660.00 | 26.45 |
| 存留（石） | 370283.26 | 100.00 | 4074.76 | 1.10 | 13038.62 | 3.52 | 4560.41 | 1.23 | 2733.38 | 0.74 |
| 绢（匹） | 38456.00 | 100.00 | 1357.00 | 3.53 | 13195.00 | 34.31 | 876.00 | 2.28 | 1897.00 | 4.93 |
| 起运（匹） | 37759.00 | 100.00 | 1357.00 | 3.59 | 13195.00 | 34.95 | 179.00 | 0.47 | 1897.00 | 5.02 |
| 存留（匹） | 697.00 | 100.00 | | | | | 697.00 | 100.00 | | |
| 丝（两） | 109906.73 | 100.00 | | | 102478.04 | 93.24 | | | | |
| 起运（两） | 1903.66 | 100.00 | | | | | | | | |
| 存留（两） | 108003.07 | 100.00 | | | 102478.04 | 94.88 | | | | |
| 麻布（匹） | 2077.00 | 100.00 | | | | | | | 2077.00 | 100.00 |
| 起运（匹） | 2077.00 | 100.00 | | | | | | | 2077.00 | 100.00 |
| 钞（锭） | 7659.00 | 100.00 | | | 4392.00 | 57.34 | 3267.00 | 42.66 | | |
| 存留（锭） | 7659.00 | 100.00 | | | 4392.00 | 57.34 | 3267.00 | 42.66 | | |
| 秋粮 | | | | | | | | | | |
| 米（石） | 5068155.43 | 100.00 | 215159.84 | 4.25 | 2038894.74 | 40.23 | 939226.23 | 18.53 | 606954.03 | 11.98 |
| 起运（石） | 4411155.81 | 100.00 | 178518.00 | 4.05 | 1850607.23 | 41.95 | 869566.92 | 19.71 | 593871.16 | 13.46 |
| 存留（石） | 656999.60 | 100.00 | 36641.84 | 5.58 | 188287.50 | 28.66 | 69659.31 | 10.60 | 13082.86 | 1.99 |

| 项目 | 镇江府 | % | 庐州府 | % | 凤阳府 | % | 淮安府 | % | 扬州府 | % |
|---|---|---|---|---|---|---|---|---|---|---|
| 钞（贯） | 5793.00 | 100.00 | 376458.00 | 7.33 | 538414.00 | 10.49 | 316251.00 | 6.16 | 120.00 | 2.07 |
| 起运（贯） | 5408.00 | 100.00 | 365192.00 | 7.71 | 511000.00 | 10.79 | 283000.00 | 5.98 |  |  |
| 存留（贯） | 385.00 | 100.00 | 11266.00 | 2.83 | 27414.00 | 6.88 | 33251.00 | 8.35 | 120.00 | 31.17 |
| 草（包） | 5132946.00 | 100.00 |  |  |  |  |  |  | 714369.00 | 13.92 |
| 起运（包） | 4734712.00 | 100.00 |  |  |  |  |  |  | 690000.00 | 14.57 |
| 存留（包） | 398234.00 | 100.00 |  |  |  |  |  |  | 24369.00 | 6.12 |
| 人户（户） | 2069067.00 | 100.00 | 143597.00 | 6.94 | 600755.00 | 29.04 | 218359.00 | 10.55 | 254460.00 | 12.30 |
| 人口（口） | 10502651.00 | 100.00 | 790513.00 | 7.53 | 2011985.00 | 19.16 | 484414.00 | 4.61 | 1002779.00 | 9.55 |
| 户口盐钞银（两） | 42706.70 | 100.00 | 2015.65 | 4.72 | 11197.44 | 26.22 | 1907.48 | 4.47 | 3465.35 | 8.11 |
| 起运银（两） | 23968.40 | 100.00 |  |  | 5598.72 | 23.36 | 774.05 | 3.23 |  |  |
| 存留银（两） | 18738.26 | 100.00 | 2015.65 | 10.76 | 5598.72 | 29.88 | 1133.43 | 6.05 | 3465.35 | 14.46 |
| 田土官民（亩） | 3381713.80 | 4.37 | 6838911.00 | 8.84 | 6019196.70 | 7.78 | 13082636.80 | 16.90 | 6108499.70 | 7.89 |
| 夏税 |  |  |  |  |  |  |  |  |  |  |
| 小麦（石） | 54958.75 | 5.82 | 9885.13 | 1.05 | 99837.26 | 10.58 | 228872.29 | 24.25 | 39925.73 | 4.23 |
| 起运（石） | 14350.00 | 2.50 | 4000.00 | 0.70 | 20000.00 | 3.49 | 99350.00 | 17.33 | 10309.00 | 1.80 |
| 存留（石） | 40608.75 | 10.97 | 5885.13 | 1.59 | 79837.26 | 21.56 | 129522.29 | 34.98 | 29616.73 | 8.00 |
| 绢（匹） | 218.00 | 0.57 | 687.00 | 1.79 | 2415.00 | 6.28 | 1461.00 | 3.80 | 842.00 | 2.19 |
| 起运（匹） | 218.00 | 0.58 | 687.00 | 1.82 | 2415.00 | 6.40 | 1461.00 | 3.87 | 842.00 | 2.23 |
| 存留（匹） |  |  |  |  |  |  |  |  |  |  |
| 丝（两） |  |  |  |  |  |  |  |  | 47.50 | 0.04 |
| 起运（两） |  |  |  |  |  |  |  |  | 47.50 | 2.50 |
| 存留（两） |  |  |  |  |  |  |  |  |  |  |
| 麻布（匹） |  |  |  |  |  |  |  |  |  |  |
| 起运（匹） |  |  |  |  |  |  |  |  |  |  |

| 项目 | 徽州府 | % | 宁国府 | % | 池州府 | % | 太平府 | % | 安庆府 | % |
|---|---|---|---|---|---|---|---|---|---|---|
| 钞（锭） | | | | | | | | | | |
| 存留（锭） | | | | | | | | | | |
| **秋粮** | | | | | | | | | | |
| 米（石） | 143252.25 | 2.83 | 67045.52 | 1.32 | 113503.02 | 2.24 | 166423.50 | 3.28 | 206606.36 | 4.08 |
| 起运（石） | 117000.00 | 2.65 | 35000.00 | 0.79 | 60300.00 | 1.37 | 133675.00 | 3.03 | 151102.50 | 3.43 |
| 存留（石） | 26252.25 | 4.00 | 32045.52 | 4.88 | 53203.02 | 8.10 | 32748.50 | 4.98 | 55503.86 | 8.45 |
| 钞（贯） | | | | | | | | | 5408.00 | 93.35 |
| 起运（贯） | | | | | | | | | 5408.00 | 100.00 |
| 存留（贯） | | | | | | | | | | |
| 草（包） | 120784.00 | 2.35 | 98337.00 | 1.92 | 234293.00 | 4.56 | 454720.00 | 8.86 | 349236.00 | 6.80 |
| 起运（包） | 108000.00 | 2.28 | 80000.00 | 1.69 | 208000.00 | 4.39 | 402000.00 | 8.49 | 327080.00 | 6.91 |
| 存留（包） | 12784.00 | 3.21 | 18337.00 | 4.60 | 26293.00 | 6.60 | 52720.00 | 13.24 | 22156.00 | 5.56 |
| 人户（户） | 69039.00 | 3.34 | 47373.00 | 2.29 | 111070.00 | 5.37 | 109205.00 | 5.28 | 147216.00 | 7.12 |
| 人口（口） | 165589.00 | 1.58 | 622698.00 | 5.93 | 1203349.00 | 11.46 | 906033.00 | 8.63 | 817856.00 | 7.79 |
| 户口盐钞银（两） | 496.73 | 1.16 | 1496.63 | 3.50 | 4774.04 | 11.18 | 4322.67 | 10.12 | 3352.80 | 7.85 |
| 起运银（两） | 305.05 | 1.27 | 855.96 | 3.57 | 2238.37 | 9.34 | 2331.88 | 9.73 | 1723.95 | 7.19 |
| 存留银（两） | 191.67 | 1.02 | 640.67 | 3.42 | 2535.67 | 13.53 | 1990.79 | 10.62 | 1628.85 | 8.69 |
| 项目 | 徽州府 | % | 宁国府 | % | 池州府 | % | 太平府 | % | 安庆府 | % |
| 田土官民（亩） | 2547827.50 | 3.29 | 3033078.40 | 3.92 | 908922.70 | 1.17 | 1287053.30 | 1.66 | 2190530.80 | 2.83 |
| **夏税** | | | | | | | | | | |
| 小麦（石） | 51785.40 | 5.49 | 29060.54 | 3.08 | 6906.48 | 0.73 | 16752.87 | 0.73 | 18909.30 | 2.00 |
| 起运（石） | 45900.00 | 8.00 | 28100.00 | 4.90 | 5600.00 | 0.98 | 14600.00 | 0.98 | 15000.00 | 2.62 |
| 存留（石） | 5885.40 | 1.59 | 960.54 | 0.26 | 1306.48 | 0.35 | 2152.87 | 0.58 | 3909.30 | 1.06 |
| 绢（匹） | 8794.00 | 22.87 | 30.00 | 0.08 | 215.00 | 0.56 | 218.00 | 0.57 | 353.00 | 0.92 |
| 起运（匹） | 8794.00 | 23.29 | 30.00 | 0.08 | 215.00 | 0.57 | 218.00 | 0.58 | 353.00 | 0.93 |

| 项目 | 广德州 | % | 徐州 | % | 滁州 | % | — | % | 和州 | % |
|---|---|---|---|---|---|---|---|---|---|---|
| 存留（匹） | | | | | | | | | | |
| 丝（两） | | | 5507.38 | 5.01 | 50.95 | 0.05 | | | | |
| 起运（两） | | | 5507.38 | 5.10 | 50.95 | 0.05 | | | | |
| 存留（两） | | | | | | | | | | |
| 麻布（匹） | | | | | | | | | | |
| 起运（匹） | | | | | | | | | | |
| 钞（锭） | | | | | | | | | | |
| 存留（锭） | | | | | | | | | | |
| 秋粮 | | | | | | | | | | |
| 米（石） | 120602.20 | 2.38 | 74191.79 | 1.46 | 62154.06 | 1.23 | 91418.59 | 1.80 | 112862.98 | 2.23 |
| 起运（石） | 103800.00 | 2.35 | 64500.00 | 1.46 | 59300.00 | 1.34 | 23100.00 | 0.52 | 99000.00 | 2.24 |
| 存留（石） | 16802.20 | 2.56 | 9691.79 | 1.48 | 2854.06 | 0.43 | 68318.59 | 10.40 | 13862.98 | 2.11 |
| 钞（贯） | | | | | 265.00 | 4.57 | | | | |
| 起运（贯） | | | | | | | | | | |
| 存留（贯） | | | | | 265.00 | 68.83 | | | | |
| 草（包） | | | 798632.00 | 15.56 | 98306.00 | 1.92 | 355449.00 | 6.92 | 191973.00 | 3.74 |
| 起运（包） | | | 770000.00 | 16.26 | 92000.00 | 1.94 | 340000.00 | 7.18 | 185000.00 | 3.91 |
| 存留（包） | | | 28632.00 | 7.19 | 6306.00 | 1.58 | 15449.00 | 3.88 | 6973.00 | 1.75 |
| 人户（户） | 118943.00 | 5.75 | 52148.00 | 2.52 | 18377.00 | 0.89 | 33262.00 | 1.61 | 46609.00 | 2.25 |
| 人口（口） | 566948.00 | 5.40 | 387019.00 | 3.68 | 84851.00 | 0.81 | 176085.00 | 1.68 | 543476.00 | 5.17 |
| 户口盐钞银（两） | 850.89 | 1.99 | 1357.10 | 3.18 | 617.33 | 1.45 | 743.14 | 1.74 | 1469.44 | 3.44 |
| 起运银（两） | 850.89 | 3.55 | 1235.49 | 5.15 | 275.42 | 1.15 | 365.85 | 1.53 | 663.47 | 2.77 |
| 存留银（两） | | | 121.60 | 0.65 | 341.91 | 1.82 | 377.28 | 2.01 | 805.97 | 4.30 |
| 项目 | 广德州 | % | 徐州 | % | 滁州 | % | | % | 和州 | % |
| 田土官民（亩） | 2167244.50 | 2.80 | 2016716.40 | 2.61 | 280996.00 | 0.36 | | | 621579.60 | 0.80 |

| | 1 | 2 | 3 | 4 | 5 | 6 | 7 | 8 |
|---|---|---|---|---|---|---|---|---|
| **夏税** | | | | | | | | |
| 小麦（石） | 3636.39 | 0.39 | 67158.00 | 7.12 | 2611.29 | 0.28 | 1435.66 | 0.15 |
| 起运（石） | 3500.00 | 0.61 | 23150.00 | 4.04 | 2000.00 | 0.35 | | |
| 存留（石） | 136.39 | 0.04 | 44008.00 | 11.88 | 611.29 | 0.17 | 1435.66 | 0.39 |
| 绢（匹） | 19.00 | 0.05 | 5563.00 | 14.47 | 217.00 | 0.56 | 99.00 | 0.26 |
| 起运（匹） | 19.00 | 0.05 | 5563.00 | 14.73 | 217.00 | 0.57 | 99.00 | 0.26 |
| 存留（匹） | | | | | | | | |
| 丝（两） | 1856.16 | 1.69 | | | | | | |
| 起运（两） | 1856.16 | 97.50 | | | | | | |
| 存留（两） | | | | | | | | |
| 麻布（匹） | | | | | | | | |
| 起运（匹） | | | | | | | | |
| 钞（锭） | | | | | | | | |
| 存留（锭） | | | | | | | | |
| **秋粮** | | | | | | | | |
| 米（石） | 14066.29 | 0.28 | 79858.14 | 1.58 | 5985.35 | 0.12 | 9950.54 | 0.20 |
| 起运（石） | 13630.00 | 0.31 | 48000.00 | 1.09 | 1465.00 | 0.03 | 8720.00 | 0.20 |
| 存留（石） | 436.29 | 0.07 | 31858.14 | 4.85 | 4520.35 | 0.69 | 1230.54 | 0.19 |
| 钞（贯） | | | | | | | | |
| 起运（贯） | | | | | | | | |
| 存留（贯） | | | | | | | | |
| 草（包） | 303045.00 | 5.90 | 100000.00 | 1.95 | 56441.00 | 1.10 | 26238.00 | 0.51 |
| 起运（包） | 275000.00 | 5.81 | 50000.00 | 1.06 | 36000.00 | 0.76 | 12440.00 | 0.26 |
| 存留（包） | 28045.00 | 7.04 | 50000.00 | 12.56 | 20441.00 | 5.13 | 13798.00 | 3.46 |
| 人户（户） | 45296.00 | 2.19 | 37841.00 | 1.83 | 6717.00 | 0.32 | 8800.00 | 0.43 |

| | | | | | | | | |
|---|---|---|---|---|---|---|---|---|
| 人口（口） | 221053.00 | 2.10 | | 345766.00 | 3.29 | 67277.00 | 0.64 | 104960.00 | 1.00 |
| 户口盐钞银（两） | 1835.96 | 4.30 | 2231.43 | 5.23 | 277.24 | 0.65 | 295.38 | 0.69 |
| 起运银（两） | 1823.96 | 7.61 | 1201.50 | 5.01 | 126.69 | 0.53 | 131.80 | 0.55 |
| 存留银（两） | 12.00 | 0.06 | 1029.92 | 5.50 | 150.55 | 0.80 | 163.58 | 0.87 |

## 乙表10

### 万历六年浙江布政司分州县田赋统计[1]

杭州府

| 田赋项目 | 全府总数 | % | 仁和县 | % | 钱塘县 | % | 海宁县 | % | 富阳县 | % | 余杭县 | % |
|---|---|---|---|---|---|---|---|---|---|---|---|---|
| **夏税** | | | | | | | | | | | | |
| 小麦（石） | 5572.04 | 100.00 | 2598.54 | 46.64 | 840.88 | 15.09 | 1411.41 | 25.33 | 546.13 | 9.80 | 128.68 | 2.31 |
| 起运（石） | 3599.43 | 100.00 | 1695.10 | 47.09 | 544.36 | 15.12 | 921.62 | 25.60 | 356.20 | 9.90 | 82.14 | 2.28 |
| 存留（石） | 1972.61 | 100.00 | 903.44 | 45.80 | 296.52 | 15.03 | 489.79 | 24.83 | 189.93 | 9.63 | 46.54 | 2.36 |
| 丝绵（两） | 684694.89 | 100.00 | 76820.07 | 11.22 | 49295.35 | 7.20 | 185072.20 | 27.03 | 146807.79 | 21.44 | 34146.43 | 4.99 |
| 起运（两） | 505351.41 | 100.00 | 52180.18 | 10.33 | 33288.28 | 6.59 | 129768.62 | 25.68 | 120624.73 | 23.87 | 24593.37 | 4.87 |
| 存留（两） | 179343.48 | 100.00 | 24639.88 | 13.74 | 16007.06 | 8.93 | 55303.58 | 30.84 | 26183.05 | 14.60 | 9553.05 | 5.33 |
| 绢（匹） | 296.00 | 100.00 | 23.00 | 7.77 | 2.00 | 0.68 | 41.00 | 13.85 | 17.00 | 5.74 | 30.00 | 10.14 |
| 起运（匹） | 296.00 | 100.00 | 23.00 | 7.77 | 2.00 | 0.68 | 41.00 | 13.85 | 17.00 | 5.74 | 30.00 | 10.14 |
| 存留（匹） | | | | | | | | | | | | |
| 钞（锭） | 63.00 | 100.00 | 4.00 | 6.35 | 14.00 | 22.22 | 43.00 | 68.25 | | | | |
| 存留（锭） | 63.00 | 100.00 | 4.00 | 6.35 | 14.00 | 22.22 | 43.00 | 68.25 | | | | |
| **秋粮** | | | | | | | | | | | | |
| 米（石） | 234071.23 | 100.00 | 76482.55 | 32.67 | 32790.84 | 14.01 | 74523.85 | 31.84 | 14331.68 | 6.12 | 18569.76 | 7.93 |
| 起运（石） | 191006.98 | 100.00 | 58831.47 | 30.80 | 27779.86 | 14.54 | 68545.84 | 35.89 | 11190.79 | 5.86 | 14772.62 | 7.73 |
| 存留（石） | 43064.24 | 100.00 | 17651.07 | 40.99 | 5010.97 | 11.64 | 5978.01 | 13.88 | 3140.88 | 7.29 | 3797.14 | 8.82 |

[1]资料来源：根据第一篇甲表16。

| 田赋项目 | 临安县 | % | 於潜县 | % | 新城县 | % | 昌化县 | % | | % | | % |
|---|---|---|---|---|---|---|---|---|---|---|---|---|
| 丝（两） | 131.47 | 100.00 | 131.47 | 100.00 | | | | | | | | |
| 存留（两） | 131.47 | 100.00 | 131.47 | 100.00 | | | | | | | | |
| 麻布（匹） | 2.00 | 100.00 | 2.00 | 100.00 | | | | | | | | |
| 存留（匹） | 2.00 | 100.00 | 2.00 | 100.00 | | | | | | | | |
| 钞（锭） | 40.00 | 100.00 | 36.00 | 90.00 | | | | | 3.00 | 7.50 | | |
| 存留（锭） | 40.00 | 100.00 | 36.00 | 90.00 | | | | | 3.00 | 7.50 | | |
| 户口盐钞银（两） | 301.72 | 100.00 | 76.42 | 25.33 | 137.98 | 45.73 | 29.83 | 9.89 | 22.36 | 7.41 | 21.72 | 7.20 |
| 起运（两） | 150.86 | 100.00 | 38.21 | 25.33 | 68.99 | 45.73 | 14.91 | 9.88 | 11.18 | 7.41 | 10.86 | 7.20 |
| 存留（两） | 150.86 | 100.00 | 38.21 | 25.33 | 68.99 | 45.73 | 14.91 | 9.88 | 11.18 | 7.41 | 10.86 | 7.20 |
| 田赋项目 | 临安县 | % | 於潜县 | % | 新城县 | % | 昌化县 | % | | | | |
| **夏税** | | | | | | | | | | | | |
| 小麦（石） | 17.81 | 0.32 | 14.60 | 0.26 | 9.13 | 0.16 | 4.81 | 0.09 | | | | |
| 存留（石） | 17.81 | 0.90 | 14.60 | 0.74 | 9.13 | 0.46 | 4.81 | 0.24 | | | | |
| 丝绵（两） | 110416.70 | 16.13 | 33756.03 | 4.93 | 28903.64 | 4.22 | 19476.70 | 2.84 | | | | |
| 起运（两） | 89504.49 | 17.71 | 21878.06 | 4.33 | 20971.36 | 4.15 | 12542.32 | 2.48 | | | | |
| 存留（两） | 20912.21 | 11.66 | 11877.97 | 6.62 | 7932.27 | 4.42 | 6934.37 | 3.87 | | | | |
| 绢（匹） | 125.00 | 42.23 | 15.00 | 5.07 | 21.00 | 7.09 | 16.00 | 5.41 | | | | |
| 起运（匹） | 125.00 | 42.23 | 15.00 | 5.07 | 21.00 | 7.09 | 16.00 | 5.41 | | | | |
| **秋粮** | | | | | | | | | | | | |
| 米（石） | 7090.95 | 3.03 | 3565.68 | 1.52 | 4221.84 | 1.80 | 2494.04 | 1.07 | | | | |
| 起运（石） | 4812.66 | 2.52 | 1825.02 | 0.96 | 2065.86 | 1.08 | 1182.83 | 0.62 | | | | |
| 存留（石） | 2278.29 | 5.29 | 1740.66 | 4.04 | 2155.98 | 5.01 | 1311.21 | 3.04 | | | | |
| 户口盐钞银（两） | 5.50 | 1.82 | 3.24 | 1.07 | 3.25 | 1.08 | 1.39 | 0.46 | | | | |
| 起运（两） | 2.75 | 1.82 | 1.62 | 1.07 | 1.62 | 1.07 | 0.69 | 0.46 | | | | |
| 存留（两） | 2.75 | 1.82 | 1.62 | 1.07 | 1.62 | 1.07 | 0.69 | 0.46 | | | | |

嘉兴府

| 田赋项目 | 全府总数 | % | 嘉兴县 | % | 秀水县 | % | 嘉善县 | % | 海盐县 | % | 崇德县 | % |
|---|---|---|---|---|---|---|---|---|---|---|---|---|
| **夏税** | | | | | | | | | | | | |
| 小麦（石） | 27628.35 | 100.00 | 4402.29 | 15.93 | 4765.18 | 17.25 | 2929.85 | 10.60 | 3355.37 | 12.14 | 3927.81 | 14.22 |
| 起运（石） | 17889.51 | 100.00 | 2850.49 | 15.93 | 3085.46 | 17.25 | 1897.08 | 10.60 | 2172.60 | 12.14 | 2543.26 | 14.22 |
| 存留（石） | 9738.84 | 100.00 | 1551.80 | 15.93 | 1679.72 | 17.25 | 1032.77 | 10.60 | 1182.76 | 12.14 | 1384.55 | 14.22 |
| 丝绵（两） | 70114.32 | 100.00 | 9517.98 | 13.57 | 5982.64 | 8.53 | 2859.82 | 4.08 | 14516.39 | 20.70 | 10680.69 | 15.23 |
| 起运（两） | 15460.91 | 100.00 | 2146.46 | 13.88 | 1303.66 | 8.43 | 637.84 | 4.13 | 3220.39 | 20.83 | 2332.61 | 15.09 |
| 存留（两） | 54653.41 | 100.00 | 7371.52 | 13.49 | 4678.98 | 8.56 | 2221.98 | 4.07 | 11296.00 | 20.67 | 8348.08 | 15.27 |
| 绢（匹） | 633.00 | 100.00 | 129.00 | 20.38 | 95.00 | 15.01 | 61.00 | 9.64 | 38.00 | 6.00 | 167.00 | 26.38 |
| 起运（匹） | 633.00 | 100.00 | 129.00 | 20.38 | 95.00 | 15.01 | 61.00 | 9.64 | 38.00 | 6.00 | 167.00 | 26.38 |
| 钞（锭） | 1391.00 | 100.00 | 50.00 | 3.59 | 90.00 | 6.47 | 53.00 | 3.81 | 532.00 | 38.25 | 8.00 | 0.58 |
| 存留（锭） | 1391.00 | 100.00 | 50.00 | 3.59 | 90.00 | 6.47 | 53.00 | 3.81 | 532.00 | 38.25 | 8.00 | 0.58 |
| **秋粮** | | | | | | | | | | | | |
| 米（石） | 629208.13 | 100.00 | 124884.48 | 19.85 | 108985.58 | 17.32 | 131252.31 | 20.86 | 66909.00 | 10.63 | 62505.99 | 9.93 |
| 起运（石） | 586172.75 | 100.00 | 118692.72 | 20.25 | 102690.01 | 17.52 | 119665.58 | 20.41 | 64564.74 | 11.01 | 60997.96 | 10.41 |
| 存留（石） | 43035.38 | 100.00 | 6191.76 | 14.39 | 6295.57 | 14.63 | 11586.73 | 26.92 | 2344.25 | 5.45 | 1508.03 | 3.50 |
| 草（包） | 506427.00 | 100.00 | 105342.00 | 20.80 | 74610.00 | 14.73 | 68762.00 | 13.58 | 80824.00 | 15.96 | 59256.00 | 11.70 |
| 起运（包） | 487215.00 | 100.00 | 100170.00 | 20.56 | 69010.00 | 14.16 | 66285.00 | 13.60 | 78180.00 | 16.05 | 58100.00 | 11.92 |
| 存留（包） | 19212.00 | 100.00 | 5172.00 | 26.92 | 5600.00 | 29.15 | 2477.00 | 12.89 | 2644.00 | 13.76 | 1156.00 | 6.02 |
| 户口盐钞银（两） | 237.55 | 100.00 | 51.87 | 21.84 | 61.75 | 25.99 | 36.99 | 15.57 | 57.67 | 24.28 | 7.87 | 3.31 |
| 起运（两） | 113.06 | 100.00 | 25.93 | 22.93 | 30.87 | 27.30 | 12.78 | 11.30 | 28.83 | 25.50 | 3.93 | 3.48 |
| 存留（两） | 124.48 | 100.00 | 25.93 | 20.83 | 30.87 | 24.80 | 24.20 | 19.44 | 28.83 | 23.16 | 3.93 | 3.16 |

| 田赋项目 | 平湖县 | % | 桐乡县 | % |
|---|---|---|---|---|
| **夏税** | | | | |

| | | | | | | | | | | | | |
|---|---|---|---|---|---|---|---|---|---|---|---|---|
| 小麦（石） | 3599.68 | 13.03 | 4648.13 | 16.82 | | | | | | | | |
| 起运（石） | 2330.94 | 13.03 | 3009.67 | 16.82 | | | | | | | | |
| 存留（石） | 1268.74 | 13.03 | 1638.46 | 16.82 | | | | | | | | |
| 丝绵（两） | 13793.68 | 19.67 | 12763.12 | 18.20 | | | | | | | | |
| 起运（两） | 3039.04 | 19.66 | 2780.91 | 17.99 | | | | | | | | |
| 存留（两） | 10754.64 | 19.68 | 9982.21 | 18.26 | | | | | | | | |
| 绢（匹） | 50.00 | 7.90 | 90.00 | 14.22 | | | | | | | | |
| 起运（匹） | 50.00 | 7.90 | 90.00 | 14.22 | | | | | | | | |
| 钞（锭） | 641.00 | 46.08 | 15.00 | 1.08 | | | | | | | | |
| 存留（锭） | 641.00 | 46.08 | 15.00 | 1.08 | | | | | | | | |
| 秋粮 | | | | | | | | | | | | |
| 米（石） | 80552.98 | 12.80 | 54118.26 | 8.60 | | | | | | | | |
| 起运（石） | 67342.98 | 11.49 | 52218.73 | 8.91 | | | | | | | | |
| 存留（石） | 13210.00 | 30.70 | 1899.52 | 4.41 | | | | | | | | |
| 草（包） | 57686.00 | 11.39 | 59944.00 | 11.84 | | | | | | | | |
| 起运（包） | 56570.00 | 11.61 | 58900.00 | 12.09 | | | | | | | | |
| 存留（包） | 1116.00 | 5.81 | 1044.00 | 5.43 | | | | | | | | |
| 户口盐钞银（两） | 7.03 | 2.96 | 14.35 | 6.04 | | | | | | | | |
| 起运（两） | 3.51 | 3.10 | 7.17 | 6.34 | | | | | | | | |
| 存留（两） | 3.51 | 2.82 | 7.17 | 5.76 | | | | | | | | |
| 湖州府 | | | | | | | | | | | | |
| 田赋项目 | 全府总数 | % | 乌程县 | % | 归安县 | % | 长兴县 | % | 安吉州 | % | 孝丰县 | % |
| 夏税 | | | | | | | | | | | | |
| 小麦（石） | 13596.73 | 100.00 | 188.74 | 1.39 | | | 8552.83 | 62.90 | 2692.43 | 19.80 | 2162.71 | 15.91 |
| 起运（石） | 8804.14 | 100.00 | 122.29 | 1.39 | | | 5537.95 | 62.90 | 1743.34 | 19.80 | 1400.62 | 15.91 |

| 田赋项目 | 德清县 | % | 武康县 | % | | % | | % | | % | | % |
|---|---|---|---|---|---|---|---|---|---|---|---|---|
| 存留（石） | 4792.59 | 100.00 | 66.53 | 1.39 | 3014.87 | 62.91 | 949.09 | 19.80 | 762.09 | 15.90 | | |
| 丝绵（两） | 826262.60 | 100.00 | 256015.99 | 30.98 | 229134.70 | 27.73 | 106592.17 | 12.90 | 32134.38 | 3.89 | 29973.49 | 3.63 |
| 起运（两） | 759586.85 | 100.00 | 125397.00 | 16.51 | 104587.00 | 13.77 | 52500.00 | 6.91 | 15860.00 | 2.09 | 14668.00 | 1.93 |
| 存留（两） | 66675.74 | 100.00 | 19324.99 | 28.98 | 22217.70 | 33.32 | 7534.17 | 11.30 | 2274.38 | 3.41 | 2535.49 | 3.80 |
| 绢（匹） | 6.00 | 100.00 | 1.00 | 16.67 | 1.00 | 16.67 | 2.00 | 33.33 | | | | |
| 起运（匹） | 2.00 | 100.00 | | | | | 2.00 | 100.00 | | | | |
| 存留（匹） | 4.00 | 100.00 | 1.00 | 25.00 | 1.00 | 25.00 | | | | | | |
| 钞（锭） | 16012.00 | 100.00 | 2741.00 | 17.12 | 1423.00 | 8.89 | 5148.00 | 32.15 | 925.00 | 5.78 | 589.00 | 3.68 |
| 存留（锭） | 16012.00 | 100.00 | 2741.00 | 17.12 | 1423.00 | 8.89 | 5148.00 | 32.15 | 925.00 | 5.78 | 589.00 | 3.68 |
| 秋粮 | | | | | | | | | | | | |
| 米（石） | 469119.62 | 100.00 | 152688.50 | 32.55 | 130358.57 | 27.79 | 74745.50 | 15.93 | 12272.87 | 2.62 | 10962.62 | 2.34 |
| 起运（石） | 447284.49 | 100.00 | 149302.79 | 33.38 | 126688.22 | 28.32 | 69412.04 | 15.52 | 11398.41 | 2.55 | 5273.06 | 1.18 |
| 存留（石） | 21835.12 | 100.00 | 3385.75 | 15.51 | 3670.35 | 16.81 | 5333.46 | 24.43 | 874.46 | 4.00 | 5689.56 | 26.06 |
| 草（包） | 368064.00 | 100.00 | 93691.00 | 25.46 | 82422.00 | 22.39 | 84290.00 | 22.90 | 20439.00 | 5.55 | 18260.00 | 4.96 |
| 起运（包） | 305435.00 | 100.00 | 77675.00 | 25.43 | 68450.00 | 22.41 | 70010.00 | 22.92 | 16630.00 | 5.44 | 14900.00 | 4.88 |
| 存留（包） | 62629.00 | 100.00 | 16016.00 | 25.57 | 13972.00 | 22.31 | 14280.00 | 22.80 | 3809.00 | 6.08 | 3360.00 | 5.36 |
| 户口盐钞银（两） | 162.67 | 100.00 | 50.24 | 30.88 | 47.47 | 29.18 | 6.89 | 4.24 | 11.96 | 7.35 | 3.31 | 2.03 |
| 起运（两） | 87.59 | 100.00 | 27.05 | 30.88 | 25.56 | 29.18 | 3.71 | 4.24 | 6.44 | 7.35 | 1.78 | 2.03 |
| 存留（两） | 75.08 | 100.00 | 23.19 | 30.89 | 21.91 | 29.18 | 3.18 | 4.24 | 5.52 | 7.35 | 1.53 | 2.04 |
| 田赋项目 | 德清县 | % | 武康县 | % | | | | | | | | |
| 夏税 | | | | | | | | | | | | |
| 丝绵（两） | 100128.23 | 12.12 | 72283.63 | 8.75 | | | | | | | | |
| 起运（两） | 48040.00 | 6.32 | 35534.85 | 4.68 | | | | | | | | |
| 存留（两） | 7450.23 | 11.17 | 5338.77 | 8.01 | | | | | | | | |
| 绢（匹） | 2.00 | 33.33 | | | | | | | | | | |

| 田赋项目 |  |  | % |  | % |
|---|---|---|---|---|---|
| 存留（匹） |  | 2.00 |  |  |  |
| 钞（锭） | 454.00 | 50.00 |  | 4729.00 | 29.53 |
| 存留（锭） | 454.00 |  | 2.84 | 4729.00 | 29.53 |
| **秋粮** |  |  |  |  |  |
| 米（石） | 72190.25 |  | 15.39 | 15901.27 | 3.39 |
| 起运（石） | 70145.58 |  | 15.68 | 15064.35 | 3.37 |
| 存留（石） | 2044.67 |  | 9.36 | 836.91 | 3.83 |
| 草 | 52403.00 |  | 14.24 | 16556.00 | 4.50 |
| 起运（包） | 43840.00 |  | 14.35 | 13930.00 | 4.56 |
| 存留（包） | 8563.00 |  | 13.67 | 2626.00 | 4.19 |
| 户口盐钞银（两） | 11.06 |  | 6.80 | 31.73 | 19.51 |
| 起运（两） | 5.95 |  | 6.79 | 17.08 | 19.50 |
| 存留（两） | 5.10 |  | 6.79 | 14.64 | 19.50 |

宁波府

| 田赋项目 | 全府总数 | % | 鄞县 | % | 慈溪县 | % | 奉化县 | % | 定海县 | % | 象山县 | % |
|---|---|---|---|---|---|---|---|---|---|---|---|---|
| **夏税** |  |  |  |  |  |  |  |  |  |  |  |  |
| 小麦（石） | 16969.48 | 100.00 | 2719.58 | 16.03 | 2112.76 | 12.45 | 5124.93 | 30.20 | 1552.57 | 9.15 | 5459.62 | 32.17 |
| 起运（石） | 10986.90 | 100.00 | 1760.92 | 16.03 | 1367.99 | 12.45 | 3318.39 | 30.20 | 1004.99 | 9.15 | 3534.58 | 32.17 |
| 存留（石） | 5982.58 | 100.00 | 958.65 | 16.02 | 744.77 | 12.45 | 1806.53 | 30.20 | 547.57 | 9.15 | 1925.04 | 32.18 |
| 丝绵（两） | 861.04 | 100.00 | 100.90 | 11.72 | 157.36 | 18.28 | 422.88 | 49.11 | 46.70 | 5.42 | 133.20 | 15.47 |
| 存留（两） | 861.04 | 100.00 | 100.90 | 11.72 | 157.36 | 18.28 | 422.88 | 49.11 | 46.70 | 5.42 | 133.20 | 15.47 |
| 钞（锭） | 1976.00 | 100.00 | 642.00 | 32.49 | 384.00 | 19.43 | 384.00 | 19.43 | 390.00 | 19.74 | 173.00 | 8.76 |
| 存留（锭） | 1976.00 | 100.00 | 642.00 | 32.49 | 384.00 | 19.43 | 384.00 | 19.43 | 390.00 | 19.74 | 173.00 | 8.76 |
| **秋粮** |  |  |  |  |  |  |  |  |  |  |  |  |
| 米（石） | 174558.72 | 100.00 | 78595.20 | 45.03 | 36638.84 | 20.99 | 26442.32 | 15.15 | 27569.35 | 15.79 | 5312.99 | 3.04 |

| | 全府总数 | % | 山阴县 | % | 会稽县 | % | 萧山县 | % | 诸暨县 | % | 余姚县 | % |
|---|---|---|---|---|---|---|---|---|---|---|---|---|
| 起运（石） | 44900.00 | 100.00 | 33259.00 | 74.07 | 3480.00 | 7.75 | 3285.00 | 7.32 | 4026.00 | 8.97 | 850.00 | 1.89 |
| 存留（石） | 129658.72 | 100.00 | 45336.20 | 34.97 | 33158.84 | 25.57 | 23157.32 | 17.86 | 23543.35 | 18.16 | 4462.99 | 3.44 |
| 钞（锭） | 2841.00 | 100.00 | 632.00 | 22.25 | 676.00 | 23.79 | 885.00 | 31.15 | 244.00 | 8.59 | 402.00 | 14.15 |
| 存留（锭） | 2841.00 | 100.00 | 632.00 | 22.25 | 676.00 | 23.79 | 885.00 | 31.15 | 244.00 | 8.59 | 402.00 | 14.15 |
| 丝（两） | 6.29 | 100.00 | | | | | | | 6.29 | 100.00 | | |
| 存留（两） | 6.29 | 100.00 | | | | | | | 6.29 | 100.00 | | |
| 户口盐钞银（两） | 323.54 | 100.00 | 202.87 | 62.70 | 45.93 | 14.20 | 18.68 | 5.77 | 19.13 | 5.91 | 36.89 | 11.40 |
| 起运（两） | 174.21 | 100.00 | 109.23 | 62.70 | 24.73 | 14.20 | 10.05 | 5.77 | 10.30 | 5.91 | 19.86 | 11.40 |
| 存留（两） | 149.33 | 100.00 | 93.63 | 62.70 | 21.20 | 14.20 | 8.62 | 5.77 | 8.83 | 5.91 | 17.03 | 11.40 |

绍兴府

| 田赋项目 | 全府总数 | % | 山阴县 | % | 会稽县 | % | 萧山县 | % | 诸暨县 | % | 余姚县 | % |
|---|---|---|---|---|---|---|---|---|---|---|---|---|
| 夏税 | | | | | | | | | | | | |
| 小麦（石） | 12826.17 | 100.00 | 1696.73 | 13.23 | 1012.72 | 7.90 | 1578.43 | 12.31 | 2109.40 | 16.45 | 2755.35 | 21.48 |
| 起运（石） | 8303.29 | 100.00 | 1098.63 | 13.23 | 654.48 | 7.88 | 1022.04 | 12.31 | 1365.84 | 16.45 | 1784.09 | 21.49 |
| 存留（石） | 4522.88 | 100.00 | 598.10 | 13.22 | 358.23 | 7.92 | 556.39 | 12.30 | 743.56 | 16.44 | 971.26 | 21.47 |
| 绢（匹） | 82.00 | 100.00 | 22.00 | 26.83 | 6.00 | 7.32 | 6.00 | 7.32 | 13.00 | 15.85 | 2.00 | 2.44 |
| 起运（匹） | 82.00 | 100.00 | 22.00 | 26.83 | 6.00 | 7.32 | 6.00 | 7.32 | 13.00 | 15.85 | 2.00 | 2.44 |
| 丝（两） | 535.60 | 100.00 | | | | | | | 535.60 | 100.00 | | |
| 存留（两） | 535.60 | 100.00 | | | | | | | 535.60 | 100.00 | | |
| 钞（锭） | 4429.00 | 100.00 | 330.00 | 7.45 | 325.00 | 7.34 | 260.00 | 5.87 | 1308.00 | 29.53 | 1353.00 | 30.55 |
| 存留（锭） | 4429.00 | 100.00 | 330.00 | 7.45 | 325.00 | 7.34 | 260.00 | 5.87 | 1308.00 | 29.53 | 1353.00 | 30.55 |
| 秋粮 | | | | | | | | | | | | |
| 米（石） | 319822.08 | 100.00 | 82706.59 | 25.86 | 53277.28 | 16.66 | 36564.65 | 11.43 | 33271.69 | 10.40 | 50972.91 | 15.94 |
| 起运（石） | 126729.73 | 100.00 | 33418.27 | 26.37 | 20965.42 | 16.54 | 14878.47 | 11.74 | 13015.37 | 10.27 | 20721.35 | 16.35 |
| 存留（石） | 193092.34 | 100.00 | 49288.31 | 25.53 | 32311.85 | 16.73 | 21686.17 | 11.23 | 20256.32 | 10.49 | 30251.56 | 15.67 |

| 项目 | 值 | % | 值 | % | 值 | % | 值 | % | 值 | % | 值 | % |
|---|---|---|---|---|---|---|---|---|---|---|---|---|
| 钞（锭） | 13755.00 | 100.00 | 5527.00 | 40.18 | 1947.00 | 14.15 | 682.00 | 4.96 | 241.00 | 1.75 | 1014.00 | 7.37 |
| 存留（锭） | 13755.00 | 100.00 | 5527.00 | 40.18 | 1947.00 | 14.15 | 682.00 | 4.96 | 241.00 | 1.75 | 1014.00 | 7.37 |
| 户口盐钞银（两） | 217.15 | 100.00 | 33.52 | 15.44 | 17.42 | 8.02 | 83.54 | 38.47 | 8.44 | 3.89 | 32.77 | 15.09 |
| 起运（两） | 108.57 | 100.00 | 16.76 | 15.44 | 8.71 | 8.02 | 41.77 | 38.47 | 4.22 | 3.89 | 16.38 | 15.09 |
| 存留（两） | 108.57 | 100.00 | 16.76 | 15.44 | 8.71 | 8.02 | 41.77 | 38.47 | 4.22 | 3.89 | 16.38 | 15.09 |

| 田赋项目 | 上虞县 | % | 嵊县 | % | 新昌县 | % |
|---|---|---|---|---|---|---|
| 夏税 | | | | | | |
| 小麦（石） | 1739.86 | 13.56 | 872.74 | 6.80 | 1060.91 | 8.27 |
| 起运（石） | 1126.56 | 13.57 | 564.69 | 6.80 | 686.94 | 8.27 |
| 存留（石） | 613.30 | 13.56 | 308.04 | 6.81 | 373.97 | 8.27 |
| 绢（匹） | 2.00 | 2.44 | 7.00 | 8.54 | 21.00 | 25.61 |
| 起运（匹） | 2.00 | 2.44 | 7.00 | 8.54 | 21.00 | 25.61 |
| 钞（锭） | 485.00 | 10.95 | 171.00 | 3.86 | 195.00 | 4.40 |
| 存留（锭） | 485.00 | 10.95 | 171.00 | 3.86 | 195.00 | 4.40 |
| 秋粮 | | | | | | |
| 米（石） | 36418.36 | 11.39 | 19519.54 | 6.10 | 7091.04 | 2.22 |
| 起运（石） | 14380.88 | 11.35 | 7817.39 | 6.17 | 1532.55 | 1.21 |
| 存留（石） | 22037.48 | 11.41 | 11702.14 | 6.06 | 5558.49 | 2.88 |
| 钞（锭） | 2542.00 | 18.48 | 1697.00 | 12.34 | 102.00 | 0.74 |
| 存留（锭） | 2542.00 | 18.48 | 1697.00 | 12.34 | 102.00 | 0.74 |
| 户口盐钞银（两） | 10.34 | 4.76 | 6.90 | 3.18 | 24.19 | 11.14 |
| 起运（两） | 5.17 | 4.76 | 3.45 | 3.18 | 12.09 | 11.14 |
| 存留（两） | 5.17 | 4.76 | 3.45 | 3.18 | 12.09 | 11.14 |

台州府

| 田赋项目 | 全府总数 | % | 临海县 | % | 黄岩县 | % | 天台县 | % | 仙居县 | % | 宁海县 | % |
|---|---|---|---|---|---|---|---|---|---|---|---|---|
| **夏税** | | | | | | | | | | | | |
| 小麦（石） | 31483.35 | 100.00 | 8229.47 | 26.14 | 3736.12 | 11.87 | 6485.77 | 20.60 | 5486.49 | 17.43 | 4351.10 | 13.82 |
| 起运（石） | 20385.62 | 100.00 | 5328.59 | 26.14 | 2406.19 | 11.80 | 4199.53 | 20.60 | 3552.64 | 17.43 | 2817.33 | 13.82 |
| 存留（石） | 11097.73 | 100.00 | 2900.88 | 26.14 | 1329.93 | 11.98 | 2286.23 | 20.60 | 1933.85 | 17.43 | 1533.77 | 13.82 |
| 绢（匹） | 500.00 | 100.00 | 286.00 | 57.20 | 21.00 | 4.20 | 67.00 | 13.40 | 69.00 | 13.80 | 38.00 | 7.60 |
| 起运（匹） | 500.00 | 100.00 | 286.00 | 57.20 | 21.00 | 4.20 | 67.00 | 13.40 | 69.00 | 13.80 | 38.00 | 7.60 |
| 钞（锭） | 5021.00 | 100.00 | 1282.00 | 25.53 | 651.00 | 12.97 | 524.00 | 10.44 | 574.00 | 11.43 | 1458.00 | 29.04 |
| 存留（锭） | 5021.00 | 100.00 | 1282.00 | 25.53 | 651.00 | 12.97 | 524.00 | 10.44 | 574.00 | 11.43 | 1458.00 | 29.04 |
| **秋粮** | | | | | | | | | | | | |
| 米（石） | 126065.95 | 100.00 | 32299.85 | 25.62 | 34696.72 | 27.52 | 15192.09 | 12.05 | 9325.54 | 7.40 | 14063.63 | 11.16 |
| 起运（石） | 29112.21 | 100.00 | 7571.18 | 26.01 | 7778.71 | 26.72 | 3911.66 | 13.44 | 1986.18 | 6.82 | 3621.41 | 12.44 |
| 存留（石） | 96953.74 | 100.00 | 24728.67 | 25.51 | 26918.00 | 27.76 | 11280.43 | 11.63 | 7339.35 | 7.57 | 10442.21 | 10.77 |
| 钞（锭） | 1560.00 | 100.00 | 559.00 | 35.83 | 398.00 | 25.51 | 36.00 | 2.31 | 3.00 | 0.19 | | |
| 存留（锭） | 1560.00 | 100.00 | 559.00 | 35.83 | 398.00 | 25.51 | 36.00 | 2.31 | 3.00 | 0.19 | | |
| 户口盐钞银（两） | 180.99 | 100.00 | 51.38 | 28.39 | 25.38 | 14.02 | 13.40 | 7.40 | 22.44 | 12.40 | 45.47 | 25.12 |
| 起运（两） | 97.24 | 100.00 | 27.66 | 28.45 | 13.66 | 14.05 | 7.20 | 7.40 | 11.88 | 12.22 | 24.48 | 25.17 |
| 存留（两） | 83.74 | 100.00 | 23.71 | 28.31 | 11.71 | 13.98 | 6.19 | 7.39 | 10.56 | 12.61 | 20.99 | 25.07 |

| 田赋项目 | 太平县 | % |
|---|---|---|
| **夏税** | | |
| 小麦（石） | 3194.37 | 10.15 |
| 起运（石） | 2081.32 | 10.21 |
| 存留（石） | 1113.05 | 10.03 |
| 绢（匹） | 17.00 | 3.40 |

981

| 项目 | 全府总数 | % |
|---|---|---|
| 起运（匹） | 17.00 | 3.40 |
| 钞（锭） | 529.00 | 10.54 |
| 存留（锭） | 529.00 | 10.54 |
| 秋粮 | | |
| 米（石） | 20488.10 | 16.25 |
| 起运（石） | 4243.04 | 14.57 |
| 存留（石） | 16245.05 | 16.76 |
| 钞（锭） | 563.00 | 36.09 |
| 存留（锭） | 563.00 | 36.09 |
| 户口盐钞银（两） | 22.88 | 12.64 |
| 起运（两） | 12.32 | 12.67 |
| 存留（两） | 10.56 | 12.61 |

金华府

| 田赋项目 | 全府总数 | % | 金华县 | % | 兰溪县 | % | 东阳县 | % | 义乌县 | % | 永康县 | % |
|---|---|---|---|---|---|---|---|---|---|---|---|---|
| 夏税 | | | | | | | | | | | | |
| 小麦（石） | 15515.65 | 100.00 | 3841.61 | 24.76 | 2033.92 | 13.11 | 2348.48 | 15.14 | 2117.54 | 13.65 | 1388.19 | 8.95 |
| 起运（石） | 10031.10 | 100.00 | 2472.22 | 24.65 | 1316.96 | 13.13 | 1520.43 | 15.16 | 1371.11 | 13.67 | 898.86 | 8.96 |
| 存留（石） | 5484.55 | 100.00 | 1369.39 | 24.97 | 716.96 | 13.07 | 828.04 | 15.10 | 746.43 | 13.61 | 489.33 | 8.92 |
| 绢（匹） | 214.00 | 100.00 | 35.00 | 16.36 | 42.00 | 19.63 | 35.00 | 16.36 | 26.00 | 12.15 | 22.00 | 10.28 |
| 起运（匹） | 214.00 | 100.00 | 35.00 | 16.36 | 42.00 | 19.63 | 35.00 | 16.36 | 26.00 | 12.15 | 22.00 | 10.28 |
| 丝（两） | 5084.39 | 100.00 | | | | | | | | | | |
| 存留（两） | 5084.39 | 100.00 | | | | | | | | | | |
| 钞（锭） | 56.00 | 100.00 | | | | | | | | | | |
| 存留（锭） | 56.00 | 100.00 | | | | | | | | | | |
| 秋粮 | | | | | | | | | | | | |

| 项目 | 合计 | % |  | % |  | % |  | % |  | % |  | % |
|---|---|---|---|---|---|---|---|---|---|---|---|---|
| 米（石） | 173919.55 | 100.00 | 37944.87 | 21.82 | 27558.68 | 15.85 | 24428.75 | 14.05 | 21200.83 | 12.19 | 18845.51 | 10.84 |
| 起运（石） | 116290.16 | 100.00 | 27145.35 | 23.34 | 19531.65 | 16.80 | 15993.71 | 13.75 | 13641.37 | 11.73 | 11118.15 | 9.56 |
| 存留（石） | 57629.38 | 100.00 | 10799.52 | 18.74 | 8027.03 | 13.93 | 8435.04 | 14.64 | 7559.46 | 13.12 | 7727.36 | 13.41 |
| 户口盐钞银（两） | 204.53 | 100.00 | 32.95 | 16.11 | 60.55 | 29.60 | 14.95 | 7.31 | 11.32 | 5.53 | 13.89 | 6.79 |
| 起运（两） | 110.17 | 100.00 | 17.74 | 16.10 | 32.60 | 29.59 | 7.99 | 7.25 | 6.09 | 5.53 | 8.01 | 7.27 |
| 存留（两） | 94.35 | 100.00 | 15.21 | 16.12 | 27.95 | 29.62 | 6.96 | 7.38 | 5.22 | 5.53 | 5.88 | 6.23 |

| 田赋项目 | 武义县 | % | 浦江县 | % | 汤溪县 | % |
|---|---|---|---|---|---|---|
| 夏税 |  |  |  |  |  |  |
| 小麦（石） | 1496.83 | 9.65 | 1318.01 | 8.49 | 971.03 | 6.26 |
| 起运（石） | 969.33 | 9.66 | 853.42 | 8.51 | 628.74 | 6.27 |
| 存留（石） | 527.50 | 9.62 | 464.59 | 8.47 | 342.29 | 6.24 |
| 绢（匹） | 17.00 | 7.94 | 19.00 | 8.88 | 16.00 | 7.48 |
| 起运（匹） | 17.00 | 7.94 | 19.00 | 8.88 | 16.00 | 7.48 |
| 丝（两） |  |  |  |  | 5084.30 | 100.00 |
| 存留（两） |  |  |  |  | 5084.30 | 100.00 |
| 钞（锭） |  |  |  |  | 56.00 | 100.00 |
| 存留（锭） |  |  |  |  | 56.00 | 100.00 |
| 秋粮 |  |  |  |  |  |  |
| 米（石） | 17469.89 | 10.04 | 13666.85 | 7.86 | 12804.14 | 7.36 |
| 起运（石） | 11573.69 | 9.95 | 9485.20 | 8.16 | 7801.04 | 6.71 |
| 存留（石） | 5896.20 | 10.23 | 4181.65 | 7.26 | 5003.09 | 8.68 |
| 户口盐钞银（两） | 19.01 | 9.29 | 15.99 | 7.82 | 35.83 | 17.52 |
| 起运（两） | 9.91 | 9.00 | 8.52 | 7.73 | 19.28 | 17.50 |
| 存留（两） | 9.10 | 9.64 | 7.47 | 7.92 | 16.55 | 17.54 |

衢州府

| 田赋项目 | 全府总数 | % | 西安县 | % | 龙游县 | % | 常山县 | % | 江山县 | % | 开化县 | % |
|---|---|---|---|---|---|---|---|---|---|---|---|---|
| **夏税** | | | | | | | | | | | | |
| 丝（两） | 168720.71 | 100.00 | 44098.67 | 26.14 | 42079.90 | 24.94 | 25817.07 | 15.30 | 36341.19 | 21.54 | 20383.88 | 12.08 |
| 起运（两） | 118982.47 | 100.00 | 31101.86 | 26.14 | 28790.13 | 24.20 | 18518.19 | 15.56 | 26054.96 | 21.90 | 14517.33 | 12.20 |
| 存留（两） | 49738.23 | 100.00 | 12996.80 | 26.13 | 13289.77 | 26.72 | 7298.88 | 14.67 | 10286.23 | 20.68 | 5866.54 | 11.79 |
| 绢（匹） | 200.00 | 100.00 | 55.00 | 27.50 | 50.00 | 25.00 | 26.00 | 13.00 | 42.00 | 21.00 | 24.00 | 12.00 |
| 起运（匹） | 200.00 | 100.00 | 55.00 | 27.50 | 50.00 | 25.00 | 26.00 | 13.00 | 42.00 | 21.00 | 24.00 | 12.00 |
| **秋粮** | | | | | | | | | | | | |
| 米（石） | 92260.00 | 100.00 | 25911.97 | 28.09 | 19273.64 | 20.89 | 16798.47 | 18.21 | 20751.63 | 22.49 | 9524.27 | 10.32 |
| 起运（石） | 71749.98 | 100.00 | 20916.10 | 29.15 | 15019.05 | 20.93 | 14487.57 | 20.19 | 15764.26 | 21.97 | 5563.00 | 7.75 |
| 存留（石） | 20510.01 | 100.00 | 4995.87 | 24.36 | 4254.59 | 20.74 | 2310.90 | 11.27 | 4987.37 | 24.32 | 3961.27 | 19.31 |
| 丝（两） | 2078.99 | 100.00 | 36.00 | 1.73 | | | 1485.30 | 71.44 | 106.20 | 5.11 | 451.49 | 21.72 |
| 存留（两） | 2078.99 | 100.00 | 36.00 | 1.73 | | | 1485.30 | 71.44 | 106.20 | 5.11 | 451.49 | 21.72 |
| 户口盐钞银（两） | 121.37 | 100.00 | 44.50 | 36.66 | 23.36 | 19.25 | 15.09 | 12.43 | 25.90 | 21.34 | 12.48 | 10.28 |
| 起运（两） | 65.35 | 100.00 | 47.92 | 73.33 | 25.16 | 38.50 | 16.24 | 24.85 | 27.89 | 42.68 | 13.44 | 20.57 |
| 存留（两） | 56.01 | 100.00 | 20.54 | 36.67 | 10.78 | 19.25 | 6.97 | 12.44 | 11.95 | 21.34 | 5.76 | 10.28 |

严州府

| 田赋项目 | 全府总数 | % | 建德县 | % | 淳安县 | % | 桐庐县 | % | 遂安县 | % | 寿昌县 | % |
|---|---|---|---|---|---|---|---|---|---|---|---|---|
| **夏税** | | | | | | | | | | | | |
| 丝绢（两） | 959465.38 | 100.00 | 181882.02 | 18.96 | 333858.35 | 34.80 | 169988.04 | 17.72 | 114870.83 | 11.97 | 103156.92 | 10.75 |
| 起运（两） | 925763.19 | 100.00 | 176022.00 | 19.01 | 323520.82 | 34.95 | 163083.65 | 17.62 | 110663.80 | 11.95 | 99982.92 | 10.80 |
| 存留（两） | 33702.19 | 100.00 | 5858.02 | 17.38 | 10337.53 | 30.67 | 6904.39 | 20.49 | 4207.03 | 12.48 | 3174.00 | 9.42 |
| 绢（匹） | 1184.00 | 100.00 | 165.00 | 13.94 | 326.00 | 27.53 | 85.00 | 7.18 | 305.00 | 25.76 | 243.00 | 20.52 |
| 起运（匹） | 1184.00 | 100.00 | 165.00 | 13.94 | 326.00 | 27.53 | 85.00 | 7.18 | 305.00 | 25.76 | 243.00 | 20.52 |

| 田赋项目 | 分水县 | % | | | | | | | | | | |
|---|---|---|---|---|---|---|---|---|---|---|---|---|
| **秋粮** | | | | | | | | | | | | |
| 米（石） | 11481.65 | 100.00 | 2507.98 | 21.84 | 3882.91 | 33.82 | 536.71 | 4.67 | 1685.80 | 14.68 | 1604.82 | 13.98 |
| 起运（石） | 2493.13 | 100.00 | 645.84 | 25.90 | 999.88 | 40.11 | | | 434.13 | 17.41 | 413.27 | 16.58 |
| 存留（石） | 8988.51 | 100.00 | 1862.13 | 20.72 | 2883.02 | 32.07 | 536.71 | 5.97 | 1251.67 | 13.93 | 1191.55 | 13.26 |
| 苎布（匹） | 7.00 | 100.00 | | | | | | | 7.00 | 100.00 | | |
| 存留（匹） | 7.00 | 100.0 | | | | | | | 7.00 | 100.00 | | |
| 绢（匹） | 59.00 | 100.00 | | | | | | | 59.00 | 100.00 | | |
| 存留（匹） | 59.00 | 100.00 | | | | | | | 59.00 | 100.00 | | |
| 户口盐钞银（两） | 54.32 | 100.00 | 15.20 | 27.98 | 14.62 | 26.91 | 7.64 | 14.06 | 4.06 | 7.47 | 7.80 | 14.36 |
| 起运（两） | 27.16 | 100.00 | 7.60 | 27.98 | 7.31 | 26.91 | 3.82 | 14.06 | 2.03 | 7.47 | 3.90 | 14.36 |
| 存留（两） | 27.16 | 100.00 | 7.60 | 27.98 | 7.31 | 26.91 | 3.82 | 14.06 | 2.03 | 7.47 | 3.90 | 14.36 |
| **夏税** | | | | | | | | | | | | |
| 丝绢（两） | 55711.22 | 5.81 | | | | | | | | | | |
| 起运（两） | 52490.00 | 5.67 | | | | | | | | | | |
| 存留（两） | 3221.22 | 9.56 | | | | | | | | | | |
| 绢（匹） | 57.00 | 4.81 | | | | | | | | | | |
| 起运（匹） | | | | | | | | | | | | |
| 存留（匹） | 57.00 | 4.81 | | | | | | | | | | |
| **秋粮** | | | | | | | | | | | | |
| 米（石） | 1263.40 | 11.00 | | | | | | | | | | |
| 存留（石） | 1263.40 | 14.06 | | | | | | | | | | |
| 户口盐钞银（两） | 4.98 | 9.17 | | | | | | | | | | |
| 起运（两） | 2.49 | 9.17 | | | | | | | | | | |
| 存留（两） | 2.49 | 9.17 | | | | | | | | | | |

温州府

| 田赋项目 | 全府总数 | % | 永嘉县 | % | 乐清县 | % | 平阳县 | % | 瑞安县 | % | 泰顺县 | % |
|---|---|---|---|---|---|---|---|---|---|---|---|---|
| **夏税** | | | | | | | | | | | | |
| 小麦（石） | 22318.86 | 100.00 | 6163.42 | 27.62 | 2679.81 | 12.01 | 8478.62 | 37.99 | 4239.06 | 18.99 | 757.93 | 3.40 |
| 绢（匹） | 122.00 | 100.00 | 69.00 | 56.56 | 34.00 | 27.87 | 9.00 | 7.38 | 10.00 | 8.20 | | |
| 起运（匹） | 122.00 | 100.00 | 69.00 | 56.56 | 34.00 | 27.87 | 9.00 | 7.38 | 10.00 | 8.20 | | |
| 丝（两） | 2.65 | 100.00 | | | 2.65 | 100.00 | | | | | | |
| 存留（两） | 2.65 | 100.00 | | | 2.65 | 100.00 | | | | | | |
| 钞（锭） | 2025.00 | 100.00 | 496.00 | 24.49 | 319.00 | 15.75 | 644.00 | 31.80 | 520.00 | 25.68 | 43.00 | 2.12 |
| 存留（锭） | 2025.00 | 100.00 | 496.00 | 24.49 | 319.00 | 15.75 | 644.00 | 31.80 | 520.00 | 25.68 | 43.00 | 2.12 |
| **秋粮** | | | | | | | | | | | | |
| 米（石） | 81476.27 | 100.00 | 19438.50 | 23.86 | 12491.96 | 15.33 | 26468.74 | 32.49 | 21239.05 | 26.07 | 1838.01 | 2.26 |
| 存留（石） | 81476.27 | 100.00 | 19438.50 | 23.86 | 12491.96 | 15.33 | 26468.74 | 32.49 | 21239.05 | 26.07 | 1838.01 | 2.26 |
| 钞（锭） | 580.00 | 100.00 | 94.00 | 16.21 | 386.00 | 66.55 | 37.00 | 6.38 | 58.00 | 10.00 | 3.00 | 0.52 |
| 存留（锭） | 580.00 | 100.00 | 94.00 | 16.21 | 386.00 | 66.55 | 37.00 | 6.38 | 58.00 | 10.00 | 3.00 | 0.52 |
| 户口盐钞银（两） | 362.86 | 100.00 | 193.86 | 53.43 | 81.42 | 22.44 | 24.06 | 6.63 | 54.63 | 15.06 | 8.86 | 2.44 |
| 起运（两） | 195.20 | 100.00 | 104.38 | 53.47 | 43.84 | 22.46 | 12.77 | 6.54 | 29.41 | 15.07 | 4.77 | 2.44 |
| 存留（两） | 167.66 | 100.00 | 89.47 | 53.36 | 37.58 | 22.41 | 11.29 | 6.73 | 25.21 | 15.04 | 4.09 | 2.44 |

处州府

| 田赋项目 | 全府总数 | % | 丽水县 | % | 青田县 | % | 缙云县 | % | 松阳县 | % | 遂昌县 | % |
|---|---|---|---|---|---|---|---|---|---|---|---|---|
| **夏税** | | | | | | | | | | | | |
| 小麦（石） | 6953.07 | 100.00 | 1935.75 | 27.84 | 206.26 | 2.97 | 1057.63 | 15.21 | 903.40 | 12.99 | 773.26 | 11.12 |
| 存留（石） | 6953.07 | 100.00 | 1935.75 | 27.84 | 206.26 | 2.97 | 1057.63 | 15.21 | 903.40 | 12.99 | 773.26 | 11.12 |
| 绢（匹） | 273.00 | 100.00 | 33.00 | 12.09 | 43.00 | 15.75 | 29.00 | 10.62 | 31.00 | 11.36 | 22.00 | 8.06 |
| 起运（匹） | 273.00 | 100.00 | 33.00 | 12.09 | 43.00 | 15.75 | 29.00 | 10.62 | 31.00 | 11.36 | 22.00 | 8.06 |

| 项目 | 龙泉县 | % | 庆元县 | % | 云和县 | % | 宣平县 | % | 景宁县 | % | | % |
|---|---|---|---|---|---|---|---|---|---|---|---|---|
| 钞（锭） | 1612.00 | 100.00 | 30.00 | 1.86 | 94.00 | 5.83 | 344.00 | 21.34 | 326.00 | 20.22 | 308.00 | 19.11 |
| 存留（锭） | 1612.00 | 100.00 | 30.00 | 1.86 | 94.00 | 5.83 | 344.00 | 21.34 | 326.00 | 20.22 | 308.00 | 19.11 |
| 秋粮 | | | | | | | | | | | | |
| 米（石） | 57780.79 | 100.00 | 8933.60 | 15.46 | 3734.36 | 6.46 | 7012.49 | 12.14 | 10319.87 | 17.86 | 5943.69 | 10.29 |
| 存留（石） | 57780.79 | 100.00 | 8933.60 | 15.46 | 3734.36 | 6.46 | 7012.49 | 12.14 | 10319.87 | 17.86 | 5943.69 | 10.29 |
| 户口盐钞银（两） | 243.32 | 100.00 | 22.91 | 9.42 | 26.08 | 10.72 | 20.68 | 8.50 | 22.37 | 9.19 | 46.43 | 19.08 |
| 起运（两） | 131.01 | 100.00 | 12.33 | 9.41 | 14.04 | 10.72 | 11.13 | 8.50 | 12.04 | 9.19 | 25.00 | 19.08 |
| 存留（两） | 112.30 | 100.00 | 10.57 | 9.41 | 12.04 | 10.72 | 9.54 | 8.50 | 10.32 | 9.19 | 21.43 | 19.08 |

| 田赋项目 | 龙泉县 | % | 庆元县 | % | 云和县 | % | 宣平县 | % | 景宁县 | % |
|---|---|---|---|---|---|---|---|---|---|---|
| 夏税 | | | | | | | | | | |
| 小麦（石） | 970.88 | 13.96 | 300.22 | 4.32 | 331.81 | 4.77 | 381.65 | 5.49 | 92.16 | 1.33 |
| 存留（石） | 970.88 | 13.96 | 300.22 | 4.32 | 331.81 | 4.77 | 381.65 | 5.49 | 92.16 | 1.33 |
| 绢（匹） | 48.00 | 17.58 | 15.00 | 5.49 | 15.00 | 5.49 | 17.00 | 6.23 | 16.00 | 5.86 |
| 起运（匹） | 48.00 | 17.58 | 15.00 | 5.49 | 15.00 | 5.49 | 17.00 | 6.23 | 16.00 | 5.86 |
| 钞（锭） | 302.00 | 18.73 | 80.00 | 4.96 | 7.00 | 0.43 | 30.00 | 1.86 | 87.00 | 5.40 |
| 存留（锭） | 302.00 | 18.73 | 80.00 | 4.96 | 7.00 | 0.43 | 30.00 | 1.86 | 87.00 | 5.40 |
| 秋粮 | | | | | | | | | | |
| 米（石） | 11534.93 | 19.96 | 3083.51 | 5.34 | 2704.57 | 4.68 | 3407.75 | 5.90 | 1105.95 | 1.91 |
| 存留（石） | 11534.93 | 19.96 | 3083.51 | 5.34 | 2704.57 | 4.68 | 3407.75 | 5.90 | 1105.95 | 1.91 |
| 户口盐钞银（两） | 45.89 | 18.86 | 12.67 | 5.21 | 14.62 | 6.01 | 13.13 | 5.40 | 18.50 | 7.60 |
| 起运（两） | 24.71 | 18.86 | 6.82 | 5.21 | 7.87 | 6.01 | 7.07 | 5.40 | 9.96 | 7.60 |
| 存留（两） | 21.18 | 18.86 | 5.85 | 5.21 | 6.75 | 6.01 | 6.06 | 5.40 | 8.54 | 7.60 |

**乙表 11**

## 万历六年江西布政司分州县田赋统计[1]

南昌府

| 田赋项目 | 全府总数 | % | 南昌县 | % | 新建县 | % | 丰城县 | % | 进贤县 | % | 奉新县 | % |
|---|---|---|---|---|---|---|---|---|---|---|---|---|
| **夏税** | | | | | | | | | | | | |
| 麦米（石） | 1503.54 | 100.00 | 267.91 | 17.82 | 31.31 | 2.08 | 780.87 | 51.94 | 130.22 | 8.66 | 80.48 | 5.35 |
| 存留（石） | 1503.54 | 100.00 | 267.91 | 17.82 | 31.31 | 2.08 | 780.87 | 51.94 | 130.22 | 8.66 | 80.48 | 5.35 |
| 绢（匹） | 490.00 | 100.00 | 42.00 | 8.57 | 29.00 | 5.92 | 196.00 | 40.00 | 24.00 | 4.90 | 49.00 | 10.00 |
| 起运（匹） | 490.00 | 100.00 | 42.00 | 8.57 | 29.00 | 5.92 | 196.00 | 40.00 | 24.00 | 4.90 | 49.00 | 10.00 |
| **秋粮** | | | | | | | | | | | | |
| 米（石） | 481164.93 | 100.00 | 126275.32 | 26.24 | 63632.00 | 13.22 | 121858.89 | 25.33 | 48178.07 | 10.01 | 52989.79 | 11.01 |
| 起运（石） | 421506.25 | 100.00 | 105059.92 | 24.92 | 52131.53 | 12.37 | 111118.81 | 26.36 | 43394.06 | 10.29 | 48803.31 | 11.58 |
| 存留（石） | 59658.68 | 100.00 | 21215.40 | 35.56 | 11500.46 | 19.28 | 10740.08 | 18.00 | 4784.00 | 8.02 | 4186.48 | 7.02 |
| 谷（石） | 201.18 | 100.00 | | | | | 122.92 | 61.10 | 78.26 | 38.90 | | |
| 存留（石） | 201.18 | 100.00 | | | | | 122.92 | 61.10 | 78.26 | 38.90 | | |
| 钞（锭） | 16.00 | 100.00 | | | | | | | | | 16.00 | 100.00 |
| 存留（锭） | 16.00 | 100.00 | | | | | | | | | 16.00 | 100.00 |
| 户口盐钞银（两） | 2714.75 | 100.00 | 712.62 | 26.25 | 312.45 | 11.51 | 628.97 | 23.17 | 505.29 | 18.61 | 135.72 | 5.00 |
| 起运（两） | 1462.19 | 100.00 | 383.71 | 26.24 | 168.24 | 11.51 | 338.67 | 23.16 | 272.07 | 18.61 | 73.47 | 5.02 |
| 存留（两） | 1252.56 | 100.00 | 328.90 | 26.26 | 144.20 | 11.51 | 290.29 | 23.18 | 233.21 | 18.62 | 62.24 | 4.97 |

| 田赋项目 | 靖安县 | % | 武宁县 | % | 宁州 | % |
|---|---|---|---|---|---|---|
| **夏税** | | | | | | |
| 麦米（石） | 11.06 | 0.74 | 201.66 | 13.41 | | |
| 存留（石） | 11.06 | 0.74 | 201.66 | 13.41 | | |
| 绢（匹） | 46.00 | 9.39 | 48.00 | 9.80 | 53.00 | 10.82 |

988

---

[1] 资料来源：根据第一篇甲表 **18**。

饶州府

**(上接表：前府各县数据)**

| 田赋项目 | | % | | % | | % |
|---|---:|---:|---:|---:|---:|---:|
| 起运（匹） | 46.00 | 9.39 | 48.00 | 9.80 | 53.00 | 10.82 |
| **秋粮** | | | | | | |
| 米（石） | 14274.16 | 2.97 | 22567.45 | 4.69 | 31389.21 | 6.52 |
| 起运（石） | 12860.94 | 3.05 | 19998.96 | 4.74 | 28138.70 | 6.68 |
| 存留（石） | 1413.22 | 2.37 | 2568.49 | 4.31 | 3250.51 | 5.45 |
| 户口盐钞银（两） | 44.78 | 1.65 | 199.21 | 7.34 | 175.64 | 6.47 |
| 起运（两） | 24.11 | 1.65 | 107.26 | 7.34 | 94.57 | 6.47 |
| 存留（两） | 20.67 | 1.65 | 91.94 | 7.34 | 81.06 | 6.47 |

## 饶州府

| 田赋项目 | 全府总数 | % | 鄱阳县 | % | 余干县 | % | 乐平县 | % | 浮梁县 | % | 德兴县 | % |
|---|---:|---:|---:|---:|---:|---:|---:|---:|---:|---:|---:|---:|
| **夏税** | | | | | | | | | | | | |
| 麦米（石） | 36491.12 | 100.00 | 10964.66 | 30.05 | 4973.13 | 13.63 | 7327.25 | 20.08 | 4330.76 | 11.87 | 2918.58 | 8.00 |
| 起运（石） | 18342.57 | 100.00 | 4601.62 | 25.09 | 2427.22 | 13.23 | 4139.54 | 22.57 | 2000.00 | 10.90 | 1500.00 | 8.18 |
| 存留（石） | 18148.55 | 100.00 | 6363.04 | 35.06 | 2545.90 | 14.03 | 3187.71 | 17.56 | 2330.76 | 12.84 | 1418.58 | 7.82 |
| 绢（匹） | 305.00 | 100.00 | 44.00 | 14.43 | 29.00 | 9.51 | 48.00 | 15.74 | 40.00 | 13.11 | 19.00 | 6.23 |
| 起运（匹） | 305.00 | 100.00 | 44.00 | 14.43 | 29.00 | 9.51 | 48.00 | 15.74 | 40.00 | 13.11 | 19.00 | 6.23 |
| 存留（匹） | | | | | | | | | | | | |
| 苎布（匹） | 12.00 | 100.00 | | | | | | | | | | |
| 起运（匹） | 12.00 | 100.00 | | | | | | | | | | |
| 丝（两） | 1676.65 | 100.00 | | | | | | | | | | |
| 存留（两） | 1676.65 | 100.00 | | | | | | | | | | |
| 钞（锭） | 26.00 | 100.00 | | | | | | | | | | |
| 存留（锭） | 26.00 | 100.00 | | | | | | | | | | |
| **秋粮** | | | | | | | | | | | | |
| 米（石） | 194397.42 | 100.00 | 46414.59 | 23.88 | 35378.67 | 18.20 | 33706.02 | 17.34 | 20479.34 | 10.53 | 17645.26 | 9.08 |
| 起运（石） | 174514.51 | 100.00 | 40183.17 | 23.03 | 32387.30 | 18.56 | 30192.42 | 17.30 | 18500.40 | 10.60 | 15906.03 | 9.11 |

| 项目 | 安仁县 | % | 万年县 | % | | % | | % | | % | | % |
|---|---|---|---|---|---|---|---|---|---|---|---|---|
| 存留（石） | 19882.90 | 100.00 | 6231.41 | 31.34 | 2991.37 | 15.04 | 3513.59 | 17.67 | 1978.94 | 9.95 | 1739.23 | 8.75 |
| 户口盐钞银（两） | 1788.15 | 100.00 | 504.78 | 28.23 | 258.67 | 14.47 | 357.57 | 20.00 | 305.84 | 17.10 | 123.41 | 6.90 |
| 起运（两） | 962.84 | 100.00 | 271.80 | 28.23 | 139.28 | 14.47 | 192.53 | 20.00 | 164.68 | 17.10 | 66.45 | 6.90 |
| 存留（两） | 825.30 | 100.00 | 232.98 | 28.23 | 119.39 | 14.47 | 165.03 | 20.00 | 141.16 | 17.10 | 56.96 | 6.90 |

| 田赋项目 | 安仁县 | % | 万年县 | % |
|---|---|---|---|---|
| 夏税 | | | | |
| 麦米（石） | 3233.71 | 8.86 | 2743.00 | 7.52 |
| 起运（石） | 2342.57 | 12.77 | 1331.61 | 7.26 |
| 存留（石） | 891.14 | 4.91 | 1411.39 | 7.78 |
| 绢（匹） | 6.00 | 1.97 | 116.00 | 38.03 |
| 起运（匹） | 6.00 | 1.97 | 116.00 | 38.03 |
| 苎布（匹） | | | 12.00 | 100.00 |
| 起运（匹） | | | 12.00 | 100.00 |
| 丝（两） | | | 1676.65 | 100.00 |
| 存留（两） | | | 1676.65 | 100.00 |
| 钞（锭） | | | 24.00 | 92.31 |
| 存留（锭） | | | 24.00 | 92.31 |
| 秋粮 | | | | |
| 米（石） | 19894.52 | 10.23 | 20878.99 | 10.74 |
| 起运（石） | 18473.09 | 10.59 | 18872.07 | 10.81 |
| 存留（石） | 1421.43 | 7.15 | 2006.91 | 10.09 |
| 户口盐钞银（两） | 132.55 | 7.41 | 105.26 | 5.89 |
| 起运（两） | 71.37 | 7.41 | 56.67 | 5.89 |
| 存留（两） | 61.18 | 7.41 | 48.58 | 5.89 |

广信府

| 田赋项目 | 全府总数 | % | 上饶县 | % | 玉山县 | % | 弋阳县 | % | 贵溪县 | % | 铅山县 | % |
|---|---|---|---|---|---|---|---|---|---|---|---|---|
| **夏税** | | | | | | | | | | | | |
| 绢（匹） | 8071.00 | 100.00 | 1765.00 | 21.87 | 1821.00 | 22.56 | 934.00 | 11.57 | 1368.00 | 16.95 | 600.00 | 7.43 |
| 起运（匹） | 8071.00 | 100.00 | 1765.00 | 21.87 | 1821.00 | 22.56 | 934.00 | 11.57 | 1368.00 | 16.95 | 600.00 | 7.43 |
| 苧布（匹） | 1328.00 | 100.00 | 331.00 | 24.92 | 139.00 | 10.47 | 220.00 | 16.57 | 166.00 | 12.50 | 251.00 | 18.90 |
| 起运（匹） | 1328.00 | 100.00 | 331.00 | 24.92 | 139.00 | 10.47 | 220.00 | 16.57 | 166.00 | 12.50 | 251.00 | 18.9 |
| 丝（两） | 129671.06 | 100.00 | 28474.54 | 21.96 | 29650.29 | 22.87 | 14650.80 | 11.30 | 21698.63 | 16.73 | 9552.94 | 7.37 |
| 存留（两） | 129671.06 | 100.00 | 28474.54 | 21.96 | 29650.29 | 22.87 | 14650.80 | 11.30 | 21698.63 | 16.73 | 9552.94 | 7.37 |
| 钞（锭） | 4155.00 | 100.00 | 1191.00 | 28.66 | 767.00 | 18.46 | 290.00 | 6.98 | 613.00 | 14.75 | 503.00 | 12.11 |
| 存留（锭） | 4155.00 | 100.00 | 1191.00 | 28.66 | 767.00 | 18.46 | 290.00 | 6.98 | 613.00 | 14.75 | 503.00 | 12.11 |
| **秋粮** | | | | | | | | | | | | |
| 米（石） | 134037.82 | 100.00 | 20926.84 | 15.61 | 21179.70 | 15.80 | 13217.35 | 9.86 | 37592.01 | 28.05 | 20059.56 | 14.97 |
| 起运（石） | 116736.38 | 100.00 | 17851.07 | 15.29 | 18434.15 | 15.79 | 10610.31 | 9.09 | 34193.68 | 29.29 | 17599.93 | 15.08 |
| 存留（石） | 17301.44 | 100.00 | 3075.77 | 17.78 | 2745.55 | 15.87 | 2607.04 | 15.07 | 3398.32 | 19.64 | 2459.63 | 14.22 |
| 户口盐钞银（两） | 715.21 | 100.00 | 158.44 | 22.15 | 113.86 | 15.92 | 94.33 | 13.19 | 166.15 | 23.23 | 47.90 | 6.70 |
| 起运（两） | 385.17 | 100.00 | 84.86 | 22.03 | 61.30 | 15.92 | 50.79 | 13.19 | 89.46 | 23.23 | 25.79 | 6.70 |
| 存留（两） | 330.03 | 100.00 | 73.58 | 22.29 | 52.55 | 15.92 | 43.54 | 13.19 | 76.68 | 23.23 | 22.11 | 6.70 |

| 田赋项目 | 永丰县 | % | 兴安县 | % |
|---|---|---|---|---|
| **夏税** | | | | |
| 绢（匹） | 1207.00 | 14.95 | 372.00 | 4.61 |
| 起运（匹） | 1207.00 | 14.95 | 372.00 | 4.61 |
| 苧布（匹） | 139.00 | 10.47 | 80.00 | 6.02 |
| 起运（匹） | 139.00 | 10.47 | 80.00 | 6.02 |
| 丝（两） | 19677.50 | 15.17 | 5966.35 | 4.60 |
| 存留（两） | 19677.50 | 15.17 | 5966.35 | 4.60 |

秋粮

| 田赋项目 | | | | |
|---|---|---|---|---|
| 钞（锭） | 547.00 | 13.16 | 241.00 | 5.80 |
| 存留（锭） | 547.00 | 13.16 | 241.00 | 5.80 |
| 秋粮 | | | | |
| 米（石） | 16977.18 | 12.67 | 4085.14 | 3.05 |
| 起运（石） | 14748.05 | 12.63 | 3299.15 | 2.83 |
| 存留（石） | 2229.12 | 12.88 | 785.98 | 4.54 |
| 户口盐钞银（两） | 101.30 | 14.16 | 33.17 | 4.64 |
| 起运（两） | 54.54 | 14.16 | 18.37 | 4.77 |
| 存留（两） | 46.75 | 14.17 | 14.79 | 4.48 |

南康府

| 田赋项目 | 全府总数 | % | 星子县 | % | 都昌县 | % | 建昌县 | % | 安义县 | % |
|---|---|---|---|---|---|---|---|---|---|---|
| 夏税 | | | | | | | | | | |
| 麦米（石） | 6624.30 | 100.00 | 827.43 | 12.49 | 1969.52 | 29.73 | 2312.81 | 34.91 | 1514.53 | 22.86 |
| 起运（石） | 4654.78 | 100.00 | 581.41 | 12.49 | 1383.95 | 29.73 | 1625.18 | 34.91 | 1064.24 | 22.86 |
| 存留（石） | 1969.52 | 100.00 | 246.02 | 12.49 | 585.57 | 29.73 | 687.63 | 34.91 | 450.29 | 22.86 |
| 绢（匹） | 136.00 | 100.00 | 8.00 | 5.88 | 77.00 | 56.62 | 28.00 | 20.59 | 21.00 | 15.44 |
| 起运（匹） | 136.00 | 100.00 | 8.00 | 5.88 | 77.00 | 56.62 | 28.00 | 20.59 | 21.00 | 15.44 |
| 秋粮 | | | | | | | | | | |
| 米（石） | 76062.27 | 100.00 | 4951.55 | 6.51 | 23385.31 | 31.01 | 28608.97 | 37.61 | 18916.42 | 24.87 |
| 起运（石） | 67944.79 | 100.00 | 2616.58 | 3.85 | 21444.61 | 31.56 | 26223.92 | 38.60 | 17659.66 | 25.99 |
| 存留（石） | 8117.48 | 100.00 | 2334.97 | 28.76 | 2140.69 | 26.37 | 2385.05 | 29.38 | 1256.75 | 15.48 |
| 户口盐钞银（两） | 527.20 | 100.00 | 52.78 | 10.01 | 197.91 | 37.54 | 172.50 | 32.72 | 104.00 | 19.73 |
| 起运（两） | 283.88 | 100.00 | 28.42 | 10.01 | 106.57 | 37.54 | 92.88 | 32.72 | 56.00 | 19.73 |
| 存留（两） | 243.32 | 100.00 | 24.36 | 10.01 | 91.34 | 37.54 | 79.61 | 32.72 | 48.00 | 19.73 |

九江府

| 田赋项目 | 全府总数 | % | 德化县 | % | 德安县 | % | 瑞昌县 | % | 湖口县 | % | 彭泽县 | % |
|---|---|---|---|---|---|---|---|---|---|---|---|---|
| 夏税 | | | | | | | | | | | | |
| 麦米（石） | 3733.91 | 100.00 | 565.43 | 15.14 | 619.98 | 16.60 | 567.45 | 15.20 | 919.19 | 24.62 | 1061.85 | 28.44 |
| 起运（石） | 500.00 | 100.00 | | | | | | | | | 500.00 | 100.00 |
| 存留（石） | 3233.91 | 100.00 | 565.43 | 17.48 | 619.98 | 19.17 | 567.45 | 17.55 | 919.19 | 28.42 | 561.85 | 17.37 |
| 绢（匹） | 389.00 | 100.00 | 61.00 | 15.68 | 29.00 | 7.46 | 60.00 | 15.42 | 81.00 | 20.82 | 156.00 | 40.10 |
| 起运（匹） | 389.00 | 100.00 | 61.00 | 15.68 | 29.00 | 7.46 | 60.00 | 15.42 | 81.00 | 20.82 | 156.00 | 40.10 |
| 秋粮 | | | | | | | | | | | | |
| 米（石） | 41916.76 | 100.00 | 6021.65 | 14.37 | 6413.43 | 15.30 | 6000.85 | 14.32 | 11271.72 | 26.89 | 12209.09 | 29.13 |
| 起运（石） | 32919.33 | 100.00 | 4701.66 | 14.28 | 4959.94 | 15.07 | 4622.96 | 14.04 | 8939.65 | 27.16 | 9695.11 | 29.45 |
| 存留（石） | 8997.42 | 100.00 | 1319.98 | 14.67 | 1453.49 | 16.15 | 1377.89 | 15.31 | 2332.07 | 25.92 | 2513.97 | 27.94 |
| 户口盐钞银（两） | 151.89 | 100.00 | 37.37 | 24.60 | 23.87 | 15.72 | 22.42 | 14.76 | 32.83 | 21.61 | 35.37 | 23.29 |
| 起运（两） | 81.78 | 100.00 | 20.12 | 24.60 | 12.85 | 15.71 | 12.07 | 14.76 | 17.67 | 21.61 | 19.04 | 23.28 |
| 存留（两） | 70.10 | 100.00 | 17.25 | 24.61 | 11.02 | 15.72 | 10.35 | 14.76 | 15.15 | 21.61 | 16.32 | 23.28 |

建昌府

| 田赋项目 | 全府总数 | % | 南城县 | % | 新城县 | % | 南丰县 | % | 广昌县 | % |
|---|---|---|---|---|---|---|---|---|---|---|
| 夏税 | | | | | | | | | | |
| 绢（匹） | 197.00 | 100.00 | 56.00 | 28.43 | 9.00 | 4.57 | 122.00 | 61.93 | 9.00 | 4.57 |
| 起运（匹） | 197.00 | 100.00 | 56.00 | 28.43 | 9.00 | 4.57 | 122.00 | 61.93 | 9.00 | 4.57 |
| 秋粮 | | | | | | | | | | |
| 米（石） | 95592.66 | 100.00 | 36604.21 | 38.29 | 23855.82 | 24.96 | 22262.38 | 23.29 | 12870.24 | 13.46 |
| 起运（石） | 76568.59 | 100.00 | 30593.41 | 39.96 | 20570.21 | 26.87 | 18231.88 | 23.81 | 7173.09 | 9.37 |
| 存留（石） | 19024.07 | 100.00 | 6010.80 | 31.60 | 3285.61 | 17.27 | 4030.50 | 21.19 | 5697.15 | 29.95 |
| 户口盐钞银（两） | 1086.39 | 100.00 | 739.48 | 68.07 | 75.33 | 6.93 | 201.87 | 18.58 | 69.67 | 6.41 |
| 起运（两） | 584.05 | 100.00 | 398.18 | 68.18 | 40.56 | 6.94 | 108.69 | 18.61 | 36.59 | 6.26 |

| 存留（两） | 502.33 | 100.00 | 341.30 | 67.94 | 34.77 | 6.92 | 93.17 | 18.55 | 33.08 | 6.59 |
|---|---|---|---|---|---|---|---|---|---|---|

抚州府

| 田赋项目 | 全府总数 | % | 临川县 | % | 崇仁县 | % | 金溪县 | % | 宜黄县 | % | 乐安县 | % |
|---|---|---|---|---|---|---|---|---|---|---|---|---|
| **夏税** | | | | | | | | | | | | |
| 麦米（石） | 352.64 | 100.00 | | | | | | | | | | |
| 起运（石） | 157.43 | 100.00 | | | | | | | | | | |
| 存留（石） | 195.21 | 100.00 | | | | | | | | | | |
| 绢（匹） | 85.00 | 100.00 | 18.00 | 21.18 | 2.00 | 2.35 | 19.00 | 22.35 | 25.00 | 29.41 | 11.00 | 12.94 |
| 起运（匹） | 85.00 | 100.00 | 18.00 | 21.18 | 2.00 | 2.35 | 19.00 | 22.35 | 25.00 | 29.41 | 11.00 | 12.94 |
| **秋粮** | | | | | | | | | | | | |
| 米（石） | 303275.08 | 100.00 | 73558.22 | 24.25 | 46649.38 | 15.38 | 38992.61 | 12.86 | 49932.57 | 16.46 | 59950.00 | 19.77 |
| 起运（石） | 251820.37 | 100.00 | 64791.61 | 25.73 | 37988.43 | 15.09 | 34664.99 | 13.77 | 37671.42 | 14.96 | 48668.90 | 19.33 |
| 存留（石） | 51454.70 | 100.00 | 8766.61 | 17.04 | 8660.95 | 16.83 | 4327.62 | 8.41 | 12261.14 | 23.83 | 11281.10 | 21.92 |
| 户口盐钞银（两） | 2472.01 | 100.00 | 910.03 | 36.81 | 456.52 | 18.47 | 451.52 | 18.27 | 132.00 | 5.34 | 260.00 | 10.52 |
| 起运（两） | 1331.08 | 100.00 | 490.01 | 36.81 | 245.81 | 18.47 | 243.12 | 18.26 | 72.00 | 5.41 | 140.00 | 10.52 |
| 存留（两） | 1140.93 | 100.00 | 420.01 | 36.81 | 210.70 | 18.47 | 208.39 | 18.26 | 60.00 | 5.26 | 120.00 | 10.52 |

| 田赋项目 | 东乡县 | % |
|---|---|---|
| **夏税** | | |
| 麦米（石） | 352.64 | 100.00 |
| 起运（石） | 157.43 | 100.00 |
| 存留（石） | 195.21 | 100.00 |
| 绢（匹） | 8.00 | 9.41 |
| 起运（匹） | 8.00 | 9.41 |
| **秋粮** | | |
| 米（石） | 34192.28 | 11.27 |

| 田赋项目 | 全府总数 | | | | | | | | % |
| --- | --- | --- | --- | --- | --- | --- | --- | --- | --- |
| 起运（石） | 28035.02 | | | | | | | | 11.13 |
| 存留（石） | 6157.26 | | | | | | | | 11.97 |
| 户口盐钞银（两） | 263.90 | | | | | | | | 10.68 |
| 起运（两） | 142.10 | | | | | | | | 10.68 |
| 存留（两） | 121.80 | | | | | | | | 10.68 |

临江府

| 田赋项目 | 全府总数 | % | 清江县 | % | 新淦县 | % | 峡江县 | % | 新喻县 | % |
| --- | --- | --- | --- | --- | --- | --- | --- | --- | --- | --- |
| 夏税 | | | | | | | | | | |
| 绢（匹） | 59.00 | 100.00 | 7.00 | 11.86 | 15.00 | 25.42 | 14.00 | 23.73 | 21.00 | 35.59 |
| 起运（匹） | 59.00 | 100.00 | 7.00 | 11.86 | 15.00 | 25.42 | 14.00 | 23.73 | 21.00 | 35.59 |
| 秋粮 | | | | | | | | | | |
| 米（石） | 229586.22 | 100.00 | 54083.78 | 23.56 | 53448.20 | 23.28 | 49851.91 | 21.71 | 72202.32 | 31.45 |
| 起运（石） | 214246.58 | 100.00 | 50020.41 | 23.35 | 49732.81 | 23.21 | 47384.99 | 22.12 | 67108.35 | 31.32 |
| 存留（石） | 15339.64 | 100.00 | 4063.36 | 26.49 | 3715.39 | 26.49 | 2466.91 | 16.08 | 5093.97 | 33.21 |
| 户口盐钞银（两） | 924.84 | 100.00 | 403.16 | 43.59 | 131.56 | 14.23 | 129.66 | 14.02 | 260.44 | 28.16 |
| 起运（两） | 497.98 | 100.00 | 217.08 | 43.59 | 70.84 | 14.23 | 69.81 | 14.02 | 140.23 | 28.16 |
| 存留（两） | 426.85 | 100.00 | 186.07 | 43.59 | 60.72 | 14.23 | 59.84 | 14.02 | 120.20 | 28.16 |

吉安府

| 田赋项目 | 全府总数 | % | 庐陵县 | % | 泰和县 | % | 吉水县 | % | 永丰县 | % | 安福县 | % |
| --- | --- | --- | --- | --- | --- | --- | --- | --- | --- | --- | --- | --- |
| 夏税 | | | | | | | | | | | | |
| 麦米（石） | 17445.36 | 100.00 | 6884.56 | 39.46 | 2204.82 | 12.64 | 1206.13 | 6.91 | 1754.54 | 10.06 | 2935.52 | 16.83 |
| 起运（石） | 14555.01 | 100.00 | 4729.75 | 32.50 | 2204.82 | 15.15 | 1206.13 | 8.29 | 1754.54 | 12.05 | 2200.00 | 15.12 |
| 存留（石） | 2890.34 | 100.00 | 2154.81 | 74.55 | | | | | | | 735.52 | 25.45 |
| 绢（匹） | 874.00 | 100.00 | 33.00 | 3.78 | 407.00 | 46.57 | 41.00 | 4.69 | 11.00 | 1.26 | 210.00 | 24.03 |
| 起运（匹） | 874.00 | 100.00 | 33.00 | 3.78 | 407.00 | 46.57 | 41.00 | 4.69 | 11.00 | 1.26 | 210.00 | 24.03 |

| | | | | | | | | | | | | |
|---|---|---|---|---|---|---|---|---|---|---|---|---|
| 存留（匹） | | | | | | | | | | | | |
| **钞（锭）** | 997.00 | 100.00 | 666.00 | 66.80 | | | | | 68.00 | 6.82 | 227.00 | 22.77 |
| 存留（锭） | 997.00 | 100.00 | 666.00 | 66.80 | | | | | 68.00 | 6.82 | 227.00 | 22.77 |
| **秋粮** | | | | | | | | | | | | |
| **米（石）** | 431815.88 | 100.00 | 84531.89 | 19.58 | 52376.18 | 12.13 | 61170.98 | 14.17 | 52426.60 | 12.14 | 59063.42 | 13.68 |
| 起运（石） | 391527.19 | 100.00 | 78850.80 | 20.14 | 48921.78 | 12.50 | 56700.83 | 14.48 | 50472.45 | 12.89 | 53811.24 | 13.74 |
| 存留（石） | 40288.69 | 100.00 | 5681.09 | 14.10 | 3454.39 | 8.57 | 4470.15 | 11.10 | 1954.15 | 4.85 | 5252.18 | 13.04 |
| **户口盐钞银（两）** | 3320.36 | 100.00 | 808.36 | 24.35 | 404.11 | 12.17 | 898.84 | 27.07 | 484.95 | 14.61 | 318.67 | 9.60 |
| 起运（两） | 1787.88 | 100.00 | 435.27 | 24.35 | 217.59 | 12.17 | 483.99 | 27.07 | 261.12 | 14.61 | 171.58 | 9.60 |
| 存留（两） | 1532.48 | 100.00 | 373.09 | 24.35 | 186.51 | 12.17 | 414.85 | 27.07 | 223.82 | 14.61 | 147.08 | 9.60 |
| **田赋项目** | **龙泉县** | **%** | **万安县** | **%** | **永新县** | **%** | **永宁县** | **%** | | | | |
| **夏税** | | | | | | | | | | | | |
| **麦米（石）** | 506.35 | 2.90 | 884.75 | 5.07 | 939.82 | 5.39 | 128.82 | 0.74 | | | | |
| 起运（石） | 506.35 | 3.48 | 884.75 | 6.08 | 939.82 | 6.46 | 128.82 | 0.89 | | | | |
| **绢（匹）** | 63.00 | 7.21 | 25.00 | 2.86 | 55.00 | 6.29 | 26.00 | 2.97 | | | | |
| 起运（匹） | 63.00 | 7.21 | 25.00 | 2.86 | 55.00 | 6.29 | 26.00 | 2.97 | | | | |
| **钞（锭）** | | | | | 28.00 | 2.81 | 6.00 | 0.60 | | | | |
| 存留（锭） | | | | | 28.00 | 2.81 | 6.00 | 0.60 | | | | |
| **秋粮** | | | | | | | | | | | | |
| **米（石）** | 27507.18 | 6.37 | 25462.12 | 5.90 | 58892.31 | 13.64 | 10385.16 | 2.40 | | | | |
| 起运（石） | 25528.47 | 6.52 | 23311.25 | 5.95 | 46078.62 | 11.77 | 7851.73 | 2.01 | | | | |
| 存留（石） | 1978.71 | 4.91 | 2150.87 | 5.34 | 12813.69 | 31.80 | 2533.43 | 6.29 | | | | |
| **户口盐钞银（两）** | 52.76 | 1.59 | 152.64 | 4.60 | 131.66 | 3.97 | 68.28 | 2.06 | | | | |
| 起运（两） | 28.40 | 1.59 | 82.19 | 4.60 | 70.89 | 3.97 | 36.76 | 2.06 | | | | |
| 存留（两） | 24.35 | 1.59 | 70.45 | 4.60 | 60.77 | 3.97 | 31.51 | 2.06 | | | | |

瑞州府

| 田赋项目 | 全府总数 | % | 高安县 | % | 上高县 | % | 新昌县 | % |
|---|---|---|---|---|---|---|---|---|
| **夏税** | | | | | | | | |
| 绢（匹） | 281.00 | 100.00 | 97.00 | 34.52 | 109.00 | 38.79 | 74.00 | 26.33 |
| 起运（匹） | 281.00 | 100.00 | 97.00 | 34.52 | 109.00 | 38.79 | 74.00 | 26.33 |
| **秋粮** | | | | | | | | |
| 米（石） | 224441.12 | 100.00 | 118709.88 | 52.89 | 49600.13 | 22.10 | 56131.10 | 25.01 |
| 起运（石） | 202351.77 | 100.00 | 106954.38 | 52.86 | 44455.43 | 21.97 | 50941.95 | 25.17 |
| 存留（石） | 22089.34 | 100.00 | 11755.50 | 53.22 | 5144.69 | 23.29 | 5189.14 | 23.49 |
| 钞（锭） | 3107.00 | 100.00 | 2256.00 | 72.61 | 216.00 | 6.95 | 633.00 | 20.37 |
| 存留（锭） | 3107.00 | 100.00 | 2256.00 | 72.61 | 216.00 | 6.95 | 633.00 | 20.37 |
| 户口盐钞银（两） | 787.52 | 100.00 | 369.43 | 46.91 | 209.62 | 26.62 | 208.44 | 26.47 |
| 起运（两） | 424.04 | 100.00 | 198.92 | 46.91 | 112.87 | 26.62 | 112.23 | 26.47 |
| 存留（两） | 363.47 | 100.00 | 170.51 | 46.91 | 96.75 | 26.62 | 96.20 | 26.47 |

袁州府

| 田赋项目 | 全府总数 | % | 宜春县 | % | 分宜县 | % | 萍乡县 | % | 万载县 | % |
|---|---|---|---|---|---|---|---|---|---|---|
| **夏税** | | | | | | | | | | |
| 麦米（石） | 21790.19 | 100.00 | 6845.46 | 31.42 | 4118.74 | 18.90 | 5581.29 | 25.61 | 5244.69 | 24.07 |
| 起运（石） | 21790.19 | 100.00 | 6845.46 | 31.42 | 4118.74 | 18.90 | 5581.29 | 25.61 | 5244.69 | 24.07 |
| 绢（匹） | 415.00 | 100.00 | 197.00 | 47.47 | 26.00 | 6.27 | 121.00 | 29.16 | 70.00 | 16.87 |
| 起运（匹） | 415.00 | 100.00 | 197.00 | 47.47 | 26.00 | 6.27 | 121.00 | 29.16 | 70.00 | 16.87 |
| **秋粮** | | | | | | | | | | |
| 米（石） | 217145.09 | 100.00 | 68301.74 | 31.45 | 40974.98 | 18.87 | 56070.64[1] | 25.82 | 51797.72 | 23.85 |
| 起运（石） | 193852.61 | 100.00 | 61140.31 | 31.54 | 36580.03 | 18.87 | 49994.04 | 25.79 | 46188.21 | 23.83 |

[1] 此值有误，与起运、存留两项值不合。

赣州府

| 田赋项目 | 全府总数 | % | 赣县 | % | 雩都县 | % | 信丰县 | % | 兴国县 | % | 会昌县 | % |
|---|---|---|---|---|---|---|---|---|---|---|---|---|
| 存留（石） | 23292.47 | 100.00 | 7161.42 | 30.75 | 4394.94 | 18.87 | 6126.59 | 26.30 | 5609.50 | 24.08 | | |
| 户口盐钞银（两） | 829.00 | 100.00 | 223.18 | 26.92 | 189.33 | 22.84 | 253.43 | 30.57 | 163.02 | 19.66 | | |
| 起运（两） | 446.38 | 100.00 | 120.17 | 26.92 | 101.94 | 22.84 | 136.46 | 30.57 | 87.78 | 19.66 | | |
| 存留（两） | 382.61 | 100.00 | 103.01 | 26.92 | 87.38 | 22.84 | 116.97 | 30.57 | 75.24 | 19.66 | | |
| **夏税** | | | | | | | | | | | | |
| 绢（匹） | 141.00 | 100.00 | 33.00 | 23.40 | 34.00 | 24.11 | 2.00 | 1.42 | 8.00 | 5.67 | | |
| 起运（匹） | 141.00 | 100.00 | 33.00 | 23.40 | 34.00 | 24.11 | 2.00 | 1.42 | 8.00 | 5.67 | | |
| 钞（锭） | 1717.00 | 100.00 | 388.00 | 22.60 | 82.00 | 4.78 | 44.00 | 2.56 | 266.00 | 15.49 | 17.00 | 0.99 |
| 存留（锭） | 1717.00 | 100.00 | 388.00 | 22.60 | 82.00 | 4.78 | 44.00 | 2.56 | 266.00 | 15.49 | 17.00 | 0.99 |
| **秋粮** | | | | | | | | | | | | |
| 米（石） | 70883.08 | 100.00 | 18343.53 | 25.88 | 4315.36 | 6.09 | 1929.53 | 2.72 | 13148.48 | 18.55 | 835.26 | 1.18 |
| 起运（石） | 39668.01 | 100.00 | 14531.45 | 36.63 | 1370.84 | 3.46 | | | 4202.42 | 10.59 | | |
| 存留（石） | 31215.06 | 100.00 | 3812.08 | 12.21 | 2944.51 | 9.43 | 1929.53 | 6.18 | 8946.05 | 28.66 | 835.26 | 2.68 |
| 户口盐钞银（两） | 726.92 | 100.00 | 157.17 | 21.62 | 50.04 | 6.88 | 25.54 | 3.51 | 77.98 | 10.73 | 19.50 | 2.68 |
| 起运（两） | 390.43 | 100.00 | 84.63 | 21.68 | 26.04 | 6.67 | 13.54 | 3.47 | 41.98 | 10.75 | 10.50 | 2.69 |
| 存留（两） | 336.49 | 100.00 | 72.54 | 21.56 | 24.00 | 7.13 | 12.00 | 3.57 | 35.99 | 10.70 | 9.00 | 2.67 |

| 田赋项目 | 安远县 | % | 宁都县 | % | 瑞金县 | % | 龙南县 | % | 石城县 | % | 定南县 | % |
|---|---|---|---|---|---|---|---|---|---|---|---|---|
| **夏税** | | | | | | | | | | | | |
| 绢（匹） | 1.00 | 0.71 | 39.00 | 27.66 | 15.00 | 10.64 | | | 5.00 | 3.55 | | |
| 起运（匹） | 1.00 | 0.71 | 39.00 | 27.66 | 15.00 | 10.64 | | | 5.00 | 3.55 | | |
| 钞（锭） | 11.00 | 0.64 | 537.00 | 31.28 | 63.00 | 3.67 | 94.00 | 5.47 | 210.00 | 12.23 | | |
| 存留（锭） | 11.00 | 0.64 | 537.00 | 31.28 | 63.00 | 3.67 | 94.00 | 5.47 | 210.00 | 12.23 | | |
| **秋粮** | | | | | | | | | | | | |

| | | | | | | | | | | | | |
|---|---|---|---|---|---|---|---|---|---|---|---|---|
| 米（石） | 473.09 | 0.67 | 21143.81 | 29.83 | 1544.59 | 2.18 | 3665.63 | 5.17 | 4572.37 | 6.45 | 677.91 | 0.96 |
| 起运（石） | | | 16850.62 | 42.48 | | | 1141.99 | 2.88 | 1570.68 | 3.96 | | |
| 存留（石） | 473.09 | 1.52 | 4293.19 | 13.75 | 1544.59 | 4.95 | 2523.64 | 8.08 | 3001.69 | 9.62 | 677.91 | 2.17 |
| 户口盐钞银（两） | 24.46 | 3.36 | 268.17 | 36.89 | 19.50 | 2.68 | 32.50 | 4.47 | 40.58 | 5.58 | | |
| 起运（两） | 13.29 | 3.40 | 144.39 | 36.98 | 10.50 | 2.69 | 17.50 | 4.48 | 21.85 | 5.60 | | |
| 存留（两） | 11.16 | 3.32 | 123.77 | 36.78 | 9.00 | 2.67 | 15.00 | 4.46 | 18.73 | 5.57 | | |
| 田赋项目 | 长宁县 | % | | | | | | | | | | |
| 秋粮 | | | | | | | | | | | | |
| 米（石） | 233.46 | 0.33 | | | | | | | | | | |
| 存留（石） | 233.46 | 0.75 | | | | | | | | | | |
| 户口盐钞银（两） | 11.41 | 1.57 | | | | | | | | | | |
| 起运（两） | 6.14 | 1.57 | | | | | | | | | | |
| 存留（两） | 5.27 | 1.57 | | | | | | | | | | |
| 南安府 | | | | | | | | | | | | |
| 田赋项目 | 全府总数 | % | 大庾县 | % | 南康县 | % | 上犹县 | % | 崇义县 | % | | |
| 夏税 | | | | | | | | | | | | |
| 麦米（石） | 131.31[1] | 100.00 | 49.63 | 37.80 | 81.68 | 62.20 | | | | | | |
| 存留（石） | 131.31 | 100.00 | 49.63 | 37.80 | 81.68 | 62.20 | | | | | | |
| 绢（匹） | 63.00 | 100.00 | 8.00 | 12.70 | 38.00 | 60.32 | 6.00 | 9.52 | 9.00 | 14.29 | | |
| 起运（匹） | 63.00 | 100.00 | 8.00 | 12.70 | 38.00 | 60.32 | 6.00 | 9.52 | 9.00 | 14.29 | | |
| 秋粮 | | | | | | | | | | | | |
| 米（石） | 27882.24 | 100.00 | 5771.26 | 20.70 | 15301.54 | 54.88 | 3037.92 | 10.90 | 3771.50 | 13.53 | | |
| 起运（石） | 10276.51 | 100.00 | 2426.58 | 23.61 | 5096.06 | 49.59 | 1401.03 | 13.63 | 1352.82 | 13.16 | | |
| 存留（石） | 17605.72 | 100.00 | 3344.67 | 19.00 | 10205.47 | 57.97 | 1636.88 | 9.30 | 2418.68 | 13.74 | | |

[1] 原书此值缺损，依所属各县值补齐。

| 户口盐钞银（两） | 114.85 | 100.00 | 25.75 | 22.42 | 47.97 | 41.77 | 26.00 | 22.64 | 15.13 | 13.17 |
|---|---|---|---|---|---|---|---|---|---|---|
| 起运（两） | 61.83 | 100.00 | 13.86 | 22.42 | 25.83 | 41.78 | 14.00 | 22.64 | 8.13 | 13.15 |
| 存留（两） | 53.02 | 100.00 | 11.88 | 22.41 | 22.14 | 41.76 | 12.00 | 22.63 | 6.99 | 13.18 |

## 乙表12 万历六年湖广布政司分州县田赋统计[1]

### 武昌府

| 田赋项目 | 全府总数 | % | 江夏县 | % | 武昌县 | % | 嘉鱼县 | % | 蒲圻县 | % | 咸宁县 | % |
|---|---|---|---|---|---|---|---|---|---|---|---|---|
| 夏税 | | | | | | | | | | | | |
| 二麦（石） | 10305.12 | 100.00 | 2028.92 | 19.69 | 3674.61 | 35.66 | 453.32 | 4.40 | 1178.10 | 11.43 | 704.70 | 6.84 |
| 存留（石） | 10305.12 | 100.00 | 2028.92 | 19.69 | 3674.61 | 35.66 | 453.32 | 4.40 | 1178.10 | 11.43 | 704.70 | 6.84 |
| 绢（匹） | 8572.00 | 100.00 | 1899.00 | 22.15 | 1453.00 | 16.95 | 563.00 | 6.57 | 1103.00 | 12.87 | 653.00 | 7.62 |
| 起运（匹） | 8572.00 | 100.00 | 1899.00 | 22.15 | 1453.00 | 16.95 | 563.00 | 6.57 | 1103.00 | 12.87 | 653.00 | 7.62 |
| 秋粮 | | | | | | | | | | | | |
| 米（石） | 164629.95 | 100.00 | 34579.60 | 21.00 | 24615.90 | 14.95 | 6296.09 | 3.82 | 15949.76 | 9.69 | 10458.63 | 6.35 |
| 起运（石） | 78512.78 | 100.00 | 13153.52 | 16.75 | 12040.18 | 15.34 | 1754.31 | 2.23 | 7450.04 | 9.49 | 5470.89 | 6.97 |
| 存留（石） | 86117.16 | 100.00 | 21426.07 | 24.88 | 12575.71 | 14.60 | 4541.77 | 5.27 | 8499.71 | 9.87 | 4987.73 | 5.79 |
| 户口盐钞银（两） | 1447.00 | 100.00 | 411.14 | 28.41 | 66.84 | 4.62 | 114.85 | 7.94 | 239.93 | 16.58 | 115.99 | 8.02 |
| 起运（两） | 658.22 | 100.00 | 187.02 | 28.41 | 30.40 | 4.62 | 52.24 | 7.94 | 109.13 | 16.58 | 52.76 | 8.02 |
| 存留（两） | 788.78 | 100.00 | 224.12 | 28.41 | 36.44 | 4.62 | 62.61 | 7.94 | 130.79 | 16.58 | 63.23 | 8.02 |

| 田赋项目 | 崇阳县 | % | 通城县 | % | 兴国州 | % | 大冶县 | % | 通山县 | % |
|---|---|---|---|---|---|---|---|---|---|---|
| 夏税 | | | | | | | | | | |
| 二麦（石） | 812.61 | 7.89 | 1143.98 | 11.10 | 251.62 | 2.44 | 52.37 | 0.51 | 4.83 | 0.05 |
| 存留（石） | 812.61 | 7.89 | 1143.98 | 11.10 | 251.62 | 2.44 | 52.37 | 0.51 | 4.83 | 0.05 |
| 绢（匹） | 742.00 | 8.66 | 977.00 | 11.40 | 628.00 | 7.33 | 427.00 | 4.98 | 117.00 | 1.36 |

[1] 资料来源：根据第一篇甲表20。

| 田赋项目 | | % | | % | | % | | % | | % |
|---|---|---|---|---|---|---|---|---|---|---|
| 起运（匹） | 742.00 | 8.66 | 977.00 | 11.40 | 628.00 | 7.33 | 427.00 | 4.98 | 117.00 | 1.36 |
| 秋粮 | | | | | | | | | | |
| 米（石） | 8665.61 | 5.26 | 12182.34 | 7.40 | 28518.08 | 17.32 | 18492.88 | 11.23 | 4871.01 | 2.96 |
| 起运（石） | 5582.49 | 7.11 | 7056.29 | 8.99 | 14478.35 | 18.44 | 9099.20 | 11.59 | 2427.44 | 3.09 |
| 存留（石） | 3083.12 | 3.58 | 5126.04 | 5.95 | 14039.72 | 16.30 | 9393.68 | 10.91 | 2443.56 | 2.84 |
| 户口盐钞银（两） | 81.29 | 5.62 | 66.10 | 4.57 | 176.88 | 12.22 | 105.20 | 7.27 | 68.69 | 4.75 |
| 起运（两） | 36.97 | 5.62 | 30.06 | 4.57 | 80.45 | 12.22 | 47.85 | 7.27 | 31.24 | 4.75 |
| 存留（两） | 44.31 | 5.62 | 36.03 | 4.57 | 96.42 | 12.22 | 57.34 | 7.27 | 37.44 | 4.75 |

汉阳府

| 田赋项目 | 全府总数 | % | 汉阳县 | % | 汉川县 | % |
|---|---|---|---|---|---|---|
| 夏税 | | | | | | |
| 二麦（石） | 5400.49 | 100.00 | 4463.14 | 82.64 | 937.34 | 17.36 |
| 存留（石） | 5400.49 | 100.00 | 4463.14 | 82.64 | 937.34 | 17.36 |
| 绢（匹） | 688.00 | 100.00 | 600.00 | 87.21 | 87.00 | 12.65 |
| 起运（匹） | 688.00 | 100.00 | 600.00 | 87.21 | 87.00 | 12.65 |
| 秋粮 | | | | | | |
| 米（石） | 24620.96 | 100.00 | 17164.61 | 69.72 | 7456.35 | 30.28 |
| 起运（石） | 13723.01 | 100.00 | 9751.78 | 71.06 | 3971.22 | 28.94 |
| 存留（石） | 10897.95 | 100.00 | 7412.83 | 68.02 | 3485.12 | 31.98 |
| 户口盐钞银（两） | 243.27 | 100.00 | 168.79 | 69.38 | 74.46 | 30.61 |
| 起运（两） | 110.65 | 100.00 | 76.78 | 69.39 | 33.86 | 30.60 |
| 存留（两） | 132.61 | 100.00 | 92.01 | 69.38 | 40.59 | 30.61 |

承天府

| 田赋项目 | 全府总数 | % | 钟祥县 | % | 京山县 | % | 潜江县 | % | 沔阳州 | % | 景陵县 |
|---|---|---|---|---|---|---|---|---|---|---|---|
| 夏税 | | | | | | | | | | | |

| | | | | | | | | | | | | |
|---|---|---|---|---|---|---|---|---|---|---|---|---|
| 二麦（石） | 9699.99 | 100.00 | 2545.63 | 26.24 | 1680.36 | 17.32 | 1053.85 | 10.86 | 785.00 | 8.09 | 417.85 | 4.31 |
| 存留（石） | 9699.99 | 100.00 | 2545.63 | 26.24 | 1680.36 | 17.32 | 1053.85 | 10.86 | 785.00 | 8.09 | 417.85 | 4.31 |
| 绢（匹） | 211.00 | 100.00 | 25.00 | 11.85 | 31.00 | 14.69 | 2.00 | 0.95 | 36.00 | 17.06 | 98.00 | 46.45 |
| 起运（匹） | 211.00 | 100.00 | 25.00 | 11.85 | 31.00 | 14.69 | 2.00 | 0.95 | 36.00 | 17.06 | 98.00 | 46.45 |
| 秋粮 | | | | | | | | | | | | |
| 米（石） | 96806.24 | 100.00 | 6302.21 | 6.51 | 11262.18 | 11.63 | 9977.35 | 10.31 | 18128.51 | 18.73 | 22404.84 | 23.14 |
| 起运（石） | 42622.30 | 100.00 | 269.35 | 0.63 | 453.91 | 1.06 | 4676.91 | 10.97 | 8687.83 | 20.38 | 12174.90 | 28.56 |
| 存留（石） | 54183.94 | 100.00 | 6032.85 | 11.13 | 10808.26 | 19.95 | 5300.43 | 9.78 | 9440.68 | 17.42 | 10229.93 | 18.88 |
| 钞（贯） | 175.00 | 100.00 | 92.00 | 52.57 | 83.00 | 47.43 | | | | | | |
| 存留（贯） | 175.00 | 100.00 | 92.00 | 52.57 | 83.00 | 47.43 | | | | | | |
| 户口盐钞银（两） | 1370.95 | 100.00 | 175.21 | 12.78 | 226.77 | 16.54 | 98.25 | 7.17 | 379.99 | 27.72 | 197.77 | 14.43 |
| 起运（两） | 593.26 | 100.00 | 79.69 | 13.43 | 103.15 | 17.39 | 44.69 | 7.53 | 146.49 | 24.69 | 89.96 | 15.16 |
| 存留（两） | 777.69 | 100.00 | 95.51 | 12.28 | 123.62 | 15.90 | 53.56 | 6.89 | 233.50 | 30.02 | 107.81 | 13.86 |
| 田赋项目 | 荆门州 | | 当阳县 | | | | | | | | | |
| 夏税 | | | | | | | | | | | | |
| 二麦（石） | 2410.67 | 24.85 | 806.60 | 8.32 | | | | | | | | |
| 存留（石） | 2410.67 | 24.85 | 806.60 | 8.32 | | | | | | | | |
| 绢（匹） | 4.00 | 1.90 | 12.00 | 5.69 | | | | | | | | |
| 起运（匹） | 4.00 | 1.90 | 12.00 | 5.69 | | | | | | | | |
| 秋粮 | | | | | | | | | | | | |
| 米（石） | 26592.05 | 27.47 | 2139.08 | 2.21 | | | | | | | | |
| 起运（石） | 14915.05 | 34.99 | 1444.31 | 3.39 | | | | | | | | |
| 存留（石） | 11676.99 | 21.55 | 694.77 | 1.28 | | | | | | | | |
| 户口盐钞银（两） | 218.64 | 15.95 | 74.26 | 5.42 | | | | | | | | |
| 起运（两） | 95.45 | 16.09 | 33.77 | 5.69 | | | | | | | | |

| 田赋项目 | 全府总数 | % | 襄阳县 | % | 宜城县 | % | 南漳县 | % | 枣阳县 | % | 谷城县 | % |
|---|---|---|---|---|---|---|---|---|---|---|---|---|
| | | | | | | 襄阳府 | | | | | | |
| 夏税 | | | | | | | | | | | | |
| 小麦（石） | 23220.13 | 100.00 | 10435.26 | 44.94 | 1636.20 | 7.05 | 253.16 | 1.09 | 1358.66 | 5.85 | 4975.19 | 21.43 |
| 存留（石） | 23220.13 | 100.00 | 10435.26 | 44.94 | 1636.20 | 7.05 | 253.16 | 1.09 | 1358.66 | 5.85 | 4975.19 | 21.43 |
| 绢（匹） | 295.00 | 100.00 | 6.00 | 2.03 | 19.00 | 6.44 | 13.00 | 4.41 | 102.00 | 34.58 | 116.00 | 39.32 |
| 起运（匹） | 295.00 | 100.00 | 6.00 | 2.03 | 19.00 | 6.44 | 13.00 | 4.41 | 102.00 | 34.58 | 116.00 | 39.32 |
| 秋粮 | | | | | | | | | | | | |
| 米（石） | 40805.55 | 100.00 | 7899.08 | 19.36 | 3151.92 | 7.72 | 6675.13 | 16.36 | 4055.39 | 9.94 | 12151.70 | 29.78 |
| 起运（石） | 5000.00 | 100.00 | 1058.00 | 21.16 | 489.00 | 9.78 | 1024.20 | 20.48 | 711.60 | 14.23 | 1175.80 | 23.52 |
| 存留（石） | 35805.55 | 100.00 | 6841.08 | 19.11 | 2662.92 | 7.44 | 5650.93 | 15.78 | 3343.79 | 9.34 | 10975.90 | 30.65 |
| 户口盐钞银（两） | 1023.54 | 100.00 | 203.10 | 19.84 | 102.24 | 9.99 | 117.03 | 11.43 | 222.38 | 21.73 | 157.88 | 15.42 |
| 起运（两） | 458.91 | 100.00 | 92.38 | 20.13 | 46.50 | 10.13 | 53.23 | 11.60 | 102.07 | 22.24 | 64.22 | 13.99 |
| 存留（两） | 564.63 | 100.00 | 110.71 | 19.61 | 55.73 | 9.87 | 63.79 | 11.30 | 120.31 | 21.31 | 93.65 | 16.59 |

| 田赋项目 | 光化县 | % | 均州 | % |
|---|---|---|---|---|
| 夏税 | | | | |
| 小麦（石） | 3740.75 | 16.11 | 820.89 | 3.54 |
| 存留（石） | 3740.75 | 16.11 | 820.89 | 3.54 |
| 绢（匹） | 16.00 | 5.42 | 21.00 | 7.12 |
| 起运（匹） | 16.00 | 5.42 | 21.00 | 7.12 |
| 秋粮 | | | | |
| 米（石） | 2225.01 | 5.45 | 4647.29 | 11.39 |
| 起运（石） | 541.40 | 10.83 | | |
| 存留（石） | 1683.61 | 4.70 | 4647.29 | 12.98 |

郧阳府

| 田赋项目 | 全府总数 | % | 郧县 | % | 房县 | % | 竹山县 | % | 上津县 | % | 竹溪县 | % |
|---|---|---|---|---|---|---|---|---|---|---|---|---|
| 户口盐钞银（两） | 78.52 | 7.67 | 142.36 | 13.91 | | | | | | | | 10.11 |
| 起运（两） | 35.71 | 7.78 | 64.75 | 14.11 | | | | | | | | |
| 存留（两） | 42.80 | 7.58 | 77.60 | 13.74 | | | | | | | | |
| 夏税 | | | | | | | | | | | | |
| 小麦（石） | 3572.94 | 100.00 | 1146.27 | 32.08 | 350.20 | 9.80 | 691.48 | 19.35 | 433.45 | 12.13 | 361.13 | 10.11 |
| 起运（石） | | | | | | | | | | | | |
| 存留（石） | 3572.94 | 100.00 | 1146.27 | 32.08 | 350.20 | 9.80 | 691.48 | 19.35 | 433.45 | 12.13 | 361.13 | 10.11 |
| 绢（匹） | 55.00 | 100.00 | 23.00 | 41.82 | 5.00 | 9.09 | 7.00 | 12.73 | 9.00 | 16.36 | 5.00 | 9.09 |
| 起运（匹） | 55.00 | 100.00 | 23.00 | 41.82 | 5.00 | 9.09 | 7.00 | 12.73 | 9.00 | 16.36 | 5.00 | 9.09 |
| 秋粮 | | | | | | | | | | | | |
| 米（石） | 10962.53 | 100.00 | 4061.65 | 37.05 | 2701.29 | 24.64 | 1218.33 | 11.11 | 700.15 | 6.39 | 1088.06 | 9.93 |
| 存留（石） | 10962.53 | 100.00 | 4061.65 | 37.05 | 2701.29 | 24.64 | 1218.33 | 11.11 | 700.15 | 6.39 | 1088.06 | 9.93 |
| 户口盐钞银（两） | 1335.49 | 100.00 | 447.28 | 33.49 | 130.28 | 9.76 | 199.23 | 14.92 | 148.05 | 11.09 | 201.28 | 15.07 |
| 起运（两） | 607.49 | 100.00 | 203.46 | 33.49 | 59.26 | 9.75 | 90.62 | 14.92 | 67.34 | 11.08 | 91.56 | 15.07 |
| 存留（两） | 728.00 | 100.00 | 243.82 | 33.49 | 71.01 | 9.75 | 108.61 | 14.92 | 80.71 | 11.09 | 109.72 | 15.07 |

| 田赋项目 | 保康县 | % | 郧西县 | % |
|---|---|---|---|---|
| 夏税 | | | | |
| 小麦（石） | 102.49 | 2.87 | 487.89 | 13.66 |
| 起运（石） | | | | |
| 存留（石） | 102.49 | 2.87 | 487.89 | 13.66 |
| 绢（匹） | 2.00 | 3.64 | 2.00 | 3.64 |
| 起运（匹） | 2.00 | 3.64 | 2.00 | 3.64 |
| 秋粮 | | | | |

**上段（接续表）**

| 田赋项目 | 全府总数 | % | 安陆县 | % | 云梦县 | % | 孝感县 | % | 应城县 | % | 随州 | % |
|---|---|---|---|---|---|---|---|---|---|---|---|---|
| 米（石） | 601.93 | 5.49 | 591.10 | 5.39 | | | 5.41 | 0.30 | | | 963.45 | 53.91 |
| 存留（石） | 601.93 | 5.49 | 591.10 | 5.39 | | | 5.41 | 0.30 | | | 963.45 | 53.91 |
| 户口盐钞银（两） | 119.63 | 8.96 | 89.67 | 6.71 | 77.00 | 6.64 | 474.00 | 40.90 | 131.00 | 11.30 | 218.00 | 18.81 |
| 起运（两） | 54.41 | 8.96 | 40.78 | 6.71 | 77.00 | 6.64 | 474.00 | 40.90 | 131.00 | 11.30 | 218.00 | 18.81 |
| 存留（两） | 65.21 | 8.96 | 48.88 | 6.71 | 77.00 | 6.64 | 474.00 | 40.90 | 131.00 | 11.30 | 218.00 | 18.81 |

**德安府**

| 田赋项目 | 全府总数 | % | 安陆县 | % | 云梦县 | % | 孝感县 | % | 应城县 | % | 随州 | % |
|---|---|---|---|---|---|---|---|---|---|---|---|---|
| 夏税 | | | | | | | | | | | | |
| 小麦（石） | 1787.05 | 100.00 | 3.77 | 0.21 | | | 5.41 | 0.30 | | | 963.45 | 53.91 |
| 存留（石） | 1787.05 | 100.00 | 3.77 | 0.21 | | | 5.41 | 0.30 | | | 963.45 | 53.91 |
| 绢（匹） | 1159.00 | 100.00 | 121.00 | 10.44 | 77.00 | 6.64 | 474.00 | 40.90 | 131.00 | 11.30 | 218.00 | 18.81 |
| 起运（匹） | 1159.00 | 100.00 | 121.00 | 10.44 | 77.00 | 6.64 | 474.00 | 40.90 | 131.00 | 11.30 | 218.00 | 18.81 |
| 秋粮 | | | | | | | | | | | | |
| 米（石） | 41015.51 | 100.00 | 3944.50 | 9.62 | 2912.80 | 7.10 | 15436.21 | 37.64 | 5381.93 | 13.12 | 7873.55 | 19.20 |
| 起运（石） | 18611.80 | 100.00 | 1642.37 | 8.82 | 1519.63 | 8.16 | 6559.29 | 35.24 | 2812.43 | 15.11 | 3222.42 | 17.31 |
| 存留（石） | 22403.71 | 100.00 | 2302.12 | 10.28 | 1393.16 | 6.22 | 8876.92 | 39.62 | 2569.49 | 11.47 | 4651.12 | 20.76 |
| 户口盐钞银（两） | 1070.04 | 100.00 | 92.45 | 8.64 | 52.16 | 4.87 | 111.54 | 10.42 | 80.95 | 7.57 | 606.79 | 56.71 |
| 起运（两） | 486.74 | 100.00 | 42.05 | 8.64 | 23.72 | 4.87 | 50.73 | 10.42 | 36.82 | 7.56 | 276.01 | 56.71 |
| 存留（两） | 583.29 | 100.00 | 50.40 | 8.64 | 28.44 | 4.88 | 60.80 | 10.42 | 44.13 | 7.57 | 330.77 | 56.71 |

**应山县**

| 田赋项目 | 全府总数 | % |
|---|---|---|
| 夏税 | | |
| 小麦（石） | 814.40 | 45.57 |
| 存留（石） | 814.40 | 45.57 |
| 绢（匹） | 135.00 | 11.65 |
| 起运（匹） | 135.00 | 11.65 |

黄州府

| 田赋项目 | 全府总数 | % | 黄冈县 | % | 黄安县 | % | 蕲水县 | % | 罗田县 | % | 麻城县 | % |
|---|---|---|---|---|---|---|---|---|---|---|---|---|
| 夏税 | | | | | | | | | | | | |
| 二麦（石） | 3875.03 | 100.00 | 2009.39 | 51.85 | 97.43 | 2.51 | 66.65 | 1.72 | 176.20 | 4.55 | 102.34 | 2.64 |
| 存留（石） | 3875.03 | 100.00 | 2009.39 | 51.85 | 97.43 | 2.51 | 66.65 | 1.72 | 176.20 | 4.55 | 102.34 | 2.64 |
| 绢（匹） | 3114.00 | 100.00 | 1051.00 | 33.75 | 391.00 | 12.56 | 50.00 | 1.61 | 67.00 | 2.15 | 512.00 | 16.44 |
| 起运（匹） | 3114.00 | 100.00 | 1051.00 | 33.75 | 391.00 | 12.56 | 50.00 | 1.61 | 67.00 | 2.15 | 512.00 | 16.44 |
| 秋粮 | | | | | | | | | | | | |
| 米（石） | 252719.98 | 100.00 | 41503.58 | 16.42 | 17744.24 | 7.02 | 45155.68 | 17.87 | 11163.70 | 4.42 | 24131.99 | 9.55 |
| 起运（石） | 136187.60 | 100.00 | 23974.87 | 17.60 | 11919.15 | 8.75 | 21452.25 | 15.75 | 5991.20 | 4.40 | 17574.72 | 12.90 |
| 存留（石） | 116532.38 | 100.00 | 17528.70 | 15.04 | 5825.09 | 5.00 | 23703.42 | 20.34 | 5172.50 | 4.44 | 6557.27 | 5.63 |
| 户口盐钞银（两） | 2179.01 | 100.00 | 208.95 | 9.59 | 159.72 | 7.33 | 143.43 | 6.58 | 124.64 | 5.72 | 239.33 | 10.98 |
| 起运（两） | 939.06 | 100.00 | 93.95 | 10.00 | 72.65 | 7.74 | 65.24 | 6.95 | 56.69 | 6.04 | 108.86 | 11.59 |
| 存留（两） | 1239.95 | 100.00 | 115.00 | 9.27 | 87.07 | 7.02 | 78.19 | 6.31 | 67.95 | 5.48 | 130.46 | 10.52 |

| 田赋项目 | 黄陂县 | % | 蕲州 | % | 广济县 | % | 黄梅县 | % |
|---|---|---|---|---|---|---|---|---|
| 夏税 | | | | | | | | |
| 二麦（石） | 56.24 | 1.45 | 242.71 | 6.26 | 625.42 | 16.14 | 498.61 | 12.87 |
| 存留（石） | 56.24 | 1.45 | 242.71 | 6.26 | 625.42 | 16.14 | 498.61 | 12.87 |

| 秋粮 | | % |
|---|---|---|
| 米（石） | 5466.50 | 13.33 |
| 起运（石） | 2855.63 | 15.34 |
| 存留（石） | 2610.87 | 11.65 |
| 户口盐钞银（两） | 126.10 | 11.78 |
| 起运（两） | 57.36 | 11.78 |
| 存留（两） | 68.74 | 11.78 |

荆州府

| 田赋项目 | 全府总数 | % | 江陵县 | % | 公安县 | % | 石首县 | % | 监利县 | % | 松滋县 | % |
|---|---|---|---|---|---|---|---|---|---|---|---|---|
| 夏税 | | | | | | | | | | | | |
| 二麦（石） | 39167.25 | 100.00 | 22074.73 | 56.36 | 2017.51 | 5.15 | 2295.28 | 5.86 | 4954.21 | 12.65 | 1927.59 | 4.92 |
| 折米（石） | 23628.70 | 100.00 | 12505.42 | 52.92 | 1090.27 | 4.61 | 1560.45 | 6.60 | 2595.79 | 10.99 | 1055.86 | 4.47 |
| 存留（石） | 39167.25 | 100.00 | 22074.73 | 56.36 | 2017.51 | 5.15 | 2295.28 | 5.86 | 4954.21 | 12.65 | 1927.59 | 4.92 |
| 绢（匹）起运 | 123.00 | 100.00 | 50.00 | 40.65 | 5.00 | 4.07 | 10.00 | 8.13 | 11.00 | 8.94 | 11.00 | 8.94 |
| 存留（匹） | 123.00 | 100.00 | 50.00 | 40.65 | 5.00 | 4.07 | 10.00 | 8.13 | 11.00 | 8.94 | 11.00 | 8.94 |
| 秋粮 | | | | | | | | | | | | |
| 米（石） | 122454.55 | 100.00 | 39462.38 | 32.23 | 19014.23 | 15.53 | 17507.14 | 14.30 | 20377.46 | 16.64 | 12544.36 | 10.24 |
| 起运（石） | 57306.78 | 100.00 | 21913.77 | 38.24 | 10233.92 | 17.86 | 8925.33 | 15.57 | 8830.78 | 15.41 | 6469.82 | 11.29 |
| 存留（石） | 65147.76 | 100.00 | 17548.60 | 26.94 | 8780.31 | 13.48 | 8581.80 | 13.17 | 11546.68 | 17.72 | 6074.53 | 9.32 |
| 户口盐钞银（两） | 3826.73 | 100.00 | 1390.78 | 36.34 | 448.73 | 11.73 | 431.45 | 11.27 | 453.38 | 11.85 | 305.46 | 7.98 |
| 起运（两） | 1741.17 | 100.00 | 632.64 | 36.33 | 204.11 | 11.72 | 196.25 | 11.72 | 206.23 | 11.84 | 138.94 | 7.98 |
| 存留（两） | 2085.56 | 100.00 | 758.14 | 36.35 | 244.62 | 11.73 | 235.19 | 11.73 | 247.14 | 11.85 | 166.51 | 7.98 |

| 田赋项目 | 枝江县 | % | 夷陵州 | % | 长阳县 | % | 宜都县 | % | 远安县 | % | 归州 | % |
|---|---|---|---|---|---|---|---|---|---|---|---|---|
| 绢（匹） | 480.00 | 15.41 | 112.00 | 3.60 | 217.00 | 6.97 | 223.00 | 7.16 | | | | |
| 起运（匹） | 480.00 | 15.41 | 112.00 | 3.60 | 217.00 | 6.97 | 223.00 | 7.16 | | | | |
| 秋粮 | | | | | | | | | | | | |
| 米（石） | 17473.52 | 6.91 | 28145.59 | 11.14 | 30882.51 | 12.22 | 36519.13 | 14.45 | | | | |
| 起运（石） | 8471.78 | 6.22 | 14003.77 | 10.28 | 15306.41 | 11.24 | 17493.41 | 12.85 | | | | |
| 存留（石） | 9001.73 | 7.72 | 14141.82 | 12.14 | 15576.09 | 13.37 | 19025.72 | 16.33 | | | | |
| 户口盐钞银（两） | 287.12 | 13.18 | 524.16 | 24.05 | 194.31 | 8.92 | 297.26 | 13.64 | | | | |
| 起运（两） | 130.60 | 13.91 | 187.38 | 19.95 | 88.38 | 9.41 | 135.21 | 14.40 | | | | |
| 存留（两） | 156.51 | 12.62 | 336.77 | 27.16 | 105.93 | 8.54 | 162.04 | 13.07 | | | | |

| 田赋项目 | 兴山县 | % | 巴东县 | % | | % | | % | | % | | % |
|---|---|---|---|---|---|---|---|---|---|---|---|---|
| **夏税** | | | | | | | | | | | | |
| 二麦（石） | 2023.33 | 5.17 | 1613.01 | 4.12 | 947.60 | 2.42 | 226.61 | 0.58 | 137.66 | 0.35 | 200.83 | 0.51 |
| 折米（石） | 1330.59 | 5.63 | 1263.42 | 5.35 | 609.31 | 2.58 | 191.90 | 0.81 | 88.52 | 0.37 | 129.13 | 0.55 |
| 存留（石） | 2023.33 | 5.17 | 1613.01 | 4.12 | 947.60 | 2.42 | 226.61 | 0.58 | 137.66 | 0.35 | 200.83 | 0.51 |
| 绢（匹） | 21.00 | 17.07 | 1.00 | 0.81 | 1.00 | 0.81 | 2.00 | 1.63 | 2.00 | 1.63 | 1.00 | 0.81 |
| 起运（匹） | 21.00 | 17.07 | 1.00 | 0.81 | 1.00 | 0.81 | 2.00 | 1.63 | 2.00 | 1.63 | 1.00 | 0.81 |
| **秋粮** | | | | | | | | | | | | |
| 米（石） | 2764.04 | 2.26 | 2186.48 | 1.79 | 1003.77 | 0.82 | 2371.26 | 1.94 | 559.24 | 0.46 | 1902.29 | 1.55 |
| 起运（石） | 762.46 | 1.33 | 40.59 | 0.07 | 6.04 | 0.01 | 30.95 | 0.05 | 42.37 | 0.07 | 8.79 | 0.02 |
| 存留（石） | 2001.57 | 3.07 | 2145.88 | 3.29 | 997.72 | 1.53 | 2340.31 | 3.59 | 516.86 | 0.79 | 1893.50 | 2.91 |
| 户口盐钞银（两） | 127.92 | 3.34 | 122.16 | 3.19 | 137.76 | 3.60 | 94.13 | 2.46 | 69.32 | 1.81 | 65.56 | 1.71 |
| 起运（两） | 58.18 | 3.34 | 55.56 | 3.19 | 62.66 | 3.60 | 42.82 | 2.46 | 31.53 | 1.81 | 30.27 | 1.74 |
| 存留（两） | 69.73 | 3.34 | 66.60 | 3.19 | 75.10 | 3.60 | 51.31 | 2.46 | 37.79 | 1.81 | 35.28 | 1.69 |

| 田赋项目 | 兴山县 | % | 巴东县 | % |
|---|---|---|---|---|
| **夏税** | | | | |
| 二麦（石） | 95.50 | 0.24 | 653.34 | 1.67 |
| 折米（石） | 61.41 | 0.26 | 420.10 | 1.78 |
| 存留（石） | 95.50 | 0.24 | 653.34 | 1.67 |
| 绢（匹） | 1.00 | 0.81 | 2.00 | 1.63 |
| 起运（匹） | 1.00 | 0.81 | 2.00 | 1.63 |
| **秋粮** | | | | |
| 米（石） | 540.25 | 0.44 | 2221.59 | 1.81 |
| 起运（石） | 26.93 | 0.05 | 14.96 | 0.03 |
| 存留（石） | 513.32 | 0.79 | 2206.63 | 3.39 |
| 户口盐钞银（两） | 68.85 | 1.80 | 111.09 | 2.90 |

| 田赋项目 | 全府总数 | % | 巴陵县 | % | 临湘县 | % | 华容县 | % | 平江县 | % | 沣州 | % |
|---|---|---|---|---|---|---|---|---|---|---|---|---|
| | | | | | | 岳州府 | | | | | | |
| 起运（两） | 31.31 | 1.80 | 50.53 | 2.90 | | | | | | | 125.56 | 5.91 |
| 存留（两） | 37.53 | 1.80 | 60.56 | 2.90 | | | | | | | 125.56 | 5.91 |
| **夏税** | | | | | | | | | | | | |
| 二麦（石） | 2125.75 | 100.00 | 941.48 | 44.29 | 65.36 | 3.07 | 323.01 | 15.20 | 149.06 | 7.01 | 125.56 | 5.91 |
| 存留（石） | 2125.75 | 100.00 | 941.48 | 44.29 | 65.36 | 3.07 | 323.01 | 15.20 | 149.06 | 7.01 | 125.56 | 5.91 |
| 绢（匹） | 3170.00 | 100.00 | 1123.00 | 35.43 | 259.00 | 8.17 | 361.00 | 11.39 | 1032.00 | 32.56 | 139.00 | 4.38 |
| 起运（匹） | 3170.00 | 100.00 | 1123.00 | 35.43 | 259.00 | 8.17 | 361.00 | 11.39 | 1032.00 | 32.56 | 139.00 | 4.38 |
| **秋粮** | | | | | | | | | | | | |
| 米（石） | 183890.35 | 100.00 | 47882.75 | 26.04 | 11930.37 | 6.49 | 24186.97 | 13.15 | 40330.22 | 21.93 | 20218.20 | 10.99 |
| 起运（石） | 60157.57 | 100.00 | 21234.44 | 35.30 | 6185.74 | 10.28 | 11260.37 | 18.72 | 18578.01 | 30.88 | 1766.84 | 2.94 |
| 存留（石） | 123732.77 | 100.00 | 26648.30 | 21.54 | 5744.62 | 4.64 | 12926.60 | 10.45 | 21752.21 | 17.58 | 18451.35 | 14.91 |
| 户口盐钞银（两） | 1553.28 | 100.00 | 212.68 | 13.69 | 90.31 | 5.81 | 37.09 | 2.39 | 235.79 | 15.18 | 415.61 | 26.76 |
| 起运（两） | 705.47 | 100.00 | 96.74 | 13.71 | 41.08 | 5.82 | 16.87 | 2.39 | 107.25 | 15.20 | 189.05 | 26.80 |
| 存留（两） | 847.80 | 100.00 | 115.93 | 13.67 | 49.22 | 5.81 | 20.22 | 2.38 | 128.53 | 15.16 | 226.55 | 26.72 |

| 田赋项目 | 石门县 | % | 慈利县 | % | 安乡县 | % |
|---|---|---|---|---|---|---|
| **夏税** | | | | | | |
| 二麦（石） | 164.55 | 7.74 | 259.92 | 12.23 | 96.77 | 4.55 |
| 存留（石） | 164.55 | 7.74 | 259.92 | 12.23 | 96.77 | 4.55 |
| 绢（匹） | 93.00 | 2.93 | 79.00 | 2.49 | 78.00 | 2.46 |
| 起运（匹） | 93.00 | 2.93 | 79.00 | 2.49 | 78.00 | 2.46 |
| **秋粮** | | | | | | |
| 米（石） | 15236.66 | 8.29 | 13269.20 | 7.22 | 10835.94 | 5.89 |
| 起运（石） | 146.65 | 0.24 | 220.89 | 0.37 | 764.59 | 1.27 |

长沙府

续前（前页表尾）

| 田赋项目 | | | | | | | | |
|---|---|---|---|---|---|---|---|---|
| 存留（石） | 15090.01 | 12.20 | | | | | 10071.34 | 8.14 |
| 户口盐钞银（两） | 158.96 | 10.23 | 308.89 | 19.89 | | | 93.87 | 6.04 |
| 起运（两） | 72.30 | 10.25 | 139.41 | 19.76 | | | 42.70 | 6.05 |
| 存留（两） | 86.66 | 10.22 | 169.47 | 19.99 | | | 51.17 | 6.04 |

| 田赋项目 | 全府总数 | % | 长沙县 | % | 善化县 | % | 湘潭县 | % | 湘阴县 | % | 宁乡县 | % |
|---|---|---|---|---|---|---|---|---|---|---|---|---|
| 夏税 | | | | | | | | | | | | |
| 小麦（石） | 47.91 | 100.00 | 47.91 | 100.00 | | | | | | | | |
| 存留（石） | 47.91 | 100.00 | 47.91 | 100.00 | | | | | | | | |
| 绢（匹） | 7608.00 | 100.00 | 562.00 | 7.39 | 277.00 | 3.64 | 371.00 | 4.88 | 916.00 | 12.04 | 383.00 | 5.03 |
| 起运（匹） | 7608.00 | 100.00 | 562.00 | 7.39 | 277.00 | 3.64 | 371.00 | 4.88 | 916.00 | 12.04 | 383.00 | 5.03 |
| 秋粮 | | | | | | | | | | | | |
| 米（石） | 586958.76 | 100.00 | 49035.38 | 8.35 | 24829.23 | 4.23 | 35848.03 | 6.11 | 76930.82 | 13.11 | 32441.76 | 5.53 |
| 起运（石） | 376051.59 | 100.00 | 32451.54 | 8.63 | 17481.72 | 4.65 | 23879.21 | 6.35 | 60768.20 | 16.16 | 22108.79 | 5.88 |
| 存留（石） | 210907.17 | 100.00 | 16583.83 | 7.86 | 7347.51 | 3.48 | 11968.82 | 5.67 | 16162.62 | 7.66 | 10332.96 | 4.90 |
| 户口盐钞银（两） | 3376.99 | 100.00 | 282.17 | 8.36 | 258.79 | 7.66 | 236.65 | 7.01 | 367.36 | 10.88 | 213.50 | 6.32 |
| 起运（两） | 1536.13 | 100.00 | 128.35 | 8.36 | 117.71 | 7.66 | 107.64 | 7.01 | 167.10 | 10.88 | 97.11 | 6.32 |
| 存留（两） | 1840.86 | 100.00 | 153.81 | 8.36 | 141.07 | 7.66 | 129.00 | 7.01 | 200.25 | 10.88 | 116.38 | 6.32 |

| 田赋项目 | 浏阳县 | % | 醴陵县 | % | 益阳县 | % | 湘乡县 | % | 攸县 | % | 安化县 | % |
|---|---|---|---|---|---|---|---|---|---|---|---|---|
| 夏税 | | | | | | | | | | | | |
| 绢（匹） | 1174.00 | 15.43 | 553.00 | 7.27 | 390.00 | 5.13 | 1232.00 | 16.19 | 796.00 | 10.46 | 220.00 | 2.89 |
| 起运（匹） | 1174.00 | 15.43 | 553.00 | 7.27 | 390.00 | 5.13 | 1232.00 | 16.19 | 796.00 | 10.46 | 220.00 | 2.89 |
| 秋粮 | | | | | | | | | | | | |
| 米（石） | 81130.89 | 13.82 | 33908.05 | 5.78 | 35879.66 | 6.11 | 104073.95 | 17.73 | 50275.65 | 8.57 | 19939.29 | 3.40 |
| 起运（石） | 44642.10 | 11.87 | 20024.09 | 5.32 | 23733.35 | 6.31 | 69661.40 | 18.52 | 27335.66 | 7.27 | 6860.82 | 1.82 |

宝庆府

| 田赋项目 | | % | | % | | % | | % | | % | | % |
|---|---|---|---|---|---|---|---|---|---|---|---|---|
| 存留（石） | 36488.79 | 17.30 | 13883.95 | 6.58 | 12146.31 | 5.76 | 34412.54 | 16.32 | 22939.98 | 10.88 | 13078.47 | 6.20 |
| 户口盐钞银（两） | 581.14 | 17.21 | 182.08 | 5.39 | 368.23 | 10.90 | 293.74 | 8.70 | 342.90 | 10.15 | 88.55 | 2.62 |
| 起运（两） | 264.34 | 17.21 | 82.82 | 5.39 | 167.50 | 10.90 | 133.61 | 8.70 | 155.97 | 10.15 | 40.28 | 2.62 |
| 存留（两） | 316.79 | 17.21 | 99.26 | 5.39 | 200.73 | 10.90 | 160.12 | 8.70 | 186.93 | 10.15 | 48.27 | 2.62 |

| 田赋项目 | 茶陵州 | % |
|---|---|---|
| 夏税 | | |
| 绢（匹） | 723.00 | 9.50 |
| 起运（匹） | 723.00 | 9.50 |
| 秋粮 | | |
| 米（石） | 42666.01 | 7.27 |
| 起运（石） | 27104.66 | 7.21 |
| 存留（石） | 15561.35 | 7.38 |
| 户口盐钞银（两） | 161.77 | 4.79 |
| 起运（两） | 73.58 | 4.79 |
| 存留（两） | 88.19 | 4.79 |

| 田赋项目 | 全府总数 | % | 邵阳县 | % | 城步县 | % | 新化县 | % | 武冈州 | % | 新宁县 | % |
|---|---|---|---|---|---|---|---|---|---|---|---|---|
| 夏税 | | | | | | | | | | | | |
| 米（石） | 2920.72 | 100.00 | 377.73 | 12.93 | 133.08 | 4.56 | 411.41 | 14.09 | 1656.46 | 56.71 | 342.02 | 11.71 |
| 存留（石） | 2920.72 | 100.00 | 377.73 | 12.93 | 133.08 | 4.56 | 411.41 | 14.09 | 1656.46 | 56.71 | 342.02 | 11.71 |
| 绢（匹） | 112.00 | 100.00 | 40.00 | 35.71 | 1.00 | 0.89 | 37.00 | 33.04 | 15.00 | 13.39 | 17.00 | 15.18 |
| 起运（匹） | 112.00 | 100.00 | 40.00 | 35.71 | 1.00 | 0.89 | 37.00 | 33.04 | 15.00 | 13.39 | 17.00 | 15.18 |
| 秋粮 | | | | | | | | | | | | |
| 米（石） | 52148.42 | 100.00 | 18975.78 | 36.39 | 2116.62 | 4.06 | 9980.62 | 19.14 | 17246.91 | 33.07 | 3828.48 | 7.34 |
| 存留（石） | 52148.42 | 100.00 | 18975.78 | 36.39 | 2116.62 | 4.06 | 9980.62 | 19.14 | 17246.91 | 33.07 | 3828.48 | 7.34 |

衡州府

| | 全府总数 | % | 衡阳县 | % | 衡山县 | % | 耒阳县 | % | 常宁县 | % | 安仁县 | % |
|---|---|---|---|---|---|---|---|---|---|---|---|---|
| 户口盐钞银（两） | 809.75 | 100.00 | 310.07 | 38.29 | 21.94 | 2.71 | 154.66 | 19.10 | 299.85 | 37.03 | 23.19 | 2.86 |
| 起运（两） | 368.33 | 100.00 | 141.04 | 38.29 | 9.97 | 2.71 | 70.34 | 19.10 | 136.39 | 37.03 | 10.54 | 2.86 |
| 存留（两） | 441.41 | 100.00 | 169.02 | 38.29 | 11.97 | 2.71 | 84.31 | 19.10 | 163.45 | 37.03 | 12.64 | 2.86 |

| 田赋项目 | 全府总数 | % | 衡阳县 | % | 衡山县 | % | 耒阳县 | % | 常宁县 | % | 安仁县 | % |
|---|---|---|---|---|---|---|---|---|---|---|---|---|
| 夏税 | | | | | | | | | | | | |
| 米（石） | 11039.73 | 100.00 | 2280.47 | 20.66 | 986.61 | 8.94 | 1025.04 | 9.29 | 315.79 | 2.86 | 697.20 | 6.32 |
| 存留（石） | 11039.73 | 100.00 | 2280.47 | 20.66 | 986.61 | 8.94 | 1025.04 | 9.29 | 315.79 | 2.86 | 697.20 | 6.32 |
| 绢（匹） | 1472.00 | 100.00 | 203.00 | 13.79 | 31.00 | 2.11 | 476.00 | 32.34 | 33.00 | 2.24 | 212.00 | 14.40 |
| 起运（匹） | 1472.00 | 100.00 | 203.00 | 13.79 | 31.00 | 2.11 | 476.00 | 32.34 | 33.00 | 2.24 | 212.00 | 14.40 |
| 秋粮 | | | | | | | | | | | | |
| 米（石） | 211270.01 | 100.00 | 66121.86 | 31.30 | 30392.68 | 14.39 | 30836.07 | 14.60 | 9294.56 | 4.40 | 23718.88 | 11.23 |
| 起运（石） | 87546.90 | 100.00 | 34900.23 | 39.86 | 17491.75 | 19.98 | 17438.67 | 19.92 | 6515.87 | 7.44 | 4125.45 | 4.71 |
| 存留（石） | 123723.11 | 100.00 | 31221.63 | 25.24 | 12900.93 | 10.43 | 13397.40 | 10.83 | 2778.68 | 2.25 | 19593.42 | 15.84 |
| 户口盐钞银（两） | 1236.59 | 100.00 | 288.80 | 23.35 | 149.60 | 12.10 | 148.87 | 12.04 | 75.87 | 6.14 | 154.13 | 12.46 |
| 起运（两） | 562.50 | 100.00 | 131.37 | 23.35 | 68.04 | 12.10 | 67.71 | 12.04 | 34.51 | 6.14 | 70.10 | 12.46 |
| 存留（两） | 674.08 | 100.00 | 157.43 | 23.35 | 81.55 | 12.10 | 81.15 | 12.04 | 41.36 | 6.14 | 84.02 | 12.46 |

| 田赋项目 | 酃县 | % | 桂阳州 | % | 临武县 | % | 蓝山县 | % |
|---|---|---|---|---|---|---|---|---|
| 夏税 | | | | | | | | |
| 米（石） | 454.36 | 4.12 | 2907.43 | 26.34 | 740.34 | 6.71 | 1632.46 | 14.79 |
| 存留（石） | 454.36 | 4.12 | 2907.43 | 26.34 | 740.34 | 6.71 | 1632.46 | 14.79 |
| 绢（匹） | 73.00 | 4.96 | 336.00 | 22.83 | 79.00 | 5.37 | 26.00 | 1.77 |
| 起运（匹） | 73.00 | 4.96 | 336.00 | 22.83 | 79.00 | 5.37 | 26.00 | 1.77 |
| 秋粮 | | | | | | | | |
| 米（石） | 14120.23 | 6.68 | 18281.77 | 8.65 | 10316.27 | 4.88 | 8187.65 | 3.88 |

| 田赋项目 | | % | | % | | % | | % |
|---|---|---|---|---|---|---|---|---|
| 起运（石） | 1655.56 | 1.89 | 2715.08 | 3.10 | 1589.98 | 1.82 | 1114.27 | 1.27 |
| 存留（石） | 12464.67 | 10.07 | 16691.78 | 13.49 | 7601.18 | 6.14 | 7073.38 | 5.72 |
| 户口盐钞银（两） | 47.37 | 3.83 | 254.96 | 20.62 | 59.08 | 4.78 | 57.82 | 4.68 |
| 起运（两） | 21.54 | 3.83 | 115.97 | 20.62 | 26.87 | 4.78 | 26.29 | 4.67 |
| 存留（两） | 25.83 | 3.83 | 138.98 | 20.62 | 32.21 | 4.78 | 31.52 | 4.68 |

常德府

| 田赋项目 | 全府总数 | % | 武陵县 | % | 桃源县 | % | 龙阳县 | % | 沅江县 | % |
|---|---|---|---|---|---|---|---|---|---|---|
| 夏税 | | | | | | | | | | |
| 二麦（石） | 2121.36 | 100.00 | 1004.25 | 47.34 | 406.88 | 19.18 | 710.23 | 33.48 | | |
| 存留（石） | 2121.36 | 100.00 | 1004.25 | 47.34 | 406.88 | 19.18 | 710.23 | 33.48 | | |
| 绢（匹） | 854.00 | 100.00 | 398.00 | 46.60 | 252.00 | 29.51 | 168.00 | 19.67 | 33.00 | 3.86 |
| 起运（匹） | 854.00 | 100.00 | 398.00 | 46.60 | 252.00 | 29.51 | 168.00 | 19.67 | 33.00 | 3.86 |
| 秋粮 | | | | | | | | | | |
| 米（石） | 69666.37 | 100.00 | 31342.61 | 44.99 | 22731.38 | 32.63 | 13339.13 | 19.15 | 2253.23 | 3.23 |
| 起运（石） | 16295.94 | 100.00 | 7079.35 | 43.44 | 5478.74 | 33.62 | 3160.00 | 19.39 | 577.85 | 3.55 |
| 存留（石） | 53370.42 | 100.00 | 24263.26 | 45.46 | 17252.63 | 32.33 | 10179.13 | 19.07 | 1675.38 | 3.14 |
| 户口盐钞银（两） | 551.05 | 100.00 | 221.68 | 40.23 | 126.00 | 22.87 | 94.36 | 17.12 | 108.99 | 19.78 |
| 起运（两） | 250.65 | 100.00 | 100.83 | 40.23 | 57.31 | 22.86 | 42.91 | 17.12 | 49.57 | 19.78 |
| 存留（两） | 300.39 | 100.00 | 120.84 | 40.23 | 68.68 | 22.86 | 51.44 | 17.12 | 59.41 | 19.78 |

辰州府

| 田赋项目 | 全府总数 | % | 沅陵县 | % | 庐溪县 | % | 辰溪县 | % | 溆浦县 | % | 沅州 | % |
|---|---|---|---|---|---|---|---|---|---|---|---|---|
| 夏税 | | | | | | | | | | | | |
| 二麦（石） | 648.60 | 100.00 | 210.55 | 32.46 | 54.98 | 8.48 | 75.11 | 11.58 | 47.09 | 7.26 | 151.45 | 23.35 |
| 存留（石） | 648.60 | 100.00 | 210.55 | 32.46 | 54.98 | 8.48 | 75.11 | 11.58 | 47.09 | 7.26 | 151.45 | 23.35 |
| 绢（匹） | 37.00 | 100.00 | 4.00 | 10.81 | 3.00 | 8.11 | 7.00 | 18.92 | 5.00 | 13.51 | 9.00 | 24.32 |

| 项目 | | % | | % | | % | | % | | % | | % |
|---|---|---|---|---|---|---|---|---|---|---|---|---|
| 起运（匹） | 37.00 | 100.00 | 4.00 | 10.81 | 3.00 | 8.11 | 7.00 | 18.92 | 5.00 | 13.51 | 9.00 | 24.32 |
| 棉布（匹） | 12.00 | 100.00 | | | | | 12.00 | 100.00 | | | | |
| 存留（匹） | 12.00 | 100.00 | | | | | 12.00 | 100.00 | | | | |
| 秋粮 | | | | | | | | | | | | |
| 米（石） | 51020.66 | 100.00 | 14068.71 | 27.57 | 3119.66 | 6.11 | 4723.78 | 9.26 | 15515.22 | 30.41 | 6683.38 | 13.10 |
| 起运（石） | 9819.65 | 100.00 | 1659.64 | 16.90 | 1862.52 | 18.97 | 36.04 | 0.37 | 2451.12 | 24.96 | 2071.06 | 21.09 |
| 存留（石） | 41201.01 | 100.00 | 12409.07 | 30.12 | 1257.14 | 3.05 | 4687.73 | 11.38 | 13064.09 | 31.71 | 4612.32 | 11.19 |
| 土布（匹） | 533.00 | 100.00 | | | 533.00 | 100.00 | | | | | | |
| 存留（匹） | 533.00 | 100.00 | | | 533.00 | 100.00 | | | | | | |
| 粗布（匹） | 205.00 | 100.00 | | | 205.00 | 100.00 | | | | | | |
| 存留（匹） | 205.00 | 100.00 | | | 205.00 | 100.00 | | | | | | |
| 户口盐钞银（两） | 860.45 | 100.00 | 158.14 | 18.38 | 39.14 | 4.55 | 67.27 | 7.82 | 253.76 | 29.49 | 164.41 | 19.11 |
| 起运（两） | 391.40 | 100.00 | 71.93 | 18.38 | 17.80 | 4.55 | 30.59 | 7.82 | 115.43 | 29.49 | 74.78 | 19.11 |
| 存留（两） | 469.05 | 100.00 | 86.21 | 18.38 | 21.33 | 4.55 | 36.67 | 7.82 | 138.33 | 29.49 | 89.63 | 19.11 |

| 田赋项目 | 黔阳县 | % | 麻阳县 | % |
|---|---|---|---|---|
| 夏税 | | | | |
| 二麦（石） | 82.96 | 12.79 | 26.43 | 4.07 |
| 起运（石） | 82.96 | 12.79 | 26.43 | 4.07 |
| 绢（匹） | 4.00 | 10.81 | 4.00 | 10.81 |
| 起运（匹） | 4.00 | 10.81 | 4.00 | 10.81 |
| 秋粮 | | | | |
| 米（石） | 5368.08 | 10.52 | 1541.78 | 3.02 |
| 起运（石） | 1569.44 | 15.98 | 169.79 | 1.73 |
| 存留（石） | 3798.64 | 9.22 | 1371.98 | 3.33 |
| 户口盐钞银（两） | 127.30 | 14.79 | 50.38 | 5.86 |

永州府

| 田赋项目 | 全府总数 | % | 零陵县 | % | 祁阳县 | % | 东安县 | % | 道州 | % | 宁远县 | % |
|---|---|---|---|---|---|---|---|---|---|---|---|---|
| **夏税** | | | | | | | | | | | | |
| 米（石） | 8112.44 | 100.00 | 693.69 | 8.55 | 439.99 | 5.42 | 280.70 | 3.46 | 1820.08 | 22.44 | 3619.88 | 44.62 |
| 存留（石） | 8112.44 | 100.00 | 693.69 | 8.55 | 439.99 | 5.42 | 280.70 | 3.46 | 1820.08 | 22.44 | 3619.88 | 44.62 |
| 绢（匹） | 155.00 | 100.00 | 68.00 | 43.87 | 24.00 | 15.48 | 13.00 | 8.39 | 12.00 | 7.74 | 28.00 | 18.06 |
| 起运（匹） | 155.00 | 100.00 | 68.00 | 43.87 | 24.00 | 15.48 | 13.00 | 8.39 | 12.00 | 7.74 | 28.00 | 18.06 |
| **秋粮** | | | | | | | | | | | | |
| 米（石） | 62016.92 | 100.00 | 13750.77 | 22.17 | 7795.91 | 12.57 | 5072.21 | 8.18 | 9360.33 | 15.09 | 19437.80 | 31.34 |
| 起运（石） | 10153.58 | 100.00 | 2348.28 | 23.13 | 4507.60 | 44.39 | 414.83 | 4.09 | | | 2882.85 | 28.39 |
| 存留（石） | 51863.34 | 100.00 | 11402.48 | 21.99 | 3288.31 | 6.34 | 4657.37 | 8.98 | 9360.33 | 18.05 | 16554.95 | 31.92 |
| 户口盐钞银（两） | 1164.19 | 100.00 | 181.82 | 15.62 | 210.06 | 18.04 | 86.91 | 7.47 | 267.90 | 23.01 | 279.66 | 24.02 |
| 起运（两） | 529.57 | 100.00 | 82.70 | 15.62 | 95.55 | 18.04 | 39.53 | 7.46 | 121.86 | 23.01 | 127.21 | 24.02 |
| 存留（两） | 634.62 | 100.00 | 99.11 | 15.62 | 114.51 | 18.04 | 47.38 | 7.47 | 146.04 | 23.01 | 152.45 | 24.02 |

| 田赋项目 | 永明县 | % | 江华县 | % |
|---|---|---|---|---|
| **夏税** | | | | |
| 米（石） | 1061.70 | 13.09 | 196.38 | 2.42 |
| 存留（石） | 1061.70 | 13.09 | 196.38 | 2.42 |
| 绢（匹） | 5.00 | 3.23 | 2.00 | 1.29 |
| 起运（匹） | 5.00 | 3.23 | 2.00 | 1.29 |
| **秋粮** | | | | |
| 米（石） | 5535.84 | 8.93 | 1064.03 | 1.72 |
| 存留（石） | 5535.84 | 10.67 | 1064.03 | 2.05% |
| 起运（两） | 57.90 | 14.79 | 22.91 | 5.85 |
| 存留（两） | 69.39 | 14.79 | 27.46 | 5.85 |

（上接表，续）

| 田赋项目 | 全府总数 | % | 本州 | | | | | | | | 4.06 |
|---|---|---|---|---|---|---|---|---|---|---|---|
| 户口盐钞银（两） | 90.53 | 7.78 | 47.24 | | | | | | | | 4.06 |
| 起运（两） | 41.18 | 7.78 | 21.48 | | | | | | | | 4.06 |
| 存留（两） | 49.35 | 7.78 | 25.75 | | | | | | | | 4.06 |

靖州

| 田赋项目 | 全府总数 | % | 本州 | % | 会同县 | % | 通道县 | % | 绥宁县 | % |
|---|---|---|---|---|---|---|---|---|---|---|
| 夏税 | | | | | | | | | | |
| 米（石） | 135.02 | 100.00 | | | | | | | 135.02 | 100.00 |
| 存留（石） | 135.02 | 100.00 | | | | | | | 135.02 | 100.00 |
| 绢（匹） | 15.00 | 100.00 | 4.00 | 26.67 | 4.00 | 26.67 | 2.00 | 13.33 | 3.00 | 20.00 |
| 起运（匹） | 15.00 | 100.00 | 4.00 | 26.67 | 4.00 | 26.67 | 2.00 | 13.33 | 3.00 | 20.00 |
| 秋粮 | | | | | | | | | | |
| 米（石） | 19135.09 | 100.00 | 6312.67 | 32.99 | 7452.12 | 38.94 | 895.97 | 4.68 | 4474.31 | 23.38 |
| 起运（石） | 547.38 | 100.00 | | | 304.80 | 55.68 | 59.22 | 10.82 | 183.35 | 33.50 |
| 存留（石） | 18587.71 | 100.00 | 6312.67 | 33.96 | 7147.32 | 38.45 | 836.75 | 4.50 | 4290.95 | 23.08 |
| 户口盐钞银（两） | 426.23 | 100.00 | 125.35 | 29.41 | 73.07 | 17.14 | 69.79 | 16.37 | 157.99 | 37.07 |
| 起运（两） | 193.88 | 100.00 | 57.02 | 29.41 | 33.23 | 17.14 | 31.74 | 16.37 | 71.86 | 37.06 |
| 存留（两） | 232.35 | 100.00 | 68.33 | 29.41 | 39.83 | 17.14 | 38.05 | 16.38 | 86.13 | 37.07 |

郴州

| 田赋项目 | 全府总数 | % | 本州 | % | 永兴县 | % | 桂阳县 | % | 宜章县 | % | 兴宁县 | % |
|---|---|---|---|---|---|---|---|---|---|---|---|---|
| 夏税 | | | | | | | | | | | | |
| 米（石） | 7515.44 | 100.00 | 1502.20 | 19.99 | 1564.42 | 20.82 | 1542.11 | 20.52 | 909.53 | 12.10 | 1446.31 | 19.24 |
| 存留（石） | 7515.44 | 100.00 | 1502.20 | 19.99 | 1564.42 | 20.82 | 1542.11 | 20.52 | 909.53 | 12.10 | 1446.31 | 19.24 |
| 绢（匹） | 238.00 | 100.00 | 56.00 | 23.53 | 78.00 | 32.77 | 13.00 | 5.46 | 29.00 | 12.18 | 47.00 | 19.75 |
| 起运（匹） | 238.00 | 100.00 | 56.00 | 23.53 | 78.00 | 32.77 | 13.00 | 5.46 | 29.00 | 12.18 | 47.00 | 19.75 |
| 秋粮 | | | | | | | | | | | | |

表一

| 田赋项目 | 全府总数 | % | | % | | % | | % | | % | | % |
|---|---|---|---|---|---|---|---|---|---|---|---|---|
| 米（石） | 36749.96 | 100.00 | 8120.04 | 22.10 | 7390.14 | 20.11 | 7207.09 | 19.61 | 4128.90 | 11.24 | 7331.49 | 19.95 |
| 起运（石） | 1863.08 | 100.00 | 380.93 | 20.45 | 194.53 | 10.44 | 311.82 | 16.74 | 101.88 | 5.47 | 651.55 | 34.97 |
| 存留（石） | 34886.88 | 100.00 | 7739.11 | 22.18 | 7195.61 | 20.63 | 6895.27 | 19.76 | 4027.01 | 11.54 | 6679.93 | 19.15 |
| 户口盐钞银（两） | 479.68 | 100.00 | 98.14 | 20.46 | 159.48 | 33.25 | 56.18 | 11.71 | 39.31 | 8.20 | 109.49 | 22.83 |
| 起运（两） | 217.29 | 100.00 | 44.48 | 20.47 | 72.38 | 33.31 | 25.55 | 11.76 | 17.72 | 8.16 | 49.80 | 22.92 |
| 存留（两） | 262.38 | 100.00 | 53.66 | 20.45 | 87.10 | 33.20 | 30.62 | 11.67 | 21.59 | 8.23 | 59.68 | 22.75 |

桂东县

| 田赋项目 | 桂东县 | % |
|---|---|---|
| 夏税 | | |
| 米（石） | 550.84 | 7.33 |
| 存留（石） | 550.84 | 7.33 |
| 绢（匹） | 12.00 | 5.04 |
| 起运（匹） | 12.00 | 5.04 |
| 秋粮 | | |
| 米（石） | 2572.22 | 7.00 |
| 起运（石） | 222.33 | 11.93 |
| 存留（石） | 2349.88 | 6.74 |
| 户口盐钞银（两） | 17.04 | 3.55 |
| 起运（两） | 7.33 | 3.37 |
| 存留（两） | 9.71 | 3.70 |

各长官司

| 田赋项目 | 全府总数 | % | 施州卫军民指挥使司 | % | 辰州卫镇溪军民千户所 | % | 五寨蛮夷长官司 | % | 九溪卫桑植安抚司 | % | 永顺等处军民宣慰使司 | % |
|---|---|---|---|---|---|---|---|---|---|---|---|---|
| 夏税 | | | | | | | | | | | | |
| 米麦（石） | 281.20 | 100.00 | 281.20 | 100.00 | | | | | | | | |
| 存留（石） | 281.20 | 100.00 | 281.20 | 100.00 | | | | | | | | |

| 项目 | 镇远卫臻剖陆洞横坡等处长官司 | % | | % | | % | | % | | % | | % |
|---|---|---|---|---|---|---|---|---|---|---|---|---|
| 秋粮 | | | | | | | | | | | | |
| 米（石） | 4055.60 | 100.00 | 862.41 | 21.26 | 73.65 | 1.82 | 155.22 | 3.83 | 27.20 | 0.67 | 1610.00 | 39.70 |
| 存留（石） | 4055.60 | 100.00 | 862.41 | 21.26 | 73.65 | 1.82 | 155.22 | 3.83 | 27.20 | 0.67 | 1610.00 | 39.70 |

| 项目 | | % | 保靖军民宣慰使司 | % | 筸子坪长官司 | % |
|---|---|---|---|---|---|---|
| 秋粮 | | | | | | |
| 米（石） | 80.00 | 1.97 | 1219.00 | 30.06 | 28.12 | 0.69 |
| 存留（石） | 80.00 | 1.97 | 1219.00 | 30.06 | 28.12 | 0.69 |

## 乙表 13　万历六年福建布政司分州县田赋统计[1]

### 福州府

| 田赋项目 | 全府总数 | % | 闽县 | % | 侯官县 | % | 怀安县 | % | 长乐县 | % | 福清县 | % |
|---|---|---|---|---|---|---|---|---|---|---|---|---|
| 秋粮 | | | | | | | | | | | | |
| 米（石） | 146413.50 | 100.00 | 21469.26 | 14.66 | 18364.50 | 12.54 | 12958.22 | 8.85 | 13425.39 | 9.17 | 35754.73 | 24.42 |
| 起运（石） | 57648.22 | 100.00 | 8496.55 | 14.74 | 7372.25 | 12.79 | 5241.73 | 9.09 | 5287.21 | 9.17 | 13457.83 | 23.34 |
| 存留（石） | 88765.28 | 100.00 | 12972.70 | 14.61 | 10992.24 | 12.38 | 7716.49 | 8.69 | 8138.17 | 9.17 | 22296.89 | 25.12 |
| 户口盐钞银（两） | 4304.73 | 100.00 | 866.46 | 20.13 | 417.83 | 9.71 | 320.85 | 7.45 | 740.57 | 17.20 | 1140.13 | 26.49 |
| 起运（两） | 1919.97 | 100.00 | 411.68 | 21.44 | 177.95 | 9.27 | 132.48 | 6.90 | 347.23 | 18.09 | 491.06 | 25.58 |
| 存留（两） | 2384.76 | 100.00 | 454.77 | 19.07 | 239.88 | 10.06 | 188.37 | 7.90 | 393.34 | 16.49 | 649.07 | 27.22 |

| 田赋项目 | 连江县 | % | 罗源县 | % | 古田县 | % | 闽清县 | % | 永福县 | % |
|---|---|---|---|---|---|---|---|---|---|---|
| 秋粮 | | | | | | | | | | |
| 米（石） | 13179.41 | 9.00 | 5590.96 | 3.82 | 14201.01 | 9.70 | 7351.85 | 5.02 | 4118.12 | 2.81 |

1 资料来源：根据第一篇甲表 22。

建宁府[1]

| | 全府总数 | % | 建安县 | % | 口县² | % | 政和县 | % | 崇安县 | % | 寿宁县 | % |
|---|---|---|---|---|---|---|---|---|---|---|---|---|
| 起运（石） | 5096.45 | 8.84 | 2076.28 | 3.60 | 5877.42 | 10.20 | 3048.34 | 5.29 | 1694.11 | 2.94 | | |
| 存留（石） | 8082.95 | 9.11 | 3514.67 | 3.96 | 8323.59 | 9.38 | 4303.50 | 4.85 | 2424.00 | 2.73 | | |
| 户口盐钞银（两） | 246.57 | 5.73 | 114.92 | 2.67 | 337.29 | 7.84 | 49.36 | 1.15 | 70.65 | 1.64 | | |
| 起运（两） | 116.19 | 6.05 | 45.46 | 2.37 | 146.32 | 7.62 | 20.44 | 1.06 | 31.08 | 1.62 | | |
| 存留（两） | 130.37 | 5.47 | 69.45 | 2.91 | 190.97 | 8.01 | 28.92 | 1.21 | 39.57 | 1.66 | | |

| 田赋项目 | 全府总数 | % | 建安县 | % | 口县² | % | 政和县 | % | 崇安县 | % | 寿宁县 | % |
|---|---|---|---|---|---|---|---|---|---|---|---|---|
| 夏税 | | | | | | | | | | | | |
| 麦（石） | 706.94 | 100.00 | 142.43 | 20.15 | 75.80 | 10.72 | 26.26 | 3.71 | | | | |
| 存留（石） | 706.94 | 100.00 | 142.43 | 20.15 | 75.80 | 10.72 | 26.26 | 3.71 | | | | |
| 绢（匹） | 599.00 | 100.00 | 475.00 | 79.30 | | | | | 80.00 | 13.36 | | |
| 起运（匹） | 599.00 | 100.00 | 475.00 | 79.30 | | | | | 80.00 | 13.36 | | |
| 丝绵（两） | 170.75 | 100.00 | | | 150.69 | 88.25 | | | | | | |
| 存留（两） | 170.75 | 100.00 | | | 150.69 | 88.25 | | | | | | |
| 钱钞（锭） | 10778.00 | 100.00 | 10388.00 | 96.38 | | | | | | | | |
| 存留（锭） | 10778.00 | 100.00 | 10388.00 | 96.38 | | | | | | | | |
| 秋粮 | | | | | | | | | | | | |
| 米（石） | 162792.80 | 100.00 | 28119.28 | 17.27 | 9508.59 | 5.84 | 7327.24 | 4.50 | 21750.78 | 13.36 | 2383.86 | 1.46 |
| 起运（石） | 65824.24 | 100.00 | 11286.67 | 17.15 | 3895.92 | 5.92 | 3007.52 | 4.57 | 8808.81 | 13.38 | 985.55 | 1.50 |
| 户口盐钞银（两） | 96968.55 | 100.00 | 16832.61 | 17.36 | 5612.66 | 5.79 | 4319.72 | 4.45 | 12941.97 | 13.35 | 1398.31 | 1.44 |
| 起运（两） | 5714.86 | 100.00 | 738.70 | 12.93 | 595.31 | 10.42 | 331.33 | 5.80 | 710.03 | 12.42 | 194.83 | 3.41 |
| 存留（两） | 2569.69 | 100.00 | 290.14 | 11.29 | 225.34 | 8.77 | 150.45 | 5.85 | 293.90 | 11.44 | 72.11 | 2.81 |
| 存留（两） | 3145.16 | 100.00 | 448.56[1] | 14.26 | 369.97 | 11.76 | 180.88 | 5.75 | 416.13 | 13.23 | 122.71 | 3.90 |

[1]建宁府下辖浦城、松溪、崇安、建阳、政和、寿宁、瓯宁等8州县；现存5县数据，4县缺名。

²此处书中残缺。

| 田赋项目 | 缺页补值[2] | % |
|---|---|---|
| 夏税 | | |
| 麦（石） | 462.45 | 65.42 |
| 存留（石） | 462.45 | 65.42 |
| 绢（匹） | 44.00 | 7.35 |
| 起运（匹） | 44.00 | 7.35 |
| 丝绵（两） | 20.06 | 11.75 |
| 存留（两） | 20.06 | 11.75 |
| 钱钞（锭） | 390.00 | 3.62 |
| 存留（锭） | 390.00 | 3.62 |
| 秋粮 | | |
| 米（石） | 93703.05 | 57.56 |
| 起运（石） | 37839.77 | 57.49 |
| 存留（石） | 55863.28 | 57.61 |
| 户口盐钞银（两） | 3144.66 | 55.03 |
| 起运（两） | 1537.75 | 59.84 |
| 存留（两） | 1606.91 | 51.09 |

| 田赋项目 | 全府总数 | % | 南平县 | % | 沙县 | % | 延平府 将乐县 | % | 尤溪县 | % | 顺昌县 | % |
|---|---|---|---|---|---|---|---|---|---|---|---|---|
| 夏税 | | | | | | | | | | | | |
| 丝绵（两） | 5.48 | 100.00 | | | | | | | | | | |
| 存留（两） | 5.48 | 100.00 | | | | | | | | | | |
| 秋粮 | | | | | | | | | | | | |

[1] 原书缺十五、十六页，此值为总数减去起运数得出。
[2] 原书缺十五、十六页，此值为总数减去现存存留数得出。

| 田赋项目 | 全府总数 | % | | % | | % | | % | 永安县 | % | 大田县 | % |
|---|---|---|---|---|---|---|---|---|---|---|---|---|
| 米（石） | 94055.33 | 100.00 | 18537.10 | 19.71 | 21364.17 | 22.71 | 12470.78 | 13.26 | 10996.15 | 11.69 | 14664.05 | 15.59 |
| 起运（石） | 34813.16 | 100.00 | 6720.91 | 19.31 | 7086.00 | 20.35 | 4871.56 | 13.99 | 4376.72 | 12.57 | 5735.48 | 16.48 |
| 存留（石） | 59242.16 | 100.00 | 11816.18 | 19.95 | 14278.16 | 24.10 | 7599.21 | 12.83 | 6619.42 | 11.17 | 8928.56 | 15.07 |
| 户口盐钞银（两） | 3969.21 | 100.00 | 888.98 | 22.40 | 851.74 | 21.46 | 578.63 | 14.58 | 449.40 | 11.32 | 476.33 | 12.00 |
| 起运（两） | 1623.77 | 100.00 | 388.90 | 23.95 | 238.82 | 14.71 | 240.10 | 14.79 | 227.96 | 14.04 | 210.59 | 12.97 |
| 存留（两） | 2345.43 | 100.00 | 500.08 | 21.32 | 612.91 | 26.13 | 338.53 | 14.43 | 221.43 | 9.44 | 265.74 | 11.33 |

| 田赋项目 | 永安县 | % | 大田县 | % |
|---|---|---|---|---|
| 夏税 | | | | |
| 丝绵（两） | | | 5.48 | 100.00 |
| 起运（两） | | | | |
| 存留（两） | | | 5.48 | 100.00 |
| 秋粮 | | | | |

汀州府

| 田赋项目 | 全府总数 | % | 长汀县 | % | 清流县 | % | 归化县 | % | 上杭县 | % | 连城县 | % |
|---|---|---|---|---|---|---|---|---|---|---|---|---|
| 夏税 | | | | | | | | | | | | |
| 丝绢（两） | 2.00 | 100.00 | 2.00 | 100.00 | | | | | | | | |
| 起运（两） | 2.00 | 100.00 | 2.00 | 100.00 | | | | | | | | |
| 存留（两） | | | | | | | | | | | | |
| 秋粮 | | | | | | | | | | | | |
| 米（石） | 84670.95 | 100.00 | 24100.96 | 28.46 | 5147.02 | 6.08 | 9803.44 | 11.58 | 10133.50 | 11.97 | 7697.42 | 9.09 |
| 起运（石） | 35066.64 | 100.00 | 9993.34 | 28.50 | 2133.88 | 6.09 | 4034.60 | 11.51 | 3771.97 | 10.76 | 3191.62 | 9.10 |

## 汀州府（续）

| 田赋项目 | 全府总数 | % | 宁化县 | % | 武平县 | % | 永定县 | % | | % | | % |
|---|---|---|---|---|---|---|---|---|---|---|---|---|
| 存留（石） | 49604.31 | 100.00 | 14107.62 | 28.44 | 3013.13 | 6.07 | 5768.84 | 11.63 | 6361.53 | 12.82 | 4505.80 | 9.08 |
| 户口盐钞银（两） | 3586.49 | 100.00 | 589.18 | 16.43 | 470.40 | 13.12 | 456.86 | 12.74 | 480.50 | 13.40 | 485.30 | 13.53 |
| 起运（两） | 1491.80 | 100.00 | 265.04 | 17.77 | 210.02 | 14.08 | 184.76 | 12.39 | 171.41 | 11.49 | 199.45 | 13.37 |
| 存留（两） | 2094.69 | 100.00 | 324.13 | 15.47 | 260.38 | 12.43 | 272.09 | 12.99 | 309.09 | 14.76 | 285.85 | 13.65 |

## 兴化府

| 田赋项目 | 全府总数 | % | 莆田县 | % | 仙游县 | % |
|---|---|---|---|---|---|---|
| **秋粮** | | | | | | |
| 米（石） | 14853.40 | 17.54 | 7078.60 | 8.36 | 5856.56 | 6.92 |
| 起运（石） | 6158.80 | 17.56 | 2935.07 | 8.37 | 2847.32 | 8.12 |
| 存留（石） | 8694.60 | 17.53 | 4143.53 | 8.35 | 3009.24 | 6.07 |
| 户口盐钞银（两） | 597.63 | 16.66 | 226.11 | 6.30 | 280.45 | 7.82 |
| 起运（两） | 266.83 | 17.89 | 100.48 | 6.74 | 93.75 | 6.28 |
| 存留（两） | 330.80 | 15.79 | 125.62 | 6.00 | 186.69 | 8.91 |

| 田赋项目 | 全府总数 | % | 莆田县 | % | 仙游县 | % |
|---|---|---|---|---|---|---|
| **秋粮** | | | | | | |
| 米（石） | 70352.08 | 100.00 | 51266.46 | 72.87 | 19085.62 | 27.13 |
| 起运（石） | 25056.30 | 100.00 | 17995.39 | 71.82 | 7060.90 | 28.18 |
| 存留（石） | 45295.77 | 100.00 | 33271.06 | 73.45 | 12024.71 | 26.55 |
| 户口盐钞银（两） | 1815.96 | 100.00 | 1647.41 | 90.72 | 168.54 | 9.28 |
| 起运（两） | 1124.53 | 100.00 | 1030.37 | 91.63 | 94.14 | 8.37 |
| 存留（两） | 691.42 | 100.00 | 617.03 | 89.24 | 74.39 | 10.76 |

## 邵武府

| 田赋项目 | 全府总数 | % | 邵武县 | % | 光泽县 | % | 泰宁县 | % | 建宁县 | % |
|---|---|---|---|---|---|---|---|---|---|---|
| **秋粮** | | | | | | | | | | |
| 米（石） | 63790.49 | 100.00% | 31329.03 | 49.11% | 13246.62 | 20.77% | 7827.51 | 12.27% | 11387.31 | 17.85% |

| | 全府总数 | % | 龙溪县 | % | 南靖县 | % | 长泰县 | % | 漳浦县 | % | 龙岩县 | % |
|---|---|---|---|---|---|---|---|---|---|---|---|---|
| 起运（石） | 25767.52 | 100.00% | 12517.94 | 48.58% | 5381.02 | 20.88% | 3183.32 | 12.35% | 4685.22 | 18.18% | | |
| 存留（石） | 38022.97 | 100.00% | 18811.08 | 49.47% | 7865.60 | 20.69% | 4644.18 | 12.21% | 6702.08 | 17.63% | | |
| 户口盐钞银（两） | 2083.04 | 100.00% | 953.71 | 45.78% | 376.17 | 18.06% | 439.10 | 21.08% | 314.02 | 15.08% | | |
| 起运（两） | 909.12 | 100.00% | 401.87 | 44.20% | 175.03 | 19.25% | 184.04 | 20.24% | 148.14 | 16.29% | | |
| 存留（两） | 1173.91 | 100.00% | 551.83 | 47.01% | 201.13 | 17.13% | 255.06 | 21.73% | 165.88 | 14.13% | | |

漳州府

| 田赋项目 | 全府总数 | % | 龙溪县 | % | 南靖县 | % | 长泰县 | % | 漳浦县 | % | 龙岩县 | % |
|---|---|---|---|---|---|---|---|---|---|---|---|---|
| 夏税 | | | | | | | | | | | | |
| 丝绢（两） | 5.65 | 100.00 | | | | | | | | | 5.65 | 100.00 |
| 存留（两） | 5.65 | 100.00 | | | | | | | | | 5.65 | 100.00 |
| 秋粮 | | | | | | | | | | | | |
| 米（石） | 116950.63 | 100.00 | 29601.16 | 25.31 | 15813.15 | 13.52 | 11945.56 | 10.21 | 15737.36 | 13.46 | 9549.21 | 8.17 |
| 起运（石） | 47228.29 | 100.00 | 12146.12 | 25.72 | 6403.76 | 13.56 | 4892.83 | 10.36 | 6105.90 | 12.93 | 3893.02 | 8.24 |
| 存留（石） | 69722.34 | 100.00 | 17455.03 | 25.04 | 9409.38 | 13.50 | 7052.72 | 10.12 | 9631.46 | 13.81 | 5656.18 | 8.11 |
| 钞（贯） | 2.00 | 100.00 | | | 2.00 | 100.00 | | | | | | |
| 存留（贯） | 2.00 | 100.00 | | | 2.00 | 100.00 | | | | | | |
| 户口盐钞银（两） | 4016.59 | 100.00 | 1067.48 | 26.58 | 292.94 | 7.29 | 248.80 | 6.19 | 576.74 | 14.36 | 481.34 | 11.98 |
| 起运（两） | 1901.39 | 100.00 | 550.43 | 28.95 | 124.06 | 6.52 | 112.21 | 5.90 | 277.43 | 14.59 | 210.26 | 11.06 |
| 存留（两） | 2115.20 | 100.00 | 517.05 | 24.44 | 168.88 | 7.98 | 136.59 | 6.46 | 299.31 | 14.15 | 271.08 | 12.82 |

| 田赋项目 | 漳平县 | % | 平和县 | % | 诏安县 | % | 海澄县 | % | 宁洋县 | % |
|---|---|---|---|---|---|---|---|---|---|---|
| 秋粮 | | | | | | | | | | |
| 米（石） | 5164.07 | 4.42 | 4080.28 | 3.49 | 9489.21 | 8.11 | 12772.65 | 10.92 | 2797.91 | 2.39 |
| 起运（石） | 2135.77 | 4.52 | 1651.64 | 3.50 | 3954.23 | 8.37 | 5008.08 | 10.60 | 1036.88 | 2.20 |
| 存留（石） | 3028.29 | 4.34 | 2428.63 | 3.48 | 5534.97 | 7.94 | 7764.57 | 11.14 | 1761.02 | 2.53 |
| 户口盐钞银（两） | 218.02 | 5.43 | 197.66 | 4.92 | 299.83 | 7.46 | 513.17 | 12.78 | 120.47 | 3.00 |

| | | | | | | | | | |
|---|---|---|---|---|---|---|---|---|---|
| 起运（两） | 158.01 | 8.31 | 106.85 | 5.62 | 132.39 | 6.96 | 153.64 | 8.08 | 76.02 | 4.00 |
| 存留（两） | 60.01 | 2.84 | 90.81 | 4.29 | 167.44 | 7.92 | 359.53 | 17.00 | 44.45 | 2.10 |

| 田赋项目 | 全府总数 | % | 本州 | % | 宁德县 | % | 福宁州<br>福安县 | % |
|---|---|---|---|---|---|---|---|---|
| **夏税** | | | | | | | | |
| 丝绵（两） | 10.71 | 100.00 | | | 10.71 | 100.00 | | |
| 存留（两） | 10.71 | 100.00 | | | 10.71 | 100.00 | | |
| 土苎（斤） | 65.82 | 100.00 | | | 65.82 | 100.00 | | |
| 存留（斤） | 65.82 | 100.00 | | | 65.82 | 100.00 | | |
| **秋粮** | | | | | | | | |
| 米（石）[1] | 29580.67 | 100.00 | 12468.98 | 42.15 | 10367.71 | 35.05 | 6654.66 | 22.50 |
| 起运（石） | 8476.66 | 100.00 | 3493.49 | 41.21 | 2962.69 | 34.95 | 1931.16 | 22.78 |
| 存留（石） | 21104.01 | 100.00 | 8975.49 | 42.53 | 7405.01 | 35.09 | 4723.50 | 22.38 |
| 户口盐钞银（两） | 1090.07 | 100.00 | 288.62 | 26.48 | 426.54 | 39.13 | 374.89 | 34.39 |
| 起运（两） | 493.14 | 100.00 | 128.35 | 26.03 | 163.28 | 33.11 | 201.50 | 40.86 |
| 存留（两） | 596.92 | 100.00 | 160.27 | 26.85 | 263.25 | 44.10 | 173.39 | 29.05 |

**乙表14**

## 万历六年山西布政司分州县田赋统计[2]

| 田赋项目 | 全府总数 | % | 阳曲县 | % | 太原府<br>太原县 | % | 榆次县 | % | 太谷县 | % | 祁县 | % |
|---|---|---|---|---|---|---|---|---|---|---|---|---|
| **夏税** | | | | | | | | | | | | |
| 麦（石） | 164020.90 | 100.00 | 12931.37 | 7.88 | 8923.99 | 5.44 | 12111.09 | 7.38 | 8407.06 | 5.13 | 7890.43 | 4.81 |

1 新增永福等二十四县各人口自行首报，续垦升课米 425.31 石；内除万历六年册报已经增入各县米 336 石；实该米 89.31 石；此项米记入起运项下。

2 资料来源：根据第一篇甲表 24。山西省各府、县的户口盐钞银以及遇闰加银，均未标明起运、存留，但依据甲表 23《山西布政司田赋》，山西省的户口盐钞银全部存留。

| 田赋项目 | 徐沟县 | % | 清源县 | % | 交城县 | % | 文水县 | % | 寿阳县 | % | 临县 | % |
|---|---|---|---|---|---|---|---|---|---|---|---|---|
| 起运（石） | 56749.40 | 100.00 | 4692.00 | 8.27 | 3244.00 | 5.72 | 4171.20 | 7.35 | 2918.00 | 5.14 | 2929.40 | 5.16 |
| 存留（石） | 107271.50 | 100.00 | 8239.37 | 7.68 | 5679.99 | 5.29 | 7939.89 | 7.40 | 5489.06 | 5.12 | 4961.03 | 4.62 |
| 绢（匹） | 1892.00 | 100.00 | 50.00 | 2.64 | 51.00 | 2.70 | 230.00 | 12.16 | 120.00 | 6.34 | 98.00 | 5.18 |
| 起运（匹） | 1892.00 | 100.00 | 50.00 | 2.64 | 51.00 | 2.70 | 230.00 | 12.16 | 120.00 | 6.34 | 98.00 | 5.18 |
| 丝（两） | 250.19 | 100.00 | 11.70 | 4.68 | 17.50 | 6.99 | 18.80 | 7.51 | 16.60 | 6.63 | 9.60 | 3.84 |
| 存留（两） | 250.19 | 100.00 | 11.70 | 4.68 | 17.50 | 6.99 | 18.80 | 7.51 | 16.60 | 6.63 | 9.60 | 3.84 |
| 秋粮 | | | | | | | | | | | | |
| 米（石） | 382088.23 | 100.00 | 30626.18 | 8.02 | 20964.14 | 5.49 | 28116.81 | 7.36 | 19583.00 | 5.13 | 16930.24 | 4.43 |
| 起运（石） | 180704.70 | 100.00 | 14923.20 | 8.26 | 9604.20 | 5.31 | 13571.30 | 7.51 | 9601.40 | 5.31 | 8333.20 | 4.61 |
| 存留（石） | 201383.53 | 100.00 | 15702.98 | 7.80 | 11359.94 | 5.64 | 14545.51 | 7.22 | 9981.60 | 4.96 | 8597.04 | 4.27 |
| 草（束） | 771745.00 | 100.00 | 63792.00 | 8.27 | 41867.00 | 5.42 | 56373.00 | 7.30 | 39167.00 | 5.08 | 34220.00 | 4.43 |
| 起运（束） | 749183.00 | 100.00 | 63130.00 | 8.43 | 41861.00 | 5.59 | 55898.00 | 7.46 | 37397.00 | 4.99 | 33828.00 | 4.52 |
| 存留（束） | 22562.00 | 100.00 | 662.00 | 2.93 | 5.00 | 0.02 | 474.00 | 2.10 | 1770.00 | 7.85 | 391.00 | 1.73 |
| 户口盐钞银（两） | 5923.09 | 100.00 | 619.95 | 10.47 | 354.31 | 5.98 | 482.81 | 8.15 | 379.21 | 6.40 | 261.55 | 4.42 |
| 存留（两） | 5923.09 | 100.00 | 619.95 | 10.47 | 354.31 | 5.98 | 482.81 | 8.15 | 379.21 | 6.40 | 261.55 | 4.42 |

| 田赋项目 | 徐沟县 | % | 清源县 | % | 交城县 | % | 文水县 | % | 寿阳县 | % | 临县 | % |
|---|---|---|---|---|---|---|---|---|---|---|---|---|
| 夏税 | | | | | | | | | | | | |
| 麦（石） | 4730.71 | 2.88 | 4173.75 | 2.54 | 3899.99 | 2.38 | 14743.75 | 8.99 | 4887.64 | 2.98 | 4337.44 | 2.64 |
| 起运（石） | 1747.00 | 3.08 | 1481.30 | 2.61 | 1272.50 | 2.24 | 4784.00 | 8.43 | 1726.00 | 3.04 | 1579.80 | 2.78 |
| 存留（石） | 2983.71 | 2.78 | 2692.45 | 2.51 | 2627.49 | 2.45 | 9959.75 | 9.28 | 3161.64 | 2.95 | 2757.64 | 2.57 |
| 绢（匹） | 22.00 | 1.16 | 47.00 | 2.48 | 59.00 | 3.12 | 102.00 | 5.39 | 25.00 | 1.32 | 106.00 | 5.60 |
| 起运（匹） | 22.00 | 1.16 | 47.00 | 2.48 | 59.00 | 3.12 | 102.00 | 5.39 | 25.00 | 1.32 | 106.00 | 5.60 |
| 丝（两） | 6.30 | 2.52 | 7.70 | 3.08 | 7.20 | 2.88 | 0.20 | 0.08 | 4.00 | 1.60 | 14.90 | 5.96 |
| 存留（两） | 6.30 | 2.52 | 7.70 | 3.08 | 7.20 | 2.88 | 0.20 | 0.08 | 4.00 | 1.60 | 14.90 | 5.96 |
| 秋粮 | | | | | | | | | | | | |

| 项目 | 忻州 | % | 乐平县 | % | 平定州 | % | 河曲县 | % | 静乐县 | % | 盂县 | % |
|---|---|---|---|---|---|---|---|---|---|---|---|---|
| 米（石） | 10149.85 | 2.66 | 11573.12 | 3.03 | 34285.37 | 8.97 | 9074.48 | 2.37 | 9568.05 | 2.50 | 10994.16 | 2.88 |
| 起运（石） | 5200.60 | 2.88 | 5419.50 | 3.00 | 16187.10 | 8.96 | 4036.00 | 2.23 | 4849.60 | 2.68 | 5227.00 | 2.89 |
| 存留（石） | 4949.25 | 2.46 | 6153.62 | 3.06 | 18098.27 | 8.99 | 5038.48 | 2.50 | 4718.45 | 2.34 | 5767.16 | 2.86 |
| 草（束） | 20299.00 | 2.63 | 23176.00 | 3.00 | 68570.00 | 8.89 | 18148.00 | 2.35 | 19136.00 | 2.48 | 22388.00 | 2.90 |
| 起运（束） | 20299.00 | 2.71 | 22481.00 | 3.00 | 61433.00 | 8.20 | 16270.00 | 2.17 | 18607.00 | 2.48 | 22030.00 | 2.94 |
| 存留（束） |  |  | 694.00 | 3.08 | 7136.00 | 31.63 | 1878.00 | 8.32 | 528.00 | 2.34 | 358.00 | 1.59 |
| 户口盐钞银（两） | 137.59 | 2.32 | 342.72 | 5.79 | 305.39 | 5.16 | 293.47 | 4.95 | 169.36 | 2.86 | 160.84 | 2.72 |
| 存留（两） | 137.59 | 2.32 | 342.72 | 5.79 | 305.39 | 5.16 | 293.47 | 4.95 | 169.36 | 2.86 | 160.84 | 2.72 |

| 田赋项目 | 忻州 | % | 乐平县 | % | 平定州 | % | 河曲县 | % | 静乐县 | % | 盂县 | % |
|---|---|---|---|---|---|---|---|---|---|---|---|---|
| **夏税** |  |  |  |  |  |  |  |  |  |  |  |  |
| 麦（石） | 11715.35 | 7.14 | 2199.54 | 1.34 | 4379.42 | 2.67 | 532.41 | 0.32 | 3821.75 | 2.33 | 4323.14 | 2.64 |
| 起运（石） | 3922.30 | 6.91 | 791.00 | 1.39 | 1598.30 | 2.82 | 293.10 | 0.52 | 1398.40 | 2.46 | 1534.00 | 2.70 |
| 存留（石） | 7793.05 | 7.26 | 1408.54 | 1.31 | 2781.12 | 2.59 | 239.31 | 0.22 | 2423.35 | 2.26 | 2789.14 | 2.60 |
| 绢（匹） | 101.00 | 5.34 | 48.00 | 2.54 | 220.00 | 11.63 | 2.00 | 0.11 |  |  | 89.00 | 4.70 |
| 起运（匹） | 101.00 | 5.34 | 48.00 | 2.54 | 220.00 | 11.63 | 2.00 | 0.11 |  |  | 89.00 | 4.70 |
| 丝（两） | 14.80 | 5.92 | 13.00 | 5.20 | 11.00 | 4.40 | 12.20 | 4.88 |  |  | 2.40 | 0.96 |
| 存留（两） | 14.80 | 5.92 | 13.00 | 5.20 | 11.00 | 4.40 | 12.20 | 4.88 |  |  | 2.40 | 0.96 |
| **秋粮** |  |  |  |  |  |  |  |  |  |  |  |  |
| 米（石） | 27634.94 | 7.23 | 5394.77 | 1.41 | 10277.15 | 2.69 | 1243.65 | 0.33 | 9157.87 | 2.40 | 10075.72 | 2.64 |
| 起运（石） | 12176.70 | 6.74 | 2740.50 | 1.52 | 4622.10 | 2.56 |  |  | 4414.50 | 2.44 | 4760.10 | 2.63 |
| 存留（石） | 15458.24 | 7.68 | 2654.27 | 1.32 | 5655.05 | 2.81 | 1243.65 | 0.62 | 4743.37 | 2.36 | 5315.62 | 2.64 |
| 草（束） | 55770.00 | 7.23 | 10989.00 | 1.42 | 20584.00 | 2.67 | 2487.00 | 0.32 | 18455.00 | 2.39 | 20351.00 | 2.64 |
| 起运（束） | 50812.00 | 6.78 | 10653.00 | 1.42 | 20060.00 | 2.68 | 2487.00 | 0.33 | 18455.00 | 2.46 | 19772.00 | 2.64 |
| 存留（束） | 4957.00 | 21.97 | 335.00 | 1.48 | 523.00 | 2.32 |  |  |  |  | 579.00 | 2.57 |
| 户口盐钞银（两） | 324.26 | 5.47 | 105.56 | 1.78 | 226.68 | 3.83 | 59.30 | 1.00 | 116.83 | 1.97 | 85.80 | 1.45 |

| | 定襄县 | % | 代州 | % | 五台县 | % | 繁峙州 | % | 崞县 | % | 岢岚州 | % |
|---|---|---|---|---|---|---|---|---|---|---|---|---|
| 存留（两） | 85.80 | 1.45 | 116.83 | 1.97 | 59.30 | 1.00 | 226.68 | 3.83 | 105.56 | 1.78 | 324.26 | 5.47 |
| 田赋项目 | 定襄县 | % | 代州 | % | 五台县 | % | 繁峙州 | % | 崞县 | % | 岢岚州 | % |
| 夏税 | | | | | | | | | | | | |
| 麦（石） | 4350.39 | 2.65 | 7306.53 | 4.45 | 4100.22 | 2.50 | 3816.43 | 2.33 | 9480.26 | 5.78 | 1978.53 | 1.21 |
| 起运（石） | 905.00 | 1.59 | 2328.00 | 4.10 | 999.00 | 1.76 | 1387.00 | 2.44 | 3295.00 | 5.81 | 784.50 | 1.38 |
| 存留（石） | 3445.39 | 3.21 | 4978.53 | 4.64 | 3101.22 | 2.89 | 2429.43 | 2.26 | 6185.26 | 5.77 | 1194.03 | 1.11 |
| 绢（匹） | 213.00 | 11.26 | 51.00 | 2.70 | 12.00 | 0.63 | | | 68.00 | 3.59 | 1.00 | 0.05 |
| 起运（匹） | 213.00 | 11.26 | 51.00 | 2.70 | 12.00 | 0.63 | | | 68.00 | 3.59 | 1.00 | 0.05 |
| 丝（两） | 4.64 | 1.85 | 7.50 | 3.00 | 18.20 | 7.27 | | | 15.80 | 6.32 | 2.50 | 1.00 |
| 存留（两） | 4.64 | 1.85 | 7.50 | 3.00 | 18.20 | 7.27 | | | 15.80 | 6.32 | 2.50 | 1.00 |
| 秋粮 | | | | | | | | | | | | |
| 米（石） | 10025.11 | 2.62 | 17288.93 | 4.52 | 9628.24 | 2.52 | 8475.09 | 2.22 | 21992.41 | 5.76 | 4651.27 | 1.22 |
| 起运（石） | 4833.60 | 2.67 | 8819.70 | 4.88 | 4655.10 | 2.58 | 4185.10 | 2.32 | 9227.00 | 5.11 | 2014.00 | 1.11 |
| 存留（石） | 5191.51 | 2.58 | 8469.23 | 4.21 | 4973.14 | 2.47 | 4289.99 | 2.13 | 12765.41 | 6.34 | 2637.27 | 1.31 |
| 草（束） | 20050.00 | 2.60 | 35577.00 | 4.61 | 19252.00 | 2.49 | 16992.00 | 2.20 | 45179.00 | 5.85 | 9700.00 | 1.26 |
| 起运（束） | 19535.00 | 2.61 | 34615.00 | 4.62 | 19252.00 | 2.57 | 16992.00 | 2.27 | 44537.00 | 5.94 | 9700.00 | 1.29 |
| 存留（束） | 515.00 | 2.28 | 961.00 | 4.26 | | | | | 642.00 | 2.85 | | |
| 户口盐钞银（两） | 159.47 | 2.69 | 193.23 | 3.26 | 139.26 | 2.35 | 121.40 | 2.05 | 325.26 | 5.49 | 44.87 | 0.76 |
| 存留（两） | 159.47 | 2.69 | 193.23 | 3.26 | 139.26 | 2.35 | 121.40 | 2.05 | 325.26 | 5.49 | 44.87 | 0.76 |

| 田赋项目 | 岚县 | % | 兴县 | % | 保德州 | % | 永宁州 | % | 宁乡县 | % |
|---|---|---|---|---|---|---|---|---|---|---|
| 夏税 | | | | | | | | | | |
| 麦（石） | 4744.65 | 2.89 | 2274.19 | 1.39 | 642.60 | 0.39 | 8130.96 | 4.96 | 3187.16 | 1.94 |
| 起运（石） | 1725.00 | 3.04 | 837.00 | 1.47 | 272.00 | 0.48 | 2978.80 | 5.25 | 1155.80 | 2.04 |
| 存留（石） | 3019.65 | 2.81 | 1437.19 | 1.34 | 370.60 | 0.35 | 5152.16 | 4.80 | 2031.36 | 1.89 |
| 绢（匹） | | | 38.00 | 2.01 | 12.00 | 0.63 | 51.00 | 2.70 | 76.00 | 4.02 |

**上部表（续前页，各列县名未显示）**

| 田赋项目 | 值 | % | 值 | % | 值 | % | 值 | % |
|---|---|---|---|---|---|---|---|---|
| 起运（匹） | 38.00 | 2.01 | 12.00 | 0.63 | 51.00 | 2.70 | 76.00 | 4.02 |
| 丝（两） | 5.25 | 2.10 | 0.10 | 0.04 | 14.00 | 5.60 | 14.30 | 5.72 |
| 存留（两） | 5.25 | 2.10 | 0.10 | 0.04 | 14.00 | 5.60 | 14.30 | 5.72 |
| 秋粮 | | | | | | | | |
| 米（石） | 5306.46 | 1.39 | 1611.27 | 0.42 | 18952.24 | 4.96 | 7436.72 | 1.95 |
| 起运（石） | 2866.00 | 1.59 | | | 9251.20 | 5.12 | 3738.00 | 2.07 |
| 存留（石） | 2440.46 | 1.21 | 1611.27 | 0.80 | 9701.04 | 4.82 | 3698.72 | 1.84 |
| 草（束） | 10612.00 | 1.38 | 3223.00 | 0.42 | 38365.00 | 4.97 | 14870.00 | 1.93 |
| 起运（束） | 10612.00 | 1.42 | 3223.00 | 0.43 | 38253.00 | 5.11 | 14838.00 | 1.98 |
| 存留（束） | | | | | 112.00 | 0.50 | 32.00 | 0.14 |
| 户口盐钞银（两） | 88.41 | 1.49 | 84.94 | 1.43 | 216.84 | 3.66 | 66.52 | 1.12 |
| 存留（两） | 88.41 | 1.49 | 84.94 | 1.43 | 216.84 | 3.66 | 66.52 | 1.12 |

**平阳府**

| 田赋项目 | 全府总数 | % | 临汾县 | % | 襄陵县 | % | 洪洞县 | % | 浮山县 | % | 赵城县 | % |
|---|---|---|---|---|---|---|---|---|---|---|---|---|
| 夏税 | | | | | | | | | | | | |
| 小麦（石） | 266127.92 | 100.00 | 8352.23 | 3.14 | 3363.63 | 1.26 | 3491.04 | 1.31 | 668.76 | 0.25 | 8191.36 | 3.08 |
| 起运（石） | 60358.00 | 100.00 | 2291.40 | 3.80 | 977.70 | 1.62 | 1074.20 | 1.78 | 197.40 | 0.33 | 2451.80 | 4.06 |
| 存留（石） | 205769.92 | 100.00 | 6060.83 | 2.95 | 2385.93 | 1.16 | 2416.84 | 1.17 | 471.36 | 0.23 | 5739.56 | 2.79 |
| 绢（匹） | 866.00 | 100.00 | 22.00 | 2.54 | 51.00 | 5.89 | 7.00 | 0.81 | 32.00 | 3.70 | 28.00 | 3.23 |
| 起运（匹） | 866.00 | 100.00 | 22.00 | 2.54 | 51.00 | 5.89 | 7.00 | 0.81 | 32.00 | 3.70 | 28.00 | 3.23 |
| 丝（两） | 341.30 | 100.00 | 4.80 | 1.41 | 19.40 | 5.68 | 19.30 | 5.65 | 16.20 | 4.75 | 2.70 | 0.79 |
| 存留（两） | 341.30 | 100.00 | 4.80 | 1.41 | 19.40 | 5.68 | 19.30 | 5.65 | 16.20 | 4.75 | 2.70 | 0.79 |
| 秋粮 | | | | | | | | | | | | |
| 米（石） | 812186.19 | 100.00 | 48449.96 | 5.97 | 28603.23 | 3.52 | 33288.64 | 4.10 | 16107.17 | 1.98 | 14903.09 | 1.83 |
| 起运（石） | 364421.90 | 100.00 | 21254.40 | 5.83 | 12859.60 | 3.53 | 15408.40 | 4.23 | 7328.10 | 2.01 | 7085.60 | 1.94 |

| 田赋项目 | 太平县 | % | 岳阳县 | % | 曲沃县 | % | 翼城县 | % | 汾西县 | % | 蒲县 | % |
|---|---|---|---|---|---|---|---|---|---|---|---|---|
| 存留（石） | 447764.29 | 100.00 | 27195.56 | 6.07 | 15743.63 | 3.52 | 17880.24 | 3.99 | 8779.07 | 1.96 | 7817.49 | 1.75 |
| 草（束） | 1624783.00 | 100.00 | 97199.00 | 5.98 | 57218.00 | 3.52 | 66669.00 | 4.10 | 32214.00 | 1.98 | 29806.00 | 1.83 |
| 起运（束） | 1594161.00 | 100.00 | 96030.00 | 6.02 | 55800.00 | 3.50 | 66086.00 | 4.15 | 32150.00 | 2.02 | 29642.00 | 1.86 |
| 存留（束） | 30622.00 | 100.00 | 1169.00 | 3.82 | 1418.00 | 4.63 | 582.00 | 1.90 | 63.00 | 0.21 | 163.00 | 0.53 |
| 户口盐钞银（两） | 8864.49 | 100.00 | 634.37 | 7.16 | 389.51 | 4.39 | 498.25 | 5.62 | 124.68 | 1.41 | 239.73 | 2.70 |
| 存留（两） | 8864.49 | 100.00 | 634.37 | 7.16 | 389.51 | 4.39 | 498.25 | 5.62 | 124.68 | 1.41 | 239.73 | 2.70 |

| 田赋项目 | 太平县 | % | 岳阳县 | % | 曲沃县 | % | 翼城县 | % | 汾西县 | % | 蒲县 | % |
|---|---|---|---|---|---|---|---|---|---|---|---|---|
| 夏税 | | | | | | | | | | | | |
| 小麦（石） | 16052.37 | 6.03 | 807.90 | 0.30 | 10463.49 | 3.93 | 5398.28 | 2.03 | 731.50 | 0.27 | 1225.57 | 0.46 |
| 起运（石） | 5063.60 | 8.39 | 221.70 | 0.37 | 3736.00 | 6.19 | 1407.20 | 2.33 | 169.80 | 0.28 | 252.70 | 0.42 |
| 存留（石） | 10988.77 | 5.34 | 586.20 | 0.28 | 6727.49 | 3.27 | 3991.08 | 1.94 | 561.70 | 0.27 | 972.87 | 0.47 |
| 绢（匹） | 17.00 | 1.96 | 19.00 | 2.19 | 6.00 | 0.69 | 68.00 | 7.85 | 22.00 | 2.54 | 10.00 | 1.15 |
| 起运（匹） | 17.00 | 1.96 | 19.00 | 2.19 | 6.00 | 0.69 | 68.00 | 7.85 | 22.00 | 2.54 | 10.00 | 1.15 |
| 丝（两） | 2.80 | 0.82 | 19.80 | 5.80 | 5.20 | 1.52 | 3.30 | 0.97 | 16.10 | 4.72 | 10.80 | 3.16 |
| 存留（两） | 2.80 | 0.82 | 19.80 | 5.80 | 5.20 | 1.52 | 3.30 | 0.97 | 16.10 | 4.72 | 10.80 | 3.16 |

| 田赋项目 | 蒲州 | % | 临晋县 | % | 荣河县 | % | 猗氏县 | % | 万泉县 | % | 河津县 | % |
|---|---|---|---|---|---|---|---|---|---|---|---|---|
| 秋粮 | | | | | | | | | | | | |
| 米（石） | 27842.03 | 3.43 | 10221.81 | 1.26 | 32874.81 | 4.05 | 31733.84 | 3.91 | 15218.81 | 1.87 | 10772.92 | 1.33 |
| 起运（石） | 12888.30 | 3.54 | 3948.20 | 1.08 | 15830.40 | 4.34 | 14759.10 | 4.05 | 6938.10 | 1.90 | 4734.50 | 1.30 |
| 存留（石） | 14953.73 | 3.34 | 6273.61 | 1.40 | 17044.41 | 3.81 | 16974.74 | 3.79 | 8280.71 | 1.85 | 6038.42 | 1.35 |
| 草（束） | 55684.00 | 3.43 | 20443.00 | 1.26 | 65789.00 | 4.05 | 63460.00 | 3.91 | 30437.00 | 1.87 | 21544.00 | 1.33 |
| 起运（束） | 55672.00 | 3.49 | 17915.00 | 1.12 | 65728.00 | 4.12 | 62794.00 | 3.94 | 30195.00 | 1.89 | 21270.00 | 1.33 |
| 存留（束） | 11.00 | 0.04 | 2528.00 | 8.26 | 61.00 | 0.20 | 665.00 | 2.17 | 242.00 | 0.79 | 274.00 | 0.89 |
| 户口盐钞银（两） | 261.07 | 2.95 | 63.79 | 0.72 | 608.16 | 6.86 | 447.85 | 5.05 | 116.46 | 1.31 | 62.33 | 0.70 |
| 存留（两） | 261.07 | 2.95 | 63.79 | 0.72 | 608.16 | 6.86 | 447.85 | 5.05 | 116.46 | 1.31 | 62.33 | 0.70 |

| 田赋项目 | 解州 | % | 安邑县 | % | 夏县 | % | 闻喜县 | % | 平陆县 | % | 芮城县 | % |
|---|---|---|---|---|---|---|---|---|---|---|---|---|
| 夏税 | | | | | | | | | | | | |
| 小麦（石） | 12456.19 | 4.68 | 11944.14 | 4.49 | 6937.59 | 2.61 | 8141.18 | 3.06 | 5693.85 | 2.14 | 6214.26 | 2.34 |
| 起运（石） | 3088.00 | 5.12 | 1672.40 | 2.77 | 1261.90 | 2.09 | 899.50 | 1.49 | 838.80 | 1.39 | 1191.70 | 1.97 |
| 存留（石） | 9368.19 | 4.55 | 10271.74 | 4.99 | 5675.69 | 2.76 | 7241.68 | 3.52 | 4855.05 | 2.36 | 5022.56 | 2.44 |
| 绢（匹） | 9.00 | 1.04 | 12.00 | 1.39 | 5.00 | 0.58 | 5.00 | 0.58 | 6.00 | 0.69 | 30.00 | 3.46 |
| 起运（匹） | 9.00 | 1.04 | 12.00 | 1.39 | 5.00 | 0.58 | 5.00 | 0.58 | 6.00 | 0.69 | 30.00 | 3.46 |
| 丝（两） | 13.10 | 3.84 | 9.80 | 2.87 | 5.30 | 1.55 | 0.80 | 0.23 | 4.50 | 1.32 | 6.00 | 1.76 |
| 存留（两） | 13.10 | 3.84 | 9.80 | 2.87 | 5.30 | 1.55 | 0.80 | 0.23 | 4.50 | 1.32 | 6.00 | 1.76 |
| 秋粮 | | | | | | | | | | | | |
| 米（石） | 49522.32 | 6.10 | 47013.14 | 5.79 | 27559.74 | 3.39 | 32486.18 | 4.00 | 22799.03 | 2.81 | 24453.32 | 3.01 |
| 起运（石） | 22627.20 | 6.21 | 23918.60 | 6.56 | 11741.70 | 3.22 | 13821.10 | 3.79 | 9875.10 | 2.71 | 10790.60 | 2.96 |
| 存留（石） | 26895.12 | 6.01 | 23094.54 | 5.16 | 15818.04 | 3.53 | 18665.08 | 4.17 | 12923.93 | 2.89 | 13662.72 | 3.05 |
| 草（束） | 99084.00 | 6.10 | 94046.00 | 5.79 | 55119.00 | 3.39 | 64763.00 | 3.99 | 45598.00 | 2.81 | 48906.00 | 3.01 |
| 起运（束） | 98685.00 | 6.19 | 94046.00 | 5.90 | 52840.00 | 3.31 | 63506.00 | 3.98 | 44473.00 | 2.79 | 48325.00 | 3.03 |
| 存留（束） | 399.00 | 1.30 | | | 2279.00 | 7.44 | 1257.00 | 4.10 | 1124.00 | 3.67 | 580.00 | 1.89 |
| 户口盐钞银（两） | 374.22 | 4.22 | 274.31 | 3.09 | 286.08 | 3.23 | 230.63 | 2.60 | 150.82 | 1.70 | 273.11 | 3.08 |
| 存留（两） | 374.22 | 4.22 | 274.31 | 3.09 | 286.08 | 3.23 | 230.63 | 2.60 | 150.82 | 1.70 | 273.11 | 3.08 |

| 田赋项目 | 解州 | % | 安邑县 | % | 夏县 | % | 闻喜县 | % | 平陆县 | % | 芮城县 | % |
|---|---|---|---|---|---|---|---|---|---|---|---|---|
| 夏税 | | | | | | | | | | | | |
| 小麦（石） | 6885.62 | 2.59 | 20326.99 | 7.64 | 27040.10 | 10.16 | 21497.71 | 8.08 | 7929.06 | 2.98 | 10881.35 | 4.09 |
| 起运（石） | 1405.50 | 2.33 | 4233.80 | 7.01 | 8230.00 | 13.64 | 3503.00 | 5.80 | 1301.00 | 2.16 | 1963.40 | 3.25 |
| 存留（石） | 5480.12 | 2.66 | 16093.19 | 7.82 | 18810.10 | 9.14 | 17994.71 | 8.75 | 6628.06 | 3.22 | 8917.95 | 4.33 |
| 绢（匹） | 5.00 | 0.58 | 6.00 | 0.69 | 44.00 | 5.08 | 42.00 | 4.85 | 26.00 | 3.00 | 20.00 | 2.31 |
| 起运（匹） | 5.00 | 0.58 | 6.00 | 0.69 | 44.00 | 5.08 | 42.00 | 4.85 | 26.00 | 3.00 | 20.00 | 2.31 |
| 丝（两） | 11.30 | 3.31 | 2.60 | 0.76 | 10.80 | 3.16 | 3.90 | 1.14 | 6.00 | 1.76 | 4.40 | 1.29 |

| 田赋项目 | 绛州 | % | 稷山县 | % | 绛县 | % | 垣曲县 | % | 吉州 | % | 乡宁县 | % |
|---|---|---|---|---|---|---|---|---|---|---|---|---|
| 存留（两） | 11.30 | 3.31 | 2.60 | 0.76 | 10.80 | 3.16 | 3.90 | 1.14 | 6.00 | 1.76 | 4.40 | 1.29 |
| 秋粮 |  |  |  |  |  |  |  |  |  |  |  |  |
| 米（石） | 12704.20 | 1.56 | 33262.06 | 4.10 | 18113.96 | 2.23 | 33461.57 | 4.12 | 18425.53 | 2.27 | 16073.84 | 1.98 |
| 起运（石） | 5920.00 | 1.62 | 14921.60 | 4.09 | 8209.50 | 2.25 | 13388.10 | 3.67 | 8116.10 | 2.23 | 7301.10 | 2.00 |
| 存留（石） | 6784.20 | 1.52 | 18340.46 | 4.10 | 9904.46 | 2.21 | 20073.47 | 4.48 | 10309.43 | 2.30 | 8772.74 | 1.96 |
| 草（束） | 25408.00 | 1.56 | 66544.00 | 4.10 | 36227.00 | 2.23 | 66943.00 | 4.12 | 36851.00 | 2.27 | 32147.00 | 1.98 |
| 起运（束） | 25369.00 | 1.59 | 65192.00 | 4.09 | 34739.00 | 2.18 | 63317.00 | 3.97 | 35992.00 | 2.26 | 32033.00 | 2.01 |
| 存留（束） | 39.00 | 0.13 | 1351.00 | 4.41 | 1488.00 | 4.86 | 3625.00 | 11.84 | 858.00 | 2.80 | 114.00 | 0.37 |
| 户口盐钞银（两） | 98.17 | 1.11 | 511.99 | 5.78 | 463.26 | 5.23 | 414.58 | 4.68 | 164.65 | 1.86 | 216.25 | 2.44 |
| 存留（两） | 98.17 | 1.11 | 511.99 | 5.78 | 463.26 | 5.23 | 414.58 | 4.68 | 164.65 | 1.86 | 216.25 | 2.44 |

| 田赋项目 | 绛州 | % | 稷山县 | % | 绛县 | % | 垣曲县 | % | 吉州 | % | 乡宁县 | % |
|---|---|---|---|---|---|---|---|---|---|---|---|---|
| 夏税 |  |  |  |  |  |  |  |  |  |  |  |  |
| 小麦（石） | 15799.28 | 5.94 | 13497.25 | 5.07 | 8196.79 | 3.08 | 3320.95 | 1.25 | 2562.14 | 0.96 | 4334.38 | 1.63 |
| 起运（石） | 4304.10 | 7.13 | 1356.50 | 2.25 | 1738.20 | 2.88 | 799.70 | 1.32 | 471.60 | 0.78 | 640.00 | 1.06 |
| 存留（石） | 11495.18 | 5.59 | 12140.75 | 5.90 | 6458.59 | 3.14 | 2521.25 | 1.23 | 2090.54 | 1.02 | 3694.38 | 1.80 |
| 绢（匹） | 66.00 | 7.62 | 32.00 | 3.70 | 34.00 | 3.93 | 21.00 | 2.42 | 29.00 | 3.35 | 23.00 | 2.66 |
| 起运（匹） | 66.00 | 7.62 | 32.00 | 3.70 | 34.00 | 3.93 | 21.00 | 2.42 | 29.00 | 3.35 | 23.00 | 2.66 |
| 丝（两） | 6.60 | 1.93 | 18.80 | 5.51 | 6.00 | 1.76 | 11.50 | 3.37 | 9.40 | 2.75 | 17.50 | 5.13 |
| 存留（两） | 6.60 | 1.93 | 18.80 | 5.51 | 6.00 | 1.76 | 11.50 | 3.37 | 9.40 | 2.75 | 17.50 | 5.13 |
| 秋粮 |  |  |  |  |  |  |  |  |  |  |  |  |
| 米（石） | 26351.68 | 3.24 | 40515.85 | 4.99 | 20874.44 | 2.57 | 13263.31 | 1.63 | 12744.38 | 1.57 | 17736.38 | 2.18 |
| 起运（石） | 11796.50 | 3.24 | 16427.50 | 4.51 | 9285.10 | 2.55 | 6148.10 | 1.69 | 6042.60 | 1.66 | 7701.80 | 2.11 |
| 存留（石） | 14555.18 | 3.25 | 24088.35 | 5.38 | 11589.34 | 2.59 | 7115.21 | 1.59 | 6701.78 | 1.50 | 10034.58 | 2.24 |
| 草（束） | 52703.00 | 3.24 | 81031.00 | 4.99 | 41748.00 | 2.57 | 26526.00 | 1.63 | 25492.00 | 1.57 | 35472.00 | 2.18 |
| 起运（束） | 52398.00 | 3.29 | 74793.00 | 4.69 | 41651.00 | 2.61 | 26484.00 | 1.66 | 24992.00 | 1.57 | 35472.00 | 2.23 |

| 田赋项目 | 隰州 | % | 大宁县 | % | 石楼县 | % | 永和县 | % | 霍州 | % | 灵石县 | % |
|---|---|---|---|---|---|---|---|---|---|---|---|---|
| 存留（束） | 305.00 | 1.00 | 6237.00 | 20.37 | 97.00 | 0.32 | 41.00 | 0.13 | 500.00 | 1.63 |  |  |
| 户口盐钞银（两） | 571.23 | 6.44 | 291.52 | 3.29 | 222.42 | 2.51 | 108.46 | 1.22 | 51.85 | 0.58 | 59.55 | 0.67 |
| 存留（两） | 571.23 | 6.44 | 291.52 | 3.29 | 222.42 | 2.51 | 108.46 | 1.22 | 51.85 | 0.58 | 59.55 | 0.67 |
| **夏税** |  |  |  |  |  |  |  |  |  |  |  |  |
| 小麦（石） | 4382.64 | 1.65 | 2203.52 | 0.83 | 3189.74 | 1.20 | 2884.64 | 1.08 | 932.37 | 0.35 | 129.88 | 0.05 |
| 起运（石） | 1277.70 | 2.12 | 601.00 | 1.00 | 900.80 | 1.49 | 499.70 | 0.83 | 336.20 | 0.56 | 129.88 | 0.06 |
| 存留（石） | 3104.94 | 1.51 | 1602.52 | 0.78 | 2288.94 | 1.11 | 2384.94 | 1.16 | 596.17 | 0.29 |  |  |
| 绢（匹） | 21.00 | 2.42 | 25.00 | 2.89 | 15.00 | 1.73 | 14.00 | 1.62 | 67.00 | 7.74 | 27.00 | 3.12 |
| 起运（匹） | 21.00 | 2.42 | 25.00 | 2.89 | 15.00 | 1.73 | 14.00 | 1.62 | 67.00 | 7.74 | 27.00 | 3.12 |
| 丝（两） | 16.20 | 4.75 | 16.70 | 4.89 | 5.40 | 1.58 | 16.50 | 4.83 | 6.00 | 1.76 | 11.10 | 3.25 |
| 存留（两） | 16.20 | 4.75 | 16.70 | 4.89 | 5.40 | 1.58 | 16.50 | 4.83 | 6.00 | 1.76 | 11.10 | 3.25 |
| **秋粮** |  |  |  |  |  |  |  |  |  |  |  |  |
| 米（石） | 16146.53 | 1.99 | 8346.93 | 1.03 | 13329.74 | 1.64 | 10123.69 | 1.25 | 13999.52 | 1.72 | 12862.36 | 1.58 |
| 起运（石） | 7054.00 | 1.94 | 3851.80 | 1.06 | 5967.10 | 1.64 | 4049.80 | 1.11 | 6433.10 | 1.77 | 5999.10 | 1.65 |
| 存留（石） | 9092.53 | 2.03 | 4495.13 | 1.00 | 7362.64 | 1.64 | 6073.89 | 1.36 | 7566.42 | 1.69 | 6863.26 | 1.53 |
| 草（束） | 32293.00 | 1.99 | 16693.00 | 1.03 | 26659.00 | 1.64 | 20247.00 | 1.25 | 28039.00 | 1.73 | 25764.00 | 1.59 |
| 起运（束） | 30951.00 | 1.94 | 16645.00 | 1.04 | 25597.00 | 1.61 | 19765.00 | 1.24 | 27843.00 | 1.75 | 25754.00 | 1.62 |
| 存留（束） | 1341.00 | 4.38 | 48.00 | 0.16 | 1061.00 | 3.46 | 481.00 | 1.57 | 195.00 | 0.64 | 10.00 | 0.03 |
| 户口盐钞银（两） | 156.69 | 1.77 | 68.18 | 0.77 | 123.20 | 1.39 | 46.19 | 0.52 | 115.69 | 1.31 | 144.93 | 1.63 |
| 存留（两） | 156.69 | 1.77 | 68.18 | 0.77 | 123.20 | 1.39 | 46.19 | 0.52 | 115.69 | 1.31 | 144.93 | 1.63 |

大同府

| 田赋项目 | 全府总数 | % | 大同县 | % | 怀仁县 | % | 浑源州 | % | 应县 | % | 山阴县 | % |
|---|---|---|---|---|---|---|---|---|---|---|---|---|
| **夏税** |  |  |  |  |  |  |  |  |  |  |  |  |
| 小麦（石） | 49133.71 | 100.00 | 8756.83 | 17.82 | 3212.60 | 6.54 | 4218.12 | 8.58 | 8435.91 | 17.17 | 3016.64 | 6.14 |

| | | | | | | | | | | | | |
|---|---|---|---|---|---|---|---|---|---|---|---|---|
| 存留（石） | 49133.71 | 100.00 | 8756.83 | 17.82 | 3212.60 | 6.54 | 4218.12 | 8.58 | 8435.91 | 17.17 | 3016.64 | 6.14 |
| **绢（匹）** | 1.00 | 100.00 | | | | | | | | | | |
| 起运（匹） | 1.00 | 100.00 | | | | | | | | | | |
| **丝（两）** | 14.00 | 100.00 | | | | | | | | | | |
| 存留（两） | 14.00 | 100.00 | | | | | | | | | | |
| **秋粮** | | | | | | | | | | | | |
| **米（石）** | 59890.12 | 100.00 | 10865.61 | 18.14 | 4443.26 | 7.42 | 6228.32 | 10.40 | 12597.81 | 21.03 | 2914.56 | 4.87 |
| 存留（石） | 59890.12 | 100.00 | 10865.61 | 18.14 | 4443.26 | 7.42 | 6228.32 | 10.40 | 12597.81 | 21.03 | 2914.56 | 4.87 |
| **草（束）** | 267052.00 | 100.00 | 46752.00 | 17.51 | 20788.00 | 7.78 | 27794.00 | 10.41 | 52087.00 | 19.50 | 12031.00 | 4.51 |
| 起运（束） | 267052.00 | 100.00 | 46752.00 | 17.51 | 20788.00 | 7.78 | 27794.00 | 10.41 | 52087.00 | 19.50 | 12031.00 | 4.51 |
| **户口盐钞银（两）** | 1189.48 | 100.00 | 160.79 | 13.52 | 105.08 | 8.83 | 119.31 | 10.03 | 190.32 | 16.00 | 92.38 | 7.77 |
| 存留（两） | 1189.48 | 100.00 | 160.79 | 13.52 | 105.08 | 8.83 | 119.31 | 10.03 | 190.32 | 16.00 | 92.38 | 7.77 |
| **田赋项目** | **朔州** | % | **马邑县** | % | **蔚州** | % | **广灵县** | % | **广昌县** | % | **灵丘县** | % |
| **夏税** | | | | | | | | | | | | |
| **小麦（石）** | 5373.33 | 10.94 | 3324.64 | 6.77 | 7985.36 | 16.25 | 1996.98 | 4.06 | 1103.09 | 2.25 | 1710.16 | 3.48 |
| 存留（石） | 5373.33 | 10.94 | 3324.64 | 6.77 | 7985.36 | 16.25 | 1996.98 | 4.06 | 1103.09 | 2.25 | 1710.16 | 3.48 |
| **绢（匹）** | | | | | | | | | 1.00 | 100.00 | | |
| 起运（匹） | | | | | | | | | 1.00 | 100.00 | | |
| **丝（两）** | | | | | | | | | 14.00 | 100.00 | | |
| 存留（两） | | | | | | | | | 14.00 | 100.00 | | |
| **秋粮** | | | | | | | | | | | | |
| **米（石）** | 3559.41 | 5.94 | 2550.51 | 4.26 | 7165.19 | 11.96 | 3597.35 | 6.01 | 1858.83 | 3.10 | 4109.22 | 6.86 |
| 存留（石） | 3559.41 | 5.94 | 2550.51 | 4.26 | 7165.19 | 11.96 | 3597.35 | 6.01 | 1858.83 | 3.10 | 4109.22 | 6.86 |
| **草（束）** | 14623.00 | 5.48 | 10651.00 | 3.99 | 34042.00 | 12.75 | 17584.00 | 6.58 | 9886.00 | 3.70 | 20807.00 | 7.79 |
| 起运（束） | 14623.00 | 5.48 | 10651.00 | 3.99 | 34042.00 | 12.75 | 17584.00 | 6.58 | 9886.00 | 3.70 | 20807.00 | 7.79 |

| 田赋项目 | 全府总数 | % | 长治县 | % | 长子县 | % | 屯留县 | % | 襄垣县 | % | 潞城县 | % |
|---|---|---|---|---|---|---|---|---|---|---|---|---|
| 户口盐钞银（两） | 52.36 | 4.40 | 53.79 | 4.52 | 129.96 | 10.93 | 83.41 | 7.01 | 100.37 | 8.44 | 101.63 | 8.54 |
| 存留（两） | 52.36 | 4.40 | 53.79 | 4.52 | 129.96 | 10.93 | 83.41 | 7.01 | 100.37 | 8.44 | 101.63 | 8.54 |

潞安府

| 田赋项目 | 全府总数 | % | 长治县 | % | 长子县 | % | 屯留县 | % | 襄垣县 | % | 潞城县 | % |
|---|---|---|---|---|---|---|---|---|---|---|---|---|
| 夏税 | | | | | | | | | | | | |
| 小麦（石） | 40854.62 | 100.00 | 8425.75 | 20.62 | 6528.27 | 15.98 | 6011.25 | 14.71 | 4526.46 | 11.08 | 5913.50 | 14.47 |
| 起运（石） | 10309.20 | 100.00 | 2328.50 | 22.59 | 1837.90 | 17.83 | 1006.70 | 9.77 | 884.40 | 8.58 | 1537.00 | 14.91 |
| 存留（石） | 30545.42 | 100.00 | 6097.25 | 19.96 | 4690.37 | 15.36 | 5004.55 | 16.38 | 3642.06 | 11.92 | 4376.50 | 14.33 |
| 绢（匹） | 287.00 | 100.00 | 21.00 | 7.32 | 52.00 | 18.12 | 23.00 | 8.01 | 27.00 | 9.41 | 8.00 | 2.79 |
| 起运（匹） | 287.00 | 100.00 | 21.00 | 7.32 | 52.00 | 18.12 | 23.00 | 8.01 | 27.00 | 9.41 | 8.00 | 2.79 |
| 丝（两） | 71.95 | 100.00 | 1.35 | 1.88 | 12.10 | 16.82 | 10.90 | 15.15 | 19.80 | 27.52 | 13.60 | 18.90 |
| 存留（两） | 71.95 | 100.00 | 1.35 | 1.88 | 12.10 | 16.82 | 10.90 | 15.15 | 19.80 | 27.52 | 13.60 | 18.90 |
| 秋粮 | | | | | | | | | | | | |
| 米（石） | 162817.36 | 100.00 | 33704.07 | 20.70 | 26163.07 | 16.07 | 24105.02 | 14.80 | 17840.55 | 10.96 | 23654.10 | 14.53 |
| 起运（石） | 58974.90 | 100.00 | 12798.10 | 21.70 | 10593.10 | 17.96 | 7074.20 | 12.00 | 4777.10 | 8.10 | 7573.80 | 12.84 |
| 存留（石） | 103842.46 | 100.00 | 20905.97 | 20.13 | 15569.97 | 14.99 | 17030.82 | 16.40 | 13063.45 | 12.58 | 16080.30 | 15.49 |
| 草（束） | 326343.00 | 100.00 | 67405.00 | 20.65 | 52466.00 | 16.08 | 48334.00 | 14.81 | 35794.00 | 10.97 | 46909.00 | 14.37 |
| 起运（束） | 326343.00 | 100.00 | 67405.00 | 20.65 | 52466.00 | 16.08 | 48334.00 | 14.81 | 35794.00 | 10.97 | 46909.00 | 14.37 |
| 户口盐钞银（两） | 3571.16 | 100.00 | 1203.63 | 33.70 | 590.65 | 16.54 | 273.52 | 7.66 | 295.98 | 8.29 | 398.52 | 11.16 |
| 存留（两） | 3571.16 | 100.00 | 1203.63 | 33.70 | 590.65 | 16.54 | 273.52 | 7.66 | 295.98 | 8.29 | 398.52 | 11.16 |

| 田赋项目 | 壶关县 | % | 平顺县 | % | 黎城县 | % |
|---|---|---|---|---|---|---|
| 夏税 | | | | | | |
| 小麦（石） | 4803.27 | 11.76 | 1510.79 | 3.70 | 3135.30 | 7.67 |
| 起运（石） | 1235.00 | 11.98 | 557.30 | 5.41 | 922.40 | 8.95 |
| 存留（石） | 3568.27 | 11.68 | 953.49 | 3.12 | 2212.90 | 7.24 |

汾州

**表（续）**

|  |  |  |  |  |  |  |  |  |  |  |
|---|---|---|---|---|---|---|---|---|---|---|
| 绢（匹） | 66.00 | 23.00 | 7.00 | 2.44 | 83.00 | 28.92 |  |  |  |  |
| 起运（匹） | 66.00 | 23.00 | 7.00 | 2.44 | 83.00 | 28.92 |  |  |  |  |
| 丝（两） | 2.95 | 4.10 | 0.75 | 1.04 | 10.50 | 14.59 |  |  |  |  |
| 存留（两） | 2.95 | 4.10 | 0.75 | 1.04 | 10.50 | 14.59 |  |  |  |  |
| 秋粮 |  |  |  |  |  |  |  |  |  |  |
| 米（石） | 19213.09 | 11.80 | 6043.17 | 3.71 | 12094.25 | 7.43 |  |  |  |  |
| 起运（石） | 6591.90 | 11.18 | 4356.50 | 7.39 | 5210.20 | 8.83 |  |  |  |  |
| 存留（石） | 12621.19 | 12.15 | 1686.67 | 1.62 | 6884.05 | 6.63 |  |  |  |  |
| 草（束） | 38426.00 | 11.77 | 12086.00 | 3.70 | 24919.00 | 7.64 |  |  |  |  |
| 起运（束） | 38426.00 | 11.77 | 12086.00 | 3.70 | 24919.00 | 7.64 |  |  |  |  |
| 户口盐钞银（两） | 397.71 | 11.14 | 153.03 | 4.29 | 258.03 | 7.23 |  |  |  |  |
| 存留（两） | 397.71 | 11.14 | 153.03 | 4.29 | 258.03 | 7.23 |  |  |  |  |

汾州

| 田赋项目 | 全府总数 | % | 本州 | % | 孝义县 | % | 平遥县 | % | 介休县 | % |
|---|---|---|---|---|---|---|---|---|---|---|
| 夏税 |  |  |  |  |  |  |  |  |  |  |
| 小麦（石） | 25516.97 | 100.00 | 15701.76 | 61.53 | 5162.40 | 20.23 | 3705.73 | 14.52 | 947.06 | 3.71 |
| 起运（石） | 9165.50 | 100.00 | 5587.40 | 60.96 | 1863.10 | 20.33 | 1367.80 | 14.92 | 347.20 | 3.79 |
| 存留（石） | 16351.47 | 100.00 | 10114.36 | 61.86 | 3299.30 | 20.18 | 2337.93 | 14.30 | 599.86 | 3.67 |
| 绢（匹） | 164.00 | 100.00 | 33.00 | 20.12 | 20.00 | 12.20 | 79.00 | 48.17 | 32.00 | 19.51 |
| 起运（匹） | 164.00 | 100.00 | 33.00 | 20.12 | 20.00 | 12.20 | 79.00 | 48.17 | 32.00 | 19.51 |
| 丝（两） | 35.40 | 100.00 | 4.30 | 12.15 | 5.50 | 15.54 | 13.30 | 37.57 | 12.30 | 34.75 |
| 存留（两） | 35.40 | 100.00 | 4.30 | 12.15 | 5.50 | 15.54 | 13.30 | 37.57 | 12.30 | 34.75 |
| 秋粮 |  |  |  |  |  |  |  |  |  |  |
| 米（石） | 123014.11 | 100.00 | 31529.45 | 25.63 | 19866.80 | 16.15 | 47081.14 | 38.27 | 24536.70 | 19.95 |
| 起运（石） | 58950.30 | 100.00 | 15033.20 | 25.50 | 9545.20 | 16.19 | 22848.20 | 38.76 | 11523.70 | 19.55 |

| 田赋项目 | 全府总数 | % | | % | | % | | % | | % |
|---|---|---|---|---|---|---|---|---|---|---|
| 存留（石） | 64063.81 | 100.00 | 16496.25 | 25.75 | 10321.60 | 16.11 | 24232.94 | 37.83 | 13013.00 | 20.31 |
| 草（束） | 246727.00 | 100.00 | 63417.00 | 25.70 | 39733.00 | 16.10 | 94362.00 | 38.25 | 49213.00 | 19.95 |
| 起运（束） | 244965.00 | 100.00 | 62988.00 | 25.71 | 39660.00 | 16.19 | 94299.00 | 38.49 | 48017.00 | 19.60 |
| 存留（束） | 1761.00 | 100.00 | 429.00 | 24.36 | 73.00 | 4.15 | 62.00 | 3.52 | 1195.00 | 67.86 |
| 户口盐钞银（两） | 1402.66 | 100.00 | 563.02 | 40.14 | 144.59 | 10.31 | 309.20 | 22.04 | 385.82 | 27.51 |
| 存留（两） | 1402.66 | 100.00 | 563.02 | 40.14 | 144.59 | 10.31 | 309.20 | 22.04 | 385.82 | 27.51 |

辽州

| 田赋项目 | 全府总数 | % | 本州 | % | 榆社县 | % | 和顺县 | % |
|---|---|---|---|---|---|---|---|---|
| 夏税 | | | | | | | | |
| 小麦（石） | 8367.39 | 100.00 | 2024.85 | 24.20 | 3242.92 | 38.76 | 3099.61 | 37.04 |
| 起运（石） | 2518.70 | 100.00 | 738.70 | 29.33 | 768.00 | 30.49 | 1012.00 | 40.18 |
| 存留（石） | 5848.69 | 100.00 | 1286.15 | 21.99 | 2474.92 | 42.32 | 2087.61 | 35.69 |
| 绢（匹） | 24.00 | 100.00 | 11.00 | 45.83 | 10.00 | 41.67 | 3.00 | 12.50 |
| 起运（匹） | 24.00 | 100.00 | 11.00 | 45.83 | 10.00 | 41.67 | 3.00 | 12.50 |
| 丝（两） | 38.00 | 100.00 | 16.50 | 43.42 | 6.50 | 17.11 | 15.00 | 39.47 |
| 存留（两） | 38.00 | 100.00 | 16.50 | 43.42 | 6.50 | 17.11 | 15.00 | 39.47 |
| 秋粮 | | | | | | | | |
| 米（石） | 19106.56 | 100.00 | 4347.41 | 22.75 | 7749.45 | 40.56 | 7009.69 | 36.69 |
| 起运（石） | 7524.40 | 100.00 | 1905.40 | 25.32 | 3212.00 | 42.69 | 2407.00 | 31.99 |
| 存留（石） | 11582.16 | 100.00 | 2442.01 | 21.08 | 4537.45 | 39.18 | 4602.69 | 39.74 |
| 草（束） | 38333.00 | 100.00 | 8814.00 | 22.99 | 15498.00 | 40.43 | 14019.00 | 36.57 |
| 起运（束） | 38166.00 | 100.00 | 8648.00 | 22.66 | 15498.00 | 40.61 | 14019.00 | 36.73 |
| 存留（束） | 166.00 | 100.00 | 166.00 | 100.00 | | | | |
| 户口盐钞银（两） | 489.93 | 100.00 | 234.23 | 47.81 | 129.31 | 26.39 | 126.37 | 25.79 |
| 存留（两） | 489.93 | 100.00 | 234.23 | 47.81 | 129.31 | 26.39 | 126.37 | 25.79 |

沁州

| 田赋项目 | 全府总数 | % | 本州 | % | 沁源县 | % | 武乡县 | % |
|---|---|---|---|---|---|---|---|---|
| **夏税** | | | | | | | | |
| 小麦（石） | 9741.92 | 100.00 | 3105.27 | 31.88 | 2395.48 | 24.59 | 4241.16 | 43.54 |
| 起运（石） | 2836.50 | 100.00 | 772.30 | 27.23 | 874.80 | 30.84 | 1189.40 | 41.93 |
| 存留（石） | 6905.42 | 100.00 | 2332.97 | 33.78 | 1520.68 | 22.02 | 3051.76 | 44.19 |
| 绢（匹） | 89.00 | 100.00 | 28.00 | 31.46 | 23.00 | 25.84 | 38.00 | 42.70 |
| 起运（匹） | 89.00 | 100.00 | 28.00 | 31.46 | 23.00 | 25.84 | 38.00 | 42.70 |
| 丝（两） | 30.21 | 100.00 | 10.42 | 34.49 | | | 19.79 | 65.51 |
| 存留（两） | 30.21 | 100.00 | 10.42 | 34.49 | | | 19.79 | 65.51 |
| **秋粮** | | | | | | | | |
| 米（石） | 39115.75 | 100.00 | 12537.22 | 32.05 | 9553.89 | 24.42 | 17024.64 | 43.52 |
| 起运（石） | 15114.00 | 100.00 | 4381.10 | 28.99 | 4624.10 | 30.59 | 6108.80 | 40.42 |
| 存留（石） | 24001.75 | 100.00 | 8156.12 | 33.98 | 4929.79 | 20.54 | 10915.84 | 45.48 |
| 草（束） | 78270.00 | 100.00 | 25294.00 | 32.32 | 19107.00 | 24.41 | 33868.00 | 43.27 |
| 起运（束） | 78270.00 | 100.00 | 25294.00 | 32.32 | 19107.00 | 24.41 | 33868.00 | 43.27 |
| 户口盐钞银（两） | 454.11 | 100.00 | 129.96 | 28.62 | 160.35 | 35.31 | 163.79 | 36.07 |
| 存留（两） | 454.11 | 100.00 | 129.96 | 28.62 | 160.35 | 35.31 | 163.79 | 36.07 |

泽州

| 田赋项目 | 全府总数 | % | 本州 | % | 高平县 | % | 阳城县 | % | 陵川县 | % | 沁水县 | % |
|---|---|---|---|---|---|---|---|---|---|---|---|---|
| **夏税** | | | | | | | | | | | | |
| 小麦（石） | 28187.84 | 100.00 | 8778.59 | 31.14 | 2723.65 | 9.66 | 9229.94 | 32.74 | 950.67 | 3.37 | 6504.97 | 23.08 |
| 起运（石） | 6403.40 | 100.00 | 1727.90 | 26.98 | 996.00 | 15.55 | 1753.40 | 27.38 | 280.00 | 4.37 | 1646.10 | 25.71 |
| 存留（石） | 21784.44 | 100.00 | 7050.69 | 32.37 | 1727.65 | 7.93 | 7476.54 | 34.32 | 670.67 | 3.08 | 4858.87 | 22.30 |
| 绢（匹） | 1448.00 | 100.00 | 374.00 | 25.83 | 360.00 | 24.86 | 147.00 | 10.15 | 386.00 | 26.66 | 181.00 | 12.50 |

| 田赋项目 | 全府总数 | % | 祥符县 | % | 陈留县 | % | 杞县 | % | 通许县 | % | 太康县 | % |
|---|---|---|---|---|---|---|---|---|---|---|---|---|
| 起运（匹） | 1448.00 | 100.00 | 374.00 | 25.83 | 360.00 | 24.86 | 147.00 | 10.15 | 386.00 | 26.66 | 181.00 | 12.50 |
| 丝（两） | 41.50 | 100.00 | 0.70 | 1.69 | 9.20 | 22.17 | 8.10 | 19.52 | 8.10 | 19.52 | 15.40 | 37.11 |
| 存留（两） | 41.50 | 100.00 | 0.70 | 1.69 | 9.20 | 22.17 | 8.10 | 19.52 | 8.10 | 19.52 | 15.40 | 37.11 |
| 秋粮 | | | | | | | | | | | | |
| 米（石） | 124633.02 | 100.00 | 38448.36 | 30.85 | 33297.86 | 26.72 | 21292.77 | 17.08 | 18204.20 | 14.61 | 13389.81 | 10.74 |
| 起运（石） | 38677.00 | 100.00 | 10494.70 | 27.13 | 13685.30 | 35.38 | 4760.00 | 12.31 | 5602.00 | 14.48 | 4135.00 | 10.69 |
| 存留（石） | 85956.02 | 100.00 | 27953.66 | 32.52 | 19612.56 | 22.82 | 16532.77 | 19.23 | 12602.20 | 14.66 | 9254.81 | 10.77 |
| 草（束） | 249735.00 | 100.00 | 77326.00 | 30.96 | 66635.00 | 26.68 | 42585.00 | 17.05 | 36408.00 | 14.58 | 26779.00 | 10.72 |
| 起运（束） | 246656.00 | 100.00 | 75846.00 | 30.75 | 65467.00 | 26.54 | 42548.00 | 17.25 | 36154.00 | 14.66 | 26640.00 | 10.80 |
| 存留（束） | 3079.00 | 100.00 | 1480.00 | 48.07 | 1168.00 | 37.93 | 37.00 | 1.20 | 254.00 | 8.25 | 138.00 | 4.48 |
| 户口盐钞银（两） | 3472.68 | 100.00 | 1062.24 | 30.59 | 899.79 | 25.91 | 643.41 | 18.53 | 546.59 | 15.74 | 320.60 | 9.23 |
| 起运 | | | | | | | | | | | | |
| 存留（两） | 3472.68 | 100.00 | 1062.24 | 30.59 | 899.79 | 25.91 | 643.41 | 18.53 | 546.59 | 15.74 | 320.60 | 9.23 |

**乙表15**

## 万历六年河南布政司分州县田赋统计[1]

开封府

| 田赋项目 | 全府总数 | % | 祥符县 | % | 陈留县 | % | 杞县 | % | 通许县 | % | 太康县 | % |
|---|---|---|---|---|---|---|---|---|---|---|---|---|
| 夏税 | | | | | | | | | | | | |
| 小麦（石） | 214150.18 | 100.00 | 17197.99 | 8.03 | 10378.21 | 4.85 | 17813.12 | 8.32 | 5063.87 | 2.36 | 4165.55 | 1.95 |
| 起运（石） | 125631.83 | 100.00 | 9520.40 | 7.58 | 6491.60 | 5.17 | 14535.37 | 11.57 | 3238.00 | 2.58 | 2712.80 | 2.16 |
| 存留（石） | 88518.35 | 100.00 | 7677.59 | 8.67 | 3886.61 | 4.39 | 3277.75 | 3.70 | 1825.87 | 2.06 | 1452.75 | 1.64 |
| 丝（两）[2] | 124603.88 | 100.00 | 10421.23 | 8.36 | 6120.91 | 4.91 | 10762.39 | 8.64 | 2925.50 | 2.35 | 2342.86 | 1.88 |
| 起运（两） | 119842.28 | 100.00 | 10421.23 | 8.70 | 6120.91 | 5.11 | 10762.39 | 8.98 | 2925.50 | 2.44 | 2342.86 | 1.95 |
| 存留（两） | 4761.59 | 100.00 | | | | | | | | | | |

[1] 资料来源：根据第一篇甲表26。
[2] 原书中此项目在陈州、西华、商水、项城、沈丘五县的账目中，均注以税丝。

| 田赋项目 | 尉氏县 | % | 洧川县 | % | 鄢陵县 | % | 扶沟县 | % | 中牟县 | % | 阳武县 | % |
|---|---|---|---|---|---|---|---|---|---|---|---|---|
| 绢（匹） | 4252.00 | 100.00 | 50.00 | 1.18 | 136.00 | 3.20 | 626.00 | 14.72 | 125.00 | 2.94 | 131.00 | 3.08 |
| 起运（匹） | 4252.00 | 100.00 | 50.00 | 1.18 | 136.00 | 3.20 | 626.00 | 14.72 | 125.00 | 2.94 | 131.00 | 3.08 |
| 秋粮 | | | | | | | | | | | | |
| 米（石） | 513857.71 | 100.00 | 57032.65 | 11.10 | 22315.89 | 4.34 | 41307.26 | 8.04 | 12168.21 | 2.37 | 8720.45 | 1.70 |
| 起运（石） | 356516.56 | 100.00 | 41752.00 | 11.71 | 17048.00 | 4.78 | 32997.00 | 9.26 | 8915.00 | 2.50 | 6093.00 | 1.71 |
| 存留（石） | 157341.14 | 100.00 | 15280.65 | 9.71 | 5267.89 | 3.35 | 8310.26 | 5.28 | 3253.21 | 2.07 | 2627.45 | 1.67 |
| 草（束） | 678835.00 | 100.00 | 71679.00 | 10.56 | 27984.00 | 4.12 | 51829.00 | 7.63 | 15071.00 | 2.22 | 11928.00 | 1.76 |
| 起运（束） | 664105.00 | 100.00 | 71000.00 | 10.69 | 27900.00 | 4.20 | 49670.00 | 7.48 | 15000.00 | 2.26 | 11800.00 | 1.78 |
| 存留（束） | 14730.00 | 100.00 | 679.00 | 4.61 | 84.00 | 0.57 | 2159.00 | 14.66 | 71.00 | 0.48 | 128.00 | 0.87 |
| 户口盐钞银（两） | 7997.32 | 100.00 | 1127.64 | 14.10 | 285.21 | 3.57 | 832.26 | 10.41 | 76.71 | 0.96 | 198.58 | 2.48 |
| 起运（两） | 4043.23 | 100.00 | 607.19 | 15.02 | 127.25 | 3.15 | 448.14 | 11.08 | 34.22 | 0.85 | 106.92 | 2.64 |
| 存留（两） | 3954.08 | 100.00 | 520.45 | 13.16 | 157.96 | 3.99 | 384.12 | 9.71 | 42.48 | 1.07 | 91.65 | 2.32 |
| 田赋项目 | 尉氏县 | % | 洧川县 | % | 鄢陵县 | % | 扶沟县 | % | 中牟县 | % | 阳武县 | % |
| 夏税 | | | | | | | | | | | | |
| 小麦（石） | 6279.90 | 2.93 | 4943.62 | 2.31 | 4248.57 | 1.98 | 3179.53 | 1.48 | 10004.43 | 4.67 | 15091.91 | 7.05 |
| 起运（石） | 2870.40 | 2.28 | 3079.40 | 2.45 | 2173.80 | 1.73 | 1486.40 | 1.18 | 5830.89 | 4.64 | 6292.80 | 5.01 |
| 存留（石） | 3409.50 | 3.85 | 1864.22 | 2.11 | 2074.77 | 2.34 | 1693.13 | 1.91 | 4173.54 | 4.71 | 8799.11 | 9.94 |
| 丝（两） | 3644.66 | 2.92 | 2836.67 | 2.28 | 2447.15 | 1.96 | 1823.42 | 1.46 | 5719.14 | 4.59 | 8635.68 | 6.93 |
| 起运（两） | 3644.66 | 3.04 | 2836.67 | 2.37 | 2447.15 | 2.04 | 1823.42 | 1.52 | 5719.14 | 4.77 | 8635.68 | 7.21 |
| 绢（匹） | 50.00 | 1.18 | 137.00 | 3.22 | 92.00 | 2.16 | 41.00 | 0.96 | 55.00 | 1.29 | 46.00 | 1.08 |
| 起运（匹） | 50.00 | 1.18 | 137.00 | 3.22 | 92.00 | 2.16 | 41.00 | 0.96 | 55.00 | 1.29 | 46.00 | 1.08 |
| 秋粮 | | | | | | | | | | | | |
| 米（石） | 9575.98 | 1.86 | 12355.11 | 2.40 | 12050.01 | 2.35 | 5793.38 | 1.13 | 18919.04 | 3.68 | 20382.16 | 3.97 |
| 起运（石） | 7164.00 | 2.01 | 8968.00 | 2.52 | 9446.00 | 2.65 | 3985.00 | 1.12 | 12779.91 | 3.58 | 10926.00 | 3.06 |
| 存留（石） | 2411.98 | 1.53 | 3387.11 | 2.15 | 2604.01 | 1.66 | 1808.38 | 1.15 | 6139.13 | 3.90 | 9456.16 | 6.01 |

| 田赋项目 | 原武县 | % | 封丘县 | % | 延津县 | % | 兰阳县 | % | 仪封县 | % | 陈州 | % |
|---|---|---|---|---|---|---|---|---|---|---|---|---|
| 草（束） | 11529.00 | 1.70 | 17866.00 | 2.63 | 16632.00 | 2.45 | 8223.00 | 1.21 | 23609.00 | 3.48 | 28371.00 | 4.18 |
| 起运（束） | 11529.00 | 1.74 | 17700.00 | 2.67 | 15900.00 | 2.39 | 8100.00 | 1.22 | 21200.00 | 3.19 | 28200.00 | 4.25 |
| 存留（束） |  |  | 166.00 | 1.13 | 732.00 | 4.97 | 123.00 | 0.84 | 2409.00 | 16.35 | 171.00 | 1.16 |
| 户口盐钞银（两） | 170.34 | 2.13 | 144.44 | 1.81 | 204.00 | 2.55 | 151.68 | 1.90 | 300.12 | 3.75 | 155.38 | 1.94 |
| 起运（两） | 76.00 | 1.88 | 65.54 | 1.62 | 109.84 | 2.72 | 81.67 | 2.02 | 133.89 | 3.31 | 70.71 | 1.75 |
| 存留（两） | 94.34 | 2.39 | 78.89 | 2.00 | 94.15 | 2.38 | 70.01 | 1.77 | 166.22 | 4.20 | 84.67 | 2.14 |
| 夏税 |  |  |  |  |  |  |  |  |  |  |  |  |
| 小麦（石） | 4757.70 | 2.22 | 8061.53 | 3.76 | 6620.81 | 3.09 | 3518.64 | 1.64 | 4269.05 | 1.99 | 2839.19 | 1.33 |
| 起运（石） | 3291.20 | 2.62 | 3451.20 | 2.75 | 2209.20 | 1.76 | 3214.73 | 2.56 | 4130.56 | 3.29 | 1976.80 | 1.57 |
| 存留（石） | 1466.50 | 1.66 | 4610.33 | 5.21 | 4411.61 | 4.98 | 303.91 | 0.34 | 138.48 | 0.16 | 862.39 | 0.97 |
| 丝（两） | 2912.12 | 2.34 | 4605.54 | 3.70 | 3752.73 | 3.01 | 1983.14 | 1.59 | 2439.24 | 1.96 | 1650.06 | 1.32 |
| 起运（两） | 2912.12 | 2.43 | 4605.54 | 3.84 | 3752.73 | 3.13 | 1983.14 | 1.65 | 2439.24 | 2.04 | 1650.06 | 1.38 |
| 绢（匹） | 17.00 | 0.40 | 218.00 | 5.13 | 38.00 | 0.89 | 430.00 | 10.11 | 160.00 | 3.76 | 91.00 | 2.14 |
| 起运（匹） | 17.00 | 0.40 | 218.00 | 5.13 | 38.00 | 0.89 | 430.00 | 10.11 | 160.00 | 3.76 | 91.00 | 2.14 |
| 秋粮 |  |  |  |  |  |  |  |  |  |  |  |  |
| 米（石） | 8812.53 | 1.71 | 25361.16 | 4.94 | 12913.06 | 2.51 | 13012.68 | 2.53 | 7324.07 | 1.43 | 10643.69 | 2.07 |
| 起运（石） | 5483.00 | 1.54 | 14204.00 | 3.98 | 4916.00 | 1.38 | 12322.20 | 3.46 | 6985.45 | 1.96 | 7873.00 | 2.21 |
| 存留（石） | 3329.53 | 2.12 | 11157.16 | 7.09 | 7997.06 | 5.08 | 690.48 | 0.44 | 338.62 | 0.22 | 2770.69 | 1.76 |
| 草（束） | 10488.00 | 1.54 | 35498.00 | 5.23 | 19136.00 | 2.82 | 16228.00 | 2.39 | 11107.00 | 1.64 | 17313.00 | 2.55 |
| 起运（束） | 10400.00 | 1.57 | 35360.00 | 5.32 | 19000.00 | 2.86 | 15500.00 | 2.33 | 10100.00 | 1.52 | 17260.00 | 2.60 |
| 存留（束） | 88.00 | 0.60 | 138.00 | 0.94 | 136.00 | 0.92 | 728.00 | 4.94 | 1007.00 | 6.84 | 53.00 | 0.36 |
| 户口盐钞银（两） | 119.50 | 1.49 | 204.82 | 2.56 | 126.06 | 1.58 | 185.05 | 2.31 | 120.16 | 1.50 | 193.78 | 2.42 |
| 起运（两） | 53.31 | 1.32 | 91.38 | 2.26 | 56.23 | 1.39 | 82.56 | 2.04 | 53.61 | 1.33 | 104.34 | 2.58 |
| 存留（两） | 66.18 | 1.67 | 113.44 | 2.87 | 69.82 | 1.77 | 102.49 | 2.59 | 66.55 | 1.68 | 89.44 | 2.26 |

| 田赋项目 | 商水县 | % | 西华县 | % | 项城县 | % | 沈丘县 | % | 许州 | % | 临颖县 | % |
|---|---|---|---|---|---|---|---|---|---|---|---|---|
| **夏税** | | | | | | | | | | | | |
| 小麦（石） | 3285.51 | 1.53 | 3669.71 | 1.71 | 2767.79 | 1.29 | 440.41 | 0.21 | 7620.10 | 3.56 | 3780.20 | 1.77 |
| 起运（石） | 2290.00 | 1.82 | 2398.40 | 1.91 | 1620.00 | 1.29 | 250.00 | 0.20 | 4530.00 | 3.61 | 3553.17 | 2.83 |
| 存留（石） | 995.51 | 1.12 | 1271.31 | 1.44 | 1147.79 | 1.30 | 190.41 | 0.22 | 3090.10 | 3.49 | 227.03 | 0.26 |
| 丝（两） | 1918.93 | 1.54 | 2142.32 | 1.72 | 1577.73 | 1.27 | 58.23 | 0.05 | 4332.86 | 3.48 | 2188.30 | 1.76 |
| 起运（两） | 1918.93 | 1.60 | 2142.32 | 1.79 | 1577.73 | 1.32 | 58.23 | 0.05 | 4332.86 | 3.62 | 2188.30 | 1.83 |
| 绢（匹） | 59.00 | 1.39 | 239.00 | 5.62 | 56.00 | 1.32 | 6.00 | 0.14 | 253.00 | 5.95 | 73.00 | 1.72 |
| 起运（匹） | 59.00 | 1.39 | 239.00 | 5.62 | 56.00 | 1.32 | 6.00 | 0.14 | 253.00 | 5.95 | 73.00 | 1.72 |
| **秋粮** | | | | | | | | | | | | |
| 米（石） | 5562.63 | 1.08 | 9608.70 | 1.87 | 6134.82 | 1.19 | 2405.91 | 0.47 | 19873.66 | 3.87 | 7979.38 | 1.55 |
| 起运（石） | 4146.00 | 1.16 | 6796.00 | 1.91 | 4544.00 | 1.27 | 1843.00 | 0.52 | 15290.00 | 4.29 | 6085.00 | 1.71 |
| 存留（石） | 1416.63 | 0.90 | 2812.70 | 1.79 | 1590.82 | 1.01 | 562.91 | 0.36 | 4583.66 | 2.91 | 1894.38 | 1.20 |
| 草（束） | 7059.00 | 1.04 | 11872.00 | 1.75 | 7980.00 | 1.18 | 4692.00 | 0.69 | 30596.00 | 4.51 | 10929.00 | 1.61 |
| 起运（束） | 7016.00 | 1.06 | 11800.00 | 1.78 | 7900.00 | 1.19 | 4600.00 | 0.69 | 30200.00 | 4.55 | 10900.00 | 1.64 |
| 存留（束） | 43.00 | 0.29 | 72.00 | 0.49 | 80.00 | 0.54 | 92.00 | 0.62 | 396.00 | 2.69 | 29.00 | 0.20 |
| 户口盐钞银（两） | 115.02 | 1.44 | 263.35 | 3.29 | 55.44 | 0.69 | 36.24 | 0.45 | 566.48 | 7.08 | 282.51 | 3.53 |
| 起运（两） | 61.93 | 1.53 | 141.80 | 3.51 | 33.72 | 0.83 | 15.45 | 0.38 | 305.02 | 7.54 | 152.12 | 3.76 |
| 存留（两） | 53.09 | 1.34 | 121.55 | 3.07 | 21.72 | 0.55 | 20.78 | 0.53 | 261.45 | 6.61 | 130.39 | 3.30 |

| 田赋项目 | 襄城县 | % | 郾城县 | % | 长葛县 | % | 禹州 | % | 新郑县 | % | 密县 | % |
|---|---|---|---|---|---|---|---|---|---|---|---|---|
| **夏税** | | | | | | | | | | | | |
| 小麦（石） | 6936.73 | 3.24 | 4153.97 | 1.94 | 5588.86 | 2.61 | 15918.58 | 7.43 | 5787.46 | 2.70 | 5306.16 | 2.48 |
| 起运（石） | 6702.88 | 5.34 | 3652.80 | 2.91 | 2454.80 | 1.95 | 5660.40 | 4.51 | 3162.20 | 2.52 | 3324.80 | 2.65 |
| 存留（石） | 233.84 | 0.26 | 501.17 | 0.57 | 3134.06 | 3.54 | 10258.18 | 11.59 | 2625.26 | 2.97 | 1981.36 | 2.24 |
| 丝（两） | 4182.73 | 3.36 | 2383.38 | 1.91 | 3300.32 | 2.65 | 9155.00 | 7.35 | 3356.33 | 2.69 | 3060.05 | 2.46 |

（续表）

| 田赋项目 | 郑州 | % | 荥阳县 | % | 荥泽县 | % | 河阴县 | % | 氾水县 | % | | % |
|---|---|---|---|---|---|---|---|---|---|---|---|---|
| 起运（两） | 4182.73 | 3.49 | 2383.38 | 1.99 | 3300.32 | 2.75 | 5065.11 | 4.23 | 3356.33 | 2.80 | 2388.35 | 1.99 |
| 存留（两） | | | | | | | 4089.89 | 85.89 | | | 671.69 | 14.11 |
| 绢（匹） | 104.00 | 2.45 | 107.00 | 2.52 | 103.00 | 2.42 | 380.00 | 8.94 | 73.00 | 1.72 | 202.00 | 4.75 |
| 起运（匹） | 104.00 | 2.45 | 107.00 | 2.52 | 103.00 | 2.42 | 380.00 | 8.94 | 73.00 | 1.72 | 202.00 | 4.75 |
| 秋粮 | | | | | | | | | | | | |
| 米（石） | 15367.33 | 2.99 | 9243.06 | 1.80 | 13382.08 | 2.60 | 45452.81 | 8.85 | 15595.94 | 3.04 | 14947.66 | 2.91 |
| 起运（石） | 12425.00 | 3.49 | 6631.00 | 1.86 | 10496.00 | 2.94 | 18174.00 | 5.10 | 10299.00 | 2.89 | 10147.00 | 2.85 |
| 存留（石） | 2942.33 | 1.87 | 2612.06 | 1.66 | 2886.08 | 1.83 | 27278.81 | 17.34 | 5296.94 | 3.37 | 4800.66 | 3.05 |
| 草（束） | 19179.00 | 2.83 | 11357.00 | 1.67 | 18278.00 | 2.69 | 55851.00 | 8.23 | 23234.00 | 3.42 | 17729.00 | 2.61 |
| 起运（束） | 19100.00 | 2.88 | 11300.00 | 1.70 | 18200.00 | 2.74 | 55700.00 | 8.39 | 23000.00 | 3.46 | 14470.00 | 2.18 |
| 存留（束） | 79.00 | 0.54 | 57.00 | 0.39 | 78.00 | 0.53 | 151.00 | 1.03 | 234.00 | 1.59 | 3259.00 | 22.12 |
| 户口盐钞银（两） | 495.79 | 6.20 | 315.79 | 3.95 | 225.00 | 2.81 | 229.48 | 2.87 | 95.46 | 1.19 | 140.11 | 1.75 |
| 起运（两） | 266.96 | 6.60 | 169.98 | 4.20 | 100.38 | 2.48 | 102.38 | 2.53 | 42.59 | 1.05 | 62.50 | 1.55 |
| 存留（两） | 228.83 | 5.79 | 145.80 | 3.69 | 124.62 | 3.15 | 127.09 | 3.21 | 52.87 | 1.34 | 77.60 | 1.96 |

| 田赋项目 | 郑州 | % | 荥阳县 | % | 荥泽县 | % | 河阴县 | % | 氾水县 | % |
|---|---|---|---|---|---|---|---|---|---|---|
| 夏税 | | | | | | | | | | |
| 小麦（石） | 8569.74 | 4.00 | 3296.17 | 1.54 | 3517.45 | 1.64 | 1359.43 | 0.63 | 3718.12 | 1.74 |
| 起运（石） | 4016.00 | 3.20 | 1590.00 | 1.27 | 1481.60 | 1.18 | 838.40 | 0.67 | 1600.80 | 1.27 |
| 存留（石） | 4553.74 | 5.14 | 1706.17 | 1.93 | 2035.85 | 2.30 | 521.03 | 0.59 | 2117.32 | 2.39 |
| 丝（两） | 5056.22 | 4.06 | 1887.43 | 1.51 | 2073.85 | 1.66 | 795.99 | 0.64 | 2111.56 | 1.69 |
| 起运（两） | 5056.22 | 4.22 | 1887.43 | 1.57 | 2073.85 | 1.73 | 795.99 | 0.66 | 2111.56 | 1.76 |
| 绢（匹） | 42.00 | 0.99 | 42.00 | 0.99 | 8.00 | 0.19 | 3.00 | 0.07 | 41.00 | 0.96 |
| 起运（匹） | 42.00 | 0.99 | 42.00 | 0.99 | 8.00 | 0.19 | 3.00 | 0.07 | 41.00 | 0.96 |
| 秋粮 | | | | | | | | | | |
| 米（石） | 20671.91 | 4.02 | 7986.42 | 1.55 | 9187.73 | 1.79 | 4284.21 | 0.83 | 7485.88 | 1.46 |

| 田赋项目 | | % | | % | | % | | % | | % |
|---|---|---|---|---|---|---|---|---|---|---|
| 起运（石） | 16900.00 | 4.74 | 6480.00 | 1.82 | 6066.00 | 1.70 | 3330.00 | 0.93 | 5007.00 | 1.40 |
| 存留（石） | 3771.91 | 2.40 | 1506.42 | 0.96 | 3121.73 | 1.98 | 954.21 | 0.61 | 2478.88 | 1.58 |
| 草（束） | 26009.00 | 3.83 | 12100.00 | 1.78 | 11303.00 | 1.67 | 5303.00 | 0.78 | 10858.00 | 1.60 |
| 起运（束） | 25300.00 | 3.81 | 12000.00 | 1.81 | 11200.00 | 1.69 | 5000.00 | 0.75 | 10800.00 | 1.63 |
| 存留（束） | 709.00 | 4.81 | 100.00 | 0.68 | 103.00 | 0.70 | 303.00 | 2.06 | 58.00 | 0.39 |
| 户口盐钞银（两） | 284.80 | 3.56 | 102.22 | 1.28 | 93.24 | 1.17 | 23.70 | 0.30 | 76.63 | 0.96 |
| 起运（两） | 153.35 | 3.79 | 45.59 | 1.13 | 41.59 | 1.03 | 10.57 | 0.26 | 34.19 | 0.85 |
| 存留（两） | 131.45 | 3.32 | 56.62 | 1.43 | 51.64 | 1.31 | 13.13 | 0.33 | 42.44 | 1.07 |

归德府

| 田赋项目 | 全府总数 | % | 商丘县 | % | 宁陵县 | % | 鹿邑县 | % | 夏邑县 | % | 永城县 | % |
|---|---|---|---|---|---|---|---|---|---|---|---|---|
| 夏税 | | | | | | | | | | | | |
| 小麦（石） | 20222.56 | 100.00 | 2746.77 | 13.58 | 1082.80 | 5.35 | 2543.25 | 12.58 | 2612.98 | 12.92 | 3357.25 | 16.60 |
| 起运（石） | 12338.65 | 100.00 | 1104.40 | 8.95 | 730.00 | 5.92 | 1779.60 | 14.42 | 1570.80 | 12.73 | 2091.20 | 16.95 |
| 存留（石） | 7883.90 | 100.00 | 1642.37 | 20.83 | 352.80 | 4.47 | 763.65 | 9.69 | 1042.18 | 13.22 | 1266.05 | 16.06 |
| 丝（两） | 12016.59 | 100.00 | 1566.81 | 13.04 | 615.09 | 5.12 | 1410.80 | 11.74 | 1982.13 | 16.49 | 1930.37 | 16.06 |
| 起运（两） | 12016.59 | 100.00 | 1566.81 | 13.04 | 615.09 | 5.12 | 1410.80 | 11.74 | 1982.13 | 16.49 | 1930.37 | 16.06 |
| 绢（匹） | 1115.00 | 100.00 | 178.00 | 15.96 | 47.00 | 4.22 | 152.00 | 13.63 | 167.00 | 14.98 | 53.00 | 4.75 |
| 起运（匹） | 1115.00 | 100.00 | 178.00 | 15.96 | 47.00 | 4.22 | 152.00 | 13.63 | 167.00 | 14.98 | 53.00 | 4.75 |
| 秋粮 | | | | | | | | | | | | |
| 米（石） | 47659.65 | 100.00 | 4603.04 | 9.66 | 1914.01 | 4.02 | 4620.93 | 9.70 | 5406.69 | 11.34 | 11248.25 | 23.60 |
| 起运（石） | 33866.28 | 100.00 | 3415.00 | 10.08 | 1367.00 | 4.04 | 3390.00 | 10.01 | 3745.00 | 11.06 | 8088.00 | 23.88 |
| 存留（石） | 13793.37 | 100.00 | 1188.04 | 8.61 | 547.01 | 3.97 | 1230.93 | 8.92 | 1661.69 | 12.05 | 3160.25 | 22.91 |
| 草（束） | 67652.00 | 100.00 | 6529.00 | 9.65 | 2587.00 | 3.82 | 7500.00 | 11.09 | 7964.00 | 11.77 | 16658.00 | 24.62 |
| 起运（束） | 62603.00 | 100.00 | 6000.00 | 9.58 | 2550.00 | 4.07 | 7450.00 | 11.90 | 7900.00 | 12.62 | 14703.00 | 23.49 |
| 存留（束） | 5049.00 | 100.00 | 529.00 | 10.48 | 37.00 | 0.73 | 50.00 | 0.99 | 64.00 | 1.27 | 1955.00 | 38.72 |

| 田赋项目 | 全府总数 | % | 虞城县 | % | 睢州 | % | 考城县 | % | 柘城县 | % | 林县 | % | 磁州 | % |
|---|---|---|---|---|---|---|---|---|---|---|---|---|---|---|
| 户口盐钞银（两） | 1632.12 | 100.00 |  |  | 457.08 | 28.01 | 45.24 | 2.77 | 236.12 | 14.47 | 181.00 | 11.09 | 245.79 | 15.06 |
| 起运（两） | 871.02 | 100.00 |  |  | 246.12 | 28.26 | 20.18 | 2.32 | 127.14 | 14.60 | 97.43 | 11.19 | 132.34 | 15.19 |
| 存留（两） | 761.09 | 100.00 |  |  | 210.96 | 27.72 | 25.05 | 3.29 | 108.98 | 14.32 | 83.57 | 10.98 | 113.44 | 14.90 |
| **夏税** |  |  |  |  |  |  |  |  |  |  |  |  |  |  |
| 小麦（石） |  |  | 1855.60 | 9.18 | 4085.60 | 20.20 | 1334.12 | 6.60 | 604.15 | 2.99 |  |  |  |  |
| 起运（石） |  |  | 1050.40 | 8.51 | 2611.60 | 21.17 | 1100.65 | 8.92 | 300.00 | 2.43 |  |  |  |  |
| 存留（石） |  |  | 805.20 | 10.21 | 1474.00 | 18.70 | 233.47 | 2.96 | 304.15 | 3.86 |  |  |  |  |
| 丝（两） |  |  | 1042.60 | 8.68 | 2388.48 | 19.88 | 753.73 | 6.27 | 326.54 | 2.72 |  |  |  |  |
| 起运（两） |  |  | 1042.60 | 8.68 | 2388.48 | 19.88 | 753.73 | 6.27 | 326.54 | 2.72 |  |  |  |  |
| 绢（匹） |  |  | 192.00 | 17.22 | 224.00 | 20.09 | 59.00 | 5.29 | 39.00 | 3.50 |  |  |  |  |
| 起运（匹） |  |  | 192.00 | 17.22 | 224.00 | 20.09 | 59.00 | 5.29 | 39.00 | 3.50 |  |  |  |  |
| **秋粮** |  |  |  |  |  |  |  |  |  |  |  |  |  |  |
| 米（石） |  |  | 4591.67 | 9.63 | 11768.51 | 24.69 | 1935.39 | 4.06 | 1571.12 | 3.30 |  |  |  |  |
| 起运（石） |  |  | 3040.00 | 8.98 | 8289.00 | 24.48 | 1592.28 | 4.70 | 940.00 | 2.78 |  |  |  |  |
| 存留（石） |  |  | 1551.67 | 11.25 | 3479.51 | 25.23 | 343.10 | 2.49 | 631.12 | 4.58 |  |  |  |  |
| 草（束） |  |  | 6440.00 | 9.52 | 14814.00 | 21.90 | 2915.00 | 4.31 | 2240.00 | 3.31 |  |  |  |  |
| 起运（束） |  |  | 6400.00 | 10.22 | 13000.00 | 20.77 | 2400.00 | 3.83 | 2200.00 | 3.51 |  |  |  |  |
| 存留（束） |  |  | 40.00 | 0.79 | 1814.00 | 35.93 | 515.00 | 10.20 | 40.00 | 0.79 |  |  |  |  |
| 户口盐钞银（两） |  |  | 103.71 | 6.35 | 284.26 | 17.42 | 39.17 | 2.40 | 39.78 | 2.44 |  |  |  |  |
| 起运（两） |  |  | 55.84 | 6.41 | 153.06 | 17.57 | 17.45 | 2.00 | 21.42 | 2.46 |  |  |  |  |
| 存留（两） |  |  | 47.87 | 6.29 | 131.20 | 17.24 | 21.71 | 2.85 | 18.36 | 2.41 |  |  |  |  |

**彰德府**

| 田赋项目 | 全府总数 | % | 安阳县 | % | 汤阴县 | % | 临漳县 | % | 林县 | % | 磁州 | % |
|---|---|---|---|---|---|---|---|---|---|---|---|---|
| **夏税** |  |  |  |  |  |  |  |  |  |  |  |  |

| 田賦項目 | 武安县 | % | 涉县 | % | | % | | % | | % | | % |
|---|---|---|---|---|---|---|---|---|---|---|---|---|
| 小麦（石） | 55826.58 | 100.00 | 16519.38 | 29.59 | 10032.80 | 17.97 | 9395.02 | 16.83 | 7981.56 | 14.30 | 5122.40 | 9.18 |
| 起运（石） | 28139.60 | 100.00 | 6269.20 | 22.28 | 5182.40 | 18.42 | 5355.60 | 19.03 | 4717.20 | 16.76 | 2080.40 | 7.39 |
| 存留（石） | 27686.98 | 100.00 | 10250.18 | 37.02 | 4850.40 | 17.52 | 4039.42 | 14.59 | 3264.36 | 11.79 | 3042.00 | 10.99 |
| 丝（两） | 31900.53 | 100.00 | 9454.12 | 29.64 | 5673.38 | 17.78 | 5341.12 | 16.74 | 4574.30 | 14.34 | 2902.42 | 9.10 |
| 起运（两） | 31900.53 | 100.00 | 9454.12 | 29.64 | 5673.38 | 17.78 | 5341.12 | 16.74 | 4574.30 | 14.34 | 2902.42 | 9.10 |
| 绢（匹） | 663.00 | 100.00 | 132.00 | 19.91 | 89.00 | 13.42 | 172.00 | 25.94 | 91.00 | 13.73 | 64.00 | 9.65 |
| 起运（匹） | 663.00 | 100.00 | 132.00 | 19.91 | 89.00 | 13.42 | 172.00 | 25.94 | 91.00 | 13.73 | 64.00 | 9.65 |
| 秋粮 | | | | | | | | | | | | |
| 米（石） | 198448.83 | 100.00 | 56900.59 | 28.67 | 30912.36 | 15.58 | 26729.02 | 13.47 | 25847.60 | 13.02 | 27996.32 | 14.11 |
| 起运（石） | 141748.20 | 100.00 | 38675.70 | 27.28 | 21374.00 | 15.08 | 19033.00 | 13.43 | 19000.00 | 13.40 | 22599.00 | 15.94 |
| 存留（石） | 56700.63 | 100.00 | 18224.89 | 32.14 | 9538.36 | 16.82 | 7696.02 | 13.57 | 6847.60 | 12.08 | 5397.32 | 9.52 |
| 草（束） | 256466.00 | 100.00 | 77356.00 | 30.16 | 37512.00 | 14.63 | 32755.00 | 12.77 | 37873.00 | 14.77 | 35287.00 | 13.76 |
| 起运（束） | 247973.00 | 100.00 | 74000.00 | 29.84 | 37400.00 | 15.08 | 30000.00 | 12.10 | 37873.00 | 15.27 | 34300.00 | 13.83 |
| 存留（束） | 8493.00 | 100.00 | 3356.00 | 39.51 | 112.00 | 1.32 | 2755.00 | 32.44 | | | 987.00 | 11.62 |
| 户口盐钞银（两） | 1335.64 | 100.00 | 429.18 | 32.13 | 174.30 | 13.05 | 273.11 | 20.45 | 110.98 | 8.31 | 207.99 | 15.57 |
| 起运（两） | 599.13 | 100.00 | 191.45 | 31.95 | 77.76 | 12.98 | 125.17 | 20.89 | 49.96 | 8.34 | 92.26 | 15.40 |
| 存留（两） | 736.50 | 100.00 | 237.72 | 32.28 | 96.53 | 13.11 | 147.94 | 20.09 | 61.01 | 8.28 | 115.73 | 15.71 |

| 田賦項目 | 武安县 | % | 涉县 | % |
|---|---|---|---|---|
| 夏税 | | | | |
| 小麦（石） | 4621.21 | 8.28 | 2154.17 | 3.86 |
| 起运（石） | 3226.00 | 11.46 | 1308.80 | 4.65 |
| 存留（石） | 1395.21 | 5.04 | 845.37 | 3.05 |
| 丝（两） | 2743.71 | 8.60 | 1211.45 | 3.80 |
| 起运（两） | 2743.71 | 8.60 | 1211.45 | 3.80 |
| 绢（匹） | 70.00 | 10.56 | 42.00 | 6.33 |

Table (continued):

| 田赋项目 | 全府总数 | % | 汲县 | % | 胙城县 | % | 新乡县 | % | 获嘉县 | % | 淇县 | % |
|---|---|---|---|---|---|---|---|---|---|---|---|---|
| 起运（匹） | 70.00 | 10.56 | | | | | | | | | 42.00 | 6.33 |
| **秋粮** | | | | | | | | | | | | |
| 米（石） | 20765.93 | 10.46 | | | | | | | | | 9296.97 | 4.68 |
| 起运（石） | 15035.50 | 10.61 | | | | | | | | | 6031.00 | 4.25 |
| 存留（石） | 5730.43 | 10.11 | | | | | | | | | 3265.97 | 5.76 |
| 草（束） | 24427.00 | 9.52 | | | | | | | | | 11253.00 | 4.39 |
| 起运（束） | 24400.00 | 9.84 | | | | | | | | | 10000.00 | 4.03 |
| 存留（束） | 27.00 | 0.32 | | | | | | | | | 1253.00 | 14.75 |
| 户口盐钞银（两） | 98.49 | 7.37 | | | | | | | | | 41.54 | 3.11 |
| 起运（两） | 43.95 | 7.34 | | | | | | | | | 18.53 | 3.09 |
| 存留（两） | 54.54 | 7.41 | | | | | | | | | 23.01 | 3.12 |

卫辉府

| 田赋项目 | 全府总数 | % | 汲县 | % | 胙城县 | % | 新乡县 | % | 获嘉县 | % | 淇县 | % |
|---|---|---|---|---|---|---|---|---|---|---|---|---|
| **夏税** | | | | | | | | | | | | |
| 小麦（石） | 35699.38 | 100.00 | 5581.79 | 15.64 | 3685.79 | 10.32 | 8701.60 | 24.37 | 4243.50 | 11.89 | 4918.95 | 13.78 |
| 起运（石） | 16870.40 | 100.00 | 2723.60 | 16.14 | 1346.00 | 7.98 | 3584.00 | 21.24 | 2472.00 | 14.65 | 2177.60 | 12.91 |
| 存留（石） | 18828.98 | 100.00 | 2858.19 | 15.18 | 2339.79 | 12.43 | 5117.60 | 27.18 | 1771.50 | 9.41 | 2741.35 | 14.56 |
| 丝（两） | 20462.12 | 100.00 | 3235.57 | 15.81 | 2119.06 | 10.36 | 4929.73 | 24.09 | 2409.00 | 11.77 | 2843.89 | 13.90 |
| 起运（两） | 20462.12 | 100.00 | 3235.57 | 15.81 | 2119.06 | 10.36 | 4929.73 | 24.09 | 2409.00 | 11.77 | 2843.89 | 13.90 |
| 绢（匹） | 279.00 | 100.00 | 32.00 | 11.47 | 32.00 | 11.47 | 54.00 | 19.35 | 36.00 | 12.90 | 39.00 | 13.98 |
| 起运（匹） | 279.00 | 100.00 | 32.00 | 11.47 | 32.00 | 11.47 | 54.00 | 19.35 | 36.00 | 12.90 | 39.00 | 13.98 |
| **秋粮** | | | | | | | | | | | | |
| 米（石） | 112356.30 | 100.00 | 19943.51 | 17.75 | 12470.91 | 11.10 | 26511.41 | 23.60 | 14678.72 | 13.06 | 11072.56 | 9.85 |
| 起运（石） | 77086.08 | 100.00 | 12650.08 | 16.41 | 5281.00 | 6.85 | 19116.00 | 24.80 | 10931.00 | 14.18 | 8110.00 | 10.52 |
| 存留（石） | 35270.22 | 100.00 | 7293.43 | 20.68 | 7189.91 | 20.39 | 7395.41 | 20.97 | 3336.96 | 9.46 | 2962.56 | 8.40 |

| 田赋项目 | 辉县 | % | | | | | | | | | | |
|---|---|---|---|---|---|---|---|---|---|---|---|---|
| 草（束） | 135706.00 | 100.00 | 24248.00 | 17.87 | 15137.00 | 11.15 | 31831.00 | 23.46 | 17581.00 | 12.96 | 13134.00 | 9.68 |
| 起运（束） | 126423.00 | 100.00 | 22321.00 | 17.66 | 10000.00 | 7.91 | 30850.00 | 24.40 | 17500.00 | 13.84 | 13100.00 | 10.36 |
| 存留（束） | 9283.00 | 100.00 | 1927.00 | 20.76 | 5137.00 | 55.34 | 981.00 | 10.57 | 81.00 | 0.87 | 34.00 | 0.37 |
| 户口盐钞银（两） | 792.35 | 100.00 | 83.69 | 10.56 | 109.43 | 13.81 | 199.32 | 25.16 | 158.15 | 19.96 | 104.35 | 13.17 |
| 起运（两） | 353.56 | 100.00 | 37.34 | 10.56 | 48.87 | 13.82 | 88.92 | 25.15 | 70.56 | 19.96 | 46.55 | 13.17 |
| 存留（两） | 438.79 | 100.00 | 46.35 | 10.56 | 60.56 | 13.80 | 110.39 | 25.16 | 87.59 | 19.96 | 57.79 | 13.17 |

| 田赋项目 | 辉县 | % |
|---|---|---|
| 夏税 | | |
| 小麦（石） | 8567.72 | 24.00 |
| 起运（石） | 4567.20 | 27.07 |
| 存留（石） | 4000.52 | 21.25 |
| 丝（两） | 4924.87 | 24.07 |
| 起运（两） | 4924.87 | 24.07 |
| 绢（匹） | 83.00 | 29.75 |
| 起运（匹） | 83.00 | 29.75 |
| 秋粮 | | |
| 米（石） | 27679.14 | 24.64 |
| 起运（石） | 20998.00 | 27.24 |
| 存留（石） | 6681.14 | 18.94 |
| 草（束） | 33774.00 | 24.89 |
| 起运（束） | 32652.00 | 25.83 |
| 存留（束） | 1122.00 | 12.09 |
| 户口盐钞银（两） | 137.36 | 17.34 |
| 起运（两） | 61.27 | 17.33 |
| 存留（两） | 76.09 | 17.34 |

怀庆府

| 田赋项目 | 全府总数 | % | 河内县 | % | 济源县 | % | 修武县 | % | 武陟县 | % | 孟县 | % |
|---|---|---|---|---|---|---|---|---|---|---|---|---|
| **夏税** | | | | | | | | | | | | |
| 小麦（石） | 89605.15 | 100.00 | 23571.39 | 26.31 | 14730.28 | 16.44 | 14250.64 | 15.90 | 16979.54 | 18.95 | 10489.34 | 11.71 |
| 起运（石） | 39932.20 | 100.00 | 8992.20 | 22.52 | 7385.20 | 18.49 | 5700.60 | 14.28 | 8004.00 | 20.04 | 4759.80 | 11.92 |
| 存留（石） | 49672.95 | 100.00 | 14579.19 | 29.35 | 7345.08 | 14.79 | 8550.04 | 17.21 | 8975.54 | 18.07 | 5729.54 | 11.53 |
| 丝（两） | 52208.23 | 100.00 | 13737.73 | 26.31 | 8776.50 | 16.81 | 8098.11 | 15.51 | 9891.27 | 18.95 | 6105.18 | 11.69 |
| 起运（两） | 52208.23 | 100.00 | 13737.73 | 26.31 | 8776.50 | 16.81 | 8098.11 | 15.51 | 9891.27 | 18.95 | 6105.18 | 11.69 |
| 绢（匹） | 778.00 | 100.00 | 314.00 | 40.36 | 104.00 | 13.37 | 171.00 | 21.98 | 84.00 | 10.80 | 27.00 | 3.47 |
| 起运（匹） | 778.00 | 100.00 | 314.00 | 40.36 | 104.00 | 13.37 | 171.00 | 21.98 | 84.00 | 10.80 | 27.00 | 3.47 |
| **秋粮** | | | | | | | | | | | | |
| 米（石） | 244867.26 | 100.00 | 67404.16 | 27.53 | 41569.94 | 16.98 | 39354.76 | 16.98 | 41571.31 | 16.98 | 31231.32 | 12.75 |
| 起运（石） | 154277.00 | 100.00 | 45245.00 | 29.33 | 26810.00 | 17.38 | 19819.00 | 12.85 | 26372.00 | 17.09 | 20813.00 | 13.49 |
| 存留（石） | 90590.26 | 100.00 | 22159.16 | 24.46 | 14759.94 | 16.29 | 19535.76 | 21.56 | 15199.31 | 16.78 | 10418.32 | 11.50 |
| 草（束） | 299155.00 | 100.00 | 81481.00 | 27.24 | 51499.00 | 17.21 | 47785.00 | 15.97 | 50965.00 | 17.04 | 38315.00 | 12.81 |
| 起运（束） | 279071.00 | 100.00 | 81300.00 | 29.13 | 51441.00 | 18.43 | 38340.00 | 13.74 | 40990.00 | 14.69 | 37980.00 | 13.61 |
| 存留（束） | 20084.00 | 100.00 | 181.00 | 0.90 | 58.00 | 0.29 | 9445.00 | 47.03 | 9975.00 | 49.67 | 335.00 | 1.67 |
| 户口盐钞银（两） | 1054.03 | 100.00 | 323.40 | 30.68 | 133.90 | 12.70 | 184.04 | 17.46 | 182.81 | 17.53 | 154.34 | 14.64 |
| 起运（两） | 468.41 | 100.00 | 144.28 | 30.80 | 59.16 | 12.63 | 82.10 | 17.53 | 81.56 | 17.41 | 67.58 | 14.43 |
| 存留（两） | 585.62 | 100.00 | 179.11 | 30.58 | 74.73 | 12.76 | 101.93 | 17.41 | 101.25 | 17.29 | 86.76 | 14.82 |

| 田赋项目 | 温县 | % |
|---|---|---|
| **夏税** | | |
| 小麦（石） | 9583.95 | 10.70 |
| 起运（石） | 5090.40 | 12.75 |
| 存留（石） | 4493.55 | 9.05 |

1048

| | | |
|---|---|---|
| 丝（两） | 5595.44 | 10.72 |
| 起运（两） | 5595.44 | 10.72 |
| 绢（匹） | 75.00 | 9.64 |
| 起运（匹） | 75.00 | 9.64 |
| 秋粮 | | |
| 米（石） | 23735.75 | 9.69 |
| 起运（石） | 15218.00 | 9.86 |
| 存留（石） | 8517.75 | 9.40 |
| 草（束） | 29109.00 | 9.73 |
| 起运（束） | 29020.00 | 10.40 |
| 存留（束） | 89.00 | 0.44 |
| 户口盐钞银（两） | 75.50 | 7.16 |
| 起运（两） | 33.68 | 7.19 |
| 存留（两） | 41.82 | 7.14 |

河南府

| 田赋项目 | 全府总数 | % | 洛阳县 | % | 偃师县 | % | 巩县 | % | 孟津县 | % | 宜阳县 | % |
|---|---|---|---|---|---|---|---|---|---|---|---|---|
| 夏税 | | | | | | | | | | | | |
| 小麦（石） | 86946.95 | 100.00 | 16601.86 | 19.09 | 6634.13 | 7.63 | 3906.26 | 4.49 | 3807.75 | 4.38 | 7547.11 | 8.68 |
| 起运（石） | 40837.59 | 100.00 | 6676.80 | 16.35 | 3208.00 | 7.86 | 2274.40 | 5.57 | 1651.60 | 4.04 | 3073.60 | 7.53 |
| 存留（石） | 46109.36 | 100.00 | 9925.06 | 21.53 | 3426.13 | 7.43 | 1631.86 | 3.54 | 2156.15 | 4.68 | 4473.51 | 9.70 |
| 丝（两） | 50324.08 | 100.00 | 9602.89 | 19.08 | 3806.78 | 7.56 | 2285.50 | 4.54 | 2202.32 | 4.38 | 4431.44 | 8.81 |
| 起运（两） | 31125.12 | 100.00 | 4801.44 | 15.43 | 2284.07 | 7.34 | 1605.85 | 5.16 | 1101.16 | 3.54 | 2658.86 | 8.54 |
| 存留（两） | 19198.95 | 100.00 | 4801.44 | 25.01 | 1522.71 | 7.93 | 679.65 | 3.54 | 1101.15 | 5.74 | 1772.57 | 9.23 |
| 绢（匹） | 742.00 | 100.00 | 112.00 | 15.09 | 76.00 | 10.24 | 60.00 | 8.09 | 15.00 | 2.02 | 59.00 | 7.95 |
| 起运（匹） | 742.00 | 100.00 | 112.00 | 15.09 | 76.00 | 10.24 | 60.00 | 8.09 | 15.00 | 2.02 | 59.00 | 7.95 |

秋粮

| 项目 | 总计 | % | 永宁县 | % | 新安县 | % | 渑池县 | % | 嵩县 | % | 卢氏县 | % |
|---|---|---|---|---|---|---|---|---|---|---|---|---|
| 米（石） | 400611.95 | 100.00 | 76213.20 | 19.02 | 31104.13 | 7.76 | 18950.91 | 4.73 | 17363.07 | 4.33 | 34037.84 | 8.50 |
| 起运（石） | 227117.00 | 100.00 | 32700.00 | 14.40 | 15704.00 | 6.91 | 11358.00 | 5.00 | 7479.00 | 3.29 | 20000.00 | 8.81 |
| 存留（石） | 173494.95 | 100.00 | 43513.20 | 25.08 | 15400.13 | 8.88 | 7592.91 | 4.38 | 9884.07 | 5.70 | 14037.84 | 8.09 |
| 草（束） | 492145.00 | 100.00 | 94198.00 | 19.14 | 39015.00 | 7.93 | 21344.00 | 4.34 | 21365.00 | 4.34 | 42136.00 | 8.56 |
| 起运（束） | 487066.00 | 100.00 | 92886.00 | 19.07 | 38970.00 | 8.00 | 21200.00 | 4.35 | 20500.00 | 4.21 | 42050.00 | 8.63 |
| 存留（束） | 5079.00 | 100.00 | 1312.00 | 25.83 | 45.00 | 0.89 | 144.00 | 2.84 | 865.00 | 17.03 | 86.00 | 1.69 |
| 户口盐钞银（两） | 2121.67 | 100.00 | 422.20 | 19.90 | 261.40 | 12.32 | 77.09 | 3.63 | 74.37 | 3.51 | 182.07 | 8.58 |
| 起运（两） | 984.72 | 100.00 | 227.33 | 23.09 | 116.35 | 11.82 | 34.43 | 3.50 | 31.21 | 3.17 | 81.23 | 8.25 |
| 存留（两） | 1136.95 | 100.00 | 194.86 | 17.14 | 145.04 | 12.76 | 42.66 | 3.75 | 43.16 | 3.80 | 100.84 | 8.87 |

| 田赋项目 | 登封县 | % | 永宁县 | % | 新安县 | % | 渑池县 | % | 嵩县 | % | 卢氏县 | % |
|---|---|---|---|---|---|---|---|---|---|---|---|---|
| 夏税 | | | | | | | | | | | | |
| 小麦（石） | 5688.37 | 6.54 | 7785.55 | 8.95 | 2801.97 | 3.22 | 3407.26 | 3.92 | 5039.90 | 5.80 | 3072.74 | 3.53 |
| 起运（石） | 1776.80 | 4.35 | 3959.70 | 9.70 | 1188.40 | 2.91 | 1099.80 | 2.69 | 2390.00 | 5.85 | 1867.29 | 4.57 |
| 存留（石） | 3911.57 | 8.48 | 3825.85 | 8.30 | 1613.57 | 3.50 | 2307.46 | 5.00 | 2649.90 | 5.75 | 1205.44 | 2.61 |
| 丝（两） | 3257.05 | 6.47 | 4480.15 | 8.90 | 1695.10 | 3.37 | 1982.04 | 3.94 | 2910.55 | 5.78 | 1759.81 | 3.50 |
| 起运（两） | 1628.52 | 5.23 | 3136.11 | 10.08 | 847.55 | 2.72 | 991.02 | 3.18 | 1746.33 | 5.61 | 1407.84 | 4.52 |
| 存留（两） | 1628.52 | 8.48 | 1344.04 | 7.00 | 847.55 | 4.41 | 991.02 | 5.16 | 1164.22 | 6.06 | 351.96 | 1.83 |
| 绢（匹） | 94.00 | 12.67 | 115.00 | 15.50 | 47.00 | 6.33 | 28.00 | 3.77 | 76.00 | 10.24 | 14.00 | 1.89 |
| 起运（匹） | 94.00 | 12.67 | 115.00 | 15.50 | 47.00 | 6.33 | 28.00 | 3.77 | 76.00 | 10.24 | 14.00 | 1.89 |
| 秋粮 | | | | | | | | | | | | |
| 米（石） | 26378.95 | 6.58 | 35678.07 | 8.91 | 12608.43 | 3.15 | 15326.86 | 3.83 | 23585.82 | 5.89 | 14223.63 | 3.55 |
| 起运（石） | 14380.00 | 6.33 | 23435.00 | 10.32 | 7500.00 | 3.30 | 7125.00 | 3.14 | 14378.00 | 6.33 | 9900.00 | 4.36 |
| 存留（石） | 11998.95 | 6.92 | 12243.07 | 7.06 | 5108.43 | 2.94 | 8201.86 | 4.73 | 9207.82 | 5.31 | 4323.63 | 2.49 |
| 草（束） | 32193.00 | 6.54 | 43972.00 | 8.93 | 15462.00 | 3.14 | 18939.00 | 3.85 | 28203.00 | 5.73 | 17624.00 | 3.58 |

| 田赋项目 | 陕州 | % | 灵宝县 | % | 闵乡县 | % | | | | | | |
|---|---|---|---|---|---|---|---|---|---|---|---|---|
| 起运（束） | 32090.00 | 6.59 | 43850.00 | 9.00 | 15200.00 | 3.12 | 18860.00 | 3.87 | 27400.00 | 5.63 | 16480.00 | 3.38 |
| 存留（束） | 103.00 | 2.03 | 122.00 | 2.40 | 262.00 | 5.16 | 79.00 | 1.56 | 803.00 | 15.81 | 1144.00 | 22.52 |
| 户口盐钞银（两） | 155.70 | 7.34 | 169.36 | 7.98 | 18.80 | 0.89 | 58.13 | 2.74 | 73.40 | 3.46 | 61.03 | 2.88 |
| 起运（两） | 69.46 | 7.05 | 75.54 | 7.67 | 8.37 | 0.85 | 25.93 | 2.63 | 32.74 | 3.32 | 27.22 | 2.76 |
| 存留（两） | 86.23 | 7.58 | 93.81 | 8.25 | 10.43 | 0.92 | 32.20 | 2.83 | 40.66 | 3.58 | 33.80 | 2.97 |
| 夏税 | | | | | | | | | | | | |
| 小麦（石） | 5754.02 | 6.62 | 10510.93 | 12.09 | 4389.05 | 5.05 | | | | | | |
| 起运（石） | 3174.80 | 7.77 | 6200.40 | 15.18 | 2296.00 | 5.62 | | | | | | |
| 存留（石） | 2579.22 | 5.59 | 4310.53 | 9.35 | 2093.05 | 4.54 | | | | | | |
| 丝（两） | 3285.76 | 6.53 | 6119.42 | 12.16 | 2505.19 | 4.98 | | | | | | |
| 起运（两） | 2628.61 | 8.45 | 4283.59 | 13.76 | 2004.10 | 6.44 | | | | | | |
| 存留（两） | 657.15 | 3.42 | 1835.82 | 9.56 | 501.09 | 2.61 | | | | | | |
| 绢（匹） | 17.00 | 2.29 | 6.00 | 0.81 | 14.00 | 1.89 | | | | | | |
| 起运（匹） | 17.00 | 2.29 | 6.00 | 0.81 | 14.00 | 1.89 | | | | | | |
| 秋粮 | | | | | | | | | | | | |
| 米（石） | 26431.87 | 6.60 | 48471.92 | 12.10 | 20237.11 | 5.05 | | | | | | |
| 起运（石） | 17808.00 | 7.84 | 31416.00 | 13.83 | 13934.00 | 6.14 | | | | | | |
| 存留（石） | 8623.87 | 4.97 | 17055.92 | 9.83 | 6303.11 | 3.63 | | | | | | |
| 草（束） | 32609.00 | 6.63 | 60100.00 | 12.21 | 24979.00 | 5.08 | | | | | | |
| 起运（束） | 32550.00 | 6.68 | 60100.00 | 12.34 | 24930.00 | 5.12 | | | | | | |
| 存留（束） | 59.00 | 1.16 | | | 49.00 | 0.96 | | | | | | |
| 户口盐钞银（两） | 159.49 | 7.52 | 264.99 | 12.49 | 143.53 | 6.76 | | | | | | |
| 起运（两） | 71.16 | 7.23 | 119.60 | 12.15 | 64.03 | 6.50 | | | | | | |
| 存留（两） | 88.33 | 7.77 | 145.38 | 12.79 | 79.49 | 6.99% | | | | | | |

南阳府

| 田赋项目 | 全府总数 | % | 南阳县 | % | 镇平县 | % | 唐县 | % | 泌阳县 | % | 桐柏县 | % |
|---|---|---|---|---|---|---|---|---|---|---|---|---|
| **夏税** | | | | | | | | | | | | |
| 小麦（石） | 43131.27 | 100.00 | 3320.89 | 7.70 | 1280.00 | 2.97 | 1733.10 | 4.02 | 2595.23 | 6.02 | 679.17 | 1.57 |
| 起运（石） | 32861.60 | 100.00 | 2500.00 | 7.61 | 930.00 | 2.83 | 1080.00 | 3.29 | 2000.00 | 6.09 | 500.00 | 1.52 |
| 存留（石） | 10269.67 | 100.00 | 820.89 | 7.99 | 350.00 | 3.41 | 653.10 | 6.36 | 595.23 | 5.80 | 179.17 | 1.74 |
| 丝（两） | 25386.29 | 100.00 | 2119.80 | 8.35 | 719.92 | 2.84 | 1117.00 | 4.40 | 1491.39 | 5.87 | 383.58 | 1.51 |
| 起运（两） | 25386.29 | 100.00 | 2119.80 | 8.35 | 719.92 | 2.84 | 1117.00 | 4.40 | 1491.39 | 5.87 | 383.58 | 1.51 |
| 绢（匹） | 281.00 | 100.00 | 24.00 | 8.54 | 15.00 | 5.34 | 27.00 | 5.34 | 40.00 | 14.23 | 12.00 | 4.27 |
| 起运（匹） | 281.00 | 100.00 | 24.00 | 8.54 | 15.00 | 5.34 | 27.00 | 5.34 | 40.00 | 14.23 | 12.00 | 4.27 |
| **秋粮** | | | | | | | | | | | | |
| 米（石） | 72519.92 | 100.00 | 4598.12 | 6.34 | 2902.86 | 4.00 | 2591.13 | 3.57 | 4911.26 | 6.77 | 1217.52 | 1.68 |
| 起运（石） | 54996.10 | 100.00 | 3400.00 | 6.18 | 2000.00 | 3.64 | 1800.00 | 3.27 | 3600.00 | 6.55 | 850.00 | 1.55 |
| 存留（石） | 17523.82 | 100.00 | 1198.12 | 6.84 | 902.86 | 5.15 | 791.13 | 4.51 | 1311.26 | 7.48 | 367.52 | 2.10 |
| 草（束） | 92263.00 | 100.00 | 5736.00 | 6.22 | 3600.00 | 3.90 | 3480.00 | 3.77 | 6782.00 | 7.35 | 1566.00 | 1.70 |
| 起运（束） | 91169.00 | 100.00 | 5700.00 | 6.25 | 3570.00 | 3.92 | 3450.00 | 3.78 | 6750.00 | 7.40 | 1500.00 | 1.65 |
| 存留（束） | 1094.00 | 100.00 | 36.00 | 3.29 | 30.00 | 2.74 | 30.00 | 2.74 | 32.00 | 2.93 | 66.00 | 6.03 |
| 户口盐钞银（两） | 1464.27 | 100.00 | 146.10 | 9.98 | 49.83 | 3.40 | 56.19 | 3.84 | 64.63 | 4.41 | 26.01 | 1.78 |
| 起运（两） | 787.90 | 100.00 | 78.66 | 9.98 | 26.27 | 3.33 | 30.25 | 3.84 | 34.80 | 4.42 | 14.00 | 1.78 |
| 存留（两） | 676.37 | 100.00 | 67.43 | 9.97 | 23.56 | 3.48 | 25.93 | 3.83 | 29.82 | 4.41 | 12.00 | 1.77 |

| 田赋项目 | 南召县 | % | 邓州 | % | 内乡县 | % | 新野县 | % | 淅川县 | % | 裕州 | % |
|---|---|---|---|---|---|---|---|---|---|---|---|---|
| **夏税** | | | | | | | | | | | | |
| 小麦（石） | 1490.02 | 3.45 | 1580.72 | 3.66 | 3880.94 | 9.00 | 1880.25 | 4.36 | 2944.57 | 6.83 | 4032.92 | 9.35 |
| 起运（石） | 1150.00 | 3.50 | 1000.00 | 3.04 | 2600.00 | 7.91 | 1350.20 | 4.11 | 2100.00 | 6.39 | 3400.00 | 10.35 |
| 存留（石） | 340.02 | 3.31 | 580.72 | 5.65 | 1280.94 | 12.47 | 530.05 | 5.16 | 844.57 | 8.22 | 632.92 | 6.16 |

| | | | | | | | | | | | | |
|---|---|---|---|---|---|---|---|---|---|---|---|---|
| 丝（两） | 918.13 | 3.62 | 923.35 | 3.64 | 2211.04 | 8.71 | 1137.26 | 4.48 | 1711.33 | 6.74 | 2390.20 | 9.42 |
| 起运（两） | 918.13 | 3.62 | 923.35 | 3.64 | 2211.04 | 8.71 | 1137.26 | 4.48 | 1711.33 | 6.74 | 2390.20 | 9.42 |
| 绢（匹） | 11.00 | 3.91 | 21.00 | 7.47 | 22.00 | 7.83 | 14.00 | 4.98 | 17.00 | 6.05 | 13.00 | 4.63 |
| 起运（匹） | 11.00 | 3.91 | 21.00 | 7.47 | 22.00 | 7.83 | 14.00 | 4.98 | 17.00 | 6.05 | 13.00 | 4.63 |
| 秋粮 | | | | | | | | | | | | |
| 米（石） | 1925.61 | 2.66 | 4781.53 | 6.59 | 7455.65 | 10.28 | 4073.50 | 5.62 | 5152.04 | 7.10 | 5324.94 | 7.34 |
| 起运（石） | 1390.00 | 2.53 | 3800.00 | 6.91 | 5800.00 | 10.55 | 3200.00 | 5.82 | 4000.00 | 7.27 | 3467.00 | 6.30 |
| 存留（石） | 535.61 | 3.06 | 981.53 | 5.60 | 1655.65 | 9.45 | 873.50 | 4.98 | 1152.04 | 6.57 | 1857.94 | 10.60 |
| 草（束） | 2471.00 | 2.68 | 6380.00 | 6.92 | 9490.00 | 10.29 | 5321.00 | 5.77 | 7293.00 | 7.90 | 6937.00 | 7.52 |
| 起运（束） | 2450.00 | 2.69 | 6300.00 | 6.91 | 9450.00 | 10.37 | 5300.00 | 5.81 | 7200.00 | 7.90 | 6900.00 | 7.57 |
| 存留（束） | 21.00 | 1.92 | 80.00 | 7.31 | 40.00 | 3.66 | 21.00 | 1.92 | 93.00 | 8.50 | 37.00 | 3.38 |
| 户口盐钞银（两） | 36.08 | 2.46 | 43.01 | 2.94 | 143.01 | 9.77 | 130.35 | 8.90 | 103.01 | 7.03 | 247.39 | 16.90 |
| 起运（两） | 19.42 | 2.46 | 23.16 | 2.94 | 77.00 | 9.77 | 70.18 | 8.91 | 55.46 | 7.04 | 133.21 | 16.91 |
| 存留（两） | 16.65 | 2.46 | 19.85 | 2.93 | 66.00 | 9.76 | 60.16 | 8.89 | 47.54 | 7.03 | 114.18 | 16.88 |
| 田赋项目 | 舞阳县 | % | 叶县 | % | | | | | | | | |
| 夏税 | | | | | | | | | | | | |
| 小麦（石） | 8694.58 | 20.16 | 9018.84 | 20.91 | | | | | | | | |
| 起运（石） | 6550.00 | 19.93 | 7701.40 | 23.44 | | | | | | | | |
| 存留（石） | 2144.58 | 20.88 | 1317.44 | 12.83 | | | | | | | | |
| 丝（两） | 5099.44 | 20.09 | 5163.79 | 20.34 | | | | | | | | |
| 起运（两） | 5099.44 | 20.09 | 5163.79 | 20.34 | | | | | | | | |
| 绢（匹） | 34.00 | 12.10 | 24.00 | 8.54 | | | | | | | | |
| 起运（匹） | 34.00 | 12.10 | 24.00 | 8.54 | | | | | | | | |
| 秋粮 | | | | | | | | | | | | |
| 米（石） | 14376.43 | 19.82 | 13209.24 | 18.21 | | | | | | | | |

（续前页）

| 田赋项目 | 全府总数 | % | 汝阳县 | % | 真阳县 | % | 上蔡县 | % | 新蔡县 | % | 西平县 | % |
|---|---|---|---|---|---|---|---|---|---|---|---|---|
| 起运（石） | | | 11289.10 | 20.53 | 10400.00 | 18.91 | | | | | | |
| 存留（石） | | | 3087.33 | 17.62 | 2809.24 | 16.03 | | | | | | |
| 草（束） | | | 17181.00 | 18.62 | 16021.00 | 17.36 | | | | | | |
| 起运（束） | | | 17160.00 | 18.82 | 15439.00 | 16.93 | | | | | | |
| 存留（束） | | | 21.00 | 1.92 | 582.00 | 53.20 | | | | | | |
| 户口盐钞银（两） | | | 199.31 | 13.61 | 219.26 | 14.97 | | | | | | |
| 起运（两） | | | 107.31 | 13.62 | 118.07 | 14.99 | | | | | | |
| 存留（两） | | | 91.99 | 13.60 | 101.19 | 14.96 | | | | | | |

汝宁府

| 田赋项目 | 全府总数 | % | 汝阳县 | % | 真阳县 | % | 上蔡县 | % | 新蔡县 | % | 西平县 | % |
|---|---|---|---|---|---|---|---|---|---|---|---|---|
| 夏税 | | | | | | | | | | | | |
| 小麦（石） | 23577.62 | 100.00 | 1550.17 | 6.57 | 407.60 | 1.73 | 3117.96 | 13.22 | 543.26 | 2.30 | 2612.57 | 11.08 |
| 起运（石） | 18725.00 | 100.00 | 1073.76 | 5.73 | 326.24 | 1.74 | 2500.00 | 13.35 | 400.00 | 2.14 | 2100.00 | 11.21 |
| 存留（石） | 4852.62 | 100.00 | 476.41 | 9.82 | 81.36 | 1.68 | 617.96 | 12.73 | 143.26 | 2.95 | 512.57 | 10.56 |
| 丝（两） | 8022.23 | 100.00 | 823.72 | 10.27 | 247.98 | 3.09 | 1748.38 | 21.79 | 304.63 | 3.80 | 1496.36 | 18.65 |
| 起运（两） | 8022.23 | 100.00 | 823.72 | 10.27 | 247.98 | 3.09 | 1748.38 | 21.79 | 304.63 | 3.80 | 1496.36 | 18.65 |
| 绢（匹） | 785.00 | 100.00 | 63.00 | 8.03 | 2.00 | 0.25 | 199.00 | 25.35 | 20.00 | 2.55 | 127.00 | 16.18 |
| 起运（匹） | 785.00 | 100.00 | 63.00 | 8.03 | 2.00 | 0.25 | 199.00 | 25.35 | 20.00 | 2.55 | 127.00 | 16.18 |
| 秋粮 | | | | | | | | | | | | |
| 米（石） | 99509.01 | 100.00 | 5928.62 | 5.96 | 1663.03 | 1.67 | 14836.74 | 14.91 | 3065.00 | 3.08 | 12112.48 | 12.17 |
| 起运（石） | 73730.00 | 100.00 | 3956.00 | 5.37 | 1364.00 | 1.85 | 10770.00 | 14.61 | 1960.00 | 2.66 | 9280.00 | 12.59 |
| 存留（石） | 25779.01 | 100.00 | 1972.62 | 7.65 | 299.03 | 1.16 | 4066.74 | 15.78 | 1105.00 | 4.29 | 2832.48 | 10.99 |
| 草（束） | 125357.00 | 100.00 | 7952.00 | 6.34 | 2748.00 | 2.19 | 16183.00 | 12.91 | 3553.00 | 2.83 | 12505.00 | 9.98 |
| 起运（束） | 122800.00 | 100.00 | 7923.00 | 6.45 | 2727.00 | 2.22 | 16100.00 | 13.11 | 3500.00 | 2.85 | 12390.00 | 10.09 |
| 存留（束） | 2557.00 | 100.00 | 29.00 | 1.13 | 21.00 | 0.82 | 83.00 | 3.25 | 53.00 | 2.07 | 115.00 | 4.50 |

| 田赋项目 | 遂平县 | % | 信阳州 | % | 罗山县 | % | 确山县 | % | 光州 | % | 光山县 | % |
|---|---|---|---|---|---|---|---|---|---|---|---|---|
| 户口盐钞银（两） | 1926.50 | 100.00 | 112.98 | 5.86 | 42.73 | 2.22 | 72.56 | 3.32 | 63.91 | 3.77 | 94.67 | 4.91 |
| 起运（两） | 1038.67 | 100.00 | 60.82 | 5.86 | 23.00 | 2.21 | 39.07 | 3.31 | 34.41 | 3.76 | 50.97 | 4.91 |
| 存留（两） | 887.83 | 100.00 | 52.15 | 5.87 | 19.72 | 2.22 | 33.48 | 3.32 | 29.50 | 3.77 | 43.69 | 4.92 |

| 田赋项目 | 遂平县 | % | 信阳州 | % | 罗山县 | % | 确山县 | % | 光州 | % | 光山县 | % |
|---|---|---|---|---|---|---|---|---|---|---|---|---|
| 夏税 | | | | | | | | | | | | |
| 小麦（石） | 3181.78 | 13.49 | 993.75 | 4.21 | 334.48 | 1.42 | 1531.42 | 6.50 | 1439.99 | 6.11 | 256.57 | 1.09 |
| 起运（石） | 2600.00 | 13.89 | 700.00 | 3.74 | 220.00 | 1.17 | 1440.00 | 7.69 | 1180.00 | 6.30 | 100.00 | 0.53 |
| 存留（石） | 581.78 | 11.99 | 293.75 | 6.05 | 114.48 | 2.36 | 91.42 | 1.88 | 259.99 | 5.36 | 156.57 | 3.23 |
| 丝（两） | 1788.17 | 22.29 | 557.24 | 6.95 | 194.11 | 2.42 | 861.60 | 10.74 | | | | |
| 起运（两） | 1788.17 | 22.29 | 557.24 | 6.95 | 194.11 | 2.42 | 861.60 | 10.74 | | | | |
| 绢（匹） | 97.00 | 12.36 | 19.00 | 2.42 | 12.00 | 1.53 | 84.00 | 10.70 | 33.00 | 4.20 | 27.00 | 3.44 |
| 起运（匹） | 97.00 | 12.36 | 19.00 | 2.42 | 12.00 | 1.53 | 84.00 | 10.70 | 33.00 | 4.20 | 27.00 | 3.44 |
| 秋粮 | | | | | | | | | | | | |
| 米（石） | 7862.38 | 7.90 | 3210.57 | 3.23 | 6326.64 | 6.36 | 7679.69 | 7.72 | 6569.58 | 6.60 | 9244.94 | 9.29 |
| 起运（石） | 5650.00 | 7.66 | 2150.00 | 2.92 | 4850.00 | 6.58 | 6070.00 | 8.23 | 4740.00 | 6.43 | 6970.00 | 9.45 |
| 存留（石） | 2212.38 | 8.58 | 1060.57 | 4.11 | 1476.64 | 5.73 | 1609.69 | 6.24 | 1829.58 | 7.10 | 2274.94 | 8.82 |
| 草（束） | 8843.00 | 7.05 | 4659.00 | 3.72 | 8885.00 | 7.09 | 8759.00 | 6.99 | 9213.00 | 7.35 | 12691.00 | 10.12 |
| 起运（束） | 8800.00 | 7.17 | 4600.00 | 3.75 | 8850.00 | 7.21 | 8700.00 | 7.08 | 9160.00 | 7.46 | 12650.00 | 10.30 |
| 存留（束） | 43.00 | 1.68 | 59.00 | 2.31 | 35.00 | 1.37 | 59.00 | 2.31 | 53.00 | 2.07 | 41.00 | 1.60 |
| 户口盐钞银（两） | 168.04 | 8.72 | 56.27 | 2.92 | 144.99 | 7.53 | 75.59 | 3.92 | 105.06 | 5.45 | 241.50 | 12.54 |
| 起运（两） | 90.48 | 8.71 | 31.62 | 3.04 | 78.07 | 7.52 | 40.70 | 3.92 | 56.57 | 5.45 | 130.03 | 12.52 |
| 存留（两） | 77.56 | 8.74 | 24.65 | 2.78 | 66.92 | 7.54 | 34.89 | 3.93 | 48.49 | 5.46 | 111.46 | 12.55 |

| 田赋项目 | 固始县 | % | 息县 | % | 商城县 | % | | | | | | |
|---|---|---|---|---|---|---|---|---|---|---|---|---|
| 夏税 | | | | | | | | | | | | |
| 小麦（石） | 2674.20 | 11.34 | 4135.40 | 17.54 | 798.42 | 3.39 | | | | | | |

汝州

| 田赋项目 | 全府总数 | % | 本州 | % | 鲁山县 | % | 郏县 | % | 宝丰县 | % | 伊阳县 | % |
|---|---|---|---|---|---|---|---|---|---|---|---|---|
| 起运（石） | 2050.00 | 10.95 | 3485.00 | 18.61 | | | | | | | 550.00 | 2.94 |
| 存留（石） | 624.20 | 12.86 | 650.40 | 13.40 | | | | | | | 248.42 | 5.12 |
| 绢（匹） | 47.00 | 5.99 | 13.00 | 1.66 | | | | | | | 33.00 | 4.20 |
| 起运（匹） | 47.00 | 5.99 | 13.00 | 1.66 | | | | | | | 33.00 | 4.20 |
| 秋粮 | | | | | | | | | | | | |
| 米（石） | 8172.41 | 8.21 | 2098.52 | 2.11 | | | | | | | 10738.34 | 10.79 |
| 起运（石） | 6080.00 | 8.25 | 1330.00 | 1.80 | | | | | | | 8560.00 | 11.61 |
| 存留（石） | 2092.41 | 8.12 | 768.52 | 2.98 | | | | | | | 2178.34 | 8.45 |
| 草（束） | 11446.00 | 9.13 | 2950.00 | 2.35 | | | | | | | 14964.00 | 11.94 |
| 起运（束） | 11400.00 | 9.28 | 2900.00 | 2.36 | | | | | | | 13100.00 | 10.67 |
| 存留（束） | 46.00 | 1.80 | 50.00 | 1.96 | | | | | | | 1864.00 | 72.90 |
| 户口盐钞银（两） | 336.97 | 17.49 | 172.99 | 8.98 | | | | | | | 238.10 | 12.36 |
| 起运（两） | 181.44 | 17.47 | 93.14 | 8.97 | | | | | | | 128.20 | 12.34 |
| 存留（两） | 155.52 | 17.52 | 79.84 | 8.99 | | | | | | | 109.89 | 12.38 |

| 田赋项目 | 全府总数 | % | 本州 | % | 鲁山县 | % | 郏县 | % | 宝丰县 | % | 伊阳县 | % |
|---|---|---|---|---|---|---|---|---|---|---|---|---|
| 夏税 | | | | | | | | | | | | |
| 小麦（石） | 48163.11 | 100.00 | 15760.94 | 32.72 | 7666.32 | 15.92 | 10601.31 | 22.01 | 10691.52 | 22.20 | 3442.99 | 7.15 |
| 起运（石） | 26385.57 | 100.00 | 6985.07 | 26.47 | 4488.40 | 17.01 | 7431.20 | 28.16 | 5915.80 | 22.42 | 1565.10 | 5.93 |
| 存留（石） | 21777.54 | 100.00 | 8775.87 | 40.30 | 3177.92 | 14.59 | 3170.11 | 14.56 | 4775.72 | 21.93 | 1877.89 | 8.62 |
| 丝（两） | 27977.49 | 100.00 | 9123.75 | 32.61 | 4441.06 | 15.87 | 6299.54 | 22.52 | 6091.07 | 21.77 | 2022.04 | 7.23 |
| 起运（两） | 21832.26 | 100.00 | 5474.25 | 25.07 | 4000.95 | 18.33 | 6110.56 | 27.99 | 4872.80 | 22.32 | 1373.69 | 6.29 |
| 存留（两） | 6145.22 | 100.00 | 3649.50 | 59.39 | 440.10 | 7.16 | 188.98 | 3.08 | 1218.27 | 19.82 | 648.34 | 10.55 |
| 绢（匹） | 1066.00 | 100.00 | 385.00 | 36.12 | 151.00 | 14.17 | 310.00 | 29.08 | 151.00 | 14.17 | 67.00 | 6.29 |
| 起运（匹） | 1066.00 | 100.00 | 385.00 | 36.12 | 151.00 | 14.17 | 310.00 | 29.08 | 151.00 | 14.17 | 67.00 | 6.29 |

| 秋粮 | | | | | | | | | | | | |
|---|---|---|---|---|---|---|---|---|---|---|---|---|
| 米（石） | 100440.68 | 100.00 | 29699.36 | 29.57 | 13693.65 | 13.63 | 24212.95 | 24.11 | 20857.52 | 20.77 | 11977.22 | 11.92 |
| 起运（石） | 57984.42 | 100.00 | 14083.00 | 24.29 | 10249.00 | 17.68 | 14351.52 | 24.75 | 12180.00 | 21.01 | 7120.90 | 12.28 |
| 存留（石） | 42456.26 | 100.00 | 15616.36 | 36.78 | 3444.65 | 8.11 | 9861.43 | 23.23 | 8677.52 | 20.44 | 4856.32 | 11.44 |
| 草（束） | 133954.00 | 100.00 | 37833.00 | 28.24 | 16578.00 | 12.38 | 38895.00 | 28.66 | 26384.00 | 19.70 | 14763.00 | 11.02 |
| 起运（束） | 122615.00 | 100.00 | 36780.00 | 30.00 | 14921.00 | 12.17 | 38100.00 | 31.07 | 22414.00 | 18.28 | 10400.00 | 8.48 |
| 存留（束） | 11339.00 | 100.00 | 1053.00 | 9.29 | 1657.00 | 14.61 | 295.00 | 2.60 | 3970.00 | 35.01 | 4363.00 | 38.48 |
| 户口盐钞银（两） | 141.73 | 100.00 | 16.22 | 11.44 | 35.39 | 24.97 | 54.09 | 38.16 | 12.54 | 8.85 | 23.45 | 16.55 |
| 起运（两） | 63.28 | 100.00 | 7.23 | 11.43 | 15.89 | 25.11 | 24.13 | 38.13 | 5.59 | 8.83 | 10.41 | 16.45 |
| 存留（两） | 78.44 | 100.00 | 8.99 | 11.46 | 19.50 | 24.86 | 29.96 | 38.19 | 6.94 | 8.85 | 13.04 | 16.62 |

## 乙表16

### 万历六年陕西布政司分州县田赋统计[1]

西安府[2]

| 田赋项目 | 全府总数 | % | 长安县 | % | 咸宁县 | % | 咸阳县 | % | 兴平县 | % | 临潼县 | % |
|---|---|---|---|---|---|---|---|---|---|---|---|---|
| 夏税 | | | | | | | | | | | | |
| 麦（石） | 391373.66 | 100.00 | 12270.90 | 3.14 | 10465.08 | 2.67 | 3793.36 | 0.97 | 10659.42 | 2.72 | 22713.61 | 5.80 |
| 绢（匹） | 6183.00 | 100.00 | 76.00 | 1.23 | 49.00 | 0.79 | 67.00 | 1.08 | 57.00 | 0.92 | 172.00 | 2.78 |
| 丝绵（斤） | 162.98 | 100.00 | | | | | | | | | 14.81 | 9.09 |
| 秋粮 | | | | | | | | | | | | |
| 米（石） | 461526.20 | 100.00 | 14586.68 | 3.16 | 12552.06 | 2.72 | 3230.57 | 0.70 | 6363.50 | 1.38 | 24219.47 | 5.25 |
| 棉花绒（斤） | 15431.95 | 100.00 | | | | | | | | | 2493.16 | 16.16 |
| 棉布（匹） | 114807.00 | 100.00 | 524.00 | 0.46 | 469.00 | 0.41 | 1142.00 | 0.99 | 1834.00 | 1.60 | 3563.00 | 3.10 |
| 草（束） | 575490.00 | 100.00 | 17602.00 | 3.06 | 15426.00 | 2.68 | 4035.00 | 0.70 | 7954.00 | 1.38 | 30284.00 | 5.26 |

1 资料来源：根据第一篇甲表28。
2 原书中，西安府中续开垦复增麦数值数值残缺，依据陆续开垦复增麦＝实征麦＋内除荒等项麦－麦总数，补齐。

| 田赋项目 | 高陵县 | % | 户县 | % | 蓝田县 | % | 泾阳县 | % | 三原县 | % | 周至县 | % |
|---|---|---|---|---|---|---|---|---|---|---|---|---|
| 户口盐钞银（两） | 9872.39 | 100.00 | 376.77 | 3.82 | 446.81 | 4.53 | 131.18 | 1.33 | 358.30 | 3.63 | 400.15 | 4.05 |
| 存留（两） | 9872.39 | 100.00 | 376.77 | 3.82 | 446.81 | 4.53 | 131.18 | 1.33 | 358.30 | 3.63 | 400.15 | 4.05 |
| 夏税 麦（石） | 9794.78 | 2.50 | 5179.60 | 1.32 | 5944.39 | 1.52 | 16082.71 | 4.11 | 14390.05 | 3.68 | 11102.57 | 2.84 |
| 绢（匹） | 80.00 | 1.29 | 305.00 | 4.93 | 214.00 | 3.46 | 424.00 | 6.86 | 97.00 | 1.57 | 150.00 | 2.43 |
| 丝绢（斤） |  |  | 0.01 | 0.01 |  |  |  |  |  |  | 11.00 | 6.75 |
| 秋粮 米（石） | 6545.91 | 1.42 | 7598.30 | 1.65 | 5452.37 | 1.18 | 15603.14 | 3.38 | 12119.64 | 2.63 | 14333.27 | 3.11 |
| 棉花绒（斤） |  |  |  |  |  |  |  |  |  |  | 17.50 | 0.11 |
| 棉布（匹） | 2203.00 | 1.92 | 1746.00 | 1.52 | 560.00 | 0.49 | 23445.00 | 20.42 | 6940.00 | 6.04 | 2238.00 | 1.95 |
| 草（束） | 8182.00 | 1.42 | 9432.00 | 1.64 | 6738.00 | 1.17 | 19512.00 | 3.39 | 15230.00 | 2.65 | 17360.00 | 3.02 |
| 户口盐钞银（两） | 98.86 | 1.00 | 132.17 | 1.34 | 205.46 | 2.08 | 526.76 | 5.34 | 324.55 | 3.29 | 269.77 | 2.73 |
| 存留（两） | 98.86 | 1.00 | 132.17 | 1.34 | 205.46 | 2.08 | 526.76 | 5.34 | 324.55 | 3.29 | 269.77 | 2.73 |

| 田赋项目 | 渭南县 | % | 商州 | % | 镇安县 | % | 洛南县 | % | 山阳县 | % | 商南县 | % |
|---|---|---|---|---|---|---|---|---|---|---|---|---|
| 夏税 麦（石） | 32616.80 | 8.33 | 2850.72 | 0.73 | 696.05 | 0.18 | 3855.87 | 0.99 | 561.64 | 0.14 | 373.08 | 0.10 |
| 绢（匹） | 231.00 | 3.74 | 62.00 | 1.00 |  |  | 63.00 | 1.02 | 10.00 | 0.16 | 7.00 | 0.11 |
| 丝绢（斤） |  |  |  |  |  |  | 2.16 | 1.33 |  |  |  |  |
| 秋粮 米（石） | 29062.03 | 6.30 | 3282.08 | 0.71 | 536.80 | 0.12 | 3905.79 | 0.85 | 539.96 | 0.12 | 491.85 | 0.11 |
| 棉布（匹） | 9376.00 | 8.17 | 24.00 | 0.02 |  |  | 110.00 | 0.10 |  |  | 72.00 | 0.06 |
| 草（束） | 36328.00 | 6.31 | 4129.00 | 0.72 | 723.00 | 0.81 | 4886.00 | 0.85 | 715.00 | 0.12 | 642.00 | 0.11 |
| 户口盐钞银（两） | 483.83 | 4.90 | 98.88 | 1.00 | 79.78 | 0.81 | 106.03 | 1.07 | 12.88 | 0.13 | 6.65 | 0.07 |
| 存留（两） | 483.83 | 4.90 | 98.88 | 1.00 | 79.78 | 0.81 | 106.03 | 1.07 | 12.88 | 0.13 | 6.65 | 0.07 |

| 田赋项目 | 同州 | % | 朝邑县 | % | 郃阳县 | % | 澄城县 | % | 白水县 | % | 韩城县 | % |
|---|---|---|---|---|---|---|---|---|---|---|---|
| 夏税 | | | | | | | | | | | | |
| 麦（石） | 10360.22 | 2.65 | 16256.28 | 4.15 | 10485.69 | 2.68 | 16017.10 | 4.09 | 9571.66 | 2.45 | 10925.87 | 2.79 |
| 绢（匹） | 132.00 | 2.13 | 182.00 | 2.94 | 259.00 | 4.19 | 295.00 | 4.77 | 169.00 | 2.73 | 483.00 | 7.81 |
| 丝绵（斤） | | | | 6.70 | 14.88 | 9.13 | | | 6.56 | 4.03 | 19.63 | 12.04 |
| 秋粮 | | | | | | | | | | | | |
| 米（石） | 7180.44 | 1.56 | 6359.70 | 1.56 | 21874.77 | 4.74 | 25001.47 | 5.42 | 11396.28 | 2.47 | 13508.90 | 2.93 |
| 棉花绒（斤） | 1785.00 | 11.57 | 2083.20 | 13.50 | 4553.25 | 29.51 | 37.50 | 0.24 | 305.63 | 1.98 | 591.38 | 3.83 |
| 棉布（匹） | 7426.00 | 6.47 | 9733.00 | 8.48 | 11564.00 | 10.07 | 182.00 | 0.16 | 395.00 | 0.34 | 2165.00 | 1.89 |
| 草（束） | 9025.00 | 1.57 | 7949.00 | 1.38 | 27350.00 | 4.75 | 31251.00 | 5.43 | 14245.00 | 2.48 | 16886.00 | 2.93 |
| 户口盐钞银（两） | 285.94 | 2.90 | 383.15 | 3.88 | 433.44 | 4.39 | 481.18 | 4.87 | 264.33 | 2.68 | 407.78 | 4.13 |
| 存留（两） | 285.94 | 2.90 | 383.15 | 3.88 | 433.44 | 4.39 | 481.18 | 4.87 | 264.33 | 2.68 | 407.78 | 4.13 |

| 田赋项目 | 华州 | % | 华阴县 | % | 蒲城县 | % | 耀州 | % | 同官县 | % | 富平县 | % |
|---|---|---|---|---|---|---|---|---|---|---|---|
| 夏税 | | | | | | | | | | | | |
| 麦（石） | 7780.72 | 1.99 | 8262.10 | 2.11 | 23032.85 | 5.89 | 8053.15 | 2.06 | 4002.37 | 1.02 | 34662.52 | 8.86 |
| 绢（匹） | 287.00 | 4.64 | 235.00 | 3.80 | 267.00 | 4.32 | 67.00 | 1.08 | 112.00 | 1.81 | 654.00 | 10.58 |
| 丝绵（斤） | 10.94 | 6.71 | 6.56 | 4.03 | 5.69 | 3.49 | | | 2.88 | 1.77 | | |
| 秋粮 | | | | | | | | | | | | |
| 米（石） | 16536.21 | 3.58 | 9717.63 | 2.11 | 54533.42 | 11.82 | 9879.86 | 2.14 | 9323.05 | 2.02 | 25266.66 | 5.47 |
| 棉花绒（斤） | 1866.59 | 12.10 | 644.25 | 4.17 | 1035.50 | 6.71 | | | | | | |
| 棉布（匹） | 12556.00 | 10.94 | 3625.00 | 3.16 | 5066.00 | 4.41 | 31.00 | 0.03 | | | 3767.00 | 3.28 |
| 草（束） | 20714.00 | 3.60 | 12173.00 | 2.12 | 68136.00 | 11.84 | 12384.00 | 2.15 | 11654.00 | 2.03 | 31573.00 | 5.49 |
| 户口盐钞银（两） | 281.20 | 2.85 | 222.32 | 2.25 | 552.67 | 5.60 | 224.29 | 2.27 | 253.95 | 2.57 | 605.13 | 6.13 |
| 存留（两） | 281.20 | 2.85 | 222.32 | 2.25 | 552.67 | 5.60 | 224.29 | 2.27 | 253.95 | 2.57 | 605.13 | 6.13 |

| 田赋项目 | 乾州 | % | 醴泉县 | % | 武功县 | % | 永寿县 | % | 邠州 | % | 三水县 | % |
|---|---|---|---|---|---|---|---|---|---|---|---|

| 田赋项目 | | % | | % | | % | | % | | % | | % |
|---|---|---|---|---|---|---|---|---|---|---|---|---|
| 夏税 | | | | | | | | | | | | |
| 　麦（石） | 14479.78 | 3.70 | 11412.11 | 2.92 | 7861.65 | 2.01 | 5410.99 | 1.38 | 13412.20 | 3.43 | 7218.19 | 1.84 |
| 　绢（匹） | 96.00 | 1.55 | 148.00 | 2.39 | 191.00 | 3.09 | 78.00 | 1.26 | 182.00 | 2.94 | 143.00 | 2.31 |
| 　丝绵（斤） | 13.31 | 8.17 | | | 23.44 | 14.38 | 0.38 | 0.23 | 15.94 | 9.78 | 3.63 | 2.23 |
| 秋粮 | | | | | | | | | | | | |
| 　米（石） | 12811.52 | 2.78 | 8980.93 | 1.95 | 3547.54 | 0.77 | 6141.98 | 1.33 | 27844.11 | 6.03 | 18954.56 | 4.11 |
| 　棉花绒（斤） | 19.00 | 0.12 | | | | | 46.00 | 0.04 | | | | |
| 　棉布（匹） | 1052.00 | 0.92 | 1588.00 | 1.38 | 1350.00 | 1.38 | | | | | | |
| 　草（束） | 15871.00 | 2.76 | 11195.00 | 1.95 | 4414.00 | 1.95 | 7677.00 | 1.33 | 34804.00 | 6.05 | 23693.00 | 4.12 |
| 　户口盐钞银（两） | 301.50 | 3.05 | 167.73 | 1.70 | 193.51 | 1.96 | 150.32 | 1.52 | 288.50 | 2.92 | 146.42 | 1.48 |
| 　存留（两） | 301.50 | 3.05 | 167.73 | 1.70 | 193.51 | 1.96 | 150.32 | 1.52 | 288.50 | 2.92 | 146.42 | 1.48 |

| 田赋项目 | 淳化县 | % |
|---|---|---|
| 夏税 | | |
| 　麦（石） | 8816.18 | 2.25 |
| 　绢（匹） | 123.00 | 1.99 |
| 　丝绵（斤） | 3.88 | 2.38 |
| 秋粮 | | |
| 　米（石） | 12239.84 | 2.65 |
| 　草（束） | 15299.00 | 2.66 |
| 　户口盐钞银（两） | 174.07 | 1.76 |
| 　存留（两） | 174.07 | 1.76 |

延安府

| 田赋项目 | 全府总数 | % | 肤施县 | % | 安塞县 | % | 甘泉县 | % | 安定县 | % | 保安县 | % |
|---|---|---|---|---|---|---|---|---|---|---|---|---|
| 夏税 | | | | | | | | | | | | |
| 　麦（石） | 33163.89 | 100.00 | 1149.23 | 3.47 | 851.20 | 2.57 | 1389.55 | 4.19 | 1963.37 | 5.92 | 623.10 | 1.88 |

| | | | | | | | | | | | | |
|---|---|---|---|---|---|---|---|---|---|---|---|---|
| 绢（匹） | 1139.00 | 100.00 | 53.00 | 4.65 | 21.00 | 1.84 | 41.00 | 3.60 | 77.00 | 6.76 | 13.00 | 1.14 |
| 秋粮 | | | | | | | | | | | | |
| 米（石） | 151407.87 | 100.00 | 7008.85 | 4.63 | 2839.24 | 1.88 | 7698.78 | 5.08 | 6121.17 | 4.04 | 2262.91 | 1.49 |
| 草（束） | 237694.00 | 100.00 | 13109.00 | 5.52 | 5812.00 | 2.45 | 12887.00 | 5.42 | 10219.00 | 4.30 | 4174.00 | 1.76 |
| 户口盐钞银（两） | 2093.07 | 100.00 | 34.53 | 1.65 | 34.99 | 1.67 | 63.12 | 3.02 | 83.09 | 3.97 | 36.96 | 1.77 |
| 存留（两） | 2093.07 | 100.00 | 34.53 | 1.65 | 34.99 | 1.67 | 63.12 | 3.02 | 83.09 | 3.97 | 36.96 | 1.77 |
| 田赋项目 | 宜川县 | % | 延川县 | % | 延长县 | % | 清涧县 | % | 鄜州 | % | 洛川县 | % |
| 夏税 | | | | | | | | | | | | |
| 麦（石） | 3514.01 | 10.60 | 2079.97 | 6.27 | 1324.60 | 3.99 | 2308.76 | 6.96 | 3213.65 | 9.69 | 3320.67 | 10.01 |
| 绢（匹） | 102.00 | 8.96 | 102.00 | 8.96 | 43.00 | 3.78 | 58.00 | 5.09 | 88.00 | 7.73 | 182.00 | 15.98 |
| 秋粮 | | | | | | | | | | | | |
| 米（石） | 18590.48 | 12.28 | 5648.60 | 3.73 | 6034.44 | 3.99 | 5528.00 | 3.65 | 12182.44 | 8.05 | 35278.40 | 23.30 |
| 草（束） | 28102.00 | 11.82 | 8485.00 | 3.57 | 9056.00 | 3.81 | 8878.00 | 3.74 | 19234.00 | 8.09 | 42014.00 | 17.68 |
| 户口盐钞银（两） | 211.40 | 10.10 | 47.61 | 2.27 | 75.03 | 3.58 | 124.70 | 5.96 | 169.33 | 8.09 | 241.30 | 11.53 |
| 存留（两） | 211.40 | 10.10 | 47.61 | 2.27 | 75.03 | 3.58 | 124.70 | 5.96 | 169.33 | 8.09 | 241.30 | 11.53 |
| 田赋项目 | 中部县 | % | 宜君县 | % | 绥德州 | % | 米脂县 | % | 葭州 | % | 吴堡县 | % |
| 夏税 | | | | | | | | | | | | |
| 麦（石） | 1383.17 | 4.17 | 4924.63 | 14.85 | 1871.11 | 5.64 | 1601.93 | 4.83 | 1032.72 | 3.11 | 369.17 | 1.11 |
| 绢（匹） | 54.00 | 4.74 | 35.00 | 3.07 | 80.00 | 7.02 | 68.00 | 5.97 | 42.00 | 3.69 | 39.00 | 3.42 |
| 秋粮 | | | | | | | | | | | | |
| 米（石） | 6131.41 | 4.05 | 13117.50 | 8.66 | 6269.49 | 4.14 | 6083.86 | 4.02 | 5377.25 | 3.55 | 1534.29 | 1.01 |
| 草（束） | 12309.00 | 5.18 | 21176.00 | 8.91 | 9997.00 | 4.21 | 12009.00 | 5.05 | 10184.00 | 4.28 | 2582.00 | 1.09 |
| 户口盐钞银（两） | 154.37 | 7.38 | 232.74 | 11.12 | 185.81 | 8.88 | 107.31 | 5.13 | 169.42 | 8.09 | 16.94 | 0.81 |
| 存留（两） | 154.37 | 7.38 | 232.74 | 11.12 | 185.81 | 8.88 | 107.31 | 5.13 | 169.42 | 8.09 | 16.94 | 0.81 |
| 田赋项目 | 神木县 | % | 府谷县 | % | | | | | | | | |

平凉府

| 田赋项目 | 全府总数 | % | 平凉县 | % | 崇信县 | % | 华亭县 | % | 镇原县 | % | 固原州 | % | | % | % |
|---|---|---|---|---|---|---|---|---|---|---|---|---|---|---|---|
| 夏税 | | | | | | | | | | | | | | | |
| 麦（石） | 37164.73 | 100.00 | 3846.22 | 10.35 | 1736.39 | 4.67 | 2230.05 | 6.00 | 5553.69 | 14.94 | 1700.75 | 4.58 | 168.49 | 0.51 | 0.22 |
| 绢（匹） | 173.00 | 100.00 | | | 14.00 | 8.09 | | | 22.00 | 12.72 | | | 20.00 | 1.76 | 1.14 |
| 丝绵（斤） | 6.88 | 100.00 | | | | | | | 2.53 | 36.77 | | | | | |
| 秋粮 | | | | | | | | | | | | | | | |
| 米（石） | 121517.23 | 100.00 | 17116.42 | 14.09 | 4578.60 | 3.77 | 7842.72 | 6.45 | 28840.63 | 23.73 | 2462.80 | 2.03 | 1586.02 | 1.05 | 1.40 |
| 草（束） | 151748.00 | 100.00 | 21393.00 | 14.10 | 5784.00 | 3.81 | 9816.00 | 6.47 | 36056.00 | 23.76 | 3138.00 | 2.07 | 3350.00 | 1.41 | 1.73 |
| 户口盐钞银（两） | 817.33 | 100.00 | 69.74 | 8.53 | 31.59 | 3.87 | 31.89 | 3.90 | 130.40 | 15.95 | 6.53 | 0.80 | 57.42 | 2.74 | 2.26 |
| 存留（两） | 817.33 | 100.00 | 69.74 | 8.53 | 31.59 | 3.87 | 31.89 | 3.90 | 130.40 | 15.95 | 6.53 | 0.80 | 57.42 | 2.74 | 2.26 |

| 田赋项目 | 泾州 | % | 灵台县 | % | 静宁县 | % | 庄浪县 | % | 隆德县 | % |
|---|---|---|---|---|---|---|---|---|---|---|
| 夏税 | | | | | | | | | | |
| 麦（石） | 6271.79 | 16.88 | 6634.75 | 17.85 | 4993.56 | 13.44 | 2433.67 | 6.55 | 1763.80 | 4.75 |
| 绢（匹） | 53.00 | 30.64 | 82.00 | 47.40 | | | | | | |
| 丝绵（斤） | 1.61 | 23.40 | 2.75 | 39.97 | | | | | | |
| 秋粮 | | | | | | | | | | |

（上接前页续表）

| 项目 | 数值 | % | 数值 | % | 数值 | % | 数值 | % | 数值 | % |
|---|---|---|---|---|---|---|---|---|---|---|
| 米（石） | 18826.67 | 15.49 | 23779.50 | 19.57 | 12725.55 | 10.47 | 3348.44 | 2.76 | 1995.82 | 1.64 |
| 草（束） | 23521.00 | 15.50 | 29557.00 | 19.48 | 15906.00 | 10.48 | 4082.00 | 2.69 | 2491.00 | 1.64 |
| 户口盐钞银（两） | 157.26 | 19.24 | 138.46 | 16.94 | 133.41 | 16.32 | 37.20 | 4.55 | 80.79 | 9.88 |
| 存留（两） | 157.26 | 19.24 | 138.46 | 16.94 | 133.41 | 16.32 | 37.20 | 4.55 | 80.79 | 9.88 |

## 庆阳府

| 田赋项目 | 全府总数 | % | 安化县 | % | 合水县 | % | 环县 | % | 宁州 | % | 真宁县 | % |
|---|---|---|---|---|---|---|---|---|---|---|---|---|
| 夏税 | | | | | | | | | | | | |
| 麦（石） | 34579.47 | 100.00 | 5393.02 | 15.60 | 1101.06 | 3.18 | 544.73 | 1.58 | 23451.97 | 67.82 | 4088.66 | 11.82 |
| 绢（匹） | 199.00 | 100.00 | 20.00 | 10.05 | 18.00 | 9.05 | 9.00 | 4.52 | 107.00 | 53.77 | 43.00 | 21.61 |
| 秋粮 | | | | | | | | | | | | |
| 米（石） | 74526.59 | 100.00 | 25860.16 | 34.70 | 3651.54 | 4.90 | 1484.07 | 1.99 | 37306.59 | 50.06 | 6224.20 | 8.35 |
| 草（束） | 109661.00 | 100.00 | 39634.00 | 36.14 | 6643.00 | 6.06 | 3212.00 | 2.93 | 50503.00 | 46.05 | 9667.00 | 8.82 |
| 户口盐钞银（两） | 1015.57 | 100.00 | 212.70 | 20.94 | 147.91 | 14.56 | 65.58 | 6.46 | 459.03 | 45.20 | 130.50 | 12.85 |
| 存留（两） | 1015.57 | 100.00 | 212.70 | 20.94 | 147.91 | 14.56 | 65.58 | 6.46 | 459.03 | 45.20 | 130.50 | 12.85 |

## 临洮府

| 田赋项目 | 全府总数 | % | 狄道县 | % | 渭源县 | % | 兰州 | % | 金县 | % | 河州 | % |
|---|---|---|---|---|---|---|---|---|---|---|---|---|
| 夏税 | | | | | | | | | | | | |
| 麦（石） | 25586.26 | 100.00 | 4041.51 | 15.80 | 1691.89 | 6.61 | 1268.76 | 4.96 | 3979.02 | 15.55 | 14605.06 | 57.08 |
| 绢（匹） | 26.00 | 100.00 | | | | | 21.00 | 80.77 | 4.00 | 15.38 | | |
| 秋粮 | | | | | | | | | | | | |
| 米（石） | 17508.61 | 100.00 | 5279.13 | 30.15 | 2754.17 | 15.73 | 1668.18 | 9.53 | 4900.99 | 27.99 | 2906.12 | 16.60 |
| 草（束） | 21902.00 | 100.00 | 6619.00 | 30.22 | 3428.00 | 15.65 | 2093.00 | 9.56 | 6129.00 | 27.98 | 3632.00 | 16.58 |
| 户口盐钞银（两） | 108.60 | 100.00 | 48.63 | 44.78 | 11.61 | 10.69 | 6.66 | 6.13 | 41.69 | 38.39 | | |
| 存留（两） | 108.60 | 100.00 | 48.63 | 44.78 | 11.61 | 10.69 | 6.66 | 6.13 | 41.69 | 38.39 | | |

## 巩昌府

| 田赋项目 | 全府总数 | % | 陇西县 | % | 安定县 | % | 合宁县 | % | 通渭县 | % | 漳县 | % |
|---|---|---|---|---|---|---|---|---|---|---|---|---|
| 夏税 | | | | | | | | | | | | |
| 麦（石） | 62633.90 | 100.00 | 11007.52 | 17.57 | 6201.03 | 9.90 | 4197.73 | 6.70 | 5194.03 | 8.29 | 1700.92 | 2.72 |
| 绢（匹） | 392.00 | 100.00 | | | | | | | 13.00 | 3.32 | | |
| 秋粮 | | | | | | | | | | | | |
| 米（石） | 76951.87 | 100.00 | 12887.59 | 16.75 | 10567.24 | 13.73 | 4481.72 | 5.82 | 8505.82 | 11.05 | 2267.57 | 2.95 |
| 草（束） | 95411.00 | 100.00 | 16360.00 | 17.15 | 13209.00 | 13.84 | 5602.00 | 5.87 | 10632.00 | 11.14 | 2809.00 | 2.94 |
| 户口盐钞银（两） | 1614.58 | 100.00 | 164.40 | 10.18 | 149.01 | 9.23 | 118.56 | 7.34 | 181.82 | 11.26 | 28.31 | 1.75 |
| 存留（两） | 1614.58 | 100.00 | 164.40 | 10.18 | 149.01 | 9.23 | 118.56 | 7.34 | 181.82 | 11.26 | 28.31 | 1.75 |

| 田赋项目 | 宁远县 | % | 伏羌县 | % | 西和县 | % | 成县 | % | 秦州 | % | 秦安县 | % |
|---|---|---|---|---|---|---|---|---|---|---|---|---|
| 夏税 | | | | | | | | | | | | |
| 麦（石） | 4821.25 | 7.70 | 4149.32 | 6.62 | 2779.00 | 4.44 | 1581.35 | 2.52 | 6876.79 | 10.98 | 2661.51 | 4.25 |
| 绢（匹） | 10.00 | 2.55 | 17.00 | 4.34 | 67.00 | 17.09 | 22.00 | 5.61 | 32.00 | 8.16 | 66.00 | 16.84 |
| 秋粮 | | | | | | | | | | | | |
| 米（石） | 4614.52 | 6.00 | 5216.29 | 6.78 | 2338.25 | 3.04 | 1457.25 | 1.89 | 9625.12 | 12.51 | 3812.84 | 4.95 |
| 草（束） | 5525.00 | 5.79 | 5689.00 | 5.96 | 3016.00 | 3.16 | 1836.00 | 1.92 | 12031.00 | 12.61 | 4766.00 | 5.00 |
| 户口盐钞银（两） | 145.88 | 9.04 | 69.77 | 4.32 | 83.76 | 5.19 | 52.52 | 3.25 | 163.65 | 10.14 | 100.04 | 6.20 |
| 存留（两） | 145.88 | 9.04 | 69.77 | 4.32 | 83.76 | 5.19 | 52.52 | 3.25 | 163.65 | 10.14 | 100.04 | 6.20 |

| 田赋项目 | 清水县 | % | 礼县 | % | 阶州 | % | 文县 | % | 徽州 | % | 两当县[1] | % |
|---|---|---|---|---|---|---|---|---|---|---|---|---|
| 夏税 | | | | | | | | | | | | |
| 麦（石） | 1670.01 | 2.67 | 3489.78 | 5.57 | 3337.88 | 5.33 | 1049.90 | 1.68 | 1235.40 | 1.97 | 680.91 | 1.09 |
| 绢（匹） | 3.00 | 0.77 | 27.00 | 6.89 | 49.00 | 12.50 | 46.00 | 11.73 | 21.00 | 5.36 | 13.00 | 3.32 |
| 秋粮 | | | | | | | | | | | | |
| 米（石） | 2335.16 | 3.03 | 2139.91 | 2.78 | 3771.60 | 4.90 | 851.04 | 1.11 | 1384.16 | 1.80 | 695.72 | 0.90 |

[1]原书此处县名残缺，依据谭其骧《中国历史地图集》第七册《陕西》补，第59—60页。

| 田赋项目 | 全府总数 | % | 凤翔县 | % | 宝鸡县 | % | 扶风县 | % | 岐山县 | % | 眉县 | % |
|---|---|---|---|---|---|---|---|---|---|---|---|---|
| 草（束） | 2918.00 | 3.06 | 2674.00 | 2.80 | 4726.00 | 4.95 | 1064.00 | 1.12 | 1673.00 | 1.75 | 873.00 | 0.91 |
| 户口盐钞银（两） | 66.65 | 4.13 | 75.85 | 4.70 | 73.77 | 4.57 | 33.51 | 2.08 | 86.35 | 5.35 | 24.59 | 1.52 |
| 存留（两） | 66.65 | 4.13 | 75.85 | 4.70 | 73.77 | 4.57 | 33.51 | 2.08 | 86.35 | 5.35 | 24.59 | 1.52 |

风翔府

| 田赋项目 | 全府总数 | % | 凤翔县 | % | 宝鸡县 | % | 扶风县 | % | 岐山县 | % | 眉县 | % |
|---|---|---|---|---|---|---|---|---|---|---|---|---|
| 夏税 | | | | | | | | | | | | |
| 麦（石） | 85533.78 | 100.00 | 14681.43 | 17.16 | 14847.50 | 17.36 | 16606.22 | 19.41 | 13375.94 | 15.64 | 6344.46 | 7.42 |
| 绢（匹） | 716.00 | 100.00 | 48.00 | 6.70 | 111.00 | 15.50 | 260.00 | 36.31 | 76.00 | 10.61 | 54.00 | 7.54 |
| 丝绵（斤） | 37.38 | 100.00 | 7.44 | 19.90 | 3.75 | 10.03 | 17.47 | 46.74 | 1.63 | 4.36 | 0.75 | 2.01 |
| 秋粮 | | | | | | | | | | | | |
| 米（石） | 107115.89 | 100.00 | 19438.47 | 18.15 | 22181.88 | 20.71 | 20588.95 | 19.22 | 14376.94 | 13.42 | 7185.52 | 6.71 |
| 棉花绒（斤） | 1776.25 | 100.00 | 140.25 | 7.90 | 472.75 | 26.62 | 944.25 | 53.16 | 106.50 | 6.00 | 112.13 | 6.31 |
| 棉布（匹） | 13388.00 | 100.00 | 338.00 | 2.52 | 4672.00 | 34.90 | 3265.00 | 24.39 | 1512.00 | 11.29 | 3599.00 | 26.88 |
| 草（束） | 134066.00 | 100.00 | 24348.00 | 18.16 | 27790.00 | 20.73 | 25743.00 | 19.20 | 17971.00 | 13.40 | 9034.00 | 6.74 |
| 户口盐钞银（两） | 2101.11 | 100.00 | 430.21 | 20.48 | 416.94 | 19.84 | 360.40 | 17.15 | 285.01 | 13.56 | 155.52 | 7.40 |
| 存留（两） | 2101.11 | 100.00 | 430.21 | 20.48 | 416.94 | 19.84 | 360.40 | 17.15 | 285.01 | 13.56 | 155.52 | 7.40 |

| 田赋项目 | 麟游县 | % | 陇州 | % | 汧阳县 | % |
|---|---|---|---|---|---|---|
| 夏税 | | | | | | |
| 麦（石） | 7887.88 | 9.22 | 5982.46 | 6.99 | 5644.60 | 6.60 |
| 绢（匹） | 47.00 | 6.56 | 79.00 | 11.03 | 38.00 | 5.31 |
| 丝绵（斤） | 5.78 | 15.46 | 0.56 | 1.50 | | |
| 秋粮 | | | | | | |
| 米（石） | 8334.40 | 7.78 | 8812.81 | 8.23 | 6197.09 | 5.79 |
| 草（束） | 10314.00 | 7.69 | 11086.00 | 8.27 | 7775.00 | 5.80 |
| 户口盐钞银（两） | 182.60 | 8.69 | 161.50 | 7.69 | 119.26 | 5.68 |

汉中府

| 田赋项目 | 全府总数 | % | 南郑县 | % | 褒城县 | % | 城固县 | % | 洋县 | % | 西乡县 | % |
|---|---|---|---|---|---|---|---|---|---|---|---|---|
| 夏税 | | | | | | | | | | | | |
| 麦(石) | 12534.29 | 100.00 | 381.25 | 3.04 | 308.87 | 2.46 | 1727.31 | 13.78 | 3317.37 | 26.47 | 858.47 | 6.85 |
| 绢(匹) | 378.00 | 100.00 | 15.00 | 3.97 | 17.00 | 4.50 | 67.00 | 17.72 | 138.00 | 36.51 | 18.00 | 4.76 |
| 秋粮 | | | | | | | | | | | | |
| 米(石) | 21600.11 | 100.00 | 1982.44 | 9.18 | 1145.28 | 5.30 | 3376.21 | 15.63 | 3902.06 | 18.07 | 948.84 | 4.39 |
| 棉布(匹) | 596.00 | 100.00 | 39.00 | 6.54 | 15.00 | 2.52 | 146.00 | 24.50 | 245.00 | 41.11 | 17.00 | 2.85 |
| 草(束) | 29971.00 | 100.00 | 2861.00 | 9.55 | 1638.00 | 5.47 | 4700.00 | 15.68 | 5092.00 | 16.99 | 1289.00 | 4.30 |
| 户口盐钞银(两) | 1930.19 | 100.00 | 105.23 | 5.45 | 60.78 | 3.15 | 133.73 | 6.93 | 377.02 | 19.53 | 119.94 | 6.21 |
| 存留(两) | | | 182.60 | 8.69 | 161.50 | 7.69 | 119.26 | 5.68 | 377.02 | 19.53 | 119.94 | 6.21 |

| 田赋项目 | 凤县 | % | 宁羌州 | % | 沔县 | % | 略阳县 | % | 金州 | % | 平利县 | % |
|---|---|---|---|---|---|---|---|---|---|---|---|---|
| 夏税 | | | | | | | | | | | | |
| 麦(石) | 2501.88 | 19.96 | 121.77 | 0.97 | 343.28 | 2.74 | 292.82 | 2.34 | 740.98 | 5.91 | 117.79 | 0.94 |
| 绢(匹) | 26.00 | 6.88 | 1.00 | 0.26 | 10.00 | 2.65 | 13.00 | 3.44 | 29.00 | 7.67 | 5.00 | 1.32 |
| 秋粮 | | | | | | | | | | | | |
| 米(石) | 2529.98 | 11.71 | 279.13 | 1.29 | 908.63 | 4.21 | 492.44 | 2.28 | 2241.72 | 10.38 | 418.87 | 1.94 |
| 棉布(匹) | | 10.75 | 2.00 | 0.34 | 27.00 | 4.53 | 57.00 | 9.56 | | | 3.00 | 0.50 |
| 草(束) | 3222.00 | 10.75 | 501.00 | 1.67 | 1362.00 | 4.54 | 755.00 | 2.52 | 3269.00 | 10.91 | 554.00 | 1.85 |
| 户口盐钞银(两) | 148.80 | 7.71 | 37.64 | 1.95 | 44.13 | 2.29 | 58.38 | 3.02 | 223.60 | 11.58 | 98.45 | 5.10 |
| 存留(两) | 148.80 | 7.71 | 37.64 | 1.95 | 44.13 | 2.29 | 58.38 | 3.02 | 223.60 | 11.58 | 98.45 | 5.10 |

| 田赋项目 | 石泉县 | % | 洵阳县 | % | 紫阳县 | % | 汉阴县 | % | 白河县 | % | 开山驿[1] | % |
|---|---|---|---|---|---|---|---|---|---|---|---|---|
| 夏税 | | | | | | | | | | | | |

1066

---

[1] 以下驿站、卫所等非县级单位，为方便计，分列于此。其后四川等省的非县级单位，依此处理。

**表一**

| 田赋项目 | 青桥驿 | % | 黄沙驿 | % | 柏林驿 | % | 青阳驿 | % | 草凉楼驿 | % | 梁山驿 | % |
|---|---|---|---|---|---|---|---|---|---|---|---|---|
| 夏税 麦（石） | 237.79 | 1.90 | 438.58 | 3.50 | 121.03 | 0.97 | 340.12 | 2.71 | 425.99 | 3.40 | 53.94 | 0.43 |
| 绢（匹） | 6.00 | 1.59 | 18.00 | 4.76 |  |  | 10.00 | 2.65 |  | 2.65 |  |  |
| 秋粮 |  |  |  |  |  |  |  |  |  |  |  |  |
| 米（石） | 322.80 | 1.49 | 1056.33 | 4.89 | 220.01 | 1.02 | 608.69 | 2.82 | 476.34 | 2.21 | 189.87 | 0.88 |
| 棉布（匹） | 6.00 | 1.01 | 28.00 | 4.70 |  |  | 6.00 | 1.01 |  | 3.08 |  |  |
| 草（束） | 528.00 | 1.76 | 1550.00 | 5.17 |  |  | 859.00 | 2.87 | 924.00 |  | 243.00 | 0.81 |
| 户口盐钞银（两） | 93.82 | 4.86 | 153.05 | 7.93 | 51.22 | 2.65 | 113.63 | 5.89 | 112.16 | 5.81 |  |  |
| 存留（两） | 93.82 | 4.86 | 153.05 | 7.93 | 51.22 | 2.65 | 113.63 | 5.89 | 112.16 | 5.81 |  |  |

**表二**

| 田赋项目 | 三岔驿 | % | 安山驿 | % | 武关驿 | % | 凉山驿 | % |
|---|---|---|---|---|---|---|---|---|
| 夏税 麦（石） | 40.10 | 0.32 | 17.20 | 0.14 | 6.27 | 0.05 | 37.47 | 0.30 |
| 秋粮 米（石） | 18.30 | 0.08 | 17.50 | 0.08 | 8.00 | 0.04 | 108.56 | 0.50 |
| 草（束） | 22.00 | 0.07 | 21.00 | 0.07 | 10.00 | 0.03 | 135.00 | 0.45 |

**表三**

| 田赋项目 | 洮州卫 | % | 岷州卫 | % | 西固城军民千户所 | % | 庆阳卫前千户所 | % | 山城驿 | % |
|---|---|---|---|---|---|---|---|---|---|---|
| 夏税 麦（石） | 220.36 | 2.70 | 300.87 | 3.69 | 969.51 | 11.88 | 41.08 | 0.50 | 74.25 | 0.59 |
| 秋粮 米（石） | 195.42 | 0.90 | 64.50 | 0.30 | 16.30 | 0.08 | 15.46 | 0.12 | 49.70 | 0.23 |
| 草（束） | 235.00 | 0.78 | 80.00 | 0.27 | 20.00 | 0.07 | 14.22 | 0.11 | 62.00 | 0.21 |

**表四**

| 田赋项目 | 全府总数 | % | 洮、岷、宁庆、绥德等卫所，并高家等堡 | % |
|---|---|---|---|---|
| 夏税 麦（石） | 8162.74 | 100.00 | 2784.12 | 34.11% |

以下为一张横向（旋转90°）排印的田赋统计表，现按税目与各站（驿、递运所、卫、千户所）整理如下。

**（一）本铺递运所总数及分项（绢、秋粮）**

| 税目 | 本铺递运所 量 | % | 量 | % | 量 | % | 量 | % | 量 | % |
|---|---|---|---|---|---|---|---|---|---|---|
| 绢（匹） | 12.00 | 100.00 | 6.00 | 50.00 | 5.00 | 41.67 | | | | |
| 秋粮 米（石） | 12792.67 | 100.00 | 113.28 | 0.89 | 372.57 | 2.91 | 2157.36 | 16.86 | 82.16 | 0.64 |
| 秋粮 草（束） | 19651.00 | 100.00 | 141.00 | 0.72 | 465.00 | 2.37 | 2697.00 | 13.72 | 100.00 | 0.51 |

**（二）各站夏税、秋粮分项**

| 田赋项目 | 夏税 麦（石） | % | 秋粮 米（石） | % | 秋粮 草（束） | % |
|---|---|---|---|---|---|---|
| 山城递运所 | 28.24 | 0.35 | 56.48 | 0.44 | 68.00 | 0.35 |
| 灵州 | 1589.14 | 19.47 | 1627.96 | 12.73 | 1844.00 | 9.38 |
| 灵州千户所 | 90.01 | 1.10 | 139.87 | 1.09 | 174.00 | 0.89 |
| 萌城驿 | 123.75 | 1.52 | 248.02 | 1.94 | 310.00 | 1.58 |
| 萌城递运所 | 74.39 | 0.91 | 143.78 | 1.12 | 179.00 | 0.91 |
| 大沙井递运所 | 35.43 | 0.43 | 70.34 | 0.55 | 87.00 | 0.44 |
| 绥德卫 | | | 468.23 | 3.66 | 945.00 | 4.81 |
| 延安卫 | | | 369.15 | 2.89 | 744.00 | 3.79 |
| 庆阳卫 | | | 594.57 | 4.65 | 1021.00 | 5.20 |
| 小盐池驿 | 52.63 | 0.64 | 105.26 | 0.82 | 131.00 | 0.67 |
| 小盐池递运所 | 65.43 | 0.80 | 130.96 | 1.02 | 163.00 | 0.83 |
| 石沟驿 | 78.30 | 0.96 | 155.28 | 1.21 | 194.00 | 0.99 |
| 石沟儿递运所 | 83.44 | 1.02 | 166.88 | 1.30 | 208.00 | 1.06 |
| 青平递运所 | 48.78 | 0.60 | 97.08 | 0.76 | 118.00 | 0.60 |
| 菁平驿 | 19.25 | 0.24 | 38.51 | 0.30 | 45.00 | 0.23 |
| 阜城递运所 | 23.17 | 0.28 | 46.21 | 0.36 | 45.00 | 0.23 |
| 宁夏卫经历司 | 1487.70 | 18.23 | 1613.53 | 12.61 | 2016.00 | 10.26 |

| 田赋项目 | 高家堡 | % | 楠林城 | % | 波罗堡 | % | 怀远堡 | % | 威武堡 | % | 清平堡 | % |
|---|---|---|---|---|---|---|---|---|---|---|---|---|
| **秋粮** | | | | | | | | | | | | |
| 米（石） | 101.90 | 0.80 | 2043.49 | 15.97 | 137.79 | 1.08 | 54.48 | 0.43 | 479.84 | 3.75 | 156.42 | 1.22 |
| 草（束） | 205.00 | 1.04 | 4128.00 | 21.01 | 278.00 | 1.41 | 110.00 | 0.56 | 969.00 | 4.93 | 316.00 | 1.61 |
| 田赋项目 | 龙州城 | % | 靖边营 | % | 宁塞堡 | % | 永济堡 | % | 安边营 | % | 新兴堡 | % |
| **秋粮** | | | | | | | | | | | | |
| 米（石） | 60.14 | 0.47 | 249.34 | 1.95 | 107.31 | 0.84 | 79.27 | 0.62 | 261.89 | 2.05 | 43.89 | 0.34 |
| 草（束） | 121.00 | 0.62 | 503.00 | 2.56 | 126.00 | 0.64 | 135.00 | 0.69 | 592.00 | 3.01 | 86.00 | 0.44 |
| 田赋项目 | 定边营 | % | 双山堡 | % | | | | | | | | |
| **秋税** | | | | | | | | | | | | |
| 米（石） | 120.41 | 0.94 | 11.55 | 0.09 | | | | | | | | |
| 草（束）。 | 529.00 | 2.69 | 33.00 | 0.17 | | | | | | | | |

## 乙表 17

## 万历六年四川布政司分州县田赋统计[1]

### 成都府

| 田赋项目 | 全府总数 | % | 成都县 | % | 华阳县 | % | 双流县 | % | 温江县 | % | 新繁县 | % |
|---|---|---|---|---|---|---|---|---|---|---|---|---|
| **夏税** | | | | | | | | | | | | |
| 米（石） | 48485.99 | 100.00 | 3149.61 | 6.50 | 947.91 | 1.96 | 1533.52 | 3.16 | 2595.62 | 5.35 | 1701.79 | 3.51 |
| 起运（石） | 42076.55 | 100.00 | 3136.52 | 7.45 | 728.25 | 1.73 | 1441.52 | 3.43 | 2595.62 | 6.17 | 1577.94 | 3.75 |
| 存留（石） | 6409.43 | 100.00 | 13.08 | 0.20 | 219.66 | 3.43 | 92.00 | 1.44 | 123.81 | 1.93 |  |  |
| **秋粮** | | | | | | | | | | | | |
| 米（石） | 109768.19 | 100.00 | 6770.91 | 6.17 | 3810.08 | 3.47 | 3950.88 | 3.60 | 7143.19 | 6.51 | 3896.35 | 3.55 |
| 起运（石） | 93003.39 | 100.00 | 6424.00 | 6.91 | 3669.75 | 3.95 | 3527.88 | 3.79 | 6633.19 | 7.13 | 3540.17 | 3.81 |
| 存留（石） | 16764.80 | 100.00 | 346.91 | 2.07 | 140.33 | 0.84 | 423.00 | 2.52 | 510.00 | 3.04 | 356.18 | 2.12 |

[1] 资料来源：根据第一篇甲表 **30**。

| 田赋项目 | 金堂县 | % | 仁寿县 | % | 新都县 | % | 井研县 | % | 郫县 | % | 资县 | % |
|---|---|---|---|---|---|---|---|---|---|---|---|---|
| 棉花绒（斤） | 12873.57 | 100.00 | 140.40 | 4.21 | 114.27 | 3.43 | 93.87 | 2.82 | 112.13 | 3.37 | 42.70 | 1.28 |
| 存留（斤） | 12873.57 | 100.00 | 140.40 | 4.21 | 114.27 | 3.43 | 93.87 | 2.82 | 112.13 | 3.37 | 42.70 | 1.28 |
| 户口盐钞银（两） | 3331.60 | 100.00 | | | | | | | | | | |
| 存留（两） | 3331.60 | 100.00 | | | | | | | | | | |
| 夏税 | | | | | | | | | | | | |
| 米（石） | 2231.72 | 4.60 | 2025.13 | 4.18 | 2844.37 | 5.87 | 507.41 | 1.05 | 2648.80 | 5.46 | 1834.25 | 3.78 |
| 起运（石） | 1924.96 | 4.57 | 1846.80 | 4.39 | 2844.37 | 6.76 | 435.88 | 1.04 | 2608.60 | 6.20 | 1667.56 | 3.96 |
| 存留（石） | 306.76 | 4.79 | 178.33 | 2.78 | | | 71.52 | 1.12 | 40.20 | 0.63 | 166.69 | 2.60 |
| 秋粮 | | | | | | | | | | | | |
| 米（石） | 3916.95 | 3.57 | 4439.56 | 4.04 | 5512.04 | 5.02 | 1431.13 | 1.30 | 6295.26 | 5.74 | 3565.12 | 3.25 |
| 起运（石） | 3753.70 | 4.04 | 4087.90 | 4.40 | 5032.04 | 5.41 | 1052.65 | 1.13 | 5855.47 | 6.30 | 3216.81 | 3.46 |
| 存留（石） | 163.24 | 0.97 | 351.66 | 2.10 | 480.00 | 2.86 | 378.47 | 2.26 | 439.79 | 2.62 | 348.30 | 2.08 |
| 棉花绒（斤） | | | 1456.83 | 11.32 | | | | | | | 2669.18 | 20.73 |
| 存留（斤） | | | 1456.83 | 11.32 | | | | | | | 2669.18 | 20.73 |
| 户口盐钞银（两） | 97.90 | 2.94 | 312.05 | 9.37 | 54.92 | 1.65 | 122.10 | 3.66 | 150.32 | 4.51 | 98.55 | 2.96 |
| 存留（两） | 97.90 | 2.94 | 312.05 | 9.37 | 54.92 | 1.65 | 122.10 | 3.66 | 150.32 | 4.51 | 98.55 | 2.96 |

| 田赋项目 | 灌县 | % | 彭县 | % | 安县 | % | 内江县 | % | 崇宁县 | % | 资阳县 | % |
|---|---|---|---|---|---|---|---|---|---|---|---|---|
| 夏税 | | | | | | | | | | | | |
| 米（石） | 2617.03 | 5.40 | 2299.67 | 4.74 | 1359.54 | 2.80 | 3301.88 | 6.81 | 914.58 | 1.89 | 1710.65 | 3.53 |
| 起运（石） | 2006.05 | 4.77 | 2120.62 | 5.04 | 1109.54 | 2.64 | 3028.77 | 7.20 | 764.58 | 1.82 | 1225.64 | 2.91 |
| 存留（石） | 610.98 | 9.53 | 179.05 | 2.79 | 250.00 | 3.90 | 273.10 | 4.26 | 150.00 | 2.34 | 485.00 | 7.57 |
| 秋粮 | | | | | | | | | | | | |
| 米（石） | 6136.52 | 5.59 | 4310.53 | 3.93 | 2009.99 | 1.83 | 8008.04 | 7.30 | 2034.79 | 1.85 | 4166.30 | 3.80 |
| 起运（石） | 1187.50 | 1.28 | 4009.59 | 4.31 | 850.00 | 0.91 | 7701.15 | 8.28 | 1664.79 | 1.79 | 4166.30 | 4.48 |

| 田赋项目 | 简州 | % | 崇庆州 | % | 新津县 | % | 汉州 | % | 什邡县 | % | 绵竹县 | % |
|---|---|---|---|---|---|---|---|---|---|---|---|---|
| 存留（石） | 4949.01 | 29.52 | 300.94 | 1.80 | 1159.99 | 6.92 | 306.89 | 1.83 | 370.00 | 2.21 |  |  |
| 棉花绒（斤） |  |  |  |  |  |  |  |  |  |  | 2942.61 | 22.86 |
| 存留（斤） |  |  |  |  |  |  |  |  |  |  | 2942.61 | 22.86 |
| 户口盐钞银（两） | 47.26 | 1.42 | 103.57 | 3.11 | 43.44 | 1.30 | 168.78 | 5.07 | 30.39 | 0.91 | 195.24 | 5.86 |
| 存留（两） | 47.26 | 1.42 | 103.57 | 3.11 | 43.44 | 1.30 | 168.78 | 5.07 | 30.39 | 0.91 | 195.24 | 5.86 |
| 田赋项目 | 简州 | % | 崇庆州 | % | 新津县 | % | 汉州 | % | 什邡县 | % | 绵竹县 | % |
| 夏税 |  |  |  |  |  |  |  |  |  |  |  |  |
| 米（石） | 1663.32 | 3.43 | 1790.08 | 3.69 | 1581.97 | 3.26 | 2495.67 | 5.15 | 1001.79 | 2.07 | 1745.77 | 3.60 |
| 起运（石） | 1386.49 | 3.30 | 1723.99 | 4.10 | 1508.31 | 3.58 | 2040.31 | 4.85 | 701.34 | 1.67 | 1464.10 | 3.48 |
| 存留（石） | 276.82 | 4.32 | 66.07 | 1.03 | 73.66 | 1.15 | 455.36 | 7.10 | 300.45 | 4.69 | 281.67 | 4.39 |
| 秋粮 |  |  |  |  |  |  |  |  |  |  |  |  |
| 米（石） | 3565.26 | 3.25 | 7191.00 | 6.55 | 3746.83 | 3.41 | 5380.67 | 4.90 | 2058.18 | 1.88 | 2748.14 | 2.50 |
| 起运（石） | 3102.08 | 3.34 | 6382.13 | 6.86 | 3328.50 | 3.58 | 4956.03 | 5.33 | 1905.41 | 2.05 | 2129.82 | 2.29 |
| 存留（石） | 463.18 | 2.76 | 808.87 | 4.82 | 418.33 | 2.50 | 424.63 | 2.53 | 152.76 | 0.91 | 618.32 | 3.69 |
| 棉花绒（斤） | 2098.04 | 16.30 |  |  |  |  |  |  |  |  |  |  |
| 存留（斤） | 2098.04 | 16.30 |  |  |  |  |  |  |  |  |  |  |
| 户口盐钞银（两） | 311.23 | 9.34 | 297.48 | 8.93 | 81.21 | 2.44 | 175.67 | 5.27 | 61.91 | 1.86 | 66.54 | 2.00 |
| 存留（两） | 311.23 | 9.34 | 297.48 | 8.93 | 81.21 | 2.44 | 175.67 | 5.27 | 61.91 | 1.86 | 66.54 | 2.00 |

| 田赋项目 | 德阳县 | % | 绵州 | % | 彰明县 | % | 罗江县 | % | 茂州 | % | 汉川县 | % |
|---|---|---|---|---|---|---|---|---|---|---|---|---|
| 夏税 |  |  |  |  |  |  |  |  |  |  |  |  |
| 米（石） | 798.11 | 1.65 | 644.71 | 1.33 | 678.41 | 1.40 | 465.23 | 0.96 | 425.67 | 0.88 | 137.91 | 0.28 |
| 起运（石） | 728.57 | 1.73 | 438.57 | 1.04 | 635.21 | 1.51 | 386.30 | 0.92 |  |  |  |  |
| 存留（石） | 69.54 | 1.08 | 206.14 | 3.22 | 43.19 | 0.67 | 78.92 | 1.23 | 425.67 | 6.64 | 137.91 | 2.15 |
| 秋粮 |  |  |  |  |  |  |  |  |  |  |  |  |
| 米（石） | 2452.94 | 2.23 | 852.04 | 0.78 | 1476.80 | 1.35 | 681.07 | 0.62 | 523.28 | 0.48 | 143.16 | 0.13 |

| 田赋项目 | 威州 | % | 保县 | % | 静州长官司 | % | 岳溪蓬长官司 | % | 陇木头长官司 | % | 松潘卫 | % |
|---|---|---|---|---|---|---|---|---|---|---|---|---|
| 起运（石） | 2052.49 | 2.21 | 578.18 | 0.62 | 1100.00 | 1.18 | 300.00 | 0.32 | 523.28 | 3.12 | 143.16 | 0.85 |
| 存留（石） | 400.45 | 2.39 | 273.85 | 1.63 | 376.80 | 2.25 | 381.07 | 2.27 | | | | |
| 户口盐钞银（两） | 201.07 | 6.04 | 80.17 | 2.41 | 41.05 | 1.23 | 84.25 | 2.53 | | | | |
| 存留（两） | 201.07 | 6.04 | 80.17 | 2.41 | 41.05 | 1.23 | 84.25 | 2.53 | | | | |

| 田赋项目 | 威州 | % | 保县 | % | 静州长官司 | % | 岳溪蓬长官司 | % | 陇木头长官司 | % | 松潘卫 | % |
|---|---|---|---|---|---|---|---|---|---|---|---|---|
| 夏税 米（石） | 833.75 | 1.72 | | | | | | | | | | |
| 　　 存留（石） | 833.75 | 13.01 | | | | | | | | | | |
| 秋粮 米（石） | | | 414.41 | 0.38 | 283.83 | 0.26 | 184.78 | 0.17 | 327.14 | 0.30 | 136.37 | 0.12 |
| 　　 起运（石） | | | | | 283.83 | 0.31 | 184.78 | 0.20 | 327.14 | 0.35 | | |
| 　　 存留（石） | | | 414.41 | 2.47 | | | | | | | 136.37 | 0.81 |

| 田赋项目 | 叠溪千户所并所属叠溪簇即三长官司 | % |
|---|---|---|
| 秋粮 米（石） | 204.48 | 0.19 |
| 　　 存留（石） | 204.48 | 1.22 |

保宁府

| 田赋项目 | 全府总数 | % | 阆中县 | % | 苍溪县 | % | 南部县 | % | 广元县 | % | 昭化县 | % |
|---|---|---|---|---|---|---|---|---|---|---|---|---|
| 夏税 米（石） | 9525.45 | 100.00 | 1666.21 | 17.49 | 878.06 | 9.22 | 1577.75 | 16.56 | 369.47 | 3.88 | 316.27 | 3.32 |
| 　　 起运（石） | 7426.78 | 100.00 | 1406.41 | 18.94 | 548.32 | 7.38 | 1409.34 | 18.98 | 230.00 | 3.10 | 110.00 | 1.48 |
| 　　 存留（石） | 2098.66 | 100.00 | 259.80 | 12.38 | 329.73 | 15.71 | 168.41 | 8.02 | 139.47 | 6.65 | 206.27 | 9.83 |

**（上接前页，保宁府）**

| 田赋项目 | 全府总数 | % | | % | | % | | % | | % | | % |
|---|---|---|---|---|---|---|---|---|---|---|---|---|
| 秋粮 | | | | | | | | | | | | |
| 米（石） | 9681.87 | 100.00 | 1147.80 | 11.86 | 935.46 | 9.66 | 1516.18 | 15.66 | 691.10 | 7.14 | 530.44 | 5.48 |
| 起运（石） | 6642.71 | 100.00 | 1047.60 | 15.77 | 775.20 | 11.67 | 1144.59 | 17.23 | 300.00 | 4.52 | 315.00 | 4.74 |
| 存留（石） | 3039.15 | 100.00 | 100.20 | 3.30 | 160.26 | 5.27 | 371.58 | 12.23 | 391.10 | 12.87 | 215.44 | 7.09 |
| 户口盐钞银（两） | 868.77 | 100.00 | 74.83 | 8.61 | 31.11 | 3.58 | 231.01 | 26.59 | 9.72 | 1.12 | 14.73 | 1.70 |
| 存留（两） | 868.77 | 100.00 | 74.83 | 8.61 | 31.11 | 3.58 | 231.01 | 26.59 | 9.72 | 1.12 | 14.73 | 1.70 |

| 田赋项目 | 巴州 | % | 通江县 | % | 南江县 | % | 剑州 | % | 梓潼县 | % |
|---|---|---|---|---|---|---|---|---|---|---|
| 夏税 | | | | | | | | | | |
| 米（石） | 2025.89 | 21.27 | 998.41 | 10.48 | 665.21 | 6.98 | 601.23 | 6.31 | 426.90 | 4.48 |
| 起运（石） | 1781.70 | 23.99 | 777.29 | 10.47 | 609.29 | 8.20 | 328.37 | 4.42 | 226.03 | 3.04 |
| 存留（石） | 244.19 | 11.64 | 221.11 | 10.54 | 55.92 | 2.66 | 272.86 | 13.00 | 200.87 | 9.57 |
| 秋粮 | | | | | | | | | | |
| 米（石） | 2025.69 | 20.92 | 719.94 | 7.44 | 702.44 | 7.26 | 686.79 | 7.09 | 725.99 | 7.50 |
| 起运（石） | 1557.89 | 23.45 | 451.05 | 6.79 | 320.36 | 4.82 | 300.00 | 4.52 | 431.00 | 6.49 |
| 存留（石） | 467.80 | 15.39 | 268.88 | 8.85 | 382.08 | 12.57 | 386.79 | 12.73 | 294.99 | 9.71 |
| 户口盐钞银（两） | 156.19 | 17.98 | 144.04 | 16.58 | 47.29 | 5.44 | 111.05 | 12.78 | 48.72 | 5.61 |
| 存留（两） | 156.19 | 17.98 | 144.04 | 16.58 | 47.29 | 5.44 | 111.05 | 12.78 | 48.72 | 5.61 |

**顺庆府[1]**

| 田赋项目 | 全府总数 | % | 南充县 | % | 西充县 | % | 蓬州 | % | 营山县 | % | 仪陇县 | % |
|---|---|---|---|---|---|---|---|---|---|---|---|---|
| 夏税 | | | | | | | | | | | | |
| 米（石） | 23356.53 | 100.00 | 2315.15 | 9.91 | 3083.77 | 13.20 | 704.71 | 3.02 | 663.36 | 2.84 | 1658.14 | 7.10 |
| 起运（石） | 21820.04 | 100.00 | 2315.15 | 10.61 | 3083.77 | 14.13 | 358.85 | 1.64 | 521.00 | 2.39 | 1548.14 | 7.10 |
| 存留（石） | 1536.48 | 100.00 | | | | | 345.85 | 22.51 | 142.36 | 9.27 | 110.00 | 7.16 |
| 秋粮 | | | | | | | | | | | | |

1原书渠县"遇闰加银"项数值部分残缺，依据顺庆府总数，补齐。

**广安州**

| 田赋项目 | 全府总数 | % | 广安州 | % | 渠县 | % | 大竹县 | % | 岳池县 | % | 邻水县 | % |
|---|---|---|---|---|---|---|---|---|---|---|---|---|
| **夏税** | | | | | | | | | | | | |
| 米（石） | 49122.77 | 100.00 | 2442.00 | 4.97 | 1554.87 | 3.17 | 1080.14 | 2.20 | 1091.34 | 2.22 | 1563.48 | 3.18 |
| 起运（石） | 45269.25 | 100.00 | 2082.00 | 4.60 | 1074.87 | 2.37 | 706.00 | 1.56 | 793.71 | 1.75 | 1233.48 | 2.72 |
| 存留（石） | 3853.51 | 100.00 | 360.00 | 9.34 | 480.00 | 12.46 | 374.14 | 9.71 | 297.63 | 7.72 | 330.00 | 8.56 |
| 棉花绒（斤） | 3209.30 | 100.00 | 300.49 | 9.36 | 30.75 | 0.96 | 70.38 | 2.19 | 88.00 | 2.74 | 112.00 | 3.49 |
| 存留（斤） | 3209.30 | 100.00 | 300.49 | 9.36 | 30.75 | 0.96 | 70.38 | 2.19 | 88.00 | 2.74 | 112.00 | 3.49 |
| 户口盐钞银（两） | 1243.57 | 100.00 | 206.70 | 16.62 | 65.23 | 5.25 | 200.66 | 16.14 | 28.23 | 2.27 | 71.34 | 5.74 |
| 存留（两） | 1243.57 | 100.00 | 206.70 | 16.62 | 65.23 | 5.25 | 200.66 | 16.14 | 28.23 | 2.27 | 71.34 | 5.74 |
| **秋粮** | | | | | | | | | | | | |
| 米（石） | 13061.46 | 100.00 | 4973.81 | 10.13 | 5963.28 | 12.14 | 3766.87 | 16.13 | 2073.55 | 8.88 | 7265.20 | 14.79 |
| 起运（石） | 12326.97 | 100.00 | 4493.81 | 9.93 | 5804.16 | 12.82 | 3415.00 | 15.65 | 2073.55 | 9.50 | 6775.20 | 14.97 |
| 存留（石） | 734.48 | 100.00 | 480.00 | 12.46 | 159.12 | 4.13 | 351.87 | 22.90 | | | 490.00 | 12.72 |
| 棉花绒（斤） | 434.29 | 100.00 | 1472.00 | 45.87 | 142.33 | 4.43 | 442.71 | 13.79 | | | 116.35 | 3.63 |
| 存留（斤） | 434.29 | 100.00 | 1472.00 | 45.87 | 142.33 | 4.43 | 442.71 | 13.79 | | | 116.35 | 3.63 |
| 户口盐钞银（两） | 168.12 | 100.00 | 109.47 | 8.80 | 101.82 | 8.19 | 179.55 | 14.44 | | | 112.37 | 9.04 |
| 存留（两） | 168.12 | 100.00 | 109.47 | 8.80 | 101.82 | 8.19 | 179.55 | 14.44 | | | 112.37 | 9.04 |

**叙州府**

| 田赋项目 | 全府总数 | % | 宜宾县 | % | 庆符县 | % | 富顺县 | % | 南溪县 | % | 长宁县 | % |
|---|---|---|---|---|---|---|---|---|---|---|---|---|
| **夏税** | | | | | | | | | | | | |
| 米（石） | 32887.32 | 100.00 | 3940.34 | 11.98 | 2635.18 | 8.01 | 14846.89 | 45.14 | 4080.58 | 12.41 | 1761.18 | 5.36 |
| 起运（石） | 30373.02 | 100.00 | 3940.33 | 12.97 | 2635.18 | 8.68 | 14846.89 | 48.88 | 4080.57 | 13.43 | 1761.18 | 5.80 |

**上表**

| 田赋项目 | 全府总数 | % | 高县 | % | 筠连县 | % | 珙县 | % | 兴文县 | % | 隆昌县 | % | 永川县 | % |
|---|---|---|---|---|---|---|---|---|---|---|---|---|---|---|
| 夏税 | | | | | | | | | | | | | | |
| 存留（石） | 2514.29 | 100.00 | | | | | | | | | | | | |
| 秋粮 | | | | | | | | | | | | | | |
| 米（石） | 85542.13 | 100.00 | 8214.41 | 9.60 | 2622.00 | 3.07 | 33170.78 | 38.78 | 9477.32 | 11.08 | 7275.00 | 8.50 | | |
| 起运（石） | 79669.84 | 100.00 | 7854.41 | 9.86 | 2150.00 | 2.70 | 32510.78 | 40.81 | 8942.32 | 11.22 | 6788.00 | 8.52 | | |
| 存留（石） | 5872.29 | 100.00 | 360.00 | 6.13 | 472.00 | 8.04 | 660.00 | 11.24 | 535.00 | 9.11 | 487.00 | 8.29 | | |
| 棉花绒（斤） | 7437.70 | 100.00 | 881.48 | 11.85 | 267.89 | 3.60 | 3512.63 | 47.23 | 614.68 | 8.26 | 288.36 | 3.88 | | |
| 存留（斤） | 7437.70 | 100.00 | 881.48 | 11.85 | 267.89 | 3.60 | 3512.63 | 47.23 | 614.68 | 8.26 | 288.36 | 3.88 | | |
| 户口盐钞银（两） | 1780.64 | 100.00 | 65.10 | 3.66 | 16.38 | 0.92 | 1338.24 | 75.16 | 178.84 | 10.04 | 17.17 | 0.96 | | |
| 存留（两） | 1780.64 | 100.00 | 65.10 | 3.66 | 16.38 | 0.92 | 1338.24 | 75.16 | 178.84 | 10.04 | 17.17 | 0.96 | | |

**下表（重庆府）**

| 田赋项目 | 全府总数 | % | 巴县 | % | 江津县 | % | 长寿县 | % | 大足县 | % | 永川县 | % |
|---|---|---|---|---|---|---|---|---|---|---|---|---|
| 夏税 | | | | | | | | | | | | |
| 米（石） | 978.49 | 2.98 | 605.53 | 1.84 | 421.63 | 1.28 | 615.23 | 1.87 | 3002.22 | 9.13 | | |
| 起运（石） | 58.08 | 0.19 | | | | | 161.38 | 0.53 | 2889.36 | 9.51 | | |
| 存留（石） | 920.41 | 36.61 | 605.53 | 24.08 | 421.63 | 16.77 | 453.85 | 18.05 | 112.86 | 4.49 | | |
| 秋粮 | | | | | | | | | | | | |
| 米（石） | 2858.91 | 3.34 | 801.81 | 0.94 | 1212.35 | 1.42 | 1401.91 | 1.64 | 18507.60 | 21.64 | | |
| 起运（石） | 2858.91 | 3.59 | | | | | 407.80 | 0.51 | 18157.60 | 22.79 | | |
| 存留（石） | | | 801.81 | 13.65 | 1212.35 | 20.65 | 994.11 | 16.93 | 350.00 | 5.96 | | |
| 棉花绒（斤） | | | | | | | | | 1872.66 | 25.18 | | |
| 存留（斤） | | | | | | | | | 1872.66 | 25.18 | | |
| 户口盐钞银（两） | 32.27 | 1.81 | 3.99 | 0.22 | 3.12 | 0.18 | 2.95 | 0.17 | 127.53 | 7.16 | | |
| 存留（两） | 32.27 | 1.81 | 3.99 | 0.22 | 3.12 | 0.18% | 2.95 | 0.17 | 127.53 | 7.16 | | |

| 田赋项目 | 合州 | % | 綦江县 | % | 南川县 | % | 黔江县 | % | 安居县 | % | 璧山县 | % | 荣昌县 | % | 铜梁县 | % | 定远县 | % | 忠州 | % | 酆都县 | % | 垫江县 | % |
|---|---|---|---|---|---|---|---|---|---|---|---|---|---|---|---|---|---|---|---|---|---|---|---|---|
| 夏税 | | | | | | | | | | | | | | | | | | | | | | | | |
| 米（石） | 109833.22 | 100.00 | 17044.48 | 15.52 | 10205.40 | 9.29 | 7109.70 | 6.47 | 11399.04 | 10.38 | 12347.37 | 11.24 | 8985.06 | 8.18 | 908.04 | 0.83 | 1304.36 | 1.19 | 350.00 | 0.32 | 1391.12 | 1.27 | 6576.54 | 5.99 |
| 起运（石） | 104607.56 | 100.00 | 16948.98 | 16.20 | 9925.40 | 9.49 | 7044.39 | 6.73 | 11085.36 | 10.60 | 11993.43 | 11.47 | 8583.13 | 8.21 | 411.06 | 0.39 | 1226.37 | 1.17 | | | 1136.89 | 1.09 | 6120.03 | 5.85 |
| 存留（石） | 5225.66 | 100.00 | 95.50 | 1.83 | 280.00 | 5.36 | 65.30 | 1.25 | 313.67 | 6.00 | 353.94 | 6.77 | 401.92 | 7.69 | 496.98 | 9.51 | 77.98 | 1.49 | 350.00 | 6.70 | 254.23 | 4.87 | 456.51 | 8.74 |
| 秋粮 | | | | | | | | | | | | | | | | | | | | | | | | |
| 米（石） | 248021.41 | 100.00 | 43262.81 | 17.44 | 24963.67 | 10.07 | 22912.48 | 9.24 | 21251.36 | 8.57 | 23260.66 | 9.38 | 11385.50 | 4.59 | 2033.42 | 0.82 | 3451.36 | 1.39 | 39.54 | 0.02 | 3561.61 | 1.44 | 13099.81 | 5.28 |
| 起运（石） | 237936.79 | 100.00 | 42558.31 | 17.89 | 24603.67 | 10.34 | 22427.79 | 9.43 | 21025.03 | 8.84 | 23084.60 | 9.70 | 11360.29 | 4.77 | 2010.41 | 0.84 | 3049.35 | 1.28 | | | 3335.66 | 1.40 | 13066.32 | 5.49 |
| 存留（石） | 10084.62 | 100.00 | 704.50 | 6.99 | 360.00 | 3.57 | 484.69 | 4.81 | 226.32 | 2.24 | 176.06 | 1.75 | 25.21 | 0.25 | 23.01 | 0.23 | 402.01 | 3.99 | 39.54 | 0.39 | 225.94 | 2.24 | 33.48 | 0.33 |
| 棉花绒（斤） | 25071.34 | 100.00 | 1959.82 | 7.82 | 712.39 | 2.84 | 1820.00 | 7.26 | 4403.94 | 17.57 | 2778.14 | 11.08 | 2240.54 | 8.94 | 248.51 | 0.99 | 310.64 | 1.24 | | | 645.93 | 2.58 | 950.29 | 3.79 |
| 存留（斤） | 25071.34 | 100.00 | 1959.82 | 7.82 | 712.39 | 2.84 | 1820.00 | 7.26 | 4403.94 | 17.57 | 2778.14 | 11.08 | 2240.54 | 8.94 | 248.51 | 0.99 | 310.64 | 1.24 | | | 645.93 | 2.58 | 950.29 | 3.79 |
| 户口盐钞银（两） | 3552.39 | 100.00 | 753.96 | 21.22 | 175.69 | 4.95 | 143.47 | 4.04 | 464.10 | 13.06 | 279.92 | 7.88 | 263.06 | 7.41 | 18.24 | 0.51 | 64.94 | 1.83 | 14.07 | 0.40 | 156.68 | 4.41 | 130.26 | 3.67 |
| 存留（两） | 3552.39 | 100.00 | 753.96 | 21.22 | 175.69 | 4.95 | 143.47 | 4.04 | 464.10 | 13.06 | 279.92 | 7.88 | 263.06 | 7.41 | 18.24 | 0.51 | 64.94 | 1.83 | 14.07 | 0.40 | 156.68 | 4.41 | 130.26 | 3.67 |

| 项目 | 涪州 | | 武隆县 | | 彭水县 | | 播州宣慰司 | | 播州长官司 | | 黄平安抚司 | |
|---|---|---|---|---|---|---|---|---|---|---|---|---|
| | | % | | % | | % | | % | | % | | % |
| **夏税** | | | | | | | | | | | | |
| 米（石） | 7650.97 | 6.97 | 7498.85 | 6.83 | 2351.67 | 2.14 | 1091.92 | 0.99 | 1296.38 | 1.18 | 4250.72 | 3.87 |
| 起运（石） | 7546.89 | 7.21 | 7290.00 | 6.97 | 1872.89 | 1.79 | 796.12 | 0.76 | 1036.38 | 0.99 | 4250.72 | 4.06 |
| 存留（石） | 104.07 | 1.99 | 208.85 | 4.00 | 478.77 | 9.16 | 295.80 | 5.66 | 260.00 | 4.98 | | |
| **秋粮** | | | | | | | | | | | | |
| 米（石） | 20278.21 | 8.18 | 14782.72 | 5.96 | 5785.90 | 2.33 | 2785.20 | 1.12 | 1168.50 | 0.47 | 10348.91 | 4.17 |
| 起运（石） | 19622.28 | 8.25 | 14451.58 | 6.07 | 5754.68 | 2.42 | 1541.00 | 0.65 | 998.50 | 0.42 | 9848.91 | 4.14 |
| 存留（石） | 655.93 | 6.50 | 331.14 | 3.28 | 31.22 | 0.31 | 1244.20 | 12.34 | 170.00 | 1.69 | 500.00 | 4.96 |
| 棉花绒（斤） | 3135.78 | 12.51 | 1727.89 | 6.89 | 1332.60 | 5.32 | 142.38 | 0.57 | 38.79 | 0.15 | 1811.50 | 7.23 |
| 存留（斤） | 3135.78 | 12.51 | 1727.89 | 6.89 | 1332.60 | 5.32 | 142.38 | 0.57 | 38.79 | 0.15 | 1811.50 | 7.23 |
| 户口盐钞银（两） | 485.65 | 13.67 | 113.10 | 3.18 | 214.96 | 6.05 | 46.51 | 1.31 | 36.88 | 1.04 | 107.18 | 3.02 |
| 存留（两） | 485.65 | 13.67 | 113.10 | 3.18 | 214.96 | 6.05 | 46.51 | 1.31 | 36.88 | 1.04 | 107.18 | 3.02 |

| 田赋项目 | 涪州 | | 武隆县 | | 彭水县 | | 播州宣慰司 | | 播州长官司 | | 黄平安抚司 | |
|---|---|---|---|---|---|---|---|---|---|---|---|---|
| | | % | | % | | % | | % | | % | | % |
| **夏税** | | | | | | | | | | | | |
| 米（石） | 5015.12 | 4.57 | 267.29 | 0.24 | 714.14 | 0.65 | 424.13 | 0.39 | 907.44 | 0.83 | 591.85 | 0.54 |
| 起运（石） | 4789.90 | 4.58 | | | 474.57 | 0.45 | 424.13 | 0.41 | 907.44 | 0.87 | 591.85 | 0.57 |
| 存留（石） | 225.22 | 4.31 | 267.29 | 5.11 | 239.57 | 4.58 | | | | | | |
| **秋粮** | | | | | | | | | | | | |
| 米（石） | 9876.38 | 3.98 | 548.99 | 0.22 | 1076.00 | 0.43 | 4393.72 | 1.77 | 4500.68 | 1.81 | 100.00 | 0.04 |
| 起运（石） | 9299.86 | 3.91 | 416.28 | 0.17 | 892.33 | 0.38 | 1984.79 | 0.83 | 4500.68 | 1.89 | | |
| 存留（石） | 576.51 | 5.72 | 132.70 | 1.32 | 183.67 | 1.82 | 2408.92 | 23.89 | | | 100.00 | 0.99 |
| 棉花绒（斤） | 635.73 | 2.54 | 89.52 | 0.36 | 86.94 | 0.35 | | | | | | |
| 存留（斤） | 635.73 | 2.54 | 89.52 | 0.36 | 87.00 | 0.35 | | | | | | |
| 户口盐钞银（两） | 32.47 | 0.91 | 8.67 | 0.24 | 42.41 | 1.19 | | | | | | |
| 存留（两） | 32.47 | 0.91 | 8.67 | 0.24 | 42.41 | 1.19 | | | | | | |

**表一**

| 田赋项目 | 草塘安抚司 | % | 余庆长官司 | % | 白泥长官司 | % | 容山长官司 | % | 黄州长官司 | % | 重安长官司 | % |
|---|---|---|---|---|---|---|---|---|---|---|---|---|
| **夏税** | | | | | | | | | | | | |
| 米（石） | 11.12 | 0.01 | | | 65.82 | 0.06 | 12.45 | 0.01 | 57.64 | 0.05 | 4.50 | 0.004 |
| 起运（石） | 11.12 | 0.01 | | | 65.82 | 0.06 | 12.45 | 0.01 | 57.64 | 0.06 | 4.50 | 0.004 |
| 存留（石） | | | | | | | | | | | | |
| **秋粮** | | | | | | | | | | | | |
| 米（石） | 677.19 | 0.27 | 230.72 | 0.09 | 412.56 | 0.17 | 101.83 | 0.04 | 353.80 | 0.14 | 181.30 | 0.07 |
| 起运（石） | 677.19 | 0.28 | 230.72 | 0.10 | | | | | | | | |
| 存留（石） | | | | | 412.56 | 4.09 | 101.83 | 1.01 | 353.80 | 3.51 | 181.30 | 1.80 |

**表二**

| 田赋项目 | 酉阳宣抚司 | % | 邑梅洞长官司 | % | 平茶洞长官司 | % | 天坝干等寨 | % |
|---|---|---|---|---|---|---|---|---|
| **秋粮** | | | | | | | | |
| 米（石） | 816.13 | 0.33 | 47.80 | 0.02 | 250.00 | 0.10 | | |
| 起运（石） | 816.13 | 0.34 | 47.80 | 0.02 | 250.00 | 0.11 | | |

**夔州府**

| 田赋项目 | 全府总数 | % | 奉节县 | % | 巫山县 | % | 大昌县 | % | 云阳县 | % | 大宁县 | % |
|---|---|---|---|---|---|---|---|---|---|---|---|---|
| **夏税** | | | | | | | | | | | | |
| 米（石） | 8760.12 | 100.00 | 1359.81 | 15.52 | 476.03 | 5.43 | 175.68 | 2.01 | 556.15 | 6.35 | 542.22 | 6.19 |
| 起运（石） | 7360.37 | 100.00 | 1353.13 | 18.38 | 345.97 | 4.70 | 90.90 | 1.23 | 295.00 | 4.01 | 442.22 | 6.01 |
| 存留（石） | 1399.74 | 100.00 | 6.68 | 0.48 | 130.05 | 9.29 | 84.77 | 6.06 | 261.15 | 18.66 | 100.00 | 7.14 |
| **秋粮** | | | | | | | | | | | | |
| 米（石） | 21805.27 | 100.00 | 365.31 | 1.68 | 888.94 | 4.08 | 365.22 | 1.67 | 1553.86 | 7.13 | 904.12 | 4.15 |
| 起运（石） | 16652.09 | 100.00 | 250.00 | 1.50 | 539.00 | 3.24 | | | 1255.01 | 7.54 | 554.12 | 3.33 |
| 存留（石） | 5153.17 | 100.00 | 115.31 | 2.24 | 349.94 | 6.79 | 365.22 | 7.09 | 298.84 | 5.80 | 350.00 | 6.79 |

| 田赋项目 | 万县 | % | 开县 | % | 新宁县 | % | 梁山县 | % | 建始县 | % | 达州 | % |
|---|---|---|---|---|---|---|---|---|---|---|---|---|
| 棉花绒（斤） | 1254.13 | 100.00 | 36.54 | 5.73 | 47.48 | 7.45 | 16.92 | 2.65 | 92.73 | 14.55 | 27.27 | 4.28 |
| 存留（斤） | 1254.13 | 100.00 | 36.54 | 5.73 | 47.48 | 7.45 | 16.92 | 2.65 | 92.73 | 14.55 | 27.27 | 4.28 |
| 户口盐钞银（两） | 637.48 | 100.00 | | | | | | | | | | |
| 存留（两） | 637.48 | 100.00 | | | | | | | | | | |
| 夏税 | | | | | | | | | | | | |
| 米（石） | 561.89 | 6.41 | 1213.22 | 13.85 | 866.06 | 9.89 | 1390.12 | 15.87 | 480.32 | 5.48 | 842.77 | 9.62 |
| 起运（石） | 339.81 | 4.62 | 1122.88 | 15.26 | 866.06 | 11.77 | 1390.12 | 18.89 | 390.18 | 5.30 | 661.15 | 8.98 |
| 存留（石） | 222.07 | 15.87 | 90.33 | 6.45 | | | | | 90.12 | 6.44 | 181.62 | 12.98 |
| 秋粮 | | | | | | | | | | | | |
| 米（石） | 1866.92 | 8.56 | 2782.66 | 12.76 | 2729.22 | 12.52 | 4680.80 | 21.47 | 1623.87 | 7.45 | 2635.59 | 12.09 |
| 起运（石） | 1508.00 | 9.06 | 2423.00 | 14.55 | 2279.22 | 13.69 | 4200.80 | 25.23 | 1264.00 | 7.59 | 1597.21 | 9.59 |
| 存留（石） | 358.92 | 6.97 | 359.66 | 6.98 | 450.00 | 8.73 | 480.00 | 9.31 | 359.87 | 6.98 | 1038.37 | 20.15 |
| 棉花绒（斤） | | | | | 99.47 | 7.93 | 438.25 | 34.94 | 21.00 | 1.67 | 27.20 | 2.17 |
| 存留（斤） | | | 655.84 | 52.29 | 99.47 | 7.93 | 438.25 | 34.94 | 21.00 | 1.67 | 27.20 | 2.17 |
| 户口盐钞银（两） | 76.20 | 11.95 | 58.11 | 9.12 | 43.19 | 6.78 | 105.30 | 16.52 | 51.92 | 8.14 | 51.87 | 8.14 |
| 存留（两） | 76.20 | 11.95 | 58.11 | 9.12 | 43.19 | 6.78 | 105.30 | 16.52 | 51.92 | 8.14 | 51.87 | 8.14 |

| 田赋项目 | 东乡县 | % | 太平县 | % | 石柱宣抚司 | % |
|---|---|---|---|---|---|---|
| 夏税 | | | | | | |
| 米（石） | 176.35 | 2.01 | 96.76 | 1.10 | 22.68 | 0.26 |
| 起运（石） | 35.38 | 0.48 | | | 22.68 | 0.31 |
| 存留（石） | 140.97 | 10.07 | 91.94 | 6.57 | | |
| 秋粮 | | | | | | |
| 米（石） | 1070.13 | 4.91 | 237.56 | 1.09 | 101.00 | 0.46 |
| 起运（石） | 761.11 | 4.57 | 20.59 | 0.12 | | |

| 项目 | 全府总数 | % | 本府亲辖雷波县并宁戎巡检司 | % | 泥溪长官司 | % |
|---|---|---|---|---|---|---|
| 存留（石） | 309.02 | 6.00 | 216.97 | 4.21 | 101.00 | 1.96 |
| 棉花绒（斤） | 12.38 | 0.99 | | | | |
| 存留（斤） | 12.38 | 0.99 | | | | |
| 户口盐钞银（两） | 24.37 | 3.82 | 5.53 | 0.87 | | |
| 存留（两） | 24.37 | 3.82 | 5.53 | 0.87 | | |

马湖府

| 田赋项目 | 全府总数 | % | 本府亲辖雷波县并宁戎巡检司 | % | 泥溪长官司 | % | 平夷长官司 | % | 蛮夷长官司 | % | 沐川长官司 | % |
|---|---|---|---|---|---|---|---|---|---|---|---|---|
| 夏税 | | | | | | | | | | | | |
| 米（石） | 833.12 | 100.00 | 1.09 | 0.13 | 152.85 | 18.35 | 107.75 | 12.93 | 40.82 | 4.90 | 530.59 | 63.69 |
| 存留（石） | 833.12 | 100.00 | 1.09 | 0.13 | 152.85 | 18.35 | 107.75 | 12.93 | 40.82 | 4.90 | 530.59 | 63.69 |
| 秋粮 | | | | | | | | | | | | |
| 米（石） | 2102.98 | 100.00 | 57.54 | 2.74 | 405.21 | 19.27 | 290.01 | 13.79 | 119.85 | 5.70 | 1230.34 | 58.50 |
| 存留（石） | 2102.98 | 100.00 | 57.54 | 2.74 | 405.21 | 19.27 | 290.01 | 13.79 | 119.85 | 5.70 | 1230.34 | 58.50 |

龙安府

| 田赋项目 | 全府总数 | % | 本府 | % | 江油县 | % | 石泉县 | % |
|---|---|---|---|---|---|---|---|---|
| 夏税 | | | | | | | | |
| 米（石） | 2214.72 | 100.00 | 890.00 | 40.19 | 657.70 | 29.70 | 667.01 | 30.12 |
| 起运（石） | 838.61 | 100.00 | | | 506.13 | 60.35 | 332.47 | 39.65 |
| 存留（石） | 1376.11 | 100.00 | 890.00 | 64.68 | 151.57 | 11.01 | 334.54 | 24.31 |
| 秋粮 | | | | | | | | |
| 米（石） | 7013.17 | 100.00 | 5362.23 | 76.46 | 876.07 | 12.49 | 774.86 | 11.05 |
| 起运（石） | 1316.89 | 100.00 | | | 842.03 | 63.94 | 474.86 | 36.06 |
| 存留（石） | 5696.28 | 100.00 | 5362.23 | 94.14 | 34.04 | 0.60 | 300.00 | 5.27 |

| 田赋项目 | 各府总数 | % | 镇雄府 | % | 乌撒军民府 | % | 东川军民府 | % | 乌蒙军民府 | % |
|---|---|---|---|---|---|---|---|---|---|---|
| 户口盐钞银（两） | 320.55 | 100.00 | 179.30 | 55.94 | 141.25 | 44.06 |  |  |  |  |
| 存留（两） | 320.55 | 100.00 | 179.30 | 55.94 | 141.25 | 44.06 |  |  |  |  |
| 秋粮 |  |  |  |  |  |  |  |  |  |  |
| 米（石） | 21484.85 | 100.00 | 4184.85 | 19.48 | 10000 | 46.54 | 3000 | 13.96 | 4300 | 20.01 |
| 起运（石） | 20542.42 | 100.00 | 4092.42 | 19.92 | 9400 | 45.76 | 2900 | 14.12 | 4150 | 20.20 |
| 存留（石） | 942.43 | 100.00 | 92.43 | 9.81 | 600 | 63.67 | 100 | 10.61 | 150 | 15.92 |

潼川州

| 田赋项目 | 全州总数 | % | 本州 | % | 射洪县 | % | 盐亭县 | % | 中江县 | % | 遂宁县 | % |
|---|---|---|---|---|---|---|---|---|---|---|---|---|
| 夏税 |  |  |  |  |  |  |  |  |  |  |  |  |
| 米（石） | 11053.270 | 100.00 | 1008.560 | 9.12 | 767.240 | 6.94 | 366.310 | 3.31 | 741.700 | 6.71 | 2625.760 | 23.76 |
| 起运（石） | 9062.100 | 100.00 | 858.560 | 9.47 | 497.880 | 5.49 | 366.310 | 4.04 | 434.700 | 4.80 | 2276.440 | 25.12 |
| 存留（石） | 1991.160 | 100.00 | 150.000 | 7.53 | 269.350 | 13.53 |  |  | 307.000 | 15.42 | 349.310 | 17.54 |
| 秋粮 |  |  |  |  |  |  |  |  |  |  |  |  |
| 米（石） | 15878.730 | 100.00 | 1146.300 | 7.22 | 408.140 | 2.57 | 709.140 | 4.47 | 1305.560 | 8.22 | 4631.840 | 29.17 |
| 起运（石） | 13661.390 | 100.00 | 532.000 | 3.89 | 207.500 | 1.52 | 179.140 | 1.31 | 1082.560 | 7.92 | 4491.160 | 32.87 |
| 存留（石） | 2217.330 | 100.00 | 614.300 | 27.70 | 200.640 | 9.05 | 530.000 | 23.90 | 223.000 | 10.06 | 140.680 | 6.34 |
| 棉花绒（斤） | 2870.700 | 100.00 |  |  | 4.880 | 0.17 | 64.000 | 2.23 | 648.920 | 22.60 | 1066.250 | 37.14 |
| 存留（斤） | 2870.700 | 100.00 |  |  | 4.880 | 0.17 | 64.000 | 2.23 | 648.920 | 22.60 | 1066.250 | 37.14 |
| 户口盐钞银（两） | 1396.370 | 100.00 | 176.600 | 12.65 | 94.720 | 6.78 | 80.250 | 5.75 | 139.260 | 9.97 | 345.060 | 24.71 |
| 存留（两） | 1396.370 | 100.00 | 176.600 | 12.65 | 94.720 | 6.78 | 80.250 | 5.75 | 139.260 | 9.97 | 345.060 | 24.71 |

| 田赋项目 | 安岳县 | % | 乐至县 | % | 蓬溪县[1] | % |
|---|---|---|---|---|---|---|
| 夏税 |  |  |  |  |  |  |
| 米（石） | 3177.340 | 28.75 | 717.220 | 6.49 | 1649.120 | 14.92 |

[1] 原书此县县名残缺，依据谭其骧《中国历史地图集》第七册《四川》补，第62—63页。

（上接表，残缺州，州名据谭其骧《中国历史地图集》补）

| 田赋项目 | | % | | % | | % |
|---|---|---|---|---|---|---|
| 起运（石） | 1194.910 | 13.19 | 2820.570 | 31.12 | 612.700 | 6.76 |
| 存留（石） | 454.200 | 22.81 | 356.760 | 17.92 | 104.520 | 5.25 |
| 秋粮 | | | | | | |
| 米（石） | 643.000 | 4.05 | 5471.390 | 34.46 | 1563.340 | 9.85 |
| 起运（石） | 643.000 | 4.71 | 5308.160 | 38.86 | 1217.860 | 8.91 |
| 存留（石） | | | 163.230 | 7.36 | 345.470 | 15.58 |
| 棉花绒（斤） | 130.050 | 4.53 | 719.440 | 25.06 | 237.180 | 8.26 |
| 存留（斤） | 130.050 | 4.53 | 719.440 | 25.06 | 237.180 | 8.26 |
| 户口盐钞银（两） | 125.380 | 8.98 | 324.920 | 23.27 | 110.110 | 7.89 |
| 存留（两） | 125.380 | 8.98 | 324.920 | 23.27 | 110.110 | 7.89 |

眉州¹

| 田赋项目 | 全州总数 | % | 本州 | % | 彭山县 | % | 丹棱县 | % | 菁神县 | % |
|---|---|---|---|---|---|---|---|---|---|---|
| 夏税 | | | | | | | | | | |
| 米（石） | 9785.31 | 100.00 | 6447.31 | 65.89 | 941.88 | 9.63 | 1427.82 | 14.59 | 968.29 | 9.90 |
| 起运（石） | 8411.25 | 100.00 | 5932.32 | 70.53 | 788.42 | 9.37 | 1077.81 | 12.81 | 612.67 | 7.28 |
| 存留（石） | 1374.06 | 100.00 | 514.98 | 37.48 | 153.45 | 11.17 | 350.00 | 25.47 | 355.62 | 25.88 |
| 秋粮 | | | | | | | | | | |
| 米（石） | 22327.81 | 100.00 | 14154.80 | 63.40 | 2578.33 | 11.55 | 2924.73 | 13.10 | 2669.93 | 11.96 |
| 起运（石） | 21374.00 | 100.00 | 13820.00 | 64.66 | 2245.00 | 10.50 | 2796.00 | 13.08 | 2513.00 | 11.76 |
| 存留（石）² | 953.81 | 100.00 | 334.80 | 35.10 | 333.33 | 34.95 | 128.73 | 13.50 | 156.93 | 16.45 |
| 棉花绒（斤） | 2881.30 | 100.00 | 1225.30 | 42.53 | 1012.00 | 35.12 | 184.00 | 6.39 | 460.00 | 15.97 |
| 户口盐钞银（两） | 581.44 | 100.00 | 376.54 | 64.76 | 73.20 | 12.59 | 60.33 | 10.38 | 71.37 | 12.27 |
| 起运（两） | | | | | | | | | | |

1 原书此州州名残缺，依据谭其骧《中国历史地图集》第七册《四川》补，第62—63页。
2 原书本州"存留米"项数值残缺，依据眉州总数值数项残缺补齐。

嘉定州

| 田赋项目 | 全州总数 | % | 本州 | % | 峨眉县 | % | 洪雅县 | % | 夹江县 | % | 犍为县 | % |
|---|---|---|---|---|---|---|---|---|---|---|---|---|
| 存留（两） | 581.44 | 100.00 | 376.54 | 64.76 | 73.20 | 12.59 | 60.33 | 10.38 | 71.37 | 12.27 | | |
| 夏税 | | | | | | | | | | | | |
| 米（石） | 10841.75 | 100.00 | 1971.65 | 18.19 | 2186.52 | 20.17 | 1267.26 | 11.69 | 1435.16 | 13.24 | 2002.06 | 18.47 |
| 起运（石） | 9556.60 | 100.00 | 1915.00 | 20.04 | 1844.00 | 19.30 | 1132.44 | 11.85 | 1435.16 | 15.02 | 1552.00 | 16.24 |
| 存留（石） | 1285.15 | 100.00 | 56.65 | 4.41 | 342.52 | 26.65 | 134.82 | 10.49 | | | 450.06 | 35.02 |
| 秋粮 | | | | | | | | | | | | |
| 米（石） | 30429.44 | 100.00 | 5772.91 | 18.97 | 6444.39 | 21.18 | 3561.74 | 11.70 | 5044.56 | 16.58 | 3407.18 | 11.20 |
| 起运（石） | 27971.62 | 100.00 | 5009.90 | 17.91 | 6329.00 | 22.63 | 3223.17 | 11.52 | 4554.56 | 16.28 | 3261.54 | 11.66 |
| 存留（石） | 2457.82 | 100.00 | 763.01 | 31.04 | 115.39 | 4.69 | 338.57 | 13.78 | 490.00 | 19.94 | 145.64 | 5.93 |
| 棉花绒（斤） | 8332.00 | 100.00 | 2596.00 | 31.16 | 264.00 | 3.17 | | | | | 852.00 | 10.23 |
| 户口盐钞银（两） | 884.55 | 100.00 | 238.38 | 26.95 | 74.34 | 8.40 | 84.04 | 9.50 | 169.07 | 19.11 | 110.42 | 12.48 |
| 存留（两） | 884.55 | 100.00 | 238.38 | 26.95 | 74.34 | 8.40 | 84.04 | 9.50 | 169.07 | 19.11 | 110.42 | 12.48 |

| 田赋项目 | 荣县 | % | 威远县 | % |
|---|---|---|---|---|
| 夏税 | | | | |
| 米（石） | 1153.00 | 10.63 | 826.08 | 7.62 |
| 起运（石） | 1153.00 | 12.06 | 525.00 | 5.49 |
| 存留（石） | | | 301.08 | 23.43 |
| 秋粮 | | | | |
| 米（石） | 3906.45 | 12.84 | 2292.19 | 7.53 |
| 起运（石） | 3453.80 | 12.35 | 2139.64 | 7.65 |
| 存留（石） | 452.65 | 18.42 | 152.55 | 6.21 |
| 棉花绒（斤） | 2048.00 | 24.58 | 2572.00 | 30.87 |
| 户口盐钞银（两） | 138.62 | 15.67 | 69.62 | 7.87 |

存留（两） 138.62　15.67　69.62　7.87

## 邛州

| 田赋项目 | 全州总数 | % | 本州 | % | 大邑县 | % | 蒲江县 | % |
|---|---|---|---|---|---|---|---|---|
| **夏税** | | | | | | | | |
| 米（石） | 6117.19 | 100.00 | 2907.34 | 47.53 | 1916.58 | 31.33 | 1293.26 | 21.14 |
| 起运（石） | 5674.72 | 100.00 | 2907.34 | 51.23 | 1474.11 | 25.98 | 1293.26 | 22.79 |
| 存留（石） | 442.47 | 100.00 | | | 442.47 | 100.00 | | |
| **秋粮** | | | | | | | | |
| 米（石） | 18374.54 | 100.00 | 7996.09 | 43.52 | 5537.01 | 30.13 | 4841.44 | 26.35 |
| 起运（石） | 17173.61 | 100.00 | 7319.45 | 42.62 | 5490.62 | 31.97 | 4363.53 | 25.41 |
| 存留（石） | 1200.92 | 100.00 | 676.63 | 56.34 | 46.38 | 3.86 | 477.90 | 39.79 |
| 棉花绒（斤） | 3052.00 | 100.00 | 1484.00 | 48.62 | 860.00 | 28.18 | 708.00 | 23.20 |
| 户口盐钞银（两） | 479.09 | 100.00 | 185.20 | 38.66 | 142.94 | 29.84 | 150.93 | 31.50 |
| 存留（两） | 479.09 | 100.00 | 185.20 | 38.66 | 142.94 | 29.84 | 150.93 | 31.50 |

## 泸州

| 田赋项目 | 全州总数 | % | 本州 | % | 纳溪县 | % | 合江县 | % | 江安县 | % |
|---|---|---|---|---|---|---|---|---|---|---|
| **夏税** | | | | | | | | | | |
| 米（石） | 31467.02 | 100.00 | 20624.90 | 65.54 | 704.84 | 2.24 | 6283.31 | 19.97 | 3853.95 | 12.25 |
| 起运（石） | 30805.43 | 100.00 | 20483.12 | 66.49 | 199.81 | 0.65 | 6283.31 | 20.40 | 3839.18 | 12.46 |
| 存留（石） | 661.58 | 100.00 | 141.78 | 21.43 | 505.03 | 76.34 | | | 14.76 | 2.23 |
| **秋粮** | | | | | | | | | | |
| 米（石） | 59571.98 | 100.00 | 46828.43 | 78.61 | 1775.57 | 2.98 | 1302.16 | 2.19 | 9665.81 | 16.23 |
| 起运（石） | 56906.99 | 100.00 | 45769.99 | 80.43 | 1417.00 | 2.49 | 720.00 | 1.27 | 9000.00 | 15.82 |
| 存留（石） | 2664.99 | 100.00 | 1058.43 | 39.72 | 358.57 | 13.45 | 582.16 | 21.84 | 665.81 | 24.98 |
| 棉花绒（斤） | 3406.98 | 100.00 | 2658.20 | 78.02 | 81.15 | 2.38 | 199.43 | 5.85 | 468.20 | 13.74 |

雅州

| 田赋项目 | 全州总数 | % | 本州 | % | 名山县 | % | 荣经县 | % | 芦山县 | % |
|---|---|---|---|---|---|---|---|---|---|---|
| 户口盐钞银（两） | 552.92 | 100.00 | 261.30 | 47.26 | 8.59 | 1.55 | 74.68 | 13.51 | 208.33 | 37.68 |
| 存留（两） | 552.92 | 100.00 | 261.30 | 47.26 | 8.59 | 1.55 | 74.68 | 13.51 | 208.33 | 37.68 |
| 夏税 | | | | | | | | | | |
| 米（石） | 2303.55 | 100.00 | 975.06 | 42.33 | 595.00 | 25.83 | 371.50 | 16.13 | 361.98 | 15.71 |
| 起运（石） | 794.00 | 100.00 | 544.00 | 68.51 | 143.50 | 18.07 | 71.50 | 9.01 | 35.00 | 4.41 |
| 存留（石） | 1509.55 | 100.00 | 431.06 | 28.56 | 451.50 | 29.91 | 300.00 | 19.87 | 326.98 | 21.66 |
| 秋粮 | | | | | | | | | | |
| 米（石） | 7147.70 | 100.00 | 2269.17 | 31.75 | 1633.58 | 22.85 | 1300.60 | 18.20 | 1944.33 | 27.20 |
| 起运（石） | 5714.30 | 100.00 | 1640.00 | 28.70 | 1574.30 | 27.55 | 1000.00 | 17.50 | 1500.00 | 26.25 |
| 存留（石） | 1433.39 | 100.00 | 629.17 | 43.89 | 59.27 | 4.13 | 300.60 | 20.97 | 444.33 | 31.00 |
| 户口盐钞银（两） | 278.47 | 100.00 | 115.98 | 41.65 | 68.67 | 24.66 | 33.15 | 11.90 | 60.65 | 21.78 |
| 存留（两） | 278.47 | 100.00 | 115.98 | 41.65 | 68.67 | 24.66 | 33.15 | 11.90 | 60.65 | 21.78 |

各司长官司、安抚司

| 田赋项目 | 各司总数 | % | 永宁宣抚司 | % | 九姓长官司 | % | 太平长官司 | % | 黎州安抚司 | % | 建昌卫并所属威龙普济昌州等长官司 | % |
|---|---|---|---|---|---|---|---|---|---|---|---|---|
| 夏税 | | | | | | | | | | | | |
| 米（石） | 2427.49 | 100.00 | 636.86 | 26.24 | 925.90 | 38.14 | 161.38 | 6.65 | 9.47 | 0.39 | 257.89 | 10.62 |
| 起运（石） | 690.13 | 100.00 | | | 678.53 | 98.32 | | | | | 11.60 | 1.68 |
| 存留（石） | 1737.36 | 100.00 | 636.86 | 36.66 | 247.37 | 14.24 | 161.38 | 9.29 | 9.47 | 0.55 | 246.29 | 14.18 |
| 秋粮 | | | | | | | | | | | | |
| 米（石） | 10380.04 | 100.00 | 1219.92 | 11.75 | 1018.37 | 9.81 | 407.80 | 3.93 | 163.86 | 1.58 | 2992.00 | 28.82 |
| 存留（石） | 8938.82 | 100.00 | 1219.92 | 13.65 | 235.04 | 2.63 | 407.80 | 4.56 | 163.86 | 1.83 | 2334.11 | 26.11 |

| 田赋项目 | 越嶲卫所属邛部长官司 | % | 宁番卫 | % | 会川卫 | % | 盐井卫所属马喇长官司 | % |
|---|---|---|---|---|---|---|---|---|
| 差发马(匹) | 5.00 | 100.00 | | | | | | |
| **夏税** | | | | | | | | |
| 米(石) | | | 52.88 | 2.18 | 236.72 | 9.75 | 146.39 | 6.03 |
| 存留(石) | | | 52.88 | 3.04 | 236.72 | 13.63 | 146.39 | 8.43 |
| **秋粮** | | | | | | | | |
| 米(石) | 222.52 | 2.14 | 218.02 | 2.10 | 3642.20 | 35.09 | 495.35 | 4.77 |
| 存留(石) | 222.52 | 2.49 | 218.02 | 2.44 | 3642.20 | 40.75 | 495.35 | 5.54 |
| 差发马(匹) | | | | | | | 5.00 | 100.00 |

## 乙表18

### 万历六年广东布政司分州县田赋统计[1]

广州府

| 田赋项目 | 全府总数 | % | 南海县 | % | 番禺县 | % | 顺德县 | % | 东莞县 | % | 从化县 | % |
|---|---|---|---|---|---|---|---|---|---|---|---|---|
| **夏税** | | | | | | | | | | | | |
| 米(石) | 897.97 | 100.00 | 177.09 | 19.72 | 319.87 | 35.62 | 0.68 | 0.08 | 33.52 | 3.73 | | |
| 存留(石) | 897.97 | 100.00 | 177.09 | 19.72 | 319.87 | 35.62 | 0.68 | 0.08 | 33.52 | 3.73 | | |
| **秋粮** | | | | | | | | | | | | |
| 米(石) | 313658.33 | 100.00 | 52570.32 | 16.76 | 40706.22 | 12.98 | 34689.67 | 11.06 | 35799.04 | 11.41 | 3554.68 | 1.13 |
| 起运(石) | 90231.21 | 100.00 | 11862.95 | 13.15 | 15990.40 | 17.72 | 12572.70 | 13.93 | 11915.91 | 13.21 | 876.17 | 0.97 |
| 存留(石) | 223427.12 | 100.00 | 40707.36 | 18.22 | 24715.81 | 11.06 | 22116.96 | 9.90 | 23883.13 | 10.69 | 2678.50 | 1.20 |
| 户口盐钞银(两) | 7767.22 | 100.00 | 1840.83 | 23.70 | 737.19 | 9.49 | 810.69 | 10.44 | 980.72 | 12.63 | 203.26 | 2.62 |
| 存留(两) | 7767.22 | 100.00 | 1840.83 | 23.70 | 737.19 | 9.49 | 810.69 | 10.44 | 980.72 | 12.63 | 203.26 | 2.62 |

[1]资料来源：根据第一篇甲表32。

| 田赋项目 | 龙门县 | % | 新宁县 | % | 增城县 | % | 香山县 | % | 新会县 | % | 三水县 | % |
|---|---|---|---|---|---|---|---|---|---|---|---|---|
| **夏税** | | | | | | | | | | | | |
| 米（石） | 0.40 | 0.04 | 0.19 | 0.02 | 186.63 | 20.78 | 16.59 | 1.85 | 6.57 | 0.73 | 13.98 | 1.56 |
| 存留（石） | 0.40 | 0.04 | 0.19 | 0.02 | 186.63 | 20.78 | 16.59 | 1.85 | 6.57 | 0.73 | 13.98 | 1.56 |
| **秋粮** | | | | | | | | | | | | |
| 米（石） | 7981.90 | 2.54 | 8037.90 | 2.56 | 24987.10 | 7.97 | 22847.32 | 7.28 | 36709.33 | 11.70 | 15511.20 | 4.82 |
| 起运（石） | 1641.90 | 1.82 | 1101.71 | 1.22 | 8250.17 | 9.14 | 6791.68 | 7.53 | 9766.47 | 10.82 | 3061.57 | 3.39 |
| 存留（石） | 6339.99 | 2.84 | 6936.18 | 3.10 | 16736.93 | 7.49 | 16055.63 | 7.19 | 26942.86 | 12.06 | 12049.63 | 5.39 |
| 户口盐钞银（两） | 123.83 | 1.59 | 198.71 | 2.56 | 838.94 | 10.80 | 419.54 | 5.40 | 567.71 | 7.31 | 427.88 | 5.51 |
| 存留（两） | 123.83 | 1.59 | 198.71 | 2.56 | 838.94 | 10.80 | 419.54 | 5.40 | 567.71 | 7.31 | 427.88 | 5.51 |

| 田赋项目 | 清远县 | % | 连州 | % | 阳山县 | % | 连山县 | % | 新安县 | % |
|---|---|---|---|---|---|---|---|---|---|---|
| **夏税** | | | | | | | | | | |
| 米（石） | 8.44 | 0.94 | 50.04 | 5.57 | 8.39 | 0.93 | 70.99 | 7.91 | 4.53 | 0.50 |
| 存留（石） | 8.44 | 0.94 | 50.04 | 5.57 | 8.39 | 0.93 | 70.99 | 7.91 | 4.53 | 0.50 |
| **秋粮** | | | | | | | | | | |
| 米（石） | 10433.57 | 3.33 | 5522.82 | 1.76 | 2725.63 | 0.87 | 1288.85 | 0.41 | 10692.72 | 3.41 |
| 起运（石） | 1511.24 | 1.67 | 1025.99 | 1.14 | 404.91 | 0.45 | 196.12 | 0.22 | 3261.24 | 3.61 |
| 存留（石） | 8922.32 | 3.99 | 4496.82 | 2.01 | 2320.71 | 1.04 | 1092.73 | 0.49 | 7431.47 | 3.33 |
| 户口盐钞银（两） | 86.34 | 1.11 | 227.08 | 2.92 | 68.17 | 0.88 | 27.51 | 0.35 | 208.72 | 2.69 |
| 存留（两） | 86.34 | 1.11 | 227.08 | 2.92 | 68.17 | 0.88 | 27.51 | 0.35 | 208.72 | 2.69 |

韶州府

| 田赋项目 | 全府总数 | % | 曲江县 | % | 乐昌县 | % | 仁化县 | % | 乳源县 | % | 翁源县 | % |
|---|---|---|---|---|---|---|---|---|---|---|---|---|
| **夏税** | | | | | | | | | | | | |
| 米（石） | 274.06 | 100.00 | 126.30 | 46.08 | 120.38 | 43.92 | 4.94 | 1.80 | 9.74 | 3.55 | 5.22 | 1.90 |
| 存留（石） | 274.06 | 100.00 | 126.30 | 46.08 | 120.38 | 43.92 | 4.94 | 1.80 | 9.74 | 3.55 | 5.22 | 1.90 |

| 秋粮 | | | | | | | | | | | | |
|---|---|---|---|---|---|---|---|---|---|---|---|---|
| 米（石） | 49688.62 | 100.00 | 15664.78 | 31.53 | 6442.73 | 12.97 | 3228.32 | 6.50 | 2572.21 | 5.18 | 7092.98 | 14.27 |
| 起运（石） | 8053.44 | 100.00 | 2584.29 | 32.09 | 1205.68 | 14.97 | 594.11 | 7.38 | 519.42 | 6.45 | 980.89 | 12.18 |
| 存留（石） | 41635.17 | 100.00 | 13080.49 | 31.42 | 5237.04 | 12.58 | 2634.21 | 6.33 | 2052.78 | 4.93 | 6112.08 | 14.68 |
| 户口盐钞银（两） | 651.86 | 100.00 | 162.57 | 24.94 | 51.31 | 7.87 | 74.98 | 11.50 | 126.77 | 19.45 | 48.37 | 7.42 |
| 存留（两） | 651.86 | 100.00 | 162.57 | 24.94 | 51.31 | 7.87 | 74.98 | 11.50 | 126.77 | 19.45 | 48.37 | 7.42 |

| 田赋项目 | 英德县 | % |
|---|---|---|
| 夏税 | | |
| 米（石） | 7.46 | 2.72 |
| 存留（石） | 7.46 | 2.72 |
| 秋粮 | | |
| 米（石） | 14687.57 | 29.56 |
| 起运（石） | 2169.03 | 26.93 |
| 存留（石） | 12518.54 | 30.07 |
| 户口盐钞银（两） | 187.79 | 28.81 |
| 存留（两） | 187.79 | 28.81 |

南雄府

| 田赋项目 | 全府总数 | % | 保昌县 | % | 始兴县 | % |
|---|---|---|---|---|---|---|
| 夏税 | | | | | | |
| 米（石） | 124.87 | 100.00 | 94.87 | 75.98 | 30.00 | 24.02 |
| 存留（石） | 124.87 | 100.00 | 94.87 | 75.98 | 30.00 | 24.02 |
| 秋粮 | | | | | | |
| 米（石） | 34918.01 | 100.00 | 30037.04 | 86.02 | 4880.97 | 13.98 |
| 起运（石） | 12397.44 | 100.00 | 11531.22 | 93.01 | 866.21 | 6.99 |
| 存留（石） | 22520.57 | 100.00 | 18505.81 | 82.17 | 4014.76 | 17.83 |

| 田赋项目 | 全府总数 | % | 归善县 | % | 博罗县 | % | 长宁县 | % | 永安县 | % | 海丰县 | % |
|---|---|---|---|---|---|---|---|---|---|---|---|---|
| 户口盐钞银（两） | 199.76 | 100.00 | 162.45 | 81.32 | 37.31 | 18.68 | | | | | 147.66 | 50.15 |
| 存留（两） | 199.76 | 100.00 | 162.45 | 81.32 | 37.31 | 18.68 | | | | | 147.66 | 50.15 |

惠州府

| 田赋项目 | 全府总数 | % | 归善县 | % | 博罗县 | % | 长宁县 | % | 永安县 | % | 海丰县 | % |
|---|---|---|---|---|---|---|---|---|---|---|---|---|
| 夏税 | | | | | | | | | | | | |
| 米（石） | 294.41 | 100.00 | 33.52 | 11.39 | 74.22 | 25.21 | 0.57 | 0.19 | 3.47 | 1.18 | | |
| 存留（石） | 294.41 | 100.00 | 33.52 | 11.39 | 74.22 | 25.21 | 0.57 | 0.19 | 3.47 | 1.18 | | |
| 秋粮 | | | | | | | | | | | | |
| 米（石） | 67329.31 | 100.00 | 12553.36 | 18.64 | 18973.31 | 28.18 | 3094.68 | 4.60 | 3935.31 | 5.84 | 5991.88 | 8.90 |
| 起运（石） | 16287.12 | 100.00 | 3913.00 | 24.03 | 6101.37 | 37.46 | 495.41 | 3.04 | 657.53 | 4.04 | 1329.22 | 8.16 |
| 存留（石） | 51042.19 | 100.00 | 8640.35 | 16.93 | 12871.93 | 25.22 | 2599.26 | 5.09 | 3277.77 | 6.42 | 4662.65 | 9.13 |
| 户口盐钞银（两） | 1370.32 | 100.00 | 350.05 | 25.55 | 184.65 | 13.47 | 60.06 | 4.38 | 107.58 | 7.85 | 184.49 | 13.46 |
| 存留（两） | 1370.32 | 100.00 | 350.05 | 25.55 | 184.65 | 13.47 | 60.06 | 4.38 | 107.58 | 7.85 | 184.49 | 13.46 |

| 田赋项目 | 河源县 | % | 龙川县 | % | 长乐县 | % | 兴宁县 | % | 和平县 | % |
|---|---|---|---|---|---|---|---|---|---|---|
| 夏税 | | | | | | | | | | |
| 米（石） | 24.59 | 8.35 | 0.06 | 0.02 | 4.40 | 1.49 | 5.59 | 1.90 | 0.27 | 0.09 |
| 存留（石） | 24.59 | 8.35 | 0.06 | 0.02 | 4.40 | 1.49 | 5.59 | 1.90 | 0.27 | 0.09 |
| 秋粮 | | | | | | | | | | |
| 米（石） | 5934.59 | 8.81 | 4203.18 | 6.24 | 4719.41 | 7.01 | 5208.33 | 7.74 | 2715.22 | 4.03 |
| 起运（石） | 717.46 | 4.41 | 755.99 | 4.64 | 988.97 | 6.07 | 935.45 | 5.74 | 392.67 | 2.41 |
| 存留（石） | 5217.13 | 10.22 | 3447.18 | 6.75 | 3730.44 | 7.31 | 4272.88 | 8.37 | 2322.54 | 4.55 |
| 户口盐钞银（两） | 88.94 | 6.49 | 149.72 | 10.93 | 103.06 | 7.52 | 101.23 | 7.39 | 40.48 | 2.95 |
| 存留（两） | 88.94 | 6.49 | 149.72 | 10.93 | 103.06 | 7.52 | 101.23 | 7.39 | 40.48 | 2.95 |

[1] 原书缺第二十一至二十四页，依据谭其骧《中国历史地图集》第七册《广东》，此处缺少潮阳、揭阳、程乡、饶平、惠来、大埔、澄海、普宁、平远各县数据，第 72—73 页。

潮州府[1]

| 田赋项目 | 全府总数 | % | 海阳县 | % |
|---|---|---|---|---|
| 夏税 | | | | |
| 米（石） | 4261.42 | 100.00 | 1690.04 | 39.66 |
| 存留（石） | 4261.42 | 100.00 | 1690.04 | 39.66 |
| 秋粮 | | | | |
| 米（石） | 161288.66 | 100.00 | 26969.19 | 16.72 |
| 起运（石） | 91298.47 | 100.00 | 12743 | 13.96 |
| 存留（石） | 69990.19 | 100.00 | 14226.19 | 20.33 |
| 户口盐钞银（两） | 4704.11 | 100.00 | | |
| 存留（两） | 4704.11 | 100.00 | | |

肇庆府

| 田赋项目 | 全府总数 | % | 高要县 | % | 四会县 | % | 新兴县 | % | 阳春县 | % | 阳江县 | % |
|---|---|---|---|---|---|---|---|---|---|---|---|---|
| 夏税 | | | | | | | | | | | | |
| 米（石） | 118.60 | 100.00 | 53.09 | 44.76 | 14.18 | 11.96 | 5.50 | 4.64 | 5.03 | 4.24 | 5.89 | 4.97 |
| 存留（石） | 118.60 | 100.00 | 53.09 | 44.76 | 14.18 | 11.96 | 5.50 | 4.64 | 5.03 | 4.24 | 5.89 | 4.97 |
| 秋粮 | | | | | | | | | | | | |
| 米（石） | 138354.15 | 100.00 | 30300.86 | 21.90 | 14509.76 | 10.49 | 18676.72 | 13.50 | 7334.86 | 5.30 | 16254.70 | 11.75 |
| 起运米（石） | 41001.05 | 100.00 | 6639.29 | 16.19 | 9245.12 | 22.55 | 2465.22 | 6.01 | 2097.38 | 5.12 | 4975.77 | 12.14 |
| 存留米（石） | 97353.09 | 100.00 | 23661.57 | 24.30 | 5264.63 | 5.41 | 16211.49 | 16.65 | 5237.47 | 5.38 | 11278.92 | 11.59 |
| 户口盐钞银（两） | 2755.66 | 100.00 | 470.00 | 17.06 | 647.47 | 23.50 | 274.85 | 9.97 | 208.95 | 7.58 | 238.30 | 8.65 |
| 存留（两） | 2755.66 | 100.00 | 470.00 | 17.06 | 647.47 | 23.50 | 274.85 | 9.97 | 208.95 | 7.58 | 238.30 | 8.65 |

| 田赋项目 | 高明县 | % | 恩平县 | % | 广宁县 | % | 德庆州 | % | 封川县 | % | 开建县 | % |
|---|---|---|---|---|---|---|---|---|---|---|---|---|
| 夏税 | | | | | | | | | | | | |
| 米（石） | 0.44 | 0.37 | 1.98 | 1.67 | | | 5.25 | 4.43 | 23.90 | 20.15 | 3.28 | 2.77 |

（接上页）

| 田赋项目 | | | | | | | | | | |
|---|---|---|---|---|---|---|---|---|---|---|
| **秋粮** | | | | | | | | | | |
| 存留（石） | 2.77 | 3.28 | 20.15 | 23.90 | 4.43 | 5.25 | 1.67 | 1.98 | 0.37 | 0.44 |
| 米（石） | | 2113.10 | 3.66 | 5058.46 | 9.14 | 12645.09 | 8.77 | 12135.51 | 7.86 | 10871.21 |
| 起运米（石） | 1.53 | 604.13 | 4.14 | 1698.97 | 8.04 | 3298.28 | 6.19 | 2537.31 | 5.96 | 2441.64 |
| 存留米（石） | 1.47 | 1508.97 | 3.45 | 3359.49 | 9.60 | 9346.81 | 9.86 | 9598.20 | 8.66 | 8429.57 |
| 户口盐钞银（两） | 1.55 | 29.77 | 1.09 | 30.00 | 13.44 | 370.49 | 3.46 | 95.46 | 10.60 | 292.03 |
| 存留（两） | 1.08 | 29.77 | 1.09 | 30.00 | 13.44 | 370.49 | 3.46 | 95.46 | 10.60 | 292.03 |

## 高州府

| 田赋项目 | 全府总数 | % | 茂名县 | % | 电白县 | % | 信宜县 | % | 化州 | % | 吴川县 | % |
|---|---|---|---|---|---|---|---|---|---|---|---|---|
| **夏税** | | | | | | | | | | | | |
| 米（石） | 119.77 | 100.00 | 47.89 | 39.98 | 19.98 | 16.68 | 16.96 | 14.16 | 10.77 | 8.99 | 16.15 | 13.48 |
| 存留（石） | 119.77 | 100.00 | 47.89 | 39.98 | 19.98 | 16.68 | 16.96 | 14.16 | 10.77 | 8.99 | 16.15 | 13.48 |
| **秋粮** | | | | | | | | | | | | |
| 米（石） | 52785.77 | 100.00 | 14050.20 | 26.62 | 9988.00 | 18.92 | 5812.07 | 11.01 | 8065.15 | 15.28 | 8772.91 | 16.62 |
| 起运（石） | 9997.81 | 100.00 | 1208.19 | 12.08 | 1961.48 | 19.62 | 710.23 | 7.10 | 954.88 | 9.55 | 3550.40 | 35.51 |
| 存留（石） | 42787.95 | 100.00 | 12842.00 | 30.01 | 8026.52 | 18.76 | 5101.83 | 11.92 | 7110.27 | 16.62 | 5222.51 | 12.21 |
| 户口盐钞银（两） | 462.00 | 100.00 | 106.68 | 23.09 | 42.55 | 9.21 | 45.21 | 9.79 | 115.49 | 25.00 | 87.08 | 18.85 |
| 存留（两） | 462.00 | 100.00 | 106.68 | 23.09 | 42.55 | 9.21 | 45.21 | 9.79 | 115.49 | 25.00 | 87.08 | 18.85 |

| 田赋项目 | 石城县 | % |
|---|---|---|
| **夏税** | | |
| 米（石） | 8.00 | 6.68 |
| 存留（石） | 8.00 | 6.68 |
| **秋粮** | | |
| 米（石） | 6097.41 | 11.55 |
| 起运（石） | 1612.61 | 16.13 |

| 田赋项目 | | |
|---|---|---|
| 存留（石） | 4484.79 | 10.48 |
| 户口盐钞银（两） | 64.95 | 14.06 |
| 存留（两） | 64.95 | 14.06 |

廉州府

| 田赋项目 | 全府总数 | % | 合浦县 | % | 钦州 | % | 灵山县 | % |
|---|---|---|---|---|---|---|---|---|
| 夏税 | | | | | | | | |
| 米（石） | 108.71 | 100.00 | 74.99 | 68.98 | 14.05 | 12.92 | 19.66 | 18.08 |
| 存留（石） | 108.71 | 100.00 | 74.99 | 68.98 | 14.05 | 12.92 | 19.66 | 18.08 |
| 秋粮 | | | | | | | | |
| 米（石） | 18153.05 | 100.00 | 8630.93 | 47.55 | 2506.69 | 13.81 | 7015.42 | 38.65 |
| 起运米（石） | 2816.37 | 100.00 | 1098.34 | 39.00 | 370.03 | 13.14 | 1348.00 | 47.86 |
| 存留米（石） | 15336.67 | 100.00 | 7532.58 | 49.11 | 2136.65 | 13.93 | 5667.42 | 36.95 |
| 户口盐钞银（两） | 688.14 | 100.00 | 348.20 | 50.60 | | | 339.92 | 49.40 |
| 存留（两） | 688.14 | 100.00 | 348.20 | 50.60 | | | 339.92 | 49.40 |

琼州府[1]

| 田赋项目 | 现存总数 | % | 乐会县 | % | 临高县 | % | 儋州 | % | 昌化县 | % | 万州 | % |
|---|---|---|---|---|---|---|---|---|---|---|---|---|
| 夏税 | | | | | | | | | | | | |
| 米（石） | 118.67 | 100.00 | 54.79 | 46.17 | 32.77 | 27.61 | 24.74 | 20.85 | 1.85 | 1.56 | 0.25 | 0.21 |
| 存留（石） | 118.67 | 100.00 | 54.79 | 46.17 | 32.77 | 27.61 | 24.74 | 20.85 | 1.85 | 1.56 | 0.25 | 0.21 |
| 秋粮 | | | | | | | | | | | | |
| 米（石） | 32961.88 | 100.00 | 1649.91 | 5.01 | 7647.69 | 23.20 | 9208.46 | 27.94 | 1743.01 | 5.29 | 6328.81 | 19.20 |
| 起运（石） | 12972.57 | 100.00 | 197.00 | 1.52 | 2489.00 | 19.19 | 4109.43 | 31.68 | 943.56 | 7.27 | 2887.00 | 22.25 |
| 存留（石） | 19989.30 | 100.00 | 1452.91 | 7.27 | 5158.69 | 25.81 | 5099.02 | 25.51 | 799.45 | 4.00 | 3441.81 | 17.22 |

[1] 因原书缺第三十五至三十八页，据谭其骧《中国历史地图集》第七册《广东》，此处缺雷州府所属海康县、遂溪县、徐闻县，及琼州府所属琼山县、定安县、澄迈县、文昌县数据，第72—73页。

**（接上页）**

| 田赋项目 | | % | | % | | % | | % | | % | | % |
|---|---|---|---|---|---|---|---|---|---|---|---|---|
| 户口盐钞银（两） | 234.08 | 100.00 | 30.79 | 13.15 | 40.59 | 17.34 | 28.14 | 12.02 | 5.27 | 2.25 | 66.15 | 28.26 |
| 存留（两） | 234.08 | 100.00 | 30.79 | 13.15 | 40.59 | 17.34 | 28.14 | 12.02 | 5.27 | 2.25 | 66.15 | 28.26 |

### 崖州

| 田赋项目 | 崖州 | % | 陵水县 | % | 感恩县 | % |
|---|---|---|---|---|---|---|
| **夏税** | | | | | | |
| 米（石） | | | 0.27 | 0.23 | 4.00 | 3.37 |
| 存留（石） | | | 0.27 | 0.23 | 4.00 | 3.37 |
| **秋粮** | | | | | | |
| 米（石） | 1503.67 | 4.56 | | | 887.65 | 2.69 |
| 起运（石） | 764.00 | 5.89 | | | 392.00 | 3.02 |
| 存留（石） | 739.67 | 3.70 | | | 495.65 | 2.48 |
| 户口盐钞银（两） | 40.95 | 17.49 | | | 4.22 | 1.80 |
| 存留（两） | 40.95 | 17.49 | | | 4.22 | 1.80 |

### 罗定州

| 田赋项目 | 全州总数 | % | 本州 | % | 东安县 | % | 西宁县 | % |
|---|---|---|---|---|---|---|---|---|
| **夏税** | | | | | | | | |
| 米（石） | 8.04 | 100.00 | 4.67 | 58.08 | 1.62 | 20.15 | 1.75 | 21.77 |
| 存留（石） | 8.04 | 100.00 | 4.67 | 58.08 | 1.62 | 20.15 | 1.75 | 21.77 |
| **秋粮** | | | | | | | | |
| 米（石） | 17066.76 | 100.00 | 9600.05 | 56.25 | 5560.29 | 32.58 | 1906.41 | 11.17 |
| 起运米（石） | 2728.09 | 100.00 | 1271.89 | 46.62 | 963.33 | 35.31 | 492.86 | 18.07 |
| 存留米（石） | 14338.06 | 100.00 | 8328.15 | 58.08 | 4596.96 | 32.06 | 1412.94 | 9.85 |
| 户口盐钞银（两） | 185.05 | 100.00 | 58.73 | 31.74 | 66.29 | 35.82 | 60.01 | 32.43 |
| 存留（两） | 185.05 | 100.00 | 58.73 | 31.74 | 66.29 | 35.82 | 60.01 | 32.43 |

# 乙表19

## 万历六年广西布政司分州县田赋统计[1]

| 田赋项目 | 全府总数 | % | 桂林府 | | | | | | | | | |
|---|---|---|---|---|---|---|---|---|---|---|---|---|
| | | | 临桂县 | % | 兴安县 | % | 灵川县 | % | 阳朔县 | % | 永宁州 | % |
| 夏税 | | | | | | | | | | | | |
| 米（石） | 1681.20 | 100.00 | | | 153.70 | 9.14 | 107.47 | 6.39 | | | | |
| 存留（石） | 1681.20 | 100.00 | | | 153.70 | 9.14 | 107.47 | 6.39 | | | | |
| 丝（斤） | 71.81 | 100.00 | | | | | | | 63.02 | 87.76 | | |
| 存留（斤） | 71.81 | 100.00 | | | | | | | 63.02 | 87.76 | | |
| 秋粮 | | | | | | | | | | | | |
| 米（石） | 113526.97 | 100.00 | 30013.54 | 26.44 | 13855.96 | 12.20 | 19598.74 | 17.26 | 5339.48 | 4.70 | 2030.98 | 1.79 |
| 存留（石） | 113526.97 | 100.00 | 30013.54 | 26.44 | 13855.96 | 12.20 | 19598.74 | 17.26 | 5339.48 | 4.70 | 2030.98 | 1.79 |
| 钞（锭） | 249.00 | 100.00 | | | 4.00 | 1.61 | 8.00 | 3.21 | | | | |
| 存留（锭） | 249.00 | 100.00 | | | 4.00 | 1.61 | 8.00 | 3.21 | | | | |
| 桐油（斤） | 1065.00 | 100.00 | | | | | | | | | | |
| 存留（斤） | 1065.00 | 100.00 | | | | | | | | | | |
| 户口盐钞银（两） | 232.34 | 100.00 | 23.64 | 10.17 | 14.75 | 6.35 | 112.14 | 48.27 | 18.90 | 8.13 | | |
| 存留（两） | 232.34 | 100.00 | 23.64 | 10.17 | 14.75 | 6.35 | 112.14 | 48.27 | 18.90 | 8.13 | | |

| 田赋项目 | 永福县 | % | 义宁县 | % | 全州 | % | 灌阳县 | % |
|---|---|---|---|---|---|---|---|---|
| 夏税 | | | | | | | | |
| 米（石） | 27.14 | 1.61 | 31.96 | 1.90 | 1361.20 | 80.97 | | |
| 存留（石） | 27.14 | 1.61 | 31.96 | 1.90 | 1361.20 | 80.97 | | |
| 丝（斤） | 6.18 | 8.61 | 2.62 | 3.65 | | | | |
| 存留（斤） | 6.18 | 8.61 | 2.62 | 3.65 | | | | |
| 秋粮 | | | | | | | | |

[1]资料来源：根据第一篇甲表34。

1094

（上接前表）

| 田赋项目 | | | | | | | | | | |
|---|---|---|---|---|---|---|---|---|---|---|
| 米（石） | 3041.23 | 2.68 | | | 6239.49 | 5.50 | 27285.05 | 24.03 | 6122.47 | 5.39 |
| 存留（石） | 3041.23 | 2.68 | | | 6239.49 | 5.50 | 27285.05 | 24.03 | 6122.47 | 5.39 |
| 钞（锭） | 161.00 | 64.66 | | | | | 75.00 | 30.12 | | |
| 存留（锭） | 161.00 | 64.66 | | | | | 75.00 | 30.12 | | |
| 桐油（斤） | | | | | | | 1065.00 | 100.00 | | |
| 存留（斤） | | | | | | | 1065.00 | 100.00 | | |
| 户口盐钞银（两） | 8.00 | 3.44 | | | 22.00 | 9.47 | 29.35 | 12.63 | 3.56 | 1.53 |
| 存留（两） | 8.00 | 3.44 | | | 22.00 | 9.47 | 29.35 | 12.63 | 3.56 | 1.53 |

## 柳州府

| 田赋项目 | 全府总数 | % | 马平县 | % | 洛容县 | % | 罗城县 | % | 柳城县 | % | 怀远县 | % |
|---|---|---|---|---|---|---|---|---|---|---|---|---|
| **夏税** | | | | | | | | | | | | |
| 米（石） | 284.93 | 100.00 | 15.69 | 5.51 | 18.49 | 6.49 | | | 162.75 | 57.12 | | |
| 存留（石） | 284.93 | 100.00 | 15.69 | 5.51 | 18.49 | 6.49 | | | 162.75 | 57.12 | | |
| 丝（斤） | 10.75 | 100.00 | | | 0.28 | 2.60 | 4.13 | 38.42 | | | 2.72 | 25.30 |
| 存留（斤） | 10.75 | 100.00 | | | 0.28 | 2.60 | 4.13 | 38.42 | | | 2.72 | 25.30 |
| **秋粮** | | | | | | | | | | | | |
| 米（石） | 40498.08 | 100.00 | 1026.58 | 2.53 | 979.56 | 2.42 | 2825.81 | 6.98 | 3803.26 | 9.39 | 483.80 | 1.19 |
| 存留（石） | 40498.08 | 100.00 | 1026.58 | 2.53 | 979.56 | 2.42 | 2825.81 | 6.98 | 3803.26 | 9.39 | 483.80 | 1.19 |
| 钞（锭） | 586.00 | 100.00 | | | | | | | | | | |
| 存留（锭） | 586.00 | 100.00 | | | | | | | | | | |
| 户口盐钞银（两） | 216.80 | 100.00 | | | 4.50 | 2.08 | 0.65 | 0.30 | 32.00 | 14.76 | | |
| 存留（两） | 216.80 | 100.00 | | | 4.50 | 2.08 | 0.65 | 0.30 | 32.00 | 14.76 | | |

| 田赋项目 | 融县 | % | 米宾县 | % | 象州 | % | 武宣县 | % | 宾州 | % | 迁江县 | % |
|---|---|---|---|---|---|---|---|---|---|---|---|---|
| **夏税** | | | | | | | | | | | | |
| 米（石） | 30.80 | 10.81 | | | 2.40 | 0.84 | 1.16 | 0.41 | 30.07 | 10.55 | 7.53 | 2.64 |

庆远府

| 田赋项目 | | % | | % | | % | | % | | % | | % |
|---|---|---|---|---|---|---|---|---|---|---|---|---|
| 存留（石） | 30.80 | 10.81 | | | 2.40 | 0.84 | 1.16 | 0.41 | 30.07 | 10.55 | 7.53 | 2.64 |
| 丝（斤） | 3.60 | 33.49 | | | | | | | | | | |
| 存留（斤） | 3.60 | 33.49 | | | | | | | | | | |
| 秋粮 | | | | | | | | | | | | |
| 米（石） | 6957.33 | 17.18 | 684.56 | 1.69 | 3000.37 | 7.41 | 1405.23 | 3.47 | 11778.46 | 29.08 | 1235.10 | 3.05 |
| 存留（石） | 6957.33 | 17.18 | 684.56 | 1.69 | 3000.37 | 7.41 | 1405.23 | 3.47 | 11778.46 | 29.08 | 1235.10 | 3.05 |
| 钞（锭） | 58.00 | 9.90 | | | 528.00 | 90.10 | | | | | | |
| 存留（锭） | 58.00 | 9.90 | | | 528.00 | 90.10 | | | | | | |
| 户口盐钞银（两） | 102.67 | 47.36 | 0.68 | 0.31 | | | | | 76.29 | 35.19 | | |
| 存留（两） | 102.67 | 47.36 | 0.68 | 0.31 | | | | | 76.29 | 35.19 | | |

上林县

| 田赋项目 | | % |
|---|---|---|
| 夏税 | | |
| 米（石） | 15.99 | 5.61 |
| 存留（石） | 15.99 | 5.61 |
| 秋粮 | | |
| 米（石） | 6317.98 | 15.60 |
| 存留（石） | 6317.98 | 15.60 |
| 钞（锭） | 58.00 | 9.90 |
| 存留（锭） | 58.00 | 9.90 |

庆远府

| 田赋项目 | 全府总数 | % | 宜山县 | % | 天河县 | % | 河池州 | % | 思恩县 | % | 荔波县 | % |
|---|---|---|---|---|---|---|---|---|---|---|---|---|
| 夏税 | | | | | | | | | | | | |
| 米（石） | 7.68 | 100.00 | | | 4.31 | 56.12 | 1.66 | 21.61 | | | | |
| 存留（石） | 7.68 | 100.00 | | | 4.31 | 56.12 | 1.66 | 21.61 | | | | |
| 秋粮 | | | | | | | | | | | | |

平乐府

| 田赋项目 | 东兰州 | % | 那地州 | % | 南丹州 | % | 忻城县 | % | 永顺长官司 | % | 永定长官司 | % |
|---|---|---|---|---|---|---|---|---|---|---|---|---|
| 米（石） | 14476.78 | 100.00 | 4902.34 | 33.86 | 1599.45 | 11.05 | 1686.51 | 11.65 | 2328.31 | 16.08 | 393.37 | 2.72 |
| 存留（石） | 14476.78 | 100.00 | 4902.34 | 33.86 | 1599.45 | 11.05 | 1686.51 | 11.65 | 2328.31 | 16.08 | 393.37 | 2.72 |
| 夏税 | | | | | | | | | | | | |
| 米（石） | 0.24 | 3.13 | | | | | 1.46 | 19.01 | | | | |
| 存留（石） | 0.24 | 3.13 | | | | | 1.46 | 19.01 | | | | |
| 秋粮 | | | | | | | | | | | | |
| 米（石） | 1013.54 | 7.00 | 410.00 | 2.83 | 729.27 | 5.04 | 319.34 | 2.21 | 359.48 | 2.48 | 735.11 | 5.08 |
| 存留（石） | 1013.54 | 7.00 | 410.00 | 2.83 | 729.27 | 5.04 | 319.34 | 2.21 | 359.48 | 2.48 | 735.11 | 5.08 |

| 田赋项目 | 全府总数 | % | 平乐县 | % | 恭城县 | % | 富川县 | % | 贺县 | % | 荔浦县 | % |
|---|---|---|---|---|---|---|---|---|---|---|---|---|
| 夏税 | | | | | | | | | | | | |
| 米（石） | 44.17 | 100.00 | 13.14 | 29.75 | | | 1.05 | 2.38 | 10.94 | 24.77 | 9.24 | 20.92 |
| 存留（石） | 44.17 | 100.00 | 13.14 | 29.75 | | | 1.05 | 2.38 | 10.94 | 24.77 | 9.24 | 20.92 |
| 丝（斤） | 13.37 | 100.00 | | | 11.04 | 82.57 | 1.23 | 9.20 | | | | |
| 存留（斤） | 13.37 | 100.00 | | | 11.04 | 82.57 | 1.23 | 9.20 | | | | |
| 秋粮 | | | | | | | | | | | | |
| 米（石） | 25238.24 | 100.00 | 2993.56 | 11.86 | 1757.55 | 6.96 | 3330.47 | 13.20 | 10514.08 | 41.66 | 2162.28 | 8.57 |
| 存留（石） | 25238.24 | 100.00 | 2993.56 | 11.86 | 1757.55 | 6.96 | 3330.47 | 13.20 | 10514.08 | 41.66 | 2162.28 | 8.57 |
| 钞（锭） | 361.00 | 100.00 | | | 1.00 | 0.28 | 2.00 | 0.55 | 2.00 | 0.55 | | |
| 存留（锭） | 361.00 | 100.00 | | | 1.00 | 0.28 | 2.00 | 0.55 | 2.00 | 0.55 | | |
| 户口盐钞银（两） | 159.31 | 100.00 | 46.87 | 29.42 | 12.24 | 7.68 | 38.97 | 24.46 | 50.00 | 31.39 | 9.28 | 5.83 |
| 存留（两） | 159.31 | 100.00 | 46.87 | 29.42 | 12.24 | 7.68 | 38.97 | 24.46 | 50.00 | 31.39 | 9.28 | 5.83 |

| 田赋项目 | 修仁县 | % | 永安州 | % | 昭平县 | % |
|---|---|---|---|---|---|---|
| 夏税 | | | | | | |

| 田赋项目 | | % | | % | | % |
|---|---|---|---|---|---|---|
| 米（石） | 1.80 | 4.08 | 0.39 | 0.88 | 7.58 | 17.16 |
| 存留（石） | 1.80 | 4.08 | 0.39 | 0.88 | 7.58 | 17.16 |
| 丝（斤） | 1.11 | 8.30 | | | | |
| 存留（斤） | 1.11 | 8.30 | | | | |
| 秋粮 | | | | | | |
| 米（石） | 442.63 | 1.75 | 750.19 | 2.97 | 3287.43 | 13.03 |
| 存留（石） | 442.63 | 1.75 | 750.19 | 2.97 | 3287.43 | 13.03 |
| 钞（锭） | 354.00 | 98.06 | | | | |
| 存留（锭） | 354.00 | 98.06 | | | | |
| 户口盐钞银（两） | 1.95 | 1.22 | | | | |
| 存留（两） | 1.95 | 1.22 | | | | |

梧州府

| 田赋项目 | 全府总数 | % | 苍梧县 | % | 藤县 | % | 容县 | % | 岑溪县 | % | 怀集县 | % |
|---|---|---|---|---|---|---|---|---|---|---|---|---|
| 夏税 | | | | | | | | | | | | |
| 米（石） | 200.59 | 100.00 | | | 9.99 | 4.98 | 38.89 | 19.39 | 2.38 | 1.19 | 8.05 | 4.01 |
| 存留（石） | 200.59 | 100.00 | | | 9.99 | 4.98 | 38.89 | 19.39 | 2.38 | 1.19 | 8.05 | 4.01 |
| 丝（斤） | 46.24 | 100.00 | 8.68 | 18.77 | | | 13.76 | 29.76 | | | | |
| 存留（斤） | 46.24 | 100.00 | 8.68 | 18.77 | | | 13.76 | 29.76 | | | | |
| 秋粮 | | | | | | | | | | | | |
| 米（石） | 76698.44 | 100.00 | 14910.67 | 19.44 | 11216.73 | 14.62 | 5439.32 | 7.09 | 2043.01 | 2.66 | 5713.73 | 7.45 |
| 存留（石） | 76698.44 | 100.00 | 14910.67 | 19.44 | 11216.73 | 14.62 | 5439.32 | 7.09 | 2043.01 | 2.66 | 5713.73 | 7.45 |
| 钞（贯） | 12.00 | 100.00 | | | | | | | | | | |
| 存留（贯） | 12.00 | 100.00 | | | | | | | | | | |
| 苎麻（斤） | 27.44 | 100.00 | 27.44 | 100.00 | | | | | | | | |
| 存留（斤） | 27.44 | 100.00 | 27.44 | 100.00 | | | | | | | | |

（上接前页，续表）

| 田赋项目 | 郁林州 | % | 博白县 | % | 北流县 | % | 陆川县 | % | 兴业县 | % | | |
|---|---|---|---|---|---|---|---|---|---|---|---|---|
| 户口盐钞银（两） | 282.90 | 100.00 | 33.23 | 11.75 | 20.55 | 7.26 | 26.04 | 9.20 | 7.00 | 2.47 | 71.61 | 25.31 |
| 存留（两） | 282.90 | 100.00 | 33.23 | 11.75 | 20.55 | 7.26 | 26.04 | 9.20 | 7.00 | 2.47 | 71.61 | 25.31 |

**郁林州**

| 田赋项目 | 郁林州 | % | 博白县 | % | 北流县 | % | 陆川县 | % | 兴业县 | % |
|---|---|---|---|---|---|---|---|---|---|---|
| 夏税 | | | | | | | | | | |
| 米（石） | 68.97 | 34.38 | 38.91 | 19.40 | 11.53 | 5.75 | 18.49 | 9.22 | 3.34 | 1.67 |
| 存留（石） | 68.97 | 34.38 | 38.91 | 19.40 | 11.53 | 5.75 | 18.49 | 9.22 | 3.34 | 1.67 |
| 丝（斤） | 12.00 | 100.00 | | 41.80 | 19.33 | | | 4.47 | | 9.67 |
| 存留（斤） | 12.00 | 100.00 | | 41.80 | 19.33 | | | 4.47 | | 9.67 |
| 秋粮 | | | | | | | | | | |
| 米（石） | 10402.23 | 13.56 | 6471.96 | 8.44 | 8728.48 | 11.38 | 5126.02 | 8.67 | | |
| 存留（石） | 10402.23 | 13.56 | 6471.96 | 8.44 | 8728.48 | 11.38 | 5126.02 | 8.67 | | |
| 钞（贯） | 12.00 | 100.00 | | | | | | | | |
| 存留（贯） | 12.00 | 100.00 | | | | | | | | |
| 户口盐钞银（两） | 35.52 | 12.56 | 19.73 | 6.97 | 27.49 | 9.72 | 15.11 | 5.34 | 26.61 | 9.41 |
| 起运（两） | | | | | | | | | | |
| 存留（两） | 35.52 | 12.56 | 19.73 | 6.97 | 27.49 | 9.72 | 15.11 | 5.34 | 26.61 | 9.41 |

**浔州府**

| 田赋项目 | 全府总数 | % | 桂平县 | % | 平南县 | % | 贵县 | % | 武靖州 | % |
|---|---|---|---|---|---|---|---|---|---|---|
| 夏税 | | | | | | | | | | |
| 米（石） | 119.55 | 100.00 | | 100.00 | 119.55 | 100.00 | | | | |
| 存留（石） | 119.55 | 100.00 | | 100.00 | 119.55 | 100.00 | | | | |
| 丝（斤） | 2.75 | 100.00 | | 100.00 | 2.75 | 100.00 | | | | |
| 存留（斤） | 2.75 | 100.00 | | 100.00 | 2.75 | 100.00 | | | | |
| 秋粮 | | | | | | | | | | |
| 米（石） | 34978.57 | 100.00 | 11125.16 | 31.81 | 7140.44 | 20.41 | 15607.85 | 44.62 | 1105.11 | 3.16 |

| 田赋项目 | 全府总数 | % | 宣化县 | % | 新宁州 | % | 横州 | % | 永淳县 | % | 上思州 | % |
|---|---|---|---|---|---|---|---|---|---|---|---|---|
| 存留（石） | 34978.57 | 100.00 | 11125.16 | 31.81 | 7140.44 | 20.41 | 15607.85 | 44.62 | 1105.11 | 3.16 | | |
| 钞（锭） | 566.00 | 100.00 | 127.00 | 22.44 | 225.00 | 39.75 | 214.00 | 37.81 | | | | |
| 存留（锭） | 566.00 | 100.00 | 127.00 | 22.44 | 225.00 | 39.75 | 214.00 | 37.81 | | | | |
| 苎麻（两） | 1767.44 | 100.00 | 627.73 | 35.52 | 59.50 | 3.37 | 1080.21 | 61.12 | | | | |
| 存留（两） | 1767.44 | 100.00 | 627.73 | 35.52 | 59.50 | 3.37 | 1080.21 | 61.12 | | | | |
| 户口盐钞银（两） | 186.90 | 100.00 | 60.84 | 32.55 | 50.57 | 27.06 | 75.49 | 40.39 | | | | |
| 存留（两） | 186.90 | 100.00 | 60.84 | 32.55 | 50.57 | 27.06 | 75.49 | 40.39 | | | | |
| 夏税 | | | | | | | | | | | | |

南宁府

| 田赋项目 | 全府总数 | % | 宣化县 | % | 新宁州 | % | 横州 | % | 永淳县 | % | 上思州 | % |
|---|---|---|---|---|---|---|---|---|---|---|---|---|
| 夏税 | | | | | | | | | | | | |
| 米（石） | 414.02 | 100.00 | 130.37 | 31.49 | 4.74 | 1.14 | 23.25 | 5.62 | 8.92 | 2.15 | | |
| 存留（石） | 414.02 | 100.00 | 130.37 | 31.49 | 4.74 | 1.14 | 23.25 | 5.62 | 8.92 | 2.15 | | |
| 丝（斤） | 3.77 | 100.00 | | | | | 2.80 | 74.27 | 0.97 | 25.73 | | |
| 存留（斤） | 3.77 | 100.00 | | | | | 2.80 | 74.27 | 0.97 | 25.73 | | |
| 秋粮 | | | | | | | | | | | | |
| 米（石） | 38324.55 | 100.00 | 18510.33 | 48.30 | 1051.61 | 2.74 | 8525.49 | 22.25 | 3489.59 | 9.11 | 67.00 | 0.17 |
| 存留（石） | 38324.55 | 100.00 | 18510.33 | 48.30 | 1051.61 | 2.74 | 8525.49 | 22.25 | 3489.59 | 9.11 | 67.00 | 0.17 |
| 红花（斤） | 11.84 | 100.00 | 11.53 | 97.38 | 0.02 | 0.17 | | | | | | |
| 存留（斤） | 11.84 | 100.00 | 11.53 | 97.38 | 0.02 | 0.17 | | | | | | |
| 钞（锭） | 3.00 | 100.00 | | | | | | | | | | |
| 存留（锭） | 3.00 | 100.00 | | | | | | | | | | |
| 户口盐钞银（两） | 338.73 | 100.00 | 103.50 | 30.56 | | | 184.59 | 54.49 | 34.64 | 10.23 | | |
| 存留（两） | 338.73 | 100.00 | 103.50 | 30.56 | | | 184.59 | 54.49 | 34.64 | 10.23 | | |

| 田赋项目 | 隆安县 | % | 归德州 | % | 果化州 | % | 忠州 | % | 下雷硐 | % | 湖润寨 | % |
|---|---|---|---|---|---|---|---|---|---|---|---|---|
| 夏税 | | | | | | | | | | | | |

| 田赋项目 | 全府总数 | % | | % | | % | | % | | % | | % |
|---|---|---|---|---|---|---|---|---|---|---|---|---|
| 米（石） | 230.95 | 55.78 | 15.78 | 3.81 | | | | | | | | |
| 存留（石） | 230.95 | 55.78 | 15.78 | 3.81 | | | | | | | | |
| 秋粮 | | | | | | | | | | | | |
| 米（石） | 5821.33 | 15.19 | 433.18 | 1.13 | 140.00 | 0.37 | 150.00 | 0.39 | 100.00 | 0.26 | 36.00 | 0.09 |
| 存留（石） | 5821.33 | 15.19 | 433.18 | 1.13 | 140.00 | 0.37 | 150.00 | 0.39 | 100.00 | 0.26 | 36.00 | 0.09 |
| 红花（斤） | 0.29 | 2.45 | | | | | | | | | | |
| 存留（斤） | 0.29 | 2.45 | | | | | | | | | | |
| 钞（锭） | 3.00 | 100.00 | | | | | | | | | | |
| 存留（锭） | 3.00 | 100.00 | | | | | | | | | | |
| 户口盐钞银（两） | 16.00 | 4.72 | | | | | | | | | | |
| 存留（两） | 16.00 | 4.72 | | | | | | | | | | |

太平府

| 田赋项目 | 全府总数 | % | 太平州 | % | 镇远州 | % | 茗盈州 | % | 安平州 | % | 思同州 | % |
|---|---|---|---|---|---|---|---|---|---|---|---|---|
| 夏税 | | | | | | | | | | | | |
| 米（石） | 11.05 | 100.00 | 1.90 | 17.19 | | | | | | | | |
| 存留（石） | 11.05 | 100.00 | 1.90 | 17.19 | | | | | | | | |
| 秋粮 | | | | | | | | | | | | |
| 米（石） | 3225.57 | 100.00 | 237.10 | 7.35 | 99.20 | 3.08 | 103.00 | 3.19 | 190.30 | 5.90 | 88.25 | 2.74 |
| 存留（石） | 3225.57 | 100.00 | 237.10 | 7.35 | 99.20 | 3.08 | 103.00 | 3.19 | 190.30 | 5.90 | 88.25 | 2.74 |

| 田赋项目 | 养利州 | % | 万承州 | % | 全茗州 | % | 结安州 | % | 龙英州 | % | 结伦州 | % |
|---|---|---|---|---|---|---|---|---|---|---|---|---|
| 夏税 | | | | | | | | | | | | |
| 米（石） | | | 2.00 | 18.10 | | | | | | | | |
| 存留（石） | | | 2.00 | 18.10 | | | | | | | | |
| 秋粮 | | | | | | | | | | | | |
| 米（石） | 148.15 | 4.59 | 500.00 | 15.50 | 120.40 | 3.73 | 78.46 | 2.43 | 375.75 | 11.65 | 100.15 | 3.10 |

**思恩军民府**

| 田赋项目 | 都结州 | % | 上下冻州 | % | 思城州 | % | 左州 | % | 崇善县 | % | 罗阳县 | % |
|---|---|---|---|---|---|---|---|---|---|---|---|---|
| 存留（石） | 148.15 | 4.59 | 500.00 | 15.50 | 120.40 | 3.73 | 78.46 | 2.43 | 375.75 | 11.65 | 100.15 | 3.10 |
| 夏税 | | | | | | | | | | | | |
| 米（石） | 0.25 | 2.26 | | | | | | | 6.50 | 58.82 | | |
| 存留（石） | 0.25 | 2.26 | | | | | | | 6.50 | 58.82 | | |
| 秋粮 | | | | | | | | | | | | |
| 米（石） | 98.02 | 3.04 | 102.85 | 3.19 | 186.90 | 5.79 | 232.50 | 7.21 | 201.26 | 6.24 | 155.80 | 4.83 |
| 存留（石） | 98.02 | 3.04 | 102.85 | 3.19 | 186.90 | 5.79 | 232.50 | 7.21 | 201.26 | 6.24 | 155.80 | 4.83 |

| 田赋项目 | 永康县 | % | 陀陵县 | % |
|---|---|---|---|---|
| 夏税 | | | | |
| 秋粮 | | | | |
| 米（石） | 40.30 | 1.25 | 167.17 | 5.18 |
| 存留（石） | 40.30 | 1.25 | 167.17 | 5.18 |

| 田赋项目 | 全府总数 | % | 思恩军民府九土司 | % | 武缘县[1] | % |
|---|---|---|---|---|---|---|
| 夏税 | | | | | | |
| 米（石） | 230.81 | 100.00 | 109.85 | 47.59 | 120.95 | 52.40 |
| 存留（石） | 230.81 | 100.00 | 109.85 | 47.59 | 120.95 | 52.40 |
| 秋粮 | | | | | | |
| 米（石） | 13051.91 | 100.00 | 5665.68 | 43.41 | 7386.23 | 56.59 |
| 存留（石） | 13051.91 | 100.00 | 5665.68 | 43.41 | 7386.23 | 56.59 |

**思明府**

| 田赋项目 | 思明州 | % | 上石西州 | % | 下石西州 | % | 凭祥州[1] | % |
|---|---|---|---|---|---|---|---|---|

[1]原书此县县名残缺，依据谭其骧《中国历史地图集》第七册《广西》补，第74—75页。

1102

**向武州**

| 田赋项目 | 总数 | % | 富劳县 | | | 向武州 | | | | |
|---|---|---|---|---|---|---|---|---|---|---|
| 秋粮 | | | | | | | | | | |
| 米（石） | 246.50 | 100.00 | 61.00 | 24.75 | 30.00 | 12.17 | 25.00 | 10.14 | 130.50 | 52.94 |
| 存留（石） | 246.50 | 100.00 | 61.00 | 24.75 | 30.00 | 12.17 | 25.00 | 10.14 | 130.50 | 52.94 |

**镇安府**

| 田赋项目 | 总数 | % | | |
|---|---|---|---|---|
| 秋粮 | | | | |
| 米（石） | 654.12 | 100.00 | 214.80 | 32.84 |
| 存留（石） | 654.12 | 100.00 | 214.80 | 32.84 |

**田州**

| 田赋项目 | 总数 | % |
|---|---|---|
| 秋粮 | | |
| 米（石） | 1100.00 | 100.00 |
| 存留（石） | 1100.00 | 100.00 |

**归顺州**

| 田赋项目 | 总数 | % |
|---|---|---|
| 秋粮 | | |
| 米（石） | 4865.99 | 100.00 |
| 存留（石） | 4865.99 | 100.00 |

| 田赋项目 | 总数 | % |
|---|---|---|
| 秋粮 | | |
| 米（石） | 150.00 | 100.00 |
| 存留（石） | 150.00 | 100.00 |

1 凭祥州秋粮数值残缺，今依据思明府总数补齐。

| 州 | 田赋项目 | | 总数 | % |
|---|---|---|---|---|
| 奉议州 | 秋粮 | 米（石） | 286.00 | 100.00 |
| | | 存留（石） | 286.00 | 100.00 |
| 都康州 | 夏税 | 米（石） | 3.50 | 100.00 |
| | | 存留（石） | 3.50 | 100.00 |
| | 秋粮 | 米（石） | 237.00 | 100.00 |
| | | 存留（石） | 237.00 | 100.00 |
| 泗城州 | 秋粮 | 米（石） | 1646.90 | 100.00 |
| | | 存留（石） | 1646.90 | 100.00 |
| 龙州 | 秋粮 | 米（石） | 462.15 | 100.00 |
| | | 存留（石） | 462.15 | 100.00 |
| 利州 | 秋粮 | | | |

| 田赋项目 | 总数 | % | |
|---|---|---|---|
| 米（石） | 100.00 | 100.00 | 江州 |
| 存留（石） | 100.00 | 100.00 | |
| 田赋项目 | 总数 | % | |
| 秋粮 | | | 思陵州 |
| 米（石） | 220.00 | 100.00 | |
| 存留（石） | 220.00 | 100.00 | |
| 田赋项目 | 总数 | % | |
| 秋粮 | | | 上林长官司 |
| 米（石） | 30 | 100 | |
| 存留（石） | 30 | 100 | |
| 田赋项目 | 总数 | % | |
| 秋粮 | | | 安隆长官司 |
| 米（石） | 400 | 100 | |
| 存留（石） | 400 | 100 | |
| 田赋项目 | 总数 | % | |
| 秋粮 | | | 迁隆峒 |
| 米（石） | 141.6 | 100 | |
| 存留（石） | 141.6 | 100 | |
| 田赋项目 | 总数 | % | |
| 秋粮 | | | |

| 米（石） | 35.55 | 100 |
| 存留（石） | 35.55 | 100 |

## 乙表20

# 万历六年云南布政司分州县田赋统计[1]

### 云南府

| 田赋项目 | 全府总数 | % | 昆明县 | % | 富民县 | % | 宜良县 | % | 嵩明州 | % | 晋宁州 | % |
|---|---|---|---|---|---|---|---|---|---|---|---|---|
| 夏税 | | | | | | | | | | | | |
| 麦（石） | 8404.74 | 100.00 | 1834.55 | 21.83 | 517.89 | 6.16 | 649.84 | 7.73 | 1851.00 | 22.02 | 879.33 | 10.46 |
| 秋粮 | | | | | | | | | | | | |
| 米（石） | 25845.27 | 100.00 | 5371.49 | 20.78 | 864.93 | 3.35 | 1384.06 | 5.36 | 5459.69 | 21.12 | 1881.42 | 7.28 |

| 田赋项目 | 归化县 | % | 呈贡县 | % | 安宁州 | % | 罗次县 | % | 禄丰县 | % | 昆阳州 | % |
|---|---|---|---|---|---|---|---|---|---|---|---|---|
| 夏税 | | | | | | | | | | | | |
| 麦（石） | 355.90 | 4.23 | 613.44 | 7.30 | 358.21 | 4.26 | 180.90 | 2.15 | 248.49 | 2.96 | 577.91 | 6.88 |
| 秋粮 | | | | | | | | | | | | |
| 米（石） | 911.79 | 3.53 | 1752.98 | 6.78 | 2890.21 | 11.18 | 1202.10 | 4.65 | 804.02 | 3.11 | 1787.04 | 6.91 |

| 田赋项目 | 三泊县 | % | 易门县 | % |
|---|---|---|---|---|
| 夏税 | | | | |
| 麦（石） | 202.93 | 2.41 | 134.29 | 1.60 |
| 秋粮 | | | | |
| 米（石） | 614.24 | 2.38 | 921.25 | 3.56 |

### 大理府

| 田赋项目 | 全府总数 | % | 太和县 | % | 赵州 | % | 云南县 | % | 邓川州 | % | 浪穹县 | % |
|---|---|---|---|---|---|---|---|---|---|---|---|---|
| 夏税 | | | | | | | | | | | | |
| 麦（石） | 9173.47 | 100.00 | 2714.21 | 29.59 | 1344.58 | 14.66 | 1849.39 | 20.16 | 988.31 | 10.77 | 1229.02 | 13.40 |

[1]资料来源：根据第一篇甲表36。

| 田赋项目 | 全府总数 | % | | % | | % | | % | | % | | % |
|---|---|---|---|---|---|---|---|---|---|---|---|---|
| 秋粮 | | | | | | | | | | | | |
| 米（石） | 15652.92 | 100.00 | 5070.61 | 32.39 | 2057.19 | 13.14 | 2709.37 | 17.31 | 1426.11 | 9.11 | 2598.67 | 16.60 |
| 银（两） | 56.12 | 100.00 | | | | | | | | | | |
| 棉绸（匹） | 15.00 | 100.00 | | | 15.00 | 100.00 | | | | | | |
| 棉布（段） | 1700.00 | 100.00 | | | | | | | | | 500.00 | 29.41 |
| 黄牛（只） | 5.00 | 100.00 | | | 5.00 | 100.00 | | | | | | |
| 马（匹） | 2.00 | 100.00 | | | 2.00 | 100.00 | | | | | | |

| 田赋项目 | 宾川州 | % | 云龙州 | % | 十二关长官司 | % |
|---|---|---|---|---|---|---|
| 夏税 | | | | | | |
| 麦（石） | 1041.70 | 11.36 | | | 6.22 | 0.07 |
| 秋粮 | | | | | | |
| 米（石） | 1776.15 | 11.35 | | | 14.81 | 0.09 |
| 银（两） | | | 56.12 | 100.00 | | |
| 棉布（段） | | | 1200.00 | 70.59 | | |

临安府

| 田赋项目 | 全府总数 | % | 建水州 | % | 石屏州 | % | 阿迷州 | % | 宁州 | % | 通海县 | % |
|---|---|---|---|---|---|---|---|---|---|---|---|---|
| 夏税 | | | | | | | | | | | | |
| 麦（石） | 1330.74 | 100.00 | 240.52 | 18.07 | 95.73 | 7.19 | 27.33 | 2.05 | 203.93 | 15.32 | 249.26 | 18.73 |
| 秋粮 | | | | | | | | | | | | |
| 米（石） | 15917.01 | 100.00 | 2663.33 | 16.73 | 2183.02 | 13.72 | 1608.98 | 10.11 | 1395.59 | 8.77 | 424.94 | 2.67 |
| 户口盐钞银（两） | 134.96 | 100.00 | 12.98 | 9.62 | 15.98 | 11.84 | 16.61 | 12.31 | 8.15 | 6.04 | 4.20 | 3.11 |
| 金折银（两） | 50.00 | 100.00 | | | | | | | | | | |
| 银（两） | 310.00 | 100.00 | | | | | | | | | | |
| 海肥（索） | 221025.00 | 100.00 | 13610.00 | 6.16 | 16000.00 | 7.24 | | | 7740.00 | 3.50 | 5303.00 | 2.40 |

楚雄府

| 田赋项目 | 河西县 | % | 嶍峨县 | % | 蒙自县 | % | 纳楼茶甸长官司 | % | 教化三部长官司 | % | 溪处甸长官司 | % |
|---|---|---|---|---|---|---|---|---|---|---|---|---|
| 夏税 | | | | | | | | | | | | |
| 麦（石） | 281.95 | 21.19 | 203.28 | 15.28 | 28.71 | 2.16 | | | | | | |
| 秋粮 | | | | | | | | | | | | |
| 米（石） | 1631.88 | 10.25 | 1963.49 | 12.34 | 1607.97 | 10.10 | 531.76 | 3.34 | 420.00 | 2.64 | 424.20 | 2.67 |
| 户口盐钞银（两） | 8.08 | 5.99 | 16.77 | 12.43 | 22.06 | 16.35 | 11.12 | 8.24 | 3.39 | 2.51 | 7.89 | 5.85 |
| 金折银（两） | | | | | 50.00 | 100.00 | | | | | | |
| 银（两） | | | | | | | 200.00 | 64.52 | | | | |
| 海肥（索） | 9028.00 | 4.08 | 17130.00 | 7.75 | 31355.00 | 14.19 | | | | | 79008.00 | 35.75 |

| 田赋项目 | 左能寨长官司 | % | 王弄山长官司 | % | 亏容甸长官司 | % | 思陀甸长官司 | % | 落恐甸长官司 | % | 本府代管车人寨改设纳更山巡检司 | % |
|---|---|---|---|---|---|---|---|---|---|---|---|---|
| 夏税 | | | | | | | | | | | | |
| 麦（石） | | | | | | | | | | | | |
| 秋粮 | | | | | | | | | | | | |
| 米（石） | 55.20 | 0.35 | 816.88 | 5.13 | 98.28 | 0.62 | 41.10 | 0.26 | 20.33 | 0.13 | 30.00 | 0.19 |
| 户口盐钞银（两） | 0.96 | 0.71 | 3.59 | 2.66 | 0.78 | 0.58 | 1.29 | 0.96 | 1.05 | 0.78 | 60.00 | 19.35 |
| 银（两） | | | | | | | | | | | | |
| 海肥（索） | 9000.00 | 4.07 | | | 10000.00 | 4.52 | 15000.00 | 6.79 | 5500.00 | 2.49 | | |

楚雄府

| 田赋项目 | 全府总数 | % | 楚雄县 | % | 定边县 | % | 定远县 | % | 广通县 | % | 镇南县 | % |
|---|---|---|---|---|---|---|---|---|---|---|---|---|
| 夏税 | | | | | | | | | | | | |
| 麦（石） | 1854.70 | 100.00 | 645.62 | 34.81 | 87.15 | 4.70 | 351.19 | 18.94 | 349.56 | 18.85 | | |
| 秋粮 | | | | | | | | | | | | |

| 田赋项目 | | % | | % | | % | | % | | % | | % |
|---|---|---|---|---|---|---|---|---|---|---|---|---|
| 米（石） | 8655.59 | 100.00 | 3240.18 | 37.43 | 673.23 | 7.78 | 1161.64 | 13.42 | 1296.85 | 14.98 | 101.17 | 1.17 |
| 银（两） | 241.70 | 100.00 | 161.70 | 66.90 | | | | | | | 60.00 | 24.82 |
| 黄牛（只） | 10.00 | 100.00 | | | | | | | | | | |
| 马（匹） | 2.00 | 100.00 | | | | | | | | | | |

| 田赋项目 | 南安州 | % | 镇南州 | % |
|---|---|---|---|---|
| 夏税 | | | | |
| 麦（石） | 97.38 | 5.25 | 323.77 | 17.46 |
| 秋粮 | | | | |
| 米（石） | 848.35 | 9.80 | 1334.13 | 15.41 |
| 银（两） | | | 20.00 | 8.27 |
| 黄牛（只） | | | 10.00 | 100.00 |
| 马（匹） | | | 2.00 | 100.00 |

澂江府

| 田赋项目 | 全府总数 | % | 河阳县 | % | 江川县 | % | 阳宗县 | % | 新兴州 | % | 路南州 | % |
|---|---|---|---|---|---|---|---|---|---|---|---|---|
| 夏税 | | | | | | | | | | | | |
| 麦（石） | 2172.27 | 100.00 | 930.52 | 42.84 | 217.48 | 10.01 | 218.43 | 10.06 | 504.41 | 23.22 | 301.40 | 13.87 |
| 秋粮 | | | | | | | | | | | | |
| 米（石） | 5044.42 | 100.00 | 1952.97 | 38.72 | 679.93 | 13.48 | 550.79 | 10.92 | 1117.75 | 22.16 | 742.95 | 14.73 |
| 海肥（索） | 14972.00 | 100.00 | 1764.00 | 11.78 | 1730.00 | 11.55 | 600.00 | 4.01 | 1758.00 | 11.74 | 9120.00 | 60.91 |

粤东府

广南府

| 田赋项目 | 全府总数 | % |
|---|---|---|
| 秋粮 | | |
| 米（石） | 1939.14 | 100.00 |
| 银（两） | 300.00 | 100.00 |

**广西府**

| 田赋项目 | 全府总数 | % | 本府代征 | % | 富州 | % |
|---|---|---|---|---|---|---|
| 秋粮 | | | | | | |
| 米（石） | 1723.61 | 100.00 | 1035.84 | 60.10 | 687.77 | 39.90 |

**镇沅府**

| 田赋项目 | 全府总数 | % | 本府代征 | % | 师宗州 | % | 弥勒州 | % | 维摩州 | % |
|---|---|---|---|---|---|---|---|---|---|---|
| 夏税 | | | | | | | | | | |
| 麦（石） | 114.84 | 100.00 | | | 76.61 | 66.71 | 38.22 | 33.28 | | |
| 秋粮 | | | | | | | | | | |
| 米（石） | 5340.99 | 100.00 | 152.00 | 2.85 | 2378.41 | 44.53 | 2231.67 | 41.78 | 578.90 | 10.84 |
| 水牛（只） | 10.00 | 100.00 | | | 10.00 | 100.00 | | | | |

**永宁府**

| 田赋项目 | 全府总数 | % | 本府代征 | % |
|---|---|---|---|---|
| 米（石） | 100.00 | 100.00 | | |
| 银（两） | 650.00 | 100.00 | | |
| 钞（锭） | 60.00 | 100.00 | | |

**顺宁府**

| 田赋项目 | 全府总数 | % | 本府代征 | % |
|---|---|---|---|---|
| 马（匹） | 5.00 | 100.00 | | |

**曲靖军民府**

| 田赋项目 | 全府总数 | % | 南宁县 | % | 亦佐县 | % | 沾益州 | % | 陆凉州 | % | 马龙州 | % |
|---|---|---|---|---|---|---|---|---|---|---|---|---|
| 夏税 | | | | | | | | | | | | |
| 银（两） | 450.00 | 100.00 | | | | | | | | | | |
| 麦（石） | 1329.45 | 100.00 | 453.08 | 34.08 | 65.94 | 4.96 | 344.48 | 25.91 | 167.69 | 12.61 | 155.70 | 11.71 |

| 田赋项目 | 全府总数 | % | 罗雄州 | % | | % | | % | | % | | % |
|---|---|---|---|---|---|---|---|---|---|---|---|---|
| 夏税 麦（石）| | | 142.55 | 10.72 | | | | | | | | |
| 秋粮 米（石）| 7297.20 | 100.00 | 671.75 | 9.21 | 1320.88 | 18.10 | 472.94 | 6.48 | 3430.90 | 47.02 | 682.15 | 9.35 |
| | | | | | 718.56 | 9.85 | | | | | | |

姚安军民府

| 田赋项目 | 全府总数 | % | 姚州 | % | 大姚县 | % |
|---|---|---|---|---|---|---|
| 夏税 麦（石）| 1596.67 | 100.00 | 961.24 | 60.20 | 635.42 | 39.80 |
| 秋粮 米（石）| 3204.75 | 100.00 | 1806.33 | 56.36 | 1398.41 | 43.64 |
| 户口盐钞银（两）| 307.30 | 100.00 | 166.84 | 54.29 | 140.45 | 45.70 |

鹤庆军民府

| 田赋项目 | 全府总数 | % | 本府代征 | % | 剑川州 | % | 顺州 | % |
|---|---|---|---|---|---|---|---|---|
| 夏税 麦（石）| 3355.86 | 100.00 | 1589.87 | 47.38 | 1706.16 | 50.84 | 59.83 | 1.78 |
| 秋粮 米（石）| 4496.00 | 100.00 | 1499.96 | 33.36 | 2914.20 | 64.82 | 81.83 | 1.82 |
| 麦（石）| 78.75 | 100.00 | | | | | 78.75 | 100.00 |
| 银（两）| 90.00 | 100.00 | | | | | 90.00 | 100.00 |

武定军民府

| 田赋项目 | 全府总数 | % | 和曲州 | % | 元谋县 | % | 禄劝州 | % |
|---|---|---|---|---|---|---|---|---|
| 夏税 | | | | | | | | |

| | 全府总数 | % | | % | | % | | % |
|---|---|---|---|---|---|---|---|---|
| 麦(石) | 430.28 | 100.00 | 130.66 | 30.37 | 58.24 | 13.54 | 241.37 | 56.10 |
| 秋粮 | | | | | | | | |
| 米(石) | 3108.07 | 100.00 | 890.03 | 28.64 | 1066.70 | 34.32 | 1151.33 | 37.04 |
| 马(匹) | 20.00 | 100.00 | 4.00 | 20.00 | | | 16.00 | 80.00 |

寻甸军民府

| 田赋项目 | 全府总数 | % |
|---|---|---|
| 夏税 | | |
| 麦(石) | 606.60 | 100.00 |
| 秋粮 | | |
| 米(石) | 2173.74 | 100.00 |
| 马(匹) | 10.00 | 100.00 |

丽江军民府

| 田赋项目 | 全府总数 | % | 通安州 | % | 宝山州 | % | 兰州 | % | 巨津州 | % | 临西县 | % |
|---|---|---|---|---|---|---|---|---|---|---|---|---|
| 夏税 | | | | | | | | | | | | |
| 麦(石) | 1639.56 | 100.00 | 992.29 | 60.52 | 127.78 | 7.79 | 228.74 | 13.95 | 267.85 | 16.34 | 22.89 | 1.40 |
| 秋粮 | | | | | | | | | | | | |
| 米(石) | 940.29 | 100.00 | 517.68 | 55.06 | 93.87 | 9.98 | 63.50 | 6.75 | 232.63 | 24.74 | 32.60 | 3.47 |
| 马(匹) | 31.00 | 100.00 | 9.00 | 29.03 | 7.00 | 22.58 | 7.00 | 22.58 | 5.00 | 16.13 | 3.00 | 9.68 |

元江军民府所属因远罗必甸长官司

| 田赋项目 | 全司总数 | % |
|---|---|---|
| 秋粮 | | |
| 米(石) | 1930.21 | 100.00 |
| 银(两) | 102.40 | 100.00 |
| 海肥(索) | 36380.00 | 100.00 |

**蒙化府**

| 田赋项目 | 全府总数 | % |
|---|---|---|
| 夏税 | | |
| 麦（石） | 1940.32 | 100.00 |
| 秋粮 | | |
| 米（石） | 2911.52 | 100.00 |

**永昌军民府**

| 田赋项目 | 全府总数 | % | 保山县 | % | 永平县 | % | 腾越州 | % | 施甸长官司 | % | 凤溪长官司 | % |
|---|---|---|---|---|---|---|---|---|---|---|---|---|
| 夏税 | | | | | | | | | | | | |
| 麦（石） | 554.61 | 100.00 | 315.87 | 56.95 | 131.99 | 23.80 | | | 81.12 | 14.63 | 25.62 | 4.62 |
| 秋粮 | | | | | | | | | | | | |
| 米（石） | 7887.54 | 100.00 | 2442.04 | 30.96 | 927.42 | 11.76 | 3846.65 | 48.77 | 470.48 | 5.96 | 200.94 | 2.55 |
| 差发米（石） | 15.75 | 100.00 | | | | | | | 15.75 | 100.00 | | |
| 银（两） | 542.70 | 100.00 | | | | | 434.70 | 80.10 | | | | |
| 黄牛（只） | 11.00 | 100.00 | 9.00 | 81.82 | | | | | 2.00 | 18.18 | | |
| 马（匹） | 11.00 | 100.00 | | | | | | | 11.00 | 100.00 | | |

| 田赋项目 | 永昌所 | % |
|---|---|---|
| 秋粮 | | |
| 银（两） | 108.00 | 19.90 |

**各州及各长官司**

| 田赋项目 | 总数 | % | 北胜州 | % | 新化州 | % | 滇溪州 | % | 者乐甸长官司 | % | 威远州 | % |
|---|---|---|---|---|---|---|---|---|---|---|---|---|
| 夏税 | | | | | | | | | | | | |
| 麦（石） | 1063.07 | 100.00 | 1063.07 | 100.00 | | | | | | | | |
| 秋粮 | | | | | | | | | | | | |
| 米（石） | 2117.48 | 100.00 | 1542.60 | 72.85 | 504.89 | 23.84 | | | 70.35 | 3.32 | | |
| 银（两） | 5744.20 | 100.00 | 352.20 | 6.13 | 450.00 | 7.83 | 60.00 | 1.04 | 240.00 | 4.18 | 400.00 | 6.96 |

| 田赋项目 | 干崖宣抚司 | % | 南甸宣抚司 | % | 本邦宣慰司 | % | 陇川宣抚司 | % | 芒市长官司 | % | 孟定府 | % |
|---|---|---|---|---|---|---|---|---|---|---|---|---|
| 金（两） | | | | | | | | | | | 66.67 | 100.00 |
| 马（匹） | | | | | | | | | | | 4.00 | 100.00 |
| 秋粮 | | | | | | | | | | | | |
| 银（两） | 100.00 | 1.74 | 100.00 | 1.74 | 1400.00 | 24.37 | 400.00 | 6.96 | 100.00 | 1.74 | 600.00 | 10.45 |

| 田赋项目 | 潞江安抚司 | % | 湾甸州 | % | 大候州 | % | 孟琏长官司 | % | 镇康州 | % | 车里宣慰司 | % |
|---|---|---|---|---|---|---|---|---|---|---|---|---|
| 秋粮 | | | | | | | | | | | | |
| 银（两） | | | | | | | | | | | | |
| 金（两） | 142.00 | 2.47 | 150.00 | 2.61 | 200.00 | 3.48 | 200.00 | 3.48 | 100.00 | 1.74 | 50.00 | 75.00 |

| 田赋项目 | 孟养宣慰司 | % | 孟良府 | % | 钮兀长官司 | % |
|---|---|---|---|---|---|---|
| 秋粮 | | | | | | |
| 银（两） | 750.00 | 13.06 | | | | |
| 金（两） | | 16.67 | | 25.00 | | |
| 马（匹） | | | | | 4.00 | 100.00 |

## 万历六年贵州布政司分州县田赋统计[1]

### 乙表21

贵阳府

| 田赋项目 | 全府总数 | % | 本司寨长官司 | % | 通州寨长官司 | % | 金筑安抚司 | % | 程番长官司 | % | 上马桥长官司 | % |
|---|---|---|---|---|---|---|---|---|---|---|---|---|
| 夏税 | | | | | | | | | | | | |
| 麦收（石） | 6.95 | 100.00 | | | | | | | | | | |
| 存留（石） | 6.95 | 100.00 | | | | | | | | | | |
| 秋粮 | | | | | | | | | | | | |
| 米（石） | 6912.95 | 100.00 | 15.83 | 0.23 | 15.00 | 0.22 | 2471.80 | 35.76 | 643.52 | 9.31 | 153.43 | 2.22 |

[1]资料来源：根据第一篇甲表38。

表（续）

| 田赋项目 | 全府总数 | % | | % | | % | | % | | % | | % |
| --- | --- | --- | --- | --- | --- | --- | --- | --- | --- | --- | --- | --- |
| 存留（石） | 6912.95 | 100.00 | 15.83 | 0.23 | 15.00 | 0.22 | 2471.80 | 35.76 | 643.52 | 9.31 | 153.43 | 2.22 |
| 户口盐钞银（两） | 0.29 | | | | | | | | | | | |
| 存留（两） | 0.29 | 100.00 | | | | | | | | | | |

| 田赋项目 | 小程番长官司 | % | 庐番长官司 | % | 方番长官司 | % | 韦番长官司 | % | 洪番长官司 | % | 卧龙番长官司 | % |
| --- | --- | --- | --- | --- | --- | --- | --- | --- | --- | --- | --- | --- |
| 秋粮 米（石） | 202.12 | 2.92 | 179.82 | 2.60 | 283.16 | 4.10 | 283.16 | 4.10 | 254.04 | 3.67 | 473.19 | 6.84 |
| 存留（石） | 202.12 | 2.92 | 179.82 | 2.60 | 283.16 | 4.10 | 283.16 | 4.10 | 254.04 | 3.67 | 473.19 | 6.84 |

| 田赋项目 | 大龙番长官司 | % | 小龙番长官司 | % | 金石番长官司 | % | 罗番长官司 | % | 卢山长官司 | % | 木瓜长官司 | % |
| --- | --- | --- | --- | --- | --- | --- | --- | --- | --- | --- | --- | --- |
| 秋粮 米（石） | 270.33 | 3.91 | 261.49 | 3.78 | 323.50 | 4.68 | 241.29 | 3.49 | 245.33 | 3.55 | 96.33 | 1.39 |
| 存留（石） | 270.33 | 3.91 | 261.49 | 3.78 | 323.50 | 4.68 | 241.29 | 3.49 | 245.33 | 3.55 | 96.33 | 1.39 |

| 田赋项目 | 麻响长官司 | % | 大华长官司 | % | 贵竹长官司 | % | 平伐长官司 | % |
| --- | --- | --- | --- | --- | --- | --- | --- | --- |
| 夏税 麦收（石） | | | | | 6.95 | 100.00 | | |
| 存留（石） | | | | | 6.95 | 100.00 | | |
| 秋粮 米（石） | 36.38 | 0.53 | 70.62 | 1.02 | 151.53 | 2.19 | 241.00 | 3.49 |
| 存留（石） | 36.38 | 0.53 | 70.62 | 1.02 | 151.53 | 2.19 | 241.00 | 3.49 |

思南府

| 田赋项目 | 全府总数 | % | 水德江长官司 | % | 蛮夷长官司 | % | 沿河祐溪长官司 | % | 朗溪蛮夷长官司 | % | 印江县 | % |
| --- | --- | --- | --- | --- | --- | --- | --- | --- | --- | --- | --- | --- |
| 秋粮 米（石） | 1859.11 | 100.00 | 629.85 | 33.88 | 308.46 | 16.59 | 187.62 | 10.09 | 61.25 | 3.29 | 321.41 | 17.29 |
| 存留（石） | 1859.11 | 100.00 | 629.85 | 33.88 | 308.46 | 16.59 | 187.62 | 10.09 | 61.25 | 3.29 | 321.41 | 17.29 |
| 户口盐钞银（两） | 1.88 | | | | | | | | | | | |

| 田赋项目 | 黎川县 | % |
|---|---|---|
| 存留（两） | 1.88 | 100.00 |
| 秋粮 | | |
| 米（石） | 350.51 | 18.85 |
| 存留（石） | 350.51 | 18.85 |

石阡府

| 田赋项目 | 全府总数 | % | 石阡长官司 | % | 龙泉坪长官司 | % | 葛彰葛商长官司 | % | 苗民长官司 | % |
|---|---|---|---|---|---|---|---|---|---|---|
| 秋粮 | | | | | | | | | | |
| 米（石） | 851.79 | 100.00 | 292.63 | 34.35 | 212.84 | 24.99 | 186.81 | 21.93 | 159.51 | 18.73 |
| 存留（石） | 851.79 | 100.00 | 292.63 | 34.35 | 212.84 | 24.99 | 186.81 | 21.93 | 159.51 | 18.73 |
| 户口盐钞银（两） | 0.39 | 100.00 | | | | | | | | |
| 存留（两） | 0.39 | 100.00 | | | | | | | | |

思州府

| 田赋项目 | 全府总数 | % | 都坪峨异溪蛮夷长官司 | % | 黄道溪长官司 | % | 都素蛮夷长官司 | % | 施溪长官司 | % |
|---|---|---|---|---|---|---|---|---|---|---|
| 秋粮 | | | | | | | | | | |
| 米（石） | 840.51 | 100.00 | 281.66 | 33.51 | 322.58 | 38.38 | 134.28 | 15.98 | 101.98 | 12.13 |
| 存留（石） | 840.51 | 100.00 | 281.66 | 33.51 | 322.58 | 38.38 | 134.28 | 15.98 | 101.98 | 12.13 |
| 户口盐钞银（两） | 0.19 | 100.00 | | | | | | | | |
| 存留（两） | 0.19 | 100.00 | | | | | | | | |

铜仁府

| 田赋项目 | 全府总数 | % | 铜仁长官司 | % | 省溪长官司 | % | 提溪长官司 | % | 大万山长官司 | % | 乌罗长官司 | % |
|---|---|---|---|---|---|---|---|---|---|---|---|---|
| 夏税 | | | | | | | | | | | | |
| 洞蛮麻布（条） | 259.00 | 100.00 | 259.00 | 100.00 | | | | | | | | |

| 田赋项目 | 全府总数 | % | | % | | % | | % | | % | | % | 平头着可长官司 | % |
|---|---|---|---|---|---|---|---|---|---|---|---|---|---|---|
| 存留（条） | 259.00 | 100.00 | 259.00 | 100.00 | | | | | | | | | | |
| 秋粮　米（石） | 1188.68 | 100.00 | 489.64 | 41.19 | 251.00 | 21.12 | 110.75 | 9.32 | 9.90 | 0.83 | 235.55 | 19.82 | 91.83 | 7.73 |
| 　　　存留（石） | 1188.68 | 100.00 | 489.64 | 41.19 | 251.00 | 21.12 | 110.75 | 9.32 | 9.90 | 0.83 | 235.55 | 19.82 | 91.83 | 7.73 |
| 户口盐钞银（两） | 0.97 | 100.00 | 0.97 | 100.00 | | | | | | | | | | |
| 　　　存留（两） | 0.97 | 100.00 | 0.97 | 100.00 | | | | | | | | | | |

镇远府

| 田赋项目 | 全府总数 | % | 邛水一十五洞蛮夷长官司 | % | 偏桥长官司 | % | 镇远县 | % | 施秉县 | % |
|---|---|---|---|---|---|---|---|---|---|---|
| 秋粮　米（石） | 807.67 | 100.00 | 249.69 | 30.91 | 243.11 | 30.10 | 253.98 | 31.45 | 60.88 | 7.54 |
| 　　　存留（石） | 807.67 | 100.00 | 249.69 | 30.91 | 243.11 | 30.10 | 253.98 | 31.45 | 60.88 | 7.54 |
| 户口盐钞银（两） | 0.22 | 100.00 | | | | | | | | |
| 　　　存留（两） | 0.22 | 100.00 | | | | | | | | |

都匀府

| 田赋项目 | 全府总数 | % | 都匀长官司 | % | 邦水长官司 | % | 平浪长官司 | % | 平州六洞长官司 | % | 麻哈州 | % |
|---|---|---|---|---|---|---|---|---|---|---|---|---|
| 秋粮　米（石） | 5007.87 | 100.00 | 847.00 | 16.91 | 279.50 | 5.58 | 516.00 | 10.30 | 665.00 | 13.28 | 311.85 | 6.23 |
| 　　　存留（石） | 5007.87 | 100.00 | 847.00 | 16.91 | 279.50 | 5.58 | 516.00 | 10.30 | 665.00 | 13.28 | 311.85 | 6.23 |

| 田赋项目 | | % |
| --- | --- | --- |
| 户口盐钞银（两） | 0.15 | 100.00 |
| 存留（两） | 0.15 | 100.00 |

| 田赋项目 | 平定长官司 | % | 乐平长官司 | % | 独山州 | % | 丰宁长官司 | % | 合江陈蒙烂土长官司 | % | 清平县 | % |
| --- | --- | --- | --- | --- | --- | --- | --- | --- | --- | --- | --- | --- |
| 秋粮 | | | | | | | | | | | | |
| 米（石） | 263.00 | 5.25 | 266.42 | 5.32 | 764.20 | 15.26 | 450.00 | 8.99 | 439.00 | 8.77 | 205.89 | 4.11 |
| 存留（石） | 263.00 | 5.25 | 266.42 | 5.32 | 764.20 | 15.26 | 450.00 | 8.99 | 439.00 | 8.77 | 205.89 | 4.11 |

黎平府

| 田赋项目 | 全府总数 | % | 覃溪蛮夷长官司 | % | 八舟蛮夷长官司 | % | 洪州泊里长官司 | % | 古州蛮夷长官司 | % | 曹滴洞蛮夷长官司 | % |
| --- | --- | --- | --- | --- | --- | --- | --- | --- | --- | --- | --- | --- |
| 秋粮 | | | | | | | | | | | | |
| 米（石） | 2621.99 | 100.00 | 436.00 | 16.63 | 198.17 | 7.56 | 397.40 | 15.16 | 260.00 | 9.92 | 363.84 | 13.88 |
| 存留（石） | 2621.99 | 100.00 | 436.00 | 16.63 | 198.17 | 7.56 | 397.40 | 15.16 | 260.00 | 9.92 | 363.84 | 13.88 |
| 户口盐钞银（两） | 0.46 | 100.00 | | | | | | | | | | |
| 存留（石） | 0.46 | 100.00 | | | | | | | | | | |

| 田赋项目 | 新化蛮夷长官司 | % | 欧阳蛮夷长官司 | % | 亮寨蛮夷长官司 | % | 中林验洞蛮夷长官司 | % | 龙里蛮夷长官司 | % | 湖耳蛮夷长官司 | % |
| --- | --- | --- | --- | --- | --- | --- | --- | --- | --- | --- | --- | --- |
| 秋粮 | | | | | | | | | | | | |
| 米（石） | 117.58 | 4.48 | 63.04 | 2.40 | 149.49 | 5.70 | 64.00 | 2.44 | 135.43 | 5.17 | 45.00 | 1.72 |
| 存留（石） | 117.58 | 4.48 | 63.04 | 2.40 | 149.49 | 5.70 | 64.00 | 2.44 | 135.43 | 5.17 | 45.00 | 1.72 |

| 田赋项目 | 赤溪湳洞长官司 | % | 永从县 | % |
| --- | --- | --- | --- | --- |
| 秋粮 | | | | |
| 米（石） | 20.00 | 0.76 | 372.02 | 14.19 |
| 存留（石） | 20.00 | 0.76 | 372.02 | 14.19 |

安顺州

| 田赋项目 | 全州总数 | % | 本州管下五起十三枝等寨 | % | 宁古寨长官司 | % | 西堡长官司 | % |
|---|---|---|---|---|---|---|---|---|
| 秋粮 | | | | | | | | |
| 米（石） | 5247.80 | 100.00 | 1787.64 | 34.06 | 1738.16 | 33.12 | 1722.00 | 32.81 |
| 存留（石） | 5247.80 | 100.00 | 1787.64 | 34.06 | 1738.16 | 33.12 | 1722.00 | 32.81 |
| 户口盐钞银（两） | 0.11 | 100.00 | | | | | | |
| 存留（两） | 0.11 | 100.00 | | | | | | |

镇宁州

| 田赋项目 | 全州总数 | % | 本州管下火烘寨 | % | 十二营长官司 | % | 康佐长官司 | % |
|---|---|---|---|---|---|---|---|---|
| 秋粮 | | | | | | | | |
| 米（石） | 2606.44 | 100.00 | 554.50 | 21.27 | 1695.44 | 65.05 | 356.50 | 13.68 |
| 存留（石） | 2606.44 | 100.00 | 554.50 | 21.27 | 1695.44 | 65.05 | 356.50 | 13.68 |
| 户口盐钞银（两） | 0.08 | 100.00 | | | | | | |
| 存留（两） | 0.08 | 100.00 | | | | | | |

永宁州

| 田赋项目 | 全州总数 | % | 本州管下打罕等寨 | % | 顶营长官司 | % | 慕役长官司 | % |
|---|---|---|---|---|---|---|---|---|
| 秋粮 | | | | | | | | |
| 米（石） | 2294.46 | 100.00 | 821.69 | 35.81 | 720.00 | 31.38 | 752.76 | 32.81 |
| 存留（石） | 2294.46 | 100.00 | 821.69 | 35.81 | 720.00 | 31.38 | 752.76 | 32.81 |
| 户口盐钞银（两） | 0.11 | 100.00 | | | | | | |
| 存留（两） | 0.11 | 100.00 | | | | | | |

普安州

| 田赋项目 | 全州总数 | % |
|---|---|---|
| 夏税 | | |
| 小麦（石） | 232.75 | 100.00 |
| 存留（石） | 232.75 | 100.00 |
| 秋粮 | | |
| 米（石） | 3167.81 | 100.00 |
| 存留（石） | 3167.81 | 100.00 |
| 户口盐钞银（两） | 1.14 | 100.00 |
| 存留（两） | 1.14 | 100.00 |

贵州宣慰使司

| 田赋项目 | 总数 | % | 本司官目下 | % | 水东长官司 | % | 龙里长官司 | % | 底寨长官司 | % | 乖西蛮夷长官司 | % |
|---|---|---|---|---|---|---|---|---|---|---|---|---|
| 夏税 | | | | | | | | | | | | |
| 麦收（石） | 25.51 | 100.00 | 3.33 | 13.05 | | | 4.83 | 18.93 | 3.00 | 11.76 | | |
| 存留（石） | 25.51 | 100.00 | 3.33 | 13.05 | | | 4.83 | 18.93 | 3.00 | 11.76 | | |
| 秋粮 | | | | | | | | | | | | |
| 米（石） | 8203.53 | 100.00 | 6858.82 | 83.61 | 465.43 | 5.67 | 150.00 | 1.83 | 73.65 | 0.90 | 161.00 | 1.96 |
| 存留（石） | 8203.53 | 100.00 | 6858.82 | 83.61 | 465.43 | 5.67 | 150.00 | 1.83 | 73.65 | 0.90 | 161.00 | 1.96 |
| 户口盐钞银（两） | 0.27 | 100.00 | | | | | | | | | | |
| 存留（两） | 0.27 | 100.00 | | | | | | | | | | |

| 田赋项目 | 养龙坑长官司 | % | 青山长官司 | % | 割佐长官司 | % | 白纳长官司 | % | 中曹蛮夷长官司 | % |
|---|---|---|---|---|---|---|---|---|---|---|
| 夏税 | | | | | | | | | | |
| 麦收（石） | 2.50 | 9.80 | 6.00 | 23.52 | 5.85 | 22.93 | | | | |
| 存留（石） | 2.50 | 9.80 | 6.00 | 23.52 | 5.85 | 22.93 | | | | |

## 龙里卫大平伐长官司

| 田赋项目 | 总数 | % | 大平伐长官司 | % | 新添长官司 | % | 小平伐长官司 | % | 把平寨长官司 | % | 丹平长官司 | % |
|---|---|---|---|---|---|---|---|---|---|---|---|---|
| 秋粮 米（石） | 438.50 | 100.00 | 65.00 | 0.79 | 123.38 | 1.50 | 68.50 | 0.84 | 165.84 | 2.02 | 71.90 | 0.88 |
| 存留（石） | 438.50 | 100.00 | 65.00 | 0.79 | 123.38 | 1.50 | 68.50 | 0.84 | 165.84 | 2.02 | 71.90 | 0.88 |

## 新添卫

| 田赋项目 | 全卫总数 | % | 新添长官司 | % | 小平伐长官司 | % | 把平寨长官司 | % | 丹平长官司 | % | 丹行长官司 | % |
|---|---|---|---|---|---|---|---|---|---|---|---|---|
| 秋粮 米（石） | 937.56 | 100.00 | 480.74 | 51.28 | 182.52 | 19.47 | 81.3 | 8.67 | 133 | 14.19 | 60 | 6.40 |
| 存留（石） | 937.56 | 100.00 | 480.74 | 51.28 | 182.52 | 19.47 | 81.3 | 8.67 | 133 | 14.19 | 60 | 6.40 |

## 平越卫

| 田赋项目 | 全卫总数 | % | 本卫管下高平兼军人李李整下 | % | 杨义长官司 | % |
|---|---|---|---|---|---|---|
| 秋粮 米（石） | 780.60 | 100.00 | 150.00 | 19.22 | 630.60 | 80.78 |
| 存留（石） | 780.60 | 100.00 | 150.00 | 19.22 | 630.60 | 80.78 |

## 清平凯里安抚司

| 田赋项目 | 全司总数 | % |
|---|---|---|
| 秋粮 米（石） | 62.14 | 100.00 |
| 存留（石） | 62.14 | 100.00 |

贵州等 21 卫所官军旗舍买种夷民田土照例认纳起科粮米

| 田赋项目 | 总数 | % | 贵州卫 | % | 贵州前卫 | % | 毕节卫 | % | 乌罗卫[1] | % | 赤水卫 | % |
|---|---|---|---|---|---|---|---|---|---|---|---|---|
| 夏税 | | | | | | | | | | | | |
| 麦（石） | 1.60 | 100.00 | | | | | | | | | | |
| 存留（石） | 1.60 | 100.00 | | | | | | | | | | |
| 科粮（石） | 6712.46 | 100.00 | 442.16 | 6.59 | 261.61 | 3.90 | 1115.71 | 16.62 | 405.40 | 6.04 | 674.19 | 10.04 |
| 存留（石） | 6712.46 | 100.00 | 442.16 | 6.59 | 261.61 | 3.90 | 1115.71 | 16.62 | 405.40 | 6.04 | 674.19 | 10.04 |

| 田赋项目 | 永宁卫 | % | 威清卫 | % | 平坝卫 | % | 普定卫 | % | 安庄卫 | % | 安南卫 | % |
|---|---|---|---|---|---|---|---|---|---|---|---|
| 夏税 | | | | | | | | | | | |
| 科粮（石） | 286.86 | 4.27 | 199.16 | 2.97 | 162.24 | 2.42 | 798.32 | 11.89 | 182.03 | 2.71 | 497.14 | 7.41 |
| 存留（石） | 286.86 | 4.27 | 199.16 | 2.97 | 162.24 | 2.42 | 798.32 | 11.89 | 182.03 | 2.71 | 497.14 | 7.41 |

| 田赋项目 | 普安卫 | % | 龙里卫 | % | 新添卫 | % | 平越卫 | % | 清平卫 | % | 兴隆卫 | % |
|---|---|---|---|---|---|---|---|---|---|---|---|
| 夏税 | | | | | | | | | | | |
| 科粮（石） | 1095.05 | 16.31 | 71.87 | 1.07 | 161.28 | 2.40 | 34.15 | 0.51 | 8.07 | 0.12 | 71.03 | 1.06 |
| 存留（石） | 1095.05 | 16.31 | 71.87 | 1.07 | 161.28 | 2.40 | 34.15 | 0.51 | 8.07 | 0.12 | 71.03 | 1.06 |

| 田赋项目 | 都匀卫 | % | 黄平卫 | % | 普市卫 | % | 平夷千户所军人帅谅下 | % |
|---|---|---|---|---|---|---|---|---|
| 夏税 | | | | | | | | |
| 麦（石） | | | | | | | 1.60 | 100.00 |
| 存留（石） | | | | | | | 1.60 | 100.00 |
| 科粮（石） | 189.46 | 2.82 | 7.98 | 0.12 | 48.68 | 0.73 | | |
| 存留（石） | 189.46 | 2.82 | 7.98 | 0.12 | 48.68 | 0.73 | | |

附：湖广四川协济粮粮

| 田赋项目 | 总数 | % | 湖广长沙衡州贰府郴州壹州 | % | 四川叙州重顺等府 | % |
|---|---|---|---|---|---|---|

资料来源：谭其骧《中国历史地图集》第七册《贵州》，第 80—81 页。

[1] 原书所载为乌口卫，查谭其骧《中国历史地图集》第七册《贵州》，仅有"乌罗所"，暂朴，第 80—81 页。

| 秋粮 | | | | | |
|---|---|---|---|---|---|
| 米（石） | 152400.00 | 100.00 | 102400.00 | 67.19 | 50000.00 | 32.81 |
| 棉布（匹） | 60000.00 | 100.00 | 60000.00 | 100.00 | | |
| 永宁卫仓 | | | | | | |
| 米（石） | 5000.00 | 100.00 | 5000.00 | 100.00 | | |
| 棉布（匹） | 80000.00 | 100.00 | 80000.00 | 100.00 | | |

## 乙表22

### 万历六年北直隶分州县田赋统计[1]

顺天府

| 田赋项目 | 全府总数 | % | 大兴县 | % | 宛平县 | % | 良乡县 | % | 固安县 | % | 永清县 | % |
|---|---|---|---|---|---|---|---|---|---|---|---|---|
| 田土官民（亩） | 9958299.90 | | | | | | | | | | | |
| 夏税 | | | | | | | | | | | | |
| 麦（石） | 18803.37 | 100.00 | 505.02 | 2.69 | 398.21 | 2.12 | 774.48 | 4.12 | 713.23 | 3.79 | 547.92 | 2.91 |
| 起运（石） | 10900.00 | 100.00 | 297.80 | 2.73 | 241.50 | 2.22 | 448.00 | 4.11 | 412.40 | 3.78 | 317.00 | 2.91 |
| 存留（石） | 7903.37 | 100.00 | 207.22 | 2.62 | 156.71 | 1.98 | 326.48 | 4.13 | 300.83 | 3.81 | 230.92 | 2.92 |
| 绢（匹） | 3936.00 | 100.00 | 110.00 | 2.79 | 109.00 | 2.77 | 82.00 | 2.08 | 236.00 | 6.00 | 76.00 | 1.93 |
| 起运（匹） | 3936.00 | 100.00 | 110.00 | 2.79 | 109.00 | 2.77 | 82.00 | 2.08 | 236.00 | 6.00 | 76.00 | 1.93 |
| 秋粮 | | | | | | | | | | | | |
| 米（石） | 45204.80 | 100.00 | 1120.20 | 2.48 | 1011.68 | 2.24 | 1821.20 | 4.03 | 1679.41 | 3.72 | 1279.61 | 2.83 |
| 起运（石） | 26457.70 | 100.00 | 658.70 | 2.49 | 598.40 | 2.26 | 1066.90 | 4.03 | 982.10 | 3.71 | 748.70 | 2.83 |
| 存留（石） | 18747.10 | 100.00 | 461.50 | 2.46 | 413.28 | 2.20 | 754.30 | 4.02 | 697.31 | 3.72 | 530.91 | 2.83 |
| 棉花绒（斤） | 9424.09 | 100.00 | 176.13 | 1.87 | 63.63 | 0.68 | 377.25 | 4.00 | 1265.00 | 13.42 | 226.75 | 2.41 |
| 起运（斤） | 9424.09 | 100.00 | 176.13 | 1.87 | 63.63 | 0.68 | 377.25 | 4.00 | 1265.00 | 13.42 | 226.75 | 2.41 |

[1]资料来源：根据第一篇甲表 **41**。

1123

| 田赋项目 | 东安县 | % | 香河县 | % | 通州 | % | 三河县 | % | 武清县 | % | 宝坻县 | % |
|---|---|---|---|---|---|---|---|---|---|---|---|---|
| 谷（石） | 3800.80 | 100.00 | | | | | | | | | | |
| 草（束） | 1958845.00 | 100.00 | 53997.00 | 2.76 | 102859.00 | 5.25 | 60330.00 | 3.08 | 157439.00 | 8.04 | 76639.00 | 3.91 |
| 起运（束） | 598162.00 | 100.00 | 7747.00 | 1.30 | 12118.00 | 2.03 | 19415.00 | 3.25 | 50670.00 | 8.47 | 24665.00 | 4.12 |
| 存留（束） | 1360682.00 | 100.00 | 46250.00 | 3.40 | 90741.00 | 6.67 | 40915.00 | 3.01 | 106769.00 | 7.85 | 51974.00 | 3.82 |
| 人户（户） | 101134.00 | 100.00 | | | | | | | | | | |
| 人口（口） | 706861.00 | 100.00 | | | | | | | | | | |
| 户口盐钞银（两） | 4246.59 | 100.00 | 182.43 | 4.30 | 227.41 | 5.36 | 109.85 | 2.59 | 187.53 | 4.42 | 185.40 | 4.37 |
| 起运（两） | 2286.62 | 100.00 | 98.23 | 4.30 | 122.45 | 5.36 | 59.15 | 2.59 | 100.97 | 4.42 | 99.83 | 4.37 |
| 存留（两） | 1959.96 | 100.00 | 84.20 | 4.30 | 104.96 | 5.36 | 50.70 | 2.59 | 86.55 | 4.42 | 85.57 | 4.37 |
| 夏税 | | | | | | | | | | | | |
| 麦（石） | 691.77 | 3.68 | 443.32 | 2.36 | 965.23 | 5.13 | 664.89 | 3.54 | 917.96 | 4.88 | 670.18 | 3.56 |
| 起运（石） | 400.20 | 3.67 | 256.10 | 2.35 | 558.10 | 5.12 | 384.70 | 3.53 | 531.00 | 4.87 | 387.60 | 3.56 |
| 存留（石） | 291.57 | 3.69 | 187.22 | 2.37 | 407.13 | 5.15 | 280.19 | 3.55 | 386.96 | 4.90 | 282.58 | 3.58 |
| 绢（匹） | 347.00 | 8.82 | 54.00 | 1.37 | 182.00 | 4.62 | 139.00 | 3.53 | 166.00 | 4.22 | 246.00 | 6.25 |
| 起运（匹） | 347.00 | 8.82 | 54.00 | 1.37 | 182.00 | 4.62 | 139.00 | 3.53 | 166.00 | 4.22 | 246.00 | 6.25 |
| 秋粮 | | | | | | | | | | | | |
| 米（石） | 1748.51 | 3.87 | 1212.51 | 2.68 | 2268.97 | 5.02 | 1567.05 | 3.47 | 2136.84 | 4.73 | 1623.17 | 3.59 |
| 起运（石） | 1022.80 | 3.87 | 709.30 | 2.68 | 1327.30 | 5.02 | 916.60 | 3.46 | 1250.00 | 4.72 | 949.40 | 3.59 |
| 存留（石） | 725.71 | 3.87 | 503.21 | 2.68 | 941.67 | 5.02 | 650.45 | 3.47 | 886.84 | 4.73 | 673.77 | 3.59 |
| 棉花绒（斤） | 1378.38 | 14.63 | 45.50 | 0.48 | 260.88 | 2.77 | 426.50 | 4.53 | 214.38 | 2.27 | 343.94 | 3.65 |
| 起运（斤） | 1378.38 | 14.63 | 45.50 | 0.48 | 260.88 | 2.77 | 426.50 | 4.53 | 214.38 | 2.27 | 343.94 | 3.65 |
| 草（束） | 106361.00 | 5.43 | 23523.00 | 1.20 | 84313.00 | 4.30 | 90655.00 | 4.63 | 90492.00 | 4.62 | 70206.00 | 3.58 |
| 起运（束） | 34230.00 | 5.72 | 7570.00 | 1.27 | 27130.00 | 4.54 | 29170.00 | 4.88 | 29125.00 | 4.87 | 22590.00 | 3.78 |
| 存留（束） | 72131.00 | 5.30 | 15953.00 | 1.17 | 57183.00 | 4.20 | 61485.00 | 4.52 | 61367.00 | 4.51 | 47616.00 | 3.50 |

| 田赋项目 | 涿州 | % | 怀柔县 | % | 密云县 | % | 顺义县 | % | 昌平州 | % | 潾县 | % |
|---|---|---|---|---|---|---|---|---|---|---|---|---|
| 户口盐钞银（两） | 222.63 | 5.24 | 217.36 | 5.12 | 144.52 | 3.40 | 150.32 | 3.54 | 72.28 | 1.70 | 343.46 | 8.09 |
| 起运（两） | 119.87 | 5.24 | 117.04 | 5.12 | 77.81 | 3.40 | 80.94 | 3.54 | 38.92 | 1.70 | 184.94 | 8.09 |
| 存留（两） | 102.75 | 5.24 | 100.32 | 5.12 | 66.70 | 3.40 | 69.38 | 3.54 | 33.36 | 1.70 | 158.52 | 8.09 |
| 田赋项目 | 涿州 | % | 怀柔县 | % | 密云县 | % | 顺义县 | % | 昌平州 | % | 潾县 | % |
| 夏税 | | | | | | | | | | | | |
| 麦（石） | 953.20 | 5.07 | 525.80 | 2.80 | 797.04 | 4.24 | 549.18 | 2.92 | | | 694.95 | 3.70 |
| 起运（石） | 558.10 | 5.12 | 304.30 | 2.79 | 461.00 | 4.23 | 317.60 | 2.91 | | | 402.00 | 3.69 |
| 存留（石） | 395.10 | 5.00 | 221.50 | 2.80 | 336.04 | 4.25 | 231.58 | 2.93 | | | 292.95 | 3.71 |
| 绢（匹） | 447.00 | 11.36 | 63.00 | 1.60 | 113.00 | 2.87 | 48.00 | 1.22 | 51.00 | 1.30 | 69.00 | 1.75 |
| 起运（匹） | 447.00 | 11.36 | 63.00 | 1.60 | 113.00 | 2.87 | 48.00 | 1.22 | 51.00 | 1.30 | 69.00 | 1.75 |
| 秋粮 | | | | | | | | | | | | |
| 米（石） | 2253.81 | 4.99 | 1310.47 | 2.90 | 2245.38 | 4.97 | 1275.28 | 2.82 | | | 1962.23 | 4.34 |
| 起运（石） | 1320.20 | 4.99 | 766.60 | 2.90 | 1313.30 | 4.96 | 745.80 | 2.82 | | | 1147.80 | 4.34 |
| 存留（石） | 933.61 | 4.98 | 543.87 | 2.90 | 932.08 | 4.97 | 529.48 | 2.82 | | | 814.43 | 4.34 |
| 棉花绒（斤） | 1430.19 | 15.18 | 197.50 | 2.10 | 374.19 | 3.97 | 311.75 | 3.31 | 464.25 | 4.93 | 38.50 | 0.41 |
| 起运（斤） | 1430.19 | 15.18 | 197.50 | 2.10 | 374.19 | 3.97 | 311.75 | 3.31 | 464.25 | 4.93 | 38.50 | 0.41 |
| 谷（石） | 3178.72 | 83.63 | | | | | | | 622.08 | 16.37 | | |
| 草（束） | 103213.00 | 5.27 | 48522.00 | 2.48 | 104818.00 | 5.35 | 88366.00 | 4.51 | 129429.00 | 6.61 | 43534.00 | 2.22 |
| 起运（束） | 33215.00 | 5.55 | 15616.00 | 2.61 | 33727.00 | 5.64 | 28435.00 | 4.75 | 40069.00 | 6.70 | 14010.00 | 2.34 |
| 存留（束） | 69998.00 | 5.14 | 32906.00 | 2.42 | 71091.00 | 5.22 | 59931.00 | 4.40 | 89360.00 | 6.57 | 29524.00 | 2.17 |
| 户口盐钞银（两） | 187.09 | 4.41 | 73.84 | 1.74 | 111.54 | 2.63 | 149.05 | 3.51 | 169.39 | 3.99 | 80.12 | 1.89 |
| 起运（两） | 100.74 | 4.41 | 39.76 | 1.74 | 60.06 | 2.63 | 80.25 | 3.51 | 91.21 | 3.99 | 43.14 | 1.89 |
| 存留（两） | 86.35 | 4.41 | 34.08 | 1.74 | 51.48 | 2.63 | 68.79 | 3.51 | 78.18 | 3.99 | 36.98 | 1.89 |
| 田赋项目 | 蓟州 | % | 保定县 | % | 大城县 | % | 文安县 | % | 霸州 | % | 房山县 | % |
| 夏税 | | | | | | | | | | | | |

| 项目 | | % | | % | 平谷县 | % | 遵化县 | % | 丰润县 | % | 玉田县 | % |
|---|---|---|---|---|---|---|---|---|---|---|---|---|
| 麦（石） | 752.31 | 4.00 | 115.86 | 0.62 | 1212.33 | 6.45 | 2059.27 | 10.95 | 748.87 | 3.98 | 420.27 | 2.24 |
| 起运（石） | 435.00 | 3.99 | 67.10 | 0.62 | 701.10 | 6.43 | 1191.00 | 10.93 | 433.10 | 3.97 | 244.00 | 2.24 |
| 存留（石） | 317.31 | 4.01 | 48.76 | 0.62 | 511.23 | 6.47 | 868.27 | 10.99 | 315.77 | 4.00 | 176.27 | 2.23 |
| 绢（匹） | 86.00 | 2.18 | 46.00 | 1.17 | 267.00 | 6.78 | 294.00 | 7.47 | 119.00 | 3.02 | 148.00 | 3.76 |
| 起运（匹） | 86.00 | 2.18 | 46.00 | 1.17 | 267.00 | 6.78 | 294.00 | 7.47 | 119.00 | 3.02 | 148.00 | 3.76 |
| 秋粮 | | | | | | | | | | | | |
| 米（石） | 1752.58 | 3.88 | 272.35 | 0.60 | 2806.31 | 6.21 | 4804.05 | 10.63 | 1766.77 | 3.91 | 982.51 | 2.17 |
| 起运（石） | 1025.40 | 3.88 | 158.30 | 0.60 | 1641.30 | 6.20 | 2810.00 | 10.62 | 1034.60 | 3.91 | 576.80 | 2.18 |
| 存留（石） | 727.18 | 3.88 | 114.05 | 0.61 | 1165.01 | 6.21 | 1994.05 | 10.64 | 732.17 | 3.91 | 405.71 | 2.16 |
| 棉花绒（斤） | 55.13 | 0.58 | 71.25 | 0.76 | 97.88 | 1.04 | 317.06 | 3.36 | 156.56 | 1.66 | 709.50 | 7.53 |
| 起运（斤） | 55.13 | 0.58 | 71.25 | 0.76 | 97.88 | 1.04 | 317.06 | 3.36 | 156.56 | 1.66 | 709.50 | 7.53 |
| 草（束） | 46968.00 | 2.40 | 14956.00 | 0.76 | 42640.00 | 2.18 | 125236.00 | 6.39 | 71893.00 | 3.67 | 59543.00 | 3.04 |
| 起运（束） | 15110.00 | 2.53 | 4810.00 | 0.80 | 13720.00 | 2.29 | 40230.00 | 6.73 | 23135.00 | 3.87 | 19225.00 | 3.21 |
| 存留（束） | 31858.00 | 2.34 | 10146.00 | 0.75 | 28920.00 | 2.13 | 85006.00 | 6.25 | 48758.00 | 3.58 | 40318.00 | 2.96 |
| 户口盐钞银（两） | 126.12 | 2.97 | 54.49 | 1.28 | 224.14 | 5.28 | 291.09 | 6.85 | 267.11 | 6.29 | 62.44 | 1.47 |
| 起运（两） | 67.91 | 2.97 | 29.34 | 1.28 | 120.69 | 5.28 | 156.74 | 6.85 | 143.82 | 6.29 | 33.62 | 1.47 |
| 存留（两） | 58.21 | 2.97 | 25.15 | 1.28 | 103.45 | 5.28 | 134.35 | 6.85 | 123.28 | 6.29 | 28.82 | 1.47 |
| 田赋项目 | | | | | 平谷县 | % | 遵化县 | % | 丰润县 | % | 玉田县 | % |
| 夏税 | | | | | | | | | | | | |
| 麦（石） | | | | | 284.97 | 1.52 | 1009.63 | 5.37 | 835.91 | 4.45 | 551.43 | 2.93 |
| 起运（石） | | | | | 165.00 | 1.51 | 584.00 | 5.36 | 483.60 | 4.44 | 318.70 | 2.92 |
| 存留（石） | | | | | 119.97 | 1.52 | 425.63 | 5.39 | 352.31 | 4.46 | 232.73 | 2.94 |
| 绢（匹） | | | | | 38.00 | 0.97 | 189.00 | 4.80 | 83.00 | 2.11 | 110.00 | 2.79 |
| 起运（匹） | | | | | 38.00 | 0.97 | 189.00 | 4.80 | 83.00 | 2.11 | 110.00 | 2.79 |
| 秋粮 | | | | | | | | | | | | |

| 米（石） | 1326.52 | 2.93 | 1956.21 | 4.33 | 2360.58 | 5.22 | 660.46 | 1.46 |
|---|---|---|---|---|---|---|---|---|
| 起运（石） | 776.00 | 2.93 | 1144.20 | 4.32 | 1380.80 | 5.22 | 386.40 | 1.46 |
| 存留（石） | 550.52 | 2.94 | 812.01 | 4.33 | 979.78 | 5.23 | 274.06 | 1.46 |
| 棉花绒（斤） | 71.94 | 0.76 | 158.88 | 1.69 | 173.56 | 1.84 | 17.63 | 0.19 |
| 起运（斤） | 71.94 | 0.76 | 158.88 | 1.69 | 173.56 | 1.84 | 17.63 | 0.19 |
| 草（束） | 23938.00 | 1.22 | 70558.00 | 3.60 | 46032.00 | 2.35 | 22384.00 | 1.14 |
| 起运（束） | 7704.00 | 1.29 | 22708.00 | 3.80 | 14814.00 | 2.48 | 7204.00 | 1.20 |
| 存留（束） | 16234.00 | 1.19 | 47850.00 | 3.52 | 31218.00 | 2.29 | 15180.00 | 1.12 |
| 户口盐钞银（两） | 132.38 | 3.12 | 63.48 | 1.49 | 123.80 | 2.92 | 87.14 | 2.05 |
| 起运（两） | 71.28 | 3.12 | 34.18 | 1.49 | 66.66 | 2.92 | 46.92 | 2.05 |
| 存留（两） | 61.10 | 3.12 | 29.30 | 1.49 | 57.14 | 2.92 | 40.22 | 2.05 |

| 田赋项目 | 全府总数 | % | 卢龙县 | % | 迁安县 | % | 抚宁县 | % | 昌黎县 | % | 滦州 | % |
|---|---|---|---|---|---|---|---|---|---|---|---|---|
| 田土官民（亩） | 1833946.50 | | | | | | | | | | | |
| 夏税 | | | | | | | | | | | | |
| 麦（石） | 9996.19 | 100.00 | 707.73 | 7.08 | 1436.53 | 14.37 | 841.87 | 8.42 | 1438.84 | 14.39 | 3777.08 | 37.79 |
| 起运（石） | 50.00 | 100.00 | | | | | | | | | 50.00 | 100.00 |
| 存留（石） | 9946.19 | 100.00 | 707.73 | 7.12 | 1436.53 | 14.44 | 841.87 | 8.46 | 1438.84 | 14.47 | 3727.08 | 37.47 |
| 绢（匹） | 2293.00 | 100.00 | 112.00 | 4.88 | 349.00 | 15.22 | 190.00 | 8.29 | 300.00 | 13.08 | 934.00 | 40.73 |
| 起运（匹） | 174.00 | 100.00 | 8.00 | 4.60 | 27.00 | 15.52 | 15.00 | 8.62 | 23.00 | 13.22 | 72.00 | 41.38 |
| 存留（匹） | 2119.00 | 100.00 | 104.00 | 4.91 | 322.00 | 15.20 | 175.00 | 8.26 | 277.00 | 13.07 | 862.00 | 40.68 |
| 秋粮 | | | | | | | | | | | | |
| 米（石） | 23353.11 | 100.00 | 1651.28 | 7.07 | 3361.37 | 14.39 | 1963.89 | 8.41 | 3357.31 | 14.38 | 8832.69 | 37.82 |
| 存留（石） | 23353.11 | 100.00 | 1651.28 | 7.07 | 3361.37 | 14.39 | 1963.89 | 8.41 | 3357.31 | 14.38 | 8832.69 | 37.82 |
| 棉花绒（斤） | 345.83 | 100.00 | 15.00 | 4.34 | 39.00 | 11.28 | | | 54.00 | 15.61 | 196.81 | 56.91 |

**表一（承前页）**

| 项目 | 乐亭县 | % | 本府并合属仓学驿所 | % | | % | | % | | % | | % |
|---|---|---|---|---|---|---|---|---|---|---|---|---|
| 起运（斤） | 345.83 | 100.00 | 15.00 | 4.34 | 39.00 | 11.28 | | | 54.00 | 15.61 | 196.81 | 56.91 |
| 草（束） | 303742.00 | 100.00 | 26501.00 | 8.72 | 45545.00 | 14.99 | 22424.00 | 7.38 | 37916.00 | 12.48 | 109280.00 | 35.98 |
| 起运（束） | 1820.00 | 100.00 | | | 800.00 | 43.96 | | | | | 1020.00 | 56.04 |
| 存留（束） | 301922.00 | 100.00 | 26501.00 | 8.78 | 44745.00 | 14.82 | 22424.00 | 7.43 | 37916.00 | 12.56 | 108260.00 | 35.86 |
| 人户（户） | 25094.00 | 100.00 | | | | | | | | | | |
| 人口（口） | 255646.00 | 100.00 | | | | | | | | | | |
| 户口盐钞银（两） | 1007.09 | 100.00 | 51.19 | 5.08 | 111.97 | 11.12 | 105.02 | 10.43 | 175.39 | 17.42 | 359.82 | 35.73 |
| 起运（两） | 993.24 | 100.00 | 51.19 | 5.15 | 111.61 | 11.24 | 105.02 | 10.57 | 168.95 | 17.01 | 352.78 | 35.52 |
| 存留（两） | 13.85 | 100.00 | | | 0.36 | 2.60 | | | 6.44 | 46.50 | 7.04 | 50.83 |

**表二**

| 田赋项目 | 乐亭县 | % | 本府并合属仓学驿所 | % |
|---|---|---|---|---|
| 夏税 | | | | |
| 麦（石） | 1794.12 | 17.95 | | |
| 存留（石） | 1794.12 | 18.04 | | |
| 绢（匹） | 405.00 | 17.66 | | |
| 起运（匹） | 29.00 | 16.67 | | |
| 存留（匹） | 376.00 | 17.74 | | |
| 秋粮 | | | | |
| 米（石） | 4186.55 | 17.93 | | |
| 存留（石） | 4186.55 | 17.93 | | |
| 棉花绒（斤） | 41.00 | 11.86 | | |
| 起运（斤） | 41.00 | 11.86 | | |
| 草（束） | 62074.00 | 20.44 | | |
| 存留（束） | 62074.00 | 20.56 | | |
| 户口盐钞银（两） | 196.59 | 19.52 | | 0.70 |

起运（两）196.59　19.79　7.04　0.71

| 田赋项目 | 全府总数 | % | 清苑县 | % | 满城县 | % | 安肃县 | % | 定兴县 | % | 新城县 | % |
|---|---|---|---|---|---|---|---|---|---|---|---|---|
| 田土官民（亩） | 9709550.80 | | | | | | | | | | | |
| **夏税** | | | | | | | | | | | | |
| 麦（石） | 18793.82 | 100.00 | 1379.87 | 7.34 | 863.08 | 4.59 | 1095.45 | 5.83 | 272.86 | 1.45 | 617.14 | 3.28 |
| 起运（石） | 5150.00 | 100.00 | 353.00 | 6.85 | 265.00 | 5.15 | 280.00 | 5.44 | 84.00 | 1.63 | 158.00 | 3.07 |
| 存留（石） | 13643.82 | 100.00 | 1026.87 | 7.53 | 598.08 | 4.38 | 815.45 | 5.98 | 188.86 | 1.38 | 459.14 | 3.37 |
| 绢（匹） | 4407.00 | 100.00 | 266.00 | 6.04 | 85.00 | 1.93 | 170.00 | 3.86 | 84.00 | 1.91 | 258.00 | 5.85 |
| 起运（匹） | 1949.00 | 100.00 | 169.00 | 8.67 | 54.00 | 2.77 | 110.00 | 5.64 | 8.00 | 0.41 | 126.00 | 6.46 |
| 存留（匹） | 2458.00 | 100.00 | 97.00 | 3.95 | 31.00 | 1.26 | 60.00 | 2.44 | 76.00 | 3.09 | 132.00 | 5.37 |
| 丝（斤） | 224.07 | 100.00 | | | | | | | 76.80 | 34.28 | | |
| 起运（斤） | 224.07 | 100.00 | | | | | | | 76.80 | 34.28 | | |
| **秋粮** | | | | | | | | | | | | |
| 米（石） | 42996.59 | 100.00 | 2807.18 | 6.53 | 1632.21 | 3.80 | 2597.86 | 6.04 | 753.29 | 1.75 | 946.32 | 2.20 |
| 起运（石） | 30710.00 | 100.00 | 1867.00 | 6.08 | 1273.00 | 4.15 | 1728.00 | 5.63 | 585.00 | 1.90 | 621.00 | 2.02 |
| 存留（石） | 12286.59 | 100.00 | 940.19 | 7.65 | 359.21 | 2.92 | 869.86 | 7.08 | 168.29 | 1.37 | 325.32 | 2.65 |
| 棉花绒（斤） | 9574.54 | 100.00 | 829.46 | 8.66 | 155.07 | 1.62 | 399.97 | 4.18 | 671.83 | 7.02 | 627.78 | 6.56 |
| 起运（斤） | 9574.54 | 100.00 | 829.46 | 8.66 | 155.07 | 1.62 | 399.97 | 4.18 | 671.83 | 7.02 | 627.78 | 6.56 |
| 草（束） | 1117520.00 | 100.00 | 65219.00 | 5.84 | 37140.00 | 3.32 | 56338.00 | 5.04 | 83864.00 | 7.50 | 89607.00 | 8.02 |
| 起运（束） | 1061340.00 | 100.00 | 60849.00 | 5.73 | 35780.00 | 3.37 | 52570.00 | 4.95 | 80800.00 | 7.61 | 83602.00 | 7.88 |
| 存留（束） | 56180.00 | 100.00 | 4370.00 | 7.78 | 1360.00 | 2.42 | 3768.00 | 6.71 | 3064.00 | 5.45 | 6005.00 | 10.69 |
| 户（户） | 45713.00 | 100.00 | | | | | | | | | | |
| 口（口） | 525083.00 | 100.00 | | | | | | | | | | |

保定府¹

¹原书缺 54—59 页，依据谭其骧《中国历史地图集》第七册《京师（北直隶）》，缺雄县、安州、高阳县、祁州、深泽县、束鹿县、新安县等 7 州县数据，第 44—45 页。

| 田赋项目 | 唐县 | % | 博野县 | % | 庆都县 | % | 容城县 | % | 完县 | % | 蠡县[1] | % |
|---|---|---|---|---|---|---|---|---|---|---|---|---|
| 户口盐钞银（两） | 1745.41 | 100.00 | 81.90 | 4.69 | 35.89 | 2.06 | 66.68 | 3.82 | 96.24 | 5.51 | 154.71 | 8.86 |
| 起运（两） | 1034.70 | 100.00 | 48.54 | 4.69 | 21.27 | 2.06 | 39.53 | 3.82 | 57.06 | 5.51 | 91.71 | 8.86 |
| 存留（两） | 710.70 | 100.00 | 33.35 | 4.69 | 14.61 | 2.06 | 27.15 | 3.82 | 39.18 | 5.51 | 62.99 | 8.86 |
| 夏税 | | | | | | | | | | | | |
| 麦（石） | 1467.57 | 7.81 | 1188.47 | 6.32 | 857.06 | 4.56 | 253.06 | 1.35 | 1314.23 | 6.99 | 2081.68 | 11.08 |
| 起运（石） | 451.00 | 8.76 | 304.00 | 5.90 | 219.00 | 4.25 | 65.00 | 1.26 | 404.00 | 7.84 | 639.00 | 12.41 |
| 存留（石） | 1016.57 | 7.45 | 884.47 | 6.48 | 638.06 | 4.68 | 188.06 | 1.38 | 910.23 | 6.67 | 1442.68 | 10.57 |
| 绢（匹） | 539.00 | 12.23 | 335.00 | 7.60 | 178.00 | 4.04 | 61.00 | 1.38 | 残缺[2] | | 372.00 | 8.44 |
| 起运（匹） | | | 100.00 | 5.13 | | | 50.00 | 2.57 | | | 268.00 | 13.75 |
| 存留（匹） | 539.00 | 21.93 | 235.00 | 9.56 | 178.00 | 7.24 | 11.00 | 0.45 | 280.00 | 11.39 | 104.00 | 4.23 |
| 秋粮 | | | | | | | | | | | | |
| 米（石） | 4398.95 | 10.23 | 3112.03 | 7.24 | 2101.18 | 4.89 | 558.99 | 1.30 | 3593.69 | 8.36 | 此处残缺[3] | |
| 起运（石） | 3431.00 | 11.17 | 2070.00 | 6.74 | 1397.00 | 4.55 | 372.00 | 1.21 | 2803.00 | 9.13 | | |
| 存留（石） | 967.95 | 7.88 | 1042.03 | 8.48 | 704.18 | 5.73 | 186.99 | 1.52 | 790.69 | 6.44 | | |
| 棉花绒（斤） | 1424.67 | 14.88 | 183.00 | 1.91 | 88.28 | 0.92 | 55.63 | 0.58 | 1022.83 | 10.68 | | |
| 起运（斤） | 1424.67 | 14.88 | 183.00 | 1.91 | 88.28 | 0.92 | 55.63 | 0.58 | 1022.83 | 10.68 | | |
| 草（束） | 95192.00 | 8.52 | 57307.00 | 5.04 | 20509.00 | 1.84 | 13140.00 | 1.18 | 88529.00 | 7.92 | | |
| 起运（束） | 91720.00 | 8.64 | 53467.00 | 5.04 | 19140.00 | 1.80 | 12260.00 | 1.16 | 85300.00 | 8.04 | | |
| 存留（束） | 3472.00 | 6.18 | 3840.00 | 6.84 | 1369.00 | 2.44 | 880.00 | 1.57 | 3229.00 | 5.75 | | |
| 户口盐钞银（两） | 126.74 | 7.26 | 78.15 | 4.48 | 77.10 | 4.42 | 34.95 | 2.00 | 73.06 | 4.19 | | |
| 起运（两） | 75.13 | 7.26 | 46.33 | 4.48 | 45.71 | 4.42 | 20.71 | 2.00 | 43.31 | 4.19 | | |

[1] 蠡县数据不全。
[2] 此行残缺。
[3] 从此处起残缺。

1130

| 田赋项目 | | % | 易州 | % | 涞水县 | % | | | | |
|---|---|---|---|---|---|---|---|---|---|---|
| 存留（两） | 51.60 | 7.26 | 31.82 | 4.48 | 31.39 | 4.42 | 14.23 | 2.00 | 29.74 | 4.18 |
| 夏税 | | | | | | | | | | |
| 麦（石） | | | 658.24 | 3.50 | 238.91 | 1.27 | | | | |
| 起运（石） | | | 202.00 | 3.92 | 73.00 | 1.42 | | | | |
| 存留（石） | | | 456.24 | 3.34 | 165.91 | 1.22 | | | | |
| 绢（匹） | | | 84.00 | 1.91 | 35.00 | 0.79 | | | | |
| 起运（匹） | | | | | | | | | | |
| 存留（匹） | | | 84.00 | 4.31 | 35.00 | 1.42 | | | | |
| 丝（斤） | | | 84.02 | 37.50 | 63.26 | 28.23 | | | | |
| 起运（斤） | | | | | | | | | | |
| 存留（斤） | | | 84.02 | 37.50 | 63.26 | 28.23 | | | | |
| 秋粮 | | | | | | | | | | |
| 米（石） | | | 1419.05 | 3.30 | 523.01 | 1.22 | | | | |
| 起运（石） | | | 1107.00 | 3.60 | 408.00 | 1.33 | | | | |
| 存留（石） | | | 312.05 | 2.54 | 115.01 | 0.94 | | | | |
| 棉花绒（斤） | 此处残缺[1] | | 336.45 | 3.51 | 263.85 | 2.76 | | | | |
| 起运（斤） | | | 336.45 | 3.51 | 263.85 | 2.76 | | | | |
| 草（束） | 17163.00 | 1.54 | 103409.00 | 9.25 | 70796.00 | 6.34 | | | | |
| 起运（束） | 15549.00 | 1.47 | 99640.00 | 9.39 | 68210.00 | 6.43 | | | | |
| 存留（束） | 1614.00 | 2.87 | 3769.00 | 6.71 | 2586.00 | 4.60 | | | | |
| 户口盐钞银（两） | 30.45 | 1.74 | 189.92 | 10.88 | 108.11 | 6.19 | | | | |
| 起运（两） | 18.07 | 1.75 | 112.54 | 10.88 | 64.08 | 6.19 | | | | |
| 存留（两） | 12.37 | 1.74 | 77.37 | 10.89 | 44.02 | 6.19 | | | | |

---

[1] 残缺到此处。

河间府

| 田赋项目 | 全府总数 | % | 河间县 | % | 献县 | % | 阜城县 | % | 肃宁县 | % | 任丘县 | % |
|---|---|---|---|---|---|---|---|---|---|---|---|---|
| 田土官民（亩） | 8287219.80 | | | | | | | | | | | |
| 夏税 | | | | | | | | | | | | |
| 小麦（石） | 19718.23 | 100.00 | 1690.40 | 8.57 | 1974.90 | 10.02 | 980.46 | 4.97 | 752.43 | 3.82 | 1666.77 | 8.45 |
| 起运（石） | 9893.00 | 100.00 | 848.00 | 8.57 | 990.00 | 10.01 | 498.00 | 5.03 | 377.00 | 3.81 | 841.00 | 8.50 |
| 存留（石） | 9825.23 | 100.00 | 842.40 | 8.57 | 984.90 | 10.02 | 482.46 | 4.91 | 375.43 | 3.82 | 825.77 | 8.40 |
| 绢（匹） | 5935.00 | 100.00 | 472.00 | 7.95 | 592.00 | 9.97 | 270.00 | 4.55 | 224.00 | 3.77 | 455.00 | 7.67 |
| 起运（匹） | 4902.00 | 100.00 | 432.00 | 8.81 | 505.00 | 10.30 | 250.00 | 5.10 | 192.00 | 3.92 | 426.00 | 8.69 |
| 存留（匹） | 1032.00 | 100.00 | 40.00 | 3.88 | 87.00 | 8.43 | 20.00 | 1.94 | 32.00 | 3.10 | 29.00 | 2.81 |
| 秋粮 | | | | | | | | | | | | |
| 米（石） | 46124.60 | 100.00 | 3944.27 | 8.55 | 4607.45 | 9.99 | 2281.18 | 4.95 | 1755.46 | 3.81 | 3888.24 | 8.43 |
| 起运（石） | 24750.00 | 100.00 | 1972.00 | 7.97 | 2304.00 | 9.31 | 1141.00 | 4.61 | 1111.00 | 4.49 | 2461.00 | 9.94 |
| 存留（石） | 21374.60 | 100.00 | 1972.27 | 9.23 | 2303.45 | 10.78 | 1140.18 | 5.33 | 644.46 | 3.02 | 1427.24 | 6.68 |
| 棉花绒（斤） | 4647.84 | 100.00 | 229.00 | 4.93 | 244.50 | 5.26 | 263.35 | 5.67 | 278.00 | 5.98 | 415.95 | 8.95 |
| 起运（斤） | 4647.84 | 100.00 | 229.00 | 4.93 | 244.50 | 5.26 | 263.35 | 5.67 | 278.00 | 5.98 | 415.95 | 8.95 |
| 草（束） | 670863.00 | 100.00 | 56430.00 | 8.41 | 69251.00 | 10.32 | 15279.00 | 2.28 | 24950.00 | 3.72 | 59824.00 | 8.92 |
| 起运（束） | 646000.00 | 100.00 | 54000.00 | 8.36 | 67500.00 | 10.45 | 13900.00 | 2.15 | 23900.00 | 3.70 | 58500.00 | 9.06 |
| 存留（束） | 24863.00 | 100.00 | 2430.00 | 9.77 | 1751.00 | 7.04 | 1379.00 | 5.55 | 1050.00 | 4.22 | 1324.00 | 5.33 |
| 人户（户） | 45024.00 | 100.00 | | | | | | | | | | |
| 人口（口） | 419152.00 | 100.00 | | | | | | | | | | |
| 户口盐钞银（两） | 2558.13 | 100.00 | 209.62 | 8.19 | 242.14 | 9.47 | 112.20 | 4.39 | 97.16 | 3.80 | 253.18 | 9.90 |
| 起运（两） | 704.00 | 100.00 | 59.21 | 8.41 | 69.99 | 9.94 | 30.65 | 4.35 | 26.84 | 3.81 | 72.43 | 10.29 |
| 存留（两） | 1854.12 | 100.00 | 150.41 | 8.11 | 172.15 | 9.28 | 81.55 | 4.40 | 70.31 | 3.79 | 180.74 | 9.75 |
| 田赋项目 | 交河县 | % | 青县 | % | 兴济县 | % | 静海县 | % | 宁津县 | % | 景州 | % |
| 夏税 | | % | | % | | % | | % | | % | | % |

| 田赋项目 | 吴桥县 | % | 东光县 | % | 故城县 | % | 沧州 | % | 南皮县 | % | 盐山县 | % |
|---|---|---|---|---|---|---|---|---|---|---|---|---|
| 小麦（石） | 998.17 | 5.06 | 1120.52 | 5.68 | 445.37 | 2.26 | 1132.46 | 5.74 | 1529.96 | 7.76 | 1332.81 | 6.76 |
| 起运（石） | 506.00 | 5.11 | 562.00 | 5.68 | 170.00 | 1.72 | 571.00 | 5.77 | 773.00 | 7.81 | 676.00 | 6.83 |
| 存留（石） | 492.17 | 5.01 | 558.52 | 5.68 | 275.37 | 2.80 | 561.46 | 5.71 | 756.96 | 7.70 | 656.81 | 6.68 |
| 绢（匹） | 288.00 | 4.85 | 321.00 | 5.41 | 115.00 | 1.94 | 325.00 | 5.48 | 552.00 | 9.30 | 398.00 | 6.71 |
| 起运（匹） | 255.00 | 5.20 | 286.00 | 5.83 | 17.00 | 0.35 | 289.00 | 5.90 | 391.00 | 7.98 | 341.00 | 6.96 |
| 存留（匹） | 33.00 | 3.20 | 35.00 | 3.39 | 98.00 | 9.50 | 36.00 | 3.49 | 161.00 | 15.60 | 57.00 | 5.52 |
| 秋粮 |  |  |  |  |  |  |  |  |  |  |  |  |
| 米（石） | 2326.57 | 5.04 | 2657.42 | 5.76 | 1043.30 | 2.26 | 2645.16 | 5.73 | 3367.76 | 7.74 | 3109.89 | 6.74 |
| 起运（石） | 1472.00 | 5.95 | 1682.00 | 6.80 | 418.00 | 1.69 | 1059.00 | 4.28 | 1784.00 | 7.21 | 1969.00 | 7.96 |
| 存留（石） | 854.57 | 4.00 | 975.42 | 4.56 | 625.30 | 2.93 | 1586.16 | 7.42 | 1783.76 | 8.35 | 1140.89 | 5.34 |
| 棉花绒（斤） | 251.75 | 5.42 | 84.00 | 1.81 | 45.00 | 0.97 | 244.88 | 5.27 | 745.79 | 16.05 | 150.75 | 3.24 |
| 起运（斤） | 251.75 | 5.42 | 84.00 | 1.81 | 45.00 | 0.97 | 244.88 | 5.27 | 745.79 | 16.05 | 150.75 | 3.24 |
| 草（束） | 39807.00 | 5.93 | 46588.00 | 6.94 | 8240.00 | 1.23 | 39246.00 | 5.85 | 64440.00 | 9.61 | 23370.00 | 3.48 |
| 起运（束） | 38500.00 | 5.96 | 44800.00 | 6.93 | 7000.00 | 1.08 | 38460.00 | 5.95 | 62500.00 | 9.67 | 22700.00 | 3.51 |
| 存留（束） | 1307.00 | 5.26 | 1788.00 | 7.19 | 1240.00 | 4.99 | 786.00 | 3.16 | 1940.00 | 7.80 | 670.00 | 2.69 |
| 户口盐钞银（两） | 168.69 | 6.59 | 111.90 | 4.37 | 51.15 | 2.00 | 129.58 | 5.07 | 165.33 | 6.46 | 249.40 | 9.75 |
| 起运（两） | 47.18 | 6.70 | 30.91 | 4.39 | 10.26 | 1.46 | 37.24 | 5.29 | 43.48 | 6.18 | 67.00 | 9.52 |
| 存留（两） | 121.51 | 6.55 | 80.98 | 4.37 | 40.89 | 2.21 | 92.33 | 4.98 | 121.84 | 6.57 | 182.40 | 9.84 |
| 田赋项目 | 吴桥县 | % | 东光县 | % | 故城县 | % | 沧州 | % | 南皮县 | % | 盐山县 | % |
| 夏税 |  |  |  |  |  |  |  |  |  |  |  |  |
| 小麦（石） | 537.10 | 2.72 | 419.03 | 2.13 | 799.24 | 4.05 | 1397.74 | 7.09 | 708.72 | 3.59 | 1480.55 | 7.51 |
| 起运（石） | 276.00 | 2.79 | 216.00 | 2.18 | 406.00 | 4.10 | 701.00 | 7.09 | 361.00 | 3.65 | 743.00 | 7.51 |
| 存留（石） | 261.10 | 2.66 | 203.03 | 2.07 | 393.24 | 4.00 | 696.74 | 7.09 | 347.72 | 3.54 | 737.55 | 7.51 |
| 绢（匹） | 204.00 | 3.44 | 117.00 | 1.97 | 270.00 | 4.55 | 389.00 | 6.55 | 208.00 | 3.50 | 423.00 | 7.13 |
| 起运（匹） | 137.00 | 2.79 | 107.00 | 2.18 | 204.00 | 4.16 | 357.00 | 7.28 | 135.00 | 2.75 | 378.00 | 7.71 |

表（上部）

| 项目 | | | | | | | | | | | |
|---|---|---|---|---|---|---|---|---|---|---|---|
| 存留（匹） | 4.36 | 45.00 | 7.07 | 73.00 | 3.10 | 32.00 | 6.40 | 66.00 | 0.97 | 10.00 | 6.49 |
| 秋粮 | | | | | | | | | | | |
| 米（石） | 7.48 | 3452.15 | 3.60 | 1660.62 | 7.14* | 3293.67 | 4.05 | 1865.98 | 2.12 | 977.73 | 2.73 |
| 起运（石） | 5.58 | 1381.00 | 4.25 | 1051.00 | 6.65 | 1646.00 | 4.77 | 1181.00 | 2.50 | 619.00 | 3.21 |
| 存留（石） | 9.69 | 2071.15 | 2.85 | 609.62 | 7.71 | 1647.67 | 3.20 | 684.98 | 1.68 | 358.73 | 2.16 |
| 棉花绒（斤） | 5.53 | 257.25 | 4.01 | 186.54 | 7.13 | 331.38 | 4.29 | 199.25 | 3.17 | 147.25 | 4.43 |
| 起运（斤） | 5.53 | 257.25 | 4.01 | 186.54 | 7.13 | 331.38 | 4.29 | 199.25 | 3.17 | 147.25 | 4.43 |
| 草（束） | 9.24 | 61980.00 | 4.14 | 27766.00 | 5.29 | 35465.00 | 3.85 | 25854.00 | 2.66 | 17857.00 | 3.27 |
| 起运（束） | 9.29 | 60000.00 | 4.15 | 26840.00 | 5.31 | 34300.00 | 3.79 | 24500.00 | 2.55 | 16500.00 | 3.25 |
| 存留（束） | 7.96 | 1980.00 | 3.72 | 926.00 | 4.69 | 1165.00 | 5.45 | 1354.00 | 5.46 | 1357.00 | 3.76 |
| 户口盐钞银（两） | 5.72 | 146.35 | 3.23 | 82.68 | 3.54 | 90.56 | 5.51 | 140.85 | 3.05 | 77.92 | 4.54 |
| 起运（两） | 5.75 | 40.45 | 3.68 | 25.93 | 3.14 | 22.08 | 4.65 | 32.75 | 2.98 | 20.97 | 5.00 |
| 存留（两） | 5.71 | 105.89 | 3.06 | 56.74 | 3.69 | 68.47 | 5.83 | 108.10 | 3.07 | 56.94 | 4.37 |

表（下部）

| 田赋项目 | 庆云县 | % |
|---|---|---|
| 夏税 | | |
| 小麦（石） | 751.52 | 3.81 |
| 起运（石） | 378.00 | 3.82 |
| 存留（石） | 373.52 | 3.80 |
| 绢（匹） | 294.00 | 4.95 |
| 起运（匹） | 192.00 | 3.92 |
| 存留（匹） | 102.00 | 9.88 |
| 秋粮 | | |
| 米（石） | 1790.38 | 3.88 |
| 起运（石） | 704.00 | 2.84 |
| 存留（石） | 1086.38 | 5.08 |

| 田赋项目 | 全府总数 | % |
|---|---|---|
| 棉花绒（斤） | 367.44 | 7.91 |
| 起运（斤） | 367.44 | 7.91 |
| 草（束） | 32575.00 | 4.86 |
| 起运（束） | 31100.00 | 4.81 |
| 存留（束） | 1475.00 | 5.93 |
| 户口盐钞银（两） | 113.11 | 4.42 |
| 起运（两） | 31.30 | 4.45 |
| 存留（两） | 81.80 | 4.41 |

真定府

| 田赋项目 | 全府总数 | % | 真定县 | % | 井陉县 | % | 获鹿县 | % | 元氏县 | % | 灵寿县 | % |
|---|---|---|---|---|---|---|---|---|---|---|---|---|
| 田土官民（亩） | 10267506.00 | | | | | | | | | | | |
| 夏税 | | | | | | | | | | | | |
| 小麦（石） | 34958.26 | 100.00 | 1194.83 | 3.42 | 758.18 | 2.17 | 893.99 | 2.56 | 1168.24 | 3.34 | 1276.41 | 3.65 |
| 起运（石） | 18944.77 | 100.00 | 645.80 | 3.41 | 423.60 | 2.24 | 488.10 | 2.58 | 652.20 | 3.44 | 712.60 | 3.76 |
| 存留（石） | 16013.49 | 100.00 | 549.03 | 3.43 | 334.58 | 2.09 | 405.89 | 2.53 | 516.04 | 3.22 | 563.81 | 3.52 |
| 绢（匹） | 15548.00 | 100.00 | 387.00 | 2.49 | 468.00 | 3.01 | 505.00 | 3.25 | 532.00 | 3.42 | 539.00 | 3.47 |
| 起运（匹） | 14730.00 | 100.00 | 387.00 | 2.63 | 400.00 | 2.72 | 505.00 | 3.43 | 532.00 | 3.61 | 539.00 | 3.66 |
| 存留（匹） | 818.00 | 100.00 | | | 68.00 | 8.31 | | | | | | |
| 秋粮 | | | | | | | | | | | | |
| 米（石） | 82873.85 | 100.00 | 2676.87 | 3.23 | 1643.75 | 1.98 | 1914.66 | 2.31 | 2667.94 | 3.22 | 2793.79 | 3.37 |
| 起运（石） | 45943.04 | 100.00 | 1461.80 | 3.18 | 937.60 | 2.04 | 1066.10 | 2.32 | 1521.80 | 3.31 | 1593.60 | 3.47 |
| 存留（石） | 36930.81 | 100.00 | 1215.07 | 3.29 | 706.15 | 1.91 | 848.56 | 2.30 | 1146.14 | 3.10 | 1200.19 | 3.25 |
| 棉花绒（斤） | 35033.09 | 100.00 | 1069.91 | 3.05 | 1092.77 | 3.12 | 1160.06 | 3.31 | 1385.29 | 3.95 | 1647.16 | 4.70 |
| 起运（斤） | 35033.09 | 100.00 | 1069.91 | 3.05 | 1092.77 | 3.12 | 1160.06 | 3.31 | 1385.29 | 3.95 | 1647.16 | 4.70 |
| 草（束包） | 1383974.00 | 100.00 | 48884.00 | 3.53 | 30167.00 | 2.18 | 35549.00 | 2.57 | 47051.00 | 3.40 | 46582.00 | 3.37 |

| 田赋项目 | 藁城县 | % | 栾城县 | % | 无极县 | % | 平山县 | % | 阜平县 | % | 定州 | % |
|---|---|---|---|---|---|---|---|---|---|---|---|---|
| 起运（束包） | 1303343.00 | 100.00 | 44436.00 | 3.41 | 28646.00 | 2.20 | 32951.00 | 2.53 | 44670.00 | 3.43 | 44235.00 | 3.39 |
| 存留（束包） | 80631.00 | 100.00 | 4448.00 | 5.52 | 1521.00 | 1.89 | 2598.00 | 3.22 | 2381.00 | 2.95 | 2347.00 | 2.91 |
| 人户（户） | 74738.00 | 100.00 | | | | | | | | | | |
| 人口（口） | 1093531.00 | 100.00 | | | | | | | | | | |
| 户口盐钞银（两） | 2683.80 | 100.00 | 67.40 | 2.51 | 65.61 | 2.44 | 74.91 | 2.79 | 97.69 | 3.64 | 60.48 | 2.25 |
| 起运（两） | 1445.12 | 100.00 | 36.29 | 2.51 | 35.32 | 2.44 | 40.33 | 2.79 | 52.60 | 3.64 | 32.56 | 2.25 |
| 存留（两） | 1238.68 | 100.00 | 31.11 | 2.51 | 30.28 | 2.44 | 34.57 | 2.79 | 45.09 | 3.64 | 27.91 | 2.25 |
| 夏税 | | | | | | | | | | | | |
| 小麦（石） | 1002.64 | 2.87 | 701.17 | 2.01 | 960.67 | 2.75 | 1303.90 | 3.73 | 857.81 | 2.45 | 2632.20 | 7.53 |
| 起运（石） | 457.90 | 2.42 | 391.40 | 2.07 | 496.90 | 2.62 | 727.90 | 3.84 | 857.81 | 5.36 | 1469.50 | 7.76 |
| 存留（石） | 544.74 | 3.40 | 309.77 | 1.93 | 463.77 | 2.90 | 576.00 | 3.60 | | | 1162.70 | 7.26 |
| 绢（匹） | 450.00 | 2.89 | 252.00 | 1.62 | 476.00 | 3.06 | 683.00 | 4.39 | 250.00 | 1.61 | 1302.00 | 8.37 |
| 起运（匹） | 400.00 | 2.72 | 252.00 | 1.71 | 476.00 | 3.23 | 683.00 | 4.64 | 250.00 | 1.70 | 1202.00 | 8.16 |
| 存留（匹） | 50.00 | 6.11 | | | | | | | | | 100.00 | 12.22 |
| 秋粮 | | | | | | | | | | | | |
| 米（石） | 2257.27 | 2.72 | 1592.15 | 1.92 | 2122.21 | 2.56 | 2860.79 | 3.45 | 1895.33 | 2.29 | 5781.17 | 6.98 |
| 起运（石） | 1044.60 | 2.27 | 908.10 | 1.98 | 1116.40 | 2.43 | 1631.80 | 3.55 | 1895.33 | 5.13 | 3297.60 | 7.18 |
| 存留（石） | 1212.67 | 3.28 | 684.05 | 1.85 | 1005.81 | 2.72 | 1228.99 | 3.33 | | | 2483.57 | 6.72 |
| 棉花绒（斤） | 762.74 | 2.18 | 450.58 | 1.29 | 1091.43 | 3.12 | 1566.00 | 4.47 | 490.67 | 1.40 | 3261.92 | 9.31 |
| 起运（斤） | 762.74 | 2.18 | 450.58 | 1.29 | 1091.43 | 3.12 | 1566.00 | 4.47 | 490.67 | 1.40 | 3261.92 | 9.31 |
| 草（束包） | 41533.00 | 3.00 | 29594.00 | 2.14 | 38102.00 | 2.75 | 47793.00 | 3.45 | 33120.00 | 2.39 | 106237.00 | 7.68 |
| 起运（束包） | 32057.00 | 2.46 | 28103.00 | 2.16 | 33460.00 | 2.57 | 45385.00 | 3.48 | 33120.00 | 2.54 | 100883.00 | 7.74 |
| 存留（束包） | 9476.00 | 11.75 | 1491.00 | 1.85 | 4642.00 | 5.76 | 2408.00 | 2.99 | | | 5354.00 | 6.64 |
| 户口盐钞银（两） | 75.10 | 2.80 | 40.04 | 1.49 | 77.29 | 2.88 | 100.81 | 3.76 | 62.41 | 2.33 | 209.97 | 7.82 |

| 田赋项目 | 新乐县 | % | 曲阳县 | % | 行唐县 | % | 冀州 | % | 南宫县 | % | 新河县 | % |
|---|---|---|---|---|---|---|---|---|---|---|---|---|
| 起运（两） | 40.43 | 2.80 | 21.56 | 1.49 | 41.61 | 2.88 | 54.28 | 3.76 | 33.60 | 2.33 | 113.06 | 7.82 |
| 存留（两） | 34.66 | 2.80 | 18.48 | 1.49 | 35.67 | 2.88 | 46.53 | 3.76 | 28.80 | 2.33 | 96.91 | 7.82 |
| 田赋项目 | 新乐县 | % | 曲阳县 | % | 行唐县 | % | 冀州 | % | 南宫县 | % | 新河县 | % |
| 夏税 | | | | | | | | | | | | |
| 小麦（石） | 906.98 | 2.59 | 2275.23 | 6.51 | 1935.84 | 5.54 | 1344.34 | 3.85 | 949.96 | 2.72 | 868.71 | 2.48 |
| 起运（石） | 506.30 | 2.67 | 1270.20 | 6.70 | 1080.70 | 5.70 | 750.50 | 3.96 | 530.30 | 2.80 | 485.00 | 2.56 |
| 存留（石） | 400.68 | 2.50 | 1005.03 | 6.28 | 855.14 | 5.34 | 593.84 | 3.71 | 419.66 | 2.62 | 383.71 | 2.40 |
| 绢（匹） | 358.00 | 2.30 | 1000.00 | 6.43 | 816.00 | 5.25 | 396.00 | 2.55 | 542.00 | 3.49 | 253.00 | 1.63 |
| 起运（匹） | 358.00 | 2.43 | 900.00 | 6.11 | 816.00 | 5.54 | 396.00 | 2.69 | 492.00 | 3.34 | 253.00 | 1.72 |
| 存留（匹） | | | 100.00 | 12.22 | | | | | 50.00 | 6.11 | | |
| 秋粮 | | | | | | | | | | | | |
| 米（石） | 2016.69 | 2.43 | 4968.55 | 6.00 | 4266.75 | 5.15 | 3949.89 | 4.77 | 2119.39 | 2.56 | 1957.29 | 2.36 |
| 起运（石） | 1150.30 | 2.50 | 2834.00 | 6.17 | 2433.70 | 5.30 | 2253.00 | 4.90 | 1208.90 | 2.63 | 1116.40 | 2.43 |
| 存留（石） | 866.39 | 2.35 | 2134.55 | 5.78 | 1833.05 | 4.96 | 1696.89 | 4.59 | 910.49 | 2.47 | 840.89 | 2.28 |
| 棉花绒（斤） | 891.61 | 2.55 | 2984.86 | 8.52 | 2327.34 | 6.64 | 770.37 | 2.20 | 908.64 | 2.59 | 575.89 | 1.64 |
| 起运（斤） | 891.61 | 2.55 | 2984.86 | 8.52 | 2327.34 | 6.64 | 770.37 | 2.20 | 908.64 | 2.59 | 575.89 | 1.64 |
| 草（束包） | 36816.00 | 2.66 | 81100.00 | 5.86 | 67674.00 | 4.89 | 58088.00 | 4.20 | 32817.00 | 2.37 | 36605.00 | 2.64 |
| 起运（束包） | 34961.00 | 2.68 | 77013.00 | 5.91 | 64263.00 | 4.93 | 55161.00 | 4.23 | 31163.00 | 2.39 | 34761.00 | 2.67 |
| 存留（束包） | 1855.00 | 2.30 | 4087.00 | 5.07 | 3411.00 | 5.07 | 2927.00 | 3.63 | 1654.00 | 2.05 | 1844.00 | 2.29 |
| 户口盐钞银（两） | 60.58 | 2.26 | 140.37 | 5.23 | 137.05 | 5.11 | 61.51 | 2.29 | 144.62 | 5.39 | 58.90 | 2.19 |
| 起运（两） | 32.62 | 2.26 | 75.58 | 5.23 | 73.80 | 5.11 | 33.12 | 2.29 | 77.87 | 5.39 | 31.71 | 2.19 |
| 存留（两） | 27.96 | 2.26 | 64.79 | 5.23 | 63.25 | 5.11 | 28.39 | 2.29 | 66.75 | 5.39 | 27.18 | 2.19 |
| 田赋项目 | 枣强县 | % | 武邑县 | % | 晋州 | % | 安平县 | % | 饶阳县 | % | 武强县 | % |
| 夏税 | | | | | | | | | | | | |
| 小麦（石） | 1195.71 | 3.42 | 1087.08 | 3.11 | 942.75 | 2.69 | 1014.12 | 2.90 | 1232.69 | 3.53 | 973.75 | 2.79 |

表（上半部分）

| 田赋项目 | 赵州 | % | 柏乡县 | % | 隆平县 | % | 高邑县 | % | 临城县 | % | 赞皇县 | % |
|---|---|---|---|---|---|---|---|---|---|---|---|---|
| 起运（石） | 667.50 | 3.52 | 606.90 | 3.20 | 526.30 | 2.78 | 602.53 | 3.18 | 674.91 | 3.56 | 543.60 | 2.87 |
| 存留（石） | 528.21 | 3.30 | 480.18 | 3.00 | 416.45 | 2.60 | 411.59 | 2.57 | 557.78 | 3.48 | 430.15 | 2.69 |
| 绢（匹） | 555.00 | 3.57 | 546.00 | 3.51 | 546.00 | 3.51 | 474.00 | 3.05 | 569.00 | 3.66 | 299.00 | 1.92 |
| 起运（匹） | 505.00 | 3.43 | 446.00 | 3.03 | 446.00 | 3.03 | 474.00 | 3.22 | 469.00 | 3.18 | 299.00 | 2.03 |
| 存留（匹） | 50.00 | 6.11 | 100.00 | 12.22 | 100.00 | 12.22 |  |  | 100.00 | 12.22 |  |  |
| 秋粮 |  |  |  |  |  |  |  |  |  |  |  |  |
| 米（石） | 2820.56 | 3.40 | 2555.42 | 3.40 | 2126.96 | 2.57 | 2239.80 | 2.70 | 2755.08 | 3.32 | 2295.01 | 2.77 |
| 起运（石） | 1608.80 | 3.50 | 1457.60 | 3.17 | 1213.20 | 2.64 | 1360.24 | 2.96 | 1539.33 | 3.35 | 1309.10 | 2.85 |
| 存留（石） | 1211.76 | 3.28 | 1097.82 | 2.97 | 913.76 | 2.47 | 879.56 | 2.38 | 1215.75 | 3.29 | 985.91 | 2.67 |
| 棉花绒（斤） | 1036.81 | 2.96 | 843.74 | 2.41 | 1061.52 | 3.03 | 1200.19 | 3.43 | 1096.62 | 3.13 | 498.61 | 1.42 |
| 起运（斤） | 1036.81 | 2.96 | 843.74 | 2.41 | 1061.52 | 3.03 | 1200.19 | 3.43 | 1096.62 | 3.13 | 498.61 | 1.42 |
| 草（束包） | 50009.00 | 3.61 | 45045.00 | 3.25 | 36030.00 | 2.60 | 40820.00 | 2.95 | 39833.00 | 2.88 | 37559.00 | 2.71 |
| 起运（束包） | 47489.00 | 3.64 | 42775.00 | 3.28 | 34214.00 | 2.63 | 38944.00 | 2.99 | 37704.00 | 2.89 | 35667.00 | 2.74 |
| 存留（束包） | 2520.00 | 3.13 | 2270.00 | 2.82 | 1816.00 | 2.25 | 1876.00 | 2.33 | 2129.00 | 2.64 | 1892.00 | 2.35 |
| 户口盐钞银（两） | 88.34 | 3.29 | 111.70 | 4.16 | 105.53 | 3.93 | 88.48 | 3.30 | 99.25 | 3.70 | 74.78 | 2.79 |
| 起运（两） | 47.56 | 3.29 | 60.14 | 4.16 | 56.82 | 3.93 | 47.64 | 3.30 | 53.44 | 3.70 | 40.26 | 2.79 |
| 存留（两） | 40.77 | 3.29 | 51.55 | 4.16 | 48.71 | 3.93 | 40.84 | 3.30 | 45.81 | 3.70 | 34.51 | 2.79 |

表（下半部分）

| 田赋项目 | 赵州 | % | 柏乡县 | % | 隆平县 | % | 高邑县 | % | 临城县 | % | 赞皇县 | % |
|---|---|---|---|---|---|---|---|---|---|---|---|---|
| 夏税 |  |  |  |  |  |  |  |  |  |  |  |  |
| 小麦（石） | 808.21 | 2.31 | 556.95 | 1.59 | 934.91 | 2.67 | 531.99 | 1.52 | 712.20 | 2.04 | 717.71 | 2.05 |
| 起运（石） | 451.20 | 2.38 | 310.90 | 1.64 | 521.90 | 2.75 | 297.00 | 1.57 | 397.60 | 2.10 | 400.70 | 2.12 |
| 存留（石） | 357.01 | 2.23 | 246.05 | 1.54 | 413.01 | 2.58 | 234.99 | 1.47 | 314.60 | 1.96 | 317.01 | 1.98 |
| 绢（匹） | 338.00 | 2.17 | 234.00 | 1.51 | 201.00 | 1.29 | 227.00 | 1.46 | 358.00 | 2.30 | 334.00 | 2.15 |
| 起运（匹） | 338.00 | 2.29 | 234.00 | 1.59 | 201.00 | 1.36 | 227.00 | 1.54 | 358.00 | 2.43 | 334.00 | 2.27 |
| 秋粮 |  |  |  |  |  |  |  |  |  |  |  |  |

| 田赋项目 | 宁晋县 | % | 深州 | % | 衡水县 | % | | | | | | |
|---|---|---|---|---|---|---|---|---|---|---|---|---|
| 米（石） | 1842.30 | 2.22 | 1252.98 | 1.51 | 2161.19 | 2.61 | 1195.97 | 1.44 | 1569.86 | 1.89 | 1605.97 | 1.94 |
| 起运（石） | 1050.80 | 2.29 | 714.70 | 1.56 | 1232.70 | 2.68 | 682.20 | 1.48 | 895.40 | 1.95 | 916.00 | 1.99 |
| 存留（石） | 791.50 | 2.14 | 538.28 | 1.46 | 928.49 | 2.51 | 513.77 | 1.39 | 674.46 | 1.83 | 689.97 | 1.87 |
| 棉花绒（斤） | 517.71 | 1.48 | 446.34 | 1.27 | 198.32 | 0.57 | 459.28 | 1.31 | 838.84 | 2.39 | 821.71 | 2.35 |
| 起运（斤） | 517.71 | 1.48 | 446.34 | 1.27 | 198.32 | 0.57 | 459.28 | 1.31 | 838.84 | 2.39 | 821.71 | 2.35 |
| 草（束包） | 34139.00 | 2.47 | 22983.00 | 1.66 | 40266.00 | 2.91 | 22366.00 | 1.62 | 29001.00 | 2.10 | 28950.00 | 2.09 |
| 起运（束包） | 32418.00 | 2.49 | 21824.00 | 1.67 | 38237.00 | 2.93 | 21239.00 | 1.63 | 27539.00 | 2.11 | 27491.00 | 2.11 |
| 存留（束包） | 1721.00 | 2.13 | 1159.00 | 1.44 | 2029.00 | 2.52 | 1127.00 | 1.40 | 1462.00 | 1.81 | 1459.00 | 1.81 |
| 户口盐钞银（两） | 69.36 | 2.58 | 33.84 | 1.26 | 51.22 | 1.91 | 52.73 | 1.96 | 54.21 | 2.02 | 46.64 | 1.74 |
| 起运（两） | 37.34 | 2.58 | 18.22 | 1.26 | 27.58 | 1.91 | 28.39 | 1.96 | 29.19 | 2.02 | 25.11 | 1.74 |
| 存留（两） | 32.01 | 2.58 | 15.62 | 1.26 | 23.64 | 1.91 | 24.34 | 1.96 | 25.02 | 2.02 | 21.53 | 1.74 |
| 夏税 | | | | | | | | | | | | |
| 小麦（石） | 916.84 | 2.62 | 1645.86 | 4.71 | 656.23 | 1.88 | | | | | | |
| 起运（石） | 511.90 | 2.70 | 976.52 | 5.15 | 366.40 | 1.93 | | | | | | |
| 存留（石） | 404.94 | 2.53 | 669.34 | 4.18 | 289.83 | 1.81 | | | | | | |
| 绢（匹） | 510.00 | 3.28 | 836.00 | 5.38 | 296.00 | 1.90 | | | | | | |
| 起运（匹） | 510.00 | 3.46 | 736.00 | 5.00 | 296.00 | 2.01 | | | | | | |
| 存留（匹） | | | 100.00 | 12.22 | | | | | | | | |
| 秋粮 | | | | | | | | | | | | |
| 米（石） | 3707.46 | 4.47 | 5721.24 | 6.90 | 1539.43 | 1.86 | | | | | | |
| 起运（石） | 2114.70 | 4.60 | 3394.25 | 7.39 | 878.10 | 1.91 | | | | | | |
| 存留（石） | 1592.76 | 4.31 | 2326.99 | 6.30 | 661.33 | 1.79 | | | | | | |
| 棉花绒（斤） | 1081.97 | 3.09 | 1805.68 | 5.15 | 694.05 | 1.98 | | | | | | |
| 起运（斤） | 1081.97 | 3.09 | 1805.68 | 5.15 | 694.05 | 1.98 | | | | | | |

顺德府

| 田赋项目 | 全府总数 | % | 邢台县 | % | 广宗县 | % | 巨鹿县 | % | 平乡县 | % | 南和县 | % |
|---|---|---|---|---|---|---|---|---|---|---|---|---|
| 草（束包） | 40319.00 | 2.91 | 71699.00 | 5.18 | 27229.00 | 1.97 | | | | | | |
| 起运（束包） | 38287.00 | 2.94 | 68373.00 | 5.25 | 25857.00 | 1.98 | | | | | | |
| 存留（束包） | 2032.00 | 2.52 | 3326.00 | 4.12 | 1372.00 | 1.70 | | | | | | |
| 户口盐钞银（两） | 100.85 | 3.76 | 134.63 | 5.02 | 37.26 | 1.39 | | | | | | |
| 起运（两） | 54.30 | 3.76 | 72.49 | 5.02 | 20.06 | 1.39 | | | | | | |
| 存留（两） | 46.55 | 3.76 | 62.14 | 5.02 | 17.20 | 1.39 | | | | | | |
| 田土官民（亩） | 1420404.80 | | | | | | | | | | | |
| 夏税 | | | | | | | | | | | | |
| 小麦（石） | 12537.80 | 100.00 | 2528.56 | 20.17 | 936.83 | 7.47 | 1141.88 | 9.11 | 954.78 | 7.62 | 1134.64 | 9.05 |
| 起运（石） | 11480.00 | 100.00 | 2315.25 | 20.17 | 883.85 | 7.70 | 1075.53 | 9.37 | 874.18 | 7.61 | 1068.92 | 9.31 |
| 存留（石） | 1057.80 | 100.00 | 213.31 | 20.17 | 52.98 | 5.01 | 66.35 | 6.27 | 80.60 | 7.62 | 65.72 | 6.21 |
| 绢（匹） | 1899.00 | 100.00 | 376.00 | 19.80 | 162.00 | 8.53 | 214.00 | 11.27 | 191.00 | 10.06 | 174.00 | 9.16 |
| 起运（匹） | 1899.00 | 100.00 | 376.00 | 19.80 | 162.00 | 8.53 | 214.00 | 11.27 | 191.00 | 10.06 | 174.00 | 9.16 |
| 秋粮 | | | | | | | | | | | | |
| 米（石） | 30474.05 | 100.00 | 5886.62 | 19.32 | 2209.79 | 7.25 | 3041.99 | 9.98 | 2340.27 | 7.68 | 2926.56 | 9.60 |
| 起运（石） | 24935.00 | 100.00 | 4817.54 | 19.32 | 1873.92 | 7.52 | 2654.63 | 10.65 | 1972.49 | 7.91 | 2542.35 | 10.20 |
| 存留（石） | 5539.05 | 100.00 | 1069.07 | 19.30 | 335.86 | 6.06 | 387.35 | 6.99 | 367.77 | 6.64 | 384.21 | 6.94 |
| 棉花绒（斤） | 5005.25 | 100.00 | 1007.00 | 20.12 | 235.63 | 4.71 | 432.13 | 8.63 | 485.25 | 9.69 | 802.00 | 16.02 |
| 起运（斤） | 5005.25 | 100.00 | 1007.00 | 20.12 | 235.63 | 4.71 | 432.13 | 8.63 | 485.25 | 9.69 | 802.00 | 16.02 |
| 草（束） | 545481.00 | 100.00 | 109280.00 | 20.03 | 40692.00 | 7.46 | 49992.00 | 9.16 | 41623.00 | 7.63 | 49789.00 | 9.13 |
| 起运（束） | 524000.00 | 100.00 | 104977.00 | 20.03 | 39090.00 | 7.46 | 48024.00 | 9.16 | 39984.00 | 7.63 | 47829.00 | 9.13 |
| 存留（束） | 21481.00 | 100.00 | 4303.00 | 20.03 | 1602.00 | 7.46 | 1968.00 | 9.16 | 1639.00 | 7.63 | 1960.00 | 9.12 |
| 人户（户） | 27633.00 | 100.00 | | | | | | | | | | |

广平府 / 顺德府 田赋项目统计表

| 田赋项目 | 全府总数 | % | 任县 | % | 唐山县 | % | 内丘县 | % | 沙河县 | % | | % |
|---|---|---|---|---|---|---|---|---|---|---|---|---|
| 人口（口） | 281957.00 | 100.00 | | | | | | | | | | |
| 户口盐钞银（两） | 783.11 | 100.00 | 163.93 | 20.93 | 74.42 | 9.50 | 126.98 | 16.21 | 60.77 | 7.76 | 73.19 | 9.35 |
| 起运（两） | 783.11 | 100.00 | 163.93 | 20.93 | 74.42 | 9.50 | 126.98 | 16.21 | 60.77 | 7.76 | 73.19 | 9.35 |
| 夏税 | | | | | | | | | | | | |
| 小麦（石） | | | 1243.78 | 9.92 | 1121.21 | 8.94 | 1687.75 | 13.46 | 1788.33 | 14.26 | | |
| 起运（石） | | | 1138.78 | 9.92 | 1056.68 | 9.20 | 1545.34 | 13.46 | 1521.47 | 13.25 | | |
| 存留（石） | | | 105.00 | 9.93 | 64.53 | 6.10 | 142.41 | 13.46 | 266.86 | 25.23 | | |
| 绢（匹） | | | 203.00 | 10.69 | 197.00 | 10.37 | 167.00 | 8.79 | 211.00 | 11.11 | | |
| 起运（匹） | | | 203.00 | 10.69 | 197.00 | 10.37 | 167.00 | 8.79 | 211.00 | 11.11 | | |
| 秋粮 | | | | | | | | | | | | |
| 米（石） | | | 3300.07 | 10.83 | 2644.84 | 8.68 | 3939.83 | 12.93 | 4184.03 | 13.73 | | |
| 起运（石） | | | 2866.85 | 11.50 | 2306.63 | 9.25 | 3224.83 | 12.93 | 2675.72 | 10.73 | | |
| 存留（石） | | | 433.22 | 7.82 | 338.21 | 6.11 | 714.99 | 12.91 | 1508.31 | 27.23 | | |
| 棉花绒（斤） | | | 546.50 | 10.92 | 402.00 | 8.03 | 339.50 | 6.78 | 755.25 | 15.09 | | |
| 起运（斤） | | | 546.50 | 10.92 | 402.00 | 8.03 | 339.50 | 6.78 | 755.25 | 15.09 | | |
| 草（束） | | | 54799.00 | 10.05 | 48736.00 | 8.93 | 73359.00 | 13.45 | 77207.00 | 14.15 | | |
| 起运（束） | | | 52641.00 | 10.05 | 46817.00 | 8.93 | 70470.00 | 13.45 | 74167.00 | 14.15 | | |
| 存留（束） | | | 2158.00 | 10.05 | 1919.00 | 8.93 | 2889.00 | 13.45 | 3040.00 | 14.15 | | |
| 户口盐钞银（两） | | | 57.55 | 7.35 | 46.36 | 5.92 | 97.80 | 12.49 | 82.04 | 10.48 | | |
| 起运（两） | | | 57.55 | 7.35 | 46.36 | 5.92 | 97.80 | 12.49 | 82.04 | 10.48 | | |

广平府

| 田赋项目 | 全府总数 | % | 永年县 | % | 邯郸县 | % | 成安县 | % | 肥乡县 | % | 广平县 | % |
|---|---|---|---|---|---|---|---|---|---|---|---|---|
| 田土官民（亩） | 2023838.50 | | | | | | | | | | | |
| 夏税 | | | | | | | | | | | | |

| | | | | | | | | | | | | |
|---|---|---|---|---|---|---|---|---|---|---|---|---|
| 小麦(石) | 17842.45 | 100.00 | 3275.58 | 18.36 | 2598.18 | 14.56 | 1983.47 | 11.12 | 3469.34 | 19.44 | 1993.20 | 11.17 |
| 起运（石） | 15183.00 | 100.00 | 2780.00 | 18.31 | 2192.00 | 14.44 | 1642.00 | 10.81 | 2968.60 | 19.55 | 1719.60 | 11.33 |
| 存留（石） | 2659.45 | 100.00 | 495.58 | 18.63 | 406.18 | 15.27 | 341.47 | 12.84 | 500.74 | 18.83 | 273.60 | 10.29 |
| 绢（匹） | 3553.00 | 100.00 | 997.00 | 28.06 | 218.00 | 6.14 | 447.00 | 12.58 | 588.00 | 16.55 | 288.00 | 8.11 |
| 起运（匹） | 3553.00 | 100.00 | 997.00 | 28.06 | 218.00 | 6.14 | 447.00 | 12.58 | 588.00 | 16.55 | 288.00 | 8.11 |
| 秋粮 | | | | | | | | | | | | |
| 米(石) | 41479.65 | 100.00 | 7348.48 | 17.72 | 6062.76 | 14.62 | 4628.48 | 11.16 | 8095.58 | 19.52 | 4698.93 | 11.33 |
| 起运（石） | 33100.00 | 100.00 | 5863.95 | 17.72 | 4837.77 | 14.62 | 3693.65 | 11.16 | 6460.12 | 19.52 | 3749.66 | 11.33 |
| 存留（石） | 8379.65 | 100.00 | 1484.52 | 17.72 | 1224.98 | 14.62 | 934.83 | 11.16 | 1635.46 | 19.52 | 949.27 | 11.33 |
| 棉花绒（斤） | 14584.99 | 100.00 | 3340.81 | 22.91 | 2827.19 | 19.38 | 1448.15 | 9.93 | 2329.73 | 15.97 | 472.94 | 3.24 |
| 起运（斤） | 14584.99 | 100.00 | 3340.81 | 22.91 | 2827.19 | 19.38 | 1448.15 | 9.93 | 2329.73 | 15.97 | 472.94 | 3.24 |
| 草（束） | 794093.00 | 100.00 | 139567.00 | 17.58 | 113547.00 | 14.30 | 87785.00 | 11.05 | 161627.00 | 20.35 | 90697.00 | 11.42 |
| 起运（束） | 764266.00 | 100.00 | 134321.00 | 17.58 | 109278.00 | 14.30 | 84495.00 | 11.06 | 156562.00 | 20.49 | 87729.00 | 11.48 |
| 存留（束） | 29826.00 | 100.00 | 5246.00 | 17.59 | 4269.00 | 14.31 | 3290.00 | 11.03 | 5064.00 | 16.98 | 2967.00 | 9.95 |
| 人户(户) | 31420.00 | 100.00 | | | | | | | | | | |
| 人口(口) | 264898.00 | 100.00 | | | | | | | | | | |
| 户口盐钞银（两） | 1447.00 | 100.00 | 267.48 | 18.49 | 219.13 | 15.14 | 186.74 | 12.91 | 158.80 | 10.97 | 122.92 | 8.49 |
| 起运（两） | 1447.00 | 100.00 | 267.48 | 18.49 | 219.13 | 15.14 | 186.74 | 12.91 | 158.80 | 10.97 | 122.92 | 8.49 |
| 田赋项目 | 曲周县 | % | 鸡泽县 | % | 威县 | % | 清河县 | % | | | | |
| 夏税 | | | | | | | | | | | | |
| 小麦(石) | 2707.43 | 15.17 | 629.96 | 3.53 | 790.47 | 4.43 | 394.78 | 2.21 | | | | |
| 起运（石） | 2330.00 | 15.35 | 525.00 | 3.46 | 690.00 | 4.54 | 335.80 | 2.21 | | | | |
| 存留（石） | 377.43 | 14.19 | 104.96 | 3.95 | 100.47 | 3.78 | 58.98 | 2.22 | | | | |
| 绢（匹） | 496.00 | 13.96 | 162.00 | 4.56 | 208.00 | 5.85 | 137.00 | 3.86 | | | | |
| 起运（匹） | 496.00 | 13.96 | 162.00 | 4.56 | 208.00 | 5.85 | 137.00 | 3.86 | | | | |

大名府

| 田赋项目 | 全府总数 | % | 元城县 | % | 大名县 | % | 南乐县 | % | 魏县 | % | 清丰县 | % |
|---|---|---|---|---|---|---|---|---|---|---|---|---|
| 田土官民（亩） | 5619660.80 | | | | | | | | | | | |
| **夏税** | | | | | | | | | | | | |
| 小麦（石） | 44096.35 | 100.00 | 3228.10 | 7.32 | 969.30 | 2.20 | 2736.02 | 6.20 | 4480.26 | 10.16 | 3849.09 | 8.73 |
| 起运（石） | 33842.70 | 100.00 | 2477.47 | 7.32 | 743.92 | 2.20 | 2099.82 | 6.20 | 3438.47 | 10.16 | 2954.07 | 8.73 |
| 存留（石） | 10253.65 | 100.00 | 750.63 | 7.32 | 225.38 | 2.20 | 636.20 | 6.20 | 1041.79 | 10.16 | 895.02 | 8.73 |
| 绢（匹） | 7703.00 | 100.00 | 625.00 | 8.11 | 178.00 | 2.31 | 329.00 | 4.27 | 637.00 | 8.27 | 541.00 | 7.02 |
| 起运（匹） | 7703.00 | 100.00 | 625.00 | 8.11 | 178.00 | 2.31 | 329.00 | 4.27 | 637.00 | 8.27 | 541.00 | 7.02 |
| 钞（贯） | 9.00 | 100.00 | | | | | | | | | | |
| **秋粮** | | | | | | | | | | | | |
| 米（石） | 105192.24 | 100.00 | 7616.60 | 7.24 | 2501.84 | 2.38 | 6263.77 | 5.95 | 10509.84 | 9.99 | 9518.10 | 9.05 |
| 起运（石） | 90350.00 | 100.00 | 6353.80 | 7.03 | 1985.40 | 2.20 | 5459.30 | 6.04 | 9124.45 | 10.10 | 8313.50 | 9.20 |
| 存留（石） | 14842.24 | 100.00 | 1262.80 | 8.51 | 516.44 | 3.48 | 804.47 | 5.42 | 1385.39 | 9.33 | 1204.60 | 8.12 |

（续上表·秋粮）

| | | % | | % | | % | | % |
|---|---|---|---|---|---|---|---|---|
| **秋粮** | | | | | | | | |
| 米（石） | 6404.03 | 15.44 | 1465.50 | 3.53 | 1854.64 | 4.47 | 921.21 | 2.22 |
| 起运（石） | 5110.29 | 15.44 | 1169.44 | 3.53 | 1479.97 | 4.47 | 735.11 | 2.22 |
| 存留（石） | 1293.73 | 15.44 | 296.05 | 3.53 | 374.67 | 4.47 | 186.10 | 2.22 |
| 棉花绒（斤） | 2757.09 | 18.90 | 902.80 | 6.19 | 417.49 | 2.86 | 88.83 | 0.61 |
| 起运（斤） | 2757.09 | 18.90 | 902.80 | 6.19 | 417.49 | 2.86 | 88.83 | 0.61 |
| 草（束） | 120104.00 | 15.12 | 27595.00 | 3.48 | 35855.00 | 4.52 | 17313.00 | 2.18 |
| 起运（束） | 116145.00 | 15.20 | 26111.00 | 3.42 | 33958.00 | 4.44 | 15664.00 | 2.05 |
| 存留（束） | 3958.00 | 13.27 | 1484.00 | 4.98 | 1896.00 | 6.36 | 1649.00 | 5.53 |
| 户口盐钞银（两） | 235.90 | 16.30 | 87.59 | 6.05 | 105.75 | 7.31 | 62.62 | 4.33 |
| 起运（两） | 235.90 | 16.30 | 87.59 | 6.05 | 105.75 | 7.31 | 62.62 | 4.33 |

| 项目 | 内黄县 | % | 浚县 | % | 滑县 | % | 东明县 | % | 开州 | % | 长垣县 | % |
|---|---|---|---|---|---|---|---|---|---|---|---|---|
| 棉花绒（斤） | 25125.42 | 100.00 | 2050.88 | 8.16 | 285.88 | 1.14 | 681.75 | 2.71 | 5558.25 | 22.12 | 908.44 | 3.62 |
| 起运（斤） | 25125.42 | 100.00 | 2050.88 | 8.16 | 285.88 | 1.14 | 681.75 | 2.71 | 5558.25 | 22.12 | 908.44 | 3.62 |
| 草（束） | 1869838.00 | 100.00 | 134812.00 | 7.21 | 41137.00 | 2.20 | 114830.00 | 6.14 | 193379.00 | 10.34 | 164323.00 | 8.79 |
| 起运（束） | 1864782.00 | 100.00 | 134812.00 | 7.23 | 41137.00 | 2.21 | 114830.00 | 6.16 | 193379.00 | 10.37 | 164323.00 | 8.81 |
| 存留（束） | 5056.00 | 100.00 | | | | | | | | | | |
| 人户（户） | 71180.00 | 100.00 | | | | | | | | | | |
| 人口（口） | 692058.00 | 100.00 | | | | | | | | | | |
| 户口盐钞银（两） | 3992.66 | 100.00 | 141.86 | 3.55 | 121.98 | 3.06 | 185.41 | 4.64 | 351.32 | 8.80 | 312.73 | 7.83 |
| 起运（两） | 3992.66 | 100.00 | 141.86 | 3.55 | 121.98 | 3.06 | 185.41 | 4.64 | 351.32 | 8.80 | 312.73 | 7.83 |

| 田赋项目 | 内黄县 | % | 浚县 | % | 滑县 | % | 东明县 | % | 开州 | % | 长垣县 | % |
|---|---|---|---|---|---|---|---|---|---|---|---|---|
| 夏税 | | | | | | | | | | | | |
| 小麦（石） | 2305.87 | 5.23 | 5152.14 | 11.68 | 8845.15 | 20.06 | 1346.83 | 3.05 | 6591.62 | 14.95 | 4591.93 | 10.41 |
| 起运（石） | 1769.69 | 5.23 | 3954.12 | 11.68 | 6788.40 | 20.06 | 1033.66 | 3.05 | 5058.90 | 14.95 | 3524.18 | 10.41 |
| 存留（石） | 536.18 | 5.23 | 1198.02 | 11.68 | 2056.75 | 20.06 | 313.17 | 3.05 | 1532.72 | 14.95 | 1067.75 | 10.41 |
| 绢（匹） | 344.00 | 4.47 | 691.00 | 8.97 | 1392.00 | 18.07 | 575.00 | 7.46 | 1494.00 | 19.40 | 889.00 | 11.54 |
| 起运（匹） | 344.00 | 4.47 | 691.00 | 8.97 | 1392.00 | 18.07 | 575.00 | 7.46 | 1494.00 | 19.40 | 889.00 | 11.54 |
| 秋粮 | | | | | | | | | | | | |
| 米（石） | 5471.48 | 5.20 | 12388.45 | 11.78 | 21441.78 | 20.38 | 3211.82 | 3.05 | 15232.51 | 14.48 | 11036.00 | 10.49 |
| 起运（石） | 4630.70 | 5.13 | 10499.78 | 11.62 | 18471.70 | 20.44 | 2755.60 | 3.05 | 13170.47 | 14.58 | 9585.30 | 10.61 |
| 存留（石） | 840.78 | 5.66 | 1888.67 | 12.72 | 2970.08 | 20.01 | 456.22 | 3.07 | 2062.04 | 13.89 | 1450.70 | 9.77 |
| 棉花绒（斤） | 1217.38 | 4.85 | 3053.89 | 12.15 | 6169.38 | 24.55 | 428.06 | 1.70 | 2156.09 | 8.58 | 2615.44 | 10.41 |
| 起运（斤） | 1217.38 | 4.85 | 3053.89 | 12.15 | 6169.38 | 24.55 | 428.06 | 1.70 | 2156.09 | 8.58 | 2615.44 | 10.41 |
| 草（束） | 96902.00 | 5.18 | 218240.00 | 11.67 | 377323.00 | 20.18 | 56787.00 | 3.04 | 277584.00 | 14.85 | 194517.00 | 10.40 |
| 起运（束） | 96902.00 | 5.20 | 218240.00 | 11.70 | 377323.00 | 20.23 | 56787.00 | 3.05 | 275056.00 | 14.75 | 191989.00 | 10.30 |
| 存留（束） | | | 2528.00 | 50.00 | 2528.00 | 50.00 | | | 2528.00 | 50.00 | 2528.00 | 50.00 |

| 田赋项目 | | | | | | | | | | | | |
|---|---|---|---|---|---|---|---|---|---|---|---|---|
| 户口盐钞银（两） | 200.94 | 5.03 | 322.42 | 8.08 | 655.39 | 16.41 | 255.93 | 6.41 | 927.67 | 23.23 | 515.70 | 12.92 |
| 起运（两） | 200.94 | 5.03 | 322.42 | 8.08 | 655.39 | 16.41 | 255.93 | 6.41 | 927.67 | 23.23 | 515.70 | 12.92 |

延庆州

| 田赋项目 | 全府总数 | % | 本州 | % | 永宁县 | % |
|---|---|---|---|---|---|---|
| 田土官民（亩） | 105942.40 | 100.00 | | | | |
| 夏税 | | | | | | |
| 小麦（石） | 1713.75 | 100.00 | 1325.62 | 77.35 | 388.13 | 22.65 |
| 存留（石） | 1713.75 | 100.00 | 1325.62 | 77.35 | 388.13 | 22.65 |
| 秋粮 | | | | | | |
| 米（石） | 3937.04 | 100.00 | 3096.62 | 78.65 | 840.42 | 21.35 |
| 存留（石） | 3937.04 | 100.00 | 3096.62 | 78.65 | 840.42 | 21.35 |
| 草（束） | 73441.00 | 100.00 | 59929.00 | 81.60 | 13512.00 | 18.40 |
| 存留（束） | 73441.00 | 100.00 | 59929.00 | 81.60 | 13512.00 | 18.40 |
| 户口盐钞银（两） | 60.87 | 100.00 | | | | |
| 存留（两） | 60.87 | 100.00 | | | | |

保安州

| 田赋项目 | 全州总数 | % |
|---|---|---|
| 田土官民（亩） | 30472.70 | 100.00 |
| 夏税 | | |
| 小麦（石） | 408.29 | 100.00 |
| 存留（石） | 408.29 | 100.00 |
| 秋粮 | | |
| 米（石） | 1053.26 | 100.00 |
| 存留（石） | 1053.26 | 100.00 |
| 草（束） | 18699.00 | 100.00 |

| | | |
|---|---|---|
| 存留（束） | 18699.00 | 100.00 |
| 人户（户） | 772.00 | 100.00 |
| 人口（口） | 6445.00 | 100.00 |

## 乙表23

### 万历六年南直隶分州县田赋统计[1]

#### 应天府

| 田赋项目 | 全府总数 | % | 上元县 | % | 江宁县 | % | 句容县 | % | 溧阳县 | % | 溧水县 | % |
|---|---|---|---|---|---|---|---|---|---|---|---|---|
| 田土官民（亩） | 6940514.00 | | | | | | | | | | | |
| **夏税** | | | | | | | | | | | | |
| 小麦（石） | 11654.76 | 100.00 | 1487.01 | 12.76 | 1924.27 | 16.51 | 731.75 | 6.28 | 3520.22 | 30.20 | 724.80 | 6.22 |
| 起运（石） | 7580.00 | 100.00 | 979.50 | 12.92 | 1293.50 | 17.06 | 372.00 | 4.91 | 2219.50 | 29.28 | 460.50 | 6.08 |
| 存留（石） | 4074.76 | 100.00 | 507.51 | 12.45 | 630.77 | 15.48 | 359.75 | 8.83 | 1300.72 | 31.92 | 264.30 | 6.49 |
| 绢（匹） | 1357.00 | 100.00 | 234.00 | 17.24 | 99.00 | 7.30 | 254.00 | 18.72 | 330.00 | 24.32 | 268.00 | 19.75 |
| 起运（匹） | 1357.00 | 100.00 | 234.00 | 17.24 | 99.00 | 7.30 | 254.00 | 18.72 | 330.00 | 24.32 | 268.00 | 19.75 |
| **秋粮** | | | | | | | | | | | | |
| 米（石）[2] | 215159.84 | 100.00 | 27559.34 | 12.81 | 25828.16 | 12.00 | 41801.24 | 19.43 | 56751.95 | 26.38 | 24437.22 | 11.36 |
| 起运（石） | 178518.00 | 100.00 | 22480.55 | 12.59 | 21006.06 | 11.77 | 34428.47 | 19.29 | 47808.94 | 26.78 | 22148.57 | 12.41 |
| 存留（石）[3] | 36641.84 | 100.00 | 5078.79 | 13.86 | 4822.10 | 13.16 | 7372.77 | 20.12 | 8943.01 | 24.41 | 2288.65 | 6.25 |
| 草（包）[4] | 376458.00 | 100.00 | 53030.00 | 14.09 | 41011.00 | 10.89 | 68670.00 | 18.24 | 91602.00 | 24.33 | 57175.00 | 15.19 |
| 起运（包） | 365192.00 | 100.00 | 51650.00 | 14.14 | 39947.00 | 10.94 | 66919.00 | 18.32 | 89260.00 | 24.44 | 55686.00 | 15.25 |
| 存留（包）[1] | 11266.00 | 100.00 | 1380.00 | 12.25 | 1064.00 | 9.44 | 1751.00 | 15.54 | 2342.00 | 20.79 | 1489.00 | 13.22 |

[1]资料来源：根据第一篇甲表48。
[2]此处总数与各县数据之和不等，全府总数比各县数据之和多203.20石。
[3]此处总数与各县数据之和不等，全府总数比各县数据之和多203.20石。
[4]此处总数与各县数据之和不等，全府总数比各县数据之和多1593.00包。

**应天府**

| 田赋项目 | 全府总数 | % | 高淳县 | % | 江浦县 | % | 六合县 | % |  | % |  | % |
|---|---|---|---|---|---|---|---|---|---|---|---|---|
| 入户（户） | 143597.00 | 100.00 |  |  |  |  |  |  |  |  |  | 11.26 |
| 入口（口） | 790513.00 | 100.00 |  |  |  |  |  |  |  |  |  | 11.26 |
| 户口盐钞银（两） | 2015.65 | 100.00 | 453.96 | 22.52 | 218.64 | 10.85 | 502.12 | 24.91 | 461.30 | 22.89 | 226.98 | 11.26 |
| 存留（两） | 2015.65 | 100.00 | 453.96 | 22.52 | 218.64 | 10.85 | 502.12 | 24.91 | 461.30 | 22.89 | 226.98 | 11.26 |
| 夏税 |  |  |  |  |  |  |  |  |  |  |  |  |
| 小麦（石） |  |  | 1108.73 | 9.51 | 1726.23 | 14.81 | 431.73 | 3.70 |  |  |  |  |
| 起运（石） |  |  | 703.00 | 9.27 | 1241.00 | 16.37 | 311.00 | 4.10 |  |  |  |  |
| 存留（石） |  |  | 405.73 | 9.96 | 485.23 | 11.91 | 120.73 | 2.96 |  |  |  |  |
| 绢（匹） |  |  | 105.00 | 7.74 | 32.00 | 2.36 | 30.00 | 2.21 |  |  |  |  |
| 起运（匹） |  |  | 105.00 | 7.74 | 32.00 | 2.36 | 30.00 | 2.21 |  |  |  |  |
| 秋粮 |  |  |  |  |  |  |  |  |  |  |  |  |
| 米（石） |  |  | 29956.00 | 13.92 | 6475.27 | 3.01 | 2147.46 | 1.00 |  |  |  |  |
| 起运（石） |  |  | 24634.32 | 13.80 | 4677.94 | 2.62 | 1333.15 | 0.75 |  |  |  |  |
| 存留（石） |  |  | 5321.68 | 14.52 | 1797.33 | 4.91 | 814.31 | 2.22 |  |  |  |  |
| 草（包） |  |  | 40833.00 | 10.85 | 15555.00 | 4.13 | 6989.00 | 1.86 |  |  |  |  |
| 起运（包） |  |  | 39768.00 | 10.89 | 15150.00 | 4.15 | 6812.00 | 1.87 |  |  |  |  |
| 存留（包） |  |  | 1065.00 | 9.45 | 405.00 | 3.59 | 177.00 | 1.57 |  |  |  |  |
| 户口盐钞银（两） |  |  | 62.55 | 3.10 | 44.46 | 2.21 | 45.62 | 2.26 |  |  |  |  |
| 存留（两） |  |  | 62.55 | 3.10 | 44.46 | 2.21 | 45.62 | 2.26 |  |  |  |  |

**苏州府**

| 田赋项目 | 全府总数 | % | 吴县 | % | 长洲县 | % | 昆山县 | % | 常熟县 | % | 吴江县 | % |
|---|---|---|---|---|---|---|---|---|---|---|---|---|
| 田土官民（亩） | 9295950.50 | 100.00 |  |  |  |  |  |  |  |  |  |  |
| 夏税 |  |  |  |  |  |  |  |  |  |  |  |  |

¹此处总数与各县数据之和不等，全府总数比各县数据之和多 1593.00 包。

1147

| 田赋项目 | 合计 | % | | % | | % | | % | | % | | % |
|---|---|---|---|---|---|---|---|---|---|---|---|---|
| **夏税** | | | | | | | | | | | | |
| 小麦（石） | 53665.43 | 100.00 | 3400.65 | 6.34 | 1898.43 | 3.54 | 1511.36 | 2.82 | 4026.96 | 7.50 | 2905.17 | 5.41 |
| 起运（石） | 40626.80 | 100.00 | 3400.19 | 8.37 | 1898.10 | 4.67 | 1511.36 | 3.72 | 4026.23 | 9.91 | 2905.17 | 7.15 |
| 存留（石） | 13038.62 | 100.00 | 0.46 | 0.004 | 0.33 | 0.003 | 0.72 | | 0.72 | 0.01 | | |
| 绢（匹） | 13195.00 | 100.00 | 1544.00 | 11.70 | 2794.00 | 21.17 | 1327.00 | 10.06 | 2428.00 | 18.40 | 1983.00 | 15.03 |
| 税丝（两） | 102478.04 | 100.00 | 10915.09 | 10.65 | 21836.78 | 21.31 | 11879.08 | 11.59 | 19887.29 | 19.41 | 14116.06 | 13.77 |
| 存留（两） | 102478.04 | 100.00 | 10915.09 | 10.65 | 21836.78 | 21.31 | 11879.08 | 11.59 | 19887.29 | 19.41 | 14116.06 | 13.77 |
| 钞（锭） | 4392.00 | 100.00 | 284.00 | 6.47 | 756.00 | 17.21 | 351.00 | 7.99 | 788.00 | 17.94 | 136.00 | 3.10 |
| 起运（锭） | | | | | | | | | | | | |
| 存留（锭） | 4392.00 | 100.00 | 284.00 | 6.47 | 756.00 | 17.21 | 351.00 | 7.99 | 788.00 | 17.94 | 136.00 | 3.10 |
| **秋粮** | | | | | | | | | | | | |
| 米（石） | 2038894.74 | 100.00 | 130412.92 | 6.40 | 412731.91 | 20.24 | 293654.40 | 14.40 | 300190.77 | 14.72 | 387710.81 | 19.02 |
| 起运（石） | 1850607.23 | 100.00 | 120156.43 | 6.49 | 379158.10 | 20.49 | 269534.11 | 14.56 | 272886.74 | 14.75 | 359128.05 | 19.41 |
| 存留（石） | 188287.50 | 100.00 | 10256.49 | 5.45 | 33573.80 | 17.83 | 24120.29 | 12.81 | 27304.03 | 14.50 | 28582.76 | 15.18 |
| 草（包） | 538414.00 | 100.00 | 31853.00 | 5.92 | 78761.00 | 14.63 | 67383.00 | 12.52 | 111083.00 | 20.63 | 78908.00 | 14.66 |
| 起运（包） | 511000.00 | 100.00 | 31846.00 | 6.23 | 68755.00 | 13.45 | 67383.00 | 13.19 | 110639.00 | 21.65 | 78908.00 | 15.44 |
| 存留（包） | 27414.00 | 100.00 | 6.00 | 0.02 | 10006.00 | 36.50 | | | 444.00 | 1.62 | | |
| 户（户） | 600755.00 | | | | | | | | | | | |
| 口（口） | 2011985.00 | | | | | | | | | | | |
| 户口盐钞银（两） | 11197.44 | 100.00 | 1295.55 | 11.57 | 2629.51 | 23.48 | 577.55 | 5.16 | 514.95 | 4.60 | 1266.82 | 11.31 |
| 起运（两） | 5598.72 | 100.00 | 647.77 | 11.57 | 1314.75 | 23.48 | 288.77 | 5.16 | 257.47 | 4.60 | 633.41 | 11.31 |
| 存留（两） | 5598.72 | 100.00 | 647.77 | 11.57 | 1314.75 | 23.48 | 288.77 | 5.16 | 257.47 | 4.60 | 633.41 | 11.31 |

| 田赋项目 | 嘉定县 | % | 太仓州 | % | 崇明县 | % |
|---|---|---|---|---|---|---|
| **夏税** | | | | | | |
| 小麦（石） | 5176.63 | 9.65 | 21709.10 | 40.45 | 13037.10 | 24.29 |
| 起运（石） | 5176.63 | 12.74 | 21709.10 | 53.44 | 13037.10 | |

松江府

| 田赋项目 | 全府总数 | % | 华亭县 | % | 上海县 | % | 青浦县 | % |
|---|---|---|---|---|---|---|---|---|
| 存留（石） | | | | | 13037.10 | 99.99 | | |
| 绢（匹） | 1680.00 | 12.73 | 1401.00 | 10.62 | 34.00 | 0.26 | | |
| 税丝（两） | 13941.30 | 13.60 | 9902.41 | 9.66 | | | | |
| 存留（两） | 13941.30 | 13.60 | 9902.41 | 9.66 | | | | |
| 钞（锭） | 1844.00 | 41.99 | 230.00 | 5.24 | | | | |
| 存留（锭） | 1844.00 | 41.99 | 230.00 | 5.24 | | | | |
| 秋粮 | | | | | | | | |
| 米（石） | 284974.44 | 13.98 | 204767.17 | 10.04 | 24452.27 | 1.20 | | |
| 起运（石） | 263068.37 | 14.22 | 186675.40 | 10.09 | | | | |
| 存留（石） | 21906.07 | 11.63 | 18091.77 | 9.61 | 24452.27 | 12.99 | | |
| 草（包） | 82784.00 | 15.38 | 58642.00 | 10.89 | 28997.00 | 5.39 | | |
| 起运（包） | 82784.00 | 16.20 | 58642.00 | 11.48 | 12039.00 | 2.36 | | |
| 存留（包） | | | | | 16957.00 | 61.86 | | |
| 户口盐钞银（两） | 2820.46 | 25.19 | 1862.70 | 16.64 | 229.87 | 2.05 | | |
| 起运（两） | 1410.23 | 25.19 | 931.35 | 16.64 | 114.93 | 2.05 | | |
| 存留（两） | 1410.23 | 25.19 | 931.35 | 16.64 | 114.93 | 2.05 | | |

| 田赋项目 | 全府总数 | % | 华亭县 | % | 上海县 | % | 青浦县 | % |
|---|---|---|---|---|---|---|---|---|
| 田土官民（亩） | 4247703.30 | 100.00 | | | | | | |
| 夏税 | | | | | | | | |
| 大小麦（石） | 92260.41 | 100.00 | 45354.70 | 49.16 | 29849.83 | 32.35 | 17055.88 | 18.49 |
| 起运（石） | 87700.00 | 100.00 | 43050.00 | 49.09 | 28100.00 | 32.04 | 16550.00 | 18.87 |
| 存留（石） | 4560.41 | 100.00 | 2304.70 | 50.54 | 1749.83 | 38.37 | 505.88 | 11.09 |
| 绢（匹） | 876.00 | 100.00 | 428.00 | 48.86 | 308.00 | 35.16 | 140.00 | 15.98 |
| 起运（匹） | 179.00 | 100.00 | 88.00 | 49.16 | 58.00 | 32.40 | 33.00 | 18.44 |

| 项目 | 全府总数 | % | 武进县 | % | 无锡县 | % | 江阴县 | % | 宜兴县 | % | 靖江县 | % |
|---|---|---|---|---|---|---|---|---|---|---|---|---|
| 存留（匹） | 697.00 | 100.00 | 340.00 | 48.78 | 250.00 | 35.87 | 107.00 | 15.35 | | | | |
| 钞（锭） | 3267.00 | 100.00 | 1550.00 | 47.44 | 1065.00 | 32.60 | 652.00 | 19.96 | | | | |
| 存留（锭） | 3267.00 | 100.00 | 1550.00 | 47.44 | 1065.00 | 32.60 | 652.00 | 19.96 | | | | |
| 秋粮 | | | | | | | | | | | | |
| 米（石） | 939926.23 | 100.00 | 463465.19 | 49.35 | 302347.56 | 32.19 | 173413.47 | 18.46 | | | | |
| 起运（石） | 869566.92 | 100.00 | 426247.79 | 49.02 | 282316.24 | 32.47 | 161002.88 | 18.52 | | | | |
| 存留（石） | 69659.31 | 100.00 | 37217.40 | 53.43 | 20031.32 | 28.76 | 12410.59 | 17.82 | | | | |
| 草（包） | 316251.00 | 100.00 | 155800.00 | 49.26 | 102300.00 | 32.35 | 58151.00 | 18.39 | | | | |
| 起运（包） | 283000.00 | 100.00 | 140000.00 | 49.47 | 91400.00 | 32.30 | 51600.00 | 18.23 | | | | |
| 存留（包） | 33251.00 | 100.00 | 15800.00 | 47.52 | 10900.00 | 32.78 | 6551.00 | 19.70 | | | | |
| 户口（户） | 218359.00 | 100.00 | | | | | | | | | | |
| 人口（口） | 484414.00 | 100.00 | | | | | | | | | | |
| 户口盐钞银（两） | 1907.48 | 100.00 | 863.00 | 45.24 | 669.48 | 35.10 | 375.00 | 19.66 | | | | |
| 起运（两） | 774.05 | 100.00 | 323.00 | 41.73 | 270.05 | 34.89 | 181.00 | 23.38 | | | | |
| 存留（两） | 1133.43 | 100.00 | 540.00 | 47.64 | 399.43 | 35.24 | 194.00 | 17.12 | | | | |

常州府

| 田赋项目 | 全府总数 | % | 武进县 | % | 无锡县 | % | 江阴县 | % | 宜兴县 | % | 靖江县 | % |
|---|---|---|---|---|---|---|---|---|---|---|---|---|
| 田土官民（亩） | 6425595.10 | 100.00 | | | | | | | | | | |
| 夏税 | | | | | | | | | | | | |
| 小麦（石） | 154393.38 | 100.00 | 52722.83 | 34.15 | 37368.95 | 24.20 | 26594.78 | 17.23 | 22774.39 | 14.75 | 14932.41 | 9.67 |
| 起运（石） | 151660.00 | 100.00 | 51913.87 | 34.23 | 36730.02 | 24.22 | 26126.31 | 17.23 | 22096.85 | 14.57 | 14792.94 | 9.75 |
| 存留（石） | 2733.38 | 100.00 | 808.96 | 29.60 | 638.92 | 23.37 | 468.47 | 17.14 | 677.54 | 24.79 | 139.47 | 5.10 |
| 绢（匹） | 1897.00 | 100.00 | 41.00 | 2.16 | 4.00 | 0.21 | 262.00 | 13.81 | 1588.00 | 83.71 | | |
| 起运（匹） | 1897.00 | 100.00 | 41.00 | 2.16 | 4.00 | 0.21 | 262.00 | 13.81 | 1588.00 | 83.71 | | |
| 麻布（匹） | 2077.00 | 100.00 | | | | | | | 2077.00 | 100.00 | | |

| 项目 | 全府总数 | % | | % | | % | | % | | % |
| --- | --- | --- | --- | --- | --- | --- | --- | --- | --- | --- |
| 起运（匹） | 2077.00 | 100.00 | | | | | | | 2077.00 | 100.00 |
| 秋粮 | | | | | | | | | | |
| 米（石） | 606954.03 | 100.00 | 172098.14 / 28.35 | | 144808.75 / 23.86 | | 100410.75 / 16.54 | | 161830.48 / 26.66 | 27805.89 / 4.58 |
| 起运（石） | 593871.16 | 100.00 | 168214.04 / 28.33 | | 141925.32 / 23.90 | | 98069.65 / 16.51 | | 158795.11 / 26.74 | 26867.02 / 4.52 |
| 存留（石） | 13082.86 | 100.00 | 3884.09 / 29.69 | | 2883.43 / 22.04 | | 2341.09 / 17.89 | | 3035.37 / 23.20 | 938.86 / 7.18 |
| 钞（锭） | 24.00 | 100.00 | | | 7.00 / 29.17 | | 16.00 / 66.67 | | | |
| 存留（锭） | 24.00 | 100.00 | | | 7.00 / 29.17 | | 16.00 / 66.67 | | | |
| 草（包） | 714369.00 | 100.00 | 202747.00 / 28.38 | | 153608.00 / 21.50 | | 152082.00 / 21.29 | | 167733.00 / 23.48 | 38197.00 / 5.35 |
| 起运（包） | 690000.00 | 100.00 | 199878.00 / 28.97 | | 149755.00 / 21.70 | | 149740.00 / 21.70 | | 165055.00 / 23.92 | 25572.00 / 3.71 |
| 存留（包） | 24369.00 | 100.00 | 2869.00 / 11.77 | | 3853.00 / 15.81 | | 2342.00 / 9.61 | | 2678.00 / 10.99 | 12625.00 / 51.81 |
| 人户（户） | 254460.00 | 100.00 | | | | | | | | |
| 人口（口） | 1002779.00 | 100.00 | | | | | | | | |
| 户口盐钞银（两） | 3465.35 | 100.00 | 1251.10 / 36.10 | | 701.15 / 20.23 | | 748.80 / 21.61 | | 666.62 / 19.24 | 97.67 / 2.82 |
| 起运（两） | 3465.35 | 100.00 | 1251.10 / 36.10 | | 701.15 / 20.23 | | 748.80 / 21.61 | | 666.62 / 19.24 | 97.67 / 2.82 |

镇江府

| 田赋项目 | 全府总数 | % | 丹徒县 | % | 丹阳县 | % | 金坛县 | % |
| --- | --- | --- | --- | --- | --- | --- | --- | --- |
| 田土官民（亩） | 3381713.80 | 100.00 | | | | | | |
| 夏税 | | | | | | | | |
| 小麦（石）¹ | 54958.75 | 100.00 | 32214.39 | 58.62 | 11940.58 | 21.73 | 9855.94 | 17.93 |
| 起运（石） | 14350.00 | 100.00 | 8412.00 | 58.62 | 3364.80 | 23.45 | 2573.02 | 17.93 |
| 存留（石）² | 40608.75 | 100.00 | 23802.39 | 58.61 | 8575.78 | 21.12 | 7282.74 | 17.93 |
| 绢（匹） | 218.00 | 100.00 | 101.00 | 46.33 | 90.00 | 41.28 | 27.00 | 12.39 |
| 起运（匹） | 218.00 | 100.00 | 101.00 | 46.33 | 90.00 | 41.28 | 27.00 | 12.39 |

¹ 原书此处注："内府册比部派少 947.83 石"。
² 原书此处注："内府册比部派少 947.83 石"。

草（包）and存留（包）footnote markers appear as [1] and [2].

| 秋粮 | | % | | % | | % | | % |
|---|---|---|---|---|---|---|---|---|
| 米（石） | 143252.25 | 100.00 | 60643.24 | 42.33 | 31049.81 | 21.67 | 51559.20 | 35.99 |
| 起运（石） | 117000.00 | 100.00 | 53419.00 | 45.66 | 28962.00 | 24.75 | 34619.00 | 29.59 |
| 存留（石） | 26252.25 | 100.00 | 7224.24 | 27.52 | 2087.81 | 7.95 | 16940.20 | 64.53 |
| 草（包）[1] | 120784.00 | 100.00 | 51924.00 | 42.99 | 30024.00 | 24.86 | 37722.00 | 31.23 |
| 起运（包） | 108000.00 | 100.00 | 46392.00 | 42.96 | 26998.00 | 25.00 | 34610.00 | 32.05 |
| 存留（包）[2] | 12784.00 | 100.00 | 5532.00 | 43.27 | 3026.00 | 23.67 | 3112.00 | 24.34 |
| 人户（户） | 69039.00 | | | | | | | |
| 人口（口） | 165589.00 | | | | | | | |
| 户口盐钞银（两） | 496.73 | 100.00 | 130.65 | 26.30 | 194.12 | 39.08 | 171.95 | 34.62 |
| 起运（两） | 305.05 | 100.00 | 80.40 | 26.36 | 118.84 | 38.96 | 105.81 | 34.69 |
| 存留（两） | 191.67 | 100.00 | 50.25 | 26.22 | 75.28 | 39.28 | 66.13 | 34.50 |

庐州府

| 田赋项目 | 全府总数 | % | 合肥县 | % | 庐江县 | % | 舒城县 | % | 无为县 | % | 巢县 | % |
|---|---|---|---|---|---|---|---|---|---|---|---|---|
| 田土官民（亩） | 6838911.00 | | | | | | | | | | | |
| 夏税 | | | | | | | | | | | | |
| 小麦（石） | 9885.13 | 100.00 | 3376.68 | 34.16 | 515.65 | 5.22 | 936.88 | 9.48 | 1146.54 | 11.60 | 614.98 | 6.22 |
| 起运（石） | 4000.00 | 100.00 | 1350.00 | 33.75 | 240.00 | 6.00 | 400.00 | 10.00 | 360.00 | 9.00 | 230.00 | 5.75 |
| 存留（石） | 5885.13 | 100.00 | 2026.68 | 34.44 | 275.65 | 4.68 | 536.88 | 9.12 | 786.54 | 13.36 | 384.98 | 6.54 |
| 绢（匹） | 687.00 | 100.00 | 221.00 | 32.17 | 49.00 | 7.13 | 62.00 | 9.02 | 181.00 | 26.35 | 62.00 | 9.02 |
| 起运（匹） | 687.00 | 100.00 | 221.00 | 32.17 | 49.00 | 7.13 | 62.00 | 9.02 | 181.00 | 26.35 | 62.00 | 9.02 |
| 秋粮 | | | | | | | | | | | | |
| 米（石） | 67045.52 | 100.00 | 17194.50 | 25.65 | 6660.36 | 9.93 | 6678.84 | 9.96 | 14842.22 | 22.14 | 5505.00 | 8.21 |

[1] 原书于此处注："内府册比部派少 1114 包"。
[2] 原书于此处注："内府册比部派少 1114 包"。

Table 1 (upper section):

| 项目 | | % | | % | | % | | % | | % | | % |
|---|---|---|---|---|---|---|---|---|---|---|---|---|
| 起运（石） | 35000.00 | 100.00 | 8900.00 | 25.43 | 3500.00 | 10.00 | 3500.00 | 10.00 | 7600.00 | 21.71 | 2800.00 | 8.00 |
| 存留（石） | 32045.52 | 100.00 | 8294.50 | 25.88 | 3160.36 | 9.86 | 3178.84 | 9.92 | 7242.22 | 22.60 | 2705.00 | 8.44 |
| 草（包） | 98337.00 | 100.00 | 28951.00 | 29.44 | 12632.00 | 12.85 | 11102.00 | 11.29 | 17775.00 | 18.08 | 8803.00 | 8.95 |
| 起运（包） | 80000.00 | 100.00 | 23600.00 | 29.50 | 10200.00 | 12.75 | 9000.00 | 11.25 | 12500.00 | 15.63 | 6200.00 | 7.75 |
| 存留（包） | 18337.00 | 100.00 | 5351.00 | 29.18 | 2432.00 | 13.26 | 2102.00 | 11.46 | 5275.00 | 28.77 | 2603.00 | 14.20 |
| 人户（户） | 47373.00 | 100.00 | | | | | | | | | | |
| 人口（口） | 622698.00 | 100.00 | | | | | | | | | | |
| 户口盐钞银（两） | 1496.63 | 100.00 | 373.91 | 24.98 | 158.51 | 10.59 | 145.94 | 9.75 | 287.69 | 19.22 | 169.73 | 11.34 |
| 起运（两） | 855.96 | 100.00 | 213.74 | 24.97 | 90.67 | 10.59 | 83.48 | 9.75 | 164.52 | 19.22 | 97.09 | 11.34 |
| 存留（两） | 640.67 | 100.00 | 160.16 | 25.00 | 67.83 | 10.59 | 62.45 | 9.75 | 123.16 | 19.22 | 72.64 | 11.34 |

Table 2 (lower section):

| 田赋项目 | 六安州 | % | 英山县 | % | 霍山县 | % |
|---|---|---|---|---|---|---|
| 夏税 | | | | | | |
| 小麦（石） | 2045.21 | 20.69 | 619.68 | 6.27 | 629.46 | 6.37 |
| 起运（石） | 1000.00 | 25.00 | 220.00 | 5.50 | 200.00 | 5.00 |
| 存留（石） | 1045.21 | 17.76 | 399.68 | 6.79 | 429.46 | 7.30 |
| 绢（匹） | 36.00 | 5.24 | 52.00 | 7.57 | 21.00 | 3.06 |
| 起运（匹） | 36.00 | 5.24 | 52.00 | 7.57 | 21.00 | 3.06 |
| 秋粮 | | | | | | |
| 米（石） | 7974.89 | 11.89 | 5765.13 | 8.60 | 2424.06 | 3.62 |
| 起运（石） | 4450.00 | 12.71 | 2900.00 | 8.29 | 1350.00 | 3.86 |
| 存留（石） | 3524.89 | 11.00 | 2865.13 | 8.94 | 1074.06 | 3.35 |
| 草（包） | 10486.00 | 10.66 | 5817.00 | 5.92 | 2768.00 | 2.81 |
| 起运（包） | 10200.00 | 12.75 | 5700.00 | 7.13 | 2600.00 | 3.25 |
| 存留（包） | 286.00 | 1.56 | 117.00 | 0.64 | 168.00 | 0.92 |
| 户口盐钞银（两） | 219.78 | 14.68 | 46.40 | 3.10 | 94.60 | 6.32 |

凤阳府

| 田赋项目 | 全府总数 | % | 凤阳县 | % | 临淮县 | % | 怀远县 | % | 定远县 | % | 五河县 | % |
|---|---|---|---|---|---|---|---|---|---|---|---|---|
| 起运（两） | 125.73 | 14.69 | 26.54 | 3.10 | 54.11 | 6.32 | | | | | | |
| 存留（两） | 94.05 | 14.68 | 19.86 | 3.10 | 40.48 | 6.32 | | | | | | |
| 田土官民（亩） | 6019196.70 | 100.00 | | | | | | | | | | |
| **夏税** | | | | | | | | | | | | |
| 小麦（石）[1] | 99837.26 | 100.00 | 3226.90 | 3.23 | 2277.59 | 2.28 | 4963.47 | 4.97 | 3582.72 | 3.59 | 2629.67 | 2.63 |
| 起运（石） | 20000.00 | 100.00 | 2636.85 | 13.18 | 1784.17 | 8.92 | 405.05 | 2.03 | 681.37 | 3.41 | 227.89 | 1.14 |
| 存留（石） | 79837.26 | 100.00 | 590.05 | 0.74 | 493.42 | 0.62 | 4558.42 | 5.71 | 2901.35 | 3.63 | 2401.77 | 3.01 |
| 绢（匹） | 2415.00 | 100.00 | 9.00 | 0.37 | 11.00 | 0.46 | 19.00 | 0.79 | 20.00 | 0.83 | 72.00 | 2.98 |
| 起运（匹） | 2415.00 | 100.00 | 9.00 | 0.37 | 11.00 | 0.46 | 19.00 | 0.79 | 20.00 | 0.83 | 72.00 | 2.98 |
| **秋粮** | | | | | | | | | | | | |
| 米（石） | 113503.02 | 100.00 | 6626.46 | 5.84 | 5588.92 | 4.92 | 9724.66 | 8.57 | 5780.61 | 5.09 | 4380.46 | 3.86 |
| 起运（石） | 60300.00 | 100.00 | 1556.00 | 2.58 | 2705.00 | 4.49 | 4261.30 | 7.07 | 4156.10 | 6.89 | 1000.00 | 1.66 |
| 存留（石） | 53203.02 | 100.00 | 5070.46 | 9.53 | 2883.92 | 5.42 | 5463.36 | 10.27 | 1624.51 | 3.05 | 3380.46 | 6.35 |
| 草（包）[2] | 234293.00 | 100.00 | 11728.00 | 5.01 | 9752.00 | 4.16 | 17039.00 | 7.27 | 7847.00 | 3.35 | 6887.00 | 2.94 |
| 起运（包） | 208000.00 | 100.00 | 10138.00 | 4.87 | 9152.00 | 4.40 | 16039.00 | 7.71 | 7847.00 | 3.77 | 6887.00 | 3.31 |
| 存留（包）[3] | 26293.00 | 100.00 | 1590.00 | 6.05 | 599.00 | 2.28 | 1000.00 | 3.80 | | | | |
| 人户（户） | 111070.00 | 100.00 | | | | | | | | | | |
| 人口（口） | 1203349.00 | 100.00 | | | | | | | | | | |
| 户口盐钞银（两） | 4774.04 | 100.00 | 163.82 | 3.43 | 179.89 | 3.77 | 427.89 | 8.96 | 226.65 | 4.75 | 105.65 | 2.21 |
| 起运（两） | 2238.37 | 100.00 | 74.87 | 3.34 | 82.67 | 3.69 | 193.19 | 8.63 | 100.12 | 4.47 | 44.89 | 2.01 |

1154

---

1 原书此处注："内巡抚册开比部派少 **599.44 石**"。

2 原书此处注："内巡抚册开比部派少 **5.63 包**"。

3 原书此处注："内巡抚册开比部派少 **143 包**"。

| 田赋项目 | 虹县 | % | 寿州 | % | 霍丘县 | % | 蒙城县 | % | 泗州 | % | 盱眙县 | % |
|---|---|---|---|---|---|---|---|---|---|---|---|---|
| 存留（两） | 2535.67 | 100.00 | 88.95 | 3.51 | 97.22 | 3.83 | 234.70 | 9.26 | 126.53 | 4.99 | 60.76 | 2.40 |
| 夏税 | | | | | | | | | | | | |
| 小麦（石） | 7964.24 | 7.98 | 4766.39 | 4.77 | 1376.89 | 1.38 | 2469.26 | 2.47 | 15133.04 | 15.16 | 4591.99 | 4.60 |
| 起运（石） | 112.90 | 0.56 | 1207.53 | 6.04 | 79.91 | 0.40 | 852.86 | 4.26 | 2120.19 | 10.60 | 56.00 | 0.28 |
| 存留（石） | 7851.33 | 9.83 | 3558.86 | 4.46 | 1296.98 | 1.62 | 1616.40 | 2.02 | 13012.84 | 16.30 | 4535.99 | 5.68 |
| 绢（匹） | 118.00 | 4.89 | 76.00 | 3.15 | 19.00 | 0.79 | 56.00 | 2.32 | 52.00 | 2.15 | 38.00 | 1.57 |
| 起运（匹） | 118.00 | 4.89 | 76.00 | 3.15 | 19.00 | 0.79 | 56.00 | 2.32 | 52.00 | 2.15 | 38.00 | 1.57 |
| 秋粮 | | | | | | | | | | | | |
| 米（石） | 3470.39 | 3.06 | 4762.61 | 4.20 | 3643.21 | 3.21 | 764.00 | 0.67 | 17184.82 | 15.14 | 4685.16 | 4.13 |
| 起运（石） | 1459.00 | 2.42 | 2851.75 | 4.73 | 2800.15 | 4.64 | 598.00 | 0.99 | 8570.31 | 14.21 | 2910.85 | 4.83 |
| 存留（石） | 2011.39 | 3.78 | 1910.86 | 3.59 | 843.06 | 1.58 | 166.00 | 0.31 | 8614.51 | 16.19 | 1774.31 | 3.33 |
| 草（包） | 6460.00 | 2.76 | 28458.00 | 12.15 | 14330.00 | 6.12 | 4508.00 | 1.92 | 31070.00 | 13.26 | 7646.00 | 3.26 |
| 起运（包） | 6460.00 | 3.11 | 28458.00 | 13.68 | 14330.00 | 6.89 | 4508.00 | 2.17 | 16012.00 | 7.70 | 7646.00 | 3.68 |
| 存留（包） | | | | | | | | | 15058.00 | 57.27 | | |
| 户口盐钞银（两） | 253.73 | 5.31 | 718.95 | 15.06 | 388.44 | 8.14 | 166.34 | 3.48 | 149.04 | 3.12 | 156.61 | 3.28 |
| 起运（两） | 114.55 | 5.12 | 324.61 | 14.50 | 178.44 | 7.97 | 75.59 | 3.38 | 149.04 | 6.66 | 70.71 | 3.16 |
| 存留（两） | 139.17 | 5.49 | 394.33 | 15.55 | 210.00 | 8.28 | 90.75 | 3.58 | | | 85.90 | 3.39 |

| 田赋项目 | 天长县 | % | 宿州 | % | 灵璧县 | % | 颍州 | % | 颍上县 | % | 太和县 | % |
|---|---|---|---|---|---|---|---|---|---|---|---|---|
| 夏税 | | | | | | | | | | | | |
| 小麦（石） | 780.65 | 0.78 | 20948.52 | 20.98 | 12708.49 | 12.73 | 5411.81 | 5.42 | 1885.32 | 1.89 | 2406.52 | 2.41 |
| 起运（石） | 50.00 | 0.25 | 8344.62 | 41.72 | 420.94 | 2.10 | 290.46 | 1.45 | 88.25 | 0.44 | 113.26 | 0.57 |
| 存留（石） | 730.65 | 0.92 | 12603.89 | 15.79 | 12287.54 | 15.39 | 5121.35 | 6.41 | 1797.07 | 2.25 | 2293.25 | 2.87 |
| 绢（匹） | 12.00 | 0.50 | 1091.00 | 45.18 | 657.00 | 27.20 | 61.00 | 2.53 | 14.00 | 0.58 | 31.00 | 1.28 |
| 起运（匹） | 12.00 | 0.50 | 1091.00 | 45.18 | 657.00 | 27.20 | 61.00 | 2.53 | 14.00 | 0.58 | 31.00 | 1.28 |

| 秋粮 | | | | | | | | | | | | |
|---|---|---|---|---|---|---|---|---|---|---|---|---|
| 米（石） | 2122.20 | 1.87 | 17389.42 | 15.32 | 15989.71 | 14.09 | 4382.84 | 3.86 | 1207.90 | 1.06 | 2403.68 | 2.12 |
| 起运（石） | 1830.64 | 3.04 | 10743.00 | 17.82 | 5943.05 | 9.86 | 3685.28 | 6.11 | 723.54 | 1.20 | 1662.33 | 2.76 |
| 存留（石） | 291.56 | 0.55 | 6646.42 | 12.49 | 10046.66 | 18.88 | 697.56 | 1.31 | 484.36 | 0.91 | 741.35 | 1.39 |
| 草（包） | 6142.00 | 2.62 | 31648.00 | 13.51 | 28967.00 | 12.36 | 10023.00 | 4.28 | 2416.00 | 1.03 | 4472.00 | 1.91 |
| 起运（包） | 6142.00 | 2.95 | 31648.00 | 15.22 | 21067.00 | 10.13 | 10023.00 | 4.82 | 2416.00 | 1.16 | 4472.00 | 2.15 |
| 存留（包） | | | | | 7900.00 | 30.05 | | | | | | |
| 户口盐钞银（两） | 88.00 | 1.84 | 486.35 | 10.19 | 260.38 | 5.45 | 531.55 | 11.13 | 56.46 | 1.18 | 112.90 | 2.36 |
| 起运（两） | 39.08 | 1.75 | 219.56 | 9.81 | 117.13 | 5.23 | 240.19 | 10.73 | 25.46 | 1.14 | 51.85 | 2.32 |
| 存留（两） | 48.92 | 1.93 | 266.78 | 10.52 | 143.24 | 5.65 | 291.36 | 11.49 | 31.00 | 1.22 | 61.04 | 2.41 |

亳州

| 田赋项目 | | % |
|---|---|---|
| 夏税 | | |
| 小麦（石） | 2114.28 | 2.12 |
| 起运（石） | 527.68 | 2.64 |
| 存留（石） | 1586.59 | 1.99 |
| 绢（匹） | 49.00 | 2.03 |
| 起运（匹） | 49.00 | 2.03 |
| 秋粮 | | |
| 米（石） | 3395.90 | 2.99 |
| 起运（石） | 2843.70 | 4.72 |
| 存留（石） | 552.20 | 1.04 |
| 草（包） | 4748.00 | 2.03 |
| 起运（包） | 4748.00 | 2.28 |
| 户口盐钞银（两） | 301.26 | 6.31 |
| 起运（两） | 136.27 | 6.09 |

淮安府

| 田赋项目 | 全府总数 | % | 山阳县 | % | 盐城县 | % | 清河县 | % | 安东县 | % | 桃源县 | % |
|---|---|---|---|---|---|---|---|---|---|---|---|---|
| 存留（两） | 164.98 | 6.51 | | | | | | | | | | |
| 田土官民（亩） | 13082636.80 | 100.00 | | | | | | | | | | |
| 夏税 | | | | | | | | | | | | |
| 小麦（石） | 228872.29 | 100.00 | 23273.27 | 10.17 | 5182.46 | 2.26 | 14320.20 | 6.26 | 8723.74 | 3.81 | 19994.54 | 8.74 |
| 起运（石） | 99350.00 | 100.00 | 11300.00 | 11.37 | 1350.00 | 1.36 | 6200.00 | 6.24 | 4200.00 | 4.23 | 10100.00 | 10.17 |
| 存留（石） | 129522.29 | 100.00 | 11973.27 | 9.24 | 3832.46 | 2.96 | 8120.20 | 6.27 | 4523.74 | 3.49 | 9894.54 | 7.64 |
| 绢（匹） | 1461.00 | 100.00 | 48.00 | 3.29 | 48.00 | 3.29 | 47.00 | 3.22 | 55.00 | 3.76 | 378.00 | 25.87 |
| 起运（匹） | 1461.00 | 100.00 | 48.00 | 3.29 | 48.00 | 3.29 | 47.00 | 3.22 | 55.00 | 3.76 | 378.00 | 25.87 |
| 秋粮 | | | | | | | | | | | | |
| 米（石） | 166423.50 | 100.00 | 23460.47 | 14.10 | 36521.37 | 21.94 | 8097.36 | 4.87 | 20879.78 | 12.55 | 12962.55 | 7.79 |
| 起运（石） | 133675.00 | 100.00 | 19500.00 | 14.59 | 29145.55 | 21.80 | 6251.99 | 4.68 | 16771.09 | 12.55 | 10411.80 | 7.79 |
| 存留（石） | 32748.50 | 100.00 | 3960.47 | 12.09 | 7375.81 | 22.52 | 1845.37 | 5.63 | 4108.68 | 12.55 | 2550.75 | 7.79 |
| 草（包） | 454720.00 | 100.00 | 60667.00 | 13.34 | 100905.00 | 22.19 | 22465.00 | 4.94 | 57515.00 | 12.65 | 52964.00 | 11.65 |
| 起运（包） | 402000.00 | 100.00 | 55000.00 | 13.68 | 92000.00 | 22.89 | 18500.00 | 4.60 | 54000.00 | 13.43 | 48000.00 | 11.94 |
| 存留（包） | 52720.00 | 100.00 | 5667.00 | 10.75 | 8905.00 | 16.89 | 3965.00 | 7.52 | 3515.00 | 6.67 | 4964.00 | 9.42 |
| 人户（户） | 109205.00 | 100.00 | | | | | | | | | | |
| 人口（口） | 906033.00 | 100.00 | | | | | | | | | | |
| 户口盐钞银（两） | 4322.67 | 100.00 | 334.64 | 7.74 | 426.05 | 9.86 | 195.39 | 4.52 | 444.75 | 10.29 | 352.19 | 8.15 |
| 起运（两） | 2331.88 | 100.00 | 180.19 | 7.73 | 229.41 | 9.84 | 110.61 | 4.74 | 239.48 | 10.27 | 189.64 | 8.13 |
| 存留（两） | 1990.79 | 100.00 | 154.45 | 7.76 | 196.64 | 9.88 | 84.78 | 4.26 | 205.27 | 10.31 | 162.55 | 8.17 |

| 田赋项目 | 沭阳县 | % | 海州 | % | 赣榆县 | % | 邳州 | % | 宿迁县 | % | 睢宁县 | % |
|---|---|---|---|---|---|---|---|---|---|---|---|---|
| 夏税 | | | | | | | | | | | | |
| 小麦（石） | 22383.51 | 9.78 | 23161.74 | 10.12 | 15822.86 | 6.91 | 44058.96 | 19.25 | 29366.05 | 12.83 | 22584.73 | 9.87 |

| 田赋项目 | 全府总数 | % | 江都县 | % | 仪真县 | % | 泰兴县 | % | 高邮州 | % | 兴化县 | % |
|---|---|---|---|---|---|---|---|---|---|---|---|---|
| 起运（石） | 9100.00 | 9.16 | 3300.00 | 3.32 | 5300.00 | 5.33 | 25400.00 | 25.57 | 13300.00 | 13.39 | 9800.00 | 9.86 |
| 存留（石） | 13283.51 | 10.26 | 19861.74 | 15.33 | 10522.86 | 8.12 | 18658.96 | 14.41 | 16066.05 | 12.40 | 12784.73 | 9.87 |
| 绢（匹） | 263.00 | 18.00 | 103.00 | 7.05 | 123.00 | 8.42 | 176.00 | 12.05 | 149.00 | 10.20 | 65.00 | 4.45 |
| 起运（匹） | 263.00 | 18.00 | 103.00 | 7.05 | 123.00 | 8.42 | 176.00 | 12.05 | 149.00 | 10.20 | 65.00 | 4.45 |
| 秋粮 | | | | | | | | | | | | |
| 米（石） | 16561.08 | 9.95 | 23694.14 | 14.24 | 11037.63 | 6.63 | 3307.12 | 1.99 | 7766.47 | 4.67 | 2135.48 | 1.28 |
| 起运（石） | 14150.00 | 10.59 | 17850.00 | 13.35 | 8800.00 | 6.58 | 2656.35 | 1.99 | 6238.20 | 4.67 | 1900.00 | 1.42 |
| 存留（石） | 2411.08 | 7.36 | 5844.14 | 17.85 | 2237.63 | 6.83 | 650.77 | 1.99 | 1528.27 | 4.67 | 235.48 | 0.72 |
| 草（包） | 44085.00 | 9.69 | 64697.00 | 14.23 | 28753.00 | 6.32 | 5734.00 | 1.26 | 13002.00 | 2.86 | 3927.00 | 0.86 |
| 起运（包） | 37000.00 | 9.20 | 61500.00 | 15.30 | 22000.00 | 5.47 | 3000.00 | 0.75 | 9500.00 | 2.36 | 1500.00 | 0.37 |
| 存留（包） | 7085.00 | 13.44 | 3197.00 | 6.06 | 6753.00 | 12.81 | 2734.00 | 5.19 | 3502.00 | 6.64 | 2427.00 | 4.60 |
| 户口盐钞银（两） | 454.82 | 10.52 | 592.19 | 13.70 | 348.28 | 8.06 | 478.03 | 11.06 | 425.19 | 9.84 | 271.07 | 6.27 |
| 起运（两） | 243.98 | 10.46 | 318.87 | 13.67 | 187.53 | 8.04 | 257.40 | 11.04 | 228.76 | 9.81 | 145.96 | 6.26 |
| 存留（两） | 210.84 | 10.59 | 273.32 | 13.73 | 160.74 | 8.07 | 220.63 | 11.08 | 196.43 | 9.87 | 125.11 | 6.28 |

| 田赋项目 | 全府总数 | % | 江都县 | % | 仪真县 | % | 泰兴县 | % | 高邮州 | % | 兴化县 | % |
|---|---|---|---|---|---|---|---|---|---|---|---|---|
| 田土官民（亩） | 6108499.70 | 100.00 | | | | | | | | | | |
| 夏税 | | | | | | | | | | | | |
| 小麦（石） | 39925.73 | 100.00 | 12415.20 | 31.10 | 379.63 | 0.95 | 7705.84 | 19.30 | 297.14 | 0.74 | 1527.05 | 3.82 |
| 起运（石） | 10309.00 | 100.00 | 3392.17 | 32.90 | 104.26 | 1.01 | 1763.29 | 17.10 | 81.61 | 0.79 | 419.38 | 4.07 |
| 存留（石） | 29616.73 | 100.00 | 9023.03 | 30.47 | 275.37 | 0.93 | 5942.55 | 20.06 | 215.53 | 0.73 | 1107.67 | 3.74 |
| 绢（匹） | 842.00 | 100.00 | 30.00 | 3.56 | 37.00 | 4.39 | 155.00 | 18.41 | 79.00 | 9.38 | 59.00 | 7.01 |
| 起运（匹） | 842.00 | 100.00 | 30.00 | 3.56 | 37.00 | 4.39 | 155.00 | 18.41 | 79.00 | 9.38 | 59.00 | 7.01 |
| 丝（两） | 47.50 | 100.00 | 0.30 | 0.63 | | | 17.00 | 35.79 | | | | |
| 秋粮 | | | | | | | | | | | | |

| 项目 | 总数 | % | 宝应县 | % | 泰州 | % | 如皋县 | % | 通州 | % | 海门县 | % |
|---|---|---|---|---|---|---|---|---|---|---|---|---|
| 米（石）[1] | 206606.36 | 100.00 | 19242.08 | 9.31 | 2428.60 | 1.18 | 14825.55 | 7.18 | 13301.35 | 6.44 | 51277.06 | 24.82 |
| 起运（石） | 151102.50 | 100.00 | 13568.39 | 8.98 | 1672.72 | 1.11 | 5342.66 | 3.54 | 11689.46 | 7.74 | 45826.72 | 30.33 |
| 存留（石）[2] | 55503.86 | 100.00 | 5673.69 | 10.22 | 755.88 | 1.36 | 9482.89 | 17.09 | 1611.89 | 2.90 | 5450.34 | 9.82 |
| 钞（贯） | 5408.00 | 100.00 | | | | | | | | | | |
| 草（包）[3] | 349236.00 | 100.00 | 20596.00 | 5.90 | 2510.00 | 0.72 | 30869.00 | 8.84 | 22240.00 | 6.37 | 99869.00 | 28.60 |
| 起运（包） | 327080.00 | 100.00 | 19915.00 | 6.09 | 2427.00 | 0.74 | 29848.00 | 9.13 | 21504.00 | 6.57 | 96567.00 | 29.52 |
| 存留（包）[4] | 22156.00 | 100.00 | 681.00 | 3.07 | 83.00 | 0.37 | 1020.00 | 4.60 | 735.00 | 3.32 | 3302.00 | 14.90 |
| 人户（户） | 147216.00 | 100.00 | | | | | | | | | | |
| 人口（口） | 817856.00 | 100.00 | | | | | | | | | | |
| 户口盐钞银（两） | 3352.80 | 100.00 | 363.90 | 10.85 | 67.18 | 2.00 | 214.56 | 6.40 | 307.29 | 9.17 | 295.02 | 8.80 |
| 起运（两） | 1723.95 | 100.00 | 196.28 | 11.39 | 34.98 | 2.03 | 111.55 | 6.47 | 166.18 | 9.64 | 159.42 | 9.25 |
| 存留（两） | 1628.85 | 100.00 | 167.62 | 10.29 | 32.20 | 1.98 | 103.01 | 6.32 | 141.10 | 8.66 | 135.60 | 8.32 |
| 田赋项目 | | % | 宝应县 | % | 泰州 | % | 如皋县 | % | 通州 | % | 海门县 | % |
| 夏税 | | | | | | | | | | | | |
| 小麦（石） | | | 1379.25 | 3.45 | 6498.55 | 16.28 | 3213.84 | 8.05 | 4318.28 | 10.82 | 2190.89 | 5.49 |
| 起运（石） | | | 378.79 | 3.67 | 1893.23 | 18.36 | 955.15 | 9.27 | 1205.13 | 11.69 | 115.99 | 1.13 |
| 存留（石） | | | 1000.46 | 3.38 | 4605.32 | 15.55 | 2258.69 | 7.63 | 3113.15 | 10.51 | 2074.90 | 7.01 |
| 绢（匹） | | | 72.00 | 8.55 | 179.00 | 21.26 | 185.00 | 21.97 | 29.00 | 3.44 | 16.00 | 1.90 |
| 起运（匹） | | | 72.00 | 8.55 | 179.00 | 21.26 | 185.00 | 21.97 | 29.00 | 3.44 | 16.00 | 1.90 |
| 丝（两） | | | 12.00 | 25.26 | | | | | 9.80 | 20.63 | 8.40 | 17.68 |
| 秋粮 | | | | | | | | | | | | |

[1] 此处总数与各县数据之和不等，全府总数比各县数据之和多 276.01 石。
[2] 此处总数与各县数据之和不等，全府总数比各县数据之和多 276.01 石。
[3] 此处总数与各县数据之和不等，全府总数比各县数据之和多 776.00 包。
[4] 此处总数与各县数据之和不等，全府总数比各县数据之和多 775.00 包。

徽州府

| 田赋项目 | 全府总数 | % | 歙县 | % | 休宁县 | % | 婺源县 | % | 祁门县 | % | 黟县 | % |
|---|---|---|---|---|---|---|---|---|---|---|---|---|
| 田土官民（亩） | 2547827.50 | 100.00 | | | | | | | | | | |
| 夏税 | | | | | | | | | | | | |
| 小麦（石） | 51785.40 | 100.00 | 11514.32 | 22.23 | 11223.35 | 21.67 | 11952.58 | 23.08 | 4854.92 | 9.38 | 6162.76 | 11.90 |
| 起运（石） | 45900.00 | 100.00 | 10193.10 | 22.21 | 9950.40 | 21.68 | 10616.00 | 23.13 | 4307.50 | 9.38 | 5456.60 | 11.89 |
| 存留（石） | 5885.40 | 100.00 | 1321.22 | 22.45 | 1272.95 | 21.63 | 1336.58 | 22.71 | 547.42 | 9.30 | 706.16 | 12.00 |
| 绢（匹） | 8794.00 | 100.00 | 8781.00 | 99.85 | 1.00 | 0.01 | | | 8.00 | 0.09 | 4.00 | 0.05 |
| 起运（匹） | 8794.00 | 100.00 | 8781.00 | 99.85 | 1.00 | 0.01 | | | 8.00 | 0.09 | 4.00 | 0.05 |
| 存留（匹） | | | | | | | | | | | | |
| 秋粮 | | | | | | | | | | | | |
| 米（石） | 120602.20 | 100.00 | 31110.13 | 25.80 | 25509.75 | 21.15 | 27106.70 | 22.48 | 11393.19 | 9.45 | 10999.59 | 9.12 |
| 起运（石） | 103800.00 | 100.00 | 26846.70 | 25.86 | 21835.30 | 21.04 | 23308.00 | 22.45 | 9825.30 | 9.47 | 9419.40 | 9.07 |
| 存留（石） | 16802.20 | 100.00 | 4263.43 | 25.37 | 3674.45 | 21.87 | 3798.70 | 22.61 | 1567.89 | 9.33 | 1580.19 | 9.40 |
| 户口（户） | 118943.00 | 100.00 | | | | | | | | | | |
| 米（石） | | | 12462.68 | 6.03 | 65066.00 | 31.49 | 11573.15 | 5.60 | 10667.51 | 5.16 | 5486.37 | 2.66 |
| 起运（石） | | | 9303.69 | 6.16 | 50989.33 | 33.74 | 5907.55 | 3.91 | 5835.17 | 3.86 | 966.81 | 0.64 |
| 存留（石） | | | 3158.99 | 5.69 | 14076.67 | 25.36 | 5665.60 | 10.21 | 4832.34 | 8.71 | 4519.56 | 8.14 |
| 钞（贯） | | | 26813.00 | | | | | | 4379.00 | 80.97 | 1028.00 | 19.01 |
| 草（包） | | | 25926.00 | 7.68 | 95056.00 | 27.22 | 11704.00 | 3.35 | 25839.00 | 7.40 | 12964.00 | 3.71 |
| 起运（包） | | | 25040.00 | 7.93 | 91909.00 | 28.10 | 11317.00 | 3.46 | 24984.00 | 7.64 | 2677.00 | 0.82 |
| 存留（包） | | | 886.00 | 4.00 | 3147.00 | 14.20 | 387.00 | 1.75 | 854.00 | 3.85 | 10286.00 | 46.43 |
| 户口盐钞银（两） | | | 301.18 | 8.98 | 1086.15 | 32.40 | 197.83 | 5.90 | 482.02 | 14.38 | 37.56 | 1.12 |
| 起运（两） | | | 118.88 | 6.90 | 563.75 | 32.70 | 102.83 | 5.96 | 250.32 | 14.52 | 19.67 | 1.14 |
| 存留（两） | | | 182.30 | 11.19 | 522.39 | 32.07 | 95.00 | 5.83 | 231.69 | 14.22 | 17.89 | 1.10 |

宁国府

Table 1（缬溪县〔绩溪县〕）

| 田赋项目 | 缬溪县 | % |  | % |  | % |  | % |  | % |  | % |
|---|---|---|---|---|---|---|---|---|---|---|---|---|
| 人口（口） | 566948.00 | 100.00 |  |  |  |  |  |  |  |  |  |  |
| 户口盐钞银（两） | 850.89 | 100.00 | 260.76 | 30.65 | 221.52 | 26.03 | 197.65 | 23.23 | 105.61 | 12.41 | 39.11 | 4.60 |
| 起运（两） | 850.89 | 100.00 | 260.76 | 30.65 | 221.52 | 26.03 | 197.65 | 23.23 | 105.61 | 12.41 | 39.11 | 4.60 |
| 夏税 |  |  |  |  |  |  |  |  |  |  |  |  |
| 小麦（石） | 6077.44 | 11.74 |  |  |  |  |  |  |  |  |  |  |
| 起运（石） | 5376.40 | 11.71 |  |  |  |  |  |  |  |  |  |  |
| 存留（石） | 701.04 | 11.91 |  |  |  |  |  |  |  |  |  |  |
| 秋粮 |  |  |  |  |  |  |  |  |  |  |  |  |
| 米（石） | 14482.81 | 12.01 |  |  |  |  |  |  |  |  |  |  |
| 起运（石） | 12565.30 | 12.11 |  |  |  |  |  |  |  |  |  |  |
| 存留（石） | 1917.51 | 11.41 |  |  |  |  |  |  |  |  |  |  |
| 户口盐钞银（两） | 26.20 | 3.08 |  |  |  |  |  |  |  |  |  |  |
| 起运（两） | 26.20 | 3.08 |  |  |  |  |  |  |  |  |  |  |

Table 2（宁国府）

| 田赋项目 | 全府总数 | % | 宣城县 | % | 南陵县 | % | 泾县 | % | 宁国县 | % | 旌德县 | % |
|---|---|---|---|---|---|---|---|---|---|---|---|---|
| 田土官民（亩） | 3033078.40 | 100.00 |  |  |  |  |  |  |  |  |  |  |
| 夏税 |  |  |  |  |  |  |  |  |  |  |  |  |
| 小麦（石） | 29060.54 | 100.00 | 10176.36 | 35.02 | 5280.83 | 18.17 | 6051.76 | 20.82 | 3227.25 | 11.11 | 2710.74 | 9.33 |
| 起运（石） | 28100.00 | 100.00 | 9929.00 | 35.33 | 5107.00 | 18.17 | 5773.00 | 20.54 | 3116.00 | 11.09 | 2619.00 | 9.32 |
| 存留（石） | 960.54 | 100.00 | 247.36 | 25.75 | 173.83 | 18.10 | 278.76 | 29.02 | 111.25 | 11.58 | 91.74 | 9.55 |
| 绢（匹） | 30.00 | 100.00 |  |  | 30.00 | 100.00 |  |  |  |  |  |  |
| 起运（匹） | 30.00 | 100.00 |  |  | 30.00 | 100.00 |  |  |  |  |  |  |
| 丝（两） | 5507.38 | 100.00 | 690.78 | 12.54 | 416.96 | 7.57 | 1800.32 | 32.69 | 259.32 | 4.71 | 1036.80 | 18.83 |
| 存留（两） | 5507.38 | 100.00 | 690.78 | 12.54 | 416.96 | 7.57 | 1800.32 | 32.69 | 259.32 | 4.71 | 1036.80 | 18.83 |

| 秋粮 | | | | | | | | | | | | |
|---|---|---|---|---|---|---|---|---|---|---|---|---|
| 米（石） | 74191.79 | 100.00 | 35660.66 | 48.07 | 12618.49 | 17.01 | 10393.06 | 14.01 | 5896.76 | 7.95 | 4401.00 | 5.93 |
| 起运（石） | 64500.00 | 100.00 | 31252.00 | 48.45 | 11021.00 | 17.09 | 9020.00 | 13.98 | 4921.00 | 7.63 | 3750.00 | 5.81 |
| 存留（石） | 9691.79 | 100.00 | 4408.66 | 45.49 | 1597.49 | 16.48 | 1373.06 | 14.17 | 975.76 | 10.07 | 651.00 | 6.72 |
| 草（包） | 798632.00 | 100.00 | 363957.00 | 45.57 | 154302.00 | 19.32 | 104895.00 | 13.13 | 84775.00 | 10.62 | 64673.00 | 8.10 |
| 起运（包） | 770000.00 | 100.00 | 350963.00 | 45.58 | 148752.00 | 19.32 | 101127.00 | 13.13 | 81742.00 | 10.62 | 62323.00 | 8.09 |
| 存留（包） | 28632.00 | 100.00 | 12993.00 | 45.38 | 5550.00 | 19.38 | 3767.00 | 13.16 | 3033.00 | 10.59 | 2349.00 | 8.20 |
| 人户（户） | 52148.00 | 100.00 | | | | | | | | | | |
| 人口（口） | 387019.00 | 100.00 | | | | | | | | | | |
| 户口盐钞银（两） | 1357.10 | 100.00 | 711.59 | 52.43 | 151.14 | 11.14 | 224.38 | 16.53 | 113.99 | 8.40 | 97.90 | 7.21 |
| 起运（两） | 1235.49 | 100.00 | 589.98 | 47.75 | 151.14 | 12.23 | 224.38 | 18.16 | 113.99 | 9.23 | 97.90 | 7.92 |
| 存留（两） | 121.60 | 100.00 | 121.60 | 100.00 | | | | | | | | |

| 田赋项目 | 太平县 | % |
|---|---|---|
| 夏税 | | |
| 小麦（石） | 1613.57 | 5.55 |
| 起运（石） | 1556.00 | 5.54 |
| 存留（石） | 57.57 | 5.99 |
| 丝（两） | 1302.56 | 23.65 |
| 存留（两） | 1302.56 | 23.65 |
| 秋粮 | | |
| 米（石） | 5221.80 | 7.04 |
| 起运（石） | 4536.00 | 7.03 |
| 存留（石） | 685.80 | 7.08 |
| 草（包） | 26029.00 | 3.26 |
| 起运（包） | 25092.00 | 3.26 |

| | | |
|---|---|---|
| 存留（包） | 937.00 | 3.27 |
| 户口盐钞银（两） | 58.05 | 4.28 |
| 起运（两） | 58.05 | 4.70 |

池州府

| 田赋项目 | 全府总数 | % | 贵池县 | % | 铜陵县 | % | 青阳县 | % | 石埭县 | % | 东流县 | % |
|---|---|---|---|---|---|---|---|---|---|---|---|---|
| 夏税 | | | | | | | | | | | | |
| 小麦（石） | 6906.48 | 100.00 | 1570.21 | 22.74 | 1267.29 | 18.35 | 692.39 | 10.03 | 813.89 | 11.78 | 986.59 | 14.28 |
| 起运（石） | 5600.00 | 100.00 | 1277.00 | 22.80 | 1019.00 | 18.20 | 563.00 | 10.05 | 661.00 | 11.80 | 798.00 | 14.25 |
| 存留（石） | 1306.48 | 100.00 | 293.21 | 22.44 | 248.29 | 19.00 | 129.39 | 9.90 | 152.89 | 11.70 | 188.59 | 14.43 |
| 绢（匹） | 215.00 | 100.00 | 86.00 | 40.00 | 59.00 | 27.44 | 28.00 | 13.02 | 18.00 | 8.37 | 10.00 | 4.65 |
| 起运（匹） | 215.00 | 100.00 | 86.00 | 40.00 | 59.00 | 27.44 | 28.00 | 13.02 | 18.00 | 8.37 | 10.00 | 4.65 |
| 丝（两） | 50.95 | 100.00 | 26.56 | 52.13 | | | 17.92 | 35.17 | 1.19 | 2.34 | 5.28 | 10.36 |
| 存留（两） | 50.95 | 100.00 | 26.56 | 52.13 | | | 17.92 | 35.17 | 1.19 | 2.34 | 5.28 | 10.36 |
| 秋粮 | | | | | | | | | | | | |
| 米（石） | 62154.06 | 100.00 | 19106.06 | 30.74 | 12600.56 | 20.27 | 12579.70 | 20.24 | 5590.87 | 9.00 | 5030.82 | 8.09 |
| 起运（石） | 59300.00 | 100.00 | 18344.43 | 30.93 | 12026.45 | 20.28 | 12066.07 | 20.35 | 5211.70 | 8.79 | 4701.57 | 7.93 |
| 存留（石） | 2854.06 | 100.00 | 761.63 | 26.69 | 574.11 | 20.12 | 513.63 | 18.00 | 379.17 | 13.29 | 329.25 | 11.54 |
| 钞（贯） | 265.00 | 100.00 | | | | | | | | | | |
| 存留（贯） | 265.00 | 100.00 | | | | | | | | | | |
| 草（包） | 98306.00 | 100.00 | 31006.00 | 31.54 | 20915.00 | 21.28 | 19593.00 | 19.93 | 8808.00 | 8.96 | 6717.00 | 6.83 |
| 起运（包） | 92000.00 | 100.00 | 29059.00 | 31.59 | 19458.00 | 21.15 | 18370.00 | 19.97 | 8255.00 | 8.97 | 6296.00 | 6.84 |
| 存留（包） | 6306.00 | 100.00 | 1947.00 | 30.88 | 1457.00 | 23.10 | 1223.00 | 19.39 | 553.00 | 8.77 | 421.00 | 6.68 |
| 入户（户） | 18377.00 | 100.00 | | | | | | | | | | |
| 人口（口） | 84851.00 | 100.00 | | | | | | | | | | |

| 田赋项目 | 全府总数 | % | | % | | % | | % | | % | | % |
|---|---|---|---|---|---|---|---|---|---|---|---|---|
| 户口盐钞银（两） | 617.33 | 100.00 | 160.94 | 26.07 | 132.64 | 21.49 | 127.73 | 20.69 | 71.90 | 11.65 | 72.41 | 11.73 |
| 起运（两） | 275.42 | 100.00 | 71.80 | 26.07 | 59.17 | 21.48 | 56.98 | 20.69 | 32.08 | 11.65 | 32.30 | 11.73 |
| 存留（两） | 341.91 | 100.00 | 89.13 | 26.07 | 73.46 | 21.49 | 70.74 | 20.69 | 39.82 | 11.65 | 40.10 | 11.73 |

| 田赋项目 | 建德县 | % |
|---|---|---|
| 夏税 | | |
| 小麦（石） | 1576.09 | 22.82 |
| 起运（石） | 1282.00 | 22.89 |
| 存留（石） | 294.09 | 22.51 |
| 绢（匹） | 14.00 | 6.51 |
| 起运（匹） | 14.00 | 6.51 |
| 秋粮 | | |
| 米（石） | 7246.02 | 11.66 |
| 起运（石） | 6949.78 | 11.72 |
| 存留（石） | 296.24 | 10.38 |
| 钞（贯） | 265.00 | 100.00 |
| 存留（贯） | 265.00 | 100.00 |
| 草（包） | 11265.00 | 11.46 |
| 起运（包） | 10562.00 | 11.48 |
| 存留（包） | 703.00 | 11.15 |
| 户口盐钞银（两） | 51.68 | 8.37 |
| 起运（两） | 23.05 | 8.37 |
| 存留（两） | 28.62 | 8.37 |

太平府

| 田赋项目 | 全府总数 | % | 当涂县 | % | 芜湖县 | % | 繁昌县 | % |
|---|---|---|---|---|---|---|---|---|
| 田土官民（亩） | 1287053.30 | 100.00 | | | | | | |

夏税

| 项目 | 全府总数 | % | | % | | % | | % |
|---|---|---|---|---|---|---|---|---|
| 小麦（石） | 16752.87 | 100.00 | 12688.27 | 75.74 | 2623.18 | 15.66 | 1441.41 | 8.60 |
| 起运（石） | 14600.00 | 100.00 | 11063.11 | 75.77 | 2281.58 | 15.63 | 1255.30 | 8.60 |
| 存留（石） | 2152.87 | 100.00 | 1625.16 | 75.49 | 341.59 | 15.87 | 186.11 | 8.64 |
| 绢（匹） | 218.00 | 100.00 | 113.00 | 51.83 | 70.00 | 32.11 | 34.00 | 15.60 |
| 起运（匹） | 218.00 | 100.00 | 113.00 | 51.83 | 70.00 | 32.11 | 34.00 | 15.60 |

秋粮

| 项目 | 全府总数 | % | | % | | % | | % |
|---|---|---|---|---|---|---|---|---|
| 米（石） | 91418.59 | 100.00 | 60082.36 | 65.72 | 19715.38 | 21.57 | 11620.83 | 12.71 |
| 起运（石） | 23100.00 | 100.00 | 14520.30 | 62.86 | 5403.71 | 23.39 | 3175.98 | 13.75 |
| 存留（石） | 68318.59 | 100.00 | 45562.05 | 66.69 | 14311.67 | 20.95 | 8444.85 | 12.36 |
| 草（包） | 355449.00 | 100.00 | 234259.00 | 65.91 | 70343.00 | 19.79 | 50847.00 | 14.31 |
| 起运（包） | 340000.00 | 100.00 | 224076.00 | 65.90 | 67286.00 | 19.79 | 48638.00 | 14.31 |
| 存留（包） | 15449.00 | 100.00 | 10183.00 | 65.91 | 3057.00 | 19.79 | 2209.00 | 14.30 |
| 人户（户） | 33262.00 | 100.00 | | | | | | |
| 人口（口） | 176085.00 | 100.00 | | | | | | |
| 户口盐钞银（两） | 743.14 | 100.00 | 533.56 | 71.80 | 155.19 | 20.88 | 54.36 | 7.31 |
| 起运（两） | 365.85 | 100.00 | 262.67 | 71.80 | 76.40 | 20.88 | 26.76 | 7.31 |
| 存留（两） | 377.28 | 100.00 | 270.89 | 71.80 | 78.79 | 20.88 | 27.60 | 7.32 |

安庆府

| 田赋项目 | 全府总数 | % | 怀宁县 | % | 桐城县 | % | 潜山县 | % | 太湖县 | % | 宿松县 | % |
|---|---|---|---|---|---|---|---|---|---|---|---|---|
| 田土官民（亩） | 2190530.80 | 100.00 | | | | | | | | | | |
| 夏税 | | | | | | | | | | | | |
| 小麦（石） | 18909.30 | 100.00 | 2449.57 | 12.95 | 2864.06 | 15.15 | 2145.22 | 11.34 | 2921.25 | 15.45 | 2847.22 | 15.06 |
| 起运（石） | 15000.00 | 100.00 | 2449.57 | 16.33 | 2864.06 | 19.09 | 2145.22 | 14.30 | 2921.25 | 19.48 | 2847.22 | 18.98 |
| 存留（石） | 3909.30 | 100.00 | | | | | | | | | | |

| 项目 | 合计 | % | | % | | % | | % | | % | | % |
|---|---|---|---|---|---|---|---|---|---|---|---|---|
| 绢（匹） | 353.00 | 100.00 | 57.00 | 16.15 | 67.00 | 18.98 | 50.00 | 14.16 | 68.00 | 19.26 | 67.00 | 18.98 |
| 起运（匹） | 353.00 | 100.00 | 57.00 | 16.15 | 67.00 | 18.98 | 50.00 | 14.16 | 68.00 | 19.26 | 67.00 | 18.98 |
| 存留（匹） | | | | | | | | | | | | |
| 秋粮 | | | | | | | | | | | | |
| 米（石）[1] | 112862.98 | 100.00 | 18405.77 | 16.31 | 21522.84 | 19.07 | 15933.90 | 14.12 | 21704.90 | 19.23 | 21156.58 | 18.75 |
| 起运（石） | 99000.00 | 100.00 | 16276.97 | 16.44 | 19031.09 | 19.22 | 14072.55 | 14.21 | 19163.01 | 19.36 | 18677.48 | 18.87 |
| 存留（石）[2] | 13862.98 | 100.00 | 2128.80 | 15.36 | 2491.75 | 17.97 | 1861.35 | 13.43 | 2541.89 | 18.34 | 2479.10 | 17.88 |
| 草（包） | 191973.00 | 100.00 | 30212.00 | 15.74 | 35323.00 | 18.40 | 26456.00 | 13.78 | 36029.00 | 18.77 | 35117.00 | 18.29 |
| 起运（包） | 185000.00 | 100.00 | 30212.00 | 16.33 | 35323.00 | 19.09 | 26456.00 | 14.30 | 36029.00 | 19.48 | 35117.00 | 18.98 |
| 存留（包） | 6973.00 | 100.00 | | | | | | | | | | |
| 户（户） | 46609.00 | 100.00 | | | | | | | | | | |
| 人口（口） | 543476.00 | 100.00 | | | | | | | | | | |
| 户口盐钞银（两） | 1469.44 | 100.00 | 224.80 | 15.30 | 263.24 | 17.91 | 220.98 | 15.04 | 303.49 | 20.65 | 296.24 | 20.16 |
| 起运（两） | 663.47 | 100.00 | 107.18 | 16.15 | 125.35 | 18.89 | 95.71 | 14.43 | 130.53 | 19.67 | 127.26 | 19.18 |
| 存留（两） | 805.97 | 100.00 | 117.62 | 14.59 | 137.89 | 17.11 | 125.26 | 15.54 | 172.96 | 21.46 | 168.97 | 20.96 |

| 田赋项目 | 望江县 | % |
|---|---|---|
| 夏税 | | |
| 小麦（石） | 1772.66 | 9.37 |
| 起运（石） | 1772.66 | 11.82 |
| 绢（匹） | 41.00 | 11.61 |
| 起运（匹） | 41.00 | 11.61 |
| 秋粮 | | |
| 米（石） | 13315.69 | 11.80 |

[1] 原书此处注：内本府册开比部派少823.26石。
[2] 原书此处注：内本府册开比部派少823.26石。

| | | |
|---|---|---|
| 起运(石) | 11778.90 | 11.90 |
| 存留(石) | 1536.79 | 11.09 |
| 草(包) | 21863.00 | 11.39 |
| 起运(包) | 21863.00 | 11.82 |
| 户口盐钞银(两) | 160.64 | 10.93 |
| 起运(两) | 77.40 | 11.67 |
| 存留(两) | 83.24 | 10.33 |

广德州

| 田赋项目 | 全州总数 | % | 本州 | % | 建平县 | % |
|---|---|---|---|---|---|---|
| 田土官民（亩） | 2167244.50 | 100.00 | | | | |
| 夏税 | | | | | | |
| 小麦（石） | 3636.39 | 100.00 | 1844.61 | 50.73 | 1791.77 | 49.27 |
| 起运（石） | 3500.00 | 100.00 | 1768.00 | 50.51 | 1732.00 | 49.49 |
| 存留（石） | 136.39 | 100.00 | 76.61 | 56.17 | 59.77 | 43.82 |
| 丝（两） | 1856.16 | 100.00 | 1607.04 | 86.58 | 249.12 | 13.42 |
| 绢（匹） | 19.00 | 100.00 | 10.00 | 52.63 | 9.00 | 47.37 |
| 秋粮 | | | | | | |
| 米（石） | 14066.29 | 100.00 | 8562.44 | 60.87 | 5503.85 | 39.13 |
| 起运（石） | 13630.00 | 100.00 | 8278.00 | 60.73 | 5352.00 | 39.27 |
| 存留（石） | 436.29 | 100.00 | 284.44 | 65.20 | 151.85 | 34.80 |
| 草（包） | 303045.00 | 100.00 | 186090.00 | 61.41 | 116955.00 | 38.59 |
| 起运（包） | 275000.00 | 100.00 | 168600.00 | 61.31 | 106400.00 | 38.69 |
| 存留（包） | 28045.00 | 100.00 | 17490.00 | 62.36 | 10555.00 | 37.64 |
| 人户（户） | 45296.00 | 100.00 | | | | |
| 人口（口） | 221053.00 | 100.00 | | | | |

全州总数表（徐州）

| 田赋项目 | 全州总数 | % | 本州 | % | 萧县 | % | 沛县 | % | 砀山县 | % | 丰县 | % |
|---|---|---|---|---|---|---|---|---|---|---|---|
| 户口盐钞银（两） | 1835.96 | 100.00 | 1185.76 | 64.59 | 650.20 | 35.41 | | | | | | |
| 起运（两） | 1823.96 | 100.00 | 1173.76 | 64.35 | 650.20 | 35.65 | | | | | | |
| 存留（两） | 12.00 | 100.00 | 12.00 | 100.00 | | | | | | | | |
| 田土官民（亩） | 2016716.40 | 100.00 | | | | | | | | | | |
| **夏税** | | | | | | | | | | | | |
| 小麦（石） | 67158.00 | 100.00 | 36966.31 | 55.04 | 11827.82 | 17.61 | 11539.86 | 17.18 | 3494.65 | 5.20 | 3329.34 | 4.96 |
| 起运（石） | 23150.00 | 100.00 | 11377.22 | 49.15 | 4605.49 | 19.89 | 4424.89 | 19.11 | 1398.16 | 6.04 | 1344.22 | 5.81 |
| 存留（石） | 44008.00 | 100.00 | 25589.08 | 58.15 | 7222.33 | 16.41 | 7114.97 | 16.17 | 2096.49 | 4.76 | 1985.10 | 4.51 |
| 绢（匹） | 5563.00 | 100.00 | 2433.00 | 43.74 | 1365.00 | 24.54 | 947.00 | 17.02 | 538.00 | 9.67 | 275.00 | 4.94 |
| **秋粮** | | | | | | | | | | | | |
| 米（石） | 79858.14 | 100.00 | 33149.19 | 41.51 | 20033.94 | 25.09 | 11760.90 | 14.73 | 9385.07 | 11.75 | 5529.00 | 6.92 |
| 起运（石） | 48000.00 | 100.00 | 19936.00 | 41.53 | 12032.00 | 25.07 | 7072.00 | 14.73 | 5632.00 | 11.73 | 3328.00 | 6.93 |
| 存留（石） | 31858.14 | 100.00 | 13213.19 | 41.48 | 8001.94 | 25.12 | 4688.90 | 14.72 | 3753.07 | 11.78 | 2201.00 | 6.91 |
| 草（包） | 100000.00 | 100.00 | 41528.00 | 41.53 | 25096.00 | 25.10 | 14680.00 | 14.68 | 11698.00 | 11.70 | 6998.00 | 7.00 |
| 起运（包） | 50000.00 | 100.00 | 20764.00 | 41.53 | 12548.00 | 25.10 | 7340.00 | 14.68 | 5849.00 | 11.70 | 3499.00 | 7.00 |
| 存留（包） | 50000.00 | 100.00 | 20764.00 | 41.53 | 12548.00 | 25.10 | 7340.00 | 14.68 | 5849.00 | 11.70 | 3499.00 | 7.00 |
| 人户（户） | 3781.00 | 100.00 | | | | | | | | | | |
| 人口（口） | 345766.00 | 100.00 | | | | | | | | | | |

（州名：徐州）

滁州

| 田赋项目 | 全州总数 | % | 本州 | % | 全椒县 | % | 来安县 | % | | % | | % |
|---|---|---|---|---|---|---|---|---|---|---|---|---|
| 户口盐钞银（两） | 2231.43 | 100.00 | 706.21 | 31.65 | 470.05 | 21.06 | 478.68 | 21.45 | 302.88 | 13.57 | 273.56 | 12.26 |
| 起运（两） | 1201.50 | 100.00 | 380.64 | 31.68 | 253.10 | 21.07 | 258.29 | 21.50 | 162.13 | 13.49 | 147.30 | 12.26 |
| 存留（两） | 1029.92 | 100.00 | 325.56 | 31.61 | 216.95 | 21.06 | 220.39 | 21.40 | 140.74 | 13.67 | 126.26 | 12.26 |

| 田赋项目 | 全州总数 | % | 本州 | % | 含山县 | % | | % |
|---|---|---|---|---|---|---|---|---|
| 田土官民（亩） | 280996.00 | 100.00 | | | | | | |
| 夏税 | | | | | | | | |
| 小麦（石） | 2611.29 | 100.00 | 1109.97 | 42.51 | 856.60 | 32.80 | 644.71 | 24.69 |
| 起运（石） | 2000.00 | 100.00 | 837.00 | 41.85 | 663.00 | 33.15 | 500.00 | 25.00 |
| 存留（石） | 611.29 | 100.00 | 272.97 | 44.65 | 193.60 | 31.67 | 144.71 | 23.67 |
| 绢（匹） | 217.00 | 100.00 | 79.00 | 36.41 | 83.00 | 38.25 | 54.00 | 24.88 |
| 起运（匹） | 217.00 | 100.00 | 79.00 | 36.41 | 83.00 | 38.25 | 54.00 | 24.88 |
| 秋粮 | | | | | | | | |
| 米（石） | 5985.35 | 100.00 | 2245.41 | 37.52 | 1796.59 | 30.02 | 1943.34 | 32.47 |
| 起运（石） | 1465.00 | 100.00 | 548.65 | 37.45 | 441.48 | 30.14 | 474.87 | 32.41 |
| 存留（石） | 4520.35 | 100.00 | 1696.76 | 37.54 | 1355.11 | 29.98 | 1468.47 | 32.49 |
| 草（包） | 56441.00 | 100.00 | 24753.00 | 43.86 | 12225.00 | 21.66 | 19463.00 | 34.48 |
| 起运（包） | 36000.00 | 100.00 | 15682.00 | 43.56 | 7801.00 | 21.67 | 12517.00 | 34.77 |
| 存留（包） | 20441.00 | 100.00 | 9071.00 | 44.38 | 4424.00 | 21.64 | 6946.00 | 33.98 |
| 人户（户） | 6717.00 | 100.00 | | | | | | |
| 人口（口） | 67277.00 | 100.00 | | | | | | |
| 户口盐钞银（两） | 277.24 | 100.00 | 84.41 | 30.45 | 105.70 | 38.13 | 87.11 | 31.42 |
| 起运（两） | 126.69 | 100.00 | 38.57 | 30.44 | 48.28 | 38.11 | 39.81 | 31.42 |
| 存留（两） | 150.55 | 100.00 | 45.84 | 30.45 | 57.41 | 38.13 | 47.30 | 31.42 |

和州

| 田赋项目 | 全州总数 | % | 本州 | % | 含山县 | % |
|---|---|---|---|---|---|---|
| 田土官民（亩） | 621579.60 | 100.00 | | | | |
| 夏税 | | | | | | |
| 小麦（石） | 1435.66 | 100.00 | 1199.46 | 83.55 | 236.19 | 16.45 |
| 存留（石） | 1435.66 | 100.00 | 1199.46 | 83.55 | 236.19 | 16.45 |

| | | | | | | |
|---|---|---|---|---|---|---|
| 绢（匹） | 99.00 | 100.00 | 66.00 | 66.67 | 33.00 | 33.33 |
| 起运（匹） | 99.00 | 100.00 | 66.00 | 66.67 | 33.00 | 33.33 |
| 秋粮 | | | | | | |
| 米（石） | 9950.54 | 100.00 | 7113.05 | 71.48 | 2386.94 | 23.99 |
| 起运（石） | 8720.00 | 100.00 | 6618.00 | 75.89 | 2102.00 | 24.11 |
| 存留（石）¹ | 1230.54 | 100.00 | 495.05 | 40.23 | 284.94 | 23.16 |
| 草（包） | 26238.00 | 100.00 | 20549.00 | 78.32 | 5688.00 | 21.68 |
| 起运（包） | 12440.00 | 100.00 | 9850.00 | 79.18 | 2590.00 | 20.82 |
| 存留（包） | 13798.00 | 100.00 | 10699.00 | 77.54 | 3098.00 | 22.45 |
| 人户（户） | 8800.00 | 100.00 | | | | |
| 人口（口） | 104960.00 | 100.00 | | | | |
| 户口盐钞银（两） | 295.38 | 100.00 | 224.13 | 75.88 | 71.25 | 24.12 |
| 起运（两） | 131.80 | 100.00 | 100.01 | 75.88 | 31.78 | 24.11 |
| 存留（两） | 163.58 | 100.00 | 124.11 | 75.87 | 39.46 | 24.12 |

¹原书此处注："内□□册开比部派数少 450.54 石"。

# 第 四 章

# 价格分类汇总

## 说 明

《会计录》中在不同的章节处有大量的关于各种物品的价格。本章用两个表格分别将《会计录》中所标明的各种物品的价格进行了汇总，表中共分为五栏，一栏为物品名称，一栏为折银价格，一栏为脚价银，一栏为万历八年秋的折银价格，最后一栏为该数据在《会计录》一书中的出处。

为了便于使用，乙表24是按照省直进行的分类，由此表中可见，各种物品的价格差别很大，且无固定的规律可寻。比如米价从0.25两/石的金花银，到保定府起运宣府宣德等仓的每石1.7两，相差近7倍。但是同为北直隶下辖的真定府，其同样起运宣府宣德等仓的米价仅为每石0.7两，加上0.2两/石的脚价银，也不过是保定府的一半多。此外，脚价银一项，有的有，有的没有。例如河南布政司解往大同银亿库的小麦，就有0.2两/石的脚价银；同为河南布政司解往易州镇等处的小麦，就没有脚价银一项。

为了表示更清晰，乙表25—1依照不同物品的不同价格进行分类，同时在乙表25—1中同一种物品的不同价格，依照由小到大的顺序排列。

在此两表中，由于某些物品的折银数很少，比如马草，或者同一种物品的不同价格差很小，在保留小数点后两位数字的约定下，这些物品的价格或显示为零，或不易于区分和识别。故此在这种情况下，保留了小数点后三位或者四位数字。

乙表25—2是折银标准一览表，此表是《会计录》中除商价以外，已经给出的折银标准表。

乙表24　依地区价格分类汇总

| 项目 | 折银（两） | 脚价银（两） | 捌年秋估银（两） | 资料来源 |
|---|---|---|---|---|
| **四川** | | | | |
| 米（石） | 1.00 | | | 卷一：四川清吏司—岁入—苏州府—太仓—府部等衙门并神乐观俸米。松江府—太仓—府部等衙门并神乐观俸米，常州府—太仓—府部等衙门并神乐观俸米。 |
| **浙江** | | | | |
| 米（石） | 0.25 | | | 卷二：浙江布政司—万历六年—秋粮—起运京库米。 |
| 米（石） | 0.60 | | | 卷二：浙江布政司—万历六年—秋粮—南京各卫仓—杭州、嘉兴、湖州3府；改兑徐州水福仓；解太仓银库。 |
| 米（石） | 0.70 | | | 卷二：浙江布政司—万历六年—秋粮—派剩米—内原拨光禄寺；南京各卫仓—金华、衢州、绍兴3府。 |
| 麦（石） | 0.25 | | | 卷二：浙江布政司—万历六年—夏税—起运京库麦。 |
| 折色绢（匹） | 0.70 | | | 卷二：浙江布政司—万历六年—夏税—起运京库麦—农桑丝绢—折色绢。 |
| 农桑丝折绢（匹） | 0.70 | | | 卷二：浙江布政司—万历六年—夏税—起运南京库—农桑丝折绢。 |
| 中白棉（斤） | 0.50 | | | 卷二：浙江布政司—万历六年—秋粮—起运京库—中白棉；起运南京库—中白棉。 |
| 草（包） | 0.03 | | | 卷二：浙江布政司—万历六年—秋粮—起运京库。 |
| **江西** | | | | |
| 米（石） | 0.25 | | | 卷三：江西布政司—秋粮—京库米。 |
| 米（石） | 0.50 | | | 卷三：江西布政司—秋粮—南京各卫仓。 |
| 米（石） | 0.60 | | | 卷三：江西布政司—秋粮—派剩米—九江府原拨安庆府仓。 |
| 麦米（石） | 0.25 | | | 卷三：江西布政司—秋粮—南京各卫仓内原定水兑府折色米；派剩米—内拨安庆府。 |
| 阔白苎布（匹） | 0.20 | | | 卷三：江西布政司—夏税—起运京库。 |
| 阔白棉布（匹） | 0.30 | | | 卷三：江西布政司—秋粮—南库。 |
| **湖广** | | | | |
| 米（石） | 0.25 | | | 卷四：湖广布政司—秋粮—起运京库。 |
| 米（石） | 0.30 | | | 卷四：湖广布政司—秋粮—贵州布政司。 |
| 米（石） | 0.35 | | | 卷四：湖广布政司—秋粮—广西布政司。 |

1172

| 项目 | | | 说明 |
|---|---|---|---|
| 米（石） | 0.60 | | 卷四：湖广布政司-秋粮-派剩米-解太仓银库。 |
| 阔白棉布（匹） | 0.30 | | 卷四：湖广布政司-秋粮-南京库。 |
| 棉花绒（斤） | 0.07 | | 卷四：湖广布政司-秋粮。 |
| **福建** | | | |
| 米（石） | 0.25 | | 卷五：福建布政司-秋粮-起运京库。 |
| **山西** | | | |
| 米（石） | 1.00 | 0.20 | 卷七：山西布政司-秋粮-起运宣府宣德等仓粟米。 |
| 麦（石） | 1.00 | 0.20 | 卷七：山西布政司-夏税-起运宣府镇龙门广盈等仓。 |
| 农桑丝折绢（匹） | 0.70 | | 卷七：山西布政司-夏税-起运。 |
| 阔白棉布（匹） | 0.30 | | 卷七：山西布政司-夏税-万全亿库。 |
| 阔白棉布（匹） | 0.30 | | 卷七：山西布政司-夏税-银亿库。 |
| 阔白棉布（匹） | 0.30 | | 卷七：山西布政司-秋粮-万全亿库。 |
| **河南** | | | |
| 米（石） | 0.60 | | 卷八：河南布政司-秋粮-派剩米（解太仓银库）。 |
| 米（石） | 0.70 | | 卷八：河南布政司-秋粮-派剩米改拨光禄寺。 |
| 米（石） | 1.10 | | 卷八：河南布政司-秋粮-起运光禄寺-粟谷准米。 |
| 兑军米（石） | 0.60 | | 卷八：河南布政司-秋粮-漕运兑军米。 |
| 兑军米（石） | 0.80 | | 卷八：河南布政司-秋粮-漕运兑军米。 |
| 细粟米（石） | 1.00 | | 卷八：河南布政司-秋粮-起运光禄寺。 |
| 粟米（石） | 0.60 | | 卷八：河南布政司-秋粮-派剩米易州；真定府丰盈仓、永丰仓。 |
| 粟米（石） | 0.80 | | 卷八：河南布政司-秋粮-派剩山海仓；易州仓、良乡丰济等仓。 |
| 粟米（石） | 0.80 | 0.20 | 卷八：河南布政司-秋粮-永平镇山海仓；宣府镇宣德等4仓。 |
| 粟米（石） | 0.85 | | 卷八：河南布政司-秋粮-延庆卫米。 |
| 粟米（石） | 0.90 | | 卷八：河南布政司-秋粮-蓟州镇喜峰口仓；密云镇龙庆仓；石匣仓；镇边城仓；白羊口仓；河间府仓并巨盈仓。易州镇浮图峪口仓；紫荆关新城仓。 |

| 名目（单位） | 税率 | （折率） | 备注 | 出处 |
|---|---|---|---|---|
| 粟米（石） | 1.00 | | 河南布政司-秋粮-古北口仓; 昌平镇横岭口仓; 黄花镇仓; 渤海所仓。 | 卷八 |
| 粟米（石） | 1.00 | 0.20 | 河南布政司-秋粮-宣府镇宣德等3仓。 | 卷八 |
| 小麦（石） | 0.40 | | 河南布政司-夏税-凤阳府仓。 | 卷八 |
| 小麦（石） | 0.40 | 0.20 | 河南布政司-夏税-大同银亿库。 | 卷八 |
| 小麦（石） | 0.60 | | 河南布政司-夏税-改解太仓转发真定府丰盈; 定州永丰仓。 | 卷八 |
| 小麦（石） | 0.70 | | 河南布政司-夏税-易州镇涿州常盈仓; 保定府广盈左右2仓。 | 卷八 |
| 小麦（石） | 0.80 | | 河南布政司-夏税-临清仓。德州仓; 德州广盈左右2仓。 | 卷八 |
| 小麦（石） | 1.00 | | 河南布政司-夏税-起运光禄寺; 派剩各马房仓-解太仓银库。 | 卷八 |
| 小麦（石） | 1.00 | 0.20 | 河南布政司-夏税-宣府镇宣德等仓。 | 卷八 |
| 小麦（石） | 1.20 | | 河南布政司-夏税-起运镇酒醋麦局。 | 卷八 |
| 大麦（石） | 0.70 | | 河南布政司-夏税-外象房仓。 | 卷八 |
| 大麦（石） | 0.80 | | 河南布政司-夏税-起运御马仓。 | 卷八 |
| 豌豆（石） | 1.00 | | 河南布政司-夏税-起运御马仓。 | 卷八 |
| 绿豆（石） | 0.90 | | 河南布政司-秋粮-国子监。 | 卷八 |
| 绿豆（石） | 1.00 | | 河南布政司-秋粮-栖牲所; 御马仓; 坝上仓。 | 卷八 |
| 绿豆（石） | 1.20 | | 河南布政司-秋粮-起运光禄寺。 | 卷八 |
| 黑豆（石） | 0.55 | | 河南布政司-秋粮-供用库。 | 卷八 |
| 黑豆（石） | 0.70 | | 河南布政司-秋粮-巩华城仓。 | 卷八 |
| 黑豆（石） | 0.75 | | 河南布政司-秋粮-密云镇龙庆仓; 石匣仓; 延庆卫仓。 | 卷八 |
| 黑豆（石） | 0.80 | 0.20 | 河南布政司-秋粮-司牲司; 御马司苑司; 坝上东马房等仓; 昌平镇横岭口仓; 镇边城仓; 易州镇浮图峪口仓。 | 卷八 |
| 黑豆（石） | 0.85 | | 河南布政司-秋粮-古北口仓。 | 卷八 |
| 黄豆（石） | 1.00 | | 河南布政司-秋粮-葛峪堡并清边常峪二堡等仓。 | 卷八 |
| 料豆（石） | 0.70 | | 河南布政司-秋粮-酒醋面局。 | 卷八 |
| 黄豆（石） | 0.70 | | 河南布政司-夏税-陕西延绥。 | 卷八 |
| 税丝折绢（匹） | 0.70 | | 河南布政司-夏税-起运京库丝绢。 | 卷八 |

| 品名 | 数值 | | 注 |
|---|---|---|---|
| 绢（匹） | 0.70 | | 卷八：河南布政司－夏税－起运京库。 |
| 绢（匹） | 0.80 | | 卷八：河南布政司－夏税－蓟州库。 |
| 税丝（两） | 0.08 | | 卷八：河南布政司－夏税－工部织染局丝。 |
| 阔白棉布（匹） | 0.30 | | 卷八：河南布政司－夏税－万全都司库；陕西布政司库；秋粮－京库；德州常盈库改拨蓟州；延庆卫仓；涿州库；静海县库；保定府；易州库；唐县库。 |
| 棉布（匹） | 0.30 | | 卷八：河南布政司－夏税；秋粮－居庸仓；真定府库；定州库；通州通济库。 |
| 棉花绒（斤） | 0.06 | | 卷八：河南布政司－秋粮－德州常盈库改拨蓟州；昌平镇横岭口仓；延庆卫仓；居庸仓；镇边城仓；黄花镇仓；勃海所仓；涿州库；唐县库；真定府库；定州库。 |
| 棉花绒（斤） | 0.07 | | 卷八：河南布政司－秋粮－保定府；易州库；河间府库；沧州库、唐县库；静海县库；通州通济库。 |
| 芝麻（石） | 1.35 | | 卷八：河南布政司－秋粮－起运光禄寺。 |
| 白芝麻（石） | 1.50 | | 卷八：河南布政司－秋粮－起运光禄寺。 |
| 草（束） | 0.034 | | 卷八：河南布政司－马草－供用库。 |
| 草（束） | 0.035 | | 卷八：河南布政司－马草－太仓银库。 |
| 草（束） | 0.040 | | 卷八：河南布政司－马草－坝上东马房库。 |
| 草（束） | 0.045 | | 卷八：河南布政司－马草－坝上南仓；坝上北马房仓；台基厂等草场。 |
| 草（束） | 0.050 | | 卷八：河南布政司－马草－坝上南仓；外象房仓；司牲司；安仁坊草场；司苑局；昌平镇居庸仓。 |
| 草（束） | 0.060 | | 卷八：河南布政司－马草－中府天师庵二场。 |
| 草（束） | 0.065 | | 卷八：河南布政司－马草－里牛房仓；内象房仓。 |
| 草（束） | 0.070 | | 卷八：河南布政司－马草－御马仓。 |
| 草（束） | 0.070 | 0.20 | 卷八：河南布政司－马草－宣府镇在城草场。 |
| **广东** | | | |
| 米（石） | 0.25 | | 卷一：广东布政司－秋粮－起运京库米本部原派。 |
| 米（石） | 0.30 | | 卷一：广东布政司－湖广协济银粮－秋粮－内征解贵州司库折银米。 |
| 米（石） | 0.318 | | 卷一：广东布政司－秋粮－该省册关。 |
| **云南** | | | |
| 差发米（石） | 0.35 | | 卷三：云南布政司－寻甸罕民粮－秋粮。 |

| 项目 | 数值 | 出处 |
|---|---|---|
| 差发米（石） | 0.50 | 卷一三：云南布政司-楚雄府；姚安军民府-秋粮。 |
| 差发米（石） | 0.70 | 卷一五：云南布政司-临安府；景东府；楚雄府；镇沅府；广西府；广南府；武定军民府；姚安军民府；曲靖军民府；永昌军民府；丽江军民府-秋粮。 |
| 麦（石） | 0.60 | 卷一三：云南布政司-鹤庆军民府-秋粮。差发米折麦。 |
| 麦（石） | 0.70 | 卷一三：云南布政司-鹤庆军民府-秋粮。差发米折麦。 |
| 金（两） | 50.00 | 卷一三：云南布政司-临安府-秋粮。 |
| 海肥（8索） | 0.10 | 卷一三：云南布政司-临安府-秋粮。 |
| 海肥（8索8手） | 0.10 | 卷一三：云南布政司-元江军民府所属因远罗必甸长官司-秋粮。 |
| 海肥（12索） | 0.10 | 卷一三：云南布政司-临安府-秋粮。 |
| 差发海肥（8索） | 0.10 | 卷一三：云南布政司-澂江府-秋粮。 |
| 黄牛（只） | 2.10 | 卷一三：云南布政司-永昌军民府-秋粮。 |
| 水牛（只） | 3.50 | 卷一三：云南布政司-广西府-秋粮。 |
| 马（匹） | 4.00 | 卷一三：云南布政司-寻甸军民府-秋粮。 |
| 马（匹） | 7.00 | 卷一三：云南布政司-丽江军民府-秋粮。 |
| 马（匹） | 8.00 | 卷一三：云南布政司-武定军民府-秋粮。 |
| 马（匹） | 12.09 | 卷一三：云南布政司-永昌军民府-秋粮。 |
| 马（匹） | 13.00 | 卷之一三：云南布政司-大理府-秋粮。 |
| 差发马（匹） | 7.00 | 卷之一三：云南布政司-大理府-秋粮。 |
| 差发马（匹） | 10.00 | 卷一三：云南布政司-永宁府-秋粮。卷一三：云南布政司-钮兀长官司-秋粮。 |
| **北直隶** | | |
| 米（石） | 0.60 | 卷一五：北直隶-河间府-秋粮-派剩米内拨解易州镇；派剩米-顺德府-秋粮；派剩米-内拨解易州镇；派剩米-内拨解太仓；广平府-秋粮-派剩米-解太仓；广平府-秋粮-派剩米-河间府，顺德府，广平府，大名府-秋粮；大名府-秋粮-派剩米-内解太仓镇。 |
| 米（石） | 0.70 | 卷一五：北直隶-河间府，顺德府，广平府，大名府-秋粮；宣府宣德等仓。 |
| 米（石） | 0.70（0.20） | 卷一五：北直隶-真定府-秋粮-派剩米-内改拨光禄库（太仓改拨）。 |
| 米（石） | 0.90 | 卷一五：北直隶-河间府-秋粮-喜峰口仓。 |

| 名称 | 数量 | 数量 | 出处 |
|---|---|---|---|
| 米（石） | 1.00 | 0.20 | 卷一五：北直隶-保定府-秋粮-起运宣府宣德等仓折色；真定府-秋粮-延庆州广积仓，龙门广盈仓。 |
| 米（石） | 1.20 | | 卷一五：北直隶-保定府-秋粮-浮图峪口仓，陆矾仓；真定府-秋粮-浮图峪口等仓。 |
| 米（石） | 1.70 | | 卷一五：北直隶-保定府-秋粮-起运宣府宣德等仓本色。 |
| 派剩米（石） | 0.60 | | 卷一五：北直隶-顺天府-秋粮-派剩米（解太仓银库）。 |
| 粟米（石） | 0.80 | | 卷一五：北直隶-顺天府-秋粮-山海仓。 |
| 粟米（石） | 0.25 | | 卷一五：北直隶-顺天府-秋粮-山海仓内良乡轻则。 |
| 粟米（石） | 0.60 | | 卷一五：北直隶-大名府-秋粮-派剩改拨易州粮。 |
| 粟米（石） | 0.70 | | 卷一五：北直隶-顺天府-秋粮-镇边城易州镇。 |
| 粟米（石） | 0.80 | | 卷一五：北直隶-河间府-秋粮-山海仓，军储仓，唐县新兴仓。 |
| 粟米（石） | 0.80 | | 卷一五：田赋-北直隶-顺德府；广平府-秋粮-山海仓，军储仓；大名府-秋粮-浮图峪口仓-本色；军储仓。 |
| 粟米（石） | 0.80 | 0.20 | 卷一五：北直隶-顺德府-秋粮-宣府宣德等仓（内太仓改拨）。镇边城新城仓。 |
| 粟米（石） | 0.90 | | 卷一五：北直隶-顺德府-秋粮-喜峰口仓；横岭口仓；顺德府-秋粮-浮图峪口仓-折色，河间府仓。密云龙庆仓，黄花镇仓-折色，黄花镇仓-本色。 |
| 粟米（石） | 1.00 | | 卷一五：北直隶-顺天府-秋粮-古北口仓，大名府-秋粮-宣府宣德等仓，渤海所仓。 |
| 粟米（石） | 1.00 | 0.20 | 卷一五：北直隶-顺德府-秋粮-古北口仓；新开口等堡仓；广平府-秋粮-宣府在城宣德仓。 |
| 粟米（石） | 1.20 | | 卷一五：北直隶-河间府-秋粮-宣府宣德等仓4仓；新开口等堡仓-折色。 |
| 粟米（石） | 1.40 | | 卷一五：北直隶-河间府-秋粮-宣府宣德等仓3仓，新开口等堡仓-本色。 |
| 白熟糯米（石） | 1.30 | | 卷一五：北直隶-顺天府-秋粮-惜薪司。 |
| 小麦（石） | 0.70 | | 卷一五：北直隶-顺天府-夏税-良乡丰济仓，密云驿，龙庆卫，涿州常盈；顺德府-夏税-涿州常盈仓；保定-盈左右二仓-折色；定州永丰仓；国子监；大名府-夏税-良乡丰济仓，涿州常盈；广平府-夏税-涿州常盈仓。 |
| 小麦（石） | 0.80 | | 卷一五：北直隶-河间府，顺德府，广平府，大名府-夏税-古北口仓-本色。 |
| 小麦（石） | 0.85 | | 卷一五：北直隶-大名府-夏税-古北县古北口驿，怀柔县古北口驿。 |
| 小麦（石） | 1.00 | | 卷一五：北直隶-顺天府-夏税-光禄寺大麦准大麦小麦。 |
| 小麦（石） | 1.00 | | 卷一五：田赋-北直隶-顺天府-夏税-太常寺；派剩小麦（解太仓银库）；河间府-夏税-派剩小麦（解太仓银库）；广平府-夏税-酒醋面局，光禄寺；派剩各马房仓；广平府-夏税-光禄寺；派剩各马房仓（解大名府夏税光禄仓银库）。 |

| 项目 | | | 出处 |
|---|---|---|---|
| | | | 寺、大常寺、酒醋面局；派剩各马房仓（解太仓银库）；顺德府-夏税-光禄寺。 |
| 小麦（石） | 1.00 | 0.02 | 卷-五：北直隶-顺德府-夏税-顺德宣德等仓、龙门广盈等仓。 |
| 小麦（石） | 1.00 | 0.20 | 卷-五：北直隶-广平府-夏税-延庆州龙门广盈独石等仓；大名府-夏税-宣府宣德等仓。 |
| 小麦（石） | 1.10 | | 卷-五：北直隶-顺天府-夏税-内象房仓、外象房仓；酒醋面局；顺德府-酒醋面局。 |
| 小麦（石） | 1.20 | | 卷-五：北直隶-河间府-夏税-永宁县含井四海冶堡等仓；广平府-夏税-酒醋面局。 |
| 小麦（石） | 1.50 | | 卷-五：北直隶-顺天府-夏税-御马仓大麦准小麦。 |
| 麦（石） | 1.00 | 0.20 | 卷-五：北直隶-保定府-起运延庆府龙门广盈仓折色；派剩（解太仓银库）；真定府-夏税-夏剩麦（解太仓银库）。 |
| 麦（石） | 1.20 | | 卷-五：北直隶-真定府-夏税-万全广积等仓。 |
| 麦（石） | 1.70 | 0.20 | 卷-五：北直隶-保定府-夏税-陆矾仓；真定府-夏税-起运紫荆关等仓-本色。 |
| 大麦（石） | 0.50 | | 卷-五：北直隶-大名府-夏税-外象房仓。 |
| 大麦（石） | 1.00 | | 卷-五：北直隶-顺德府-夏税-光禄寺准小麦。 |
| 豌豆（石） | 0.80 | | 卷-五：北直隶-大名府-夏税-御马仓准小麦抵斗。 |
| 豌豆（石） | 1.05 | | 卷-五：北直隶-顺天府-夏税-御马仓；顺德府-夏税-光禄寺准小麦抵斗；广平府-夏税-光禄寺。 |
| 豌豆（石） | 1.10 | | 卷-五：北直隶-顺德府-夏税-御马仓。 |
| 豌豆（石） | 1.20 | | 卷-五：北直隶-河间府-夏税-起运御马仓小麦抵斗。 |
| 绿豆（石） | 1.00 | | 卷-五：北直隶-大名府-秋粮-供用库；御马仓。 |
| 绿豆（石） | 1.20 | | 卷-五：北直隶-顺德府-秋粮-起运光禄寺。 |
| 绿豆（石） | 1.20 | | 卷-五：北直隶-大名府-秋粮-起运光禄寺。 |
| 黄豆（石） | 0.75 | | 卷-五：北直隶-广平府-秋粮-神乐观。 |
| 黄豆（石） | 0.90 | | 卷-五：北直隶-大名府-秋粮-栖牲所。 |
| 黄豆（石） | 1.00 | | 卷-五：北直隶-大名府-秋粮-光禄寺；供用库。 |
| 黑豆（石） | 0.60 | | 卷-五：北直隶-顺德府-秋粮-南石渠西仓。 |
| 黑豆（石） | 0.65 | | 卷-五：北直隶-大名府-秋粮-司苑局。 |
| 黑豆（石） | 0.70 | | 卷-五：北直隶-大名府-秋粮-里牛房等仓。 |

| 名称 | 数值 | | 说明 |
|---|---|---|---|
| 黑豆（石） | 0.75 | | 卷一五：北直隶-顺天府-秋粮-密云龙庆仓。 |
| 黑豆（石） | 0.80 | | 卷一五：北直隶-顺天府-秋粮-军储等仓；喜峰口仓；河间府-秋粮-北高仓；喜峰口仓；大名府-秋粮-酒醋面局；喜峰口仓。 |
| 黑豆（石） | 0.85 | | 卷一五：田赋-北直隶-顺天府-秋粮-御马仓 |
| 黑豆（石） | 1.00 | 0.20 | 卷一五：北直隶-顺德府-秋粮-新开口等堡仓；广平府-秋粮-新开口等堡仓；大名府-秋粮-新开口等堡仓。 |
| 黑豆（石） | 1.20 | | 卷一五：北直隶-顺德府-秋粮-宣府宣德等6仓-折色。 |
| 黑豆（石） | 1.40 | | 卷一五：北直隶-河间府-秋粮-宣府宣德等5仓-本色。 |
| 大青黄豆（石） | 1.10 | | 卷一五：北直隶-顺天府-秋粮-光禄司。 |
| 赤豆（石） | 1.40 | | 卷一五：北直隶-顺天府-秋粮-光禄司。 |
| 白豆（石） | 1.20 | | 卷一五：北直隶-顺天府-秋粮-光禄司。 |
| 白芝麻（石） | 1.75 | | 卷一五：北直隶-大名府-秋粮-光禄寺。 |
| 芝麻（石） | 1.25 | | 卷一五：北直隶-顺德府-秋粮-供用库。 |
| 芝麻（石） | 1.30 | | 卷一五：北直隶-河间府-秋粮-起运光禄寺。 |
| 芝麻（石） | 1.35 | | 卷一五：北直隶-顺德府，广平府，大名府-秋粮-光禄寺-本色。 |
| 芝麻（石） | 1.40 | | 卷一五：北直隶-大名府-秋粮-光禄寺-供用库。 |
| 芝麻（石） | 1.50 | | 卷一五：北直隶-河间府-秋粮-供用库。 |
| 芝麻（石） | 2.00 | | 卷一五：北直隶-顺天府-秋粮-光禄司。 |
| 山黄米（石） | 1.20 | | 卷一五：北直隶-顺天府-秋粮-光禄司。 |
| 稗麦（石） | 0.70 | | 卷一五：北直隶-顺天府-秋粮-外鹅房仓收外鹅房。 |
| 粟谷（石） | 1.10 | | 卷一五：北直隶-顺德府-秋粮-外鹅房仓-京仓收准米。 |
| 蜀黍（石） | 0.80 | | 卷一五：北直隶-河间府-秋粮-光禄寺-本色。 |
| 菊秫（石） | 1.00 | | 卷一五：北直隶-顺德府-秋粮-起运光禄寺。 |
| 人丁丝折绢（匹） | 0.70 | | 卷一五：北直隶-顺天府-夏税-解京库。 |
| 人丁丝折绢（匹） | 0.80 | | 卷一五：北直隶-保定府-夏税-起运密云库；永平府-涿州库。 |
| 绢（匹） | 0.7 | | 卷一五：北直隶-保定府-夏税-起运京库；蓟州库；农桑丝折绢-起运京库；真定府-夏税-京库；保定府-夏税-京库；河间府-夏税-京库；河间府-夏税-起运（起运折绢）；广平府-夏税-人丁丝折绢，农桑丝折绢-起运京库；顺德府-夏税-人丁丝折绢，农桑丝折绢-人丁丝折绢，农桑丝 |

| 名称 | 数值 | 出处 |
|---|---|---|
| 绢（匹） | 0.80 | 丝折绢-起运京库；大名府-夏税-人丁丝折绢，农桑丝折绢（起运京库）。卷一五：北直隶-保定府-夏税-涿州库，河间府-夏税-涿州库，蓟运-起运蓟州库；广平府-夏税-人丁丝折绢-涿州库；广平府-夏税-人丁丝折绢-起运密云库。 |
| 阔白棉布（匹） | 0.30 | 卷一五：北直隶-真定府-夏税-永平府库；顺德府-夏税-万全亿库；真定府；广平府-夏税-万全亿库；真定府。库；保定府-夏税-保定府库，真定府。 |
| 棉布（匹） | 0.30 | 卷一五：北直隶-大名府-夏税-镇边城新城仓、白羊口仓；税-黄花镇仓；顺天府-夏税-黄花镇。税-黄花镇仓；顺德府-夏税-黄花镇 |
| 布（匹） | 0.30 | 卷一五：北直隶-大名府-秋粮-宣府旗军等21卫所官旗折俸布。 |
| 棉花绒（斤） | 0.06 | 卷一五：北直隶-顺德府-秋粮-起运京库。 |
| 棉花绒（斤） | 0.07 | 卷一五：北直隶-大名府-秋粮-唐县库。 |
| 棉花绒（斤） | 0.08 | 卷一五：北直隶-顺天府-秋粮-起运京库。 |
| 棉花绒（斤） | 0.10 | 卷一五：北直隶-河间府-秋粮-起运京库。 |
| 草（束） | 0.010 | 卷一五：北直隶-顺天府-秋粮-太仓银库-良乡县经则草。 |
| 草（束） | 0.015 | 卷一五：北直隶-真定府-秋粮-紫荆关新城等仓；保定府-秋粮-倒马关新兴仓。 |
| 草（束） | 0.020 | 卷一五：北直隶-大名府-秋粮-牺牲所。 |
| 草（束） | 0.028 | 卷一五：北直隶-大名府-秋粮-西城坊草场、明智坊草场。 |
| 草（束） | 0.029 | 卷一五：北直隶-广平府-秋粮-台基等草场。 |
| 草（束） | 0.030 | 卷一五：北直隶-顺天府-秋粮-太仓银库-御马仓内等仓；大名府-秋粮-御马仓内等仓；北新草场。 |
| 草（束） | 0.033 | 卷一五：北直隶-保定府-秋粮-湖渠马房仓 |
| 草（束） | 0.034 | 卷一五：北直隶-真定府-秋粮-供用库-里牛房仓；外象房仓；大名府-秋粮-中府外等仓。 |
| 草（束） | 0.035 | 卷一五：北直隶-保定府-秋粮-居庸仓；良乡县草场，太仓银库；河间府-秋粮-中府外等仓；巩华城仓；太仓银库；广平府-秋粮-湖渠仓，易州县草场，太仓银库；顺德府-秋粮-居庸，太仓银库；广平府-秋粮-太仓银库-太仓银库。 |
| 草（束） | 0.038 | 田赋-北直隶-保定府-秋粮-居庸仓，巩华城仓；哈口杨家桥马房仓，黄土等5马仓。真定府-秋粮-保定府-秋粮-延庆卫，太仓银库。 |
| 草（束） | 0.039 | 卷一五：北直隶-大名府-秋粮-供用库。 |

1180

| | | | |
|---|---|---|---|
| 草（束） | 0.040 | | 卷一五：北直隶－保定府－秋粮－外牛房等仓；真定府－秋粮－坝上仓东坝上仓东坝上等马房仓、台基厂等5草场；广平府－秋粮－存留草 |
| 草（束） | 0.042 | | 卷一五：北直隶－真定府－秋粮－司苑局。 |
| 草（束） | 0.045 | | 卷一五：北直隶－真定府－秋粮－外牛房仓、内象房仓。 |
| 草（束） | 0.046 | | 卷一五：北直隶－保定府－秋粮－外象房仓、延庆卫仓；真定府－秋粮－延庆卫仓。 |
| 草（束） | 0.048 | | 卷一五：北直隶－广平府－秋粮－坝上仓。 |
| 草（束） | 0.050 | | 卷一五：北直隶－顺天府－秋粮御马仓内草场、中府外草场，天师庵外草场；保定府－秋粮－中府外草场、牺牲所；真定府－秋粮－牺牲所。 |
| 草（束） | 0.055 | | 卷一五：北直隶－真定府－秋粮－中府外场。 |
| 草（束） | 0.058 | | 卷一五：北直隶－广平府－秋粮－中府外场、天师庵外场。 |
| 草（束） | 0.060 | | 卷一五：北直隶－保定府－秋粮－天师庵外草场，酒醋面局；真定府－秋粮－天师庵外场，酒醋面局。 |
| 草（束） | 0.065 | | 卷一五：北直隶－保定府－秋粮－起运御马仓内场。 |
| 草（束） | 0.070 | | 卷一五：北直隶－保定府－秋粮－延庆卫仓。 |
| 草（束） | 0.070 | 0.20 | 卷一五：北直隶－顺天府、河间府、真定府，保定府－秋粮－御马仓内场。 |
| 草（束） | 0.075 | | 卷一五：北直隶－广平府－秋粮－御马仓内场。 |
| **南直隶** | | | |
| 米（石） | 0.25 | | 卷一六：南直隶－苏州府、松江府、徽州府、常州府－秋粮－京库。 |
| 米（石） | 0.50 | | 卷一六：南直隶－徽州府－秋粮－安庆等卫仓；太平府－秋粮－南京各卫仓。 |
| 米（石） | 0.60 | | 卷一六：南直隶－应天府－秋粮－派剩米－内解太仓银库；苏州府－秋粮－凤阳府仓、扬州府仓；松江府－秋粮－凤阳府仓；常州府－秋粮－扬州府仓；庐州府－秋粮－凤阳府仓；淮安府－秋粮－凤阳府仓；扬州府－秋粮－本府仓；宁国府－秋粮－拨运滁州永宁仓、派剩米（解太仓银库）；池州府、太平府、广德州－秋粮－派剩米；安庆府－秋粮－凤阳府仓、派剩米（解太仓银库）。 |
| 米（石） | 0.70 | | 卷一六：南直隶－应天府－秋粮－派剩米－内改光禄寺；苏州府－秋粮－派剩米－北京公侯驸马伯并公主岁支禄米，南京公侯驸马伯府；松江府－秋粮－北京公侯驸马伯并公主岁支禄米，南京公侯驸马伯府部院寺等衙门派剩米；常州府－秋粮－北京公侯驸马伯并公主岁支禄米，宗人府等衙门派剩米，宗人府光禄寺改拨米；池州府－秋粮－派剩米－北京光禄寺俸米、禄米。宗人府等衙门派米；宗人府等衙门派米（解太仓银库）；徽州府－秋粮－派剩米－内光禄寺改拨米，宗人府等衙门派米；池州府等衙门派米（解太仓银库）。 |

1181

| 项目 | 数值 | 说明 |
| --- | --- | --- |
| 米（石） | 1.00 | 卷一六：南直隶－常州府－府部院寺等衙门。 |
| 糙粳米（石） | 0.60 | 卷一六：南直隶－苏州府、松江府－秋粮－南京神乐观。 |
| 糙粳米（石） | 0.70 | 卷一六：南直隶－常州府－秋粮－南京公侯驸马伯等府部院寺禄米、禄米。 |
| 糙粳米（石） | 1.00 | 卷一六：南直隶－苏州府、松江府－秋粮－南京部院寺衙门并神乐观。 |
| 小麦（石） | 0.25 | 卷一六：南直隶－苏州府、松江府、常州府、徽州府－夏税－京库。 |
| 小麦（石） | 0.40 | 卷一六：南直隶－苏州府－秋粮－北京公侯驸马伯并公主岁支禄米；松江府－夏税－南京各卫仓；常州府－夏税－凤阳府仓、扬州府－夏税－扬州府仓；庐州府－夏税－扬州府仓、南京各卫仓；淮安府－夏税－南京各卫仓；宁国府－夏税－南京各卫仓、太平府－夏税－南京各卫仓；徽州府－夏税－凤阳府仓、扬州府等仓；池州府－夏税－南京神乐观、南京－夏税－南京国子监；凤阳府－夏税－凤阳府等仓、南京酒醋面局、扬州府仓、扬州府仓；安庆府－夏税－庐州府仓、凤阳府仓、广德州府仓；徐州－夏税－亳州府仓。 |
| 小麦（石） | 0.70 | 卷一六：南直隶－松江府、应天府－秋粮－北京公侯驸马伯并公主岁禄米。 |
| 小麦（石） | 1.00 | 卷一六：南直隶－应天府－夏税－光禄寺；镇江府、庐州府、徽州府、池州府、太平府－夏税－南京光禄寺；凤阳府－夏税－扬州府仓；淮安府－夏税－扬州府仓、派剩小麦（解太仓银库）；派剩小麦－光禄寺、派剩小麦－扬州府仓、派剩小麦（解太仓银库）。 |
| 绢（匹） | 0.70 | 卷一六：南直隶－应天府－夏税－丝绢折绢、农桑丝折绢（起运南京库）；苏州府、常州府、太平府－夏税－丝绢折绢、农桑丝绢折绢、镇江府、庐州府、淮安府、凤阳府－夏税－丝绢折绢、农桑丝绢折绢（起运京库）；松江府、徽州府、滁州、和州－夏税－丝绢折绢、农桑丝绢折绢（起运京库）；广德州、宁国府－夏税－丝绢折绢、农桑丝绢折绢，安庆府－夏税－丝绢折绢。 |
| 阔白棉布（匹） | 0.30 | 卷一六：南直隶－苏州府－秋粮－京库。 |
| 阔白苎布（匹） | 0.20 | 卷一六：南直隶－徽州府－夏税－南京。 |
| 草（包） | 0.018 | 卷一六：南直隶－安庆府－秋粮－南京户部定场。 |
| 草（包） | 0.024 | 卷一六：南直隶－安庆府－秋粮－南京光禄寺。 |
| 草（包） | 0.030 | 卷一六：南直隶－应天府、苏州府、松江府、常州府、庐州府、凤阳府、池州府、太平府、安庆府、广德州、宁国府、淮安府、扬州府、和州－秋粮－京库。 |
| **边镇** | | |
| 漕粮（石） | 0.74 | 卷一九：饷额－永平镇－原额－折色漕粮。 |

1182

| 名目 | 数值 | 数值 | 出处 |
|---|---|---|---|
| 屯粮（石） | 0.30 | | 卷二四：饷额-大同镇-见额。 |
| 米麦豆（石） | 0.25 | | 卷二四：饷额-大同镇-原额-民运山西米麦豆。 |
| 粮（石） | 0.79 | | 卷二四：饷额-大同镇-原额-民运粮。 |
| 盐（引） | 0.35 | | 卷一七：饷额-辽东镇-两淮山东盐；山西镇-见额-淮浙山东盐。 |
| 盐（引） | 0.37 | | 卷一八：饷额-甘肃镇-见额-淮浙盐。 |
| 盐（引） | 0.38 | | 卷二二：饷额-宣府镇-客兵-淮芦盐。 |
| 盐（引） | 0.40 | | 卷二三：饷额-宣府镇-官军-淮芦盐。 |
| 盐（引） | 0.41 | | 卷二七：饷额-宁夏镇-见额-淮浙盐。 |
| 盐（引） | 0.42 | | 卷二九：饷额-固原镇-见额-淮浙盐。 |
| 盐（引） | 0.43 | | 卷二六：饷额-延绥镇-见额-淮浙盐。 |
| 盐（引） | 0.71 | | 卷二九：饷额-永平镇-原额。 |
| 草（束） | 0.02 | | 卷二四：饷额-大同镇-见额-折色牛具地亩草。 |
| 秋青草（束） | 0.02 | | 卷二二：饷额-易州镇-原额。 |
| 秋青草（束） | 0.03 | | 卷二四：饷额-大同镇-见额。 |
| 内府库 | | | |
| 米（石） | 0.25 | | 卷三〇：内承运库。 |
| 糯米（石） | 1.12 | 1.10 | 卷三〇：惜薪司-商价会备考。 |
| 小麦（石） | 0.81 | 0.82 | 卷三〇：酒醋面局-商价会备考。 |
| 绿豆（石） | 0.71 | 0.71 | 卷三〇：酒醋面局-商价会备考。 |
| 黄豆（石） | 0.53 | 0.53 | 卷三〇：供用库-商价会估备考。 |
| 黄豆（石） | 0.535 | | 卷三〇：酒醋面局-商价会备考。 |
| 黑豆（石） | 0.44 | 0.44 | 卷三〇：供用库-商价会估备考。 |
| 黑豆（石） | 0.443 | | 卷三〇：酒醋面局，司苑局-商价会估备考。 |
| 汤绿豆（石） | 0.81 | 0.82 | 卷三〇：供用库-商价会估备考。 |
| 芝麻（石） | 1.30 | 1.40 | 卷三〇：供用库-商价会估备考。 |

| 品名 | | | 备考 |
|---|---|---|---|
| 上白棉（斤） | 0.88 | | 卷三〇：甲字库-商价会估备考。 |
| 中白棉（斤） | 0.75 | | 卷三〇：甲字库-商价会估备考。 |
| 丝绢（匹） | 0.39 | 0.40 | 卷三〇：丁字库-商价会估备考。 |
| 阔白布（匹） | 0.28 | | 卷三〇：京库-商价会估备考。 |
| 三梭布（匹） | 0.30 | | 卷三〇：甲字库-商价会估备考。 |
| 阔白三梭布（匹） | 0.70 | 0.75 | 卷三〇：甲字库-商价会估备考。 |
| 苎布（匹） | 0.20 | 0.22 | 卷三〇：甲字库-商价会估备考。 |
| 阔白苎布（匹） | 0.27 | 0.30 | 卷三〇：甲字库-商价会估备考。 |
| 黄蜡（斤） | 0.12 | 0.125 | 卷三〇：司苑局-商价会估备考。 |
| 黄蜡（斤） | 0.165 | | 卷三〇：供用库-商价会估备考。 |
| 黄蜡（斤） | 0.20 | | 卷三〇：供用库-商价会估备考。 |
| 白蜡（斤） | 0.31 | 0.30 | 卷三〇：供用库-商价会估备考。 |
| 白蜡（斤） | 0.40 | | 卷三〇：供用库-商价会估备考。 |
| 草（束） | 0.032 | 0.033 | 卷三〇：供用库-商价会估备考。 |
| 草（束） | 0.032 | | 卷三〇：司苑局-商价会估备考。 |
| 草（束） | 0.0325 | 0.033 | 卷三〇：酒醋面局-商价会估备考。 |
| 稻草（束） | 0.032 | | 卷三〇：内官监宝钞司-商价会估备考。 |
| 足色叶子金（两） | 6.30 | 6.40 | 卷三〇：供用甲丙等库-商价会估备考。 |
| 七成色金（两） | 4.40 | | 卷三〇：供用甲丙等库-商价会估备考。 |
| 八成色金（两） | 5.00 | | 卷三〇：供用甲丙等库-商价会估备考。 |
| 九成色金（两） | 5.50 | | 卷三〇：供用甲丙等库-商价会估备考。 |
| 芽茶（斤） | 0.08 | 0.10 | 卷三〇：供用库-商价会估备考。 |
| 叶茶（斤） | 0.02 | | 卷三〇：供用库-商价会估备考。 |
| 蒲杖（斤） | 0.01 | | 卷三〇：供用库-商价会估备考。 |
| 金银香（斤） | 0.14 | 0.15 | 卷三〇：供用库-商价会估备考。 |

| 名称 | | | | 备考 |
|---|---|---|---|---|
| 黄丹（斤） | 0.043 | | 0.05 | 卷三〇：甲字库-商价会估备考。 |
| 光粉（斤） | 0.045 | | 0.06 | 卷三〇：甲字库-商价会估备考。 |
| 绿矾（斤） | 0.012 | | 0.015 | 卷三〇：甲字库-商价会估备考。 |
| 蓝靛（斤） | 0.013 | | | 卷三〇：甲字库-商价会估备考。 |
| 水胶（斤） | 0.025 | | 0.03 | 卷三〇：甲字库-商价会估备考。 |
| 黑铅（斤） | 0.035 | | 0.045 | 卷三〇：甲字库-商价会估备考。 |
| 槐花（斤） | 0.015 | | 0.02 | 卷三〇：甲字库-商价会估备考。 |
| 红花（斤） | 0.15 | | | 卷三〇：甲字库-商价会估备考。 |
| 红花（斤） | 0.15 | | | 卷三〇：京库-商价会估备考。 |
| 白芨（斤） | 0.01 | | | 卷三〇：甲字库-商价会估备考。 |
| 明矾（斤） | 0.015 | | 0.02 | 卷三〇：甲字库-商价会估备考。 |
| 二硃（斤） | 0.22 | | 0.23 | 卷三〇：甲字库-商价会估备考。 |
| 靛花青（斤） | 0.07 | | | 卷三〇：甲字库-商价会估备考。 |
| 栀子（斤） | 0.01 | | | 卷三〇：甲字库-商价会估备考。 |
| 银硃（斤） | 0.52 | | | 卷三〇：甲字库-商价会估备考。 |
| 姜黄（斤） | 0.006 | | 0.007 | 卷三〇：甲字库-商价会估备考。 |
| 百药煎（斤） | 0.006 | | 0.007 | 卷三〇：甲字库-商价会估备考。 |
| 蜜陀僧（斤） | 0.015 | | 0.02 | 卷三〇：甲字库-商价会估备考。 |
| 茜草（斤） | 0.022 | | 0.024 | 卷三〇：甲字库-商价会估备考。 |
| 紫草（斤） | 0.031 | | 0.032 | 卷三〇：甲字库-商价会估备考。 |
| 五棓子（斤） | 0.035 | | 0.045 | 卷三〇：甲字库-商价会估备考。 |
| 乌梅（斤） | 0.02 | | | 卷三〇：甲字库-商价会估备考。 |
| 藤黄（斤） | 0.10 | | | 卷三〇：甲字库-商价会估备考。 |
| 灯草（斤） | 0.04 | | | 卷三〇：甲字库-商价会估备考。 |
| 硼砂（斤） | 0.30 | | | 卷三〇：甲字库-商价会估备考。 |

| 品名 | | | 备考 |
|---|---|---|---|
| 水银（斤） | 0.40 | 0.50 | 卷三〇：甲字库-商价会估备考。 |
| 四火黄熟铜（斤） | 0.12 | 0.125 | 卷三〇：甲字库-商价会估备考。 |
| 红熟铜（斤） | 0.15 | | 卷三〇：丁字库-商价会估备考。 |
| 黄熟铜（斤） | 0.118 | 0.11 | 卷三〇：丁字库-商价会估备考。 |
| 黄鲭（斤） | 0.165 | | 卷三〇：丁字库-商价会估备考。 |
| 锡（斤） | 0.09 | 0.02 | 卷三〇：丁字库-商价会估备考。 |
| 生铜（斤） | 0.05 | | 卷三〇：丁字库-商价会估备考。 |
| 黄牛皮（张） | 0.22 | 0.24 | 卷三〇：丁字库-商价会估备考。 |
| 生水牛皮（张） | 0.72 | 0.75 | 卷三〇：丁字库-商价会估备考。 |
| 牛筋（斤） | 0.08 | | 卷三〇：丁字库-商价会估备考。 |
| 水牛角（副） | 0.055 | 0.05 | 卷三〇：丁字库-商价会估备考。 |
| 桐油（斤） | 0.042 | 0.043 | 卷三〇：丁字库-商价会估备考。 |
| 严漆（斤） | 0.11 | 0.15 | 卷三〇：丁字库-商价会估备考。 |
| 生漆（斤） | 0.11 | 0.15 | 卷三〇：丁字库-商价会估备考。 |
| 川漆（斤） | 0.20 | | 卷三〇：丁字库-商价会估备考。 |
| 广漆（斤） | 0.09 | 0.10 | 卷三〇：丁字库-商价会估备考。 |
| 枣（斤） | 0.01 | | 卷三〇：惜薪司-商价会估备考。 |
| 户口食盐（块） | 3.00 | | 卷三〇：内官监宝钞司-商价会估备考。 |
| 稻皮（斤） | 0.002 | | 卷三〇：酒醋面局-商价会估备考。 |
| 黄槽香（斤） | 0.58 | 0.65 | 卷三〇：内府供用库-商价会估备考。 |
| 白槽香（斤） | 0.60 | 0.67 | 卷三〇：内府供用库-商价会估备考。 |
| 檀香（斤） | 0.55 | 0.60 | 卷三〇：内府供用库-商价会估备考。 |
| 马牙香（斤） | 0.05 | | 卷三〇：内府供用库-商价会估备考。 |
| 降真香（斤） | 0.10 | 0.07 | 卷三〇：内府供用库-商价会估备考。 |
| 沉香（斤） | 1.45 | 1.40 | 卷三〇：内府供用库-商价会估备考。 |

| 项目 | | | 备注 |
|---|---|---|---|
| 沉速香 | 0.07 | | 卷三〇：内府供用库-商价会估备考。 |
| 大柱降真香（斤）长6×径0.4（0.5）尺 | 0.19 | 0.15 | 卷三〇：内府供用库-商价会估备考。 |
| 零苓香（斤）（正价） | 0.10 | | 卷三〇：内承运库-商价会估备考。 |
| 包盛并脚价银 | 0.05 | | 卷三〇：内承运库-商价会估备考。 |
| 共计银 | 0.15 | | 卷三〇：内承运库-商价会估备考。 |
| 胡椒（斤） | 0.13 | | 卷三〇：戊字库-商价会估备考。 |
| 排草（斤） | 0.22 | | 卷三〇：供用甲丙等库-商价会估备考。 |
| 光禄寺 | | | |
| 粟米（石） | 0.74 | | 卷三六：仓场-商价会估备考-京仓。 |
| 小麦（石） | 0.71 | | 卷三六：仓场-商价会估备考-神乐观。 |
| 小麦（石） | 0.78 | | 卷三六：仓场-商价会估备考-京仓。 |
| 大麦（石） | 0.42 | | 卷三六：仓场-商价会估备考-坝上东马等仓；又河仓、北高仓、汤山草场仓、北草场仓。 |
| 大麦（石） | 0.47 | | 卷三六：仓场-商价会估备考-京仓。 |
| 大麦（石） | 0.56 | | 卷三六：仓场-商价会估备考-外象房仓。 |
| 大麦（石） | 0.58 | | 卷三六：仓场-商价会估备考-内象房仓。 |
| 大麦（石） | 0.63 | | 卷三六：仓场-商价会估备考-御马仓。 |
| 豌豆（石） | 0.63 | | 卷三六：仓场-商价会估备考-坝上仓；坝上东马房等仓、又河仓、北高仓、汤山草场仓、北草场仓。 |
| 豌豆（石） | 0.66 | | 卷三六：仓场-商价会估备考-京仓。 |
| 豌豆（石） | 0.86 | | 卷三六：仓场-商价会估备考-御马仓。 |
| 绿豆（石） | 0.66 | | 卷三六：仓场-商价会估备考-又河仓、北高仓、汤山草场仓、北草场仓。 |
| 绿豆（石） | 0.67 | | 卷三六：仓场-商价会估备考-坝上东马房等仓。 |
| 绿豆（石） | 0.68 | | 卷三六：仓场-商价会估备考-栖牲所。 |
| 绿豆（石） | 0.69 | | 卷三六：仓场-商价会估备考-京仓。 |

| 品名 | 价格 | 出处 |
|---|---|---|
| 绿豆（石） | 0.94 | 卷三六：仓场-商价会估备考-御马仓。 |
| 黄豆（石） | 0.53 | 卷三六：仓场-商价会估备考-牺牲所。 |
| 黑豆（石） | 0.42 | 卷三六：仓场-商价会估备考-坝上东马房等仓；义河仓、北高仓、汤山草场仓、北草场仓；司牲司。 |
| 黑豆（石） | 0.43 | 卷三六：仓场-商价会估备考-吴家驼仓。 |
| 黑豆（石） | 0.44 | 卷三六：仓场-商价会估备考-外牛房仓。 |
| 黑豆（石） | 0.46 | 卷三六：仓场-商价会估备考-牺牲所；京仓。 |
| 黑豆（石） | 0.47 | 卷三六：仓场-商价会估备考-里牛房仓。 |
| 黑豆（石） | 0.62 | 卷三六：仓场-商价会估备考-御马仓。 |
| 粟谷（石） | 0.43 | 卷三六：仓场-商价会估备考-京仓。 |
| 蜀秫（石） | 0.44 | 卷三六：仓场-商价会估备考-京仓。 |
| 盐（引） | 0.35 | 卷三九：盐法-两浙盐运司。 |
| 盐（引） | 0.50 | 卷三九：盐法-两淮盐运司。 |
| 草（束） | 0.013 | 卷三六：仓场-商价会估备考-天师庵外场。 |
| 草（束） | 0.020 | 卷三六：仓场-商价会估备考-中府外场；司牲司。 |
| 草（束） | 0.023 | 卷三六：仓场-商价会估备考-吴家驼仓；坝上仓、坝上东马房等仓；义河仓、北高仓、汤山草场仓、北草场仓。 |
| 草（束） | 0.026 | 卷三六：仓场-商价会估备考-外牛房仓。 |
| 草（束） | 0.028 | 卷三六：仓场-商价会估备考-里牛房仓。 |
| 草（束） | 0.030 | 卷三六：仓场商价会估备考-外象房仓；安仁坊、西城坊；明智坊；北新草场。 |
| 草（束） | 0.039 | 卷三六：仓场-商价会估备考-台基厂。 |
| 草（束） | 0.040 | 卷三六：仓场-商价会估备考-内象房仓；御马仓。 |
| 包草（包） | 0.030 | 卷三六：仓场-商价会估备考-牺牲所。 |
| 蜀秸（束） | 0.01 | 卷三六：仓场-商价会估备考-牺牲所；义河仓、北高仓、汤山草场仓、北草场仓。 |
| 黄豆秸（束） | 0.002 | 卷三六：仓场-商价会估备考-牺牲所。 |
| 白糖（斤） | 0.061 | 卷三一：光禄寺供应。 |
| 圆眼（斤） | 0.07 | 卷三一：光禄寺供应。 |

| 项目 | 数量 | 出处 |
|---|---|---|
| 荔枝（斤） | 0.07 | 卷三二：光禄寺供应。 |
| 绿笋（斤） | 0.06 | 卷三二：光禄寺供应。 |
| 川椒（斤） | 0.08 | 卷三二：光禄寺供应。 |
| 干鱼（斤） | 0.036 | |
| 莲肉（斤） | 0.042 | 卷三二：光禄寺供应。 |
| 胶枣（斤） | 0.012 | 卷三二：光禄寺供应。 |
| 栗子（斤） | 0.025 | 卷三二：光禄寺供应。 |
| 柿饼（斤） | 0.025 | 卷三二：光禄寺供应。 |
| 红枣（斤） | 0.013 | 卷三二：光禄寺供应。 |
| 牙枣（斤） | 0.03 | 卷三二：光禄寺供应。 |
| 银杏（斤） | 0.026 | 卷三二：光禄寺供应。 |
| 榛子（斤） | 0.023 | 卷三二：光禄寺供应。 |
| 菱米（斤） | 0.024 | 卷三二：光禄寺供应。 |
| 带壳莲子（斤） | 0.02 | 卷三二：光禄寺供应。 |
| 尖头榛子（斤） | 0.026 | 卷三二：光禄寺供应。 |
| 土碱（斤） | 0.013 | 卷三二：光禄寺供应。 |
| 香蕈（斤） | 0.24 | 卷三二：光禄寺供应。 |
| 杏仁（斤） | 0.03 | 卷三二：光禄寺供应。 |
| 茴香（斤） | 0.03 | 卷三二：光禄寺供应。 |
| （石宿）砂 | 0.23 | 卷三二：光禄寺供应。 |
| 火熏猪肉（斤） | 0.06 | 卷三二：光禄寺供应。 |
| 干葡萄（斤） | 0.04 | 卷三二：光禄寺供应。 |
| 薄荷（斤） | 0.02 | 卷三二：光禄寺供应。 |
| 核桃（斤） | 0.025 | 卷三二：光禄寺供应。 |
| 蘑菇（斤） | 0.35 | 卷三二：光禄寺供应。 |

| 项目 | 折银（两） | 脚价银（两） | 捌年秋估银（两） | 资料来源 |
|---|---|---|---|---|
| 大蒜（斤） | 0.012 | — | | 卷三二：光禄寺供应。 |
| 干姜（斤） | 0.06 | | | 卷三一：光禄寺供应。 |
| 莳萝（斤） | 0.03 | | | 卷三一：光禄寺供应。 |
| 木耳（斤） | 0.08 | | | 卷三三：光禄寺供应。 |
| 松子（斤） | 0.045 | | | 卷三一：光禄寺供应。 |
| 蜂蜜（斤） | 0.055 | | | 卷三一：光禄寺供应。 |
| 花椒（斤） | 0.05 | | | 卷三一：光禄寺供应。 |
| 黑砂糖（斤） | 0.03 | | | 卷三一：光禄寺供应。 |
| 叶茶（斤） | 0.025 | | | 卷三三：光禄寺供应。 |

## 乙表 25-1　依类别价格汇总

| 项目 | 折银（两） | 脚价银（两） | 捌年秋估银（两） | 资料来源 |
|---|---|---|---|---|
| 米（石） | | | | 卷二：浙江布政司-秋粮-起运京粮；卷三：江西布政司-秋粮-起运京库米；卷四：湖广、福建布政司-秋粮-起运京库；卷一一：福建布政司-秋粮-起运京库米；卷三○：内库供应-内承运库。 |
| 米（石） | 0.25 | | | 卷一：广东布政司-秋粮-起运京库米本部原派；卷六：南直隶-苏州府、松江府-秋粮-京库。 |
| 米（石） | 0.30 | | | 卷四：湖广布政司-秋粮-贵州府；卷一：广东布政司-湖广四川协济银粮-内征解贵州司库折银米。 |
| 米（石） | 0.318 | | | 卷一：广东布政司-该省册夫。 |
| 米（石） | 0.35 | | | 卷四：湖广布政司-秋粮-广西布政司。 |
| 米（石） | 0.50 | | | 卷三：江西布政司-秋粮-南京各卫仓内原定米兑折色米；派剩米-内拨安庆府仓；卷一六：南直隶-徽州府-秋粮-安庆府仓。太平府仓-秋粮-南京各卫仓。 |
| 米（石） | 0.60 | | | 卷二：浙江布政司-秋粮-南京各卫仓内原定米兑折色米；嘉兴、湖州3府；卷四：湖广布政司-秋粮-派剩米内拨安庆府；改兑徐州水福仓；解太仓福仓；卷五：北直隶-河间府-秋粮-派剩内拨解安庆府仓银库；卷九江府仓-内解福仓；卷二：浙江布政司-秋粮-南京各卫仓内原定米-内拨易州镇；卷六：河间府-秋粮-派剩米内拨易州镇；卷八：河南布政司-秋粮-派剩米（解太仓银库）；顺天府-秋粮-派剩米-内拨解太仓；大名府-秋粮-派剩米-内解太仓；卷一六：南直隶-应天府-秋粮-派剩米-内解太仓银库；凤阳府仓-秋粮-派剩米-内拨易州镇；苏州府-秋粮-派剩米-内解太仓银库，扬州府… |

| 项目 | 值 | 值 | 说明 |
|---|---|---|---|
| 米（石） | 0.70 | | 仓；松江府、常州府-秋粮-扬州府仓、派剩米（解太仓银库）；庐州府-秋粮-风阳府仓；淮安府、池州府、太平府、广德州-秋粮-派剩米（解太仓银库）；扬州府-秋粮-风阳府仓、派剩米（解太仓银库）；安庆府-秋粮-风阳府仓、派剩米（解太仓银库）；宁国府-秋粮-拨运滁州永宁仓、派剩米（解太仓银库）。卷二：浙江布政司-秋粮-南京各卫仓各金华、衢州、绍兴三府，派剩米-内原拨光禄寺；卷五：北直隶-河间府-秋粮-派剩米-内改拨光禄寺；卷六：南直隶-应天府-秋粮-派剩米-内改拨光禄寺；苏州府-秋粮-北京公侯驸马伯并公主岁支禄米；松江府-秋粮-北京公侯驸马伯并公主岁支禄米；常州府-秋粮-内光禄寺改拨米（解太仓银库）。 |
| 米（石） | 0.70 | 0.20 | 卷一五：北直隶-真定府-秋粮-起运宣德宣德等仓（太仓改拨）。 |
| 米（石） | 0.90 | | 卷一五：北直隶-河间府-秋粮-宣峰口仓。 |
| 米（石） | 1.00 | | 卷一：四川清吏司-岁入-苏州府-一太仓、松江府-一太仓一府部等衙门并神乐观俸米；常州府-太仓一府部等衙门；南直隶-南京赋-常州府-秋粮-府部院寺等衙门。乐观俸米； |
| 米（石） | 1.00 | 0.20 | 卷七：山西布政司-秋粮-起运宣府宣德等仓粜米；卷八：北直隶-保定府-秋粮-起运宣府宣德等仓-折色；延庆州广积仓、龙门广盈仓。 |
| 米（石） | 1.10 | | 卷一五：河南布政司-秋粮-起运光禄寺-粟谷秕米。 |
| 米（石） | 1.20 | | 卷一五：北直隶-保定府-秋粮-浮图峪口等仓、陆门矾仓。 |
| 米（石） | 1.70 | | 卷一五：北直隶-保定府-秋粮-起运宣府宣德等仓-本色。 |
| 兑军米（石） | 0.60 | | 卷八：河南布政司-秋粮-漕运兑军米。 |
| 兑军米（石） | 0.80 | | 卷八：河南布政司-秋粮-漕运兑军米。 |
| 差发米（石） | 0.35 | | 卷三：云南布政司-秋粮-寻甸军民府-秋粮。 |
| 差发米（石） | 0.50 | | 卷三：云南布政司-秋粮-楚雄府、姚安军民府-秋粮。 |
| 差发米（石） | 0.70 | | 卷三：云南布政司-秋粮-临安府、广西府、广南府、景东府、镇沅府、曲靖军民府、武定军民府、姚安军民府、丽江军民府、永昌军民府-秋粮。 |
| 细粟米（石） | 1.00 | | 卷八：河南布政司-秋粮-起运光禄寺。 |
| 粟米（石） | 0.25 | | 卷一五：北直隶-顺天府-秋粮-山海仓内良乡轻则。 |

| 粮种 | | | 出处说明 |
|---|---|---|---|
| 粟米（石） | 0.60 | | 卷八：河南布政司-秋粮-派剩改拨易州仓；真定府丰盈仓、永丰仓；河间府仓并巨盈仓；卷之十五：北直隶-大名府-秋粮-派剩改拨易州镇。 |
| 粟米（石） | 0.70 | | 卷一五：北直隶-顺天府-秋粮-镇边城新城仓。 |
| 粟米（石） | 0.74 | | 卷三六：仓场-商价会估各考-京仓。 |
| 粟米（石） | 0.80 | | 卷八：河南布政司-秋粮-永平府山海仓；易州仓、良乡丰济等仓；卷一五：北直隶-顺天府-秋粮-山海仓，军储仓，唐县新兴仓；顺德府-秋粮-山海仓；镇边城新城仓；浮图峪口仓-本色；军储仓。 |
| 粟米（石） | 0.80 | 0.20 | 卷八：河南布政司-秋粮-宣府镇宣德等4仓；卷一五：北直隶-顺德府-秋粮-宣府宣德等色（内太仓改拨）。 |
| 粟米（石） | 0.85 | | 卷八：河南布政司-秋粮-延庆卫仓。 |
| 粟米（石） | 0.90 | | 卷八：河南布政司-秋粮-蓟州镇喜峰口仓；密云镇龙庆仓；石匣仓；镇边城仓；白丰仓；易州镇浮图峪口仓；紫荆关新城仓；密云镇喜峰口仓；横岭口仓；浮图峪口仓；大名府-秋粮-浮图峪口仓-折色；黄花镇仓-本色。 |
| 粟米（石） | 1.00 | | 卷八：河南布政司-秋粮-古北口仓；昌平镇横岭口仓；黄花镇仓-折色；渤海所仓；卷一五：北直隶-顺德府-秋粮-古北口仓；名府-秋粮-古北口仓、渤海所仓；河间府仓。 |
| 粟米（石） | 1.00 | 0.20 | 卷八：河南布政司-秋粮-宣府镇宣德等仓；葛峪堡并清边常峪二堡等仓；大名府-秋粮-宣府宣德等仓；卷一五：北直隶-顺德府-秋粮-宣府宣德等色。 |
| 粟米（石） | 1.20 | | 卷一五：北直隶-河间府-秋粮-宣府宣德等四色；新开口等堡仓-折色。 |
| 粟米（石） | 1.40 | | 卷一五：北直隶-河间府-秋粮-宣府宣德等三色；新开口等堡仓-本色。 |
| 糙粳米（石） | 0.60 | | 卷一六：南直隶-苏州府、松江府-秋粮-南京神乐观。 |
| 糙粳米（石） | 0.70 | | 卷一六：南直隶-常州府-秋粮-南京公侯驸马伯府部院寺俸米，禄米。 |
| 糙粳米（石） | 1.00 | | 卷一六：南直隶-苏州府-秋粮-松江府部院寺等衙门并神乐观。 |
| 白熟糯米（石） | 1.30 | 1.10 | 卷一五：田赋司-北直隶-顺天府-秋粮-借薪司。 |
| 糯米（石） | 1.12 | | 卷三十：借薪司-商价会估各考。 |
| 米麦豆（石） | 0.25 | | 卷二四：饷额-大同镇-额粮-民运山西麦豆。 |
| 麦米（石） | 0.25 | | 卷三：江西布政司-夏税-起运京库。 |

| 名称 | 数值 | | 说明 |
|---|---|---|---|
| 漕粮（石） | 0.74 | | 卷一九：饷额-永平镇-原额-折色漕粮。 |
| 屯粮（石） | 0.30 | | 卷二四：饷额-大同镇-见额。 |
| 粮（石） | 0.79 | | 卷二四：饷额-大同镇-见额-民运粮。 |
| 麦（石） | 0.25 | | 卷二：浙江布政司-万历六年夏税-起运京麦。 |
| 麦（石） | 0.60 | | 卷三：云南布政司-鹤庆军民税-秋粮-差发米折麦。 |
| 麦（石） | 0.70 | | 卷三：云南布政司-鹤庆军民税-秋粮-差发米折麦。 |
| 麦（石） | 1.00 | | 卷一五：北直隶-保定府-夏税-起运庆州镇龙门广盈仓-折色；保定府，真定府-夏税-派剩麦。 |
| 麦（石） | 1.00 | 0.20 | 卷七：山西布政司-起运宣府镇龙门广盈等仓；卷一五：北直隶-真定府-夏税-起运紫荆关新城等仓。 |
| 麦（石） | 1.20 | 0.20 | 卷一五：北直隶-保定府-夏税-陆陆矾仓。 |
| 麦（石） | 1.70 | | 卷一五：保定府-夏税-起运庆州镇龙门广盈仓-本色。 |
| 小麦（石） | 0.25 | | 卷一六：南直隶-苏州府，常州府，松江府-夏税-京库。 |
| 小麦（石） | 0.40 | 0.20 | 卷八：河南布政司-夏税-凤阳府仓；卷一六：南直隶-苏州府-夏税-松江府南京各卫仓；常州府-夏税-凤阳府仓，寿州仓，亳州仓；北京公侯驸马伯并公主岁支禄米；松江府-夏税-南京各卫仓，庐州府-夏税-南京各卫仓，淮安府-夏税-南京各卫仓，扬州府-夏税-凤阳府盈仓，本府常盈仓，南京国子监，南京酒醋面局，扬州府-夏税-庐州府仓，徐州-夏税-亳州仓；广德州-夏税-扬州府仓。北京公侯驸马伯并公主岁支禄米；松江府-夏税-南京各卫仓；常州府-夏税-寿州仓，亳州仓；池州府-夏税-南京神乐观，南京各卫仓；安庆府-夏税-庐州府仓；风阳府-夏税-扬州府仓，扬州府仓，庐州府仓，广德州-夏税-扬州府仓，凤阳府仓，风阳府-夏税-扬州府仓。 |
| 小麦（石） | 0.40 | | 卷八：河南布政司-夏税-大同银亿库。 |
| 小麦（石） | 0.60 | | 卷八：河南布政司-夏税-改解太仓转发真定府丰盈仓。定州永丰仓。 |
| 小麦（石） | 0.70 | | 卷八：河南布政司-夏税-易州镇涿州常盈仓；保定府广盈仓左右二仓；卷一五：北直隶-顺天府-夏税-良乡丰济仓。密云驿。盈仓；广平府-夏税-御马仓，国子监，大名府-夏税-涿州常盈仓；顺德府-夏税-涿州常盈仓；定州永丰仓；卷二十六：南直隶-松江府-秋粮-北京公侯驸马伯并公主岁支禄米。盈仓：保定广盈左右仓-折色。 |
| 小麦（石） | 0.71 | | 卷三六：仓场-商价会估备考-神乐观。 |
| 小麦（石） | 0.78 | | 卷三六：仓场-商价会估备考-京仓。 |

| 品名 | 价格 | 备注价 | 出处 |
|---|---|---|---|
| 小麦（石） | 0.80 | | 卷八：河南布政司-夏税-临清仓、德州仓；保定府广盈左仓二仓；卷五：北直隶-河间府、顺德府、广平府、大名府-夏税-山海仓；大名府价会估备考。 |
| 小麦（石） | 0.81 | 0.82 | 卷三〇：酒醋面局-商价会估备考。 |
| 小麦（石） | 0.85 | | 卷一五：北直隶-顺天府-夏税-古北口驿、怀柔县古北口驿。 |
| 小麦（石） | 1.00 | | 卷八：河南布政司-夏税-起运光禄寺仓-解太仓银库；河间府-夏税-酒醋面面局；光禄寺；派剩各马房仓-解太仓银库；广平府-夏税-光禄寺；派剩各马房仓；大名府-夏税-光禄寺；派剩小麦（解太仓银库）；卷一五：北直隶-顺天府-夏税-光禄寺大麦大麦准小麦；大常寺、太常寺、镇江府、酒醋面局；派剩各马房仓；大名府-夏税-光禄寺；派剩小麦-扬州府仓；派剩小麦-夏税-解太仓银库；卷六：南直隶-应天府-夏税-光禄寺；派剩小麦-淮安府-夏税-解太仓银库；徐州-夏税-解太仓银库。庐州府-夏税-派剩小麦（解太仓银库）；凤阳府-夏税-光禄寺、太平府、池州府-夏税-派剩小麦；徽州府-夏税-派剩小麦（解太仓银库）。 |
| 小麦（石） | 1.00 | 0.02 | 卷一五：北直隶-顺德府-夏税-宣府宣德等仓；龙门广盈等仓。 |
| 小麦（石） | 1.00 | 0.2 | 卷八：河南布政司-夏税-宣府宣德等仓；卷一五：北直隶-广平府-夏税-延庆州龙门广盈独石等仓；大名府-夏税-宣府宣德等仓。 |
| 小麦（石） | 1.10 | | 卷一五：北直隶-顺天府-夏税-内象房仓大麦准小麦；外象房仓大麦准小麦。 |
| 小麦（石） | 1.20 | | 卷八：河南布政司-夏税-起运酒醋面麦局；顺德府-夏税-酒醋面局。 |
| 小麦（石） | 1.50 | | 卷一五：北直隶-河间府-夏税-酒醋面局；广平府-夏税-酒醋面局。 |
| 大麦（石） | | | 卷一五：北直隶-顺天府-夏税-御马仓大麦准小麦。 |
| 大麦（石） | 0.42 | | 卷三六：仓场-商价会估备考-坝上仓、坝上东马房仓等仓；义河仓、北高仓、汤山草场仓、北草场仓。 |
| 大麦（石） | 0.47 | | 卷三六：仓场-商价会估备考-京仓。 |
| 大麦（石） | 0.50 | | 卷一五：北直隶-大名府-夏税-外象房仓。 |
| 大麦（石） | 0.56 | | 卷三六：仓场-商价会估备考-外象房仓。 |
| 大麦（石） | 0.58 | | 卷三六：仓场-商价会估备考-内象房仓。 |
| 大麦（石） | 0.63 | | 卷三六：仓场-商价会估备考-御马仓。 |
| 大麦（石） | 0.70 | | 卷八：河南布政司-夏税-外象房仓。 |
| 大麦（石） | 0.80 | | 卷八：河南布政司-夏税-起运御马仓。 |

| 品名 | 价值 | 出处 |
|---|---|---|
| 大麦（石） | 1.00 | 卷一五：北直隶－顺德府－夏税－光禄寺－准小麦。 |
| **豆类** | | |
| 豌豆（石） | 0.63 | 卷三六：仓场－商价会估备考－坝上仓；义河仓、北高仓、汤山草场仓、北草场仓。 |
| 豌豆（石） | 0.66 | 卷三六：仓场－商价会估备考－京仓。 |
| 豌豆（石） | 0.80 | 卷一五：北直隶－大名府－夏税－御马仓。 |
| 豌豆（石） | 0.86 | 卷八：仓场－商价会估备考－御马仓。 |
| 豌豆（石） | 1.00 | 卷八：河南布政司－夏税－起运御马仓。 |
| 豌豆（石） | 1.05 | 卷一五：北直隶－顺天府－夏税－御马仓；顺德府、广平府－夏税－光禄寺。 |
| 豌豆（石） | 1.10 | 卷一五：北直隶－顺德府－夏税－起运御马仓。 |
| 豌豆（石） | 1.20 | 卷一五：北直隶－河间府－夏税－起运御马仓。 |
| **绿豆（石）** | | |
| 绿豆（石） | 0.66 | 卷三六：仓场－商价会估备考－义河仓、北高仓、汤山草场仓、北草场仓。 |
| 绿豆（石） | 0.67 | 卷三六：仓场－商价会估备考－坝上仓；义河仓、北高仓、汤山草场仓、北草场仓。 |
| 绿豆（石） | 0.68 | 卷三六：仓场－商价会估备考－牺牲所。 |
| 绿豆（石） | 0.69 | 卷三六：仓场－商价会估备考－京仓。 |
| 绿豆（石） | 0.71 | 卷三十：酒醋面局－商价会估备考。 |
| 绿豆（石） | 0.90 | 卷七：河南布政司－秋粮－国子监。 |
| 绿豆（石） | 0.94 | 卷三六：仓场－商价会估备考－御马仓。 |
| 绿豆（石） | 1.00 | 卷八：河南布政司－秋粮－牺牲所；御马仓；坝上仓。卷一五：北直隶－大名府－秋粮－供用库；御马仓；酒醋面局。 |
| 绿豆（石） | 1.20 | 卷八：北直隶－顺德府、大名府－秋粮－起运光禄寺。卷一五：北直隶－大名府－秋粮－起运光禄寺。 |
| **黑豆（石）** | | |
| 黑豆（石） | 0.42 | 卷三六：仓场－商价会估备考－坝上仓；义河仓、北高仓、汤山草场仓、北草场仓；司牲司。 |
| 黑豆（石） | 0.43 | 卷三六：仓场－商价会估备考－吴家驼仓。 |
| 黑豆（石） | 0.44 | 卷三〇：供用库－商价会估备考；仓场－商价－商价时估－外牛房仓。 |

| 品名 | 价 | 价 | 出处 |
|---|---|---|---|
| 黑豆（石） | 0.443 | | 卷三〇：酒醋面局，司苑局-商价会估备考。 |
| 黑豆（石） | 0.46 | | 卷三六：仓场-商价会估备考-京仓；牺牲所。 |
| 黑豆（石） | 0.47 | | 卷三六：仓场-商价会估备考-里牛房仓。 |
| 黑豆（石） | 0.55 | | 卷八：河南布政司-秋粮-供用库。 |
| 黑豆（石） | 0.60 | | 卷一五：北直隶-顺德府-南石渠西仓。 |
| 黑豆（石） | 0.62 | | 卷三六：仓场-商价会估备考-御马仓。 |
| 黑豆（石） | 0.65 | | 卷一五：北直隶-顺德府-秋粮-司苑局。 |
| 黑豆（石） | 0.70 | | 卷八：河南布政司-秋粮-居庸仓；巩华城仓；卷一五：北直隶-大名府-秋粮-光禄寺；里牛房等仓。 |
| 黑豆（石） | 0.75 | | 卷八：河南布政司-秋粮-密云镇龙庆仓；石匣仓；延庆卫仓；密云龙庆仓。 |
| 黑豆（石） | 0.80 | | 卷八：河南布政司-秋粮-司苑局；御马房；坝上东马房等仓；昌平镇镇岭口仓；镇边城仓；易州镇浮图峪口仓；司牲司；御马仓-军储等仓；喜峰口仓；河间府-秋粮-北高仓；大名府-酒醋面局；酒醋面局；卷一五：北直隶-顺天府-秋粮-御马仓；喜峰口仓。 |
| 黑豆（石） | 0.85 | | 卷八：河南布政司-秋粮-古北口仓；卷一五：北直隶-顺天府-秋粮-古北口仓。 |
| 黑豆（石） | 1.00 | 0.20 | 卷八：河南布政司-秋粮-葛峪堡羊清边常峪二堡等仓；卷一五：北直隶-顺德府-秋粮-新开口等堡仓；广平府-宣府在城宣德等仓；大名府-秋粮-新开口等堡仓折色。 |
| 黑豆（石） | 1.20 | | 卷一五：北直隶-河间府-秋粮-宣德等府六仓；新开口等府仓。 |
| 黑豆（石） | 1.40 | | 卷十五：北直隶-河间府-秋粮-宣德宣府五仓；新开口等府仓本色。 |
| 黄豆（石） | 0.53 | | 卷三〇：供用库-商价会估备考；卷三六：仓场-商价会估。 |
| 黄豆（石） | 0.535 | 0.53 | 卷三〇：酒醋面局-商价会估。 |
| 黄豆（石） | 0.70 | | 卷八：河南布政司-秋粮-酒醋面局。 |
| 黄豆（石） | 0.75 | | 卷一五：北直隶-广平府-秋粮-神乐观。 |
| 黄豆（石） | 0.90 | | 卷一五：北直隶-大名府-秋粮-牺牲所。 |
| 黄豆（石） | 1.00 | | 卷一五：北直隶-大名府-秋粮-光禄寺；供用库。 |
| 赤豆（石） | 1.40 | | 卷一五：北直隶-顺天府-秋粮-光禄寺。 |

1196

| 项目 | | | 出处 |
|---|---|---|---|
| 白豆（石） | 1.20 | | 卷一五：北直隶-顺天府-秋粮-光禄寺。 |
| 大青黄豆（石） | 1.10 | | 卷一五：北直隶-顺天府-秋粮-光禄寺。 |
| 汤绿豆（石） | 0.81 | 0.82 | 卷三〇：供用库-商价估备考。 |
| 料豆（石） | 0.70 | | 卷八：河南布政司-夏税-陕西延绥。 |
| 杂粮 | | | |
| 芝麻（石） | 1.25 | | 卷一五：北直隶-顺德府-秋粮-供用库。 |
| 芝麻（石） | 1.30 | | 卷一五：北直隶-河间府-秋粮-光禄寺。 |
| 芝麻（石） | 1.30 | 1.4 | 卷三〇：供用库-商价估备考。 |
| 芝麻（石） | 1.35 | | 卷八：河南布政司-秋粮-起运光禄寺；卷一五：北直隶-顺德府、广平府、大名府（折色）-秋粮-起运光禄寺。 |
| 芝麻（石） | 1.40 | | 卷一五：北直隶-大名府-秋粮-光禄寺-本色。 |
| 芝麻（石） | 1.50 | | 卷一五：北直隶-大名府-秋粮-供用库。 |
| 芝麻（石） | 1.80 | | 卷一五：北直隶-大名府-秋粮-供用库。 |
| 芝麻（石） | 2.00 | | 卷一五：北直隶-河间府-秋粮-供用库。 |
| 白芝麻（石） | 1.50 | | 卷八：河南布政司-秋粮-起运光禄仓。 |
| 白芝麻（石） | 1.75 | | 卷一五：北直隶-大名府-秋粮-光禄寺。 |
| 菊秫（石） | 0.44 | | 卷三六：仓场-商价估备考-京仓。 |
| 菊秫（石） | 1.00 | | 卷一五：北直隶-顺德府-秋粮-起运光禄寺。 |
| 蜀秦（石） | 0.80 | | 卷一五：北直隶-河间府-秋粮-京仓收外鹅房。 |
| 牧麦（石） | 0.70 | | 卷一五：北直隶-顺天府-秋粮-光禄寺司。 |
| 粟谷（石） | 0.43 | | 卷三六：仓场-商价估备考-京仓。 |
| 粟谷（石） | 1.10 | | 卷一五：北直隶-顺天府-秋粮-外鹅房仓谷粟谷准米。 |
| 山黄米（石） | 1.20 | | 卷一五：北直隶-顺天府-秋粮-光禄寺司。 |
| 绢 | | | |
| 绢（匹） | 0.70 | | 卷二：浙江布政司-夏税-起运京库-起运京库麦折色绢 起运南京库 起运京库丝折绢；卷七：山西布政司-夏税-起运南京库-农桑丝折绢；卷八：北直隶-顺天府-夏税-起运京库丝折绢 解绢；卷一五：北直隶-顺天府-夏税-人丁丝折绢 解绢；保定 |

1197

| 项目 | | | 资料来源 |
|---|---|---|---|
| 绢（匹） | 0.80 | | 府－夏税－起运京库；蓟州府－夏税－起运京库；保定府库；平平府－夏税－人丁丝折绢，农桑丝折绢（起运京库）；广平府－夏税－人丁丝折绢，农桑丝绵折绢，农桑丝折绢（起运南京库）；卷一六：南直隶－应天府－夏税－丝绵折绢，农桑丝折绢；苏州府－夏税－农桑丝折绢；常州府－夏税－丝绢折绢，农桑丝折绢；松江府－夏税－丝绵折绢；镇江府－夏税－丝绵折绢，农桑丝折绢（起运京库）；淮安府－夏税－农桑丝折绢（起运南京库）；凤阳府－夏税－人丁丝折绢，农桑丝折绢；扬州府－夏税－农桑丝折绢（起运京库）；徽州府－夏税－农桑丝折绢（起运南京库）；池州府－夏税－丝绵折绢（起运南京库）；宁国府－夏税－农桑丝折绢（起运京库）；太平府－夏税－农桑丝折绢（起运南京库）；安庆府－夏税－农桑丝折绢，农桑丝折绢；广德州－夏税－税丝折绢，农桑丝折绢；徐州府－夏税－农桑丝折绢，农桑丝折绢；滁州、和州－夏税－农桑丝折绢。 |
| 丝绢（匹） | 0.39 | 0.40 | 卷八：河南布政司－夏税－蓟州库；卷一五：北直隶－顺天府－夏税－人丁丝折绢－起运密府库，水平库，涿州库，保定库；夏税－涿州库；河间府－夏税－人丁丝折绢－起运涿州库；真定府－夏税－人丁丝折绢－起运密云库。 |
| 棉布 | | | 卷三〇：丁字库－商价会估备考。 |
| 阔白苎布（匹） | 0.20 | 0.30 | 卷三：江西布政司－秋粮；卷一六：南直隶－徽州府－夏税－南京。 |
| 阔白苎布（匹） | 0.27 | | 卷三〇：内库供应－甲字库－商价会估备考。 |
| 苎布（匹） | 0.20 | 0.22 | 卷三〇：甲字库－商价会估备考。 |
| 阔白棉布（匹） | 0.30 | 0.75 | 卷三：江西、湖广布政司－秋粮－南库；卷七：山西布政司－夏税－万全万亿库；卷八：河南布政司－夏税－万全万亿库，银亿库；陕西布政司－秋粮－永平库；德州常盈改拨蓟库，延庆卫仓；卷一五：北直隶－真定府－夏税－万全万亿库；府－秋粮－商价会估备考。 |
| 阔白三梭布（匹） | 0.70 | | 卷三〇：甲字库－商价会估备考。 |
| 阔白棉布（匹） | 0.28 | | 卷三〇：京库－商价会估备考。 |

| 项目 | 估价 | | 说明 |
|---|---|---|---|
| 三棱布（匹） | 0.30 | | 卷三〇：甲字库－商价会估备考。 |
| **棉布（匹）** | | | |
| 棉布（匹） | 0.30 | | 卷八：河南布政司－夏税；秋粮－居庸仓；真定府；定州库；通州通济库；卷一五：北直隶－顺天府－夏税－镇边城新城仓、镇边城新城、黄花镇仓；大名府－夏税－黄花镇仓；顺德府－夏税－横岭口仓、镇边城新城、黄花镇仓； |
| 布（匹） | 0.30 | | 卷一五：田赋－北直隶大名府－秋粮－宣府等二十一卫所官旗折俸布。 |
| **棉、棉花绒** | | | |
| 上白棉（斤） | 0.88 | | 卷三〇：甲字库－商价会估备考。 |
| 中白棉（斤） | 0.50 | | 卷二：浙江布政司万历六年夏税起运京库；南京库－中白棉。 |
| 中白棉（斤） | 0.75 | | 卷三〇：甲字库－商价会估备考。 |
| 棉花绒（斤） | 0.06 | | 卷八：河南布政司－德州常盈库改拨蓟州；昌平镇横岭口仓；延庆卫仓；居庸仓；镇边城仓；黄花镇仓；渤海所仓；涿州库；唐县库；真定府库；卷一五：北直隶－顺德府－秋粮－京库。 |
| 棉花绒（斤） | 0.07 | | 卷四；湖广布政司－秋粮；卷八：河南布政司－秋粮；大名府库；河间府库；易州库；沧州库、唐县库、静海县库、通州通济库。 |
| 棉花绒（斤） | 0.07 | 0.06 | 卷二〇：京库－商价会估备考。 |
| 棉花绒（斤） | 0.08 | | 卷一五：北直隶－顺天府－秋粮－起运京库。 |
| 棉花绒（斤） | 0.10 | | 卷一五：北直隶－河间府－秋粮－起运京库。 |
| **丝** | | | |
| 税丝（两） | 0.08 | | 卷八：河南布政司－夏税－工部织染局丝。 |
| **草** | | | |
| 草（包） | 0.018 | | 卷一六：南直隶－安庆府－秋粮－南京户部定场。 |
| 草（包） | 0.024 | | 卷一六：南直隶－安庆府－秋粮－南京光禄寺。 |
| 草（包） | 0.03 | | 卷二：浙江布政司－秋粮－起运京库；卷一六：南直隶－苏州府、松江府、常州府、庐州府、扬州府、淮安府、宁国府、池州府、太平府、安庆府、广德州、滁州、徐州、和州、应天府－秋粮－京库。 |
| 包草（包） | 0.03 | | 卷三六：仓场－商价会估备考－辆牲所。 |
| 草（束） | 0.01 | | 卷一五：北直隶－顺天府－秋粮－太仓银库－良乡县轻则草。 |

| 草（束） | | |
|---|---|---|
| 草（束） | 0.013 | 卷三六：仓场-商价会估备考-天师庵外场。 |
| 草（束） | 0.015 | 卷一五：北直隶-保定府-秋粮-倒马关新兴仓；真定府-秋粮-紫荆关等场。 |
| 草（束） | 0.018 | 卷三六：南京-应天府-秋粮-南京户部定场。 |
| 草（束） | 0.02 | 卷一五：北直隶-大名府-秋粮-栖牲所；卷三六：仓场-商价时估-中府外场；饷额-大同镇-见额-折色牛具地苗草；卷三六：坝上仓、坝上东马房仓；汤山草场仓、北高仓；义河仓、汤山草场仓、北草场仓。司牲司。 |
| 草（束） | 0.023 | 卷三六：仓场-商价会估备考-吴家驼仓。 |
| 草（束） | 0.026 | 卷三六：仓场-商价会估备考-外牛仓。 |
| 草（束） | 0.028 | 卷一五：北直隶-大名府-秋粮-西城防草场、明智坊草场；卷三六：仓场-商价会估备考。 |
| 草（束） | 0.029 | 卷一五：北直隶-广平府-秋粮-台基等草场。 |
| 草（束） | 0.03 | 卷一五：北直隶-顺天府-秋粮-御马仓内等场；大名府-秋粮-外象房等仓、北新等草场；顺德府-秋粮-太仓银库；仓场-商价时估-外象房等仓、安仁坊、西城坊、明智坊；北新草场。卷三六： |
| 草（束） | 0.032 | 卷三○：司苑局，供用库-商价会估备考。 |
| 草（束） | 0.0325　0.033 | 卷三○：酒醋面局-商价会估备考。 |
| 草（束） | 0.033 | 卷一五：北直隶-保定府-秋粮-湖渠马房仓。 |
| 草（束） | 0.034 | 卷八：河南布政司-马草-供用库；卷之十五：北直隶-真定府-秋粮-供用库；广平府-秋粮-湖渠仓、里牛房仓、外象房仓；大名府外中府外等场。 |
| 草（束） | 0.035 | 卷八：河南布政司-马草-太仓银库；卷一五：北直隶-真定府-秋粮-居庸仓；良乡县草场；易州镇、太仓银库；河间府-秋粮-太仓银库；巩华城仓、良乡县草场、太仓银库、延庆卫、太仓银库；卷一五：广平府-秋粮-太仓银库；大名府-秋粮-司苑局。 |
| 草（束） | 0.038 | 卷一五：北直隶-保定府-秋粮-峪口杨家桥马草仓；真定府-秋粮-黄土等马房仓。 |
| 草（束） | 0.039 | 卷一五：北直隶-大名府-秋粮-巩华城仓；卷三六：仓场-商价时估-台基厂。 |
| 草（束） | 0.04 | 卷八：河南布政司-马草-坝上等五草仓；卷一五：北直隶-保定府-秋粮-存留草（内除内官监）；大名府-秋粮-酒醋面局；御马仓-内象房。卷一五：北直隶-真定府-秋粮-外牛房等仓；真定府-秋粮-坝上东坝上等上等马房-卷三六：商价时估-仓场。 |
| 草（束） | 0.042 | 卷十五：北直隶-真定府-秋粮-司苑局。 |

| 名称 | 单价 | | 出处 |
|---|---|---|---|
| 草（束） | 0.045 | | 卷八：河南布政司－马草－坝上仓；坝上南仓、坝上北马房仓；合军厂等草场；卷一五：北直隶－真定府－秋粮－外牛房仓、内象房仓。 |
| 草（束） | 0.046 | | 卷一五：北直隶－保定府－秋粮－外象房仓；河间府－秋粮－坝上仓。 |
| 草（束） | 0.048 | | 卷一五：北直隶－广平府－秋粮－延庆卫仓。 |
| 草（束） | 0.05 | | 卷八：河南布政司－马草－外象房仓；司牲司；卷一五：北直隶－顺天府－秋粮－御马仓；安仁坊草场；司苑局；昌平镇居庸仓；真定府－秋粮－牺牲所。中府外草场；天师庵外草场；保定府－秋粮－中府外草场、内草场。 |
| 草（束） | 0.055 | | 卷一五：北直隶－真定府－秋粮－中府外场。 |
| 草（束） | 0.058 | | 卷一五：北直隶－广平府－秋粮－中府外场、天师庵外场。 |
| 草（束） | 0.06 | | 卷八：河南布政司－马草－中府天师庵二场；卷一五：北直隶－保定府－秋粮－天师庵外草场、酒醋面局；真定府－秋粮－天师庵外场；酒醋面局。 |
| 草（束） | 0.065 | | 卷八：河南布政司－马草－里牛房仓、内象房仓；卷一五：北直隶－保定府－秋粮－御马仓。 |
| 草（束） | 0.07 | | 卷八：河南布政司－马草－御马仓；卷一五：北直隶－保定府－秋粮－延庆卫仓；河间府－秋粮－御马仓内场。 |
| 草（束） | 0.07 | 0.20 | 卷八：河南布政司－马草－宣府镇在城草场；卷一五：北直隶－顺天府、保定府、河间府、真定府、顺德府、广平府、大名府－秋粮－宣府在城草场。 |
| 草（束） | 0.075 | | 卷一五：北直隶－广平府－秋粮－御马仓内场。 |
| 草（束） | 0.032 | | 卷三十：内官监宝钞司－商价会估备考。 |
| 稻草（束） | | | |
| 秋青草（束） | 0.02 | | 卷二二：饷额－易州镇－原额。 |
| 秋青草（束） | 0.03 | | 卷二四：饷额－大同镇－见额。 |
| 菊秸（束） | 0.01 | | 卷三六：仓场－商价会估备考－牺牲所；义河仓；北高仓；汤山草场仓、北草场仓。 |
| 菊秸（束） | 0.002 | | 卷三六：仓场－商价会估备考－牺牲所。 |
| 黄豆秸（束） | | | |
| 盐 | | | |
| 盐（引） | 0.35 | | 卷一七：饷额－辽东镇－见额；两淮山东盐；卷二五：饷额－山西镇－见额－淮浙山东盐；卷三九：盐法－两浙盐运司。 |
| 盐（引） | 0.37 | | 卷二八：饷额－甘肃镇－见额－淮浙盐。 |

| 项目 | 数值 |  | 出处 |
|---|---|---|---|
| 盐（引） | 0.38 |  | 卷三三：饷额-宣府府镇-见额-客兵准芦盐。 |
| 盐（引） | 0.40 |  | 卷三三：饷额-宣府府镇-见额-官军准芦盐。 |
| 盐（引） | 0.41 |  | 卷三七：饷额-宁夏镇-见额-准折盐。 |
| 盐（引） | 0.42 |  | 卷二九：饷额-固原镇-见额-准折盐。 |
| 盐（引） | 0.43 |  | 卷二六：饷额-延绥镇-见额-准折盐。 |
| 盐（引） | 0.50 |  | 卷三九：盐法-两淮盐运司。 |
| 盐（引） | 0.71 |  | 卷一九：饷额-永平镇-原额。 |
| 杂项 |  |  |  |
| 黄牛（只） | 2.1 |  | 卷二三：云南布政司-大理府-秋粮；卷一二三：云南布政司-楚雄府，永昌军民府-秋粮。 |
| 水牛（只） | 3.50 |  | 卷三三：云南布政司-广西府-秋粮。 |
| 马（匹） | 4.00 |  | 卷三三：云南布政司-寻甸军民府-秋粮。 |
| 马（匹） | 7.00 |  | 卷三三：云南布政司-丽江军民府-秋粮。 |
| 马（匹） | 8.00 |  | 卷三三：云南布政司-武定军民府-秋粮。 |
| 马（匹） | 12.09 |  | 卷三三：云南布政司-永昌军民府-秋粮；卷一二三：云南布政司-大理府-秋粮。 |
| 马（匹） | 13.00 |  | 卷三三：云南布政司-楚雄府-秋粮。 |
| 差发马（匹） | 7.00 |  | 卷三三：云南布政司-永宁府-秋粮。 |
| 差发马（匹） | 10.00 |  | 卷三三：云南布政司-钮兀长官司-秋粮。 |
| 金（两） | 50.00 |  | 卷三三：云南布政司-临安府-秋粮。 |
| 足色叶子金（两） | 6.30 | 6.40 | 卷三三○：供用甲丙等库-商价合备考。 |
| 七成色金（两） | 4.40 |  | 卷三三○：供用甲丙等库-商价合备考。 |
| 八成色金（两） | 5.00 |  | 卷三三○：供用甲丙等库-商价合备考。 |
| 九成色金（两） | 5.50 |  | 卷三三○：供用甲丙等库-商价合备考。 |
| 海肥（8索） | 0.10 |  | 卷三三：云南布政司-临安府-秋粮。 |
| 海肥（8索8手） | 0.10 |  | 卷三三：云南布政司-元江军民府所属远因远罗必甸长官司-秋粮。 |
| 海肥（12索） | 0.10 |  | 卷三三：云南布政司-临安府-秋粮。 |

| 项目 | | | 备注 |
|---|---|---|---|
| 差发海肥（8索） | | 0.10 | 卷一三：云南布政司-澂江府-秋粮。 |
| 黄蜡（斤） | 0.125 | 0.12 | |
| 黄蜡（斤） | | 0.165 | 卷三〇：司苑局-商价会估备考。 |
| 黄蜡（斤） | | 0.20 | 卷三〇：供用库、丁字库-商价会估备考。 |
| 白蜡（斤） | 0.30 | 0.31 | 卷三〇：供用库。 |
| 白蜡（斤） | | 0.40 | 卷三〇：供用库。 |
| 芽茶（斤） | 0.10 | 0.08 | 卷三〇：供用库-商价会估备考。 |
| 叶茶（斤） | | 0.02 | 卷三〇：供用库-商价会估备考。 |
| 叶茶（斤） | | 0.025 | 卷三一：光禄寺供应。 |
| 蒲杖（斤） | | 0.01 | 卷三〇：供用库-商价会估备考。 |
| 金银香（斤） | 0.14 | 0.14 | 卷三〇：供用库-商价会估备考。 |
| 黄丹（斤） | 0.05 | 0.043 | 卷三〇：甲字库-商价会估备考。 |
| 光粉（斤） | 0.06 | 0.045 | 卷三〇：甲字库-商价会估备考。 |
| 绿矾（斤） | 0.015 | 0.012 | 卷三〇：甲字库-商价会估备考。 |
| 蓝靛（斤） | | 0.013 | 卷三〇：甲字库-商价会估备考。 |
| 水胶（斤） | 0.03 | 0.025 | 卷三〇：甲字库-商价会估备考。 |
| 黑铅（斤） | 0.045 | 0.035 | 卷三〇：甲字库-商价会估备考。 |
| 槐花（斤） | 0.02 | 0.015 | 卷三〇：甲字库-商价会估备考。 |
| 红花（斤） | | 0.15 | 卷三〇：甲字库-京库-商价会估备考。 |
| 白芨（斤） | | 0.01 | 卷三〇：甲字库-商价会估备考。 |
| 明矾（斤） | 0.02 | 0.015 | 卷三〇：甲字库-商价会估备考。 |
| 二硃（斤） | 0.23 | 0.22 | 卷三〇：甲字库-商价会估备考。 |
| 靛花青（斤） | | 0.07 | 卷三〇：甲字库-商价会估备考。 |
| 栀子（斤） | | 0.01 | 卷三〇：甲字库-商价会估备考。 |
| 银硃（斤） | | 0.52 | 卷三〇：甲字库-商价会估备考。 |

| 品名 | | | 备考 |
|---|---|---|---|
| 姜黄（斤） | 0.007 | 0.006 | 卷三〇：甲字库-商价会估备考。 |
| 百药煎（斤） | 0.007 | 0.006 | 卷三〇：甲字库-商价会估备考。 |
| 蜜陀僧（斤） | 0.02 | 0.015 | 卷三〇：甲字库-商价会估备考。 |
| 黄草（斤） | 0.024 | 0.022 | 卷三〇：甲字库-商价会估备考。 |
| 紫草（斤） | 0.032 | 0.031 | 卷三〇：甲字库-商价会估备考。 |
| 五倍子（斤） | 0.045 | 0.035 | 卷三〇：甲字库-商价会估备考。 |
| 乌梅（斤） | | 0.02 | 卷三〇：甲字库-商价会估备考。 |
| 藤黄（斤） | | 0.10 | 卷三〇：甲字库-商价会估备考。 |
| 灯草（斤） | | 0.04 | 卷三〇：甲字库-商价会估备考。 |
| 硼砂（斤） | | 0.30 | 卷三〇：甲字库-商价会估备考。 |
| 水银（斤） | 0.50 | 0.40 | 卷三〇：甲字库-商价会估备考。 |
| 四火黄熟铜（斤） | 0.125 | 0.12 | 卷三〇：甲字库-商价会估备考。 |
| 红熟铜（斤） | | 0.15 | 卷三〇：丁字库-商价会估备考。 |
| 黄熟铜（斤） | 0.11 | 0.118 | 卷三〇：丁字库-商价会估备考。 |
| 生铜（斤） | | 0.05 | 卷三〇：丁字库-商价会估备考。 |
| 锡（斤） | 0.02 | 0.09 | 卷三〇：丁字库-商价会估备考。 |
| 黄牛皮（张） | 0.24 | 0.22 | 卷三〇：丁字库-商价会估备考。 |
| 生水牛皮（张） | 0.75 | 0.72 | 卷三〇：丁字库-商价会估备考。 |
| 牛筋（斤） | | 0.08 | 卷三〇：丁字库-商价会估备考。 |
| 水牛角（副） | 0.05 | 0.055 | 卷三〇：丁字库-商价会估备考。 |
| 桐油（斤） | 0.043 | 0.042 | 卷三〇：丁字库-商价会估备考。 |
| 严漆（斤） | 0.15 | 0.11 | 卷三〇：丁字库-商价会估备考。 |
| 生漆（斤） | 0.15 | 0.11 | 卷三〇：丁字库-商价会估备考。 |
| 川漆（斤） | | 0.20 | 卷三〇：丁字库-商价会估备考。 |
| 广漆（斤） | 0.10 | 0.09 | 卷三〇：丁字库-商价会估备考。 |

| 品名 | 价 | 价 | 备考 |
| --- | --- | --- | --- |
| 枣（斤） | 0.01 | | |
| 户口食盐（块） | 3.00 | | 卷三〇：惜薪司-商价会估备考。 |
| 稻皮（斤） | 0.002 | | 卷三〇：内官监宝钞司-商价会估备考。 |
| 黄檀香（斤） | 0.58 | 0.65 | 卷三〇：酒醋面局-商价会估备考。 |
| 白檀香（斤） | 0.60 | 0.67 | 卷三〇：内府供用库-商价会估备考。 |
| 檀香（斤） | 0.55 | 0.60 | 卷三〇：内府供用库-商价会估备考。 |
| 马牙香（斤） | 0.05 | | 卷三〇：内府供用库-商价会估备考。 |
| 降真香（斤） | 0.10 | 0.07 | 卷三〇：内府供用库-商价会估备考。 |
| 沉香（斤） | 1.45 | 1.40 | 卷三〇：内府供用库-商价会估备考。 |
| 沉速香（斤） | 0.07 | | 卷三〇：内府供用库-商价会估备考。 |
| 大柱降真香（斤）[1] | 0.19 | 0.15 | 卷三〇：内府供用库-商价会估备考。 |
| 零苓香（斤）[2] | 0.10 | | 卷三〇：内承运库-商价会估备考。 |
| 包盛并脚价银 | 0.05 | | 卷三〇：内承运库-商价会估备考。 |
| 共计银 | 0.15 | | 卷三〇：内承运库-商价会估备考。 |
| 胡椒（斤） | 0.13 | | 卷三〇：戊字库-商价会估备考。 |
| 排草（斤） | 0.22 | | 卷三〇：供用甲丙等库-商价会估备考。 |
| 白糖（斤） | 0.061 | | 卷三一：光禄寺供应。 |
| 圆眼（斤） | 0.07 | | 卷三一：光禄寺供应。 |
| 荔枝（斤） | 0.07 | | 卷三一：光禄寺供应。 |
| 绿笋（斤） | 0.06 | | 卷三一：光禄寺供应。 |
| 川椒（斤） | 0.08 | | 卷三一：光禄寺供应。 |
| 干鱼（斤） | 0.036 | | 卷三一：光禄寺供应。 |
| 莲肉（斤） | 0.042 | | 卷三一：光禄寺供应。 |

1 长6×径0.4（0.5）尺。
2 正价。

1205

| 胶枣（斤） | 0.012 | | 卷三一：光禄寺供应。 |
| 栗子（斤） | 0.025 | | 卷三一：光禄寺供应。 |
| 柿饼（斤） | 0.025 | | 卷三一：光禄寺供应。 |
| 红枣（斤） | 0.013 | | 卷三一：光禄寺供应。 |
| 牙枣（斤） | 0.03 | | 卷三一：光禄寺供应。 |
| 银杏（斤） | 0.026 | | 卷三一：光禄寺供应。 |
| 榛子（斤） | 0.023 | | 卷三一：光禄寺供应。 |
| 菱米（斤） | 0.024 | | 卷三一：光禄寺供应。 |
| 带壳莲子（斤） | 0.02 | | 卷三一：光禄寺供应。 |
| 尖头榛子（斤） | 0.026 | | 卷三一：光禄寺供应。 |
| 土碱（斤） | 0.013 | | 卷三一：光禄寺供应。 |
| 香蕈（斤） | 0.24 | | 卷三一：光禄寺供应。 |
| 杏仁（斤） | 0.03 | | 卷三一：光禄寺供应。 |
| 茴香（斤） | 0.03 | | 卷三一：光禄寺供应。 |
| （石宿）砂 | 0.23 | | 卷三一：光禄寺供应。 |
| 火熏猪肉（斤） | 0.06 | | 卷三一：光禄寺供应。 |
| 干葡萄（斤） | 0.04 | | 卷三一：光禄寺供应。 |
| 薄荷（斤） | 0.02 | | 卷三一：光禄寺供应。 |
| 核桃（斤） | 0.025 | | 卷三一：光禄寺供应。 |
| 蘑菇（斤） | 0.35 | | 卷三一：光禄寺供应。 |
| 大蒜（斤） | 0.012 | | 卷三一：光禄寺供应。 |
| 干姜（斤） | 0.06 | | 卷三一：光禄寺供应。 |
| 胡萝卜（斤） | 0.03 | | 卷三一：光禄寺供应。 |
| 木耳（斤） | 0.08 | | 卷三一：光禄寺供应。 |
| 松子（斤） | 0.045 | | 卷三一：光禄寺供应。 |

| 项目 | 折银（两） | | 备注 |
|---|---|---|---|
| 蜂蜜（斤） | 0.055 | | 卷三一：光禄寺供应。 |
| 花椒（斤） | 0.05 | | 卷三一：光禄寺供应。 |
| 黑砂糖（斤） | 0.03 | | 卷三一：光禄寺供应。 |

## 乙表 25-2

### 折银标准一览表[3]

| No. | 米（石）| 粟米（石）| 糖粳米（石）| 麦（石）| 大麦（石）| 豌豆（石）| 绿豆（石）| 黑豆（石）| 黄豆（石）| 芝麻（石）| 白芝麻（石）| 绢（匹）| 阔白兰布（匹）| 棉花绒（斤）| 草（束/包）| 盐（引）| 马（匹）|
|---|---|---|---|---|---|---|---|---|---|---|---|---|---|---|---|---|---|
| 1 | 0.250 | 0.250 | 0.600 | 0.250 | 0.500 | 0.800 | 0.710 | 0.550 | 0.700 | 1.250 | 1.500 | 0.700 | 0.200 | 0.060 | 0.010 | 0.350 | 4.000 |
| 2 | 0.300 | 0.600 | 0.700 | 0.400 | 0.700 | 1.000 | 0.900 | 0.600 | 0.750 | 1.300 | 1.750 | 0.800 | 0.300 | 0.070 | 0.015 | 0.370 | 7.000 |
| 3 | 0.318 | 0.700 | 1.000 | 0.600 | 0.800 | 1.050 | 1.000 | 0.650 | 0.900 | 1.350 | | | | 0.080 | 0.018 | 0.380 | 8.000 |
| 4 | 0.350 | 0.740 | | 0.700 | 1.000 | 1.100 | 1.200 | 0.700 | 1.000 | 1.400 | | | | 0.100 | 0.020 | 0.400 | 10.000 |
| 5 | 0.500 | 0.800 | | 0.800 | | 1.200 | | 0.750 | | 1.500 | | | | | 0.024 | 0.410 | 12.090 |
| 6 | 0.600 | 0.850 | | 0.850 | | | | 0.800 | | 1.800 | | | | | 0.028 | 0.420 | 13.000 |
| 7 | 0.700 | 0.900 | | 1.000 | | | | 0.850 | | 2.000 | | | | | 0.029 | 0.430 | |
| 8 | 0.800 | 1.000 | | 1.100 | | | | 1.000 | | | | | | | 0.030 | 0.500 | |
| 9 | 0.900 | 1.200 | | 1.200 | | | | 1.200 | | | | | | | 0.032 | 0.710 | |
| 10 | 1.000 | 1.400 | | 1.500 | | | | 1.400 | | | | | | | 0.033 | | |
| 11 | 1.100 | | | 1.700 | | | | | | | | | | | 0.034 | | |
| 12 | 1.200 | | | 0.250 | | | | | | | | | | | 0.035 | | |
| 13 | 1.700 | | | | | | | | | | | | | | 0.038 | | |
| 14 | | | | | | | | | | | | | | | 0.039 | | |
| 15 | | | | | | | | | | | | | | | 0.040 | | |
| 16 | | | | | | | | | | | | | | | 0.042 | | |
| 17 | | | | | | | | | | | | | | | 0.045 | | |

折银（两）

3 本表是《会计录》中除商价以外，已经给出的折银标准表。

| 18 | 19 | 20 | 21 | 22 | 23 | 24 | 25 | 26 |
|---|---|---|---|---|---|---|---|---|
| 0.046 | 0.048 | 0.050 | 0.055 | 0.058 | 0.060 | 0.065 | 0.070 | 0.075 |

1208

# 第 五 章

# 内府与各宫庄田子粒

## 说　明

　　本章的内容来自甲表42，而甲表42过于繁杂，不便应用。故在此处，依据各宫以及不同的爵位，分别列表。乙表26、28、29、30、31分别是各宫、各王、公、侯以及伯以下的田土银两的数值，以及在其来源地的分布情况；而乙表27是按照王、公、侯三个不同爵位的田土与银两的统计总表，从此表可以看出在王爵的田土与银两的分布上，雍靖王妃坟的田土占居了王爵田土的87.03%，银两占居了王爵银两的84.70%；而另外两个王坟，寿定王坟与申懿王坟合起来田土才有1.5%，银两也才有1.28%。但是三个公爵的田土与银两，却是基本上平均分布的。在六个侯爵中，泰宁侯的田土与银两占了总数的50%左右，是最多的。十二个伯爵中，田土、银两最多的是固安伯陈景行、庆都伯杜继宗和武清伯李伟，均为地70000亩，银2100两。固安伯陈景行还另有护坟地6056.80亩，武清伯李伟另有护坟地6526.80亩。在伯以下的公主、驸马、郡主、都督、指挥、千户及百户中，田土、银两最多的是宁安公主，其名下有地150000亩，银两4500两，远远高于公爵的水平，甚至高于除了雍靖王妃坟外的王爵的水平。而驸马焦敬却只有地30亩，银0.54两。除了驸马李名下家人顾堂外，是水平最低的。

　　至于万历九年的清出地、备边地、银，分别列为乙表32—34。

　　最后乙表35列出了以上各类、各项地、银的总数，以及在各府、州、县、卫所的分布情况。在七十九个府、州、县、卫所中，占地最多的前十位分别是宝坻县、宁晋县、玉田县、武清县、丰润县、静海县、隆平县、任丘县、献县和大兴县，它们占了全部田土数的30.73%；征银最多的前十位分别是武清县、宝坻县、永清县、三河县、宁晋县、任丘县、隆平县、静海县、丰润县和蓟州，它们占了全部银两数的40.28%。而宝坻县、宁晋县、武清县、丰润县、静海县、隆平县、任丘县等七个县在田土与银两两项排名中都位列前十名。

# 乙表26

## 各官庄田子粒统计[1]

### 顺天府

| 项目 | 总数 | % | 大兴县 | % | 宝坻县 | % | 昌平州 | % | 顺义县 | % |
|---|---|---|---|---|---|---|---|---|---|---|
| **慈宁官** | | | | | | | | | | |
| 子粒官地（亩） | 1107600.04 | 100.00 | 19799.50 | 1.79 | 184347.20 | 16.64 | 6914.80 | 0.62 | 16287.90 | 1.47 |
| 征银（两） | 27218.13 | 100.00 | 693.56 | 2.55 | 3624.00 | 13.31 | 196.32 | 0.72 | 403.66 | 1.48 |
| **慈庆官** | | | | | | | | | | |
| 子粒官地（亩） | 346359.10 | 100.00 | | | 6200.00 | 1.79 | | | | |
| 征银（两） | 7289.68 | 100.00 | | | 186.00 | 2.55 | | | | |
| **乾清官** | | | | | | | | | | |
| 子粒官地（亩） | 381405.60 | 100.00 | 31626.10 | 8.29 | | | 3098.90 | 0.81 | | |
| 征银（两） | 10976.04 | 100.00 | 1106.91 | 10.08 | | | 84.02 | 0.77 | | |
| 煤窑征银（两） | 170.00 | 100.00 | | | | | | | | |
| 果树征银（两） | 65.00 | 100.00 | | | | | | | | |
| **未央官改进乾清官** | | | | | | | | | | |
| 子粒官地（亩） | 212853.10 | 100.00 | | | | | | | | |
| 征银（两） | 3941.14 | 100.00 | | | | | | | | |

| 项目 | 通州 | % | 宛平县 | % | 香河县 | % | 武清县 | % | 怀柔县 | % |
|---|---|---|---|---|---|---|---|---|---|---|
| **慈宁官** | | | | | | | | | | |
| 子粒官地（亩） | 31010.00 | 2.80 | 30684.50 | 2.77 | 6983.40 | 0.63 | 27826.40 | 2.51 | 735.90 | 0.07 |
| 征银（两） | 939.16 | 3.45 | 977.06 | 3.59 | 173.36 | 0.64 | 671.43 | 2.47 | 22.07 | 0.08 |
| **慈庆官** | | | | | | | | | | |
| 子粒官地（亩） | | | | | | | 5444.20 | 1.57 | | |
| 征银（两） | | | | | | | 163.32 | 2.24 | | |
| **乾清官** | | | | | | | | | | |
| 子粒官地（亩） | | | 11103.70 | 2.91 | | | 105820.50 | 27.74 | | |
| 征银（两） | | | 388.62 | 3.54 | | | 3174.61 | 28.92 | | |
| **未央官改进乾清官** | | | | | | | | | | |
| 子粒官地（亩） | | | | | | | 22799.20 | 10.71 | | |
| 征银（两） | | | | | | | 671.17 | 17.03 | | |

| 项目 | 涿州 | % | 东安县 | % | 文安县 | % | 丰润县 | % | 玉田县 | % |
|---|---|---|---|---|---|---|---|---|---|---|
| **慈宁官** | | | | | | | | | | |
| 子粒官地（亩） | 104.50 | 0.01 | 10517.40 | 0.95 | 4461.40 | 0.40 | 25000.00 | 2.26 | 13005.00 | 1.17 |

1 资料来源：根据第一篇甲表42。

| 项目 | 霸州 | % | 保定县 | % | 固安县 | % | 良乡县 | % | 永清县 | % |
|---|---|---|---|---|---|---|---|---|---|---|
| 慈庆宫 子粒官地（亩） | 3.13 | 0.01 | 473.29 | 1.74 | 133.84 | 0.49 | 750.00 | 2.76 | 397.97 | 1.46 |
| 乾清宫 子粒官地（亩） | 13004.00 | 3.41 | 2890.00 | 0.83 | 4384.40 | 1.15 | 42247.50 | 11.08 | 124814.10 | 36.04 |
| 乾清宫 征银（两） | 391.12 | 3.56 | 86.70 | 1.19 | 131.53 | 1.20 | 1267.42 | 11.55 | 1501.25 | 20.59 |
| 未央宫改进乾清宫 子粒官地（亩） | | | | | | | | | 18903.50 | 8.88 |
| 未央宫改进乾清宫 征银（两） | | | | | | | | | 255.00 | 6.47 |

| 项目 | 房山县 | % | 三河县 | % | 固安县 | % | 良乡县 | % | 永清县 | % |
|---|---|---|---|---|---|---|---|---|---|---|
| 乾清宫 子粒官地（亩） | 6216.50 | 1.63 | 8974.30 | 2.35 | 4384.40 | 1.15 | 14276.80 | 3.74 | 45960.60 | 12.05 |
| 乾清宫 征银（两） | 186.49 | 1.70 | 269.31 | 2.45 | 131.53 | 1.20 | 428.30 | 3.90 | 1378.82 | 12.56 |
| 乾清宫 煤窑征银（两） | 170.00 | 100.00 | | | | | | | | |
| 乾清宫 果树征银（两） | 65.00 | 100.00 | | | | | | | | |
| 未央宫改进乾清宫 子粒官地（亩） | | | 23333.30 | 10.96 | | | | | 9506.00 | 4.47 |
| 未央宫改进乾清宫 征银（两） | | | 700.00 | 17.76 | | | | | 285.18 | 7.24 |

保定府

| 项目 | 清苑县 | % | 安肃县 | % | 安州 | % | 新安县 | % | 容城县 | % |
|---|---|---|---|---|---|---|---|---|---|---|
| 慈宁宫 子粒官地（亩） | 13520.00 | 1.22 | 2995.50 | 0.27 | 6276.70 | 0.57 | 4318.60 | 0.39 | 1595.00 | 0.14 |
| 慈宁宫 征银（两） | 298.31 | 1.10 | 89.86 | 0.33 | 188.30 | 0.69 | 108.17 | 0.40 | 47.85 | 0.18 |

河间府

**（上部分）**

| 宫 | 项目 | 列 | % | 定兴县 | % | 满城县 | % | 博野县 | % |
|---|---|---|---|---|---|---|---|---|---|
| 慈庆宫 | 子粒官地（亩） | 15318.80 | 4.42 | | | | | | |
| | 征银（两） | 251.98 | 3.46 | | | | | | |
| 未央宫改进乾清宫 | 子粒官地（亩） | 4139.60 | 1.94 | 1693.00 | 0.15 | 1008.40 | 0.09 | 1041.70 | 0.09 |
| | 征银（两） | 124.19 | 3.15 | 50.79 | 0.19 | 30.25 | 0.11 | 31.25 | 0.11 |

| 宫 | 项目 | 新城县 | % | 易州 | % |
|---|---|---|---|---|---|
| 慈宁宫 | 子粒官地（亩） | 202.80 | 0.02 | 453.00 | 0.04 |
| | 征银（两） | 6.08 | 0.02 | 13.59 | 0.05 |
| 慈庆宫 | 子粒官地（亩） | 4416.00 | 1.27 | | |
| | 征银（两） | 132.48 | 1.82 | | |

| 宫 | 项目 | 高阳县 | % |
|---|---|---|---|
| 慈庆宫 | 子粒官地（亩） | 8980.00 | 2.59 |
| | 征银（两） | 281.90 | 3.87 |

**河间府（下部分）**

| 宫 | 项目 | 交河县 | % | 献县 | % | 河间县 | % | 肃宁县 | % | 静海县 | % |
|---|---|---|---|---|---|---|---|---|---|---|---|
| 慈宁宫 | 子粒官地（亩） | 13225.50 | 1.19 | 48363.40 | 4.37 | 33976.20 | 3.07 | 30899.60 | 2.79 | 45333.80 | 4.09 |
| | 征银（两） | 396.76 | 1.46 | 889.86 | 3.27 | 1021.77 | 3.75 | 908.99 | 3.34 | 1402.06 | 5.15 |
| 慈庆宫 | 子粒官地（亩） | | | 41383.90 | 11.95 | 4802.00 | 1.39 | 18047.40 | 5.21 | 15635.00 | 4.51 |
| | 征银（两） | | | 1104.43 | 15.15 | 149.70 | 2.05 | 349.04 | 4.79 | 149.87 | 2.06 |
| 未央宫改进乾清宫 | 子粒官地（亩） | | | | | | | | | 36971.40 | 17.37 |
| | 征银（两） | | | | | | | | | 246.22 | 6.25 |

| 宫 | 项目 | 任丘县 | % | 东光县 | % | 青县 | % | 南皮县 | % | 兴济县 | % |
|---|---|---|---|---|---|---|---|---|---|---|---|
| 慈宁宫 | 子粒官地（亩） | 58463.40 | 5.28 | 1900.10 | 0.17 | 4316.70 | 0.39 | 3100.00 | 0.28 | 4500.00 | 0.41 |
| | 征银（两） | 1764.70 | 6.48 | 57.00 | 0.21 | 134.16 | 0.49 | 93.00 | 0.34 | 117.30 | 0.43 |
| 慈庆宫 | 子粒官地（亩） | 30000.00 | 8.66 | 6400.00 | 1.85 | | | | | | |
| | 征银（两） | 877.04 | 12.03 | 192.00 | 2.63 | | | | | | |

**真定府**

| | 项目 | 宁晋县 | % | 隆平县 | % | 新河县 | % | 南宫县 | % | 武强县 | % |
|---|---|---|---|---|---|---|---|---|---|---|---|
| 慈宁宫 | 子粒官地（亩） | 207958.50 | 18.78 | 83132.00 | 7.51 | 15475.50 | 1.40 | 264.00 | 0.02 | 1204.00 | 0.11 |
| | 征银（两） | 3096.10 | 11.38 | 3352.91 | 12.32 | 464.26 | 1.71 | 7.92 | 0.03 | 36.12 | 0.13 |
| 慈庆宫 | 子粒官地（亩） | | | 19850.30 | 5.73 | 500.00 | 0.14 | 500.00 | 0.14 | 7245.40 | 2.09 |
| | 征银（两） | | | 598.60 | 8.21 | 15.00 | 0.21 | 15.00 | 0.21 | 217.36 | 2.98 |

| | 项目 | 饶阳县 | % | 新乐县 | % |
|---|---|---|---|---|---|
| 慈宁宫 | 子粒官地（亩） | 6833.00 | 0.62 | | |
| | 征银（两） | 152.49 | 0.56 | | |
| 慈庆宫 | 子粒官地（亩） | 2666.60 | 0.77 | | |
| | 征银（两） | 80.00 | 1.10 | | |
| 未央宫改进乾清宫 | 子粒官地（亩） | 450.00 | 0.21 | | |
| | 征银（两） | 13.50 | 0.34 | | |

**广平府**

| | 项目 | 鸡泽县 | % | 永年县 | % |
|---|---|---|---|---|---|
| 未央宫改进乾清宫 | 子粒官地（亩） | 3797.50 | 1.78 | 1769.80 | 0.83 |
| | 征银（两） | 113.92 | 2.89 | 53.09 | 1.35 |

**顺德府**

| | 项目 | 任县 | % | 巨鹿县 | % |
|---|---|---|---|---|---|
| 慈宁宫 | 子粒官地（亩） | 11080.00 | 1.00 | 57228.80 | 5.17 |
| | 征银（两） | 332.40 | 1.22 | 1716.86 | 6.31 |

**卫所**

| | 项目 | 永清左卫 | % | 永清右卫 | % | 羽林前卫 | % | 大兴左卫 | % | 大宁前卫 | % |
|---|---|---|---|---|---|---|---|---|---|---|---|
| 慈宁宫 | 子粒官地（亩） | 18300.00 | 1.65 | | | 10611.70 | 0.96 | 5838.60 | 0.53 | 2781.60 | 0.25 |
| | 征银（两） | 300.00 | 1.10 | | | 300.00 | 1.10 | 100.00 | 0.37 | 50.00 | 0.18 |

以下为旋转表格（原表横排，数据按"宫殿—项目—各卫/所"结构排列）的转录。

**表一**

| 宫殿 | 项目 | 蓟州左卫 | % | 彭城卫 | % | 济州卫 | % | 燕山左卫 | % | 燕山右卫 | % |
|---|---|---|---|---|---|---|---|---|---|---|---|
| 慈庆宫 | 子粒官地（亩） |  |  |  |  | 3217.70 | 0.93 |  |  |  |  |
| 慈庆宫 | 征银（两） |  |  |  |  | 96.53 | 1.32 |  |  |  |  |
| 乾清宫 | 子粒官地（亩） | 13203.30 | 3.46 |  |  | 13333.30 | 3.50 | 13333.30 | 3.50 | 5766.60 | 1.51 |
| 乾清宫 | 征银（两） | 200.00 | 1.82 |  |  | 200.00 | 1.82 | 200.00 | 1.82 | 100.00 | 0.91 |
| 未央宫改进乾清宫 | 子粒官地（亩） | 35985.40 | 16.91 | 30030.00 | 2.71 | 12404.00 | 5.83 | 8123.00 | 3.82 |  |  |
| 未央宫改进乾清宫 | 征银（两） | 539.78 | 13.70 | 100.00 | 0.37 | 213.06 | 5.41 | 121.84 | 3.09 |  |  |

**表二**

| 宫殿 | 项目 | 燕山前卫 | % | 茂陵卫 | % | 富峪卫 | % | 梁城所 | % | 通州卫 | % |
|---|---|---|---|---|---|---|---|---|---|---|---|
| 慈宁宫 | 子粒官地（亩） | 2000.00 | 0.18 |  |  |  |  |  |  |  |  |
| 慈宁宫 | 征银（两） | 100.00 | 0.37 |  |  |  |  |  |  |  |  |
| 乾清宫 | 子粒官地（亩） | 6666.60 | 1.75 | 6666.60 | 1.75 | 3231.00 | 0.85 | 32491.00 | 8.52 | 13333.30 | 6.26 |
| 乾清宫 | 征银（两） | 100.00 | 0.91 | 100.00 | 0.91 | 60.10 | 0.55 | 974.73 | 8.88 | 200.00 | 5.07 |
| 未央宫改进乾清宫 | 子粒官地（亩） | 8120.40 | 3.82 | 8120.40 | 3.82 |  |  |  |  |  |  |
| 未央宫改进乾清宫 | 征银（两） | 124.16 | 3.15 |  |  |  |  |  |  |  |  |

**表三**

| 宫殿 | 项目 | 济阳卫 | % | 金吾右卫 | % |
|---|---|---|---|---|---|
| 未央宫改进乾清宫 | 子粒官地（亩） | 7749.00 | 3.64 | 5467.30 | 2.57 |
| 未央宫改进乾清宫 | 征银（两） | 150.00 | 3.81 | 130.00 | 3.30 |

**乙表27**

## 王、公、侯田土、银两统计总表[1]

### 王田土、银两统计

| 项目 | 总数 | % | 泾简王府 | % | 汝安王府 | % | 景恭王府 | % | 寿定王坟 | % | 申懿王坟 | % | 雍靖王妃坟 | % |
|---|---|---|---|---|---|---|---|---|---|---|---|---|---|---|
| 地亩总数（亩） | 1332260.30 | 100.00 | | | | | 152802.60 | 11.47 | 10000.00 | 0.75 | 10000.00 | 0.75 | 1159457.70 | 87.03 |
| 银总数（两） | 39704.56 | 100.00 | 2455.00 | 6.18 | 2521.98 | 6.35 | | | 207.89 | 0.52 | 300.00 | 0.76 | 33630.69 | 84.70 |

### 公田土、银两统计

| 项目 | 总数 | % | 成国公朱应桢 | % | 英国公张溶 | % | 定国公徐文璧 | % |
|---|---|---|---|---|---|---|---|---|
| 地亩总数（亩） | 58775.00 | 100.00 | 18775.00 | 31.94 | 20000.00 | 34.03 | 20000.00 | 34.03 |
| 银总数（两） | 1789.00 | 100.00 | 589.00 | 32.92 | 600.00 | 33.54 | 600.00 | 33.54 |

### 侯田土、银两统计

| 项目 | 总数 | % | 泰宁侯陈良弼 | % | 武定侯郭大诚 | % | 隆平侯张祐 | % | 泰顺侯吴继爵 | % | 宁阳侯陈应诏 | % | 丰城侯李环 | % |
|---|---|---|---|---|---|---|---|---|---|---|---|---|---|---|
| 地亩总数（亩） | 21975.90 | 100.00 | 11530.00 | 52.47 | 562.90 | 2.56 | 1473.00 | 6.70 | 2300.00 | 10.47 | 3510.00 | 15.97 | 2600.00 | 11.83 |
| 银总数（两） | 507.87 | 100.00 | 236.10 | 46.49 | 16.88 | 3.32 | 44.19 | 8.70 | 69.00 | 13.59 | 63.70 | 12.54 | 78.00 | 15.36 |

**乙表28**

## 王田土、银两统计[2]

### 顺天府

| 项目 | | 总数 | % | 大兴县 | % | 宛平县 | % | 宝坻县 | % | 良乡县 | % | 永清县 | % | 香河县 | % |
|---|---|---|---|---|---|---|---|---|---|---|---|---|---|---|---|
| 泾简王府 | 养赡地银（两） | 2455.00 | 100.00 | 123.75 | 5.04 | 22.91 | 0.93 | 192.32 | 7.83 | 210.16 | 8.56 | 177.99 | 7.25 | 322.60 | 13.14 |
| 汝安王府 | 养赡地（两） | 2521.98 | 100.00 | | | | | 1395.99 | 55.35 | | | | | | |
| 景恭王府 | 养赡地（亩） | 152802.60 | 100.00 | | | | | 60100.00 | 39.33 | | | | | | |
| 寿定王坟 | 香火地（亩） | 10000.00 | 100.00 | | | | 50.94 | | 24.50 | | | | | | |
| | 银（两） | 207.89 | 100.00 | | | | | | | | | | | | |
| 申懿王坟 | 香火地（亩） | 10000.00 | 100.00 | | | | | | | | | | | | |

---

1 资料来源：根据第一篇甲表 42。
2 资料来源：根据第一篇甲表 42。

| | | | | | | | | | | | | | | | |
|---|---|---|---|---|---|---|---|---|---|---|---|---|---|---|---|
| | 银（两） | 300.00 | 100.00 | | | | | | | | | | | | |
| 雍靖王妃坟 | 香火地（亩） | 10000.00 | 100.00 | | | | | | | | | | | | |
| | 银（两） | 300.00 | 100.00 | | | | | | | | | | | | |
| | 给爵地（亩） | 1130673.30 | 100.00 | | | | | | | | | | | | |
| | 银（两） | 33330.69 | 100.00 | | | | | | | | | | | | |
| | 护坟地（亩） | 18784.40 | 100.00 | | | | | | | | | | | | |
| | 项目 | 涿州 | % | 固安县 | % | 武清县 | % | 通州 | % | 三河县 | % | 漷县 | % | 怀柔县 | % |
| 泾简王府 | 养赡地银（两） | 155.50 | 6.33 | 170.19 | 6.93 | 191.33 | 7.79 | 97.03 | 3.95 | 791.18 | 32.23 | | | | |
| 汝安王府 | 养赡地银（两） | | | 98.67 | 3.91 | | | | | | | 76.00 | 3.01 | 80.92 | 3.21 |
| 申懿王坟 | 香火地（亩） | | | | | 10000.00 | 100.00 | | | | | | | | |
| | 银（两） | | | | | 300.00 | 100.00 | | | | | | | | |
| | 项目 | 顺义县 | % | 玉田县 | % | 丰润县 | % | | | | | | | | |
| 汝安王府 | 养赡地银（两） | 169.18 | 6.71 | | | | | | | | | | | | |
| 景恭王府 | 养赡地（亩） | | | 42305.10 | 27.69 | 50397.40 | 32.98 | | | | | | | | |
| 保定府 | | | | | | | | | | | | | | | |
| | 项目 | 安肃县 | % | 新城县 | % | 满城县 | % | 定兴县 | % | | | | | | |
| 汝安王府 | 养赡地银（两） | 54.26 | 2.15 | 65.99 | 2.62 | 580.95 | 23.04 | | | | | | | | |
| 雍靖王妃坟 | 香火地（亩） | | | | | | | 10000.00 | 100.00 | | | | | | |
| | 银（两） | | | | | | | 300.00 | 100.00 | | | | | | |
| 河间府 | | | | | | | | | | | | | | | |
| | 项目 | 河间府 | % | | | | | | | | | | | | |
| 寿定王坟 | 香火地（亩） | | | | | | | | | | | | | | |
| | 银（两） | 156.95 | 75.50 | | | | | | | | | | | | |

# 乙表 29

## 公田土、银两统计[1]

### 顺天府

| 项目 | 总数 | % | 宛平县 | % | 宝坻县 | % | 永清县 | % | 丰润县 | % | 东安县 | % | 昌平州 | % |
|---|---|---|---|---|---|---|---|---|---|---|---|---|---|---|
| 成国公朱应桢 地（亩） | 18775.00 | 100.00 | | | | | | | | | | | | |
| 成国公朱应桢 银（两） | 589.00 | 100.00 | | | 278.85 | 47.34 | 17.70 | 3.01 | | | 15.60 | 2.65 | 57.85 | 9.82 |
| 英国公张溶 地（亩） | 20000.00 | 100.00 | | | | | | | | | | | | |
| 英国公张溶 银（两） | 600.00 | 100.00 | 39.00 | 6.50 | | | 261.00 | 43.50 | 300.00 | 50.00 | | | | |
| 定国公徐文璧 地（亩） | 20000.00 | 100.00 | | | | | | | | | | | | |
| 定国公徐文璧 银（两） | 600.00 | 100.00 | | | | | | | | | | | | |

### 保定府

| 项目 | 总数 | % | 安肃县 | % |
|---|---|---|---|---|
| 成国公朱应桢 银（两） | 63.00 | 10.70 | | |

### 河间府

| 项目 | 总数 | % | 交河县 | % |
|---|---|---|---|---|
| 成国公朱应桢 银（两） | 156.00 | 26.49 | | |

### 真定府

| 项目 | 总数 | % | 无极县 | % | 薨城县 | % |
|---|---|---|---|---|---|---|
| 定国公徐文璧 银（两） | 300.00 | 50.00 | | 50.00 | 300.00 | 50.00 |

# 乙表 30

## 侯田土、银两统计[2]

### 顺天府

| 项目 | 总数 | % | 宛平县 | % | 良乡县 | % | 三河县 | % | 东安县 | % |
|---|---|---|---|---|---|---|---|---|---|---|
| 泰宁侯陈良弼 地（亩） | 11530.00 | 100.00 | | | | | | | | |

[1] 资料来源：根据第一篇甲表 42。
[2] 资料来源：根据第一篇甲表 42。

1217

上接表（续）

| 姓名 | 项目 | 合计 | % | 安肃县 | % | 定兴县 | % | 高阳县 | % |
|---|---|---|---|---|---|---|---|---|---|
| 武定侯郭大诚 | 银（两） | 236.10 | 100.00 | | | 3.90 | 1.65 | 42.00 | 17.79 |
| | 地（亩） | 562.90 | 100.00 | 562.90 | 100.00 | | | | |
| 隆平侯张祐 | 银（两） | 16.88 | 100.00 | | | | | | |
| | 地（亩） | 1473.00 | 100.00 | | | | | | |
| | 银（两） | 44.19 | 100.00 | 21.00 | 47.52 | | | 23.19 | 52.48 |
| 恭顺侯吴继爵 | 地（亩） | 2300.00 | 100.00 | | | | | | |
| | 银（两） | 69.00 | 100.00 | | | | | | |
| 宁阳侯陈应诏 | 地（亩） | 3510.00 | 100.00 | | | | | | |
| | 银（两） | 63.70 | 100.00 | | | | | | |
| 丰城侯李环 | 地（亩） | 2600.00 | 100.00 | | | | | | |
| | 银（两） | 78.00 | 100.00 | | | | | | |

保定府

| 姓名 | 项目 | 安肃县 | % | 定兴县 | % | 高阳县 | % |
|---|---|---|---|---|---|---|---|
| 泰宁侯陈良弼 | 银（两） | | | | | 190.20 | 80.56 |
| 恭顺侯吴继爵 | 地（亩） | | | 2300.00 | 100.00 | | |
| | 银（两） | | | 69.00 | | | |
| 宁阳侯陈应诏 | 地（亩） | 3510.00 | 100.00 | | | | |
| | 银（两） | 63.70 | | | | | |

河间府

| 姓名 | 项目 | 献县 | % | 交河县 | % |
|---|---|---|---|---|---|
| 丰城侯李环 | 银（两） | 36.00 | 46.15 | 42.00 | 53.85 |

1218

乙表31　　　　　　　　　　　　　伯以下田土、银两统计[1]

| | 地（亩） | % | 银（两） | % | 注 |
|---|---|---|---|---|---|
| 总数 | 1039951.50 | 100.00 | 30928.01 | 100.00 | |
| 崇信伯费甲金 | 2850.00 | 0.27 | 85.50 | 0.28 | |
| 安乡伯张鈜 | 4192.50 | 0.40 | 125.77 | 0.41 | |
| 武进伯朱世雍 | 138.00 | 0.01 | 4.14 | 0.01 | |
| 彭城伯张守忠 | 7959.10 | 0.77 | 210.13 | 0.68 | 除抛荒外，现征银60.08两 |
| 宁晋伯刘应元 | 8424.40 | 0.81 | 252.73 | 0.82 | |
| 成山伯王应龙 | 240.00 | 0.02 | 7.20 | 0.02 | |
| 南宁伯毛国器 | 607.00 | 0.06 | | | |
| 惠安伯张元善 | 15000.00 | 1.44 | 450.00 | 1.45 | |
| 固安伯陈景行 | 70000.00 | 6.73 | 2100.00 | 6.79 | 外护坟地6056.80亩一自收 |
| 庆都伯杜继宗 | 70000.00 | 6.73 | 2100.00 | 6.79 | |
| 武清伯李伟 | 70000.00 | 6.73 | 2100.00 | 6.79 | 外护坟地6200.80亩一自收 |
| 永年伯王伟 | 50000.00 | 4.81 | 1500.00 | 4.85 | |
| 都督李鹤 | 70000.00 | 6.73 | 2100.00 | 6.79 | 外护坟地6526.80亩一自收 |
| 都督沈至顺 | 9000.00 | 0.87 | 270.00 | 0.87 | |
| 都督方世瘟 | 6716.40 | 0.65 | 201.49 | 0.65 | |
| 宁安公主 | 150000.00 | 14.42 | 4500.00 | 14.55 | |
| 嘉善公主驸马许从诚 | 70000.00 | 6.73 | 2100.00 | 6.79 | |
| 永福公主下百户邹应奇 | 35533.10 | 3.42 | 1065.99 | 3.45 | 万历九年改为25533.10亩 |
| 指挥蒋克谦 | 60389.80 | 5.81 | 1811.69 | 5.86 | 万历九年改为50389.80亩 |
| 指挥谢文铨 | 30000.00 | 2.88 | 900.00 | 2.91 | 万历九年改为20000.00亩 |
| 指挥樊经下监生樊春 | 10000.00 | 0.96 | 300.00 | 0.97 | 万历九年改为500.00亩 |
| 指挥杨钟下监生杨天祥 | 41.50 | 0.00 | 1.24 | 0.00 | |
| 指挥李光先 | 7000.00 | 0.67 | 210.00 | 0.68 | |
| 指挥姜泰男姜潮 | 20000.00 | 1.92 | 600.00 | 1.94 | |
| 指挥张澍下应袭张元忠 | 20000.00 | 1.92 | 600.00 | 1.94 | 万历九年改为10000.00亩 |
| 指挥陈应龙 | 50000.00 | 4.81 | 1500.00 | 4.85 | 万历九年改为40000.00亩 |
| 指挥文龙 | 5000.00 | 0.48 | 150.00 | 0.48 | |
| 指挥鲍承禄 | 7000.00 | 0.67 | 210.00 | 0.68 | |
| 指挥吴继禄 | 5000.00 | 0.48 | 150.00 | 0.48 | |
| 指挥白廷圭 | 5000.00 | 0.48 | 150.00 | 0.48 | |
| 指挥梁国相 | 1300.00 | 0.13 | 39.00 | 0.13 | |
| 指挥甄辅 | 2247.00 | 0.22 | 67.41 | 0.22 | |
| 指挥于应龙 | 500.00 | 0.05 | | | 万历九年裁革备边 |
| 千户蔡绍祖 | 10000.00 | 0.96 | 300.00 | 0.97 | |
| 千户王春 | 3950.00 | 0.38 | 118.50 | 0.38 | |
| 千户游浃 | 5542.80 | 0.53 | 166.28 | 0.54 | |
| 千户栢承绶 | 10000.00 | 0.96 | 300.00 | 0.97 | |
| 千户周佶 | 4540.60 | 0.44 | 136.21 | 0.44 | |

[1]资料来源：根据第一篇甲表42。

| 千户石衍庆 | 885.00 | 0.09 | 26.55 | 0.09 | |
| 千户林万春 | 30000.00 | 2.88 | 900.00 | 2.91 | 万历九年改为20000.00亩 |
| 千户周怀德 | 10000.00 | 0.96 | 300.00 | 0.97 | |
| 千户杜继祖 | 7000.00 | 0.67 | 210.00 | 0.68 | |
| 千户魏昶 | 18000.00 | 1.73 | 335.67 | 1.09 | |
| 千户刘应节 | 10000.00 | 0.96 | 300.00 | 0.97 | |
| 千户杨臣 | 10000.00 | 0.96 | 300.00 | 0.97 | |
| 百户黄增 | 66.00 | 0.01 | 1.98 | 0.01 | 万历九年裁革备边 |
| 百户马应襄 | 10000.00 | 0.96 | 300.00 | 0.97 | |
| 百户王晸下王学武 | 700.00 | 0.07 | 21.00 | 0.07 | |
| 驸马崔元下崔鹤 | 500.00 | 0.05 | 10.68 | 0.03 | |
| 驸马焦敬 | 30.00 | 0.00 | 0.90 | 0.00 | |
| 驸马王彝下王召 | 198.00 | 0.02 | 5.94 | 0.02 | |
| 锦衣卫已故都督陆炳 | 17556.00 | 1.69 | 526.68 | 1.70 | 系该卫公用之数 |
| 百户王爆 | 6778.30 | 0.65 | 203.35 | 0.66 | |
| 驸马李名下家人顾堂 | 18.00 | 0.00 | 0.54 | 0.00 | |
| 兴济郡主下生员杨承明 | 48.00 | 0.00 | 1.44 | 0.00 | |
| 指挥邵辅下邵曾吉 | 5000.00 | 0.48 | 150.00 | 0.48 | 万历九年裁革备边 |
| 指挥王极下王焕 | 10000.00 | 0.96 | 300.00 | 0.97 | 万历九年裁革备边 |
| 千户夏时际 | 5000.00 | 0.48 | 150.00 | 0.48 | 万历九年裁革备边 |

**乙表 32**　　　　　　　　　　　　**万历九年清出给爵地与畦地统计**[2]

| | 给爵地（亩） | % | 畦地（个） | % |
| --- | --- | --- | --- | --- |
| 总数 | 25740.70 | 100.00 | 18180.00 | 100.00 |
| 永康侯徐乔松 | 700.00 | 2.72 | | |
| 恭顺侯吴继 | 5890.00 | 22.88 | | |
| 靖远伯王学诗 | 1602.70 | 6.23 | | |
| 广义伯今袭指挥吴继禄 | 3400.00 | 13.21 | | |
| 奉圣夫人柴氏 | 1859.00 | 7.22 | 15980.00 | 87.90 |
| 指挥李钰 | 12289.00 | 47.74 | 2200.00 | 12.10 |

---

[2]资料来源：根据第一篇甲表42。

乙表33　　　　备边地银统计[1]

| | （两） | % |
|---|---|---|
| 银两总数 | 45135.83 | 100.00 |
| 成国公朱希忠 | 3745.52 | 8.30 |
| 英国公张溶 | 1354.99 | 3.00 |
| 定国公徐文璧 | 1382.52 | 3.06 |
| 武定侯郭大诚 | 230.85 | 0.51 |
| 建昌侯张延龄 | 517.79 | 1.15 |
| 泰宁侯陈良弼 | 15.69 | 0.03 |
| 镇远侯顾寰 | 12.72 | 0.03 |
| 庆云侯周瑛 | 4.95 | 0.01 |
| 武安侯郑昆 | 56.75 | 0.13 |
| 会昌侯孙杲 | 213.09 | 0.47 |
| 瑞安侯王源 | 932.58 | 2.07 |
| 阳武侯薛伦 | 365.85 | 0.81 |
| 惠安伯张元善[2] | 1079.50 | 2.39 |
| 广义伯吴琮 | 33.05 | 0.07 |
| 安平伯方承裕 | 3.00 | 0.01 |
| 安乡伯张铧 | 21.41 | 0.05 |
| 清平伯吴家彦 | 42.08 | 0.09 |
| 彭城伯张熊 | 96.57 | 0.21 |
| 成山伯王维熊 | 6.00 | 0.01 |
| 宁晋伯刘斌 | 16.41 | 0.04 |
| 永顺伯薛斌 | 31.89 | 0.07 |
| 庆阳伯夏臣 | 3207.73 | 7.11 |
| 玉田伯蒋轮 | 298.19 | 0.66 |
| 靖远伯王瑾 | 72.09 | 0.16 |
| 安昌伯钱承宗 | 858.19 | 1.90 |
| 平江伯陈王谟 | 65.00 | 0.14 |
| 都督陆炳 | 332.52 | 0.74 |
| 嘉善公主驸马许从诚 | 2100.25 | 4.65 |
| 宁安公主驸马李和 | 3896.63 | 8.63 |
| 永福公主驸马邬景和 | 265.97 | 0.59 |
| 驸马王彝 | 221.68 | 0.49 |
| 驸马焦敬 | 6.40 | 0.01 |
| 石驸马 | 5.17 | 0.01 |
| 太监陆恺文 | 2.47 | 0.01 |
| 太监赵忠 | 18.00 | 0.04 |
| 指挥周世臣 | 850.00 | 1.88 |
| 指挥马福 | 19.62 | 0.04 |
| 指挥李光先 | 229.93 | 0.51 |
| 指挥梁国相 | 3.15 | 0.01 |
| 指挥甄辅 | 5.01 | 0.01 |
| 指挥文龙 | 924.13 | 2.05 |
| 指挥齐整 | 1040.13 | 2.30 |
| 指挥邵辅 | 3376.93 | 7.48 |
| 指挥谢守朴 | 1263.74 | 2.80 |
| 指挥文荣 | 50.96 | 0.11 |
| 指挥赵汝诚 | 59.40 | 0.13 |
| 指挥王荣 | 30.61 | 0.07 |
| 指挥钱昂 | 147.24 | 0.33 |
| 指挥张澍 | 574.27 | 1.27 |
| 指挥魏瓒 | 60.01 | 0.13 |
| 指挥林荐 | 2439.26 | 5.40 |
| 指挥王极 | 106.93 | 0.24 |
| 指挥蒋寿 | 142.43 | 0.32 |
| 指挥卢绍宗 | 6.99 | 0.02 |
| 指挥卢庆 | 8.25 | 0.02 |
| 指挥沈天擢 | 68.01 | 0.15 |
| 指挥鲍承勋 | 38.68 | 0.09 |
| 指挥罗元正 | 130.00 | 0.29 |
| 指挥陈书 | 789.80 | 1.75 |
| 指挥张楫 | 112.45 | 0.25 |
| 指挥蔡继祖 | 160.46 | 0.36 |
| 指挥沈傅 | 7.81 | 0.02 |
| 指挥吴让 | 37.42 | 0.08 |
| 指挥于应龙 | 33.60 | 0.07 |
| 镇抚张俨 | 295.30 | 0.65 |
| 千户王春 | 9.00 | 0.02 |
| 千户王敏 | 414.76 | 0.92 |
| 千户蒋秉正 | 456.56 | 1.01 |
| 千户栢承绶 | 45.33 | 0.10 |
| 千户游浃 | 49.11 | 0.11 |
| 千户姚福员 | 296.97 | 0.66 |
| 百户覃辅 | 27.51 | 0.06 |
| 百户王昇 | 15.60 | 0.03 |
| 百户郭钦 | 267.00 | 0.59 |
| 安圣夫人魏氏 | 30.00 | 0.07 |
| 翊圣夫人刘氏 | 336.98 | 0.75 |
| 恭圣夫人李氏 | 89.24 | 0.20 |
| 永康公主 | 404.76 | 0.90 |
| 广德公主 | 463.55 | 1.03 |
| 嘉祥公主 | 118.51 | 0.26 |

[1]资料来源：根据第一篇甲表42；又万历九年备边地内拨寿阳长公主地259582亩，银7787.46两。

[2]此处总数与各县数不合，总数比各县数多792.4两。

| | | |
|---|---|---|
| 崇德公主 | 121.33 | 0.27 |
| 宜兴公主 | 115.49 | 0.26 |
| 兴济郡主 | 52.64 | 0.12 |
| 泾简王府 | 225.56 | 0.50 |
| 汝安王府 | 13.43 | 0.03 |
| 慈宁宫改备边银 | 2467.58 | 5.47 |
| 乾清宫 | 31.14 | 0.07 |
| 裕府 | 463.67 | 1.03 |
| 景府 | 316.88 | 0.70 |
| 逆鸾家人杨锐 | 25.77 | 0.06 |
| 显恩寺 | 53.23 | 0.12 |
| 延福宫 | 124.53 | 0.28 |
| 工部王侍郎 | 16.80 | 0.04 |
| 永年伯王伟 | 57.42 | 0.13 |
| 追夺达官卖绝地银 | 47.20 | 0.10 |
| 旧额备边并拨剩地银 | 884.51 | 1.96 |
| 新增开垦首出欺隐等项地银 | 2567.39 | 5.69 |

乙表34　　　　各处备边地银比例

| | 两 | % |
|---|---|---|
| 银两总数 | 45135.83 | 100.00 |
| 各宫 | 2623.25 | 5.81 |
| 王 | 1019.54 | 2.26 |
| 公主、郡主 | 1276.28 | 2.83 |
| 公 | 6483.03 | 14.36 |
| 侯 | 2350.27 | 5.21 |
| 伯 | 5888.53 | 13.05 |
| 其他 | 25494.57 | 56.48 |

**乙表35**

## 庄田子粒分府州县比较[1]

| 地区 | 各官总数 | | 王、公、侯田土银两[2] | | 估以下田土银两[3] | | 总数 | | 退出地 | 实征银[4] |
|---|---|---|---|---|---|---|---|---|---|---|
| | 子粒官地（亩） | 征银（两） | 地（亩） | 银（两） | 地（亩） | 银（两） | 地（亩） | 银（两） | 银（两） | 银（两） |
| 顺天府 | 2048217.84 | 49424.99 | 1413011.20 | 41412.43 | 1309533.50 | 39015.47 | 4770762.54 | 129852.89 | 45135.47 | 84717.42 |
| 大兴县 | 51425.60 | 1800.47 | | 123.75 | 7390.60 | 526.83 | 58816.20 | 2451.05 | 31.21 | 2419.84 |
| 宝坻县 | 190547.20 | 3810.00 | 60100.00 | 1867.16 | | 826.09 | 250647.20 | 6503.25 | 3851.24 | 2652.01 |
| 昌平州 | 10013.70 | 280.34 | | 57.85 | 10240.00 | 742.20 | 20253.70 | 1080.39 | 693.81 | 386.58 |
| 顺义县 | 16287.90 | 403.66 | | 169.18 | 48.00 | 337.01 | 16335.90 | 909.85 | 723.88 | 185.97 |
| 通州 | 31010.00 | 939.16 | | 97.03 | | 405.50 | 31010.00 | 1441.69 | 169.54 | 1272.15 |
| 宛平县 | 41788.20 | 1365.68 | | 116.75 | 1275.50 | 741.34 | 43063.70 | 2223.77 | 36.22 | 2187.55 |
| 香河县 | 6983.40 | 173.36 | | 322.60 | 14497.00 | 434.91 | 21480.40 | 930.87 | 380.50 | 550.37 |
| 武清县 | 161890.30 | 4680.53 | 10000.00 | 491.33 | 23442.40 | 6355.44 | 195332.70 | 11527.30 | 5170.30 | 6357.00 |
| 怀柔县 | 735.90 | 22.07 | | 80.92 | | | 735.90 | 102.99 | 15.43 | 87.56 |
| 涿州 | 13108.50 | 393.25 | | 155.50 | 885.00 | 100.59 | 13993.50 | 649.34 | 111.78 | 537.56 |
| 东安县 | 10517.40 | 473.29 | | 80.79 | | 487.09 | 10517.40 | 1041.17 | 389.56 | 651.61 |
| 文安县 | 4461.40 | 133.84 | | | 700.00 | 21.00 | 5161.40 | 154.84 | 744.88 | -590.04 |
| 丰润县 | 67247.50 | 2017.42 | 50397.40 | 300.00 | 25000.00 | 1350.00 | 142644.90 | 3667.42 | 5297.70 | -1630.28 |
| 玉田县 | 156722.60 | 2154.22 | 42305.10 | | | 448.83 | 199027.70 | 2603.05 | 3.20 | 2599.85 |

[1]资料来源：根据第一篇甲表42。

[2]王、公、侯田土，寿定王攻香火地，寿定王妃坟给爵地及护坟地，成国公未应枋地，英国公张溶地，定国公徐文璧地，泰宁侯陈良弼地，隆平侯张弼地，丰城侯李环地共计133835.70亩，未标明所属府县；王、公、侯银项下，雍靖王妃坟银33330.69两未标明所属府县。

[3]安乡伯张钱地，惠安伯陈元善地，固安伯张景行地，庆都伯杜继宗地，武清伯李伟地，永年伯王伟地，都督李鹤地，指挥姜男姜潮地，指挥陈应龙地，都督方世瓤地，宁安公主下地，嘉善公主驸马许从诚地，永福公主下百户邬应奇地，指挥移兑谦地，千户杜继祖地，千户魏昶等地，百户马应襄地，指挥郡辅下郡曾吉地，寿阳长公主地共计1056956.60亩未标明所属府县，由两类原因造成：其一是该县庄田子粒数值为零；其二是田子粒数记录缺失所致。

[4]此项部分县数据出现负值，由两类原因造成：其一是该县庄田子粒数少于退出地银数；其二是退出地银数缺失所致。

| 地区 | | | | | | | | | | |
|---|---|---|---|---|---|---|---|---|---|---|
| 霸州 | 28047.20 | 841.41 | | | 6778.30 | 203.35 | 34825.50 | 1044.76 | 474.48 | 570.28 |
| 保定县 | 2890.00 | 86.70 | | | | | 2890.00 | 86.70 | 86.70 | 86.70 |
| 固安县 | 4384.40 | 131.53 | | 268.86 | | | 4384.40 | 400.39 | 61.17 | 339.22 |
| 良乡县 | 14276.80 | 428.30 | 562.90 | 227.04 | 7959.10 | 405.13 | 22798.80 | 1060.47 | 78.78 | 981.69 |
| 永清县 | 55466.60 | 1664.00 | | 456.69 | | 3263.97 | 55466.60 | 5384.66 | 2711.28 | 2673.38 |
| 房山县 | 6216.50 | 421.49 | | | | | 6216.50 | 421.49 | 53.20 | 368.29 |
| 三河县 | 32307.60 | 969.31 | | 812.18 | 9000.00 | 3028.05 | 41307.60 | 4809.54 | 1411.22 | 3398.32 |
| 潭县 | | | | 76.00 | 607.00 | 162.97 | 607.00 | 238.97 | 413.33 | -174.36 |
| 蓟州 | | | | | 30000.00 | 3485.46 | 30000.00 | 3485.46 | 2401.71 | 1083.75 |
| 大城县 | | | | | | | | | 1.32 | -1.32 |
| **保定府** | 13520.00 | 298.31 | | | | | 13520.00 | 298.31 | 282.91 | 15.40 |
| 清苑县 | 22453.90 | 466.03 | 3510.00 | 180.96 | 10000.00 | 2150.32 | 35963.90 | 2797.31 | 15.04 | 2782.27 |
| 安肃县 | 6276.70 | 188.30 | | | | | 6276.70 | 188.30 | 188.30 | 188.30 |
| 安州 | 4318.60 | 108.17 | | | 10000.00 | 1546.58 | 14318.60 | 1654.75 | 159.48 | 1495.27 |
| 新安县 | 1595.00 | 47.85 | | | | 263.60 | 1595.00 | 311.45 | 98.20 | 213.25 |
| 容城县 | 453.00 | 13.59 | | | | | 453.00 | 13.59 | 13.59 | 13.59 |
| 易州 | 4618.80 | 138.56 | | 65.99 | | | 4618.80 | 204.55 | 1316.04 | -1111.49 |
| 新城县 | 1041.70 | 31.25 | | | | | 1041.70 | 31.25 | 118.81 | -87.56 |
| 博野县 | 1008.40 | 30.25 | | 580.95 | | | 1008.40 | 611.20 | 107.08 | 504.12 |
| 满城县 | 1693.00 | 50.79 | 12300.00 | 369.00 | | 2126.88 | 13993.00 | 2546.67 | 689.23 | 1857.44 |
| 定兴县 | 8980.00 | 281.90 | | 190.20 | | 108.00 | 8980.00 | 580.10 | 146.37 | 433.73 |
| 高阳县 | | | | | | 117.09 | | 117.09 | 80.82 | 36.27 |
| 雄县 | | | | | | 180.00 | | 180.00 | 64.20 | 115.80 |
| 蠡县 | | | | | 10000.00 | | 10000.00 | | | |
| 束鹿县 | | | | | | 675.78 | | 675.78 | 1071.71 | -395.93 |

| 县/府 | | | | | | | | | |
|---|---|---|---|---|---|---|---|---|---|
| 庆都县 | | | | | | | | 55.98 | -55.98 |
| 河间府 | | | 156.95 | | | 156.95 | 156.95 | | 156.95 |
| 静海县 | 1798.15 | 97940.20 | | 17556.00 | 2298.97 | 115496.20 | 4097.12 | 2110.30 | 1986.82 |
| 肃宁县 | 1258.03 | 48947.00 | | | 300.00 | 48947.00 | 1558.03 | 339.92 | 1218.11 |
| 河间县 | 1171.47 | 38778.20 | | | | 38778.20 | 1171.47 | 58.23 | 1113.24 |
| 献县 | 1994.29 | 89747.30 | 36.00 | | 253.19 | 89747.30 | 2283.48 | 222.88 | 2060.60 |
| 交河县 | 396.76 | 13225.50 | 198.00 | | 160.88 | 13225.50 | 755.64 | 410.59 | 345.05 |
| 兴济县 | 117.30 | 4500.00 | | | | 4500.00 | 117.30 | | 117.30 |
| 东光县 | 249.00 | 8300.10 | | | | 8300.10 | 249.00 | 0.64 | 248.36 |
| 任丘县 | 2641.74 | 88463.40 | | 10000.00 | 1494.00 | 98463.40 | 4135.74 | 818.88 | 3316.86 |
| 南皮县 | 93.00 | 3100.00 | | | | 3100.00 | 93.00 | 72.90 | 20.10 |
| 青县 | 134.16 | 4316.70 | | 7000.00 | 1004.20 | 11316.70 | 1138.36 | 1869.58 | -731.22 |
| 沧州 | | | | | | | | 411.70 | -411.70 |
| 故城县 | | | | | | | | 28.63 | -28.63 |
| 真定府 | 3096.14 | 207958.50 | | | 1500.00 | 207958.50 | 4596.14 | 1239.99 | 3356.15 |
| 宁晋县 | 3951.51 | 102982.30 | | 5000.00 | 150.00 | 107982.30 | 4101.51 | 1128.22 | 2973.29 |
| 隆平县 | 479.26 | 15975.50 | | | | 15975.50 | 479.26 | 36.44 | 442.82 |
| 新河县 | 22.92 | 764.00 | | | | 764.00 | 22.92 | 322.58 | -299.66 |
| 南宫县 | 253.48 | 8449.40 | | 198.00 | 5.94 | 8647.40 | 259.42 | 221.68 | 37.74 |
| 武强县 | 232.49 | 9499.60 | | 15000.00 | 450.00 | 24499.60 | 682.49 | 160.46 | 522.03 |
| 饶阳县 | 13.50 | 450.00 | | | | 450.00 | 13.50 | 213.06 | -199.56 |
| 新乐县 | | | | | | | | | |
| 无极县 | | | 300.00 | | | 300.00 | 300.00 | 695.48 | -395.48 |
| 藁城县 | | | 300.00 | | | 300.00 | 300.00 | 572.65 | -272.65 |
| 冀州 | | | | 30000.00 | 900.00 | 30000.00 | 900.00 | 498.54 | 401.46 |

| 地名 | | | | | | | | |
| --- | --- | --- | --- | --- | --- | --- | --- | --- |
| 深州 | -1119.39 | 1119.39 | | | | | | |
| 衡水县 | -402.99 | 402.99 | | | | | | |
| 广平府 | | | | | | | | |
| 鸡泽县 | 76.50 | 37.42 | 113.92 | 3797.50 | | | 113.92 | 3797.50 |
| 永年县 | 45.28 | 7.81 | 53.09 | 1769.80 | | | 53.09 | 1769.80 |
| 顺德府 | | | | | | | | |
| 任县 | 332.40 | | 332.40 | 11080.00 | | | 332.40 | 11080.00 |
| 巨鹿县 | 1054.94 | 661.92 | 1716.86 | 57228.80 | | | 1716.86 | 57228.80 |
| 大名府 | | | | | | | | |
| 浚县 | -609.40 | 609.40 | | | | | | |
| 长垣县 | -1154.44 | 1154.44 | | | | | | |
| 永清左卫 | 500.00 | | 500.00 | 31503.30 | | | 500.00 | 31503.30 |
| 永清右卫 | 539.78 | | 539.78 | 35985.40 | | | 539.78 | 35985.40 |
| 羽林前卫 | 396.53 | | 396.53 | 13829.40 | | | 396.53 | 13829.40 |
| 大兴左卫 | 100.00 | | 100.00 | 5838.60 | | | 100.00 | 5838.60 |
| 大宁前卫 | 50.00 | | 50.00 | 2781.60 | | | 50.00 | 2781.60 |
| 蔚州前卫 | 100.00 | | 100.00 | 2000.00 | | | 100.00 | 2000.00 |
| 彭城卫 | 100.00 | | 100.00 | 30030.00 | | | 100.00 | 30030.00 |
| 济州卫 | 413.06 | | 413.06 | 25737.30 | | | 413.06 | 25737.30 |
| 燕山左卫 | 321.84 | | 321.84 | 21456.30 | | | 321.84 | 21456.30 |
| 燕山右卫 | 100.00 | | 100.00 | 5766.60 | | | 100.00 | 5766.60 |
| 燕山前卫 | 224.16 | | 224.16 | 14787.00 | | | 224.16 | 14787.00 |
| 茂陵卫 | 100.00 | | 100.00 | 6666.60 | | | 100.00 | 6666.60 |
| 富峪卫 | 60.10 | | 60.10 | 3231.00 | | | 60.10 | 3231.00 |
| 梁城所 | 974.73 | | 974.73 | 32491.00 | | | 974.73 | 32491.00 |

| | | | | | | | | |
|---|---|---|---|---|---|---|---|---|
| 通州卫 | 13333.30 | 200.00 | | | | 13333.30 | 200.00 | 200.00 |
| 济阳卫 。 | 7749.00 | 150.00 | | | | 7749.00 | 150.00 | 150.00 |
| 金吾右卫 | 5467.30 | 130.00 | | | | 5467.30 | 130.00 | 130.00 |

# 第 六 章

# 边镇原额、见额粮饷

## 说　明

本章中按边镇饷额的原额与见额分六个表格为两组，第一组原额为乙表 36；第二组见额为乙表 37。其中乙表 36—1，乙表 37—1 是根据甲表 49—甲表 61 所记载的数据，按各边镇饷额详细项目列出。在所列的十三镇粮饷原额中，以下各主要项目的前三名分别是，官军人数：宣府镇、大同镇、固原镇；马骡匹数：辽东镇、宣府镇、大同镇；屯粮数：辽东镇、甘肃镇、大同镇；民运粮数：大同镇、延绥镇、宣府镇；京运银两：延绥镇、甘肃镇、蓟州镇。在所列的十三镇粮饷见额主兵项下，上述各主要项目的前三名分别是，官军人数：固原镇、大同镇、辽东镇；马骡匹数：辽东镇、大同镇、固原镇；屯粮数：固原镇、辽东镇、甘肃镇；民运粮数：大同镇、延绥镇、固原镇；京运银两：延绥镇、辽东镇、大同镇。

而乙表 36—2 与乙表 37—2 是在乙表 36—1、乙表 37—1 的基础上，根据边镇饷额中官军人数、马骡匹数、屯粮、民运、漕粮、盐引及京运这七个项目，进行了综合整理。给出了各镇各项目在十三镇总数中所占的百分比。例如，在乙表 36—1 与乙表 37—1 中，民运项下，分别有民运本色粮、折色粮、折色银、民运布、草、民运花绒、折色粮料布花银等项，现归类为粮、银、草布、绒、盐引。

在这样的综合整理后，上述七项中的每一项都仍然含有粮食、布匹、棉绒、草、盐引以及银两中的一项或几项，例如在民运、屯粮、盐引等项下都有银两。在为了从实际物品，而不是依照上述七项对边镇饷额加以分类，在乙表 36—2 与乙表 37—2 的基础上，又依照官军人数、马骡匹数、粮食、布匹、棉绒、草、盐引以及银两八个项目，做了进一步的综合整理，列出乙表 36—3 与乙表 37—3。在乙表 36—3 与乙表 37—3 中可以直观的看到每镇的官军人数、马骡匹数、粮食数、布匹数、棉绒数、草数、盐引数和银两数，以及它们在十三镇总数中所占的百分比。

乙表 36—1

## 边镇饷额原额统计[1]

| 项目 | 总数 | 辽东镇 | 蓟州镇 | 永平镇 | 密云镇 | 昌平镇 | 易州镇 | 宣府镇 | 大同镇 | 山西镇 |
|---|---|---|---|---|---|---|---|---|---|---|
| 官军(员名) | 892443.00 | 94693.00 | 39339.00 | 22307.00 | 9605.00 | 14295.00 | 29308.00 | 151452.00 | 135778.00 | 25287.00 |
| 马骡(匹)[2] | 343199.00 | 77001.00 | 10700.00 | 6083.00 | 2032.00 | 3015.00 | 1199.00 | 55274.00 | 51654.00 | 6551.00 |
| 屯粮(石)[3] | 2743737.73 | 700000.00 | 116600.00 | 35782.52 | 4627.55 | 3232.55 | 13637.72 | 254000.00 | 513904.55 | 800.00 |
| 折色银(两) | 10097.53 | | | 5627.95 | | | 4469.58 | | | |
| 草(束) | 2679444.00 | | | | | | | | 169190.00 | |
| 秋青草(束) | 1801477.00 | | | | | | 27250.00 | | 1760000.00 | |
| 折银(两) | 544.10 | | | | | | 544.10 | | | |
| 折色粮料草银(两) | 38333.16 | | | | | | | | | |
| 地亩银(两) | 7897.94 | | | | | | | | | |
| 民运粮(石)[4] | 1799504.30 | | 110000.00 | 27713.00 | 55000.00 | 13000.00 | 68050.00 | 270000.00 | 418860.50 | 68033.00 |
| 内本色(石) | 268860.50 | | | | | | | | 268860.50 | |
| 内折色(石) | 150000.00 | | | | | | | | 150000.00 | |
| 该银(两) | 37500.00 | | | | | | | | 37500.00 | |
| 折色银(两) | 137617.80 | | | 77617.80 | | | | 60000.00 | | |
| 民运布(匹)[5] | 485846.00 | 320000.00 | 100000.00 | | | | | | | |
| 草(束) | 1210696.00 | | | | | | | | 600000.00 | 600000.00 |
| 民运花绒(斤)[6] | 269110.50 | 140000.00 | 100000.00 | | | | | | | |
| 折色粮料布花银(两) | 283631.27 | | | | | | | | | |
| 漕粮(石)[7] | 331000.00 | | 240000.00 | 56000.00 | 15000.00 | 20000.00 | | | | |

[1] 资料来源：根据第一篇甲表 49—61。

[2] 原书中马骡一项，各镇名称不一。蓟州镇：马；宣府镇：马骡驼驴；大同镇：马骡；宁夏镇：马；固原镇：马骡牛；其余各镇均为：马骡。

[3] 原书中屯粮一项，各镇名称不一。永平镇、甘肃镇、固原镇为屯粮料，其余各镇为屯粮。

[4] 原书中民运粮一项，各镇名称不一。永平镇：民运山西米豆麦，大同镇：民运本色米麦；宣府镇：民运粮料；山西镇：民运山西米豆，固原镇：民运本色米豆，其余各镇均为民运粮。

[5] 原书中民运布一项，各镇名称不一。辽东镇：民运布；蓟州镇：布。

[6] 原书中民运花绒一项，各镇名称不一。辽东镇：民运花绒；蓟州镇：花。

[7] 原书中漕粮一项，各镇名称不一。永平镇：折色漕粮，其余各镇为漕粮。

| 项目 | 延绥镇 | 宁夏镇 | 甘肃镇 | 固原镇 | | | |
|---|---|---|---|---|---|---|---|
| 该银(两) | 41600.00 | | | 41600.00 | | | 120000.00 |
| 盐引(引)¹ | 1039905.00 | 141548.00 | | 42500.00 | 200000.00 | 80000.00 | |
| 该银(两) | 90000.00 | | | 30000.00 | | | 30000.00 |
| 盐引银(两) | 13581.30 | | 13581.30 | | | | 15000.00 |
| 京运银(两) | 472544.09 | 10000.00 | 50000.00 | 28672.89 | 50000.00 | 50000.00 | 20000.00 |
| 犒赏银(两) | 588.82 | | | | | | |
| | 延绥镇 | 宁夏镇 | 甘肃镇 | 固原镇 | | | |
| 官军(员名) | 80196.00 | 71693.00 | 91571.00 | 126919.00 | | | |
| 马骡(匹) | 45940.00 | 22182.00 | 29318.00 | 32250.00 | | | |
| 屯粮(石) | 65845.00 | 107497.00 | 603188.42 | 324622.42 | | | |
| 折色银(两) | | | | | | | |
| 草(束) | 43372.00 | 1687474.00 | 549703.00 | 229705.00 | | | |
| 秋青草(束) | | | | 14227.00 | | | |
| 折银(两) | | | | | | | |
| 折色粮料草银(两) | | | | 38333.16 | | | |
| 地亩银(两) | 1124.00 | | | 6773.94 | | | |
| 民运粮(石) | 280000.00 | 200000.00 | 246744.00 | 42103.80 | | | |
| 内本色(石) | | | | | | | |
| 内折色(石) | | | | | | | |
| 该银(两) | | | | | | | |
| 折色银(两) | | | | | | | |
| 民运布(匹) | | | | 65846.00 | | | |
| 草(束) | | | | 10696.00 | | | |
| 民运花绒(斤) | | | | 29110.50 | | | |
| 折色粮料布花银(两) | | | | 283631.27 | | | |
| 漕粮(石) | | | | | | | |

¹ 原书中盐引一项，各镇名称不一。延绥镇：准盐引；其余各镇为盐引。

乙表 36-1（续）

| 项目 | 总数 | | 辽东镇 | | 蓟州镇 | | 永平镇 | | 密云镇 |
|---|---|---|---|---|---|---|---|---|---|
| 该银（两） | | | | | | | | | |
| 盐引（引） | 200000.00 | | 108000.00 | | | | 75000.00 | | 72857.00 |
| 该银（两） | | | | | | | | | 30000.00 |
| 盐引银（两） | 100000.00 | | 40000.00 | | | | | | |
| 京运银（两） | | | 60000.00 | | | | | | 48871.20 |
| 犒赏银（两） | | | | | | | | | 588.82 |

## 乙表 36-2

### 边镇饷额原额统计[1]

| 项目 | 总数 | % | 辽东镇 | % | 蓟州镇 | % | 永平镇 | % | 密云镇 | % |
|---|---|---|---|---|---|---|---|---|---|---|
| 官军（员名） | 892443.00 | 100.00 | 94693.00 | 10.61 | 39339.00 | 4.41 | 22307.00 | 2.50 | 9605.00 | 1.08 |
| 马骡（匹） | 343199.00 | 100.00 | 77001.00 | 22.44 | 10700.00 | 3.12 | 6083.00 | 1.77 | 2032.00 | 0.59 |
| 屯粮 | | | | | | | | | | |
| 粮（石） | 2743737.73 | 100.00 | 700000.00 | 25.51 | 116600.00 | 4.25 | 35782.52 | 1.30 | 4627.55 | 0.17 |
| 银（两） | 56872.73 | 100.00 | | | | | 5627.95 | 9.90 | | |
| 草（束） | 4453671.00 | 100.00 | | | | | | | | |
| 民运 | | | | | | | | | | |
| 粮（石） | 1649504.30 | 100.00 | | | 110000.00 | 6.67 | 27713.00 | 1.68 | 55000.00 | 3.33 |
| 布（匹） | 485846.00 | 100.00 | 320000.00 | 65.86 | 100000.00 | 20.58 | | | | |
| 绒（斤） | 269110.50 | 100.00 | 140000.00 | 52.02 | 100000.00 | 37.16 | | | | |
| 银（两） | 458749.07 | 100.00 | | | | | 77617.80 | 16.92 | | |
| 草（束） | 1210696.00 | 100.00 | | | | | | | | |
| 漕粮 | | | | | | | | | | |
| 粮（石） | 275000.00 | 100.00 | | | 240000.00 | 87.27 | | | 15000.00 | 5.45 |
| 银 | 41600.00 | 100.00 | | | | | 41600.00 | 100.00 | | |
| 盐引 | | | | | | | | | | |
| 盐引（引） | 804548.00 | 100.00 | 141548.00 | 17.59 | | | | | | |

[1]资料来源：根据第一篇甲表 49—61。

**上部表（昌平镇、易州镇、宣府镇、大同镇、山西镇）**

| 项目 | 合计 | % | 昌平镇 | % | 易州镇 | % | 宣府镇 | % | 大同镇 | % | 山西镇 | % |
|---|---|---|---|---|---|---|---|---|---|---|---|---|
| 银（两） | 103581.30 | 100.00 | | | | | | | 30000.00 | 28.96 | | |
| 京运 银（两） | 473132.91 | 100.00 | | | 10000.00 | 2.11 | 50000.00 | 10.57 | 28672.89 | 6.06 | 15000.00 | 3.17 |
| 官军（员名） | | | 14295.00 | 1.60 | 29308.00 | 3.28 | 151452.00 | 16.97 | 135778.00 | 15.21 | 25287.00 | 2.83 |
| 马骡（匹） | | | 3015.00 | 0.88 | 1199.00 | 0.35 | 55274.00 | 16.11 | 51654.00 | 15.05 | 6551.00 | 1.91 |
| 屯粮 粮（石） | | | 3232.55 | 0.12 | 13637.72 | 0.50 | 254000.00 | 9.26 | 513904.55 | 18.73 | 800.00 | 0.03 |
| 屯粮 银（两） | | | | | | | | | | | | |
| 屯粮 草（束） | | | 5013.68 | 8.82 | | | | | 1929190.00 | 43.32 | | |
| 民运 粮（石） | | | 13000.00 | 0.79 | 68050.00 | 4.13 | 270000.00 | 16.37 | 268860.50 | 16.30 | 68033.00 | 4.12 |
| 民运 绒（斤） | | | | | | | | | 37500.00 | 8.17 | | |
| 民运 银（两） | | | | | | | 60000.00 | 13.08 | | | | |
| 民运 草（束） | | | | | | | | | 600000.00 | 49.56 | 600000.00 | 49.56 |
| 漕粮 粮（石） | | | 20000.00 | 7.27 | | | 200000.00 | 24.86 | 80000.00 | 9.94 | | |
| 盐引 盐引（引） | | | | | | | | | | | 30000.00 | 28.96 |
| 盐引 银（两） | | | 1124.00 | 1.98 | | | | | 50000.00 | 10.57 | 20000.00 | 4.23 |

**下部表（延绥镇、宁夏镇、甘肃镇、固原镇）**

| 项目 | 延绥镇 | % | 宁夏镇 | % | 甘肃镇 | % | 固原镇 | % |
|---|---|---|---|---|---|---|---|---|
| 京运 银（两） | | | | | 50000.00 | 10.57 | 50000.00 | 10.57 |
| 官军（员名） | 80196.00 | 8.99 | 80196.00 | 8.99 | 91571.00 | 10.26 | 126919.00 | 14.22 |
| 马骡（匹） | 45940.00 | 13.39 | 45940.00 | 13.39 | 29318.00 | 8.54 | 32250.00 | 9.40 |
| 屯粮 粮（石） | 65845.00 | 2.40 | 107497.00 | 3.92 | 603188.42 | 21.98 | 324622.42 | 11.83 |
| 屯粮 银（两） | 1124.00 | 1.98 | | | 45107.10 | 79.31 | | |

|  |  |  |  |  |  |  |  |
|---|---|---|---|---|---|---|---|
| 草（束） | 43372.00 | 0.97 | 1687474.00 | 37.89 | 549703.00 | 12.34 | 243932.00 | 5.48 |
| 民运 |  |  |  |  |  |  |  |  |
| 粮（石） | 280000.00 | 16.97 | 200000.00 | 12.12 | 246744.00 | 14.96 | 42103.80 | 2.55 |
| 布（匹） |  |  |  |  |  |  | 65846.00 | 13.55 |
| 绒（斤） |  |  |  |  |  |  | 29110.50 | 10.82 |
| 银（两） |  |  |  |  |  |  | 283631.27 | 61.83 |
| 草（束） |  |  |  |  |  |  | 10696.00 | 0.88 |
| 盐引 |  |  |  |  |  |  |  |  |
| 盐引（引） | 200000.00 | 24.86 | 108000.00 | 13.42 | 75000.00 | 9.32 |  |  |
| 银（两） |  |  |  |  |  |  | 30000.00 | 28.96 |
| 京运 |  |  |  |  |  |  |  |  |
| 银（两） | 100000.00 | 21.14 | 40000.00 | 8.45 | 60000.00 | 12.68 | 49460.02 | 10.45 |

## 乙表 36—3

### 边镇饷额原额统计[1]

| 项目 | 总数 | % | 辽东镇 | % | 蓟州镇 | % | 永平镇 | % | 密云镇 | % |
|---|---|---|---|---|---|---|---|---|---|---|
| 官军（员名） | 892443.00 | 100.00 | 94693.00 | 10.61 | 39339.00 | 4.41 | 22307.00 | 2.50 | 9605.00 | 1.08 |
| 马骡（匹） | 343199.00 | 100.00 | 77001.00 | 22.44 | 10700.00 | 3.12 | 6083.00 | 1.77 | 2032.00 | 0.59 |
| 粮（石） | 4668242.03 | 100.00 | 700000.00 | 14.99 | 466600.00 | 10.00 | 63495.52 | 1.36 | 74627.55 | 1.60 |
| 布（匹） | 485846.00 | 100.00 | 320000.00 | 65.86 | 100000.00 | 20.58 |  |  |  |  |
| 绒（斤） | 269110.50 | 100.00 | 140000.00 | 52.02 | 100000.00 | 37.16 |  |  |  |  |
| 银（两） | 1133936.01 | 100.00 | 10000.00 | 0.88 | 63581.30 | 5.61 | 183518.64 | 16.18 | 15000.00 | 1.32 |
| 草（束） | 5664367.00 | 100.00 |  |  |  |  |  |  |  |  |
| 盐引（引） | 804548.00 | 100.00 | 141548.00 | 17.59 |  |  |  |  |  |  |

| 项目 | 昌平镇 | % | 易州镇 | % | 宣府镇 | % | 大同镇 | % | 山西镇 | % |
|---|---|---|---|---|---|---|---|---|---|---|
| 官军（员名） | 14295.00 | 1.60 | 29308.00 | 3.28 | 151452.00 | 16.97 | 135778.00 | 15.21 | 25287.00 | 2.83 |
| 马骡（匹） | 3015.00 | 0.88 | 1199.00 | 0.35 | 55274.00 | 16.11 | 51654.00 | 15.05 | 6551.00 | 1.91 |

1 资料来源：根据第一篇甲表 49—61。

**（上接前页 续表）**

| 项目 | | | | | | | | | | |
|---|---|---|---|---|---|---|---|---|---|---|
| 粮（石） | 36232.55 | 0.78 | 81687.72 | 1.75 | 524000.00 | 11.22 | 782765.05 | 16.77 | 68833.00 | 1.47 |
| 银（两） | 5013.68 | | | 110000.00 | 9.70 | 87500.00 | 7.72 | 50000.00 | 4.41 | |
| 草（束） | | | | | 2529190.00 | 44.65 | | 600000.00 | 10.59 | |
| 盐引（引） | | | | | 200000.00 | 24.86 | 80000.00 | 9.94 | | |

| 项目 | 延绥镇 | % | 宁夏镇 | % | 甘肃镇 | % | 固原镇 | % |
|---|---|---|---|---|---|---|---|---|
| 官军（员名） | 80196.00 | 8.99 | 71693.00 | 8.03 | 91571.00 | 10.26 | 126919.00 | 14.22 |
| 马骡（匹） | 45940.00 | 13.39 | 22182.00 | 6.46 | 29318.00 | 8.54 | 32250.00 | 9.40 |
| 粮（石） | 345845.00 | 7.41 | 307497.00 | 6.59 | 849932.42 | 18.21 | 366726.22 | 7.86 |
| 布（匹） | | | | | | | 65846.00 | 13.55 |
| 绒（斤） | | | | | | | 29110.50 | 10.82 |
| 银（两） | 101124.00 | 8.92 | 40000.00 | 3.53 | 60000.00 | 5.29 | 408198.39 | 36.00 |
| 草（束） | 43372.00 | 0.77 | 1687474.00 | 29.79 | 549703.00 | 9.70 | 254628.00 | 4.50 |
| 盐引（引） | 200000.00 | 24.86 | 108000.00 | 13.42 | 75000.00 | 9.32 | | |

## 乙表 37—1　　边镇饷额见额统计[1]

| 项目 | 总数 | 辽东镇 | 蓟州镇 | 永平镇 | 密云镇 | 昌平镇 | 易州镇 | 宣府镇 | 大同镇 | 山西镇 |
|---|---|---|---|---|---|---|---|---|---|---|
| **主兵** | | | | | | | | | | |
| 官军（员名） | 683592.00 | 83324.00 | 34658.00 | 39940.00 | 33569.00 | 19039.00 | 34697.00 | 79258.00 | 85311.00 | 55295.00 |
| 马骡（匹）[2] | 282866.00 | 41830.00 | 6399.00 | 15008.00 | 13120.00 | 5625.00 | 4791.00 | 33147.00 | 35870.00 | 24764.00 |
| 南兵官军（名） | 2931.00 | | | 2931.00 | | | | | | |
| 马骡（匹） | 83.00 | | | 83.00 | | | | | | |
| 屯粮（石）[3] | 1386465.53 | 279212.31 | | 33521.04 | 6646.75 | | 23077.83 | 132038.20 | 126744.59 | 28592.85 |
| 内本色（石） | 7917.33 | | | | | | | | 7917.33 | |
| 内折色（石） | 55827.26 | | | | | | | | 55827.26 | |
| 该银（两） | 16648.61 | | | | | | | | 16648.61 | |

[1] 资料来源：根据第一篇甲表 49—61。

[2] 原书中马骡一项，各镇名称不一。蓟州镇：马；宣府镇：马骡；密云镇：马骡驴；大同镇：马骡驼驴；马骡牛；宁夏镇：马；固原镇：马、宣府镇、密云镇、延绥镇、宁夏镇、甘肃镇、固原镇、马骡。其余各镇均为：马骡。

[3] 原书中屯粮一项，各镇名称不一。永平镇、宁夏镇、甘肃镇、延绥镇、宁夏镇、固原镇 固原镇为屯粮料；其余各镇为屯粮。

| | | | | | | |
|---|---|---|---|---|---|---|
| 折色银（两）[1] | 69702.63 | 431.94 | | 2428.46 | 22826.17 | 1030.43 |
| 地亩银（两） | 10849.26 | | 290.24 | 557.69 | 664.70 | |
| 秋青草（束） | 2098818.00 | | | | 191960.00 | 95086.00 |
| 秋青草折银（两）[2] | 8081.67 | | | 128.08 | 5758.80 | |
| 牛具银（两） | 8528.66 | | | | 8332.51 | |
| 户口盐钞银（两） | 1079.00 | | | | 1079.00 | |
| 草（束） | 4059453.00 | | | | 251296.00 | |
| 内本色屯草（束） | 199782.00 | | | | 199782.00 | |
| 内折色牛具地苗草（束） | 51514.00 | | | | 51514.00 | |
| 该银（两） | 1056.03 | | | | 1056.03 | |
| 湖荡草（束） | 759413.00 | | | | | |
| 粮折布（匹） | 105.00 | | | | | |
| 民运粮（石）[3] | 780212.52 | 27713.40 | | | 586475.50 | 21522.24 |
| 内本色米（石） | 7274.50 | | | | 7274.50 | |
| 内折色米（石） | 579002.50 | | | | 579002.50 | |
| 该银（两） | 456713.50 | | | | 456713.50 | |
| 折色银（两）[4] | 964467.21 | 28090.47 | | | | 362120.55 |
| 草（束） | 2486150.00 | | | | 2444850.00 | |
| 折色银（两）[5] | 327752.52 | | | | 21600.00 | |
| 民壮工食银（两） | 12618.00 | 12618.00 | | | | |
| 民运银（两） | 1294762.51 | 159842.59 | 9731.49 | 10953.16 | 20704.90 | 306297.09 | 787233.28 |
| 漕粮（石） | 344083.30 | 50000.00 | 104810.80 | 189272.50 | | | |

1 原书中折色银一项，各镇名称不一。辽东镇：荒田粮折银；昌平镇、宣府镇：屯粮折银；固原镇：折色银。
2 原书中折色草价银一项，各镇名称不一。昌平镇、大同镇：秋青草折银；甘肃镇：折色草价银。
3 原书中民运粮一项，各镇名称不一。永平镇：民运粮料；大同镇：民运粮料（大同镇总数与本、折色数之和不等）；山西镇：民运本色粮；固原镇：民运本色银。
4 原书中折色银一项，各镇名称不一。永平镇、山西镇：折色银；甘肃镇：民运粮布折银；固原镇：折色粮布花银。
5 原书中折色银一项，各镇名称不一。大同镇：荒草银；宁夏镇：折色粮草银。

|  |  | | | | | | | | |
|---|---|---|---|---|---|---|---|---|---|
| **盐引(引)[1]** | | | | | | | | | |
| 　盐(引)[1] | 1156042.00 | 111402.00 | | | | 145113.00 | | 43804.00 | 164391.00 |
| 　该银(两) | 432049.30 | 39076.05 | | | | 58299.12 | | | 57832.06 |
| 　河东运司盐价银(两) | 76778.56 | | | | | 76778.56 | | | 64259.20 |
| **盐课银(两)** | 64259.20 | | | | | | | | 133300.00 |
| **京运银(两)** | | | | | | | | | |
| 　京运年例银(两)[2] | 1987645.05 | 307925.41 | 216126.10 | 122721.67 | 160075.49 | 96373.54 | 125000.00 | 59000.00 | 269638.00 |
| 　改拨固原盐(引) | 7271.00 | | | | | | | | |
| 　将固原年例内扣发银(两) | 4294.87 | | | | | | | | |
| 　犒赏银(两) | 199.13 | | | | | | | | |
| **客兵（调遣不常，无定数）** | | | | | | | | | |
| 　屯粮料(石) | 53568.63 | 53568.63 | | | | | | | |
| 　折色地亩马草银(两)[3] | 19678.19 | 16448.63 | | 3229.56 | | | | | |
| 　民运银(两) | 18024.85 | 18024.85 | | | | | | | |
| 　山东民兵工食银(两) | 56000.00 | 56000.00 | | | | | | | |
| 　遵化营民壮工食银(两) | 4464.00 | 4464.00 | | | | | | | |
| 　民运本色草(束) | 301922.00 | | | 301922.00 | | | | | |
| 　民运税粮改征黑豆银(两) | 16345.66 | | | | 16345.66 | | | | |
| 　归农民壮工食银(两) | 918.00 | | | | 918.00 | | | | |
| **漕粮(石)** | 50000.00 | | | | 50000.00 | | | | |
| 　盐(引)[4] | 210000.00 | 70000.00 | | | | 70000.00 | | | 70000.00 |
| 　该银(两) | 69931.35 | 13581.35 | | | | 26600.00 | | | |
| 　京运年例银(两) | 1131638.66 | 102058.95 | 174165.05 | 119136.93 | 233961.69 | 47066.04 | 171000.00 | 181000.00 | 73000.00 |
| 　折夷银(两) | 15000.00 | 15000.00 | | | | | | | |

1 原书中盐一项，各镇名称不一。辽东镇：两淮山东盐；宣府镇、大同镇：准府盐，各镇名称不一。

2 原书中京运年例银一项，各镇名称不一。山西镇、甘肃镇、固原镇：京运银。山西镇、延绥镇、宁夏镇、固原镇；其余各镇均为京运年例银。

3 该项目包括：蓟州镇：折色地亩马草银；永平镇：屯草折银。

4 原书中盐一项，各镇名称不一。宣府镇：准芦盐；大同镇：准浙盐，各镇名称不一。延绥镇：淮浙盐。

| 项目 | 延绥镇 | 宁夏镇 | 甘肃镇 | 固原镇 |
|---|---|---|---|---|
| 赏军银（两） | 13800.00 | | 13800.00 | |
| 主兵官军（员名） | 53254.00 | 27934.00 | 46901.00 | 90412.00 |
| 马骡（匹） | 32133.00 | 14657.00 | 21680.00 | 33842.00 |
| 屯粮（石） | 56487.38 | 148303.80 | 232434.23 | 319406.55 |
| 折色银（两） | | 1745.04 | | 41240.59 |
| 地亩银（两） | 1046.16 | 1290.17 | | 7000.30 |
| 秋青草（束） | | | 1797545.00 | 14227.00 |
| 秋青草折银（两） | | | 2194.79 | |
| 牛具银（两） | | | | 196.15 |
| 草（束） | 61505.00 | 1807358.00 | 1753292.00 | 186002.00 |
| 湖荡草（束） | | | 759413.00 | |
| 粮折布（匹） | | | | 105.00 |
| 民运粮（石） | 97826.89 | 1349.29 | | 45325.20 |
| 折色银（两） | | | 294959.58 | 279296.61 |
| 草（束） | 7942.00 | 25295.00 | | 8063.00 |
| 折色银（两） | 197433.00 | 108719.52 | | |
| 盐引（引） | | | | |
| 盐（引） | 156482.00 | 196994.00 | 277000.00 | 60856.00 |
| 该银（两） | 67625.52 | 81694.90 | 102150.00 | 25371.65 |
| 京运银（两） | | | | |
| 京运年例银（两） | 357265.21 | 25000.00 | 51497.81 | 63721.82 |
| 改拨固原盐（引） | | 7271.00 | | |
| 将固原年例内扣发银（两） | | 4294.87 | | |
| 犒赏银（两） | | | | 199.13 |
| 客兵（调遣不常，无定数） | | | | |
| 盐（引） | 70000.00 | | | |
| 该银（两） | 29750.00 | | | |

京运年例银（两） 20250.00 10000.00

## 乙表 37—2　边镇饷额见额统计[1]

| 项目 | 总数 | % | 辽东镇 | % | 蓟州镇 | % | 永平镇 | % | 密云镇 | % |
|---|---|---|---|---|---|---|---|---|---|---|
| **主兵** | | | | | | | | | | |
| 官军（员名） | 683592.00 | 100.00 | 83324.00 | 12.19 | 34658.00 | 5.07 | 39940.00 | 5.84 | 33569.00 | 4.91 |
| 马骡（匹） | 282866.00 | 100.00 | 41830.00 | 14.79 | 6399.00 | 2.26 | 15008.00 | 5.31 | 13120.00 | 4.64 |
| 南兵官军（名） | 2931.00 | 100.00 | | | 2931.00 | 100.00 | | | | |
| 马骡（匹） | 83.00 | 100.00 | | | 83.00 | 100.00 | | | | |
| **屯粮** | | | | | | | | | | |
| 粮（石） | 1330638.27 | 100.00 | 279212.31 | 20.98 | | | 33521.04 | 2.52 | 6646.75 | 0.50 |
| 银（两） | 115945.86 | 100.00 | 431.94 | 0.37 | | | | | 290.24 | 0.25 |
| 草（束） | 6674210.00 | 100.00 | | | | | | | | |
| 布（匹） | 105.00 | 100.00 | | | | | | | | |
| **民运** | | | | | | | | | | |
| 粮（石） | 201011.52 | 100.00 | | | | | 27713.40 | 13.79 | | |
| 银（两） | 456713.50 | 100.00 | 159842.59 | | | | | | | |
| 草（束） | 2486150.00 | 100.00 | | | | | | | | |
| **漕粮** | | | | | | | | | | |
| 粮（石） | 344083.30 | 100.00 | | | 50000.00 | 14.53 | | | 104810.80 | 30.46 |
| **盐引** | | | | | | | | | | |
| 盐（引） | 1156042.00 | 100.00 | 111402.00 | 9.64 | | | | | | |
| 银（两） | 432049.30 | 100.00 | 39076.05 | 9.04 | | | | | | |
| 盐课银（两） | 64259.20 | 100.00 | | | | | | | | |
| **京运** | | | | | | | | | | |
| 京运年例银（两） | 1983350.18 | 100.00 | 307925.41 | 15.53 | 216126.10 | 10.90 | 122721.67 | 6.19 | 160075.49 | 8.07 |

[1] 资料来源：根据第一篇甲表 49—61。

1238

| 项目 | 昌平镇 | % | 易州镇 | % | 宣府镇 | % | 大同镇 | % | 山西镇 | % |
|---|---|---|---|---|---|---|---|---|---|---|
| 客兵（调遣不常，无定数） | | 100.00 | | | | | | | | |
| 屯粮 | | | | | | | | | | |
| 　粮（石） | 53568.63 | 100.00 | | | 53568.63 | 100.00 | | | | |
| 　银（两） | 19678.19 | 100.00 | | | 16448.63 | 83.59 | 3229.56 | 16.41 | | |
| 民运 | | | | | | | | | | |
| 　银（两） | 95752.51 | 100.00 | | | 78488.85 | 81.97 | | | 17263.66 | 18.03 |
| 　草（束） | 301922.00 | 100.00 | | | 301922.00 | 100.00 | 301922.00 | 100.00 | | |
| 漕粮 | | | | | | | | | | |
| 　粮（石） | 50000.00 | 100.00 | | | | | | | 50000.00 | 100.00 |
| 盐 | | | | | | | | | | |
| 　盐（引） | 210000.00 | 100.00 | | | | | | | | |
| 　银（两） | 69931.35 | 100.00 | | | 13581.35 | 19.42 | | | | |
| 京运 | | | | | | | | | | |
| 　银（两） | 1160438.66 | 100.00 | 102058.95 | 8.79 | 202965.05 | 17.49 | 119136.93 | 10.27 | 233961.69 | 20.16 |
| 主兵 | 昌平镇 | % | 易州镇 | % | 宣府镇 | % | 大同镇 | % | 山西镇 | % |
| 　官军（员名） | 19039.00 | 2.79 | 34697.00 | 5.08 | 79258.00 | 11.59 | 85311.00 | 12.48 | 55295.00 | 8.09 |
| 　马骡（匹） | 5625.00 | 1.99 | 4791.00 | 1.69 | 33147.00 | 11.72 | 35870.00 | 12.68 | 24764.00 | 8.75 |
| 屯粮 | | | | | | | | | | |
| 　粮（石） | | | 23077.83 | 1.73 | 132038.20 | 9.92 | 70917.33 | 5.33 | 28592.85 | 2.15 |
| 　银（两） | 3114.23 | 2.69 | 664.70 | 0.57 | 22826.17 | 19.69 | 32874.95 | 28.35 | 1030.43 | 0.89 |
| 　草（束） | | | | | | | 199782.00 | 2.99 | 95086.00 | 1.42 |
| 民运 | | | | | | | | | | |
| 　粮（石） | | | | | | | 7274.50 | 3.62 | 21522.24 | 10.71 |
| 　银（两） | | | | | | | 456713.50 | 100.00 | | |
| 　草（束） | | | | | | | 2444850.00 | 98.34 | | |
| 漕粮 | | | | | | | | | | |
| 　粮（石） | 189272.50 | 55.01 | | | | | | | | |

| 项目 | 延绥镇 | % | 宁夏镇 | % | 甘肃镇 | % | 固原镇 | % | | % |
|---|---|---|---|---|---|---|---|---|---|---|
| 盐引(引) | | | | | | | | | | |
| 盐(引) | | | | | 145113.00 | 12.55 | 43804.00 | 3.79 | 164391.00 | 14.22 |
| 银(两) | | | | | 58299.12 | 13.49 | | | 57832.06 | 13.39 |
| 盐课银(两) | | | | | | | | | 64259.20 | 100.00 |
| 京运 | | | | | | | | | | |
| 京运年例银(两) | 96373.54 | 2.97 | 59000.00 | 4.86 | 125000.00 | 6.30 | 269638.00 | 13.60 | 133300.00 | 6.72 |
| 客兵（调遣不常，无定数） | | | | | | | | | | |
| 盐 | | | | | | | | | | |
| 盐(引) | | | | | 70000.00 | 33.33 | 70000.00 | 33.33 | 70000.00 | 33.33 |
| 银(两) | | | | | 26600.00 | 38.04 | | | | |
| 京运 | | | | | | | | | | |
| 银(两) | 47066.04 | 4.06 | | | 171000.00 | 14.74 | 181000.00 | 15.60 | 73000.00 | 6.29 |
| | 延绥镇 | % | 宁夏镇 | % | 甘肃镇 | % | 固原镇 | % | | |
| 主兵 | | | | | | | | | | |
| 官军（员名） | 53254.00 | 7.79 | 27934.00 | 4.09 | 46901.00 | 6.86 | 90412.00 | 13.23 | | |
| 马骡（匹） | 32133.00 | 11.36 | 14657.00 | 5.18 | 21680.00 | 7.66 | 33842.00 | 11.96 | | |
| 屯粮 | | | | | | | | | | |
| 粮（石） | 56487.38 | 4.25 | 148303.80 | 11.15 | 232434.23 | 17.47 | 319406.55 | 24.00 | | |
| 银(两) | 1046.16 | 0.90 | 3035.21 | 2.62 | 2194.79 | 1.89 | 48437.04 | 41.78 | | |
| 草（束） | 61505.00 | 0.92 | 1807358.00 | 27.08 | 4310250.00 | 64.58 | 200229.00 | 3.00 | | |
| 布（匹） | | | | | | | 105.00 | 100.00 | | |
| 民运 | | | | | | | | | | |
| 粮（石） | 97826.89 | 48.67 | 1349.29 | 0.67 | | | 45325.20 | 22.55 | | |
| 草（束） | 7942.00 | 0.32 | 25295.00 | 1.02 | 8063.00 | 0.32 | | | | |
| 盐引 | | | | | | | | | | |
| 盐引(引) | 156482.00 | 13.54 | 196994.00 | 17.04 | 277000.00 | 23.96 | 60856.00 | 5.26 | | |
| 银(两) | 67625.52 | 15.65 | 81694.90 | 18.91 | 102150.00 | 23.64 | 25371.65 | 5.87 | | |
| 京运 | | | | | | | | | | |

| 项目 | | | | | | | | | % |
|---|---|---|---|---|---|---|---|---|---|
| 银（两） | 357265.21 | | 20705.13 | 18.01 | 51497.81 | 1.04 | 63721.82 | 2.60 | 3.21 |
| 客兵（调遣不常，无定数） | | | | | | | | | |
| 盐 | | | | | | | | | |
| 盐（引） | 70000.00 | | | 33.33 | | | | | |
| 银（两） | 29750.00 | | | 42.54 | | | | | |
| 京运 | | | | | | | | | |
| 银（两） | 20250.00 | | 10000.00 | 1.75 | | | | 0.86 | |

## 乙表 37—3

### 边镇饷额见额统计[1]

| 项目 | 总数 | % | 辽东镇 | % | 蓟州镇 | % | 永平镇 | % | 密云镇 | % |
|---|---|---|---|---|---|---|---|---|---|---|
| 官军（员名） | 686523.00 | 100.00 | 83324.00 | 12.14 | 34658.00 | 5.05 | 42871.00 | 6.24 | 33569.00 | 4.89 |
| 马骡（匹） | 282949.00 | 100.00 | 41830.00 | 14.78 | 6399.00 | 2.26 | 15091.00 | 5.33 | 13120.00 | 4.64 |
| 粮（石） | 1979301.72 | 100.00 | 279212.31 | 14.11 | 103568.63 | 5.23 | 61234.44 | 3.09 | 161457.55 | 8.16 |
| 银（两） | 4398118.75 | 100.00 | 449492.35 | 10.22 | 527609.98 | 12.00 | 245088.16 | 5.57 | 411591.08 | 9.36 |
| 草（束） | 9462282.00 | 100.00 | | | | | 301922.00 | 3.19 | | |
| 布（匹） | 105.00 | 100.00 | | | | | | | | |
| 盐（引） | 1366042.00 | 100.00 | 111402.00 | 8.16 | | | | | | |

| 项目 | 昌平镇 | % | 宣府镇 | % | 大同镇 | % | 山西镇 | % |
|---|---|---|---|---|---|---|---|---|
| 官军（员名） | 19039.00 | 2.77 | 79258.00 | 11.54 | 85311.00 | 12.43 | 55295.00 | 8.05 |
| 马骡（匹） | 5625.00 | 1.99 | 33147.00 | 11.71 | 35870.00 | 12.68 | 24764.00 | 8.75 |
| 粮（石） | 189272.50 | 9.56 | 132038.20 | 6.67 | 78191.83 | 3.95 | 50115.09 | 2.53 |
| 银（两） | 146553.81 | 3.33 | 403725.29 | 9.18 | 940226.45 | 21.38 | 329421.69 | 7.49 |
| 草（束） | | | | | 2644632.00 | 27.95 | 95086.00 | 1.00 |
| 盐（引） | | | 215113.00 | 15.75 | 113804.00 | 8.33 | 164391.00 | 12.03 |

| 项目 | 易州镇 | % | 延绥镇 | % | 宁夏镇 | % | 甘肃镇 | % | 固原镇 | % |
|---|---|---|---|---|---|---|---|---|---|---|
| 官军（员名） | 34697.00 | 5.05 | 53254.00 | 7.76 | 27934.00 | 4.07 | 46901.00 | 6.83 | 90412.00 | 13.17 |
| 马骡（匹） | 4791.00 | 1.69 | | | | | | | | |
| 粮（石） | 23077.83 | 1.17 | | | | | | | | |
| 银（两） | 59664.70 | 1.36 | | | | | | | | |

[1] 资料来源：根据第一篇甲表 49—61。

| | | | | | | | | |
|---|---|---|---|---|---|---|---|---|
| 马骡（匹） | 32133.00 | 11.36 | 14657.00 | 5.18 | 21680.00 | 7.66 | 33842.00 | 11.96 |
| 粮（石） | 154314.27 | 7.80 | 149653.09 | 7.56 | 232434.23 | 11.74 | 364731.75 | 18.43 |
| 银（两） | 475936.89 | 10.82 | 115435.24 | 2.62 | 155842.60 | 3.54 | 137530.51 | 3.13 |
| 草（束） | 69447.00 | 0.73 | 1832653.00 | 19.37 | 4310250.00 | 45.55 | 208292.00 | 2.20 |
| 布（匹） | | | | | | | 105.00 | 100.00 |
| 盐（引） | 226482.00 | 16.58 | 196994.00 | 14.42 | 277000.00 | 20.28 | 60856.00 | 4.45 |

# 第 七 章

# 各府库监局与光禄寺收入

## 说 明

由于《会计录》中关于内府供用，仅记载了与户部有关的收入，而非内府供用的全部内容，故本章也就仅记载与户部相关的内府收入。

根据第一篇甲表 1，乙表 38 是万历六年内府岁入、岁出及余额的分项统计。岁入一共有二十五项，仅有六项有岁出记录。其中银、粮、铜钱、布、棉这五项的岁入多于岁出，而草的岁入仅为 172242 束，其岁出为 800628 束，故此草的余额为负值。但是以斤为单位，所计的草，还有 395000 斤。

内承运库的数据分为乙表 39—1 与乙表 39—2 两个表。

乙表 39—1 是描述内承运库收入的米麦、年例金与朱砂三项在浙江等八省直的分布。其中米麦最多的是南直隶的苏州、松江、常州、徽州四府，约占总数的 38.42%；排在前三位的南直隶、江西、浙江三省直占了总数的 80.60%；而最少的湖广，其米麦数仅仅为总数的 1.78%。金花银是将米麦按每石折银 0.25 两计算而得到的。年例金的来源地为云南，朱砂的来源地分别为湖广与贵州，其比例分别为 64.52% 与 35.48%。

乙表 39—2 是描述内承运库所收各宫子粒银在各来源地的分布。慈宁宫、慈庆宫、乾清宫，以及未央宫改进乾清宫的子粒银的来源地为：北直隶顺天府等六府以及二十一卫一所。其中慈宁宫的子粒银最多，占总数的 55.07%，慈庆宫最少占 14.75%，乾清宫加上未央宫改进乾清宫的子粒银占总数的 30.18%。来源地的情况如下：顺天府子粒银最多，占总数的 46.92%，排在前三位的是顺天府、河间府、真定府，这三府子粒银占了总数的 83.14%。排在最后的广平府与羽林前卫，仅分别占总数的 0.34% 与 0.20%。

乙表 40 是承运库的数据，该库收入较为单一，仅有夏税绢一项，其中浙江的绢最多，占了总数的 65.73%；绢的来源地也不多，只有浙江、江西、湖广、山西以及南直隶的苏州府。

乙表 41 为供用库收入。该库收入项目较多，共有白熟粳米等十五项，分布在浙江等十个省直及长芦都转运盐使司。这十五项的来源地排在前三位的分别是，白熟粳米：浙江、南直隶的松江府、常州府；绿豆：北直隶的大名府、山东；黄豆：北直隶的大名府；黑豆：河南、山东；芝麻：河南、山东、北直隶的真定府；黄蜡：四川、山东、河南；白蜡：四川、福建、广东；芽茶：浙江、湖广、江西；叶茶：湖广、浙江、四川；谷草：河南、山东、北直隶的真定府；灯草：南直隶的苏州府；蒲杖：北直隶的顺天府；盐：长芦都转运盐使司；折色黄蜡：山东、河南、江西；折色白蜡：浙江、湖广、江西。

乙表 42 为甲字库收入。该库共有染料十三项，另有阔白三梭布、阔白棉布、苎布、红花以及水银五项，其来源地分布在浙江等十省直。染料最多的前三位分别是：南直隶、山东、河南，这三省直的染料占总数的 69.30%；阔白三梭布来自松江府；阔白棉布最多的前三位是苏州府、松江府、河南；红花来自山东；而水银来自贵州。

乙表43是丙字库收入。该库主要收入是棉与丝，其中本色丝绵全部来自浙江；本色丝来自北直隶的保定府；本色棉花绒分别来自山东、河南与北直隶所辖顺天等七府，蒲杖数量在前三位的分别为河南、山东、北直隶的真定府。

乙表44为丁字库收入。该库收入生漆等九项，分布在浙江等九省及南直隶所辖十八府州。这九项排在前三位的分别是生漆：江西、浙江、广东；桐油：浙江、江西、四川与湖广；黄蜡：浙江、松江府、苏州府；黄熟铜：河南、凤阳府、山东；红熟铜：河南、山东、淮安府；锡：江西、广东、福建与四川；牛筋：湖广、山东、河南；黄牛皮：河南、山东、山西与淮安府；生铜：河南、山东、镇江府。

乙表45、乙表46分别是广惠库与天财库的收入。这两个库收入为宝钞与铜钱，宝钞的单位为"贯"，铜钱的单位使用"文"。

乙表47是内官监的收入。白熟细粳米全部来自常州府；白熟粳米来自常州与苏州二府；而青白盐全部来自长芦盐运司。除此之外，尚有来自北直隶真定等七府的藁荐稻草与草纸稻草。

乙表48是尚膳监的收入。只有川椒、粟谷与蜀秫三项，分别来自四川、顺天府和河间府。

乙表49是酒醋面局的收入。该库收入白熟糯米等八项，分别在浙江等五省直，及张家湾宣课司。这八项中排在前三位的分别是，白熟糯米：浙江、苏州府、松江府；小麦：山东、河南、大名府；黄豆：河南、山东；黑豆：大名府；绿豆：大名府；谷草：保定府、河间府、真定府、大名府四府数量相同；稻皮：真定府、河间府、永平府；曲：张家湾宣课司。

乙表50、乙表51、乙表52分别为司苑局、惜薪司与宝钞司的收入。此三司的收入项目很少，分布简单。主要来自山东、河南与北直隶。

乙表53是光禄寺的收入。光禄寺的收入项目较多，共有六十一项。分布在浙江等十一个省直，以及长芦盐运司、张家湾宣课司和上林苑监。其中的三十六项果品厨料，都给出了折银价格。

乙表 38

## 万历六年内府岁入、岁出分项统计[1]

| 项目 | 岁入[2] | 岁出 | 余额 |
|---|---|---|---|
| 银（两） | 5655057.86 | 4194051.67 | 1461006.19 |
| 粮（石） | 4381825.31 | 2356698.00 | 2025128.00 |
| 钱钞（贯） | 30181710.00 | | |
| 铜钱（文） | 84325930.00 | 3341650.00 | 80984280.00 |
| 绢（匹） | 148129.00 | | |
| 布（匹） | 443185.00 | 4164.00 | 439021.00 |
| 棉（斤） | 394731.94 | 263670.50 | 131061.00 |
| 草（束） | 172242.00 | 800628.00 | -628386.00 |
| 草（斤） | 395000.00 | | |
| 盐（斤） | 528166.69 | | |
| 麴（斤） | 108800.00 | | |
| 盐卤（斤） | 2400.00 | | |
| 黄白蜡（斤） | 147384.75 | | |
| 芽茶（斤） | 88081.74 | | |
| 灯草蒲枝（斤） | 5500.00 | | |
| 银朱乌梅等料（斤） | 412222.00 | | |
| 红花（斤） | 30000.00 | | |
| 水银（斤） | 229.00 | | |
| 生漆桐油等料（斤） | 301704.50 | | |
| 黄牛皮（张） | 983.00 | | |
| 川椒（斤） | 1001.25 | | |

[1] 资料来源：根据第一篇甲表 1。

[2] 《会计录》卷一《旧额见额岁入岁出总数》中的岁入只计起运京边，其存留地方者见各省府项下。

| | | | |
|---|---|---|---|
| 香油（斤） | | | 45.94 |
| 红枣（斤） | | | 15570.00 |
| 金（两） | | | 2000.00 |
| 朱砂（斤） | | | 46.50 |

**乙表 39—1**

## 内承运库收入统计[1]

| 地区 | 夏秋麦米（石）[2] | % | 共金花银（两） | % | 年例金（两） | % | 朱砂（斤） | % |
|---|---|---|---|---|---|---|---|---|
| 总数 | 4050919.11 | 100.00 | 1012729.77 | 100.00 | 2000.00 | 100.00 | 46.50 | 100.00 |
| 浙江 | 678543.65 | 16.75 | 169635.91 | 16.75 | | | | |
| 江西 | 1030000.00 | 25.43 | 257500.00 | 25.43 | | | | |
| 福建 | 314000.00 | 7.75 | 78500.00 | 7.75 | | | | |
| 湖广 | 72000.00 | 1.78 | 18000.00 | 1.78 | | | 30.00 | 64.52 |
| 广东 | 400000.00 | 9.87 | 100000.00 | 9.87 | | | | |
| 南直隶[3] | 1556375.44 | 38.42 | 389093.85 | 38.42 | | | | |
| 云南 | | | | | 2000.00 | 100.00 | | |
| 贵州 | | | | | | | 16.50 | 35.48 |

**乙表 39—2**

## 内承运库收入统计[4]

| 地区 | 两/银 | % | 慈宁宫 | % | 慈庆宫 | % | 乾清宫 | % | 未央宫改进乾清宫 | % |
|---|---|---|---|---|---|---|---|---|---|---|
| 银两总数（两） | 49424.99 | 100.00 | 27218.13 | 55.07 | 7289.68 | 14.75 | 10976.04 | 22.21 | 3941.14 | 7.97 |
| 顺天府 | 23190.15 | 100.00 | 9458.9 | 40.79 | 2778.7 | 11.98 | 9041.2 | 38.99 | 1911.35 | 8.24 |
| 保定府 | 1655.03 | 100.00 | 864.47 | 52.23 | 666.37 | 40.26 | | | 124.19 | 7.50 |

[1] 资料来源：根据第一篇甲表 62-1。
[2] 每石米折银 0.25 两。
[3] 南直隶项内含：苏州、松江、常州、徽州四府。
[4] 资料来源：根据第一篇甲表 62-2。

| 项目 | 总数 | % | 浙江 | % | 江西 | % | 湖广 | % | 山西 | % | 苏州府 | % |
|---|---|---|---|---|---|---|---|---|---|---|---|---|
| 河间府 | 9853.95 | 100.00 | 6785.63 | 68.86 | 2822.1 | 28.64 | | | | | 246.22 | 2.50 |
| 真定府 | 8049.32 | 100.00 | 7109.85 | 88.33 | 925.97 | 11.50 | | | | | 13.5 | 0.17 |
| 顺德府 | 2049.26 | 100.00 | 2049.26 | 100.00 | | | | | | | | |
| 六卫[1] | 950 | 100.00 | 950 | 100.00 | | | | | | | | |
| 七卫一所[2] | 1934.83 | 100.00 | | | | | | | 1934.83 | 100.00 | | |
| 广平府 | 167.01 | 100.00 | | | | | | | | | 167.01 | 100.00 |
| 七卫[3] | 1478.85 | 100.00 | | | | | | | | | 1478.85 | 100.00 |
| 羽林前卫 | 96.53 | 100.00 | | | 96.53 | 100.00 | | | | | | |

## 乙表 40　承运库收入统计[4]

| 项目 | 总数 | % | 浙江 | % | 江西 | % | 湖广 | % | 山西 | % | 苏州府 | % |
|---|---|---|---|---|---|---|---|---|---|---|---|---|
| 夏税绢(匹)[5] | 148129.00 | 100.00 | 97365.00 | 65.73 | 11512.00 | 7.77 | 22893.00 | 15.45 | 3804.00 | 2.57 | 12555.00 | 8.48 |

## 乙表 41　供用库收入统计[6]

| 项目 | 总数 | % | 浙江 | % | 江西 | % | 湖广 | % | 福建 | % | 四川 | % |
|---|---|---|---|---|---|---|---|---|---|---|---|---|
| 白熟粳米(石) | 82452.04 | 100.00 | 32000.00 | 38.81 | | | | | | | | |
| 综豆(石) | 1603.10 | 100.00 | | | | | | | | | | |
| 黄豆(石) | 154.93 | 100.00 | | | | | | | | | | |
| 黑豆(石) | 1939.10 | 100.00 | | | | | | | | | | |
| 芝麻(石) | 8223.10 | 100.00 | | | | | | | | | | |

---

1 此六卫为：永清左、羽林前、大兴左、大宁前、蔚州左、彭城等六卫。
2 此七卫一所为：茂陵、济州、燕山右、富峪等七卫与梁城一所。
3 此七卫为：永清右、通州、济州、金吾右、燕山左、燕山前、济州等七卫。
4 资料来源：根据第一篇甲表63。
5 此项目为：夏税丝绵农桑本色绢。
6 资料来源：根据第一篇甲表64。

| 项目 | 广东 | % | 山东 | % | 河南 | % | 苏州府 | % | 松江府 | % | 常州府 | % |
|---|---|---|---|---|---|---|---|---|---|---|---|---|
| 黄蜡(斤)[1] | 110000.00 | 100.00 | 13500.00 | 12.27 | 10000.00 | 9.09 | 10750.00 | 9.77 | 10500.00 | 9.55 | 15450.00 | 14.05 |
| 白蜡(斤) | 35816.00 | 100.00 | | | 6000.00 | 16.75 | | | 6516.00 | 18.19 | 17000.00 | 47.46 |
| 芽茶(斤)[2] | 47959.68 | 100.00 | 7359.68 | 15.35 | 5100.00 | 10.63 | 6700.00 | 13.97 | 5100.00 | 10.63 | 5100.00 | 10.63 |
| 叶茶(斤) | 40093.00 | 100.00 | 5093.00 | 12.70 | 4000.00 | 9.98 | 5500.00 | 13.72 | 4000.00 | 9.98 | 5000.00 | 12.47 |
| 谷草(束) | 57970.00 | 100.00 | | | | | | | | | | |
| 灯草(斤) | 2000.00 | 100.00 | | | | | | | | | | |
| 蒲枝(斤) | 3500.00 | 100.00 | | | | | | | | | | |
| 盐(斤) | 241666.68 | 100.00 | | | | | | | | | | |
| 折色黄白蜡 | | | | | | | | | | | | |
| 黄蜡(斤)[3] | 90000.00 | 100.00 | 5000.00 | 5.56 | 6400.00 | 7.11 | 4700.00 | 5.22 | 3700.00 | 4.11 | | |
| 折银(两) | 18000.00 | 100.00 | 1000.00 | 5.56 | 1280.00 | 7.11 | 940.00 | 5.22 | 740.00 | 4.11 | | |
| 白蜡(斤)[4] | 125812.00 | 100.00 | 35544.00 | 28.25 | 25290.00 | 20.10 | 29244.00 | 23.24 | 4134.00 | 3.29 | 19000.00 | 15.10 |
| 折银(两) | 50324.80 | 100.00 | 14217.60 | 28.25 | 10116.00 | 20.10 | 11697.60 | 23.24 | 1653.60 | 3.29 | 7600.00 | 15.10 |
| 项目 | 广东 | % | 山东 | % | 河南 | % | 苏州府 | % | 松江府 | % | 常州府 | % |
| 白熟粳米(石) | | | | | | | 15900.00 | 19.28 | 17352.04 | 21.05 | 17200.00 | 20.86 |
| 绿豆(石) | | | 500.00 | 31.19 | | | | | | | | |
| 黑豆(石) | | | 939.10 | 48.43 | 1000.00 | 51.57 | | | | | | |
| 芝麻(石) | | | 2200.00 | 26.75 | 2400.00 | 29.19 | | | | | | |
| 黄蜡(斤) | 7600.00 | 6.91 | 13900.00 | 12.64 | 13900.00 | 12.64 | 2600.00 | 2.36 | 1400.00 | 1.27 | 1800.00 | 1.64 |
| 白蜡(斤) | 6300.00 | 17.59 | | | | | | | | | | |
| 芽茶(斤) | 4300.00 | 8.97 | | | | | 2000.00 | 4.17 | 1200.00 | 2.50 | 2100.00 | 4.38 |
| 叶茶(斤) | 4200.00 | 10.48 | | | | | 1100.00 | 2.74 | 1200.00 | 2.99 | 1300.00 | 3.24 |

[1] 如不计贵州数，则总数与各地数数合计相符。
[2] 如不计贵州数，则总数与各地数数合计相符。
[3] 原书此处注：黄蜡每斤折银 0.20 两。
[4] 原书此处注：白蜡每斤折银 0.40 两。

**（一）镇江府、庐州府、凤阳府、淮安府、扬州府、宁国府**

| 项目 | 镇江府 | % | 庐州府 | % | 凤阳府 | % | 淮安府 | % | 扬州府 | % | 宁国府 | % |
|---|---|---|---|---|---|---|---|---|---|---|---|---|
| 谷草（束） | | | 17000.00 | 29.33 | 16000.00 | 27.60 | | | | | 12970.00 | 22.37 |
| 灯草（斤） | 2000.00 | 100.00 | | | | | | | | | | |
| 折色黄白蜡 黄蜡（斤） | 6300.00 | 7.00 | 15446.70 | 17.16 | 15446.70 | 17.16 | 5908.70 | 6.57 | 3201.68 | 3.56 | 4104.08 | 4.56 |
| 折银（两） | 1260.00 | 7.00 | 3089.36 | 17.16 | 3089.36 | 17.16 | 1181.76 | 6.57 | 640.34 | 3.56 | 820.81 | 4.56 |
| 白蜡（斤） | 12600.00 | 10.01 | | | | | | | | | | |
| 折银（两） | 5040.00 | 10.01 | | | | | | | | | | |

| 项目 | 镇江府 | % | 庐州府 | % | 凤阳府 | % | 淮安府 | % | 扬州府 | % | 宁国府 | % |
|---|---|---|---|---|---|---|---|---|---|---|---|---|
| 黄蜡（斤） | 1000.00 | 0.91 | 1000.00 | 0.91 | 1100.00 | 1.00 | 1000.00 | 0.91 | 1100.00 | 1.00 | 1200.00 | 1.09 |
| 芽茶（斤） | 1200.00 | 2.50 | 1100.00 | 2.29 | 1100.00 | 2.29 | 1100.00 | 2.29 | 1200.00 | 2.50 | 1100.00 | 2.29 |
| 叶茶（斤） | 1100.00 | 2.74 | 1000.00 | 2.49 | 1000.00 | 2.49 | 1100.00 | 2.74 | 1300.00 | 3.24 | 1100.00 | 2.74 |
| 折色黄白蜡 黄蜡（斤） | 2386.16 | 2.65 | 2299.30 | 2.55 | 2546.60 | 2.83 | 2473.00 | 2.75 | 2546.64 | 2.83 | 2620.33 | 2.91 |
| 折银（两） | 477.23 | 2.65 | 459.86 | 2.55 | 509.32 | 2.83 | 494.60 | 2.75 | 509.32 | 2.83 | 524.05 | 2.91 |

**（二）太平府、安庆府、顺天府、保定府、河间府、真定府**

| 项目 | 太平府 | % | 安庆府 | % | 顺天府 | % | 保定府 | % | 河间府 | % | 真定府 | % |
|---|---|---|---|---|---|---|---|---|---|---|---|---|
| 芝麻（石） | | | | | 423.01 | 5.14 | 530.00 | 6.45 | 350.00 | 4.26 | 820.00 | 9.97 |
| 黄蜡（斤） | 1200.00 | 1.09 | 1000.00 | 0.91 | | | | | | | | |
| 芽茶（斤） | 1100.00 | 2.29 | 1100.00 | 2.29 | | | | | | | | |
| 叶茶（斤） | 1000.00 | 2.49 | 1100.00 | 2.74 | | | | | | | | |
| 谷草（束） | | | | | 3500.00 | 100.00 | | | | | | |
| 蒲杖（斤） | | | | | | | | | | | | |
| 折色黄白蜡 黄蜡（斤） | 2620.33 | 2.91 | 2299.40 | 2.55 | | | | | | | | |
| 折银（两） | 524.05 | 2.91 | 459.86 | 2.55 | | | | | | | | |

**（三）顺德府、广平府、大名府、贵州、长芦都转运盐使司**

| 项目 | 顺德府 | % | 广平府 | % | 大名府 | % | 贵州 | % | 长芦都转运盐使司 | % |
|---|---|---|---|---|---|---|---|---|---|---|
| 黄蜡（斤） | 1200.00 | 1.09 | 1000.00 | 0.91 | | | | | | |
| 芽茶（斤） | 1100.00 | 2.29 | 1100.00 | 2.29 | | | | | | |
| 叶茶（斤） | 1000.00 | 2.49 | 1100.00 | 2.74 | | | | | | |
| 谷草（束） | | | | | 3500.00 | 100.00 | | | | |
| 折色黄白蜡 黄蜡（斤） | 2620.33 | 2.91 | 2299.40 | 2.55 | | | | | | |
| 折银（两） | 524.05 | 2.91 | 459.86 | 2.55 | | | | | | |
| 绿豆（石） | | | | | | | | | 1103.10 | 68.81 |

| 项目 | 总数 | % | 浙江 | % | 江西 | % | 湖广 | % | 福建 | % | 广东 | % |
|---|---|---|---|---|---|---|---|---|---|---|---|---|
| 黄豆(石) |  |  |  |  |  |  |  |  |  |  |  |  |
| 芝麻(石) |  |  | 450.00 | 5.47 |  |  |  |  |  |  | 154.93 | 100.00 |
| 黄蜡(斤) | 1568.68 | 1.43 | 350.00 | 4.26 |  |  | 700.00 | 8.51 |  |  |  |  |
| 芽茶(斤) | 29.00 | 0.06 |  |  |  |  |  |  |  |  |  |  |
| 谷草(束) | 12000.00 | 20.70 |  |  |  |  |  |  |  |  |  |  |
| 盐(斤) | 241666.68 | 100.00 |  |  |  |  |  |  |  |  |  |  |

## 乙表 42

### 甲字库收入统计[1]

| 项目 | 总数 | % | 浙江 | % | 江西 | % | 湖广 | % | 福建 | % | 广东 | % |
|---|---|---|---|---|---|---|---|---|---|---|---|---|
| 岁派颜料(斤) | 412222.40 | 100.00 | 11275.75 | 2.74 | 16862.75 | 4.09 | 12797.00 | 3.10 | 8055.75 | 1.95 | 9333.50 | 2.26 |
| 银朱(斤) | 34122.20 | 100.00 | 3747.00 | 10.98 | 3957.00 | 11.60 | 3039.50 | 8.91 | 1747.00 | 5.12 | 3133.00 | 9.18 |
| 乌梅(斤) | 39309.06 | 100.00 | 4162.00 | 10.59 | 4162.00 | 10.59 | 3560.00 | 9.06 | 4162.00 | 10.59 | 4162.00 | 10.59 |
| 靛花青(斤) | 20090.33 | 100.00 |  |  |  |  |  |  |  |  |  |  |
| 黄丹(斤) | 42000.00 | 100.00 |  |  |  |  |  |  |  |  |  |  |
| 绿矾(斤) | 15000.00 | 100.00 |  |  |  |  |  |  |  |  |  |  |
| 紫草(斤) | 1400.00 | 100.00 |  |  | 490.00 | 35.00 | 490.00 | 35.00 | 420.00 | 30.00 |  |  |
| 明矾(斤) | 40200.00 | 100.00 |  |  | 5731.25 | 14.26 | 3555.25 | 8.84 |  |  |  |  |
| 光粉(斤) | 14600.70 | 100.00 |  |  |  |  |  |  |  |  |  |  |
| 黑铅(斤) | 21000.00 | 100.00 | 2595.25 | 12.36 | 1992.50 | 9.49 | 1621.25 | 7.72 | 1195.25 | 5.69 | 1795.25 | 8.55 |
| 水胶(斤) | 80000.00 | 100.00 |  |  |  |  |  |  |  |  |  |  |
| 槐花(斤) | 70000.00 | 100.00 |  |  |  |  |  |  |  |  |  |  |
| 蓝靛(斤) | 31000.00 | 100.00 |  |  |  |  |  |  |  |  |  |  |
| 五棓子(斤) | 3500.00 | 100.00 | 771.50 | 22.04 | 530.00 | 15.14 | 531.00 | 15.17 | 531.50 | 15.19 | 243.25 | 6.95 |

[1]资料来源：根据第一篇甲表 65。

| 项目 | 四川 | % | 河南 | % | 山东 | % | 山西 | % | 应天府 | % | 苏州府 | % |
|---|---|---|---|---|---|---|---|---|---|---|---|---|
| 阔白三梭布(匹) | 33000.00 | 100.00 | | | | | | | | | | |
| 阔白棉布(匹)[1] | 360411.00 | 100.00 | | | | | | | | | | |
| 苎布(匹) | 47774.00 | 100.00 | | | 47774.00 | 100.00 | | | | | | |
| 红花(斤) | 30000.00 | 100.00 | | | | | | | | | | |
| 水银(斤) | 229.00 | 100.00 | | | | | | | | | | |
| 岁派颜料(斤) | 7293.50 | 1.77 | 80275.10 | 19.47 | 96551.36 | 23.42 | 60848.58 | 14.76 | 4254.75 | 1.03 | 5907.40 | 1.43 |
| 银朱(斤) | 3048.00 | 8.93 | | | | | | | 635.00 | 1.86 | 1765.20 | 5.17 |
| 乌梅(斤) | 2604.50 | 6.63 | | | | | | | 1727.25 | 4.39 | 1381.80 | 3.52 |
| 靛花青(斤) | | | | | | | | | | | 1958.80 | 9.75 |
| 黄丹(斤) | | | 14960.50 | 35.62 | 16286.00 | 38.78 | 10753.50 | 25.60 | | | | |
| 绿矾(斤) | | | | | 6260.50 | 41.74 | 8739.50 | 58.26 | | | | |
| 明矾(斤) | | | 7828.60 | 19.47 | | | 4948.68 | 12.31 | | | | |
| 光粉(斤) | | | 1770.00 | 12.12 | 2290.68 | 15.69 | 1980.00 | 13.56 | | | 801.60 | 5.49 |
| 黑铅(斤) | 1641.00 | 7.81 | 1903.50 | 9.06 | 1901.68 | 9.06 | 1895.90 | 9.03 | 1892.50 | 9.01 | | |
| 水胶(斤) | | | 16000.00 | 20.00 | 32000.00 | 40.00 | 32000.00 | 40.00 | | | | |
| 槐花(斤) | | | 22312.50 | 31.88 | 22312.50 | 31.88 | | | | | | |
| 蓝靛(斤) | | | 15500.00 | 50.00 | 15500.00 | 50.00 | | | | | | |
| 五棓子(斤) | | | | | | | 531.00 | 15.17 | | | | |
| 阔白棉布(匹) | | | 60637.00 | 16.82 | 20000.00 | 5.55 | | | | | 140000.00 | 38.84 |
| 红花(斤) | | | | | 30000.00 | 100.00 | | | | | | |

| 项目 | 松江府 | % | 常州府 | % | 镇江府 | % | 庐州府 | % | 凤阳府 | % | 淮安府 | % |
|---|---|---|---|---|---|---|---|---|---|---|---|---|
| 岁派颜料(斤) | 5603.60 | 1.36 | 5525.12 | 1.34 | 5193.37 | 1.26 | 5000.12 | 1.21 | 11439.00 | 2.77 | 10907.99 | 2.65 |
| 银朱(斤) | 1746.00 | 5.12 | 1158.50 | 3.40 | 1127.00 | 3.30 | 1952.50 | 5.72 | 2222.50 | 6.51 | 1047.50 | 3.07 |

[1] 原书中，河南此项目下注有：外有2000匹，以备奠靖所支用。

1251

| 项目 | 扬州府 | % | 徽州府 | % | 宁国府 | % | 池州府 | % | 太平府 | % | 安庆府 | % |
|---|---|---|---|---|---|---|---|---|---|---|---|---|
| 乌梅(斤) | 1381.80 | 3.52 | 1120.62 | 2.85 | 1120.62 | 2.85 | | | | | 1120.62 | 2.85 |
| 靛花青(斤) | 1680.00 | 8.36 | 2100.00 | 10.45 | 2100.00 | 10.45 | 2100.00 | 10.45 | 2100.00 | 10.45 | 2100.00 | 10.45 |
| 明矾(斤) | | | | | | | | | 6118.50 | 15.22 | 6093.62 | 15.16 |
| 光粉(斤) | 795.80 | 5.45 | 1146.00 | 7.85 | 845.75 | 5.79 | 947.62 | 6.49 | 998.00 | 6.84 | 546.25 | 3.74 |
| 阔白三梭布(匹) | 33000.00 | 100.00 | | | | | | | | | | |
| 阔白棉布(匹) | 99774.00 | 27.68 | 40000.00 | 11.10 | | | | | | | | |
| 项目 | 扬州府 | % | 徽州府 | % | 宁国府 | % | 池州府 | % | 太平府 | % | 安庆府 | % |
| 岁派颜料(斤) | 5010.37 | 1.22 | 10274.25 | 2.49 | 2672.62 | 0.65 | 2281.37 | 0.55 | 2479.62 | 0.60 | 3487.74 | 0.85 |
| 银朱(斤) | 664.50 | 1.95 | 658.50 | 1.93 | 325.00 | 0.95 | 664.00 | 1.95 | 364.00 | 1.07 | 324.50 | 0.95 |
| 乌梅(斤) | 1120.62 | 2.85 | 600.00 | 1.53 | 1722.62 | 4.38 | 1120.62 | 2.85 | 1120.62 | 2.85 | 1722.62 | 4.38 |
| 靛花青(斤) | 2100.00 | 10.45 | 2453.25 | 12.21 | | | | | | | | |
| 光粉(斤) | | | | | 496.75 | 3.40 | 496.75 | 3.40 | 995.00 | 6.81 | | |
| 黑铅(斤) | 1125.25 | 5.36 | | | | | | | | | | |
| 水胶(斤) | | | | | | | | | | | | |
| 槐花(斤) | | | 6562.50 | 9.38 | | | | | | | 1440.62 | 6.86 |
| 蓝靛(斤) | | | | | | | | | | | | |
| 五棓子(斤) | | | | | 128.25 | 3.66 | | | | | | |

| 项目 | 和州 | % | 滁州 | % | 广德州 | % | 徐州 | % | 贵州 | % |
|---|---|---|---|---|---|---|---|---|---|---|
| 岁派颜料(斤) | 3727.75 | 0.90 | 4015.87 | 0.97 | 9823.12 | 2.38 | 11324.87 | 2.75 | | |
| 银朱(斤) | 111.00 | 0.33 | 198.00 | 0.58 | 138.00 | 0.40 | 349.00 | 1.02 | | |
| 乌梅(斤) | | | 638.62 | 1.62 | 598.12 | 1.52 | | | | |
| 靛花青(斤) | | | | | | | 1398.25 | 6.96 | | |
| 明矾(斤) | | | | | 2962.00 | 7.37 | 2962.00 | 7.37 | | |
| 光粉(斤) | | | | | | | 490.62 | 3.36 | | |
| 槐花(斤) | 3500.00 | 5.00 | 3062.50 | 4.38 | 6125.00 | 8.75 | 6125.00 | 8.75 | | |

| 五倍子(斤) | 116.75 | 3.34 | | | 116.75 | 3.34 | | | | |
|---|---|---|---|---|---|---|---|---|---|---|
| 水银(斤) | | | 229.00 | 100.00 | 116.75 | 100.00 | | | | |

## 乙表43　丙字库收入统计[1]

| 项目 | 总数 | % | 浙江 | % | 山东 | % | 河南 | % | 顺天府 | % | 保定府 | % |
|---|---|---|---|---|---|---|---|---|---|---|---|---|
| 本色丝绵(两) | 314064.00 | 100.00 | 314064.00 | 100.00 | | | | | | | | |
| 合罗丝(两) | 8000.00 | 100.00 | 8000.00 | 100.00 | | | | | | | | |
| 上白棉(两) | 12000.00 | 100.00 | 12000.00 | 100.00 | | | | | | | | |
| 中白棉(两) | 84064.00 | 100.00 | 84064.00 | 100.00 | | | | | | | | |
| 串伍细丝(两) | 40000.00 | 100.00 | 40000.00 | 100.00 | | | | | | | | |
| 荒丝(两) | 170000.00 | 100.00 | 170000.00 | 100.00 | | | | | | | | |
| 本色丝(斤) | 224.07 | 100.00 | | | | | | | | | 224.07 | 100.00 |
| 本色棉花绒(斤) | 374878.88 | 100.00 | | | 110484.62 | 29.47 | 130342.00 | 34.77 | 9731.10 | 2.60 | 9574.50 | 2.55 |

| 项目 | 河间府 | % | 真定府 | % | 顺德府 | % | 广平府 | % | 大名府 | % |
|---|---|---|---|---|---|---|---|---|---|---|
| 本色棉花绒(斤) | 34647.84 | 9.24 | 35033.08 | 9.35 | 5355.25 | 1.43 | 14584.90 | 3.89 | 25125.40 | 6.70 |

## 乙表44　丁字库收入统计[2]

| 项目 | 总数 | % | 浙江 | % | 福建 | % | 江西 | % | 广东 | % | 四川 | % |
|---|---|---|---|---|---|---|---|---|---|---|---|---|
| 生漆(斤) | 107561.50 | 100.00 | 12934.50 | 12.03 | 10166.90 | 9.45 | 15624.00 | 14.53 | 12289.50 | 11.43 | 11447.80 | 10.64 |
| 桐油(斤) | 94735.50 | 100.00 | 12637.25 | 13.34 | 5160.00 | 5.45 | 9160.00 | 9.67 | 7160.00 | 7.56 | 8160.00 | 8.61 |
| 黄蜡(斤) | 18962.10 | 100.00 | 2880.50 | 15.19 | 1152.00 | 6.08 | 1369.00 | 7.22 | 856.00 | 4.51 | 516.25 | 2.72 |
| 黄熟铜(斤) | 22616.06 | 100.00 | 1837.25 | 8.12 | 1037.25 | 4.59 | | | 1288.10 | 5.70 | 1104.50 | 4.88 |
| 红熟铜 | 24448.30 | 100.00 | | | | | 1624.50 | 6.64 | | | | |

[1] 资料来源：根据第一篇甲表66。
[2] 资料来源：根据第一篇甲表67。

| | | | | | | | | | | | | |
|---|---|---|---|---|---|---|---|---|---|---|---|---|
| 锡(斤) | 19503.00 | 100.00 | | | 1590.80 | 8.16 | 2017.50 | 10.34 | 1804.70 | 9.25 | 1590.80 | 8.16 |
| 牛筋(斤) | 4000.00 | 100.00 | | | | | 196.90 | 4.92 | | | | |
| 黄牛皮(张) | 983.00 | 100.00 | | | | | | | | | | |
| 生铜(斤) | 9878.00 | 100.00 | | | | | 740.00 | 7.49 | 750.00 | 7.59 | 680.00 | 6.88 |
| 项目 | 湖广 | % | 河南 | % | 山东 | % | 山西 | % | 应天府 | % | 苏州府 | % |
| 生漆(斤) | 11550.62 | 10.74 | | | | | | | | | 4883.38 | 4.54 |
| 桐油(斤) | 8160.00 | 8.61 | | | | | | | | | 7052.50 | 7.44 |
| 黄蜡(斤) | 748.00 | 3.94 | 1440.00 | 7.59 | 1435.80 | 7.57 | 1435.80 | 7.57 | 476.00 | 2.51 | 1917.20 | 10.11 |
| 黄熟铜(斤) | 1564.10 | 6.92 | 1882.80 | 8.33 | 1869.80 | 8.27 | 1336.50 | 5.91 | | | 1050.70 | 4.65 |
| 红熟铜 | 1824.50 | 7.46 | 2510.00 | 10.27 | 2255.50 | 9.23 | 1402.25 | 5.74 | 1356.00 | 5.55 | 1404.40 | 5.74 |
| 锡(斤) | | | 311.40 | 1.60 | 292.00 | 1.50 | 1356.00 | 6.95 | | | 1083.40 | 5.56 |
| 牛筋(斤) | 1118.90 | 27.97 | 664.62 | 16.62 | 994.00 | 24.85 | | | 121.80 | 3.05 | | |
| 黄牛皮(张) | | | 128.00 | 13.02 | 128.00 | 13.02 | 85.00 | 8.65 | 37.00 | 3.76 | 68.00 | 6.92 |
| 生铜(斤) | | | 1240.00 | 12.55 | 940.00 | 9.52 | 740.00 | 7.49 | 540.00 | 5.47 | | |
| 项目 | 松江府 | % | 常州 | % | 镇江府 | % | 庐州府 | % | 凤阳府 | % | 淮安府 | % |
| 生漆(斤) | 4870.62 | 4.53 | 4080.50 | 3.79 | 4080.50 | 3.79 | | | | | | |
| 桐油(斤) | 6005.90 | 6.34 | 7516.90 | 7.93 | 3336.50 | 3.52 | 4080.25 | 4.31 | | | | |
| 黄蜡(斤) | 2234.10 | 11.78 | 476.80 | 2.51 | | | 448.00 | 2.36 | 416.62 | 2.20 | 400.00 | 2.11 |
| 黄熟铜(斤) | 485.16 | 2.15 | 1288.40 | 5.70 | 924.80 | 4.09 | 1414.50 | 6.25 | 1881.62 | 8.32 | 1471.80 | 6.51 |
| 红熟铜 | 802.18 | 3.28 | 1752.25 | 7.17 | 1090.80 | 4.46 | 1503.00 | 6.15 | 1749.00 | 7.15 | 2000.00 | 8.18 |
| 锡(斤) | 904.40 | 4.64 | | | 1130.00 | 5.79 | 218.00 | 1.12 | 695.50 | 3.57 | 671.50 | 3.44 |
| 牛筋(斤) | | | | | | | | | 190.00 | 4.75 | 190.00 | 4.75 |
| 黄牛皮(张) | | | | | | | | | 37.00 | 3.76 | 85.00 | 8.65 |
| 生铜(斤) | 488.00 | 4.94 | 380.00 | 3.85 | 890.00 | 9.01 | 270.00 | 2.73 | 380.00 | 3.85 | 440.00 | 4.45 |
| 项目 | 扬州府 | % | 徽州府 | % | 宁国府 | % | 池州府 | % | 太平府 | % | 安庆府 | % |

**乙表45（续）**

| 项目 | 徐州 | % | 和州 | % | 广德州 | % | 滁州 | % | 燕山右府军前等四卫 | % |
|---|---|---|---|---|---|---|---|---|---|---|
| 生漆（斤） |  |  | 4475.70 | 4.16 | 4475.70 | 4.16 | 2338.80 | 2.17 | 4343.10 | 4.04 |
| 桐油（斤） | 4071.00 |  | 5079.25 | 4.30 | 5079.25 | 5.36 | 2079.00 | 2.19 | 3447.50 | 3.64 |
| 黄蜡（斤） | 635.70 | 2.81 |  |  | 296.00 | 1.56 | 464.25 | 2.45 | 621.00 | 2.75 |
| 黄熟铜（斤） | 1124.50 | 4.60 |  |  |  |  | 922.25 | 4.08 | 900.00 | 3.68 |
| 红熟铜 | 1152.00 | 5.91 | 1152.00 | 5.91 | 1149.50 | 4.70 | 900.00 |  | 1072.25 | 5.50 |
| 锡（斤） | 1152.00 | 5.91 | 672.00 | 3.45 | 672.00 | 3.45 | 1072.25 |  | 1117.00 | 5.73 |
| 牛筋（斤） | 123.70 | 3.09 | 254.25 | 6.36 | 146.00 | 3.65 | 37.00 | 3.76 |  |  |
| 黄牛皮（张） | 38.00 | 3.87 | 37.00 | 3.76 | 37.00 | 3.76 | 36.00 | 3.66 | 84.00 | 8.55 |
| 生铜（斤） | 340.00 | 3.44 | 350.00 | 3.54 | 240.00 | 2.43 | 37.00 |  | 240.00 | 2.43 |

| 项目 | 徐州 | % | 和州 | % | 广德州 | % | 滁州 | % |
|---|---|---|---|---|---|---|---|---|
| 桐油（斤） | 36.00 | 3.66 | 37.00 | 3.76 | 36.00 | 3.66 | 1629.50 | 1.72 |
| 黄牛皮（张） | 36.00 | 3.66 | 37.00 | 3.76 | 36.00 | 3.66 |  |  |
| 生铜（斤） | 130.00 | 1.32 | 240.00 | 2.43 | 100.00 | 1.01 |  |  |

## 乙表45

**广惠库收入统计[1]**

| 项目 | 总数 | % | 河西务等七钞关等年解 | % | 燕山右府军前等四卫 | % |
|---|---|---|---|---|---|---|
| 本色钞（贯） | 29261340.00 | 100.00 | 29204400.00 | 99.81 | 56940.00 | 0.19 |
| 折色铜钱（文） | 59777100.00 | 100.00 | 59777100.00 | 100.00 |  |  |

## 乙表46

**天财库收入统计[2]**

| 项目 | 正阳等九门 | % |
|---|---|---|
| 课钞（贯） | 665180.00 |  |
| 铜钱（文） | 2432850.00 |  |

---

[1]资料来源：根据第一篇甲表 68。
[2]资料来源：根据第一篇甲表 69。

## 乙表47

**内官监收入统计[1]**

| 项目 | 总数 | % | 苏州府 | % | 常州府 | % | 真定府 | % | 保定府 | % | 河间府 | % |
|---|---|---|---|---|---|---|---|---|---|---|---|---|
| 白熟细粳米(石) | 1700.00 | 100.00 | | | 1700.00 | 100.00 | | | | | | |
| 白熟粳米(石) | 11125.00 | 100.00 | 4250.00 | 38.20 | 6875.00 | 61.80 | | | | | | |
| 薯莽稻草(斤) | 50000.00 | 100.00 | | | | | 12000.00 | 24.00 | 9500.00 | 19.00 | 7500.00 | 15.00 |
| 草纸稻草(斤)[2] | 100000.00 | 100.00 | | | | | 24000.00 | 24.00 | 19000.00 | 19.00 | 15000.00 | 15.00 |
| 青白盐(斤) | 134500.00 | 100.00 | | | | | | | | | | |

| 项目 | 永平府 | % | 大名府 | % | 广平府 | % | 顺德府 | % | 长芦盐运司 | % |
|---|---|---|---|---|---|---|---|---|---|---|
| 薯莽稻草(斤) | 4000.00 | 8.00 | 10000.00 | 20.00 | 4000.00 | 8.00 | 3000.00 | 6.00 | | |
| 草纸稻草(斤) | 8000.00 | 8.00 | 20000.00 | 20.00 | 8000.00 | 8.00 | 6000.00 | 6.00 | | |
| 青白盐(斤) | | | | | | | | | 134500.00 | 100.00 |

## 乙表48

**尚膳监收入统计[3]**

| 项目 | 总数 | % | 四川 | % | 顺天府 | % | 河间府 | % |
|---|---|---|---|---|---|---|---|---|
| 川椒(斤) | 1001.25 | 100.00 | 1001.25 | 100.00 | | | | |
| 栗谷(石) | 100.00 | 100.00 | | | 100.00 | 100.00 | | |
| 菊秫(石) | 116.00 | 100.00 | | | | | 116.00 | 100.00 |

## 乙表49

**酒醋面局收入统计[4]**

| 项目 | 总数 | % | 浙江 | % | 山东 | % | 河南 | % | 苏州府 | % | 松江府 | % |
|---|---|---|---|---|---|---|---|---|---|---|---|---|
| 白熟糯米(石) | 11500.00 | 100.00 | 6250.00 | 54.35 | | | | | 3150.00 | 27.39 | 2100.00 | 18.26 |
| 小麦(石) | 7300.00 | 100.00 | | | 2350.00 | 32.19 | 2000.00 | 27.40 | | | | |

[1] 资料来源：根据第一篇甲表70。
[2] 原书注明："轮年派征"。
[3] 资料来源：根据第一篇甲表71。
[4] 资料来源：根据第一篇甲表72。

| 项目 | 总数 | % | 顺天府 | % | 真定府 | % | 广平府 | % | 保定府 | % | 永平府 | % | 河间府 | % | 张家湾宣课司 | % |
|---|---|---|---|---|---|---|---|---|---|---|---|---|---|---|---|---|
| 小麦(石) | | | 650.00 | 8.90 | 550.00 | 7.53 | 410.00 | 5.62 | | | | | 250.00 | 3.42 | | |
| 黄豆(石) | 4600.00 | 100.00 | | | 2200.00 | 47.83 | 2400.00 | 52.17 | | | | | | | | |
| 黑豆(石) | 1800.00 | 100.00 | | | | | | | | | | | | | | |
| 绿豆(石) | 700.00 | 100.00 | | | | | | | | | | | | | | |
| 谷草(束) | 44000.00 | 100.00 | | | 11000.00 | 25.00 | | | 11000.00 | 25.00 | | | 11000.00 | 25.00 | | |
| 稻皮(石) | 500.00 | 100.00 | | | 200.00 | 40.00 | | | | | 150.00 | 30.00 | 150.00 | 30.00 | | |
| 釉(斤)¹ | 108800.00 | 100.00 | | | | | | | | | | | | | 108800.00 | 100.00 |

（续）大名府栏：

| 项目 | 大名府 | % |
|---|---|---|
| 小麦(石) | 1090.00 | 14.93 |
| 黑豆(石) | 1800.00 | 100.00 |
| 绿豆(石) | 700.00 | 100.00 |
| 谷草(束) | 11000.00 | 25.00 |

## 乙表50

**司苑局收入统计²**

| 项目 | 总数 | % | 山东 | % | 河南 | % | 顺德府 | % | 顺天府 | % | 真定府 | % | 大名府 | % |
|---|---|---|---|---|---|---|---|---|---|---|---|---|---|---|
| 黑豆(石) | 1950.00 | 100.00 | 700.00 | 35.90 | 800.00 | 41.03 | 450.00 | 23.08 | | | | | | |
| 谷草(束) | 70272.00 | 100.00 | 10000.00 | 14.23 | 20000.00 | 28.46 | | | 10272.00 | 14.62 | 15000.00 | 21.35 | 15000.00 | 21.35 |

¹ 原书此处注："其豆麦草折色，解部召买。"
² 资料来源：根据第一篇甲表73。

1257

## 乙表 51　惜薪司收入统计[1]

| 项目 | 总数 | % | 顺天府 | % | 永平府 | % |
|---|---|---|---|---|---|---|
| 白熟糯米(石) | 15.10 | | 15.10 | 100.00 | | |
| 红枣(斤) | 15570.00 | 100.00 | | | 15570.00 | 100.00 |

## 乙表 52　宝钞司收入统计[2]

| 项目 | 总数 | % | 顺天府 | % | 真定府 | % | 保定府 | % | 河间府 | % | 永平府 | % |
|---|---|---|---|---|---|---|---|---|---|---|---|---|
| 稻草(斤) | 245000.00 | 100.00 | 15000.00 | 6.12 | 52500.00 | 21.43 | 45000.00 | 18.37 | 30000.00 | 12.24 | 15300.00 | 6.24 |
| 香油(两) | 45.90 | 100.00 | 45.90 | 100.00 | | | | | | | | |

## 乙表 53　光禄寺收入统计[3]

| 项目 | 总数 | % | 浙江 | % | 江西 | % | 福建 | % | 广东 | % | 湖广 | % |
|---|---|---|---|---|---|---|---|---|---|---|---|---|
| 米粮(石) | 187166.00 | 100.00 | | | | | | | | | | |
| 白熟粳米(石) | 53000.00 | 100.00 | 19000.00 | 35.85 | | | | | | | | |
| 白熟糯米(石) | 14000.00 | 100.00 | 8500.00 | 60.71 | | | | | | | | |
| 细栗米(石) | 57500.00 | 100.00 | | | | | | | | | | |
| 赤豆(石) | 550.00 | 100.00 | | | | | | | | | | |
| 黄豆(石) | 1600.00 | 100.00 | | | | | | | | | | |
| 绿豆(石) | 8000.00 | 100.00 | | | | | | | | | | |
| 青绿豆(石) | 300.00 | 100.00 | | | | | | | | | | |
| 白豆(石) | 6.00 | 100.00 | | | | | | | | | | |
| 菊秋(石) | 5350.00 | 100.00 | | | | | | | | | | |

---

[1]资料来源：根据第一篇甲表 74。
[2]资料来源：根据第一篇甲表 75。
[3]资料来源：根据第一篇甲表 78。

| | | | | | | | | | | | | |
|---|---|---|---|---|---|---|---|---|---|---|---|---|
| 芝麻(石) | 6000.00 | 100.00 | | | | | | | | | | |
| 小麦(石) | 32000.00 | 100.00 | | | | | | | | | | |
| 豌豆(石) | 150.00 | 100.00 | | | | | | | | | | |
| 粟谷(石) | 4000.00 | 100.00 | | | | | | | | | | |
| 稻谷(石) | 2000.00 | 100.00 | | | | | | | | | | |
| 黑豆(石) | 1250.00 | 100.00 | | | | | | | | | | |
| 山黄米(石) | 70.00 | 100.00 | | | | | | | | | | |
| 筱麦(石) | 50.00 | 100.00 | | | | | | | | | | |
| 大青黄豆(石) | 40.00 | 100.00 | | | | | | | | | | |
| 白芝麻(石) | 700.00 | 100.00 | | | | | | | | | | |
| 大麦(石) | 600.00 | 100.00 | | | | | | | | | | |
| **果品厨料(斤)** | 1078040.00 | 100.00 | | | | | | | | | | |
| 白糖(斤) | 45600.00 | 100.00 | | | | | 45600.00 | 100.00 | | | | |
| 该银(两) | 2781.60 | 100.00 | | | | | 2781.60 | 100.00 | | | | |
| 圆眼(斤) | 26400.00 | 100.00 | | | | | 13200.00 | 50.00 | 13200.00 | 50.00 | | |
| 该银(两) | 1848.00 | 100.00 | | | | | 924.00 | 50.00 | 924.00 | 50.00 | | |
| 荔枝(斤) | 26400.00 | 100.00 | | | | | 13200.00 | 50.00 | 13200.00 | 50.00 | | |
| 该银(两) | 1848.00 | 100.00 | | | | | 924.00 | 50.00 | 924.00 | 50.00 | | |
| 绿笋(斤) | 84000.00 | 100.00 | 14000.00 | 16.67 | 13000.00 | 15.48 | | | 13000.00 | 15.48 | 13000.00 | 15.48 |
| 该银(两) | 5040.00 | 100.00 | 840.00 | 16.67 | 780.00 | 15.48 | | | 780.00 | 15.48 | 780.00 | 15.48 |
| 川椒(斤) | 6800.00 | 100.00 | | | | | | | | | | |
| 该银(两) | 544.00 | 100.00 | | | | | | | | | | |
| 干鱼(斤) | 118400.00 | 100.00 | | | | | | | | | 118400.00 | 100.00 |
| 该银(两) | 4262.40 | 100.00 | | | | | | | | | 4262.40 | 100.00 |
| 莲肉(斤) | 24000.00 | 100.00 | 5300.00 | 22.08 | 7800.00 | 32.50 | | | | | 7500.00 | 31.25 |

| 品名 | | | | | | | | | | | | |
|---|---|---|---|---|---|---|---|---|---|---|---|---|
| 该银(两) | 1008.00 | 100.00 | 222.60 | 22.08 | 327.60 | 32.50 | | | | | 315.00 | 31.25 |
| 胶枣(斤) | 53200.00 | 100.00 | | | | | | | | | | |
| 该银(两) | 638.40 | 100.00 | | | | | | | | | | |
| 栗子(斤) | 6400.00 | 100.00 | | | | | | | | | | |
| 该银(两) | 160.00 | 100.00 | | | | | | | | | | |
| 柿饼(斤) | 69600.00 | 100.00 | 10000.00 | 14.37 | | | | | | | 10000.00 | 14.37 |
| 该银(两) | 1740.00 | 100.00 | 250.00 | 14.37 | | | | | | | 250.00 | 14.37 |
| 红枣(斤) | 70400.00 | 100.00 | 4000.00 | 5.68 | | | | | | | 4000.00 | 5.68 |
| 该银(两) | 915.20 | 100.00 | 52.00 | 5.68 | | | | | | | 52.00 | 5.68 |
| 牙枣(斤) | 2400.00 | 100.00 | | | | | | | | | | |
| 该银(两) | 72.00 | 100.00 | | | | | | | | | | |
| 银杏(斤) | 10400.00 | 100.00 | 3900.00 | 37.50 | 1600.00 | 15.38 | | | | | | |
| 该银(两) | 270.4 | 100.00 | 101.40 | 37.50 | 41.60 | 15.38 | | | | | | |
| 榛子(斤) | 49600.00 | 100.00 | | | | | | | | | | |
| 该银(两) | 1140.80 | 100.00 | | | | | | | | | | |
| 菱米(斤) | 7200.00 | 100.00 | 2000.00 | 27.78 | | | | | | | 2000.00 | 27.78 |
| 该银(两) | 172.80 | 100.00 | 48.00 | 27.78 | | | | | | | 48.00 | 27.78 |
| 带壳莲子(斤) | 400.00 | 100.00 | | | | | | | | | | |
| 该银(两) | 8.00 | 100.00 | | | | | | | | | | |
| 尖头榛子(斤) | 400.00 | 100.00 | | | | | | | | | | |
| 该银(两) | 10.40 | 100.00 | | | | | | | | | | |
| 土碱(斤) | 28000.00 | 100.00 | | | | | | | | | | |
| 该银(两) | 364.00 | 100.00 | | | | | | | | | | |
| 香覃(斤) | 8000.00 | 100.00 | 2200.00 | 27.50 | 2000.00 | 25.00 | 2000.00 | 25.00 | 1500.00 | 18.75 | | |
| 该银(两) | 1920.00 | 100.00 | 528.00 | 27.50 | 480.00 | 25.00 | 480.00 | 25.00 | 360.00 | 18.75 | | |

| 品名 | | | | | | | | |
|---|---|---|---|---|---|---|---|---|
| 杏仁(斤) | 6080.00 | 100.00 | 2380.00 | 39.14 | | | | |
| 该银(两) | 182.40 | 100.00 | 71.40 | 39.14 | | | | |
| 固香(斤) | 2400.00 | 100.00 | | | | | | |
| 该银(两) | 72.00 | 100.00 | | | | | | |
| (石宿)砂 | 1200.00 | 100.00 | | | 600.00 | 50.00 | 600.00 | 50.00 |
| 该银(两) | 276.00 | 100.00 | | | 138.00 | 50.00 | 138.00 | 50.00 |
| 火熏猪肉(斤) | 12400.00 | 100.00 | 4840.00 | 39.03 | 4600.00 | 37.10 | | |
| 该银(两) | 744.00 | 100.00 | 290.40 | 39.03 | 276.00 | 37.10 | | |
| 干葡萄(斤) | 14400.00 | 100.00 | | | | | | |
| 该银(两) | 576.00 | 100.00 | | | | | | |
| 薄荷(斤) | 1920.00 | 100.00 | | | | | | |
| 该银(两) | 38.40 | 100.00 | | | | | | |
| 核桃(斤) | 127200.00 | 100.00 | | | 8500.00 | 6.68 | 8200.00 | 6.45 |
| 该银(两) | 3180.00 | 100.00 | | | 212.50 | 6.68 | 205.00 | 6.45 |
| 蘑菇(斤) | 3520.00 | 100.00 | | | | | | |
| 该银(两) | 1232.00 | 100.00 | | | | | | |
| 大蒜(斤) | 800.00 | 100.00 | | | | | | |
| 该银(两) | 9.60 | 100.00 | | | | | | |
| 干姜(斤) | 760.00 | 100.00 | | | | | | |
| 该银(两) | 45.60 | 100.00 | | | | | | |
| 苘萝(斤) | 800.00 | 100.00 | | | | | | |
| 该银(两) | 24.00 | 100.00 | | | | | | |
| 木耳(斤) | 10560.00 | 100.00 | | | 2000.00 | 18.94 | 2000.00 | 18.94 |
| 该银(两) | 844.80 | 100.00 | | | 160.00 | 18.94 | 160.00 | 18.94 |
| 松子(斤) | 11200.00 | 100.00 | | | | | | |

| 项目 | 四川 | % | 河南 | % | 山西 | % | 山东 | % | 顺天府 | % | 永平府 | % |
|---|---|---|---|---|---|---|---|---|---|---|---|---|
| 该银(两) | 504.00 | 100.00 | | | | | | | | | | |
| 蜂蜜(斤) | 37600.00 | 100.00 | 8000.00 | 21.28 | 3500.00 | 9.31 | 3700.00 | 9.84 | 500.00 | 1.33 | 7000.00 | 18.62 |
| 该银(两) | 2068.00 | 100.00 | 440.00 | 21.28 | 192.50 | 9.31 | 203.50 | 9.84 | 27.50 | 1.33 | 385.00 | 18.62 |
| 花椒(斤) | 7200.00 | 100.00 | | | | | | | | | | |
| 该银(两) | 360.00 | 100.00 | | | | | | | | | | |
| 黑砂糖(斤) | 36000.00 | 100.00 | | | 16000.00 | 44.44 | 20000.00 | 55.56 | | | | |
| 该银(两) | 1080.00 | 100.00 | | | 480.00 | 44.44 | 600.00 | 55.56 | | | | |
| 叶茶(斤) | 12000.00 | 100.00 | 2600.00 | 21.67 | | | | | | | 2100.00 | 17.50 |
| 该银(两) | 300.00 | 100.00 | 65.00 | 21.67 | | | | | | | 52.50 | 17.50 |
| 青盐(斤) | 120000.00 | 100.00 | | | | | | | | | | |
| 白盐(斤) | 32000.00 | 100.00 | | | | | | | | | | |
| 盐卤(斤) | 2400.00 | 100.00 | | | | | | | | | | |
| 年例抽分曲(斤) | 44000.00 | 100.00 | | | | | | | | | | |
| 折银(两) | 4400.00 | 100.00 | | | | | | | | | | |
| 额解子粒银(两) | 4465.70 | 100.00 | | | | | | | | | | |

| 项目 | 四川 | % | 河南 | % | 山西 | % | 山东 | % | 顺天府 | % | 永平府 | % |
|---|---|---|---|---|---|---|---|---|---|---|---|---|
| 米粮 | | | | | | | | | | | | |
| 细粟米(石) | | | 28500.00 | 49.57 | | | 29000.00 | 50.43 | | | | |
| 赤豆(石) | | | | | | | | | 550.00 | 100.00 | | |
| 绿豆(石) | | | 6000.00 | 75.00 | | | | | | | | |
| 青绿豆(石) | | | | | | | 300.00 | 100.00 | | | | |
| 白豆(石) | | | | | | | | | 6.00 | 100.00 | | |
| 菊秫(石) | | | | | | | 4600.00 | 85.98 | | | | |
| 芝麻(石) | | | 2000.00 | 33.33 | | | 2000.00 | 33.33 | | | | |
| 小麦(石) | | | 6600.00 | 20.63 | | | 8000.00 | 25.00 | | | 2280.00 | 7.13 |

1262

| 品名 | | | | | | | | | | |
| --- | --- | --- | --- | --- | --- | --- | --- | --- | --- | --- |
| 粟谷（石） | | | | | | | | | | |
| 山黄米（石） | 4000.00 | 100.00 | | | | | 70.00 | 100.00 | | |
| 莜麦（石） | | | | | | | 50.00 | 100.00 | | |
| 大青黄豆（石） | | | | | | | 40.00 | 100.00 | | |
| 白芝麻（石） | 260.00 | 37.14 | | | 180.00 | 25.71 | | | | |
| 大麦（石） | | | | | | | 300.00 | 50.00 | | |
| **果品蔚料** | | | | | | | | | | |
| 绿芽（斤） | 2000.00 | | | | | | | | | |
| 该银（两） | 120.00 | 2.38 | | | | | | | | |
| 川椒（斤） | 6800.00 | 100.00 | | | | | | | | |
| 该银（两） | 544.00 | 100.00 | | | | | | | | |
| 胶枣（斤） | 10000.00 | 18.80 | | | 43200.00 | 81.20 | | | | |
| 该银（两） | 120.00 | 18.80 | | | 518.40 | 81.20 | | | | |
| 栗子（斤） | 1200.00 | 18.75 | 1200.00 | 18.75 | | | 500.00 | 7.81 | 500.00 | 7.81 |
| 该银（两） | 30.00 | 18.75 | 30.00 | 18.75 | | | 12.50 | 7.81 | 12.50 | 7.81 |
| 柿饼（斤） | 28000.00 | 14.37 | 6000.00 | 8.62 | 5600.00 | 8.05 | | | | |
| 该银（两） | 700.00 | 14.37 | 150.00 | 8.62 | 140.00 | 8.05 | | | | |
| 红枣（斤） | 6000.00 | 8.52 | 6000.00 | 8.52 | 7500.00 | 10.65 | 5000.00 | 7.10 | 4000.00 | 5.68 |
| 该银（两） | 78.00 | 8.52 | 78.00 | 8.52 | 97.50 | 10.65 | 65.00 | 7.10 | 52.00 | 5.68 |
| 牙枣（斤） | | | | | 2400.00 | 100.00 | | | | |
| 该银（两） | | | | | 72.00 | 100.00 | | | | |
| 榛子（斤） | | | | | 3000.00 | 6.05 | 10000.00 | 20.16 | 20000.00 | 40.32 |
| 该银（两） | | | | | 69.00 | 6.05 | 230.00 | 20.16 | 460.00 | 40.32 |
| 尖头榛子（斤） | | | | | | | | | 400.00 | 100.00 |
| 该银（两） | | | | | | | | | 10.40 | 100.00 |

1263

| 项目 | 保定府 | % | 河间府 | % | 真定府 | % | 顺德府 | % | 广平府 | % | 大名府 | % |
|---|---|---|---|---|---|---|---|---|---|---|---|---|
| 土碱（斤） | | | | | | | | | 7000.00 | 25.00 | 2000.00 | 7.14 |
| 该银（两） | | | | | | | | | 91.00 | 25.00 | 26.00 | 7.14 |
| 杏仁（斤） | 2000.00 | 32.89 | 1200.00 | 19.74 | | | 500.00 | 8.22 | | | | |
| 该银（两） | 60.00 | 32.89 | 36.00 | 19.74 | | | 15.00 | 8.22 | | | | |
| 干葡萄（斤） | | | | | 14400.00 | 100.00 | | | | | | |
| 该银（两） | | | | | 576.00 | 100.00 | | | | | | |
| 核桃（斤） | 8000.00 | 6.29 | 8500.00 | 6.68 | 7150.00 | 5.62 | 8150.00 | 6.41 | 3000.00 | 2.36 | 3000.00 | 2.36 |
| 该银（两） | 200.00 | 6.29 | 212.50 | 6.68 | 178.75 | 5.62 | 203.75 | 6.41 | 75.00 | 2.36 | 75.00 | 2.36 |
| 蘑菇（斤） | | | 2990.00 | 84.94 | | | | | | | | |
| 该银（两） | | | 1046.50 | 84.94 | | | | | | | | |
| 大蒜（斤） | 760.00 | 100.00 | | | | | | | 800.00 | 100.00 | | |
| 该银（两） | 45.60 | 100.00 | | | | | | | 9.60 | 100.00 | | |
| 干姜（斤） | 1500.00 | 14.20 | | | | | | | | | | |
| 该银（两） | 120.00 | 14.20 | | | | | | | | | | |
| 木耳（斤） | | | 1400.00 | 13.26 | | | | | | | | |
| 该银（两） | | | 112.00 | 13.26 | | | | | | | | |
| 松子（斤） | | | | | 1100.00 | 2.93 | | | 1200.00 | 10.71 | 2700.00 | 24.11 |
| 该银（两） | | | | | 60.50 | 2.93 | | | 54.00 | 10.71 | 121.50 | 24.11 |
| 蜂蜜（斤） | 6000.00 | 15.96 | 1600.00 | 4.26 | | | | | | | | |
| 该银（两） | 330.00 | 15.96 | 88.00 | 4.26 | | | | | | | | |
| 花椒（斤） | | | | | | | 3600.00 | 50.00 | | | | |
| 该银（两） | | | | | | | 180.00 | 50.00 | | | | |
| 项目 | 保定府 | % | 河间府 | % | 真定府 | % | 顺德府 | % | 广平府 | % | 大名府 | % |
| 米粮 | | | | | | | | | | | | |
| 黄豆（石） | | | | | | | | | | | 1600.00 | 100.00 |

1264

| 项目 | | | | | | | | | | | | |
|---|---|---|---|---|---|---|---|---|---|---|---|---|
| 绿豆(石) | 12.50 | 1000.00 | | | 12.50 | 1000.00 | | | | | | |
| 蓿秫(石) | | | | | 14.02 | 750.00 | | | | | | |
| 芝麻(石) | 10.00 | 600.00 | 6.67 | 400.00 | 6.67 | 400.00 | | | 10.00 | 600.00 | | |
| 小麦(石) | 19.44 | 6220.00 | 2.04 | 652.00 | 8.13 | 2600.00 | | | 6.78 | 2170.00 | | |
| 豌豆(石) | | | 50.00 | 75.00 | 50.00 | 75.00 | | | | | | |
| 黑豆(石) | 100.00 | 1250.00 | | | | | | | | | | |
| 白芝麻(石) | 37.14 | 260.00 | 16.67 | 100.00 | 33.33 | 200.00 | | | | | | |
| 大麦(石) | | | | | | | | | | | | |
| **果品厨料** | | | | | | | | | | | | |
| 莲肉(斤) | 1.25 | 300.00 | | | | 300.00 | 1.25 | 300.00 | 1.25 | 300.00 | | |
| 该银(两) | 1.25 | 12.60 | | | | 12.60 | 1.25 | 12.60 | 1.25 | 12.60 | | |
| 栗子(斤) | 7.81 | 500.00 | 7.03 | 450.00 | 5.47 | 350.00 | 9.38 | 600.00 | 7.81 | 500.00 | 9.38 | 600.00 |
| 该银(两) | 7.81 | 12.50 | 7.03 | 11.25 | 5.47 | 8.75 | 9.38 | 15.00 | 7.81 | 12.50 | 9.38 | 15.00 |
| 红枣(斤) | 8.52 | 6000.00 | 8.24 | 5800.00 | 6.68 | 4700.00 | 7.10 | 5000.00 | 7.10 | 5000.00 | 7.10 | 5000.00 |
| 该银(两) | 8.52 | 78.00 | 8.24 | 75.40 | 6.68 | 61.10 | 7.10 | 65.00 | 7.10 | 65.00 | 7.10 | 65.00 |
| 榛子(斤) | 7.26 | 3600.00 | 4.03 | 2000.00 | 4.03 | 2000.00 | 6.05 | 3000.00 | 6.05 | 3000.00 | 6.05 | 3000.00 |
| 该银(两) | 7.26 | 82.80 | 4.03 | 46.00 | 4.03 | 46.00 | 6.05 | 69.00 | 6.05 | 69.00 | 6.05 | 69.00 |
| 带壳莲子(斤) | | | | | | | 50.00 | 200.00 | 50.00 | 200.00 | | |
| 该银(两) | | | | | | | 50.00 | 4.00 | 50.00 | 4.00 | | |
| 土碱(斤) | 10.71 | 3000.00 | 10.71 | 3000.00 | 9.64 | 2700.00 | 12.50 | 3500.00 | 11.79 | 3300.00 | 12.50 | 3500.00 |
| 该银(两) | 10.71 | 39.00 | 10.71 | 39.00 | 9.64 | 35.10 | 12.50 | 45.50 | 11.79 | 42.90 | 12.50 | 45.50 |
| 核桃(斤) | 2.12 | 2700.00 | 1.97 | 2500.00 | 1.57 | 2000.00 | 3.14 | 4000.00 | 2.36 | 3000.00 | 2.36 | 3000.00 |
| 该银(两) | 2.12 | 67.50 | 1.97 | 62.50 | 1.57 | 50.00 | 3.14 | 100.00 | 2.36 | 75.00 | 2.36 | 75.00 |
| 蘑菇(斤) | 1.99 | 70.00 | | | | | 1.70 | 60.00 | | | | |
| 该银(两) | 1.99 | 24.50 | | | | | 1.70 | 21.00 | | | | |

| 项目 | 应天府 | % | 苏州府 | % | 松江府 | % | 常州府 | % | 镇江府 | % | 安庆府 | % |
|---|---|---|---|---|---|---|---|---|---|---|---|---|
| 松子(斤) | 1300.00 | 11.61 | 1100.00 | 9.82 | 1400.00 | 12.50 | 1000.00 | 8.93 | 1000.00 | 8.93 | 1500.00 | 13.39 |
| 该银(两) | 58.50 | 11.61 | 49.50 | 9.82 | 63.00 | 12.50 | 45.00 | 8.93 | 45.00 | 8.93 | 67.50 | 13.39 |
| **米粮** | | | | | | | | | | | | |
| 白熟粳米(石) | | | 15000.00 | 28.30 | 13600.00 | 25.66 | 5400.00 | 10.19 | | | 3500.00 | 4.17 |
| 白熟糯米(石) | | | 2500.00 | 17.86 | 2200.00 | 15.71 | 800.00 | 5.71 | | | 210.00 | 4.17 |
| 小麦(石) | 408.00 | 1.28 | | | | | | | | | | |
| **果品厨料** | | | | | | | | | | | | |
| 绿笋(斤) | | | 4000.00 | 4.76 | 4000.00 | 4.76 | 3500.00 | 4.76 | 3000.00 | 3.57 | 3500.00 | 4.17 |
| 该银(两) | | | 240.00 | 4.76 | 240.00 | 4.76 | 210.00 | 4.76 | 180.00 | 3.57 | 210.00 | 4.17 |
| 莲肉(斤) | | | 1000.00 | 4.17 | | | | | 500.00 | 2.08 | | |
| 该银(两) | | | 42.00 | 4.17 | | | | | 21.00 | 2.08 | | |
| 银杏(斤) | | | 400.00 | 3.85 | 350.00 | 3.37 | 900.00 | 8.65 | 300.00 | 2.88 | 400.00 | 3.85 |
| 该银(两) | | | 10.40 | 3.85 | 9.10 | 3.37 | 23.40 | 8.65 | 7.80 | 2.88 | 10.40 | 3.85 |
| 麦米(斤) | | | 800.00 | 11.11 | | | | | 400.00 | 5.56 | | |
| 该银(两) | | | 19.20 | 11.11 | | | | | 9.60 | 5.56 | | |
| 香蕈(斤) | | | | | 300.00 | 3.75 | | | | | | |
| 该银(两) | | | | | 72.00 | 3.75 | | | | | | |
| 茴香(斤) | | | 250.00 | 10.42 | 200.00 | 10.42 | 200.00 | 10.42 | 220.00 | 9.17 | | |
| 该银(两) | | | 7.50 | 10.42 | 4.00 | 10.42 | 4.00 | 10.42 | 6.60 | 9.17 | | |
| 薄荷(斤) | | | 300.00 | 15.63 | 200.00 | 5.50 | 200.00 | 5.50 | 170.00 | 8.85 | 150.00 | 7.81 |
| 该银(两) | | | 6.00 | 15.63 | 4.00 | 5.50 | 4.00 | 5.50 | 3.40 | 8.85 | 3.00 | 7.81 |
| 核桃(斤) | | | 6000.00 | 4.72 | 7000.00 | 4.72 | 7000.00 | 5.50 | 4000.00 | 3.14 | | |
| 该银(两) | | | 150.00 | 4.72 | 175.00 | 4.72 | 175.00 | 5.50 | 100.00 | 3.14 | | |
| 莳萝(斤) | | | 100.00 | 12.50 | 100.00 | 12.50 | 100.00 | 12.50 | 100.00 | 12.50 | 100.00 | 12.50 |

| 项目 | 徽州府 | % | 宁国府 | % | 池州府 | % | 太平府 | % | 庐州府 | % | 凤阳府 | % |
|---|---|---|---|---|---|---|---|---|---|---|---|---|
| 该银(两) |  |  | 3.00 | 12.50 | 3.00 | 12.50 | 3.00 | 12.50 | 3.00 | 12.50 | 3.00 | 12.50 |
| 木耳(斤) |  |  | 800.00 | 7.58 | 600.00 | 5.68 | 700.00 | 6.63 |  |  |  |  |
| 该银(两) |  |  | 64.00 | 7.58 | 48.00 | 5.68 | 56.00 | 6.63 |  |  |  |  |
| 蜂蜜(斤) |  |  | 700.00 | 1.86 | 500.00 | 1.33 | 700.00 | 1.86 | 400.00 | 1.06 | 400.00 | 1.06 |
| 该银(两) |  |  | 38.50 | 1.86 | 27.50 | 1.33 | 38.50 | 1.86 | 22.00 | 1.06 | 22.00 | 1.06 |
| 花椒(斤) |  |  |  |  |  |  |  |  |  |  | 1800.00 | 25.00 |
| 该银(两) |  |  |  |  |  |  |  |  |  |  | 90.00 | 25.00 |
| 叶茶(斤) |  |  | 700.00 | 5.83 | 700.00 | 5.83 | 700.00 | 5.83 |  |  | 600.00 | 5.00 |
| 该银(两) |  |  | 17.50 | 5.83 | 17.50 | 5.83 | 17.50 | 5.83 |  |  | 15.00 | 5.00 |
| 米粮 |  |  |  |  |  |  |  |  |  |  |  |  |
| 小麦(石) | 3000.00 | 3.57 | 3300.00 | 3.93 | 1100.00 | 1.31 |  |  | 1390.00 | 4.34 | 1680.00 | 5.25 |
| 该银(两) | 180.00 | 3.57 | 198.00 | 3.93 | 66.00 | 1.31 |  |  |  |  |  |  |
| 果品厨料 |  |  |  |  |  |  |  |  |  |  |  |  |
| 绿笋(斤) | 530.00 | 5.10 |  |  |  |  |  |  |  |  |  |  |
| 该银(两) | 13.78 | 5.10 |  |  |  |  |  |  |  |  |  |  |
| 红枣(斤) |  |  |  |  |  |  |  |  |  |  | 1400.00 | 1.99 |
| 该银(两) |  |  |  |  |  |  |  |  |  |  | 18.20 | 1.99 |
| 银杏(斤) |  |  | 400.00 | 3.85 | 400.00 | 3.85 | 200.00 | 1.92 | 200.00 | 1.92 |  |  |
| 该银(两) |  |  | 10.40 | 3.85 | 10.40 | 3.85 | 5.20 | 1.92 | 5.20 | 1.92 |  |  |
| 菱米(斤) | 400.00 | 5.56 | 400.00 | 5.56 |  |  |  |  |  |  |  |  |
| 该银(两) | 9.60 | 5.56 | 9.60 | 5.56 |  |  |  |  |  |  |  |  |
| 茴香(斤) | 220.00 | 9.17 |  |  | 280.00 | 11.67 | 240.00 | 10.00 |  |  |  |  |
| 该银(两) | 6.60 | 9.17 |  |  | 8.40 | 11.67 | 7.20 | 10.00 |  |  |  |  |
| 火熏猪肉(斤) | 2960.00 | 23.87 |  |  |  |  |  |  | 200.00 | 8.33 | 170.00 | 7.08 |
| 该银(两) | 177.60 | 23.87 |  |  |  |  |  |  | 6.00 | 8.33 | 5.10 | 7.08 |

| 项目 | 淮安府 | % | 扬州府 | % | 和州 | % | 滁州 | % | 广德州 | % | 徐州 | % |
|---|---|---|---|---|---|---|---|---|---|---|---|---|
| 薄荷(斤) |  |  | 200.00 | 10.42 | 150.00 | 7.81 | 150.00 | 7.81 | 100.00 | 5.21 | 100.00 | 5.21 |
| 该银(两) |  |  | 4.00 | 10.42 | 3.00 | 7.81 | 3.00 | 7.81 | 2.00 | 5.21 | 2.00 | 5.21 |
| 核桃(斤) | 4500.00 | 3.54 | 5000.00 | 3.93 | 4000.00 | 3.14 | 4000.00 | 3.14 | 2000.00 | 1.57 | 4000.00 | 3.14 |
| 该银(两) | 112.50 | 3.54 | 125.00 | 3.93 | 100.00 | 3.14 | 100.00 | 3.14 | 50.00 | 1.57 | 100.00 | 3.14 |
| 蘑菇(斤) |  |  |  |  |  |  |  |  | 150.00 | 4.26 | 100.00 | 2.84 |
| 该银(两) |  |  |  |  |  |  |  |  | 52.50 | 4.26 | 35.00 | 2.84 |
| 时萝(斤) |  |  | 100.00 | 12.50 | 100.00 | 12.50 | 100.00 | 12.50 |  |  |  |  |
| 该银(两) |  |  | 3.00 | 12.50 | 3.00 | 12.50 | 3.00 | 12.50 |  |  |  |  |
| 木耳(斤) | 400.00 | 3.79 | 500.00 | 3.79 | 460.00 | 4.36 |  |  |  |  |  |  |
| 该银(两) | 32.00 | 3.79 | 40.00 | 3.79 | 36.80 | 4.36 |  |  |  |  |  |  |
| 蜂蜜(斤) | 500.00 | 1.33 | 500.00 | 1.33 | 400.00 | 1.06 | 300.00 | 1.06 | 400.00 | 1.06 | 500.00 | 1.33 |
| 该银(两) | 27.50 | 1.33 | 27.50 | 1.33 | 22.00 | 1.06 | 16.50 | 1.06 | 22.00 | 1.06 | 27.50 | 1.33 |
| 花椒(斤) |  |  |  |  |  |  |  |  | 1800.00 | 25.00 |  |  |
| 该银(两) |  |  |  |  |  |  |  |  | 90.00 | 25.00 |  |  |
| 叶茶(斤) | 700.00 | 5.83 | 600.00 | 5.00 |  |  | 500.00 | 4.17 | 600.00 | 5.00 | 500.00 | 4.17 |
| 该银(两) | 17.50 | 5.83 | 15.00 | 5.00 |  |  | 12.50 | 4.17 | 15.00 | 5.00 | 12.50 | 4.17 |
| 项目 | 淮安府 | % | 扬州府 | % | 和州 | % | 滁州 | % | 广德州 | % | 徐州 | % |
| **米粮** |  |  |  |  |  |  |  |  |  |  |  |  |
| 稻谷(石) | 2000.00 | 100.00 |  |  |  |  |  |  |  |  |  |  |
| **果品厨料** |  |  |  |  |  |  |  |  |  |  |  |  |
| 绿芽(斤) |  |  | 2000.00 | 2.38 | 400.00 | 0.48 | 400.00 | 0.48 | 400.00 | 0.48 | 400.00 | 0.48 |
| 该银(两) |  |  | 120.00 | 2.38 | 24.00 | 0.48 | 24.00 | 0.48 | 24.00 | 0.48 | 24.00 | 0.48 |
| 莲肉(斤) | 500.00 | 2.08 | 500.00 | 2.08 |  |  |  |  |  |  |  |  |
| 该银(两) | 21.00 | 2.08 | 21.00 | 2.08 |  |  |  |  |  |  |  |  |
| 红枣(斤) | 1000.00 | 1.42 |  |  |  |  |  |  |  |  |  |  |

| 项目 | 长芦盐运司 | % | 张家湾宣课司 | % | | % | 上林苑监 | % | | % | | % |
|---|---|---|---|---|---|---|---|---|---|---|---|---|
| 该银(两) | 13.00 | 1.42 | | | | | | | | | | |
| 银杏(斤) | 300.00 | 2.88 | 300.00 | 2.88 | | | | | 220.00 | 2.12 | | |
| 该银(两) | 7.80 | 2.88 | 7.80 | 2.88 | | | | | 5.72 | 2.12 | | |
| 菱米(斤) | 400.00 | 5.56 | 400.00 | 5.56 | | | | | 200.00 | 2.78 | 200.00 | 2.78 |
| 该银(两) | 9.60 | 5.56 | 9.60 | 5.56 | | | | | 4.80 | 2.78 | 4.80 | 2.78 |
| 茴香(斤) | 200.00 | 8.33 | 300.00 | 12.50 | 100.00 | 4.17 | 120.00 | 5.00 | | | 100.00 | 4.17 |
| 该银(两) | 6.00 | 8.33 | 9.00 | 12.50 | 3.00 | 4.17 | 3.60 | 5.00 | | | 3.00 | 4.17 |
| 薄荷(两) | | | | | 100.00 | 5.21 | 100.00 | 5.21 | | | | |
| 该银(两) | | | | | 2.00 | 5.21 | 2.00 | 5.21 | | | | |
| 核桃(斤) | 4000.00 | 3.14 | 4000.00 | 3.14 | | | | | | | | |
| 该银(两) | 100.00 | 3.14 | 100.00 | 3.14 | | | | | | | | |
| 蘑菇(两) | 150.00 | 4.26 | | | | | | | | | | |
| 该银(两) | 52.50 | 4.26 | | | | | | | | | | |
| 时萝(两) | 50.00 | 6.25 | 50.00 | 6.25 | | | | | | | | |
| 该银(两) | 1.50 | 6.25 | 1.50 | 6.25 | | | | | | | | |
| 木耳(斤) | | | | | | | | | 200.00 | 1.89 | | |
| 该银(两) | | | | | | | | | 16.00 | 1.89 | | |
| 蜂蜜(斤) | 500.00 | 1.33 | 400.00 | 1.06 | | | | | | | | |
| 该银(两) | 27.50 | 1.33 | 22.00 | 1.06 | | | | | | | | |
| 叶茶(斤) | 500.00 | 4.17 | 500.00 | 4.17 | 400.00 | 3.33 | 300.00 | 2.50 | | | 500.00 | 4.17 |
| 该银(两) | 12.50 | 4.17 | 12.50 | 4.17 | 10.00 | 3.33 | 7.50 | 2.50 | | | 12.50 | 4.17 |
| 项目 | 长芦盐运司 | % | 张家湾宣课司 | % | | | 上林苑监 | % | | | | |
| 果品厨料 | | | | | | | | | | | | |
| 青盐(斤) | 120000.00 | 100.00 | | | | | | | | | | |
| 白盐(斤) | 32000.00 | 100.00 | | | | | | | | | | |

| 盐卤（斤） | 2400.00 | 100.00 | | | | |
| 年例抽分曲（斤） | | | 44000.00 | 100.00 | | |
| 折银（两） | | | 4400.00 | 100.00 | | |
| 额解子粒银（两） | | | | | 4465.70 | 100.00 |

# 第 八 章

# 漕　粮

## 说　明

　　本章中自乙表54—乙表57，是依据第一篇甲表88—甲表92的内容，分别按漕粮、改兑粮、支运米、预备米四个项目进行统计说明。

　　乙表54是漕粮额数统计。给出了各地漕粮岁额、兑运粮、改兑粮、兑运加耗米及改兑加耗米的数值，及其在总数中所占的百分比。

　　漕粮分布在浙江等五省与南直隶所辖十五府州，岁额共计4000000石，数量排在前三位的省直分别为：南直隶、浙江、江西；其中南直隶所辖十五府州中最多的是苏州府、松江府和常州府，其中苏州府一府就占了总数的17.43％，接近浙江全省的数字，远超过排名第二，占总数10％的江西省。

　　兑运粮3300000石，其中本色粮占了总数的94.60％，而折色粮仅占了5.40％。兑运粮数的前三位分别是：南直隶、浙江和江西。其中南直隶所辖十五府州中最多的是苏州府、松江府和常州府，而仅仅苏州一府就占了总数的19.85％，超过了浙江省全省的兑运粮。同时在很少的折色粮中，山东、河南两省占居了绝大多数，其合计为全部折色兑运粮的78.76％，剩余的21.23％的折色兑运粮，全部来自湖广。而南直隶的兑运粮全部是本色粮，其数量占了总数48.02％。

　　改兑粮700000石，大部分来自南直隶，占了总数的42.06％；其次是浙江和河南，分别占总数的28.57％和15.71％。

　　从兑运粮与改兑粮的加耗上看，兑运加耗米在兑运粮中所占的比例远远高于改兑加耗米在改兑粮中所占的比例。

　　兑运加耗米共计1751195.09石，占了兑运粮的53.07％。其中南直隶最多为总数的47.06％；其次是浙江和江西，分别占总数的22.61％和15.08％。兑运加耗米项下分为三个子目录：两尖米、轻赍银和扣留脚价银。其中两尖米为312226.53石，是兑运加耗米总数的17.83％；而轻赍银是445257.75两，扣留脚价银是27122.65两。

　　而改兑加耗米共计204937.50石，占了改兑粮的29.28％。其中南直隶最多为总数的41.96％；其次是江西和河南，分别占总数的34.84％和9.12％。

　　乙表55是改兑粮统计，给出了各地改兑粮在不同仓口的分布。其中淮安府常盈仓为42.59％；徐州广运仓是28.04％；德州仓为19.29％，临清广积仓最少为10.09％。原书注明："原坐淮徐临德4仓，系民运纳军赴仓，领运至京通2仓。成化11等年照兑运事例，令军径赴水次领兑"。

　　乙表56是支运米。支运米共计644083.30石，分布在天津仓、蓟州仓、密云镇和昌平镇四处，其中本色米占78.26％，折色米占21.74％。昌平镇本色米最多；折色米全部在蓟州仓。

　　乙表57为预备米的统计。预备米共计194400石，分为山东秋粮米、山东夏税麦折米及河南米三项，收贮于临清广积仓和德州德州仓，其中临清广积仓占58.85％，德州德州仓占41.15％。

**乙表 54**

## 漕粮额数统计[1]

| 项目 | 总数 | % | 浙江 | % | 江西 | % | 湖广 | % | 应天府 | % | 苏州府 | % |
|---|---|---|---|---|---|---|---|---|---|---|---|---|
| 岁额(石)[2] | 4000000.00 | 100.00 | 800000.00 | 20.00 | 400000.00 | 10.00 | 250000.00 | 6.25 | 128000.00 | 3.20 | 697000.00 | 17.43 |
| 内兑运粮(石) | 3300000.00 | 100.00 | 600000.00 | 18.18 | 400000.00 | 12.12 | 250000.00 | 7.58 | 100000.00 | 3.03 | 655000.00 | 19.85 |
| 折色 | 177734.70 | 100.00 | | | | | 37734.70 | 21.23 | | | | |
| 本色 | 3122265.30 | 100.00 | 600000.00 | 19.22 | 400000.00 | 12.81 | 212265.30 | 6.80 | 100000.00 | 3.20 | 655000.00 | 20.98 |
| 内改兑粮(石) | 700000.00 | 100.00 | 200000.00 | 28.57 | | | | | 28000.00 | 4.00 | 42000.00 | 6.00 |
| 兑运加耗米(石) | 1751195.09 | 100.00 | 396000.00 | 22.61 | 264000.00 | 15.08 | 140095.09 | 8.00 | 56000.00 | 3.20 | 366800.00 | 20.95 |
| 两尖米(石) | 312226.53 | 100.00 | 60000.00 | 19.22 | 40000.00 | 12.81 | 21226.53 | 6.80 | 10000.00 | 3.20 | 65500.00 | 20.98 |
| 内轻赍银(两) | 445257.75 | 100.00 | 108000.00 | 24.26 | 72000.00 | 16.17 | 38207.75 | 8.58 | 13000.00 | 2.92 | 85150.00 | 19.12 |
| 扣留脚价银(两) | 27122.65 | 100.00 | 6000.00 | 22.12 | 4000.00 | 14.75 | 2122.65 | 7.83 | 1000.00 | 3.69 | 6550.00 | 24.15 |
| 改兑加耗米(石)[3] | 204937.50 | 100.00 | 12600.00 | 6.15 | 71400.00 | 34.84 | | | 8960.00 | 4.37 | 13440.00 | 6.56 |

| 项目 | 松江府 | % | 广德州 | % | 常州府 | % | 镇江府 | % | 宁国府 | % | 池州府 | % |
|---|---|---|---|---|---|---|---|---|---|---|---|---|
| 岁额(石) | 232950.00 | 5.82 | 8000.00 | 0.20 | 175000.00 | 4.38 | 102000.00 | 2.55 | 30000.00 | 0.75 | 25000.00 | 0.63 |
| 内兑运粮(石) | 203000.00 | 6.15 | | | 175000.00 | 5.30 | 80000.00 | 2.42 | 30000.00 | 0.91 | 25000.00 | 0.76 |
| 折色 | | | | | | | | | | | | |
| 本色 | 203000.00 | 6.50 | 8000.00 | | 175000.00 | 5.60 | 80000.00 | 2.56 | 30000.00 | 0.96 | 25000.00 | 0.80 |
| 内改兑粮(石) | 29950.00 | 4.28 | 8000.00 | 1.14 | | | 22000.00 | 3.14 | | | | |
| 兑运加耗米(石) | 113680.00 | 6.49 | | | 98000.00 | 5.60 | 44800.00 | 2.56 | 16800.00 | 0.96 | 14000.00 | 0.80 |
| 两尖米(石) | 20300.00 | 6.50 | | | 17500.00 | 5.60 | 8000.00 | 2.56 | 3000.00 | 0.96 | 2500.00 | 0.80 |
| 内轻赍银(两) | 26390.00 | 5.93 | | | 22750.00 | 5.11 | 10400.00 | 2.34 | 3900.00 | 0.88 | 3250.00 | 0.73 |
| 扣留脚价银(两) | 2030.00 | 7.48 | | | 1750.00 | 6.45 | 800.00 | 2.95 | 300.00 | 1.11 | 250.00 | 0.92 |
| 改兑加耗米(石) | 9584.00 | 4.68 | 2560.00 | 1.25 | | | 7040.00 | 3.44 | | | | |

[1] 资料来源：根据第一篇甲表 88。

[2] 内改兑粮 700000 石，见乙表 55。

[3] 此项总数与各省府数之和不同，各省府数之和为 204897.5 石。

| 项目 | 庐州府 | % | 太平府 | % | 安庆府 | % | 凤阳府 | % | 淮安府 | % | 扬州府 | % |
|---|---|---|---|---|---|---|---|---|---|---|---|---|
| 岁额（石） | 10000.00 | 0.25 | 17000.00 | 0.43 | 60000.00 | 1.50 | 60300.00 | 1.51 | 104150.00 | 2.60 | 97000.00 | 2.43 |
| 内兑运粮（石） | 10000.00 | 0.30 | 17000.00 | 0.52 | 60000.00 | 1.82 | 30000.00 | 0.91 | 25000.00 | 0.76 | 60000.00 | 1.82 |
| 本色 | 10000.00 | 0.32 | 17000.00 | 0.54 | 60000.00 | 1.92 | 30000.00 | 0.96 | 25000.00 | 0.80 | 60000.00 | 1.92 |
| 内改兑粮（石） | | | | | | | 30300.00 | 4.33 | 79150.00 | 11.31 | 37000.00 | 5.29 |
| 兑运加耗米（石） | 5600.00 | 0.32 | 9520.00 | 0.54 | 33600.00 | 1.92 | 13800.00 | 0.79 | 11500.00 | 0.66 | 27600.00 | 1.58 |
| 两尖米（石） | 1000.00 | 0.32 | 1700.00 | 0.54 | 6000.00 | 1.92 | 3000.00 | 0.96 | 2500.00 | 0.80 | 6000.00 | 1.92 |
| 内轻赍银（两） | 1300.00 | 0.29 | 2210.00 | 0.50 | 7800.00 | 1.75 | 3900.00 | 0.88 | 3250.00 | 0.73 | 7800.00 | 1.75 |
| 扣留脚价银（两） | 100.00 | 0.37 | 170.00 | 0.63 | 600.00 | 2.21 | 300.00 | 1.11 | 250.00 | 0.92 | 600.00 | 2.21 |
| 改兑加耗米（石） | | | | | | | 8181.00 | 3.99 | 21370.50 | 10.43 | 9990.00 | 4.87 |

| 项目 | 徐州 | % | 山东 | % | 河南 | % |
|---|---|---|---|---|---|---|
| 岁额（石） | 48000.00 | 1.20 | 375600.00 | 9.39 | 380000.00 | 9.50 |
| 内兑运粮（石） | 30000.00 | 0.91 | 280000.00 | 8.48 | 270000.00 | 8.18 |
| 折色 | | | 70000.00 | 39.38 | 70000.00 | 39.38 |
| 本色 | 30000.00 | 0.96 | 210000.00 | 6.73 | 200000.00 | 6.41 |
| 内改兑（石） | 18000.00 | 2.57 | 95600.00 | 13.66 | 110000.00 | 15.71 |
| 兑运加耗米（石） | 12300.00 | 0.70 | 65100.00 | 3.72 | 62000.00 | 3.54 |
| 两尖米（两） | 3000.00 | 0.96 | 21000.00 | 6.73 | 20000.00 | 6.41 |
| 内轻赍银（两） | 3150.00 | 0.71 | 16800.00 | 3.77 | 16000.00 | 3.59 |
| 扣留脚价银（两） | 300.00 | 1.11 | | | | |
| 改兑加耗米（石） | 4860.00 | 2.37 | 16212.00 | 7.91 | 18700.00 | 9.12 |

乙表 55

## 改兑粮统计[1]

| 项目 | 总数 | % | 浙江 | % | 江西 | % | 应天府 | % | 苏州府 | % | 松江府 | % |
|---|---|---|---|---|---|---|---|---|---|---|---|---|
| 改兑粮（石）[2] | 700000.00 | 100.00 | 30000.00 | 4.29 | 170000.00 | 24.29 | 28000.00 | 4.00 | 42000.00 | 6.00 | 29950.00 | 4.28 |
| 淮安府常盈仓 | 298100.00 | 100.00 | | 15.28 | 170000.00 | 57.03 | 28000.00 | 9.39 | 42000.00 | 14.09 | 29950.00 | 10.05 |
| 徐州广运仓 | 196300.00 | 100.00 | 30000.00 | | | | | | | | | |
| 临清广积仓 | 70600.00 | 100.00 | | | | | | | | | | |
| 德州德州仓 | 135000.00 | 100.00 | | | | | | | | | | |
| 改兑加耗米[3] | 204937.50 | 100.00 | 12600.00 | 6.15 | 71400.00 | 34.84 | 8960.00 | 4.37 | 13440.00 | 6.56 | 9584.00 | 4.68 |
| 总计 | 904937.50 | 100.00 | 42600.00 | 4.71 | 241400.00 | 26.68 | 36960.00 | 4.08 | 55440.00 | 6.13 | 39534.00 | 4.37 |

| 项目 | 广德州 | % | 镇江府 | % | 淮安府 | % | 扬州府 | % | 凤阳府 | % | 徐州 | % |
|---|---|---|---|---|---|---|---|---|---|---|---|---|
| 改兑粮（石）[2] | 8000.00 | 1.14 | 22000.00 | 3.14 | 79150.00 | 11.31 | 37000.00 | 5.29 | 30300.00 | 4.33 | 18000.00 | 2.57 |
| 淮安府常盈仓 | 8000.00 | 2.68 | 10000.00 | 3.35 | 10150.00 | 3.40 | | | | | | |
| 徐州广运仓 | | | 12000.00 | 6.11 | 69000.00 | 35.15 | 37000.00 | 18.85 | 30300.00 | 15.44 | 18000.00 | 9.17 |
| 临清广积仓 | | | | | | | | | | | | |
| 德州德州仓 | | | | | | | | | | | | |
| 改兑加耗米[3] | 2560.00 | 1.25 | 7040.00 | 3.44 | 21370.50 | 10.43 | 9990.00 | 4.87 | 8181.00 | 3.99 | 4860.00 | 2.37 |
| 总计 | 10560.00 | 1.17 | 29040.00 | 3.21 | 100520.50 | 11.11 | 46990.00 | 5.19 | 38481.00 | 4.25 | 22860.00 | 2.53 |

| 项目 | 山东 | % | 河南 | % |
|---|---|---|---|---|
| 改兑粮（石）[2] | 95600.00 | 13.66 | 110000.00 | 15.71 |
| 临清广积仓 | 20600.00 | 29.18 | 50000.00 | 70.82 |
| 德州德州仓 | 75000.00 | 55.56 | 60000.00 | 44.44 |
| 改兑加耗米[3] | 16212.00 | 7.91 | 18700.00 | 9.12 |
| 总计 | 111812.00 | 12.36 | 128700.00 | 14.22 |

1 资料来源：根据第一编甲表 89、90。

2 原坐淮、徐、临、德四仓，系民运纳军赴仓领运。成化 11 等年照兑运事例，令军径赴水次领兑。

3 此项总数与各省府数之和不同，各省府数之和为 204897.5 石。

乙表 56

## 支运米统计[1]

| 项目 | 米(石) | % | 内本色米(石) | % | 内折色米(石) | % |
|---|---|---|---|---|---|---|
| 总数 | 644083.30 | 100.00 | 504083.30 | 78.26 | 140000.00 | 21.74 |
| 天津仓 | 60000.00 | 9.32 | 60000.00 | 100.00 | | |
| 蓟州仓[2] | 240000.00 | 37.26 | 100000.00 | 41.67 | 140000.00 | 58.33 |
| 密云镇 | 154810.80 | 24.04 | 154810.80 | 100.00 | | |
| 昌平镇 | 189272.50 | 29.39 | 189272.50 | 100.00 | | |

乙表 57

## 预备米统计[3]

| 项目 | 总数 | % | 山东秋粮米(石) | % | 山东夏税麦折米(石) | % | 河南 | % |
|---|---|---|---|---|---|---|---|---|
| 临清广积仓 | 114400.00 | 100.00 | 34400.00 | 30.07 | 20000.00 | 17.48 | 60000.00 | 52.45 |
| 德州德州仓[4] | 80000.00 | 100.00 | | | 60000.00 | 75.00 | 20000.00 | 25.00 |
| 合计 | 194400.00 | 100.00 | 34400.00 | 17.70 | 80000.00 | 41.15 | 80000.00 | 41.15 |

---

[1] 资料来源：根据第一篇甲表 91。
[2] 原书此处注：蓟州仓折色米 140000.00 石，其中 70000.00 石派河南，70000.00 石派山东；内 40000.00 石额外之数，每石折银 0.60 两，100000.00 石，每石折银 0.80 两，共计折银 104000 两。
并且注明此项银两"即上兑运数内"。
[3] 资料来源：根据第一篇甲表 92。原书此处注：收贮临德二仓，系 4000000 石额外额数，听备灾伤补运。凡遇灾伤，府分应纳漕粮停免，就于临近府分照数凑补，候成熟照数征还。如各有灾伤，无处凑补，就于二仓贮备米内支运，务要不失 4000000 石额数。
[4] 原书此处注：嘉靖三十九年于山东夏税麦折米 60000 石中拨 5800 石，上天津仓。

# 第 九 章

# 仓场、马房

## 说　明

　　仓场的数据表格分为两个，乙表 58—1 是按京仓、通仓等仓中粮，含兑运粮、改兑粮；加耗米，含兑运耗米、改兑耗米；民运府部等衙门白粮、银两的数据，以及在总数中的百分比。在 11 个仓中粮食最多的是京仓与通仓，其粮食储量占了总数的 74.27％；民运白粮全部运到京仓；白银储量最多的是通仓与德州仓，分别为 60.89％和 29.42％，合计占了总数的 90.31％。

　　乙表 58—2 是牲畜、料、草的额用、岁用、遇闰加派及除实在外会派等在 35 个仓场中的分布。除去坝上仓有金鞍马 300 匹外，牺牲所的牲畜数最多，为 1211 匹头，占了总数的 33.22％。在这 35 个仓场中料与草的岁用数分别为 30421 石和 1651798 束/包，但是这两项的会派数分别为 24087.33 石与 718248 束/包，分别为岁用的 79.18％和 43.48％，占有很大的份额。

　　马房牧地的数据也分为两个表格，乙表 59—1 为嘉靖十三年马房牧地原额额数，有此表可见马房牧地均分布在北直隶下辖的通州等十三州县。分为地亩、本部征银、已经承佃地征银和本监征银四项。其中全部征银为 54178.09 两。征银标准在每亩 0.017—0.03 两之间。

　　而乙表 59—2 为万历六年马房牧地的见额额数。马房牧地的分布与嘉靖十三年相同，也分为地亩、本部征银、已经承佃地征银和本监征银四项。其中全部征银为 55192.27 两。征银标准在每亩 0.017—0.03 两之间。万历六年的数额与嘉靖十三年的数额相差不多。

乙表58—1

## 仓场统计[1]

| 项目 | 总数 | % | 京仓 | % | 通仓[2] | % | 淮安仓 | % | 徐州永福仓 | % | 徐州广运仓 | % |
|---|---|---|---|---|---|---|---|---|---|---|---|---|
| 共粮(石) | 4281303.81 | 100.00 | 2088273.07 | 48.78 | 1091345.82 | 25.49 | | | 1023.39 | 0.02 | | |
| 内兑运粮(石) | 2609782.24 | 100.00 | 1919017.67 | 73.53 | 690764.57 | 26.47 | | | | | | |
| 改兑粮(石) | 569836.63 | 100.00 | 169255.39 | 29.70 | 400581.24 | 70.30 | | | | | | |
| 加耗米(石) | 205478.22 | 100.00 | 141101.45 | 68.67 | 64376.77 | 31.33 | | | | | | |
| 内兑运耗米(石) | 182684.76 | 100.00 | 134331.24 | 73.53 | 48353.52 | 26.47 | | | | | | |
| 内改兑耗米(石) | 22793.45 | 100.00 | 6770.21 | 29.70 | 16023.24 | 70.30 | | | | | | |
| 民运府部等衙门白粮(石) | 50578.00 | 100.00 | 50578.00 | 100.00 | | | | | | | | |
| 银(两) | 1078251.45 | 100.00 | 15533.03 | 1.44 | 656495.38 | 60.89 | 5330.08 | 0.49 | | | 1049.04 | 0.10 |

| 项目 | 临清仓 广积仓 常盈仓 | % | 德州仓 | % | 德州常丰仓 | % | 天津仓天津左卫天津右卫仓 | % |
|---|---|---|---|---|---|---|---|---|
| 共粮(石) | 521242.61 | 12.17 | 362424.52 | 8.47 | 36953.00 | 0.86 | 180041.40 | 4.21 |
| 内兑运粮(石) | | | | | | | | |
| 改兑粮(石) | | | | | | | | |
| 加耗米(石) | | | | | | | | |
| 内兑运耗米(石) | | | | | | | | |
| 内改兑耗米(石) | | | | | | | | |
| 民运府部等衙门白粮(石) | | | | | | | | |
| 银(两) | 317261.55 | 29.42 | | | 17200.00 | 1.60 | 65382.37 | 6.06 |

[1] 资料来源：根据第一篇甲表94—97。
[2] 通仓收粮总数为1091345.82石，南、中三仓收粮合计为1095812.86石，差4467.04石。

**乙表58-2**

### 仓场统计[1]

| 地点 | 象驼马驴驹牛羊(匹头只) | 料(石) 额用 | 料(石) 遇闰加 | 料(石) 岁用 | 料(石) 除实在外会派 | 草(束/包) 额用 | 草(束/包) 岁用 | 草(束/包) 遇闰加 | 草(束/包) 除实在外会派 | 黄豆秸(斤) 岁用 |
|---|---|---|---|---|---|---|---|---|---|---|
| 馆马仓 | | 47000.00 | 2600.00 | | | | | | | |
| 天师庵外场 | | | | | | 580000.00 | | 27000.00 | | |
| 中府外场 | | | | | | 580000.00 | | 27000.00 | | |
| 坝上仓 | 169.00 | | | 2131.20 | 1851.20 | | 54720.00 | | 48420.00 | |
| 金教马 | 300.00 | 1200.00 | | | 950.40 | 30000.00 | | | 23760.00 | |
| 坝上东马房仓 | 57.00 | | | 640.80 | 527.24 | | 17520.00 | | 14776.00 | |
| 坝上南仓 | 72.00 | | | 806.40 | 506.18 | | 22080.00 | | 14616.00 | |
| 坝上北马房仓 | 40.00 | | | 432.00 | 277.88 | | 12000.00 | | 8129.00 | |
| 金盛甸仓 | 55.00 | | | 633.60 | 381.40 | | 17160.00 | | 10945.00 | |
| 义河仓 | 85.00 | | | 1130.40 | 955.20 | | 29040.00 | | 24652.00 | |
| 北甫仓 | 109.00 | | | 1382.40 | 1167.76 | | 26120.00 | | 30668.00 | |
| 湖渠马房仓 | 143.00 | | | 2077.20 | 1547.25 | | 48120.00 | | 36436.00 | |
| 坝上北仓 | 70.00 | | | 849.60 | 430.32 | | 22560.00 | | 12432.00 | |
| 黄土仓 | 116.00 | | | 1404.00 | 1361.19 | | 3360.00 | | 32008.00 | |
| 郑家庄马房仓 | 102.00 | | | 1202.40 | 1085.11 | | 27840.00 | | 24799.00 | |
| 汤山草场仓 | 114.00 | | | 1548.00 | 1402.31 | | 38400.00 | | 34114.00 | |
| 北草场仓 | 64.00 | | | 828.00 | 778.77 | | 19920.00 | | 18267.00 | |
| 汗石桥仓 | 56.00 | | | 698.40 | 427.60 | | 17460.00 | | 10690.00 | |
| 汗石桥南仓 | 33.00 | | | 417.60 | 185.78 | | 10440.00 | | 4644.00 | |
| 张家庄马房仓 | 45.00 | | | 568.80 | 340.80 | | 14220.00 | | 8520.00 | |
| 南石渠仓 | 33.00 | | | 475.20 | 274.04 | | 11880.00 | | 7024.00 | |

[1]资料来源：根据第一篇甲表94～97。

1278

乙表 59－1

| 地点 | 实在地(亩)[3] | 银(两) | 银/亩 0.024 [银(两)] | 银(两) | 地(亩) | 地(亩) | 地(亩) | 地(亩) | 征银总计 银(两) |
|---|---|---|---|---|---|---|---|---|---|
| 南石渠西仓 | 44.00 | 532.80 | | 293.31 | | | | 13320.00 | 7597.00 | |
| 官庄马房仓 | 37.00 | 489.60 | | 262.48 | | | | 12240.00 | 6622.00 | |
| 杨家桥马房仓 | 37.00 | 468.00 | | 118.36 | | | | 11700.00 | 4345.00 | |
| 里牛房仓 | 182.00 | 1965.60 | | 1874.25 | | | | 43680.00 | 41650.00 | |
| 外牛房仓 | 92.00 | 745.20 | | 692.79 | | | | 16560.00 | 15395.00 | |
| 吴家驼牛房仓 | 46.00 | 372.60 | | 319.92 | | | | 8280.00 | 7109.00 | |
| 司牲司 | 281.00 | 795.79 | | 795.79 | | | | 6631.00 | 6630.00 | |
| 驯象千户所内象房仓 | 9.00 | 972.00 | | 955.80 | | | | 48600.00 | 47790.00 | |
| 外象房仓 | 43.00 | 4644.00 | | 4324.20 | | | | 232200.00 | 216210.00 | |
| 牺牲所 | 1211.00 | 2209.41 | | | | | | 65747.00 | | 13492.00 |
| 安仁坊草场 | | | | | | | | 160000.00 | | |
| 西城坊草场 | | | | | | | | 160000.00 | | |
| 北新草场 | | | | | | | | 160000.00 | | |
| 明智坊草场 | | | | | | | | 160000.00 | | |
| 台基厂草场 | | | | | | | | 160000.00 | | |
| 合计[1] | 3645.00 | 30421.00 | 2600.00 | 24087.33 | 48200.00 | 1190000.00 | 54000.00 | 1651798.00 | 718248.00 | 13492.00 |

## 马房牧地统计·原额（嘉靖十三年科道清查数）[2]

| 地点 | 实在地(亩)[3] | 本部征银 地(亩) | 本部征银 银(两) | 已经承佃地征银 地(亩) | 已经承佃地征银 银/亩 | 已经承佃地征银 银(两) | 本监征银修理公廨 地(亩) | 本监征银修理公廨 银(两) | 本监征银修理公廨 银/亩 | 征银总计 银(两) |
|---|---|---|---|---|---|---|---|---|---|---|
| 总数[4] | 2218724.80 | 2175724.80 | 52888.09 | | 0.024 | | 43000.00 | 1290.00 | 0.030 | 54178.09 |
| 通州 | | | | | 0.024 | | | | | |

1 书中原有御马等各仓场，共象驼马驴驹牛羊 3612 匹头只，共料 77982.4 石，黄豆秸 15000 斤，草 4175051 束。而各仓场实际数的合计与此比较大差异，今按实际数据列表。

2 资料来源：根据甲表第一篇表 99。原书给出的实在地亩、本监征地及征银数，与各马房场数值之和不同。本表按各马房场数值统计计算。

3 本表中实在地亩数为本部、已经承佃与本监三项地亩数之和。

4 此行数据为原书给出的御马监并御马仓等二十马房上下草场，及马神庙香火地共五十七处，与各马房场数据之和不符。

| 名称 | | | | | | | | | | |
|---|---|---|---|---|---|---|---|---|---|---|
| 郑村坝大马房上场一处 | 10394.15 | 8419.15 | 252.57 | 0.030 | | | 1975.00 | 59.25 | 0.030 | 311.82 |
| 坝东马房上场一处 | 11766.09 | 9766.09 | 292.98 | 0.030 | | | 2000.00 | 60.00 | 0.030 | 352.98 |
| 驹子马房上场一处 | 11826.20 | 11107.20 | 333.21 | 0.030 | | | 719.00 | 21.57 | 0.030 | 354.78 |
| 金盏马房上场一处 | 10128.70 | 8128.70 | 243.86 | 0.030 | | | 2000.00 | 60.00 | 0.030 | 303.86 |
| 义河马房上场一处 | 14182.20 | 10182.20 | 305.46 | 0.030 | | | 4000.00 | 120.00 | 0.030 | 425.46 |
| 北高马房上场一处 | 10580.40 | 9626.90 | 288.80 | 0.030 | | | 953.50 | 28.60 | 0.030 | 317.40 |
| 宛平县 | | | | | | | | | | |
| 郑村坝大马房一处 | 7184.00 | 6800.00 | 204.00 | 0.030 | | | 384.00 | 11.52 | 0.030 | 215.52 |
| 北高马房一处 | 17060.00 | 14013.50 | 420.40 | 0.030 | | | 3046.50 | 91.39 | 0.030 | 511.79 |
| 大兴县 | | | | | | | | | | |
| 坝大马房一处 | 11537.00 | 9896.00 | 296.88 | 0.030 | | | 1641.00 | 49.23 | 0.030 | 346.11 |
| 驹子马房一处 | 10120.30 | 8839.30 | 265.18 | 0.030 | | | 1281.00 | 38.43 | 0.030 | 303.61 |
| 蓟州 | | | | | | | | | | |
| 北草场马房下场一处 | 51314.10 | 51314.10 | 1120.64 | 0.022 | | | | | | 1120.64 |
| 兔东马房下场一处 | 84516.20 | 84516.20 | 1752.24 | 0.021 | | | | | | 1752.24 |
| 兔西马房下场一处 | 23568.30 | 23568.30 | 514.60 | 0.022 | | | | | | 514.60 |
| 张家庄马房下场一处 | 96423.60 | 96423.60 | 2272.90 | 0.024 | | | | | | 2272.90 |
| 杨家桥马房下场一处 | 75433.90 | 75433.90 | 1641.81 | 0.022 | | | | | | 1641.81 |
| 玉田县 | | | | | | | | | | |
| 兔南马房下场一处 | 27534.50 | 27534.50 | 493.51 | 0.018 | | | | | | 493.51 |
| 官庄马房下场一处 | 296316.70 | 296316.70 | 5359.03 | 0.018 | | | | | | 5359.03 |
| 湖渠马房下场一处 | 29700.10 | 29700.10 | 594.00 | 0.020 | | | | | | 594.00 |
| 宝坻县 | | | | | | | | | | |
| 驹子马房下场一处 | 54472.20 | 54472.20 | 1634.16 | 0.030 | | | | | | 1634.16 |
| 金盏马房下场一处 | 62595.10 | 62595.10 | 1877.85 | 0.030 | | | | | | 1877.85 |

| 名称 | | | | | | | | | | | |
|---|---|---|---|---|---|---|---|---|---|---|---|
| 义河马房下场一处 | 53121.20 | 53121.20 | 1593.63 | 0.030 | | | | | | | 1593.63 |
| 北高马房下场一处 | 14039.90 | 14039.90 | 421.19 | 0.030 | | | | | | | 421.19 |
| 天柱马房下场二处 | 56217.00 | 56217.00 | 1686.51 | 0.030 | | | | | | | 1686.51 |
| 汤山马房下场二处 | 52676.20 | 52676.20 | 1580.28 | 0.030 | | | | | | | 1580.28 |
| 兔南马房下场二处 | 36547.60 | 36547.60 | 1096.42 | 0.030 | | | | | | | 1096.42 |
| 兔北马房下场一处 | 91014.70 | 91014.70 | 2730.44 | 0.030 | | | | | | | 2730.44 |
| 昌平州 | | | | | | | | | | | |
| 黄土马房上场一处 | 49343.80 | 47343.80 | 1420.31 | 0.030 | | | | 2000.00 | 60.00 | 0.030 | 1480.31 |
| 郑家庄马房上场二处 | 46796.00 | 44796.00 | 1343.88 | 0.030 | | | | 2000.00 | 60.00 | 0.030 | 1403.88 |
| 汤山马房上场二处 | 10327.90 | 8327.90 | 249.83 | 0.030 | | | | 2000.00 | 60.00 | 0.030 | 309.83 |
| 湖渠马房上场一处 | 2550.50 | 2550.50 | 76.51 | 0.030 | | | | | | | 76.51 |
| 顺义县 | | | | | | | | | | | |
| 天柱马房上场一处 | 20756.30 | 17756.30 | 532.68 | 0.030 | | | | 3000.00 | 90.00 | 0.030 | 622.68 |
| 北草场马房上场一处 | 57453.80 | 55453.80 | 1663.61 | 0.030 | | | | 2000.00 | 60.00 | 0.030 | 1723.61 |
| 兔南马房上场一处 | 24718.50 | 20785.10 | 623.55 | 0.030 | 1933.40 | 58.00 | 0.030 | 2000.00 | 60.00 | 0.030 | 741.55 |
| 兔北马房上场一处 | 34304.20 | 32304.20 | 969.12 | 0.030 | | | | 2000.00 | 60.00 | 0.030 | 1029.12 |
| 三河县 | | | | | | | | | | | |
| 兔东马房上场一处 | 63208.10 | 59429.40 | 1783.88 | 0.030 | 1778.70 | 53.36 | 0.030 | 2000.00 | 60.00 | 0.030 | 1897.24 |
| 兔西马房上场一处 | 62316.10 | 60316.10 | 1809.48 | 0.030 | | | | 2000.00 | 60.00 | 0.030 | 1869.48 |
| 兔南马房上场一处 | 33561.70 | 31561.70 | 946.85 | 0.030 | | | | 2000.00 | 60.00 | 0.030 | 1006.85 |
| 张家庄马房上场一处 | 12045.00 | 10045.00 | 301.35 | 0.030 | | | | 2000.00 | 60.00 | 0.030 | 361.35 |
| 峪口杨家桥马房上场一处 | 12136.30 | 10136.30 | 304.08 | 0.030 | | | | 2000.00 | 60.00 | 0.030 | 364.08 |
| 峪口官庄马房上场一处 | 14227.30 | 14227.30 | 426.82 | 0.030 | | | | | | | 426.82 |
| 香河县 | | | | | | | | | | | |
| 金盏马房下场一处 | 9895.70 | 9895.70 | 296.87 | | | | | | | | 296.87 |

| 地点 | 实在地(亩) | 地(亩) | 银/亩 | 银(两) | | | | | 征银总计 银(两) |
|---|---|---|---|---|---|---|---|---|---|
| 兔北马房下场一处 | 26900.60 | 26900.60 | 0.030 | 807.01 | | | | | 807.01 |
| 漷县马房 | 690.80 | 690.80 | 0.030 | 20.72 | | | | | 20.72 |
| 武清县 | | | | | | | | | |
| 在监大马房下场一处 | 60680.50 | 60680.50 | 0.020 | 1192.48 | | | | | 1192.48 |
| 坝大马房下场一处 | 42214.10 | 42214.10 | 0.022 | 932.22 | | | | | 932.22 |
| 坝东马房下场一处 | 57061.70 | 57061.70 | 0.018 | 1037.79 | | | | | 1037.79 |
| 坝北马房下场一处 | 11516.20 | 11516.20 | 0.021 | 237.02 | | | | | 237.02 |
| 金盏马房下场一处 | 134720.70 | 122995.80 | 0.017 | 2098.25 | 11724.90 | 351.74 | | 0.030 | 2449.99 |
| 义河马房下场一处 | 9121.20 | 9121.20 | 0.016 | 148.08 | | | | | 148.08 |
| 天柱马房下场一处 | 6690.00 | 6690.00 | 0.023 | 150.79 | | | | | 150.79 |
| 黄土马房下场一处 | 48274.70 | 48274.70 | 0.023 | 1096.76 | | | | | 1096.76 |
| 郑家庄马房下场一处 | 27534.80 | 27534.80 | 0.020 | 541.74 | | | | | 541.74 |
| 汤山马房下场一处 | 20268.10 | 20268.10 | 0.024 | 482.75 | | | | | 482.75 |
| 北草场马房下场一处 | 56262.70 | 56262.70 | 0.019 | 1042.26 | | | | | 1042.26 |
| 东安县 | | | | | | | | | |
| 坝大马房下场一处 | 23048.80 | 23048.80 | 0.017 | 395.82 | | | | | 395.82 |
| 坝北马房下场一处 | 2449.90 | 2449.90 | 0.030 | 73.49 | | | | | 73.49 |
| 合计 | 2201346.34 | 2142909.34 | | 52278.55 | 15437.00 | 463.10 | 43000.00 | 1289.99 | 54031.64 |

乙表 59—2

**马房牧地统计·见额（万历六年报部册数）[1]**

| 地点 | 实在地(亩) | 本部征银 地(亩) | 本部征银 银/亩 | 本部征银 银(两) | 本监征银修理公廨 地(亩) | 本监征银修理公廨 银/亩 | 本监征银修理公廨 银(两) | 征银总计 银(两) |
|---|---|---|---|---|---|---|---|---|
| 御马监井坝大等二十马房[2] | 2248055.30 | 1970950.90 | | 46879.14 | 277104.30 | | 8313.13 | 55192.27 |

[1] 资料来源：根据第一篇甲表99。原书给出的实在地亩、本部征地及征银数，与各马房场数值之和不同。本表按各马房场数值统计计算。

[2] 此行数据为原书给出，与各马房场数据不合。

| | | | | | | | | |
|---|---|---|---|---|---|---|---|---|
| **通州** | | | | | | | | |
| 郑村坝大马房上场一处 | 10694.10 | 931.10 | 27.93 | 0.030 | 9763.00 | 292.89 | 0.030 | 320.82 |
| 坝东马房上场一处 | 11901.50 | | | | 11901.50 | 357.04 | 0.030 | 357.04 |
| 驹子马房上场一处 | 13339.70 | 1350.70 | 40.52 | 0.030 | 11989.00 | 359.67 | 0.030 | 400.19 |
| 金盏马房上场一处 | 10128.70 | | | | 10128.70 | 303.86 | 0.030 | 303.86 |
| 义河马房上场一处 | 14182.20 | 3525.20 | 105.75 | 0.030 | 10657.00 | 319.71 | 0.030 | 425.46 |
| 北高马房上场一处 | 10606.90 | 1780.70 | 53.42 | 0.030 | 8826.20 | 264.78 | 0.030 | 318.20 |
| **宛平县** | | | | | | | | |
| 郑村坝大马房一处 | 7184.00 | 535.00 | 16.05 | 0.030 | 6649.00 | 199.47 | 0.030 | 215.52 |
| 北高马房一处 | 17060.00 | 6904.60 | 207.13 | 0.030 | 10155.40 | 304.66 | 0.030 | 511.79 |
| **大兴县** | | | | | | | | |
| 坝大马房一处 | 11879.60 | 2556.60 | 76.69 | 0.030 | 9323.00 | 279.69 | 0.030 | 356.38 |
| 驹子马房一处 | 10312.00 | | | | 10312.00 | 309.36 | 0.030 | 309.36 |
| **蓟州** | | | | | | | | |
| 北草场马房下场一处 | 51314.10 | 51314.10 | 1120.64 | 0.022 | | | | 1120.64 |
| 兔东马房下场一处 | 84516.20 | 84516.20 | 1752.24 | 0.021 | | | | 1752.24 |
| 兔西马房下场一处 | 23568.30 | 23568.30 | 514.60 | 0.022 | | | | 514.60 |
| 张家庄马房下场一处 | 96423.60 | 96423.60 | 2272.90 | 0.024 | | | | 2272.90 |
| 杨家桥马房下场一处 | 75433.90 | 75433.90 | 1641.81 | 0.022 | | | | 1641.81 |
| **玉田县** | | | | | | | | |
| 兔南马房下场一处 | 27534.50 | 27534.50 | 513.39 | 0.019 | | | | 513.39 |
| 官庄马房下场一处 | 296316.70 | 296316.70 | 5359.03 | 0.018 | | | | 5359.03 |
| 湖渠马房下场一处 | 29700.10 | 29700.10 | 594.00 | 0.020 | | | | 594.00 |
| **宝坻县** | | | | | | | | |

| 名称 | | | | | | | | |
|---|---|---|---|---|---|---|---|---|
| 驹子马房下场一处 | 66988.80 | | | 2009.66 | | 0.030 | | 2009.66 |
| 金盏马房下场一处 | 62595.10 | | | 1877.85 | | 0.030 | | 1877.85 |
| 义河马房下场一处 | 53853.40 | | | 1615.60 | | 0.030 | | 1615.60 |
| 北高马房下场一处 | 23263.10 | | | 697.89 | | 0.030 | | 697.89 |
| 天柱马房下场二处 | 56984.10 | | | 1709.52 | | 0.030 | | 1709.52 |
| 汤山马房下场二处 | 52676.20 | | | 1580.28 | | 0.030 | | 1580.28 |
| 兔南马房下场二处 | 36547.60 | | | 1096.42 | | 0.030 | | 1096.42 |
| 兔北马房下场二处 | 91014.70 | | | 2730.44 | | 0.030 | | 2730.44 |
| 昌平州 | | | | | | | | |
| 黄土马房上场一处 | 49343.80 | 34357.80 | 0.030 | 1030.73 | 14986.00 | 0.030 | 449.58 | 1480.31 |
| 郑家庄马房上场二处 | 46796.10 | 29896.10 | 0.030 | 896.88 | 16900.00 | 0.030 | 507.00 | 1403.88 |
| 汤山马房上场二处 | 10481.90 | 1546.20 | 0.030 | 46.38 | 8935.70 | 0.030 | 268.07 | 314.45 |
| 湖渠马房上场二处 | 4548.50 | 460.00 | 0.030 | 13.86 | 4088.50 | 0.030 | 122.05 | 135.91 |
| 顺义县 | | | | | | | | |
| 天柱马房上场一处 | 23765.30 | 8495.30 | 0.030 | 254.85 | 15270.00 | 0.030 | 458.10 | 712.95 |
| 北草场马房上场一处 | 61192.30 | 30973.10 | 0.030 | 929.19 | 30219.20 | 0.030 | 906.57 | 1835.76 |
| 兔南马房上场一处 | 24718.60 | 12718.60 | 0.030 | 381.55 | 12000.00 | 0.030 | 360.00 | 741.55 |
| 兔北马房上场一处 | 34304.20 | 22304.20 | 0.030 | 669.12 | 12000.00 | 0.030 | 360.00 | 1029.12 |
| 三河县 | | | | | | | | |
| 兔东马房上场一处 | 64161.40 | 52161.40 | 0.030 | 1564.84 | 12000.00 | 0.030 | 360.00 | 1924.84 |
| 兔西马房上场一处 | 67346.10 | 52346.10 | 0.030 | 1570.38 | 15000.00 | 0.030 | 450.00 | 2020.38 |
| 兔南马房上场一处 | 31561.70 | 31561.70 | 0.030 | 946.85 | | | | 946.85 |
| 张家庄马房上场一处 | 12530.50 | 530.50 | 0.030 | 15.91 | 12000.00 | 0.030 | 360.00 | 375.91 |
| 峪口杨家桥马房上场一处 | 13254.70 | 1254.70 | 0.030 | 37.64 | 12000.00 | 0.030 | 360.00 | 397.64 |
| 峪口官庄马房上场一处 | 18946.10 | 6946.10 | 0.030 | 208.38 | 12000.00 | 0.030 | 360.00 | 568.38 |

| | | | | | | | |
|---|---|---|---|---|---|---|---|
| 香河县 | | | | | | | |
| 金盏马房下场一处 | 9895.70 | 9895.70 | | | 296.87 | | 296.87 |
| 兔北马房下场一处 | 26919.80 | 26919.80 | | 0.030 | 807.59 | | 807.59 |
| 漂县马房 | 984.80 | 984.80 | | 0.030 | 29.54 | | 29.54 |
| 武清县 | | | | | | | |
| 在临大马房下场一处 | 60945.90 | 60945.90 | | | 1194.00 | | 1194.00 |
| 坝大马房下场一处 | 42214.10 | 42214.10 | | 0.022 | 932.22 | | 932.22 |
| 坝东马房下场一处 | 57243.70 | 57243.70 | | 0.018 | 1039.61 | | 1039.61 |
| 坝北马房下场一处 | 11516.20 | 11516.20 | | 0.022 | 257.02 | | 257.02 |
| 金盏马房下场一处 | 136344.20 | 136344.20 | | 0.017 | 2343.98 | | 2343.98 |
| 义河马房下场一处 | 9121.20 | 9121.20 | | 0.016 | 148.08 | | 148.08 |
| 天柱马房下场一处 | 6690.00 | 6690.00 | | 0.023 | 150.79 | | 150.79 |
| 黄土马房下场一处 | 48274.70 | 48274.70 | | 0.023 | 1096.76 | | 1096.76 |
| 郑家庄马房下场一处 | 27534.80 | 27534.80 | | 0.020 | 541.74 | | 541.74 |
| 汤山马房下场一处 | 20268.10 | 20268.10 | | 0.024 | 482.75 | | 482.75 |
| 北草场马房下场一处 | 56262.70 | 56262.70 | | 0.019 | 1042.26 | | 1042.26 |
| 东安县 | | | | | | | |
| 坝大马房下场一处 | 23318.90 | 23318.90 | | 0.012 | 288.61 | | 288.61 |
| 坝北马房下场一处 | 1546.00 | 1546.00 | | 0.030 | 46.38 | | 46.38 |
| 御马监马神庙香火地一处 | 51067.80 | 8067.80 | | 0.024 | 194.59 | | 194.59 |
| 合计 | 2299118.90 | 1979014.70 | 277104.20 | | 47073.11 | 8312.50 | 55385.61 |

# 第十章

# 俸禄岁支

## 说　明

　　乙表 60 是依据甲表 79—甲表 82，甲表 86—甲表 87 总合列出，由于宗藩禄粮、各衙门吏典监生等役俸禄以及公侯驸马伯本折禄米，均含有米、银及铜钱三项，在此表中分别列出。共有米 7250687.84 石，银 135685.72 两以及铜钱 3342190 文。宗藩禄粮中米占总数的98.44％；白银占总数的 69.66％。铜钱全部为支付各衙门吏典监生俸禄所用。而公侯驸马伯本折禄米项下，只有米 72630 石，而没有折色米折后的银两数。

　　而乙表 61 是五个都督府、七十四卫以及牧马千户所等部门的营卫官军岁支俸粮数。依照本色米、本色料、本色棉花、布、草以及银两分别列出。总计共支出本色米 2301476 石、本色料 24430.92 石、本色棉花 213029.5 斤、布 4164 匹、草 800628 束以及银 778856.09 两。

**乙表 60**

### 宗藩、公侯驸马伯及各衙门吏典监生俸禄岁支统计[1]

| | 米(石)[2] | 银(两) | 铜钱(文) |
|---|---|---|---|
| 宗藩禄粮[3] | 7137673.94 | 94524.92 | |
| 各衙门吏典监生等俸岁支[4] | 40383.90 | 41160.80 | 3342190.00 |
| 公侯驸马伯岁支本折禄米[5] | 72630.00 | | |
| 合计 | 7250687.84 | 135685.72 | 3342190.00 |

**乙表 61**

### 营卫官军俸粮岁支统计[6]

| 部门 | 本色米(石) | 本色料(石) | 本色棉花(斤) | 布(匹) | 草(束) | 银(两) |
|---|---|---|---|---|---|---|
| 左军都督府 | 21.00 | | | | | 133.03 |
| 右军都督府 | 119.00 | | | | | 289.05 |
| 中军都督府 | 328.00 | | | | | 499.91 |
| 前军都督府 | 12.00 | | | | | 95.81 |
| 后军都督府 | 168.00 | | | | | 719.15 |
| 锦衣卫 | 337935.77 | | 44272.50 | | | 81288.42 |
| 旗手卫 | 33574.67 | | 4701.00 | | | 7677.28 |
| 羽林左卫 | 13423.26 | | 1756.50 | | | 3947.72 |
| 羽林右卫 | 12141.70 | | 1635.00 | | | 3529.69 |
| 羽林前卫 | 26713.00 | | 2640.00 | | | 23931.76 |
| 济阳卫 | 27862.19 | | 3516.00 | | | 11045.06 |

1 资料来源：甲表 79—82、86、87。
2 合本折禄米。
3 资料来源：甲表 79—82。
4 资料来源：甲表 86。
5 资料来源：甲表 87。
6 资料来源：甲表 100。

| 卫 | | | | |
|---|---|---|---|---|
| 济州卫 | 7910.99 | | 1908.00 | 16925.29 |
| 金吾左卫 | 24906.07 | | 3151.50 | 30294.81 |
| 金吾右卫 | 26638.74 | | 4759.50 | 41827.29 |
| 金吾前卫 | 4668.78 | | 2290.50 | 17700.84 |
| 金吾后卫 | 4295.36 | | 2200.50 | 16255.72 |
| 府军卫 | 4275.33 | | 1752.00 | 13644.49 |
| 府军左卫 | 5260.65 | | 2896.50 | 21527.56 |
| 府军右卫 | 4136.55 | | 2097.00 | 15767.86 |
| 府军前卫 | 25641.41 | | 16320.00 | 114283.00 |
| 府军后卫 | 3498.91 | | 1506.00 | 11649.26 |
| 燕山左卫 | 8577.31 | | 2248.50 | 18187.13 |
| 燕山右卫 | 6730.89 | | 1963.50 | 16053.40 |
| 燕山前卫 | 6923.59 | | 1546.50 | 13734.80 |
| 大兴左卫 | 7330.58 | | 2419.50 | 19611.80 |
| 腾骧左卫 | 9984.97 | | 6576.00 | 47297.50 |
| 腾骧右卫 | 10425.42 | | 6863.50 | 48402.00 |
| 武骧左卫 | 12899.70 | | 9777.00 | 67763.00 |
| 武骧右卫 | 13095.20 | | 9475.50 | 65446.00 |
| 武功左卫 | 3639.26 | | 3301.50 | 13121.50 |
| 武功右卫 | 4206.77 | | 1824.00 | 13924.00 |
| 武功中卫 | 4498.38 | | 1633.50 | 12474.00 |
| 永清左卫 | 5053.53 | | 3027.00 | 22193.93 |
| 永清右卫 | 8377.64 | | 5982.50 | 42510.48 |
| 彭城卫 | 6716.00 | | 4417.50 | 31124.76 |
| 虎贲左卫 | 3605.77 | | 1581.00 | 12302.43 |

| | | | |
|---|---|---|---|
| 虎贲右卫 | 14769.00 | 2050.50 | 3209.56 |
| 留守左卫 | 13936.00 | 2289.00 | 3756.85 |
| 留守右卫 | 10438.00 | 1339.50 | 3110.05 |
| 留守中卫 | 14661.00 | 2502.00 | 4569.68 |
| 留守前卫 | 12149.10 | 1825.50 | 3603.85 |
| 留守后卫 | 25604.42 | 3978.00 | 5415.19 |
| 神策卫 | 11454.00 | 1261.50 | 3131.38 |
| 和阳卫 | 15201.00 | 2107.50 | 3578.57 |
| 应天卫 | 13548.00 | 1857.00 | 4348.47 |
| 沈阳左卫 | 19897.50 | 915.00 | 3692.14 |
| 沈阳右卫 | 11608.00 | 567.00 | 2798.44 |
| 骁骑右卫 | 9114.00 | 1222.50 | 2565.00 |
| 镇南卫 | 8690.00 | 1207.50 | 2726.48 |
| 龙虎卫 | 19334.40 | 2499.00 | 4225.84 |
| 武德卫 | 9297.70 | 1242.00 | 2549.77 |
| 龙骧卫 | 33127.07 | 4378.50 | 9737.67 |
| 豹韬卫 | 9546.80 | 1284.00 | 2658.33 |
| 鹰扬卫 | 11542.60 | 1303.50 | 3375.63 |
| 兴武卫 | 13331.00 | 1786.50 | 3642.44 |
| 神武左卫 | 36201.07 | 4494.00 | 8889.69 |
| 宽河卫 | 20717.87 | 2412.00 | 8740.74 |
| 义勇右卫 | 26037.46 | 3019.50 | 8949.17 |
| 义勇前卫 | 19433.85 | 1587.50 | 5184.19 |
| 义勇后卫 | 34384.15 | 4309.50 | 8132.93 |
| 大宁中卫 | 16191.16 | 781.50 | 4695.42 |

| | | | |
|---|---|---|---|
| 大宁前卫 | 34389.68 | 4338.00 | 12239.23 |
| 忠义右卫 | 32310.43 | 4210.50 | 6970.77 |
| 忠义前卫 | 36722.96 | 3055.50 | 10157.02 |
| 忠义后卫 | 17880.00 | 2161.50 | 7505.65 |
| 蔚州左卫 | 18588.45 | 2266.50 | 6962.95 |
| 武成中卫 | 29885.09 | 3600.00 | 8605.02 |
| 会州卫 | 15564.12 | 1810.50 | 6864.38 |
| 富峪卫 | 23593.70 | 3094.50 | 6640.98 |
| 通州卫 | 40691.63 | 5128.50 | 18272.12 |
| 长陵卫 | 10477.07 | 1152.00 | 3615.17 |
| 裕陵卫 | 13430.26 | 760.50 | 3107.11 |
| 茂陵卫 | 11449.20 | 700.50 | 2396.10 |
| 景陵卫 | 23145.11 | 1413.00 | 3984.08 |
| 泰陵卫 | 8941.36 | 652.50 | 2228.30 |
| 康陵卫 | 13042.02 | 807.00 | 2571.16 |
| 永陵卫 | 13256.99 | 1087.50 | 3354.97 |
| 献陵卫 | 21045.72 | 1593.00 | 3624.03 |
| 昭陵卫 | 12049.86 | 1483.50 | 3636.41 |
| 牧马千户所 | 16990.00 | 2466.00 | 3179.09 |
| 蕃牧千户所 | 8149.40 | 1171.50 | 1488.05 |
| 牺牲所 | 3026.00 | 436.50 | 593.43 |
| 奠靖千户所 | 7666.00 | 1422.00 | 1485.96 |
| 北府军前卫仓 | 660.36 | | 66.29 |
| 彭城卫南新仓 | 428.70 | | 45.84 |
| 府军前卫南新仓 | 378.60 | | 25.51 |

| | | | | | |
|---|---|---|---|---|---|
| 大军仓 | 440.28 | | | | 45.96 |
| 御马仓 | 41.20 | | | | 4.45 |
| 太仓银库 | 19.14 | | | | 2.61 |
| 宝钞司 | 32.00 | | | | 3.20 |
| 广积等十库 | 233.39 | | | | 37.82 |
| 长安等四门仓 | 74.64 | | | | 8.03 |
| 西城坊仓 | 32.20 | | | | 3.59 |
| 京场 | 150.24 | | | | 12.98 |
| 外场 | 272.02 | | | | 28.36 |
| 五军营 | 67305.00 | 9414.72 | 2286.00 | 320088.00 | 30753.75 |
| 神枢营 | 52310.00 | 8877.48 | 2181.00 | 275916.00 | 29099.23 |
| 神机营 | 51310.20 | 6138.72 | 2222.00 | 204624.00 | 22116.44 |
| 巡捕营 | 7300.00 | | | | 29814.40 |
| 四卫勇士营 | | | | | 14859.18 |
| 外卫班军 | | | | | 50410.92 |
| 内官监 | 2535.00 | | | | 254.50 |
| 司礼监印绶监内官监内承运库内承运军兵杖局织染局钦天监织染所 | 1532.20 | | | | 152.95 |
| 大常寺 | 9034.00 | | | | 809.55 |
| 光禄寺 | 24327.10 | | | | 3895.40 |
| 文思院 | 6765.70 | | | | 1227.55 |
| 宝钞提举司 | 1453.05 | | | | 144.98 |
| 京卫武学 | 146.10 | | | | 15.30 |
| 司苑局 | 15504.00 | | | | 1553.20 |
| 皮作局 | 319.50 | | | | 31.71 |
| 教坊司 | 2146.00 | | | | 208.25 |

| | | | | | | |
|---|---|---|---|---|---|---|
| 军器局 | 2776.07 | | | | | |
| 宛大二县 | 15117.70 | | | 4164.00 | | |
| 合计 | 2301476.03 | 24430.92 | 263759.50 | 4164.00 | 800628.00 | 778856.09 |

# 第十一章

# 屯　田

## 说　明

本章所含乙表 62—乙表 81 是按照地点的不同列出全国各地直至各卫所的屯田现额数。其中各项数额排在前三位的分别是，屯田田亩数：陕西都司、湖广都司、山西都司，其数额占总数的百分比分别为 21.57%、13% 与 8.64%；粮食数：陕西都司、云南都司、湖广都司，其数额占总数的百分比分别为 15.03%、12.91% 与 12.83%。草数：陕西都司、北直隶、山西都司，其数额占总数的百分比分别为 91.59%、8.36% 与 0.05%。只有北直隶、北京锦衣等卫并后军都督府、陕西都司、南京锦衣等卫、山西行都司、山西都司、南直隶等七地有白银，排在前三位的是：北直隶、北京锦衣等卫并后军都督府、陕西都司，其数额占总数的百分比分别为 43.51%、19.98% 与 13.70%。宝钞、布匹这两项只有陕西有。此外，四川都司尚有花园仓基 1929 所。

乙表 82 是将两京锦衣卫、南北直隶以及各省都司、各行都司的屯田总数放在同一个表格内进行比较。

　　　　　　　　　**北京锦衣等五十四卫并后军都督府屯田统计**[1]

| | 现额（亩） | 粮（石） | 银（两）[2] | 钞（贯） |
|---|---|---|---|---|
| 原书总数 | 505285.70 | 28002.65 | 21791.23 | 56940.00 |
| 锦衣卫 | 1270.50 | 44.44 | 8.85 | |
| 金吾左卫 | 23042.70 | 541.89 | 1876.74 | 13620.00 |
| 金吾右卫 | 8986.50 | 551.84 | 561.20 | |
| 金吾后卫 | 760.50 | 63.93 | 12.64 | |
| 义勇右卫 | 5161.50 | 554.32 | 214.13 | |
| 义勇前卫 | 4528.70 | 383.03 | 92.28 | |
| 义勇后卫 | 1113.70 | 48.88 | 381.67 | |
| 忠义右卫 | 4912.70 | 286.13 | 128.96 | |
| 忠义前卫 | 3100.50 | 218.79 | 93.74 | |
| 忠义后卫 | 2210.00 | 251.97 | 23.92 | |
| 燕山左卫 | 18070.90 | 1452.08 | 693.40 | |
| 燕山右卫 | 7970.00 | 584.56 | 295.46 | 4200.00 |
| 燕山前卫 | 7470.00 | 677.82 | 384.16 | |
| 武功左卫 | 161.50 | 8.56 | 6.74 | |
| 武功右卫 | 10538.70 | 270.10 | 46.46 | |
| 武功中卫 | 2304.10 | 209.14 | 86.27 | |
| 腾骧左卫 | 2168.60 | 156.92 | 45.34 | |
| 腾骧右卫 | 18112.80 | 891.00 | 2770.46 | |
| 武骧左卫 | 1026.90 | 75.29 | 104.47 | |
| 武骧右卫 | 1305.40 | 100.68 | 45.59 | |
| 永清左卫 | 24569.30 | 2603.66 | 1018.16 | |
| 永清右卫 | 37738.60 | 3525.54 | 2064.71 | |
| 大宁中卫 | 1106.00 | 102.63 | 119.62 | |
| 大宁前卫 | 2768.90 | 176.80 | 357.39 | |
| 神武左卫 | 2447.30 | 247.30 | 141.14 | |
| 济州卫 | 120347.70 | 1310.81 | 1218.22 | |
| 济阳卫 | 11523.10 | 620.00 | 548.45 | |
| 羽林前卫 | 7375.20 | 396.05 | 821.96 | 38220.00 |
| 蔚州左卫 | 959.00 | 64.16 | 201.92 | |
| 大兴左卫 | 8108.40 | 475.90 | 288.64 | |
| 龙骧卫 | 160.80 | 6.51 | 67.48 | |
| 彭城卫 | 41813.40 | 4335.87 | 225.38 | |
| 会州卫 | 1150.60 | 125.51 | 110.46 | |
| 神策卫 | 284.00 | 22.87 | 8.41 | |
| 富峪卫 | 1191.80 | 117.02 | 144.41 | |

[1]资料来源：甲表 107。自乙表 62 至乙表 82 止，表中所列"总数"一行数据为原书所载总数，"合计"一行数据为各个分项单位数据之和。在屯田数据中，这两组数据有较大差异，本书在统计计算时，以"合计"数据为准。

[2]总数中的银为新增并堪出还官首地银，并除去慈寿寺开豁银，改进乾清宫、慈宁宫、慈庆宫银，为 **18110.66**两。

| 武成中卫 | 7798.50 | 912.57 | 215.63 | |
| 宽河卫 | 2263.20 | 202.80 | 160.19 | |
| 骁骑右卫 | | | 14.91 | |
| 府军右卫 | 232.10 | 20.53 | 0.53 | |
| 府军前卫 | 1184.00 | 96.94 | 33.49 | 900.00 |
| 府军后卫 | 393.00 | 26.31 | 12.12 | |
| 留守左卫 | 733.50 | 38.04 | 6.12 | |
| 留守中卫 | 60.00 | 1.73 | 1.27 | |
| 留守后卫 | 31.00 | 2.48 | 17.23 | |
| 通州卫 | 31396.70 | 1969.26 | 1090.09 | |
| 长陵卫 | | | 36.54 | |
| 献陵卫 | 3456.50 | 321.28 | 113.58 | |
| 景陵卫 | 52532.00 | 982.49 | 475.19 | |
| 裕陵卫 | 3429.20 | 282.08 | 77.95 | |
| 茂陵卫 | 4627.10 | 355.01 | 183.63 | |
| 泰陵卫 | 903.70 | 105.61 | 119.92 | |
| 康陵卫 | 1853.60 | 220.55 | 135.63 | |
| 永陵卫 | 4747.00 | 460.24 | 150.59 | |
| 昭陵卫 | 3029.30 | 282.28 | 57.22 | |
| 后军都督府 | 853.20 | 221.18 | | |
| 合计 | 505283.90 | 28003.38 | 18110.66 | 56940.00 |

乙表 63　　　　　　　　　　　北直隶各衙所屯田统计[1]

| | 现额（亩） | 粮（石） | 银（两） | 秋青草（束） |
| --- | --- | --- | --- | --- |
| 原书总数[2] | 4367846.17 | 219781.57 | 40462.72 | 221827.00 |
| 通州左卫 | 16917.30 | 952.92 | 135.46 | |
| 通州右卫 | 23722.20 | 998.17 | 241.65 | |
| 神武中卫 | 16866.00 | 1299.95 | 127.25 | |
| 定边卫 | 52969.30 | 2450.09 | 655.34 | |
| 兴州左屯卫 | 239868.80 | 5737.27 | 313.99 | 9365.00 |
| 兴州右屯卫 | 48735.50 | 5848.26 | 436.50 | 1767.00 |
| 兴州中屯卫 | 91848.70 | 1698.24 | 1080.59 | 7212.00 |
| 兴州前屯卫 | 46582.30 | 5586.88 | 584.27 | 8793.00 |
| 兴州后屯卫 | 75365.10 | 1452.30 | 841.12 | 8718.00 |
| 密云中卫 | 26373.70 | 3172.21 | 322.08 | 1878.00 |
| 密云后卫 | 10950.70 | 1006.66 | 30.22 | 456.00 |
| 镇朔卫 | 57775.00 | 7002.39 | 99.54 | 3427.00 |
| 蓟州卫 | 19362.00 | 2410.12 | 114.47 | 1350.00 |
| 遵化卫 | 25598.10 | 2041.69 | 128.76 | 6402.00 |
| 东胜左卫 | 43042.00 | 4742.13 | 613.79 | 2025.00 |
| 东胜右卫 | 73006.60 | 4443.20 | 592.21 | 11109.00 |

[1]资料来源：甲表108。
[2]秋青草总数为秋青草+谷草之和。

| | | | | |
|---|---|---|---|---|
| 忠义中卫 | 85562.00 | 3531.80 | 241.79 | 10977.00 |
| 开平中屯卫 | 27066.00 | 2156.57 | 107.98 | 931.00 |
| 永平卫 | 17812.00 | 2138.39 | 441.16 | 2031.00 |
| 卢龙卫 | 33975.00 | 4106.01 | 435.73 | 978.00 |
| 抚宁卫 | 48066.80 | 4020.00 | 218.48 | 1720.00 |
| 山海卫 | 50575.00 | 6110.76 | 599.04 | 715.00 |
| 武清卫 | 44095.90 | 2125.21 | 307.59 | 119.00 |
| 逐鹿卫 | 56308.20 | 675.69 | 675.01 | 4701.00 |
| 逐鹿左卫 | 74483.20 | 1376.66 | 630.45 | 8371.00 |
| 逐鹿中卫 | 9282.50 | 976.26 | 832.54 | 6489.00 |
| 河间卫 | 12683.10 | 1634.18 | 925.78 | 14775.00 |
| 沈阳中屯卫[1] | 10550.50 | 1372.61 | 466.79 | 9450.00 |
| 大同中屯卫[2] | 4655.80 | 656.42 | 322.30 | 3150.00 |
| 天津卫 | 38990.00 | 4456.84 | 871.18 | |
| 天津左卫 | 27486.00 | 3079.83 | 461.01 | |
| 天津右卫 | 27711.80 | 3517.66 | 439.56 | |
| 保定左卫 | 57073.40 | 1071.14 | 722.20 | 3963.00 |
| 保定右卫 | 73498.40 | 1638.24 | 856.90 | 5203.00 |
| 保定中卫 | 112979.70 | 4254.33 | 1346.73 | 6137.00 |
| 保定前卫 | 77644.30 | 3650.14 | 718.12 | 4484.00 |
| 保定后卫 | 69919.00 | 1668.24 | 856.05 | 5777.00 |
| 茂山卫 | 129511.00 | 2421.69 | 1717.14 | 5670.00 |
| 真定卫 | 570188.10 | 7689.80 | 4048.03 | 9332.00 |
| 神武右卫 | 152369.00 | 5020.12 | 1059.70 | 8349.00 |
| 定州卫 | 124408.60 | 3816.28 | 1393.51 | 10002.00 |
| 德州卫 | 86800.30 | 3716.94 | 2903.61 | 9914.00 |
| 德州左卫 | 74848.50 | 4771.56 | 1809.16 | 11430.00 |
| 宁山卫 | 629002.60 | 37395.68 | | |
| 潼关卫 | 308480.30 | 19079.06 | 1260.19 | |
| 延庆卫 | 60243.90 | | 2659.59 | |
| 营州左屯卫 | 9673.60 | 764.66 | 63.13 | 1404.00 |
| 营州右屯卫 | 16406.00 | 1968.72 | 101.90 | 2511.00 |
| 营州中屯卫 | 2702.40 | 324.28 | 12.73 | 2238.00 |
| 营州前屯卫 | 15407.20 | 1828.51 | 445.83 | 3168.00 |
| 营州后屯卫 | 10974.50 | 447.58 | 94.24 | 2295.00 |
| 梁城守御千户所[3] | 7189.70 | 456.00 | 1838.85 | |
| 沧州守御千户所 | 6880.00 | 813.63 | 160.45 | |
| 宽河守御千户所 | 8943.80 | 853.85 | 103.22 | 1000.00 |
| 武定守御千户所 | 9644.20 | 958.70 | 216.29 | |
| 平定守御千户所 | 81602.00 | 1465.25 | 537.79 | |

[1]本卫粮数为粮+花果米+麦之和。
[2]本卫粮数为粮+花果米+麦+黑豆之和。
[3]本所银数为除去改进乾清宫银。

| | | | | |
|---|---|---|---|---|
| 蒲州守御千户所 | 53920.00 | 3781.50 | 5.08 | |
| 广昌守御千户所[1] | 43988.30 | 3135.65 | 17.55 | 187.00 |
| 紫荆守御千户所 | 23198.80 | 1067.88 | 190.75 | 1666.00 |
| 马兰谷营 | 1136.00 | 212.64 | | |
| 罗文谷等关营 | 4649.00 | 562.97 | | |
| 大安口等关营 | 5189.80 | 551.10 | 3.00 | |
| 宽佃谷等关营 | 503.00 | 56.98 | | |
| 黄崖口等关营 | 5371.30 | 675.64 | | |
| 将军石等关营 | 5191.40 | 487.75 | | |
| 镇房营 | 2518.50 | 287.80 | | |
| 三屯营 | 4491.00 | 482.55 | | |
| 建昌营 | 3084.00 | 426.00 | | |
| 太平寨 | 2081.00 | 291.62 | 1.80 | |
| 擦崖子等关营 | 10779.00 | 713.77 | | |
| 龙井儿关营 | 2552.40 | 249.82 | | |
| 榆林岭等关营 | 1412.00 | 153.22 | | |
| 大喜峰口(今改李家谷) | 5264.20 | 404.47 | | |
| 洪山口等关 | 2679.00 | 325.98 | | |
| 燕河营 | 3420.00 | 482.00 | | |
| 桃林口等关 | 7059.00 | 1053.44 | | |
| 界岭口等关 | 6098.00 | 424.41 | | |
| 青山口等关 | 7025.00 | 873.18 | | |
| 冷口关 | 7750.00 | 1094.35 | | |
| 黄家口关 | 2050.00 | 200.76 | | |
| 石门寨营 | 1685.00 | 262.00 | | |
| 一片石(今改黄土岭) | 4940.00 | 697.47 | | |
| 大毛山口等关 | 4816.10 | 550.86 | | |
| 义院口等关 | 4240.00 | 384.60 | | |
| 南海口等关 | 2100.00 | 282.00 | | |
| 赤洋海口营 | 450.00 | 58.32 | | |
| 台头营 | 3075.00 | 640.44 | | |
| 牛头崖海口营 | 450.00 | 58.32 | | |
| 合计 | 4367844.40 | 219781.26 | 39437.17 | 221639.00 |

**乙表 64**  **南京锦衣等四十二卫屯田统计[2]**

| | 现额（亩） | 粮（石） | 银（两） |
|---|---|---|---|
| 原书总数 | 2269666.30 | 151525.75 | 10266.48 |
| 锦衣卫 | 110957.50 | 8697.56 | 569.71 |
| 旗手卫 | 13288.50 | 973.78 | 26.03 |
| 府军卫 | 6256.60 | 425.61 | 24.99 |
| 府军左卫 | 43922.90 | 3093.49 | 117.50 |

---

[1]本所秋青草为谷草数。
[2]资料来源：甲表109。

| | | | |
|---|---|---|---|
| 府军右卫 | 6864.10 | 486.08 | 16.11 |
| 府军后卫 | 19976.80 | 1055.53 | 156.12 |
| 留守左卫 | 19228.50 | 1677.35 | 58.94 |
| 留守右卫 | 22780.00 | 2102.48 | 30.51 |
| 留守中卫 | 11324.80 | 941.66 | 12.13 |
| 留守前卫 | 34936.40 | 2955.21 | 91.07 |
| 留守后卫 | 12556.40 | 950.80 | 39.85 |
| 羽林左卫 | 14334.00 | 854.84 | 41.25 |
| 羽林右卫 | 25977.10 | 1551.40 | 125.36 |
| 金吾前卫 | 8838.90 | 477.96 | 35.85 |
| 金吾后卫 | 3857.90 | 109.04 | 52.57 |
| 水军左卫 | 118170.80 | 8124.19 | 300.61 |
| 水军右卫 | 81381.90 | 6151.83 | 242.69 |
| 龙江左卫 | 180149.70 | 12226.01 | 799.13 |
| 龙江右卫 | 59423.30 | 2896.83 | 123.61 |
| 虎贲左卫 | 53368.60 | 2916.63 | 208.07 |
| 虎贲右卫 | 60494.50 | 4307.48 | 245.10 |
| 豹韬卫 | 21591.60 | 1925.85 | 30.29 |
| 豹韬左卫 | 17000.40 | 1881.72 | 23.68 |
| 广洋卫 | 131743.90 | 8807.12 | 687.39 |
| 江阴卫 | 84292.20 | 5754.94 | 327.58 |
| 龙虎左卫 | 27240.80 | 2638.15 | 42.02 |
| 兴武卫 | 88974.10 | 5260.74 | 443.20 |
| 镇南卫 | 87822.00 | 7048.38 | 103.48 |
| 鹰扬卫 | 46147.90 | 3253.36 | 82.37 |
| 骁骑右卫 | 40323.70 | 2078.39 | 285.66 |
| 天策卫 | 86101.90 | 5174.53 | 579.35 |
| 神策卫 | 16384.10 | 1163.55 | 68.75 |
| 龙骧卫 | 54964.60 | 4041.83 | 253.60 |
| 应天卫 | 59762.50 | 3396.57 | 413.69 |
| 和阳卫 | 97101.20 | 6230.26 | 517.90 |
| 横海卫 | 136983.60 | 9391.11 | 397.04 |
| 武德卫 | 13347.90 | 724.86 | 85.28 |
| 龙虎卫 | 11498.70 | 861.07 | 67.05 |
| 沈阳右卫 | 33881.10 | 2978.28 | 86.19 |
| 飞熊卫 | 85491.60 | 5288.84 | 583.69 |
| 广武卫 | 130484.30 | 5975.30 | 1206.96 |
| 英武卫 | 90443.50 | 4679.92 | 663.93 |
| 合计 | 2269670.80 | 151530.53 | 10266.30 |

南直隶各卫所屯田统计[1]

| | 现额（亩） | 粮（石） | 银（两） |
|---|---|---|---|
| 原书总数 | 4881836.10 | 427437.52 | 6.37 |
| 凤阳卫 | 90672.10 | 7156.01 | |
| 凤阳右卫 | 97393.00 | 5689.21 | |
| 凤阳中卫 | 43356.80 | 4438.07 | |
| 留守左卫 | 104468.20 | 6720.34 | |
| 留守中卫 | 75646.40 | 6748.85 | |
| 皇陵卫 | 268321.70 | 23115.99 | |
| 怀远卫 | 79247.40 | 5888.79 | |
| 长淮卫 | 47716.50 | 3536.91 | |
| 洪塘守御千户所 | 38490.00 | 4143.24 | |
| 寿州卫 | 201387.30 | 18228.00 | |
| 泗州卫 | 222515.00 | 25380.80 | |
| 宿州卫 | 176105.10 | 17610.60 | |
| 庐州卫 | 183240.20 | 10540.43 | |
| 六安卫 | 205000.80 | 13315.95 | |
| 淮安卫 | 71790.00 | 10950.00 | |
| 大河卫 | 96970.00 | 14694.00 | |
| 邳州卫 | 73600.00 | 8832.00 | |
| 海州守御千户所 | 14435.80 | 2100.00 | 6.37 |
| 盐城守御千户所 | 37201.10 | 2100.00 | |
| 扬州卫 | 55069.50 | 9781.18 | |
| 高邮卫 | 113512.00 | 9760.15 | |
| 仪真卫 | 190481.90 | 11428.91 | |
| 泰州守御千户所 | 187.50 | 672.00 | |
| 兴化守御千户所 | 10500.00 | 2100.00 | |
| 通州守御千户所 | 3228.40 | 677.60 | |
| 苏州卫 | 34986.10 | 9298.32 | |
| 镇海卫 | 21150.70 | 5919.73 | |
| 太仓卫 | 25995.50 | 7599.75 | |
| 嘉兴守御千户所 | | 1695.20 | |
| 吴淞江守御千户所 | 279.40 | 9.61 | |
| 刘河堡守御千户所 | | 1340.26 | |
| 金山卫 | 12788.00 | 3744.00 | |
| 松江守御千户所 | 16104.00 | 3612.00 | |
| 青村守御千户所 | 3196.00 | 936.00 | |
| 南汇嘴守御千户所 | 3196.00 | 936.00 | |
| 镇江卫 | 117552.30 | | |
| 徐州左卫 | 103335.00 | 2167.97 | |
| 武平卫 | 438500.00 | 26310.00 | |

[1]资料来源：甲表 110。

| 归德卫[1] | 398600.00 | 23916.00 | |
|---|---|---|---|
| 汝宁守御千户所[2] | 83900.00 | 5034.00 | |
| 颖川卫 | 448000.00 | 26880.00 | |
| 合计 | 4208119.70 | 345007.87 | 6.37 |

乙表66 浙江都司屯田统计[3]

| | 现额（亩） | 粮（石） |
|---|---|---|
| 原书总数 | 239060.90 | 68296.35 |
| 杭州前卫 | 37613.90 | 10039.18 |
| 杭州右卫 | 41085.30 | 11204.13 |
| 海宁卫 | 15270.00 | 6150.54 |
| 宁波卫 | 1330.80 | 413.76 |
| 昌国卫 | 12721.50 | 2214.38 |
| 台州卫 | 33620.40 | 8367.46 |
| 松门卫 | 2413.00 | 800.67 |
| 海门卫 | 5162.40 | 1489.79 |
| 温州卫 | 32923.00 | 13960.50 |
| 金乡卫 | 9938.50 | 2216.41 |
| 湖州守御千户所 | 7949.30 | 2265.55 |
| 衢州守御千户所 | 13221.60 | 3498.59 |
| 严州守御千户所 | 25810.80 | 5675.33 |
| 合计 | 478121.40 | 136592.64 |

乙表67 江西都司屯田统计[4]

| | 现额（亩） | 粮（石） |
|---|---|---|
| 原书总数 | 547138.40 | 101546.42 |
| 南昌卫 | 160696.00 | 29146.04 |
| 袁州卫 | 25017.80 | 4997.71 |
| 赣州卫 | 117420.00 | 19934.46 |
| 吉安守御千户所 | 11206.50 | 2241.31 |
| 安福守御千户所 | 13171.60 | 3416.00 |
| 永新守御千户所 | 12889.20 | 3582.00 |
| 抚州守御千户所 | 39565.50 | 6688.89 |
| 建昌守御千户所 | 11647.50 | 2462.44 |
| 广信守御千户所 | 22692.60 | 4407.83 |
| 铅山守御千户所 | 24420.00 | 4884.00 |
| 饶州守御千户所 | 31032.00 | 5749.16 |
| 南安守御千户所 | 25800.00 | 4190.26 |
| 会昌守御千户所 | 22790.00 | 4558.00 |

[1] 卫属河南、田坐直隶地方，两处互载。
[2] 所属河南、田坐直隶地方，两处互载。
[3] 资料来源：甲表111。
[4] 资料来源：甲表111。

| | 现额（亩） | 粮（石） |
|---|---|---|
| 信丰守御千户所 | 26910.00 | 4911.73 |
| 龙泉守御千户所 | 1879.30 | 384.33 |
| 合计 | 547138.00 | 101554.16 |

乙表 68　　　　　　　　　湖广都司、留守司、行都司屯田统计[1]

| | 现额（亩） | 粮（石） |
|---|---|---|
| 原书总数 | 5074972.60 | 387545.44 |
| 都司所辖卫所（2） | 2791089.10 | 249966.39 |
| 武昌卫 | 168680.30 | 18666.14 |
| 武昌左卫 | 129872.80 | 15244.14 |
| 黄州卫 | 74789.20 | 8528.15 |
| 蕲州卫 | 63650.20 | 7569.87 |
| 施州卫 | 21231.70 | 2123.17 |
| 岳州卫 | 68394.30 | 8193.36 |
| 九溪卫 | 146725.00 | 7016.02 |
| 永定卫 | 146725.00 | 5168.00 |
| 长沙卫 | 142854.00 | 15488.62 |
| 茶陵卫 | 143997.60 | 15097.90 |
| 宝庆卫 | 88011.00 | 10705.27 |
| 衡州卫 | 159594.30 | 14314.08 |
| 永州卫 | 140267.60 | 14644.90 |
| 宁远卫 | 307074.00 | 4268.42 |
| 辰州卫 | 103391.90 | 12416.26 |
| 沅州卫 | 70557.50 | 8421.16 |
| 平溪卫 | 25661.00 | 3853.09 |
| 清浪卫 | 38941.20 | 4576.69 |
| 偏桥卫 | 28224.40 | 3793.52 |
| 镇远卫 | 20878.80 | 2512.45 |
| 常德卫 | 100735.80 | 12795.04 |
| 靖州卫 | 29411.00 | 3537.74 |
| 铜鼓卫 | 35475.00 | 4657.55 |
| 五开卫 | 125140.30 | 16598.78 |
| 澧州守御千户所 | 26695.20 | 3062.12 |
| 东安守御千户所 | 4670.30 | 500.00 |
| 大庸千户所 | 17599.00 | 993.37 |
| 安福千户所 | 32019.50 | 2143.35 |
| 大田军民千户所 | 15560.00 | 1556.00 |
| 武冈州守御千户所 | 104189.50 | 2127.68 |
| 城步守御千户所 | 7043.20 | 842.12 |
| 长宁中千户所 | 79256.00 | 3406.69 |
| 桂阳守御千户所 | 5241.80 | 761.90 |

---

[1]资料来源：甲表 111。

| | | |
|---|---|---|
| 宁溪守御千户所 | 9665.80 | 1162.64 |
| 锦田前千户所 | 8371.50 | 909.66 |
| 枇杷守御千户所 | 9469.40 | 1125.52 |
| 桃川守御千户所 | 17061.30 | 2024.73 |
| 宁远左千户所 | 8968.40 | 1076.21 |
| 江华守御千户所 | 5980.70 | 630.07 |
| 郴州守御千户所 | 24981.20 | 2998.89 |
| 广安守御千户所 | 5073.40 | 584.75 |
| 宜章守御千户所 | 16031.60 | 2291.29 |
| 天柱守御千户所[1] | 7774.80 | 673.16 |
| 汶溪千户所 | 5150.00 | 648.90 |
| 留守司所辖卫所 | 368126.70 | 42630.63 |
| 显陵卫 | 97750.70 | 11731.09 |
| 承天卫 | 88288.00 | 10594.56 |
| 沔阳卫 | 98955.70 | 11728.32 |
| 德安守御千户所 | 71358.40 | 7169.10 |
| 随州二百户所 | 11773.80 | 1407.49 |
| 行都司所辖卫所 | 1915756.60 | 94948.47 |
| 荆州卫 | 198917.80 | 10905.07 |
| 荆州右卫 | 256205.30 | 24642.97 |
| 瞿塘卫 | 34649.40 | 4009.58 |
| 郧阳卫 | 199864.80 | 4358.67 |
| 襄阳卫 | 851371.40 | 22361.71 |
| 长宁守御千户所 | 29594.60 | 1966.82 |
| 夷陵守御千户所 | 36567.40 | 4229.03 |
| 远安守御千户所 | 6740.80 | 815.68 |
| 枝江守御千户所 | 49398.90 | 5580.64 |
| 忠州守御千户所 | 41435.60 | 2930.40 |
| 房县守御千户所 | 16877.10 | 2237.94 |
| 均州守御千户所 | 66715.20 | 5550.87 |
| 竹山守御千户所 | 127417.70 | 5359.02 |
| 合计 | 10149941.50 | 774833.82 |

乙表 69 　　　　　　　　　福建都司、行都司屯田统计[2]

| | 现额（亩） | 粮（石） |
|---|---|---|
| 原书总数 | 869322.30 | 151804.91 |
| 福州左卫 | 122612.00 | 20239.67 |
| 福州右卫 | 110037.90 | 19311.51 |
| 福州中卫 | 97253.50 | 15444.09 |
| 镇东卫 | 52295.10 | 10490.00 |
| 兴化卫 | 68947.20 | 12484.32 |

[1] 此所粮数＝粮数－被苗占种米 256.84 石。
[2] 资料来源：甲表 111。

| | 现额（亩） | 粮（石） |
|---|---|---|
| 平海卫 | 16582.10 | 2966.00 |
| 泉州卫 | 87098.30 | 8528.49 |
| 永宁卫 | 20363.40 | 4073.69 |
| 福泉守御千户所 | 4964.30 | 1042.20 |
| 金门守御千户所 | 2326.20 | 480.00 |
| 高浦守御千户所 | 5997.30 | 1212.00 |
| 崇武守御千户所 | 6026.30 | 1085.26 |
| 漳州卫 | 44880.70 | 8937.37 |
| 镇海卫 | 6490.10 | 1284.00 |
| 铜山守御千户所 | 1833.40 | 348.00 |
| 玄钟守御千户所 | 1805.20 | 252.00 |
| 陆鳌守御千户所 | 1304.70 | 252.00 |
| 福宁卫 | 29873.40 | 6061.28 |
| 延平卫 | 58712.50 | 11742.51 |
| 永安守御千户所 | 3719.50 | 750.00 |
| 将乐守御千户所 | 8100.00 | 1622.64 |
| 建宁左卫 | 50705.70 | 9571.69 |
| 建宁右卫 | 45972.20 | 9040.25 |
| 邵武卫 | 15231.50 | 3076.29 |
| 汀洲卫 | 5379.20 | 1306.60 |
| 武平守御千户所 | 810.00 | 203.00 |
| 合计 | 1738644.00 | 303609.77 |

**乙表 70**　　　　　　　　　　山东都司屯田统计[1]

| | 现额（亩） | 粮（石） |
|---|---|---|
| 原书总数 | 1848749.20 | 80348.46 |
| 济南卫 | 42948.30 | 5153.79 |
| 济宁卫 | 105438.80 | 3065.19 |
| 任城卫 | 43483.40 | 5268.01 |
| 平山卫 | 178148.00 | 7312.63 |
| 东昌卫 | 90850.00 | 5649.27 |
| 临清卫 | 66809.30 | 8017.11 |
| 青州左卫 | 27150.00 | 3258.00 |
| 安东卫 | 58800.00 | 1764.00 |
| 莱州卫 | 152800.00 | 3834.24 |
| 灵山卫 | 31018.90 | 1716.00 |
| 鳌山卫 | 8800.00 | 1683.00 |
| 登州卫 | 18250.00 | 2202.00 |
| 大嵩卫 | 100800.00 | 2022.00 |
| 宁海卫 | 178684.00 | 1547.50 |
| 威海卫 | 100800.00 | 894.00 |

---

[1]资料来源：甲表 111。

| | | |
|---|---|---|
| 靖海卫 | 100800.00 | 1425.00 |
| 成山卫 | 8700.00 | 1044.00 |
| 肥城守御千户所 | 20049.50 | 1809.67 |
| 滕县守御千户所 | 68218.30 | 1152.00 |
| 濮州备御千户所 | 31695.00 | 1902.62 |
| 东平守御千户所 | 9029.00 | 1083.48 |
| 诸城守御千户所 | 4800.00 | 576.00 |
| 胶州守御千户所 | 8932.50 | 799.37 |
| 雄崖守御千户所 | 39200.00 | 708.00 |
| 海阳守御千户所 | 33600.00 | 623.00 |
| 金山备御千户所 | 36331.00 | 309.00 |
| 奇山守御千户所 | 6750.00 | 810.00 |
| 宁津守御千户所 | 5378.40 | 648.00 |
| 德州卫[1] | 30974.50 | 3716.94 |
| 德州左卫[2] | 39763.00 | 4771.56 |
| 沂州卫 | 183531.80 | 3637.20 |
| 武定守御千户所[3] | 7989.20 | 958.70 |
| 莒州守御千户所 | 8226.00 | 987.12 |
| 合 计 | 3697498.10 | 160696.86 |

乙表71 河南都司屯田统计[4]

| | 现额（亩） | 粮（石） |
|---|---|---|
| 原书总数 | 5559823.40 | 333589.40 |
| 宣武卫 | 147245.90 | 8834.75 |
| 睢阳卫 | 518793.00 | 31127.58 |
| 怀庆卫 | 203486.50 | 12209.19 |
| 归德卫 | 398600.00 | 23916.00 |
| 陈州卫 | 623951.00 | 37437.06 |
| 潼关卫 | 265095.50 | 15905.73 |
| 彰德卫 | 260493.00 | 15629.58 |
| 弘农卫 | 154911.00 | 9294.66 |
| 信阳卫 | 579918.00 | 34795.08 |
| 南阳卫 | 282679.20 | 16960.75 |
| 南阳中护卫 | 286231.40 | 17173.88 |
| 河南卫 | 340258.90 | 20415.53 |
| 颍川卫[5] | 573300.00 | 34398.00 |
| 汝州卫 | 131800.00 | 7908.00 |
| 卫辉守御千户所 | 79940.10 | 4796.40 |

[1] 卫属本省、田坐北直隶地方，两处互载。
[2] 卫属本省、田坐北直隶地方，两处互载。
[3] 所属本省、田坐北直隶地方，两处互载。
[4] 资料来源：甲表111。
[5] 卫属直隶、田坐本省地方，两处互载。

1304

| | 现额（亩） | 粮（石） |
|---|---|---|
| 嵩县守御千户所 | 80000.00 | 4800.00 |
| 唐县守御千户所 | 136044.60 | 8162.68 |
| 邓州守御千户所 | 107160.00 | 6429.60 |
| 林县守御千户所 | 67012.00 | 4020.72 |
| 汝宁守御千户所 | 83814.00 | 5028.84 |
| 赵府群牧千户所 | 77700.00 | 4662.00 |
| 颍上守御千户所 | 140489.00 | 8429.34 |
| 永宁守御千户所 | 16000.00 | 960.00 |
| 卢氏守御千户所 | 4900.00 | 294.00 |
| 合计 | 5559823.10 | 333589.37 |

乙表 72　　　　　　　　　广东都司屯田统计[1]

| | 现额（亩） | 粮（石） |
|---|---|---|
| 原书总数 | 633879.80 | 150129.47 |
| 广州左卫 | 14064.00 | 3896.45 |
| 广州右卫 | 28066.80 | 8416.09 |
| 广州前卫 | 28541.30 | 8481.90 |
| 广州后卫 | 24796.70 | 7431.01 |
| 清远卫 | 59475.80 | 8375.84 |
| 广海卫 | 19158.60 | 5388.23 |
| 南海卫 | 22621.50 | 6843.34 |
| 东莞守御千户所 | 4480.00 | 1344.00 |
| 大鹏守御千户所 | 4480.00 | 1340.70 |
| 增城守御千户所 | 8729.00 | 2431.20 |
| 从化守御千户所 | 19187.50 | 3312.57 |
| 新宁守御千户所 | 6773.80 | 2018.16 |
| 新会守御千户所 | 8400.00 | 2016.00 |
| 连州守御千户所 | 10405.60 | 2153.37 |
| 香山守御千户所 | 4675.40 | 1402.63 |
| 韶州守御千户所 | 8085.20 | 2422.96 |
| 南雄守御千户所 | 9910.80 | 3013.40 |
| 惠州卫 | 38317.80 | 9297.19 |
| 河源守御千户所 | 11354.50 | 3089.10 |
| 龙川守御千户所 | 16036.60 | 3367.50 |
| 长乐守御千户所 | 10627.70 | 2922.74 |
| 碣石卫 | 18063.20 | 5421.54 |
| 甲子门守御千户所 | 2664.00 | 500.00 |
| 海丰守御千户所 | 5710.00 | 1422.00 |
| 平海守御千户所 | 4446.90 | 931.20 |
| 捷胜守御千户所 | 4220.00 | 1139.70 |
| 潮州卫 | 21044.00 | 3508.89 |

[1]资料来源：甲表 111。

| | | |
|---|---|---|
| 澄海守御千户所 | 4737.30 | 594.26 |
| 蓬州守御千户所 | 4150.00 | 1141.60 |
| 海门守御千户所 | 4360.00 | 988.89 |
| 靖海守御千户所 | 3224.00 | 967.49 |
| 大城守御千户所 | 1236.30 | 267.26 |
| 程乡守御千户所 | 6720.00 | 1971.05 |
| 肇庆卫 | 44563.30 | 7544.65 |
| 德庆守御千户所 | 6703.20 | 1675.82 |
| 新兴守御千户所 | 8269.70 | 1944.69 |
| 广宁守御千户所 | 11944.40 | 1862.70 |
| 阳江守御千户所 | 9260.00 | 1466.25 |
| 双鱼守御千户所 | 3309.40 | 793.68 |
| 海朗守御千户所 | 2281.10 | 385.73 |
| 阳春守御千户所 | 4320.00 | 1296.00 |
| 神电卫 | 7345.90 | 2061.00 |
| 高州守御千户所 | 1820.00 | 546.00 |
| 宁川守御千户所 | 3640.00 | 1092.00 |
| 雷州卫 | 25099.20 | 4136.99 |
| 锦囊守御千户所 | 3660.00 | 501.00 |
| 乐民守御千户所 | 4430.70 | 811.07 |
| 海康守御千户所 | 4180.00 | 558.00 |
| 海安守御千户所 | 4056.00 | 594.60 |
| 海南卫 | 22817.20 | 6845.18 |
| 清澜守御千户所 | 4585.50 | 1347.38 |
| 万州守御千户所 | 4840.00 | 1452.00 |
| 南山守御千户所 | 4480.00 | 1344.00 |
| 儋州守御千户所 | 4540.00 | 1362.00 |
| 昌化守御千户所 | 4480.00 | 1344.00 |
| 崖州守御千户所 | 4487.70 | 1346.33 |
| 合计 | 633877.60 | 150129.33 |

乙表 73　　　　　　　　　　　广西都司屯田统计[1]

| | 现额（亩） | 粮（石） |
|---|---|---|
| 原书总数 | 291337.00 | 34695.44 |
| 桂林中卫 | 24837.90 | 2980.54 |
| 桂林右卫 | 20822.20 | 2498.67 |
| 护卫屯 | 32186.60 | 3862.40 |
| 全州守御千户所 | 4993.40 | 599.21 |
| 灌阳守御千户所 | 3600.00 | 432.00 |
| 柳州卫 | 6572.40 | 788.69 |
| 南丹卫 | 7718.80 | 926.25 |

[1]资料来源：甲表 111。

| | | |
|---|---|---|
| 融县守御千户所 | 2500.00 | 30.00 |
| 来宾守御千户所 | 4282.00 | 513.84 |
| 象州守御千户所 | 4402.50 | 528.30 |
| 武宣守御千户所 | 1714.00 | 205.68 |
| 宾州守御千户所 | 1891.60 | 226.99 |
| 迁江守御千户所 | 3328.20 | 399.39 |
| 庆远卫 | 6164.30 | 739.72 |
| 河池守御千户所 | 9482.10 | 1137.86 |
| 平乐守御千户所 | 5032.70 | 603.92 |
| 富川守御千户所 | 19077.50 | 2289.30 |
| 贺县守御千户所 | 2398.90 | 287.87 |
| 梧州守御千户所 | 14012.50 | 1686.30 |
| 容县守御千户所 | 2842.50 | 341.11 |
| 怀集守御千户所 | 18442.10 | 2213.05 |
| 郁林守御千户所 | 3404.60 | 408.57 |
| 浔州卫 | 12225.80 | 1467.10 |
| 奉议卫 | 6433.90 | 772.06 |
| 贵县守御千户所 | 5636.90 | 676.43 |
| 向武守御千户所 | 1039.00 | 124.68 |
| 南宁卫 | 21802.50 | 2616.30 |
| 驯象卫 | 22809.60 | 2737.15 |
| 武缘守御千户所 | 11748.50 | 1409.82 |
| 太平守御千户所 | 3511.80 | 421.42 |
| 北流县民佃 | 2509.30 | 301.11 |
| 陆川县民佃 | 1144.20 | 137.30 |
| 兴业县民佃 | 2767.10 | 332.06 |
| 合计 | 582672.40 | 69390.53 |

乙表 74　　　　　　　　　　　　四川都司、行都司屯田统计[1]

| | 现额（亩）[2] | 花园仓基(所) | 粮（石） |
|---|---|---|---|
| 原书总数 | 4880410.30 | 1938.00 | 294339.49 |
| 成都右卫 | 403812.80 | 144.00 | 24364.31 |
| 成都中卫 | 419713.20 | 285.00 | 25460.54 |
| 成都前卫 | 447923.00 | 244.00 | 27077.85 |
| 成都后卫 | 353214.40 | 200.00 | 21388.50 |
| 重庆卫 | 191302.60 | | 11478.67 |
| 宁川卫 | 376812.50 | 200.00 | 22770.75 |
| 茂州卫 | 305402.20 | 142.00 | 18522.19 |
| 叙南卫 | 152615.80[3] | | 9159.96[1] |

---

[1]资料来源：甲表 111。

[2]原书中，四川都行二司见额屯田数中，田亩单位："顷"均误作"分"，今改正为"顷"。

[3]原书此处为："除割拨建武所二百一十二分零一十二亩七分四厘外，实在田一千五百二十六分零一十五亩八分六厘零"，疑误，应为 403812.80 亩。

| | | | |
|---|---|---|---|
| 建武所 | 176123.30 | | 10571.82 |
| 泸州卫 | 167108.20[2] | | 10028.05[3] |
| 松潘卫 | 92318.70 | | 5542.67 |
| 利州卫 | 325614.30 | 207.00 | 19651.10 |
| 青川卫 | 37509.10 | 15.00 | 2270.37 |
| 保宁守御千户所 | 96508.40 | 59.00 | 5871.54 |
| 威州守御千户所 | 27117.80 | | 1640.84 |
| 雅州守御千户所 | 42219.00 | 32.00 | 2549.46 |
| 大渡河守御千户所 | 40216.30 | | 2416.07 |
| 黔江守御千户所 | 21302.50 | | 1278.62 |
| 叠溪守御千户所 | 28512.00 | | 1713.00 |
| 广安守御千户所 | 69010.80 | 307.00 | 4203.48 |
| 灌县守御千户所 | 88818.80 | 69.00 | 5369.83 |
| 小河守御千户所 | 95321.80 | 25.00 | 5749.77 |
| 建昌卫 | 371611.00 | | 22299.00 |
| 会川卫 | 169000.00 | | 10140.00 |
| 盐井卫 | 137400.00 | | 8244.00 |
| 宁番卫 | 190511.00 | | 11433.00 |
| 越巂卫 | 52400.00 | | 3144.00 |
| 合计 | 4879419.50 | 1929.00 | 294339.39 |

乙表 75 　　　　　　　　　　山西都司屯田统计[4]

| | 现额（亩） | 粮（石） | 银（两）[5] | 草(束) |
|---|---|---|---|---|
| 山西镇 | 3371488.70 | 101098.16 | 1044.00 | |
| 太原左卫 | 365320.70 | 11304.56 | 178.36 | 240.00 |
| 太原右卫 | 223315.80 | 6882.40 | 9.50 | |
| 太原前卫 | 353575.10 | 5833.15 | 250.19 | |
| 振武卫 | 414692.40 | 6935.20 | | |
| 镇西卫 | 261903.80 | 5815.31 | 92.20 | |
| 平阳卫 | 622998.90 | 25127.05 | | |
| 潞州卫 | 259408.30 | 10831.11 | 25.00 | |
| 汾州卫 | 37690.70 | 2041.05 | | |
| 沈阳中护卫 | 74106.30 | 5473.97 | | |
| 沁州守御千户所 | 76958.90 | 3929.57 | | |
| 磁州守御千户所 | 80131.40 | 2265.67 | | |
| 偏头守御千户所 | 107267.10 | 2622.13 | | |
| 老营堡所 | 85557.20 | 2025.03 | | |
| 雁门守御千户所 | 38292.10 | 653.65 | | 1000.00 |

[1]原书此处：粮除割拨 1275.18 石外，实在粮 9159.96 石。
[2]原书此处："除割拨建武所一千五百四十九分零一十亩五分六厘零外，实在田一千六百七十一分零八亩二分三厘零"。
[3]原书此处：粮除割拨 9296.64 石外，实在粮 10028.05 石。
[4]资料来源：甲表 111。
[5]银一项含租银、草折银及牛具地银。

| | | | |
|---|---|---|---|
| 宁武守御千户所 | 24678.90 | 327.36 | | |
| 宁化守御千户所 | 74086.30 | 2289.83 | | |
| 保德守御千户所 | 10472.10 | 970.32 | | |
| 八角守御千户所 | 64092.00 | 1598.98 | | |
| 泽州等州阳城等县民佃 | 196939.00 | 4139.29 | 472.34 | |
| 合计 | 6742975.70 | 202163.79 | 2071.59 | 1240.00 |

**乙表 76**　　　　　　　　　　　　山西行都司屯田统计[1]

| | 现额（亩）[2] | 粮（石） | 银（两）[3] |
|---|---|---|---|
| 大同镇 | 4155664.30 | 122438.15 | 8332.51 |
| 大同前卫 | | 12323.99 | |
| 大同后卫 | | 11599.94 | |
| 东路阳和卫 | | 9425.34 | |
| 高山卫 | | 7933.38 | |
| 天城卫 | | 14241.41 | |
| 镇房卫 | | 8277.72 | |
| 平房卫 | | 5665.38 | |
| 朔州卫 | | 11502.59 | |
| 西路大同左卫 | | 6397.00 | |
| 云川卫 | | 1731.30 | |
| 大同右卫 | | 4471.53 | |
| 玉林卫 | | 5406.84 | |
| 威远卫 | | 1679.52 | |
| 应州左右二所 | | 5349.11 | |
| 浑源城中前二所 | | 2848.08 | |
| 怀仁城后所 | | 2758.13 | |
| 马邑所 | | 1370.55 | |
| 山阴所 | | 1758.67 | |
| 井坪所 | | 3932.44 | |
| 浑源城牧地 | | 462.90 | |
| 灵丘城 | | 34.23 | |
| 镇门堡 | | 2926.90 | |
| 守口堡 | | 157.62 | |
| 永嘉堡 | | 183.50 | |
| 合计 | 4155664.30 | 244876.22 | 8332.51 |

---

[1]资料来源：甲表 111。
[2]原书此处注："撒无考"。
[3]原书此处注："撒无考"。

| | 现额（亩）[2] | 粮（石） |
|---|---|---|
| 宣府镇 | 4789247.00 | 198061.68 |
| 宣府左卫 | | 7859.44 |
| 宣府前卫 | | 15270.19 |
| 宣府右卫 | | 5884.95 |
| 怀来卫 | | 4517.38 |
| 延庆右卫 | | 3073.24 |
| 永宁卫 | | 3481.41 |
| 延庆左卫 | | 2379.16 |
| 保安卫 | | 11281.46 |
| 蔚州卫 | | 14773.50 |
| 万全左卫 | | 11029.07 |
| 怀安卫 | | 8865.97 |
| 保安右卫 | | 2693.40 |
| 龙门卫 | | 3215.90 |
| 开平卫 | | 3734.71 |
| 万全右卫 | | 12556.89 |
| 永宁后所 | | 1559.95 |
| 四海冶所 | | 122.74 |
| 美谷所 | | 2376.57 |
| 广昌所 | | 2982.18 |
| 龙门所 | | 1955.42 |
| 云川所 | | 733.89 |
| 兴和所 | | 2054.01 |
| 海儿窊 | | 151.14 |
| 保安城 | | 837.67 |
| 马漕沟 | | 2347.05 |
| 深井堡 | | 6475.70 |
| 东城 | | 22987.22 |
| 西城 | | 19716.18 |
| 新河口堡 | | 523.89 |
| 张家口堡 | | 757.18 |
| 膳房堡 | | 173.79 |
| 新开口堡 | | 274.99 |
| 柴沟堡 | | 2395.59 |
| 洗马林堡 | | 1977.60 |
| 渡口堡 | | 733.01 |
| 西阳河堡 | | 968.68 |
| 李信屯堡 | | 376.30 |
| 滴水崖堡 | | 694.91 |

**乙表 77** 　　　　　　　　　　　　**万全都司屯田统计**[1]

[1]资料来源：甲表 111。
[2]原书此处注："撒无考"。

| | | | 142.08 |
|---|---|---|---|
| 青泉堡 | | | 142.08 |
| 镇安堡 | | | 43.16 |
| 长安所 | | | 1668.22 |
| 雕鹗堡 | | | 643.72 |
| 赤城堡 | | | 858.77 |
| 马营堡 | | | 2669.18 |
| 赵川堡 | | | 325.27 |
| 大白阳堡 | | | 197.02 |
| 小白阳堡 | | | 241.96 |
| 葛峪堡 | | | 111.70 |
| 常峪堡 | | | 49.31 |
| 青边口堡 | | | 307.95 |
| 羊房堡 | | | 42.09 |
| 近城 | | | 332.95 |
| 保安州 | | | 4644.42 |
| 永宁县 | | | 1961.57 |
| 宣府驿 | | | 29.08 |
| 合计 | 4789247.00 | | 396122.46 |

乙表 78 　　　　　　　　　　　陕西都司、行都司屯田统计[1]

| | 现额（亩） | 粮（石） | 银(两) | 布（匹） | 草（束） |
|---|---|---|---|---|---|
| 原书总数 | 16840404.10 | 827639.88 | 11157.64 | 57161.00 | 2378052.00 |
| 西安左卫 | 541425.30 | 23025.18 | 541.42 | 11043.00 | 51101.00 |
| 西安前卫 | 916549.90 | 37884.38 | 916.54 | 18740.00 | 84870.00 |
| 西安后卫 | 830277.60 | 34580.54 | 830.27 | 16877.00 | 77138.00 |
| 西安右护卫 | 519714.70 | 21717.63 | 519.71 | 10398.00 | 94.00 |
| 固原卫 | 416658.90 | 6422.94 | 484.29 | | 8537.00 |
| 靖虏卫 | 263578.00 | 7930.96 | 251.51 | | 11871.00 |
| 平凉卫 | 454649.50 | 27278.97 | 454.64 | | 40918.00 |
| 安东中护卫 | 78450.90 | 2613.33 | 209.37 | | |
| 镇戎千户所 | 62070.80 | 1083.27 | 18.05 | | 1624.00 |
| 平虏千户所 | 87670.50 | 909.99 | 60.66 | | 1365.00 |
| 西安千户所 | 63911.20 | 1150.64 | 19.18 | | 1725.00 |
| 庆阳卫 | 653865.70 | 20825.34 | 424.53 | | 31459.00 |
| 环县守御千户所 | 181798.90 | 4184.06 | 64.40 | | 6473.00 |
| 凤翔守御千户所 | 193837.20 | 11001.12 | 193.83 | 103.00 | 16699.00 |
| 巩昌卫 | 550522.30 | 20821.90 | 71.19 | | 31232.00 |
| 泰州卫 | 236513.80 | 14528.97 | 238.01 | | 21793.00 |
| 礼店千户所 | 127049.70 | 5802.89 | 112.34 | | 8704.00 |
| 阶州守御千户所 | 139702.50 | 5796.20 | 355.97 | | |
| 临洮卫 | 319037.40 | 19380.52 | 321.92 | | 29070.00 |

| | | | | |
|---|---|---|---|---|
| 河州卫 | 326684.80 | 20681.32 | 292.83 | | |
| 甘州中护卫 | 145850.80 | 8751.04 | 122.02 | | 3691.00 |
| 文县守御千户所 | 113724.30 | 5573.88 | 94.64 | | 8377.00 |
| 西固城守御千户所 | 45077.00 | 2689.78 | 46.35 | | 4048.00 |
| 兰州卫 | 359311.90 | 20049.54 | 361.31 | | 37004.00 |
| 岷州卫 | 138372.00 | 8302.32 | 138.37 | | 12449.00 |
| 洮州卫 | 165169.30 | 7599.40 | 225.37 | | 11416.00 |
| 汉中卫 | 111480.70 | 6702.66 | 0.70 | | 7715.00 |
| 宁羌卫 | 355331.10 | 16506.44 | 4.66 | | |
| 金州守御千户所 | 26754.00 | 2568.79 | 0.86 | | 3853.00 |
| 沔县守御千户所 | 25290.90 | 1641.10 | | | 2589.00 |
| 甘州群牧所 | 289191.00 | | 1445.95 | | |
| 甘州左卫 | 229591.50 | 18711.62 | | | 84215.00 |
| 甘州右卫 | 213096.60 | 19095.84 | | | 84882.00 |
| 甘州中卫 | 239697.40 | 20565.25 | | | 79005.00 |
| 甘州前卫 | 115981.90 | 9952.23 | | | 45000.00 |
| 甘州后卫 | 139721.30 | 11016.22 | | | 47921.00 |
| 兰州卫 | 233597.50 | 22883.35 | | | 151576.00 |
| 山丹卫 | 149103.40 | 14038.76 | | | 109937.00 |
| 永昌卫 | 135755.80 | 11737.67 | | | 78252.00 |
| 凉州卫 | 463591.80 | 48887.16 | | | 276142.00 |
| 镇番卫 | 97781.50 | 9472.83 | | | 73168.00 |
| 西宁卫 | 526840.70 | 28377.36 | | | 304290.00 |
| 庄浪卫 | 151486.30 | 8812.63 | | | 86892.00 |
| 高台守御千户所 | 120475.20 | 10041.30 | | | 81963.00 |
| 镇夷守御千户所 | 74185.20 | 7066.38 | | | 69987.00 |
| 古浪守御千户所 | 28407.80 | 3236.56 | | | 17159.00 |
| 榆林卫 | 2476800.00 | 67734.00 | 1131.60 | | 25820.00 |
| 绥德卫 | 511320.00 | 35688.20 | 594.80 | | 41635.00 |
| 延安卫 | 261847.80 | 28337.36 | 577.28 | | 44304.00 |
| 宁夏卫 | 273968.40 | 31066.26 | 237.33 | | 42979.00 |
| 宁夏左屯卫 | 302089.00 | 35468.67 | 287.14 | | 51676.00 |
| 宁夏右屯卫 | 160782.70 | 18082.44 | 148.17 | | 25257.00 |
| 宁夏前屯卫 | 138073.00 | 15462.39 | 123.19 | | 21306.00 |
| 宁夏中屯卫 | 187267.10 | 21528.46 | 172.73 | | 24199.00 |
| 宁夏中卫 | 208837.50 | 23414.04 | 209.27 | | 23419.00 |
| 宁夏后卫 | 450931.60 | 3159.78 | | | |
| 灵州守御千户所 | 84103.10 | 8371.06 | 51.35 | | 10784.00 |
| 平房守御千户所 | 64071.60 | 7197.48 | 61.26 | | 10057.00 |
| 小盐池营驿递运所(山地) | 3550.00 | 273.43 | | | 226.00 |
| 隰宁堡递运所(山地) | 4125.00 | 110.00 | | | |
| 萌城驿递运所(山地) | 53800.00 | 517.99 | | | 431.00 |
| 合计 | 16840403.30 | 908311.82 | 12415.01 | 57161.00 | 2428297.00 |

乙表79　　　　　　　　　云南都司屯田统计[1]

| | 现额（亩） | 粮（石） |
|---|---|---|
| 原书总数 | 1117154.10 | 389992.33 |
| 云南左卫 | 55894.30 | 23522.58 |
| 云南右卫 | 52555.07 | 19363.11 |
| 云南中卫 | 48540.10 | 20215.63 |
| 云南前卫 | 43315.00 | 18579.94 |
| 云南后卫 | 45490.90 | 10931.56 |
| 广南卫 | 40111.30 | 15082.55 |
| 安宁所 | 9272.00 | 4330.15 |
| 易门所 | 7580.00 | 3555.44 |
| 武定所 | 17545.20 | 7572.77 |
| 杨林所 | 12045.80 | 5130.34 |
| 木密所 | 10132.60 | 4395.31 |
| 凤梧所 | 1936.10 | 889.40 |
| 宜良所 | 13595.90 | 6229.78 |
| 马隆所 | 9758.20 | 2540.94 |
| 曲靖卫 | 56720.50 | 21852.46 |
| 平夷卫 | 24182.30 | 7979.66 |
| 越州卫 | 18620.20 | 7878.77 |
| 六凉卫 | 32108.70 | 13878.42 |
| 临安卫 | 43007.40 | 20566.60 |
| 十八寨所 | 17500.00 | 4780.24 |
| 新安所 | 2160.00 | 1019.68 |
| 通海御 | 18745.00 | 8353.38 |
| 楚雄卫 | 65580.10 | 18322.08 |
| 定远所 | 17036.20 | 6343.28 |
| 姚安所 | 18869.90 | 7752.29 |
| 中屯所 | 17571.20 | 5746.46 |
| 洱海所 | 48161.70 | 12943.55 |
| 大罗卫 | 15631.40 | 5585.51 |
| 蒙化卫 | 48018.40 | 15329.04 |
| 大理卫 | 94215.20 | 21214.52 |
| 景东卫 | 29249.80 | 11161.14 |
| 澜沧卫 | 35591.10 | 12288.09 |
| 鹤庆御 | 24331.90 | 5515.76 |
| 永昌卫 | 68253.30 | 20180.64 |
| 永平御 | 13818.70 | 4890.32 |
| 腾冲卫 | 40012.80 | 14075.77 |
| 合计 | 2234312.37 | 779989.49 |

---

[1]资料来源：甲表111。

| 乙表 80 | 贵州都司屯田统计[1] | |
|---|---|---|
| | 现额（亩） | 粮（石） |
| 原书总数 | 392111.60 | 93811.74 |
| 贵州卫 | 20957.50 | 4861.90 |
| 贵州前卫 | 15995.00 | 5224.98 |
| 乌撒卫 | 42557.00 | 6555.20 |
| 毕节卫 | 16895.80 | 4163.00 |
| 赤水卫 | 25600.50 | 5120.00 |
| 永宁卫 | 55006.00 | 6748.17 |
| 威清卫 | 16591.20 | 5158.65 |
| 平坝卫 | 18806.00 | 4968.00 |
| 普定卫 | 31962.00 | 6960.80 |
| 安庄卫 | 18662.00 | 6512.00 |
| 安南卫 | 16206.00 | 5380.00 |
| 普安卫 | 28212.60 | 10390.00 |
| 龙里卫 | 18244.00 | 4228.00 |
| 新添卫 | 10939.50 | 2620.00 |
| 平越卫 | 8690.00 | 2670.20 |
| 清平卫 | 6056.60 | 2622.55 |
| 兴隆卫 | 9374.40 | 3246.34 |
| 都匀卫 | 23360.90 | 3052.00 |
| 黄平守御千户所 | 5366.00 | 2505.92 |
| 普市守御千户所 | 2628.30 | 824.00 |
| 合计 | 784222.90 | 187623.45 |

| 乙表 81 | 辽东都司屯田统计[2] |
|---|---|
| 现额（亩） | 粮（石）[3] |
| 2915866.10 | 253201.03 |

---

[1]资料来源：甲表 111。
[2]资料来源：甲表 111。
[3]原书此处注："撒无考"。

1314

**乙表82**

## 各都司、卫所屯田统计[1]

| | 现额（亩） | 粮（石） | 银（两） | 钞（贯） | 布（匹） | 草（束） | 花园仓基（所） |
|---|---|---|---|---|---|---|---|
| 北京锦衣等五十四卫并后军都督府 | 505283.90 | 28003.38 | 18110.66 | 56940.00 | | | |
| 北直隶各衙所 | 4367844.40 | 219781.26 | 39437.17 | | | 221639.00 | |
| 南京锦衣等四十二卫 | 2269670.80 | 151530.53 | 10266.30 | | | | |
| 南直隶各卫所 | 4208119.70 | 345007.87 | 6.37 | | | | |
| 浙江都司 | 478121.40 | 136592.64 | | | | | |
| 江西都司 | 547138.00 | 101554.16 | | | | | |
| 湖广都司、留守司、行都司 | 10149941.50 | 774833.82 | | | | | |
| 福建都司、行都司 | 1738644.00 | 303609.77 | | | | | |
| 山东都司 | 3697498.10 | 160696.86 | | | | | |
| 河南都司 | 5559823.10 | 333589.37 | | | | | |
| 广东都司 | 633877.60 | 150129.33 | | | | | |
| 广西都司 | 582672.40 | 69390.53 | | | | | |
| 四川都司、行都司 | 4879419.50 | 294339.39 | 2071.59 | | | | 1929.00 |
| 山西都司 | 6742975.70 | 202163.79 | 8332.51 | | | 1240.00 | |
| 山西行都司 | 4155664.30 | 244876.44 | | | | | |
| 万全都司 | 4789247.00 | 396122.46 | | | | | |
| 陕西都司、行都司 | 16840403.30 | 908311.82 | 12415.01 | | 57161.00 | 2428297.00 | |
| 云南都司 | 2234312.37 | 779989.49 | | | | | |
| 贵州都司 | 784222.90 | 187623.45 | | | | | |
| 辽东都司 | 2915866.10 | 253201.03 | | | | | |
| 合计 | 78080746.07 | 6041347.39 | 90639.61 | 56940.00 | 57161.00 | 2651176.00 | 1929.00 |

[1] 资料来源：甲表107—甲表111。本表依据各都司、卫所屯田的"合计"数值计算。

# 第十二章

# 盐　钞

## 说　明

本章中乙表 83 列出了全国六盐运司、一盐课提举司的原额、现额、岁解、岁派盐引数、银两数。同时还列出了岁解，以及岁派甘肃等七镇、山西神池等堡和蓟州的盐引数。《会计录》中缺陕西灵州盐课司、广东海北盐课二提举司以及四川盐课提举司的数据。

洪武年间大引盐 884145 引，分布在两淮、两浙、长芦、山东、福建五盐运司，其中两淮最多，占总数的 39.88％、两浙为 24.93％、山东为 16.22％、福建为 11.83％，最少的是长芦为 7.14％。小引盐 313139 引，分别来自河东盐运司与云南黑、白、安宁、五井盐课四提举司，其中河东占总数的 97.08％。

万历六年分为小引盐、常股盐、存积盐与太汾等处盐票税银四项。小引盐 2264686 引，分布在全国六盐运司、一盐课提举司，数量排在前三位的是两淮、河东、两浙盐运司，分别占总数的 31.14％、27.38％和 19.64％。

岁解太仓余盐银 972143.37 两，遇闰该银 975124.97 两，另岁解银 196494.76 两，两项共计岁解 1168638.13 两，遇闰共计 1171619.73 两。

乙表 84 是在京九门额征课钞，共计本色钞 665180.00 贯，数量排在前三位的是崇文门、东直门、朝阳门，这三门占了总数的 52.39％；折色铜钱 2432850 文，排在前三位的仍是上述三门，占总数的 53.93％。

乙表 85 是顺天府岁征课钞。共计征银 51325.30 两，征钞 175290 贯、铜钱 22040600 文。其中银来自崇文门宣课分司、通州张家湾宣课司及居庸关；钞最多的是正阳门宣课司；铜钱最多的是崇文门宣课分司和通州张家湾宣课司。

乙表 86 是北直隶永平等七府额征课钞。共计征银 3560.24 两，钞 684619 贯。其中银来自永平、河间二府；钞来自所有七府。

乙表 87 是将乙表 85 和乙表 86 所述北直隶顺天等八府岁额征课钞汇总。即北直隶共计征银 54885.54 两，钞 587808 贯，铜钱 22040600 文。

乙表 88 是南京额征课钞。共计征银 2905.51 两，最多的是中兵马司为 1459.49 两，占了总数的 50.23％。征钞 56.35 贯，全部来自中兵马司。

乙表 89 是应天府额征课钞。共计征银 10101.18 两，商税等额钞、鱼课钞、铜钱都已经折银，只有批验茶引所、龙潭税课司、上元江宁等县、江东巡检司和瓜埠巡检司的部分钞与铜钱没有折银，总计未折银钞 171662 贯，未折银铜钱 152860 文。

除了上元江宁等县的连闰该钞折银比例为：每钞 1 贯折银 0.0003 两外；其余各地各项钞折银比例均为每钞 1 贯折银 0.0006 两。

乙表 90 是南直隶各府额征课钞。共计征银 10101.18 两，全部来自应天府；征钞 10864512 贯，内含户口食盐钞 1717151 贯，征钞排在前三位的是淮安、庐州、扬州三府；铜钱 2739634 文，来自淮安、徽州和应天三府。

乙表 91—1 与乙表 91—2 是除应天府外，南直隶其余十二府见征课钞。其中乙表 91—1 是按照各府所征课钞的项目排列的，分为商税银、鱼课银和荡钞银三项；共计商税银 36098.16 两、鱼课银 972.10 两、荡钞银 65.89 两，合计 37136.15 两。除此之外还有商税银与鱼课银的遇闰加银 307.60 两和 126.20 两，总计 37569.95 两。乙表 91—2 是除应天府外，南直隶其余十二府见征课钞的分布比例，其中排在前三位的是：淮安府、扬州府和凤阳府，而淮安一府的见征课钞就占了十二府总数的 80.78%，远远超过其他十一府。

乙表 92 是十三布政司额征课钞。共计钞 39365458 贯、银 63165.93 两。另有米 2694.28 石、羊皮 1152 张、黑铅 5789.5 斤、皮硝 14400 斤、海肥 5498 索。这些没有折银标准，故此如实列于表内。除了外，各布政司均有不同数量的钞；银来自广东、江西、云南三地；海肥来自云南。

乙表 93—1 和乙表 93—2 是十三布政司见征课钞。其中乙表 93—1 是按照各布政司所征课钞的项目排列的，分为商税银、鱼课银等项。乙表 93—2 是各布政司见征银与钞的总数，合计银 107493.60 两（有闰为 108143.20 两）、钞 989032 贯。

乙表 94 是十三布政司与两直隶见征课钞的分布。由于各省直有的有见征数据，有的没有，在没有见征数据时，用岁征数据；如果岁征、见征数据都没有，即用额征数据补齐。

## 乙表 83

**全国盐课统计**[1]

| 项目 | 总数 | 两淮盐运司 | 两浙盐运司 | 长芦盐运司 | 山东盐运司 | 福建盐运司[2] | 河东盐运司 | 云南黑白安宁五井盐课四提举司 |
|---|---|---|---|---|---|---|---|---|
| 原额（洪武年数） | | | | | | | | |
| 大引盐（引）[3] | 884145.00 | 352576.00 | 220457.00 | 63153.00 | 143387.00 | 104572.00 | | |
| 小引盐（引）[4] | 313139.00 | | | | | | 304000.00 | 9139.00 |
| 现额（万历六年数） | | | | | | | | |
| 小引盐（引） | 2264686.00 | 705180 | 444769.00 | 180808.00 | 96110.00 | 208680.00 | 620000.00 | 9139.00 |
| 常股盐（引） | 1017639.00 | 493626 | 311338.00 | 126565.00 | 86110.00 | | | |
| 存积盐（引） | 409226.00 | 211554 | 133430.00 | 54242.00 | 10000.00 | | | |
| 太汾等处盐票税银（两） | 4395.90 | | | | | | 4395.90 | |
| 岁解 | | | | | | | | |
| 大仓余盐银（两） | 972143.37 | 600000 | 140000.00[5] | 120000.00 | 50000.00 | 22200.10 | 4395.90 | 35547.37 |
| 遇闰太仓余盐银（两） | 975124.97 | 600000 | 140000.00 | 120000.00 | 50000.00 | 22200.10 | 4395.90 | 38528.97 |
| 银（两）[6] | 196494.76 | | | | | 2344.20 | 194150.56 | |
| 岁派 | | | | | | | | |
| 甘肃镇 | | | | | | | | |
| 常股盐（引） | 238900.00 | 88900.00 | 150000.00[7] | | | | | |

[1] 资料来源：甲表112－甲表118。

[2] 福建运司见额原为大引盐104340.00引，今折为小引盐。

[3] 1大引=400斤，《会计录》卷三九《盐法》记有：洪武元年……每引重四百斤，是为大引，《会计录》卷三九《盐法》记有，第1270页；1小引=200斤；折该小引盐304000.00引。

[4] 《会计录》卷三九《盐法》记：河东盐运司原额盐9139引。

河东盐运司原额盐60800000.00斤，《会计录》卷三九《盐法》记有：河东盐运司原额盐60800000.00斤，折该小引盐304000.00引，折合每200斤为1小引，第1284页；据此算出云南黑白安宁五井盐课四提举司盐1827877.00斤，折该小引盐9139引。

[5] 水乡没官票税银折色等项增银在内。

[6] 此项银含买朴折色军饷、禄银等。

[7] 每引价银0.30两。

|  | | | | | |
|---|---|---|---|---|---|
| 存积盐（引）[1] | 38100.00 | 38100.00 | | | |
| **延绥镇** | | | | | |
| 常股盐（引） | 240267.00 | 84498.00 | 155769.00 | | |
| 存积盐（引） | 36214.00 | 36214.00 | | | |
| **宁夏镇** | | | | | |
| 常股盐（引） | 171500.00 | 59486.00 | 112014.00 | | |
| 存积盐（引） | 25494.00 | 25494.00 | | | |
| **宣府镇** | | | | | |
| 常股盐（引） | 180235.00 | 104710.00 | | 75525.00 | |
| 内水乡盐（引） | 4270.00 | 4270.00 | | | |
| 存积盐（引） | 34876.00 | 34876.00 | | | |
| 内水乡盐（引） | 1830.00 | 1830.00 | | | |
| **大同镇** | | | | | |
| 常股盐（引） | 90875.00 | 53499.00 | | 37376.00 | |
| 内水乡盐（引） | 2134.00 | 2134.00 | | | |
| 存积盐（引） | 22928.00 | 22928.00 | | | |
| 内水乡盐（引） | 914.00 | 914.00 | | | |
| **辽东镇** | | | | | |
| 常股盐（引） | 85768.00 | 43268.00 | | | 42500.00 |
| 存积盐（引） | 25633.00 | 20633.00 | | | 5000.00 |
| **固原镇** | | | | | |
| 常股盐（引） | 47500.00 | 19514.00 | 27986.00 | | |
| 存积盐（引） | 6272.00 | 6272.00 | | | |
| **山西神池等堡** | | | | | |

1 每引价银 0.45 两。

| | | | | |
|---|---|---|---|---|
| 常股盐（引） | 88745.00 | | 48999.00[1] | | |
| 存积盐（引）[2] | 70644.00 | 39746.00 | | 43610.00 | |
| 蓟州 | 5000.00 | 27034.00[3] | | 5000.00 | |
| 盐（引） | 67906.00 | | | | 67906.00 |

## 乙表84　在京九门额征课钞统计[4]

| 地点 | 本色钞（贯） | 折色铜钱（文） |
|---|---|---|
| 正阳门 | 82240.00 | 143360.00 |
| 崇文门 | 128180.00 | 493460.00 |
| 朝阳门 | 105030.00 | 406690.00 |
| 东直门 | 115300.00 | 411770.00 |
| 安定门 | 21110.00 | 113210.00 |
| 德胜门 | 16360.00 | 82860.00 |
| 西直门 | 57420.00 | 233550.00 |
| 阜城门 | 87530.00 | 240140.00 |
| 宣武门 | 52010.00 | 307810.00 |
| 合计 | 666180.00 | 2432850.00 |

1320

[1] 每引价银 0.35 两。
[2] 以上各镇，每引价银 0.45 两。
[3] 以上各镇，每引价银 0.5 两。
[4] 资料来源：甲表 127。

# 乙表85

## 顺天府岁征课钞统计[1]

| 项目 | 都税司 | 正阳门宣课司 | 安定门税课司 | 德胜门税课分司 | 崇文门宣课司 | 通州张家湾宣课司 | 居庸关[2] |
|---|---|---|---|---|---|---|---|
| 商税银（两） |  |  |  |  | 20181.00 | 3000.00 | 2500.00 |
| 内额解各部银（两）[3] |  |  |  |  | 1325.00 | 290.00 | 2500.00 |
| 条税银（两） |  |  |  |  | 15996.00 | 155.60 |  |
| 船税银（两） |  |  |  |  | 4515.00 | 22.70 |  |
| 盐牙税银（两） |  |  |  |  |  | 555.00 |  |
| 抽分曲折银（两） |  |  |  |  |  | 4400.00 |  |
| 解太仓库银（两） |  |  |  |  | 39367.00 | 7843.30 |  |
| 本色钞（贯） | 40150.00 | 54700.00 | 27430.00 | 15670.00 |  | 37340.00 |  |
| 额解各部钞（贯） | 40150.00 |  |  | 15670.00 |  |  |  |
| 解太仓库钞（贯） |  | 54700.00 | 27430.00 |  |  | 37340.00 |  |
| 折色铜钱（文） | 80300.00 | 109400.00 | 54860.00 | 31340.00 | 18877700.00 | 2887000.00 |  |
| 内额解各部折色铜（文） | 80300.00 |  |  |  |  | 74680.00 |  |
| 解太仓库折色铜钱（文） |  | 109400.00 | 54860.00 | 31340.00 | 18877700.00 | 2812320.00 |  |
| 抽分曲（斤） |  |  |  |  |  | 152800.00 |  |
| 本色（斤）[4] |  |  |  |  |  | 108800.00 |  |
| 折色（斤）[5] |  |  |  |  |  | 44000.00 |  |
| 合计银（两） |  |  |  |  | 40692.00 | 8133.30 | 2500.00 |
| 合计钞（贯） | 40150.00 | 54700.00 | 27430.00 | 15670.00 |  | 37340.00 |  |
| 合计铜钱（文） | 80300.00 | 109400.00 | 54860.00 | 31340.00 | 18877700.00 | 2887000.00 |  |

1 资料来源：甲表128。
2 居庸关为商税银为2500两，有闰为2500两，其中存留银1535两；外余解昌平粮储衙门抵扣年例。
3 此项为解太常寺、供用库、国子监、光禄寺等本色曲。
4 此项为酒醋局本色曲。
5 此项为光禄寺折色曲。

**乙表86**

北直隶其他各府额征课钞统计[1]

| 项目 | 永平府 | 保定府 | 河间府 | 真定府 | 顺德府 | 广平府 | 大名府 |
|---|---|---|---|---|---|---|---|
| 商税等课钞（贯） | 50688.00 | 106291.00 | 221413.00 | 117569.00 | 29539.00 | 43571.00 | 115548.00 |
| 见征商税银（两） | 740.00 | | 2820.24 | | | | |
| 解部银（两） | 120.00 | | 1219.69 | | | | |
| 存留银（两） | 580.00 | | 1056.55 | | | | |
| 解户部分司银（两） | 40.83 | | | | | | |
| 天津三卫公用银（两） | | | 544.00 | | | | |
| 合计银（两） | 740.00 | | 2820.24 | | | | |
| 合计钞（贯） | 50688.00 | 106291.00 | 221413.00 | 117569.00 | 29539.00 | 43571.00 | 115548.00 |

**乙表87**

北直隶各府岁额征课钞统计[2]

| 地区 | 银（两） | % | 钞（贯） | % | 铜钱（文） | % |
|---|---|---|---|---|---|---|
| 总数 | 54885.54 | 100.00 | 587808.00 | 100.00 | 22040600.00 | 100.00 |
| 顺天府 | 51325.30 | 93.51 | 175290.00 | 29.82 | 22040600.00 | 100.00 |
| 永平府 | 740.00 | 1.35 | | | | |
| 保定府 | | | 106291.00 | 18.08 | | |
| 河间府 | 2820.24 | 5.14 | | | | |
| 真定府 | | | 117569.00 | 20.00 | | |
| 顺德府 | | | 29539.00 | 5.03 | | |
| 广平府 | | | 43571.00 | 7.41 | | |
| 大名府 | | | 115548.00 | 19.66 | | |

[1] 资料来源：甲表128。
[2] 资料来源：甲表128。

乙表88

## 南京额征课钞统计[1]

| 地区 | 东城兵马司 | 南城兵马司 | 西城兵马司 | 北城兵马司 | 中兵马司 | 龙江关 | 石灰山关 | 大胜关 | 钞库廊 |
|---|---|---|---|---|---|---|---|---|---|
| 额该房额钞(贯) | 229932.00 | 78612.00 | 124224.00 | 59712.00 | 1125958.00 | | 193846.00 | 37517.00 | |
| 该银(两) | 137.95 | 47.16 | 74.53 | 35.82 | 675.57 | | 115.30 | 22.51 | |
| 连闰该钞(贯) | 249093.00 | 85163.00 | 134576.00 | 64688.00 | 1219788.00 | | 209853.00 | 43525.00 | |
| 折银(两) | 149.45 | 51.09 | 80.74 | 38.81 | 731.87 | | 125.91 | 26.11 | |
| 抄没房租额银(两) | | | | | 52.02 | | | | |
| 连闰该钞(贯) | | | | | 56.35 | | | | |
| 额该船料钞(贯) | | | | | | 272645.00 | | | |
| 折银(两) | | | | | | 163.58 | | | |
| 连闰该钞(贯) | | | | | | 296462.00 | | | |
| 折银(两) | | | | | | 177.87 | | | |
| 纸匠誊房地租银(两) | | | | | | | | | 199.19 |
| 合计银（两） | 287.40 | 98.25 | 155.27 | 74.63 | 1459.49 | 341.45 | 241.21 | 48.62 | 199.19 |
| 合计钞（贯） | | | | | 56.35 | | | | |

乙表89

## 应天府额征课钞统计[2]

| 地区 | 都税司 | 聚宝门宣课司 | 聚宝门朝阳门分司 | 江东宣课司 | 太平门税课司 | 龙江宣课司 | 龙江税课司 |
|---|---|---|---|---|---|---|---|
| 商税等额钞(贯) | 597013.00 | 480514.00 | 233577.00 | 953720.00 | 113812.00 | 381737.00 | 155926.00 |
| 折银(两) | 358.20 | 288.30 | 140.14 | 572.23 | 68.28 | 229.04 | 93.55 |
| 连闰该钞(贯) | 647057.00 | 530669.00 | 260473.00 | 1041491.00 | 126034.00 | 415147.00 | 168711.00 |
| 折银(两) | 388.23 | 318.40 | 156.28 | 624.89 | 75.62 | 249.08 | 101.22 |
| 外余钞(贯) | 448000.00 | 285050.00 | 999810.00 | 3776410.00 | | 4130080.00 | |

1 资料来源：甲表129。本表内钞俱每贯折银0.0006两，以上钞银俱解南京户部。
2 资料来源：甲表130。本表内钞俱每贯折银0.0006两。

| | 批验茶引所 | 龙江河泊所 | 龙潭税课司 | 上元江宁等县 | 瓜埠三汊河泊等所 | 江东巡检司 | 瓜埠巡检司 |
|---|---|---|---|---|---|---|---|
| 折银(两) | 268.80 | 171.00 | 599.80 | 2265.80 | 143.90 | 2478.05 | 194.77 |
| 合计银(两) | 1015.23 | 777.70 | 896.22 | 3462.92 | | 2956.17 | |
| 商税等额钞(贯) | 50000.00 | | 22500.00 | 75334.00 | | 66913.00 | 54611.00 |
| 折色铜钱(文) | 100000.00 | | | 143381.00 | | | |
| 折银(两) | 300.00 | | | 21.31 | | 40.14 | 32.76 |
| 连闰该钞(贯) | | | 23828.00 | 83426.00 | | 81412.00 | 60091.00 |
| 折银(两) | | | | 22.49 | | 48.84 | 36.05 |
| 铜钱(文) | | | | 152860.00 | | | |
| 外纸价银(两) | 30.00 | | | | | | |
| 鱼课钞(贯) | | 36780.00 | | | 62269.00 | | |
| 折银(两) | | 22.06 | | | 37.36 | | |
| 连闰该钞(贯) | | 39845.00 | | | 65615.00 | | |
| 折银(两) | | 23.90 | | | 39.36 | | |
| 合计银(两) | 330.00 | 45.96 | | 43.80 | 76.72 | 88.98 | 68.81 |
| 合计钞(贯) | 50000.00 | | 46328.00 | 75334.00 | 75334.00 | | |
| 合计铜钱(文) | | | | 152860.00 | | | |

**乙表 90**

南直隶各府额征课钞统计[1]

| 地区 | 银(两) | 钞(贯) | 内户口食盐钞(贯) | 铜钱(文) |
|---|---|---|---|---|
| 应天府 | 10101.18 | 171662.00 | | 152860.00 |
| 安庆府 | | 352320.00 | | |
| 徽州府 | | 346530.00 | 212716.00 | 425433.00 |
| 宁国府 | | 966145.00 | | |

[1] 资料来源：甲表131。

南直隶各府见征课钞统计[1]

| 地区 | | | | | | |
|---|---|---|---|---|---|---|
| 池州府 | 69235.00 | | | | | 2161341.00 |
| 太平府 | 227350.00 | | | | | |
| 苏州府 | 716160.00 | | | | | |
| 松江府 | 427160.00 | | | | | |
| 常州府 | 283950.00 | | | | | |
| 镇江府 | 337620.00 | | | | | |
| 庐州府 | 1296460.00 | | | | | |
| 凤阳府 | 530445.00 | | | | | |
| 淮安府 | 3350530.00 | | | 1080670.00 | | |
| 扬州府 | 988780.00 | | | | | |
| 滁州 | 57705.00 | | | | | |
| 徐州 | 84780.00 | | | | | |
| 和州 | 62905.00 | | | | | |
| 广德州 | 594775.00 | | | 423765.00 | | |
| 合计 | 10864512.00 | 10101.18 | | 1717151.00 | | 2739634.00 |

乙表91—1

| 地区 | 总数 | 商税银（两） | 遇闰该银（两） | 鱼课银（两） | 遇闰该银（两） | 荡钞银（两） |
|---|---|---|---|---|---|---|
| 安庆府[2] | 331.40 | 331.40 | | | | |
| 宁国府[3] | 272.83 | 272.83 | | | | |
| 池州府[4] | 74.62 | 74.62 | | | | |

[1]资料来源：甲表131。
[2]此项银解部。
[3]此项留官吏旗军俸钞之用。
[4]此项银解部。

| 地区 | 总数 | | | | | |
|---|---|---|---|---|---|---|
| 太平府[1] | 402.24 | 285.00 | 307.60 | 117.24 | 126.20 | |
| 苏州府[2] | 134.44 | | | 68.55 | | 65.89 |
| 松江府[3] | 557.46 | | | 557.46 | | |
| 常州府[4] | 104.33 | | | 104.33 | | |
| 镇江府[5] | 19.01 | | | 19.01 | | |
| 庐州府[6] | 576.88 | 471.37 | | 105.51 | | |
| 凤阳府[7] | 2262.94 | 2262.94 | | | | |
| 淮安府[8] | 30000.00 | 30000.00 | | | | |
| 扬州府[9] | 2400.00 | 2400.00 | | | | |
| 合计 | 37136.15 | 36098.16 | 307.60 | 972.10 | 126.20 | 65.89 |
| 通闽合计 | 37569.95 | | | | | |

**乙表 91-2　南直隶各府见征课钞统计[10]**

| 地区 | 总数银（两） | % |
|---|---|---|
| 安庆府 | 331.40 | 0.89 |
| 宁国府 | 272.83 | 0.73 |
| 池州府 | 74.62 | 0.20 |
| 太平府 | 402.24 | 1.08 |

[1]原书此处注：此项银解部。
[2]原书此处注：鱼课银解南京户部；荡钞银隆庆五年改充军饷。
[3]原书此处注：此项银解部。
[4]原书此处注：此项银解部。
[5]原书此处注：此项银解南京户部。
[6]原书此处注：解南京户部。两项俱存留庐州卫六安二衙并所属州县官吏旗军折俸之用。
[7]原书此处注：自万历四年，始征解部。
[8]原书此处注：内 11960 两，坐给淮太卫三卫运军月粮，余银留供本处军门各道分司师生俸廪，运军赏钞及抵补军饷河道修理等项支用。
[9]原书此处注：存留给官吏俸粮及赏军支用。
[10]资料来源：甲表 131。

| | | |
|---|---:|---:|
| 苏州府 | 134.44 | 0.36 |
| 松江府 | 557.46 | 1.50 |
| 常州府 | 104.33 | 0.28 |
| 镇江府 | 19.01 | 0.05 |
| 庐州府 | 576.88 | 1.55 |
| 凤阳府 | 2262.94 | 6.09 |
| 淮安府 | 30000.00 | 80.78 |
| 扬州府 | 2400.00 | 6.46 |
| 合计 | 37136.15 | 100.00 |

## 乙表 92　十三布政司额征课钞统计[1]

| 项目 | 浙江 | 江西（岁征） | 湖广 | 福建[2] | 山东 | 山西 | 河南 |
|---|---|---|---|---|---|---|---|
| 商税银（两） | | 3550.20 | | | | | |
| 有闰该银（两） | | 3719.90 | | | | | |
| 鱼课银（两） | | 1480.53 | | | | | |
| 有闰该银（两）[3] | | 1543.83 | | | | | |
| 商税门摊酒醋鱼课等钞（贯） | 11417215.00 | | 2698641.00 | 1336680.00 | 17505550.00 | 1807440.00 | 2034100.00 |
| 折色银（贯） | | | | | | 4600.00 | |
| 羊皮（张） | | | | | | 1152.00 | |
| 米（石） | | | | | | 22.24 | |
| 合计银（两） | | 5030.73 | | | | | |
| 合计钞（贯） | 11417215.00 | | 2698641.00 | 1336680.00 | 17505550.00 | 1812040.00 | 2034100.00 |

[1] 资料来源：甲表 131。
[2] 原书此处注：见征商税银 11300 两，万历二年，巡抚刘尧诲题充军饷；鱼课银 7100 两，隆庆二年，巡抚涂泽民题充军饷。
[3] 原书此处注：俱解部。

| 项目 | 陕西 | 四川 | 广西 | 广东 | 云南（岁征） | 贵州 |
| --- | --- | --- | --- | --- | --- | --- |
| 商税银（两） | | | | 43000.00 | 15135.20 | |
| 解部银（两）[1] | | | | 5000.00 | | |
| 商税门摊酒醋鱼课钞等钞（贯） | 1745321.00 | 544718.00 | 122830.00 | | | 148363.00 |
| 米（石） | | 1376.66 | | | 1295.38 | |
| 黑铅（斤） | | 5789.50 | | | | |
| 皮硝（斤） | | 14400.00 | | | | |
| 各色课海巴（索）[2] | | | | | 5498.00 | |
| 合计银（两） | | | | 43000.00 | 15135.20 | |
| 合计钞（贯） | 1745321.00 | 544718.00 | 122830.00 | | | 148363.00 |

## 乙表93—1 十三布政司见征课钞统计[3]

| 项目 | 江西（岁征） | 湖广[4] | 福建 | 山东[5] | 山西[6] | 河南[7] | 陕西[8] | 四川[9] | 云南（岁征） |
| --- | --- | --- | --- | --- | --- | --- | --- | --- | --- |
| 商税银（两） | 3550.20 | 15617.82 | 11300.00 | 6425.30 | 2014.00 | | 11200.00 | 4347.99 | 15135.20 |
| 有闰该银（两） | 3719.90 | | | 6841.90 | | | | | |
| 内解陕西银（两） | | | | | | | | 1172.99 | |

---

1 原书此处注：余留充军饷。

2 原书此处注：俱存留。

3 资料来源：甲表131。

4 原书此处注：见征商税银 15617.82 两，解部银 1500.00 两，存留银 14117.82 两；鱼课鱼鲜银 7327.29 两，起运北京干鱼 78275.00 斤，每斤折银 0.036 两，共银 2817.90 两；外扛解银 112.71 两，南京干鱼 22125.00 斤，每斤折银 0.02 两，共银 442.50 两外，扛解鱼课钞共 989032 贯 720 文，内本色钞 52121 贯 632 文，折色钞 936911 贯 88 文，各折不等，共银 3949.75 两，解各府州县库；芦洲课银 4.42 两，解芦洲课银 4574.75 两，解芦洲课银 379.00 两，系布政司征收，解南京工部；楚府芦洲新溢芦洲 76 处，各王府新溢芦洲 76 处，官田租谷 1922.07 石，自万历二年，丈勘征解济边；各项鱼课官房湖利学租剥鱼厂后湖园地租蛇鳞州尾房等租银共 13005.84 两，俱存留。

5 原书此处注：解部。

6 原书此处注："见征商税银，存留补给宗藩禄粮"。但是没有数据。

7 原书此处注：存留商税银，俱存留。

8 原书此处注：俱存留。

9 原书此处注：见征商税银 4347.99 两，内解陕西 1172.99 两，抵年例，存留 3177.00 两；鱼课银 337.57 两，解陕西。

| 项目 | (1) | (2) | (3) | (4) |
|---|---|---|---|---|
| 鱼课银（两） | 1480.53 | | | 337.57 |
| 起运北京干鱼（斤） | 7327.29 | 7100.00 | | |
| 该银（两） | 78275.00 | | | |
| 扛解银（两） | 2817.90 | | | |
| 南京干鱼（斤） | 112.71 | | | |
| 该银（两） | 22125.00 | | | |
| 扛解银（两） | 442.50 | | | |
| 芦滩课银（两） | 4.42 | | | |
| 楚府芦洲课银 | 4574.75 | | | |
| 王府银（两）[1] | 379.00 | | | |
| 各项银（两）[2] | 315.89 | | | |
| 有闰该银（两）[3] | 13005.84 | | | |
| 解部银（两）[4] | 1543.83 | | | |
| 存留银（两） | 1500.00 | | 3127.00 | |
| 鬐巢四所额征课银（两） | 14117.82 | | 4.65 | |
| 存留鱼课钞（贯） | 989032.00 | | | |
| 内本色钞（贯） | 52121.00 | | | |
| 折色钞（贯） | 936911.00 | | | |
| 折银（两） | 3949.75 | | | |
| 官田租谷（石） | 1922.07 | | | |
| 课小麦（石） | | | 2593.40 | 1295.38 |
| 课茶（斤） | | | 51384.00 | |

[1] 此项为：各王府新溢芦洲七十六处该银。
[2] 此项为：各项鱼课利学租播渔场后湖园地租租蛇鳞州尾等银。
[3] 原书此处作注：解部。
[4] 原书此处作注：余留充军饷。

（上表续）

| 项目 | | | | | | 云南（岁征）|
|---|---|---|---|---|---|---|
| 羊皮（张）| | 4152.00 | | | | |
| 各色课海肥（索）| | | | | | 5498.00 |

## 乙表93—2

### 十三布政司见征课钞统计[1]

| 项目 | 江西（岁征）| 湖广 | 福建 | 山东 | 陕西 | 四川 | 云南（岁征）|
|---|---|---|---|---|---|---|---|
| 合计银（两）| 5030.73 | 44598.12 | 18400.00 | 6425.30 | 11204.65 | 4685.56 | 15135.20 |
| 有闰合计银（两）| 5263.73 | | | 6841.90 | | | |
| 合计钞（贯）| | 989032.00 | | | | | |

## 乙表94

### 十三布政司、两直隶见征课钞统计[2]

| 项目 | 总数 | % | 北直隶（岁征）| % | 南直隶（见征）| % | 浙江（额征）| % | 江西（见征）| % | 湖广（见征）| % |
|---|---|---|---|---|---|---|---|---|---|---|---|---|
| 合计银（两）| 242515.25 | 100.00 | 54885.54 | 22.63 | 37136.15 | 15.31 | | | 5030.73 | 2.07 | 44598.12 | 18.39 |
| 有闰合计银（两）| 49675.58 | 100.00 | | | 37569.95 | 75.63 | | | 5263.73 | 10.60 | | |
| 合计钞（文）| 15299348.00 | 100.00 | 587808.00 | 3.84 | 11417215.00 | 74.63 | | | | | 989032.00 | 6.46 |
| 铜钱（文）| 22040600.00 | 100.00 | 22040600.00 | 100.00 | | | | | | | | |

| 项目 | 福建（见征）| % | 山东（见征）| % | 河南（额征）| % | 陕西（见征）| % | 四川（见征）| % |
|---|---|---|---|---|---|---|---|---|---|---|
| 合计银（两）| 18400.00 | 7.59 | 6425.30 | 2.65 | 2014.00 | 0.83 | 11204.65 | 4.62 | 4685.56 | 1.93 |
| 有闰合计银（两）| | | 6841.90 | 13.77 | | | | | | |
| 合计钞（贯）| | 100.00 | | | 2034100.00 | 13.30 | | | | |
| 铜钱（文）| | | | | | | | | | |

| 项目 | 广东（额征）| % | 云南（岁征）| % | 贵州（额征）| % |
|---|---|---|---|---|---|
| 合计银（两）| 43000.00 | 17.73 | 15135.20 | 6.24 | | |
| 有闰合计银（两）| | | | | | |

---

[1] 资料来源：甲表131。
[2] 资料来源：甲表131。

| 合计钞（贯） | 122830.00 | | | | 148363.00 | | | | | |
|---|---|---|---|---|---|---|---|---|---|---|
| 铜钱（文） | 0.80 | | | | 0.97 | | | | | |

# 第十三章

# 积　谷

## 说　明

本章表格的资料来源均为甲表 132。本章中的 31 个表格是全国积谷的数据。分别按照三类列表，乙表 95 是第一类；乙表 96—乙表 110 为第二类；乙表 111—乙表 125 为第三类。

其中乙表 95 是全国各省积谷。此表列出了十五省直的积谷数，及其占全国总数的百分比，其中排在前三位的省直是：山东、河南与南直隶。

乙表 96—乙表 110 为全国各省直分府积谷统计。按各省直列出了下属府州的积谷数，及其占全省总数的百分比。

而乙表 111—乙表 125 为全国各省直分县的积谷统计。按各省直所属府州列出了下辖州县的积谷数，及其占全府总数的百分比。

## 乙表 95　　各省积谷统计

| 地区 | 石 | % |
|---|---|---|
| 总数 | 1155864.00 | 100.00 |
| 浙江 | 88400.00 | 7.65 |
| 江西 | 97380.00 | 8.42 |
| 湖广 | 126600.00 | 10.95 |
| 福建 | 61300.00 | 5.30 |
| 山东 | 144354.00 | 12.49 |
| 山西 | 57500.00 | 4.97 |
| 河南 | 140100.00 | 12.12 |
| 陕西 | 57500.00 | 4.97 |
| 四川 | 63710.00 | 5.51 |
| 广东 | 31240.00 | 2.70 |
| 广西 | 16420.00 | 1.42 |
| 云南 | 25450.00 | 2.20 |
| 贵州 | 1080.00 | 0.09 |
| 北直隶 | 109100.00 | 9.44 |
| 南直隶 | 135730.00 | 11.74 |

## 乙表 96　　浙江布政司分府积谷统计

| 地区 | 石 | % |
|---|---|---|
| 总数 | 88400.00 | 100.00 |
| 杭州府 | 9400.00 | 10.63 |
| 嘉兴府 | 11400.00 | 12.90 |
| 湖州府 | 8500.00 | 9.62 |
| 宁波府 | 6600.00 | 7.47 |
| 绍兴府 | 11800.00 | 13.35 |
| 台州府 | 6300.00 | 7.13 |
| 金华府 | 9500.00 | 10.75 |
| 衢州府 | 5900.00 | 6.67 |
| 严州府 | 4700.00 | 5.32 |
| 温州府 | 5900.00 | 6.67 |
| 处州府 | 8400.00 | 9.50 |

## 乙表 97　　江西布政司分府积谷统计

| 地区 | 石 | % |
|---|---|---|
| 总数 | 97380.00 | 100.00 |
| 南昌府 | 12480.00 | 12.82 |
| 饶州府 | 9400.00 | 9.65 |
| 广信府 | 7380.00 | 7.58 |
| 南康府 | 4290.00 | 4.41 |
| 九江府 | 3140.00 | 3.22 |
| 建昌府 | 5870.00 | 6.03 |
| 抚州府 | 10200.00 | 10.47 |
| 临江府 | 6300.00 | 6.47 |
| 吉安府 | 14850.00 | 15.25 |
| 瑞州府 | 5000.00 | 5.13 |
| 袁州府 | 6000.00 | 6.16 |
| 赣州府 | 9450.00 | 9.70 |
| 南安府 | 3020.00 | 3.10 |

## 乙表 98　　湖广布政司分府积谷统计

| 地区 | 石 | % |
|---|---|---|
| 总数 | 126600.00 | 100.00 |
| 武昌府 | 7200.00 | 5.69 |
| 汉阳府 | 1500.00 | 1.18 |
| 承天府 | 9300.00 | 7.35 |
| 襄阳府 | 6700.00 | 5.29 |
| 郧阳府 | 4400.00 | 3.48 |
| 德安府 | 6800.00 | 5.37 |
| 黄州府 | 12300.00 | 9.72 |
| 荆州府 | 7400.00 | 5.85 |
| 岳州府 | 10000.00 | 7.90 |
| 长沙府 | 16100.00 | 12.72 |
| 宝庆府 | 6700.00 | 5.29 |
| 衡州府 | 12700.00 | 10.03 |
| 常德府 | 4000.00 | 3.16 |
| 辰州府 | 4400.00 | 3.48 |
| 永州府 | 7700.00 | 6.08 |
| 靖州 | 3400.00 | 2.69 |
| 郴州 | 6000.00 | 4.74 |

## 乙表 99　　福建布政司分府积谷统计

| 地区 | 石 | % |
|---|---|---|
| 总数 | 61300.00 | 100.00 |
| 福州府 | 8100.00 | 13.21 |
| 泉州府 | 6900.00 | 11.26 |
| 建宁府 | 11100.00 | 18.11 |
| 延平府 | 8500.00 | 13.87 |
| 汀州府 | 7300.00 | 11.91 |
| 兴化府 | 2800.00 | 4.57 |
| 邵武府 | 5400.00 | 8.81 |
| 漳州府 | 8600.00 | 14.03 |
| 福宁州 | 2600.00 | 4.24 |

## 乙表 100　　山东布政司分府积谷统计

| 地区 | 石 | % |
|---|---|---|
| 总数 | 144354.00 | 100.00 |
| 济南府 | 54800.00 | 37.96 |
| 兖州府 | 38920.00 | 26.96 |
| 东昌府 | 26100.00 | 18.08 |
| 青州府 | 12700.00 | 8.80 |
| 登州府 | 6000.00 | 4.16 |
| 莱州府 | 5834.00 | 4.04 |

## 乙表 101　　山西布政司分府积谷统计

| 地区 | 石 | % |
|---|---|---|
| 总数 | 57500.00 | 100.00 |
| 太原府 | 14600.00 | 25.39 |
| 平阳府 | 22750.00 | 39.57 |
| 大同府 | 3550.00 | 6.17 |
| 潞安府 | 6900.00 | 12.00 |
| 汾州 | 3200.00 | 5.57 |
| 辽州 | 700.00 | 1.22 |
| 沁州 | 700.00 | 1.22 |
| 泽州 | 5100.00 | 8.87 |

## 乙表 102　　河南布政司分府积谷统计

| 地区 | 石 | % |
|---|---|---|
| 总数 | 140100.00 | 100.00 |
| 开封府 | 41700.00 | 29.76 |
| 归德府 | 11500.00 | 8.21 |
| 彰德府 | 11400.00 | 8.14 |
| 卫辉府 | 7700.00 | 5.50 |
| 怀庆府 | 8300.00 | 5.92 |
| 河南府 | 21400.00 | 15.27 |
| 南阳府 | 10600.00 | 7.57 |
| 汝宁府 | 19500.00 | 13.92 |
| 汝州府 | 8000.00 | 5.71 |

## 乙表 103　　陕西布政司分府积谷统计

| 地区 | 石 | % |
|---|---|---|
| 总数 | 57500.00 | 100.00 |
| 西安府 | 22100.00 | 38.43 |
| 凤翔府 | 4600.00 | 8.00 |
| 汉中府 | 8400.00 | 14.61 |
| 平凉府 | 3400.00 | 5.91 |
| 巩昌府 | 6700.00 | 11.65 |
| 临洮府 | 3000.00 | 5.22 |
| 庆阳府 | 2800.00 | 4.87 |
| 延安府 | 6500.00 | 11.30 |

## 乙表 104　　四川布政司分府积谷统计

| 地区 | 石 | % |
|---|---|---|
| 总数 | 63710.00 | 100.00 |
| 成都府 | 14350.00 | 22.52 |
| 保宁府 | 3850.00 | 6.04 |
| 顺庆府 | 5800.00 | 9.10 |
| 叙州府 | 6020.00 | 9.45 |
| 重庆府 | 12050.00 | 18.91 |
| 夔州府 | 3400.00 | 5.34 |
| 马湖府 | 700.00 | 1.10 |
| 龙安府 | 920.00 | 1.44 |
| 潼川州 | 4100.00 | 6.44 |
| 眉州 | 1760.00 | 2.76 |
| 嘉定州 | 3700.00 | 5.81 |
| 邛州 | 2010.00 | 3.15 |
| 泸州 | 3150.00 | 4.94 |
| 雅州 | 1900.00 | 2.98 |

## 乙表 105　　广东布政司分府积谷统计

| 地区 | 石 | % |
|---|---|---|
| 总数 | 31240.00 | 100.00 |
| 广州府 | 7700.00 | 24.65 |
| 韶州府 | 2140.00 | 6.85 |
| 南雄府 | 360.00 | 1.15 |
| 惠州府 | 3050.00 | 9.76 |
| 潮州府 | 3350.00 | 10.72 |
| 肇庆府 | 4900.00 | 15.69 |
| 高州府 | 3500.00 | 11.20 |
| 廉州府 | 2020.00 | 6.47 |
| 雷州府 | 2100.00 | 6.72 |
| 琼州府[1] | 1620.00 | 5.19 |
| 罗定州 | 500.00 | 1.60 |

---

[1] 琼州府所属应积总数为 1820 石，但是各县数之和为 1320 石，差 500 石。以广东全省积谷计，似应为 1320 石，琼州府全府积谷应为 1620 石。

**乙表 106　广西布政司分府积谷统计**

| 地区 | 石 | % |
|---|---|---|
| 总数 | 16420.00 | 100.00 |
| 桂林府 | 2500.00 | 15.23 |
| 柳州府 | 1800.00 | 10.96 |
| 庆远府 | 370.00 | 2.25 |
| 平乐府 | 1300.00 | 7.92 |
| 梧州府 | 5150.00 | 31.36 |
| 浔州府 | 1700.00 | 10.35 |
| 南宁府 | 2600.00 | 15.83 |
| 太平府 | 500.00 | 3.05 |
| 思恩军民府 | 500.00 | 3.05 |

**乙表 107　云南布政司分府积谷统计**

| 地区 | 石 | % |
|---|---|---|
| 总数 | 25450.00 | 100.00 |
| 云南府 | 4014.00 | 15.77 |
| 大理府 | 5010.00 | 19.69 |
| 临安府 | 3850.00 | 15.13 |
| 楚雄府 | 2828.00 | 11.11 |
| 澂江府 | 1650.00 | 6.48 |
| 景东府 | 150.00 | 0.59 |
| 广西府 | 550.00 | 2.16 |
| 姚安军民府 | 1050.00 | 4.13 |
| 曲靖军民府 | 1104.00 | 4.34 |
| 鹤庆军民府 | 890.00 | 3.50 |
| 武定军民府 | 396.00 | 1.56 |
| 寻甸军民府 | 360.00 | 1.41 |
| 蒙化军民府 | 600.00 | 2.36 |
| 永昌军民府 | 2398.00 | 9.42 |
| 新化州 | 200.00 | 0.79 |
| 北胜州 | 400.00 | 1.57 |

**乙表 108　贵州布政司分府积谷统计**

| 地区 | 石 | % |
|---|---|---|
| 总数 | 1080.00 | 100.00 |
| 贵阳府 | 200.00 | 18.52 |
| 思南府 | 240.00 | 22.22 |
| 思州府 | 80.00 | 7.41 |
| 石阡府 | 100.00 | 9.26 |
| 铜仁府 | 100.00 | 9.26 |
| 普安州 | 100.00 | 9.26 |
| 永宁州 | 60.00 | 5.56 |
| 镇宁州 | 60.00 | 5.56 |
| 安顺州 | 100.00 | 9.26 |
| 都匀府 | 40.00 | 3.70 |

**乙表 109　北直隶分府积谷统计**

| 地区 | 石 | % |
|---|---|---|
| 总数 | 109100.00 | 100.00 |
| 顺天府 | 17700.00 | 16.22 |
| 永平府 | 6700.00 | 6.14 |
| 保定府 | 15700.00 | 14.39 |
| 河间府 | 13700.00 | 12.56 |
| 真定府 | 26000.00 | 23.83 |
| 顺德府 | 7800.00 | 7.15 |
| 广平府 | 7500.00 | 6.87 |
| 大名府 | 14000.00 | 12.83 |

**乙表 110　南直隶分府积谷统计**

| 地区 | 石 | % |
|---|---|---|
| 总数 | 135730.00 | 100.00 |
| 应天府 | 3900.00 | 2.87 |
| 苏州府 | 10000.00 | 7.37 |
| 松江府 | 6500.00 | 4.79 |
| 常州府 | 6200.00 | 4.57 |
| 镇江府 | 4300.00 | 3.17 |
| 庐州府 | 13280.00 | 9.78 |
| 凤阳府 | 29300.00 | 21.59 |
| 淮安府 | 6700.00 | 4.94 |
| 扬州府 | 23700.00 | 17.46 |
| 徽州府 | 7800.00 | 5.75 |
| 宁国府 | 5100.00 | 3.76 |
| 池州府 | 2400.00 | 1.77% |
| 太平府 | 2000.00 | 1.47% |
| 安庆府 | 3650.00 | 2.69% |
| 广德州 | 1200.00 | 0.88% |
| 徐州 | 2800.00 | 2.06% |
| 滁州 | 3600.00 | 2.65% |
| 和州 | 3300.00 | 2.43% |

**乙表 111　浙江布政司各府分县积谷统计**

| 地区 | 石 | % |
|---|---|---|
| 杭州府 | 9400.00 | 100.00 |
| 内本府 | 1500.00 | 15.96 |

| | | | | | | |
|---|---|---|---|---|---|
| 钱塘县 | 1100.00 | 11.70 | 新昌县 | 600.00 | 5.08 |
| 仁和县 | 1800.00 | 19.15 | 台州府 | 6300.00 | 100.00 |
| 海宁县 | 1800.00 | 19.15 | 内本府 | 1000.00 | 15.87 |
| 富阳县 | 900.00 | 9.57 | 临海县 | 1200.00 | 19.05 |
| 余杭县 | 700.00 | 7.45 | 黄岩县 | 1000.00 | 15.87 |
| 临安县 | 600.00 | 6.38 | 天台县 | 500.00 | 7.94 |
| 于潜县 | 300.00 | 3.19 | 仙居县 | 700.00 | 11.11 |
| 新城县 | 400.00 | 4.26 | 宁海县 | 1000.00 | 15.87 |
| 昌化县 | 300.00 | 3.19 | 太平县 | 900.00 | 14.29 |
| 嘉兴府 | 11400.00 | 100.00 | 金华府 | 9500.00 | 100.00 |
| 内本府 | 3000.00 | 26.32 | 内本府 | 1800.00 | 18.95 |
| 嘉兴县 | 1900.00 | 16.67 | 金华县 | 1200.00 | 12.63 |
| 秀水县 | 1500.00 | 13.16 | 兰溪县 | 1300.00 | 13.68 |
| 嘉善县 | 1200.00 | 10.53 | 东阳县 | 1100.00 | 11.58 |
| 海盐县 | 800.00 | 7.02 | 义乌县 | 900.00 | 9.47 |
| 崇德县 | 1200.00 | 10.53 | 永康县 | 1100.00 | 11.58 |
| 平湖县 | 1000.00 | 8.77 | 武义县 | 700.00 | 7.37 |
| 桐乡县 | 800.00 | 7.02 | 浦江县 | 700.00 | 7.37 |
| 湖州府 | 8500.00 | 100.00 | 汤溪县 | 700.00 | 7.37 |
| 内本府 | 1000.00 | 11.76 | 衢州府 | 5900.00 | 100.00 |
| 乌程县 | 1300.00 | 15.29 | 内本府 | 1000.00 | 16.95 |
| 归安县 | 1300.00 | 15.29 | 西安县 | 1100.00 | 18.64 |
| 长兴县 | 1300.00 | 15.29 | 龙游县 | 1100.00 | 18.64 |
| 安吉州 | 1000.00 | 11.76 | 常山县 | 900.00 | 15.25 |
| 孝丰县 | 700.00 | 8.24 | 江山县 | 900.00 | 15.25 |
| 德清县 | 1200.00 | 14.12 | 开化县 | 900.00 | 15.25 |
| 武康县 | 700.00 | 8.24 | 严州府 | 4700.00 | 100.00 |
| 宁波府 | 6600.00 | 100.00 | 内本府 | 1000.00 | 21.28 |
| 内本府 | 1500.00 | 22.73 | 建德县 | 700.00 | 14.89 |
| 鄞县 | 1800.00 | 27.27 | 淳安县 | 900.00 | 19.15 |
| 慈溪县 | 1300.00 | 19.70 | 桐庐县 | 600.00 | 12.77 |
| 奉化县 | 800.00 | 12.12 | 遂安县 | 600.00 | 12.77 |
| 定海县 | 700.00 | 10.61 | 寿昌县 | 500.00 | 10.64 |
| 象山县 | 500.00 | 7.58 | 分水县 | 400.00 | 8.51 |
| 绍兴府 | 11800.00 | 100.00 | 温州府 | 5900.00 | 100.00 |
| 内本府 | 2500.00 | 21.19 | 内本府 | 1500.00 | 25.42 |
| 山阴县 | 1500.00 | 12.71 | 永嘉县 | 1300.00 | 22.03 |
| 会稽县 | 1500.00 | 12.71 | 乐清县 | 1000.00 | 16.95 |
| 萧山县 | 1000.00 | 8.47 | 平阳县 | 900.00 | 15.25 |
| 诸暨县 | 1500.00 | 12.71 | 瑞安县 | 800.00 | 13.56 |
| 余姚县 | 1400.00 | 11.86 | 泰顺县 | 400.00 | 6.78 |
| 上虞县 | 1100.00 | 9.32 | 处州府 | 8400.00 | 100.00 |
| 嵊县 | 700.00 | 5.93 | 内本府 | 1200.00 | 14.29 |

| 地区 | 石 | % |
| --- | --- | --- |
| 丽水县 | 1100.00 | 13.10 |
| 青田县 | 800.00 | 9.52 |
| 缙云县 | 700.00 | 8.33 |
| 松阳县 | 700.00 | 8.33 |
| 遂昌县 | 600.00 | 7.14 |
| 龙泉县 | 800.00 | 9.52 |
| 庆元县 | 600.00 | 7.14 |
| 云和县 | 700.00 | 8.33 |
| 宣平县 | 600.00 | 7.14 |
| 景宁县 | 600.00 | 7.14 |

### 乙表 112 江西布政司各府分县积谷统计

| 地区 | 石 | % |
| --- | --- | --- |
| **南昌府** | 12480.00 | 100.00 |
| 内本府 | 1600.00 | 12.82 |
| 南昌县 | 2200.00 | 17.63 |
| 新建县 | 1400.00 | 11.22 |
| 丰城县 | 1600.00 | 12.82 |
| 进贤县 | 1750.00 | 14.02 |
| 奉新县 | 1200.00 | 9.62 |
| 靖安县 | 480.00 | 3.85 |
| 武宁县 | 1000.00 | 8.01 |
| 宁州 | 1250.00 | 10.02 |
| **饶州府** | 9400.00 | 100.00 |
| 内本府 | 1600.00 | 17.02 |
| 鄱阳县 | 1600.00 | 17.02 |
| 余干县 | 900.00 | 9.57 |
| 乐平县 | 1400.00 | 14.89 |
| 浮梁县 | 900.00 | 9.57 |
| 德兴县 | 1000.00 | 10.64 |
| 安仁县 | 1000.00 | 10.64 |
| 万年县 | 1000.00 | 10.64 |
| **广信府** | 7380.00 | 100.00 |
| 内本府 | 1200.00 | 16.26 |
| 上饶县 | 1000.00 | 13.55 |
| 玉山县 | 750.00 | 10.16 |
| 弋阳县 | 1000.00 | 13.55 |
| 贵溪县 | 1200.00 | 16.26 |
| 铅山县 | 750.00 | 10.16 |
| 永丰县 | 1000.00 | 13.55 |
| 兴安县 | 480.00 | 6.50 |
| **南康府** | 4290.00 | 100.00 |
| 内本府 | 800.00 | 18.65 |
| 星子县 | 640.00 | 14.92 |
| 都昌县 | 1000.00 | 23.31 |
| 建昌县 | 1250.00 | 29.14 |
| 安义县 | 600.00 | 13.99 |
| **九江府** | 3140.00 | 100.00 |
| 内本府 | 800.00 | 25.48 |
| 德化县 | 520.00 | 16.56 |
| 德安县 | 520.00 | 16.56 |
| 瑞昌县 | 520.00 | 16.56 |
| 湖口县 | 390.00 | 12.42 |
| 彭泽县 | 390.00 | 12.42 |
| **建昌府** | 5870.00 | 100.00 |
| 内本府 | 1200.00 | 20.44 |
| 南城县 | 1400.00 | 23.85 |
| 新城县 | 1250.00 | 21.29 |
| 南丰县 | 1500.00 | 25.55 |
| 广昌县 | 520.00 | 8.86 |
| **抚州府** | 10200.00 | 100.00 |
| 内本府 | 1600.00 | 15.69 |
| 临川县 | 1800.00 | 17.65 |
| 崇仁县 | 1750.00 | 17.16 |
| 金溪县 | 1200.00 | 11.76 |
| 宜黄县 | 1250.00 | 12.25 |
| 乐安县 | 1400.00 | 13.73 |
| 东乡县 | 1200.00 | 11.76 |
| **临江府** | 6300.00 | 100.00 |
| 内本府 | 1200.00 | 19.05 |
| 清江县 | 1400.00 | 22.22 |
| 新淦县 | 1400.00 | 22.22 |
| 峡江县 | 900.00 | 14.29 |
| 新喻县 | 1400.00 | 22.22 |
| **吉安府** | 14850.00 | 100.00 |
| 内本府 | 1600.00 | 10.77 |
| 庐陵县 | 2200.00 | 14.81 |
| 泰和县 | 1750.00 | 11.78 |
| 吉水县 | 1800.00 | 12.12 |
| 永丰县 | 2000.00 | 13.47 |
| 安福县 | 1400.00 | 9.43 |
| 龙泉县 | 1000.00 | 6.73 |
| 万安县 | 1000.00 | 6.73 |
| 永新县 | 1500.00 | 10.10 |
| 永宁县 | 600.00 | 4.04 |
| **瑞州府** | 5000.00 | 100.00 |

| | | | | | | |
|---|---|---|---|---|---|---|
| 内本府 | 1200.00 | 24.00 | | 通山县 | 300.00 | 4.17 |
| 高安县 | 1400.00 | 28.00 | | **汉阳府** | 1500.00 | 100.00 |
| 上高县 | 1200.00 | 24.00 | | 内本府 | 400.00 | 26.67 |
| 新昌县 | 1200.00 | 24.00 | | 汉阳县 | 700.00 | 46.67 |
| **袁州府** | 6000.00 | 100.00 | | 汉川县 | 400.00 | 26.67 |
| 内本府 | 1200.00 | 20.00 | | **承天府** | 9300.00 | 100.00 |
| 宜春县 | 1200.00 | 20.00 | | 内本府 | 1000.00 | 10.75 |
| 分宜县 | 1200.00 | 20.00 | | 钟祥县 | 1300.00 | 13.98 |
| 萍乡县 | 1500.00 | 25.00 | | 京山县 | 1600.00 | 17.20 |
| 万载县 | 900.00 | 15.00 | | 潜江县 | 800.00 | 8.60 |
| **赣州府** | 9450.00 | 100.00 | | 沔阳州 | 1000.00 | 10.75 |
| 内本府 | 1600.00 | 16.93 | | 景陵县 | 800.00 | 8.60 |
| 赣县 | 1500.00 | 15.87 | | 荆门州 | 2000.00 | 21.51 |
| 雩都县 | 650.00 | 6.88 | | 当阳县 | 800.00 | 8.60 |
| 信丰县 | 400.00 | 4.23 | | **襄阳府** | 6700.00 | 100.00 |
| 兴国县 | 1000.00 | 10.58 | | 内本府 | 1100.00 | 16.42 |
| 会昌县 | 500.00 | 5.29 | | 襄阳县 | 1200.00 | 17.91 |
| 安远县 | 500.00 | 5.29 | | 宜城县 | 600.00 | 8.96 |
| 宁都县 | 1500.00 | 15.87 | | 南漳县 | 800.00 | 11.94 |
| 瑞金县 | 500.00 | 5.29 | | 枣阳县 | 1200.00 | 17.91 |
| 龙南县 | 500.00 | 5.29 | | 谷城县 | 600.00 | 8.96 |
| 石城县 | 500.00 | 5.29 | | 光化县 | 600.00 | 8.96 |
| 定南县 | 300.00 | 3.17 | | 均州 | 600.00 | 8.96 |
| **南安府** | 3020.00 | 100.00 | | **郧阳府** | 4400.00 | 100.00 |
| 内本府 | 800.00 | 26.49 | | 内本府 | 900.00 | 20.45 |
| 大庾县 | 520.00 | 17.22 | | 郧县 | 500.00 | 11.36 |
| 南康县 | 1000.00 | 33.11 | | 房县 | 800.00 | 18.18 |
| 上犹县 | 400.00 | 13.25 | | 竹山县 | 500.00 | 11.36 |
| 崇义县 | 300.00 | 9.93 | | 上津县 | 400.00 | 9.09 |
| | | | | 竹溪县 | 500.00 | 11.36 |
| | | | | 保康县 | 300.00 | 6.82 |
| | | | | 郧西县 | 500.00 | 11.36 |

## 乙表113 湖广布政司各府分县积谷统计

| 地区 | 石 | % | | | | |
|---|---|---|---|---|---|---|
| **武昌府** | 7200.00 | 100.00 | | **德安府** | 6800.00 | 100.00 |
| 内本府 | 1000.00 | 13.89 | | 内本府 | 900.00 | 13.24 |
| 江夏县 | 600.00 | 8.33 | | 安陆县 | 800.00 | 11.76 |
| 武昌县 | 800.00 | 11.11 | | 云梦县 | 600.00 | 8.82 |
| 嘉鱼县 | 600.00 | 8.33 | | 应城县 | 800.00 | 11.76 |
| 蒲圻县 | 600.00 | 8.33 | | 孝感县 | 1400.00 | 20.59 |
| 咸宁县 | 600.00 | 8.33 | | 随州 | 1300.00 | 19.12 |
| 崇阳县 | 700.00 | 9.72 | | 应山县 | 1000.00 | 14.71 |
| 通城县 | 300.00 | 4.17 | | **黄州府** | 12300.00 | 100.00 |
| 兴国州 | 1000.00 | 13.89 | | 内本府 | 1200.00 | 9.76 |
| 大冶县 | 700.00 | 9.72 | | 黄冈县 | 1400.00 | 11.38 |

| | | | | | | |
|---|---|---|---|---|---|
| 黄安县 | 1100.00 | 8.94 | 湘乡县 | 2000.00 | 12.42 |
| 蕲水县 | 1400.00 | 11.38 | 攸县 | 1500.00 | 9.32 |
| 罗田县 | 1000.00 | 8.13 | 安化县 | 700.00 | 4.35 |
| 麻城县 | 1400.00 | 11.38 | 茶陵州 | 1400.00 | 8.70 |
| 黄陂县 | 1100.00 | 8.94 | **宝庆府** | 6700.00 | 100.00 |
| 蕲州 | 1200.00 | 9.76 | 内本府 | 1000.00 | 14.93 |
| 广济县 | 1200.00 | 9.76 | 邵阳县 | 1600.00 | 23.88 |
| 黄梅县 | 1300.00 | 10.57 | 城步县 | 600.00 | 8.96 |
| **荆州府** | 7400.00 | 100.00 | 新化县 | 1400.00 | 20.90 |
| 内本府 | 1000.00 | 13.51 | 武冈县 | 1400.00 | 20.90 |
| 江陵县 | 800.00 | 10.81 | 新宁县 | 700.00 | 10.45 |
| 公安县 | 400.00 | 5.41 | **衡州府** | 12700.00 | 100.00 |
| 石首县 | 500.00 | 6.76 | 内本府 | 1100.00 | 8.66 |
| 监利县 | 600.00 | 8.11 | 衡阳县 | 1800.00 | 14.17 |
| 松滋县 | 800.00 | 10.81 | 衡山县 | 1200.00 | 9.45 |
| 枝江县 | 500.00 | 6.76 | 耒阳县 | 1200.00 | 9.45 |
| 夷陵州 | 900.00 | 12.16 | 常宁县 | 800.00 | 6.30 |
| 长阳县 | 300.00 | 4.05 | 安仁县 | 1000.00 | 7.87 |
| 宜都县 | 400.00 | 5.41 | 酃县 | 1000.00 | 7.87 |
| 远安县 | 300.00 | 4.05 | 桂阳州 | 1800.00 | 14.17 |
| 归州 | 400.00 | 5.41 | 临武县 | 1600.00 | 12.60 |
| 兴山县 | 300.00 | 4.05 | 蓝山县 | 1200.00 | 9.45 |
| 巴东县 | 200.00 | 2.70 | **常德府** | 4000.00 | 100.00 |
| **岳州府** | 10000.00 | 100.00 | 内本府 | 900.00 | 22.50 |
| 内本府 | 1000.00 | 10.00 | 武陵县 | 1000.00 | 25.00 |
| 巴陵县 | 1400.00 | 14.00 | 桃源县 | 1000.00 | 25.00 |
| 临湘县 | 700.00 | 7.00 | 龙阳县 | 700.00 | 17.50 |
| 华容县 | 700.00 | 7.00 | 沅江县 | 400.00 | 10.00 |
| 平江县 | 1400.00 | 14.00 | **辰州府** | 4400.00 | 100.00 |
| 澧州 | 1600.00 | 16.00 | 内本府 | 800.00 | 18.18 |
| 石门县 | 1000.00 | 10.00 | 沅陵县 | 800.00 | 18.18 |
| 慈利县 | 1600.00 | 16.00 | 卢溪县 | 400.00 | 9.09 |
| 安乡县 | 600.00 | 6.00 | 辰溪县 | 400.00 | 9.09 |
| **长沙府** | 16100.00 | 100.00 | 溆浦县 | 600.00 | 13.64 |
| 内本府 | 1200.00 | 7.45 | 沅州 | 600.00 | 13.64 |
| 长沙县 | 1200.00 | 7.45 | 黔阳县 | 500.00 | 11.36 |
| 善化县 | 800.00 | 4.97 | 麻阳县 | 300.00 | 6.82 |
| 湘潭县 | 400.00 | 2.48 | **永州府** | 7700.00 | 100.00 |
| 湘阴县 | 1200.00 | 7.45 | 内本府 | 900.00 | 11.69 |
| 宁乡县 | 1400.00 | 8.70 | 零陵县 | 1200.00 | 15.58 |
| 浏阳县 | 1600.00 | 9.94 | 祁阳县 | 1000.00 | 12.99 |
| 醴陵县 | 1400.00 | 8.70 | 东安县 | 600.00 | 7.79 |
| 益阳县 | 1300.00 | 8.07 | 道州 | 1400.00 | 18.18 |

| 地区 | 石 | % |
|---|---|---|
| 宁远县 | 1400.00 | 18.18 |
| 永明县 | 800.00 | 10.39 |
| 江华县 | 400.00 | 5.19 |
| **靖州** | 3400.00 | 100.00 |
| 内本府 | 1000.00 | 29.41 |
| 会同县 | 1000.00 | 29.41 |
| 通道县 | 100.00 | 2.94 |
| 绥宁县 | 1300.00 | 38.24 |
| **郴州** | 6000.00 | 100.00 |
| 内本府 | 1100.00 | 18.33 |
| 永兴县 | 1100.00 | 18.33 |
| 宜章县 | 800.00 | 13.33 |
| 兴宁县 | 1100.00 | 18.33 |
| 桂阳县 | 1100.00 | 18.33 |
| 桂东县 | 800.00 | 13.33 |

## 乙表114 福建布政司各府分县积谷统计

| 地区 | 石 | % |
|---|---|---|
| **福州府** | 8100.00 | 100.00 |
| 内本府 | 300.00 | 3.70 |
| 闽县 | 1000.00 | 12.35 |
| 侯官县[1] | 1000.00 | 12.35 |
| 古田县 | 1000.00 | 12.35 |
| 闽清县 | 300.00 | 3.70 |
| 长乐县 | 1500.00 | 18.52 |
| 连江县 | 600.00 | 7.41 |
| 罗源县 | 500.00 | 6.17 |
| 永福县 | 300.00 | 3.70 |
| 福清县 | 1600.00 | 19.75 |
| **泉州府** | 6900.00 | 100.00 |
| 内本府 | 700.00 | 10.14 |
| 晋江县 | 1800.00 | 26.09 |
| 南安县 | 1000.00 | 14.49 |
| 惠安县 | 700.00 | 10.14 |
| 德化县 | 400.00 | 5.80 |
| 安溪县 | 700.00 | 10.14 |
| 同安县 | 1000.00 | 14.49 |
| 永春县 | 600.00 | 8.70 |
| **建宁府** | 11100.00 | 100.00 |
| 内本府 | 800.00 | 7.21 |
| 建安县 | 1400.00 | 12.61 |

| 地区 | 石 | % |
|---|---|---|
| 瓯宁县 | 1400.00 | 12.61 |
| 建阳县 | 2000.00 | 18.02 |
| 崇安县 | 1400.00 | 12.61 |
| 浦城县 | 1800.00 | 16.22 |
| 政和县 | 800.00 | 7.21 |
| 松溪县 | 1000.00 | 9.01 |
| 寿宁县 | 500.00 | 4.50 |
| **延平府** | 8500.00 | 100.00 |
| 内本府 | 500.00 | 5.88 |
| 南平县 | 1000.00 | 11.76 |
| 将乐县 | 1200.00 | 14.12 |
| 大田县 | 800.00 | 9.41 |
| 沙县 | 1500.00 | 17.65 |
| 尤溪县 | 1400.00 | 16.47 |
| 顺昌县 | 1100.00 | 12.94 |
| 永安县 | 1000.00 | 11.76 |
| **汀州府** | 7300.00 | 100.00 |
| 内本府 | 600.00 | 8.22 |
| 长汀县 | 1000.00 | 13.70 |
| 宁化县 | 1000.00 | 13.70 |
| 上杭县 | 1100.00 | 15.07 |
| 武平县 | 600.00 | 8.22 |
| 清流县 | 1000.00 | 13.70 |
| 连城县 | 700.00 | 9.59 |
| 归化县 | 800.00 | 10.96 |
| 永定县 | 500.00 | 6.85 |
| **兴化府** | 2800.00 | 100.00 |
| 内本府 | 500.00 | 17.86 |
| 莆田县 | 1800.00 | 64.29 |
| 仙游县 | 500.00 | 17.86 |
| **邵武府** | 5400.00 | 100.00 |
| 内本府 | 400.00 | 7.41 |
| 邵武县 | 1600.00 | 29.63 |
| 光泽县 | 1200.00 | 22.22 |
| 泰宁县 | 1100.00 | 20.37 |
| 建宁县 | 1100.00 | 20.37 |
| **漳州府** | 8600.00 | 100.00 |
| 内本府 | 800.00 | 9.30 |
| 龙溪县 | 1800.00 | 20.93 |
| 漳浦县 | 1200.00 | 13.95 |
| 龙岩县 | 800.00 | 9.30 |
| 南靖县 | 700.00 | 8.14 |
| 长泰县 | 400.00 | 4.65 |

---

[1] 怀安县归并在内。

| 漳平县 | 600.00 | 6.98 |
|--------|--------|------|
| 平和县 | 400.00 | 4.65 |
| 诏安县 | 600.00 | 6.98 |
| 海澄县 | 1000.00 | 11.63 |
| 宁洋县 | 300.00 | 3.49 |
| **福宁州** | **2600.00** | **100.00** |
| 内本府 | 1100.00 | 42.31 |
| 福安县 | 800.00 | 30.77 |
| 宁德县 | 700.00 | 26.92 |

### 乙表115 山东布政司各府分县积谷统计

| 地区 | 石 | % |
|------|------|------|
| **济南府** | **54800.00** | **100.00** |
| 内本府 | 1500.00 | 2.74 |
| 历城县 | 2500.00 | 4.56 |
| 章丘县 | 3000.00 | 5.47 |
| 邹平县 | 2000.00 | 3.65 |
| 淄川县 | 2000.00 | 3.65 |
| 长山县 | 2000.00 | 3.65 |
| 新城县 | 1000.00 | 1.82 |
| 齐河县 | 1100.00 | 2.01 |
| 齐东县 | 2000.00 | 3.65 |
| 济阳县 | 1500.00 | 2.74 |
| 禹城县 | 2500.00 | 4.56 |
| 临邑县 | 1500.00 | 2.74 |
| 长清县 | 2000.00 | 3.65 |
| 肥城县 | 1500.00 | 2.74 |
| 青城县 | 1500.00 | 2.74 |
| 陵县 | 1500.00 | 2.74 |
| 泰安县 | 2500.00 | 4.56 |
| 新泰县 | 700.00 | 1.28 |
| 莱芜县 | 1500.00 | 2.74 |
| 德州 | 2000.00 | 3.65 |
| 德平县 | 1500.00 | 2.74 |
| 平原县 | 2000.00 | 3.65 |
| 武定州 | 2500.00 | 4.56 |
| 阳信县 | 2500.00 | 4.56 |
| 海丰县 | 1000.00 | 1.82 |
| 乐陵县 | 2000.00 | 3.65 |
| 商河县 | 2000.00 | 3.65 |
| 滨州 | 2000.00 | 3.65 |
| 利津县 | 1000.00 | 1.82 |
| 霑化县 | 1000.00 | 1.82 |

| 蒲台县 | 1500.00 | 2.74 |
|--------|--------|------|
| **兖州府** | **38920.00** | **100.00** |
| 内本府 | 1500.00 | 3.85 |
| 滋阳县 | 1280.00 | 3.29 |
| 曲阜县 | 780.00 | 2.00 |
| 宁阳县 | 1600.00 | 4.11 |
| 邹县 | 1600.00 | 4.11 |
| 泗水县 | 780.00 | 2.00 |
| 滕县 | 1500.00 | 3.85 |
| 峄县 | 1200.00 | 3.08 |
| 金乡县 | 910.00 | 2.34 |
| 鱼台县 | 910.00 | 2.34 |
| 单县 | 2000.00 | 5.14 |
| 城武县 | 1600.00 | 4.11 |
| 曹州 | 2500.00 | 6.42 |
| 曹县 | 2000.00 | 5.14 |
| 定陶县 | 1300.00 | 3.34 |
| 济宁州 | 1750.00 | 4.50 |
| 嘉祥县 | 780.00 | 2.00 |
| 巨野县 | 1400.00 | 3.60 |
| 郓城县 | 1600.00 | 4.11 |
| 东平州 | 1600.00 | 4.11 |
| 汶上县 | 1600.00 | 4.11 |
| 东阿县 | 1280.00 | 3.29 |
| 平阴州 | 910.00 | 2.34 |
| 阳谷县 | 1600.00 | 4.11 |
| 寿张县 | 1040.00 | 2.67 |
| 沂州 | 1500.00 | 3.85 |
| 郯城县 | 1200.00 | 3.08 |
| 费县 | 1200.00 | 3.08 |
| **东昌府** | **26100.00** | **100.00** |
| 内本府 | 1000.00 | 3.83 |
| 聊城县 | 1400.00 | 5.36 |
| 堂邑县 | 1000.00 | 3.83 |
| 博平县 | 1000.00 | 3.83 |
| 茌平县 | 1400.00 | 5.36 |
| 清平县 | 1000.00 | 3.83 |
| 莘县 | 1000.00 | 3.83 |
| 冠县 | 1600.00 | 6.13 |
| 临清州 | 1700.00 | 6.51 |
| 丘县 | 1600.00 | 6.13 |
| 馆陶县 | 1600.00 | 6.13 |
| 高唐州 | 1700.00 | 6.51 |

| 地区 | 石 | % |
|---|---|---|
| 恩县 | 1700.00 | 6.51 |
| 夏津县 | 2000.00 | 7.66 |
| 武城县 | 1300.00 | 4.98 |
| 濮州 | 2000.00 | 7.66 |
| 范县 | 1000.00 | 3.83 |
| 观城县 | 800.00 | 3.07 |
| 朝城县 | 1300.00 | 4.98 |
| **青州府** | 12700.00 | 100.00 |
| 内本府 | 1000.00 | 7.87 |
| 益都县 | 1500.00 | 11.81 |
| 临淄县 | 700.00 | 5.51 |
| 博兴县 | 700.00 | 5.51 |
| 高苑县 | 600.00 | 4.72 |
| 乐安县 | 700.00 | 5.51 |
| 寿光县 | 1500.00 | 11.81 |
| 昌乐县 | 700.00 | 5.51 |
| 临朐县 | 1500.00 | 11.81 |
| 安丘县 | 600.00 | 4.72 |
| 诸城县 | 700.00 | 5.51 |
| 蒙阴州 | 600.00 | 4.72 |
| 莒州 | 700.00 | 5.51 |
| 沂水县 | 600.00 | 4.72 |
| 日照县 | 600.00 | 4.72 |
| **登州府** | 6000.00 | 100.00 |
| 内本府 | 600.00 | 10.00 |
| 蓬莱县 | 500.00 | 8.33 |
| 黄县 | 600.00 | 10.00 |
| 福山县 | 400.00 | 6.67 |
| 栖霞县 | 400.00 | 6.67 |
| 招远县 | 600.00 | 10.00 |
| 莱阳县 | 1500.00 | 25.00 |
| 宁海州 | 800.00 | 13.33 |
| 文登县 | 600.00 | 10.00 |
| **莱州府** | 5834.00 | 100.00 |
| 内本府 | 800.00 | 13.71 |
| 掖县 | 629.00 | 10.78 |
| 平度州 | 1031.00 | 17.67 |
| 潍县 | 652.00 | 11.18 |
| 昌邑县 | 705.00 | 12.08 |
| 胶州 | 705.00 | 12.08 |
| 高密县 | 667.00 | 11.43 |
| 即墨县 | 645.00 | 11.06 |

## 乙表116　山西布政司各府分县积谷统计

| 地区 | 石 | % |
|---|---|---|
| **太原府** | 14600.00 | 100.00 |
| 内本府 | 1500.00 | 10.27 |
| 阳曲县 | 1000.00 | 6.85 |
| 太原县 | 800.00 | 5.48 |
| 榆次县 | 1000.00 | 6.85 |
| 太谷县 | 800.00 | 5.48 |
| 祁县 | 800.00 | 5.48 |
| 徐沟县 | 300.00 | 2.05 |
| 清源县 | 400.00 | 2.74 |
| 交城县 | 800.00 | 5.48 |
| 文水县 | 800.00 | 5.48 |
| 寿阳县 | 300.00 | 2.05 |
| 临县 | 500.00 | 3.42 |
| 孟县 | 300.00 | 2.05 |
| 静乐县 | 200.00 | 1.37 |
| 河曲县 | 200.00 | 1.37 |
| 平定州 | 600.00 | 4.11 |
| 乐平县 | 200.00 | 1.37 |
| 忻州 | 600.00 | 4.11 |
| 定襄县 | 300.00 | 2.05 |
| 代州 | 600.00 | 4.11 |
| 五台县 | 250.00 | 1.71 |
| 繁峙县 | 300.00 | 2.05 |
| 崞县 | 500.00 | 3.42 |
| 岢岚州 | 300.00 | 2.05 |
| 岚县 | 250.00 | 1.71 |
| 兴县 | 200.00 | 1.37 |
| 保德州 | 200.00 | 1.37 |
| 永宁州 | 300.00 | 2.05 |
| 宁乡县 | 300.00 | 2.05 |
| **平阳府** | 22750.00 | 100.00 |
| 内本府 | 2000.00 | 8.79 |
| 临汾县 | 1500.00 | 6.59 |
| 襄陵县 | 1000.00 | 4.40 |
| 洪洞县 | 1200.00 | 5.27 |
| 浮山县 | 300.00 | 1.32 |
| 赵城县 | 600.00 | 2.64 |
| 太平县 | 800.00 | 3.52 |
| 岳阳县[1] | 200.00 | 0.88 |

---

[1] 原书此处残缺，依所属应积数补齐。

| | | | | | |
|---|---|---|---|---|---|
| 曲沃县 | 1200.00 | 5.27 | 长治县 | 1500.00 | 21.74 |
| 翼城县 | 1200.00 | 5.27 | 长子县 | 1000.00 | 14.49 |
| 汾西县 | 300.00 | 1.32 | 屯留县 | 400.00 | 5.80 |
| 蒲县 | 200.00 | 0.88 | 襄垣县 | 800.00 | 11.59 |
| 蒲州 | 1200.00 | 5.27 | 潞城县 | 600.00 | 8.70 |
| 临晋县 | 700.00 | 3.08 | 壶关县 | 600.00 | 8.70 |
| 荣河县 | 300.00 | 1.32 | 平顺县 | 400.00 | 5.80 |
| 猗氏县 | 500.00 | 2.20 | 黎城县 | 600.00 | 8.70 |
| 万泉县 | 300.00 | 1.32 | 汾州 | 3200.00 | 100.00 |
| 河津县 | 400.00 | 1.76 | 内本府 | 1400.00 | 43.75 |
| 解州 | 600.00 | 2.64 | 孝义县 | 600.00 | 18.75 |
| 安邑县 | 800.00 | 3.52 | 平遥县 | 800.00 | 25.00 |
| 夏县 | 1000.00 | 4.40 | 介休县 | 400.00 | 12.50 |
| 闻喜县 | 1000.00 | 4.40 | 辽州 | 700.00 | 100.00 |
| 平陆县 | 400.00 | 1.76 | 内本州 | 300.00 | 42.86 |
| 芮城州 | 400.00 | 1.76 | 榆杜县 | 200.00 | 28.57 |
| 绛州 | 1000.00 | 4.40 | 和顺县 | 200.00 | 28.57 |
| 稷山县 | 600.00 | 2.64 | 沁州 | 700.00 | 100.00 |
| 绛县 | 600.00 | 2.64 | 内本州 | 300.00 | 42.86 |
| 垣曲县 | 200.00 | 0.88 | 沁源县 | 200.00 | 28.57 |
| 霍州 | 600.00 | 2.64 | 武乡县 | 200.00 | 28.57 |
| 灵石县 | 300.00 | 1.32 | 泽州 | 5100.00 | 100.00 |
| 吉州 | 200.00 | 0.88 | 内本州 | 1600.00 | 31.37 |
| 乡宁县 | 200.00 | 0.88 | 高平县 | 1600.00 | 31.37 |
| 隰州 | 300.00 | 1.32 | 阳城县 | 1000.00 | 19.61 |
| 大宁县 | 200.00 | 0.88 | 陵川县 | 600.00 | 11.76 |
| 石楼县 | 150.00 | 0.66 | 沁水县 | 300.00 | 5.88% |
| 永和县 | 200.00 | 0.88 | | | |

**乙表 117 河南布政司各府分县积谷统计**

| | | | 地区 | 石 | % |
|---|---|---|---|---|---|
| 大同府 | 3550.00 | 100.00 | 开封府 | 41700.00 | 100.00 |
| 内本府 | 800.00 | 22.54 | 内本府 | 2000.00 | 4.80 |
| 大同县 | 300.00 | 8.45 | 祥符县 | 2500.00 | 6.00 |
| 怀仁县 | 200.00 | 5.63 | 陈留县 | 2000.00 | 4.80 |
| 浑源州 | 250.00 | 7.04 | 杞县 | 2500.00 | 6.00 |
| 应州 | 300.00 | 8.45 | 通许县 | 1300.00 | 3.12 |
| 山阴县 | 200.00 | 5.63 | 太康县 | 2000.00 | 4.80 |
| 朔州 | 200.00 | 5.63 | 尉氏县 | 800.00 | 1.92 |
| 马邑县 | 200.00 | 5.63 | 洧川县 | 600.00 | 1.44 |
| 蔚州 | 500.00 | 14.08 | 鄢陵县 | 1200.00 | 2.88 |
| 广灵县 | 200.00 | 5.63 | 扶沟县 | 1000.00 | 2.40 |
| 广昌县 | 200.00 | 5.63 | 中牟县 | 1000.00 | 2.40 |
| 灵丘县 | 200.00 | 5.63 | 阳武县 | 1600.00 | 3.84 |
| 潞安府 | 6900.00 | 100.00 | | | |
| 内本府 | 1000.00 | 14.49 | | | |

| | | | | | | |
|---|---|---|---|---|---|---|
| 原武县 | 800.00 | 1.92 | 卫辉府 | 7700.00 | 100.00 |
| 封丘县 | 1000.00 | 2.40 | 内本府 | 1300.00 | 16.88 |
| 延津县 | 500.00 | 1.20 | 汲县 | 1200.00 | 15.58 |
| 兰阳县 | 800.00 | 1.92 | 胙城县 | 600.00 | 7.79 |
| 仪封县 | 800.00 | 1.92 | 新乡县 | 1200.00 | 15.58 |
| 陈州 | 2000.00 | 4.80 | 获嘉县 | 900.00 | 11.69 |
| 商水县 | 1200.00 | 2.88 | 淇县 | 1000.00 | 12.99 |
| 西华县 | 1200.00 | 2.88 | 辉县 | 1500.00 | 19.48 |
| 项城县 | 1300.00 | 3.12 | 怀庆府 | 8300.00 | 100.00 |
| 沈丘县 | 800.00 | 1.92 | 内本府 | 1200.00 | 14.46 |
| 许州 | 2000.00 | 4.80 | 河内县 | 1600.00 | 19.28 |
| 临颍县 | 1000.00 | 2.40 | 济源县 | 1200.00 | 14.46 |
| 襄城县 | 1500.00 | 3.60 | 孟县 | 1000.00 | 12.05 |
| 郾城县 | 1000.00 | 2.40 | 修武县 | 1000.00 | 12.05 |
| 长葛县 | 800.00 | 1.92 | 武陟县 | 1600.00 | 19.28 |
| 禹州 | 1600.00 | 3.84 | 温县 | 700.00 | 8.43 |
| 新郑县 | 1000.00 | 2.40 | 河南府 | 21400.00 | 100.00 |
| 密县 | 600.00 | 1.44 | 内本府 | 1500.00 | 7.01 |
| 郑州 | 1300.00 | 3.12 | 洛阳县 | 2000.00 | 9.35 |
| 荥泽县 | 500.00 | 1.20 | 偃师县 | 1000.00 | 4.67 |
| 荥阳县 | 600.00 | 1.44 | 巩县 | 1200.00 | 5.61 |
| 河阴县 | 300.00 | 0.72 | 孟津县 | 800.00 | 3.74 |
| 汜水县 | 600.00 | 1.44 | 宜阳县 | 1600.00 | 7.48 |
| 归德府 | 11500.00 | 100.00 | 登封县 | 1300.00 | 6.07 |
| 内本府 | 1100.00 | 9.57 | 永宁县 | 2000.00 | 9.35 |
| 商丘县 | 1600.00 | 13.91 | 新安县 | 1000.00 | 4.67 |
| 宁陵县 | 700.00 | 6.09 | 渑池县 | 1200.00 | 5.61 |
| 鹿邑县 | 1500.00 | 13.04 | 嵩县 | 2000.00 | 9.35 |
| 夏邑县 | 1000.00 | 8.70 | 卢氏县 | 1600.00 | 7.48 |
| 永城县 | 1200.00 | 10.43 | 陕州 | 1400.00 | 6.54 |
| 虞城县 | 1000.00 | 8.70 | 灵宝县 | 1600.00 | 7.48 |
| 睢州 | 1800.00 | 15.65 | 闽乡县 | 1200.00 | 5.61 |
| 考城县 | 800.00 | 6.96 | 南阳府 | 10600.00 | 100.00 |
| 柘城县 | 800.00 | 6.96 | 内本府 | 1500.00 | 14.15 |
| 彰德府 | 11400.00 | 100.00 | 南阳县 | 600.00 | 5.66 |
| 内本府 | 1100.00 | 9.65 | 镇平县 | 500.00 | 4.72 |
| 安阳县 | 2000.00 | 17.54 | 唐县 | 800.00 | 7.55 |
| 汤阴县 | 1200.00 | 10.53 | 泌阳县 | 700.00 | 6.60 |
| 临彰县 | 1500.00 | 13.16 | 桐柏县 | 500.00 | 4.72 |
| 林县 | 1500.00 | 13.16 | 南召县 | 600.00 | 5.66 |
| 磁州 | 1500.00 | 13.16 | 邓州 | 1000.00 | 9.43 |
| 武安县 | 1600.00 | 14.04 | 内乡县 | 700.00 | 6.60 |
| 涉县 | 1000.00 | 8.77 | 新野县 | 900.00 | 8.49 |

| 地区 | 石 | % | | 地区 | 石 | % |
|---|---|---|---|---|---|---|
| 淅川县 | 500.00 | 4.72 | | 商州 | 500.00 | 2.26 |
| 裕州 | 1000.00 | 9.43 | | 镇安县 | 600.00 | 2.71 |
| 舞阳县 | 700.00 | 6.60 | | 洛南县 | 700.00 | 3.17 |
| 叶县 | 600.00 | 5.66 | | 山阳县 | 400.00 | 1.81 |
| **汝宁府** | 19500.00 | 100.00 | | 商南县 | 600.00 | 2.71 |
| 内本府 | 1500.00 | 7.69 | | 同州 | 600.00 | 2.71 |
| 汝阳县 | 1800.00 | 9.23 | | 朝邑县 | 1000.00 | 4.52 |
| 真阳县 | 1000.00 | 5.13 | | 合阳县 | 600.00 | 2.71 |
| 上蔡县 | 1600.00 | 8.21 | | 澄城县 | 400.00 | 1.81 |
| 新蔡县 | 1000.00 | 5.13 | | 白水县 | 400.00 | 1.81 |
| 西平县 | 1200.00 | 6.15 | | 韩城县 | 600.00 | 2.71 |
| 遂平县 | 1200.00 | 6.15 | | 华州 | 600.00 | 2.71 |
| 信阳州 | 1000.00 | 5.13 | | 华阴县 | 500.00 | 2.26 |
| 罗山县 | 1000.00 | 5.13 | | 蒲城县 | 1000.00 | 4.52 |
| 确山县 | 1000.00 | 5.13 | | 耀州 | 600.00 | 2.71 |
| 光州 | 1600.00 | 8.21 | | 同官县 | 400.00 | 1.81 |
| 光山县 | 1200.00 | 6.15 | | 富平县 | 800.00 | 3.62 |
| 固始县 | 2000.00 | 10.26 | | 乾州 | 500.00 | 2.26 |
| 息县 | 1200.00 | 6.15 | | 醴泉县 | 400.00 | 1.81 |
| 商城县 | 1200.00 | 6.15 | | 武功县 | 400.00 | 1.81 |
| **汝州府** | 8000.00 | 100.00 | | 永寿县 | 300.00 | 1.36 |
| 内本州 | 2000.00 | 25.00 | | 邠州 | 500.00 | 2.26 |
| 鲁山县 | 1500.00 | 18.75 | | 三水县 | 400.00 | 1.81 |
| 郏县 | 2000.00 | 25.00 | | 淳化县 | 400.00 | 1.81 |
| 宝丰县 | 1200.00 | 15.00 | | **凤翔府** | 4600.00 | 100.00 |
| 伊阳县 | 1300.00 | 16.25% | | 内本府 | 500.00 | 10.87 |

### 乙表 118　陕西布政司各府分县积谷统计

| 地区 | 石 | % |
|---|---|---|
| **西安府** | 22100.00 | 100.00 |
| 内本府 | 1000.00 | 4.52 |
| 长安县 | 800.00 | 3.62 |
| 咸宁县 | 1000.00 | 4.52 |
| 咸阳县 | 500.00 | 2.26 |
| 兴平县 | 400.00 | 1.81 |
| 临潼县 | 600.00 | 2.71 |
| 高陵县 | 400.00 | 1.81 |
| 户县 | 500.00 | 2.26 |
| 蓝田县 | 400.00 | 1.81 |
| 泾阳县 | 800.00 | 3.62 |
| 三原县 | 700.00 | 3.17 |
| 周至县 | 800.00 | 3.62 |
| 渭南县 | 1000.00 | 4.52 |

凤翔府以下续表：

| 地区 | 石 | % |
|---|---|---|
| 凤翔县 | 800.00 | 17.39 |
| 岐山县 | 500.00 | 10.87 |
| 宝鸡县 | 800.00 | 17.39 |
| 扶风县 | 500.00 | 10.87 |
| 眉县 | 400.00 | 8.70 |
| 麟游县 | 200.00 | 4.35 |
| 陇州 | 500.00 | 10.87 |
| 汧阳县 | 400.00 | 8.70 |
| **汉中府** | 8400.00 | 100.00 |
| 内本府 | 1600.00 | 19.05 |
| 南郑县 | 600.00 | 7.14 |
| 褒城县 | 300.00 | 3.57 |
| 城固县 | 500.00 | 5.95 |
| 洋县 | 800.00 | 9.52 |
| 西乡县 | 400.00 | 4.76 |
| 凤县 | 500.00 | 5.95 |
| 宁羌州 | 500.00 | 5.95 |

| | | |
|---|---|---|
| 沔县 | 300.00 | 3.57 |
| 略阳县 | 300.00 | 3.57 |
| 金州 | 700.00 | 8.33 |
| 平利县 | 300.00 | 3.57 |
| 石泉县 | 300.00 | 3.57 |
| 洵阳县 | 400.00 | 4.76 |
| 紫阳县 | 300.00 | 3.57 |
| 汉阴县 | 300.00 | 3.57 |
| 白河县 | 300.00 | 3.57 |
| **平凉府** | **3400.00** | **100.00** |
| 内本府 | 300.00 | 8.82 |
| 平凉县 | 300.00 | 8.82 |
| 崇信县 | 100.00 | 2.94 |
| 华亭县 | 300.00 | 8.82 |
| 镇原县 | 400.00 | 11.76 |
| 固原州 | 400.00 | 11.76 |
| 泾州 | 400.00 | 11.76 |
| 灵台县 | 400.00 | 11.76 |
| 静宁州 | 400.00 | 11.76 |
| 庄浪县 | 100.00 | 2.94 |
| 隆德县 | 300.00 | 8.82 |
| **巩昌府** | **6700.00** | **100.00** |
| 内本府 | 800.00 | 11.94 |
| 陇西县 | 600.00 | 8.96 |
| 安定县 | 400.00 | 5.97 |
| 会宁县 | 400.00 | 5.97 |
| 通渭县 | 400.00 | 5.97 |
| 漳县 | 100.00 | 1.49 |
| 宁远县 | 200.00 | 2.99 |
| 伏羌县 | 400.00 | 5.97 |
| 西和县 | 300.00 | 4.48 |
| 成县 | 300.00 | 4.48 |
| 秦州 | 600.00 | 8.96 |
| 秦安县 | 100.00 | 1.49 |
| 清水县 | 300.00 | 4.48 |
| 礼县 | 400.00 | 5.97 |
| 阶州 | 400.00 | 5.97 |
| 文县 | 300.00 | 4.48 |
| 徽州 | 400.00 | 5.97 |
| 两当县 | 300.00 | 4.48 |
| **临洮府** | **3000.00** | **100.00** |
| 内本府 | 600.00 | 20.00 |
| 狄道县 | 700.00 | 23.33 |

| | | |
|---|---|---|
| 渭源县 | 300.00 | 10.00 |
| 兰州 | 500.00 | 16.67 |
| 金县 | 300.00 | 10.00 |
| 河州 | 600.00 | 20.00 |
| **庆阳府** | **2800.00** | **100.00** |
| 内本府 | 400.00 | 14.29 |
| 安化县 | 600.00 | 21.43 |
| 合水县 | 200.00 | 7.14 |
| 环县 | 300.00 | 10.71 |
| 宁州 | 800.00 | 28.57 |
| 真宁县 | 500.00 | 17.86 |
| **延安府** | **6500.00** | **100.00** |
| 内本府 | 600.00 | 9.23 |
| 肤施县 | 300.00 | 4.62 |
| 安塞县 | 200.00 | 3.08 |
| 甘泉县 | 200.00 | 3.08 |
| 安定县 | 300.00 | 4.62 |
| 保安县 | 300.00 | 4.62 |
| 宜川县 | 300.00 | 4.62 |
| 延川县 | 300.00 | 4.62 |
| 延长县 | 600.00 | 9.23 |
| 清涧县 | 300.00 | 4.62 |
| 鄜州 | 700.00 | 10.77 |
| 洛川县 | 500.00 | 7.69 |
| 中部县 | 500.00 | 7.69 |
| 宜君县 | 400.00 | 6.15 |
| 绥德州 | 300.00 | 4.62 |
| 米脂县 | 100.00 | 1.54 |
| 葭州 | 300.00 | 4.62 |
| 吴堡县 | 100.00 | 1.54 |
| 神木县 | 100.00 | 1.54 |
| 府谷县 | 100.00 | 1.54 |

乙表 119  四川布政司各府分县积谷统计

| 地区 | 石 | % |
|---|---|---|
| **成都府** | **14350.00** | **100.00** |
| 内本府 | 800.00 | 5.57 |
| 成都县 | 600.00 | 4.18 |
| 华阳县 | 700.00 | 4.88 |
| 双流县 | 360.00 | 2.51 |
| 温江县 | 600.00 | 4.18 |
| 新繁县 | 600.00 | 4.18 |
| 金堂县 | 500.00 | 3.48 |

| | | | | | |
|---|---|---|---|---|---|
| 仁寿县 | 830.00 | 5.78 | 岳池县 | 600.00 | 10.34 |
| 新都县 | 350.00 | 2.44 | 邻水县 | 600.00 | 10.34 |
| 井研县 | 300.00 | 2.09 | 叙州府 | 6020.00 | 100.00 |
| 郫县 | 600.00 | 4.18 | 内本府 | 500.00 | 8.31 |
| 资县 | 600.00 | 4.18 | 宜宾县 | 1020.00 | 16.94 |
| 灌县 | 600.00 | 4.18 | 庆符县 | 300.00 | 4.98 |
| 彭县 | 500.00 | 3.48 | 富顺县 | 1800.00 | 29.90 |
| 安县 | 300.00 | 2.09 | 南溪县 | 720.00 | 11.96 |
| 内江县 | 630.00 | 4.39 | 长宁县 | 300.00 | 4.98 |
| 崇宁县 | 300.00 | 2.09 | 高县 | 240.00 | 3.99 |
| 资阳县 | 600.00 | 4.18 | 筠连县 | 160.00 | 2.66 |
| 简州 | 600.00 | 4.18 | 珙县 | 200.00 | 3.32 |
| 崇庆州 | 600.00 | 4.18 | 戎县 | 160.00 | 2.66 |
| 新津县 | 400.00 | 2.79 | 隆昌县 | 620.00 | 10.30 |
| 汉州 | 600.00 | 4.18 | 重庆府 | 12050.00 | 100.00 |
| 什邡县 | 400.00 | 2.79 | 内本府 | 600.00 | 4.98 |
| 绵竹县 | 400.00 | 2.79 | 巴县 | 1000.00 | 8.30 |
| 德阳县 | 600.00 | 4.18 | 江津县 | 1000.00 | 8.30 |
| 绵州 | 600.00 | 4.18 | 长寿县 | 600.00 | 4.98 |
| 彰明县 | 200.00 | 1.39 | 大足县 | 700.00 | 5.81 |
| 罗江县 | 180.00 | 1.25 | 永川县 | 1000.00 | 8.30 |
| 保宁府 | 3850.00 | 100.00 | 荣昌县 | 800.00 | 6.64 |
| 内本府 | 400.00 | 10.39 | 綦江县 | 400.00 | 3.32 |
| 阆中县 | 400.00 | 10.39 | 南川县 | 400.00 | 3.32 |
| 苍溪县 | 500.00 | 12.99 | 黔江县 | 100.00 | 0.83 |
| 南部县 | 500.00 | 12.99 | 安居县 | 400.00 | 3.32 |
| 广元县 | 300.00 | 7.79 | 璧山县 | 400.00 | 3.32 |
| 昭化县 | 200.00 | 5.19 | 合州 | 1000.00 | 8.30 |
| 巴州 | 500.00 | 12.99 | 铜梁县 | 800.00 | 6.64 |
| 通江县 | 350.00 | 9.09 | 定远县 | 500.00 | 4.15 |
| 南江县 | 200.00 | 5.19 | 忠州 | 600.00 | 4.98 |
| 剑州 | 300.00 | 7.79 | 丰都县 | 250.00 | 2.07 |
| 梓潼县 | 200.00 | 5.19 | 垫江县 | 600.00 | 4.98 |
| 顺庆府 | 5800.00 | 100.00 | 涪州 | 700.00 | 5.81 |
| 内本府 | 500.00 | 8.62 | 武隆县 | 100.00 | 0.83 |
| 南充县 | 600.00 | 10.34 | 彭水县 | 100.00 | 0.83 |
| 西充县 | 400.00 | 6.90 | 夔州府 | 3400.00 | 100.00 |
| 蓬州 | 450.00 | 7.76 | 内本府 | 400.00 | 11.76 |
| 营山县 | 250.00 | 4.31 | 奉节县 | 200.00 | 5.88 |
| 仪陇县 | 300.00 | 5.17 | 巫山县 | 100.00 | 2.94 |
| 广安州 | 1000.00 | 17.24 | 大昌县 | 100.00 | 2.94 |
| 渠县 | 500.00 | 8.62 | 云阳县 | 200.00 | 5.88 |
| 大竹县 | 600.00 | 10.34 | 大宁县 | 100.00 | 2.94 |

1347

| 地区 | | |
|---|---|---|
| 万县 | 200.00 | 5.88 |
| 开县 | 300.00 | 8.82 |
| 新宁县 | 300.00 | 8.82 |
| 梁山县 | 600.00 | 17.65 |
| 建始县 | 100.00 | 2.94 |
| 达州 | 500.00 | 14.71 |
| 东乡县 | 200.00 | 5.88 |
| 太平县 | 100.00 | 2.94 |
| **马湖府** | 700.00 | 100.00 |
| **龙安府** | 920.00 | 100.00 |
| 内本府 | 520.00 | 56.52 |
| 江油县 | 400.00 | 43.48 |
| **潼川州** | 4100.00 | 100.00 |
| 内本州 | 700.00 | 17.07 |
| 射洪县 | 400.00 | 9.76 |
| 盐亭县 | 300.00 | 7.32 |
| 中江县 | 500.00 | 12.20 |
| 遂宁县 | 700.00 | 17.07 |
| 蓬溪县 | 400.00 | 9.76 |
| 安岳县 | 650.00 | 15.85 |
| 乐至县 | 450.00 | 10.98 |
| **眉州** | 1760.00 | 100.00 |
| 内本州 | 640.00 | 36.36 |
| 彭山县 | 400.00 | 22.73 |
| 丹棱县 | 320.00 | 18.18 |
| 青神县 | 400.00 | 22.73 |
| **嘉定州** | 3700.00 | 100.00 |
| 内本州 | 800.00 | 21.62 |
| **峨眉县** | 400.00 | 10.81 |
| 洪雅县 | 500.00 | 13.51 |
| 夹江县 | 400.00 | 10.81 |
| **犍为县** | 600.00 | 16.22 |
| 荣县 | 640.00 | 17.30 |
| 威远县 | 360.00 | 9.73 |
| **邛州** | 2010.00 | 100.00 |
| 内本州 | 830.00 | 41.29 |
| 大邑县 | 640.00 | 31.84 |
| 蒲江县 | 540.00 | 26.87 |
| **泸州** | 3150.00 | 100.00 |
| 内本州 | 1800.00 | 57.14 |
| 纳溪县 | 250.00 | 7.94 |
| 合江县 | 500.00 | 15.87 |
| 江安县 | 600.00 | 19.05 |

| 地区 | | |
|---|---|---|
| 雅州 | 1900.00 | 100.00 |
| 内本州 | 800.00 | 42.11 |
| 名山县 | 400.00 | 21.05 |
| 荣经县 | 400.00 | 21.05 |
| 芦山县 | 300.00 | 15.79 |

**乙表120 广东布政司各府分县积谷统计**

| 地区 | 石 | % |
|---|---|---|
| 广州府 | 7700.00 | 100.00 |
| 内本府 | 1000.00 | 12.99 |
| 南海县 | 1000.00 | 12.99 |
| 番禺县 | 1000.00 | 12.99 |
| 顺德县 | 1000.00 | 12.99 |
| 东莞县 | 800.00 | 10.39 |
| 从化县 | 200.00 | 2.60 |
| 龙门县 | 50.00 | 0.65 |
| 新宁县 | 200.00 | 2.60 |
| 增城县 | 300.00 | 3.90 |
| 香山县 | 300.00 | 3.90 |
| 新会县 | 800.00 | 10.39 |
| 三水县 | 150.00 | 1.95 |
| 清远县 | 200.00 | 2.60 |
| 连州 | 300.00 | 3.90 |
| 阳山县 | 150.00 | 1.95 |
| 连山县 | 50.00 | 0.65 |
| 新安县 | 200.00 | 2.60 |
| **韶州府** | 2140.00 | 100.00 |
| 内本府 | 300.00 | 14.02 |
| 曲江县 | 600.00 | 28.04 |
| 乐昌县 | 260.00 | 12.15 |
| 仁化县 | 220.00 | 10.28 |
| 乳源县 | 120.00 | 5.61 |
| 翁源县 | 220.00 | 10.28 |
| 英德县 | 420.00 | 19.63 |
| **南雄府** | 360.00 | 100.00 |
| 内本府 | 200.00 | 55.56 |
| 保昌县 | 120.00 | 33.33 |
| 始兴县 | 40.00 | 11.11 |
| **惠州府** | 3050.00 | 100.00 |
| 内本府 | 500.00 | 16.39 |
| 归善县 | 400.00 | 13.11 |
| 博罗县 | 400.00 | 13.11 |
| 长宁县 | 150.00 | 4.92 |

| | | |
|---|---|---|
| 永安县 | 150.00 | 4.92 |
| 海丰县 | 300.00 | 9.84 |
| 河源县 | 200.00 | 6.56 |
| 龙川县 | 200.00 | 6.56 |
| 长乐县 | 300.00 | 9.84 |
| 兴宁县 | 300.00 | 9.84 |
| 和平县 | 150.00 | 4.92 |
| **潮州府** | 3350.00 | 100.00 |
| 内本府 | 1000.00 | 29.85 |
| 海阳县 | 400.00 | 11.94 |
| 潮阳县 | 400.00 | 11.94 |
| 揭阳县 | 400.00 | 11.94 |
| 程乡县 | 200.00 | 5.97 |
| 饶平县 | 200.00 | 5.97 |
| 惠来县 | 200.00 | 5.97 |
| 大浦县 | 150.00 | 4.48 |
| 澄海县 | 200.00 | 5.97 |
| 普宁县 | 50.00 | 1.49 |
| 平远县 | 150.00 | 4.48 |
| **肇庆府** | 4900.00 | 100.00 |
| 内本府 | 500.00 | 10.20 |
| 高要县 | 600.00 | 12.24 |
| 四会县 | 700.00 | 14.29 |
| 新兴县 | 700.00 | 14.29 |
| 阳春县 | 400.00 | 8.16 |
| 阳江县 | 400.00 | 8.16 |
| 高明县 | 400.00 | 8.16 |
| 恩平县 | 200.00 | 4.08 |
| 广宁县 | 200.00 | 4.08 |
| 德庆州 | 400.00 | 8.16 |
| 封川县 | 200.00 | 4.08 |
| 开建县 | 200.00 | 4.08 |
| **高州府** | 3500.00 | 100.00 |
| 内本府 | 700.00 | 20.00 |
| 茂名县 | 600.00 | 17.14 |
| 电白县 | 500.00 | 14.29 |
| 信宜县 | 200.00 | 5.71 |
| 化州 | 700.00 | 20.00 |
| 吴川县 | 400.00 | 11.43 |
| 石城县 | 400.00 | 11.43 |
| **廉州府** | 2020.00 | 100.00 |
| 内本府 | 700.00 | 34.65 |
| 合浦县 | 500.00 | 24.75 |

| | | |
|---|---|---|
| 钦州县 | 300.00 | 14.85 |
| 灵山县 | 520.00 | 25.74 |
| **雷州府** | 2100.00 | 100.00 |
| 内本府 | 800.00 | 38.10 |
| 海康县 | 500.00 | 23.81 |
| 遂溪县 | 400.00 | 19.05 |
| 徐闻县 | 400.00 | 19.05 |
| **琼州府**[1] | 1620.00 | 100.00 |
| 内本府 | 300.00 | 18.52 |
| 琼山县 | 200.00 | 12.35 |
| 澄迈县 | 100.00 | 6.17 |
| 定安县 | 100.00 | 6.17 |
| 文昌县 | 100.00 | 6.17 |
| 会同县 | 100.00 | 6.17 |
| 乐会县 | 50.00 | 3.09 |
| 临高县 | 100.00 | 6.17 |
| 儋州 | 200.00 | 12.35 |
| 昌化县 | 40.00 | 2.47 |
| 万州 | 150.00 | 9.26 |
| 陵水县 | 50.00 | 3.09 |
| 崖州 | 100.00 | 6.17 |
| 感恩县 | 30.00 | 1.85 |
| **罗定州** | 500.00 | 100.00 |
| 内本府 | 300.00 | 60.00 |
| 东安县 | 100.00 | 20.00 |
| 西宁县 | 100.00 | 20.00 |

### 乙表 121　广西布政司各府分县积谷统计

| 地区 | 石 | % |
|---|---|---|
| **桂林府** | 2500.00 | 100.00 |
| 内本府 | 500.00 | 20.00 |
| 临桂县 | 300.00 | 12.00 |
| 兴安县 | 200.00 | 8.00 |
| 灵川县 | 300.00 | 12.00 |
| 阳朔县 | 100.00 | 4.00 |
| 永福县 | 100.00 | 4.00 |
| 义宁县 | 100.00 | 4.00 |
| 全州 | 800.00 | 32.00 |
| 灌阳县 | 100.00 | 4.00 |

---

[1] 琼州府所属应积总数为 1820 石,但是各县数之和为 1320.00 石,差 500.00 石。以广东全省积谷计,似应为 1320.00 石,琼州府全府积谷应为 1620.00 石。

| 地区 | | |
|---|---|---|
| 柳州府 | 1800.00 | 100.00 |
| 内本府 | 300.00 | 16.67 |
| 马平县 | 50.00 | 2.78 |
| 罗城县 | 100.00 | 5.56 |
| 柳城县 | 100.00 | 5.56 |
| 融县 | 300.00 | 16.67 |
| 来宾县 | 50.00 | 2.78 |
| 象州 | 100.00 | 5.56 |
| 武宣县 | 100.00 | 5.56 |
| 宾州 | 350.00 | 19.44 |
| 迁江县 | 50.00 | 2.78 |
| 上林县 | 300.00 | 16.67 |
| 庆远府 | 370.00 | 100.00 |
| 内本府 | 100.00 | 27.03 |
| 宜山县 | 150.00 | 40.54 |
| 河池州 | 60.00 | 16.22 |
| 思恩县 | 60.00 | 16.22 |
| 平乐府 | 1300.00 | 100.00 |
| 内本府 | 500.00 | 38.46 |
| 平乐县 | 100.00 | 7.69 |
| 恭城县 | 100.00 | 7.69 |
| 富川县 | 250.00 | 19.23 |
| 贺县 | 350.00 | 26.92 |
| 梧州府 | 5150.00 | 100.00 |
| 内本府 | 900.00 | 17.48 |
| 苍梧县 | 400.00 | 7.77 |
| 藤县 | 700.00 | 13.59 |
| 容县 | 350.00 | 6.80 |
| 岑溪县 | 150.00 | 2.91 |
| 怀集县 | 300.00 | 5.83 |
| 郁林州 | 800.00 | 15.53 |
| 博白县 | 700.00 | 13.59 |
| 北流县 | 350.00 | 6.80 |
| 陆川县 | 300.00 | 5.83 |
| 兴业县 | 200.00 | 3.88 |
| 浔州府 | 1700.00 | 100.00 |
| 内本府 | 600.00 | 35.29 |
| 桂平县 | 350.00 | 20.59 |
| 平南县 | 350.00 | 20.59 |
| 贵县 | 400.00 | 23.53 |
| 南宁府 | 2600.00 | 100.00 |
| 内本府 | 700.00 | 26.92 |
| 宣化县 | 600.00 | 23.08 |

| 地区 | | |
|---|---|---|
| 新宁州 | 100.00 | 3.85 |
| 隆安县 | 200.00 | 7.69 |
| 横州 | 700.00 | 26.92 |
| 永淳县 | 200.00 | 7.69 |
| 上思州 | 100.00 | 3.85 |
| 太平府 | 500.00 | 100.00 |
| 内本府 | 200.00 | 40.00 |
| 养利州 | 200.00 | 40.00 |
| 左州 | 100.00 | 20.00 |
| 思恩军民府 | 500.00 | 100.00 |
| 内本府 | 200.00 | 40.00 |
| 武缘县 | 300.00 | 60.00 |

### 乙表122 云南布政司各府分县积谷统计

| 地区 | 石 | % |
|---|---|---|
| 云南府 | 4014.00 | 100.00 |
| 内本府 | 800.00 | 19.93 |
| 昆明县 | 200.00 | 4.98 |
| 富民县 | 200.00 | 4.98 |
| 宜良县 | 200.00 | 4.98 |
| 嵩明州 | 500.00 | 12.46 |
| 晋宁州 | 400.00 | 9.97 |
| 归化县 | 100.00 | 2.49 |
| 呈贡县 | 150.00 | 3.74 |
| 安宁州 | 400.00 | 9.97 |
| 罗次县 | 195.00 | 4.86 |
| 禄丰县 | 180.00 | 4.48 |
| 昆阳州 | 400.00 | 9.97 |
| 三泊县 | 189.00 | 4.71 |
| 易门县 | 100.00 | 2.49 |
| 大理府 | 5010.00 | 100.00 |
| 内本府 | 2100.00 | 41.92 |
| 太和县 | 600.00 | 11.98 |
| 赵州 | 660.00 | 13.17 |
| 云南县 | 390.00 | 7.78 |
| 邓川州 | 360.00 | 7.19 |
| 浪穹县 | 400.00 | 7.98 |
| 宾川州 | 500.00 | 9.98 |
| 临安府 | 3850.00 | 100.00 |
| 内本府 | 1950.00 | 50.65 |
| 建水州 | 270.00 | 7.01 |
| 石屏州 | 450.00 | 11.69 |
| 阿迷州 | 250.00 | 6.49 |

| | | |
|---|---|---|
| 宁州 | 300.00 | 7.79 |
| 通海县 | 150.00 | 3.90 |
| 河西县 | 150.00 | 3.90 |
| 嶍峨县 | 180.00 | 4.68 |
| 蒙自县 | 150.00 | 3.90 |
| **楚雄府** | 2828.00 | 100.00 |
| 内本府 | 1650.00 | 58.35 |
| 楚雄县 | 270.00 | 9.55 |
| 定边县 | 108.00 | 3.82 |
| 广通县 | 200.00 | 7.07 |
| 定远县 | 150.00 | 5.30 |
| 碍嘉县 | 70.00 | 2.48 |
| 南安州 | 180.00 | 6.36 |
| 镇南州 | 200.00 | 7.07 |
| **澂江府** | 1650.00 | 100.00 |
| 内本府 | 600.00 | 36.36 |
| 河阳县 | 150.00 | 9.09 |
| 江川县 | 250.00 | 15.15 |
| 阳宗县 | 100.00 | 6.06 |
| 路南州 | 300.00 | 18.18 |
| 新兴州 | 250.00 | 15.15 |
| **景东府** | 150.00 | 100.00 |
| **广西府** | 550.00 | 100.00 |
| 内本府 | 300.00 | 54.55 |
| 师宗州 | 100.00 | 18.18 |
| 弥勒州 | 150.00 | 27.27 |
| **姚安军民府** | 1050.00 | 100.00 |
| 内本府 | 600.00 | 57.14 |
| 姚州 | 300.00 | 28.57 |
| 大姚县 | 150.00 | 14.29 |
| **曲靖军民府** | 1104.00 | 100.00 |
| 内本府 | 500.00 | 45.29 |
| 南宁县 | 100.00 | 9.06 |
| 亦左县 | 54.00 | 4.89 |
| 霑益州 | 150.00 | 13.59 |
| 陆凉州 | 200.00 | 18.12 |
| 马龙州 | 100.00 | 9.06 |
| **鹤庆军民府** | 890.00 | 100.00 |
| 内本府 | 690.00 | 77.53 |
| 剑川州 | 200.00 | 22.47 |
| **武定军民府** | 396.00 | 100.00 |
| 内本府 | 180.00 | 45.45 |
| 和曲州 | 72.00 | 18.18 |

| | | |
|---|---|---|
| 元谋县 | 72.00 | 18.18 |
| 禄劝州 | 72.00 | 18.18 |
| **寻甸军民府** | 360.00 | 100.00 |
| **蒙化军民府** | 600.00 | 100.00 |
| **永昌军民府** | 2398.00 | 100.00 |
| 内本府 | 1200.00 | 50.04 |
| 保山县 | 250.00 | 10.43 |
| 永平县 | 108.00 | 4.50 |
| 腾越州 | 840.00 | 35.03 |
| **新化州** | 200.00 | 100.00 |
| **北胜州** | 400.00 | 100.00 |

**乙表 123　贵州布政司各府分县积谷统计**

| 地区 | 石 | % |
|---|---|---|
| 贵阳府 | 200.00 | 100.00 |
| 思南府 | 240.00 | 100.00 |
| 内本府 | 150.00 | 62.50 |
| 婺川县 | 50.00 | 20.83 |
| 印江县 | 40.00 | 16.67 |
| 思州府 | 80.00 | 100.00 |
| 石阡府 | 100.00 | 100.00 |
| 铜仁府 | 100.00 | 100.00 |
| 普安州 | 100.00 | 100.00 |
| 永宁州 | 60.00 | 100.00 |
| 镇宁州 | 60.00 | 100.00 |
| 安顺州 | 100.00 | 100.00 |
| 都匀府 | 40.00 | 100.00 |

**乙表 124　北直隶各府分县积谷统计**

| 地区 | 石 | % |
|---|---|---|
| 顺天府 | 17700.00 | 100.00 |
| 大兴县 | 200.00 | 1.13 |
| 宛平县 | 200.00 | 1.13 |
| 良乡县 | 400.00 | 2.26 |
| 固安县 | 1700.00 | 9.60 |
| 永清县 | 500.00 | 2.82 |
| 东安县 | 700.00 | 3.95 |
| 香河县 | 400.00 | 2.26 |
| 通州 | 1000.00 | 5.65 |
| 三河县 | 700.00 | 3.95 |
| 武清县 | 600.00 | 3.39 |
| 宝坻县 | 1600.00 | 9.04 |
| 漷县 | 400.00 | 2.26 |

| | | | | | | |
|---|---|---|---|---|---|---|
| 昌平州 | 500.00 | 2.82 | 易州 | 800.00 | 5.10 |
| 顺义县 | 500.00 | 2.82 | 涞水县 | 800.00 | 5.10 |
| 密云县 | 500.00 | 2.82 | **河间府** | 13700.00 | 100.00 |
| 怀柔县 | 400.00 | 2.26 | 内本府 | 1500.00 | 10.95 |
| 涿州县 | 800.00 | 4.52 | 河间县 | 800.00 | 5.84 |
| 房山县 | 300.00 | 1.69 | 献县 | 800.00 | 5.84 |
| 霸州 | 1300.00 | 7.34 | 阜城县 | 700.00 | 5.11 |
| 文安县 | 700.00 | 3.95 | 肃宁县 | 700.00 | 5.11 |
| 大城县 | 700.00 | 3.95 | 任丘县 | 1000.00 | 7.30 |
| 保定县 | 300.00 | 1.69 | 交河县 | 700.00 | 5.11 |
| 蓟州 | 900.00 | 5.08 | 青县 | 500.00 | 3.65 |
| 玉田县 | 400.00 | 2.26 | 兴济县 | 500.00 | 3.65 |
| 丰润县 | 900.00 | 5.08 | 静海县 | 400.00 | 2.92 |
| 遵化县 | 700.00 | 3.95 | 宁津县 | 1000.00 | 7.30 |
| 平谷县 | 400.00 | 2.26 | 景州 | 1000.00 | 7.30 |
| **永平府** | 6700.00 | 100.00 | 吴桥县 | 700.00 | 5.11 |
| 内本府 | 500.00 | 7.46 | 东光县 | 600.00 | 4.38 |
| 卢龙县 | 900.00 | 13.43 | 故城县 | 500.00 | 3.65 |
| 迁安县 | 700.00 | 10.45 | 沧州 | 700.00 | 5.11 |
| 抚宁县 | 500.00 | 7.46 | 南皮县 | 500.00 | 3.65 |
| 昌黎县 | 900.00 | 13.43 | 盐山县 | 600.00 | 4.38 |
| 滦州 | 2300.00 | 34.33 | 庆云县 | 500.00 | 3.65 |
| 乐亭县 | 900.00 | 13.43 | **真定府** | 26000.00 | 100.00 |
| **保定府** | 15700.00 | 100.00 | 内本府 | 2300.00 | 8.85 |
| 内本府 | 2000.00 | 12.74 | 真定县 | 500.00 | 1.92 |
| 清苑县 | 800.00 | 5.10 | 井陉县 | 700.00 | 2.69 |
| 满城县 | 400.00 | 2.55 | 获鹿县 | 800.00 | 3.08 |
| 安肃县 | 700.00 | 4.46 | 元氏县 | 1000.00 | 3.85 |
| 定兴县 | 1000.00 | 6.37 | 灵寿县 | 500.00 | 1.92 |
| 新城县 | 1000.00 | 6.37 | 藁城县 | 800.00 | 3.08 |
| 唐县 | 600.00 | 3.82 | 栾城县 | 700.00 | 2.69 |
| 博野县 | 800.00 | 5.10 | 无极县 | 800.00 | 3.08 |
| 庆都县 | 400.00 | 2.55 | 平山县 | 800.00 | 3.08 |
| 容城县 | 400.00 | 2.55 | 阜平县 | 500.00 | 1.92 |
| 完县 | 500.00 | 3.18 | 定州 | 1200.00 | 4.62 |
| 蠡县 | 1000.00 | 6.37 | 新乐县 | 500.00 | 1.92 |
| 雄县 | 700.00 | 4.46 | 曲阳县 | 600.00 | 2.31 |
| 祁州 | 700.00 | 4.46 | 行唐县 | 800.00 | 3.08 |
| 深泽县 | 700.00 | 4.46 | 冀州 | 800.00 | 3.08 |
| 束鹿县 | 1000.00 | 6.37 | 南宫县 | 1000.00 | 3.85 |
| 安州 | 500.00 | 3.18 | 新河县 | 700.00 | 2.69 |
| 高阳县 | 500.00 | 3.18 | 枣强县 | 800.00 | 3.08 |
| 新安县 | 400.00 | 2.55 | 武邑县 | 700.00 | 2.69 |

| 地区 | 石 | % | | 地区 | 石 | % |
|------|------|------|---|------|------|------|
| 晋州 | 1000.00 | 3.85 | | 浚县 | 1200.00 | 8.57 |
| 安平县 | 700.00 | 2.69 | | 滑县 | 1500.00 | 10.71 |
| 饶阳县 | 500.00 | 1.92 | | 东明县 | 1000.00 | 7.14 |
| 武强县 | 500.00 | 1.92 | | 开州 | 1500.00 | 10.71 |
| 赵州 | 1000.00 | 3.85 | | 长垣县 | 1500.00 | 10.71 |
| 柏乡县 | 800.00 | 3.08 | | | | |

**乙表 125　南直隶各府分县积谷统计**

| 地区 | 石 | % |
|------|------|------|
| 隆平县 | 500.00 | 1.92 |
| 高邑县 | 800.00 | 3.08 |
| 临城县 | 700.00 | 2.69 |
| 赞皇县 | 500.00 | 1.92 |
| 宁晋县 | 800.00 | 3.08 |
| 深州 | 1000.00 | 3.85 |
| 衡水县 | 700.00 | 2.69 |
| **顺德府** | **7800.00** | **100.00** |
| 内本府 | 1200.00 | 15.38 |
| 邢台县 | 1000.00 | 12.82 |
| 沙河县 | 500.00 | 6.41 |
| 南和县 | 800.00 | 10.26 |
| 平乡县 | 700.00 | 8.97 |
| 广宗县 | 700.00 | 8.97 |
| 巨鹿县 | 700.00 | 8.97 |
| 唐山县 | 700.00 | 8.97 |
| 内丘县 | 700.00 | 8.97 |
| 任县 | 800.00 | 10.26 |
| **广平府** | **7500.00** | **100.00** |
| 内本府 | 1200.00 | 16.00 |
| 永年县 | 800.00 | 10.67 |
| 曲周县 | 1000.00 | 13.33 |
| 肥乡县 | 800.00 | 10.67 |
| 鸡泽县 | 700.00 | 9.33 |
| 广平县 | 700.00 | 9.33 |
| 邯郸县 | 800.00 | 10.67 |
| 成安县 | 700.00 | 9.33 |
| 威县 | 400.00 | 5.33 |
| 清河县 | 400.00 | 5.33 |
| **大名府** | **14000.00** | **100.00** |
| 内本府 | 1400.00 | 10.00 |
| 元城县 | 1000.00 | 7.14 |
| 大名县 | 700.00 | 5.00 |
| 南乐县 | 1000.00 | 7.14 |
| **魏县** | **1200.00** | **8.57** |
| 清丰县 | 1000.00 | 7.14 |
| 内黄县 | 1000.00 | 7.14 |

右列表（南直隶各府分县积谷统计）

| 地区 | 石 | % |
|------|------|------|
| **应天府** | **3900.00** | **100.00** |
| 上元县 | 100.00 | 2.56 |
| 江宁县 | 100.00 | 2.56 |
| 句容县 | 1000.00 | 25.64 |
| 溧阳县 | 1000.00 | 25.64 |
| 溧水县 | 700.00 | 17.95 |
| 江浦县 | 300.00 | 7.69 |
| 六合县 | 300.00 | 7.69 |
| 高淳县 | 400.00 | 10.26 |
| **苏州府** | **10000.00** | **100.00** |
| 内本府 | 1500.00 | 15.00 |
| 吴县 | 1200.00 | 12.00 |
| 长洲县 | 1500.00 | 15.00 |
| 昆山县 | 1000.00 | 10.00 |
| 常熟县 | 1200.00 | 12.00 |
| 吴江县 | 1300.00 | 13.00 |
| 嘉定县 | 1300.00 | 13.00 |
| 太仓州 | 700.00 | 7.00 |
| 崇明县 | 300.00 | 3.00 |
| **松江府** | **6500.00** | **100.00** |
| 内本府 | 2000.00 | 30.77 |
| 华亭县 | 2000.00 | 30.77 |
| 上海县 | 1500.00 | 23.08 |
| 青浦县 | 1000.00 | 15.38 |
| **常州府** | **6200.00** | **100.00** |
| 内本府 | 1500.00 | 24.19 |
| 武进县 | 1200.00 | 19.35 |
| 无锡县 | 1200.00 | 19.35 |
| 江阴县 | 1000.00 | 16.13 |
| 宜兴县 | 1000.00 | 16.13 |
| 靖江县 | 300.00 | 4.84 |
| **镇江府** | **4300.00** | **100.00** |
| 内本府 | 1200.00 | 27.91 |
| 丹徒县 | 1000.00 | 23.26 |
| 丹阳县 | 1000.00 | 23.26 |

| | | | | | | |
|---|---|---|---|---|---|---|
| 金坛县 | 1100.00 | 25.58 | | 睢宁县 | 400.00 | 5.97 |
| **庐州府** | 13280.00 | 100.00 | | **扬州府** | 23700.00 | 100.00 |
| 内本府 | 1400.00 | 10.54 | | 内本府 | 1800.00 | 7.59 |
| 合肥县 | 2000.00 | 15.06 | | 江都县 | 3000.00 | 12.66 |
| 庐江县 | 1300.00 | 9.79 | | 仪真县 | 1300.00 | 5.49 |
| 舒城县 | 1600.00 | 12.05 | | 泰兴县 | 3000.00 | 12.66 |
| 无为州 | 1700.00 | 12.80 | | 高邮州 | 2500.00 | 10.55 |
| 巢县 | 1300.00 | 9.79 | | 兴化县 | 1600.00 | 6.75 |
| 六安州 | 2200.00 | 16.57 | | 宝应县 | 1400.00 | 5.91 |
| 英山县 | 480.00 | 3.61 | | 泰州 | 3000.00 | 12.66 |
| 霍山县 | 1300.00 | 9.79 | | 如皋县 | 2000.00 | 8.44 |
| **凤阳府** | 29300.00 | 100.00 | | 通州 | 3000.00 | 12.66 |
| 内本府 | 1800.00 | 6.14 | | 海门县 | 1100.00 | 4.64 |
| 凤阳县 | 600.00 | 2.05 | | **徽州府** | 7800.00 | 100.00 |
| 临淮县 | 1500.00 | 5.12 | | 内本府 | 1400.00 | 17.95 |
| 怀远县 | 1000.00 | 3.41 | | 歙县 | 2000.00 | 25.64 |
| 定远县 | 2000.00 | 6.83 | | 休宁县 | 1800.00 | 23.08 |
| 五汀县 | 600.00 | 2.05 | | 婺源县 | 1000.00 | 12.82 |
| 虹县 | 700.00 | 2.39 | | 祁门县 | 700.00 | 8.97 |
| 寿州 | 3000.00 | 10.24 | | 黟县 | 400.00 | 5.13 |
| 霍丘县 | 2500.00 | 8.53 | | 绩溪县 | 500.00 | 6.41 |
| **蒙城县** | 1000.00 | 3.41 | | **宁国府** | 5100.00 | 100.00 |
| **泗州县** | 1500.00 | 5.12 | | 内本府 | 1000.00 | 19.61 |
| **盱眙县** | 800.00 | 2.73 | | 宣城县 | 1600.00 | 31.37 |
| 天长县 | 1000.00 | 3.41 | | 宁国县 | 500.00 | 9.80 |
| 宿州 | 1500.00 | 5.12 | | 泾县 | 600.00 | 11.76 |
| 灵璧县 | 1000.00 | 3.41 | | 太平县 | 300.00 | 5.88 |
| 颖州 | 3000.00 | 10.24 | | 旌德县 | 400.00 | 7.84 |
| 颖上县 | 1300.00 | 4.44 | | 南陵县 | 700.00 | 13.73 |
| 太和县 | 2000.00 | 6.83 | | **池州府** | 2400.00 | 100.00 |
| 亳州 | 2500.00 | 8.53 | | 内本府 | 500.00 | 20.83 |
| **淮安府** | 6700.00 | 100.00 | | 贵池县 | 450.00 | 18.75 |
| 内本府 | 1500.00 | 22.39 | | 青阳县 | 400.00 | 16.67 |
| 山阳县 | 500.00 | 7.46 | | 铜陵县 | 300.00 | 12.50 |
| 盐城县 | 500.00 | 7.46 | | 石棣县 | 300.00 | 12.50 |
| 清河县 | 400.00 | 5.97 | | 建德县 | 250.00 | 10.42 |
| 安东县 | 300.00 | 4.48 | | 东流县 | 200.00 | 8.33 |
| 桃源县 | 400.00 | 5.97 | | **太平府** | 2000.00 | 100.00 |
| 沐阳县 | 400.00 | 5.97 | | 内本府 | 500.00 | 25.00 |
| 海州 | 500.00 | 7.46 | | 当涂县 | 700.00 | 35.00 |
| **赣榆县** | 400.00 | 5.97 | | 芜湖县 | 600.00 | 30.00 |
| 邳州 | 800.00 | 11.94 | | 繁昌县 | 200.00 | 10.00 |
| 宿迁县 | 600.00 | 8.96 | | **安庆府** | 3650.00 | 100.00 |

1354

| | | |
|---|---|---|
| 内本府 | 1000.00 | 27.40 |
| 怀宁县 | 500.00 | 13.70 |
| 桐城县 | 600.00 | 16.44 |
| 潜山县 | 500.00 | 13.70 |
| 太湖县 | 500.00 | 13.70 |
| 宿松县 | 300.00 | 8.22 |
| 望江县 | 250.00 | 6.85 |
| **广德州** | 1200.00 | 100.00 |
| 内本州 | 800.00 | 66.67 |
| 建平县 | 400.00 | 33.33 |
| **徐州** | 2800.00 | 100.00 |
| 内本州 | 800.00 | 28.57 |
| 萧县 | 600.00 | 21.43 |
| 砀山县 | 400.00 | 14.29 |
| 丰县 | 400.00 | 14.29 |
| 沛县 | 600.00 | 21.43 |
| **滁州** | 3600.00 | 100.00 |
| 内本州 | 1300.00 | 36.11 |
| 全椒县 | 1300.00 | 36.11 |
| 来安县 | 1000.00 | 27.78 |
| **和州** | 3300.00 | 100.00 |
| 内本州 | 2000.00 | 60.61 |
| 含山县 | 1300.00 | 39.39 |